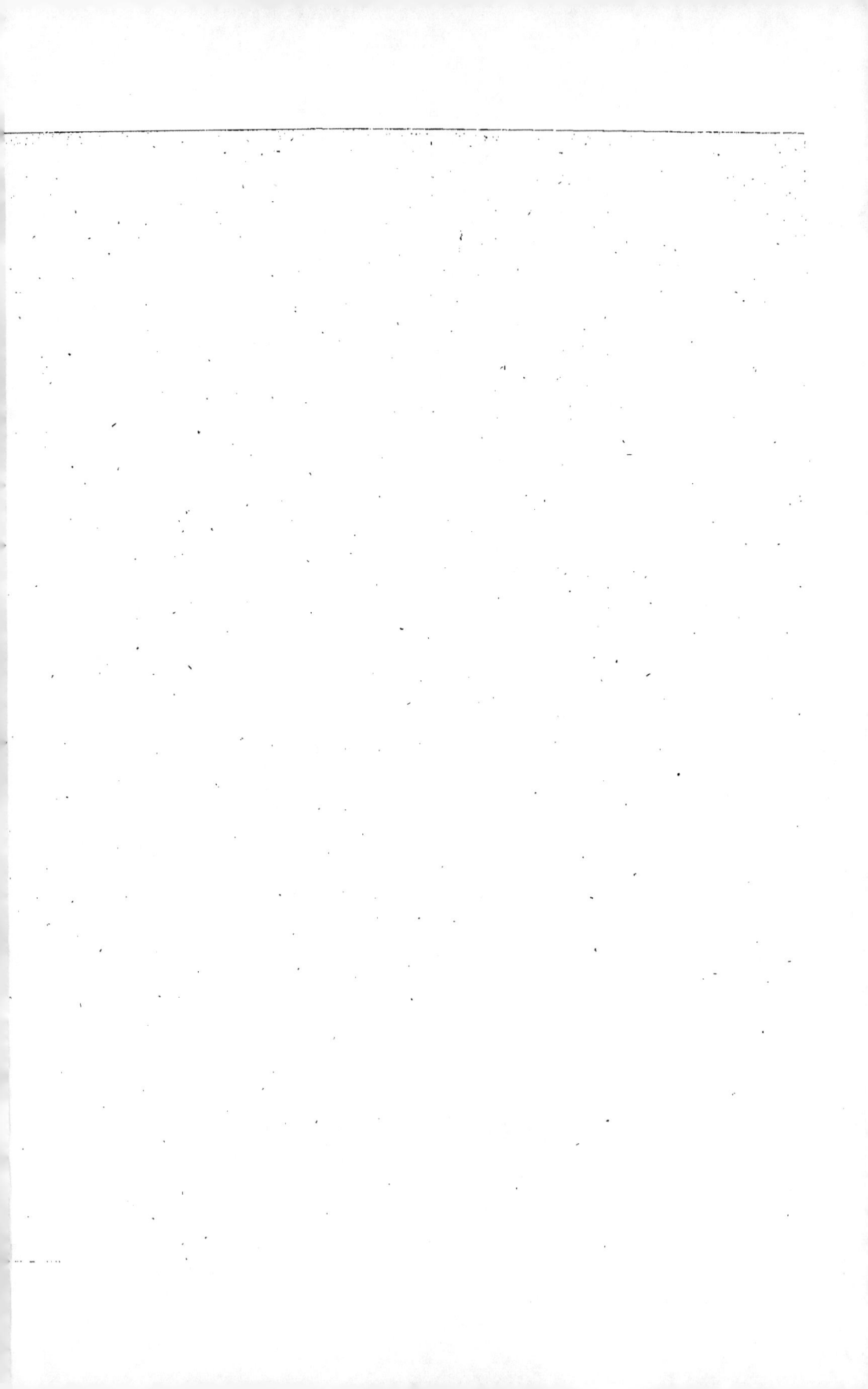

C.

LE
MANUEL DES NOTAIRES

CONTENANT

UN NOUVEAU

DICTIONNAIRE DES FORMULES

DE TOUS LES ACTES DES NOTAIRES ET AUTRES OFFICIERS MINISTÉRIELS

ET

UN COMMENTAIRE

où, au moyen de chiffres correspondant à ceux du Dictionnaire, il est fait application à chaque acte,
de la législation, de la jurisprudence, de l'opinion des auteurs et des lois,
arrêts et décisions sur l'enregistrement et le timbre;

PAR *F. M. SELLIER*, ANCIEN NOTAIRE A VERMENTON (YONNE),

EN COLLABORATION AVEC PLUSIEURS JURISCONSULTES ET NOTAIRES;

DÉDIÉ A M. DUPIN, PROCUREUR-GÉNÉRAL A LA COUR DE CASSATION.

---

5 volumes grand in-4°.

TOME PREMIER.

DICTIONNAIRE

des formules.

PRIX : 15 FRANCS, PORT EN SUS.

Nota. Il conviendra, lors de la reliure, de mettre cette table à la fin du volume, et de très peu
ébarber le papier, afin d'avoir plus de marge pour les annotations que le Journal du Manuel des Notaires
indiquera.

SE VEND A PARIS :

Au bureau de l'administration du Manuel des Notaires, rue des Grands Augustins, n. 7.
Et à la Librairie de Jurisprudence de COTILLON, rue des Grés-Sorbonne , n. 16.

1846.

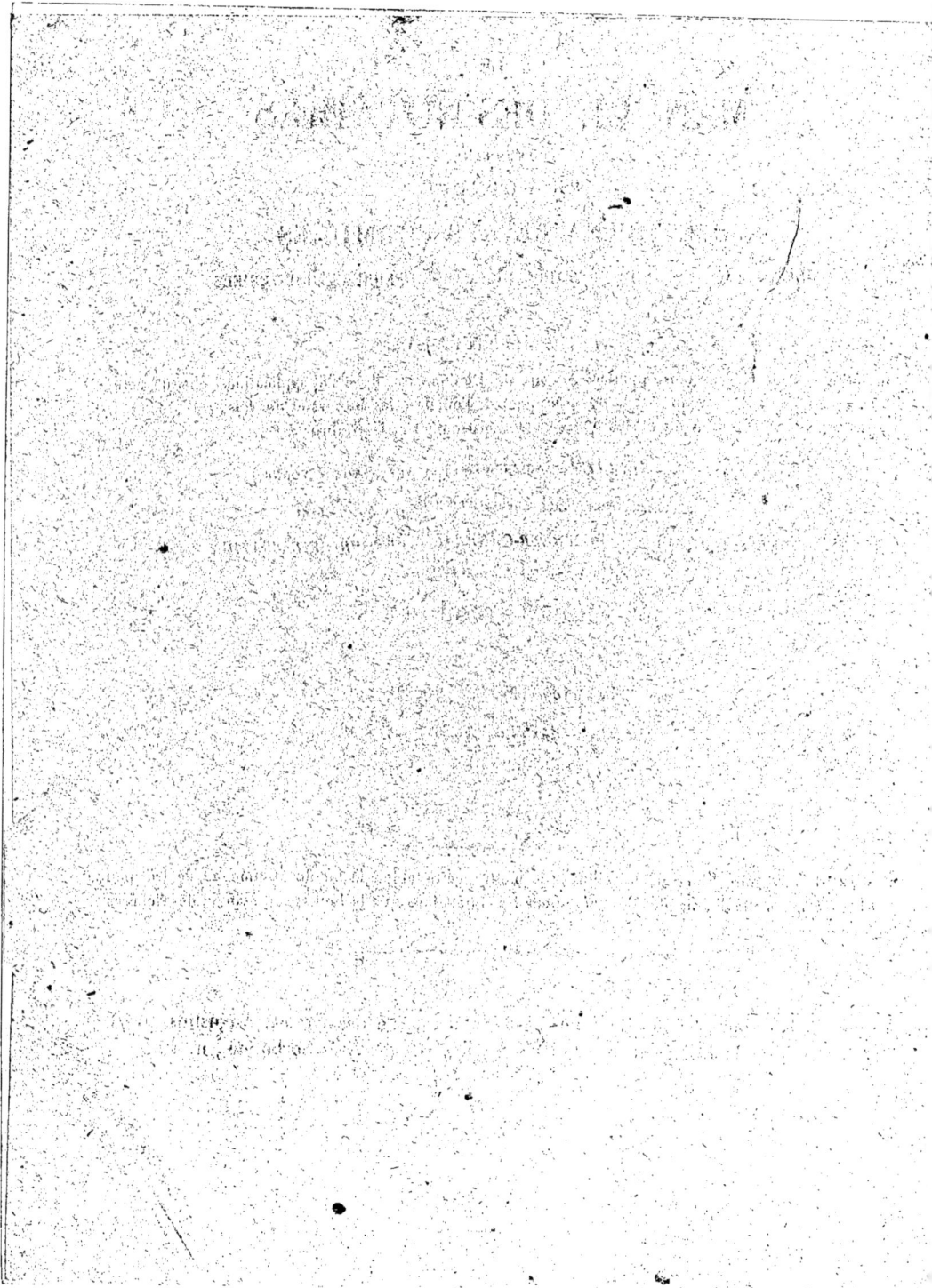

Administration du MANUEL DES NOTAIRES, *rue des Grands-Augustins, 7, près la Vallée, à Paris.*

MANUEL DES NOTAIRES

CONTENANT UN

NOUVEAU DICTIONNAIRE DES FORMULES

de tous les actes des Notaires et autres officiers ministériels

ET

UN COMMENTAIRE

ou, au moyen de chiffres correspondants à ceux du Dictionnaire, il est fait application
à chaque acte, de la législation, de la jurisprudence,
de l'opinion des auteurs et des lois, arrêts et décisions sur l'enregistrement
et le timbre;

PAR F. M. SELLIER, AVOCAT A LA COUR D'APPEL DE PARIS,

ANCIEN NOTAIRE A VERMENTON (YONNE),

Professeur de Notariat,

Autorisé par le Ministre de l'instruction publique, de l'avis du conseil de l'Université, le 26 septembre 1848.

EN COLLABORATION AVEC PLUSIEURS JURISCONSULTES ET NOTAIRES.

Dédié à M. DUPIN, Procureur-général à la Cour de cassation.

4 VOLUMES IN-4°, DE 2342 PAGES,

Contenant la matière de plus de 25 volumes ordinaires du format in-8°.

Le prix de l'ouvrage, *y compris les Tables chronologique, de concordance et alphabétique,* est irrévocablement fixé ainsi qu'il suit :

Pour ceux qui s'abonneront au Journal, à **48** fr. } PORT EN SUS.
Pour les non-abonnés au Journal, à **55** fr. }

NOTA. L'ouvrage pouvant se diviser commodément, deux personnes peuvent se réunir pour souscrire : — l'une au *Formulaire* dont le prix est de 15 fr.; — et l'autre au *Commentaire,* dont le prix est de 40 fr. (ou de 33 fr. seulement en s'abonnant au *Journal*).

JOURNAL DU MANUEL DES NOTAIRES

OU

RECUEIL DE LÉGISLATION NOUVELLE, DE JURISPRUDENCE ET DE DOCTRINE,

Par M. SELLIER, auteur du *Manuel des Notaires.*

En un cahier, par mois, de 30 articles environ, format in-4° à double colonne, en petit texte, faisant la suite et le complément du *Manuel des Notaires,* avec indication d'émargements à faire au Formulaire et au Commentaire.
Ce Journal, dont la publication date du 1er janvier 1849, comprendra de 300 à 400 articles par an avec Tables alphabétique et de concordance, et formera, au bout de cinq ans, un seul vol. in 4° de 1500 à 2000 articles, accompagné d'une Table alphabétique et d'une Table de concordance, générales.

Prix de l'abonnement annuel, franc de port pour l'abonné : 10 fr.

NOTA. On peut souscrire au *Journal* sans souscrire au *Manuel*; il suffit pour cela de faire la demande de ce journal par lettre qui n'a pas besoin d'être *affranchie.*
Un comité consultatif délibère *gratuitement* sur toutes les questions qui sont adressées *franches de port* au rédacteur par les abonnés, et il y est répondu dans la huitaine. Quand une question aura de la gravité au point de vue de l'intérêt général, elle fera l'objet d'un article du *Journal.*

Exposé du plan et des avantages de l'ouvrage.

FORMULAIRE. Le but de l'Auteur, en publiant un Formulaire, a été d'enseigner à faire un acte par principes, et de mettre ces principes immédiatement sous la main, en indiquant la source où ils sont puisés, par le seul moyen de chiffres placés à côté des mots et qui renvoient du Formulaire au Commentaire.

L'ouvrage contient un certain nombre de Formules nouvelles que la doctrine ainsi que la jurisprudence ont sanctionnées et qui n'ont point été publiées jusqu'à présent, notamment le don mutuel entre futurs époux avant le mariage par un seul et même acte, lequel peut, dans certains cas, tenir lieu de contrat de mariage. — Et même, pour venir en aide à MM. les notaires de 5° classe, généralement consultés sur toute espèce d'affaires, on y donne des formules d'actes relatifs aux fonctions d'avoué, d'huissier, de greffier, de juge de paix, d'arbitre, d'expert et autres, lesquelles sont également annotées de chiffres qui indiquent la source où les principes sont puisés.

Il y a, au bas des pages du Formulaire, des notes explicatives qui ont une importance telle que l'auteur a jugé à propos de les relever dans une Table alphabétique faisant suite aux Formules.

La loi de ventôse an XI, dont le texte fait suite aussi aux formules, est annotée de chiffres qui renvoient au Commentaire et mettent ainsi à même d'avoir de très-promptes solutions.

Dans le Formulaire il y a accord entre les formules et le droit, et cet accord existera toujours, car l'ouvrage est disposé de telle façon que, quand le droit changera, il sera facile, au moyen des annotations que prescrira le *Journal du Manuel des Notaires*, de rectifier en même temps la formule et le commentaire ; chaque partie ayant des alinéas marqués par des chiffres qui faciliteront les mentions marginales.

Il existe dans l'ouvrage un grand nombre de tableaux qui sont indiqués au Formulaire sous le mot *Tableau*. On distingue particulièrement le calendrier établissant la concordance des années républicaine et grégorienne avec la dépréciation du papier-monnaie, le modèle de *registre* d'étude le plus généralement adopté, et un tableau généalogique indiquant tous les degrés de parenté.

COMMENTAIRE. Bien qu'il se lie au Formulaire par des chiffres, le Commentaire forme néanmoins un ouvrage à part qui a été disposé pour subsister de lui-même, sans le secours des formules.

Une Table alphabétique générale indique exactement les matières qui ont fait l'objet du Commentaire, et cette table est faite de telle façon qu'on peut, sans ouvrir le livre, voir du premier coup-d'œil où l'on trouvera la solution qui préoccupe.

Pour faciliter aussi les recherches, il y a, en tête de chaque matière, d'abord une division sommaire et ensuite une division alphabétique qui indique l'objet de chaque numéro et dispense ainsi de lire tout l'article.

De plus, une Table de concordance des articles des Codes et des lois sur le notariat, l'enregistrement et le timbre, fait suite au Commentaire, et on y trouve réunies toutes les solutions auxquelles ces articles ont donné lieu.

Les articles des Codes qui, dans les autres traités, se trouvent épars, difficiles à retrouver et comme perdus dans la discussion, sont rapportés textuellement et en lettres italiques dans le Commentaire, sans changer leur ordre, et accompagnés de toutes les décisions soit de doctrine soit de jurisprudence qui s'y rattachent.

On a rapproché des matières qui, par leur objet, sont presque inséparables ; ainsi : — on a compris sous un seul article tout ce qui est relatif aux honoraires, vacations et déboursés des notaires, article pour lequel, dans certains traités, il faut recourir à plus de cinquante mots différents ; — tout ce qui concerne les minutes et brevets ne fait, aussi qu'un article ; — tout ce qui a rapport aux grosses, secondes grosses, ampliations, expéditions, extraits, copies de pièces, copies collationnées, copies figurées et compulsoires, ne forme également qu'un article, — etc.. etc.

Pour MM. les notaires appelés souvent à prendre part au contentieux judiciaire et commercial, il y a, dans le Commentaire, un traité complet sur les justices de paix, et un autre traité relatif aux matières de commerce.

AVIS AUX SOUSCRIPTEURS PAR LIVRAISONS.

Ceux qui n'ont pas encore retiré toutes les livraisons de l'ouvrage sont invités à le faire d'ici au 1er juillet 1849. Passé ce délai, on ne serait plus en mesure de les leur délivrer, parce qu'alors on aura fait brocher tous les exemplaires restant en magasin. — L'ouvrage se compose de 49 livraisons à 1 fr. 25 c., port en sus. — Les souscripteurs peuvent écrire pour demander que les livraisons manquantes leur soient expédiées par le bureau de messageries indiqué par eux, contre remboursement du prix.

COMPTES-RENDUS.

De nombreux Journalistes, avocats et Jurisconsultes, parmi lesquels on remarque MM. Dalloz, Devilleneuve, Marcadé, ont exprimé leur opinion sur le *Manuel des Notaires* dans les termes suivants, extraits littéralement de leurs comptes-rendus :

I. Le *Manuel des Notaires*, par sa concordance d'un volume à un autre au moyen de chiffres, fait faire un immense progrès à la science notariale. C'est une heureuse idée que l'auteur a eue de mener de front la théorie et la pratique, c'est-à-dire les formules et le droit; son ouvrage est une excellente méthode pour ceux qui veulent apprendre et un bon ouvrage de consultation pour celui à qui la mémoire fait défaut (L'Estafette, 30 novembre 1841).

II. Le *Manuel des Notaires* est un ouvrage élémentaire et complet tout-à-la-fois, qui met le notariat à la portée de tous, et dans lequel on peut puiser à coup sûr et facilement à de bonnes sources, pour la théorie comme pour la pratique. Joindre la forme au fond, ou mener de front les formules et le droit, de manière que la pratique amène nécessairement la connaissance de la théorie, est une méthode nouvelle qui doit donner de bons résultats, et le *Manuel des Notaires* doit les faire obtenir infailliblement (Le Droit, 8 mai 1842).

III. En donnant la formule de chaque acte, *M. Sellier* s'est proposé, en outre, de résoudre les diverses difficultés que pouvait soulever la rédaction, au point de vue du notariat, du timbre et de l'enregistrement. Pour réussir dans cette tâche, il fallait joindre à l'expérience du praticien une connaissance approfondie des lois, de la doctrine et de la jurisprudence. L'ouvrage de *M. Sellier* atteste la réunion de ces conditions (Contrôleur de l'Enregistrement, 1842).

IV. Le *Dictionnaire des Formules* de *M. Sellier* réunit toutes les conditions d'un bon formulaire. C'est un ouvrage qui peut être consulté avec fruit par les notaires et servir de guide aux jeunes gens qui se destinent au notariat. Dans la seconde partie de son ouvrage, *M. Sellier* a fait un commentaire du droit civil et du droit fiscal en ce qui concerne chaque acte. Nous avons examiné ce travail et nous pouvons assurer qu'il est fait consciencieusement. L'auteur a tout vu, tout compulsé et a présenté, sur chaque sujet qu'il a traité, l'état actuel de la doctrine et de la jurisprudence (M. Coisnon, *avocat à la Cour de Cassation*, dans Le Journal du notariat, du 13 décembre 1844).

V. Le plan que *M. Sellier* s'est tracé est nouveau et ingénieux, par la division de son ouvrage en deux *parties* : l'une présentant un *formulaire* complet, avec chiffres à côté des mots, qui renvoient du formulaire au commentaire, et l'autre un *commentaire* qui contient tous les principes du droit applicables à chaque acte, et qui est à lui seul un répertoire abrégé de la science du droit.—Cette relation des deux parties de l'ouvrage offre au lecteur, quel qu'il soit, clerc, notaire ou autre, non-seulement le moyen de faire un acte, mais encore le moyen d'apprécier les vices d'un acte soumis à son examen : de sorte que, le *Manuel des notaires* à la main, on peut facilement devenir notaire en très-peu de temps, se renseigner comme notaire et faire le notaire au besoin. L'auteur n'a pas, comme beaucoup de ses devanciers, cherché à établir des théories nouvelles, au risque de jeter ses lecteurs dans des erreurs préjudiciables. Il a pensé, avec juste raison, que la doctrine et la jurisprudence étaient aujourd'hui assez riches en notions acquises et vérifiées, pour satisfaire à tous les besoins de la pratique, et que lorsqu'il existait encore des doutes sur certaines questions, il suffisait d'indiquer les arrêts ou les auteurs qui ont résolues en sens opposés, en mettant ainsi le lecteur à même de prendre un parti en connaissance de cause (M. Devilleneuve-Sirey, *avocat à la Cour d'Appel de Paris*, dans son *Recueil de Jurisprudence*, 8e cahier de 1848).

VI. En dehors de l'avantage que les ouvrages spécialement destinés à la pratique présentent au praticien, croit-on que l'homme de la théorie lui-même, l'homme de la méditation et des principes, le penseur, ne leur doive pas, lui aussi, profit et reconnaissance ? N'est-ce rien que de trouver en quelques minutes et réunis dans une demi-page tous les documents relatifs à une question, tous les éléments de discussion et de décision dont la recherche demanderait de longues heures ? Donner ainsi chaque jour à ce penseur quelques heures de plus pour penser, est-ce peu de chose ?... On sent tout ce qu'il y a de profitable dans le rapprochement de la théorie et de la pratique, s'éclairant l'une par l'autre ; et quand nous aurons ajouté que, dans le *Dictionnaire*, *M. Sellier* a su rompre avec les formules bizarres que la routine avait trop longtemps maintenues, que, d'autre part, dans le *Commentaire*, l'analyse de la législation, de la doctrine et de la jurisprudence est aussi intelligente que

consciencieuse, on comprendra sans peine que le *Manuel des Notaires* ait été accueilli comme un bienfait (M. Marcadé, *avocat à la Cour de cassation, auteur du Droit civil français, dans la Gazette des tribunaux du 7 novembre 1848*).

VII. On comprend les avantages du *Manuel des Notaires* pour l'étude et pour la pratique, puisque chaque acte, combiné avec le commentaire, présente en lui-même toutes les hypothèses et toutes les difficultés possibles et leur solution raisonnée, conformes à la jurisprudence. Qu'on prenne une formule quelconque, au commencement, au milieu ou à la fin, on aura, par les numéros de renvois qu'elle contient, le moyen de s'assurer, à l'instant, des conditions essentielles à la validité de chacune des dispositions qui doivent y être insérées (M. Dieu, *avocat à la Cour d'appel de Paris, rédacteur en chef du Moniteur des Conseils de Prud'hommes, dans le Journal le Droit du 4 novembre 1848*).

VIII. ....Au moyen des tables, on est toujours sûr d'arriver à son but. Ainsi, par exemple, si on veut savoir tout ce qui a rapport au *command*, on cherche ce mot à la table alphabétique qui renvoie d'abord à la note 148 qui fait l'objet d'un traité spécial sur cette matière, et ensuite à diverses autres notes indiquées par leurs numéros et l'objet qui y est traité.— Si, au contraire, on veut connaître toutes les interprétations qu'a reçues l'art. 68, § 1, n° 24 de la loi du 22 frimaire an VII relatif au *command*, on cherche cet article à la table de concordance, et on voit qu'il a reçu une application à la note 18, n° 64, à la note 57, n° 124, et à la note 148, n. 11 et 36 (H. Fessard, *dans son Recueil d'enregistrement de 1848*).

IX. Le mode que M. *Sellier* a suivi témoigne de la grandeur des travaux qu'il a eus à exécuter et de l'intelligence qui a présidé à cette exécution. Ce serait une tâche considérable que celle qui aurait pour objet de présenter une analyse détaillée du *Manuel des Notaires* et de signaler les observations utiles à la pratique notariale que l'auteur y a répandues. C'est ainsi qu'on lira avec beaucoup d'intérêt la critique raisonnée qu'il a faite (t. 1er, p. 120, *note A*) de l'usage ou plutôt de l'abus qui s'est introduit au sujet des doubles dates dans les actes notariés. M. *Sellier* y fait sentir les inconvénients graves qui peuvent résulter de ce mode de procéder (M. Dalloz, *avocat à la Cour d'appel de Paris, Recueil de Jurisprudence*).

X. Dans le *Manuel des Notaires* de M. *Sellier*, les renvois, les numéros, les divisions, sont tellement liés, tellement bien entendus, que l'indécision, les lenteurs, l'obscurité, deviennent impossibles; aussi nous plaisons-nous à rendre, à cet égard, à cet honorable jurisconsulte toute la justice qu'il mérite. Son dernier volume ne pourrait qu'ajouter encore à notre sympathie, si déjà elle n'était tout acquise à son œuvre (Journal du Palais, *septembre 1848*).

MODÈLE DU BULLETIN DE SOUSCRIPTION

À adresser (sans qu'il soit besoin de l'affranchir) au Directeur du *Manuel des Notaires*. rue des Grands-Augustins, 7, près la Vallée, à Paris.

Je soussigné   notaire à
arrondissement de   département de
déclare souscrire à   exemplaire   du *Manuel des Notaires* en 4 vol. in-4°, au prix de (A), que je m'engage à payer (B) à la réception de l'ouvrage (port à ma charge), par les messageries de Paris, bureau restant à

Si on souscrit au Journal, on ajoute : Je déclare aussi m'abonner à raison de dix francs par an au *Journal du Manuel des Notaires*, qui me sera adressé *franco* par le bureau de poste de....

A   , le   mil huit cent quarante   (Signature).

(A) *Quarante-huit francs* si on s'abonne au journal, et de *cinquante-cinq francs* si on ne s'y abonne point.

(B) Si c'est un clerc qui souscrit, on peut mettre :

Savoir : moitié à la réception de l'ouvrage (port à ma charge), par les messageries de Paris, bureau restant à ..., et l'autre moitié trois mois après la souscription.

Paris.—Imprimerie Bonaventure et Ducessois, 55, quai des Augustins.

LE

MANUEL DES NOTAIRES.

CET OUVRAGE SE TROUVE AUSSI

A Aix . . . . chez Aubin.

    Angers . . . . Léon Cosnier.

    Angoulême . . . . Laroche.

    Auxerre . . . . Leblanc-Desforges.

    Bordeaux . . . . Chaumas.

    Caen . . . . Mancel.

    Chateauroux . . . . Th. Nuret.

    Dijon . . . . Decailly. — Lamarche.

    Grenoble . . . . Prudhomme.

    Lunéville . . . . Mme Georges.

    Lyon . . . . Dorier.

    Poitiers . . . . Bourses.

    Rennes . . . . Blin. — Molliex.

    Strasbourg . . . . Lagier.

    Toulouse . . . . Dagallier.

    Valenciennes . . . . Giard.

Auxerre.—Imprimerie de Ed. PERRIQUET.

LE

MANUEL DES NOTAIRES

CONTENANT

UN NOUVEAU DICTIONNAIRE

DES FORMULES DE TOUS LES ACTES DES NOTAIRES

ET

UN COMMENTAIRE

OU, AU MOYEN DE CHIFFRES CORRESPONDANT A CEUX DU DICTIONNAIRE, ON FAIT
APPLICATION A CHAQUE ACTE, DE LA LÉGISLATION, DE LA JURISPRUDENCE,
DE L'OPINION DES AUTEURS ET DES LOIS, ARRÈTS ET DÉCISIONS
SUR L'ENREGISTREMENT ET LE TIMBRE,

PAR

Mᵉ F.-M. SELLIER,

NOTAIRE A VERMENTON (YONNE);

EN COLLABORATION AVEC PLUSIEURS JURISCONSULTES ET NOTAIRES.

TOME PREMIER.

PARIS,

A LA LIBRAIRIE DE JURISPRUDENCE DE COTILLON,

RUE DES GRÉS-SORBONNE, N° 16.

—

1841.

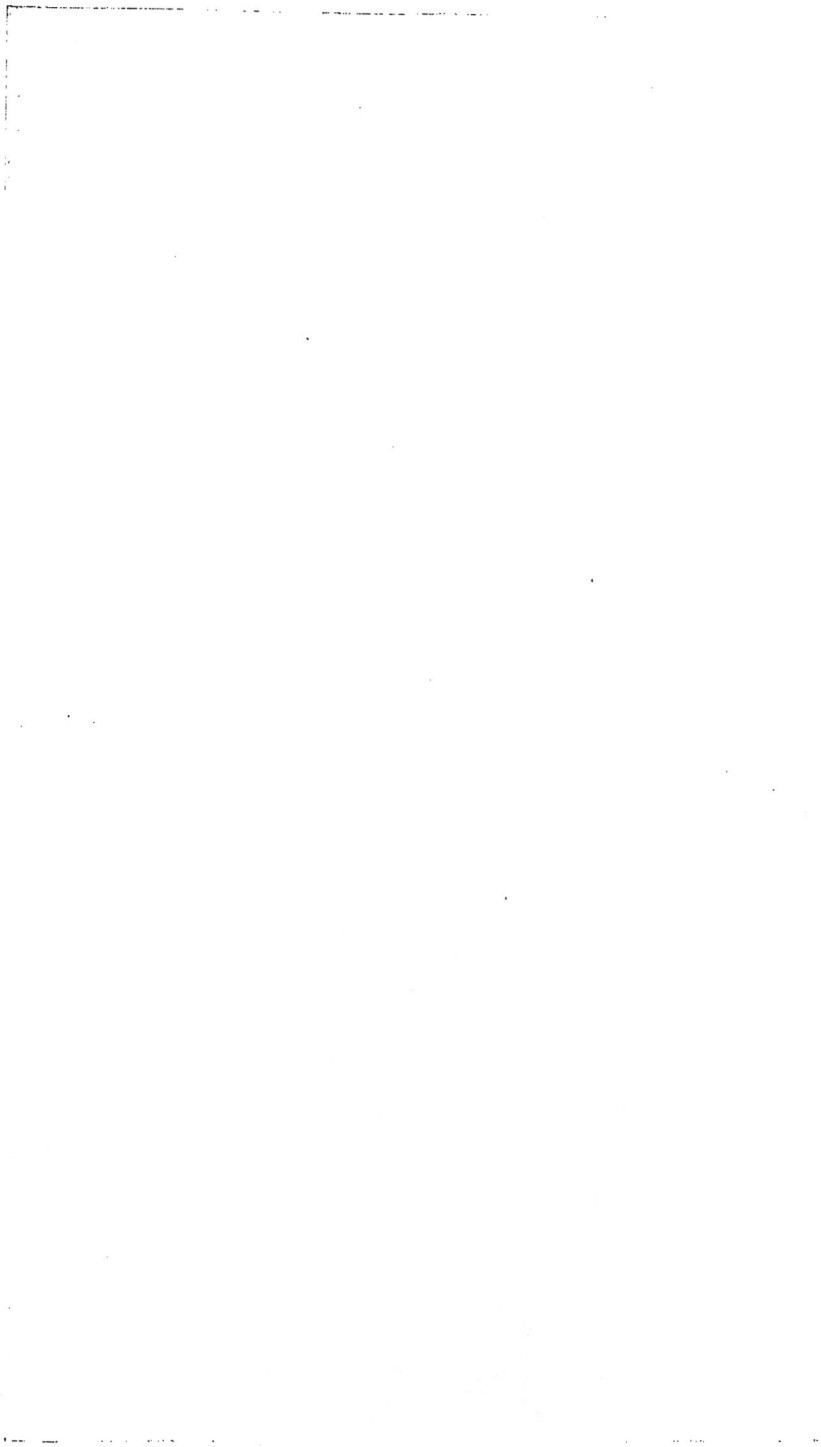

A M. Dupin,

PROCUREUR-GÉNÉRAL A LA COUR DE CASSATION,

ANCIEN PRÉSIDENT DE LA CHAMBRE DES DÉPUTÉS,

MEMBRE DE L'ACADÉMIE FRANÇAISE.

MONSIEUR,

Vous avez démontré, en plusieurs occasions, que la corporation des Notaires tenait, non–seulement de la Loi, mais encore de la confiance publique, les droits qu'on ne saurait, sans danger, lui ravir. Le Notaire, en effet, étant l'homme de la famille, il y a entre lui et la Société un lien qui les tient toujours unis, de sorte que blesser le Notaire, c'est en quelque sorte blesser chaque membre de la Société qui croit en lui.

Souffrez, Monsieur, que je vous témoigne ici ma part de reconnaissance pour cette manifestation publique de votre opinion qui a, sans doute, préservé nos droits de toute atteinte, car j'ai la conviction que si la loi

qui nous régit a traversé sans déchirure des temps de discordes qui probablement ne se renouvelleront plus, c'est à votre défense libre et spontanée,
à votre éloquent appui et à votre haute influence que nous le devons.

Permettez-moi, en même temps, Monsieur, d'oser vous dédier mon
MANUEL DES NOTAIRES.

S'il y a peu de mérite à en avoir conçu le plan, vous reconnaîtrez,
sans doute, qu'il a fallu faire de grandes recherches avant de disposer et
de mettre en ordre tous les matériaux qui composent l'ouvrage, et que,
sous ce rapport, je me suis donné une peine qui n'aura pas été inutile.
C'est la seule satisfaction que j'envie.

J'ai l'honneur d'être,

Monsieur,

Votre très-humble et très-respectueux serviteur,

SELLIER, *Notaire.*

Vermenton, le 1er juillet 1841.

PRÉFACE.

J'ai recherché pendant longtemps les moyens de joindre la théorie à la pratique en matière de droit civil, en mettant sous la main de chacun, à l'instant même où il en a besoin, *l'exemple et le précepte.*

Cette double condition m'a paru indispensable lorsqu'il s'agit d'actes de Notaires.

Tout acte devant se faire le plus souvent à l'heure même où les parties se présentent devant le Notaire, il est bien rare, pour peu que l'acte se complique, qu'il ne s'élève pas, soit quant au fond, soit quant à la forme, des difficultés dont la solution doit avoir lieu immédiatement. Sans doute, un Notaire bien instruit sur la législation et parfaitement au courant de la jurisprudence parviendra souvent à surmonter les difficultés, mais s'il n'a point encore toutes les connaissances nécessaires, si l'acte est fait par un clerc qui n'est pas assez expérimenté, ou les conventions seront rédigées au hasard et les intérêts des parties, ainsi que la responsabilité du Notaire, pourront se trouver compromis, ou elles le seront avec une parfaite connaissance du droit; mais dans ce dernier cas, comment faire pour acquérir cette connaissance immédiate ?

S'il faut passer des heures entières à compulser des ouvrages de droit lorsqu'il s'agit de faire un acte dans un très-court espace de temps, cela deviendra assurément fastidieux pour le Notaire et pour les parties. Trouver le moyen d'arriver à son but en quelques minutes seulement, m'a semblé être une véritable amélioration. C'est dans cette vue que j'ai fait le Manuel des Notaires.

A côté du mot qui m'a paru avoir besoin d'une explication, j'ai placé un chiffre qui renvoie à pareil chiffre, aux annotations qui forment le Commentaire du Formulaire. Dans la note, j'ai donné tous les développements que comportait le sujet qui y est traité, en rappelant la loi, la jurisprudence et l'opinion des auteurs. A ce moyen, toute personne qui aura un acte à rédiger n'aura plus d'ouvrages épars et coûteux à compulser, il lui suffira de se reporter au mot ou à la disposition qui présente une difficulté à résoudre et elle aura de suite la solution qu'elle désire.

Si mon ouvrage doit être utile pour les actes avant leur rédaction, il ne le sera pas moins lorsqu'il s'agira d'actes rédigés et que l'on voudra se rendre compte de leur validité. L'homme le moins érudit et qui cependant aura des notions dans les affaires civiles pourra lui-même apprécier la valeur d'un acte

qu'il aura passé, soit quant à la forme, soit quant au fond, en le comparant à la formule qui lui est propre et en consultant les notes pour les dispositions qui n'auraient point de similitude avec cette formule.

Cet ouvrage sera utile non-seulement aux Notaires, mais encore à tous ceux qui auront à appliquer les règles du droit, comme les Magistrats, les Avocats, les Avoués. Le Magistrat qui aura une peine à appliquer au Notaire pour raison d'une contravention cherchera, soit à la formule, soit à la table, le mot qui y est relatif et trouvera à la note la disposition de loi qu'il désire connaître ou l'état de la jurisprudence sur la matière qui doit faire l'objet de son jugement. L'Avocat consulté passera quelques minutes seulement à trouver la solution qu'il cherchera et n'aura point à compulser de volumineux ouvrages. Il en sera de même pour l'Avoué et pour tous autres hommes de loi.

Ce n'est pas tout. Ceux qui débutent dans la carrière du notariat s'emparent tout de suite de modèles d'actes qu'ils se gravent bien dans la mémoire, s'imaginant que toute la science du Notaire consiste à apprendre les formules par cœur. Mais avec un peu de pratique, ils ne tardent pas à reconnaître que leur savoir est très-superficiel. En effet, marchant sans guide et sans principe, dès qu'il faut faire une chose qui n'est pas conforme à la formule, ils sont arrêtés et cela se conçoit facilement : la formule est déjà un assez lourd bagage à porter dans sa tête et qui se compose de pièces et de morceaux qu'on a de la peine à assembler, parce qu'on n'en connaît ni la valeur ni le mécanisme ; or, s'il faut non-seulement assembler mais composer, cela devient un fardeau qu'on ne peut plus supporter.

Avec le MANUEL cet embarras cesse. On ne fait plus rien au hasard, on apprend la valeur des mots par les explications qui sont données, et s'il y a quelque danger à *innover* dans un cas ou dans un autre, ce danger est signalé dans le *Commentaire*.

La jurisprudence n'étant pas encore fixée sur beaucoup de points et variant sans cesse sur d'autres, et d'un autre côté, les formules pouvant subir des modifications nécessitées par l'usage, l'expérience et les lois à venir, il m'a semblé que mon but ne serait que très-imparfaitement atteint si je remettais à une autre édition pour signaler les changements survenus dans l'intervalle. — Un journal paraissant tous les mois et contenant toute la législation et la jurisprudence nouvelles, était un complément nécessaire pour tenir le MANUEL DES NOTAIRES toujours au courant. J'ai pensé à créer ce journal, dès que la première édition du MANUEL aura commencé à paraître.

DICTIONNAIRE

DES

FORMULES DE TOUS LES ACTES NOTARIÉS.

Tout volume de cette Édition qui ne sera pas numéroté et signé de l'auteur, comme il suit, sera considéré comme contrefait.

N° 1.er

Signature de l'Auteur,

LE MANUEL DES NOTAIRES.

DICTIONNAIRE

DES

FORMULES DE TOUS LES ACTES NOTARIÉS.

ABANDON DE BIENS PAR UN HÉRITIER BÉNÉFICIAIRE.

Pardevant Mᵉ Firmin [1] Cotta (*id.*) et son collègue (*id.*) Notaires [2] à.... (1) département de.... soussignés [15] (*a*).

               Est comparu,

M. Nicolas [3] Bardet (*id.*) négociant (*id.*) demeurant à.... (*id.*).

Seul héritier (78) de M. Germain Bardet, son père, en son vivant marchand de vins à.... où il est décédé le...., ainsi que le constate l'intitulé de l'inventaire (*b*) fait après son décès par Mᵉ.... qui en a gardé minute [59], et son collègue, Notaires à.... le....; dûment enregistré [42], mais seulement sous bénéfice d'inventaire [85], suivant la déclaration qu'il a faite au greffe du tribunal civil de première instance de.... le.... enregistrée [42].

    Lequel a dit et exposé :

Que d'après les renseignements contenus en l'inventaire précité et ceux qu'il s'est procurés ultérieurement, l'actif de la succession de son père susnommé présentait au moment de son décès une valeur plus que suffisante pour l'acquit des dettes et charges, et le paiement des legs ; et que, dès-lors, en prenant la qualité d'héritier bénéficiaire, il pouvait espérer de liquider promptement et facilement cette succession en satisfaisant tous les créanciers et légataires.

Mais que l'état de déconfiture dans lequel est tombé tout récemment le sieur Emmanuel Bargeot, débiteur de la majeure partie de l'actif mobilier de la succession, ne permet plus de compter sur l'acquittement intégral desdites dettes et charges : que de plus, les contestations qui se sont élevées entre les légataires et les créanciers de cette succession et même entre créanciers, doivent nécessairement augmenter

---

(*a*) Si l'acte est reçu par un Notaire en présence de deux témoins, on l'exprime ainsi :

« Pardevant Mᵉ Firmin Cotta, Notaire à.... département de.... soussigné, en présence des témoins ci-après nommés et » aussi soussignés. »

Et on fait ensuite dans le corps de l'acte toutes les substitutions que ce changement nécessite.

(*b*) V. aux formules : *Inventaire*.

le passif et entraver les opérations de liquidation en détruisant toute l'économie que ledit sieur Bardet s'était efforcé de mettre dans l'administration des biens et la gestion des affaires.

Que, dans cet état de choses, ledit sieur Bardet, ne voulant pas conserver plus longtemps une administration qu'il ne peut mener à bonne fin parce que son but est manqué et que les contestations existantes peuvent la prolonger indéfiniment, a pris la résolution d'user de la faculté que la loi lui donne de se décharger entièrement de l'administration dont il s'agit, ainsi que de l'obligation d'employer l'actif à l'acquittement des dettes et charges, en faisant aux créanciers l'abandon de tous les biens de la succession.

Qu'il se proposait en conséquence de faire cet abandon en justice; mais que les créanciers et légataires avaient manifesté l'intention de l'accepter volontairement, ce moyen étant moins dispendieux.

Dans cette disposition, et afin de faire connaître la situation des choses, M. Bardet a fait, ainsi qu'il suit, l'état des biens dont il avait l'administration en sa dite qualité d'héritier bénéficiaire et celui des créances actuellement réclamées contre la succession.

ÉTAT DE L'ACTIF CONNU DE LA SUCCESSION BÉNÉFICIAIRE DE M. GERMAIN BARDET (c).

Immeubles.

1° Une maison d'habitation avec toutes ses dépendances, situées à.... pouvant valoir dix mille francs. Ci 10,000

2° Un domaine appelé la ferme des Capucins, situé sur le finage de.... amplement désigné au bail qui en a été fait à Claude Picq suivant acte passé devant Me.... Notaire à.... le.... enregistré; produisant deux mille trois cents francs de revenu net et évalué soixante mille fr. Ci. . 60,000

3° Une pièce de bois, située sur le territoire de.... lieu dit le Champ-du-Feu, de la contenance de cinquante hectares, acquise par le défunt de.... suivant le contrat de vente notarié et enregistré, inventorié sous la cote 15 de l'inventaire susdaté. Ladite pièce de bois pouvant valoir cinquante mille francs. Ci 50,000

Créances.

4° Une somme de cinquante mille francs qui est due par le sieur Emmanuel Bargeot, ancien fournisseur, demeurant à.... suivant le titre notarié et enregistré, inventorié sous la cote douze de l'inventaire précité; laquelle somme, à cause de la déconfiture du sieur Bargeot qui offre vingt-cinq pour cent, pourra se réduire à douze mille cinq cents francs; ci, pour son capital nominal . 50,000

5° Et une somme de cinq mille francs qui est due par Antoine Bénard, cultivateur demeurant à... suivant une obligation notariée et enregistrée, portant intérêts à cinq pour cent et contenant affectation hypothécaire sur divers biens, laquelle obligation a été inventoriée sous la cote 15 de l'inventaire précité. Ci 5,000

Plus les intérêts de cette somme portés ici pour mémoire, ci. . . . . mémoire.

Total de l'actif 175,000

ÉTAT DU PASSIF DE LA SUCCESSION.

Le passif se compose :

1° De quarante-cinq mille francs qui sont réclamés par M. Charles Bourret, avocat, demeurant à... pour le prix du domaine de la ferme des Capucins mentionné sous le n° 2 de l'actif et

---

(c) Quand cet état est peu facile à arrêter tant à cause des changements que chacun y apporte à l'instant de signer qu'à cause de l'embarras que le Notaire éprouve à énoncer les titres s. s. p. non enregistrés [12], il est d'usage de le dresser sur une feuille de papier timbré en la forme indiquée au mot *État* et en le faisant certifier véritable et signer par toutes les parties de la manière indiquée au mot *Annexe*. V. aux formules: *État.* — *Annexe*.

qu'il a vendu au défunt. Ci 45,000

Plus des intérêts de cette somme, tirés pour . . . . *mémoire.*

2° De trente-huit mille francs qui sont réclamés par M. Jean Martinet, entrepreneur de bâtiments, demeurant à.... pour le montant des travaux de constructions et réparations qu'il a faits tant à la maison qu'au domaine désignés sous les n°s 1 et 2 de l'actif, ainsi qu'il résulte de deux procès-verbaux dûment enregistrés et en forme dressés par deux experts nommés successivement d'office par le tribunal civil de.... suivant la déclaration que ledit sieur Martinet a faite au comparant. Ci 38,000

Plus des intérêts de cette somme, tirés pour. . . . . *mémoire.*

3° De vingt-sept mille francs qui sont réclamés par M. Daniel Laventureux, marchand épicier, demeurant à.... pour le montant d'un billet qui parait être entre ses mains. Ci. 27,000

4° De vingt-quatre mille francs qui sont réclamés par M. Michel Marcot, ancien négociant, demeurant à.... pour le montant d'un autre billet qui parait être aussi entre ses mains. Ci. . . 24,000

5° De seize mille francs qui sont aussi réclamés par M. Nicolas Olivier, distillateur, demeurant à.... pour le montant d'une reconnaissance qui doit être entre ses mains. Ci. 16,000

Total. 150,000

et *mémoire.*

Ne sont point compris dans les sommes ci-dessus les legs qui ont été faits aux diverses personnes ci-après nommées suivant le testament du défunt. Desquels legs le montant s'élève à trente mille francs (d).

Après cet exposé, M. Bardet fils pour se décharger, ainsi qu'il vient d'être dit, de l'administration [85] des biens et du paiement des dettes [26] et charges [38], a formellement déclaré que, par ces présentes, il faisait l'abandon [23] aux créanciers [25] de la succession de son père et aux légataires [24] institués par son testament (e), de tous les biens, meubles [86] et immeubles [87] de ladite succession [88] en quoi qu'ils puissent consister, et notamment ceux désignés en l'état qui précède.

Pour que les objets légués soient délivrés [24] s'il y a lieu, aux légataires (*id.*).

Que les autres biens et même les objets légués non délivrés soient vendus (f) de la manière indiquée par la loi.

Que les créances [25] et deniers recouvrés soient touchés par qui il appartiendra.

Et que les prix des biens, ainsi que le produit des recouvrements, soient distribués entre lesdits légataires et créanciers, principalement entre ceux-ci, soit par ordre (g) de privilège et d'hypothèque, soit par contribution (h), suivant qu'il y aura lieu.

Interventions.

A ces présentes sont intervenus :

1° M. Valérien [3] Melou (*id.*) architecte (*id.*) demeurant à.... (*id.*).

2° M. Isaac Radut, rentier demeurant à....

3° M. François Simonnet, propriétaire demeurant à....

4° Et M. Philibert Ledoux, mécanicien demeurant à....

(d) Lorsque l'héritier bénéficiaire a un compte de gestion à rendre pour raison de l'administration qu'il a eue de la succession, il est d'usage de l'établir dans l'abandon même pour qu'il soit totalement déchargé des affaires de cette succession et c'est ici le lieu d'en parler.

Dans ce cas il faut se reporter au mot du Dictionnaire « *Compte de bénéfice d'inventaire* » pour la forme du compte à rendre.

(e) V. aux formules : *Testament.*

(f) V. aux formules : *Adjudication d'immeubles.* — *Vente de meubles.*

(g) V. aux formules : *Ordre.*

(h) V. aux formules : *Contributions et deniers.*

Tous quatre légataires [24] à titre particulier (*id.*) dudit feu sieur Germain Bardet, aux termes de son testament par acte public reçu en minute [59] et présence de témoins [14] par Me.... Notaire à.... le.... et dûment enregistré [42],

d'une part;

Et MM. Charles [5] Bouret (*id.*),
Jean Martinet,
Daniel Laventureux,
Michel Marcot,
Nicolas Olivier,

ci-devant dénommés et qualifiés [5] avec indication de domicile (*id.*); tous cinq créanciers [25] de la succession dudit sieur Germain Bardet ainsi qu'ils le déclarent et en justifieront au besoin, et les seuls qui se soient présentés jusqu'à ce jour en cette qualité, sans toutefois que l'énonciation faite ici de leur qualité de créanciers emporte de la part dudit sieur Bardet fils aucune reconnaissance [26] expresse ou tacite de leurs créances,

d'autre part;

Tous lesquels légataires et créanciers ont, par ces présentes, déclaré accepter formellement l'abandon ci-dessus fait par M. Bardet fils, mais sous la réserve :

1° De tous les droits [27] et actions [28], privilèges [29] et hypothèques [30] qu'ils peuvent avoir respectivement à exercer sur les biens de la succession de M. Bardet père;

2° De tous les droits [27] et actions [28], privilèges [29] et hypothèques [30] qu'ils peuvent avoir contre ledit sieur Bardet fils, soit comme co-débiteur solidaire [31] ou caution [32] de son père, soit relativement à son compte d'administration des biens de ladite succession;

3° De tous les droits [27] et actions [28] qu'ils peuvent avoir à exercer les uns contre les autres, n'entendant point y déroger;

4° Et que les énonciations [33] faites en l'état qui précède ne pourront nuire ni préjudicier à aucun d'eux.

Délibération entre les créanciers et les légataires.

Par ces mêmes présentes, tous les sus-nommés créanciers et légataires, après avoir délibéré entre eux, relativement au moyen de mener promptement à fin les affaires de la succession, et voulant s'éviter des formalités et des frais qui ne feraient que diminuer l'actif, déclarent conférer à trois d'entre eux, MM. Valérien Melou, Charles Bouret et Jean Martinet, l'exercice de tous les droits qui résultent de l'abandon qui précède en faveur de tous les créanciers collectivement, pour le règlement et la liquidation de toutes créances actives [25] comprises dans ledit abandon, pour la vente des biens abandonnés (*i*), pour les actes conservatoires [34] ou d'administration provisoire qui seraient à faire relativement à ces biens jusqu'au moment de la vente; en un mot, pour le versement immédiat à la caisse des dépôts et consignations [48] des fonds recouvrés pour prix de ventes (*j*), reliquats de comptes (*k*), intérêts [49], fruits [50] et revenus (*id.*).

Donnant, aux effets ci-dessus, tous pouvoirs (*l*) aux trois susnommés,

De faire toutes poursuites et diligences nécessaires à défaut de paiement ou en cas de contestations.

De procéder à toutes les opérations qu'ils jugeront utiles,

De faire soit en demandant, soit en défendant tous actes judiciaires et extrajudiciaires pour donner ou obtenir main-levée de toutes inscriptions hypothécaires, oppositions et saisies, ainsi que tous consentements et désistements.

Entendant, enfin, tous lesdits créanciers et légataires que les sieurs Melou, Bouret et Martinet,

(*i*) V. aux formules : « *Adjudications d'immeubles.* »
(*j*) V. aux formules : « *Vente.* »
(*k*) V. aux formules : « *Compte.* »
(*l*) V. aux formules : « *Procuration générale* » pour les explications des pouvoirs qui sont donnés ici.

agissent jusqu'à l'ordre ou distribution, et en toute occasion, au nom de tous les créanciers et légataires collectivement, comme les représentant dans leurs intérêts communs.

Domicile étant élu [11] pour tous en la demeure du sieur Melou, l'un d'eux, afin que les tiers [33] fassent à ce domicile, et non au domicile réel de chacun desdits créanciers et légataires, toutes les significations [20], demandes et poursuites qu'ils auraient à leur faire par suite de l'abandon qui précède; consentent même que lesdites significations, demandes et poursuites leur soient faites par les tiers sous la seule dénomination collective *de créanciers et légataires du sieur Germain Bardet.*

Il expressément convenu, dans l'intérêt desdits sieurs Melou, Bouret et Martinet, qu'ils ne seront garants d'aucun événement, pas même du défaut de poursuites ou de fautes commises dans la procédure; qu'ils seront remboursés, par privilége [29] et préférence, de tous leurs frais, faux-frais et déboursés; et enfin que chacun d'eux pourra se démettre de la fonction à lui conférée, par un simple acte à la suite [43] des présentes, sans avoir besoin d'obtenir l'assentiment des autres créanciers et sans être obligé de les appeler.

Il sera procédé, à la diligence soit de MM. Melou, Bouret et Martinet, soit de l'un d'eux ou de tout autre intéressé, à l'ordre et à la distribution des deniers, conformément à la loi et aux droits de chacun.

Si des créanciers actuellement inconnus venaient à se présenter avant l'ordre ou la distribution, MM. Melou, Bouret et Martinet feront auprès d'eux les démarches convenables pour les engager à adhérer aux présentes dispositions qui ont été faites dans l'intérêt commun des ayant-droit à l'hérédité.

M. Bardet fils, fait toutes réserves [51] et protestations (*id.*) contre les stipulations [52] qui viennent d'être faites entre lesdits créanciers et légataires, pour le cas où sa présence à ces stipulations viendrait à lui être opposée comme dérogeant à sa qualité d'héritier bénéficiaire, par d'autres créanciers de la succession actuellement inconnus, mais qui viendraient à se présenter en temps utile.

Remise des Titres [54].

M. Bardet fils a remis à MM. Melou, Bouret et Martinet, ès-mains du sieur Melou, l'un d'eux, qui le reconnaît, tous les titres et papiers de la succession qui sont tels qu'ils ont été cotés et paraphés lors de l'inventaire précité.

Coût des présentes.

Tous les déboursés [5] et honoraires (*id.*) des présentes seront portés au passif de la succession et classés dans la catégorie des sommes à payer par privilége et préférence; ainsi convenu entre les parties créancières et légataires.

Dont acte, fait et passé à.... [12], en l'étude (*id.*) l'an mil huit cent.... [13] le.... (*id.*) (*m*) et les parties ont signé [15] avec les Notaires, après lecture [16].

V. *Enregistrement*,   noté 18.
Décime par franc ou *subvention* 19.
Et au besoin la table alphabétique du 2e vol. contenant le Commentaire.

(*m*) Si l'acte est reçu par un Notaire en présence de deux témoins, on ajoute ici :

« En présence des sieurs (prénoms) [14] noms (*id.*) professions (*id.*) demeures (*id.*) tous deux témoins instrumentaires » (*id.*) soussignés [15]. »

Si le Notaire qui reçoit l'acte juge à propos de se faire attester l'individualité des parties qu'il ne connaît pas, on ajoute aussi :

« Et encore en présence des sieurs.... prénoms [5] noms (*id.*) qualités (*id.*) demeures (*id.*) qui attestent l'individualité « des comparants. »

Puis on termine l'acte ainsi :

« Et les parties ont signé avec les attestants, les témoins et le Notaire, après lecture. »

ABANDON D'UN FONDS GREVÉ D'UNE SERVITUDE DE PASSAGE.

Pardevant, etc. (comme en la formule qui précède et qui renvoie aux notes 1 et 2 du Commentaire),
Est comparu

Le sieur Léonard [5] Massé (*id.*), peintre en bâtiments (*id*), demeurant à.... (*id.*)

Lequel a exposé :

Que comme acquéreur du sieur Benjamin Monet ainsi qu'il sera dit ci-après, il est propriétaire d'un jardin situé à.... lieu dit l'Abîme, contigu par un bout au mur Gouttereau du bâtiment de la ferme de M. Stanislas Bertomieux, marchand épicier, demeurant à....

Que ce jardin est grevé d'une servitude de passage tant à pied qu'avec voitures en faveur de la ferme dudit sieur Bertomieux, appelée l'Abîme, lequel passage conduit à la cour de ladite ferme,

Qu'aux termes de l'acte constitutif de cette servitude, passé devant Me Adrien, qui en a gardé minute [59], et son collègue, Notaires à.... le.... dûment enregistré [42], le sieur Benjamin Monet, susnommé, précédent propriétaire du jardin dont il s'agit, s'est obligé et a obligé ceux qui en seraient propriétaires après lui, d'entretenir et réparer ledit passage de la manière exprimée en cet acte,

Que par le contrat de la vente faite de ce jardin au comparant par le sieur Monet, celui-ci a chargé spécialement ledit comparant de supporter cette servitude,

Que cette charge d'entretenir et réparer ledit passage est devenue tellement onéreuse pour le comparant qu'il préfère s'en affranchir en en faisant l'abandon autorisé par la loi.

En conséquence, ledit sieur Massé a déclaré, par ces présentes, faire abandon [55] purement et simplement de la partie de jardin ci-devant désignée, sur laquelle s'exerce le droit de passage établi en faveur (*id.*) de la ferme de M. Bertomieux par l'acte précité ; laquelle partie abandonnée a deux mètres de largeur et se trouve limitée par une palissade en planches que le comparant se réserve d'enlever à la première réquisition qui lui en sera faite.

Pour en faire et disposer par ledit sieur Bertomieux en pleine propriété [22] et jouissance à compter du jour de l'acceptation qu'il pourra faire dudit abandon ou de la signification [20] des présentes à sa personne ou à son domicile ; la délivrance ou tradition [8] de la partie de jardin grevée de servitude ne devant avoir lieu de plein droit que par le fait de l'acceptation ou de la signification dont il vient d'être parlé.

Cet abandon est fait par le sieur Massé, comparant, pour s'affranchir, en conformité de l'art. 699 du Code civil, de la charge imposée par le contrat précité au propriétaire du fonds grevé de la servitude.

Le jardin grevé de la servitude dont il s'agit appartient au sieur Massé pour en avoir fait l'acquisition du sieur Benjamin Monet, susnommé, suivant contrat passé devant Me...., Notaire à...., le.... dûment enregistré, moyennant la somme de cinq mille francs payés comptant et dont le contrat porte quittance.

Ce contrat a été transcrit au bureau des hypothèques de.... le.... vol.... n°.... sans qu'il se soit trouvé d'inscriptions ainsi qu'il résulte d'un état délivré par le conservateur des hypothèques après l'expiration de la quinzaine qui a suivi cette transcription (*a*).

_____

(*a*) V. aux formules : « *Établissement de propriété.* »

Quoique l'abandon dont il s'agit ici soit, lorsqu'il est accepté, un acte translatif de propriété (C. civ. 526, 557, 545, 1128), cependant il n'assujettit pas celui qui le fait à rapporter main-levée des inscriptions qui grèvent l'objet, parce que l'abandon étant gratuit, a, sous ce rapport, tout l'effet d'une donation (Note 9, n°s 6, 7).

Toutefois, comme cet abandon, quelque minime qu'il soit, opère un démembrement de la propriété, celui qui le fait doit prendre garde de s'exposer à rendre exigibles les obligations hypothécaires qui pourraient exister sur le fonds dont dépend la partie grevée de servitude, car la division de l'hypothèque ayant pour effet de diminuer les sûretés du créan-

M. Massé déclare qu'il est marié, mais qu'il n'est et n'a jamais été ni tuteur, ni curateur, ni comptable de deniers publics (*b*).

Le passage abandonné est évalué à un revenu annuel de douze francs pour asseoir le droit d'enregistrement.

Pour faire signifier [20] ces présentes à M. Bertomieux, tout pouvoir est donné au porteur d'une expédition (*c*).

Fait et passé, etc. (Voir la fin de la formule qui précède, laquelle renvoie aux notes 3, 12, 13, 14, 15 et 16 du Commentaire).

V. *Enregistrement*, note 56.
Décime par franc ou *subvention*, 19.
Et au besoin la table alphabétique du Commentaire.

ABANDON DE MITOYENNETÉ.

Abandon
de mitoyenneté.

Pardevant, etc. (comme en la première formule du Dictionnaire qui renvoie aux notes 1 et 2 du Commentaire).

Est comparu :

M. Paul [3] Durand (*id.*) rentier (*id.*) demeurant à.... (*id.*).

Lequel a dit

Qu'il est propriétaire d'un verger situé à.... rue.... qui tient d'un long du levant à la cour de la maison de M. Pierre Mussot, propriétaire, demeurant à.... d'autre long du couchant à la rue, d'un bout du midi au sieur Gossin, d'autre bout du nord au sieur Roy ;

Que ce verger est séparé de la cour de M. Mussot par un mur mitoyen qui est tombé en ruine en plusieurs endroits ;

Que M. Mussot, ayant l'intention de faire reconstruire ce mur, a fait sommation à M. Durand, comparant, par exploit de.... huissier à.... en date du.... présent mois, dûment enregistré [42], de se trouver sur place le.... du courant, à six heures du matin, avec deux ouvriers maçons pourvus d'outils et matériaux suffisants pour, avec pareil nombre d'ouvriers choisis par ledit sieur Mussot et munis des choses nécessaires, contribuer l'un et l'autre par moitié à la reconstruction dudit mur mitoyen et aux dépenses qu'elle pourra occasionner, sinon que lui sieur Mussot se pourvoirait en justice soit pour faire condamner ledit Durand à coopérer à cette reconstruction soit pour se faire autoriser à la faire faire seul et à répéter audit sieur Durand la moitié de la dépense sur la représentation des mémoires dument quittancés des ouvriers et fournisseurs.

Les choses en cet état, M. Durand, comparant, considérant que ce mur ne lui est d'aucune utilité, a déclaré par ces présentes, que, pour se dispenser de contribuer aux réparations et reconstructions, il abandonnait [41] purement et simplement le droit de mitoyenneté que ses titres et les signes apparents que

---

cier, celui-ci a alors une action contre son débiteur (Arg. C. civil 2114).

Ainsi, dans le premier cas, pour prévenir toute difficulté entre les parties, il n'est pas inutile de s'expliquer à cet égard dans la clause relative à la transcription, afin d'affranchir l'abandonnant de l'obligation de rapporter main-levée des inscriptions. — V. *Transcription* (clause de) Et dans le second cas, l'abandonnant a besoin d'être prévenu du danger qu'il peut y avoir, pour lui, à faire le moindre abandon de sa propriété.

(*b*) V. aux formules : « *Etat civil* (Déclaration relative à l')

(*c*) Si l'on veut s'éviter les frais d'une signification on peut faire intervenir celui à qui l'abandon profite pour le lui faire accepter, dans ce cas on se reporte au mot du Dictionnaire « *Acceptation d'abandon de fonds grevé de servitude* » pour ce qui concerne cette acceptation que l'on met à la place de l'alinéa relatif à la signification. — V. la formule d'*Intervention*.

2

10

l'on remarque sur les parties encore existantes lui attribuent sur le mur formant séparation de son verger d'avec la cour dudit sieur Mussot.

Pour en faire et disposer par ledit sieur Mussot en pleine propriété [22] et jouissance à compter du jour de l'acceptation qu'il pourra faire du présent abandon ou de la signification [20] des présentes à sa personne ou à son domicile ; la délivrance ou tradition [8] de la moitié dudit mur et du terrain sur lequel elle est assise ne devant avoir lieu de plein droit que par le fait de l'acceptation ou de la signification dont est ci-dessus parlé.

Le mur dont il s'agit est mitoyen entre le sieur Durand et le sieur Mussot pour avoir été originairement construit à frais communs entre eux sur la ligne séparative d'un terrain qu'ils ont partagé par moitié après l'avoir acquis conjointement de M. Valentin Mercier, entrepreneur de bâtiments demeurant à.... moyennant la somme de huit mille francs payée comptant, ainsi qu'il résulte d'un contrat passé en minute [59] devant Me.... Notaire à.... le.... dûment enregistré, transcrit au bureau des hypothèques de.... le.... vol.... no.... sans qu'alors et à l'expiration de la quinzaine qui a suivi cette transcription il se soit trouvé aucune inscription, ce qui résulte d'un certificat délivré par M. le conservateur des hypothèques le.... (a).

Le droit de mitoyenneté abandonné est évalué à un revenu annuel de huit francs pour l'application du droit d'enregistrement.

Pour faire signifier [20] ces présentes à M. Mussot, tout pouvoir est donné au porteur d'une expédition (b).

Fait et passé, etc. (Voir la fin de la première formule qui renvoie aux notes 3, 12, 13, 14, 15 et 16 du Commentaire).

V. *Enregistrement*, note 56.
Décime par franc ou subvention, 19.
Et au besoin la table alphabétique du Commentaire.

Abandonnement.

ABANDONNEMENT.

V. *Cession de biens judiciaire ;*
Cession de biens volontaire ;
Donation ;
Liquidation ;
Partage ;
Partage anticipé.

ACCEPTATION D'ABANDON DE FONDS GREVÉ DE SERVITUDE ;
PAR ACTE A LA SUITE [45] OU SÉPARÉ DE L'ABANDON.
(V. Suprà, page 8, la Formule de l'Abandon et les notes a et c de cette formule).

Acceptation d'abandon de fonds grevé de servitude.

Pardevant, etc. (comme en la première formule du Dictionnaire qui renvoie aux notes 1 et 2 du Commentaire).

Est comparu :

M. Stanislas [3] Bertonnieux (id.), marchand épicier (id.) demeurant à.... (id.).

Lequel, après que communication [21] et lecture lui ont été données par Me.... Notaire à.... soussigné,

---

(a) Même observation qu'à la note A qui est au bas de la page 8.
(b) Même observation qu'à la note C qui est au bas de la page 9.

sur la réquisition que le comparant lui a faite en sa qualité d'intéressé en nom direct, d'un acte passé devant lui en minute [39] et en présence de témoins le.... dûment enregistré [42] contenant abandon par le sieur Léonard Massé, peintre en bâtiments demeurant à.... de la pleine propriété et jouissance [22] de la partie de son jardin situé à.... lieu dit l'Abîme, sur laquelle s'exerce le droit de passage à pied et avec voitures établi en faveur de la ferme dudit sieur Bertomieux par acte passé devant Me Adrien et son collègue, Notaires à.... le..... aussi enregistré, laquelle partie abandonnée a deux mètres de largeur tout le long du mur gouttereau du bâtiment de la ferme du comparant et se trouve limitée par une palissade en planches que ledit sieur Massé se réserve d'enlever à la première réquisition qui lui en sera faite.

A déclaré qu'il acceptait formellement ledit abandon et qu'en conséquence il entendait faire et disposer dudit passage et du terrain sur lequel il s'exerce en toute propriété [22] et jouissance à compter de ce jour.

Pour faire signifier [20] ces présentes au sieur Massé tout pouvoir est donné au porteur d'une expédition des présentes.

Fait et passé, etc. (V. pour la terminaison de l'acte la fin de la première formule du Dictionnaire, page 7, laquelle renvoie aux notes 3, 12, 13, 14, 15 et 16 du Commentaire).

V. *Enregistrement*, note 57.
Décime par franc ou *subvention*, 19.
Et au besoin la table alphabétique du Commentaire.

ACCEPTATION D'ABANDON DE DROIT DE MITOYENNETÉ,

PAR ACTE A LA SUITE [45] OU SÉPARÉ DE L'ABANDON.

V. Suprà (page 9), la Formule de l'Abandon et les notes a et b de cette formule.

Acceptation d'abandon de mitoyenneté.

Pardevant, etc. (Voir la première formule du Dictionnaire qui renvoie aux notes 1 et 2 du Commentaire).
Est comparu :

M. Pierre [3] Mussot (*id.*), propriétaire (*id.*) demeurant à.... (*id.*).

Lequel, ayant connaissance au moyen de l'expédition à lui signifiée par exploit de...., huissier à.... en date du.... dûment enregistré [42] d'un acte passé devant Me.... Notaire à.... le.... aussi enregistré, contenant abandon par le sieur Paul Durand, rentier, demeurant à.... de son droit de mitoyenneté au mur qui sépare son verger situé à.... rue.... de la cour du comparant, pour se dispenser de contribuer aux réparations et reconstructions dudit mur aux termes de l'article 656 du Code civil.

A déclaré, par ces présentes, qu'il accepte l'abandon que ledit sieur Durand a fait de son droit à la mitoyenneté [41] du mur dont il s'agit et que son intention est d'user seul dudit mur en toute propriété [22] à compter de ce jour.

Pour faire signifier [20] ces présentes au sieur Durand tout pouvoir est donné au porteur d'une expédition.

Fait et passé, etc. (V. pour la terminaison de l'acte la fin de la 1re formule du Dictionnaire, page 7, qui renvoie aux notes 3, 12, 13, 14, 15 et 16 du Commentaire).

V. *Enregistrement*, note 57.
Décime par franc ou *subvention*, 19.
Et au besoin la table alphabétique du Commentaire.

ACCEPTATION DE DONATION,

PAR ACTE A LA SUITE (45) OU SÉPARÉ DE LA DONATION.

Acceptation de donation.

1° *Par des administrateurs autorisés.*

2° *Par des administrateurs non autorisés.*

3° *Par un ascendant.*

4° *Par un curateur au ventre.*

5° *Par une femme mariée.*

6° *Par un fiduciaire.*

7° *Par un individu pourvu d'un conseil judiciaire.*

8° *Par un majeur.*

9° *Par un mandataire.*

10° *Par un mineur émancipé.*

11° *Par un sourd-muet.*

12° *Par un tuteur de mineur ou interdit.*

1° Par des adminis-
trateurs autorisés.

ACCEPTATION DE DONATION PAR DES ADMINISTRATEURS AUTORISÉS.

Pardevant M°.... (V. la tête de formule page 1re du Dictionnaire et les notes 1 et 2 du Commentaire).
Sont comparus :

M. Antoine [3] Mignon (*id.*), maire de la ville de...., président-né de la commission administrative de l'hospice civil de ladite ville.

M. Charles Boisard, pharmacien ;
M. Edme Roussand, homme de loi ;
M. Jean-Baptiste Lioré, ancien notaire ;
Et M. Paul Lénaud, capitaine retraité.

Ces quatre derniers membres de la même commission.

Tous les sus-nommés demeurant [3] à...

Autorisés par ordonnance du Roi, en date du.... dernier, à accepter la donation faite en faveur dudit hospice, par M. François Collette, ancien procureur, demeurant ..., suivant acte passé devant M° Cottu, soussigné, qui en a gardé minute et son collègue, notaires à...., le...., dûment enregistré [42], et ce avec les charges exprimées audit acte : de laquelle ordonnance une expédition sur papier timbré [61], délivrée par M. le Préfet du département de...., et tirée sur une expédition signée de M. le Ministre de l'intérieur, est demeurée annexée à ces présentes après avoir été fait dessus mention de cette annexe par les Notaires soussignés.

Lesquels, en conformité de ladite ordonnance et après avoir de nouveau pris commmunication et lecture de l'acte sus-énoncé, par lequel M. Collette fait donation à l'hospice de...., d'une rente annuelle et perpé-tuelle sur l'Etat, cinq pour cent consolidés, de la somme de six cents francs, inscrite à son nom au Grand-Livre de la dette publique, sous le n°.... de la.... série, avec jouissance du 22 mars dernier , à la double condition que ledit hospice tiendra à perpétuité un lit à la disposition dudit sieur Collette ou de ses héritiers pour y recevoir tous les jours un malade, et qu'il y aura toujours à la tête de l'établissement une sœur hos-pitalière rétribuée par l'hospice.

Ont , par ces présentes, déclaré accepter [10] formellement et expressément pour l'hospice de.... la donation dont il s'agit et vouloir que ledit établissement en profite , comme aussi obliger ledit hospice à l'exécution des charges et conditions qui lui ont été imposées par ledit acte de donation.

A ces présentes est intervenu M. François [3] Collette, (*id.*) susnommé, ancien procureur (*id.*) demeu-rant à.... (*id.*).

Lequel a déclaré, par ces présentes, qu'il se tenait l'acceptation ci-dessus pour notifiée [10] et qu'il dispensait en conséquence la commission administrative de l'hospice de toute notification par acte extra-judiciaire.

Les déboursés [3] et honoraires (*id.*) des présentes et ceux de l'acte de donation seront supportés par l'hospice.

Dont acte, fait et passé, etc. (V. pour la terminaison de l'acte la fin de la 1re formule, page 7, qui renvoie aux notes 3, 12, 13, 14, 15 et 16 du Commentaire.)

V. *Enregistrement*   note 60.
Décime par franc ou *subvention*, 19.
Et au besoin la table alphabétique du Commentaire.

ACCEPTATION DE DONATION PAR DES ADMINISTRATEURS DE COMMUNE ET DE DÉPARTEMENT NON ENCORE AUTORISÉS.

2° Par des administrateurs de commune et de département non encore autorisés.

Par devant Me.... etc. (V. la tête de Formule, page 1re, qui renvoie aux notes 1 et 2 du Commentaire).
Sont comparus :

M. le vicomte Alfred [3] de Condy (*id.*), préfet (*id.*) du département de...., demeurant à.... (*id.*), rue... , hôtel de la Préfecture.

Agissant comme administrateur de son département, et ayant droit en cette qualité d'accepter, à titre conservatoire, les donations qui lui sont faites (*a*).

M. Antoine [3] Mignon (*id*), chevalier de l'Ordre de la légion-d'honneur (*id*), et maire de la ville de... , y demeurant (*id*), rue...., n°....

Agissant comme ayant été autorisé par le conseil municipal de la commune dont il est maire, à accepter, à titre conservatoire, la donation (*b*) dont il va être parlé, ainsi qu'il résulte d'une délibération prise par ledit conseil sous sa présidence, le.... du présent mois, et dont une expédition sur papier timbré est demeurée annexée à ces présentes après avoir été fait dessus mention de cette annexe par les Notaires soussignés.

Lesquels, après avoir pris communication et lecture d'un acte passé devant ledit Me.... qui en a minute [59], et son collègue, le...., dûment enregistré [42], contenant donation par M. Gaspard de Lavoisy, lieutenant-général, officier de l'Ordre de la légion-d'honneur, demeurant à.... savoir :

Au département de...., de la somme de cent mille francs qui devra être employée à ouvrir une route départementale d'Auxerre à Vézelay, passant au bout de l'avenue du château du Val-du-Buisson, situé sur le finage de Cravant, appartenant au donateur, de manière que cette somme ne soit acquise au département qu'autant que la route dont il s'agit serait ouverte et mise en bon état de viabilité dans toute son étendue, quelle que soit d'ailleurs la dépense que la confection de ladite route occasionnera, le donateur n'entendant point être tenu de la différence entre cette dépense et la somme donnée.

Et à la commune de.... où il est né, de la somme de vingt mille francs qui ne pourra être employée qu'à l'établissement, dans ladite commune, d'un hospice pour les malades.

Pour, lesdites sommes, être par lui déposées à la caisse des dépôts et consignations pour le compte du département et de la commune, sur la quittance de qui de droit, immédiatement après l'obtention des ordonnances royales autorisant l'ouverture de ladite route et l'établissement dudit hospice.

(*a*) L'acceptation ou le refus des legs et donations faits au département, ne peuvent être autorisés que par une ordonnance royale, le conseil d'État entendu. Le Préfet peut toujours, à titre conservatoire, accepter les legs et dons faits au département : l'ordonnance d'autorisation qui intervient ensuite, a effet du jour de cette acceptation (art. 31 de la loi sur les attributions des conseils généraux du 10 mai 1838).

(*b*) Les délibérations ayant pour objet l'acceptation des dons et legs d'objets mobiliers ou de sommes d'argent faits à la commune et aux établissements communaux sont exécutoires en vertu d'un arrêté du Préfet, lorsque leur valeur n'excède pas trois mille francs, et en vertu d'une ordonnance du Roi lorsque leur valeur est supérieure ou qu'il y a réclamation des prétendant-droit à la succession. Les délibérations qui porteraient refus de dons et legs, et toutes celles qui concerneraient des dons et legs d'objets mobiliers, ne sont exécutoires qu'en vertu d'une ordonnance du Roi. Le maire peut toujours, à titre conservatoire, accepter les dons et legs, en vertu de la délibération du conseil municipal : l'ordonnance du Roi ou l'arrêté du Préfet qui intervient ensuite, a effet du jour de cette acceptation (art. 48 de la loi sur l'administration municipale du 18 juillet 1837.

Ont, par ces présentes, déclaré, chacun en ce qui le concerne, accepter [10] expressément à titre conservatoire [34] la donation faite à leurs département et commune, et ce, sous les charges et conditions exprimées en cette donation.

Sous la réserve qu'ils font de renoncer [62] à ladite donation, ou de signifier au donateur qu'elle doit être considérée à leur égard et au sien comme non avenue, dans le cas où ils n'obtiendraient pas du gouvernement l'autorisation nécessaire pour l'accepter, ou pour sanctionner leur acceptation.

A ces présentes est intervenu :

M. Gaspard [3] de Lavoisy [3], lieutenant-général en retraite (id.), et officier de l'Ordre de la légion-d'honneur, demeurant à.... (id.).

Lequel a déclaré, par ces présentes, se tenir l'acceptation ci-dessus pour notifiée [10], et se considérer comme bien et dûment engagé dès-à-présent envers le département et la commune, pourvu toutefois qu'il intervienne une ordonnance royale d'autorisation, laquelle aura effet du jour de la présente acceptation, sans qu'il soit besoin de la renouveler.

Les déboursés [3] et honoraires (id.) des présentes, et ceux de la donation seront payés et supportés par le département et la commune, chacun en raison du don qui lui est fait.

Pour l'exécution des charges et conditions de la donation domicile est élu [11], savoir ; par le donateur en sa demeure ci-dessus indiquée ; par M. le Préfet en l'hôtel de la Préfecture et par M. le Maire de...., à l'hôtel-de-ville de sa commune.

Dont acte, fait et passé à.... etc. (V. pour la terminaison de l'acte la fin de la première formule du Dictionnaire, page 7, et les notes 3, 12, 13, 14, 15, 16 du Commentaire).

> V. *Enregistrement,* note 60.
> *Décime par franc* ou *subvention*, 19.
> Et au besoin la table alphabétique du Commentaire.

ACCEPTATION DE DONATION PAR UN ASCENDANT [72].

Pardevant, etc. (V. la tête de formule, page 1re, qui renvoie aux notes 1 et 2 du Commentaire).

Est comparu :

3° Par un ascendant.

Le sieur Abraham [3] Quatrevaux (id.), ancien maître de poste (id.), demeurant à.... (id.).

Stipulant [52] pour Isaac [3] Vauprot (id.), son petit-fils mineur [63], sans profession (id), demeurant à.... (id), né du mariage [63] de Emélie Quatrevaux, sa fille, avec Narcisse Vauprot, tous deux décédés.

Lequel, après avoir pris lecture et communication de l'expédition [64] d'un acte passé devant Me Tournier, qui en a gardé minute [59] et son collègue, notaires à...., le...., dûment enregistré [42], contenant donation par M. Didier Nodigeon, propriétaire, demeurant à...., audit mineur Isaac Vauprot, son cousin, à cause de Reine Quatrevaux, femme Nodigeon, sa mère, qui était sœur de Emélie Quatrevaux, femme Vauprot, susnommée, mère dudit mineur, du domaine de Vaux-Charmes, situé sur le finage de...., amplement désigné au bail qui en a été fait au sieur Nicolas Palpat, devant ledit Me Tournier, le...., aussi enregistré, pour n'en jouir qu'au décès du donateur qui s'en réserve l'usufruit [65] sa vie durant, à la charge, 1° de payer les contributions [58] dudit domaine à partir du jour de son entrée en jouissance ; 2° de souffrir les servitudes [55] passives de toute espèce dont ce domaine peut être grevé, sauf à lui à s'en défendre et à faire valoir celles actives qui peuvent exister, le tout à ses risques et périls ; 3° et de payer tous les déboursés et honoraires [3] de ladite donation, ainsi que ceux de l'acceptation.

A déclaré, par ces présentes, accepter [10] formellement pour ledit mineur la donation faite à ce dernier par ledit sieur Nodigeon suivant l'acte sus-énoncé, et consentir dans l'intérêt du mineur qu'elle reçoive son exécution.

A ces présentes est intervenu ledit sieur Didier [3] Nodigeon (id.), propriétaire (id.), demeurant à.... id.).

Lequel a déclaré se tenir l'acceptation ci-dessus pour notifiée [10], et dispenser en conséquence son donataire de toute notification par acte extra-judiciaire [70].

Dont acte, fait et passé etc. (V. pour la terminaison de l'acte la fin de la première formule, page 7, qui renvoie aux notes 3, 12, 13, 14, 15 et 16. du Commentaire).

V. *Enregistrement,* note 60.
Décime par franc ou *subvention* , 19.
Et au besoin la table alphabétique du Commentaire.

ACCEPTATION DE DONATION PAR UN CURATEUR AU VENTRE.

Pardevant, etc. (V. page 1re la tête de formule qui renvoie aux notes 1 et 2 du Commentaire).

Est comparu :

4e Par un curateur au ventre.

M. Ferdinand [3] Jacquemard (*id.*), mécanicien (*id.*), demeurant à.... (*id.*), rue...., n°....

Agissant comme curateur au ventre [66] de Mme Aspasie Grossein, ve de M. Joseph Pinchon , domicilié à...., nommé à cette qualité à l'effet d'accepter la donation faite à l'enfant dont est enceinte ladite dame veuve Pinchon par M. Léon Bussy, avocat, demeurant à Paris , rue Saint-Jacques , n°.... , ainsi qu'il résulte d'une délibération du conseil de famille des parents et amis de ladite dame et de son défunt mari, tenu devant M. le Juge de paix du...., arrondissement de Paris, suivant son procès-verbal en date du...., enregistré, et dont une expédition en forme est demeurée ci-annexée après avoir été fait dessus mention de cette annexe par les Notaires soussignés

Lequel , en sa dite qualité, après avoir pris communication et entendu la lecture à lui faite par Me...., l'un des Notaires soussignés, d'un acte passé devant lui qui en a gardé minute [39] et son collègue , le...., dûment enregistré [42], contenant donation par M. Léon Bussy, sus-nommé, à l'enfant actuellement conçu et dont est enceinte la dame Aspasie Grossein, ve Pinchon, sus-nommée, sa cousine-germaine comme étant elle et lui enfants des deux sœurs, de la nue propriété [22] d'une somme de trente mille francs portant intérêts, qui lui est due par M. François Bussy, son père, pour le reliquat de son compte de tutelle ainsi qu'il résulte d'un acte passé devant Me.... qui en a gardé minute et son collègue notaires à.... , le.... , laquelle somme est garantie par l'hypothèque légale [30] qu'il a sur tous les biens de son père, laquelle hypothèque a été inscrite au bureau des ypohthèques de...., le...., vol...., n°...., pour par l'enfant à naître de ladite dame ve Pinchon, ne réunir l'usufruit [69] à la nue propriété qu'au décès du donateur qui se l'est réservé pendant sa vie, sous la condition que dans le cas où le remboursement de cette somme serait exigé de son père par le donateur , il ne pourrait être reçu par ce dernier qu'en la présence du tuteur de l'enfant à naître pour faire le placement de la somme en rentes sur l'état au nom de chacun suivant ses droits.

A déclaré, par ces présentes, accepter [10] formellement et expressément pour l'enfant à naître de ladite dame ve Pinchon, la donation à lui faite par l'acte de donation précité.

A ces présentes est intervenu ledit sieur Léon [3] Bussy (*id.*), avocat (*id.*), demeurant à.... (*id.*).

Lequel a déclaré se tenir l'acceptation ci-dessus pour notifiée [10] et dispenser le curateur de toute notification par acte extra-judiciaire.

Se soumet ledit sieur Bussy à payer le coût [8] des présentes sans aucun recours [67] contre le donataire.

Dont acte , fait et passé, etc. (V. pour la terminaison de l'acte la fin de la première formule , page 7, qui renvoie aux notes 3, 12, 13, 14, 15 et 16 du Commentaire).

V. *Enregistrement,* note 60.
Décime par franc ou *subvention,* 19.
Et au besoin la table alphabétique du Commentaire.

ACCEPTATION DE DONATION PAR UNE FEMME MARIÉE.

5e Par une femme mariée.

Pardevant, etc. (V. à la page 1re la tête de formule qui renvoie aux notes 1 et 2 du Commentaire).

Est comparu :

Mme Laure [3] Finoreil (*id.*) épouse de M. Joseph (*id.*) Delorme (*id.*) , rentier (*id.*) , avec lequel elle de-

meure à.... (*id.*) ruê.... n°.... ladite dame, de son mari, à ce présent, dûment autorisée [68] à l'effet de ce qui suit :

Laquelle, après avoir pris communication et entendu la lecture à elle faite par Me...., Notaire soussigné, d'un acte passé devant lui et son collègue le.... dûment enregistré [42], contenant donation par M. Emile Girard, capitaine retraité, demeurant à.... de la nue propriété d'une maison avec toutes ses dépendances, située à...., rue...., n°...., pour ne réunir l'usufruit [69] à la nue propriété [22] qu'après le décès du donateur qui s'est réservé d'en jouir sa vie durant ; à la charge seulement par la donataire de payer les contributions [58] de cette maison à partir du jour de son entrée en jouissance.

A déclaré, par ces présentes, accepter [10] formellement et expressément la donation qui lui a été faite par M. Girard, suivant l'acte précité et vouloir profiter du bénéfice de cette donation.

A ces présentes est intervenu ledit sieur Emile [3] Girard (*id.*), capitaine retraité (*id.*) demeurant à.... (*id.*)

Lequel a déclaré se tenir l'acceptation ci-dessus pour notifiée (10) et dispenser la donataire de toute notification par acte extra-judiciaire [10].

Dont acte, fait et passé, etc. (V. pour la terminaison de l'acte la fin de la 1re formule, page 7, qui renvoie aux notes 3, 12, 13, 14, 15, et 16 du Commentaire)

V. *Enregistrement*,   note 60.

Décime par franc ou *subvention*, 19.

Et au besoin la table alphabétique du Commentaire.

ACCEPTATION DE DONATION PAR UN FIDUCIAIRE. [73]

6° Par un fiduciaire.

Pardevant, etc. (V. à la page 1re la tête de formule qui renvoie aux notes 1 et 2 du Commentaire).

Est comparu :

M. Félix [3] Bonnefoi (*id.*), négociant (*id.*) demeurant à...., rue...., n°...., (*id.*)

Lequel, après avoir pris communication et lecture d'un acte passé devant Me...., Notaire soussigné qui en a gardé minute [59] et son collègue le.... dûment enregistré [42], contenant donation par M. Pierre Laventureux, ancien commissaire des guerres demeurant à...., au sieur Bonnefoi comparant, son neveu, du domaine du Buisson-Rond, situé au finage de...., avec toutes ses dépendances [71], à la charge par le donataire de rendre ce domaine à M Achille Laventureux, fils du donateur, peintre actuellement en voyage hors de France, lorsqu'il sera de retour à la maison de son père; pour en faire et disposer en toute propriété et jouissance, à compter du jour de la donation à la charge seulement d'acquitter les contributions [58] et de payer tous les déboursés et honoraires [5] de la donation et de l'acceptation.

A déclaré, par ces présentes, accepter [10] formellement et expressément ladite donation, et s'obliger à l'exécution des charges et conditions qui lui sont imposées par cette donation, se soumettant à rendre compte audit sieur Achille Laventureux, de l'administration qu'il aura eue dudit domaine, dans lequel compte figureront, bien entendu, les sommes qu'il aura avancées pour le coût des présentes et celui de la donation.

A ces présentes est intervenu M. Pierre [3] Laventureux (*id.*) susnommé, ancien commissaire des guerres (*id.*) demeurant à.... (*id.*)

Lequel a déclaré se tenir la présente acceptation pour notifiée [10] et dispenser en conséquence le donataire de toute notification par acte extra-judiciaire [70].

Dont acte, fait et passé, etc. (V. pour la terminaison de l'acte, page 7, la fin de la 1re formule qui renvoie aux notes 3, 12, 13, 14, 15 et 16 du Commentaire).

V. *Enregistrement*,   n° 60.

Décime par franc où *subvention*   19.

Et au besoin la table alphabétique du Commentaire.

ACCEPTATION DE DONATION PAR UN INDIVIDU POURVU D'UN CONSEIL JUDICIAIRE [74].

Pardevant, etc. (Comme en la première formule du Dictionnaire qui renvoie aux notes 1, 2 et 15 du Commentaire).

7° Par un individu pourvu d'un conseil judiciaire.

Est comparu :

M. Narcisse [3] Guilleret (*id.*), élève en droit (*id.*), demeurant à Paris (*id.*) rue... n°....

Assisté de M. Michel [3] Chrétien (*id.*), avocat (*id.*), demeurant (*id.*) aussi à Paris rue.... n°.... son conseil judiciaire, nommé à cette fonction suivant jugement [75] rendu par la seconde Chambre du tribunal civil de première instance de la Seine le.... dûment enregistré [42] et signifié [20].

Lequel, après avoir conjointement avec son conseil pris communication [21] et entendu la lecture que Me.... Notaire susdit et soussigné a faite d'un acte passé devant lui qui en a gardé minute [59] et son collègue le.... dûment enregistré [42], par lequel Mme Victoire Duclocher, veuve de M. Louis Villet, rentière, demeurant à...., fait donation au sieur Guilleret, comparant, son neveu à cause de Madame Gertrude Duclocher, veuve Guilleret, mère de ce dernier, sa sœur, d'une créance [7] de la somme de vingt mille francs en principal, portant intérêts, qui lui est due par le sieur Vincent Ducanon, célibataire majeur et entrepreneur de bâtiments, demeurant à...., pour le montant d'une obligation passée devant Me.... qui en a minute et son collègue, Notaires à...., le...., dûment enregistrée et en vertu de laquelle il a été pris inscription au bureau des hypothèques de...., le...., vol...., n°...., sur une maison située à...., hypothéquée [30] à la sûreté de ladite somme.

A déclaré, par ces présentes, que de l'agrément de son curateur susnommé il acceptait [10] formellement et expressément la donation à lui faite par Madame veuve Villet, sa tante; son intention étant de profiter des avantages de cette donation.

Pour faire notifier [10] ces présentes, tant à la donatrice qu'au débiteur de la créance, tout pouvoir est donné au porteur d'une expédition [64].

Se soumet, le donataire, à payer tous les déboursés et honoraires [5] relatifs à la donation, laquelle a été faite à cette charge.

Dont acte, fait et passé, etc. (V. pour la terminaison de l'acte la fin de la formule, page 7, qui renvoie aux notes 12, 13, 14, 3, 15 et 16 du Commentaire).

V. *Enregistrement*, note 60.
Décime par franc ou *Subvention*, 19.
Et au besoin la table alphabétique du Commentaire.

ACCEPTATION DE DONATION PAR UN MAJEUR [79].

Pardevant, etc. (Comme en la première formule du Dictionnaire, qui renvoie aux notes 1, 2 et 15 du Commentaire).

8° Par un majeur.

Est comparu :

M. François-Marie [3] Lenoir (*id.*), marchand de bois de charpente (*id.*), demeurant à.... (*id.*).

Lequel, après avoir pris communication [21] et lecture de l'expédition [64] en forme d'un acte passé devant Me Chevanne qui en a gardé minute [59] et son collègue, Notaires à...., le...., dûment enregistré [42], contenant donation [81] au profit dudit sieur Lenoir par le sieur Pierre-Jacques Lenoir, son oncle, ancien négociant, demeurant à...., d'une pièce [7] de pré de la contenance [91] de quatre hectares soixante-quinze ares, situés sur le finage de Clamecy, lieu dit la Pointe-d'Yonne, plus amplement désignée audit acte,

3

à la charge par le donataire, 1° de payer les déboursés et honoraires [5] que ladite donation occasionnerait 2° d'acquitter les contributions [58] de toute nature imposées sur ladite pièce de pré à partir du jour de son entrée en jouissance [22] ; 3° de souffrir les servitudes [55] passives de toute espèce dont cette pièce de pré pouvait être grevée, sauf à faire valoir celles actives, le tout à ses risques et périls ; 4° et de servir au donateur une rente [76] ou pension viagère, franche de retenue [49], de trois cents francs par an, payable par termes [77] de trois en trois mois à compter du jour de la donation.

A déclaré, par ces présentes, accepter [10] formellement et expressément ladite donation pour lui, ses héritiers [78] et ayants-cause [6], et vouloir en profiter, comme aussi s'obliger à l'exécution de toutes les charges et conditions qui lui ont été imposées par ledit acte de donation.

Pour faire notifier [10] ces présentes à qui il appartiendra, tout pouvoir est donné au porteur d'une expédition [64].

Pour l'exécution des charges à lui imposées par l'acte de donation précité, ledit sieur François-Marie Lenoir fait élection de domicile [11] en sa demeure sus-indiquée.

Fait et passé, etc. (V. pour la terminaison de l'acte la fin de la 1re formule, page 7, qui renvoie aux notes 12, 13, 14, 3, 15 et 16 du Commentaire).

      V. *Enregistrement*,   note 60.
      Décime par franc ou *Subvention*,   19.
      Et au besoin la table alphabétique du Commentaire.

ACCEPTATION DE DONATION PAR UN MANDATAIRE [80].

9° Par un manda-
taire.
Pardevant, etc. (Comme en la première formule du Dictionnaire, qui renvoie aux notes 1, 2 et 15 du Commentaire).

    Est comparu :

M. Adolphe [5] Regnaud (*id.*), clerc de Notaire (*id.*), demeurant à.... (*id.*).

Agissant en ces présentes comme mandataire spécial de M. Achille [5] Stalin (*id.*), garçon majeur, sans profession (*id.*), demeurant à.... (*id.*), aux termes de la procuration [10 et 80] qu'il lui a donnée par acte passé devant Me.... qui en a gardé minute [59] et son collègue, Notaires à...., le...., dûment enregistré [42], de laquelle procuration une expédition [64] en forme est demeurée annexée à ces présentes après avoir été, du mandataire, certifiée véritable (a) en présence des Notaires soussignés.

Lequel, après avoir pris communication [21] et lecture, en sa qualité sus-exprimée, d'une expédition [64] en forme de l'acte passé devant Me.... qui en a minute et son collègue, Notaires à...., le...., aussi enregistré, par lequel Madame Valentine Lemair, veuve de M. Jean Bertinot, rentière, demeurant à...., aïeule maternelle dudit sieur Achille Stalin, lui fait donation [81], par préciput et hors part (*id.*), d'une maison [7] située à...., rue...., avec toutes ses dépendances [71], à la charge seulement de payer tous les frais [5] qui seront la conséquence de la donation et d'acquitter les contributions [58] de toute nature imposées sur ladite maison, à partir du jour de l'entrée en jouissance [22] qui a été fixée au premier janvier prochain par la perception des loyers.

A déclaré, par ces présentes, qu'il acceptait [10] formellement et expressément pour M. Achille Stalin, son mandant [80], la donation à lui faite par Madame veuve Bertinot, son aïeule, aux termes de l'acte sus-énoncé, attendu que l'intention dudit sieur Stalin était de profiter des avantages de cette donation.

Pour faire notifier [10] ces présentes à Madame veuve Bertinot et à telle autre personne que besoin sera, tout pouvoir est donné au porteur d'une expédition [64].

(a) V. aux formules le mot « *Annexe* » où l'on explique en quel cas il est nécessaire de faire certifier véritable la pièce annexée par celui qui la représente.

Fait et passé, etc. (V. pour la terminaison de l'acte la fin de la première formule, page 7, qui renvoie aux notes 12, 13, 14, 3, 15 et 16 du Commentaire).

V. *Enregistrement,* note 60.
Décime par franc ou *Subvention,* 19.
Et au besoin la table alphabétique du Commentaire.

ACCEPTATION DE DONATION PAR UN MINEUR ÉMANCIPÉ [82].

Par devant, etc. (Comme en la première formule du Dictionnaire, qui renvoie aux notes 1, 2 et 15 du Commentaire).

10° Par un mineur émancipé.

Est comparu :

M. Isidore [3] Bélard (*id.*), étudiant en médecine (*id.*), demeurant à.... (*id.*).

Mineur émancipé d'âge [82] par délibération de ses parents et amis réunis en conseil de famille [95], sous la présidence de M. le Juge de paix du canton de...., suivant son procès-verbal en date du...., dûment enregistré [42] ; et procédant sous l'assistance de M. Isaac [3] Genty (*id.*), Pharmacien (*id.*), demeurant à.... (*id.*), à ce présent, son curateur [66], nommé à cette fonction qu'il a acceptée suivant la délibération sus-énoncée.

Lequel, sieur Bélard, après avoir pris communication [21] et lecture avec son curateur d'une expédition de l'acte passé devant Me.... qui en a gardé minute [59] et son collègue, Notaires à...., le...., dûment enregistré [42], par lequel M. Honoré Gagneux, curé de...., y demeurant, fait donation [81], à M. Bélard, sus-nommé, son neveu par sa mère, d'une rente [7] foncière [76], annuelle et perpétuelle, franche de retenue [49], de cinq cents francs payable [84] le premier juillet de chaque année, au capital de dix mille fr., laquelle appartient au donateur et lui est due par Sébastien Frivol, cultivateur, et Jeanne Jacquelin, sa femme, demeurant à...., pour prix de la vente qu'il leur a faite de quinze hectares de terres labourables, prés, chenevières et vignes, en plusieurs pièces, suivant contrat passé en minute et présence de témoins devant Me James, Notaire à Vitry, le quinze avril mil huit cent vingt-quatre, aussi enregistré.

A déclaré, par ces présentes, étant assisté comme il est dit ci-dessus, qu'il acceptait [10] formellement et expressément la donation qui lui a été faite par M. Gagneux, son oncle, aux termes de l'acte précité, son intention étant de profiter de l'avantage que lui offre cette donation.

Pour faire notifier [10] ces présentes au donateur et pour les faire signifier [20] aux débiteurs de la rente, tout pouvoir est donné au porteur d'une expédition.

Se soumet, le sieur Bélard, à payer le coût [5] des présentes et celui de la donation, ainsi qu'il en a été chargé par l'acte précité.

Fait et passé, etc. (V. pour la terminaison de l'acte la fin de la première formule, page 7, qui renvoie aux notes 12, 13, 14, 3, 15 et 16 du Commentaire.

V. *Enregistrement,* note 60.
Décime par franc ou *Subvention,* 19.
Et au besoin la table alphabétique du Commentaire.

ACCEPTATION DE DONATION PAR UN SOURD-MUET.

11° Par un sourd-muet.

Par devant, etc. (Comme en la première formule du Dictionnaire, qui renvoie aux notes 1, 2 et 15 du Commentaire).

Est comparu :

Le sieur Michel [3] Belin (*id.*), garçon majeur, sans profession (*id.*), demeurant à.... (*id.*), et sourd-mu
sachant écrire (*a*).

Lequel, ayant été imformé par écrit par le Notaire soussigné, que, suivant acte passé devant lui en m
nute [39], et présence de témoins [14], le...., dûment enregistré [42], Marie Belin , sa tante , veuve
Pierre Letellier, rentière, demeurant à...., lui a fait donation [81], entre vifs et irrévocable, d'une ren
[7] constituée [76], annuelle et perpétuelle, franche de retenue [49], de trois cents francs, payable le pr
mier janvier de chaque année, au capital de six mille francs, laquelle appartient à la donatrice et lui e
due par Claude Bonnet, propriétaire, et Jeanne Coëffe, sa femme, demeurant à...., solidairement ent
eux, suivant contrat de constitution passé devant Me...., Notaire à...., le...., dûment enregistré, par hyp
thèque sur divers biens désignés audit contrat et en l'inscription [83] qui a été prise pour sûreté de ladi
rente au bureau des hypothèques de...., le...., vol...., n°....

Et après avoir pris communication [21] dudit acte de donation sur une expédition remise entre ses main

A déclaré, par ces présentes et encore par écrit communiqué au Notaire soussigné, qu'il acceptait [1
formellement et expressément la donation à lui faite par la veuve Letellier, sa tante , sus-nommée , au
termes de l'acte précité, son intention étant de profiter du bénéfice de cette donation.

Pour faire notifier [10] ces présentes à la donatrice et pour les faire signifier [20] aux débiteurs de
rente, tout pouvoir est donné au porteur d'une expédition [64].

Les déboursés [5] et honoraires (*id.*) de la donation et ceux des présentes seront payés par la donatric
qui s'y est obligée par la donation sus-datée.

Fait et passé, etc. (V. pour la terminaison de l'acte la fin de la première formule, page 7, qui renvoie

Pour l'indication du lieu où l'acte est passé   à la note 12 du Commentaire.
Pour la date de l'acte   à la note 13.
Pour la présence des témoins instrumentaires   à la note 14.
Pour la présence des témoins certificateurs de l'individualité à la note 5.
Pour la signature de l'acte   à la note 15.
Et pour la lecture   à la note 16.

V. *Enregistrement* ,   note 60.
Décime par franc ou *Subvention* ,   19.
Et au besoin la table alphabétique du Commentaire.

ACCEPTATION DE DONATION PAR LE TUTEUR D'UN MINEUR NON ÉMANCIPÉ OU D'UN INTERDIT.

12e Par un tuteur
de mineur ou inter-
dit.

Pardevant, etc. (Comme en la première formule du Dictionnaire qui renvoie aux notes 1, 2 et 15 du
Commentaire).

Est comparu :

M. Nicolas [3] Cartaut (*id.*), célibataire majeur sans profession (*id.*), demeurant à.... (*id.*).

Stipulant comme tuteur du mineur Jean [3] Boisseau (*id.*), demeurant .... (*id.*), avec lui étant et en
cette qualité autorisé à l'effet de l'acceptation ci-après, par délibération du Conseil (93) de famille dudit
mineur, tenu devant M. le juge de paix du canton de...., suivant son procès-verbal en date du...., dû-

---

(*a*) Si le sourd-muet est majeur et ne sait pas écrire, l'acceptation doit-être faite par un curateur qui lui est nommé à cet
effet par le conseil de famille [95], comme il est dit aux art. 405 et suivants du Code civil (Code civil 936 , et alors on peut
suivre pour l'acceptation la 12e formule ci-après en substituant la qualité de *curateur* à celle de *tuteur*. Étant bien entendu
que si le sourd-muet est mineur l'acceptation doit-être faite par un ascendant ou un tuteur (V. les 5e et 12e formules .

ment enregistré [42], et dont une expédition en bonne forme est demeurée annexée [33] à ces présentes après avoir été fait dessus mention de cette annexe (*a*) par les Notaires soussignés.

(*b*) Lequel, en cette qualité, après avoir pris communication [21] et lecture d'une expédition [64] de l'acte passé devant Mᵉ.... qui en a gardé minute [59] et son collègue, Notaires à...., le...., dûment enregistré [42], par lequel la dame félicité Camiset, veuve du sieur Germain Raffin, aïeule maternelle dudit mineur, lui fait donation entre-vifs et irrévocable avec dispense de rapport de dix pièces [7] d'héritages, appartenant à la donatrice, situées sur le finage de...., contenant [40] en totalité cinq hectares cinquante ares et plus amplement désignées audit acte, à la charge par le donataire, 1° de payer les déboursés [5] et honoraires [*id.*] de la donation et de l'acceptation ; 2° d'acquitter les contributions [58] de toute nature des biens donnés à partir du jour de l'entrée en jouissance qui a été fixée au premier janvier mil huit cent....; 3° de souffrir les servitudes [55] de toute espèce qui peuvent grever les biens donnés, sauf au donataire à s'en défendre et à faire valoir celles actives à son profit.

A déclaré, par ces présentes, qu'il acceptait [10] formellement et expressément pour le mineur Boisseau la donation à lui faite par la veuve Raffin, son aïeule, aux termes de l'acte précité, afin que ledit mineur profite, dès-aujourd'hui, du bénéfice de cette donation.

A ces présentes est intervenue la dame Félicité [3] Camiset (*id.*), veuve du sieur Germain Raffin, sus-nommée, propriétaire (*id.*), demeurant à.... (*id.*).

Laquelle a déclaré se tenir l'acceptation ci-dessus pour notifiée [10], et dispenser en conséquence le tuteur du mineur de toute notification par acte extrajudiciaire [70].

Dont acte, fait et passé, etc. (V. pour la terminaison de l'acte la fin de la première formule, page 7, qui renvoie aux notes 12, 13, 14, 3, 15 et 16 du Commentaire).

  V. *Enregistrement*,   note 60.
  Décime par franc ou *Subvention*,   19.
  Et au besoin la table alphabétique du Commentaire.

ACCEPTATION DE LETTRE DE CHANGE [97].

PAR ACTE A LA SUITE [45] OU SÉPARÉ DE LA LETTRE DE CHANGE.

1   Par devant Mᵉ.... (Comme en la première formule du Dictionnaire qui renvoie aux notes 1, 2 et 15 du   *Acceptation de lettre de change.*
Commentaire).

2   Est comparu :

3   M. François [3] Cholet (*id.*), entrepreneur de bâtiments (*id.*), demeurant à Paris, rue de Londre, n° 999 (*id.*), patenté [43] à la mairie de son arrondissement pour la présente année à la date du...., 2ᵉ classe, n° 26.

4   Lequel a dit que ne sachant point signer il entend néanmoins accepter la lettre de change [97] tirée sur lui, pour la somme de cinq mille francs, par M. Tripet, marchand de charpentes, demeurant à Clamecy, le premier juillet dernier et payable à trente jours de vue [77], laquelle lettre est d'autre part (*ou bien*) est ainsi conçue :

        Clamecy, le 1ᵉʳ juillet 1841.

5   A trente jours de vue [77], il vous plaira de payer, par cette première de change, à M. Brivot ou à son ordre, la somme de cinq mille fr. que vous avez reçue de moi en marchandises, et que passerez, en débet, à mon compte, sans autre avis
6   *A M. Cholet, entrepreneur de bâtiments,*   de votre serviteur,
à Paris, rue de Londres, n° 999.   Signé TRIPET.

(*a*) **V.** aux formules le mot « *Annexe* » où l'on explique en quel cas il est nécessaire de faire certifier véritable la pièce annexée par celui qui s'en sert.

(*b*) Lorsqu'il s'agit d'une donation faite à un interdit, la formule d'acceptation est la même que celle-ci, sauf le changement que nécessite l'état civil de la personne donataire.

7 En conséquence, voulant suppléer à la forme usitée dans le commerce et qu'il ne peut remplir lui-même, il déclare, par ces présentes, accepter [97] la susdite lettre de change pour, ainsi qu'il s'y oblige, en payer le montant, à son échéance, audit sieur Brivot ou à son ordre.

8 Dont acte, fait et passé à.... [12], en l'étude (id.), l'an mil huit cent.... [13], le.... (id.), et le comparant a déclaré ne savoir signer de ce interpellé par les Notaires qui ont signé seuls, après lecture [16].

9 V. *Enregistrement*, note 18, nos 75, 76, 396, et note 98.

10 *Décime par franc* ou *Subvention*, note 19.

11 Et au besoin la table alphabétique du Commentaire.

ACCEPTATION PAR UN TIERS DÉLÉGATAIRE D'UNE STIPULATION [52] OU DÉLÉGATION [100] A SON PROFIT.

PAR ACTE A LA SUITE [45] OU SÉPARÉ DE CELUI QUI CONTIENT LA STIPULATION.

Acceptation d'une stipulation ou délégation.

1 Par devant Me (Comme en la première formule du Dictionnaire, qui renvoie aux notes 1, 2 et 15 du Commentaire).

2 Est comparu :

3 M. Maurice [3] Petit (id.), commis voyageur (id), demeurant (id.) à.,..., rue...., n°....

4 Lequel après avoir pris communication [21] et entendu la lecture faite par M. Cotta l'un des Notaires soussignés, d'un acte passé devant lui, qui en a gardé minute [59] et son collègue, le.. ., dûment enregistré [42], contenant donation par M. Germain Camut, négociant, demeurant à...., au profit de M. Mathurin Perducet, marchand épicier, demeurant à.. ., d'une maison [7] située à...., à la charge entre autres choses de payer au sieur Petit, comparant, la somme de trois mille francs due à ce dernier par ledit sieur Camut pour le prix de cinq cents kilogrammes [91] de laine, quatre cents kilogrammes de coton et trois cents kilogrammes de fil, que ledit sieur Petit lui avait vendus et livrés.

5 A déclaré par ces présentes qu'il acceptait la délégation [100] résultant de la stipulation faite à son profit dans l'acte de donation ci-dessus daté, et qu'il voulait en profiter (a).

6 Pour faire signifier [20] ces présentes à qui besoin sera, tout pouvoir est donné au porteur d'une expédition [64].

7 Dont acte, fait et passé à.... [12] en l'étude (id), l'an mil huit cent.... [13], le.... (id.), et le comparant a signé [15] avec les Notaires, après lecture [16].

8 V. *Enregistrement*, note 99.

9 *Décime par francs* ou *Subvention*, 19.

10 Et au besoin la table alphabétique du Commentaire.

ACCEPTATION DE DÉLÉGATION.

Acceptation de délégation.

Pour les acceptations de délégation on peut se servir :

(a) Cette acceptation est faite en exécution de l'art. 1121 du C. civ., afin que la disposition ne puisse plus être révoquée par le disposant : mais, comme complément de l'acceptation, il est utile qu'elle soit signifiée à la personne chargée de payer; car si, avant la signification, le donataire avait payé soit au donateur, soit à une personne désignée dans une révocation faite par celui-ci, sa libération serait valable.

1° Pour le délégataire, de la formule qui précède en consultant la note *a* qui est au bas de cette formule et la note 100 du Commentaire.

2° Et pour le debiteur délégué , des formules d'acceptation de transport ci-après, n⁰ˢ 2, 4 et 6.

ACCEPTATION DE TRANSPORT OU DE CESSION.

PAR ACTE A LA SUITE [45] OU SÉPARÉ DU TRANSPORT.

1° *De bail.*

2° *De créances.*

5° *Du droit à l'exercice d'un réméré.*

4° *De droits successifs.*

5° *De marché de constructions.*

6° *De rentes sur particuliers.*

1° ACCEPTATION DE TRANSPORT DE BAIL', PAR LE BAILLEUR.

1 Par devant Mᵉ etc. (Comme en la première formule du Dictionnaire, qui renvoie aux notes 1, 2 et 15 du Commentaire.

2 Est comparu :

3 M. Emile [3] Mirault (*id*), propriétaire (*id*), demeurant à.... (*id*).

4 Lequel, après lecture à lui donnée par Mᵉ Cotta, l'un des Notaires soussignés, d'un acte passé devant lui, en minute [39], le..., dûment enregistré [42], contenant transport [96] par M. Daniel Ravenel, logeur en garni, demeurant à...., à M. Gabriel Vailland, aubergiste, demeurant à...., pour les six années restant à courir à compter du premier juillet prochain, du bail [106] que le comparant a fait audit sieur Ravenel de la maison que ce dernier occupe depuis près de trois ans et située à...., rue...., n°...., moyennant la somme de quinze cents francs de loyer annuel outre les charges et conditions insérées audit bail passé devant ledit Mᵉ Cotta, Notaire soussigné, le...., dûment enregistré [42]

5 A , par ces présentes, déclaré avoir ledit transport de bail pour agréable, se le tenir pour bien et dûment signifié, et accepter ledit sieur Vaillant pour locataire de la maison dont il s'agit, à compter du premier juillet prochain, au lieu et place du sieur Ravenel, moyennant le loyer et aux autres charges et conditions exprimées audit bail , sous la réserve (*a*) néanmoins de tous les droits résultant de ce même bail contre ledit sieur Ravenel, lequel demeurera, en conséquence, répondant solidaire [32] de son cessionnaire pour toutes les dispositions du bail qui sont à la charge du locataire.

6 Dont acte, fait et passé à [12]...., en l'étude (*id*), l'an mil huit cent.... [13], le.... (*id*.) et le comparant a signé [15] avec les Notaires, après lecture [16].

7 V. *Enregistrement*,   note 56.

8 *Décime par franc* ou *Subvention*,   19.

9 Et au besoin la table alphabétique du Commentaire.

(*a*) Cette réserve ainsi que l'acceptation ne sont nécessaires que quand le bail contient la défense expresse de céder son bail, car la faculté de le faire est de droit commun (C. civ. 1717).

2° ACCEPTATION DE TRANSPORT DE CRÉANCE.

2° De créance.

1 Pardevant M^e etc. (Comme en la première formule du Dictionnaire qui renvoie aux notes 1, 2 et 15 du Commentaire).

2 Est comparu :

3 M. Jacques [3] Marion (*id.*), propriétaire cultivateur, (*id.*), demeurant (*id.*) à...., rue...., n°....

4 Lequel, après avoir pris communication [21] et entendu la lecture que lui a faite Me Cotta, l'un des Notaires soussignés, d'un acte passé devant lui en minute [59], le...., dûment enregistré [42], contenant transport par M. Adrien Lenoble, rentier, demeurant à...., au sieur Edme Pigeonnet, marchand épicier, demeurant au même lieu, de la somme de cinq mille francs due audit sieur Lenoble par le sieur Marion comparant, aux termes d'une obligation [107] passée aussi en minute devant ledit Me Cotta, le...., dûment enregistrée.

5 A, par ces présentes, déclaré avoir ledit transport [96] pour agréable, se le tenir pour bien et dûment signifié, et n'avoir entre les mains aucune saisie-arrêt [108] ou opposition (*id.*) qui puisse en arrêter l'effet (*a*).

6 Dont acte, fait et passé à.... [12] en l'étude (*id*); l'an mil huit cent...., [13] le.... (*id.*), etc. (Comme en la première formule du Dictionnaire, page 7).

7 V. *Enregistrement*, note 99.

8 *Décime par franc* ou *Subvention*, 19.

Et au besoin la table alphabétique du Commentaire.

3° ACCEPTATION DE CESSION DU DROIT A L'EXERCICE D'UN RÉMÉRÉ [121].

3° Du droit à l'exercice d'un réméré.

1 Par devant, etc. (Comme en la première formule du Dictionnaire qui renvoie aux notes 1, 2 et 15 du Commentaire).

2 Est comparu :

3 M. Didier [3] Leroux (*id*)., agent d'affaires (*id*.), demeurant (*id*.) à...., rue...., n°....

4 Lequel, après avoir pris communication [21] et lecture d'un acte passé en minute [59] devant Me Lerile et son confrère, Notaires à..., le...., dûment enregistré [42], contenant transport (109) par M. Athanaze Pelletier, blanchisseur, demeurant à...., à M. Isaïe Rachel, rentier, demeurant à...., de son droit au retrait par l'exercice du réméré d'un terrain situé à...., servant d'étendoir qu'il a vendu à M. Leroux, comparant, moyennant trois mille francs payés comptant et avec faculté de réméré [7] sur ledit objet pendant cinq ans à compter du premier janvier dernier, le tout ainsi qu'il résulte d'un contrat de vente passé devant ledit Me Lerile, le...., dûment enregistré et transcrit [111] au bureau des hypothèques de...., le...., vol...., n°....

5 A, par ces présentes, déclaré agréer ledit transport, se le tenir pour bien et dûment signifié, et n'a-

(*a*) Lorsqu'un débiteur craint d'être exposé à payer deux fois parce qu'il n'aurait pas connaissance d'une saisie-arrêt signifiée [20] à son domicile et dont la copie aurait été laissée à un serviteur ou à un voisin, ou au Maire, il arrive quelquefois que son acceptation est ainsi faite. « Lequel, a déclaré avoir ledit transport pour agréable, se le tenir pour signifié, et n'être pas à sa connaissance qu'il existe aucune opposition ou empêchement qui puisse en arrêter l'effet. » (V. la note 6 *in fine*).

voir entre les mains aucune signification de droits qui puisse empêcher l'effet de la cession consentie par M. Pelletier à M. Rachel, suivant l'acte sus-énoncé (a).

6 Dont acte, aux frais [5] du sieur Rachel, ci-devant prénommé [3], qualifié et domicilié , à ce présent et qui en a requis expédition.

7 Fait et passé à.... [12], en l'étude (id.) ; l'an mil huit cent.... [13], le.... (id.), et les comparants ont signé [15] avec les Notaires, après lecture [16].

8 V. Enregistrement, . note 99.
9 Décime par franc ou Subvention, 19.
Et au besoin la table alphabétique du Commentaire.

4° ACCEPTATION DE TRANSPORT DE DROITS SUCCESSIFS.

4° De droits succes-
sifs.

1 Par devant Me (Comme en la première formule du Dictionnaire qui renvoie aux notes 1, 2 et 15 du Commentaire)

2 Est comparu :

3 M. Ovide [3] Lenfant (id.), garçon majeur, sans profession (id.), demeurant à...., (id.).

4 Seul héritier de M. François Lenfant, son père, en son vivant, cultivateur à.... où il est décédé le trois février dernier, ainsi que le constate l'intitulé de l'inventaire fait après son décès par Me Cotta, l'un des Notaires soussignés qui en a gardé minute [59], le trois avril dernier et jours suivants , dûment enregistré [42].

5 Lequel sieur François Lenfant était débiteur envers M. Bonaventure Lereuil, ci-après nommé , d'une somme principale de dix mille francs, en vertu d'une obligation passée en minute devant Me Saint-Hilaire, Notaire à...., le...., aussi dûment enregistrée.

6 Lequel, après avoir pris communication [21] par la lecture qui lui en a été faite par Me Cotta, l'un des Notaires soussignés, d'un acte reçu par ledit Notaire en minute [59] et présence de témoins, le trois décembre dernier, aussi dûment enregistré, contenant transport par M. Maxime Lereuil , marchand droguiste, demeurant à...., au sieur Bénigne Letourneur, rentier , demeurant au même lieu , moyennant la somme de vingt-cinq mille francs payés comptant, de tous les droits mobiliers et immobiliers composant la succession de M. Bonaventure Lereuil, son père , et qui lui appartiennent tant de son chef que comme cessionnaire des droits revenant à ses frères et sœurs dans ladite succession, le tout ainsi qu'il est plus amplement expliqué audit transport.

7 A, par ces présentes, déclaré agréer ledit transport pour ce qui peut le concerner, se le tenir pour bien et dûment signifié, et n'avoir entre les mains ni saisie arrêt, ni opposition ou autre empêchement qui puisse en arrêter l'effet (b).

8 Dont acte, aux frais [5] du sieur Letourneur, ci-devant prénommé [3], qualifié (id.) et domicilié (id.) à ce présent et qui l'a requis.

(a) Dans l'état actuel de notre législation cette acceptation n'est pas indispensable pour la validité de la cession comme quand il s'agit de créances et autres droits incorporels (C. civ. 1690). Dans le cas rappelé en la formule , le transport ayant pour objet une action immobilière puisqu'elle tend à revendiquer un immeuble (C. civ. 526), il n'est pas de rigueur de faire connaître son droit au détenteur de la chose, il y a dessaisissement de propriété du jour du transport qui a tous les effets d'une vente (C. civ. 1583). Or, si dans l'espèce une acceptation a lieu, c'est pour la plus grande sûreté du cessionnaire et afin de mieux constater son droit.

(b) Cette acceptation est nécessaire parce qu'il s'agit d'une créance. Il en serait autrement s'il s'agissait d'un droit immobilier, ou si, dans ce dernier cas, elle avait lieu, ce serait comme surcroît de sûreté (V. la note a au bas de la formule qui précède).

⁹ Fait et passé à.... [12], en l'étude (id.), l'an mil huit cent.... [13] , le.... (id.) (a), et les parties comparantes ont signé [19] avec les Notaires, après lecture [16].

¹⁰ V. *Enregistrement*, note 99.

¹¹   *Décime par franc ou Subvention*,   19.

¹²   Et au besoin la table alphabétique du Commentaire.

5° De marché de constructions.

5° ACCEPTATION DE TRANSPORT DE MARCHÉ DE CONSTRUCTIONS.

¹ Pardevant Mᵉ etc. (Comme en la première formule du Dictionnaire qui renvoie aux notes 1, 2 et 13 du Commentaire).

²   Est comparu :

³ M. Mathieu [3] Bardoux (id.), restaurateur (id.), demeurant à.... (id.).

⁴ Lequel, après avoir pris communication [21] par la lecture que Mᵉ Cotta, l'un des Notaires soussignés, lui en a donnée, d'un acte passé devant lui qui en a gardé minute [89], le onze novembre dernier, dûment enregistré [42], par lequel le sieur Michel Débarbouillé, entrepreneur de bâtiments, demeurant à...., a cédé à M. Charles Guibourg, architecte, demeurant au même lieu, le marché de constructions qu'il s'était engagé de faire pour le sieur Bardoux comparant, le tout ainsi qu'il est plus amplement expliqué en l'acte contenant toutes les conditions dudit marché passé devant Mᵉ Leduc, Notaire à...., le...., dûment enregistré [42].

⁵ A, par ces présentes, déclaré agréer ledit transport et se le tenir pour signifié, en conséquence, accepter M. Guibourg comme entrepreneur du marché de constructions aux lieu et place du sieur Débarbouillé, lequel demeure déchargé entièrement des obligations qu'il avait contractées par le susdit marché.

⁶ Dont acte, aux frais [5] du sieur Guibourg, ci-devant prénommé [3], qualifié (id.) et domicilié (id.) à ce présent et qui l'a requis.

⁷ Fait et passé, etc. (Comme à la fin de la première formule du Dictionnaire, p. 7).

⁸ V. *Enregistrement*,   notes 56 et 99.

⁹   *Décime par franc ou Subvention*, ·   19.

¹⁰   Et au besoin la table alphabétique du Commentaire.

6° ACCEPTATION DE TRANSPORT DE RENTES SUR PARTICULIERS.

6° De rentes sur particuliers.

¹ Par devant Mᵉ etc. (Comme en la première formule du Dictionnaire qui renvoie aux notes 1, 2 et 13 du Commentaire).

²   Est comparu :

³ M. Stanislas [3] Bonnet (id.), cultivateur (id.), demeurant à.... (id.).

⁴ Lequel, après avoir entendu la lecture que Mᵉ Cotta l'un des Notaires soussignés lui a faite en présence de son confrère, d'un acte passé devant ledit Mᵉ Cotta, le..., dûment enregistré, contenant transport par le sieur Julien Cornu, conducteur des ponts et chaussées, demeurant à...., au sieur Paul Dorneau, rentier, demeurant à...., d'une rente constituée [76] annuelle et perpétuelle, franche de retenue [49], de cinquante francs, payable le vingt-cinq décembre, au capital de mille francs, due audit sieur Cornu par le sieur Bonnet, comparant, suivant contrat passé devant Mᵉ Lamballe qui en a gardé minute [89] et son collègue Notaires à...., le...., dûment enregistré [42].

⁵ A, par ces présentes, déclaré avoir ledit transport [96] pour agréable, se le tenir pour bien et dûment

---

(a) V. à la page 7 du Dictionnaire la mention relative aux témoins instrumentaires et certificateurs de l'individualité, et par suite les notes 14 et 5 du Commentaire.

signifié, et n'avoir entre les mains ni saisie-arrêt [108], ni opposition (*id.*) ou autre empêchement qui puisse en arrêter l'effet.

6 Dont acte aux frais [5] du sieur Dorneau ci-devant prénommé [3], qualifié (*id.*) et domicilié (*id.*) à ce présent et qui a requis la délivrance d'une expédition [64].

7 Fait et passé à.... [12], en l'étude (*id.*), l'an mil huit cent.... [13], le.... (*id.*), et les parties ont signé [15] avec les Notaires, après lecture [16] (Voir la mention qui est au bas de la page 7 du Dictionnaire, et qui renvoie aux notes 14 et 3 du Commentaire).

8   V. *Enregistrement*,   note 99.
9   *Décime par franc* ou *Subvention*,   19.
10   Et au besoin la table alphabétique du Commentaire.

ACQUIESCEMENT.

1° *A une demande en justice.*
2° *A un jugement par défaut.*
3° *Et à une opération d'arpentage et bornage.*

1° ACQUIESCEMENT [116] A UNE DEMANDE EN JUSTICE.

1 Pardevant M° etc. (Comme en la première formule du Dictionnaire qui renvoie aux notes 1, 2 et 15 du Commentaire).

2   Est comparu :

3 Le sieur Michel [3] Cadoux (*id.*), laboureur (*id.*), demeurant (*id.*) au hameau du val-du-Puits, commune de....

4 Lequel a dit qu'il a été cité [112] par exploit [113] de Oudinot, huissier à...., en date du...., enregistré [42 n° 5], devant la justice de paix du canton de Vermenton, à la requête du sieur François Dupont, propriétaire, demeurant à...., pour (porte la citation), attendu que ledit sieur Cadoux s'est permis, depuis environ un mois, de combler le fossé [41] qui sépare le champ du citant d'avec celui du cité, situé sur le territoire de...., au climat de la Forte-Vallée, dont le requérant était en possession [27] paisible et dont il jouissait depuis un temps immémorial par lui et ses auteurs [115], notamment depuis an et jour, avant le trouble qui vient de lui être causé par ledit sieur Cadoux ; attendu que cette voie de fait donne lieu au profit du requérant à l'action en réintégrande [27]; voir dire et ordonner que le requérant sera réintégré dans la possession dudit fossé, lequel sera rétabli dans le même et semblable état où il était avant ladite entreprise, et faute de ce faire dans le délai de trois jours de la signification du jugement à intervenir, autoriser le requérant à faire faire lesdits travaux aux frais dudit sieur Cadoux ; condamner le cité en dix francs de dommages-intérêts, le tout même par corps.

5 Qu'ayant reconnu que la demande dudit sieur Dupont était fondée par le motif que tout le rejet de la terre du fossé était de son côté, il déclarait par ces présentes acquiescer [116], comme de fait il acquiesce purement et simplement à la demande du sieur Dupont, s'obligeant, en conséquence, à retirer d'ici à quinzaine du fossé en question toute la terre qui lui a servi à le combler, à ne laisser aucun rejet de son côté, mais seulement du côté du sieur Dupont, pour qu'ainsi les choses se trouvent dans l'état où elles étaient avant l'entreprise du comparant.

6 A ces présentes est intervenu le sieur Dupont, ci-devant prénommé [3] et qualifié (*id.*) avec indication de domicile (*id.*).

7 Lequel a, par ces présentes, déclaré se tenir pour notifié [122] l'acquiescement ci-dessus, et a reconnu

avoir reçu dudit sieur Cadoux les dix francs de dommages-intérêts réclamés , plus trois francs cinquante-sept centimes pour le coût de la citation, dont quittance, sous la réserve de tous ses droits et actions pour le cas où ledit sieur Cadoux ne rétablirait pas les choses dans leur état primitif.

8 Pour l'exécution des présentes les parties font élection de domicile [11] en leurs demeures actuelles.

9 Tous les déboursés [3] et honoraires (id.) des présentes seront supportés par le sieur Cadoux qui en fournira une expédition [64] au sieur Dupont.

10 Dont acte, fait et passé à... (V. la fin de la première formule du Dictionnaire, page 7, qui renvoie aux notes 12, 13, 14, 3, 15 et 16 du Commentaire).

11   V. *Enregistrement ,*   notes 56, 99 et 117.

12   *Décime par franc ou Subvention ,*   19.

13   Et au besoin la table alphabétique du Commentaire.

2° ACQUIESCEMENT [116] A UN JUGEMENT PAR DÉFAUT.

2° A un jugement par défaut.

1 Par devant Me etc. (Comme en la première formule du Dictionnaire qui renvoie aux notes 1, 2 et 15 du Commentaire).

2   Est comparu :

3 Le sieur Joseph [3] Barblet (*id.*), charpentier (*id.*), demeurant (*id.*) à...., où il est patenté [43] pour la présente année, à la date du 13 janvier dernier, 5e classe, n° 8.

4 Lequel a, par ces présentes, déclaré acquiescer [7] purement et simplement au jugement par défaut [75] rendu contre lui au profit de M. Gabriel Charpillon, marchand de bois, demeurant à...., par le tribunal [118] de commerce d'Auxerre, le...., dûment enregistré [42], lequel jugement condamne ledit sieur Barblet à payer à M. Charpillon la somme de huit cents francs pour fourniture de bois de charpente , avec les intérêts [49] de cette somme à partir du jour de la demande [119] et aux dépens [120].

5 Renonçant, en conséquence, à former opposition [75] audit jugement qu'il s'oblige , au contraire, d'exécuter dans toutes ses dispositions, voulant qu'à son égard il sortisse son plein et entier effet comme s'il eût été rendu contradictoirement.

6 Pour faire notifier [122] ces présentes à qui de droit, tout pouvoir est donné au porteur d'une expédition [64].

7 Dont acte, aux frais [3] du comparant.

8 Fait et passé, etc. (V. la fin de la première formule du Dictionnaire, page 7, qui renvoie aux notes 12, 13, 14, 3, 15 et 16 du Commentaire).

9   V. *Enregistrement ,*   note 56.

10   *Décime par franc ou Subvention ,*   19.

11   Et au besoin la table alphabétique du Commentaire.

3° ACQUIESCEMENT [116] A UNE OPÉRATION D'ARPENTAGE ET BORNAGE.

1 Par devant Me etc. (Comme en la première formule du Dictionnaire qui renvoie aux notes 1, 2 et 15 du Commentaire).

3° A une opération d'arpentage et bornage

2   Sont comparus :

3 Le sieur Joachim [3] Laboureau (*id.*), cultivateur (*id.*), et le sieur Pèlerin [3] Régnier (*id.*), vigneron (*id.*), demeurant [3] tous deux au hameau du Beugnon, commune de....

4 Lesquels ont dit qu'étant sur le point d'entrer en procès [27] pour la fixation de la limite [125] séparative de leurs héritages situés sur le territoire de...., lieu dit les Champs-des-Enfants, ils avaient, d'un commun accord, fait choix de M. Joseph Italiani, arpenteur-géomètre, demeurant à...., pour faire l'arpentage [123] et le bornage (*id.*) desdits héritages par application de leurs titres [54].

5 Que l'expert ayant terminé son opération a attribué à la pièce du sieur Laboureau qui tient d'un long

au chemin du Beugnon à Joux, d'un bout à la route de Paris à Chambéry, d'autre bout à un sentier, la contenance de soixante-dix ares [91].

Et à la pièce du sieur Régnier qui tient d'un long au chemin du bois de la Couée, d'un bout à la route, d'autre au sentier sus-désigné, la contenance de trente-cinq ares [91].

6 Que, dans la contenance donnée à chaque héritage, l'arpenteur n'a compris aucune portion des chemins qui entourent les pièces.

7 Qu'à chaque bout desdits héritages il a planté une borne qui se trouve placée à cent mètres [91] du milieu du chemin du Beugnon à Joux, et à cinquante mètres [91] du milieu du chemin du bois de la Couée, la largeur de chacun de ces chemins étant de quatre mètres (id.).

8 Qu'ayant promis de s'en rapporter audit sieur Italiani pour la double opération de l'arpentage et du bornage de leurs susdites propriétés, ils déclarent, en conséquence, acquiescer, comme de fait ils acquiescent [7], par ces présentes, à l'arpentage et au bornage faits par l'expert sus-nommé, regardant son opération comme régulière et renonçant à établir, entre eux, d'autres limites que celles ci-dessus indiquées.

9 Les déboursés [5] et honoraires (id.) des présentes, et le coût d'une expédition [64] requise par chacune des parties, seront à frais communs entre elles.

10 Dont acte, fait et passé, etc. (Comme en la première formule du Dictionnaire, page 7, qui renvoie aux notes 12, 13, 14, 3, 15 et 16 du Commentaire.

11 V. Enregistrement, note 56.
12 Décime par franc ou Subvention, 19.
13 Et au besoin la table alphabétique du Commentaire.

ACQUISITION.

V. La formule de vente et la note 22 du Commentaire.

Acquisition.

ACTES DE L'ETAT CIVIL.

Actes de l'état civil.

V. Décès, Mariage, Naissance (Actes de).

ACTES RESPECTUEUX [124] AVANT DE CONTRACTER MARIAGE.

Actes respectueux,

Par un enfant légitime.
{ 1° A ses père et mère.
2° A sa mère, en cas de dissentiment avec le père.
3° A un aïeul, lorsque le père est mort et la mère interdite.

NOTA. Il n'y a jamais lieu de faire d'actes respectueux au conseil de famille. C'est un consentement préalable qu'il faut, sinon, l'enfant doit attendre qu'il ait 21 ans pour se marier (C. civ. art. 160).

Par un enfant naturel légalement reconnu.
{ 1° A son père et à sa mère.
2° A sa mère, lorsque le père est absent.

NOTA. Il n'y a jamais lieu de faire d'actes respectueux au tuteur ad-hoc, nommé à l'enfant naturel reconnu ou non reconnu. S'il veut se marier avant 21 ans, il faut un consentement exprès de ce tuteur. Après cet âge, ce consentement n'est pas exigé (C, civ. 159).

1er ACTE RESPECTUEUX [124] PAR UN FILS LÉGITIME AGÉ DE 25 A 30 ANS,
A SES PÈRE ET MÈRE.

1.º Par un fils légitime
âgé de 25 à 30 ans,
à ses père et mère.

L'an m il huit cent quarante et un [13], le quinze janvier (id.), à l'heure (id.) de neuf du matin.

» Par devant Mᵉ François [1] Reselli (id.), et Mᵉ Edme [1] Sourseau (id.), son confrère, Notaires [2] Vretenmon [1], département de,..., soussignés [15] (a).

₃   Est comparu ,

₄ M. Emile [5] Camelin (id.), secrétaire d'Ambassade (id.), demeurant à.... (id.).

₅ Fils majeur [79], âgé de 25 ans, de M. et Mad. Camelin ci-après nommés, étant né à...., le 15 juin mil huit cent quinze.

₆ Lequel a, par ces présentes, déclaré qu'il supplie respectueusement M. Sulpice Camelin , ancien four nisseur des armées françaises , et Mad. Adeline Curmer, son épouse, ses père et mère, demeurant à.... de lui donner leur conseil sur le mariage [63] qu'il se propose de contracter avec Madᵉˡˡᵉ. Anaï Beaujeu, modiste, fille mineure [65], âgée de dix-huit ans, du sieur Chrétien Beaujeu, portier, et de Jac queline Cognard, son épouse, avec lesquels elle demeure à...., rue...., n°....

₇ Requérant les Notaires soussignés de notifier incessamment à ses père et mère le présent acte (b) res pectueux conformément à la loi.

₈ Fait et passé à.... [12], en l'étude (id.), les jour, heure, mois et an ci-dessus indiqués (c), et M. Emile Camelin a signé [15] avec les Notaires, après lecture [16].

NOTIFICATION PAR ACTE A LA SUITE [45] DU PREMIER ACTE RESPECTUEUX.

₉ Et le jeudi [13] seize janvier (id.) mil huit cent quarante et un (id.), à l'heure de midi.

₁₀ A la réquisition de M. Emile Camelin, secrétaire d'Ambassade, demeurant à..., rue..., n°...., consta tée par l'acte qui précède.

₁₁ Mᵉ Reselli et Mᵉ Sourseau, Notaires à Vretenmon , susdits et soussignés.

₁₂ Ont notifié à M. Sulpice [5] Camelin (id.), ancien fournisseur des armées françaises (id.), et à Mad. Adeline (id.) Curmer (id.), son épouse, père et mère du requérant, en leur demeure, sise à...., rue...., n°.... distante de Vretenmon de deux myriamètres [8] où étant et parlant à leurs personnes (d) [20].

₁₃ L'acte respectueux [124] dont minute précède, dressé le jour d'hier par les Notaires soussignés , à la requête de M. Camelin, fils, lequel acte sera soumis à l'enregistrement (e) avec le présent procès-verbal.

₁₄ M. et Mad. Camelin, invités à répondre à la demande contenue audit acte respectueux, ont dit , savoir ;

₁₅ M. Camelin : qu'à son avis son fils ne pouvait trouver le bonheur dans l'union qu'il projetait, parce qu'il y avait trop d'inégalité dans les deux conditions et que l'éducation de la Demᵉˡˡᵉ. Beaujeu qui peut

---

(a) V. la mention étant au bas de la première formule du Dictionnaire, page 4.

(b) L'acte respectueux participant plutôt des actes de procédure que des actes notariés, une irrégularité ou un défaut de précaution peut entraîner la nullité de toute la procédure, de telle sorte qu'il faille la recommencer. Du nombre des irré gularités peuvent se trouver des erreurs dans les noms ou prénoms des parties qui doivent concourir au mariage civil. Il est donc prudent pour les éviter, que le Notaire se fasse représenter les actes de naissance du futur et de la future épouse pour s'y conformer.

(c) V. la mention qui est au bas de la page 7 du Dictionnaire, et les notes 14 et 5 du Commentaire.

(d) Le Notaire doit faire tout son possible pour parler aux père et mère ; mais s'il ne peut y parvenir, il n'est pas obligé de réitérer son transport jusqu'à ce qu'il les rencontre. Dans le cas d'absence, il suffit, pour la validité du procès-verbal, qu'il notifie l'acte de la manière indiquée en l'art. 68 du C. de proc. civ., c'est-à-dire, soit aux parents ou serviteurs trouvés au domicile, soit à un voisin, ou au maire, ou à l'adjoint, ou au premier conseiller municipal qui visera l'original. (V. note 20).

(e) La réquisition et la notification de l'acte respectueux ne sont sujettes qu'à un seul droit fixe de 1 franc parce qu'elles ne constituent qu'un seul procès-verbal , même quand elles ont lieu en deux vacations (Solution de la régie du 26 mars 1859. Roland, art. 3994).

être bonne pour sa classe, ne pouvait pas l'être pour le haut rang occupé par son fils ; qu'il refusait donc formellement de donner son consentement au mariage, espérant que ce refus ferait faire à son fils de nouvelles réflexions et que le sentiment des convenances et de la dignité, celui de l'honneur et du respect qu'il doit à ses père et mère, le feraient revenir de son égarement.

16 Et Mad. Camelin , que l'alliance projetée par son fils n'est , sous aucun rapport , sortable ni avantageuse ; qu'à cet égard, sa conviction, fortifiée d'une assez longue expérience des choses du monde, se refuse à croire que cette union puisse avoir d'heureux effets. On peut tolérer des mésalliances quand il y a peu de différence dans les conditions, mais dans la circonstance la différence est si grande qu'il n'est pas supposable que son fils s'arrête bien sérieusement et plus longtemps à son projet. Elle croit donc devoir, par tous ces motifs, lui refuser son consentement, ne voulant pas par aucune condescendance s'attirer par la suite le moindre reproche de sa part, et voulant, au contraire, faire tout ce qui est en elle pour prémunir son fils contre sa propre faiblesse.

17 Lecture [16] faite, M. et Mad. Camelin ont signé [15].

18 Il a été vaqué à ce qui précède et à l'acte respectueux pendant huit jours par triple vacation [3] non compris le voyage (id.).

19 De tout ce que dessus il a été dressé le présent procès-verbal , en la demeure, à....., de M. et Mad. Camelin, susnommés, les jour, heure, mois et an susdits. Et lesdits Notaires ont, à l'instant, laissé auxdits sieur et dame Camelin et à chacun séparément copie (a) en forme, tant de l'acte respectueux que du présent procès-verbal.

20   V. *Enregistrement* ,   note 99.

21   *Décime par franc* ou *Subvention*,   19 ,

22   Et au besoin la table alphabétique du Commentaire.

---

2. ACTE RESPECTUEUX [124] PAR LE MÊME A SES PERE ET MÈRE.

1 L'an mil huit cent quarante et un [13], le seize février (id. et 77), à dix heures du matin.

2 Par devant Me François [1] Reselli (id), Notaire [2] à Vretenmon [1], département de...., soussigné [15], en présence de MM. Laurent [14] Gersent (id.), négociant (id.), et Antoine (id.) Seussi (id.), arquebusier (id.), demeurant (id.) tous deux audit lieu de Vretenmon, témoins instrumentaires (id.) aussi soussignés [15].

3 Est comparu :

4 M. Emile Camelin, etc. (Comme aux nos 4 et 5 de la formule qui précède).

5 Lequel, renouvelant les dispositions de l'acte respectueux qu'il a fait à M. et Mad. Camelin , ses père et mère, par le ministère de Me Reselli, Notaire soussigné et son confrère, le quinze janvier dernier, et qui leur a été notifié par lesdits Notaires, suivant leur procès-verbal, en date du lendemain, le tout dûment enregistré [42].

6 A, par ces présentes, déclaré supplier de nouveau respectueusement etc. (Comme au n° 6 de la formule précédente).

(a) Quoique la copie doive être l'image de la minute, cependant il y a certains changements qu'on doit avoir soin de faire. Ainsi, au lieu de dire dans la copie « copie en forme tant de l'acte respectueux que du présent procès verbal » on doit dire « la présente copie qui comprend l'acte respectueux et le procès-verbal » de même que dans une expédition revêtue de la formule exécutoire, au lieu de dire « la Grosse des présentes » (expressions qui sont ainsi sur la minute) on doit dire « la présente Grosse » (V. note 64).

Cette copie doit être signée par les deux Notaires, ou par le Notaire et les témoins qui l'assistent (V. cependant la note 124).

NOTIFICATION PAR ACTE A LA SUITE [45] DU 2° ACTE RESPECTUEUX.

7 Requérant le Notaire soussigné de, assisté d'un second Notaire ou de témoins, notifier à ses père e mère le présent acte respectueux conformément à la loi..

8 Fait et passé, etc. (Comme au n° 8 de la formule qui précède).

9 Et le mercredi [77] dix-sept février (*id.*) mil huit cent quarante et un [13], à l'heure de midi.

10 A la réquisition de M. Émile [3] Camelin (*id.*), secrétaire d'Ambassade (*id.*), demeurant à.... (*id.*) rue...., n°...., constatée par l'acte respectueux qui précède.

11 M° Reselli, Notaire à Vretenmon, soussigné, assisté de MM. Gersent et Scussi, ci-devant prénommés et qualifiés avec indication de domicile, tous deux témoins instrumentaires [14], aussi soussignés [15].

12 A notifié à M. Sulpice [3] Camelin (*id.*), ancien fournisseur des armées Françaises (*id.*), et à Madame Adeline (*id.*) Curmer (*id.*), son épouse, père et mère du requérant, en leur domicile à...., rue...., n°...., où étant et parlant à Rose Petit, femme de chambre au service de M. et Mad. Camelin, absents depuis deux jours de leur domicile, le tout ainsi déclaré par elle.

13 L'acte respectueux [124] dont minute précède, dressé par le Notaire soussigné, en présence des témoins aussi soussignés le jour d'hier, à la requête de M. Camelin, fils, en renouvellement de celui du quinze janvier dernier.

14 Il a été vaqué tant à l'acte respectueux qu'à sa notification pendant quatre heures par double vacation [5] non compris le voyage (*id.*).

15 De tout ce que dessus il a été dressé le présent procès verbal, en la demeure, à...., de M. et Mad. Camelin, sus-nommés, les jour, heure, mois et an susdits. Et ledit M° Reselli, assisté des deux témoins, a laissé à ladite Rose Petit, deux copies en forme tant de l'acte respectueux que du présent procès-verbal pour M. et Mad. Camelin.

16   V. *Enregistrement*,   note 99 et sup. la note *e* au bas de la page 30.

17   *Décime par franc* ou *Subvention*,   19

18   Et au besoin la table alphabétique du Commentaire.

5° ACTE RESPECTUEUX [124] PAR LE MEME, A SES PERE ET MERE.

1 L'an mil huit cent quarante et un [13], le dix-sept mars (*id.* et 77), à dix heures du matin.

2 Par devant M° François [1] Reselli (*id.*), Notaire [2], à Vretenmon [1], département de...., soussigné [15], en présence, etc. (Comme au n° 2 de la formule qui précède).

3 Est comparu, M. Émile Camelin, etc. (Comme aux n°s 4 et 5 du premier acte respectueux).

4 Lequel, renouvelant les dispositions des actes respectueux qu'il a faits à M. et Mad. Camelin, ses père et mère, l'un par le ministère de M° Réselli Notaire soussigné et de son confrère, et l'autre par le ministère du même Notaire assisté de deux témoins, les quinze janvier et seize février derniers, et qui ont été notifiés par ledit M° Réselli, assisté, comme il vient d'être dit, les seize et dix-sept desdits mois de janvier et février, suivant ses procès-verbaux, en date desdits jours dûment enregistrés.

5 A, par ces présentes, déclaré supplier de nouveau respectueusement, etc. (Comme au n° 6 de la formule du premier acte respectueux).

6 Requérant le Notaire soussigné de, assisté d'un second Notaire ou de témoins, notifier à ses père et mère le présent acte respectueux conformément à la loi.

7 Fait et passé, etc. (Comme au n° 8 de la formule du premier acte respectueux.)

NOTIFICATION PAR ACTE A LA SUITE [45] DU 5° ACTE RESPECTUEUX.

8 Et le jeudi [77] dix-huit mars (*id.*) mil huit cent quarante et un (*id.* et 15), à onze heures du matin.

A la réquisition de M. Émile Camelin, etc. (Comme au n° 9 de la formule du deuxième acte respectueux).

10   M° Réselli, Notaire à Vretenmon, soussigné, assisté de, etc. (Comme au n° 10 de la même formule).

11   A notifié à M. Sulpice [3] Camelin (id.), ancien fournisseur des armées françaises (id.), et à Mad. Adeline (id.) Curmer (id.), son épouse, père et mère du requérant, en leur domicile à.... où étant et n'ayant
trouvé personne, ledit M° Reselli après plusieurs informations infructueuses s'est adressé au sieur Nicolas
Merlan, perruquier-coiffeur, demeurant à Vretenmon, en sa qualité de plus proche voisin de M. et
Mad. Camelin, lequel s'est chargé des deux copies promettant les leur remettre, et a signé le présent original.

12   L'acte respectueux [124] dont minute précède, dressé par le Notaire soussigné en présence des
témoins aussi soussignés le jour d'hier à la requête de M. Camelin, fils, en renouvellement de celui du
quinze janvier dernier.

13   Il a été vaqué tant à ces présentes qu'à l'acte respectueux pendant quatre heures par double vacation
[3] non compris le voyage (id.).

14   De tout ce que dessus il a été dressé le présent procès-verbal les jour, lieu., heure, mois et an susdits.
Et le Notaire a à l'instant laissé audit domicile de M. et Mad. Camelin et parlant comme il vient d'être
dit au sieur Merlan, leur plus proche voisin, une copie en forme pour chacun d'eux tant de l'acte respectueux que du présent procès.

15   Et après lecture [16], le sieur Merlan a signé [15] avec les témoins et le Notaire.

16   V. *Enregistrement*,   note 99 et *sup.* la note (e) au bas de la p. 30

17   *Décime par franc* ou *Subvention*,   19.

18   Et au besoin la table alphabétique du Commentaire.

ACTES RESPECTUEUX [124] PAR UNE FILLE LÉGITIME AGÉE DE 21 A 25 ANS, A SES PÈRE ET MÈRE.

2° Par une fille légi-
time âgée de 21 à
25 ans, à ses père
et mère.

Nota. On procède, dans ce cas, comme pour un fils légitime âgé de 25 à 30 ans, en faisant les trois
actes respectueux dont les formules précèdent et auxquels il suffit de changer les noms, les dates et les
dires.

ACTE RESPECTUEUX [124] PAR UN FILS LÉGITIME AGÉ DE 25 A 30 ANS OU PLUS, A SA MÈRE QUAND LE PÈRE CONSENT AU MARIAGE (a).

3° Par un fils légi-
time âgé de 25 à
30 ans ou plus à
sa mère.

1   L'an mil huit cent quarante et un [13], le vingt juillet (id.) à l'heure (id.) de neuf du matin.

2   Pardevant M° Marie [1] Reilles (id.) et M° Louis Aussour (id.), son confrère, Notaires [2] à Montenver [1], département de...., soussignés [15].

3   Est comparu :

4   M. Paul [3] Devio (id.), capitaine au 19° régiment d'infanterie légère (id.), en garnison à Arras, étant
en ce moment à Montenver.

5   Fils majeur [79] âgé de 26 ans, de M. Jean-Baptiste Devio, chevalier de Saint-Louis, et de la dame
Emélie Viode, son épouse, demeurant tous deux à Montenver.

6   Lequel, ayant l'agrément de son père pour le mariage projeté, a, par ces présentes, déclaré
supplier très-respectueusement ladite dame sa mère de lui donner son conseil sur le mariage [63] qu'il

---

(a) Il n'est pas nécessaire que les fils âgés de moins de 30 ans et les filles âgées de moins de 25 ans renouvellent deux fois
l'acte respectueux quand il s'agit de la mère sous puissance de mari. Un seul acte suffit pour établir le dissentiment de
cette dernière et permettre le mariage (C. civ. 148).

se propose de contracter avec Mlle Eulalie Jeaubeau, artiste dramatique attachée au théâtre d'Arras, fille majeure de M. Mathieu Jeaubeau, instituteur primaire supérieur et de la dame Marie Lancy, son épouse, demeurant ensemble à Montenver.

⁷ Requérant les Notaires soussignés de notifier incessamment à sa mère le présent acte respectueux conformément à la loi.

⁸ Fait et passé à...., [12] en l'étude (id.), les jour, heure, mois et an ci-dessus indiqués et M. Paul Devio a signé [13] avec les Notaires, après lecture [16].

NOTIFICATION PAR ACTE A LA SUITE [45] DE L'ACTE RESPECTUEUX.

⁹ Et le mercredi vingt-un juillet mil huit cent quarante-un [13] à deux heures du soir.

¹⁰ Sur la réquisition de M. Paul Devio, capitaine au 19e régiment d'infanterie légère en garnison à Arras, et de l'agrément de M. Jean-Baptiste Devio, son père, chevalier de Saint-Louis, demeurant à Montenver, le tout ainsi que le porte l'acte respectueux précité.

¹¹ Me Reilles et Me Aussour, son confrère, Notaires à Montenver, susdits et soussignés.

¹² Ont notifié à Mad. Emilie Viode, épouse de M. Jean-Baptiste Devio, sus-nommé, en son domicile sus-indiqué où étant et parlant à sa personne [20].

¹³ L'acte respectueux [124] dont minute précède dressé le jour d'hier par les Notaires soussignés à la requête de M. Devio, fils, comparant, et de l'agrément de M. son père.

¹⁴ Ladite dame ayant été invitée à répondre à la demande contenue audit acte respectueux, a dit :

¹⁵ Que le mariage projeté par son fils était loin de lui convenir. Qu'en voulant le faire d'une manière subite et malgré sa mère, il cédait en cela à la passion que Mad^{lle} Jeaubeau lui avait inspirée, passion qui devait être bientôt calmée par la réflexion et la raison. Qu'elle refusait donc formellement de donner son consentement à ce mariage et ne voulait pas suivre l'exemple de son mari qui ne donnait le sien que par complaisance sans se souvenir de ce qu'était le caractère de leur fils. Que, quant à elle, comme mère elle avait été très-souvent à même de remarquer que son fils poussait la jalousie jusqu'à n'être plus maître de lui, et qu'avec un tel caractère une femme de la profession de Mad^{lle} Jeaubeau (dont du reste elle n'entend nullement attaquer la moralité) ne pouvait lui procurer le bonheur et la tranquilité. Les hommages et l'accueil qu'on ferait à cette demoiselle seraient bientôt pris en mauvaise part par M. Paul Devio, et il y aurait alors tout à craindre pour l'honneur de la famille Devio demeuré intact jusqu'à présent. Lecture faite Mad. Devio a signé [15].

¹⁶ Il a été vaqué à ces présentes et à l'acte respectueux pendant sept heures par triple vacation [5].

¹⁷ De tout ce que dessus il a été dressé le présent procès-verbal en la demeure à Montenver de M. et Mad. Devio les jour, heure, mois et an susdits ; et les Notaires après avoir laissé à Mad. Devio copie en forme dudit procès-verbal et de l'acte respectueux ont signé [13] après nouvelle lecture [16].

¹⁸   **V.** *Enregistrement*,   note 99 et *sup*. la note (e) au bas de la page 50.

¹⁹   *Décime par franc* ou *Subvention*,   19.

²⁰   Et au besoin la table alphabétique du Commentaire.

^{4°} Par une fille légitime âgée de 21 à 25 ans ou plus, à sa mère

ACTE RESPECTUEUX [124] PAR UNE FILLE LÉGITIME AGÉE DE 21 A 25 ANS OU PLUS, A SA MÈRE QUAND LE PÈRE CONSENT AU MARIAGE.

On procède, dans ce cas, comme pour un fils légitime âgé de 25 à 30 ans, en faisant un seul acte respectueux conforme à la formule qui précède à laquelle on fera seulement les changements de noms, dates, dires etc. qui seront nécessaires.

ACTE RESPECTUEUX [124] PAR LE MANDATAIRE D'UN FILS LÉGITIME AGÉ DE PLUS DE 30 ANS, A SON AIEUL.

5° Par le manda-
taire d'un fils légi-
time âgé de plus
de 30 ans, à son
aïeul.

1 L'an mil huit cent quarante et un [15] le premier février (*id.*), à l'heure de dix du matin.

2 Pardevant M° etc. (Comme au n° 2 de la formule qui précède).

3 Est comparu M. Ernest Poly [5] jurisconsulte (*id.*), demeurant (*id.*) à Clame, département de....

Agissant comme mandataire spécial (a) à l'effet des présentes [80] de M. Narcisse [5] Lemoine (*id*), manufacturier (*id.*), demeurant à.... (*id.*), âgé de 31 ans, étant né à...., le...., suivant la procuration que ce dernier lui a donnée par acte passé devant M°.... et son confrère, Notaires à...., le...., et dont le brevet original [59], dûment enregistré [42] et légalisé [125] est demeuré ci-annexé [55] après avoir été du mandataire certifié véritable en présence du Notaire et des témoins soussignés [15].

4 Ledit sieur Lemoine, fils de défunt Jacques Lemoine, en son vivant marchand de draps, et de dame Véronique Lechantre, son épouse, dont l'interdiction a été prononcée suivant jugement [75] rendu par le Tribunal civil de première instance de...., le...., dûment enregistré [42].

5 Lequel a requis lesdits Mes Reilles et Aussour, Notaires, de se transporter immédiatement avec lui au domicile de M. Cyprien Lemoine, propriétaire demeurant à Cyra, pour, en sa dite qualité de mandataire, le supplier respectueusement de donner son conseil audit Narcisse Lemoine, son petit-fils, sur le mariage que ce dernier se propose de contracter avec demoiselle Virginie Catelut, fille mineure sans profession du sieur Pierre Catelut et de Thérèze Paumier, sa femme, avec lesquels elle demeure à Montenver.

6 Obtempérant à ce réquisitoire lesdits Mes Reilles et Aussour, Notaires à Montenver se sont transportés au domicile dudit sieur Cyprien Lemoine, distant de Montenver de deux myriamètres [91] où étant et parlant à sa personne, M. Poly, au nom de M. Ernest Lemoine, a, en présence desdits Notaires, supplié respectueusement le sieur Cyprien Lemoine, aïeul de son commettant, de lui donner son conseil sur le mariage qu'il se propose de contracter avec la dem^lle Virginie Catelut, sus-nommée.

7 A quoi ledit sieur Lemoine, aïeul, a répondu qu'il ne voulait en aucune manière coopérer à l'union projetée par son petit-fils parce que sous aucun rapport elle ne pouvait lui convenir ainsi qu'il s'en était déjà expliqué plusieurs fois avec lui. Que s'il est loisible à son petit-fils de ne pas suivre ses conseils, il est bien loisible à lui, aïeul, de refuser dans l'occurrence son concours surtout ayant de bonnes raisons pour ne point se prêter à un arrangement qui doit faire le désespoir de ses vieux jours si ses appréhensions viennent malheureusement à se réaliser. Et après lecture [16] ledit sieur Cyprien Lemoine a signé [15].

8 Il a été vaqué à ce qui précède depuis ladite heure de dix du matin jusqu'à celle de cinq du soir par triple vacation [5].

9 De tout ce que dessus il a été dressé le présent procès-verbal en la demeure [12] à Cyra du sieur Lemoine les jour, heure, mois et an susdits; et les Notaires après avoir laissé à M. Cyprien Lemoine copie en forme tant du présent procès-verbal que de la procuration y annexée, ont signé [15] avec M. Poly après lecture [16].

10 V. *Enregistrement*, note 99 et *sup.* la note (e) au bas de la page 50.

11 *Décime par franc* ou *Subvention*, 19.

12 Et au besoin la table alphabétique du Commentaire.

ACTE RESPECTUEUX [124] PAR LE MANDATAIRE D'UNE FILLE LÉGITIME AGÉE DE PLUS DE 25 ANS, A SON AIEUL.

6° Par le mandataire
d'une fille légitime
âgée de plus de
25 ans, à son
aïeul.

On procède, dans ce cas, comme pour un fils légitime âgé de plus de 50 ans, en faisant un seul acte

---

(a) La procuration qui a servi pour le premier acte respectueux ne peut, dans le cas où il faut trois actes, servir pour les deux autres. Un pouvoir spécial est donc nécessaire pour chaque acte. V. la note 124.

respectueux conforme à la formule qui précède à laquelle on fait seulement les changements nécessaires quant aux noms, dates, dires, etc.

ACTE RESPECTUEUX [124] PAR UN FILS NATUREL AGÉ DE 25 A 30 ANS, A SON PÈRE ET A SA MÈRE (C. civ. 158 et 152).

Comme il faut, dans ce cas, trois actes respectueux, on peut suivre les trois formules que nous avons données ci-devant pages 29 et suiv., en faisant les changements de noms, qualités, dates, dires, etc., qui sont indispensables.

ACTE RESPECTUEUX [124] PAR UNE FILLE NATURELLE AGÉE DE 21 A 25 ANS, A SON PÈRE ET A SA MÈRE.

Procéder comme pour un fils naturel âgé de 25 à 30 ans. V. ci-dessus n° 7.

ACTE RESPECTUEUX [124] PAR UN FILS NATUREL AGÉ DE PLUS DE 30 ANS, A SA MÈRE QUAND LE PÈRE EST ABSENT (C. civ. art. 158 et 155).

1 L'an mil huit cent quarante et un, le trois mai à dix heures du matin.

2 Pardevant Me François [1] Reilles (id.) et Me Edme (id.) Aussour (id.), Notaires (id.) à Montenver [1], département d.... soussignés [15].

3 Est comparu M. Théodore [3] de Lucenet (id.), avocat (id.) demeurant (id.) à....

4 Fils naturel [126] de M. Isidore de Lucenet, qui l'a reconnu dans son acte de naissance inscrit aux registres de l'état civil de la ville de.... à la date du.... et de Mad. Thalie Quarters, rentière, demeurant à...., laquelle l'a reconnu par un acte passé en minute [59] et présence de témoins [14], le... dûment enregistré [42] : ledit sr Isidore de Lucenet, militaire absent, présumé mort, ainsi qu'il est constaté par un acte de notoriété [127] dressé en présence de quatre témoins par M. le juge de paix de...., lieu du dernier domicile de l'absent, le.... dûment enregistré [42].

5 Lequel a requis lesdits Mes Reilles et Aussour, Notaires, de se transporter immédiatement avec lui au domicile de Mad. Thalie Quarters, sa mère, rentière demeurant à.... à l'effet de la supplier respectueusement de donner son conseil au requérant sur le mariage qu'il se propose de contracter avec Dlle Fulvie Chalmeau, femme de chambre, fille mineure du sr Thomas Chalmeau, jardinier, et de Pierrette Camut, demeurant de droit chez ses père et mère, et de fait chez le requérant; et ce par reconnaissance de l'attachement qu'elle lui a montré en mainte occasion et notamment en protégeant la personne et la fortune dudit requérant contre les attaques de plusieurs assassins dont elle a été victime pour n'avoir point voulu consentir à leur livrer la personne de son maître et les clefs de ses appartements.

6 Obtempérant à ce réquisitoire lesdits Mes Reilles et Aussour, Notaires à Montenver, se sont transportés à.... au domicile à.... de ladite dame Thalie Quarters où étant et parlant à sa personne [20], M. Théodore de Lucenet a supplié respectueusement sa mère de lui donner son conseil sur le mariage qu'il se propose de contracter avec Dlle Fulvie Chalmeau, ci-devant nommée, femme de chambre au service dudit requérant.

7 Engagée par les Notaires à s'expliquer, la dame Thalie Quarters a répondu : qu'elle ne pouvait approuver l'alliance projetée par son fils et le priait instamment de ne point donner de suite à son projet. Que, sans contredit, son action était louable et prouvait ses bons sentiments; mais que dans un contrat de cette nature il ne fallait pas s'engager avec légèreté et penser seulement à la satisfaction qui peut en résulter pour l'autre contractant; qu'il faut aussi penser à soi et ne pas faire abnégation du point d'honneur ni de son amour propre. Qu'en se mariant avec Madlle Fulvie Chalmeau, il s'enchaînait pour toute la vie

et ne retrouverait peut-être plus en elle après le mariage les égards qu'elle avait pour lui auparavant. Elle a pu, en effet, agir jusqu'à présent par ambition ou le désir d'arriver à un rang plus élevé, et quand elle aura atteint son but, son fils pourra se trouver dans un état de dépendance complet vis-à-vis d'elle. Que telle ne doit jamais être la position d'un homme libre comme l'est son fils par sa nature et son état. Dans la position nouvelle qu'il veut se créer il demeurera presque isolé chez lui et le défaut d'éducation de Mad^lle Chalmeau sera pour lui un sujet d'embarras, car ne pouvant la faire paraître dans le monde il sera obligé lui-même de n'y plus paraître et ce changement ne s'opérera pas sans détruire tout le prestige attaché aux belles actions de celle qu'il aura épousée.

Son avis est donc que son fils assure un heureux avenir à Mlle Chalmeau par des moyens pécuniaires et qu'il ne persiste pas dans son dessein de l'épouser.

Et, après lecture [16] la dame Thalie Quarters a signé [15].

8 M. Théodore de Lucenet, après avoir pris en grande considération les conseils de sa mère et sans vouloir en aucune manière s'écarter des bornes du respect qu'il lui doit, a cru devoir lui faire quelques objections qui sont de nature à vaincre les scrupules qu'elle a contre Mad^lle Fulvie Chalmeau : Cette dem^lle n'est point, en effet, ce que sa mère et bien d'autres après elle peuvent penser. Son désir de s'instruire a toujours été si vif qu'elle est parvenue par ses efforts, un travail opiniâtre et une constante persévérance, à avoir une instruction que lui contesteraient en vain les personnes de son sexe du rang le plus distingué. Son naturel doux et néanmoins ferme ne permet pas de supposer en elle la moindre ambition, car l'idée du mariage est de lui et non d'elle. Jamais le désir des richesses ou d'un rang plus élevé n'a été le mobile de ses actions. Tout réside dans la pureté de ses sentiments à tel point que, si elle venait à avoir connaissance du déplaisir que ressent sa mère de ce projet d'union, elle serait la première à rompre toute espèce de convention. La fortune et la naissance ne devant être pour rien dans le choix qu'il veut faire d'une épouse, on conçoit facilement que Mlle Fulvie Chalmeau, qui en retour possède une bonne instruction et n'est pas sans agréments de sa personne, puisse être l'objet de ses désirs. Avec elle il n'aura point à rougir de son choix, il espère, au contraire, trouver auprès d'elle le bonheur et de grandes consolations en cas de malheur. Penser à rémunérer pécuniairement tout ce que Mad^lle Chalmeau a fait pour lui était une chose qui ne pouvait pas venir à l'idée de quiconque a l'amour des bonnes actions et sous ce rapport le suppliant a voué à Mad^lle Fulvie un culte auquel il doit tout sacrifier même le bonheur de la vie.

9 Et M. de Lucenet a signé [15] après lecture [16].

10 Mad. Thalie Quarters, sur ce qui vient de lui être exposé par son fils, a répliqué que mieux informée par ce dernier sur le compte de Mad^lle Fulvie Chalmeau elle donnait son consentement formel au mariage projeté entre son fils et elle, autorisant le porteur à réitérer le présent consentement devant tous officiers de l'état civil et Ministres du Culte.

Lecture faite [16] ladite dame Thalie Quaters a signé [15].

11 Il a été vaqué à ce qui précède depuis ladite heure de dix du matin jusqu'à celle de trois du soir par double vacation [5].

12 De tout ce que dessus il a été dressé le procès-verbal en la demeure [12] à.... de Mad. Thalie Quarters, les jour, heure, mois et an susdits [12] ; et les Notaires, après avoir laissé à ladite dame copie en forme du présent procès-verbal, ont signé [15] avec M. Théodore de Lucenet, après lecture [16].

13 _V. Enregistrement,_ note 99 et sup. la note (e) au bas de la page 30.

14 _Décime par franc_ ou _Subvention,_ 19.

15 Et au besoin la table alphabétique du Commentaire.

ACTE RESPECTUEUX [124] PAR UNE FILLE NATURELLE AGÉE DE PLUS DE 25 ANS A SA MÈRE QUAND LE PÈRE EST ABSENT (C. civ. art. 158 et 155).

10° Par une fille naturelle âgée de plus de 25 ans, à sa mère.

On procède, dans ce cas, comme pour un fils naturel âgé de plus de 30 ans, en faisant un seul acte respectueux conforme à la formule qui précède à laquelle il suffit de faire les changements de noms, qualités, dates, dires, etc. qui sont indispensables.

Acte de société.

ACTE DE SOCIÉTÉ.

V. au Dictionnaire V° *Société*.

Acte de suscription de testament.

ACTE DE SUSCRIPTION DE TESTAMENT MYSTIQUE.

V. au Dictionnaire V° *Suscription de testament*.

Acte d'engagement théatral.

ACTE D'ENGAGEMENT THÉATRAL.

V. au Dictionnaire V° *Engagement théatral*.

ADHÉSION [128].

PAR ACTE A LA SUITE [45] OU SÉPARÉ DE L'ACTE DONT ELLE EST LA CONSÉQUENCE.

Adhésion.

1° *A un contrat d'abandonnement ou de cession de biens.*

2° *A un contrat d'union de créanciers.*

3° *A un contrat d'atermoiement.*

4° *A un concordat.*

5° *Et à un acte de société.*

1° A un contrat d'abandonnement ou de cession de biens.

1° ADHÉSION [128] PAR UN CRÉANCIER [25] A UN CONTRAT D'ABANDONNEMENT OU DE CESSION DE BIENS [129] PAR UN DÉBITEUR [31].

1 Par devant M° etc. (Comme en la première formule du Dictionnaire, qui renvoie aux notes 1, 2 et 15 du Commentaire.

2 Est comparu :

3 M. André [3] Darbout (*id.*), rentier (*id.*), demeurant (*id.*), à....

4 Lequel, après avoir pris communication [21] et que lecture lui a été donnée par M° Cotta, l'un des Notaires soussignés, de l'acte dont minute [59] précède, passé devant lui et son collègue, Notaires à..., le...., dûment enregistré [42] contenant abandonnement et cession [129] par Louis Ducrot, ancien confiseur demeurant à..., de tous ses biens immeubles situés à...., et sur le finage de ladite commune, tant à Brigitte Cornu, sa femme, qu'à tous ses autres créanciers [25] pour être vendus en direction [130] et afin que ledit sieur Ducrot ait la liberté de sa personne.

5 A, par ces présentes, déclaré adhérer [128] purement et simplement audit contrat d'abandonnement et de cession dont il consent, en conséquence, la pleine et entière exécution, comme s'il y eût paru et stipulé [52] en personne.

6 Pour l'exécution des charges et conditions dudit acte d'abandon et de cession, le comparant fait élection de domicile [11] en sa demeure ci-dessus indiquée.

7 Dont acte, fait et passé, etc. (V. pour la terminaison de l'acte la fin de la 1re formule, page 7, qui renvoie aux notes 12, 13, 14, 3, 15 et 16 du Commentaire).

8 V. *Enregistrement*, notes 56 et 18.

9 *Décime par franc* ou *Subvention*, 19.

10 Et au besoin la table alphabétique du Commentaire.

2° ADHÉSION [128] PAR UN CRÉANCIER, A UN CONTRAT D'UNION [130].

₁ Par devant, etc. (Comme en la première formule du Dictionnaire, qui renvoie aux notes 1, 2 et 15 du Commentaire).

₂ Est comparu :

₃ M. Joseph [3] Portat (*id.*), ancien marchand épicier (*id.*), demeurant à...., (*id.*).

₄ Lequel, ayant pris communication [21] et entendu la lecture qui lui a été faite de l'acte dont minute [59] précède passé devant M⁰ Cotta, l'un des Notaires soussignés et son confrère, Notaires à...., le...., dûment enregistré [42] par lequel tous les créanciers du sieur Simon Torent, ancien marchand de nouveautés à...., ont formé entr'eux un contrat d'union avec pouvoir à trois créanciers dénommés audit acte d'exercer tous les droits résultant au profit de tous de l'abandon fait à leur profit par ledit sieur Torent, leur débiteur, de tous ses biens, pour avoir la liberté de sa personne et être totalement libéré envers eux, ainsi qu'il résulte d'un acte passé devant ledit M⁰ Cotta le.... dernier, aussi enregistré [42].

₅ A, par ces présentes, déclaré adhérer [128] purement et simplement audit contrat d'union [130] dont il consent l'exécution de même que s'il y eût paru et l'eût signé.

₆ Pour l'exécution etc. (Comme au n° 6 de la formule qui précède).

₇ Dont acte etc. (Comme au n° 7 de la même formule).

₈ V. *Enregistrement,* notes 56 et 18.

₉ *Décime par franc* ou *Subvention*, note 19.

₁₀ Et au besoin la table alphabétique du Commentaire.

3° ADHÉSION [128] PAR UN CRÉANCIER, A UN CONTRAT D'ATERMOIEMENT [131].

₁ Par devant M⁰.... (Comme en la première formule du Dictionnaire qui renvoie aux notes 1, 2 et 15 du Commentaire).

₂ Est comparu :

₃ M. Denis [3] Marceau (*id.*), charpentier (*id.*), demeurant à.... (*id.*), où il est patenté [43] pour la présente année à la date du...., 5° classe, n° 45.

₄ Lequel, communication [21] prise et lecture entendue de l'acte d'atermoiement dont minute [59] précède passé devant M⁰ Cotta, l'un des Notaires soussignés et son confrère, le.... dûment enregistré [42] par lequel le sieur Jacques *Rocas*, entrepreneur de bâtiments demeurant à...., après avoir exposé que la baisse survenue dans le prix des terrains et des maisons qu'il possédait à...., ainsi que le défaut de location et de vente de ces objets, l'ont mis dans l'impossibilité de remplir exactement ses engagements, propose à ses créanciers [25] du nombre desquels est le comparant pour une somme de deux mille quatre cents francs en principal [136] de lui faire remise [133] des intérêts échus et à échoir de leurs créances et de lui accorder un délai [77] de trois années pour acquitter par tiers d'année en année à compter du jour dudit acte les principaux desdits créances [25], sous les conditions 1° que toutes poursuites cesseraient jusqu'aux nouvelles échéances ; 2° que ledit sieur Rocas aurait l'administration de ses biens comme par le passé ; 3° et qu'il fournirait le cautionnement [32] de la dame Geneviève *Sacot*, son épouse, laquelle étant intervenue audit acte s'est obligée en qualité de caution solidaire au paiement de toutes les sommes dues aux créanciers avec hypothèque [30] sur une maison située à.... lui appartenant en propre et subrogation [114] dans son hypothèque légale [30] pour en exercer l'effet par préférence et antériorité [102] à elle-même jusqu'à due concurrence [132].

₅ A par ces présentes, déclaré adhérer [128] purement et simplement audit contrat d'atermoiement [131], accepter les engagements pris par le sieur Rocas et sa femme, consentir à la remise [133] d'intérêts et à la prorogation de délai demandées, et vouloir que ledit acte reçoive son exécution à son égard comme à l'égard des autres créanciers de même que s'il y eût paru et l'eût signé [13].

6 Pour l'exécution des présentes et de l'acte d'atermoiement, le comparant fait élection de domicile [11] en l'étude du Notaire soussigné.

7 Dont acte, fait et passé, etc. (V. la fin de la première formule, page 7, qui renvoie aux notes 12, 13. 14, 5, 15 et 16 du Commentaire).

8 V. *Enregistrement,*   notes 56 et 18.

9 *Décime par franc* ou *Subvention,*   19.

10 Et au besoin la table alphabétique du Commentaire.

4° ADHÉSION [128] PAR UN CRÉANCIER A UN CONCORDAT [154].

4° A un concordat

1 Par devant, etc. (Comme en la première formule du Dictionnaire qui renvoie aux notes 1, 2 et 15 du Commentaire).

2 Est comparu :

3 M. François [3] Nurbel (*id.*), négociant (*id.*), demeurant à...., (*id.*) où il est patenté [43] pour l'année dernière à la date du.... 1re classe, n° 513 ; sa patente pour la présente année ne pouvant lui être délivrée avant le premier avril prochain.

4 Lequel, après avoir pris communication [21] et entendu la lecture de l'acte dont minute [89] précède, passé devant Me *Cotta*, l'un des Notaires soussignés et son confrère, Notaires à...., le..., dûment enregistré [42], par lequel le sieur Jean-Edme Billetot, manufacturier, demeurant à...., dont la faillite [155] a été déclarée et l'époque fixée au... dernier, suivant jugement [78] rendu par le Tribunal de commerce de...., le...., aussi enregistré, a, pour obtenir un concordat [154] régulier, assemblé tous ses créanciers [28] auxquels il a offert de payer soixante-quinze pour cent de leurs créances (*id.*) en principaux [156] et accessoires [103], en cinq termes [77] égaux d'année en année sans intérêts [49] jusqu'à chaque échéance, ce qui a été accepté par la majorité desdits créanciers.

5 A, par ces présentes, déclaré adhérer [128] purement et simplement audit concordat dont il consent l'homologation [157] voulant qu'il soit exécuté à son égard comme s'il y eut paru et l'eut signé [15].

6 Les déboursés [8] et honoraires (*id.*) des présentes seront payés par le sieur Billetot, comme accessoires de ceux relatifs au concordat ainsi qu'il s'y est obligé par l'acte précité.

7 Pour l'exécution des présentes et du concordat le comparant fait élection de domicile [11] en sa maison de campagne à....

8 Dont acte, fait et passé, etc. (V. la fin de la première formule page 7. qui renvoie aux notes 12, 13. 14, 5, 15 et 16 du Commentaire).

9 V. *Enregistrement,*   notes 56 et 18.

10 *Décime par franc* ou *Subvention,*   19.

11 Et au besoin la table alphabétique du Commentaire.

5° ADHÉSION [128] A UN ACTE DE SOCIÉTÉ [158].

5° A un acte de société.

1 Pardevant Me, etc. (Comme en la première formule du Dictionnaire qui renvoie aux notes 1, 2 et 15 du Commentaire).

2 Sont comparus :

3 M. Léon [3] Devaux (*id.*), et M. Jules (*id.*) Vaudé (*id.*), commis marchands (*id.*) demeurant à.... (*id.*)

4 Lesquels, après lecture à eux faite par Me *Cotta*, l'un des Notaires soussignés, d'un contrat passé devant lui et son confrère le... dûment enregistré [42] et dont la minute précède, par lequel Mrs Germain *Guingois* et Guillaume *Couchenoir*, marchands de charbon de terre, demeurant à...., ont formé, entr'eux et les personnes qui voudraient y prendre part en souscrivant pour cinq actions au moins dans celles représentatives du capital social, une Société anonyme pour l'exploitation des mines de charbon de terre sises à.....

» Ont , par ces présentes , déclaré adhérer [128] purement et simplement aux conditions dudit acte de Société , souscrire l'un et l'autre pour cinq actions chacun , et s'engager à payer la valeur nominale de ces actions entre les mains du Directeur de ladite Société aussitôt qu'elle aura été approuvée et autorisée par une ordonnance du Roi.

« Dont acte, fait et passé, etc. (V. la fin de la première formule, page 7, qui renvoie aux notes 12, 13, 14, 5, 15 et 16 du Commentaire).

» V. *Enregistrement ,* notes 99 et 18.
Décime par franc ou Subvention , 19.
Et au besoin la table alphabétique du Commentaire.

ADJUDICATION ADMINISTRATIVE DE BIENS APPARTENANT A DES COMMUNES OU A DES ÉTABLISSEMENTS PUBLICS.

V. *Cahier des charges.*

Adjudication administrative.

ADJUDICATION SUR FOLLE-ENCHÈRE.

V. *Revente* par suite de folle-enchère.

Adjudication sur folle-enchère.

ADJUDICATION JUDICIAIRE.

V. *Cahier de charges et Vente judiciaire.*

Adjudication judiciaire.

ADJUDICATION SUR LICITATION.

V. *Licitation.*

Adjudication sur licitation.

ADJUDICATION PAR SUITE DE SURENCHÈRE.

V. *Vente sur surenchère.*

Adjudication sur surenchère.

ADJUDICATION VOLONTAIRE.

1° *De biens ruraux.*
2° *De maison.*

Adjudication volontaire.

Nota. Pour les adjudications volontaires :

1° *De Bail. V.* Bail par adjudication.
2° *De Bateaux. V.* vente de bateaux par adjudication.
3° *De cession de Bail. V.* Sous-Bail *ou* transport de Bail par adjudication.
4° *De coupe de bois. V.* Vente de coupe de bois par adjudication.
5° *De droits incorporels. V.* cession *ou* transport par adjudication de rentes, créances, droits et actions, etc.
6° *De l'exploitation d'une carrière. V.* Vente.

6

7° *De fonds de commerce. V.* Vente de fonds de commerce par adjudication.

8° *De fruits. V.* Vente de récoltes par adjudication.

9° *De meubles. V.* Vente de meubles.

10° *De navires. V.* Vente de navires.

11° *D'un office ou charge d'officier ministériel. V.* Vente.

12° *Au rabais de marchés ou entreprises de constructions ou réparations. V.* Rabais.

13° *De récoltes. V.* Vente de récoltes par adjudication.

ADJUDICATION [159] DE BIENS [87] RURAUX.

1° De biens ruraux.

1 L'an mil huit cent quarante-deux [15] le dimanche seize janvier (*id.*) à l'heure de neuf du matin.

2 Pardevant M⁰ François [1] Reilles (*id.*) et son confrère (*id.*), Notaires à Montenver, (*id.*), département de l'Yonne, soussignés [15].

3 Sont comparus :

4 M. Cyprien [3] Gaillard (*id.*), marchand épicier (*id.*), et la dame Esther (*id.*) Darblet (*id.*), son épouse de lui autorisée [68] à l'effet des présentes, demeurant tous deux à.... (*id.*).

5 Lesquels désirant vendre aux enchères un labourage appartenant au mari et situé sur le finage du Val-Saint-Martin, ont dit qu'ils avaient fait annoncer par affiches et publications à son de caisse qu'il serait, cejourd'hui à l'heure de midi en la maison commune du Val-Saint-Martin, procédé par le ministère de M⁰ Reilles et de son confrère à la vente par adjudication à la chaleur des enchères et en détail, sauf réunion, des biens composant ledit labourage.

6 En conséquence, ils ont requis lesdits Notaires de faire par lots [140] la désignation des biens à vendre, d'en établir la propriété et de rédiger les charges [58] et conditions de l'adjudication : ce qui a eu lieu, ainsi qu'il suit :

7 DÉSIGNATION [141] :

8 *Premier lot* [140]. Ce lot est composé d'une pièce de terre [7] emblavée [142] en blé, de la contenance de un hectare deux ares quatorze centiares [91], située sur le finage [141] du Val-Saint-Martin, au climat (*id.*) appelé le Vaux-Cornot, tenant (*id.*) d'un long du levant (*id.*) à Pierre Joudelat, d'autre du couchant à Jacques Poral, d'un bout (*id.*) du midi à Jean Challaut, d'autre bout du nord à Paul Brulé.

9 *Second lot.* Ce lot est composé d'une pièce de terre emblavée en méteil, de la contenance de un hectare cinquante trois ares vingt-un centiares, située sur le même finage, au climat appelé la Croix-Galotte, traversée par un sentier, et tenant d'un long du midi à Joseph Niquet, d'autre long à Mathieu Bailly, d'un bout du levant à Louis Faucille, d'autre bout à François Boisseau.

10 *Troisième lot.* Ce lot est composé d'une pièce de terre emblavée en seigle, de la contenance de deux hectares quatre ares vingt-huit centiares, située sur le même finage, lieu dit le Vaux-Main, tenant d'un long du levant à Pèlerin Fointiat, d'autre long à Cécile Poinsot, d'un bout du midi à Célestin Brunot, d'autre bout à Étienne Fauvin.

11 Il existe dans la limite qui sépare le présent lot d'avec Pèlerin Fointiat, cinq noyers mitoyens [41] qui, en conséquence, sont en communauté de tige et de fruits [50] avec ledit Fointiat.

12 *Quatrième lot.* Ce lot est composé d'une pièce de terre en nature de sainfoin, de la contenance de trois hectares six ares quarante-deux centiares, située sur le même finage, au climat de la Vaux-Moine, tenant d'un long du nord à Nicolas Bailly, d'autre à Martin Ponal, d'un bout du couchant à la vigne de Michel Rafiné, d'autre bout à un gros tas de pierres.

13 *Cinquième lot.* Ce lot est composé d'une pièce de terre à chenevière de la contenance de vingt-cinq ares cinquante-trois centiares, située sur le même finage, au climat appelé la Fontaine, tenant d'un long du levant à Étienne Perreau, d'autre long à Pèlerin Joudelat, d'un bout du midi à Christophe Challaut, d'autre bout à Sulpice Lemoine.

14 *Sixième lot.* Ce lot est composé d'une pièce de vigne formée de quarante et une treilles [91], de la contenance de trente-huit ares trente centiares, située sur le même finage, au climat de la Côte-du-Puits, tenant d'un long du midi à Joseph Poulaine, d'autre long à Luc Fointiat, d'un bout du levant à Pierre Rossignol, d'autre bout à Simphorien Picq.

15 *Septième lot.* Ce lot est composé d'une pièce de pré, de la contenance de cinquante et un ares sept centiares, située sur le même finage, au climat de la Vallée, tenant d'un long du couchant à la veuve François Jeannot, d'autre long à Jean Piat, d'un bout du nord à Justin Fiacre, d'autre bout du midi à Sébastien Joux.

16 ÉTABLISSEMENT DE PROPRIÉTÉ.

17 Les biens à vendre appartiennent en propre audit sieur Gaillard comme héritier [78] pour moitié de Jean-François Gaillard, en son vivant cultivateur au Val-Saint-Martin, et de Jeanne Trinquard, sa femme, ses père et mère, et comme composant le second lot qui lui est échu lors du partage [143] fait entre lui et Louis Gaillard, son frère germain [144], des biens dépendant des successions de leursdits père et mère, par acte passé en minute [59] et présence de témoins [14] devant Me Maujot, Notaire à...., le...., dûment enregistré [42] et dans lequel il est constaté par acte de notoriété [145] à défaut d'inventaire [127] que lesdits sieurs Cyprien Gaillard et Louis Gaillard étaient seuls héritiers de leursdits père et mère.

18 Le partage sus-énoncé a eu lieu à la charge par ledit Cyprien Gaillard de faire soulte [140] à son frère d'une somme de six cents francs dont il s'est libéré envers ce dernier suivant quittance [84] reçue par ledit Me Maujot à la suite dudit partage le...., aussi enregistrée.

19 Lesdits Jean-François Gaillard et Jeanne Trinquard, père et mère, étaient propriétaires des biens compris au partage sus-daté comme leur ayant été constitués en dot à titre purement gratuit par Claude Gaillard et Françoise Jousquin, sa femme, père et mère dudit Jean-François Gaillard, et par Jérôme Trinquard et Perpétue Foulon, sa femme, père et mère de ladite Jeanne Trinquard femme Gaillard, aux termes de leur contrat de mariage passé devant Me Guilbert et son collègue, Notaires à Montenver, le...., dûment enregistré, et encore au moyen de ce que lesdits biens par suite du rapport [146] fait aux successions des donateurs ont été compris aux lots des donataires ainsi qu'il résulte de deux actes de partage faits sans soulte ni retour [140] devant ledit Me Guilbert, les...., dûment enregistrés.

20 CHARGES ET CONDITIONS DE L'ADJUDICATION.

21 ARTICLE PREMIER. — *Garantie.* M. et Mad. Gaillard s'obligent solidairement entr'eux à garantir les biens à vendre de tous priviléges [29], hypothèques [30], surenchères [147] et évictions [9] quelconques ; toutefois à l'égard de la dame Gaillard, cette garantie ne s'étendra qu'aux troubles et évictions qui pourraient provenir de son chef (a) ou de celui de toute personne subrogée [114] à ses droits.

_____

(a) La clause, telle qu'elle est conçue, doit satisfaire pleinement l'acquéreur qui, ordinairement, n'exige l'engagement de la femme, que pour qu'il en résulte un empêchement pour elle d'exercer son hypothèque légale sur le bien vendu, par application de la règle : *eum quem de evictione tenet actio, eumdem agentem repellit exceptio.* S'il est d'usage, par une clause qu'on peut considérer comme étant tout-à-fait de style, de ne point limiter la garantie de la femme, ce peut être, d'une part, parce qu'on en calcule rarement toutes les conséquences désavantageuses pour elle, et d'une autre part, parce qu'on manque de l'éclairer sur les suites de son engagement. Ainsi, en règle générale, la comparution de la femme à la vente d'un bien propre à son mari n'a lieu que pour garantir l'acquéreur de l'effet de l'hypothèque légale qu'elle a sur le bien vendu et pour emporter aliénation de ce même bien dans le cas où il lui aurait été vendu par son mari en paiement de reprises (V. note 4, n° 21 et suiv.). Ce sont là deux engagements qu'un acquéreur doit raisonnablement demander et qu'une femme peut volontiers consentir pour la sécurité de ce dernier, lorsqu'elle a dans l'administration de son mari une grande confiance et qu'au surplus d'autres sûretés lui sont acquises contre lui. C'est, dans ce cas, une renonciation dont elle a pu calculer toutes les conséquences ; mais si, des termes employés pour cette renonciation, il résulte une garantie illimitée de la part de la femme, c'est s'éloigner de la vérité et placer celle-ci dans une position qui, de bénévole qu'elle devait être et point sujette à faire réfléchir sur elle la moindre action, devient tout-à-fait passive en ce sens que l'acquéreur peut diriger contre elle toutes les actions qu'il peut exercer contre le mari. Supposez, en effet, que le bien du mari soit grevé de nombreuses hypothèques à l'insu de la femme ou que le mari possède ce bien en vertu d'un titre vicieux, il pourra

²² **Art. 2.** — *Contenance.* Les pièces d'héritage seront vendues comme elles s'étendent et comporter sans aucune exception ni réserve [8], et sans garantie de contenance [40], en conséquence le plus ou le moins de mesure, s'il s'en trouve, tournera au profit ou à la perte des adjudicataires quand même la différence serait de plus d'un vingtième. Les vendeurs déclarent seulement que la contenance donnée à chaque pièce dans la désignation des lots n'est point exagérée et est, au contraire, conforme aux énonciations contenues aux titres de propriété (*ou au plan de la matrice cadastrale quand la vente est faite sans relater de titre*).

²³ **Art. 3.** — *Entrée en jouissance.* Les adjudicataires pourront faire et disposer des biens à vendre comme de chose leur appartenant en toute propriété [22] possession (*id.*) et jouissance [8] à compter du jour de l'adjudication, sauf ce qui va être dit aux deux articles suivants *(a).*

²⁴ **Art. 4.** — *Frais de labours.* Les adjudicataires des pièces comprises aux cinquième et sixième lots seront tenus de payer aux vendeurs, dans la huitaine de l'adjudication, pour indemnité des labours [142], fumiers (*id.*) et semences (*id.*), par eux faits à ces deux pièces, savoir : l'adjudicataire du cinquième lot, quarante francs, et l'adjudicataire du sixième lot, soixante francs.

²⁵ **Art. 5.** — *Partage de récolte.* Les pièces comprises sous les trois premiers lots ayant été louées pour l'année au sieur Guillaume Joudelat, laboureur au Val-Saint-Martin, sous la condition d'un partage des fruits, chaque adjudicataire aura le droit, à la moisson prochaine, de percevoir, pour raison de la pièce par lui acquise, le tiers de la récolte sur place et à la gerbe selon l'usage du pays, les deux autres tiers étant dévolus au fermier pour l'indemniser de ses peines, de ses frais de culture et de moisson [142].

---

arriver qu'un consentement de pure complaisance donné par la femme devienne pour elle un sujet de ruine, car étant à la merci de l'acquéreur, elle pourra être contrainte par lui ou à rapporter main-levée des inscriptions ou à faire cesser les troubles ou sujets de troubles résultant des vices du titre de propriété de son vendeur (vices qu'il n'aura tenu qu'à lui d'apprécier avant d'acheter), et faute de satisfaire à sa demande il pourra obtenir contre elle des condamnations et des dommages-intérêts dont les effets seront désastreux pour elle et les siens.

On doit donc employer la formule ci-dessus dans tous les cas ordinaires pour devenir *clause de style*, parce qu'elle est conforme, en général, aux intentions de la femme et à celles de l'acquéreur.

Dans tous les cas *extraordinaires* on doit faire expliquer positivement la femme du vendeur sur l'étendue de la garantie qu'elle entend donner, pour qu'elle puisse en calculer par elle ou ses conseils toutes les conséquences, mais on sent qu'on doit en user avec une extrême réserve pour ne pas la mettre sous une espèce de contrainte de la part du mari qui veut absolument vendre, et que par ce motif il est encore convenable de suivre la formule ci-dessus.

(a) Lorsque les biens sont affermés et qu'il y a lieu de répartir le fermage entre les acquéreurs, on doit supprimer les articles 4 et 5 de la formule et faire un autre article ainsi conçu :

Art. 4. — *Baux courants.* Les biens à vendre ayant été affermés pour.... années qui expireront le..., savoir : les cinq premiers lots au sieur Benjamin Rossignol, cultivateur au Val-Saint-Martin, moyennant la somme de quatre cents francs par an, payable le onze novembre de chaque année, suivant bail passé devant Me Maujot, Notaire sus-nommé, le ..., dûment enregistré, et les deux derniers lots au sieur Pancrace Fointiat, cultivateur au même lieu, moyennant la somme de cent cinquante francs par an, payable aussi le onze novembre de chaque année, suivant un autre bail passé devant le même Notaire le...., aussi enregistré, les adjudicataires auront droit au fermage desdits biens à compter du jour de l'adjudication sur le pied, savoir :

Le premier lot, de vingt-cinq francs par an, ci	25 fr
Le second lot, de soixante-quinze francs par an, ci	75
Le troisième lot, de cent francs par an, ci	100
Le quatrième lot, de cent cinquante francs par an, ci	150
Le cinquième lot, de cinquante francs par an, ci	50
Somme égale au fermage annuel dû par Benjamin Rossignol	400
Le sixième lot, de cinquante francs par an, ci 50	
Le septième lot, de cent francs par an, ci 100	150
Somme égale au fermage annuel dû par Pancrace Fointiat 150	
Total annuel des deux fermages 550	

Les fermages échus depuis le onze novembre dernier jusqu'au jour de l'adjudication sont réservés par le vendeur.

²⁶ ART. 6. — *Contributions.* Les adjudicataires seront tenus d'acquitter les contributions [88] foncières et autres de toute nature imposées et à imposer sur les biens par eux acquis depuis le premier janvier dernier ; et à cet effet ils devront, dans le plus bref délai, faire substituer leurs noms à celui du vendeur, sur la matrice des rôles, de manière à être imposés en leurs noms personnels au premier janvier prochain.

²⁷ ART. 7. — *Servitudes.* Chaque acquéreur supportera les servitudes [88] passives apparentes, continues ou discontinues 'dont pourront se trouver grevés les biens par lui acquis, sauf à s'en défendre et à faire valoir celles actives à son profit, le tout à ses risques et périls, et sans que cette stipulation puisse conférer à des tiers [83] plus de droits qu'ils n'en auraient par titres réguliers et non prescrits.

²⁸ ART. 8. — *Mode de paiement du prix.* Le prix de chaque adjudication devra être payé [84] entre les mains du vendeur ou de son fondé de pouvoir [80] spécial en l'étude de Mᵉ Reilles, l'un des Notaires soussignés, en deux termes [77] égaux, d'année en année à compter du jour de l'adjudication, avec intérêts [49] au taux de cinq pour cent par an sans retenue (*id.*), à partir du jour de l'adjudication, lesquels intérêts seront payables annuellement avec chaque portion de principal et diminueront en raison des paiements faits sur ledit principal [136].

²⁹ ART. 9. — *Frais d'adjudication.* Indépendamment de leurs prix principaux d'acquisition les adjudicataires paieront dans les vingt-quatre heures de l'adjudication entre les mains et sur la quittance dudit Mᵉ Reilles, cinq centimes par franc pour ses honoraires [8] à l'adjudication et ses frais d'affiches et de publications et en outre, chacun en raison de son prix, somme suffisante pour les déboursés [8] de timbre, d'enregistrement et de transcription [111], ainsi que pour le coût d'une grosse [64] pour les vendeurs et d'une expédition (*id.*) pour transcrire, plus chacun en ce qui le concerne le coût de l'extrait [64] à leur délivrer.

³⁰ ART. 10. — *Transcription et purge.* Dans le mois qui suivra l'adjudication une expédition du procès verbal d'icelle sera déposée au bureau des hypothèques d'Auxerre pour y être transcrite [111] avec un seul état de charges, sous peine par les acquéreurs de supporter les frais de tout état délivré particulièrement ; et si lors de l'accomplissement de cette formalité il se trouve des inscriptions grevant les biens vendus (*a*), le vendeur s'engage à en rapporter main-levée [149] et certificat de radiation dans les deux mois qui suivront la dénonciation [122] que l'un des acquéreurs agissant au nom de tous lui en aura faite à son domicile ci-après élu [11] (*b*) et, faute par ledit vendeur de justifier de ces main-levée et certificat de radiation dans ledit délai, les acquéreurs auront alors le droit de notifier leur contrat aux créanciers inscrits et de faire ouvrir un ordre [104] en justice ou de consigner leurs prix à la caisse des dépôts et consignations [48], mais ils ne le pourront qu'en se réunissant tous ; cependant, en cas de discord ou de négligence,

---

(*a*) Lorsque la vente a lieu pour payer des dettes hypothécaires on peut se servir de l'une ou de l'autre des formules suivantes, la plus appropriée à la situation des affaires du vendeur :

1° . . . . . Et que le montant de ces inscriptions n'excède pas les prix réunis des adjudications, les adjudicataires ne pourront ni dénoncer [122] leurs inscriptions au vendeur ni faire aucune notification (*id.*) ou consignation [48] à moins d'y être contraints avant les époques fixées pour le paiement de leurs prix par quelque créancier inscrit ; il leur est seulement imposé l'obligation [107] de payer leursdits prix en principaux [136] et intérêts [49] aux créanciers en se faisant, pour leur sûreté et si bon leur semble, subroger [114] aux droits de ces derniers jusqu'à concurrence des sommes payées.

2° . . . . . Et qui aient été prises au nom de (*indiquer ici les noms, prénoms, professions et domiciles*) créanciers inscrits en vertu de (*indiquer ici la date et la nature des titres, par quels Notaires ils ont été reçus et s'ils ont été enregistrés*) le vendeur charge les acquéreurs de payer leurs prix en principaux et intérêts aux époques ci-dessus fixées et de manière qu'il ne soit point inquiété, entre les mains desdits créanciers auxquels il fait par ces présentes toute délégation [100] nécessaire (V. la formule d'acceptation de délégation page 22) et les quittances dûment en forme qu'ils retireront à leurs frais desdits créanciers avec main-levée par ceux-ci de leurs inscriptions opéreront leur libération vis-à-vis du vendeur.

(*b*) S'il y a des inscriptions qui n'aient point d'effet on peut l'exprimer ainsi :

Sans toutefois que cette obligation contractée par le vendeur de rapporter main-levée puisse s'appliquer à l'inscription prise au profit de M ..., le.. ., vol ..., n°...., laquelle ne peut être délivrée sur ledit vendeur que par similitude de noms, le dénommé en ladite inscription étant Cyprien Gaillard, gendre Michaut, et non le sieur Gaillard, comparant, qui est gendre Darblet et n'a jamais été marié qu'une fois.

'adjudicataire le plus fort en somme demeure autorisé a agir en son nom et en celuide tous les autres adjudicataires, sans qu'il ait besoin de faire constater préalablement leur discord ou négligence.

³¹ Les acquéreurs auxquels il conviendra de remplir les formalités nécessaires pour purger les biens par eux acquis des hypothèques légales [30] qui pourraient les grever devront commencer ces formalités dans le mois de l'adjudication pour qu'elles soient mises à fin d'ici à quatre mois, et si alors il se trouve des inscriptions grévant lesdits biens les parties se conformeront à l'égard desdites inscriptions à ce qui est dit en la première partie du présent article relativement aux inscriptions trouvées sur transcription.

³² Il sera fait mention très-succincte sur chaque extrait à délivrer aux adjudicataires de l'accomplissement desdites formalités de transcription et de purge légale à titre de renseignement, sans préjudicier au droit présentement conféré à tout adjudicataire de faire le dépôt de toutes les pièces de transcription et de purge à la suite du procès-verbal d'adjudication aux frais de tous les adjudicataires contributoirement à raison de leurs prix.

³³ Art. 12. — *Command*. Toute personne qui aura enchéri pour le compte d'une autre devra le déclarer et présenter son command [148] à l'instant même de l'adjudication ou dans les vingt-quatre heures, mais pour être admis il devra être notoirement solvable sinon fournir caution comme il est dit à l'art. 15 ci-après.

³⁴ Art. 13. *Remise de titres*. Tous les titres de propriété mentionnés en l'établissement de propriété, excepté toutefois les expéditions des contrats de mariage des Sr et dame Claude Gaillard et des sieur et dame Trinquard, seront, à sa première demande, remises au plus fort adjudicataire qui devra les joindre au dépôt des pièces de transcription et de purge et jusques-là en aider ses co-acquéreurs au besoin et sous récépissé.

³⁵ Art. 14. — *Etat civil*. Le vendeur déclare qu'il n'est et n'a jamais été chargé d'aucune fonction donnant lieu à hypothèque légale [30] sur ses biens.

³⁶ Art. 15. — *Conditions pour enchérir*. Nul ne sera admis à se rendre adjudicataire s'il n'est pas d'une solvabilité suffisamment connue du vendeur à moins qu'il ne fournisse caution dans les 24 heures sur la demande qui lui en sera faite, et qui sera consignée au procès-verbal d'adjudication avant sa clôture.

³⁷ Toute enchère faite par un insolvable sera regardée comme non avenue et l'enchère précédente conservera toute sa force comme si elle n'avait point été couverte.

³⁸ Art. 16. — *Forme de l'adjudication*. L'adjudication [139] aura lieu à la chaleur des enchères (*id.*) et à l'extinction de deux feux sans enchères. Le montant des enchères sera de quinze francs depuis cinq cents jusqu'à mille francs et de vingt francs au-dessus de mille francs.

³⁹ Art. 17. — *Mise à prix*. La vente aura lieu sur la mise à prix [139] des sommes suivantes outre les charges, savoir :

Pour le premier lot, de huit cents francs, ci	800 fr
Pour le second lot, de deux mille francs, ci.	2000
Pour le troisième lot, de deux mille six cents francs, ci.	2600
Pour le quatrième lot, de quatre mille cinq cents francs, ci	4500
Pour le cinquième lot, de douze cents francs, ci.	1200
Pour le sixième lot, de quinze cents francs, ci	1500
Et pour le septième lot, de deux mille quatre cents francs, ci . . .	2400
Total des mises à prix.	15000

⁴⁰ Art. 18. — *Réunion des lots*. La vente aura lieu d'abord en détail et ensuite en masse sur une mise à prix composée du montant des adjudications partielles pour les lots qui auront été vendus et de la somme ci-dessus fixée pour la mise à prix à l'égard des lots non vendus; en conséquence, si sur cette nouvelle mise à prix ainsi formée il est fait enchère, ou si quelqu'un offre seulement de se rendre adjudicataire pour le montant de la nouvelle mise à prix, la vente en masse sera seule valable et les adjudications partielles seront comme non avenues; dans le cas contraire, lesdites adjudications partielles seront seules valables à défaut d'enchères sur le total.

⁴¹ Art. 19. — *Election de domicile*. Pour l'exécution des charges et conditions de l'adjudication les vendeurs font élection de domicile [14] en l'étude de Me Reilles, l'un des Notaires soussignés

42 A l'égard des adjudicataires ils seront tenus d'élire domicile [11] dans un lieu quelconque de la commune où les biens à vendre sont situés, sinon l'élection de domicile sera de plein droit en l'étude dudit Mᵉ Reilles.

43 Lecture faite [13] M. et Mad. Gaillard ont signé [15] avec les Notaires.

———————

44 Attendu qu'il est l'heure de midi annoncée pour l'adjudication, M. et Mad. Gaillard ont requis Mᵉ Reilles et son confrère, Notaires à Montenver, susdits et soussignés, de procéder immédiatement à l'adjudication des biens sus désignés.

44 Obtempérant à ce réquisitoire ledit Mᵉ Reilles, en présence de son confrère, a fait lecture aux personnes présentes du cahier de charges qui précède, et ensuite il a procédé à la réception des enchères et à l'adjudication de la manière suivante :

ADJUDICATION.

47 *Premier lot.* La pièce de terre emblavée en blé sise au lieu dit le Vaux-Cornot, composant le premier lot de la désignation qui précède, ayant été mise en vente sur la mise à prix de huit cents francs outre les charges a été adjugée après deux enchères et l'extinction de deux feux sans nouvelle enchère au sieur Hector [3] Rossignol (*id.*), laboureur, demeurant au Val-Saint-Martin, à ce présent et acceptant, moyennant la somme de huit cent trente francs outre les charges qu'il s'oblige d'exécuter.

48 Ledit sieur Rossignol a fait élection de domicile [11] en sa demeure actuelle et signé [15] après lecture [16].

49 *Second lot.* La pièce de terre emblavée en méteil sise au lieu dit la Croix-Galotte, composant le second lot de la désignation qui précède ayant été mise en vente sur la mise à prix de deux mille francs outre les charges a été adjugée après cinq enchères et l'extinction de deux feux sans nouvelle enchère au sieur Etienne [3] Thévenin (*id.*), propriétaire (*id.*), demeurant à Montenver (*id.*), à ce présent et acceptant, moyennant la somme de deux mille cent francs outre les charges.

50 Sur la demande qui lui a été faite de fournir une caution, ledit sieur Thévenin a présenté le sieur Alexandre [3] Challaut (*id.*), cultivateur (*id.*), demeurant au Val-Saint-Martin (*id.*), lequel à ce présent et intervenant a déclaré se rendre et constituer volontairement caution [32] et répondant dudit sieur Etienne Thévenin, s'obligeant en conséquence au paiement du principal et des intérêts de son acquisition et à l'exécution de toutes les charges et conditions de l'adjudication au lieu et place du débiteur principal, toutefois après discussion (*id.*) des biens de ce dernier; ce qui a été accepté par les vendeurs.

51 Lesdits sieurs Thévenin et Challaut ont fait élection de domicile [11] en leurs demeures actuelles sus-indiquées et signé [13] après lecture [16].

52 *Troisième lot.* La pièce de terre emblavée en seigle, située au lieu dit le Vaux-Main, et composant le troisième lot de la désignation ayant été mise en vente sur la mise à prix de deux mille six cents francs outre les charges, a été adjugée après dix enchères et l'extinction de deux feux sans nouvelle enchère au sieur Mathurin [3] Chocat (*id.*), cultivateur (*id.*), demeurant (*id.*) au Val-Saint-Martin, à ce présent et acceptant, moyennant la somme de deux mille huit cents francs outre les charges qu'il s'oblige d'exécuter pour moitié au moyen de la déclaration de command qui suit, mais indivisément [92] avec le command pour la portion à la charge de ce dernier.

53 Et à l'instant ledit sieur Chocat a déclaré qu'il avait fait cette acquisition tant pour lui que pour le sieur Vincent Delinot, laboureur, demeurant aussi au Val-Saint-Martin, lequel étant intervenu à ces présentes a déclaré qu'il acceptait ladite acquisition pour moitié et se soumettait aux charges et conditions de l'adjudication jusqu'à concurrence de cette moitié, mais indivisément [92] avec ledit sieur Chocat pour le surplus.

54 Lesdits sieurs Chocat et Delinot ont fait élection de domicile [11] en leurs demeures actuelles ci-dessus indiquées et signé [13] après lecture [16].

55 *Quatrième lot.* La pièce de terre en nature de sainfoin, sise au lieu dit la Vaux-Moine, composant le quatrième lot de la désignation a été mise en vente sur la mise à prix de quatre mille cinq cents francs outre les charges. Plusieurs feux ayant été allumés, il a été fait pendant leur durée un grand nombre

d'enchères dont la dernière portant ladite pièce à cinq mille francs, outre les charges, a été faite par le sieur Napoléon [3] Joudelat (*id.*), cultivateur, demeurant au Val-Saint-Martin, agissant tant pour lui que pour Christophe Mouilleron et Jérôme Barrot, laboureurs, demeurant aussi au Val-Saint-Martin. Sur cette somme deux feux allumés successivement s'étant éteints sans nouvelle enchère, ladite pièce a été adjugée auxdits sieurs Napoléon Joudelat, Christophe Mouilleron et Jérôme Barrot, à ce présents et acceptant, acquéreurs chacun pour un tiers, moyennant ladite somme de cinq mille francs, outre les charges qu'ils s'obligent indivisément [92] entr'eux d'exécuter et accomplir.

Lesdits sieurs Joudelat, Mouilleron et Barrot, ont fait élection de domicile [11] en leurs demeures actuelles ci-dessus indiquées et signé [15] à l'exception de Mouilleron qui a déclaré ne savoir signer (*id.*), de ce interpellé par les Notaires, après lecture [16].

⁵⁶ *Cinquième lot.* La pièce de terre à chenevière sise au lieu dit la Fontaine, composant le cinquième lot de la désignation ayant été mise en vente sur sa mise à prix de douze cents francs, outre les charges, a été adjugée après une seule enchère et l'extinction de deux feux sans nouvelle enchère au sieur Sébastien [3] Sonnois (*id.*), tisserand (*id.*), demeurant au Val-Saint-Martin (*id.*), à ce présent et acceptant, acquéreur tant pour lui que pour Agathe (*id.*) Dondon (*id.*), sa femme, aussi à ce présente et acceptant sous son autorisation [68], moyennant la somme de douze cent vingt francs, outre les charges qu'ils s'obligent solidairement [106] entr'eux d'exécuter et accomplir.

⁵⁷ Lesdits époux Sonnois ont fait élection de domicile [11] en leur demeure actuelle sus-indiquée et signé [15] après lecture [16].

⁵⁸ *Sixième lot.* La pièce de vigne, sise au lieu dit la Côte-du-Puits, composant le sixième lot de la désignation, ayant été mise en vente, mais personne n'ayant enchéri ni même offert le montant de sa mise à prix, il n'a pu y avoir lieu d'en prononcer l'adjudication, sauf l'effet de l'adjudication qui pourra résulter de la réunion des lots.

⁵⁹ *Septième lot.* La pièce de pré sise au lieu dit la Vallée, composant le septième lot de la désignation, ayant été mise en vente sur sa mise à prix de deux mille quatre cents francs, outre les charges, a été adjugée après quatre enchères et l'extinction de deux feux sans nouvelle enchère, moyennant la somme de deux mille quatre cent quatre-vingts francs, outre les charges, au sieur Germain [3] Cantin (*id.*), propriétaire (*id.*), demeurant à Montenver (*id.*), à ce présent, acquéreur pour le sieur Thomas (*id.*) Machavoine (*id.*), cultivateur (*id.*), demeurant au hameau de la Loge, commune du Val-Saint-Martin (*id.*), en conséquence du pouvoir à lui donné par ce dernier suivant acte sous-seing privé en date à la Loge du premier du mois courant qui sera soumis à l'enregistrement [42] avant ou en même temps que ces présentes et dont l'original est demeuré ci-annexé après avoir été, du mandataire, certifié véritable en présence des Notaires soussignés.

⁶⁰ Ledit sieur Cantin oblige son commettant au paiement du prix de son acquisition ainsi qu'à l'exécution de toutes les charges et conditions de l'adjudication, et fait élection de domicile [11], pour ce dernier, en sa demeure actuelle audit lieu de la Loge.

⁶¹ Et ledit sieur Cantin a signé [15] après lecture [16]

⁶² RÉUNION DE TOUS LES LOTS POUR L'ADJUDICATION EN MASSE.

⁶³ Six des lots ci-dessus désignés ayant été adjugés, savoir :

⁶⁴

Le premier lot, moyennant.	850 ᶠ
Le second lot, moyennant.	2100
Le troisième lot, moyennant. . . .	2800
Le quatrième lot, moyennant. . . .	5000
Le cinquième lot, moyennant. . . .	1220
Le septième lot, moyennant. . . .	2480
	14450

⁶⁵ Et la mise à prix du sixième lot resté invendu étant de . . . 1500

Au total. . . 15950

⁶⁶ Sur cette somme servant de mise à prix pour l'adjudication en masse, trois feux allumés successivement s'étant éteints sans enchère, les adjudications partielles sont demeurées définitives au profit des adjudicataires ci-devant dénommés et qualifiés (a).

⁶⁷ De tout ce que dessus il a été dressé le présent procès-verbal, clos [148] à quatre heures du soir, en la maison commune du Val-Saint-Martin [12], les jour, heure, mois et an susdits, et les sieur et dame Gaillard ont signé avec les Notaires [15] après lecture [16].

⁶⁸   V. *Enregistrement*,   notes 57 et 18.
⁶⁹   *Décime par franc* ou *Subvention*,   19.
⁷⁰   Et, au besoin, la table alphabétique du Commentaire.

ADJUDICATION [139] DE MAISON [87].

2° De maison.

¹ L'an mil huit cent quarante-deux [13], le dimanche dix-sept avril (*id.*), à dix heures du matin,

² Par devant Mᵉ Marie [1] Selleri (*id.*) et son confrère (*id.*), Notaires à Arc (*id.*), département de...., soussignés [15].

³   Sont comparus :

⁴ M. Germain [3] Naudart (*id.*), entrepreneur de bâtiments (*id.*), et la dame Colombe(*id.*) Voutenet (*id.*), son épouse de lui autorisée (68) à l'effet des présentes, demeurant (3) ensemble à Arc.

⁵ Lesquels, étant dans l'intention de vendre par adjudication en l'étude dudit Mᵉ Selleri, une maison située à Arc, ont requis les Notaires soussignés de faire la désignation [141] de cette maison, d'en établir la propriété et de rédiger les charges [58] et conditions [153] de l'adjudication, ce à quoi il a été procédé ainsi qu'il suit :

⁶   DÉSIGNATION [141].

⁷ La maison [7] à vendre est située [141] à Arc, rue du Gué, n° 15 ;

Elle consiste en un rez-de-chaussée composé d'une cuisine, une salle à manger, un salon et un cabinet de bains, deux caves sous ledit rez-de-chaussée dans l'une desquelles il y a un puits ;

En un premier étage composé de quatre chambres et deux cabinets ;

Et en un second étage en mansarde.

Plus en une cour et un jardin par derrière ladite maison, dans laquelle cour il existe une grange, une écurie, une buanderie, un hangard, des lieux d'aisances et une pompe à tirer de l'eau.

⁸ Le tout tient [141] d'un long (*id.*) du levant (*id.*) à Martin Michelin (*id.*), d'autre long du couchant à Jacques Jacquard, avec lequel le mur de séparation est mitoyen [41], d'un bout du nord à François Ferrand sur le terrain duquel la maison à vendre a droit d'égoût [55] et de tour d'échelle (*id.*), d'autre bout du midi ou par devant à la rue du Gué.

⁹   ÉTABLISSEMENT DE PROPRIÉTÉ [22].

¹⁰ La maison à vendre appartient en propre à la dame Naudard comme lui ayant été donnée par préciput et hors part [81], à titre purement gratuit et sans aucune charge, par le sieur Jean-Marie Voutenet,

---

(a) Lorsqu'il y a eu adjudication sur la réunion de tous les lots on peut faire un autre n° 66 ainsi conçu :

⁶⁶ Sur la somme ci-dessus servant de mise à prix pour l'adjudication en masse, le sieur Jean (3) Kaclu (*id.*), fermier (*id.*), demeurant (*id.*) à la Loge, ayant offert de prendre le bénéfice du feu à quaize mille neuf cent trente francs outre les charges, et trois feux allumés successivement s'étant éteints sans enchère, les sept lots ci-devant désignés ont été adjugés définitivement audit sieur Kaclu, présent et acceptant, pour ladite somme de quinze mille neuf cent trente francs outre les charges, laquelle somme il promet et s'oblige [107] de payer aux époques et de la manière ci-devant fixées. En conséquence toutes les adjudications particielles ci-dessus sont considérées comme nulles et non avenues.

(*Si les vendeurs demandent caution, voir l'alinéa 50 de la présente formule*).

Ledit sieur Kaclu et sa caution ont fait élection de domicile (11) en leurs demeures actuelles et gné (15) après lecture

son oncle, curé de Ouche, [suivant acte passé devant Me Guillon, Notaire à Arc, en minute [59] et présence de témoins [14], le.... dûment enregistré [42].

¹¹ Cette donation a été transcrite [111] au bureau des hypothèques d'Auxerre, le..., vol..., n°..., et après quinzaine, il a été délivré par le conservateur (id.) audit bureau, un certificat (id.) négatif d'inscriptions à la date du....

¹² Ledit sieur Voutenet en était propriétaire [22] comme légataire [24] particulier (id.) et à titre rémunératoire (id.) de Madame Athénaïs Flore Menneval, veuve de M. Jean-Henri de Boissy, comte d'Arc, décédée en son château de Ouche, suivant son testament olographe [152], en date à Ouche du treize janvier mil huit cent trente, enregistré [42] à.... le.... folio 75, recto, case 6 et suivantes par M. Texier, qui a reçu cinq francs et cinquante centimes pour le dixième [19]; ledit testament présenté à M. le Président [24] du Tribunal civil de première instance de.... qui en a constaté l'état (24, n° 501 et suiv.), et ordonne le dépôt (id.) en l'étude de Me Selleri, Notaire soussigné, le tout ainsi qu'il résulte du procès-verbal (id.) d'ouverture et de description dudit testament dressé au greffe dudit Tribunal le.... enregistré [42], lequel testament a été déposé en l'étude dudit Me Selleri à la date du...., suivant acte dudit jour, aussi enregistré.

¹³ Duquel legs délivrance [24, n° 508] a été volontairement consenti audit sieur Voutenet, suivant acte passé devant ledit Me Selleri, qui en a minute, et son collègue, le...., enregistré [42], par M. Isaïe Menneval, juge d'instruction et madame Adèle Menneval, épouse dûment autorisée [68] de M. Germain Viennet, inspecteur des postes, demeurant à...., comme seuls héritiers [78] de ladite comtesse d'Arc, leur sœur germaine, [144] décédée sans laisser aucun héritier à réserve, ainsi que le constate l'intitulé de l'inventaire [145] fait après son décès par Me Dambru, Notaire à Digogne, en minute [59] et présence de témoins [14], le..., aussi enregistré [42].

¹⁴ CHARGES [587] ET CONDITIONS [155] DE L'ADJUDICATION.

¹⁵ ARTICLE PREMIER. — *Garantie* [9]. M. et Mad. Naudard s'obligent [107] solidairement [106] entr'eux à garantir la maison à vendre de tous troubles quelconques, notamment de tous priviléges [29], hypothèques [30], surenchères [147] et évictions [9] (*a*).

¹⁶ ART. 2. — *Consistance* [154]. La maison sera vendue dans son état actuel, comme elle s'étend et comporte, sans aucune exception ni réserve, et avec tous les objets qui y ayant été attachés à perpétuelle demeure sont immeubles [87] par destination, à l'exception toutefois du tableau qui se trouve sur la cheminée de la salle à manger et de la grande glace qui se trouve sur la cheminée du salon, ainsi que du parquet sur lequel ces objets sont attachés. Étant bien entendu que tous les objets mobiliers qui se trouvent dans ladite maison et ses dépendances ne font point partie de la vente, les vendeurs se réservant de les enlever avant ou lors de la prise de possession de l'adjudicataire.

¹⁷ ART. 3. — *Entrée en jouissance*. L'adjudicataire pourra faire et disposer de ladite maison et de ses dépendances pour la nue propriété [22] dès aujourd'hui, mais il ne pourra s'en mettre en jouissance [8] qu'au premier juillet prochain. Jusques là, il sera loisible à l'acquéreur de faire faire à ses frais un état des lieux [154] contradictoirement avec les vendeurs.

¹⁸ ART. 4. — *Impôts*. L'adjudicataire sera tenu d'acquitter les impôts [58] de toute nature qui,

(*a*) La stipulation de garantie dont il s'agit doit être différente de celle faisant l'objet de la note qui est au bas de la page 45. — Ici, l'objet vendu étant propre à la femme, la garantie de sa part doit être illimitée. À l'égard du mari, il importe peu qu'il paraisse au contrat pour autoriser sa femme ou bien pour s'obliger purement et simplement ou solidairement avec elle. Quand il autorise sa femme, il consent par cela même à ce que l'acquéreur, en cas d'éviction, exerce ses droits, non-seulement sur tous les biens de sa femme sans pouvoir lui opposer qu'il ne peut priver la communauté du revenu des biens de cette dernière par l'effet d'un engagement auquel il n'a assisté que pour l'autoriser, mais encore sur ceux de la communauté et même sur les biens qui sont à lui (C. civ. 1419, 1426). Quand il s'oblige purement et simplement ou solidairement, les effets de la garantie sont à peu près les mêmes (C. civ. 1432). Dans le premier cas, la garantie est indivisible. V. note 9, n° 47, C. civ. n° 1221; et dans le second cas, la solidarité a presque tous les effets de l'indivisibilité (C. civ. n° 1222 et suiv.)

d'après la loi, sont à la charge de ladite maison, du jour de son entrée en jouissance, à l'effet de quoi il devra faire substituer son nom à celui du vendeur sur la matrice des rôles, de manière que ledit acquéreur soit imposé en son nom personnel au premier janvier prochain.

₁₉ ART. 5. — *Assurance contre l'incendie* [154]. Dans le cas où la maison à vendre serait assurée contre l'incendie par quelque compagnie d'assurances (a), l'acquéreur sera tenu d'entretenir l'assurance et de payer les primes à sa charge à compter du jour de son entrée en jouissance tant que le prix de la vente de ladite maison n'aura point été payé en totalité, les vendeurs faisant réserve à leur profit de tous les effets de ladite assurance en cas de sinistre, pour, par eux, les exercer jusqu'à due concurrence par préférence à l'acquéreur pour le surplus.

₂₀ ART. 6. — *Servitudes*. L'adjudicataire sera tenu de souffrir les servitudes [55] passives apparentes, continues ou discontinues dont la maison à vendre peut être grevée, ou bien il s'en défendra et fera valoir celles actives à son profit, le tout à ses risques et périls et sans que la présente clause puisse conférer à des tiers [55] plus de droits qu'ils n'en auraient par titres (*id.*) ou par prescription (*id.*).

₂₁ ART. 7. — *Indication de paiement* [100]. En déduction de son prix l'adjudicataire sera tenu de payer [84] et servir tant en capital [136] qu'arrérages [49], de manière que les vendeurs ne soient point inquiétés ni poursuivis à ce sujet, une rente constituée [76] annuelle et perpétuelle de cent francs au capital de deux mille francs, due le trente novembre de chaque année [77] par hypothèque [30] sur la maison à vendre et autres biens, au sieur Xavier Cherbet, rentier demeurant à Arc, aux termes d'un contrat de constitution passé en minute [59] et présence de témoins [14], devant Mᵉ Dambru, susnommé, Notaire à Digogne, le.... dûment enregistré [42].

₂₂ Les arrérages de cette rente seront à la charge de l'acquéreur à compter du premier juillet prochain, et devront être servis exactement d'année en année jusqu'au remboursement que ledit acquéreur sera tenu d'en faire audit sieur Cherbet ou à ses ayants-cause [6] dans un délai qui ne pourra excéder dix ans à compter de ce jour, et qui se réduira à deux ans aussi à compter d'aujourd'hui dans le cas où le créditrentier viendrait à exiger son remboursement pour cause de division de son hypothèque.

Par suite de la présente délégation, le créancier de la rente en recevant le remboursement de son capital aura le droit de donner main-levée [149] jusqu'à due concurrence de l'inscription d'office qui sera prise en vertu du procès-verbal d'adjudication.

₂₃ ART. 8. — *Mode de paiement du surplus du prix*. L'adjudicataire sera tenu de payer aux vendeurs et en leur demeure [84] le surplus du prix [161] principal de son acquisition (déduction faite du capital de rente mentionnée en l'article qui précède) en cinq termes [77] et paiements égaux, d'année en année, à compter du premier juillet prochain, avec intérêts [49] au taux de cinq pour cent par an sans retenue (*id.*). à partir dudit jour premier juillet, lesquels intérêts seront payables [84] annuellement [77] avec chaque portion de principal [136] et diminueront au fur et à mesure des paiements qui seront faits sur ledit principal.

₂₄ ART. 9. — *Frais d'adjudication* [5]. Indépendamment de son prix principal d'acquisition, l'adjudicataire paiera en sus, à l'instant même de l'adjudication, entre les mains et sur la quittance de Mᵉ Selleri, l'un des Notaires soussignés, somme suffisante pour l'acquit du droit proportionnel d'enregistrement de la vente, plus dans les trois mois de l'adjudication les déboursés de timbre et de transcription [111], ainsi que le coût d'une grosse [64] pour les vendeurs et d'une expédition (*id.*) pour ledit acquéreur, et en outre trois centimes par franc pour les honoraires [5] dudit Notaire à l'adjudication, frais d'affiches et de publication dont il a fait l'avance (b).

(a) Les parties ne faisant point ordinairement enregistrer leurs polices d'assurances, il y a alors obligation pour le Notaire d'employer cette circonlocution pour se soustraire à une amende. — V. note 42.

(b) Lorsque les vendeurs et le Notaire ne veulent point être exposés à faire l'avance des droits d'enregistrement (5, n° 57), on peut ajouter ce qui suit à l'art. 9 du cahier des charges :

« La condition imposée par les vendeurs à l'acquéreur de consigner immédiatement les droits d'enregistrement entre les

ART. 10. — *Transcription* [111] *et purge* [156]. Une expédition [64] du procès-verbal d'adjudication sera, dans le plus bref délai, déposée au bureau des hypothèques de.... pour y être transcrite et au greffe du Tribunal civil de.... par copie collationnée pour opérer la purge des hypothèques légales pouvant grever l'acquisition ; et si lors de l'accomplissement de cette double formalité, il se trouve des inscriptions grevant ladite maison, les vendeurs s'obligent, sous la solidarité exprimée en l'article premier qui précède, d'en rapporter main-levée [149] et certificat de radiation (*id.*) audit acquéreur dans les deux mois qui suivront la dénonciation [122] que celui-ci, à moins d'en être empêché par les poursuites de quelque créancier [25], sera tenu de faire avant tout [*a*] auxdits vendeurs de l'état desdites inscriptions au domicile ci-après élu [11]. Dans tous les cas, l'acquéreur devra être indemnisé par les vendeurs qui s'y obligent de tous frais extraordinaires de transcription et de purge légale, ainsi que de tous autres frais qui seront nécessités par l'existence desdites inscriptions (*b*).

Il est interdit à l'acquéreur la faculté de délaisser [157] l'immeuble pour cause d'hypothèque quand même le montant des hypothèques excéderait le prix de l'adjudication ; la charge qui lui est imposée par l'art. 7 du présent et qu'il aura acceptée par le fait de l'adjudication devant le faire considérer comme personnellement obligé à la dette.

Toutefois il est bien entendu que l'obligation contractée par les vendeurs de rapporter main-levée des inscriptions ne s'appliquera point à l'inscription prise par le sieur Cherbet pour conservation de la rente qui lui est due, ainsi qu'il est dit à l'article 7 qui précède, et ce attendu que l'acquéreur demeure chargé par ledit article d'en éteindre les causes.

ART. 11. — *Command* [148]. L'adjudicataire qui aura enchéri pour le compte d'un autre, devra le déclarer à l'instant même de l'adjudication ou dans les vingt-quatre heures, mais le command déclaré ne sera point admis s'il n'est pas d'une solvabilité [158] suffisamment connue des vendeurs, à moins qu'il ne fournisse caution [32].

ART. 12. — *Cas d'inexécution des conditions.* Faute par l'adjudicataire de satisfaire à tout ou partie des charges [58] et conditions [153] de l'adjudication, il pourra y être contraint par toutes les voies de droit et en outre les vendeurs pourront faire prononcer en justice la résolution [155] de la vente avec dommages-intérêts [159] ou bien faire revendre la maison par voie de folle-enchère [160], conformément à la loi, et audit cas de revente sur folle-enchère l'adjudicataire sera passible de la différence entre le prix de la présente adjudication et celui de la revente, mais il ne pourra rien prétendre à l'excédant, lequel appartiendra aux vendeurs à titre de dommages-intérêts.

ART. 13. — *Remise des titres* [54]. Lors du premier paiement [84] de son prix les vendeurs remettront à l'acquéreur tous les titres mentionnés en l'établissement de propriété qui précède.

ART. 14. — *Etat civil* [162]. Les vendeurs déclarent qu'ils sont mariés sous le régime de la communauté, aux termes de leur contrat de mariage passé devant M°.... Notaire à.... le...., dûment enregistré (*c*),

---

» mains du Notaire est suspensive [153]. En conséquence, l'adjudication n'emportera transmission (8, n° 4) de propriété » au profit de l'acquéreur, que du jour de cette consignation. Pour constater ce défaut de consignation, il suffira que le » Notaire fasse mention au pied du procès-verbal d'adjudication que cette consignation n'a point eu lieu, sans qu'il soit » alors besoin d'appeler ni de mettre en demeure l'adjudicataire. »

(*a*) La clause ainsi conçue a pour objet de mettre l'acquéreur dans l'obligation de dénoncer l'état des inscriptions aux vendeurs avant de le notifier aux créanciers. L'expérience nous a appris qu'il n'était pas toujours bon de laisser à l'acquéreur le choix des moyens, surtout quand ce n'est pas lui qui en supporte les frais.

(*b*) Lorsque les conditions relatives aux formalités de transcription et de purge sont différentes de celles ci-dessus ; V. la formule d'adjudication qui précède, page 45, alinéa 30, et les notes qui sont au bas de la page.

(*c*) (Ou bien) qu'ils sont soumis au régime de la communauté légale par la seule force de la loi à défaut de contrat de mariage.

Nota. Dans le cas où les époux déclarent s'être mariés sans contrat de mariage, il y a pour l'acquéreur une incertitude contre laquelle rien dans nos lois ne le garantit, car il peut arriver que deux époux mariés sous le régime dotal dissimulent l'existence de leur contrat pour aliéner un bien de la femme inaliénable par ce contrat. Il n'y aura donc de sécurité pour l'acquéreur que quand une disposition législative obligera les officiers de l'état civil d'insérer dans les actes de mariage la déclaration des époux portant qu'ils n'ont pas fait de contrat, ou bien qu'ils en ont fait un devant *tel* Notaire, parce que

et que la maison à vendre n'est grevée d'aucune hypothèque légale [50], la dame Naudard n'ayant jamais été chargée de tutelle [163] ou autre fonction [164] donnant lieu de plein droit à hypothèque sur ses biens.

₃₂ Art. 15. — *Conditions pour enchérir.* Nul ne sera admis à se rendre définitivement adjudicataire s'il n'est pas d'une solvabilité [158] suffisamment connue des vendeurs, à moins qu'il ne fournisse caution [52] de suite ou dans les vingt-quatre heures sur la demande qui lui en sera faite et qui sera consignée au procès-verbal d'adjudication.

₃₃ Toute enchère [159] faite par un insolvable sera regardée comme non avenue, et l'enchère précédente conservera toute sa force de même que si elle n'avait point été couverte.

₃₄ Art. 16. — *Forme de l'adjudication.* L'adjudication aura lieu à la chaleur des enchères [159] et à l'extinction de deux feux (*id.*) sans enchère. Chaque enchère ne pourra être moindre de cent francs.

₃₅ Les feux ne seront allumés que lorsqu'il aura été fait une mise à prix (*id.*) jugée suffisante par les vendeurs.

₃₆ Art. 17. — Pour l'exécution des charges et conditions de l'adjudication les vendeurs font élection de domicile [11] en l'étude de Mᵉ Selleri, l'un des Notaires soussignés.

₃₇ A l'égard de l'adjudicataire il sera tenu de faire élection de domicile [11] dans un lieu quelconque du canton d'Arc.

₃₈ Et les sieur et dame Naudard ont signé [15] avec les Notaires, après lecture [16].

_____

₃₉ Attendu qu'il est l'heure de midi annoncée pour l'adjudication, M. et Mad. Naudard ont requis Mᵉ Selleri et son confrère, Notaires à Arc, susdits et soussignés, de procéder immédiatement à l'adjudication de la maison ci-dessus désignée.

₄₀ Obtempérant à ce réquisitoire, ledit Mᵉ Selleri, en présence de son confrère, a fait lecture aux personnes présentes du cahier de charges qui précède, et procédé ensuite à la réception des enchères et à l'adjudication de la manière suivante :

ADJUDICATION.

₄₁

₄₂ La maison, telle qu'elle est désignée au cahier de charges qui précède, ayant été mise en vente, plusieurs enchères ont été faites qui ont porté la mise à prix à la somme de douze mille francs, outre les charges.

₄₃ Sur cette somme, les feux ayant été allumés, ladite maison a été enchérie, savoir :

₄₄ Sur le premier feu, à douze mille deux cents francs par M. Joseph [3] Bregor (*id.*), propriétaire (*id.*) demeurant (*id.*) à Arc, et à douze mille quatre cents francs par M. Antoine (*id.*) Longuil (*id.*), marchand de vins (*id.*), demeurant au même lieu.

₄₅ Sur le second feu, à douze mille six cents francs par M. Bregor, sus-nommé, et à douze mille sept cents francs par M. Luc [3] Touh (*id.*), rentier (*id.*), demeurant (*id.*) à Arc.

₄₆ Sur le troisième feu, à douze mille huit cents francs par M. Longuil, à douze mille neuf cents francs par M. Touh, et à treize mille francs par M. Bregor.

₄₇ Deux autres feux successivement allumés sur cette dernière somme s'étant éteints sans enchère, la maison dont il s'agit a été adjugée définitivement à M. Joseph Bregor, susnommé, propriétaire, demeurant à Arc, à ce présent et acceptant, moyennant la somme de treize mille francs, outre les charges qu'il s'oblige d'exécuter et accomplir.

₄₈ Aussitôt ledit sieur Bregor a déclaré qu'il avait fait cette acquisition pour le compte de M. Mathieu [3] Lenoble (*id.*), marchand de bois (*id.*), demeurant (*id.*) à Arc, lequel, pour ce présent, a déclaré qu'il acceptait ladite acquisition et se soumettait aux charges et conditions de l'adjudication dont il lui a été donné lecture (*a*).

_____

alors, il suffira d'exiger la représentation en forme d'une expédition de l'acte de mariage pour savoir d'une manière positive sous quel régime les époux vendeurs se sont mariés.

(*a*) Quand l'adjudicataire déclare command ; V. la formule qui précède, p. 47, alinéa 52 et 53.

Quand il obligé de fournir caution ; V. la même formule, alinéa 50.

Et quand il a acheté pour un autre comme mandataire ; V. la même formule, p. 48, alinéa 59.

49 Les vendeurs ayant demandé caution [32] à l'adjudicataire, celui-ci s'est engagé d'en fournir une, bonne et solvable , dans le délai fixé par le cahier des charges.

50 Et pour l'exécution des charges et conditions de l'adjudication, ledit sieur Lenoble fait élection de domicile [11] à Arc, en sa demeure actuelle jusqu'au premier juillet prochain, et en la maison vendue , postérieurement audit jour premier juillet.

51 De tout ce que dessus, il a été dressé le présent procès-verbal, demeuré clos [148] à deux heures du soir, en l'étude à Arc dudit Me Selleri [12], les jour, heure, mois et an susdits, et M. et mad. Naudard ont signé [13] avec les Notaires après lecture [16].

52   V. *Enregistrement*,   notes   57 et 18.

53   *Décime par franc* ou *Subvention*,   19

54   Et, au besoin, la table alphabétique du Commentaire.

Adoption.

ADOPTION [165] :

1° *D'un enfant légitime* [144] *qui n'a plus ni père ni mère* (id.).

2° *D'un enfant légitime* [144] *majeur* [79] *de 21 ans , ayant encore son père.*

3° *D'un enfant légitime majeur de 25 ans , ayant encore sa mère.*

1° D'un enfant légitime qui n'a plus ni père ni mère.

1° ADOPTION [165] D'UN ENFANT LÉGITIME [144] QUI N'A PLUS NI PÈRE NI MÈRE (id.).

1 L'an mil huit cent quarante-deux, le vingt avril, à onze heures du matin.

2 Devant nous, Pierre Lecomte , juge de paix [94] du canton de Cheuilly, arrondissement de..., département de..., assisté de M. Charles Voïedeau, notre greffier (id.).

3 S'est présenté M. Joachim Bonnard , capitaine de vaisseau , demeurant à Cheuilly, âgé de trente-six ans, étant né à..., le..., ainsi que le constate une expédition par lui représentée de son acte de naissance [63].

4 Lequel, étant marié, mais sans enfants ni descendants légitimes, nous a déclaré que, pénétré du sentiment de la reconnaissance en raison de ce que M. Martial-Cosme Annibal, enseigne de vaisseau , demeurant à..., lui avait sauvé la vie en le retirant des flots lors du naufrage du vaisseau *le Vaillant*, échoué sur les côtes d'Afrique le treize octobre dernier, son intention était d'adopter pour son fils ledit sieur Annibal en remplissant les formalités voulues par la loi.

5 Au même instant, s'est aussi présenté devant nous, assisté comme ci-dessus de notre greffier, M. Martial-Cosme Annibal, enseigne de vaisseau, demeurant à..., âgé de trente ans, étant né à..., le..., fils de M. Modeste Annibal, armateur, décédé à.. , le..., et de dame Joséphine Pérégrin , son épouse, décédée au même lieu le..., le tout ainsi que ledit sieur Annibal comparant nous a justifié desd. naissances [65] et décès (id.) par trois expéditions en forme qu'il nous a représentées.

6 Lequel, après avoir pris communication de ce qui précède, nous a déclaré qu'il acceptait avec grande satisfaction l'adoption dont M. Bonnard était disposé à lui procurer le bienfait.

7 A ce faire, était présente et est intervenue Mad. Nathalie Narbonne , épouse de M. Bonnard, susnommé, avec lequel elle demeure à Cheuilly.

8 Laquelle , ayant aussi pris communication et entendu lecture de ce qui précède, a déclaré consentir à ce que son mari adopte M. Annibal.

Sur ce, nous juge de paix, considérant :

» ₀ Que l'adoption est fondée sur un service signalé rendu par M. Annibal à M. Bonnard ;

» ₁ Que le motif de l'adoption est fort honorable pour l'adopté et ne peut être révoqué en doute, l'évènement arrivé au navire *le Vaillant* ayant été constaté officiellement ainsi que les noms de ceux qui y ont fait preuve du plus grand courage, notamment celui du sieur Annibal ;

» ₂ Que l'adoptant est de six ans plus âgé que l'adopté ;

» ₃ Qu'il est sans enfants ni descendants légitimes et jouit d'une bonne réputation ;

» ₄ Que, s'il est marié, son conjoint consent à l'adoption ;

» ₅ Et à l'égard de l'adopté, qu'il est majeur et n'a plus ni père ni mère ;

» ₆ Qu'ainsi rien ne s'oppose à l'adoption, laquelle réunit toutes les conditions exigées par l'art. 345 du Code civil ;

» ₇ Avons donné acte aux parties de leurs consentements respectifs à l'adoption dont il s'agit.

» ₈ Une expédition des présentes sera remise dans le plus bref délai par la partie la plus diligente, à M. le Procureur du roi, pour en poursuivre l'homologation par le Tribunal compétent.

» ₉ Il a été vaqué à ce qui précède depuis ladite heure de onze du matin, jusqu'à celle de trois du soir par double vacation.

» ₁₀ De tout ce que dessus, il a été dressé le présent procès-verbal, à Cheuilly, en notre hôtel, les jour, heure, mois et an susdits, et tous les comparants ont signé avec nous et notre greffier, après lecture.

» ₁₁ V. *Enregistrement*, note 99 et 18.

» ₁₂ *Décime par franc* ou *Subvention*, 19.

2º ADOPTION [465] D'UN ENFANT LÉGITIME [144] MAJEUR [79] DE 21 ANS,

AYANT ENCORE SON PÈRE.

2º D'un enfant légitime, majeur de 21 ans, ayant encore son père.

₁ L'an mil huit cent quarante-deux, le deux mai à neuf heures du matin.

₂ Devant nous (*nom et prénoms*), juge de paix [94], (le reste comme au 2ᵉ alinéa de la formule qui précède).

₃ Se sont présentés M. Stéphen Picardias, juge au Tribunal de commerce de la ville d'Aux, demeurant à Cravant, canton de Cheuilly, âgé de cinquante-huit ans, ainsi qu'il en a justifié par la représentation d'une expédition de son acte de naissance [63] inscrit au registre de l'état civil (*id.*) de..., à la date du....

₄ Et Madˡˡᵉ Adolphine Frisonnet, sans profession, âgée de vingt-un ans depuis le..., dernier, ainsi qu'il résulte d'une expédition de son acte de naissance [63] représentée ; fille [144] majeure [79] de M. Paul Frisonnet, chevalier de St.-Louis avec lequel elle demeure à Val-des-Robes, et de défunte Gertrude Beulé, son épouse, décédée à..., le..., ainsi que le constate une expédition aussi représentée de son acte de décès [63].

₅ Lesquels nous ont exposé :

₆ Que M. Picardias est sans enfants ni descendants légitimes ;

₇ Qu'il a trente-sept ans de plus que la demoiselle Frisonnet ;

₈ Que depuis l'âge de dix ans de la demoiselle Frisonnet jusqu'à ce jour, il lui a fourni des secours et donné des soins non interrompus ;

₉ Que l'intention dudit sieur Picardias étant, depuis longtemps, d'adopter la demoiselle Frisonnet, celle-ci en ayant été informée a, au préalable, demandé le consentement (*a*) de son père ;

₁₀ Que ce consentement lui a été donné par ledit sieur son père, lequel, pour ce présent, le réitère de la manière la plus formelle.

(*a*) L'adoptée n'ayant que 21 ans, un acte respectueux ne tiendrait pas lieu de consentement. Ce n'est qu'à 25 ans qu'il suffit de demander le conseil pour ensuite passer outre à l'adoption (C. civ. 346). V, la formule suivante.

11   Que rien ne s'opposant plus à l'adoption dont il s'agit , M. Picardias déclarait expressément voulo adopter la demoiselle Frisonnet, et celle-ci , de l'agrément de son père, consentir à être adoptée.

12   En conséquence, nous, juge de paix, avons donné acte aux parties de leurs consentements respectifs l'adoption dont il s'agit , sur laquelle il sera statué définitivement par le Tribunal compétent à la diligen de l'une ou de l'autre des parties.

13   Il a été vaqué à ce qui précède depuis ladite heure de neuf du matin jusqu'à celle de midi par simp vacation.

14   De tout ce que dessus il a été dressé le présent procès-verbal , à Cheuilly en notre hôtel , les jour heure , mois et an susdits , et les parties ont signé avec nous et notre greffier, après lecture.

15   V. *Enregistrement* ,   note 99 et 18.

16   *Décime par franc* ou *Subvention*,   19.

5° D'un enfant légitime majeur de 25 ans, ayant encore sa mère.

3° ADOPTION [165] D'UN ENFANT LÉGITIME [144], MAJEUR [79] DE 25 ANS, AYANT ENCORE SA MÈRE.

1   L'an mil huit cent quarante-deux , le trois mai à dix heures du matin.

2   Devant nous (*nom et prénoms*), juge de paix (le reste comme au 2e alinéa de l'avant-dernière formule)

3   Se sont présentés Mad. Anaïs-Laure de Pertuiseux , veuve de M. Léon-Magloire d'Oisy , marquis c Billy, demeurant à St.-Cyr, canton de Cheuilly, âgée de cinquante et un ans , étant née à..., le..., ain qu'elle en a justifié par son acte de naissance.

4   Et M. Bénigne Curmer , sous-lieutenant au ... régiment d'infanterie légère en garnison à Aux , âg de vingt-cinq ans depuis le.... dernier, étant né à..., le..., ainsi qu'il en a aussi justifié par la représenta tion de son acte de naissance ; fils majeur [144] de M. Léopold Curmer, en son vivant mécanicien à... où il est décédé le..., et de Madame Séraphine Tronchin , son épouse , aujourd'hui sa veuve , demeurar à Cravant.

5   Lesquels nous ont déclaré :

6   Que Madame la marquise de Billy est sans enfants ni descendants légitimes , ayant eu le malheur d perdre ceux qu'elle a eus de son mariage avec M. le marquis de Billy;

7   Qu'elle a vingt-six ans de plus que M. Bénigne Curmer ;

8   Que depuis huit ans qu'elle a perdu le dernier de ses enfants , elle a reporté toute son affection su M. Curmer à cause de la conformité de caractère qu'il y avait entre lui et ses enfants ;

9   Que ,depuis ce même délai de huit ans, elle lui a fourni des secours et donné des soins non interrompus

10   Que ladite dame étant , depuis plusieurs années , dans l'intention d'adopter M. Curmer fils , celui-ci après en avoir été informé, s'est empressé de demander le conseil (a) de sa mère;

(a) Quand le père et la mère ou le survivant d'eux ne donnent point leur consentement à l'adoption, l'adopté es obligé de leur faire une sommation respectueuse (C. civ. 346). Dans ce cas, on procède comme quand il s'agit de mariage mais on ne fait qu'un acte respectueux. — V. *suprà* les formules d'actes respectueux page 29 et suivantes.

Dans l'espèce, si la mère de l'adopté n'avait pas consenti à l'adoption, le fils aurait dû préalablement requérir son conseil suivant le prescrit de l'art. 346 du C. civ. — Dans cette supposition, il aurait été nécessaire de faire un acte en ces termes.

1   L'an mil huit cent..., le..., [12] à l'heure de neuf du matin.

2   Pardevant Me Pierre-François [1] Bourgoni (*id.*) et Me Edme-Germain Dambru (*id.*) son collègue , Notaires [2] à Cheuilly [1] département de... soussignés [15].

3   Est comparu M. Bénigne [5] Curmer (*id.*), sous-lieutenant (*id.*) au ... régiment d'infanterie légère en garnison (*id.*) à Aux , âgé de 25 ans depuis le... dernier , étant aujourd'hui à Cravant.

4   Lequel a requis les Notaires soussignés de se transporter immédiatement avec lui au domicile de Mad. Séraphine Tronchin , veuve de M. Léopold Curmer , sa mère , demeurant à Cravant , à l'effet de la supplier respectueusement de lui

11 Que celle-ci dûment consultée a vivement engagé son fils à accepter le bienfait de Mad. la marquise de Billy, ainsi qu'il est attesté par un acte passé en minute [39] et présence de témoins [14] devant Me..., Notaire à..., le..., dûment enregistré [42] et dont une expédition nous a été à l'instant représentée.

12 Que rien ne paraissant s'opposer à l'adoption projetée, les parties déclaraient formellement, savoir : Mad. la marquise de Billy vouloir adopter M. Bénigne Curmer, et celui-ci consentir à être adopté.

13 En conséquence, nous juge de paix, avons donné acte aux parties de leurs consentements respectifs à l'adoption dont il s'agit, laquelle ne sera définitive qu'après avoir été homologuée par le Tribunal compétent au vu d'une expédition remise dans le plus bref délai par la partie la plus diligente à M. le procureur du roi près ledit Tribunal.

14 Il a été vaqué à ce qui précède depuis ladite heure de dix du matin jusqu'à celle de deux du soir par double vacation.

15 De tout ce que dessus nous avons dressé le présent procès-verbal à Cheuilly en notre hôtel, les jour, mois et an susdits, et les parties ont signé avec nous et notre greffier, après lecture.

16 V. *Enregistrement*, notes 99 et 18.

17 *Décime par franc ou Subvention* 19.

ADOPTION [165] D'UN ENFANT NATUREL [126] RECONNU :

1° *Par son père.*

2° *Par sa mère.*

3° *Par une personne qui lui est étrangère.*

Adoption d'un enfant naturel reconnu.

donner son Conseil sur l'adoption que se propose de lui conférer Mad. Anaïs-Laure de Pertuiseux, veuve de M. Léon-Magloire d'Oisy, marquis de Billy, demeurant à Saint-Cyr, canton de Cheuilly.

5 Obtempérant à ce réquisitoire, lesdits Mes Bourgoni et Danbru, Notaires, se sont transportés à Cravant, au domicile de ladite dame veuve Curmer, distant de Cheuilly d'un myriamètre et demi [5, n° 346] où étant et parlant à sa personne [20] (V. *sup.* la note *d* au bas de la page 30), M. Curmer a supplié respectueusement sa mère de lui donner son conseil sur l'adoption que se propose de lui conférer la dame de Pertuiseux, veuve de M. le marquis de Billy, sus-nommée et qualifiée avec indication de domicile, laquelle, depuis huit ans, a fourni des secours au requérant et lui a donné des soins non interrompus, et, en outre, a vingt-six ans de plus que lui, ainsi que le tout doit être à la connaissance de la dame veuve Curmer.

6 A quoi ladite dame veuve Curmer a répondu que dans la position de fortune quoique médiocre où est son fils, il peut aisément se passer de l'adoption de Mad. la marquise de Billy, adoption qui n'aurait que l'avantage (toutefois avec l'autorisation du Roi aux termes du décret du 1er mars 1808) de lui procurer un titre de noblesse, car sa fortune n'en sera que de très-peu améliorée, Mad. la marquise de Billy ne devant point laisser une succession opulente par le motif qu'elle n'est riche qu'au moyen de rentes viagères qui s'éteindront avec elle.

7 Que, dans cet état de choses, il est beaucoup plus convenable pour son fils de rester dans l'obscurité que d'accepter un rang dans lequel il ne brillerait d'aucun éclat par la fortune.

8 Et que, par ces motifs, elle conseille à son fils de ne point accepter l'adoption qui lui est proposée parce qu'elle ne serait point un bienfait pour lui, sa fortune étant insuffisante pour soutenir le haut rang auquel veut l'appeler Mad. la marquise de Billy et lui conférant le nom de la famille de *Pertuiseux*. Lecture faite [16] ladite dame veuve Curmer a signé [15].

9 Il a été vaqué à ce qui précède depuis ladite heure de neuf du matin jusqu'à celle de deux du soir par double vacation, non compris le voyage [3].

10 De tout ce que dessus il a été dressé le présent procès-verbal à Cravant en la demeure [12] de Mad. veuve Curmer, les jour, heures, mois et an susdits [13], et les Notaires, après avoir laissé à ladite dame copie (V. *sup.* la note *a* au bas de la page 31) en forme du présent procès-verbal, ont signé [15] avec M. Bénigne Curmer, après lecture [16].

11 V. *Enregistrement* notes 99, 18, 19 et *sup.* la note *c* au bas de la page 30.

ADOPTION [165] D'UN ENFANT NATUREL [126], PAR SON PÈRE (a).

1   L'an mil huit cent quarante..., le..., à huit heures du matin.

2   Devant nous Auguste Gonar, premier suppléant de la justice de paix du canton de Cheuilly, arron dissement de..., département de..., faisant les fonctions de juge de paix au lieu et place de ce dernier, absen par congé; assisté de M. Jean-Baptiste Muetdot, greffier de ladite justice de paix.

3   S'est présenté M. Ulysse Mondut, inspecteur de première classe dans l'administration de l'enregis trement et des domaines, demeurant à Arbaut, canton de Cheuilly, âgé de 50 ans depuis le..., ainsi qu'il nous en a justifié par une expédition en forme de son acte de naissance [65] inscrit aux registres de l'état civil de..., à la date du...

4   Lequel nous a déclaré qu'il est sans enfants ni descendants légitimes, n'ayant jamais été marié.

5   Mais qu'ayant vécu dans l'intimité avec une jeune personne dont il est inutile de révéler le nom attendu qu'elle est décédée et qu'elle appartient à une famille que cette révélation pourrait affliger, il a eu de cette personne un enfant naturel inscrit aux registres de l'état civil d'Aux, à la date du..., comme étan né de père et mère inconnus et auquel on a donné les noms de Théophile Arcadius.

6   Que depuis plus de six ans il a recueilli cet enfant chez lui, et lui a constamment fourni des secour et donné des soins non interrompus en lui donnant de l'éducation suivant ses moyens.

7   Que voulant, vis-à-vis de cet enfant, réparer sa faute et lui donner le rang qui lui convient, il étai dans l'intention de l'adopter.

8   S'est aussi présenté ledit sieur Théophile Arcadius, surnuméraire dans l'administration de l'enregis trement et des domaines, demeurant à Aux, âgé de 21 ans depuis le..., ainsi qu'il résulte de son acte de naissance, sus-mentionné.

9   Lequel nous a déclaré qu'il était très-disposé à accepter l'adoption que M. Mondut, son père sus nommé, voulait lui conférer et qu'il lui en témoignait à l'avance toute sa gratitude.

10   Et attendu que l'adoption proposée et acceptée est fondée sur un sentiment de nature qui honore l'adoptant, relève l'adopté et qui loin d'outrager la morale la console, car, d'une part, il est mieux de chercher à effacer ses fautes que d'en laisser subsister le scandale, et, d'une autre part, il est du devoir de chacun de recueillir ses enfants et d'en avoir soin plutôt que de les abandonner et de les laisser exposés à la charité publique.

11   Que l'adoptant est de dix-neuf ans plus âgé que l'adopté et jouit d'une bonne réputation.

12   Qu'il n'a point d'enfants ni descendants légitimes.

13   Que l'adopté est majeur et que sa mère est décédée ou du moins inconnue.

14   Qu'ainsi rien ne s'oppose à l'adoption, laquelle réunit d'ailleurs les conditions exigées par la loi.

(a) Les Cours royales sont encore très-divisées d'opinion sur la question de savoir si les enfants naturels reconnus peuvent être adoptés par leurs père et mère, et nous ne croyons pas, à moins de changements dans la législation actuelle, que la jurisprudence puisse devenir uniforme sur ce point, parce que la loi sur l'adoption est telle qu'elle saisit les Cours royales d'une manière souveraine. En effet, contrairement à tous les principes admis en matière de décisions judiciaires, les Cours royales doivent juger sans donner de motifs (C. civ. 357), de sorte que la Cour de cassation, pouvoir régulateur en général, est placée dans cette position, quand on soumet à sa censure un arrêt de Cour royale en matière d'adoption, *de toujours rejeter le pourvoi, à moins que la Cour royale n'ait donné des motifs pour le rejet ou l'admission de l'adoption*, auquel cas la Cour *suprême casse pour violation de la loi qui défend de donner des motifs.*

Quand un cas d'adoption se présente, il faut préalablement connaître l'état de la jurisprudence de la Cour royale où ressortit le tribunal dans l'arrondissement duquel demeure l'adoptant, puis si cette Cour royale est favorable aux adoptions de l'espèce dont il s'agit ici, on peut procéder presque en toute sécurité, car il est à peu près certain que la même Cour ne se contredira pas. Dans le cas contraire, c.-à-d. si la Cour n'est pas favorable, il est encore possible d'obtenir l'adop tion pourvu que l'adoptant le veuille fermement: il suffit alors à ce dernier d'établir son domicile (5, n° 20 et s.) dans le ressort d'une Cour royale qui a toujours jugé dans un sens favorable à l'adoption.

Pour connaître l'opinion de chaque Cour royale sur cette question, V. la note 165 et le journal du Manuel.

15 Nous, suppléant du juge de paix, avons donné acte aux parties de leurs consentements respectifs à l'adoption dont il s'agit.

16 Une expédition des présentes sera remise dans le plus bref délai par la partie la plus diligente à M. le Procureur du roi, pour en poursuivre l'homologation par le Tribunal compétent.

17 Il a été vaqué à ce qui précède depuis ladite heure de huit du matin jusqu'à celle de midi par double vacation.

18 De tout ce que dessus nous avons dressé le présent procès-verbal, à Cheuilly en notre hôtel, les jour, mois et an susdits, et les parties ont signé avec nous et le greffier, après lecture.

19 V. *Enregistrement*, notes 99 et 18.

20 *Décime par franc* ou *Subvention*, 19.

ADOPTION [165] D'UN ENFANT NATUREL [126] PAR SA MÈRE.

2° Par sa mère.

1 L'an mil huit cent quarante... le... à l'heure de sept du matin.

2 Devant nous (*nom et prénoms*), juge de paix (*ou suppléant du juge de paix*) (le reste comme à l'alinéa 2 de formule, page 54 ou de la formule qui précède).

3 Se sont présentées Mad. Anaïs-Laure Jemmape, tenant hôtel garni à..., où elle demeure, étant âgée de trente-six ans, depuis le... dernier.

4 Et Demoiselle Josepha Porsain, sans profession, âgée de vingt-un ans depuis le... dernier, demeurant à...

5 Fille naturelle de feu Joseph-Adrien Porsain, avocat-général à la cour royale de..., qui l'a reconnue dans son acte de naissance inscrit aux registres de l'état civil de... à la date du... et de la dame Anaïs-Laure Jemmape, comparante, qui l'a reconnue par acte passé en minute [59] et présence de témoins [14] devant Me... Notaire à... le... dûment enregistré [42].

6 Lesquelles nous ont demandé acte de la déclaration formelle qu'elles faisaient, savoir : Mad. Anaïs-Laure Jemmape, d'adopter Madlle Josepha Porsain, sa fille naturelle, et celle-ci de consentir à être adoptée.

7 Ajoutant à leur déclaration que rien ne devait s'opposer à cette adoption, attendu :

8 Que l'adoptante n'avait point d'enfants ni descendants légitimes, n'ayant jamais été mariée ;

9 Qu'elle était de quinze ans plus âgée que l'adoptée ;

10 Qu'elle avait fourni des secours et donné des soins à l'adoptée sans interruption depuis la naissance de cette dernière ;

11 Que l'adoptée était majeure et que son père étant décédé à...., le...., on ne pouvait exiger d'elle le consentement de celui-ci à l'adoption.

12 Nous, juge de paix (ou suppléant du juge paix), considérant que l'adoption réunit toutes les conditions exigées par la loi, donnons acte aux parties de leurs consentements respectifs à l'adoption dont il s'agit.

13 Il a été vaqué à ce qui précède depuis ladite de sept jusqu'à celle de dix du matin par simple vacation.

14 Pour faire homologuer ces présentes par le Tribunal compétent au vu d'une expédition des présentes, la partie la plus diligente se pourvoira dans le plus bref délai auprès de M. le Procureur du roi près ledit Tribunal.

15 De tout ce que dessus nous avons dressé le présent procès-verbal à...., en notre demeure, les jour, heure, mois et an susdits, et les parties ont signé avec nous et le greffier, après lecture.

16 V. *Enregistrement*, notes 99 et 18.

17 *Décime par franc* ou *Subvention*, 19.

3° ADOPTION [163] D'UN ENFANT NATUREL [126] PAR UNE PERSONNE QUI LUI EST ÉTRANGÈRE.

1 L'an mil huit cent..., le.... à l'heure de....

2 Devant nous (nom et prénoms), juge de paix du canton de..., assisté de M...., notre greffier.

3 Est comparu M. Jacques Lérut, officier en retraite, demeurant à. . . . . âgé de cinquante-deux ans depuis le.... dernier.

4 Lequel nous a exposé que n'ayant point eu d'enfants de son mariage avec dame Célina Turel, sa défunte épouse, son intention était d'adopter Madlle Corinne Bontin, ci-après nommée, dont il a eu constamment soin depuis son âge de huit ans, en la recueillant chez lui et l'élevant comme son propre enfant.

5 Est aussi comparue ladite Demlle Corinne Bontin, sans profession, âgée de vingt-un ans depuis le.... dernier.

6 Fille naturelle de M. Nestor Bontin, ancien militaire, demeurant à.... qui l'a reconnue dans son acte de naissance, et de dame Marie Péruchin, actuellement femme du sieur Barnabé Serain, jardinier demeurant à....

7 Laquelle nous a déclaré qu'elle consentait à l'adoption qui lui était proposée et en était fort reconnaissante envers M. Lérut.

8 Qu'elle avait fait part des dispositions de ce dernier à ses père et mère et qu'après leur avoir demandé leur agrément, ils avaient l'un et l'autre consenti à cette adoption ainsi qu'il résulte de deux actes en brevet passés devant Me.... et son collègue, Notaires à...., le.... dûment enregistrés [42] et dont les deux originaux nous ont été représentés (a).

9 Et attendu que les parties ont satisfait aux prescriptions de la loi, nous leur avons donné acte de leurs consentements respectifs à l'adoption dont il s'agit, sur laquelle il sera statué par le Tribunal compétent à la diligence de l'une ou de l'autre des parties.

10 Dont et de tout ce que dessus il a été dressé le présent procès-verbal, à.... en notre hôtel, les jour, heure, mois et an susdits, et les parties ont signé avec nous et notre greffier, après lecture.

11 V. *Enregistrement*, notes 99 et 18.

12 *Décime par franc* ou *Subvention*, note 19.

ADOPTION [165] PAR UN TUTEUR OFFICIEUX (id.) :

1° *Par acte testamentaire* ;

2° *Par acte du Juge de paix.*

1° ADOPTION [163] PAR UN TUTEUR OFFICIEUX (id.), PAR ACTE TESTAMENTAIRE [152]

TESTAMENT OLOGRAPHE (b).

1 Je soussigné Benoît Guilbret, célibataire, âgé de cinquante-six ans, et ancien capitaine de voltigeurs, demeurant à....

(a) Lorsque les père et mère de l'enfant naturel ne consentent pas à l'adoption proposée, ce dernier ne peut pas être adopté avant 25 ans, et encore il faut, lorsqu'il a cet âge, qu'il requière leur conseil par des actes respectueux (C. civ. 546. V. *suprà*, la note a au bas de la page 56).

Dans l'espèce, quoique la mère n'ait pas reconnu l'enfant, nous pensons qu'il faut son consentement ou requérir son conseil, l'art. 546 du C. civ. ne faisant point de distinction. D'un autre côté, l'acte de déférence de l'enfant peut ramener la mère à de meilleurs sentiments et la pousser elle-même à une demande en adoption qui pourrait être préférée à celle d'un étranger.

(b) La formule est la même que celle-ci quand l'adoption a lieu par testament mystique. Seulement ce dernier testament est assujetti à certaines formalités indiquées en l'art. 976 et suiv. du C. civ.—V. au Dictionnaire. *Testament mystique*.

Si l'adoption a lieu par acte acte authentique, V. au Dictionnaire. *Testament par acte public.*

» Voulant achever ce que j'ai commencé, par pure sollicitude, pour Léonie Huchard, âgée de quinze
ans, fille mineure de Léon Huchard, mon neveu, et de Céleste Fidière, sa femme, de laquelle mineure
e suis tuteur officieux depuis plus de cinq ans.

» Déclare dès à présent, dans la crainte d'en être empêché plus tard par la mort ou tout autre évènement, adopter formellement ladite Léonie Huchard, ma petite nièce, et lui conférer par le présent mon
adoption, ainsi que la loi m'en donne le droit.

» Fait à...., le... mil huit cent quarante.....

» V. *Enregistrement*, notes 99 et 18.
» *Décime par franc* ou *Subvention*, 19.

2° ADOPTION [168] PAR UN TUTEUR OFFICIEUX (*id.*) PAR ACTE DU JUGE DE PAIX [94].

L'an mil huit cent quarante....., le.... à l'heure de.... du matin.

Devant nous, Paul Baron, juge de paix [94] du canton du Val-Saint-Martin, arrondissement de....,
département de...., assisté de M. Edme Lamotte, notre greffier.

S'est présenté M. Sulpice Daguenel, chevalier de Saint-Louis, demeurant à...., âgé de cinquante-sept
ans depuis le.... dernier.

Lequel nous a exposé :

Que suivant notre procès-verbal en date du.... dûment enregistré [42], il est devenu le tuteur officieux
de César Potentin, enfant alors mineur de près de quinze ans, de défunts Octave Potentin, artiste pein-
re et de Germaine Colombine, mari et femme, après avoir obtenu le consentement du conseil de famille [93] de cet enfant.

Que depuis que cette tutelle a eu lieu jusqu'à ce jour, il a nourri et élevé ledit mineur et lui a fait
donner une instruction qui le mettra à même d'avoir un état honorable.

Qu'étant âgé de cinquante-sept ans et sans enfants ni descendants légitimes, il sentait sans cesse le
besoin de s'attacher son pupille par un lien indissoluble autant pour lui laisser sa fortune que pour trouver
auprès de lui, dans sa vieillesse, des soins et des égards qui le consolent d'une femme et de deux enfants
qu'il a eu le malheur de perdre dans moins d'un an.

Que le jeune Potentin étant arrivé à majorité, son intention était de l'adopter et que c'était le seul
motif qui le faisait comparaître devant nous.

S'est aussi présenté le sieur César Potentin, sus-nommé, élève en pharmacie, demeurant à...., âgé de
vingt-un ans depuis le.... dernier.

Lequel a dit qu'il était très disposé à accepter le bienfait de l'adoption que M. Daguenel voulait lui
conférer, et qu'il serait reconnaissant envers lui d'une aussi belle action pendant toute sa vie.

Et attendu que les parties sont demeurées d'accord sur le point qui les amène devant nous, à savoir :
que M. Daguenel adopte M. César Potentin, et que celui-ci consent à être adopté.

Nous, juge de paix, avons donné acte auxdites parties de leurs consentements respectifs, à l'adoption
dont il s'agit sur laquelle il sera statué définitivement par le Tribunal compétent à la diligence de l'une ou
le l'autre des parties.

Il a été vaqué à ce qui précède depuis ladite heure de... jusqu'à celle de.... par.... vacation.

De tout ce que dessus il a été dressé le présent procès-verbal, en notre hôtel au Val-Saint-Martin,
es jour, heure, mois et an susdits, et les parties ont signé avec nous et le greffier, après lecture.

V. *Enregistrement*, note 99 et 18.
Décime par franc ou *Subvention*, 19.

2° Par acte du juge
de paix.

AFFECTATION HYPOTHÉCAIRE [50] PAR ACTE SÉPARÉ DU TITRE PRIMITIF POUR SÛRETÉ :

1° *D'une somme dont on proroge l'exigibilité ;*

2° *D'un crédit commercial ;*

3° *D'une rente foncière dont l'hypothèque primitive a été divisée.*

AFFECTATION HYPOTHÉCAIRE [50] POUR SÛRETÉ D'UNE SOMME DONT ON PROROGE L'EXIGIBILITÉ.

Pardevant Mᵉ, etc. (Comme en la première formule du Dictionnaire qui renvoie aux notes 1, 2 et 15 du Commentaire).

Sont comparus :

M. Léon [5] Malleville (*id.*), ancien receveur de rentes (*id.*), demeurant à.... (*id.*).

Et le sieur Jacob Pillou , carrossier, demeurant à...., où il est patenté [45] pour la présente année, à la date du.... 3ᵉ classe, n°....

Lesquels ont exposé ce qui suit :

Par acte sous seing privé en date à.... du.... et portant cette mention : « *(Rapporter ici littéralement l'enregistrement)* » le sieur Pillou s'est reconnu débiteur envers M. Hyppolite Touzelin , marchand de fer , demeurant à.... d'une somme de trois mille francs, et envers M. Daniel Triboulet , marchand de cuirs , demeurant à...., d'une somme de deux mille francs, le tout, pour fournitures relatives à son état.

Par autre acte passé devant Mᵉ...., Notaire à...., le...., dûment enregistré [42], les sieurs Touzelin et Triboulet, ont cédé et transporté [96] à M. Malleville, comparant, sans autre garantie (*id.*) que celle de l'existence de leurs créances , les deux sommes qui leur étaient dues par le sieur Pillou.

Ce transport a été signifié [96] au débiteur par exploit [115] de...., huissier à...., en date du.... enregistré [42].

Le terme [77] fixé pour le paiement de ces deux sommes étant échu, le sieur Pillou a représenté à M. Malleville qu'il était en ce moment dans l'impossibilité de se libérer envers lui ; en conséquence , il a demandé à ce dernier une prorogation (*id.*) de délai de cinq ans.

M. Malleville y ayant consenti à la condition que la créance serait assurée par hypothèque et porterait intérêts , les parties sont convenues entre elles de ce qui suit :

Art. 1ᵉʳ. Le sieur Pillou promet et s'oblige [107] par ces présentes [80] de payer à M. Malleville , ou pour lui au porteur de ses pouvoirs [80] et de la grosse [64] des présentes en un seul paiement d'ici à cinq ans [77], la somme de cinq mille francs qu'il lui doit comme étant au lieu et place des sieurs Touzelin et Triboulet , en vertu de l'acte précité qu'il a souscrit et dont il reconnaît la signature [177].

Art. 2. Cette somme de cinq mille francs produira des intérêts [49] au taux de cinq pour cent par an sans retenue (*id.*), qui seront payables [77] annuellement à compter d'aujourd'hui.

Art. 3. Faute de paiement d'une année d'intérêts échue, et ce, quinze jours après un commandement infructueux , le sieur Pillou sera déchu du bénéfice du terme [77] à lui accordé par M. Malleville qui , en conséquence , pourra exiger de suite, si bon lui semble, ladite somme de cinq mille francs et ses intérêts alors dus , par toutes les voies de droit.

Art. 4. Pour garantie du paiement de ladite somme de cinq mille francs, de ses intérêts et autres accessoires, le sieur Pillou affecte et hypothèque spécialement :

1° Une maison (*On peut suivre pour la désignation les alin.* 7 *et* 8 *de la formule d'adjudication, page* 49).

2° Et une pièce de.... (*on peut choisir pour la désignation dans les alin.* 8 à 15 *de la formule d'adjudication , page* 42).

16 Les immeubles hypothéqués appartiennent audit sieur Pillou (*consulter au besoin les formules d'établissement de propriété, pages 43 et 49 et celles qui seront données aux mots : Établissement de propriété, Donation, Echange, Partage et Vente*).

17 Sur lesquels biens le débiteur consent qu'il soit pris inscription [83] à ses frais.

18 Art. 5. A ces présentes est intervenue Mad. Julie [3] Benoîte (*id.*), épouse dûment autorisée [68] à l'effet des présentes de M. Pillou, sus-nommé, avec lequel elle demeure à....

19 Laquelle, après avoir pris communication [21] et entendu la lecture de ce qui précède, a déclaré subroger [114] M. Malleville, comparant, qui l'accepte, dans l'effet de l'hypothèque légale que la loi lui accorde sur tous les biens de son mari, mais seulement pour raison de la susdite somme de cinq mille francs et de ses accessoires, et à l'égard des biens ci-dessus hypothéqués, l'effet de son hypothèque étant expressément réservé sur tous autres biens que ceux ci-dessus désignés (*a*).

20 Art. 6. Le sieur Pillou déclare sous les peines de droit [31] :

21 Qu'il est marié sous le régime de la communauté avec son épouse sus-nommée, ainsi qu'il résulte de leur contrat de mariage passé devant Me...., Notaire à.... le.... dûment enregistré [42]. V. *suprà*, la note *c* au bas de la page 52.

22 Qu'il n'est et n'a jamais été chargé d'aucune fonction publique donnant lieu à hypothèque légale [30] sur ses biens.

23 Et que les biens hypothéqués sont libres d'hypothèques jusqu'à ce jour, à l'exception de celle légale de sa femme, laquelle hypothèque doit profiter à M. Malleville, au moyen de la subrogation qui vient d'être consentie à son profit.

24 Art. 7. Les déboursés [5] et honoraires (*id.*) des présentes ainsi que le coût de la grosse [64] présentement requise seront supportés par le sieur Pillou.

25 Pour l'exécution des présentes les parties font élection de domicile [11] en leurs demeures respectives ci-dessus indiquées.

26 Dont acte, fait et passé à.... [12], en l'étude (*id.*), l'an mil huit cent.... [13] le.... (*id.*), et les parties ont signé [15] avec les Notaires, après lecture [16]. V. *suprà*, la note *m* au bas de la page 7.

27 V. *Enregistrement*, notes 99 et 18.

28 *Décime par franc ou Subvention*, 19.

29 Et au besoin la table alphabétique du Commentaire.

AFFECTATION HYPOTHÉCAIRE [30] POUR SURETÉ D'UN CRÉDIT COMMERCIAL.

2° D'un crédit commercial.

1 Pardevant Me François [1] Erselli (*id.*) et son collègue (*id.*), notaires [2] à.... [1], département de .... soussignés [15]. — (V. *sup.* la note *a* au bas de la page 3).

(a) C'est un point désormais constant en jurisprudence que la femme, commune en biens, a le droit, sans prendre l'avis d'une assemblée de famille conformément à l'art. 2144 du C. civ., de *renoncer* ou *subroger* à son hypothèque légale en en faisant main-levée ou abandon au profit d'une *tierce personne*. — L'avis du conseil de famille n'est exigé que quand la renonciation est faite dans l'unique intérêt du mari, c.-à-d. sans l'intervention d'un tiers qui soit intéressé à obtenir cette renonciation (V. J¹ du Manuel, art. 19, et arrêt de la Cour de cass. du 24 janv. 1838, aff. syndicat des Receveurs généraux, Sirey t. 38, 1, 97). — V. la note *a* au bas de la page 43.

Dans la formule donnée ici, nous avons employé la subrogation comme étant préférable à la renonciation. La subrogation donne au créancier subrogé un droit de préférence sur les autres créanciers, mais une renonciation pure et simple ne nous paraît pas devoir produire les mêmes effets. Quand une femme consent hypothèque sur des biens qui sont grevés de son hypothèque légale, il y a en cela une renonciation tacite ou plutôt une subrogation qui fait que le créancier doit être préféré aux créanciers postérieurs de la femme; mais quand la renonciation n'est l'accessoire d'aucun autre engagement, quand elle forme le seul et unique objet de l'acte, nous adoptons l'opinion de Proudhon (v° Usuf., t. 4, n° 2339) qui pense qu'une telle renonciation ne donne à ce créancier aucun droit de préférence sur les autres.

2   Sont comparus :

3 M. Germain [3] Bonnard (*id.*), banquier (*id.*), demeurant à.... (*id.*), où il est patenté [43] pour la présente année à la date du.... dernier , 1re classe , n°....

d'une part ;

4 Et M. Athanaze Putard , entrepreneur de bâtiments , demeurant à...., où il est aussi patenté pour la présente année , à la date du.... dernier , 2e classe , n°....

d'autre part.

5   Lesquels ont exposé ce qui suit :

6 Par acte passé en minute [59] devant Me...., Notaire à...., le.... dûment enregistré [42], M. Bonnard a ouvert à M. Putard un crédit [173] de cinquante mille francs produisant intérêts [49] à six pour cent par an , à compter du jour où les fonds sortiraient de sa caisse pour le compte dudit sieur Putard.

7 Ce crédit n'a été ouvert au profit de M. Putard que pendant trois ans à compter du jour dudit acte et il a été convenu qu'à l'expiration de ce délai, les comptes devant être réglés, M. Putard rembourserait M. Bonnard , dans le mois du réglement , la somme dont il se trouverait débiteur envers ce dernier.

8 Le délai [77] de trois ans fixé pour le réglement du montant en principal et intérêts dudit crédit étant expiré depuis le...., et M. Putard n'ayant fait rentrer dans la caisse de M. Bonnard qu'une somme équivalente aux intérêts des cinquante mille francs , celui-ci se disposait à exiger , par les voies de droit , le remboursement du principal , quand le sieur Putard lui a proposé de lui donner des immeubles en garantie.

9 M. Bonnard y ayant consenti, les parties ont arrêté entre elles ce qui suit :

10 Art. 1er. Pour garantir à M. Bonnard le principal et les intérêts à échoir du crédit de cinquante mille francs dont est ci-devant parlé, M. Putard affecte et hypothèque spécialement :

11 Un terrain [7] situé à...., rue...., ensemble les constructions qu'il y a nouvellement établies et qu'il doit parachever dans le courant de la présente année , lesquelles constructions doivent former deux corps de bâtiments distincts et séparés à double étage.

12 Ce terrain contient en superficie vingt-cinq ares cinquante centiares [91] , et tient [141] d'un long (*id.*) du midi à...., du nord à...., d'un bout du levant à...., et du couchant à....

13 M. Putard en est propriétaire [22] pour en avoir fait l'acquisition de M. Achille Morel , propriétaire , demeurant à... moyennant la somme de quinze mille francs de prix principal, suivant contrat passé, etc. (*a*).

14 Art. 2. Pour faciliter l'encaissement de ladite somme de cinquante mille francs , M. Putard a présentement souscrit au profit de M. Bonnard dix billets à ordre [97] de chacun cinq mille francs , augmentés de leur intérêt jusqu'à échéance, causés valeur en paiement du crédit résultant de l'acte précité que des présentes et payables de trois en trois mois à compter du premier janvier prochain, premier billet devant échoir le premier avril suivant et pour ainsi continuer à l'égard des autres de trois en trois mois.

15 Art. 3. L'acquit des sommes portées aux billets devra être fait exactement par le sieur Putard ; dans le cas contraire , il sera passible envers le porteur desdits billets de toutes les conséquences de son refus de paiement. De plus , si M. Bonnard , pour faire honneur à sa propre signature et pour se soustraire lui-même aux poursuites du tiers porteur , est dans l'obligation de rembourser à ce dernier le montant en principal, intérêts et frais d'un billet non acquitté par le sieur Putard , il est expressément convenu que tous les autres billets deviendront exigibles tant par le défaut de paiement d'un seul desdits billets de la part de M. Putard , que par le fait de l'acquittement d'un de ces billets par M. Bonnard au lieu et place de ce dernier qui aura refusé de le faire , ledit sieur Putard devant , audit cas de non-paiement , être déchu du bénéfice des termes [77] résultant des billets qui ne seraient point encore échus.

16 Art. 4. Jusqu'à l'acquittement intégral de tous les billets dont il s'agit , M. Bonnard se réserve tous

---

(*a*) Nous dirons au mot *Etablissement de propriété* du Dictionnaire ce qu'il faut observer quand on établit l'origine de la propriété d'un immeuble.

Comme on ne peut guère formuler à l'avance les origines parce qu'il est rare qu'elles se ressemblent exactement , nous renvoyons le lecteur aux mots du Dictionnaire , *Adjudication*, *Echange*, *Hypothèque*, *Vente*, pour en consulter les formules , ainsi qu'au mot *Etablissement de propriété*.

les droits [27] et actions [28], priviléges [29] et hypothèques [30] résultant des présentes, pour les exercer comme il le jugera convenable. Quoique la création des billets ne puisse être considérée que comme un moyen d'exécution des présentes, cependant l'action résultant de ces billets, même la contrainte par corps, pourra être exercée cumulativement ou préférablement à l'action résultant des présentes, soit par M. Bonnard, soit par tout autre étant à ses droits [6 et 78].

17   Art. 6. M. Putard déclare sous les peines de droit [31] à lui expliquées :

18   Qu'il est marié sous le régime dotal avec Mad. Thérèse Coursin aux termes de leur contrat de mariage passé devant Me..., Notaire à..., le... dûment enregistré [42], mais que la dot de sa femme ne consiste qu'en immeubles déclarés dotaux existant encore en nature, et en meubles et objets mobiliers du prix desquels il est débiteur, attendu qu'une estimation montant à trois mille francs en a été faite par le contrat (V. sup. la note c au bas de la page 52).

19   Qu'il n'est et n'a jamais été ni tuteur [163], ni curateur [66], ni comptable de deniers publics [164].

20   Que le terrain et les constructions hypothéqués ne sont grevés d'aucun privilége [29] ou hypothèque [30] si ce n'est d'un privilége au profit de M. Morel pour raison des quinze mille francs formant le prix de la vente dudit terrain.

21   Et que l'immeuble hypothéqué sera, lorsque les constructions seront achevées, d'une valeur de cent mille francs au moins.

22   Ledit sieur Putard s'oblige à justifier, d'ici à quinzaine, de l'exactitude de sa déclaration relative aux inscriptions par un certificat [111] du conservateur des hypothèques au bureau de..., constatant qu'à l'époque de la délivrance de ce certificat il n'existera sur les biens hypothéqués que les inscriptions prises au profit de M. Morel pour raison de son privilége de quinze mille francs et de Mad. Putard pour raison de sa dot, sous peine, dans le cas où il s'en trouverait d'autres venant en ordre avant celle à requérir en vertu des présentes, d'être contraint, si bon semble à M. Bonnard, au remboursement immédiat des cinquante mille francs de crédit dont il s'agit, des intérêts de cette somme jusqu'au jour de son remboursement et de tous frais accessoires : étant bien entendu que jusqu'à l'époque fixée pour la justification dont il vient d'être parlé, la mise en circulation des billets est interdite à M. Bonnard, et qu'au cas de déchéance des termes [77] pour cause d'existence d'inscriptions non déclarées, tous les billets seront remis, immédiatement et avant toute poursuite en remboursement, audit sieur Putard qui en donnera décharge.

23   Art. 7. Tous les frais auxquels ces présentes donneront lieu en déboursés [5], honoraires (id.), grosse [64] et inscription [83], seront supportés par M. Putard.

24   Pour l'exécution des présentes, les parties font élection de domicile [11] en leurs demeures actuelles ci-dessus indiquées.

25   Dont acte, fait et passé à... [12], en l'étude (id.), l'an mil huit cent... [13] le... (id.), et les parties ont signé [15] avec les Notaires, après lecture [16]. — V. sup. la note m au bas de la page 7.

26   , V. *Enregistrement*,   notes 174 et 18.

27   *Décime par franc* ou *Subvention*, note 19.

28   Et au besoin la table alphabétique du Commentaire.

AFFECTATION HYPOTHÉCAIRE [30].
Pour sûreté d'une rente foncière [76] dont l'hypothèque primitive a été divisée.

5° D'une rente foncière dont l'hypothèque primitive a été divisée.

1   Par-devant Me Germain [1] Dambru (id.) et son collègue (id.), Notaires [2] à... [1], département de.... soussignés [15]. — V. *suprà la note a au bas de la page* 5.

2

3   Sont comparus :

3   M. Cyprien [3] Narbonne (id.), propriétaire (id.), demeurant à.... (id.).   d'une part,

4   Et les sieurs Jean et Joseph Granjean, cultivateurs, demeurant à....

5   Héritiers [78] chacun pour un tiers de Pierre Grandjean, leur père, et en cette qualité détenteurs des

9

biens originairement affectés à la sûreté de la rente dont il va être parlé,   d'autre part

· Lesquels ont exposé ce qui suit :

· Par contrat passé devant M⁰..., Notaire à..., le..., dûment enregistré [42], M. Narbonne a vendu à Pierre Grandjean, père desditssieurs Jean et Joseph Granjean, dix pièces d'héritages situées sur le territoire de... et plus amplement désignées audit contrat, moyennant une rente foncière [76] et perpétuelle, franche de retenue [49] de trois cents francs, payable [77] annuellement le onze novembre de chaque année, au capital de six mille francs remboursables à la volonté du débiteur en trois paiements égaux.

· Par le partage [145] fait entre les deux fils Grandjean susnommés et Madeleine Granjean , femme autorisée du sieur Jean Petit, leur sœur germaine, héritière pour l'autre tiers dudit défunt Pierre Grandjean, leur père commun, des biens dépendant de la succession de ce dernier, les dix pièces d'héritage formant le privilége [29] de la rente de trois cents francs par an ont été attribuées auxdits Jean et Joseph Grandjean à la charge du service de la dite rente en capital et arrérages, le tout ainsi qu'il résulte d'un acte passé devant M⁰...., Notaire à...., le..., dûment enregistré [42].

· Par contrat passé devant ledit M⁰ Dambru, le...., aussi enregistré [42], lesdits sieurs Grandjean fils ont vendu à M. Daniel Bernard, propriétaire, demeurant à..., moyennant la somme de cinq mille francs payée comptant, la majeure partie des pièces d'héritages provenant de la vente sus énoncée faite par M. Narbonne à leur père.

¹⁰ Le sieur Bernard ayant fait transcrire [111] son contrat au bureau des hypothèques de...., le...., vol...., n⁰...., il lui a été délivré un état (id.) qui comprend l'inscription que M. Narbonne a prise pour sûreté de six mille francs, capital de la rente à lui due, lequel état ledit sieur Bernard a dénoncé à Jean et Joseph Grandjean, ses vendeurs, avec sommation de lui rapporter main-levée de l'inscription prise au profit de M. Narbonne.

¹¹ De son côté, M. Narbonne ayant été informé que l'hypothèque formant le gage de sa rente avait été divisée tant par le partage fait entre les enfants Grandjean que par la vente faite au sieur Bernard était disposé à exiger le remboursement du capital de sa rente.

¹² Dans cet état de choses, les fils Grandjean ont proposé à M. Narbonne de lui donner de nouvelles garanties s'il voulait consentir à donner main-levée de son inscription à l'égard des biens vendus.

¹³ M. Narbonne ayant accepté cette proposition, les parties sont convenues de ce qui suit :

¹⁴ Art. 1ᵉʳ. Les sieurs Jean et Joseph Grandjean fils affectent et hypothèquent [30] à la sûreté du capital et des arrérages de la rente de trois cents francs par an qui est due par eux comme héritiers de leur père, à M. Narbonne, susnommé, pour prix de la vente d'héritages sus-mentionnée qu'il a faite à leurdit père, les biens [87] ruraux dont le détail suit :

¹⁵ 1° Une pièce [7] de terre labourable située sur le territoire de...., lieu dit...., de la contenance de un hectare [91], tenant [141] d'un long du levant à.... (id.), d'autre long du couchant à...., d'un bout du midi à...., d'autre bout du nord à....

¹⁶ 2° Une autre pièce de.... (Consulter, pour les désignations , les formules, page 42, alin. 8 et suiv., et page 49 alin. 7 et 8).

¹⁷ Ces biens appartiennent [22] auxdits sieurs Grandjean frères pour les avoir recueillis dans la succession de Jeanne Colombel, leur mère, décédée femme dudit Pierre Grandjean, leur père, ainsi qu'il résulte d'un partage [145] fait entre eux et Madeleine Grandjean, femme Petit, leur sœur [144] susnommée, par acte passé devant M⁰...., Notaire à...., le...., dûment enregistré [42] — (Se conformer pour établir régulièrement une origine de propriété à ce qui est prescrit au mot « ÉTABLISSEMENT DE PROPRIÉTÉ » du Dictionnaire.

¹⁸ Lesdits sieurs Grandjean déclarent sous les peines de droit qui leur ont été expliquées [51] par les Notaires soussignés et qu'ils ont dit bien comprendre :

¹⁹ Que les biens hypothéqués ne sont grevés d'aucune hypothèque [30] conventionnelle ou judiciaire ainsi qu'ils en ont justifié par un certificat [111] du conservateur des hypothèques de.... en date de ce jour et qu'ils ont remis à l'instant à M. Narbonne.

²⁰ Que lesdits biens ne sont grevés d'aucune hypothèque légale, les débiteurs étant célibataires et n'étant ni n'ayant jamais été tuteurs [165], curateurs [66] ou comptables de deniers publics [164].

²¹ Et qu'ils sont affranchis de tout privilége [29] jusqu'à ce jour.

²² ART. 2. — Au moyen de l'affectation hypothécaire ci-dessus consentie et sous la foi de la sincérité de la déclaration des débiteurs relative à la situation hypothécaire des immeubles, M. Narbonne donne main-levée [149] de la manière la plus absolue avec désistement [175] de tous droits d'hypothèque [30], de privilége [29] et de résolution [185] et consent, en conséquence, la radiation [149] de l'inscription [83] prise à son profit au bureau de la conservation [111] des hypothèques de...., le...., vol..., n°.... contre le sieur Pierre Grandjean, mais seulement à l'égard des héritages vendus par les deux fils Grandjean à M. Daniel Bernard, susnommé, suivant le contrat de vente sus-énoncé dont la transcription [111] a eu lieu au même bureau d'hypothèques le...., vol...., n°.... ; l'effet de ladite inscription et les droits d'hypothèque, de privilége et de résolution étant expressément réservés à l'égard des autres biens qui en sont grevés.

²³ M. le conservateur en opérant la radiation de cette inscription dans les termes sus-exprimés, sera valablement déchargé.

²⁴ ART. 3. — A ces présentes est intervenue la dame Madeleine Grandjean, femme de Jean Petit, cultivateur, avec lequel elle demeure à...., ici présent, et qui l'autorise.

²⁵ Laquelle, après avoir entendu la lecture que Me Dambru, l'un des Notaires soussignés, lui a faite de tout ce qui précède, en présence de son confrère, a déclaré l'avoir pour agréable, y donner même son consentement et renoncer à toutes actions [27] et exceptions [176] qu'elle aurait pu intenter ou opposer à M. Narbonne, en se prétendant dégagée de toute responsabilité personnelle pour raison du service de la rente de trois cents francs dont il s'agit, sous le prétexte que M. Narbonne, par le fait de la main-levée par lui consentie, aurait rendu impossible l'entière subrogation à ses droits, priviléges et hypothèques, au cas où ladite dame Petit aurait remboursé volontairement ou comme forcée et contrainte, sa quote-part dans ladite rente comme héritière de son père (a).

²⁶ Mais sous la condition que M. Narbonne fera au sujet de la nouvelle hypothèque tous les actes conservatoires [34] de son droit, de manière que ce droit puisse être exercé utilement dans le cas où, par la suite, elle ou ses héritiers [78] et ayants-cause [6] viendraient à rembourser sa part héréditaire dans le capital de la rente dont il s'agit.

²⁷ ART. 4. — Il n'est par ces présentes dérogé ni innové sur aucun autre point au contrat de la vente faite par M. Narbonne au sieur Grandjean père, lequel contrat sera exécuté en toutes ses autres dispositions, et conformément à la loi, par les trois enfants Grandjean, sauf toutefois l'exécution entre eux de l'arrangement qu'ils ont fait par le partage précité de la succession de leur père, auquel arrangement M. Narbonne ne prend point et n'a jamais entendu prendre part de manière à faire présumer qu'il renonçait à ses droits contre la dame Petit.

²⁸ ART. 5. — Mention des présentes sera faite sur toutes pièces que besoin sera, par les Notaires soussignés et tous autres de ce requis.

(a) Le Notaire doit avoir soin d'avertir le crédi-rentier qu'il déroge à ses droits quand il fait un acte de la nature de celui qui fait l'objet de la présente formule. En effet, tout changement apporté à l'état de choses primitif fait perdre, dans ce cas, au créancier tous ses droits contre les cautions et même contre les co-débiteurs ou co-obligés en *matière civile*, quand, par son fait positif, par sa faute ou négligence, le créancier se met dans l'impossibilité de consentir en faveur du co-débiteur ou de la caution qui le paie une subrogation utile et intacte à ses droits, priviléges et hypothèques (C. civ. 2037, 1251 ; C. R. de Nîmes 5 décembre 1819, Sirey 20, 2, 121 ; Cass. 29 mai 1838, Sirey 38, 1, 580).

Nous disons en *matière civile*, car il en est autrement en *matière commerciale*, ayant été décidé à cet égard, que le porteur d'une lettre de change n'est obligé que de faire constater le défaut de paiement et de faire notifier l'acte de protêt avec assignation dans les délais aux tireurs et endosseurs, d'où il suit que s'il juge à propos de se désister de poursuites ou d'inscriptions prises contre eux, il le peut sans compromettre aucun de ses droits contre les débiteurs solidaires (Cass. 17 janvier 1831, aff. Dumesnil-Dubuisson ; Sir. 31, 1, 97).

NOTA. A cause de l'importance de ce point de jurisprudence, nous conseillons de l'annoter au Commentaire note 7, n° 33, de la manière suivante : — V. t. 1, page 67 (a).

²⁹ Aʀᴛ. 6. — Tous les frais que ces présentes occasionneront en déboursés [S] et honoraires (*id.*), seront ainsi que le coût d'une expédition [64] et d'une inscription [85] pour M. Narbonne, supportés par les deux frères Granjean.

³⁰ Dont acte, fait et passé à... [12], en l'étude (*id.*), l'an mil huit cent... [13], le... (*id.*), et les parties ont signé [15] avec les Notaires, à l'exception des sieurs Joseph Grandjean et Jean Petit, qui ont déclaré ne savoir écrire ni signer[15], de ce interpellés, le tout après lecture [16]. — V. *suprà la note m. au bas de la page 7.*

³¹ V. *Enregistrement*, note 99 et 18.

³² *Décime par franc ou Subvention*, 19

³³ Et, au besoin, la table alphabétique du Commentaire.

AFFICHES [179] OU PLACARDS (*id.*) ANNONÇANT :

1° La *Vente judiciaire*)
2° La *Vente volontaire* } *de biens immeubles ;*
3° La *Vente des meubles dépendants d'une succession.*

1° AFFICHES [179] PRÉALABLES A LA VENTE JUDICIAIRE DE BIENS IMMEUBLES.

¹ De par le Roi, la Loi et Justice.

² VENTE PAR AUTORITÉ DE JUSTICE [159].

³ En l'étude et par le ministère de Mᵉ..., Notaire à... et en sept lots,

⁴ De sept pièces de terre, vigne et pré situées sur la commune du Val-Saint-Martin, canton de Vermenton (Yonne).

⁵ Adjudication [159] définitive sur une seule publication, le dimanche... à l'heure de...

⁶ On fait savoir à tous ceux qu'il appartiendra qu'en vertu d'une délibération du conseil de famille [93] des enfants mineurs de M. et Mad..., ci-après nommés, laquelle a été prise sous la présidence de M. le juge de paix [94] du canton d..., et homologuée suivant jugement [75] rendu par le Tribunal civil de première instance séant à... le... enregistré;

⁷ Et à la requête de M. (*nom, prénoms, profession et demeure*), agissant en son nom personnel et encore au nom et comme tuteur des enfants mineurs issus de son mariage avec (*nom et prénoms*), sa défunte épouse; ayant pour avoué Mᵉ..., exerçant près ledit Tribunal ; lequel jugement ordonne la vente par devant le Notaire ci-après nommé, des immeubles ci-après désignés;

⁸ Et en présence de M... (*nom, prénoms, profession et demeure*) subrogé tuteur desdits mineurs (*a*).

(*a*) Lorsque la vente a lieu par licitation entre majeurs et mineurs, la formule doit être ainsi conçue :

« On fait savoir à tous ceux qu'il appartiendra qu'en vertu d'un jugement rendu par le Tribunal civil de première instance séant à... le... dûment enregistré, lequel ordonne la vente pardevant le Notaire ci-après nommé, des immeubles ci-après désignés;

» A la requête du sieur (nom, prénoms, profession et demeure) ayant Mᵉ... pour avoué;

» Et en présence : 1° de (nom, prénoms, profession et demeure) majeur, co-propriétaire des biens ci-après désignés ; 2° de M. (nom, prénoms, profession et demeure), subrogé-tuteur du mineur (nom, prénoms), aussi propriétaire pour partie des mêmes biens ; ou eux dûment appelés;

» Les sus nommés ayant Mᵉ... pour avoué;

₁₀ Il sera, en l'étude et par le ministère de M⁰..., Notaire à..., commis à cet effet par ledit jugement, procédé à la vente par adjudication au plus offrant et dernier enchérisseur, des biens ci-après désignés dépendant tant de la communauté qui a existé entre ledit sieur... et sa défunte épouse, que de la succession de cette dernière.

₁₀ DÉSIGNATION :

₁₁ *Premier lot.* Une pièce de terre... (*Suivre pour les sept lots la désignation que nous avons donnée suprà , vᵒ adjudication de biens ruraux , p. 42 , alin. 8 et suiv. , en retranchant , bien entendu , ce qui serait en opposition avec l'état , la situation et la configuration de chaque objet mis en vente).*

₁₂ Cette vente aura lieu sur la mise à prix telle qu'elle est fixée par le jugement précité, savoir :

₁₃ De huit cents francs pour le premier lot, ci. . . . . 800 fr.

De deux mille francs pour le second lot, ci. 2000

De deux mille six cents francs pour le troisième lot, ci 2600

De quatre mille cinq cents francs pour le quatrième lot, ci. 4500

De douze cents francs pour le cinquième lot, ci 1200

De quinze cents francs pour le sixième lot, ci. 1500

Et de deux mille quatre cents francs pour le septième lot, ci 2400

₁₄ TOTAL de la mise à prix. . . . . . . 15000 fr.

₁₅ S'adresser, pour visiter les biens au sieur Benjamin Rossignol , fermier , et pour connaître les charges et conditions de l'adjudication audit M⁰..., Notaire, dépositaire du cahier des charges.

₁₆ Fait et rédigé par M⁰..., Notaire à..., soussigné, à..., le .., (signature du Notaire).

₁₇ V, *Enregistrement,* notes 99 et 18.

₁₈ *Décime par franc* ou *Subvention* 19.

₁₉ *Timbre* 61.

2ᵒ AFFICHES [179] ANNONÇANT LA VENTE VOLONTAIRE DE BIENS IMMEUBLES

2ᵒ La vente volontaire de biens immeubles.

VENTE VOLONTAIRE

₁ Aux enchères et par adjudication sur une seule publication, en l'étude et par le ministère de M⁰..., Notaire à..., le... heure de...

₂ des biens dont le détail suit :

₃ DÉSIGNATION :

₄ *Premier lot.* Une maison et ses dépendances situées à Arc, rue du Gué, nᵒ 15.

₅ Cette maison consiste en (*Cette maison est celle que nous avons désignée suprà, vᵒ adjudication de maison , p. 49, alin. 7 et 8. — Se conformer en général à cette formule sauf à lui faire subir les modifications qui résultent nécessairement de la différence existant entre une maison et une autre).*

₆ *Second lot.* Un corps de ferme situé sur la commune d'Arc, composé : 1ᵒ d'un corps de bâtiment servant de logement pour le fermier ; 2ᵒ d'un autre corps de bâtiment composé de deux granges , une écurie double et deux écuries simples ; 3ᵒ d'une cour et basse-cour entourées de murs ; 4ᵒ de cinquante hectares de terre labourable avoisinant la ferme ; 5ᵒ de vingt-cinq hectares de bois, situés au climat des Momeluches ; 6ᵒ de dix hectares de pré et pâture , sis au lieu dit le Gué des Biques.

« Il sera, en l'étude et par le ministère de M⁰... Notaire à..., le... heure de..., après l'accomplissement des formalités
» voulues par la loi et sur un cahier de charges déposé à cet effet en l'étude dudit Notaire , procédé à la vente aux enchères
» et par adjudication des biens ci-après désignés dépendant de la succession de (nom et prénoms), père commun des sus-
» nommés. »

7. La maison composant le premier lot est louée cinq cents francs par an, et la ferme composant le second lot est d'un produit net de 4500 fr.; le tout constaté par baux notariés.

8. Ces biens dépendent de la succession de Mad. Coralie Cornibus, décédée veuve de M. le baron de Vézelay.

9. Il sera accordé de grandes facilités pour le paiement du prix.

10. S'adresser pour visiter les biens au sieur Zacharie Guéru, locataire du premier lot, et à Pierre Laboureau, fermier du second lot, et pour connaître les charges et conditions de l'adjudication audit M°..., Notaire.

11. V. *Timbre*, note 61.

12. « (Nota.) Les affiches ne constituent des actes et ne sont sujettes à l'enregistrement au droit de 1 fr. comme actes innommés que quand elles sont signées des officiers publics (L. du 22 frimaire an VII, art. 61, § 1, n° 51. — Déc. min. Fin. et Just. 5 et 13 déc. 1818).

L'affiche dont nous venons de donner la formule, n'étant point *obligatoire*, peut n'être point mentionnée au procès-verbal d'adjudication, dès-lors il n'est pas de rigueur qu'elle soit enregistrée. Toutefois, si on la mentionne, il n'y a point pour cela de contravention à l'obligation de faire enregistrer, pourvu qu'on ne rappelle ni signature, ni certificat d'imprimeur, ni certificat d'insertion. — V. note 42, v° *Adjudication*. — *Affiches*, et les n°ˢ suivants.

Annoter ce qui précède à la note 18 du Commentaire, p. 116, au-dessus du n° 564, ainsi qu'il suit : « *Affiches*, V. t. I. p. 70, alinéa 12. »

3° AFFICHES [179] ANNONÇANT LA VENTE DES MEUBLES DÉPENDANT D'UNE SUCCESSION

3° La vente des meubles dépendant d'une succession.

1. VENTE DE MEUBLES.

2. Le dimanche 12 juin 1842, à l'heure de midi et jours suivants;

3. En la maison sise à Arc, rue..., où est décédée Madame la baronne de Vézelay;

4. Par le ministère de M°..., Notaire à...

5. On fait savoir à tous ceux qu'il appartiendra qu'en vertu d'une ordonnance rendue par M. le Président du Tribunal civil de première instance de..., le... dûment enregistrée.

6. A la requête de M. Léonidas *Escural*, baron de Vézelay, demeurant à..., au nom et comme héritier portionnaire de Mad. Coralie *Cornibus*, veuve de M. le baron de *Vézelay*, sa mère.

7. Et en présence des autres ayants-droit à ladite succession ou eux dûment appelés.

8. Il sera, le dimanche douze juin mil huit cent quarante-deux à l'heure de midi et jours suivants, qui seront indiqués à la fin de chaque vacation, et en la maison située à Arc, rue..., où est décédée Mad. la baronne de Vézelay, procédé, par M°..., Notaire à..., à la vente aux enchères et à l'encan de tous les meubles et objets mobiliers, se trouvant dans ladite maison et qui dépendent de la succession de ladite dame, lesquels objets sont décrits dans l'inventaire fait après son décès par ledit M°..., Notaire à..., le... et jours suivants, dûment enregistré.

9. Cette vente aura lieu au comptant.

10. V. *Enregistrement*, notes 99 et 18.

11. *Décime par franc ou Subvention*, 19.

12. *Timbre*, 61.

AFFIRMATION D'INVENTAIRE [145].

Affirmation d'inventaire.

1° *Par un mari survivant.*

1. Et, ne s'étant plus rien trouvé à dire, comprendre ni déclarer au présent inventaire, M. *Michon*, époux

survivant, a prêté serment entre les mains des Notaires soussignés (*ou : du Notaire soussigné en présence des témoins*), d'avoir tout fait comprendre audit inventaire et de n'avoir détourné, vu ni su qu'il ait été caché ou détourné aucun des objets, titres et papiers dépendant desdites communauté et succession (V. *infrà*, alinéa 4.)

2° Par une femme survivante.

2 Et, ne s'étant plus rien trouvé à dire, comprendre ni déclarer au présent inventaire, Mad. ve *Michon* a, devant les Notaires soussignés (*ou : devant le Notaire soussigné en présence des témoins*), affirmé ledit inventaire sincère et véritable, comme aussi a prêté, entre les mains desdits Notaires (*ou : dudit Notaire, en présence des témoins*), le serment de n'avoir détourné, vu ni su qu'il ait été détourné aucun des objets, titres et papiers dépendant des communauté et succession dont il s'agit.

3° Par un gardien de scellés constitué dépositaire des objets avant l'inventaire, et par les autres personnes qui ont habité dans la maison.

3 Et, ne s'étant plus rien trouvé à dire, comprendre ni déclarer au présent inventaire, le sieur Jean *Gillet*, ci-devant nommé, constitué gardien des scellés, a prêté serment entre les mains des Notaires soussignés (*ou : dudit Notaire en présence des témoins soussignés*), de n'avoir détourné, vu ni su qu'il ait été détourné aucun des objets, titres et papiers dépendant desdites communauté et succession.

4 Pareil serment a été également prêté entre les mains desdits Notaires (*ou : du Notaire en présence des témoins soussignés*), par Dlle Marie Pecalle, fille majeure pour ce intervenante, comme ayant, avant et depuis l'inventaire, habité dans la maison (*ou dans les lieux*) où il est présentement procédé.

V. *la formule d'inventaire* IN FINE.

AJOURNEMENT [20] ORDINAIRE [EXPLOIT D'] (a).

Ajournement ordinaire (exploit d'

1 L'an mil huit cent quarante-deux, le quatre juin [20, n° 38].

2 A la requête du sieur Jacob Dupont [20, n° 55], marchand épicier (*id.*), demeurant à Bazarnes (*id.*). patenté (*id.* n° 72) à la mairie dudit lieu, à la date du 8 février dernier, 4e classe, n° 12 [43], élisant domicile [20, n° 100] en l'étude de Me Amable, avoué près le Tribunal civil de première instance séant à Auxerre, y demeurant rue des Belles-Filles, n° 999, lequel occupera [*id.*, n° 87] pour le requérant sur la présente assignation.

3 J'ai, Paul Coumar [20, n° 28], huissier [115] près le Tribunal civil de première instance d'Auxerre, y demeurant rue des Singes, n° 100, patenté [20, n° 115] à la mairie de ladite ville, à la date du 3 janvier dernier, troisième classe, n° 13, soussigné,

4 Donné assignation au sieur Gabriel Putinet [20, n° 28], charpentier [*id.*, n° 122], demeurant [*id.*, n° 120 *bis*] au Bouchet, commune de Cravant, en son domicile [*id.*, n° 129], distant de ma demeure de trois my-

---

(a) Ce n'est point nous écarter du but que nous nous sommes proposé, que de donner des formules d'actes de procédure. En effet, d'un côté, les actes notariés ayant souvent un rapport direct avec les actes de procédure qui y sont mentionnés et qui forment parfois la base de la convention, on conçoit facilement que les formules d'actes de procédure soient indispensables dans notre ouvrage ; et d'un autre côté, la mission bien comprise du Notaire, surtout du Notaire de troisième classe, à cause de sa position isolée en général, c.-à-d. éloignée de tout centre de lumière, étant d'éclairer les parties et de se rendre utile à *tous* et pour *tout* ce qui peut faire un objet d'intérêt privé ou de famille, ainsi que nous l'établirons à l'article 74 du Journal du Manuel, ç'aurait été manquer à nos obligations que de ne point dérouler à ses yeux le tableau de tout ce qui forme notre droit, considéré non-seulement sous le rapport du *fond* mais encore sous le rapport des *voies et moyens*. — Selon nous, il ne suffit pas qu'un Notaire sache de quel côté est le bon droit, il faut encore qu'il sache, en se pénétrant de cette maxime « *La forme emporte le fond* », quel chemin on doit prendre pour arriver à faire apprécier et reconnaître par la justice ce bon droit, car celui qui est le mieux fondé succombe souvent pour avoir fait fausse route

riamètres [91], auquel lieu étant et parlant [*id.*, n° 161] à sa femme [*id.*, n°s 171 et suiv.], ainsi déclarée

⁵ A comparaître à huitaine franche [*id.*, n° 212], délai de la loi [*id.*, n° 220], à l'audience et pardevant MM. les Président et Juges du Tribunal civil de première instance de l'arrondissement d'Auxerre, séant au Palais de Justice de ladite ville, à onze heures du matin [*id.*, n° 210], pour :

⁶ Attendu que le requérant est créancier [25] du sieur Putinet de la somme de quinze cent cinquante francs pour [28] fournitures d'épiceries qu'il a faites à ce dernier, ainsi qu'il offre d'en justifier en cas de déni.

⁷ Attendu qu'il résulte d'un procès-verbal dressé par M. le Juge de paix du canton de Vermenton le... dernier, enregistré [42], et dont il est donné copie [20, n° 29] en tête de celle des présentes, que les parties ne se sont point conciliées [115] sur la demande du requérant.

⁸ Et attendu que ladite somme est exigible depuis longtemps.

⁹ S'entendre, ledit sieur Putinet, condamner à payer au demandeur la somme de quinze cent cinquante francs pour les causes sus-exprimées, aux intérêts [49] de cette somme et aux dépens [120].

¹⁰ Et pour que ledit sieur Putinet n'en ignore, je lui ai, à domicile étant, et parlant comme est dit ci-dessus, laissé copie (V. *sup.* p. 51, *a*) tant du procès-verbal de non-conciliation que du présent. — Le coût [20, n° 31] est de.... y compris copie de pièces (*a*) et voyage (*b*).

    Original (c)   (*Signature de l'huissier*)

    V. *Enregistrement*,   notes 56, 18 et 19.

Ajournement à bref
délai (exploit d')

AJOURNEMENT [20] A BREF DÉLAI [*id.*, n° 212].

₁ (d) L'an mil huit cent quarante-deux, le treize juin [20 n° 58],

₂ A la requête du sieur Joachim *Bertrand* [20, n° 55], logeur en garni (*id.*), demeurant à Auxerre (*id.*, où il est patenté [*id.*, n° 72] pour la présente année à la date du premier mars dernier, troisième classe

---

(a) Le droit de copie de pièces est de 25 c. à Paris, et de 20 c. partout ailleurs, par rôle copié évalué à 20 lignes par page et 10 syllabes par ligne (Tarif, art. 28).

(b) Il n'est rien alloué jusqu'à un demi-myriamètre pour le transport de l'huissier. Au-delà, jusqu'à un myriamètre, il est alloué partout 4 fr. pour aller et retour. Au-delà d'un myriamètre, il est alloué pour chaque demi-myriamètre, sans distinction, 2 fr. (Tarif, art. 66).

(c) A Paris, 2 fr. — Partout ailleurs, 1 fr. 50 c. (Tarif, art. 27).

(d) En tête de l'original et de la copie de l'ajournement on doit donner copie de la requête suivante au pied de laquelle se trouve l'ordonnance qui permet d'assigner à bref délai :

₁ A M. le Président du Tribunal civil de première instance d'Auxerre.

₂ Le sieur Joachim *Bertrand*, logeur en garni demeurant à Auxerre, rue du Temple n° 399, ayant pour avoué M° Dominicaut.

₃ A l'honneur de vous exposer que le sieur Julien *Courtet*, peintre en bâtiment demeurant à Auxerre, ci-devant dans la maison du requérant et maintenant rue d'Egleny n° 575, lui doit la somme de huit cent cinquante francs pour plusieurs termes de loyer d'une portion de maison qu'il a abandonnée clandestinement.

₄ Qu'il vient d'apprendre que ledit sieur Courtet se disposait à vendre son mobilier ainsi que ses immeubles et à quitter le pays sans payer ses dettes.

₅ Pourquoi, M. le Président, il vous plaira permettre à l'exposant d'assigner à bref délai ledit sieur *Courtet* à la plus prochaine audience pour se voir condamner à lui payer ladite somme de huit cent cinquante francs pour les causes sus-exprimées, avec intérêts et dépens. — Et vous ferez justice. Signé : *Dominicaut.*

₆ Nous, Président du Tribunal civil de première instance d'Auxerre, vu la requête ci-dessus, et attendu qu'il y a urgence, permettons à l'exposant d'assigner ledit sieur Courtet à deux jours francs [20, n° 215].

₇ En notre hôtel à Auxerre le douze juin 1842. Signé : Chardon.

₈ Enregistré à Auxerre le 12 juin 1842, f°... v° case... Reçu trois francs, et trente centimes pour subvention. Signé Lecointe.   **Pour copie** (*Signature de l'huissier*).

nº 145; faisant élection de domicile [20, nº 100] en l'étude de Mᵉ *Dominicaut*, Avoué près le Tribunal civil de première instance séant à Auxerre, y demeurant, rue des Juifs, nº 99, lequel occupera [*id.*, nº 87] pour le requérant sur la présente assignation.

₃ J'ai, Adolphe *Guitard* [20, nº 28], huissier [113] près le Tribunal civil de première instance d'Auxerre, y demeurant rue Rigobert nº 3, patenté [20, nº 115] à la mairie de ladite ville, à la date du huit janvier dernier, troisième classe, nº 19, soussigné,

₄ Donné copie au sieur Julien *Courtet* [20, nº 28], peintre en bâtiments [*id.*, nº 122] demeurant [*id.*, nº 120 *bis*] à Auxerre, rue d'Egleny nº 573, en son domicile [*id.*, nº 129], où étant et parlant [*id.*, nº 161] à une fille à son service [*id.*, nº 171], ainsi déclarée.

₅ 1º D'une requête présentée à M. le Président du Tribunal civil d'Auxerre,

₆ 2º De l'ordonnance en date du douze juin présent mois, dûment enregistrée [42], étant au bas de ladite requête, et portant permission au requérant d'assigner ledit sieur *Courtet* à deux jours francs.

₇ A ce que le sus-nommé n'en ignore

De plus, en vertu de ladite ordonnance et à la requête du même sieur Bertrand, ci-devant prénommé, qualifié et domicilié, faisant mêmes élection de domicile et constitution d'avoué que ci-dessus.

₈ J'ai, huissier susdit et soussigné, donné assignation audit sieur *Courtet*, à domicile étant et parlant comme il est dit ci-dessus.

₉ A comparaître le seize juin, présent mois (20, nº 212), à l'audience et par devant Mʳˢ les Président et Juges du Tribunal civil de première instance de l'arrondissement d'Auxerre, séant au Palais de justice de ladite ville, à onze heures du matin (*id.* nº 210).

₁₀ Pour procéder sur et aux fins de ladite requête (*id.*, nº 199-3º).

₁₁ En conséquence, s'entendre, ledit sieur *Courtet*, condamner à payer au demandeur la somme de huit cent cinquante francs qu'il lui doit, aux intérêts [49] de ladite somme et aux dépens [120].

₁₂ Et pour que ledit sʳ *Courtet* n'en ignore je lui ai, à domicile étant et parlant comme est dit ci-dessus, laissé copie tant de la requête et de l'ordonnance que du présent. — Coût... (V. *la fin de la formule qui précède*).

₁₃ V. *Enregistrement*, notes 56 et 18.

₁₄ *Décime par franc* ou *Subvention*, 19.

ALIÉNATION.

V. les formules : 1º d'*Abandon*, p. 8 et suiv. — 2º d'*Adjudication*, p. 42 et suiv. — 3º de *Bail emphy-téptique* ; — 4º de *Donation* ; — 5º d'*Echange* ; — 6º de *Partage anticipé* ; — 7º de *Transport* ; — 8º et de *Vente*.

Aliénation.

AMPLIATION D'UNE GROSSE DÉPOSÉE (procès-verbal pour obtenir).

Ampliation (Procès-verbal d').

₁ L'an mil huit cent quarante-deux, le seize juin [13] à l'heure de neuf du matin ;

₂ Par devant Mᵉ Achille [1] Lecrut (*id.*) et son collègue (*id.*), Notaires [2] à Puteaux [1], département de la Seine, soussignés [15]. — (V. *suprà* la note *a* au bas de la page 3).

₃ Sont comparus :

₄ M. Athanase [3] Turlut (*id.*), Armateur (*id.*), demeurant (*id.*) au Hâvre, rue du Naufragé nº 599.

₅ Et M. Julien Neurisse, Inspecteur des Télégraphes, demeurant à Paris rue Bleue nº 1500.

₆ Lesquels ont dit .

₇ Que par obligation passée devant Mᵉ Mars et son collègue, Notaires à Paris, le quinze octobre mil huit cent trente-cinq, dûment enregistrée [42], M. Théodore Virgile, entrepreneur de bâtiments et la

dame Sémiramis Col, son épouse, demeurant ensemble à Paris ruĕ de la Fidélité n°..., ont reconnu c[...] voir à M. Justin Lécorneur, ancien fournisseur, demeurant aussi à Paris rue de la Chaussée-d'An[...] n° 650, une somme de cinquante mille francs qu'ils se sont obligés solidairement de lui payer et re[...] bourser le quinze octobre mil huit cent quarante-cinq, avec intérêts au taux de cinq pour cent par an sa[...] retenue, à partir du jour de l'obligation jusqu'au remboursement effectif du principal.

8 Que, par l'acte de transport de cette somme fait par M. Lécorneur à Mrs Turlut et Neurisse deva[...] Me Lecrut, l'un des Notaires soussignés, le cinq juin présent mois, dûment enregistré [42], il a été conven[...] que, pour faciliter à chacun des cessionnaires de la créance résultant de ladite obligation, le moyen [...] contraindre les sieur et dame Virgile au paiement de ladite créance en principal et intérêts, chacun, po[...] ce qui lui est dû, lesdits cessionnaires se pourvoiraient, aux frais de leur cédant, de manière à se faire d[...] livrer à chacun une grosse par ampliation sur la première grosse de l'obligation délivrée à M. Lécorneu[...] et qui serait par eux déposée à cet effet en l'étude d'un Notaire.

9 Que, par son ordonnance en date du dix juin présent mois, enregistrée, et étant en suite de la r[...] quête (a) à lui présentée par les comparants, M. le Président du Tribunal civil de première instance de [...] Seine a ordonné qu'il serait procédé à la délivrance par Me Lecrut, des deux grosses par ampliatic[...] demandées par la requête, en présence des débiteurs ou eux dûment appelés.

10 Que, par exploit [20] de Lécorcheur, huissier à Paris, en date du douze juin présent mois, enre[...] gistré [42], Mrs Turlut et Neurisse comparants ont fait signifier l'ordonnance précitée (b) aux sieur et dam[...] Virgile, avec sommation (c) de se trouver en l'étude, à ces jour et heure, pour être présents au dépôt [...] la première grosse de l'obligatoin du quinze octobre mil huit cent trente-cinq ci-dessus énoncée, et vo[...] procéder à la délivrance par Me Lecrut aux comparants de deux grosses par ampliation de l'obligation[...] dont il s'agit, sinon qu'il serait donné défaut contr'eux à dix heures et procédé en absence comme c[...] présence.

11 Qu'ils déposent, pour demeurer annexées à ces présentes, 1° la grosse de l'obligation; 2° l'ordon[...] nance sus-énoncée; 3° et l'original de la sommation précitée.

12 Et qu'ils requièrent ledit Me Lecrut, Notaire, de leur donner acte de leur comparution, dires [...] réquisition, comme aussi de donner défaut contre les sieur et dame Virgile, dans le cas où ils ne compa[...] raîtraient pas ni personne pour eux, et de passer outre à la délivrance des ampliations.

13 Lecture faite, lesdits sieurs Turlut et Neurisse ont signé.   (signatures).

14 Et à l'instant sont comparus M. et Mad. Virgile, ci-devant prénommés et qualifiés avec indication[...] de domicile.

15 Lesquels ont dit qu'ils comparaissent pour obéir à la sommation qui leur a été donnée par l'exploit[...] ci-devant mentionné; qu'ils n'ont aucun motif pour s'opposer à la délivrance des grosses par ampliation[...] requises par Mrs Turlut et Neurisse; et qu'ils consentent même, en tant que de besoin, que cette déli[...] vrance ait lieu.

16 Lecture faite lesdits sieur et dame Virgile ont signé   (signatures).

(a) V. au Dictionnaire des Formules, v° Requête.

(b) Quand on fait sommation au Notaire en même temps qu'au débiteur on substitue ce qui suit à ce qui est dans la formule:

1° A Me Lecrut, Notaire soussigné, avec sommation de se trouver en son étude, à ces jour et heure, pour recevoir en dépôt la première grosse de l'obligation du quinze octobre mil huit cent trente-cinq, précitée, et délivrer dessus, aux comparants, deux grosses par ampliation de cette obligation,

2° Et aux sieur et dame Virgile, avec sommation de se trouver aussi en l'étude, auxdits jour et heure, pour être présents au dépôt de ladite grosse, et voir procéder à la délivrance, par Me Lecrut, aux comparants de deux grosses par ampliation de ladite première grosse, sinon qu'il serait donné défaut contre eux à dix heures et procédé en absence comme en présence.

(c) V. au Dictionnaire des Formules, v° Sommation.

17. Sur quoi, les Notaires susdits et soussignés ont donné acte aux comparants de leurs comparutions, dires et consentements.

18. Les grosse, ordonnance et original de sommation, représentés, ayant été annexés au présent procès-verbal, et mention de cette annexe ayant été faite sur chacune desdites pièces, M⁰ Lecrut et son collègue ont immédiatement fait à Mrs Turlut et Neurisse, délivrance de l'ampliation réclamée par chacun d'eux, avec les mentions nécessaires pour que ces ampliations vaillent titre exécutoire, savoir : à M. Turlut, jusqu'à concurrence des quarante mille francs qui lui ont été transportés et des intérêts de cette somme depuis le quinze avril dernier, et à M. Neurisse jusqu'à concurrence des dix mille francs qui lui ont été transportés et des intérêts de cette somme aussi depuis le quinze avril dernier.

19. (a) Il a été vaqué à ce qui précède depuis ladite heure de neuf du matin jusqu'à celle de une après midi par double vacation [8].

20. De tout ce que dessus il a été dressé le présent procès-verbal à... [12], en l'étude (id.), les jour, heure, mois et an susdits [13], et les comparants ont signé [15] avec les Notaires, après lecture [16]. — (V. suprà la note m au bas de la page 7).

21.   V. Enregistrement,   notes 99 et 18.
22.   Décime par franc ou Subvention,   19.
23.   Et, au besoin, la table alphabétique du Commentaire.

AMPLIATION SUR LA GROSSE [64] (MENTION D').

1. L'an mil huit cent quarante-deux, le seize juin, ces présentes ont été, par M. Achille *Lecrut* et son collègue (b), Notaires à Puteaux, département de la Seine, soussignés, délivrées par ampliation à M. Athanase *Turlut*, Armateur, demeurant au Hâvre rue du Naufrage n⁰ 599, pour lui servir de titre exécutoire jusqu'à concurrence de la somme de *quarante mille francs* qui lui a été transportée avec les intérêts à partir du quinze avril dernier, par M. Justin *Lécorneur*, ancien fournisseur, demeurant à Paris, rue de la Chaussée-d'Antin n⁰ 650, suivant acte passé devant ledit M⁰ Lecrut, le cinq dudit mois de juin, dûment enregistré, laquelle somme est à prendre concurremment avec M. Julien *Neurisse*, inspecteur des Télégraphes, demeurant à Paris rue Bleue n⁰ 1500, cessionnaire du surplus, dans celle de cinquante mille francs formant le principal de l'obligation dont la grosse précède.

2. Et ce, en vertu : 1° d'une ordonnance de M. le Président du Tribunal civil de première instance du département de la Seine, séant à Paris, en date du dix dudit mois de juin, autorisant M. Turlut à se faire délivrer la présente grosse par tout dépositaire de la première grosse, en la présence des débiteurs ou eux dûment appelés ; 2° et d'un procès-verbal dressé par ledit M⁰ Lecrut et son collègue, Notaires soussignés, ledit jour seize juin, à la requête des cessionnaires (c), constatant le consentement donné à la délivrance de ladite ampliation par les sieur et dame Virgile, débiteurs, dûment appelés à cet effet par exploit à eux signifié par *Lécorcheur*, huissier à Paris, le douze du même mois, auquel procès-verbal sont

Ampliation (Men-
tion d')

(a) Quand le débiteur sommé ne comparaît pas, défaut est donné contre lui, ce qui a lieu en ces termes :

Et, après avoir attendu non-seulement jusqu'à dix heures mais encore jusqu'à une heure après midi, sans que les sieur et dame Virgile aient comparu ni personne pour eux, les Notaires soussignés ont prononcé défaut contre eux sur la réquisition des autres parties.

(b) V. suprà la note m au bas de la page 7.

(c) Si le débiteur n'a pas comparu, on met ici ce qui suit :

En donnant défaut contre les sieur et dame Virgile, débiteurs, dûment sommés d'être présents à la délivrance de la présente ampliation, suivant exploit de *Lécorcheur*, huissier à Paris, en date du douze du même mois, auquel procès-verbal sont demeurés annexés la grosse du titre dont il est présentement délivré ampliation, l'ordonnance et l'original de sommation sus-datés.

demeurés annexés la grosse du titre dont il est présentement délivré ampliation, l'ordonnance et l'original de sommation sus-datés.

[Signatures des deux Notaires (*ou : du Notaire et des témoins*)].

V. note 64.

‹ (NOTA.) *Pour l'ampliation à délivrer à M. Neurisse, cessionnaire de 10,000 fr., la formule est la même que celle qui précède, sauf le changement de nom, prénoms, demeure et somme.*

ANNEXES [38] A FAIRE DANS LES ACTES (ÉNONCIATION D').

Annexes (*Énoncia-tions d'*)

¹ 1° — *Cas où la pièce émane de Notaires, d'Officiers ou Magistrats de la résidence ou du ressort du Notaire qui instrumente, ou de Magistrats à la juridiction ou à l'autorité desquels il est soumis, ou du Notaire instrumentaire lui-même.*

Le brevet original (*ou : une expédition en forme*) de laquelle procuration (*s'il s'agit d'un autre acte on l'indique ici*) est demeuré annexé à ces présentes, après avoir été fait dessus mention de son annexe par les Notaires soussignés (*ou : par le Notaire soussigné en présence des témoins ci-après nommés*).

⁵ 2° — *Cas où la pièce émane d'Officiers ou Magistrats d'une juridiction étrangère au Notaire qui instrumente.*

₄ Une expédition [64] en forme *(ou : le brevet original)* (id.) [*indiquer ici la nature de l'acte*] est demeurée annexée à ces présentes, après avoir été, de (*indiquer ici le nom de la partie qui représente et dépose la pièce*), certifiée véritable et signée en présence des Notaires soussignés (*ou : du Notaire et des témoins soussignés*).

₃ (*Ou bien, si la partie ne sait pas signer :*) après que l... *(nom de la partie)* l'a eu certifiée véritable en présence des Notaires soussignés *(ou : du Notaire et des témoins soussignés)* et que les Notaires *(ou : le Notaire et les témoins)* l'ont eu signée et paraphée seuls, l... *(nom de la partie)* ne sachant signer, ainsi qu'il sera ci-après déclaré.

⁶ 3° — *Cas où la pièce émane de toutes les parties ou seulement de l'une d'elles, et n'est point authentique.*

₇ L'un des originaux (*ou l'original*) duquel acte (*indiquer ici sa nature*) sous seing-privé (et quand c'est un état, *lequel état*) écrit sur... feuillets de papier au timbre de.. et enregistré à..., le..., f°..., v°..., case... par M..., qui a reçu... et... pour subvention (ou bien : *qui sera soumis au visa pour timbre et à l'enregistrement* [42] *avant ou en même temps que ces présentes*) , est demeuré ci-annexé, après avoir été des parties (*ou : de telle partie*) signé et paraphé en présence des Notaires soussignés (*ou : du Notaire et des témoins soussignés*) , *(quand il y a des parties qui ne savent pas signer)* les autres parties ne sachant signer ainsi qu'il sera ci-après déclaré.

₈ 4° — *Cas divers.*

₉ Lesquelles pièces sont demeurées ci-annexées, savoir : l'expédition de l'acte de décès *(quand elle est délivrée par le maire d'une commune qui n'est pas celle où réside le Notaire)* après avoir été dudit sieur..., certifiée véritable et signée en présence des Notaires soussignés (*ou : du Notaire et des témoins soussignés*) et l'expédition de l'acte de naissance *(quand elle a été délivrée par le maire de la commune où réside le Notaire*), après avoir été fait dessus mention de son annexe par les Notaires soussignés (*ou : par le Notaire soussigné en présence des témoins aussi soussignés*).

¹⁰ 5° — *Cas où il s'agit de l'annexe d'un état de compte, liquidation ou partage, à un procès-verbal de communication ou d'arrêté de l'opération.*

¹¹ Et à l'instant ledit état, écrit sur... feuilles de papier au timbre de..., a été arrêté par ledit M°... et...

son collègue (ou : *par ledit M*ᵉ..., *en présence des témoins*); paraphé au bas de chaque recto et au-dessous de chaque renvoi, et signé à la fin par tous les comparants excepté par... qui a déclaré ne savoir signer, et par les Notaires (ou : *par le Notaire et les témoins*); et il est demeuré annexé à ces présentes, après que dessus mention a été faite de son annexe.

Nota. Les annexes ne sont sujettes à aucun droit particulier parce qu'elles deviennent partie intégrante de l'acte auquel elles sont jointes (Sol. 14 nivôse an XIII. — Délib. 19 mars 1825. Jᵃˡ. Enr. 1906-7997. — Rol. 1145. — Contr. 914). — Toutefois il y a des annexes qu'on considère comme donnant lieu au droit de dépôt. — V. *Dépôt.*

ANNEXES A FAIRE SUR LES ACTES ANNEXÉS (MENTIONS D').

(Nous allons donner les formules de ces mentions en suivant le même ordre que pour les énonciations d'annexes. — V. *suprà* p. 76).

1ᵉʳ. CAS.

Annexé à la minute d'un acte contenant *(indiquer ici la nature de l'acte)* passé devant Mᵉ... et son collègue, Notaires à... soussignés (ou : *devant M*ᵉ... *Notaire à...*, *soussigné*, *en présence des témoins aussi soussignés*) cejourd'hui... mil huit cent...

2ᵉ CAS.

Certifié véritable et signé par (*nom du mandataire ou déposant*) en conformité de l'acte de... ci-après énoncé, et annexé à la minute dudit acte passé devant Mᵉ... et son collègue, Notaires à. ., soussignés (ou : *devant M*ᵉ... *Notaire à...*, *soussigné*, *en présence des témoins aussi soussignés*), cejourd'hui... mil huit cent...

(Ou bien : *si la partie ne sait pas signer :*) certifié véritable par M..., comme il est dit en l'acte de... ci-après énoncé, et annexé à la minute dudit acte reçu par Mᵉ... et son collègue, Notaires à... soussignés (ou : *par M*ᵉ... *Notaire à... soussigné en présence des témoins aussi soussignés*), cejourd'hui... mil huit cent...

3ᵉ CAS.

Signé et paraphé par les parties (ou : *par la partie*) en conformité de l'acte de... ci-après énoncé, et annexé à la minute dudit acte reçu par Mᵉ... et son collègue, Notaires à..., soussignés, (ou : *par M*ᵉ... *Notaire à...*, *soussigné*, *en présence des témoins aussi soussignés*), cejourd'hui... mil huit cent...

4ᵉ CAS.

(*Sur l'expédition de l'acte de décès*). Certifié véritable et signé par M..., en conformité de l'acte de... ci-après énoncé, et annexé à la minute dudit acte reçu par Mᵉ... et son collègue, Notaires à... soussignés *(ou : par M*ᵉ,, *Notaire à... soussigné, en présence des témoins aussi soussignés)*, cejourd'hui... mil huit cent...

(Sur l'expédition de l'acte de naissance). Annexé à la minute d'un acte contenant... reçu par Mᵉ... et son collègue, Notaires à... soussignés *(ou : par M*ᵉ... *Notaire à... soussigné, en présence des témoins aussi soussignés)*, cejourd'hui... mil huit cent...

5ᵉ CAS.

Arrêté par (a) Mᵉ... et son collègue, Notaires à... soussignés (ou : *par M*ᵉ..., *Notaire à... soussigné*, *en présence des témoins aussi soussignés*), signé et paraphé tant par les parties que par les Notaires (ou : *tant par les parties que par le Notaire et les témoins*), et annexé à la minute d'un procès-verbal d'arrêté (ou : *de communication*) de compte, liquidation et partage dressé par ledit Mᵉ... et son collègue (ou : *par ledit M*ᵉ... *en présence des mêmes témoins*) cejourd'hui... mil huit cent...

(a) Quand le Notaire a procédé seul par suite de commission de justice aux termes de l'art. 977 du C. de proc. civ., on ne parle dans la mention ni de second Notaire ni de témoins.

ANTÉRIORITÉ [102] PURE ET SIMPLE D'HYPOTHÈQUE.

1° *Par une femme mariée sous le régime de la communauté ;*
2° *Par un créancier ordinaire.*

V. *infrà*, cession d'antériorité et obligation.

___

1° ANTÉRIORITÉ [102] PURE ET SIMPLE D'HYPOTHÈQUE.

PAR UNE FEMME MARIÉE SOUS LE RÉGIME DE LA COMMUNAUTÉ.

1 Par-devant M⁰ Julien [1] Jolbois (*id.*) et son collègue (*id.*), Notaires [2] à... [1] département de..., sous-signés [15]. — V. *suprà* la note *a* au bas de la p. 3.

2 Est comparu :

3 Mad. Sémiramis [5] Fautour (*id.*), épouse dûment assistée et autorisée [68] de M. Tertulien [5] Courtiche (*id.*), entrepreneur d'accélérés (*id.*), avec lequel elle demeure à... (*id.*).

4 Laquelle, après avoir pris communication [21] et entendu la lecture [16] à elle faite par M⁰ Jolbois Notaire soussigné en présence de son confrère, de la minute [59] (ou : *de l'expédition* [64] *en forme*) d'un contrat passé devant lui et son confrère le... dûment enregistré [42], contenant obligation [107] par M. Courtiche, son mari, au profit de M. Mathurin Letourneux, marchand de fers, demeurant à..., de l somme de *dix-huit mille francs*, produisant intérêts à cinq pour cent par an et remboursable dans le cour de six années par paiements de trois mille frans chaque ; ledit acte contenant en outre promesse de la part dudit sieur Courtiche de rapporter, à ses frais, audit sieur Letourneux, s'il l'exige, expédition [64 en forme d'un acte authentique et notarié par lequel la comparante, sa femme, consentira en faveur du sieur Letourneux, que l'inscription par lui formée au bureau des hypothèques de... pour raison du prin-cipal et des accessoires de la créance de dix-huit mille francs résultant de ladite obligation, passe avant l'hypothèque légale que ladite dame a sur les biens de son mari affectés à la sûreté de cette obligation

5 A, par ces présentes, déclaré consentir au profit de M. Letourneux, à l'antériorité (*a*) d'hypothèque qu'il s'est réservé d'exiger aux termes de ladite obligation ; en conséquence, elle consent que l'hypothèque [30] résultant de cette même obligation, au profit dudit sieur Letourneux, ainsi que l'inscription [85] qu'il a prise pour sa conservation au bureau des hypothèques d..., le..., vol... n°..., vienne en ordre avant l'hypothèque légale [30] de la comparante sur tous les biens que son mari a affectés à la garantie du principal et des accessoires de la susdite obligation.

6 A ces présentes est intervenu M. Letourneux, ci-devant dénommé et qualifié avec indication de do-micile.

7 Lequel a déclaré qu'il acceptait formellement l'antériorité d'hypothèque qui vient de lui être consentie par la dame Courtiche avec l'autorisation de son mari ; au moyen de quoi cette dernière doit être consi-dérée, relativement à cette antériorité, comme irrévocablement engagée envers ledit sieur Letourneux par ces présentes. — (V *suprà* la note *a* au bas de la p. 22).

8 Pour faire mentionner et inscrire ces présentes partout où besoin sera, tout pouvoir est donné au porteur d'une expédition ou extrait des présentes.

9 Le coût [5] des présentes sera à la charge des époux Courtiche.

10 Dont acte, fait et passé à... [12] en l'étude (*id.*), l'an mil huit cent... [15], le... (*id.*), et tous les com-parants ont signé [15] avec les Notaires, après lecture [16]. — (V. *suprà* la note *m* au bas de la p. 7.

11 V. *Enregistrement*,   notes 56 et 18.

12 *Décime par franc ou Subvention*,   19.

13 Et, au besoin, la table alphabétique du Commentaire.

___

(a) Ce que nous avons dit *suprà*, note *a*, p. 65, s'applique à l'*antériorité* consentie par une femme dans son hypothèque légale.

2o ANTÉRIORITÉ [102] PURE ET SIMPLE D'HYPOTHÈQUE

PAR UN CRÉANCIER ORDINAIRE.

1. Par-devant Me Célestin [1] DAMBERS (*id.*) et son collègue (*id.*), Notaires [2] à... [1]; département de...,
soussignés [15]. — (V. *supra* la note *a* au bas de la p. 3).

2. Est comparu :

3. M. Napoléon [5] LANDEAU, (*id.*), homme de lettres (*id.*), demeurant à... (*id.*).

4. Lequel a exposé ce qui suit :

5. Par acte passé devant Me DAMBERS, susnommé, qui en a minute [59] et son collègue, Notaires à..., le vingt
mai mil huit cent quarante-deux, dûment enregistré [42], M. Jacques LEPAUTRE, charpentier, et la dame Cécile
MARTINEAU, son épouse, demeurant à,.., se sont reconnus débiteurs solidaires [106] envers le comparant
d'une somme de six mille francs produisant intérêts [49], et garantie par hypothèque [30] sur divers
biens y désignés.

6. Par cet acte les débiteurs ont déclaré que les biens qu'ils hypothéquaient n'étaient grevés d'hypothèque
que pour une somme de cinq mille francs envers M. Chrétien BAULION, régisseur, demeurant à..., suivant une obligation passée devant ledit Me DAMBERS, le dix dudit mois de mai, aussi enregistrée [42].

7. M. BAULION s'étant fait délivrer par le conservateur un état d'inscriptions pour connaître la situation
hypothécaire des biens affectés à la sûreté de sa créance, a remarqué que son inscription était postérieure
en date à celle de M. LANDEAU, comparant.

8. Ledit sieur BAULION ayant fait part de cet état de choses à M. LANDEAU, celui-ci a immédiatement
consenti à changer son rang actuel d'hypothèque, ne voulant pas profiter du retard qui a été apporté à
prendre l'inscription de M. BAULION, ni tirer avantage d'un fait qui augmente ses sûretés au préjudice
d'autrui.

9. En conséquence, M. LANDEAU a, par ces présentes, déclaré consentir que l'inscription prise au profit
de M. BAULION, sus-nommé, au bureau des hypothèques de..., le vingt-cinq mai mil huit cent quarante-
deux, vol. 575 no 50, pour sûreté du principal et des accessoires de l'obligation de cinq mille francs
sus-énoncée, vienne en ordre d'hypothèque avant celle prise par lui sieur LANDEAU, au même bureau
d'hypothèques le vingt-quatre dudit mois de mai, vol. 575 no 44, à l'effet de quoi il consent purement et
simplement au profit de M. BAULION toute antériorité d'hypothèque à raison de sa susdite créance.

10. A ces présentes est intervenu M. BAULION, sus-nommé et qualifié.

11. Lequel, afin de rendre irrévocable le consentement qui précède, a déclaré qu'il acceptait formellement
l'antériorité d'hypothèque qui vient de lui être consentie par M. LANDEAU (*V.* supra *la note* a *au bas de*
la page 22).

12. Il est bien entendu entre les parties qu'il n'est pas autrement dérogé ni innové aux droits [27] et actions [28] qui résultent de leurs titres de créances contre les sieur et dame Lepautre, leurs débiteurs communs.

13. Pour faire mentionner et inscrire [83] ces présentes au bureau des hypothèques et partout où besoin
sera, tout pouvoir est donné au porteur d'une expédition ou extrait des présentes.

14. Tous les frais [5] que ces présentes occasionneront en déboursés et honoraires, y compris une expédition pour M. LANDEAU, seront supportés par M. BAULION.

15. Dont acte, fait et passé à... [12], en l'étude (*id.*), l'an mil huit cent quarante-deux [13] le dix-sept
juin (*id.*), et les comparants ont signé [15] avec les Notaires, après lecture [16]. — (*V.* supra *la note* m *au*
bas de la page 7).

16. V. *Enregistrement*, notes 56 et 18.

17. *Décime par franc ou Subvention*, 19.—*Rép.* 17.

18. Et, au besoin, la table alphabétique du Commentaire.

ANTICHRÈSE [180] OU NANTISSEMENT D'UNE CHOSE IMMOBILIÈRE.

Par-devant M⁰ Didier [1] Coulbois (*id.*) et son collègue (*id.*), Notaires [2] à... [t], département de...
soussignés [15]. — (*V. suprà la note a au bas de la page* 3).

Sont comparus :

M. Jean-Jacques [5] Paillet (*id.*), propriétaire (*id.*), demeurant à... (*id.*).

Et le sieur Benoît [5] Foin (*id.*), cultivateur et ancien fermier (*id.*), demeurant à... (*id.*).

Lesquels ont exposé ce qui suit :

Par acte passé devant M⁰ Coulbois, Notaire soussigné qui en a la minute [59] et son collègue,
premier avril mil huit cent trente-deux, dûment enregistré [42], M. Paillet a fait bail [105] au sieur Foi
pour neuf années ou récoltes qui ont commencé, pour les terres en jachères par les labours et semaillé
en blé de mil huit cent trente-deux pour ne récolter que l'année suivante, pour les prés et prairie
artificielles le jour du bail pour les récolter en ladite année, de sa ferme des Coffignons, située sur l
territoire de Saint-Cyr, moyennant la somme de deux mille quatre cents francs de fermage [105] annu
stipulée payable le onze novembre de chaque année, première année étant échue le onze novembre ma
huit cent trente-trois.

Ledit bail étant expiré après la récolte de mil huit cent quarante pour les prés et prairies artificielles
après la récolte de mil huit cent quarante-un pour les terres labourables, le paiement de la dernière anne
de fermage aurait dû être effectué le onze novembre mil huit cent quarante et un.

Mais par une des clauses du bail le fermier ayant été chargé de tous les cas fortuits ordinaires et extra
ordinaires, prévus ou imprévus, et la récolte des prés ayant été endommagée en mil huit cent quaran
par une inondation et la récolte en blé de mil huit cent quarante et un ayant été endommagée par la grêl
ces deux évènements ont mis le sieur Foin dans l'impossibilité de payer intégralement la dernière anne
de son fermage.

Par suite du compte établi entre les parties au sujet de ladite année de fermage, le sieur Foin se trouv
reliquataire envers M. Paillet de quinze cent cinquante francs, pour raison de laquelle somme l'arrango
ment suivant a eu lieu entr'eux :

1° Pour parvenir à se libérer de cette somme le sieur Foin remet et abandonne, par ces présentes,
titre d'antichrèse, au sieur Paillet, qui l'accepte, la jouissance d'un petit labourage situé à..., et consis
tant en (*désigner ici les biens et se conformer, pour la manière de désigner, à la formule p. 42 alin 8 et suiv.
lequel labourage est loué verbalement à l'année moyennant deux cent cinquante francs par an et sans sol
darité aux sieurs*) *désigner ici les noms, prénoms et demeures des fermiers et la quotité du fermage de chacun*

2° M. Paillet pourra, en conséquence, toucher les fermages et revenus dudit labourage sur se
simples quittances des mains des fermiers et autres redevables, à compter d'aujourd'hui, pour avoir dro
à l'année entière de fermage qui doit échoir le onze novembre prochain ; à l'effet de quoi le sieur Foi
se dessaisit par ces présentes, en faveur de M. Paillet, de la jouissance desdits biens, l'en mettant de
à-présent en possession [22].

3° Si les baux verbaux et à l'année, viennent à cesser pour tout ou partie des biens loués, M. Paillé
aura le droit d'affermer lesdits biens à d'autres, aux mêmes prix, charges et conditions, ou plus avanta
geusement. S'il ne trouve point à affermer, il demeure autorisé à jouir par lui-même des biens non lou
au prix actuel.

4° M. Paillet pourra toucher les fermages sur ses simples quittances des mains de tous fermiers et autre
redevables en acquittement [167] d'abord des contributions [58], coût des présentes [5] et autres charge
annuelles des immeubles remis en antichrèse et ensuite de la somme de quinze cent cinquante francs d
principal qui lui est due par ces présentes, en faisant lesquels paiements lesdits fermiers ou tous autre
étant en leur lieu et place seront valablement libérés envers le sieur Foin.

5° L'antichrèse ne cessera que lors de l'entier acquittement de la somme principale due à M. Paillé
et des avances qu'il est, par ces présentes, autorisé à faire ; à cet effet des états de situation, signés d
M. Paillet, devront être remis par lui, sans frais, au sieur Foin à toute réquisition.

15 6° Les conventions qui précèdent ne pourront nuire à l'action [27] résultant au profit de M. Paillet de l'hypothèque qui lui a été conférée par son bail.

16 7° Pour faire notifier [122] ces présentes à qui besoin sera, tout pouvoir est donné au porteur d'une expédition [64[ou extrait (*id.*) des présentes.

17 8° Tous les déboursés et honoraires [5] des présentes, ceux d'une expédition et de notification seront supportés par le sieur Foin, mais avancés par M. Paillet.

18 9° Pour l'exécution des présentes, les parties font élection de domicile [11] en leurs demeures actuelles ci-dessus indiquées.

19 Dont acte, fait et passé à... [12], en l'étude (*id.*), l'an mil huit cent quarante-deux [13] le dix-sept juin (*id.*), et les parties ont signé [15] avec les Notaires, après lecture [16]. (V. *sup.* la note *m* au bas de la page 7).

20 **V.** *Enregistrement*,   notes 90, 117 et 18. (*a*)

21   *Décime par franc* ou *Subvention*, 19. — *Répertoire*, 17.

22   Et, au besoin, la table alphabétique du Commentaire.

APPEL [186] D'UN JUGEMENT RENDU EN PREMIER RESSORT.

Appel (Exploit d').

1 L'an mil huit cent quarante-deux, le douze juillet [20 n° 38].

2 A la requête du sieur Justin MARBOUT [20, n° 85], ancien marchand épicier (*id.*), demeurant à Bazarnes (*id.*), pour lequel domicile est élu [20, n° 100] en l'étude de Mᵉ MARTIN, avoué près le Tribunal civil de première instance séant à..., lequel occupera (*id.* n° 87) pour le requérant sur l'appel et assignation ci-après :

3 J'ai, Pierre TÉNÉBREUX [20, n° 28], huissier près le Tribunal civil de première instance de..., y demeurant rue de... n°..., patenté [20, n° 115] à la mairie de ladite ville, à la date du treize janvier dernier, troisième classe, n° 21 ; soussigné,

4 Signifié et déclaré au sieur Potentien CRAPINET [20, n° 28], cultivateur [*id.* n° 122], demeurant [*id.* n° 120 *bis*] à..., en son domicile [*id.* n° 129] distant de ma demeure de deux myriamètres [91], auquel lieu étant et parlant [*id.* n° 161] à une fille à son service [*id.* n°ˢ 171 et suiv.] ainsi déclarée :

5 Que le requérant est *appelant* comme de fait il déclare formellement interjeter *appel* d'un jugement rendu contradictoirement (*b*) par le juge de paix du canton de... le..., dûment enregistré et signifié, à ce qu'il n'en ignore.

6 Et à mêmes requête, demeure et élection de domicile que ci-dessus, j'ai, huissier susdit et soussigné, donné assignation [20, n° 28] audit sieur CRAPINET, en parlant comme ci-dessus.

7 A comparaître à huitaine franche [*id.* n° 212] délai de la loi [*id.* n° 220], à l'audience et pardevant Mᵐˢ les Président et Juges (*c*) composant le Tribunal civil de première instance de... à l'heure de onze du matin [*id.* n° 210].

(*a*) Le droit d'enregistrement de libération ne doit point être perçu sur toutes les années de fermage du bail, on ne le peut que quand la libération résulte d'une stipulation expresse ; or, dans l'espèce l'acte étant muet sur le paiement des années antérieures, ce ne serait que par voie de conséquence qu'on percevrait le droit et aucune loi n'y autorise. Mais le droit nous semble dû sur la dernière année, moins les 1550 de reliquat qui sont sujets au droit proportionnel.— V. la note 117, v° *Intérêts*.

(*b*) 1° Quand le jugement est par défaut, non susceptible d'opposition, on met après le mot appel : *d'un jugement par défaut rendu contre le requérant par le Tribunal de...*

2° S'il y a eu jugement qui déboute de l'opposition formée à un premier jugement par défaut, on met : *d'un jugement par défaut rendu contre le requérant, ainsi que d'un second jugement également par défaut* (ou : *contradictoirement rendu entre les parties*), *lequel déboute ledit requérant de l'opposition par lui formée, à celui-ci : lesdits jugements rendus par....*

(*c*) Quand il s'agit d'un appel devant la Cour royale, on met : *pardevant Mᵐˢ les premier Président, Présidents et Conseillers composant la Cour royale de...*

11

8 Pour , — attendu que le requérant est en possession [22] non-seulement depuis plus d'an et jour , mais encore depuis plus de trente ans, d'une fenêtre donnant des vues droites [55] sur un jardin situé à... appartenant à l'intimé.

9 Attendu que par le jugement précité le requérant a été condamné à boucher et supprimer cette fenêtre.

10 Voir dire qu'il a été mal jugé , bien appelé dudit jugement ; ce faisant, que ledit jugement sera mis au néant.

11 Emendant et faisant droit au principal, voir ordonner que la fenêtre dont il s'agit restera dans son état actuel, que le sieur Crapinet ne pourra désormais troubler le requérant dans la jouissance que celui-ci a tant par lui que par ses auteurs de ladite fenêtre, et que pour l'avoir fait il sera condamné à payer audit requérant la somme de deux cents francs à laquelle celui-ci a conclu en première instance , aux intérêts de cette somme et aux dépens des causes principale et d'appel.

12 Et je lui ai , à domicile étant et parlant comme est dit ci-dessus, laissé copie du présent dont le coût est de...

13 Original (V. sup. p. 72, a, b, c, d). *(Signature de l'huissier)*.

V. *Enregistrement*. Note 18, n⁰ˢ 872, 936, 937 , — note 181, — note 19.

APPRENTISSAGE [182] (contrat d').

Apprentissage (Contrat d').

1 Pardevant Mᵉ Achille [1] Lorient (*id.*) et son collègue (*id.*), Notaires [2] à la Chapelle-Saint-Clément [1], département de... soussignés [15]. — (V. *sup.* la note *a* au bas de la page 5).

2 Sont comparus :

3 M. Daniel [3] Perche (*id.*), charron-forgeron (*id.*), demeurant à... (*id.*), où il est patenté [45] pour la présente année à la date du... dernier , 5ᵉ classe nᵒ.... d'une part ;

4 Et M. Joachim [3] Merlin (*id.*), tourneur en bois (*id.*), demeurant à... (*id.*).

5 Stipulant [52] pour Adrien (3) Merlin (*id.*), son fils, à ce présent , âgé de dix-huit ans, par lequel il s'engage à tenir les engagements qu'il va ci-après prendre pour lui sous peine de tous dépens [120], dommages et intérêts [159] (*a*), d'autre part.

6 Lesquels ont fait entr'eux le traité suivant :

7 Art. 1ᵉʳ. M. Merlin met son fils en apprentissage chez M. Perche pour trois années entières et consécutives qui ont commencé à courir d'aujourd'hui.

8 Art. 2. M. Perche consent à prendre M. Merlin fils pour son apprenti pendant le temps ci-dessus déterminé et promet de lui enseigner son métier de charron-forgeron dans toute son étendue sans lui en rien cacher.

9 Art. 3. M. Perche s'engage en outre à nourrir , loger , chauffer et éclairer son apprenti comme un des siens , à le traiter humainement, enfin à avoir pour lui les égards que toute personne doit à quelqu'un de son rang.

10 Art. 4. M. Merlin fils promet d'apprendre de son mieux tout ce qui lui sera montré et enseigné par M. Perche ; de lui obéir en tout ce qu'il lui commandera de licite et d'honnête ; de travailler pour le profit dudit sieur Perche ; d'éviter de lui faire aucun dommage ; enfin de ne point s'absenter ni aller travailler ou demeurer ailleurs pendant toute la durée de l'apprentissage.

(*a*) *Lorsque celui qui stipule pour l'apprenti est un tuteur , on met :*

Stipulant comme tuteur du mineur (*nom et prénoms*), nommé à cette charge qu'il a acceptée aux termes d'une délibération du conseil de famille dudit mineur tenu sous la présidence de M. le juge de paix du canton de..., suivant son procès-verbal en date du... dûment enregistré. — (*Si le tuteur s'est fait autoriser par le conseil de famille à traiter pour le mineur , on ajoute :*) et en outre comme ayant été autorisé à l'effet des présentes par le susdit conseil de famille suivant une autre délibération prise devant le même juge de paix par procès-verbal du... aussi enregistré et dont une expédition est demeurée ci-annexée après avoir été fait dessus mention de cette annexe par les Notaires soussignés.

11 ART. 5. Si, pendant le temps fixé pour la durée de l'apprentissage, le sieur MERLIN fils vient à tomber malade, il sera tenu à l'expiration des trois ans d'apprentissage de donner à son maître autant de journées en sus qu'il en aura perdues. — Il en sera de même au cas d'absence obligée de l'apprenti pour affaire de famille ou toute autre cause plausible, mais alors il devra demander à son maître un congé par écrit qui ne lui sera point accordé pour plus de trois jours.

12 ART. 6. En cas d'absence du fils MERLIN, non autorisé par son maître, M. MERLIN père devra faire toutes les diligences nécessaires pour le trouver et le ramener à l'atelier afin d'y continuer et achever son temps : faute de quoi, le traité pourra être considéré comme résilié, si bon semble à M. PERCHE.

13 ART. 7. Au cas de résiliation du présent traité pour cause d'absence non autorisée, les dommages-intérêts à raison de l'inexécution sont et demeurent fixés à la somme de trois cents francs qui sera définitivement acquise à M. PERCHE immédiatement après une mise en demeure restée infructueuse. Cette somme pourra être exigée par lui aussitôt après l'expiration du délai accordé en la sommation pour la réintégration par l'apprenti du domicile du maître, et ce, indépendamment de celle ci-après fixée pour prix du présent traité.

14 ART. 8. Dans le cas où l'apprenti viendrait à quitter son maître, comme forcé et contraint par ce dernier, M. PERCHE par forme de dommages-intérêts perdra ses droits à la somme ci-après fixée pour prix du présent traité. Il ne sera passible d'aucuns autres dommages-intérêts.

15 ART. 9. Ce n'est qu'après avoir satisfait soit en nature soit en argent aux engagements résultant des présentes, que le sieur MERLIN fils pourra exiger un congé d'acquit de son maître. C'est pourquoi M. PERCHE fait, audit cas, réserve de tous ses droits et actions tant contre ledit sieur MERLIN fils et son père que contre tout maître qui recevrait l'apprenti sans être muni dudit congé d'acquit.

16 ART. 10. Pour tout ce qui n'est pas prévu au présent traité, les parties se soumettent aux dispositions de la loi du vingt-deux germinal an onze.

17 ART. 11. Le présent traité est consenti moyennant la somme de cinq cents francs que M. MERLIN père promet et s'oblige de payer à M. Perche en la demeure de ce dernier immédiatement après l'expiration des trois années d'apprentissage et l'acquittement des journées de temps perdu, sans intérêts.

18 ART. 12. Pour l'exécution des présentes domicile est élu [11] par les parties en leurs demeures actuelles sus-indiquées.

19 Dont acte, fait et passé à la Chapelle-Saint-Clément [12], en l'étude (id.), l'an mil huit cent quarante-deux [13], le quinze juillet (id.), et les parties ont signé [15] avec les Notaires, après lecture [16]. — V. sup. la note m au bas de la page 7.

V. *Répertoire,* note 17
Enregistrement, notes 99, 117, 18 et 19.
La formule de congé d'acquit.
Et, au besoin, la table alphabétique du Commentaire.

ARBITRAGE [183].

1 L'an mil huit cent quarante-deux le seize juillet à neuf heures du matin.

2 Devant nous Jean-Baptiste ONIRÉ, ancien Notaire à... et Benjamin VAULISOT, jurisconsulte, demeurant tous deux à...

3 Se sont présentés en la demeure de Oniré, l'un de nous :

4 1° Nicolas RICHAUD, cultivateur, domicilié au hameau de Courtenay, canton du Val-Saint-Martin ;

5 2° Et Edme BICHAT, vigneron, domicilié au même lieu.

6 Lesquels nous ont dit :

7 Que par exploit de OURLY, huissier à..., en date du... dernier, dûment enregistré [42], le sieur Nicolas RICHAUD a cité Edme BICHAT à comparaître devant M. le juge de paix du canton du Val-St.-Martin,

le premier juillet présent mois, pour, attendu que ledit Bichat s'est tout récemment emparé d'une place située à Courtenay, tenant d'un long à la grange dudit Richaud, d'autre aux chenevières de plusieurs, d'un bout au verger dudit Bichat, d'autre bout à une cour commune entre lesdits sieurs Richaud et Bichat ; attendu que cette action est un trouble à la possession et jouissance que Richaud avait de ladite place depuis un grand nombre d'années, notamment depuis plus d'an et jour ; voir dire que ledit Richaud sera maintenu et gardé dans la possession de ladite place, que défense sera faite à Bichat de l'y troubler à l'avenir et que pour l'avoir fait il sera condamné à cent francs de dommages-intérêts et aux dépens.

8 Que le jour fixé pour la comparution ils se sont présentés l'un et l'autre à l'audience de la justice de paix du Val-Saint-Martin et nous ont nommés pour arbitres de leur différend, avec pouvoir de juger souverainement et sans appel et de choisir, en cas de discord, un tiers-arbitre qui jugerait aussi souverainement et sans appel (a), le tout ainsi qu'il résulte de leur compromis dont il leur a été donné acte par M. le juge de paix, suivant le procès-verbal qu'il a dressé assisté de son greffier, ledit jour premier juillet présent mois, enregistré et dont une expédition nous est représentée.

9 Les deux parties étant en notre présence et demandant jugement, nous nous sommes constitués en Tribunal arbitral et ensuite nous avons invité chacune d'elles à présenter ses moyens de défense, ce qu'elles ont fait ainsi qu'il suit :

10 CONCLUSIONS DE RICHAUD.

11 Richaud demandeur a dit :

12 Que par le contrat de l'acquisition qu'il a faite de Jean-Baptiste Amelin devant Me Guilbert, Notaire à Vermenton, le quinze janvier mil huit cent quinze, dûment enregistré [42], il a acheté dudit Amelin *une grange tenant d'un long aux chenevières de plusieurs*, ce qui lui donne droit à tout le terrain qui se trouve entre ladite *grange* et les *chenevières*.

13 Que depuis cette acquisition il a toujours joui paisiblement de la place en question, ainsi qu'il offre d'en justifier.

14 C'est pourquoi il conclut à l'adjudication des conclusions par lui prises en l'exploit introductif d'instance.

15 CONCLUSIONS DE BICHAT.

16 Ledit Bichat défendeur a dit :

17 Que Richaud n'avait point acquis d'Amelin la place en question. Qu'elle dépendait de la succession de Jacqueline Amelin, leur mère commune, décédée veuve en premières noces de Pierre Richaud, et en secondes de Jacques Bichat ; et qu'à ce titre il avait droit à ladite place pour moitié, laquelle moitié, par un accord verbal fait entre les parties, avait été fixée à la portion qui touche au verger dudit Bichat, lequel avait, sur cette portion, fait différents actes de jouissance qu'il offrait de prouver.

18 Qu'il n'avait point troublé ledit Richaud dans la jouissance de l'autre moitié de ladite place.

19 Et qu'il concluait à ce que ledit Richaud fût déclaré non recevable dans sa demande et condamné aux dépens.

20 Nous arbitres, considérant que les parties sont contraires en faits, les admettons à la preuve par elles offerte, dépens réservés, à cet effet remettons la séance au vingt-deux juillet, présent mois, neuf heures du matin, et avons signé.

21 V. la note 181. (*Signatures des deux arbitres*).

22 Et le dit jour vingt-deux juillet mil huit cent quarante-deux à neuf heures du matin, nous arbitres susdits et soussignés, en conséquence de notre jugement interlocutoire qui précède [42], avons admis les parties à administrer la preuve par elles offerte.

23 *Témoins entendus comme ayant été cités à la requête de Richaud.*

24 1o CORNEVIN Nicolas, cultivateur, demeurant à Courtenay, âgé de quarante-cinq ans, après avoir

---

(a) Ou bien : *à la charge de juger d'après les règles du droit et avec pouvoir, en cas de dissentiment, de choisir un tiers arbitre qui jugerait aussi d'après les règles du droit.*

...claré n'être ni parent, ni allié, ni serviteur ou domestique d'aucune des parties, et prêté serment de ...re la vérité, a fait la déposition suivante :

Il y a un peu plus d'un an j'ai vu Richaud déposer ses charrues sur la place qui d'un côté longe le ...gnon de sa grange et de l'autre côté longe les chenevières de plusieurs. — Il y a un peu moins d'un an ...i vu Richaud déposer sur cette même place ses voitures.

Interpellé par Bichat de déclarer dans quelle partie de la place ces objets avaient été déposés et l'é-...ndue de terrain qu'ils occupaient, le témoin a déclaré que c'était dans le devant, attenant la cour com-...une, ce qui laissait libre la partie du fond attenant le verger dudit Bichat, et que lesdits objets occupaient ...viron moitié de ladite place.

Lecture faite le témoin a requis taxe et signé. (*Signature*).

2º Sonnois Gabriel, vigneron, demeurant à Courtenay, âgé de quarante ans, après avoir déclaré ...être ni parent, ni allié, ni serviteur ou domestique d'aucune des parties et après avoir prêté serment de ...re la vérité, a fait la déposition suivante :

Depuis environ trois ans j'ai vu Richaud déposer constamment ses charrues, ses voitures et même les ...illes provenant de la récolte de ses héritages, sur la place qui se trouve entre le pignon de sa grange et ...s chenevières de plusieurs.

Requis par Bichat de déclarer dans quelle partie de la place les objets avaient été déposés et quelle ...endue de terrain ils occupaient, le témoin a déclaré qu'ils avaient été déposés dans le devant de la place ...tenant à la cour commune, et qu'ils n'occupaient pas tout le terrain, mais seulement la moitié environ du ...té de l'entrée par la cour commune.

Lecture faite, le témoin a requis taxe et signé. /*Signature*/.

3º Amelin Jean-Baptiste, laboureur, demeurant à Courtenay, ayant déclaré être parent des parties ... degré de cousin-germain, a été reproché par Bichat ; le fait de la parenté n'ayant été nullement ...ontesté par Richaud qui s'est contenté de demander l'audition du témoin à titre de renseignement seule-...ent, nous avons, d'un commun accord, refusé de l'entendre (*a*).

Témoins entendus comme ayant été cités à la requête de Bichat.

1º Perreau Cyprien, cultivateur, demeurant à Courtenay, âgé de trente-huit ans, après avoir déclaré ...être ni parent, ni allié, ni serviteur ou domestique d'aucune des parties et avoir prêté serment de dire ... vérité, a fait la déposition suivante :

Il y a environ cinq ans Bichat m'ayant vendu des bourrées, je me souviens qu'elles étaient déposées ... long du pignon de la grange de Richaud, située à Courtenay, attenant du verger de Bichat, et que c'est ...ur la place en litige que j'en ai pris livraison. Ces bourrées occupaient environ moitié de ladite place.

... Et après avoir demandé taxe, le témoin a signé, lecture faite. (*Signature*).

2º Lemoine Jérôme, charretier, demeurant à Courtenay, âgé de trente ans, après avoir déclaré n'être ... parent, ni allié, ni serviteur ou domestique d'aucune des parties et avoir prêté serment de dire la ...érité, a fait la déposition suivante :

... Il y a environ cinq ans j'ai, pour le compte de Cyprien Perreau, charrié des bourrées qui lui avaient ...té vendues par Edme Bichat. Je me rappelle que ces bourrées, quand je les ai chargées sur ma voiture, ...aient déposées sur une place située à Courtenay entre le mur pignon de la grange de Richaud et les

---

(*a*) Les enquêtes devant le juge de paix (C. proc. art. 34 et suiv.) ne sont pas soumises aux formalités prescrites pour ...s Tribunaux ordinaires par les art. 252 et suiv. du même Code. Si l'art. 284 prescrit l'audition d'un témoin reproché, ...est parce que le commissaire à l'enquête n'est pas le juge de la cause, et que l'art. 291 défendant de lire la déposition ...orsque les reproches sont admis, il en résulte que dans les causes soumises à son jugement, le juge de paix ne doit pas ...ntendre les témoins qu'il considère comme reprochables, sauf au Tribunal d'appel à ordonner l'audition des témoins, s'il ...uge les reproches mal fondés (Cass. 2 juillet 1855, Sir. 55, 1, 611).

chenevières de divers habitants du pays. Elles étaient au fond de la place et en occupaient environ moitié.

39 Et après avoir requis taxe, le témoin a signé, lecture faite.   *(Signature)*.

40 Les parties ayant déclaré n'avoir plus d'observations à faire ni de témoins à faire entendre, no nous sommes retirés, pour délibérer.

41 Les questions à résoudre étant celles-ci :

42 1° RICHAUD est-il en possession paisible depuis plus d'an et jour de la place en question ?

43 2° BICHAT doit-il être condamné en cent francs de dommages-intérêts envers RICHAUD?

44 3° Qui doit supporter les dépens ?

45 Parties ouïes dans leurs moyens de défense et examen fait de l'enquête, nous arbitres avons délibé et statué ainsi qu'il suit :

46 SUR LA PREMIÈRE QUESTION. — *Considérant* que RICHAUD ne justifie point d'une possession [22] excl sive de toute la place qui fait l'objet du litige. Que ses faits de possession ne portent que sur la moitié ladite place joignant la cour commune, et que BICHAT, au contraire, prouve qu'il y a environ cinq ans a fait sur l'autre moitié de ladite place un acte de possession qui n'est contrarié par aucun fait de joui sance de la part de RICHAUD.

47 *Considérant* en *droit* que c'est à celui qui forme une action en complainte à établir d'abord sa possessic et ensuite les faits qui constituent le trouble apporté à cette possession. Que dans l'espèce, ce n'est poi RICHAUD qui justifie de sa possession, mais BICHAT, lequel n'ayant rien à prouver, établit néanmoins qu a seul joui de la moitié de la place en question qui lui est contigue ; l'autre moitié de ladite place n'étai point contestée à Richaud qui d'ailleurs n'a éprouvé aucun trouble sur cette partie.

48 *Considérant* en outre que le titre du quinze janvier mil huit cent quinze dont argue Richaud, en sup posant qu'il lui attribue tout le terrain en litige, ne peut être opposé quand il s'agit d'une action posses soire, qu'on ne doit y avoir égard que quand il vient à l'appui des faits de possession, mais que telle n'es point la position de Richaud qui ne peut se prévaloir de ce titre comme attributif de propriété que pa suite d'une demande au pétitoire.

49 Par ces motifs déclarons RICHAUD non recevable dans sa demande.

50 SUR LA SECONDE QUESTION. — *Considérant* que la solution de la première question emporte solutio de la seconde, déclarons aussi RICHAUD non recevable dans sa demande en cent francs de dommages-in térêts, attendu qu'il n'en a éprouvé aucun.

51 SUR LA TROISIÈME QUESTION. — *Considérant* que BICHAT ne succombe sur aucun chef, le renvoyons de la demande formée contre lui et condamnons Richaud en tous les dépens que nous avons liquidés à la somme de trente francs vingt-cinq centimes non compris le coût, enregistrement et signification de la présente sentence, son dépôt au greffe et le coût de l'ordonnance d'exéquatur, ni nos honoraires comme arbitres.

52 Ainsi jugé et prononcé en présence des parties les jour, heures, mois et an susdits.

53   *(Signatures des arbitres)*.

54   V. *Enregistrement.*   note 18, n°s 133 et 1002.— Note 181.

ARPENTAGE ET BORNAGE [123] (PROCÈS-VERBAL D')

1 L'an mil huit cent quarante-deux [13], le vingt-trois juillet (*id.*), à neuf heures du matin.

2 Par-devant Me Adrien [1] HERCULUS (*id.*) et son collègue (*id.*), Notaires [2] à Saint-Benoît [1], dépar tement de..., soussignés [15] et en l'étude [12] dudit Me HERCULUS l'un d'eux. — (V. *sup.* la note *a* au bas de la page 3).

3   Sont comparus :

4 Le sieur Blaise [3] LERAT (*id.*), propriétaire (*id.*), demeurant à St.-Benoît (*id.*),   d'une part ;

5 Et le sieur Gilles [3] BONHOMME (*id.*), cultivateur (*id.*), demeurant au même lieu (*id.*),   d'autre part.

Lesquels ont dit :

Qu'ils sont propriétaires de deux pièces de terre labourable contiguës, situées sur le finage de Saint-Benoît, lieu dit les Fortes-Terres, l'une appartenant au sieur Lerat aux termes d'un acte de partage passé devant Me..., qui en a gardé minute [59] et son collègue, Notaires à..., le... dûment enregistré [42], t l'autre appartenant au sieur Bonhomme, suivant un contrat d'échange passé en minute devant le même Notaire le... aussi enregistré.

Que le sieur Lerat prétend que la contenance de sa pièce doit être de deux hectares quatre ares vingt-huit centiares; le sieur Bonhomme, de son côté, prétendant que la contenance de la sienne est de quatre hectares huit ares cinquante-six centiares.

Que, pour être invariablement fixés l'un et l'autre sur la contenance de leurs héritages respectifs et prévenir toute contestation entre eux pour l'avenir, ils avaient l'intention de faire procéder à l'amiable à l'arpentage et au bornage de ces deux héritages, à l'effet de quoi ils avaient, d'un commun accord, fait choix de M. Joseph Italiani, arpenteur-géomètre, demeurant à Saint-Benoît, lequel opérerait devant es parties et le résultat de son opération serait consigné au présent procès-verbal.

o Et qu'ils requéraient, en conséquence, les Notaires soussignés de se transporter sur lesdits héritages ant pour assister à l'opération de l'arpenteur que pour donner acte aux parties de l'approbation qu'elles voulaient y donner.

1 Obtempérant à ce réquisitoire, les Notaires se sont immédiatement transportés avec les parties et l'arpenteur sur les deux héritages dont il s'agit, où étant il a été d'abord reconnu par les parties :

2 Que la pièce du sieur Lerat tenait d'un long du midi à un fossé mitoyen [41] entre lui et le sieur Abraham Millot, d'autre long à la pièce du sieur Bonhomme, d'un bout à un chemin, d'autre à la route royale.

3 Que la pièce du sieur Bonhomme tenait [141] d'un long du nord à un sentier, d'autre à la pièce du sieur Lerat, d'un bout au chemin, d'autre bout à la route royale.

4 Ensuite le sieur Italiani a, en présence des parties, procédé à l'arpentage des deux pièces en question. Le résultat de son opération a été que lesdites pièces contenaient en totalité six hectares, d'où il résulte un déficit de douze ares quatre-vingt-quatre centiares, eu égard à la contenance réclamée par les parties.

5 Au vu de cette opération, les parties pouvaient respectivement prétendre, par application de leurs titres, à toute la contenance qui y est mentionnée en faisant prévaloir l'ancienneté d'un titre sur l'autre, mais chacune d'elles ayant renoncé [62] à son droit à cet égard, le déficit de contenance ci-dessus indiqué a été réparti sur les deux pièces proportionnellement à la mesure de chacune d'elles portée aux titres, ce qui donne à la pièce du sieur Lerat quatre ares vingt-huit centiares de moins et à celle du sieur Bonhomme huit ares cinquante-six centiares aussi de moins.

6 En conséquence, la pièce du sieur Lerat ne doit avoir que deux hectares et celle du sieur Bonhomme que quatre hectares.

7 Par suite de cette réduction, il a été, du consentement des parties, posé, par le sieur Italiani, une borne à chaque bout des deux héritages. Les deux bornes ont été plantées à cent cinquante mètres [91] du milieu du fossé mitoyen entre le sieur Lerat et le sieur Millot et à trois cents mètres du milieu du sentier qui longe la pièce du sieur Bonhomme.

8 Il résulte de cette double opération d'arpentage et bornage que le sieur Lerat doit délaisser au sieur Bonhomme, trois ares de terrain dont celui-ci s'est immédiatement mis en possession.

9 Au moyen des présentes, les parties s'engagent à suivre les limites ci-dessus indiquées et renoncent à en former d'autres, chacune d'elles considérant l'opération qui précède comme régulière.

10 Il a été vaqué à ce que dessus depuis ladite heure de neuf du matin jusqu'à celle de six du soir par double vacation [8].

11 Les déboursés [5] et honoraires (id.) des présentes et le coût d'une expédition [64] requise par chacune des parties, seront à frais communs entre elles.

12 De tout ce que dessus il a été dressé le présent procès-verbal les jour, lieu, heures, mois et an susdits

[15] et les parties ont signé [15] avec M. Italiani et les Notaires, après lecture [16]. — (V. *suprà* la note *m* au bas de la page 7).

₂₃   V. *Répertoire*   note 17.

₂₄   *Enregistrement*   99, 18 et 19.

₂₅   Et, au besoin, la table alphabétique du Commentaire.

Arrêté de compte.   ## ARRÊTÉ DE COMPTE [184].

1   Par-devant Me Julien [1] LHERMINIER (*id.*) et son collègue (*id.*), Notaires [2] au Val-du-Puits [1], département de... soussignés [15]. — (V. *suprà* la note *a* au bas de la page 5).

2   Sont comparus :

3   M. Léon [3] MALVIN (*id.*), ancien armateur (*id.*), demeurant au Val-du-Puits (*id.*),   d'une part ;

4   Et M. Athanase [3] THÉNARD (*id.*), propriétaire et maire (*id.*), demeurant au même lieu (*id.*),

                                         d'autre part.

5   Lesquels ont exposé ce qui suit :

6   M. MALVIN, en abandonnant le Val-du-Puits, il y a un grand nombre d'années, pour se livrer à des opérations commerciales de diverses natures avec les pays d'outre-mer, a confié à M. THÉNARD l'administration de ses biens et affaires pendant son absence.

7   De retour dans ses foyers, M. MALVIN a prié M. THÉNARD de lui rendre compte de sa gestion [184].

8   Par acte sous signature-privée en date au Val-du-Puits du treize février dernier, enregistré [18 et 42] audit lieu le quinze du même mois f°... recto, case... par M... qui a reçu... pour les droits, M. THÉNARD a établi le compte de son administration qu'il a ensuite présenté à M. MALVIN avec les pièces à l'appui.

9   M. MALVIN ayant examiné ledit compte dans tous ses détails, et après avoir comparé les pièces justificatives qui lui ont été remises avec les articles qui y sont employés, a reconnu que le tout était régulier.

10   C'est pour arrêter et apurer ledit compte que les parties comparaissent devant les Notaires soussignés.

11   En conséquence, elles ont fixé la recette dudit compte à la somme de vingt-quatre mille deux cent trente-cinq francs cinquante-cinq centimes, ci 24,235   55

12   Et la dépense à vingt-trois mille huit cent quarante-neuf francs quinze centimes, ci .   23,849   15

13   D'où il résulte que la recette excède la dépense de trois cent quatre-vingt-six francs quarante centimes, ci 386   40

14   Laquelle somme M. THÉNARD a payée comptant à M. MALVIN qui le reconnaît.

15   Au moyen du paiement du reliquat dudit compte, M. MALVIN tient quitte et décharge M. THÉNARD de toutes choses relatives à la gestion [184] de ses biens et affaires, et lui témoigne toute sa satisfaction au sujet de son administration (*id.*), qui a été bonne et consciencieuse.

16   Et à la réquisition des parties le compte dont il s'agit, écrit sur douze feuilles de papier marqué du timbre de soixante-dix centimes, sans blanc [55], lacune (*id.*), interligne [56] ni surcharge (*id.*), mais avec six renvois [57] et douze mots rayés comme nuls [56], après avoir été paraphé [57] au bas de chaque recto et au-dessous de chaque renvoi et signé [15] à la fin par les deux comparants est demeuré annexé à ces présentes comme étant la base du présent arrêté de compte et pour y avoir recours au besoin, de laquelle annexe [58] mention a été faite sur ledit compte par les Notaires soussignés.

17   Les déboursés [5] et honoraires (*id.*) des présentes et le coût d'une expédition [64] qui comprendra le compte, seront à la charge de M. MALVIN.

18   Dont acte, fait et passé au Val-du-Puits [12] en l'étude (*id.*), l'an mil huit cent quarante-deux [45] le vingt-cinq juillet (*id.*) ; et les parties ont signé [15] avec les Notaires, après lecture [16]. — (V. *suprà* la note *m* au bas de la page 7).

19   V. *Répertoire*   note 17.

20   *Enregistrement*   56, 117, 18 et 19.

21   Les formules *d'annexes et de comptes*; et, au besoin, la table alphabétique du Commentaire.

ARTICLES DE MARIAGE [166].

Les soussignés,

1 M. Anastase DE PERCEVAL, maréchal-de-camp, demeurant à... rue... n°...   d'une part ;

2 Et Mlle Adolphine DE SALIGNY, fille majeure (ou : *mineure*), assistée de M. Israël DE SALIGNY, avocat, et de Mad. Adélaïde DE PERTUISOT, son épouse, ses père et mère, demeurant ensemble à..., rue..., n°..., stipulant tous deux au présent à cause de la dot qu'ils vont constituer à la demoiselle leur fille (au cas de minorité on ajoute : *et encore comme autorisant cette dernière à consentir toutes les conventions qui vont ci-après avoir lieu*).

3 Ont arrêté, ainsi qu'il suit, les articles du contrat de mariage projeté entre M. DE PERCEVAL et Mlle DE SALIGNY :

4 ART. 1er. *On ouvre autant d'articles qu'il y a de clauses projetées. On les rédige ordinairement très-succinctement, mais le mieux est de les rédiger telles qu'elles doivent être dans le contrat à l'exception de celles qu'on regarde ordinairement comme clauses de style. C'est un moyen d'éviter toute discussion et toute rupture au moment de la rédaction ou de la signature du contrat. —— Nous ne donnons point ici de formules d'articles, pour ne pas reproduire inutilement ce que nous dirons au mot* MARIAGE (Contrat de) *où l'on trouvera les clauses de toutes les conventions qui peuvent avoir lieu en faveur de mariage.*

5 Ces présentes seront réalisées par acte devant Notaire sur la demande de la partie la plus diligente (ou : *dans le délai de... à partir de ce jour*).

6 Fait double à... le...

NOTA. *On ne fait jamais enregistrer les articles de mariage, parce qu'un tel acte est sans force aux yeux de la loi tant qu'il n'est pas revêtu de la forme des actes notariés (C. civ. 1394). Cependant si un pareil acte était soumis à la formalité de l'enregistrement, il donnerait lieu aux mêmes droits que s'il était en bonne forme, sauf restitution si le mariage n'avait point lieu (V. note 18, n°^s 639 et suiv.)*

ASSIGNATION [20].

V. les formules d'*Ajournement* et d'*Appel*, et la note *a* au bas de la page **71**.

ASSOCIATION.

V. *Société* (Acte de)

ASSURANCE [155] A-PRIME CONTRE L'INCENDIE (POLICE OU CONTRAT D').

1 Par-devant Me Narcisse [1] LAUMONIER (*id.*) et son collègue (*id.*), Notaires [2] à Auxerre [1], département de l'Yonne, soussignés [13]. — (V. *suprà* la note *a* au bas de la page 3).

2 Sont comparus :

3 M. Achille [3] CAMPISTRON (*id.*), agent général (*id.*) de la compagnie royale d'assurances contre l'incendie, à la résidence (*id.*) d'Auxerre.

4 Agissant en vertu des pouvoirs qui lui ont été conférés par ladite compagnie suivant procuration [80] sous signature privée en date, à Paris, du trente décembre mil huit cent trente neuf et dont l'original enregistré [42] à Auxerre le deux janvier suivant f°... v° case 3, par M. Lecointe qui a reçu deux francs et vingt centimes pour dixième, est demeuré ci-annexé [33] après avoir été du mandataire certifié véritable (*id.*) et signé en présence des Notaires soussignés.

5 Ledit sieur CAMPISTRON audit nom...   d'une part ;

12

6 Et le sieur Bazile [3] RAFFRON (*id.*), propriétaire (*id.*), demeurant à Arbault, commune de Cravant (*id.*),

7 Agissant pour son compte personnel comme propriétaire.

d'autre part.

8 Lesquels ont fait le traité suivant :

9 Le sieur Raffron assure contre l'incendie à la *compagnie royale* pour le temps ci-après fixé, moyennant la prime de soixante-quinze centimes pour mille francs par année, la somme de dix-huit mille francs sur le mobilier de ménage existant ou devant exister au rez-de-chaussée et au premier étage de la maison qu'il habite, audit lieu rue Napoléon n° 13, construite en pierres et couverte en tuiles.

10 Cette somme est ainsi répartie :

11 Trois mille francs sur meubles, ustensiles de ménage et de cuisine, ci. 3,000

12 Quatre mille francs sur argenterie de table, ci 4,000

13 Quatre mille cinq cents francs sur pendules, glaces et ornements, ci. 4,500

14 Et six mille cinq cents francs sur linge, lits et effets d'habillement, ci. 6,500

15 Somme égale. 18,000

16 Déclare le sieur RAFFRON : 1° qu'il n'est exercé dans le bâtiment renfermant les objets assurés aucune profession dangereuse ;

17 2° Qu'il n'y existe aucune marchandise désignée comme hasardeuse par les tarifs de la compagnie, qui lui ont été donnés en communication ;

18 3° Et qu'attendu le taux de la prime il renonce, en faveur des actionnaires de la compagnie, à toute participation à leurs bénéfices, les subrogeant [114] en tant que de besoin et sans garantie à ses droits [27] et actions [28].

19 La présente assurance est consentie et acceptée de part et d'autre, sans participation aux bénéfices de la compagnie et sans aucune bonification d'année gratuite, pour dix années à partir d'aujourd'hui à midi, moyennant la prime dont est ci-dessus parlé, faisant treize francs cinquante centimes par an.

20 Ladite assurance est faite en outre sous les charges et conditions suivantes formant les conditions générales de toute assurance contractée par ladite compagnie :

21 CONDITIONS [155] GÉNÉRALES.

22 ART. 1er. La compagnie assure contre l'incendie et contre le feu du ciel et les dégâts qui en résultent, toutes les propriétés mobilières.

23 Elle assure aussi le risque locatif [105] et le recours du voisin (*id.*).

24 L'assurance du risque locatif garantit l'assuré des effets de la responsabilité à laquelle il est soumis comme locataire, aux termes des articles 1733 et 1734 du Code civil.

25 L'assurance du recours des voisins garantit l'assuré de toute action que ceux-ci pourraient exercer contre lui pour communication d'incendie, en vertu des articles 1382, 1383 et 1384 du Code civil.

26 La compagnie n'est responsable que des dommages matériels, et ne doit, soit au propriétaire, soit au locataire, soit au voisin, aucune indemnité pour changement d'alignement, défaut de location ou de jouissance, résiliation de baux, chômage, ou toute autre perte non matérielle.

27 ART. 2. La compagnie n'assure pas les dépôts, magasins ou fabriques de poudre à tirer, les titres de toute nature, les pierreries et perles fines, les bijoux, les lingots, les médailles et les monnaies d'or et d'argent.

28 Elle ne répond pas des incendies occasionnés par guerre, invasion, émeute populaire, force militaire quelconque, volcans et tremblements de terre.

29 En cas d'explosion ou de détonation autre que celle de la foudre, elle ne répond pas des dégâts qui en résultent ; elle garantit seulement les dommages d'incendie qui en sont la suite.

30 Elle ne répond en aucun cas des objets perdus ou volés.

31 Elle ne répond des tulles, des dentelles, des cachemires, de l'argenterie, des tableaux, des statues, et en général de tous les objets rares ou précieux, mobiliers et immobiliers, que lorsqu'ils sont spécialement désignés dans la police. Toutes les exceptions ci-dessus sont applicables également à l'assurance du risque locatif ou du recours du voisin.

32 ART. 3. L'assurance ne peut jamais être une cause de bénéfice pour l'assuré, elle ne lui garantit que

l'indemnité des pertes réelles qu'il a éprouvées. En conséquence, les sommes assurées, les primes perçues, les désignations et évaluations contenues dans la police, ne peuvent être invoquées ni opposées par l'assuré comme une reconnaissance, une preuve ou une présomption de l'existence et de la valeur des objets assurés soit au moment de l'assurance, soit au moment de l'incendie.

53 ART. 4. Lorsque l'assurance porte sur l'une des fabriques ou usines ci-après dénommées, sur leurs dépendances, sur leur contenu, la compagnie ne répond que des quatre cinquièmes de la somme assurée par elle, et l'assuré est tenu de rester son propre assureur pour l'autre cinquième.

54 En conséquence, la compagnie ne perçoit que les quatre cinquièmes de la prime de la somme assurée.

55 Les fabriques ou usines soumises à cette condition sont : les moulins de toute espèce, les brasseries, les forges et les fonderies, les halles à leur usage, les fabriques de toiles peintes, les teintureries, les fabriques de draps, les apprêtages de tissus, les distilleries d'eau-de-vie ou d'esprit, les verreries, les fabriques de porcelaine, de faïence, de poterie, les papeteries, les fabriques de papiers peints, les filatures de soie, de laine, de lin, de coton, les fabriques ou raffineries de sucre, les fabriques de garance et les machines ou bateaux à vapeur.

56 ART. 5. La prime d'assurance est payée d'avance et comptant au domicile de la compagnie, à Paris, ou de l'agent qui a souscrit la police.

57 Celle de la première année se paie en signant la police, qui n'a d'effet qu'après ce paiement.

58 Celles des années suivantes se paieront à l'échéance convenue. Néanmoins, il est accordé à l'assuré quinze jours de grâce pour les acquitter.

59 Dans aucun cas, l'acceptation ou le paiement de la prime avant la signature de la police, n'oblige en rien ni l'assuré ni la compagnie; ils ne sont exigés qu'après la signature de la police par les parties contractantes.

60 A défaut de paiement de la prime dans le délai de quinzaine ci-dessus fixé, sans qu'il soit besoin d'aucune demande [119], d'aucune mise en demeure (id.), l'assuré n'a droit, en cas d'incendie, à aucune indemnité. La compagnie peut, à son choix, ou résilier la police par une simple notification, ou la maintenir et en poursuivre l'exécution.

61 En cas de résiliement pour quelque cause que ce soit, les primes payées par anticipation même sous escompte demeurent acquises à la compagnie.

62 Dans tous les cas, le paiement pendant ou après l'incendie, de la prime échue, ne donne à l'assuré aucun droit à l'indemnité du dommage.

63 Le paiement des primes non acquittées à leur échéance se poursuit par les voies de droit, et tous les frais et déboursés, même ceux de timbre, d'amende et d'enregistrement sont à la charge de l'assuré.

64 ART. 6. L'assuré doit déclarer et faire mentionner dans sa police s'il est propriétaire de tout ou partie de l'objet assuré; s'il est usufruitier, créancier, locataire, commissionnaire, administrateur, mandataire, et généralement en quelle qualité il agit.

65 ART. 7. En cas de vente, décès ou faillite, lorsque l'assurance porte sur un immeuble où il n'existe ni fabrique, ni usine, la police continue de plein droit; l'assuré, les héritiers ou ayants-cause restent obligés au paiement de la prime.

66 Si l'assurance porte sur des objets mobiliers, sur fabriques ou usines, l'acquéreur, ses héritiers ou ayants-droit, sont tenus de déclarer immédiatement leur qualité, et de le faire mentionner dans la police, laquelle ne continue qu'après le consentement de la compagnie.

67 ART. 8. Avant de faire, dans les bâtiments assurés ou renfermant des objets assurés, des changements ou des constructions qui multiplient ou augmentent les risques;

68 Avant d'établir dans ces bâtiments ou ceux contigus une fabrique, une usine, une machine à vapeur, une profession ou une manipulation augmentant les dangers du feu;

69 Avant d'y introduire des denrées, des marchandises ou des objets quelconques qui aggravent les chances d'incendie;

70 Avant de transporter les objets assurés dans d'autres lieux que ceux désignés par la police;

71 Avant de transférer l'effet de l'assurance des risques locatifs et de voisins d'un lieu à un autre;

⁵² L'assuré est tenu de le déclarer à la compagnie, de faire mentionner sa déclaration sur sa police, et de payer, s'il y a lieu, une augmentation de prime.

⁵³ Art. 9. Si l'assuré a fait couvrir, avant la date de la présente police, ou s'il fait garantir postérieurement les objets sur lesquels porte l'assurance, pour quelque cause ou somme que ce soit, par des associations mutuelles, ou par des assureurs sous tout autre titre ou dénomination, il est tenu de le déclarer et de le faire mentionner sur la police.

⁵⁴ Si l'assuré a fait couvrir antérieurement, ou s'il fait couvrir postérieurement des objets autres que ceux sur lesquels porte l'assurance, mais faisant partie du même risque, il est tenu également de le déclarer et de le faire mentionner sur sa police.

⁵⁵ Art. 10. Lors des déclarations prescrites par les articles 7, 8 et 9, la compagnie se réserve le droit de résilier la police par une simple notification, et les primes payées ou échues lui demeurent acquises.

⁵⁶ Faute de ces déclarations et de leur mention sur la police, ou en cas de refus de la production de titre prévue par l'article 9, l'assuré, ses représentants ou ayants-cause n'ont droit en cas d'incendie à aucune indemnité.

⁵⁷ Art. 11. La compagnie se réserve le droit, lorsque l'assurance porte sur marchandises, fabrique, usine, mobilier industriel, récoltes ou autres objets sujets à varier, de réduire à son gré et en tout temps le montant de l'assurance.

⁵⁸ Si l'assuré ne consent point immédiatement aux réductions voulues par la compagnie, la police est résiliée de plein droit par une simple notification, et la compagnie restitue, par exception à l'art. 5, la portion de prime payée applicable au temps restant à courir.

⁵⁹ Art. 12. Toute réticence, toute fausse déclaration de la part de l'assuré, qui diminueraient l'opinion du risque ou en changeraient le sujet, annulent l'assurance; l'assurance est nulle même dans le cas où la réticence ou la fausse déclaration n'aurait pas influé sur le dommage ou la perte de l'objet assuré (Code de commerce, art. 348).

⁶⁰ Art. 13. Aussitôt que l'incendie se déclare, l'assuré doit employer tous les moyens en son pouvoir pour en arrêter les progrès et pour sauver les objets assurés.

⁶¹ La compagnie tient compte des dégâts et des frais de déplacement dont il sera justifié.

⁶² L'assuré doit, à l'instant même, donner avis de l'évènement au directeur de la compagnie si l'incendie a eu lieu dans le département de la Seine, ou à l'agent de l'arrondissement si l'incendie est arrivé dans un autre département.

⁶³ Art. 14. Immédiatement après l'incendie, l'assuré doit, à ses frais, faire sa déclaration devant le juge de paix du canton : cette déclaration indique l'époque précise de l'incendie, sa durée, ses causes connues ou présumées, les moyens pris pour en arrêter les progrès, ainsi que toutes les circonstances qui l'ont accompagné ; elle indique encore la nature et la valeur approximative du dommage. Une expédition en forme en est transmise sans délai, soit, comme il est dit ci-dessus, à l'agent de l'arrondissement, soit au directeur de la compagnie. L'assuré est tenu de fournir ensuite l'état, certifié par lui, des objets incendiés, avariés et sauvés.

⁶⁴ Si dans les quinze jours de l'incendie, l'assuré n'a pas transmis les pièces exigées par le présent article, il est déchu de tous ses droits contre la compagnie, à moins d'impossibilité constatée.

⁶⁵ Art. 15. Si les bâtiments assurés par la compagnie sont endommagés ou détruits, par ordre de l'autorité, pour arrêter les progrès de l'incendie, la compagnie rembourse les dommages.

⁶⁶ Art. 16. L'assuré est tenu de justifier à la compagnie ou à l'agent compétent, par tous les moyens et documents en son pouvoir, de l'existence et de la valeur des objets assurés au moment de l'incendie, ainsi que de la réalité et de la valeur du dommage.

⁶⁷ La compagnie peut exiger le serment de l'assuré dans les formes voulues par la loi.

⁶⁸ Art. 17. Les dommages d'incendie sont réglés de gré à gré ou évalués, en suite d'enquête et d'expertise contradictoires, par deux experts choisis par les parties, soit sur les lieux, soit ailleurs. Ils s'adjoignent, s'ils ne sont pas d'accord, un tiers-expert ; les trois-experts opèrent en commun et à la majorité des voix. Les parties peuvent exiger respectivement que le tiers-expert soit choisi hors du lieu où réside l'assuré.

⁶⁹ Art. 18. Les immeubles, non compris la valeur du sol et les effets mobiliers, sont estimés d'après leur valeur vénale au moment de l'incendie ; les matières, denrées et marchandises sont évaluées au cours du jour de l'incendie.

⁷⁰ Art. 19. S'il résulte de l'évaluation de gré à gré ou de l'expertise que la valeur des objets assurés était inférieure à la somme assurée, l'assuré n'a droit qu'au remboursement de la perte réelle et constatée.

⁷¹ Si, au contraire, il est reconnu que la valeur des objets couverts par la police excédait au moment de l'incendie la somme assurée, l'assuré est son propre assureur pour l'excédant, et il supporte, en cette qualité, sa part des dommages au centime le franc.

⁷² S'il y a plusieurs assureurs et si les déclarations prescrites par le premier paragraphe de l'article 9 ont été mentionnées, la compagnie, en cas d'incendie, supporte, au centime le franc de la somme assurée par elle, la perte réglée suivant les clauses de la présente police.

⁷³ De plus et toutes les fois que, conformément à l'article 4, la compagnie n'aura perçu que les quatre cinquièmes de la prime, elle ne remboursera que les quatre cinquièmes du dommage réglé comme il est dit ci-dessus.

⁷⁴ Dans aucun cas la compagnie ne peut être tenue de rien payer au-delà de la somme assurée et de sa part dans les frais d'expertise.

⁷⁵ Art. 20. L'assuré ne peut faire aucun délaissement ni total ni partiel des objets assurés, avariés ou non avariés.

⁷⁶ La compagnie peut, dans les délais déterminés à l'amiable ou par experts, faire réparer ou reconstruire à dire d'experts les bâtiments que l'incendie aurait endommagés ou détruits.

⁷⁷ Elle peut reprendre en totalité ou en partie, pour le montant de leur estimation, les objets avariés et les matériaux provenant des bâtiments incendiés.

⁷⁸ Elle peut de même en totalité ou en partie remplacer en nature, à l'amiable ou à dire d'experts, les objets avariés ou détruits par l'incendie.

⁷⁹ Art. 21. L'assurance du risque locatif est basée sur le prix de la location. Si le locataire a fait couvrir une somme égale à quinze fois au moins le montant annuel de son loyer, la compagnie répond à sa place de la totalité du dommage, jusqu'à concurrence de la somme assurée.

⁸⁰ S'il n'a fait assurer qu'une somme moindre, la compagnie répond seulement du dommage dans la proportion existante entre la somme assurée et le montant de quinze années de loyer.

⁸¹ Art. 22. La compagnie se réserve, en cas d'incendie ou dans le cas prévu par l'art. 15, ses droits et tous ceux de l'assuré contre tous garants généralement quelconques à quelque titre que ce soit, et notamment contre les locataires, voisins, auteurs de l'incendie, association d'assurance mutuelle, assureurs à prime ou autrement. A cet effet, l'assuré, en ce qui le concerne, la subroge sans garantie, par le seul fait de la présente police, et sans qu'il soit besoin d'aucune autre cession, transport, titre ou mandat, à tous ses droits, recours ou actions. L'assuré est tenu, quand la compagnie l'exige, de réitérer ce transport par acte séparé et notarié, comme aussi de réitérer la subrogation [114] dans la quittance du dommage.

⁸² Si le feu se communique d'un bâtiment assuré par la compagnie à un autre bâtiment qu'elle aurait également assuré, elle renonce à exercer son recours contre l'assuré dont le bâtiment aurait communiqué l'incendie.

⁸³ Art. 23. Toute contestation [185] entre l'assuré et la compagnie sur les dommages d'incendie, sur les opérations et évaluations des experts [195] et sur l'exécution des dispositions de la présente police, autres que celles prévues par l'art. 5, est soumise à trois arbitres [185] jugeant conjointement, et choisis l'un par l'assuré, l'autre par la compagnie, et le troisième par les deux arbitres réunis.

⁸⁴ Faute par l'une des parties de nommer son arbitre ou expert, ou par les arbitres ou experts de s'accorder sur le choix du troisième arbitre ou tiers-expert, il est désigné d'office par le Président du Tribunal de commerce dans les arrondissements où il en existe, et, à défaut, par le Président du Tribunal de première instance.

⁸⁵ Les arbitres ou experts sont dispensés de toute formalité judiciaire.

⁸⁶ Les frais d'arbitrage et d'expertise sont supportés par moitié entre la compagnie et l'assuré.

⁸⁷ Art. 24. La somme à laquelle le dommage aura été fixé sera payée comptant.

⁸⁸ La compagnie, après le sinistre, et quelle que soit l'importance du dommage, peut résilier la police en tout ou en partie par une simple notification [20 et 122].

⁸⁹ ART. 25. Toute action en paiement des dommages est prescrite [172] par *six mois*, à compter du jour de l'incendie ou des dernières poursuites. En conséquence la compagnie, ce délai expiré, ne peut être tenue à aucune indemnité.

⁹⁰ Pour se conformer à l'art. 5 des conditions générales de l'assurance, le sieur Raffron a payé comptant à M. CAMPISTRON audit nom qui lui en consent quittance, la somme de treize francs cinquante centimes pour la prime d'assurance de la première année, plus un franc vingt-cinq centimes pour le prix de la plaque.

⁹¹ Les déboursés [5] et honoraires (*id.*) des présentes, dont il ne sera délivré grosse [64] à la compagnie que sur sa demande et en cas de besoin, seront supportés par le sieur Raffron, lequel, pour l'exécution de ce qui précède, fait élection de domicile [11] en sa demeure ci-devant indiquée.

⁹² Dont acte, fait et passé à Auxerre [12], en l'étude (*id.*), l'an mil huit cent quarante-deux [13], le vingt-huit juillet (*id.*), avant midi, et le sieur Campistron a signé [15] avec les Notaires, quant au sieur Raffron, il a déclaré ne le savoir de ce interpellé par lesdits Notaires, après lecture [16]. — (*V.* sup. *la note* m *au bas de la page* 7).

⁹³   *V. Répertoire,*   note 17

⁹⁴   *Enregistrement,* notes 174, 117, 18 et 19.

⁹⁵   Et, au besoin, la table alphabétique du Commentaire.

Assurance maritime (contrat ou police d')

ASSURANCE [155] MARITIME (CONTRAT OU POLICE D').

₁ Par-devant Mᵉ Casimir [1] LONGCHAMPS (*id.*) et son confrère (*id.*), Notaires [2] à Toulon [1], soussignés [15]. — (*V.* sup. la note a au bas de la page 5).

₂   Est comparu,

₃ M. François [1] FAIGNEUX (*id.*), négociant (*id.*), demeurant à Toulon, rue..., n°... (*id.*), où il est patenté [45] pour la présente année à la date du trois janvier dernier, première classe, n° 15.

₄ Agissant pour son propre compte.

₅ Lequel a proposé de se faire assurer aux conditions suivantes, par les ci-après nommés : 1° quinze cents kilogrammes [91] de savon en trois tonneaux ; 2° deux mille kilogrammes d'huile de noix en huit barriques ; 5° deux mille cinq cents kilogrammes d'huile d'olive en dix barriques ; 4° mille hectolitres (*id.*) d'orge perlé en mille sacs ; 5°......; lesdits tonneaux et barriques sont marqués FF, les marchandises y contenues sont d'une valeur de *vingt mille francs* ainsi que le portent les factures, et le tout est chargé sur le navire *le Corsaire*, capitaine BOULLEMIER, actuellement devant le port de *Toulon*, allant à *Alexandrie*, faisant échelle à...

₆   CHARGES ET CONDITIONS DE L'ASSURANCE.

₇ ART. 1ᵉʳ. Les risques même de rade, commenceront à courir du moment où le navire lèvera l'ancre pour faire voile, et cesseront au moment où il la mouillera dans le port d'Alexandrie.

₈ ART. 2. Les assureurs auront à leur charge toutes pertes et tous dommages qui arriveront aux susdites marchandises, par tempête, naufrage, échouement, abordage fortuit et non fortuit, changement forcé de route, relâche forcée, jet, feu, prise, pillage d'amis ou d'ennemis, arrêt par ordre de puissance, confiscation pour cause de contrebande ou commerce clandestin, piraterie, prise faite ou déprédation par amis ou ennemis, avant ou après déclaration de guerre, lettres de marque, déclaration d'hostilité, représailles, toute déprédation de passagers et autres, toute baraterie du patron ou de l'équipage, faute, impéritie, négligence ou autre chose équivalente, provenant ou non de leur fait ; tous cas insolites, ordinaires, extraordinaires, connus ou inconnus, prévus ou imprévus, généralement tous périls et fortune ; cas fortuits de force majeure et autres imaginables ; enfin, tous risques divins et humains ; les assureurs, par le fait de l'assurance, se mettant en tout et partout en la place de l'assuré.

9 ART. 3. Les assureurs ne seront tenus des avaries simples et des avaries communes qu'autant qu'elles excéderont deux pour cent de la chose avariée.

10 ART. 4. Le cas avenant de perte ou d'infortune aux marchandises, les assureurs, respectivement et chacun au prorata de la somme qu'il aura assurée, rembourseront à l'assuré, ou à tout autre, porteur de ses pouvoirs, toute la perte et le dommage qu'il aura soufferts. Ce remboursement aura lieu quinzaine après l'avertissement que l'assuré leur aura donné.

11 ART. 5. Dans le cas prévu par l'article qui précède, soit que l'assuré ait ou non fait abandon et sans qu'il soit besoin d'attendre l'avis ou autorisation des assureurs, à moins pourtant que l'intention contraire n'ait été annoncée, l'assuré aura faculté de mettre la main à la salvation, et de bonifier les effets assurés, comme aussi, besoin étant, de faire la vente desdits effets et la distribution des deniers provenant de cette vente.

12 ART. 6. Audit cas de perte ou d'infortune, les assureurs seront tenus de tous les frais et dépens, et de tous dommages, soit qu'il y ait sauvetage de quelque chose ou non ; pour lesquels frais et dépens foi sera ajoutée au serment de ceux qui les auront faits, sans aucun contredit

13 ART. 7. L'abandon autorisé par le Code de commerce, dans les cas qu'il a prévus, demeure réservé à l'assuré.

14 ART. 8. L'assuré renonce sur bonnes et mauvaises nouvelles aux trois quarts de myriamètre par heure, dont est parlé en l'art. 366 du Code de commerce ; les assureurs seront considérés par le fait de leur assurance, comme ayant fait la même renonciation.

15 ART. 9. L'assurance donnera à l'assureur la prime de dix pour cent qui sera payée par l'assuré en ses billets à ordre dans six mois à dater de la présente police.

16 ART. 10. En cas de contestations [185], il sera statué par arbitrage en dernier ressort avec faculté aux arbitres de nommer tiers-arbitre, ou bien celui-ci, en cas de dissidence entre eux, sera nommé par le tribunal de commerce. Les arbitres prononceront comme amiables compositeurs, et sans observations des règles, formes et délais de droit.

17 ART. 11. Le coût [5] des présentes dont il sera délivré grosses [64] aux parties chacune pour ce qui la concerne, avec mention de la partie à laquelle cette délivrance aura été faite, sera supporté par l'assuré sans aucun recours contre les assureurs.

18 ART. 12. Pour l'exécution des conditions ci-dessus, le comparant a fait élection de domicile [11] en sa demeure ci-devant indiquée (a), et signé [15] lecture faite [16].

F. FAIGNEUX.

20 (b) INTERVENTION. A ces présentes sont intervenus :

21 M. Stanislas [1] BONVIN (id.), négociant (id.), demeurant à Toulon, rue... n°... (id.), où il est patenté [43] pour la présente année, à la date du cinq janvier dernier, première classe, n° 25,

---

(a) Quand les assureurs n'interviennent point à la proposition d'assurance et contractent par adhésion, on ouvre ici un alinéa ainsi conçu :

19 De laquelle déclaration le comparant a requis acte pour être, par les Notaires soussignés, communiqué [22] à tout négociant ayant l'intention d'accepter la présente proposition d'assurance, ce qui pourra avoir lieu par adhésion [45] à la suite des présentes.

20 Fait et passé à Toulon [12], en l'étude (id.), l'an mil huit cent quarante-deux [15], le vingt-neuf juillet (id.), et le comparant a signé [15] avec les Notaires, après lecture [16]. — (V. sup, la note m au bas de la page 7.)

(Signature.)

21   V. Répertoire   note 17.

22   Enregistrement   notes 99, 18 et 19.

(b) Lorsque l'assurance se fait par adhésion à la suite de la proposition d'assurance (V. la note a qui précède), l'acte d'adhésion peut être rédigé ainsi qu'il suit :

Par devant Me Casimir LONGCHAMPS et son collègue, Notaires à Toulon, susdits et soussignés ;

²² Et M. Léonard [1] GROSFILS (*id.*), négociant (*id.*), demeurant à Toulon, rue..., n°..., patenté [45] pour l'année dernière, à la Mairie de ladite ville, à la date du premier février, première classe, n° 50, sa patente pour la présente année ne lui ayant point encore été délivrée.

²³ Lesquels ont, par ces présentes, déclaré consentir [32 et 101] à faire [7] l'assurance ci-dessus proposée, telle qu'elle est énoncée en la police qui précède et aux conditions qui y sont exprimées, savoir :

²⁴ M. BONVIN, pour la somme de *douze mille francs.* Ci 12,000

²⁵ Et M. GROSFILS, pour la somme de *huit mille francs.* Ci 8,000

²⁶ Total égal à la valeur déclarée des marchandises. 20,000

²⁷ S'obligeant, en conséquence, l'un et l'autre, à l'exécution des charges et conditions de ladite police, ainsi qu'au paiement de tout ou partie de la somme assurée dans les cas ci-devant spécifiés, moyennant quoi ils recevront à l'échéance ci-dessus indiquée la prime mentionnée en l'art. 9.

²⁸ Pour l'exécution des conditions qui précèdent, lesdits sieurs BONVIN et GROSFILS ont fait élection de domicile [11] en leurs demeures actuelles sus indiquées et signé [13], après lecture [16],

BONVIN.   GROSFILS.

²⁹ Dont acte, fait et passé à Toulon [12], en l'étude (*id.*), l'an mil huit cent quarante-deux [13], le vingt-neuf juillet (*id.*), avant midi, et tous les comparants ont signé [15] avec les Notaires, après lecture [16]. V. *suprà la note* m *au bas de la page* 7.

³⁰   V. *Répertoire* ,   note 77.

³¹   *Enregistrement* ,   notes 99, 174, 119, 18 et 19.

³² Et, au besoin, la table alphabétique du Commentaire.

ATERMOIEMENT [131] ENTRE UN DEBITEUR [26] COMMERÇANT ET SES CREANCIERS [25].

¹ Par devant Mᵉ Hector [1] ROSSIGNOL (*id.*) et son collègue (*id.*), Notaires [2] à Saint-Nicaise [1], département de.... soussignés [15]. — (V. *suprà la note* a *au bas de la page* 5).

---

²   Sont comparus

³ M. Stanislas BONVIN....(*Le reste comme à l'alinéa* 21 *de la formule.*)

⁴ Et M. Léonard GROSFILS.... (*Le reste comme à l'alinéa* 22.)

⁵ Lesquels, après avoir pris eux-mêmes communication [21], et que lecture leur en a outre été donnée par Mᵉ LONGCHAMPS, l'un des Notaires soussignés, de l'acte dont minute [59] précède, passé devant lui et son collègue, le vingt-neuf juillet présent mois, et qui sera soumis à l'enregistrement [42] avant ou en même temps que ces présentes, contenant proposition par M. François FAIGNEUX de faire assurer diverses marchandises désignées audit acte pour une somme de vingt mille francs, et ce sous les charges et conditions exprimées en la police.

⁶ Ont, par ces présentes, déclaré consentir [101] à assurer à M. FAIGNEUX les susdites marchandises contre tous risques maritimes, dans les termes et aux conditions qui sont exprimées en ladite police, savoir :

⁷ M. BONVIN, pour la somme de douze mille francs   Ci . . . . 12,000 fr.

⁸ Et M. GROSFILS, pour la somme de huit mille francs. Ci 8,000

⁹ Total égal à la valeur déclarée des marchandises. Ci . . . . 20,000 fr.

¹⁰ S'obligeant, en conséquence, l'un et l'autre, à l'exécution des charges et conditions de ladite police, ainsi qu'au paiement de tout ou partie de la somme assurée dans les cas qui y sont spécifiés, moyennant quoi ils recevront à l'échéance ci-dessus indiquée la prime mentionnée en l'article neuf.

¹¹ Pour l'exécution des charges et conditions de ladite assurance, MM. BONVIN et GROSFILS ont fait élection de domicile [11] en leurs demeures actuelles ci-dessus indiquées.

¹² Dont acte, fait et passé à Toulon [12], en la demeure respective des parties (*id.*), l'an mil huit cent quarante-deux [13], le trente-un juillet (*id.*), avant midi ; et les comparants ont signé [15] avec les Notaires, après lecture [16]. — V. *sup. la note* m *au bas de la page* 7).

¹³   V. *Répertoire*   note 17.

¹⁴   *Enregistrement* notes 99, 174, 117, 18 et 19.

2 Est comparu

3 M. Théodore [3] JEANNISSON (*id.*), marchand de nouveautés (*id.*), demeurant à.... (*id.*), rue.... n°....;
patenté [43] à la mairie de ladite ville pour la présente année, à la date du trois février dernier, seconde
classe, n°...

4 Lequel a exposé à ses créanciers ci-après nommés :

5 Que les pertes qu'il a éprouvées par l'effet de la baisse survenue immédiatement après un achat considérable de marchandises de son commerce qu'il a fait il y a environ dix-huit mois, l'ont mis dans l'impossibilité de satisfaire aux engagements qu'il a pris alors.

6 Que, pour sortir de cette position fâcheuse, il a fait au greffe du Tribunal de commerce de.... le....,
la déclaration de suspension de ses paiements, et qu'il était disposé à remplir les formalités prescrites par
la loi pour purger sa faillite.

7 Qu'avant d'être déclaré en faillite par jugement il avait résolu de tenter auprès de ses créanciers une
démarche ayant pour but un arrangement amiable.

8 Qu'à cet effet il a dressé son bilan, lequel étant écrit sur trois feuilles de papier au timbre de soixante-
dix centimes, sans renvoi [37], rature [36] ni surcharge (*id.*), est demeuré ci-annexé [35] après avoir été
de lui certifié véritable (*id.*), signé et paraphé en présence des Notaires soussignés, lequel bilan sera soumis
à l'enregistrement [42] avant ou en même temps que ces présentes.

9 Qu'il résulte de ce bilan que le passif [26] s'élève à deux cent mille francs. Ci 200,000

10 Et l'actif [25] à cent cinquante mille francs. Ci 150,000

11 Ce qui porte le déficit à cinquante mille francs. Ci 50,000

12 Que son intention a toujours été de se libérer envers ses créanciers de tout ce qu'il leur devait, mais
que sa situation ne lui permet de prendre d'engagement à ce sujet que jusqu'à concurrence de son actif,
pour ne pas se trouver dans le même embarras qu'auparavant.

13 Qu'aucun de ses créanciers ne pouvant suspecter sa bonne foi et ses bonnes intentions, il ose espérer
que par considération et prenant part à son malheur ils accepteront la proposition qu'il leur a faite : 1° de
lui consentir la remise [133] des intérêts [49] que leurs créances [25] ont produits jusqu'à ce jour et de
ceux qu'elles pourraient produire par la suite, ensemble de tous frais [58] faits à cause desdites créances;
2° de lui faire remise de vingt-cinq pour cent sur les principaux (136) de leurs créances; 3° et de lui
accorder un délai [77] de trois ans, à compter de ce jour, pour acquitter par tiers, d'année en année,
les principaux [136] ainsi réduits de ces mêmes créances;

14 Moyennant quoi il s'engage, pour assurer le paiement exact des trois quarts des principaux, de
fournir le cautionnement [32] solidaire [106] de la dame Livie CORNUDET, son épouse, laquelle, pour
sûreté de son cautionnement, consentira hypothèque [30] sur tous ses biens qui sont libres d'hypothèque
ainsi qu'il en sera justifié.

15 DÉLIBÉRATION DES CRÉANCIERS. — A l'exposé qui précède étaient présents :

16 1° M. Léonard [3] VISCONTI (*id.*), manufacturier (*id.*), demeurant à.... (*id.*), rue.... n°...., patenté
[43] à la Mairie de la dite ville pour la présente année à la date du.... dernier, première classe, n°...

17 2° M..... etc. (*continuer la désignation des créanciers en suivant l'ordre établi au bilan*).

18 Tous les sus-nommés créanciers dudit sieur JEANNISSON pour les sommes principales ci-après mentionnées, savoir :

19 M. VISCONTI, pour la somme de vingt mille francs, ci. 20,000

20 M....., pour celle de quinze mille francs, ci. 15,000

21   Total. . . . .

22 Lesquels créanciers, après avoir pris communication du bilan [135] ci-annexé [35] et avoir pris les
renseignements nécessaires sur son contenu, ont délibéré entre eux au sujet des propositions qui leur
étaient faites par ledit sieur JEANNISSON, et ont, d'un commun accord, résolu de les accepter. En conséquence, M. JEANNISSON et tous ses créanciers sus-nommés ont arrêté entre eux ce qui suit :

23 ART. 1er. Les créanciers [23] de M. JEANNISSON lui font remise, ce qu'il accepte :

13

24 1° Des intérêts [49] de leurs créances [23] actuellement dus et échus et de ceux à échoir, ensemble de tous frais [58] faits à raison desdites créances ;

25 2° Et de vingt-cinq francs par cent francs sur les principaux]136] de ces mêmes créances.

26 Art. 2. Lesdits créanciers accordent en outre audit sieur Jeannisson qui l'accepte, terme [77] et délai de trois ans à compter de ce jour, pour acquitter par tiers d'année en année les trois quarts restants de leurs dites créances.

27 Au moyen de cette prorogation il ne pourra être exercé par lesdits créanciers ni poursuite ni contrainte contre M. Jeannisson pour le recouvrement de leurs créances, pendant le susdit délai de trois années, excepté à défaut de paiement aux échéances (a), auquel cas les créanciers auront le droit de poursuivre le recouvrement du terme en retard tant contre ledit sieur Jeannisson que contre la dame son épouse, en vertu du cautionnement [32] solidaire [106] qu'elle aura souscrit, à l'effet de quoi il est fait toutes réserves par les créanciers.

28 Ceux des créanciers qui ont formé des oppositions ou saisies contre M. Jeannisson, en donnent par ces présentes main-levée, consentant qu'elles soient considérées comme non faites ni avenues.

29 Art. 3. Les remises [133] et délai ci-dessus consentis n'ont été accordés à M. Jeannisson qu'en raison de la promesse par lui ci-dessus faite, et qu'il réitère, de fournir, pour sûreté du paiement exact des soixante-quinze pour cent de principaux qu'il doit, le cautionnement [32] solidaire [106] de la dame son épouse, avec hypothèque sur tous les biens qu'elle possède, et que l'inscription qui serait prise sur lesdits biens serait la seule existante, aucune autre ne devant la primer ni venir en concurrence avec elle.

30 Art. 4. Les énonciations [33] contenues au bilan ne pourront nuire ni profiter à aucun des créanciers, attendu que les parties n'ont point encore été à même de vérifier le compte de chaque créancier.

31 Art. 5. Nonobstant les remises et délai ci-dessus consentis, les créanciers se réservent tous les droits qu'ils peuvent avoir pour le recouvrement de leurs créances en principaux, intérêts et frais contre tous endosseurs [97] et garants (id.), ainsi que contre les cautions, co-débiteurs et co-obligés solidaires et autres dudit sieur Jeannisson, à l'égard desquelles cautions [32], co-débiteurs [26] et co-obligés [106], lesdits créanciers se pourvoiront comme ils aviseront pour obtenir leur approbation au contenu des présentes afin de n'être point déchus de leurs droits et actions vis-à-vis d'eux (b).

32 Art. 6. Sauf les remises et délai ci-dessus accordés, il n'est point, par ces présentes, dérogé aux titres des créanciers, lesquels, au contraire, demeurent dans leur force et vertu, sans aucune autre novation ni dérogation que celles des remises et délai.

33 Art. 7. Il est expressément convenu que toutes les stipulations [32] faisant l'objet des présentes, notamment les remises et cas d'exigibilité ci-dessus exprimés, et le cautionnement qui forme la principale condition du traité, n'auront d'existence et d'effet qu'autant que tous les créanciers du sieur Jeannisson qui ne

---

(a) *Lorsqu'il est convenu que le défaut de paiement d'un terme du principal à l'échéance emporte déchéance du délai accordé pour les autres termes, on ajoute ici :* Auquel cas tout ce qui restera dû sur les soixante-quinze pour cent de principaux deviendra immédiatement exigible, et les créanciers pourront en poursuivre le recouvrement tant contre le sieur Jeannisson que contre la dame son épouse, en vertu du cautionnement solidaire qu'elle aura souscrit, à l'effet de quoi il est fait toutes réserves de la part des créanciers *).

(*) *On ajoute quelquefois ici la clause suivante :*
L'exigibilité pour cause de déchéance de la faveur du délai, relative aux termes restant dus, s'étendra au cas où des poursuites viendraient à être exercées contre le sieur Jeannisson, à raison d'un passif qu'il aurait créé postérieurement aux présentes, sans que pour ce cas, non plus que pour celui ci-dessus fixé, les créanciers aient besoin de former une action résolutoire, étant convenu que dans un cas comme dans l'autre ils rentreraient de plein droit dans le libre exercice de leurs droits et actions, même dans celui de poursuivre l'exécution de leurs titres par la voie de la contrainte par corps, si elle résultait desdits titres. Même, le cas de concours avec d'autres créanciers, pour dettes créées postérieurement aux présentes, opérerait de plein droit la révocation des remises ci-dessus consenties.

(b) V. *supra* la note *a*, au bas de la page 67.

stipulent point en ces présentes y auront donné une entière adhésion [128] par acte en suite, dans un mois de ce jour (a).

34 INTERVENTION DE LA DAME JEANNISSON. A ces présentes est intervenue Mme. JEANNISSON, ci-devant nommée, demeurant avec son mari, et de lui autorisée [68] à l'effet de ce qui suit :

35 Laquelle, en conformité de l'article trois des conventions qui précèdent, et sous la condition bien entendue que tous les créanciers sans aucune exception adhéreront aux stipulations ci-devant consenties en faveur de son mari, s'est rendue et constituée volontairement caution [32] dudit sieur son mari envers les créanciers dénommés au bilan ci-annexé, pour raison des engagements par lui contractés à leur profit.

36 En conséquence, ladite dame s'est obligée solidairement [106] avec son mari, sans aucune division ni discussion, au paiement des sommes que son dit mari, en admettant même toutes les éventualités résultant des cas de déchéance auxquels il s'est soumis, est tenu de leur payer en vertu des présentes, et ce, aux époques et de la manière ci-dessus convenues, faisant du tout sa propre affaire comme si elle était seule débitrice et principale obligée, attendu qu'elle se met sur tous les points au lieu et place de son mari.

37 Pour sûreté de son cautionnement et de l'acquit des engagements qui en résultent, ladite dame JEANNISSON affecte et hypothèque [30] spécialement (id.) tous les biens immeubles consistant en bâtiments, terres labourables, prés et vignes qu'elle possède dans la commune et sur le finage de..., et notamment :

38 1°... *(Consulter pour la désignation les formules page 42, alinéa 8 et suiv. et page 49, alin. 7 et suiv.)*

39 PROPRIÉTÉ. (V. au mot : « Etablissement de propriété » du Dictionnaire ce qu'il faut observer quand on établit l'origine de la propriété d'un immeuble).

40 Mad. JEANNISSON déclare sous les peines de droit [31] qui lui ont été expliquées par les Notaires soussignés et qu'elle a dit bien comprendre :

41 Que les biens hypothéqués ne sont grevés d'aucune hypothèque [30] conventionnelle (id.) ou judiciaire (id.), ainsi qu'elle s'oblige d'en justifier par un certificat [111] du conservateur des hypothèques de..., délivré à la date du lendemain de l'inscription qui sera prise en vertu des présentes au profit des créanciers dénommés au bilan ci-annexé, lequel certificat ne devra comprendre que cette inscription, sous peine, dans le cas contraire de résolution des présentes et de voir les choses remises au même état qu'avant l'atermoiement, si bon semble alors aux créanciers, qui devront s'entendre à ce sujet par une délibération prise à la majorité des voix, dans le mois de la délivrance dudit état, à la diligence de M. VISCONTI, créancier plus fort en somme, de manière que ce délai expiré sans par celui-ci avoir signifié à M. et Mad. JEANNISSON que lesdits créanciers n'acceptent point la situation hypothécaire des immeubles, lesdits sieur et dame JEANNISSON seront suffisamment autorisés à considérer le présent acte comme devant sortir son plein et entier effet à défaut de déclaration contraire de la part desdits créanciers.

42 Que lesdits biens ne sont grevés d'aucune hypothèque légale, la dame JEANNISSON n'ayant jamais été chargée d'aucune fonction publique [164].

43 Et qu'ils sont affranchis de tout privilége [29] jusqu'à ce jour.

44 Sous peine aussi dans ces deux derniers cas, de résolution des présentes comme il est dit ci-dessus, si bon semble aux créanciers après en avoir délibéré de la manière ci-devant exprimée.

45 Les déboursés [5] et honoraires (id.) des présentes seront payés et supportés par M. et Mad. JEANNISSON.

46 Pour l'exécution des présentes domicile est élu [11], savoir : par M. et Mad. JEANNISSON en leur demeure ci-dessus indiquée et pour tous les créanciers, y compris les non-présents, en leurs demeures respectives.

(a) *Lorsqu'il y a eu faillite déclarée par jugement on peut ajouter ici la clause suivante :*

ART. 8. Lorsque tous les créanciers auront donné leur adhésion aux présentes, M. JEANNISSON se trouvera de plein droit, par le seul fait de cette adhésion, ressaisi de l'administration de ses biens et des affaires de sa maison de commerce, comme s'il n'eût point failli.

47 Dont acte, fait et passé à... [12] en l'étude (*id.*), l'an mil huit cent quarante-deux [13], le.. (*id.*), et les parties ont signé [15] avec les Notaires, après lecture [16]. — (*V. sup.* la note *m* au bas de la page 7).

48   **V.** *Répertoire*   note 17.

49   *Enregistrement*   117, 181, 18 et 19.

50   Et, au besoin, la table alphabétique du Commentaire.

ATERMOIEMENT [131] ENTRE UN DÉBITEUR [26] NON COMMERÇANT ET SES CRÉANCIERS [25].

Atermoiement entre un débiteur non commerçant et ses créanciers.

1   Pardevant Me Stanislas [1] LORSAIN (*id.*) et son collègue (*id.*), Notaires [2] à Fonverne [1], département de..., soussignés [15]. — (*V. sup. la note a au bas de la page* 3.)

2   Est comparu :

3   M. Grégoire [3] VITUREAU (*id.*), agriculteur (*id.*), demeurant (*id.*) à Fonverne

4   Lequel a exposé à ses créanciers ci-après nommés :

5   Que les essais infructueux par suite de l'intempérie des saisons, qu'il a faits depuis quelques années sur les terres de ses domaines pour l'amélioration de l'agriculture, ainsi que les pertes considérables qu'il a faites en bestiaux par l'effet de maladies épidémiques et en récoltes par les inondations et la grêle, l'ont mis dans la nécessité de faire des emprunts dont les échéances vont arriver successivement et très-prochainement.

6   Qu'il n'a aucun moyen de se libérer qu'en vendant un de ses domaines, ce qu'il a tenté de faire, mais sans succès.

7   Que s'il reste dans cette position, ses créanciers auront le droit d'exercer contre lui des poursuites qui ne feront qu'aggraver ses malheurs au lieu de les adoucir.

8   Que voulant éviter un plus grand désastre, il a cru devoir convoquer cejourd'hui en l'étude tous ses créanciers pour leur proposer de lui accorder des délais qui lui permettent de se libérer par annuités, soit au moyen du produit qu'il espère retirer de ses nouveaux essais en agriculture, soit au moyen de la vente d'une partie de ses domaines, moyennant quoi il leur consentira hypothèque sur celui desdits domaines qu'il a l'intention de vendre.

9   DÉLIBÉRATION DES CRÉANCIERS. — A l'exposé ci-dessus étaient présents :

10   1° M. Athanase [3] URGUET (*id.*), greffier de la justice de paix (*id.*), demeurant (*id.*) à...

11   2° M. Léonard SEGRAIN, imprimeur, demeurant à...

12   3° M... (*continuer la désignation des créanciers en suivant l'ordre de décroissance de leurs créances*).

13   Tous les sus-nommés créanciers dudit sieur VITUREAU, savoir :

14   1° M. URGUET pour la somme de dix-huit mille francs [55 et 91] de principal, non compris l'année d'intérêts [49] devant échoir le... prochain, époque fixée pour le remboursement du principal, ci 18,000

15   2 M. SEGRAIN pour la somme de douze mille francs de principal, non compris l'année d'intérêts échue le... dernier, époque fixée pour le remboursement du principal, ci 12,000

16   2° M... pour celle de . . . .

17   TOTAL. . . . .

18   Lesquels créanciers, ayant pris en considération la position fâcheuse de leur débiteur et voulant venir autant qu'il est en leur pouvoir à son secours, sans nuire à leurs droits, ont, d'un commun accord, après délibéré entre eux, pris la résolution d'accepter sa proposition. En conséquence, M. VITUREAU et ses créanciers sus-nommés ont arrêté [4] entre eux ce qui suit :

19   ART. 1er. Les créanciers de M. VITUREAU lui accordent, ce qu'il accepte, terme [77] et délai de dix années à compter de ce jour, pour acquitter par dixième, d'année en année, les créances en principaux [156] et accessoires [103] dont il est leur débiteur.

20   ART. 2. Les principaux qui produisaient des intérêts [49] continueront d'en produire. A l'égard des accessoires, ils ne seront point productifs d'intérêts jusqu'à l'époque fixée pour le paiement du premier dixième du principal, mais faute de paiement à la dite époque, les intérêts courront alors au taux légal sans retenue.

₂₁ Aʀᴛ. 3. Les paiements [84] qui seront faits par M. Vɪᴛᴜʀᴇᴀᴜ s'imputeront (*id.*), ainsi que de droit, d'abord sur les accessoires et ensuite sur les principaux desdites créances dont les intérêts diminueront en raison de l'amortissement du capital.

₂₂ Aʀᴛ. 4. Au moyen de ce qui précède, les créanciers ne pourront exercer aucune poursuite contre M. Vɪᴛᴜʀᴇᴀᴜ pour le recouvrement de leurs créances pendant le susdit délai de dix années, sauf le cas où il y aurait retard ou défaut de paiement aux échéances, et celui où le dit sieur Vitureau serait poursuivi à raison d'un passif né ou créé postérieurement aux présentes, l'un ou l'autre desquels cas arrivant, tout ce qui resterait dû alors sur les créances deviendrait immédiatement exigible de plein droit, après un simple commandement tenant lieu de mise en demeure dans le premier cas et sans qu'il soit besoin, dans le dernier cas, d'aucun acte extra-judiciaire [70] pour emporter déchéance du bénéfice des termes, cette déchéance devant résulter de la seule existence d'une ou plusieurs dettes survenues au débiteur postérieurement aux présentes.

₂₃ Aʀᴛ. 5. S'il existait des oppositions [108] ou saisies (*id.*) contre M. Vɪᴛᴜʀᴇᴀᴜ pour raison des créances sus mentionnées, elles seront considérées comme non faites ni avenues, main-levée [149] en étant présentement donnée par ceux des créanciers qui les auraient formées.

₂₄ Aʀᴛ. 6. M. Vɪᴛᴜʀᴇᴀᴜ prend, par ces présentes, l'engagement formel [107] de se libérer envers ses créanciers sus-nommés, soit entre leurs mains, soit en celles du porteur de leurs pouvoirs et de la grosse des présentes, du montant de leurs créances, dans les termes et de la manière ci-dessus stipulés.

₂₅ Pour la sûreté des sommes qui font l'objet des stipulations [52] qui précèdent, M. Vɪᴛᴜʀᴇᴀᴜ affecte et hypothèque [30] spécialement le domaine du Val-des-Robes [141], situé sur le territoire (*id.*) de la commune de Fouverne, arrondissement de..., comprenant (*id.*) tous les biens immeubles en nature de bâtiments, terres labourables, vignes, prés, prairies artificielles, vergers, jardins et chenevières qu'il possède sur ladite commune.

₂₆ Sur lequel domaine le débiteur consent qu'il soit pris à ses frais une inscription [83] collective au profit de ses créanciers.

₂₇ Le domaine hypothéqué appartient [22] audit sieur Vɪᴛᴜʀᴇᴀᴜ comme... (*V. au mot* Etablissement de propriété *du Dictionnaire, ce qu'il faut observer quand on établit l'origine de la propriété d'un immeuble*).

₂₈ M. Vɪᴛᴜʀᴇᴀᴜ déclare, sous les peines de droit [31] qui lui ont été expliquées par les Notaires soussignés et qu'il a dit bien comprendre :

₂₉ Que les biens composant le domaine hypothéqué ne sont grevés d'aucune hypothèque légale, le débiteur étant célibataire [162] et n'étant et n'ayant jamais été ni tuteur [163], ni curateur [66], ni comptable de deniers publics [164].

₃₀ Que lesdits biens ne sont grevés d'aucune hypothèque [30] conventionnelle (*id.*) ou judiciaire (*id.*), ainsi qu'il s'oblige d'en justifier par un certificat [111] du Conservateur (*id.*) des hypotèques de..., délivré à la date du lendemain de l'inscription qui sera prise en vertu des présentes au profit des créanciers sus-nommés, lequel certificat ne devra comprendre que cette inscription, sous peine, dans le cas contraire, de résolution [153] des présentes, et de voir les choses remises au même état qu'avant l'atermoiement, le tout si bon semble alors aux créanciers qui, à cet égard, seront représentés par M. Uʀɢᴜᴇᴛ, comme créancier le plus fort en somme, de manière que faute par celui-ci d'avoir signifié [20], dans le mois de la délivrance par lui requise dudit état, que les créanciers n'acceptent point l'hypothèque par ce que la situation hypothécaire est tout autre que celle déclarée, M. Vɪᴛᴜʀᴇᴀᴜ sera suffisamment autorisé à considérer le présent acte comme devant sortir son plein et entier effet à défaut de déclaration contraire de la part de tous lesdits créanciers ou de M. Uʀɢᴜᴇᴛ, leur représentant en cette partie.

₃₁ Et que ledit domaine est affranchi de tout privilége [29] jusqu'à ce jour, sous peine, dans ce cas comme dans celui d'existence d'hypothèque légale, de résolution des présentes si bon semble également aux créanciers représentés par M Uʀɢᴜᴇᴛ, l'un d'eux, ainsi qu'il est dit ci-dessus.

₃₂ Les déboursés [5] et honoraires (*id.*) des présentes seront acquittés et supportés par M. Vɪᴛᴜʀᴇᴀᴜ.

₃₃ Pour l'exécution des présentes, domicile est élu [11], savoir : par M. Vɪᴛᴜʀᴇᴀᴜ, en sa demeure ci-dessus indiquée, et par tous les créanciers en leurs demeures respectives.

³⁴ Dont acte, fait et passé à... [12], en l'étude (id.), l'an mil huit cent quarante-deux [15], le dix septembre (id.), et les parties ont signé [15] avec les Notaires, après lecture [16]. — *V. sup. la note* m *au bas de la page* 7.

³⁵   **V.** *Enregistrement,*   notes 117, 181, 18 19.

³⁶   *Répertoire,*   note 17.

³⁷   Et, au besoin, la table alphabétique du Commentaire.

Attestation.

ATTESTATION [127].

1   Par-devant Mᵉ Jean-François [1] Suisse (id.) et son collègue (id.) Notaires [2] à Léguillon [1], département de... soussignés [15]. (V. *sup.* la note *a* au bas de la page 5).

2   Sont comparus,

3   M. Jean [5] Judon (id.), serrurier (id.), demeurant (id.) à Léguillon ,rue...

4   Et Mad. Adélaïde Brun, épouse de M. Pierre Lave, limonadière, demeurant au même lieu.

5   Lesquels, sur la demande et aux frais de M. Louis [3] Orux (id.), avocat à la Cour royale de Paris (id.), y demeurant (id.), rue de Jérusalem n° 599, à ce présent, et sur la communication par lui donnée à M. Judon, l'un des comparants, de l'expédition en forme d'un acte passé devant Mᵉ Lairtuilier et son collègue, Notaires à Paris, le vingt mai dernier, dûment enregistré [42], contenant une attestation par Mad. Anne Pin, veuve de M. Claude Jean-Louis, rentière, demeurant à..., rue..., n°..., de laquelle il résulte que lors de son passage à Léguillon en l'année mil huit cent trente-deux, M. Edme Orux lui avait témoigné son mécontentement au sujet d'une somme que sa femme venait de lui prendre pour l'envoyer à Mad. Camus, sa fille, ajoutant que trois fois déjà il avait trouvé sa femme nantie de fausses clefs ouvrant la porte de son cabinet, mais qu'il espérait bien que pareille chose ne se renouvellerait plus par suite des menaces qu'il avait faites au sieur Judon, serrurier à Léguillon, s'il consentait de nouveau à fabriquer de pareilles clefs sur la demande de sa femme.

6   Ont, par ces présentes, déclaré et attesté, dans le sul but de rendre hommage à la vérité, savoir :

7   M. Judon; qu'il a, effectivement, fait plusieurs clefs sur la demande de Mad. Orux, ainsi que cela est dit dans l'attestation de Mad. veuve Jean-Louis, mais qu'il croyait que ces clefs avaient été commandées par M. Orux et qu'en cela la femme ne faisait qu'exécuter les volontés du mari, car il a cessé d'en faire dès qu'il a su que celles faites l'avaient été à l'insu de ce dernier. — Qu'une fois, entre autres, s'étant présenté pour essayer une clef, il fut reçu par le mari qui lui demanda ce qu'il venait faire à la maison. Sur sa réponse qu'il s'agissait d'essayer une clef, M. Orux fit appeler sa femme à laquelle il fit de vifs reproches de l'avoir commandée tout en blâmant très-sévèrement lui Judon de l'avoir fabriquée.

8   Et Mad. Lave ; que dans une conversation qui eut lieu entre elle, et entre Mad. Madelaine Orux, femme Brun, sa mère, et Mad. Anne Usby, sa tante, épouse de M. Edme Orux, sus-nommé, au sujet du procès qui avait existé dans la famille Orux, Mad. veuve Orux, poussée à bout, leur répondit qu'elle savait bien que le Tribunal avait fait rendre à son fils au-delà de ce que son père lui avait donné.

9   Desquelles attestations il a été requis le présent acte pour servir et valoir ce que de raison.

10   Fait et passé à Léguillon [12] en l'étude (id.), l'an mil huit cent... [15] le... (id.), et les attestants ont signé [15] avec M. Orux fils et les Notaires, après lecture [16] — V. *sup.* la note m au bas de la page 7.

¹¹   **V.** *Répertoire*   note 17.

¹²   *Enregistrement*   99, 18 et 19.

¹³   *Les Formules de certificats et de notoriété.*

¹⁴   Et, au besoin, la table alphabétique du Commentaire.

Augment
de préciput.

AUGMENT DE PRÉCIPUT (clause d')

V. Mariage (Contrat de).

AUTORISATION [68] (a) GÉNÉRALE PAR LE MARI A LA FEMME COMMUNE D'ADMINISTRER (b) SES BIENS PROPRES.

1   Par-devant M⁰ Jules [1] Lehéricy (id.), et son collègue (id.), Notaires [2] à Saint-Marcelle [1], département de..., soussignés [1S[. — (V. suprà la note a au bas de la page 5).

2   Est comparu ,

3   M. Balthazard [3] Langlacé (id.), chirurgien-major dans le cinquième régiment de ligne, en garnison à Châlons (id.).

---

1 (a) L'acte dont il s'agit est, sans contredit, un de ceux qui doivent le plus fixer l'attention du Notaire, parce qu'il faut, avant tout, qu'il sache distinguer les actes d'administration des autres actes, pour ne pas exposer ceux qui agissent sur la foi des actes notariés à des opérations souvent très-préjudiciables, car il arrive souvent que, pour ne pas discuter le mérite d'une autorisation, on en fait usage comme si elle était bien conforme aux règles du droit, sauf ensuite à en attribuer les vices au rédacteur qui s'en dégage en disant que les parties l'ont ainsi voulu.

2 Puisqu'il s'agit d'une procuration générale d'administrer les biens de la femme, l'acte ne doit contenir aucuns pouvoirs d'aliéner ou hypothéquer ; cependant, s'il en contient, il faut bien se garder de croire que l'autorisation donnée par un mari à sa femme de faire tous emprunts par hypothèque, de vendre tous ses biens immeubles, etc., soit un pouvoir spécial et valable, car il est bien constant en jurisprudence qu'une femme mariée ne peut valablement donner, même à son mari, une procuration pour contracter en son nom des emprunts illimités, cette procuration ne pouvant être donnée par la femme qu'en vertu d'une autorisation du mari également illimitée ou générale et conséquemment nulle ; d'où il résulte qu'il faut une autorisation d'aliéner tel ou tel objet, d'emprunter telle somme, etc. (C. civ. 225, 1538, 1987, 1988 ; Cass. 18 mars 1840, aff. Chevalier, et 19 mai 1840, aff. Legris, Sir. 40, t, 201, et 41, 1, 61; Proudhon, t. 1, p. 267; Toullier, t. 2, n⁰ 644 ; Bellot des Minières, Contrat de mariage, t. 1, p. 504 ; Poitiers, 5 pluv. au xIII, Sir. 5, 1, 81, suppl. Dans l'espèce de ce dernier arrêt, la femme avait reçu de son mari, partant pour l'Amérique, une procuration par laquelle il l'autorisait à gérer toutes leurs affaires, à vendre ou hypothéquer leurs biens meubles et immeubles, à emprunter telles sommes qu'elle croirait nécessaires, et à traiter avec tous créanciers ou débiteurs , en obligeant solidairement avec elle son mari et tous leurs biens meubles et immeubles. En vertu de cette procuration, la femme, après avoir arrêté compte avec un créancier, souscrivit à son profit un effet de 7,612 fr., tant en son nom que comme fondée de pouvoirs de son mari. Sur les poursuites dirigées par le créancier contre la femme, le billet fut déclaré nul en ce qui la concernait personnellement).

3 Ce que nous venons de dire ne doit point s'appliquer à la femme marchande publique, parce que si le mari lui donne une autorisation générale , il ne fait que confirmer le pouvoir qu'elle a d'après la loi d'engager, aliéner et hypothéquer ses immeubles et même d'obliger son mari s'il y a communauté entre eux (C. com. 5, 7).

4 Il ne faut pas confondre l'autorisation donnée par le mari à la femme (et qui n'est relative qu'aux biens de cette dernière) avec le mandat général et largement spécial qu'il peut lui donner non-seulement pour l'administration des biens appartenant soit à lui soit à la communauté, mais encore pour aliéner ou hypothéquer ces mêmes biens, parce que, dans le cas de mandat, la femme agit en qualité de mandataire de son mari et non pas en son nom personnel (Toullier, t. 2, n⁰ 644). Or, la loi permettant (C. civ. 1987) à toute personne de donner un mandat général, il doit être bien loisible à un mari de conférer à sa femme ce qu'il a le droit de conférer à un étranger.

1 (b) On entend par actes d'administration ceux qui n'ont pour objet que de tirer d'une chose le produit qu'on doit naturellement en attendre, et ceux qui ne sont relatifs qu'à la conservation de cette chose comme en y faisant les réparations nécessaires et en exerçant les actions possessoires pour la défendre en cas d'usurpation (C. civ. 1428,. V. notes 54 et 184.

2 L'on entend par acte de propriété, l'action de celui qui agit en maître et comme propriétaire d'une chose.

3 Ainsi, c'est faire acte d'administration que de recevoir du débiteur ou d'une tierce personne qui éteint la dette (C. civ. 1256) ou se fait subroger (C. civ. 1249 et suiv.) soit des revenus tels que fermages et loyers, intérêts et arrérages, soit des capitaux que le créancier lui-même pourrait être forcé de recevoir, tandis que c'est faire acte de propriété que de céder et transporter ces mêmes revenus et capitaux, même sans garantie.

4 En consultant les art. 450, 457, 461, 464, 465, 467, 481, 482, 485, 484, 590 et suiv., 779, 780, 954, 1413, 1428, 1429, 1430 et 1988 du Code civil, on peut apprendre à distinguer les actes administratifs des actes de propriété, toutefois il n'est pas toujours facile de le bien faire, car le sens du mot acte d'administration n'étant point fixé par la loi, il serait difficile de déterminer, d'une manière bien précise, quels sont tous les actes qu'on doit comprendre sous la dénomination d'actes d'administration pour en conclure qu'il est au pouvoir du mari de les faire ou de ne les pas faire sans le concours de sa femme (Toullier, t. 12, p. 558 n⁰ 582).

5 Relativement à l'application de l'art. 1428 du Code civil qui confère au mari non-seulement l'administration de tous les

4 Lequel a , par ces présentes , autorisé [68] Mad. Eléonore FAUVIN, son épouse, demeurant de droi avec lui, mais de fait à Accolay (Yonne), *à régir, gérer et administrer* [184] *tant activement* [25] *que passi vement* [26] *tous les biens et affaires d'elle (c)*.

5 En conséquence, passer et renouveler tous baux [103] de ses biens aux prix (*id.*), charges , clauses c conditions qu'elle jugera convenables , les résilier, si le cas y échoit, avec ou sans indemnité ; faire tou états de lieux [154] et récollements (*id.*), donner ou accepter tous congés [103].

6 Faire toutes coupes ordinaires (*d*) de bois, ou les vendre sur pied ou coupés, faire aussi toutes récoltes

7 S'opposer à toutes usurpations qui seraient commises sur sesdits biens, exercer à cèt égard toutes ac tions possessoires (28).

8 Faire faire auxdits biens toutes menues réparations [166] et même toutes grosses qui seraient urgentes et nécessaires, arrêter tous devis [110] et marchés à ce sujet, faire faire par les locataires et fermiers les réparations [105] à leur charge.

9 Recevoir tous loyers [103], fermages (*id.*), redevances (*id.*), arrérages de rentes [49], intérêts (*id.*) d principaux [156] et autres revenus échus et à échoir, toucher aussi tous capitaux [156] de rentes et toutes autres sommes qui appartiennent [22] ou qui appartiendront par la suite à ladite dame, et qu lui sont ou seront dues, à quelque titre et pour quelque cause que ce soit ;

10 Payer [84] et acquitter toutes sommes qui peuvent et pourront être dues par elle personnellemen pour causes licites en principaux-et accessoires , faire, accepter ou refuser toutes offres [48] et consi gnations (*id.*).

11 Payer aussi toutes impositions (58) et contributions de toute nature de ses biens ; faire toutes récla mations en dégrèvement et diminution , signer [15] et présenter à cet effet toutes pièces justificatives , mémoires et pétitions.

12 Entendre, débattre, clore et arrêter tous comptes [184], en payer ou recevoir les reliquats , remettre ou se faire remettre tous titres et pièces [84], en retirer ou donner décharge [84].

13 De toutes sommes reçues ou payées , donner ou retirer quittance [84] valables , consentir toutes mentions (*id.*) de paiement ainsi que toutes subrogations [114] avec ou sans garantie (*id.*) et toutes com pensations [167].

---

biens personnels de sa femme , mais encore l'exercice exclusif des actions mobilières et possessoires qui appartiennent à cette dernière , il faut distinguer :

S'il n'existe point de contrat de mariage , les époux sont soumis au régime légal ; or , tout ce qui est mobilier tombant en communauté sous ce régime (C. civ. 1401), il est clair que le mari peut en disposer de la manière la plus absolue (C. civ. 1421) et qu'il peut faire sur ce mobilier tous *actes de propriété* en le vendant, transportant, etc.

Si, au contraire , il existe un contrat de mariage qui contienne *stipulation de propres* (C. civ. 1500), le mari aura bien la libre disposition des revenus, parce que, sous tous les régimes, ils sont censés apportés au mari pour supporter les charges du mariage (C. civ. 1550, 1540), mais il n'en sera pas de même des biens et actions mobiliers, il n'aura que le droit d'admi nistrer les biens et d'exercer les actions parce que ces choses sont toujours propres à la femme tellement qu'elle les reprend en nature lors de la dissolution de la communauté (C. civ. 1428). Ainsi, le mari aura le droit, dans ce cas, de recevoir un capital, mais il n'aura pas le droit de le transporter sans le consentement de sa femme ou sans lui donner une autorisation spéciale semblable à celle donnée *infrà* n° 52, *des autorisations spéciales* , car le droit établi par l'art. 1428 ne comporte pas celui d'agir en maître (Toullier, t. 12, p. 545, nos 575 et suivants).

(*c*) Au moyen des expressions que nous venons de souligner, la femme est autorisée à faire tous les actes possibles d'ad ministration , et à la rigueur on pourrait se dispenser d'en faire aucune énumération dans l'acte. Il nous suffira de faire observer qu'il n'y a nécessité de l'autorisation *expresse et spéciale* dont est parlé *sup.* en la note *a* étant au bas de la page 105 que quand il s'agit d'*ester en jugement* (C. civ. 215), de *donner, aliéner, hypothéquer, acquérir à titre gratuit ou onéreux* (C. civ. 217, 225, 1558), ou de *quelque autre acte de propriété* (C. civ. 1988).

Nous indiquerons ci-après par les formules d'autorisations spéciales quels sont les actes de propriété.

(*d*) C'est de l'administration que de faire de pareilles coupes (C. civ. 590). — Il en serait autrement de coupes faites contrairement à l'aménagement ou à l'usage (*id.*).

14 Faire tous emplois et placements des fonds qu'elle aura reçus, soit par obligations avec privilège [29] ou hypothèque [30], soit par simples billets [97], lettres de change ou reconnaissances, et moyennant tels intérêts [49] et sûretés qu'elle croira devoir demander ; *faire aussi tous placements de fonds en effets publics* [197], *actions sur les banques*]28] *de France autorisées par le Gouvernement ou en rentes* [197] *sur l'Etat* (e).

15 Passer ou accepter tous titres nouvels de rentes (27, n° 134-14°).

16 Intervenir dans tous actes de transports [96] et délégations [100] qui pourraient être faits de sommes dues par elle, les accepter et se les tenir pour signifiés [96], faire toutes déclarations qu'il appartiendra ;

17 Faire et accepter toutes prorogations [77], y stipuler]52] et consentir toutes clauses et conventions, s'obliger à leur exécution.

18 Agir dans les faillites [135] ou déconfitures (*id.*) dans lesquelles elle aurait des intérêts à discuter ; requérir toutes appositions de scellés [196] ; faire procéder à leur reconnaissance et levée, ainsi qu'à tous inventaires [145] et récollements [154] ; faire, en procédant, tous dires [51], réquisitions (*id.*), protestations (*id.*) et réserves (*id.*) ; prendre communication [21] de tous livres, registres et autres titres et pièces propres à constater la situation active et passive des débiteurs ; en cas de refus ou retard, requérir cette communication en justice ; obtenir toutes autorisations et compulsoires [21], en suivre l'exécution.

19 Assister à toutes assemblées de créanciers et y prendre part à toutes délibérations ayant pour objet de nommer tous syndics provisoires et définitifs, commissaires, directeurs, séquestres, gardiens et dépositaires ; produire tous titres et pièces ; assister à la vérification des créances ; faire admettre les siennes, en affirmer la sincérité devant qui de droit *(f)*.

20 Pour le cas de successions [88] échues ou échoir à ladite dame LANGLACÉ, faire procéder ou s'opposer à l'apposition ou à la levée des tous scellés [196], ainsi qu'à tous inventaires [145] et récollements [154] ; faire en procédant tous dires [51[, réquisitions (*id.*), réserves (*id.*) et protestations (*id.*) *(g)*.

21 A défaut de paiement de la part de tous débiteurs et en cas de contestations avec qui que ce soit au sujet de l'administration des biens et affaires dont est ci-dessus parlé, exercer toutes actions [28] mobilières et possessoires (*id.*), citer [112] et comparaître *(h)* tant en demandant qu'en défendant devant tous juges et bureaux de paix, s'y concilier (*id.*), sinon paraître [20] devant tous tribunaux compétents, plaider (*id.*), s'opposer [75], appeler [186], prendre communication [21[avec ou sans déplacement de tous titres et pièces ; obtenir tous jugements [94.75] et arrêts [75], les faire mettre à exécution par toutes voies de droit, exercer toutes poursuites, contraintes et diligences nécessaires ; former toutes oppositions [108] et saisies [*id.* 194], prendre inscriptions [83], introduire tous ordres [104], provoquer toutes contributions et distributions [202] de deniers, retirer tous bordereaux de collocation, en toucher [84] le montant, prendre tous arrangements, accorder tous termes [77] et délais (*id.*).

(e) En thèse générale, l'autorisation de *placer en effets publics, actions sur les banques de France autorisées par le Gouvernement ou en rentes sur l'Etat*, est une opération qui a le caractère d'une acquisition puisqu'elle ne peut avoir lieu qu'au moyen d'un transfert et que nous avons dit *sup.*, p. 103 note *a*, que c'était, dans ce cas, faire acte de propriété. Mais ici l'opération n'a point ce caractère ; en effet, s'agissant de fonds qui n'ont pas la nature de *propres* parce qu'ils sont entrés dans la caisse sociale dont le mari a seul l'administration (C. civ. 1401, 1421, 1428, 1531, 1549), il en résulte que quand il s'agit du placement de ces fonds, c'est plutôt un *pouvoir* qu'une autorisation que le mari donne à sa femme, or, ce *pouvoir* peut être général d'après ce que nous avons dit *sup.* même note *a*, *in fine*.

(f) C'est de l'administration que de donner les pouvoirs compris en l'alinéa 19 ; cependant on peut encore y insérer ceux-ci : *signer tous contrats d'union* [130], *d'atermoiement* [131] *et concordats* [134¹, *en poursuivre l'homologation* [157] *contre les créanciers refusans* ; *prendre part à toutes distributions de deniers*. — V. *inf.* la note *h*.

(g) Nous n'ajoutons pas d'autres pouvoirs. Ceux donnés le sont pour des *actes conservatoires ou d'administration*. Tous autres pouvoirs, tels que ceux *d'accepter* ou *renoncer* (C. civ. 776), *vendre le mobilier*, *liquider et partager*, ne doivent y être insérés que dans des termes spéciaux pour chaque succession ainsi que nous l'avons fait observer *sup.* note *c*.

(h) Ce n'est point nous mettre en contradiction avec ce que nous avons dit *sup.* en la note *c*, au bas de la p. 104 que de ne pas spécialiser les affaires pour lesquelles la femme pourra, en vertu des pouvoirs qui suivent, ester en jugement et exercer des actions immobilières. Ces pouvoirs étant une suite nécessaire de l'administration du mari forment un mandat plutôt qu'une autorisation. Il faut donc appliquer à ce cas ce que nous avons dit *sup.* note *a*, *in fine*.

14

²⁰ Donner toutes main-levées [149] d'oppositions et saisies et consentir après *(i)* paiement toutes radiations [149] d'inscriptions [83], se désister [175] de toutes poursuites et contraintes.

²¹ Nommer et constituer [20] tous avoués [199], avocats *(id.)* et défenseurs *(id.)*, les révoquer, en constituer d'autres.

²⁴ Aux effets ci-dessus passer et signer [18] tous actes, faire et changer toutes élections de domicile [11-20] et généralement faire tous actes de la plus entière administration, quoique non prévus en ces présentes.

²⁵ Dont acte, fait et passé à Saint-Marcelle [12] en l'étude *(id.)*, l'an mil huit cent quarante-deux [13], le dix-huit septembre *(id.)*, et M. LANGLACÉ a signé [15] avec les Notaires, après lecture [16]. — V. *sup.* la note *m* au bas de la page 7.

²⁶   V. *Répertoire*,   note 17.

²⁷   *Enregistrement*,   notes 56, 18 et 19.

²⁸ Et, au besoin, la table alphabétique du Commentaire.

Autorisations spéciales données par le mari à la femme commune, à l'effet :

AUTORISATIONS [68] SPECIALES DONNÉES PAR LE MARI A LA FEMME COMMUNE,

RELATIVEMENT AUX BIENS ET AFFAIRES DE CETTE DERNIÈRE, A L'EFFET :

1° *D'accepter une donation.*

2° *D'accepter une succession sous bénéfice d'inventaire.*

3° *D'aliéner à rente viagère.*

4° *De consentir une antériorité.*

5° *De donner des biens en antichrèse.*

6° *De faire bail emphytéotique,*

7° *D'accepter la cession des biens du mari.*

8° *De concéder un droit d'usage et d'habitation.*

9° *De faire dation en paiement.*

10° *De faire une délégation.*

11° *De faire une donation.*

12° *D'échanger.*

13° *D'emprunter avec ou sans hypothèque.*

14° *D'ester en jugement.*

15° *D'hypothéquer.*

16° *De liciter.*

17° *De liquider.*

18° *De donner main-levée.*

19° *De négocier des actions.*

20° *De passer titre nouvel ou déclar. d'hypot.*

21° *De partager.*

22° *De donner procuration au mari ou à un tiers.*

23° *De donner quittance avec main-levée ou subrogation.*

24° *De faire remise d'une dette.*

25° *D'exercer le retrait d'un réméré.*

26° *D'exercer le retrait de droits litigieux.*

27° *De recueillir une succession.*

28° *De renoncer à une succession.*

29° *De subroger dans son hypothèque légale, ou d'y renoncer.*

30° *De traiter et transiger, composer, compromettre, prendre tous arrangements.*

31° *De transférer des rentes sur l'État.*

32° *De transporter.*

33° *De vendre.*

1° AUTORISATION [68] MARITALE A L'EFFET D'ACCEPTER UNE DONATION.

1. D'accepter une donation.

— V. *suprà* les notes au bas des pages 103, 104, 105.

PAR-DEVANT Me Julien [1] LAVENTUREUX *(id.)* et son collègue *(id.)*, Notaires [2] à Couloutre [1], département de..., soussignés [15]. — V. *sup.* la note *a* au bas de la page 3.

---

(1) C'est un *acte d'administration* que de donner main-levée *après avoir reçu*, c.-à-d. en recevant, l'hypothèque étant alors une chose accessoire qui ne doit plus subsister quand le principal est éteint, et c'est un *acte de propriété* que de donner main-levée *sans paiement*, parce qu'alors l'hypothèque est une chose principale, un droit 27 réel et immobilier que la femme ne peut aliéner sans une autorisation *expresse et spéciale*. — V. *sup.* la note *c* au bas de la page 104.

2 Est comparu,
3 M. Jean-Paul [3] BONHOMME (*id.*), marchand épicier (*id.*), demeurant (*id.*) à Couloutre.
4 Lequel a, par ces présentes, autorisé [68] la dame Jacquette DEVAUX, son épouse, demeurant avec lui.
5 A accepter [10] la donation [81] que M. Léonard DEVAUX, son oncle, ancien armateur, demeurant à...
se propose de lui faire, à titre gratuit, mais avec réserve d'usufruit [69] (ou bien : *sous les charges* [58] *et
conditions* [153] *qui seront convenues entre eux et notamment à la condition expresse* (C. civ. 1401) *que le capital n'entrera point dans la communauté* [166] *qui existe entre le comparant et son épouse*), d'une rente [197]
sur l'État de dix-huit cents francs par an inscrite au grand livre de la dette publique perpétuelle, cinq pour
cent consolidés, vol. 13 n° 13,899, série 5, au nom dudit sieur Léonard DEVAUX, avec jouissance du jour
du décès de ce dernier et mention que les arrérages qui seront alors dus appartiendront à la donataire.
6 Et à faire immatriculer au nom d'elle, sur la représentation d'un certificat de propriété [197] délivré
par le Notaire détenteur de la minute [59] de la donation, l'inscription de ladite rente pour la nue-propriété ainsi que pour la jouissance à compter de l'époque qui aura été convenue par ladite donation.
7 Dont acte, fait et passé à Couloutre [12] en l'étude (*id.*), l'an mil huit cent... [13] le... (*id.*), et le
comparant a signé [15] avec les Notaires, après lecture [16]. — V. *sup.* la note *m* au bas de la page 7.
8 V. *Répertoire*, note 17.
9 *Minute. — Brevet*, note 59.
10 *Enregistrement*, notes 56, 18 et 19.
11 Et, au besoin, la table alphabétique du Commentaire.

2° AUTORISATION [68] MARITALE A L'EFFET D'ACCEPTER UNE SUCCESSION SOUS
BÉNÉFICE D'INVENTAIRE. — V. *sup.* les notes au bas des pages 103, 104, 105.

2. D'accepter une succession sous bénéfice d'inventre.

1 PAR-DEVANT, etc. (*V. l'alinéa 1 de la formule qui précède*).
2 Est comparu M. Jean-Paul BONHOMME (*le reste comme à l'alinéa 3 de la même formule*)
3 Lequel a, par ces présentes, autorisé la dame Jacquette DEVAUX, son épouse, demeurant avec lui.
4 A se présenter au greffe du Tribunal civil de première instance dans l'arrondissement duquel s'est
ouverte la succession de M. Jacques DEVAUX, père de ladite dame, pour y déclarer qu'elle n'entend accepter cette succession que sous bénéfice d'inventaire [85], affirmer qu'elle n'a fait aucun acte d'héritier
pur et simple [78], faire toutes autres déclarations et affirmations qui seront requises, à cet effet signer
[15] tous actes.
5 Dont acte, fait et passé, etc. (*le reste comme aux alin.* 7, 8, 9, 10 et 11 de la formule qui précède).

3° AUTORISATION [68] MARITALE A L'EFFET D'ALIÉNER [198] A RENTE VIAGÈRE.
— V. *sup.* les notes au bas des pages 103, 104, 105.

5. D'aliéner à rente viagère.

1 PAR-DEVANT, etc. (*V. l'alin. 1 de la formule d'autorisation n° 1 qui précède*).
2 Est comparu M. Jean-Paul BONHOMME (*le reste comme à l'alin. 3 de la même formule*).
3 Lequel a, par ces présentes, autorisé la dame Jacquette DEVAUX, son épouse, demeurant avec lui.
4 A aliéner [198] au profit de telle personne qu'il lui plaira et moyennant une rente [76] annuelle et
viagère, franche de retenue [49] de sept cent cinquante francs par an sur sa tête et celle du comparant
son mari, sans aucune réduction au premier décès, le capital [136] de dix mille francs à elle propre [166]
et qui lui est dû par Sébastien REBOURSOT, cultivateur, et Madeleine MIRABEL, sa femme, demeurant ensemble au hameau de *Laborde*, commune de Migé, solidairement entre eux [106], avec intérêts [49], suivant acte contenant obligation passé devant M°... Notaire à..., le..., dûment enregistré [42].
5 Stipuler telles autres charges [58] clauses et conditions [153] qu'elle jugera convenable; exiger l'obligation solidaire [106] des débiteurs [26] et des sûretés hypothécaires [30] sur des biens immeubles [87]

de valeur suffisante pour répondre du service exact de ladite rente et qui ne soient grevés d'aucun privilège [29] ni d'aucune hypothèque [30], exiger à cet égard non-seulement la déclaration des débiteurs faite sous les peines de droit [31], mais encore un certificat du conservateur [111] des hypothèques dans l'arrondissement duquel les biens sont situés , constatant que la situation hypothécaire desdits biens est conforme à la déclaration ; prendre toutes inscriptions [83] au nom desdits sieur et dame Bonhomme pour sûreté du capital de ladite rente viagère.

« Dans le cas où le capital aliéné serait destiné à payer des sommes dues par hypothèque sur les biens donnés en garantie, obliger les débiteurs à faire promesse d'emploi et à déclarer dans la quittance notariée l'origine des deniers payés afin que le comparant et son épouse soient subrogés [84] aux droits des créanciers remboursés.

⁷ Aux effets ci-dessus passer et signer [15] tous actes, élire domicile [11].

⁸ Dont acte , fait et passé, etc. (*le reste comme aux alin.* 7 , 8 , 9 , 10 *et* 11 *de la formule d'autorisation ,* n° 1 *qui précède*).

---

4. De consentir une antériorité.

4° AUTORISATION [68] MARITALE A L'EFFET DE CONSENTIR UNE ANTÉRIORITÉ.
— V. *sup.* les notes au bas des pages 103, 104 et 105.

¹ PAR-DEVANT, etc. (**V.** *l'alin.* 1 *de la formule d'autorisation* n° 1 *qui précède*).

² Est comparu M. Jean-Paul BONHOMME (*le reste comme à l'alin.* 3 *de la même formule*).

³ Lequel a, par ces présentes , autorisé la dame Jacquette DEVAUX, son épouse, demeurant avec lui.

⁴ A consentir purement et simplement que l'hypothèque [30] résultant au profit de M. Michel LARDEMEL, rentier, demeurant à... d'une obligation de la somme de six mille francs que le comparant a consentie à son profit devant Mᵉ... , Notaire à..., le.., dûment enregistré [42], ainsi que l'inscription [83] que ledit sieur LARDEMEL a prise pour conservation de ladite somme au bureau de la conservation [111] des hypothèques de..., le quinze janvier dernier, vol. 140 , n° 95 , viennent en ordre [104] avant l'hypothèque légale [30] que ladite dame Bonhomme a sur tous les biens de son mari qui sont affectés à la garantie du principal et des accessoires de cette obligation , laquelle hypothèque légale a été inscrite audit bureau d'hypothèques le dix janvier aussi dernier, vol. 140, n° 60; à la condition [153] toutefois que ledit sieur LARDEMEL fera , dans le délai d'un mois, mentionner son antériorité sur les registres du bureau des hypothèques soit en marge de l'inscription de ladite dame Bonhomme, soit séparément, afin de mettre celle-ci toujours à même , au vu de tout état d'inscriptions délivré postérieurement audit délai d'un mois, de se rendre compte des antériorités et subrogations par elle consenties dans l'effet de son hypothèque légale , et de trouver ainsi dans les états dont s'agit tous les renseignements nécessaires pour ne point ensuite agir au préjudice de ses droits ; et ce , sous peine par ledit sieur Lardemel de demeurer déchu du bénéfice de l'antériorité qui lui aura été consentie.

⁵ Aux effets ci-dessus passer et signer [15] tous actes.

⁶ Dont acte , fait et passé, etc. (*le reste comme aux alin.* 7 , 8 , 9 , 10 *et* 11 *de la formule d'autorisation* n° 1 *qui précède*).

⁷ V. *sup.* pages 78 et 79 les Formules D'ANTÉRIORITÉ.

---

5. De donner des biens en antichrèse.

5° AUTORISATION [68] MARITALE A L'EFFET DE DONNER DES BIENS EN ANTICHRÈSE [180]. — V. *sup.* les notes au bas des pages 103, 104 et 105.

¹ PAR-DEVANT, etc. (**V.** *l'alin.* 1 *de la formule d'autorisation* n° 1 *qui précède*).

² Est comparu M. Jean-Paul BONHOMME (*le reste comme à l'alin.* 3 *de la même formule*).

³ Lequel a, par ces présentes , autorisé la dame Jacquette DEVAUX , son épouse, demeurant avec lui.

⁴ A abandonner [7], à titre d'antichrèse [180], à M. Athanaze VIGNEUX , cultivateur, demeurant à Labouille , commune de Couloutre, la jouissance , à partir du onze novembre prochain , d'une ferme sise

 audit lieu de Labouille, appartenant en propre à ladite dame BONHOMME, et plus amplement désignée au dernier bail [105] qui en a été fait au sieur Cyprien LENDURCY, laboureur, demeurant audit lieu de Labouille, jusqu'à entière libération de la somme de trois mille francs et de ses intérêts dont elle est, comme héritière [78] de son père, débitrice [26] envers M. VIGNEUX en reste sur le prix d'acquisition de ladite ferme.

A stipuler au contrat d'antichrèse que M. VIGNEUX devra remettre au onze novembre de chaque année des états de situation, sans frais, signés de lui, à M. et Mad. Bonhomme, pour que ceux-ci soient mis à même de connaître l'époque de la cessation de l'antichrèse.

A stipuler telles autres charges [50], clauses (id.) et conditions [155] qu'elle jugera convenables, notamment que M. VIGNEUX prélévera sur les fermages les sommes qu'il aura avancées pour le coût [5] des présentes, ainsi que pour les contributions [58] et autres charges (id.) annuelles des immeubles donnés en antichrèse, et que si le bail existant vient à cesser avant l'entier acquittement du principal [136] et des accessoires [103] de la créance de M. VIGNEUX, celui-ci sera autorisé à renouveler ou passer bail aux mêmes prix, charges et conditions ou plus avantageusement, ou, s'il ne trouve point à affermer, à jouir par lui-même des biens non loués au prix actuel.

Aux effets ci-dessus passer et signer [15] tous actes.

Dont acte, fait et passé, etc. (le reste comme aux alin. 7, 8, 9, 10 et 11 de la formule d'autorisation n° 1 qui précède).

V. sup. page 80 la formule D'ANTICHRÈSE.

AUTORISATION [68] MARITALE A L'EFFET DE FAIRE BAIL EMPHYTÉOTIQUE [105]. —
V. sup. les notes au bas des pages 103, 104 et 105.

6. De faire bail emphytéotique.

PARDEVANT, etc. (V. l'alinéa 1 de la formule d'autorisation n° 1 qui précède.)

Est comparu M. Jean-Paul BONHOMME (le reste comme à l'alinéa 5 de la même formule.

Lequel a, par ces présentes, autorisé la dame Jacquette DEVAUX, son épouse, demeurant avec lui.

A faire bail emphytéotique [105] pour quatre-vingt-dix-neuf ans, à telle personne et au prix qu'elle jugera convenables, du domaine de Poil rôti et ses dépendances, situé [141] sur le finage d'Oisy, s'obliger [107] à faire jouir paisiblement les preneurs pendant le temps du bail.

A stipuler au bail les charges [58], clauses (id.) et conditions (id.) qu'elle jugera convenables, notamment celles suivantes que les preneurs seront tenus solidairement [106] et indivisiment [92] d'exécuter : 1° de reconstruire à neuf dans les deux ans qui suivront leur prise de possession et dans les mêmes forme et dimension que celles existantes, tous les bâtiments qui servent à l'exploitation des terres dudit domaine ; 2° de planter en vigne, provigner et échalasser comme il convient et selon l'usage du pays, une pièce de terre de la contenance de deux hectares cinquante ares [91], sise au lieu dit le Côtas-Fresne ; 3° de faire aux bâtiments, après leur reconstruction, toutes les réparations [105] locatives, même celles qui seraient à la charge du propriétaire, pendant la durée du bail, et de les rendre, ainsi que la plantation, en bon état de réparations locatives à la fin dudit bail, sans pouvoir réclamer aucune indemnité ; 4° de souffrir tous les cas fortuits prévus ou imprévus qui pourraient arriver soit aux bâtiments, soit aux biens ruraux et récoltes, de manière que la reconstruction desdits bâtiments soit à la charge des preneurs au cas d'incendie même sans leur faute ; 5° et d'acquitter, en sus du fermage, les contributions foncières, charges locales et autres de toutes natures auxquelles le domaine pourra être imposé, ainsi que les déboursés et honoraires [5] du bail.

Aux effets ci-dessus passer et signer [15] tous actes.

Dont acte, fait et passé, etc. (le reste comme aux alin. 7, 8, 9, 10 et 11 de la formule d'autorisation n° 1 qui précède).

V. inf. la formule de bail emphytéotique.

7. D'accepter la cession des biens du mari.

7° AUTORISATION [68] MARITALE A L'EFFET D'ACCEPTER LA CESSION DES BIENS DU MARI. — V. *sup.* les notes au bas des pages 103, 104 et 105.

1 PARDEVANT, etc. (*V. l'alin.* 1 *de la formule d'autorisation* n° 1 *qui précède.*)

2 Est comparu M. Jean-Paul BONHOMME (*le reste comme à l'alin.* 3 *de la même formule.*)

3 Lequel a, par ces présentes, autorisé (*a*) la dame Jacquette DEVAUX, son épouse, demeurant avec lui

4 A accepter la cession de biens [129] volontaire qu'il se propose de faire à tous ses créanciers [23] d nombre desquels est ladite dame BONHOMME pour raison de ses dot [200], reprises (*id.*) et convention matrimoniales, afin d'avoir la liberté de sa personne.

5 A faire cette acceptation purement et simplement sans nuire à ses droits de priorité [102] sur le autres créanciers de son mari (ou bien : *renoncer* [30] *en faveur desdits créanciers ou de quelques-uns seule ment à exercer avant eux ses droits d'hypothèque légale* (id.) *sur les biens abandonnés*).

6 Et à stipuler dans l'acte d'abandon telles autres clauses [58] et conditions qu'elle jugera convenables dans son intérêt personnel.

7 Aux effets ci-dessus, passer et signer [15] tous actes, élire domicile [11].

8 Dont acte, fait et passé, etc. (*le reste comme aux alin.* 7, 8, 9, 10 *et* 11 *de la formule d'autorisatio n° 1 qui précède.*)

9 V. *inf.* la formule de *Cession de biens.*

---

8. De concéder un droit d'usage et d'habitation.

8° AUTORISATION [68] MARITALE A L'EFFET DE CONCÉDER UN DROIT D'USAGE ET D'HABITATION [195]. — V. *sup.* les notes au bas des pages 103, 104 et 105.

1 PAR-DEVANT, etc. (*V. l'alin.* 1 *de la formule d'autorisation* n° 1 *qui précède*).

2 Est comparu M. Jean-Paul BONHOMME (*le reste comme à l'alin.* 3 *de la même formule*).

3 Lequel a, par ces présentes, autorisé la dame Jacquette DEVAUX, son épouse, demeurant avec lui.

4 A concéder à titre onéreux à M. Gabriel Devaux, grand-croix de l'ordre de la légion d'honneur, de meurant à..., le droit d'usage et d'habitation [195] : 1° de tout ce qui compose l'aile droite du château de Villeroy, situé à... [141] ; 2° de la partie de jardin et de parc qui sont devant et derrière l'aile de châ teau dont il s'agit ; 3° de la moitié de l'étang dit des Titons étant une des dépendances dudit château ladite moitié formant la partie supérieure de l'étang et étant limitée par la roche appelée *Roche du Fort* 4° et du bois appelé le *Buisson de la Bergère*, situé sur le territoire de..., contenant dix hectares soixante-quinze ares [91] ; pour en jouir [8] pendant sa vie et celle de la dame Léocadie FORTERRE, sa femme, à compter du jour de l'acte de concession, à la charge [58] entre autres choses : 1° de donner aux biens concédés à titre de droit d'usage et d'habitation tous les soins d'un bon père de famille et de les en tretenir, pendant la durée de leur jouissance, de toutes grosses et menues réparations nécessaires ; 2°

(*a*) Sans aucun doute, la femme a besoin d'autorisation pour faire *acte de propriété* en l'absence de son mari, mais quand le mari comparaît lui-même dans cet acte, l'autorisation nous paraît, dans ce cas, une superfluité fort incommode dans la pratique des affaires et dont on doit, par ce motif, s'empresser de se débarrasser, si on le peut sans compromettre le sort des actes. Selon nous, il doit suffire que l'autorisation, le concours ou le consentement du mari intervienne à l'ins tant même de l'acte qui doit lier la femme pour que l'intérêt de cette dernière ne soit point compromis et que le vœu de la loi soit rempli, car l'art. 217 du C. civ. n'exige pas autre chose. C'est ainsi, au surplus, que la question a été résolue par un arrêt de la Cour royale de Paris du 16 janvier 1858, qui confirme un jugement du Tribunal de la Seine portant : *que les actes passés par le mari comme mandataire, en vertu d'une procuration de sa femme, valent autorisation à cette dernière de lui conférer ce mandat.* — La femme peut donc, d'après cet arrêt, donner procuration à un tiers sans être autorisée, et tout ce que fait ce tiers, en cette qualité, est valable, si le mari intervient à l'acte fait en vertu de cette procuration.

d'habiter par eux-mêmes, avec leur famille seulement, la portion de château qui leur aura été concédée ; 3° de ne pouvoir céder ni sous-louer en tout ou en partie leur droit d'usage et d'habitation ; 4° d'acquitter [84], à compter du jour de l'acte de concession, les contributions [58] foncières, ordinaires et extraordinaires, auxquelles les biens pourront être imposés ; 5° de souffrir la perte du droit d'habitation de la portion de château et du droit d'usage des autres objets, dans le cas où ils viendraient à être détruits par accident, sauf à voir revivre leur droit dans le cas où ils seraient rétablis ; 6° de rendre lesdits biens, à l'expiration de leur droit, conformément à l'état [154] qui en sera dressé contradictoirement entre les parties lors de l'entrée en jouissance du concessionnaire (la dame Devaux étant dûment autorisée à cet effet par ces présentes) ; 7° de payer les déboursés [5] et honoraires (id.) de l'acte de concession ; et en outre moyennant la somme de trente mille francs qui sera payable [84] avec ou sans intérêts [49] immédiatement après l'accomplissement des formalités de transcription [111] et de purge légale [156].

5 Aux effets ci-dessus passer et signer [15] tous actes.

6 Dont acte, fait et passé, etc. (*le reste comme aux alin.* 7, 8, 9, 10 *et* 11 *de la formule d'autorisation* n° 1 *qui précède*).

9° AUTORISATION]68] MARITALE A L'EFFET DE FAIRE DATION EN PAIEMENT [201].
— V. *sup.* les notes au bas des pages103, 104 et 105.

9. De faire dation en paiement.

1 PAR-DEVANT, etc. (*V. l'alin.* 1 *de la formule d'autorisation* n° 1 *qui précède*).

2 Est comparu M. Jean-Paul BONHOMME (*le reste comme à l'alin.* 3 *de la même formule*).

3 Lequel a, par ces présentes autorisé la dame Jacquette DEVAUX, son épouse, demeurant avec lui.

4 A céder et abandonner avec la garantie de droit [291] à M. César BEAUJOLAIS, confiseur, demeurant à..., une maison [7] avec toutes ses dépendances [71], située à... [141] consistant en... [154] (V. *sup. page* 49, *alin.* 7 *et* 8), appartenant en propre [22] à la dame BONHOMME comme l'ayant recueillie dans la succession de... (V. *sup. page* 49, *alin.* 10 *et suiv. et inf.* : *Etablissement de propriété*); pour demeurer quitte envers ledit sieur BEAUJOLAIS de la somme de sept mille francs qu'elle lui doit comme seule héritière [78] de son père pour le principal [136] d'une obligation [107] souscrite par ce dernier suivant acte passé en minute [59] devant Me... Lenoir et son collègue, Notaires à..., le..., dûment enregistré [42], plus des intérêts [49] qui auront couru de cette somme depuis le vingt-quatre juin dernier jusqu'au jour de l'acte qui contiendra la dation en paiement ; et en outre sous les charges [58] et conditions [155] suivantes : 1° de payer les déboursés [5] et honoraires (*id.*) de l'acte de dation en paiement ; 2° d'acquitter, à compter du jour de l'abandon, les contributions [58] foncières et autres de toute nature imposées et à imposer sur ladite maison ; comme aussi de supporter toutes les charges de ville et de police ; 3° d'entretenir l'assurance [155] contre l'incendie de ladite maison dans le cas où elle aurait été assurée par quelque compagnie, et de payer les primes qui seront dues à compter du jour de son entrée en jouissance, à l'effet de quoi la dame BONHOMME le mettra et subrogera dans tous les effets qui pourront résulter de cette assurance pour le temps qui en reste à courir. — (V. *sup. la note* a *au bas de la page* 51). 4° De souffrir les servitudes [55] passives continues ou discontinues dont ladite maison peut être grevée, sauf à faire valoir celles actives à son profit, le tout à ses risques et périls ; 5° de maintenir, pour le temps qui en reste à courir depuis le... dernier, jusqu'au..., le bail [105] qui a été fait d'une partie de ladite maison au sieur Xavier CAUVIN, distillateur, demeurant à..., moyennant cent cinquante francs par an payables de quatre mois en quatre mois, pour n'avoir droit aux loyers qu'à compter du jour de l'acte de dation en paiement, si mieux n'aime ledit sieur Beaujolais résilier [105] ledit bail mais à ses risques et périls et sans recours contre la dame Bonhomme ; 6° de remplir, à ses frais, dans le délai de quatre mois, à compter du jour de l'acte, les formalités de transcription [111] et de purge légale [156], sous la condition, en cas d'inscriptions, qu'elles seront préalablement dénoncées [122] aux vendeurs et que l'acquéreur ne pourra faire ni offres [48], ni consignations (*id.*), ni notifications [122], sans y être contraint par quelque créancier [25] inscrit ; 7° et de donner main-levée [149] et consentir la radiation (*id.*) de l'inscription prise pour conser-

vation de la créance de sept mille francs dont est ci-dessus parlé, aussitôt que l'accomplissement des formalités de transcription et de purge légale aura mis ledit acquéreur à même de reconnaître qu'il n'y a aucun obstacle à ce que la compensation, différée jusques là entre les parties, s'opère valablement entre elles par suite de la non-existence d'inscriptions.

₅ En cas de difficulté ou de refus relativement à la main-levée de l'inscription dont est ci-dessus parlé, faire toutes sommations [119], former toute demande en dommages-intérêts [159], citer [112] et comparaître tant en demandant qu'en défendant devant tous juges de paix et bureaux de conciliation, s'y concilier sinon paraître [20] devant tous tribunaux compétents, plaider, s'opposer [75], appeler [186], obtenir tous jugements [75] et arrêts (*id.*), les faire mettre à exécution par toutes voies de droit, exercer toutes poursuites, contraintes et diligences nécessaires, former toutes oppositions [108 et 194], prendre inscriptions [85], provoquer tous ordres [104] et distributions de deniers [202], recevoir tous bordereaux de collocation [104], en toucher le montant [84], prendre tous arrangements, [202] donner après (*a*) paiement main-levée [149] de toutes oppositions [108] et saisies (*id.*) et consentir la radiation de toutes inscriptions ; constituer [20] tous avoués [199] et avocats (*id.*) et défenseurs (*id.*), les révoquer, en constituer d'autres.

₆ Aux effets ci-dessus passer et signer [15] tous actes, élire domicile [11].

₇ Dont acte, fait et passé, etc. (*le reste comme aux alin.* 7, 8, 9, 10 *et* 11 *de la formule d'autorisation. n.* 1 *qui précède*).

₁₀. De faire une délégation.

10° AUTORISATION [68] MARITALE A L'EFFET DE CONSENTIR UNE DÉLÉGATION [100]. — V. *sup.* les notes au bas des pages 103, 104 et 105.

₁ PAR-DEVANT, etc. (*V. l'alin.* 1 *de la formule d'autorisation, n.* 1 *qui précède*).

₂ Est comparu M. Jean-Paul BONHOMME (*le reste comme à l'alin.* 3 *de la même formule*).

₃ Lequel a, par ces présentes, autorisé la dame Jacquette DEVAUX, son épouse, demeurant avec lui.

₄ A consentir au profit de M. François MAGLOIRE, officier de santé, demeurant à..., pour cet intervenant, délégation [100] de la somme de six mille francs à prendre par priorité [102] et préférence (*id.*) à elle-même et à tous autres, dans celle de dix mille francs devant échoir le..., et qui lui est due par Sébastien REDONDOT, cultivateur, demeurant à..., et par Jeanne CATICHE, sa femme, solidairement [106] entre eux, pour prix de la vente qu'elle leur a faite de biens immeubles à elle propres situés sur le territoire de..., suivant contrat passé en minute [59] et présence de témoins [14] devant Me... Notaire à..., le..., dûment enregistré [42] et sur lequel les formalités de transcription [111] et de purge légale [156] ont été remplies sans qu'il se soit trouvé d'inscriptions [85] grevant lesdits immeubles ; les intérêts [49] de laquelle somme de six mille francs fixés à cinq pour cent par an ne courront au profit dudit sieur MAGLOIRE qu'à compter du...

₅ A stipuler qu'au moyen de cette délégation la dame Bonhomme demeurera quitte envers le délégataire tant de la somme de quatre mille francs que celui-ci a déjà payée [84] pour elle que de celle de deux mille francs qu'il sera obligé de payer dans [77] le mois de la délégation à M. Léonard BRANDON, rentier, demeurant à..., pour le remboursement à forfait [84] du capital [136] et des arrérages [49] de la rente [77] annuelle et perpétuelle de six cents francs dont elle est tenue pour moitié solidairement [106] avec ledit sieur MAGLOIRE débiteur de l'autre moitié, au moyen de quoi ce dernier devra faire consentir à frais communs et par qui de droit quittance [84] de somme égale au capital de la rente sans aucune subrogation (*id.*) mais avec main-levée [149] des inscriptions hypothécaires [55] relatives à cette rente.

₆ A faire intervenir à l'acte de délégation les époux Redondot tant pour accepter [96] la délégation que

---

(*a*) V. *sup.* la note (1) au bas de la page 106.

pour consentir qu'il soit délivré à **M. Magloire** et à Mad. **Bonhomme**, une grosse [64] à chacun d'eux par ampliation (*id.*) sur celle du contrat de vente précité qui sera annexée [35] à cet effet à l'acte de délégation (*a*).

₆ Aux effets ci-dessus passer et signer [15] tous actes, élire domicile [11].

₆ Dont acte, fait et passé, etc. (*le reste comme aux alin.* 7, 8, 9, 10 *et* 11 *de la formule d'autorisation, n.* 1 *ci-dessus, p.* 107).

V. *sup.* page 75 la formule d'*Ampliation.*

11° AUTORISATION [68] MARITALE A L'EFFET DE FAIRE UNE DONATION [81].
— V. *sup.* les notes au bas des pages 103, 104 et 105.

11. De faire une donation.

₁ Par-devant, etc. (*V. l'alin.* 1 *de la formule d'autorisation, n.* 1 *ci-dessus, page* 107).

₂ Est comparu M. Jean-Paul **Bonhomme** (*le reste comme à l'alin.* 3 *de la même formule*).

₃ Lequel a, par ces présentes autorisé la dame Jacquette **Devaux**, son épouse, demeurant avec lui.

₄ A faire donation [81] par préciput et hors part [146] à M. Paul-Louis **Bonhomme**, leur fils, négociant demeurant à..., de deux actions [28] de la banque de France, inscrites sur le registre cote h, folio 199, appartenant [22] en propre à ladite dame **Bonhomme**, ainsi que de leurs dividendes 28] échus et à échoir.

₅ A commettre tous agents de change [197] pour opérer le transfert (*id.*) desdites actions au nom de M. **Bonhomme** fils; signer tous transferts, faire toutes déclarations et affirmations nécessaires.

₆ Dont acte, fait et passé, etc. (*le reste comme aux alin.* 7, 8, 9, 10 *et* 11 *de la formule d'autorisation, n.* 1 *ci-dessus, page* 107).

V. *inf.* la formule de transfert n. 31.

12° AUTORISATION [68] MARITALE A L'EFFET D'ÉCHANGER [204].
— V. *sup.* les notes au bas des pages 103, 104, 105.

12. D'échanger.

₁ Par-devant, etc. (*V. l'alin.* 1 *de la formule d'autorisation, n.* 1 *ci-dessus, page* 107).

₂ Est comparu M. Jean-Paul **Bonhomme** (*le reste comme à l'alin.* 3 *de la même formule*).

₃ Lequel a, par ces présentes, autorisé la dame Jacquette **Devaux**, son épouse, demeurant avec lui.

₄ A céder et abandonner à titre d'échange [204] à M. Jean **Lacayette**, tourneur en bois, demeurant à..., une pièce de pré [141] de la contenance de un hectare [91] cinquante-trois ares vingt-un centiares, joignant ledit sieur **Lacayette**, située sur le territoire de..., lieu dit la Grève, appartenant [22] en propre à ladite dame **Bonhomme**, aux termes d'un acte de partage [143] passé devant M⁰ **Linard** qui en a gardé minute [39] et son collègue, Notaires à. ., le..., dûment enregistré [42].

₅ Recevoir en contre-échange [204] dudit sieur **Lacayette** et de sa femme un verger dans lequel il y a une fontaine, situé sur le même territoire, lieu dit Bel-Air, de la contenance [91] de cinquante-un ares sept centiares, appartenant [22] aux époux **Lacayette** pour en avoir fait l'acquisition de Jérôme **Pascal** et de sa femme par contrat passé devant M⁰ **Linard**, Notaire sus-nommé, le..., dûment enregistré [42].

₆ Fixer l'époque d'entrée en jouissance [22]; stipuler toute garantie [201]; exiger que la dame **La-cayette** s'oblige à cette garantie solidairement [106] avec son mari soit dans les termes les plus étendus

---

(*a*) Lorsqu'il s'agit de délégations peu importantes ou que l'on veut éviter les frais de grosses par ampliation on supprime la seconde partie du présent alinéa et on ouvre un alinéa 7 ainsi conçu :

« *Et à s'obliger d'aider M.* **Magloire** *au besoin et sur récépissé de la grosse du contrat de vente précité, laquelle reste entre les mains de Mad.* **Bonhomme**, *attendu qu'elle est encore créancière des époux* **Redondot** *pour une grande partie du prix exprimé en cette vente.* »

soit avec restriction aux troubles et évictions provenant d'elle (a) ou de toute personne subrogée [114] à ses droits; s'obliger [107] et faire obliger les époux LACAYETTE au rapport des main-levées [149] et certificats de radiation (id.) des inscriptions [85] pouvant grever respectivement les biens échangés ; déclarer le revenu [50] annuel de chaque objet échangé; faire l'échange sans aucune soulte (b); faire et exiger toutes déclarations relatives à l'état civil [162] des parties ; remettre [54] ou se faire remettre tous titres et pièces, ou s'obliger à les remettre.

⁷ Aux effets ci-dessus, passer et signer [15] tous actes , élire domicile [11].

⁸ Dont acte, fait et passé , etc. (*le reste comme aux alin.* 7, 8, 9, 10 *et* 11 *de la formule d'autorisation* n° 1 *ci-dessus, page* 107).

15° AUTORISATION [68] MARITALE A L'EFFET D'EMPRUNTER [205] AVEC OU SANS HYPOTHÈQUE [30]. — V. *sup.* les notes au bas des pages 103, 104 et 105.

¹ PAR-DEVANT, etc. (*V. l'alin.* 1 *de la formule d'autorisation* n° 1 *ci-dessus, page* 107).

² Est comparu M. Jean-Paul BONHOMME (*le reste comme à l'alin.* 3 *de la même formule*).

³ Lequel a, par ces présentes , autorisé la dame Jacquette DEVAUX , son épouse, demeurant avec lui.

⁴ A emprunter [205] de qui elle jugera convenable et par acte [177] devant Notaire jusqu'à concurrence de la somme de dix mille francs [91] qui sera employée [114] à payer pareille somme due [26] par ladite dame à M. Germain LECOMTE , directeur des coches , demeurant à..., s'obliger [107] à rendre cette somme, convenir de l'époque [77] de la restitution, du taux des intérêts [49], du lieu et du mode de paiement [84].

⁵ Promettre [114] d'employer ladite somme à payer les dix mille francs qui restent dus par elle audit sieur LECOMTE , pour solde en principal [136] et intérêts [49] du prix [161] de l'acquisition [109] qu'elle a faite de ce dernier avant son mariage de la ferme de Montécot , située [141] sur le finage (id.) d'Accolay, par contrat passé en minute [59] devant Me JACQUET et son collègue , Notaires à Sery, le..., dûment enregistré [42], faire cet emploi [114] par acte devant Notaire dans le plus bref délai en déclarant l'origine [114] des deniers payés afin de faire subroger (id.) le prêteur dans tous les droits [27] et actions [28], priviléges [29] et hypothèques [30] du créancier remboursé (c).

⁶ *Dans le cas où il n'est pas fait de promesse d'emploi, ce qui constitue alors un prêt sans hypothèque, on supprime l'alin. qui précéde et on le remplace par le suivant :* affecter et hypothéquer [30] spécialement à la sureté de ladite somme de dix mille francs [91] et de ses accessoires [103] 1°... (*désigner* [141] *ici les biens et se conformer pour la désignation à ce que nous avons dit* sup. p. 42, *alin.* 8 *et suiv. et* p. 49, *alin.* 7 *et* 8), lesquels biens appartiennent [22] en propre à ladite dame BONHOMME ainsi qu'elle en justifiera; déclarer [31] que les biens hypothéqués ne sont grevés d'aucune espèce d'hypothèques ou priviléges (ou : *qu'ils ne sont grevés d'hypothèques que pour la somme de... envers, etc.*).

⁷ Aux effets ci-dessus , passer et signer [15] tous actes [177], élire domicile [11].

⁸ Dont acte en brevet [59] qui devra être annexé [53] à la minute [59] de l'acte d'emprunt [205] et dont

---

(a) V. *sup.* page 43, l'alinéa 21 et la note *a* étant au bas de cette page.

(b) *Ou bien :* faire soulte [204] au profit des sieur et dame LACAYETTE d'une somme de..., payable [84] dans le délai [17] de... ans, à compter du jour de l'échange, avec intérêts [49]. *Ou bien encore :* stipuler à son profit une soulte de... que les époux LACAYETTE s'obligeront solidairement (ou si la femme LACAYETTE ne contracte point un engagement illimité ; *que le sieur* LACAYETTE *sera obligé*) de payer dans le délai de... avec (ou *sans*) intérêts.

(c) La formule , telle qu'elle est , suppose l'existence d'un contrat de mariage qui exclut de la communauté les dettes respectives des époux antérieures au mariage (C. civ. 1498), ce qui, dans ce cas, permet à l'épouse débiteur d'emprunter pour payer sa dette sans que cela oblige la communauté si ce n'est pour les intérêts (C. civ. 1409-5°). S'il en était autrement, l'acte à faire ici devrait être une *procuration* et non une *autorisation*, parce qu'il s'agirait alors d'une dette tombée à la charge de cette communauté à défaut de stipulation qui déroge au régime légal et dont , dans tous les cas, la communauté serait tenue , sauf récompense quand il y a lieu , c. à d. lorsqu'il s'agit de dettes relatives à des immeubles (C. civ. 1409-1°-2°).

le Notaire dépositaire ne pourra délivrer qu'une seule expédition [64] ou extrait (*id.*) à la suite [45] de la grosse [64] dudit acte d'emprunt et sur le même timbre [45] ; se réservant, le comparant, de donner lui-même à son épouse, s'il le juge convenable, une nouvelle autorisation pour parfaire l'emprunt de la somme ci-dessus énoncée, dans le cas où l'emprunt fait en vertu des présentes n'aurait eu lieu que pour une portion de ladite somme (*a*).

₉ Dont acte , fait et passé, etc. (*le reste comme aux alin.* 7 , 8 , 9 , 10 *et* 11 *de la formule d'autorisation* nᵒ 1 *ci-dessus, page* 107).

14ᵒ AUTORISATION [68] MARITALE A L'EFFET D'ESTER [206] EN JUGEMENT.
— V. *sup.* les notes au bas des pages 103, 104, 105.

14. D'ester en jugement.

₁ PAR-DEVANT, etc. (V. *l'alin.* 1 *de la formule d'autorisation, n.* 1 *ci-dessus, page* 107).

₂ Est comparu M. Jean-Paul BONHOMME (*le reste comme à l'alin.* 3 *de la même formule*).

₃ Lequel a, par ces présentes, autorisé la dame Jacquette DEVAUX , son épouse, demeurant avec lui.

₄ A former contre le sieur Joachim BOUDARD , mécanicien, demeurant à Cervenon , toute demande [119] en justice afin de rescision [171] pour cause de lésion, de la vente [109] faite par elle audit sieur Boudard du domaine de *Trompas*, moyennant trente mille francs payés comptant, suivant contrat [177] passé devant Mᵉ Laventureux, l'un des Notaires soussignés, le…, dûment enregistré [42].

₅ Nommer tous experts [195] , faire procéder et assister à toutes visites et estimations dudit domaine ; faire tous dires [51] et réquisitions, réserves (*id.*) et protestations (*id.*), offrir [48] et effectuer [84] le remboursement du prix de la vente.

₆ A défaut par l'acquéreur de consentir à l'amiable la rescision de ladite vente, citer [112] et comparaître devant tous bureaux de conciliation [94], s'y concilier [112], transiger [203], composer (*id.*), compromettre [185], sinon assigner [20] et comparaître devant tous juges et tribunaux compétents, plaider, s'opposer [75], appeler [186], nommer et constituer tous avoués [20] et avocats [199], arbitres [185] et experts [195], poursuivre l'exécution [194] de tous jugements [75] et arrêts (*id.*), exercer toutes poursuites , contraintes et diligences nécessaires, donner et accepter tous désistements [175], faire toutes offres réelles [48] et consignations (*id.*), ou bien recevoir l'excédant du prix qui serait fixé par la transaction ou adjugé par les tribunaux, en donner quittances [84], consentir toutes mentions de paiement [84] et subrogations [114] sans garantie.

₇ Aux effets ci-dessus donner tous pouvoirs, les révoquer, en donner d'autres, passer et signer [15] tous actes [177], élire domicile [11].

₈ Dont acte , fait et passé, etc. (*le reste comme aux alin.* 7 , 8 , 9 , 10 *et* 11 *de la formule d'autorisation, n.* 1 *ci-dessus, page* 107).

15ᵒ AUTORISATION [68] MARITALE A L'EFFET D'HYPOTHÉQUER [30].
— V. *sup.* les notes au bas des pages 103, 104 et 105.

15. D'hypothéquer.

₁ PAR-DEVANT, etc. (V. *l'alin.* 1 *de la formule d'autorisation, n.* 1 *ci-dessus, page* 107).

(*a*) Au moyen de cette clause (qui ne s'insère que quand le mari n'a pas une entière confiance dans l'usage que sa femme peut faire des pouvoirs résultant de l'autorisation qu'il lui donne), il n'y a point à craindre d'abus de pouvoirs de la part de la femme ou de ceux en qui elle aurait mis sa confiance, car il est arrivé dans de pareils cas d'emprunter autant de fois la somme portée en l'autorisation qu'on s'était fait délivrer d'expéditions. Or, avec la clause ci-dessus cela ne paraît plus possible, tout emprunt fait sur expédition ne pouvant être obligatoire ni pour le mari ni pour la femme.

A la vérité l'inconvénient pourrait encore subsister à l'égard d'une procuration faite en minute dont on se ferait délivrer plusieurs expéditions, mais on peut l'éviter en convenant dans la minute qu'il n'en sera délivré qu'une expédition par le Notaire et que tout emprunt fait en vertu d'une copie d'expédition ne sera point valable. Dans ce cas, mention de la délivrance de cette expédition doit par prudence être faite et signée sur la minute en ces termes : *délivré une expédition qui devra être la seule pour se conformer à l'intention des parties exprimée en la minute.*

2 Est comparu M. Jean-Paul Bonhomme (*le reste comme à l'alin. 3 de la même formule*).

3 Lequel a, par ces présentes, autorisé la dame Jacquette Devaux, son épouse, demeurant avec lui.

4 A consentir [101] hypothèque [50] sur un moulin à farine situé [141] sur le finage (*id.*) de... et sur toutes ses dépendances [71], le tout appartenant [22] en propre à ladite dame Bonhomme et plus amplement désigné au bail [105] qui en a été fait au sieur Benjamin Billaudot, par acte [177] passé devant Me..., Notaire à..., le... dûment enregistré [42] ; et ce, pour sûreté du principal [136] et des intérêts [49] à échoir de l'obligation [107] de onze mille francs que le comparant doit à M. Charles Defert, rentier, demeurant à..., suivant acte [177] passé devant Me..., Notaire à..., le.. , aussi enregistré.

5 Faire cette affectation hypothécaire, à la condition que M. Defert prorogera [77] par l'acte même d'affectation l'exigibilité de ladite obligation jusqu'au... sans nullement déroger à la stipulation d'intérêts qui y est exprimée.

6 Et en outre à la condition expresse que la garantie de la dame Bonhomme quoique personnelle ne portera que sur le moulin et ses dépendances dont est ci-dessus parlé et ne pourra être exercée sur aucune autre partie des biens meubles et immeubles de ladite dame qui limitera l'action [28] du créancier au moulin et dépendances dont il s'agit.

7 Aux effets ci-dessus passer et signer [15] tous actes [177], élire domicile [11].

8 Dont acte, fait et passé etc. (*le reste comme aux alin. 7, 8, 9, 10 et 11 de la formule d'autorisation. n* ci-dessus, page 107).

---

16. De liciter.

16° AUTORISATION [68] MARITALE A L'EFFET DE LICITER [207].

V. *sup.* les notes au bas des pages 103, 104 et 105.

1 Par-devant, etc. (V. *l'alin.* 1 de la formule d'autorisation n. 1 ci-dessus, page 107).

2 Est comparu M. Jean-Paul Bonhomme (*le reste comme à l'alin. 3 de la même formule*).

3 Lequel a, par ces présentes, autorisé la dame Jacquette Devaux, son épouse, demeurant avec lui.

4 A procéder à la licitation [207] soit à l'amiable ou aux enchères, soit en justice, des biens immeubles [87] situés [141] sur le finage de..., qui sont indivis [207] entre elle et ses frères [144] et sœurs (*id.*) comme dépendant de la succession [88] de M. Jacques Devaux, leur père [144] commun, faire faire toutes visites et estimations préalables, dresser tous cahiers [58] de charges, y faire insérer telles charges (*id.*), clauses et conditions [155] qu'elle jugera convenables, surenchérir [147] lors des licitations, et se rendre adjudicataire, s'obliger [107] au paiement du prix [161] avec ou sans intérêts [49], le payer ou recevoir [84] suivant qu'il y aura lieu en principal [136] et accessoires [103], faire, accepter ou refuser toutes offres [48], remettre ou se faire remettre [154] tous titres et pièces.

5 De toutes sommes reçues ou payées, de toutes remises de pièces, donner ou retirer toutes quittances [84] et décharges (*id.*) valables, consentir toutes mentions (*id.*) de paiement et subrogations [114] avec ou sans garantie.

6 Donner en recevant, ou exiger en payant, main-levée [149] de toutes oppositions [108] et saisies (*id.*), et tout consentement à radiation [149] d'inscriptions [85].

7 Aux effets ci-dessus, former toutes demandes [119] en justice, assigner [20] et comparaître devant tous juges et tribunaux, plaider, obtenir tous jugements [75], les faire mettre à exécution, exercer toutes poursuites et diligences nécessaires, nommer et constituer [20] tous avoués et avocats [199], experts [195] et tiers-experts (*id.*), les révoquer et en nommer d'autres ; passer et signer [15] tous actes [177] et procès-verbaux, élire domicile [11].

8 Dont acte, fait et passé, etc. (*le reste comme aux alin. 7, 8, 9, 10 et 11 de la formule d'autorisation. n. 1 ci-dessus, page 107*).

17° AUTORISATION [68] MARITALE A L'EFFET DE LIQUIDER [143].
— V. *sup.* les notes au bas des pages 103, 104 et 105.

1   PAR-DEVANT, etc. (*V. l'alinéa 1 de la formule d'autorisation, n.* 1 *ci-dessus, p.* 107).

2   Est comparu M. Jean-Paul BONHOMME (*le reste comme à l'alinéa 3 de la même formule*)

3   Lequel a, par ces présentes, autorisé la dame Jacquette DEVAUX, son épouse, demeurant avec lui.

4   A procéder soit judiciairement soit à l'amiable à tous comptes et liquidations [143] de la succession [88] de M. Jacques DEVAUX, son père, dont elle est héritière [78] pour...., laquelle est actuellement purement mobilière, au moyen de la vente de tous les immeubles [87] de cette succession ; composer la masse, faire tous rapports [146], exercer tous prélèvements (*id.*), faire et accepter tous abandonnements [146], en recevoir le montant.

5   Aux effets ci-dessus former toutes demandes [119] en justice, assigner [20] et comparaître devant tous juges et tribunaux, plaider, obtenir tous jugements [75], les faire mettre à exécution [194], faire dans les opérations de liquidation tous dires [31] et réquisitions (*id.*), réserves (*id.*) et protestations (*id.*), exercer toutes poursuites [194] et diligences (*id.*) nécessaires, demander ou s'opposer à toute homologation [137], nommer et constituer [20] tous avoués [199] et avocats (*id.*), les révoquer (*id.*), en nommer d'autres, passer et signer [15[tous actes [177] et procès-verbaux (*id.*), élire domicile [11].

6   Dont acte, fait et passé, etc. (*le reste comme aux alin.* 7, 8, 9, 10 *et* 11 *de la formule d'autorisation n.* 1 *ci-dessus, p.* 107).

18° AUTORISATION [68] MARITALE A L'EFFET DE DONNER MAIN-LEVÉE [149].
— V. *suprà* les notes au bas des pages 103, 104, 105.

1   PAR-DEVANT, etc. (V. *l'alin.* 1 *de la formule d'autorisation, n.* 1 *ci-dessus, p.* 107).

2   Est comparu M. Jean-Paul BONHOMME (*le reste comme à l'alin.* 3 *de la même formule*).

3   Lequel a, par ces présentes, autorisé la dame Jacquette DEVAUX, son épouse, demeurant avec lui.

4   A se désister [175] (*a*) du droit d'hypothèque [28 et 30], du privilége [29] et de l'action résolutoire [133] résultant au profit de ladite dame pour raison du prix [161] et des charges [58] de la vente [109] qu'elle a faite à M. Séraphin Fèvre, propriétaire, demeurant à..., de la ferme de *Vaux-Labelle*, située sur le finage de..., par contrat [177[passé devant Me..., Notaire à..., le... dûment enregistré [42], transcrit [111] au bureau de la conservation (*id.*) des hypothèques de..., vol... n...

5   Et à donner par suite main-levée [149] et consentir [101] la radiation [149] de l'inscription [83] prise d'office à son profit au bureau des hypothèques de..., le... vol... n°..., contre ledit sieur Fèvre lors de la transcription du contrat de vente précité.

6   A l'effet de ce que dessus, signer [15] tous actes [177].

7   Dont acte, fait et passé, etc. (*le reste comme aux alin.* 7, 8, 9, 10 *et* 11 *de la formule d'autorisation n.* 1 *ci-dessus, p.* 107).

(a) Ce n'est qu'en exprimant dans l'acte ce désistement, ou en justifiant du paiement du prix de la vente, qu'on peut obliger le conservateur à opérer la radiation de l'inscription d'office, parce que, en effet, la radiation de l'inscription, quand il n'y a pas de désistement, n'efface pas le privilége (C. R. de Dijon, 17 juillet 1839).

Mais lorsque par le contrat de vente il a été fait délégation du prix aux créanciers inscrits, cette stipulation leur profitant (C. civ, 1121) et le conservateur ne pouvant, dans tous les cas, admettre un acte de révocation auquel toutes les parties n'ont pas concouru, il en résulte que le vendeur ne peut plus donner seul de désistement ni de main-levée, parce qu'alors les créanciers peuvent être intéressés à la conservation du privilége et que d'ailleurs l'acquéreur peut être, par suite de la délégation, *personnellement* obligé à la dette envers ces derniers [V. *Action hypothéc. note* 28, *n.* 275 *et suiv.*]

19° AUTORISATION [68] MARITALE A L'EFFET DE NEGOCIER [96] DES ACTIONS.
— V. *sup.* les notes au bas des pages 103, 104 et 105.

19. De négocier des actions.

1 PAR-DEVANT, etc. (*V. l'alin.* 1 *de la formule d'autorisation n°* 1 *ci-dessus, p.* 107).

2 Est comparu M. Jean-Paul BONHOMME (*le reste comme à l'alin.* 3 *de la même formule*).

3 Lequel a, par ces présentes, autorisé la dame Jacquette DEVAUX, son épouse, demeurant avec lui et avec laquelle il est marié sous le régime de la communauté [166] réduite aux acquêts.

4 A vendre et négocier [96] à telle personne et aux prix [161], charges [58], clauses (*id.*) et conditions [155] qu'elle jugera convenable ou au cours de la Bourse [96], mais sans garantie, trois actions [28] sur les mines de St.-Gobain, au capital nominal de mille francs chacune portant les n°s. 1001, 1002, 1003, appartenant [22] en propre à la dame Bonhomme et inscrites en son nom.

5 En toucher [84] le prix et en donner quittance (*id.*), signer [15] tous acquits [84] et émargements (*id.*).

6 Dont acte, fait et passé, etc. (*le reste comme aux alin.* 7, 8, 9, 10 *et* 11 *de la formule d'autorisation n.* 1 *ci-dessus, p.* 107).

20° AUTORISATION [68] MARITALE A L'EFFET DE PASSER TITRE NOUVEL [208] OU DÉCLARATION D'HYPOTHEQUE (*id.*). — V. sup. *les notes au bas des pages* 103, 104 *et* 105,

20. De passer titre nouvel ou déclaration d'hypothèque.

1 PAR-DEVANT, etc. (*V. l'alinéa* 1 *de la formule d'autorisation n°* 1 *ci-dessus, p,* 107.)

2 Est comparu M. Jean-Paul BONHOMME (*le reste comme à l'alinéa* 3 *de la même formule.*

3 Lequel a, par ces présentes, autorisé la dame Jacquette DEVAUX, son épouse, demeurant avec lui.

4 A passer titre nouvel [108] et reconnaissance (*id.*) au profit de qui de droit de la rente constituée [76], annuelle et perpétuelle, franche de retenue [49] de cent cinquante francs [91] payable annuellement le... au capital [156] de trois mille francs, dont elle est tenue personnellement et hypothécairement, pour le tout, comme héritière [78] de M. Jacques DEVAUX, son père [144], au moyen des arrangements faits entre elle et ses co-héritiers [78] dans l'acte de partage [145] de la succession [88] de ce dernier, passé devant Me..., Notaire à..., le.. dûment enregistré [42], laquelle rente a été constituée à prix d'argent par M. DEVAUX, susnommé, au profit de M. Paul VITROT, chevalier de St.-Louis, demeurant à..., aux héritiers duquel elle est due maintenant, et repose par hypothèque [30] sur... (*désigner ici les biens très-succinctement*) lesquels biens sont tous détenus par la dame Bonhomme (*a*).

5 A s'obliger [107] et obliger (*id.*) le comparant, son mari, mais seulement tant que durera la communauté [166] d'entre lui et son épouse, à payer [84] et servir annuellement les arrérages de ladite rente à compter du... dernier, première année devant échoir [77] le... prochain.

6 A reconnaître aussi que le créancier [25] de ladite rente a droit d'hypothèque [28 et 30] sur les biens ci-dessus désignés qui ont été affectés à ladite rente par le contrat [177] de constitution précité.

7 Le tout sans novation [168] aux droits [27] et actions [28], priviléges [29] et hypothèques [30] résultant du titre constitutif de ladite rente, lequel continuera de subsister dans toute sa force et vertu (*b*).

[*a*] Si les biens avaient été divisés entre les héritiers, cette division donnerait le droit d'exiger le remboursement de la rente, parce qu'elle aurait pour effet de diminuer les sûretés du créancier [C. civ. 2114, 1188. — V. la note *a* au bas de la p. 67.

[*b*] Lorsque les biens hypothéqués ont été divisés entre les héritiers par le partage, si ce fait est avoué dans la déclaration et que le créancier accepte cette situation on conçoit que celui-ci soit non-recevable à demander ensuite son remboursement pour cause de division de l'hypothèque. Quoiqu'il en soit, il n'est pas inutile que les débiteurs soient bien fixés sur ce point et dans ce cas il convient d'ajouter ce qui suit à l'alinéa 8 :

« Cependant il devra être observé dans le titre nouvel que les biens hypothéqués à la dette ont été divisés entre les héri-
» tiers et que le créancier ne pourra se prévaloir de ce fait pour exiger le remboursement de la rente, attendu qu'il n'est pas
» de nature à diminuer les sûretés du créancier, les choses restant dans cet état pour l'avenir. »

₈ A obtempérer à toutes sommations [119] et assignations [20] qui seraient données pour l'obtention dudit titre nouvel, signer [15] tous actes [177].

₉ (a) Dont acte, fait et passé, etc. (*le reste comme aux alin.* 7, 8, 9, 10 *et* 11 *de la formule d'autorisation* n° 1 *ci-dessus, p.* 107).

21° AUTORISATION [68] MARITALE A L'EFFET DE PARTAGER [143].
— V. *sup.* les notes au bas des pages 103, 104 et 105.

21. De partager.

₁ Par-devant, etc. (*V. l'alin.* 1 *de la formule d'autorisation, n.* 1 *ci-dessus, p.* 107).

₂ Est comparu M. Jean-Paul Bonhomme (*le reste comme à l'alin.* 3 *de la même formule*).

₃ Lequel a, par ces présentes, autorisé la dame Jacquette Devaux, son épouse, demeurant avec lui.

₄ A procéder, soit à l'amiable, soit en justice, au partage [143] de la succession [88] de M. Jacques De-vaux, son père [144], dont elle est héritière [78] pour un cinquième ainsi que le constate l'intitulé de l'inventaire [145] fait après son décès [63] par Mᵉ..., Notaire à..., le... dûment enregistré [42], faire faire toutes visites et estimations préalables, composer toutes masses, laisser tous objets en commun [207], former les lots [140], les tirer au sort, accepter ceux qui écherront à ladite dame, payer ou recevoir toutes soultes [140] ou s'obliger [107] à les payer [84] avec ou sans intérêts [49], faire ou accepter tous aban-donnements et délaissements nécessaires, donner pouvoir [80] à l'un des héritiers [78] ou à tous autres que les héritiers choisiront, de suivre le recouvrement des créances laissées en commun [207]; faire toutes offres [48] et consignations (*id.*).

₅ Donner en recevant, ou exiger en payant, main-levée [149] de toutes oppositions [108] et saisies (*id.*) et tout consentement à radiation [149] d'inscriptions [85], consentir toutes mentions [84] de paiement et toutes subrogations [114] avec ou sans garantie.

₆ Aux effets ci-dessus former toutes demandes [119] en justice, assigner [20] et comparaître devant tous juges et tribunaux, plaider, obtenir tous jugements [75], les faire mettre à exécution [194], exercer toutes poursuites (*id.*) et diligences (*id.*) nécessaires, nommer et constituer [20] tous avoués [199] et avocats (*id.*), experts [195] et tiers-experts (*id.*), les révoquer et en nommer d'autres, passer et signer [15] tous actes [177] et procès-verbaux (*id.*), élire domicile [11].

₇ Dont acte, fait et passé, etc. (*le reste comme aux alin.* 7, 8, 9, 10 *et* 11 *de la formule d'autorisation n.* 1 *ci-dessus, page* 107).

(a) *Lorsqu'il s'agit d'une déclaration d'hypothèque pour interrompre la prescription qu'un acquéreur peut opposer au créancier hypothécaire dans les cas prévus par l'art.* 2180 *du Code civil* [*V.* note 28, n. 248 et suiv.], *on remplace les alin.* 4, 5, 6, 7, 8 *de la formule par ceux-ci :*

₃ A déclarer [208] et reconnaître, par suite de la sommation [119] à elle donnée par M. Léandre Verrier, clerc de No-taire, demeurant à... suivant exploit [113] de Jourdan, huissier à... en date du... présent mois [42], que la maison située à .., qui appartient [22] en propre à ladite dame Bonhomme, et qu'elle détient comme en ayant fait l'acquisition [109] avant son mariage de M. Jacques Devaux, son père, par contrat [177] passé devant Mᵉ Laventureux, l'un des Notaires soussi-gnés, le... dûment enregistré [42], transcrit [111] au bureau des hypothèques de... le... vol... n°.., est grevée de l'hypothèque [30] que ledit sieur Devaux a consentie au profit de M. Paul Vitrot, chevalier de St.-Louis, demeurant à .., aujourd'hui représenté par M. Léandre Verrier, sus-nommé, son petit-fils et son héritier [78] en cette partie, pour sûreté du capital [136] et des arrérages [49] d'une rente constituée [76] annuelle et perpétuelle de cent cin-quante francs [91] par an, payable le... de chaque année ; laquelle hypothèque a été inscrite [85] audit bureau d'hypo-thèques le... vol .. n°...

₆ Faire cette déclaration en faveur dudit sieur Léandre Verrier, autant pour éviter la continuation des poursuites que pour interrompre [28 n. 287] à son égard la prescription de l'hypothèque dont il s'agit, mais sans entendre souscrire une obliga-tion personnelle [28 n. 275] envers lui et sans préjudicier aux droits que la loi lui donne soit de demander la discussion préalable des autres biens de l'obligé, soit de délaisser l'immeuble hypothéqué.

₇ A l'effet de ce que dessus signer [15] tous actes [177].

22. De donner procuration au mari ou à un tiers.

22° AUTORISATION [68] MARITALE A L'EFFET DE DONNER PROCURATION [80] AU MARI OU A UN TIERS (a).

V. *sup.* les notes au bas des pages 103, 104, 105.

Par-devant, etc. (V. *l'alin.* 1 *de la formule d'autorisation n.* 1 *ci-dessus, page* 107).

(a) Nous ne donnons cette formule que pour satisfaire ceux qui, nonobstant ce que nous avons dit *sup.* en la note *a* qui est au bas de la page 110, aiment à suivre l'ancien usage, ne voulant point innover. Seulement nous leur ferons observer que ce qu'ils ne veulent point mettre en pratique dans l'occasion l'est par eux presque toutes les fois qu'il s'agit d'actes à double date. En effet, il n'est pas rare (et c'est un abus qui peut attirer contre ces Notaires la sévérité du ministère public. — V. *note* 89.) de voir des actes faits pour la femme à la première date et pour le mari à la dernière date. Dans ce cas, on pourrait prétendre que la femme n'était point autorisée de son mari quand elle a paru à l'acte, puisque rien ne le démontre, et que, si elle l'a été, c'est tardivement, c'est-à-dire quand ce dernier a comparu à son tour ;mais si ceux qui opèrent ainsi ne doutent pas que cette prétention soit mal fondée, il faut qu'ils repoussent l'autorisation préalable, car il y a analogie parfaite dans les deux espèces, l'autorisation, dans le cas de pluralité de dates comme dans le cas rappelé en la page 110 ne pouvant que se supposer.

A propos de ces doubles dates, quoique l'usage qu'on en fait n'ait point encore donné lieu à des difficultés sérieuses ; nous croyons qu'il est bon d'en signaler ici l'abus et le danger ainsi que nous avons commencé de le faire note 13, p. 65, n. 73 du Commentaire :

Le motif qui a fait mettre en usage les doubles dates est la seule crainte d'un *alibi* invoqué par l'une des parties et établissant pour elle l'impossibilité de s'être trouvée au lieu indiqué par l'acte quand il ne porte qu'une date. Mais le moyen conduit mal au but qu'on se propose. En effet, d'une part il est déraisonnable de penser qu'un contrat puisse avoir lieu entre plusieurs personnes sans un consentement réciproque et simultané donné devant l'officier public préposé par la loi à cet effet, et d'une autre part l'art. 1 de la loi du 25 ventôse an XI, rapporté à la note 2, p. 1, n. 1, ne permet point de supposer qu'un acte puisse avoir lieu par suite de consentements donnés d'une autre manière, ou bien cette loi ne serait pas d'accord avec la raison qui veut de l'unité, de la certitude dans l'individualité des contractants et le concours de toutes les parties, duquel concours seul peuvent résulter les explications, éclaircissements et consentements nécessaires pour la confection de l'acte.

On peut nous répondre, à la vérité, qu'il importe peu comment les choses se soient passées, pourvu que les parties aient revêtu l'acte de leurs signatures.

Mais cette réponse serait loin d'être péremptoire et décisive, car c'est là où est l'abus, et en effet :

De cette manière, le Notaire se rend seul appréciateur du consentement d'une partie, donné en l'absence des autres, et pourtant il est bon que celles-ci en jugent par elles-mêmes et s'assurent non-seulement qu'il n'y a point d'erreur sur la personne des contractants, mais encore que tout est sincère et non sujet à contestations, pour opérer alors un engagement réciproque et irrévocable. On comprend donc qu'il y ait nécessité de faire revenir toutes les parties lors du dernier consentement, ainsi que nous l'avons dit au n. 73 de la note 13 du Commentaire, surtout pour les actes solennels qui ne peuvent se soutenir comme actes s. s. p. même quand ils sont signés des parties (C. civ. 1317, 1318).

Ce point admis, à quoi peut-il servir de donner à un acte plusieurs dates? Est-ce à constater les jours de présence pour chaque partie? Mais ici existe un danger tout aussi grand que celui résultant d'un *alibi*, car quand le Notaire n'a pas eu soin de faire comparaître de nouveau *toutes* les parties, s'il arrive que l'une d'elles soit décédée dans l'intervalle de la première à la seconde date ou se soit éloignée de manière à ne pouvoir reparaître à la dernière date, le Notaire aura fait un acte sujet à nullité ou à n'être point obligatoire pour les parties parce que les formalités prescrites par la loi n'auront point été observées.

La loi de ventôse an XI porte, en effet, que les Notaires sont institués pour recevoir tous les actes et contrats auxquels on veut donner le caractère d'*authenticité* et pour en *assurer* la date, etc. — V. au Commentaire, note 2, n. 1, p. 1.

La loi de frim. an VII porte aussi que les Notaires inscriront jour par jour sur le Répertoire tous les actes et contrats qu'ils recevront. — V. *id.* note 17, n. 1, p. 82.

Or, quelle authenticité et quelle assurance de date peuvent résulter, en admettant le bien fondé de l'usage, d'un acte consenti par les parties hors la présence les unes des autres, quand le Notaire en l'absence des premières parties appose à cet acte une date nécessairement laissée en blanc (car il n'est pas possible d'admettre que le Notaire la remplisse par avance, ne pouvant constater que des choses faites et non des choses à faire, pour être remplie lors de la comparution des dernières parties, et quand surtout la première date n'est point constatée par l'inscription au Répertoire. Evidemment, on ne saurait voir dans des choses ainsi pratiquées ce positif, ce caractère d'authenticité attaché aux actes de l'autorité pu

2 Est comparu M. Jean-Paul BONHOMME, (*le reste comme à l'alin. 3 de la même formule*).

3 Lequel a, par ces présentes, autorisé la dame Jacquette DEVAUX, son épouse, demeurant avec lui.

4 A lui donner procuration [80] à l'effet de... (*indiquer les pouvoirs d'une manière très-spéciale en se conformant à ce que nous avons dit pour les autorisations, et non pas d'une manière largement spéciale comme le permet l'art. 1987 du Code civil, pour le mandat*).

5 (*Ou bien :*) à donner procuration [80] à M....

6 De pour elle et en son nom (*indiquer de même et spécialement les pouvoirs*).

7 Dont acte, fait et passé, etc. (*le reste comme aux alin. 7, 8, 9, 10 et 11 de la formule d'autorisation n. 1 ci dessus, p. 107*).

23° AUTORISATION [68] MARITALE A L'EFFET DE DONNER QUITTANCE [84] AVEC MAINLEVÉE [149] OU SUBROGATION [114]. — V. *sup.* les notes au bas des pages 103, 104, 105.

23. De donner quittance avec mainlevée ou subrogation

1 PAR-DEVANT, etc. (*V. l'alin. 1 de la formule d'autorisation n. 1 ci-dessus, p. 107*).

2 Est comparu M. Jean-Paul BONHOMME (*le reste comme à l'alin. 3 de la même formule*).

3 Lequel a, par ces présentes, autorisé la dame Jacquette DEVAUX, son épouse, demeurant avec lui.

4 A toucher et recevoir [84] du sieur Zacharie GUERLUT, tanneur, demeurant à..., la somme de quatre mille francs [94] que ce dernier devait à M. Jacques DEVAUX pour le principal [136] d'une obligation [107] consentie suivant acte [177] passé devant Me..., Notaire à..., le... dûment enregistré [42], par ledit sieur GUERLUT au profit dudit sieur DEVAUX qui en a fait don et legs [24] à la dame BONHOMME, sa fille, à la condition exprexxé [24 n. 136] qu'elle jouirait seule de ladite somme et en percevrait les intérêts [49] sans que son mari pût s'immiscer en aucune manière dans l'administration desdits deniers, le tout ainsi qu'il résulte de son testament [152] olographe en date à..., enregistré [18 et 42] à,.. le..., f° 20, v° case 5 et suivantes, par M. Texier qui a reçu cinq francs et cinquante centimes pour le décime, et dont l'original a été, à la date du..., déposé pour minute à Me..., Notaire à..., en vertu de l'ordonnance [24 n. 301 s.] de M. le Président du Tribunal de première instance du département de..., contenue au procèsverbal de présentation et de description dudit testament, dressé au greffe [94] dudit Tribunal le... (*a*),

5 A toucher aussi tous accessoires [103] de ladite somme principale.

6 A donner du tout quittance [84], remettre [54] tous titres et pièces.

7 A donner aussi main-levée [149] et consentir la radiation (*id.*) de toutes inscriptions [83] prises pour raison de ladite somme.

8 (*Ou bien :*) à consentir toutes mentions [184] de paiement ainsi que toutes subrogations [114] avec ou sans garantie dans l'effet des inscriptions [83] prises pour conservation de la somme dont il s'agit.

9 A défaut de paiement, exercer toutes poursuites [194], contraintes (*id.*), diligences et (*id.*) nécessaires, former toutes oppositions [108] et saisies (*id.*), prendre inscriptions [83], provoquer tous ordres [104] et

---

blique, tel que le veut l'art. 1 de la loi du 25 ventôse; et c'est en cela que le ministère public peut user de sévérité envers les Notaires qui s'écartent ainsi du texte et de l'esprit de la loi, car les choses en sont à ce point qu'il y a quelquefois un an d'intervalle entre les deux dates.

La seule manière d'opérer qui soit légale et ne soit contraire ni à la loi, ni aux intérêts des parties, ni à la responsabilité du Notaire est de ne donner qu'une date à l'acte et de faire comparaître toutes les parties dans la même journée. Nous savons bien qu'il est des cas tout-à-fait exceptionnels où l'acte ainsi daté ne portera pas le cachet de la vérité, mais il en aura l'apparence et cela suffit pour rendre impossible l'action du ministère public contre le Notaire et mettre l'acte à l'abri de toute attaque de la part des parties.

A annoter au Commentaire, note 13, p. 65, n. 73, ainsi qu'il suit : V. t. 1, p. 121. (*a*)

(*a*) C'est une autorisation et non une procuration que le mari, dans ce cas, doit donner à sa femme, parce que la condition apposée au legs lui en ôte l'administration; toutefois, il n'est pas bien constant que cette autorisation soit nécessaire (*V. la note 68*).

distributions de deniers [202], recevoir tous bordereaux de collocation [104], en toucher [84] le montant, prendre tous arrangements [203], traiter (*id.*) et transiger (*id.*), composer (*id.*), compromettre [185], nommer tous arbitres [185] et experts [193], les révoquer, en nommer d'autres, donner main-levée [149] de toutes oppositions [108] et saisies (*id.*) et consentir la radiation [149] de toutes inscriptions [83].

10 Aux effets ci-dessus, passer et signer [15] tous actes [177], élire domicile [11].

11 Dont acte, fait et passé, etc. (*le reste comme aux alin.* 7, 8, 9, 10 *et* 11 *de la formule d'autorisation* n. 1 *ci-dessus*, p. 107).

24° AUTORISATION [68] MARITALE A L'EFFET DE FAIRE REMISE [155] D'UNE DETTE
— V. *sup.* les notes au bas des p. 103, 104, 105.

1 Par-devant, etc. (*V. l'alin.* 1 *de la formule d'autorisation* n. 1 *ci-dessus*, p. 107).

2 Est comparu M. Jean-Paul Bonhomme (*le reste comme à l'alin.* 3 *de la même formule*).

3 Lequel a, par ces présentes, autorisé la dame Jacquette Devaux, son épouse, demeurant avec lui.

4 A faire remise [155] au sieur Athanase Patrice, ancien fermier, demeurant à..., de la somme de deux mille quatre cents francs [91] qu'il doit [26] à la dame Bonhomme, comme héritière [78] de son père, pour deux années de fermage [105] échues [77] au décès [65] de ce dernier, du bail [105] de la ferme du Fei située sur le finage de.. ; et ce, en raison de ce que les récoltes qui étaient destinées à payer ces fermages ont été nulles entre les mains du fermier par suite de cas fortuits (*id.*) dont il a été chargé par son bail.

5 Et à décharger [84], en conséquence, ledit sieur Patrice de toute action [28] résultant au profit de la dame Bonhomme, du bail précité, passé devant M°..., Notaire à..., le... dûment enregistré [42]; au moyen de quoi il sera alors totalement libéré de ladite somme de deux mille quatre cents francs.

6 Dont acte, fait et passé, etc. (*le reste comme aux alin.* 7, 8, 9, 10 *et* 11 *de la formule d'autorisation* n. 1 *ci-dessus*, p. 107).

25° AUTORISATION [68] MARITALE A L'EFFET D'EXERCER LE RETRAIT D'UN RÉMÉRÉ [121]
— V. *sup.* les notes au bas des pages 103, 104, 105.

1 Par-devant, etc. (*V. l'alin.* 1 *de la formule d'autorisation* n. 1 *ci-dessus*, p. 107).

2 Est comparu M. Jean-Paul Bonhomme (*le reste comme à l'alin.* 3 *de la même formule*).

3 Lequel a, par ces présentes, autorisé la dame Jacquette Devaux, son épouse, demeurant avec lui.

4 A exercer la faculté de réméré [121] qu'elle s'est réservée pendant cinq ans à compter du..., par la vente [109] qu'elle a faite à M. Michel Boudard, du moulin des Accacias, situé sur le finage de..., moyennant quinze mille francs payés comptant, suivant contrat [177] passé en minute [59] et présence de témoins [14] devant M°..., Notaire à..., le... dûment enregistré [42].

5 A cet effet, rembourser [84] audit sieur Boudard le prix principal [161] de la vente, les frais [58], et loyaux coûts [5] de son contrat d'acquisition, plus les réparations nécessaires et celles qui ont pu augmenter la valeur du fonds jusqu'à concurrence de cette augmentation, nommer, en conséquence, tous experts [193] et tiers-experts (*id.*) pour estimer lesdites réparations et augmentations, ou traiter [493] et transiger (*id.*) à ce sujet, se faire remettre [54] tous titres et pièces, passer et signer [15] tous actes [203] élire domicile [11].

6 Dont acte, fait et passé, etc. (*le reste comme aux alin.* 7, 8, 9, 10 *et* 11 *de la formule d'autorisation* n. 1 *ci-dessus*, p. 107).

26° AUTORISATION [68] MARITALE A L'EFFET D'EXERCER LE RETRAIT DE DROITS
LITIGIEUX [109] — V. *sup.* les notes au bas des pages 403, 404, 405.

26. D'exercer le retrait de droits litigieux.

1 Par-devant, etc. (*V. l'alin. 1 de la formule d'autorisation n. 1 ci-dessus*, p. 407).

2 Est comparu M. Jean-Paul Bonhomme (*le reste comme à l'alin. 3 de la même formule*).

3 Lequel a, par ces présentes, autorisé la dame Jacquette Devaux, son épouse, demeurant avec lui.

4 A exercer le retrait [109] du litige existant entre elle et M. Germain Couturat, agent d'affaires, demeurant à…, devant le Tribunal civil de première instance séant à…, suivant l'exploit introductif d'instance signifié par Lenducry, huissier à…, le… [42], et ayant pour objet la revendication [28] de la ferme des Goupillons, située sur le finage de…, de laquelle ledit sieur Couturat prétend être propriétaire [22] au moyen de la cession que le sieur Lazare Coupiot, ancien militaire retraité, demeurant à…, lui a fait de ses droits litigieux [27. 409] à la susdite ferme, moyennant une somme de trois mille francs à titre de forfait [84], suivant acte [177] passé devant Me. ., qui en a gardé minute [59] et son collègue, Notaires à…, le… dûment enregistré [42].

5 A rembourser [84], en conséquence, audit sieur Couturat, pour l'extinction du procès dont il s'agit, la somme de trois mille francs pour le montant du prix que le sieur Coupiot a payé au sieur Couturat, les intérêts [49] de cette somme depuis le jour de la cession, les loyaux-coûts relatifs à cette cession et les frais de l'instance engagée au Tribunal par la signification [20] de l'exploit précité.

6 A l'effet de ce que dessus faire toutes sommations [119], significations [20], et au besoin toutes offres réelles [48] et consignations (*id.*), ou demander acte desdits offres au Tribunal durant l'instance, obtenir tous jugements [75] et arrêts (*id.*), les faire mettre à exécution [194] par toutes voies de droit, faire opérer le déguerpissement [157], exercer toutes poursuites [194], contraintes (*id*) et diligences (*id.*) nécessaires, former toutes oppositions [108] et saisies (*id.*), prendre inscriptions [83], donner du tout mainlevée [149], nommer tous avoués [199] et avocats (*id.*), les révoquer, en nommer d'autres, passer et signer [15] tous actes [177], élire domicile [11].

7 Dont acte, fait et passé, etc. (*le reste comme aux alin. 7, 8, 9, 10 et 11 de la formule d'autorisation*, n. 1 ci-dessus, p. 107).

27° AUTORISATION [68] MARITALE A L'EFFET DE RECUEILLIR UNE SUCCESSION [88].
— V. *sup.* les notes au bas des pages 403, 404, 405.

27. De recueillir une succession.

1 Par-devant, etc. (*V. l'alin. 1 de la formule d'autorisation*, n. 1 ci-dessus, p. 407).

2 Est comparu M. Jean-Paul Bonhomme (*le reste comme à l'alin. 3 de la même formule*).

3 Lequel a, par ces présentes, autorisé la dame Jacquette Devaux, son épouse, demeurant avec lui.

4 A faire procéder ou s'opposer, si elle le juge convenable, à l'apposition ou à la levée des scellés [196] sur les meubles [86] et effets mobiliers (*id.*) dépendant de la succession [88] de la dame Jacqueline Gerberoy, sa mère [144], décédée veuve de M. Jacques Devaux, son père (*id.*), dont elle est habile [34] à se dire et porter héritière [78] pour un cinquième; faire procéder aussi, si elle le juge convenable, à tous inventaires [145] et récollements (*id.*), faire, en procédant, tous dires [51], réquisitoires (*id.*), réserves (*id.*) et protestations (*id.*), nommer tous officiers publics [191], gardiens [209] et dépositaires [210], faire vendre [109] le mobilier [86], demander toute autorisation [211] pour agir à cet effet sans aucune attribution de qualité, signer toutes vacations [177] et procès-verbaux (*id.*), introduire tous référés [212].

5 Prendre connaissance des forces [55] et charges (*id.*) de ladite succession, et communication [21] de tous titres [34] et papiers (*id.*), notamment de tous testaments [152] ou codiciles (*id.*) s'il en existe aucun, demander ou refuser l'exécution [194] de toutes dispositions entre-vifs [81] ou à cause de mort [152], demander ou consentir la délivrance de tous legs [23], accepter ladite succession purement et simplement

[62] ou sous bénéfice d'inventaire [85], faire à cet effet les déclarations et affirmations nécessaires au greffe [94] du Tribunal qu'il appartiendra;

6 Au cas d'acceptation sous bénéfice d'inventaire [85] soit de ladite succession, soit de legs [24] particuliers, fournir caution [85] si elle est exigée et même faire l'abandon [23] pour sa part des biens meubles [86] et immeubles [87] de cette succession [88] aux créanciers [25] et aux légataires [24], rendre compte de son administration à qui de droit, provoquer la nomination d'un curateur [25. 66] et diriger contre lui toutes les actions [28] qu'elle jugera convenables;

7 Entendre, débattre, clore et arrêter tous comptes [184] notamment celui de l'officier public [191] qui aura procédé à la vente [109] du mobilier [86], en fixer les reliquats [184], les recevoir [84] ou payer (id.);

8 Recevoir [84] toutes les sommes [91] qui peuvent et pourront être dues [26] par ladite succession en principaux [136] et accessoires [103], à quelque titre et pour quelque cause que ce soit;

9 Payer [84] toutes sommes qui seront suffisamment justifiées être dues [26] par ladite succession, ainsi que tous droits de succession [192], faire à ce sujet les déclarations et affirmations nécessaires;

10 Poursuivre la vente soit à l'amiable ou par adjudication volontaire [109], aux prix [161], charges [58] et conditions [153] qu'elle jugera convenables, soit judiciairement [159], par licitation [207] ou autrement, de tous les biens meubles [86] et immeubles [87] dépendant de ladite succession [88], se rendre acquéreur [109], adjudicataire ou surenchérisseur [147], moyennant le prix [161] et aux charges [58] et conditions [153] qu'elle jugera convenables, toucher [84] le prix desdites ventes ou adjudications en principaux [136] et accessoires [103].

11 Procéder, soit à l'amiable, soit en justice, à tous comptes [184], liquidations [143] et partages (id.) de ladite succession, demander la nomination de tous experts [195] pour les évaluations ou s'opposer à leur nomination, composer les masses, y faire ou exiger tous rapports [146], faire et consentir tous prélèvements [146], former les lots [140], les tirer au sort (id.) ou se les attribuer (id.) amiablement, faire ou accepter tous abandonnements (id.) ou délaissements (id.) nécessaires, fixer toutes soultes (id.), les recevoir [84 ou payer (id.), laisser tous objets en commun [207], donner ou accepter tous pouvoirs pour les administrer [184] ou pour en suivre le recouvrement [84].

12 De toutes sommes reçues [84] ou payées (id.), donner ou retirer quittances (id.), consentir toutes mentions (id.) de paiement et subrogations 114] avec ou sans garantie; remettre [54] ou se faire remettre tous titres et pièces, en donner ou retirer décharge [84].

13 En cas de difficultés au sujet des affaires de ladite succession et à défaut de paiement de la part des débiteurs, citer [112] et comparaître tant en demandant qu'en défendant devant tous juges [94] et bureaux de paix, s'y concilier [112], sinon paraître devant tous tribunaux compétents [75], plaider, s'opposer (id.), appeler [186], former toutes demandes [119], présenter toutes requêtes [211], introduire tous référés [212], obtenir tous jugements [75] et arrêts (id.), les faire mettre à exécution [194] par toutes voies de droit, exercer toutes poursuites [194], contraintes (id.) et diligences (id.) nécessaires, former toutes oppositions [108] et saisies (id.), prendre inscriptions [85], provoquer tous ordres [104] et distributions de deniers [202], retirer tous bordereaux de collocation [104], en toucher le montant [84], prendre tous arrangements [205], accorder tous termes et délais [77];

14 Donner toutes main-levées [149] d'oppositions [108] et saisies (id.), et consentir après paiement [84] toutes radiations [149] d'inscriptions (id.), comme aussi se désister [175] de toutes poursuites [194] et contraintes (id.);

15 Nommer et constituer [20] tous avoués [199] et avocats (id.) et défenseurs (id.), les révoquer, en constituer d'autres.

16 Aux effets ci-dessus passer et signer [15] tous actes [177] et procès-verbaux (id.), faire et changer toutes élections [11] de domicile.

17 Dont acte, fait et passé, etc. *(le reste comme aux alin. 7, 8, 9. 10 et 11 de la formule d'autorisation. n. 1 ci-dessus, p. 107).*

28° AUTORISATION [68] MARITALE A L'EFFET DE RENONCER [62] A UNE SUCCESSION. 28. De renoncer à
— V. *sup.* les notes au bas des pages 103, 104, 105. une succession.

₁ Par-devant, etc. *(V. l'alin.* 1 *de la formule d'autorisation, n.* 1 *ci-dessus, p.* 107*)*.

₂ Est comparu M. Jean-Paul Bonhomme *(le reste comme à l'alin.* 3 *de la même formule)*.

₃ Lequel a, par ces présentes, autorisé la dame Jacquette Devaux, son épouse, demeurant avec lui ;
ladite dame habile [34] à se dire et porter héritière [78] pour partie de M. Napoléon Devaux, son frère
[144], officier en retraite, décédé [63] à... le...

₄ A se présenter au greffe [94] du tribunal civil de première instance dans l'arrondissement duquel s'est
ouverte la succession [88] de M. Napoléon Devaux, sus-nommé, et y déclarer qu'elle renonce [62] purement
et simplement à ladite succession, pour s'en tenir à ses créances [25] contre le défunt, (ou : *à la donation* [81] *qu'il lui a faite d'une pièce de cinq hectares* [91] *de bois taillis, située* [141] *sur le finage de...,
lieu dit la Couée, par acte* [177] *passé devant M*ᵉ... *Notaire à..., le.... dûment enregistré* [42] ; affirmer
qu'elle n'a fait aucun acte d'héritier [34], faire toutes autres déclarations et affirmations requises et nécessaires, signer [15] tous actes [177].

₅ Dont acte, fait et passé, etc. *(le reste comme aux alin.* 7, 8, 9, 10 *et* 11 *de la formule d'autorisation,
n.* 1 *ci-dessus, p.* 107*)*.

29° AUTORISATION [68] MARITALE A L'EFFET, [PAR LA FEMME, DE SUBROGER [30] DANS 29. De subroger dans
SON HYPOTHÈQUE LÉGALE *(id.)*, OU D'Y RENONCER [62]. son hypothèque lé-
— V. *sup.* les notes au bas des pages 103, 104, 105. gale ou d'y renon-
cer.

₁ Par-devant, etc. *(V. l'alin.* 1 *de la formule d'autorisation, n.* 1 *ci-dessus, p.* 107*)*.

₂ Est comparu M. Jean-Paul Bonhomme *(le reste comme à l'alin.* 3 *de la même formule)*.

₃ Lequel a, par ces présentes, autorisé la dame Jacquette Devaux, son épouse, demeurant avec lui.

₄ A subroger [30] M. César Robin, homme de loi, demeurant à..., dans l'effet de son hypothèque légale *(id.)* sur tous les biens de son mari, pour raison de sa dot [200], de ses droits *(id.)*, créances *(id.)*,
et avantages matrimoniaux, *(id.)* mais seulement pour raison de la somme [91] de six mille francs, et des intérêts [49] et autres accessoires [105] de cette somme, qui sont et pourront être dus [26] audit sieur Robin
par M. Léon Devaux, lieutenant d'artillerie, pour le montant d'une lettre de change [97] tirée sur lui
par le comparant, et qu'il a accepté pour le......, laquelle a été protestée [97] faute de paiement à son
échéance et enregistrée [18. 42] à... *(relater l'enregistrement)*.

₅ Faire cette subrogation par préférence [102] à elle-même pour le surplus de ses reprises [200] ou pour
venir en concurrence [132].

₆ Consentir toutes mentions [84] de subrogation, passer et signer [15] tous actes [177].

₇ *(Ou bien :)* Renoncer [62] à son hypothèque légale sur les biens de son mari, en faveur de M. César
Robin, homme de loi, demeurant à..., créancier [25] du comparant comme tireur d'une lettre de change
[97] de six mille francs sur M. Léon Devaux, laquelle a été protestée *(id.)* faute de paiement par ce dernier, le tout ainsi qu'il résulte d'un jugement par défaut [75] rendu par le Tribunal de commerce [118]
de..., le..., dûment enregistré [42] ; sous toute réserve [51] par elle de faire valoir l'effet de ladite hypothèque vis-à-vis de tous autres que ledit sieur Robin *(a)*.

₈ Consentir toutes mentions [84] de ladite renonciation partout où besoin sera, passer et signer [15] tous
actes [177].

₉ Dont acte, fait et passé, etc. *(le reste comme aux alin.* 7, 8, 9, 10 *et* 11 *de la formule d'autorisation,
n.* 1 *ci-dessus, p.* 107*)*.

₁₀ V. *sup.* la formule d'*Antériorité*, page 108.

(a) V. *sup.* la note au bas de la page 63.

30° AUTORISATION [68] MARITALE A L'EFFET DE TRAITER [203] ET TRANSIGER (id.),
COMPOSER (id.), COMPROMETTRE [185], PRENDRE TOUS ARRANGEMENTS [205].
— V. *sup.* les notes au bas des pages 103, 104, 105.

1   PAR-DEVANT, etc. *(V. l'alin. 1 de la formule d'autorisation. n. 1 ci-dessus, p. 107).*

2   Est comparu M. Jean-Paul BONHOMME *(le reste comme à l'alin. 3 de la même formule).*

3   Lequel a, par ces présentes, autorisé la dame Jacquette DEVAUX, son épouse, demeurant avec lui.

4   A traiter [203] et transiger (id.), composer (id.), compromettre [185] et prendre tous arrangements
[205] avec M. le Chevalier FEUILLERET, ancien lieutenant de vaisseau, demeurant à..., au sujet des nombreuses difficultés qui existent entre elle et lui tant relativement à l'exploitation de la forêt de Rechigny,
que le père de la dame BONHOMME a faite peu de temps avant son décès que relativement aux à-comptes
donnés sur le prix de la coupe par lui exploitée, pour raison desquelles difficultés les parties sont actuellement en instance devant les tribunaux.

5   Convenir d'experts [195] pour visiter les lieux et constater leur état [154] ou consentir qu'ils soient
nommés d'office, nommer et constituer tous arbitres [185] et amiables compositeurs [203] pour juger et
terminer à l'amiable ledit procès, s'en rapporter à leurs décisions comme à jugement souverain [78] ou
sans appel [186] ni recours en cassation [95] ou faire tous contredits [81], recevoir [84], payer (id.), ou
promettre [107] de payer, suivant que le cas y écherra, les sommes de deniers qui auront été fixées ou
amiablement convenues, passer, à cet effet, tous contrats [177], transactions [205], promesses [107] et
autres actes que besoin sera, s'obliger [107] à leur exécution, faire toutes sommations [119], offres [48]
et consignations (id.), poursuivre [194] l'exécution de toutes sentences [78] ou s'y opposer (id.), se pourvoir à cet effet devant tous juges (id.), cours (id.) et tribunaux compétents (id.), , nommer et constituer
tous avoués et avocats, plaider, obtenir tous jugements (id.) et arrêts (id.), les faire lever, signifier [20]
et exécuter [194] par toutes les voies de droit, former toutes oppositions [108] et saisies (id.), prendre
inscriptions [83], provoquer tous ordres [104] et distributions de deniers [202], retirer tous bordereaux
de collocation [104], en toucher [84] le montant, se désister [173] de toutes poursuites [194], donner
main-levée [149] de toutes oppositions [108] et saisies (id.), et consentir la radiation [149] de toutes inscriptions [85].

6   Aux effets ci-dessus passer et signer [15] tous actes [177], élire domicile [11].

7   Dont acte, fait et passé, etc. *(le reste comme aux alin. 7, 8, 9, 10 et 11 de la formule d'autorisation,
n. 1 ci-dessus, p. 107).*

--- --- ---

31° AUTORISATION [68] MARITALE A L'EFFET DE TRANSFÉRER [197] DES RENTES (id.)
SUR L'ÉTAT. — V. *sup.* les notes au bas des pages 103, 104, 105.

1   PAR-DEVANT, etc. *(V. l'alin. 1 de la formule d'autorisation, n. 1 ci-dessus, p. 107).*

2   Est comparu M. Jean-Paul BONHOMME *(le reste comme à l'alin. 3 de la même formule).*

3   Lequel a, par ces présentes, autorisé la dame Jacquette DEVAUX, son épouse, demeurant avec lui.

4   A vendre et transférer [197], au cours du jour, deux inscriptions (id.) de rente sur le grand-livre de
la dette publique perpétuelle cinq pour cent consolidés, au nom de ladite dame BONHOMME, l'une de la
somme annuelle de deux cents francs portant le n°... série..., et l'autre de la somme annuelle de cent
soixante-cinq francs portant le n°... série..., commettre à cet effet tous agents de change [197], signer
[15] tous transferts, en recevoir [84] le prix, donner toutes quittances (id.) et décharges (id.) valables,
signer [15] tous acquits [84] et émargements (id.), faire toutes déclarations et affirmations qu'il appartiendra.

5   Dont acte, fait et passé, etc. *(le reste comme aux alin. 7, 8, 9, 10 et 11 de la formule d'autorisation,
n. 1 ci-dessus, p. 107).*

52º AUTORISATION [68] MARITALE A L'EFFET DE TRANSPORTER [96].

— V. *sup.* les notes au bas des pages 103, 104, 105.

1 Par-devant, etc. *(V. l'alin. 1 de la formule d'autorisation, n. 1 ci-dessus, p. 107).*

2 Est comparu M. Jean-Paul Bonhomme *(le reste comme à l'alin. 3 de la même formule).*

3 Lequel a, par ces présentes, autorisé la dame Jacquette Devaux, son épouse demeurant avec lui.

4 A céder et transporter [96] à telle personne et aux prix [161], charges [58] , clauses (*id.*) et conditions (*id.*), qu'elle jugera convenables *(a)*, la somme [91] de sept mille francs (*id.*) à elle due [26] par le sieur Cyrille Doléans, commissionnaire en vins, et la dame Jérémie Folliat, sa femme, demeurant à..., et solidairement [106] entre-eux pour le prix [91] d'un magasin [7] situé [42] à... à eux vendu [109] par le sieur Nicolas Cornu, entrepreneur de bâtiments, demeurant à..., suivant contrat [177] passé devant Mᵉ..., Notaire à..., le... dûment enregistré [42], transcrit [111] au bureau des hypothèques de..., le... vol... nᵒ... ; laquelle somme appartient en propre à la dame Bonhomme pour lui avoir été cédée [96] par ledit sieur Cornu, suivant acte [177] passé devant Mᵉ..., Notaire à..., le..., dûment enregistré [42], en remploi [114] de la dot [200] mobilière montant à pareille somme qui a été constituée à ladite dame par ses père et mère aux termes de son contrat de mariage [166] passé devant Mᵉ..., Notaire à... le..., aussi dûment enregistré [42], lequel contrat contient stipulation de propres.

5 Céder [96] aussi tous intérêts [49] échus [77] et à échoir de ladite somme et tous accessoires [105].

6 Recevoir [84] le prix [161] de ladite cession et en donner quittance [84], consentir toutes mentions (*id.*) de paiement et toutes subrogations [114] à ses droits [27] et actions [28] privilèges [29] et hypothèques [30].

7 Remettre [54] tous titres et pièces, en retirer décharge [84].

8 Aux effets ci-dessus passer et signer [15] tous actes [177], élire domicile [11].

9 Dont acte, fait et passé, etc. *(le reste comme aux alin. 7, 8, 9, 10 et 11 de la formule d'autorisation, n. ci-dessus, p. 107).*

53º AUTORISATION [68] MARITALE A L'EFFET DE VENDRE [109]. — V. *sup.* les notes au bas des pages 103, 104, 105.

1 Par-devant, etc. *(V. l'alin. 1 de la formule d'autorisation, n. 1 ci-dessus, p. 107).*

2 Est comparu M. Jean-Paul Bonhomme *(le reste comme à l'alin. 3 de la même formule).*

3 Lequel a, par ces présentes, autorisé la dame Jacquette Devaux, son épouse, demeurant avec lui.

4 A vendre [109] soit à l'amiable soit aux enchères, aux personnes et aux prix [161], charges [58], clauses (*id.*) et conditions [155] qu'elle jugera convenables, une maison [7] située [141] à..., rue..., à elle appartenant [22] en propre s'obliger à toute garantie [9], et au rapport de toutes main-levées [149] et certificats de radiation (*id.*), fixer l'époque d'entrée en jouissance [8 et 22], convenir du mode et de l'époque des paiements du prix [161] avec ou sans intérêts [49], recevoir [84] ledit prix en principal [156] et intérêts, en donner quittance [84], consentir toutes mentions (*id.*) de paiement et subrogations [114] sans garantie, remettre [54] tous titres et pièces ou promettre de les remettre, donner main-levée [149] et consentir la radiation (*id.*) de toutes inscriptions d'office et autres [85].

(a) Mais sans autre garantie que celle de l'existence de la créance (*ou :*) avec garantie de la solvabilité actuelle des débiteurs ci-après nommés. — (*Mais cette dernière clause est peu en usage, parce qu'elle expose à un procès quand il s'agit de savoir si les débiteurs étaient ou n'étaient pas solvables au temps du transport*).

(*Ou bien :*) avec garantie de la solvabilité actuelle et future des débiteurs ci-après nommés. — (*On ajoute quelquefois :*) et promesse de payer à défaut par ceux-ci de le faire dans la huitaine du commandement qui leur serait fait. —(*Mais cette condition étant exorbitante, il convient mieux dans ce cas d'employer la voie de l'obligation avec délégation sur un tiers pour garantie de la somme due*).

128

s A défaut de paiément, former toutes demandes en résolution [155] de la vente, à cet effet citer [112] et comparaître devant tous juges et bureaux de paix [94], s'y concilier (id.), sinon paraître devant tous tribunaux [75] compétents, plaider, s'opposer [75], appeler [186], obtenir tous jugements [75] et arrêts (id.), les faire mettre à exécution [194] par toutes voies de droit, exercer toutes poursuites [191], contraintes (id.) et diligences (id.) nécessaires, former toutes oppositions [108] et saisies (id.), prendre inscriptions [83], provoquer tous ordres [104] et distributions de deniers [202], retirer tous bordereaux de collocation [104], en toucher [84] le montant, prendre tous arrangements [205], traiter (id.) et transiger (id.), composer (id.), compromettre [185], nommer tous avoués [199] et avocats (id.), arbitres [185] et experts [195], les révoquer [80], en nommer d'autres.

6 Se désister [175] de tous droits [27] et actions [28], ainsi que de toutes poursuites [194], donner main levée [149] de toutes oppositions [108] et saisies [108], et consentir [101] la radiation [149] de toutes inscriptions [83].

7 Aux effets ci-dessus passer et signer [15] tous actes [177], élire domicile [11].

8 Dont acte, fait et passé, etc. (le reste comme aux alin. 7, 8, 9, 10 et 11 de la formule d'autorisation, n. 1 ci-dessus, p. 107).

V. sup. la formule d'Adjudication page 49.

AUTORISATIONS [68] SPÉCIALES DONNÉES PAR LE MARI A LA FEMME NON COMMUNE, RELATIVEMENT AUX BIENS ET AFFAIRES DE CETTE DERNIÈRE.

Autorisations spéciales données par le mari à la femme non commune.

Nota. L'autorisation du mari étant aussi nécessaire à la *femme non commune en biens* qu'à la *femme commune*, c.-à-d. mariée sous le régime de la communauté légale ou conventionnelle, il y a lieu, par conséquent, de se référer aux formules qui précèdent, soit pour les *actes d'administration* soit pour les *actes de propriété* (C. civ. 1530 et suiv.) — V. sup. *les notes au bas des pages* 103 *et suiv. et inf ce que nous disons relativement à l'autorisation de la femme séparée de biens.*

AUTORISATIONS [68] SPÉCIALES DONNÉES PAR LE MARI A LA FEMME SÉPARÉE DE BIENS, RELATIVEMENT A SES BIENS ET AFFAIRES.

Autorisations spéciales données par le mari à la femme séparée de biens.

Nota. Sous le régime de la *séparation de biens*, la femme a l'entière administration de ses biens propres et la jouissance libre de ses revenus. Par conséquent, elle n'a aucun besoin de l'autorisation d'administrer que nous avons formulée *suprà*, p. 103; mais il y a lieu de se référer aux autorisations spéciales formulées sous les 35 nos qui précèdent, pour les *actes de propriété* comme pour les autres actes qui auraient pour effet d'absorber le mobilier de la femme par des engagements pris dans des circonstances n'ayant point le caractère d'*actes d'administration*, car ces engagements sont nuls à défaut d'autorisation par le mari (Cass. 12 fév. 1828 ; 5 mai 1829).

AUTORISATIONS [68] SPÉCIALES DONNÉES PAR LE MARI A LA FEMME MARIEE SOUS LE RÉGIME DOTAL, RELATIVEMENT A SES BIENS ET AFFAIRES.

Autorisations spéciales données par le mari à la femme mariée sous le régime dotal.

1 *Nota.* Sous le *régime dotal* il faut distinguer :

Lorsque la femme s'est, par son contrat de mariage, *constituée en dot* des biens meubles ou immeubles qu'on appelle pour cette raison *dotaux* (C. civ. 1540, 1542), le mari en ayant seul l'administration, il peut y avoir lieu, dans ce cas, de faire usage de l'autorisation d'administrer formulée *suprà* page 103 ; mais

il ne ne peut y avoir lieu de faire usage des autorisations relatives à l'aliénation des immeubles, si ce n'est dans les cas prévus par la loi (C. civ. 1555 et suiv.) ; toutefois, à l'égard des autres autorisations, il convient, avant d'en faire usage, de se reporter à la note 68 du Commentaire pour savoir positivement s'il en est dont on ne doit pas se servir.

, Et quand la femme ne s'est pas constituée en dot certains biens, ces biens étant, par ce motif, *paraphernaux*, elle en a seule l'administration, par conséquent elle n'a pas besoin, dans ce cas, de l'autorisation d'administrer de son mari; mais comme elle ne peut les aliéner ni paraître en justice à raison des dits biens sans l'autorisation de ce dernier, il y a lieu alors de faire usage des formules d'autorisation ci-dessus n. 1, 2, 3, 4, 5, 6, 7, 8, 9, 11, 12, 13, 15, 16, 17, 18, 20, 21, 22, 25, 26, 27, 28, 29, 30, 33, en ayant soin de mentionner dans l'acte d'autorisation que le droit d'agir ainsi que le comporte cette autorisation, est une conséquence du régime stipulé au contrat de mariage. — *V.* sup. p. 128, *ce que nous disons relativement à l'autorisation de la femme séparée de biens.*

AVAL [97] POUR LA GARANTIE D'UNE LETTRE DE CHANGE (*id.*).

Par acte au bas [45] de cette lettre de change.

Aval à une lettre de change.

, La présente lettre de change [97] est garantie au moyen de l'aval (*id.*) qui lui est donné, par M. Giles [3] VÉRO, (*id.*), ancien négociant (*id.*) demeurant (*id.*) à... à ce présent et ne sachant signer [15], lequel s'oblige [107] à l'acquit [84] de ladite lettre de change [97] dans le cas où le tiré (*id.*) ne la rembourserait pas lui-même. Ainsi consenti en présence de M⁰ Julien [1] LANDERNI (*id.*), Notaire [2] à Montécot [1], département de l'Yonne, qui en a dressé le présent acte, étant assisté de MM. Joseph [14] POUILLAT (*id.*), tanneur (*id.*), et Chrétien (*id.*) VAULTIER (*id.*), dégraisseur (*id.*), demeurant (*id.*) tous deux à..., témoins instrumentaires (*id.*), l'an mil huit cent quarante-deux [13] le premier novembre (*id.*) à Montécot [12], en l'étude (*id.*), et ledit sieur Véro a déclaré ne savoir signer [15] de ce interpellé, quant aux témoins ils ont signé avec le Notaire, après lecture [16]. — V. *sup.* la note *m* au bas de la p. 7.

,   *V. Répertoire*   note 17.

,   *Enregistrement*   note 18, *n.* 396 *et* note 19.

,   Et *suprà Acceptation de lettre de change.*

AVAL [97] POUR LA GARANTIE D'UN BILLET A ORDRE (*id.*).

Par acte séparé [45] du billet.

Aval à un billet à ordre.

, PAR-DEVANT M⁰ Julien [1] LANDERNI (*id.*) et son collègue (*id.*), Notaires [2] à Montécot [1], département de l'Yonne, soussignés [15]. — V. *sup.* la note *a* au bas de la page 3.

, Est comparu M. Athanase [3] MERCŒUR (*id.*), marchand de charbon de terre (*id.*), demeurant (*id.*) à... rue... n°..., patenté [43] à la mairie de son domicile pour la présente année à la date du... dernier, 7ᵐᵉ classe, n°....

, Lequel a, par ces présentes, déclaré donner son aval [97] et garantir en s'obligeant [107] à acquitter [84] au besoin dans le cas où le souscripteur ne ferait pas lui-même, le billet à ordre [97] de la somme de trois mille deux cent cinquante francs, payable le... prochain, souscrit par M. Léon Ducos, entrepreneur de messageries, demeurant à..., au profit de M. Jean LORDEREAU, maître serrurier, demeurant à..., valeur en compte.

, Dont acte, fait et passé à Montécot [12] en l'étude (*id.*), l'an mil huit cent quarante-deux [13], le deux

17

novembre (*id.*), et le sieur Mercœur a déclaré ne savoir signer [15] de ce interpelé par les Notaires q
ont signé, après lecture [16]. — V. *sup.* la note *m* au bas de la page 7.

 V. *Répertoire* note 17.

⁶ *Enregistrement*, notes 18, 19 et 117.

⁷ Et, au besoin, la table alphabétique du Commentaire.

AVANCEMENT [200] D'HOIRIE.

V. DONATION.

MARIAGE (Contrat de)

AVENIR [119].

¹ A la requête [119] du sieur Louis [20] GOULARD (*id.*), ayant Me LANGIN, pour avoué [199].

² Soit sommé Me MICHAUD, avoué du sieur Germain GOULARD,

³ De comparaître et se trouver le mercredi treize décembre prochain onze heures du matin, à l'audience
et par-devant MM. les Président et Juges du Tribunal civil [75] de première instance séant à..., au Palais
de justice de ladite ville, pour y voir homologuer [137] l'état de compte [143], liquidation (*id.*) et partage
(*id.*) de la succession [88] de Thomas GOULARD, père [144] commun des parties en cause, ledit état
dressé par M^e..., Notaire à..., le..., comme ayant été commis [145] à cet effet par jugement [75] dudit
Tribunal.

⁴ Lui déclarant que faute de comparaître, il sera pris avantage. — A ce qu'il n'en ignore. — Dont acte

⁵ *(Signature de l'huissier).*

⁶ *Signifié* [20] et laissé copie (*id.*) à Me MICHAULT, avoué, à domicile (*id.*) et parlant (*id.*) à son premier
clerc, par moi huissier-audiencier (*id.*), soussigné (*id.*) à Auxerre le... (*id.*). Coût... (*id.*).

⁷ *(Signature de l'huissier).*

AVEU [213] EXTRA-JUDICIAIRE.

¹ L'AN MIL HUIT CENT QUARANTE-DEUX [13], le deux novembre (*id.*) à neuf heures du matin

² PAR-DEVANT Me Julien [1] LENDERNI (*id.*) et son collègue (*id.*), Notaires [2] à Montécot [1], départe-
ment de l'Yonne, soussignés [15]. — V. *sup.* la note *a* au bas de la p. 3.

³ Est comparu M. Abraham [3] BRISION (*id.*), ancien marchand de chevaux (*id.*), demeurant à Montécot (*id.*).

⁴ Lequel a dit que, par exploit [20] de... huissier [113] à..., en date du... présent mois [42], il a fait
sommation [119] au sieur Nicolas FINOT, laboureur, demeurant à Montécot, de se trouver cejourd'hui,
heure présente, en l'étude de Me LENDERNI, l'un des Notaires soussignés, pour avoir à lui consentir une
obligation [107] pure et simple par acte notarié [177] ou sous-seing-privé (*id.*), payable [84] dans le délai
[77] d'un an avec intérêts [49] à cinq pour cent par an, de la somme de trois cents francs [94] que le comparant lui avait prêtée [205] à la dernière foire de Mailly pour lui procurer le moyen d'acheter [109] une
paire de bœufs, si mieux n'aime ledit sieur FINOT lui payer immédiatement ladite somme; sinon et faute
par lui de ce faire qu'il serait donné défaut [119] à dix heures en cas de non-comparation et que ledit
comparant se pourvoirait comme il aviserait pour faire condamner ledit sieur Finot à lui payer la somme
réclamée.

⁵ Lecture faite [16] le sieur BRISION a signé [15] — *(Signature).*

₆ Aussitôt est comparu le sieur Finot, ci-dessus nommé [3].

₇ Lequel a dit qu'il comparaissait par suite de la sommation précitée à lui donnée par M. Brision, et qu'il ne devait rien à ce dernier : qu'il avouait bien que ledit sieur Brision lui avait prêté à la dernière foire de Mailly une somme de trois cents francs pour une paire de bœufs que le bon marché lui a fait acheter, mais qu'aussitôt arrivé chez lui il remit cette somme à M. Brision auquel il ne crut pas devoir demander quittance parce qu'à la marque de confiance de M. Brision, il ne lui convenait pas de répondre par une marque de défiance, surtout sachant bien qu'il existait dans la loi une disposition qui le dispensait de prendre aucune précaution pour raison de la restitution de ladite somme.

₈ Lecture faite [16], ledit sieur Finot a signé [15]. — (*Signature*).

₉ Contre laquelle déclaration [51] ledit sieur Brision a fait toutes protestations [51], se réservant (*id.*) d'en tirer avantage en administrant la preuve [26] du prêt, laquelle preuve ne peut être détruite que par la preuve à administrer par le sieur Finot de sa libération ; toutes réserves contraires étant faites par ledit sieur Finot.

₁₀ Lecture [16] faite, lesdits sieurs Brision et Finot ont signé [15]. — (*Signatures*).

₁₁ Il a été vaqué [5] à ce qui précède depuis ladite heure de neuf jusqu'à celle de onze du matin, par simple vacation.

₁₂ De tout ce que dessus il a été dressé le présent procès-verbal à Montécot [12], en l'étude (*id.*), les jour, heure, mois et an sus-dits, et les parties ont signé [15] avec les Notaires, après lecture [16]. — V. *sup.* la note *m* au bas de la p. 7.

₁₃ V. *Répertoire*   note 17
₁₄   *Enregistrement*   99, 18 et 19
₁₅   Et, au besoin, la table alphabétique du Commentaire.

AVIS DE PARENTS [93].

₁ L'AN MIL HUIT CENT QUARANTE-DEUX, le trois novembre à huit heures du matin.

₂ Devant nous Isaac SUPLICE, juge de paix [94] du canton de Courtenay, assisté de M. Pacifique BELLIER, notre greffier (*id.*).

₃ S'est présentée demoiselle Christine ROSSIGNOL, couturière, demeurant à la Loge, canton de Courtenay ; fille de défunts Jérôme ROSSIGNOL et Marie-Louise CORDONNIER, mari et femme [144].

₄ Mineure émancipée [82] d'âge par ledit sieur Jérôme ROSSIGNOL, son père [144], suivant la déclaration de ce dernier reçue par nous le... assisté de notre greffier, sus-nommé.

₅ Et ayant pour curateur [66] le sieur François BONNARD, son oncle paternel, nommé à cette fonction suivant délibération [93] du conseil de famille prise sous notre présidence le....

₆ Laquelle a exposé qu'ayant l'intention de se marier [63] avec le sieur Joseph MERCIER, menuisier, demeurant à..., elle avait, d'après l'indication verbale par nous donnée, convoqué par-devant nous aux jour, lieu et heure présents, les plus proches parents composant son conseil de famille, à l'effet de lui donner le consentement et l'autorisation qui lui sont nécessaires pour contracter ce mariage et en arrêter les conditions civiles, n'ayant plus ni père ni mère, ni ayeux pour manifester leur volonté à cet égard.

₇ Et immédiatement sont comparus :

₈ 1° Le sieur François BONNARD, jardinier, demeurant à..., oncle paternel par alliance ;

₉ 2° Le sieur Simon ROSSIGNOL, vigneron, demeurant à..., cousin issu de germain ;

₁₀ 3° Le sieur Louis ROSSIGNOL, manœuvre, demeurant à..., cousin issu de germain ;

₁₁ Les trois sus-nommés étant les plus proches parents de la mineure dans la ligne paternelle, *d'une part*;

₁₂ 4° Le sieur Louis CORDONNIER, vigneron, demeurant à..., oncle maternel ;

₁₃ 5° Le sieur Nicolas BROUSSAT, vigneron, demeurant à..., oncle maternel par alliance ;

¹⁴ 6° Et le sieur Auguste Patriarc, marchand d'étoffes, demeurant à ..., cousin issu de germain ;

¹⁵ Ces trois derniers étant les plus proches parents de la mineure dans la ligne maternelle, *d'autre part*.

¹⁶ Lesquels, après avoir certifié et affirmé être bien les plus proches parents de la mineure Rossignol, domiciliés dans la distance de deux myriamètres du lieu de l'ouverture de la tutelle, ont été déclarés par nous composer sous notre présidence le conseil [95] de famille de ladite mineure.

¹⁷ Et de suite le conseil de famille délibérant sur le motif de sa convocation, en conformité des art. 160 et 1398 du Code civil, a été d'avis à l'unanimité (ou : *à la majorité de... voix contre....*) d'autoriser la mineure Christine Rossignol :

¹⁸ 1° A contracter mariage [63] avec le sieur Joseph Mercier, sus-nommé, qui est de bonnes vie et mœurs et exerce une profession convenable.

¹⁹ 2° Et à insérer en son contrat de mariage [166] les clauses et conditions [153] suivantes arrêtées en la présente séance du conseil de famille :

²⁰ I. Que son apport [200] actuel en mobilier sera évalué (*a*) au moins à une somme égale à celle constatée par les inventaires [145] faits après le décès [63] de ses père et mère, lesquels inventaires seront, dans tous les cas, pris pour base de ses reprises [200] à défaut d'évaluation par le contrat de mariage [166].

²¹ II. Que le régime sera celui de la communauté [166] réduite aux acquêts (*id.*).

²² III. Que le survivant des époux prendra par préciput (*id.*) et avant partage de la communauté, les habits, linges et hardes, bagues et joyaux à son usage, plus des effets mobiliers de valeur de trois cents francs suivant la prisée de l'inventaire, ou cette somme en deniers comptants, à son choix.

²³ IV. Que la future épouse ou ses enfants, en renonçant [62] à la communauté, auront la faculté de reprendre tout ce qu'elle aura apporté en dot [200] et tout ce qui lui sera échu pendant le mariage, même le préciput ci-dessus stipulé si c'est la future épouse elle-même qui renonce, le tout franc et quitte [166] de toutes dettes [26] et hypothèques [30] quand même ladite future s'y trouverait obligée [107] envers les créanciers]25].

²⁴ V. Que les futurs époux se feront une donation mutuelle [214] et universelle en usufruit [69] au survivant d'eux avec dispense de faire état des immeubles et de fournir caution, pour ne sortir son effet qu'au cas où, au décès du premier mourant, il n'y aurait point d'enfants nés ou à naître du mariage.

²⁵ Ledit sieur Bonnard est délégué par le conseil de famille à l'effet : 1° de le représenter devant tous officiers de l'état civil [63] qu'il appartiendra pour consentir au nom dudit conseil au mariage [63] dont il s'agit ; 2° et d'assister ladite mineure au contrat de mariage [166] qui devra avoir lieu devant Notaire sous les conditions ci-dessus arrêtées. A l'effet de ce que dessus signer]15] tous actes [177] et contrats (*id.*).

²⁶ Il a été vaqué à ce qui précède depuis ladite heure de huit du matin jusqu'à midi, par double vacation.

²⁷ De tout ce que dessus il a été dressé le présent procès-verbal à Montécot, en notre hôtel, les jour, heures, mois et an susdits, et les parties ont signé avec nous et notre greffier, après lecture.

V. Enregistrement   notes 18, 19, 56.

Bail de biens par
adjudication.

BAIL [105] DE BIENS PAR ADJUDICATION (159).

¹ L'an mil huit cent quarante-deux [15], le dimanche sept novembre (*id.*) à dix heures du matin.

² Par-devant Mᵉ Pierre [1] Sançon (*id.*) et son confrère (*id.*), Notaires [2] à St.-Cidoine [1], département de... soussignés [15]. — V. *sup.* la note *a* au bas de la p. 3.

³ Est comparu M. Louis [3] Pussin (*id.*), marchand colporteur (*id.*) demeurant à (*id.*).

---

a: Quand il n'y a point d'inventaire, il faut nécessairement une évaluation. On ne pourrait dire qu'elle se *marie pour* es droits acquis par le décès de ses père et mère, s'ils ne sont pas préalablement constatés.

4 Agissant comme administrateur [184] des biens de la dame Mélanie [3] Oury (*id.*), son épouse [144] , avec laquelle il est en communauté [166] de biens contractuellement (ou : *par l'effet de la loi*).

5 *Ou bien* : comme tuteur [163] naturel et légal de Stanislas [3] Pussin (*id.*) , son fils mineur [68] , seul enfant issu de son mariage avec la dame Mélanie Oury sa défunte épouse , dont il est seul héritier [78] .

6 *Ou bien encore* : comme tuteur [163] à l'interdiction [68] de (*nom* (3), *prénoms* (id.), *profession* (id.)) demeurant (*id.*) de droit à... , et de fait à... (*a*).

7 Lequel désirant louer [105] et affermer (*id.*) par adjudication tous les biens immeubles [87] situés [141] sur la commune de St.-Cydoine , appartenant [22] à son épouse (ou : *à son fils mineur. — Ou bien : à l'interdit , ci-dessus dénommé*) , a dit qu'il avait fait annoncer par affiches et par publication à son de caisse tant à St.-Cydoine que dans les communes circonvoisines qu'il serait , cejourd'hui, à l'heure de midi, procédé à cette adjudication en l'étude et par le ministère dudit Me Sançon ; mais avant il a requis les Notaires soussignés de faire par lots [140] la désignation [141] de ces biens et de rédiger les charges [58] et conditions [185] de l'adjudication , ce qui a eu lieu ainsi qu'il suit :

8 DÉSIGNATION [141] :

9 Premier lot. Ce lot est composé d'une maison [7] située [141] à... , (*se conformer pour la désignation à ce que nous avons dit* sup. *page* 49, *alin.* 7 *et* 8).

10 Second lot. Ce lot est composé d'une pièce de terre (*se conformer pour la désignation à ce que nous avons dit* sup. *page* 42, *alin.* 8).

11 Troisième lot. Ce lot est composé d'une pièce de vigne (*se conformer à l'alin.* 14, *page* 43).

12 Quatrième lot. Ce lot est composé d'une pièce de pré (*se conformer à l'alin.* 15, *page* 43); ladite pièce entourée de fossés [41] qui en dépendent.

13 PROPRIÉTÉ. Les biens à louer et affermer appartiennent [22] etc. (*Il est toujours bon d'indiquer d'une manière succincte la propriété en s'en tenant au dernier titre, mais en général on ne le fait que pour les biens qui sont d'une grande importance*). — V. au mot ÉTABLISSEMENT DE PROPRIÉTÉ du Dictionnaire.

14 CHARGES [58] ET CONDITIONS [185] DE L'ADJUDICATION.

15 Art. 1. *Durée du bail.* Les biens seront loués et affermés pour neuf années , entières et consécutives, qui commenceront à courir le... , et finiront le... , de manière que pour les terre , vigne et pré , les preneurs puissent faire neuf récoltes , attendu qu'ils doivent payer neuf années de fermages.

16 Art. 2. *Obligations du bailleur.* Le bailleur s'oblige en sa dite qualité : 1° à délivrer aux preneurs les biens loués , lesquels devront être en bon état de réparations de toute espèce lors de l'entrée en jouissance des preneurs ; 2° à les entretenir en état de servir à l'usage pour lequel ils sont loués ; 3° à en faire jouir paisiblement lesdits preneurs pendant la durée du bail ; 4° à faire aux biens loués , pendant la durée du bail , toutes les réparations nécessaires autres que les locatives ; 5° et à garantir les preneurs de tous vices ou défauts actuels qui en empêcheraient l'usage.

17 Art. 3. *Obligations des preneurs.* L'adjudicataire à bail de la maison la prendra comme elle s'étend et comporte et en bon état de réparations locatives ; il l'entretiendra desdites réparations pendant la durée du bail et la rendra à son expiration suivant l'état [154] des lieux qui aura été dressé entre les parties et aux frais du preneur (ou : *à frais communs*), lors de l'entrée en jouissance ci-dessus fixée , à la première réquisition [119] de l'une ou de l'autre des parties. Faute de réquisition et d'état de lieux dressé dans les six premiers mois de l'entrée en jouissance , le preneur sera présumé avoir reçu ladite maison en bon état.

18 Art. 4. Ledit adjudicataire, au cas de réparations urgentes à la maison et qui ne puissent être différées jusqu'à la fin du bail devra les souffrir, quelque incommodité qu'elles lui causent, pourvu qu'il ne soit pas privé, pendant qu'elles se feront, de la jouissance de la majeure partie de la maison louée, que ces réparations ne durent pas plus de.... jours, et que ces réparations ne soient point de nature à rendre

---

(*a*) Cette formule de bail n'est pas limitée aux cas exprimés aux alin. 4, 5 et 6. — Il est bien entendu qu'on peut l'employer pour toute personne.

inhabitable ce qui est nécessaire au logement du preneur et de sa famille, auquel cas, celui-ci pour faire résilier [105] le bail.

¹⁹ Art. 5. Tous les adjudicataires des biens à louer devront en jouir en bon père de famille, et s[…] vant la destination que ces biens ont actuellement, en conséquence :

²⁰ 1. L'adjudicataire à bail de la maison devra l'habiter par lui ou sa famille, et la garnir de meubles [… suffisants pour que le bailleur puisse toujours exercer sur iceux un privilége utile à raison de ses loyers[…]

²¹ 2. L'adjudicataire à bail de la pièce de terre composant le second lot, devra la labourer, fumer ensemencer par sols et saisons convenables, sans pouvoir la dessoler ni forculturer.

²² 3. L'adjudicataire à bail de la pièce de vigne devra la façonner, tailler, provigner, fumer et éc[…] lasser comme il convient et suivant l'usage du pays qui est d'y faire un cent de fosses par demi hec tare [91] tous les ans, d'y mettre annuellement un millier d'échalas, et de remonter les terres de bas haut tous les trois ans.

²³ 4. L'adjudicataire à bail de la pièce de pré la fauchera à faux courante, il en abattra tous les ans taupinières, et curera les fossés [41] tous les trois ans dans la saison d'hiver, pour, les terres qui p[…] viendront du curage, être par lui répandues dans la pièce, de manière à la rendre plus fertile.

²⁴ Art. 6. Les pièces de terre, vigne et pré, seront affermées comme elles s'étendent et comport[…] sans aucune exception ni réserve, le plus ou le moins de contenance [40], s'il s'en trouve, devant tourn[…] au profit ou à la perte des adjudicataires, quand même la différence serait de plus d'un vingtiè[…] —V. *inf.* la note *a* au bas de la p. 139.

²⁵ Art. 7. Les adjudicataires à bail des biens ruraux ne pourront réclamer d'indemnité au propriétai[…] pour cas fortuits que dans les cas prévus par la loi (a).

²⁶ Art. 8. Lesdits adjudicataires seront tenus d'avertir le bailleur en temps utile, des anticipations détériorations qui pourraient être commises sur le fonds des biens à eux affermés, à peine d'en dem[…] rer personnellement responsables et de supporter tous dépens [120], dommages et intérêts [189].

²⁷ Art. 9. L'adjudicataire à bail de la maison, sera tenu de payer, pendant la durée du bail, les co[…] tributions [58] des portes et fenêtres auxquelles elle peut et pourra être imposée, et en outre, de satis[…] faire à toutes les charges (*id.*) de ville et de police dont les locataires sont ordinairement tenus.

²⁸ Art. 10. Les adjudicataires des biens ruraux seront tenus aussi d'acquitter [84] pendant toute la dur[…] du bail, les impositions [58] et charges locales (*id.*) de toute espèce relatives auxdits biens, à l'excep tion des contributions foncières seules qui resteront à la charge du bailleur.

²⁹ Art. 11. Les adjudicataires ne pourront céder [105] ni sous-louer (*id.*) tout ou partie de leurs droi[…] au bail, sans le consentement exprès et par écrit du propriétaire ou de son représentant légal.

³⁰ Art. 12. Les adjudicataires paieront dans la huitaine de l'adjudication entre les mains et sur la qui[…] tance de Me SANÇON, l'un des notaires soussignés, les déboursés [5] de timbre, d'enregistrement, le coû[…] de la grosse [64] qui sera remise au bailleur, chacun en raison de son prix, plus cinquante centimes pa[…] cent francs sur toutes les années de fermage pour les honoraires [5] dudit notaire à l'adjudication.

³¹ Art. 13. *Mode de paiement du fermage.* Les adjudicataires seront tenus de payer le loyer ou ferma[…] du bail en la demeure du bailleur ou pour lui au porteur de ses pouvoirs et de la grosse [64] d[…] présentes, le onze novembre de chaque année, pour commencer le premier paiement le onze novemb[…] mil huit cent quarante-trois, et pour continuer ainsi d'année à autre jusqu'à la fin dudit bail.

³² Art. 14. Faute par un ou plusieurs des adjudicataires de payer une année de fermage du bai[…]

(a) Cette clause est quelquefois remplacée par celle-ci : *les adjudicataires ne pourront réclamer aucune indemnité pour raison de grêle, gelée, sécheresse, inondation, stérilité et autres cas fortuits prévus ou imprévus.*

Mais comme cette clause est exorbitante et hors des termes du droit commun, on ne doit l'insérer au bail que sur la de[…] mande expresse des parties : un fermier ne pouvant payer qu'autant qu'il récolte, il est constant qu'au moyen d'une pareille condition il pourra y avoir pour lui impossibilité de remplir ses engagements, si un cas fortuit le prive de la *totalité* d'une récolte. C'est une manière licite de ruiner un fermier que de stipuler une pareille condition. La loi fait déjà une condition assez dure au fermier C. civ. 1769, 1770, sans ajouter, par une clause de style, à sa rigueur.

à son échéance, ledit bail demeurera résilié [105] de plein droit si bon semble au bailleur, quinze jours après un simple commandement [194] resté infructueux et sans qu'il soit besoin de remplir aucune formalité de justice pour faire prononcer ladite résiliation.

33 Art. 15. *Command* [148]. Toute personne qui aura enchéri pour le compte d'une autre, devra le déclarer à l'instant même de l'adjudication ou dans les vingt-quatre heures, mais le command ne sera point admis s'il n'est pas notoirement solvable ou ne fournit pas caution [32] de suite.

34 Art. 16. *Conditions pour enchérir.* Nul ne sera admis à se rendre adjudicataire, s'il n'est pas d'une solvabilité [155] suffisamment connue du bailleur, à moins qu'il ne fournisse caution [32] immédiatement ou dans les vingt-quatre heures sur la demande qui lui en sera faite, et qui sera consignée au présent procès-verbal avant sa clôture.

35 Toute enchère faite par un insolvable sera regardée comme non-avenue, et l'enchère précédente conservera toute sa force comme si elle n'avait pas été couverte.

36 Art. 17. *Forme de l'adjudication.* L'adjudication aura lieu à la chaleur des enchères [159] et à l'extinction de deux feux (*id.*) sans enchère, le montant de chaque enchère ne pourra être moindre de dix francs jusqu'à quatre cents francs, et de quinze francs au-dessus de cette somme.

37 Art. 18. Les feux ne pourront être allumés et l'adjudication ne pourra avoir lieu que quand il aura été fait une mise à prix [159] jugée suffisante par le bailleur.

38 Art. 19. *Élection de domicile* [11]. Pour l'exécution des charges [58] et conditions [155] de l'adjudication, les adjudicataires seront tenus d'élire domicile dans un lieu quelconque du canton de St.-Cidoine.

39 Fait et passé à Saint-Cydoine en l'étude [12], les jour, heure, mois et an [13] sus-dits, et le comparant a signé [15] avec les Notaires, après lecture [16] — V. *sup.* la note *m* au bas de la p. 7.

40   (*Signatures de la partie et des notaires*).

41 Et ledit jour sept novembre [13] mil huit cent quarante-deux (*id.*), à l'heure de midi.

42 A la requête de M. Louis [5] Pussin (*id.*) marchand colporteur (*id.*) demeurant à... (*id.*) dénommé et qualifié au cahier des charges qui précède.

43 Il a été, par Mᵉ Sançon [1] et son confrère (*id.*), Notaires [2] à Saint-Cydoine, [1] susdits et soussignés, fait lecture dudit cahier des charges aux personnes assemblées et ensuite procédé à la réception des enchères pour l'adjudication à bail des biens désignés en ce cahier des charges, le tout de la manière suivante :

44   ADJUDICATION.

45 PREMIER LOT [140]. La maison composant le *premier* lot de la désignation du cahier des charges ayant été mise en adjudication, plusieurs enchères ont été faites qui ont porté la mise à prix à la somme de quatre cent cinquante francs de loyer annuel, outre les charges.

46 Sur cette somme, les feux ayant été allumés, la dite maison a été enchérie, savoir :

47 Sur le premier feu, à quatre cent quatre-vingts francs.

48 Sur le second feu, à quatre cent quatre-vingt-dix francs.

49 Sur le troisième feu, à cinq cents francs de loyer annuel, outre les charges, par M. Nicolas [3] LHÉRAULT (*id.*), ancien négociant (*id.*) demeurant à Saint-Cydoine, (*id.*).

50 Deux autres feux successivement allumés sur cette dernière somme s'étant éteints sans enchère, la maison dont il s'agit, a été définitivement adjugée à bail à M. Nicolas LHÉRAULT, sus-nommé, à ce présent et acceptant, moyennant la somme de *cinq cents francs* de loyer annuel, outre les charges qu'il s'oblige d'exécuter et accomplir.

51 Pour l'exécution desdites charges, M. LHÉRAULT fait élection de domicile [11] en sa demeure actuelle jusqu'à son entrée en jouissance de la maison louée et après cette époque en ladite maison.

52 De ce que dessus il a été dressé le présent procès-verbal à l'égard dudit premier lot, à Saint-Cydoine

en l'étude [12], les jour, heure, mois et an [13] ci-dessus indiqués, et MM. Pussin et Lhérault ont signé [15] avec les Notaires, après lecture [16] (a) — (*Signature*).

55 Second lot. La pièce de terre composant le *second* lot de la désignation du cahier des charges, ayant été mise en adjudication, a été adjugée après trois enchères et l'extinction de deux feux sans enchère à M. Léonard [3] Dissox (*id.*), cultivateur (*id.*) demeurant à Laroche (*id.*), commune de Saint-Cydoine, à ce présent et acceptant, moyennant la somme de *cent dix francs* de fermage annuel, outre les charges qu'il s'oblige d'exécuter et accomplir.

54 Pour l'exécution des dites charges M. Dissox a fait élection de domicile [11] en sa demeure et a signé [15] après lecture [16] (a) — (*Signature*).

55 Troisième lot. La pièce de vigne composant le *troisième* lot de la désignation du cahier des charges ayant été mise en adjudication, a été adjugée après une seule enchère et l'extinction de deux feux sans enchère au sieur Charles [5] Dupont (*id.*), vigneron (*id.*), demeurant (*id.*) à Laborde, commune de Saint-Cydoine, à ce présent et acceptant, moyennant la somme *de cent trente-cinq francs* de fermage annuel, outre les charges qu'il s'oblige d'exécuter et d'accomplir.

56 Pour l'exécution des dites charges, le sieur Dupont a fait élection de domicile [11] en sa demeure et déclaré ne savoir signer [13], de ce interpellé, après lecture [16]—(*Signature*).

57 Quatrième lot. La pièce de pré composant le *quatrième* lot de la désignation du cahier des charges ayant été mise en adjudication, a été adjugée après sept enchères et l'extinction de deux feux sans enchères à M. Gilles [5] Bontemps (*id.*) marchand grainetier (*id.*) demeurant (*id.*) à Saint-Cydoine, à ce présent et acceptant, moyennant la somme de *deux cent soixante-quinze francs* de fermage annuel, outre les charges qu'il s'oblige d'exécuter et accomplir.

58 Pour l'exécution desquelles charges M. Bontemps a fait élection [11] de domicile en sa demeure et signé [15] après lecture [16] — (*Signature*).

59 De tout ce que dessus il a été dressé le présent procès-verbal, clos (b) à trois heures du soir, à Saint-

---

(a) Il y a deux manières de formuler le prononcé de l'adjudication, l'une comme ci-dessus, et l'autre comme on va le voir pour l'adjudication du second lot.

Celle que nous venons d'employer pour le premier lot, est, à la vérité, la plus longue, mais elle est la plus simple et l plus régulière.

Celle employée pour le second lot étant plus courte est sous ce rapport préférable, mais elle est irrégulière en ce que l'opération n'est pas terminée et exige une seconde signature de l'adjudicataire à la fin du procès-verbal. Tant que cette seconde signature n'est point apposée, l'adjudicataire n'est pas lié, il n'a signé qu'un acte imparfait, bon tout au plus pour servir d'un commencement de preuve par écrit, susceptible de faire admettre contre lui la preuve testimoniale (V. note 26 n. 131 et suiv.), car, pour qu'un acte soit parfait et puisse être exécutoire contre un individu, il faut qu'on ait observé relativement à sa forme toutes les formalités prescrites par la loi du 25 ventôse an xi; or, dans la formule d'adjudication du second lot, il manque entr'autres conditions nécessaires pour la validité, l'indication du lieu où l'acte est passé, la mention de la signature du bailleur et des Notaires et l'apposition de leurs signatures, choses essentielles pour constituer un acte et le rendre irrévocable et obligatoire, tellement que quand ces conditions ne s'y rencontrent pas, l'acte qu'on revêt d'une exécution parée est sans force, et les actes d'exécution qui en sont la conséquence, n'ont pu produire aucun effet. — Lorsqu'on préfère (surtout en matière d'adjudication où il faut procéder brièvement) la formule employée pour le second lot, à celle du premier lot, on ne peut professer que cela puisse se pratiquer ainsi, ce ne peut être qu'en manquant aux règles de la stricte régularité qu'on peut y parvenir, et voici comment : on ouvre avant de procéder, autant de cases qu'il y a de lots, en laissant un espace suffisant pour y insérer l'adjudication de l'objet, on dresse aussi par avance la clôture du procès-verbal, en plaçant à côté la mention relative aux mots rayés, de sorte que quand on adjuge un lot, il n'y a plus qu'à inscrire l'adjudication de ce lot dans la case qui lui a été réservée, puis à faire signer l'adjudicataire, tant au bas de cette case qu'à la fin du procès-verbal et à lui faire parapher la mention des mots rayés; mais il faut éviter de faire des renvois pour n'avoir point à rappeler les adjudicataires. — A l'égard de chacun des lots non adjugés on remplit la case réservée par une déclaration négative.

(*Nota*) Annoter ce qui précède, *sup.* p. 49 alin. 67, et p. 54 alin. 51, ainsi qu'il suit : V. *inf.* p. 156 alin. 52 et 55, (a). Annoter aussi au tome 2, note 15, n. 1.

(b) Il est bon d'indiquer l'heure de la clôture dans tout procès-verbal qui contient réserve d'élire command, parce que

Cydoine, en l'étude [12], les jour, mois [et au sus-dits, et M. Pussin ainsi que les adjudicataires des deuxième, troisième et quatrième lots ont signé [15] avec les Notaires, excepté le sieur Dupont qui a réitéré sa déclaration de ne le savoir de ce interpellé, le tout après lecture [16] (c) — (Signatures).

60   V. *Répertoire*,   note 17.

61   *Enregistrement*,   notes 218, 18 et 19.

62   Les formules suivantes de baux à ferme et à loyer.

63   Et, au besoin, la table alphabétique du Commentaire.

BAIL ADMINISTRATIF DE BIENS APPARTENANT A DES COMMUNES, HOSPICES, BUREAUX DE BIENFAISANCE ET AUTRES ÉTABLISSEMENTS PUBLICS.

Bail administratif.

V. *infrà*. Cahier de charges.

BAIL [105] D'ANIMAUX.

Bail d'animaux.

1   Par-devant Me Cyprien [5] Collas (*id.*) et son collègue (*id.*), notaires [2] à Presle [1] département de l'Yonne, soussignés [15] — V. *sup.* la note *a* au bas de la p. 5.

2   Est comparu M. Jérôme [5] Luillier (*id.*) tanneur (*id.*) demeurant à... (*id.*).

5   Lequel a par ces présentes, donné à bail [105] pour trois années consécutives qui commenceront d'aujourd'hui,.

4   Au sieur Jean [5] Pouillot (*id*) fermier (*id.*), demeurant à... (*id.*), à ce présent et acceptant, preneur pour le temps susdit.

5   Quatre vaches [7] à lait, dont deux sous poil rouge de l'âge de trois ans, et deux sous poil noir de l'âge de quatre ans, dont ledit sieur Luillier reconnaît être en possession [22].

6   Le présent bail est fait aux charges [58] et conditions [155] suivantes :

7   1° Le preneur s'oblige de garder, nourrir et soigner lesdites vaches comme doit le faire un bon père de famille.

8   2° Il aura seul droit aux profits à provenir des dites vaches pendant la durée du bail, seulement les veaux qu'elles produiront appartiendront [22] au bailleur qui se les réserve expressément

9   3° Dans le cas où une ou plusieurs desdites vaches viendraient à périr [170] par la faute ou négligence du preneur ou des personnes de sa maison, pendant la durée du bail, celui-ci sera obligé [107] de payer [84] immédiatement au bailleur la somme de cent cinquante francs par chaque vache ; mais si elles viennent à périr en tout ou en partie sans la faute du preneur, ledit preneur n'aura rien à payer, pourvu qu'il rapporte au bailleur dans la quinzaine qui suivra la perte, avec la peau des vaches mortes, un certificat constatant leur mort naturelle. Ce certificat ne pourra être délivré que par un artiste vétérinaire nommé sur requête [211] présentée par le preneur au juge de paix [94] du canton où les parties ont leur domicile

le délai de *vingt-quatre heures* fixé pour l'enregistrement de l'acte de déclaration du command a pour point de départ l'heure de la clôture et non l'heure de l'ouverture du procès-verbal. — V. note 18. n. 61.

Si le procès-verbal n'indiquait point l'heure de son ouverture ni celle de sa clôture, on aurait, pour le faire enregistrer, toute la journée du lendemain, mais le *Contrôleur de l'enregistrement* (traité n. 557) pense que la régie pourrait être admise, dans ce cas, à prouver que les vingt-quatre heures étaient expirées quand le command a été présenté à l'enregistrement.

(c) A annoter ainsi qu'il suit : « V. *infrà* p. 137 alin. 59 » tant à la p. 49 alin. 66, où nous avons omis de faire une seconde mention de la signature des adjudicataires, qu'à la p. 54 alin. 51 où nous avons omis de mentionner la signature de l'adjudicataire et de son command.

lequel aura attribution de juridiction, et la signature dudit artiste vétérinaire devra être légalisée [125] par le Maire de sa commune.

¹⁰ Dans l'un comme dans l'autre cas, le prix du présent bail sera, du jour de la perte arrivée, diminué de quinze francs par an par chaque tête de bétail qui aura péri.

¹¹ 4° Dans le cas de dommage ou de maladie causés auxdites bêtes par la faute du preneur, des gens de sa maison ou de ses animaux domestiques, le dit preneur sera passible de tous dépens [120], dommages et intérêts [159], à l'effet de quoi les parties se soumettent à la juridiction du tribunal de paix [94] de leur canton.

¹² 5° Les déboursés [5] et honoraires (id.) des présentes et le coût de la grosse [64] qui en sera délivrée au bailleur seront supportés par le preneur.

¹³ Prix. Le présent bail est fait en outre moyennant la somme de soixante francs de loyer annuel, que le preneur promet et s'oblige [107] de payer [84] au bailleur en la demeure de ce dernier le premier janvier de chaque année, première année devant échoir le premier janvier prochain, pour ainsi continuer d'année à autre jusqu'à la fin du présent bail.

¹⁴ Pour l'exécution des présentes, les parties font élection de domicile [11] en leurs demeures respectives ci-dessus indiquées.

¹⁵ Dont acte, fait et passé à Presle en l'étude [12] l'an mil huit cent quarante-trois [15] le premier janvier (id.) et les parties ont signé [13] avec les notaires, après lecture [16]. — V. sup. la note m au bas de la p. 7.

¹⁶   V. *Répertoire*   note 17.

¹⁷   *Enregistrement*   218, 18 et 19.

¹⁸   Les formules de *cheptel* et *prêt à usage*

¹⁹   Et, au besoin, la table alphabétique du Commentaire.

Bail de bois.

BAIL [105] DE BOIS.

₁ Par-devant Mᵉ Célestin [1] Bricage (id.) et son confrère (id.) Notaires [2] aux Grands-Moulins (1ᵉ département de... soussignés [13] — V. sup. la note a au bas de la p. 3.

₂ Est comparu M. Silvestre [3] de Cambuzat (id.), Lieutenant-Général en retraite (id.), Grand-Croix de l'ordre de la légion d'honneur (id.), demeurant à... (id.).

₃ Lequel a, par ces présentes, fait bail et donné à ferme pour dix-huit années entières et consécutives qui ont commencé à courir le premier janvier présent mois, avec promesse de faire jouir paisiblement le preneur pendant ce temps.

₄ A M. Jacob [5] Boy (id.), maître de forges (id.), demeurant à... (id.), à ce présent et acceptant, preneur audit titre de bail à ferme et pour ledit temps.

₅ Tous les bois qui appartiennent à M. de Cambuzat comme faisant partie de sa *terre de Laroche-Luy* située sur les communes de Couchenoire, Couchepot, Saint-Clément et Charlebourg, canton de Tréport; desquels bois la désignation suit :

₆ Désignation. 1° Une pièce [7] de bois située [141] sur le finage (id.), de la commune de Couchenoire, lieu dit (id.) le *Buisson-Maison-Dieu*, de la contenance de cinquante hectares [91], entourée de toutes parts de fossés [41] qui en dépendent, tenant [141] d'un long du levant aux terres de Couchenoire, d'autre long du couchant aux terres de plusieurs particuliers, d'un bout du midi au chemin qui conduit de Couchenoire à Couchepot, d'autre bout du nord à la lisière du bois de M. de Lordereau.

₇ 2° Une autre pièce de bois située sur le territoire de la commune de *Couchepot*, lieu dit le *Bois-Fourré*, de la contenance de soixante hectares, tenant d'un long du midi au bois de M. de Lordereau, fossé mitoyen [41] entre deux, d'autre long du nord aux roches qui dominent l'ancien couvent de *Basseville*, d'un bout du levant à la prairie de Mad. de Mortemart, d'autre bout du couchant aux terres de M. de Miromesnil; à ces deux bouts la pièce est entourée de fossés qui en dépendent.

₅ 3° Une pièce de bois ayant la forme d'un triangle, située sur le finage de la commune de *Saint-Clément*, lieu dit le *Bois-Fourchu*, de la contenance de soixante-quinze hectares, tenant des deux longs qui par un bout se terminent en pointe à la route et au chemin de la Barraque, d'un bout aux vignes de plusieurs particuliers.

₉ 4° Une pièce de bois située sur le finage de la commune de *Charlebourg*, lieu dit le *Cotas-Fringant*, de la contenance de cent hectares, tenant de toutes parts aux bois de la commune de Charlebourg, d'avec lesquels ladite pièce est séparée par des fossés mitoyens [41].

₁₀ Ainsi que lesdites pièces s'étendent et comportent sans aucune exception ni réserve, le plus ou le moins de contenance [41], s'il s'en trouve, devant tourner au profit ou à la perte du preneur, quand même la différence excéderait un vingtième (a).

₁₁ CHARGES ET CONDITIONS. Le présent bail est fait sous les charges et conditions suivantes que le preneur s'oblige d'exécuter et accomplir, sans pouvoir prétendre à aucune diminution du fermage ci-après fixé :

₁₂ Art. 1ᵉʳ. *Aménagement.* Le preneur se conformera, pour l'ordre des coupes, à l'aménagement actuellement établi, sans pouvoir, en aucun temps, les anticiper ou retarder, mais préalablement il devra, un mois avant de commencer une coupe, avertir le bailleur de son intention de faire ladite coupe, pour mettre celui-ci à même de faire surveiller le mode d'exploitation et d'empêcher, autant qu'il sera en son pouvoir, qu'il ne soit commis ni dommage aux arbres réservés ni contravention à ce qui sera ci-après prescrit pour la coupe.

₁₃ Art. 2. *Mode d'exploitation.* Le preneur suivra les usages généralement établis pour faire les coupes tout en se conformant aux obligations suivantes à lui imposées ; en conséquence,

₁₄ I. Les coupes ne pourront être faites qu'à fer tranchant, à fleur de terre, sans écuisser ni éclater.

₁₅ II. Les bois destinés à être écorcés devront être abattus avant le quinze avril de l'année d'exploitation.

₁₆ III. Les ramiers devront être façonnés pour l'époque du premier juin de ladite année.

₁₇ IV. L'enlèvement des bois se fera, dans chaque exploitation, par les chemins et routes ordinaires, et elle devra être terminée annuellement avant la fin de novembre.

₁₈ V. Il ne pourra être établi de fourneaux et de loges que dans les lieux désignés par M. *de Cambuzat*, et le bois ne pourra être déposé que sur les cordons et dans les endroits indiqués par ce dernier.

₁₉ VI. La vidange des coupes devra être opérée pour le premier décembre de l'année d'exploitation. Les chevaux qui y seront employés ne pourront pâturer que dans les cantons désignés par M. DE CAMBUZAT ; ils devront être bridés de manière à ne causer aucun dommage en passant dans les taillis non défensables.

₂₀ VII. Le preneur fera réparer chaque année, celles des lignes qui ne sont point des chemins publics, lorsqu'elles seront dégradées par l'enlèvement des bois et la vidange des coupes.

₂₁ Art. 3. *Bruyères.* Le preneur devra faire arracher, annuellement, les bruyères, lors du défrouillement dans les ventes en usances.

₂₂ Art. 4. *Délits* [26]. Le preneur demeurera garant [97] et responsable [26] de tous les délits qui pourront être commis dans les bois s'il n'en fait connaître les auteurs en temps opportun pour qu'ils puissent être poursuivis utilement par le bailleur qui aura seul droit au bénéfice des condamnations résultant des délits constatés par les procès-verbaux des gardes [209] desdits bois.

₂₃ Cependant, au cas de vol de bois gisants ou à abattre dans les ventes en usances, M. BOY aura le droit exclusif de poursuivre les délinquants et le bénéfice des condamnations lui appartiendra.

₂₄ Art. 5. *Garde des bois.* La garde [209] des bois affermés devra être faite aux frais de M. BOY par un ou deux gardes salariés par lui, et desquels il sera responsable ainsi qu'il est dit en l'article quatre qui

_____

(a) *Lorsque le bail est fait avec garantie de contenance on remplace l'alin.* 10 *par celui-ci :* Les pièces sus-désignées sont affermées avec garantie de la contenance indiquée pour chaque pièce ; en conséquence, si, par le résultat de l'arpentage qui en sera fait par un arpenteur-géomètre amiablement choisi entr'elles, il y a plus ou moins de contenance, il y aura lieu à augmentation ou diminution du fermage en prenant pour base le prix principal seulement du présent bail. Les frais d'arpentage seront à la charge du bailleur s'il y a déficit, et du preneur si la mesure indiquée est exacte ou s'il y a de l'excédant. L'arpentage dont il s'agit devra être fait d'ici à six mois, sinon les contenances seront réputées exactes.

précède pour le cas de délits non constatés en temps utile. Ces gardes ne pourront être nommés que sur la demande et présentation du bailleur.

²⁵ M. DE CAMBUZAT aura néanmoins le droit d'avoir, à son compte, un garde qui exercera sa surveillance dans les bois affermés, sans que cela diminue en rien la responsabilité de M. Boy envers le bailleur.

²⁶ Dans tous les cas, le preneur fournira par ordinaire et gratuitement à chaque garde, deux cents de fagots de la grosseur que comporte ordinairement le lien qui sert à attacher, plus un décastère de menuise.

²⁷ Art. 6. *Police générale des forêts.* Le preneur se conformera aux lois, ordonnances et règlements sur les forêts, comme pourrait être tenu de le faire le propriétaire lui-même.

²⁸ Art. 7. *Martelage* [219] *et récolement* (id.). Lors d'un martelage ou récolement, tous les frais et dépenses occasionnés par les gardes seront pour le compte du preneur.

²⁹ Art. 8. *Coût des présentes.* Les déboursés [5] et honoraires (id.) des présentes et le coût de la grosse [64] et d'une expédition (id.) présentement requises seront supportés par M. Boy.

³⁰ RÉSERVE [219]. M. DE CAMBUZAT se réserve expressément les arbres anciens et les modernes qui se trouvent dans les bois présentement affermés, pour les faire abattre et en disposer lors de l'exploitation des taillis.

³¹ Il se réserve aussi la quantité de deux cents jeunes ou baliveaux de l'âge du taillis par chaque hectare de bois à couper.

³² De tous lesquels arbres il sera fait un martelage [219] avant, et un récolement (id.) après l'exploitation de chaque coupe : cette double opération sera constatée par écrit entre les parties.

³³ FERMAGE. Le présent bail est fait en outre moyennant la somme de *onze mille francs* de fermage annuel, que M. Boy promet et s'oblige [107] même par corps [51] de payer à M. de Cambuzat en la demeure de ce dernier, ou pour lui au porteur [80] de ses pouvoirs et de la grosse [64] des présentes, en quatre termes [77] égaux de chacun deux mille sept cent cinquante francs, payables [84] aux quatre termes ordinaires de l'année, dont le premier terme écherra le premier avril prochain, le second le premier juillet suivant, pour ainsi continuer de terme en terme jusqu'à la fin du présent bail et le parfait paiement des dix-huit années de fermage.

³⁴ PAIEMENT [84] D'AVANCE. M. DE CAMBUZAT reconnaît que M. Boy lui a payé la somme de *deux mille sept cent cinquante francs* pour trois mois d'avance des fermages du présent bail; laquelle somme sera imputable [84] sur les trois derniers mois de jouissance, de manière que l'ordre qui vient d'être indiqué pour les paiements ne sera point interverti (a).

³⁵ AFFECTATION HYPOTHÉCAIRE [50]. A la sûreté et garantie tant du paiement de toutes les années de fermage du présent bail, que de l'exécution des charges et conditions y exprimées, M. Boy affecte et hypothèque [50] spécialement le domaine de *Berthereau*, situé [141] sur la commune de..., canton de..., avec toutes ses dépendances [71], sans aucune exception ni réserve.

³⁶ Sur lequel domaine M. Boy consent qu'il soit pris inscription [85] à ses frais, étant bien entendu qu'il aura le droit de faire réduire [149], si bon lui semble, ladite inscription, de somme égale aux années écoulées dudit bail et pour lesquelles il se sera acquitté envers M. DE CAMBUZAT (id.) qui devra alors en donner main-levée jusqu'à due concurrence [152] aux frais du preneur.

³⁷ Ce domaine appartient [22] à M. Boy, comme etc, (*se conformer pour l'établissement de la propriété à ce que nous dirons au mot* ETABLISSEMENT DE PROPRIÉTÉ *du Dictionnaire*).

(a) *Lorsque des billets sont souscrits pour raison du fermage, on ouvre un alinéa 55 ainsi conçu :*

BILLETS EN PAIEMENT DU FERMAGE. Pour faciliter le recouvrement [84] des fermages du présent bail et pouvoir même les négocier [96], M. Boy a immédiatement souscrit au profit de M. DE CAMBUZAT et à son ordre, soixante et onze billets [97] sur papier du timbre proportionnel, de chacun deux mille sept cent cinquante francs, payables [84] de trois en trois mois aux époques fixées pour l'exigibilité du fermage du bail dont il s'agit, et causés valeur en paiement dudit fermage. Lesquels billets n'ont été acceptés par M. DE CAMBUZAT que sous la réserve de tous ses droits [27] et actions [28] et sans y déroger en aucune manière. Ces billets ne faisant qu'une seule et même chose avec ces présentes, leur acquittement libérera valablement M. Boy.

ÉTAT CIVIL [162]. M. BOY déclare qu'il est célibataire et qu'il n'est et n'a jamais été ni tuteur [163] comptable [164] de deniers publics.

Pour asseoir la perception du droit d'enregistrement [18 n. 275], les parties évaluent les charges extraordinaires ci-devant imposées au preneur à la somme de cinq cents francs par an.

Pour l'exécution des présentes, les parties font élection de domicile [11] en leurs demeures actuelles devant indiquées.

Dont acte, fait et passé aux Grands-moulins en l'étude [12], l'an mil huit cent quarante-trois [13], trois janvier (id.), et les parties ont signé [15] avec les Notaires, après lecture [16]. — V. sup. la note m au bas de la p. 7.

V. *Répertoire*,   note 17.
Enregistrement,   notes 218, 117, 18 et 19.
Et, au besoin, la table alphabétique du Commentaire.

_____

BAIL [105] DE CHASSE [187].

_____

PAR-DEVANT Me Stanislas [1] FOURNERY (id.) et son collègue (id.), Notaires [2] au Bois-d'Acé [1], département de l'Yonne, soussignés [15]. — V. sup. la note a au bas de la p. 3.

Est comparu M. Ulysse [5] PARACLET (id.), ancien marchand épicier (id.), demeurant à... (id.).

Lequel a, par ces présentes, affermé [105] pour neuf années consécutives qui commenceront à courir premier septembre prochain.

A M. Célestin 13] VÉLOCE (id.), officier en retraite (id.), demeurant (id.) à..., à ce présent et acceptant.

Le droit [7] de chasse sur les terres labourables, vignes, prés et bois, situés dans le canton de Bois-Acé, qui appartiennent [22] au bailleur et que M. Véloce déclare bien connaître pour les avoir parcourues et visitées différentes fois avec lui, toutes lesquelles propriétés sont au surplus indiquées sur les états de sections et matrices cadastrales des diverses communes du canton.

Pour en jouir exclusivement (ou : *concurremment avec M. Paraclet qui fait toutes réserves à cet égard*).

Le présent bail est fait aux charges [58] et conditions [155] suivantes que M. VÉLOCE promet et oblige [107] d'exécuter et accomplir, savoir :

1º De ne pouvoir chasser en dehors des bois, en temps prohibé et en temps permis, qu'après l'entier enlèvement des récoltes, en se conformant au surplus pour l'exercice de son droit aux lois et règlements pris par l'autorité administrative.

Toutefois le droit de chasser dans les bois ne pourra être exercé avec des chiens courants, depuis le premier avril jusqu'au quinze octobre de chaque année, à cause des dégâts que les chiens pourraient, dans cette saison, occasionner soit aux récoltes sur pied soit aux vignes.

2º De fureter et faire fureter le plus possible et au moins une fois tous les quinze jours dans les bois dont il s'agit, pour diminuer la quantité du gibier qui peut causer des dommages [26] aux propriétés voisines desdits bois.

3º De demeurer responsable [26] envers le bailleur, ses fermiers et tous autres étant à leurs droits [14], des dommages [26] et dégâts (id.) que M. Véloce, ses amis ou leurs chiens pourraient, en chassant, commettre aux récoltes sur pied, vignes et bois.

4º De ne pouvoir chasser au rabat, en battue ou à la traque, soit en plaine, soit dans les vignes et bois, pendant la dernière année de jouissance du présent bail.

5º De ne pouvoir exiger du garde particulier de M. PARACLET, qu'il guide les chasseurs sur les terres affermées, et qu'il constate tous les délits de chasse qui seraient commis; le droit de constater les

délits et celui de poursuivre les délinquants appartenant à ce garde et à M. Paraclet qui en usera comme ils le jugeront convenable sans pouvoir y être forcés par le preneur.

14 6° De ne pouvoir céder [105] ni sous-louer (id.) en tout ou en partie ses droits au présent bail, diviser la chasse entre actionnaires ou sociétaires, sans le consentement exprès et par écrit M. Paraclet.

15 Fermage. Le présent bail est fait en outre moyennant la somme de cent cinquante francs de fermage annuel que M. Veloce promet et s'oblige [107] de payer [84] à M. Paraclet, en sa demeure dessus indiquée, le premier septembre de chaque année, première année devant échoir [77] le premier septembre mil huit cent quarante-quatre, pour ainsi continuer d'année à autre jusqu'à l'expiration du présent bail.

16 Les déboursés [5] et honoraires (id.) des présentes et le coût d'une grosse [64] requise pour bailleur seront supportés par le preneur.

17 Et pour l'exécution des présentes, les parties font élection de domicile [11] en leurs demeures respectives sus-indiquées.

18 Dont acte, fait et passé au Bois-d'Acé, en l'étude [12], l'an mil huit cent quarante-trois [15] quatre janvier (id.), et les parties ont signé [15] avec les notaires après lecture. [16]—V. sup. la note au bas de la p. 7.

19   V. *Répertoire*,   note 17
20   *Enregistrement*,   notes 218, 18 et 19.
21   Et, au besoin, la table alphabétique du Commentaire.

Bail à cheptel.

BAIL A CHEPTEL.

V. *infrà*, v° Cheptel.

Bail à complant.

BAIL A COMPLANT [105].

1 Par-devant M° Charles [1] Plantin (id.) et son collègue (id.), Notaires [2] à Vigneux [1], département de..., soussignés [15]. — V. sup. la note a au bas de la page 3.

2 Est comparu M. Arthur [3] Godiot (id.), négociant en vins (id.), demeurant (id.) à...

3 Lequel a, par ces présentes, donné à titre de bail à complant pour dix-huit années consécutives, qui ont commencé à courir le premier janvier présent mois et finiront le premier janvier mil huit cent soixante-un, avec promesse de faire jouir paisiblement pendant ce temps.

4 Au sieur Pierre [3] Saturne (id.), vigneron (id.), demeurant (id.) à..., à ce présent et acceptant preneur audit titre et pour ledit temps.

5 1° Une pièce de terre en friche, de la contenance de cinq hectares [91] environ, située [141] sur finage (id.) de..., lieu dit la *Fringalette*, tenant [141] d'un long du levant au bois de M. de Nanteuil, d'autre long du couchant aux vignes de Mad. Pétinot, d'un bout du midi au chemin, d'autre bout au nord à la grande route.

6 2° Une autre pièce de terre en jachère depuis quelques années, de la contenance de deux hectares cinquante ares environ, située sur le même finage, lieu dit *Larmelle*, limitée de toutes parts par les vergers de divers particuliers.

7 Ainsi que les pièces s'étendent et comportent, sans aucune exception ni réserve, le plus ou le moins de mesure, s'il s'en trouve, devant tourner au profit ou à la perte du preneur, quand même la différence serait de plus d'un vingtième.

Propriété. Ces pièces d'héritages appartiennent en propre à M. Godiot, pour les avoir recueillies dans les successions de ses père mère, ainsi par lui déclaré.

9 CHARGES [58] ET CONDITIONS [153]. Le présent bail est fait aux charges et conditions suivantes, que le preneur promet et s'oblige d'exécuter et accomplir :

10 1° De défricher et complanter en vigne, à ses frais, dans le délai [77] de trois ans à compter du premier de ce mois, en une ou plusieurs fois, pourvu qu'un tiers soit mis en état chaque année, les deux pièces d'héritages ci-dessus désignées. Le plant qui devra être employé à cette complantation sera coupé par le preneur dans les vignes du bailleur que celui-ci indiquera.

11 2° De remplacer les plants qui n'auraient pas pris racine par d'autres également coupés dans les vignes du bailleur.

12 3° De façonner ces deux pièces dès qu'elles seront en nature de vigne, suivant l'usage du pays, de les tailler, fumer, échalasser et provigner comme il convient, de remonter les terres tous les trois ans, et de les tenir et remettre à la fin du bail en bon état.

13 4° Et de payer les déboursés [5] et honoraires *(id.)* des présentes et le coût d'une grosse [64] pour le bailleur.

14 PRIX DU BAIL. Les récoltes à provenir desdites vignes seront, chaque année, vendangées par les soins et aux frais du preneur qui devra prévenir le bailleur du jour choisi pour vendanger.

15 Le produit sera partagé par moitié entre le bailleur et le preneur et déposé dans les tonneaux d'usage et d'égale dimension que chacun d'eux aura fournis. La moitié revenant au bailleur sera voiturée par le preneur à ses frais dans les caves dudit bailleur.

16 CONTRIBUTIONS [58]. Les contributions de toute nature imposées et à imposer sur les héritages affermés continueront de demeurer à la charge du bailleur.

17 EVALUATION DES CHARGES [18, n. 273]. Pour asseoir la perception du droit d'enregistrement, les parties évaluent à trois cents francs par an la portion de revenu qni reviendra à M. Godiot lorsque les héritages dont il s'agit seront en plein rapport.

18 ELECTION DE DOMICILE. Pour l'exécution des présentes les parties font élection de domicile [11] en leurs demeures actuelles sus-indiquées.

19 Dont acte, fait et passé à Vigneux en l'étude [12], l'an mil huit cent quarante-trois [13], le cinq janvier *(id.)*, et les parties ont signé [15] avec les Notaires, à l'exception du sieur SATURNE, qui a déclaré ne le savoir de ce interpellé, après lecture [16]. — V. *sup.* la note *m* au bas de la p. 7.

20   V. *Répertoire*   note 17.

21   *Enregistrement*   notes 218, 18, et 19.

22   Et, au besoin, la table alphabétique du Commentaire.

BAIL EMPHYTÉOTIQUE [103].

Bail emphytéotique.

1 PAR-DEVANT Mᶜ Alibert [1] LEMERCIER *(id.)*, et son confrère *(id.)*, Notaires [2] à St.-Liboire [1], département de..., soussignés [15]. — V. *sup.* la note *a* au bas de la p. 3.

2 Est comparue Mad. Jacquette [3] DEVAUX *(id.)*, épouse de M. Jean-Paul BONHOMME, marchand épicier avec laquelle elle demeure *(id.)* à Couloutre.

3 Autorisée [68] de son dit mari [144] à l'effet des présentes par acte passé devant Mᵉ LAVENTUREUX et son collègue, Notaires à Couloutre, le... et dont le brevet [39] original, dûment enregistré [18 et 42], et légalisé [125] est demeuré annexé [55] à ces présentes après avoir été de ladite dame certifié véritable *(id.)* en présence des Notaires soussignés.

4 Laquelle a, par ces présentes, donné à ferme et à bail emphytéotique pour quatre-vingt-dix-neuf années entières et consécutives, qui ont commencé à courir le premier janvier présent mois.

5 Au sieur Jean [3] Nicolot (id.), cultivateur, ancien fermier (id.) et à Jacqueline [3] Gigogne (id.), femme [144] de lui autorisée [68], demeurant [5] ensemble à..., à ce présents et acceptant, prenc audit titre et pour ledit temps.

6 Le domaine [7] de *Poil-Rôti* et ses dépendances [71] situé [141] sur le finage d'Oisy, canton et arr dissement de..., composé ainsi qu'il suit :

7 *(Se conformer pour la désignation à ce que nous avons dit sup. p. 49, alin. 7 et 8, et p. 42, alin. 7 et suiv*

8 Propriété. Ce domaine et ses dépendances appartiennent [22] à la dame Bonhomme en propre pr l'avoir recueilli dans les successions de ses père et mère ainsi qu'il résulte d'un partage [143] fait s soulte [140] entr'elle et ses frère et sœur [144] par acte passé devant Mᵉ Laventureux et son collègu Notaires à Couloutre, le..., dûment enregistré [42]. — V. *Etablissement de propriété du Dictionnaire,*

9 Charges [58] et conditions [185]. Le présent bail est fait aux charges, clauses [58] et conditions s vantes que les preneurs s'obligent [107] solidairement [106] et indivisément [92] d'exécuter et accompl

10 1° De reconstruire à neuf dans les deux ans qui suivront leur prise de possession et dans les mêm forme et dimension que celles existantes, tous les bâtiments qui servent à l'exploitation des terres du domaine.

11 2° De planter en vigne, provigner et échalasser comme il convient et suivant l'usage du pays, pièce de terre de la contenance de deux hectares cinquante ares [91], sise [141] au lieu dit le..., co prise sous l'art... de la désignation qui précède.

12 3° De faire aux bâtiments, après leur reconstruction et pendant la durée du bail, toutes les répa tions locatives même celles qui seraient à la charge du propriétaire, et de les rendre, ainsi que la pla tation, en bon état de réparations locatives à la fin dudit bail, sans pouvoir réclamer aucune indemni

13 4° De souffrir tous les cas fortuits prévus ou imprévus qui pourraient arriver soit aux bâtiment soit aux biens ruraux et récoltes, de manière que la reconstruction desdits bâtiments soit à la charge d preneurs en cas d'incendie même sans leur faute.

14 5° D'acquitter [84] en sus du fermage, les contributions [58] foncières, charges locales et autres toute nature auxquelles ledit domaine est et pourra être imposé pendant toute la durée du bail.

15 6° De ne pouvoir céder [105] ni sous-louer (id.) en tout ou en partie leurs droits au présent bai sans le consentement exprès et par écrit du propriétaire.

16 7° De faire, à leurs frais et d'ici à deux mois, dresser par le notaire soussigné, par acte en sui des présentes, en présence de la dame Bonhomme, ou elle dûment appelée [119], un état très détaill des bâtiments dudit domaine et des héritages qui en dépendent. Cet état énoncera les contenances chaque pièce d'après l'opération d'arpentage qui sera alors faite par M. Joseph Italiani, géomèt demeurant à... choisi à cet effet par les parties

17 A l'expiration du bail, les bâtiments devront être pour la consistance, conformes à l'état qui au été décrit dans le procès-verbal à dresser ainsi qu'il vient d'être dit ; à l'égard des biens ruraux dor la contenance aura été constatée, les preneurs seront, à la fin du bail, garants [97] de la différence mesure, mais ils auront le droit, pendant la durée du bail, d'exercer, tant en demandant qu'en défer dant, l'action possessoire [28] contre les tiers qui auraient commis des entreprises ou usurpations s les dits biens et même l'action pétitoire (id.), en mettant en cause le propriétaire.

18 8° De payer les déboursés [8] et honoraires (id.) des présentes, ainsi que le coût d'une grosse [6 et d'une expédition (id.) présentement requises.

19 Fermage. Le présent bail est fait en outre moyennant la somme de *mille francs* de fermage annuel que les preneurs promettent et s'obligent [107] sous la solidarité ci-dessus exprimée, de payer [84] M. et Mᵐᵉ Bonhomme ou pour eux au porteur [80] de leurs pouvoirs et de la grosse des présentes, le premier janvier de chaque année ; pour commencer le premier paiement le premier janvier prochain et pour ainsi continuer d'année à autre.

20 Résiliation [105]. Faute par les preneurs d'exécuter les charges et conditions du présent bail, notamment de payer deux années consécutives de fermage aux échéances [77], le présent bail pourra

être résilié de plein droit , si bon semble au propriétaire , trois mois après un commandement [194] resté infructueux, auquel cas les preneurs ne pourront exercer aucune répétition contre le propriétaire pour raison des constructions qu'ils auraient faites , lesquelles appartiendront à ce dernier à titre de dommages-intérêts [159].

21 AFFECTATION HYPOTHÉCAIRE [30]. (*Lorsque le fermier consent hypothèque pour la sureté de ses obliga-tions,* — *V. sup. page* 140, *alin.* 35).

22 DÉLAISSEMENT [157]. Les preneurs auront la faculté de se libérer des fermages du présent bail avant l'expiration des quatre-vingt-dix-neuf ans fixés pour la durée dudit bail, en, par eux déguerpissant et délaissant à la bailleresse ou à ses héritiers [78] et ayants-cause [6], les biens qui leur sont présentement concédés en emphytéose; toutefois, ils ne pourront être admis à l'exercice de cette faculté : 1° qu'après avoir satisfait à toutes les charges qui leur sont imposées, notamment à celles relatives aux constructions, plantations et améliorations ; 2° qu'après s'être libérés des fermages alors échus; 3° et qu'après avoir notifié [122] leur résolution de délaisser, au moins six mois avant l'époque par eux choisie pour opérer le délaissement.

23 Il est bien entendu qu'en usant de la faculté de délaisser , les preneurs ne pourront exercer au-cune action contre la bailleresse pour raison de la plus-value qui pourrait résulter des constructions , plantations et travaux exécutés par les preneurs.

24 ÉVALUATION [18, n. 275]. Toutes les charges extraordinaires imposées aux preneurs , sont évaluées , pour faciliter la perception du droit d'enregistrement, à la somme de douze mille francs , qui devra être répartie entre toutes les années de fermage; dans cette somme ne sont point comprises les contributions.

25 *Election de domicile.* Pour l'exécution des présentes, les preneurs font élection de domicile [11] pour eux et leurs héritiers, en leur demeure dans le domaine présentement affermé.

26 Dont acte fait et passé à St.-Liboire, en l'étude [12], l'an mil huit cent quarante-trois [13] , le six janvier (*id.*) et les parties ont signé [15] avec les notaires, après lecture [16], — V. sup. *la note* m *au bas de la p.* 7.

27 V. *Répertoire,* note 17.

26 *Enregistrement ,* notes 218, 18 et 19.

29 Et , au besoin, la table alphabétique du Commentaire.

BAIL A FERME [105].

1 PAR-DEVANT M° Blaise [1] LERAC (*id.*) et son collègue (*id.*), Notaires [2] à la Baraque [1] département de.... soussignés [15]. — V. sup. *la note* a *au bas de la p.* 3.

2 Est comparue Mme Caroline [3] POTENKIN (*id.*) , épouse de M. Louis SYLVAIN *de Rebourseau* , Sous-Intendant militaire en retraite, avec lequel elle demeure à.... [3].

3 Ladite dame séparée de biens contractuellement [220] d'avec son mari aux termes de leur contrat de mariage [166] passé devant M° LERAC Notaire sus-nommé, qui en a gardé minute [59], le.... dument en-registré [18 et 42].

4 Laquelle a, par ces présentes, fait bail et donné à ferme pour neuf années entières et consécutives qui commenceront à courir, savoir : 1° pour les bâtiments, le premier avril prochain, sauf à laisser au fermier sortant , les logements convenables et autres facilités pour la consommation des fourrages et pour les récoltes restant à faire, lesquels logements seront ci-après désignés sous le n. 21 des charges et conditions; 2° pour les terres en sombre ou jachères , à la même époque ; 3° pour les terres emblavées en blés ainsi que pour les terres à ensemencer en orge ou avoine, immédiatement après la récolte de la présente année; 4° pour les vignes, les prés et les bois à compter d'aujourd'hui, afin d'avoir droit aux productions de la présente année.

19

Au sieur Germain [5] Bonnard (*id.*) laboureur (*id.*), et à Gertrude [5] Jollibois (*id.*) sa femme, d lui autorisée [68] à l'effet des présentes, demeurant (*id.*) ensemble à...., à ce présents et acceptant, pr neurs audit titre et pour ledit temps.

Désignation. Un domaine [7] appelé le *domaine des Sablons*, situé [141] sur le finage (*id.*) de...., com posé ainsi qu'il suit :

1° d'un corps de bâtiment servant de maison d'habitation, consistant en trois chambres, une chambr à four, une buanderie, deux caves dessous, grenier dessus.

2° D'un autre corps de bâtiment consistant en deux granges, deux écuries, trois étables, une berg rie, échaffauds sur le tout.

3° D'un autre corps de bâtiment formant un pressoir, un hangard, une remise et un colombier.

4° D'une cour au milieu de ces trois corps de bâtiments, dans laquelle il y a un puits, un trou à fu mier et une fosse d'aisances ; plus d'un jardin divisé en potager et fruitier, situé derrière lesdits bât ments et entouré de murs.

Le tout tient [141] d'un long à la rue, d'autre au ruisseau, d'un bout au chemin, d'autre à un place publique.

5° Et de cent-vingt hectares [91] de terres labourables, vigne et pré, en quarante pièces dont ledétail suit

Sole comprenant les héritages ensemencés en blés par le fermier sortant. Cette sole se compose de dix pièces ci-après désignées :

1°... (*se conformer pour la désignation à ce que nous avons dit suprà p. 42, alin. 7 et suiv*).

Sole comprenant les héritages destinés à être ensemencés en orge ou avoine au mois de mars prochai par le fermier sortant. Cette sole se compose des douze pièces ci-après désignées :

1°... (*Même observation que ci-dessus pour la désignation*)

Sole comprenant les héritages en sombre ou jachère qui doivent être emblavée en blés au mois d'oc tobre prochain. Cette sole se compose des quinze pièces ci-après désignées :

1°... (*Même observation qu'à l'alin. 14 ci-dessus pour la désignation*).

Vigne. Une pièce de vigne, de la contenance de deux hectares [19], située sur le finage [141] de... lieu dit la *côte Favoin*, entourée de toutes parts de haies vives [41] qui en dépendent, tenant etc (V. ci-dessus *alin.* 14).

Pré. Une pièce de pré, de la contenance de cinq hectares, située sur le finage (*id.*) de.... lieu di la *bonne pâture*, entourée de toutes parts de fossés [41] qui en dépendent, tenant etc. (V. *ci-dessus alin.* 14).

Bois. Une pièce de bois, de la contenance de quinze hectares [91], située [141] sur le finage (*id.* de.... lieu dit [141] *l'orme-bel*, tenant (*id.*) etc. (V. *ci-dessus alin.* 14).

Ainsi que lesdits biens s'étendent et comportent, sans aucune exception ni réserve, les fermiers prenant les bâtiments dans leur état actuel, et les pièces d'héritages sans par les bailleurs en garantir la contenance, le plus ou le moins de mesure, s'il s'en trouve, devant tourner au profit ou à la perte des dits preneurs.

Charges [158] et conditions [153]. Le présent bail est fait aux charges et conditions suivantes que les preneurs promettent et s'obligent [107] solidairement [106] d'exécuter et accomplir, sans, pour ce, pouvoir prétendre à aucune indemnité ou diminution du fermage ci-après fixé : (a).

1° *Arbres*. D'avoir soin des arbres plantés sur les héritages affermés ; de les écheniller aux époques

(a) Lorsqu'un bail est rédigé en présence des parties, on conçoit que les clauses soient écrites sans ordre parce qu'alors on procède un peu à la hâte sans pouvoir observer aucune méthode, mais quand, au contraire, on a la facilité de le rédiger à loisir sur projet ou notes remises par les parties, il est bon alors d'adopter un ordre qui dispense ensuite de faire lecture de toutes les conditions lorsqu'il s'agit de recourir à une seule. Cet ordre est l'ordre alphabétique qui rend toujours les recher- ches simples et faciles ; nous pouvons même ajouter que cette méthode offre le moyen de faire un bail presque sans peine et sans omission ; questionnant seulement les parties sur le mot formant le titre de chaque clause, leurs idées doivent mieux se développer et leurs conditions se trouver, ainsi, plus exactement données.

d'usage ou fixées par les réglements; de labourer au pied, au moins une fois par année, les arbres fruitiers et d'élaguer à leur profit les arbres susceptibles de l'être, en temps et saisons convenables, sans les étêter, pourvu à l'égard de ces derniers arbres que l'élagage n'ait lieu que tous les trois ans, mais en obtenant préalablement l'autorisation nécessaire des autorités compétentes pour ceux plantés sur le bord des grandes routes.

25 2° De mettre en bon état de défense les arbres que le propriétaire fera planter sur les héritages pendant le cours du bail, et de détruire les gourmands ou rejetons que ces arbres produiraient. Ces plantations pourront être faites dans toutes les pièces indistinctement et en quelque nombre qu'il plaira au propriétaire; seulement dans les terres labourables elles ne pourront avoir lieu que sur le bord des chemins.

26 3° *Bois*. D'observer, à l'égard du pâturage des bestiaux dans les bois, les lois et réglements contenus au Code forestier, et à l'égard des coupes, soit quant à l'âge, soit quant aux réserves, soit quant au mode d'exploitation, d'observer l'usage du pays, ou à défaut d'usage constant et reconnu, les règles imposées aux adjudicataires des bois de l'Etat.

27 4° *Cas fortuit*. De ne pouvoir réclamer d'indemnité contre le propriétaire pour cause de grêle, gelée, sécheresse, inondation, stérilité et autres cas fortuits prévus ou imprévus que dans les circonstances prévues par l'article 1769 du Code civil (b).

28 5° *Changement*. De ne pouvoir, sous quelque prétexte que ce soit, faire aucun changement aux bâtiments ou à leur destination sans le consentement exprès et par écrit du propriétaire.

29 6° *Charrois*. De faire annuellement pour le propriétaire et aux époques qui lui conviendront douze journées de voitures attelées de trois chevaux; ces journées seront employées à faire les charrois et transports qui seront indiqués aux preneurs; elles commenceront au lever et se termineront au coucher du soleil.

30 Les journées à fournir pendant une année ne pourront se cumuler avec celles de l'année suivante, de sorte que le droit de les exiger s'éteindra par la seule expiration de l'année pendant laquelle elles auront dû être faites, à moins qu'elles n'aient été demandées par acte judiciaire [70] ou extrajudiciaire (*id.*) dans le cours de ladite année.

31 Il est bien entendu à l'égard de tous ces charrois qu'ils ne pourront être exigés dans le temps des semailles et des récoltes, et que les preneurs ne pourront rien exiger pour la nourriture des charretiers et celle des chevaux.

32 7° *Colombier*. D'avoir soin des pigeons qui occupent le colombier, de les tenir enfermés dans le temps des semailles, sous peine de demeurer responsables des dommages (26 n. 276) qu'ils auraient causés, comme aussi de faire en sorte que le colombier soit constamment peuplé et productif et qu'à la fin du bail il se trouve encore garni d'au moins cinquante paires de pigeons en état de produire.

33 8° *Contributions*. De payer en l'acquit et à la décharge du propriétaire, en sus et sans aucune diminution du fermage ci-après fixé, toutes les contributions [38] auxquelles les biens affermés pourront être imposés depuis le premier janvier prochain jusqu'au premier janvier mil huit cent cinquante trois, ensemble les centimes additionnels et prestations qui pourraient être mises par la loi à la charge des bailleurs, et de rapporter chaque année quittance du tout au propriétaire lors du paiement du fermage de ladite année.

34 9° *Culture des biens ruraux*. De cultiver, labourer, fumer et ensemencer les terres labourables en temps et saisons convenables, en suivant l'assolement indiqué en la désignation des présentes, sans pouvoir les dessoler ni forculturer, et de les rendre à la fin du bail en bon état et par soles.

35 10° De cultiver, façonner, fumer, échalasser et provigner les vignes en temps et saisons convenables, et suivant l'usage du pays, de les garnir et de les rendre garnis d'échalas à la fin du bail (c). — V. *sup.* p. 134, alin. 22).

36 11° De faucher les prés à faulx courante, d'abattre chaque année les taupinières, d'en arracher les buissons et épines qui pourraient y croître, et de les rendre à la fin du bail en bonne nature de fauche et à faucher.

(b) V. *sup.* la note *a* au bas de la p. 134.

(c) *Dans quelques parties de la france, notamment dans les pays vignobles qui avoisinent Paris. il est d'usage d'évaluer*

12° *Entretien des bâtiments.* D'entretenir les bâtiments en bon état de toutes réparations locatives de les rendre à la fin du bail en bon état desdites réparations, et conformément à l'état de lieux [154] aura été dressé entre les parties aux frais des preneurs lors de leur entrée en jouissance.

13° D'entretenir également de toutes réparations le pressoir, ses agrès et ustensiles, et de rend le tout en bon état à la fin du bail, sauf aux preneurs à tenir compte alors de la diminution de valeur à être indemnisés de la plus value résultant de l'augmentation, ainsi qu'il résultera de la prisée qui au été faite par l'état de lieux [154], et de celle qui sera faite à la fin du bail, par un expert [193] am blement choisi entre les parties ou nommé d'office par le juge de paix du canton de…, lequel aura attri tion de juridiction.

4° *État des propriétés.* De fournir au propriétaire, dans le courant [77] du mois de janvier mil huit ce cinquante-trois, un état [154] par eux certifié véritable [35] de toutes les propriétés affermées par nouvea tenants [141], aboutissants et aspects solaires.

15° *Fossés. Fosses d'aisances.* De tenir en bon état, et à cet effet curer, réparer et nétoyer les foss [41] qui bordent les propriétés présentement affermées, toutes les fois qu'ils en auront besoin et de r pandre dans les héritages les terres qui proviendront du curage. — De faire également la vidange de fosse d'aisances au moins une fois tous les trois ans.

16° *Fumiers.* De laisser à la fin du présent bail pour l'engrais des terres qui composeront alors la so de jachère tout le fumier nécessaire à cet effet à raison de six tombereaux par hectare.

17° *Haies.* D'entretenir et regarnir les haies [41] vives ou sèches servant de clôture aux héritage lorsqu'il en sera besoin, et de les tondre tous les quatre ans.

18° *Garantie en objets mobiliers.* De garnir et tenir constamment garni le corps de ferme de meuble et effets, bestiaux et ustensiles nécessaires à son exploitation, pour que le tout réponde d'une année d fermage au moins.

19° D'habiter eux-mêmes les bâtiments avec leur famille, et d'y introduire tous les produits de la ferme

20° *Jardin.* De cultiver et fumer le jardin comme il convient et de le rendre à la fin du bail dans l meilleur état possible.

21° *Logements à remettre au fermier sortant.* Les lieux que les preneurs devront remettre au fermie sortant en exécution de ce qui a été dit ci-dessus pour la durée du bail consisteront en une chambre, un cave, un grenier; une grange, une écurie, une étable et les chaffauds étant au-dessus; le quart du jardi potager; et le droit de communauté au four, à la buanderie, au hangar, à la remise et aux lieux d'aisances.

22° *Plantations.* De planter, en remplacement des arbres fruitiers qui viendraient à mourir, même dans les jardins, d'autres arbres fruitiers de pareilles et aussi bonnes essences : de planter de même, en remplacement des arbres à élagage qui viendraient à mourir, d'autres arbres susceptibles d'être élagués; de faire ces plantations dès qu'il y aura lieu, sans pouvoir néanmoins arracher aucun arbre sans le con sentement, par écrit, du propriétaire qui fait réserve à son profit des arbres morts.

23° *Puits.* De curer le puits tous les trois ans, d'entretenir le tour et la chaîne et même d'en fourni d'autres au besoin, pendant tout le cours du bail.

24° *Redevances* [105] *particulières.* De fournir et livrer [84] annuellement à Mad. DE REBOURSEAU, en sa demeure et sur sa demande verbale, six gros dindes, deux douzaines de poulets et douze douzaines de pi geons, le tout des plus gros et des plus gras non déplumés et vivants, plus chaque mois une douzaine d'œufs.

au commencement du bail, la superficie de la pièce de vigne affermée, et de stipuler qu'à la fin de ce bail, il sera fait une nou velle évaluation d'après laquelle les parties se tiendront compte de la différence. Cette clause est ordinairement ainsi conçu

« Les parties ont par un expert choisi d'un commun accord, fait procéder à la visite et estimation des dessus en ceps et » échalas existant sur les pièces de vignes affermées. Il résulte de son opération, que lesdits dessus sont d'une valeur de. » A la fin du bail, il sera procédé à frais communs, à une nouvelle évaluation par un expert amiablement choisi entre les » parties, ou nommé d'office par le juge de paix du canton de…, à la juridiction duquel elles se soumettent; si, par le résultat » de cette seconde opération, les dessus dont il s'agit ont augmenté ou diminué de valeur, les parties se tiendront immé » diatement compte de la différence. »

25 25° *Réparations.* De souffrir que le propriétaire fasse, pendant le cours du bail, aux bâtiments de la ferme, les réparations urgentes et qui ne pourraient être différées jusqu'à sa fin, et ce, quelque incommodité qu'elles leur causent, quand même ils seraient privés, pendant qu'elles se feront, d'une partie de la chose louée, et quand même elles dureraient plus de quarante jours.

26 26° *Prohibition de céder ou sous-louer.* De ne pouvoir céder ni sous-louer, ni échanger avec d'autres leurs droits au présent bail en tout ou en partie, sans le consentement exprès et par écrit de Mad. DE REBOURSEAU.

27 27° *Prohibition de prendre à ferme.* De ne pouvoir prendre à ferme d'autres biens que ceux présentement affermés, tant que le présent bail aura cours.

28 28° *Rigoles ou saignées.* De rafraîchir et renouveler les rigoles ou saignées dans les prés, une fois au moins tous les trois ans, et d'en établir autour desdits prés, pour servir de lignes de démarcation entre ces prés et les propriétés voisines.

29 29° *Troubles de possession* [22]. D'avertir Mad. DE REBOURSEAU, dans le délai de la loi, des entreprises et usurpations [28] qui pourraient être commises sur le fonds des biens affermés, à peine [58] de supporter tous dépens [120], dommages et intérêts [159]. — A l'égard du trouble que des tiers apporteraient par voie de fait [28] à la jouissance des preneurs sans prétendre d'ailleurs aucun droit sur la chose louée, ceux-ci s'en défendront en leurs noms personnels et à leurs risques et périls.

30 *Obligations de la bailleresse.* De son côté Mad. DE REBOURSEAU s'oblige : 1° de mettre les preneurs en puissance des biens loués, lesquels devront être alors en bon état de réparations de toute espèce. 2° De les entretenir en état de servir à l'usage pour lequel ils sont loués. 3° D'en faire jouir paisiblement les preneurs pendant la durée du bail. 4° De faire aux biens loués pendant la durée du bail, toutes les réparations nécessaires autres que les locatives. 5° Et de garantir les preneurs de tous vices ou défauts actuels qui en empêcheraient l'usage.

31 PRIX DU BAIL. Outre les charges [58], clauses (*id.*) et conditions [153] ci-dessus, le présent bail est fait moyennant la somme [35] de *six mille francs* [91] de fermage [105] annuel que les preneurs promettent et s'obligent conjointement [92] et solidairement [106] entr'eux sans division ni discussion, et même ledit sieur Bonnard par corps [31] de payer [64] à Mad. DE REBOURSEAU, en sa demeure, ou pour elle au porteur [80] de ses pouvoirs et de la grosse [64] des présentes en deux termes [77] égaux aux fêtes de Noël et de Pâques qui suivront la récolte ; le premier terme devant échoir le jour de Noël mil huit cent quarante-quatre, le second le jour de Pâques suivant, pour ainsi continuer d'année à autre et de terme en terme, jusqu'à la fin du présent bail, de manière à effectuer dix-huit termes de paiement de trois mille francs chacun.

32 CONVERSION DU FERMAGE EN DENRÉES. Mme de REBOURSEAU se réserve [51] expressément la faculté d'exiger le paiement du fermage ci-dessus stipulé, en grains et denrées de première qualité, choisis par elle ou par son fondé de pouvoirs, parmi les productions de la ferme, mais en donnant avis de son choix aux preneurs un mois avant chaque échéance; à cet effet le prix des mercuriales (première qualité) du marché de la ville de... , ayant cours au jour de chaque échéance servira de régulateur pour la conversion du fermage, de sorte que la bailleresse ne pourra exiger aucune denrée pour laquelle il n'y aurait point de mercuriales dans ladite ville.

33 Lorsque le choix de la bailleresse aura été fait, les preneurs seront obligés, comme il est dit ci-dessus, de fournir et livrer [84] à chaque échéance les denrées ainsi choisies en la demeure de Mad. DE REBOURSEAU. Les frais du transport seront à la charge des preneurs ; les droits d'octroi [58] seulement, s'il y en a, seront à la charge de la bailleresse.

34 RÉSILIATION [105]. A défaut de paiement [58] de deux termes [77] consécutifs de fermage aux échéances, le présent bail sera résilié de plein droit, si bon semble à la bailleresse, un mois après un commandement [194] resté infructueux et qui tiendra lieu de mise en demeure [119]. Ce cas arrivant, s'il y a des récoltes sur pied, le propriétaire aura le droit de les retenir pour le prix qui aura été fixé par un ou trois experts amiablement choisis entre les parties ou nommés d'office par le juge de paix du canton de... à la juridiction duquel elle se soumettent aussi pour ce cas : ce prix sera imputable [84] sur les fermages [105] et redevances (*id.*) échus jusqu'au jour de la résiliation, et le surplus,

s'il y en a, sur les dommages-intérêts [159] résultant de l'inexécution des obligations des preneurs et e auront été prononcés par justice

⁶⁰ AFFECTATION HYPOTHÉCAIRE [50]. (V. *sup.* p. 140, alin. 55).

⁶¹ CAUTIONNEMENT [52]. A ces présentes est intervenu, le sieur Jérôme [5] JOLLIBOIS (*id.*). cultivate (*id.*) demeurant (*id.*) à....

⁶² Lequel, après avoir pris communication [21] et entendu la lecture que les notaires soussignés ont faite de tout ce qui précède, a déclaré se rendre et constituer volontairement caution [52] et répo dant (*id.*) des époux BONNARD, sus-nommés, ses beau-frère [144] et sœur (*id.*) pour raison des ferma du présent bail.

⁶³ Il s'oblige, en conséquence, à payer [84] à Mme de REBOURSEAU, sus-nommée, les fermages du bail, aux époques fixées, toutefois, après discussion [52] des débiteurs principaux (ou bien : *solidairen* [106] *avec Bonnard et sa femme, renonçant au bénéfice de division* [52] *et de discussion* (*id.*)).

⁶⁴ (*Si la caution donne hypothèque*, **V.** *sup.* p. 140, alin. 55 et p. 47, alin. 50.

⁶⁵ *Evaluation des charges* [58]. Pour asseoir la perception des droits d'enregistrement, les char extraordinaires ainsi que les redevances du présent bail imposées aux preneurs sont évaluées à la som de deux cents francs par an, non compris les contributions [58].

⁶⁶ COUT DES PRÉSENTES. Tous les déboursés [5] et honoraires (*id.*) auxquels ces présentes donner lieu, ainsi que le coût d'une grosse [64] et d'une expédition (*id.*) présentement requises seront suppor par les preneurs.

⁶⁷ *Election de domicile* (11). Pour l'exécution des présentes, les parties font élection en leurs demeu respectives ci-dessus indiquées, cependant à l'égard des preneurs leur domicile sera de plein droit d les bâtiments de la ferme tant qu'ils y résideront de fait.

⁶⁸ Dont acte, fait et passé à Rebourseau en la demeure de Mme de REBOURSEAU [12], l'an mil huit c quarante-trois, le six janvier [13], et toutes les parties ont signé avec les notaires, après lecture [5 — V. *sup.* la note *m* au bas de la p. 7.

⁶⁹ *A l'instant de signer il a été de plus convenu entre les parties sus-nommées qu'en cas de vente, pen la durée du bail, de tous les biens affermés, les acquéreurs pourraient expulser le fermier, à la charge Mad. de Rebourseau d'indemniser ledit fermier à l'instant de sa sortie, d'un sixième du fermage en argent présent bail, par chaque année restant à courir. Etant bien entendu que ledit fermier aura le droit de f l'année courante à l'époque où on lui aura donné congé* [105] *par suite de la vente et que, profitant récoltes de ladite année, il devra payer l'intégralité de son fermage tel qu'il est fixé au présent bail.*

⁷⁰ *Fait et passé les jour, lieu, mois et an sus-indiqués, devant les notaires susdits et soussignés, et a lecture de ce qui précède, les parties ont signé avec les notaires* (*d*).

⁷¹   *(Signatures.)*

⁷²   **V.** *Répertoire,*   note 17.
⁷³   *Enregistrement,*   notes 218, 18 et 19.
⁷⁴   Et, au besoin, la table alphabétique du Commentaire.

BAIL [105] JUDICIAIRE [70].

¹ L'AN MIL HUIT CENT QUARANTE-TROIS [13], le cinq février (*id.*) à neuf heures du matin.

(*d*) En formulant ainsi la clause additionnelle qui précède, nous le faisons pour donner une règle d'application de qui est dit note 57 nº 20 du Commentaire.

Il y a deux autres manières de placer cette clause, on par *renvoi avant* ou par *renvoi après les signatures*, mais c l'un comme cas dans l'autre cas, les signatures des parties doivent être précédées d'une approbation *expresse* comme il dit au nᵒˢ 21 et 22 de la même note.

PAR-DEVANT M⁰ Sylvain [1] GARNIER (*id.*) et son collègue (*id.*) Notaires [2] à Beaumont [1], département

²e.... soussignés [15ˢ. — V. *sup. la note a au bas de la p.* 3.

₃ Est comparue Mme Michelle [3] JOURDAIN (*id.*), veuve de M. Firmin CORNISSET, marchande de nou⸗ veautés (*id.*), demeurant (*id.*) à Beaumont.

₄ Agissant à cause de la communauté [166] de biens qui a existé entre elle et son défunt mari [144] aux termes de leur contrat [166] de mariage passé devant M⁰ GARNIER, sus-nommé et son collègue Notaires à Beaumont, le.... dûment enregistré [42].

₅ Laquelle a dit et exposé :

₆ Que par l'article sept des clauses et conditions de son contrat de mariage ci-dessus daté et énoncé il a été stipulé que si, à la dissolution de la communauté, les époux faisaient un commerce quelconque, le survivant aurait seul droit à la jouissance des lieux où s'exploiterait le fonds de commerce, et que, s'il dépendait d'une maison appartenant à la communauté, il lui serait passé bail des lieux néces⸗ saires tant à son habitation qu'à l'exploitation dudit fonds, pour trois ,six ou neuf années à son choix, moyennant un loyer fixé à dire d'experts contradictoirement choisis ou nommés d'office.

₇ Que sur la demande formée par les héritiers bénéficiaires de M. Cornisset à fin de compte, liqui⸗ dation et partage des biens dépendant, tant de la communauté qui a existé entre elle et son défunt mari, que de la succession de ce dernier, il est intervenu jugement contradictoire du tribunal civil de première instance de Beaumont en date du.... dûment enregistré [18 et 42], lequel, sans examiner si le fond de commerce exploité par Mme veuve CORNISSET lui appartient personnellement ou dépend de la commu⸗ nauté, tous droits et moyens réservés aux parties pour les faire valoir respectivement lors des opérations de compte [184], liquidation [143] et partage *(id.)*, ordonne entr'autres choses : 1⁰ *Que les héritiers de M. Cornisset seront tenus dans la quinzaine de la signification* [20] *du jugement* [78]*, de passer bail à ladite dame veuve Cornisset, mais à ses frais, des lieux par elle occupés, comprenant la totalité (ou : telle partie) de la maison sise à Beaumont rue de l'ouest, tant pour l'exploitation de son commerce que pour son habitation, et ce pour neuf années à partir du jour du décès de M.* CORNISSET*, moyennant un loyer annuel fixé à huit cents francs par M. Joseph* ITALIANI*, architecte demeurant à.... expert nommé d'office par le tribunal* (ou bien : *moyennant un loyer annuel de huit cents francs par an, offert et accepté par les conclusions respectives des parties*) *; et en outre aux conditions ordinaires des baux;* 2⁰ *Que Mad. veuve Cornisset aura la faculté de faire cesser ce bail à l'expiration des trois ou six premières années, en donnant congé trois mois d'avance;* 3⁰ *que faute par les héritiers de M. Cornisset de passer bail dans la quinzaine de la signification du juge⸗ ment, aux frais de Mad. veuve Cornisset, ledit jugement en tiendrait lieu;* 4⁰ *et que, dans tous les cas, il serait dressé un état des lieux à frais communs entre Mme veuve Cornisset et les héritiers de son mari.*

₈ Que par exploit [20] de Dody, huissier à Beaumont, en date du vingt-six janvier dernier, enregistré [42], elle a signifié à M. Clément CORNISSET, marchand bijoutier, et à Mme Eulalie CORNISSET veuve de M. Léon CURMET, rentière, demeurant tous deux à Beaumont, comme seuls héritiers [78] sous bénéfice d'inventaire de leur père, le jugement précité, avec sommation de se trouver ce jourd'hui heure présente en l'étude de M⁰ GARNIER, l'un des notaires soussignés, à l'effet de lui passer bail de la maison (ou : partie de maison) dont il s'agit, sinon que le jugement précité lui en tiendrait lieu et qu'il serait donné défaut contre eux à onze heures au défaut de comparution.

₉ Et qu'elle comparaissait pour donner suite à la sommation précitée, requérant les notaires soussignés de donner défaut contre les héritiers de son mari dans le cas où ils ne comparaitraient pas, ni personne pour eux.

₁₀ Lecture faite, Mme veuve CORNISSET a signé. — (*Signature*).

₁₁ Sont aussi comparus : 1⁰ M. Clément CORNISSET, et Mme Eulalie CORNISSET veuve CURMET, tous deux ci-devant dénommés et qualifiés avec indication de domicile [3].

₁₂ Lesquels ont dit qu'ils comparaissaient pour satisfaire à la sommation [119] qui leur a été donnée par l'exploit précité, de passer bail à Mme veuve CORNISSET, leur belle-mère, de la maison dont il s'agit, dans les termes exprimés au jugement sus-daté.

₁₃ Lecture faite, M. CORNISSET et Mme veuve CURMET ont signé. — (*Signatures*).

14 En conséquence de ce qui précède , les parties ont arrêté entr'elles , ainsi qu'il suit , les clau
conditions du bail ordonné par justice aux termes du jugement précité :

15 Art. I. Durée du bail. Ledit bail est fait pour neuf années qui ont commencé à courir le.... jo
décès de M. Cornisset, et seront néanmoins résiliables à l'expiration des trois ou six premières an
si bon semble à Mme veuve Cornisset, en, par elle, avertissant et donnant congé aux héritiers d
mari trois mois d'avance.

16 Art. II. Désignation. La maison [7] louée est située [141] à Beaumont rue de l'ouest ; elle cons
(Se conformer pour la désignation, à ce que nous avons dit sup. page 49, alin. 7 et 8).

17 Ainsi que ladite maison s'étend et comporte sans aucune exception ni réserve , sauf à la m
immédiatement en bon état de réparations locatives et à frais communs, si Mme veuve Cornisset l'e
(ou bien : sous la réserve de tous autres lieux que ceux ci-dessus désignés).

18 Art. III. Charges et conditions. Mme veuve Cornisset garnira et tiendra ladite maison cons
ment garnie d'effets mobiliers et marchandises , en suffisante quantité pour répondre des loyer
présent bail.

19 Art. IV. Elle entretiendra ladite maison de toutes réparations locatives pendant la durée du
et la rendra à la fin dudit bail en bon état desdites réparations et conformément à l'état des lieux [
qui en sera dressé à frais communs à la première réquisition de l'une ou de l'autre des parties.

20 Art. V. Elle ne pourra faire soit à la devanture de la boutique , soit dans l'intérieur des lieux l
aucun changement, quand même il pourrait en résulter une amélioration , sans le consentement ex
et par écrit des héritiers de M. Cornisset.

21 Art. VI. Elle ne pourra faire dans la boutique aucun autre commerce que celui de nouveautés q
est exercé maintenant; et elle devra tenir ladite boutique constamment ouverte et achalandée , d'a
sa destination.

22 Art. VII. Elle acquittera annuellement à compter du premier janvier dernier jusqu'au premier jan
qui suivra l'expiration du bail la contribution [88] personnelle et mobilière et celle des patentes , de j
elle satisfera à toutes les charges (id.) de ville et de police dont les locataires sont ordinairement te

23 Art. VIII. Elle paiera les déboursés [5] et honoraires (id.) des présentes, et ceux d'une grosse
pour M. Cornisset et Mme veuve Curmet.

24 Art. IX. Prix. Le bail est fait, en outre, moyennant la somme de huit cents francs de loyer an
que Mme veuve Cornisset s'oblige [107] de payer [84] en sa demeure en quatre termes [77] égaux
trois en trois mois à compter du jour du décès de M. Cornisset, tant à la communauté qui a existé entr
et son défunt mari qu'à la succession de ce dernier, suivant les attributions qui résulteront des opérat
de compte [184], liquidation [143] et partage (id.) desdites communauté et succession , auxquelle
doit être procédé incessamment entre les parties.

25 Ou bien : Ce bail est fait moyennant un loyer annuel de huit cents francs, que Mme veuve Cornis
paiera [84] en sa demeure en quatre termes [77] égaux de trois en trois mois , à compter du jour
décès de son mari, pour le premier terme avoir lieu le..., le second le..., et ainsi continuer jusqu'
fin du présent bail; sauf à ladite dame à retenir la moitié de ce loyer à laquelle elle a droit comme ce
mune en biens, l'autre moitié revenant aux héritiers de son mari, qui auront droit de la toucher, jusé
ce que les opérations de compte , liquidation et partage , fixent définitivement les droits des parties
loyer dont il s'agit.

26 Art. X. Enregistrement [18]. Il est observé relativement au droit d'enregistrement que le droit a

---

(a) On supprime cet article lorsque le droit de bail n'a point été perçu lors de l'enregistrement du jugement, pa
qu'alors ce droit doit être perçu sur le bail. Cependant si, dans l'ignorance où il est que le droit de bail ait été perçu su
jugement , le receveur d'enregistrement persiste à le percevoir sur l'acte notarié , le notaire est autorisé à former
demande en restitution. — V. note 18, n. 720 et suiv.

bail ayant été perçu sur le jugement, au bureau de.... le.... folio..., il n'y aura pas lieu de le percevoir une seconde fois lorsque les présentes recevront la formalité.

Art. XI. *Élection de domicile.* Pour l'exécution [194] des présentes, les parties font élection [11] le domicile en leurs demeures actuelles ci-dessus indiquées.

« Il a été vaqué [5] à ce qui précède depuis ladite heure de neuf du matin, jusqu'à celle de six du soir par triple vacation.

» De tout ce dessus, il a été dressé le présent procès-verbal à Beaumont en l'étude [12] les jour, heures, mois et an ci-dessus indiqués; et les parties ont signé avec les Notaires après lecture [16]. — V. *sup.* la note *m* au bas de la p. 7.

     V. *Répertoire*   note 17.
        Enregistrement,   notes 99, 218, 18 et 19.
        Et, au besoin, la table alphabétique du Commentaire.

BAIL [105] PAR LICITATION [207].

PAR DEVANT Mᵉ Michel [1] DESCHINTRE (*id.*) et son collègue (*id.*), Notaires [2] à la Forge [1], département de ... soussignés [15] — V. sup. *la note* a *au bas de la* p. 3.

Sont comparus : 1° M. Célestin [5] BONTEMPS (*id.*), clerc de Notaire (*id.*), demeurant à la Forge (*id*),

Agissant comme mandataire [80] spécial à l'effet des présentes, de M. Théodore [3] LAUREAU (*id.*), sous-lieutenant (*id.*) au troisième régiment de ligne en garnison à Lyon, aux termes de la procuration [80] que ce dernier lui a donnée par acte [177], passé devant Mᵉ CHARDUT et son collègue, Notaires [2] à Lyon le treize décembre dernier, et dont le brevet [59] original dûment enregistré [18 et 42], et légalisé [125], est, après avoir été certifié véritable [55] par le mandataire, demeuré annexé (*id.*) à la minute [59] de l'intitulé de l'inventaire [145] ci-après énoncé.

2° Mad. Anaïs [5] LAUREAU (*id.*), épouse de M. Nicolas CŒUR, entrepreneur de roulage, demeurant *id.*) tous deux à la Forge ; ladite dame de son mari, à ce présent, dûment autorisée [68].

3° M. André [5] ENCELIN (*id.*), marchand de nouveautés (*id.*), et la dame Francisca [5] LAUREAU (*id.*), son épouse de lui autorisée [68], demeurant ensemble à Lucy-sur-Loir [5].

« M. Théodore LAUREAU, Mad. CŒUR et Mad. ENCELIN, seuls héritiers [78] chacun pour un tiers de Mad. Séraphine TRONEAU, leur mère [144], décédée veuve de M. Daniel LAUREAU, leur père, ainsi que le constate l'intitulé de l'inventaire [145] fait après son décès par Mᵉ Deschintre, l'un des Notaires soussignés, qui en a gardé minute [59], et son collègue, le vingt-cinq décembre dernier et jours suivants, dûment enregistré. »

Lesquels ont dit que de la succession [88] de Mad. veuve Laureau il dépend une maison située à Lucy, dont le bail [105] courant expire le premier avril prochain.

Que, à cause de l'impossibilité où l'on est de liquider et partager [145] promptement cette succession il est de l'intérêt de tous les héritiers de louer provisoirement ladite maison pour un temps qui ne puisse nuire à la vente qui pourra en être faite par l'héritier auquel elle sera abandonnée en partage.

Que, par ces motifs, ils ont résolu de consentir par licitation à l'amiable entre eux seuls, à celui qui offrira le loyer le plus élevé, un bail de ladite maison et de ses dépendances, pour trois, six ou neuf années qui commenceront le premier avril prochain.

En conséquence, ils ont arrêté que ce bail aurait lieu sous les charges et conditions suivantes que le co-licitant auquel il sera fait bail sera tenu d'exécuter :

« CHARGES [58] ET CONDITIONS [185]. 1° De prendre ladite maison comme elle s'étend et comporte, sans pouvoir exiger qu'il y soit fait autre chose que les réparations locatives indispensables pour qu'elle soit dans un état convenable.

¹² 2° De faire à ladite maison, pendant la durée du bail, toutes les réparations locatives, et de la rend
à la fin dudit bail en bon état desdites réparations, en se conformant au surplus à l'état de lieux [184
qui aura été dressé entre les parties aux frais du locataire, lors de l'entrée en jouissance [22] de
dernier.

¹³ 3° De garnir et tenir garnie ladite maison, pendant la durée du bail, de meubles et effets suffisan
pour répondre des loyers.

¹⁴ 4° De payer les contributions [58] personnelle et mobilière et celles des portes et fenêtres de ladi
maison pendant le cours du bail.

¹⁵ 5° De ne pouvoir céder ni sous-louer ni échanger son droit au présent bail en tout ou en parti
sans le consentement [101] exprès et par écrit de ses co-propriétaires.

¹⁶ 6° De satisfaire aux charges [58] de ville et de police dont les locataires sont ordinairement tenus.

¹⁷ 7° De payer les déboursés [5] et honoraires (id.) des présentes et le coût d'une grosse [64] pour l
co-propriétaires bailleurs.

¹⁸ PRIX DU BAIL. 8° Et de payer le loyer de ladite maison en sa demeure, en deux termes [77] égau
de six mois en six mois à compter du premier avril prochain, pour, le premier paiement, avoir lieu
premier octobre prochain, le second le premier avril suivant, et continuer ainsi de six en six mo
jusqu'à l'expiration du présent bail.

¹⁹ Les conditions [153] ainsi arrêtées, les parties ont immédiatement procédé entre elles au bail [105] p
licitation [207] dont il s'agit :

²⁰ Le loyer de ladite maison ayant été porté, savoir :

²¹ Par M. et Mad. ENCELIN, à cinq cents francs outre les charges.

²² Par Mad. CŒUR, à cinq cent cinquante francs.

²³ Par M. et Mad. ENCELIN, à six cents francs.

²⁴ Par Mad. Cœur, à six cent cinquante francs.

²⁵ Et par M. et Mad. Encelin, à sept cents francs outre les charges, sans que les autres parties aie
voulu faire d'offre plus élevée.

²⁶ M. BONTEMPS audit nom et Mad. CŒUR ont, en conséquence, fait bail et donné à loyer pour troi
six ou neuf années qui commenceront à courir le premier avril prochain et seront résiliables à la volon
de l'une ou de l'autre des parties ayant alors intérêt en s'avertissant réciproquement et par écrit tro
mois avant l'expiration des trois ou six premières années.

²⁷ A M. et Mad. ENCELIN, sus-nommés, qui l'acceptent.

²⁸ La maison [7] dont il s'agit située [141] à Lucy-sur-Loir, rue de l'Aiguille, consistant en... (consult
pour la désignation la formule p. 49, n. 7 et 8).

²⁹ Sous les charges [58] et conditions [153] ci-dessus exprimées, et en outre moyennant le paieme
[84] annuel aux époques ci-dessus fixées des sept cents francs de loyer.

³⁰ A l'exécution desquelles charges et conditions et au paiement duquel loyer M. et Mad. Encelin
sont obligés solidairement [106] et indivisément [92] ; sauf à retenir le tiers leur revenant dans ledit loy
du chef de Mad. ENCELIN comme héritière [78] pour cette portion de sa mère et en cette qualité co-pro
priétaire pour pareille portion de la maison louée, et ce, tant que, par les opérations de compte, liquidatic
et partage de la succession de Mad. LAUREAU, la maison dont il s'agit n'aura point été attribuée exclus
vement à l'une des parties, auquel cas le loyer appartiendra à cette partie s'il n'en est alors autreme
convenu.

³¹ Pour l'exécution [194] des présentes, domicile est élu [11] pour M. LAUREAU en l'étude de Mᵉ DE
CHINTRE, l'un des Notaires soussignés, et pour les autres parties en leurs demeures respectives.

³² Dont acte, fait et passé à la Forge [12] en l'étude (id.), l'an mil huit cent quarante-trois [13] le ne
février (id.), et les parties ont signé [15] avec les Notaires, après lecture [16]. — V. sup. la note m au b
de la p. 7.

³³   V. *Répertoire*   note 17.

³⁴   *Enregistrement*   notes 218, 18, et 19.

³⁵ Et, au besoin, la table alphabétique du Commentaire.

BAIL [105] A LOYER : 1º D'UNE MAISON ; 2º D'UN APPARTEMENT ; 3º DE MEUBLES ; 4º D'UN MÉTIER A BAS ; 5º ET D'UNE LOGE OU ÉCHOPPE (a).

1 PAR-DEVANT Mᵉ Arthur [1] BOURG (id.) et son confrère (id.), Notaires à Deuil [1], département de..., soussignés [15]. — V. sup. la note a au bas de la p. 3.

2 Est comparu, M. Catulle [3] VERNISSET (id.), propriétaire (id.), demeurant (id.) à...

3 Lequel a, par ces présentes, donné à loyer pour... années qui commenceront à courir le..., avec promesse de faire jouir paisiblement pendant ce temps et de tenir les lieux clos et couverts, suivant l'usage.

4 A M. Germain [3] MAUGRAS (id.), (profession de... (id.)), demeurant (id.) à..., à ce présent et acceptant.

5 DÉSIGNATION. 1º Une maison [7] située [141] à... rue... nº... consistant en... (consulter pour la désignation la formule p. 49, alin. 7 et 8.)

6 2º Les lieux [7] ci-après désignés dépendant de l'hôtel du *Petit-Reposoir*, situé à..., rue..., nº..., savoir : au premier étage, à droite sur le devant, un appartement composé d'une antichambre, d'un salon, un cabinet, une salle à manger et deux chambres à coucher; au deuxième étage, d'une cuisine et chambre de domestique ; et d'un berceau de cave, le premier à droite en entrant.

7 3º Les meubles dont le détail suit : 1º un ameublement de salon, composé d'un canapé, deux bergères, douze fauteuils, six chaises, le tout foncé de crin recouvert de velours rouge. 2º Une glace en son cadre doré, ayant deux mètres de hauteur sur un mètre trente-trois centimètres de largeur. 3º Un guéridon en acajou à dessus de marbre Sainte-Anne. 4º Une console aussi en acajou ayant un dessus de marbre blanc 5º Etc. (ou : *les meubles détaillés en un état* [154] *descriptif*, (on ajoute, « *et estimatif* » quand le preneur doit remettre à l'expiration du bail la valeur des objets détériorés ou d'autres meubles de pareille valeur) *que les parties ont dressé entre elles sur une feuille de papier marqué du timbre de... qu'elles ont représenté, et qui est demeuré annexé à ces présentes, après avoir été d'elles certifié véritable et signé en présence des Notaires soussignés*).

8 Tous lesquels meubles le preneur déclare avoir en sa possession [22], comme étant dans les appartements qu'il occupe dans l'hôtel du *Petit-Reposoir*.

9 4º D'un métier à faire bas de toute espèce, fabrique de..., garni de toutes ses pièces, travaillant sur vingt-cinq centimètres de large, que le preneur reconnaît avoir déjà en sa possession. Ledit métier estimé à la somme de...

10 5º D'une loge ou échoppe sise à..., place..., et dont la construction, partie en bois de chêne et partie en brique et maçonnerie, et qui est couverte en ardoises, comporte en dedans œuvre six mètres de largeur sur quatre mètres de longueur, et sept mètres de hauteur dans sa partie la plus élevée.

11 Ainsi que les objets présentement loués s'étendent et comportent [154], le preneur déclarant les bien connaître pour les avoir vus et visités.

12 CHARGES [58] ET CONDITIONS [153]. Ce bail est fait sous les charges et conditions suivantes que le preneur promet et s'oblige [107] d'exécuter et accomplir sans pouvoir prétendre à aucune diminution de loyer.

13 1º Le preneur jouira des objets présentement loués en bon père de famille ; en conséquence :

14 Il entretiendra la maison et portion d'hôtel ainsi que la loge ou échoppe de toutes réparations locatives et les rendra à la fin du bail en bon état desdites réparations, en se conformant toutefois à l'état [154] de lieux qui sera dressé entre les parties et à frais communs lors de l'entrée en jouissance du preneur.

(a) Il n'est, sans doute, jamais arrivé de louer *ensemble* les objets compris aux cinq articles de la présente formule. Nous ne les avons réunis que pour ne pas faire autant de formules qu'il y a d'objets et abréger le plus possible. C'est au lecteur attentif à décomposer la formule comme cela doit se faire en toute occasion et à bien discerner ce qui convient pour l'opération dont il est chargé.

15 Il usera des meubles en bon locataire et les rendra à la fin du bail sans autre détérioration que celle survenue par l'usage et le temps, et il ne pourra les transporter dans une autre maison ni même les déplacer sans le consentement [107] exprès et par écrit du bailleur.

16 Il entretiendra le métier de toutes menues réparations pendant le temps du bail et il le rendra à la fin dudit bail en bon état de travail. — Quant aux grosses réparations, elles seront à la charge du bailleur.

17 2° Il garnira la maison, la portion d'hôtel et l'échoppe de meubles et effets en suffisante quantité pour répondre des loyers.

18 3° Il acquittera les impositions [58] des portes et fenêtres des bâtiments pendant la durée du bail.

19 4° Il satisfera à toutes les charges [58] de ville et de police dont les locataires sont ordinairement tenus.

10 5° Il ne pourra céder ni sous-louer ni échanger son droit au présent bail en tout ou en partie, sans le consentement [101] exprès et par écrit du bailleur (b).

21 6° Il souffrira les grosses réparations qu'il conviendra de faire aux bâtiments pendant la durée du bail, pourvu toutefois qu'elles ne le privent de la jouissance d'aucun des lieux d'habitation.

22 7° Il ne pourra établir aucun poële dans les lieux d'habitation du maître, si ce n'est en élevant les tuyaux jusqu'à la partie supérieure des cheminées.

23 8° Il ne pourra faire dans la maison présentement louée aucun changement, démolition, construction, distribution ni percement, sans le consentement [101] exprès et par écrit du bailleur; et, dans le cas où il en serait fait aucun, le preneur sera tenu de remettre et rétablir les lieux, à la fin de son bail, en l'état où ils sont à présent, et néanmoins il sera loisible au bailleur de retenir les changements et augmentations sans aucune indemnité.

24 9° Il fera faire, à ses frais, pour la maison et à frais communs avec les autres locataires pour la portion de l'hôtel du Petit-Reposoir : 1° la vidange des fosses d'aisances, sans aucune diminution de loyer ni répétition contre le bailleur, s'il y a lieu de faire cette vidange pendant la durée du bail; 2° et le nétoyage tant de la pompe à tirer de l'eau que du puisard, étant dans la cour de la maison, toutes les fois que cela sera nécessaire pendant le cours du bail.

25 10° Il prend les meubles et le métier à bas pour le montant de l'estimation qui leur a été donnée comme il est dit ci-dessus; en conséquence, si par le résultat de l'estimation qui sera faite par un expert [195] que les parties nommeront à l'expiration du bail ou qui en cas de discord sera nommé par M. le Juge de paix [94] du lieu où sont les objets, lequel aura attribution de juridiction, il y a de la différence entre la valeur actuelle et celle qui sera reconnue alors, le preneur devra tenir compte au bailleur à cette époque de la diminution de valeur. Toutefois, la présente clause ne pourra autoriser le preneur à faire changer le système d'après lequel ce métier a été construit et marche actuellement. En cas d'infraction à cette condition, le bailleur ne pourra être contraint de reprendre ledit métier, et il aura alors la faculté d'en exiger la valeur en argent.

26 11° Il paiera en sus et sans aucune diminution de loyer, au portier de l'hôtel compris sous le numéro deux de la désignation, cinq centimes par franc dudit loyer, et ce, de trois en trois mois, aux mêmes époques que celles fixées pour le paiement des termes [77].

27 12° Il paiera les déboursés [5] et honoraires (id.) des présentes et le coût d'une grosse [64] pour le bailleur.

28 PRIX. Le présent bail est fait en outre moyennant la somme [35] de *deux mille deux cent soixante-quinze francs* [91] de loyer annuel, savoir : *douze cents francs* pour le loyer de la maison comprise sous l'article premier de la désignation, *huit cents francs* pour le loyer de la portion d'hôtel comprise sous l'article

---

(b) Cette clause n'est point de style. On ne l'insère que quand les parties en conviennent formellement, car il est de droit commun qu'on puisse céder ou sous-louer. Il est néanmoins bon de provoquer sur ce point une explication des parties, car le plus souvent on loue en considération de la personne.

leux, *cent cinquante francs* pour le loyer des meubles compris sous l'article trois, *soixante-quinze francs* pour le loyer du métier compris sous l'article quatre et *cinquante francs* pour celui de l'échoppe.

²⁹ Laquelle somme totale M. Maugras promet et s'oblige [107] de payer [84] à M. Vernisset en la demeure de ce dernier ou pour lui au porteur de ses pouvoirs [80] et de la grosse [64] des présentes en quatre termes [77] égaux de trois en trois mois dont le premier écherra le... prochain, le second le... suivant, et pour ainsi continuer d'année à autre et de terme en terme jusqu'à la fin du présent bail.

³⁰ TERME PAYÉ D'AVANCE. M. Vernisset reconnaît que M. Maugras lui a présentement payé [84] la somme de *cinq cent soixante-huit francs soixante-quinze centimes* pour trois mois d'avance du loyer du présent bail, laquelle somme sera imputée [84] sur les trois derniers mois de jouissance dudit bail, de manière que l'ordre ci-dessus fixé pour les paiements ne soit aucunement interverti.

³¹ CLAUSES DE RÉSILIATION. Il a été expressément convenu [155] entre les parties :

³² 1° Qu'à défaut de paiement de deux termes consécutifs du loyer, le présent bail serait résilié de plein droit, si bon semble au bailleur, sans qu'il ait besoin de faire prononcer cette résiliation en justice, ni de faire aucun acte [20] de procédure ou autre signification (*id.*) qu'un simple commandement [194] pour constater le défaut de paiement de ces deux termes.

³³ 2° Que le bailleur aura la faculté de résilier, quand bon lui semblera, le présent bail en ce qui concerne la maison comprise sous le n° premier de la désignation pour l'occuper par lui-même, en, par lui, déclarant par écrit au preneur, seulement trois mois d'avance, son intention d'occuper lesdits lieux, et ce, sans aucune indemnité de la part du bailleur ni diminution de loyer.

³⁴ 3° Que le bailleur pourra, en vendant l'un ou l'autre des objets compris sous les cinq articles de la désignation, résilier le présent bail à l'égard de cet objet ou transmettre à l'acquéreur cette faculté de le résilier, en avertissant le preneur, dans ces deux cas, par écrit six mois d'avance. Au moyen de cet avertissement qui sera donné par le bailleur ou par l'acquéreur, le bail sera résilié de plein droit à l'expiration du terme qui aura suivi ledit avertissement pourvu que ledit délai de six mois ait été observé. Mais, en exerçant cette faculté, le bailleur s'oblige [107] de payer [84] ou faire payer par l'acquéreur au preneur avant sa sortie, la somme de..., à titre d'indemnité. — V. *la formule précédente*, *page* 150, *alin.* 69.

³⁵ ÉLECTION DE DOMICILE [11]. Pour l'exécution des présentes les parties font élection de domicile, savoir : le bailleur en sa demeure actuelle ci-dessus indiquée, et le preneur, pendant la durée seulement du bail, en la demeure qu'il aura dans l'une ou l'autre des maisons par lui louées.

³⁶ Dont acte, fait et passé à Deuil [12], en l'étude (*id.*), l'an mil huit cent quarante-trois [13[, le dix février (*id.*), et les parties ont signé [15] avec les Notaires, après lecture [16]. — V. *sup. la note* m *au bas de la p.* 7.

³⁷ V. *pour la forme des actes*   les notes 35, 36, 37 et 38.
³⁸   *Répertoire*   note 17
³⁹   *Enregistrement*   218, 18 et 19
⁴⁰   Et, au besoin, la table alphabétique du Commentaire.

BAIL DE BIENS DE MINEUR OU INTERDIT.

V. *suprà* « BAIL PAR ADJUDICATION. » Page 132.

BAIL MARITIME.

V. *infrà* CHARTE-PARTIE.

BAIL A PORTION DE FRUITS.

V. *infrà* BAIL PARTIAIRE.

BAIL A NOURRITURE DE PERSONNE [105].

1 PAR-DEVANT M° Grégoire [1] CALMEAU (*id.*) et son confrère (*id.*), Notaires [2] à Saint-Marien [1], partement de..., soussignés [15]. — V. *sup. la note* à *au bas de la p.* 3.

2 Est comparue la dame Georgina [5] PLANTIN (*id.*), veuve du sieur Pierre MOUTON, en son vivant mier, elle sans profession (*id.*), demeurant (*id.*) à...

3 Laquelle a, par ces présentes, pris à bail à nourriture chez elle pour dix années consécutives, ont commencé à courir d'aujourd'hui.

4 La personne de Célestin [5] BRUNET (*id.*), âgé de cinq ans, enfant mineur [68] de défunts Nic BRUNET et Rose TANLOUX ; ce qui est consenti [104] pour lui par M. Jean-Baptiste [5] TANLOUX (*id.*), trepreneur de bâtiments (*id.*), demeurant (*id.*) à..., à ce présent, comme étant son tuteur [165], cha qui lui a été conférée et qu'il a acceptée, suivant délibération [93] des parents et amis dudit mine réunis en conseil de famille (*id.*), sous la présidence de M. le Juge de paix [94] du canton de..., a qu'il résulte de son procès-verbal en date du..., dùment enregistré [42].

5 En conséquence, ladite dame veuve Mouton promet et s'oblige [107] de loger, coucher, nourr sa table, chauffer, éclairer, raccommoder, blanchir et soigner tant en santé qu'en maladie ledit min BRUNET, pendant le cours des dix années ; d'appeler un médecin ou chirurgien pour le visiter dès q sera malade, de lui administrer tous les soins et médicaments ordonnés ; enfin d'agir en toute occas vis-à-vis de cet enfant comme une bonne mère de famille.

6 Dans les obligations ci-dessus se trouvent comprises celles relatives au raccommodage et à l'entre du linge, des vêtements, de la coiffure et de la chaussure de l'enfant, auquel le tuteur n'aura à four que du linge, des vêtements, des coiffures et chaussures, neufs.

7 De l'envoyer exactement aux écoles primaires élémentaire et supérieure du pays, comme aussi examens nécessaires pour qu'il puisse faire sa première communion ; le tuteur s'obligeant [107] à pa [84], à la première demande qui lui en sera faite, tous les frais, dépenses et achats de livres qui auront été nécessaires.

8 Le présent bail est fait en outre moyennant la somme de quatre cents francs [91] de pension annuel que M. Tanloux tuteur, comme y ayant été spécialement autorisé suivant une autre délibération [9 du conseil de famille dudit mineur en date du... dùment enregistrée [42], s'oblige en sa dite qualité tuteur, de payer à la dame veuve Mouton, en la demeure de cette dernière ou pour elle au porteur la grosse [64] des présentes et de ses pouvoirs [80], en quatre termes [77] égaux de trois en trois mo dont le premier se fera le..., le second le..., et pour ainsi continuer d'année à autre et de terme terme.

9 Ces paiements ne pourront se faire valablement qu'en espèces d'or ou d'argent aux titres, poids cours de ce jour, sous peine [58] de résolution des présentes, si bon semble à la dame veuve Mouton.

10 Pour l'exécution [194] des présentes les parties font élection de domicile [11] en leurs demeur respectives ci-dessus indiquées.

11 Dont acte, fait et passé à St.-Marien [12], en l'étude (*id.*), l'an mil huit cent quarante-trois le m février [15] et les parties ont signé [15] avec les Notaires, après lecture [16] — V. *sup. la note* m *au* l *de la p.* 7.

12   *V. pour la forme des actes*   les notes 55, 56, 57 et 58.

13   *Répertoire*   note 17.

14   *Enregistrement*   notes 218, 18 et 19.

15   Et, au besoin, la table alphabétique du Commentaire.

BAIL D'OUVRAGE ET D'INDUSTRIE [105].

1 Par-devant Me Casimir [1] Loustalou (id.) et son confrère (id.), Notaires [2] à Clamard [1], département de..., soussignés [15]. — V. sup. la note a au bas de la p. 3.

2 Est comparu le sieur Nicolas [5] Pauboucq (id.) ouvrier charpentier (id.), demeurant à Clamart (id.).

3 Lequel a, par ces présentes, loué son travail et son industrie pour trois années qui ont commencé le premier de ce mois.

4 A M. Sébastien [5] Soliveau (id.), maître charpentier (id.), demeurant (id.) à St.-Marien, à ce présent et acceptant, patenté [43] à la mairie dudit lieu de St. Marien, à la date du treize janvier dernier, cinquième classe n° 3, sous la direction, selon les ordres et pour le compte duquel il s'oblige [107] de travailler pendant lesdites trois années.

5 Le présent bail est fait aux conditions [133] suivantes :

6 1° La durée de la journée de travail à exiger du sieur Pauboucq sera de cinq heures du matin à sept heures du soir du premier mars au premier novembre et de sept heures à cinq heures du premier novembre au premier mars.

7 2° Pendant les jours fériés, le sieur Pauboucq sera dispensé de tous travaux, même de ceux à faire en lieu non public.

8 3° Aucun travail ne pourra être exigé de lui à une distance plus grande que celle dix kilomètres de la demeure actuelle de M. Soliveau.

9 4° Ledit sieur Pauboucq ne pourra être employé à des travaux périlleux qu'en lui laissant prendre les précautions d'usage pour prévenir tout danger.

10 5° Le maître ne pourra exiger de l'ouvrier aucun travail lorsque la température sera au-dessous de zéro à six heures du matin. Cependant lorsque la journée sera belle l'ouvrier sera tenu de travailler pendant tout le temps que le soleil empêchera l'action du froid.

11 6° L'ouvrier sera logé chez le maître, il y couchera et fera aux frais de ce dernier trois repas par jour, soit au lieu du travail, soit en la demeure du maître, au choix de celui-ci. L'obligation du maître à cet égard sera la même dans les jours fériés et dans les jours où il n'aura pas été possible de travailler, mais elle cessera lorsqu'il y aura chez l'ouvrier incapacité de travail.

12 Prix. Le présent louage est fait en outre moyennant la somme de deux francs cinquante centimes par jour que M. Soliveau s'oblige [107] de payer [84] au sieur Pauboucq le premier de chaque mois, pour commencer le paiement du premier mois le premier mars prochain et pour ainsi continuer de mois en mois jusqu'à la fin du présent bail; sauf à déduire du montant desdites journées le prix de celles que l'ouvrier aura manquées dans les circonstances autres que celles prévues par ces présentes.

13 En cas de résiliation des présentes par le fait de l'une ou de l'autre des parties, les dommages-intérêts [159] à raison de l'inexécution sont fixés de part et d'autre à la somme de trois cents francs, que le contrevenant sera tenu [107] de payer [84] à l'autre partie dès qu'il aura été établi que l'inexécution provient de son fait et non d'une cause indépendante de sa volonté.

14 Pour l'exécution [194] des présentes les parties font élection de domicile [11] en leurs demeures respectives ci-devant indiquées.

15 Dont acte, fait et passé à Clamart [12], en l'étude (id.), l'an mil huit cent quarante-trois le onze février [13] et les parties ont signé [15] avec les Notaires, après lecture [16]. — V. sup. la note m au bas de la p. 7.

16 V. pour la forme des actes   les notes 34, 35, 36 et 37.

17   Répertoire   note 17.

18   Enregistrement   notes 218, 18 et 19.

19   La formule d'apprentissage — sup. page 82.

BAIL PARTIAIRE OU A PORTION DE FRUITS [105].
V. la Formule d'ACCEPTATION DE DONATION par un fiduciaire, page 16.

1 PAR-DEVANT Mᵉ Achille [1] BRÉGUET (*id.*) et son confrère (*id.*), Notaires [2] à la Ferté-Coquille [département de..., soussignés [15]. — V. *sup. la note a au bas de la p. 3.*

2 Est comparu M. Félix [3] BONNEFOI (*id.*), négociant (*id.*), demeurant (*id.*) à..., rue... n°...

3 Agissant comme administrateur |184] du domaine dont il va être parlé par fidéi-commis [73] moyen de la donation qui lui en a été faite avec la charge de le rendre à M. Achille LAVENTUREUX peintre, actuellement en voyage hors de France, par M. Pierre LAVENTUREUX, père de ce dernier, s vant acte [177] passé devant Mᵉ COTTA et son collègue, Notaires à..., le..., dûment enregistré [42].

4 Lequel a, par ces présentes, fait bail et donné à ferme à moitié fruits (ou : *à portion de fruits*) ain qu'il sera ci-après expliqué pour trois, six ou neuf années entières et consécutives qui ont commencé courir, savoir : ... (*consulter ici la formule de bail à ferme p.* 143, *alin.* 4).

5 Au sieur Jacques [3] CUISINIER (*id.*), laboureur (*id.*) et à Jeanne [3] MÉHOME (*id.*) sa femme [144], lui autorisée [68] à l'effet des présentes, demeurant [3[ensemble à la Ferté-Coquille, à ce présents acceptant.

6 Le domaine [7] du Buisson-Rond, situé sur le finage de la Ferté, consistant en... (*consulter la fo mule de bail à ferme, p.* 146, *alin.* 13, 15, 17, *pour la désignation et la division par soles.*)

7 Ainsi que ledit domaine et ses dépendances s'étendent et comportent sans aucune exception ni r serve, et sans garantie de contenance [40] pour les héritages dont le plus ou le moins, s'il y en a tournera au profit ou à la perte des preneurs qui déclarent, au surplus, bien connaître le tout pour e avoir déjà joui comme fermiers. — V. *sup. p.* 139, *alin.* 10, *a.*

8 A l'exploitation de ce domaine sont attachés les bestiaux, ustensiles et instruments aratoires, dé gnés en un état [154] estimatif que les parties en ont dressé sur une feuille de papier marqué du timb de... centimes, lequel état qui sera soumis à l'enregistrement [42] avant ou en même temps que c présentes, est demeuré ci-annexé, après avoir été d'elles signé et paraphé [15] en présence des Notair soussignés.

9 CHARGES ET CONDITIONS. Le présent bail est fait sous les charges [58] et conditions [153] suivant que les preneurs s'obligent [107] solidairement [106] et indivisément [92] d'exécuter et accomplir sa pouvoir prétendre à aucune indemnité.

10 1° *Anticipation.* Les preneurs avertiront le bailleur en temps utile des anticipations et dégradatio qui pourraient être commises sur le fonds des biens affermés, sous peine d'en demeurer personnell ment responsables.

11 2° *Bestiaux.* Les preneurs seront tenus de nourrir, héberger et soigner les bestiaux comme il co vient. Ils ne pourront les employer qu'aux travaux relatifs à l'exploitation du domaine. Ils les feror visiter et panser, en cas de maladie, par un artiste vétérinaire, à leurs frais. Les herbages et pâturag seront exclusivement destinés à la nourriture desdits bestiaux.

12 2° *Cas fortuits.* Les règles du Code civil relatives aux cas fortuits ne seront point applicables au preneurs, même pour la perte des fruits arrivée après qu'ils seront séparés de la terre. La perte, pa l'effet de force majeure, sera supportée proportionnellement aux droits des parties, à moins que le preneurs n'aient été mis en demeure [119] par le bailleur de lui délivrer sa portion, auquel cas lesdi preneurs seront passibles de la perte éprouvée par le bailleur.

13 4° *Cheptel.* Le laitage appartiendra aux preneurs qui cependant seront obligés d'en porter au ba leur pour les besoins de sa maison jusqu'à concurrence d'un litre et demi par semaine qui lui sera fourn de la manière qu'il indiquera verbalement.

14 5° Les preneurs seront tenus de remplacer, à leurs frais, les têtes du cheptel qui auront péri o auront été perdues par leur faute; toute perte, dans ce cas, devant être pour leur compte.

₁₅ 6° Les laines et le croît des animaux qui composent le cheptel seront partagés par moitié entre le bailleur et les preneurs.

₁₆ La tonte des laines sera faite aux frais des preneurs, en présence du bailleur ou d'une personne par lui préposée à cet effet. Les laines revenant au bailleur seront portées par les preneurs en sa demeure immédiatement après le lotissement.

₁₇ Le partage du croît sera fait, dans le courant de chaque année, lorsque le bailleur le jugera à propos; à cet effet, il sera procédé par un expert choisi ainsi qu'il sera dit ci-après à la prisée du cheptel; si le fonds de bétail a diminué de valeur, la différence sera remplacée par une portion du croît, et ce qui restera dudit croît, après le remplacement, sera partagé par moitié.

₁₈ 7° Il sera fait, à la fin du bail, une nouvelle estimation du cheptel, par un expert amiablement choisi, sinon nommé d'office par le juge de paix du canton où est situé le domaine, lequel aura attribution de juridiction; le bailleur prélèvera, d'après cette estimation, des bêtes de chaque espèce à son choix jusqu'à concurrence de la valeur du fonds du cheptel d'après l'état estimatif ci-annexé. Le surplus formera le croît sujet à partage. Si, au contraire, par le résultat de l'estimation, la valeur du cheptel est alors inférieure à celle qu'il a maintenant, le bailleur prendra ledit cheptel dans l'état où il se trouvera, et les preneurs lui paieront comptant la différence d'avec la valeur actuelle.

₁₉ 8° *Culture. Ensemencement.* Les preneurs feront sur les héritages tous les travaux de culture; en conséquence, ils laboureront, fumeront et ensemenceront les terres en temps et saisons convenables en observant l'assolement ci-devant indiqué; ils façonneront, provigneront et terreront les vignes; ils fumeront les prés et les tiendront en nature d'être fauchés librement à faux courante; le tout en se conformant à l'usage établi jusqu'à présent dans le pays. De plus ils feront chaque année un hectare de prairie artificielle.

₂₀ Les semences en blé froment, blé méteil, seigle, orge ou avoine, seront fournies par le bailleur qui les prélèvera avant partage sur les produits de la récolte; toute autre semence sera fournie par moitié entre les preneurs et le bailleur.

₂₁ 9° *Echanges.* Les preneurs souffriront tous échanges [204] que le propriétaire croira devoir faire, pourvu 1° qu'ils ne soient privés de la jouissance des objets échangés qu'après l'enlèvement de la récolte; 2° qu'ils puissent jouir des objets reçus en échange en même temps qu'ils abandonneront les leurs; 3° et qu'ils soient indemnisés de moitié de l'intérêt annuel de la somme dont le propriétaire aura fait soulte.

₂₂ 10° *Elagage. Echalas.* Les preneurs élagueront les arbres et les haies [41] quand il en sera besoin. Les bois nécessaires pour les échalas des vignes seront distraits de la masse à partager; le surplus des élagages sera partagé par moitié entre le bailleur et les preneurs qui devront transporter chez le bailleur la portion lui revenant.

₂₃ 11° *Fossés. Haies. Rigoles.* Les preneurs entretiendront et répareront les haies [41] existantes sur les héritages affermés. Ils cureront au besoin les fossés (*id.*) et entretiendront les rigoles faites pour l'écoulement des eaux.

₂₄ 12° *Fourrages. Pailles. Fumiers.* Les preneurs devront faire consommer et convertir en fumiers toutes les pailles et fourrages qui proviendront de la ferme, sans pouvoir vendre ni distraire aucune partie desd. pailles, fourrages et fumiers, attendu que le tout est exclusivement destiné à l'engrais des terres du domaine, sauf toutefois l'exécution de ce qui sera dit à l'art. vingt ci-après.

₂₅ 13° *Garantie en meubles.* Les preneurs garniront et tiendront garnis les bâtiments de meubles et effets mobiliers suffisants pour répondre des fermages d'une année au moins.

₂₆ 14° *Impositions.* Les contributions [58] foncières et autres de toute nature, ordinaires et extraordinaires, auxquels les héritages dudit domaine auront été imposés, seront supportées par moitié entre les preneurs et le bailleur qui devra d'abord en faire l'avance sauf recours contre lesdits preneurs pour leur moitié.

₂₇ 15° *Instruments aratoires.* Les preneurs emploieront, suivant leur destination, les ustensiles et instruments aratoires compris au présent bail; ils les rendront à la fin de leur jouissance en bon état, sans autres détériorations que celles provenant de l'usage et du temps. Ils rembourseront, d'après l'état [154]

estimatif, la valeur des ustensiles ou instruments dégradés, péris ou perdus par leur faute, si mieux i n'aiment en rendre d'autres qui soient d'une valeur égale à celle portée audit état.

28 16° *Plantations.* Les preneurs seront tenus de planter tous les ans, à leurs frais, sur ceux des hér tages qui leur seront indiqués par le bailleur, quinze pieds d'arbres fruitiers ou autres de l'essence qu conviendra à ce dernier ; ils garantiront ces plantations en la manière accoutumée ; même ils remplace ront les arbres morts par ceux qui leur seront fournis par le bailleur, et ils profiteront des branchages à l'égard des troncs ils appartiendront au bailleur qui les fera arracher et enlever comme bon lui semblera

29 Les jeunes arbres fruitiers seront greffés par les preneurs qui devront en outre défricher le pied de arbres de toute espèce au moins une fois l'an.

30 17° *Prohibition de labourer et charroyer pour autrui.* Les preneurs ne pourront faire aucuns labour sur des terres autres que celles du domaine, ni des charrois pour qui que ce soit, sans le consentemen [26] exprès du bailleur.

31 18° *Prohibition de sous-louer.* En raison de la nature du présent bail, les preneurs ne pourront n céder, ni sous-louer, ni échanger leurs droits au présent bail en tout ou en partie sans le consentemen [26] exprès et par écrit du bailleur.

32 19° *Réparations.* Les preneurs entretiendront les bâtiments d'habitation de toutes réparations loca tives pendant la durée du bail.

33 De plus, ils seront tenus de faire tous les charrois nécessaires pour les autres réparations à faire au bâtiments, ainsi que pour l'apport et le déblai des matériaux. — V. *sup.·p.* 147, *alin.* 29 *et suiv.*

34 20° RÉCOLTE. EMPLOI ET PARTAGE DU PRODUIT. Les preneurs seront tenus de faucher et lier les foin et les fourrages, de couper les blés, seigles, avoines et autres grains comme il est d'usage dans le pays de cueillir les fruits et raisins, et généralement de faire tous les travaux de moisson et de récolte. L bailleur fournira seulement pour la moisson, la récolte des foins et à l'époque des vendanges, troi hommes de journée qui seront nourris par les preneurs.

35 Les foins, pailles et fourrages récoltés seront employés à la nourriture des bestiaux : dans le cas d'in suffisance, le supplément sera fourni à frais communs ; dans le cas contraire, ce qui n'aura point été con sommé, sera vendu par le bailleur et les preneurs, qui s'entendront à ce sujet, et le produit en ser partagé par moitié entre eux. Cependant les preneurs laisseront, dans le domaine, à la fin du bail, le pailles qui s'y trouveront. Ils pourront être tenus aussi d'y laisser les fourrages pour le prix qui sera fixe par un expert [195] nommé ainsi qu'il est dit à l'art. quinze qui précède.

36 Les blés, seigles et autres grains seront battus et vannés comme il convient par les preneurs qu devront, de plus, cribler les blés. Ensuite, lesdits blés et seigles ainsi que ceux des autres grains qui ne sont point destinés à la nourriture des bestiaux, seront partagés par moitié entre le bailleur et les preneurs.

37 Les fruits et raisins seront partagés sur place après qu'ils auront été cueillis et rassemblés. A l'égard des autres produits ils devront être charroyés du champ dans les bâtiments du domaine où le partage s'en fera.

38 Les fruits et récoltes revenant au bailleur seront transportés par les preneurs, immédiatement après le lotissement [140], dans les lieux par lui désignés et qui ne pourront être distants de plus de cinq kilo mètres [91].

39 ENREGISTREMENT [18, n. 275]. Pour asseoir le droit d'enregistrement les parties évaluent 1° la por tion à revenir annuellement au bailleur dans le produit des biens affermés, savoir : à quarante hectolitres [91] de blé, dix hectolitres de seigle, quinze hectolitres d'avoine et douze hectolitres d'orge ; 2° la por tion à revenir au même chaque année dans les laines, élagages, fruits et productions autres que les grains, foins et raisins, à la somme [35] de cent cinquante francs ; 3° et les charges diverses imposées aux preneurs à cinquante francs par an, non compris la moitié des contributions [58].

40 COUT DES PRÉSENTES. Tous les débourses [5] et honoraires (*id.*) de s présentes, ainsi que le coût d'une grosse [64] pour le bailleur seront supportés par les preneurs.

41 ÉLECTION DE DOMICILE. Pour l'exécution des présentes les parties font élection de domicile [11] en leurs demeures actuelles mais seulement pendant toute la durée du bail.

⁴² Dont acte, fait et passé à La Ferté-Coquille [12] en l'étude (*id.*), l'an mil huit cent quarante-trois, le quinze février [13], et les parties ont signé [15] avec les Notaires, après lecture [16]. — *V.* sup. *la note* m *au bas de la p.* 7.

⁴³   *V. pour la forme des actes*   les notes 35, 36, 37 et 38.

⁴⁴   *Répertoire*   note 17.

⁴⁵   *Enregistrement*   notes 218, 18 et 19.

⁴⁶   Et, au besoin, la table alphabétique du Commentaire.

BAIL [105] DE PATURAGE D'ANIMAUX.

Bail de pâturage d'animaux.

₁ PAR-DEVANT Mᵉ Ernest [1] LEGRY (*id.*), et son confrère (*id.*), Notaires [2] à Briquemot [1], département de..., soussignés [15]. — *V.* sup. *la note* a *au bas de la p.* 3.

₂ Est comparu M. Michel [3] LEQUIN (*id.*), propriétaire (*id.*) demeurant (*id.*) à Briquemot.

₃ Lequel a, par ces présentes, fait bail pour trois années qui commenceront immédiatement après la fauchaison de la présente année.

₄ Au sieur Nicolas [3] RAMPONNEAU (*id.*), laboureur (*id.*), demeurant (*id.*) à Briquemot, à ce présent et acceptant.

₅ Du droit [7] de faire pâturer deux chevaux et trois vaches dans le pré dit du Moulinot, situé [141] sur le finage (*id.*) de Briquemot, tenant (*id.*) d'un long à..., d'autre à..., d'avec lesquels il est séparé par des haies [41] mitoyennes, et appartenant [22] au bailleur ainsi qu'il le déclare.

₆ Ce bail est fait aux charges [58], et conditions [153] suivantes :

₇ Le preneur ne pourra faire paître ses bestiaux chaque année dans le pré en question qu'après la fauchaison et l'enlèvement de la première herbe jusqu'au onze novembre.

₈ Le preneur veillera ou fera veiller à la garde de ses bestiaux pour que les plantations qui sont dans ledit pré, non plus que les clôtures, n'éprouvent aucun dommage. Étant bien entendu qu'il sera responsable de tout dommage commis soit dans ladite propriété soit dans celles voisines.

₉ Le preneur ne pourra réclamer aucune indemnité pour raison des cas fortuits prévus ou imprévus qui pourraient le priver de tout ou partie de son droit de pâturage.

₁₀ Il paiera les déboursés [5] et honoraires (*id.*) des présentes et ceux d'une grosse [64] si elle est requise par le bailleur.

₁₁ PRIX. Le présent bail est fait en outre moyennant la somme de cinquante francs de fermage annuel que le sieur Ramponneau s'oblige [107] de payer au bailleur en sa demeure ou pour lui au porteur [80] de la grosse [64] des présentes et de ses pouvoirs [80], en un seul paiement [84] le onze novembre de chaque année, pour commencer le premier paiement le onze novembre prochain et pour ainsi continuer d'année à autre jusqu'à fin de bail.

₁₂ Etant expressément convenu que dans le cas où le sieur Ramponneau viendrait à perdre ou à vendre tout ou partie de son bétail, avant le temps fixé pour la mise au pâturage, le fermage du présent bail pour ladite année diminuera à raison de dix francs par tête ; comme aussi que ledit fermage augmentera d'autant par tête de bétail envoyée au pâturage en sus du nombre ci-dessus déterminé.

₁₃ Pour l'exécution des présentes domicile est élu [11] par les parties en leurs demeures actuelles susindiquées.

₁₄ Dont acte, fait et passé à Briquemot [12] en l'étude (*id.*), l'an mil huit cent quarante-trois [13], le seize février (*id.*), et les parties ont signé [15] avec les Notaires, après lecture [16]. V. sup. *la note* m *au bas de la p.* 7.

₁₅   *V. pour la forme des actes*   les notes 35, 36, 37 et 38.

₁₆   *Répertoire*   note 17.

₁₇   *Enregistrement*   notes 218, 18 et 19.

₁₈   Et, au besoin, la table alphabétique du Commentaire.

Bail de pêche.

BAIL [105] DE DROIT DE PÊCHE [187].

1 PAR-DEVANT Me Adrien [1] GRANDIN (*id.*) et son confrère (*id.*), Notaires [2] à Rigny [1], départeme... de..., soussignés [15]. — *V.* sup. *la note a au bas de la p.* 3.

2 Est comparu M. Simon [5] BERAULT (*id.*), marchand de bois (*id.*), demeurant à Paris (*id.*), rue..., n°

3 Lequel a, par ces présentes, fait bail pour six années entières et consécutives qui ont commencé courir le premier janvier dernier et finiront à pareille époque de mil huit cent quarante-neuf.

4 A M. Zacharie [5] LEMERLE (*id.*), rentier demeurant (*id.*) à Goupillet, à ce présent et acceptant.

5 Du droit [7] de pêcher seul et à l'exclusion de tous autres dans l'étang dit l'*Abîme*, situé [141] sur finage de Rigny, appartenant [22] au bailleur et que le preneur a dit bien connaître.

6 Le présent bail est fait aux charges [58] et conditions [155] suivantes que le preneur s'oblige [10 d'exécuter sans pouvoir prétendre à aucune indemnité :

7 1° De faire aux chaussées, digues, vannes et écluses, toutes les réparations nécessaires pendant durée du bail et de les rendre à son expiration en bon état.

8 2° De répondre, à ses risques, périls et fortune, à toute demande en indemnité ou dommages-intérê [26] qui pourrait être formée par tous voisins, propriétaires de fonds inférieurs et autres, pour cr extraordinaire, inondation, débordement, ou toute autre cause différente produite par les eaux ; et de fai en sorte que M. Berault ne puisse être aucunement inquiété, poursuivi ni recherché à ce sujet.

9 3° De faire à ses frais, dans le cas où l'autorité le requerrait par mesure de salubrité, le curage de partie dudit étang qui ne serait pas produite par des eaux courantes, et ce de la même manière que M. B rault pourrait être contraint lui-même de le faire.

10 4° De ne pouvoir pêcher ledit étang plus de deux fois par an, aux mois de mars et de septembre.

11 5° De ne pouvoir vendre ni disposer des poissons qui, lors de la pêche, pèseraient moins d'un deu kilogramme, et de les rejeter dans ledit étang comme alevin pour repeupler.

12 6° De ne pouvoir céder ni sous-louer son droit au présent bail en tout ou en partie, sans le conse tement exprès et par écrit du bailleur.

13 7° Et de payer les déboursés [5] et honoraires (*id.*) des présentes ainsi que le coût d'une grosse [6 à remettre au bailleur.

14 PRIX. Le présent bail est fait, en outre, moyennant la somme de trois cents francs de fermage a nuel que le preneur s'oblige [107] de payer [84] au bailleur ou pour lui au porteur [80] de la grosse [6 des présentes et de ses pouvoirs, le premier janvier de chaque année, pour commencer le premier pai ment le premier janvier prochain, et pour ainsi continuer d'année à autre jusqu'à fin du présent bail.

15 Les parties évaluent à cinquante francs par an les charges imposées au preneur en sus du fermage.

16 Pour l'exécution des présentes les parties font élection de domicile [11] en leurs demeures actuelle sus-indiquées.

17 Dont acte, fait et passé à Rigny [12], en l'étude (*id.*), l'an mil huit cent quarante-trois [15], le dix huit février (*id.*), et les parties ont signé [15] avec les Notaires, après lecture [16]. — *V.* sup. *la note m* a bas de la p. 7.

18 *V. pour la forme des actes* les notes 35, 36, 37 et 38.

19 *Répertoire,* note 17.

20 *Enregistrement,* notes 218, 18 et 19.

21 Et, au besoin, la table alphabétique du Commentaire.

BAIL A RENTE FONCIÈRE.

(Nota.) Le bail à rente permis par les anciennes coutumes ne l'est plus sous le droit actuel, ou du moins ainsi qualifié il ne constituerait point un contrat de louage, mais une aliénation avec simple réserve d'une rente sur le fonds aliéné. — Ainsi, en rédigeant aujourd'hui un bail à rente foncière dans les mêmes termes qu'autrefois, il ne serait réputé qu'une simple vente moyennant une rente perpétuelle. La rente serait essentiellement rachetable, et le preneur n'aurait point la faculté de déguerpir l'immeuble pour se libérer de cette rente. — V. sup. p. 145, *alin.* 22.

BAIL D'USINE (MOULINS ET PRESSOIR) [105].

₁ Par-devant Me Paul [1] Langlais (*id.*) et son confrère (*id.*), Notaires [2] à Vaux-Charme [1], département de..., soussignés [15]. — *V.* sup. *la note a au bas de la p.* 5.

₂ Est comparu M. Nestor [5] Bonhumain (*id.*), capitaine [5] au premier régiment de cuirassiers en garnison à..., étant en ce moment à Vaux-Charme en l'étude.

₃ Usufruitier [69] des biens dont il va être parlé au moyen de la donation [214] entre-vifs et à cause de mort qui lui a été faite par Mme. Léonce Coureau, son épouse décédée, suivant acte [177] passé en minute [59] et présence de témoins [14] devant Me Langlais, l'un des Notaires soussignés le..., dûment enregistré [18. 42].

₄ Lequel a, par ces présentes, fait bail [105] et donné à loyer (*a*) pour neuf années consécutives qui commenceront à courir le premier avril prochain à six heures du matin et finiront à pareils jour et heure de mil huit cent cinquante-deux.

₅ Au sieur Jean-Baptiste [5] Cornu (*id.*), meunier (*id.*) et à Germaine [5] Piron (*id.*), sa femme de lui autorisée [68] à l'effet des présentes, demeurant [5] ensemble à Charmoy, à ce présents et acceptant.

₆ 1º Un moulin [7 et 105] à eau, faisant farine, appelé le Moulin Charpin, situé [141] sur le ruisseau de Vaux-Charme, garni de ses meules, tournants, virants et travaillants, agrès et ustensiles indispensables pour son exploitation.

₇ Plus la maison destinée à l'habitation du meunier, ensemble les écuries, grange, cour et jardin dépendant dudit moulin.

(*a*) Quoique les biens compris en cette formule soient susceptibles d'exploitation, ce qui semblerait au premier abord devoir donner à l'acte les effets d'un bail à ferme, on ne peut cependant les ranger dans la classe des biens qu'on puisse donner à ferme. Le Code civil n'ayant point distingué les biens qui pouvaient être donnés *à ferme* de ceux qui pouvaient être donnés *à loyer*, on doit se reporter à l'ancien droit pour trouver la solution de cette question. Or, suivant les auteurs anciens, le bail des choses qui produisent des fruits naturels se nomme *bail à ferme*, et le bail des choses qui ne produisent que des fruits civils, comme maison, etc., se nomme *bail à loyer*. — Denisart, v° *Bail*.

Les fruits naturels sont ceux que la nature produit sans culture et sans l'industrie des hommes, comme le bois, le foin, le fruit des arbres, etc.

Il y a d'autres fruits naturels qu'on nomme aussi fruits industriaux, parce qu'ils ont besoin de l'industrie et des soins de l'homme, sans lesquels la terre ne les produirait. Tels sont les grains, les raisins, etc.

Les fruits civils sont ceux qui ne sont fruits que par la disposition de la loi et qui sont produits non par la chose. Tels sont les loyers de maison, les fermages, les arrérages de rentes, les intérêts, etc. — Denisart, v° *Fruits*.

V. aussi les art. 582 et suiv. du C. civ. dont les dispositions sont conformes à ce que rapporte Denisart.

Cette distinction est fort importante, car, dans le cas de *bail à ferme*, la contrainte par corps peut être stipulée contre le fermier (C. civ. 2062) et dans le cas de *bail à loyer* cette stipulation ne peut avoir lieu (C. civ. 2065).

8 2° Un moulin à vent, faisant farine, appelé le moulin Pinçon, situé sur la montagne d'Orgemo
commune de Vaux-Charme, garni de ses meules, tournants, virants et travaillants, toiles, agrès et
tensiles nécessaires à son exploitation.

9 Plus la maison destinée à l'habitation du meunier, ensemble les autres bâtiments, la cour et le jard
dépendant de ce moulin.

10 3° Et un pressoir à vin et à cidre établi à Vaux-Charme, rue du Jeu, appelé le pressoir *Mathi*
ainsi que la travée de bâtiment dans laquelle il se trouve; ledit pressoir garni de ses bois, câbles et ag
indispensables.

11 Ainsi que lesdits moulins et pressoir se comportent [154] sans aucune exception ni réserve, les p
neurs déclarant les bien connaître pour les avoir vus et visités avant ces présentes.

12 CHARGES ET CONDITIONS. Le présent bail est fait sous les charges [58] et conditions [155] suivantes

13 Art. 1. Les objets affermés devront être, lors de la prise de possession des preneurs, en état de ser
convenablement à l'usage auquel ils sont destinés. Au surplus, l'état [154] en sera constaté à lad
époque contradictoirement entre les parties aux frais de l'une et de l'autre; seulement à l'égard
objets sujets à dépérissement, il en sera fait une estimation par un expert [195] nommé par les partic
sinon d'office par le juge de paix [94] du canton, de la situation des biens, lequel aura attribution de ju
diction. — A la fin du bail il sera fait un nouvel état de lieux avec une estimation par expert comme
est dit ci-dessus, pour, les parties, se tenir compte alors de la moins-value à toucher par le bailleur
de la plus-value à retenir par les preneurs.

14 Art. 2. Les preneurs feront auxdits moulins et pressoir, pendant la durée du bail, toutes les ré
rations que l'usage occasionnera au matériel quand il est mis en mouvement. Seulement, lorsqu'il y au
lieu à grosses réparations par suite d'accidents ou par force majeure dûment constatés elles seront à
charge du bailleur.

15 Dans tous les cas, les preneurs ne pourront être tenus, s'il n'y a aucune faute de leur part, de fa
poser de nouvelles meules, de remplacer l'arbre de chaque usine par un autre, ni de fournir de nouvel
visses au pressoir.

16 Art. 3. Les preneurs entretiendront les bâtiments où sont lesdits moulins et pressoir de toutes rép
rations locatives pendant la durée du bail, et ils souffriront les grosses réparations à y faire pendant
même temps.

17 Art. 4. Ils entretiendront aussi de toutes réparations les vannes, chaussées et déversoir du moulin
eau, et devront faire en sorte qu'à cet égard il n'y ait aucune déperdition ni aucun refluement d'eau,
que le bailleur ne soit inquiété ni recherché soit par les riverains soit par les usagers de l'eau ou par l'a
torité publique.

18 Ils feront en outre le curage du biez et sous-biez de ce moulin tous les trois ans.

19 Art. 5. Lorsqu'il y aura lieu à de grosses réparations aux objets composant l'usine et qu'il se
nécessaire de transporter des meules et des bois, les preneurs seront tenus de fournir leurs chevaux
voitures et domestiques pour faire ces charrois et amener les matériaux sur place auprès de chaque usin

20 Quand ils seront ainsi transportés, le bailleur sera tenu de les faire travailler et poser à ses frais.
Le chômage occasionné par ces réparations ne donnera lieu à une diminution proportionnelle du fermag
que pour le temps qui excédera huit jours, et cette diminution ne portera que sur le fermage en argent

21 Art. 6. Les preneurs ne pourront céder ni sous-louer en tout ou en partie leurs droits au présent ba
ni prendre à ferme aucune autre usine pendant la durée du bail, le tout sans le consentement [26 et 10
exprès et par écrit du bailleur.

22 Art. 7. Ils ne pourront faire aucun changement aux usines et bâtiments d'habitation et d'exploitatic
(V. *sup.* p. 156, *alin.* 23 et p. 147, *alin.* 28).

23 Art. 8. Les contributions [58] des biens affermés seront, pour ce qui est à la charge du bailleur
avancées par les preneurs qui en feront la retenue sur les fermages en argent du présent bail, sur la re
présentation des quittances du percepteur.

24 Art. 9. Ils paieront les déboursés [5] et honoraires (*id.*) des présentes, ainsi que le coût d'une grosse [64] et d'une expédition (*id.*) présentement requises.

25 PRIX. Le présent bail est fait en outre moyennant la somme [35] de *deux mille quatre cents francs* [91] de loyer annuel, laquelle somme les preneurs s'obligent [107] indivisément [92] et solidairement [106] de payer [84] au bailleur ou pour lui au porteur [80] de la grosse [64] des présentes et de ses pouvoirs en la demeure de M. Jacob BONHUMAIN, son père, rentier à Vaux-Charme, en quatre termes [77] égaux de six cents francs de trois en trois mois, premier terme devant échoir le premier juillet prochain, le second le premier octobre suivant, et pour continuer ainsi de trois en trois mois jusqu'au premier juillet qui suivra l'expiration du bail.

26 De plus les preneurs promettent et s'obligent comme il est dit ci-devant de fournir et livrer annuellement au bailleur le onze novembre en la demeure ci-dessus indiquée de M. Bonhumain, son père, un cochon du poids de cent kilogrammes [91], douze canards et douze chapons, des plus gros et des plus gras, non déplumés et vivants, pour commencer la première livraison le onze novembre prochain.

27 TERME DE FERMAGE EN ARGENT PAYÉ D'AVANGE. — V. *sup.* p. 157, *alin.* 30.

28 CLAUSE DE RÉSILIATION. — Il est expressément convenu que le présent bail sera résilié de plein droit par le décès de l'un ou de l'autre des preneurs, si bon semble au survivant, pour toutes les années restant à courir après celle dans laquelle aura eu lieu ledit décès. — V. *sup.* p. 157, *alin.* 31 *et suiv.*

29 CHEPTEL [105]. A l'exploitation des moulins présentement loués sont attachés trois chevaux, deux mulets, six ânes, avec leurs harnais et bâts, plus deux voitures. Il sera dressé du tout un état [154] estimatif par un expert [195] choisi par les parties, sinon qui sera nommé d'office par le juge de paix du canton comme il est dit ci-devant, lors de l'entrée en jouissance des preneurs qui recevront lesdits bestiaux et objets à titre de cheptel de fer; à la charge par eux, ainsi qu'ils s'y obligent [107] sous la solidarité ci-dessus exprimée, de supporter la perte totale ou partielle dudit cheptel, arrivée même par cas fortuit, pendant le cours du bail, et de remettre au bailleur à l'expiration du présent bail un fonds de bétail de même nature et pareille valeur que celui ci-dessus désigné, à l'effet de quoi il sera fait une nouvelle estimation par un expert nommé comme il vient d'être dit et les parties se tiendront compte alors immédiatement de l'excédant de valeur ou du déficit.

30 AFFECTATION HYPOTHÉCAIRE [30]. A la garantie tant des fermages et redevances du présent bail que de la valeur du cheptel, laquelle sera déterminée par état à la suite des présentes, lors de l'entrée en jouissance, les preneurs affectent et hypothéquent... (V. *sup.* p. 140, *alin.* 35).

31 CAUTIONNEMENT [32]. — V. *sup.* p. 150, *alin.* 62 *et suiv.*

32 VENTILATION DU LOYER. Les parties déclarent pour ordre entre elles que les fermages en argent du présent bail s'appliquent pour douze cents francs au moulin à eau, pour huit cents francs au moulin à vent et pour quatre cents francs au pressoir.

33 EVALUATION DES CHARGES [18, n. 275]. Pour asseoir la perception des droits d'enregistrement, les charges [58] extraordinaires ainsi que les redevances autres que le fermage en argent du présent bail sont évaluées à la somme de deux cents francs par an.

34 ELECTION DE DOMICILE [11]. Pour l'exécution des présentes, domicile est élu, savoir : par le bailleur en la demeure, à Vaux-Charme, de M. Bonhumain, son père, et par les preneurs en l'étude de Me LEDUC, avoué audit lieu.

35 Dont acte, fait et passé à Vaux-Charme [12] en l'étude (*id.*), l'an mil huit cent quarante-trois [13] le treize mars (*id.*), et les parties ont signé [15] avec les Notaires, après lecture [16]. — V. sup. *la note* m *au bas de la p.* 7.

36   *V. pour la forme des actes*   les notes 35, 36, 37 et 38.

37   V. *Répertoire*   note 17.

38   *Enregistrement*   notes 218, 18 et 19.

39 Et, au besoin, la table alphabétique du Commentaire.

BAIL A VIE OU A DURÉE ILLIMITÉE [105].

1 PAR-DEVANT M⁰ Mathieu [1] LABOT (*id.*) et son confrère (*id.*), Notaires [2] à Sainte-Vertu [1] dépa͏͏
ment de..., soussignés [15]. *V.* sup. *la note* a *au bas de la p.* 3.

2 Est comparu M. Stanislas [3] BONHOMME (*id.*), agent d'affaires (*id.*), demeurant (*id.*) à Sainte-Vertu.

3 Agissant comme mandataire [80] spécial à l'effet des présentes de M. Edouard [3] LOUVAIN (
sous-lieutenant (*id.*) au deuxième régiment des chasseurs d'Afrique en garnison à Oran, aux termes ͏
procuration [80] passée devant M⁰ LANCÉ, Notaire en ladite ville, le treize février dernier et dont le br
[59] original dûment enregistré [18. 42] et légalisé [125] est demeuré annexé [55] à ces présentes a
avoir été du mandataire certifié véritable [55], en présence du Notaire et des témoins soussignés.

4 Lequel, en cette qualité, a, par ces présentes, fait bail [105] et donné à ferme et à loyer pour tou
vie (a) du preneur ci-après nommé, et ce à partir du premier avril prochain.

5 A M. Louis Jean [5] CORNU (*id.*), propriétaire (*id.*) demeurant (*id.*) à Sainte-Vertu, à ce présen͏
acceptant.

6 [7 et 105]. 1º Une maison sise à... (V. *sup.* p. 49, *alin.* 7 et 8).

7 2º Une pièce de bois, située [141] sur le finage de..., lieu dit la Mi-Rondelle, de la contenance
trente hectares [91], aménagée par coupes de cinq hectares s'opérant de deux ans en deux ans, tenan
(V. *sup.* p. 138, *alin.* 6).

8 (b) 3º Et une rente [76] foncière (*id.*) annuelle et perpétuelle, franche de retenue [49], payable
annuellement le trente novembre, de la somme de cent cinquante francs [91], au capital [156] de
mille francs, due à M. LOUVAIN par Chrétien LANGEVIN, cultivateur, et Marie ALAVOINE, sa femme,
meurant tous deux à..., solidairement [106] entre eux, pour prix de la vente à eux faite par ledit s
LOUVAIN de divers biens ruraux, situés sur le finage de..., suivant contrat passé devant M⁰ Labot,
nommé et son confrère, Notaires à Sainte-Vertu, le..., dûment enregistré [42], laquelle rente est
rantie par privilége [29] sur les biens vendus et encore par une hypothèque [30] supplémentaire sur
maison et plusieurs pièces de terre situées sur ledit finage de..., lesquels privilége et hypothèque ont
conservés par une inscription [85] prise au bureau de la conservation [111] des hypothèques de l'arr
dissement de..., vol... nº. — Les arrérages [49] qui ont couru de cette rente depuis le trente novem
dernier appartiendront au preneur.

(a) Le bail à vie, quoique le droit d'enregistrement ne soit perçu que sur dix années à raison de 5. 50 p. 0/0 quand il s
d'immeubles et de 2 p. 0/0 quand il s'agit de meubles, est si onéreux qu'on doit être excusable de chercher à se sous͏te
à un pareil droit en le réduisant à 20 centimes pour 0/0, sans demander l'agrément du fisc. Sans doute, c'est une mau͏
action que nous conseillons là, mais quand on considère que l'origine de tout impôt est celle-ci : « *Prendre dans la p
d'autrui quand on n'a point assez dans la sienne pour payer ce qu'on doit*, » la conscience en est un peu moins chargée͏͏
a, à la vérité, la raison d'Etat qui paraît être contre nous, car une loi a sanctionné ses exigences en légitimant l'im͏
mais si cette raison ne s'est point étendue sur tout ou n'a point tout mesuré à son niveau on ne doit point regarder l'ac͏
de se soustraire au droit comme une fraude, on se trouve dans son état naturel que la loi n'a point fait perdre, on ͏
où il n'a point été défendu de passer.

Au lieu donc de faire un bail à vie, on peut calculer la durée la plus longue de la vie de celui à qui le bail est cons͏
et faire le bail pour ce temps en stipulant qu'il sera résolu par la mort du preneur (V. la formule qui précède, p. 167 a͏
28) et même qu'il sera loisible à celui-ci de le reconduire pour *tant* d'années au-delà de son terme. Ainsi, lorsque le͏
neur a 60 ans, on peut faire un bail de 40 ans avec reconduction de quelques années en sus. Un tel bail n'étant sujet
un droit de 20 cent. produira nécessairement une grande économie d'argent. — *Suivre dans ce cas les formules de bail
précédent.*

(b) Le droit qu'on a de louer toute sorte de choses mobilières et immobilières (C. civ. 1708, 1709, 1713) comprend
cessairement les droits incorporels (C. civ. 529; Pothier, tr. du louage n. 9. — Merlin, rép. vº *Bail* (1er. — Et u
bail n'est sujet qu'au droit de 20 centimes par cent francs comme quand il s'agit de biens meubles ou immeubles pro͏
ment dits (Solut. de la Régie 22 juill. 1814. Jal. Enreg. 4908).

• CHARGES [58] ET CONDITIONS [153]. Le présent bail est fait sous les charges et conditions suivantes que le preneur promet et s'oblige [107] d'exécuter sans pouvoir prétendre à aucune diminution sur le prix du présent bail :

10 Art. 1. EN CE QUI CONCERNE LA MAISON. — (Consulter sup. p. 155 la formule de bail à loyer).

11 Art. 2. EN CE QUI CONCERNE LA PIÈCE DE BOIS.— (Consulter sup. p. 158 de la formule de bail de bois).

12 Art. 3. EN CE QUI CONCERNE LA RENTE. —1° Le preneur aura le droit de recevoir [84] des mains des débiteurs sus-nommés ou de tous autres qu'il appartiendra les arrérages échus et à échoir de ladite rente à compter du trente novembre dernier ; à l'effet de quoi il aura droit de poursuivre lesdits débiteurs par toutes les voies de droit, M. Bonhomme audit nom le mettant et subrogeant, en conséquence, dans tous les droits et actions de son commettant sans aucun recours contre ce dernier.

13 2° Dans le cas où le remboursement du capital de la rente serait offert ou deviendrait exigible pendant le cours du bail, les fonds en provenant ne pourront être reçus par le bailleur qu'en la présence du preneur ou lui dûment appelé à la charge de les déposer [210] entre les mains de la personne dont ils conviendront alors, sinon à la caisse des dépôts et consignations [48] jusqu'au replacement que ledit bailleur devra, dans les six mois qui suivront le remboursement, en faire par privilége [29] ou hypothèque [30] sur des personnes domiciliées dans le rayon de cinq kilomètres de Sainte-Vertu, avec stipulation d'intérêts [49] au profit du sieur CORNU, qui devra les toucher en vertu de ses droits résultant du présent bail.

14 3° Les arrérages [49] du terme courant de ladite rente lors du décès du preneur appartiendront au bailleur, de convention expresse, sauf ce qui sera dit ci-après pour l'année du décès que les héritiers pourront parfaire.

15 4° Le preneur fera pendant la durée du bail tous les actes conservatoires [34] de son droit, et il avertira le bailleur en temps utile des troubles [22 et 28] de fait et de droit qui pourraient être apportés à sa jouissance. En conséquence, tous renouvellements d'inscription, toutes reconnaissances de ladite rente ainsi que toutes productions [104] et collocations (id.) devront être demandées, poursuivies et obtenues à la diligence du preneur agissant pour et au nom du bailleur qui lui donne par ces présentes et au besoin tous pouvoirs [80] nécessaires.

16 5° Le bailleur a présentement remis [54] au preneur qui le reconnaît et à la charge par celui-ci de les lui communiquer au besoin et sous récépissé tous les titres concernant la rente ci-devant mentionnée.

17 PRIX. Le présent bail est fait en outre moyennant la somme [55] de deux mille francs [91] de loyer et fermage annuel, applicable pour quatorze cent cinquante francs à la pièce de bois, pour quatre cents francs à la maison et pour cent cinquante francs à la rente ; laquelle somme totale le preneur promet et s'oblige [107] de payer au bailleur ou pour lui au porteur [80] de ses pouvoirs et de la grosse [64] des présentes aux quatre termes [77] ordinaires de l'année, premier terme devant échoir le premier juillet prochain, le second le premier octobre suivant et pour ainsi continuer de terme en terme jusqu'à la fin du présent bail.

18 Dernière année du bail. Il sera loisible aux héritiers de M. Cornu de parfaire l'année restant à courir du présent bail lors de son décès [63], pour la totalité des biens, en acquittant [84] l'année entière de fermage et loyer à son échéance.

19 TERME PAYÉ D'AVANCE. — (Lorsqu'un terme est payé d'avance, V. sup. p. 157, alin. 30).

20 AFFECTATION HYPOTHÉCAIRE [30]. — (V. sup. p. 140, alin. 35).

21 CAUTIONNEMENT [32]. — (V. sup. p. 150, alin. 62 et suiv.).

22 EVALUATION DES CHARGES [18 n. 275]. — (V. sup. p. 167, alin. 35).

23 COUT DES PRÉSENTES. Les déboursés [5] et honoraires (id.) des présentes, ainsi que le coût d'une grosse [64] et d'une expédition (id.) présentement requises seront payés [84] par le preneur, avec intérêts [49] desdits déboursés du jour de l'avance.

24 ELECTION DE DOMICILE [11]. Pour l'exécution des présentes le preneur fait élection de domicile en la maison louée.

22

²⁵ Dont acte, fait et passé à Sainte-Vertu [12] en l'étude (*id.*), l'an mil huit cent quarante-trois ▌ quatorze mars [13], et les parties ont signé [15] avec les Notaires après lecture [16]. — V. sup. *la note* ▌ *au bas de la p.* 7.

²⁶   V. *pour la forme des actes*   les notes 35, 36, 37 et 38.

²⁷   *Répertoire*,   note 17.

²⁸   *Enregistrement*,   notes 218, 57, 18 et 19.

²⁹   Et, au besoin, la table alphabétique du Commentaire.

BÉNÉFICE D'INVENTAIRE.

Bénéfice d'inventaire.

V. *sup.* Abandon de biens par un héritier bénéficiaire, p. 3.

Bilan

BILAN [155] OU ÉTAT DE SITUATION (*a*).

¹ Des affaires de commerce de M. Nicolas Laventureux, marchand épicier en gros à...., dress▌ par lui pour être présenté à ses créanciers à l'effet de leur faire connaître le montant de son actif et d▌ son passif actuels :

CHAPITRE I. — Actif.

²		
³	Art. 1. *Marchandises en magasin*, évaluées à	8,000 »
⁴	Art. 2. *Argent comptant*.	1,500 »
⁵	Art. 3. *Mobilier d'habitation, linge et argenterie*	5,000 »
⁶	Art. 4. *Immeubles* { 1° une maison sise à..., rue..., de valeur de	15,000 »
	2° le corps de bâtiment, servant de magasin, situé à..., rue..., de valeur de	9,000 »

Art. 5. *Dettes actives.*

- Recouvrements certains.
  - 1° M. Florian, compte courant . 537
  - 2° M. Allevy, avance. . . . 600   1,587 »
  - 3° M. Laramée, envoi. . . . 450
- Recouvrements douteux.
  - 1° M. Oussin, solde de son compte de fournitures. . . 700   1,265 »
  - 2° M. Quenisset, reliquat de son compte. 565

⁸ Total de l'actif, quarante-cinq mille trois cent cinquante francs, ci . . . . . .   45,550 »

CHAPITRE II. — Passif.

Art. 1. *Dettes privilégiées* [29]

- sur les immeubles
  - 1° M. Labrosse, solde du prix de la maison. . .   10,000 »
  - 2° M. Camisset, prix du magasin. . . . . .   9,000 »
- sur le mobilier
  - 1° frais de voiture de marchandises . . . 500   1,100 »
  - 2° gages des commis et domestiques . . . 800

Art. 2. *Dettes hypothécaires* [50]
- 1° M. Quatremère, sur la maison. 5,000   7,000 »
- 2° M. Courot, sur le magasin. 2,000

Art. 3. *Dettes chirographaires*
- 1° M. Lerissey, pour fournitures. 15,000   52,250 »
- 2° M. Laluzert, pour avances 17,250

¹³ Total du passif, cinquante-neuf mille trois cent cinquante francs, ci . . . . . .   59,550 »

---

a) Cet état doit être fait dans la forme indiquée par l'art. 459 du C. de comm., c.-à-d. qu'il doit contenir l'énumération et l'évaluation de tous les biens mobiliers et immobiliers du débiteur, l'état des dettes actives et passives, le tableau des profits et pertes, le tableau des dépenses et qu'il doit être certifié véritable, daté et signé par le débiteur.

CHAPITRE III. — Balance.

Le passif s'élève à . . . . 59,350 »

Et l'actif n'est que de . . . . 45,350 »

Par conséquent, le passif excède l'actif de . . . . 14,000 »

CHAPITRE IV. — Profits.

Les opérations commerciales dudit sieur Laventureux avaient eu des résultats avantageux jusqu'à l'époque de l'événement dont il va être parlé qui est la cause de la cessation de ses affaires. Il avait, en effet, tiré des colonies des marchandises pour une somme de cinquante mille francs sur lesquelles il avait réalisé un bénéfice net de cinquante pour cent, constaté par ses livres.

CHAPITRE V. — Pertes.

A la suite de l'opération avantageuse dont il vient d'être parlé, M. Laventureux voulut la recommencer en y mettant le double des capitaux qu'il avait fait entrer dans la première spéculation. Il acheta donc pour cent mille francs de marchandises qui ont été chargées au port de..., sur le navire l'*Espérance*, mais ce navire, par une tempête des plus violentes, ayant échoué sur les côtes de France dans la nuit du vingt-deux au vingt-trois octobre dernier et sa cargaison ayant été entièrement perdue, cet événement a mis ledit sieur Laventureux dans l'impossibilité de continuer son commerce.

CHAPITRE VI. — Dépenses.

Pour les dépenses de sa maison le sieur Laventureux a mis la plus grande économie. Elles se sont élevées, depuis environ six ans qu'il est dans le commerce, à quarante-sept mille six cents francs, ainsi que l'établit son livre spécial.

Certifié sincère et véritable, à... le quinze mars mil huit cent quarante-trois (*Signature*).

V. *Enregistrement*, notes 99, 18 et 19.

BILLET A ORDRE [97].

Billet à ordre.

1 Par-devant Me Cyprien [1] Loreau (*id.*) et son confrère (*id.*), Notaires [2] à la Cavée [1], département de..., soussignés [15]. — V. sup, *la note a au bas de la p.* 5.

2 Est comparu le sieur Jean [3] Castille (*id.*), cultivateur (*id.*), demeurant (*id.*) à...

3 Lequel s'est, par ces présentes, obligé [107] de payer [84] à M. Benjamin [5] Chavance (*id.*), marchand de chevaux (*id.*), demeurant (*id.*) à..., ou à son ordre, le premier juillet prochain [77] et au domicile à... du sieur Cantin, aubergiste, la somme de *six cents francs* valeur en paiement du prix d'un cheval qu'il a acheté cejourd'hui dudit sieur Chavance.

4 Dont acte, fait et passé à la Cavée [12] en l'étude (*id.*), l'an mil huit cent quarante-trois [15] le seize mars (*id.*), et le sieur Castille a déclaré ne savoir signer [18] de ce interpellé par les Notaires qui ont signé [18] seuls, après lecture [16]. — V. sup. *la note m au bas de la p.* 7.

a (*a*) V. *pour la forme des actes* les notes 55, 56, 57 et 58.

Répertoire, note 17. — *Enregistrement*, notes 98, 18 et 19.

Et les formules d'*Aval*, d'*Endos* et de *Lettre de change*.

BILLET AU PORTEUR [97].

Billet au porteur.

1 Par-devant Me Lazare [1] Leriche (*id.*) et son confrère (*id.*), Notaires [2] à Saint-Moré [1] département de..., soussignés [15]. — V. sup. *la note a au bas de la p.* 5.

(a) Les billets à ordre et au porteur, comme tous les autres effets négociables, sont sujets au timbre proportionnel. — V. *note* 61.

₂ Est comparu le sieur Célestin [5] MORLÉ (*id*), marchand forain (*id.*) demeurant à... (*id.*).

₃ Lequel s'est, par ces présentes, obligé [107] de payer au porteur du présent, le [77] premier octobre prochain, la somme [55] de cinq cents francs [91], valeur reçue comptant [97] en espèces à sa satisfaction.

₄ Dont acte, fait et passé à Saint-Moré [12] en l'étude (*id.*), l'an mil huit cent quarante-trois [15] seize mars (*id.*), et le sieur Morlé a déclaré ne savoir signer [15] de ce interpellé par les Notaires qui ont signé seuls, après lecture [16]. — V. sup. *la note* m *au bas de la p.* 7.

₅ V. pour *la forme des actes* les notes 55, 56, 57 et 38.

₆ *Répertoire* note 17. — *Enregistrement* notes 98, 18 et 19.

₇ La formule qui précède et les formules d'*Aval*, d'*Endos* et de *Lettre de change*.

Bordereau de collo-
cation.

BORDEREAU DE COLLOCATION.

V. *inf.* Contribution de deniers; ordre.

Bordereau d'inscrip-
tion hypothécaire
pour sûreté d'un
privilége, au pro-
fit :

BORDEREAU (a) D'INSCRIPTION HYPOTHÉCAIRE [85].

I. POUR SURETÉ D'UN PRIVILÉGE [29] :

Au profit 1° du vendeur d'un immeuble (C. civ. 2103-1°);

2° de celui qui a fourni les deniers pour l'acquisition d'un immeuble (C. civ. 2103-2°);

3° du co-héritier ou co-partageant sur les immeubles de la succession ou sur le bien licité (C. civ. 2103-3°, 2709);

4° des architectes, entrepreneurs, etc., employés à édifier, reconstruire ou réparer des bâtiments, canaux ou autres ouvrages (C. civ. 2103-4°, 2110);

5° de celui qui a prêté les deniers pour payer les ouvriers (C. civ. 2103-5°);

6° des créanciers et légataires qui demandent la séparation du patrimoine du défunt (C. civ. 2111);

7° d'un cessionnaire de privilége (C. civ. 2112).

II. POUR SURETÉ D'UNE HYPOTHÈQUE LÉGALE [30].

Au profit 1° d'une femme mariée sur les biens de son mari (C. civ. 2121);

2° d'un subrogé à l'hypothèque légale de la femme;

5° d'un mineur ou interdit sur les biens de son tuteur (C. civ. 2121);

(*a*) Il s'agit ici d'un acte conservatoire fort important et qui doit fixer toute l'attention de celui qui le compose, car l'inobservation d'une seule des formalités prescrites par les art. 2146 et suiv. du C. civ. entraîne la nullité de l'inscription. Sans doute, toute personne peut rédiger le bordereau d'une inscription, mais il faut le faire bien, car l'omission d'une des formalités prescrites par la loi rend responsable celui qui l'a commise de la nullité qui en résulte. Tous les Notaires doivent le savoir et c'est pour cela qu'ils doivent apporter la plus grande surveillance à la confection des bordereaux qui sont faits en leur étude, car il a été jugé que lorsqu'un Notaire a été chargé, moyennant salaire, de rédiger des bordereaux d'inscriptions, il peut être déclaré responsable de la nullité causée par une irrégularité, même quand il a remis les bordereaux à son client, lequel a requis lui-même l'inscription (Cass. 9 août 1856). — La circonstance que les bordereaux ont été rédigés par un clerc ne déchargerait pas le Notaire de la responsabilité, car il a été aussi jugé que les Notaires sont responsables des faits de leurs clercs, quand ceux-ci ont agi comme leurs préposés (Cass. 2 déc. 1824). — V. note 5, n. 124 et note 59.

4° de l'état,
5° d'une commune,
6° d'un établissement public, } sur les biens des receveurs et administrateurs comptables (C. civ. 2121).

III. POUR SURETÉ D'UNE HYPOTHÈQUE JUDICIAIRE [30].

En vertu 1° d'un jugement [75] de reconnaissance d'écriture (C. civ. 2123 ; — L. 3 sept. 1807).

2° d'un jugement [75] ou arrêt (*id.*) de condamnation (C. civ. 2123) ;

3° d'une décision arbitrale [183] (C. civ. 2123) ;

4° d'un jugement [75] rendu en pays étranger (C. civ. 2123).

IV. POUR SURETÉ D'UNE HYPOTHÈQUE [30] CONVENTIONNELLE (C. civ. 2117).

En vertu 1° d'un bail [105] ;

2° d'un cautionnement [32] ;

3° d'un crédit [175] ;

4° d'une obligation [107] ;

5° d'une rente perpétuelle ou viagère [76].

V. POUR SURETÉ DU PASSIF D'UNE FAILLITE [135] (C. comm. 490).

VI. EN RENOUVELLEMENT [83] D'UNE PRÉCÉDENTE INSCRIPTION (C. civ. 2154).

1° BORDEREAU D'INSCRIPTION HYPOTHÉCAIRE [83] POUR SURETÉ DU PRIVILÉGE [29] DU VENDEUR D'UN IMMEUBLE.

1° Du vendeur d'un immeuble.

---

1 Créance privilégiée à inscrire au bureau de la conservation [111] des hypothèques d'Auxerre ;

2 Au profit de M. Jules LEQUIN, *négociant*, et de la dame Azaïs LENOIR, son épouse, *demeurant ensemble à la Baume d'Irancy.*

3 Pour lesquels *domicile est élu en leur demeure susdite.*

4 Contre le sieur Zacharie LEPAUTRE, *cultivateur*, et Anne POUSSIN, sa femme, *demeurant ensemble à Irancy*, débiteurs solidaires [106].

5 Pour sureté 1° de la somme de *trois mille francs* qui sera exigible le [77] premier juillet mil huit cent quarante-quatre, avec intérêts [49], ci . . . . 3,000 »

6 2° De deux années et celle courante d'intérêts de ladite somme principale, auxquels la loi accorde rang d'hypothèque et portés ici pour . . . . mémoire.

7 3° Et de tous frais et mise d'exécution faits et à faire, tirés aussi pour . . . . mémoire.

Total. . . . . 3,000 »
et mémoire.

8 Résultant d'un *contrat de vente* passé en minute [39] et présence de témoins [14] devant Me Mainsure, Notaire [2] à Irancy, le *quinze janvier mil huit cent quarante-trois* [13] dûment enregistré [18 et 42].

9 Par privilège [29] sur une *maison située à la Baume d'Irancy, rue Duval n° 14* (a).

10 V. Droit d'inscription. — Note 111.

(a) Tous les mots qui sont écrits en lettres *italiques* dans la présente formule et dans celles qui vont suivre sont exigés par les art. 2148 et suiv. du C. civ. En général, ils constituent des formalités *substantielles*, dont l'inobservation est une cause de nullité de l'inscription ; mais il y a quelques exceptions ainsi que nous le verrons à la note 83.

2° BORDEREAU D'INSCRIPTION HYPOTHÉCAIRE [50] POUR SURETÉ DU PRIVILÈGE [2
DE CELUI QUI A PRÊTÉ LES DENIERS POUR L'ACQUISITION D'UN IMMEUBLE.

₁ Créance privilégiée à inscrire au bureau de la conservation [111] des hypothèques d'Avallon.
₂ Au profit de M. *Gustave Leriche*, *négociant, demeurant à Lucy-le-Bois.*
₃ Pour lequel *domicile est élu en l'étude de M° Bardet, Notaire à Avallon.*
₄ Contre le sieur *Mathurin Lelou, tanneur, demeurant à Joux-le-Bourg.*
₅ En vertu 1° d'un *contrat* passé devant M° Bardet et son collègue, Notaires à Avallon, *le dix sept juin
mil huit cent quarante-trois*, dûment enregistré, contenant *vente* par François Lalumette, propriéta
demeurant à Joux, audit sieur Lelou, de la maison ci-après désignée, moyennant dix mille francs.
₆ 2° D'une *obligation* de la somme de cinq mille francs consentie par ledit sieur Lelou au profit
M. Leriche, suivant acte passé devant le même Notaire *le dix-sept mars mil huit cent quarante-tr*
avec promesse d'employer cette somme à solder le prix de l'acquisition précitée.
₇ 3° Et d'un *acte* passé devant le même Notaire ledit jour *dix-sept mars mil huit cent quarante-tr*
contenant *quittance* de tout le prix de ladite acquisition avec déclaration que dans ce paiement
entrée la somme de cinq mille francs prêtée par M. Leriche.
₈ Pour sûreté 1° *de la somme de cinq mille francs*, qui sera *exigible le dix-sept mars mil huit cent q*
ranle-neuf, avec intérêts [49] à cinq pour cent par an sans retenue jusqu'à son remboursem
ci. 5,000
₉ 2° De deux années et celle courante d'intérêts de ladite somme dont la loi conserve
le rang d'hypothèque, et de tous frais et mise d'exécution faits et à faire. . . . . mémoir

Total. 5,000
et mémoi
₁₀ Par privilége [29] sur *la maison située à Joux-le-Bourg* rue de la Vrillette n° 9, vendue par le si
Leriche au sieur Lelou suivant le contrat précité.
₁₁ V. droit d'inscription note 111.

3° BORDEREAU D'INSCRIPTION HYPOTHÉCAIRE [83] POUR SURETÉ DU PRIVILÈGE [2
DU CO-HÉRITIER OU CO-PARTAGEANT SUR LES IMMEUBLES DE LA SUCCESSION.

₁ Créance privilégiée à inscrire (a) au bureau de la conservation [111] des hypothèques d'Auxerre.
₂ Au profit du sieur *Stanislas Michault, tourneur en bois, demeurant à Saint-Liboire.*
₃ Pour lequel *domicile* est élu en sa demeure audit lieu.
₄ Contre 1° Jean-Louis *Michault*, bottier, demeurant à Paris, rue..., n°...
₅ 2° *Michel Michault*, marchand épicier, demeurant aussi à Paris, rue..., n°...
₆ 5° Et *Adèle Michault*, femme de César Nolin, commissionnaire, *demeurant aussi à Paris; rue..., l*
₇ Tous trois comme héritiers chacun pour un quart conjointement avec ledit Stanislas Michault, ti
tier pour l'autre quart, de Philippe Michault et Séraphine Ousquin, sa femme, leurs père et mère.

(a) Cette inscription doit avoir lieu dans les 60 jours qui suivent l'acte de partage ou licitation, pour conserver le pri
lége (C. civ. 2109), sinon elle dégénère en simple hypothèque et n'a de rang que du jour de sa date (C. civ. 2113).

En vertu d'un *acte* passé devant M⁰..., notaire à..., le..., dûment enregistré, *contenant partage* es biens dépendant des successions de Philippe Michault et sa femme, sus-nommés.

(a) Pour sûreté 1° *de la somme de trois mille francs*, montant de la soulte [140] faite par Jean-Louis ichault, Michel Michault et Adèle Michault femme Nolin, sus-nommés, au profit dudit Stanislas ichault, leur frère, suivant l'acte de partage sus-énoncé, ladite somme *exigible* le..., avec intérêts 9] à cinq pour cent par an payables annuellement, ci . . . . 3,000 »

2° De deux années et celle courante d'intérêts de ladite somme, conservés par la i, et de tous frais et mise d'exécution faits et à faire. . . . . mémoire.

Total. . . . . 3,000 · » et mémoire.

Par privilége [29] sur *les biens ci-après désignés* qui sont grevés de ladite soulte, 1° etc.
V. droit d'inscription note 111.

3° *bis*, BORDEREAU D'INSCRIPTION HYPOTHÉCAIRE [83] POUR SURETÉ DU PRIVILÉGE [29] DU CO-LICITANT SUR LE BIEN LICITÉ.

3° bis. Du co-licitant sur le bien licité.

Créance privilégiée à inscrire au bureau de la conservation [111] des hypothèques d'Auxerre.

Au profit du sieur *Nicolas Zimmer, imprimeur lithographe, demeurant à Arbaut*.

Pour lequel *domicile est élu en sa demeure audit lieu* (C. civ. 2138-1°).

Contre *Félix Zimmer*, son frère, propriétaire, demeurant aussi à *Arbaut*.

En vertu d'un *acte contenant vente par licitation* [207] *passé devant* M⁰..., notaire à..., le..., dûment nregistré.

Pour sureté 1° de la somme de quatre mille francs due audit Nicolas Zimmer pour sa moitié dans e prix des biens ci-après désignés vendus par licitation audit sieur Félix Zimmer suivant le contrat de ente précité, ladite somme *exigible le... mil huit cent quarante-huit*, avec intérêts [49] à cinq pour cent

---

(a) Quand le partage a été fait sans soulte, il peut néanmoins y avoir lieu de prendre inscription soit pour la garantie ventuelle que se doivent les co-partageants à raison des évictions qui peuvent survenir après le partage, soit à raison des ettes de la succession payées par les uns en l'acquit des autres. — V. note 29.

Dans le premier cas on substitue ce qui suit aux alin. 9, 10, 11 *de la formule :*

Pour sûreté des sommes nécessaires afin d'obtenir la garantie que les co-partageants se doivent aux termes de l'article 103 n° 3 du Code civil, lesquelles sommes sont éventuelles et indéterminées, ci. . . . *éventuelles et indéterminées.*

Par privilége sur les biens ci-après désignés composant les lots échus auxdits Jean-Louis Michault, Michel Michault et Adèle Michault femme Nolin par le partage précité 1° ....

Dans le second cas on substitue ce qui suit aux alin. 8, 9, 10, 11 *de la formule :*

Et en vertu d'une quittance reçue par acte passé devant M⁰ ..., notaire à..., le... enregistré.

Pour sûreté de la somme de deux mille quatre cents francs qu'il a payée en l'acquit des sus-nommés, ses frères et sœur, u sieur..., demeurant à..., créancier de la succession ; de laquelle somme étant actuellement exigible il est dû garantie au equérant aux termes de l'art. 2103 n° 3 du Code civil, ci. . . . . 2,400 »

De deux cent quarante francs pour deux années d'intérêts de ladite somme échues le... dernier, ladite omme actuellement exigible, ci. . . . . 240 »

De deux années et celle courante d'intérêts de ladite somme conservées par la loi, et de tous frais et mise d'exécution faits et à faire . . . . mémoire.

Total. . . : . . . . 2,640 » et mémoire.

Par privilége sur les biens ci-après désignés qui sont échus aux frères et sœur du requérant par l'acte de partage précité ⁰... etc.

par an sans retenue à partir du jour de la licitation, ci. 4,000

7 2° De deux années et celle courante d'intérêts de ladite somme dont la loi conserve le rang, et de tous frais et mise d'exécution faits et à faire; le tout porté ici pour. . . mémoi

8   Total. 4,000

                      et mémoi

9 Par privilége [29] *sur la totalité des biens ci-après désignés*, qui ont été licités par le contrat préc 1°... etc.

10   V. droit d'inscription   note 111.

4° BORDEREAU D'INSCRIPTION HYPOTHÉCAIRE [85] POUR SURETÉ DU PRIVILÈGE [29
DE L'ARCHITECTE POUR LE PAIEMENT DE SES TRAVAUX.

4° Des architectes et autres, employés à édifier, reconstruire ou réparer.

I. (V. C. civ. 2103-4°; 2110-1°).

1 Inscription est requise au profit de M. *Léandre Sommercet*, architecte, demeurant à...

2 Pour lequel *domicile est élu en la demeure de*... à...

3 Contre M. *Narcisse Poivret*, marchand épicier, demeurant à...

4 D'un *procès-verbal dressé le sept février mil huit cent quarante-deux* par M. Louis Paulart, anc entrepreneur de bâtiments, demeurant à..., expert [195] commis à cet effet par jugement [75] du bunal civil de première instance séant à..., en date du..., dûment enregistré, constatant l'état (a) *terrain situé à..., rue..., n°..., limité par...*, appartenant audit sieur Poivret et indiquant les constr tions que ledit sieur Sommercet doit y faire.

5 Afin d'établir en faveur dudit sieur Sommercet, conformément à la loi, un privilége sur (b) le terr ci-dessus indiqué, pour la valeur des constructions qu'il aura faites dessus. — *(f)*.

6   V. droit d'inscription   note 111.

II. — (V. C. civ. 2103-4° et 2110-2°).

1 INSCRIPTION est requise *au profit de M. Léandre Sommercet*, architecte, demeurant à...

2 Pour lequel *domicile est élu à..., en la demeure de...*

3 Contre M. *Narcisse Poivret, marchand épicier*, demeurant à...

4 D'un *procès-verbal dressé le premier octobre mil huit cent quarante deux* par M. Louis Paulart, anc entrepreneur de bâtiments, demeurant à..., expert [195] commis à cet effet par jugement [75] du t bunal civil de première instance séant à..., en date du..., dûment enregistré, portant réception c ouvrages et travaux faits par le sieur Sommercet (c) *sur un terrain situé à..., rue..., n°...,* apparten audit sieur Poivret, (d) duquel terrain l'état a été constaté par un procès-verbal inscrit au bureau d hypothèques de..., le..., vol..., n°...

5 Pour la sûreté et conservation, conformément à la loi, du privilége acquis à M. Sommercet à date de l'inscription précitée du procès-verbal d'état de lieux, jusqu'à concurrence de la somme *vingt mille francs* à laquelle lesdits travaux et ouvrages ont été évalués par le procès-verbal de réceptio

---

(a) *Ou bien :* d'une maison située à..., rue..., n°..., contiguë à..., appartenant audit sieur Poivret et indiquant les répa rations que ledit sieur Sommercet doit y faire.

(b) La maison ci-dessus indiquée pour la valeur des travaux qu'il y aura faits.

(c) *Ou bien :* dans une maison située à.., rue. ., n°..., contiguë à..., appartenant audit sieur Poivret.

(d) *Ou bien :* de laquelle maison l'état a été constaté, etc.

(f) Il suffit de changer les qualités, à cette formule, pour qu'on puisse l'appliquer à un *entrepreneur*, un *maçon* c *autre ouvrier.*

en date du premier octobre mil huit cent quarante-deux ; ladite somme *exigible par quart d'année en année* à compter du jour de ladite réception avec intérêts [49] à cinq pour cent par an , payables par semestres, ci. . . . . 20,000 »

6 Sur (e) le *terrain ci-dessus désigné et les constructions* qui ont été établies dessus, le tout *situé à...,
rue... n°... — (f)*.

7 V. droit d'inscription   note 111.

5° De celui qui a prêté les deniers pour payer les ouvriers.

5° BORDEREAU D'INSCRIPTION HYPOTHÉCAIRE [83] POUR SURETÉ DU PRIVILÉGE [29]
DE CELUI QUI A PRÊTÉ LES DENIERS POUR PAYER LES OUVRIERS.

---

1 Créance privilégiée à inscrire au bureau de conservation [111] des hypothèques de...

2 Au profit de M. Léon Borgnot , *rentier, demeurant à...*

3 Pour lequel *domicile est élu à..., en la demeure de...*

4 Contre M. Narcisse Poivret , *marchand épicier, demeurant à...*

5 Pour sûreté 1°. de la somme de *vingt mille francs*, qui sera *exigible par quart d'année en année à compter du premier octobre mil huit cent quarante-deux*, avec intérêts [49] à cinq pour cent par an sans retenue payables par semestres, ci. . . . . 20,000 »

6 2° De deux années et celle courante d'intérêts de ladite somme dont la loi conserve le rang, et de tous frais et mise d'exécution faits et à faire ; portés ici pour. . . . . .   mémoire.

Total. . . . .   20,000 »
et mémoire.

7

8 Résultant 1° d'une *obligation* de ladite somme de vingt mille francs consentie par ledit sieur Poivret au profit de M. Borgnot, par *acte passé devant M°..., Notaire à..., le...,* enregistré, avec promesse d'emploi au paiement des ouvriers employés à la construction dont il va être parlé.

9 2° D'un *acte passé devant le même Notaire le...,* enregistré, contenant *quittance* avec subrogation [114] à leurs droits par les sieurs..., de la somme de vingt mille francs à eux due par ledit sieur Poivret pour la valeur des constructions par eux entreprises et faites sur un terrain situé à..., rue..., n°..., ainsi qu'il résulte d'un procès-verbal constatant l'état des lieux , en date du sept février mil huit cent quarante-deux , et d'un autre procès-verbal constatant la réception et valeur des travaux en date du premier octobre suivant, dressés par le sieur Louis Paulart, ancien entrepreneur de bâtiments , demeurant à..., expert [195] commis à cet effet par deux jugements [75] du tribunal civil de première instance séant à..., en date des..., dûment enregistrés, le premier desquels procès-verbaux a été inscrit au bureau des hypothèques de..., le..., vol... n°...

10 3° Et des *deux procès-verbaux ci-dessus datés et énoncés*.

11 Sur le *terrain dont est ci-dessus parlé situé à..., rue..., n°...,* et sur *toutes les constructions qui ont été établies dessus,* lesquelles consistent *en...*

12 V. droit d'inscription   note 111.

6° Des créanciers et légataires qui demandent la séparation du patrimoine du défunt.

6° BORDEREAU D'INSCRIPTION HYPOTHÉCAIRE [83] POUR SURETÉ DU PRIVILÉGE [29]
DES CRÉANCIERS [25] ET LÉGATAIRES [24] QUI DEMANDENT LA SÉPARATION DU
PATRIMOINE [29] DU DÉFUNT.

Inscription est requise,

(e) *Ou bien :* la maison dont est ci-dessus parlé et ses nouvelles dépendances , située à..., rue n°...
(f) Il suffit de changer les qualités à cette formule pour qu'on puisse l'appliquer à un entrepreneur, un maçon ou autre

1 Au profit 1° de M. *Patrice* JANSON, *propriétaire*, *demeurant à...*, comme créancier de la succession dont il va être parlé suivant une *obligation passée devant M°... Notaire à..., le...*, dûment enregistrée (*ou : suivant une reconnaissance sous signature privée en date à..., du...*, enregistrée au bureau de..., le..

2 Pour lequel *domicile est élu à..., en la demeure de...* (a);

3 2° et de M. *Germain* MORVAUX, *négociant, demeurant à...*, comme légataire du défunt ci-après nommé aux termes de son testament par acte public passé devant M°... Notaire à..., le..., dûment enregistré.

4 Pour lequel *domicile est élu à..., en la demeure de...*

5 Contre *la succession du sieur Chrétien* MASSONNET, en son vivant *propriétaire à. .*, où il est décédé le... (b).

6 Pour avoir paiement, avec privilége, par priorité et préférence aux créanciers personnels des héritiers dudit défunt sieur Massonnet, vis-à-vis desquels lesdits sieurs Janson et Morvaux se réservent de demander (*ou bien* : ont demandé) la séparation du patrimoine du défunt d'avec celui de sesdits héritiers [78].

7 1° De la *somme de deux mille francs*, principal de *l'obligation sus-énoncée* (ou bien : *de la reconnaissance sus-datée*), consentie au profit dudit sieur Janson ; ladite somme *actuellement exigible* et produisant des intérêts [49] au taux de cinq pour cent par an sans retenue, ci. . . . . 2,000 »

8 2° De trois cents francs actuellement exigibles pour trois années d'intérêts échus de ladite somme principale, ci. 300 »

9 3° Et de deux années et celle courante d'intérêts à échoir de ladite somme, dont la loi conserve le rang . . . . » mémoire.

10   Total pour M. Janson. . . . . 2,300 »
et mémoire.

11 4° De la *somme de trois mille francs* léguée audit sieur Morvaux par ledit défunt suivant son testament ci-dessus daté et énoncé, ci. 3,000

12 5° Et des intérêts [49] de cette somme principale, depuis le jour de la demande en délivrance du legs, pour lesquels la loi conserve le rang. . . mémoire.
       3,000 »

13   Total pour M. Morvaux. 3,000
et mémoire.   5,300 »

14 Sur *tous les biens dépendant de la succession dudit feu sieur Massonnet*, situés dans l'étendue du bureau des hypothèques de..., et notamment sur *un corps de ferme, situé sur le finage de...*, avec toutes ses dépendances.

15 V. droit d'inscription,   note 111.

7° D'un cessionnaire de privilége.

7° BORDEREAU D'INSCRIPTION HYPOTHÉCAIRE [83] AU PROFIT D'UN CESSIONNAIRE [96] DE PRIVILÉGE [29].

---

1 Créance privilégiée à inscrire au bureau de conservation [111] des hypothèques de...

2 Au profit de M. *Nestor* LÉONCE, *docteur en médecine, demeurant à...*

3 Comme étant aux droits de M. Zacharie Ervaux, ancien négociant, demeurant à..., aux termes de l'acte de cession ci-après daté.

(a) Cette formule doit être décomposée de manière qu'il faille un bordereau pour le créancier et un bordereau pour le légataire, chacun pour ce qui le regarde. On ne peut comprendre plusieurs créanciers dans un même bordereau que quand leurs créances résultent d'un seul et même titre. Or, ici, cette circonstance n'existe pas (C. R. de Dijon, 5 mai 1840. — *Contrà*, Déc. min. fin. 6 déc. 1822).

(b) Pour conserver le privilége, l'inscription doit être prise dans les six mois à compter de l'ouverture de la succession (C. civ. 2111).

₄ Pour lequel *domicile est élu à*... *en la demeure de*...

₅ Contre le sieur *Sulpice* VERTENET, *propriétaire*, *demeurant à*... et la dame *Gertrude* COUCHENOIR, sa femme, *demeurant ensemble à la fontaine du Vaux-Prot*, débiteurs [26] solidaires [106].

₆ En vertu : 1º *d'un contrat passé devant* M°..., *notaire à*..., *le*..., dûment enregistré, *contenant vente* par le sieur Ervaux au sieur Vertenet et à sa femme, des biens ci-après désignés, moyennant quatre mille francs ;

₇ 2º Et d'un acte passé devant M°..., notaire à..., le.... aussi enregistré, *contenant transport par les* époux Vertenet à M. Léonce du prix de ladite vente.

₈ Pour sûreté : 1º de la somme de *quatre mille francs*, prix principal de la vente sus-mentionnée, *exigible le*... [77] avec intérêts [49] jusqu'à son remboursement, ci   4,000

₉ 2º De deux cents francs, *actuellement exigibles*, pour une année d'intérêts de ladite somme principale, échue le..., ci   200

₁₀ 2º De cinq années d'intérêts dudit principal conservées par la loi, et de tous frais et mise d'exécution faits et à faire. *Mémoire.*

Total des sommes émargées   4,200

₁₁ Par privilége sur 1º... (*Désigner ici tous les biens*).

₁₂ V. *Droit d'inscription*,   note 111.

1º BORDEREAU D'INSCRIPTION HYPOTHÉCAIRE [83] POUR SURETÉ DE L'HYPOTHÈQUE LÉGALE [30] D'UNE FEMME MARIÉE.

II. Bordereau d'inscription hypothécaire pour sûreté d'une hypothèque légale, au profit : 1º D'une femme mariée, sur les biens de son mari.

₁ Inscription est requise au bureau de conservation [111] des hypothèques de...

₂ Au profit de la dame *Aurélie* BERGER, épouse du sieur Victor Poubel, *négociant, demeurant à*..., avec lequel elle est mariée sous le régime de la communauté conventionnelle (*ou* : *légale*) (a)

₃ Pour laquelle *domicile est élu à*... *en la demeure de*...

₄ Contre le dit sieur *Victor* POUBEL, son mari.

₅ (b) En vertu du *contrat de mariage* [166] desdits sieur et dame Poubel, *reçu par* M°... *notaire à*... *le*... dûment enregistré, et établissant une communauté de biens avec stipulation de propres (c).

₆ Pour sûreté : 1º de la somme de *douze mille francs*, montant de la dot [200] constituée à la dame Poubel par ses père et mère aux termes de son contrat de mariage, ci   12,000

₇ 2º De la somme de *trois mille francs*, valeur des objets que la dite dame s'est constitués personnellement en dot par le sus-dit contrat, ci   3,000

A reporter.   15,000

(a) Ou bien : d'avec lequel elle est séparée de biens contractuellement (*ou* : judiciairement).

(b) Quand il n'y a point de contrat de mariage, on met ici : *en vertu de la loi.*

Quand la femme est séparée de biens contractuellement, on met : *en vertu* 1º *du contrat de mariage, etc* ; 2º *des actes en vertu desquels la dame Poubel s'est obligée pour son mari et qui sont*... (relater ici ces actes).

Quand la femme est séparée de biens judiciairement, on met : *en vertu* 1º *du contrat de mariage, etc.*; 2º *d'un jugement rendu par le Tribunal civil de première instance séant à*..., *le*..., dûment enregistré et signifié; 3º *et d'un acte passé devant* M°..., *notaire à*..., *le*.... aussi enregistré, contenant liquidation des droits, créances et reprises de la dame Poubel contre son mari.

(c) Le droit de prendre inscription pour sûreté de l'hypothèque légale de la femme n'est pas limité au régime de la communauté. Sous tous les régimes, les femmes ont un droit d'hypothèque légale sur les biens de leurs maris. — V. *au surplus*, la *note* 30, n. 31 *bis.*

Report 15,000

s 3° Des sommes, créances et objets mobiliers qu'elle pourra recueillir par succession [88], legs [24] ou donation [81], et dont le montant est indéterminé. Ci . . . . indéterm…

9 4° Du remploi [114] de ses biens immeubles [87] propres [166], aliénés [198] pendant le mariage et dont le prix s'élève à cinq mille francs. Ci. 5,000

10 5° Du remploi de tous autres immeubles à elle propres qui pourront être aliénés pendant le mariage. Ci . . . . indéterm…

11 6° Des indemnités [200] qu'elle pourra avoir à réclamer pour quelque cause que ce soit, notamment pour obligations [107] par elle souscrites solidairement [106] avec son mari. Ci. . . . . indétermin…

12 7° Du préciput [166] auquel elle aura droit en cas de survie, jusqu'à concurrence d'une somme de *deux mille francs* en effets mobiliers ou deniers comptants à son choix. Ci. . . 2,000

13 8° De la somme de *vingt mille francs*, capital nécessaire pour assurer le service d'une rente [76] annuelle et viagère de mille francs, constituée pour le cas de survie au profit et sur la tête de la dame Poubel par son mari, aux termes de leur contrat de mariage ; ladite rente stipulée payable de trois en trois mois à compter du jour du décès dudit sieur Poubel, premier mourant. Ci. 20,000

14 9° Des arrérages [49] de ladite rente, pour lesquels la loi conserve le rang. Ci . . . mémoir…

15 Total des créances ci-dessus émargées non compris les créances indéterminées. 42,000

16 Sur tous les biens immeubles présents et à venir dudit sieur Poubel, situés dans l'étendue du bure… des hypothèques de…

17 V. droit d'inscription , note 111.

2° D'un subrogé à l'hypothèque légale de la femme.

2° BORDEREAU D'INSCRIPTION HYPOTHÉCAIRE [83] AU PROFIT D'UN SUBROGÉ [11 A L'HYPOTHÈQUE LEGALE [30] DE LA FEMME.

1 Inscription est requise au bureau de conservation [111] des hypothèques de…

2 Au profit de M. *Grégoire* Nazille , *négociant*, demeurant à…

3 Comme subrogé à l'hypothèque légale de la dame Céleste Beaujour, épouse de M. Pierre Camoi… marchand épicier , demeurant à…, suivant un acte de garantie par elle souscrit au profit dudit sieur … zille, devant Me…, Notaire à…, le…

4 Pour lequel *domicile est élu à…, en la demeure de…*

5 Contre ledit sieur *Pierre* Camoin, *marchand épicier, demeurant à…*

6 En vertu de la loi, du contrat de mariage desdits sieur et dame Camoin, passé devant Me…, Nota… à…, le…, et de l'acte de garantie précité.

7 Pour sûreté de la somme de *six mille francs*, principal de l'obligation que ledit sieur Camoin a c… sentie au profit du sieur Nazille, *par acte passé devant M*…, Notaire à…, le…, dûment enregistré , … garantie de laquelle obligation la dame Camoin a affecté son hypothèque légale; ladite somme *exig…* le…, avec intérêts jusqu'au remboursement, ci. 6,000

8 Des intérêts [30, n° 42] de ladite somme conservés par la loi, et de tous frais et mise d'exécution . . . . mémoire

9 Total. . . . . 6,000 et m…

10 Sur tous les biens immeubles présents et à venir dudit sieur Camoin , situés dans l'étendue du … reau de conservation des hypothèques de…

11 Ou bien ; *lorsque la subrogation est limitée* : sur les biens immeubles ci-après désignés appartenant audit sieur Camoin ; 1°... , 2°... , etc.

12 (*d*) V. droit d'inscription ,   note 111. — Et *sup.* p. 63, *alin.* 18 et 19.

3° BORDEREAU D'INSCRIPTION HYPOTHÉCAIRE [83] POUR SURETÉ DE L'HYPOTHÈQUE LÉGALE [30] D'UN MINEUR [65] OU INTERDIT (*id.*) SUR LES BIENS DE SON TUTEUR.

5° D'un mineur ou interdit sur les biens de son tuteur.

---

1 Inscription est requise au bureau de conservation [111] des hypothèques de..., à la diligence de Michel Lamblin , propriétaire demeurant à...

2 Au profit de *Joachim* COULBOIS (*e*) enfant mineur de défunts Laurent Coulbois et Germaine Lamblin , demeurant de fait et de droit chez le sieur Coulbois, ci-après nommé, son tuteur datif.

3 Pour lequel *domicile est élu à..., en la demeure de...*

4 Contre *Simphorien* COULBOIS, *cultivateur, demeurant à...* (*f*), comme tuteur datif du mineur Coulbois, sus-nommé, son neveu, élu à cette fonction suivant délibération du conseil de famille dudit mineur tenu devant le juge de paix du canton de..., le...

5 Pour sûreté de la gestion et administration que ledit sieur Simphorien Coulbois a des biens dudit Joachim Coulbois, comme aussi pour sûreté du paiement des sommes et créances dont il se trouvera débiteur envers ce dernier, par suite de sa gestion. — Le tout étant actuellement indéterminé, ci. . indéterminé.

6 Sur tous les biens immeubles présents et à venir dudit sieur Simphorien Coulbois , situés dans l'arrondissement du bureau des hypothèques de...

7 (Ou bien ; *lorsque l'hypothèque a été limitée à certains biens par un avis de parents* (C. civ. 2141) : sur 1°..., 2°..., etc.

  V. droit d'inscription,   note 111.

4°, 5°, 6° BORDEREAU D'INSCRIPTION HYPOTHÉCAIRE [83] POUR SURETÉ DE L'HYPO-THÈQUE LÉGALE [30] DE L'ÉTAT , D'UNE COMMUNE , D'UN ÉTABLISSEMENT PUBLIC SUR LES BIENS DES RECEVEURS ET ADMINISTRATEURS COMPTABLES.

4°, 5°, 6° De l'État , d'une commune , d'un établissement public , sur les biens des receveurs et administrateurs comptables.

---

1 Inscription est requise au bureau de conservation [111] des hypothèques de...

(*d*) Le subrogé ne prend inscription dans les termes de la présente formule que quand la subrogation est consentie par acte séparé de l'obligation, car quand elle est consentie par l'acte même d'obligation, c'est le cas de se référer à la formule d'inscription d'hypothèque conventionnelle donnée ci-après page 186, alin. 11, où l'on voit qu'il n'est besoin que d'une inscription pour l'hypothèque et la subrogation.

Nous ferons en outre remarquer que quand, dans une obligation portant hypothèque, il y a , par suite de délégation en garantie et de promesse d'emploi des deniers prêtés, des subrogations à opérer en marge d'inscriptions antérieures , il est fort à propos (et cela ne constitue point en dépense), de renouveler ces inscriptions en prenant inscription en vertu de l'obligation. Il suffit pour cela de relater les titres donnant naissance aux premières hypothèques et ceux qui mettent le nouvel ayant-droit au lieu et place du premier créancier , de mentionner les sommes et leur exigibilité et de désigner les biens. Cela fait, le créancier a pendant dix ans des sûretés bien conservées, tandis que sans cette précaution, il est exposé à voir les premières inscriptions se périmer dans l'intervalle des dix ans. Faire en sorte que le créancier ait à s'occuper rarement de ses sûretés, doit nécessairement procurer de bons résultats pour les parties et les Notaires.

Nous ferons aussi remarquer que le renouvellement ne doit pas dispenser de faire opérer la subrogation en marge des inscriptions , afin que le créancier primitif ne puisse plus en donner main-levée , ce qui annihilerait le renouvellement.

(*e*) *Ou* : ancien trésorier, actuellement en état d'interdiction, ayant son domicile de fait à..., et de droit à...

(*f*) *Ou bien* : comme tuteur à l'interdiction dudit Joachim Coulbois, nommé à cette fonction, etc.

» Au profit de l'*Etat*, poursuite et diligence de M..., directeur de l'enregistrement et des domain
demeurant à...;

₃ (*ou :*) Au profit du *Trésor Royal*, poursuite et diligence de M..., agent judiciaire du Trésor ;

₄ (*ou bien :*) Au profit *de la commune de*..., département de..., poursuite et diligence de MM..., mair
la dite commune , y demeurant.

₅ (*ou bien encore :*) Au profit *de l'hospice civil* (ou : *militaire*) de...; poursuite et diligence de MM...,
ministrateurs dudit hospice.

₆ *Domicile élu à... en la demeure de...*

₇ Contre M...'(*nom, prénoms, fonction et demeure du comptable*).

₈ Pour sûreté des sommes dont ledit sieur..., en sa qualité de comptable , pourra se trouver redeva
envers l'Etat (*ou :* le Trésor royal , — *ou :* la commune , — *ou :* l'hospice) ; lesquelles sommes sont in
terminées , ci. . . . . indéterminées.

₉ Sur tous les biens immeubles présents et à venir dudit sieur... , situés dans l'étendue du bureau
hypothèques de...

₁₀   V. droit d'inscription ,   note 111.

III. Bordereau d'ins-
cription hypothé-
caire pour sûreté
d'une hypothèque
judiciaire, en ver-
tu :
1° D'un jugement
de reconnaissance
d'écriture.

**1° BORDEREAU D'INSCRIPTION HYPOTHÉCAIRE [85] EN VERTU D'UN JUGEMENT [7ⁱ
DE RECONNAISSANCE [177] D'ÉCRITURE (30, n. 221 et suiv.)**

₁ Hypothèque judiciaire à inscrire au bureau de conservation [111] des hypothèques de...

₂ Au profit de M. *Nicolas* LERICHE, *ancien négociant, demeurant à* ..

₃ Pour lequel *domicile est élu à...*, *en la demeure de...*

₄ Contre le sieur *Germain* MEURICE, *cultivateur, demeurant à*...

₅ En vertu d'un jugement contradictoire (*ou :* par défaut) rendu par le Tribunal civil de première instan
séant à..., le..., dûment enregistré , et tenant pour reconnue la signature du sieur Meurice apposée
bas d'une reconnaissance sous seing-privé en date à..., du..., par lui souscrite au profit dudit sieur L
riche, et dûment enregistrée.

₆ Pour sureté 1° de la somme de *deux mille francs* principal de ladite reconnaissance, *actuellement ca
gible* [30 n. 222]. Ci. . . . . 2,000 »

₇ 2° De deux années et celle courante d'intérêts [40] de ladite somme, conservées par
la loi , et de tous frais et mise d'exécution faits et à faire. . . . . mémoir

₈   Total. . . . . 2,000 »
                et mémoir

₉ Sur tous les biens immeubles présents et à venir dudit sieur Meurice, situés dans l'étendue du bure
des hypothèques de...

₁₀   V. Droit d'inscription   note 111.

2° D'un jugement ou
arrêt de condam-
nation.

**2° BORDEREAU D'INSCRIPTION HYPOTHÉCAIRE [85] EN VERTU D'UN JUGEMENT [75ⁱ
OU ARRÊT (*id.*) DE CONDAMNATION.**

₁ Hypothèque judiciaire à inscrire au bureau de conservation [111] des hypothèques de...

₂ Au profit de M. *Eustache* QUATREMÈRE, *propriétaire, demeurant à*...

₃ Pour lequel *domicile est élu à...*, *en la demeure de...*

₄ Contre le sieur *Mathieu* LENOBLE, *marchand épicier, demeurant à* .

En vertu d'un *jugement contradictoire* (ou : *par défaut)* rendu par le *Tribunal civil* (ou : *de commerce)* de..., le... dûment enregistré. — *(Ou bien :* d'un *arrêt contradictoire)* (ou : *par défaut)* rendu par la Cour royale de..., le... dûment enregistré.

Pour sûreté 1° de là somme de *trois mille francs* montant en principal des condamnations prononcées au profit du sieur Quatremère contre ledit sieur Lenoble par le jugement (ou : arrêt sus-énoncé), ladite somme *actuellement exigible* (ou bien : *exigible le...*) Ci. . . . . 3,000 »

2° De deux années et celle courante d'intérêts de ladite somme, conservées par la loi.   mémoire.

3° De la somme de *deux cents francs* montant des frais liquidés par le jugement (ou : par l'arrêt) précité. Ci. . . . . 200 »

4° Du coût du jugement (ou : de l'arrêt), de sa signification et des frais et mise d'exécution . . . . mémoire.

Total, non compris les sommes tirées pour mémoire. . . . . 3,200 »

Sur tous les biens immeubles présents et à venir dudit sieur Lenoble, situés dans l'étendue du bureau des hypothèques de...

V. Droit d'inscription   note 111.

3° BORDEREAU D'INSCRIPTION HYPOTHÉCAIRE [83] EN VERTU D'UNE DÉCISION ARBITRALE [183].

3° D'une décision arbitrale.

Hypothèque judiciaire à inscrire au bureau de conservation [111] des hypothèques de...

Au profit de M. *Nicié* CATHELIN, *entrepreneur de bâtiments, demeurant à...*

Pour lequel *domicile est élu à... en la demeure de...*

Contre le sieur *Stanislas* BONNET, *marchand de bois de charpente, demeurant à...*

En vertu d'une *décision arbitrale* rendue par les sieurs *Emile* BLANC et *Jacques* MILLON, *architectes demeurant à...,* comme *juges souverains et sans appel, le... rendue exécutoire par ordonnnance de M. le Président du Tribunal civil de... en date du...,* et déposée au greffe dudit Tribunal civil par acte du..., le tout dûment enregistré.

Pour sûreté 1° de la somme de *cinq mille cinq cents francs,* montant des condamnations prononcées par le jugement arbitral, précité, laquelle somme est *actuellement exigible* (ou : sera *exigible le...)* Ci . . . . 5,500 »

2° De la somme de *cent trente francs,* montant des frais liquidés par ledit jugement arbitral, et *actuellement exigible.* Ci. . . . . 130 »

3° Des frais non liquidés, et de tous frais et mise d'exécution. . . . . mémoire.

Total des sommes déterminées. . . . . 5,630 »

Sur tous les biens immeubles présents et à venir dudit sieur Bonnet, situés dans l'étendue du bureau des hypothèques de...

V. Droit d'inscription   note 111.

4° BORDEREAU D'INSCRIPTION HYPOTHÉCAIRE [83] EN VERTU D'UN JUGEMENT RENDU EN PAYS ETRANGER [75].

4° D'un jugement rendu en pays étranger.

Hypothèque judiciaire à inscrire au bureau de conservation [111] des hypothèques de Paris.

Au profit de M. *James* DONINGTON, *banquier demeurant à Londres, rue de..., n°...*

Pour lequel *domicile est élu à Paris en la demeure de M.* ROSILE, *banquier, rue de la Lune, n°...*

« Contre M. *Chrétien* LALURE, *négociant, demeurant à Paris rue de la Michodière*, n°...

« En vertu d'un *jugement rendu par la juridiction commerciale de Londres le..., et déclaré exécutoire p* *le Tribunal de commerce de Paris suivant jugement du... enregistré.*

« Pour sûreté 1° de la somme de *dix huit mille francs*, montant en principal des condamnations p noncées au profit dudit sieur Donington, et *actuellement exigible.* Ci . . . . . . 18,000 »

« 2° De *quatre cents francs* aussi *actuellement exigibles* pour les frais liquidés par lesdits jugements. Ci . . . . 400 »

« 5° De *deux années* et celle courante d'intérêts de ladite somme, et de tous frais et mise d'exécution. . . . . mémoir

« Total des sommes émargées. . . . . . 18,400 »

« Sur tous les biens immeubles présents et à venir dudit sieur Lalure, situés dans l'étendue du bur des hypothèques de la Seine.

« V. Droit d'inscription note 111.

<table>
<tr><td>IV. Bordereau d'inscription pour sûreté d'une hypothèque conventionnelle, en vertu :
1° D'un bail.</td><td>

1° BORDEREAU D'INSCRIPTION HYPOTHÉCAIRE [83] EN VERTU D'UN BAIL [105].
— V. *sup.* la formule du bail de bois p. 158.

</td></tr>
</table>

Hypothèque conventionnelle à inscrire au bureau de conservation [111] des hypothèques de..

Au profit de M. *Silvestre* DE CAMBUZAT, *lieutenant-général en retraite, grand-croix de l'ordre de Légion-d'Honneur, demeurant à...*

Pour lequel *domicile est élu à... en la demeure de...*

Contre M. *Jacob* BOY, *maître de forges, demeurant à..*.

En vertu d'un *acte contenant bail à ferme passé devant* Me BRICAGE *et son confrère, Notaires* Grands-Moulins, *département de..., le trois janvier mil huit cent quarante trois*, dûment enregistré.

Pour sûreté 1° de la somme de *quatre-vingt-quinze mille deux cent cinquante fr.* qui réunie à celle de d mille sept cent cinquante fr. payée d'avance pour le dernier terme, forme quatre-vingt-dix-huit mille somme égale aux dix-huit années de fermage dudit bail à raison de onze mille francs par an; ledit f mage *exigible* en quatre paiements égaux de chacun deux mille sept cent cinquante francs aux qua termes ordinaires de l'année, dont le premier est échu le *premier avril mil huit cent quarante-trois*, le cond écherra le *premier juillet de la même année*, le troisième le *premier octobre suivant*, le quatrième le p mier *janvier mil huit cent quarante-quatre*, et pour ainsi continuer d'année à autre et de terme terme jusqu'au parfait paiement desdites dix-huit années de fermage. Ci . . . . . 95,250 »

2° De tous dommages-intérêts en cas d'inexécution du bail, lesquels ne peuvent être ici déterminés. Ci . . . . indétermin

5° Et de tous frais et mise d'exécution faits et à faire. . . . . mémoir

Total des sommes émargées. . . . . 95,250 »

Sur le domaine de Berthereau, situé sur la commune de..., canton de..., avec toutes ses dépendanc sans aucune exception ni réserve [30 n. 341 *bis*.].

V. Droit d'inscription note 111.

<table>
<tr><td>2° D'un cautionnement.</td><td>

2° BORDEREAU D'INSCRIPTION HYPOTHÉCAIRE [85] EN VERTU D'UN CAUTIONNEME [32]. — V. *sup.* la formule de BAIL A FERME, p. 148.

</td></tr>
</table>

Hypothèque conventionnelle à inscrire au bureau de conservation [111] des hypothèques de...

₂ Au profit de Mad. *Caroline* POTENKIN, *épouse de M. Louis-Sylvain* DE REBOURSEAU, *sous-intendant militaire en retraite avec elle demeurant à…* Ladite dame séparée de biens contractuellement d'avec son mari aux termes de leur contrat de mariage passé devant Mᵉ Lerac et son collègue, Notaires à la Baraque, département de…, le… enregistré.

₃ Pour laquelle *domicile est élu à…, en la demeure de…*

₄ Contre le sieur *Jérôme* JOLLIBOIS, *cultivateur, demeurant à …* comme caution du sieur Germain Bonnard, laboureur et fermier, et de Gertrude Jollibois, sa femme, demeurant à…

₅ En vertu *du cautionnement contenu au bail* que ladite dame de Rebourseau a fait auxdits époux Bonnard de son domaine des Sablons pour neuf années, le tout *suivant acte passé devant Mᵉ Lerac sus-nommé et son collègue, Notaires à la Baraque, le six janvier mil huit cent quarante-trois,* dûment enregistré.

₆ Pour sûreté 1° de la somme de *cinquante-quatre mille francs*, montant des neuf années de fermage en argent dudit bail à raison de six mille francs par an; ledit fermage *exigible en deux termes égaux aux fêtes de Noël et de Pâques de chaque année, premier terme devant échoir le jour de Noël mil huit cent quarante quatre, et le second le jour de Pâques suivant.* Ci . . . . 54,000 »

₇ 2° De celle de *dix-huit cents francs* à laquelle ont été évaluées les redevances particulières et les charges extraordinaires dudit bail à raison de *deux cents francs* par an; lesdites redevances et charges *exigibles* annuellement à la volonté de Mad. de Rebourseau. Ci . . . 1,800 »

₈ 3° De tous dommages-intérêts en cas d'inexécution du bail, lesquels ne peuvent être déterminés quant à présent. Ci . . . . indéterminés.

₉ 4° Et de tous frais et mise d'exécution faits et à faire. Ci . . . . mémoire.

₁₀   Total des sommes sus-émargées . . . . . 55,800 »

₁₁ Sur les biens immeubles ci-après désignés, appartenant audit Jérôme Jollibois 1°… 2°… tous lesdits biens situés dans l'étendue du bureau des hypothèques de…

₁₂   V. droit d'inscription,   note 111.

3° BORDEREAU D'INSCRIPTION HYPOTHECAIRE [83] EN VERTU D'UN CRÉDIT [173].

^{margin:} 3° D'un crédit.

₁ Hypothèque conventionnelle à inscrire au bureau de conservation [111] des hypothèques de…

₂ Au profit de M. *Isaac* DREMILLY, *banquier, demeurant à…*

₃ Pour lequel *domicile est élu à…, en la demeure de…*

₄ Contre M. *Paul* ESCURAL, *négociant demeurant à…*

₅ En vertu d'un *acte d'ouverture de crédit passé devant Mᵉ… et son collègue, Notaires à…, le…,* dûment enregistré.

₆ Pour sûreté 1° de *quinze mille francs*, montant du crédit ouvert par le sieur Dremilly en faveur dudit sieur Escural, pour en user par celui-ci, en tout ou en partie, comme bon lui semblera, dans l'espace de deux ans à partir du…; ladite somme totale, ou seulement la portion dont ledit sieur Escural se trouvera débiteur, *exigible le…* et productive d'intérêts [49] à raison de six pour cent par an à compter du jour où les fonds seront sortis de la caisse du sieur Dremilly pour le compte du sieur Escural jusqu'au jour où ils rentreront. Ci . . . . 15,000 »

₇ 2° De deux années et celle courante d'intérêts de ladite somme de quinze mille francs conservés par la loi, et de tous frais et mise d'exécution. . . . . mémoire.

₈   Total. . . . . 15,000 »

₉ Sur 1°…, 2°…, etc.; lesdits biens appartenant au débiteur sus-nommé et situés dans l'étendue du bureau des hypothèques de…

₁₀   V. Droit d'inscription,   note 111.

4° D'une obligation. 4° **BORDEREAU D'INSCRIPTION HYPOTHÉCAIRE** [85] EN VERTU D'UNE OBLIGATION [107]

1 Hypothèque conventionnelle à inscrire au bureau de conservation [111] des hypothèques de...

2 Au profit de M. *César* DE BONNECHOSE, *ancien sous-préfet de...*, *demeurant à...*

3 Pour lequel *domicile est élu à... en la demeure de...*

4 Contre le sieur *Mathieu* CHARREAU, *cultivateur et Marie-Jeanne* LAROTIE, sa femme, *demeurant ensemble à...*, *débiteurs* [26] *solidaires* [106].

5 Pour sureté 1° de la somme de *deux mille quatre cents francs*, principal de l'obligation ci-après énoncée *exigible le...* avec intérêts [49] et même avant ladite époque à défaut de paiement d'une année d'intérêts dans le mois de leur échéance. Ci . . . . 2,400 ,

6 2° De deux années et celle courante d'intérêts de ladite somme dont la loi conserve le rang d'hypothèque ; et de tous frais et mise d'exécution faits et à faire. . . . . mémoire.

7   Total. . . . . . . 2,400 ,

8 Résultant d'un *acte contenant obligation passé devant* M°..., *Notaire à... le...* dûment enregistré.

9 Sur tous les biens immeubles consistant en bâtiments, terres labourables et vignes que les débiteurs possèdent sur la commune de... et notamment 1°... 2°..., 3° la moitié indivise et, en cas de licitation au profit dudit sieur Charreau, la totalité, d'une maison située à..., rue..., n°... appartenant à ce dernier et à Laurence *Charreau*, *sa sœur*, *chacun pour moitié.*

10 Et, attendu l'insuffisance des biens hypothéqués, *sur tous les biens immeubles que lesdits débiteurs* acquerront par la suite, dans l'étendue dudit bureau d'hypothèques.

11 Avec mention sur les registres de la conservation 1° de la cession [30] que la femme Charreau, pour plus de sureté du principal et des accessoires de ladite obligation, a faite à M. de Bonnechose de tous ses droits, créances, reprises et avantages matrimoniaux ; 2° et de la subrogation [30] par elle consentie au profit de ce dernier dans l'effet de son hypothèque légale, contre son mari, pour par le cessionnaire en exercer l'effet par préférence à elle-même et à tous autres jusqu'à due concurrence (*lorsque la subrogation est limitée aux biens hypothéqués, on ajoute :*) mais seulement à l'égard de ceux des biens sus-désignés qui appartiennent au sieur Charreau ou sont des conquêts de leur communauté. — V. *sup.* p. 63 note *a.*

12   V. Droit d'inscription,   note 111.

5° D'une rente perpétuelle ou viagère. 5° **BORDEREAU D'INSCRIPTION HYPOTHÉCAIRE** [85] POUR SURETÉ D'UNE RENTE

PERPÉTUELLE OU VIAGÈRE [76.]

1 Hypothèque conventionnelle à inscrire au bureau des hypothèques de...

2 Au profit de M. *César* GOURLIN, *ancien instituteur primaire*, *demeurant à...*

3 Pour lequel *domicile est élu à...*, *en la demeure de...* pour la régularité de l'inscription, et en sa demeure audit lieu de... pour la correspondance.

4 Contre les successions de *Jean-Baptiste* MACCAUD, *vigneron et Hyacinthe* LETURLÉ, sa femme, en leur vivant demeurant à... débiteurs solidaires ; et contre leurs enfants et héritiers qui sont 1° *Célestin* MACCAUD, *tourneur en bois*, *demeurant à...*, 2° et *Jeanne* MACCAUD, *femme de Cyprien* SEIGNÉ, *jardinier*, *demeurant à...*

5 Pour sureté 1° de la somme de *quinze cents francs*, capital non *exigible si ce n'est dans les cas prévus*

par la loi (*a*) d'une rente constituée [76], annuelle et perpétuelle, franche de retenue [49] de *soixante-quinze*
francs, payable annuellement le trente novembre. Ci   1,500   »

6   2° De *cent-cinquante francs* pour deux années d'arrérages de ladite rente, échues le
trente novembre mil huit cent quarante-deux et actuellement exigibles, ci.   150   »

7   3° De deux années et celle courante d'arrérages de ladite rente dont la loi conserve le
rang, et de tous frais et mise d'exécution . . . .   mémoire.

8   Total des sommes sus-émargées. . .   1,650   »

9   Résultant d'un *contrat de constitution* passé en minute et présence de témoins devant M°..., Notaire
à..., *le quinze mars mil huit cent quatorze*, et d'un *titre-nouvel passé* devant M°..., Notaire à... *le quatorze*
avril mil huit cent quarante-trois; dûment enregistrés.

10   Sur 1°..., 2°..., etc.; lesdits biens situés dans l'étendue dudit bureau d'hypothèques de...

11   V. Droit d'inscription,   note 111.

BORDEREAU D'INSCRIPTION HYPOTHÉCAIRE [83] POUR SURETÉ DU PASSIF D'UNE FAILLITE [135].

V. Bordereau d'ins-
cription hypothé-
caire pour ureté
du passif d'une
faillite.

1   Hypothèque à inscrire au bureau de conservation [111] des hypothèques de...

2   Au profit de la *masse des créanciers du sieur Adolphe* PANNETRAT, *marchand de vins en gros*, étant en état
de faillite; poursuite et diligence 1° de M. *Achille* MONTMORT, *négociant demeurant à...*, 2° de *M. Benoit*
NONCLAIR, *distillateur demeurant à...*, tous deux syndics provisoires de la faillite dudit sieur Pannetrat,
nommés à cette fonction, suivant jugement rendu par le Tribunal de commerce de..., le... enregistré.

3   Contre ledit sieur *Adolphe* PANNETRAT, *demeurant à...* (ou bien : *ayant demeuré à... son dernier do-*
micile connu).

4   Pour sureté du paiement des créances, tant en principaux qu'intérêts, frais et accessoires, dont
ledit sieur Pannetrat est et pourra être débiteur envers la masse de ses créanciers, et dont le montant peut
être évalué à la somme de cinquante mille francs. Ci..   50,000   »

5   *Ou bien* : et dont le montant ne peut être déterminé. Ci. . . . .   nidéterminé

6   Sur tous les biens immeubles appartenant audit sieur Pannetrat dans l'étendue dudit bureau d'hypothèques, et notamment 1°..., 2°..., etc.

7   V. Droit D'inscription,   note 111.

BORDEREAU D'INSCRIPTION HYPOTHÉCAIRE [83] EN RENOUVELLEMENT D'UNE PRECEDENTE INSCRIPTION.

VI. Bordereau
d'inscription hypo-
thécaire en
renouvellement
d'une précédente
inscription.

1   Hypothèque générale et spéciale à inscrire au bureau de conservation des hypothèques de...

2   Au profit 1° de M. *Daniel* LARAMÉE, *propriétaire demeurant à...*, 2° de *Catherine* LARAMÉE, *épouse du*
sieur Joseph FEUILLET, *marchand épicier, demeurant à...*, 2° et de *Célestine* LARAMÉE, *veuve de Justin* PAUL-
VÉ, *en son vivant menuisier à... où elle demeure*. — Tous trois comme seuls héritiers [78] de Benjamin Laramée et Clotilde Aubert, sa femme, leurs père et mère.

(a) *Quand il s'agit d'une rente viagère on supprime le reste de l'alin. et on ajoute ce qui suit :* mais nécessaire pour assurer le service d'une rente constituée, annuelle et viagère, franche de retenue, de soixante-quinze francs payable
annuellement le...

Pour lesquels *domicile est élu à... en la demeure de...*

Contre 1° *Jacques* PAULMIER, *cultivateur demeurant à...*, 2° *Pierre* PAULMIER, *manœuvre demeurant à...* comme seuls héritiers de René Paulmier et Marguerite Mercier, leurs père et mère.

Et contre *François* PATOUILLAT, *vigneron demeurant à...*, comme détenteur de divers biens hypoth qués à la rente dont il va être parlé.

Pour sûreté 1° de la somme de *deux mille francs*, capital *non exigible* si ce n'est dans les cas prév par la loi d'une rente foncière [76], annuelle et perpétuelle, franche de retenue [49], de cent franc payable le vingt-cinq novembre de chaque année. Ci. . . . .   2,000 »

2° De cent francs *actuellement exigibles* pour une année d'arrérages de ladite rente échue le vingt-cinq décembre mil huit cent quarante-deux. Ci. . . . .   100 »

3° Des arrérages de ladite rente conservés par la loi [29 n. 167], et de tous frais et mise d'exécution . . . .   mémoire

Total des sommes émargées . . . . .   2,100 »

Résultant 1° d'un *contrat de bail à rente passé devant M°..., Notaire à..., le quinze janvier mil se* cent quatre-vingt-un, dûment contrôlé; 2° de deux *titres-nouvels passés devant M°..., Notaire à..., les dou* décembre mil huit cent dix et vingt novembre mil huit cent quarante, dûment enregistrés; 3° et d'un *acte* déclaration d'hypothèque par le sieur Patouillat, *passé devant M°..., Notaire à..., le...* aussi enregistré.

1° Sur tous les biens immeubles dépendant des successions de René Paulmier et Marguerite Mercie père et mère.

2° Et spécialement et par privilège sur les biens ci-après désignés, dépendant desdites successions dont ledit sieur Patouillat est détenteur, 1°..., 2°..., lesquels biens forment le gage principal de la rente

En renouvellement de l'inscription prise audit bureau le quinze mai mil huit cent trente-trois, vol... n...

V. Droit d'inscription,   note 111.

Bornage.

BORNAGE [125].

V. sup. *Arpentage et bornage*, p. 86.

Brevet d'apprentissage.

BREVET D'APPRENTISSAGE [182].

V. sup. *Apprentissage*, p. 82.

BREVET D'INVENTION [182]

Brevet d'invention.

V. *Cession de brevet d'invention.*

CAHIER DE CHARGES [88] POUR LE BAIL [105] PAR ADJUDICATION DE BIENS APPARTENANT A UNE COMMUNE (a).

Cahier de charges pour le bail par adjudication de biens d'une commune.

(a) La loi du 10 juill. 1837, art. 10, charge les maires de souscrire les marchés, de passer les baux des biens et les adjudications des travaux communaux, dans les formes établies par les lois et réglements; de souscrire dans les mêmes formes les actes de vente, partage, acceptation de dons ou legs, acquisition, transaction, lorsque ces actes ont été autorisés conformément à ladite loi.

Elle prescrit dans son art. 16 que, lorsque le maire procède à une adjudication publique pour le compte de la commune, il soit assisté de deux membres du conseil municipal, désignés d'avance par le conseil, ou, à défaut, appelés dans l'ordre du tableau, et que le receveur municipal soit appelé à toutes les adjudications.

, CAHIER *des charges* [58], clauses (*id.*) et conditions [153] sous lesquelles il sera procédé, après l'accomplissement des formalités voulues par la loi (V. *inf. au bas de la p.* 192), au bail par adjudication devant Notaire [2] des biens [87] ci-après désignés, appartenant à la commune [188] de *Berthereau* (Yonne).

2 DÉSIGNATION [111] : 1° quatre-vingt-cinq hectares [91] cinquante ares de terre labourable, étant emblavés moitié en blé et l'autre moitié en orge ou avoine, situés [141] sur le finage de..., lieu dit (*id.*) Terre-Dieu, tenant (*id.*) d'un long du levant à..., (V. *sup.* p. 42, *alin.* 8).

3 2° Dix-huit hectares vingt cinq ares de terre labourable, actuellement en jachère, sis au même finage, lieu dit les Eaux-Bues, tenant, etc.,

4 3° Et douze hectares dix ares de terre labourable, étant aussi actuellement en jachère, sis au même finage, lieu dit les Bois-Choppards, tenant, etc.

---

5 » Les Préfets se sont livrés à l'interprétation de ces dispositions, et le Préfet de l'Yonne a transmis aux Maires de son département, le 12 octobre 1857, l'instruction suivante :

4 » Les actes dont il s'agit peuvent être divisés en cinq cathégories, savoir :

5 » 1° Les actes de vente, de partage ou d'acquisition de biens immobiliers, d'acceptation de dons ou legs, de transaction. — Ces actes doivent toujours être faits devant Notaire et le Maire n'a besoin d'y être assisté de deux conseillers et » du Receveur que quand il s'agit d'une vente aux enchères.

6 « 2° Les ventes ou acquisitions d'objets mobiliers. — Ces actes peuvent être faits par le Maire sans l'intervention d'un » Notaire.

7 » 3° Les baux à ferme et à loyer des biens communaux. — Ces actes doivent être passés devant Notaire, en vertu du » décret du 12 août 1807 : le Maire ne pourra être autorisé à y procéder, par exception, sans l'intervention du Notaire, » qu'autant que ce bail serait de peu d'importance et qu'il serait superflu d'exiger une hypothèque de la part du preneur.

8 » 4° Les baux à ferme de la perception des revenus communaux. — Ces baux qui concernent les droits de mesurage, » pesage, location de place aux halles, foires et marchés, etc., se font devant le Maire assisté de deux membres du » conseil et du Receveur de la commune, et l'intervention du Notaire est inutile, à moins que le preneur ne doive fournir » hypothèque, auquel cas il est nécessaire que l'adjudication soit faite devant Notaire pour la validité de l'hypothèque conventionnelle.

9 » 5° Les marchés et adjudications pour travaux communaux. — Les adjudications dont il s'agit se font devant le Maire, » assisté de deux conseillers et du Receveur : à l'égard des marchés à forfait ou en régie, le Maire est autorisé à les faire » seul sans concurrence ni publicité, quand le montant des travaux ne s'élève pas à plus de 300 fr., mais au dessus de cette » somme la forme de l'adjudication est de rigueur. »

10 Les interprétations préfectorales ont été données dans le double but d'accélérer les affaires et d'économiser un p. 0/0 à peu près aux adjudicataires pour les honoraires qu'il faudrait payer aux Notaires s'ils prêtaient leur ministère. Mais le moyen employé peut conduire à un résultat tout-à-fait opposé à celui ayant pour objet de procurer une économie. En effet, l'acte du Maire n'ayant que la valeur d'un sous seing-privé (Cass. 2 janv. 1817 et 27 novembre 1855 ; — Limoges, 14 janv. 1837), et ayant tous les inconvénients attachés à cette sorte d'acte sans être exécutoire (Circ. Min. Just. 19 déc. 1840), il est indispensable, à chaque inexécution, de recourir à justice pour obtenir un jugement toujours coûteux afin de pouvoir faire commandement au débiteur, le saisir, etc. ; des poursuites ainsi réitérées peuvent devenir ruineuses et l'exécution en devenir non-seulement difficile mais périlleuse, car toutes les fois qu'on procède en justice la moindre irrégularité peut occasionner une perte même à celui qui a le meilleur droit. — V. *sup.* p. 71, *note a*.

11 Et puisque l'acte du Maire a tous les inconvénients attachés aux actes sous seings-privés, il faut nécessairement admettre, puisqu'il contient des conventions synallagmatiques, qu'il n'est obligatoire qu'autant qu'il a été fait en double original et qu'il en contient mention (C. civ. 1525), d'où il suit, que si l'adjudicataire ne sait pas signer l'opération tombe d'elle-même, et que si l'adjudicataire, quoique ayant signé, oppose la nullité de l'acte pour inobservation des formalités prescrites par l'art. 1525 du C. civ., le succès du litige sera bien douteux pour la commune car elle ne pourra pas même invoquer la preuve testimoniale sous le prétexte que la signature de l'adjudicataire forme un commencement de preuve par écrit en sa faveur (C. civ. 1341, 1347 ; — Paris, 27 nov. 1811 ; — Amiens, 15 juill. 1826 ; — Bourges, 29 mars 1831 ; — Duranton, t. 4, n. 1285 et t. 13, n. 164 ; — Favard, v° *Acte s. s.-p.*, sect. 1, § 2 ; — Chardon, t. 1, n. 125 ; — Coulon, t. 1, p. 113. — *Contrà*, Turin, 6 mai 1806 ; — Bordeaux, 5 mars 1826 ; — Besançon, 12 juin 1828 ; — Merlin, *rép.* v° double écrit ; — Delvincourt, t. 2, p. 615 ; — Toullier, t 8, n. 322 et t. 9, n. 84 ; — Troplong, *vente*, t. 1, n. 53 ; — Solon, t. 1, n. 29. — La Cour de cassation, en décidant par son arrêt du 14 frim. an XIV, que la convention pouvait être prouvée par un ensemble de pièces communes aux deux parties n'a point tranché la question puisqu'elle n'a point statué sur la preuve testimoniale).

» Le bail aura lieu sous les charges, clauses et conditions suivantes que l'adjudicataire sera tenu d'ex cuter et accomplir, sans, pour ce, pouvoir prétendre à aucune indemnité ni diminution sur le prix du b

« Art. 1. Le bail [103] sera fait devant le Notaire [2] choisi par le Maire, en la forme d'adjudicat [139] publique, aux enchères (*id.*) et à l'extinction de deux feux sans enchère. Chaque enchère ne pou être moindre de dix francs. Les feux ne pourront être allumés et l'adjudication ne pourra avoir lieu q quand il aura été fait une mise à prix jugée suffisante par le Maire, lequel, au cas d'insuffisance, aura faculté de remettre l'adjudication à un autre jour qui sera annoncé par affiches [179].

» Art. 2. La durée du bail sera de neuf ou dix-huit années entières et consécutives qui commencer par les jachères de la présente année et finiront à l'époque des jachères de mil huit cent cinquante-de ou mil huit cent soixante et un, en s'avertissant réciproquement et par écrit six mois avant l'expira des neuf premières années. L'adjudicataire fera, en conséquence, neuf ou dix-huit récoltes.

» Art. 3. Il n'y aura aucune garantie des contenances [40] ci-dessus indiquées : soit qu'il y ait plus moins, l'adjudicataire jouira pendant le cours du bail de toute l'étendue existante ou qui doit exis d'après le plan de la commune, sans qu'il puisse y avoir lieu à aucune répétition entre l'adjudicataire e commune [188].

» Art. 4. L'adjudicataire cultivera les terres par soles et saisons convenables, en observant l'assolem indiqué dans la désignation, sans pouvoir les dessoler ni forculturer sous peine [58] de tous domma intérêts [159] et même de résiliation du bail.

» Art. 5. La portion de terre à emblaver chaque année en blé devra être, par l'adjudicataire, fumé raison de huit voitures à deux chevaux par hectare, et lorsqu'il s'agira de conduire ledit fumier sur terres, la commune fournira pour aider au chargement des voitures, un homme de journée sur le rapp duquel le Maire ou son Adjoint délivrera à l'adjudicataire un certificat constatant qu'il a satisfait à l'o gation qui lui est imposée.

» Art. 6. Par dérogation à ce qui est dit à l'art. 4 qui précède, l'adjudicataire pourra convertir un c quième des terres en prairie artificielle pour la nourriture de ses bestiaux, à la charge néanmoins remettre le tout à la fin de son bail en nature de terre labourable.

» Art. 7. Pendant le cours du bail, les terres seront purgées de ronces et épines et à la fin du bail el seront rendues en bon état de culture.

» Art. 8. L'adjudicataire demeure chargé de veiller à la conservation des fossés [41], haies (*id.*), borr et arbres qui environnent lesdites terres, à l'entretien des chemins qui les avoisinent, comme aussi donner avis au Maire de toutes entreprises et usurpations qui pourraient être faites sur icelles, dans huitaine, à peine d'être responsable [26] en son propre et privé nom des pertes qu'elles pourrai éprouver par l'effet desdites entreprises et usurpations. — (V. *sup.* p. 149 alin. 54).

» Art. 9. L'adjudicataire ne pourra, sous aucun prétexte, céder, ni sous-louer, ni échanger son dr au bail en tout ou en partie sans le consentement [26] exprès et par écrit du Maire après avoir pris l'a du conseil municipal.

» Il ne pourra non plus, sans pareil consentement, prendre à ferme d'autres biens que ceux ci-dess désignés, tant que le bail des biens de la commune aura cours.

» Art. 10. Pendant le cours du bail, l'adjudicataire jouira des terres sans aucune charge de contrib tion foncière [58]. Seulement les frais de la garde-champêtre, s'ils sont mis au compte des propriétaire seront supportés par l'adjudicataire sans diminution de prix.

» Art. 11. Un an avant l'expiration du bail, l'adjudicataire sera tenu de déposer au secrétariat de mairie un état exact de toutes les terres à lui affermées par consistance, situation, aspects solaires nouveaux tenants et aboutissants [141].

» Art. 12. Le prix de l'adjudication ou fermage sera payé [84] en numéraire et non autrement en seul terme [77] entre les mains du Receveur municipal le trente novembre (jour de Saint-André) chaque année, pour, le premier terme, être dû et échu le trente novembre mil huit cent quarante-quat et continuer ainsi d'année à autre jusqu'à la fin du bail.

» Art. 13. L'adjudicataire paiera, en outre, en sus de son prix, dans la huitaine de l'adjudication

au Notaire chargé de ladite adjudication , les frais [5] d'affiches et de publication , les droits de timbre et d'enregistrement, le coût d'une grosse [64] à remettre au Receveur municipal et d'une expédition (*id.*) pour la Préfecture, ainsi que les honoraires du Notaire suivant le tarif [5. n. 5].

10 Art. 14. A défaut de paiement du prix de son bail , l'adjudicataire pourra y être contraint par corps [31], conformément à l'art. 2062 du Code civil.

11 Art. 15. Faute par l'adjudicataire de satisfaire exactement aux charges [58] et conditions [153] du bail , il pourra y être contraint [194] par toutes les voies de droit notamment par la folle-enchère [160] dont le déficit de prix sera supporté par l'adjudicataire et l'excédant , s'il y en a , appartiendra à la commune à titre de dommages-intérêts [159] ; la commune pourra même faire prononcer contre l'adjudicataire la résiliation dudit bail [103] avec dommages-intérêts.

12 Art. 16. Pour mieux assurer l'exécution des charges, clauses et conditions du bail , l'adjudicataire sera tenu de donner, à l'instant même de l'adjudication , hypothèque [30] sur des biens libres de toute espèce de charges et de valeur suffisante pour répondre de trois années au moins de fermages.

13 De plus, si l'adjudicataire est marié, il devra faire obliger [107] sa femme [144] solidairement [106] avec lui, à l'exécution des charges , clauses et conditions du bail et au paiement des fermages.

14 Si l'adjudicataire ne peut donner d'hypothèque , il devra fournir , en remplacement , une bonne et solvable caution [32] et un certificateur de caution qui seront agréés par le Maire avec l'assentiment des deux conseillers municipaux et du Receveur municipal chargés de l'assister, lesquels caution et certificateur de caution s'obligeront solidairement [106] entr'eux et encore solidairement avec l'adjudicataire au paiement des fermages du bail.

15 Art. 17. Pour l'exécution des charges et conditions de l'adjudication , l'adjudicataire et ses cautions devront faire élection de domicile [11] dans un lieu quelconque du canton de Berthereau.

16 Fait et arrêté (*b*) par le conseil municipal de la commune de Berthereau par sa délibération du trois février mil huit cent quarante-trois.

17 CERTIFIÉ conforme. — Le Maire , (*Signature*).

18 Vu et approuvé par nous Préfet de l'Yonne, à Auxerre, le 20 février 1843. (*Signature du Préfet*).

19 V. *Enregistrement* , notes 18, n. 176.

PROCÈS-VERBAL D'ADJUDICATION ,
PAR ACTE A LA SUITE [45] OU SÉPARÉ DU CAHIER DES CHARGES.

20 L'an mil huit cent quarante-trois [13], le dimanche vingt-trois avril (*id.*) , à l'heure de midi.

21 Par-devant Mᵉ Maximilien [1] LAIRTUILIER (*id.*) et son collègue (*id.*) , Notaires [2] à Berthereau [1], département de l'Yonne, soussignés [15]. — V. sup. *la note a au bas de la p. 3.*

22 Est comparu M. Orange [3] OUDIN (*id.*), chevalier de Saint-Louis (*id.*) et Maire de la commune de Berthereau où il demeure.

23 Etant assisté 1° de MM. Théodore MÉGROT et Clément BAUME, membres du conseil municipal de Berthereau , y demeurant, tous deux délégués à cet effet par ledit conseil en conformité de l'art. 16 de la loi du dix-huit juillet mil huit cent trente-sept ; 2° et de M. Christophe BILLETOUT , percepteur des contributions directes, demeurant à Berthereau et receveur municipal de ladite commune.

24 Lequel a dit et exposé :

25 Que par une délibération du conseil municipal de la commune de Berthereau en date du trois février dernier, il a été autorisé à affermer [103] les terres de ladite commune pour neuf ou dix-huit années , le précédent bail étant expiré.

26 Que, par la même délibération, le conseil municipal a arrêté le cahier des charges [58], clauses (*id.*) et conditions [153] sous lesquelles il serait procédé à cette adjudication.

(*b*) Le conseil municipal *règle* les conditions des baux dont la durée n'excède pas 18 ans pour les biens ruraux, et neuf ans pour les autres biens (L. 18 juill. 1837, art. 17). — Et il *délibère* seulement sur les conditions quand la durée excède le temps qui vient d'être indiqué. *Ibid.* art. 19).

³⁷ Que ce cahier de charges a été approuvé par M. le Préfet de l'Yonne le vingt dudit mois de févrie

³⁸ Qu'il a donné à cette adjudication toute la publicité voulue par la loi tant par annonces [179] à s
de caisse faites à Berthereau et dans les communes circonvoisines de dimanche en dimanche depuis
dix-neuf mars dernier, que par affiches (c) apposées dans les mêmes communes de quinzaine en qu
zaine aux lieux accoutumés et par l'insertion faite d'un extrait desdites affiches [179] le trente ma
dernier dans le Journal de l'Yonne. — V. sup. p. 70, alin. 12.

³⁹ Et qu'il requérait les Notaires soussignés de faire lecture [16] aux personnes assemblées du cah
des charges qui précède (ou : du cahier des charges sus-énoncé, lequel est demeuré annexé [55] à c
présentes); et de procéder ensuite à la réception des enchères [139].

⁴⁰ Obtempérant à ce réquisitoire [51], Mᵉ Lairtuilier a, en présence de son confrère, fait lecture au
personnes présentes tant de ce qui précède que du cahier des charges et ensuite les biens à affermer o
été mis en adjudication ainsi qu'il suit :

⁴¹ Les trois pièces de terre désignées au cahier des charges ayant été mises en adjudication sur la mi
à prix [139] de mille francs outre les charges; sur cette somme les feux ayant été allumés il a été fa
dix enchères et la dernière faite par le sieur Pierre JOUDELAT, célibataire majeur, laboureur, deme
rant à Berthereau, a porté le fermage desdits biens à la somme de onze cents francs. — V. sup. p. 13
alin. 48 et suiv.

⁴² Deux autres feux ayant été successivement allumés et s'étant éteints sans nouvelle enchère [159]
les trois pièces de terre ci-dessus désignées ont été adjugées à bail pour le temps ci-dessus déterminé a
sieur Pierre [3] Joudelat (id.), sus-nommé, moyennant la somme [55] de onze cents francs [91] o
fermage annuel outre les charges [58] qu'il s'oblige d'exécuter et accomplir.

⁴³ AFFECTATION HYPOTHÉCAIRE [30]. — V. sup. la formule de bail de bois. p. 140, alin. 58 et suiv.

⁴⁴ (c) CAUTIONNEMENT [52]. Sur la demande que M. OUDIN, les deux conseillers municipaux et le R
ceveur municipal, ont faite à l'adjudicataire d'une caution et d'un certificateur de caution, faute par l
de donner des biens en hypothèque, sont intervenus 1° le sieur Nicolas [3] MOREAU (id.), cultivate
(id.), demeurant (id.) à Berthereau ; 2° et le sieur Jacques-André JOUDELAT, laboureur, demeurant a
même lieu.

⁴⁵ Lesquels, après avoir pris communication [21] et entendu la lecture [16] à eux donnée par Mᵉ Lai
tuilier, l'un des Notaires soussignés, du procès-verbal qui précède et du cahier de charges y mentionné
par lequel procès-verbal ledit sieur Pierre JOUDELAT s'est rendu adjudicataire des terres de la commun
de Berthereau moyennant onze cents francs de fermage annuel outre les charges, ont déclaré, savoir
ledit sieur MOREAU se rendre et constituer caution [32] dudit sieur Pierre Joudelat, et le sieur Jacque
André JOUDELAT, à titre de certificateur (id.) de caution, certifier la solvabilité dudit sieur Moreau.

⁴⁶ En conséquence, ils se sont obligés [107] l'un et l'autre solidairement [106] entr'eux et enco

---

(c) Aux termes de l'art. 5 de l'ordonn. roy. du 7-26 oct. 1818, l'adjudication doit être annoncée par affiches et publica
tions faites dans les formes prescrites tant par l'art. 13, tit. 2, de la loi du 28 oct.-5 nov. 1790, et par les dispositions de l
loi du 11 fév. 1791, que par le décret du 12 août 1807. — Aux termes de la loi de 1790, les baux seront annoncés un mo
d'avance par des publications de dimanche en dimanche, à la porte des églises paroissiales de la situation et de celles de
principales églises les plus voisines, à l'issue de la messe de paroisse, et par des affiches de quinzaine en quinzaine, aux lieu
accoutumés. — Aux termes du décret de 1807, les affiches seront apposées dans les formes et aux termes déjà indiqués pa
les lois et réglements; et en outre leur extrait sera inséré dans le Journal du lieu de la situation de l'établissement, ou, à
défaut, dans celui du département, selon qu'il est prescrit à l'art. 685 du C. de proc. civ.: il sera fait mention du tout dans
l'acte d'adjudication.

Mais il a été décidé que quoique les formalités d'affiches et d'enchères n'aient point eu lieu, les baux peuvent être ap
prouvés, attendu qu'aucune loi spéciale ne les proscrit à peine de nullité (Cons. d'Et. 21 oct. 1818,- Sir. 5, 1, Jurisp. du
Cons. d'Et.).

(c, Si le fermier ne pouvait point conférer hypothèque, comme il serait alors obligé de donner une caution, on ferait
dans ce cas, usage du présent alinéa.

solidairement avec ledit sieur Pierre Joudelat au paiement du prix de l'adjudication dont il s'agit, ainsi qu'à l'exécution de toutes les charges et conditions du bail imposées par le cahier des charges.

⁴⁷ Et attendu la solvabilité [158] notoire desdits sieurs Moreau et Jacques-André Joudelat, M. Oudin ainsi que les conseillers municipaux et le receveur municipal les ont acceptés pour caution et certificateur de caution.

⁴⁸ Pour l'exécution des présentes, les preneurs et cautions ont fait élection de domicile [11] en leurs demeures respectives ci-devant indiquées.

⁴⁹ Le présent bail ainsi que les obligations contractées par les caution et certificateur de caution n'auront leur effet qu'après l'homologation de M. le préfet de l'Yonne.

⁵⁰ De tout ce que dessus il a été dressé le présent procès-verbal en la maison commune [12] de Berthereau, les jour, heure, mois et an susdits ; et tous les comparants ont signé [15] avec les notaires, à l'exception de Jacques-André Joudelat qui a déclaré ne le savoir de ce interpellé, après lecture [16]. — V. sup. *la note* m *au bas de la p.* 7 *et les notes* a *et* b *au bas de la p.* 136.

⁵¹ (a) V. pour la forme des actes les notes 35, 36, 37 et 38.

⁵² Répertoire, note 17. — Enregistrement, notes 218 ; 18, n° 169 ; 19.

⁵³ Les formules de Baux. — Et, au besoin, la table alphabétique du Commentaire.

CAHIER DE CHARGES [58] POUR LA VENTE PAR ADJUDICATION DE BIENS APPARTENANT A UN HOSPICE [188] (b).

Cahier de charges pour la vente par adjudication de biens d'un hospice.

₁ Cahier des charges [58], clauses (*id.*) et conditions [153] sous lesquelles il sera procédé devant Notaire [2] en l'une des salles de *l'hospice de Reigny*, à la vente aux enchères [139] des biens ci-après désignés appartenant audit hospice. — V. *sup.* p. 192 c.

₂ A la requête des membres de la commission administrative de cet hospice.

₃ En exécution d'une ordonnance du roi en date du dix février mil huit cent quarante-trois portant textuellement : « L'hospice de Reigny (Yonne) est autorisée à vendre aux enchères publiques sur la mise à prix
» [139] de vingt-un mille deux cents francs montant de l'estimation qui en a été faite par experts 1° des ter-
» rains à lui appartenant contenant trente hectares [91] six ares vingt-cinq centiares 2° et une maison, pour
» subvenir jusqu'à concurrence de vingt mille francs au paiement des frais de construction d'un nouvel
» édifice devant servir à l'établissement dudit hospice. — Le surplus du produit de l'aliénation sera
» placé en rentes [197] sur l'Etat. — (c). »

₄ DÉSIGNATION [141] DES BIENS A VENDRE.

ARTICLE PREMIER. Une pièce [7] en nature de terre labourable, située [141] sur le finage (*id.*) de Reigny, lieu dit (*id.*) les Eaubues, de la contenance [40] de dix-huit hectares [91] vingt-cinq ares, tenant [141] d'un long du levant au chemin de Sacy à Saint-Cyr-les-Colons, d'autre long du couchant à

(a) La formule qui précède peut être consultée quand il s'agit de la *vente* de biens communaux, le mode de procéder étant le même que pour un *bail*. Du reste, en comparant cette formule avec celle qui va suivre et qui est relative à la vente des biens d'un établissement public, on sera à même de remarquer la différence existant entre les deux modes.

(b) On peut suivre cette formule quand il s'agit de la vente de biens appartenant à tout autre établissement d'utilité publique, même à la fabrique d'une église et autre administration préposée à l'entretien d'un culte dont les ministres sont salariés par l'Etat. Il n'y a qu'à substituer le nom de l'*établissement* au mot *hospice*.

(c) Une telle autorisation ne peut être accordée qu'après avoir pris l'avis 1° du conseil municipal de la commune où est situé l'établissement (L. 18 juill. 1837, art. 21, n. 5 ; 2° de la commission administrative de l'établissement ; 3° et du préfet du département (L. 15 mai 1818).

la réserve des bois communaux de Reigny, d'un bout du midi au chemin de Reigny au Vaux-Germain d'autre bout du nord à Jean-Baptiste Joudon.

⁶ Cette pièce a été estimée par les sieurs Ourlot et Voliseau, arpenteurs géomètres à Reigny exper [195] , à la somme [91] de douze mille francs [55].

⁷ Elle sera divisée en quatre lots [140] égaux de chacun trois mille francs [55] ainsi qu'il suit :

⁸ PREMIER LOT. Ce lot sera composé de quatre hectares soixante-quinze ares, à prendre au levant de l totalité de la pièce partagée en long, pour tenir le présent lot d'un long au chemin de Sacy à Saint-Cy les-Colons, d'autre long au second lot, d'un bout au chemin de Reigny au Vaux-Germain, d'autre à Jean Baptiste Joudon.

⁹ SECOND LOT. Ce lot sera composé de quatre hectares cinquante ares, faisant partie de la pièce entièr sus-désignée, partagée en long à prendre la seconde portion en partant du chemin de Sacy entre le pr mier lot et le troisième, tenant d'un bout au chemin de Reigny au Vaux-Germain, d'autre à Jean Baptiste Joudon.

¹⁰ TROISIÈME LOT. Ce lot sera composé de quatre hectares cinquante ares, faisant partie de la pièc entière sus-désignée, partagée en long, à prendre la troisième portion en partant du chemin de Sacy ent le deuxième lot et le quatrième, tenant d'un bout au chemin de Reigny au Vaux-Germain, d'autre à Jean Baptiste Joudon.

¹¹ QUATRIÈME LOT. Ce lot sera composé de quatre hectares cinquante ares, faisant partie de la pièc entière sus-désignée, partagée en long, à prendre au couchant de ladite pièce ou la quatrième portio en partant du chemin de Sacy, tenant d'un long à la réserve des bois communaux de Reigny, d'autr au troisième lot, d'un bout du midi au chemin de Reigny au Vaux-Germain, d'autre bout du nord à Jean Baptiste Joudon.

¹² ARTICLE DEUX. Une pièce de terre en nature de terre labourable, située sur le finage de Reigny, li dit les Bois-Choppards, de la contenance de douze hectares dix ares, tenant d'un long du midi à Mm veuve Quatrevaux, d'autre long du nord à Simon Coudret, d'un bout du levant à Joudelat, d'autre d couchant à Pierre Epingard.

¹³ Cette pièce a été estimée par lesdits experts à la somme de douze cents francs.

¹⁴ Elle sera divisée en deux lots de chacun six cents francs ainsi qu'il suit :

¹⁵ PREMIER LOT. Ce lot sera composé de six hectares dix ares, à prendre au couchant de la totalité de l pièce partagée en travers, pour tenir, le présent lot, d'un bout à Pierre Epingard, d'autre bout a second lot, d'un long à Mad. veuve Quatrevaux, d'autre long à Simon Coudret.

¹⁶ SECOND LOT. Ce lot sera composé de six hectares, à prendre au levant de la totalité de la pièce par tagée en travers, pour, le présent lot, tenir d'un bout du levant à Joudelat, d'autre au premier lot, d'u long à Mad. veuve Quatrevaux, d'autre à Simon Coudret.

¹⁷ ARTICLE TROIS. Une maison avec toutes ses dépendances [71] située à Reigny... (consulter la formul d'adjudication, p. 49, alin. 7 et 8).

¹⁸ Cette maison a été estimée par les experts à la somme de huit mille francs.

¹⁹ PROPRIÉTÉ [22]. L'hospice est propriétaire des biens à vendre comme... (établir ici la propriété e observant ce qui est dit au mot ÉTABLISSEMENT DE PROPRIÉTÉ.)

²⁰ L'adjudication desdits biens aura lieu sous les charges, clauses et conditions suivantes :

CONDITIONS [153] DE L'ADJUDICATION.

²² Art. 1. L'hospice de Reigny sera obligé de garantir [9] les biens à vendre de tous troubles, dettes [26], hypothèques et évictions.

²³ Art. 2. La contenance de chacun des lots sera garantie [40] mais seulement si la différence en plus ou en moins excède un vingtième de la valeur ; en conséquence, si après l'arpentage [125] que les acquéreurs seront libres de provoquer à leurs frais il est établi qu'il y a une différence excédant un vingtième, il y aura une augmentation ou diminution de prix en prenant pour base le prix de la vente de l'objet. — V. sup. p. 44, alin. 22 et p. 159, a.

** Art. 3. La maison sera vendue dans son état actuel [154], comme elle s'étend et comporte, sans aucune exception ni réserve. — V. *sup.* p. 50, alin. 16.

** Art. 4. L'adjudicataire de la maison pourra en faire et disposer [8] par la perception des loyers [105] en toute propriété et jouissance à compter du jour de l'adjudication, sauf à lui à maintenir ou résilier à ses risques et périls pour le temps qui en reste à courir le bail [105] qui a été fait de cette maison à.... pour trois, six ou neuf années qui ont commencé le... moyennant deux cent cinquante francs par an, suivant acte [177] passé devant M*..., Notaire à... le... dûment enregistré. — V. *sup.* p. 50, alin. 17.

** Art. 5. Les adjudicataires des pièces de terre pourront aussi en faire et disposer [8] comme de chose leur appartenant [22] en toute propriété et jouissance à compter du jour de l'adjudication. — V. *sup.* p. 44, alin. 23, 24, 25 et la note.

** Mais comme lesdites pièces sont affermées avec d'autres héritages au sieur .., moyennant onze cents francs par an pour tous les biens affermés suivant bail [177] passé devant M*..., Notaire à... le... dûment enregistré, duquel bail il reste six années à courir à compter du dix mai mil huit cent quarante-trois, il est stipulé que les adjudicataires entretiendront ledit bail mais seulement pour la période de trois années qui expirera le dix mai mil huit cent quarante-six et que pour pouvoir les mettre en jouissance par eux-mêmes à cette époque, il sera, à la diligence des membres de la commission administrative de l'hospice, donné congé [105] au fermier avant le dix novembre mil huit cent quarante-cinq pour tous les héritages compris en son bail, attendu qu'à l'égard dudit fermier le bail dont il s'agit n'est point susceptible de division.

** Et pour que les adjudicataires n'aient point à éprouver de préjudice en raison de ce que le bail existe encore pour trois ans, il est aussi stipulé [52] qu'ils recevront du fermier actuel des biens qui leur auront été vendus trois francs vingt-cinq centimes par cent francs du prix principal [136] de leurs acquisitions par chaque année à compter du jour de l'adjudication, afin de les couvrir tant de l'intérêt [40] de leur dit prix que des contributions [58] à leur charge pendant la susdite période de trois années.

** Art. 6. Les adjudicataires seront tenus d'acquitter les contributions [58] foncières et autres de toute nature des biens par eux acquis à partir du jour de l'adjudication, sans qu'il puisse y avoir lieu à réclamation de part ni d'autre pour le cas où les adjudicataires seraient trop ou trop peu indemnisés de l'intérêt de leur prix et desdites contributions par les trois francs vingt-cinq centimes à eux accordés à cet effet ainsi qu'il est dit à la fin de l'art. 5 qui précède.

** Art. 7. Les adjudicataires supporteront les servitudes [55] passives apparentes (a), continues ou dis-

---

(a) Ou non apparentes.

Observation. Lorsque la clause ne fait mention que des servitudes passives apparentes, il est presque superflu d'en faire usage parce que l'acquéreur a dû les remarquer ou pu se faire rendre compte de leur existence, et que d'ailleurs la loi n'accorde de recours que quand il s'agit de servitudes *non apparentes* (C. civ. 1638).

La clause n'est donc réellement nécessaire que pour les servitudes non apparentes. Toutefois quand on en fait usage, ce ne doit être qu'avec la plus grande circonspection et le mieux est de signaler en quoi consistent ces servitudes non apparentes, car il peut être très dangereux pour l'acquéreur de se soumettre aux conséquences d'une clause générale qu'on a tellement l'habitude d'insérer dans les actes qu'on peut la considérer comme étant de style. Supposons, en effet, qu'une maison soit située au fond d'une cour dont l'entrée est sur la rue et qu'il ne soit possible d'arriver à cette maison avec voiture que par cette entrée, si quelques années avant la vente le vendeur a grevé sa maison d'une servitude au profit d'un voisin et qu'il résulte de la stipulation que l'entrée de sa cour ne doive plus avoir qu'un mètre de large au lieu de trois, au bout de tant d'années, ou bien lorsque cette maison passera aux mains d'un autre, il est bien constant que l'acquéreur n'aurait pas acheté s'il avait connu cette servitude qui ne lui permet plus d'arriver avec voiture à sa maison, surtout quand elle doit servir à une exploitation ou à un commerce qui exige que les choses voiturées soient transportées dans la cour même. Eh bien! si la clause existe, l'acquéreur aura été trompé au point de ne pouvoir presque plus user de la maison, tandis que si elle n'existe pas, les parties se trouveront dans les termes du droit commun qui est juste et ne se prête à aucune surprise.

Par l'exemple que nous venons de rapporter, on voit que la clause telle qu'elle est exprimée en l'art. 7 est suffisante, et que si on l'étend aux servitudes non apparentes elle est dangereuse. C'est pourquoi il est plus convenable de supprimer la clause que de l'insérer, sauf à spécifier une à une, autant que faire se peut, les servitudes en faisant la désignation de l'immeuble.

continues dont les biens à vendre peuvent être grevés, ou ils s'en défendront et feront valoir celles active
à leur profit, le tout à leurs risques et périls et sans que cette stipulation [52] puisse faire titre à de
tiers [53].

⁵¹ Art. 8. Si, lors de l'adjudication, la maison à vendre est assurée [155] contre l'incendie par une com
pagnie d'assurance, l'adjudicataire sera tenu d'entretenir la police d'assurance pour toute sa durée et c
payer les primes à sa charge à compter du jour de son entrée en jouissance. — V. *sup.* ♭. 51, alin. 19.

⁵² Art. 9. Les prix [161] principaux [156] des adjudications seront versés [84] à la caisse du receveu
trésorier de l'hospice et sur sa simple quittance ou bien sur la quittance authentique (a) de ce dernier ⸱
des administrateurs donnée collectivement, en trois termes [77] et paiements égaux d'année en anne
à compter du jour de l'adjudication avec intérêts [49] à trois pour cent par an à partir dudit jour.

⁵³ Art. 10. Indépendamment et en sus de leurs prix principaux, les adjudicataires paieront au Notai
chargé de la vente, dans la huitaine de l'adjudication, trois centimes par franc de leurs dits prix pou
honoraires [5] à l'adjudication, plus un demi centime par franc tant pour l'arpentage et formation de
lots qui ont été faits par les deux experts [195] sus-nommés que pour frais d'affiches [179], publication (id²
et annonces à son de caisse, et en outre les droits d'enregistrement [57], de timbre [61], de grosse [6
à remettre au receveur, chacun à raison de son prix, ainsi que l'extrait [64] à fournir à chaque acquéreu⸱

⁵⁴ Art. 11. Il sera loisible aux adjudicataires de faire transcrire [111] leurs adjudications au bureau d
hypothèques et de remplir, si bon leur semble, les formalités nécessaires pour purger [156] leurs acqu
sitions des hypothèques légales qui pourraient les grever, le tout à leurs frais. — Et si, par suite c
l'accomplissement de ces formalités, il se trouve des inscriptions [83] grevant les biens vendus, lesdi⸱
adjudicataires les dénonceront [122] à l'hospice en la personne [20 n. 681] de son receveur, dans le mo
qui suivra l'accomplissement desdites formalités et ledit hospice aura un délai [77] de deux mois pour ⸱
rapporter certificat de radiation [149], le tout aux frais de l'hospice, de manière qu'il n'en coûte aux adj⸱
dicataires que les frais ordinaires de transcription et de purge légale.

⁵⁵ Art. 12. A défaut de paiement de tout ou partie du prix de la vente comme au cas d'inexécution d'u⸱
ou plusieurs des charges et conditions de l'adjudication, l'hospice pourra faire procéder à la revente su⸱
folle-enchère [160] soit après un simple commandement resté infructueux, soit sur la simple délivran⸱
d'un certificat constatant que l'adjudicataire n'a point satisfait aux conditions exigibles de l'adjudicatio⸱
Et, audit cas de revente sur folle-enchère, l'adjudicataire sera tenu par corps de la différence entre sc
prix et celui de la revente sans pouvoir réclamer l'excédant, s'il y en a, lequel appartiendra à l'hospice
titre de dommages-intérêts [159]. La présente clause [58] est de rigueur et ne pourra être réputée com⸱
minatoire.

⁵⁶ Art. 13. Nul ne sera admis à se rendre adjudicataire s'il n'est pas d'une solvabilité [158] suffisamme⸱
connue des membres présents de la commission administrative de l'hospice et du receveur trésorier,
moins qu'il ne fournisse caution [52] dans la huitaine de l'adjudication sur la demande qui lui en aura é⸱

(a) Nous lisons dans un acte de Notaire très-récent la clause suivante :

« ... *Et si lors de la libération de son prix, l'adjudicataire désire une quittance authentique elle devra avoir lieu deva*
« *le notaire soussigné à la suite du présent procès-verbal d'adjudication, telle est la volonté des vendeurs.* »

Il est bien entendu que nous ne rapportons pas cette clause pour servir de modèle. Nous ne le faisons que pour avertir no⸱
lecteurs que ce serait s'exposer à l'animadversion de leurs confrères et à être traduits avec juste raison en chambre de disc⸱
pline que de faire usage d'une pareille clause. Il faut respecter le droit d'autrui dont la clause fait mépris. Elle est d'ailleu⸱
dangereuse, car le client peut facilement s'y soustraire en faisant des offres réelles par huissier, mais un procès peut êt⸱
le résultat de ces offres.

Elle révèle en outre une tendance, à déconsidérer la dignité du Notaire, qui doit attendre qu'on vienne à lui et non pa⸱
exiger qu'on y vienne.

Par la même raison nous ne pouvons que blâmer l'usage de la formule suivante, employée tout récemment dans u⸱
journal judiciaire pour l'annonce de la vente d'un domaine : *S'adresser à Mᵉ B...*, *Notaire à C...*, *qui est le seul qu⸱
pourra recevoir l'acte de vente.*

faite à l'instant même de l'adjudication. — V. *sup.* p. 135, alin. 35. — (*Lorsqu'on stipule que l'adjudicataire donnera hypothèque ou fournira caution et certificateur de caution, v. sup.* p. 191, alin. 22, 23 et 24.)

37 Art. 14. Tout adjudicataire pourra déclarer command [148] à l'instant même de l'adjudication ou dans les vingt-quatre heures, mais le command ne sera point admis s'il n'est pas notoirement solvable [188] à moins qu'il ne fournisse caution [32].

38 Art. 15. La remise [54] des titres de propriété sera faite aux adjudicataires lors du paiement [84] pour solde de leurs prix. Toutefois, à l'égard des titres d'une même pièce d'héritage qui seront communs à plusieurs, ils seront remis à l'adjudicataire le plus fort en somme à la charge par lui d'en aider ses co-acquéreurs au besoin et sous récépissés à moins que ceux-ci ne demandent que le dépôt [210] desdits titres soit fait en l'étude d'un Notaire, auquel cas ce dépôt aura lieu aux frais de tous les intéressés et ils pourront, les uns les autres, s'en faire délivrer des expéditions [64] et extraits (*id.*) à leurs frais.

39 Art. 16. Les lots seront adjugés d'abord en détail et ensuite en masse pour chaque pièce seulement, et si le prix de la vente en masse couvre les adjudications partielles, celles-ci seront sans effet et l'adjudication en masse sera seule valable.

40 Art. 17. L'adjudication [159] aura lieu à la chaleur des enchères (*id.*) et à l'extinction de deux feux sans enchères sur la mise à prix (*id.*) de l'estimation faite par les experts. Chaque enchère ne pourra être moindre de vingt francs.

41 Art. 18. Pour l'exécution des charges et conditions de l'adjudication, les adjudicataires seront tenus de faire élection de domicile [11] dans un lieu quelconque du canton de Reigny.

42 Art. 19. Le procès-verbal de l'adjudication sera adressé à M. le préfet de l'Yonne pour être soumis à son approbation [137]: ce n'est, en conséquence, qu'au moyen de cette approbation que la vente sera définitive.

43 Fait et délibéré en séance par la commission administrative de l'hospice civil de Reigny, composée de M. Charles Blanc, maire, président-né, de M. Henri Jeannez, vice-président et de MM. Jean-Baptiste Rétif, Jacques Labelle et François Bézanger, membres, le quatre mars mil huit cent quarante-trois.

44 *(Signatures des membres de la commission.)*

45 Vu et approuvé [137]. Auxerre, le 14 mars 1843. — Pour le Préfet en congé, le conseiller de préfecture délégué,
(Signature.)

46 V. Enregistrement, note 18, n. 176.

PROCÈS-VERBAL D'ADJUDICATION [139] PAR ACTE A LA SUITE [45], OU SÉPARÉ DU CAHIER DES CHARGES.

---

47 L'an mil huit cent quarante-trois [13] le dimanche vingt-un mai (*id.*) à l'heure de midi.

48 Pardevant Me Alexis [1] Meunier (*id.*), Notaire [2] à Reigny [1], département de l'Yonne, soussigné [15]. — V. *sup.* la note *a* au bas de la p. 3.

49 Sont comparus 1° M Charles Blanc, Maire [3. 188] de la commune de Reigny et président-né (*id.*) de la commission administrative de l'hospice civil (*id.*) dudit lieu.

50 2° M. Henri Jeannez, vice-président de ladite commission.

51 3° M. Jean-Baptiste Rétif, 4° M. Jacques Labelle, 5° Et M. François Bézanger, membres de ladite commission.

52 Tous cinq demeurant [3] à Reigny.

53 Lesquels ont dit et exposé :

54 Que par ordonnance [222] du roi, en date du dix février dernier, l'hospice civile de Reigny a été autorisé à vendre aux enchères publiques sur la mise à prix de vingt-un mille deux cents francs, montant de l'estimation qui en a été faite par experts, des terrains et une maison à lui appartenant, pour subvenir

jusqu'à concurrence de vingt mille francs au paiement des frais de construction d'un nouvel édi⸬ devant servir à l'établissement dudit hospice, et être, le surplus de l'aliénation, placé en rentes sur l'⸬ [197].

³⁵ Qu'en exécution de cette ordonnance, la commission administrative dudit hospice a dressé, à la d⸬ du quatre mars dernier, le cahier [58] des charges, clauses et conditions, sous lesquelles il serait procé⸬ pardevant Notaire en l'une des salles dudit hospice, à la vente aux enchères [139] des terrains dont il s'ag⸬

³⁶ Que ce cahier de charges a été approuvé [157] par M. le préfet de l'Yonne, le quatorze mars derni⸬

³⁷ Qu'ils ont donné à cette adjudication toute la publicité voulue par la loi, tant par annonces [179] son de caisse, faites à Reigny et dans les communes circonvoisines de dimanche en dimanche depuis dix-neuf mars dernier, que par affiches [179] apposées dans les mêmes communes de quinzaine en qui⸬ zaine aux lieux accoutumés, et par l'insertion faite d'un extrait desdites affiches dans le journal l'Yonne le trente mars dernier. — V. *sup.* p. 192, alin. 58 et la note *c.*

³⁸ Et qu'ils requéraient le Notaire soussigné de faire lecture [16] aux personnes assemblées du cah⸬ des charges qui précède (*ou : du cahier des charges sus-énoncé, lequel est demeuré annexé* [55] *à* ⸬ *présentes*), et de procéder ensuite à la réception des enchères.

⁵⁹ Obtempérant à ce réquisitoire [51], ledit Mᵉ Meunier Notaire a fait lecture aux personnes présente⁵ tant de ce qui précède que du cahier des charges, et aussitôt les biens à vendre ont été mis en adjudic⸬ tion ainsi qu'il suit :

⁶⁰   PREMIER LOT [140] DE L'ARTICLE PREMIER DE LA DÉSIGNATION.

⁶¹ Ce lot composé comme il est dit au cahier des charges, de quatre hectares [91] soixante-quinze ares prendre au levant de la pièce de terre, située [141] sur le finage de Reigny, lieu dit les Eaubues, a é⸬ mis aux enchères sur la mise à prix de trois mille francs outre les charges. Sur cette somme, les feu⸬ ayant été allumés, il a été fait cinq enchères dont la dernière par le sieur Jean-Baptiste [3] JOUDON (*id.* garde forestier (*id.*), demeurant (*id*) au Rouvre, commune de Reigny, a porté le prix dudit lot à tro⸬ mille cent francs; deux autres feux allumés sur cette dernière somme s'étant éteints sans enchère, le lot do⸬ il s'agit a été adjugé audit sieur JOUDON, à ce présent et acceptant, moyennant ladite somme de tro⸬ mille cent francs outre les charges. — V. *sup.* p. 136, *a.*

⁶² Ledit sieur JOUDON a fait élection de domicile (11) en sa demeure et signé [15] après lecture [1⸬ — (*Signature*). V. *sup.* p. 136, *a.*

⁶³   SECOND LOT [140] DE L'ARTICLE PREMIER DE LA DÉSIGNATION

⁶⁴ Ce lot, composé comme il est dit au cahier des charges, de quatre hectares [91] cinquante ares, fa⸬ sant la seconde portion en partant du chemin de Sacy de la pièce de terre, située [141] sur le finage ⸬ Reigny, lieu dit les eaubues, a été mis aux enchères sur la mise à prix de trois mille francs outre ⸬ charges. Sur cette somme les feux ayant été allumés, il a été fait, pendant leur durée, huit enchères don⸬ la dernière par le sieur Théodore [3] RAON (*id.*), cultivateur (*id*), demeurant (*id.*) au Ponceau, commun⸬ de Reigny, a porté le prix dudit lot à trois mille trois cent soixante francs; deux autres feux allumés sur ⸬ dernière somme s'étant éteints sans nouvelle enchère, le lot dont il s'agit a été adjugé audit sieur Théo⸬ dore RAON, àce présent et acceptant, moyennant la dite somme de trois mille trois cent soixante francs outre le⸬ charges. — (*Lorsqu'on exige caution de l'adjudicataire, V. sup.* p. 47, alin. 50).

⁶⁵ Ledit sieur RAON a fait élection de domicile [11] en sa demeure, et déclaré ne savoir signer [15] ⸬ ce interpellé, après lecture [16]. (*Signature*).

⁶⁶   TROISIÈME LOT [140] DE L'ARTICLE PREMIER DE LA DÉSIGNATION.

⁶⁷ Ce lot, composé comme il est dit au cahier des charges, de quatre hectares [91] cinquante ares faisant la troisième portion en partant du chemin de Sacy de la pièce de terre, située [141] sur le finag⸬ de Reigny, lieu dit les eaubues, a été mis aux enchères sur la mise à prix de trois mille francs outre le⸬ charges. Sur cette somme les feux ayant été allumés, il a été fait, pendant leur durée, sept enchères dun⸬ la dernière par le sieur Alexandre [3] PETIT (*id.*), propriétaire demeurant à la Cassine, commune d⸬ Reigny, a porté le prix dudit lot à trois mille cent-quarante francs; deux autres feux allumés sur cett⸬ dernière somme s'étant éteints sans nouvelle enchère, le lot dont il s'agit a été adjugé audit sieur PETIT⸬

à ce présent et acceptant, moyennant ladite somme de trois mille cent quarante francs outre les charges *Lorsque l'adjudicataire a acquis, tant pour lui que pour un autre, à titre de command (a),* V. *sup.* p. 47, alin. 53).

Ledit sieur Petit a fait élection de domicile [11] en sa demeure et signé [15] après lecture [16]. — *(Signature)*.

QUATRIÈME LOT [140] DE L'ARTICLE PREMIER DE LA DÉSIGNATION.

Ce lot composé, ainsi qu'il est dit au cahier des charges, de quatre hectares [94] cinquante ares, à prendre au couchant de la pièce de terre, située [141] sur le finage de Reigny, lieu dit les eaubues, a été mis aux enchères sur la mise à prix [139] de trois mille francs outre les charges; sur cette somme les feux ayant été allumés, il a été fait, pendant leur durée [3], six enchères dont la dernière par le sieur François PIAT (*id.*), cultivateur (*id.*) demeurant à l'Abime, commune de Reigny, a porté le prix dudit lot à trois mille cent-vingt francs outre les charges; deux autres feux allumés sur cette dernière somme s'étant éteints sans nouvelle enchère, le lot dont il s'agit a été adjugé audit sieur PIAT, à ce présent et acceptant, moyennant ladite somme de trois mille cent vingt francs outre les charges. — (*Lorsque l'adjudicataire a acquis tant pour lui que pour plusieurs autres,* v. *sup.* p. 47, alin. 55).

Ledit sieur PIAT a fait élection de domicile [11] en sa demeure actuelle et signé [15] après lecture [16]. — *(Signature)*.

PREMIER LOT [140] DE L'ARTICLE DEUX DE LA DÉSIGNATION.

Le lot composé, ainsi qu'il est dit au cahier des charges, de six hectares dix ares à prendre au couchant de la pièce de terre, située [141] sur le finage de Reigny, lieu dit les bois Choppards, a été mis aux enchères sur la mise à prix [139] de six cents francs outre les charges; sur cette somme les feux ayant été allumés, il a été fait, pendant leur durée, dix enchères dont la dernière par le sieur Jacques [3] LEUGNEAU (*id.*) propriétaire (*id.*), demeurant (*id.*) à la Côte du Bois, commune de Reigny, a porté le prix dudit lot à huit cents francs; deux autres feux allumés sur cette dernière somme s'étant éteints sans nouvelle enchère, le lot dont il s'agit a été adjugé au sieur LEUGNEAU, à ce présent et acceptant, moyennant la somme de huit cents francs outre les charges. — (*Lorsque l'adjudicataire a acquis tant pour lui que pour sa femme*, *considérée alors plutôt comme caution sans avoir à payer aucun droit d'enregistrement que comme acquéreur,* v. *sup.* p. 48, alin. 56.)

Le sieur LEUGNEAU a fait élection de domicile [11] en sa demeure actuelle et signé [15] après lecture [16]. — *(Signature)*.

SECOND LOT [140] DE L'ARTICLE DEUX DE LA DÉSIGNATION.

Ce lot composé, ainsi qu'il est dit au cahier des charges, de six hectares à prendre au levant de la pièce de terre, située [141] sur le finage de Reigny, lieu dit les Bois Choppards, a été mis aux enchères sur la mise à prix [139] de six cents francs outre les charges. Sur cette somme les feux ayant été allumés, il a été fait, pendant leur durée, neuf enchères, dont la dernière par le sieur Pierre [3] MOREAU (*id.*) fils de Edme, cultivateur (*id.*) demeurant (*id.*) au grand Beaumont, commune de Reigny, a porté le prix dudit lot à sept cent quatre-vingts francs; deux autres feux allumés sur cette dernière somme s'étant éteints sans nouvelle enchère, le lot dont il s'agit a été adjugé audit sieur Pierre MOREAU, à ce présent et acceptant, moyennant la dite somme de sept cent quatre-vingts francs outre les charges. — (*Lorsque l'adjudicataire a acquis comme mandataire,* V. *sup.* p. 48, alin. 59).

Ledit sieur MOREAU a fait élection de domicile [11] en sa demeure actuelle et signé [15] après lecture [16]. *(Signature)*.

(a) **Nous devons** toutefois faire observer que la voie de la déclaration de command ne garantit point, dans ce cas, du droit proportionnel d'enregistrement de 5. 50 p. 0/0, car il a été jugé par la cour de cassation, le 18 fév. 1839, que le droit de revente est dû lorsque chaque lot n'est pas transmis en entier, et que l'adjudicataire, au lieu de remplir un mandat, exerce un acte personnel de propriété. Il convient donc, en un tel cas, de se porter fort de celui qu'on aurait désigné comme command. — V. la note 52.

79 La maison [7] située à Reigny, formant l'article trois de la désignation du cahier des charges, a mise aux enchères sur la mise à prix de huit mille francs outre les charges; sur cette somme les fe ayant été allumés, il a été fait, pendant leur durée, deux enchères, dont la dernière par M. Augu [3] ROUSSELET (*id.*), maître de poste (*id.*), demeurant (*id.*) à Reigny, a porté le prix de ladite maiso huit mille quarante francs. Deux autres feux allumés s'étant éteints sans que, pendant leur durée, il été fait aucune enchère, la maison dont il s'agit a été adjugée audit sieur Rousselet, à ce présent acceptant, moyennant ladite somme de huit mille quarante francs outre les charges. — (*S'il y a déclara de command, et que le command intervienne immédiatement, on peut suivre dans ce cas, la formule indiq* sup. p. 47, alin. 52 et 53 : si le command n'intervient pas, V. inf. *v° Command* — V. aussi la note *a bas de la page qui précède*).

80 M. Rousselet a fait élection de domicile [11] en sa demeure et signé [15], après lecture (16) (*Signatu*

81 RÉUNION DES LOTS. Les quatre lots de la pièce de terre située sur le finage de Reigny, lieu dit Eaubues, formant l'article premier de la désignation du cahier des charges, ayant été mis en vente la mise à prix de douze mille cinq cent vingt francs, montant des adjudications partielles desdits lots trois feux successivement allumés s'étant éteints sans que, pendant leur durée, il ait été fait aucune chère, il n'a pu y avoir lieu à l'adjudication en masse desdits lots ; en conséquence, les adjudications p tielles sont et demeurent maintenues.

82 Les deux lots de la pièce de terre, située sur le finage de Reigny, lieu dit les Bois Choppards, form l'art. 2 de la désignation du cahier des charges, ayant été aussi mis en vente sur la mise à prix de qui cent quatre-vingt francs, montant des adjudications partielles desdits lots, et trois feux successivem allumés s'étant éteints, sans couvrir la mise à prix, il n'a pu y avoir lieu à adjuger en masse ces deux lo dont les adjudications partielles conservent, en conséquence, tout leur effet. — (*S'il y avait adjudicat sur la réunion des lots, on pourrait se référer* sup. *à la note* a *de la p.* 49).

83 (*a*) Ces présentes sont subordonnées à l'homologation de M. le Préfet, ainsi qu'il est dit à l'art. 17 cahier des charges.

84 De tout ce que dessus il a été dressé le présent procès-verbal, clos (V. *sup.* p. 156 *b*) à quatre heu du soir à Reigny [12], en l'une des salles de l'hospice (*id.*) les jour, mois et an susdits [13], en présence M. Alphonse [3] REGNARD (*id.*), percepteur (*id.*) de la commune de Reigny et receveur municipal du hospice; et encore en présence de MM. François [14] et Etienne Boy, (*id.*) jardiniers (*id*) demeurant (*id* à Reigny, témoins instrumentaires (*id*) pour ce appelés, et les membres présents de la commisssion adi nistrative de l'hospice, ainsi que les adjudicataires, ont signé [15] avec le receveur municipal, les témoins le notaire, excepté le sieur Raon qui a déclaré ne le savoir de ce interpellé, le tout après lecture [16]. V. *sup.* p. 156, *a*.

85 (*b*) *V. pour la forme des actes* les notes 35, 36, 37 et 38.

86 *Répertoire* note 17. — Enregistrement notes 57, 18 et 19.

87 Les formules *d'adjudication* et de *bail par adjudication* p. 49, 132, 188.

88 Et, au besoin, la table alphabétique du Commentaire.

(*a*) Si une hypothèque, ou une caution et un certificateur de caution étaient exigés des adjudicataires en conformité l'art. 15 du cahier des charges (V. *sup.*. p. 196, alin. 56), on pourrait se référer, dans ce cas , à l'alin. 35 et suiv. de p. 140 et à l'alin. 44 et suiv. de la p. 192.

(*b*) Quand il s'agit de donner à *bail* les biens d'un hospice ou autre établissement d'utilité publique , on peut facileme y arriver en consultant les deux formules qui précèdent, auxquelles il suffit de faire de légers changements.

CALENDRIER [91] OU ANNUAIRE RÉPUBLICAIN

MIS EN CONCORDANCE AVEC LE CALENDRIER GRÉGORIEN ET CONTENANT L'ÉCHELLE DE DÉPRÉCIATION [91]
DU PAPIER-MONNAIE (ASSIGNATS ET MANDATS) POUR LE DÉPARTEMENT DE L'YONNE SEULEMENT.

Calendrier.

N. B. — La loi du 5 messidor an v, pour régler la valeur d'opinion du papier-monnaie, ayant prescrit qu'il serait fait dans chaque département un tableau des valeurs successives de ce papier à partir du 1er janvier 1791, jusqu'au jour de la publication de la loi du 29 messidor an IV, il en résulte qu'il doit y avoir autant de tableaux de dépréciation que de départements. Les insérer tous ici était une chose impossible, et nous nous sommes arrêté à un seul, celui de l'Yonne. Nous avions d'abord eu l'idée de mettre dans notre cadre les tableaux que contient la loi quoique n'étant que l'extrait des notes tenues à la trésorie nationale, du cours du papier-monnaie, et envoyées avec cette loi dans les départements pour servir de combinaison, mais nous avons dû y renoncer, parce que ces tableaux ne sont point uniformes, les calculs étant faits tantôt sur 100 liv., tantôt sur 24 liv., et que d'ailleurs ils ne contiennent point tous la réduction, réduction à laquelle nous ne pouvions guère nous livrer sans perdre beaucoup de temps.

Pour compléter le tableau de la dépréciation du papier-monnaie, nous donnons le petit tableau suivant qui comprend la dépréciation depuis le 1 janvier 1791, jusqu'à l'époque où elle commence sur le tableau c. à-d. jusqu'au 22 septembre 1792.

DÉPRÉCIATION DES ASSIGNATS EN L'YONNE DU 1er JANVIER 1791 AU 22 SEPTEMBRE 1792.

	livres	sols	deniers.
Janvier 1791. — 100 livres en assignats valaient en numéraire.	100	»	»
Février.	100	»	»
Mars,	99	10	»
Avril.	98	10	»
Mai.	97	10	»
Juin.	96	5	»
Juillet.	96	5	»
Août.	94	»	»
Septembre.	93	»	»
Octobre.	92	»	»
Novembre	91	»	»
Décembre	90	»	»
Janvier 1792. — 100 livres en assignats valaient en numéraire.	90	»	»
Février.	89	5	»
Mars.	88	10	»
Avril.	85	10	»
Mai	84	»	»
Juin.	83	10	»
Juillet	83	5	»
Août.	83	»	»
Septembre (21 premiers jours).	82	15	»

Pour la suite de la dépréciation V. le tableau suivant, 3e colonne, etc.

Jours du mois.	VENDÉMIAIRE.			BRUMAIRE.			FRIMAIRE.			NIVOSE.			PLUVIOSE.			VENTOSE.			GERMINAL.			FLORÉAL.			PRAIRIAL.			MESSIDOR.			THERMIDOR.			FRUCTIDOR.		
	Concordance entre le mois de chaque ère.	100 liv. en assignats valaient en num.	Dépréciation.	Concordance entre le mois de chaque ère.	100 liv. en assignats valaient en num.	Dépréciation.	Concordance entre le mois de chaque ère.	100 liv. en assignats valaient en num.	Dépréciation.	Concordance entre le mois de chaque ère.	100 liv. en assignats valaient en num.	Dépréciation.	Concordance entre le mois de chaque ère.	100 liv. en assignats valaient en num.	Dépréciation.	Concordance entre le mois de chaque ère.	100 liv. en assignats valaient en num.	Dépréciation.	Concordance entre le mois de chaque ère.	100 liv. en assignats valaient en num.	Dépréciation.	Concordance entre le mois de chaque ère.	100 liv. en assignats valaient en num.	Dépréciation.	Concordance entre le mois de chaque ère.	100 liv. en assignats valaient en num.	Dépréciation.	Concordance entre le mois de chaque ère.	100 liv. en assignats valaient en num.	Dépréciation.	Concordance entre le mois de chaque ère.	100 liv. en assignats valaient en num.	Dépréciation.	Concordance entre le mois de chaque ère.	100 liv. en assignats valaient en num.	Dépréciation.

JOURS COMPLÉMENTAIRES.

AN DEUX DE L'ÈRE RÉPUBLICAINE.

FRUCTIDOR.	Dépréciation. 100 liv. en assignats valaient en num.	_l. s. d._ 54. 54. 54.
	Concordance entre le mois de chaque ère.	août 1794. _lundi._ 18 19 20 21 22 23 24 — septembre 1794. 25 26 27 28 29 30 31 — 1 2 3 4 5 6 7 8 9 10 11 12 13 14 15 16 — 17 18 19 20 21
THERMIDOR.	Dépréciation. 100 liv. en assignats valaient en num.	_l. s. d._ 55. 55. 55.
	Concordance entre le mois de chaque ère.	juillet 1794. _samedi._ 19 20 21 22 23 24 25 — août 1794. 26 27 28 29 30 31 — 1 2 3 4 5 6 7 8 9 10 11 12 13 14 15 — 16 17
MESSIDOR.	Dépréciation. 100 liv. en assignats valaient en num.	_l. s. d._ 56. 56. 56.
	Concordance entre le mois de chaque ère.	juin 1794. _jeudi._ 19 20 21 22 23 24 25 — juillet 1794. 26 27 28 29 30 — 1 2 3 4 5 6 7 8 9 10 11 12 13 14 15 16 — 17 18
PRAIRIAL.	Dépréciation. 100 liv. en assignats valaient en num.	_l. s. d._ 58. 58. 58.
	Concordance entre le mois de chaque ère.	mai 1794. _mardi._ 20 21 22 23 24 25 26 — juin 1794. 27 28 29 30 31 — 1 2 3 4 5 6 7 8 9 10 11 12 13 14 15 16 — 17 18
FLORÉAL.	Dépréciation. 100 liv. en assignats valaient en num.	_l. s. d._ 40. 40. 40.
	Concordance entre le mois de chaque ère.	avril 1794. _dim._ 20 21 22 23 24 25 26 — mai 1794. 27 28 29 30 — 1 2 3 4 5 6 7 8 9 10 11 12 13 14 15 16 17 — 18 19
GERMINAL.	Dépréciation. 100 liv. en assignats valaient en num.	_l. s. d._ 45. 42. 10. 42.
	Concordance entre le mois de chaque ère.	mars 1794. _vendr._ 21 22 23 24 25 26 27 — avril 1794. 28 29 30 31 — 1 2 3 4 5 6 7 8 9 10 11 12 13 14 15 16 17 — 18 19
VENTÔSE.	Dépréciation. 100 liv. en assignats valaient en num.	_l. s. d._ 44. 44. 44.
	Concordance entre le mois de chaque ère.	février 1794. _mercr._ 19 20 21 22 23 24 25 — mars 1794. 26 27 28 — 1 2 3 4 5 6 7 8 9 10 11 12 13 14 15 16 17 18 — 19 20
PLUVIÔSE.	Dépréciation. 100 liv. en assignats valaient en num.	_l. s. d._ 45. 44. 10. 44.
	Concordance entre le mois de chaque ère.	janvier 1794. _lundi._ 20 21 22 23 24 25 26 — février 1794. 27 28 29 30 31 — 1 2 3 4 5 6 7 8 9 10 11 12 13 14 15 16 — 17 18
NIVÔSE.	Dépréciation. 100 liv. en assignats valaient en num.	_l. s. d._ 49. 5. 49. 5. 49. 10.
	Concordance entre le mois de chaque ère.	décembre 1793. _samedi._ 21 22 23 24 25 26 27 — janvier 1794. 28 29 30 31 — 1 2 3 4 5 6 7 8 9 10 11 12 13 14 15 16 17 — 18 19
FRIMAIRE.	Dépréciation. 100 liv. en assignats valaient en num.	_l. s. d._ 50. 50. 10. 50.
	Concordance entre le mois de chaque ère.	novembre 1793. _jeudi._ 21 22 23 24 25 26 27 — décembre 1793. 28 29 30 — 1 2 3 4 5 6 7 8 9 10 11 12 13 14 15 16 17 18 — 19 20
BRUMAIRE.	Dépréciation. 100 liv. en assignats valaient en num.	_l. s. d._ 46. 10. 46. 10. 46. 10.
	Concordance entre le mois de chaque ère.	octobre 1793. _mardi._ 22 23 24 25 26 27 28 — novembre 1793. 29 30 — 1 2 3 4 5 6 7 8 9 10 11 12 13 14 15 16 17 18 — 19 20
VENDÉMIAIRE.	Dépréciation. 100 liv. en assignats valaient en num.	_l. s. d._ 46. 46. 46.
	Concordance entre le mois de chaque ère.	septembre 1793. _dim._ 22 23 24 25 26 27 28 — octobre 1793. 29 30 — 1 2 3 4 5 6 7 8 9 10 11 12 13 14 15 16 17 18 19 20 21 — 22 23 24 25 26 27 28 29 30 — 1 2 3 4 5
	Jours du mois.	1 2 3 4 5 6 7 8 9 10 11 12 13 14 15 16 17 18 19 20 21 22 23 24 25 26 27 28 29 30 — 1 2 3 4 5

JOURS COMPLÉMENTAIRES.

AN TROIS DE L'ÈRE RÉPUBLICAINE.

Jours du mois.	VENDÉMIAIRE.		BRUMAIRE.		FRIMAIRE.		NIVOSE.		PLUVIOSE.		VENTOSE.		GERMINAL.		FLORÉAL.		PRAIRIAL.		MESSIDOR.		THERMIDOR.		FRUCTIDOR.	

(Les colonnes portent pour chaque mois : Concordance entre le mois de chaque ère — Dépréciation, 100 liv. en assignats valaient en num., l. s. d.)

septembre 1794 — octobre 1794 — novembre 1794 — décembre 1794 — janvier 1795 — février 1795 — mars 1795 — avril 1795 — mai 1795 — juin 1795 — juillet 1795 — août 1795 — septembre 1795.

JOURS COMPLÉMENTAIRES.

AN QUATRE DE L'ÈRE RÉPUBLICAINE.

Mois	Concordance / Dépréciation
FRUCTIDOR	Concordance entre le mois de chaque ère. — août 1796. septembre 1796.
THERMIDOR	Dépréciation. 100 liv. en mandats valaient en num. — Concordance entre le mois de chaque ère. Juillet 1796. Août 1796.
MESSIDOR	Concordance entre le mois de chaque ère. Juin 1796. Juillet 1796.
PRAIRIAL	Concordance entre le mois de chaque ère. Mai 1796. Juin 1796.
FLORÉAL	Concordance entre le mois de chaque ère. Avril 1796. Mai 1796.
GERMINAL	Concordance entre le mois de chaque ère. Mars 1796. Avril 1796.
VENTÔSE	Concordance entre le mois de chaque ère. Février 1796. Mars 1796.
PLUVIÔSE	Concordance entre le mois de chaque ère. Janvier 1796. Février 1796.
NIVÔSE	Concordance entre le mois de chaque ère. décembre 1795. Janvier 1796.
FRIMAIRE	Concordance entre le mois de chaque ère. novembre 1795. décembre 1795.
BRUMAIRE	Concordance entre le mois de chaque ère. octobre 1795. novembre 1795.
VENDÉMIAIRE	Concordance entre le mois de chaque ère. septembre 1795. octobre 1795.

Jours du mois.

JOURS COMPLÉMENTAIRES.

AN CINQ DE L'ÈRE RÉPUBLICAINE.

Jours du mois.	VENDÉMIAIRE.	BRUMAIRE.	FRIMAIRE.	NIVÔSE.	PLUVIÔSE.	VENTÔSE.	GERMINAL.	FLORÉAL.	PRAIRIAL.	MESSIDOR.	THERMIDOR.	FRU...
	Concordance entre le mois de chaque ère.	Concordance entre le mois de chaque ère.	Concordance entre le mois de chaque ère.	Concordance entre le mois de chaque ère.	Concordance entre le mois de chaque ère.	Concordance entre le mois de chaque ère.	Concordance entre le mois de chaque ère.	Concordance entre le mois de chaque ère.	Concordance entre le mois de chaque ère.	Concordance entre le mois de chaque ère.	Concordance entre le mois de chaque ère.	Concordance entre le mois de chaque ère.
	jeudi.	samedi.	lundi.	mercr.	vendr.	dimanc.	mardi.	jeudi.	samedi.	lundi.	mercr.	ven...
1	22	22	21	21	20	19	21	20	20	19	19	1
2	23	23	22	22	21	20	22	21	21	20	20	1
3	24	24	23	23	22	21	23	22	22	21	21	2
4	25	25	24	24	23	22	24	23	23	22	22	2
5	26	26	25	25	24	23	25	24	24	23	23	2
6	27	27	26	26	25	24	26	25	25	24	24	2
7	28	28	27	27	26	25	27	26	26	25	25	2
8	29	29	28	28	27	26	28	27	27	26	26	2
9	30	30	29	29	28	27	29	28	28	27	27	2
10	1	31	30	30	29	28	30	29	29	28	28	2
11	2	1	31	1	30	1	31	30	30	29	29	2
12	3	2	1	2	31	2	1	31	31	30	30	2
13	4	3	2	3	1	3	2	1	1	31	31	3
14	5	4	3	4	2	4	3	2	2	1	1	3
15	6	5	4	5	3	5	4	3	3	2	2	
16	7	6	5	6	4	6	5	4	4	3	3	
17	8	7	6	7	5	7	6	5	5	4	4	3
18	9	8	7	8	6	8	7	6	6	5	5	4
19	10	9	8	9	7	9	8	7	7	6	6	5
20	11	10	9	10	8	10	9	8	8	7	7	6
21	12	11	10	11	9	11	10	9	9	8	8	7
22	13	12	12	11	10	12	11	11	10	10	9	8
23	14	13	13	12	11	13	12	12	11	11	10	9
24	15	14	14	13	12	14	13	13	12	12	11	10
25	16	15	15	14	13	15	14	14	13	13	12	11
26	17	16	16	15	14	16	15	15	14	14	13	12
27	18	17	17	16	15	17	16	16	15	15	14	13
28	19	18	18	17	16	18	17	17	16	16	15	14
29	20	19	19	18	17	19	18	18	17	17	16	15
30	21	20	20	19	18	20	19	19	18	18	17	16

Concordances : Septembre 1796 / Octobre 1796 (Vendémiaire) ; Octobre 1796 / Novembre 1796 (Brumaire) ; Novembre 1796 / Décembre 1796 (Frimaire) ; Décembre 1796 / Janvier 1797 (Nivôse) ; Janvier 1797 / Février 1797 (Pluviôse) ; Février 1797 / Mars 1797 (Ventôse) ; Mars 1797 / Avril 1797 (Germinal) ; Avril 1797 / Mai 1797 (Floréal) ; Mai 1797 / Juin 1797 (Prairial) ; Juin 1797 / Juillet 1797 (Messidor) ; Juillet 1797 / Août 1797 (Thermidor).

JOURS COMPLÉMENTAIRES.

												FRU...
1												17
2												18
3												19
4												20
5												21

AN SIX DE L'ÈRE RÉPUBLICAINE.

Jours du mois.	VENDÉ-MIAIRE. Concordance entre le mois de chaque ère.	BRU-MAIRE. Concordance entre le mois de chaque ère.	FRI-MAIRE. Concordance entre le mois de chaque ère.	NIVÔSE. Concordance entre le mois de chaque ère.	PLU-VIÔSE. Concordance entre le mois de chaque ère.	VEN-TÔSE. Concordance entre le mois de chaque ère.	GERMI-NAL. Concordance entre le mois de chaque ère.	FLO-RÉAL. Concordance entre le mois de chaque ère.	PRAI-RIAL, Concordance entre le mois de chaque ère.	MESSI-DOR. Concordance entre le mois de chaque ère.	THER-MIDOR. Concordance entre le mois de chaque ère.	FRUCTI-DOR. Concordance entre le mois de chaque ère.
	vendr.	dim.	mardi.	jeudi.	samedi.	lundi.	mercr.	vendr.	Dim.	mardi.	jeudi.	samedi.
1	22 Septembre 1797.	22 Octobre 1797.	21 Novembre 1797.	21 Décembre 1797.	20 Janvier 1798.	19 Février 1798.	21 Mars 1798.	20 Avril 1798.	20 Mai 1798.	19 Juin 1798.	19 Juillet 1798.	18 Août 1798.
2	23	23	22	22	21	20	22	21	21	20	20	19
3	24	24	23	23	22	21	23	22	22	21	21	20
4	25	25	24	24	23	22	24	23	23	22	22	21
5	26	26	25	25	24	23	25	24	24	23	23	22
6	27 1797.	27	26 1797.	26 1797.	25 1798.	24	26	25	25	24	24	23
7	28	28	27	27	26	25	27	26	26	25	25	24
8	29	29	28	28	27	26	28	27	27	26	26	25
9	30	30	29	29	28	27	29	28	28	27	27	26
10	1 Octobre 1797.	31	30	30	29	28	30	29	29	28	28	27
11	2	1 Novembre 1797.	1 Décembre 1797.	31	30	1 Mars 1798.	31	30	30	29	29	28
12	3	2	2	1 Janvier 1798.	31	2	1 Avril 1798.	1 Mai 1798.	31	30	30	29
13	4	3	3	2	1 Février 1798.	3	2	2	1 Juin 1798.	1 Juillet 1798.	31	30
14	5	4	4	3	2	4	3	3	2	2	1 Août 1798.	31
15	6 1797.	5 1797.	5 1797.	4 1798.	3	5	4	4	3	3	2	1 Septembre 1798.
16	7	6	6	5	4	6	5	5	4	4	3	2
17	8	7	7	6	5	7	6	6	5	5	4	3
18	9	8	8	7	6	8	7	7	6	6	5	4
19	10	9	9	8	7	9	8	8	7	7	6	5
20	11	10	10	9	8	10	9	9	8	8	7	6
21	12	11	11	10	9	11	10	10	9	9	8	7 1798.
22	13	12	12	11	10	12	11	11	10	10	9	8
23	14	13	13	12	11	13	12	12	11	11	10	9
24	15	14	14	13	12	14	13	13	12	12	11	10
25	16	15	15	14	13	15	14	14	13	13	12	11
26	17	16	16	15	14	16	15	15	14	14	13	12
27	18	17	17	16	15	17	16	16	15	15	14	13
28	19	18	18	17	16	18	17	17	16	16	15	14
29	20	19	19	18	17	19	18	18	17	17	16	15
30	21	20	20	19	18	20	19	19	18	18	17	16

JOURS COMPLÉMENTAIRES.

1												17
2												18
3												19
4												20
5												21

AN SEPT DE L'ÈRE RÉPUBLICAINE.

Jours du mois.	VENDÉMIAIRE.	BRUMAIRE.	FRIMAIRE.	NIVÔSE.	PLUVIÔSE.	VENTÔSE.	GERMINAL.	FLORÉAL.	PRAIRIAL.	MESSIDOR.	THERMIDOR.	FRUCTIDOR.
	Concordance entre le mois de chaque ère.	Concordance entre le mois de chaque ère.	Concordance entre le mois de chaque ère.	Concordance entre le mois de chaque ère.	Concordance entre le mois de chaque ère.	Concordance entre le mois de chaque ère.	Concordance entre le mois de chaque ère.	Concordance entre le mois de chaque ère.	Concordance entre le mois de chaque ère.	Concordance entre le mois de chaque ère.	Concordance entre le mois de chaque ère.	entre le mois de chaque ère. Concordance entre le mois de chaque ère.
	samedi.	lundi.	mercr.	vendr.	dimanc.	mardi.	jeudi.	samedi.	lundi.	mercr.	vendr.	dimanc.
1	22	22	21	21	20	19	21	20	20	19	19	18
2	23	23	22	22	21	20	22	21	21	20	20	19
3	24	24	23	23	22	21	23	22	22	21	21	20
4	25	25	24	24	23	22	24	23	23	22	22	21
5	26	26	25	25	24	23	25	24	24	23	23	22
6	27	27	26	26	25	24	26	25	25	24	24	23
7	28	28	27	27	26	25	27	26	26	25	25	24
8	29	29	28	28	27	26	28	27	27	26	26	25
9	30	30	29	29	28	27	29	28	28	27	27	26
10	1	31	30	30	29	28	30	29	29	28	28	27
11	2	1	1	31	30	1	31	30	30	29	29	28
12	3	2	2	1	31	2	1	1	31	30	30	29
13	4	3	3	2	1	3	2	2	1	1	31	30
14	5	4	4	3	2	4	3	3	2	2	1	31
15	6	5	5	4	3	5	4	4	3	3	2	1
16	7	6	6	5	4	6	5	5	4	4	3	2
17	8	7	7	6	5	7	6	6	5	5	4	3
18	9	8	8	7	6	8	7	7	6	6	5	4
19	10	9	9	8	7	9	8	8	7	7	6	5
20	11	10	10	9	8	10	9	9	8	8	7	6
21	12	11	11	10	9	11	10	10	9	9	8	7
22	13	12	12	11	10	12	11	11	10	10	9	8
23	14	13	13	12	11	13	12	12	11	11	10	9
24	15	14	14	13	12	14	13	13	12	12	11	10
25	16	15	15	14	13	15	14	14	13	13	12	11
26	17	16	16	15	14	16	15	15	14	14	13	12
27	18	17	17	16	15	17	16	16	15	15	14	13
28	19	18	18	17	16	18	17	17	16	16	15	14
29	20	19	19	18	17	19	18	18	17	17	16	15
30	21	20	20	19	18	20	19	19	18	18	17	16

Concordances : Septembre 1798 / Octobre 1798 (Vendémiaire) ; Octobre 1798 / Novembre 1798 (Brumaire) ; Novembre 1798 / Décembre 1798 (Frimaire) ; Décembre 1798 / Janvier 1799 (Nivôse) ; Janvier 1799 / Février 1799 (Pluviôse) ; Février 1799 / Mars 1799 (Ventôse) ; Mars 1799 / Avril 1799 (Germinal) ; Avril 1799 / Mai 1799 (Floréal) ; Mai 1799 / Juin 1799 (Prairial) ; Juin 1799 / Juillet 1799 (Messidor) ; Juillet 1799 / Août 1799 (Thermidor) ; Août 1799 / Septembre 1799 (Fructidor).

JOURS COMPLÉMENTAIRES.

Jours.	VENDÉMIAIRE.	BRUMAIRE.	FRIMAIRE.	NIVÔSE.	PLUVIÔSE.	VENTÔSE.	GERMINAL.	FLORÉAL.	PRAIRIAL.	MESSIDOR.	THERMIDOR.	FRUCTIDOR.
1												17
2												18
3												19
4												20
5												21
6												22

AN HUIT DE L'ÈRE RÉPUBLICAINE.

Jours du mois.	VENDÉMIAIRE.	BRUMAIRE.	FRIMAIRE.	NIVÔSE.	PLUVIÔSE.	VENTÔSE.	GERMINAL.	FLORÉAL.	PRAIRIAL.	MESSIDOR.	THERMIDOR.	FRUCTIDOR.
	Concordance entre le mois de chaque ère.	Concordance entre le mois de chaque ère.	Concordance entre le mois de chaque ère.	Concordance entre le mois de chaque ère.	Concordance entre le mois de chaque ère.	Concordance entre le mois de chaque ère.	Concordance entre le mois de chaque ère.	Concordance entre le mois de chaque ère.	Concordance entre le mois de chaque ère.	Concordance entre le mois de chaque ère.	Concordance entre le mois de chaque ère.	Concordance entre le mois de chaque ère.
	lundi.	*mercr.*	*vendr.*	*dim.*	*mardi.*	*jeudi.*	*samedi.*	*lundi.*	*mercr.*	*vendr.*	*Dim.*	*mardi.*
1	23 *Septembre 1799.*	23 *Octobre 1799.*	22 *Novembre 1799.*	22 *Décembre 1799.*	21 *Janvier 1800.*	20 *Février 1800.*	22 *Mars 1800.*	21 *Avril 1800.*	21 *Mai 1800.*	20 *Juin 1800.*	20 *Juillet 1800.*	19 *Août 1800.*
2	24	24	23	23	22	21	23	22	22	21	21	20
3	25	25	24	24	23	22	24	23	23	22	22	21
4	26	26	25	25	24	23	25	24	24	23	23	22
5	27	27	26	26	25	24	26	25	25	24	24	23
6	28	28	27	27	26	25	27	26	26	25	25	24
7	29	29	28	28	27	26	28	27	27	26	26	25
8	30	30	29	29	28	27	29	28	28	27	27	26
9	1 *Octobre 1799.*	31	30	30	29	28	30	29	29	28	28	27
10	2	1 *Novembre 1799.*	1 *Décembre 1799.*	31	30	1 *Mars 1800.*	31	30	30	29	29	28
11	3	2	2	1 *Janvier 1800.*	31	2	1 *Avril 1800.*	1 *Mai 1800.*	31	30	30	29
12	4	3	3	2	1 *Février 1800.*	3	2	2	1 *Juin 1800.*	1 *Juillet 1800.*	31	30
13	5	4	4	3	2	4	3	3	2	2	1 *Août 1800.*	31
14	6	5	5	4	3	5	4	4	3	3	2	1 *Septembre 1800.*
15	7	6	6	5	4	6	5	5	4	4	3	2
16	8	7	7	6	5	7	6	6	5	5	4	3
17	9	8	8	7	6	8	7	7	6	6	5	4
18	10	9	9	8	7	9	8	8	7	7	6	5
19	11	10	10	9	8	10	9	9	8	8	7	6
20	12	11	11	10	9	11	10	10	9	9	8	7
21	13	12	12	11	10	12	11	11	10	10	9	8
22	14	13	13	12	11	13	12	12	11	11	10	9
23	15	14	14	13	12	14	13	13	12	12	11	10
24	16	15	15	14	13	15	14	14	13	13	12	11
25	17	16	16	15	14	16	15	15	14	14	13	12
26	18	17	17	16	15	17	16	16	15	15	14	13
27	19	18	18	17	16	18	17	17	16	16	15	14
28	20	19	19	18	17	19	18	18	17	17	16	15
29	21	20	20	19	18	20	19	19	18	18	17	16
30	22	21	21	20	19	21	20	20	19	19	18	17

JOURS COMPLÉMENTAIRES.

Jours du mois.	VENDÉMIAIRE.	BRUMAIRE.	FRIMAIRE.	NIVÔSE.	PLUVIÔSE.	VENTÔSE.	GERMINAL.	FLORÉAL.	PRAIRIAL.	MESSIDOR.	THERMIDOR.	FRUCTIDOR.
1												18
2												19
3												20
4												21
5												22

AN NEUF DE L'ÈRE RÉPUBLICAINE.

Jours du mois.	VENDÉMIAIRE.	BRUMAIRE.	FRIMAIRE.	NIVÔSE.	PLUVIÔSE.	VENTÔSE.	GERMINAL.	FLORÉAL.	PRAIRIAL.	MESSIDOR.	THERMIDOR.	FRUCTIDOR.
	Concordance entre le mois de chaque ère.	*Concordance entre le mois de chaque ère.*	*Concordance entre le mois de chaque ère.*	*Concordance entre le mois de chaque ère.*	*Concordance entre le mois de chaque ère.*	*Concordance entre le mois de chaque ère.*	*Concordance entre le mois de chaque ère.*	*Concordance entre le mois de chaque ère.*	*Concordance entre le mois de chaque ère.*	*Concordance entre le mois de chaque ère.*	*Concordance entre le mois de chaque ère.*	*Concordance entre le mois de chaque ère.*
	mardi.	*jeudi.*	*samedi.*	*lundi.*	*mercr.*	*vendr.*	*dimanc.*	*mardi.*	*jeudi.*	*samedi.*	*lundi.*	*mercr.*
1	23	23	22	22	21	20	22	21	21	20	20	19
2	24	24	23	23	22	21	23	22	22	21	21	20
3	25	25	24	24	23	22	24	23	23	22	22	21
4	26	26	25	25	24	23	25	24	24	23	23	22
5	27	27	26	26	25	24	26	25	25	24	24	23
6	28	28	27	27	26	25	27	26	26	25	25	24
7	29	29	28	28	27	26	28	27	27	26	26	25
8	30	30	29	29	28	27	29	28	28	27	27	26
9	1	31	30	30	29	28	30	29	29	28	28	27
10	2	1	1	31	30	1	31	30	30	29	29	28
11	3	2	2	1	31	2	1	1	31	30	30	29
12	4	3	3	2	1	3	2	2	1	1	31	30
13	5	4	4	3	2	4	3	3	2	2	1	31
14	6	5	5	4	3	5	4	4	3	3	2	1
15	7	6	6	5	4	6	5	5	4	4	3	2
16	8	7	7	6	5	7	6	6	5	5	4	3
17	9	8	8	7	6	8	7	7	6	6	5	4
18	10	9	9	8	7	9	8	8	7	7	6	5
19	11	10	10	9	8	10	9	9	8	8	7	6
20	12	11	11	10	9	11	10	10	9	9	8	7
21	13	12	12	11	10	12	11	11	10	10	9	8
22	14	13	13	12	11	13	12	12	11	11	10	9
23	15	14	14	13	12	14	13	13	12	12	11	10
24	16	15	15	14	13	15	14	14	13	13	12	11
25	17	16	16	15	14	16	15	15	14	14	13	12
26	18	17	17	16	15	17	16	16	15	15	14	13
27	19	18	18	17	16	18	17	17	16	16	15	14
28	20	19	19	18	17	19	18	18	17	17	16	15
29	21	20	20	19	18	20	19	19	18	18	17	16
30	22	21	21	20	19	21	20	20	19	19	18	17

Mois grégoriens correspondants : Vendémiaire — Septembre / Octobre 1800 ; Brumaire — Octobre / Novembre 1800 ; Frimaire — Novembre / Décembre 1800 ; Nivôse — Décembre 1800 / Janvier 1801 ; Pluviôse — Janvier / Février 1801 ; Ventôse — Février / Mars 1801 ; Germinal — Mars / Avril 1801 ; Floréal — Avril / Mai 1801 ; Prairial — Mai / Juin 1801 ; Messidor — Juin / Juillet 1801 ; Thermidor — Juillet / Août 1801 ; Fructidor — Août / Septembre 1801.

JOURS COMPLÉMENTAIRES.

Jours.	VENDÉMIAIRE.	BRUMAIRE.	FRIMAIRE.	NIVÔSE.	PLUVIÔSE.	VENTÔSE.	GERMINAL.	FLORÉAL.	PRAIRIAL.	MESSIDOR.	THERMIDOR.	FRUCTIDOR.
1												18
2												19
3												20
4												21
5												22

AN DIX DE L'ÈRE RÉPUBLICAINE.

Jours du mois.	VENDÉMIAIRE.	BRUMAIRE.	FRIMAIRE.	NIVÔSE.	PLUVIÔSE.	VENTÔSE.	GERMINAL.	FLORÉAL.	PRAIRIAL.	MESSIDOR.	THERMIDOR.	FRUCTIDOR.
	mercr.	*vendr.*	*dim.*	*mardi.*	*jeudi.*	*samed.*	*lundi.*	*mercr.*	*vendr.*	*dim.*	*mardi.*	*jeudi.*
1	23	23	22	22	21	20	22	21	21	20	20	19
2	24	24	23	23	22	21	23	22	22	21	21	20
3	25	25	24	24	23	22	24	23	23	22	22	21
4	26	26	25	25	24	23	25	24	24	23	23	22
5	27	27	26	26	25	24	26	25	25	24	24	23
6	28	28	27	27	26	25	27	26	26	25	25	24
7	29	29	28	28	27	26	28	27	27	26	26	25
8	30	30	29	29	28	27	29	28	28	27	27	26
9	1	31	30	30	29	28	30	29	29	28	28	27
10	2	1	1	31	30	1	31	30	30	29	29	28
11	3	2	2	1	31	2	1	1	31	30	30	29
12	4	3	3	2	1	3	2	2	1	1	31	30
13	5	4	4	3	2	4	3	3	2	2	1	31
14	6	5	5	4	3	5	4	4	3	3	2	1
15	7	6	6	5	4	6	5	5	4	4	3	2
16	8	7	7	6	5	7	6	6	5	5	4	3
17	9	8	8	7	6	8	7	7	6	6	5	4
18	10	9	9	8	7	9	8	8	7	7	6	5
19	11	10	10	9	8	10	9	9	8	8	7	6
20	12	11	11	10	9	11	10	10	9	9	8	7
21	13	12	12	11	10	12	11	11	10	10	9	8
22	14	13	13	12	11	13	12	12	11	11	10	9
23	15	14	14	13	12	14	13	13	12	12	11	10
24	16	15	15	14	13	15	14	14	13	13	12	11
25	17	16	16	15	14	16	15	15	14	14	13	12
26	18	17	17	16	15	17	16	16	15	15	14	13
27	19	18	18	17	16	18	17	17	16	16	15	14
28	20	19	19	18	17	19	18	18	17	17	16	15
29	21	20	20	19	18	20	19	19	18	18	17	16
30	22	21	21	20	19	21	20	20	19	19	18	17

Concordance entre le mois de chaque ère: Septembre 1801 / Octobre 1801 (Vendémiaire); Octobre 1801 / Novembre 1801 (Brumaire); Novembre 1801 / Décembre 1801 (Frimaire); Décembre 1801 / Janvier 1802 (Nivôse); Janvier 1802 / Février 1802 (Pluviôse); Février 1802 / Mars 1802 (Ventôse); Mars 1802 / Avril 1802 (Germinal); Avril 1802 / Mai 1802 (Floréal); Mai 1802 / Juin 1802 (Prairial); Juin 1802 / Juillet 1802 (Messidor); Juillet 1802 / Août 1802 (Thermidor); Août 1802 / Septembre 1802 (Fructidor).

JOURS COMPLÉMENTAIRES.

Jours	FRUCTIDOR
1	18
2	19
3	20
4	21
5	22

AN ONZE DE L'ÈRE RÉPUBLICAINE.

Jours du mois.	VENDÉMIAIRE.	BRUMAIRE.	FRIMAIRE.	NIVÔSE.	PLUVIÔSE.	VENTÔSE.	GERMINAL.	FLORÉAL.	PRAIRIAL.	MESSIDOR.	THERMIDOR.	FRUCTIDOR.
	Concordance entre le mois de chaque ère.	*Concordance entre le mois de chaque ère.*	*Concordance entre le mois de chaque ère.*	*Concordance entre le mois de chaque ère.*	*Concordance entre le mois de chaque ère.*	*Concordance entre le mois de chaque ère.*	*Concordance entre le mois de chaque ère.*	*Concordance entre le mois de chaque ère.*	*Concordance entre le mois de chaque ère.*	*Concordance entre le mois de chaque ère.*	*Concordance entre le mois de chaque ère.*	*Concordance entre le mois de chaque ère.*
	jeudi.	*samedi.*	*lundi.*	*mercr.*	*vendr.*	*dim.*	*mardi.*	*jeudi.*	*samedi.*	*lundi.*	*mercr.*	*vend.*
1	23	23	22	22	21	20	22	21	21	20	20	19
2	24	24	23	23	22	21	23	22	22	21	21	20
3	25	25	24	24	23	22	24	23	23	22	22	21
4	26	26	25	25	24	23	25	24	24	23	23	22
5	27	27	26	26	25	24	26	25	25	24	24	23
6	28	28	27	27	26	25	27	26	26	25	25	24
7	29	29	28	28	27	26	28	27	27	26	26	25
8	30	30	29	29	28	27	29	28	28	27	27	26
9	1	31	30	30	29	28	30	29	29	28	28	27
10	2	1	1	31	30	1	31	30	30	29	29	28
11	3	2	2	1	31	2	1	1	31	30	30	29
12	4	3	3	2	1	3	2	2	1	31	31	30
13	5	4	4	3	2	4	3	3	2	1	1	31
14	6	5	5	4	3	5	4	4	3	2	2	1
15	7	6	6	5	4	6	5	5	4	4	3	2
16	8	7	7	6	5	7	6	6	5	5	4	3
17	9	8	8	7	6	8	7	7	6	6	5	4
18	10	9	9	8	7	9	8	8	7	7	6'	5
19	11	10	10	9	8	10	9	9	8	8	7	6
20	12	11	11	10	9	11	10	10	9	9	8	7
21	13	12	12	11	10	12	11	11	10	10	9	8
22	14	13	13	12	11	13	12	12	11	11	10	9
23	15	14	14	13	12	14	13	13	12	12	11	10
24	16	15	15	14	13	15	14	14	13	13	12	11
25	17	16	16	15	14	16	15	15	14	14	13	12
26	18	17	17	16	15	17	16	16	15	15	14	13
27	19	18	18	17	16	18	17	17	16	16	15	14
28	20	19	19	18	17	19	18	18	17	17	16	15
29	21	20	20	19	18	20	19	19	18	18	17	16
30	22	21	21	20	19	21	20	20	19	19	18	17

JOURS COMPLÉMENTAIRES.

Jours du mois.	VENDÉMIAIRE.	BRUMAIRE.	FRIMAIRE.	NIVÔSE.	PLUVIÔSE.	VENTÔSE.	GERMINAL.	FLORÉAL.	PRAIRIAL.	MESSIDOR.	THERMIDOR.	FRUCTIDOR.
1												18
2												19
3												20
4												21
5												22
6												23

Concordances des mois grégoriens (indiqués en colonnes) : Vendémiaire = Septembre 1802 / Octobre 1802 ; Brumaire = Octobre 1802 / Novembre 1802 ; Frimaire = Novembre 1802 / Décembre 1802 ; Nivôse = Décembre 1802 / Janvier 1803 ; Pluviôse = Janvier 1803 / Février 1803 ; Ventôse = Février 1803 / Mars 1803 ; Germinal = Mars 1803 / Avril 1803 ; Floréal = Avril 1803 / Mai 1803 ; Prairial = Mai 1803 / Juin 1803 ; Messidor = Juin 1803 / Juillet 1803 ; Thermidor = Juillet 1803 / Août 1803 ; Fructidor = Août 1803 / Septembre 1803.

AN DOUZE DE L'ÈRE RÉPUBLICAINE.

Jours du mois.	VENDÉMIAIRE. Concordance entre le mois de chaque ère.	BRUMAIRE. Concordance entre le mois de chaque ère.	FRIMAIRE. Concordance entre le mois de chaque ère.	NIVÔSE. Concordance entre le mois de chaque ère.	PLUVIÔSE. Concordance entre le mois de chaque ère.	VENTÔSE. Concordance entre le mois de chaque ère.	GERMINAL. Concordance entre le mois de chaque ère.	FLORÉAL. Concordance entre le mois de chaque ère.	PRAIRIAL. Concordance entre le mois de chaque ère.	MESSIDOR. Concordance entre le mois de chaque ère.	THERMIDOR. Concordance entre le mois de chaque ère.	FRUCTIDOR. Concordance entre le mois de chaque ère.
	samedi.	*lundi.*	*mercr.*	*vendr.*	*dimanc.*	*mardi.*	*jeudi.*	*samedi.*	*lundi.*	*mercr.*	*vendr.*	*dimanc.*
1	24 *Septembre 1803*	24 *Octobre 1803*	23 *Novembre 1803*	23 *Décembre 1803*	22 *Janvier 1804*	21 *Février 1804*	22 *Mars 1804*	21 *Avril 1804*	21 *Mai 1804*	20 *Juin 1804*	20 *Juillet 1804*	19 *Août 1804*
2	25	25	24	24	23	22	23	22	22	21	21	20
3	26	26	25	25	24	23	24	23	23	22	22	21
4	27	27	26	26	25	24	25	24	24	23	23	22
5	28	28	27	27	26	25	26	25	25	24	24	23
6	29	29	28	28	27	26	27	26	26	25	25	24
7	30	30	29	29	28	27	28	27	27	26	26	25
8	1 *Octobre 1803*	31	30	30	29	28	29	28	28	27	27	26
9	2	1 *Novembre 1803*	1 *Décembre 1803*	31	30	29	30	29	29	28	28	27
10	3	2	2	1 *Janvier 1804*	31	1 *Mars 1804*	31	30	30	29	29	28
11	4	3	3	2	1 *Février 1804*	2	1 *Avril 1804*	1 *Mai 1804*	31	30	30	29
12	5	4	4	3	2	3	2	2	1 *Juin 1804*	1 *Juillet 1804*	31	30
13	6	5	5	4	3	4	3	3	2	2	1 *Août 1804*	31
14	7	6	6	5	4	5	4	4	3	3	2	1 *Septembre 1804*
15	8	7	7	6	5	6	5	5	4	4	3	2
16	9	8	8	7	6	7	6	6	5	5	4	3
17	10	9	9	8	7	8	7	7	6	6	5	4
18	11	10	10	9	8	9	8	8	7	7	6	5
19	12	11	11	10	9	10	9	9	8	8	7	6
20	13	12	12	11	10	11	10	10	9	9	8	7
21	14	13	13	12	11	12	11	11	10	10	9	8
22	15	14	14	13	12	13	12	12	11	11	10	9
23	16	15	15	14	13	14	13	13	12	12	11	10
24	17	16	16	15	14	15	14	14	13	13	12	11
25	18	17	17	16	15	16	15	15	14	14	13	12
26	19	18	18	17	16	17	16	16	15	15	14	13
27	20	19	19	18	17	18	17	17	16	16	15	14
28	21	20	20	19	18	19	18	18	17	17	16	15
29	22	21	21	20	19	20	19	19	18	18	17	16
30	23	22	22	21	20	21	20	20	19	19	18	17

JOURS COMPLÉMENTAIRES.

Jours du mois.	VENDÉMIAIRE.	BRUMAIRE.	FRIMAIRE.	NIVÔSE.	PLUVIÔSE.	VENTÔSE.	GERMINAL.	FLORÉAL.	PRAIRIAL.	MESSIDOR.	THERMIDOR.	FRUCTIDOR.
1												18
2												19
3												20
4												21
5												22

AN TREIZE DE L'ÈRE RÉPUBLICAINE.

Jours du mois	VENDÉMIAIRE	BRUMAIRE	FRIMAIRE	NIVOSE	PLUVIOSE	VENTOSE	GERMINAL	FLORÉAL	PRAIRIAL	MESSIDOR	THERMIDOR	FRUCTIDOR
	Concordance entre le mois de chaque ère.	Concordance entre le mois de chaque ère.	Concordance entre le mois de chaque ère.	Concordance entre le mois de chaque ère.	Concordance entre le mois de chaque ère.	Concordance entre le mois de chaque ère.	Concordance entre le mois de chaque ère.	Concordance entre le mois de chaque ère.	Concordance entre le mois de chaque ère.	Concordance entre le mois de chaque ère.	Concordance entre le mois de chaque ère.	Concordance entre le mois de chaque ère.
	dim.	mardi	jeudi	samed.	lundi	mercr.	vendr.	dim.	mardi	jeudi	samed.	lundi
1	23 (Septembre 1804.)	23 (Octobre 1804.)	22 (Novembre 1804.)	22 (Décembre 1804.)	21 (Janvier 1805.)	20 (Février 1805.)	22 (Mars 1805.)	21 (Avril 1805.)	21 (Mai 1805.)	20 (Juin 1805.)	20 (Juillet 1805.)	19 (Août 1805.)
2	24	24	23	23	22	21	23	22	22	21	21	20
3	25	25	24	24	23	22	24	23	23	22	22	21
4	26	26	25	25	24	23	25	24	24	23	23	22
5	27	27	26	26	25	24	26	25	25	24	24	23
6	28	28	27	27	26	25	27	26	26	25	25	24
7	29	29	28	28	27	26	28	27	27	26	26	25
8	30	30	29	29	28	27	29	28	28	27	27	26
9	1 (Octobre 1804.)	31	30	30	29	28	30	29	29	28	28	27
10	2	1 (Novembre 1804.)	1 (Décembre 1804.)	31	30	1 (Mars 1805.)	31	30	30	29	29	28
11	3	2	2	1 (Janvier 1805.)	31	2	1 (Avril 1805.)	1 (Mai 1805.)	31	30	30	29
12	4	3	3	2	1 (Février 1805.)	3	2	2	1 (Juin 1805.)	1 (Juillet 1805.)	31	30
13	5	4	4	3	2	4	3	3	2	2	1 (Août 1805.)	31
14	6	5	5	4	3	5	4	4	3	3	2	1 (Septembre 1805.)
15	7	6	6	5	4	6	5	5	4	4	3	2
16	8	7	7	6	5	7	6	6	5	5	4	3
17	9	8	8	7	6	8	7	7	6	6	5	4
18	10	9	9	8	7	9	8	8	7	7	6	5
19	11	10	10	9	8	10	9	9	8	8	7	6
20	12	11	11	10	9	11	10	10	9	9	8	7
21	13	12	12	11	10	12	11	11	10	10	9	8
22	14	13	13	12	11	13	12	12	11	11	10	9
23	15	14	14	13	12	14	13	13	12	12	11	10
24	16	15	15	14	13	15	14	14	13	13	12	11
25	17	16	16	15	14	16	15	15	14	14	13	12
26	18	17	17	16	15	17	16	16	15	15	14	13
27	19	18	18	17	16	18	17	17	16	16	15	14
28	20	19	19	18	17	19	18	18	17	17	16	15
29	21	20	20	19	18	20	19	19	18	18	17	16
30	22	21	21	20	19	21	20	20	19	19	18	17

JOURS COMPLÉMENTAIRES.

Jours	VENDÉMIAIRE	BRUMAIRE	FRIMAIRE	NIVOSE	PLUVIOSE	VENTOSE	GERMINAL	FLORÉAL	PRAIRIAL	MESSIDOR	THERMIDOR	FRUCTIDOR
1												18
2												19
3												20
4												21
5												22

AN QUATORZE DE L'ÈRE RÉPUBLICAINE.

Jours du mois	VENDÉMIAIRE	BRUMAIRE	FRIMAIRE	NIVOSE
	Concordance entre le mois de chaque ère.	Concordance entre le mois de chaque ère.	Concordance entre le mois de chaque ère.	Concordance entre le mois de chaque ère.
	lundi	mercr.	vendr.	dim.
1	23 (Septembre 1805.)	23 (Octobre 1805.)	22 (Novembre 1885.)	22 (Décembre 1805.)
2	24	24	23	23
3	25	25	24	24
4	26	26	25	25
5	27	27	26	26
6	28	28	27	27
7	29	29	28	28
8	30	30	29	29
9	1 (Octobre 1805.)	31	30	30
10	2	1 (Novembre 1805.)	1 (Décembre 1805.)	31
11	3	2	2	1 (Janvier 1806.)
12	4	3	3	
13	5	4	4	
14	6	5	5	
15	7	6	6	
16	8	7	7	
17	9	8	8	
18	10	9	9	
19	11	10	10	
20	12	11	11	
21	13	12	12	
22	14	13	13	
23	15	14	14	
24	16	15	15	
25	17	16	16	
26	18	17	17	
27	19	18	18	
28	20	19	19	
29	21	20	20	
30	22	21	21	

Époque de la suppression de l'Ère républicaine et de la remise en usage du calendrier grégorien (Sénatus-Consulte du 22 fructidor an XIII).

CARENCE — V. *Procès-verbal de carence.*

CAUTIONNEMENT [32] CONVENTIONNEL

1° *Pur et simple , par un seul.*
2° *Limité et solidaire, par plusieurs.*
3° *Solidaire, avec hypothèque* [30]*, subrogation* [id.] *et prorogation* [77]*.*
4° *Sur un immeuble.*
5° *Par un certificateur de caution.*
6° *Afin de mise en liberté provisoire.*
7° *D'un officier ministériel.*

1° CAUTIONNEMENT [32] PUR ET SIMPLE , PAR UN SEUL.

1 PAR-DEVANT Me Alexandre [1] ROLAND (*id.*), Notaire [2] à Bois-d'Arcy [1], canton d'Arcy, département de l'Yonne, soussigné [15].

2 Est comparu M. Jean-Baptiste [3] LORDEREAU (*id.*), ancien tanneur (*id.*), demeurant (*id.*) à Bois-d'Arcy.

3 Lequel, après avoir pris communication [21] et entendu la lecture [16] que le Notaire soussigné lui a faite d'un contrat [107] passé devant lui en minute [39] et présence de témoins [14] le... dûment enregistré [18, 42], contenant vente [109] par M. Nestor PAUTRAT, négociant demeurant à... à M. Ismaël LORDEREAU, marchand de fers, demeurant à..., fils du comparant, d'un assortiment de fers pour composer son fonds de commerce, moyennant la somme [35] de trente mille francs [91] payables [84] en six termes [77] égaux d'année en année à compter du jour de la vente, avec intérêts [49] à six pour cent par an payables par sémestres.

4 A, par ces présentes, déclaré se rendre et constituer volontairement caution [32] dudit sieur Ismaël LORDEREAU, son fils , pour raison de ladite somme de trente mille francs et de ses intérêts tels qu'ils sont stipulés au contrat de vente.

5 En conséquence , il s'est obligé [107] envers M. PAUTRAT, sus-nommé , à ce présent et acceptant, au paiement de la susdite somme et au service de ses intérêts, dans le cas où son fils ne paierait pas après avoir été discuté dans ses biens.

6 Pour l'exécution des présentes M. LORDEREAU, père, a fait élection de domicile [11] en sa demeure actuelle sus-indiquée.

7 Dont acte, fait et passé à Bois-d'Arcy [12], en l'étude (*id.*) l'an mil huit cent quarante-trois [13], le vingt-sept juin (*id.*), en présence des sieurs Nicolas [14] Boulot (*id.*), cordonnier (*id.*) et Joseph Lahotte, sabotier, demeurant (*id.*) tous deux à Bois-d'Arcy, témoins instrumentaires (*id.*) ; et les comparants ont signé [15] avec les témoins et le Notaire, après lecture [16]. — V. la note *m* au bas de la p. 7.

8 V. *Répertoire*, note 17. — *Enregistrement et Subvention*, notes 117, 18, 19.

9 Et, au besoin, la table alphabétique du Commentaire.

2° CAUTIONNEMENT [32] LIMITÉ ET SOLIDAIRE , PAR PLUSIEURS.

1 PAR-DEVANT Me Achille [1] LESCUYER (*id.*), Notaire [2] à Surgy, arrondissement de Clamecy (Nièvre), soussigné [15].

2 Sont comparus M. Louis [3] BUFFAUT (*id.*), propriétaire (*id.*) et M. Martin COLLINET, marchand épicier, demeurant (*id.*) tous deux à Surgy.

Lesquels, après avoir pris communication [21] et entendu la lecture [16] que le Notaire soussigné le a faite d'un contrat [177] passé devant lui en minute [59] et présence de témoins [14] le... dûment enregistré [42], contenant bail [105] par M. Jean-Baptiste Risson, propriétaire demeurant à Surgy, au sie Etienne Buffaut, mineur émancipé [82], âgé de dix-huit ans, d'une ferme [7] située sur la commune Surgy, pour neuf années consécutives, moyennant la somme de douze cents francs de fermage annu outre les charges.

4 Ont, par ces présentes, déclaré se rendre et constituer volontairement cautions solidaires dudit sie Etienne Buffaut, leur neveu, pour raison des fermages en argent dudit bail.

5 Ils se sont, en conséquence, obligés solidairement entre eux et encore solidairement avec ledit sie Etienne Buffaut, envers M. Risson, à ce présent et acceptant, au paiement desdits fermages en argen chacun pour la somme de six cents francs par an, mais seulement pour les trois années à courir, jusqu la majorité de leurdit neveu, n'entendant se rendre ni l'un ni l'autre cautions des fermages ultérieu soit que ce dernier ratifie [208] soit qu'il ne ratifie pas le bail à lui fait en minorité.

6 Pour l'exécution des présentes, les parties comparantes font élection de domicile [11] en leurs d meures actuelles sus-indiquées.

7 Dont acte, fait et passé à Surgy [12] en l'étude (id.), l'an mil huit cent quarante-trois [13], le vingt h juin (id.), en présence des sieurs Pierre [14] Louidor (id.), vigneron (id.) et François (id.) Mélange (id marchand de vin (id.), demeurant (id.) tous deux à Surgy, témoins instrumentaires (id.); et les parti ont signé [15] avec les témoins et le Notaire, après lecture [16] — V. sup. la note m au bas de la p. 7.

8 V. Répertoire, note 17. — Enregistrement et Subvention, notes 117, 18 et 19.

9 Et, au besoin, la table alphabétique du Commentaire.

5° Solidaire avec hypothèque, subrogation et prorogation

3° CAUTIONNEMENT [32] SOLIDAIRE AVEC HYPOTHÈQUE [30], SUBROGATION (id.) ET PROROGATION [77].

1 Par-devant Me Etienne [1] Mémain (id.), Notaire [2] à la Forêt [1], canton de Surgy, départeme de la Nièvre, soussigné [15].

2 Est comparu M. Julien [3] Letaillu (id.), propriétaire (id.), demeurant (id.) à la Forêt.

3 Agissant comme mandataire [80] spécial à l'effet des présentes de Mad. Mélanie [5] Jupin (id.), épou [144] de M. Célestin [5] Trichaux (id.), marchand de nouveautés (id.) demeurant (id.) à Clamecy, e résidant momentanément à Paris, aux termes de la procuration qu'elle a donnée par ac [177] passé devant Me Moreau et son collègue, Notaires à Paris, le... et dont le brevet original dûme enregistré [42] et légalisé [125] est demeuré annexé [55] à ces présentes, après avoir été du mandatai certifié véritable (id.) en présence du Notaire et des témoins soussignés; ladite dame étant par ces pr sentes dûment autorisée [68] de son mari, à ce présent. — V. sup. p. 110, note a.

4 Lequel, en cette qualité, après avoir pris communication [21] et entendu la lecture [16] à lui faite p le Notaire soussigné de la grosse [64] d'un jugement [75] rendu contradictoirement au profit de M. A toine Brivot, banquier demeurant à Clamecy, contre ledit sieur Trichaux, par le tribunal de commer [118] de Clamecy, le... dûment enregistré, et portant condamnation contre ce dernier à une somme d vingt-cinq mille francs, aux intérêts [49] suivant le taux du commerce et aux frais.

5 A, par ces présentes, déclaré rendre et constituer la dame Jupin caution et répondant solidaire c son mari, pour raison des condamnations en principal [136] et accessoires [103] prononcées au profit d M. Brivot contre sondit mari par le jugement précité.

6 En conséquence, M. Letaillu a obligé [107] ladite dame Jupin solidairement [106] avec son mari san division ni discussion envers M. Trichaux, sus-nommé, à ce présent et acceptant, au paiement de ladi somme de vingt-cinq mille francs, des intérêts [49] et des frais [120], attendu qu'elle fait du tout sa prop affaire comme si elle était seule débitrice et principale obligée.

7 A la garantie de ce cautionnement, M. Letaillu en sa dite qualité a affecté et hypothéqué [30] le domaine du Vaux-Blanchard, situé [141] sur le finage (*id.*) de la Forêt, avec toutes ses dépendances [71], sans aucune exception ni réserve.

8 Appartenant [22] à la dame Jupin en propre pour lui être échue par le partage [143] des biens dépendant des successions de M. François Jupin et de la dame Hortense Michaut, ses père et mère, dont elle était héritière [78] pour un tiers, ledit partage fait sans soulte [140] entre elle et ses frère et sœur par acte [177] passé devant Me Villiers qui en a gardé minute [59] et son collègue, Notaires à Clamecy, le... dûment enregistré [18 et 42].

9 Sous les peines de droit, le mandataire de Mad. Jupin, au nom qu'il procède, a déclaré que le domaine hypothéqué n'était grevé d'aucune hypothèque [30] légale (*id.*), conventionnelle (*id.*) ou judiciaire (*id.*). S'obligeant, en la même qualité, de justifier d'ici à un mois de la sincérité de sa déclaration par un certificat [111] du conservateur des hypothèques de Clamecy, constatant qu'à l'époque de la délivrance de ce certificat il n'existera sur ledit domaine que l'inscription [83] qui aura pu être prise en vertu des présentes, sous peine de déchéance du délai [77] ci-après accordé.

10 +Les déboursés [8[et honoraires (*id.*) des présentes, ainsi que le coût de la grosse [64] et de l'inscription [85], seront supportés par M. Jupin.

11 Dont acte, fait et passé à la Forêt [12], en l'étude (*id.*), l'an mil huit cent quarante-trois [13] le vingt-neuf juin (*id.*), en présence des sieurs Thomas [14] Leroux (*id.*), cultivateur (*id.*) et Germain Perreau, épicier, demeurant (*id.*) tous deux à la Forêt, témoins (*id.*) instrumentaires : et les parties ont signé [15] avec les témoins et le Notaire, après lecture [16]. — V. *sup.* la note *m* au bas de la p. 7. (*Signatures*).

12 +*De plus, M. Letaillu, toujours en sa même qualité, subroge [30 et 114] M. Brivot, qui l'accepte, dans l'effet de l'hypothèque légale de la dame Jupin sur tous les biens de son mari, pour raison de la somme de vingt-cinq mille francs dont il s'agit et de ses accessoires [103]; pour, par le cessionnaire, exercer ladite subrogation par préférence à elle-même et à tous autres, jusqu'à due concurrence.*

13 *Au moyen dudit cautionnement, M. Brivot consent à proroger [77] l'exigibilité de la somme de vingt-cinq mille francs formant le principal [136] de la condamnation résultant du jugement précité jusqu'au... à la condition que ladite somme produira des intérêts [49] comme par le passé, que le tout sera payable [84] en sa demeure et qu'il n'y aura aucune novation [168] dans les droits [27] et actions [28], privilèges [29] et hypothèques [30] résultant dudit jugement et de la nature de la dette.*

14 *Approuvé le long renvoi.—Signature de chaque partie au-dessous de cette approbation écrite de sa main* (a).

(*Signatures des témoins et du Notaire.*)

16 V. *Répertoire*, note 17. — *Enregistrement et Subvention*, notes 117, 18 et 19.

17 Et, au besoin, la table alphabétique du Commentaire.

4° CAUTIONNEMENT SUR UN IMMEUBLE,

V. *Garantie hypothécaire sur un immeuble* et notes 52, n. 115.

4° Sur un immeuble
— Renvoi.

5° CAUTIONNEMENT [52] PAR UN CERTIFICATEUR DE CAUTION.

5° Par un certificateur de caution.

1 Par-devant Me Adrien [1] Lechat (*id.*), Notaire [2] à la résidence de [1] ..., département de... soussigné [15].

2 Est comparu M. Ernest [3] Blanchard (*id.*), horloger (*id.*) demeurant (*id.*) à...

3 Lequel, après avoir pris communication [21] d'un acte [177] passé en minute [59] et présence de

---

(a) Lorsqu'une partie ne peut point mettre l'approbation ne sachant pas écrire, on doit, quand même elle saurait signer, recourir à la clause additionnelle donnée *sup.* p. 150, alin. 70. — V. la note *d* au bas de ladite page et la note 37, p. 435, n. 21 et 22.

témoins [14] devant M⁰ Lechat, Notaire soussigné , le... dûment enregistré [42], contenant 1° ouvertu [173] par M. Germain Bonnard, banquier, demeurant à... à M. Athanase Putard, entrepreneur de b timents demeurant à...' d'un crédit de cinquante mille francs produisant intérêts à six pour cen compter du jour où les fonds sortiraient de sa caisse pour le compte dudit sieur Putard, et remboursa [84] en dix paiements égaux de trois en trois mois, 2° et cautionnement pur et simple (ou : *solidaire*) du sieur Putard par le sieur Théodore Caillat, ébéniste, demeurant à...

4 A, par ces présentes, à titre de certificateur de caution , certifié à M. Bonnard la solvabilité du si Caillat sus-nommé, et s'est, par suite, rendu et constitué caution pur et simple (ou : *caution solida* dudit sieur Caillat, caution lui-même dudit sieur Putard, envers ledit sieur Bonnard, à ce présent acceptant , pour raison de ladite somme de cinquante mille francs et de ses intérêts. En conséquence s'est obligé, en sa qualité sus-exprimée, au remboursement de ladite somme principale et au service ses intérêts.

5 Pour l'exécution des présentes, les comparants ont fait élection de domicile [11] en leurs demeu respectives sus-indiquées.

6 Dont acte, fait et passé à... en l'étude [12], l'an mil huit cent quarante-trois [13], le vingt-neuf a (*id.*), en présence des sieurs Mathurin [14] Sergent (*id.*), menuisier (*id.*) et Pierre Gourlot, tonnelier, d meurant (*id.*) tous deux à... témoins instrumentaires (*id.*) ; et les parties ont signé [15] avec les témo et le Notaire , après lecture [16]. — V. *sup.* la note *m* au bas de la p. 7.

7　　　V. *Répertoire*, note 17. — *Enregistrement et Subvention*, notes 117, 18 et 19.

8　　　Et, au besoin, la table alphabétique du Commentaire.

6° Afin de mise en liberté provisoire.

6° CAUTIONNEMENT [32] AFIN DE MISE EN LIBERTÉ [223] PROVISOIRE (*a*).

1 Par-devant M⁰ Artiste [1] Leroux (*id.*), Notaire [2] à la résidence [1] de... département de... so signé [18].

2 Est comparu M. Simon [3] Pellaut (*id.*) propriétaire (*id.*), demeurant (*id.*) à...

3 Lequel a dit et exposé, que par suite de la plainte [223] portée contre le sieur Daniël Fessard , pa sieur Charles Copeau, et sur laquelle il est intervenu un mandat d'arrêt [223] et de dépôt (*id.*) du sieur Fessard, celui-ci a été écroué [223] dans la maison de détention de... à la date du...

4 Que par ordonnance [222] de la chambre du conseil du tribunal de... ledit sieur Fessard a obtenu mise en liberté provisoire en donnant pour caution la personne de M. Pellaut, comparant et en se c formant aux art. 120 et suivants du Code d'instruction criminelle.

Et qu'il se présente pour souscrire le cautionnement dont il s'agit.

5 En conséquence , M. Pellaut se constitue , par ces présentes, caution que M. Fessard, sus-nomm se représentera à tous les actes de procédure qui seront, à compter d'aujourd'hui, la suite de la plai formée contre lui : s'obligeant même par corps [32] à payer dès qu'il en sera requis, entre les mains receveur de l'enregistrement au bureau de..., la somme de..., au cas où ledit sieur Fessard viendr à être constitué en défaut de se représenter aux actes dont il s'agit.

6 A la sûreté du paiement de ladite somme et de ses accessoires, M. Pellaut affecte et hypothèque [3 spécialement et par privilège [29] une pièce de pré, de la contenance [91] de cinq hectares, située [1 sur le finage de..., lieu dit le Revivre , tenant d'un côté du levant à...

7 De laquelle pièce il est propriétaire [22], comme l'ayant recueillie dans la succession [88] de M. C prien Pellaut, son père, dont il est héritier [78] pour moitié , ainsi qu'il est constaté par un acte [17 de liquidation [145] et partage (*id.*) passé devant M⁰..., Notaire à..., le..., dûment enregistré [18 et 42]

(*a*) La soumission de la caution peut aussi être faite au greffe du tribunal (C. instr. crim. 120). — Dans ce cas, on p consulter la formule page 219.

8 Déclare [30], M. Pellaut, que l'immeuble hypothéqué n'est grevé d'aucune hypothèque [30] légale, conventionnelle ou judiciaire (ou : *n'est grevé que de..*)

9 Pour faire signifier [20] ces présentes à qui il appartiendra, tout pouvoir est donné au porteur [80] d'une expédition [64] des présentes.

10 Et pour l'exécution des présentes M. Pellaut fait élection de domicile [11] en sa demeure.

11 Dont acte, fait et passé à [12]... en l'étude (*id.*), l'an mil huit cent quarante-trois [13] le trente juin (*id.*), en présence des sieurs Zacharie [14] Guéau (*id.*), marchand (*id.*) de vins et Lazare Fourneau, meunier, demeurant (*id.*) tous deux à..., témoins instrumentaires (*id.*), et le comparant a signé [18] avec les témoins et le Notaire, après lecture [16]. — V. *sup.* la note *m* au bas de la p. 7.

12 V. *Répertoire,* note 17. — *Enregistrement et Subvention*, notes 117, 18 et 19.

13 Et, au besoin, la table alphabétique du Commentaire.

7° CAUTIONNEMENT [224] D'UN OFFICIER MINISTÉRIEL.

7° D'un officier ministériel.

V. inf. *Cession de priorité et déclaration au profit d'un bailleur de fonds.*

CAUTIONNEMENT [32] JUDICIAIRE.

Cautionnement judiciaire.

1 L'an mil huit cent quarante-trois le trente juin, devant nous greffier [94] du Tribunal civil de première instance séant à...

2 Est comparu, le sieur Benjamin Guignard, propriétaire demeurant à...; assisté de Me Marchet, avoué près ledit tribunal.

3 Lequel nous a dit que, par jugement [78] contradictoire rendu entre Pierre Guignard et le sieur Lazare Fourneron, par la première chambre dudit tribunal le... dûment enregistré [42], il a été ordonné que ledit sieur Guignard serait tenu de fournir caution.

4 Que, par acte [20] d'avoué à avoué (ou : *par exploit* (*id.*) en date du... ledit sieur Pierre Guignard a présenté pour caution le comparant, son frère, et que cette caution a été acceptée par ledit sieur Fourneron, par acte d'avoué à avoué (ou : *par exploit*) du.... et qu'en conséquence desdites présentation et acceptation, le comparant déclare se rendre et constituer caution dudit sieur Pierre Guignard dans les termes du jugement sus-énoncé : se soumettant (*même par corps* [31]) à rembourser le montant desdites condamnations (a).

5 Desquelles comparution, déclaration et soumission, le comparant a requis acte, à lui octroyé; et a signé avec ledit Me Marchet, son avoué et nous greffier, après lecture — (*Signatures*).

6 V. *Enregistrement*, notes 117, 18 et 19.

CERTIFICAT [32] DE CAUTION.

V. sup. *Cahier de charges*, p. 192, alin. 45 et sup. *Cautionnement*, p. 217.

Certificat de caution.

_____

(a) S'il s'agit de la caution d'un héritier bénéficiaire, on ajoute : *et s'obligeant de représenter la va'eur du mobilier inventorié.*

CERTIFICAT DE DÉCLARATION [225] :

1° *De changement de domicile par un pensionnaire ou rentier.*
2° *De jouissance ou de non-jouissance de traitement par un pensionnaire.*

1° De changem. de
domicile par un pen-
sionnaire ou rentier.

1° CERTIFICAT DE DÉCLARATION DE CHANGEMENT DE DOMICILE [225].

₁ Je soussigné (*nom et prénoms*), Notaire certificateur [225] à la résidence de... [1] département de...

₂ Certifie que M. Cyprien [3] MILLEVOIE (*id.*), ancien directeur (*id.*) de la poste aux lettres de..., y demeurant, jouissant d'une pension de retraite de quatre cents francs sous le n° 1019, vol. 15 et auqu..[?] j'ai délivré des certificats de vie depuis le... jusqu'à... pour recevoir ladite pension.

₃ M'a déclaré que son intention était de quitter le domicile qu'il avait à... pour aller se fixer à... département de... où il entend faire, à l'avenir, certifier son existence par un Notaire de son choix pour parvenir à toucher les arrérages de cette même pension.

₄ Fait à..., le... mil huit cent...   (*Signature*) (a).

2° De jouissance ou
de non-jouissance
de traitement par
un pensionnaire.

2° CERTIFICAT DE DÉCLARATION (b) DE JOUISSANCE OU DE NON-JOUISSANCE DE TRAITEMENT PAR UN PENSIONNAIRE [225].

₁ Je soussigné (*nom et prénoms*), Notaire certificateur [225] à la résidence de... [1] département de...

₂ Certifie que Mad^{lle} Irma [3] FAVARD (*id.*), fille majeure (*id.*) sans profession, domiciliée à... (*id.*).

₃ Comme seule héritière de M. Jacques FAVARD, son père, capitaine en retraite, né à... département de... le... et décédé à... le... en jouissance d'une pension militaire de neuf cents francs par an inscrit sous le n° 5004, vol. 9, pour laquelle pension je lui délivrais les certificats de vie nécessaires.

₄ M'a déclaré que son dit père, à son décès, jouissait, outre cette pension, d'un traitement de deux mill... quatre cents francs par an comme (*désigner ici l'emploi*), et qu'il ne jouissait d'aucun autre traitement sous quelque dénomination que ce soit, ni d'aucune autre pension ou solde de retraite soit à la charge de l'Etat, soit sur les fonds de la caisse des invalides de la marine.

₅ Ou BIEN : m'a déclaré que son dit père, à son décès, ne jouissait d'aucun traitement sous quelque dénomination que ce soit, ni d'aucune autre pension ou solde de retraite soit à la charge de l'Etat, soit sur les fonds de la caisse des invalides de la marine.

₆ En foi de quoi j'ai délivré le présent que Mad^{lle} FAVARD a signé [15] avec moi.

₇ Fait à... le... mil huit cent...   (*Signatures.*) (a).

CERTIFICAT D'INDIVIDUALITÉ [225].

₁ PAR-DEVANT Me Etienne [1] LARRET (*id.*), Notaire [2] à la résidence [1] de... département de... sous signé [15].

(a) Pour le timbre et l'enregistrement, ces certificats doivent suivre le sort du certificat de vie concernant la rente ou pension qui y est mentionnée ; ainsi décidé, quant au timbre relatif à la déclaration de jouissance ou de non-jouissance de traitement, par l'art. 12 de l'ordonn. roy. du 21 juin 1817 et par déc. min. Fin. du 15 janvier 1825 — V. au surplus la note 18 n. 569 et la note 61, et les formules de certificat de vie.

(b) Cette déclaration se fait ordinairement dans le certificat de propriété, et on la fait rarement par un acte particulier — surtout lorsque les parties peuvent comparaître devant le Notaire qui reçoit le certificat de propriété. — V. Certificat de propriété, p. 221.

₂ Est comparu M. Louis-Isidore [3] COMMOT (*id.*), jurisconsulte (*id.*), demeurant (*id.*) à...

₃ Né à... le... ainsi qu'il en a justifié par une expédition en forme de son acte de naissance [63] représentée et rendue.

₄ Lequel, étant parfaitement connu du Notaire soussigné, a requis ledit Notaire de lui donner acte de sa comparution devant lui, dans le but d'établir l'authenticité de la signature qu'il va apposer au bas des présentes ; ce qui lui a été à l'instant octroyé.

₅ Dont acte, fait et passé à... en l'étude [12], l'an mil huit cent... le... [13], en présence des sieurs François [14] LEGUT (*id.*), coutelier (*id.*) et Pancrace FERRAND, taillandier, demeurant (*id.*) tous deux à..., témoins (*id.*) instrumentaires ; et le comparant a signé [15] avec les témoins et le Notaire, après lecture [16]. — V. *sup.* la note *m* au bas de la page 7.

₆ V. *Répertoire*, note 17. — *Enregistrement et Subvention*, notes 99, 18 et 19.

CERTIFICAT DE PROPRIÉTÉ [223]

1° CERTIFICAT DE PROPRIÉTÉ [225] POUR UNE RENTE PERPÉTUELLE SUR L'ETAT [197],
AU PROFIT DE LÉGATAIRES UNIVERSELS [24].

TRÉSOR PUBLIC. — CINQ POUR CENT CONSOLIDÉS.

EXTRAIT D'INSCRIPTION AU GRAND-LIVRE DE LA DETTE PUBLIQUE PERPÉTUELLE.

N° 5989. — SÉRIE 3. — SOMME 593 fr.

AU NOM { de Dorcas-RANDALL (Marie), pour l'usufruit. et de François COSLET, pour la nue-propriété.

₅ Je, soussigné (*nom et prénoms* [1]), Notaire [2] à la résidence [1] de... département de...

₆ Vu 1° l'acte de décès [63] de M. François COSLET, avocat, inscrit aux registres de l'état civil [162] de la commune de... le trois décembre mil huit cent trente-trois et constatant que ce décès est arrivé audit lieu le deux dudit mois. Expédition duquel acte de décès est en ma possession comme étant annexé à la minute de l'acte de notoriété ci-après énoncé. — V. *inf.* p. 223 a.

₇ (*a*) 2° Le testament [152] olographe dudit feu sieur François COSLET, en date à... du neuf juillet

(*a*) On peut choisir dans les autres formules qui suivent, les qualités qui conviennent au certificat que l'on a à dresser dans l'occasion.

Certificat de propriété :

1° Pour une rente perpétuelle sur l'Etat au profit de légataires universels.

mil huit cent vingt-huit, enregistré [18 et 42] à... le cinq décembre mil huit cent trente-trois f° 54, rec[
case 8, au droit de cinq francs cinquante centimes, présenté à M. le président du tribunal civil de... q[
en a constaté l'état [24] et ordonné le dépôt (*id.*) en mon étude, ainsi qu'il résulte d'un procès-verb[
dressé au greffe dudit tribunal le trois dudit mois de décembre, aussi enregistré; par lequel testame[
ledit sieur COSLET a institué pour sa légataire [24] à titre universel en usufruit Mad. Marie-Françoi[
COSLET, épouse de M. Edme BONVILLE, chevalier de l'ordre de la légion d'honneur, demeurant à... et pou[
ses légataires universels (*id.*) en nue-propriété Mad. Marie-Edmée BONVILLE, épouse de M. Antoine CHARL[
Notaire honoraire demeurant à... et M. Pierre-Félix BONVILLE, alors mineur, sous l'administration léga[
de M. BONVILLE, son père et ayant son domicile de droit chez ce dernier.

8   3° L'ordonnance [24] rendue par M. le président du tribunal civil de... le quatorze décembre mil h[
cent trente-trois, enregistrée, par laquelle lesdits légataires ont été envoyés [24] en possession dudit le[
universel, M. COSLET ne laissant point d'héritier [78] à réserve [130] : l'original de laquelle ordonnan[
est demeuré annexé [35] à la minute [59] de l'intitulé de l'inventaire [145] ci-après énoncé.

9   4° L'intitulé de l'inventaire [145] fait par moi qui en ai la minute, en présence de témoins, après le déc[
dudit sieur COSLET, le dix-neuf décembre mil huit cent trente-trois, dûment enregistré, à la requ[
1° de son exécuteur testamentaire, 2° de Mad. BONVILLE, sus-nommée, 3° de M. BONVILLE, père, aya[
agi comme administrateur des biens de M. Pierre-Félix BONVILLE, son fils, alors mineur [65], 4° et [
Mad. CHARLÉ, ci-devant nommée, en leursdites qualités de légataires; le défunt n'ayant laissé aucun hé[
tier à réserve.

10   5° La minute étant en ma possession d'un acte de notoriété [127] dressé par moi en présence de t[
moins le vingt-un février mil huit cent trente-quatre, enregistré, contenant rectification des prénoms d[
légataires sus-nommés : dans lequel acte il a été de plus attesté par deux témoins que le défunt n'a lais[
ni ascendant ni descendant ayant droit à une réserve sur ses biens.

11   6° La minute étant aussi en ma possession d'un acte [177] passé devant moi en présence de témoins[
six mars mil huit cent trente-quatre, dûment enregistré, et par lequel les légataires universels en nu[
propriété sus-nommés ont consenti à Mad. BONVILLE, légataire de l'usufruit, la délivrance [24] de son leg[

12   7° Et l'acte de naissance [65] de M. Pierre-Félix BONVILLE, extrait des registres de l'état civil [
la ville de..., constatant que ledit sieur BONVILLE est né audit lieu le...; copie collationnée [64] duquel ac[
de naissance, enregistré à..., le..., f°... au droit de un franc dix centimes, m'a été déposée suiva[
acte reçu par moi en minute et présence de témoins ledit jour premier juin, enregistré le...[

13   CERTIFIE, en conformité de la loi du vingt-huit floréal an sept, que les cinq cent quatre-vingt-trei[
francs de rente portés en l'inscription dont l'intitulé est en tête du présent, appartiennent, savoir :

14   En usufruit pendant sa vie à Mad. BONVILLE, qui, en cette qualité, a droit aux arrérages dus depu[
le décès de la dem^{lle} DORCAS-RANDALL.

15   Et pour la nue-propriété à Mad. CHARLÉ, ci-devant dénommée et qualifiée et à M. Pierre-Féli[
BONVILLE, avocat, demeurant à..., aujourd'hui majeur, chacun pour moitié.

16   En sorte que les cinq cent quatre-vingt-treize francs de rente dont il s'agit doivent être immatricul[
au nom de :

17   COSLET (Marie-Françoise, femme de Edme BONVILLE, usufruitière.

18   La propriété à Marie-Edmée BONVILLE, femme de Antoine CHARLÉ et à Pierre-Félix BONVILL[
chacun pour moitié.

19   Avec droit pour ladite dame BONVILLE aux arrérages depuis le jour qu'ils sont dus.

20   En foi de quoi j'ai délivré le présent, (*Lorsqu'un des ayants-droit a été mineur et qu'on ne relate da[
le certificat de propriété aucun acte où il ait pris qualité, il est utile d'ajouter ce qui suit :*) auquel est i[
tervenu M. Pierre-Félix BONVILLE, sus-nommé, avocat demeurant à..., lequel, après avoir pris connais[
sance de ce qui précède, a déclaré qu'il avait depuis longtemps fait acte d'héritier pur et simple de fe[
M. François COSLET, et vouloir maintenir cette qualité. A..., le... mil huit cent...

21   (*Signatures : sans qu'il soit besoin de faire parapher les renvois et la mention des mots rayés par la part[
intervenante quand ils ne sont point relatifs à sa déclaration.* —V. note 17, p. 86, n. 55 et *inf. Certificat de vi*[

** V. *Enregistrement et Subvention.* — Notes 99, 18 et 19; faisant observer que le certificat de propriété doit être enregistré au bureau de la résidence du Notaire qui le délivre.

2° CERTIFICAT DE PROPRIÉTÉ [225] POUR LES ARRÉRAGES D'UNE PENSION CIVILE [197]
AU PROFIT D'UNE VEUVE NON-COMMUNE MAIS DONATAIRE [214]; AVEC DÉCLARATION DE NON-
JOUISSANCE D'AUCUN TRAITEMENT, ETC.

TRÉSOR PUBLIC. — PENSIONS CIVILES [197].

EXTRAIT D'INSCRIPTION AU GRAND-LIVRE.

N° 25036. — VOL. 6. — SOMME ANNUELLE 450 fr.

Au nom de MARCEAU (Christophe), directeur de poste aux lettres.

5 Je, soussigné (*nom et prénoms* [1]), Notaire [2] à la résidence [1] de... département de...

6 Vu 1° ledit extrait d'inscription au grand-livre.

7 2° L'acte de décès [63] dudit Christophe MARCEAU, inscrit aux registres de l'état civil de..., le... et constatant que ce décès est arrivé audit lieu le... (*a*).

8 3° La minute étant en ma possession d'un acte de notoriété [127] reçu par moi en présence de témoins le... enregistré le... [18 et 42], et constatant que ledit sieur MARCEAU est décédé le jour susdit, qu'après son décès il n'a point été fait d'inventaire [145] et qu'il n'a laissé ni ascendant ni descendant ayant droit à une réserve dans sa succession (*a*).

9 4° Et la minute étant aussi en ma possession d'un acte passé devant moi en présence de témoins le..., dûment enregistré, par lequel ledit feu sieur MARCEAU a fait donation [214] à Edmée GILLOT, sa femme, qui l'a accepté pour le cas où elle lui survivrait, de l'universalité des biens meubles ou immeubles qu'il délaisserait au jour de son décès, pour en jouir par elle en toute propriété à partir dudit décès. Étant observé qu'aux termes de leur contrat de mariage passé devant moi en minute et présence de témoins le..., dûment enregistré, lesdits époux MARCEAU étaient mariés avec exclusion de communauté (ou : *qu'ils étaient séparés de biens*).

10 Certifie, en exécution de la loi du vingt-huit floréal an sept,

11 Que ladite dame Edmée GILLOT, veuve MARCEAU, sans profession, demeurant à..., en qualité de donataire universelle de son dit mari, a seule droit de toucher et recevoir la totalité des arrérages dus et échus au jour du décès dudit sieur MARCEAU, de la pension annuelle de quatre cent-cinquante francs dont il jouissait sur le Trésor public, comme ancien directeur de poste aux lettres, sous le n. 25036, vol. 6.

12 Je certifie, en outre, que ladite veuve Marceau, en sa qualité sus-exprimée, m'a déclaré que depuis l'obtention de sa pension jusqu'au jour de son décès, ledit Christophe MARCEAU n'a joui d'aucun traitement sous quelque dénomination que ce soit ni d'aucune autre pension ou solde de retraite soit à la charge de l'État soit sur les fonds de la caisse des invalides de la marine. — V. *sup.* p. 220, 2° form.

13 En foi de quoi j'ai délivré le présent que ladite veuve MARCEAU a signé [15] avec moi.

14 Fait à..., le... mil huit cent ..   (*Signatures.*)

15   V. les deux derniers alin. de la formule qui précède.

(*a*) On ne doit point annexer l'expédition de l'acte de décès à la notoriété, parce qu'elle doit être produite au Trésor. — V. *inf.* p 225, note *a*.

3° CERTIFICAT DE PROPRIÉTÉ [225] POUR LES ARRÉRAGES D'UNE RENTE VIAGÈRE SUR L'ÉTAT [197]

AU PROFIT D'UN HÉRITIER FIDUCIAIRE [75].

TRÉSOR PUBLIC. — DETTE VIAGÈRE CONSOLIDÉE [197].

EXTRAIT D'INSCRIPTION AU GRAND-LIVRE DE LA DETTE VIAGÈRE SUR UNE TÊTE

N° 81306. — VOL. 9. — SOMME 411 fr.

Au nom de POTIER (Prudent), né le 12 décembre 1779.

Je, soussigné (*nom et prénoms* [1]), Notaire [2] à la résidence [1] de... département de...

Vu 1° ledit extrait d'inscription au grand-livre.

2° L'acte de décès [63] dudit Prudent POTIER, inscrit aux registres de l'état civil de..., le... et con tatant que ce décès est arrivé audit lieu le... — V. *sup.* la note *a* au bas de la p. 223.

3° La minute étant en ma possession du testament [152] par acte public dudit feu sieur POTIER, re par moi en présence de témoins, le... enregistré le..., par lequel testament M. Octave LEROUX a été instit héritier universel du testateur à charge de rendre tous les biens composant la succession de ce derni aux enfants de Pierre POTIER, son frère, au fur et à mesure qu'ils atteindront leur majorité.

4° L'intitulé de l'inventaire [145] fait par moi qui en ai la minute [59] en présence de témoins [14 après le décès dudit sieur Prudent POTIER, le... dûment enregistré [42], à la requête du sieur LEROUX sus-nommé, comme ayant été institué son seul et unique héritier par le testament précité, le défu n'ayant laissé aucun héritier à réserve.

5° L'ordonnance [24] rendue par M. le président du tribunal civil de..., le... enregistrée le... [42 par laquelle M. LEROUX a été envoyé [24] en possession du legs universel contenu au testament précit attendu que le défunt ne laissait aucun héritier [78] à réserve [150].

Laquelle ordonnance est en ma possession comme étant annexée [55] à la minute d'un acte de dép reçu par moi, témoins présents, le... dûment enregistré.

CERTIFIE, en exécution de la loi du vingt-huit floréal an sept, que les arrérages dus et échus au jou du décès dudit sieur Prudent POTIER de la rente annuelle et viagère de quatre cent-onze francs dont jouissait sur le grand-livre de la dette viagère sous le n. 81306, vol. 9, appartiennent [22] en toute pr priété à M. Octave LEROUX, sus-nommé, propriétaire demeurant à... comme seul et unique héritier ins titué [24 et 73] du défunt ainsi qu'il résulte des actes sus-énoncés, étant tous en ma possession.

En foi de quoi j'ai délivré le présent à..., le... mil huit cent...   (*Signature*).

V. *sup.* p. 222 alin. 21 et 22.

4° CERTIFICAT [225] DE PROPRIÉTÉ POUR LES ARRÉRAGES D'UNE PENSION MILITAIRE

AU PROFIT DE LA VEUVE DES ENFANTS MAJEURS ET MINEURS DU DÉFUNT; AVEC DÉCLARATION DE NON-JOUISSANCE D'AUCUN TRAITEMENT, ETC.

TRÉSOR PUBLIC. — PENSIONS MILITAIRES [197].

EXTRAIT D'INSCRIPTION AU GRAND-LIVRE.

N° 140,089. — VOL. 13. — SOMME 315 fr.

Au nom de DISSON (Edme), sergent.

Je, soussigné (*nom et prénoms* [1]), Notaire [2] à la résidence [1] de..., département de... sous. signé [15].

₆ *(a)* Vu 1º ledit extrait d'inscription au grand-livre.

₇ 2º La minute [59] d'un contrat passé en présence de témoins devant Mᵉ Chevanne, Notaire à..., le..., dûment enregistré, contenant les clauses et conditions civiles du mariage de Edme Disson, sus-nommé, sergent retraité, avec Edmée Carré, aujourd'hui sa veuve; laquelle minute est en ma possession comme dépositaire des minutes de Mᵉ Chevanne *(b)*.

₈ 3º L'expédition en forme de l'acte de décès [63] dudit sieur Disson, inscrit aux registres de l'état civil de..., à la date du... *(a)*.

₉ Certifie, en exécution de la loi du vingt-huit floréal an sept, sur l'attestation *(c)* des sieurs Nicolas Cornevin et Nicolas Piault, militaires pensionnés, demeurant audit lieu de...

₁₀ Que ledit Edme Disson est décédé à... le...;

₁₁ Qu'après son décès il n'a point été fait d'inventaire;

₁₂ Qu'il n'a laissé pour héritiers [78] que ses quatre enfants ci-après nommés seuls issus de son mariage avec ladite Edmée Carré : 1º Edme-Jean Disson, garçon majeur [79], laboureur demeurant à..., 2º Marie Disson, fille majeure demeurant à..., 3º Julie Disson, 4º et Mélanie Disson, toutes deux filles mineures [65] étant sous la tutelle légale [163] de la veuve Disson, sus-nommée, leur mère, avec laquelle elles demeurent à...

₁₃ Et qu'en conséquence les arrérages dus et échus jusqu'au jour du décès dudit sieur Disson de la pension de trois cent quinze francs dont il jouissait sur les revenus de l'Etat comme ancien sergent sous le nº 140,089, vol. 13, appartiennent, savoir : pour moitié à ladite Edmée Carré veuve Disson, propriétaire domiciliée à..., comme ayant été commune [166] en biens avec son défunt mari aux termes de leur contrat de mariage précité, et pour l'autre moitié à ses quatre enfants sus-nommés comme seuls héritiers dudit défunt leur père, chacun pour un quart, les deux mineures Julie et Mélanie Disson sous bénéfice d'inventaire [85] seulement.

₁₄ Je certifie, en outre, que ladite veuve Disson s'est présentée devant moi et m'a déclaré en son nom personnel et comme se portant fort de sesdits enfants, que, depuis l'obtention de sa pension jusqu'au jour de son décès, ledit Edme Disson n'a joui d'aucun traitement sous quelque dénomination que ce soit, ni d'aucune autre pension ou solde de retraite soit à la charge de l'Etat soit sur les fonds de la caisse des invalides de la marine.

₁₅ En foi de quoi j'ai délivré le présent que les attestants ont signé [15] avec moi, quant à la veuve Disson elle n'a point signé m'ayant déclaré ne le savoir, lecture faite.

₁₆ Fait à..., le... mil huit cent...

₁₇ *(Signatures du notaire et des attestants)*. — V. sup. p. 222, alin. 21.

₁₈ V. *Répertoire*, note 17. — *Enregistrement* (exempt d'). Déc. min. Fin. 29 oct. 1842.

(a) Les pièces à produire aux payeurs des départements pour obtenir la liquidation des arrérages dus après le décès d'un pensionnaire ou d'un rentier viager sont : 1º l'acte de décès; 2º le certificat d'inscription; 3º un certificat de propriété; 4º une déclaration à faire seulement par les héritiers d'un pensionnaire, laquelle déclaration peut être comprise au certificat de propriété.

L'acte de décès sur papier timbré et légalisé par le président du trib. civ. de l'arrondissement doit être produit au Trésor dans le délai de six mois à compter du décès sous peine de déchéance (Arrêté 15 flor. an XI). Les actes de décès des pensionnaires militaires et des veuves sont seuls exemptés de la formalité du timbre, pourvu qu'il y soit dit qu'ils doivent servir à toucher les arrérages de pension dont jouissaient les titulaires.

(b) Le certificat de propriété peut être délivré soit par un Notaire soit par le juge de paix du domicile du défunt. Il l'est nécessairement par un Notaire quand celui-ci est détenteur de la minute de l'inventaire ou du partage qui a pu être fait après le décès du pensionnaire, ou de tous autres actes notariés translatifs de propriété. Si le certificat de propriété énonce un acte dont la minute est en la possession d'un Notaire autre que celui qui a délivré ce certificat, ce dernier recevra le dépôt d'une expédition de cet acte et l'attestera dans ledit certificat.

Quand le certificat de propriété est délivré par un juge de paix, la formule est la même que la présente. On substitue, dans ce cas, les nom, prénoms et qualité du juge à ceux du Notaire et on supprime l'alinéa relatif au contrat de mariage, parce qu'on ne doit relater dans ce dernier acte l'existence d'aucun acte translatif de propriété.

(c) Cette attestation tient lieu ici de notoriété à défaut d'inventaire.

29

5º CERTIFICAT [225] DE PROPRIÉTÉ POUR LES ARRÉRAGES D'UN TRAITEMENT [197] DE LÉGIONNAIRE,

AU PROFIT D'UNE SUCCESSION VACANTE.

TRÉSOR PUBLIC. — ORDRE DE LA LÉGION-D'HONNEUR.

Traitement de CHENEVEY (Louis-Claude). — Série 5. — Nº 602.

Je soussigné (*nom et prénoms* [1]), Notaire [2] à la résidence [1] de... département de...

Vu 1º le brevet de chevalier de l'ordre de la légion-d'honneur dudit sieur CHENEVEY.

2º Expédition [64] en forme de l'acte de son décès [63] inscrit aux registres de l'état civil (*id.*) de commune de... à la date du...

(a) 3º L'intitulé de l'inventaire [145] fait après le décès dudit sieur CHENEVEY par moi qui en ai minut [59] en présence de témoins [14] le... dûment enregistré [42], à la requête du sieur Cyprien COLBOIS commis-greffier [94] demeurant à... comme curateur [66] à la succession vacante [85] dudit feu sieur CHENEVEY, nommé à cette fonction qu'il a acceptée suivant jugement rendu par la seconde chambre du tr bunal civil de première instance séant à..., le... dûment enregistré.

(a) 4º La minute [59] d'un acte de notoriété [127] reçu par moi en présence de témoins [14] le... dûment enregistré [42], et constatant 1º que ledit sieur CHENEVEY n'avait point d'héritier connu ; 2º qu c'était par erreur (b) si dans son acte de naissance il n'avait été prénommé que *Louis*, ses véritables pr noms étant *Louis-Claude* ainsi que l'établit son acte de naissance inscrit aux registres de l'état civil de... 3º que c'était par erreur si, dans l'acte de décès dudit sieur CHENEVEY, on l'avait mentionné qu'il éta âgé de soixante-cinq ans, tandis qu'il n'avait réellement à son décès que soixante-quatre ans, 4º et qu c'était par omission si, dans le susdit acte de décès, on n'avait point mentionné que ledit sieur CHENEVEY était chevalier de l'ordre de la légion d'honneur, la vérité étant que le sieur CHENEVEY chevalier de légion d'honneur et celui mentionné en l'acte de décès étaient la même personne.

Certifie, en exécution de la loi du vingt-huit floréal an sept, que M. COLBOIS, sus-nommé, a seu droit de toucher et recevoir les arrérages dus et échus au jour du décès dudit sieur CHENEVEY du traite ment dont il jouissait sur la dotation de l'ordre de la légion d'honneur, en sa qualité de chevalier dud ordre où il a été inscrit sous le nº 602 de la 5e série.

Le tout, ainsi qu'il résulte des actes sus-énoncés étant en ma possession.

En foi de quoi j'ai délivré le présent à... le... mil huit cent...   (*Signature*).

V. *Répertoire*, note 17. — *Enregistrement* (exempt d'). Déc. min. Fin. 29 oct. 1842. — *Légalisatio* inf. p. 228, alin. 13.

(a) Quand il n'y a ni inventaire ni acte de notoriété à défaut d'inventaire pour établir les qualités des héritiers, c'est greffier dépositaire de la minute du jugement de nomination de curateur qui doit délivrer le certificat de propriété [l 28 flor. an VII, art. 6). —Il en est de même lorsque la succession est recueillie 1º par la veuve (C. civ. 767;— 2º par l'Eta à défaut de veuve (C. civ. 539, 723, 724 et 768].— V. la formule qui suit p. 227.

(b) Lorsqu'une erreur existe dans les *prénoms* sur l'acte de décès, il suffit d'un acte de notoriété reçu par un Notair pour la rectifier.

Si, au contraire, l'erreur existant dans l'acte de décès porte sur le *nom propre* et qu'il y ait *impossibilité* de la faire rec tifier dans l'acte de décès même, on la fera constater par un jugement du tribunal civil du lieu de l'ouverture de la suc cession. Le maire ou l'adjoint qui aurait délivré l'acte de décès fera mention, par extrait, de ce jugement en marge dud acte de décès. La signature au pied de cette mention sera légalisée de nouveau, comme l'aura été la signature au bas de l'acte de décès, par le président du tribunal civil.

6° CERTIFICAT [225] DE PROPRIÉTÉ POUR LES ARRÉRAGES D'UN SALAIRE DE GARDE CHAMPÊTRE,

AU PROFIT D'UNE VEUVE SUCCÉDANT A DÉFAUT DE PARENTS [C. civ. 767].

COMMUNE DE... — GARDE-CHAMPÊTRE.
Traitement de VERRIER (Lazare).

Je, soussigné (*nom et prénoms* [1]), greffier du tribunal civil [94] de... département de...

Vu 1° une expédition [64] en forme de l'acte de décès [63] dudit feu sieur Verrier, inscrit aux registres de l'état civil (*id.*) de... à la date du... et constatant que ledit VERRIER est décédé audit lieu le...

(*a*) 2° La minute étant en ma possession d'un jugement [75] rendu par le tribunal civil de première instance de... le... dûment enregistré [42], par lequel jugement la veuve VERRIER ci-après nommée a été envoyée en possession de la succession dudit Lazare VERRIER, ledit défunt n'ayant laissé ni parents au degré successible, ni enfants naturels, et sa veuve survivante n'ayant point divorcé d'avec lui, leur mariage ayant eu lieu depuis la loi du dix-huit mai mil huit cent-seize, abolitive du divorce.

Certifie que les arrérages dus et échus au jour du décès dudit Lazare Verrier du traitement de six cents francs par an dont il jouissait sur le budget de la commune de... comme garde-champêtre, appartiennent en toute propriété à Catherine MILON, sa veuve, sans profession, demeurant à..., tant à cause de la communauté légale de biens qui a existé entr'elle et son défunt mari, que comme ayant seule succédé à ce dernier ainsi qu'il est établi au jugement précité dont la minute est en ma possession.

En foi de quoi j'ai délivré le présent.

Fait à... le... mil huit cent...   (*signature*).

V. *Répertoire*, note 17. — *Enregistrement*, notes 99, 18, 19.

7° CERTIFICAT [225] DE PROPRIÉTÉ POUR LE RETRAIT D'UN CAUTIONNEMENT [224].

TRÉSOR PUBLIC. — EXTRAIT D'INSCRIPTION AU LIVRE DES CAUTIONNEMENTS.
REGISTRE 13 F° 154. — N° 354. — SOMME 2000 fr.
Au nom de BOSSARD (André), Notaire.

Je, soussigné (*nom et prénoms* [1]), Notaire [2] à la résidence [1] de... département de...

Vu 1° le certificat d'inscription sur le livre des cautionnements dudit feu sieur Bossard (*b*).

2° Une expédition [64] en forme de l'acte de décès [63] dudit sieur BOSSARD inscrit aux registres de l'état civil (*id.*) de... à la date du...

3° Le certificat de non-opposition au remboursement dudit cautionnement délivré par le greffier du tribunal civil de première instance séant à... le...

(*a*) Si lors de la délivrance du certificat de propriété, la veuve avait fait l'inventaire auquel elle est obligée, ce serait au Notaire qui en aurait la minute et auquel on déposerait un extrait de ce jugement, à délivrer le certificat de propriété.

(*b*) Sont indiquées ordinairement au dos de ce certificat les pièces qu'il est nécessaire de produire pour obtenir le remboursement du cautionnement.

» 4º L'acte passé devant moi en minute [59] et présence de témoins [14] le... dûment enregistré, contenant liquidation [143] et partage (id.) tant de la communauté [166] qui a existé entre le défunt sieur Bossard et Madeleine Picardat, aujourd'hui sa veuve, que de la succession de ce dernier entre ses deux enfants ci-après nommés comme étant ses seuls héritiers [78] ainsi qu'il a été constaté par acte de notoriété [127] à défaut d'inventaire, contenu audit partage.

» Certifie, en conformité du décret du dix-huit septembre mil huit cent six, que les sieurs Charles Bossard et Léonard Bossard, garçons majeurs, propriétaires domiciliés à..., ont seuls droit de recevoir chacun par moitié le capital et les intérêts du cautionnement de deux mille francs fourni par M. André Bossard, en sa qualité de Notaire à... arrondissement de... département de... et inscrit au registre 15 fº 154, n. 354 du livre des cautionnements.

10 Le tout ainsi qu'il résulte des actes sus-énoncés étant en ma possession.

11 Fait à..., le... mil huit cent...   (Signature).

12   V. Répertoire, note 17. — Enregistrement et Subvention, notes 99, 18 et 19.

13 Nota. Ce certificat doit être légalisé par le président du tribunal. — V. note 125.

Certificat de vie.

CERTIFICATS DE VIE [225] (a).

1 1º Pour pensions militaires [197] ou soldes de retraite (id.) — V. inf. la note b.

2 2º Pour pensions de membres de la légion d'honneur (id.).

3 3º Pour pensions ecclésiastiques, civiles (id.) et autres.

4 4º Pour les rentes viagères [197] sur l'Etat ou sur la tontine d'Orléans.

5 5º Pour les caisses particulières et tontines, autres que celle d'Orléans.

6 6º Et pour rentes sur particuliers ou pour tout autre objet.

1º Pour pension militaire ou solde de retraite.

1º CERTIFICAT DE VIE [225].

POUR PENSION MILITAIRE [197] OU SOLDE DE RETRAITE (id.).

CERTIFICAT DE VIE non sujet au timbre.

PENSIONS MILITAIRES (b).

Ordonnance royale du 20 juin 1817 et décision ministérielle du 11 nov. 1828.

1 Je soussigné, François Marié, Notaire certificateur à... département de...

2 Certifie que M. Boisseau, François-Paul, sous-officier, demeurant à..., rue..., nº..., né à... département de..., le 50 juin 1779 suivant son acte de naissance qu'il m'a représenté, jouissant d'une pension militaire (c) de trois cent trente-cinq francs sous le nº 131,113 est (d) vivant pour s'être présenté aujourd'hui devant moi.

(a) Pour les quatre premières espèces de certificats on emploie ordinairement des formules imprimées que les bureaux du timbre débitent quand il s'agit de pensions et rentes viagères dont les certificats sont sujets au timbre, ou que l'on se procure chez les payeurs des départements ou bien que l'on fait imprimer soi-même quand il s'agit de pensions dont les certificats ne sont point sujets au timbre. Mais ce n'est pas à dire pour cela qu'on ne puisse à l'occasion ou dans un cas pressé faire usage de papier libre ou papier timbré non imprimés pourvu qu'on observe bien l'ordre des formules.

(b) On fait usage d'imprimés particuliers pour les pensions de veuves de militaires et les pensions accordées à titre de récompenses nationales, mais la différence ne porte que sur l'indication de l'échéance de la pension.

(c) Ou : de veuve de militaire. — Ou bien : à titre de récompense nationale.

(d) Ou : était vivant le... ainsi qu'il résulte d'un certificat en date du... délivré par le maire de la commune de... canton de... et légalisé par le juge de paix dudit canton : ledit certificat constatant que ledit sieur Boisseau n'a pu se transporter devant moi pour cause de... et qu'il lui a déclaré ne jouir etc... .—En foi de quoi j'ai délivré le présent. — Fait à...

₃ Lequel m'a déclaré qu'il ne jouit d'aucun traitement sous quelque dénomination que ce soit, ni d'aucune autre pension ou solde de retraite, soit à la charge de l'Etat, soit sur les fonds de la caisse des invalides de la marine (e).

₄ En foi de quoi j'ai délivré le présent que (f) ledit sieur BOISSEAU a signé avec moi.

₅ Fait à... le... mil huit cent...

Vu, pour légalisa- ₆ (Sceau du Notaire).
on de la signature
u Notaire, par moi ⁷   (Signatures). — V. sup. p. 222, alin. 21.
)).

Préfet d ₈ *Nota.* Lorsqu'on raye des mots imprimés, le Notaire n'a pas besoin de les approuver.

₉   *Enregistrement.* — V. note 18, n. 369.

DÉPARTEMENT ₁₀   QUITTANCE DE PAIEMENT DU TRIMESTRE ÉCHU [i] LE **1** (MOIS) 18...
e

Vu pour être payé
ar le receveur par-
culier de l'arrondis-
ement où réside la
artie, ou par le per-
epteur d

*Le payeur du dé-
artement,*

NATURE DE LA PENSION.	NOM DU PENSIONNAIRE.	N° DE L'INSCRIPTION.	
Pension militaire de 2ᵐᵉ classe (h).	BOISSEAU.	151,115	Pension annuelle 3 35 »
			A payer par trimestre (i). . . . 83. 75

Et alors, en constatant la représentation de l'acte de naissance, on raye les mots *qu'il m'a.* — V. l'alin. 8 de la formule.

(e) L'art. 13 de la loi du 25 mai 1818 ne permet le cumul de deux pensions ou d'une pension avec un traitement, que jus-
u'à concurrence d'un total de 700 fr. — Aux termes de l'art. 14 de cette loi les pensionnaires sont tenus de déclarer, dans
es certificats de vie qu'on leur délivre, s'ils jouissent d'une autre pension ou traitement quelconque, même alors qu'ils ont
lieu de croire que ces autres allocations sont du nombre de celles dont le cumul est autorisé par la loi, attendu qu'aux seuls
agents du Trésor appartient le soin d'apprécier si elles rentrent ou non dans les cas d'exception qui sont ceux ci-après
énumérés :

« Nul ne pourra cumuler deux pensions ni une pension avec un traitement d'activité, de retraite ou de réforme. Ce
» pensionnaire aura le choix de la pension ou du traitement le plus élevé. Néanmoins les pensions de retraite pour services
» militaires pourront être cumulées avec un traitement civil d'activité (L. 25 mars 1817, art. 27).

» Les pensions des vicaires-généraux, chanoines, curés de canton septuagénaires et celles dont les chevaliers de Malte
» présents à la capitulation de l'île jouissent en vertu de cette capitulation peuvent se cumuler avec un traitement d'activité
» pourvu que la pension et le traitement ne s'élèvent pas ensemble à plus de 2,500 fr. — Les pensions des académiciens et
» hommes de lettres attachés à l'instruction publique, à la bibliothèque du roi, à l'observatoire ou au bureau des longi-
» tudes pourront (lorsqu'elles n'excéderont pas 2,000 fr. et jusqu'à concurrence de cette somme si elles l'excédaient) se
» cumuler avec un traitement d'activité, pourvu que la pension et le traitement ne s'élèvent pas ensemble à plus de
» 6,000 fr. (L. 15 mai 1818, art. 12).

» Les dispositions de l'art. 12 de la loi précitée sont étendues à ceux des chevaliers de Malte qui jouissent d'une pension
» de retraite ou de tout traitement quelconque (L. 14 juill. 1819, art. 6).

» Sont exceptées de la disposition des lois qui prohibent le cumul, les pensions accordées aux grand'croix, commandeurs
» et chevaliers de Saint-Louis (L. 14 juill. 1819, art. 7) ».

Tout Notaire doit tenir constamment affiché dans son étude un avis aux pensionnaires concernant les déclarations relatives au cumul (Art. 22 de l'instr. min. du 12 août 1817).

(f) *Ou :* que j'ai signé seul, ledit sieur Boisseau m'ayant déclaré ne le savoir (*ou :* ne le pouvoir pour cause de paralysie
à la main droite).

(g) Cette légalisation n'est nécessaire que lorsque le titulaire d'une pension voudra faire usage de son certificat de vie
hors du département où le Notaire aura sa résidence (Déc. min. Fin. 11 nov. 1828).

(h) Les pensions militaires sont divisées en deux classes : la première classe comprend les pensions de 900 fr. et au-dessus;
la deuxième classe comprend celles de 900 fr. et au-dessous.

(i) 1° Les pensions des militaires ; les doublements de soldes de retraite des anciens vétérans de Juliers et d'Alexandrie :

" Pour acquit de la somme de *quatre-vingt-trois francs soixante-quinze centimes,* r par moi..., porteur du certificat d'inscription demeurant à...

(*Signature.*)

2° CERTIFICAT DE VIE [225]
POUR PENSION DE MEMBRE DE LA LÉGION-D'HONNEUR.

OBSERVATIONS.

Le présent certificat est nécessaire à tout légionnaire, qui n'est pas militaire en activité de service, pour recevoir son traitement. Il doit constater l'existence du certifié jusqu'au jour de l'échéance de ce même traitement ; la date doit toujours être mise en toutes lettres.

Il ne contiendra aucune surcharge ni rature ; s'il en existe, elles seront expressément approuvées à la marge et vis-à-vis de l'endroit surchargé et approuvé.

Les renvois doivent également être mis à la marge et approuvés.

La légalisation de la signature de M. le certificateur est indispensable. — V. toutefois *sup.* p. 229, note *g*.

Numéro de l'ancien brevet. }

Date de la nomination. }

Corps où la nomination a eu lieu. }

Nota. Les indications doivent être remplies par M. le certificateur.

Les blancs sont destinés à remplir :

[1] Le nom et la qualité de M. le certificateur. Ce certificat pouvant être délivré, au choix du légionnaire, par le Notaire certificateur ou par le maire, celui des deux fonctionnaires qui le délivrera devra mettre ici son nom et sa qualité. Dans l'absence du maire, l'adjoint qui le remplace doit mettre ici son nom et sa qualité d'adjoint.

PENSIONS DE MEMBRES DE L'ORDRE DE LÉGION-D'HONNEUR (*a*).

' Je, soussigné [1] ..., Notaire certificateur à la sidence de... arrondissement de..., département d certifie que M. [2] ..., ainsi nommé en son acte de n sance qu'il m'a représenté, né à [3] ... département (le... [4 et 5] de l'ordre de la légion d'honneur , sui qu'il résulte du brevet qui lui a été délivré par le gra chancelier de l'ordre de la légion d'honneur et qu'il exhibé, ayant pour n° d'ordre [6] ...; demeurant à [bureau de poste de [8]..., est vivant pour s'être prése cejourd'hui devant moi.

² En foi de quoi je lui ai délivré le présent qu'il [9 signé avec moi.

³ Fait à... le... mil huit cent...

⁴ (*Signature du certifié*).

⁵ (*Signature et cachet du certificateur*). V. *sup.* p. 222, alin. 21 et ci-contre alin. 2,

⁶ Vu par nous préfet de... pour légalisation de la gnature de M..., ayant les qualités ci-dessus repris A... le...

⁷ (*Signature et cachet*). — V. p. 229, note *g*

PROCURATION.

⁷ *Nota.* Dans le cas où il conviendrait au légionnaire faire recevoir son traitement par un tiers, il devrait pr M. le certificateur de remplir le pouvoir qui suit , e

---

3° les pensions de la pairie et de l'ancien sénat ; 4° celles à titre de récompense nationale ; 5° et les pensions des vainque de la bastille sont payables par trim. aux 1 janv., 1 avr , 1 juill. et 1 oct. de chaque année.

A l'égard 1° des pensions civiles, anciennes et nouvelles ; 2° des pensions ecclésiastiques ; 3° des pensions des veuves orphelins de militaires ; 4° et de celles de donataires, elles sont payables par sémestres aux 22 juin et 22 décembre.

(*a*) Ces certificats de vie ainsi que les procurations mises à la suite, sont dispensés du timbre (Déc. min. Fin. 22 ao 1817). — Il en est de même des certificats de vie que les donataires français dépossédés de leurs dotations situées en pa étrangers sont tenus de produire pour toucher le montant de leurs pensions (Déc. min. Fin. 28 février 1826).

[2] Le nom du certifié et ensuite ses prénoms. Il est indispensable que ses nom et prénoms soient nettement et lisiblement écrits : ils doivent être littéralement copiés d'après l'acte de naissance, et placés dans le même ordre que sur cet acte, en commençant par le nom de famille.

[3] Le lieu de naissance, etc.

[4] Le ci-devant grade et l'indication du corps dans lequel le légionnaire a servi, s'il est militaire en retraite ; la fonction qu'il remplit s'il appartient à l'ordre civil.

[5] Le grade dans la légion. (Ils sont au nombre de cinq , savoir : chevalier, officier, commandeur, grand-officier, grand'croix.)

[6] Le numéro d'ordre donné au légionnaire sur la liste générale , lorsqu'il lui a été notifié ; s'il ne lui est pas connu, le blanc est conservé.

[7] Le lieu de la résidence du certifié, sa rue et le n° de la maison qu'il habite, s'il réside dans une grande ville.

[8] Indiquer le bureau de poste qui dessert la commune où réside le légionnaire.

[9] La mention qu'il a signé, ou qu'il n'a pu le faire pour telle ou telle cause.

le signera avec lui , ou mention sera faite qu'il n'a pu le signer pour *telle ou telle* cause.

Je, soussigné , certificateur dénommé ci-dessus, atteste que M... auquel j'ai délivré le certificat qui précède, m'a déclaré qu'il donnait pouvoir à..., demeurant à..., de recevoir pour lui et en son nom, de la grande Chancellerie, les sommes qui lui sont dues et échues aujourd'hui, soit pour traitement , soit pour gratification, en sa qualité de membre de l'ordre de la légion d'honneur.

En foi de quoi je lui ai délivré la présente attestation qu'il   signé avec moi.

Fait à... les jour, mois et an que dessus.

(Signature du certifié.)

(Signature du certificateur.)

V. *Enregistrement*, note 18 n. 369.

3° CERTIFICATS DE VIE [225]

POUR PENSIONS [197] ECCLÉSIASTIQUES , CIVILES (*id.*) ET AUTRES.

CERTIFICAT DE VIE soumis au timbre.

PENSION (*a*).

Décret du 21 août 1806 et ordonnance royale du 6 juin 1839.

¹ Je , soussigné [15], François [1] MARIÉ (*id.*), Notaire [2] à.. département de... certifie que M. (*b*)... né [63] à.. département de... le... suivant son acte de naissance (*c*) représenté, jouissant d'une pension (*a*)... de... francs [94] sous le n°... est (*d*) vivant pour s'être présenté aujourd'hui devant moi.

² L   quel   m'a déclaré qu'   ne jouit d'aucun traitement sous quelque dénomination que ce soit, ni d'aucune autre pension ou solde de retraite, soit à la charge de l'État, soit sur les fonds de la caisse des invalides de la marine (*e*).

³ En foi de quoi j'ai délivré le présent, qu'   a signé [15] avec moi (*f*).

(*a*) Indiquer la nature de la pension.

(*b*) Énoncer les nom, prénoms et qualité de la partie en suivant l'ordre du certificat d'inscription. — Énoncer aussi le domicile de cette partie. — V. *sup.* p. 228, alin. 2.

(*c*) S'il a été suppléé à l'acte de naissance par la production d'un acte notarié, c'est ce dernier acte qui doit être mentionné. — S'il n'y a eu qu'un acte de baptême, on met : *baptisé à... suivant son acte de baptême etc.*, au lieu de *né à...*, *suivant son acte de naissance, etc.*

(*d*) V. *sup.* p.228 note *d*.

(*e*) Quand la partie jouit d'une autre pension ou d'un traitement, on doit l'exprimer ainsi qu'il suit par application de ce qui est dit *sup.* p. 229 note *c* : *à l'exception de son traitement de douze cents francs comme employé au ministère de l'Intérieur*.

(*f*) V. *sup.* p. 229 note *f*.

Vu pour légalisa- 4   Fait à..., le... mil huit cent...
tion (g) de la signa-   (*Signature de la partie.*)
ture du Notaire par 5   (*Signature du Notaire.*)
moi   V. *Enregistrement*, note 18, n. 369, et *sup.* p. 229, alin. 8.
      Préfet d   0

DÉPARTEMENT 7   QUITTANCE DE PAIEMENT DU (*h*)... MESTRE ECHU LE... 18...
de

Vu pour être payé 8

Nature de la pension.	Nom du pensionnaire.	Numéro de l'inscription.	
			Pension annuelle .

par le receveur par-
ticulier de l'arrondis-
sement où réside la
partie ou par le per-
cepteur de
Le payeur du dé-
partement,

A payer par   mestre. . . .

9   Pour acquit de la somme de   reçue par moi
porteur du certificat d'inscription demeurant à
10   (*Signature du porteur.*)

4° CERTIFICAT DE VIE [225]

POUR RENTES VIAGÈRES SUR L'ÉTAT (OU SUR LA TONTINE D'ORLÉANS).

4° Pour rentes via-   *(marginal note)*
gères sur l'état (ou
sur la tontine d'Or-
léans).

CERTIFICAT DE VIE   BORDEREAU DE RENTES VIAGÈRES.
Soumis au timbre.

Classe (a).	Numéro de l'inscription.	Somme annuelle	Classe.	Numéro de l'inscription.	Somme annuelle.
1	1909	355 »			*Report.* 555 »
2	4128	200 »	3	8500	45 »
		555 »			*Total.* 600 »

1   Je, soussigné [15], François [1] MANIÉ (*id.*), Notaire [2] à..., département de..
certifie que M. POTURON [3] (Cyprien (*id.*)), rentier (*id.*) demeurant (*id.*) à... rue..
n°... né [63] à Paris (Seine) le vingt-quatre janvier mil sept cent soixante-dix-neuf suivan
son acte de naissance qu'il m'a représenté, et sur la tête duquel existent les rente
viagères énoncées au bordereau ci-dessus (*b*) est vivant pour s'être présenté aujourd'hu
devant moi.

(g) V. *sup.* p. 229, note *g*.

(h) V. *sup.* p. 229, note *i*.

(a) Les rentes viagères forment quatre classes : la première, est celle des rentes assises sur *une* tête ; la seconde est cell
des rentes assises sur *deux* têtes; la troisième est celle des rentes assises sur *trois* têtes; et la quatrième est celle des rente
assises sur *quatre* têtes. — Chacune d'elles a un ordre de numéros.

(b) V. *sup.* p. 228, note *d* et supprimer ce qui est relatif à la déclaration de non-jouissance de traitement.

En foi de quoi, j'ai délivré le présent qu'il a signé [15] avec moi (c).

Fait à..., le..., mil huit cent...

(*Signature* [15] *de la partie.*)   (*Signature* (id.) *du notaire.*)

V. *Enregistrement*, — note 18, n. 369 et *sup.* p.229, alin. 8.

DÉPARTEMENT d —	QUITTANCE DE PAIEMENT DU SEMESTRE ÉCHU LE 22 (e).... 18..

NOM du jouissant. } POTHRON } 1, 2, 3 classes, nᵒˢ 1909, 4128, 8500. — Inscription	600 »
Montant du semestre	300 »

Pour acquit de la somme de TROIS CENTS FRANCS, reçue par moi porteur de l'inscription, demeurant à...

(*Signature du porteur.*)

5º CERTIFICATS DE VIE [225]

POUR LES CAISSES PARTICULIÈRES ET TONTINES, AUTRES QUE CELLE D'ORLÉANS.

(a) Par-devant Mᵉ Maximilien [1] LEROY (*id.*), Notaire [2] à Lac-Sauvin, arrondissement de... département de... soussigné [15]. — *V. sup.* p. 3, alin. 1.

Est comparu M. Alexis [3] BRISEDOUX (*id*), rentier (*id.*), demeurant (*id.*) à Lac-Sauvin.

Né [63] audit lieu le... suivant son acte de naissance représenté et rendu; et sur la tête duquel repose une (*ou* : plusieurs) action de la caisse *Lafarge* (b).

Lequel a requis le Notaire soussigné en présence des témoins ci-après nommés de lui donner acte de son existence et de sa comparution devant eux : ce qui lui a été à l'instant octroyé, mais seulement pour lui servir auprès de MM. les Administrateurs de la Caisse Lafarge (b).

Dont acte, fait et passé à Lac-Sauvin [12], en l'étude (*id.*), l'an mil huit cent quarante-trois [13], le seize juillet (*id.*), en présence des sieurs Pierre [14] MELOU (*id.*), tourneur en bois (*id.*), et Jean LAPLUCHE, matelassier, demeurant (*id.*) tous deux à Lac-Sauvin, témoins instrumentaires soussignés, et le compa-rant a signé [15] avec les témoins et le Notaire, après lecture [16].

V. *Répertoire*, note 17, n. 53, 54. — *Enregistrement*, note 18, n. 369.

Légalisation, note 125. — Et, au besoin, la lettre alphabétique du Commentaire.

(c) V. *sup.* p. 229 note *f.*

(d) V. *sup.* p. 229 note *g.*

(e) V. *sup* p 230 note *i.*

(a) On observe la forme des actes notariés pour cette sorte de certificats.

(b) *Ou* : de la caisse des employés et artisans; — *ou bien* : de la tontine du pacte social.

6° Pour rentes sur
particuliers ou pour
tout autre objet.

6° CERTIFICATS DE VIE [225]

POUR RENTES [76] SUR PARTICULIERS OU POUR TOUT AUTRE OBJET.

1 Par-devant M⁰ Lazare [1] MARCHANT (id.), Notaire [2] au Moulin-Rouge, département de..., soussign
[15]. — *V. sup. p.* 3, *alin.* 1.

2 Est comparu M. Paul [3] CAMUT (id.), marchand d'étoffes (id.), demeurant (id.) à...

3 « Comme tuteur [165] légal de Gabriel [3] CAMUT (id.), son fils mineur, issu de son mariage ave
Madeleine MOURTON, sa défunte épouse, lequel est né [65] à..., le... suivant son acte de naissanc
représenté et rendu. »

4 Lequel a présenté au Notaire et aux témoins soussignés ledit Gabriel CAMUT, son fils, et a requ
ledit Notaire de lui donner acte de l'existence de son dit fils et de sa présentation devant eux, ce qui lu
a été à l'instant octroyé pour servir et valoir ce que de raison.

5 Dont acte, fait et passé au Moulin-Rouge [12] en l'étude (id.), l'an mil huit cent quarante-trois [13], l
dix-sept juillet (id.), en présence de MM. (*noms, prénoms et professions*), demeurant tous deux à..., té
moins instrumentaires [14] ; et le comparant a signé [15] avec les témoins et le Notaire, aprè
lecture [16].

6 *V. la formule qui précède, alin.* 6, 7, *et la note* c.

CERTIFIÉ VÉRITABLE [35].

V. sup. p. 76 et 77.

Cession d'actions
de la banque et d'ac-
tions de commerce.

CESSION D'ACTIONS DE LA BANQUE ET D'ACTIONS DE COMMERCE.

V. inf. TRANSFERT.

CESSION [96] D'ANTÉRIORITÉ [102] D HYPOTHÈQUE (a).

1 Par-devant M⁰ Arthur [1] BIGAUD (id.), Notaire [2] à Saint-Benoit [1], département de..., soussigné
[15] — *V. sup. p.* 3, *alin.* 1.

2 Sont comparus :

3 1° M. Léon [3] MORPOU (id.), propriétaire (id.), demeurant (id.) à Saint-Benoit,   *d'une part ;*

4 2° Et M. Stanislas [3] VÉROLLOT (id.), rentier (id.), demeurant (id.) au même lieu,   *d'autre part.*

5 Lesquels, avant de passer à l'antériorité d'hypothèque qui fait l'objet des présentes, ont exposé ce
qui suit :

6 Par acte passé devant M⁰ BIGAUD, Notaire soussigné, en minute [59] et présence de témoins [14],

---

(a) On emploie cette formule quand la cession d'antériorité a lieu moyennant un prix. Quand, au contraire, la cession
a lieu sans prix, c'est la formule donnée *sup.*, p. 79, qu'il faut observer.

le..., dûment enregistré [18. 42] , le sr Thomas LENIEST, marchand de bois, et Marguerite BERÇON, sa femme, demeurant à Fourcheret, se sont reconnus débiteurs [26] envers M. MORPOU, comparant, de la somme de sept mille francs, produisant intérêts [49] à six pour cent par an jusqu'à son remboursement ; et à la sûreté de cette somme les débiteurs ont affecté et hypothéqué [30] tous les biens immeubles consistant en bâtiments, terres labourables, prés et vignes qu'ils possédaient sur le finage [141] de Fourcheret et notamment leur domaine de Buisson-Rond.

⁷ En vertu de cette obligation il a été pris inscription [83] au profit de M. MORPOU au bureau de la conservation des hypothèques de..., le vingt-cinq janvier mil huit cent quarante-deux, vol. 13, n. 499, sur tous les biens hypothéqués.

⁸ Par autre acte passé devant le même Notaire en minute [59] et présence de témoins [14], le,.., dûment enregistré [18. 42], lesdits sr et dame LENIEST se sont reconnus débiteurs [26] envers M. VÉROLLOT, comparant, de la somme de cinq mille francs produisant intérêts [49] à six pour cent par an jusqu'à son remboursement, et à la garantie de ladite somme les débiteurs ont hypothéqué [30] aussi tous les biens immeubles consistant en bâtiments, terres labourables, prés et vignes, qu'ils possédaient sur le finage [141] de Fourcheret et notamment leur domaine de Buisson-Rond.

⁹ En vertu de cette obligation il a été pris inscription [83] au profit de M. VÉROLLOT au bureau de la conservation des hypothèques de... le quinze février mil huit cent quarante-deux vol. 13 n. 630.

¹⁰ Il résulte de ce qui vient d'être exposé que l'inscription de M. MORPOUX est antérieure en date à celle de M. VÉROLLOT.

¹¹ Les parties croient que les biens hypothéqués sont plus que suffisants pour assurer, en tout état de cause, le remboursement des principaux [136] et des intérêts [49] des deux obligations sus-mentionnés. Toutefois, comme M. VÉROLLOT est en voie de céder sa créance et que cette opération se fera plus avantageusement pour lui en obtenant le premier rang d'hypothèque, il a proposé à M. MORPOU d'échanger respectivement leur rang d'inscription.

¹² Les parties étant tombées d'accord à ce sujet, elles ont immédiatement arrêté entre elles ce qui suit :

¹³ ART. 1. M. MORPOU consent, par ces présentes, que son rang d'inscription hypothécaire comme créancier des époux LENIEST pour raison de sa créance de sept mille francs sus-énoncée, passe jusqu'à concurrence de cinq mille francs et de ses accessoires [103] à M. VÉROLLOT, en faveur duquel il consent toute cession [96] d'antériorité [102] et de priorité par préférence à lui-même sr MORPOU pour la différence entre sa créance et celle de M. VÉROLLOT.

¹⁴ ART. 2. Cette cession est acceptée par M. VÉROLLOT, qui, de son côté, cède à M. MORPOU son rang d'inscription hypothécaire.

¹⁵ A ce moyen, M. VÉROLLOT aura le droit de se faire colloquer [104] dans tous ordres (id.) comme s'il avait requis inscription à la date du vingt-cinq janvier mil huit cent quarante-deux, vol. 13 n. 499 et d'être préféré à M. MORPOU en toute collocation. Par réciprocité, M. MORPOU comme exerçant le droit hypothécaire de M. VÉROLLOT sera réputé inscrit à la date du quinze février mil huit cent quarante-deux, vol. 13 n. 630 et suivra sa collocation à ce rang.

¹⁶ Les collocations [104] auront lieu à la diligence et aux risques et périls de chaque partie intéressée, à l'effet de quoi elles se sont remises respectivement leurs bordereaux d'inscriptions.

¹⁷ ART. 3. Il n'est pas autrement innové entre les parties aux droits [27] et actions [28], priviléges [29] et hypothèques [30] qui résultent de leurs titres de créances contre leurs débiteurs communs.

¹⁸ ART. 4. La présente cession est faite moyennant la somme [35. 91] de cinq cents francs que M. MORPOU reconnait avoir à l'instant reçue de M. VÉROLLOT, auquel il en consent quittance [84].

¹⁹ ART. 5. Pour faire mentionner [84] ces présentes au bureau des hypothèques et partout où besoin sera, tous pouvoirs [80] sont donnés au porteur (id.) d'une expédition [64] ou extrait (id.) des présentes.

²⁰ ART. 6. Tous les déboursés [5] et honoraires (id.) des présentes seront payés [84] par M. VÉROLLOT qui en fournira une expédition [64] à M. MORPOU.

²¹ Dont acte, fait et passé à Saint-Benoit [12] en l'étude (id.), l'an mil huit cent quarante-trois [13] le

dix-huit juillet (*id.*), en présence' des s^{rs} (*noms, prénoms, professions et demeures*), témoins instrumentaires [14] et les parties ont signé [15] avec les témoins et le notaire, après lecture [16].

[12]   **V.** *Répertoire* — note **17.** — *Enregistrement* — notes **174, 18** et **19.**

[13]   La formule d'*antériorité* p. **79.** — Et, au besoin, la table alphabétique du Commentaire.

Cession de bail.

CESSION DE BAIL.

V. *Sous-bail et transport de bail.*

CESSION DE BIENS JUDICIAIRE [129].

Cession de biens judiciaire.

Pour obtenir le bénéfice de la cession judiciaire, le débiteur doit former une demande en justice contre tous ses créanciers. — Si sa demande est fondée, il est rendu par le tribunal un jugement conforme, après lequel le débiteur doit réitérer sa cession en personne et non par procureur, ses créanciers appelés, à l'audience du tribunal de commerce de son domicile; et s'il n'y en a pas, à la maison commune, un jour de séance : la déclaration du débiteur sera constatée, dans ce dernier cas, par procès-verbal de l'huissier, qui sera signé par le maire (C. civ. 1265 et suiv.; C. proc. civ. 898 et suiv.).

On procède alors de la manière suivante :

1° DEMANDE EN CESSION [20].

[1] L'AN mil huit cent... le... — V. *sup.* p. **71** alin. **1**, la formule d'*ajournement*.

[2] A la requête de... — V. *la même formule*, alin. **2**.

[3] J'ai, soussigné, huissier... — V. *la même formule*, alin. **3**.

[4] Donné assignation à... (*nom, prénoms, profession, demeure et parlant à... de chaque créancier*).

[5] A comparaître à huitaine franche. — V. *la même formule*, alin. **5**.

[6] Pour, attendu que ledit s^r..., afin de satisfaire à la loi sur la cession, a déposé au greffe du tribunal civil de première instance de... et par acte du... dont est, avec celle des présentes, donné copie, son bilan, ses livres et ses titres actifs; attendu que ses malheurs et sa bonne foi lui donnent le droit d'être admis au bénéfice de cession.

[7] Voir dire et ordonner qu'il lui sera donné acte de la cession et de l'abandon qu'il entend faire à ses créanciers de tous ses biens meubles et immeubles, le tout détaillé dans son bilan; lequel bilan il offre d'affirmer sincère et véritable, comme aussi qu'il n'a détourné ni fait détourner directement ou indirectement aucun de ses biens ou effets, aux offres que fait ledit requérant de réitérer sa cession, en présence de ses créanciers ou eux dûment appelés, au tribunal de commerce de...

[8] Voir dire et ordonner pareillement qu'après l'observation de ces formalités, ledit requérant sera et demeurera déchargé de toutes poursuites et contraintes par corps prononcées ou à prononcer contre lui, au profit de qui que ce soit pour raison des dettes passives énoncées audit bilan;

[9] Ordonner que le jugement à intervenir sera exécuté par provision nonobstant opposition et appel sans y préjudicier.

[10] Et pour, en outre, répondre et procéder comme de raison, à fin de dépens, et j'ai à chacun des créanciers sus-nommés, à domicile et parlant comme dessus, laissé copie certifiée sincère et véritable de l'acte du dépôt sus-énoncé que du présent dont le coût est de... — (*Signature de l'huissier*).

[11]   **V.** *Enregistrement.* — note **18**, n. **872.**

2º JUGEMENT STATUANT SUR LA DEMANDE EN CESSION.

V. *inf.* la formule de *jugement*.

3º SOMMATION AUX CRÉANCIERS D'ÊTRE PRÉSENTS A LA RÉITÉRATION DE LA CESSION
AU TRIBUNAL DE COMMERCE.

V. *inf.* la formule de *sommation*.

4º JUGEMENT DU TRIBUNAL DE COMMERCE DONNANT ACTE DE LA RÉITÉRATION DE LA CESSION.

V. *inf.* la formule de *jugement*.

Ou bien : PROCÈS-VERBAL DE RÉITÉRATION DE LA CESSION A LA MAISON COMMUNE, en ces termes :

L'an,.. le... heure de...

A la requête du sᵣ (*nom, prénoms , profession et demeure*), lequel fait élection de domicile en sa demeure.

Je... (*immatricule de l'huissier*), soussigné, commis à cet effet par le jugement ci-après énoncé, me suis transporté avec le requérant à la maison commune de..., lieu ordinaire des séances de la mairie, et par-devant M. le maire de ladite commune, pour, par ledit requérant, réitérer, aux termes de la loi, la cession de biens à laquelle il a été admis par jugement du tribunal de... en date du.. rendu entre ledit sᵣ... et ses créanciers; ledit jugement dûment enregistré et signifié aux créanciers qui y sont parties, avec sommation de comparaître à ces jour, lieu et heure, pour être présents, si bon leur semblait, à la réitération de la cession qu'entendait faire ledit sieur... aux termes du jugement susdaté, avec déclaration qu'il y serait procédé tant en absence qu'en présence.

Et, après avoir attendu depuis ladite heure de... jusqu'à celle de... sonnée, sans qu'aucun des créanciers dudit sᵣ... se soit présenté, ledit sᵣ... m'a requis de donner défaut contre eux, ce que j'ai fait; et il a ensuite déclaré à haute et intelligible voix ses nom, prénoms, qualité et demeure, et qu'il réitérait la cession de biens à laquelle il avait été admis par jugement du...

Ce fait, j'ai dressé du tout le présent procès-verbal qui a été signé par M. le maire, ledit sᵣ... et moi, huissier. Le coût du présent est de...

V. *Enregistrement*, note 18 n. 872.

CESSION DE BIENS VOLONTAIRE [129].

Cession de biens
volontaire.

Par-devant Mᵉ Ambroise [1] RATHERY (*id.*), Notaire [2] à la Bouille [1], département de... soussigné [15]. — V. *sup.* p. 3, alin. 1.

Sont comparus

M. Michel [3] BONNOT (*id.*), propriétaire (*id.*), demeurant (*id.*) à...   *d'une part.*

Et MM... (*désigner ici tous les créanciers, en suivant l'ordre dans lequel il sont dénommés au bilan*).
                                                                      d'autre part.

Auxquels créanciers [25] ledit sieur BONNOT a exposé que les pertes considérables qu'il a éprouvées tant par des essais infructueux en agriculture que par des privations de récolte, l'ayant mis dans l'impossibilité de satisfaire à ses engagements, il a déposé son bilan [155] au greffe du tribunal civil de... le... : que pour empêcher les poursuites dont il est menacé, il est dans l'intention de faire cession [129]

et abandon en justice de tous ses biens à ses créanciers, en, par ceux-ci, lui donnant quittance générale e définitive, même quand les biens abandonnés seraient insuffisants pour les remplir entièrement de leur créances en principaux [136], intérêts [49] et frais [120]; que c'est pour les mettre à même d'éviter cett cession en justice qu'il les a convoqués à cejourd'hui heure présente pour s'entendre, si faire se peut, su la cession de biens volontaire qu'il vient leur offrir.

6 Et à l'instant il a représenté une copie du bilan qu'il a déposé, laquelle copie est demeurée ci-annexé [35], après avoir été de lui certifiée véritable (id.), signée et paraphée en présence du Notaire et de témoins soussignés.

7 Les créanciers comparants, après avoir examiné cette copie de bilan, et avoir mûrement délibéré en d'eux, sont convenus d'accepter la cession qui leur était offerte, même avec la condition de libératio bsolue ; en conséquence, le Sr Bonnot et ses créanciers présents ont fait et arrêté ce qui suit :

8 Art. I. Le sr Bonnot cède et abandonne à tous les créanciers dénommés en son bilan tous les bien [86. 87] qui y sont désignés ; pour être, savoir, les créances et sommes dues au sr Bonnot touchées e reçues par les syndics et directeurs [130] ci-après nommés, et ses effets, meubles et immeubles vendus e direction, et le prix desdites ventes ainsi que lesdites créances et sommes touchées, être distribués [202 entre tous les créanciers par ordre de priviléges [29] et hypothéques [30], quant aux objets qui en son susceptibles, et le surplus par contribution.

9 Jusqu'à la vente des immeubles, les fermages [105], loyers (id.) et revenus [50] qui en proviendron appartiendront aux créanciers.

10 A l'égard des intérêts [49] de créances et arrérages (id.) de rentes, ils appartiendront auxdits créan ciers à compter de la dernière échéance.

11 Art. II. Cette cession est acceptée par les créanciers présents, tant pour eux que pour les absents ; e conséquence, M. Bonnot est et demeure quitte [84] et déchargé (id.) envers lesdits créanciers tant présent qu'absents, de tout ce qu'il leur doit en principaux [136], intérêts [49], frais [58. 120] et autres accessoire [105], ainsi que de toutes répétitions à cet égard, et ce quand même les biens abandonnés ne seraient pa suffisants pour les remplir de tout ce qui peut leur être dû. Si, au contraire, les biens abandonné donnent un excédant, déduction faite de tous les frais qui auront été faits tant pour les recouvrement que pour la vente et distribution, cet excédant sera remis au Sr Bonnot.

12 Art. III. Au moyen des abandon et quittance résultant des deux articles qui précèdent, toutes le poursuites commencées seront sans effet, et le sr Bonnot est déchargé de la contrainte par corps [31 que plusieurs des créanciers pouvaient avoir droit d'exercer contre lui.

13 Néanmoins les créanciers qui ont obtenu des jugements [75] et pris inscription [85] en temps util sur les immeubles du Sr Bonnot se réservent les droits de préférence [29] et hypothèques [30] qu peuvent en résulter

14 Quant aux oppositions [108], saisies-arrêts (id.) et autres actes conservatoires [34] qui ont pu être for més jusqu'à ce jour à la requête de quelques créanciers, ils conserveront leur effet au profit de la masse des créanciers, et les syndics et directeurs pourront en donner main-levée [149] ou les renouveler au non de l'union (a).

15 Art. IV. Il est fait, par ces présentes, au profit de tous les créanciers présents comme absents, réserve [51] expresse de tous leurs droits [27], recours et garantie contre les tireurs [97], accepteurs (id.), en dosseurs (id.), cautions [32], codébiteurs [26] solidaires [106] et autres cooligés du Sr Bonnot, les créanciers n'entendant nullement y déroger (a).

16 Art. V. Par suite de l'abandon qui précède, les créanciers s'unissent [130] pour ne composer qu'un

---

(a) V. sup. p. 67 note a et p. 98 alin. 51. — La déchéance que peut encourir un créancier vis-à-vis des cooligés de son débiteur par l'acceptation de la cession volontaire est de nature à lui faire préférer la cession de biens judiciaire, parce que avec celle-ci il n'adhère à rien, c'est le jugement qui forme le contrat entre le débiteur et ses créanciers

seul corps, et n'agir qu'en nom collectif par le ministère de leurs syndics et directeurs ci-après nommés, renonçant à pouvoir faire séparément aucunes poursuites [194], contraintes (*id.*) et diligences (*id.*), si ce n'est pour la reconnaissance de leurs titres, à peine de nullité, et de supporter tous les frais qu'ils auront occasionnés, et en outre de tous dommages-intérêts [159], s'il y a lieu.

¹⁷ 'ART. VI. Les créanciers comparants nomment MM. (*tel et tel*) d'entre eux, syndics et directeurs [130] de l'union, à l'effet d'en exercer tous les droits [27] actifs [25] et passifs [26], ce qu'ils ont accepté sous la condition expresse 1° qu'ils ne seront point garants du défaut de poursuites ni des négligences ou fautes de procédure qu'ils auraient commises; 2° qu'ils seront remboursés [84] par privilège [30] et préférence de tous leurs frais, faux frais et déboursés, d'après les simples états qu'ils en fourniront et qu'ils certifieront véritables; 3° qu'ils pourront se démettre de leurs fonctions de syndics quand bon leur semblera par un acte à la suite [45] des présentes, sans avoir besoin du consentement [101] des autres créanciers, ni de les y appeler [119].

¹⁸ ART. VII. Les syndics et directeurs sont autorisés à retirer sur leurs récépissés ou décharges, des mains dudit sʳ BONNOT ou de. tous autres qu'il appartiendra, les titres des diverses créances [25] et autres biens [86. 87] énoncés dans son bilan, ainsi que les effets abandonnés; à déposer ou faire transporter ces effets dans les lieux qu'ils jugeront convenables, à passer, renouveler et résilier à cet effet tous baux [105], donner ou accepter tous congés (*id.*).

¹⁹ Suivre le recouvrement desdites créances [25] en principaux [136], intérêts [49], frais [58. 120] et autres accessoires [136], ainsi que des loyers [105], fermages (*id.*) et autres revenus [50] échus ou à échoir;

²⁰ Entendre, débattre, clore et arrêter tous comptes [184], en fixer et recevoir les reliquats.

²¹ Faire vendre [109] aux enchères publiques les meubles meublants [86] et autres objets mobiliers du sʳ BONNOT.

²² Vendre les immeubles [87] sur trois publications et aux enchères en l'étude de Mᵉ RATHERY, Notaire soussigné, arrêter les charges [58], clauses et conditions [185] de l'enchère.

²³ Faire toutes ces ventes en présence du sʳ BONNOT, ou lui dûment appelé [119].

²⁴ Faire déposer les deniers provenant du recouvrement desdites créances et le prix desdites ventes entre les mains du séquestre [210] ci-après nommé; au moyen de ce dépôt, donner toutes quittances [84] et décharges (*id.*) valables, consentir toutes mentions (*id.*) et subrogations [114].

²⁵ A défaut de paiement ou en cas de contestations, citer [112] et comparaître tant en demandant qu'en défendant devant tous juges et bureaux de paix [94], s'y concilier, sinon paraître devant tous tribunaux [75. 118] compétents, plaider, s'opposer [75], appeler [186], se pourvoir en cassation ou par requête civile, former toutes demandes [119] ou défendre à celles qui seraient intentées, obtenir tous jugements [75], les mettre à exécution, exercer toutes poursuites [194], contraintes (*id.*) et diligences (*id.*) nécessaires, former toutes oppositions [198], faire toutes saisies (*id.*), prendre inscriptions [83], poursuivre toutes expropriations forcées [194], provoquer tous ordres [104], y produire, retirer tous bordereaux de collocation [104] qui seront délivrés au profit de l'union comme exerçant les droits du sʳ BONNOT, en recevoir [84] le montant;

²⁶ Prendre tous arrangements [205] soit avec les débiteurs [26] soit avec les créanciers [25] de l'union, compromettre [185], faire ou accepter [96] toutes délégations [100], cessions [96] et transports (*id.*), faire toutes remises [133], accorder tous délais [77].

²⁷ Donner tous acquiescements [116], désistements [175], main-levées [149] de poursuites, contraintes, saisies, oppositions et inscriptions, en consentir la radiation, faire ou changer toutes élections de domicile [11], passer et signer [15] tous actes;

²⁸ Nommer tous avoués [199] et défenseurs (*id.*), arbitres [185] et experts [195], les révoquer [80], en constituer d'autres, et généralement faire pour l'intérêt commun des créanciers tout ce que les syndics et directeurs jugeront convenable, quoique non prévu en ces présentes.

²⁹ ART. VIII. Les créanciers comparants, tant pour eux que pour les absents, font choix de Mᵉ RATHERY, Notaire soussigné, pour Notaire et séquestre [210] de l'union, de Mᵉ... pour avocat [199] et de Mᵉ... pour

avoué (*id.*), lesquels séquestre et officiers ne pourront être changés ni révoqués que par délibération p
en la manière qui sera fixée sous l'art. xii ci-après.

³⁰ ART. ix. Les honoraires dus aux officiers pour leurs vacations aux assemblées, ainsi que tous les au
frais qui ont été ou qui seront occasionnés par les opérations de la direction, seront payés par privil
[30] et préférence sur les deniers qui seront reçus par les syndics et directeurs, et ce d'après le règlem
que ceux-ci en auront fait. Il en sera de même des déboursés [5] et honoraires (*id.* du présent acte.

³¹ ART. ix. Tous les deniers restants, après le prélèvement des frais et créances privilégiés [30], ser
distribués, savoir :

³² Les deniers provenant de la vente des immeubles par rang de privilèges et hypothèques suivant l'or
[104] qui en sera fait à l'amiable, si faire se peut, sinon en justice;

³³ Et les deniers provenant de la vente des objets mobiliers et du recouvrement des créances, par c
tribution [202] amiable entre tous les créanciers, d'après tous les états de répartition qui seront dres
à cet effet par les officiers de l'union sur le vu des titres desdits créanciers;

³⁴ Lesquels ordre amiable et états de répartition seront arrêtés par délibération générale, à l'effet de q
tous les créanciers seront tenus de produire leurs titres de créances entre les mains du Notaire
l'union, dans les... jours de la sommation [119] qui leur en sera faite à leur domicile personnel, à la
quête des syndics et directeurs, à peine par ceux qui négligeraient ou refuseraient de faire ce
production d'être rejetés de la masse, et de demeurer déchus de tous droits aux répartitions, s
qu'il soit besoin de les mettre autrement en demeure, le tout afin d'éviter des frais.

³⁵ Les frais de la direction, ceux de justice et les créances privilégiées [29] sur meubles, seront impu
sur les sommes à provenir du recouvrement des créances et de la vente des objets mobiliers, de mani
à ne point nuire aux créanciers privilégiés et hypothécaires venant en ordre utile sur les immeubles.

³⁶ Les répartitions auront lieu toutes les fois qu'il se trouvera en caisse une somme de...

³⁷ ART. xi. Les énonciations [53] faites au bilan ne pourront, en aucune manière, attribuer aux créanc
plus ou moins de droits qu'ils n'en ont.

³⁸ ART. xii. Tout ce qui n'aurait pas été prévu par ces présentes sera suppléé par des délibérati
prises à la pluralité des voix dans les assemblées de créanciers qui se tiendront en l'étude du notaire
l'union, aux jours et heures indiqués par des lettres circulaires, et par avis inséré dans le journal
l'*Yonne*, en la manière accoutumée.

³⁹ Les délibérations qui seront arrêtées par les syndics et directeurs avec... autres pris parmi les vi
plus forts créanciers, vaudront comme si tous les créanciers y eussent concouru, et comme si les dis
sitions faisaient partie des présentes.

⁴⁰ Cependant lorsqu'il s'agira des arrêtés d'états de répartition, ou de toutes autres matières dans
quelles quelques-unes des créanciers auraient des intérêts différents de ceux des autres créanciers,
délibérations ne vaudront qu'autant qu'elles auront été signées de la moitié au moins des créanciers ou
les syndics et directeurs.

⁴¹ ART. xiii. Au moyen du présent abandon, les créanciers de M. Bonnot font remise [155] à ce dern
de ses habits, linge et vêtements ; plus d'un lit et des meubles garnissant la chambre qu'il occupe,
désignés en l'état [154] qui est demeuré ci-annexé [55], après avoir été signé et paraphé dudit sr Bonn
et des syndics et directeurs de l'union.

⁴² De plus, lesdits créanciers, en considération de l'abandon volontaire ci-dessus, et pour satisfaire à
demande du sr Bonnot, lui accordent, ce qu'il accepte, une pension [76] viagère et alimentaire de
cents francs, payable [84] par chaque année et par avance, de trois en trois mois, à compter du prem
juillet présent mois; le premier trimestre lui ayant été payé ainsi qu'il le reconnaît.

⁴³ Pour assurer le paiement de cette rente viagère, l'acquéreur de (*désigner ici l'immeuble*) en sera char
par privilège [29] sur son acquisition, et, à cet effet, il retiendra entre ses mains le capital au den
vingt de la rente.

⁴⁴ Le créancier hypothécaire auquel serait revenu, sans la présente clause, la portion du prix qui se

retenûe pour cette rente viagère, en sera indemnisé sur les recouvrements mobiliers, pour quoi il sera fait réserve sur lesdits recouvrements de somme suffisante pour assurer cette indemnité; mais, après l'extinction de la rente viagère, le capital retenu sera réparti par contribution, comme somme mobilière, entre les créanciers qui auraient eu droit à cette réserve prise sur les recouvrements mobiliers si elle n'eût pas été faite.

45 ART. XIV. Il est expressément convenu que toutes les stipulations [52] faisant l'objet des présentes ne recevront leur exécution qu'autant que tous les créanciers du sieur BONNOT qui ne comparaissent point en ces présentes y auront donné une entière adhésion [128] par acte ensuite dans le délai [77] de....

46 ART. XV. Pour l'exécution des présentes, les parties font élection de domicile [11] en leurs demeures respectives ci-dessus indiquées.

47 Dont acte, fait et passé à la Bouille [12] en l'étude (id.), l'an mil huit cent quarante-trois [13] le dix-neuf juillet (id.), en présence de MM. (Noms, prénoms, professions et demeures), témoins instrumentaires [14]; et les parties ont signé [15] avec les témoins et le Notaire, après lecture [16].

48 V. Répertoire, note 17. — Enregistrement, notes 18 n. 872, et 19.

49 Les formules d'abandon, d'adhésion et d'atermoiement.

CESSION [96] DE BREVET D'INVENTION [182].

Cession de brevet
d'invention.

1 PAR-DEVANT Me Hilaire [1] BERTOUX (id.), Notaire [2] à la Rippe [1], département de... soussigné [15]. — V. sup. p. 3, alin. 1.

2 Est comparu M. Achille [3] REMONDOT (id.), chimiste (id.), demeurant (id.) à... — V. note 43.

3 Lequel a, par ces présentes, cédé et transporté sous la garantie de droit,

4 A M. Nicolas [3] MOREAU (id.), pharmacien (id.), demeurant (id.) à..., à ce présent et acceptant; patenté [43] à la mairie de son domicile à la date du cinq février dernier, deuxième classe, n° 37.

5 Le droit jusqu'au premier janvier mil huit cent cinquante résultant en faveur de M. REMONDOT du brevet d'invention qui lui a été accordé pour quinze années qui ont commencé le..., par ordonnance [222] du Roi en date du..., pour un remède propre à la guérison de l'hydrophobie.

6 Pour jouir [22] par M. MOREAU, du privilège résultant dudit brevet d'invention, à compter de ce jour, jusqu'à l'époque ci-devant fixée.

7 Cette cession est faite aux charges [58] et conditions [153] suivantes :

8 I. M. MOREAU exécutera les conditions imposées par les lois sur la matière.

9 II. Il devra poursuivre à ses risques et périls dès qu'il en aura ou qu'il lui en aura été donné connaissance tous contrefacteurs dudit remède, et il aura droit aux indemnités qui pourront être prononcées contre eux, sans pouvoir faire à ce sujet aucun arrangement amiable. Mais préalablement M. REMONDOT devra être informé de toute instance à engager, afin qu'il puisse se joindre, si bon lui semble, à M. MOREAU pour demander la répression dudit délit.

10 III. M. MOREAU ne pourra céder son droit résultant des présentes sans le consentement [101] exprès et par acte authentique de M. REMONDOT.

11 IV. M. REMONDOT s'interdit le droit de vendre le remède en question pendant le temps pour lequel ce droit est concédé à M. MOREAU.

12 V. M. REMONDOT ne remet point son brevet d'invention : il s'oblige seulement à le communiquer à M. MOREAU toutes les fois qu'il en aura besoin sous récépissé [54].

13 VI. Les déboursés [5] et honoraires (id.) auxquels ces présentes donneront lieu seront payés par M. MOREAU, y compris la grosse [64] à fournir à M. REMONDOT.

14 PRIX. Et en outre, ladite cession est faite moyennant la somme [35] de quinze mille francs [91] que M. MOREAU promet et s'oblige [107] de payer [84] sans intérêts [49] à M. REMONDOT en la demeure de ce

31

dernier en dix termes [77] et paiements égaux d'année en année à compter d'aujourd'hui, premier terr
devant échoir le vingt juillet mil huit cent quarante-quatre.

15 A la sûreté et garantie du prix de la présente cession, M. REMONDOT fait réserve [51] du privilège [5
et de l'action résolutoire [155] résultant en sa faveur de la présente cession.

16 Pour l'exécution des présentes les parties font élection de domicile [11] en leurs demeures actuell
sus-indiquées.

17 Dont acte, fait et passé à la Rippe [12] en l'étude (*id.*), l'an mil huit cent quarante-trois [15] le vin
juillet (*id.*), en présence des srs (*noms, prénoms, professions et demeures*), témoins instrumentaires [t
soussignés ; et les parties ont signé [15] avec les témoins et le Notaire, après lecture [16].

18 V. *Répertoire*, note 17. — *Enregistrement*, notes 90, 18 et 19.

19 Et, au besoin, la table alphabétique du Commentaire.

Cession de créance.

CESSION DE CRÉANCE.

V. *inf. Transport.*

Cession de droits.

CESSION DE DROITS.

V. *inf. Transport,*

Cession de droit
de réméré.

CESSION DE DROIT DE RÉMÉRÉ.

V. *inf. Vente de droit de réméré.*

Cession d'office ou
de charge d'officier
ministériel.

CESSION D'OFFICE OU DE CHARGE D'OFFICIER MINISTÉRIEL.

V. *inf. Vente.*

Cession de rente.

CESSION DE RENTE.

V. *inf. Transport.*

Changement ou con-
tre lettre à un con-
trat de mariage.

CHANGEMENT [166] OU CONTRE-LETTRE (*id.*) A UN CONTRAT DE MARIAGE
(Par acte à la suite [45] de ce contrat. — C. civ. 1396, 1397).

ç (*a*) ET le trente-un août mil huit cent quarante-trois [15] à l'heure de...

(a) Pour que le changement fasse corps avec le contrat de mariage, et qu'il ne soit pas possible que le Notaire qui déliv
une expédition de ce contrat n'ait pas eu connaissance de la contre-lettre, il est nécessaire que cette contre-lettre so
écrite au moins en partie sur le même timbre pour ne former en quelque sorte qu'un seul et même contexte. Et dans le
cas où il n'est pas possible d'écrire tout ou partie de la contre-lettre sur la minute du contrat de mariage, il est bon que le
Notaire mentionne sur ce dernier acte qu'il existe une contre-lettre, en ces termes. — V. *la Contre-lettre faisant suite a*
présent contrat.

8 Par-devant M⁰ Léon [1] Rolland (*id.*), Notaire [2] à la résidence de St. Benoit-d'Ordon [1], département de... soussigné [13]. — V. *sup. p.* 3, *alin.* 1.

3   Sont comparus,

4 M. Achille [3] Vieillot (*id.*) , maître des requêtes au conseil d'état (*id.*) , demeurant (*id.*) à...

5 Et mad^lle Eulalie [3] Bertini (*id.*), fille majeure, sans profession (*id.*), demeurant (*id.*) à...

6 Lesquels, usant de la faculté qui leur est accordée par l'art. 1396 du Code civil, ont fait à leur contrat de mariage [166] passé devant M⁰ Rolland, Notaire soussigné, le vingt août présent mois dûment enregistré [18. 42] et dont minute [39] précède, les changements suivants [166] :

7 Art. 1. Il y aura entre les futurs époux communauté [166] de biens meubles [86] et immeubles [87], conformément au régime de la communauté conventionnelle, réduite aux acquêts.

8 Art. 2. Au moyen de ce qui vient d'être exprimé, la stipulation [52] contenue en l'article premier du contrat de mariage [166] qui soumettait les époux au régime dotal (*id.*) se trouve révoquée. Il en sera de même de toutes les conventions étant la conséquence de cette stipulation.

9 Art. 3. Il n'est point dérogé aux articles dudit contrat de mariage relatifs aux apports des futurs époux, au préciput [166] stipulé au profit du survivant et aux avantages réciproques qu'ils se sont faits pour le profit du premier mourant d'eux.

10 Art. 4. Faculté est accordée à la future épouse et à ses enfants, en renonçant à la communauté, de reprendre son apport et même son préciput francs et quittes [166] de toutes dettes [26] et hypothèques [30] de ladite communauté, quand même elle s'y serait obligée [107] ou y aurait été condamnée [26] sauf à en être garantis ou indemnisés par le futur époux.

11 Dont acte, fait et passé à St.-Benoit-d'Ordon [12] en l'étude (*id.*), les jour, heure , mois et an susdits, en présence de MM. (*noms, prénoms, professions et demeures*) témoins instrumentaires [14] soussignés [13], et les parties ont signé [15] avec les témoins et le Notaire, après lecture [16].

12   V. *Répertoire*, note 17. — *Enregistrement*, notes 99, 18 et 19.

13   Et *inf. Mariage* (Contrat de).

CHANGEMENT D'HYPOTHÈQUE [30].

Changement d'hy-
pothèque.

1 Par-devant M⁰ Cyprien [1] Loury (*id.*), Notaire [2] à Bonny [1], département de... soussigné [15].
— V. *sup. p.* 3, *alin.* 1.

2   Sont comparus,

3 M. Stanislas [3] Merlin (*id.*), rentier (*id.*), demeurant (*id.*) à...   d'une part.

4 Et M. Crespin [3] Niclas (*id.*), propriétaire (*id.*) et dame Françoise Olivier , son épouse [144], de lui autorisée [68] à l'effet des présentes, demeurant [3] ensemble à...   d'autre part.

5 Lesquels ont exposé ce qui suit :

6 Par acte passé en minute [39] et présence de témoins [14] devant M⁰ Loury , Notaire soussigné, le... dûment enregistré [18. 42], M. et Mad. Niclas se sont reconnus débiteurs [26] envers M. Merlin , comparant, de la somme [33] de dix-huit mille francs [91] qu'ils se sont obligés [107] solidairement [106] de lui payer [84] le... [77] avec intérêts [49] à cinq pour cent par an sans retenue exigibles de six en six mois jusqu'à son remboursement.

7 Pour sûreté du principal [136] et des accessoires [103] de ladite obligation, les débiteurs ont affecté et hypothéqué [30] une maison [87] située [144] à..., rue... n°..., avec toutes ses dépendances [71] ainsi que divers autres biens, le tout situé sur le territoire de...; et cette hypothèque a été inscrite [83] au bureau des hypothèques de..., le... vol... n°...

8 Les époux Niclas ayant vendu cette maison à M. Léonard Porson , propriétaire à..., dans l'intention de disposer du prix et de l'employer à leurs besoins et affaires, mais l'existence de l'inscription de M. Merlin étant un obstacle à ce qu'ils puissent le recevoir, ils ont l'un et l'autre proposé à ce dernier

de faire main-levée [149] de son inscription à l'égard de la maison vendue et de lui conférer hypothèque sur une ferme située à..., laquelle est libre [31] d'hypothèque et beaucoup plus que suffisante pour répondre du montant de ladite obligation.

⁹ M. MERLIN, dans la vue de rendre service à M. et Mad. NICLAS, ayant accepté leur proposition, les parties sont, en conséquence, convenues de ce qui suit :

¹⁰ ART. 1. M. et Mad. NICLAS affectent et hypothèquent [30] spécialement à la garantie du principal [136] et des accessoires [103] de leur obligation du... ci-devant énoncée, la ferme [30] de la Forte-Vallée, située [141] sur le finage (id.) de..., consistant en bâtiments, terres labourables, prés et vignes, le tout d'une contenance de cent cinq hectares [91].

¹¹ Sur laquelle ferme ils consentent qu'il soit pris inscription [83] à leurs frais.

¹² M. et Mad. NICLAS déclarent que ladite ferme leur appartient [22] pour en avoir fait ensemble l'acquisition de... (*Voir au mot* ÉTABLISSEMENT DE PROPRIÉTÉ *du dictionn. ce qu'il faut observer dans l'occasion*).

¹³ Ils déclarent aussi sous les peines de droit [31] que cette ferme n'est grevée d'aucune hypothèque légale [30], conventionnelle (id.) ou judiciaire (id.), si ce n'est de l'hypothèque légale de Mad. NICLAS laquelle renonce par ces présentes à s'en prévaloir au préjudice de M. MERLIN ; s'obligeant [107] l'un et l'autre à justifier dans un mois de ce jour de la sincérité de leur déclaration par un certificat du conservateur des hypothèques de... constatant qu'à l'époque de la délivrance de ce certificat il n'existera sur la ferme hypothéquée que l'inscription qui sera prise en vertu des présentes.

¹⁴ ART. 2. Cette nouvelle hypothèque est acceptée par M. MERLIN. En conséquence, dès qu'il lui aura été justifié comme il vient d'être dit que l'inscription [83] de l'hypothèque consentie par ces présentes vient en premier ordre, il s'engage à renoncer [149] à son droit d'hypothèque sur la maison vendue à M. Porson ainsi qu'il est dit ci-devant, et par suite à donner main-levée [149] et consentir la radiation (id.) de l'inscription du..., vol... nº... ci-dessus relatée, mais seulement en ce qu'elle grève ladite maison qui est comprise sous le nº 1 de cette inscription, son effet étant expressément réservé [51] à l'égard des autres biens qu'elle grève (a).

¹⁵ ART. 3. Il n'est point autrement dérogé par ces présentes aux droits [27] et actions [28], privilèges [29] et hypothèques [30] résultant au profit de M. MERLIN de son obligation sus-mentionnée (b).

¹⁶ ART. 4. Les déboursés [3] et honoraires (id.) des présentes seront supportés par M. et Mad. NICLAS qui en fourniront une expédition [64] à M. MERLIN d'ici à un mois.

¹⁷ ART. 5. Pour l'exécution des présentes les parties font élection de domicile [11] en leurs demeures respectives ci-dessus indiquées.

¹⁸ Dont acte, fait et passé à Bonny [12] en l'étude (id.), l'an mil huit cent quarante-trois le premier septembre [15], en présence de MM. (*Noms, prénoms, professions et demeures*), témoins instrumentaires [14], et les parties ont signé [15] avec les témoins et le Notaire, après lecture [16].

¹⁹ V. *Répertoire*, note 17. — *Enregistrement*, notes 90, 18 et 19.

²⁰ Et les formules d'AFFECTATION HYPOTHÉCAIRE.

Charte-Partie de navire. ¹ **CHARTE-PARTIE** [226] PAR UN PROPRIÉTAIRE DE NAVIRE.

² PAR-DEVANT Mᵉ Charles [1] ONFRIDE (id.), Notaire [2] à Courteray [1], département de..., soussigné [13]. — V. *sup. p.* 3, *alin.* 1.

(a) *Lorsque le créancier a foi dans la déclaration de son débiteur, l'art.* 2 *est ordinairement conçu ainsi qu'il suit :*

ART. 2. Cette nouvelle hypothèque est acceptée par M. MERLIN qui, sous la foi de la sincérité de la déclaration de M. et Mad. NICLAS, renonce à son droit d'hypothèque sur la maison vendue à M. PORSON, et, par suite, donne main-levée et consent la radiation de l'inscription du... vol... n°... ci-dessus relatée, mais seulement, etc.

(b) V. *sup.* la note *a* au bas de la p. 67 et la note 52 du Commentaire n. 151 et 155.

Est comparu M. César [3] Bonnefoy (id.), propriétaire (id.) du navire le Héron, de Marseille, du port d'environ cinq cents tonneaux, capitaine Rollin, demeurant [3] à Marseille rue... n°...

Lequel, étant assisté (a) de M. Etienne Gourot, courtier-conducteur de navires, demeurant à... où il est patenté [43] pour la présente année à la date du... hors classe n..., a, par ces présentes, loué [103] et été [226],

A M. Antoine [5] Dumoulin (id.), négociant-armateur (id.), demeurant (id.) aussi à Marseille où il est patenté [43] pour la présente année à la date du... dernier, première classe, n°... ; à ce présent et acceptant.

Le navire [7] le Héron pour charger et porter en plein du vin pour Bonne (Afrique).

Il est accordé à M. Dumoulin vingt jours de planche à compter de ce jour pour charger ledit navire dans le port de Marseille où il se trouve, et vingt autres jours de planche pour le décharger à Bonne, à compter du jour où il aura jeté l'ancre devant cette ville.

Cet affrètement est fait moyennant quarante-cinq francs de fret (b) par tonneau, lequel fret M. Dumoulin promet et s'oblige de payer dans le port de Bonne à M. Bonnefoy ou pour lui au porteur de la grosse des présentes et de ses pouvoirs en deux termes égaux, savoir : moitié aussitôt après le déchargement des trois cinquièmes de la charge et l'autre moitié après l'entier déchargement (c).

Et en outre cet affrètement est fait aux conditions suivantes que M. Dumoulin promet et s'oblige d'exécuter et accomplir, savoir :

1° De décharger en plein le navire, et de faire en sorte que la charge et la décharge dudit navire soient faites dans les délais [77] ci-dessus fixés, à peine [38] de payer [84] au profit de M. Bonnefoy la somme [33] de cinquante francs [91] par chaque jour de retard indépendamment du prix du fret.

2° Pour le cas où le Sr Bonnefoy rechargerait de suite à Bonne, de donner la préférence pour le fret au retour à M. Dumoulin à égalité de prix.

3° Et de payer les déboursés et honoraires [3] des présentes et le coût d'une grosse [64] pour M. Bonnefoy.

(d) Dont acte, fait et passé à Courteray [12] en l'étude (id.), l'an mil huit cent quarante-trois [13] le premier septembre (id.), en présence de MM. (Noms, prénoms, professions et demeures) témoins instrumentaires [14] soussignés [13]; et les parties ont signé [13] avec les témoins et le Notaire, après lecture [16].

V. Répertoire, note 17. — Enregistrement, notes 218, 18 et 19.

La formule de Connaissement. — Et, au besoin, la table alphabétique du Commentaire.

CHARTE-PARTIE [226] par le capitaine d'un navire.

Par-devant Me Athanase [1] Boudin (id.), Notaire [2] à la résidence [1] de..., département de..., soussigné [13]. — V. sup. p. 3, alin. 1.

(a) Les affrètements se font ordinairement par le ministère des Courtiers. Toutefois, il n'est pas défendu aux Notaires d'en faire, et quand on constate la présence d'un Courtier c'est que ce Courtier a un droit d'assistance à réclamer aux parties comme ayant été intermédiaire.

(b) On indique ordinairement le prix de l'affrètement en monnaie ayant cours dans le pays où l'on doit décharger le navire.

(c) On bien : cet affrètement est fait moyennant la somme de... de fret par mois, à courir du jour où le bâtiment lèvera l'ancre devant Marseille jusqu'au jour où il l'aura mouillé devant Bonne.

(d) On ajoute quelquefois ici la clause suivante :

Déclarent les parties qu'elles évaluent à... mois le temps pendant lequel le fret ci-dessus stipulé pourra courir, laquelle évaluation n'étant faite que pour satisfaire à la loi, ne pourra dispenser aucune des parties de l'accomplissement des stipulations ci-dessus faites.

₃ Est comparu M. Alexandre [3] ROLLIN *(id.)*, demeurant *(id.)* à… , capitaine du navire LE HÉRON ,
Marseille, du port d'environ cinq cents tonneaux, et dont est propriétaire M. César BONNEFOY, domici
à Marseille rue… n°…

₄ Lequel , en sa qualité de capitaine *(a)*, a , par ces présentes, loué et frété ,

₅ A M…. *(le reste comme aux alin.* 3 *et suiv. de la formule qui précède).*

CHASSE [187] (PERMIS DE).

V. *sup.* BAIL DE CHASSE, p. 141.

CHEPTEL SIMPLE [105]. — (V. C. civ. 1804 et suiv.).

₁ PAR-DEVANT Me Louis [1] CHAPELAIN *(id.)*, Notaire [2] à la résidence de Couy [1], département de..
soussigné [15]. — V. *sup. p.* 3, *alin.* 1.

₂ Est comparu M. Jean [3] DENIZOT *(id.)*, propriétaire *(id.)*, demeurant *(id.)* à…

₃ Lequel a, par ces présentes, fait bail [105] et donné à cheptel simple *(id.)*, pour trois, six ou ne
années entières et consécutives qui ont commencé à courir d'aujourd'hui.

₄ Au sieur Pierre [3] EUVRARD *(id.)*, cultivateur *(id.)*, demeurant *(id.)* à… , à ce présent et acceptan
fermier de la terre de… appartenant à M. le Comte DE LA BRICHE ,

₅ 1° Trois vaches à lait de l'âge d'environ quatre ans dont une sous poil noir, une autre sous poil rou
et l'autre sous poil noir et blanc , estimées chacune cent francs , ce qui fait pour les trois une somme
trois cents francs, ci.   300

₆ 2° Deux génisses , l'une sous poil rouge et l'autre sous poil noir , de valeur de cinquante
francs chacune , ce qui donne pour les deux une somme de cent francs , ci.   100

₇ 3° Et un troupeau de moutons marqué des lettres J. D. composé d'un bélier mérinos de va-
leur de cinquante francs , de vingt-cinq brebis mérinos évaluées chacune dix-huit francs et de
soixante-quinze brebis champenoises de valeur de douze francs chacune, ce qui fait au total
six cent quatre vingts-francs, ci   680

₈ Total de l'estimation, mille quatre vingts francs, ci.   1080

₉ Duquel bétail le Sr EUVRARD se reconnaît en possession (OU BIEN : lequel bétail sera délivré en b
état au preneur le… prochain).

₁₀ Le présent bail est fait aux charges [58] et conditions [135] suivantes :

₁₁ I. Le preneur sera tenu, ainsi qu'il s'y oblige [107], de nourrir à ses frais toutes les bêtes composa
ledit cheptel , de les garder, soigner et héberger convenablement , et de veiller à ce qu'on ne leur caus
aucun dommage [26].

₁₂ II. Le preneur profitera seul du laitage et du fumier des animaux sans pouvoir les employer aux tr
vaux de la culture; seulement le croît et les laines seront partagés par moitié entre le bailleur et
preneur.

₁₃ III. Il ne pourra être fait aucune tonte des bêtes à laine sans en prévenir le bailleur avec lequel
partage devra être opéré immédiatement.

₁₄ IV. Quant aux croîts, les parties pourront réciproquement en exiger le partage dans le courant d

---

(a) Quand la Charte-partie est faite dans le lieu de la demeure du propriétaire du navire, on ajoute ici
Et en présence et de l'agrément de M. César BONNEFOY, sus-nommé.

haque année à l'époque que bon leur semblera. Mais préalablement ce que le fonds de bétail aura perdu en aleur sera remplacé par des croîts, et ce n'est que ce qui restera des croîts après remplacement qui sera oumis au partage par moitié.

V. Si, par la faute ou négligence du preneur, il vient à périr quelques têtes du cheptel, ledit preneur era tenu de les remplacer à ses frais immédiatement.

VI. En aucun cas, le preneur ne pourra disposer d'une portion soit du croît soit du fonds du troupeau ans le consentement [101] exprès et par écrit du bailleur.

VII. A l'expiration du présent bail, il sera fait une estimation du cheptel par un expert [193] amialement nommé par les parties, sinon, au cas de discord, par le juge de paix [94] du canton, lequel aura cet égard attribution de juridiction [77].

Cette estimation faite, le bailleur prélèvera des bêtes de chaque espèce à son choix jusqu'à concurence de la somme [33[de mille quatre-vingts francs [91]. Quant au surplus il sera partagé par moitié ntre les parties. Si alors la valeur du cheptel est d'une somme inférieure à mille quatre-vingts francs, le ailleur prendra ledit cheptel dans l'état où il se trouvera, et le preneur sera tenu de lui payer [84] dans e délai [77] d'un mois moitié de la différence existante entre la nouvelle estimation et la première.

VIII. Afin que M. le Comte DE LA BRICHE auquel appartient la ferme exploitée par le Sr EUVRARD ne uisse exercer son privilège [29] sur le fonds de bétail donné à bail, ces présentes lui seront notifiées [122] la requête de M. DENISOT mais aux frais du preneur, avant l'entrée des bestiaux dans les bâtiments de ferme, avec déclaration de l'objet de cette notification.

IX. Pour la perception du droit d'enregistrement [18], le produit annuel revenant au bailleur est valué par les parties à la somme de cinquante francs.

X. Les déboursés et honoraires [3] des présentes et le coût de la grosse [64] à remettre au bailleur ront supportés par le preneur.

XI. Pour l'exécution des présentes les parties font élection de domicile [11] en leurs demeures respecves sus-indiquées.

Dont acte, fait et passé à Couy [12] en l'étude (id.), l'an mil huit cent quarante-trois le deux sepembre [13], en présence de MM. (Noms, prénoms, professions et demeures) témoins instrumentaires [14] oussignés; et les parties ont signé [15] avec les témoins et le Notaire, après lecture [16].

V. Répertoire, note 17. — Enregistrement, notes 218, 18 et 19.

Forme des actes, note 38. — Et la formule de BAIL D'ANIMAUX sup. p. 137.

CHEPTEL A MOITIÉ [105]. — V. C. civ. art. 1818 et suiv.

Cheptel à moitié.

PAR-DEVANT Me Célestin [1] BONNAIRE (id.), Notaire [2] à Montmien [1], département de..., soussigné [3] — V. sup. p. 3. alin. 1.

Sont comparus,

M. Auguste [3] BOLLERET (id.), propriétaire et ancien fermier (id.), demeurant (id.) à...

Propriétaire de deux vaches à lait de valeur de cent francs chacune (V. pour la désignation la formule ui précède alin. 3). D'UNE PART;

Et le Sr Denis COPPINOT, laboureur, demeurant à...

Propriétaire d'une vache à lait de valeur de cent francs et de deux génisses de valeur de cinquante rancs chacune (V. pour la désignation la formule qui précède alin. 5 et 6), D'AUTRE PART.

Lesquels ont fait entre eux ce qui suit :

I. M. BOLLERET a remis aujourd'hui au Sr COPPINOT, qui le reconnaît, les deux vaches lui appartien nt t dont est ci-dessus parlé; pour, avec la vache et les deux génisses appartenant audit Sr COPPINOT, ne ormer qu'un seul fonds de bétail commun entre eux.

II. Le Sr COPPINOT se charge de tous ces bestiaux à titre de cheptel à moitié pour le temps de six

années consécutives à compter d'aujourd'hui ; en conséquence, il les nourrira, hébergera et soign comme le ferait un bon père de famille, à la condition qu'il profitera seul du laitage et du fumier desc animaux comme indemnité de la nourriture et des soins par lui fournis. — V. *la formule qui préc* *alin.* 12.

₁₁ III. Les laines et le croît seront partagés (*a*) par moitié entre les parties, les valeurs apportées ₁ chacun dans le fonds commun étant égales. — V. *même formule alin.* 14.

₁₂ IV. Aucune tonte ne pourra être faite sans que M. BOLLERET ait été prévenu à l'avance et ait l même fixé le jour et le lieu de la tonte. — V. *la formule qui précède alin.* 13.

₁₃ V. Les parties ne pourront disposer pendant la durée du bail d'aucune portion du bétail, ni d'auc des croîts, sans le consentement [101] par écrit l'une de l'autre, sous peine de résiliation des présentes de tous dommages-intérêts [159].

₁₄ VI. Si, par la faute ou négligence du Sʳ COPPINOT, il vient à périr quelque tête du cheptel, celui sera tenu de les remplacer immédiatement et à ses frais.

₁₅ VII. A l'expiration des six années du présent bail, il sera, par des experts [195] nommés amiablemc par les deux parties, sinon par le juge de paix du canton de..., lequel aura à cet effet attribution de ju diction [77], procédé à l'estimation du fonds du cheptel. Il sera ensuite composé deux lots (*b*) des be tiaux composant ledit cheptel et ces lots seront immédiatement tirés au sort [140] entre les parties.

₁₆ VIII. Pour la perception du droit d'enregistrement [18], les parties évaluent le produit à revenir bailleur par suite du présent bail, à la somme de quinze francs par an.

₁₇ IX. Les déboursés [8] et honoraires (*id.*) des présentes et le coût de la grosse [64] à remettre bailleur seront payés par le preneur.

₁₈ X. Pour l'exécution des présentes les parties font élection de domicile [11] en leurs demeures respe tives sus-indiquées.

₁₉ Dont acte, fait et passé à Montmien [12] en l'étude (*id.*), l'an mil huit cent quarante-trois [13] le tre septembre (*id.*), en présence de MM. (*Noms, prénoms, professions et demeures*), témoins instrumentair [14] soussignés; et les parties ont signé [15] avec les témoins et le Notaire, à l'exception du Sʳ Coppin qui a déclaré ne le savoir de ce interpellé, après lecture [16].

₂₀ V. *Forme des actes*, note 38. — *Répertoire*, note 17. — *Enregistrement*, notes 218, 18 et 19.

₂₁ La formule de CHEPTEL SIMPLE. — Et la formule de BAIL D'ANIMAUX p. 137.

Cheptel de fer.

CHEPTEL DE FER [105]. — V. C. civ. 1821 et suiv.

₂ Ce cheptel n'ayant point lieu par acte particulier, mais par l'acte même de bail à ferme, il convient dans ce cas, de se référer aux alin. 8, 13, 14, 15, 16, 17 et 18 de la formule de BAIL PARTIAIRE donné *sup.* p. 160.

Citation devant une chambre de discipline

CITATION DEVANT UNE CHAMBRE DE DISCIPLINE [89].

₂ (*c*) L'an mil huit cent quarante-trois le quatre septembre [20. n. 38].

(*a*) *Quand les mises sont inégales, on met ici :* en raison de l'apport de chacun dans le fonds commun, de manière que le bailleur ait . . parts et le preneur ... parts.

(*b*) *Ou bien :* autant de lots que les parties ont de parts.

(*c*) Les Notaires inculpés de faits relatifs à la discipline seront cités à comparaître devant la Chambre dans un délai qui ne

₃ A la requête de M. Jérôme Loursin [20, n. 55], Notaire à la résidence de..., comme syndic de la chambre des Notaires de l'arrondissement de...

₄ J'ai, Simphorien Jollibois [20, n. 28], huissier [115], à la résidence de..., où je suis patenté [20. n. 115] à la date du... dernier, troisième classe, n°..., soussigné,

₅ Cité Mᵉ Alexandre Moreau [20, n. 28] Notaire à..., y demeurant, en son domicile où étant et parlant à...,

₆ A comparaître le dix septembre présent mois à dix heures du matin, par-devant MM. les membres composant la Chambre de discipline de l'arrondissement de..., au lieu ordinaire de leur réunion en la ville de... place St.-Etienne n°...

₇ Pour s'expliquer sur les faits déférés à ladite Chambre de discipline et qui tendraient à établir que le cité a contrevenu à l'art. 12 de l'ordonnance du Roi du quatre janvier mil huit cent quarante-trois en se constituant garant ou caution de prêts faits par son intermédiaire; répondre aux questions qui lui seront posées à ce sujet; et s'entendre en outre condamner, s'il y a lieu, à telles peines de discipline qu'il appartiendra et aux dépens occasionnés par son refus de comparaître sur lettre du Président et envoyée par le Secrétaire.

₈ Et pour que ledit Mᵉ Moreau n'en ignore et lui ai, à domicile et parlant comme est dit ci-dessus, laissé copie du présent dont le coût est de...

₉ V. Enregistrement, notes 99, 18 et 19 (a).

₁₀ Les formules d'ajournement et d'appel et les notes au bas de ces formules.

CITATION EN CONCILIATION [112].

₂ L'an mil huit cent quarante-trois le cinq septembre [20, n. 38].

₃ A la requête de Jean Bontemps [20, n. 53], propriétaire (id.) demeurant (id.) à...

₄ J'ai, François Couchat [20, n. 28], huissier [113] près la justice de paix du canton de..., demeurant à..., où je suis patenté [20, n. 115] pour la présente année à la date du... dernier, troisième classe, n°..., soussigné,

₅ Cité [112] le sʳ Joseph Collas [20, n. 28], laboureur [id. n. 122], demeurant [id. n. 120] à... en son domicile où étant et n'ayant trouvé personne, je me suis adressé à M. le maire de..., lequel a visé le présent.

₆ A comparaître le neuf septembre présent mois, heure de onze du matin, par-devant M. le juge de paix de..., tenant bureau de paix et de conciliation, au lieu ordinaire de ses séances sis à... rue...

₇ Pour se concilier [112], si faire se peut, sur la demande [28] que le requérant est dans l'intention de former contre lui devant les juges [75] compétents, laquelle a pour objet, attendu que le cité est débiteur [26] du requérant d'une somme de douze cents francs, ainsi qu'il en sera justifié, s'entendre, ledit sʳ Collas, condamner à payer au requérant ladite somme de douze cents francs.

₈ Se voir également condamner aux intérêts [49] de ladite somme suivant la loi, et en outre aux dépens [120].

---

pourra être au-dessous de cinq jours, à la diligence du syndic, par une simple lettre indicative des faits, signée de lui, et envoyée par le secrétaire qui en tiendra note. — Si le Notaire ne comparaît point sur la lettre du syndic, il sera cité une seconde fois dans le même délai, à la même diligence par ministère d'huissier (Ord. roy. 4 janv. 1843, art. 17).

(a) Les délibérations de la Chambre de discipline n'étant que de simples actes d'administration, d'ordre ou de discipline, ou de simples avis, ne sont, dans aucun cas, sujettes à l'enregistrement, non plus que les pièces y relatives (Ord. roy. 4 janv. 1843, art. 20).

⁹ Lui déclarant que faute par lui de comparaître, il sera condamné à l'amende de dix francs prononcé par la loi.

¹⁰ Et, pour qu'il n'en ignore, j'ai laissé à M. le maire de... copie du présent, dont le coût est de...

(*Signature de l'huissier*).

¹¹ V. *Enregistrement*, notes 99, 18 et 19.

¹² La formule d'*ajournement* et les notes au bas de cette formule.

CITATION [112] EN JUSTICE DE PAIX OU EN SIMPLE POLICE.

Citation en justice
e paix ou en simple
police.

² L'AN mil huit cent quarante-trois le six septembre [20, n. 38].

³ A la requête de M. Claude FOURNIER. — V. *la formule qui précède alin.* 3.

⁴ J'ai, ... huissier — V. *la même formule alin.* 4.

⁵ Cité le sʳ Pierre CANTIN [20, n. 28], garçon majeur, sans profession, demeurant à..., en son domicile où étant et parlant à sa personne.

⁶ A comparaître le huit septembre présent mois onze heures du matin, devant M. le juge de paix d canton de..., siégeant en matière civile (*a*), au lieu ordinaire de ses audiences sis à...

⁷ Pour, y étant (*b*) attendu que le requérant est créancier [25] du cité d'une somme principale de deu cents francs, ainsi qu'il en sera justifié en cas de déni, s'entendre, ledit cité, condamner à payer au re quérant ladite somme de deux cents francs et les intérêts [49] tels que de droit, et se voir en outre con damner au dépens [120].

⁸ Et pour qu'il n'en ignore, je lui ai, à domicile et parlant comme dit est, laissé, sous toutes réserves copie du présent, dont le coût est de...

⁹ V. *Enregistrement*, notes 99, 18 et 19.

¹⁰ La formule d'*ajournement* et les notes au bas de cette formule.

Collation de pièce
entière.

COLLATION [64] DE PIÈCE ENTIÈRE.

² NOTA. *Après avoir copié la pièce dans la forme des expéditions, et rappelé les signatures* [15], *l'enregis trement* [18] *et les légalisations* [125] *qui peuvent s'y trouver, on termine ainsi :*

³ L'an mil huit cent... le..., collation des présentes a été faite par Me François [1] MARIE (*id.*), Notaire [2] à Bréau [1], département de.. , soussigné [15], en présence de MM. (*noms, prénoms, professions e demeures*) témoins instrumentaires [14] aussi soussignés [15], sur l'original (*c*) (la copie *ou* l'expédition

---

(*a*) *Ou bien :* en matière de simple police.

(*b*) *Quand il s'agit d'un délit, on met :* répondre, être interrogé, plaider et procéder sur et aux fins d'un procès-verba rédigé contre le cité, par le s. BOY, garde particulier du requérant, en date du..., dûment affirmé et enregistré, duque procès-verbal dont copie précède il résulte que ledit jour le cité a été trouvé cueillant et mangeant des raisins dans une vigne appartenant au citant située au finage de... lieu dit..., ce qui constitue le délit prévu par l'art. 471, n. 9 du Code pénal.

En conséquence de ce délit, s'entendre (le cité) condamner à payer au citant la somme de dix francs à titre de dommages-intérêts (26) résultant du préjudice qu'il a fait éprouver à ce dernier et aux dépens (120), le tout sans préjudice des conclu-sions (28) à prendre par le ministère public pour la vindicte publique.

(*c*) Un Notaire ne délivre point de copie collationnée sur la minute d'un acte passé devant lui ou dont il est dépositaire (V. *note* 59, n. 118), c'est alors une expédition dont la délivrance au cas de dépôt est conçue en ces termes :

« L'an... le... ces présentes ont été, par Me..., Notaire à..., *délivrées conformes à la minute demeurée en sa possession comme successeur immédiat* (ou : médiat) *de* Me... *ancien notaire.* »

[64]) de l'acte (ou : du contrat de... (indiquer ici sa nature), représenté audit Notaire (a) et par lui à l'instant rendu.

V. *Répertoire*, note 17. — *Enregistrement*, notes 99, 18 et 19.

COLLATION [64] DE PIÈCES PAR EXTRAIT.

Collation de pièces
par extrait.

NOTA. *Lorsqu'il ne s'agit que d'un extrait collationné, le Notaire commence ainsi cet extrait :*

D'un acte (ou : d'un contrat) passé en minute [39] et présence de témoins [14] devant M. Jean [1] DELOR (*id.*), Notaire [2] à Mérincourt |1], département de... le..., enregistré à... le... f°... par M..., qui a reçu pour les droits..., il a été extrait littéralement ce qui suit :

Sont comparus... (*on rapporte ici les qualités des parties ainsi que les dispositions qu'il convient d'extraire, et l'on termine ainsi :*

Extrait et collationné [64] par M°... et son collègue Notaires à... soussignés, cejourd'hui... mil huit cent... sur l'expédition dudit acte (ou : dudit contrat) de... représentée aux Notaires soussignés et par eux à l'instant rendue. — V. *la formule qui précède et la note au bas de la présente page.*

V. *Répertoire*, note 17. — *Enregistrement*, notes 99, 18 et 19.

COMMAND [148] (DÉCLARATION DE) PAR ACTE A LA SUITE [45] OU SÉPARÉ DU CONTRAT DE VENTE.

Command
(déclaration de)

Et le sept septembre [13] mil huit cent quarante-trois (*id.*), à l'heure de... du matin.

Par-devant M° Urbin [1] GRANDIER (*id.*), Notaire [2] à la Folie [1], département de... soussigné [15]. — V. *sup. p. 3, alin.* 1.

Est comparu M. Narcisse [3] POUILLOT (*id.*), propriétaire (*id.*), demeurant (*id.*) à...

Lequel, en vertu de la faculté de nommer command, qu'il s'est réservée suivant le procès-verbal dressé par le Notaire soussigné le jour d'hier, clos à quatre heures du soir, et qui sera soumis à l'enregistrement dans le délai de la loi, contenant adjudication [139] au profit du comparant par M. Adrien [3] ST. OUEN (*id.*), capitaine en retraite et la dame Sophie LEHURLEUR, son épouse, demeurant ensemble à..., du premier lot des biens désignés au cahier des charges de ladite adjudication, composé d'une maison, d'une pièce de vigne et d'une pièce de pré situées sur la commune de... moyennant la somme de cinquante mille francs de prix principal outre les charges, dont dix mille francs ont été payés comptant, et le surplus a été stipulé payable [84] aussitôt après l'accomplissement des formalités de transcription [111] et de purge légale [156] qui doivent être mises à fin dans les quatre mois de la date du procès-verbal, avec les intérêts [49[à raison de cinq pour cent par an à partir du premier octobre prochain, époque de l'entrée en jouissance.

A, par ces présentes, déclaré qu'il a fait cette acquisition pour le compte et au profit de M. Jacques [3] LEMERLE (*id.*), ci-après intervenant, auquel il n'a fait que prêter son nom, et qu'en conséquence il ne prétend rien à la maison et aux deux pièces de vigne et pré par lui acquises, comme aussi que les dix mille francs qu'il a payés lui avaient été remis à cet effet par le s^r LEMERLE.

Cette déclaration a été acceptée par M. LEMERLE, sus-nommé, entrepreneur de travaux [3], demeu-

---

(a) Quand celui qui requiert la copie collationnée n'est pas connu du Notaire, on ajoute ici : *Par M. (nom, prénoms, qualités et demeure), lequel, à ce présent, a certifié véritable ledit original (ladite copie ou ladite expédition) et signé avec les Notaire et témoins, après lecture.*

rant (*id.*), à..., à ce présent, lequel, après avoir pris communication et entendu la lecture à lui donne par M⁰ GRANDIER, Notaire soussigné, du procès-verbal d'adjudication précité, s'est obligé [107] d'exé cuter toutes les charges et conditions insérées audit procès-verbal et de payer les quarante mille fran qui restent dûs sur le prix de l'adjudication, à l'époque et de la manière stipulées au procès-verbal d'ad judication, et généralement de faire du tout sa propre affaire, de manière que M. POUILLOT ne so aucunement inquiété ni recherché à ce sujet.

8 Pour l'exécution des présentes et du procès-verbal d'adjudication sus-relaté, les parties consentel que toutes mentions en soient faites, partout où besoin sera, et que la présente déclaration soit notifie [122], si besoin est, à M. et Mad. ST. OUEN (*a*).

9 Dont acte, fait et passé à la Folie [12] en l'étude, les jour, heure, mois et an [13] susdits, en présence d MM. (*noms, prénoms, professions et demeures*) témoins instrumentaires [14] soussignés [15], et les parti ont signé [15] avec les témoins et le Notaire, après lecture [16].

10 V. *Répertoire*, note 17. — *Enregistrement*, notes 57, 18 et 19.

11 Et *suprà* les formules d'*adjudication* et de *cahier de charges* ainsi que la note au bas de la p. 199.

Commandite.

COMMANDITE.

V. SOCIÉTÉ.

Comédien
(engagement de).

COMÉDIEN (ENGAGEMENT DE).

V. ENGAGEMENT THÉATRAL.

Commission de
justice.

COMMISSION DE JUSTICE [143].

V. LIQUIDATION. — LICITATION. — PARTAGE. — VENTE JUDICIAIRE.

Communication.

COMMUNICATION [24].

V. COMPULSOIRE.

Comparution (ob-
servation relative à
la).

COMPARUTION (OBSERVATION RELATIVE A LA)

2 Il y a plusieurs manières de constater la comparution dans les actes. Les uns disent « FUT PRÉSENT OU FURENT PRÉSENTS. » Les autres disent « A COMPARU OU ONT COMPARU, » et nous disons « EST COMPAI OU SONT COMPARUS. »

3 Toutes ces locutions sont bonnes, seulement les deux premières quoique plus françaises nous paraisse moins précises parce qu'elles indiquent une action non permanente dans l'acte, tandis que celle adopté dans toutes nos formules indique un état permanent. En général, l'auxiliaire *avoir*, a, par l'usage qu'on en fait, plus de rapport à l'action, et l'auxiliaire *être* plus de rapport à l'état.

(*a*) OU BIEN : ce fait en présence et de l'agrément de M. et Mad. ST. OUEN ci-dessus dénommés et qualifiés, qui ont re connu la solvabilité du command déclaré par M. POUILLOT.

COMPARUTION (procès-verbal de) [177].

L'an mil huit cent quarante-trois [13] le huit septembre (id.) à neuf heures du matin.

Par-devant Me Bazile [1] de Gislain (id.), Notaire [2] à la Croix-Monnot [1], département de... sous-signé [15] et en son étude [12].

Est comparu le sr Michel [3] Boulni (id.) père, propriétaire (id.), demeurant (id.) à...

Lequel a dit :

Que par acte passé devant Me de Gislain, Notaire soussigné, le... dûment enregistré [18. 42], il a souscrit au profit de M. Grégoire Brindoux, cultivateur, demeurant à..., une obligation [107] de la somme de deux mille francs portant intérêts [49] avec hypothèque [30] sur divers biens appartenant [22] au comparant.

Que cette obligation n'étant point sérieuse il a, par exploit [20] de..., huissier [113] à... en date du..., fait sommation [119] audit sr Brindoux de lui rapporter main-levée [149] de l'inscription [83] prise en vertu de cette même obligation.

Que ledit sr Brindoux n'ayant point obtempéré à cette sommation, il a été, à la requête du comparant, assigné [20] devant le tribunal civil d'Auxerre, en main-levée de ladite inscription.

Que dans le cours de l'instance ledit Brindoux ayant été interrogé sur faits et articles a avoué qu'en effet il n'avait point remis en argent la somme portée en l'obligation, qu'il avait seulement souscrit en échange de ladite obligation un billet à lui demandé par Boulni père de la somme de deux mille francs au nom de Lazare Boulni et de Anne Boulni, femme Saintras, ses enfants, et qu'il était tout prêt à remettre la grosse [64] de l'obligation et à donner main-levée [149] de l'inscription si on lui remettait son billet de deux mille francs en le tenant toutefois indemne de tous frais.

Que par exploit de..., huissier à..., en date du..., il a signifié 1° à Lazare Boulni fils, charcutier demeurant à..., 2° et à Anne Boulni femme de Claude Saintras, charron, demeurant à..., l'interrogatoire sur faits et articles subi par le sr Grégoire Brindoux par suite de l'instance dont il vient d'être parlé, et a fait sommation tant auxdits Lazare Boulni et époux Saintras qu'audit sr Grégoire Brindoux de se trouver cejourd'hui heure présente en l'étude et par-devant le Notaire soussigné, pour y étant, faire, par ledit Lazare Boulni et par les époux Saintras, la remise du billet que ledit sr Brindoux prétend avoir souscrit à leur profit en acceptant l'obligation qui lui a été consentie par Boulni père, et faire par Brindoux lui-même la main-levée d'inscription qu'il a offerte dans son interrogatoire précité : sinon et faute par eux de le faire qu'il serait donné défaut contre les non-comparants à onze heures et que le requérant serait renvoyé à se pourvoir ainsi qu'il avisera.

Et qu'il requérait acte de sa comparution et défaut contre les parties sommées dans le cas où elles ne comparaîtraient pas ni personne pour elles.

Lecture faite [16], le sr Boulni père a signé [18]. — (Signature) — (a).

A l'instant est comparu M. Grégoire [3] Brindoux (id.), cultivateur (id.), demeurant (id.) à...

Lequel a dit qu'il comparaissait pour obéir à la sommation qui lui a été faite et qu'il réitérait ce qu'il avait dit dans son interrogatoire sur faits et articles, c'est-à-dire qu'il était prêt à remettre la grosse [64] d'obligation et à donner la main-levée [149] à lui demandées : 1° si on lui remettait à l'instant le billet qu'il a créé au profit de Lazare Boulni et de la femme Saintras lorsque le sr Boulni père lui a passé

_____

(a) Après l'heure fixée par la sommation pour donner défaut, ou bien après trois heures d'attente quand il n'a point été fixé d'heure pour le défaut, on met ici :

Et, après avoir attendu jusqu'à midi, sans que les parties sommées se soient présentées ni personne pour elles, le Notaire soussigné faisant droit au réquisitoire du sr Boulni père lui a donné acte de sa comparution et prononcé défaut contre le s. Grégoire Brindoux, Lazare Boulni et la dame Saintras.

De tout ce que dessus, etc. — V. inf. alin. 26.

l'obligation existant à son profit ; 2° et si ce dernier consentait à le garantir et indemniser des fra...
l'obligation et de tous ceux occasionnés par l'instance dont il s'agit.

15 Lecture faite [16] le sr BRINDOUX a signé [15] sous toutes réserves [51].   (*Signature*).

16 Sont aussi comparus : 1° le sr Lazare [3] BOULNI (*id.*) fils , charcutier (*id.*), demeurant (*id.*) à...

17 2° Et Anne BOULNI femme du sr Claude SAINTRAS, charron, demeurant à..., à ce présent et qui l'auto...

18 Lesquels ont dit qu'ils comparaissaient pour obéir à la sommation à eux donnée : qu'ils avouaient
que M. BRINDOUX, par suite d'un arrangement fait avec leur père, avait remis à ce dernier, qui le
avait ensuite transmis, un seul billet de deux mille francs étant entre les mains de Lazare BOULNI ,
d'eux , mais que ce billet ayant été souscrit pour les indemniser de ce que leur père avait été oblig
tenir compte à Denis BOULNI, leur autre fils, d'une somme de mille ou douze cents francs qui n
point légitimement due à ce dernier , ils se croyaient fondés à retenir et garder ledit billet jusqu'
acquittement par M. BRINDOUX.

19 Lecture faite [16], ledit sr BOULNI et les époux SAINTRAS ont signé [15] sous toutes réserves [51].
(*Signatures*).

20 A quoi le sr BOULNI père a répondu qu'il n'avait fait aucun avantage à son fils Denis BOULNI , e
lequel il était même encore redevable [26], qu'il n'a aucunement connaissance du billet allégué et
persiste dans sa demande en remise [121] de la grosse de l'obligation et en main-levée [149] de
cription prise sur ses biens attendu que M. BRINDOUX n'a point fourni les fonds mentionnés en cette
gation.

21 Lecture faite [16], le sr BOULNI père a signé [15], sous toutes réserves [51].   (*Signature*).

22 A ce dire M. BRINDOUX a répondu que lorsque l'obligation dont est question lui a été souscrite il
nécessairement remettre au souscrivant quelque chose en échange, ou des valeurs ou un billet, e
c'est le billet dont il demande la représentation et la remise qui forme l'équivalent du montant de l
obligation.

23 Lecture faite [16], M. BRINDOUX a signé [15], sous toutes réserves [51].   (*Signature*).

24 Desquels comparution et dires , protestations et réserves , le notaire a donné acte aux parties et
renvoyées à se pourvoir ainsi qu'elles aviseront.

25 Il a été vaqué à ce qui précède depuis ladite heure de neuf du matin jusqu'à celle de une du soi
double vacation [8].

26 De tout ce que dessus il a été dressé le présent procès-verbal les jour, lieu, heure, mois et an sus
en présence de MM. (*noms, prénoms, professions et demeures*), témoins instrumentaires [14], et so
réserves [51] ci-devant exprimées, les parties ont signé [15] avec les témoins et le Notaire, après le
[16].   (*Signatures*).

27 V. *Répertoire*, note 17. — *Enregistrement*, notes 99, 18 et 19.

28 V. RENVOIS ET APOSTILLES , note 57, n. 9 et suiv. — FORME DES ACTES , note 58.

Compromis.   1   ## COMPROMIS [185].

2 Par-devant Me Cyrille [1] RENAUDOT (*id.*) et Me Gaspard (*id.*) LAVOISIER (*id.*) , Notaires [2] à Châ
[1], département de... soussignés [15]. — V. *sup. p.* 3, *alin.* 1.

3   Sont comparus :

4 M. Théodore [3] CAILLE (*id.*), rentier (*id.*), demeurant (*id.*) à...

5 Et M. Nicolas [3] PASCAU (*id.*), ancien charron-forgeron (*id.*), demeurant (*id.*) à...

6   Lesquels ont exposé ce qui suit :

7 Le sr CAILLE, par exploit [112] de.., huissier à... en date du..., a cité (*id.*) le sr PASCAU à compara
cejourd'hui devant M. le juge de paix [94] du canton de..., pour se concilier sur la demande qu'il a
l'intention de former contre lui par-devant juges compétents, pour :

8   Attendu que sans aucun droit ledit sʳ Pascau s'était permis d'aller prendre la voiture de poste dudit sʳ Caille devant la porte de ce dernier dans les premiers jours du présent mois.

9   Attendu que sommation [119] avait été donnée audit sʳ Pascau à la requête dudit sʳ Caille par exploit de... huissier à... en date du..., d'avoir sur le-champ à rendre ladite voiture ; laquelle sommation était restée sans effet.

10   S'entendre, en conséquence, condamner [26] à remettre audit sʳ Caille dans les vingt-quatre heures de la signification du jugement à intervenir la voiture dont il s'agit dans l'état où elle était au moment de l'enlèvement, si mieux il n'aimait lui payer la somme de trois mille francs pour la valeur de ladite voiture.

11   S'entendre également condamner en douze cents francs de dommages-intérêts [159] et aux dépens [120].

12   A l'audience de conciliation le sʳ Pascau a prétendu que la voiture dont il s'agit avait été par lui vendue tout récemment à M. Caille qui n'en avait point payé le prix s'élevant à deux mille huit cents francs, que c'est alors qu'il s'agissait de ce paiement que le débiteur ne pouvant pas se libérer avait consenti sur la demande dudit sʳ Pascau que celui-ci reprît ladite voiture pour le même prix, et que d'après cet arrangement il a dû penser que cette voiture n'avait été mise au devant de la porte de M. Caille que pour en faciliter la livraison à lui sʳ Pascau.

13   A quoi ledit sʳ Caille répondait que l'allégation du sʳ Pascau était dénuée de fondement, la voiture n'ayant été achetée par lui de ce dernier qu'en acquittement d'un billet par lui remis en échange de ladite voiture ; qu'à la vérité ledit sʳ Pascau s'était présenté chez lui (sʳ Caille) pour racheter la voiture dans le cas où elle ne lui aurait point parfaitement convenu, mais qu'il n'avait pu être question de la lui laisser reprendre puisque le sʳ Caille l'avait sortie de la remise où elle était pour entreprendre un voyage assez long et que c'est à l'instant de monter en cette voiture qu'elle lui avait été enlevée par ledit s. Pascau.

14   Aucun des moyens conciliatoires proposés par le juge de paix n'ayant pu être adopté, il a été, sur la demande de M. Caille, dressé un procès-verbal de non-conciliation.

15   Les choses étant en cet état, les parties, dans le but d'avoir une prompte décision et d'éviter les frais d'une instance judiciaire, ont proposé de part et d'autre de mettre fin à leur différend par la voie de l'arbitrage [183] ; en conséquence, elles ont, d'un commun accord, arrêté entr'elles ce qui suit :

16   Art. 1. Il sera statué sur l'action que M. Caille se proposait d'intenter contre M. Pascau et sur les moyens de la partie adverse par (a) M. Auguste Garon, jurisconsulte, demeurant à..., et par M. Jacques Collinet, ancien avoué, demeurant à..., tous deux arbitres choisis, le premier par M. Caille et le second par M. Pascau.

17   Art. 2. Si l'un ou plusieurs des arbitres refusent ou se déportent, il sera pourvu au remplacement par la partie à qui l'élection appartient, dans la huitaine de la sommation qui lui en sera faite, sinon par M. le Président du tribunal civil de première instance de l'arrondissement de... (b), sur simple requête présentée à cet effet par la partie la plus diligente ; de manière que, nonobstant le refus ou le déport, le présent compromis continue d'avoir son effet.

18   Art. 3. Les parties déclarent se soumettre au jugement desdits arbitres comme à jugement souverain [183], renonçant l'une et l'autre à en interjeter appel [186] et même à se pourvoir contre par requête civile [95] (c).

19   Art. 4. Les arbitres [183] statueront, tant sur les points de droit que sur les points de fait, sur

(a) Ou bien : par des arbitres au nombre de trois. M. Caille nomme pour l'arbitre qu'il doit choisir M. . ; M. Pascau nomme M... et tous deux conjointement ils nomment pour tiers-arbitre M... — Et alors on supprime l'alin. 21 de la formule

(b) Ou bien : par M. le juge de paix du canton de... auquel les parties confèrent attribution de juridiction [77].

(c) Lorsque l'intention des parties est que les arbitres opèrent et jugent suivant les règles du droit, on supprime les art. 3 et 5 de la formule et alors ce sont les art. 1009 et 1010 du C. de proc. civ. qui règlent.

toutes demandes incidentes [28] et sur tous dommages-intérêts [139] prétendus , ainsi que sur tous fra
et dépens, dans lesquels entreront nécessairement ceux des présentes (a).

20 ART. 5. Il ne seront point astreints à suivre dans la procédure les délais et les formes établis po
les tribunaux ; et ils pourront prononcer comme amiables-compositeurs [205] sans se conformer aux règl
du droit. — V. la note c de la page qui précède.

21 ART. 6. En cas de partage d'avis , les arbitres nommeront un tiers-arbitre pour les départager ;
s'ils ne peuvent s'accorder sur cette nomination elle sera faite comme il est dit à l'art. 2 qui précède.

22 ART. 7. Les arbitres prononceront définitivement dans le délai de huitaine à compter d'aujourd'hu

23 ART. 8. Pour l'exécution des présentes les parties font élection de domicile [11] en leurs demeur
respectives sus-indiquées.

24 Dont acte en minute [59, n. 47] demeurée à Me RENAUDOT, l'un des Notaires soussignés.

25 Fait et passé à Châtelet [12] en l'étude (id.) de Me LAVOISIER, l'an mil huit cent quarante-trois [13
le neuf septembre (id.), et les parties ont signé [15] avec les Notaires, après lecture [16].

26 V. Répertoire, note 17. — Enregistrement, notes 181, 18 et 19.

27 FORME DES ACTES — note 38. — Et sup. la formule d'ARBITRAGE p. 83.

Comptes d'adminis-
tration.

COMPTES [184] D'ADMINISTRATION.

1

2 1° Entre copropriétaires ;

3 2° Par un exécuteur testamentaire ayant eu la saisine ;

4 3° Par un héritier bénéficiaire ;

5 4° Par un mandataire.

1° Compte d'admi-
nistration entre co-
propriétaires.

1 1° COMPTE [184] D'ADMINISTRATION (id.) ENTRE COPROPRIÉTAIRES.

2 PAR-DEVANT Me Germain [1] LAMBALLE (id.) , Notaire [2] à St. Cyr [1], département de..., soussign
[15]. — V. sup. p. 3, alin. 1.

3 Sont comparus ,

4 M. Nestor [3] BEAULION (id,), propriétaire (id.), demeurant (id.) à St. Cyr , D'UNE PART.

5 Et M. Léon BEAULION , ancien sous-lieutenant d'infanterie, demeurant à Val-Germain , D'AUTRE PAR

6 Lesquels ont dit :

7 Qu'ils sont , comme héritiers [78] de leurs père et mère, propriétaires [22] indivisément d'une ferm
située à St. Cyr.

8 Qu'ils sont aussi propriétaires indivisément d'une ferme située à Val-Germain qu'ils ont acquise [109

(a) Si on voulait préciser les questions que les arbitres auront à résoudre, on substituerait ce qui suit à l'art. 4, leque
serait alors ainsi conçu :

ART. 4—1°. Les arbitres auront à juger si M. CAILLE possesseur de la voiture lorsque M. PASCAU s'en est emparé c
obligé de justifier de sa libération du prix de cette voiture envers ce dernier ;

2° Dans le cas de l'affirmative, ils décideront si M. PASCAU était débiteur d'un billet de deux mille huit cents francs lo
de la vente de la voiture à M. CAILLE ; si ce billet était alors en la possession de ce dernier ; et de quelle manière il est re
venu en la possession de M. PASCAU qui l'a souscrit ;

3° Dans le cas de la négative , et en admettant que M. PASCAU ne soit point créancier faute par lui de justifier qu
M. CAILLE s'est reconnu son débiteur du prix de la voiture, les arbitres auront à décider si le s. PASCAU doit restituer cett
voiture ou en payer le prix, auquel cas ils fixeront ce prix et l'époque de paiement ;

4° Ils auront aussi à décider s'il y a lieu d'accorder , dans le cas où sa demande serait bien fondée , des dommages-intérêts à M. CAILLE , et quelle doit en être la quotité et l'époque de paiement.

5° Enfin ils statueront sur les dépens , dans lesquels entreront nécessairement ceux des présentes.

en commun de M. Louis Vabbled, par contrat [177] passé devant le Notaire soussigné le... dûment enregistré [18 et 42].

9 Qu'ils ont administré ces biens séparément depuis qu'ils en sont co-propriétaires, jusqu'au jour de la licitation [207] qu'ils en ont faite entre eux par acte passé devant Me..., notaire à..., le..., aussi enregistré.

10 Et qu'ils se présentaient devant le notaire soussigné pour établir leurs comptes respectifs, ce qui a eu lieu ainsi qu'il suit :

11   1° Compte de M. Nestor Beaulion, relativement a la ferme de Saint-Cyr.

12   *Chapitre premier. — Recette* [84].

13   M. Nestor Beaulion fait recette des sommes suivantes :

14   1° De cinq mille quatre cents francs pour le prix de la vente qu'il a faite des trois cents hectolitres [91] de blé provenant de la récolte de l'année dernière, à raison de dix-huit francs l'hectolitre, ci . . . .   5,400 »

15   2° De deux mille deux cent cinquante francs pour le prix de la vente qu'il a faite des deux cent vingt-cinq hectolitres d'orge et avoine provenant de la récolte de ladite année, à raison de dix francs l'hectolitre, ci. . . . .   2,250 »

16   3° De quatre cents francs pour le prix de deux mille faix de paille, du poids de chacun dix kilogr. vendus à raison de vingt francs les cent faix ou les mille kilogr. ci.   400 »

17   Total de la recette, huit mille cinquante francs, ci. .   8,050 »

18   *Chapitre deux. — Dépense* [84].

19   M. Nestor Beaulion porte en dépense :

20   1° Les fumiers [141] à raison de huit voitures à l'hectare, qui ont été répandus sur les trente hectares [91] de terres labourables, ensemencés en mil huit cent quarante-deux pour être récoltés en mil huit cent quarante-trois ; ce qui fait deux cent quarante voitures, qui à huit francs l'une, y compris l'épanchement, donnent dix-neuf-cent-vingt francs, ci . . . .   1,920 »

21   2° Pour les trois labours [141] donnés à ces trente hectares, à raison de seize francs l'hectare par chaque labours, quatorze cent quarante francs, ci . . . .   1,440 »

22   3° Pour la semence [142] en blé des dits trente hectares à raison de un hectolitre cinquante litres par hectare, ce qui fait pour le tout quarante-cinq hectolitres ; la somme de neuf cents francs en calculant l'hectolitre à vingt francs, ci . . . .   900 »

23   4° Pour les deux labours montant ensemble à trente-deux francs par hectare, donnés aux trente hectares ensemencés en orge et avoine en mil huit cent quarante trois, pour être récoltés en ladite année, neuf cent soixante francs, ci. . . . .   960 »

24   5° Pour la semence en orge et avoine de ces trente hectares à raison de un hectolitre par hectare, ce qui fait pour le tout trente hectolitres, la somme de cent cinquante francs, l'hectolitre étant calculé sur le pied de dix francs, ci . . . .   150 »

25   6° La somme de deux cent dix francs pour le charroi des gerbes de blé, d'orge et avoine, au nombre de quatre mille deux cents, récoltés sur tous les héritages de la ferme, lequel charroi est calculé à raison de cinq centimes la gerbe, ci . . . .   210 »

26   7° La somme de sept cent quatre-vingt-sept francs cinquante centimes pour le moissonnage, le battage et le vannage, à raison de un franc cinquante centimes par hectolitre, ci 787 50

27   8° La somme de deux cents francs pour les contributions [58] des biens composant la ferme pendant l'année mil huit cent quarante-trois, ci . . . .   200 »

28   9° Et la somme de cent douze francs cinquante centimes qu'il a payée à Joseph Chagny, couvreur à..., pour avoir réparé les toits des bâtiments de la ferme, ci. . .   112 50

29   Total de la dépense, six mille six cent quatre-vingts francs, ci 6,680 00

30   BALANCE DU DIT COMPTE.

31 Le chapitre de la recette s'élève à   8,050   »

32 Et le chapitre de la dépense, à.   6,680   »

33 Partant, la recette excède la dépense de.   1,370   »

34   2° COMPTE DE M. LÉON BEAULION, RELATIVEMENT A LA FERME DU VAL-GERMAIN.

35   *Chapitre premier. — Recette* [84].

36 M. Léon BEAULION a reçu :

37 1° Du sieur François JACQUART, fermier, pour la dernière année de fermage du bail de la dite ferme du Val-Germain, la somme de quinze-cents francs, ci.   1,500   »

38 2° Du même, la somme de trois cents francs pour la restitution des avances qui lui ont été faites lors de son entrée dans la ferme, par M. Vadbled, ancien propriétaire aux droits duquel se trouvent les comparants, suivant leur contrat d'acquisition précité, ci   300   »

39 Total de la recette, dix-huit cents francs, ci   1,800   »

40   *Chapitre deux — Dépense* [84].

41 M. Léon BEAULION porte en dépense :

42 1° La somme de cent soixante-quinze francs pour les contributions des biens de la dite ferme pendant l'année mil huit-cent-quarante-trois, ci   175   »

43 2° Et celle de quatre cents francs qu'il a payée au notaire soussigné, pour solde des frais de l'acquisition que les comparants ont faite de ladite ferme de M. VADBLED par le contrat ci-devant énoncé, ci   400   »

44 Total de la dépense, cinq cent soixante-quinze francs, ci   575   »

45   BALANCE DUDIT COMPTE.

46 Le chapitre de la recette s'élève à.   1,800   »

47 Et le chapitre de la dépense à.   575   »

48 Partant, il y a un excédant de recette de douze cent vingt-cinq francs, ci . . .   1,225   »

49   3° RÉUNION ET PARTAGE DES RELIQUATS.

50 M. Nestor BEAULION, d'après son compte, se trouve reliquataire de   1,370   »

51 Et M. Léon BEAULION, d'après le sien, se trouve reliquataire de.   1,225   »

52 Total des deux reliquats.   2,595   »

53 Dont la moitié est de douze cent quatrevingt-dix-sept francs cinquante centimes ci.   1,297   50

En conséquence :

54 M. Nestor BEAULION ayant en main un reliquat de treize cent soixante-dix francs, ci.   1,370   »

55 Et n'ayant droit qu'à douze cent quatrevingt-dix-sept francs cinquante centimes, ci.   1,297   50

56 A présentement remis à son frère qui lui en consent quittance [84], soixante-douze francs cinquante centimes, ci.   72   50

57 Laquelle somme étant réunie à celle de douze cent vingt-cinq francs étant entre les mains dudit sieur Léon Beaulion, ci   1,225   »

58 Il en résulte que les droits de ce dernier sont égaux à ceux du premier, ci . . .   1,297   50

59 Les comptes qui précèdent ayant été vérifiés et examinés respectivement, ainsi que les pièces à l'appui, les parties les ont trouvés justes et exacts et en ont arrêté définitivement les reliquats aux sommes formant la différence de la balance de chaque compte.

60 Les déboursés [5] et honoraires (*id.*) des présentes seront payés par moitié entre les parties.

61 Dont acte, fait et passé à Saint-Cyr [12], en l'étude (*id.*), l'an mil huit cent quarante-trois [13], le

ix septembre (*id.*), en présence de MM. (*Noms, prénoms, professions et demeures*), témoins instrumentaires 14], et les parties ont signé [15] avec les témoins et le notaire , après lecture [16].

  V. *Répertoire*, note 17. — *Enregistrement* notes 56, 174, 18 et 19.

Forme des actes, note 58. — et au besoin la table alphabétique du Commentaire.

2° COMPTE D'ADMINISTRATION [184] PAR UN EXÉCUTEUR TESTAMENTAIRE [152] AYANT EU LA SAISINE (*id.*).

2° Compte d'administration par un exécuteur testamentaire ayant eu la saisine.

PARDEVANT Mᵉ Lucien [1] MERLIN (*id.*), Notaire [2] à Charmoy [1], département de la Seine, soussigné 13]. — V. *sup.* p. 5, alin 1.

Sont comparus :

M. Adrien [5] VELPAUX (*id.*), jurisconsulte (*id.*), demeurant (*id.*) à..-

Exécuteur testamentaire [152] de Mme Zoé LECOULEUR, décédée veuve de M. Charles COUTURE, ancien Conseiller à la Cour Royale de Paris, et ayant eu en cette qualité la saisine [152] de son mobilier [86], ainsi qu'il sera dit ci-après   D'UNE PART.

M. Xavier LECOULEUR, juge au Tribunal civil de première instance de..., y demeurant.

Et Mme Léontine LECOULEUR, épouse de M. Sébastien PELLETIER, mécanicien , demeurant à... et de lui, à ce présent, dument autorisée [68]. .

Lesdits M. LECOULEUR et Dame PELLETIER, seuls héritiers [78] chacun pour moitié de Mme veuve COUTURE, sus-nommée, leur sœur germaine [144], ainsi que le constate l'intitulé [145] de l'inventaire (*id.*) ci-après énoncé.   D'AUTRE PART,

Lesquels comparants, avant de passer au compte qui doit faire l'objet des présentes , ont fait les observations suivantes :

PREMIÈRE OBSERVATION. — DÉCÈS [63] ET TESTAMENT [152].

  Mad. veuve COUTURE est décédée [63] à Charmoy, rue... n°... le...

  Le même jour, le testament [152] olographe (*id.*) par elle fait le... a été, par M. VELPAU, sus-nommé, qui en était dépositaire, présenté clos et cacheté à M. le Président du Tribunal civil de première instance de la Seine qui en a fait l'ouverture [152], constaté l'état (*id.*) et ordonné le dépôt (*id.*) en l'étude de Mᵉ MERLIN, Notaire soussigné, ainsi qu'il résulte du procès-verbal qui en a été dressé au greffe dudit Tribunal le... dûment enregistré [18 et 42] : lequel dépôt a eu lieu en l'étude dudit Mᵉ MERLIN, par acte du... aussi enregistré [18 et 42] et dans lequel il est fait mention que le testament a été lui-même enregistré (*id.*) à... le... fᵒ... recto.., par M... qui a reçu cinq francs cinquante centimes pour les droits.

  Par ce testament, Mad. veuve COUTURE a institué M. VELPAU comparant, son exécuteur testamentaire, en lui donnant la saisine de son mobilier, et a fait don et legs [24] :

  1° à M. Oreste LECOULEUR, son neveu et filleul , d'une somme [35] de six cents francs une fois payée ;

  2° A Mˡˡᵉ Zoé PELLETIER, sa nièce et filleule, d'une somme de douze cents francs une fois payée et de toute son argenterie de table ;

  5° A L'HÔTEL-DIEU de Paris, d'une somme de trois mille francs une fois payée ;

  4° Et à son exécuteur testamentaire sus-nommé, d'un diamant de cinq cents francs.

  Lesquels legs ont été affranchis de toute espèce de droits même de ceux de mutation [192].

DEUXIÈME OBSERVATION. — SCELLÉS [196] ET INVENTAIRE [145].

  Après le décès de Mad. veuve COUTURE, les scellés ont été apposés à son domicile à la requête de son exécuteur testamentaire par M. le Juge de paix de Charmoy, suivant son procès-verbal en date du... enregistré [18 et 42].

  Et par procès-verbal de Mᵉ MERLIN, Notaire sus-nommé, en date au commencement du... enregistré,

il a été, au fur et à mesure de la levée des scellés, procédé à l'inventaire [145] du mobilier [86] de
succession, à la requête de l'exécuteur testamentaire et des deux héritiers sus-nommés de la défunte. I
objets étant alors à inventorier ont été représentés par M... qui en avait été constitué gardien par le p
cès-verbal d'apposition de scellés ; et, par la clôture de l'inventaire, ils ont été remis à l'exécuteur tes
mentaire qui s'en est chargé.

²²   TROISIÈME OBSERVATION. — VENTE DES MEUBLES ET EFFETS [109].

²³   Il a été procédé à la vente du mobilier dépendant de la succession, à la requête de l'exécuteur tes
mentaire et en présence des héritiers, par M. LANTY, commissaire-priseur [109] à..., suivant son proc
verbal en date du... enregistré [18 et 42]; et le produit de cette vente s'est élevé à cinq mille six ce
francs, ci   5,600
²⁴   Suivant le compte de l'officier public, étant en suite du procès-verbal de vente, il a été
prélevé sur le produit de la vente cinq cent cinquante francs pour tous les frais relatifs à
cette vente, ci.   550
²⁵   Ce qui a réduit le prix de ladite vente à cinq mille cinquante francs, ci.   5,050
²⁶   Dont l'exécuteur testamentaire a donné décharge [84] à M. Lanty.

²⁷   QUATRIÈME OBSERVATION. — DÉLIVRANCE [24] DES LEGS.

²⁸   Suivant acte passé en minute [59] et présence de témoins [14] devant Mᵉ MERLIN, Notaire [2] s
nommé, le..., dûment enregistré [18 et 42], M. LECOULEUR et M. et Mad. PELLETIER ont consenti la ple
et entière exécution [152] du testament de leur sœur, fait, en conséquence, la délivrance [24] des l
(id.) y portés, et, en tant que de besoin, autorisé M. VELPAU, exécuteur testamentaire, à remettre a
légataires particuliers les objets à eux légués en nature, comme aussi à remettre aux autres légatai
particuliers les sommes à eux léguées en argent.
²⁹   Par suite du consentement contenu en l'acte précité, M. VELPAU a remis, 1° à M. Oreste LECOULEU
les six cents francs à lui légués, en argent; 2° à Mˡˡᵉ Zoé PELLETIER les douze cents francs à elle légué
en argent, et l'argenterie de table qui lui a été léguée, en nature; 3° aux administrateurs [188] et trésor
(id.) de l'Hôtel-Dieu (id.), dûment autorisés (id.) à cet effet par ordonnance [122] du Roi en date du.
les trois mille francs légués audit hospice, en argent; lesquels légataires sus-nommés en ont donné c
charge à l'exécuteur testamentaire ainsi qu'à la succession de Mad. veuve COUTURE, par acte passé deva
Mᵉ MERLIN, Notaire sus-nommé, en minute [59] et présence de témoins [14], le... dûment enregist
[18 et 42].
³⁰   Après ces observations, il a été procédé, ainsi qu'il suit, à la reddition du compte de M. VELP
divisé en trois chapitres : le premier chapitre, qui sera établi par dépouillement de l'inventaire fait ap
le décès de Mad. COUTURE, comprendra les recettes effectuées par M. VELPAU; le second comprendra
dépenses faites par le même; et le troisième comprendra les objets à recouvrer :

³¹   CHAPITRE PREMIER. — RECETTES [84].

³²   ART. 1. — Deniers comptants. On comprend sous cet article la somme de mille francs montant d
deniers comptants qui ont été remis à M. VELPAU lors de la clôture de l'inventaire, ci. . .   1000
³³   ART. 2. — Prix de la vente [109] du mobilier. On porte au présent article la somme de
cinq mille cinquante francs qu'il a touchée pour le produit net de ladite vente ainsi qu'il est
dit en la troisième observation des présentes, ci.   5050
³⁴   ART. 3. — Cote 5ᵐᵉ. — Fermages [105] du domaine de Bois-Rond. On porte au présent
article la somme de onze cents francs que M. VELPAU a reçue de Jean Fleurachois, fermier,
pour une année échue [77] le... des fermages dudit domaine dont les titres au nombre de six
pièces composent la cote troisième dudit inventaire, ci.   1100
³⁵   Art. 4. — Cote 4ᵉ. — Arrérages [49] de rente [197] sur l'État. On comprend sous cet ar-

                           A reporter. . .   7150

ticle la somme de cent francs pour le sémestre échu le... des arrérages de la rente perpétuelle
de deux cents francs sur l'Etat dont le titre compose la cote quatrième dudit inventaire, ci.   100

36   ART. 5. — Cote 5°. — *Créance* [25] *sur Jean Leprête*. On porte au présent article la somme
de deux mille francs que l'exécuteur testamentaire a reçue dudit s^t Leprête pour le montant en
principal [136] et intérêts [49] d'une créance dont les titres au nombre de quatre pièces composent la cote cinquième dudit inventaire, ci.   2000

37   Total des recettes comprises au présent chapitre, neuf mille deux cent cinquante francs, ci.   9250

38   CHAPITRE DEUX. — DÉPENSES [84].

39   ART. 1. — *Frais funéraires* [29]. On porte au présent article la somme de cinq cents francs qui a
été payée [84] par M. VELPAU pour les frais funéraires de la défunte, ci.   500

40   ART. 2. — *Frais de scellés* [29 et 196]. On porte au présent article la somme de cent
francs payée par le même pour les frais d'apposition, reconnaissance et levée de scellés, ci. .   100

41   ART. 5. — *Frais de testament* [29 et 152] *et d'inventaire* (*id.*). On porte au présent article
la somme de trois cent cinquante francs payée par M. VELPAU au Notaire soussigné pour les
frais relatifs au dépôt du testament et à l'inventaire précités, ci.   350

42   ART. 4. — *Droits de succession* [192]. On porte sous cet article la somme de deux mille
deux cents francs payée par l'exécuteur testamentaire pour les droits de mutation occasionnés
par le décès de Mad. veuve COUTURE, ci.   2200

43   ART. 5. — *Legs particuliers en argent*. On porte au présent article : 1° la somme de six
cents francs que M. VELPAU a payée à M. Oreste LECOULEUR pour son legs, ci. . . .   600

44   2° Celle de douze cents francs qui a été payée par le même à Mlle Zoé PELLETIER
pour le montant de son legs en argent, ci.   1200

45   3° La somme de trois mille francs que M. VELPAU a payée à l'HÔTEL DIEU de
Paris, pour le montant du legs en argent qui lui a été fait, ci.   3000   5300

46   Et cinq cents francs que M. VELPAU retient pour la valeur du diamant à lui
légué, ci.   500

47   Total des dépenses comprises au présent chapitre, huit mille quatre cent cinquante francs, ci.   8450

48   BALANCE DU PRÉSENT COMPTE.

49   Les recettes [84] faites par M. VELPAU s'élèvent à la somme de neuf mille deux cent cinquante francs,
ci   9250

50   Et ses dépenses [84] se montent à celle de huit mille quatre cent cinquante francs, ci. .   8450

51   Par conséquent, M. VELPAU se trouve reliquataire envers les héritiers de Mad. veuve
COUTURE, de huit cents francs, ci.   800

52   CHAPITRE TROIS. — OBJETS A RECOUVRER.

53   M. VELPAU déclare qu'il n'a recouvré [84] de l'actif [25] de la succession de Mad. veuve COUTURE que
les sommes comprises au chapitre premier du compte ci-devant établi et qu'il reste à recouvrer, savoir :

54   1° Sur Jean FLEURDEBOIS, sus-nommé, fermier du domaine de Bois-Rond, les menues redevances [103]
de son bail (*id.*) mentionné sous la cote troisième de l'inventaire.

55   2° Et sur Jean-Baptiste Carré, Nicolas Bourdillat, Etienne Dondaine, Gabriel Poussin, Célestin
Redondot et Camille Seguin, les sommes dont ils sont débiteurs en principaux [136] et accessoires [103],
en vertu des titres mentionnés sous les cotes sixième, septième, huitième, neuvième, dixième et onzième
dudit inventaire.

56   ARRÊTÉ [184] DU COMPTE.

57   M. LECOULEUR et M. et Mad. PELLETIER, après comparaison par eux faite des articles employés

aux trois chapitres qui précèdent avec les pièces à l'appui, ont déclaré approuver le présent compte ~~en~~ ses différentes parties, et fixer et arrêter, savoir :

⁵⁸ Les recettes [84] faisant l'objet du chapitre premier, à la somme de neuf mille deux cent cinqu~~e~~ francs.

⁵⁹ Les dépenses [84] faisant l'objet du chapitre deux, à celle de huit mille quatre cent cinquante fra

⁶⁰ Et le reliquat [184] dû par M. VELPAU, à la somme de huit cents francs.

⁶¹ Laquelle somme de huit cents francs M. VELPAU a payée [84] immédiatement à la vue du Not~~aire~~ soussigné à M. LECOULEUR et à M. et Mad. PELLETIER, qui le reconnaissent, pour le reliquat dont ~~il se~~ trouve redevable [26] par le résultat du compte qui précède. Au moyen de quoi lesdits héritiers lui ~~en~~ sentent quittance définitive et sans réserve pour raison de ladite somme.

⁶² M. VELPAU a aussi remis [84[à M. LECOULEUR et à M. et Mad. PELLETIER qui le reconnaissent et en donnent décharge [84] : 1° toutes les pièces justificatives des dépenses employées sous le chapitre d~~eux~~ qui précède ; 2° toutes les pièces qui ont été comprises sous les différentes cotes de l'inventaire précit~~é~~ doivent se trouver en nature ; 5° l'expédition [64] de cet inventaire, celle du testament et celle de l'~~acte~~ contenant la délivrance des legs faits par le testateur ; 4° enfin tous les autres papiers de la successi~~on~~ qui se trouvaient entre les mains de l'exécuteur testamentaire.

⁶³ Les parties consentent que mention [84] des présentes soit faite sur toutes pièces que besoin sera ~~par~~ le Notaire soussigné et tous autres de ce requis.

⁶⁴ Dont acte, aux frais [3] des héritiers de Mad. veuve COUTURE.

⁶⁵ Fait et passé à Charmoy [12], en l'étude (id.), l'an mil huit cent quarante-trois [15] le vingt octob~~re~~ (id.), en présence de (noms [14], prénoms, professions et demeures), témoins instrumentaires [14] soussig~~nés~~ [15] ; et les parties ont signé [15] avec les témoins et le Notaire, après lecture [16].

⁶⁶ V. répertoire, note 17. — Enregistrement, notes 56, 18 et 19,

⁶⁷ Forme des actes, note 58. — Et la formule d'arrêté de compte sup. p. 88.

---

¹ 5° COMPTE [184] D'ADMINISTRATION [34] PAR UN HERITIER BENEFICIAIRE [85].

² PAR-DEVANT Mᵉ Firmin [1] COTTA (id.), Notaire [2] à Chéroy (id.), département de... soussigné [15]. — V. sup. p. 3, alin. 1.

³ Sont comparus :

⁴ M. Nicolas [5] BARDET (id.), négociant (id.), demeurant (id.) à...,

⁵ Seul héritier [85] sous bénéfice d'inventaire (id.), de M. Germain BARDET, son père, décédé [6?] marchand de vins à..., ainsi que le constate l'intitulé [143] de l'inventaire (id.) fait après son décès pa~~r~~ Mᵉ COTTA, Notaire soussigné, qui en a gardé minute [59], le..., dûment enregistré [18 et 42]. D'UNE PAR~~T~~

⁶ M. Charles [5] BOURET (id.), avocat (id.), demeurant à...,

⁷ M. Jean MARTINET, entrepreneur de bâtiments, demeurant à...,

⁸ M. Daniel LAVENTUREUX, marchand épicier, demeurant à...,

⁹ M. Michel MARCOT, ancien négociant, demeurant à...,

¹⁰ M. Nicolas OLIVIER, distillateur, demeurant à...,

¹¹ Tous cinq créanciers [25] de la succession [88] de feu M. Germain BARDET, ainsi qu'ils le déclaren~~t~~ et en justifieront au besoin, et les seuls qui se soient présentés jusqu'à ce jour en cette qualité, san~~s~~ toutefois que l'énonciation [33] faite ici de leur qualité de créanciers, emporte de la part de M. BARDE~~T~~ fils, sus-nommé, aucune reconnaissance [26] expresse ou tacite de leurs créances.

¹² M. Valérien [5] MELOU (id.), architecte (id.), demeurant (id.) à...,

¹³ M. Isaac RADUT, rentier, demeurant à...,

¹⁴ M. François SIMONNET, propriétaire, demeurant à...,

¹⁵ et M. Philibert LEDOUX, mécanicien, demeurant à...,

Tous quatre légataires [24] à titre particulier de M. Germain BARDET, sus-nommé, aux termes de on testament [132] par acte public reçu par Me COTTA, Notaire soussigné, en minute [39] et présence e témoins [14] le..., dûment enregistré [18 et 42].

D'AUTRE PART.

Tous lesdits créanciers et légataires.

Lesquels ont dit qu'aux termes d'un acte passé en minute [39] devant Me COTTA, Notaire soussigné, le... ûment enregistré [18 et 41], M. BARDET comparant a fait aux créanciers [25] et légataires [24] de M. Germain BARDET, son père, l'abandon [23] de tous les biens [86 et 87] composant la succession bénéficiaire 35] de ce dernier. — Que cet abandon a été accepté sous la réserve [51] des droits [27] et actions [28] es créanciers [25] et légataires [24] à raison du compte de bénéfice d'inventaire dû par M. BARDET fils.— ue celui-ci voulant se décharger de l'effet de cette réserve (a) a établi, ainsi qu'il suit, le compte qu'il oit rendre ; mais pour [64] y parvenir, il a été fait, préalablement, les observations suivantes :

OBSERVATIONS PRÉLIMINAIRES.

PREMIÈRE OBSERVATION. — INVENTAIRE.

L'inventaire [148] après le décès de M. BARDET a été fait par Me COTTA, Notaire soussigné, en minu- e [39] et présence de témoins [14] le..., dûment enregistré [18 et 42], à la requête de M. BARDET son ls, comme habile [34] à se dire et porter son seul et unique héritier [78], et en présence des légataires articuliers sus-nommés du défunt.

Par la clôture de cet inventaire, les titres et papiers et les deniers comptants ont été remis à M. BAR-ET fils pour en faire la représention quand et à qui il appartiendrait. Le surplus des objets inventoriés été laissé à la garde de Françoise GENTY, domestique du défunt, laquelle en est demeurée chargée jus-u'à la vente qui en a été faite ainsi qu'il sera dit ci-après.

DEUXIÈME OBSERVATION — ADMINISTRATION [34] SANS ATTRIBUTION DE QUALITÉ.

Pendant les opérations de l'inventaire, M. BARDET fils a été autorisé par ordonnance de M. le Président u tribunal civil de..., rendue sur requête [211] le..., et enregistrée, à faire procéder, comme présomptif éritier [78], mais sans aucune attribution de qualité, à la vente du mobilier [109] dépendant de la succes-on [88] de son père, à arrêter le compte [184] du produit de cette vente et à en recevoir [84] le reliquat; payer [84], avec les deniers de cette vente, les frais et dettes privilégiées; à donner tous congés [103] et ourvoir, en conséquence, aux réparations locatives; à faire tous recouvrements [84] de revenus [50] et apitaux [136] échéant [77] dans les trois mois du décès, à en donner quittance [84] et par suite des paie-nents, à faire main-levée [149] et consentir radiation (id.) de toutes inscriptions hypothécaires [83] ; et, ux effets ci-dessus, à diriger toutes poursuites [194] et diligences (id.), et faire tous actes judiciaires [70] t extra-judiciaires (id.); le tout à la charge de rendre compte.

(a) Ou MIEN : a établi le compte qu'il doit rendre, et l'a à l'instant produit. Ce compte, écrit sur... feuilles de papier marqué du timbre [64] de..., certifié véritable [35] par M. BARDET fils, est demeuré ci-annexé (id) après avoir été de lui et es autres comparants signé et paraphé en présence du Notaire et des témoins soussignés. — V. sup. annexe p. 76.

Et que lesdits créanciers et légataires, ayant vérifié le compte ainsi présenté et les pièces justificatives produites à l'appui, onnaient leur approbation à toutes les parties de ce compte comme étant exactes et énonciatives d'opérations régulières. En conséquence.... (le reste comme aux alin. 120 et suiv. de la formule).

Et alors l'annexe qui comprend tout le compte commence ainsi :

Compte que rend M. Nicolas Bardet, propriétaire, demeurant à... de l'administration qu'il a eue des biens e la succession bénéficiaire de M. Germain Bardet, son père, décédé à,.. dont il est seul héritier sous bénéfice 'inventaire.

OBSERVATIONS PRÉLIMINAIRES, etc.

Puis, après l'alin. 126 de la formule on termine ainsi le compte :}
Certifié véritable à... le... mil huit cent... (Signatures du comptable).
Pour la mention d'annexe à mettre au bas du compte, — V. sup. p. 77, alin. 4.

²⁵   TROISIÈME OBSERVATION. — CONGÉ.

²⁶   En vertu de l'autorisation précitée, M. BARDET fils a donné congé [105] au Sʳ Zacharie CHERY, p[ro]priétaire demeurant à..., d'un magasin situé à..., occupé par le défunt, pour le premier janvier procha[in].

²⁷   QUATRIÈME OBSERVATION. — VENTE DU MOBILIER.

²⁸   La vente [109] du mobilier [86] a été faite à la requête de M. BARDET fils, par Mᵉ COTTA, Notai[re] soussigné, suivant procès-verbal en date du..., dûment enregistré [18 et 42], et le produit de cette ven[te] s'est élevé à la somme de quatre mille six cent cinquante et un francs. ci. . . . . . .   4,651 fr. »

²⁹   Sur quoi le Notaire a prélevé six cent cinquante-un francs pour les frais de ladite vente et ceux de l'inventaire, ci. . . . .   651 »

³⁰   Ce qui réduit le produit de la vente à quatre mille francs, ci. . . . .   4,000 »

³¹   De laquelle somme M. BARDET fils a donné décharge au Notaire par acte en date du..., enregistré [18 et 42], étant à la suite du procès-verbal de vente.

³²   CINQUIÈME OBSERVATION. — ACCEPTATION SOUS BÉNÉFICE D'INVENTAIRE [85].

³³   Par acte fait au greffe du Tribunal civil de première instance de... le..., enregistré [18 et 42], M. BARDET fils a déclaré n'accepter la succession de son père, que sous bénéfice d'inventaire [85].

³⁴   SIXIÈME OBSERVATION. — AUTORISATION DE VENDRE LES IMMEUBLES ET LES RENTES.

³⁵   Suivant jugement [75] du Tribunal civil de première instance de... en date du..., enregistré, [18 et 42], rendu sur la requête [211] présentée à cet effet par M. BARDET fils, le ministère public entendu, le dit Sʳ BARD[ET] a été autorisé à vendre [159] : 1° Au cours de la bourse, par le ministère de M..., agent de change, deux parties de rentes [197] cinq pour cent consolidés de cent francs chacune, dépendant de la successi[on] qui étaient inscrites au grand-livre de la dette publique, sous les nᵒˢ ..; 2° Et aux enchères, avec les f[or]malités prescrites par la loi, par-devant Mᵉ COTTA, Notaire soussigné, que le Tribunal a commis à c[et] effet, une rente constituée [76], annuelle et perpétuelle de trois cents francs, due à la succession par Sʳ Nicolas MOUFFETARD, propriétaire demeurant à..., suivant contrat [177] passé devant Mᵉ... Notai[re] à..., le..., enregistré; plus tous les immeubles de la succession, consistant en une maison, située [141] à rue... nᵒ..., un domaine appelé la ferme des Capucins, situé à..., dont le Sʳ PICQ est fermier, et u[ne] pièce de bois située sur le territoire de..., lieu dit le Champ-du-feu, de la contenance de cinquante he[c]tares [91] (b), sur la mise à prix, savoir; de dix mille francs pour la maison, de soixante mille fran[cs] pour le domaine, et de cinquante mille francs pour la pièce de bois.

³⁶   SEPTIÈME OBSERVATION. — VENTE [197] DES RENTES (id.) SUR L'ETAT.

³⁷   La vente des deux rentes sur l'Etat dont est ci-dessus parlé, a été faite le..., au cours de la Bours[e], par le ministère de M..., agent de change [197] commis à cet effet. Le produit de cette vente, déducti[on] faite des frais de négociation, qui ont été de vingt-cinq francs, s'est élevé à quatre mille cinq cents franc[s,] de laquelle somme M. BARDET fils a donné décharge [84] à l'agent de change.

³⁸   HUITIÈME OBSERVATION. — VENTE DES IMMEUBLES ET DE LA RENTE SUR PARTICULIER.

³⁹   Suivant procès-verbal d'adjudication, dressé par Mᵉ COTTA, Notaire commis par le Tribunal, le..., dûment enregistré, et dont la minute [59] fait suite à celle d'un dépôt de cahier de charges, en date du... précédent, la rente constituée [76] de trois cents francs par an, a été vendue [96] à M. Napoléon LENOI[R,] rentier, demeurant à..., moyennant la somme de cinq mille cinq cents francs outre les charges [58]; la maiso[n]

(b) OU BIEN : lesquels immeubles seraient préalablement vus et visités par M. Louis CAUTAUT, architecte, expert nomm[é] par le tribunal.

Suivant jugement du même tribunal en date du... enregistré, et entérinant le rapport fait par l'expert, il a été ordonn[é] qu'il serait procédé à la vente desdits immeubles sur la mise à prix de l'estimation faite par l'expert.

située à..., a été vendue [109] à M. Léon CURMER, marchand de vins, demeurant à..., moyennant la somme de dix mille trois cents francs outre les charges, le domaine appelé la ferme des Capucins a été vendu à M. Athanaze LEPAUTRE, ancien négociant, demeurant à..., moyennant la somme de soixante-et-un mille francs et la pièce de bois appelée le Champ-du-Feu a été vendue à Me Amable MARCHET, avoué à..., qui en a de suite passé déclaration de command [148], au profit de M. Charles VERNIER, ancien député, demeurant à..., moyennant la somme de cinquante deux mille francs.

40 L'entrée en jouissance des adjudicataires a été fixée, savoir : 1° pour la rente constituée au onze novembre prochain, les arrérages [49] antérieurs à cette époque ayant été réservés par le vendeur; 2° pour la maison au jour de l'adjudication; 3° pour le domaine au premier janvier prochain ; 4° et pour la pièce de bois, au jour de l'adjudication. — Etant observé que les intérêts [49] des prix des immeubles courent, à la charge des adjudicataires, à compter du jour fixé pour leur entrée en jouissance, et qu'il en est de même des contributions [58].

41 Après ces observations, il a été procédé de la manière suivante à la reddition du compte dont il s'agit :

42   COMPTE.
43   CHAPITRE I. — RECETTES [84].

44   ART. 1. *Deniers comptants.* On porte au présent article la somme de trois cents francs, montant des deniers comptants inventoriés, et dont le comptable a été chargé par la clôture de l'inventaire mentionné en la première observation des présentes, ci . . . .   300 f. »

45   ART. 2. *Produit de la vente du mobilier.* Il entrera sous cet article la somme de quatre mille francs, produit net de la vente du mobilier dont est parlé en la quatrième observation, ci.   4,000   »

46   ART. 3. *Produit de la vente des rentes sur l'Etat.* On porte au présent article, la somme de quatre mille cinq cents francs, produit net de la vente des rentes sur l'Etat, ainsi qu'il est dit en la septième observation des présentes, ci   4,500   »

47   ART. 4. *Produit de la vente des rentes sur particuliers.* Il entrera sous cet article la somme de cinq mille cinq cents francs, produit net de la vente de la rente sur particuliers dont est parlé en la huitième observation, ci   5,500   »

48   ART. 5. *Loyers* [105]. On porte au présent article la somme de cent francs reçue du Sr... pour six mois de loyer échus le..., de la portion par lui occupée de la maison vendue à M. CURMER, ainsi qu'il est dit en la huitième observation, ci.   100   »

49   ART. 6. *Fermage* [105]. Il entrera sous cet article la somme de onze cent cinquante francs pour le semestre échu le... des fermages du domaine vendu à M. LEPAUTRE, ainsi qu'il est dit en la même observation, ci.   1,150   »

50   ART. 7. *Arrérages* [49] *de rentes.* On porte au présent article la somme de deux cent cinquante francs, se composant :

51   1° De cent francs pour le semestre échu [77] le vingt-deux septembre dernier des deux rentes sur l'état qui ont été transférées ainsi qu'il est dit en la septième observation, ci.   100 f.

52   2° De cent cinquante francs pour le semestre échu [77] le onze mai dernier de la rente constituée de trois cents francs dont parlé en la huitième observation, ci. . . . .   150 »   250   »

53   ART. 8. *Intérêts* [49]. Il entrera sous cet article la somme de deux cent cinquante francs pour l'année d'intérêts échue [77] le... dernier de la créance [25] de cinq mille francs sur le sieur Antoine BÉNARD, résultant de l'obligation mentionnée sous la cote six de l'inventaire après le décès de M. BARDET, ci   250   »

54   ART. 9. *Capitaux* [136]. On porte au présent article la somme de mille francs que

                                                          Report . . .   16,050   »

Report . . . . . . 16,050 ,

M. Bardet fils a reçue [84] du sʳ Bénard, sus-nommé, à valoir sur le principal de l'obligation dont il vient d'être parlé, ci. . . . . 1,000 ,

55 Total des recettes comprises au présent chapitre, dix-sept mille cinquante francs, ci . . . . 17,050 fr. ,

56 <center>Chapitre II. — Dépenses [84].</center>

57 Art. 1. — *Frais de maladie* [29]. On porte au présent article, la somme de quatre cent soixante francs se composant :

58 1° De trois cents francs payés à M. Fringon, médecin à .., ci. . . . . 300 fr. ,

59 2° De quatre vingt seize francs payés à M. Thomas, pharmacien à..., ci. 96

60 2° Et de soixante quatre francs payés au sieur Favory, pour frais de garde, ci. . . 64

61 Somme égale. . . . . 460 fr. ,

62 Art. 2. *Frais funéraires* (29). Il entrera sous cet article, la somme de trois cent cinq francs, se composant :

63 1° De trente francs pour la bière, la sépulture et la garde du corps, ci . . 30 f. ,

64 2° De cent soixante quinze francs pour frais de pompes funèbres, ci. . . 175 , } 305

65 3° Et de cent francs payés à l'église, ci.. . . . . 100 , }

66 Art. 3. *Frais d'inventaire et de vente mobilière.* Il ne sera ici question de ces frais que pour ordre, attendu qu'ils ont été déduits du prix de cette vente ainsi qu'il est expliqué en la quatrième observation des présentes, ci . . . . ORDRE

67 Art. 4. *Contributions* [29 et 58]. On comprend sous le présent article la somme de quatre cent dix francs payée pour solde des contributions de la présente année, sauf à répéter contre les acquéreurs des immeubles la portion que chacun d'eux doit supporter, eu égard à l'époque de son entrée en jouissance qui a été fixée ainsi qu'il est dit à la fin de la huitième observation des présentes, ci 410

68 Art. 5. *Droits de mutation* [29 et 192]. On porte au présent article la somme de quatorze cent cinquante francs qui a été payée au bureau d'enregistrement de... pour les droits de succession occasionnés par le décès de M. Bardet, ci . . . . 1,450 ,

69 Art. 6. *Gages* [29] *des gens de service.* Il entrera sous cet article la somme de deux cent vingt-cinq francs, se composant :

70 1° De cent francs payés à Catherine Mégrin, cuisinière du défunt, pour six mois de ses gages échus [77] le..., ci . . . . 100 f. ,

71 2° De soixante-quinze francs payés à Joseph Mannevy, domestique du défunt, pour trois mois de gages échus le..., ci . . . . 75 , } 225 ,

72 3° Et de cinquante francs payés à Pierre Pionnier, jardinier, pour solde de son année de gages échue [77] le..., ci . . . . 50 , }

73 Art. 7. *Dépenses de subsistances* [29]. On porte au présent article la somme de deux cents francs, se composant :

74 1° De soixante francs payés à Ducrot, boulanger à..., pour fournitures par lui faites au défunt, dans le cours des six mois antérieurs à son décès, ci. . . . . . 60 f. ,

75 2° De cent dix francs payés à Coudrey, boucher au même lieu, pour prix des fournitures par lui faites au défunt pendant les quatre derniers mois de son existence, ci. . . . . 110 , } 200 ,

76 3° De trente francs payés à Jean Guillout, épicier au même lieu, pour prix des marchandises par lui fournies au défunt pendant les trois derniers mois de sa vie, ci. . . . . 50 , }

A reporter. . . . 3.050.

| | Report. . . | 3,050 fr. |

77 ART. 8. *Loyers* [105]. On porte au présent article la somme de cent cinquante francs payée à M. Zacharie CHÉRY, pour l'année courante de loyer du magasin dont il lui a été donné congé ainsi qu'il a été dit en la troisième observation des présentes, ci . . . . . .   150 »

78 ART. 9. *Frais* [120]. On porte au présent article la somme de cinq cents francs payée à Mᵉ MARCHET, avoué, pour frais et dépens taxés, savoir :

79 1° Six francs cinq centimes pour les frais du congé donné à M. Chéry, ainsi qu'il vient d'être dit, ci. . . . . 6 fr. 05

80 2° Seize francs pour les frais de l'acceptation bénéficiaire, ci. . . . . 16 »   500 »

81 3° Et quatre cent soixante-dix-sept francs quatre-vingt-quinze centimes pour les frais de poursuite de vente des immeubles et rentes dont est parlé aux sixième, septième et huitième observations, ci. 477 95

82 ART. 10. *Faux-frais.* Il entrera sous cet article la somme de quarante francs, se composant :

83 1° De dix-huit francs payés pour droit de timbre [61] des pièces non authentiques établissant la libération de la succession dans divers articles du présent compte, selon l'état qui en sera fourni, ci . . . . 18 f.

84 2° Et de vingt-deux francs pour frais de ports de lettres adressées au défunt ou reçues et écrites pour les affaires de la succession, selon l'état qui en sera fourni, ci. . . . . 22 »   40 »

85 Total des dépenses comprises au présent chapitre, trois mille sept cent quarante francs, ci.   3,740 f.»

BALANCE

87 Les recettes comprises au chapitre premier s'élèvent à. . . . .   17,050 f.»

88 Et les dépenses comprises au chapitre deux se montent à. . . . .   3,740 »

Partant, M. Bardet fils est comptable envers les créanciers et légataires de . . .   13,310 f.»

89 ### CHAPITRE III. — OBJETS A RECOUVRER.

90 M. BARDET fils déclare qu'il reste à recouvrer [84] pour le compte de la succession :

91 1° La somme de cinquante mille francs qui est due par le sieur Emmanuel BARGEOT, ancien fournisseur, demeurant à..., suivant le titre notarié et enregistré, inventorié sous la cote sept de l'inventaire précité ; laquelle somme éprouvera nécessairement une forte réduction à cause de la déconfiture du dit sieur BARGEOT, qui offre vingt-cinq pour cent.

92 Plus les intérêts [49] de cette somme qui ont couru depuis le...

93 2° Celle de quatre mille francs restant due par le sieur Antoine BÉNARD, cultivateur demeurant à..., sur celle de cinq mille francs, principal de son obligation mentionnée sous les art. 8 et 9 du chap. 1 ci-dessus, au moyen de l'à-compte qui figure sous ledit article 9.

94 Plus les intérêts de cette somme qui ont couru depuis le... dernier.

95 3° La somme de dix mille trois cents francs, prix de la maison vendue à M. LENOIR, ainsi qu'il est dit en la huitième observation des présentes.

96 Plus les intérêts [49] de cette somme depuis le jour de la vente.

97 4° La somme de soixante et un mille francs, prix de la ferme des Capucins, vendue à M. LEPAUTRE, ainsi qu'il est dit en la même observation.

98 Plus les intérêts de cette somme à partir du premier janvier prochain.

99 5° Et la somme de cinquante-deux mille francs, prix de la pièce de bois du Champ-de-feu, vendue à M. VERNIER, ainsi qu'il est dit en la même observation.

100 Plus les intérêts de cette somme à partir du jour de la vente.

¹⁰¹ CHAPITRE IV. — PASSIF [26] RESTANT A ACQUITTER.

¹⁰² Il reste à acquitter, après vérification de la validité des titres :

¹⁰³ 1° La somme de quarante-cinq mille francs qui est réclamée par M. Charles BOURET, pour le pr
de la ferme des Capucins qu'il a vendue au défunt sieur BARDET. — Plus les intérêts [49] qui peuve
être dus de cette somme.

¹⁰⁴ 2° La somme de trente-huit mille francs qui est réclamée par M. MARTINET, comparant, pour tr
vaux de constructions et réparations. — Plus les intérêts qui peuvent être dus de cette somme.

¹⁰⁵ 3° La somme de vingt-sept mille francs qui est due à M. LAVENTUREUX, comparant, ainsi qu'il
justifiera. — Plus les intérêts qui peuvent être dus de cette somme.

¹⁰⁶ 4° La somme de vingt-quatre mille francs qui est due à M. MARCOT, comparant, ainsi qu'il en jus
fiera. — Plus les intérêts qui peuvent être dus de cette somme.

¹⁰⁷ 5° La somme de seize mille francs qui est due aussi à M. OLIVIER, ainsi qu'il en justifiera. — Pl
les intérêts qui peuvent être dus de cette somme.

¹⁰⁸ 6° Les sommes dues aux légataires du défunt pour le montant de leurs legs.

¹⁰⁹ 7° Et la somme qui sera allouée au Notaire soussigné, pour déboursés [8] et honoraires (id.) d
présentés.

¹¹⁰ JUSTIFICATION DE L'EMPLOI AU PRÉSENT COMPTE DE TOUS LES ÉLÉMENTS FOURNIS PAR L'INVENTAIRE
APRÈS LE DÉCÈS DE M. BARDET, PAR DÉPOUILLEMENT DUDIT INVENTAIRE.

¹¹¹ DÉSIGNATION :	
Des objets compris en l'inventaire et de leur cote ou numéro de déclarations.	Des parties du présent compte où est fait l'emploi.
¹¹² Deniers comptants	chap. 1, art. 1.
¹¹³ Meubles et effets mobiliers . . . . , , .	chap. 1, art. 2.
¹¹⁴ Rentes sur l'Etat. — Cote 1.	chap. 1, art. 3 et 7.
¹¹⁵ Rente sur particulier. — Cote 2	chap. 1, art. 4 et 7.
¹¹⁶ Maison. — Cote 3	chap. 1, art 5 et chap. 3, n. 3.
¹¹⁷ Ferme des Capucins. — Cote 4 . . .	chap. 1, art. 6 et chap. 3, n. 4.
¹¹⁸ Bois du Champ-du-Feu. — Cote 5 . . .	chap. 3, n. 5.
¹¹⁹ Créance sur Bénard. — Cote 6	chap. 1, art. 8 et 9 et chap. 3, n. 2.
¹²⁰ Créance sur Bargeot. — Cote 7	chap. 3, n. 1.
¹²¹ Frais de maladie. — Cote 8	chap. 2, art. 1.
¹²² Frais funéraires. — Cote 9.	chap. 2, art. 2.
¹²³ Contributions. — Cote 10	chap. 2, art. 4.
¹²⁴ Gages des gens de service. — Déclarations n. 1.	chap. 2, art. 6, n. 1, 2 et 3.
¹²⁵ Dépenses de subsistances. — Déclarations n. 2.	chap. 2, art. 7, n. 1, 2 et 3.
¹²⁶ Loyer de magasin. — Déclarations n. 3. . . .	chap. 2, art. 8.

¹²⁷ APPROBATION ET ARRÊTÉ [184] DU COMPTE.

¹²⁸ Le compte ci-dessus établi ainsi que les pièces justificatives produites à l'appui ayant été vérifiée
par les créanciers [25] et légataires [24] sus-nommés, tous les oyants ont unanimement donné leu
approbation à toutes les parties de ce compte, comme étant exactes et énonciatives [33] d'opération
régulières.

¹²⁹ En conséquence, toutes les parties ont fixé et arrêté comme exactement établies, savoir : les recette
à dix sept mille cinquante francs ; les dépenses à trois mille sept cent quarante francs ; et le reliquat don
M. BARDET fils se trouve comptable à treize mille trois cent dix francs.

¹³⁰ Laquelle dernière somme a été versée cejourd'hui par M. BARDET à la caisse des dépôts et consi

gnations [48] de l'arrondissement de.., pour le compte de la succession [85] bénéficiaire de son père, ainsi que les autres parties le reconnaissent ; au moyen de quoi ledit sieur BARDET demeure déchargé [84] desdits treize mille trois cent dix francs vis-à-vis des créanciers et légataires de la succession de son dit père.

131 Les comparants consentent que mention [84] des présentes soit faite, même en leur absence, sur toutes pièces que besoin sera, par le notaire soussigné ou tous autres de ce requis.

132 M. BOURET reconnait que remise [54] lui a été faite par M. BARDET fils, du consentement de tous les autres créanciers et des légataires, des pièces produites à l'appui du compte qui précède ; et il s'oblige de les représenter quand et à qui il appartiendra, même de les rétablir dans les mains de M. BARDET au cas où celui-ci serait tenu de les produire.

133 Dont acte, fait et passé à Chéroy [12] en l'étude (id.), l'an mil huit cent quarante-trois [13] leving-six octobre (id.), en présence de (noms, prénoms, professions et demeures), témoins instrumentaires [14] soussignés [15]; et toutes les parties ont signé [15] avec les témoins et le notaire, après lecture [16].

134 V. Répertoire, note 17. — Enregistrement, notes 99, 18 et 19.

135 La formule d'abandon page 3 — et la formule d'arrêté de compte p. 88.

4° COMPTE [184] D'ADMINISTRATION [34] PAR UN MANDATAIRE [80].

1 PAR-DEVANT Mᵉ Narcisse [1] BOILLERAUT (id)., Notaire [2] à St-Nicolas [1], département de..., soussigné [15] — V. sup. p. 3 alin. 1.

3 Sont comparus :

4 M. Léon [3] MALVIN (id), ancien armateur (id.), demeurant (id.) au Val-du-Puits, commune de saint-Nicolas. D'UNE PART.

5 Et M. Athanaze THÉNARD, propriétaire, demeurant au même lieu, et Maire de la dite commune. D'AUTRE PART.

6 Lesquels ont dit :

7 Que M. MALVIN, en abandonnant le val du Puits il y a plusieurs années, pour se livrer à des opérations de commerce dans les colonies, a confié l'administration [184] de ses biens [86 et 87] et affaires à M. THÉNARD auquel il a donné à cet effet une procuration [80] générale par acte passé en minute [89] et présence de témoins [14] devant Mᵉ..., Notaire à..., le deux janvier mil huit cent trente-sept, dument enregistré [18 et 42].

8 Que M. MALVIN étant, depuis quelques mois, de retour dans ses foyers, a prié M. THÉNARD de lui rendre compte de sa gestion [184].

9 Et qu'ils se présentaient devant le Notaire soussigné à l'effet l'un de présenter et l'autre d'entendre le dit compte ; ce à quoi il a été procédé de la manière suivante :

10 COMPTE [184].

11 CHAPITRE 1. — RECETTES [84].

12 SECTION Iʳᵉ. — REVENUS [50].

13 § Iᵉʳ Loyers [105] de la maison sise au Val-du-Puits.

14 ART. 1. On porte au présent article la somme [35] de quatre cent cinquante francs [91] que le rendant a touché [84] de M. Charles MEIGNAN, pour trois années de loyer échus [77] le premier janvier mil cent quarante à raison de cent cinquante francs par an, ci . . . . 450 fr. »

15 ART. 2. Cet article sera composé de pareille somme de quatre cent cinquante francs que le rendant a touchée de M. Jean OUSQUIN, locataire, au lieu et place de M. MEIGNAN, pour trois autres années de loyer échues le premier janvier mil huit cent quarante trois, aussi à raison de cent cinquante francs par an, ci . . . . 450 »

A reporter. . . . 900 »

Report. . . . 900

¹⁶ § II. *Fermages* [105] *de la ferme de la Forte-Vallée.*

¹⁷ Art. 3. On porte au présent article la somme de trois mille francs que le rendant a touchée de Joseph Jollinois, fermier, pour six années consécutives de loyer à raison de cinq cents francs par an et dont la dernière est échue le premier mai dernier, ci. . . . 3,000

¹⁸ § III. *Intérêts* [49] *de capitaux* [136].

¹⁹ Art. 4. Il entrera sous cet article la somme de neuf cents francs reçue par le rendant du Sʳ Georges Camelin, pour six années consécutives d'intérêts à cinq pour cent dont la dernière est échue le premier juillet dernier de l'obligation de trois mille francs due à l'oyant par ledit Sʳ Camelin et sa femme suivant acte passé devant Mᵉ..., Notaire à..., le..., enregistré, ci. 900

²⁰ § IV. *Arrérages* [49] *de rentes* [76].

²¹ Art. 5. On porte au présent article la somme de quatre mille deux cents francs que le rendant a touchée du Sʳ Benjamin Dourlans, pour six années d'arrérages échues le onze novembre dernier de la rente de sept cents francs par an qu'il doit suivant la dernière reconnaissance [208] passée devant Mᵉ... Notaire à..., le... dûment enregistrée, ci. . . 4,200

²² SECTION 2. — CAPITAUX [136].

²³ Art. 6. On porte au présent article la somme de quatorze mille francs que le rendant a reçue dudit Sʳ Dourlans pour le capital de la rente énoncée au titre mentionné sous l'art. 5 du présent chapitre, ci. 14,000

²⁴ Art. 7. Il entrera sous cet article la somme de douze cent trente-cinq francs cinquante-cinq centimes que le rendant a touchée de Jacques Huot, pour solde d'une obligation [177] non productive d'intérêts souscrite par ce dernier au profit de l'oyant par acte passé devant Mᵉ..., Notaire à... le..., dûment enregistré, ci 1,235

²⁵ Total des recettes comprises au présent chapitre, vingt-quatre mille deux cent trente-cinq francs cinquante-cinq centimes, ci. . . . . 24,235 fr.

²⁶ CHAPITRE 2. — DÉPENSES [84].

²⁷ SECTION 1. — ENTRETIEN ET CHARGES [58] ANNUELLES.

²⁸ § 1. *Contributions* [58].

²⁹ Art. 1. On porte au présent article la somme de huit cent quarante-neuf francs quinze centimes que le rendant a payée pour les contributions à la charge de l'oyant depuis le premier janvier mil huit cent trente-sept jusqu'au premier juillet mil huit cent quarante-trois, ci. . . . . 849 fr.

³⁰ § 2. *Assurance* [155] *contre l'incendie.*

³¹ Art. 2. On porte au présent article la somme de deux cents francs que le rendant a payée à la compagnie royale d'assurances contre l'incendie pour primes relatives à l'assurance de la maison et de la ferme de l'oyant pendant les années mil huit cent trente-sept et suivantes jusqu'à l'année mil huit cent quarante-trois inclusivement, ci. 200

³² SECTION 2. — TRAVAUX FAITS AUX IMMEUBLES.

³³ § 1. *Réparations* [105] *à la maison.*

³⁴ Art. 3. On comprend sous cet article la somme de dix-huit cents francs que le rendant a payée au Sʳ Victor Guy, entrepreneur de bâtiments, demeurant à..., pour les réparations faites à ladite maison et dont l'oyant a une pleine connaissance, ci. 1,800

A reporter. . . . 2,849 fr.

Report. . . . 2,849 fr. 15

§ 2. *Reconstructions et réparations à la ferme.*

Art. 4. Il entrera sous le présent article la somme de onze mille francs payée par
rendant au Sr Guy sus-nommé tant pour travaux de reconstruction d'une partie des
timents de la ferme de la Forte-Vallée que pour réparations aux autres parties desdits
timents, ci. . . . . 11,000 »

SECTION 3. — PAIEMENTS [84] DE CAPITAUX [156].

Art. 5. On porte au présent article la somme de dix mille francs que le rendant a
yée à M. St. Didier le... pour solde du prix de la ferme dont est ci-dessus parlé que
yant à acquise de M. André Aléonard, et pour l'année d'intérêts alors due et échue, ci. 10 000 »

Total des dépenses comprises au présent chapitre, vingt-trois mille huit cent
quarante-neuf francs quinze centimes, ci. . . . . : . . 23,849 fr. 15

BALANCE.

Les Recettes comprises au chapitre premier s'élèvent à . . . . 24,235 fr. 55
Et les Dépenses comprises au chapitre deux se montent à 23,849 15

Partant, la Recette excède la Dépense de trois cent quatre-vingt-six francs quarante
centimes, ci. . . . . 386 fr. 40
Laquelle somme M. Thénard déclare tenir à la disposition de M. Malvin.

ACTE D'ADMINISTRATION [34] RELATIFS AUX IMMEUBLES [87].

M. Thénard déclare qu'il n'a fait pendant la durée de sa gestion que les actes dont l'indication suit :
1° Un bail [103] au Sr Ousquin pour trois années qui ont expiré le premier janvier mil huit cent
rarante-trois de la maison du Val-du-Puits, devant Me..., Notaire à... le..., dûment enregistré ;
2° Et un bail à Joseph Jollibois et à sa femme, pour neuf années qui ont commencé le premier mai
il huit cent trente-sept, de la ferme de la Forte-Vallée, devant Me..., Notaire à... le..., aussi enregistré.
Lesquels actes M Thénard remettra à M. Malvin lors de l'apurement du présent compte.
Dont acte, fait et passé à St. Nicolas [12] en l'étude (*id.*), l'an mil huit cent quarante-deux [13] le
uinze juillet (*id.*), en présence de (*noms, prénoms, professions et demeures*), témoins instrumentaires [14]
ussignés [15] ; et les parties ont signé (*id.*) avec les témoins et le Notaire, après lecture [16].
V. *Répertoire,* note 17. — *Enregistrement,* notes 99, 117, 174, 18 et 19.
La formule d'*arrêté de compte* p. 88. — et les formules de *compte* qui précèdent.

COMPTE (ARRÊTÉ DE).

V. *suprà* ARRÊTÉ DE COMPTE, p. 88 ; et les formules de COMPTE D'ADMINISTRATION qui précèdent.

Compte (arrêté de).

COMPTE DE BÉNÉFICE D'INVENTAIRE.

V. *suprà* COMPTE D'ADMINISTRATION PAR UN HÉRITIER BÉNÉFICIAIRE, page 262.

Compte de bénéfice
d'inventaire.

COMPTE DE COMMUNAUTÉ

V. *infrà* LIQUIDATION. — PARTAGE.

Compte de com-
munauté.

272

COMPTE [184] PAR ÉCHELETTE OU PAR ÉCHELLE.

Compte
par échelette.

C'est celui par lequel on impute les à-comptes payés par le débiteur [26], d'abord sur les inté
exigibles, ensuite sur le principal. — Il s'agit alors plutôt d'un mode d'imputation que d'une es
particulière de compte. — V. note 84.

COMPTE (ÉTAT DE).

Compte (état de).

V. *infrà* LIQUIDATION.

COMPTE D'EXÉCUTION TESTAMENTAIRE.

Compte d'exécution
testamentaire.

V. *suprà* COMPTE D'ADMINISTRATION PAR UN EXÉCUTEUR TESTAMENTAIRE page 259.

COMPTE DE FONDS ET DE FRUITS.

Compte de fonds
et de fruits

V. *infrà* LIQUIDATION.

COMPTE (PROJET DE).

Compte (projet de).

V. *infrà* COMPTE DE TUTELLE.

COMPTE (RÉCÉPISSÉ DE).

Compte
(récépissé de).

V. *infrà* COMPTE DE TUTELLE par un tuteur légal, alin. 117.

COMPTE (RÉFORMATION DE).

Compte
(réformation de).

V. *infrà* LIQUIDATION.

COMPTE DE RETOUR [97].

Compte de retour.

2 COMPTE DE RETOUR [97] ET FRAIS A UN BILLET A ORDRE (*id.*) (a) *souscrit par M. Célestin* GOURLIN *gociant à Paris rue Jacob n. 5, à l'ordre de M. Etienne* TACOT, *de... rue... n°..., qui l'a passé au soussi échu le trente-un octobre mil huit cent quarante-trois et protesté faute de paiement par exploit* [20 LÉCORCHEZ, *huissier à Paris, en date du premier novembre suivant.*

(a) OU BIEN : à une lettre de change [97] tirée de Lyon sur M. Isaac LECORDIER, négociant à Paris, rue Poisson n..., par M. Célestin GOURLIN, de Lyon, à l'ordre de M. Etienne TACOT, etc.

3 Principal, montant du billet à ordre, deux mille francs, ci . . . . 2,000 »
4 Enregistrement [117] dudit billet et protêt [97], dix-huit francs, ci . . . . . . 18 »
5 Commission de banque à un quart pour cent, cinq francs, ci . . . . 5 »
6 Courtage de la retraite, trois francs, ci . . . . 3 »
7 Droit de l'agent de change pour certificat du rechange, deux francs, ci . . . . . 2 »
8 Timbre [61] du présent et de la retraite, un franc quatre-vingt-cinq centimes, ci . . 1 85
9 Intérêts [97] à six pour cent, du premier novembre dernier, époque du protêt, jusqu'à
ce jour, cinq francs, ci. . . . . 5 »
10 Ports de lettres, un franc, ci . . . . 1 »
11 Perte à la négociation de la retraite ou rechange, neuf francs quinze centimes, ci. . 9 15

12 TOTAL du présent compte, égal au montant de la retraite dont il va être parlé, deux
mille quarante-cinq francs, ci . . . . 2,045 »
13 De laquelle somme de deux mille quarante-cinq francs, je prends mon remboursement sur M. TACOT,
au trente (b) de ce mois, à l'ordre de M. BRIGOT et compagnie.
14 Fait à Paris, le quinze (b) novembre mil huit cent quarante-trois.

15   (Signature.)

16   CERTIFICAT DE L'AGENT DE CHANGE.

17 Je, soussigné, agent de change près la Bourse de Paris, certifie véritable le prix du rechange, employé au compte de retour qui précède.
18 Fait à Paris, le seize novembre mil huit cent quarante-trois.

19   (Signature.)

20   V. Timbre, note 61. — Enregistrement, notes 99, 18 et 19.

COMPTES DE TUTELLE [163].

Comptes de tutelle.

1 1° Par un tuteur légal [163].

2 2° Par un tuteur datif [163].

3 3° De tuteur à tuteur [163].

1° COMPTE DE TUTELLE [163] PAR UN TUTEUR LÉGAL (id).

1° Compte de tutelle
par un tuteur légal.

2 PAR-DEVANT Me François (1) MARIÉ (id.), Notaire (id.) à Bessy (id.), département de.., soussigné [18].—
V. sup. p. 3, alin.1.
3 Est comparu le sr Joseph [3] BOURDILLON (id), vigneron (id), demeurant à Bessy (id.)
4 Veuf en premières noces avec trois enfants de Anne ROLLAND, et ayant épousé en second mariage Marie BIGON.
5 Lequel, voulant rendre compte à Anne et Philippe BOURDILLON, ses enfants du premier lit, de l'ad-

---

(b) On ne peut user d'un délai aussi long qu'autant que les distances le permettent, car, aux termes de l'art. 165 du
C. de comm., le porteur doit exercer son recours au moyen d'une citation en justice dans les quinze jours de la date du
protêt, outre le délai à raison des distances, sinon il demeure déchu de tous droits contre les endosseurs (C. comm. 168).

ministration de leurs personnes et de leurs biens comme ayant été leur tuteur légal, a, pour y parvenir fait les observations suivantes :

⁶   1ʳᵉ OBSERVATION. — CONTRAT DE MARIAGE [166].

⁷   Joseph BOURDILLON et Anne ROLLAND se sont mariés en l'an treize de la République.

⁸   Avant, ils ont réglé les conditions civiles de leur mariage par contrat [177 passé devant Mᵉ Guilbert Notaire à Bessy, le premier pluviôse an treize, dûment enregistré [42].

⁹   Par ce contrat, il a été stipulé une communauté [166] de tous biens meubles [86], acquêts et conquêts immeubles [87], même de propres présents et à venir.

¹⁰   Ledit BOURDILLON s'est marié pour ses droits acquis dans la succession de son père, et non encore liquidés.

¹¹   Anne ROLLAND s'est mariée pour ses droits acquis dans les successions de ses père et mère, lesdits droits non encore liquidés ; plus, elle a apporté des meubles, effets et deniers comptants pour mille soixante francs.

¹²   Le préciput [166] en faveur du survivant a été fixé aux linges et hardes à son usage.

¹³   Faculté a été accordée à l'épouse et à ses enfants en renonçant [62] à la communauté de reprendre franc et quitte tout ce qu'elle aurait apporté en mariage ainsi que tout ce qui lui serait échu en meubles et immeubles.

¹⁴   Ce contrat est terminé par une donation [124] mutuelle et en usufruit au profit du survivant des époux de tous les biens du prédécédé, laquelle donation est restée sans effet attendu l'existence d'enfants, ce cas ayant été prévu par l'acte.

¹⁵   2ᵐᵉ OBSERVATION. — DÉCÈS [63] ET INVENTAIRE [145].

¹⁶   Anne ROLLAND est décédée à Bessy le vingt-six mai mil huit cent vingt-deux, laissant pour ses seuls héritiers [78], Charles BOURDILLON, Anne BOURDILLON et Philippe BOURDILLON, tous trois enfants mineurs [65] issus de son mariage avec ledit Joseph BOURDILLON

¹⁷   Après son décès, il a été procédé à l'inventaire [145] du mobilier [85] dépendant de la communauté par Mᵉ CHEVANNE, notaire à Sacy, le quinze novembre mil huit cent vingt-deux, dûment enregistré [18 et 42], à la requête du mari survivant, comme commun en biens avec la défunte son épouse et tuteur légal [163] de ses trois enfants mineurs seuls héritiers de leur mère sous bénéfice d'inventaire [85], et en présence du sieur Louis BLIN, propriétaire, demeurant à Bessy, subrogé-tuteur [163] desdits mineurs.

¹⁸   La prisée du mobilier a été faite par M. Jean Prévot, huissier demeurant à Bessy, expert choisi à cet effet par le subrogé-tuteur; et l'estimation de ce mobilier s'est élevée à la somme de cinq cent quatre-vingt-dix-neuf francs vingt-cinq centimes dans laquelle on n'a point compris les linges et hardes à l'usage du survivant sur la demande de ce dernier, attendu qu'il avait le droit de les distraire comme composant le préciput stipulé en sa faveur par le contrat de mariage ci-devant énoncé, ci. . . . . . 599 f. 25

¹⁹   Il était dû à la communauté par Philippe ROUSSEAU, de Bessy, une somme de cent cinquante francs dont le recouvrement a eu lieu depuis le dit inventaire, ci 150 00

²⁰   Total de l'actif en mobilier, sept cent quarante-neuf francs vingt-cinq centimes ci . . . 749 25

²¹   Il était dû [26] par la communauté, savoir :

²²   Au sʳ Jean LAPIN, de Bessy, soixante francs pour le prix d'une vache, ci 60 00

²³   Au sʳ LANGLOIS, menuisier à Bessy, soixante-douze francs pour prix d'une cuve, ci . . . 72 00

²⁴   Au sʳ Jacques LARCHER, meunier demeurant à Mailly-la-Ville, trente-six francs pour prix de deux hectolitres de bled, ci 36 00

²⁵   Au sʳ Nicolas MOMON, de Bessy, quinze francs pour fournitures d'épicerie, ci 15 00

²⁶   A Mᵐᵉ vᵉ HOLLIER, de Bessy, quinze francs pour fournitures de bois, ci 15 00

²⁷   Et à M. Guilbert, notaire, trente francs pour le coût [15] de divers actes d'acquisition, ci . 30 00

²⁸   Ensemble, deux cent vingt-huit francs, ci . . . . 228 f. 00

Report. . . 227 00

19 Plus à M. Hélie , officier de santé, demeurant à Bessy , quatre vingt-dix francs pour traitements et soins donnés à la défunte pendant sa dernière maladie , ci 90 00

30 Total du passif, trois cent dix-huit francs , ci 318 00

31 Les titres et papiers trouvés lors du dit inventaire ont été inventoriés sous deux cotes.

32 Sous la cote première a été comprise l'expédition du contrat de mariage ci-devant analysé.

33 Sous la cote deuxième a été comprise l'expédition d'un contrat passé devant Mᵉ Guilbert, notaire sus-nommé , le onze mars mil huit cent huit , enregistré , contenant vente au dit Bourdillon par le sieur Edme Bureau, de divers héritages.

34   3ᵐᵉ Observation. — Succession de Charles Bourdillon.

35 Charles Bourdillon, l'un des enfants du premier lit , est décédé en minorité à Bessy le vingt-neuf mars mil huit cent vingt-trois ; laissant pour héritiers, savoir :

36 Joseph Bourdillon , son père, pour un quart ou huit trente-deuxièmes ci. 8/32

37 Anne Bourdillon, sa sœur germaine, pour six trente-deuxièmes dans la ligne maternelle et pour quatre trente-deuxièmes dans la ligne paternelle, ci. , ... 10/32

38 Philippe Bourdillon, son frère germain , pour mêmes portions que Anne Bourdillon, ci. 10/32

39 Et Joseph Bourdillon, son frère consanguin, né le onze août mil huit cent vingt-trois et étant, par conséquent, conçu lors du décès de Charles Bourdillon, pour quatre trente-deuxièmes dans la ligne paternelle, ci . . . . . . , ... 4/32

40   Total égal à l'entier. 32/32

41   4ᵐᵉ Observation. — Revenus [50].

42 On ne comprendra point dans le présent compte les revenus et les dépenses de nourriture et d'entretien des oyants jusqu'à leur âge de dix-huit ans, attendu que leur père a eu la jouissance légale de leurs biens jusqu'à cette époque à la charge des dites dépenses et de diverses autres indiquées par la loi.

43   5ᵐᵉ Observation. — Liquidations préalables.

44 Afin de pouvoir établir le compte de tutelle dont il s'agit, il est nécessaire de liquider préalablement tant la dite communauté que les successions de Anne Rolland et de Charles Bourdillon ; les résultats de ces liquidations devant nécessairement figurer dans ledit compte :

Il a été procédé à ces diverses opérations ainsi qu'il suit :

45   1° Liquidation [143]

DE LA COMMUNAUTÉ [166] DE JOSEPH BOURDILLON ET ANNE ROLLAND.

46 Actif [25]. L'actif mobilier de cette communauté ne se compose que des sept cent quarante-neuf francs vingt-cinq centimes dont est parlé en la deuxième observation des présentes, ci 749 25

47 Passif [26]. Le passif de la communauté se compose :

48 1° des deux cent vingt-huit francs dont est parlé en la même observation , en ne comprenant pas les quatre-vingt-dix francs dus à M. Hélie pour les frais de la dernière maladie de la défunte , lesquels frais sont à la charge personnelle de Joseph Bourdillon, époux survivant, tant à cause de la communauté que comme ayant eu la jouissance légale [144] des biens de ses enfants ainsi qu'il est dit en la quatrième observation des présentes, ci. 228 00

49 2° De treize francs quinze centimes que Bourdillon a payés pour les déboursés [6] et vacations (id.) de l'inventaire précité, ci 13 15

50 3° Et de trente francs que ledit sᵗ Bourdillon a payés le quatre mars mil huit cent trente-deux au receveur de l'hospice de Bessy pour le remboursement de un franc cinquante centimes de rente étant à la charge de la communauté dans une rente constituée de trois francs par an qui était due au dit hospice en vertu d'un contrat de constitution passé devant Mᵉ Guilbert notaire sus-nommé le vingt-cinq décembre mil huit cent six , dûment enregistré [18] ci. . . 30 00

51 Total du passif, deux cent soixante et onze francs quinze centimes, ci 271 15

52

53 L'actif est de 749,25
54 Et le passif de. 271,15
55 Par conséquent l'actif excède le passif de 478,10
56 Dont la moitié est de. 239,05

57   2°. LIQUIDATION [143] DE LA SUCCESSION [88] DE ANNE ROLLAND.

58 ACTIF. — L'actif de la succession de ladite Anne Rolland se compose en mobilier :

 1° Des deux cent trente-neuf francs cinq centimes lui revenant pour sa moitié dans l'actif net de communauté d'après la liquidation qui précède, ci 239,05

59 2° Et de quinze francs (a) dont BOURDILLON père fait compte pour la moitié revenant à ladite succession dans le prix de trente-deux ares de terre, situés sur le finage de Bessy, lieu dit les Chaumes qu'il a vendus depuis la mort de sa femme au sᵣ Jean Gillot, ci 15,00

60   Total de l'actif de la succession. 254,05

61 PASSIF. — Le passif de cette succession ne se compose que d'une somme de trois francs cinquante huit centimes que BOURDILLON père a payée au bureau d'enregistrement de Vermenton pour les droits [192] de la dite succession étant à la charge de ses enfants, ci. 3,58

62 Il n'est point question des frais funéraires de la dite Anne ROLLAND, attendu que ces frais sont à l charge de BOURDILLON père, comme ayant eu la jouissance légale [144] des biens de ses enfants, ain qu'il est dit en la quatrième observation des présentes; c'est pourquoi il n'en est ici parlé que pou ordre , ci . . . . ordre

63   BALANCE.

64 L'actif de la succession est de. 254,05
65 Et le passif de . . . . , . . . 3,58
66 Il y a un excédant d'actif sur le passif de 250,47
67 Dont le tiers pour chaque enfant est de 89,40

68   3°. LIQUIDATION [143] DE LA SUCCESSION [88] DE CHARLES BOURDILLON.

69 L'actif mobilier de la succession dudit Charles BOURDILLON ne se compose que des quatre-vingt-trois francs quarante-neuf centimes lui revenant par le résultat de la liquidation de succession qui précède ci. 83,49

70 Sur quoi il y a à déduire treize francs cinquante cinq centimes que le rendant a payés au bureau de Vermenton pour les droits [192] de ladite succession étant à la charge de ses enfants, ci 13,55

71 On ne porte point en compte les frais funéraires du défunt attendu qu'ils étaient une des charges de la jouissance légale [144] du père. C'est pourquoi il n'en est ici question que pour ordre , ci. . . . . ordre

72 Ce qui réduit l'actif à soixante neuf francs quatre vingt quatorze centimes, ci. . . . 69.94

73 De laquelle somme , répartie entre les héritiers dudit Charles BOURDILLON, il revient :

74 A Joseph BOURDILLON père dix sept francs quarante huit centimes, ci 17,48

75 A Anne BOURDILLON, sœur germaine, vingt un francs quatre vingt-six centimes, ci . . 21,86

76 A Philippe BOURDILLON, frère germain [144], pareille somme de vingt-un francs quatre-vingt-six centimes, ci 21,86

77 Et à Joseph BOURDILLON, frère consanguin [144], huit francs soixante-quatorze centimes, ci 8,74

78   Somme égale. 69,94

(a) On n'a placé cette somme ici que pour simplifier l'opération en évitant une répartition particulière entre tous les ayants-droit [55]. On ne saurait voir en effet dans l'acte qui a donné naissance à la créance un fait propre à la succession puis-qu'il est postérieur au lieu d'être antérieur à l'ouverture de cette succession.

Après ces observations, il a été procédé, ainsi qu'il suit, au compte de tutelle faisant le principal objet des présentes :

COMPTE DE TUTELLE.

CHAPITRE I. — RECETTES [84].

BOURDILLON père porte en recette, savoir ;

POUR ANNE BOURDILLON.

1° Quatre-vingt-trois francs quarante-neuf centimes lui revenant de la succession de sa mère, ci . . . . 83 f. 49

2° Vingt-un francs quatre-vingt-six centimes lui revenant de la succession de son frère germain, ci 21 86

3° Et soixante-cinq francs, somme à laquelle se monte le revenu [50] de la portion de biens de sa dite fille depuis son âge de dix-huit ans; ledit revenu calculé à raison de cinq francs soixante centimes par an pour sa portion de maison et de dix francs soixante-cinq centimes aussi par an pour sa part dans les biens ruraux, ci . . . . 65 »

Total de la recette effectuée pour le compte de ladite Anne BOURDILLON 170 35

POUR PHILIPPE BOURDILLON.

1° Quatre-vingt-trois francs quarante-neuf centimes revenant audit Philippe BOURDILLON pour son tiers de la succession de sa mère, ci. . . . . 83 f. 49

2° Vingt-un francs quatre-vingt-six centimes lui revenant aussi pour son tiers de la succession de son frère germain, ci . . . . 21 86 } 137 83

3° Et trente-deux francs cinquante centimes, somme à laquelle s'élève le revenu [50] de la portion des biens dudit Philippe BOURDILLON, depuis son âge de dix-huit ans, ci. 32 50

Total de la recette effectuée pour le compte dudit Philippe BOURDILLON, ci. 137 85

Total général de la recette. . . . 308 20

CHAPITRE II. — DÉPENSES [84].

BOURDILLON père porte en dépense, savoir :

POUR ANNE BOURDILLON.

1° Six francs pour la portion à sa charge dans les frais de l'acte par lequel il lui a été nommé un subrogé-tuteur [163], ci . . . . 6 f. »

2° Quatorze francs quatre-vingt-quatre centimes pour les contributions [58] de sa portion de biens, depuis son âge de dix-huit ans, ci. 14 84

3° Quatre francs soixante-douze centimes qu'il a payés pour la portion à la charge de l'ayante dans les arrérages [49] courus depuis son âge de dix-huit ans de la rente [76] de cinq francs quarante centimes par an due par elle et son frère chacun par moitié aux héritiers MILLEREAU, de Trucy, par suite de la donation d'immeubles à eux faite par Edme ROLLAND, leur oncle, suivant acte passé devant Me GUILBERT, Notaire sus-nommé, le..., dûment enregistré, ci. 4 72

4° Et un franc soixante-cinq centimes qu'il a aussi payés pour la portion à la charge de l'ayante dans les arrérages courus depuis ses dix-huit ans jusqu'au remboursement qui en a été fait, de la rente [76] de un franc cinquante centimes dont il est parlé en la liquidation de communauté qui précède, ci. 1 65

Total de la dépense relative à Anne BOURDILLON, ci. . . . 27 21

102 ET POUR PHILIPPE BOURDILLON.

103 1° Six francs pour la portion à sa charge dans les frais de l'acte par lequel il lui a été nommé un subrogé-tuteur [163], ci . . . . 6 f. »

104 2° Sept francs quarante deux centimes pour les contributions [58] de sa portion de biens depuis son âge de dix-huit ans, ci. 7 42

105 3° Et deux francs trente-six centimes que le rendant a payés pour la portion à la charge de l'oyant dans les arrérages [49] courus depuis son âge de dix-huit ans, de la rente de cinq francs quarante centimes due par ce dernier et sa sœur conjointement, ainsi qu'il vient d'être dit, ci. . . . . 2 36 } 15 78

106 Il n'y a rien à la charge de l'oyant dans les arrérages de la portion de rente de un franc cinquante centimes dont il est aussi parlé ci-dessus, attendu qu'elle était remboursée lorsqu'il a atteint ses dix-huit ans; pourquoi. . . *ordre*

107 Total de la dépense relative à Philippe BOURDILLON, ci. . . . 15 78

108 Total général de la dépense. . . 42 99

109 CHAPITRE III — BALANCE.

	BOURDILLON (Anne)	BOURDILLO (Philippe)
110 La recette st de	170 f. 55	137 f. 8
111 Et la dépense de	27 21	15 7
112 En conséquence, la recette excède la dépense de cent quarante-trois francs quatorze centimes pour ANNE BOURDILLAT, et de cent vingt deux francs sept centimes pour Philippe BOURDILLON, ci	143 14	122 0

113 CHAPITRE IV. — CRÉANCE [25] A RECOUVRER [84]. — IMMEUBLES [87] A PARTAGER.

114 Déclare le rendant 1° que le principal [136] et les arrérages [50] de la créance de cinq cents fran sur le sr.... dont il a été fait donation aux oyants par le sr Edme ROLLAND, leur oncle, suivant l'acte du. ci-devant mentionné, sont dus en totalité, et qu'il n'en a recouvré aucune partie.

115 2° Et qu'il y a à faire le partage entre eux, suivant les droits de chacun, des immeubles dont désignation suit : 1°..., 2°.... etc,

116 RÉCÉPISSÉ [163] DES PIÈCES.

117 A ces présentes sont intervenus :

118 1° Anne [3] BOURDILLON (id.), fille majeure (id.) âgée de vingt-deux ans, domestique à gages (id demeurant (id.) à....

119 2° Et Philippe [3] BOURDILLON (id.), âgé de près de vingt ans, garçon tonnelier (id.) demeurant (id à...; mineur émancipé [82] d'âge par son père le..., et étant assisté du sr Jean (3) RUBEAU (id.), fabrica de chandelles (id.) demeurant (id.) à..., son curateur [66].

120 Lesquels ont reconnu que le sr Joseph BOURDILLON, sus-nommé, leur a remis un double [42] d présent compte et toutes les pièces à l'appui, pour par eux examiner le tout dans le délai de la loi être ensuite à même d'approuver ou rejeter ledit compte

121 Dont acte, fait et passé à Bessy [12] en l'étude (id.), l'an mil huit cent [13]... le (id.)..., en pré sence de (*noms, prénoms, professions et demeures*) témoins instrumentaires [14]; et les parties ont déclaré savoir signer de ce interpellées, à l'exception du sr RUBEAU qui a signé (15) avec les témoins et le Notaire après lecture [16]

12 V. *Répertoire*, note 17. — *Enregistrement*, note 99.

Et, au besoin, la table alphabétique du Commentaire.

2° COMPTE DE TUTELLE [163] PAR UN TUTEUR DATIF (id).

PAR-DEVANT Mᵉ Casimir [1] PAULVÉ (id.), notaire [2] à Touchebœuf [1], département de..., soussigné [15]. — V. sup. p. 3 alin. 1.

Est comparu M. Jacques [3] MANILINGOT (id.), banquier (id.) demeurant (id.) à...,

Agissant comme tuteur de Justin [3] LORFELIN (id). et de Justine LORFELIN, enfants mineurs [63] de défunts Louis LORFELIN en son vivant armurier à Touchebœuf et Victoire MANILINGOT, nommé à cette fonction qu'il a acceptée suivant délibération [93] du conseil de famille (id.) desdits mineurs tenu devant M. le Juge de paix [94] du canton de Feuillebois le..., dûment enregistrée [42].

Lequel, voulant rendre compte aux deux sus-nommés, ses neveux nouvellement émancipés, de l'administration qu'il a eue de leurs personnes et de leurs biens en sadite qualité de tuteur, a fait préalablement les observations suivantes :

1ʳᵉ OBSERVATION. — DÉCÈS [63] de M. et Mme LORFELIN. — SCELLÉS [196].

M. LORFELIN est décédé le premier, à Touchebœuf le cinq juin mil huit cent trente trois; et alors sa veuve s'est mise en possession de tout ce qui dépendait tant de la communauté qui avait existé entr'elle et son mari, que de la succession de ce dernier.

Mad. LORFELIN est elle même décédée au dit lieu le vingt quatre décembre mil huit cent trente neuf avant d'avoir fait procéder à un inventaire par suite du décès de son mari. Mais le lendemain du décès de la dite dame les scellés ont été apposés en sa demeure par M. le Juge de paix de FEUILLEBOIS le... ; et le vingt neuf du dit mois le conseil de famille sous la présidence du même juge de paix a nommé le comparant comme tuteur [163] des deux mineurs LORFELIN, et M. Germain SOUFFLOT, propriétaire à Feuillebois, comme subrogé-tuteur (id.).

2ᵐᵉ OBSERVATION. — INVENTAIRE (145) DES SUCCESSIONS DE M. ET Mme LORFELIN. — DÉPOUILLEMENT.

Après le décès de Mme LORFELIN, il a été procédé à l'Inventaire des objets mobiliers dépendant de sa succession et de celle de son mari qui se sont confondus ainsi qu'il est dit ci-dessus, par Mᵉ PAULVÉ, notaire soussigné, en minute [59] et présence de témoins [14], le deux janvier mil huit cent quarante et jours suivants, dûment enregistré [42], à la requête de M. MANILINGOT, comparant, comme tuteur de Justin et Justine LORFELIN, sus-nommés, habiles [34] à se dire seuls et uniques héritiers [85] desdits défunts, leurs père et mère, et en présence de M. SOUFFLOT, subrogé-tuteur desdits mineurs.

La représentation des objets a été faite par Catherine PETIT, domestique de la défunte, laquelle a été établie gardienne [196] des scellés; et la prisée par M. Pierre OUDOT, huissier à Feuillebois, expert [195] choisi à cet effet par le subrogé-tuteur.

Tout le contenu en cet inventaire est demeuré en la possession du tuteur.

DÉPOUILLEMENT DUDIT INVENTAIRE.

Meubles et effets inventoriés. La prisée des meubles et effets compris audit inventaire s'est élevée à la somme de cinq mille six cent vingt cinq francs cinquante centimes, dont il n'est ici parlé que pour ordre attendu que tout ce mobilier a été vendu moyennant une somme que le tuteur a touchée ainsi qu'il va être dit à la troisième observation des présentes.

Deniers comptants.

Les deniers comptants constatés par ledit inventaire ont été remis à la garde et possession de M. MANILINGOT, tuteur. Ils figureront en recette à la date de leur réception.

TITRES ET PAPIERS.

Cote 1. — 1 Pièce. — Contrat de mariage.

Cette pièce est l'expédition [64] du contrat de mariage de M. et Mme LORFELIN passé devant Mᵉ..., Notaire à..., le.., dûment enregistré [42]. Ce contrat contient établissement de communauté entre les

époux, et ne présente ni actif ni passif pour leurs successions, c'est pourquoi il n'est mentionné ici q
pour ordre, ci . . . . ordre.

20   *Cote 2. — 3 Pièces. — Créance* [25] *hypothécaire sur* GRANDJEAN.

21   La première de ces pièces est la grosse [64] d'un acte passé devant Me..., notaire à..., le..., dûme
enregistré [42], contenant obligation par Paul Grandjean et sa femme, au profit de Mme veuve Lo
FELIN, de la somme de quatre mille francs, que le tuteur a reçue le premier juillet mil huit cent qu
rante ainsi que les intérêts qui étaient dûs depuis le premier juillet mil huit cent trente-neuf.

22   Les deuxième et troisième sont bordereau et état d'inscriptions concernant cette créance.

23   Le principal et les intérêts de ladite obligation figureront au chapitre de recette à leurs dates respe
tives, pourquoi. . . . . RENVOI A LA RECETT

24   *Cote 3. — 1 Pièce. — Bail* [105] *de biens ruraux à Pierre* HUOT.

25   Cette pièce est la grosse [64] d'un acte passé devant Me..., Notaire à..., le..., dûment enregistré [42
contenant bail par M. et Mme LORFELIN à Pierre HUOT et sa femme, du domaine de Réveillon, situ
sur la commune de..., moyennant douze cents francs de fermage annuel, franc d'impôts [58] pour l
propriétaires, et payable [84] en deux termes [77] égaux aux vingt-cinq décembre et vingt-cinq juin d
chaque année.

26   Il n'était dû au décès de Mme veuve LORFELIN que le terme courant, lequel a été reçu par le tuteu
ainsi que tous ceux postérieurs. Le tout figurera au chapitre de recette, pourquoi RENVOI A LA RECETTE

27   *Cote 4. — 1. Pièce. — Bail de maison à Jean* INGRE.

28   Cette pièce est l'un des originaux d'un acte sous seing privé fait double à..., le.., enregistré [42
à.., le ..., verso, case..., par M..., qui a reçu..., pour droit principal et pour le décime, contenant ba
[105] par Mme veuve LORFELIN à M. Jean INGRE, armurier demeurant à..., de la maison située à Tou
chebœuf dépendant de la succession de son mari, pour neuf années consécutives, moyennant la somm
de mille francs de loyer annuel payable [84] par semestres aux vingt-cinq avril et vingt-cinq octobre d
chaque année.

29   Il n'était dû au décès de Mme veuve LORFELIN que le terme courant; ce terme ainsi que ceux posté
rieurs ayant été reçus par le tuteur figureront au chapitre de recette, pourquoi, RENVOI A LA RECETTE

30   DÉCLARATIONS RELATIVES AUX DETTES ACTIVES.

31   Sous le n. 1 figure une somme de soixante-quinze francs qui a été déclarée être due par M. Nicola
LENDURE, garde forestier à... pour le prix d'un fusil; laquelle somme, ayant été recouvrée le quinze ma
mil huit cent-quarante-et-un, figurera à cette date au chapitre de recette, pourquoi. . . . .
. . . . RENVOI A LA RECETTE

32   Sous le n. 2 figure une somme de cent quinze francs qui a été déclarée être due par M. Léon DE
BEAUVOIR, sous-lieutenant au treizième régiment d'infanterie légère, pour prix d'une épée; laquelle
somme ayant été recouvrée le premier juillet mil huit cent-quarante-et-un figurera à cette date au
chapitre de recette, pourquoi . . . . RENVOI A LA RECETTE.

33   DÉCLARATIONS RELATIVES AUX DETTES PASSIVES.

34   Sous le n. 3 des déclarations actives et passives, figure une somme de cent francs qui a été déclarée
être due à M. Claude GRÊLE, propriétaire demeurant à..., pour le semestre alors courant du loyer de
la maison que Mme veuve LORFELIN occupait à Touchebœuf à l'époque de son décès : laquelle somme
a été payée par le tuteur le quinze février mil huit cent-quarante, et figurera à cette date au chapitre
des dépenses, pourquoi. . . . . RENVOI A LA DÉPENSE.

35   Sous le n. 4 figure une somme de cent-dix francs qui a été déclarée aussi être due par la succession de Mme LORFELIN à M. GUÉRITARD, médecin à..., pour les frais occasionnés par la dernière maladie de la défunte : laquelle somme a été payée par le tuteur le quinze février mil huit cent-quarante
et figurera à cette date au chapitre de dépense, pourquoi. . . . . . . RENVOI A LA DÉPENSE.

36 Sous le n. 5 figure une somme de soixante-quinze francs qui a été déclarée être également due par ladite succession pour les six derniers mois de contributions : laquelle somme a été payée par le tuteur le quinze février mil huit cent-quarante et figurera à cette date au chapitre de dépense, pourquoi. . . . . RENVOI A LA DÉPENSE.

37 3me OBSERVATION. — VENTE [109] DES MEUBLES [86] ET EFFETS (id.).

38 Suivant procès-verbal de OUDOT, huissier à Feuillebois, en date du premier février mil huit cent-quarante et jours suivants, dument enregistré, les meubles et effets inventoriés ont été vendus aux enchères à la requête de M. MANILINGOT, tuteur, en présence de M. SOUFFLOT, subrogé-tuteur, après l'accomplissement des formalités prescrites par la loi pour les ventes par suite de bénéfice d'inventaire [85].

39 Le produit de la vente s'est élevé à la somme de six mille francs, ci. . . . . . . 6,000 fr »

40 Mais l'officier public ayant retenu pour les frais occasionnés par ladite vente, trois cents francs, ci . . . . 300 »

41 Il est resté cinq mille sept cents francs. . . . . 5,700 »

42 De laquelle somme M. MANILINGOT a donné décharge [84] à M. OUDOT, à la suite du procès-verbal de vente le quinze dudit mois de février.

43 Il sera fait emploi de cette somme au chapitre de recette à la date du dit jour quinze février, pourquoi . . . . RENVOI A LA RECETTE.

44 4me OBSERVATION RELATIVE A L'EXCÉDANT DES REVENUS SUR LA DÉPENSE.

45 Le conseil de famille, par sa délibération du vingt-neuf décembre mil huit cent trente-neuf, précitée, contenant nomination d'un tuteur et d'un subrogé-tuteur aux mineurs, déterminé par cette considération que M. MANILINGOT, tuteur, par sa position, n'avait jamais entre mains de fonds improductifs, a décidé que du jour de chaque recette il y aurait, pour ce dernier, obligation d'employer l'excédant des revenus sur la dépense. Au moyen de quoi il serait réputé avoir employé les deniers à son usage, et il devrait les intérêts des sommes par lui reçues à compter de leur réception, sauf la déduction des dépenses, d'après le mode d'imputation fixé par la loi.

46 Après ces observations, il va être procédé, ainsi qu'il suit, à l'établissement du compte dont il s'agit. L'opération se divisera en cinq chapitres : le premier sera pour la recette, le second pour la dépense, le troisième pour les intérêts dus à défaut d'emploi, le quatrième pour les objets à recouvrer, et le cinquième pour le passif restant à acquitter.

47 Dans les deux premiers chapitres on tirera hors ligne, savoir : en une première colonne les objets communs aux pupilles; et en deux autres colonnes particulières à chaque pupille, leur portion dans les objets communs, plus leurs objets personnels. Les recettes et dépenses concernant chaque pupille seront reprises pour le chapitre des intérêts à défaut d'emploi qui, par sa forme obligée de compte par échelette, fixera la position du comptable, vis-à-vis de chaque oyant-compte.

48 CHAPITRE I. — RECETTE [84].

49 Art. 1. DENIERS COMPTANTS. Le tuteur porte au présent article la somme de deux mille quatre cents francs montant des deniers comptants trouvés lors de l'inventaire; laquelle somme lui a été remise le deux janvier mil huit cent-quarante, en procédant à cet inventaire, ainsi qu'il est dit à la deuxième observation des présentes, ci. . . . .

50 Art. 2. PRODUIT DE LA VENTE MOBILIÈRE. Le tuteur porte au présent article la somme de cinq mille sept cents francs qu'il a touchée le quinze février mil huit cent quarante pour le produit

RECETTE		
commune aux deux enfants.	particulière à Justin Lorfelin.	particulière à Justine Lorfelin.
2,400 »	1,200 »	1,200 »

A reporter. . . . | 2,400 » | 1,200 » | 1,200 »

	A reporter. . .	2,400 »	1,200 »	1,200 »

net de la vente dont est parlé en la troisième observation des présentes, ci . . . . 5,700 » | 2,850 » | 2,850 »

51 Art. 3. *Créance sur* GRANDJEAN. Le tuteur comprend sous le présent article, la somme de quatre mille deux cents francs qu'il a touchée de Paul GRANDJEAN, débiteur de l'obligation mentionnée sous la cote deuxième de l'inventaire analysé en la seconde observation, savoir :

52 1° Cent francs le quinze mars mil huit cent quarante pour le semestre d'intérêts [49] de ladite obligation échu [77] le premier janvier précédent, ci . . . . 100 » | 50 » | 50 »

53 2° Quatre mille francs le premier juillet mil huit cent quarante, pour le principal [136] de ladite obligation, ci . . . . . 4,000 » | 2,000 » | 2,000 »

54 3° Et cent francs le premier juillet mil huit cent quarante pour six mois d'intérêts de cette obligation échus ledit jour, ci . . . 100 » | 50 » | 50 »

55 Art. 4. *Fermages* [105]. Le tuteur porte au présent article, la somme de deux mille quatre cents francs qu'il a reçue aux époques suivantes de Pierre HUOT, fermier du domaine de Réveillon suivant le bail mentionné sous la cote troisième de l'inventaire, savoir:

56 1° Six cents francs le quinze mars mil huit cent quarante, pour le semestre des fermages de son bail échu le vingt-cinq décembre précédent, ci . . . . 600 » | 300 » | 300 »

57 2° Six cents francs le vingt-cinq juin suivant pour le semestre échu à ladite époque, ci. . . . . 600 » | 300 » | 300 »

58 3° Six cents francs le vingt-cinq décembre de la même année, pour le semestre de fermage alors échu, ci . . . . 600 » | 300 » | 300 »

59 4° Six cents francs le vingt-cinq juin mil huit cent quarante et un, pour le semestre de fermage alors échu, ci. . . . . . 600 » | 300 » | 300 »

60 Art. 5. *Loyers* [105]. Le tuteur comprend sous le présent article la somme de quinze cents francs qu'il a touchée de Jean INGRE, locataire de la maison située à Touchebœuf suivant le bail mentionné sous la cote quatrième de l'inventaire, savoir ;

61 1° Cinq cents francs le vingt-cinq avril mil huit cent quarante pour les six mois de loyer échus ledit jour, ci . . . . . . 500 » | 250 » | 250 »

62 2° Cinq cents francs le vingt-cinq octobre suivant pour les six mois de loyer échus ledit jour, ci . . . . 500 » | 250 » | 250 »

63 3° Cinq cents francs le vingt-cinq avril mil huit cent quarante-et-un, pour les six mois de loyer échus ledit jour, ci . . . . 500 » | 250 » | 250 »

64 Art. 6. *Créance* [25] *sur M.* LENDURE. Le tuteur porte au présent article la somme de soixante-quinze francs qu'il a touchée le quinze mai mil huit cent quarante-et-un de M. LENDURE pour la cause expliquée sous le n. 1 des déclarations de l'inventaire, ci. 75 » | 37 50 | 37 50

65 Art. 7. *Créance* [25] *sur M. de* BEAUVOIR. Le tuteur comprend sous le présent article la somme de cent-quinze francs qu'il a touchée le premier juillet mil huit cent quarante-et-un pour la cause expliquée sous le n° 2 des déclarations de l'inventaire, ci . 115 » | 57 50 | 57 50

66 Totaux. . . . . 16,390 » | 8,195 » | 8,195 »

⁶⁷ CHAPITRE II.—DÉPENSE [84].

	DÉPENSE		
	commune aux deux enfants.	particulière à Justin Lorfelin.	particulière à Justine Lorfelin.

⁶⁸ Art. 1. *Loyer* [105] *de maison.* Le tuteur porte sous le présent article la somme de cent francs qu'il a payée à M. GRÈLE le quinze février mil huit cent quarante pour le semestre courant à l'époque du décès de Mme veuve LORFELIN, du loyer de la maison qu'elle occupait ainsi qu'il est dit au n. 3 des déclarations de l'inventaire, ci . . . . — **100 »** — **50 »** — **50 »**

⁶⁹ Art. 2. *Frais de dernière maladie* [144]. Le tuteur porte au présent article la somme de cent-dix francs qu'il a payée pour les frais de dernière maladie de la défunte, ledit jour quinze février mil huit cent quarante, à M. GUÉRITARD, médecin, auquel cette somme était due ainsi qu'il est dit au n. 4 des déclarations de l'inventaire, ci . . . . — **110 »** — **55 »** — **55 »**

⁷⁰ Art. 3. *Contributions* [58]. Le tuteur porte au présent article : 1° la somme de soixante-quinze francs qu'il a payée ledit jour quinze février, pour les contributions foncière, personnelle et mobilière auxquelles était imposée Mme veuve LORFELIN pour les six derniers mois de mil huit cent trente-neuf, ci . . . . — **75 »** — **37 50** — **37 50**

⁷¹ 2° Celle de cent-quarante francs qu'il a payée le premier juillet mil huit cent quarante pour les contributions des biens des oyants pendant la dite année, ci. . . . . — **140 »** — **70 »** — **70 »**

⁷² 3° Et celle de cent quarante-cinq francs qu'il a payée le premier juillet mil huit cent quarante et-un pour les contributions des biens desdits oyants pendant ladite année, ci. . . . . . — **145 »** — **72 50** — **72 50**

⁷³ Art. 4. *Frais funéraires* [144]. Il entrera sous le présent article la somme de deux cent cinquante francs que le tuteur a payée le même jour quinze février pour les frais funéraires de la défunte, ci . . . . — **250 »** — **125 »** — **125 »**

⁷⁴ Art. 5. *Frais de scellés* [196] *et d'inventaire* [155]. On porte au présent article la somme de cent-cinquante francs que le tuteur a payée ledit jour quinze février pour les frais de scellés et d'inventaire après le décès de Mme veuve LORFELIN, ci . . . . . — **150 »** — **75 »** — **75 »**

⁷⁵ Art. 6. *Frais* [163] *de l'acte de nomination de tuteur et subrogé-tuteur.* On porte sous cet article la somme de vingt-quatre francs que le tuteur a payée le même jour quinze février pour les frais de l'acte par lequel il a été nommé un tuteur et un subrogé-tuteur aux deux mineurs LORFELIN, en ce compris le coût de deux expéditions, ci. . . . . — **24 »** — **12 »** — **12 »**

⁷⁶ Art. 7. *Trousseau de justine* LORFELIN. Le tuteur porte au présent article la somme de quatre cents francs qu'il a payée le premier mars mil huit cent quarante pour le trousseau de Mlle LORFELIN, à son entrée en pension dans la maison du *Sacré-Cœur* à Troyes, ci. . . . . — **» »** — **» »** — **400 »**

⁷⁷ Art. 8. *Dépenses de pension de ladite Dlle* LORFELIN. Le tuteur porte en dépense sous le présent article, la somme de sept cents francs qu'il a payée aux époques suivantes pour la pension

A reporter . . — **994 »** — **497 00** — **897 00**

Report.	994 00	497 00	897 00

de ladite mineure dans la Maison dont il vient d'être parlé, savoir :

78 1° Deux cent-cinquante francs le premier mars mil huit cent quarante pour six mois d'avance de ladite pension devant échoir [77] le premier septembre suivant, ci . . . . | » » | » » | 250 »

79 2° Deux cent cinquante francs le quinze octobre mil huit cent quarante pour six mois d'avance de ladite pension devant échoir le quinze avril suivant, ci. . . . . | » » | » » | 250 »

80 3° Deux cents francs le premier mai mil huit cent quarante-et-un pour quatre mois d'avance de ladite pension devant échoir le premier septembre suivant, ci. . . . . | » » | » » | 200 »

81 Art. 9. *Dépenses de pension de Justin* LORFELIN. Le tuteur porte en dépense sous cet article, la somme de douze cents francs qu'il a payée aux époques suivantes pour continuation de la pension dudit mineur au collége Royal de Troyes, savoir :

82 1° Deux cent quarante francs le premier avril mil huit cent quarante pour trois mois d'avance de pension devant échoir [77] le premier juillet suivant, ci . . . . | » » | 240 » | » » |

83 2° Cent soixante francs, le premier juillet mil huit cent quarante, pour deux mois d'avance de pension devant échoir le premier septembre suivant, ci. . . . . | » » | 160 » | » » |

84 3° Cent soixante francs, le premier novembre mil huit cent quarante, pour deux mois de pension devant échoir le premier janvier suivant, ci . . . . | » » | 160 » | » » |

85 4° Deux cent quarante francs, le premier janvier mil huit cent quarante et-un, pour trois mois de pension devant échoir le premier avril suivant, ci. . . . . | » » | 240 » | » » |

86 5° Deux cent quarante francs, le premier avril mil huit cent quarante et-un, pour trois mois de pension devant échoir le premier juillet suivant . . . . | » » | 240 » | » » |

87 6° Et cent soixante francs, le premier juillet mil huit cent quarante et un, pour deux mois de pension devant échoir le premier septembre suivant, ci . . . . | » » | 160 » | » » |

88 | Totaux. . . . . | 994 » | 1,697 » | 1,597 » |

89 ## CHAPITRE III. — INTÉRÊTS [49] A DÉFAUT D'EMPLOI.

§ 1. CONCERNANT JUSTIN LORFELIN.

90 INDICATIONS				Capitaux.	Intérêts.
du chapitre où sont expliqués les articles de recette ou de dépense.	des époques de recettes ou de dépenses.			[136].	[49].
91 Chap. 1, art. 1.	2 janv. 1840.	Il a été fait recette [84] de douze cents francs, ci dans la colonne des capitaux, ci.		1,200 »	» »
		Les intérêts [49] de cette somme à cinq pour 0/0 (a) du deux janvier au quinze février mil huit cent			

(a) Le calcul de l'intérêt à 5 p. 0/0 par an se fait de la manière suivante pour obtenir un prompt résultat ; on prend moitié de la somme dont l'intérêt est à trouver, en reculant d'une dizaine les chiffres sur lesquels on doit opérer pour obtenir cet intérêt, ainsi. . . . . 1200 »
donneront pour un an en intérêts. . . . . . 60 »
id.   pour un mois (le 1 12 de l'année). . . . . 5 »
id.   pour 10 jours (le 1/13 du mois). . . . . . 1 66 } 7, 15
id.   pour 2 jours (le 1/5 de dix jours). 33
id.   pour 1 jour (1/2 de 2 jours). . . . . . . 16 }

	Report.	1,200 »	» »
	quarante, (un mois treize jours), s'élèvent à sept francs quinze centimes, ci dans la colonne des intérêts . . . . . . , ...	» »	7 17
Chap. 2, art. 1. art. 2. art. 3. n° 1; art 4. art. 5. Art. 6. — 15 fév. 1840.	Il a été dépensé trois cent cinquante-quatre francs cinquante centimes, imputables [84] pour sept francs quinze centimes sur les intérêts, ci dans la seconde colonne.	» »	7 15
	Et pour trois cent quarante-sept francs trente cinq centimes sur le capital, ci dans la première colonne.	347 35	» »
	Il est resté audit jour quinze février mil huit cent quarante en capital	852 65	» »
Chap. 1, art. 2. 15 fév. 1840.	Il a été fait recette de deux mille huit cent cinquante francs, ci dans la première colonne. .	2,850 »	» »
	Total audit jour quinze février mil huit cent quarante	3,702 65	» »
	Les intérêts de cette somme au premier avril mil huit cent quarante (un mois et-demi) se sont élevés à vingt-trois francs quinze centimes, ci dans la seconde colonne	» »	23 15
Chap. 1, art. 3. 15 mars 1840. n° 1, et art. 4. n° 1.	Il a été fait recette de trois cent cinquante francs, ci dans la première colonne.	350 »	» »
	Les intérêts de cette somme au premier avril mil huit cent quarante (quinze jours) seront élevés à soixante-treize centimes, ci dans la seconde colonne.	» »	» 73
	Totaux audit jour premier avril mil huit cent quarante	4,052 65	23 88
Chap. 2, art. 9. 1 avril 1840. n° 1.	Il a été dépensé deux cent quarante francs, imputables pour vingt-trois francs quatre-vingt-huit centimes sur les intérêts, ci dans la seconde colonne	» »	23 88
	Et pour deux cent seize francs douze centimes sur les capitaux, ci dans la première colonne. .	216 12	» »
	Il est resté le premier avril mil huit cent quarante en capitaux	3,836 53	» »
Chap. 1, art. 5. 25 avr. 1840. n° 1.	Il a été fait recette de deux cent cinquante francs, ci dans la première colonne.	250 »	» »
	Total audit jour vingt-cinq avril mil huit cent quarante	4,086 53	» »
	Les intérêts de cette somme, au premier juillet mil huit cent quarante (deux mois cinq jours), se sont élevés à trente-six francs quatre vingt-dix centimes, ci dans la seconde colonne	» »	36 90
Chap. 1 art. 4. 25 juin 1840. n° 2.	Il a été fait recette de trois cents francs, ci dans la première colonne.	300 »	» »
	A reporter	4,386 53	36 90

			Report.	4,386 83	36
			Les intérêts de cette somme au premier juillet mil huit cent quarante (cinq jours) se sont élevés à vingt-un centimes, ci dans la seconde colonne. . . .	» »	»
98	Chap. 1, art. 5. n° 2 et 3,	1 juill. 1840.	Il a été fait recette de deux mille cinquante francs, ci dans la première colonne	2,050 »	»
			Totaux audit jour premier juillet mil huit cent quarante	6,436 83	37
99	Chap. 2, art. 5. n° 2 et art. 9, n° 2.	1 juill. 1840.	Il a été dépensé deux cent trente francs, imputables pour trente-sept francs soixante-onze centimes sur les intérêts, ci dans la seconde colonne . . .	» »	37
			Et pour cent quatre-vingt-douze francs quatre-vingt neuf centimes sur les capitaux, ci dans la première colonne.	192 89	»
			Il est resté ledit jour premier juillet mil huit cent quarante, en capitaux	6,244 64	»
			Les intérêts de cette somme au premier novembre mil huit cent quarante (quatre mois) se sont élevés à cent-quatre francs six centimes, ci dans la seconde colonne.	» »	104
100	Chap. 1, art. 5. n. 2.	25 oct. 1840.	Il a été fait recette de deux-cent-cinquante francs, ci dans la première colonne.	250 »	»
			Les intérêts de cette somme au premier novembre mil huit cent quarante (cinq jours), se sont élevés à dix-sept centimes, ci dans la seconde colonne. .	» »	»
			Totaux au premier novembre mil huit cent quarante	6,494 64	104
101	Chap. 2 art. 9. n° 3.	1 nov. 1840.	Il a été dépensé cent-soixante francs imputables pour cent quatre francs vingt-trois centimes sur les intérêts, ci dans la seconde colonne.	» »	104
			Et pour cinquante-cinq francs soixante-dix-sept centimes sur les capitaux, ci dans la première colonne . . . . , .	55 77	»
			Il est resté dû audit jour premier novembre mil huit cent quarante en capitaux.	6,438 87	»
			Les intérêts de cette somme, au premier janvier mil huit cent quarante-un (deux mois), se sont élevés à cinquante-trois francs soixante-cinq centimes, ci dans la seconde colonne	» »	53
102	Chap. 1 art. 4. n° 5.	23 déc. 1840.	Il a été fait recette de trois cents francs, ci dans la première colonne.	300 »	»
			Les intérêts de cette somme au premier janvier mil huit cent quarante un (cinq jours), se sont élevés à vingt-un centimes, ci dans la seconde colonne.	» »	»
			Totaux audit jour premier janvier mil huit cent quarante-et-un	6,738 87	53
103	Chap. 2, art. 9 n. 4.	1 janv. 1841.	Il a été dépensé deux cent quarante francs, impu-		
			A reporter. . .	6,738 87	53

			Première colonne	Seconde colonne
		Report. . .	6,738 87	53 86
		tables pour cinquante-trois francs quatre-vingt-six centimes sur les intérêts, ci dans la seconde colonne.	» »	53 86
		Et pour cent quatre-vingt-six francs quatorze centimes sur les capitaux, ci dans la première colonne	186 14	» »
		Il est resté audit jour premier janvier mil huit cent quarante-et-un en capitaux.	6,552 73	» »
Chap. 2, art. 9, n. 5.	1 avril 1841.	Les intérêts de cette somme au premier avril mil huit cent quarante-un (trois mois) se sont élevés à quatre vingt-un francs quatre-vingt-dix centimes, ci dans la seconde colonne.	» »	81 90
		Il a été dépensé deux cent quarante francs imputables, pour quatre-vingt-un francs quatre-vingt-dix centimes sur les intérêts, ci dans la seconde colonne.	» »	81 90
		Et pour cent-cinquante-huit francs dix centimes sur les capitaux, ci dans la première colonne . .	158 10	» »
		Il est resté audit jour premier avril mil huit cent quarante et-un en capitaux	6,394 63	» »
Chap. 1 art. 5, n. 3.	25 avril 1841.	Les intérêts de cette somme au premier juillet mil huit cent quarante et un (trois mois) se sont élevés à soixante dix-neuf francs quatre-vingt-treize centimes, ci dans la seconde colonne.	» »	79 93
		Il a été fait recette de deux cent cinquante francs, ci dans la première colonne	250 »	» »
Chap. 1 art. 6.	15 mai 1841.	Les intérêts de cette somme au premier juillet mil huit cent quarante-et-un (deux mois cinq jours), se sont élevés à deux francs vingt-cinq centimes, ci dans la seconde colonne	» »	2 25
		Il a été fait recette de trente-sept francs cinquante centimes, ci dans la première colonne.	37 50	» »
Chap. 1 art. 4, n. 4.	25 juin 1841.	Les intérêts de cette somme au premier juillet mil huit cent quarante-et-un (un mois et demi), se sont élevés à vingt-trois centimes, ci dans la seconde colonne	» »	» 23
		Il a été fait recette de trois cents francs ci dans la première colonne	300 »	» »
Chap. 1 art.7	1 juill. 1841.	Les intérêts de cette somme au premier juillet mil huit cent quarante-et-un (cinq jours) se sont élevés à vingt-et-un centimes, ci dans la seconde colonne.	» »	» 21
		Il a été fait recette de cinquante-sept francs cinquante centimes, ci dans la première colonne . .	57 50	» »
		Totaux audit jour premier juillet mil huit cent quarante-et-un	7,039 63	82 62
Chap 2, art. 3, n. 3 et art. 9, n 6.	1 juill. 1841.	Il a été dépensé deux cent trente-deux francs cinquante centimes imputables, pour quatre-vingt-		
		A reporter. . . .	7,039 63	82 62

				Report. . . .	7,039 65	82
			deux francs soixante-deux centimes sur les intérêts, ci dans la seconde colonne.		» »	82
			Et pour cent quarante-neuf francs quatre vingt-huit centimes sur les capitaux, ci dans la première colonne.		149 88	»
			Il est resté audit jour premier juillet mil huit cent quarante-et-un en capitaux		6,889 75	»
			Les intérêts de cette somme au premier octobre mil huit cent quarante-et-un (trois mois) se sont élevés à quatre-vingt-six francs douze centimes, ci dans la seconde colonne.		» »	86
			Totaux		6,889 75	86

§. 2. Concernant Justine Lorfelin.

111	Chap. 1 art. 1.	2 janv. 1840.	Il a été fait recette [84] de douze cents francs, ci dans la première colonne		1,200 »	»
			Les intérêts [49] de cette somme au quinze février mil huit cent quarante (un mois treize jours) se sont élevés à sept francs quinze centimes, ci dans la seconde colonne. .		» »	7
112	Chap. 1 art. 2.	15 fév. 1840.	Il a été fait recette de deux mille huit cent cinquante francs, ci dans la première colonne. . .		2,850 »	»
			Totaux audit jour quinze février mil huit cent quarante		4,050 »	7
113	Chap. 2, art. 1, 2, 3. n. 1, 4, 5, 6.	15 fév. 1840	Il a été dépensé [84] trois cent cinquante quatre francs cinquante centimes, imputables [84] pour sept francs quinze centimes sur les intérêts, ci dans la seconde colonne		» »	7 1
			Et pour trois cent quarante sept francs trente cinq centimes sur les capitaux, ci dans la première colonne		347 35	»
			Il est resté en capitaux au quinze février mil huit cent quarante.		3,702 65	0 0
			Les intérêts de cette somme au premier mars mil huit cent quarante (quinze jours), se sont élevés à sept francs soixante et onze centimes, ci dans la seconde colonne.		» »	7 7
114	Chap. 2, art. 7, et art. 8 n. 1	1 mars 1840.	Il a été dépensé six cent cinquante francs, imputables pour sept francs soixante-et-onze centimes sur les intérêts, ci dans la seconde colonne. . .		» »	7 7
			Et pour six-cent quarante-deux francs vingt-neuf centimes sur les capitaux, ci dans la première colonne		642 29	» »
			Il est resté en capitaux au premier mars mil huit cent quarante.		3,060 36	0 0

				Report. . . .	3,060 36	» »
115	Chap. 1, art. 3 n. 1 et art. 4 n. 1.	15 mars 1840.		Il a été fait recette de trois cent cinquante francs, ci dans la première colonne.	350 »	» »
				Les intérêts de cette somme au premier juillet mil huit cent quarante (trois mois et demi), se sont élevés à quatre francs quatre-vingt-onze centimes, ci dans la seconde colonne.	» »	4 91
116	Chap. 1, art. 5 n. 1.	25 avr. 1840.		Il a été fait recette de deux cent cinquante francs, ci dans la première colonne	250 »	» »
				Les intérêts de cette somme au premier juillet mil huit cent quarante (deux mois cinq jours), se sont élevés à deux francs vingt-cinq centimes , ci dans la seconde colonne	» »	2 25
117	Chap. 1, art. 4 n. 2.	25 juin 1840.		Il a été fait recette de trois cents francs, ci dans la première colonne.	300 »	» »
				Les intérêts de cette somme au premier juillet mil huit cent quarante (cinq jours), se sont élevés à vingt-un centimes, ci dans la seconde colonne.	» »	» 21
118	Chap. 1, art. 3 n. 2 et 3.	1 juill. 1840.		Il a été fait recette de deux mille cinquante francs, ci dans la première colonne	2,050 »	» »
				Totaux audit jour premier juillet mil huit cent quarante	6,010 36	7 37
119	Chap. 2, art. 3 n. 2.	1 juillet 1840.		Il a été dépensé soixante-dix francs, imputables pour sept francs trente-sept centimes sur les intérêts, ci dans la deuxième colonne	» »	7 37
				Et pour soixante-deux francs soixante-trois centimes sur les capitaux , ci dans la première colonne,	62 63	» »
				Il est resté en capitaux audit jour premier juillet mil huit cent quarante	5,947 73	0 00
				Les intérêts de cette somme au quinze octobre mil huit cent quarante-trois (trois mois et demi), se sont élevés à quatre-vingt-six francs soixante quinze centimes , ci dans la seconde colonne	» »	86 75
120	Chap. 2, art. 8 n. 2.	15 octob. 1840		Il a été dépensé deux cent cinquante francs imputables pour quatre-vingt-six francs soixante-quinze centimes sur les intérêts, ci dans la seconde colonne.	» »	86 75
				Et pour cent soixante-trois francs vingt-cinq centimes sur les capitaux , ci dans la première colonne.	163 25	» »
				Il est resté en capitaux audit jour quinze octobre mil huit cent quarante	5,784 48	0 00
				Les intérêts de cette somme au premier mai mil huit cent quarante-et-un (six mois et demi), se sont élevés à cent-cinquante-six francs soixante-six centimes , ci dans la seconde colonne	» »	156 66
				A reporter	5,784 48	156 66

			Report. . . .	5,784 48	156 6
121	Chap. 1, art. 5 n. 2.	25 octob. 1840	Il a été fait recette de deux cent cinquante francs, ci dans la première colonne	250 »	»
			Les intérêts de cette somme au premier mai mil huit cent quarante-et-un (six mois cinq jours), se sont élevés à six francs quarante-deux centimes, ci dans la seconde colonne	» »	6 4
122	Chap. 1, art. 4 n. 3.	25 déc. 1840.	Il a été fait recette de trois cents francs, ci dans la première colonne.	300 »	»
			Les intérêts de cette somme au premier mai mil huit cent quarante-et-un (quatre mois cinq jours) se sont élevés à cinq francs vingt-et-un centimes, ci dans la seconde colonne	» »	5 2
123	Chap. 1, art. 5 n. 3.	25 avril 1841	Il a été fait recette de deux cent cinquante francs, ci dans la première colonne	250 »	»
			Les intérêts de cette somme au premier mai mil huit cent quarante-et-un (cinq jours) se sont élevés à dix-huit centimes, ci dans la seconde colonne. .	» »	» 1
			Totaux audit jour premier mai mil huit cent quarante-et-un.	6,584 48	168 4
124	Chap. 2, art. 8 n. 3.	1 mai 1841.	Il a été dépensé deux cents francs imputables pour cent soixante-huit francs quarante-sept centimes sur les intérêts, ci dans la seconde colonne .	» »	168 4
			Et pour trente-et-un francs cinquante-trois centimes sur les capitaux, ci dans la première colonne.	31 53	»
			Il est resté en capitaux audit jour premier mai mil huit cent quarante et un.	6,552 95	0 0
			Les intérêts de cette somme au premier juillet mil huit cent quarante-et-un (deux mois) se sont élevés à cinquante-quatre francs soixante centimes, ci dans la seconde colonne	» »	54 6
125	Chap. 1, art. 6.	15 mai 1841.	Il a été fait recette de trente-sept francs cinquante centimes, ci dans la première colonne.	37 50	»
			Les intérêts de cette somme au premier juillet mil huit cent quarante-et-un (un mois et demi) se sont élevés à vingt-trois centimes, ci dans la seconde colonne	» »	» 2
126	Chap. 1, art. 4 n. 4.	25 juin 1841	Il a été fait recette de trois cents francs, ci dans la première colonne.	300 »	»
			Les intérêts de cette somme au premier juillet mil huit cent quarante-et-un (cinq jours) se sont élevés à vingt-et-un centimes, ci dans la seconde colonne	» »	» 21
			Totaux audit jour premier juillet mil huit cent quarante-et-un	6,890 45	55 04
			A reporter. . . .		

			Report.	6,890 45	85 04
127	Chap. 2, art. 3 n. 3.	1 juillet 1841.	Il a été dépensé soixante-douze francs cinquante centimes, imputables pour cinquante-cinq francs quatre centimes sur les intérêts, ci dans la seconde colonne.	» »	55 04
			Et pour dix-sept francs quarante-six centimes sur les capitaux, ci dans la première colonne. . . .	17 46	» »
			Il est resté en capitaux audit jour premier juillet mil huit cent quarante-et-un.	6,872 99	» »
			Les intérêts de cette somme au premier octobre mil huit cent quarante-et-un (trois mois), se sont élevés à quatre-vingt-cinq francs quatre-vingt-onze centimes, ci dans la seconde colonne	» »	85 91
			Totaux. . . .	6,872 74	85 91

128 RÉCAPITULATION

des sommes dues aux mineurs Lorfelin.

	Capitaux.	Intérêts.
129 M. MANILINGOT, tuteur, demeure comptable:		
130 1° Envers Justin LORFELIN, De six mille neuf cent soixante-quinze francs quatre-vingt-sept centimes dont six mille huit cent quatre-vingt-neuf francs soixante-quinze centimes en capitaux, et quatre-vingt-six francs douze centimes en intérêts, ci.	6,889 75	86 12
131 2° Et envers Justine LORFELIN, De six mille neuf cent cinquante-huit francs soixante-cinq centimes, dont six mille huit cent soixante-douze francs soixante-quatorze centimes en capitaux, et quatre-vingt-cinq francs quatre-vingt-onze centimes en intérêts, ci. . . .	6,872 74	85 91
132 Total des capitaux, treize mille sept cent soixante-deux francs quarante-neuf centimes, ci.	13,762 49	
133 Total des intérêts, cent soixante-douze francs trois centimes, ci. . . .		172 03
134 Réunion des capitaux et intérêts, treize mille neuf cent trente-quatre francs cinquante-deux centimes, ci	13,934 52	

135   CHAPITRE IV. — OBJETS A RECOUVRER [84].

136 Il ne reste rien à recouvrer pour le compte des oyants. Seulement il leur sera dû :

137 Au vingt-cinq octobre présent mois, cinq cents francs pour le semestre qui écherra ledit jour du loyer de la maison portée au bail compris sous la cote de quatre l'inventaire mentionné en la seconde observation des présentes,

138 Et au vingt-cinq décembre prochain, six cents francs pour le semestre échéant ledit jour des fermages du domaine de Réveillon, compris au bail mentionné sous la cote trois de l'inventaire analysé en la seconde observation des présentes.

139   CHAPITRE V. — PASSIF [26] RESTANT A ACQUITTER [84].

140 Il n'y a aucun passif à acquitter, si ce n'est une somme de deux cent cinquante francs pour réparations faites tout récemment aux bâtiments de la ferme de Réveillon.

¹⁴¹ INTERVENTION ET RÉCÉPISSÉ (163) DES PIÈCES COMPTABLES.

¹⁴² A ces présentes sont intervenus,

¹⁴³ M. Justin LORFELIN et Mlle Justine LORFELIN, tous deux sans profession, mineurs émancipés d'âge suivant délibération [93] du conseil de famille (id) tenu devant M. le juge de paix [94] de... le... enregistrée [42]; étant assistés de M. Germain SOUFFLOT, propriétaire demeurant à Feuillebois, leu curateur, [66] nommé à cette fonction suivant la délibération précitée.

¹⁴⁴ Lesquels ont, par ces présentes, reconnu que M. MANILINGOT, comparant, leur tuteur [163], leu a présentement remis un double [42] du présent compte et toutes les pièces à l'appui, pour par eux exa miner le tout dans le délai de la loi, et être ainsi à même d'approuver ou rejeter ledit compte pour l tout ou partie.

¹⁴⁵ Dont acte, fait et passé à Touchebœuf [12] en l'étude (id.), l'an mil huit cent quarante-et-un [13], l premier octobre (id.), en présence de (noms, prénoms, professions et demeures), témoins instrumentaire [14]; et les parties ont signé [15] avec les témoins et le Notaire, après lecture [16].

¹⁴⁶ V. Répertoire, — note 17. — Enregistrement, notes 99, 18 et 19.

¹⁴⁷ La formule d'arrêté de compte, sup. p. 88. —Et la table alphabétique du Commentaire.

---

5 Compte de tuteur
à tuteur.

3° COMPTE [163] DE TUTEUR A TUTEUR (id.).

² PAR-DEVANT Mᵉ Urbain [1] LÉOTIER (id.), Notaire [2] à Vaux-Main [1], département de..., soussigné [15]. — V. sup. p. 3, alin. 1.

³ Est comparu M. François [3] MARIÉ (id.), ancien négociant (id.), demeurant (id.) à Vaux-Main.

⁴ Agissant comme ayant été tuteur [163] à l'interdiction [63] de Edmée [3] MAUJOU (id.), sa nièce, originaire de Vaux-Main, actuellement détenue pour cause d'aliénation mentale à l'hospice départementale établi à...; pour raison de laquelle fonction il a, après avoir atteint sa soixante-dixième année, demandé et obtenu son remplacement conformément à l'art. 433 du Code civil, suivant délibération [93] du conseil (id.) de famille de l'interdite, tenu devant M. le Juge de paix [94] du canton de Vaux-Main le..., dûment enregistrée [18 et 42],

⁵ Lequel, voulant rendre compte à M. Antoine NOTELET, nouveau tuteur, de l'administration qu'il a eue des biens et revenus de l'interdite pendant le temps qu'il a été son tuteur, a, pour y parvenir, fait les observations suivantes :

⁶ 1ʳᵉ OBSERVATION. —ENTRÉE EN FONCTIONS DU TUTEUR.

⁷ M. MARIÉ a été nommé tuteur de l'interdite le premier janvier mil huit cent trente-trois, suivant délibération du conseil de famille, tenu devant M. le juge de paix de Vaux-main, et il est entré immédiatement en fonctions.

⁸ A cette époque, l'interdite venait d'être introduite à l'hospice départemental de..., et avait laissé en son domicile à Vaux-Main un peu de mobilier.

⁹ 2ᵐᵉ OBSERVATION. — INVENTAIRE [145].

¹⁰ Aussitôt après son entrée en fonctions, M. MARIÉ a fait procéder à l'inventaire des meubles [86] et effets mobiliers (id) de l'interdite par Mᵉ Léotier, Notaire soussigné, le dix janvier mil huit cent trente-trois, en présence de M. Jacques LENOIR, subrogé-tuteur [163], nommé à cette fonction par la délibération du... ci-devant énoncée.

¹¹ La prisée du mobilier qui s'est élevée à quatre cents francs, a été faite par M. Georges SOURDVIN, greffier de la justice de paix de Vaux-Main.

¹² Il ne s'est trouvé qu'une somme [35] de trois francs [91] soixante-quinze centimes en deniers comptants qui ont été remis immédiatement au tuteur.

¹³ Les titres et papiers ont été inventoriés sous deux cotes :

¹⁴ La cote première était composée : 1° de l'extrait [64] d'un acte passé devant Mᵉ LÉOTIER, Notaire sous-

signé, le..., dument enregistré [42], contenant liquidation [143] et partage (*id.*) des successions des père et mère de l'interdite. Par cet acte, il a été abandonné à cette dernière une pièce [87] de terre et vigne située [141] sur le finage de Vaux-Main, lieu dit la Segande, et une rente foncière [76] annuelle et perpétuelle, franche de retenue [49], de deux cents francs [35 et 91], au capital [36] de quatre mille francs, payable [84] en deux termes [77] égaux aux premiers janvier et juillet de chaque année, laquelle rente est due [26] par François PINGARD, vigneron à Vaux-Main, et Madeleine OUDIN, sa femme, solidairement [106] entre eux, pour prix de cinq hectares [91] de terres labourables et vignes en plusieurs pièces à eux vendues [109] par contrat [177] passé devant ledit M⁰ LÉOTIER le.., enregistré [42].—2⁰ Et de la grosse [64] dudit contrat de vente.

La cote deuxième était composée de la grosse [64] d'un acte passé devant le même Notaire, le.., dument enregistré [42], contenant bail [105] par ladite Edmée MANJOU, alors non interdite, à Jean FROLON, laboureur et vigneron, demeurant à..., pour neuf années consécutives ayant commencé le..., de la pièce de terre et vigne sus-désignée, sise audit lieu dit la Segande, moyennant la somme de cent cinquante francs de fermage annuel payable [84] le premier janvier de chaque année.

Il a été déclaré par le tuteur dans ledit inventaire :

1⁰ Qu'il était dû [25] à l'interdite les sommes suivantes :

Par le Sʳ PINGARD, l'année d'arrérages [49] échue [77] le premier janvier mil huit cent trente-trois de la rente de deux cents francs dont est parlé aux titres mentionnés sous la cote première.

Et par le Sʳ Frolon, l'année de fermages [105] échue ledit jour premier janvier de la pièce de terre et vigne dont est parlé sous la cote deuxième dudit inventaire.

2⁰ Qu'il n'était dû [26] par l'interdite que les frais de l'acte par lequel le Sʳ NOTELET avait été nommé tuteur de l'interdite, au lieu et place du comparant, auquel il n'était, du reste, rien dû personnellement par elle.

Cet inventaire est terminé par la déclaration sous serment du tuteur qu'il n'avait détourné, vu détourner ni su qu'il eût été détourné aucun objet appartenant à l'interdite.

3ᵐᵉ OBSERVATION. — VENTE DU MOBILIER [109].

Il a été procédé à la vente aux enchères du mobilier compris en l'inventaire sus-mentionné, à la requête du comparant, comme tuteur, en présence du subrogé-tuteur, après affiches [119] et publications, suivant procès-verbal [177] de M⁰ LÉOTIER, Notaire [2] sus-nommé, en date du premier février mil huit cent trente-trois, dument enregistré [18 et 42].

Le produit de cette vente s'est élevé à la somme [35] de quatre cent soixante-quinze francs, [91] ci . . . . . , ...   475 »

Sur quoi il a été retenu par le Notaire :

1⁰ Pour les frais [5] de l'inventaire précité, trente francs, ci. . . . . .   30 »

2⁰ Et pour les frais du procès-verbal de vente, quarante-cinq francs, ci. 45 »   75 »

Ensemble soixante-quinze francs, ci . . . . 75 »

Ce qui a réduit le prix de la dite vente à . . . .   400 »

De laquelle somme de quatre cents francs M. MARIÉ a donné décharge [84] au Notaire, à la suite du procès-verbal de vente, le quinze février de la dite année.

4ᵐᵉ OBSERVATION. — EXCÉDANT DES REVENUS SUR LA DÉPENSE.

Le conseil de famille n'ayant point déterminé la somme à laquelle commencerait, pour le tuteur, l'obligation d'employer l'excédant des revenus sur la dépense, il en résulte qu'il a eu, conformément à l'art. 455 du Code civil, six mois pour faire emploi [114], et que faute d'emploi dans ledit délai, il est débiteur des intérêts [49].

Après ces observations, il a été procédé, ainsi qu'il suit, à la reddition du compte de tutelle dont il s'agit : ce compte sera établi sur trois colonnes ; dans la première colonne figureront les recettes [84], les

dépenses (*id.*) et les intérêts [49], même ceux dus par le tuteur à défaut d'emploi dans le délai de la loi, à cause du compte par échelette qui doit faire ressortir ces derniers intérêts, dans la seconde colonne on portera les recettes et les intérêts, et dans la troisième les dépenses, de manière que ces deux dernières colonnes fournissent la preuve de la régularité de l'opération.

³⁴ Art. 1. Le rendant porte en recette au présent article : 1° La somme [35] de trois francs soixante-quinze centimes [91] trouvée en deniers comptants lors de l'inventaire en date du dix janvier mil huit cent trente-trois, ainsi qu'il est dit en la seconde observation des présentes, ci dans la première et la seconde colonnes. . . .

³⁵ 2° La somme de quatre cents francs que le rendant a reçue [84] le quinze février mil huit cent trente-trois, pour le produit de la vente mobilière dont est parlé en la troisième observation des présentes, ci dans la première et la seconde colonnes. . . . .

³⁶ La somme de deux cents francs que le rendant a touchée de PINGARD le quinze février mil huit cent trente-trois, pour l'année d'arrérages échue le premier janvier précédent, de la rente mentionnée sous la cote première de l'inventaire analysé en la seconde observation des présentes, ci dans la première et la seconde colonnes . . . .

³⁷ 4° La somme de deux cents francs que le rendant a reçue de FROLON le quinze février mil huit cent trente-trois, pour l'année de fermage échue le premier janvier précédent du bail mentionné sous la cote deuxième de l'inventaire analysé en la seconde observation des présentes, ci dans la première et dans la seconde colonnes. . . . .

³⁸ Total des sommes comprises au présent article. . .

³⁹ Art. 2. Le rendant porte en dépense [84] sous le présent article : 1° La somme de quinze francs qu'il a payée le dix janvier mil huit cent trente-trois pour le coût de la délibération qui a nommé un tuteur et un subrogé tuteur à l'interdite, ci. . . . 15 »

⁴⁰ 2° Et celle de trois cent soixante-cinq francs qu'il a payée le seize février mil huit cent trente trois au directeur de l'hospice départemental de..., pour une année d'avance de la pension de l'interdite, ayant commencé le premier janvier précédent, ci . . . . . . 365 »

⁴¹ Total à porter dans la première et la troisième colonnes, ci en accolade.

⁴² En comparant les sommes comprises sous les deux articles qui précèdent, on trouve un excédant de recettes de quatre cent vingt-trois francs soixante quinze centimes, ci. . . . .

⁴³ Dont les intérêts depuis le quinze août mil huit cent trente-trois à défaut d'emploi dans les six mois de l'encaissement jusqu'au premier janvier mil huit cent trente-quatre (quatre mois et demi) s'élèvent (*a*) à sept francs quatre-vingt-quatorze centimes, ci dans

Recettes et dépenses.	Recettes.	Dépenses.
3 75	3 75	
400 »	400 »	
200 »	200 »	
200 »	200 »	
803 75		
380 »		380 »
423 75		
A reporter . . . 423 75	803 75	380 00

(*a*) Pour la manière de calculer rapidement les intérêts, V. notre observation au bas de la page 284.

Report.	423	75	803	75	380	00

la première et dans la seconde colonnes. . . . .   7 94   7 94   » »

44   Ensemble. . . .   431 69

45 Art. 3. Le rendant porte en dépense sous le présent article la somme de vingt-un francs soixante-neuf centimes qu'il a payée le premier janvier mil huit cent trente-quatre pour les contributions [58] à la charge de l'interdite, pendant l'année mil huit cent trente-trois, ci dans la première et la troisième colonnes. . . .   21 69   » »   21 69

46   Ce qui a réduit la recette à. 410 00

47 Dont les intérêts du premier janvier au premier juillet mil huit cent trente-quatre se sont élevés à dix francs vingt-cinq centimes, ci dans la première et la seconde colonnes, ci. . . . . .   10 25   10 25   » »

48 Art. 4. Le rendant porte en recette la somme de quatre cents francs qu'il a reçue le premier janvier mil huit cent trente-quatre des Srs Pingard et Frolon susnommés, pour l'année échue ledit jour des arrérages de la rente et des fermages du bail dont est ci-dessus parlé, ci dans la première et dans la seconde colonnes, ci.   400 »   400 »   » »

49 Partant la recette s'élevait alors à la somme de huit cent vingt francs vingt-cinq centimes, ci. 820 25

50 Art. 5. Le rendant porte en dépense : 1° la somme de trois cent soixante-cinq francs qu'il a payée le premier janvier mil huit cent trente quatre au directeur de l'hospice départemental de..., pour une année d'avance de la pension de l'interdite, ayant commencé ledit jour, ci dans la première et dans la troisième colonnes,   365 »   » »   365 »

51   Ce qui a réduit la recette à. 455 25

52 Dont les intérêts depuis le premier juillet mil huit cent trente quatre jusqu'au premier janvier mil huit cent trente-cinq (six mois) se sont élevés à onze francs trente-huit centimes , ci dans la première et la seconde colonnes . . . .   11 38   11 38   » »

53 Art. 6. Le rendant porte en recette sous le présent article : 1° La somme de quatre mille deux cents francs qu'il a reçue le premier janvier mil huit cent trente-cinq, de François Pingard, tant pour le remboursement de la rente dont il était débiteur , que pour l'année d'arrérages échue ledit jour, ci dans la première et la seconde colonnes . . . .   4,200 »   4,200 »   » »

54 2° Et celle de deux cents francs qu'il a reçue ledit jour premier janvier du Sr Frolon pour l'année de fermages alors échue du bail dont est ci-dessus parlé, ci dans la première et la seconde colonnes. . . . .   200 »   200 »   » »

55   Partant, la recette s'élevait alors à. 4,866 63

56 Art. 7. Le rendant porte en dépense : 1° la somme de trois cent soixante-cinq francs qu'il a payée le premier janvier mil huit cent trente-cinq pour l'année de pension de l'interdite ayant commencé

A reporter. 4,866 63   5,633 32   766 69

	Report	4,866 63	5,633 32	766 69

le dit jour, ci. . . . . 365 »

⁵⁷ 2° Celle de vingt francs soixante-trois centimes qu'il a payée le même jour pour les contributions de l'interdite pendant l'année mil huit cent trente-quatre, ci. 20 63

⁵⁸ 3° Et la somme de quatre mille cinq cents francs qu'il a employée à un prêt sur hypothèque fait pour six ans au Sr Jean-Baptiste Gouvenot, laboureur, et à Jeanne Maillot, sa femme, par acte passé devant Me Léotier, Notaire soussigné, le premier mars mil huit cent trente-cinq, dûment enregistré, ci. . . . 4,500 »

⁵⁹ Total à porter dans la première et la troisième colonnes, ci en accolade.

⁶⁰ De sorte que le rendant se trouvait alors en avance de. . .

⁶¹ Art. 8. Le rendant porte en recette : 1° la somme de deux cents francs par lui reçue le premier janvier mil huit cent trente-six du Sr Frolon, pour l'année de fermage échue le dit jour du bail ci-devant daté et énoncé, ci. . . . . 200 »

⁶² 2° Et celle de cent quatre-vingt-sept francs cinquante centimes qu'il a reçue ledit jour premier janvier du Sr Gouvenot, pour six mois d'intérêts alors échus, ci. 187 50

⁶³ Total à porter dans la première et la seconde colonnes, ci en accolade.

⁶⁴ En comparant cette dernière somme à celle précédente dont le rendant se trouvait en avance, il en résulte que ce dernier n'avait entre mains au premier janvier mil huit cent trente six que. . .

⁶⁵ Art. 9. Le rendant porte en dépense : 1° la somme de trois cent soixante cinq francs qu'il a payée le premier janvier mil huit cent trente six pour l'année d'avance de pension de l'interdite alors commencée, ci. 365 00

⁶⁶ 2° Et celle de vingt francs cinquante centimes qu'il a payée le même jour pour les contributions de l'interdite pendant l'année mil huit cent trente cinq, ci. . 20 50

⁶⁷ Total à porter dans la seconde et la troisième colonnes, ci en accolade . . . .

⁶⁸ En comparant cette dernière somme à celle précédente que le rendant avait en main, il en résulte que ce dernier était en avance au premier janvier mil huit cent trente six de dix sept francs, ci.

⁶⁹ Art. 10. Le rendant porte en recette 1° la somme de deux cent vingt cinq francs qu'il a reçue le premier janvier mil huit cent trente sept du Sr Gouvenot pour l'année d'intérêts échue le dit jour de l'obligation de quatre mille cinq cents francs dont est parlé sous l'art. 6 qui précède, ci. . . . . , . . 225 00

⁷⁰ 2° Et celle de deux cents francs par lui touchée le même jour du Sr Frolon pour l'année de fermages alors échue, ci. . . . . , . . 200 00

⁷¹ Total à porter dans la première et la seconde colonnes, ci en accolade.

		Col1	Col2	Col3
		4,885 63		4,885 63
		19 »		
		387 50	387 50	
		368 50		
		385 50		385 50
		17 »		
		425 »	425 »	
		408 »	6,445 82	6,037 82

Report. . . .		6,445 82	6,037 82

72 En comparant cette dernière somme à celle précédente dont le rendant se trouvait en avance, il en résulte que ce dernier était encore en avance au premier janvier mil huit cent trente sept de quatre cent huit francs, ci dans la première colonne. . . . . — **408 »** » » » »

73 Art. 11. Le rendant porte en dépense 1° la somme de trois cent soixante cinq francs qu'il a payée le premier janvier mil huit cent trente sept pour l'année d'avance de pension de l'interdite commencée ledit jour, ci **365 00**

74 2° Et celle de vingt francs qu'il a payée le même jour pour les contributions de l'interdite pendant l'année mil huit cent trente six, ci . . . . **20 00** — **385 »** » » **385 »**

75 Total à porter dans la première et la troisième colonnes, ci en accolade. . . . .

76 En déduisant cette dernière somme de celle précédente, il en résulte que le rendant n'avait en main au premier janvier mil huit cent trente sept que vingt-trois francs, ci dans la première colonne. — **25 »** » » » »

77 Dont les intérêts du premier juillet mil huit cent trente sept au premier janvier suivant se sont élevés à cinquante sept centimes, ci dans la première et la seconde colonnes. . . . . — **» 57** » 57 » »

78 Il en résulte que le reliquat du présent compte est de vingt trois francs cinquante sept centimes ; ci dans la troisième colonne pour faire la balance du compte. — **23 57** » » **23 57**

Egalité dans le montant des deuxième et troisième colonnes. | | 6,446 39 | 6,446 39 |

---

79 <center>SOMMES A RECOUVRER [84].</center>

80 Ne sont point compris dans le présent compte comme étant à recouvrer; 1° l'année de fermages échue le premier janvier présent mois du bail fait aux époux FROLON, 2° Et l'année d'intérêts échue aussi le premier janvier présent mois de l'obligation de quatre mille cinq cents francs due par les époux GOUVENOT.

81 <center>INTERVENTION ET DÉCHARGE [84].</center>

82 A ces présentes est intervenu M. Antoine [3] NOTELET (*id.*), sous-lieutenant en retraite (*id.*), demeurant (*id.*) à Vaux-main.

83 Agissant comme tuteur à l'interdiction de Edmée MAUJOU, sus-nommée, nommé à cette fonction qu'il a acceptée en remplacement de M. MARIÉ suivant la délibération du conseil de famille énoncée en tête des présentes.

84 Lequel, après avoir pris communication du compte qui précède et avoir vérifié les calculs, a reconnu que le tout était exact. En conséquence, les parties ont fixé le reliquat dudit compte à la somme de vingt-trois francs cinquante sept centimes, laquelle a été présentement payée comptant par M. MARIÉ à M. NOTELET qui le reconnaît et lui en consent quittance et décharge [84] par ces présentes.

85 M. NOTELET reconnaît en outre que M. MARIÉ lui a remis; 1° l'expédition de l'inventaire après l'interdiction, 2° La grosse [64] du bail fait à FROLON, 3° l'expédition [64] du procès-verbal de vente mobilière, 4° la grosse de l'obligation sur les époux GOUVENOT contenant emploi de deniers, 5° et toutes les pièces justificatives des articles de dépense. DONT DÉCHARGE.

86 Dont acte, fait et passé à Vaux-main [12] en l'étude (*id*), l'an mil huit cent trente sept [13] le trois

38

janvier (*id*), en présence de M^{rs} (*noms, prénoms, professions et demeures*) témoins instrumentaires [14]; et les parties ont signé [15] avec les témoins et le notaire; après lecture [16].

87 V. *répertoire.* — *note* 17 = *Enregistrement.* — notes 99, 18 et 19.
88 *Et les deux formules qui précèdent.*

Compulsoire (pro-
cès-verbal de).

COMPULSOIRE [15] (PROCÈS-VERBAL DE).

2 L'AN mil huit cent quarante quatre [15] le mercredi dix-sept janvier (*id*.), à neuf heures du matin.

3 Pardevant Me Cyprien [1] COLLET (*id*), Notaire [2] à Val du Puits [1], département de..., soussigné [15], et en son étude.

4 Est comparu M. Stanislas [3] BOURDEAU *(id.),* docteur en médecine (*id*.), demeurant (*id*) à Val du Puits, assisté de Me Isidore BERT, son avoué [199], exerçant près le tribunal civil de...

5 Lequel a dit, qu'il est en instance avec M. Chrétien LARFEUIL, pharmacien demeurant à..., pardevant le tribunal civil de première instance séant à..., au sujet d'un mur qui sépare dans toute son étendue la maison du comparant située à..., d'avec le laboratoire dudit sieur LARFEUIL, lequel mur ledit comparant a prétendu être mitoyen [41] entr'eux aux termes du contrat de la vente faite à ce dernier par Paul BIGAULT suivant contrat passé devant Me HOUET Notaire à Val du Puits qui en a gardé minute [59], le vingt-un janvier mil sept cent quatre vingt trois, dûment contrôlé [18].

6 Que dans le cours de l'instance, il a demandé à justifier de cette mitoyenneté par la représentation du titre sus-énoncé dont il a été autorisé à se faire délivrer par compulsoire expédition [64] ou extrait (*id*), suivant jugement [73] rendu contradictoirement entre eux par ledit tribunal le quinze décembre mil huit cent quarante quatre, dûment enregistré [42] et signifié [20].

7 Qu'en exécution de ce jugement il a, par exploit [113] de OUDOT, huissier à Val-du-Puits, en date du douze janvier présent mois, dûment enregistré [42], fait sommation [119] audit s^r LARFEUIL de se trouver en l'étude à ces jour et heure, pour être présent à la délivrance qui lui serait faite d'une expédition [64] dudit contrat de vente, sinon qu'il y serait procédé en son absence.

8 Et qu'il représentait la grosse [64] du jugement ci-dessus énoncé et l'original de l'exploit de sommation pour être annexés [33] au présent procès-verbal. Requérant, pour le cas où le s^r LARFEUIL ne comparaîtrait pas ni personne pour lui, qu'il soit donné défaut [119] et passé outre à la délivrance de ladite expédition.

9 Et, après lecture [16], le comparant a signé [15] avec son avoué.   SIGNATURES.

10 (*a*) Et à l'instant est comparu M. Chrétien [3] LARFEUIL (*id*.), ci-devant dénommé et qualifié avec indication de domicile.

11 Lequel a dit qu'il comparaissait pour satisfaire à la sommation à lui donnée par l'exploit précité, et

---

(*a*) *Quand la partie sommée ne comparait pas, on met ce qui suit et on supprime alors les alin.* 10, 11, 12, 13 *et* 14 *de la formule :*

Et, après avoir attendu jusqu'à l'heure de...., sans que le sieur LARFEUIL ait comparu ni personne pour lui, le notaire soussigné a donné défaut contre lui, et sur la réquisition de M. BOURDEAU, il a, en vertu du jugement précité, fait et collationné sur la minute du contrat de vente ci-dessus relaté l'expédition qu'il en a tirée (ou bien : *l'extrait littéral de la disposition relative à la mitoyenneté du mur en question.*), et de suite délivré ladite expédition (ou : *le dit extrait*) après l'avoir certifiée conforme, au sieur BOURDEAU qui l'a reconnu.

Il a été vaqué, etc.... (*la suite comme aux alin.* 15 *et suiv. de la formule*).

assister à la délivrance de l'expédition dont il s'agit, se réservant de faire tels dires [51] et réquisitions (*id.*) qu'il avisera. Et il a signé [15] après lecture [16].   SIGNATURES.

12 Sur quoi, le notaire soussigné a donné acte à MM. BOURDEAU et LARFEUIL de leurs comparutions et dires, et a immédiatement annexé [35] au présent procès-verbal la grosse [64] du jugement et l'original de sommation, précités, après avoir fait dessus mention de leur annexe.

13 Le notaire soussigné, après avoir immédiatement produit la minute [59] du contrat de vente ci-dessus daté et énoncé, a fait sur icelle une expédition [64] (ou bien : *un extrait littéral de la disposition relative à la mitoyenneté du mur séparant l'objet vendu à M.* LARFEUIL, *d'avec celui qui appartenait alors au s*r NA-VOTTE, *auteur de M.* BOURDEAU, *comparant*).

14 Cette expédition (ou : *cet extrait*) achevée, le notaire soussigné l'a mise sous les yeux des compa-rants, et il a fait lecture, sur la minute étant en ses mains, de tout le contenu en icelle (ou : *de la disposition extraite*), laquelle lecture a été écoutée et collationnée mot à mot par lesdits s^rs BOURDEAU et LARFEUIL qui en ont reconnu la transcription exacte et conforme (*b*); en conséquence, le notaire soussigné a immé-diatement mis au pied de ladite expédition (ou : *dudit extrait*) le certificat de conformité, après quoi déli-vrance en a été faite audit s^r BOURDEAU qui l'a reconnu.

15 Il a été vaqué à ce qui précède depuis ladite heure de neuf du matin jusqu'à celle de deux du soir, par double vacation [5].

16 De tout ce que dessus il a été dressé le présent procès-verbal, à Val du Puits [12] en l'étude (*id.*), les jour, heure, mois et an susdits, en présence des s^ts (*noms, prénoms, professions et demeures*), témoins ins-trumentaires [14]; et les comparants ainsi que Me Bert ont signé avec les témoins et le notaire, après lecture [16].

17   V. *Répertoire.* — Note 17. — *Enregistrement.* — Notes 56, 18 et 19.

18   MENTIONS A METTRE PAR SUITE DU COMPULSOIRE;

19   1° SUR LA PIÈCE DÉLIVRÉE PAR COMPULSOIRE.

20 L'AN, mil huit cent quarante-quatre, le dix-sept janvier, ces présentes ont été, par Me COLLET, notaire à Val-du-Puits, département de..., soussigné, en présence de M^rs (*noms, prénoms, professions et demeu-res*), témoins instrumentaires [14], délivrées à M. Stanislas BOURDEAU, docteur en médecine, demeurant à Val-du-Puits, conformes à la minute demeurée en la possession de Me COLLET, comme successeur immé-diat (ou : *médiat*) de Me HOUET, ancien notaire; et ce, en exécution d'un jugement autorisant le compul-

---

(*b*) *Quand l'expédition ou l'extrait n'est pas conforme à la minute, c'est ici qu'on doit l'exprimer, et ce qui suit peut don-ner une idée du changement à faire dans l'occasion :*

Toutefois, M. LARFEUIL a dit qu'il protestait du défaut de conformité entre l'expédition (ou : *l'extrait*) et la minute [59], en ce que le mot *mitoyen*, mis dans l'extrait à la suite du mot *mur*, ne se trouve point dans la minute où on lit *moyen* et non pas *mitoyen*; et qu'il s'opposait, en conséquence, à la délivrance de l'expédition (ou : *l'extrait*) avec le mot *mitoyen*. Lecture faite [16] il a signé [15].   SIGNATURE.

A quoi M. BOURDEAU a répondu qu'il reconnaissait l'exactitude de l'expédition (ou : *de l'extrait*), attendu que le *moyen* existant dans la minute comportait une abréviation qui ne devait point subsister dans l'expédition dont il requérait la délivrance. Lecture faite, il a signé.   SIGNATURE.

Et attendu le reproche de non-conformité, le notaire soussigné a annoncé aux parties qu'il en serait référé [212] par lui à M. le Président du Tribunal civil de..., demain à midi, en son cabinet, au palais de justice, auxquels lieu, jour et heure les parties ont promis de se trouver, sans qu'il soit besoin de sommation.

Il a été vaqué à ce qui précède depuis ladite heure de neuf du matin jusqu'à celle de deux du soir par double va-cation [5].

De tout ce que dessus, etc.

soire, rendu contradictoirement entre M. Bourdeau, sus-nommé et le sr Chrétien Larfeuil, pharmacien, demeurant à..., par le tribunal civil de première instance de..., ainsi qu'il résulte d'un procès-verbal dressé en présence des témoins susnommés par ledit Me Collet qui en a gardé minute [59], le même jour dix-sept janvier en la présence dudit sr Larfeuil, dûment appelé (ou bien : *en l'absence dudit sr Larfeuil, quoique dûment appelé*), auquel procès-verbal la grosse du susdit jugement ainsi que l'original de la sommation faite à ce dernier sont demeurés annexés [38].

21 — V. *sup. p. 250 et 251 les formules de* COLLATION DE PIÈCES

22 2° SUR LA MINUTE DE LA PIÈCE DÉLIVRÉE.

23 Délivré expédition (ou : *extrait de* telle *disposition*) à M. Stanislas Bourdeau, en conformité du procès-verbal de compulsoire dressé par moi le dix-sept janvier mil huit cent quarante-quatre. — SIGNATURE DU NOTAIRE.

Concordat entre un débiteur failli et ses créanciers.

1 # CONCORDAT [134] ENTRE UN DÉBITEUR FAILLI ET SES CRÉANCIERS.

---

2 L'an mil huit cent quarante-quatre [13] le vingt janvier (*id.*), à l'heure de   du matin.

3 Pardevant Me Adrien [1] Dousset (*id.*), notaire (2) à Val-Saint-Martin (3), département de..., soussigné [15]. — V. *sup. p. 3. alin. 1.*

4 Sont comparus :

5 M. Jean-Baptiste [3] Pagnot (*id.*), ex-marchand de bois (*id.*), demeurant (*id.*) à Val-Saint-Martin.
D'UNE PART,

6 Et MM. (*désigner ici tous les créanciers, en commençant par les plus forts en somme et en suivant l'ordre de décroissance.*
D'AUTRE PART.

7 Lesquels ont exposé (*a*) ce qui suit :

8 M. Pagnot est tombé en faillite [135] et a fait sa déclaration et le dépôt de son bilan (*id.*) au greffe [94] du tribunal [118] de commerce, conformément aux art. 438 et 439 du Code de commerce.

9 Suivant jugement [78] rendu par ledit tribunal à la requête de M..., l'un des créanciers [25], le..., dûment enregistré [42], la faillite dudit sr Pagnot a été déclarée. M..., l'un des membres du tribunal de commerce a été nommé juge commissaire et M. X..., l'un des créanciers a été nommé syndic provisoire. De plus, le tribunal a ordonné l'apposition des scellés [196] sur les magasins, comptoirs, caisses, portefeuilles, livres, papiers, meubles [86] et effets du failli ;

10 Les scellés, après avoir été apposés par M. le juge de paix de Val-Saint-Martin le..., ont été levés à la requête du syndic, lequel a procédé immédiatement à l'inventaire [143] en double minute, en présence du failli dûment appelé [119] à cet effet, et encore en présence de M. le juge de paix qui a signé à chaque vacation. Tous les objets inventoriés ont immédiatement été remis au syndic qui s'en est chargé au bas dudit inventaire.

11 A compter de son entrée en fonctions, le syndic a fait tous actes conservatoires [34] pour la conservation des droits du failli contre ses débiteurs [26]. Il a même requis inscription [83], au nom de la masse des créanciers, sur les immeubles [87] du failli.

(*a*) Ce n'est que quand les formalités indiquées dans l'exposé ont été remplies qu'il peut y avoir un concordat entre un débiteur en faillite et ses créanciers.

12 Il a été procédé à la vérification des créances par le juge commissaire, dans le délai de la loi, et tous les créanciers ci-dessus nommés ont été admis au passif [27] de la faillite, savoir : 1° M..., pour la somme de..., 2° M..., pour celle de..., 3°..., etc.

13 A l'expiration des délais prescrits pour l'affirmation, le juge commissaire a fait convoquer les créanciers le dix du présent mois aux lieu et heure par lui indiqués, à l'effet de délibérer sur la formation d'un concordat entre eux et le failli, et à l'assemblée le syndic a fait son rapport sur l'état de la faillite ; le tout en présence du failli dûment appelé et entendu ; mais le concordat proposé ayant été consenti seulement par la majorité en nombre des créanciers (ou : *par la majorité des trois quarts en somme*), la délibération a été remise à cejourd'hui, heure présente.

14 Le failli ainsi que la majorité des créanciers ayant répondu à la convocation, et étant ici présents, le syndic a fait de nouveau à l'assemblée son rapport sur l'état de la faillite, et le failli a été lui-même entendu.

15 M. PAGNOT, par ses explications, a établi suffisamment qu'il y aurait perte pour la masse des créanciers à faire vendre les marchandises de son commerce, parce que le fonds et l'achalandage perdraient ainsi toute leur valeur ; qu'il était en conséquence de leur intérêt commun de maintenir son établissement et de lui en laisser l'administration [184] ; tous les créanciers présents ayant délibéré à ce sujet ont été unanimement d'avis de remettre le failli à la tête de ses affaires, ayant les uns et les autres l'espoir que, par ce moyen, on pourra tirer un meilleur parti de l'actif de la faillite.

16 En conséquence, il a été fait entre les créanciers délibérants et le débiteur failli le traité suivant :

17 Art. 1. M. PAGNOT aura, pour s'acquitter de ses dettes en principal [136], intérêts [49] et autres accessoires [103], un délai [77] de cinq années, à compter du jour de l'homologation [137] des présentes, en payant [84] un sixième aussitôt après cette homologation, et les cinq autres sixièmes d'année en année à partir de ladite homologation, et avec les intérêts sur le pied de cinq pour cent par an sans retenue [49], lesquels seront acquittés et soldés lors de chaque paiement d'une portion du capital [136].

18 Ces intérêts courront, savoir : à compter de ce jour pour les créances échues, et à compter du jour de leurs échéances respectives pour celles à échoir, sans préjudice des intérêts que les premières ont produits jusqu'à ce jour, soit en vertu d'une stipulation, soit en vertu d'une demande judiciaire.

19 A l'égard des créances à échoir qui produisaient intérêts, tout ce qui en a couru jusqu'à ce jour sera payé sur le pied de la stipulation qui en a été faite ; mais ceux à partir de ce jour seront payés sur le pied de cinq pour cent par année, s'ils avaient été convenus à un taux différent.

20 Seulement les intérêts et frais [120] ne produiront point d'intérêts [49].

21 Art. 2. Les créanciers se réservent tous leurs droits [27] et actions [28], priviléges [29] et hypothèques [30], même le droit de contrainte [31] par corps qui peut résulter de plusieurs de leurs créances, sans aucune novation [168] ni dérogation, pour ne les exercer cependant qu'aux échéances ci-dessus fixées, et seulement pour ce qui leur sera alors dû en principal [136], intérêts [49] et frais [120].

22 Mais à défaut de paiement exact à l'une de ces échéances, la totalité de leurs créances deviendra exigible [84], et les termes [77] ci-dessus accordés seront réputés non-écrits. Néanmoins, la convention d'intérêts contenue en l'article qui précède conservera toute sa force et recevra sa pleine et entière exécution.

23 Art. 3. M. PAGNOT conservera l'administration [84] et la direction de ses biens [86 et 87] et affaires, mais il ne pourra rien recevoir de ses revenus [30] et capitaux [136], qu'en présence de M. X.., l'un des créanciers ci-dessus nommés, lequel procédera conjointement avec lui à la rédaction des états de distribution et à la répartition des sommes reçues entre les créanciers.

24 M. PAGNOT procédera, en la présence et du consentement [101] de M. X..., à la vente sur publications ou à l'amiable d'une quotité suffisante de ses biens pour compléter sa libération. M. X..., pourra même provoquer cette vente ou poursuivre l'expropriation forcée au nom des créanciers, si le sieur PAGNOT se refusait à une vente amiable ou sur publications, et qu'un des termes de paiement ci-dessus

convenus étant près d'échoir il ne se trouvât pas dans les recouvrements faits ou à faire avant cet échéance somme suffisante pour y satisfaire.

²⁵ Art. 4. M. PAGNOT ne pourra transiger [203], prendre des arrangements (*id.*) avec aucun de ses débiteurs, aliéner ses biens meubles ou immeubles, ni les engager [160] ou hypothéquer [30], que du consentement [101] de M. X...

²⁶ Art. 5. M. X... fera pour les créanciers tous les actes conservatoires [34] qu'il jugera convenables il pourra requérir le dépôt [210] entre les mains du séquestre [210] ci-après nommé des sommes qui auront été recouvrées [84].

²⁷ Art. 6. Les créanciers nomment pour tous les effets ci-dessus, M. X.., leur syndic et mandataire [80], ce qui est accepté par lui, sous la condition [153] qu'il ne sera point garant [97] des négligences ou erreurs qu'il aurait commises dans l'exercice desdits syndicat et mandat, et qu'il pourra, quand bon lui semblera, donner sa démission par un simple acte, en suite [43] des présentes.

²⁸ Art. 7. M. DOUSSET, Notaire soussigné, est nommé séquestre [210] des créanciers pour le cas où leur syndic jugerait convenable de requérir le dépôt des sommes par lui encaissées.

²⁹ Art. 8. Au moyen des présentes, et sous la foi de leur exécution, les créanciers assemblés s'interdisent de faire aucune poursuite [194], opposition [108] ou saisie (*id.*), contre le sr PAGNOT et sur ses biens [86 et 87], jusqu'aux échéances des délais [77] accordés, de continuer même les poursuites déjà commencées, et ils donnent main-levée [149] de toutes oppositions et saisies mobilières qu'ils ont formées sur lui jusqu'à ce jour, sans préjudice du droit [27] que le sr X..., leur syndic, aura de faire tels actes conservatoires [34] et autres qu'il croira utiles à leur intérêt commun.

³⁰ Cependant les créanciers [28] hypothécaires [30] inscrits [83] ou dispensés d'inscription (*id.*) et les créanciers privilégiés [29] ou nantis d'un gage [160] n'entendent point renoncer à leurs hypothèques, gages ou priviléges : leur comparution à l'assemblée et en ces présentes n'ayant pu emporter de plein droit cette renonciation [62], attendu qu'ils n'ont point pris part au vote.

³¹ Art. 9. L'homologation [157] des présentes sera poursuivie devant le tribunal de commerce à requête de la partie la plus diligente.

³² Tous les déboursés [5] et honoraires (*id.*) des présentes seront portés au passif de la faillite pour être payés par privilége [29] et préférence.

³³ De tout ce que dessus, ainsi fait, délibéré et consenti à l'unanimité des voix des membres présents il a été dressé le présent procès-verbal, à Val St.-Martin [12] en l'étude (*id.*), les jour, heure, mois et an sus-dits, en présence de Mrs (*noms, prénoms, professions et demeures*), témoins instrumentaires [14] et les parties ont signé [15] avec les témoins et le notaire, séance tenante, après lecture [16].

³⁴ V. *répertoire*, note 17. — *Enregistrement*, notes 181, 117, 18 et 19,

³⁵ Et suprà pages 96 et 257 les formules d'ATERMOIEMENT et de CESSION DE BIENS VOLONTAIRE.

Congé d'acquit. ¹

CONGÉ D'ACQUIT [182].

V. APPRENTISSAGE (Contrat de).

---

²

CONGÉ [105] DE BAIL (*id.*) PAR ACTE EXTRAJUDICIAIRE [70].

Congé de bail par acte extrajudiciaire.

³ L'an mil huit cent quarante quatre le vingt janvier (20 n° 28).

⁴ A la requête du sr Denis LOUVAIN [20 n° 55], propriétaire (*id.*) demeurant (*id.*) à Mont-Désir.

4 J'ai Adolphe GAILLET [20 n° 28], huissier [113] près le tribunal civil de première instance de.., demeurant à..., patenté [20 n° 115] à la mairie de..., à la date du..., troisième classe et décoré; soussigné.

5 Signifié [20] et déclaré à M. Joseph CARPAU [20 n. 28], homme de lettres demeurant [20 n° 122] à..., en son domicile où étant et parlant [id. n° 161] à...

6 Que le requérant donne congé audit s^r CARPAU des lieux qu'il occupe en la maison sise à..., rue..., n°..., appartenant au requérant, pour le terme du...

7 A ce qu'il n'en ignore et ait, en conséquence, à vider les lieux à lui loués, pour ladite époque, faire place nette, les réparations locatives, justifier du paiement de ses impositions, payer les loyers par lui dus, remettre les clefs, et satisfaire généralement à toutes les obligations d'un locataire sortant :

8 Et je lui ai, en son domicile sus-dit, en parlant, comme dit est, laissé, sous toutes réserves, copie du présent dont le coût est de...

SIGNATURE DE L'HUISSIER. — V. sup. p. 172 alin. 10.

9 V. Enregistrement. — notes 56, 18 et 19. — Et les formules d'AJOURNEMENT, p. 71.

1 CONGÉ [105] DE BAIL (id.) PAR ACTE NOTARIÉ.

Congé de bail par acte notarié.

2 PAR-DEVANT Me André [1] BOUTAIN (id.), Notaire [2] à la résidence [1] de..., département de..., soussigné [15]. — V. sup. p. 3, alin. 1.

3 Sont comparus :

4 M. Pélerin [5] RÉTIF (id.), rentier (id.) à la Vrillette; propriétaire du domaine qui a fait l'objet du bail ci-après daté et énoncé.

5 Et M. Jacob Finoreil, cultivateur demeurant au même lieu, agissant en son nom et comme chef de la communauté de biens qui existe entre lui et Gertrude JOLLIBOIS, sa femme, dont il se porte fort [52] en tant que de besoin. — Lesdits époux FINOREIL fermiers du domaine de la Vrillette, commune de..., pour trois, six ou neuf années qui ont commencé à courir le premier mai mil huit cent trente huit et résiliables [105] à la volonté de l'une ou de l'autre des parties en s'avertissant par écrit trois mois avant l'expiration des trois ou six premières années, aux termes d'un acte passé en minute et présence de témoins devant Me BOUTAIN, notaire soussigné, le..., dûment enregistré [18 et 42].

6 Lesquels ont arrêté entr'eux ce qui suit:

7 Le s^r FINOREIL donne congé à M. RÉTIF du domaine de la Vrillette pour le premier mai prochain, époque à laquelle cessera le bail qui en a été consenti par ce dernier tant audit s^r FINOREIL qu'à sa femme suivant l'acte précité, sauf à eux à se conformer à la loi et aux conditions de leur bail pour le cas de sortie. — V. sup. p. 145 alin. 4.

8 Ce congé est accepté par M. RÉTIF qui se le tient pour bien et dûment signifié [20] et fait réserve [51] de tous ses droits [27] et actions [28] pour raison de l'exécution des charges [38] et conditions [155] dudit bail.

9 Les déboursés [5] et honoraires (id.) des présentes seront payés par le s^r FINOREIL.

10 Dont acte, fait et passé à la vrillette en l'étude, l'an mil huit cent quarante quatre [12] le vingt-un janvier (id.), en présence de M^{rs} (noms, prénoms, professions et demeures) témoins instrumentaires [14] ; et les parties ont signé [15] avec les témoins et le notaire, après lecture [16].

11 — V. Répertoire note 17. == Enregistrement, notes 56, 18 et 19.

12 Et les formules de Baux p. 152 et suiv.

CONNAISSEMENT [155] OU RECONNAISSANCE DE CHARGEMENT PAR MER.

2 PAR-DEVANT Mᵉ Michel [1] LELAURAIN (*id.*) et son collègue (*id.*), Notaires [2] à Marseille, départeme... des Bouches-du-Rhône, soussignés [15].

3 Est comparu, M. Jean [3] LAVENTUREUX (*id.*), demeurant (*id.*) à Marseille, rue..., n...; propriétai... [5] du navire LA VILLE DE MARSEILLE, du port de deux cents tonneaux, (armateur M. BLANCHARD, et c... pitaine M. BOULIN), étant à l'ancre devant...;

4 Lequel, en prenant par ces présentes l'engagement de faire voile d'ici au premier avril prochain, ... le temps le permet, a reconnu avoir reçu cejourd'hui dans son navire, sous le tillac;

5 de M. Grégoire [5] FAVARD (*id.*), négociant (*id.*) demeurant (*id.*) à Marseille, rue... n .., à ce présen... patenté [43] en ladite ville pour la présente année à la date du..., première classe n...,

6 Cent caisses (7) clouées et ferrées avec tenons, que M. FAVARD a dit être pleines de fruits secs ; c... étant chacune d'elles marquées de G. F. et numérotées de 1 à 100.

7 Lesquelles caisses M. LAVENTUREUX promet et s'oblige de remettre à M. Ignace GRELOU, négocian... à Bonne, ou à son ordre, sauf les risques et périls de mer et les cas fortuits ou de force majeure dont ... ne répond pas. Cette obligation n'a été toutefois prise par M. LAVENTUREUX que sous la condition qu... M. Favard sera tenu de lui payer pour frêt la somme de cinq cents francs (ou : *tant par caisse*), et en ou... tre sous celle des avaries déterminées par le Code de Commerce autres que celles indiquées sous le... articles 403, 405, 406 et 407. Laquelle somme M. FAVARD paiera à M. LAVENTUREUX aussitôt qu'il ser... de retour à Marseille.

8 A la garantie des obligations par lui présentement contractées, M. LAVENTUREUX soumet sa personne... ses biens, son navire, le frêt et les apparaux, à la charge toutefois de production de l'un des originaux... du présent connaissement.

9 M. Favard fournira dans les vingt quatre heures au capitaine du navire les acquits des marchandises... chargées.

10 Les déboursés [5] et honoraires (*id*). des présentes seront payés par M. FAVARD.

11 Pour l'exécution des présentes les parties font élection [11] de domicile en leurs demeures respectives... ci-devant indiquées.

12 Dont acte en cinq originaux que le capitaine signera, l'un desquels étant accompli annulera... totalement les autres.

13 Fait et passé à Marseille [12] en l'étude (*id.*) l'an mil huit cent quarante quatre [13] le vingt-un jan... vier (*id.*), et les parties ont signé [15] avec les notaires, après lecture [16].

14 V. *Timbre* (a) note 61. — Enregistrement, notes 181, 18 et 19.

15 Et les formules D'ASSURANCE MARITIME et de CHARTE-PARTIE.

CONSEIL POUR LE MARIAGE.

2 V. les formules d'ACTES RESPECTUEUX, *sup.* p. 29 et suiv.

(a) Les connaissements *(qui sont une espèce de lettre de voiture pour les voyages de mer)* ne peuvent être rédigés que sur du papier timbré de dimension fourni par l'administration, ou du papier timbré à l'extraordinaire, et frappé d'un timbre noir et d'un timbre sec, pour lequel on peut s'adresser à l'administration du timbre à Paris comme il est dit au n. 50 de la note 61, sous peine d'une amende de trente francs payables solidairement par le chargeur et le capitaine (L. 15 juin 1841, art. 6 et 7).

CONSEIL DE TUTELLE [165].

PAR-DEVANT Mᵉ Adrien [1] LOURY (id.) et son collègue (id.), Notaires [2] à la Chapelle [1], département de..., soussignés [15].

Est comparu M. Charles [3[ADAN (id.), docteur en droit (id.), demeurant (id.) à...

Lequel a, par ces présentes, déclaré nommer, en conformité des art. 391 et 392 du Code civil, pour conseil de tutelle à Mad. Louise-Adèle CORNÉLIE, son épouse, dans le cas où elle lui survivrait et où il décéderait [63] avant la majorité [79] de tous leurs enfants (ou : *d'un seul de leurs enfants*), M. Germain BONNARD, jurisconsulte, demeurant à..., qu'il prie de vouloir bien assister son épouse et l'éclairer de ses avis, dans tous les actes qu'elle fera relativement à la tutelle de leurs enfants (ou bien : *dans tous les actes de la tutelle autres que ceux de simple perception de fruits et revenus, et d'acquit des charges relatives auxdits fruits et revenus*).

Dont acte, fait et passé à la Chapelle [12] en l'étude (id.), l'an mil huit cent quarante-quatre [13] le vingt-deux janvier (id.), et M. ADAN a signé [15] avec les Notaires, après lecture [16].

V. *Minute et Brevet*, note 59. — *Enregistrement*, notes 99, 18 et 19.

Et, au besoin, la table alphabétique du Commentaire.

CONSENTEMENT A ADOPTION [165].

PAR-DEVANT Mᵉ Gaspard [1] DELANOUE (id.), Notaire [2] à Guillon [1], département de..., soussigné [15] — V. *sup. p. 5, alin.* 1.

Est comparue Mad. Séraphine [5] TRONCHIN (id.), veuve de M. Léopold-CURMER, en son vivant mécanicien à..., où il est décédé [63] le..., ladite dame demeurant à..,

Laquelle a, par ces présentes, déclaré consentir que M. Bénigne CURMER, son fils majeur [79], sous-lieutenant au... régiment d'infanterie légère en garnison à Aux, soit adopté par Mad. Anaïs-Laure DE PERTUISEUX, veuve de M. Léon-Magloire D'OISY, marquis DE BILLY, demeurant à Saint-Cyr, canton de Cheuilly, en observant à cet égard les formalités prescrites par la loi.

Dont acte, fait et passé à Guillon [12] en l'étude (id.), l'an mil huit cent quarante-quatre [13] le vingt-trois janvier (id.), en présence de Mʳˢ (*noms, prénoms, professions et demeures*), témoins instrumentaires [14], et Mad. veuve Curmer a signé [15] avec les témoins et le Notaire, après lecture [16].

V. *Minute et Brevet*, note 59. — *Enregistrement*, notes 56, 18 et 19.

Et *sup.* la note *a* au bas de la page 56.

CONSENTEMENT A ANTÉRIORITÉ OU PRIORITÉ D'HYPOTHÈQUE.

V. *sup.* les Formules d'ANTÉRIORITÉ et de CESSION D'ANTÉRIORITÉ.

CONSENTEMENT A L'EXÉCUTION D'UN TESTAMENT.

V. *inf.* DÉLIVRANCE DE LEGS.

CONSENTEMENT D'HYPOTHÈQUE.

V. les Formules d'AFFECTATION HYPOTHÉCAIRE et d'HYPOTHÈQUE.

CONSENTEMENT A MARIAGE [65].

2 Par-devant Mᵉ Achille [1] Bonami (id.), Notaire [2] à Bois-d'Arcy [1], département de..., soussign [15]. — V. *sup. p.* 3, *alin.* 1.

3 Est comparue Mad. Clémentine [5] Angot (id.), veuve en premières noces de M. Claude Ottentot, c son vivant négociant à..., et actuellement épouse en secondes noces de M. Calixte Berger, mécanicie avec lequel elle demeure à Bois-d'Arcy (a).

4 Laquelle a, par ces présentes, déclaré consentir au mariage [65] que M. Clément Ottentot, archi tecte demeurant à..., fils majeur [79] d'elle et de son premier mari, étant né [65] à..., le..., se propose d contracter avec Mˡˡᵉ Léocadie Colombet, fille mineure [65] de M. Joseph Colombet, propriétaire et d Mad. Marie-Louise Danloux, avec lesquels elle demeure à... (ou bien : *au mariage de M. Clément Otten tot, etc., avec telle personne qu'il lui plaira choisir*).

5 Donnant tout pouvoir au porteur de réitérer le présent consentement devant qui de droit.

6 Dont acte, délivré en brevet [59, n. 15].

7 Fait et passé à Bois-d'Arcy [12] en l'étude (id.), l'an mil huit cent quarante-quatre [13] le vingt-quatr janvier (id.), en présence de Mʳˢ (*noms, prénoms, professions et demeures*) témoins instrumentaires [14], e la comparante a signé [15] avec les témoins et le Notaire, après lecture [16].

8 V. *Répertoire*, note 17. — *Enregistrement*, notes 56, 18 et 19.

9 Et *sup.* la note *b* au bas de la page 30.

CONSENTEMENT [101] A NOVICIAT (id.) DANS UNE CONGRÉGATION.

2 Par-devant Mᵉ Célestin [1] Enoux (id.), Notaire [2] à Avigny [1], département de..., soussigné [15]. — V. *sup. p.* 3, *alin.* 1.

3 Sont comparus M. Léonard [3] Bonnard (id.), percepteur de contributions directes (id.) et la dame Clotilde Sylvain, son épouse de lui autorisée [68], demeurant ensemble à Avigny.

4 Lesquels ont, par ces présentes, déclaré consentir à ce que Mˡˡᵉ Julie Bonnard, leur fille mineure [65] âgée de vingt ans, entre au noviciat dans la congrégation hospitalière du *Sacré-Cœur* de la ville de..., et qu'elle y soit reçue à faire des vœux, même après les interstices nécessaires, comme admise dame hospitalière.

5 Dont acte, fait et passé à Avigny [12] en l'étude (id.), l'an mil huit cent quarante-quatre [13] le vingt-cinq janvier (id.) en présence de Mʳˢ (*noms, prénoms, professions et demeures*), témoins instrumentaires [14], et les comparants ont signé [15] avec les témoins et le Notaire, après lecture [16].

6 V. *Minute et Brevet*, note 59. — *Enregistrement*, notes 56, 18 et 19.

CONSENTEMENT [101] A L'ORDINATION (id.)

2 Par-devant Mᵉ Ariste [1] Clémann (id.), notaire [2] à Pousseaux [1], département de.., soussigné [15]. — V. *sup. p.* 3 *alin.* 1

3 Est comparu M. Pierre [5] Millot (id.), agriculteur (id.), demeurant (id.) à Pousseaux.

4 Lequel a, par ces présentes, déclaré donner son consentement à ce que M. Ferdinand Millot, son fils,

---

(a) La mère remariée n'a pas besoin de l'assistance de son second mari, pour consentir au mariage de ses enfants d'un premier lit même mineurs. Dans ce cas, la femme a toute capacité par elle seule, elle la tire de sa qualité de mère, et des droits que la loi lui attribue. Ainsi donc, ce n'est pas comme tutrice qu'elle procède (Hutteau d'Origny p. 227).

élève en théologie, demeurant à.., âgé de vingt ans, issu de son mariage avec Eugénie Villeroy, sa défunte épouse, entre dans les ordres sacrés, et qu'en conséquence il reçoive l'ordination et le titre de prêtre.

₅ Dont acte, fait et passé à Pousseaux [12] en l'étude (*id.*), l'an mil huit cent quarante-quatre [13] le vingt six janvier (*id*), en présence de Mᵣˢ (*noms, prénoms, professions et demeures*) témoins instrumentaires [14]; et le comparant a signé [15] avec les témoins et le notaire, après lecture [16].

₆   **V.** *Minute et Brevet*, note 59. — *Enregistrement*, notes 56, 18 et 19.

₁   CONSIGNATION [48] (PROCÈS-VERBAL DE), PAR ACTE NOTARIÉ.

Consignation (procès-verbal de) par acte notarié.

₂ L'AN mil huit cent quarante-quatre [13] le samedi vingt-sept janvier (*id*.) à l'heure de dix du matin.

₃ En la caisse de M. Turq, receveur-général des finances pour le département de..., sise à Aux, rue... nᵒ...

₄ Et par-devant Mᵉ Adolphe [1] Regnaud (*id.*), et son collègue (*id.*), Notaires [2] en lad. ville d'Aux [1], département de..., soussignés [15].

₅ Est comparu M. Cyprien [3] Lancelot (*id.*), propriétaire (*id.*), demeurant (*id.*) à Aux.

₆ Lequel a dit que suivant procès-verbal [177] du ministère *(a)* de Mᵉ Regnaud l'un des Notaires soussignés, et son collègue, le premier janvier mil huit cent quarante-trois, dûment enregistré [42] et dont minute [59] précède, il a offert réellement et à deniers découverts, à M. Cyr Billout, entrepreneur de bâtiments et à la dame Euphémie Leclerc, sa femme, demeurant à..., la somme [55] de six mille trois cent cinq francs [91] en douze cent soixante et une pièces de cinq francs.

₇ Que cette somme a été composée : 1° de six mille francs pour le remboursement du prix de la vente que M. et Mad. Billout ont faite à M. Lancelot comparant, d'une pièce de pré, située [141] sur le finage de..., lieu dit l'Abîme, par contrat [177] passé devant Mᵉ Regnaud, l'un des Notaires soussignés, le premier janvier mil huit cent quarante-trois, dûment enregistré et transcrit [111]; 2° de trois cents francs pour l'année d'intérêts [49] de ladite somme échue [77] ledit jour; 3° de quatre francs pour les frais [120] liquidés; 4° et de un franc pour les frais non-liquidés sauf à parfaire.

₈ Que ces offres ont été faites à la charge par les époux Billout de rapporter main-levée [149] des inscriptions [83] trouvées à la transcription [111] dudit contrat et de remettre les titres [54] de propriété de l'héritage par eux vendu.

₉ Que, sur le refus fait par ces derniers de recevoir la somme à eux offerte, M. Lancelot les a sommés par le même procès-verbal (ou bien : *par exploit du ministère de..., huissier à... en date du..., dont l'original est demeuré ci-annexé* [55] *après avoir été fait dessus mention de cette annexe*), de se trouver à ces jour, lieu et heure, pour assister et être présents, si bon leur semblait, au dépôt que le comparant entendait faire à la caisse des consignations [48] d'Aux, par versement dans celle du préposé de cette caisse, de ladite somme de six mille trois cent cinq francs, si mieux n'aimaient les sʳ et dame Billout recevoir [84] cette somme en satisfaisant aux conditions [153] sous lesquelles les offres leur ont été faites; leur ayant déclaré par ledit procès-verbal d'offres (ou : *par l'exploit de sommation précité*), que le dépôt serait effectué tant en absence que présence.

₁₀ Qu'il comparaissait à l'effet de cette consignation, et requérait [51] les Notaires soussignés de lui donner acte de ses dire (*id.*) et comparution, comme aussi de prononcer défaut [119] contre les sʳ et dame Billout dans le cas où ils ne comparaîtraient pas ni personne pour eux.

₁₁ Lecture faite [16], M. Lancelot comparant a signé [15] — (*Signature*).

(a) Les Notaires ayant le droit de faire des procès-verbaux d'offres (V. note 48, n. 40) ont, par conséquent, le droit de faire des procès-verbaux de consignation. Dans l'usage, ils usent peu de leur droit, mais comme ce droit existe il importe de constater que dans l'occasion ils peuvent être requis de prêter leur ministère. — V. note 51, n. 10.

¹² (a) Et à l'instant est comparu M. Cyr [3] BILLOUT (id.), ci-devant nommé, agissant en son nom personnel et comme chef de la communauté [166] de biens existant entre lui et son épouse sus-nommée aux termes de leur contrat (id.) de mariage mentionné au contrat de vente précité.

¹³ Lequel a dit qu'il comparaît en conséquence de l'ajournement contenu au procès-verbal d'offres sus-énoncé (ou : *pour satisfaire à la sommation qui lui a été faite par l'exploit ci-devant mentionné*), et qu'il s'oppose à la consignation par les motifs 1° que les inscriptions [83] comprises en l'état [111] délivré sur transcription (id.) ne peuvent avoir d'effet attendu qu'elles ne subsistent que par similitude de noms; 2° et qu'il ne s'est engagé à remettre [54] aucun titre, n'en ayant point en sa possession.

¹⁴ Lecture faite [16], ledit sr BILLOUT a signé [15]. — (*Signature*).

¹⁵ A quoi M. LANCELOT a répondu qu'il proteste contre l'opposition formée par le sr BILLOUT, et dont se réserve de faire déclarer la nullité : et, sans y avoir égard, effectuant la consignation sous les conditions ci-dessus rappelées et contenues au procès-verbal d'offres réelles, il a, ledit sr LANCELOT, versé et déposé entre les mains de M. TURQ, receveur-général des finances d'Aux., en sa qualité de préposé de la caisse des consignations 1° la somme de six mille trois cent cinq francs dans les espèces ci-devant indiquées, ci. 6305

¹⁶ Plus celle de vingt-deux francs cinquante centimes pour les intérêts (b) du principal de six mille francs entré dans la somme offerte, lesquels ont couru depuis le premier janvier présent mois jour des offres réelles jusqu'à ce jour; ladite somme composée de quatre pièces de cinq francs, une de deux francs et une de cinquante centimes, ci. 22 5

¹⁷ Total. 6327 5

¹⁸ De laquelle consignation M. le Receveur-général a donné récépissé à M. Lancelot, qui le reconnaît

¹⁹ Il a été vaqué à ce qui précède depuis ladite heure de dix du matin jusqu'à celle de deux du soir par double vacation [5].

²⁰ De tout ce que dessus les Notaires soussignés ont dressé le présent procès-verbal, les jour, mois et an que dessus; et les comparants ont signé [15] avec les Notaires, après lecture [16].

²¹ V. *Minute et Brevet*, note 59. — *Enregistrement*, notes 99, 18 et 19.

Et les Formules d'*Offres réelles* et de *Signification*.

Consignation (procès-verbal de), par acte d'huissier.

¹ CONSIGNATION [48] (PROCÈS-VERBAL [177] DE), PAR ACTE D'HUISSIER [113].

² L'an mil huit cent quarante-quatre [20, n. 38] le vingt février à l'heure de...

³ A la requête [51] du sr Cyprien LANCELOT [20, n. 55], propriétaire, (id.) demeurant (id.) à Aux.., lequel fait élection de domicile [20, n. 100] en l'étude de Me Isidore BERT, avoué près le tribunal civil de première instance de..., y demeurant rue... n...

⁴ Je, Chrétien OUDOT [20, n. 28], huissier [115] près ledit tribunal, demeurant à..., rue... n°..., patenté [20, n. 115] en ladite ville à la date du... janvier dernier, troisième classe et décoré, soussigné.

⁵ Me suis transporté avec Me BERT (c), sus-nommé, avoué du sr LANCELOT, à la caisse des dépôts et consignations, sise à..., où étant, j'ai déclaré à M. TURQ, receveur-général des finances, en sa qualité de

---

(a) *Lorsque le créancier ne comparaît pas*, on met : et, après avoir attendu jusqu'à l'heure de une du soir, sans que M. et Mad. BILLOUT se soient présentés, ni personne pour eux, les Notaires soussignés ont donné acte à M. LANCELOT de ses comparution, dire et réquisition, et prononcé défaut contre lesdits sr et dame BILLOUT.

Et, de suite, M. LANCELOT effectuant la consignation a, sous les conditions ci-dessus rappelées et contenues au procès-verbal d'offres réelles, versé et déposé, etc. (*Le reste comme à l'alinéa* 15).

(b) Le temps qui s'écoule ordinairement entre le jour des offres et celui de la consignation occasionne nécessairement un excédant d'intérêts qui doit être ajouté au principal lors de la consignation (C. civ. 1259-2°).

(c) Cette assistance n'est point de rigueur, elle n'a lieu ordinairement que quand l'avoué préside à la consignation dans l'intérêt de son client et pour surveiller la régularité de la procédure.

préposé de la caisse des consignations, en son bureau, en parlant à..., que je venais au nom dudit sr Lancelot, opérer une consignation par suite d'offres réelles [48], faite à la requête de ce dernier, suivant procès-verbal de mon ministère, en date du... présent mois, enregistré, au sr Cyr Billout, entrepreneur de bâtiments, demeurant à... et à la dame Euphémie Leclerc, son épouse, lesquels ont été sommés par l'exploit d'offres sus-énoncé de se trouver à ces jour, lieu et heure à la présente consignation, avec déclaration qu'il y serait procédé en leur absence comme en leur présence et qu'il en serait dressé procès-verbal conformément à la loi.

6 (a) Et, après avoir attendu jusqu'à l'heure de... sonnée sans que lesdits sr et dame Billout se soient présentés ni personne pour eux, j'ai donné défaut [119] contre l'un et l'autre; et à l'instant accompagné dudit Me Bert, j'ai déposé entre les mains de M. Turq, receveur-général des finances et préposé de la caisse des consignations d'Aux, la somme totale de six mille trois cent vingt-sept francs cinquante centimes, composée... (V. la formule qui précède alin. 15 et 16); la présente consignation faite aux charges énoncées au procès-verbal d'offres sus-mentionné.

7 De laquelle somme M. Turq a donné quittance audit sr Lancelot.

8 Et j'ai, en présence et assisté dudit Me Bert, dressé le présent procès-verbal dont j'ai laissé copie (b) à M. Turq, qui a visé [20] l'original; plus j'ai remis à mondit sr Turq, copie [20 n. 29] certifiée [35] sincère et véritable et signée dudit Me Bert, 1° du procès-verbal d'offres sus-daté, 2° et de l'opposition [75] énoncée audit procès-verbal.

9 Le coût du présent procès-verbal est de...

10 V. Enregistrement, notes 99, 18 et 19. — La Formule d'ajournement p. 71.

11 Et les Formules d'offres réelles et de signification.

CONSTITUTION D'HYPOTHÈQUE.

V. affectation hypothécaire sup. p. 71.

Constitution d'hypothèque.

---

1 ## CONSTITUTION [76] DE PENSION ALIMENTAIRE (id.).

Constitution de pension alimentaire.

2 Par-devant Me Cyprien [1] Tolbois (id.), Notaire [2] à Cotechin [1], département de... soussigné [15]. — V. sup. p. 5, alin. 1.

3 Est comparu le sr Léonard [3] Duchamp (id.), serrurier (id.), demeurant (id.) à Cotechin (id.)

4 Lequel a, par ces présentes, créé et constitué au profit et sur la tête du sr Pierre Grandjean, son oncle, ancien garde-champêtre, demeurant à Cotechin, à ce présent et acceptant.

5 Une pension alimentaire, annuelle et viagère, franche de retenue [49], incessible [108] et insaisissable (id.) (c) de trois cents francs [33 et 91] par an, que Duchamp promet et s'oblige [107] de payer [84] à son oncle ou pour lui au porteur de ses pouvoirs [80] et de la grosse [64] des présentes, en quatre termes [77] et paiements (id.) égaux de trois en trois mois à compter de ce jour, pour commencer le paiement du premier terme le..., celui du second le..., et pour continuer ainsi de trois en trois mois pendant la vie et jusqu'au décès dudit s. Grandjean, lequel étant arrivé ladite pension sera éteinte, et les arrérages [49] qui seront alors dûs [26] pour le terme courant lors du décès ne pourront être exigés du constituant.

(a) Lorsque le créancier est présent à la consignation, on constate son intervention et alors on l'exprime dans les termes qui conviennent dans l'occasion. — V. la formule qui précède, alin. 15.

(b) Si les créanciers à qui les offres ont été faites étaient présents, on mettrait ici : une copie aux sr et dame Billout (20, n. 167), et une autre copie à M. Turq, qui a visé l'original (V. Tarif du 16 fév. 1807, art. 60).

(c) Quand une pension est constituée à titre gratuit, elle peut être stipulée incessible et insaisissable, mais, quand elle a été constituée à titre onéreux, la stipulation d'incessibilité et d'insaisissabilité est sans effet par le motif que la pension forme alors le prix d'un objet sur lequel tout créancier a des droits (C. civ. 2093 ; Jal du Man. art. 27).

Ce point est important et doit fixer l'attention des parties, car lorsque la constitution à titre onéreux se fait par acte séparé du contrat elle peut assurer des aliments, et quand elle se fait dans le contrat même, elle ne peut remplir le but qu'on s'est proposé.

⁶ Pour assurer le paiement exact des arrérages de ladite pension , le constituant affecte et hypothèqu [30] spécialement tous les biens immeubles [87] consistant en bâtiments, terres labourables, prés et vigne qu'il possède [22] sur le finage de...

⁷ Sur lesquels biens le débiteur consent qu'il soit pris inscription [85] à ses frais. Étant convenu qu cette inscription et toutes autres qui pourront être prises pour sûreté de ladite pension deviendron nulles et sans effet par le décès du donataire , et que M. le conservateur [111] au bureau des hypothèque de. . sera autorisé à les rayer [149] de ses registres sur la seule représentation de l'acte de décès [6? dudit s. GRANDJEAN. Quoi faisant, ledit conservateur sera valablement quitte et déchargé.

⁸ La présente constitution a eu lieu à titre purement gratuit.

⁹ Les déboursés [8] et honoraires (id.) des présentes et le coût d'une grosse [64] seront payés par l constituant.

¹⁰ Dont acte, fait et passé à Cotechin [12] en l'étude (id.), l'an mil huit cent quarante-quatre [15] le ving un février (id.), en présence de (noms, prénoms, professions et demeures), témoins instrumentaires [14 et le sʳ Duchamp a signé [15] avec les témoins et le Notaire, quant à Grandjean il a déclaré le savoir mai ne le pouvoir pour cause de tremblement de main , de ce interpellé, le tout après lecture [16].

¹¹. Les deux témoins sus-nommés étaient réellement présents au moment de la lecture par le Notair soussigné, et de la signature et déclaration de ne pouvoir signer de la part des parties (a).

¹²   V. *Répertoire,* note 17. — *Enregistrement,* notes 60, 18 et 19.

¹³   Et, au besoin, la table alphabétique du Commentaire.

Constitution de rente perpétuelle.

CONSTITUTION [76] DE RENTE PERPÉTEULLE. (id).

ᵃ Par devant M. Olivier [1] LELOIR (id.) , Notaire [2] à Vauprot [1], département de..., soussigné [15

(a) L'acte dont nous donnons la formule renfermant une disposition à titre gratuit, nous l'avons considérée comme suje aux formalités prescrites par la loi du 21 juin 1843, relative à la forme des actes notariés. — V. Jᵈˡ du Manuel, art. 76.

Il y a même raison de décider que pour la renonciation faite en faveur d'un tiers laquelle est moins une *renonciatio* qu'une *donation* quand ce tiers n'en aurait point recueilli le bénéfice sans le fait de la renonciation (V. note 62, n. 185). — Il est vrai que le n. 149 de la même note paraît être en opposition avec le n. 185, mais il n'en est point ainsi en examinan les espèces :

Dans l'espèce du n. 185, l'héritier du défunt dans la ligne paternelle avait fait donation de tous ses droits dans la succession à la dame *Chédeville,* sa fille, et l'héritier de la ligne maternelle déclara par acte au greffe qu'il renon çait à la succession du défunt en faveur des sʳ et dame *Chédeville* , le sʳ *Chédeville* présent et acceptant sous bénéfice d'in ventaire tant pour lui que pour son épouse dont il se portait fort. C'est dans cet état de choses qu'est intervenu l'arrêt de la C. de cassation du 17 août 1815, qui rejette le pourvoi contre l'arrêt de la Cour de Caen qui déclare nulle et sans effet la renonciation faite au greffe par les motifs que de la combinaison des art. 780 et 784 du C. civ., il résulte qu'il n'y a de véritable renonciation dans l'esprit de la loi que celle qui rend le renonçant étranger à la succession , que c'est dans ce cas seulement que la loi se contente d'un simple acte unilatéral déposé au greffe du tribunal; et que dans tous les autres cas , la transmission des droits successifs ne peut se faire que de l'une des trois manières maintenues dans la première partie de l'art. 780; savoir, la donation , la vente ou le transport.

Dans l'espèce du n. 149, *Martin* B... avait fait un legs à *Pierre* B... et *Etienne* B..., ses neveux ; *Pierre* B... étant décédé avant le testateur , il s'agissait de savoir s'il y avait accroissement au profit d'*Etienne B...,* c'est dans cette circonstance que *Etienne* B... consentit dans l'inventaire à ce que les deux enfants de *Pierre* B... présents mais *non-acceptants expressement,* recueillissent la moitié qui aurait dû revenir à ce dernier dans le legs. Sur le pourvoi formé contre l'arrêt de la Cour royale d'Amiens, la Cour de cassation a rejeté ce pourvoi par son arrêt du 12 nov. 1822 ainsi motivé : « Considérant qu'en » interprétant le consentement donné par le demandeur en cassation (Etienne B...) lors de l'inventaire fait après le décès » de Martin B..., le concours de toutes les parties à cet inventaire dans la qualité d'héritiers et le partage fait amiablement » d'une partie du mobilier suivant les droits appartenant à chacun d'après ce consentement , la Cour d'Amiens a pu juger » comme elle l'a fait, et sans violer aucune loi, que le demandeur avait renoncé au droit d'accroissement du legs fait à lui » et à son frère , et que cette renonciation n'était point une donation entre-vifs soumise à la formalité particulière de l'ac » ceptation expresse. »

A annoter après les n. 149 et 185 de la note 62 ainsi qu'il suit : — V. t. 1, p. 310 A.

2 Sont comparus M. Camille [3] Ripolon (*id.*), agriculteur *(id.)*, et la dame Sophie [3] Bourgeois (*id.*), son épouse de lui autorisée [68] à l'effet des présentes, demeurant [3] ensemble à Vauprot.

4 Lesquels ont, par ces présentes, créé et constitué.

5 Au profit de M. Philippe [5] Tardenois (*id.*), rentier (*id.*), demeurant (*id.*) à Vauprot, à ce présent et acceptant [52] pour lui, ses héritiers [78] et ayants-cause [6].

6 Quatre cents francs [91] de rente [76] annuelle et perpétuelle, franche de la retenue [49] de toutes impositions et contributions présentes et futures, au capital [136] de huit mille francs, laquelle rente M. et Mme Ripolon promettent et s'obligent [107] conjointement et solidairement [108] entre eux de payer [84] et servir à M. Tardenois ou pour lui au porteur de la grosse [64] des présentes et de ses pouvoirs [84], en quatre termes [77] et paiements égaux de trois mois en trois mois à partir d'aujourd'hui ; le premier desquels termes écherra le..., le second le..., pour ainsi continuer de trois mois en trois mois jusqu'au remboursement que les débiteurs pourront faire du capital de ladite rente à leur volonté en quatre paiements égaux (ou : *en un seul paiement*), l'un desquels étant fait les arrérages [49] à échoir diminueront d'autant,

7 Il est expressément convenu 1° que le remboursement d'un ou de plusieurs termes du capital de cette rente ne pourra se faire qu'après le délai de dix ans (*a*) à compter de ce jour, en rendant et payant par le rachetant à celui ou ceux qui y auront alors droit une somme égale au montant de chaque terme du capital (ou : *au capital*) avec les arrérages qui pourront être dus et échus de cette rente, ensemble tous frais et loyaux coûts.

8 2° Que si les débiteurs ne font aucun remboursement de ladite recette à l'expiration du terme fixe de dix années, ils ne pourront plus effectuer ce remboursement qu'après en avoir averti six mois d'avance le créancier.

9 3° Que ce remboursement et le service des arrérages ne pourront être faits qu'en espèces d'or ou d'argent aux titres, poids et cours de ce jour, nonobstant toutes lois et ordonnances à ce contraires au bénéfice desquelles les débiteurs renoncent même d'honneur par ces présentes. (*b*).

10 4° Et qu'à défaut de paiement exact de deux termes consécutifs d'arrérages aux échéances, le capital sera et demeurera exigible de plein droit, si bon semble au créancier, par le seul fait d'un commandement de payer resté infructueux pendant plus de quinze jours, et sans qu'il soit besoin de remplir aucune autre formalité *(c)*.

11 A la sûreté et garantie de ladite rente tant en capital [136] qu'arrérages [49] M. et Mme Ripolon affectent et hypothèquent [30] spécialement 1° Une maison [7 et 87] avec toutes ses dépendances [71], située [141] à Cotechin rue..., n..., 2° Et une pièce de pré de la contenance de cinquante et un ares [91], située sur le finage de..., lieu dit..., tenant etc.

12 Ces immeubles appartiennent [22].., — *(V. au mot* ÉTABLISSEMENTS DE PROPRIÉTÉ *du dictionnaire ce qu'il faut observer dans l'occasion)*.

13 M. et Mme Ripolon déclarent sous les peines [31] de droit qui leur ont été expliquées 1° que les biens hypothéqués ne sont grevés d'hypothèque que pour une somme principale de... envers M,.., en vertu d'un contrat de vente passé devant Mᵉ.., notaire à..., le...

(a) Toute rente établie à perpétuité étant essentiellement rachetable (C. civ. 530 et 1911), on ne peut stipuler qu'elle ne sera pas remboursable; on peut seulement stipuler qu'elle ne sera pas remboursable avant 30 ans quand elle forme le prix de la cession d'un fonds immobilier (C. civ. 530) et avant 10 ans quand elle est constituée à prix d'argent (C. civ. 1911.)

(b) La condition de ne pouvoir rembourser qu'un numéraire au cours du jour de la constitution a peu de force dans le cas actuel, comme étant contraire à la disposition de l'art. 1895 du C. civ. — Elle serait plus susceptible d'en recevoir dans une obligation pour prêt ou dans une vente, au moyen de la clause qui permettrait au créancier de proroger l'exigibilité jusqu'à une époque où il y aurait réparation du numéraire. — V. les formules *d'obligations et de vente.*

(c) Cette clause n'est pas très nécessaire en matière de constitution de rente, où le débiteur peut être contraint au rachat quand il cesse de remplir ses obligations pendant deux ans (C. civ. 1912).

14 2° Qu'ils ne sont non plus grevés d'aucune hypothèque [30] légale (id.) où judiciaire (id.), à l'excepti toutefois de l'hypothèque légale de la dame Ripolon, laquelle, par son concours aux présentes et sa solidar avec son mari, renonce à s'en prévaloir au préjudice de M. Tardenois ou de ses représentants. Cependar pour plus de sûreté du capital et des arrérages de ladite rente, la dame Ripolon, de son mari autoris cède et transporte à M. Tardenois, ce acceptant, tous les droits, créances et reprises qu'elle a et pour avoir à exercer contre son mari et elle subroge [30], en conséquence, ledit cessionnaire dans l'effet son hypothèque légale, pour en exercer l'effet par préférence à elle-même et à tous autres jusqu'à due co currence, mais seulement à l'égard des biens ci-devant hypothéqués *(a)*.

15 La présente constitution est faite sur le pied du denier vingt moyennant la somme de huit mil francs que M. et Mme Ripolon reconnaissent avoir reçue comptant de M. Tardenois en espèces d'or d'argent ayant cours de monnaie. DONT QUITTANCE.

16 PROMESSE D'EMPLOI [114]. M. et Mme Ripolon déclarent qu'ils destinent la somme de huit mille fran à eux prêtée à titre de constitution de rente perpétuelle par M. Tardenois aux termes du présent contr à rembourser pareille somme de huit mille francs qu'ils doivent à M. hyppolite Mauduit, propriétaire à meurant à.., ainsi qu'il résulte du contrat de vente ci-devant mentionné; s'obligeant de faire incessamme cet emploi et de déclarer, dans la quittance notariée qu'ils en retireront, l'origine des deniers payé afin de faire subroger *(b)* M. Tardenois au lieu et place et dans tous les droits, actions, privilèges et hyp thèques de M. Mauduit, et notamment dans l'effet de l'inscription [83] d'office prise au profit de ce der nier contre lesdits sᵗ et dame Ripolon au bureau des hypothèques de..., le..., vol..., n...; extrait [64] c laquelle quittance sera remis par ces derniers à M. Tardenois sous huitaine de ce jour.—V. *les formules* DÉCLARATION D'EMPLOI et DE QUITTANCE AVEC SUBROGATION

17 Tous les déboursés [5] et honoraires (id.) des présentes, ainsi que le coût d'une grosse [64] et d l'inscription [83], seront payés par M. et Mad. Ripolon.

18 *(c)* Dont acte, fait et passé à Vauxprot [12] en l'étude (id.), l'an mil huit cent quarante-quatre [15] vingt-trois février (id.), en présence de *(noms, prénoms, professions et demeures)*, témoins instrumentaire [14], et les parties ont signé [15] avec les témoins et le notaire, après lecture [16].

19 V. *répertoire, note 17* — *Enregistrement*, notes 90, 18 et 19.

20 Les formules d'*affectation hypothécaire* et de *cautionnement*

Constitution de rente viagère sur plu- sieurs têtes avec réduction et réver- sion.

1 ## CONSTITUTION [76] DE RENTE VIAGÈRE (id).

SUR PLUSIEURS TÊTES AVEC RÉDUCTION ET RÉVERSION.

1 Par devant Mᵉ Louis [1] Dorland (id)., Notaire [2] à Fougarnier [1], département de..., soussign [15]. — V. *sup.* p. 3 *alin.* 1.

(a) Cette fin d'alinéa a besoin d'être insérée, principalement quand l'hypothèque consentie l'est d'une manière spéciale. Si elle n'était point ainsi limitée, la subrogation dans l'hypothèque légale frapperait tous les biens du mari, et ce n'est proba blement pas ce que celui-ci a entendu, car autant aurait valu qu'il hypothéquât tous ses biens.

(b) Cette subrogation est forcée, elle n'a même pas besoin d'être consentie par le créancier qu'on rembourse. Il suffit que celui qui paye déclare l'origine des deniers pour que la subrogation ait lieu au profit du prêteur. Dans ce cas, le créancier ne pourrait se refuser à recevoir son paiement avec cette déclaration. Il n'en est pas de ce cas comme de celui où un tiers en payant demande une subrogation au créancier, lequel n'est point tenu de la lui donner même sans garantie. (C. civ. 1250 - 2°).

(c) Lorsqu'un contrat tel que celui de constitution est de nature à avoir une très longue durée, il est difficile de faire une élection de domicile qui convienne parfaitement aux parties contractantes ou à leurs héritiers. Il est mieux, dans ce cas, de rester dans les termes du droit commun que de lier les parties sans une utilité bien reconnue.

₅ Sont comparûs, M. Nicolas [3] Pousmain (*id.*), marchand épicier (*id.*) et la dame Joséphine [3] Mallet (*id.*) son épouse de lui autorisée [68] à l'effet des présentes , demeurant [3] ensemble à Fougarnier.

₄ Lesquels ont , par ces présentes , créé et constitué.

₅ Au profit de M. Charles [3] Cartaut (*id.*), rentier (*id.*) et de la dame Elisabeth Tanchoux, son épouse de lui autorisée [68] à l'effet des présentes, demeurant [3] ensemble à Fougarnier, tous deux à ce présents et acceptant tant pour eux que pour la personne ci-après nommée.

₆ Une rente [76] annuelle et viagère de douze cents francs [91], franche et exempte de la retenue [49] de toutes contributions présentes et futures, que M. et Mme Pousmain promettent et s'obligent [107] solidairement [106] entr'eux sans division ni discussion de payer [84] et servir exactement à M. et Mme Cartaut en leur demeure ci-dessus indiquée, ou par eux au porteur de leurs pouvoirs [80] et de la grosse [64] des présentes, en quatre termes [77] égaux de trois en trois mois à compter d'aujourd'hui et par avance , le premier desquels termes écherra le..., le second le..., pour ainsi continuer de trois mois en trois mois pendant la vie et jusqu'au décès [63] du premier mourant des sr et dame Cartaut, lequel étant arrivé la dite rente sera réduite à huit cents francs par an pendant la vie du survivant lequel aura droit aux arrérages [49] dus à l'époque du décès dudit prémourant, et, le décès du survivant arrivé ainsi que celui de la demlle Caquereau ci-après nommée, ladite rente sera éteinte et amortie au profit de M. et Mad. Pousmain auxquels appartiendront les arrérages [49] du terme courant lors du décès dudit survivant , de telle sorte que les héritiers [78] des sr et dame Cartaut et de la demlle Caquereau n'auront rien à prétendre aux dits arrérages.

₇ Au cas de décès de M. et Mad. Cartaut avant la demlle Nathalie Caquereau , fille du premier mariage de ladite dame Cartaut et née à..., le..., ladite rente sera réversible pour six cents francs seulement sur la tête de la dite demlle Caquereau , à partir du décès du survivant desdits sr et dame Cartaut, et tous les arrérages dus et échus de ladite rente à l'époque du décès dudit survivant appartiendront à la demlle Caquereau.

Il est expressément convenu entre les parties :

₈ 1º Que les arrérages de ladite rente viagère ne pourront être payés qu'en espèces d'or ou d'argent etc. — *V. sup. p. 311, l'alin. 9 et la note B.*

₉ 2º Que les crédi-rentiers seront dispensés de fournir un certificat de vie [225] pour toucher les arrérages de la rente tant qu'ils demeureront à..., leur existence devant être alors suffisamment connue des débiteurs.

₁₀ 3º Qu'en cas de retard de paiement des arrérages de ladite rente viagère , à quelque époque que ce retard ait lieu, M. et Mad. Cartaut auront le droit de faire convertir la rente ci-devant constituée en un capital exigible de quinze mille francs somme fournie pour le prix de la présente constitution , en remplissant les formalités suivantes :

₁₁ Si à l'échéance d'un terme de la rente, M. et Mad. Cartaut n'en sont pas payés exactement dans les dix jours, ils pourront faire faire aux débiteurs un commandement [194] de payer et exercer d'ailleurs telles poursuites qu'ils aviseront.

₁₂ Si ce commandement et les autres poursuites qui auront été faites restent infructueuses pendant plus de six semaines , alors M. et Mad. Cartaut pourront faire opérer la conversion de la rente viagère en un capital exigible sur le champ qui leur appartiendra en toute propriété , de la somme de quinze mille francs, par le seul fait d'un acte extrajudiciaire [70] signifié [20] aux débiteurs , portant déclaration de volonté à cet égard et commandement de payer dans les dix jours sans qu'il soit besoin de remplir aucune autre formalité , ni de la faire ordonner en justice, en sorte que le retard de payer s'étant prolongé au-delà des dix jours la conversion sera irrévocablement opérée.

₁₃ Tous les arrérages payés et échus jusqu'au jour de ladite conversion seront alors acquis à M. et Mad. Cartaut, à titre d'indemnité et de dommages-intérêts, à cause du retard que les débiteurs leur auraient fait éprouver, sans que ceux-ci puissent en exiger aucune réduction ou diminution sous quelque prétexte que ce soit.

₁₄ Toutes ces conditions [38] sont de rigueur et ne pourront être réputées comminatoires (*id.*) , M. et Mad. Pousmain reconnaissant que ce n'est que sous la foi de leur exécution et du paiement exact des arré-

rages de ladite rente viagère que M. et Mad. Cartaut léur ont remis quinze mille francs pour le prix
la présente constitution.

¹⁴ 4° Et que toute inscription [84] qui aura pu être prise au bureau des hypothèques de..., pour c
servation de la rente constituée par ces présentes demeurera nulle et sans effet par le fait du décès
M. et Mad. Cartaut et de mad¹¹ᵉ Caquereau, M. le conservateur audit bureau d'hypothèques ét
autorisé, dans ce cas, à radier [149] les inscriptions dont il s'agit sur la seule représentation des actes
décès de ceux des crédi-rentiers qui les auront requises, quoi faisant, il sera et demeurera bien et va
blement déchargé.

¹⁶ A la sûreté et garantie de ladite rente viagère et de l'exécution des clauses [58] et conditions [153]
présentes, M. et Mad. Poussain affectent et hypothèquent [50] spécialement : — V. *la formule qui pré*
de alin. 11 *et suiv., et sup, p.* 51 *alin.* 19 *ainsi que la note a étant au bas de ladite page.*

¹⁷ La présente constitution est faite moyennant la somme de quinze mille francs que M. et Mad. Po
main reconnaissent avoir présentement reçue de M. et Mad¹¹ᵉ Cartaut auxquels ils en consent
quittance [84] par ces présentes *(a)*.

¹⁸ Les déboursés [5] et honoraires *(id.)* des présentes, de la grosse [64] et de l'inscription [83] ser
payés par M. et Mad. Cartaut.

¹⁹ Pour l'exécution des présentes les parties font élection [11] de domicile en leurs demeures respecti
ci-dessus indiquées.

²⁰ Dont acte, fait et passé à Fougarnier [12] en l'étude *(id.)*, l'an mil huit cent quarante quatre [13]
vingt-quatre février *(id.)*, en présence de M^rs *(noms, prénoms, professions et demeures)* témoins instr
mentaires [14]; et les parties ont signé [15] avec les témoins et le notaire, après lecture [16].

²¹ V. *Répertoire*, note 17. — *Enregistrement*, notes 90, 18 et 19.

²² Et les formules de *constitution* qui précèdent.

Contrat d'abandon-
nement.

CONTRAT D'ABANDONNEMENT.

V. les Formules d'Atermoiement page 96; de Cession de biens page 256; et de concordat page 300

CONTRATS DE MARIAGE [166].

Contrat de mariage.

² I. Sous le régime de la communauté [166] légale (C. civ. 1400). — *(b)*.

³ Avec toute sorte de clauses qui ne tiennent point au régime.

⁴ II. Sous le régime de la communauté [166] conventionnelle (C. civ. 1497).

⁵ 1° Avec une communauté réduite aux acquêts (C. civ. 1498), la clause de franc et quitte (C. civ
1514), celle de préciput (C. civ. 1515) et une assignation de parts inégales dans la communauté (C. civ
1520).

(a) Le prix n'étant fourni que par les époux Cartaut, il est vrai de dire que la constitution a lieu à titre purement gra
tuit au profit de la dem¹¹ᵉ Caquereau; mais la disposition n'est point pour cela une libéralité assujétie aux forme
requises pour les donations (C. civ. 1121; 1973). Il y a pour ce cas exception à ce que nous avons dit sup. page 509, note c
— V. note 52 n. 16 et suiv.

(b) L'usage n'est pas de faire un contrat de mariage, lorsqu'on consent à être régi par la loi. Ce n'est que quand il y a des
dispositions accessoires qu'on se soumet à en faire un. Il est cependant bon d'en faire lors même qu'on reste dans les
termes de la loi, car il peut arriver qu'on refuse de contracter avec des époux qui ne représentent pas de contrat. — V.
sup. p. 52 *note c.* et *inf.* la formule de *donation entre futurs époux*.

I. CONTRAT DE MARIAGE SOUS LE RÉGIME DE LA COMMUNAUTÉ LÉGALE
avec toute sorte de clauses qui ne tiennent point au régime (a).

I. Contrat de mariage sous le régime de la communauté légale, avec toute sorte de clauses qui ne tiennent point au régime.

2 Par-devant Mᵉ Adrien [1] Larabe (id.), Notaire [2] à Teurapion [1], département de..., soussigné [18]. — V. sup. p. 3, alin. 1.

3 Sont comparus :

4 M. Alexandre [3] Bonjour (id.), huissier (id.) à la résidence de Teurapion, y demeurant (id.).

5 Fils majeur [79] de M. Nicolas [3] Bonjour (id.), rentier (id.) et de la dame Louise Caillet, son épouse, demeurant ensemble à Teurapion.

6 Stipulant [32] pour lui et en son nom, en présence et du consentement [101] de sesdits père et mère, lesquels vont eux-mêmes stipuler en ces présentes à cause de la dot qu'ils vont constituer à leur fils,

D'une part.

7 Et M�param Cécile [3] Camelin (id.), sans profession (id.), demeurant (id.) à Teurapion.

8 Fille majeure de M. Georges Camelin, décédé capitaine en retraite à Teurapion et de la dame Madeleine [3] Mouilleron (id.), aujourd'hui sa veuve, domiciliée (id.) à...

9 Stipulant [32] pour elle et en son nom, en présence et du consentement de sadite mère, laquelle va elle-même stipuler en ces présentes à cause de la dot qu'elle va constituer à sa fille,   D'autre part.

10 Lesquels ont réglé, ainsi qu'il suit, les clauses [58] et conditions [155] civiles du mariage [63] convenu entre eux et dont la célébration (id.) aura lieu le... (b) devant l'officier de l'état civil de Teurapion.

11 Art. 1. Régime. Les futurs époux se soumettent au régime de la communauté légale [166] tel qu'il est établi par le Code civil, sans aucune modification.

12 Art. 2. Apport du futur époux. — office [191]. — meubles [86].

13 Le futur époux apporte en mariage et se constitue en dot :

14 1° Son office ou charge d'huissier (c) à la résidence de Teurapion (d).

(a) La formule qui suit est donnée plutôt à cause des dispositions accessoires et qui sont étrangères au régime qu'à cause du régime lui-même.

Nous les avons réunies ici en tête de toutes les formules de contrats de mariage afin d'y renvoyer plus facilement, car les formules suivantes emprunteront nécessairement à celle-ci plusieurs des dispositions qui sont étrangères au régime. — V. la note b de la page qui précède.

(b) Lorsque le jour du mariage est fixé, il est bon d'indiquer le lieu et le jour de sa célébration dans le contrat. C'est un renseignement qu'il importe très-souvent d'avoir quand on procède à l'inventaire et à la liquidation, parce qu'il peut faire connaître le point de départ de la communauté quand il est absolument utile de le connaître.

(c) Ce qui est dit d'un huissier s'applique à tout autre officier public revêtu d'une charge, tel qu'un avocat à la Cour de cassation, un notaire, un avoué, un agent de change, un commissaire-priseur, un greffier, un courtier de commerce (L. 28 avril 1816, art. 91).

(d) Quel que soit le régime qu'on adopte, un office n'est pas sujet à évaluation. C'est un droit incorporel qui a une valeur

1 5   2º Les recouvrements [59] qui en dépendent (e).

1 6   3º Le cautionnement [224] de la somme de douze cents francs qu'il a fourni en sa qualité d'huissier plus (e) les intérêts [49] de ladite somme à raison de quatre pour cent courus depuis le premier janvier dernier jusqu'au jour du mariage.

1 7   4º Les meubles [86], effets mobiliers, linges et vêtements à son usage personnel, ainsi que ses deniers comptants, son argenterie et ses bijoux; le tout d'une valeur (e) de...

1 8   5º Une ferme appelée la *Capucine*, située à...

1 9   6º Et une pièce de pré de la contenance [91] de... située [141] sur le finage (id.) de..., lieu dit (id. Grain-d'Argent.

2 0   Duquel apport le futur époux a donné connaissance à la future épouse qui le déclare (f).

2 1   Art. 3. Constitution de dot [200] au futur époux. — Réserve de droit de retour [190].

2 2   En considération du mariage, M. et Mad. Bonjour sus-nommés, l'épouse dûment autorisée [68] de son mari, donnent et constituent en dot au futur époux, leur fils qui l'accepte [10], en avancement d'hoirie [200] sur leurs successions futures et par imputation d'abord sur la succession du premier mourant d'eux et subsidiairement sur celle du survivant (*ou bien* : chacun par moitié), la somme [35] de cinq mille francs [91] qu'ils promettent et s'obligent [107] solidairement [106] de remettre au futur époux dans les deux ans [77] du mariage avec intérêts [49] à dix pour cent par an.

2 3   Cette donation est faite sous la réserve du droit de retour [190] de la part des donateurs, pour le cas où le futur époux viendrait à décéder sans enfants (*on ajoute le plus souvent* : et où ces enfants décéderaient eux-mêmes sans postérité avant lesdits donateurs). Ce droit de retour ne pourra cependant s'exercer qu'à la charge de l'exécution des donations qui seront stipulées sous les art. 9, 10 et 11 ci-après (g).

2 4   Art. 4. Obligation de loger et nourrir le futur époux. — Compensation (167).

2 5   M. et Mad. Bonjour, père et mère du futur époux, toujours en considération du mariage, promettent et s'obligent solidairement [106] de loger et nourrir dans leur maison à Teurapion, pendant les deux premières années du mariage, les futurs époux et les enfants qui pourront naître du mariage. Sera aussi logée et nourrie dans la même maison, une femme de chambre pour le service desdits futurs époux.

2 6   Les frais de logement et de nourriture dont il s'agit sont fixés entre les parties à la somme de huit cents francs par année, laquelle somme se compensera [167] jusqu'à due concurrence avec les intérêts [49] de la dot ci-dessus constituée au futur époux par ses père et mère, de manière que ledit futur n'ait plus à leur tenir compte que de trois cents francs par an.

---

essentiellement variable, et qui est comme celle d'un immeuble. Il n'y a nécessité de donner une évaluation que quand il y a constitution dotale, à cause du rapport à faire à la succession de celui qui a fait donation.

(e) A cause du régime, il est tout-à-fait superflu d'évaluer les choses. Il en serait autrement avec la clause de stipulation de propres (V. *inf.* II. 2º), car alors on devrait ajouter ici :

« Et qui s'élèvent à la somme de..., suivant l'état que le futur époux en a dressé sur... feuilles de papier marqué du » timbre de soixante-dix centimes, lequel état devant être soumis à l'enregistrement avant ou en même temps que ces » présentes est demeuré ci-annexé après avoir été signé des parties et que dessus il a été fait mention de son annexe par » le notaire soussigné en présence des témoins ci-après nommés.

Ou bien, après l'évaluation : » laquelle somme est d'un recouvrement certain et sera considérée comme un apport réel » et effectif à cause de la difficulté qu'il y aurait de fournir des justifications du paiement, sauf à porter en non-valeur les » sommes qui en définitive seront reconnues n'avoir point été recouvrées. »

(f) Sous un régime qui exclut les dettes de la communauté, il faudrait dire ici :

» Faisant observer, ledit futur, que son apport est grevé d'une somme de... ce qui diminue ledit apport d'autant. »

(g) Lorsque les père et mère donnent chacun par moitié, et que l'un des donateurs décède avant le donataire et ses enfants, la réserve de droit de retour ne doit plus profiter que pour moitié au survivant (Ind. C. civ. 951), et lorsque la constitution de dot a lieu par imputation sur la succession du premier mourant, la réserve ne peut plus être exercée même pour moitié par le survivant. C'est pour éviter toute contestation sur ce point qu'on devrait ici ajouter ce qui suit :

« En tout cas, ce droit de retour n'aura lieu que pour la portion qui doit, en définitive, revenir à chaque donateur » survivant par suite de l'imputation ci-devant stipulée. »

87 Art. 5. Constitution de dot [200] a la future épouse. — Imputation. — Renonciation [62] a demander compte et a avantager. — Emploi de la dot.

88 Mad. veuve Camelin, sus-nommée, en considération du mariage, donne et constitue en dot [200] à la future épouse, sa fille, qui l'accepte, d'abord par imputation sur ce qui pourrait revenir à cette dernière dans la succession non encore liquidée de M. Georges Camelin, son père, après le décès duquel il a été seulement fait inventaire par M⁰... Notaire à..., le..., et ensuite pour, le surplus s'il y en a, venir en avancement [200] sur la future succession de la disposante.

89 1° La somme [35] de trois mille francs [91] en un trousseau composé de meubles et effets mobiliers, linges, vêtements et bijoux à l'usage de la future épouse ; lequel trousseau la donatrice promet et s'oblige [107] de remettre aux futurs époux dans la huitaine [77] du mariage, et la présente année écoulée sans réclamation de la part des futurs époux, la donatrice sera présumée libérée [84] et le futur époux sera chargé, vis-à-vis de la future épouse, de la valeur dudit trousseau, par le seul fait de la célébration du mariage, sans qu'il soit besoin de quittance [84] particulière.

90 2° Et une somme de douze mille francs dans la valeur d'un domaine situé [141] à..., consistant en..., plus amplement désigné au bail qui en a été fait à... pour neuf années qui ont commencé à courir le..., moyennant la somme de cinq cents francs de fermage annuel, franc d'impôts pour le propriétaire. Lequel domaine appartient en propre à la constituante ainsi qu'il résulte de l'acte contenant partage [143] des successions [88] de ses père et mère, passé devant M⁰..., Notaire à..., le..., dûment enregistré [42] ; et est évalué à cinq cents francs de revenu [30] net pour la liquidation du droit d'enregistrement.

91 Pourra la future épouse faire et disposer dudit domaine comme de chose à elle appartenant [22] en toute propriété et jouissance à compter du jour du mariage.

92 Au moyen de cette constitution de dot, la future épouse ne pourra demander ni compte [184] ni partage (id.) à sa mère de la succession de son père ; et pour le cas où il serait demandé compte et partage de cette succession, ladite future sera tenue de faire le rapport [146] de la dot [200] à elle constituée par ces présentes, pour, ladite dot, être imputée en totalité sur la succession de son père, et le surplus, s'il y en a, faire retour [190] à la constituante comme s'il n'y avait pas eu de donation.

93 De plus, Mad. veuve Camelin renonce [62] à avantager aucun de ses autres enfants plus que la future épouse, directement ou indirectement ; en sorte que, dans le cas où elle constituerait une dot plus forte aux autres enfants ou à l'un d'eux en particulier, elle serait tenue de faire un pareil avantage à ladite future épouse, ce à quoi elle s'oblige.

94 Il est expressément convenu que si, pendant le mariage, les biens immeubles [87] constitués en dot à la future épouse et ceux qui lui écherront par la suite par succession [88], donation [81], legs [24] ou autrement, viennent à être aliénés, le prix en provenant sera employé (h) en acquisitions d'immeubles au profit de la future épouse qui devront être acceptées par elle : les immeubles ainsi acquis en remploi [114] seront propres à ladite future et aux siens.

95 Art. 6. Limitation de l'hypothèque [30] légale de la future épouse.

L'hypothèque légale acquise à la future épouse sur les immeubles de son mari ne frappera que la ferme de la Capucine, désignée sous le n. 8 de l'art 2, constatant l'apport du futur, auquel objet ladite hypothèque se trouve expressément limitée. En conséquence, la pièce de pré située au lieu dit Grain-

---

(h) Au moyen de cette clause, les acquéreurs de biens immeubles de la femme sont tenus, comme sous le régime dotal, de faire emploi du prix de leurs acquisitions ; tellement qu'à défaut d'emploi, les aliénations sont nulles et la femme ou ses héritiers peuvent revendiquer contre *tous acquéreurs et détenteurs* les biens vendus (Cass. 22 nov. 1820 ; Lyon, 31 mars 1840). — V. inf. *les formules de contrat de mariage sous le régime dotal.*

Ce que nous venons de rapporter doit suffisamment avertir qu'il est toujours bon, quand il s'agit des biens de la femme, d'exiger la représentation d'un contrat de mariage, pour s'assurer si l'on traite avec sécurité ; car, ainsi qu'on vient de le voir, le remploi est obligatoire pour les acquéreurs sous tous les régimes. — V. sup. p. 52, *note* c.

d'Argent, ainsi que tous les immeubles que le futur époux pourra acquérir [109] et ceux qui pourro⟨ ⟩ lui échoir pendant le mariage par succession [88], donation [81], legs [24] ou autrement, seront affran⟨ ⟩ chis de cette hypothèque ; de manière que le futur époux pourra les aliéner [109] et échanger [20⟨ ⟩ quand et comme bon lui semblera, sans être obligé de demander l'avis [93] du conseil de famille de⟨ ⟩ future épouse, et que les acquéreurs et échangistes ne pourront être inquiétés ni recherchés au sujet ⟨ ⟩ cette hypothèque.

³⁶ Mais, si, pendant le mariage, cette hypothèque devient insuffisante, soit par la diminution du pr⟨ ⟩ de la ferme réservée en hypothèque, soit par l'augmentation des biens propres de la femme, il sera donné⟨ ⟩ la future épouse un supplément [30] d'hypothèque, qui sera réglé de gré à gré entre elle et son mar⟨ ⟩ et, dans ce cas, l'hypothèque nouvellement consentie n'aura d'effet à l'égard des tiers qu'à compter d⟨ ⟩ jour de l'inscription [83] au bureau des hypothèques ; il en sera de même dans le cas où ce supplémen⟨ ⟩ d'hypothèque ne serait obtenu qu'en justice. Cette hypothèque frappera alors les immeubles affectés, d⟨ ⟩ jour de l'obtention du jugement.

³⁷ Art. 7. Institution contractuelle [81]. — substitution [75].

³⁸ A ces présentes est intervenu M. Joseph [3] Bonjour (id.), ancien négociant (id.), demeurant (id.) à..

³⁹ Lequel, en considération du futur mariage de M. Alexandre Bonjour, son neveu, avec Mˡˡᵉ Camelin sus-nommés, institue [81] ledit futur époux, qui l'accepte [10], son héritier [78] dans tous ses biens promettant de lui conserver la totalité de sa succession. Mais le donateur substitue [75] jusqu'à concur rence de la moitié, au profit des enfants qui naîtront du mariage, les biens qui écherront au futur épou au moyen de la présente institution ; en sorte qu'il ne pourra en disposer, ni les hypothéquer [30], pou quelque cause que ce soit, à leur préjudice, que pour l'excédant de la moitié donnée à ces derniers Par suite de la présente institution, le donateur s'interdit de faire aucun acte de libéralité entre-vifs [8⟨ ⟩ ou testamentaire [131] au préjudice du donataire ou de ses héritiers, si ce n'est pour sommes modiques titre de récompense ou autrement conformément à l'art. 1083 du Code civil.

⁴⁰ Art. 8. Donation [81] de biens présents et a venir. — réserve de disposer.

⁴¹ A ces présentes est aussi intervenue Mad. Justine [3] Mouilleron (id.), veuve de M. Germai⟨ ⟩ Boudard, en son vivant chef d'escadron, elle sans profession (id.) demeurant (id.) à...

⁴² Laquelle, en considération du futur mariage de M. Bonjour avec Mˡˡᵉ Camelin, fait donation [81 entre-vifs à ladite future épouse, sa nièce, qui l'accepte [10], de tous les biens meubles [86] et immeuble⟨ ⟩ [87] appartenant actuellement à la donatrice, et qui pourront lui appartenir à quelque titre que ce soit à quelques sommes qu'ils puissent s'élever et en quelques lieux qu'ils soient dus et situés, sans aucun exception.

⁴³ Pour jouir, faire et disposer, par la future épouse, de l'universalité desdits biens en pleine propriét⟨ ⟩ [22] à compter du jour du décès de la donatrice.

⁴⁴ Cette donation est faite à la charge [38] par la future épouse qui s'y oblige [107] d'acquitter [84⟨ ⟩ toutes les dettes [26] actuelles de la donatrice, comprises en l'état (V. la formule d'état) qui en a ét⟨ ⟩ dressé entre les parties, et qui a été annexé [35] à ces présentes après avoir été signé des parties et fai⟨ ⟩ dessus mention de son annexe par le Notaire soussigné en présence des témoins ci-après nommés ; comme aussi d'acquitter [84] toutes les dettes futures de la donatrice, si la future épouse ne s'en tenait pas aux biens présents.

⁴⁵ Nonobstant la présente donation universelle, la donatrice aura la faculté de disposer de ses biens jusqu'à concurrence d'une somme ou d'une valeur de,.., par donation entre-vifs [81] ou par testament [132], mais dans le cas où à son décès elle n'aurait pas usé de la faculté par elle réservée, cette somme ou cette valeur de..., se trouvera comprise dans la présente donation ; le tout conformément à l'art. 1086 du Code civil.

⁴⁶ Art. 9 Donation [81] a la future épouse pour tenir lieu de douaire.

⁴⁷ Le futur époux fait donation [81] entre-vifs et irrévocable à la future épouse qui l'accepte [10] pour le cas où elle lui survivrait, et afin de lui tenir lieu de l'avantage connu autrefois sous le nom de douaire,

d'une (*i*) rente [76] annuelle et viagère, franche de retenûe [49] de six cents francs [91] payable [84] de trois mois en trois mois à compter du jour du décès du futur époux pendant la vie de la future épouse, de laquelle rente, quoique créée pour le cas de survie seulement, le futur époux se constitue débiteur [26] dès-à-présent d'une manière irrévocable en faveur de la donataire qui se trouvera créancière éventuelle dès l'instant de la prononciation du mariage.

46 Art. 10. DONATION [84] D'UN DROIT D'HABITATION [193].

49 Outre la donation contenue en l'article qui précède, la future épouse aura droit à une habitation [193] convenable dans l'une des maisons du futur époux, à son choix, pour en jouir pendant sa vie tant qu'elle restera en état de viduité; et si, lors du décès du futur époux, il ne se trouve pas de maison appartenant à celui-ci où elle puisse demeurer, elle aura, pendant le même temps, pour son droit d'habitation, une somme annuelle de..., indépendamment de la donation ci-dessus, laquelle somme lui sera payée annuellement en quatre termes et par portions égales de trois en trois mois; cette somme courra de droit à partir du jour du décès du futur époux.

50 Art. 11. DONATION MUTUELLE [214] ENTRE LES ÉPOUX.

51 Les futurs époux (*j*) se font, par ces présentes, donation [214] entre-vifs pure et simple, au survivant d'eux, ce qui est accepté respectivement par ledit survivant, (*k*) de l'usufruit [69] de tous les biens meubles [86] et immeubles [87] qui se trouveront appartenir au premier mourant d'eux au jour de son décès et qui composeront sa succession, de quelque nature et de quelque valeur qu'ils soient, et en quelques endroits qu'ils soient dus et situés; pour en jouir par le survivant pendant sa vie, à compter du jour du décès dudit prémourant, sans être obligé de donner caution [69] ni de faire emploi (*id.*) du mobilier, mais à la charge de faire faire un bon et fidèle inventaire (*id*) (*l*).

52 Dans le cas d'existence d'enfants du mariage ou de descendants d'eux, à l'époque du décès du premier mourant, la présente donation (*m*) sera réduite à la moitié en usufruit desdits biens.

53 Art. 12. RESTITUTION DE LA DOT [200] (*n*).

54 Le futur époux, survivant à la future épouse, jouira d'un délai [77] de trois années pour restituer aux héritiers et représentants de la future épouse toutes les sommes propres à cette dernière et qui dépendront de sa succession. Cette restitution aura lieu par tiers d'année en année à compter du jour du décès de la

---

(*i*) *Ou bien* : d'une somme de.., une fois payée à prendre sur les plus clairs biens dudit futur époux; de laquelle somme ledit futur se constitue débiteur, etc.

(*j*) On ajoute très souvent ici *« pour se donner une marque de leur affection »* ou d'autres termes équivalents. — Mais cet usage n'est pas bon à suivre, car assez communément l'intérêt l'emporte sur l'affection et d'un autre côté il peut arriver que les événements ultérieurs protestent contre les expressions de sentiment contenues au contrat de mariage, notamment en cas de séparation de corps. D'ailleurs les contrats étant des lois pour les parties ne doivent, comme les lois elles-mêmes, contenir que des dispositions qui ne s'éloignent jamais de la gravité qui convient à des engagements de la plus grande solennité.

(*k*) *Ou bien* : de tous les biens meubles et immeubles qui composeront la succession du prémourant, de quelque nature et valeur qu'ils soient, et en quelques lieux qu'ils soient dus et situés.

Pour en jouir, faire et disposer par le survivant en toute propriété et jouissance à compter du jour du décès du premier mourant.

En cas d'existence d'enfants du mariage ou de descendants d'eux, à l'époque du décès du premier mourant des époux, la présente donation sera réduite à moitié en usufruit ou à un quart en toute propriété et à un autre quart en usufruit avec dispense de caution et d'emploi du mobilier à raison de l'usufruit, mais à la charge de faire faire inventaire; le tout au choix du survivant.

(*l*) Pour que le survivant ne soit point libre de faire inventaire quand bon lui semble, on ajoute ordinairement ici : *« dans les six mois du décès du prédécédé »*.

(*m*) *Ou bien* : sera considérée comme nulle et non avenue.

(*n*) Attendu le régime adopté par la formule, la clause qui suit ne pourrait avoir d'effet que pour les prix d'immeubles et qu'autant que le don mutuel entre les époux n'absorberait pas tous les biens du prédécédé.

future épouse ; les sommes à restituer ne seront productives d'aucun intérêt [49] pendant le cours de première année du veuvage, mais ils courront ensuite à raison de cinq pour cent par an sans retenue [◄ payables de six en six mois.

55 Ce délai sera révoqué de plein droit pour le cas où le futur époux convolerait à de secondes noc

56 Art. 15. CLAUSE POUR UN FONDS DE COMMERCE.

57 Dans le cas où, lors de la dissolution de la communauté, les futurs époux exerceraient un commer quelconque, le survivant aura la faculté de retenir à son profit, d'abord à valoir sur ce qui pourra lui ▪ venir par l'effet de la liquidation et du partage de communauté, et pour le surplus, s'il y en a, mais charge de remboursement, le fonds de commerce qu'ils se trouveront exploiter au moment du décès prémourant, avec droit exclusif à l'achalandage, ensemble les ustensiles et marchandises qui en dépendro savoir; les meubles, ustensiles et marchandises, pour le montant de la prisée qui en sera faite par l'inve taire, et l'achalandage pour le montant de l'estimation qui en sera faite par experts [195].

58 Le remboursement, pour la portion qui sera due aux héritiers du prédécédé aura lieu trois ans ap le décès du prémourant, à la charge des intérêts [49] à compter du jour de ce décès.

59 Le survivant exerçant la faculté dont il s'agit aura seul droit au bail [105] des lieux servant à l'expl tation du fonds de commerce; il en acquittera les loyers et satisfera aux clauses [58] du bail ; et il fera ◄ sorte qu'à cet égard les héritiers du prémourant ne puissent être recherchés en aucune manière.

60 Si le commerce est exercé dans une maison appartenant à la communauté ou à la succession du préd cédé, il en sera passé bail à dire d'experts [195] au profit du survivant, pour neuf années au moins partir de l'expiration du terme dans lequel arrivera le décès (o).

61 Telles sont les conventions des parties qui ont été arrêtées en présence de leurs parents et amis ci-apr nommés, savoir ;

62 Du côté du futur époux, de M... (cette désignation se fait seulement par noms, prénoms, qualités et deg de parenté).

63 Et du côté de la future épouse, de M... (comme à l'alin. 62).

64 Dont acte, fait et passé à Teurapion [12] en la demeure (id). de la mère de la future épouse, l'an n huit cent quarante quatre [13] le vingt cinq février (id), en présence de Mrs (noms, prénoms, professions demeures), témoins instrumentaires [14] ; et les parties ont signé [15] avec les assistants, les témoins le notaire, après lecture [16].

65 V. Répertoire, note 17. — Enregistrement, notes 18, 19 et 60.

66 Et, au besoin, la table alphabétique du commentaire.

II. 1° Contrat de mariage sous le régime de la communauté conventionnelle.
Avec une communauté réduite aux acquêts, la clause de franc et quitte, celle de préciput et une assignation

II 1° CONTRAT DE MARIAGE SOUS LE RÉGIME DE LA COMMUNAUTÉ [166] CONVENTIONNELLE

AVEC UNE COMMUNAUTÉ RÉDUITE AUX ACQUÊTS (C. civ. 1498), LA CLAUSE DE FRANC ET QUITTE (C. civ. 1514), CELLE DE PRÉCIPUT (C. civ. 1515) ET UNE ASSIGNATION DE PARTS INÉGALES DANS LA COMMUNAUTÉ (C. civ. 1520).

2 PAR-DEVANT Me Paul [1] DRUCY (id.), Notaire [2], à la Croix-Pilatte (1), département de... soussign [15] — V. sup. p. 3, alin.

_____

(o) Cette clause peut encore être conçue ainsi qu'il suit :

Dans le cas où, lors de la dissolution de la communauté, les futurs époux feraient un commerce quelconque, le survi vaut aura seul droit à la continuation de ce commerce, et à la jouissance des lieux où il s'exercera; et toutes les marchandise et tous les ustensiles lui appartiendront. Le survivant devra seulement compte aux héritiers du prédécédé, de la valeur de ja moitié des marchandises et ustensiles au prix de fabrique ou de facture et à dire d'experts.

Il sera passible du loyer des lieux de l'exploitation du fonds de commerce à partir du terme qui suivra celui de l'événe ment du décès; mais il ne devra aucune somme ni indemnité, pour fonds ou achalandage, aux héritiers du prémourant; En conséquence, il ne pourra, à cet égard, être fait aucune demande ni exercé aucune espèce d'action contre le survivant

NOTA. Il est bien entendu que la clause faisant l'objet de l'art. 15, ne pourrait avoir d'effet qu'autant que le don mutuel entre les époux n'absorberait pas tous les biens.

Sont comparus :

M. Félix [3] Louveau (id.), artiste vétérinaire (id.), demeurant (id.) à la Croix-Pilatte.

Fils majeur [79] de M. Louis Louveau, marchand-droguiste et de la dame Marie Paulot, son épouse, tous deux décédés à la Croix-Pilatte.

Stipulant [52] pour lui et en son nom   D'UNE PART.

Et Dem^{lle} Léontine [3] Dufloc (id.), sans profession (id.), demeurant (id.) aussi à la Croix-Pilatte.

Fille mineure [68] de défunts M. Léon Dufloc, en son vivant marchand-tanneur à la Croix-Pilatte et la dame Cécile Courot, son épouse, dont elle est seule et unique héritière [78].

Stipulant [52] en ces présentes sous l'assistance et le consentement [101] de M. Charles Dufloc, son oncle, propriétaire demeurant à…, agissant comme représentant tous les membres composant le conseil de famille de ladite mineure par suite de la délégation qu'ils lui ont donnée à l'effet de consentir aux conventions ci-après qui ont été arrêtées par une délibération de ce conseil de famille [93] tenu sous la présidence de M. le juge de paix [94] de la Croix-Pilatte, le tout ainsi qu'il résulte du procès-verbal qu'il en a dressé assisté de son greffier le…, dûment enregistré [42], et dont une expédition [64] est demeurée annexée [55] à ces présentes après avoir été fait dessus mention de cette annexe par le Notaire soussigné, en présence des témoins ci-après nommés   D'AUTRE PART.

Lesquels, en vue du mariage [63] convenu entre eux et dont la célébration aura lieu incessamment (ou : le…, V. sup. p. 315 alin. 10) devant l'officier de l'état civil de la Croix-Pilatte, ont arrêté les clauses [58] et conditions [153] civiles de ce futur mariage, ainsi qu'il suit :

Art. 1. COMMUNAUTÉ RÉDUITE AUX ACQUÊTS.

Les futurs époux se soumettent au régime de la communauté réduite aux acquêts (a), tel qu'il est établi par les art. 1498 et 1499 du Code civil.

Ils excluent, en conséquence, de leur communauté les dettes [26] de chacun d'eux actuelles et futures et leur mobilier (b) respectif présent et futur [86]. Cependant les dettes qui pourront être contractées par le mari durant le mariage seront censées l'avoir été pour le compte de la communauté et feront partie de cette même communauté.

Art. 2. APPORT DU FUTUR ÉPOUX.

Le futur époux apporte en mariage et se constitue en dot 1° les outils, livres et objets relatifs à sa profession, consistant en… (désigner ici ces objets, ou bien en faire un état estimatif (c) séparé qu'on annexe au contrat de mariage).

2° Les effets mobiliers, le linge, les vêtements et les bijoux à son usage personnel, et qui se com-

---

(a) Ou : il n'y aura entre les futurs époux qu'une communauté d'acquêts. — Et même, la clause portant « il y aura entre les époux une communauté d'acquêts » suffit pour exclure de la communauté le mobilier présent et futur (J^{al} du Manuel, art. 1).

(b) Le régime de la communauté réduite aux acquêts est peu en usage, parce qu'il oblige à faire un état de tout l'apport mobilier des époux, pour que chacun d'eux puisse en exercer la reprise en nature et que c'est toujours une chose fastidieuse que de faire un pareil état. Ici la difficulté prévue n'est pas grande, car l'apport du futur est facile à constater et celui de la future est presque tout constaté par un inventaire.

Ou aime mieux ordinairement stipuler une communauté légale avec stipulation de propres, ce qui n'oblige qu'à évaluer en masse le mobilier sans aucun détail. Mais entre ce régime et celui de la communauté réduite aux acquêts il y a cette notable différence, c'est que durant cette dernière communauté les objets mobiliers provenant de la femme et compris en l'état lui sont propres au point de ne pouvoir être saisis par un créancier du mari ou de la communauté, leur identité étant facile à reconnaître au moyen de la désignation qui en a été faite dans l'état, tandis que sous le régime de la communauté légale avec stipulation de propres, les objets apportés par la femme sont saisissables, le défaut d'état les faisant tomber dans la communauté à la charge seulement par le mari de tenir compte de l'estimation totale qui leur a été donnée; toutefois la saisissabilité ne doit point s'étendre aux meubles incorporels, car ils sont toujours reconnaissables. — V. la formule qui suit p. 323.

(c) Cette évaluation n'est nécessaire que pour indemniser l'époux de la valeur de l'objet quand il n'existe plus et que la communauté en a tiré tout le profit.

41

322

posent : 1° de... (*désigner ici ces objets avec estimation, ou bien en faire un état estimatif séparé qu'on annexe au contrat de mariage, en ayant soin d'indiquer s'il y a , des objets qui portent la marque de l'épou. et comment est cette marque*).

17 3° Et la somme de six cents francs en deniers comptants.

18 Duquel apport il a été donné connaissance à la future épouse et à son tuteur, qui le déclarent.

19   Art. 3. Apport de la future épouse.

20 La future épouse apporte en mariage et se constitue en dot tous les droits à elle acquis par le décè [63] de ses père et mère sus-nommés dont elle est seule héritière [78] lesquels droits sont constatés par l'in lventaire [145] fait après le décès de sesdits père et mère par Me..., notaire à..., le..., dûment enregistr [42]; faisant observer que tous les meubles et objets mobiliers existent encore tels qu'ils sont décrits en l'inventaire, le tuteur ayant été autorisé à les conserver en nature, et quant aux créances et denier. comptants que le tuteur aura très prochainement un compte à rendre à ce sujet et que ce compt tiendra lieu de l'état exigé par la loi.

21 De plus la future épouse se constitue en dot les effets mobiliers [86], le linge , les vêtements et le bijoux à son usage personnel, et dont le détail suit : (V. *pour ce détail ce que nous avons dit sup, alin. 1* et 16)

22   Art. 4. Assignation de parts inégales dans la communauté.

23 La communauté ci-devant établie se composera du revenu [80] des biens des futurs époux , de tou les bénéfices qu'ils feront et de tout ce qu'ils auront acquis ensemble ou séparément durant ladite com munauté , ainsi que de tout le mobilier [86] échu à l'un ou à l'autre des époux et qui n'aura point ét constaté par inventaire [145] ou état en bonne forme, à moins que la future ne fasse preuve soit pa titres , soit par témoins, soit même par commune renommée, de la valeur de ce mobilier.

24 (*d*) Lors de la dissolution de cette communauté, le futur époux aura les trois cinquièmes et la futur épouse les deux cinquièmes des bénéfices, distraction faite des reprises [200], indemnités (*id.*), remploi [114] et prélèvements [146] concernant les propres de chacun desdits futurs.

25   Art. 5. Préciput [166] en faveur du survivant.

26 Le survivant des futurs époux prendra par préciput [146] et avant partage [143] de la communauté

---

1 (*d*) On peut, suivant les conventions des parties, substituer à cet alinéa l'une ou l'autre des clauses suivantes :

2 I. *Cas où la totalité de la communauté appartiendra au survivant, lors même qu'il y a des enfants du mariage :*

3 Cette communauté n'aura lieu qu'au profit du survivant seul des futurs époux, qu'il y ait ou non des enfants du mariage ; de sorte que tous les biens qui feront partie de la communauté appartiendront au survivant, sans aucune exception , à la charge, bien entendu , d'acquitter toutes les dettes de la communauté.

4 II. *Cas où la totalité de la communauté appartiendra au survivant, s'il n'y a point d'enfants du mariage :*

5 Cette communauté n'aura lieu qu'au profit du survivant des futurs époux et des héritiers en ligne directe descendante du prédécédé ; de sorte que si celui-ci ne laisse que des héritiers collatéraux ou des ascendants, tous les biens de la communauté, de quelque nature qu'ils soient appartiendront audit survivant.

6 III. *Cas où les héritiers du prédécédé n'auront qu'une quotité de la communauté :*

7 Cette communauté n'aura lieu par égale portion qu'entre les futurs époux, ou au profit de leurs héritiers en ligne directe descendante : elle n'aura lieu , à l'égard des autres héritiers , s'il n'existe pas d'enfants, que pour le tiers de la moitié qu'aurait eue le prédécédé, outre la reprise des biens propres de celui-ci, de manière que les deux autres tiers de l'actif de communauté appartiendront audit survivant.

8 V. *Cas où les héritiers du prédécédé n'auront droit qu'à une somme déterminée :*

9 S'il arrive que l'un des futurs époux décède sans enfants ni descendants légitimes, ses héritiers collatéraux ne pourront prétendre, pour tout droit dans la communauté, qu'une somme de..., outre les biens propres du prédécédé dont il n'aurait pas disposé.

10 Pour le paiement de laquelle somme, ainsi que pour la restitution des propres du prédécédé, le survivant aura terme et délai de deux ans, à partir du jour du décès de son conjoint, et la somme dont il se trouvera débiteur ne sera productive d'intérêts qu'à partir de l'expiration de l'année qui suivra ce décès. — *V. sup. p.* 319, *alin.* 53 *et* 54.

des meubles [86] et effets mobiliers (*id.*) de ladite communauté jusqu'à concurrence de..., suivant la prisée [145] de l'inventaire qui sera fait alors, ou cette somme en deniers comptants au choix dudit survivant (*e*).

27   Art. 6. Clause pour la faculté accordée a la femme de reprendre son apport

franc et quitte [166].

28   La future épouse ou ses enfants (ou : ses héritiers [78]), en renonçant [62] à la communauté, auront la faculté de reprendre [166] tout ce qu'elle aura apporté en mariage et tout ce qui lui sera échu pendant sa durée soit en biens meubles [86], soit en immeubles [87], par succession [88], donation [81], legs [24] ou autrement [22]; et si c'est la future épouse elle-même qui exerce cette faculté, elle reprendra en outre le préciput [166] (*f*) ci-dessus stipulé (*h*).

29   Toutes ces reprises seront franches et quittes de toutes dettes [26] de la communauté, encore que la future épouse se fût obligée ou eût été condamnée à les payer ; auquel cas elle ou ses enfants (ou : ses héritiers) en seront garantis ou indemnisés par le futur époux et hypothécairement [30] sur tous ses biens conformément à la loi.

30   Telles sont les conventions des parties (V. *sup. p.* 320, *alin.* 61, 62 *et* 63),

31   Dont acte, fait et passé à la Croix-Pilatte [12] en l'étude (*id.*), l'an mil huit cent quarante-quatre [15] le quinze mars (*id*), en présence de M\rs (*noms, prénoms, professions et demeures*), témoins instrumentaires [14] ; et les parties ont signé [15] avec les assistants, les témoins et le Notaire, après lecture [16].

32   V. *Répertoire*, note 17. — *Enregistrement*, notes 18, 19 et 60.

33   La formule de *changement* ou *contre-lettre* à un contrat de mariage.

34   Et la formule de *contrat de mariage qui précède*, ainsi que les notes étant au bas des pages de cette formule.

---

1   II 2° CONTRAT DE MARIAGE [166] SOUS LE RÉGIME DE LA COMMUNAUTÉ (*id.*) CONVENTIONNELLE.

2   AVEC STIPULATION DE PROPRES (*a*) OU CLAUSE D'EXCLUSION DE LA COMMUNAUTÉ DE TOUT OU PARTIE DU MOBILIER (C. civ. 1500), LA CLAUSE D'AMEUBLISSEMENT (C. civ. 1505) ET CELLE DE SÉPARATION DES DETTES (C. civ. 1510).

3   Par-devant M\e Sixte [1] Quintien (*id.*), Notaire [2] à Bois-du-Jour [1], département de... , soussigné [15]. — V. *sup. p.* 3, *alin.* 1.

II. 2° Contrat de mariage sous le régime de la communauté conventionnelle

Avec stipulation de propres ou clause d'exclusion de la communauté de tout ou partie du mobilier, la cause d'ameublissement et celle de séparation de dettes.

Entre commerçants dont l'un est enfant de père et mère inconnus.

(*e*) *On ajoute quelquefois, eu égard au rang et à la fortune des parties* : le survivant des futurs époux prendra et prélèvera en outre, à titre d'augment [166] de préciput, savoir ; si c'est le futur époux, sa bibliothèque, ses bijoux, son cheval et son cabriolet; (*quand le futur époux est un militaire, on peut dire* : si c'est le futur époux, ses armes et équipages de guerre, deux chevaux de selle, etc.) ; et si c'est la future épouse, ses diamants, dentelles, bagues et joyaux.

Ou bien : Le survivant des futurs époux prendra encore, à titre d'augment de préciput, sa voiture de ville, ses chevaux et leurs harnais.

(*f*) *Quand il y a un augment de préciput, on doit mettre ici* : et l'augment de préciput ci-dessus stipulé.

(*h*) Lorsqu'il s'agit d'un contrat de mariage de peu d'importance, et qu'il n'y a point d'autre disposition éventuelle que celle qui accorde à la femme le droit de reprendre le préciput même en renonçant, on peut, pour éviter un droit fixe d'enregistrement de 5 fr., terminer ainsi l'alinéa : « elle reprendra *en outre les linges et hardes à son usage conformément à l'art.* 1492 *du C. civ.* » Par ce moyen le droit fixe n'est pas dû, car la reprise ayant lieu par l'effet de la loi il n'y a point d'avantage conventionnel de l'un à l'autre époux ; il en serait autrement en accordant à la femme le droit de reprendre le préciput tel qu'il est stipulé à l'art. 5 parce que la renonciation ayant pour effet de rendre le mari propriétaire de toute la communauté, le prélèvement constitue, dans ce cas, un avantage au profit de la femme sur les biens du mari (C. civ. 1516).

(*a*) Lorsque la stipulation de propres ou exclusion de communauté porte sur la totalité du mobilier, on peut au premier-

Sont comparus :

M. Basile [3] Rigobert (*id.*), marchand épicier (*id.*) demeurant (*id.*) à sainte-Geneviève.

Fils majeur [79] du Sr Paul Rigobert, arpenteur-géomètre et de la dame Mélanie Fortunat, son épouse, demeurant aussi à sainte-Geneviève,

Stipulant [52] pour lui et en son nom, en présence et du consentement de sesdits père et mère — (V. *sup. p.* 315, *alin.* 6)..

D'UNE PART

Et dem^{elle} Lucienne [5] Arcade (*id.*), fille de boutique chez M. Bonhumain, marchand épicier demeurant à sainte-Geneviève.

Fille mineure [65] de père et mère inconnus, agée de vingt ans étant née [63] à..., le..., admise à l'hospice des enfants trouvés de Paris où elle a été inscrite sous le n.... du registre matricule, et placée sous le n.... du registre de placement par le préposé de l'arrondissement de.., chez M. Bonhumain, sus-nommé.

Stipulant [52] en ces présentes sous l'assistance et autorisation de M. Jacques Maurice Duplay, chevalier de l'ordre de la légion d'honneur demeurant à Paris rue de Vaugirard n. 15, représenté par [80] M. Antoine Mincot, maire de la ville de sainte-Geneviève, y demeurant, comme étant son mandataire spécial suivant la procuration qu'il lui a donnée par acte passé devant Me Champion qui en a gardé minute [59] et son collègue, notaires à Paris, le.., dûment enregistré [42], dans laquelle procuration ledit Sr Duplay a agi comme tuteur [163] des mineurs et orphelins admis dans les hospices civils de Paris et en outre comme spécialement autorisé par une délibération de la commission administrative desdits hospices faisant fonction de conseil de tutelle en date du..., à assister ladite mineure Arcade au contrat qui contiendra les clauses et conditions civiles de son mariage avec le Sr Rigobert, fils, comparant. Expéditions [64] en forme desquelles procuration et délibération sont demeurées annexées [35] à ces présentes après avoir été de M. Mincot certifiées véritables (*id*), en présence du notaire et des témoins soussignés.

D'AUTRE PART,

Lesquels ont réglé, ainsi qu'il suit, les clauses et conditions civiles du mariage [65] convenu entre eux et dont la célébration aura lieu le... (— V. *sup. p.* 315, *alin.* 10), devant l'officier de l'état civil de sainte-Geneviève.

Art. 1. Régime de la communauté.

Il y aura entre les futurs époux communauté de biens meubles [86] et conquêts immeubles [87] conformément au régime de la communauté légale, sauf les modifications ci-après exprimées :

Art. 2. Séparation des dettes [166].

Nonobstant cette communauté, les futurs époux ne seront pas tenus des dettes [26] et hypothèques [30] l'un de l'autre antérieures au mariage non plus que de celles dont seraient grevés les biens propres à chacun d'eux ; en conséquence, s'il en est acquitté pendant le mariage, la communauté en sera indemnisée par celui du chef duquel elles proviendront ou par ses héritiers [78].

Art. 3. apport du futur époux.

L'avoir du futur époux consiste : 1° Dans le fonds de commerce de marchand épicier qu'il tient à Ste.-Geneviève, rue..., n°..., composé de l'achalandage dudit fonds, des ustensiles et marchandises, et de l'actif [25] que présentent les résultats de ses comptes courants avec diverses personnes, constatés par ses livres de commerce [26]; le tout présentant une valeur totale de quinze mille trois cent cinquante francs grevés d'un passif [27] de treize cent cinquante francs [35 et 91].

2° Et en meubles meublants, effets mobiliers, linges et vêtements à son usage personnel, argenterie et deniers comptants, le tout d'une valeur de deux mille quatre cents francs.

---

abord voir une parfaite similitude entre ce régime et celui de la communauté réduite aux acquêts, mais il n'en est point ainsi quand on considère les effets de l'un et l'autre régimes. — V. la note *B* de la formule qui précède, page 321.

19 Duquel apport le futur époux a donné connaissance à la future épouse et au mandataire de son tuteur, ainsi qu'ils le déclarent.

Art. 4. APPORT DE LA FUTURE ÉPOUSE

21 La future épouse apporte en mariage et se constitue en dot :

1° Les meubles, effets mobiliers, linges et hardes à son usage personnel, ainsi que ses bijoux et joyaux, le tout étant d'une valeur de dix-huit cents francs.

22 2° Une somme de six cents francs en deniers comptants.

23 3° Et une maison [87] située [141] à Ste-Geneviève, rue..., n°..., avec toutes ses dépendances [71], appartenant [22] à la future épouse au moyen de la donation [81] qui lui en a été faite par M. Jean PAUPERT, homme de lettre, demeurant à.., suivant acte passé devant Me.., Notaire à..., le.., dûment enregistré [42].

24 Duquel apport, ensemble du titre de la maison, le futur époux demeurera chargé vis-à-vis de la future épouse, par le seul fait du mariage, sans qu'il soit besoin d'aucune autre quittance ou décharge.

Art. 5. MISE EN COMMUNAUTÉ ET STIPULATION DE PROPRES [166].

26 Des biens des futurs époux il entrera de part et d'autre en communauté une somme de cinq mille francs, pour faire un fonds de dix mille francs; à l'égard du surplus de leurs biens (b), et de ce qui par la suite leur écherra tant en biens meubles [86] qu'en immeubles [87] par succession [88], donation [81], legs [24] ou autrement [22], le tout est réservé propre à chacun d'eux et demeure exclu de la communauté.

Art. 6. AMEUBLISSEMENT [166].

28 La future épouse consent l'ameublissement jusqu'à concurrence de deux mille six cents francs, de la maison qu'elle s'est constituée en dot, pour faire le complément de sa mise en communauté; en conséquence, le futur époux pourra l'aliéner pour se remplir de cette somme, mais à la charge de faire le remploi [114] du surplus du prix de cette aliénation au profit de la future épouse. — V. sup. p. 317, alin. 34, et la note h au bas de cette page.

Art. 7. CLAUSE RELATIVE AU FONDS DE COMMERCE. — V. sup. p. 320, alin. 57 à 60.

30 Telles sont les conventions des parties (V. sup. p. 320, alin. 61, 62, 63).

31 Dont acte, fait et passé à Ste-Geneviève [12], en l'étude (id.), l'an mil huit cent quarante-quatre [13], le seize mars (id.), en présence des Srs (Noms, Prénoms, Professions et demeures), témoins instrumentaires [14], et les parties ont signé [15] avec les assistants, les témoins et le Notaire, après lecture [16].

32 V. Répertoire, note 17. — Enregistrement, notes 18 et 19.

33 Et emprunter aux formules qui précèdent et à celles qui suivent les dispositions qui peuvent convenir à celle-ci.

II. 3° CONTRAT DE MARIAGE [116] SOUS LE RÉGIME DE LA COMMUNAUTÉ CONVENTIONNELLE (id.),

AVEC UNE COMMUNAUTÉ [166] A TITRE UNIVERSEL (C. civ. 1526).

PAR-DEVANT Me Hilaire [1] FURCY (id.), Notaire [2] à Courcelles [1], département de..., soussigné [15].
—V. sup. p. 3, alin. 1.

II. 3° Contrat de mariage sous le régime de la communauté conventionnelle,
Avec une communauté à titre universel.

(b) Lorsqu'il n'y a point de mise en communauté, on supprime ce qui précède et on commence l'art. ainsi qu'il suit :
La communauté présentement établie se composera du revenu des biens des futurs époux, de tous les bénéfices qu'ils feront et de tout ce qu'ils auront acquis ensemble ou séparément depuis le mariage; à l'égard de leurs apports....

4 Sont comparus :

5 M. Hilaire [3] MAUR (*id.*), principal clerc (*id.*) de Notaire, demeurant (*id.*) à Courcelles

6 Fils majeur]79] de M. Antoine MAUR , Notaire à la résidence de Courcelles , et de dame Agnè VINCENT, son épouse, décédée [03] audit lieu.

7 Stipulant [32] pour lui et en son nom, en présence et du consentement de M. son père , sus-nommé lequel va lui-même stipuler en ces présentes, à cause de la dot [200] qu'il va constituer à son fils

D'UNE PART

8 Et Mlle Alphonsine [3] BABYLAS (*id.*), sans profession (*id.*), demeurant (*id.*) à Courcelles.

9 Fille majeure [79] de M. Alphonse BABYLAS, en son vivant avocat, et de la dame Julienne AMIET, son épouse, tout deux décédés [63].

10 Stipulant [12] pour elle et en son nom,

D'AUTRE PART

11 Lesquels , en vue du mariage [63] projeté entre eux et dont la célébration aura lieu le..., devant l'officier de l'état civil de Courcelles, en ont arrêté les clauses et conditions civiles ainsi qu'il suit :

Art. 1. RÉGIME DE LA COMMUNAUTÉ.

12 Il y aura entre les futurs époux une communauté universelle (*a*) de biens meubles [86] et immeubles [87] présents et à venir, même de propres (*b*).

13 Art. 2. APPORT DU FUTUR ÉPOUX.

14 Le futur époux apporte en mariage et se constitue en dot les effets mobiliers [86], linge, hardes, bijoux et joyaux à son usage personnel, et qui sont de valeur de....(*c*)

15 Duquel apport le futur époux a donné connaissance à la future épouse qui le déclare.

16 Art. 3. OFFICE [191] CONSTITUÉ EN DOT (*d*).

17 M. Antoine Maur, sus-nommé, père du futur époux, en considération du mariage de son fils avec

---

(*a*) *Ou* : de biens meubles et immeubles présents seulement , tous leurs biens à venir étant réservés propres à chacun d'eux et exclus de la communauté.

Ou bien : de biens meubles et immeubles à venir seulement; tous leurs biens présents étant réservés propres à chacun d'eux et exclus de la communauté.

(*b*) *On peut ajouter ici* : Pour le cas seulement ou lors de la dissolution de la communauté il y aurait des enfants vivant du mariage.

Mais si lors de cette dissolution il n'existe point d'enfants dudit mariage , les apports des époux ainsi que ce qui leur écherra pendant la communauté, soit en biens meubles , soit en immeubles, par succession , donation , legs ou autrement sont réservés propres à chacun d'eux et demeurent exclus de la communauté. Quant aux dettes actuelles et futures des époux elles seront à la charge de celui du chef duquel elles proviendront. — V. *pour ce cas l'avant dernière formule.*

(*c*) La constatation et l'évaluation de cet apport est inutile quand la communauté est universelle. Elles n'ont lieu ici que parce que le régime adopté n'est que conditionnel.

(*d*) Les conventions insérées dans les contrats de mariage étant irrévocables, et le gouvernement ne pouvant renoncer dans aucun cas, au droit qui lui appartient d'apprécier le mérite du candidat le taux auquel le traité est consenti, les Notaires sont prévenus que cette forme ne saurait à l'avenir être admise et que les parties devront toujours produire des traités en la forme ordinaire, soit par acte sous seings-privés, soit par actes authentiques. (*Lettre du Ministre de la Justice* du mois de janvier 1844, *transmise par les Procureurs du Roi aux Chambres des Notaires*).

NOTA. La loi du 28 avril 1816 (art. 91) donne le droit aux titulaires d'office *de présenter des successeurs à l'agrément du Roi pourvu qu'ils reunissent les qualités exigées par les lois.* Lors donc qu'un candidat a les qualités requises, le droit d'être nommé lui est acquis , on ne doit plus connaître le règne du bon plaisir; et si à la chancellerie on s'attribue le droit d'apprécier le mérite du candidat et le taux du traité de l'office, nous regardons ces deux prétentions comme fort contestables car elles exigent plus que l'art. précité de la loi de 1816, et sont en opposition formelle avec les art. 6 , 7 et 8 de la loi du 25 juin 1841, qui consacrent le droit de transmission à titre onéreux et celui de transcription à titre gratuit par disposition entre-vifs ou à cause de mort.—Et même en admettant le bien-fondé des prétentions de la chancellerie, nous ne voyons point que le Roi ait la main forcée pour une nomination par l'irrévocabilité de la disposition faisant l'objet du contrat de mariage; en effet, si le candidat est admis et nommé, le contrat recevra son exécution; s'il ne l'est pas, la disposition restera sans effet et le titulaire qui n'aura point cessé ses fonctions aura à s'entendre avec le donataire pour vendre l'office de concert entre eux , car celui-ci ne pourra exiger immédiatement l'équivalent de la dot puisque c'est par son fait que la nomination n'aura point eu lieu.

Mlle Babylas, donne et constitue en dot [260] en avancement sur sa succession, à son dit fils qui l'accepte [10] : 1° Le titre ou office de Notaire à la résidence de Courcelles, dont est revêtu le donateur, et pour la transmission duquel office il a déjà fait en faveur de son fils la déclaration prescrite par l'art. 91 de la loi du vingt-huit avril mil huit cent seize; 2° et tous les recouvrements [59] attachés à cet office, ainsi que les meubles et effets mobiliers existant dans l'étude des clercs et le cabinet du Notaire.

¹⁸ La valeur du tout est fixée entre les parties à la somme de cinquante mille francs, dont quarante quatre mille francs pour l'office, et six mille francs pour les recouvrements. — V. *sup.* p. 316 note *e*.

¹⁹ Nonobstant le régime de communauté universelle adopté par les parties, il demeure convenu que si lors de la dissolution de la communauté, c'est le futur époux qui survit, il retiendra à son profit l'office de Notaire dont il pourra se trouver pourvu, ensemble le cautionnement qui y sera attaché et les recouvrements en dépendant qui se trouveront à faire, ainsi que sa bibliothèque, le mobilier de son cabinet, celui de l'étude et des chambres des clercs; savoir, les objets mobiliers pour la valeur à laquelle ils auront été prisés [145] par l'inventaire (*id.*) fait alors; et quant à l'office et aux recouvrements, pour la valeur qui leur sera donnée par trois membres de la chambre des Notaires de l'arrondissement de la situation de l'étude. La valeur de cette charge déterminée, y compris le montant du cautionnement [224], le futur époux en fera l'imputation sur les droits qui pourront lui revenir par l'effet du partage de la communauté, et le surplus, s'il y en a, sera remboursé aux représentants de la future épouse, dans les cinq ans du décès de cette dernière, à la charge d'en payer annuellement les intérêts [49] à cinq pour cent par an à partir du jour de ce décès.

²⁰ Par suite de l'exercice de ce droit de conserver son office, le futur époux aura seul droit au bail [105] des lieux destinés à l'étude, et de ceux qui composeront son appartement, sous la condition d'exécuter le bail; et si ces lieux dépendent d'une maison de la communauté ou de la succession de la future épouse il en sera fait un bail à dire d'experts, au futur époux, pour un temps qui ne pourra être moindre de neuf années.

²¹ Art. 4. apport [260] de la future épouse. — immeubles [87]. — rentes sur l'état [197]. — trousseau.

²² Les biens de la future épouse consistent, ainsi que le futur époux le reconnaît :

²³ 1° En un domaine [87] situé [141] sur la commune de Courcelles, composé de bâtiments d'habitation et d'exploitation, de cinquante hectares [91] de terres labourables, de cinq hectares de pré, et dix hectares de bois; le tout plus amplement désigné au bail [105] qui en a été fait au Sr... par acte passé devant Me..., Notaire à..., le..., dûment enregistré [42].

²⁴ 2° En une rente [97] annuelle et perpétuelle, cinq pour cent consolidés, de deux mille francs, inscrite à son nom au grand-livre de la dette publique, sous le n° 3869 de la deuxième série avec jouissance du vingt-deux mars présent mois.

²⁵ 3° Et en un trousseau de valeur de trois mille francs, composé de meubles [87] et effets mobiliers, linge, vêtements et bijoux à l'usage de la dite future.

²⁶ Art. 5. Préciput. — V. sup. p. 322 alin. 26.

²⁷ Art. 6. Clause de franc et quitte. — V. sup. p. 323. alin. 27.

²⁸ Art. 7. Donation mutuelle. = V. sup. p. 319 alin. 30.

²⁹ Les futurs époux se font, par ces présentes, donation [84] entre-vifs, pure, simple et irrévocable, l'un à l'autre et au survivant d'eux, ce qui est respectivement accepté par ledit survivant, de tous les biens meubles et immeubles sans aucune exception ni réserve qui se trouveront appartenir au premier mourant d'eux au jour de son décès.

³⁰ Pour en faire et disposer par le survivant en toute propriété et jouissance à compter du jour du décès du premier mourant, à la condition [73 n. 143] toutefois que tant lesdits biens que ceux que le survivant aura de son chef, seront, après la mort dudit survivant, partagés par moitié entre leurs héritiers respectifs dans l'état où ils seront laissés par ce dernier, mais seulement pour ce qui en restera, et sans que cette condition puisse être considérée comme prohibitive du droit accordé au donataire de disposer des biens donnés de la manière la plus absolue pourvu que ce ne soit point par testament.

³¹ Cependant, en cas d'existence d'enfants du mariage ou de descendants d'eux, et en cas d'existence d'ascendants du donateur , la présente donation sera considérée comme nulle et non avenue (*e*).

³² Telles sont les conventions des parties (V. *sup.* p. 520, alin. 61 , 62 et 63).

³³ Dont acte fait et passé à Courcelles [12] , en la demeure de la future épouse (*id.*), l'an mil huit cent quarante-quatre [13] le vingt-trois mars (*id.*), en présence de Mʳˢ (*noms, prénoms , professions et demeures*), témoins instrumentaires [14], et les parties ont signé [15] avec les assistants, les témoins et le Notaire après lecture [16].

³⁴ V. *pour les dispositions qui ne tiennent point au régime, la formule ci-dessus, p.* 318.

³⁵ V. *aussi Répertoire,* note 17. — *Enregistrement,* notes 18, 19 et 60.

III. 1° CONTRAT DE MARIAGE [166] SOUS LE REGIME D'EXCLUSION DE COMMUNAUTÉ (*id.*),

AVEC LA CLAUSE PORTANT QUE LES ÉPOUX SE MARIENT SANS COMMUNAUTÉ (C. civ. 1530).

³ PAR-DEVANT Mᵉ Eugène [1] POULLIN (*id.*), Notaire [2] à la Garenne [1], département de..., soussigné [15]. — V. *sup.* p. 3, alin. 1.

⁴ Sont comparus :

⁵ M. Louis [3[DEBON (*id.*), mécanicien (*id.*), demeurant (*id.*) à la Garenne.

⁶ Fils majeur [79] de défunts Pierre DEBON, menuisier, et de Catherine LEMUET, son épouse.

⁷ Stipulant [52] pour lui et en son nom , D'UNE PART.

⁸ Et Dlle Laure [3] PAUPERT (*id.*), ouvrière en robes (*id.*), demeurant (*id.*) aussi à la Garenne.

⁹ Fille majeure [79] du Sʳ Joseph PAUPERT, en son vivant horloger à la Garenne, et de Marie LOROT, son épouse, tous deux décédés [63].

¹⁰ Stipulant [52] pour elle et en son nom, D'AUTRE PART.

¹¹ Lesquels ont arrêté , ainsi qu'il suit, les clauses et conditions civiles du mariage [63] convenu entre eux et dont la célébration aura lieu le... devant l'officier de l'état civil de la Garenne.

¹² ART. 1. RÉGIME D'EXCLUSION DE COMMUNAUTÉ [166].

¹³ Il n'y aura pas de communauté de biens entre les futurs époux ; en conséquence, les dettes [26] de chacun d'eux, créées avant et pendant le mariage , seront acquittées par celui qui les aura contractées ; toutefois cette stipulation ne pourra être considérée comme une autorisation donnée à la future de souscrire des dettes sans le consentement de son mari. Et s'il est fait des acquisitions elles profiteront au mari seul , à moins que ces acquisitions n'aient été faites au nom du mari et de la femme, ou de la femme seule, auxquels cas leurs droits seront réglés par les contrats mêmes d'acquisition (*a*).

ART. 2. APPORT [200] DE LA FUTURE ÉPOUSE.

¹⁴ *(b)* La future épouse déclare que les meubles et effets mobiliers qu'elle possède consistent en linges,

---

(*e*) Cette sorte de substitution ne pourrait recevoir son plein et entier effet qu'autant que l'époux prémourant ne laisserait que des collatéraux. C'est pour cela que nous ajoutons une clause qui rend la donation sans effet au cas d'existence de descendants et d'ascendants, ayant droit à une réserve légale.

(*a*) Sous ce régime, exclusif de toute communauté, toutes les opérations que fait le mari ne profitent qu'à lui seul et nullement à la femme surtout quand celle-ci n'a point figuré dans les actes. Ce n'est que quand elle y a paru , ou que le mari a déclaré agir tant pour elle que pour lui, qu'elle y a alors droit pour moitié plutôt comme une étrangère, que comme commune. Si elle a opéré seule, étant dûment autorisée [68] lorsque cette autorisation est nécessaire, l'opération est pour son propre compte et son mari n'a rien à y prétendre.

(*b*) *Lorsque tous les objets mobiliers de l'épouse ne sont pas susceptibles d'être distingués par leur nature, on en fait un*

hardes, dentelles, bijoux et argenterie portant son chiffre; qu'ainsi ils se trouvent, d'après leur nature et leur marque, suffisamment distingués de ceux du futur, c'est pourquoi il n'en a été fait aucun état.

15 Mais il sera fait inventaire [145] de tous les objets susceptibles de se consommer qui viendront à échoir à la future épouse pendant le mariage.—V. la *formule* D'INVENTAIRE.

16 Art. 3. JUSTIFICATION A FAIRE PAR LA FUTURE POUR LES OBJETS LUI APPARTENANT.

17 Lors de la dissolution du mariage, tous les habits, linges et hardes à l'usage de la future, ainsi que l'argenterie portant sa marque, lui appartiendront sans qu'elle soit tenue de faire aucune justification; à l'égard de tous autres objets dont elle prétendrait avoir la propriété, elle sera obligée de justifier ou de son titre ou des quittances des marchands qui les lui auront vendus.

18 Art. 4. INDEMNITÉ DES DETTES CONTRACTÉES PAR LA FUTURE.

19 La future épouse sera indemnisée par le futur époux ou sur ses biens, des dettes [26] et obligations [107] qu'elle aurait pu contracter pour lui ou avec lui pendant le mariage.

20 Art. 5. AUTORISATION [68] A LA FUTURE ÉPOUSE DE TOUCHER UNE PORTION DE SES REVENUS.

21 La future épouse est, dès à présent, autorisée par le futur époux à toucher [84] annuellement sur ses seules quittances pour subvenir à son entretien et à ses besoins personnels, les intérêts [49] de la somme [35 de dix mille francs [91] qui lui est due [26] par..., pour le montant d'une obligation passée devant M^e..., notaire à... le.., dûment enregistrée [42], laquelle somme, dans le cas de remboursement de la part de ce dernier, sera aussitôt replacée, mais avec la condition que le débiteur en payera [84] les intérêts [49] entre les mains de la future épouse.

22 Art. 6. DONATION [214] MUTUELLE ENTRE ÉPOUX. — V. sup. p. 519, alin. 50, p. 327, alin. 28 et inf. p. 331, alin. 30.

23 Telles sont les conventions arrêtées entre les parties. — V. sup. p. 320 *alin.* 61. 62 et 63.

24 Dont acte, fait et passé à la Garenne [12] en l'étude (*id.*), l'an mil huit cent quarante-quatre [13] le vingt-quatre mars (*id.*)., en présence de MM. (*noms, prénoms, professions et demeures*), témoins instrumentaires [14] et les parties ont signé [15] avec les assistants, les témoins et le notaire, après lecture [16].

25 V. *Répertoire* — note 17. — *Enregistrement* — notes 18 et 19.

26 Et les formules de *contrats de mariage* qui précèdent.

---

1 III. 2° CONTRAT DE MARIAGE [166] SOUS LE RÉGIME D'EXCLUSION (*id.*) DE COMMUNAUTÉ,

2 AVEC LA CLAUSE DE SÉPARATION [166] DE BIENS (C. civ. 1536).

III. 2° Contrat de mariage sous le régime d'exclusion de communauté,
Avec la clause de séparation de biens,
Entre un prodigue assisté de son conseil et une veuve commerçante ayant des droits non liquidés.

3 PAR-DEVANT Me François [1] ROMAIN (*id.*), notaire [2] à Varenne [1], département de.. , soussigné [15]. — V. sup. p. 3, alin. 1.

4 Sont comparus

5 M. Julien BRISEDOUX (*id.*), propriétaire (*id.*), demeurant à Varenne (*id.*).

6 Fils majeur [19] de Jean BRISEDOUX et de Héloïse CARRÉ, son épouse, tous deux décédés [63] à....

7 Stipulant [52] pour lui et en son nom, en présence et du consentement de M. Blaise BRISEDOUX, son

---

état estimatif que l'on annexe au contrat de mariage, et alors l'art. 2 peut être rédigé de la manière suivante :

Afin de distinguer les biens de la future épouse de ceux du futur époux, il a été dressé par les parties un état estimatif des objets à elle appartenant et étant susceptibles de se consommer par l'usage; la valeur de ces objets se monte à la somme de ..., ainsi qu'il résulte dudit état écrit sur une feuille de papier marqué du timbre de soixante-dix centimes et demeuré ci-annexé après avoir été signé desdites parties, et fait dessus mention de cette annexe par le Notaire soussigné en présence des témoins.

oncle et son conseil judiciaire [74] nommé à cette fonction suivant jugement [75] du tribunal civil (*id.*) de.., en date du..., dûment enregistré [42]   D'UNE PART.

5 Et Made. Clotilde [5] BONNARD (*id*), marchande d'étoffes (*id*), demeurant (*id*.) aussi à Varenne.

9 Veuve avec deux enfants vivants du Sr Armand DEPAULE, en son vivant arpenteur géomètre, décédé [63] à....

10 Stipulant [52] pour elle et en son nom   D'AUTRE PART.

11 Lesquels ont arrêté, ainsi qu'il suit, les clauses et conditions civiles du mariage [63] convenu entr'eux et dont la célébration aura lieu le.., devant l'officier de l'état civil de Varenne.

12   ART. 1. RÉGIME DE LA SÉPARATION [166] DE BIENS.

13 Les futurs époux seront séparés de biens [86 et 87]: en conséquence, ils ne seront point tenus des dettes [26] et hypothèques [50] de l'autre, créées soit avant, soit après la célébration du mariage. Par suite de cette séparation, les futurs époux jouiront divisément de leurs biens ; et la future épouse demeure autorisée [68] irrévocablement aux effets ci-après : régir et gouverner tous ses biens meubles [86] et immeubles [87]; passer tous baux [105] à ferme et à loyer; toucher [84] ses revenus [50] de toute nature entendre, débattre, clore et arrêter tous comptes [84], faire tous actes [34] de la plus entière administration, disposer de son mobilier [86], toucher [84] tous capitaux [156], donner toutes quittances [84]; le tout sans avoir besoin de l'autorisation [68] ni du concours (*id.*) du futur époux et de son conseil judiciaire [74].

14   (*a*) ART. 2. DOT [200] DE LA FUTURE ÉPOUSE.

15 (*b*) Les biens [86 et 87] de la future épouse consistent : 1° dans les reprises [200] et prélèvement [146] qu'elle a droit d'exercer sur la communauté qui a existé entre elle et son premier mari ; 2° dans la moitié des bénéfices de cette communauté ; 3° et dans les avantages qu'elle a le droit d'exercer sur la succession de son mari ; tous lesquels droits ne sont pas encore liquidés [143] mais seulement constatés par l'inventaire [148] fait après le décès [63] de son dit mari par Me .... Notaire [2] à..., le.., dûment enregistré : étant observé qu'elle est en possession de toutes les valeurs comprises audit inventaire, à la charge par elle d'en rendre compte [184] aux enfants de son premier lit, et que ces valeurs sont les mêmes qu'au temps de l'inventaire (*c*). — V. *sup. p.* 322, alin. 20.

(a) Il n'est pas nécessaire de constater l'apport du futur, parce que tout ce qui est mobilier et qui n'est pas compris dans l'inventaire des biens de la femme est censé lui appartenir. Quand on le fait, ce n'est que pour reconnaître les objets du mari s'ils venaient à être confondus avec ceux de la femme dans le lieu occupé par cette dernière. — Toutefois on remarquera que la formule que nous donnons ci-dessus, laquelle peut être bonne pour le cas où la femme est commerçante et le mari prodigue ou incapable ne le serait pas autant dans tout autre cas, car en général la femme est chez le mari plutôt que le mari chez la femme, ce qui prouve que la formule met les parties dans un cas exceptionnel qu'il faut bien se garder d'ériger en règle, sinon la puissance maritale en souffrirait.

(*b*) *On peut remplacer cette clause par celle-ci* :

1 Art. 2. Pour distinguer les meubles et effets mobiliers appartenant actuellement à la future épouse de ceux du futur époux, il en a été dressé entr'eux un état [134] qui est demeuré ci-annexé [55] après avoir été reconnu exact par les parties et d'elles certifié véritable en présence du notaire et des témoins soussignés — V. *la formule d'état*

Ou bien par celle-ci :

2 Art. 2. Les biens de la future épouse sont purement mobiliers [86] et consistent dans les objets ci-après : 1° etc. 2° etc. le tout de valeur de... d'après l'estimation des meubles meublants et effets mobiliers arrêtée entre les futurs époux, mais dont il n'a été fait aucun détail ni dressé aucun état descriptif ni estimatif en raison de ce qui va être dit ci-après (V. inf. p. 331, note d, alin. 2.

(c) S'il avait été apporté depuis l'inventaire des changements dans les valeurs qui y sont comprises, c'est ici qu'il faudrait le mentionner.

16   (*d*) Art. 3. Clause relative au commerce.

17   En raison du commerce que fait la future épouse ou de tout autre qu'elle pourra faire, les lieux qu'habiteront les époux seront toujours présumés loués à l'épouse seule, tellement que pour établir le contraire on devra rapporter une preuve par écrit.

18   Art. 4. Indication des lieux ou est le fonds de commerce.

19   Les lieux que la future habite en ce moment, et qu'elle a loués [105] feront d'abord la demeure commune des époux. Là future épouse y possède, son fonds de commerce, des objets mobiliers, linges et hardes, des créances et recouvrements et des deniers comptants ; le tout étant compris dans l'inventaire mentionné en l'art. deux qui précède.

20   Art. 5. Le futur époux apportera, dans les mêmes lieux, les habits, le linge et les autres
                            objets à son usage.

21   Indépendamment de ces objets, l'époux aura encore à lui seul la propriété [22] de tous autres qui seront également à son usage personnel, de même que de tous ceux qu'il justifiera avoir acquis ; mais le surplus sans exception sera réputé appartenir à l'épouse seule.

22   Art. 6. Contribution aux charges du mariage [65].

23   Les futurs époux contribueront aux frais et aux charges du mariage par égale portion (*ou :* jusqu'à concurrence de *telle portion* de leurs revenus) [49], sans être assujétis à aucun compte entr'eux, ni à retirer à ce sujet des quittances [84] respectives l'un de l'autre. Les quittances des loyers [105] et des autres frais et charges seront au nom de la future seule, comme conséquence de la convention exprimée en l'art. trois qui précède

24   Art. 7. Remploi [114] — V. *sup. p.* 317, *alin.* 54.

25   Le futur époux sera tenu de faire le remploi [114] du prix de l'aliénation [198] des immeubles, du rachat des services fonciers [55] et du remboursement [84] des capitaux [156] appartenant [22] à la future épouse ou qui lui écherront pendant le mariage ; et ce remploi ne sera valable qu'autant qu'il aura été accepté par la future épouse.

26   A défaut de remploi, le prix de ces aliénations, rachats et remboursements, sera dû par lui et ses héritiers à la future épouse et aux siens.

27   Art. 8. Indemnité [200] a raison des dettes. [26].

28   Il sera dû indemnité par le futur époux et ses héritiers à la future épouse et aux siens, de toutes dettes [26], engagements et hypothèques [50] qu'elle aurait pu contracter pour son mari ou avec lui pendant le mariage, mais cette indemnité n'aura pas lieu quand il s'agira de dettes, engagements et hypothèques que la future épouse aura contractés pour son commerce [118] ou ses propres affaires.

29   Art. 9. Donation mutuelle [214] entre les futurs epoux. — *sup. p.* 319, *alin.* 50 et *p.* 327, *alin.* 28.

30   Les futurs époux se font, par ces présentes, donation [214] entre-vifs et irrévocable au survivant

---

(*d*). *La clause suivante pourrait s'allier avec celle de la* p. 350, *note* b, *alin.* 1. *en faisant un article séparé :*

1. Art. 3. Le linge à la marque de la future épouse, l'argenterie portant son chiffre, et tous les objets à son usage personnel, seront réputés lui appartenir de plein droit, sans être obligée d'en constater sa propriété par aucun titre. Mais à l'égard de tous les autres objets que la future épouse achètera pendant le mariage, elle sera tenue, pour établir sa propriété, d'en retirer quittances notariées des marchands qui les lui auront fournis, ou de justifier de tout autre acte authentique ; à défaut de cette preuve, tous ces objets seront censés acquis par le futur époux et lui appartiendront.

La clause suivante pourrait s'allier avec celle de la p. 350, *note* b, *alin.* 2, *en faisant un article séparé :*

2. Art. 5. Tous les meubles et effets mobiliers qui garniront les lieux occupés par les futurs époux et s'y trouveront ; appartiendront à la future épouse ; et le futur époux ne pourra réclamer que 1° les objets dont il fournira la preuve de sa propriété, par quittances authentiques des ouvriers et marchands qui les auront vendus, 2° le linge à sa marque, 3° l'argenterie portant son chiffre, 4° et les objets qui seront évidemment à son usage personnel.

d'eux ce qui est respectivement accepté [10] pour ledit survivant, savoir; le futur à la future de tous l
biens meubles [86] et immeubles [87] sans aucune exception ni réserve qui se trouveront appartenir a
jour de son décès ; pour en faire et disposer par la future en toute propriété et jouissance à compte
du jour du décès du futur.

31   Et la future au futur, d'une part et portion d'enfant légitime le moins prenant dans tous ses biens
pour en faire et disposer par ce dernier en toute propriété [22] et jouissance à compter du jour du décé
de ladite future.

32   Telles sont les conventions des parties—V. sup. p. 320, alin. 61, 62 et 63.

33   Dont acte, fait et passé à Varenne [12] en l'étude (*id.*), l'an mil huit cent quarante quatre [13]
vingt-cinq mars (*id.*), en présence de MM. (*noms, prénoms, professions et demeures*), témoins instrume
taires [14], et les parties ont signé [15] avec les témoins et le notaire, après lecture [16].

34   — V. *Dépôt de contrat de mariage*— note 43. — *Enregistrement*, —notes 18 et 19.

35   Les formules de *Contrat de mariage* qui précèdent et les notes au bas des pages.

IV. 1° Contrat de
mariage sous le ré-
gime dotal,
    Avec faculté d'a-
liéner l'immeuble
dotal, à la charge de
faire emploi ou rem-
ploi ou de donner
hypothèque,
    Signé par le Roi.

IV. 1° CONTRAT DE MARIAGE [166] SOUS LE RÉGIME DOTAL (*id.*),

2   Avec faculté d'aliéner l'immeuble dotal, a la charge de faire emploi ou remploi [114] c
de donner hypothèque [30] (C. civ. 1557).

3   Par-devant Me Charles [1] Leroux (*id.*), et son collègue (*id.*), notaires [2] à Paris [1] soussignés [15
        Sont comparus :

4   M. Auguste Charlemagne [3] De Bernard (*id.*), Duc (*id.*) de Surgy, Lieutenant général, commanda
de l'ordre de la légion d'honneur, demeurant à Paris, rue..., n°...

6   Fils majeur [79] de M. Germain De Bernard, duc de Surgy et de mad. Adelaïde De Laforest, s
épouse, décédés à...

7   Stipulant [52] pour lui et en son nom.   D'une part.

8   Et Madlle. Charlotte Eugénie [3] De Vauclair (*id.*), fille majeure de M. Armand de Vauclair, ancie
officier de marine et de Mad. Laure de Grandin, son épouse, avec lesquels elle demeure à Paris, rue.
n°...

9   Stipulant [52] pour elle et en son nom, en présence et du consentement de ces dits père et mère
lesquels vont eux-mêmes stipuler en ces présentes à cause de la dot [200] qu'ils vont constituer à la futu
épouse.   D'autre part.

10   Lesquels ont arrêté, ainsi qu'il suit, les clauses et conditions civiles du mariage projeté entre eux, (
dont la célébration [63] aura lieu le..., devant l'officier de l'état civil de...

11   En présence (*a*) et de l'agrément de sa Majesté Louis Philippe, Roi des Français;

(*a*) *Les Notaires n'exerçant leurs fonctions que dans l'étendue de leur ressort (V. note 12', il en résulte que les contra
de mariage qu'ils reçoivent ne peuvent être présentés par eux à la signature du Roi, lorsque S. M. habite un palais hor
de ce ressort.*

*Dans ce cas, il est d'usage de déposer une expédition du contrat chez un Notaire du ressort ; ce Notaire reçoit la signa
ture du Roi sur l'acte de dépôt, auquel le contrat de mariage est devenu inhérent par le dépôt de l'expédition ; ensuite c
Notaire délivre une expédition du tout : de cette manière, les époux peuvent avoir parmi leurs titres de famille la preu
de l'agrément donné par le Roi à leur mariage.*

L'acte dressé à ce sujet est conçu à peu près en ces termes :

Par-devant, etc. — *Est comparu, M... Nom, prénoms, qualité, titre et demeure).*

Lequel a dit : *que sa Majesté a bien voulu promettre de donner son agrément au mariage qu'il doit contracter ave
Mlle (Nom, prénoms, qualité et demeure), et dont les conditions civiles ont été réglées par un contrat passé devant Me
Notaire à..., le...*

12 De son altesse Royale, M.... (*dénommer ici les princes et princesses qui doivent signer, ensuite les personnes d'un haut rang et continuer ainsi :*)

13 Et encore en présence de leurs parents et amis ci-après nommés; savoir :

14 Du côté du futur, de M.... (V. *sup.* p. 320, alin. 62).

15 Du côté de la future épouse, de M...

Art. 1. RÉGIME DOTAL [166].

17 Les futurs époux déclarent qu'ils entendent se marier sous le régime dotal auquel ils se soumettent expressément, sauf les modifications ci-après exprimées.

Art. 2. APPORT [200] DU FUTUR ÉPOUX.

19 Le futur époux apporte en mariage et se constitue en dot : 1° sa terre de Surgy, composée d'un château et deux domaines, laquelle lui appartient [22] comme héritier [78] de ses père et mère, susnommés, aux termes du partage [143] de leurs successions passé devant M°... Notaire à..., le..., dûment enregistré [42].

20 2° Vingt actions [28] de la banque (*id.*) de France, de mille francs [97] chacune, inscrites au registre sous les nos...

21 3° Et vingt-mille francs en deniers comptants, objets mobiliers, chevaux et équipages.

22 Duquel apport le futur époux a donné connaissance à la future épouse et à ses parents.

Art. 4. DOT [200] DE LA FUTURE ÉPOUSE.

24 La future épouse apporte en mariage et se constitue en dot un trousseau composé d'objets mobiliers, parures, dentelles et bijoux.

Art. 5. CONSTITUTION [200] DE DOT PAR LES PÈRE ET MÈRE DE LA FUTURE ÉPOUSE.

26 M. et Mme de VAUCLAIR, sus-nommés, l'épouse étant dûment autorisée [68] de son mari, donnent et constituent en dot, conjointement et par moitié, et en avancement [200] sur leurs futures successions, à la future épouse leur fille, ce acceptant [10].

27 1° Le domaine du Bouchrot [7], consistant en maison de maître, bâtiments d'habitation et d'exploitation pour le fermier, une ferme composée de cent hectares [91] de terres labourables, vingt-cinq hectares de prés et cinquante hectares de bois.

28 Ce domaine appartient [22] aux constituants pour en avoir fait ensemble l'acquisition [109] de M.... (V. *aux formules* ÉTABLISSEMENT DE PROPRIÉTÉ).

Que ce contrat n'a pu être soumis à la signature du Roi, attendu que le Notaire qui l'a reçu n'aurait pu le présenter à *sa majesté* à Paris, sans exercer ses fonctions hors de son ressort [12].

Mais que *sa Majesté* veut bien apposer sa signature [15] sur la minute [59] de l'acte de dépôt [210] d'une expédition [64] de ce contrat de mariage.

Qu'à cet effet, il dépose pour minute à M°..., l'un des Notaires soussignés, une expédition de son contrat de mariage, et requiert M°..., l'un des Notaires soussignés, et son collègue, de se transporter de suite au Palais, à l'effet de présenter à *sa Majesté* l'expédition déposée, et de recevoir sa signature sur ces présentes.

Et à l'instant, la même expédition, dûment légalisée [125] par le Président du Tribunal civil de première instance de, est demeurée ci-annexée [35], après avoir été du comparant certifiée véritable (*id*) en présence des Notaires soussignés.

Et M°..., l'un des Notaires soussignés, accompagné du comparant, s'est rendu auprès de *sa Majesté* au palais de..., où étant et pour preuve de l'agrément donné au mariage de M... avec Mlle..., ces présentes ont été signées, savoir;

Par *Sa Majesté Louis-Philippe*, Roi des Français.

Par S. A. R. M.... (V. *sup.* p.333 alin. 12 et 13).

De tout ce que dessus le présent acte a été dressé pour en être délivré toutes expéditions et tous extraits [64], quand et à qui il appartiendra.

Fait et passé, à l'égard de S. M. et des Princes et Princesses de sa famille, au Palais de..., et à l'égard du comparant, en l'étude, l'an..., le...

Et le comparant a aussi signé [15] avec les Notaires, après lecture [16].

²⁹ 2° Et une somme de cinquante mille francs qu'ils promettent et s'obligent [107] solidairement [10] entre eux de lui remettre [84] en numéraire dans le mois [77] du mariage sans intérêts [49] jusques-seulement.

³⁰ Art. 6. BIENS STIPULÉS DOTAUX OU PARAPHERNAUX.

³¹ Tout ce qui vient d'être constitué en dot à la future épouse par ses père et mère sera dotal. — Il sera de même des biens immeubles, rentes [87] perpétuelles [76] et créances [23] à venir de la dite futu épouse, et à cet effet, lors de l'ouverture des successions [88], donations [81] ou legs [24], il sera dres inventaire estimatif des biens immeubles, rentes et créances qui en proviendront, à défaut de quoi futur époux sera responsable envers la future de la valeur de ces biens ainsi que de tous dommage intérêts [159]. — V. la formule d'INVENTAIRE.

³² Mais les objets mobiliers que la future épouse s'est elle-même constitués en dot lui seront et deme reront paraphernaux, se les réservant comme propres ; en conséquence elle en aura l'entière administra tion. — Il en sera de même des biens meubles, autre que les rentes et créances qui lui proviendront successions, de donations entre-vifs ou testamentaires pendant le mariage.

³³ Art. 7. EMPLOI [114] DES DENIERS DOTAUX.

³⁴ La somme de cinquante mille francs [91] constituée en dot à la future épouse par ses père et mèr sera employée en acquisition d'immeubles qui auront même nature de biens dotaux. Cet emploi sera fa avec le consentement de la future épouse, dans l'année [77] qui suivra le jour de la célébration du mariag

³⁵ Art. 8. REMBOURSEMENT [84] ET EMPLOI [114] DES CAPITAUX [136].

³⁶ Les remboursements de rentes et de tous autres capitaux provenus du chef de la future épouse n pourront être reçus par le futur époux qu'en sa présence et de son consentement.

³⁷ Les capitaux provenant desdits remboursements seront employés par (b) le futur époux, dans le six mois [77] qui suivront leur encaissement, en acquisitions d'immeubles qui, sur l'acceptation de l future épouse, deviendront pour elle immeubles dotaux, si mieux n'aime le futur époux donner hypo thèque [30] spéciale sur des immeubles à lui appartenant, ou fournir une caution [32] qui s'obliger [107] pareillement par hypothèque spéciale sur immeubles de valeur suffisante pour en répondre.

³⁸ Art. 9. ALIÉNATION DES BIENS DOTAUX. — REMPLOI [114].

³⁹ Les immeubles dotaux de la future épouse pourront être vendus ou échangés pendant le mariage à la charge de leur remplacement en immeubles de même valeur, ou bien à la charge par le futur épous de reconnaissance par hypothèque sur ses propres biens, pour tenir nature de dot à ladite future, au lieu et place des immeubles aliénés. Ce remplacement devra être accepté par la future épouse, et les acquéreurs surveilleront (c) le remploi pour leur sureté. S'ils contreviennent à cette disposition, ou si la future épouse

_____

(b) Les tiers-débiteurs ne peuvent être tenus de surveiller, dans ce cas, l'emploi des capitaux qu'ils remboursent, de sorte qu'ils ne sont pas fondés à refuser de se libérer jusqu'à ce qu'il leur soit justifié de cet emploi (Paris, 4 juin 1851 — Duranton, 15, 487).

(c) Cette surveillance consiste à ne verser les sommes qu'ils doivent, qu'autant que le remploi est effectué immédiate ment ou que le mari consent hypothèque. L'acquéreur doit, dans ce cas, sous sa responsabilité, ne payer que quand il lui a été justifié que l'objet acquis pour servir de remploi est suffisant et franc et quitte de toutes dettes et hypothèques (et dans la quittance qui est donnée aux époux, on relate l'accomplissement des formalités de transcription et de purge légale, puis on déclare l'origine des deniers payés par suite de la condition de remploi. — Et quand il s'agit de la reconnaissance par hypothèque sur les biens de l'époux, celui-ci doit d'abord par un acte fait entre lui, sa femme et l'acquéreur, conférer hypothèque sur des biens propres suffisants avec condition que les deniers ne lui seront remis qu'après la justification d'un état négatif d'inscription, et c'est au vu de cet état qu'il est ensuite donné quittance à l'acquéreur par les époux ; dans ce dernier cas, l'inscription doit être prise contre le mari au nom de la femme et de l'acquéreur de qui proviennent les deniers et elle doit être renouvelée au nom des mêmes ; sans cette précaution l'acquéreur ne pourrait être considéré comme ayant suivi et surveillé le remploi de manière à assurer les droits de la femme, dont la position doit être la même après comme avant le remploi. Du reste, le renouvellement de l'inscription n'est utile que pour conserver la garantie hypothécaire de la femme au cas de purge des hypothèques légales grevant les biens du mari, car sous tous les régimes la femme a hypothèque légale sur les biens de son mari. — V. note 30, n. 51 bis.

se trouvait évincée [9] en totalité ou en partie des immeubles par elle acceptés en remploi, elle pourra révoquer les aliénations de ses immeubles primitifs, conformément à l'art. 1560 du Code civil.

40   Art. 10. RESTITUTION DE LA DOT DE LA FUTURE ÉPOUSE. — V. sup. p. 319 alin. 53.

41   Si la future épouse survit au futur époux, ses biens dotaux, même ceux qui lui ont été constitués ou qu'elle s'est constitués en dot lui seront restitués sans délai après la dissolution du mariage, et si c'est le futur époux qui survit il aura trois années pour rendre par tiers, d'année en année, aux héritiers de la future épouse, ses deniers dotaux avec l'intérêt au taux de cinq pour cent par an sans retenue à compter du jour de la dissolution du mariage.

42   Art. 11. FRUITS [50] ET RÉCOLTES.

Les récoltes non-encore faites et les fruits [50] pendants par racines des immeubles dotaux de la future épouse lors de la dissolution du mariage, ou les fermages [105] qui les représenteront, appartiendront à la future épouse et à ses héritiers, nonobstant la disposition contraire de l'art. 1571 du Code civil.

44   Art. 12. DONATIONS [214] ENTRE LES FUTURS ÉPOUX. — V. sup. p. 319, alin. 50. et p. 327, alin. 28.

45   De la dot ci-dessus constituée à la future épouse par ses père et mère (ou sur les biens paraphernaux de la future épouse), le futur époux, s'il lui survit et qu'il n'y ait pas d'enfants de leur mariage (ou : qu'il y ait ou non des enfants de leur mariage), retiendra en propriété la somme de..., dont la future épouse lui fait donation par ces présentes, ce qu'il accepte [10].

46   De son côté, le futur époux fait donation à la future épouse qui l'accepte, pour le cas où elle lui survivrait, soit qu'il y ait, soit qu'il n'y ait pas d'enfants de leur mariage, de la somme de... une fois payée à prendre sur les plus clairs deniers de la succession du futur époux, pour en jouir et disposer par elle en toute propriété [22] à compter du jour du décès de son mari.

47   Telles sont les conventions des parties — V. sup. p. 320, alin. 61, 62 et 63.

48   Dont acte, fait et passé à l'égard de SA MAJESTÉ et des PRINCES et PRINCESSES de sa famille, au Palais des Tuileries [12], à l'égard de SON ALTESSE ROYALE M..., en son hôtel [12] rue..., et à l'égard des parties contractantes, de leurs parents et amis en la demeure [12] de M. de VAUCLAIR, l'an mil huit cent quarante-quatre [13] le vingt-six mars (id.), et sa Majesté, les Princes et Princesses de sa famille, son Altesse Royale M... et les comparants ainsi que leurs parents et amis ont signé [15] avec les Notaires, après lecture [16].

49   V. Répertoire, note 17. — Enregistrement, notes 18, 19 et 60.

50   Les formules de contrat de mariage qui précèdent et celle qui suit.

IV. 2° Contrat de mariage sous le régime dotal, Avec société d'acquêts.

IV. 2° CONTRAT DE MARIAGE [166] SOUS LE RÉGIME DOTAL,

AVEC SOCIÉTÉ D'ACQUETS (C. civ. 1581).

3   PAR-DEVANT [1] Me Anastase PÉTRON (id.), Notaire [2] à St.-Amand [1], département de..., soussigné [15] — V. sup. p. 3, alin. 1.

4   Sont comparus :

5   M. Achille [3] GILBERT (id.), docteur en médecine (id.), demeurant (id.) à St.-Amand.

6   Fils majeur [79] de M. Pierre GILBERT, dentiste, et de la dame Appoline ROMULD, son épouse, demeurant ensemble à St.-Amand.

7   Stipulant [82] pour lui et en son nom, en présence et du consentement de ses dits père et mère

D'UNE PART.

8   Et Mlle Claire [3] BOURDON (id.), sans profession (id.), demeurant (id.) à St.-Amand.

9   Fille majeure [79] de M. Louis BOURDON, ancien négociant, et de la dame Eulalie FAUSTIN, son épouse, décédés à...

10   Stipulant pour elle et en son nom

D'AUTRE PART.

11 Lesquels ont réglé, ainsi qu'il suit, les clauses et conditions civiles du mariage [63] convenu entre eux et dont la célébration aura lieu incessamment (*ou* : le...), devant l'officier de l'état civil de St.-Amand

12 **Art. 1. RÉGIME DOTAL [166].**

13 Les futurs époux se marient sous le régime dotal, auquel il se soumettent, sous les modifications ci-après exprimées.

14 **Art. 2. SOCIÉTÉ D'ACQUÊTS.**

15 Il y aura société d'acquêts entre les futurs époux, et les effets de cette société seront réglés conformément aux art. 1498 et 1499 du Code civil.

16 Cette société d'acquêts sera composée de tous les bénéfices que les futurs époux pourront faire pendant le mariage, tant en meubles [86] qu'en immeubles [87], chacun d'eux en aura la moitié en propriété [22] distraction faite des reprises [200], indemnités (*id.*), remplois [114] et prélèvements [146] concernant les propres des futurs époux.

17 **Art. 3. APPORTS [200] DES FUTURS ÉPOUX.**

18 Pour constater les objets mobiliers [86] appartenant présentement à chacun des futurs époux, il a été fait deux états [154] dont l'un contient la désignation de ceux du futur époux, et l'autre la désignation de ceux de la future épouse ; lesquels états écrits chacun sur une feuille de papier marqué du timbre de soixante-dix centimes sont demeurés ci-annexés [35] après avoir été signés et paraphés des parties en présence du Notaire et des témoins soussignés.

19 A l'égard de leurs immeubles [87] et autres biens consistant en rentes [76] ou créances [25], attendu qu'ils sont suffisamment constatés par les titres d'acquisition [109], inventaires [145], partages [143] et autres actes qui en ont été passés, les parties ont jugé inutile d'en faire ici aucun état ni description.

20 **Art. 4. BIENS STIPULÉS DOTAUX [166].**

21 La future épouse se constitue en dot tous les biens meubles et immeubles qui lui appartiennent actuellement et tous les autres biens qu'elle pourra recueillir par succession, donations ou legs, à l'exception du mobilier qu'elle va ci-après se réserver à titre de bien paraphernal.

22 **Art. 5. SUCCESSIONS [88], DONATIONS [81], LEGS [24], INVENTAIRES [145].**

23 Le futur époux sera tenu de faire dresser, à chaque ouverture de successions, donations ou legs échus à son épouse, et en sa présence, inventaire de tous les biens meubles [86] revenant à celle-ci, avec prisée ou estimation de leur valeur par un expert [195] assermenté choisi par les deux époux, sinon par la future épouse en cas de discord, sous peine [58] d'en répondre personnellement ainsi que de tous dommages-intérêts [159].

24 Les deux époux pourront retenir sur ce mobilier tels objets en nature qu'ils jugeront convenables autres que l'argent monnoyé et les rentes [76] et créances actives [25]. Les objets retenus feront partie des biens paraphernaux de l'épouse, ainsi qu'il sera dit à l'art. 6 ci-après.

25 Quant aux objets mobiliers non retenus en nature ils seront vendus ; mais le prix en provenant, ainsi que l'argent monnoyé et les rentes et créances actives formeront partie *intégrante* de la dot de la future épouse et seront dotaux.

26 **Art. 6. BIENS PARAPHERNAUX [166].**

27 La future épouse se réserve comme biens paraphernaux, 1° son trousseau, composé d'habits, linges, points et dentelles à son usage, 2° les bijoux et diamants à son usage, 3° etc., estimés à la somme de....., et en outre, les meubles [86] et effets mobiliers provenant de succession [88], donation [81] ou legs [24] qui seraient retenus en nature par les futurs époux, en conformité de l'art. 4 qui précède, sans que dans aucun cas, l'estimation puisse attribuer sur ces objets aucun droit de propriété au futur époux.

28 **Art. 7. EMPLOI DES DENIERS DOTAUX. — V.** *sup.* **p. 517, alin. 54 et p. 554, alin. 55 et 58.**

29 **Art. 8. REMBOURSEMENT ET EMPLOI DES CAPITAUX. — V.** *sup.* **p. 554, alin. 55.**

30 **Art. 9. PRÉCIPUT [166].**

31 Le survivant des futurs époux prélèvera à titre de préciput avant le partage de la société d'acquêts

tels meubles et effets qu'il voudra choisir, jusqu'à concurrence de la somme de..., suivant la prisée de l'inventaire qui sera fait alors, ou cette somme en deniers comptants, à son choix.

32 La future épouse aura droit à ce préciput, encore bien qu'elle renonce [62] à la société d'acquêts; et si les biens de cette société sont insuffisants pour l'acquitter, elle l'exercera sur les biens personnels du futur époux.

33 Art. 10. RENONCIATION [62] A LA SOCIÉTÉ D'ACQUÊTS.

34 Si la future épouse ou ses héritiers renoncent à la société d'acquêts, ils pourront exercer la répétition de la dot de la future épouse et de ses autres droits [27], reprises [200] et prélèvements [146], comme si cette société n'avait jamais existé.

35 Art. 11. DONATION [214] MUTUELLE — V. *sup.* p. 319, alin. 30; p. 327, alin. 28; et p. 331 alin 30.

36 Telles sont les conventions des parties. — V. *sup.* p.320, alin. 61, 62 et 63.

37 Dont acte, fait et passé à St.-Amand [12] en l'étude (*id.*), l'an mil huit cent quarante-quatre [13] le vingt-sept mars (*id.*), en présence de M^{rs} (*noms, prénoms, professions et demeures*), témoins instrumentaires [14], et les parties ont signé [15] avec les assistants, les témoins et le Notaire, après lecture [16].

38 V. *Répertoire*, note 17. — *Enregistrement*, notes 18 et 19.

39 Les formules de *contrat de mariage* qui précèdent et les notes au bas des pages
Et la formule de *changement* ou *contre-lettre* à un contrat de mariage, sup. p. 242.

CONTRAT DE RENTE.

V. *suprà* BAIL A RENTE FONCIÈRE.

Contrat de rente.

CONTRAT DE SOCIÉTÉ.

V. *infrà* SOCIÉTÉ (acte de).

Contrat de société.

CONTRAT D'UNION.

V. *infrà* UNION (contrat d').

Contrat d'union.

CONTRE-ECHANGE.

V. *infrà* ÉCHANGE.

Contre-échange.

CONTRE-LETTRE [227] PAR ACTE NOTARIÉ [177].

Contre-lettre par acte notarié.

---

2 (*a*) PAR-DEVANT Me Adrien [1] BONNET (*id.*), notaire [2] à Coulemières [1], département de....., soussigné [15]. — V. *sup. p.* 3, *alin.* 1.

(*a*) Nous ne donnons qu'une seule formule de contre-lettre, et cela suffira pour donner une idée de toutes celles que l'on aura occasion de rédiger.

43

5 Est comparu M. Stanislas [3] POUJADE (*id.*), rentier (*id.*), demeurant (*id.*) à Coulemières.

4 Lequel a, par ces présentes, déclaré et reconnu qu'encore bien que, par un acte passé en minute [89] présence de témoins [14] devant Me BONNET, notaire, soussigné, ce jourd'hui et qui sera soumis à l'enr gistrement [42] avant ou en même temps que ces présentes, M. Germain MARCHAL, juge au tribunal civ de première instance de...., paraisse lui avoir cédé [96] et transporté la somme [55] de dix mille francs [9 à lui due [26] par Crespin POURRAIN, propriétaire et par Angélique MOUTON, sa femme, demeurant à... pour le montant d'une obligation que ceux-ci ont souscrite à son profit par acte passé devant Me......, no taire à......, le......, dûment enregistré [42], néanmoins la vérité est que M. MARCHAL n'a point entend réellement lui céder cette créance, et que le comparant n'a point entendu s'en rendre sérieusement ce sionnaire; qu'il n'en a pas payé le prix à M. MARCHAL, quoique ce transport en contienne quittance; enfin que ce transport n'a été fait que pour éviter à ce dernier le désagrément de poursuivre, s'il y ava lieu, les Sr et dame POURRAIN, avec lesquels il est lié d'amitié.

5 Par suite de la présente déclaration, M. POUJADE promet à M. MARCHAL de lui rendre compte de tou ce qu'il aura reçu du sr POURRAIN et de sa femme, en vertu du transport sus-daté, et de donner à telle per sonne que lui désignera M. MARCHAL, une procuration [80] spéciale à l'effet de poursuivre le recouvreme de cette créance par toutes les voies de droit.

6 A ces présentes est intervenu M. MARCHAL [3] ci-devant prénommé, qualifié et domicilié. Lequel s'e obligé [107] vis-à-vis de M. Poujade à le garantir et indemniser de tous frais, et de l'effet de toutes proc dures au sujet de la créance dont il s'agit.

7 Les frais [5] des présentes seront au compte de M. Marchal.

8 Dont acte fait et passé à Coulemières [12] en l'étude (*id.*), l'an mil huit cent quarante-quatre [13] vingt-huit mars (*id.*), en présence de Mrs (*noms, prénoms, professions et demeures*), témoins instrumer taires [14]; et les parties ont signé [15] avec les témoins et le notaire, après lecture [16].

V. *Répertoire*, note 17. — *Enregistrement*, notes 18, 19, 56 et 174.

10 Et *sup* la forme de CHANGEMENT ou CONTRE-LETTRE à un contrat de mariage.

Contre-lettre
par acte sous seing
privé.

CONTRE-LETTRE [227] PAR ACTE SOUS SEING-PRIVÉ [177].

---

2 (*a*) Les soussignés, Valentin FAUSTE, propriétaire et Lucile GABIN, son épouse, de lui autorisée [68] demeurant ensemble à......

3 Reconnaissent que, bien qu'il soit dit dans un contrat de vente passé devant Me CHEVANNE, notaire à.... cejourd'hui, qu'ils ont payé à M. Vigile DEPARTIEUX, entrepreneur de bâtiments, et à la dame Améli Corbin, son épouse, demeurant à....., la somme de cinq mille francs formant le prix de la maison qu leur a été vendue par le susdit contrat, la vérité est que ce prix est encore dû et que ce paiement n'a ét mentionné comme effectué que pour s'éviter ultérieurement les frais d'une quittance notariée.

4 Ils s'obligent en conséquence solidairement [106] entre eux, sans division ni discussion, de payer ladit somme de cinq mille francs à M. DEPARTIEUX, en l'étude dudit Me CHEVANNE, immédiatement après l'ac complissement des formalités de transcription [111] et de purge légale [156] opérées sans inscription [83 et pour lesquelles il est accordé un délai [77] de quatre mois, à la condition que la somme dont il s'agira

---

(*a*) Ce n'est qu'avec beaucoup de prudence qu'il faut user, dans ce cas, de la contre-lettre; car les contre-lettres n'ayan d'effet qu'entre les parties contractantes et ne pouvant être opposées aux tiers, il en résulte que, dans ce cas, le vendeu n'a plus ni privilége [29] ni action résolutoire [153] pour raison de son prix et que sa créance est devenue chirographaire — *V. note* 25.

ne produira point d'intérêt [49] non-seulement pendant ledit délai de quatre mois, mais encore jusqu'au rapport des certificats de radiation [149] des inscriptions existantes.

5   Fait à......, le......, mil huit cent.......

6   Bon [26] pour cinq mille francs.   Bon pour cinq mille francs
           Gabin fᵉ Fauste.   V. Fauste.

          V. *Enregistrement*, notes 18, 19 et 56.

COPIE COLLATIONNÉE.

Copie collationnée.

V. *sup.* collation de pièces, p. 250.

COPIE FIGURÉE [64].

Copie figurée.

2   *Après avoir copié la pièce, rapporté la mention de l'enregistrement et les signatures, et observé ce que nous avons dit note 64, n. 143, pour les ratures, surcharges, etc., qui doivent être figurées comme sur l'original, on met ce qui suit au bas de la pièce :*

3   L'an......, le......, ces présentes ont été, par nous, François Chevanne, notaire à....., soussigné, délivrées conformes à la minute que nous avons figurée, et ce, en exécution d'un jugement [73] contradictoire rendu par le tribunal civil et de première instance séant à......, le......, dûment enregistré et signifié [20].   SIGNATURE DU NOTAIRE.

4   Vérifié et certifié conforme à la minute, laquelle a été figurée dans la copie qui précède, par nous, Michel Delaplace, président du tribunal civil et de première instance séant à. ....., et par nous, Paul Laforest, procureur du roi, près ledit tribunal, ainsi qu'il résulte du procès-verbal constatant la vérification et conformité de ladite copie et le dépôt de la minute au greffe, ledit procès-verbal dressé par nous Président, assisté de François Simon, notre greffier, ce jourd'hui vingt-neuf mars mil huit cent quarante quatre.
           (Signatures du président et du procureur du roi.)

5   Nota. *Aux termes de l'art.* 22 *de la loi du* 25 *vent. an* XI *et des art.* 203 *et* 245 *du C. de proc. civ.* (V. note 64 n. 141 *bis* et 142), *la copie figurée doit être substituée à la minute dont elle tient lieu jusqu'à la réintégration et le notaire peut en délivrer des grosses* [64] *ou expéditions* (*id.*), *en faisant mention du procès-verbal dressé par le Président et en attestant que cette copie est conforme à la minute. Dans ce cas, lorsque le notaire délivre une grosse ou expédition, voici la mention qu'il doit mettre au bas de cette grosse ou de cette expédition.*

6   L'an......, le......, ces présentes ont été, par Mᵉ François Chevanne, notaire à......, soussigné, délivrées conformes à la copie figurée de l'acte dont l'expédition [64] (ou : la grosse (*id.*)) précède, copie figurée tenant lieu entre les mains dudit Mᵉ Chevanne, de la minute [59] de ce même acte (ou : contrat), déposée au greffe du tribunal civil et de première instance de......, en exécution d'un jugement rendu contradictoirement par ledit tribunal le......; le tout ainsi qu'il résulte d'un procès-verbal constatant la collation, vérification et conformité de cette copie, dressé par M. le président du même tribunal, en date du....., et dont une expédition (ou: un extrait [64])est annexée [35] à ladite copie demeurée, comme dit est, en la possession dudit Mᵉ Chevanne, notaire.   (Signature du notaire.)

      V. *Timbre*, note 61. — *Expédition*, etc., note 64, n. 150.

CRÉDIT [175] POUR UNE SOMME EN ARGENT.

PAR-DEVANT M⁰ Léon [1] MOUSSEAUX (id.), Notaire [2] à Epinay [1], département de..., soussigné [15]. — V. sup. p. 3, alin. 1.

Sont comparus,

M. Alexandre [3] MULTIPHE (id.), banquier (id.), demeurant (id.) à..., rue... n°..., où il est patenté [43], pour la présente année à la date du... hors classe n... D'UNE PART.

Et M. Charlemagne BRISIOUX, entrepreneur de bâtiments demeurant à..., où il est patenté [43] pour la présente année à la date du... seconde classe n... D'AUTRE PART.

Lesquels sont convenus de ce qui suit :

Sur la demande de M. BRISIOUX, M. MULTIPHE consent par ces présentes à lui accorder et ouvrir un crédit [175] de banque de la somme [55] de trente mille francs [91].

Ce crédit (a) durera [77] aussi longtemps qu'il conviendra au créditeur de le maintenir ou au crédité d'en user : toutefois la partie qui voudra user de la faculté de le faire cesser sera tenue d'en avertir l'autre au moins un mois à l'avance et par écrit.

Ledit crédit sera fourni et réalisé par M. MULTIPHE (b) en acceptation de traites [97], lettres de change (id.) et autres effets de commerce qui seront tirés sur lui soit par M. BRISIOUX, soit par personnes de lui autorisées, et ce jusqu'à concurrence desdits trente mille francs. M. MULTIPHE s'obligeant, en conséquence, à accepter et acquitter jusqu'à concurrence de ladite somme de trente mille francs les susdits effets de commerce.

Le crédit dont il s'agit sera suffisamment justifié vis-à-vis de M. BRISIOUX par les registres [26] de la maison de banque de M. MULTIPHE (c) et par la représentation des traites, lettres de change et autres effets acquittés.

De son côté, M. BRISIOUX s'oblige de couvrir M. MULTIPHE des traites et acceptations dont il s'agit par des provisions [97] et remises [84] de fonds ou d'effets, valeurs de commerce, à des échéances ordinaires, ainsi qu'il est d'usage en banque; mais toujours de telle sorte que les provisions ou remises soient faites à ce dernier en temps utile pour le paiement des acceptations qu'il aura fournies.

Il s'oblige, en outre, ledit sr BRISIOUX, de rembourser [84] immédiatement à M. MULTIPHE toutes les sommes dont celui-ci pourra se trouver à découvert par suite des acceptations qu'il aura faites en conséquence du présent crédit, comme aussi à payer les intérêts [49] de ces mêmes sommes au taux de six pour cent par an sans retenue de même que tous droits de commission [97] frais (id.) et accessoires (id.).

GARANTIE [52] HYPOTHÉCAIRE [30] PAR UN TIERS. A ces présentes est intervenu M. Nicolas [3] BRISIOUX (id.), ancien entrepreneur de bâtiments (id.), demeurant (id.) à...

Lequel, après avoir pris communication [21] et entendu lecture [16] de ce qui précède, a déclaré se rendre garant [52] de son fils envers M. MULTIPHE, pour raison du crédit que celui-ci lui a ouvert, mais hypothécairement seulement sur l'objet ci-après désigné et jusqu'à concurrence seulement de vingt mille francs de capital et non au-delà. Etant expressément convenu que cette affection [52 n. 115] hypo-

---

(a) Quand le crédité n'est point un commerçant on peut mettre ce qui suit : Ce crédit ne sera ouvert au profit de M. Brisioux que pendant trois ans [77] à compter de ce jour : à l'expiration de ce délai, les comptes seront réglés, et M. Brisioux devra rembourser [84] à M. Multiphe, ainsi qu'il s'y oblige, et dans les deux mois de ce règlement, la somme dont il se trouvera débiteur [26] envers ce dernier, laquelle somme portera intérêt [49] à cinq pour cent par an jusqu'au paiement.

(b) Ou bien : au fur et à mesure des besoins de M. Brisioux, jusqu'à épuisement de la somme de trente mille francs formant le montant du crédit.

(c) Quand le crédit est remis de la main à la main au crédité on ajoute ce qui suit : et le compte ouvert sur lesdits registres au nom de M. Brisioux. — Puis on supprime le reste de l'alinéa ainsi que les alin. 11 et 12.

thécaire n'emportera aucune obligation personnelle de la part de M. Brisioux père, et qu'il ne pourra être contraint, au remboursement de la somme de vingt mille francs de capital par lui garantie que par l'exercice de l'action hypothécaire [28].

₁₅ Et à la sûreté de ladite somme de vingt mille francs, M. Brisioux père a affecté et hypothéqué [30] la maison où il fait sa demeure située [141] à... rue... n°.., avec toutes ses dépendances, sans aucune exception ni réserve; laquelle maison lui appartient [22] . .. (V. *Au mot* ÉTABLISSEMENT DE PROPRIÉTÉ *du dictionnaire ce qu'il faut observer dans l'occasion*).

₁₆ Sous les peines [31] de droit qui lu ont été expliquées par le Notaire soussigné, M. Brisioux père a déclaré que cette maison n'était grevée d'aucune hypothèque [30] légale, conventionnelle ou judiciaire, ni d'aucun privilége [29], ainsi qu'il en sera justifié par un certificat [111] du conservateur des hypothèques de... à la date du lendemain de l'inscription [85] qui sera prise en vertu des présentes.

₁₇ M. Brisioux père s'oblige à faire assurer [153] contre l'incendie et à tenir constamment assurée pendant toute la durée du crédit ouvert à son fils la maison par lui hypothéquée, et il subroge [114] M. Multiphe, qui l'accepte, dans tous les droits [27] qui pourront résulter de ladite assurance au cas de sinistre, pour les exercer par préférence à M. Brisioux père jusqu'à due concurrence. — V. *sup. la note a au bas de la p.* 51 *et la note* 42 *du Commentaire.* n. 30.

₁₈ Pour faire signifier [20] ces présentes à qui besoin sera tout pouvoir est donné au porteur d'une expédition [64] ou extrait des présentes.

₁₉ Tous les frais [8] que ces présentes occasionneront en déboursés et honoraires, seront payés par M. Brisioux fils, ainsi que ceux d'inscription et de signification à la compagnie d'assurance.

₂₀ Pour l'exécution des présentes, les parties font élection de domicile [11] en leurs demeures respectives sus-indiquées.

₂₁ Dont acte, fait et passé à Epinay [12] en l'étude (*id*.), l'an mil huit cent quarante-quatre [13] le vingt-deux avril (*id*.), en présence de Mʳˢ (*noms, prénoms, professions et demeures*), témoins instrumentaires [14], et les parties ont signé [15] avec les témoins et le Notaire, après lecture [16].

₂₂ V. *Répertoire*, note 17. — *Enregistrement*, notes 18, 19, 99. 117, 174.

₂₃ La formule d'AFFECTATION HYPOTHÉCAIRE p. 63, et inf. celle de PROROGATION DE CRÉDIT.

CRÉDIT [173] POUR DES MARCHANDISES.

Crédit pour des marchandises.

₂ PAR-DEVANT Mᵉ Jean-Baptiste [1] Loret (*id*.), Notaire [2] à Reuil [1], département de..., soussigné [15]. — V. *sup. p.* 3, *alin*, 1.

₃ Sont comparus :

₄ M. Léon [3] Papard (*id*.), fabricant d'étoffes (*id*), demeurant (*id*.) à..., où il est patenté [43] pour la présente année à la date du... première classe, n...   D'UNE PART.

₅ Et M. Ferdinand [3] Bourdennet (*id*.), marchand d'étoffes (*id*.), demeurant (*id*.) à..., où il est patenté [43] pour la présente année à la date du..., seconde classe, n...   D'AUTRE PART.

₆ Lesquels sont convenus de ce qui suit :

₇ M. Papard ouvre à M. Bourdennet un crédit [173] de vingt-cinq mille francs en marchandises de sa fabrique qu'il expédiera à ce dernier sur les demandes qu'il lui en fera par lettres. Le prix sera celui de fabrique à moins qu'il n'en ait été autrement convenu par la correspondance des parties.

₈ La durée [77] dudit crédit est fixée à cinq ans à compter d'aujourd'hui, et M. Bourdennet ne pourra en user que jusqu'à concurrence de cinq mille francs par an.

₉ M. Bourdennet s'oblige à payer à M. Papard le prix de ses fournitures à l'expiration de chaque année avec intérêts [49] à six pour cent par an à partir du jour de la sortie des marchandises des magasins de M. Papard jusqu'au jour du réglement de compte annuel.

¹⁰ Pour constater les livraisons et remboursements de marchandises, il sera ouvert sur les livres M. Papard un compte courant au nom de M. Bourdennet.

¹¹ A l'expiration dudit délai de cinq ans, les comptes des parties seront réglés définitivement, M. Bourdennet devra rembourser [84] immédiatement à M. Papard la somme dont il se trouvera d[é]biteur [26] envers ce dernier.

¹² Pour garantir M. Papard de l'effet du présent crédit et du solde qui pourra résulter en sa faveur [de] l'arrêté du compte définitif, M. Bourdennet affecte et hypothèque [30] spécialement... (V. sup. p. 6[...] alin. 11, 12, 13, 17 à 23 pour la désignation de l'hypothèque et les déclarations).

¹³ Tous les déboursés [5] et honoraires (id.) des présentes ainsi que le coût d'une grosse [64] et [de] l'inscription [83] seront payés par M. Bourdennet.

¹⁴ Pour l'exécution des présentes les parties font élection de domicile [11] en leurs demeures actuell[es] ci-dessus indiquées.

¹⁵ Dont acte, fait et passé à Reuil [12] en l'étude (id.), l'an mil huit cent quarante-quatre [13] le vingt trois avril (id.), en présence de MM. (noms , prénoms , professions et demeures), témoins instrumentai[res] [14], et les parties ont signé [15] avec les témoins et le Notaire, après lecture [16].

¹⁶ V. répertoire, note 17 — Enregistrement, notes 18, 19 99, 174.

¹⁷ La formule de crédit qui précède et celles indiquées à l'alin. 23, de cette même formule.

CURATELLE AU VENTRE [66].

---

¹ L'an mil huit cent quarante quatre le vingt trois avril à l'heure de midi.

² Devant nous Michel Valcheri, juge de paix [94] du canton de..., assisté de Clément Sourdeau, not[aire] greffier [94].

⁴ Est comparue la dame Sophie Pallut, veuve du Sr Joseph Orfila, en son vivant marchand d'estamp[es] à..., où elle demeure rue... nº.....

⁵ Laquelle nous a dit qu'au décès de son mari arrivé, le.., dernier, elle était enceinte d'environ trois m[ois] et qu'elle avait, d'après l'indication verbale par nous donnée, convoqué le conseil de famille [93] à ces jou[rs] lieu et heure, pour qu'il lui soit nommé un curateur au ventre.

⁶ Et immédiatement sont comparus : 1º le Sr Paul Orfila, rentier, demeurant à..., frère germain [du] défunt; 2º le Sr Zacharie Orfila, négociant, demeurant à..., neveu du défunt; 5º le Sr Camille Perra[...] marchand de draps, demeurant à..., beau-frère du défunt ; les trois sus-nommés étant les plus proch[es] parents de l'enfant à naître dans la ligne paternelle. D'UNE PAR[T]

⁷ 4º Le Sr Cyprien Pallut, avocat demeurant à..., frère germain de Mad. veuve Orfila; 5º le Sr Léo[n] Gibault, lieutenant en retraite, demeurant à... , beau-frère de ladite dame veuve Orfila, 6º et le Sr Gesner Bourdillat, marchand de vins en gros; demeurant à..., aussi beau-frère de ladite dame; les tr[ois] sus-nommés étant les plus proches parents de l'enfant à naître dans la ligne maternelle D'AUTRE PAR[T]

⁸ Lesquels, après avoir certifié et affirmé être bien les plus proches parents de l'enfant à naître de Ma[d.] veuve Orfila, domiciliés dans la distance de deux myriamètres, ont été déclarés par nous composer so[us] notre présidence le conseil de famille pour la nomination d'un curateur.

⁹ Et de suite, le conseil de famille délibérant sur le motif de sa convocation, a en conformité [de] l'art. 393 du Code civil, été d'avis à l'unanimité (ou : à la majorité de... voix contre...), de nomm[er] M. Paul Orfila, curateur au ventre de Mme vᵉ Joseph Orfila.

¹⁰ Laquelle fonction ledit sr Orfila a accepté à l'instant, ayant promis, par serment prêté entre n[os] mains, de la remplir fidèlement.

¹¹ Il a été vaqué à ce qui précède depuis ladite heure de midi jusqu'à celle de quatre du soir par doub[le] vacation [5].

¹¹ De tout ce que dessus il a été dressé le présent procès-verbal en notre demeure à..,.., les jour, heure, mois et an sus-dits, et les parties ont signé [15] avec nous et notre greffier, après lecture [16], sous toutes réserves [51].

¹⁵ V. *Enregistrement* notes 18, 19 et 56.

¹⁴ La formule d'AVIS DE PARENTS et celle d'ÉMANCIPATION.

DATION EN PAIEMENT [201].

² Par-devant Mᵉ Eustache [1] BONOUR (*id.*), notaire [2] à La Pointe [1], département de.. soussigné [15] — V. *sup. p.* 3 *alin*: 1.

³ Sont comparus M. Silvestre [3] LE LOUP (*id.*), ancien négociant (*id.*) et la dame Perpétue (*id.*) NICOLAY (*id.*), son épouse [144] de lui autorisée [68] à l'effet des présentes, demeurant (*id.*) à La Pointe.

⁴ Lesquels, pour demeurer quittes envers M. POURSIN, ci-après nommé, de la somme de dix mille cinquante francs qu'ils lui doivent [26] pour le principal [136] et une année d'intérêts [49] de l'obligation qu'ils lui ont consenti solidairement [106] par acte passé devant Mᵉ BONOUR, notaire soussigné, en minute [59] et présence de témoins [14] le..., dûment enregistré [42].

⁵ Ont, par ces présentes, cédé et abandonné en paiement de ladite somme de dix mille cinq cents francs, avec obligation solidaire entre eux de garantir (*a*) de tous privilèges, [29] hypothèques [30], surenchères [147] et évictions [9].

⁶ A M. Clément [3] POURSIN (*id.*), rentier (*id.*), demeurant (*id.*), à.., à ce présent et acceptant [52].

⁷ (*b*) Un labourage [7] situé [141] sur la commune de..., composé de vingt pièces d'héritages dont le détail suit : 1° cinquante cinq arcs [91] de terre emblavée en blé, situés [141] au lieu dit le Bon-Coin, tenant d'un long du levant à Jean Paillot, fossé mitoyen [41] avec lui, d'autre long du couchant à Chrétien Lescail, d'un bout du midi à Jean Millereau qui doit un passage [55] avec voiture pour arriver à ladite pièce, d'autre bout du nord à Simphorien Brisedoux. — 2° etc., 3° etc.

⁸ PROPRIÉTÉ. Ce labourage appartient [22] aux vendeurs du chef de..., — V. *sup. p.* 43, *alin.* 17; *p.* 49 *alin.* 10 *et au mot* ÉTABLISSEMENT DE PROPRIÉTÉ *du dictionn.*).

⁹ Pour faire et disposer par M. POURSIN, du labourage à lui abandonné en paiement comme de chose lui appartenant [22] en toute propriété et jouissance à compter de ce jour.

¹⁰ Cette dation en paiement est faite sous les charges [58] et conditions [133] suivantes :

¹¹ 1° Les pièces d'héritages sont abandonnées comme elles s'étendent et comportent et sans aucune garantie [40] de la contenance sus-indiquée, dont le plus ou le moins, s'il y en a, tournera au profit ou à la perte de l'acquéreur, quand même la différence serait de plus d'un vingtième. — V. *sup. la note a au bas de la p.* 139.

¹² 2° L'acquéreur exécutera pour tout le temps qui en reste à courir les locations [105] verbales ou par écrit [42] qui ont été faites de la majeure partie des pièces composant ledit labourage aux Sʳˢ.., pour trois années qui expireront le..., moyennant différentes sommes formant un fermage annuel de...; ou bien il les résiliera [105] à ses risques et périls : le tout de manière que les vendeurs ne soient nullement inquiétés à ce sujet.

¹³ 3° Il souffrira les servitudes [55] — (V. *sup. p.* 195 *alin.* 30 *et la note au bas de cette page*).

¹⁴ 4° Il acquittera les contributions [58] foncières et autres de toute nature des biens composant ledit labourage, à partir du..., et il fera substituer son nom à celui des vendeurs sur la matrice des rôles des

---

(*a*) Quand on veut restreindre la garantie de la femme, V. *sup. p.* 43 *alin.* 21 et la note au bas de cette page. — V. aussi la note au bas de la p. 50.

(*b*) Quand il s'agit d'un objet incorporel, V. la formule de *délégation* et celle de *transport*. — Quand il s'agit de meubles, V. la formule de *vente* de meubles.

contributions lors dés prochaines mutations sous peine de demeurer responsables des poursuites qui se raient faites contre les vendeurs restés imposés.

15 5° Et il paiera les déboursés [5] et honoraires (*id.*) des présentes.

16 Quoique le présent abandon soit fait pour, par les vendeurs, demeurer quittes [84] envers l'acquéreur de la créance [23] ci-devant mentionnée, il est néanmoins convenu qu'il n'y aura de compensation [167] entre les parties que quand, par suite de l'accomplissement des formalités de transcription [111] et de purge légale [156] que l'acquéreur se réserve de remplir à ses frais dans le plus bref délai il ne se trouvera aucune inscription [83] grevant les biens vendus autre que celle subsistant au profit de l'acquéreur contre lesdits vendeurs à la date du..., vol..., n°...,

17 Et si, lors de l'accomplissement desdites formalités de transcription et de purge légale, il se trouve d'autres inscriptions que celle de l'acquéreur (V. *sup. p.* 45, *note B*), il est expressément convenu que celui-ci ne fera aucune notification [28 et 147] aux créanciers inscrits : il fera seulement la dénonciation desdites inscriptions aux vendeurs, lesquels s'obligent d'en rapporter certificat [149] de radiation dans les deux mois [77] qui suivront cette dénonciation, à défaut de quoi ces présentes seront résolues [153] de plein droit, de sorte que M. Poursin rentrera dans l'intégralité de ses droits [27] et actions [28] résultant du titre de sa créance, sans aucune novation [168] ni dérogation, comme si le présent acte n'eût jamais eu lieu, et alors les vendeurs seront tenus de lui rembourser [84] tous les frais [5] auxquels ces présentes auront donné lieu, à moins que ledit Sr Poursin [84] n'aime mieux faire ladite notification aux créanciers inscrits, auquel cas M. et Mad. Leloup devront le garantir de toutes surenchères [147] et l'indemniser .de sa créance ou de la portion pour laquelle il ne viendrait pas en ordre [104] utile sur les biens abandonnés.

18 Sous la condition de la pleine et entière exécution des présentes, M. Poursin tient quittes et décharge [84] M. et Mad. Leloup de sa créance sus-mentionnée, de manière qu'elle ne sera éteinte que lorsqu'il sera devenu propriétaire incommutable des biens abandonnés, et qu'il sera remboursé de toutes les sommes qu'il aura payées pour les sieur et dame Leloup, à l'effet de quoi il se réserve jusque là tous les droits [27] et actions [28] résultant du titre de sa créance et l'effet de son inscription qu'il renouvellera si besoin est.

19 Titres. M. et Mme Leloup ont présentement remis [54] à M. Poursin tous les titres mentionnés en l'établissement de propriété.

20 De son côté, M. Poursin s'oblige de remettre auxdits S^r et D^e Leloup la grosse [64] de leur obligation, le bordereau de l'inscription [83] et autres pièces y relatives aussitôt qu'il sera devenu propriétaire incommutable par l'accomplissement des formalités et conditions sus-exprimées

21 Mention [84] des présentes sera faite sur toutes pièces que besoin sera par tous notaires et autres officiers publics de ce requis.

22 Pour l'exécution de tout ce qui précède les parties font élection de domicile [11] en leurs demeures respectives sus-indiquées.

23 Dont acte fait et passé à la Pointe [12] en l'étude (*id.*), l'an mil huit cent quarante quatre [15] le vingt trois avril (*id.*), en présence de MM. (*noms, prénoms, professions et demeures*), témoins instrumentaires [14] et les parties ont signé [15] avec les témoins et le notaire, après lecture [16].

24 V. Répertoire, notes 17. — Enregistrement, notes 18, 19 et 201.

25 Et, au besoin, la table alphabétique du Commentaire.

Décés (acte de). 1

DÉCÈS [65] (acte de) dressé par un officier de l'état civil.

2 L'an mil huit cent quarante quatre, le vingt-quatre avril à trois heures du soir

3 Devant nous Maire, officier de l'état civil de la commune de Vermon, chef lieu de canton, département de.... soussigné

4 Sont comparus , Pierre Thinlot, maçon, âgé de soixante quatre ans, gendre de la décédée ci-après

nommée et Nicolas Savereau, flotteur, agé de cinquante-sept ans, fils de la décédée, tous deux demeurant à Vermon.

» Lesquels nous ont déclaré que ledit jour à une heure du soir, est décédée en sa maison sise à Vermon rue du Sacy, Agathe Moreau, veuve de Edme Savereau, sans profession, âgée de quatre-vingt six ans, demeurant à Vermon, née audit lieu, fille de défunt Pierre Moreau et de défunte Anne Chariat ; duquel décès nous nous sommes assuré immédiatement ; et les déclarants ont signé avec nous le présent acte, après que lecture leur en a été faite.　　　Signatures *du Maire et des deux témoins.*

DÉCHARGES.

I. DÉCHARGE [84] DE CAUTIONNEMENT [32].

Décharges.

I. Décharge de cautionnement.

ı Par-devant Me Félix [1] Lordereau (*id.*), notaire [2] à Vauprot [1], département de..., soussigné [15]. — V. *sup. p.* 3 alin. 1.

ı Est comparu M. Germain [3] Legry (*id.*), propriétaire (*id.*), demeurant (*id.*) à Vauprot.

ı Lequel (*a*) a, par ces présentes, déchargé [84] M. Jacques Camelin, ancien négociant, demeurant à..., du cautionnement [32] solidaire (*id.*), par lui contracté au profit du comparant pour raison d'une obligation de la somme de... consentie à son profit par M. Joseph Mercier, cultivateur demeurant à..., suivant acte passé devant le notaire soussigné en minute [59] et présence de témoins [14] le..., dûment enregistré [42].

ı Renonçant [62], en conséquence, à exercer contre lui aucune réclamation à ce sujet ; mais faisant réserve [51] de tous ses droits [27] et actions [28], privilèges [29] et hypothèques [30] contre le Sr Mercier, débiteur [26] principal, n'entendant point y déroger ni innover [168].

ı Au moyen des présentes, le comparant donne main-levée [149] et consent la radiation (*id.*) définitive de l'inscription [83] prise à son profit au bureau des hypothèques de..., le..., vol..., n°.., mais seulement en ce qu'elle grève les biens du Sr Camelin, son effet étant expressément réservé à l'égard des biens du Sr Mercier.

ı Mention [84] des présentes sera faite sur toutes pièces que besoin sera par le notaire soussigné et tous autres de ce requis.

(*a*) *Quand la décharge n'est donnée qu'après un à compte sur le principal, qui permet au créancier de décharger la caution sans compromettre ses intérêts, on met ici :*

Au moyen du remboursement de la somme de..., qui lui a été fait par M. *Mercier* son débiteur, ci-après nommé, suivant quittance passée devant Me ..., notaire à.., le..., à valoir sur le principal de l'obligation ci-après énoncée.

8 Dont acte, fait et passé à Vauprot [12] en l'étude (*id.*), l'an mil huit cent quarante quatre [13] le vingt trois avril (*id.*) , en présence de MM. (*noms, prénoms, professions et demeures*), témoins instrumentaire [14], et le comparant a signé [15] avec les témoins et le notaire, après lecture [16].

9 V. *Répertoire*, note 17. — *Enregistrement*, notes 18, 19 et 56.

10 Et au besoin, la table alphabétique du Commentaire.

II. Décharge de compte.

II. DÉCHARGE DE COMPTE—V. *sup. p.* 88 alin. 15; p. 258 alin. 59 ; p. 261 alin. 57 et suiv.; p. 268 alin. 127 ;

III. Décharge de compte de tutelle.

III. DÉCHARGE DE COMPTE DE TUTELLE. —V. *sup. p.* 297 alin. 81 et suiv.

IV. Décharge de dépôt d'un prix de vente.

IV. (*a*) DÉCHARGE [84] DE DÉPOT D'UN PRIX DE VENTE.
PAR ACTE A LA SUITE [45] DU CONTRAT DE VENTE

1 Et le vingt quatre avril [13] mil huit cent quarante quatre (*id.*).

2 Par-devant Me Charles [1] VALLERY (*id.*), notaire [2] à Sergines [1], département de..., soussigné [15] —V. *sup. p.* 5 alin. 1.

3 Sont comparus M. Etienne [3] PAULMIER (*id.*), marchand d'étoffes (*id.*), et la dame Céleste (*id.*) LEREUIL (*id.*), son épouse de lui autorisée [68] à l'effet des présentes, demeurant [3] ensemble à Sergines : tous deux déjà dénommés et qualifiés au contrat de vente dont minute [59] précède,

4 Lesquels ont, par ces présentes, reconnu que Me Jérôme [5] Istace (*id.*), notaire [2] à.., à ce présent, leur a remis, à l'instant, la somme [55] de dix mille francs [91] qu'ils lui avaient déposée [210] par accord fait entr'eux et M. Onésime CHEVILLARD, leur acquéreur, pour le prix de la maison située [141] à..., vendue par eux à ce dernier, suivant le contrat dont minute [59] précède passé devant Me ISTACE, notaire sus-nommé, le...., dûment enregistré [42] et aux termes duquel cette somme dont la vente porte quittance était restée entre les mains dudit Me ISTACE pour n'être remise auxdits Sr et dame PAULMIER qu'après l'accomplissement de toutes les formalités prescrites par la loi pour purger [156] ladite maison des hypothèques qui pouvaient la grever.

5 De laquelle somme de dix mille francs les Sr et dame PAULMIER tiennent quitte et déchargent [84] ledit Me ISTACE, ainsi que de toutes choses relatives au dépôt qui lui avait été fait de ladite somme, et en tant que de besoin M. CHEVILLARD, leur acquéreur.

6 La remise du dépôt dont il s'agit a été faite (*b*) au moyen de ce qu'à la transcription [111] qui a eu lieu dudit contrat de vente au bureau des hypothèques de..., le..., vol..., n°,.., il ne s'est trouvé aucune inscription [85], ainsi que le constate l'état [111] délivré après quinzaine par le conservateur, et de ce qu'après l'accomplissement des formations de purge légale, il n'est survenu aucune inscription, ainsi que le constate un certificat délivré par le même conservateur le..., par suite 1° de l'exposition dudit contrat dans l'auditoire du tribunal de première instance de...., 2° de la notification de l'acte de dépôt au greffe

---

(*a*) Il n'en est pas d'un prix de vente déposé comme d'un prix de vente de meubles. Dans ce dernier cas, le notaire peut recevoir l'acte par lequel il lui est donné décharge en observant ce qui est dit note 2 n. 12 ; mais, dans le premier cas, cela ne se peut, la décharge doit être reçue par un notaire autre que le notaire dépositaire, seulement la minute doit rester à celui-ci quand elle est à la suite de la minute d'un acte reçu par lui. — (V. note 2. n. 157).

(*b* Quand l'acquéreur n'a point été dispensé par le contrat de vente d'intervenir dans la décharge on ajoute ici : en présence et du consentement de M. Chevillard, sus-nommé, propriétaire, demeurant à...,

faite tant à la dame PAULMIER qu'au Procureur du Roi, par exploit de..., huissier à..., le..., et de l'insertion de cette notification dans le journal d'affiches et annonces judiciaires de l'arrondissement de....

9. Mention [84] des présentes sera faite sur toutes pièces que besoin par le notaire soussigné et tous autres de ce requis.

10. Dont acte, fait et passé à Sergines [12] en l'étude (id), les jour, mois et an [13] sus dits, en présence de MM. (noms, prénoms, professions et demeures), témoins instrumentaires [14], et les parties ont signé [15] avec les témoins et le notaire, après lecture [16]. Quoique reçues par Me VALLERY, ces présentes sont restées en la possession de Me ISTACE pour sa décharge, et néanmoins elles seront portées sur les répertoires desdits Mrs VALLERY ET ISTACE.

11. V. Répertoire, note 17. — Enregistrement, notes 18, 19 et 56.

IV. 2° DECHARGE [84] DE DEPOT [210] D'UN PRÊT D'ARGENT,
PAR ACTE A LA SUITE [45] DE L'OBLIGATION.

1.

2.

3. Et le..., (se référer aux alin. 4 et 5 de la formule qui précède).

4. Lesquels ont reconnu que Me Jérôme [3] ISTACE (id,) notaire [2] à la résidence de..., à ce présent, leur a présentement remis, la somme de quinze mille francs montant du prêt [205] à eux fait par M. Onésime CHEVILLARD, propriétaire demeurant à..., et dont ledit Me ISTACE avait été constitué dépositaire aux termes de l'obligation par eux souscrite au profit dudit Sr CHEVILLARD le.., sous la condition qu'elle ne serait remise par lui aux Sr et dame PAULMIER qu'après la justification de la sincérité des déclarations [31] hypothécaires par eux faites dans ladite obligation.

5. De laquelle somme la remise [54] a été ainsi faite par ledit Me ISTACE attendu que de l'état [111] des inscriptions délivré par le conservateur des hypothèques de..., le..., sur les biens hypothéqués par ladite obligation il résulte que l'inscription [83] prise par le Sr CHEVILLARD audit bureau le..., vol..., n.., par suite de l'affectation hypothécaire [30] consentie en ladite obligation n'est primée (a) par aucune autre (b).

6. Au moyen de cette remise, M. et Made PAULMIER déchargent [84] le dit Me ISTACE de la somme de quinze mille francs dont il s'agit.

7. (Se référer aux alin. 9, 10 et 11 de la formule qui précède et aux notes a et b étant au bas de cette formule).

IV. 3° DECHARGE [84] DE DEPOT [210] D'OBJETS MOBILIERS.

1. PAR-DEVANT Me Stanislas [1] BARGETON (id.), notaire [2] etc.

(a) OU BIEN : que par celles déclarées en ladite obligation et dont les principaux s'élèvent à la somme totale de...

(b) Quand les déclarations hypothécaires ne se trouvent pas exactes et que néanmoins le prêteur consent à la remise des fonds, on substitue ce qui suit au présent alinéa :

La remise de ladite somme a eu lieu en présence et du consentement [101] de M. Onésime CHEVILLARD, sus-nommé, propriétaire demeurant à.., encore bien que de l'état d'inscriptions délivré par le conservateur des hypothèques de.., le... sur les biens hypothéqués par l'obligation, il résulte que l'inscription prise au profit dudit Sr CHEVILLARD pour sûreté de cette obligation est primée par une autre inscription non déclarée en ladite obligation et dont les causes s'élèvent à la somme de..., montant en principal et accessoires des condamnations prononcées contre ledit Sr Paulmier suivant jugement [75] par défaut du tribunal de commerce de..., dont ledit Sr Paulmier déclare n'avoir pas eu connaissance lors de la signature de l'obligation.

De laquelle inscription lesdits Sr et dame PAULMIER promettent et s'obligent solidairement [106] de rapporter certificat de radiation à M. Chevillard dans trois mois de ce jour sous peine de tous dépens, dommages et intérêts. — Ou bien : M. Chevillard reconnaissant que nonobstant l'existence de cette inscription, sa créance se trouve assurée.

₃ Est comparu M. Charles [3] Coulmier (*id.*), propriétaire (*id.*), demeurant (*id.*) à...

₄ Lequel a reconnu que M. Paul Froment, rentier, demeurant à..., lui a remis tous les objets mobiliers qu'il lui avait confiés à titre de dépôt, lors de son départ pour la Chine (*ou bien* : à titre de dépôt nécessaire par l'événement de l'incendie (*ou* : de l'inondation) de *tel* jour.

₅ Dont décharge, au moyen de laquelle toutes reconnaissances [42] qui ont pu être données dudit dépôt demeurent annulées.

₆ Consentant au surplus que mention des présentes soit faite sur toutes pièces que besoin sera par tous notaires ce de requis.

₇ Dont acte, etc., — *V. les alin.* 10 et 11 *de l'avant dernière formule.*

V. DÉCHARGE [84] D'EXÉCUTION TESTAMENTAIRE [152].

₁ Par-devant Me Lucien [1] Merlin (*id.*), notaire [2] à Charmoy [1], département de.., soussigné [15].

₂ Sont comparus M. Adrien [3] Lecouleur (*id.*), juge (*id.*) au tribunal civil de première instance de..., y demeurant (*id.*), rue..., n°...

₄ Et Mad. Léontine Lecouleur, épouse de M. Sébastien Pelletier, mécanicien demeurant à..., et de lui, à ce présent, dûment autorisée [68].

₅ Tous deux seuls héritiers [78] chacun pour moitié de Mad. Zoé Lecouleur, leur sœur germaine, décédée veuve de M. Charles Couture, ancien Conseiller à la cour royale de Paris, ainsi que le constate l'intitulé de l'inventaire [145] fait après son décès par Me Merlin, notaire soussigné, qui en a gardé minute [59] le..., dûment enregistré [42].

₆ Lesquels, ayant, par acte passé devant le notaire soussigné le.., dûment enregistré [42], satisfait à tous les legs [24] faits par Mad. veuve Couture aux ci-après nommés : 1° Oreste Lecouleur, son neveu et filleul, d'une somme de six cents francs, 2° Mad^lle Zoé Pelletier, sa nièce et filleule, d'une somme de douze cents francs ; 3° l'hotel-dieu de Paris, d'une somme de trois mille francs ; 4° Et M. Xavier Velpaux, son exécuteur testamentaire, d'un diamant de cinq cents francs, aux termes de son testament [152] olographe en date du..., déposé audit Me Merlin qui en a dressé acte le... dûment enregistré [42], en exécution de l'ordonnance de M. le Président du tribunal civil de première instance de..., contenue en son procès-verbal d'ouverture et de description dudit testament dressé au greffe dudit tribunal le..., aussi enregistré [42].

₇ Ont requis l'exécuteur [152] testamentaire de Mad. veuve Couture de cesser la mission à lui conférée par le testament de cette dernière.

₈ En conséquence, les comparants reconnaissent que M. Xavier [3] Velpaux (*id.*), sus-nommé, jurisconsulte (*id.*) demeurant (*id.*) à.., à ce présent, leur a remis [54 et 84] tous les meubles [86] et effets mobiliers, toute l'argenterie, ainsi que tous les papiers compris en l'inventaire précité, dont M. Velpaux avait été chargé par sa clôture en qualité d'exécuteur testamentaire de Mad. veuve Couture.

₉ De tous lesquels objets M. Adrien Lecouleur et Mad. Pelletier déchargent [84] M. Velpaux, sous la réserve [54] seulement du compte qu'il aura à leur rendre et des différents recouvrements et paiements qu'il a pu faire jusqu'à ce jour en sa dite qualité d'exécuteur testamentaire.

₁₀ Mention [84] des présentes sera faite sur toute pièce que besoin sera par le notaire soussigné et tous autres ce de requis.

₁₁ Dont acte, fait et passé à Charmoy [12] en l'étude (*id.*), l'an mil huit cent quarante-quatre [15] le vingt six avril (*id.*), en présence de MM. (*noms, prénoms, professions et demeures*), témoins instrumentaires [14], et les parties ont signé [15] avec les témoins et le notaire, après lecture [16].

₁₂ V. *Répertoire, note* 17. — *Enregistrement, notes* 18, 19 et 56.

₁₃ Et la formule de compte d'administration par un exécuteur testamentaire *sup. p.* 259.

VI. DÉCHARGE [84] DE LEGS [24]

Par-devant Mᵉ Prosper [1] Leroy (*id.*), notaire [2] à Colombe [1], département de..., soussigné [15] — V. *sup. p.* 3, *alin.* 1.

Est comparu M. Mathieu [3] Pornot (*id.*), étudiant en droit (*id.*), demeurant (*id*) à...

Légataire particulier [24] de M. Charles Toutet, en son vivant avocat à.., suivant son testament [152] par acte public reçu par Mᵉ Leroy, notaire soussigné, en minute [59] et présence de quatre témoins [152] le.., dûment enregistré [42]

Lequel a reconnu que M. Clément Charles Toutet, docteur en médecine, demeurant à..., à ce présent (*a*), comme seul héritier [78] dudit défunt, son oncle.

Lui a remis et délivré tous les livres composant la bibliothèque dont ledit défunt Sʳ Toutet a fait legs au comparant suivant son susdit testament ; lequel legs demeure de fait accepté par le comparant au moyen des présentes, dont décharge [84]

Mention [84] des présentes sera faite sur toutes pièces que besoin sera par le notaire soussigné et tous autres de ce requis.

Dont acte, fait et passé à Colombe [12] en l'étude (*id.*), l'an mil huit cent quarante-quatre [13] le vingt-six avril (*id*), en présence de MM. (*noms, prénoms, professions et demeures*), témoins instrumentaires [14] ; et les parties ont signé [15] avec les témoins et le notaire, après lecture [16].

V. *Répertoire*, note 17 — *forme des actes*, note 38. — *Enregistrement*, notes 18, 19 et 56.

VII. DÉCHARGE [84] PURE ET SIMPLE (*b*) DE MANDAT [80]

Par-devant Mᵉ Ariste [1] Quirot (*id.*), notaire [2] à la Croix-Verte [1], département de..., soussigné [15]. — V. *sup*, *p.* 3 *alin.* 1.

Est comparu M. Léon [3] Boufflard (*id.*), capitaine en retraite (*id*), demeurant (*id.*), à....

Lequel a reconnu que M. Calixte [3] Catelin (*id.*), secrétaire de la mairie de..., y demeurant, lui a remis (*c*) tant cejourd'hui que précédemment toutes les sommes dont il a fait le recouvrement en vertu de la procuration que le comparant lui a donnée, suivant acte passé en minute [59] et présence de témoins [14] devant Mᵉ Quirot notaire soussigné le..., dûment enregistré [42]

(*a*) Ou : comme légataire universel dudit défunt suivant son testament précité.

Ou bien : comme exécuteur testamentaire dudit défunt suivant son testament ci-devant daté et énoncé.

(*b*) Il faut bien distinguer la décharge qui est *pure et simple* de celle qui ne l'est pas, pour l'application du droit d'enregistrement. En effet, quand la décharge est *pure et simple*, c. à-d. qu'elle n'énonce pas de qui proviennent les sommes remises, c'est le droit fixe de 2 fr. qui doit être perçu, tandis que quand elle n'est pas pure et simple c.à-d., qu'elle énonce de qui proviennent les sommes elle donne lieu au droit proportionnel de 50 c. p. 0/0 comme quittance parce qu'elle est une preuve écrite de la libération des débiteurs, ayant la même force qu'une quittance qui leur aurait été donnée directement par le créancier — V. *note* 56 n. 52.

(*c*) *Lorsque la quittance n'est pas pure et simple et qu'on énonce de qui proviennent les sommes recouvrées, on s'exprime ainsi :*

Lui a présentement remis la somme de dix mille cinq cents francs que ledit Sʳ Catelin, comme mandataire [80] dudit Sᵉ Boufflard suivant procuration passée en brevet [59] devant Mᵉ Quirot, notaire soussigné, le ., dûment enregistrée, a reçue pour lui de M. Pierre Merle propriétaire demeurant à..., pour le prix en principal et intérêts [49] d'une pièce de pré, située sur le finage de. ., lieu dit..., que ce dernier a acquise de M. Boufflard par contrat passé devant le même notaire le.... dûment enregistré. — *Lorsque le mandataire a donné à l'acquéreur une quittance notariée de la somme, on ajoute ici :* lequel paiement de la part du Sʳ Merle a eu lieu suivant quittance passée en minute et présence de témoins devant Mᵉ... notaire à... le.. aussi enregistrée. — V. *sup.* la *note b. p.* 349.

De laquelle somme de dix mille cinq cents francs le comparant tient quitte et décharge le S. Catelin ainsi que de toutes choses relatives à l'usage que ce dernier a fait de ladite procuration.

5 Et qu'il lui a rendu compte de toute la gestion qu'il a eue des affaires du comparant aux termes de c procuration.

6 En conséquence, M. BOUFFLARD tient quitte et décharge [84] ledit Sr CATELIN de toutes choses q conques relatives à ce mandat, sans aucune réserve [51].

7 Dont acte, fait et passé à la Croix-verte [12] en l'étude (*id.*), l'an mil huit cent quarante-quatre le vingt-six avril (*id.*), en présence de MM. (*noms, prénoms, professions et demeures*), témoins instrum taires [14], et le comparant a signé [15] avec les témoins et le notaire, après lecture [16].

8 V. RÉPERTOIRE, note 17.—FORME DES ACTES, note 38.—Enregistrement, notes 18, 19 et 56.

VIII. Décharge de prix de vente de meubles.

VIII. DÉCHARGE [84] DE PRIX DE VENTE DE MEUBLES [109].

2 PAR ACTE A LA SUITE [45] DU PROCÈS VERBAL DE VENTE.

3 Et le vingt-sept avril [13] mil huit cent quarante-quatre (*id.*).

4 A la réquisition du Sr Georges [3] CAMPAGNOT (*id.*), propriétaire (*id.*), demeurant (*id.*) à.., dénom au procès-verbal de vente qui précède.

5 M. Sixte SILVAIN, notaire à.., soussigné, a procédé, ainsi qu'il suit, à la reddition du compte des niers provenant de la vente de meubles faite par son ministère à la requête dudit Sr CAMPAGNOT suiv le procès-verbal dont minute [59] précède en date du..., et jours suivants, enregistré [42].

6 Le produit total de ladite vente s'est élevé à la somme de six mille cinq cents fr. ci .   6, 500

7 Sur laquelle le notaire prélève 1° pour ses honoraires [5] fixés à cinq pour cent par le procès verbal de vente, trois cent vingt-cinq francs, ci 325

8 2° Et pour tous les déboursés [5] relatifs à ladite vente cent quatre vingt-quinze francs, ci. . . . . 195 } 520

9 Ce qui réduit le produit de ladite vente à cinq mille neuf cent quatre vingts francs ci . 5, 980

10 M. CAMPAGNOT, après avoir examiné ce compte, déclare l'approuver dans tout son contenu tant recette qu'en dépense, et en fixe le reliquat à ladite somme de cinq mille neuf cent quatre vingts fra que le notaire soussigné lui a présentement remise, ainsi qu'il le reconnaît, et dont il le tient quitte et charge, ainsi que de toutes choses relatives à cette vente.

11 Fait et passé à..., en l'étude, les jour, mois et an susdits (*a*), et M. CAMPAGNOT a signé [15] avec le taire, après lecture [15[.

12 V. *Répertoire*, note 17.— *Enregistrement* notes 18, 19 et 56.

13 Et infrà la formule de VENTE DE MEUBLES.

IX 1° Décharge de titres et pièces à un vendeur par son acquéreur.

IX. 1° DÉCHARGE [84] DE TITRES ET PIÈCES A UN VENDEUR PAR SON ACQUEREUR.

2 PAR ACTE A LA SUITE [45] DE LA MINUTE DU CONTRAT DE VENTE.

3 Et le vingt-six avril [13] mil huit cent quarante-quatre (*id.*),

4 PAR-DEVANT Me Urbain [1] SOUPLET (*id.*), Notaire [2] à Bonnaire [1], département de.., soussigné [15 — V. *sup.* p. 3, alin.1

5 Est comparu M. Daniel [5] VAUCREUX (*id.*), propriétaire (*id.*) demeurant à Bonnaire (*id.*), dénomm au contrat de vente dont minute précède reçu par le Notaire soussigné le... dûment enregistré [42].

(*a*) *Lorsque la partie qui donne décharge ne sait pas signer, un second notaire ou deux témoins doivent être appelés, c alors on termine l'acte ainsi :*

En présence de Me Gamard, notaire à.... (ou bien : en présence des sieurs..., tous deux témoins), et le Sr CAMPAGNOT a déclaré ne savoir signer de ce interpellé par Me SILVAIN qui a signé avec Me GAMARD, notaire second (*ou* : avec les deux témoins), après lecture [16].

6 Lequel a, par ces présentes, reconnu que M. Charles TREMEAU, négociant, demeurant à.. lui a remis tous les titres qu'il lui avait promis par le contrat de vente dont minute précède, et dans lequel ils sont énoncés.

7 De tous lesquels titres M. TREMEAU se trouve déchargé envers le comparant, qui consent que mention des présentes soit faite sur toutes pièces que besoin sera par tous Notaires et autres officiers publics de ce requis.

8 Dont acte, fait et passé à Bonnaire [12] en l'étude (id.), les jour, mois et an susdits, en présence de Mrs (noms, prénoms, professions et demeures), témoins instrumentaires [14], et M. VAUCREUX a signé [15] avec les témoins et le Notaire, après lecture.

9 V. Répertoire, note 17. — Enregistrement, notes 18, 19 et 36.

IX. 2° DÉCHARGE [84] DE TITRES ET PIÈCES A UN AVOUÉ.

IX. 2° Décharge de titres et pièces à un avoué.

2 PAR-DEVANT Me Urbain [ ] SOUPLET, etc. — V. l'alin. 4 de la formule qui précède.

3 Est comparu le sr Jacques [3] BOUILLON (id.), vigneron (id.), demeurant (id.) à...

4 Lequel a reconnu que Me Ernest MÉLANS, avoué près le tribunal de première instance de..., y demeurant, rue... n°.., lui a présentement remis toutes les pièces relatives à la procédure faite à sa requête contre le sr Achille LEMOUR, et tendante à faire condamner ce dernier à désemparer une pièce de vigne revendiquée par le comparant; dont décharge [84].

5 Fait et passé à..., en l'étude [12], l'an mil huit cent quarante-quatre [13] le vingt-sept avril (id.), en présence de Mrs (noms, prénoms, professions et demeures), témoins instrumentaires [14], et le comparant a déclaré ne savoir signer [15] de ce interpellé par le Notaire qui a signé (id.) avec les témoins, après lecture [16].

DÉCISION ARBITRALE [185].

Décision arbitrale.

V. sup. la formule d'ARBITRAGE p. 83.

DÉCLARATION DE COMMAND [148].

Déclaration de command.

V. sup. la formule de COMMAND p. 251.

DÉCLARATION POUR ÉVITER CONFUSION [169] DE MOBILIER [86].

Déclaration pour éviter confusion de mobilier.

2 PAR-DEVANT Me Louis [1] BOUSSOT (id.), Notaire [2] à la Jarrie [4], département de..., soussigné [15]. — V. sup. p. 3, alin. 1.

3 Est comparue Célestine [5] MASSÉ (id.), veuve du sr Joseph LEGROS, en son vivant limonadier à... où elle demeure (id.).

4 Laquelle, pour éviter la confusion de ses meubles avec ceux de Mélanie LEGROS, sa fille majeure; ouvrière en linge, demeurant à..., et les contestations que cette confusion pourrait faire naître, après son décès, entre cette dernière et ses frère et sœur, a, par ces présentes, déclaré, pour rendre hommage à la vérité, que les seuls meubles [86] qui lui appartiennent dans l'appartement qu'elle occupe avec Mélanie Legros, sa fille, sont ceux dont la désignation se trouve faite dans un état qu'elle en a dressé sur une demi-feuille de papier marqué du timbre [61] de trente-cinq centimes, lequel état est

demeuré ci annexé [38] , après avoir été certifié véritable (*id.*) et signé en présence du Notaire et témoins soussignés.

5 Déclarant, en outre, que pour éviter la confusion des autres meubles qu'elle pourrait avoir par suite elle est dans l'intention d'en faire constater la propriété, soit par les quittances des marchands qui les lui auront vendus, soit par les actes qui en établiront la transmission.

6 (*a*) A ces présentes sont intervenus 1° Mélanie LEGROS, sus-nommée ; 2° Charles LEGROS, cultivateur, demeurant à...; 3° et Adeline LEGROS, fille majeure, sans profession, demeurant à...

7 Lesquels, après avoir pris communication [21] et entendu lecture [16] de la déclaration qui précède ainsi que de l'état qui y est annexé, ont reconnu que tous les meubles [86] et objets mobiliers qui y sont décrits sont les seuls qui appartiennent [22] à la veuve LEGROS, leur mère, et que la désignation qui en est faite est suffisante pour les mettre à même de les reconnaître dans tous les temps et dans quelque état qu'ils se trouvent.

8 Dont acte, fait et passé à la Jarrie [12] en l'étude (*id.*), l'an mil huit cent quarante-quatre [13] le vingt-huit avril (*id.*), en présence de M^{rs} (*Noms, Prénoms, Professions et demeures*), témoins instrumentaires [14]; et les parties ont signé [15] avec les témoins et le Notaire, après lecture [16].

9 V. *Répertoire*, note 17. — *Forme des actes*, note 38 — *Enregistrement*, notes 18, 19 et 56.

DÉCLARATION D'EMPLOI [114] DE DENIERS

Déclaration d'emploi de deniers.

V. les formules d'OBLIGATION, de REMPLOI et de SUBROGATION.

DÉCLARATION D'HYPOTHÈQUE [208].

Déclaration d'hypothèque.

2 PAR-DEVANT Me Alexandre [1] LIARD (*id.*), Notaire [2] à Pouillery [1], département de... , soussigné [15]. — V. *sup. p.* 3, *alin.* 1.

3 Est comparu M. Mathurin [3] CLERJEAU (*id.*), rentier *id.*), demeurant à Flavigny (*id.*).

4 Lequel a exposé ce qui suit :

5 Par contrat passé devant Me LIARD, Notaire soussigné, en minute [39] et présence de témoins le..., dûment enregistré, le comparant a acquis de M. Louis PARQUET, ci-après intervenant, une pièce de bois de la contenance de soixante-quinze hectares [91] située [141] sur le finage de..., lieu dit..., moyennant la somme principale de cent vingt mille francs stipulée payable [84] par tiers de deux ans [77] en deux ans à compter du jour de la vente avec intérêts [49] au taux de cinq pour cent par an sur retenue.

6 Une expédition de ce contrat a été transcrite [111] au bureau des hypothèques de.. le..., vol.. n..., à la charge entr'autres inscriptions [83], de celle prise au profit de M. Nestor BOUILLAUT, aubergiste, demeurant à..., le..., vol... n..., pour sûreté d'une rente [76] annuelle et perpétuelle de mille francs, au capital de vingt mille francs, constituée à son profit par le s^r PARQUET, sus-nommé, suivant contrat passé devant M^e... Notaire à... le..., avec hypothèque [50] sur la pièce de bois dont il vient d'être parlé.

7 M. CLERJEAU n'ayant fait aucune notification [147] de son contrat aux créanciers inscrits sur ladite

---

(*a*) Cette déclaration peut être contestée en ligne directe sous le prétexte qu'elle renferme un avantage indirect au profit de l'un des enfants, quand elle n'a point lieu contradictoirement entre la mère et tous les enfants. C'est pour éviter toute contestation qu'il est bon de faire intervenir ceux-ci. Si on ne le peut, il faut au moins faire intervenir la fille qui a, avec sa mère, un domicile commun, pour qu'à leur égard l'une ne puisse prétendre à plus d'objets qu'elle n'en a réellement.

pièce de bois, le sʳ Bouillaut a formé contre lui une action [28] en déclaration d'hypothèque [147] par exploit de..., huissier à..., en date du..., afin d'empêcher la prescription de l'hypothèque qui lui a été conférée par son contrat de constitution.

8 Les choses en cet état, M. Clerjeau, pour éviter toutes poursuites, déclare et reconnaît en faveur de M. Bouillaut, mais sans entendre souscrire une obligation [28] personnelle envers lui, que la pièce de bois qu'il a acquise de M. Parquet est bien affectée et hypothéquée [30] à la sûreté de la rente perpétuelle de mille francs que ce dernier a constituée au profit du sʳ Bouillaut, et que l'inscription [83] ci-devant énoncée doit la grever comme si ledit sʳ Parquet fût resté propriétaire de ladite pièce; consentant, en conséquence, que la présente déclaration ait pour effet d'interrompre à son égard la prescription de l'hypothèque dont il s'agit, sans toutefois préjudicier aux droits que la loi lui donne, soit de demander la discussion de l'obligé, soit de délaisser [157] l'immeuble hypothéqué.

9 A ces présentes est intervenu M. Bouillaut, ci-devant nommé, lequel a accepté [52] la déclaration d'hypothèque qui vient d'être faite par M. Clerjeau, mais sous la réserve [51] de tous ses droits [27] et actions [28] et hypothèques [30] résultant du contrat de constitution ci-dessus énoncé, notamment de son action [28] personnelle contre ledit sʳ Parquet, entendant être conservé en tous droits [27] sans novation [168] ni dérogation.

10 Consentent les parties que mention [84] des présentes soit faite sur toutes pièces et registres que besoin sera, même en leur absence, par tous Notaires et Conservateurs de ce requis.

11 Dont acte, fait et passé à Pouillery [12] en l'étude (id.), l'an mil huit cent quarante-quatre [13], le vingt-sept avril (id.), en présence de Mʳˢ (noms, prénoms, professions et demeures), témoins instrumentaires [14], et les parties ont signé [15] avec les témoins et le Notaire, après lecture [16].

12 V. Répertoire, note 17. — Forme des actes, note 58. — Enregistrement, notes 56, 18 et 19.

Déclaration de jouissance ou de non-jouissance de traitement.

DÉCLARATION DE JOUISSANCE OU DE NON-JOUISSANCE DE TRAITEMENT
OU PENSION SUR LE TRÉSOR ROYAL.

V. la formule de Certificat de déclaration de jouissance ou de non-jouissance de traitement p. 220, et celles de Certificat de vie, p. 229, alin. 3, et p. 231, alin. 2.

DÉCLARATION DE SUCCESSION [88].

Déclaration de succession.

2 (b) Du vingt-sept avril mil huit cent quarante-quatre,

3 S'est présenté au bureau d'enregistrement de Vermenton,

4 Le Sʳ Michel Bonnard, propriétaire, demeurant à..., agissant tant en son nom personnel qu'en celui de ses cohéritiers dans la succession de Georges Bonnard.

5 Lequel a fait, ainsi qu'il suit, la déclaration des biens meubles [86] et immeubles [87] dépendant de la succession dudit Georges Bonnard, son père, décédé à Accolay, canton de Vermenton, le vingt-huit octobre mil huit cent quarante-quatre, pour l'acquit du droit de mutation dû en ce bureau :

6 Biens meubles. Les objets mobiliers dépendant de cette succession ont été estimés à la somme de

(b) Les mutations de propriété ou d'usufruit par décès seront enregistrées au bureau de la situation des biens. S'il s'agit d'une mutation de biens meubles, la déclaration en sera faite au bureau dans l'arrondissement duquel ils seront trouvés au décès de l'auteur de la succession. Les rentes et les autres biens meubles sans assiette déterminée lors du décès seront déclarés au bureau du domicile du décédé (L. 22 frim. an VII, art. 7).

quinze cent vingt-cinq francs suivant la prisée [145] de l'inventaire (id.) fait après le décès [65] dud Georges Bonnard par Me..., Notaire à..., le..., ci. . . . . 1525 fr.

₇ Il est dû à la succession par Cyprien COLLET, une créance montant en principal et intérêts [49] au jour du décès à la somme de quatre cent soixante quinze francs, ci. . .   475   »

₈   Total , pour les biens meubles. 2000   »

₉ BIENS IMMEUBLES. Une maison située à Accolay rue Basse , évaluée à cinquante francs de reven (50, n. 87 et suiv.) brut , ci.   50   »

₁₀ Une pièce de terre labourable, située sur le finage d'Accolay, lieu dit la Forte-Vallée , de la contenance de un hectare , évaluée à soixante francs de revenu brut, ci. .   60   ₁

₁₁   Total du revenu des biens immeubles , ... 110   »

₁₂ LIQUIDATION DU DROIT [60]. Mobilier. Droit en ligne directe à vingt-cinq centimes pour cent su deux mille francs , ci. ₂   5   »

₁₃ IMMEUBLES. Droit en ligne directe à un franc pour cent sur deux mille deux cents francs , capital de cent dix francs de revenu, ci.   22   »

₁₄   Ensemble.   27   »

₁₅   Décime par franc.   2   70

₁₆   Total des droits y compris le décime. 29   70

₁₇ Laquelle déclaration le comparant a affirmée sincère et véritable et a signée.

                                 SIGNATURE DU DÉCLARANT.

Déclaration de té-moins.

DÉCLARATION DE TÉMOINS

V. sup. CERTIFICAT D'INDIVIDUALITÉ, p. 220 ; CERTIFICAT DE PROPRIÉTÉ, p. 225, alin. 9 ; et inf. No TORIÉTÉ.

Déclaration au profit d'un tiers.

DÉCLARATION AU PROFIT D'UN TIERS.

V. sup. la formule de CONTRE-LETTRE.

Déclaration de vente de meubles.

DÉCLARATION DE VENTE DE MEUBLES.

V. inf. en tête de la formule de VENTE DE MEUBLES.

Dédit ou convention avec clause pénale.

DÉDIT OU CONVENTION AVEC CLAUSE PÉNALE (58).

₁ PAR-DEVANT Me Jules [1] LOCRÉ (id.), Notaire [2] à Verines [1], département de. ., soussigné [15] — V. sup. p. 3, alin. 1.

₃   Sont comparus :

₄ M. Pierre [5] LERICY (id.), ancien négociant (id.), demeurant à Verines (id.),   D'UNE PART.

₅ Et M. Etienne MAUPIN , rentier , demeurant au même lieu ,   D'AUTRE PART.

₆ Lesquels sont convenus de ce qui suit :

₇ M. LERICY, pour se libérer envers M. MAUPIN de la somme [55] de cinq mille francs [91] qu'il doit à

ce dernier pour le montant d'une obligation passée devant M^e..., Notaire à... le..., dûment enregistrée, ensemble des intérêts [49] à échoir de ladite somme à partir du..., promet de transférer [197] au profit dudit s^r Maupin, le vingt-deux septembre prochain, une inscription de deux cent cinquante francs de rente perpétuelle, portée en son nom au Grand-Livre de la dette publique vol... n°...

8 Jusqu'à cette époque, le s^r Maupin recevra les arrérages [49] à échoir de cette inscription à partir du vingt-deux mars dernier, à l'effet de quoi ledit s^r Lericy a présentement remis cette inscription de rente au s^r Maupin qui le reconnaît et fera remise [34] au s^r Lericy de la grosse [64] de lui quittancée [84] de ladite obligation et de son bordereau, le tout aussitôt que l'inscription de deux cent cinquante francs sera passée à son nom.

9 Nonobstant la promesse ci-dessus faite de transférer l'inscription dont il s'agit, le s^r Lericy aura la faculté de s'en dédire; mais, dans ce cas, il est expressément convenu qu'il donnera au s^r Maupin, à titre de dédit ou de clause pénale [88] une somme de trois cents francs qu'il s'oblige de lui payer dans les quinze jours qui suivront le commandement [194] que le s^r Maupin sera tenu de lui faire pour le mettre en demeure [119] de lui livrer l'inscription dont est ci-dessus parlé, et alors au moyen du paiement de ladite somme de trois cents francs pour dédit, la promesse ci-dessus sera considérée comme nulle et non avenue.

10 Pour garantie du paiement des trois cents francs de dédit, M. Maupin conservera ladite inscription à titre de nantissement [180] de la somme formant le montant de ce dédit : laquelle somme il demeure autorisé à prélever sur les premiers arrérages [49] à échoir de la rente.

11 Il est, du reste, bien entendu, que, par le défaut de transfert de la rente, M. Maupin rentrera dans tous les droits [27] et actions [28], priviléges [29] et hypothèques [30], résultant à son profit de l'obligation sus-énoncée, pour en exiger le remboursement [84] en principal et intérêts par toutes les voies de droit.

12 Tous les frais que les présentes occasionneront en déboursés [5] et honoraires (id.), seront payés par M. Lericy.

13 Pour l'exécution des présentes, les parties font élection [11] de domicile en leurs demeures actuelles sus-indiquées.

14 Dont acte, fait et passé à Verines [12] en l'étude (id.), l'an mil huit cent quarante-quatre [13] le vingt-sept avril (id.), en présence de M^{rs} (noms, prénoms, professions et demeures), témoins instrumentaires [14], et les parties ont signé [15] avec les témoins et le Notaire, après lecture [16],

15 V. Répertoire, note 17. — Forme des actes, note 38. — Enregistrement, notes 56, 99, 18 et 19.

DÉFAUT DE COMPARUTION [119]

V. sup. Comparution (procès-verbal de) p. 253 et inf. Inventaire.

Défaut de comparution.

DÉGUERPISSEMENT [201] OU RÉTROCESSION (id.).

Déguerpissement ou rétrocession.

---

1 Par-devant Me Ulysse [1] Loujois (id.), Notaire [2] à Berthereau (id.), département de..., soussigné [15]. — V. sup. p. 3, alin. 1.

2 Sont comparus le s^r Nicolas [3] Maupas (id.), cultivateur (id.), et Marguerite (id.) Moraisin (id.), sa femme de lui autorisée [68], demeurant ensemble à Coulemière [3].

3 Lesquels, étant hors d'état non-seulement de faire valoir les biens compris au bail à rente dont il sera ci-après parlé, mais encore de servir la rente en grains dont lesdits biens se trouvent grevés, et d'ac-

quitter les charges et contributions foncières à prendre sur ces biens, ainsi que les arrérages échus et échoir de ladite rente.

₅ Ont volontairement (a) déguerpi [201], abandonné et rétrocédé (id.), par ces présentes, avec obligation solidaire [107] entre eux de garantir de tous troubles [22], dettes [26] et hypothèques [30]

₆ Au profit de M. Isaac [3] Pauloup (id.), rentier (id.), demeurant à Coulemière (id.), à ce présent acceptant [52].

₇ La ferme [7] du Bois-L'abbé, située [141[sur le finage de..., consistant en bâtiments d'habitation d'exploitation, cour devant et jardin derrière, plus en cent hectares [91] de terres labourables.

₈ Le tout appartenant [22] aux époux Maupas au moyen du bail à rente [76] fait à leur profit par sʳ Germain Pauloup, père du sus-nommé, suivant contrat passé devant Mᵉ Gautier, notaire à..., premier avril mil sept cent quatre-vingt-huit, dûment contrôlé [18], aux charges [58], clauses (id.), conditions [153[portées audit bail à rente, et en outre moyennant 1° la somme de quinze cents francs de deniers d'entrée qui a été payée comptant lors de la passation dudit bail à rente; 2° et une rente [7] foncière, annuelle et perpétuelle, franche de retenue, représentant maintenant en grains trente-ci[hectolitres [91] moitié blé et moitié orge, payable et livrable à la St.-André (trente novembre) de chaq année.

₉ Pour, par ledit sʳ Pauloup, au moyen du présent déguerpissement, jouir et disposer desdits biens toute propriété [22] et comme de chose lui appartenant à compter de ce jour, à l'effet de quoi ceux-renoncent [62] à tous droits de propriété qu'ils peuvent avoir sur les biens par eux déguerpis et aba donnés, et en saisissent le sʳ Pauloup.

₁₀ Le présent déguerpissement volontaire est fait par les sʳ et dame Maupas, afin d'être libérés d charges [58], clauses (id.) et conditions [153] énoncées audit bail à rente, et encore pour, de la part d cédants, demeurer quittes [84] envers M. Pauloup, qui y consent, du capital de ladite rente en grain et des arrérages [49] du passé jusqu'à cejourd'hui, ensemble de toutes les charges et obligatio auxquelles les époux Maupas se sont soumis par le bail à rente précité.

₁₁ Quant aux quinze cents francs de deniers d'entrée qui, lors de la passation dudit bail à rente, c été payés comptant par les époux Maupas au sʳ Germain Pauloup, père du comparant, et dont celui-est seul héritier [78] ainsi que cela est à la connaissance des autres parties, lesdits époux Maupas co sentent qu'ils restent audit sʳ Isaac Pauloup pour lui servir d'indemnité et être quittes envers lui d dommages-intérêts qui lui sont dûs [26] à raison de l'inexécution du bail à rente.

₁₂ (V. la formule de DATION EN PAIEMENT sup. p. 443, alin. 16, 17, 18, 19, 20, 21 et 22, pour le comp ment de la présente formule).

(a) Cet acte qui n'est autre chose qu'une résolution volontaire peut avoir des conséquences si graves qu'il n'est p inutile d'en avertir le lecteur pour qu'il prémunisse les parties contre les effets qui peuvent résulter d'un pareil acte.

Lorsqu'on a vendu un objet et que l'acquéreur n'en paie pas le prix, il est tout naturel de penser à rentrer dans objet, et si l'acquéreur à qui on en fait la proposition l'accepte on se regarde ordinairement comme très-heureux d'av amené ce dernier à faire un abandon volontaire. C'est, cependant, un moyen conciliatoire qu'il n'est pas bon d'employ et, en effet, si on le fait on n'est point en sécurité lorsque l'acquéreur qui abandonne le fonds pour la dette a des hy thèques. Si, du moins, dans ce cas, le vendeur rentré dans sa chose par l'abandon volontaire faisait transcrire son con au bureau des hypothèques on conçoit qu'il pourrait, conservant la propriété entre ses mains, prescrire les hypothèq au bout d'un certain temps (C. civ. 2180-4°). Mais, s'il ne conserve pas la propriété et surtout s'il n'a pas pu prescrire hypothèques par la transcription, il demeurera dans une fausse sécurité, car si son nouvel acquéreur vis-à-vis duque est garant vient à lui demander main-levée des inscriptions ou à remplir les formalités pour la purge des hypothèque qu'il survienne une surenchère il n'aura aucun moyen de se soustraire à l'action récursoire de son acquéreur.

Pour éviter d'aussi fâcheuses conséquences, on ne le peut qu'en formant en justice une action résolutoire contre l' quéreur pour défaut de paiement du prix, car, alors, le vendeur reprend sa chose, franche, libre et exempte de toutes hypothèques et autres charges dont l'acquéreur l'avait grevée pendant sa jouissance (C. civ. 1183, 1184; 1654) — V. n 153.

45 Dont acte, fait et passé à Berthereau [12] en l'étude (*id*), l'an mil huit cent quarante-quatre [13], le vingt-huit avril (*id*.), en présence de M^rs. (*noms, prénoms, professions et demeures*), témoins instrumentaires [14] et les parties ont signé [15] avec les témoins et le notaire, après lecture [16].

44 V. *Répertoire*, note 17. — *Forme des actes*, note 38. — *Enregistrement*, notes 57, 18 et 19.

DÉLAISSEMENT [157] PAR HYPOTHÈQUE.

2 Par-devant M^o Etienne [1] Delors (*id.*), Notaire [2] à Vauxmain [1], département de..., soussigné [15]. — V. *sup*. p. 3, alin 1.

3 Est comparu M. Jacques [3] Edouard (*id.*) Bilard (*id.*), rentier (*id.*), demeurant à Vauxmain (*id.*).

4 Acquéreur [109] d'une maison située à Vauxmain au moyen de la vente que lui en a faite M. Paul Bernot, propriétaire, demeurant audit lieu, à la charge [58] de payer [84] diverses créances [25] à terme se montant à dix mille francs dans lesquelles ne se trouve point comprise celle de M. Garin, ci-après nommé, ainsi qu'il résulte d'un contrat passé en minute [39] et présence de témoins [14], devant Me Delors, Notaire soussigné, le..., dûment enregistré [42] et transcrit [111].

5 Lequel, pour s'affranchir, tant du remboursement d'une somme de deux mille francs actuellement exigible, formant le montant d'une obligation passée devant Me Liénard, Notaire à Vauxmain, en minute et présence de témoins le..., souscrite par ledit sieur Bernot au profit de M. Louis-Pierre Garin et hypothéquée [30] sur ladite maison, que des poursuites que ce créancier [25] dirigeait contre lui pour le paiement de sa créance, en principal et intérêts [49], a, par ces présentes, déclaré vouloir profiter du bénéfice de la loi, et par conséquent faire dès aujourd'hui en faveur de qui de droit le délaissement [157] de la maison ci-dessus indiquée, sans aucune réserve.

6 Pour faire signifier [20] ces présentes, tant au sieur Bernot, vendeur, qu'au s^r Garin, créancier, et les réitérer au greffe du Tribunal de première instance de l'arrondissement de Mallois, le s^r Bilard a constitué Me Lechal, avoué près le même Tribunal, lequel fera toutes déclarations et dénonciations, répondra sur toutes demandes, et généralement fera ce qui sera convenable, promettant l'avouer.

7 Dont acte, fait et passé à Vauxmain [12] en l'étude (*id.*), l'an mil huit cent quarante-quatre [13], le vingt mai (*id.*), en présence de M^rs (*noms, prénoms, professions et demeures*), témoins instrumentaires [14], et les parties ont signé [15] avec les témoins et le Notaire, après lecture [16].

9 V. *Répertoire*, note 17. — *Forme des actes*, note 38 — *Enregistrement*, notes 18 n. 872 et note 19.

DÉLAISSEMENT [157] PAR SUITE D'ASSURANCE MARITIME.

2 Par-devant Me Ernest [1] Grondeau (*id.*), et son collègue (*id.*), Notaires [2] à Brest [1], département du Finistère, soussignés [15].

3 Est comparu M. Léon [3] Barlin (*id.*), négociant (*id.*), demeurant à Bordeaux (*id.*), patenté [43] pour la présente année à la mairie de ladite ville sous le n° 1046 première classe, à la date du... dernier.

4 Lequel a dit : que par acte sous seing-privé passé entre lui et M. Ernest Rosier, négociant, demeurant à Brest, le..., et dont l'original demeuré ci-annexé [55] sera soumis à l'enregistrement [18 et 42] en même temps que ces présentes, ledit sieur Rosier s'est obligé envers lui, de répondre de toutes pertes et dommages sur la totalité (*ou :* partie) des marchandises, appartenant au comparant, et étant dans le navire l'Intrépide, commandé par le capitaine Télon, parti du port de Brest le... pour la destination de Cayenne (Guyanne Française).

5 Que ledit navire ayant fait côte à..., s'est brisé de telle sorte que son chargement a été submergé

« Qu'en raison de cet événement, le comparant déclarait faire, par ces présentes, le délaissement p
et simple des marchandises énoncées au contrat d'assurance sus-daté, et dont était chargé ledit navi
L'INTRÉPIDE, sous la réserve de sa part contre ledit sieur ROSIER de la somme de quarante mille fran
montant de ladite assurance.

⁷ A ces présentes est intervenu le sieur ROSIER ci-dessus dénommé, qualifié et domicilié, patenté le
dernier à la mairie de Brest sous le n° 863 première classe.

⁸ Lequel a déclaré reconnaître la vérité de l'événement ci-dessus rapporté par ledit sʳ BARLIN, et acce
ter le délaissement des marchandises dont il s'agit; en conséquence il a, à l'instant, payé [84] auc
sʳ BARLIN, qui le reconnaît, ladite somme de quarante mille francs, montant de l'assurance desdit
marchandises : dont quittance, au moyen de quoi ledit sʳ BARLIN met et subroge ledit sieur ROSIER ass
reur, mais sans aucune espèce de garantie, dans tous ses droits de propriété et autres dans lesdites ma
chandises, quant à celles qui pourraient avoir échappé au naufrage, comme aussi dans tous recours to
que de droit contre qui il appartiendra. Déclarant ledit sʳ BARLIN qu'il n'avait précédemment trai
d'aucune assurance, ni d'aucun prêt à la grosse sur lesdites marchandises.

⁹ Dont acte, fait et passé à Brest [12] en l'étude (id.), l'an mil huit cent quarante-quatre [13]
vingt-cinq mai (id.), et les parties ont signé [15] avec les Notaires, après lecture [16].

¹⁰ V. Répertoire, note 17. — Forme des actes, note 58. — Enregistrement, notes 18, 19, 174 et 117.
V. aussi la formule d'ASSURANCE MARITIME sup. p. 94.

Délégation parfaite. ₁

DÉLÉGATION [100] PARFAITE,
AU MOYEN DU CONCOURS DU DÉLÉGANT, DU DÉLÉGATAIRE ET DU DÉLÉGUÉ.

₂ PAR-DEVANT Mᵉ Étienne [1] GENEST (id), Notaire [2] à Griselle [1], département de..., soussigné. —
V. sup. p. 3, alin. 1.

₃ Est comparu le sʳ Ferdinand [3] COSTAT (id.), jardinier (id.), demeurant à Cervin (id.).

₄ Agissant comme mandataire [80] spécial à l'effet des présentes de M. Gabriel [3] POURRIN (id.), propriétaire (id), demeurant à Paris (id.), rue .. n°..., aux termes de la procuration que ce dernier lui a
donnée par acte passé devant Mᵉ... et son collègue [1], Notaires [2] à Paris le... et dont le brevet original
dûment enregistré [42] et légalisé [125] est demeuré ci-annexé [55] après avoir été communiqué [80 n.
119] au délégataire ci-après nommé et avoir été certifié véritable [55] par le mandataire en présence du
Notaire et des témoins soussignés.

₅ Lequel, en cette qualité, a, par ces présentes, délégué]100] et transporté sans aucune autre garantie
que celle des faits et promesses de son commettant.

₆ A M. Nicolas [3] DUJARDIN (id.), rentier (id.), demeurant à Cervin (id.), à ce présent et acceptant [52].

₇ La somme [55] de deux mille francs [91] dûe au sʳ POURRIN par Louis-Claude BINZOT, perruquier et

Louise Thellier, sa femme, demeurant à Cervin, pour prix de la vente à eux faite par ledit sr Pourrin, d'une maison sise audit lieu de Cervin, suivant contrat passé devant Me Boucaud, Notaire à..., le. ., enregistré, et transcrit [111] au bureau des hypothèques de... sans qu'à ladite transcription non plus que dans la quinzaine qui l'a suivie, il soit survenu aucune inscription d'hypothèque grevant ladite maison, ainsi qu'il résulte d'un certificat négatif délivré par le conservateur des hypothèques audit bureau le...

8 Plus celle de cinquante francs pour six mois échus des intérêts [49] de ladite somme.

9 Pour par ledit sr Dujardin recevoir [84] ladite somme de deux mille francs ainsi que ses intérêts échus et à échoir [77] des mains des débiteurs sus-nommés ou de tous autres qu'il appartiendra, ou bien pour en faire et disposer autrement comme bon lui semblera, le tout à compter d'aujourd'hui, ledit sr Costat audit nom mettant et subrogeant à cet effet le délégataire dans tous les droits [27] et actions [28], privilèges [29] et hypothèques [30] de son commettant, et notamment dans l'effet de l'inscription [85] d'office prise au profit de ce dernier au bureau des hypothèques de... le... vol... n... contre les époux Binzot.

10 La présente délégation a été faite pour, par ledit sieur Pourrin, demeurer quitte [84] envers ledit sieur Dujardin, de même somme de deux mille francs dont il est débiteur [26] envers ce dernier ainsi que des intérêts [49] dûs et échus de ladite somme en vertu d'une obligation passée devant Me..., Notaire à.., le... : ledit sieur Dujardin, au moyen de la présente délégation, déclarant qu'en effet il quitte et décharge ledit sieur Pourrin de toutes choses résultantes à son profit de l'obligation sus-datée et consent par suite la radiation [149] définitive de l'inscription prise en son nom en vertu de la même obligation contre ledit sieur Pourrin au bureau des hypothèques de... le..., vol. 472, no 197 ; laquelle radiation étant ainsi opérée, le conservateur sera bien et valablement déchargé.

11 Au moyen de ce qui précède, le sieur Costat, audit nom a présentement remis [34] audit sieur Dujardin, qui le reconnaît, la grosse [64] du contrat de vente ci-devant énoncé, et l'extrait de l'inscription d'office ; de son côté le sr Dujardin a remis au sr Pourrin ès mains de son mandataire qui le reconnaît la grosse de l'obligation et le bordereau de l'inscription ; dont décharge.

ACCEPTATION [96] DE DÉLÉGATION.

12 A ces présentes sont intervenus, le sieur Louis [5] Claude (id.) Binzot (id.), et la dame Louise Thellier, son épouse de lui autorisée [68] tous deux ci-devant dénommés, qualifiés et domiciliés.

13 Lesquels, après avoir pris communication [21] et entendu la lecture de ce qui précède, ont déclaré accepter la délégation ci-dessus faite sur eux, par le sieur Pourrin leur créancier, au profit dudit sieur Dujardin, délégataire, se reconnaître ladite délégation pour bien et dûment notifiée [122], et n'avoir entre leurs mains aucun empêchement à son exécution. Ils reconnaissent, en conséquence, ledit sieur Dujardin pour leur nouveau créancier [25] de la somme de deux mille francs et de ses intérêts [49], le tout ainsi qu'il est exprimé en la présente délégation.

14 Dont acte, fait et passé à Cervin [12], en l'étude (id.), l'an mil huit cent quarante-quatre [13] le vingt-cinq mai (id.), en présence de MM. (noms, prénoms, professions et demeures), témoins instrumentaires [14] et les parties, ont signé [15] avec les témoins et le Notaire, après lecture [16].

15 V. Répertoire, note 17 — forme des actes, note 38. — Enregistrement, notes 18, 19 et 174.

Délégation imparfaite.

II. 1o DÉLÉGATION [100] IMPARFAITE,

c.-à-d. ENTRE LE DÉBITEUR DÉLÉGANT ET LE CRÉANCIER DÉLÉGATAIRE, SANS LE CONCOURS DU DÉBITEUR DÉLÉGUÉ.

1 Par-devant Me Alexandre [1] Batillon (id.), Notaire [2] à la résidence de [1] Menver, département de..., soussigné [15]. — V. sup. p. 5, alin. 1.

2 Est comparu M. Hubert [5] Timel (id.), propriétaire (id.), demeurant (id.) à Menver.

3 Lequel, pour se libérer envers M. Adolphe [5] Turin (id.), propriétaire (id.), demeurant (id.) à Menver, de la somme de quatre mille deux cents francs montant d'une obligation qu'il lui a souscrite par acte passé devant le Notaire soussigné [15] le..., dûment enregistré [42]

₂ A, par ces présentes, délégué [100] et transporté sans aucune autre garantie (a) que celle de ses fa[...] et promesses.

₃ Audit sieur TUPIN, qui accepte [82].

₄ Pareille somme de quatre mille deux cents francs qui est due [26] au délégant par M. Georges BORDA[...] négociant, demeurant à Beaumont, pour le capital d'une rente [76] constituée, annuelle et perpétuell[...] franche de retenue [49] de cent dix francs, payable [84] annuellement le..., créée par ce dernier[...] profit dudit sʳ TIMEL, par contrat passé en minute [59] et présence de témoins [14] devant Mᵉ MÉMAI[...] Notaire à Beaumont le..., dûment enregistré [42].

₅ Pour par M. TUPIN toucher et recevoir les arrérages [49] de ladite rente à compter du..., sur s[...] simples quittances ainsi que son capital s'il est offert ou devient exigible, des mains du sieur BORDA[...] ou de tous autres qu'il appartiendra, ou autrement en faire et disposer comme bon lui semblera en tou[...] propriété [22] à compter de ce jour. A l'effet de quoi M. TIMEL le met et subroge [114] dans tous s[...] droits [27] et actions [28], priviléges [29] et hypothèques [50] résultant en sa faveur contre le sʳ BORDA[...] du contrat de constitution sus-énoncé, et notamment dans l'effet de l'inscription [85] prise à son pro[...] au bureau des hypothèques de..., le... vol... n.... contre ledit sieur BORDAT.

₉ Au moyen de cette délégation et sous la foi de son entière exécution, M. TUPIN s'engage [107] à d[...] charger [84] M. TIMEL de son obligation ci-dessus énoncée et à donner main-levée [149] et consentir[...] radiation (id.) entière et définitive de l'inscription [85] prise à son profit au bureau des hypothèques de[...] le... vol... n... contre M. TIMEL pour sûreté de son obligation, mais seulement après signification [2[...] des présentes au sieur BORDAT ou son acceptation [96] par acte authentique, avec déclaration de sa pa[...] qu'il n'a entre ses mains aucune opposition. — V. la formule qui précède alin. 10.

₁₀ Pour faire signifier [20] la délégation ci-dessus au sʳ BORDAT, et faire opérer la subrogation [11[...] dans l'inscription avec élection de domicile en la demeure du délégataire tout pouvoir est donné au po[...] teur d'une expédition [64] ou extrait des présentes.

₁₁ M. TIMEL a remis [54] à Mᵉ TUPIN qui le reconnaît la grosse [64] du contrat de constitution su[...] énoncé.

₁₂ Tous les déboursés [5] et honoraires (id.) des présentes seront payés par M. TIMEL.

₁₃ Pour l'exécution des présentes les parties font élection de domicile [11] en leurs demeures respec[...] tives ci-devant indiquées.

₁₄ Dont acte, fait et passé à Menver [12] en l'étude (id.), l'an mil huit cent quarante-quatre [15], [...] vingt-cinq mai (id.), en présence de MM. (Noms, Prénoms, Professions et demeures), témoins instru[...] mentaires [14]; et les parties ont signé [15] avec les témoins et le Notaire, après lecture [16].

₁₅ V. Répertoire, note 17. — Forme des actes, note 38 — Enregistrement, notes 18, 19 et 90.

II. 2° DÉLÉGATION [100] IMPARFAITE,

Délégation impar-
faite.

c.-à-d. ENTRE LE DÉBITEUR DÉLÉGUANT ET LE DÉBITEUR DÉLÉGUÉ, SANS LE CONCOURS DU CRÉANCIER DÉLÉGATAIRE, ET QU'ON APPELLE INDICATION DE PAIEMENT.

₂ PAR-DEVANT Mᵉ Augustin [1] LIONARD (id.), Notaire [2] à la résidence de Griselle [1], départemen[...] de... soussigné [15]. — V. sup. p. 5, alin. 1.

₃ Est comparu M. Alphonse [3] Pierre PETIT (id.), menuisier (id.), demeurant (id.) à Griselle.

₄ Lequel, pour se libérer envers M. Félix [3] CROISEY (id.), rentier (id.), demeurant à Griselle (id.), de la somme [55] de deux mille cinq cents francs [91] qu'il lui doit [27] pour reliquat de tous comptes[...] arrêtés entre eux jusqu'à ce jour.

₅ (b) A, par ces présentes, chargé le sieur Jacques [3] COURTET (id.), cultivateur (id.), demeurant (id.)[...]

(a) Ou bien : avec garantie de la solvabilité actuelle et future du débiteur ci-après nommé.

(b) Ici la formule est différente de celles qui précèdent alin. 5 parce que le créancier n'intervient point pour accepter la[...]

à Griselle, à ce présent et acceptant [52], de payer [84], conformément à l'indication de paiement qui lui en est faite, le premier janvier prochain, sans intérêts [49] audit sieur Croisey ; pareille somme de deux mille cinq cents francs à prendre par priorité et préférence [102] à lui et à tous autres dans celle de quatre mille francs à lui due [26] par ledit sr Courtet, pour le prix principal d'une pièce de terre, située sur le finage dudit Griselle, lieu dit la Gallotte, qu'il lui a vendue par contrat passé devant Me....., notaire à...., le.... ; laquelle somme a été stipulée [52] payable le premier janvier mil huit cent quarante-cinq avec intérêts [49].

₆ M. Courtet fera le paiement de ladite somme de deux mille cinq cents francs, même en l'absence de M. Petit, de manière que celui-ci ne soit nullement inquiété à ce sujet, et, en recevant ce paiement, M. Croisey est autorisé à donner main-levée [149] et consentir la radiation (id.) jusqu'à due concurrence [132] de toute inscription [83] prise ou à prendre pour raison de la somme de quatre mille francs due par ledit sr Courtet audit sr Petit suivant le contrat de vente précité.

₇ Les déboursés [5] et honoraires (id.) des présentes seront payés par le sr Petit, ainsi que ceux de l'acceptation qui pourra être faite des présentes par M. Croisey.

₈ Pour l'exécution des présentes les parties font élection de domicile [11] en leurs demeures ci-dessus indiquées.

₉ Dont acte, fait et passé à Griselle [12], en l'étude (id.), l'an mil huit cent quarante-quatre [13], le vingt-six mai (id.), en présence de MM... (noms, prénoms, professions et demeures), témoins instrumentaires [14] ; et les parties ont signé [15] avec les témoins et le notaire, après lecture [16].

₁₀ V. Répertoire, note 17. — Forme des actes, note 38. — Enregistrement, notes 18, 19 et 90.

₁₁ Et inf. la formule de vente.

III. DÉLÉGATION [100] A TITRE DE GARANTIE (a).

₁ Pardevant Me Philippe [1] Daudier (id.), notaire [2] à Viernon [1], département de....., soussigné [1]. — V. sup. p. 3, alin. 1.

₂ Sont comparus le sr Onésime [3] Malinard (id.), propriétaire (id.), et dame Mélanie Conton, son épouse, de lui autorisée [68], demeurant ensemble à Viernon [3].

₃ Lesquels, avant de passer à la délégation qui fait l'objet des présentes, ont exposé ce qui suit :

₄ Suivant acte passé devant Me Daudier, notaire à......, soussigné, le...., enregistré [42], ils ont souscrit une obligation de la somme de deux mille francs au profit de M. Germain Bernard, rentier, demeurant à Viernon, et à la sûreté de ladite somme de deux mille francs, ils ont hypothéqué entr'autres biens une maison située à Viernon, rue de Paris.

---

délégation. S'il intervenait, la délégation serait parfaite et alors il serait loisible ou de suivre cette formule en ajoutant une intervention, ou de se référer à la première formule de délégation en retranchant ce qui est relatif (V. sup. p. 359, alin. 10) à la décharge donnée au débiteur délégant.

(a(Cette sorte de délégation, quand elle est faite sous la réserve de tous droits et actions et comme supplément de sûretés du créancier, est assez ordinairement considérée comme un gage. Quand on l'envisage ainsi, il faut que l'acte constate la remise du titre de la créance donnée en gage, seul moyen établi par l'art. 2076 du C. civ. pour justifier de la tradition et du privilège à l'égard des meubles incorporels, sous peine de nullité (arrêt de la C. R. de Lyon du 31 janv. 1839) ; de plus l'acte ne doit point contenir de subrogation dans les droits du propriétaire de la créance de manière à se l'approprier, (C. civ. 2078), et alors l'acte n'est sujet qu'au droit d'enregistrement de 50 c. p. 0/0. — Si l'acte n'a point ce caractère, c'est une délégation ordinaire sujette au droit de 1 p. 0/0. — Ainsi donc, il faut bien distinguer : quand le titre de la créance donnée en garantie peut être remis, on peut employer la voie du gage ou nantissement et alors il faut l'exprimer formellement pour qu'on ne puisse méconnaître le caractère de l'acte ; mais quand, au contraire, le titre ne peut être remis, on ne peut employer que la voie de la cession ou délégation, mais alors il faut un prix ou exprimer que la délégation a lieu pour s'acquitter d'autant, sans quoi elle serait nulle et ne pourrait valoir comme gage (Même arrêt). — V. la formule de Gage.

₆ Dans le courant du mois de janvier dernier cette maison a été incendiée de sorte que le gage M. Bernard se trouve être insuffisant.

₇ La maison dont il s'agit était assurée (155 et 42] contre l'incendie par la Compagnie mutuelle étab à Dijon qui, en conséquence du sinistre arrivé, leur doit une indemnité dont le montant a été détermi en temps utile.

₈ Cet exposé fait, les sr et dᵒ Malinard, pour se libérer [84] de ladite somme de deux mille francs.

₉ Ont, par ces présentes, délégué [100] et transporté à titre de garantie,

₁₀ Audit sr Bernard, à ce présent et acceptant [52].

₁₁ Pareille somme de deux mille francs à prendre, par priorité [102] à eux-mêmes et à tous autres créa ciers, dans le montant de l'indemnité qui leur est due [26] par la Compagnie d'assurances sus-nommé pour raison de l'incendie de leur maison que cette Compagnie avait assurée.

₁₂ Pour, par M. Bernard, toucher ladite somme de deux mille francs sur sa simple quittance, soit d mains du directeur ou de tous agents de cette Compagnie, soit de toutes autres personnes qu'il appartie dra, ou autrement en faire et disposer comme bon lui semblera en toute propriété [22], à compter d'a jourd'hui.

₁₃ A l'effet de quoi, les sr et dᵉ Malinard le mettent et subrogent [114] jusqu'à due concurrence [15 dans tous leurs droits [27] et actions [28] contre la Compagnie d'assurances susnommée.

₁₄ Cette délégation est faite et acceptée sans novation [168] aux droits [27] et actions [28], priviléges [2 et hypothèques [30] de M. Bernard, résultant de l'obligation sus-énoncée.

₁₅ Les déboursés [5] et honoraires (id.) des présentes seront déboursés par les sr et dᵉ Malinard.

₁₆ Pour faire signifier [20] ces présentes à qui besoin sera, tout pouvoir est donné au porteur d'une e pédition [64] ou extrait (id.) des présentes.

₁₇ Dont acte, fait et passé à Viernon [12], en l'étude (id.), l'an mil huit cent quarante-quatre [13], vingt-sept mai (id.), en présence de MM..... (noms, prénoms, professions et demeures), témoins instrume taires [14] ; et les parties ont signé [15] avec les témoins et le notaire, après lecture [16].

₁₈ V. Répertoire, note 17. — Forme des actes, note 58. — Enregistrement, notes 18, 19 et 174.

₁ IV. DÉLÉGATION [83] PAR UN HÉRITIER BÉNÉFICIAIRE (id.),

AUX CRÉANCIERS HYPOTHÉCAIRES.

₂ Pardevant Mᵉ Adrien [1] Roger (id.), notaire [2] à la résidence de Beauvoir (id.), département de (id. soussigné [15]. — V. sup. p. 3, alin. 1.

₃ Est comparu M. André [5] Pichard (id.), quincailler (id.), demeurant à Beauvoir (id.).

₄ Au nom et comme seul et unique héritier [85] de M. Jacques Dubin, son oncle ; laquelle qualité il n acceptée que sous bénéfice d'inventaire , suivant déclaration faite au greffe du tribunal civil d Joignon, le.....

₅ Lequel a dit que, suivant procès-verbal reçu par le notaire soussigné, le...., enregistré [42], il a ét vendu et adjugé, après les formalités voulues par la loi, une maison située à Beauvoir, dépendant de l succession bénéficiaire dudit sr Jacques Dubin, laquelle adjudication a été prononcée au profit de M. Charles Drusy, propriétaire, demeurant à Beauvoir, moyennant un prix principal de onze mille cin cents francs stipulé payable le....., avec les intérêts [49] au taux de la loi à compter du jour de l'adjudi cation.

₆ Une expédition de cette adjudication a été transcrite [111] au bureau des hypothèques de Joignon le...., vol..., nᵒ..., à la charge, outre l'inscription [85] faite d'office le même jour vol... nᵒ... pou sûreté dudit prix, de trois inscriptions (id.) contenues en un état d'inscriptions et un certificat de quin zaine, délivrés sur ladite transcription, le.....

₇ La première du....., vol....., nᵒ...., au profit de M. Simon Broger contre le sr Jacques Dubin, pou

sûreté de la somme de dix-sept cents francs, montant d'une obligation souscrite à son profit par ledit s^r Jacques Dubin, par acte passé devant le notaire soussigné, le....

8 La deuxième du...., vol...., n°...., au profit de M. Honoré Vicebot, homme de lettres, demeurant à..., pour sûreté de la somme de quatre mille huit cents francs, montant d'une obligation souscrite à son profit par ledit feu s^r Jacques Dubin, par acte passé devant le notaire soussigné, le....

9 Et la troisième du...., vol...., n°..., au profit de M. Joachim Minat, employé, demeurant à...., pour sûreté de la somme de quatre mille cinq cents francs, montant en principal d'une obligation souscrite à son profit par ledit feu s^r Jacques Dubin, par acte passé devant M°..., notaire à..., le..., enregistré.

10 Lesquels sieurs Broger, Vicebot et Minat, créanciers [25] de la succession dudit s^r Jacques Dubin, ont droit, d'après leurs inscriptions, de toucher, par préférence [102] à tous autres, le prix de ladite adjudication jusqu'à concurrence [132] du montant en principal et intérêts [49] de leurs créances.

11 .En conséquence, et avant de parvenir à la délégation ci-après, formant l'objet des présentes, il va être procédé au décompte tant du prix de ladite adjudication que des créances hypothécaires sus énoncées :

12   DÉCOMPTE.

13 Le prix de l'adjudication est de la somme de onze mille cinq cents francs, ci. . .   11,500 »

14 A cette somme ajoutant les intérêts [49] qu'elle a produits depuis l'adjudication jusqu'à ce jour et s'élevant à trois cent cinquante francs, ci. . . . .   350 »

15 On trouve, pour le montant en principal et intérêts du prix dû par M. Drusy, la somme totale de. . . . .   11,850 »

16 Sur laquelle somme lesdits créanciers hypothécaires ont droit de réclamer pour les causes des inscriptions ci-devant énoncées, savoir :

17 M. Broger : En principal [136], la somme de dix-sept cents francs, ci.   1,700 »

18 Plus en intérêts courus depuis le...... jusqu'à ce jour, quarante francs, ci. . . . .   40 »

                Ensemble. . . . .   1,740 »   11,195 »

19 M. Vicebot : En principal, la somme de quatre mille huit cents francs, ci. . . . . 4,800 »
20 Et en intérêts courus depuis le .... jusqu'à ce jour, soixante quinze francs, ci. . . . . 75 »   4,875 »

21 Et M. Minat : En principal, la somme de quatre mille cinq cents francs, ci. . . . . 4,500 »
22 Et en intérêts depuis le..... jusqu'à ce jour, quatre-vingts francs, ci. . . . . 80 «   4,580 »

23 Total du montant desdites créances en principaux et intérêts, ci. . .   11,195 »

24 Au moyen de quoi il restera sur ledit prix en principal et intérêts une somme de six cent cinquante-cinq francs. . . . .   6 55 »

25 Ces exposé et décompte ainsi établis, ledit s^r Pichard ès-dite qualité qu'il procède, et pour libérer d'autant la succession dudit s^r Jacques Dubin.

26 A, par ces présentes et en exécution de l'article 806 du Code civil, délégué [85] et transporté;

27 A mesdits s^rs Broger, Vicebot et Minat, à ce présents et acceptant [52];

28 La somme totale de onze mille cent quatre-vingt-quinze francs à eux due suivant le décompte qui précède; ladite somme à prendre dans le prix de l'adjudication faite à M. Drusy :

29 Pour, par lesdits s^rs Broger, Vicebot et Minat, toucher et recevoir ladite somme de onze mille cent quatre vingt-quinze francs; chacun dans la proportion de leurs créances, d'après le détail ci-dessus, ainsi que les intérêts qu'elle produit à compter du.... sur leurs simples quittances; ou pour en faire et disposer

autrement comme bon leur semblera, le tout à compter d'aujourd'hui ; à l'effet de quoi ledit sᵣ Pichari ès-qualité qu'il agit, met et subroge [114] lesdits délégataires dans tous les droits [27] et actions [28], pr viléges [29] et hypothèques [30] résultant en faveur de ladite succession du procès-verbal d'adjudicatio sus-énoncé et notamment dans l'effet de l'inscription [83] d'office sus-énoncée, le tout jusqu'à concu rence de ladite somme de onze mille francs de principal : à l'appui de laquelle subrogation il oblige ladit succession à aider [21] lesdits délégataires de la grosse [64] dudit procès-verbal d'adjudication.

¹⁰ Au moyen de cette délégation et en en recevant le montant, les-dits sʳˢ Broger, Vicebot et Minat s ront parfaitement remplis, et la succession de M. Dubin entièrement libérée de ce qui leur est dû, d même que M. Drusy sera libéré d'autant sur le prix de son acquisition ; pourquoi les parties consenter dès à présent et sur la seule justification dudit paiement, toute décharge [84] respective et radiation [14 jusqu'à due concurrence des inscriptions sus-énoncées qui ont été prises à leur profit.

¹¹ Dont acte, fait et passé à Beauvoir [12] en l'étude (id.), l'an mil huit cent quarante-quatre [15] l vingt-huit mai (id.), en présence de MM.... (noms, prénoms, professions et demeures), témoins instrumen taires [14] ; et les parties ont signé [15] avec les témoins et le notaire, après lecture [16].

¹² V. Répertoire, note 17. — Forme des actes, note 38. — Enregistrement, notes 18, 19 et 90.

V. DÉLÉGATION [100] DE CONTRIBUTIONS [88].

² Pardevant Mᵉ Prosper [1] Cardon (id.), notaire [2] à la résidence d'Egrison (id.), département de.... soussigné [15]. — V. sup. p. 3, alin. 1.

³ Est comparue dame Louise [3] Amélie Pinard (id.), veuve de M. Henry Turgon, en son vivant négo ciant, elle propriétaire demeurant à Egrison (id.).

⁴ Laquelle, usant de la faculté à elle accordée par la loi du dix-neuf avril mil huit cent trente-un, relativ aux élections à la Chambre des députés (a).

⁵ A, par ces présentes, déclaré désigner le sᵣ Louis Antoine Léonard, menuisier ébéniste, demeurant Egrison, son gendre.

⁶ Pour profiter de l'importance des contributions directes de toute espèce auxquelles elle est imposé pour la présente année, en la commune dudit Egrison, à l'effet, par ledit Louis Antoine Léonard, d'ob tenir son inscription sur la liste des électeurs. Lui donnant tout pouvoir [80] afin de faire valoir ce présentes partout où besoin sera.

⁷ Dont acte, fait et passé à Egrison [12] en l'étude (id.), l'an mil huit cent quarante-quatre [13] le ving huit mai (id.), en présence de MM..... (noms, prénoms, professions et demeures), témoins instrumentaire [14] ; et la comparante a signé [15] avec les témoins et le notaire, après lecture [16].

⁸ V. Répertoire, note 17. — Forme des actes, note 38. — Enregistrement, notes 18, 19 et 99.

DÉLIBÉRATION DE CONSEIL DE FAMILLE [95].

V. la formule d'avis de parents, p. 151, et la formule de curatelle au ventre, p. 342.

DÉLIBÉRATION DE CRÉANCIERS.

V. les formules d'abandon de biens par un héritier bénéficiaire, d'atermoiement, de cession d biens volontaire et de concordat.

(a) Ou : par la loi du vingt-un mars mil huit cent trente-un, relative aux élections communales.
Ou bien : par la loi du vingt-deux juin mil huit cent trente-trois, relative aux élections départementales.

DÉLIMITATION (procès-verbal de) [125],

V. la formule d'arpentage et bornage (procès-verbal d').

DÉLIVRANCE DE LEGS [24] par un héritier [78] a réserve [150]

a un légataire universel [24].

₁ Par-devant M⁰ Achille [1] Ridondaine (*id.*), Notaire [2] à Flavy [1], département de..., soussigné [15]. — *sup. p.* 3, *alin.* 1.

₂ Est comparu M. Paul [3] Rathery (*id.*), peintre (*id.*), demeurant à Flavy (*id.*).

₃ Héritier [78] à réserve [150] (*a*) pour moitié de M. Christophe Rathery, son père, en son vivant négociant à Flavy où il est décédé [63] le six janvier dernier, ainsi que le constate l'intitulé de l'inventaire [145] fait après son décès par M⁰ Ridondaine, Notaire soussigné, le douze dudit mois de janvier et jours suivants, dûment enregistré [42], laquelle qualité le comparant n'a acceptée que sous bénéfice d'inventaire [85] suivant déclaration faite au greffe du Tribunal civil [73] de première instance de..., par acte du vingt-cinq des mêmes mois et an, aussi enregistré [42].

₄ Lequel, après avoir pris communication [21] et lecture [16] du testament olographe [152] de M. Rathery, son père, en date à Flavy du... enregistré à Flavy le..., f⁰... v⁰ case 1, par M..., qui a perçu cinq francs cinquante centimes dixième compris, et mis au rangs des minutes [59] de M⁰ Ridondaine, notaire soussigné, à la date du sept janvier dernier, en vertu de l'ordonnance [152] de M. le Président du Tribunal civil de..., contenue en son procès-verbal de présentation, d'ouverture et de description dudit testament dressé au greffe dudit Tribunal, ledit jour sept janvier ; et aussi après avoir préalablement pris connaissance [24] des forces et charges de la succession [88] dudit s⁰ son père sur l'inventaire sus-énoncé.

₅ A, par ces présentes, consenti volontairement l'exécution [24] de ce testament et fait délivrance (*id.*), en faveur de M. Nicolas Boilet, bijoutier, demeurant à Flavy, institué légataire universel [24] dudit défunt, par son testament précité, de toute la portion disponible [150] s'élevant à la moitié de tous les biens dépendant de la succession dudit défunt, et ce, aux charges [24] de droit, notamment d'acquitter tous les legs particuliers pour que la réserve légale n'éprouve point de réduction : consentant, en conséquence, que ledit s⁰ Boilet dispose des biens composant son legs comme de chose lui appartenant en toute propriété et s'en mette immédiatement en possession, sans qu'il soit nécessaire de s'y faire envoyer par le juge, pour en percevoir les fruits [49] et revenus (*id.*) à compter du jour du décès du testateur.

₆ A ces présentes est intervenu M. Boilet ci-devant dénommé, qualifié et domicilié [3].

₇ Lequel a déclaré accepter purement et simplement, telle qu'elle vient de lui être consentie, la délivrance du legs à lui fait par M. Rathery.

₈ Dont acte, aux frais [5] de M. Boilet.

₉ Fait et passé à Flavy [12] en l'étude (*id.*), l'an mil huit cent quarante quatre [13] le vingt-neuf mai (*id.*), en présence de MM. (*noms, prénoms, professions et demeures*), témoins instrumentaires [14] ; et les parties ont signé [15] avec les témoins et le Notaire, après lecture [16].

₁₀ V. *Répertoire*, note 17. — *Forme des actes*, note 58. — *Enregistrement*, notes 99, 18 et 19.

Et la formule de décharge de legs *sup. p.* 349.

(*a*) Si l'héritier n'était point un héritier à réserve, le légataire universel ne serait point tenu de lui demander la délivrance (C. civ. 1006). — Mais il n'en est pas de même du légataire à titre universel et du légataire particulier ; l'un et l'autre sont tenus de demander la délivrance à ceux qui sont saisis de la succession dans l'ordre indiqué par l'art. 1011 du Code civil (C. civ. 1011 et 1014).

Délivrance de legs
par un héritier non-
réservataire ou un
légataire universel,
à un légataire à titre
universel et à un lé-
gataire particulier.

DÉLIVRANCE DE LEGS [24]

PAR UN HÉRITIER [78] NON-RÉSERVATAIRE OU UN LÉGATAIRE UNIVERSEL [24],
A UN LÉGATAIRE A TITRE UNIVERSEL ET A UN LÉGATAIRE PARTICULIER.

2 PAR-DEVANT M° Germain [1] LEUTHEREAU (id.), Notaire [2] à Varenne [1], département de. ., sou signé [15]. — V. sup, p. 3, alin. 1.

3 Est comparu M. Stanislas [5] BEAUREGARD (id.), ancien négociant (id.), demeurant à Varenne (id.).

4 Seul héritier [78] (ou bien : légataire [24] universel suivant son testament [152]) par acte public pas devant M° LEUTHEREAU, Notaire soussigné, en minute [59] et présence de quatre témoins [152] le. dûment enregistré [42], de M. Joseph BEAUREGARD, son oncle, décédé [63] marchand d'étoffes Varenne, ainsi que le constate un acte de notoriété [127] à défaut d'inventaire dressé par ledit M° LEUTHEREAU, Notaire, le…, dûment enregistré.

5 Lequel a, par ces présentes, volontairement consenti l'exécution [24] du sus-dit testament et la délivrance, savoir :

6 Au profit de M. Léon POUSSET, cousin-germain du défunt, de tout le mobilier de la succession du défunt, à lui légué à titre universel, et ce sous les charges [24] de droit, notamment d'acquitter dettes et charges de la succession ainsi que les legs particuliers, pour sa part et portion : consentant, conséquence, que ledit sr POUSSET dispose des biens composant son legs comme de chose lui appartena en toute propriété, et s'en mette immédiatement en possession, pour en percevoir les fruits [49] revenus (id.), à compter du jour du décès du testateur attendu que ledit délégataire lui a demandé délivrance de son legs aussitôt après ledit décès.

7 Et au profit de Dlle Joséphine PERLET, célibataire majeure, demeurant à Varenne, d'une rente [7 annuelle et viagère de six cents francs, exempte de retenue [49], payable [84] de trois mois en tre mois à compter du jour du décès du testateur.

8 A ces présentes sont intervenus 1° M. Léon [5] POUSSET (id.), sus-nommé, étudiant en droit (id demeurant à Varenne (id.);

9 2° Et Mlle Joséphine [5] PERLET (id.), ci-devant nommée et qualifiée.

10 Lesquels ont déclaré accepter, chacun en ce qui le concerne, la délivrance des legs qui leur ont é faits par ledit défunt suivant son testament sus-énoncé, sous la réserve de la part de la Dlle PERLET son droit d'hypothèque [50] sur les biens de la succession.

11 CONTRIBUTION [24] ET AFFECTATION HYPOTHÉCAIRE [50]. M. BEAUREGARD et M. POUSSET étant ten du legs fait à la Dlle PERLET, chacun en raison de la part qui lui est dévolue dans la succession M. LEUTHEREAU, et cette part étant évaluée pour l'héritier (ou : le légataire universel) aux deux tiers la succession, et pour le légataire à titre universel au tiers de la succession, il en résulte que M. BEAUR GARD doit contribuer [24] pour quatre cents francs dans le paiement de la rente viagère léguée Mlle PERLET, et M. POUSSET pour deux cents francs.

12 Lesdits sieurs BEAUREGARD et POUSSET s'obligent [107], en conséquence, chacun dans la proportio ci-dessus indiquée, à payer et servir en leurs dites qualités à la Dlle PERLET, qui l'accepte [52], ladi rente viagère [76] de six cents francs de trois en trois mois à compter du jour du décès du testateur arrivé à…, le premier avril dernier;

13 A la garantie de ladite rente viagère, les sus-nommés affectent et hypothèquent [50] spécialement savoir :

14 M. BEAUREGARD, une maison [87] située [141] à Varenne, rue…, avec toutes ses dépendances [71 laquelle lui provient de la succession de M. LEUTHEREAU de cujus et n'est grevée [51] d'hypothèque qu pour raison de la rente viagère dont il s'agit ainsi déclaré par M. BEAUREGARD.

15 Et M. POUSSET, une pièce de terre, de la contenance [40] de trois hectares [91], située [141] sur l commune de…, lieu dit…; appartenant en propre [22] audit sr POUSSET, comme l'ayant recueillie dan les successions [88] de ses père et mère, ainsi qu'il résulte d'un acte de partage [143] passé devant M°…

Notaire à... le..., dûment enregistré [42], laquelle pièce de terre M. Pousset déclare n'être grevée d'au-
une hypothèque légale [30] conventionnelle (id.) ou judiciaire(id.).

⁶ Sur lesquels biens il sera pris, au profit de la Dlle Perlet, dans le plus bref délai, pour sûreté de
adite rente viagère, une inscription [83] qui conservera à l'égard de la maison le privilége [29] résultant
le la séparation des patrimoines établi par les art. 878 et 2111 du Code civil.

⁷ Au moyen de cette affectation hypothécaire, la Dlle Perlet affranchit [149] de toute hypothèque pour
aison de sa susdite rente tous les autres biens dépendant de la succession de M. Leuthereau.

⁸ Tous les déboursés [5] et honoraires (id) des présentes, ceux d'une grosse [64] et d'inscription [83],
eront payés par M. Beauregard pour deux tiers et par M. Pousset pour un tiers.

⁹ Les parties consentent que mention [84] des présentes soit faite sur toutes pièces que besoin sera par
ous Notaires de ce requis.

¹⁰ Pour l'exécution des présentes les parties font élection de domicile [11] en leurs demeures respectives
us-indiquées.

¹¹ Dont acte, fait et passé à Varenne [12] en l'étude (id.), l'an mil huit cent quarante-quatre [13] le
ingt-neuf mai (id.), en présence de MM. (noms, prénoms, professions et demeures), témoins instrumen-
aires [14]; et les parties ont signé [15] avec les témoins et le Notaire, après lecture [16].

¹² V. Répertoire, note 17. — Forme des actes, note 38. — Enregistrement, notes 99, 18 et 19,

¹³ V. aussi la formule de décharge de legs, sup. p. 349.

DÉMISSION DE BIENS [81].

V. inf. la formule de partage d'ascendant ou partage anticipé.

DÉMISSION D'OFFICE [191] PAR ACTE NOTARIÉ.

Par-devant Me Antoine [1] Vistel (id.), Notaire [2] à Verveux [1], département de..., soussigné [15].
— V. sup. p. 3, alin. 1.

Est comparu M. Louis [3] Simonnet (id.), huissier (id.) à la résidence de Verveux, y demeurant (id.).

Lequel a, par ces présentes, déclaré se démettre de ses fonctions d'huissier à Verveux, en faveur de
. Charles Coubet, clerc d'huissier, demeurant à..., qu'il présente pour son successeur à l'agrément du
oi, conformément aux dispositions de l'article 91 de la loi du vingt-huit avril mil huit cent seize.

Suppliant Sa Majesté de vouloir bien nommer ledit sieur Coubet à son lieu et place.

Dont acte, fait et passé à Verveux [12] en l'étude (id.), l'an mil huit cent quarante-quatre [13] le
ngt-neuf mai (id.), en présence de MM. (noms, prénoms, professions et demeures), témoins instrumen-
ires [14], et M. Simonnet a déclaré savoir signer [15] mais ne le pouvoir pour cause de paralysie à la
ain droite, de ce interpellé, après lecture [16].

V. Répertoire, note 17. — Forme des actes, note 38. — Enregistrement, notes 56, 18 et 19.

DÉMISSION D'OFFICE [191] PAR ACTE SOUS SEING-PRIVÉ.

Démission d'office
par acte sous seing-
privé.

Je soussigné François-Marie Sellier, Notaire à la résidence de Vermenton, chef-lieu de canton,
rondissement d'Auxerre, département de l'Yonne, déclare me démettre de mes fonctions de Notaire
dit Vermenton, en faveur de M. Edme-Alexandre-Hubert Juventy, premier clerc de Notaire à
hury (Yonne), que je présente pour mon successeur à l'agrément du Roi, conformément aux disposi-
ons de l'art. 91 de la loi du vingt-huit avril mil huit cent seize.

3 Suppliant Sa Majesté de vouloir bien nommer ledit s^r Juventy à mon lieu et place.

4 Fait à Vermenton le dix-sept octobre mil huit cent quarante-trois.

5 V. *Enregistrement*, note 18 n° 29 et note 36.

___

Dépôt confié par une partie à une autre partie.

DÉPOT [210] CONFIÉ PAR UNE PARTIE A UNE AUTRE PARTIE.

2 Par-devant Me Léon [1] Malvin (*id.*), Notaire [2] à Calville [1], département de..., soussigné [— V. *sup. p.* 3, *alin.* 1.

3 Est comparu M. Calixte [3] Bonjour (*id.*), bijoutier (*id.*), demeurant à Calville [1].

4 Lequel reconnaît que Mad. Sophie [3] Guérard (*id.*), veuve de M. Alexis Hesneau, chevalier St.-Louis, demeurant [3] à Calville, à ce présente, lui a remis entre les mains 1° une parure diamants, de valeur de..; 2° une chaine en or, de valeur de..; 3° et une somme de dix mille francs pièces d'or de vingt et de quarante francs, pour les lui garder à titre de dépôt [210].

5 S'obligeant à les lui rendre ou pour lui au porteur de son pouvoir [80] et de la grosse [64] des p sentes, en même nature et espèces que ladite dame veuve Hesneau les lui a remises, aussitôt qu'il sera requis.

6 Pour l'exécution des présentes, les parties font élection de domicile [11] en leurs demeures actue sus-indiquées.

7 Dont acte, aux frais [3] de Mad. veuve Hesneau.

8 Fait et passé à Calville [12] en l'étude (*id.*), l'an mil huit cent quarante-quatre [13] le vingt-neuf (*id.*), en présence de MM. (*noms, prénoms, professions et demeures*), témoins instrumentaires [14]; el parties ont signé [15] avec les témoins et le Notaire, après lecture [16].

9 V. *Répertoire*, note 17. — *Forme des actes*, note 38. — *Enregistrement*, notes 174, 18 et 19.

10 V. aussi la formule de décharge de dépôt d'objets mobiliers *sup. p.* 347.

___

Dépôt par une partie à un notaire.

DÉPOT PAR UNE PARTIE A UN NOTAIRE.

1° *D'un acte sous seing-privé;*

2° *D'un brevet d'obligation rapporté pour minute;*

3° *D'un cahier de charges;*

4° *De deniers:*

5° *D'une procuration;*

6° *De pièces de purge d'hypothèque;*

7° *De testament olographe ou mystique.*

___

1° Dépôt à un notaire d'un acte sous seing-privé.

DÉPOT [64, n° 2] A UN NOTAIRE D'UN ACTE SOUS SEING-PRIVÉ.

2 Par-devant Me Cyprien [1] Jallot (*id.*), Notaire [2] à Montpertuis [1], département de..., sou signé [15]. — V. *sup. p.* 3, *alin.*1.

3 Est comparu M. Eloi [3] Carpentier (*id.*), propriétaire (*id.*), demeurant à Montpertuis (*id.*).

4 Lequel a déposé pour minute [39] à Me Jallot, Notaire soussigné, l'un des originaux d'un acte so seing privé [26] fait double (*id.*) à... le..., contenant vente [109] par M. Noël Potiquet, limonadier, d meurant à..., au profit du comparant, d'une pièce de pré [87] située [145] sur la commune de..., li

dit..., de la contenance [40] de deux hectares [91], moyennant la somme de huit mille francs stipulée payable [84] dans les termes et de la manière exprimée audit acte.

» Et à l'instant l'original de ladite vente, enregistré [18 et 42] à.., le..., f° 15, recto cases 5 et suivantes par M..., qui a reçu quatre cent quarante francs et quarante-quatre francs pour le décime, est demeuré ci-annexé [55] après avoir été du comparant certifié véritable (id.) et signé en présence du Notaire et des témoins soussignés.

» Dont acte, fait et passé à Montpertuis [12], en l'étude (id.), l'an mil huit cent quarante-quatre [13], le trente mai (id.), en présence de MM. (noms, prénoms, professions et demeures), témoins instrumen-taires [14], et le comparant a signé [15] avec les témoins et le Notaire, après lecture [16].

₇ V. Répertoire, note 17. — Grosse, note 64, n. 51. — Enregistrement, notes 56, 18 et 19.

₈ V. aussi la formule de CERTIFIÉ VÉRITABLE p. 77, alin. 2, et celle de RECONNAISSANCE D'ÉCRITURE.

2° DÉPOT [64] A UN NOTAIRE
D'UN BREVET [59] D'OBLIGATION RAPPORTÉ POUR MINUTE [59].

2° Dépôt à un Notaire d'un brevet d'obligation.

₂ PAR-DEVANT Mᵉ (V. l'alin. 2 de la formule qui précède)

» Est comparu M. Edouard [1] LERICHE (id.), propriétaire (id.) demeurant (id.) à...

₄ Lequel a déposé [64] au Notaire soussigné pour être mis au rang de ses minutes [59] et en être délivré grosse [64] le brevet [59] original d'un acte passé devant ledit Mᵉ JALLOT en présence de témoins [14] le..., dûment enregistré [42], contenant obligation par M. Nicolas CARRÉ, maître maçon, demeurant à..., au profit du comparant de la somme de trois cents francs actuellement exigible [84].

₅ Et à l'instant le susdit brevet d'obligation est demeuré ci-annexé [55] après avoir été fait dessus mention de cette annexe par le Notaire soussigné en présence des témoins ci-après nommés.

₆ Dont acte, fait et passé à..., en l'étude [12], l'an mil huit cent quarante-quatre [13] le..., en présence de MM. (noms, prénoms, professions et demeures), témoins instrumentaires [14], et les parties ont signé [15] avec les témoins et le Notaire, après lecture [16].

₇ V. Répertoire, note 17. — Grosse, note 64, n. 55. — Enregistrement, notes 56, 18 et 19.

₈ V. aussi sup. p. 77, alin. 1, la formule de mention d'ANNEXE et la note 42, n. 83.

3° DÉPOT A UN NOTAIRE D'UN CAHIER DE CHARGES [159].

3° Dépôt à un Notaire d'un cahier de charges.

₂ PAR-DEVANT Mᵉ Jacques [1] YROT (id.), Notaire [2] à Gy [1], soussigné [15].

₃ Est comparu Mᵉ Isidore [3] Bert (id.), avoué [199] près le Tribunal civil [75] de première instance séant à..., y demeurant [3] rue... n°... ; chargé d'occuper pour le sʳ François DEUVAUX, ci-après nommé.

₄ Lequel a déposé pour minute [59] au Notaire soussigné, commis à l'effet de la vente dont il va être parlé par le jugement ci-après énoncé, le cahier [159] des charges, clauses et conditions sous lesquelles il sera procédé en l'étude et par le ministère dudit Mᵉ YROT à la vente par adjudication (159) des biens immeubles dépendant de la succession de dame Jacquette DEUVAUX, veuve du sieur Benjamin GUILBERT, à la requête du sieur François DEUVAUX, propriétaire demeurant à..., agissant comme tuteur datif de Jacques et Benjamine GUILBERT, enfants mineurs de ladite veuve GUILBERT, et en présence de M. Louis CADOUX, marchand épicier, demeurant à..., subrogé-tuteur [163] desdits mineurs : laquelle vente a été ordonnée suivant jugement [75] sur requête rendu d'après un avis de parents par le Tribunal civil de première instance de... en date du..., dûment enregistré [42].

₅ Lequel cahier de charges rédigé par ledit Mᵉ YROT (a), Notaire, écrit sur... feuilles de papier marqué

(a) C'est une formalité qui peut paraître étrange que de déposer en l'étude d'un Notaire un acte que ce notaire vient de rédiger, quand cet acte pouvait être gardé par lui en minute, ce qui aurait dispensé des frais d'un dépôt. Mais le Code de

du timbre [61] de soixante-dix centimes et portant la mention suivante : enregistré [42] à.., le... f°...
v° case..., reçu un franc et dix centimes pour le décime signé..., est, en conséquence, demeuré
ci-annexé [55] après avoir été fait dessus mention de cette annexe par le Notaire soussigné en présence
des témoins ci-après nommés. — V. sup. p. 77, alin. 1.

« Dont acte, fait et passé à Gy [12] en l'étude (id.), l'an mil huit cent quarante-quatre [15] le..., en
présence de MM. (noms, prénoms, professions et demeures), témoins instrumentaires [14], et le comparant
a signé [15] avec les témoins et le notaire, après lecture [16].

V. *Répertoire*, note 17. — *Forme des actes*, note 58. — *Enregistrement*, notes 56, 18 et 19.

4° DÉPOT [210] DE DENIERS A UN NOTAIRE.

2 Par-devant Me Alexis [1] Loré (id.), Notaire [2] à Gy-l'Evêque [1], soussigné [15].

3 Est comparu M. Jacques [5] Cardinal (id.), propriétaire (id.), demeurant (id.) à Gy-l'Evêque ; principal locataire [105] de l'hôtel du Calvaire, situé en ladite ville de Gy-l'Evêque, rue de la Trinité n°...,
appartenant à la direction des créanciers unis du sr Pierre Lacroix, suivant le bail [105] que ce dernier lui en a fait par acte passé en minute [59] et présence de témoins [14], devant Me... Notaire à...
le..., dûment enregistré [42].

4 Lequel, en exécution de l'art. 15 du contrat d'union des créanciers unis dudit sieur Lacroix, reçu
par Me Loré, Notaire soussigné, en minute [59] et présence de témoins [14], le.., dûment enregistré [42]
et homologué [157] par jugement [75] du Tribunal civil de... en date du..,.

5 A, par ces présentes, déposé [210] audit Me Loré, nommé séquestre [210] de la direction des créanciers
dudit sieur Lacroix par le contrat d'union ci-dessus énoncé, la somme de mille francs en pièces de cinq
francs, faisant, avec deux cents francs par lui retenus pour l'impôt foncier [58] de ladite maison pendant
les trois premiers mois de la présente année qu'il a acquitté entre les mains du percepteur suivant la
quittance [42] de ce dernier en date du..., la somme totale de douze cents francs pour le terme échu [77]
le premier avril dernier du loyer de ladite maison à raison de quatre mille huit cents francs par année
ainsi que le porte le bail sus-énoncé.

6 De laquelle somme de mille francs ledit Me Loré en sa qualité sus-exprimée, se charge envers la direction des créanciers unis du sr Lacroix.

7 Et au même instant M. Cardinal a remis [54] à Me Loré, qui le reconnaît, la quittance de contributions ci-dessus mentionnée ; dont décharge.

8 Dont acte, fait et passé à Gy-l'Evêque [12] en l'étude (id.), l'an mil huit cent quarante-quatre [15]
le..., en présence de MM. (noms, prénoms, professions et demeures), témoins instrumentaires [14], et les
parties ont signé [15] avec les témoins et le Notaire, après lecture [16].

9 V. *Répertoire*, note 17. — *Forme des actes*, note 58. — *Enregistrement*, notes 56, 18 et 19.

5° DÉPOT [64 n° 2] DE PROCURATION [80] A UN NOTAIRE.

2 Par-devant Me Ballagny [1], Notaire [2] à Monceaux près Paris, soussigné [15].

3 Est comparu M. Célestin [3] Bourdeau (id.), agent d'affaires (id.), demeurant à Monceaux (id.).

proc. civ., dans ses articles 957 et 973 prescrivant ce dépôt, on doit considérer la formalité comme utile, et, en effet, si on
considérait comme dépôt la mise au rang de ses minutes du cahier des charges par le Notaire lui-même, l'ignorance de ce
fait par la partie poursuivante pourrait mettre cette dernière dans l'impossibilité de faire sommation à l'autre en temps
utile d'en prendre communication et ce pourrait être une cause de nullité de la procédure. Par ce motif, il convient que
le dépôt soit fait par la partie poursuivante ou son avoué.

4 Lequel a déposé [64] pour minute [59] au Notaire soussigné le brevet [59] original (*ou* : une expédition [64] en forme) d'une procuration [80] donnée au comparant par M. Alexandre Loiseau, rentier, demeurant à Pousseaux, par acte passé devant Me Barré, Notaire audit lieu, le..., à l'effet de transférer [197] une inscription (*id.*) de trois mille francs de rente perpétuelle, immatriculée en son nom sur le grand-livre de la dette publique vol... n°...

5 Et à l'instant ledit brevet (*ou* : ladite expédition) de procuration dûment légalisé [125], est demeuré ci-annexé [55] après avoir été certifié véritable (*id.*) et signé par le comparant en présence du Notaire et des témoins soussignés. — V. *sup. p.* 77, *alin.* 1.

6 Dont acte, fait et passé à Monceaux [12] en l'étude (*id.*), l'an mil huit cent quarante-quatre [13] le..., en présence de MM. (*noms, prénoms, professions et demeures*), témoins instrumentaires [14], et le déposant a signé [15] avec les témoins et le Notaire, après lecture [16].

V. *Répertoire*, note 17. — *Minutes et Brevets*, note 59, p. 555 alin. 28. — *Enregistrement*, notes 16, 18 et 19.

6° DÉPOT [64, n° 2] A UN NOTAIRE DE PIÈCES DE PURGE [156] D'HYPOTHÈQUE.

6° Dépôt à un Notaire de pièces de purge d'hypothèque.

2 Par-devant Me Ariste [1] Bonhomme (*id.*), Notaire [2] à X... [1], soussigné [13].

3 Est comparu M. Blaise [3] Cochin (*id.*), étudiant en notariat (*id.*), demeurant (*id.*) à X...

4 Ayant charge et pouvoir verbal [80] à l'effet des présentes, ainsi qu'il le déclare, des acquéreurs ci-après nommés [5, n° 15].

5 Lequel a exposé ce qui suit :

6 Suivant procès-verbal d'adjudication [159] dressé en minute [59] et présence de témoins [14] par Me Bonhomme, Notaire soussigné, le sept janvier dernier, dûment enregistré [42], M. Denis Emery, propriétaire et la dame Fulvie Gueneau, son épouse, demeurant à..., ont vendu 1° à M. Henri Irion, cultivateur demeurant à..., une maison [87] située [141] à..., moyennant cinq mille francs outre les charges; 2° à M..., etc.

7 Une expédition [64] de ce procès-verbal a été transcrite [111] au bureau des hypothèques de..., le quatorze dudit mois de janvier, vol... n°..., à la charge (*a*) outre les inscriptions [85] faites d'office le même jour pour sûreté des prix d'adjudication, de trois inscriptions contenues en un état [111] sur transcription délivré après quinzaine par le conservateur (*id.*) des hypothèques le trente-un dudit mois de janvier, lesquelles trois inscriptions ont été rayées [149] depuis ainsi qu'il est constaté par trois certificats (*id.*) délivrés par le même conservateur le quinze mars dernier.

8 Sur cette acquisition les acquéreurs ont rempli les formalités nécessaires pour la purge [156] des hypotèques [50] légales ; ces formalités ont été accomplies sans qu'il soit survenu aucune inscription pour cause d'hypothèque légale ainsi que le constate un certificat [111] délivré par le même conservateur.

9 Toutes les pièces établissant l'accomplissement desdites formalités de transcription et de purge étant communes aux acquéreurs, doivent, en exécution d'une des clauses du procès-verbal d'adjudication, être déposées en l'étude du Notaire soussigné dans l'intérêt commun des parties.

10 En conséquence, le comparant en sadite qualité, a, par ces présentes, déposé [64] au Notaire soussigné et l'a requis de mettre au rang de ses minutes pour en être délivré les mentions [64], extraits (*id.*) ou expéditions (*id.*) qui conviendront aux parties.

11 1° L'expédition [64] transcrite du procès-verbal d'adjudication ; 2° l'état (*b*) d'inscriptions délivré sur cette transcription; 3° les certificats (*b*) de radiation des trois inscriptions comprises audit état ; 4° un

---

(*a*) *Ou* : sans qu'il se soit trouvé aucune autre inscription que celles d'office prises au profit des vendeurs contre lesdits acquéreurs ainsi qu'il résulte d'un certificat délivré après quinzaine par le conservateur des hypothèques audit bureau le...

(*b*) *Ou bien* : le certificat négatif d'inscriptions délivré sur cette transcription. — *Et alors on supprime le n.* 5 *relatif aux certificats de radiation.*

extrait des minutes du greffe du Tribunal civil de première instance de..., délivré par le greffier de c
Tribunal , et constatant le dépôt fait audit greffe par acte en date du premier février dernier , d'une copi
collationnée [64] dudit procès-verbal d'adjudication ainsi que l'insertion d'un extrait dudit contrat a
tableau placé à cet effet dans l'auditoire dudit Tribunal ; 5° l'original d'un exploit [115] du ministèr
de..., huissier à..., en date du dix du même mois , enregistré [42], constatant la notification [20] dudi
dépôt tant à M. le Procureur du Roi près ledit Tribunal, à cause des personnes inconnues du che
desquelles il aurait pu être formé des inscriptions d'hypothèques légales qu'à Mad. Emery, sus-nommée
avec sommation [119] de requérir et faire faire, dans le délai de la loi, les inscriptions [85] d'hypo
thèques légales qu'ils pouvaient être fondés à prendre sur les biens vendus ; 6° un exemplaire du journa
d'annonces judiciaires de l'arrondissement de..., qui a paru le douze dudit mois de février, contenan
l'insertion de la notification sus-énoncée ; ledit exemplaire enregistré [42, n° 84] et signé de M..., im
primeur , dont la signature a été légalisée [123] par le Maire de la ville de. . ; 7° un extrait délivré pa
le greffier du même tribunal d'un acte fait audit greffe le vingt avril dernier, enregistré, constatant
qu'un extrait dudit procès-verbal d'adjudication est demeuré exposé dans l'auditoire dudit tribunal de
puis le premier février dernier jusqu'au quinze avril suivant ; 8° et un certificat délivré par le conserva
teur des hypothèques de .., le premier mai présent mois , constatant que depuis la quinzaine qui a suivi
la transcription du procès-verbal d'adjudication jusqu'au seize avril dernier il n'est survenu aucune ins
cription d'hypothèque légale sur les biens adjugés.

12 Toutes lesquelles pièces sont, à la réquisition du comparant, demeurées ci-annexées [35] après avoir
été fait dessus mention de cette annexe par le Notaire soussigné en présence des témoins ci-après
nommés. — V. sup. p. 77, alin. 1.

13 Dont acte, fait et passé à X... [12] en l'étude (id.), l'an mil huit cent quarante-quatre [13], le trente
mai (id.), en présence de MM. (noms , prénoms , professions et demeures), témoins instrumentaires [14], et
le déposant a signé [15] avec les témoins et le Notaire, après lecture [16].

14 V. Répertoire, note 17. — Forme des actes, note 38. — Enregistrement, notes 36, 18 et 19.

7° Dépôt à un No-
taire d'un testa-
ment olographe
ou mystique.

7° DÉPOT [132] A UN NOTAIRE D'UN TESTAMENT OLOGRAPHE (id.) OU MYSTIQUE (id.).

2 Je soussigné [13] Ernest [1] Morlé (id.), Notaire [2] à Nanteau [1], département de... ; constitué
dépositaire du testament olographe (ou : mystique ci-après daté et énoncé), de M. Ovide Pannetrat, décédé marchand de vins à Nanteau le vingt-huit de ce mois, par ordonnance [132] de M. le Président du
Tribunal civil de première instance séant à..., en date d'hier, étant contenue en son procès-verbal [152]
d'ouverture et de description dudit testament dressé au greffe dudit tribunal [42, n°s 92 et 93].

3 Ai déposé [152] au rang de mes minutes [59] le testament olographe [152] (ou : mystique (id.)] dudit
feu sr Pannetrat, en date à Nanteau du trois janvier mil huit cent quarante, ainsi que son enveloppe
(ou : l'acte de suscription reçu par Me Morlé , Notaire soussigné, le quinze dudit mois de janvier). Et
de suite j'ai annexé [35] lesdites pièces à ces présentes après avoir fait dessus mention de cette annexe en
présence des témoins soussignés. — V. sup. p. 77, alin. 1.

4 Duquel dépôt j'ai dressé le présent acte à Nanteau [12] en mon étude (id), en présence de MM. (noms,
prénoms , professions et demeures), témoins instrumentaires [14], qui ont signé [15] avec moi, après lecture [16].

5 V. Répertoire, note 17, — Forme des actes , note 38. — Enregistrement, notes 56, 18 et 19.
V. aussi inf. la formule de description de testament.

6 (Nota) Ce dépôt a lieu tantôt de la manière qui précède, laquelle dispense de lever une expédition du
procès-verbal d'ouverture et de description, tantôt en se faisant délivrer par le greffier une expédition du
procès-verbal de constat, laquelle étant jointe au testament tient lieu de minute de dépôt au Notaire qui met
le tout au rang de ses minutes à la date de l'ordonnance, sans en dresser aucun acte particulier : le Notaire

épertorie alors l'expédition du procès-verbal comme dépôt de testament et fait ensuite enregistrer le testament.

*Ce dernier mode était suivi à **Paris** avant le Code et l'est encore depuis, mais il faut [pour cela que le Notaire se soit reconnu dépositaire par le procès-verbal de constat; si cette circonstance n'existe pas, un acte de dépôt dressé par le Notaire nous semble indispensable, pour que sa responsabilité soit bien et dûment engagée. En tout cas, le premier mode nous semble plus régulier et tout-à-fait exempt de contestation. Il offre de plus un vantage, c'est de faciliter la taxe des honoraires de l'acte de dépôt. — V. note 4.*

DÉPOT [43] DE CONTRAT DE MARIAGE ENTRE COMMERÇANTS.

V inf. EXTRAIT DE CONTRAT DE MARIAGE ENTRE COMMERÇANTS.

Dépôt de contrat de mariage entre commerçants.

DÉPOUILLEMENT.

V. sup. la formule de COMPTE DE TUTELLE, p. 279, alin. 13 et suiv.

Dépouillement.

Désaveu de paternité.

DÉSAVEU DE PATERNITÉ [144].

PAR-DEVANT Mᵉ Charles [1] DULONG (id.), Notaire [2] à Ericey [1], soussigné [15].

Est comparu M. Joseph [3] CORNU (id.), secrétaire d'ambassade (id.), demeurant à..., rue... n°...

Lequel a déclaré qu'il a eu connaissance que la dame Marie BONAMOUR, son épouse, est accouchée [63], premier avril dernier, d'un enfant du sexe féminin, qui a été enregistré le lendemain à la mairie de..., sous le nom de Joséphine, comme fille du comparant et de la dite dame Marie BONAMOUR.

Que cependant il est constant que le comparant était, bien avant l'époque de la conception de cet enfant, et même jusques après sa naissance [63], dans l'impossibilité physique de cohabiter avec sa femme ; qu'en effet, il est parti le premier mars mil huit cent quarante-trois, pour RIO-JANEIRO, capital du Brésil, où il est resté jusqu'au quinze janvier dernier, et n'a mis le pied sur le territoire français, que le quinze mai courant, ainsi qu'il est à même d'en justifier.

Et qu'en conséquence, l'enfant dont il s'agit ne peut lui être attribué.

C'est pourquoi ledit sʳ CORNU, proteste formellement contre la légitimité de cet enfant, qu'il désavoue [144] par ces présentes, conformément au droit qui lui est conféré à cet égard par l'art. 312 du Code civil.

Pour faire signifier [20] ces présentes à qui il appartiendra, tout pouvoir est donné au porteur [80] d'une expédition [64].

Dont acte, fait et passé à Ericey [12] en l'étude (id.), l'an mil huit cent quarante-quatre [13], le trente mai (id.), en présence de Mʳˢ (Noms, prénoms, professions et demeures), témoins instrumentaires [14], et le comparant a signé [15] avec les témoins et le Notaire, après lecture [16].

V. *Répertoire*, note 17. — *Forme des actes*, note 58 — *Enregistrement*, notes 174, 18 et 19.

Description de testament.

DESCRIPTION [152[DE TESTAMENT (PROCÈS-VERBAL DE).

L'an mil huit cent quarante-quatre, le trente mai à dix heures du matin, en notre hôtel, à Aux, rue Eglény, et devant nous, Olivier Jacques CHARDON, chevalier de l'Ordre de la Légion d'Honneur, président du Tribunal civil [75] de première instance d'Aux, assisté de M. SIMONNET, greffier en chef [94].

Est comparu Mᵉ JUVÉNIL, Notaire à la résidence de Veron, y demeurant.

Lequel nous a présenté deux papiers qu'il a dit être deux testaments [152] du sʳ Charles GUENEAU, décédé rentier à Vermon, et se trouver en sa possession; l'un retenu sous enveloppe comme succes-

seur immédiat de M⁰ Chancelier qui en avait été établi par ledit sᵣ Gueneau, lui-même, dépositaire confiance, et sans suscription ; et l'autre au moyen de ce que la remise lui en avait été faite par le juge paix du canton de Vermon, qui l'avait trouvé lors de l'apposition des scellés [196].

5 Nous requérant de faire la description [152] du tout et d'en constater l'état ; ce à quoi nous avons suite obtempéré de la manière suivante :

6 Le testament du sᵣ Gueneau, trouvé tout ouvert en son domicile, est écrit sur une feuille de pap non timbré [61] de la même dimension à peu près que le papier de débite assujéti au timbre de tren cinq centimes. Il ne renferme jusques et y compris les mots Charles Gueneau qui composent la sig ture, que onze lignes d'écriture tracées sur une même page. Au-dessous de ces mots *Charles Gueneau* trouve l'indication suivante écrite aussi de la main du testateur : « *Pareil écrit est déposé chez M. Juv Notaire à Vermon.*

7 Les troisième et cinquième lignes de ce testament n'étant écrites qu'aux deux tiers environ, n avons tiré un trait de plume sur le blanc, pour qu'il ne puisse y être rien ajouté. La première lig commence par ces mots « *Cet écrit contient mes dernières volontés.* La dixième (celle précédant la sig ture) commence par ceux-ci *de mon décès.* Suit la date ainsi conçue : *A Vermon, ce treize décembre huit cent trente-huit.*

8 Ayant brisé le cachet de l'enveloppe du second testament, nous y avons trouvé une feuille de pap aussi non timbrée et de la même dimension que le testament premier ouvert. Ce testament n'est qu'e copie [64] du testament ci-dessus décrit, à l'exception de l'indication de la remise en dépôt. Il ne renfer aussi que onze lignes d'écriture dans la dernière desquelles est comprise la signature Charles Guene La première ligne commence par ces mots *cet écrit*, et la onzième par ceux-ci *décembre mil huit cent trente-h* les troisième et cinquième lignes n'étant pas non plus entièrement écrites, nous les avons parachevées d trait de plume. Ce testament porte également la date du *treize décembre.* Sur l'enveloppe il y a ces m paraissant être de l'écriture du testateur : *Testament de Charles Gueneau pour être ouvert après son déc*

9 Ces deux testaments sont sans surcharge [36], rature (*id.*) ni interligne (*id.*). Ils nous ont pa écrits de la même main que celle qui les a signés [15].

10 Quoi étant et n'ayant plus rien à décrire, nous avons, avec le greffier, signé et paraphé lesdits tes ments et enveloppes, puis nous avons ordonné le dépôt du tout en l'étude dudit M⁰ Juvénil, auquel n en avons à l'instant fait la remise [84] ainsi qu'il le reconnaît.

11 De tout ce que dessus il a été dressé le présent procès-verbal clos et arrêté les jour, mois et sus et le comparant a signé [15] avec nous et le greffier, après lecture [16]. — Signatures.

12 *Mention à mettre sur les pièces décrites :* Vu par nous, Président du Tribunal civil d'Aux , assisté greffier, en conséquence de notre procès-verbal de constat de ce jourd'hui trente mai mil huit cent quaran quatre. — Signatures du Président et du Greffier.

V. *Enregistrement*, note 18 n. 138, et note 99.

DÉSISTEMENT [175].

1° D'acquisition *pour excédant de mesure.*

2° D'appel.

3° D'héritage.

4° D'instance.

5° De plainte.

6° De privilége et d'action résolutoire.

7° De privilége *sur les fonds d'un cautio nement.*

8° De saisie-immobilière.

9° De signification de transport.

10° De surenchère.

1º **DÉSISTEMENT** [173] **D'ACQUISITION** pour excédant de mesure [40].

Par-devant Mᵉ Adrien [1] Bonfin (*id.*), Notaire [2] à Gy [1], soussigné [13].

Sont comparus,

Le sʳ Edme [3] Nolot (*id.*), cultivateur (*id.*), demeurant (*id.*) à... D'UNE PART.

Et le sʳ Germain Legras, rentier demeurant à... D'AUTRE PART.

Lesquels ont dit que par contrat passé devant Mᵉ Bonfin, Notaire soussigné, le..., dûment enregistré [42], ledit sʳ Nolot, a acquis [109] de M. Legras, moyennant cinq mille francs stipulés payables [84] à terme, une pièce de pré [7], située [141] sur le finage de..., lieu dit..., annoncée comme étant de la contenance [40] de deux hectares [91] cinquante ares; mais que par suite d'une vérification faite contradictoirement entre les parties, cette pièce s'est trouvée être de la contenance de quatre hectares, d'où il résulte que led. sʳ Nolot, par application de l'art. 1620 du Code civil, se trouve dans l'obligation de payer un supplément de prix, si mieux n'aime se désister [173] du bénéfice de son acquisition.

Et que ledit sʳ Nolot optait pour le désistement (*a*);

En conséquence, il a, par ces présentes, déclaré se désister [173] purement et simplement de la vente à lui faite par le contrat sus-énoncé; consentant que ledit sʳ Legras rentre dans la pleine propriété et jouissance de ladite pièce de terre, comme s'il ne l'eût point vendue.

Ce désistement ayant été accepté par ledit sʳ Legras, celui-ci a immédiatement remboursé [84] au dit sʳ Nolot qui le reconnaît et lui en donne décharge, la somme de trois cent soixante-quinze francs pour le montant des frais et loyaux coûts dudit contrat. A l'égard des déboursés [3[et honoraires des présentes, ils seront au compte dudit sʳ Legras.

Consentent les parties que mention [84] des présentes soit faite sur toutes pièces que besoin sera par tous Notaires de ce requis.

Dont acte, fait et passé à Gy [12], en l'étude (*id.*), l'an mil huit cent quarante-quatre [13], le trente mai (*id.*), en présence de Mʳˢ (*Noms, prénoms, professions et demeures*), témoins instrumentaires [14], et les comparants ont signé [15] avec les témoins et le Notaire, après lecture [16].

V. *Répertoire*, note 17. — *Forme des actes*, note 38. — *Enregistrement*, notes 18, 19 et 57 n. 1.

2º **DÉSISTEMENT** [173] **D'APPEL** [186].

(*b*) Par-devant Mᵉ Jean [1] Abé (*id.*), Notaire [2] à X [1], soussigné [13].

Est comparu M. Félix [3] Bux (*id.*), cultivateur (*id.*), demeurant à X (*id.*).

Lequel a, par ces présentes, déclaré se désister [173] purement et simplement de l'appel par lui interjeté suivant exploit de..., huissier [115] à... en date du... [42], d'un jugement [73] rendu contre lui

---

(*a*) L'acquéreur ne serait plus recevable à se désister de son acquisition, s'il s'était écoulé plus d'un an entre le contrat ou son entrée en jouissance et le désistement (10 nº 32).

(*b*) *Le désistement par acte d'avoué se formule comme il suit :*

A la requête du sʳ Félix Bux [20], ayant Mᵉ Bert pour avoué [199], — Soit signifié [40] et déclaré à Mᵉ Din, avoué du sieur Paul Can, que le sieur Bux, se désiste de l'appel par lui interjeté.... (*Le reste comme à l'alin. 4 de la formule en consultant la note c*).

A ce que ledit sʳ Din n'en ignore. — Dont acte. — (SIGNATURE DE L'AVOUÉ).

Signifié [20] et laissé copie (*id.*) à M. Din, avoué [199] près la Cour royale de..., à domicile et parlant à son premier clerc, par moi, huissier audiencier soussigné. A. . le... — Coût... SIGNATURE DE L'HUISSIER.

Nota. Pour donner au désistement toute l'authenticité nécessaire en pareil cas, il est d'usage de faire donner acte par le Tribunal ou par la Cour du désistement qui est produit. On peut aussi déposer ce désistement en l'étude d'un Notaire, et alors les deux parties interviennent, l'une pour reconnaître sa signature, et l'autre pour accepter le désistement. — V. les formules de *dépôt* p. 368 et de *reconnaissance de signature*.

par le Tribunal civil (*id.*) de première instance de.., enregistré [42], au profit de M. Car ; voulant que c appel soit regardé comme non fait ni avenu, (c) et que ledit jugement soit exécuté [75] selon sa forme teneur, comme jugement définitif et en dernier ressort ; donnant à cet effet tout acquiescement [11 nécessaire.

₅ A ces présentes est intervenu M. Paul [3] Car (*id.*), rentier (*id.*), demeurant (*id.*) à....

₆ Lequel a, par ces présentes, déclaré accepter [52] le présent désistement et se le tenir pour bien dûment signifié [20].

₇ Dont acte, fait et passé à X [12], en l'étude (*id.*), l'an mil huit cent quarante-quatre [15] le premi juin (*id.*), en présence de M^rs (*Noms, prénoms, professions et demeures*), témoins instrumentaires [14], les comparants ont signé [15] avec les témoins et le notaire, après lecture [16].

₈ V. *Répertoire*, note 17. — *Forme des actes*, note 38. — *Enregistrement*, notes 56, 18 et 19.

3° Désistement
d'héritage.

3° DÉSISTEMENT [175] OU DÉLAISSEMENT D'UN HÉRITAGE REVENDIQUÉ [216].

₂ Par-devant Me Jules [1] Fer (*id.*), Notaire [2] à Gy [1], soussigné [15].

₃ Est comparu Me Pierre [3] Eni (*id.*), propriétaire (*id.*) demeurant à Heu (*id.*).

₄ Lequel a exposé que, par contrat passé devant M^e... Notaire à... le.., dûment enregistré [42], i acquis [109] de M. Marc Holl, une pièce de terre de la contenance [40] de un hectare [91] située [14 sur le finage (*id.*) de.., au climat des alouettes.

₅ Qu'il en jouissait [22] depuis six ans lorsque M. Armand Ingre, après avoir usé du préliminaire conciliation [112], a formé contre l'exposant devant le Tribunal civil de première instance séant à..., p exploit [113] de.., huissier [113] à.., en date du.., une demande [28] tendante à ce qu'il se désiste à s profit de la pièce de terre dont il s'agit, comme en étant (ledit s^r Ingre) légitime propriétaire.

₆ Qu'en effet, M. Ingre a justifié au comparant : 1° d'un acte de partage [143] entre lui et ses co-hé tiers dans la succession [88] de son père, ledit partage passé devant M^e... Notaire à.., le.., dûme enregistré : 2° D'un contrat passé par-devant M^e.., Notaire à.., le.., aussi enregistré, contenant ven [109] à son dit père par le s^r Michel Joux, de diverses pièces d'héritages, parmi lesquelles se trou la pièce revendiquée ; 3° Et d'un bail [105] par lui fait de la dite pièce au dit s^r Marc Holl, suivant ac passé devant M^e... Notaire à.., le.. ; de sorte que le s^r Holl n'était que fermier de la pièce par lui vendu au comparant.

₇ En conséquence, le comparant déclare qu'il se désiste [175] purement et simplement au profit M. Ingre de la pièce de terre sus désignée, par lui acquise du s^r Holl, suivant le contrat sus énoncé ; co sentant que le s^r Ingre s'en mette en possession et jouissance, et en dispose comme bon lui semblera compter d'aujourd'hui.

₈ A ces présentes est intervenu M. Armand [3] Ingre (*id.*), susnommé, propriétaire demeurant à...

₉ Lequel a déclaré accepter [52] le présent désistement et renoncer [62] à former aucune réclamatic contre ledit s^r Eni, relativement aux fruits [50] et revenus (*id.*) de la dite pièce de terre, en considératic de ce qu'il a possédé [22] de bonne foi.

(c) La formule, telle qu'elle est, est bonne pour un désistement contenant renonciation au droit de reproduire la mêm action en justice.

Mais quand le désistement n'est donné que pour couvrir un vice de procédure et avec l'intention de former une nouvel demande si on est encore dans le délai utile, on supprime la fin de l'alin. 4, et les alin. 5 et 6, et on met ce qui suit ;

Sans cependant entendre préjudicier ni renoncer aux droits que ledit appel avait pour objet, se soumettant en conséquence, dit s^r Bux, à payer tous les frais faits sur ledit appel, conformément à la taxe qui en sera faite par qui de droit

Pour faire valoir le présent désistement, tout pouvoir est donné à Me Bert, avoué [199] près la Cour royale de...

₁₀ Le présent désistement est néanmoins fait sous la réserve [51], de la part du dit sᵣ Eɴɪ, de tous ses droits [27] et actions [28] en garantie contre le sᵣ Holl pour raison du prix qu'il a payé à ce dernier, et de tous dommages-intérêts (a).

₁₁ Dont acte aux frais [5] du sᵣ Eɴɪ qui en fournira une expédition [64] à M. Iɴɢʀe.

₁₂ Fait et passé à Gy [12] en l'étude (id.), l'an mil huit cent quarante-quatre [13] le premier juin (id.), en présence de Mᵣˢ (noms, prénoms, professions et demeures) témoins instrumentaires [14], et les parties ont signé [15] avec les témoins et le notaire, après lecture [16].

₁₃ V. Répertoire, note 17. — Forme des actes, note 38. — Enregistrement, notes 57, 18 et 19.

₁₄ V. aussi la formule de DÉLAISSEMENT PAR HYPOTHÈQUE.

4° DÉSISTEMENT [149] D'HYPOTHÈQUE.
V. inf. DÉSISTEMENT DE PRIVILÉGE et MAIN LEVÉE D'INSCRIPTION HYPOTHÉCAIRE.

4° Désistement d'hypothèque.

5° DÉSISTEMENT [175] D'INSTANCE [206].

5° Désistement d'instance.

₂ Par-devant Mᵉ (V. la formule qui précède, alin. 2).

₃ Est comparu M. Pierre [3] Eɴʏ (id.), (V. la même formule, alin. 3).

₄ Lequel a, par ces présentes, déclaré se désister [175] purement et simplement de l'instance [206] pendante entre lui et M. Marc Holl, devant le Tribunal civil [75] de première instance de., par suite d'un exploit [113] de demande en garantie [66] du ministère de..., huissier [113] à.., en date du.., enregistré [42], laquelle demande avait pour objet : 1° d'être garanti et indemnisé par ledit sᵣ Holl de toutes les condamnations qui pourraient être prononcées contre lui sur la poursuite du sᵣ Armand Iɴɢʀe, tendante au désistement de la pièce d'héritage vendue par ledit sᵣ Holl au dit sᵣ Eɴɪ; 2° et d'obtenir contre Holl condamnation à la restitution du prix et des frais de son acquisition, et à mille francs de dommages-intérêts [9].

₅ Consentant que ladite instance soit considérée comme non-avenue.

₆ Et pour faire valoir le présent désistement, tout pouvoir [80] est donné par le comparant à Mᵉ..., avoué près le Tribunal civil de....

₇ Dont acte, fait et passé (V. la formule qui précède, alin. 12).

₈ V. Répertoire, note 17. — Forme des actes, note 38. — Enregistrement, notes 56, 18 et 19.

₉ V. aussi la formule de DÉSISTEMENT D'APPEL sup. p. 375; les notes a et b étant au bas de cette formule et la note c au bas de la formule qui précéde p. 376.

6° DÉSISTEMENT [175] DE PLAINTE [223].

6° Désistement de plainte.

₂ Par-devant Mᵉ Félix [1] May (id.), Notaire [2] à Aux [1], soussigné [15].

₃ Est comparu M. Louis [3] Nain (id.), dentiste (id.), demeurant (id.) à...

(a) Pour que l'acquéreur menacé d'éviction ait un droit incontestable à exercer une action en garantie (V. note 9, n. 58) contre son vendeur pour raison du prix et des frais de son acquisition et de tous dommages-intérêts, il est à propos qu'il lui dénonce les poursuites avec sommation de faire cesser le trouble, sinon qu'il se désistera de son acquisition et sous la réserve de tous ses droits de recours; mais alors on comprend qu'il est bien plus rationnel pour l'acquéreur de ne rien précipiter et de joindre son action en indemnité à la demande en revendication pour qu'il soit statué par un seul jugement. Ce n'est donc que quand le vendeur offre un recours presque illusoire qu'on fait usage de la formule.

48

Lequel a, par ces présentes, déclaré se désister [175] purement et simplement de la plainte par l
formée contre M. Jean PEPLIN, médecin accoucheur, demeurant à..., entre les mains de M. le Procure
du roi près le Tribunal civil et de police correctionnelle de..., laquelle a été renvoyée devant M. le ju
d'instruction près ledit Tribunal.

Consentant, ledit s^r NAIN, que sa plainte soit considérée comme nulle et non avenue, et qu'il n'y se
donné aucune suite; déclarant au surplus que M. PEPLIN est un homme d'honneur.

Desquels désistement et consentement ledit s^r NAIN a requis acte, ce que le Notaire soussigné lui a
l'instant octroyé pour servir et valoir ce que de raison.

Dont acte, fait et passé à Aux [12] en l'étude (*id.*), l'an mil huit cent quarante-quatre [13] le prem
juin (*id.*), en présence de M^{rs} (*noms, prénoms, professions et demeures*), témoins instrumentaires [14],
les parties ont signé [15] avec les témoins et le Notaire, après lecture [16].

V. *Répertoire*, note 17. — *Forme des actes*, note 38. — *Enregistrement*, notes 56, 18 et 19.

7° DÉSISTEMENT [175] DE PRIVILÉGE [29] ET D'ACTION RÉSOLUTOIRE [155].

PAR-DEVANT Me Marc QUI (*id.*), Notaire [2] à Reu [1], soussigné [15].

Est comparu M. Léon [3] SUR (*id.*), propriétaire (*id.*), demeurant (*id.*) à...

Lequel a, par ces présentes, déclaré se désister [175] purement et simplement de tous droits d'hyp
thèque [30] et de privilége [29] ainsi que de toute action résolutoire [155] résultant à son profit d'un cont
passé devant M^e.. Notaire à..., le..., dument enregistré [42], sur une maison et diverses pièces d'hérita
par lui vendues à M. César TRIX, cultivateur demeurant à..., moyennant la somme de dix mille fra
de prix principal (*a*).

Consentant que lesdits droits et actions soient éteints, et que l'inscription d'office [85] qui a été faite
privilége au bureau des hypothèques de..., le..., vol..., n°..., soit considérée comme nulle et non-aven
et que le conservateur, en la rayant [49] de tous registres où elle a pu être portée, soit valablem
déchargé.

Dont acte, fait et passé à Reu [12] en l'étude (*id.*), l'an mil huit cent quarante-quatre [13] le prem
juin (*id.*), en présence de M^{rs} (*noms, prénoms professions et demeures*), témoins instrumentaires [14];
le comparant a signé [15] avec les témoins et le Notaire, après lecture [16].

V. *Répertoire*, note 17. — *Forme des actes*, note 38. — *Enregistrement*, notes 56, 18 et 19,

V. aussi la formule de MAIN LEVÉE D'INSCRIPTION HYPOTHÉCAIRE et celle de MAIN LEVÉE DU PRIVILÉ
DE SECOND ORDRE SUR LES FONDS D'UN CAUTIONNEMENT.

8° DÉSISTEMENT [175] DE SIGNIFICATION [96] DE TRANSPORT.

PAR-DEVANT Me André [1] BIN (*id.*), Notaire [2] à Zy [1], soussigné [15].

Est comparu M. Alfred [3] CAUD (*id.*), rentier (*id.*), demeurant (*id.*) à Zy.

(*a*) Ce désistement n'est ordinairement donné que quand un acquéreur se contentant pour lui-même d'une quittance so
seing-privé de son vendeur, a néanmoins besoin vis-à-vis de ceux avec lesquels il contracte ensuite, de les rassurer con
toute crainte d'éviction de la part de celui qui lui a vendu. On y parvient ainsi d'une manière certaine, car la créance
vendeur, en supposant qu'elle subsiste encore pour partie ou qu'on veuille la faire revivre par un moyen frauduleux,
peut plus produire qu'une action personnelle contre l'acquéreur primitif ou ses héritiers. L'action réelle, au moyen du dés
tement, ne peut plus suivre les immeubles dans les mains des tiers, et est éteinte à leur égard.

₄ Lequel a , par ces présentes, déclaré se désister [175] purement et simplement de la signification [96] faite à sa requête au trésor royal, par exploit [113] de ADAM, huissier (id.) à Paris, en date du.... enregistré et visé [20] le même jour sous le n..., d'un acte passé en minute [59] et présence de témoins [14] devant Mᵉ BIN, Notaire soussigné, le.., dûment enregistré, contenant transport [96] par M. Alfred BRAJO, marchand de chevaux, demeurant à.., de la somme de cinq mille francs à prendre et recevoir par préférence et priorité audit sʳ BRAJO, dans celle de quatorze mille francs due à ce dernier par le gouvernement français pour fourniture de chevaux faites l'année dernière au treizième régiment de cavalerie en garnison à...

₅ Consentant, le sʳ CAUD , que cette signification soit considérée comme nulle et non-avenue, et qu'elle soit rayée de tous registres où il en aurait été fait mention.

₆ M. CAUD fait toutefois réserve [51] de tous ses droits [27] et actions [28] résultant du transport susénoncé contre ledit sʳ BRAJO, n'entendant nullement se désister du bénéfice (b) dudit transport dans l'effet duquel il déclare vouloir être conservé sans novation [168] ni dérogation ; comme aussi de notifier [96] de nouveau ledit transport tant que sa créance sera encore existante, et, dans le cas contraire, de se pourvoir contre le cédant afin de paiement de la somme par lui cédée.

₇ Dont acte fait et passé à Zy [12] en l'étude (id.), l'an mil huit cent quarante-quatre, le premier juin [13], en présence de MM... (noms , prénoms, professions et demeures), témoins instrumentaires [14] ; et le comparant a signé [15] avec les témoins et le notaire, après lecture [16].

₈ V. Répertoire , note 17. — Forme des actes, note 38. — Enregistrement , notes 56, 18 et 19.

9° Désistement de surenchère.

9° DÉSISTEMENT [175] DE SURENCHÈRE [147].

₂ PAR-DEVANT Mᵉ Léon [1] Duc (id.), notaire [2] à Ezy [1], soussigné [15].

₃ Est comparu M. Sixte [3] FAUR (id.), rentier (id.). demeurant à Ezy (id.).

₄ Lequel a, par ces présentes, déclaré se désister [175] purement et simplement de la surenchère [147] par lui formée, suivant exploit [113] de HUE, huissier (id.) à..., en date du..., enregistré [42], sur le prix d'une maison vendue [109] par M. Valère ENOT, propriétaire à Ezy, à M. Célestin JAURAT, suivant contrat passé devant Mᵉ Duc, notaire soussigné, en minute [59] et présence de témoins [14], le..., dûment enregistré [42], transcrit [111] au bureau des hypothèques de..., à la charge de plusieurs inscriptions [83], qui ont été notifiées [28 et 147] aux créanciers [25] par exploit [113] de..., huissier (id.) à..., en date du...

₅ Consentant, ledit sʳ FAUR, que cette surenchère soit considérée comme nulle et non avenue (c).

₆ Dont acte, fait et passé à Ezy [12], en l'étude (id.), l'an mil huit cent quarante-quatre [13], le premier juin (id.), en présence de MM... (noms, prénoms, professions et demeures), témoins instrumentaires [14] ; et le comparant a signé [15] avec les témoins et le notaire, après lecture [16].

(b) S'il était dit dans l'acte de désistement que celui qui le donne se désiste aussi du bénéfice du transport, cet acte équivaudrait à une rétrocession et serait passible du droit de 1 p. 0/0 (V. note 88, n. 81).—On doit donc éviter de rien changer à l'alinéa. En tout cas, il y aurait moins d'inconvénient, sous le rapport du droit d'enregistrement, à supprimer tout à fait cet alinéa qu'à se désister du bénéfice du transport.

(c) La formule est suffisante quand le désistement n'est donné que pour couvrir un vice de procédure et qu'on a l'intention de la réitérer (V. sup. la note c au bas de la p. 376).—Mais si le désistement était donné définitivement on pourrait ajouter ici ce qui suit :

Et que ledit sieur JAURAT soit et demeure propriétaire incommutable de la maison par lui acquise, suivant le contrat précité et moyennant le prix y porté; renonçant, en outre, M. FAUR, à former aucune nouvelle surenchère sur ledit prix avant l'expiration du délai de surenchère.

⁷ V. *Répertoire*, note 17. — *Forme des actes*, note 38. — *Enregistrement*, notes 86, 18 et 19.

⁸ V. aussi pour le DÉSISTEMENT PAR ACTE D'AVOUÉ A AVOUÉ, *sup. p.* 375, note *b*.

<hr>

DEVIS ET MARCHÉ.

Devis et marché.

V. *inf.* les formules de MARCHÉ.

<hr>

Distribution de deniers par contribution.

DISTRIBUTION DE DENIERS PAR CONTRIBUTION [202].

² (a) PAR-DEVANT Mᵉ Ariste [1] GABRY (*id.*), notaire [2] à Beauvoir [1], soussigné [13].

³ Est comparu M. André [5] PICHARD (*id.*), quincaillier (*id.*), demeurant à Beauvoir (*id.*).

⁴ Au nom et comme seul et unique héritier [78] de M. Jacques DUBIN, son oncle, en son vivant nég ciant à Beauvoir où il est décédé [65] le..., sans laisser ni ascendant [72], ni descendant [144], ni frè ni sœur (*id.*), ainsi que le constate l'intitulé de l'inventaire [145] fait après son décès par Mᵉ. ROGER, pr décesseur du notaire soussigné, le..., dûment enregistré [42] ; laquelle qualité d'héritier le comparant n acceptée que sous bénéfice d'inventaire [83], suivant déclaration faite au greffe du tribunal civil de.. le

⁵ Lequel, voulant distribuer par contribution entre les créanciers [25] de la succession [88] de son onc les sommes qu'il a entre mains comme provenant de la vente du mobilier [109], de celle des immeubl et du recouvrement [84] de diverses créances, a requis le notaire soussigné d'établir cette contributio mais avant il a fait les observations suivantes :

⁶ PREMIÈRE OBSERVATION. — RENONCIATION DE LA VEUVE A LA COMMUNAUTÉ. Suivant un acte fait greffe du tribunal civil de première instance de..., le..., dûment enregistré [42], mad. Marie OUR veuve de M. DUBIN, sus-nommé, a déclaré renoncer [61] à la communauté qui avait subsisté entre elle son défunt mari, aux termes de leur contrat de mariage passé devant Mᵉ ROGER, prédécesseur du notai soussigné, le..., enregistré, pour s'en tenir à ses reprises [200] et créances matrimoniales.

⁷ Par suite de cette renonciation, il a été procédé entre ladite dame veuve DUBIN et l'héritier sus-nomm de son mari, à la liquidation [143] desdits droits et reprises, suivant un acte passé devant ledit Mᵉ ROGE notaire, le..., dûment enregistré : aux termes de cet acte, ladite dame veuve DUBIN se trouve créancièr de la succession de son mari d'une somme de neuf mille deux cents francs y compris son deuil, pour l quelle somme elle a réservé tous ses droits sur les immeubles et en a affranchi les immeubles.

⁸ DEUXIÈME OBSERVATION. — VENTE DU MOBILIER. La vente par adjudication [109] des meubles et effe mobiliers [86] compris en l'inventaire sus énoncé a été faite à la requête du comparant, sans aucune attr bution de qualité, après les affiches et publications voulues par la loi, par procès-verbal de GUÉRUT, huis sier à Beauvoir, en date du..., enregistré [42].

⁹ Le produit de cette vente s'est élevé à la somme de sept mille cinq cents francs, ci.   7500 fr. »

¹⁰ Mais sur cette somme il a été prélevé :

¹¹ 1° Pour les frais d'apposition et levée de scellés [196] après le décès de M. DUBIN,
cent trente francs, ci.   130 f. »

¹² 2° Pour les frais [8] de l'inventaire [145] sus-énoncé, deux cent
cinquante francs, ci.   250   »   }
} 1150
¹³ 3° Et pour les frais [8] relatifs à la vente du mobilier, sept cent
cinquante francs, ci.   750   »   }

¹⁴ TOTAL, onze cent trente francs, ci. . . . .   1150 f. »)

¹⁵ Ce qui a réduit le produit de ladite vente à six mille trois cent soixante-dix francs, ci.   6370 fr. »

<hr>

(a) Lorsque la distribution se fait par procès-verbal comme il est dit ci-après note *a*, p. 381, on met ici la date en ces ter mes : *L'an mil huit cent..., le..., l'heure de* ..

16 Laquelle somme n'a point été consignée [48] par l'huissier, sur la demande verbale de l'héritier et de divers créanciers pour éviter les frais qu'occasionnerait une distribution judiciaire.

17 TROISIÈME OBSERVATION. — VENTE DES IMMEUBLES ET DÉLÉGATION DU PRIX. Suivant procès-verbal reçu par M° ROGER, notaire sus-nommé, le.., dûment enregistré [42], il a été vendu, après l'accomplissement des formalités voulues par la loi, à M. Jacques DRUZY, propriétaire demeurant à Beauvoir, une maison située à Beauvoir, dépendant de la succession de M. DUBIN, moyennant la somme de onze mille cinq cents francs outre les charges comprenant tous les frais faits pour parvenir à la vente.

18 Par acte passé devant ledit M° ROGER, notaire, le vingt-huit mai dernier, enregistré, le comparant, pour éviter les poursuites [194] de trois créanciers [23] hypothécaires antérieurs en date à l'hypothèque égale [30] de madame veuve DUBIN, leur a délégué [85] le prix de ladite vente jusqu'à concurrence de leurs créances et il est resté libre une somme de six cent cinquante-cinq francs.

19 QUATRIÈME OBSERVATION. — CRÉANCES RECOUVRÉES [84] Le comparant a fait le recouvrement de trois créances dépendant de la succession de son oncle; la première, de la somme de cinq mille francs montant d'un reliquat de compte arrêté entre le défunt et le s' Georges CANU; la seconde, de quatre mille cinq cents francs qui était due par le s' Cyr BILLOT pour solde d'un mémoire de fournitures de bois; et la troisième, de la somme de quatre mille francs qui était due par Elie CHARDON, pour diverses avances constatées par les registres du défunt.

20 Après ces observations (a), il a été procédé, ainsi qu'il suit, à l'opération dont il s'agit, de concert avec les créanciers de la succession.

(a) Lorsqu'il y a beaucoup de créanciers dont l'héritier ne connaît pas les réclamations, et que l'établissement des comptes est une opération qui peut être longue, on divise ainsi son travail : 1° on fait un procès-verbal d'ouverture de distribution à requête de l'héritier dans la forme ci-dessus ; 2° on convoque les créanciers pour qu'ils déposent leurs titres ; 3° l'héritier procède ensuite à la collocation et distribution en l'absence des créanciers ; 4° cette opération terminée, les créanciers sont appelés pour approuver et recevoir leurs parts contributoires. — On substitue alors ce qui suit à la formule : M. PICHARD, pour parvenir à la distribution des sommes mentionnées aux observations qui précèdent par une contribution amiable, a requis le notaire soussigné d'ouvrir les opérations de cette distribution par le présent procès-verbal, et d'inviter tous les créanciers à produire entre ses mains les titres de leurs créances, pour ensuite les colloquer à raison des sommes qui leur seront dues.

21 Obtempérant à ce réquisitoire, le notaire soussigné a donné acte au comparant de sa comparution et réquisition, et déclaré ouvertes les opérations de distribution par contribution dont il s'agit.

22 Il a été vaqué à ce qui précède depuis ladite heure de... jusqu'à celle de... par... vacation (5).

23 De tout ce que dessus il a été dressé le présent procès-verbal à Beauvoir [12], en l'étude (id.), l'an mil huit cent quarante-quatre [13], le deux juin (id.), en présence de MM. (noms, prénoms, professions et demeures), témoins instrumentaires [14], et le comparant a signé [15] avec les témoins et le notaire, après lecture (16) — V. Enregistrement, note 99.

24   PROCÈS-VERBAL DE COMPARUTION DES CRÉANCIERS,
                par acte à la suite [15] du procès-verbal d'ouverture.

25 Et le..., heure de..., par-devant M°..., sont comparus, 1° M..., 2° M..., etc., tous créanciers [23] de M. Jacques DUBIN et de sa succession.

26 Lesquels ont dit qu'ils comparaissent sur l'invitation verbale qui leur a été faite par M° GABRY, notaire soussigné, pour produire leurs titres de créances sur M. DUBIN, et consentir à la distribution amiable que son héritier bénéficiaire leur a proposée suivant le procès-verbal qui précède.

27 Ils ont remis, en conséquence, audit M° GABRY, les titres de leurs créances avec un détail des sommes qu'ils réclament, pour qu'il fût procédé à l'état de collocation.

28 Il a été vaqué à ce qui précède depuis ladite heure de... jusqu'à celle de... par... vacation [5].

29 De ce que dessus il a été dressé le présent procès-verbal à Beauvoir [12] en l'étude (id), les jour, mois et an susdits, en présence de MM. (noms, prénoms, professions et demeures), témoins instrumentaires [14], et les comparants ont signé [15] avec les témoins et le notaire, après lecture [16]. — V. Enregistrement, note 99.

30   PROCÈS-VERBAL DE COLLOCATION ET DE DISTRIBUTION
                par acte à la suite [15] du procès-verbal qui précède.

31 Et le..., par-devant M° GABRY, notaire à Beauvoir, susdit et soussigné.

32 Est comparu M. André [3] PICHARD (id.), quincaillier (id.), demeurant à Beauvoir (id.).

33 Lequel, au moyen de la remise [34] faite par les créanciers [23] de leurs titres de créances qu'ils ont contre la succes-

21 A cet effet sont intervenus :

22 1° Mad. veuve Dubin , ci-devant nommée, demeurant à Beauvoir. — 2°... (*dénommer ici successivement les créanciers en indiquant leurs noms, prénoms, professions et demeures*).

23 Agissant en leurs noms personnels comme créanciers [25] de la succession de M. Dubin.

24 Lesquels ont à l'instant remis au notaire soussigné les titres et pièces établissant leurs créances cont ladite succession et l'ont requis de passer à l'état de distribution dont il s'agit ; lequel a été dressé de manière suivante :

25 <center>MASSE DES SOMMES A DISTRIBUER.</center>

26 Art. 1. On porte au présent article la somme [55] de six mille trois cent soixante-dix francs [91] éta entre les mains de M° Guénut, huissier, et formant le produit net de la vente mobilière [209] dont parlé en la seconde observation des présentes, ci. . . . . 6370 fr. »

27 Art. 2. On fait figurer sous le présent article la somme de six cent cinquante-cinq francs restant libre sur le prix de la vente d'immeubles dont est parlé en la troisième observation des présentes, ci. . . . . 655 » ⎫
28 Plus vingt-un francs pour intérêts jusqu'à ce jour de ladite somme, ⎬ 676 »
ci. . . . . 21 » ⎭

29 Art. 3. On comprend sous cet article les sommes reçues des srs Canu, Billot et Chardon, ainsi qu'il est dit en la quatrième observation des présentes, et s'élevant au total à la somme de treize mille cinq cents francs, ci. . . . . 13 500 »

30 TOTAL des sommes à distribuer, vingt mille cinq cent quarante-six francs, ci. 20 546 fr. »

31 <center>SOMMES A COLLOQUER.</center>

32 Les dettes, dont le paiement est réclamé contre la succession de M. Dubin, se composent pour part de créances privilégiées, et pour le surplus de créances ordinaires ou non privilégiées; d'où résulte la néce sité de diviser ces créances en deux paragraphes :

33 <center>§ 1. DETTES PRIVILÉGIÉES [29].</center>

34 Art. 1. FRAIS FUNÉRAIRES [29]. Il y a lieu de comprendre sous le présent article la somme de ce francs qui est due pour les frais funéraires du défunt, ci. . . . . 100 fr. »

35 Plus celle de deux cents francs pour les frais du deuil de sa veuve, laquelle a renoncé à en exiger l'intérêt [49], ci. . . . . 200 »

36 Art. 2. FRAIS DE DERNIÈRE MALADIE [29]. On porte au présent article la somme

500 fr. »

---

sion de M. Dubin, ainsi que le constate le procès-verbal qui précède, a requis le notaire soussigné de dresser l'état de tout les dettes au paiement desquelles les sommes étant en caisse doivent être employées, lequel état a été dressé ainsi qu'il suit :

34 *Après avoir établi ici la masse des sommes à distribuer et suivi la formule depuis l'alinéa 25 jusqu'à l'alinéa 36, on clot le procès-verbal comme ceux qui précèdent, puis on termine l'opération par l'acte qui suit :*

35 <center>ACTE D'APPROBATION CONTENANT QUITTANCE
par acte à la suite [48] *de ceux qui précèdent.*</center>

36 Et le.... par-devant M° Gabry, notaire à Beauvoir, susdit et soussigné.

37 Sont comparus, 1° M..., 2° M... (*noms, prénoms, qualités et demeures*).

38 Tous créanciers [25] de M. Dubin et de sa succession, déjà dénommés au procès-verbal du... dont la minute [20] précède.

39 Lesquels, après que M° Gabry leur a eu donné lecture du procès-verbal de collocation qui précède, et encore aprè qu'ils en ont eu communication [21] par eux-mêmes, ont déclaré approuver en tout leur contenu les opération comprises audit procès-verbal, et les trouver justes et exactes en toutes leurs parties. En conséquence, ils reconnaissen que.. (*la suite comme à la formule, alin 56, 2° ligne, et alin. suiv.*).

Report.   300 fr. ‹

de cent quarante-six francs qui est due pour les frais de la dernière maladie dudit défunt, ci.   146   ›

³⁷ Art. 3. GAGES [29] DE LA DOMESTIQUE. On comprend sous cet article la somme de cent cinquante francs pour l'année de gages de Madeleine FRICARD, domestique dudit défunt, échue le..., ci.   150   ›

³⁸ Art. 4. FOURNITURES DE SUBSISTANCES [29]. On fait figurer au présent article la somme de soixante-quinze francs qui est due par la succession au sr Louis DUCROS, boulanger, pour pain fourni au défunt pendant les six mois qui ont précédé le décès, ci.   75   ›

³⁹ Art. 5. FRAIS [25] DU NOTAIRE. Il y a lieu de comprendre au présent article la somme de quatre cents francs, tant pour les déboursés [8] de timbre [61] et d'enregistrement [18] auxquels ces présentes donneront lieu, y compris les droits d'expédition [64], que pour honoraires [5] à la présente opération, ci. . . . ‹   400   ›

⁴⁰ TOTAL des dettes privilégiées.   1,071 fr. ›

⁴¹ § 2. DETTES NON PRIVILÉGIÉES.

⁴² Art. 1. REPRISES [200] DE MAD. VEUVE DUBIN. On porte au présent article la somme de neuf mille francs qui est due à ladite dame pour ses reprises liquidées par l'acte mentionné en la première observation des présentes, en ce non compris les deux cents francs pour lesquels elle figure sous l'art. 1 des dettes privilégiées, ci. . . . .   9000 fr. ›

⁴³ Plus trois cents francs pour les intérêts [49] de cette somme calculés depuis le décès, ci. . . . . ‹ . . . . ●   300   ›

Ensemble.   9,300 fr. ›

⁴⁴ Art. 2. CRÉANCE DE M. EURLÉ. Cette créance se compose : 1° d'une somme de huit mille francs qui est due aux termes d'un compte établi entre le défunt et le sr EURLÉ sur les registres de ce dernier, ci. . . . . 8000 ›

⁴⁵ 2° Et de quatre cents francs pour intérêts [49] de cette somme, ci. . . . . 400 ›   }   8,400   ›

⁴⁶ Art. 3. CRÉANCE DE M. FAVRE. Cette créance s'élève en principal à la somme de sept mille francs que ledit sr FAVRE a avancée pour le défunt ainsi qu'il résulte de divers effets de commerce étant entre ses mains, ci   7,000   ›

⁴⁷ TOTAL des dettes non privilégiées.   24,700   ›

⁴⁸ L'état des sommes à distribuer et des sommes à payer étant ainsi établi, il a été ensuite procédé aux distributions et paiements qui font l'objet des présentes :

⁴⁹ DISTRIBUTION.

⁵⁰ La somme [35] totale à distribuer s'élève à. . . . .   20,546 fr. ›

⁵¹ Sur cette somme, prélevant les mille soixante-onze francs de dettes privilégiées comprises au § 1, ci   1,071   ›

⁵² Il reste net pour les dettes non-privilégiées comprises au § 2.   19,475   ›

⁵³ Et comme les dettes non-privilégiées s'élèvent à la somme de.   24,700   ›

⁵⁴ Il en résulte un déficit de.   5,225   ›

⁵⁵ Et comme tous les créanciers [25] sus-nommés sont au même rang, sans cause de préférence, il y a lieu de faire la distribution de cette somme de dix-neuf mille quatre cent soixante-quinze francs par contribution au marc le franc. Tous calculs faits, il résulte qu'il revient à chaque créancier soixante-dix-huit francs quatre vingt-quatre centimes et soixante-cinq dix-millièmes pour cent de sa créance ci-dessus fixée, suivant le tableau de répartition ci après :

NOMS DES CRÉANCIERS.	SOMMES dues.	SOMMES colloquées ou à payer.	SOMMES non colloquées ou restant dues.
Art. 1. Mme veuve DUBIN.			
Il lui est dû pour sa créance non-privilégiée. .	9,300 f. »	9,300 »	
Son dividende est de.	7,552 69	. . .	7,552 69
Elle restera créancière en principal de . . .	1,967 31	. . .	
Art. 2. M. EURLÉ.			1,967 31
Il lui est dû pour sa créance en principal et intérêt.	8,400 »	8,400 »	
Son dividende est de.	6,623 08	. . .	6,623 08
Il restera créancier en principal de.	1,776 92	. . .	1,776 92
Art. 3. M. FAVRE.			
Il lui est dû	7,000 »	7,000 »	
Son dividende est de.	5,519 23	. . .	5,519 23
Il restera créancier en principal de	1,480 77	. . .	1,480 77
Totaux. .	24,700 »	19,475 »	5,225 »

⁵⁶ Cette opération ainsi établie, les créanciers [23] de la succession de M. DUBIN en ont approuvé l[es] résultats comme justes et exacts : ils reconnaissent, en conséquence, que les sommes à distribuer s'élève[nt] à vingt mille cinq cent quarante-six francs ; que les créances privilégiées se montent à mille soixante-on[ze] francs, de sorte que ce qui reste à distribuer aux créanciers privilégiés s'élève à la somme de dix-ne[uf] mille quatre cent soixante-quinze francs. Ils fixent aussi leurs créances, leur dividende et ce qui leur res[te] dû aux sommes portées dans les trois colonnes du tableau qui précède.

⁵⁷   PAIEMENT [84]. — QUITTANCE. — MAIN LEVÉE [149]

⁵⁸ En conséquence de cette approbation, les créanciers sus-nommés ont reconnu avoir reçu de M. Cha[r-]les Guérut, huissier à Beauvoir, de M. Jacques Druzy, propriétaire à Beauvoir, et de M. PICHARD, com[-]parant, la somme de vingt mille cinq cent quarante-six francs formant le montant de la masse des som[-]mes à distribue[r]

⁵⁹ Cette somme a été touchée, savoir :

⁶⁰ 1° Par M. SERGENT, trésorier de la fabrique de Beauvoir, jusqu'à concurrence de cent francs pou[r] les frais funéraires du défunt, ci. . . . . 100 fr. »

⁶¹ 2° Par mad. veuve DUBIN, jusqu'à concurrence de sept mille cinq cent trente-deux francs, soixante-neuf centimes pour son deuil et ses reprises, ci. 7,552 69

⁶² 3° Par M. Charles ELIE, médecin, jusqu'à concurrence de cent quarante-six francs pour les frais de dernière maladie, ci. . . . . 146 »

⁶³ 4° Par Madeleine FRICARD, jusqu'à concurrence des cent cinquante francs à elle dûs pour gages, ci. . . . . 150 »

⁶⁴ 5° Par Louis DUCROS, boulanger, jusqu'à concurrence de soixante quinze francs, ci. . . . . 75 »

⁶⁵ 6° Par M. EURLÉ, jusqu'à concurrence de six mille six cent vingt-trois francs, huit centimes, ci. 6,623 08

⁶⁶ 7° Par M. FAVRE, jusqu'à concurrence de cinq mille cinq cent dix-neuf francs, vingt-trois centimes, ci 5,519 23

Report . . 20,146 »

₆₇ 8° Et par le Notaire soussigné, jusqu'à concurrence de quatre cents francs, ci. . 400 »

₆₈ Somme égale au total mis en distribution. . . . . 20,546 »

₆₉ Desquelles sommes ainsi payées les sus-nommés tiennent quittes et déchargent la succession de M. DUBIN, ainsi que M. PICHARD, son héritier [78], savoir : les créanciers privilégiés définitivement, et les autres parties prenantes jusqu'à due concurrence, mais sous la réserve de leurs droits [27] et actions [28] contre la même succession pour tout ce qui leur reste dû sur leurs créances d'après le tableau qui précède, à l'effet de quoi elles conservent leurs titres pour les faire valoir quand et comme bon leur semblera pour raison de ce restant.

₇₀ Au moyen de ce paiement, mad. veuve DUBIN fait main-levée [149] et se désiste de son droit d'hypothèque légale [30] sur la maison vendue à M. DRUZY suivant le procès-verbal d'adjudication mentionné en la troisième observation des présentes.

₇₁ Mention [84] des présentes a été faite par le notaire soussigné en présence des parties sur les titres des créances non soldées entièrement.

₇₂ Dont acte, fait et passé à Beauvoir [12] en l'étude (id.), l'an mil huit cent quarante-quatre [13] le deux juin (id.), en présence de MM. (noms, prénoms, professions et demeures), témoins instrumentaires [14] ; et toutes les parties ont signé [15] avec les témoins et le notaire, excepté Madeleine FRICARD qui a déclaré ne le savoir de ce interpellée, après lecture [16].

₇₃ V. Répertoire, note 17. — Forme des actes, note 38. — Enregistrement, notes 99, 117, 174, 18 et 19.

₇₄ Et sup. la formule de DÉLÉGATION PAR UN HÉRITIER BÉNÉFICIAIRE, p. 362.

NOTA. On peut suivre la formule qui précède ou celle qui est en note au bas de la p. 381 quand il s'agit d'une distribution de deniers de faillite, ou de succession vacante, etc., au moyen de certains changements qui sont inévitables.

DON [214] MUTUEL (id.) ENTRE FUTURS ÉPOUX AVANT (a) LE MARIAGE.

Don mutuel entre futurs époux avant le mariage.

₂ PAR-DEVANT Me Paul [1] APP (id.), notaire [2] à Bar [1], département de..., soussigné [15].

₃ Sont comparus ;

₄ M. Franc [3] ROY (id.), marchand épicier (id.), demeurant (id.) à Bar.

₅ Et Mlle Adèle CARTIÉ, fille majeure, sans profession, demeurant au même lieu.

₆ Lesquels, en considération du mariage qu'ils se proposent de contracter incessamment et comme condition de ce mariage, se sont, par ces présentes, fait donation [214] entre-vifs et irrévocable, l'un à l'autre et au survivant d'eux, ce qui est respectivement accepté [10] pour ledit survivant, de tous les biens meubles [86] et immeubles [87], sans aucune exception ni réserve, qui se trouveront appartenir au premier mourant au jour de son décès [63].

₇ Pour en faire et disposer [22] par le survivant en usufruit [69] seulement pendant sa vie, à compter du jour du décès dudit prémourant, sans être tenu de fournir caution [52 et 69], ni de faire emploi des valeurs mobilières, mais à la charge de faire faire un bon et fidèle inventaire [69 et 145], dans les six mois dudit décès.

_____

(a) Le plus ordinairement, les dons mutuels entre époux trouvent leur place dans les contrats de mariage (V. sup. les formules de CONTRATS DE MARIAGE): mais lorsque des époux se soumettent, sans contrat, au régime que la loi a établi, lequel consiste à faire tomber dans la communauté tout leur mobilier présent et futur, et qu'ils ont seulement un don à se faire pour le survivant, il n'y a point alors une nécessité indispensable de faire ce qu'on appelle un contrat de mariage. Pour s'épargner une dépense, les parties peuvent se contenter d'un simple don mutuel suivant les formules que nous donnons ou celles des contrats de mariage, en ayant soin d'exprimer qu'il est fait en considération du mariage projeté, car alors nul doute qu'on ne doive le considérer comme une convention matrimoniale assujétie aux règles fixées par les art. 1394 et suiv. C. civ. (Toullier, t. 12, n. 61 ; Roll. de V. v° contrat de mariage, n. 43 et suiv.).

49

8   *Quand on veut que le survivant soit libre de disposer et que néanmoins ce qui restera à son décès revienne aux héritiers du disposant, on peut remplacer l'alinéa qui précède par celui-ci :*).

9   Pour en faire et disposer par le survivant en toute propriété [22] et jouissance à compter du jour du décès du premier mourant, à la condition [73 n. 143] toutefois, que lesdits biens, à la mort dudit survivant, retourneront aux héritiers du donateur, ou à leurs représentants existants au décès du donataire, mais seulement pour ce qui en restera, et sans que cette condition puisse être considérée comme restrictive du droit accordé au donataire de disposer des biens donnés de la manière la plus absolue, pourvu que ce ne soit point par testament.

10   (*Ou bien encore*) : — Pour en faire et disposer par le survivant en toute propriété et jouissance à compter du jour du décès du prémourant.

11   Dont acte, fait et passé à Bar [12], en l'étude (*id.*), l'an mil huit cent quarante-quatre [15], le trois juin (*id.*), en présence des parents et amis ci-après nommés des futurs époux, savoir : du côté du futur, de..., et du côté de la future, de..., et encore en présence de MM. (*noms, prénoms, professions et demeures*), témoins instrumentaires [14], et les parties ont signé [15] avec les assistants, les témoins et le notaire, après lecture [16] (*a*).

12   V. RÉPERTOIRE, note 17. — forme des actes, note 38. — ENREGISTREMENT, notes 18 et 19.

13   V. aussi les formules de *contrat de mariage*, sup. p. 319 alin. 50, p. 327 alin. 28, p. 331 alin. 50 et p. 333 alin. 44.

DON [224] MUTUEL (*b*) ENTRE ÉPOUX MAJEURS (*c*) PENDANT LE MARIAGE.
1° DONATION PAR LE MARI A LA FEMME.

2   PAR-DEVANT M° Jules [1] DURET (*id.*), notaire [2] à Gy [1], département de..., soussigné [15].

3   Est comparu M. Adrien [3] VÉRIN (*id.*), employé (*id.*), demeurant à Jut (*id.*).

4   Lequel a, par ces présentes, fait donation mutuelle (*d*) entre-vifs et à cause de mort.

5   A Mme Emélie [5] UROT (*id.*), son épouse [144], demeurant avec lui, à ce présente et acceptant [10] sous l'autorisation [68] de son dit mari.

6   De tous les biens meubles [86] et immeubles [87], sans aucune exception ni réserve, qui se trouveront appartenir au donateur, en quelques lieux qu'ils soient dus et situés, et en quoi qu'ils puissent consister.

7   *Ou bien, quand le donateur a des enfants d'un premier lit* : d'une part et portion d'enfant légitime, le moins prenant, dans tous les biens qui composeront la succession du donateur.

8   Pour en faire et disposer par la donataire, si elle survit au donateur, comme de chose à elle appartenant en toute propriété [22] et jouissance, à compter du jour du décès de ce dernier.

9   *Ou bien* : Pour en faire et disposer par la donataire, si elle survit au donateur, en usufruit [69] seulement pendant sa vie, sans être tenue de donner caution, ni de faire emploi des valeurs mobilières, mais à la charge de faire faire bon et fidèle inventaire (V. sup p. 319, note l). — En cas d'existence d'enfants du mariage, lors du décès du donateur, la présente donation sera réduite ou à la moitié en usufruit desdits biens, ou à un quart en toute propriété et à un quart en usufruit, au choix de la donataire, à moins, en cas d'option pour le quart en toute propriété et le quart en usufruit, que les enfants du donateur ne consentent à l'exécution de la donation pour l'usufruit de la totalité des biens.

10   *Ou bien encore*: Pour en faire et disposer par la donataire si elle survit au donateur, en toute propriété [22] et jouissance à compter du jour du décès du donateur, à la condition [73 n. 143] toutefois, que lesdits biens, à la mort de la donataire, retourneront aux héritiers [78] du donateur, ou à leurs représentants existants au décès de la donataire,

---

(*a*) On ne fait point ici la mention que nous avons insérée *sup.* p. 310, alin. 11, parce que, lors de la discussion de la loi du 21 juin 1843 (V. J^{al}. Man. art. 76), les contrats de mariage ont été exceptés de la nomenclature des actes pour lesquels cette loi exige la présence réelle du notaire en second ou des témoins instrumentaires lors de la lecture, et que la donation dont il s'agit est une convention matrimoniale tenant lieu de contrat.

En tout cas, pour ôter tout sujet de critiquer l'acte sur sa forme, on peut ajouter ici la mention relative à la présence réelle des témoins instrumentaires.

(*b*) Les époux, en se faisant des dons mutuels pendant le mariage, ne peuvent point par le même acte. Le don qui n'exprime point la mutualité a bien les mêmes effets que le don dit mutuel, mais il en diffère sur un point qui doit être important pour les parties, c'est la révocabilité. Autrefois, quand le don était mutuel, il devenait en quelque sorte irrévocable en ce sens que l'une des parties ne pouvait le révoquer sans le consentement de l'autre (Cass. 22 mars 1841). Mais maintenant, il en est autrement, l'art. 1097 du C. civ. ayant changé cet état de choses en donnant à chacune des parties pleine liberté au sujet de la révocation. Seulement, quand le don exprime qu'il est mutuel, il y a là une condition de réciprocité qui, à la vérité, n'empêche plus la révocation comme autrefois, mais du moins, quand cette révocation a lieu de la part d'un époux, elle délie l'autre époux de la donation qu'il a lui-même faite au révoquant, puisque la cause c.-à-d. la réciprocité n'existe plus. C'est là une règle de droit commun reconnue en principe par l'art. 900 du C. civ. quand il ordonne que le conjoint qui a obtenu le divorce conservera les avantages à lui faits par l'autre époux, encore qu'ils aient été stipulés réciproques et que la réciprocité n'ait plus lieu, car cette disposition conçue en forme d'exception annonce que dans les autres cas la révocation de l'une des donations réciproques doit annuler l'autre sans laquelle elle n'eût pas été faite (Toullier, 5, 308 ; Pothier, v° *testament*, n. 27. — V. note 24 n. 201).

(*c*) L'époux qui n'est point majeur ne peut faire une donation même à son conjoint ; il ne peut disposer que par testament pour une certaine portion lorsqu'il est parvenu à l'âge de 16 ans conformément à l'art. 904 du C. civ. et le notaire peut être responsable de la nullité d'une donation faite par un mineur (V. note 30, n. 51).

(*d*) Quand la donation n'est point réciproque on supprime le mot *mutuelle*.

mais seulement pour ce qui en restera, et sans que cette condition puisse être considérée comme restrictive du droit accordé à la donataire de disposer des biens donnés de la manière la plus absolue pourvu que ce ne soit point par testament [152].

11 *Ou bien aussi* : Pour en faire et disposer par la donataire, si elle survit au donateur, en toute propriété [22] et jouissance à compter du jour du décès du donateur pour les biens qui proviendront de la communauté existante entre les parties, et en usufruit [69] pendant sa vie, à compter du jour dudit décès pour les biens propres au donateur, sans être tenue de donner caution, ni de faire emploi des valeurs mobilières, mais à la charge de faire faire inventaire.

12 Dont acte, fait et passé à Gy [12], en l'étude, l'an mil huit cent quarante-quatre, le trois juin [13], en présence de MM. (*noms, prénoms, professions et demeures*), témoins instrumentaires [14], et les parties ont signé [15] avec les témoins et le notaire, après lecture [16].

13 Lesdits témoins étaient réellement présents au moment de la lecture par le notaire soussigné et de la signature par les parties. — V. J⁰¹ Man. art. 76.

14 V. *Répertoire*, note 17. — *Forme des actes*, note 38. — *Enregistrement*, notes 18 et 19.

2° DONATION PAR LA FEMME AU MARI, PAR ACTE SÉPARÉ DE LA PREMIÈRE DONATION.

15 PAR-DEVANT Mᵉ... (*comme à l'alin.* 2 *de la formule qui précède*).

16 Est comparue Mme Émélie [3] UROT (*id.*), épouse assistée et autorisée [68] à l'effet des présentes de M. Adrien VÉRIN, employé [3], avec lequel elle demeure à Jut.

17 Laquelle a, par ces présentes, fait donation [214] mutuelle (*a*) entre-vifs et à cause de mort.

18 Audit sᵗ Adrien [3] VÉRIN (*id.*), son mari, à ce présent et acceptant [10].

19 De tous les biens, etc. (*se référer aux alin.* 6 *et suiv. de la formule qui précède*, en mettant LA DONATRICE *au lieu* DU DONATEUR, *et* LE DONATAIRE *au lieu* DE LA DONATAIRE).

20 Dont acte, fait et passé, etc. (*comme aux alinéa* 12, 13 *et* 14 *de la formule qui précède*).

---

1 DON MUTUEL [81] ET CONDITIONNEL (*b*) ENTRE PERSONNES AUTRES QUE DES ÉPOUX.

2 PAR-DEVANT Mᵉ Alix [1] BER (*id.*), notaire [2] à Gaz [1], département de..., soussigné [15].

3 Sont comparus : M. Jean [3] LOEZ (*id.*), rentier (*id.*), demeurant à Gaz (*id.*) D'UNE PART.

4 Et Mlle Anaïs LOEZ, célibataire majeure, demeurant au même lieu, D'AUTRE PART.

5 Lesquels se sont, par ces présentes, fait donation [81] mutuelle, entre-vifs et irrévocable, au survivant (*b*) d'eux, par préciput [146] et hors part, ce qui est respectivement accepté [10] pour ledit survivant, savoir ;

6 1° M. LOEZ à Mlle LOEZ, sa sœur.

7 De la nue-propriété [22] de tous ses biens meubles [86 et 87] et immeubles (*id.*) présents, et dont la désignation [141] suit :

8 1° La moitié indivise [207] avec la donataire, d'une maison [7] située [141] à..., rue..., consistant en..., et tenant (*id.*)...

9 2° Une inscription de rente [197] sur l'État, cinq pour cent consolidés, de la somme [55] de mille francs [91], inscrite au grand-livre de la dette publique sous le n°... de la seconde série.

10 3° Et les meubles [86 et 87] et effets mobiliers (*id.*), dont le détail suit, (*ou bien* : qui sont décrits en un état [81] estimatif montant à..., dressé par les parties sur une feuille de papier marqué du timbre [61] de... centimes, lequel état destiné à être soumis à la formalité de l'enregistrement [42] avant ou en même temps que ces présentes, est demeuré ci-annexé [55] après avoir été signé par elles en présence du notaire et des témoins soussignés).

11 2° Et Mlle LOEZ, à M. LOEZ, son frère.

12 De la nue-propriété [22] des biens meubles [86 et 87] et immeubles présents, et dont la désignation [141] suit;

13 1° La moitié indivise [207] avec le donataire, de la maison sise à..., rue..., dont est ci-dessus parlé.

14 2° La ferme [7] de la Sablounière, située [141] sur la commune de..., consistant en bâtiments d'habitation et d'exploitation, cent hectares [91] de terre labourable, et une pièce de pré de la contenance [40] de .....

15 3° Et les meubles [86 et 87] et effets mobiliers (*id.*), dont le détail suit : (*ou bien* : qui sont décrits en un état estimatif etc.) - V. *sup.* alin. 10.

16 ÉTABLISSEMENT DE LA PROPRIÉTÉ DES IMMEUBLES. La maison ci-devant désignée appartient [22] à M. et Mlle LOEZ, indivisément, et chacun pour moitié, comme étant seuls héritiers [78] de M. Félix LOEZ, leur frère germain, décédé [62] sans laisser ni ascendants, ni descendants, ainsi qu'il est constaté par un acte de notoriété [127] à défaut d'inventaire [145] reçu par Mᵉ BER, notaire soussigné, en minute [59] et présence de témoins [14] le..., dûment

---

(*a*) V. la note *d* de la page qui précède.

(*b*) On ne conçoit un don mutuel entre non-conjoints par le mariage que sous la condition de survie afin d'en assurer l'irrévocabilité; sans cette condition ce serait un échange plutôt qu'une donation, et il y aurait alors plus de sécurité et d'économie àemployer la voie del'échange. Nous ne voyons point, au surplus, de différence entre la donation sous condition de survie du donataire et la donation sous réserve du droit de retour pour le cas de prédécès du donataire, si ce n'est que la validité de celle-ci est certaine et la validité de l'autre ne l'est pas autant. — V. note 81, n° 10.

nregistré [42]. — Ledit sieur Félix LOEZ en était propriétaire [22] pour l'avoir recueillie dans les successions [88] de Paul LOEZ et Julie MAZ, ses père et mère, dont il était héritier [78] pour un tiers, conjointement avec les comparants, ses frère et sœur, héritiers (id.) pour les deux autres tiers, ainsi qu'il résulte du partage [145] de leurs successions [88] passé devant Mᵉ LORE, prédécesseur du notaire soussigné, le..., dûment enregistré [42].

¹⁷ Quant à la ferme de la Sablonnière, elle appartient [22] à la Dⁱˡᵉ LOEZ, pour en avoir fait l'acquisition [109] de.. (V. au mot ÉTABLISSEMENT DE PROPRIÉTÉ du dictionnaire, ce qu'il faut observer dans l'occasion).

¹⁸ CHARGES [58] ET CONDITIONS [155]. Les donations ci-dessus sont faites sous les charges et conditions suivantes :

¹⁹ 1° Les donataires pourront faire et disposer de la nue-propriété [22] des biens meubles [86 et 87] et immeubles (id.) ci-dessus désignés comme de chose leur appartenant actuellement et irrévocablement, à compter de ce jour, sous la condition de survie ci-devant exprimée ; de sorte que chacun des donataires pourra dès aujourd'hui faire tous les actes conservatoires [54] de son droit et que le survivant ne réunira l'usufruit [69] à la nue-propriété, que lors du décès [62] du premier mourant des donateurs qui fait réserve expresse du dit usufruit à son profit pendant sa vie sans être tenu de fournir caution [69], ni de faire état (id.) des immeubles.

²⁰ 2° Le survivant des donataires paiera [84] dans les six mois [77] du décès du donateur et en l'acquit de la succession de ce dernier, avec les intérêts [49] à cinq pour cent par an qui courront à compter dudit décès, toutes les dettes [26] du donateur, actuellement existantes (ou : ci-après énoncées, — ou bien : qui sont énoncées en un état [81] comprenant les dettes de chacun des donateurs, dressé par les parties sur une feuille de papier marqué du timbre [61] de... centimes, lequel état sera soumis à l'enregistrement [42] avant ou en même temps que ces présentes et est demeuré ci-annexé [55] après avoir été signé [15] desdites parties en présence du notaire et des témoins [14] soussignés.

²¹ 3° Les contributions [58] foncières et autres de toute nature à imposer sur les immeubles donnés seront à la charge du donataire survivant à compter du jour du décès du donateur.

²² 4° Les déboursés [5] et honoraires (id.) des présentes seront à la charge des donataires, chacun pour ce qui le regarde, sans aucune répétition [84] de la part des héritiers du prémourant contre le survivant, pour le cas où la condition de survie ne s'accomplirait pas en faveur de leur auteur.

²³ Pour faire immatriculer l'inscription de rente au nom de Mⁱˡˡᵉ LOEZ pour la nue-propriété sous la condition de survie ci-devant exprimée, le notaire soussigné est requis de délivrer tout certificat [225] de propriété nécessaire.

²⁴ La moitié de maison donnée par M. LOEZ est évaluée à deux cent cinquante francs de revenu [18 et 50]. — Et les biens immeubles donnés par Mⁱˡˡᵉ LOEZ sont évalués à sept cent cinquante francs aussi de revenu.

²⁵ Mention [84] des présentes sera faite sur toutes pièces que besoin sera, par le notaire soussigné et tous autres de ce requis.

²⁶ Dont acte, fait et passé à Gaz [12] en l'étude (id.), l'an mil huit cent quarante-quatre [15], le quinze août (id.), en présence de MM. (noms, prénoms, professions et demeures), témoins instrumentaires [14], et les parties ont signé [15] avec les témoins et le notaire, après lecture [16]. Les deux témoins sus-nommés étaient réellement présents au moment de la lecture par le notaire soussigné et de la signature par les parties.

²⁷ V. Répertoire, note 17. — Forme des actes, note 38. — Enregistrement, notes 60, 18 et 19.

DONATION D'ASCENDANT.

V. inf. la formule de PARTAGE ANTICIPÉ.

DONATIONS ENTRE-VIFS

I. A une commune, d'une somme payable à terme avec hypothèque, pour l'établissement d'un hospice.

II. A un département, de terrain pour l'ouverture d'une route.

III. A un enfant conçu, de la nue-propriété d'une créance hypothécaire, sous réserve du droit de retour.

IV. A une fabrique, d'une rente constituée, pour l'établissement d'une fondation.

V. A une femme mariée, par imputation sur une succession échue et en avancement d'hoirie, d'effets mobiliers qui n'entreront point en communauté.

VI. A un fiduciaire, de droits successifs.

VII. A un hospice, d'une rente sur l'État, à diverses conditions.

VIII. A un mineur ou interdit, d'une rente viagère incessible et insaisissable, réductible et réversible sur la tête d'un tiers.

IX. A un majeur représenté par un mandataire, d'un immeuble avec substitution.

X. A un mineur émancipé, d'un fonds de commerce, à titre rémunératoire.

XI. A un prodigue, de l'usufruit d'actions de la Banque de France, avec dispense de caution, et à un sourd-muet, de la nue-propriété.

XII. A un successible, de biens immeubles par préciput et hors part ou avec dispense de rapport, à la charge de payer une somme à un tiers moyennant une rente viagère.

V, les formules D'ACCEPTATION par acte séparé de la donation, *sup.* p. 12 et suiv. — Et la formule de DATION EN PAIEMENT, p. 543.

I. DONATION ENTRE-VIFS [81] A UNE COMMUNE [188], D'UNE SOMME PAYABLE [84] A TERME AVEC HYPOTHÈQUE [30].

2 PAR-DEVANT M⁰ Jacques [1] BAL (*id.*), notaire [2] à Gy [1], département de..., soussigné [15].

3 Est comparu M. Louis [3] NEVEU (*id.*), avocat (*id.*), demeurant à Gy (*id.*). Agissant comme mandataire [80] spécial à l'effet des présentes, de M. François [3] COLLETTE (*id.*), son oncle, ancien procureur (*id.*) demeurant (*id.*) à Paris, aux termes de la procuration [80] qu'il lui a donnée par acte passé devant M⁰ COTTU, qui en a gardé minute [59] et son collègue, notaires [2] à Paris, le..., dûment enregistrée [42], et dont une expédition [64] en forme dûment légalisée [125] est demeurée ci-annexée [55] après avoir été communiquée [80 n. 119] au Maire ci-après nommé de la commune de Gy, et avoir été certifié véritable [55] par le mandataire en présence du notaire et des témoins, soussignés.

4 Lequel, en cette qualité, a, par ces présentes, fait donation [81] entre-vifs et irrévocable.

5 A la commune [188] de Gy, ce qui est accepté [10] pour elle par M. Charles [3] BROU (*id.*), maire [188] de la dite commune, y demeurant [3], rue..., n⁰..., à ce présent, comme ayant été autorisé (V. *sup.* p. 13, note *b.*) à cet effet par une ordonnance [222] du roi, en date du..., et dont une expédition [64] sur papier timbré [61], délivrée par ampliation [64], est demeurée ci-annexée [55], après avoir été fait dessus mention de cette annexe par le notaire soussigné, en présence des témoins ci-après nommés.

6 De la somme [55] de dix mille francs [91] qu'il promet et s'oblige [107] de payer [84] à ladite commune entre les mains de son receveur municipal, porteur [80] de la grosse [64] des présentes, en dix termes [77] et paiements égaux d'année en année, à compter de ce jour, sans intérêts [49].

7 A la garantie de cette somme en principal [136] et accessoires [105], M. NEVEU, en sa dite qualité, affecte et hypothèque [30] spécialement une prairie [7] située [141] à..., lieu dit l'Ilot, de la contenance [40] de dix hectares [91], tenant [141]...

8 Appartenant [22] en propre à M. COLLETTE, comme... (V. *au mot* ÉTABLISSEMENT DE PROPRIÉTÉ *du dictionnaire ce qu'il faut observer dans l'occasion*).

9 Cette donation est faite à la charge [58] par la commune de Gy, que M. BROU, son maire, y oblige [107], d'établir, dans la dite commune, un hospice pour les malades, d'ici à deux ans [77], et de l'entretenir à perpétuité de lits et de tout ce qui est nécessaire pour constituer un hospice bien tenu, sous peine de tous dommages-intérêts [159] et de révocation [81] des présentes, pour cause d'inexécution des conditions.

10 Dont acte, fait et passé à Gy [12] en l'étude (*id.*), l'an mil huit cent quarante-quatre [15] le quinze août (*id.*), en en présence de M⁰ˢ (*noms, prénoms, professions et demeures*), témoins instrumentaires [14], et les comparants ont signé [15] avec les témoins et le notaire, après lecture [16]. Les deux témoins sus-nommés étaient réellement présents au moment de la lecture par le notaire soussigné, et de la signature par les parties.

11 V. *Répertoire* note 17. — *Forme des actes*, note 58. — *Enregistrement*, notes 60, 18 et 19.

II. DONATION ENTRE-VIFS [81] A UN DÉPARTEMENT [188], DE TERRAIN POUR L'OUVERTURE D'UNE ROUTE.

2 PAR-DEVANT M⁰ Cyr [1] CARÉ (*id.*), notaire [2] à Ory [1], département de..., soussigné [15].

3 Est comparu M. Léon [3] DE LAVOISY (*id.*), lieutenant général (*id.*), demeurant (*id.*) à Ory.

4 Lequel a, par ces présentes, fait donation [81] entre-vifs et irrévocable, avec garantie (*id.*) de tous priviléges [29], hypothèques [30], évictions [9], servitudes [55] et autres empêchements quelconques.

5 Au département [188] de l'Yonne, ce qui est accepté [10] pour lui par M. le vicomte Alfred [3] de CONDY (*id.*), son préfet, demeurant (*id.*) à Auxerre, hôtel de la préfecture, à ce présent, comme ayant été autorisé (V. *sup.* p. 13, note *a*) à cet effet, par ordonnance [222] du roi, en date du..., et dont une expédition [64] sur papier timbré [61] délivrée par ampliation (*id.*), est demeurée ci-annexée [55] après avoir été fait dessus mention de cette annexe par le notaire soussigné en présence des témoins ci-après nommés.

6 De tout le terrain [7] nécessaire pour ouvrir une route départementale d'Auxerre à Vézelay, ayant dix mètres [91] de large, dans la partie qui traverse la pièce de terre appelée le Bouchet, que M. DE LAVOISY possède sur le territoire de Cravant. Le terrain concédé est de la contenance [40] de un hectare [91].

7 M. DE LAVOISY est propriétaire [22] de la dite pièce de terre comme... (V. *au mot* ÉTABLISSEMENT DE PROPRIÉTÉ *du dictionnaire ce qu'il faut observer dans l'occasion.*)

8 La présente donation est faite sous les charges [58] et conditions [155] suivantes :

9 Le département pourra se mettre en possession [22] dès aujourd'hui du terrain concédé, lequel ne pourra être employé qu'à la confection de la route dont il s'agit, étant bien entendu que dans le cas où soit l'administration départementale, soit le gouvernement, viendrait à ne pas ouvrir cette route, ou à en changer la direction, ou à la supprimer par la suite, il y aurait lieu à révocation de la présente donation, et M. de LAVOISY rentrerait dans la propriété du terrain par lui concédé.

10 M. de LAVOISY ne pourra réclamer aucune indemnité pour raison du terrain par lui concédé, seulement s'il est

commis des dommages sur les parcelles de terrains contigues au terrain présentement concédé, il y aura lieu à indemnité en sa faveur, à dire d'expert [195].

¹¹ Les contributions [58] de toute nature à la charge du terrain abandonné cesseront pour M. de Lavoisy, et seront à la charge du département, à compter du...

¹² Les déboursés [5] et honoraires (*id.*) des présentes seront à la charge du département.

¹³ Si lors de la transcription [111] des présentes au bureau des hypothèques (*id.*) et dans la quinzaine qui suivra il y a ou survient des inscriptions [85] grevant le terrain donné, M. de Lavoisy s'oblige d'en rapporter certificat de radiation [149] dans le mois [77] de la dénonciation [122] qui lui aura été faite de l'état desdites inscriptions.

¹⁴ État civil [162]. M. de Lavoisy déclare qu'il n'est point marié et qu'il n'est et n'a jamais été tuteur ni comptable de deniers publics.

¹⁵ Dont acte, fait et passé, etc.—(V. les alin. 10 et 11 de la *formule* qui précède).

III. DONATION ENTRE-VIFS [81] a un enfant conçu, de la nue-propriété d'une créance hypothécaire sous réserve du droit de retour [190].

² Par-devant Mᵉ Adrien [1] Lévy (*id.*), notaire [2] à Vérin [1], département de..., soussigné [15].

³ Est comparu M. Léon [5] Bussy (*id.*), avocat (*id.*), demeurant (*id.*) à..., rue..., n°...

⁴ Lequel a, par ces présentes, fait donation [81] entre-vifs et irrévocable.

⁵ A l'enfant dont est enceinte Mme Aspasie Grossein, veuve de M. Joseph Pinchon, en son vivant marchand épicier en gros à..., où elle demeure, ce qui est accepté [10] par M. Ferdinand [5] Jacquemard (*id.*), mécanicien (*id.*), demeurant (*id.*) à..., rue..., n°..., comme ayant été autorisé à cet effet suivant délibération du conseil de famille [95] des parents et amis de la dite dame vᵉ Pinchon et de son défunt mari, tenu devant M. le juge [94] de paix du canton de..., suivant son procès-verbal en date du..., dûment enregistré [42], et dont une expédition [64] en forme est demeurée ci-annexée [58] après avoir été fait dessus mention de cette annexe par le notaire soussigné en présence des témoins ci-après nommés.

⁶ De la nue-propriété [22] de la somme [55] de trente mille francs [91] portant intérêt à cinq pour cent par an, qui est due [26] au donateur par M. François Bussy, son père, propriétaire demeurant à..., pour le reliquat de son compte [163] de tutelle, ainsi qu'il résulte d'un acte passé devant Mᵉ Lévy, notaire soussigné, en minute [59] et présence de témoins [14] le..., dûment enregistré [42]; laquelle somme est garantie, par hypothèque [30] légale sur tous les biens de M. Bussy père, au moyen d'une inscription [85] prise au bureau des hypothèques de... le..., vol... n°...

⁷ Pour, par le donataire, s'il naît viable, faire et disposer [22] de la nue-propriété de ladite somme comme de sa propre chose au moyen des présentes et ne réunir l'usufruit [69] à cette nue-propriété qu'au décès [62] du donateur qui se réserve expressément pendant sa vie : à l'effet de quoi le donateur met et subroge le donataire dans tous ses droits [27] et actions [28], priviléges [29] et hypothèques [30] et notamment dans le bénéfice de l'inscription précitée.

⁸ La présente donation est faite sous les charges [58] et conditions [153] suivantes :

⁹ Dans le cas où le remboursement [84] de la somme donnée serait exigé du vivant du donateur, il ne pourra être reçu par ce dernier qu'en la présence du tuteur de l'enfant à naître pour en faire le placement au nom de chacun suivant ses droits sur bonne hypothèque [30], sinon en rentes [197] sur l'État à défaut de s'entendre sur le replacement. Il en sera des replacements comme du placement primitif pour le concours des ayants-droits et pour la garantie hypothécaire.

¹⁰ Le donateur se réserve le droit de retour [190] de la somme donnée, pour le cas où le donataire ne naîtrait pas viable ou viendrait à décéder sans postérité avant ledit donateur.

¹¹ Pour faire signifier [20] ces présentes au débiteur, comme pour faire opérer la subrogation [84] dans l'inscription tout pouvoir est donné au porteur d'une expédition [64] ou extrait (*id.*) des présentes.

¹² Se soumet le donateur à payer les déboursés [5] et honoraires (*id.*) des présentes.

¹³ Dont acte, fait et passé à Vérin [12], en l'étude (*id.*), l'an mil huit cent quarante-quatre [15] le quinze août (*id.*), en présence de MM... (*noms, prénoms, professions et demeures*), témoins instrumentaires [14], et les parties ont signé [15] avec les témoins et le notaire, après lecture [16]. Les deux témoins sus-nommés étaient réellement présents au moment de la lecture par le notaire soussigné et de la signature par les parties.

¹⁴ V. *Répertoire*, note 17. — *Forme des actes*, note 58. — *Enregistrement*, notes 60, 18 et 19.

IV. DONATION ENTRE-VIFS [81]
a une fabrique [188], d'une rente constituée [76], pour l'établissement d'une fondation.

² Par-devant Mᵉ Louis [1] Doné (*id.*), notaire [2] à Eux [1], département de..., soussigné [15].

³ Est comparue Mme Céleste [5] Tardieu (*id.*), veuve de M. Nicolas Gillot, en son vivant organiste à Eux, où elle demeure (*id.*).

⁴ Laquelle a, par ces présentes, fait donation entre-vifs et irrévocable.

⁵ A la fabrique [188] de l'église d'Eux, ce qui est accepté [10] pour elle par M. Paul [5] Maupin (*id.*), son trésorier (*id.*), demeurant (*id.*) à..., à ce présent, comme autorisé à cet effet par arrêté de M. le Préfet du département de..., en date du..., rendu après avoir obtenu l'avis du conseil de fabrique et l'approbation de l'évêque diocésain; une copie [64] en

forme duquel arrêté est demeurée ci-annexé [35] après avoir été fait dessus mention de cette annexe par le notaire soussigné en présence des témoins ci-après nommés.

6 D'une rente [76] constituée, annuelle et perpétuelle, franche de retenue [49] de cent cinquante francs, au capital de trois mille francs, payable [84] le onze novembre de chaque année, créée par Pierre Guillin, cultivateur, et Reine Millon, sa femme, demeurant à..., solidairement [106] entre eux, au profit du comparant, suivant contrat passé devant Me Doré, notaire soussigné, en minute [59] et présence de témoins [14], le..., dûment enregistré [42] et reposant par hypothèque [30] sur dix pièces d'héritages désignées audit contrat.

7 La fabrique pourra toucher [84] et recevoir les arrérages [49] à échoir de ladite rente à compter du onze novembre prochain, ainsi que son capital [136], s'il est offert [48] ou devient exigible [84], ou bien elle en disposera [22] autrement comme bon lui semblera à compter d'aujourd'hui, le donateur la mettant et subrogeant à cet effet dans tous ses droits [27] et actions [28], priviléges [29] et hypothèques [30] et notamment dans le mérite de l'inscription [83] prise à son profit au bureau des hypothèques de..., le..., vol..., n°..., contre les époux Guillin.

8 La présente donation est faite à la charge [58] par la fabrique, que M. Maupin, son trésorier, y oblige [107] :

9 1° De faire célébrer chaque année le... à perpétuité, et pour la première fois le... prochain, en l'église d'Eux, un service funèbre de premier ordre pour le repos de l'âme de Nicolas Gillot, défunt mari de la donatrice, né en cette commune.

10 2° Et de distribuer aux pauvres de ladite commune chaque année, aussi à perpétuité, le jour et à l'issue dudit service, dix francs en argent et du pain pour même somme.

11 Sous la foi de la pleine et entière exécution des charges et conditions ci-dessus stipulées, la dame veuve Gillot se dessaisit en faveur de la fabrique, de tous ses droits à la rente sus-mentionnée.

12 Pour faire signifier [20] ces présentes aux débiteurs de la rente, comme pour faire opérer la subrogation [114] en marge de l'inscription avec élection de domicile [83] en la demeure actuelle du trésorier de la fabrique, tout pouvoir est donné au porteur [80] d'une expédition [64] ou d'un extrait (id.) des présentes.

13 Mention [84] des présentes sera faite sur toutes pièces que besoin sera, par le notaire soussigné ou tous autres de ce requis.

14 Tous les déboursés [5] et honoraires (id.) des présentes seront au compte de la fabrique.

15 Dont acte, fait et passé, etc. (V. les alin. 13 et 14 de la formule qui précède).

V. DONATION ENTRE-VIFS [81]

A UNE FEMME MARIÉE, PAR IMPUTATION [84] SUR UNE SUCCESSION ÉCHUE ET EN AVANCEMENT D'HOIRIE [200], D'EFFETS MOBILIERS [86] QUI N'ENTRERONT POINT EN COMMUNAUTÉ [166].

1 Par-devant Me Paul [1] Loret (id.), notaire [2] à Gard [1], département de..., soussigné [15].

2 Est comparu M. Emile [3] Girard (id.), capitaine retraité (id.), demeurant à Gard (id.).

4 Lequel a par ces présentes, fait donation [81] entre-vifs et irrévocable, d'abord par imputation [84] sur les droits de la donataire dans la succession purement mobilière de la dame Sophie Pouleur, sa mère, décédée femme du donateur, de laquelle elle est seule héritière [78], et le surplus, s'il y en a, en avancement d'hoirie [200] sur la future succession du disposant.

5 A Mme Laure [3] Girard (id.), épouse de M. Joseph Delorme, rentier, avec lequel elle demeure à Gard, tous deux à ce présents, ladite dame Delorme acceptant [10] sous l'autorisation [68] de son mari.

6 Des meubles [86] et effets mobiliers dont le détail suit : 1° Une glace d'un mètre de large sur un mètre cinquante centimètres de hauteur, estimés cent francs, 2° etc.

7 Ou bien : Des meubles et effets mobiliers qui sont détaillés en un état [81] estimatif montant à..., dressé par les parties sur une feuille de papier marqué du timbre [61] de... centimes, lequel état qui sera soumis à la formalité de l'enregistrement [42] en même temps que les présentes est demeuré ci-annexé [35] après avoir été signé par elles en présence du notaire et des témoins soussignés.

8 Pour en faire et disposer par la donataire comme de chose lui appartenant [22] en toute propriété et jouissance à compter de ce jour.

9 Cette donation est faite à la condition expresse que les objets donnés n'entreront point dans la communauté qui existe entre la donataire et son mari, et lui demeureront propres (a).

10 Au moyen de la présente demande, la donataire ne pourra demander ni compte, ni partage à son père, de la succession de sa mère; et pour le cas où il serait demandé compte et partage de cette succession, ladite donataire sera tenue alors de faire le rapport des objets à elle présentement donnés pour être imputés en totalité sur la succession de sa mère, et le surplus, s'il y en a, faire retour au donateur comme s'il n'y avait pas eu de donation (b).

11 Les déboursés [5] et honoraires (id.) des présentes seront à la charge de la dame Delorme (b).

(a) Cette condition serait inutile s'il y avait un contrat de mariage contenant exclusion du mobilier de la communauté. — V. sup. la formule de Contrat de mariage p. 525, note b.

(b) Avec la condition ci-dessus la femme devrait récompense à la communauté de ces frais lors de sa dissolution; par ce motif il convient qu'il en soit donné quittance par le Notaire sur l'expédition qu'il remet à la partie.

11 Dont acte, fait et passé à Gard [12], en l'étude (id.), l'an mil huit cent quarante-quatre [13] le quinze août (id.), en présence de MM... (noms, prénoms, professions et demeures, témoins instrumentaires [14]; et les parties ont signé [15] avec les témoins et le notaire, après lecture [16]. Les deux témoins susnommés étaient réellement présents au moment de la lecture par le notaire soussigné et de la signature par les parties.

13 V. *Répertoire*, note 17. — *Forme des actes*, note 38. — *Enregistrement*, notes 60, 18 et 19.
V. aussi la formule de *dation en paiement*, *sup.* p. 345.

VI. DONATION ENTRE-VIFS [81] A UN FIDUCIAIRE [73], DE DROITS SUCCESSIFS.

2 PAR-DEVANT Mᵉ Gilles [1] ADAM (id.), notaire [2] à Lory [1], département de..., soussigné [15].
3 Est comparue Dlle Laure [3] LEMAIN (id.), fille majeure, sans profession (id.) demeurant à Lory (id.).
4 Laquelle a, par ces présentes, fait donation [81] entre-vifs et irrévocable à titre fiduciaire [73].
5 A M. Félix [3] BONNEFOI (id.), négociant (id.) en France et au Brésil, ayant son domicile (id.) de droit à Lory (id.), à ce présent et acceptant [10].
6 De tous les droits successifs [109] mobiliers [86 et 87] et immobiliers (a), de quelque nature qu'ils soient, revenant à la donatrice dans la succession [88] de Caroline LEMAIN, sa sœur, épouse de M. Prosper TURCOT, négociant à Rio-Janeiro, capitale du Brésil, où elle est décédée [62] le.., et dont elle est héritière [78] pour moitié, lesquels droits ne sont point encore liquidés et sont seulement constatés par l'inventaire [145] fait après le décès de ladite dame TURCOT, par Mᵉ AMSPICQ, notaire à Rio-Janeiro, le..., et jours suivants.
7 Ainsi que lesdits droits s'étendent et comportent sans aucune exception ni réserve à quelques sommes qu'ils puissent se monter et en quoi qu'ils puissent consister.
8 Pour en faire et disposer par le donataire en toute propriété [22] et jouissance à compter de ce jour, sous les charges [38] et conditions [153] suivantes :
9 1° D'acquitter toutes les dettes [26] de ladite succession pour la portion à la charge de la donatrice, et de faire en sorte que celle-ci ne soit nullement inquiétée à ce sujet.
10 2° De rendre [73] tous les droits présentement donnés à M. Charles LEMAIN, frère de la donatrice, demeurant au Brésil, lors du premier voyage du donataire à Rio-Janeiro (ou : à la première réquisition de ce dernier. — ou bien : lorsque ce dernier se sera procuré un établissement et qu'il s'agira d'en payer le prix). Et en cas de prédécès dudit sieur Charles LEMAIN, de rendre lesdits droits aux héritiers de ce dernier.
11 5° De gérer et administrer les biens meubles et immeubles présentement donnés, dans leur plus grande étendue, moyennant le quart des revenus [30] nets; de manière à n'avoir à rendre à M. Charles LEMAIN ou à ses héritiers [78] que les trois autres quarts indépendamment des capitaux [136] et des fonds [86].
12 4° Et d'avancer les déboursés [5] et honoraires (id.) des présentes, sauf son recours [84] contre M. LEMAIN ou ses héritiers, lors de la reddition de son compte d'administration.
13 Les droits successifs mobiliers donnés sont évalués (a), pour asseoir le droit d'enregistrement, à trois mille francs; quant aux droits successifs immobiliers, ils sont évalués à cinq cents francs de revenu [18 et 50].
14 Dont acte, fait et passé, etc. (V. les *alin.* 12 et 13 de la *formule* qui précède).

---

1 VII. DONATION ENTRE-VIFS [81] A UN HOSPICE [188], D'UNE RENTE SUR L'ÉTAT [197] SOUS DIVERSES CONDITIONS[155].

2 PAR-DEVANT Mᵉ Léon [1] MORÉ (Id.), notaire [2] à Noë [1], département de..., soussigné [15].
3 Est comparu M. François [3] COLLARD (id.), avocat (id.), demeurant (id.) à...
4 Lequel a, par ces présentes, fait donation [81] entre-vifs et irrévocable.
5 A l'hospice civil [188] de la ville de Noë, ce qui est accepté [10] par les ci-après nommés : 1° M. Antoine [3] MIGNÉ (id.), négociant (id.), maire de ladite ville, 2° M. Charles SÉNÉ, pharmacien, 3° M. Edme CHEVANNE, ancien notaire, 4° M. Jean NIORÉ, jurisconsulte, 5° M. Paul LINAUD, ancien greffier; tous lesquels [3] à Noë, à ce présents, le premier président-né, et les autres sus-nommés membres de la commission administrative dudit hospice : autorisés à cet effet par une ordonnance [222] du roi en date du..., de laquelle ordonnance une expédition sur papier timbré [61] délivrée par ampliation est demeurée annexée [55] à ces présentes après avoir été fait dessus mention de cette annexe par le notaire soussigné en présence des témoins ci-après nommés.
6 D'une rente perpétuelle sur l'État [197], cinq pour cent consolidés, de la somme [55] de six cents francs [91]

(a) Il n'est pas nécessaire pour la perception du droit d'enregistrement, de distinguer les meubles des immeubles par un état détaillé et estimatif. — V. note 60, n 219.
Cela n'est pas nécessaire non plus pour la validité de la donation à l'égard des droits successifs mobiliers, car la loi, en exigeant un état, a eu pour but d'établir que la donation portait sur tels ou tels meubles plutôt que sur tels ou tels autres ; or, cette précaution est inutile ici puisque la disposition comprend tout sans rien excepter. — V. note 81, n 153 et suiv.,

inscrite à son nom au grand-livre de la dette publique sous le n°... de la... série, avec jouissance du vingt-deux septembre prochain.

⁷ L'hospice pourra jouir et disposer [22] de ladite rente comme de chose lui appartenant en toute propriété et jouissance à compter de ce jour, mais il n'aura droit qu'aux arrérages [49] à échoir à compter du vingt-deux septembre prochain, le donateur mettant et subrogeant en conséquence l'hospice en son lieu et place, et dans tous ses droits [27] et actions [28] à cet égard contre l'Etat.

⁸ Cette donation est faite aux charges [58] et conditions [133] suivantes :

⁹ 1° L'hospice tiendra à perpétuité un lit à la disposition du donateur et de ses héritiers [78], pour y recevoir tous les jours un malade.

¹⁰ 2° Il devra y avoir toujours à la tête de l'établissement, une sœur hospitalière rétribuée par l'hospice.

¹¹ 3° Les déboursés [5] et honoraires (id.) des présentes seront à la charge de l'hospice.

¹² Pour faire immatriculer l'inscription de ladite rente au nom de l'hospice, le notaire soussigné est requis de délivrer tous certificats [225] de propriété nécessaires.

¹³ Dont acte, fait et passé à Noë [12], en l'étude (id.), l'an mil huit cent quarante-quatre [13] le seize août (id.), en présence de MM... (noms, prénoms, professions et demeures), témoins instrumentaires [14]; et les parties ont signé [13] avec les témoins et le notaire, après lecture [16]. Les deux témoins sus-nommés étaient réellement présents au moment de la lecture par le notaire soussigné et de la signature par les parties.

¹⁴ V. répertoire, note 17. — Forme des actes, note 38. — Enregistrement, notes 60, 18 et 19.

---

¹ VIII. DONATION ENTRE-VIFS [81] A UN MINEUR [65] OU INTERDIT (id.), D'UNE RENTE VIAGÈRE [76] INCESSIBLE (id.) ET INSAISISSABLE (id.), RÉDUCTIBLE ET RÉVERSIBLE SUR LA TÊTE D'UN TIERS.

² PAR-DEVANT Me Joseph [1] LARIBE (id.), notaire [2] à Adon [1], département de..., soussigné [15].

³ Est comparu Mme Agathe [3] BORDE (id.), veuve de M. Louis COURTAÜT, en son vivant marchand épicier à Adon, où elle demeure [3].

⁴ Laquelle a, par ces présentes, fait donation [81] entre-vifs et irrévocable;

⁵ A Michel [3] DAVIOT (id.), mineur (ou : interdit), son neveu à cause de Jeanne BORDE femme DAVIOT, sa mère, demeurant [3] chez son tuteur ci-après nommé, ce qui est accepté [10] pour lui par M. Louis [3] DAVIOT (id.), son oncle, épicier (id.), demeurant (id.) à Adon, à ce présent, procédant en qualité de tuteur [163] dudit mineur (ou : interdit) par suite de l'autorisation qui lui a été donnée suivant délibération du conseil de famille [93], tenu devant M. le Juge de paix du canton de .., suivant son procès-verbal en date du..., dûment enregistré [42], et dont une expédition est demeurée ci-annexée [35], après avoir été fait dessus mention de cette annexe par le notaire soussigné en présence des témoins ci-après nommés.

⁶ D'une rente annuelle et viagère [76] de douze cents francs, franche et exempte de la retenue [49] de toutes contributions présentes et futures, que la donatrice promet et s'oblige [107] de lui payer [84] et servir exactement entre les mains de son tuteur, ou pour lui au porteur [80] de ses pouvoirs et de la grosse [64] des présentes, en quatre termes [77] égaux de trois en trois mois, à compter d'aujourd'hui, le premier desquels termes écherra (id.) le..., le second le..., pour ainsi continuer de trois en trois mois pendant la vie et jusqu'au décès du donataire, lequel étant arrivé, ladite rente sera réduite à huit cents francs par an, qui seront réversibles sur la tête de Dlle Joséphine DAVIOT, nièce de la donatrice, fille majeure sans profession, demeurant à..., à ce présente et acceptant [10] et à laquelle les dits huit cents francs de rente viagère seront payés, en cas de survie, en quatre termes égaux, comme il est dit ci-dessus, pendant sa vie et jusqu'à son décès, lequel étant aussi arrivé, ladite rente sera entièrement éteinte et amortie.

⁷ La présente donation est faite sous les conditions suivantes :

⁸ 1° Ladite rente viagère sera incessible [76] de la part des donataires et insaisissable sur (id.) eux-mêmes.

⁹ 2° Les arrérages qui pourront être dus et échus au décès de chacun des donataires sus-nommés n'appartiendront point à leurs héritiers et feront retour à la donatrice.

¹⁰ Les déboursés [5] et honoraires (id.) des présentes seront pour le compte de Michel DAVIOT.

¹¹ Dont acte, fait et passé etc. (V. les alin. 13 et 14 de la formule qui précède).

V. sup. la formule de constitution de rente viagère, p. 312.

IX. DONATION ENTRE-VIFS [81]

A UN MAJEUR [79] REPRÉSENTÉ PAR UN MANDATAIRE [80], D'UN IMMEUBLE AVEC SUBSTITUTION [75].

² PAR-DEVANT Me André [1] BONET (id.), notaire [2] à Lucy [1], département de... soussigné [15].

³ Est comparu M. Achile [3] REMONDOT (id.), chimiste (id.), demeurant (id.) à...

⁴ Lequel a, par ces présentes, fait donation entre-vifs et irrévocable;

⁵ A M. Nicolas [3] MOREAU (id.), pharmacien (id.), demeurant (id.) à..., ce qui est accepté [10] pour lui par M. François [3] BOILET (id.), propriétaire (id.), demeurant (id.) à..., à ce présent, comme étant son mandataire [80]

50

spécial suivant la procuration (*id.*) à lui donnée par ledit sieur Moreau, par acte passé en minute [50] et présence de témoins [14] devant Mᵉ..., notaire à..., le..., dûment enregistré [42], et dont une expédition [64] en forme est demeurée ci-annexée [55], après avoir été communiquée [80 n. 119] au donateur et avoir été certifiée véritable [55] par le mandataire en présence du notaire et des témoins soussignés.

⁶ D'un jardin [7] botanique situé [141] à Lucy, de la contenance [91] de cinq hectares, tenant [141] d'un long du levant à.... et entouré de toutes parts de murs qui en dépendent : ensemble toutes les plantes existant dans ledit jardin.

⁷ Appartenant au donateur pour en avoir fait l'acquisition de..., (V. *au mot* ETABLISSEMENT DE PROPRIÉTÉ *du diction-naire ce qu'il faut ici observer*).

⁸ Pour en jouir, faire et disposer par le donataire comme de chose lui appartenant [22] au moyen des présentes, sous la charge [58] néanmoins de la restitution dont il va être parlé.

⁹ Cette donation est faite à la charge par le donataire que son commettant y oblige : 1° de rendre, après son décès, ledit jardin botanique, à l'aîné de ses fils nés et à naître au premier degré (*ou* : jusqu'au deuxième degré), que le donateur substitue [73] au donataire pour recueillir le susdit jardin après le décès [62] de ce dernier s'ils lui survivent, car si les dits enfants prédécèdent le donataire, celui-ci sera réputé avoir toujours été libre propriétaire du jardin dont il s'agit.

¹⁰ 2° D'avoir un jardinier constamment occupé à la culture dudit jardin; 3° de conserver en nature les plantes exotiques et indigènes, rassemblées dans le susdit jardin, et de remplacer celles qui viendraient à périr par d'autres de même espèce, à l'effet de quoi un état des plantes actuellement existantes, dressé par les parties sur une feuille de papier marqué du timbre [64] de... centimes et signé par elles est demeuré ci-annexé [55] après avoir été fait dessus mention de cette annexe par le notaire soussigné en présence des témoins ci-après nommés; 4° de faire transcrire [111] le présent acte, au bureau de la conservation des hypothèques de..., 5° et de payer les déboursés [5] et honoraires des présentes.

¹¹ Le donateur a présentement remis [54] au donataire, ès-mains de son mandataire, les titres de propriété dudit jardin.

¹² Les parties déclarent que le jardin dont il s'agit est d'un revenu [18 et 50] annuel de cinq cents francs.

¹³ NOMINATION DE TUTEUR [73] A LA RESTITUTION. Par ces mêmes présentes, M. Remondot nomme pour tuteur à l'exécution de la présente donation à charge de restitution d'abord M. Charles Louy, chimiste demeurant à..., et après lui, ou en cas de dispense de la tutelle, M. Auguste Peletet, herboriste demeurant à...

¹⁴ Dont acte, fait et passé à Lucy [12] en l'étude (*id.*), l'an mil huit cent quarante-quatre [15] le seize août (*id.*), en présence de MM... (*noms, prénoms, professions et demeures*), témoins instrumentaires [14]; et les parties ont signé [15] avec les témoins et le notaire, après lecture [16]. Les deux témoins sus-nommés étaient réellement présents au moment de la lecture par le notaire soussigné et de la signature par les parties.

¹⁵ V. *répertoire*, note 17. — *Forme des actes*, note 58. — *Enregistrement*, notes 60, 56, 18 et 19.

V. aussi *sup.* la formule de *Contrat de mariage*, p. 318, alin. 37; et *inf.* les formules de *substitution*.

────────────────

¹ X. DONATION ENTRE-VIFS [81] A UN MINEUR ÉMANCIPÉ [82], D'UN FONDS DE COMMERCE A TITRE RÉMUNÉRATOIRE.

² Par-devant Mᵉ Auguste (1) Huvé (*id.*), notaire [2] à Véziau [4], département de..., soussigné [15].

³ Est comparu M. Honoré [3] Gagne (*id.*), marchand-épicier (*id.*), demeurant à Vésiaux (*id.*,), où il est patenté [45] pour la présente année à la date du..., quatrième classe, n....

⁴ Lequel a par ces présentes, fait donation [81] entre-vifs et irrévocable,

⁵ A M. Isidore [3] Belot (*id.*), commis-marchand (*id.*), demeurant à Véziau (*id.*), à ce présent et acceptant [10], mineur émancipé [82] par le mariage, procédant sous l'assistance de M. Louis Georgy [3], négociant (*id.*) demeurant à..., à ce présent, son curateur (66), nommé à cette fonction qu'il a acceptée suivant délibération de ses parents et amis réunis en conseil de famille [95] sous la présidence de M. le juge de paix du canton de..., suivant son procès-verbal en date du..., dûment enregistré [42].

⁶ Du fonds de commerce d'épicerie que le donateur exploite à Véziau, rue..., n..., et qui consiste 1° dans l'achalandage attaché audit fonds, avec le droit exclusif de prendre le titre de successeur dud. sr Gagne. 2° et dans les ustensiles et marchandises comprises en un état [81] descriptif et estimatif montant à.., dressé par les parties sur une feuille de papier marqué du timbre [64] de..., centimes, et signé d'elles, lequel état est demeuré ci-annexé [55] après avoir été fait dessus mention de cette annexe par le notaire soussigné en présence des témoins ci-après nommés.

⁷ Ainsi que le tout s'étend et comporte sans aucune autre exception ni réserve que celle des crédits et débets dudit fonds de commerce,

⁸ Pour faire et disposer, par le donataire, dudit fonds de commerce, comme de chose lui appartenant en toute propriété [22] et jouissance à compter de ce jour.

⁹ Cette donation est faite à la charge par ledit donataire qui s'y oblige [107] : 1° de payer [84] en l'acquit du donateur le droit de patente pour ce qui en reste à échoir de la présente année, à compter du..., 2° et de payer les déboursés [5] et honoraires (*id.*) des présentes.

¹⁰ Elle est aussi faite en reconnaissance des services et bons offices que le donataire a rendus au donateur dans son commerce depuis cinq ans.

11 L'achalandage du fonds est évalué à.. pour asseoir le droit d'enregistrement.—V.*sup.* la note *a* au bas de la p. 392
12 Dont acte, fait et passé, etc. (V. les *alin.* 14 et 15 de la *formule* qui précède).

XI. DONATION ENTRE-VIFS [81] A UN PRODIGUE [74], DE L'USUFRUIT [69] D'ACTIONS [28] DE LA BANQUE DE FRANCE, AVEC DISPENSE DE CAUTION [69] ET A UN SOURD-MUET [4] DE LA NUE-PROPRIÉTÉ [22].

1 PAR-DEVANT Mᵉ Ariste [1] QUOTE (*id.*), notaire [2] à Vaux [1], département de..., soussigné [15].
2 Est comparue Mme Victoire [5] DUCLOS (*id.*), veuve de M. Louis VILLET, rentière (*id.*), demeurant (*id.*) à...
3 Laquelle a, par ces présentes, fait donation entre-vifs et irrévocable;
4 1° A M. Lazare [5] DUCLOS (*id.*), son frère (*id.*), avocat (*id.*), demeurant (*id.*) à..., à ce présent et acceptant [10], étant assisté à cet effet de M. Michel [3] CHRÉTIEN (*id.*), ancien notaire (*id.*), demeurant (*id.*) à..., à ce présent, son conseil judiciaire [74], nommé à cette fonction suivant jugement [75] rendu par le tribunal civil de première instance de.., en date du.., dûment enregistré [42] et signifié [20].
5 De l'usufruit [69] pendant la vie du donataire, de dix actions [28] de la Banque de France, de chacune mille francs, inscrites au nom de la donatrice sous les n...
6 2° Et à M. Charles [3] DUCLOS (*id.*), son neveu (*id.*), sans profession (*id.*), demeurant (*id.*) à..., à ce présent et acceptant [10]; étant sourd-muet, mais sachant écrire.
7 De la nue-propriété [22] des dix actions de la Banque de France, ci-devant mentionnées.
8 M. Lazare DUCLOS pourra jouir en usufruit pendant sa vie, à compter d'aujourd'hui, des actions dont il s'agit sans être tenu de fournir caution [69], et il aura droit aux intérêts [49] qu'elles produisent depuis l'échéance dernière.
9 Quant à M. Charles DUCLOS, il pourra en disposer en nue-propriété, à compter de ce jour, pour n'y réunir l'usufruit qu'au décès de M. Lazare DUCLOS, son père.
10 Cette donation est faite à la charge par M. Lazare DUCLOS, de payer seul les débours [5] et honoraires (*id.*) des présentes.
11 Pour faire immatriculer les actions au grand-livre de la banque, au nom des donataires, pouvoir est donné, par ces présentes, à M..., demeurant à.., de signer gratuitement le transfert desdites actions au profit des donataires, en exécution des présentes par le ministère de tel agent de change qu'il choisira.
12 Les parties déclarent que les actions dont il est fait donation ont conservé leur nature mobilière [28] et que la valeur de chaque action est de..., d'après le cours moyen de la Bourse de Paris (*a*) à la date d'avant-hier.
13 Dont acte, fait et passé à Vaux [12] en l'étude (*id.*), l'an mil huit cent quarante-quatre [13] le seize août (*id.*), en présence de MM... (*noms, prénoms, professions et demeures*) témoins instrumentaires [14]. Et les parties ont signé [15] avec les témoins et le notaire, après lecture, et encore pour M. Charles DUCLOS, après communication à lui faite des présentes et déclaration par écrit, de sa part, qu'il en avait pris connaissance. Les deux témoins sus-nommés étaient réellement présents au moment de la lecture et communication par le notaire soussigné et de la signature par les parties.
14 V. *Répertoire*, note 17. — *Forme des actes*, note 38. — *Enregistrement*, notes 60, 28, 18 et 19.

V. aussi la note *a* au bas de la formule d'*acceptation*, p. 20.

XII. DONATION ENTRE-VIFS [81] A UN SUCCESSIBLE, DE BIENS IMMEUBLES [86], PAR PRÉCIPUT ET HORS PART [146], A LA CHARGE DE PAYER UNE SOMME A UN TIERS, ET MOYENNANT UNE RENTE VIAGÈRE.

1 PAR-DEVANT Mᵉ Augustin [1] BONNEAU (*id.*), notaire [2] à Buisson (*id.*), département de.. soussigné [15].
2 Est comparue Mme Charlotte [5] PAULTRE (*id.*), veuve sans enfants de M. Jacques CARRÉ, en son vivant négociant à Buisson où elle demeure (*id.*).
3 Laquelle a, par ces présentes, fait donation entre-vifs et irrévocable, par préciput et hors part ou avec dispense de rapport [146] et avec la garantie [81] de tous troubles.
4 A M. Charles [5] PAULTRE (*id.*), son neveu (*id.*), garçon majeur sans profession (*id.*), demeurant à Buisson (*id.*), à ce présent et acceptant [10].
5 1° D'une maison [7] située [141] à Buisson, rue du Haut, consistant en deux chambres basses, deux chambres hautes, grenier dessus, cave dessous; cour devant, jardin derrière: le tout clos de murs mitoyens [41], et tenant [141] d'un côté à...
6 2° D'une pièce de pré, située sur le territoire [141] de Buisson, lieu dit Vaux du Roi, de la contenance [91] de deux hectares, tenant [141] d'un long du levant à...

(a) La valeur des actions de la Banque de France, en cas de transmission par décès, donation ou de toute autre manière qui nécessite une déclaration, doit se déterminer d'après le cours moyen de la Bourse de Paris, au jour de l'ouverture du droit; s'il n'y a point de Bourse au jour du décès ou de la date de l'acte, le cours de la veille servira de règle pour fixer la valeur sujette aux droits d'enregistrement (Déc. Min. Fin. 27 août 1816. - Instr. Gén. 747).

⁸ Ces biens appartiennent [22] à la donatrice, tant comme ayant été commune [166] en biens avec son défunt mari, que comme sa donataire [214] universelle en toute propriété aux termes d'un acte contenant donation entre-vifs et à cause de mort, passé en minute [39] et présence de témoins [14] devant Mᵉ... notaire à..., le.., dûment enregistré [42]; laquelle donation a reçu sa pleine et entière exécution, au moyen de ce que ledit défunt n'a laissé aucun héritier [78] à réserve [150], ainsi qu'il est constaté par un acte de notoriété [127] à défaut d'inventaire reçu par le notaire soussigné qui en a gardé minute [39] le..., aussi enregistré.

⁹ Lesdits sieur et dame CARRÉ en avaient fait l'acquisition [109] de M... (V. *au mot* ÉTABLISSEMENT DE PROPRIÉTÉ *du dictionnaire ce qu'il faut observer ici* :

¹⁰ ENTRÉE EN JOUISSANCE. Le donataire pourra faire et disposer des immeubles à lui donnés comme de chose lui appartenant en toute propriété [22] et jouissance à compter de ce jour.

¹¹ Cette donation est faite à la charge [58] par ledit donataire qui s'y oblige [107] :

¹² 1° De payer et servir à Jean-Baptiste PAULTRE, son frère, négociant demeurant à..., autre frère de la donatrice, et ce, de manière qu'elle ne soit nullement inquiétée à ce sujet, la somme de trois mille francs qu'elle lui doit [26] pour le principal d'une obligation passée en minute [39] et présence de témoins [14] devant Mᵉ..., notaire à..., le..., dûment enregistrée [42], plus les intérêts [49] échus [77] et à échoir de cette somme depuis le... dernier. Laquelle somme principale ne sera exigible [77] que le...

¹³ 2° De supporter les servitudes [55] passives apparentes ou non apparentes, dont les biens donnés peuvent être grevés, sauf à lui à s'en défendre et à faire valoir celles actives à son profit, le tout à ses risques et périls, et sans que cette stipulation puisse faire titre à des tiers.

¹⁴ 3° D'acquitter les contributions [58] foncières et autres de toute nature, imposées ou à imposer sur les biens donnés, à partir du...

¹⁵ 4° Et de payer les déboursés [5] et honoraires (*id.*) des présentes et le cout d'une grosse [64] pour la donatrice.

¹⁶ Ladite donation est faite en outre, moyennant une pension [76] annuelle et viagère, franche de retenue [49], de six cents francs, que le donataire promet et s'oblige [107] de payer et servir à la donatrice, en sa demeure sus-indiquée sans quelle ait à justifier d'un certificat de vie, tant qu'elle demeurera à Buisson, ou pour elle au porteur de ses pouvoirs [80] et de la grosse [64] des présentes, en quatre termes [77] et paiements égaux de trois en trois mois, à compter d'aujourd'hui et par avance; le premier terme qui doit échoir le..., a été payé comptant, et il sera continué ainsi à l'égard des autres termes pendant la vie et jusqu'au décès de la donatrice, lequel étant arrivé, ladite rente viagère demeurera éteinte et amortie et les biens donnés en seront affranchis.

¹⁷ Pour tenir lieu de ladite pension, il sera loisible au donateur de loger, nourrir à sa table, chauffer, blanchir et éclairer la donatrice pendant sa vie, tant que cela conviendra à l'une et à l'autre et qu'il y aura entre eux compatibilité d'humeurs, de sorte que le donataire n'aura point à payer de pension tant que la donatrice vivra et logera chez lui.

¹⁸ A la garantie des charges de la présente donation les biens donnés demeurent réservés.

¹⁹ TRANSCRIPTION. Si le donataire en faisant transcrire [111] ces présentes au bureau des hypothèques, et en remplissant les formalités nécessaires pour la purge [186] des hypothèques légales [30], trouve des inscriptions [85] qui grèvent les biens donnés, la donatrice promet et s'oblige de lui en rapporter certificat de radiation [149] dans le mois de la dénonciation qui lui aura été faite desdites inscriptions, sauf à elle à l'indemniser de tous frais extraordinaires de transcription et de purge.

²⁰ ETAT CIVIL [162]. Mme veuve CARRÉ déclare qu'elle n'est et n'a jamais été tutrice, ni chargée d'affaires d'absent ou interdit.

²¹ REMISE DE TITRES. Mme veuve CARRÉ a remis [54] au donataire qui le reconnait, tous les titres de propriété des biens donnés.

²² EVALUATION. Les parties déclarent que les biens donnés sont d'un revenu annuel [18 et 50] de sept cent cinquante francs.

²³ Dont acte, fait et passé à Buisson [12] en l'étude (*id.*), l'an mil huit cent quarante-quatre 1 5 le dix-sept août (*id.*), en présence de MM... (*noms, prénoms, professions et demeures*), témoins instrumentaires [14]; et les parties ont signé [15] avec les témoins et le notaire, après lecture [16]. Les deux témoins sus-nommés étaient réellement présents au moment de la lecture par le notaire soussigné et de la signature par les parties.

²⁴ V. *répertoire*, note 17. — *Forme des actes*, note 38. — *Enregistrement*, notes 60, 18 et 19.

DONATION MUTUELLE.

V. *sup.* les formules de DONATION ENTRE-VIFS p. 385 et suiv.

DONATION ONÉREUSE.

V. *sup.* les formules de DONATION ENTRE-VIFS, p. 390 et 392.

DONATION RÉMUNÉRATOIRE.

V. *sup.* la formule de DONATION ENTRE-VIFS, p. 394.

ECHANGE [204] DE BIENS MEUBLES [86] SANS SOULTE [204].

PARDEVANT Mᵉ Blaise [1] LOUET (*id.*), notaire [2] à Flé [1], département de...., soussigné [15]. — V. *sup. p.* 5, *alin.* 1.

Sont comparus M. Jean [3] BARD (*id.*), rentier, demeurant (*id.*) à Flé. D'UNE PART.

Et mad. Nelcie COURSET, épouse séparée de biens [166] contractuellement de M. Stanislas DURET, officier en retraite avec lequel elle demeure à Flé; ladite dame de son mari, à ce présent, dûment autorisée [68] à l'effet de ce qui suit. D'AUTRE PART.

Lesquels ont fait entr'eux [204] l'échange suivant :

M. BARD cède et abandonne audit titre d'échange sans aucune autre garantie [204] que celle de l'existence de la rente [76] par lui cédée, laquelle lui est bien due.

A mad. DURET, sus-nommée, qui l'accepte [52].

Une rente [197] annuelle et perpétuelle sur l'État, cinq pour cent consolidés, de la somme [55] de cent cinquante francs [91] inscrite au nom du sʳ BARD sur le grand livre de la dette publique sous le n... de la... série, le...

Mad DURET pourra faire et disposer de cette rente comme de chose lui appartenant en toute propriété [22] et jouissance à compter de ce jour; mais les arrérages [49] ne seront perçus par elle que pour ce qui en sera dû à partir du vingt-deux septembre prochain; à l'effet de quoi M. BARD la subroge [114] en son lieu et place et dans tous ses droits [27] à cet égard contre l'État.

Pour faire immatriculer l'inscription de ladite rente au nom de mad. BARD, le notaire soussigné est requis par les parties de délivrer tout certificat [225] de propriété nécessaire. — V. *sup. p.* 221.

En contre-échange [204] Mme DURET cède et abandonne, sans autre garantie que celle de l'existence de la rente par elle cédée, laquelle lui est légitimement due.

A M. BARD, sus-nommé, qui l'accepte [52].

Une rente [76] constituée (*id.*), annuelle et perpétuelle, franche de retenue [49], de cent cinquante francs [91], au capital de trois mille francs, payable [84] de six en six mois les quinze janvier et quinze juillet [77] de chaque année, créée par le sʳ Jean JOLLY, laboureur, demeurant à Flé et par Gertrude BAULET, sa femme, solidairement [106] entr'eux, au profit de M. Charles COURSET, suivant contrat passé devant Mᵉ LOUET, notaire soussigné, le ., dûment enregistré [42].

De ladite rente la dame DURET est actuellement propriétaire [22] comme lui étant échue par le partage [145] de la succession [88] de M. Charles COURSET, son père, sus-nommé, dont elle était héritière [78] pour moitié; ledit partage fait sans soulte devant Mᵉ..., notaire à..., le..., dûment enregistré.

M. BARD pourra toucher et recevoir [84] les arrérages [49] de ladite rente échus [77] et à échoir depuis le quinze juillet dernier, ainsi que son capital s'il est offert [48] ou devient exigible, des mains des débiteurs sus-nommés, ou de tous autres qu'il appartiendra, ou bien elle en disposera autrement comme bon lui semblera, le tout à compter d'aujourd'hui, M. BARD la mettant et subrogeant [114] à cet effet dans tous ses droits [27] et actions [28], priviléges [29] et hypothèques [30], et notamment dans l'effet de l'inscription [83] prise à son profit au bureau des hypothèques de..., le..., vol..., n... contre les époux JOLLY.

Pour faire mentionner la subrogation [84] en marge de l'inscription avec élection [85] de domicile en la demeure actuelle de la dame DURET, comme aussi pour faire signifier [96] ces présentes aux époux JOLLY, débiteurs de la rente constituée, tout pouvoir [80] est donné au porteur d'une expédition [64] ou extrait (*id.*) des présentes. — V. *la formule* d'ACCEPTATION DE TRANSPORT *de rente*, sup. p. 26.

REMISE [54] DE TITRES. M. BARD a remis à Mme DURET l'inscription de rente par lui abandonnée, et la dame DURET a remis à M. BARD : 1° le titre de la rente par lui cédée, le bordereau de l'inscription et un extrait du partage sus-mentionné relatif à ladite rente. DONT DÉCHARGE [84].

EVALUATION [18]. Les rentes échangées sont évaluées de part et d'autre à cent cinquante francs de revenu, au moyen de quoi ledit échange est fait sans soulte ni retour. — V. *sup.* p. 395, la note *a.*,

COUT. Les déboursés [5] et honoraires (*id.*) des présentes seront payés par moitié entre les parties.

Dont acte, fait et passé à Flé [12] en l'étude (*id.*), l'an mil huit cent quarante-quatre [13] le six septembre (*id.*), en présence de MM. (*noms, prénoms, professions et demeures*), témoins instrumentaires [14]; et les parties ont signé [15] avec les témoins et le notaire, après lecture [16].

V. *répertoire*, note 17. — *Forme des actes*, note 38. — *Enregistrement*, notes 90, 18 et 19.

ECHANGE [204] DE BIENS IMMEUBLES [86] AVEC SOULTE [204].

PAR-DEVANT Mᵉ Charles [1] MEINE (*id.*), notaire [2] à Four [1], département de.., soussigné [15]. — V. *sup.* p. 5, *alin.* 1.

3 Sont comparus M. Léandre [3] SOMMET (*id.*), ancien négociant (*id.*) demeurant à Four (*id.*), et la dame Célenie BOUJAT, son épouse de lui autorisée [68] à l'effet des présentes, D'UNE PART.

4 Et M. Bernard CAYEUX, célibataire majeur, sans profession, demeurant aussi à Four. D'AUTRE PART.

5 Lesquels ont fait entre eux l'échange [204] qui suit :

6 M. et Mme SOMMET cèdent et abandonnent audit titre d'échange avec obligation solidaire [106] entre eux de garantir de tous priviléges [29], hypothèques [30], surenchères [147] et évictions [9] quelconques. — V. *sup.* p. 45, alin. 21.

7 A M. CAYEUX, sus-nommé, qui l'accepte [52].

8 Une maison [7] située [141] à Four, rue..., n°..., consistant en un rez-de-chaussée et un premier étage composés de chacun quatre pièces, grenier dessus, cave dessous, cour devant, jardin derrière, contenant [40] environ dix ares [91], le tout entouré de murs mitoyens [41] et tenant [141] d'un côté du levant à..., etc.

9 Ainsi que cette maison s'étend et comporte sans aucune exception ni réserve, et sans que pour raison de l'état des lieux qui la composent, il puisse y avoir aucune réclamation, M. CAYEUX déclarant au surplus la bien connaître pour l'avoir vue et visitée avant ces présentes.

10 PROPRIÉTÉ [22]. Cette maison appartient à M. SOMMET, pour lui être échue avec autres biens, par le partage [145] de la succession [88] de M. Claude SOMMET, son père, dont il était héritier [78] pour un tiers, ledit partage fait sans soulte devant Me... notaire à..., le..., dûment enregistré [42]. V. *au mot* ÉTABLISSEMENT DE PROPRIÉTÉ *du dictionnaire ce qu'il faut observer dans l'occasion.*

11 En contre-échange, M. CAYEUX cède et abandonne avec la garantie de droit;

12 A M. et Mme SOMMET, sus-nommés, qui l'acceptent [52].

13 Le domaine [7] du Buisson-Carré, situé sur la commune de Four, composé de bâtiments d'habitation et d'exploitation, de cinquante hectares [91] de terres labourables, de dix hectares de bois et cinq hectares de pré, le tout se joignant et tenant d'un long du midi à M. de Boisgelin, fossé mitoyen [41] entre deux, d'autre long du nord à la rivière, d'un bout du levant au chemin de Four à la rivière, d'autre bout du couchant à la route.

14 Ainsi que le tout s'étend et comporte sans en rien excepter ni réserver, et sans que pour raison du plus ou moins de contenance dans les pièces d'héritage, il puisse y avoir de réclamation entre les parties, quand même la différence en plus ou en moins excéderait un vingtième.

15 PROPRIÉTÉ [22]. Ce domaine appartient à M. CAYEUX, au moyen de la donation [81] qui lui en a été faite par préciput et hors part à titre purement gratuit [146], par M. Amédée CAYEUX, son père, ancien armateur demeurant à..., suivant acte passé devant Me..., notaire à..., le..., dûment enregistré, transcrit [111] au bureau des hypothèques de.., le .,vol.., n.., sans qu'à cette transcription, pendant la quinzaine qui a suivi et après l'accomplissement des formalités de purge légale [136], il se soit trouvé aucune inscription [85], ainsi qu'il résulte d'un état [111] délivré par M. le Conservateur audit bureau le... — V. *au mot* ÉTABLISSEMENT DE PROPRIÉTÉ *du dictionnaire.*

16 CHARGES [58] ET CONDITIONS [153].

17 Le présent échange est fait sous les charges et conditions suivantes que M. et Mme SOMMET et M. CAYEUX s'obligent d'exécuter et accomplir chacun pour ce qui le regarde.

18 1° ENTRÉE EN JOUISSANCE. Les parties pourront faire et disposer respectivement des biens par elle reçus en échange comme de chose leur appartenant en toute propriété [22] à compter de ce jour, mais elles n'en entreront en jouissance qu'à partir du premier janvier prochain.

19 2° IMPÔTS [58]. Elles acquitteront les contributions [58] foncières et autres de toute nature des biens qu'elles reçoivent en échange, à compter du jour de leur entrée en jouissance.

20 3° SERVITUDES [53]. Les servitudes passives apparentes qui peuvent grever les biens échangés, seront supportées par chaque nouveau propriétaire, sauf à s'en défendre et à faire valoir celles actives à son profit ; le tout aux risques et périls de chacun d'eux, et sans que la présente stipulation puisse faire titre à des tiers [53].

21 4° BAUX [103] COURANTS. Les parties exécuteront pour le temps qui en reste à expirer les baux qui ont été faits, savoir : de la maison à M. Pierre JAMOT, rentier demeurant à Four, pour six années qui finiront le premier janvier mil huit cent quarante-six, moyennant quatre cents francs par an ; et du domaine au sieur FEULLOT, laboureur, et à Rosalie MORLET, sa femme, pour neuf années qui finiront le premier avril mil huit cent quarante-neuf, moyennant cinq cents francs par an; sauf à elles à les résilier, si le cas y échoit, mais à leurs risques et périls, et sans recours l'une contre l'autre.

22 5° ASSURANCE [155] CONTRE L'INCENDIE. Dans le cas où les bâtiments échangés seraient assurés contre l'incendie par quelque compagnie d'assurance, chacun des nouveaux propriétaires sera tenu d'entretenir l'assurance et de payer les primes à sa charge, à compter du jour de son entrée en jouissance, de manière que l'ancien propriétaire ne soit nullement inquiété à ce sujet. — V. *sup.* la note *a* au bas de la p. 51.

23 6° CONDITION RÉSOLUTOIRE [153]. Ces présentes étant subordonnées à la possession et jouissance paisibles des biens échangés, il demeure expressément convenu qu'en cas d'éviction [9] ou trouble l'échangiste évincé ou troublé pourra rentrer dans la propriété de la chose par lui donnée en contre-échange, lors même qu'elle serait passée à des tiers-détenteurs; toute transmission étant interdite autrement que sous cette condition.

24 7° COUT [5] DES PRÉSENTES. Les déboursés [5] et honoraires (*id.*) des présentes seront supportés par moitié entre les parties, à l'exception des droits d'enregistrement et du coût de la grosse [64], lesquels seront à la charge de M. et Mme SOMMET.

18 Soulte [204]. Ledit échange est fait, en outre, moyennant une soulte, de la part de M. et Mme Sommet, de quatre mille francs, qu'ils promettent [107] et s'obligent sous la solidarité [106] ci-devant exprimée, de payer à M. Cayeux, ou pour lui au porteur de la grosse [64] des présentes et de ses pouvoirs [80] en l'étude du notaire soussigné, en quatre termes [77] égaux, d'année en année à compter d'aujourd'hui, et, jusqu'au paiement effectif de ladite somme, de lui en servir les intérêts [49] au taux de cinq pour cent par an sans retenue.

26 Réserve [51] de privilège [29] et de l'action résolutoire [153]. A la sureté et garantie du paiement de ladite somme de quatre mille francs et de ses intérêts le domaine du Buisson-Carré donné en échange par M. Cayeux à M. et Mme Sommet, demeure, par privilège, affecté et hypothéqué. Et, en outre, il demeure convenu qu'à défaut de paiement de ladite soulte, M. Cayeux aura le droit de rentrer (a) dans la propriété dudit domaine, et d'obtenir contre M. et Mme Sommet, des dommages-intérêts [189] pour raison desquels il pourra retenir [22 n° 101] l'immeuble à lui-même cédé jusqu'au paiement [84] desdits dommages-intérêts.

27 Transcription [111] et purge légale [156]. Chacune des parties fera, si bon lui semble et à ses frais, transcrire le présent contrat au bureau des hypothèques, et remplira les formalités prescrites par la loi pour purger les hypothèques légales, le tout dans le délai de quatre mois à compter de ce jour; et si après l'accomplissement desdites formalités il se trouve des inscriptions qui grèvent les biens échangés, chacune des parties sera tenue de rapporter certificat de radiation [149] des inscriptions provenant de son fait ou de celui de ses auteurs, dans les deux mois de la dénonciation qui devra lui être faite de l'état desdites inscriptions au domicile ci-après élu, en par elles garantissant et indemnisant l'autre partie de tous frais autres que ceux de simple transcription et de purge légale.

28 État civil [162]. Les parties déclarent qu'elles ne remplissent et n'ont jamais rempli de fonctions donnant lieu à hypothèque légale [30].

29 Évaluation du revenu [18 et 30]. Les parties déclarent que le revenu des biens échangés est, d'après les baux ci-devant mentionnés, de quatre cents francs par an, pour la maison, et de cinq cents francs aussi par an pour le domaine, et que c'est cette plus-value qui a donné lieu à la soulte dont est ci-dessus parlé.

30 Remise de titres [34]. Les parties se sont présentement remis l'une à l'autre leurs titres de propriété ci-devant énoncés, et elles s'obligent de s'aider au besoin sous récépissé de tous autres titres plus anciens qu'elles pourraient avoir en leur possession.

31 Élection de domicile [11]. Pour l'exécution des présentes les parties font élection de domicile en l'étude du notaire soussigné, mais seulement jusqu'au...

32 Dont acte, fait et passé à Four [12] en l'étude (id.), l'an mil huit cent quarante quatre [13] le six septembre (id.), en présence de MM. (noms, prénoms, professions et demeures), témoins instrumentaires [14]; et les parties ont signé [15] avec les témoins et le notaire, après lecture [16].

33 V. répertoire, note 17. — Forme des actes, note 38. — Enregistrement, notes 174, 57, 18 et 19.

EFFETS DE COMMERCE OU EFFETS NÉGOCIABLES [97].

V. aux formules Aval, Billet à ordre, Endossement, Lettre de change, Protêt.

EGALITÉ [81] (Promesse d') a insérer dans un contrat de mariage.

2 En considération du futur mariage, Mme veuve Camelin, promet et assure à la future épouse, sa fille, ce acceptant [10], une part dans sa succession, égale à celle de chacun de ses autres enfants; à cet effet elle lui fait don [81] et l'institue son héritière (id.) de l'entière part et portion qui lui revient légitimement dans les biens de toute nature [86] qui composeront sa succession au jour de son décès, s'interdisant, en conséquence, la donatrice, de faire aucune disposition qui puisse diminuer la part héréditaire de la future épouse, sa fille.

3 V. la formule de Contrat de mariage, sup. p. 317, alin. 33.

(a) Il faut plus de précautions relativement à un établissement régulier de la propriété dans une échange que dans une vente. Pour une vente il n'y a qu'un évincé, tandis que pour un échange, l'éviction qui survient d'un côté autorise à rentrer dans la chose qu'on a abandonnée, et par ce motif à évincer celui qui est en possession de cette même chose.

Ici la propriété n'est pas bien assise du côté de M. Cayeux, car la donation qui lui a été faite par son père est sujette à rapport [146] pour l'excédant de la quotité disponible. Pour parer à tout inconvénient de ce côté, il faudrait 1° une vente du domaine du Buisson-Carré par le fils au père, moyennant un prix porté payé comptant, 2° un échange du même domaine par M. Cayeux père, contre la maison de M. et Mme Sommet, moyennant une soulte de quatre mille francs, 3° et une donation par M. Cayeux père à son fils de la maison et de la soulte provenant de M. et Mme Sommet. Cependant si M. Cayeux père intervenait pour garantir l'effet de l'échange fait entre son fils et M. et Mme Sommet, cette promesse de garantie pourrait le faire considérer comme échangiste et donner par suite à l'échange sa pleine et entière exécution, car si les autres enfants de M. Cayeux venaient inquiéter les époux Sommet, ceux-ci repousseraient leur demande par l'exception de garantie résultant de ce qu'ils sont tenus des faits de leur auteur. — V. note 81, n. 113.

ELARGISSEMENT [149]. — V. Main-levée d'écrou.

ELECTION DE COMMAND [148] OU D'AMI. — V. *sup.* command, p. 251.

ELECTION [11] DE DOMICILE. — V. la note 11 du commentaire et les formules p. 7, 42 et 399, alin. 31.

EMANCIPATION [82] DE MINEUR PAR SON PÈRE (a).

1 L'an mil huit cent..., le..., heure de...
2 Devant nous (*nom et prénoms*) Juge de paix [94] du canton de.., assisté de M... (*nom et prénoms*), notre greffier (*id.*), et en notre demeure à...
4 Est comparu le sieur Lazare Gourlot, laboureur, demeurant à Bazarnes.
5 Lequel a dit que de son mariage [63] avec Marie-Anne Melou, sa défunte (*id.*) épouse, est issu Isidore Gourlot, mineur [65] âgé de seize ans accomplis, étant né [63] à Bazarnes le vingt-quatre février mil huit cent vingt-huit; que reconnaissant à ce mineur toute la capacité et l'intelligence nécessaires pour gérer et administrer [184] par lui-même tous ses biens et affaires d'une manière convenable à ses intérêts, il déclarait l'émanciper par ces présentes, conformément à l'article 478 du Code civil pour, par ledit mineur, jouir de tous les avantages attachés à l'émancipation.
6 De laquelle déclaration nous avons donné acte au comparant.
7 Il a été vaqué à ce qui précède depuis ladite heure de..., jusqu'à celle de..., par simple vacation — V. *art. 4 du tarif.*
8 De ce que dessus il a été dressé le présent acte, que le sieur Gourlot père, comparant a signé avec nous et le greffier, les jour, mois et an susdits.
9 V. *Enregistrement*, note 18, n. 872 et 896, et la formule qui suit pour la nomination d'un curateur.

EMANCIPATION [82] DE MINEUR [65] PAR LE CONSEIL DE FAMILLE [163], ET NOMINATION DE CURATEUR [66].

1 L'an mil huit cent.. , le..., heure de...
3 Devant nous (*nom et prénoms*), juge de paix [94] du canton de.., assisté de (*nom et prénoms*) notre greffier, et en notre demeure à...
4 Est comparu M. Paul Roy, marchand de bois demeurant à...; agissant au nom et comme tuteur [165] datif de Henri Beau, enfant mineur issu du mariage [63] de défunts Christophe Beau et Marie Chevallier, , à laquelle fonction il a été nommé, suivant délibération du conseil de famille dudit mineur, prise sous notre présidence le.., dûment enregistrée [42].
5 Lequel a exposé que le mineur Beau, son pupille, âgé [63] de dix-huit ans, étant né à..., le...; que ce mineur désirant être émancipé, il avait, d'après l'indication verbale qui lui avait été donnée par nous, convoqué à ces jour et lieu, les plus proches parents dudit mineur Beau, appelés par la loi à composer son conseil de famille, à l'effet de délibérer, sous notre présidence, sur la question de savoir s'il y avait lieu ou non de l'émanciper.
6 Et de suite se sont présentés 1° le sieur.. (*nom, prénoms, profession et demeure*); 2°..., 3°..., étant tous trois les plus proches parents dudit mineur dans la ligne paternelle   D'UNE PART.
7 2° Le sieur (*nom, prénoms, profession et demeure*); 2°.., 3°.., étant tous trois les plus proches parents dudit mineur dans la ligne maternelle   D'AUTRE PART.
8 Lesquels comparants, après nous avoir affirmé être dans le rayon de deux myriamètres [91] les plus proches parents du mineur Beau, sus-nommé, ont été déclarés par nous, composer sous notre présidence le conseil de famille dudit mineur.
9 Et, de suite, ledit conseil de famille ainsi assemblé, délibérant sur le motif de sa convocation; considérant que le mineur Beau réunit toute la capacité et l'intelligence nécessaires pour gérer [184] et administrer (*id.*) convenablement par lui-même tous ses biens [86] et affaires, a, à l'unanimité (ou : à la majorité de... voix contre...), jugé ledit mineur capable d'être émancipé, et autorisé. en conséquence, cette émancipation.
10 Nous, Juge de paix susdit et soussigné assisté de notre greffier, vu l'avis qui précède du conseil de famille du mineur Beau, ainsi que l'autorisation y contenue et considérant que ce mineur est âgé de dix-huit ans accomplis, le déclarons par ces présentes émancipé.

(a) La formule est la même quand c'est la mère qui émancipe; il n'y a que quelques mots à changer.

11 Et aussitôt le conseil de famille, toujours assemblé sous notre présidence, délibérant ensuite sur le choix à faire d'un curateur [66] à l'émancipation dudit mineur, a aussi, à l'unanimité (*ou* : à la majorité de... voix contre...) et concurremment avec nous, fait choix du sieur (*nom, prénoms, profession et demeure*) qu'il a élu aux fonctions de curateur dudit mineur Henri BEAU.

12 Ledit sieur (*s'il est présent*) ayant accepté les fonctions à lui déférées par le conseil de famille, a immédiatement prêté, en nos mains, le serment de les remplir avec fidélité et de les exercer en son honneur et conscience.

13 Il a été vaqué à ce qui précède depuis ladite heure de..., jusqu'à celle de... (V. *art.* 4 *du tarif*).

14 De tout ce que dessus il a été dressé le présent acte, que tous les comparants ont signé avec nous et le greffier, les jour, mois et an susdits.

15 V. *Enregistrement* note 18, n. 896.

EMPLOI DE DENIERS. — V. *inf. les formules d'*OBLIGATION, *de* REMPLOI *et de* SUBROGATION.

---

1 **ENDOSSEMENT** [97] DE BILLET A ORDRE (*id.*), PAR ACTE NOTARIÉ A LA SUITE [43] OU AU DOS DU BILLET.

2 PASSÉ à l'ordre de M. LEMERLE [3], par M. Léon [3] BURDET (*id.*), marchand tanneur (*id.*) ne sachant signer, demeurant (*id.*) à..., où il est patenté [43] pour la présente année à la date du..., ... classe n°..., à ce présent; valeur recue comptant (*ou* : valeur reçue en argent. — *ou bien* : valeur reçue en marchandises. — *Ou bien encore* : valeur en compte).

3 L'an mil huit cent quarante-quatre [12] le dix septembre (*id.*), en l'étude et en présence de Me Louis [1] FEUILLET (*id.*), notaire [2] à..., département de.., soussigné [13], assisté de MM... (*noms, prénoms, professions et demeures*), témoins instrumentaires [14], lesquels ont signé [15] avec le notaire, quant à M. BURDET il a déclaré ne le savoir de ce interpellé, après lecture [16].

4 V. *Répertoire* note 17. — *Acte en conséquence d'un autre*, note 42, n° 50. — et *Enregistrement*, note 99, note 18 n. 75 et 76 et note 19.

---

1 ENDOSSEMENT [97] DE BILLET A ORDRE (*id.*), PAR ACTE SOUS SEING-PRIVÉ A LA SUITE [45] OU AU DOS DU BILLET.

2 PASSÉ à l'ordre de M. LEMERLE, valeur reçue en espèces. — V. *la formule qui précède, alin.* 2, *in fine*.

3 A..., le... mil huit cent., (*signature de l'endosseur*.)

4 V. *Enregistrement*, note 18 n. 396.

ENGAGEMENT [90 n. 89] D'IMMEUBLES. — V. *suprà* ANTICHRÈSE.

ENGAGEMENT THÉATRAL [105] OU D'ACTEUR.

1

2 PAR-DEVANT Me Charles [1] LEROY (*id.*) et son collègue (*id.*), notaires [2] à..., département de..., soussignés [15]

3 Sont comparus: 1° M. Léon [3] PILLÉ (*id.*) directeur (*id.*) du théâtre Montensier, établi à.., demeurant (*id.*) à.. rue..,. n°...— 2° M. Etienne ALFERT, administrateur du même théâtre, demeurant à..., rue.. n°...;   D'UNE PART.
Tous deux

4 3° Et M. Tancrède [3] VOLNISSE (*id.*), artiste dramatique (*id.*) demeurant (*id.*) à.., rue... n°...   D'AUTRE PART.

5 Lesquels ont fait entr'eux le traité qui suit :

6 Art. 1. MM. PILLÉ et ALFERT engagent, par ces présentes, M. VOLNISSE, pour remplir dans la troupe composant le théâtre Montensier, tous les soirs et même deux fois par soirée si besoin est, les rôles qui lui seront distribués par la direction.

7 Art. 2. M. VOLNISSE accepte cet engagement et s'oblige : 1° à jouer tous les rôles qui lui seront distribués, quand ils seront reconnus par le directeur et les auteurs, convenir à ses capacités et à ses talents; 2° à se conformer à tous les règlements du théâtre actuellement établis, et qu'il a dit bien connaître, pour lui avoir été donnés en communication [24]; 3° A se contenter du luminaire et du chauffage qui lui seront fournis par l'administration ; 4° A se trouver au théâtre chaque jour à l'heure de la représentation, lors même qu'il ne jouerait pas, afin de donner à l'administration la faculté de remplacer un ouvrage par un autre, en cas d'événements imprévus.

51

8 **Art. 3.** Dans le cas de clôture de spectacle par ordre de l'autorité ou pour toute autre cause de quelque nature qu'elle puisse être, prévue ou non-prévue, les appointements de M. Volnisse seront suspendus, et ne recommenceront à courir que du jour où le théâtre rouvrira.

9 **Art. 4.** M. Volnisse sera tenu de se fournir de linge, bas, souliers, boucles, pantalons de soie blanche et couleur de chair, de maillots et de rouge; d'habits brodés et d'uniformes français, de fracs et d'habits de paysan; de chapeaux et d'épées aussi d'uniforme; de perruques; de bottes à retroussis, à la hussarde, ou de ville sans retroussis, bottes à la chevalière en cuir écru, avec entonnoir; toques à l'espagnole avec plumes. Les objets ci-dessus exceptés, l'administration sera chargée de tous les costumes.

10 **Art. 5.** Le présent traité ne sera définitif qu'après trois débuts par M. Volnisse, à huit jours d'intervalle au moins, et s'il est agréé par le public. Le même traité sera résilié de plein droit dans le cas où M. Volnisse cesserait de convenir au public.

11 **Art. 6.** M. Volnisse s'interdit de jouer ou paraître sur aucun théâtre, de chanter dans aucun concert public ou particulier, de s'intéresser directement ou indirectement dans aucune entreprise de théâtre, pendant la durée du présent engagement.

12 **Art. 7.** S'il arrivait que M. Volnisse fût éloigné du théâtre par maladie, son état devrait être certifié tant par un médecin de son choix que par le médecin de l'administration, et si cet état était bien reconnu, les appointements de M. Volnisse seraient réduits à moitié, dans le cas où sa maladie ne se prolongerait pas au-delà de deux mois, mais si elle excédait ce temps, ses appointements seraient totalement suspendus jusqu'à son rétablissement, sans entraîner la nullité du présent engagement qui, dans ce dernier cas, reprendrait au contraire sa force, mais toujours pour ne point se prolonger au-delà du temps ci-après fixé, quelle qu'ait été la durée de la maladie.

13 **Art. 8.** Sous la foi de l'exécution des clauses et conditions [153] qui précèdent, M. Pillé et M. Alfert s'obligent [107] solidairement [106] et obligent avec eux l'administration du théâtre Montensier à payer [84] à M. Volnisse, la somme [55] de trois mille six cents francs [91] d'appointements par an, qui sera exigible par douzième, de mois en mois, pendant la durée du présent engagement.

14 **Art. 9.** Cet engagement est fixé à trois années consécutives, qui commenceront à partir du premier début de M. Volnisse, s'il convient au public après deux autres débuts, ainsi qu'il est dit à l'art. cinq qui précède.

15 **Art. 10.** Les déboursés [5] et honoraires (id.) des présentes et le coût d'une grosse [64] pour M. Volnisse, seront payés par l'administration du théâtre Montensier.

16 **Art. 11.** Pour l'exécution des présentes, les parties font élection de domicile [11] en leurs demeures respectives ci-devant indiquées.

17 Dont acte, fait et passé à..., en l'étude [12], l'an mil huit cent quarante-quatre [13] le onze septembre (id.); et les parties ont signé [15] avec les notaires, après lecture [16].

18 V. *Répertoire*, note 17. — *Forme des actes*, note 38. — *Enregistrement*, notes 218, 18 et 19.

ENTREPRISE. — V. *infrà* Marché.

ENVOI EN POSSESSION [24] d'un legs universel (id.).

2 Requête. A M. le Président du Tribunal civil de première instance d'Auxerre.

3 Le sieur Vincent Chigot, épicier demeurant à..., ayant pour avoué Me Bert, a l'honneur de vous exposer que par le testament olographe [152] de défunte Mélanie Vosque, veuve François Cointe, en date du..., enregistré [18] à... le..., et déposé [64] à Me..., notaire à... par acte du..., aussi enregistré, il a été institué son légataire universel [24].

4 Que la dite dame n'a laissé ni ascendant ni descendant auquel une quotité de ses biens soit réservée [150] par la loi, ainsi qu'il est constaté par un acte de notoriété [127] passé devant Me... notaire à... le..., dûment enregistré [42].

5 Dans ces circonstances, s'il vous plaira, M. le Président, vu les art. 1006 et 1008 du Code civil, envoyer l'exposant en possession du legs universel à lui fait par ladite veuve Cointe, suivant son testament sus-énoncé, et généralement de tous les biens meubles et immeubles laissés par ladite dame au jour de son décès, pour en jouir et disposer comme de chose lui appartenant en toute propriété [22]; et vous ferez justice. — *Signature de l'avoué.*

6 Ordonnance. Nous, Président du Tribunal civil de première instance d'Auxerre.

7 Vu la requête qui précède, et les pièces à l'appui; ensemble les dispositions des art. 1006 et 1008 du Code civil; envoyons l'exposant en possession du legs universel à lui fait par la veuve Cointe, suivant son testament mentionné en la requête, pour par lui jouir et disposer comme de chose à lui appartenant, de tous les biens meubles [86] et immeubles (id.) par elle laissés à son décès.

8 Fait en notre hôtel, à Auxerre le... mil huit cent.... *Signature.*

9 V. *Enregistrement*, note 18 n. 22 et note 181.

10 (Nota). *L'ordonnance se délivre ou en brevet, ou en minute: dans ce dernier cas, elle reste entre les mains du greffier qui en délivre expédition en forme exécutoire.*

ÈRE RÉPUBLICAINE. — V. *suprà* CALENDRIER *p.* 201.

ÉTABLISSEMENT DE PROPRIÉTÉ.

2 On appelle ainsi l'analyse succincte et raisonnée des titres en vertu desquels on est propriétaire de biens meubles ou immeubles.

3 Il y a lieu d'établir la propriété dans les actes et contrats qui emportent transmission de propriété ou d'usufruit, comme les ventes, les échanges, les donations entre-vifs de biens présents, les affectations hypothécaires, les transports de rentes et créances.

4 Cet établissement de propriété est utile sous plusieurs rapports :

5 1° Pour mettre les parties à même de rechercher en tous temps les titres établissant la propriété de l'objet transmis, et être ainsi à même, soit de repousser les prétentions de quiconque voudrait s'approprier tout ou partie de l'objet, soit de revendiquer ce qui aurait été usurpé.

6 2° Pour reconnaître s'il n'existe aucun privilége ou action résolutoire au profit des précédents propriétaires; d'où il résulte qu'il doit énoncer les noms de ces derniers, les titres en vertu desquels ils ont possédé, les prix des acquisitions ou les charges, les pièces justificatives de la libération de ces prix ou charges, l'accomplissement des formalités hypothécaires et de purge légale. — En général, on remonte pour l'établissement de propriété, de manière à établir une possession suffisante pour faire acquérir la prescription de trente ans, car, au bout de ce temps, on est dispensé de justifier de titres, la prescription résultant de la possession ayant autant de force que le titre le mieux en règle, pourvu que cette possession n'ait été entachée d'aucun des vices dont nous avons parlé note 22 n. 154 et suiv. ; mais cela ne suffit pas, il faut aussi établir que la propriété n'est grevée d'aucune charge, ou du moins qu'il s'est écoulé trente ans depuis les échéances fixées au titre (la prescription ne courant qu'à partir de ces échéances. - C. civ. 2237), et encore y aurait-il dans ce cas, de l'inconvénient à ne point exiger de justification de la libération, dans l'ignorance où l'on peut être qu'il y ait eu des actes conservatoires interruptifs de la prescription relative aux prix et charges. — V. *sup.* la note *a* au bas de la page 378.

7 3° Pour que les conservateurs des hypothèques puissent comprendre dans les états sur transcription et dans les certificats de quinzaine, les inscriptions grevant les immeubles du chef des précédents propriétaires, les vendeurs compris. — A cet égard, il faut observer que lorsque le conservateur fournit un état sur transcription, il ne doit faire remonter ses recherches qu'aux aliénations qu'il serait nécessaire de purger (Déc. Min. Fin. 25 juin 1811). Or, on doit savoir que l'acquisition n'est purgée que par l'accomplissement de toutes les formalités prescrites par l'édit de juin 1771, ou par les lois alors en vigueur dans divers pays, ou par le Code civil (C. civ. 2181 et 2193; Instr. 550). — Et lorsqu'on ne se trouve pas dans les conditions prévues par la décision ministérielle (la purge des hypothèques de toute espèce n'ayant point eu lieu ou étant incomplète) et que cependant on veut éviter que les conservateurs ne comprennent dans les états les inscriptions qui ont été connues par ceux délivrés sur de précédentes transcriptions, il faut alors avoir soin de ne point rappeler dans le contrat à transcrire les *prénoms* des précédents propriétaires afin de mettre le conservateur dans l'impuissance de rien certifier à leur égard; on peut encore demander un état particulier, au lieu d'un état sur transcription.

8 4° Et pour prévenir le stellionat [30] et la fraude, dans les affectations hypothécaires.

9 Lorsque parmi les anciens titres il se trouve des actes translatifs de propriété ou des actes de libération du prix, sous seings-privés, le notaire doit conseiller aux parties de les faire enregistrer et d'en faire le dépôt en l'étude d'un notaire ou bien de les annexer à l'acte qu'il dresse, pour assurer la conservation des pièces et empêcher de faire revivre des priviléges ou des actions qui étaient éteints par les actes libératifs. — Et s'il remarque, dans les titres qui lui sont représentés, des vices de forme ou des erreurs de droit de nature à compromettre les intérêts des parties, il est de son devoir de les signaler aux parties avant d'opérer, pour qu'elles puissent prendre l'engagement de les faire rectifier si cela est possible.

10 Du principe posé en l'art. 2279 du C. civ. qu'*en fait de meubles la possession vaut titre*, il résulte qu'il ne se fait pas d'établissement de propriété des objets mobiliers susceptibles de tradition manuelle.

11 Il n'y a pas de forme particulière pour l'établissement de propriété. Des notaires le dressent en partant des mutations récentes et en remontant aux plus anciennes; d'autres le dressent en prenant la plus reculée, et en descendant jusqu'à la dernière mutation. Lorsqu'il s'agit de l'établissement de propriété d'un grand nombre de pièces d'héritage, il peut se faire en même temps que la désignation et par un tableau à plusieurs colonnes, ou seulement sur deux colonnes présentant en regard la désignation et l'établissement de propriété. L'établissement de propriété peut encore se faire en forme d'état et par annexe; c'est un moyen qui permet d'employer des abréviations puisque la pièce annexée est réputée émaner des parties. - V. note 55.

12 Lorsqu'une transmission ou une affectation hypothécaire a lieu sans que celui qui la consent soit porteur des titres d'après lesquels il possède, l'établissement de propriété peut se faire alors sommairement, selon les renseignements que fournit le propriétaire et par forme de déclaration, en se réservant alors de compléter l'établissement de propriété par un acte postérieur, sujet seulement au droit fixe de 1 fr. (V. note 99), lequel se fait à la suite de celui qui constate la mutation ou l'affectation, mais sur une feuille séparée. - V. note 45.

15 Tout ce que nous prescrivons est bon à mettre en pratique, quand les parties veulent bien prêter leur concours au notaire et se reposent sur lui du soin d'opérer d'une manière parfaitement régulière, mais quand il s'agit d'actes dont l'objet est de peu d'importance, quand les parties contractent plutôt sur la bonne foi l'une de l'autre, que sur le vu de leurs titres, souvent peu réguliers, et que le notaire est requis par elles de dresser son acte immédiatement d'après les renseignements qui lui sont fournis, on comprend qu'il n'y a plus alors pour le notaire de règles à suivre; en mettant sa responsabilité à couvert relativement à la forme de l'acte, sa mission est remplie, on n'a rien autre chose à exiger de lui. — V. les notes 58 et 59.

16 Nous ne formulons point ici d'*établissement de propriété*, parce qu'à cet égard les formules varient essentiellement: nous renvoyons seulement le lecteur aux mots du dictionnaire, *adjudication* (p. 43, alin. 17, 18 et 19, et p. 49, alin. 10 et suiv.), *échange* (p. 398 et la note au bas de la page 599), *obligation*, *vente*.

ETAT CIVIL [162] = V. ADJUDICATION p. 46 alin. 35 et p. 52 alin. 31 ; AFFECTATION HYPOTHÉCAIRE p. 63 alin. 21 et 22 ; p. 65 alin. 18 et 19; et p. 66 alin. 20.

ETAT DE COMPTE. — V. LIQUIDATION.

ETAT DE DETTES [81]. — V. *sup.* p. 318, *alin.* 44.

2 ETAT des dettes [26] actuelles de Mad° Justine MOUILLERON, veuve de M. Germain BOUDARD, dressé préalablement à la donation [81] de biens présents et à venir qu'elle se propose de faire à Mlle Cécile Camelin, sa nièce, comme condition de son mariage [63] avec M. Alexandre BONJOUR.

3 1° La somme de cinq mille francs due à M. Oscar PIDART, banquier demeurant à..., suivant un arrêté de compte en date du..., dernier, ci 5000

4 2° La somme de quatre mille francs due à M. LECOINTE, joaillier demeurant à..., suivant une facture en date du... dernier, ci. 4000

5 3° Celle de deux mille quatre cents francs due à M. CIRÉ, marchand de meubles, demeurant à..., suivant sa facture en date du... dernier, ci 2400

Ensemble. 11400

6 4° Plus, une rente [76] annuelle et viagère de cinq cents francs, payable [77] par trimestres, due à M. Stanislas BOUDARD, aux termes du testament [152] olographe de M. Germain BOUDARD, défunt mari de la donatrice, en date du..., enregistré et déposé [64] à M° LARABE, notaire sus-nommé, à la date du...; laquelle rente est au courant.

7 Fait et arrêté entre les sus-nommés à..., le..., mil huit cent..., (SIGNATURES)

Signé et paraphé par Mad. V° BOUDARD.

8   MENTION D'ANNEXE A METTRE A LA SUITE OU EN MARGE DE L'ÉTAT;

Mlle CAMELIN et M. BONJOUR, en conformité du contrat de mariage de ces derniers et annexé à la minute dudit contrat, passé devant M° LARABE notaire à Teurapion, soussigné, en présence des témoins aussi soussignés, cejourd'hui vingt-cinq février mil huit cent quarante quatre. — SIGNATURES. — V. sup. ANNEXE p. 77. alin. 12.

ETAT ESTIMATIF [81] DE MEUBLES ET EFFETS MOBILIERS. — *V. sup. p.*591, *alin.* 7.

2 ETAT estimatif [81] des meubles et effets mobiliers [86], dont M. Emile GIRARD capitaine retraité demeurant à Gard, se propose de faire donation [81] entre-vifs à Mad. Laure GIRARD, sa fille, épouse de M. Joseph DELORME, rentier demeurant aussi à Gard.

3 1° Une glace de un mètre [91] de large sur un mètre cinquante centimètres de hauteur, estimée cent francs ci . . . . 100 »

4 2° Une Psyché estimée deux cents francs, ci . . . . 200 »

5 3° Un écrin estimé cent francs, ci . . . . 100 »

6 4° Une parure en diamants estimée deux mille francs, ci . . . . 2,000 »

7 5° Une parure en vermeil estimée six cents francs, ci . . . . 600 ›

8 6° Douze couverts, une cuiller à potage, une autre à ragoût et douze cuillers à café, le tout à filet, poinçon de Paris, au titre de neuf dixièmes d'argent fin et un dixième d'alliage, pesant ensemble cinq kilogrammes [91], estimé mille francs, ci . . . . 1,000 ›

9 7° Deux vases en porcelaine peinte, avec fleurs artificielles, sous verre, estimés cinquante francs, ci. 50 »

10 8° Une couchette en bois d'acajou, estimée deux cents francs, ci . . . . 200 ›

11 Total de l'estimation, quatre mille deux cent cinquante francs, ci . . . . 4,250 »

12 Fait et arrêté entre les sus-nommés à..., le..., mil huit cent..., (SIGNATURES)
13 MENTION A METTRE A LA SUITE OU EN MARGE DE L'ÉTAT : *Signé et paraphé par M.* GIRARD, *ainsi que par M. et* Mad. DELORME, *en conformité de l'acte de donation ci-après énoncé, et annexé à la minute dudit acte reçu par M* LORET, *notaire à Gard, soussigné, en présence des témoins aussi soussignés, cejourd'hui quinze août mil huit cent quarante quatre.*
— (SIGNATURES).

V. sup. annexe p. 77, alin. 12.

ÉTAT DE FRAIS [5].

ETAT des frais dus à M° SÉRIEL, notaire à Vermon, par la succession de Basilique CHANDELIER, v° de Etienne LARCHER, décédée à Mailly-la-Tour :

1° Du 8 août 1838, Inventaire [145] après le décès [63] de ladite v° LARCHER.

4 Enregistrement [56].		8,80
5 Timbre [61] de minute [59] : trois feuilles à soixante-dix centimes.		2,10
6 Vacations [5] du notaire à quatre francs l'une.		16, »
7 Frais de voyage [5] et de nourriture, la distance de Vermon à Mailly-la-Tour étant de deux myriamètres [91];		25,60
8 Expédition [64] en dix rôles à un franc cinquante centimes l'un	15 »»	21,25
9 Timbre [61] cinq feuilles à un franc vingt-cinq centimes	6 25	

Ensemble. 73,75

2° Du 30 mai 1840. Etat de compte et liquidation [143]

		73,75
11 Enregistrement [99].	1,10	
12 Timbre [61] de minute [59], onze feuilles à soixante-dix centimes l'une.	7,70	
13 Honoraires [5].	100, »	159,70
14 Expédition [64] en vingt quatre rôles à un franc cinquante centimes l'un. 36, »	51, »	
15 Timbre [61] vingt-quatre feuilles à un francs. vingt-cinq centimes l'une. 15, »		

3° Frais de taxe [5]

17 Timbre [61] du présent état	» 55	
18 Vacation à la taxe (5 n° 345)	4 »	29,95
19 Frais (a) de voyage [5] et de nourriture (la distance de Vermon à Auxerre étant de deux myriamètres).	25,60	

Total, deux cent soixante-trois francs quarante centimes, ci 263,40

21 Le présent état présenté pour être taxé à M. le Président du tribunal civil de..., par le notaire soussigné. —
SIGNATURE.

22 TAXÉ le présent mémoire à la somme de..., par nous Président du Tribunal civil de.....
23 A..., ce... mil huit cent..., (SIGNATURE)

ETAT (b) D'INSCRIPTIONS (DÉPOUILLEMENT D').

DÉPOUILLEMENT [111] de l'état des inscriptions [83] existantes sur un moulin situé à Mailly-la-Tour, vendu par Charles MILLET et Marie LARCHE, sa femme, à M.... (ou : appartenant à M. et Mad. MILLET) ; ledit état délivré le 1 oct. 1844.

(a) Ces frais sont tout calculés au tableau note 5, p. 35 du Commentaire. — Mais ces frais sont-ils dus en toute circonstance où il s'agit de taxe? Quand la taxe est obligatoire (5, n. 335 et 336), il ne nous paraît pas douteux que le Notaire a droit à des frais de voyage. — Mais quand la taxe n'est pas obligatoire, il faut selon nous distinguer : si la partie n'a point exigé la taxe, on ne peut lui faire supporter ni la vacation de la taxe ni les frais de voyage; tandis que si elle l'a exigée, ils ne seront à sa charge qu'autant que le mémoire aura été entièrement adopté, car s'il a été réduit d'une manière notable, elle aura été bien fondée à exiger cette taxe, le mémoire étant moins élevé aurait peut-être été payé par elle sans taxe. Dans l'un et l'autre cas, la taxe se fait toujours comme on le voit en la formule, ce n'est que quand le tribunal vient à statuer sur l'action du Notaire à défaut d'accommodement qu'il y a lieu à distraction ou réduction des frais de taxe.

(b) Ce dépouillement sert à faire connaître d'un seul coup-d'œil la situation hypothécaire d'un immeuble. C'est une opération qui a pour objet d'éviter la peine de recommencer souvent le même travail et qui est d'un grand secours quand le propriétaire de l'immeuble est disposé soit à payer tout ou partie de son prix, soit à établir une distribution amiable de ce prix, soit à emprunter par hypothèque.

Nos d'ordre.	RELATION des INSCRIPTIONS. dates.	vol.	nº	NOMS des CRÉANCIERS.	MONTANT des inscriptions.	NATURE et dates DES TITRES.	NOMS DES CRÉANCIERS ayant droit en résultat.	RANGS des privil.	RANGS des hypoth.	SOMMES principales dues réellement.	ÉPOQUES d'exigibilité.	OBSERVATIONS.
1	31 août 1838	246	41	Bonneau,	1200	Obligation devant Me... notaire à..., du 26 août 1838.	Rémy, comme subrogé suivant mention du 24 av. 1843.		1	1200	1 avril 1843	
2	22 oct. 1838	247	62	Bonneau,	5000	Obligation devant le même notaire du 12 oct. 1838.	Rémy, comme subrogé de même.		2	5000	Idem	
3	30 janv. 1839	251	52	Bossière,	11300	Licitation devant le même notaire du 23 sept. 1838.	Rémy, comme subrogé de même.	c)	3	7175	Idem	Les 4125 fr de surplus ont été payés sans subrogation par quittance devant Me..., notaire à .. du...
4	30 janv. 1839	251	53	Emél. Larche, fme Chevalier	1625	Idem.	Rémy, comme subrogé de même.	c)	3	1625	Idem	(a) Le créancier a perdu son privilége à défaut d'inscription dans les 60 jours de la licitation.
5	24 avril 1843	299	25	Rémy,	15000	Obligat. devant le même notaire du 1 av. 1843, contenant promesse d'emploi de la somme à payer les créanciers ci-dessus nommés.	Rémy.		4	» »	1 avril 1849	Renouvellement des 1, 2e, 3e et 4e inscriptions avec lesquelles elle ne fait qu'une seule et même chose par suite de l'emploi promis et de la quitance devant Me... du...
6	20 juill. 1843	301	77	Louis Larche,	4000	Vente devant le même notaire du 1 mai 1838, d'un cinquième du moulin.	Jeannet, comme subrogé le... par suite de transport du... Boyer, comme subrogé le... par suite de transport du...	1 1		2100 1000	» » 1 mai 1848 » » Idem	Les 900 fr. de surplus ont été payés par quittance devant Me... notaire, le...
				Totaux, non compris les accessoires des créances, en intérêts et frais.						3100 15000		
				Réunion des sommes totales.						18100		

3 Il résulte du tableau qui précède que le moulin des sr et dame MILLET est grevé d'une somme principale de 18,100 francs.

4 Et que les créanciers [25] qui ont droit à cette somme sont :

5 1º M. RÉMY pour quinze mille francs, ci . . . . 15,000 »

6 2º M. JEANNET, pour deux mille cent francs, ci . . . . 2,100 »

7 3º Et M. BOYER, pour mille francs, ci 1,000 1

Somme semblable. . . . . 18,100 »

ETAT SOMMAIRE [59] DE MINUTES [id.].

2 ETAT sommaire des minutes d'actes remises à Me Charles REGNARD, notaire à..., comme (a) successeur de Me Louis PIERRET, par suite du récolement fait sur les répertoires. — Ledit état dressé en conformité de l'art. 58 de la loi du 25 vent. an XI.

NOMS ET PRÉNOMS des notaires dont les minutes ont été transmises.	DATES du commencement et de la fin de chaque exercice.	OBSERVATIONS.
Me CHALMEAU, Jean-Louis	du 1 juill. 1790 (b) au 30 oct. 1821	Toutes les minutes comprises au répertoire dudit Me Chalmeau sont en nature.
Me GRANJEAN, Jacques-Charles	du 1 nov. 1821 au 1 oct. 1834	De toutes les minutes comprises au répertoire dud. Me Granjean, il n'y a en déficit que celles portées sous les n. 13, 111 et 172 de l'année 1827. — Toutes les autres sont en nature.
Me PIERRET, Louis	du 2 oct. 1834 au 15 sept. 1844, jour de la prestation de serment de M. Regnard	De toutes les minutes comprises au répertoire dud. Me Pierret, il n'y a en déficit que celle portée sous le n. 149 de l'année 1835. — Toutes les autres sont en nature.

(a) ou bien : comme dépositaire provisoire [ou : définitif] des minutes de Me... (59, n. 83 et suiv.).
(b) A Paris on ne comprend point dans l'état et récolement des minutes celles antérieures au 1 janvier 1700.

3 Les soussignés : M. Louis PIERRET, ancien notaire à...   D'UNE PART,
4 Et Mᵉ Charles REGNARD, son successeur, notaire à ..   D'AUTRE PART,
5 Reconnaissent que l'état et récolement de minutes ci-dessus dressé, après avoir été revu et vérifié par eux, est exact et véritable.
6 M. REGNARD se charge de toutes les minutes constatées être en nature par ledit état, et en outre des divers répertoires qui existaient dans l'étude de Mᵉ PIERRET, au nombre de trois volumes reliés et cartonnés, et sans lacune. Le premier volume concerne l'exercice de Mᵉ CHALMEAU, le second celui de Mᵉ GRANDJEAN, et le troisième celui de Mᵉ PIERRET.
7 Fait et arrêté double à..., le... mil huit cent...

EXÉCUTOIRE [5] DÉLIVRÉ A UN NOTAIRE PAR UN JUGE DE PAIX.

2   I. *Requête pour obtenir l'exécutoire.*

3 A Monsieur le Juge de paix du canton de Vermon.
4 Expose, Mᵉ JUVÉNIL, notaire à Vermon.
5 Qu'il lui est dû par le sʳ Thomas MELOU, cultivateur et Marianne CLOUD, sa femme, de Bazarnes, la somme de cent vingt et un francs qu'il a avancée à la régie de l'enregistrement pour les droits de mutation de l'acquisition qu'ils ont faite de M. Antoine GRANDJEAN, pâtissier et de la dame son épouse, suivant contrat passé devant ledit Mᵉ JUVÉNIL le..., et portant la mention suivante : enregistré à... le .. fᵒ... recto, case 4, reçu cent dix francs pour droit principal et onze francs pour le décime, signé MICHEL; de laquelle somme il demande le paiement.
6 Pourquoi, et sans préjudicier ni aux honoraires [5] qu'il se réserve de répéter en temps et lieu, ni à son action [5] solidaire contre les époux GRANDJEAN, il requiert, en vertu de l'art. 30 de la loi du 22 frimaire an VII, qu'il vous plaise, Monsieur le Juge de paix, lui accorder l'exécutoire nécessaire pour avoir paiement de ladite somme de cent vingt et un francs, à faire lequel paiement les époux MELOU seront contraints par les voies de droit; et vous ferez justice.
7 Vermon le... mil huit cent...   JUVÉNIL.
8   II. *Exécutoire à mettre à la suite de cette requête.*

9 VU la requête ci-dessus, en date du..., présentée par Mᵉ JUVÉNIL, notaire en ce lieu, par laquelle il expose avoir fait, pour le sieur Thomas Melou, cultivateur et Marianne Cloud, sa femme, de Bazarnes, une avance de cent vingt-un francs pour droits d'enregistrement, pour raison de laquelle somme il requiert qu'il lui soit délivré exécutoire conformément à la loi.
10 Vu la minute du contrat de ladite vente qui nous a été représentée par ledit Mᵉ JUVÉNIL, et que nous lui avons à l'instant rendue.
11 Nous, juge de paix du canton de Vermon, soussigné, faisant droit à ladite requête, avons, en exécution de l'article 30 de la loi du 22 frimaire an VII, accordé, par le présent, audit Mᵉ JUVÉNIL, notaire, exécutoire contre les époux MELOU, pour avoir paiement de la somme de cent vingt-un francs montant de l'avance du droit d'enregistrement dont est ci-dessus parlé; à faire lequel paiement lesdits époux MELOU seront contraints par les voies de droit.
12 Fait et délivré en notre demeure à Vermon, le... mil huit cent... (SIGNATURE).
13   III. *Grosse* [64] *de l'exécutoire délivré sur l'original resté au greffe de la justice de paix.*

14 LOUIS-PHILIPPE, roi des Français, à tous ceux qui ces présentes verront, salut :
15 Le juge de paix du canton de Vermon a délivré l'exécutoire dont la teneur suit :
16 (*Mettre ici le contenu aux alin.* 9, 10, 11 *et* 12 *qui précédent).*
17 Mandons et ordonnons, etc. En foi de quoi nous avons fait signer et sceller ces présentes. — SIGNATURE DU GREFFIER.
18 V. *note* 5, *n.* 64, *pour l'enregistrement de l'exécutoire.*

EXPÉDITION (64) OU GROSSE (*id.*) D'UN ACTE DONT LA MINUTE EST EN LA POSSESSION D'UN AUTRE NOTAIRE (PROCÈS-VERBAL DRESSÉ PAR LE NOTAIRE COMMIS A L'EFFET DE DÉLIVRER).

2 L'AN mil huit cent quarante-quatre, le deux octobre, heure de...
3 PAR-DEVANT Mᵉ. Charles [1] RADEAU (*id.*), notaire [2] à Oly [1], canton de..., département de... soussigné [15] ; et en l'étude de Mᵉ Martray, notaire à Stain, même canton.
4 Est comparu M. Antoine [3] DEFAIX (*id.*), maître de poste (*id.*), demeurant (*id.*) à...
5 Lequel a dit que, par contrat passé devant Mᵉ BEAUPLAN, prédécesseur dudit Mᵉ MARTRAY, le..., dûment enregistré [42], il a vendu à Jacques LORDEREAU, armurier demeurant à..., une maison [7] située [141] à..., moyennant la somme de dix mille francs pour laquelle l'acquéreur a eu terme [77] et délai de vingt années; duquel contrat la grosse (OU : l'expédition) n'a point encore été faite ni délivrée.

⁶   Que Mᵉ Martray étant, depuis cette vente, devenu le gendre de M. Defaix, il pouvait y avoir, en raison de leur alliance, obstacle à ce qu'il lui délivrât ladite grosse (ou : expédition) avec tout le caractère d'authenticité ordinaire.

⁷   Qu'il s'est, par ce motif, pourvu devant le tribunal civil [75] de première instance séant à..., lequel par jugement (id.) du vingt-six août dernier, enregistré et dont une expédition est demeurée ci-jointe, a commis ledit Mᵉ Radeau, notaire soussigné, pour signer et délivrer ladite grosse (ou : expédition) après l'avoir collationnée [64] sur la minute.

⁸   Et qu'il se présentait, en conséquence, pour requérir ledit Mᵉ Radeau de satisfaire à l'objet dudit jugement.

⁹   Obtempérant à ce réquisitoire, Mᵉ Radeau s'est à l'instant fait remettre entre mains par ledit Mᵉ Martray la minute [59] du contrat de vente sus-daté, en a copié (ou : fait copier) exactement tout le contenu, et, après en avoir soigneusement collationné l'expédition, l'a immédiatement close par un certificat de conformité, l'a signée et remise à M. Defaix qui la reconnaît.

¹⁰   Il a été vaqué [5] à ce qui précède depuis ladite heure de... jusqu'à celle de... par... vacation.

¹¹   De tout ce que dessus il a été dressé le présent procès-verbal les jour, lieu, heure, mois et an susdits, en présence de MM. (noms, prénoms, professions et demeures) témoins instrumentaires [14]; et M. Defaix a signé [15] avec les témoins et le notaire, après lecture [16].

¹²   V. Répertoire, note 17. — Forme des actes, note 58. —Enregistrement, notes 86, 18 et 19.

¹³   MENTION A METTRE AU BAS DE LA GROSSE (OU : EXPÉDITION) DÉLIVRÉE :

¹⁴   L'an mil huit cent quarante-quatre, le deux octobre, ces présentes ont été délivrées conformes à la minute étant en la possession de Mᵉ Martray, notaire à Stain, comme successeur de Mᵉ Beauplan, par Mᵉ Radeau, notaire à Oly, soussigné, commis à cet effet par jugement du tribunal civil de première instance séant à.., en date du vingt-six août précédent, enregistré, rendu sur la requête présentée par M. Antoine Defaix ; le tout ainsi qu'il est établi au procès-verbal dressé en minute et présence de témoins par ledit Mᵉ Radeau, notaire soussigné, ledit jour deux octobre.

¹⁵   MENTION [64] A METTRE SUR LA MINUTE DE LA GROSSE (OU : EXPÉDITION) DÉLIVRÉE :

¹⁶   Délivré grosse (ou : expédition) à M. Antoine Defaix, en conformité du procès-verbal dressé par moi le deux octobre mil huit cent quarante-quatre. — SIGNATURE DU NOTAIRE.

¹⁷   V. sup. les formules d'ANNEXE, de COLLATION, de COMPULSOIRE, de COPIE FIGURÉE.

EXPERTISE [195]. — V. RAPPORT D'EXPERTS.

EXPLOIT. — V. les formules d'AJOURNEMENT, d'APPEL, de CITATION, de COMMANDEMENT, de SOMMATION.

EXPOSÉ DES FAITS.

²   Dès qu'un acte doit être un peu compliqué, il faut, après les qualités, avoir soin d'exposer clairement les faits, en ne remontant qu'à l'époque qu'il importe le plus de connaître. — Si on rappelle des actes antérieurs, il faut le faire très succinctement, ou du moins ne pas entrer dans des développements inutiles. — Pour chaque fait il faut ouvrir un alinéa.

³   Lorsqu'on ne fait point d'exposé et qu'il y a des faits assez nombreux à rapporter, il doit y avoir nécessairement dans l'acte une confusion qui nuit à sa clarté. — On peut se reporter, en effet, aux formules d'affectation hypothécaire p. 64 alin. 5 à 9 et p. 66 alin. 6 à 15, et on reconnaîtra facilement que si on était entré en matière sans expliquer les faits, ces actes auraient été bien moins clairs.

EXTRAITS [64] ANALYTIQUES (a).

²   I. Extrait [64] en forme de grosse [id.] d'un contrat de mariage, en ce qui concerne la constitution de dot :

³   Louis-Philippe, Roi des Français, à tous présents et à venir, salut :

⁴   Suivant contrat passé devant Mᵉ Edme Mesnil, notaire à Fourcheux, département de..., en minute [59] et présence de témoins [14], le..., contenant les clauses et conditions civiles du mariage de M. Alphonse Dorvand, huissier [115],

---

(a) Quand on fait un extrait il n'y a point à composer mais seulement à se conformer à l'acte que l'on extrait, en rappelant les dispositions que l'on veut faire connaître sinon intégralement du moins en ayant soin de n'employer que des mots qui soient dans la minute.

à la résidence de..., avec mad. Amélie Moussé, et par lequel il a été établi une communauté [166] de biens entre les futurs époux.

⁵   Il appert que M. Edme Moussé, propriétaire et la dame Sophie Courteli, son épouse de lui autorisée [68], demeurant ensemble à..., ont constitué en dot à la dem. Amélie Moussé, lors future épouse, leur fille qui a accepté, la somme de douze mille francs qu'ils se sont obligés [107] solidairement [106] de lui payer en six termes [77] et paiements égaux d'année en année à compter du jour du mariage, avec intérêts [49] à cinq pour cent par an sans retenue à partir dudit jour.

⁶   Au bas (ou: en marge) de la minute est écrit: Enregistré à., le.., fᵒ.. vᵒ cases 4 et suiv., reçu... pour droit principal et... pour le décime, signé...

⁷   Mandons et ordonnons à tous huissiers sur ce requis de mettre ces présentes à exécution; à nos procureurs généraux et à nos procureurs près les tribunaux de première instance d'y tenir la main; à tous commandants et officiers de la force publique d'y prêter main forte, lorsqu'ils en seront légalement requis. En foi de quoi nous avons fait sceller ces présentes qui ont été extraites par Mᵉ Gaspard Leroy, notaire à..., de la minute dudit contrat de mariage demeurée en sa possession comme successeur immédiat (ou : médiat) et dépositaire des minutes dudit Mᵉ Mesnil, ancien notaire. — V. note 64, nᵒˢ 78 et 79.

⁸   II. *Extrait d'un intitulé d'inventaire, pour établir les qualités des héritiers.*

⁹   L'inventaire [145] après le décès [65] arrivé à..., le... mil huit cent..., de mad. Mélanie Ouret, veuve de M. Pierre Cyprien, a été fait par Mᵉ Ariste Bourgeois, notaire à..., en minute [59] et présence de témoins [14] le...

¹⁰   A la requête de M. Basile [3] Ouret, négociant demeurant à...

¹¹   Ayant agi comme tuteur [163] datif de Charles Cyprien, enfant mineur [63], nommé à cette fonction qu'il a acceptée suivant délibération (id.) du conseil de famille dudit mineur, tenu devant M. le juge de paix du canton de.... assisté de son greffier, ainsi qu'il résulte de son procès-verbal en date du.., dûment enregistré [42].

¹²   Et en présence de M. Nicolas Cyprien, propriétaire demeurant à...; ayant agi comme subrogé-tuteur [163] dudit mineur Charles Cyprien, nommé et élu à cette qualité qu'il a acceptée, suivant la délibération de conseil de famille précitée.

¹³   Ledit mineur Charles Cyprien habile [34] à se dire seul et unique héritier [78] dudit feu sieur Pierre Cyprien, son père, en son vivant négociant à...

¹⁴   En marge de la dernière vacation est écrit : Enregistré à... le... fᵒ... recto, case 1, reçu... signé...

¹⁵   Extrait par ledit Mᵉ Bourgeois, notaire à..., soussigné, de la minute dudit inventaire, demeuré en sa possession.

¹⁶   III. *Extrait d'une obligation pour faire signifier [20] à une compagnie d'assurances [155] contre l'incendie.*

¹⁷   Suivant un acte passé en minute [59] et présence de témoins [14] devant Mᵉ..., notaire à..., le..., contenant obligation par M. Chrétien Lescor, propriétaire et la dame Justine Corpé, son épouse, demeurant ensemble à..., au profit de M. Germain Drouin, négociant demeurant à..., de la somme de six mille francs exigible [77] le..., et portant intérêts [49] à cinq pour cent par an; avec hypothèque [30] sur une maison et ses dépendances situées à...

¹⁸   Il appert que, pour plus de sûreté du principal et des intérêts de ladite obligation, les sieur et dame Lescor se sont obligés [107] de faire assurer ladite maison contre l'incendie par la compagnie royale d'assurances établie à Paris pour toute la durée de la présente obligation et qu'ils ont alors subrogé [114] M. Drouin dans les effets qui pourraient résulter de cette assurance au cas de sinistre, pour, par le cessionnaire, les faire valoir par préférence à eux-mêmes et à tous autres jusqu'à due concurrence. — V. sup. p. 51, note a.

¹⁹   Au bas de la minute est écrit : Enregistré à... (relation littérale de l'enregistrement).

²⁰   Extrait par Mᵉ..., notaire à..., susdit et soussigné, de la minute de ladite obligation demeurée en sa possession.

²¹   IV. *Extrait d'une procuration [80], en ce qui concerne le pouvoir de recevoir [84] et donner mainlevée [149], de transporter [96] et subroger.*

²²   Suivant un acte contenant procuration passé en minute [59] et présence de témoins [14] devant Mᵉ..., notaire à..., le...

²³   Il appert que M. Amédée Gigot, ingénieur et la dame Julie Marest, son épouse de lui autorisée, demeurant ensemble à...

²⁴   Ont donné entr'autres pouvoirs à M. Achille Remacle, avocat, demeurant à.., ceux de toucher et recevoir de tous débiteurs ou autres qu'il appartiendrait, céder et transporter à telles personnes et aux charges [58] et conditions [155] les plus avantageuses, toutes les sommes qui étaient ou pourraient être dues [26] aux mandants à quelque titre ou pour quelque cause que ce soit, tant en principaux [136] qu'intérêts [49] ou arrérages, frais [120] et accessoires [105].

²⁵   De toutes sommes reçues donner toutes quittances [84] et décharges (id.), donner mainlevée consentir radiation [149] de toutes inscriptions, consentir aussi toutes mentions [84] et subrogations [114] avec ou sans garantie; remettre tous titres et pièces; passer et signer tous actes, et généralement faire tout ce qui serait utile et nécessaire.

²⁶   Au bas (ou : en marge) de la minute est écrit : Enregistré à... (relater littéralement l'enregistrement).

²⁷   Extrait par Mᵉ..., notaire à..., soussigné, du brevet [59] original de ladite procuration demeuré en sa possession comme étant annexé [55] à la minute [59] d'un acte de... reçu par lui en présence de témoins le... mil huit cent... et portant la mention d'enregistrement suivante : Enregistré, etc...

28 V. *Extrait d'une quittance* [84] *en ce qui concerne la main levée pour faire rayer* [149] *une inscription* [85] *ordinaire.*
V. inf. p. 412, alin. 8 et suiv.

29 Suivant acte contenant quittance passé, etc.

30 Il appert que M. Léon Merlin, tonnelier demeurant à.. et ci-devant à...

31 A donné mainlevée pure et simple et consenti la radiation de l'inscription prise à son profit au bureau des hypothèques de..., le..., vol..., n°... contre M. Jean Chevet, propriétaire et la dame Léonce Poudat, son épouse, demeurant ensemble à..., débiteurs solidaires [106]; et a consenti que M. le conservateur, en faisant cette radiation, fût valablement quitte et déchargé.

32 En marge de la minute est écrit : Enregistré à..., etc.

33 Extrait par M°..., etc. (V. sup. alin. 7, 15, 20 et 27).

34   VI. *Extrait, pour faire rayer l'inscription, d'un acte contenant quittance et mainlevée par un tuteur.*

35 Suivant acte passé devant M°..., notaire à..., le..., etc.

36 Il appert que M. Claude Vaillant, rentier demeurant à...

37 Ayant agi comme tuteur [163] datif de Paul Vaillant, son neveu, nommé à cette fonction qu'il a acceptée suivant délibération (*id.*) du conseil de famille dudit mineur tenu devant M. le juge de paix du canton de..., assisté de son greffier, ainsi qu'il résulte de son procès-verbal en date du..., notaire à..., le..., dûment enregistré [42].

38 Ledit mineur Vaillant seul héritier [78] sous bénéfice d'inventaire [85], conformément à la loi, de Pierre Vaillant, en son vivant négociant et Marie Ferlet, ses père et mère, laquelle qualité d'héritier est constatée par l'intitulé de l'inventaire [145] fait après leur décès par M°..., notaire à..., le..., dûment enregistré, et dont un extrait en forme est demeuré annexé [55] à la minute de l'acte dont est extrait.

39 A reconnu avoir reçu de M..., la somme de trois mille francs pour le remboursement du principal de l'obligation de pareille somme consentie par ce dernier au profit des sieur et dame Vaillant, père et mère du mineur, suivant acte passé devant M°..., notaire à..., le..., dûment enregistré, plus celle de cent cinquante francs pour les intérêts [49] de l'année courante.

40 Et a donné mainlevée [149] et consenti la radiation (*id.*) de l'inscription [85] prise au profit des époux Vaillant au bureau des hypothèques de..., le..., vol... n°... contre ledit sieur..., en vertu de ladite obligation.

41 En marge de la minute est écrit : Enregistré à.... le...

42 Suivant l'intitulé de l'inventaire ci-devant daté et énoncé et enregistré à... (*relater ici l'enregistrement*), il appert que ledit mineur Vaillant y figure comme seul et unique héritier sous bénéfice d'inventaire de ses père et mère, sus-nommés.

43 Extrait, par M°..., notaire susdit et soussigné, de la minute dudit acte de quittance et main-levée et de l'intitulé d'inventaire y annexé, le tout étant en sa possession.

44   VII. *Extrait d'une quittance avec subrogation par le créancier, pour faire subroger dans l'inscription.*

45 Suivant un acte contenant quittance passé devant M°..., etc.

46 Il appert que M. François Galle, propriétaire demeurant à... a reconnu avoir reçu [84] de M. Louis Vermi, ancien négociant demeurant à Auxerre, payant de ses deniers personnels et en l'acquit de M. Germain Maupas, pâtissier demeurant à...

47 La somme de cinq mille francs pour le montant du prix de la vente que M. Galle a faite audit sieur Maupas d'une maison sise à..., par contrat passé devant M°..., notaire à..., le..., dûment enregistré et transcrit [111].

48 Au moyen de ce paiement, M. Galle a mis et subrogé M. Vermi dans tous les droits [27] et actions [28], privilèges [29] et hypothèques [50], résultant à son profit du contrat de vente sus-daté, et notamment dans l'effet de l'inscription d'office [85] prise à son profit au bureau des hypothèques d'Auxerre, le..., vol..., n°... contre ledit Sieur Maupas.

49 Et pour faire opérer la subrogation [114] en marge de l'inscription avec élection de domicile [85] en la demeure de M. Vermi sise à Auxerre, rue..., n°..., tout pouvoir [80] a été donné au porteur des présentes.

50 Au bas de la minute est écrit : Enregistré, etc.

51 Extrait par M°..., notaire susdit et soussigné, de la minute de ladite quittance demeurée en sa possession.

52   VIII. *Extrait d'une quittance* [84] *contenant subrogation par le débiteur, pour faire subroger dans l'inscription.*

53 Suivant acte contenant quittance passé, etc.

54 Il appert que M. François Poudret, coiffeur demeurant à...

55 A reconnu avoir reçu de M. Pélerin Onfroy, mécanicien et de la dame Cécile Mingot, son épouse, demeurant ensemble à...

56 La somme de six mille francs montant en principal de l'obligation souscrite au profit dudit sieur Poudret par lesdits époux Onfroy, solidairement [106] entre eux par acte passé en minute et présence de témoins devant M°..., notaire à..., le..., dûment enregistré.

57 Les époux Onfroy ayant déclaré que le paiement de ladite somme de six mille francs était effectué avec pareille somme par eux empruntée à cet effet de M. Antoine Mulot, rentier, demeurant à.., suivant acte passé en minute [39] et présence de témoins [14] devant M°... notaire à... le..., dûment enregistré, et contenant promesse de l'emploi effectué par la quittance dont est extrait, ledit sieur Mulot, par suite de cette déclaration d'origine de deniers, a été subrogé par lesdits époux Onfroy, conformément au n° 2 de l'art. 1250 du Code civil, dans tous les droits [27] et

actions [28], priviléges, [29] et hypothèques [30] résultant au profit de M. POUDRET de l'obligation du... précitée, et notamment dans l'effet de l'inscription [83] prise au profit dudit sieur POUDRET contre les époux ONFROY au bureau des hypothèques de... le... vol.. n°... en vertu de ladite obligation.

58 Pour faire opérer la subrogation en marge etc.—V. sup. p.410 alin. 49.

59 En marge de la minute est écrit; enregistré etc. — V. sup. p. 409 alin. 6.

60 Extrait par Mᵉ... notaire à..., soussigné, de la minute de ladite quittance demeurée en sa possession.

61 **IX.** *Extrait d'un acte de société* [38] *pour afficher au Tribunal de Commerce* (C. comm. 42 et 43)

62 SUIVANT contrat passé en minute [39] et présence de témoins [14] devant Mᵉ... Notaire à... le..., contenant société :

63 Entre M. Jacques LEFUELLE, fabricant d'indiennes, demeurant à..., patenté [43] à la mairie de son domicile à la date du... dernier, ... classe, n°...   D'UNE PART

64 Et M. Ferdinand FLEUTELOT, commis marchand, demeurant à...   D'AUTRE PART

65 Il appert que la société formée entre les dits sieurs LEFUELLE et FLEUTELOT est en nom collectif; sa durée est de douze années qui commenceront le... et finiront le...

66 La raison sociale est LEFUELLE et compagnie; le sieur LEFUELLE a seul la signature ainsi que la gestion de la société.

67 La mise en société est composée, savoir : pour le sieur LEFUELLE, de son établissement composé d'ustensiles et matières premières et confectionnées, le tout d'une valeur de trente mille francs; et pour le sieur FLEUTELOT d'une pareille somme de trente mille francs en numéraire qu'il s'est obligé de fournir le jour où commencerait la société.

68 Au bas de la minute est écrit : enregistré à... (*relater ici l'enregistrement*).

69 Extrait par ledit Mᵉ.. de la minute dudit contrat de société demeurée en sa possession.

70 **X.** *Extrait d'un transport* [96] *pour faire signifier* [20] *au débiteur et faire subroger dans l'inscription*

71 SUIVANT un acte contenant transport passé etc.

72 Il appert que M. Louis PAILLET, homme de loi demeurant à... ; ayant agi comme mandataire [80] substitué (*id.*) par M. Alfred MAILLOT, garçon majeur, sans profession demeurant à... suivant acte passé devant Mᵉ... notaire à le..., dûment enregistré [42], dans tous les pouvoirs conférés à ce dernier par M. Alix CAYEUX, peintre en bâtiments demeurant à..., suivant sa procuration spéciale à l'effet de l'acte présentement extrait, passée devant Mᵉ... notaire à..., le... dûment enregistrée et légalisée [125], desquelles procuration et substitution les brevets originaux sont demeurés annexés [38] à la minute des présentes.

73 A, en sa dite qualité, cédé et transporté [96] avec garantie de la solvabilité actuelle et future des débiteurs ci-après nommés et moyennant la somme de quatre mille cinq cents francs payée comptant par l'acte de cession même qui en contient quittance [84].

74 A M. Paul DEFAIX, horloger demeurant à..., présent au dit acte et qui a accepté [32].

75 La somme de cinq mille francs à prendre avec toute priorité et préférence à M. CAYEUX dans celle de dix mille francs qui est due à ce dernier par le sieur Alexis BOULET, cultivateur demeurant à..., pour prix de biens ruraux à lui vendus suivant contrat passé devant Mᵉ.., notaire à.., le... dûment enregistré et transcrit [111].

76 Pour, par le cessionnaire, toucher et recevoir [84] de qui il appartiendra ladite somme de cinq mille francs, ensemble les intérêts [49] dont elle est productive à compter du... ; à l'effet de quoi M. PAILLET, audit nom, a mis et subrogé M. DEFAIX dans tous les droits [27] et actions [28], priviléges [29] et hypothèques [30] résultant au profit de M. CAYEUX du contrat de vente précité et notamment dans l'effet jusqu'à due concurrence de l'inscription d'office [83] prise au profit de ce dernier contre le sieur BOULET au bureau des hypothèques de..., le .. vol.., n°...

77 Pour faire signifier [20] l'acte présentement extrait et pour faire opérer la subrogation [114] en marge de l'inscription avec élection de domicile en la demeure à.. de..., tout pouvoir a été donné au porteur des présentes.

78 Au bas de la minute des présentes est écrit : Enregistré à, etc...

79 Par la procuration ci-devant datée et énoncée, passée devant Mᵉ.., notaire à... le.., et portant la mention suivante : Enregistré à...

80 Il appert que M. Alix [3] CAYEUX, ci-devant prénommé, qualifié et domicilié, a donné à M. Alfred MAILLOT, aussi ci-devant prénommé, qualifié et domicilié, les pouvoirs [80] de céder et transporter toutes sommes principales [136] et leurs accessoires [103] aux charges [58] et conditions [133] que le mandataire jugerait convenables, en recevoir le prix, en donner quittances, consentir toutes mentions [84] et subrogations avec ou sans garantie.

81 Par la substitution ci-devant datée et énoncée etc. — (*V. les deux alin. qui précèdent*).

82 Extrait par Mᵉ... notaire à... susdit et soussigné, de la minute dudit transport et des procuration et substitution y annexées, le tout étant en sa possession.

---

1 **EXTRAIT** [64] COLLATIONNÉ (*id.*) D'UNE PIÈCE REPRÉSENTÉE ET RENDUE.

2 Quand l'extrait est *analytique*, on applique les formules *d'extrait* qui précèdent et on termine de la manière indiquée *sup*. p. 231, *alin*. 3.

> Quand l'extrait est *littéral*, on suit la formule *de collation de pièces par extrait* rapportée *sup.* p. 251.
> Dans l'un comme dans l'autre cas l'extrait doit être répertorié et enregistré. — V. *sup.* p. 251, *alin.* 6.

EXTRAITS [64] LITTÉRAUX (a).

I. *Extrait littéral d'un contrat de mariage* [166] *entre commerçants pour déposer aux greffe et chambres.*

D'un contrat passé en minute [59] et présence de témoins [14] devant Me... notaire à... le.., contenant les clauses et conditions civiles du mariage arrêté entre M. Léon CAPOT, marchand épicier demeurant à..., et Mlle Marie PONCET, fille majeure demeurant à...

Il a été extrait littéralement ce qui suit :

« Art. 1. Il y aura entre les futurs époux communauté [166] de biens meubles [86] et conquêts immeubles, con-
» formément au régime de la communauté légale, sauf les modifications ci-après exprimées : » — V. *l'art.* 1 *des
formules de* CONTRAT DE MARIAGE *qui précèdent* p. 314 *et suiv.*

En marge de la minute est écrit : Enregistré [18] à... (*relater ici l'enregistrement.*)

Extrait [64] par Me... notaire à... susdit et soussigné de la minute [59] dudit contrat de mariage demeurée en sa possession.

II. *Extrait* [64] *littéral d'un acte contenant mainlevée* [149] *pour faire rayer* (*id.*) *l'inscription d'office* [85].

D'un acte contenant (*indiquer ici les divers titres* (b) *de l'acte*) passé en minute [59] et présence de témoins [14] devant Me... notaire à... le...

Il a été extrait littéralement ce qui suit :

« Est comparu M. Basile MONETOT, officier en retraite, demeurant à..

« Lequel a, par ces présentes, déclaré se désister... (V. *sup. la formule de* DÉSISTEMENT DE PRIVILÉGE ET D'ACTION
» RÉSOLUTOIRE p. 578, *alin.* 4 *et* 5). »

au bas de la minute est écrit : Enregistré etc.

Extrait par Me... notaire à... susdit et soussigné, de la minute dudit acte, demeurée en sa possession.

III. *Extrait* [64] *littéral d'un testament olographe* [152] *en ce qui concerne un legs particulier* [24].

Du testament de M. Pélerin LOISEAU, par lui fait olographe à... le.., et déposé pour minute à Me... notaire à..., soussigné, en vertu de l'ordonnance de M. le Président du Tribunal civil de première instance séant à..., contenue au procès-verbal d'ouverture et de description dudit testament, en date du... enregistré,

Il a été extrait littéralement ce qui suit :

(c) *Je donne et lègue* [24] *à Éloi* LOISEAU, *mon neveu, six cents francs* [91] *de rente* [76] *annuelle et viagère sur sa
tête incessible et insaisissable, qui lui seront payés de trois en trois mois* [77] *à compter du jour de mon décès.*

En marge dudit testament est écrit : enregistré à..., le..., etc.:

Extrait par Me... notaire à... susdit et soussigné, de l'original dudit testament olographe, demeuré en sa possession comme étant annexé [55] à la minute de l'acte de dépôt qu'il en a dressé, en conformité de l'ordonnance précitée, par acte du... portant la mention suivante : Enregistré à...

FIDUCIE [75]. — V. *sup.* DONATION A UN FIDUCIAIRE p. 592 et *inf.* SUBSTITUTION FIDUCIAIRE.

FOLLE-ENCHERE. — V. *inf.* VENTE SUR FOLLE-ENCHÈRE.

FORFAIT. — V. *inf.* MARCHÉ.

(*a*) Ces extraits sont presque aussi faciles que des expéditions, et c'est pour cela qu'assez souvent on les donne à faire aux clercs encore peu habiles à analyser. Et même il est vrai de dire que ces extraits, dans certains cas, font la même foi que les expéditions, le notaire attestant qu'il rapporte textuellement la disposition. — V. *inf.* note *c.*

(*b*) Car si l'acte ne contenait que la mainlevée, ce ne serait pas un extrait qu'il conviendrait de faire, mais une expédition.

(*c*) L'extrait étant littéral, il faut copier les mots tels qu'ils sont avec les fautes d'orthographe qu'ils comportent, le notaire ne devant point se faire juge du sens que peuvent avoir ces mots — V. note 64, n. 12.

FORMULE EXÉCUTOIRE. — V. note 64 n. 75 et *inf.* GROSSE.

FRÊT DE NAVIRE. — V. *sup.* CHARTE-PARTIE.

GAGE [180] EN EFFETS MOBILIERS [86].

Par-devant M⁰ Louis [1] Denox (*id.*,), notaire [2] à Blay [1], département de.., soussigné [15].

Sont comparus : M. Blaise [3] Carreau (*id.*), employé (*id.*), demeurant à.. D'UNE PART.

Et M. Alfred Micoin, rentier demeurant à.. D'AUTRE PART.

Lesquels ont exposé ce qui suit :

Par acte passé devant M⁰ Denon, notaire soussigné, en minute [39] et présence de témoins [14], le.., dûment enregistré [42], M. Carreau 's'est reconnu débiteur [26] envers M. Micoin d'une somme de cinq mille francs actuellement exigible [77] et produisant intérêts [49] à cinq pour cent par an sans retenue payables de six en six mois.

A l'échéance du principal M. Micoin a fait au débiteur commandement [194] de payer et il se disposait à diriger de nouvelles poursuites quand M. Carreau a proposé de lui donner un nantissement s'il voulait lui accorder des délais.

M. Micoin ayant accédé à cette proposition, les parties sont demeurées d'accord ce qui suit :

M. Micoin accorde au dit sieur Carreau, qui l'accepte, terme [77] et délai de cinq années à compter de ce jour, pour le paiement du principal de ladite obligation, lequel continuera de produire des intérêts [49] comme par le passé jusqu'à son remboursement.

De son côté, M. Carreau a présentement remis à titre de gage ou nantissement [180] à M. Micoin qui le reconnait.

(a) Le titre d'une rente [76] constituée, annuelle et perpétuelle, franche de retenue [49] de six cents francs [91], au capital de douze mille francs, payable [84] de six en six mois aux premier janvier et premier juillet, créée au profit dudit sieur Carreau par M. César Lhomme, propriétaire et la dame Sophie Fernel, sa femme, demeurant ensemble à.., débiteurs solidaires [106], suivant contrat passé devant M⁰... notaire à... le... dûment enregistré. Laquelle rente est garantie par hypothèque [30] sur divers biens ruraux et par une inscription [83] prise au bureau des hypothèques de... le... vol... n°... — Lequel titre M. Micoin sera tenu de restituer à M. Carreau dès que le montant de ladite obligation lui sera remboursé.

A défaut de paiement des intérêts de ladite obligation à leurs échéances, comme aussi à défaut de remboursement du capital lors de son exigibilité, M. Micoin aura le choix ou de faire ordonner en justice que le gage lui demeurera en paiement et jusqu'à due concurrence, ou qu'il sera vendu aux enchères. Toutefois il ne pourra user de ce droit qu'après un simple commandement [194] resté infructueux pendant quinze jours, fait à M. Carreau au domicile par lui élu dans ladite obligation, pour, au cas de vente, être payé par privilége [29] et préférence à tous autres créanciers sur les deniers provenant de la vente.

Pour faire signifier [20] ces présentes aux débiteurs, tout pouvoir [80] est donné au porteur d'une expédition [64] ou extrait (*id.*) des présentes. — V. *intervention.*

Les parties consentent que mention [84] des présentes soit faite sur toutes pièces que besoin sera par le notaire soussigné et tous autres de ce requis.

Les déboursés [5] et honoraires (*id.*) des présentes seront supportées par M. Carreau.

Dont acte, fait et passé à Blay [12] en l'étude (*id.*), l'an mil huit cent quarante-quatre le sept octobre [13], en présence de MM. (*noms, prénoms, professions et demeures*), témoins instrumentaires [14]; et les parties ont signé [15] avec les témoins et le notaire, après lecture [16].

V. *Répertoire*, note 17. — *Forme des actes*, note 38. — *Enregistrement*, notes 99, 117, 18 et 19.

V. *aussi* sup. p. 361 *la formule de* DÉLÉGATION A TITRE DE GARANTIE *et surtout la note* a *au bas de cette page; et* inf. *la formule* D'OBLIGATION AVEC GAGE.

GARANTIE [32 n. 11] HYPOTHÉCAIRE [30] SUR UN IMMEUBLE [86].

Par-devant M⁰ Alix [1] Labe (*id.*), notaire [2] à Guy [1], département de..., soussigné [15].

Est comparue Mme Héloïse [3] Boissy (*id.*), épouse de M. Martin (*id.*) Clout (*id.*), marchand de vins avec lequel elle demeure à Guy (*id.*): ladite dame de son mari; à ce présent, dûment autorisée [68].

(a) *ou bien* : Les objets mobiliers ci-après désignés, appartenant audit sieur Carreau, ainsi qu'il le déclare : 1°.. 2°...., lesquels objets M. Micoin sera tenu de restituer, etc.

⁴ Laquelle, pour garantie de la somme de trois mille francs qui est due par son mari à M. Pierre Bescheux, marchand de vins en gros, demeurant à Guy, suivant compte arrêté entre eux par acte passé devant Me... notaire à... le..., dûment enregistré [42], laquelle somme a été stipulée payable [77] le... avec intérêt [49] à six pour cent par an, et pour le paiement de laquelle elle s'oblige solidairement avec son mari comme caution [52] sauf ce qui va être dit ci-après pour la limitation de son obligation.

⁵ A, par ces présentes, affecté et hypothéqué [50], ce qui est accepté [52] par ledit sieur Bescheux, à ce présent, patenté [43] à la mairie de son domicile à la date du... dernier, ... classe, n...

⁶ Un bâtiment situé [141] à Guy, composé de deux chambres, une grange et une écurie, le tout couvert en tuiles, tenant (id.) d'un long du levant à... etc.

⁷ Appartenant [22] à ladite dame Cloit pour lui être échue avec autres biens par le partage [145] de la succession [88] de Marie Masse, sa mère, veuve du sieur Germain Boissv, décédée [63] à... le..., et dont elle était héritière [78] pour un tiers, ledit partage fait sans soulte devant Me... notaire à... le.., dûment enregistré. — V. sup. ETABLISSEMENT DE PROPRIETE p. 403.

⁸ Sur lequel bâtiment la dame Cloit consent qu'il soit pris inscription [85].

⁹ Déclare ladite dame Cloit, que le bâtiment dont il s'agit n'est grevé d'aucune hypothèque [50] légale (id.), conventionnelle (id.) ou judiciaire (id.).

¹⁰ Mme Cloit fait observer que la garantie par elle donnée est expressément limitée au bâtiment ci-dessus hypothéqué et qu'elle n'entend nullement être obligée personnellement à la dette de son mari envers M. Bescheux, en conséquence, si après discussion [52] de l'immeuble hypothéqué, le prix est insuffisant pour payer la dette en principal [156] et accessoires [103] la dame Cloit ne sera plus obligée en aucune manière au paiement du surplus.

¹¹ Les déboursés [3] et honoraires (id.) des présentes, le coût de la grosse [64] et de l'inscription [85] seront payés par le sieur Cloit, qui s'y oblige.

¹² Pour l'exécution des présentes, les parties font élection de domicile [11] en leurs demeures respectives sus-indiquées.

¹³ Dont acte, fait et passé à Guy [12] en l'étude (id.), l'an mil huit cent quarante-quatre [15] le huit octobre (id.), en présence de MM. (noms, prénoms, professions et demeures), témoins instrumentaires [14]; et les parties ont signé [15] avec les témoins et le notaire, après lecture [16].

¹⁴ V. Répertoire note 17. — Forme des actes, note 38, — Enregistrement, notes 117, 18 et 19.

¹⁵ V. aussi les formules de CAUTIONNEMENT et celle de DÉLÉGATION A TITRE DE GARANTIE

GROSSE [64]. — SECONDE GROSSE (id.).

² GROSSE. On distingue une grosse d'une expédition en ce que la grosse est revêtue de la formule exécutoire et que l'expédition ne l'est pas (V. note 64 n. 46). Cette formule exécutoire consiste à intituler et à terminer la grosse dans les mêmes termes que les jugements des tribunaux (V. note 64 n. 75).—V. aussi sup. p. 408 alin. 3. et p. 409 alin. 3.

² SECONDE GROSSE (PROCÈS VERBAL DE DÉLIVRANCE D'UNE) par acte à la suite mais séparé de l'acte dont il est délivré grosse.

⁴ L'AN mil huit cent quarante-quatre [15] le neuf octobre (id.), heure de dix du matin.

⁵ Par-devant Me Léandre [1] Sommet (id.), notaire [2] à cœur [1], département de..., soussigné [15], et en son étude [12]

⁶ Est comparu M. Basile [5] Frère (id.), armurier (id.), demeurant (id.) à cœur.

⁷ Lequel a dit que par exploit [20] de Perrot, huissier [113] à..., en date du... dernier (42, n° 1), il a fait sommation [119] à M. Emmanuel Lambert, cultivateur demeurant à.., de se trouver cejourd'hui, lieu et heure susdits, pour être présent, si bon lui semble, à la délivrance qui doit être faite audit Sr Frère d'une seconde grosse d'un contrat passé devant le notaire soussigné en minute [59] et présence de témoins [14] le..., dûment enregistré [42], contenant vente [109] par le requérant audit sieur Lambert, de six pièces d'héritages, moyennant la somme de deux mille quatre cents francs, de prix principal, stipulé payable [77] le..., avec intérêts [49], duquel acte la grosse se trouve adirée. — Les originaux desquels sommation, requête et ordonnance, représentés par le comparant sont demeurés ci-annexés (a), après que dessus mention de cette annexe a été faite par le notaire en présence des témoins soussignés...

⁸ Et qu'il requérait que la grosse de ladite vente lui fût délivrée tant en absence qu'en présence dudit sieur Lambert.

⁹ Lecture faite, ledit sieur Frère a signé [15]. — (SIGNATURE).

¹⁰ (b, Et, après avoir attendu ledit sieur Emmanuel Lambert depuis ladite heure de dix du matin jusqu'à celle de une

---

(a) Cette annexe n'a lieu que quand le notaire délivre la seconde grosse ; dans le cas contraire, c. à-d. au cas de difficultés, c'est le jugement qui intervient qui couvre la responsabilité du notaire.

(b) Ou bien : Et à l'instant est comparu M. Emmanuel Lambert, ci-dessus prénommé et qualifié avec indication de domicile. —Le-

de relevée, sans qu'il soit comparu ni personne pour lui, M. Frère a requis le notaire soussigné de donner défaut contre ledit sieur Lambert, et de procéder à l'instant à la délivrance de la seconde grosse dont est question.

11 Obtempérant au réquisitoire dudit sieur Frère, le notaire soussigné a donné défaut contre le sieur Lambert, et procédé de suite à la délivrance de la seconde grosse présentement requise, conformément à l'ordonnance ci-dessus relatée.

12 Il a été vaqué à ce qui précède depuis ladite heure de dix du matin jusqu'à celle de... du soir, par..., vacation [5].

13 De tout ce que dessus il a été dressé le présent procès-verbal à cœur [12], les jour, heure, mois et an susdits, en présence de MM., (noms, prénoms, professions et demeures), témoins instrumentaires [14]; et le comparant a signé [15] avec les témoins et le notaire, après lecture [16].

14 V. répertoire, note 17. — Forme des actes, note 38. — Enregistrement, notes 99, 18 et 19.

15   MENTION A METTRE A LA SUITE DE LA SECONDE GROSSE APRÈS LA FORMULE EXÉCUTOIRE.

16 L'an mil huit cent quarante-quatre [13] le neuf octobre (id.), ces présentes ont été mises en forme de grosse pour la seconde fois, et délivrées à M. Bazile Frère, armurier demeurant à Cœur, en vertu de l'ordonnance de M. le Président du tribunal civil de première instance séant à..., en date du..., autorisant Me Sommet, notaire soussigné, à délivrer la présente seconde grosse, parties intéressées présentes ou dûment appelées; lesquelles parties ont été appelées par exploit dûment en forme et ne se sont point présentées, ainsi qu'il résulte d'un procès-verbal de comparution et défaut, reçu par ledit Me Sommet, en minute et présence de témoins, ledit jour neuf octobre mil huit cent quarante-quatre, et étant en suite de la minute de l'acte dont la grosse précède, auquel procès-verbal sont demeurés annexés l'original de l'ordonnance précitée et celui de la sommation. —   (Signatures).

17   V. note 64, n. 95 et sup. AMPLIATION p. 75.

HABITATION [193] (CONCESSION [81] A TITRE GRATUIT D'UN DROIT D')

2 Par-devant Me Giles [1] Bezou (id.), notaire [2] à Cliq [1], département de..., soussigné [15].

3 Est comparu M. Simon [5] Lefranc (id.), banquier (id.), demeurant (id.).

4 Lequel a, par ces présentes, concédé et donné [81] à titre gratuit et irrévocable, avec obligation de garantir de tous troubles;

5 Au sieur Thomas [5] Mollot (id.), son ancien serviteur (id.), demeurant à Cliq, à ce présent et acceptant [52].

6 [7] Le droit d'habitation [193] pendant la vie du sieur Mollot, dans une maison [86] située [141] à... appartenant [22] à M. Lefranc, et composée de deux chambres, grenier dessus, cave dessous, jardin derrière, tenant [141] d'un côté du nord à..., etc.

7 Ainsi que ladite maison s'étend et comporte, sans aucune exception ni réserve, le sieur Mollot déclarant au surplus la bien connaître.

8 Pour en jouir, lui, sa femme et ses enfants, s'il se marie, ainsi que les parents auxquels, d'après la loi, il devrait des aliments [63], mais seulement pendant la vie naturelle dudit sieur Mollot et à compter du premier janvier prochain.

9 La présente concession est faite aux charges [58] et conditions [133] suivantes, que le sieur Mollot s'oblige d'exécuter:

10 1° De jouir de ladite maison en bon père de famille, et d'y faire toutes les réparations d'entretien nécessaires, pendant toute la durée du droit d'habitation;

11 2° De souffrir, sans aucune indemnité, les grosses réparations qui seraient à faire à la maison dont il s'agit, quelle que soit la durée du temps qui y sera employé.

12 3° D'acquitter à compter du jour de son entrée en jouissance et pendant toute la durée du droit d'habitation, les contributions [58] des portes et fenêtres de ladite maison; et de supporter les charges (id.) de ville et de police auxquelles un usufruitier serait assujetti;

13 4° De payer aussi à compter de la même époque les contributions [58] foncières de ladite maison.

---

quel a dit qu'il comparait pour satisfaire à la sommation qui lui a été faite par l'exploit ci-dessus énoncé, et qu'il ne s'oppose pas à la délivrance de la seconde grosse présentement requise. —Lecture faite, il a signé.

Obtempérant au réquisitoire dudit sieur Frère et attendu le consentement dudit sieur Lambert, le notaire soussigné a procédé immédiatement à la délivrance de la seconde grosse dont il s'agit, conformément à l'ordonnance sus-énoncée.

Ou bien encore: Et à l'instant est comparu M. Emmanuel Lambert, etc. Lequel a dit qu'il comparait pour satisfaire à la sommation à lui faite par l'exploit sus-daté, et qu'il s'oppose à la délivrance de la seconde grosse demandée par le sieur Frère, attendu qu'il a remboursé à ce dernier tout le prix de l'acquisition qu'il a faite de lui suivant diverses quittances sous seings privés étant en marge de la première grosse, laquelle a disparu du domicile de lui sieur Lambert par une circonstance qu'il ne peut expliquer, mais que les divers paiements dudit prix ont eu lieu en présence de plusieurs personnes dont le témoignage pourra être invoqué au besoin. — Lecture faite, il a signé.

Et attendu les difficultés existantes entre les parties au sujet de la délivrance de cette seconde grosse, le notaire soussigné a renvoyé les dites parties à se pourvoir devant qui de droit.

¹⁴ 5° De ne pouvoir céder ni sous-louer son droit d'habitation en tout ou en partie.

¹⁵ 6° De souffrir la perte totale ou partielle du droit d'habitation dans le cas de démolition ou de destruction par cas fortuit ou force majeure, de tout ou partie de ladite maison ; à la condition toutefois que ce droit sera rétabli si les lieux sont reconstruits.

¹⁶ De son côté M. LEFRANC s'oblige de faire les grosses réparations et de faire jouir le sieur MOLLOT et les siens paisiblement dudit droit d'habitation.

¹⁷ Pour la perception du droit d'enregistrement, le droit d'habitation présentement concédé est évalué à un revenu annuel [50] de soixante-quinze francs.

¹⁸ Les déboursés [5] et honoraires (id.) des présentes seront supportés par le sieur MOLLOT.

¹⁹ Dont acte, fait et passé à Cliq [12] en l'étude (id.), l'an mil huit cent quarante-quatre [13] le neuf octobre (id.), en présence de MM. (noms, prénoms, professions et demeures), témoins instrumentaires [14]; et M. LEFRANC a signé avec les témoins et le notaire, quant au sieur MOLLOT il a déclaré ne le savoir de ce interpellé, après lecture [16]. Les deux témoins sus-nommés étaient réellement présents à la lecture par le notaire ainsi qu'à la signature et déclaration de ne savoir signer des parties.

²⁰ V. Répertoire, note 17. — Forme des actes, note 38. — Enregistrement, notes 60, 18 et 19.

²¹ V. aussi inf. la formule de USAGE (DROIT D')

HABITATION [193] (ASSIGNATION PAR SUITE DE LEGS, D'UN DROIT D')

¹ PAR-DEVANT Mᵉ Paul [1] LORRIS (id.), notaire [2] à Mou [1], département de..., soussigné [15].

² Sont comparus : M. Camille [5] BONHOMME id.), négociant (id.), demeurant à Mou (id.;

³ Seul héritier [78] de M. CLAUDE BONHOMME, son père, en son vivant marchand épicier à Mou où il est décédé [63] le..., dernier, tel tout ainsi qu'il est constaté par un acte de notoriété [127] à défaut d'inventaire fait après son décès Par ledit Mᵉ LORRIS en minute [59] et présence de témoins [14] le.... dûment enregistré [42]   D'UNE PART.

⁴ Et Mad. Catherine [5] BONHOMME (id.), veuve du sieur Jean BÉNARD, en son vivant marchand de vins à Mou, où elle demeure (id.);

⁵ Légataire [24] d'un droit d'habitation à son choix dans l'une des propriétés dudit feu sieur Claude BONHOMME, son frère, suivant son testament [152] olographe en date du..., enregistré et présenté à M. le Président du tribunal civil de première instance de.., qui en a constaté l'état et ordonné le dépôt en l'étude dudit Mᵉ LORRIS suivant procès-verbal dressé au greffe dudit tribunal le.., lequel dépôt a eu lieu à la date du...   D'AUTRE PART.

⁶ Lesquels ou exposé ce qui suit :

⁷ M. BONHOMME père, par son testament ci-dessus énoncé, a légué à Mad. veuve BÉNARD, sa sœur, un droit d'habitation à son choix et pendant sa vie dans l'une de ses propriétés.

⁸ Mad. veuve BÉNARD ayant été invitée à faire son choix, a déclaré qu'elle entendait exercer son droit sur une maison située à..., rue...

⁹ Ce choix fait, il a été convenu entre les parties que ce droit d'habitation comprendrait : 1° tout le rez-de-chaussée de ladite maison composé de quatre pièces ; 2° la cave qui se trouve sous les deux chambres dudit rez-de-chaussée, côté du levant ; 3° et le grenier qui se trouve du même côté, sauf à boucher la porte qui communique de ce grenier à un autre grand grenier.

¹⁰ La dame veuve BÉNARD conservera cette habitation pendant sa vie, à compter d'aujourd'hui, à la charge par elle ainsi qu'elle s'y oblige :

¹¹ 1°..., 2°.., — V. les alin. 10, 11, 12, 13, 14, 15 et 16 de la formule qui précède.

¹² Les déboursés [5] et honoraires (id.) des présentes sont supportés par M. BONHOMME.

¹³ Dont acte fait et passé à Mou [12] en l'étude (id.), l'an mil huit cent quarante-quatre le neuf octobre [15]; en présence de MM. (Noms, prénoms, professions et demeures), témoins instrumentaires [14]; et les parties ont signé [15] avec les témoins et le notaire, après lecture [16].

V. Répertoire, note 17. — Forme des actes, note 38. — Enregistrement, notes 99, 18 et 19.

V. aussi la formule de USAGE (DROIT DE).

HOMOLOGATION [137]. — V. inf. JUGEMENT D'HOMOLOGATION.

HYPOTHÈQUE [50] — V. les formules d'AFFECTATION HYPOTHÉCAIRE, d'ANTÉRIORITÉ D'HYPOTHÈQUE, de BAIL p. 140 alin. 55, de CAUTIONNEMENT AVEC HYPOTHÈQUE, de CESSION D'ANTÉRIORITÉ D'HYPOTHÈQUE, de CHANGEMENT D'HYPOTHÈQUE, de GARANTIE HYPOTHÉCAIRE ET D'OBLIGATION.

INDICATION DE PAIEMENT. — *V. les formules de* DÉLÉGATION.

INSCRIPTION HYPOTHÉCAIRE. — V. *sup. les formules de* BORDEREAU D'INSCRIPTION HYPOTHÉCAIRE, p. 172.

INSERTION [156] DANS LE JOURNAL JUDICIAIRE.

1° *D'un exploit de notification pour la purge* [156] *des hypothèques* [30] *légales.*

A la requête de M. Léon MARLOT, marchand de chevaux et de la dame Christine BELLEFOND, son épouse, demeurant ensemble à.., rue..., n....; pour lesquels domicile est élu [11] en l'étude de Me..., avoué [199] près le tribunal civil de..., demeurant à..., rue n°...

Notification [156] a été faite : 1° à M. le Procureur du Roi près le tribunal civil de première instance de..., en son parquet sis au palais de justice, suivant exploit [113] de..., huissier (*id.*) à..., en date du .., — 2° et à dame Martine BEAUCHÈNE, épouse de M. Achille RATEAU, négociant demeurant à..., en leur domicile parlant à ladite dame, suivant exploit de..., huissier à..., en date du...

D'un extrait [64] des minutes du greffe du tribunal civil de première instance, séant à..., constatant le dépôt [156] fait audit Greffe par Me BERT, avoué, le..., de la copie collationnée [64], signée et enregistrée d'un contrat passé en minute [59] et présence de témoins [14] devant Me..., notaire à..., le..., dûment enregistré [42], contenant vente [109] par M. Achille RATEAU et la dame Martine BEAUCHÈNE son épouse sus-nommés, à M. et Mad. MARLOT, requérants, de la ferme [7] des Cougignons située [141] sur la commune de..., moyennant la somme de quarante mille francs de prix principal outre les charges, clauses et conditions exprimées audit contrat.

Avec déclaration 1° que les anciens propriétaires de ladite ferme ont été, avant M. madame RATEAU, 1° M. Clément LORIN, 2° la dame Louise BOURSIN, son épouse, 3° M. Charles BOURSIN, 4° et l'Etat.

Avec déclaration en outre : 1° à mad. RATEAU qu'elle ait à prendre dans le délai de deux mois à compter du jour de la notification à elle faite, toutes inscriptions [83] d'hypothèques légales auxquelles elle pouvait avoir droit, sinon que les immeubles composant la ferme vendue aux sieur et dame MARLOT passeraient dans leurs mains francs et quittes de toute hypothèque légale, 2° et à M. le procureur du roi, que les individus du chef desquels il pourrait être requis des inscriptions pour cause d'hypothèques légales n'étant pas connus des requérants, ceux-ci feraient publier la présente notification conformément à la loi. (*Signature de l'avoué ou de la personne qui a effectué le dépôt du contrat au greffe*).

Nota. L'insertion dans le journal judiciaire ne donne lieu à aucun droit d'enregistrement. Mais le certificat de l'imprimeur apposé au bas de la feuille du journal est sujet au droit fixe de 1 fr. — V. note 99.

2° *De l'annonce* [139] *d'une vente judiciaire* (*id.*)

Nota. Se référer, pour cette insertion, à la formule donnée *sup.* page 68.

3° *De l'extrait* [64] *d'un acte de société* (138).

Nota. Se référer, pour cette insertion, à la formule d'*extrait* donnée *sup.* page 411, alin. 61.

4° *De l'extrait* [64] *d'un acte de dissolution de société* (138).

D'un acte passé en minute [59] et présence de témoins [14] devant Me Edme MESNIL [1], notaire [2] à Argence [1], département de..., soussigné, le... mil huit cent..., et portant la mention suivante : (*relater littéralement l'enregistrem.*).

Il appert que la société existante entre M. Alexandre BESSON, négociant demeurant à..., rue..., n...., et M. César LEMAIR, négociant demeurant à..., mêmes rue et numéro, a été dissoute à compter du..., et que la liquidation de ladite société sera faite par M. BESSON, l'un d'eux.

Extrait par ledit Me MESNIL de la minute dudit acte demeurée en sa possession. — (SIGNATURE DU NOTAIRE).

INSTITUTION CONTRACTUELLE (81). — *V. la formule de* CONTRAT DE MARIAGE, *sup. p.* 318, *alin.* 39, *phrases* 1 *et dernière.*

INSTITUTION D'HÉRITIER FIDUCIAIRE [81]. — *V. inf. la formule de substitution fiduciaire.*

INTERVENTION. — V. les formules : d'*acquiescement*, p. 27, alin. 6; d'*adjudication*, p. 47, alin. 53; d'*adoption*,

53

p. 54, alin. 7 ; d'*affectation hypothécaire*, p. 63, alin. 18, et p. 67, alin. 24 ; d'*antériorité*, p. 78, alin. 6, et p. 79, alin. 10 ; d'*assurance maritime*, p. 95, alin. 20 ; '*d'atermoiement*, p. 99, alin. 54 ; de *bail*, p. 150, alin. 61 ; de *cahier de charges*, p. 192, alin. 44 ; de *crédit*, p. 340, alin. 15 ; de *délaissement*, p. 358, alin. 7 et p. 359, alin. 12 ; de *désistement*, p. 376, alin. 5 et 8 ; de *distribution de deniers par contribution*, p. 382, alin. 21.

INTITULÉ D'INVENTAIRE [145]. — V. sup. p. 409, alin. 8 et inf. la formule d'*inventaire*.

---

1   INVENTAIRE ou ÉTAT PAR SUITE DE CONTRAT DE MARIAGE. — V. sup. p. 328, alin. 14 et p. 336. alin. 23.

2   PARDEVANT Mᵉ Eugène [1] POULLIN (*id.*), notaire [2] à la Garenne [1], département de..., soussigné [13],
3   Sont comparus, M. Louis [5] DEDON (*id.*), menuisier (*id.*) et la dame Laure PAUPERT, son épouse [144], demeurant ensemble à la Garenne [3].
4   Lesquels ont dit qu'ils se sont mariés sous le régime d'exclusion de communauté, ainsi qu'il résulte de leur contrat de mariage [166] passé devant Mᵉ POULLIN, notaire soussigné, le vingt-quatre mars dernier, dûment enregistré [42].
5   Que par l'article deux de ce contrat il a été stipulé qu'il serait fait inventaire de tous les objets susceptibles de se consommer qui viendraient à échoir à la future épouse pendant le mariage.
6   Qu'un don manuel [81] d'objets mobiliers ayant été fait à la future épouse par Jean PAUPERT, son oncle, il y avait nécessité pour cette dernière d'en faire inventaire pour en constater la propriété et la valeur (*a*).
7   Qu'à cet effet ils avaient fait choix de M. Joseph SOURVIN, greffier de la justice de paix de..., lequel, à ce présent, a promis de faire l'évaluation desdits objets en son âme et conscience.
8   Suit le détail des objets :
9   1° Une commode en acajou à dessus de marbre et à trois tiroirs évaluée quatre-vingts francs, ci. .   80   »
10   2° Un nécessaire en bois d'acajou, dont tous les objets sont en argent, estimé trois cents francs ci.   .   300   »
11   3° Une demi-douzaine de couverts d'argent au titre de neuf dixièmes d'argent fin et un dixième d'alliage, poinçon de Paris, marqués des chiffres J. P., pesant trois kilogrammes [91], estimés trois cents francs, ci.   300   »
12   4° Et une vache sous poil noir de l'âge de six ans estimée cent vingt francs, ci.   120   »
13   Total de l'estimation huit cents francs, ci.   800   1
14   Il a été vaqué à ce que dessus depuis l'heure de midi jusqu'à celle de une du soir.
15   Dont acte, fait et passé à la Garenne en la demeure des sieur et dame DEDON [12], l'an mil huit cent quarante-quatre [13], le dix octobre (*id.*), en présence de MM. (*Noms, prénoms, professions et demeures*), témoins instrumentaires [14] ; et les parties ont signé [15] avec l'expert, les témoins et le notaire, après lecture [16].
16   V. *Répertoire*, note 17. — *Forme des actes*, note 38. — *Enregistrement*, notes 56, 18 et 19.

INVENTAIRE [145].

1° *De communauté* [166] *et succession* [88] *quand il y a scellés* [196].
2° *De succession, quand il n'y a point de scellés* ;
3° *Après séparation de corps* [220] *ou séparation de biens* (id.) ; *par suite de sommation* ;

4° *Après absence* [78] ;
5° *Après interdiction* [65] ;
6° *Par commune renommée* [166].

QUALITÉS DONT ON PEUT AVOIR A FAIRE USAGE DANS LES INVENTAIRES.

Indication alphabétique:

(*a*) Quand les objets proviennent de succession, leur consistance et valeur se trouvent toutes constatées soit par le procès-verbal de vente de meubles désignant la femme comme adjudicataire, soit par le partage de succession dans lequel on aura dû avoir soin de désigner les objets article par article avec estimation pour se conformer au contrat de mariage.

Sous le régime dotal, l'inventaire doit comprendre même les immeubles, rentes et créances. — V. *sup.* p. 334, alin. 31.

1   **I.** *Cas où l'inventaire* [145] *est fait à la requête de la femme survivante.*

2   A la requête de dame Laure [3] Bonnin (*id.*), veuve de M. Clément Moret, en son vivant négociant à..., où elle demeure, rue..., n...

3   Agissant : 1° à cause de la communauté [166] de biens qui a existé entre elle et son défunt mari, aux termes de leur contrat de mariage passé devant Mᵉ..., notaire à..., le..., et dont l'analyse sera ci-après faite ; laquelle communauté elle se réserve d'accepter [62] ou de répudier (*id.*), ainsi qu'elle avisera par la suite.

4   2° Comme donataire [81] en usufruit [69] pendant sa vie, sans être tenue de donner caution (*id.*) ni de faire emploi (*id.*), de la moitié de tous les biens meubles [86] et immeubles (*id.*) dépendant de la succession [88] de son dit mari, ainsi qu'il résulte du contrat de mariage précité (*ou* : d'un acte contenant donation [214] entre-vifs et à cause de mort, passé devant Mᵉ..., notaire à..., le..., dûment enregistré).

5   *Ou bien* : comme légataire [24] en toute propriété de tous les biens meubles [86] et immeubles dépendant de la succession de son dit mari, ainsi qu'il résulte de son testament [152] par acte public reçu par Mᵉ..., notaire à..., en minute [59] et présence de quatre témoins [14], le..., dûment enregistré (*ou bien* : de son testament olographe [152] en date du... présenté à M. le président du tribunal civil de première instance de.. qui en a constaté l'état et ordonné le dépôt [152] en l'étude de Mᵉ..., notaire à..., ainsi qu'il résulte du procès-verbal qui en a été dressé au greffe dudit tribunal le..., enregistré, lequel dépôt a eu lieu en l'étude dudit Mᵉ..., à la date du...), lequel legs ne peut excéder d'après la loi un quart en toute propriété et un quart en usufruit, ou moitié en usufruit (*ou bien* : un quart en toute propriété, attendu l'existence d'enfants du premier lit du testateur).

6   3° Comme créancière [23] de ladite communauté, et même de la succession [88] de son mari, pour raison de ses reprises [200] et conventions matrimoniales.

7   4° Comme tutrice légale [163] de Laurent Moret, âgé de cinq ans, étant né à..., le..., enfant mineur [65] issu de son mariage avec ledit défunt.

8   5° Et comme ayant la jouissance légale [144] des biens de son enfant mineur, jusqu'à son émancipation [82] ou son âge de dix-huit ans, aux termes de la loi et aux charges de droit.

9   A la requête aussi de M. Louis [3] Bigeard (*id.*), marchand épicier (*id.*), demeurant (*id.*) à...

10   Agissant comme maître [106] des droits [27] et actions [28] mobiliers, et possessoires de dame Marie Moret, son épouse, avec laquelle il est commun en biens, aux termes de leur contrat de mariage passé devant Mᵉ..., notaire à..., le..., dûment enregistré, et dont une expédition a été représentée et rendue.

11   Et en présence de M. Cyprien [3] Moret (*id.*), marchand d'étoffes (*id.*), demeurant (*id.*) à...

12   Agissant comme subrogé-tuteur [163] dudit mineur Laurent Moret, son neveu, nommé à cette fonction qu'il a acceptée, suivant délibération du conseil de famille dudit mineur reçue et présidée par M. le juge de paix du canton de..., assisté de son greffier, le..., dûment enregistré, et dont une expédition [64] représentée a été à l'instant rendue.

13   La dame Bigeard et le mineur Laurent Moret, habiles [34] à se dire seuls héritiers [78] de M. Clément Moret, susnommé, leur père ; ledit mineur sous bénéfice d'inventaire seulement, conformément à l'art. 461 du C. civ.

14   **II.** *Cas où l'inventaire est fait à la requête du mari survivant.*

15   On peut se référer aux alin. 2 à 8 qui précèdent, en substituant le nom du mari à celui de la femme, et supprimant la dernière partie de l'alin. 3.

16   **III.** *Cas où l'inventaire* [145] *est requis par des enfants de plusieurs lits.*

17   A la requête : 1° de M. Jacques [3] Lesire (*id.*), jurisconsulte (*id.*), demeurant (*id.*) à...

18   2° Et de mad. Césarine Bacon, épouse dûment assistée et autorisée [68] à l'effet des présentes de M. Jules Lecointe, négociant, demeurant [3] à...

19   M. Lesire et mad. Lecointe, frère et sœur [144] utérins, habiles [34] à se dire héritiers [78], chacun pour moitié, de dame Thérèse Rocolle, leur mère, décédée veuve en premières noces de M. Georges Lesire, père du requérant, et en secondes de M. Antoine Bacon, père de la dame Lecointe, requérante.

20   **IV.** *Cas où l'inventaire* [145] *est requis par des collatéraux, frères et sœurs germains et utérins, l'un d'eux agissant par représentation.*

21   A la requête : 1° de M. Amédée [3] Pautrat (*id.*), horloger (*id.*), demeurant à...

22   2° De madlle Adèle Commeau, fille majeure demeurant à...

23   3° De M. Denis Merré, bijoutier demeurant à...

24   4° Et de M. Charles Merré, armurier demeurant à...

25   M. Pautrat et madlle Commeau, celle-ci par représentation [88] de mad. Anne Pautrat, sa mère, décédée femme de M. Alexis Commeau, habiles à se dire héritiers, chacun pour moitié dans la ligne paternelle, et chacun pour un quart dans la ligne maternelle de M. Victor Pautrat, leur frère germain [144], comme étant tous trois les seuls enfants issus du mariage de M. Jérôme Pautrat avec la dame Cécile Levert, décédée épouse en secondes noces de M. Adrien Merré, et laissant deux enfants de ce second mariage.

²⁶ Et lesdits sieurs Denis et Charles Merré habiles à se dire aussi héritiers, chacun pour un quart dans la ligne maternelle, de M. Victor Pautrat, leur frère utérin [144], comme étant tous deux les seuls enfants issus du second mariage de ladite dame Cécile Levert, leur mère, avec M. Adrien Merré, leur père.

²⁷ V. *Cas où l'inventaire* [145] *est requis par des légataires à titre universel* [24] *et un exécuteur testamentaire* [152].

²⁸ A la requête de M. Achille [5] Brindeau (*id.*), notaire (*id.*) à la résidence de..., y demeurant (*id.*).

²⁹ Au nom et comme exécuteur testamentaire [152] de feu M. Emile Lecrot, ancien procureur, sans avoir la saisine de son mobilier (*ou* : et ayant la saisine pendant l'an et jour de la totalité du mobilier dépendant de sa succession), suivant son testament [152] par acte public reçu par Mᵉ..., notaire à .., le..., dûment enregistré [42].

³⁰ Plus à la requête et en présence 1° de M. Ariste [5] Lecrot (*id.*), avocat (*id.*), demeurant à... ; agissant comme légataire à titre universel [24], suivant le testament précité, de tous les immeubles [86] dépendant de la succession du dit feu sieur Lecrot, son oncle, décédé sans laisser ni ascendants [72] ni descendants [144].

³¹ 2° Et de M. Gabriel Crucy, séminariste, demeurant à... ; agissant comme légataire à titre universel [24], aux termes du testament ci-devant énoncé, de tous les biens meubles et effets mobiliers dépendant de la succession dudit feu sieur Lecrot, son oncle maternel.

³² VI. *Cas où l'inventaire* [145] *est requis par une veuve séparée de biens* [166] *et des enfants majeurs, en présence d'un curateur au ventre* [66]

³³ A la requête : 1° de mad. Léonce [5] Bonnard (*id.*), domiciliée à..., veuve de M. Germain Cadoux, d'avec lequel elle était séparée quant aux biens [166], aux termes de son contrat de mariage (*id.*) passé devant Mᵉ..., notaire [2] à..., le..., dûment enregistré [42].

³⁴ Agissant en son nom personnel à cause des reprises [200] et créances (*id.*) qu'elle a à exercer contre la succession de son mari.

³⁵ 2° De M. Pierre [5] Cadoux (*id.*), agréé au tribunal de commerce (*id.*), demeurant (*id.*) à...

³⁶ 3° De mad. Clémence Cadoux, épouse de M. Joseph Paulvé, chirurgien, demeurant à... ; ladite dame de son mari, à ce présent, dûment autorisée [68].

³⁷ Et en présence de M. Justin [5] Cadoux (*id.*), rentier, demeurant à...

³⁸ Agissant comme curateur [66] au ventre de ladite dame veuve Cadoux, qui s'est déclarée enceinte des œuvres de son défunt mari ; ledit sieur Justin Cadoux nommé à cette fonction qu'il a acceptée suivant délibération du conseil de famille [165] présidé par M. le juge de paix du canton de..., ainsi qu'il résulte de son procès-verbal en date du..., enregistré, et dont une expédition a été représentée et rendue.

³⁹ Ledit sieur Pierre Cadoux et la dame Paulvé, frère et sœur [144] germains, habiles [34] à se dire héritiers [78] dudit feu sieur Germain Cadoux, leur père, pour une portion qui ne peut être en ce moment déterminée à cause de la grossesse présumée de mad. veuve Cadoux.

⁴⁰ VII. *Cas où l'inventaire* [145] *est requis par un légataire universel* [24] *grevé de restitution* [73] *au profit de ses enfants nés et à naître.*

⁴¹ A la requête : 1° de M. André [5] Berdin (*id.*), secrétaire (*id.*), demeurant (*id.*) à...

⁴² Agissant au nom et comme légataire universel [24] de M. Stanislas Pourrat, son cousin-germain, mais à la charge de restitution [73] pour la totalité du legs au profit de ses enfants nés à naître, aux termes de son testament olographe [152] en date à... — V. *sup.* alin. 5.

⁴³ 2° De M. Jacques [5] Villain (*id.*), ancien avoué (*id.*), demeurant (*id.*) à...

⁴⁴ Agissant comme tuteur [73] chargé de l'exécution de la restitution dont est ci-dessus parlé ; nommé et élu à cette qualité par le testament sus-énoncé dudit feu sieur Pourrat.

⁴⁵ VIII. *Cas où l'inventaire* [145] *est fait à la requête du père et des frères germains et consanguins* [144].

⁴⁶ A la requête : 1° de M. Hector [5] Boulmier (*id.*), sans profession (*id.*), demeurant (*id.*) à...

⁴⁷ Veuf en premières noces de dame Louise Leroux, et en secondes de dame Adèle Rozet.

⁴⁸ 2° De M. Benjamin Boulmier, employé, demeurant à...

⁴⁹ Enfant issu du mariage de M. Hector Boulmier avec Louise Leroux, sa première épouse.

⁵⁰ 3° Et de M. Aimé Boulmier, horloger, demeurant à...

⁵¹ Seul enfant issu du mariage de M. Hector Boulmier avec Adèle Rozet, sa seconde épouse.

⁵² Ledit sieur Hector Boulmier [34] habile à se dire et porter héritier pour un quart ou quatre seizièmes au total de M. Clément Boulmier, son fils, en son vivant libraire à.., né de son premier mariage avec Louise Leroux, sa première épouse.

⁵³ Ledit sieur Benjamin Boulmier habile à se dire héritier dudit feu sieur Clément Boulmier, son frère germain [144] pour neuf seizièmes, dont six seizièmes pour la moitié dévolue à la ligne maternelle qu'il représente seul, et trois seizièmes pour sa portion dans la moitié dévolue à la ligne paternelle qu'il partage par moitié avec son frère consanguin ci-après nommé.

⁵⁴ Et ledit sieur Aimé Boulmier habile à se dire et porter héritier dudit défunt Clément Boulmier, son frère consanguin [144] pour trois seizièmes lui revenant dans la moitié dévolue à la ligne paternelle qu'il partage par moitié avec Benjamin Boulmier, son frère consanguin susnommé.

⁵⁵ IX. *Cas où l'inventaire* [145] *est fait à la requête d'un ascendant* [72], *d'un enfant naturel* [78] *représenté par un mandataire* [80] *et d'un légataire universel* [24].

⁵⁶ A la requête : 1° de M. Claude Blondeau (*id.*), ancien professeur (*id.*), demeurant (*id.*) à...

⁵⁷ Au nom et comme légataire universel [24] de M. Jean Baptiste Levrat, en son vivant banquier à.., suivant son

testament [152] par acte public reçu par Mᵉ..., notaire à..., en minute [59] et présence de témoins [14], le..., dûment enregistré [42].

⁵⁸ 2° Et de M. François LEVRAT, ancien négociant, demeurant à...

⁵⁹ En présence et du consentement de M. Paul MARCEAU, rentier, demeurant à...

⁶⁰ Mandataire [80] spécial à l'effet des présentes de M. Isidore LEVRAT, commis-voyageur demeurant à Rio-Janeiro, capitale du Brésil, suivant sa procuration passée en langue brésilienne devant Mᵉ..., notaire à Rio, le..., et dont la traduction a été faite par M. JOLLY, traducteur assermenté près le tribunal civil de première instance séant à... — Le brevet original de laquelle procuration, timbré à l'extraordinaire, légalisé en dernier lieu par le ministre des affaires étrangères, ainsi que la copie de traduction délivrée sur une feuille de timbre de soixante-dix centimes par ledit sieur JOLLY, et qui sera soumise à l'enregistrement avant ou en même temps que ces présentes, sont demeurés ci-annexés [35] après que le brevet [59] de ladite procuration a été du mandataire certifié véritable en présence du notaire et des témoins soussignés, et que dessus la copie de traduction mention de son annexe a été faite par ledit notaire en présence des témoins.

⁶¹ Dans laquelle procuration ledit sieur Isidore LEVRAT a agi comme enfant naturel reconnu [126] dudit feu sieur Jean-Baptiste LEVRAT, suivant son acte de naissance [63] inscrit aux registres de l'état civil de la commune de... (OU BIEN : suivant acte passé devant Mᵉ..., notaire à..., le..., dûment enregistré).

⁶² En ces qualités; M. François LEVRAT, habile [34] à se porter héritier pour un quart de M. Jean-Baptiste LEVRAT, son petit-fils.

⁶³ M. BLONDEAU, comme légataire universel [24], habile à recueillir le quart des biens dudit feu sieur LEVRAT.

⁶⁴ Et M. Isidore LEVRAT, comme enfant naturel, habile à recueillir la moitié des biens composant la succession dudit sieur Jean-Baptiste LEVRAT, son père.

⁶⁵ *Cas où l'inventaire [145] est fait à la requête d'un ascendant [72] dans une ligne, succédant seul à défaut de parents au degré successible dans l'autre ligne.*

⁶⁶ A la requête de dame Gertrude [3] BONNET (id.), veuve en premières noces du sieur Jacques MICHOT, et actuellement femme en second mariage de M. Marc HENRIOT : ladite dame, représentée ici par M. HENRIOT, son mari, aux termes de la procuration [80] qu'elle lui a donnée par acte passé devant Mᵉ..., notaire à..., le..., et dont le brevet [59] original dûment enregistré et légalisé [125] est demeuré ci-annexé [35] après avoir été du mandataire certifié véritable (id.) en présence du notaire et des témoins soussignés.

⁶⁷ Ladite dame HENRIOT habile [34] à se dire et porter seule héritière [78] de M. Henri MICHOT, son petit-fils, savoir : pour la moitié dévolue à la ligne paternelle, comme seule plus proche parente au degré successible dans cette ligne ; et pour la moitié dévolue à la ligne maternelle, à défaut de parents au degré successible dans cette même ligne.

⁶⁸ **XI.** *Cas où l'inventaire [145] est fait à la requête d'un enfant naturel [88] et d'enfants légitimes d'un autre enfant naturel.*

⁶⁹ A la requête : 1° de M. Rémi [3] DELORT (id.), peintre (id.), demeurant (id.) à...

⁷⁰ 2° De madlle Camille DELORT, artiste dramatique, demeurant à..

⁷¹ 3° Et de M. Hector DELORT, luthier, demeurant à...

⁷² Ledit sieur Rémi DELORT, enfant naturel reconnu [126] de M. Achille DELORT, suivant son acte de naissance, inscrit aux registres de l'état civil de..., et en cette qualité habile à appréhender la moitié des biens composant la succession de son père, décédé sans laisser ni ascendants [88] ni frères ni sœurs ni collatéraux (id.) au degré successible.

⁷³ Et lesdits Hector DELORT et dem. DELORT, frère et sœur germains, enfants légitimes de défunt Alexandre DELORT, autre enfant naturel dudit feu sieur Achille DELORT, reconnu par ce dernier suivant deux actes passés en minute [59] et présence de témoins [14] devant Mᵉ..., notaire à..., le..., dûment enregistrés, et en cette qualité habiles à recueillir, aux lieu et place de leur père, l'autre moitié des biens composant la succession du sieur Achille DELORT, sus-nommé.

⁷⁴ **XII.** *Cas où l'inventaire [145] est fait à la requête d'une veuve mariée sous le régime dotal [166] avec société d'acquêts, et d'un enfant adoptif [88] des deux conjoints.*

⁷⁵ A la requête : 1° de dame Edmée [3] MECHIN (id.), veuve de M. Jacques POTIER, en son vivant épicier à..., où elle demeure(id.).

⁷⁶ Agissant en son nom personnel, tant à cause de la société d'acquêts qui a existé entre elle et son défunt mari, aux termes de leur contrat de mariage par lequel ils ont adopté le régime dotal, ledit contrat passé devant Mᵉ..., notaire à..., le..., dûment enregistré, et dont l'analyse sera ci-après faite, laquelle société elle se réserve d'accepter ou de répudier par la suite; que comme créancière de la succession de son dit mari pour raison de ses reprises [200] et conventions matrimoniales (id.).

⁷⁷ 2° Et de demlle Louise MASSON-POTIER [3], fille majeure (id.), sans profession, demeurant à ..

⁷⁸ Enfant adoptif [165] dudit défunt sieur POTIER et de ladite dame sa veuve, qualité qui lui a été conférée et qu'elle a acceptée suivant acte dressé par le juge de paix de..., le..., enregistré et homologué [157] par jugement rendu en la chambre du conseil du tribunal civil de première instance séant à..., le..., enregistré et confirmé par arrêt de la Cour royale de..., rendu sur les conclusions de l'avocat-général, le..., enregistré, affiché et publié. — Laquelle adoption a été inscrite, conformément à la loi, sur le registre de la mairie de..., à la date du..., ainsi que le constate un certificat délivré par le maire de ladite commune le..., dûment légalisé et représenté au notaire soussigné qui l'a à l'instant rendu.

79 Ladite dlle Masson-Potier, en sa qualité d'enfant adoptif, habile [34] à appréhender seule, en conformit de l'art. 350 du C. civil, la totalité des biens composant la succession dudit feu sieur Jacques Potier, son père adopti

80 XIII. *Cas où l'inventaire* [145] *est requis par un enfant adoptif* [165] *et un enfant naturel* [126] *né depuis l'adoption.*

81 A la requête : 1° De M Célestin Petit-Moret, maître charpentier, demeurant à.

82 Enfant adoptif [165] de feu M. Léon Moret, en son vivant marchand de bois à..., qualité qui lui a été conférée c qu'il a acceptée suivant etc. — *V. sup. alin.* 78.

83 2° Et de Dlle Clémence Moret, majeure, ouvrière en robes, demeurant à...

84 Née [65] à..., le..., depuis l'adoption dudit sieur Petit-Moret, et fille naturelle [126] dudit feu sieur Léon Mo ret qui l'a reconnue par acte passé devant Mᵉ..., notaire à..., le..., dûment enregistré, lesquels actes de naissance c de reconnaissance ont été représentés au notaire soussigné et par lui à l'instant rendus.

85 Lesdits sieur Petit-Moret et Clémence Moret, en leurs qualités sus-exprimées, habiles [34] à appréhender seul la totalité des biens composant la succession dudit feu sieur Léon Moret, leur père adoptif et naturel ; savoir : ledi sieur Célestin Petit-Moret pour cinq sixièmes et la delle Moret pour un sixième, en conformité des art. 350 c 757 du C. civ.

86 XIV. *Cas où l'inventaire* [145] *est requis par le père propre d'un adopté* [165] *et par des collatéraux* [88], *en pré- sence de l'adoptant qui reprend les objets par lui donnés à l'adopté.*

87 A la requête : 1° de M. Jérôme [3] Boisseau (*id.*), pharmacien (*id.*) demeurant (*id.*) à...

88 2° De delle Anaïs Boisseau, fille majeure, sans profession, demeurant (*id.*) à...

89 3° De M. Prosper Boisseau, élève en pharmacie, demeurant à...

90 Et en présence de M. Thomas Lecomte, rentier, demeurant à...

91 Les sus-nommés habiles [34] à se dire et porter seuls héritiers [78] de M. Cyr Boisseau-Lecomte, savoir :

92 M. Jérôme Boisseau, comme père du défunt, pour un quart ou deux huitièmes au total ;

93 Madlle Boisseau et M. Prosper Boisseau, comme frère et sœur [144] germains du défunt, conjointement pour moitié dans les trois quarts restants, ou chacun trois huitièmes.

94 Et ledit sieur Thomas Lecomte, stipulant à cause du droit de retour [190] qu'il est habile à exercer, en confor- mité de l'art. 351 du C. civ. contre la succession dont il s'agit, pour les objets par lui donnés audit défunt, son fils adoptif, lors de son établissement de marchand de porcelaines, suivant acte passé devant Mᵉ..., notaire à..., le..., enregistré, et qui se trouveront en nature dans la succession dudit défunt.

95 XV. *Cas où l'inventaire* [145] *est requis par le tuteur* [165] *d'un enfant adopté* [165] *avant sa majorité par un tuteur officieux (id.).*

96 A la requête de M. Pélerin Jaupois [3], ancien aubergiste (*id.*), demeurant (*id.*) à....

97 Agissant comme tuteur [165] datif de Paul Meslin-Gacé, enfant mineur, nommé et élu à cette qualité qu'il a ac- ceptée suivant délibération du conseil de famille tenu devant M. le juge de paix du canton de..., le..., dûment enre- gistré. — Ledit mineur Meslin-Gacé, enfant adoptif de feu M. Denis Gacé, son tuteur officieux ; laquelle qualité d'en- fant adoptif lui a été conférée par ce dernier suivant son testament [152] par acte public reçu par Mᵉ..., notaire à..., en présence de quatre témoins, le..., enregistré, lequel testament, aux termes de l'art. 366 du C. civ., doit recevoir son exécution, l'adoptant étant décédé sans laisser d'enfants légitimes.

98 Et en présence de M. Germain Courrot, marchand de vins demeurant à...

99 Au nom et comme subrogé-tuteur [165] dudit mineur ; nommé à cette fonction qu'il a acceptée, suivant la déli- bération précitée.

100 Ledit mineur Meslin-Gacé, en sa qualité d'enfant adoptif, habile [34] à appréhender seul, en conformité de l'art. 350 du C. civ., la totalité des biens dépendant de la succession dudit feu sieur Denis Gacé, son père adoptif.

101 XVI. *Cas où l'inventaire* [145] *est requis par une veuve ayant seule droit à la succession de son défunt mari, à défaut de parents.*

102 A la requête de dame Coralie [5] Mercoeur, veuve de M. Joachim Regnard, en son vivant capitaine en retraite à..., où elle demeure.

103 Agissant en ces présentes : 1° à cause de la communauté légale qui a existé entre elle et son dit mari, par la seule force de la loi, à défaut de contrat de mariage.

104 2° Et comme habile [34] à appréhender la totalité des biens délaissés par son défunt mari, décédé sans qu'aucun héritier légitime au degré successible ni qu'aucun enfant naturel se soit fait connaître.

105 XVII. *Cas où l'inventaire* [145] *est requis par un curateur* [66] *à succession vacante* [85].

106 A la requête de M. Alfred [5] Guibert (*id.*), homme de loi, demeurant à...

107 Agissant au nom et comme curateur à la succession vacante de M. René Gaucher, en son vivant épicier à..., lequel est décédé sans que, pendant les délais de la loi, aucun des héritiers connus se soit présenté pour réclamer sa succession (*ou bien* : décédé, laissant pour seul et unique héritier [78] M. François Gaucher, son fils, demeu- rant à..., lequel, par acte dressé au greffe du tribunal civil de première instance séant à..., le..., a renoncé à la suc- cession dudit feu sieur Gaucher, son père ; et sans que depuis cette renonciation aucun des héritiers connus ne se soit présenté pendant les délais de la loi pour réclamer ladite succession, qui, en conséquence, a été réputée vacante.

108 Ledit sieur Guibert nommé à cette fonction suivant jugement [75] rendu par le tribunal civil de première ins-

tance séant à..., le..., enregistré; laquelle fonction il a acceptée suivant acte dressé au greffe du même tribunal le...,
enregistré.

109   XVIII. *Cas où l'inventaire* [143] *est requis par le domaine* [88] *à défaut de parents au degré successible,*
de conjoint et d'enfant naturel.

110   En exécution d'un arrêté de M. DE CONDY, préfet du département de..., en date du...
111   A la requête de M. Gaspard DE GOGUE, directeur général, et de MM. les administrateurs de l'enregistrement et
des domaines, poursuite et diligence de M. Jules FAUGAS, inspecteur des domaines demeurant à..., désigné à cet effet par M. le directeur particulier des domaines au département de..., suivant une autorisation en date à..., du..., et
dont l'original qui sera soumis à l'enregistrement [42] avant ou en même temps que ces présentes est demeuré ci-
annexé [35], après qu'il en a été fait dessus mention par le notaire soussigné en présence des témoins aussi
soussignés.
112   Ledit sieur FAUGAS stipulant les intérêts de l'État appelé à recueillir à titre de déshérence la succession de
M. Charles BEAUREGARD, colonel en activité de service, décédé sans laisser aucun héritier [78] connu, ni aucun ayant-
droit à sa succession.
113   Et en présence de M. Antoine GARAV, adjoint au maire de..., y demeurant.

114   XIX. *Cas où l'inventaire* [145] *est requis par un usufruitier* [69] *en présence du nu-propriétaire.*

115   A la requête de M. Aimé [3] MARCET, jardinier, demeurant à..., au nom et comme légataire particulier [24] en
usufruit pendant sa vie avec dispense de fournir caution, d'une maison meublée située à..., institué par M. Emmanuel DE BARJETON, ancien capitaine de vaisseau, demeurant à..., aux termes de son testament [152] par acte public
reçu par Me..., notaire à..., en minute [59] et présence de témoins [14], le..., dûment enregistré [42]. — Duquel
legs délivrance [24] lui a été consentie par les héritiers du testateur suivant acte passé devant Me..., notaire à..., le...
116   Et en présence de MM. Charles et Emile DE BARJETON, élèves en droit, demeurant tous deux à...
117   Ces deux derniers seuls héritiers, chacun pour moitié de M. Emmanuel DE BARJETON, sus-nommé, leur père,
et, en cette qualité, nu-propriétaires chacun pour pareille portion de la maison et des meubles meublants qu'elle
renferme, le tout légué en usufruit audit sieur MARCET.

118   XX. *Cas où l'inventaire* [145] *est requis par un créancier* [25], *en présence d'un notaire commis pour représenter*
les absents.

119   A la requête de M. Paul VITUREAU [3], rentier, demeurant à...
120   Comme créancier [25] de M. Michel LEROY d'une somme de cinq mille francs aux termes d'un acte contenant
obligation passé en minute [59] et présence de témoins [14] devant Me..., notaire à..., le..., dûment enregistré
[42] et dont il a représenté la grosse [64].
121   Et en présence de M. Prosper GASTE, notaire à la résidence de..., y demeurant.
122   Au nom et comme ayant été commis par ordonnance [78] de M. le président du tribunal civil de première instance de..., en date du..., enregistré et étant au bas de la requête à lui présentée le même jour, à l'effet de représenter les héritiers [78] absents, domiciliés à plus de cinq myriamètres, aux inventaire, compte, liquidation [143] et
partage (*id.*) de la succession dudit feu sieur LEROY. Laquelle ordonnance est demeurée ci-annexée [35] après avoir été
fait dessus mention de cette annexe par le notaire soussigné en présence des témoins ci-après nommés.
123   Etant observé que les héritiers présomptifs dudit défunt sont Jacques LEROY et Charles LEROY, ses neveux, ouvriers horlogers demeurant à Paris, dont on n'a pas pu découvrir jusqu'à présent la demeure précise ; et qu'ils sont
les seuls habiles [34] à appréhender, chacun pour moitié, la succession dudit feu sieur LEROY, leur oncle.

---

1 I°. INVENTAIRE [145] DE COMMUNAUTÉ [166] ET SUCCESSION [88], QUAND IL Y A SCELLÉS [196].

2   L'AN mil huit cent quarante-quatre [13], le jeudi trente-un octobre (*id.*), à l'heure de huit du matin.
3   (*a*) A la requête de mad. Laure [3] BONNIN (*id.*), veuve de M. Clément MORET, en son vivant négociant à.., où
elle demeure rue..., n...
4   Agissant : 1°..., 2°..., 3°..., 4°..., 5°... (*mettre ici les alin. 3, 4, 6, 7 et 8 des qualités qui précèdent* p. 419).
5   A la requête aussi de M. Louis [3] BIGEARD (*id.*), marchand épicier (*id.*), demeurant (*id.*) à...
6   Agissant comme maître des droits et actions... (*mettre ici l'alin. 10 qui est sup. p. 419.*)
7   Et en présence (*b*) de M. Cyprien MORET [3], marchand d'étoffes (*id.*), demeurant à...

---

f (*a*) L'inventaire est un acte qui peut ne pas paraître difficile à faire. Cependant comme on doit y trouver tous les éléments nécessaires
pour liquider les droits des parties sans être obligé de recouvrer même aux titres ou pièces inventoriés , on peut, avec raison le regarder
comme ne pouvant être fait régulièrement que par celui qui est capable de liquider selon les règles du droit car celui là seul doit savoir de
quels documents il aura besoin pour établir la liquidation.
    La formule d'inventaire que nous allons donner servira de base à la formule de liquidation de communauté et succession que nous don-
derons en son bien.
    (*b*) La présence du subrogé-tuteur est indispensable à un inventaire ; c'est un surveillant qui n'a rien à dire tant qu'il ne s'élève aucune
opposition d'intérêts entre le tuteur et le pupille (C. civ. 420), mais qui doit être toujours prêt à agir quand il s'en élève.

8   Agissant comme subrogé-tuteur [163] du mineur Laurent Moret (V. *sup.* p. 419, *alin.* 12).
9   La dame Bigeard et ledit mineur Laurent Moret, habiles [34] à se dire… (V. *sup.* p. 419, *alin.* 13).
10 Pour la conservation des droits et intérêts des parties et de tous autres qu'il appartiendra, il va être, par Me Louis [1] Coll (*id.*), notaire [2] à Armes, canton de…, arrondissement de…, soussigné [15], assisté de MM… (*noms, prénoms, professions et demeures*), témoins instrumentaires [14], aussi soussignés, procédé à l'inventaire fidèle et description exacte de tous les meubles [86], effets mobiliers (*id.*) et deniers comptants (*id.*), titres, papiers et renseignements dépendant tant de la communauté de biens [166] qui a existé entre les sieur et dame Moret que de la succession [88] de M. Moret ; le tout trouvé et étant dans les lieux ci-après désignés, faisant partie d'une maison située à…, rue…, n…, dépendant de ladite communauté et où M. Moret est décédé [65] le cinq octobre dernier.
11 Sur la représentation qui sera faite de tous ces objets par mad. veuve Moret, comme gardienne des scellés [196] dont il va être parlé, laquelle a promis de tout montrer et indiquer étant avertie du serment qu'elle aura à prêter à la fin des présentes ; lesdits objets seront inventoriés, et la prisée [143] des choses qui sont sujettes à estimation aura lieu au fur et à mesure que les scellés [196] par M. le juge de paix [94] du canton de…, suivant son procès-verbal en date du…, dûment enregistré [42], auront été reconnus sains et entiers et comme tels levés.
12 Cette prisée (*id.*) sera faite par M. Georges Sourdet [3], greffier de la justice de paix, demeurant à…, expert [195] choisi (a) à cet effet par toutes les parties, lequel, à ce présent, a promis de faire ladite prisée en son âme et conscience, à juste valeur et sans crue et en ayant égard au cours du temps.
13 Et les parties, sous toutes réserves [51] et protestations (*id.*) de droit, ont signé [13] avec l'expert, les témoins et le notaire, après lecture [16].   (Signatures.)
14 Procédant audit inventaire, il s'est trouvé :

15   *Dans la cuisine au rez-de-chaussée éclairée par une croisée sur la rue*

16 1° Une pelle, une pincette, une crémaillère, une barre, un garde-cendre, le tout en fer, un soufflet , une boîte d'allumettes, deux chandeliers en cuivre jaune, une lanterne en fer blanc, six chaises foncées de paille, le tout prisé [145] quinze francs, ci. 15   »
17 2° Un fourneau portatif en briques à six bouches garnies de leurs couvercles, prisé douze francs, ci. . . . 12   »
18 2° Une table oblongue en bois de chêne de six centimètres d'épaisseur, posée sur quatre pieds, trois couteaux de cuisine, trois autres petits couteaux, six cuillères et six fourchettes de fer, le tout prisé vingt-quatre francs, ci. 24   »
19 4° Deux grandes, deux moyennes et deux petites casserolles avec leurs couvercles, trois chaudrons, une poissonnière et une bassinoire, le tout en cuivre rouge et jaune, prisé soixante-quinze francs, ci. . . . 75   »
20 5° Un lit garni composé d'une couchette, une paillasse, un matelas, un lit et traversin de plumes, une couverture de laine bleue, une flèche et rideaux de toile peinte, le tout prisé quatre-vingt-dix francs, ci. 90   »

21   *Dans la salle à manger éclairée par deux croisées sur la rue et sur la cour.*

22 6° Une table ronde en bois de noyer à coulisses avec trois allonges en bois blanc, prisée cinquante francs, ci. 50   »
23 7° Douze chaises foncées de crin, prisées soixante-douze francs, ci. 72   »
24 8° Dans un placard, un service complet en porcelaine, un huilier, une caffetière en argent, un porte-liqueurs en bois peint, une douzaine et demi de tasses à café avec leurs petits verres, deux douzaines de couteaux de table, le tout prisé cinq cents francs, ci. 500   »

25   *Dans une pièce au premier étage, servant de chambre à coucher, et éclairée par deux croisées sur le jardin.*

26 9° Deux vases en porcelaine peinte avec fleurs artificielles sous verre, prisés dix francs, ci. . . 10   »
27 10° Une commode en acajou à trois tiroirs et à dessus de marbre granit, estimée soixante francs, ci. 60   »
28 Nota. *On doit désigner ici tout ce qui est dans cette commode, surtout quand il y a des scellés afin d'en éviter la réapposition ; mais, avant de passer à cette désignation, on rappelle qu'il y avait un scellé en ces termes :* dans la commode ci-dessus inventoriée, sur laquelle les scellés étaient apposés :
29 11° Une glace dans son parquet avec bordures de bois doré, dans un seul morceau ayant un mètre de hauteur sur soixante-quinze centimètres de largeur, prisée cent francs, ci. 100   »
30 12° Une couchette en bois d'acajou à demi-colonnes, avec socles et chapitaux dorés, un sommier de crin, deux matelas de laine, un traversin et deux oreillers de plumes, une couverture de laine blanche et un édredon en soie, une flèche et rideaux de soie jaune, le tout prisé trois cents francs, ci. 300   c

31   *Dans une pièce à côté de la précédente, éclairée par deux croisées sur la rue et sur la cour, et qui servait de cabinet au défunt.*

32 13° Un bureau en acajou à deux tiroirs et trois rayons, prisé soixante-quinze francs, ci. . . . 75   »

                                                                        A reporter. . 1385 00

_____

(a) Le subrogé-tuteur n'a pas voix délibérative pour le choix des officiers publics, il n'a que le droit de choisir un expert dans le cas tout spécial prévu par l'art. 451 du C. civ.

33 Nota. Dans les tiroirs de ce bureau il s'est trouvé des papiers à cause desquels le scellé a été réapposé sur lesdits tiroirs, attendu qu'on ne se livrera à l'examen desdits papiers que lors de l'inventorié des titres et pièces.

34 14° Un fauteuil à roulettes foncé de crin et deux chaises foncées de paille, prisés cinquante francs, ci. . . . . 50 »

35 15° Une caisse en fer fermant à clef et à cadenas, prisée cent francs, ci. . . . . . . 100 »

36 *Dans cette caisse sur laquelle les scellés étaient apposés :*

37 16° En deniers comptants : mille francs en pièces de cinq francs, cinquante francs en monnaie blanche et cinq francs en monnaie de billon, au total. . . . . 1,055 »

38 *Dans un cabinet à côté de la pièce ci-dessus désignée :*

39 17° Une armoire en bois de noyer à quatre tiroirs fermant à clef, prisée quatre-vingt-dix francs, ci. 90 »

40 *Dans cette armoire sur laquelle étaient apposés les scellés :*

41 18° Une montre à répétition du nom de Bréguet à Paris, dans sa boîte en or, portant le n. 5175, prisée avec sa clef et cachet en or, la somme de trois cents francs, ci. . . . . 300 »

42 19° Une chaîne, un bracelet et un anneau, le tout en or, prisé six cents francs, laquelle somme ne sera point tirée hors ligne, attendu que ces bijoux font partie du préciput auquel mad. Moret a droit aux termes de son contrat de mariage précité, pourquoi . . . . ORDRE

43 20° Quinze paires de draps de maître, et cinq autres paires à l'usage des domestiques, le tout prisé trois cent cinquante francs . . . . 350 »

44 21° Six nappes, trois douzaines de serviettes, deux douzaines d'essuie-mains, le tout prisé deux cents francs, ci. . . . . 200 »

45 22° Dix-huit couverts, une cuiller à potage, deux cuillers à ragout, et douze cuillers à café, le tout à filet, en argent, poinçon de Paris, au titre de neuf dixièmes d'argent fin et un dixième d'alliage pesant ensemble cinq kilogrammes, le tout prisé mille francs, ci. . . . . 1,000 »

46 25° Un habit, une redingotte et un pantalon de drap noir, un habit et un pantalon de drap bleu, un gilet de velours et deux gilets de piqué, le tout prisé deux cents francs, ci. . . . . 200 »

47 24° Deux douzaines de chemises en toile fine et une douzaine en madapolam, trois douzaines de mouchoirs de poche, six cravattes, un chapeau et une casquette, six paires de bas de laine, douze paires de bas de coton, une paire de souliers et deux paires de bottes, le tout prisé deux cent soixante-deux francs, ci. . . . . 262 »

48 Nota. Il n'est ici question que pour ordre des habits, linges et hardes, à l'usage de la veuve, attendu qu'ils font partie du préciput auquel elle a droit comme survivante, aux termes de son contrat de mariage précité; ci. . . . . ORDRE.

49 *Dans un grenier étant au-dessus de la chambre à coucher et du cabinet ci-dessus désignés:*

50 25° Deux malles à mettre le linge sale, trente mètres de corde en crin à étendre le linge, le tout prisé vingt-cinq francs, ci. . . . . 25 »

51 26° Un décastère [91] de bois de moule, et cinq stères de souche, prisés cent francs, ci. . . . 100 »

52 *Dans la cave étant au-dessous de la cuisine :*

53 27° Un fût contenant un hectolitre quarante litres [91] de vin de Bourgogne, prisés avec le fût soixante-quinze francs, ci. . . . . 75 »

54 28° Un hectolitre de vin de Bordeaux en bouteilles, prisé deux cent cinquante francs, ci. . . . 250 »

55 *Dans un magasin étant au fond de la cour :*

56 La prisée des objets étant dans ce magasin sera faite par M. Sourdet, de l'avis de M. Alphonse Hobry, entrepreneur de bâtiments, demeurant à..., patenté [43] pour la présente année à la mairie de son domicile, à la date du... dernier..., classe, n..., expert [195] choisi par toutes les parties, lequel, à ce présent, a fait serment entre les mains du notaire soussigné de donner son avis en son âme et conscience sur ladite prisée, et ledit sieur Hobry a signé [15], après lecture [16]. (signature.)

57 29° Cent milliers [91] de tuiles plates, prisés trois mille francs, ci. . . . . 3,000 »

58 30° Dix milliers de tuiles appelées *faîtières*, prisés cinq cents francs, ci. . . . . 500 »

59 31° Cinquante milliers de tuiles en ardoises, prisés trois mille francs, ci. . . . . 3,000 »

60 32° Dix décastères [91] de bois de charpente équarris, prisés deux mille cinq cents francs, ci. . 2,500 »

61 33° Deux mille boîtes de lattes contenant chacune vingt-cinq lattes, prisés trois mille francs, ci. 3,000 »

62 Total de la prisée du mobilier. . . . . 17,440 »

63 Et ne s'étant plus rien trouvé à priser, M. Sourdet et M. Hobry ont signé [15] après lecture [16]. (signatures.)

64 Il a été vaqué à ce qui précède depuis ladite heure de huit du matin jusqu'à celle de cinq du soir par triple vacation [5]. Ce fait, les objets inventoriés ainsi que les scellés réapposés sont restés en la garde et possession de mad. veuve Moret, qui le reconnaît et s'en charge pour en faire la représentation quand et à qui il appartiendra.

65 Et la vacation pour la continuation du présent inventaire a été remise au samedi, deux novembre prochain, heure de huit du matin, jour et heure auxquels chacune des parties a promis se rendre à ladite continuation, sans qu'il soit besoin à cet effet de lui faire aucune sommation [119], consentant au besoin cette continuation en son absence comme en sa présence.

⁶⁶   Et les parties ont signé [15] avec les témoins et le notaire, après lecture [16].   (SIGNATURES.)

⁶⁷   Et le samedi, deux novembre mil huit cent quarante-quatre [13], heure de huit du matin (*id.*).

⁶⁸   En conséquence de l'assignation prise par la clôture de la vacation qui précède, et à mêmes requêtes, présence et qualités que ci-dessus, il va être, par ledit Mᵉ COLL, notaire à..., soussigné, assisté des deux témoins ci-devant nommés et aussi soussignés, procédé à la continuation du présent inventaire, ainsi qu'il suit :

⁶⁹   TITRES [145] ET PAPIERS (*id.*).

⁷⁰   Dans les tiroirs du bureau du défunt, après que les scellés réapposés ont été levés, il s'est trouvé :

⁷¹   *Contrat de mariage* [166]. — *Acte de célébration du mariage* [63].

⁷²   Cote 1ʳᵉ. — Deux pièces. La première de ces pièces est l'expédition [64] d'un contrat passé devant Mᵉ..., notaire à..., le..., dûment enregistré, contenant les clauses et conditions civiles du mariage du défunt sieur MORET et de la dame aujourd'hui sa veuve.

⁷³   Par ce contrat, il a été établi une communauté de biens entre les époux, avec exclusion des dettes [26] et hypothèques [30] l'un de l'autre antérieures au mariage.

⁷⁴   Le futur époux s'est constitué en dot : 1° des objets [86] mobiliers et deniers comptants (*id.*) pour une somme de six mille francs, 2° et un terrain situé à...

⁷⁵   L'apport de la future épouse a consisté en un trousseau de valeur de trois mille francs, et en une somme de quinze mille francs, le tout à elle constitué en dot par ses père et mère qui lui en ont immédiatement fait la délivrance.

⁷⁶   Il a été dit que la communauté se composerait du revenu [49] des biens des futurs époux et de tout ce qu'ils acquerraient ensemble ou séparément durant le mariage; qu'à l'égard de leurs apports et de tout ce qui par la suite leur échoirait, soit en biens meubles [86], soit en immeubles (*id.*), par succession [88], donation [81], legs [24], ou autrement, le tout était réservé propre à chacun d'eux et n'entrerait point en communauté.

⁷⁷   Le préciput [166] en faveur du survivant a été fixé aux habits, linges et hardes à son usage, et à ses bagues et joyaux.

⁷⁸   La clause de remploi [114] des propres aliénés a été stipulée dans les termes ordinaires.

⁷⁹   Faculté a été accordée à l'épouse et à ses enfants à naître du mariage, en renonçant [62] à la communauté, de reprendre franc et quitte [166], son apport et son préciput, ainsi que tout ce qui lui serait échu pendant le mariage.

⁸⁰   Ce contrat est terminé par une donation mutuelle [214] en usufruit [69] au profit du survivant de tous les biens du premier mourant avec dispense de fournir caution et de faire emploi; laquelle donation, attendu l'existence d'enfants, se réduit à moitié en usufruit desdits biens.

⁸¹   La deuxième pièce est une expédition de l'acte de célébration du mariage de M. et mad. MORET, inscrit aux registres de l'état civil de..., à la date du...

⁸²   Lesquelles pièces ont été cotées (*a*) et paraphées l'une après l'autre par le notaire soussigné et inventoriées sous la cote première, ci.   PREMIÈRE.

⁸³   Déclare Mme veuve MORET : 1° que l'apport en mariage de son défunt mari était grevé d'une somme de quinze cents francs qu'il restait devoir sur le prix de l'acquisition du terrain qu'il s'est constitué en dot, laquelle somme a été payée durant la communauté après commandement ainsi qu'il est expliqué en l'acte contenant quittance de ladite somme passé devant Mᵉ.., notaire à... le..., dûment enregistré. De laquelle somme de quinze cents francs ainsi que des intérêts [49] dus au jour du mariage et des frais de commandement et de quittance, s'élevant en totalité à cent francs il est dû récompense [200] à la communauté par la succession du défunt.

⁸⁴   2° Que durant la communauté il a été élevé sur ledit terrain des constructions qui forment le magasin y existant; qu'il résulte de ces constructions une plus-value dont la succession du défunt devra récompense à la communauté.

⁸⁵   3° Que durant le mariage elle a recueilli la succession [88] de la dame Marie LENOIR, sa mère, décédée femme de M. Laurent BONNIN, de laquelle elle était héritière [78] pour moitié : que ce qui lui est provenu de cette succession est constaté par un acte de liquidation [143] et partage (*id.*) inventorié sous la cote deuxième ci-après.

⁸⁶   Et Mme veuve MORET a signé [15] après lecture [16].   (SIGNATURE).

⁸⁷   *Titres et papiers relatifs à l'avoir de Mme* MORET *dans la succession de sa mère.*

⁸⁸   Cote 2. — Trois pièces :

⁸⁹   La première est l'extrait [64] d'un acte passé en minute [59] et présence de témoins [14] devant Mᵉ.., notaire à... le..., dûment enregistré [42], contenant liquidation [143] et partage tant de la succession de Mme Marie LENOIR, mère de Mme MORET, laquelle était son héritière pour moitié, que de sa communauté avec M. Laurent BONNIN, son mari.

⁹⁰   Suivant cet acte on voit : que la masse active de communauté, déduction faite des dettes et charges, et notamment de tous frais de liquidation et autres faits pour y parvenir, s'est élevée à une somme de quatre-vingt quinze mille francs, ci . . . . 95,000 f.   »

⁹¹   Dont la moitié pour le mari survivant et l'autre moitié pour la succession de sa femme a été de   47,500   »

⁹²   Que la masse de la succession, composée, entre autres choses, de la moitié des bénéfices de communauté et du rapport fictif de la moitié des dots constituées aux deux enfants et héritiers de Mme BONNIN, s'est montée à quatre-vingt mille francs, ci 80,000   »

⁹³   Dont la moitié pour chaque enfant a été de quarante mille francs, ci 40,000   »

⁹⁴   Que pour remplir Mme veuve MORET de la somme de quarante mille francs, à elle revenant en toute propriété dans la succession de sa mère, il lui a été abandonné ; savoir : pour neuf mille deux cent vingt-cinq francs, pareille somme dont elle avait fait le rapport [146] à la succession pour la moitié de sa dot et six mois d'intérêts postérieurs

_____

(*a*) Puis sur les pièces inventoriées on met : *Première de la cote première.* — *Deuxième et dernière de la cote première.* — Quand il n'y a qu'une pièce inventoriée on met : *L'unique de la cote...*

à l'ouverture de ladite succession, lesdits intérêts s'élevant à deux cent cinquante francs, ci. .   9,250   »

₉₅ 2° Pour vingt-six mille francs une maison située à.., rue.., n°.., y compris cinq cents francs pour loyers [105] antérieurs au décès et pareille somme pour loyers postérieurs audit décès, ci. .   26,000   »

₉₆ 3° Et pour quatre mille sept cent cinquante francs, pareille somme à prendre dans les deniers comptants étant en la possession de M. Bonnin, lequel s'en est libéré, par ledit acte, envers mad. Moret, ci.   4,750   »

₉₇   Total égal à l'émolument de ladite dame Moret.   40,000   »

₉₈ La seconde pièce est l'extrait [64] d'un acte de partage [143] passé devant Mᵉ.. notaire à..., le.., enregistré, et duquel il résulte que la maison ci-dessus désignée, appartenant à mad. Moret comme héritière de sa mère, a été abandonnée sans soulte à cette dernière par ses cohéritiers en la succession de M. François Lenoir, son père.

₉₉ La troisième pièce est la grosse [64] d'un acte passé devant Mᵉ.., notaire à.., le.., enregistré, contenant bail [105] par M. et mad. Moret, à M. Sulpice Verin, de la maison dont il vient d'être parlé, pour neuf années qui ont commencé à courir le..., moyennant mille francs de loyer annuel, payables aux quatre termes ordinaires de l'année.

₁₀₀ Les dites pièces cotées et paraphées l'une après l'autre par le notaire soussigné et inventoriés sous la cote deuxième, ci   DEUXIÈME.

₁₀₁ Déclare mad. Moret que la maison à elle échue par le partage sus-énoncé existe toujours en nature, et que les loyers ont été payés jusqu'au premier octobre dernier, de sorte qu'il n'est dû que ceux postérieurs à ladite époque. Lecture faite [16] ladite dame a signé [15].   (SIGNATURE).

₁₀₂   *Titres et pièces relatifs aux conquêts de communauté, et pièces concernant cette communauté*

₁₀₃ Cote 3. — Dix pièces :

₁₀₄ La première est l'expédition [64] d'un contrat passé en minute et présence de témoins, devant Mᵉ.., notaire à..., le.., dûment enregistré [42], contenant vente [109] par M. Jules Spinga, propriétaire, et la dame Marie Auroux, son épouse, demeurant ensemble à..., à M. et mad. Moret, de la maison et ses dépendances où l'on procède, tenant alors d'un long au terrain du défunt sur lequel a été construit un magasin, moyennant la somme de vingt mille francs de prix principal qui a été payée [84] ainsi que les intérêts [84] passée devant le même notaire le.., dûment enregistrée, et dont la minute [59] fait suite à celle dudit contrat de vente.

₁₀₅ Les neuf autres pièces sont relatives à l'accomplissement des formalités de transcription [111], de purge légale [156] et à la libération [84] du prix de ladite acquisition.

₁₀₆ Lesquelles pièces ont été cotées et paraphées l'une après l'autre par le notaire soussigné et inventoriées sous la cote troisième, ci   TROISIÈME.

₁₀₇   *Inscription de rente sur l'Etat [197]*

₁₀₈ Cote 4. — Une pièce qui est une inscription au grand-livre de la dette publique perpétuelle, cinq pour cent consolidés sur l'Etat, de la somme de cent francs, et expédiée au nom du défunt sieur Moret sous le n..., avec jouissance du vingt-deux mars.

₁₀₉ Les arrérages [49] de ladite rente sont dus depuis le vingt-deux septembre dernier, ainsi que cela résulte de l'estampille étant au dos du titre et faisant connaître que le terme échu ledit jour a été payé.

₁₁₀ Ladite pièce cotée et paraphée par le notaire soussigné et inventoriée sous la cote quatrième, ci   QUATRIÈME.

₁₁₁   *Rente sur particulier.*

₁₁₂ Cote 5. — Deux pièces :

₁₁₃ La première pièce est la grosse [64] d'un contrat passé en minute [59] et présence de témoins devant Mᵉ..., notaire à... le.., dûment enregistré, contenant constitution au profit de M. et mad. Moret, par Gilles Belin, cultivateur et Cécile Morlaix, sa femme, demeurant ensemble à... , d'une rente [76] annuelle et perpétuelle, franche de retenue (*id.*) de deux cents francs, payable aux premier janvier et premier juillet, au capital de quatre mille francs, remboursable à la volonté des débiteurs.

₁₁₄ La seconde pièce est le bordereau de l'inscription [83] prise au bureau des hypothèques de.., le... vol... n°... pour sûreté de ladite rente.

Lesquelles pièces ont été cotées et paraphées l'une après l'autre par le notaire soussigné et inventoriées sous la cote cinquième, ci   CINQUIÈME.

₁₁₅ Déclare mad. veuve Moret, qu'il n'est dû de ladite rente que le terme courant. Lecture faite [16] elle a signé [15].   (*Signature*).

₁₁₆   *Créances [25] sur particuliers.*

₁₁₇ Cote 6. — Une pièce :

₁₁₈ En procédant, le notaire soussigné a représenté le brevet original [59] étant en sa possession (*a*) d'un acte passé

devant lui en minute [59] et présence de témoins [14] le.., dûment enregistré [49], contenant obligation par le sieur Louis BONNET, cultivateur demeurant à..., au profit du défunt, de la somme de trois cents francs payable le..., sans intérêts [49].

¹¹⁹ Laquelle pièce a été cotée (b) et paraphée par le notaire soussigné et inventoriée sous la cote sixième, ci SIXIÈME.

¹²⁰ Cote 7.—Une pièce qui est un billet à ordre [97] de la somme de cinq cents francs souscrit au profit du défunt par le sieur Michel LORRET, et payable le..., au domicile à... du sieur,..

¹²¹ Laquelle pièce a été cotée et paraphée par le notaire soussigné et inventoriée sous la cote septième, ci SEPTIÈME.

¹²²   *Livres de commerce,*

¹²³ Cote 8. — Deux pièces:

¹²⁴ La première est un registre in-folio intitulé *Livre-Journal*, sur lequel feu M. MORET inscrivait jour par jour les opérations de son commerce et les fournitures qu'il faisait.

¹²⁵ Ce registre a commencé le..., et se trouve arrêté à la date du.., sans aucun blanc [35] jusqu'à cette dernière date et sans aucun feuillet manquant. Il contient trois cents feuillets cotés, paraphés et visés par le maire de la commune de...

¹²⁶ La seconde est un petit registre ayant pour titre *Table alphabétique*, et sur lequel sont relevés au nom de chaque individu tous les articles du livre-journal qui le concernent.

¹²⁷ Ces deux registres, après en avoir bâtonné tous les blancs intercalaires, ont été seulement coté et paraphés sur le premier et le dernier feuillets par le notaire soussigné, mais tous deux ont été inventoriés sous la cote huitième, c

¹²⁸   HUITIÈME.

                                      Quittances et décharges [84].

¹²⁹ Cote 9. — Vingt pièces :

¹³⁰ La première pièce est le bordereau des contributions auxquelles feu M. MORET a été imposé pour la présente année. Ces contributions [58] se montent en totalité à la somme de deux cent cinquante francs, applicables, savoir : à la maison propre à mad. veuve MORET pour quatre-vingt-dix francs, à la maison conquête de communauté pour quatre-vingts francs, au magasin propre au défunt pour trente francs, et à la patente dudit défunt pour cinquante francs.

¹³¹ La deuxième pièce est une quittance de cent cinquante francs payée le premier avril dernier, à valoir sur les contributions détaillées au bordereau ci-dessus inventorié,

¹³² Les pièces trois à vingt sont mémoires et notes acquittées pouvant servir de décharges [84] aux dites communauté et succession et dont il n'est pas fait une plus ample description à la réquisition des parties.

¹³³ Lesquelles pièces ont été cotées et paraphées l'une après l'autre par le notaire soussigné et inventoriées sous la cote neuvième, ci

¹³⁴   NEUVIÈME.

                                      Renseignements.

¹³⁵ Cote 10. — Vingt-six pièces :

¹³⁶ Les pièces une à vingt sont protêts [97], significations [20], procurations [80] et autres; le tout pouvant servir de renseignements généraux.

¹³⁷ Et les pièces vingt et une à vingt-six sont actes de naissances [63], baptêmes, mariages et décès, le tout servant de renseignements de famille.

¹³⁸ Lesquelles pièces ont été cotées et paraphées l'une après l'autre par le notaire soussigné, sans autre description, à la réquisition des parties et inventoriées sous la cote dixième, ci

¹³⁹   DIXIÈME.

¹³⁹   DÉCLARATIONS CONCERNANT L'ACTIF DE LA COMMUNAUTÉ.

¹⁴⁰ Déclare mad. veuve MORET, que des comptes portés au registre formant la première pièce de la cote huit qui précède, il résulte qu'au jour du décès de son mari il était dû par les ci-après nommés, les sommes suivantes :

¹⁴¹   1° *Créances d'un recouvrement certain.*

¹⁴² Par M. Crespin POURIN, la somme de deux cents francs. . . . .   200 fr. »
¹⁴³ Par le sieur André FRESSE, la somme de cinquante francs   50   »

¹⁴⁴   Ensemble   250   »
¹⁴⁵   2° *Créances d'un recouvrement incertain.*

¹⁴⁶ Par le sieur Prosper VELLERY, la somme de soixante-quinze francs, ci.   75   ,

¹⁴⁷ Et par Marc BILLAUD, la somme de vingt-cinq francs.   25   »

¹⁴⁸   Ensemble   100   »

(b) Quand l'inventorié d'une minute est permis d'après ce qui est dit en la note étant au bas de la page qui précède, on met ici : *laquelle pièce n'a pu être cotée et paraphée comme minute, mais a été seulement inventoriée sous la cote....*

149   *Créances d'un recouvrement désespéré (a).*

150 Par le sieur Maurice BRULÉ, la somme de cinquante francs, ci   50   »

151 Et par le sieur Pierre MARCEAU, la somme de quarante francs, ci. . -   40   »

152   Ensemble   90   »

153 Déclare en outre ladite dame v⁰ MORET:

154 Que son défunt mari et elle ont doté conjointement et par moitié la dame BIGEARD, leur fille, d'une somme de vingt mille francs par elle reçue aux termes de son contrat de mariage [166] passé devant M⁰..., Notaire à..., le..., dûment enregistré [42].

155 Qu'il est dû à la communauté les diverses sommes dont il est question en l'inventorié des papiers.

156   DÉCLARATIONS CONCERNANT L'ACTIF [25] DE LA SUCCESSION DE M. MORET.

157 Déclare Mad. v⁰ MORET, qu'il n'est rien dû [25] à la succession de son défunt mari, si ce n'est les sommes qui seront attribuées à cette succession par le résultat de la liquidation de la communauté.

158   DÉCLARATIONS CONCERNANT LE PASSIF [26] DE LA COMMUNAUTÉ :

159 Déclare Mad. v⁰ MORET, qu'il est dû *(b)* par la communauté :

160 1° *Pour frais de dernière maladie du défunt* :

161 A M. SENÉ, pharmacien à..., quarante-huit francs, ci . . . .   48 »

162 A M. GUERITARD, docteur en médecine, soixante-sept francs. . . . .   67 »

163 2° Au sᵣ Vincent PANNE, boulanger à..., la somme de quarante francs pour fournitures de pain antérieures au décès de son mari, ci . . . .   40 «

164 3° Au sᵣ François DUVEAU, boucher à..., la somme de trente-cinq francs pour fournitures de viandes, ci. . . . .   35 ›

165 4° A Angélique PARENT, domestique, cinquante francs pour cinq mois de gages [29] échus au décès, ci . . . .   50 »

166 5° A elle même les sommes qui lui auront été nécessaires pour sa nourriture [166] et celle de sa domestique pendant les trois mois et quarante jours qui lui sont accordés pour faire inventaire et délibérer :desquelles sommes elle fournira l'état lors de la liquidation avec les mémoires des fournisseurs à l'appui. Pourquoi . . . .   mémoire

167 Le tout indépendamment des sommes dont est parlé en l'inventorié des papiers.

168   DÉCLARATIONS CONCERNANT LE PASSIF [26] DE LA SUCCESSION DE FEU M. MORET.

169 Déclare Mad. v⁰ MORET, qu'il est dû *(b)* par ladite succession pour les frais funéraires du défunt, savoir ;

170 1° A la femme MÉHOME, garde-malade à.., la somme de vingt-quatre francs pour journées de garde et sépulture, ci. . . . .   24 »

171 2° Au sᵣ LANGEVIN, menuisier à..., pour le cercueil, quinze francs, ci . . . . . .   15 »

172 3° A la fabrique de l'église de..., la somme de cent trente-cinq francs, ci . . . . . .   135 »

173 Et qu'elle a à réclamer les frais de son deuil dont elle fournira l'état et les mémoires à l'appui lors de la liquidation.

174 Lecture faite [16] de toutes les déclarations qui précèdent Mad. v⁰ MORET a signé [16].   (SIGNATURE).

175 Contre lesquelles déclarations passives les autres parties font toutes réserves [51] et protestations (*id.*), de droit.   (SIGNATURES).

176 Et sur la réquisition que le notaire soussigné a faite à mad. MORET, de déclarer s'il lui est dû quelque chose par son enfant mineur, dont elle est tutrice légale, la dite dame a déclaré qu'il ne lui était rien dû par le mineur personnellement ; mais qu'elle avait à exercer contre lesdites communauté et succession les reprises [200] résultant de son contrat de mariage et de succession à elle échue pendant le mariage : et a signé [15] après lecture [16]. (SIGNATURE).

177 Il a été vaqué [5] à ce qui précède depuis ladite heure de huit du matin jusqu'à celle de huit du soir par quadruple vacation pour accélérer à la réquisition des parties.

178 Et ne s'étant pas rien trouvé à dire, comprendre ni déclarer au présent inventaire, mad. v⁰ MORET comme gardienne des scellés a affirmé ledit inventaire sincère et véritable, et au même instant prêté serment entre les mains du notaire soussigné de n'avoir détourné, vu ni su qu'il ait été caché ou détourné aucun des objets, titres et papiers dépendant desdites communauté et succession. Pareil serment a été également prêté entre les mains du notaire par Angélique PARENT, domestique pour ce intervenante, comme habitant dans la maison où il est présentement procédé.

(a) Lors de la déclaration de succession, il suffit de déclarer qu'on renonce à ces sommes, comme étant irrécouvrables, pour que le droit de mutation ne soit pas dû. — V. note 191.

(b) Quand on déclare qu'une somme soit due, on peut dire, *il est réclamé par un tel*, mais cela ne donne point une base certaine pour la liquidation. Il est mieux de dire, *il est dû à tel*, et cela n'a rien de compromettant pour les parties en l'inventaire, car elles peuvent toujours repousser la réclamation, et le créancier qui n'a point été partie en cet inventaire n'a aucun moyen de se prévaloir de la déclaration relative à sa créance. — V. note 64 n. 169 et 170 et note 23 n. 32.

179 Ce fait, tout le contenu au présent inventaire a été, du consentement des parties, laissé en la garde et possession de mad. v⁰ Moret, qui le reconnaît et s'en charge, pour en faire la représentation quand et à qu'il appartiendra.

180 De tout ce que dessus il a été dressé le présent procès-verbal, les jours, lieu, heures, mois et an susdits, en présence des témoins ci-devant nommés ; et les parties, sous toutes réserves [51] et protestations (*id.*) de droit par elles ci-devant faites et qu'elles réitèrent, ont signé [15] avec Angélique Parent, les témoins et le notaire, après lecture [16].
(*Signatures*).

181 V. *Répertoire*, note 17. — *Forme des actes*, note 58. — *Enregistrement*, notes 56, 18 et 19.

182 V. aussi la formule de *liquidation de communauté et succession*.

2° INVENTAIRE [145] DE SUCCESSION [88], QUAND IL N'Y A POINT DE SCELLÉS [196].

1

2 L'an mil huit cent quarante-quatre [15] le jeudi quatorze novembre à l'heure de sept du matin.

3 A la requête : 1° de M. Hector [5] Boulmier (*id.*), sans profession (*id.*), demeurant (*id.*) à...; veuf en premières noces de dame Louise Leroux, et en secondes noces de dame Adèle Rozet.

4 2° De M..., 3° de M..., — V. *sup.* page 420, *alin.* 46 à 54.

5 Pour la conservation des droits et intérêts des parties et de tous autres qu'il appartiendra, il va être, par M⁰ Jacques [1] Parent (*id.*), notaire [2] à Brun [4], soussigné [15], assisté de MM. (*noms, prénoms, professions et demeures*), témoins instrumentaires [14], aussi soussignés [15], procédé à l'inventaire [145] fidèle et description exacte de tous les meubles [86] et effets mobiliers, achalandage, ustensiles et marchandises composant le fonds de librairie, titres, papiers, deniers comptants et renseignements dépendant de la succession de M. Clément Boulmier, le tout trouvé et étant dans les lieux ci-après désignés, faisant partie d'une maison sise à..., rue..., appartenant à M..., et où M. Boulmier est décédé le...

6 La représentation de tous les objets sera faite par Dlle Catherine Piet, servante du défunt, à ce présente, qui en est demeurée en possession depuis le décès, et qui a promis de tout montrer et indiquer, étant avertie du serment qu'elle aura à prêter à la fin des présentes.

7 Et la prisée [145] des choses sujettes à estimation sera faite par (a) M. Gabriel Lelou, huissier à la résidence de..., y demeurant, expert choisi par toutes les parties, lequel, à ce présent, a promis de faire cette prisée en son âme et conscience, à juste valeur et sans crue.

8 Et les parties, sous toutes réserves [51] et protestations (*id.*) de droit, ont signé [15] avec la Dlle Piet, l'expert, les témoins et le notaire, après lecture [16].
(*Signatures*).

9 (b) Procédant audit inventaire, il s'est trouvé :

10 *Dans la cuisine, éclairée par une croisée sur la cour :*

11 Les meubles et ustensiles de ménage dont le détail suit : 1° etc... — V. *sup.* p. 424, *alin.* 15 et suiv.

12 *Dans une chambre au premier étage ayant vue sur la rue :*

13 Les vêtements du défunt et le linge à son usage personnel, dont le détail suit : 1° etc..— V. *sup.* p. 425, *alin.* 46 et 47.

14 *Dans une chambre à côté de la précédente ayant ses jours sur la cour :*

15 Le linge de lit, de table et de ménage, dont le détail suit : 1°... etc. — V. *sup.* p. 425, *alin.* 43.

16 *Dans un des tiroirs du secrétaire ci-devant inventorié :*

17 Les bijoux dont le détail suit : 1°... etc. — V. *sup.* p. 425, *alin.* 42 et 43.

18 *Dans un coffret étant dans la salle à manger :*

19 L'argenterie dont le détail suit : 1°... etc. — V. *sup.* p. 425, *alin.* 45.

20 *Fonds de librairie.*

21 Les livres composant ledit fonds seront prisés par le sieur Lelou, huissier, de l'avis de M. François Gentien, libraire demeurant à..., à ce présent, patenté [45] pour la présente année à la date du... dernier, ...classe, n°..., expert choisi par les parties, lequel a fait serment ès-mains du notaire soussigné de donner son avis en son âme et conscience sur ladite prisée; et a signé [15] après lecture [16].
(*Signature*)

22 Suit le détail des livres et objets composant ledit fonds :

23 1° Deux cent cinquante exemplaires des œuvres de Voltaire en trente volumes grand in-octavo, édition Touquet, prisés ensemble....

24 2° Cent quarante exemplaires des œuvres de Jean-Jacques Rousseau, en dix volumes in-quarto, édition Lavocat, prisés ensemble...

(a) *Ou bien* : Par le notaire soussigné, choisi à cet effet par toutes les parties, lequel sera assisté du sieur..., marchand frippier demeurant à..., où il est patenté [45] pour la présente année à la date du... dernier, ...classe, n°..., expert par lui appelé, et qui a prêté entre ses mains le serment de donner son avis sur ladite prisée en son âme et conscience.

(a) C'est dans l'ordre suivant que l'on procède ordinairement quand il n'y a point de scellés. Ainsi, on inventorie d'abord dans chaque appartement les meubles meublants, les ustensiles de ménage et les denrées, ensuite on décrit les vêtements, puis le linge, puis les bijoux, puis l'argenterie, puis les titres et papiers; enfin on termine par les déclarations actives et passives dans lesquelles on comprend les deniers comptants.

₂₅ 3° Un comptoir, deux tables et douze chaises, prisés ensemble...

₂₆ M. Lelou et M. Gentien, experts nommés par les parties, ainsi qu'il est dit ci-devant, après avoir attentivement examiné les livres de commerce de feu M. Boulmier, le bail [105] à lui fait par M..., suivant acte passé devant Mᵉ..., notaire à... le.., et dont il ne reste plus que deux ans à courir, et après avoir pris aussi une connaissance exacte de la clientèle attachée audit fonds de librairie, ont été unanimement d'avis d'estimer, comme de fait ils estiment par ces présentes, le fonds et achalandage de la librairie qui était exploitée par le défunt, tel que le tout se poursuit et comporte, et à juste valeur et sans crue, à la somme de..., non compris les marchandises et ustensiles dont la prisée a eu lieu séparément, ainsi qu'on le voit ci-devant, ci . . . .

₂₇   Total de la prisée du mobilier. . . .

₂₈ Il a été vaqué [5], tant à l'arrangement et classement des livres composant ledit fonds de librairie, qu'à l'inventorié ci-dessus, depuis ladite heure de sept du matin, jusqu'à celle de trois du soir par triple vacation. Ce fait, tous les objets ci-dessus inventoriés sont restés en la garde [210] et possession de Dlle Catherine Piet, qui le reconnaît et s'en charge pour en faire la représentation quand et à qui il appartiendra.

₂₉ Et la vacation pour la continuation du présent inventaire aura lieu aux jour et heure qui seront ultérieurement fixés par les parties.

₃₀ Et les parties, sous toutes réserves [51] et protestations (id.) de droit par elles ci-devant faites et qu'elles réitèrent, ont signé [18] avec la Dlle Piet, les experts, les témoins et le notaire après lecture [16]. —   (Signatures).

₃₁ Et le lundi dix-huit novembre mil huit cent quarante-quatre [13] heure de huit du matin.

₃₂ En conséquence de l'ajournement pris par les parties :

₃₃ Et à mêmes requête et présence que ci-dessus il va être, par Mᵉ Parent, notaire à..., susdit et soussigné, en présence des deux témoins sus-nommés et aussi soussignés, procédé à la continuation du présent inventaire ainsi qu'il suit :

₃₄   Titres et papiers.

₃₅   Titres concernant les biens du défunt

₃₆ Cote 1. — Une pièce qui est l'expédition [64] d'un acte passé devant Mᵉ... notaire à..., le.., dûment enregistré, contenant liquidation [143] et partage (id.) de la communauté qui a existé entre feu M. Boulmier et la dame Héloïse Bélot, son épouse, décédée avant lui.

₃₇ Par cet acte, fait entre le défunt et les héritiers de sa femme, il est échu audit défunt 1°., 2°.,—V. sup. p. 426 alin. 90

₃₈ Laquelle expédition a été cotée et paraphée par le notaire soussigné et inventoriée pièce unique de la cote première, ci   PREMIÈRE.

₃₉ Cote 2. — Une pièce qui est l'expédition de l'inventaire fait après le décès de mad. Héloïse Bélot, sus-nommée, épouse de M. Boulmier, par Mᵉ.., notaire à... le.. et jours suivants, à la requête du mari survivant et des héritiers [78] de l'épouse prédécédée.

₄₀ Laquelle expédition a été cotée et paraphée par le notaire soussigné et inventoriée pièce unique de la cote deuxième, ci   DEUXIÈME.

₄₁ Récolement [143] dudit inventaire. Et à l'instant les parties ont requis le notaire soussigné de présentement procéder au récolement des papiers compris en l'inventaire précité fait après le décès de mad. Boulmier, et ont signé [18] après lecture [16].   (Signatures).

₄₂ Obtempérant à ce réquisitoire, ledit notaire a à l'instant procédé ce récolement de la manière suivante :

₄₃ La pièce unique de la cote première qui est l'expédition du contrat de mariage de M. et mad. Boulmier, s'est trouvée en nature.

₄₄ Des douze pièces de la cote deuxième qui étaient les titres d'une pièce de bois conquêt de communauté, les dix premières se sont trouvées en nature et les deux autres en déficit.

₄₅   Déclarations concernant l'actif.

₄₆ Déclare la Dlle Piet, qu'au décès de M. Boulmier il existait en deniers comptants une somme de mille francs, ci   1,000   »

₄₇ Sur laquelle elle a prélevé deux cent cinquante francs pour le paiement des frais funéraires du défunt, ci   250   »

₄₈   De sorte qu'il ne lui reste plus entre mains que. . .   750   »

₄₉ Qu'il est dû à la succession par... — V. sup. p.428 alin. 140.

₅₀   Déclarations [143] concernant le passif [26].

₅₁ Déclare la Dlle Piet, qu'il est dû par la succession à... — V. sup. p.429 alin. 169 et la note.

₅₂ Quand les dettes ne sont pas reconnues par les autres parties, on met ici : Contre lesquelles déclarations relatives au passif, les autres parties ont fait toutes réserves [51] et protestations de droit.   (Signatures).

₅₃ Il a été vaqué [5] à ce qui précède depuis ladite heure de sept du matin jusqu'à celle de sept du soir par quadruple vacation, pour accélérer à la réquisition des parties.

₅₄ Et ne s'étant plus rien trouvé à dire, comprendre ni déclarer au présent inventaire, la Dlle Piet a prêté serment [145],

entre les mains du notaire soussigné de n'avoir détourné, vu ni su qu'il ait été caché ou détourné aucun des objets, titres et papiers dépendant de ladite succession. — V. *sup.* p. 429 alin. 178.

⁵⁵ Ce fait, tout le contenu au présent inventaire a été, du consentement des autres parties, laissé en la garde et possession de... — V. *sup.* p. 430 alin. 179.

⁵⁶ De tout ce que dessus il a été dressé le présent procès-verbal etc.— V. *sup.* p. 430 alin. 180, 181.

3° INVENTAIRE [143] APRÈS SÉPARATION DE CORPS [220] PAR SUITE DE SOMMATION (a).

¹ L'an mil huit cent quarante-quatre [13] le lundi dix-huit novembre heure de neuf du matin.

³ PAR-DEVANT Mᵉ Théodore [1] LOUET (*id.*), notaire [2] à Brèves [1], département de..., soussigné [13], étant assisté de MM. (*noms, prénoms, professions et demeures*), témoins instrumentaires [14] aussi soussignés [15].

⁴ Est comparu mad. Justine DORNAND, demeurant (5) chez la dame sa mère à.., étant assistée de Mᵉ Isidore BERT, son conseil, avoué près le tribunal civil de..., y demeurant.

⁵ Ladite dame séparée de corps et de biens d'avec M. Charles HAMELET, son mari, et étant autorisée à la poursuite de ses droits [27] et actions [28], le tout ainsi qu'il résulte d'un jugement [75] du tribunal civil de première instance de..., en date du..., enregistré [18] et signifié [20].

⁶ Laquelle a dit que par exploit [20] de... huissier à.., en date du.., elle a fait sommation [119] à M. HAMELET, son mari, sus-nommé, ancien négociant, demeurant à.., de se trouver cejourd'hui, lieu et heure présents, pour assister, si bon lui semble, à l'inventaire [143] de tous les meubles [86] et effets mobiliers, titres, papiers, deniers comptants et renseignements dépendant de la communauté qui existe entre eux; le tout trouvé et étant dans les lieux ci-après désignés situés à.., et en leur maison de campagne de.., sinon qu'il serait donné défaut contre lui à dix heures du matin et procédé en absence comme en présence.

⁷ Et elle a requis acte de sa comparution et défaut contre M. HAMELET, dans le cas où il ne comparaîtrait pas ni personne pour lui.

⁸ Et mad. HAMELET a signé [13] avec son conseil, après lecture [16].   (*Signatures*).

⁹ (a) Aussitôt est comparu M. Charles [3] HAMELET (*id.*), sus-nommé, ancien négociant (*id.*), demeurant (*id.*) à..., assisté de Mᵉ TAMBOUR, avoué près le tribunal civil de..., son conseil.

¹⁰ Lequel a dit qu'il se présentait pour obéir à la sommation à lui donnée par l'exploit précité et qu'il ne s'opposait point à ce qu'il fût procédé à l'inventaire dont il s'agit. Lecture [16] faite il a signé [15] avec son conseil.—(*Signatures*).

¹¹ En conséquence du réquisitoire de mad. HAMELET et du consentement de M. HAMELET, le notaire soussigné a procédé audit inventaire et en a immédiatement dressé l'intitulé, le tout ainsi qu'il suit:

¹² A la requête de mad. Justine DORNAND, épouse judiciairement séparée de corps et de biens de M. Charles HAMELET, suivant le jugement ci-devant daté et énoncé.

¹³ Agissant 1° à cause de la communauté [166] de biens qui a existé entre elle et son mari, aux termes de leur contrat de mariage (*id.*) passé devant Mᵉ... notaire à.., en minute [59] et présence de témoins [14], le.., dûment enregistré [42]; laquelle communauté elle se réserve d'accepter (c) ainsi qu'elle avisera pour la suite; — 2° Et comme créancière de ladite communauté pour raison de ses reprises [200] et conventions matrimoniales.

¹⁴ Et en présence de M. Charles [3] HAMELET (*id.*), ancien négociant (*id.*) demeurant (*id.*) à...

¹⁵ Ayant droit à toute la communauté dont il s'agit sauf réduction à moitié pour le cas où son épouse userait du droit qu'elle a d'accepter ladite communauté.

¹⁶ Pour la conservation des droits des parties et de tous autres qu'il appartiendra, il va être etc. — V. *sup.* . 424, alin. 10.

(a) Cette formule peut servir également à un inventaire après séparation de biens.

La femme peut aussi, comme mesure conservatoire et par application de l'article 1180 du C. civ., procéder à un inventaire *avant* la séparation de corps ou de biens et aussitôt que sa demande a été formée, car l'effet de la séparation remonte au jour de la demande; toutefois un séquestre ne peut être nommé pendant l'instance. — V. note 34 n. 24 et 25.

(b) *Quand la partie sommée ne comparaît pas on substitue ce qui suit aux alin.* 9 *et* 10.

Et après avoir attendu depuis ladite heure de neuf du matin, jusqu'à celle de dix sans que M. HAMELET se soit présenté ni personne pour lui, le notaire soussigné faisant droit au réquisitoire de mad. HAMELET, lui a donné acte de sa comparution et prononcé défaut contre M. HAMELET, non-comparant. (*Si* M. HAMELET *demeurait à plus de cinq myriamètres, il faudrait dire ici*: et attendu que M. HAMELET est domicilié à plus de cinq myriamètres ledit notaire a renvoyé la requérante à se pourvoir devant M. le Président du Tribunal civil de première instance a.., à l'effet de faire commettre un notaire pour représenter M HAMELET aux opérations dont il s'agit. — *Puis clore le procès-verbal.*

Obtempérant ensuite à la demande de mad. HAMELET, ayant pour objet de faire procéder audit inventaire, et vu le défaut de comparution de M. HAMELET, le notaire soussigné a immédiatement dressé l'intitulé dudit inventaire ainsi qu'il suit:

A la requête de mad. Justine DORNAND, épouse etc. — V. les alin. 12 et 13.

Et en l'absence de M. Charles HAMELET, négociant demeurant à.., quoique dûment appelé et contre lequel il a été donné défaut, le tout ainsi qu'il est ci-devant établi. — Ledit sieur HAMELET, ayant droit à toute la communauté dont il s'agit, sauf réduction à moitié pour le cas où son épouse userait du droit qu'elle a d'accepter ladite communauté.

(c) On n'ajoute point *ou de répudier* comme au cas de dissolution de communauté par le décès du mari, parce que quand la dissolution de communauté est prononcée par justice la présomption légale est que la femme renonce à la communauté (C. civ. 1463 et note 62, n. 118 et suiv.), tandis que quand cette dissolution a lieu par décès la présomption légale est que la femme accepte la communauté (C. civ. 1456, et note 62 n. 9).

17 Et les parties, sous toutes réserves [51] et protestations (*id.*) de droit, ont signé [13] avec leurs conseils et l'expert,
les témoins et le notaire, après lecture [16].   (SIGNATURES)

18 Procédant audit inventaire en commençant par la maison située à..., il s'est trouvé :

19   *Dans une cuisine tirant ses jours par une croisée sur la rue;*

20 1° Une garniture de foyer, prisée six francs, ci.   6. »
NOTA. On parcourt tous les appartements comme il est dit *sup.* page 424, alin. 16, en observant ce qui est dit en la
note B étant au bas de la p. 430.

21 Il a été vaqué à ce qui précède depuis ladite heure de neuf du matin jusqu'à celle de trois du soir par double
vacation. Ce fait, tous les objets inventoriés et ceux restant à l'être ont été laissés en la garde et possession de
M. HAMELET, qui s'en est chargé pour en faire la représentation quand et à qui il appartiendra.

22 Et la vacation pour continuation du présent inventaire a été remise et indiquée, de l'avis de toutes les parties,
au jeudi vingt-un novembre, présent mois, heure de huit du matin, en la maison de campagne que les deux époux
habitaient à..., au moment de la demande en séparation de corps.

23   *Mandat donné par l'une des parties pour la continuation de l'inventaire.*

24 Par ces mêmes présentes, M. HAMELET a donné pouvoir [80] à Me Charles TAMBOUR, sus-nommé, son avoué,
d'assister pour lui et en son nom et de le représenter aux vacations subséquentes du présent inventaire, et d'y faire
tels dires [51], réquisitions (*id.*), réserves (*id.*), protestations (*id.*) et défenses que besoin sera.

25 Et les parties, sous les réserves [51] et protestations (*id.*) ci-devant faites par elles et qu'elles réitèrent, ont
signé [13] avec leurs conseils, l'expert, les témoins et le notaire, après lecture [16].   (SIGNATURES)

26 Et ledit jour vingt-un novembre mil huit cent quarante-quatre, heure de huit du matin.

27 En conséquence de l'ajournement fixé à ces jour et heure par la clôture de la dernière vacation, Me LOUET,
notaire soussigné, assisté des deux témoins ci-devant nommés et aussi soussignés, ainsi que de M.. expert, s'est transporté avec les parties dénommées en l'intitulé qui précède, agissant dans les mêmes qualités, M. HAMELET étant représenté par Me Charles TAMBOUR, avoué, demeurant à..., en vertu de la procuration qu'il lui a donnée par la clôture
de ladite vacation et qui sera soumise à l'enregistrement avec ces présentes [42], en une maison de campagne située
à.... appartenant à M. et mad. HAMELET, à l'effet d'y procéder à l'inventaire des meubles et effets mobiliers qui s'y
trouvent et dépendent de la communauté dont il s'agit.

28 Auquel lieu distant de la résidence du notaire de... myriamètres [5] étant arrivé à l'heure de..., il a été, par le
notaire susdit et soussigné, ès-mêmes requête, présence et qualités que ci-dessus, procédé à l'inventaire fidèle (143)
et description exacte de tous les meubles et objets mobiliers [86] étant en ladite maison de campagne, dans les lieux
ci-après désignés.

29 Sur la représentation qui sera faite de tous ces objets par M. Pierre FIACRE, régisseur, demeurant à..., lequel,
à ce présent, a promis de tout représenter, étant averti du renvoi qui lui sera fait ultérieurement.

30 La prisée des choses qui sont sujettes à estimation sera faite par M... — V. *sup.* p. 424, alin. 12.

31 Et les parties, sous toutes réserves [31] et protestations de droit, ont signé [13] avec le sieur FIACRE, l'expert, les
témoins et le notaire, après lecture [16].   (SIGNATURES)

32 Procédant audit inventaire, il s'est trouvé :

33 1°... 2°... — *Observer ce que nous avons dit suprà p. 424, alin. 16.*

34 Il a été vaqué à ce qui précède depuis ladite heure de... jusqu'à celle de... par... vacation [5].

35 Et ne s'étant plus rien trouvé en ladite maison de campagne à comprendre au présent inventaire, le sieur FIACRE
comme ayant été préposé avant ledit inventaire à la garde des objets existant dans ladite maison, et qui dépendent
de ladite vacation en communauté, a prêté serment entre les mains du notaire soussigné et en présence des témoins, de n'avoir
rien pris ni détourné, vu ni su qu'il ait été rien détourné des objets dont il s'agit.

36 Ce fait, mad. HAMELET a demandé la remise en ses mains de tous les effets trouvés en la maison de campagne,
ainsi que des clefs de ladite maison pour jouir du tout pendant tout le temps que cela sera nécessaire au rétablissement de sa santé, en attendant la liquidation des droits des parties dans la communauté, mais le mandataire de
M. HAMELET s'est opposé à cette remise par le motif qu'on ne pouvait dépouiller le mari de l'administration des
biens de la communauté avant les opérations de liquidation.

                                RENVOI DES PARTIES EN RÉFÉRÉ [143].

38 Sur quoi, les parties n'ayant pu se mettre d'accord, le notaire les a délaissées à se pourvoir en référé devant
M. le Président du tribunal civil séant à..., à l'effet d'être ordonné par lui ce qu'il appartiendra. Mais provisoirement
les objets ont continué de rester à la garde dudit sieur FIACRE.

39 Et tous les comparants ont signé [13] avec les témoins et le notaire, après lecture [16].   (SIGNATURES)

40   *Ou bien : Référé par le notaire lorsqu'il réside dans le canton où siège le tribunal.*

41 Sur quoi, les parties n'ayant pu se mettre d'accord, il en sera référé (a) par le notaire à M. le Président du

---

(A) Lorsque le Notaire va en référé, il se présente seul et sans les parties devant le Président : il lui donne communication de la minute de
l'inventaire, afin qu'il prenne lecture de ce qui fait l'objet du référé; et, après avoir demandé au Notaire les renseignements nécessaires, le
Président met et signe son ordonnance sur la minute de l'inventaire à la suite de la vacation, sans aucun préambule. Il n'est point d'usage
de dresser procès-verbal du transport du Notaire en référé, ni de sa comparution devant le juge.

ORDONNANCE DU PRÉSIDENT. — Nous (nom et prénoms) Président du Tribunal civil de première instance séant à...; vu le réquisitoire

tribunal civil de première instance séant à..., à l'effet d'être ordonné par lui ce qu'il appartiendra; pour lequel référé ledit notaire a pris assignation au... (*ou* : à la plus prochaine audience des référés). — Et tous les comparants ont signé [15] avec les témoins et le notaire, après lecture [16].

(Signatures)

⁴⁴ Il a été vaqué à ce qui précède depuis ladite heure de huit du matin jusqu'à celle de... du soir par... vacation [5].

⁴⁵ La vacation pour continuer l'inventaire à..., en la maison où il a été primitivement procédé, a été remise et indiquée, du consentement de toutes les parties, au samedi vingt-trois novembre mil huit cent quarante quatre, heure de onze du matin, auxquels lieu, jour et heure les parties ont promis de se trouver, consentant même qu'il soit procédé à la continuation dudit inventaire en leur absence comme en leur présence.

⁴⁴ Et tous les comparants ont signé [15] avec les témoins et le notaire, après lecture [16].

(Signatures)

⁴⁵ Et le samedi vingt-trois novembre mil huit cent quarante-quatre [15], heure de onze du matin.

⁴⁶ En conséquence de l'indication faite par la clôture de la précédente vacation, et à la requête et en présence des mêmes parties que celles dénommées en ladite vacation, à l'exception toutefois de M..., expert, qui s'est retiré immédiatement après la prisée des objets, il va être, par ledit Mᵉ Louet, notaire, assisté des deux témoins ci-devant nommés et aussi soussignés, procédé à la continuation du présent inventaire, ainsi qu'il suit :

⁴⁷   TITRES ET PAPIERS.

⁴⁸ Nota. *Pour l'analyse des papiers,* V. *sup. p.* 426, *alin.* 69.

⁴⁹   *Intervention d'un tiers qui représente des titres et papiers qu'il est utile d'inventorier.*

⁵⁰ En procédant est intervenu M. Jacques Recond [5], huissier, demeurant à...

⁵¹ Lequel a dit qu'il avait été chargé par M. Hamelet, du recouvrement d'une créance et d'un effet au porteur appartenant à la communauté, et qu'il en représente les titres pour être décrits et compris au présent inventaire, ce qui a eu lieu de la manière suivante :

⁵²   CRÉANCE SUR.....

⁵³ Cote... — Deux pièces qui sont : l'une...; et l'autre...

⁵⁴ Cote... — Une pièce qui est un effet au porteur de la somme de cinq cents francs, souscrit par le sieur....

⁵⁵ Lesquelles pièces ont été cotées (A) et paraphées par le notaire soussigné, et inventoriées sous la cote...

⁵⁶   DÉCLARATIONS [145].

⁵⁷ Mᵉ Tambour, comme mandataire [80] de M. Hamelet fait les déclarations suivantes :

⁵⁸ En ce qui concerne l'actif. Qu'il est dû [25] à la communauté :

⁵⁹ 1° Par le sieur..., etc.—V. *sup.* p. 428, alin. 140 et suiv.

⁶⁰ Et a signé [15], après lecture [16].

(Signature.)

⁶¹ Dire [51] et protestation (*id.*) par une partie. Mad. Hamelet assistée de Mᵉ Bert, son conseil, a protesté [51] contre cette déclaration, prétendant qu'il est dû [26] en outre par M... une somme de cinq mille francs pour le prix principal de la vente que M. Hamelet lui a faite d'un bien de communauté : et a signé [15] après lecture [16].

(Signature.)

⁶² Au dire de mad. Hamelet, Mᵉ Tambour audit nom a répondu que la somme de cinq mille francs dont il vient d'être parlé, a été touchée du débiteur bien avant la demande en séparation de corps suivant quittance sous seing-privé [42] étant entre les mains de ce dernier : et a signé [15] sous toutes réserves [51] et protestations de droit, après lecture [16].

(Signature.)

⁶³ Et par mad. Hamelet, a été dit qu'elle persiste dans sa réclamation, prétendant et offrant de prouver [26] que la somme dont il s'agit est encore due et que la quittance, qui a pu être donnée au débiteur, a été antidatée et donnée par complaisance : et a signé [15] avec son conseil, sous toutes réserves [51] et protestations de droit, après lecture [16].

(Signature.)

⁶⁴ En ce qui concerne le passif : qu'il est dû [26] par la communauté :

⁶⁵ 1° A M... etc. — V. *sup.* p. 429, alin. 159.

⁶⁶ Il a été vaqué à ce qui précède depuis ladite heure de onze du matin jusqu'à celle de six du soir par double vacation [5].

⁶⁷ Et ne s'étant plus rien trouvé à dire, comprendre ni déclarer au présent inventaire, M. Hamelet pour ce inter-

---

porté en la vacation qui précède de l'inventaire fait après la dissolution de la communauté de M. et mad. Hamelet dont la minute nous a été présentée par Mᵉ Louet, notaire à..., au principal renvoyons les parties à se pourvoir, et cependant, par provision, autorisons la dame Hamelet à se faire remettre par le sⁱ Fiacre tous les objets mobiliers étant dans la maison de campagne de... ainsi que les clefs de ladite maison, pour en demeurer dépositaire et jouir du tout jusqu'à ce que les opérations de liquidation et partage de lad. communauté soient terminées, à la charge par lad. dame de les représenter quand et à qui il appartiendra.

Disons que notre présente ordonnance sera exécutoire par provision [194] nonobstant l'appel [186] et sans y préjudicier.

Fait en notre hôtel à... le... mil huit cent... . — (Signature.)

(A.) Tous les papiers inventoriés doivent être cotés et paraphés par le notaire, il n'y a point d'exception à ce principe même pour les inscriptions de rentes sur l'État et les effets ou actions au porteur. Il est vrai que la transmission et circulation en est moins facile mais aussi l'abus en est plus difficile de la part du porteur qui ne peut plus faire usage des titres qu'en justifiant qu'il en est seul propriétaire. Ordinairement on fait nommer par justice un dépositaire qui pourvoit à tout ce qui est nécessaire jusqu'à la liquidation.

venant (A) a prêté serment entre les mains du notaire soussigné, de n'avoir détourné, vu ni su qu'il ait été caché ou détourné aucun des objets, titres et papiers dépendant de ladite communauté. Pareil serment a été prêté par m^lle Célestine MAUROY, femme de chambre, habitant la maison où l'on procède, pour ce aussi intervenante.

68 Ce fait, tout le contenu au présent inventaire à l'exception des meubles et effets mobiliers, étant dans la maison de campagne de..., a été, du consentement des parties, laissé en la garde et possession de M. HAMELET qui le reconnaît et s'en charge, pour en faire la représentation quand et à qui il appartiendra.

69 De tout ce que dessus, etc. — V. sup. p. 430 alin. 120.

_____

4° INVENTAIRE [143] APRÈS ABSENCE [78].

2 L'an mil huit cent quarante-quatre [13], le lundi... heure de..

3 A la requête de M. Henri [3] VERNET (id.), célibataire majeur (id.), sans profession (id.), demeurant (id.) à...

4 Habile [54] à se dire seul et unique héritier [78] de M. Jean-Baptiste VERNET, son oncle, capitaine de frégate, dont l'absence a été déclarée suivant jugement [75] du tribunal civil de première instance de..., en date du..., dûment enregistré [42].

5 Et en présence de M..., juge de paix (B) du canton de.., commis à l'effet des présentes par M. le procureur du roi près le tribunal de première instance de..., suivant son ordonnance en date du..., enregistrée et étant au bas de la requête à lui présentée.

6 Ledit sieur Henri VERNET envoyé par le jugement précité en possession provisoire des biens dudit sieur Jean-Baptiste VERNET, son oncle, absent, et dont on n'a pas eu de nouvelles depuis la perte de la frégate la ZÉLIE échouée sur les côtes de.., le.., à la charge par l'héritier présomptif de faire faire inventaire [143], de donner caution (id.) et de faire emploi au nom de l'absent de tous les capitaux [136] et revenus [30] en immeubles ou inscriptions de rentes sur l'État.

7 Pour la conservation des droits [27] et intérêts de l'héritier présomptif et de tous autres qu'il appartiendra, il va être, par Me Charles [1] ALIX (id.), notaire [2] à.. soussigné [13], assisté de MM. (noms, prénoms, professions et demeures) témoins instrumentaires [14], procédé à l'inventaire [143] fidèle et, description exacte de tous les meubles [86] et effets mobiliers, titres et papiers, deniers comptants et renseignements, appartenant à l'absent au jour de son décès présumé arrivé le... jour du naufrage de la frégate la ZÉLIE, ainsi que le porte le jugement sus daté et énoncé, et qui seront trouvés dans sa maison située à..., rue..., n...

8 Pour la suite de l'inventaire, V. sup. p. 424 alin. 12 et suiv.

_____

5° INVENTAIRE [145] APRÈS INTERDICTION [65].

2 L'an mil huit cent..., le mardi..., heure de...

3 A la requête de M. Charles TIMET [3], rentier (id.), demeurant (id.) à...

4 Au nom et comme tuteur [165] à l'interdiction du sieur Germain CHANTREAU, agent d'affaires (id.), demeurant à..., élu à cette charge par délibération du conseil de famille dudit interdit, tenu sous la présidence du juge de paix de..., le...; ladite interdiction prononcée par jugement [75] du tribunal civil séant à..., en date du... enregistré [42].

5 Et en présence de M. Étienne DARMAIN [3], propriétaire (id.), demeurant (id.) à...

6 Agissant comme subrogé-tuteur [163] dudit interdit, nommé à cette fonction qu'il a acceptée suivant la délibération précitée.

7 Pour la conservation des droits [27] dudit interdit et de tous autres qu'il appartiendra, il va être, par M^e..., notaire à..., soussigné [13], assisté de MM..., témoins instrumentaires [14], procédé à l'inventaire [143] fidèle et description exacte de tous les meubles [86] et effets mobiliers, titres, papiers, deniers comptants et renseignements, étant dans les lieux qu'occupait ledit interdit avant son interdiction et dépendant d'une maison sise à... rue...

8 Sur la représentation qui sera faite du tout par le sieur..., qui en est demeuré gardien depuis le moment de la procédure sur interdiction (ou bien : par le sieur..., administrateur provisoire dudit interdit).

9 La prisée des choses qui sont sujettes à estimation sera faite par... V. sup. p. 430, alin. 7.

10 Et les parties ont signé [15] avec les témoins et le notaire, après lecture [16].   (SIGNATURES).

11 Procédant audit inventaire, il s'est trouvé :

_____

(A) On ne peut prêter serment par procureur, parce que c'est un fait personnel qui n'admet pas l'intervention d'un mandataire. Ainsi décidé à l'égard du serment judiciaire par la C. roy. de Poitiers le 21 prair. an XI ; et on doit considérer comme tel le serment que la loi ordonne de prêter dans un inventaire.

(B) Si l'absence, au lieu d'être déclarée, n'était que présumée, ce ne serait pas le juge de paix mais un notaire commis qui représenterait l'absent. — V. sup. p. 423, alin 121 et la note 78. n. 128.

¹² 1°... 2°... — V. *sup.* p. 424, alin. 15 à 68.
¹³ TITRES ET PAPIERS. — V. *sup.* p. 426, alin. 69.
¹⁴ TITRES APPARTENANT A DES TIERS (A). Il s'est trouvé sur l'un des rayons du cabinet une liasse de papiers appartenant au sieur Paul Pic, rentier, demeurant à..., et réclamée par ce dernier auquel remise en a été faite à l'instant, ainsi qu'il le reconnaît et en donne décharge [84 et 36]; lecture [16] faite, ledit sieur Pic a signé [15].   (SIGNATURE.)
¹⁵ Sur un autre rayon il s'est trouvé une autre liasse de papiers au nombre de douze pièces appartenant au sieur Jean Roy, négociant à Naples, et étant relatives à une créance de celui-ci contre le sieur Antoine MAXIMIN, marchand de draps à...
¹⁶ Il n'a point été fait description (A) de ces pièces comme étant étrangères à l'interdit, mais le nombre en a été seulement constaté sur la couverture [145].
¹⁷ DÉCLARATIONS ACTIVES ET PASSIVES. — V. *sup.* p. 428, alin. 159 et suiv.
¹⁸ SERMENT. — GARDE DES OBJETS. — CLÔTURE. — V. *sup.* p. 429 alin. 178 et suiv.

6° INVENTAIRE [143] PAR COMMUNE RENOMMÉE [166] (B).

¹ L'AN mil huit cent quarante-quatre [13], le mercredi..., heure de...
² Par-devant Me Achille [1] FLAMAND (*id.*), notaire [2] à..., département de..., soussigné [15], et en son étude; étant assisté de MM... (*noms, prénoms, professions et demeures*), témoins instrumentaires [14], aussi soussignés [15].
³ Est comparue, mad. Adèle [3] PAROT (*id.*), veuve de M. Jean BÉNARD, en son vivant agent d'affaires à..., où elle demeure [3].
⁴ Laquelle a dit et exposé; — qu'elle s'est mariée avec ledit sieur BÉNARD, le...
⁵ Qu'aux termes de son contrat de mariage passé devant Me..., notaire [2] à..., le... il a été établi entre eux une communauté [166] de biens, avec exclusion de ceux qui adviendraient soit à l'un soit à l'autre, pendant le mariage, tant en meubles [86] qu'en immeubles (*id.*), par succession [88], donation [81] et legs [24], et qu'elle s'est réservés propres même en renonçant.
⁶ Que son mari est décédé [65] à..., le...
⁷ Que, pendant leur mariage, il lui est échu la succession de Charles PAROT, son père, dont elle était héritière [78] pour moitié; il lui a été fait un don manuel [81] d'un service complet de table en linge et argenterie par Célestine PAROT, sa tante, et elle a été instituée légataire [24] pour un tiers de Etienne PAROT, son oncle, décédé à..., le..., ainsi qu'il résulte de son testament [152] par acte public passé devant Me..., notaire à..., le..., enregistré [42].
⁸ Que ces succession, donation et legs ne se composaient en majeure partie que de biens meubles [86] dont la valeur aurait dû être constatée par des inventaires [143] ou des partages [145], mais que le sieur BÉNARD ayant négligé de constater par aucun acte les droits de sa femme, les héritiers [78] de son mari ne veulent avoir aucun égard aux allégations qu'elle fait et à l'appui desquelles elle représente des notes écrites de la main de leur auteur.
⁹ Que voulant procéder à la liquidation [143] de ses reprises [200] contre la succession de son mari, par suite de la renonciation [62] qu'elle a faite à la communauté de biens qui a existé entre eux, suivant acte dressé au greffe du tribunal civil de..., le..., elle est dans l'obligation d'établir la valeur des biens propres qui lui sont advenus pendant le mariage.
¹⁰ Et que pour arriver à ce résultat, elle se propose de faire procéder, par ces présentes, tant sur les notes tenues par son mari, que d'après les déclarations de plusieurs témoins dignes de foi, à l'inventaire par commune renommée des biens qu'elle a recueillis.
¹¹ Déclarant que par exploit [20] de..., huissier à..., en date du..., elle a fait sommation aux sieurs (*noms, prénoms, professions et demeures*), héritiers [78] de son défunt mari, de se trouver, si bon leur semblait, cejourd'hui, heure présente, en l'étude de Me FLAMAND, pour assister à l'inventaire [145] par commune renommée des biens meubles [86] qui lui sont advenus durant son mariage, et y faire tels dires [51], réquisitions (*id.*), protestations (*id.*) et réserves (*id.*) qu'ils jugeront convenables, sinon qu'il serait donné défaut [119] contre eux et procédé en leur absence comme en leur présence.
¹² Lecture [16] faite, ladite dame veuve BÉNARD a signé [15].   (SIGNATURE.)
¹³ Aussitôt sont comparus MM..., ci-devant dénommés et qualifiés avec indication de domicile: agissant comme seuls héritiers [85] de M. Jean BÉNARD, leur père, sus-nommé, sous bénéfice d'inventaire seulement, suivant déclaration faite au greffe du tribunal civil de..., le...
¹⁴ Lesquels ont dit qu'ils se présentaient pour obéir à la sommation qui leur a été faite, et qu'ils ne s'opposaient pas à ce qu'il fût procédé à l'inventaire par commune renommée présentement requis, et ils ont signé [15], après lecture [16].   (SIGNATURES.)

(A) Lorsqu'il y a scellés les titres réclamés sont remis à qui il appartient, et s'ils ne peuvent être remis à l'instant c'est sur le procès-verbal des scellés et non sur l'inventaire que la description doit en être faite (C. *proc. civ.* 959).
(B) Cet inventaire a lieu dans les cas prévus par les art. 1415, 1442 et 1504 du C. civ. — Il peut avoir lieu aussi dans l'intérêt d'un mineur contre son tuteur et alors la formule ci-après peut servir en y faisant les changements nécessaires.

16   Et à l'instant sont intervenus MM. (*noms, prénoms, professions et demeures*); tous appelés sur la demande verbale de mad. veuve BÉNARD.

17   Lesquels ont déclaré qu'il était à leur parfaite connaissance :

18   1° Que M. Charles PAROT, père de mad. BÉNARD, possédait à son décès un mobilier (A) pouvant valoir quatre mille cinq cents francs, y compris son cheval et ses harnais et une cariole, ci   4500   »

19   De laquelle somme il convient de déduire différentes dettes [26] pouvant s'élever à quatre cents francs, et cent francs de frais funéraires [144] et de dernière maladie (*id.*), ci.   500   »

20   Ce qui a réduit l'actif [25] de ladite succession à quatre mille francs, ci   4000   »

21   Dont la moitié revenant à mad. BÉNARD comme héritière [78] pour moitié de son père, est de deux mille francs, ci   2000   »

22   2° Que la Dlle Célestine PAROT a, en leur présence, fait don manuel [81], durant sa dernière maladie, à la dame BÉNARD sa nièce, d'un service de table en linge et argenterie, composé de... (*désigner ici les objets* (A)), dont la valeur était alors de quinze cents francs, ci.   1500   »

23   3° Et que M. Etienne PAROT, oncle de ladite dame BÉNARD, possédait à son décès, un mobilier (A) de peu de valeur qu'ils évaluent à trois cents francs, ci.   300   »

24   Plus la quantité de cent hectolitres [91] de blé valant alors vingt francs (*id.*) l'hectolitre, ce qui donnait pour la totalité deux mille francs, ci   2000   »

25   Et deux mulets, leurs harnais et une voiture, le tout de valeur de sept cents francs, ci . . .   700   »

26   Total de l'avoir du défunt sieur Etienne PAROT.   3000   »

27   Dont le tiers pour la dame BÉNARD, légataire [24], était de mille francs, ci   1000   »

28   Sauf à déduire le tiers à la charge de ladite dame BÉNARD dans les droits de mutation [192] qui ont dû être payés après le décès dudit défunt, lequel, suivant les déclarants, n'avait aucune dette [26].

29   Lesdits sieurs.. intervenants, n'ayant plus rien a déclarer, ni faire comprendre au présent inventaire, ont affirmé après avoir prêté serment [145] entre les mains du notaire soussigné, que les déclarations qui précèdent ont été faites en leur âme et conscience. Et ont signé [15], après lecture [16].   (Signatures.)

30   Les héritiers [78] sus-nommés de M. BÉNARD reconnaissent l'exactitude des déclarations relatives aux successions de MM. PAROT, leur père et oncle, comme ayant acquis une connaissance suffisante de l'avoir de ces deux successions; mais à l'égard de la déclaration relative au don manuel [81] fait par Mlle PAROT, ne pouvant la vérifier, au moins quant à présent, ils font contre elle toutes réserves de droit et protestations contraires. Et ont signé [15], après lecture [16].   (SIGNATURES.)

31   Il a été vaqué à ce qui précède depuis ladite heure de... jusqu'à celle de..., par... vacation [5]; ce fait, le présent inventaire a été déclaré clos par le notaire soussigné.

32   De tout ce que dessus, il a été dressé le présent procès-verbal les jour et heure, lieu, mois et an susdits, et mad. veuve BÉNARD ainsi que les héritiers de M. BÉNARD et les déclarants, ont signé [15] avec les témoins et le notaire, après lecture [16].

33   V. *Répertoire*, note 17. — *Forme des actes*, note 38. — *Enregistrement*, notes 36, 18 et 19.

(B) JUGEMENT [75] D'HOMOLOGATION [137]

1   Le tribunal civil de première instance séant à..., chef-lieu judiciaire du département de..., tenant ses audiences au palais de justice de lad. ville, a rendu le jugement dont la teneur suit :

2   En la cause d'entre 1° Marie LARCHE, épouse du sieur Claude MILLET, charon, et ce dernier pour la validité, demeurant ensemble à Mailly-la-Tour.

3   Demandeurs aux fins des conclusions [75] par eux signifiées [20], afin d'homologation des procès-verbaux de liquidation [143] et de lotissement [140, dont sera ci-après parlé; et défendeur, aux fins de celles à eux signifiées : comparant par Me R..., leur avoué [199].   D'UNE PART.

4   2° Le sieur François LARCHE, propriétaire, demeurant au même lieu; agissant au nom et comme tuteur [165] du mineur Damas LARCHE.

5   3° Et le sieur Vincent PERRET, cultivateur, demeurant à...; agissant comme subrogé-tuteur *id.*) dudit mineur LARCHE.

6   Défendeurs aux fins des conclusions d'homologation à eux signifiées, et demandeurs aux fins de celles par eux prises et signifiées, comparant par Me B..., leur avoué [199].   D'AUTRE PART.

7   Sans que les présentes qualités puissent nuire ni préjudicier aux droits et moyens respectifs des parties.

(A) On ne peut exiger que les objets soient désignés article par article avec estimation comme dans un inventaire ordinaire. Il doit suffire que la consistance en soit indiquée en précisant seulement les choses les plus précieuses, avec une évaluation totale, car l'inventaire dont il s'agit est par nature commune renommée c.-à-d. que chacun est admis à venir déclarer à combien on évaluait dans le pays l'avoir du défunt.

(B) Cette formule suffit pour donner une juste idée de ce qu'il faut observer dans la rédaction d'un jugement. — V. au surplus la formule d'*Arbitrage* sup. p. 83.

9   POINT DE FAIT [75]. Par suite d'une demande à fin de compte [184], liquidation [143], licitation [207] et partage [143] formée à la requête des demandeurs le.., le tribunal, préalablement à toutes opérations, a nommé des experts [195] à l'effet de visiter et estimer les biens indivis entre les parties.

10   Sur cette demande, il est intervenu en ce tribunal le..., un jugement contradictoire [75] qui a nommé des experts aux fins ci-dessus. — Ces experts se sont livrés aux opérations à eux confiées, et il résulte de leur rapport [195] déposé au greffe le..., et homologué [157] par jugement de ce tribunal en date du..., que plusieurs des immeubles indivis entre les parties ont été déclarés impartageables. — Par ce même jugement, lesdites parties, sur leur demande, ont été renvoyées [143] devant Me S..., notaire à..., pour être par lui procédé aux comptes et liquidation des communauté et successions de Jacques LARCHE et Clandine LARIBOISSIÈRE, au partage des biens [86] de leurs successions déclarés partageables et à la licitation [207] des biens déclarés impartageables. — Les immeubles déclarés impartageables ont été vendus.

11   Dans cette position, Me R..., avoué des demandeurs, a présenté le..., une requête [211] à M. X..., juge-commissaire [143], nommé par le jugement du... sus-énoncé, à l'effet d'obtenir, conformément aux dispositions de l'art. 971 du code de procédure civile, la nomination d'un des experts pour procéder au lotissement des immeubles commodément partageables. — En exécution du jugement sus-daté et en vertu de l'ordonnance étant au bas de la requête sus-énoncée, sommation [119] a été faite aux avoués des parties de se trouver devant le notaire liquidateur pour être présents à l'ouverture du procès-verbal de liquidation et devant M. le Juge-commissaire pour voir nommer l'un des experts déjà commis à l'effet de procéder au lotissement des immeubles déclarés partageables.

12   Me S.., notaire commis a procédé le .., en présence des parties, à la liquidation [143] des communauté et successions dont il s'agit; et par suite, tant de l'ordonnance de nomination du sieur O..., chargé de faire le lotissement, que du travail de ce dernier. il a été, par ledit notaire, procédé à ce procès-verbal de lotissement, le...

13   Ces opérations terminées, Me R..., avoué des demandeurs, a signifié des conclusions, dans lesquelles, il a conclu à ce qu'il plût au tribunal homologuer [157] purement et simplement suivant leur forme et teneur les procès verbaux de liquidation et de lotissement dont il s'agit; en conséquence renvoyer les parties devant ledit Me S... pour être, par lui, procédé au tirage [140] au sort des lots tels qu'ils sont désignés audit procès-verbal de lotissement et en cas de constestation condamner tout contestant personnellement aux dépens [120], dont distraction (id.) à son profit, et qu'il serait autorisé dans tous les cas à employer comme frais privilégiés [29] de poursuite de compte liquidation et partage.

14   En réponse à ces conclusions, Me B... en a signifié [75] dans lesquelles il a conclu à ce qu'il plût également au tribunal leur donner acte de ce qu'ils déclaraient s'en rapporter purement et simplement à la prudence du tribunal sur l'homologation demandée, et en cas de contestations condamner tout contestant aux dépens dont distraction serait faite à son profit.

15   Avenir [119] ayant été donné et l'affaire étant venue utilement à l'audience de ce jour, les avoués des parties ont repris et développé leurs conclusions respectives et en ont requis l'adjudication avec dépens.

16   Il restait alors à juger les questions suivantes:

17   POINT DE DROIT [75]. Y avait-il lieu d'homologuer [157] les procès-verbaux de liquidation et de lotissement sus-énoncés?

18   Devait-on ordonner le tirage au sort et renvoyer les parties devant Me S..., notaire à..., pour y procéder?

19   Quid, quant aux dépens?

20   PRONONCE [75]. Ouï, dans leurs conclusions respectives, Me R..., avoué de Marie Larche, femme de Claude MILLET, et de ce dernier pour la validité, ainsi que Me B..., avoué des sieurs François LARCHE et Vincent PERRET ensemble M. N..., substitut de M. le Procureur du Roi.

21   Le tribunal, après avoir entendu dans son rapport M. X..., l'un des juges du tribunal, commissaire [143] en cette partie, et en avoir délibéré conformément à la loi; jugeant publiquement.

22   Considérant que le procès-verbal de liquidation, dressé le... par Me S..., notaire à..., en exécution du jugement de ce tribunal, en date du..., est régulier en la cause et qu'il n'est contesté par aucune des parties.

23   Considérant d'autre part que le procès-verbal de lotissement [140], dressé par le même notaire, le..., en exécution du jugement sus-énoncé, est également régulier et qu'il n'est non plus contesté par aucune des parties.

24   Homologue [157] pour être exécuté purement et simplement selon sa forme et teneur : 1º le procès-verbal de liquidation des biens dépendant des communauté et successions des sieur et dame LARCHE; — 2º le procès-verbal de lotissement dressé le...

25   En conséquence ordonne le tirage [140] au sort des lots tels qu'ils sont désignés audit procès-verbal, et renvoie les parties devant Me S..., notaire, pour y procéder.

26   Compense [120] les dépens que les parties sont autorisées à employer, savoir : celles de Me R..., en frais de poursuite de compte, liquidation, licitation et partage, et celles de Me B..., en frais de colicitant et dont distraction [120] est faite au profit des avoués de la cause qui l'ont requise.

27   Ce qui fut ainsi fait, jugé [75] et prononcé à l'audience publique du... mil huit cent..., où siégeaient M. C..., président, G..., H..., X... et D..., juge-suppléant, ayant voix consultative, assistés de M. L..., greffier, et en présence de M. N..., substitut du Procureur du Roi.   (SIGNATURES DU PRÉSIDENT ET DU GREFFIER.)

28   V. Enregistrement, note 18, n. 1002 et suiv.; et les formules d'Arbitrage et d'Avenir.

LECTURE (MENTION DE) [16].

Par application de la loi du 21 juin 1843 rapportée à l'art. 76 du Journal du Manuel, et suivant la formule adoptée par la chambre des notaires de Paris.

Après ces mots : *et ont les parties signé* [15] *avec les notaires, après lecture*, on ajoute la formule suivante :

La lecture du présent acte par M°..., notaire en premier , et la signature par les parties, ont eu lieu en présence de M°..., notaire en second.

Si une ou plusieurs des parties ne savent ou ne peuvent signer, la formule se rédige ainsi :

La lecture du présent acte par M°..., notaire en premier, la signature par celle des parties qui l'ont signé et la déclaration de ne le savoir (ou : *de ne le pouvoir*) *par les autres parties, ont eu lieu en présence de M°..., notaire en second.*

Si l'acte est fait en présence de témoins, la formule se rédige comme il suit :

La lecture du présent acte par M°..., notaire, et la signature par les parties ont eu lieu en présence des deux témoins instrumentaires [14].

Et si une ou plusieurs des parties ne savent ou ne peuvent signer, on l'exprime ainsi :

La lecture du présent acte par M°..., notaire, la signature par les parties qui l'ont signé, et la déclaration de ne le savoir (ou : *de ne le pouvoir*) *par les autres parties ont eu lieu en présence des deux témoins instrumentaires.*

V. *sup.* p. 310, alin. 11 et la note A étant au bas de cette page.

LÉGALISATION [125].

Vu pour légalisation de la signature de M°..., notaire à..., par nous (*nom et prénoms*), président du tribunal civil de première instance de... (*ou :* par nous (*nom et prénoms*), juge du tribunal civil de première instance de..., pour l'empêchement du président).

Au Palais de Justice de..., ce..., mil huit cent...

LEGS [24].

Vu les formules de *décharge de legs*, de *délivrance de legs* et de *testament*.

LETTRE DE CHANGE [97] PAR ACTE SOUS SEING-PRIVÉ

Clamecy, le 1 juillet 1841.

A trente jours de vue, il vous plaira payer, par cette première de change, à M. Brivot ou à son ordre, la somme de cinq mille francs que vous avez reçue de moi en marchandises, et que vous porterez en débet à mon compte, sans autre avis de

de votre serviteur
TRIPET.

A M. Cholet, entrepreneur de bâtiments à Paris, rue de Londres, n. 999.

V. *Enregistrement* note 98 — et les formules d'*acceptation de lettre de change*, d'*aval et d'endossement*

LETTRE DE CHANGE [97] PAR ACTE NOTARIÉ [38], PAR UN INDIVIDU NE SACHANT SIGNER [15].

PAR-DEVANT M° Jules [1] DELONS (*id.*), notaire [2] à Sacy [1], département de.., soussigné [15].

Est comparu (A) le sieur Benoit [3] LELOUP (*id.*), marchand de bois (*id.*), demeurant (*id.*) à..., où il est patenté [43]

(A) *Quand la lettre de change est souscrite par une femme commerçante qui ne sait ni signer ni écrire de manière à mettre un bon ou approuvé de la somme en toutes lettres, on commence ainsi la lettre de change :*

Est comparue , la dame Claire JOURDLAT, femme du sieur Jacques HAUPLAN, marchande publique de comestibles, demeurant à..., où elle est patentée pour la présente année à la date du... dernier, ... classe n...

Ladite dame autorisée [68] à l'effet des présentes dudit sieur son mari, suivant acte passé en minute [59] et présence de témoins [14] devant M°.... notaire à.., le .., dûment enregistré [42], et aux termes duquel elle est habile [54] à faire tous actes de commerce ; extrait [64] de laquelle autorisation est demeuré ci-annexé [55], après avoir été certifié véritable (*id.*) par la comparante en présence du notaire et des témoins soussignés.

Quand la lettre de change est souscrite par un mineur commerçant qui ne sait pas signer, on la commence ainsi :

Est comparu le sieur Michel AURY, marchand de farines, demeurant à..., où il est patenté pour la présente année à la date du...dernier, ...classe, n...

Ledit sieur AURY encore mineur mais émancipé [82] par le sieur Joseph AURY, son père, suivant la déclaration de ce dernier reçue

pour la présente année à la date du... dernier, ...classe , n...

4 Lequel, ne sachant signer, ce qui le met dans l'impossibilité de souscrire une lettre de change dans la forme ordinaire, a, par ces présentes , déclaré souscrire la lettre de change suivante :

5   *Vermenton, le sept décembre mil huit cent quarante quatre.*

6 *A quinze jours de vue, il vous plaira payer, par cette première de change, à M.* Brivot *ou à son ordre, la somme de dix huit cents francs, valeur en compte, sans autre avis de moi* Leloup. — (B)

7 *A M. Paul* Boisseau, *distillateur à Paris, rue des Vinaigriers n.* 1300.

8 Voulant, ledit sieur Leloup, que cette lettre de change produise le même effet que si elle était souscrite selon les usages du commerce.

9 Dont acte, fait et passé à Sacy [12] en l'étude (*id.*), l'an mil huit cent quarante-quatre [13], le sept décembre, en présence de MM. (*noms, prénoms, professions et demeures*), témoins instrumentaires [14], qui ont signé [15] avec le notaire ; quant au sieur Leloup, il a réitéré sa déclaration de ne le savoir, le tout après lecture [16].

10 V. Répertoire, note 17. — *Forme des actes*, note 38. — *Enregistrement*, notes 98, 18 et 19.

11 V. aussi les formules d'*acceptation de lettre de change*, d'*aval* et d'*endossement*.

LETTRE DE VOITURE [103] par acte sous seing-privé.

2   Avize près Epernay, le 10 décembre 1844.

3 A la garde de Dieu, par l'entremise de Didier Volland, commissionnaire à Epernay, et sous la conduite de François Lesecq, son voiturier, je vous envoie cent bouteilles [91] de vin blanc en un panier marqué P.-F.-Q, et pesant deux cents kilogrammes (*id.*).

4 Qu'ayant reçu bien conditionné devant la porte de votre maison, dans le délai [77] de quinze jours, à peine [58] de perdre un tiers du prix de sa voiture qui est fixé à raison de trente francs du cent de bouteilles , vous lui rembourserez trente-deux francs pour frais d'expédition, timbre et congé.

5 *Nota.* Vous serez sans recours contre moi dans le cas d'avarie ou manque de bouteilles énoncées en la présente, si, au préalable, vous n'avez fait vos diligences contre le voiturier et son représentant.

6 A Monsieur Quatrevaux,   Votre serviteur
propriétaire à Vermenton (Yonne).   Perruchot.

7   V. *Enregistrement*, notes 99, 18 et 19.— *Timbre* note 61.

LETTRE DE VOITURE [103] par acte notarié [38].

2 Par-devant Me Emile [1] Prout (*id.*), notaire [2] à Avize [1], département de..., soussigné [15].

3 Est comparu M. Denis [3] Perruchot (*id.*), négociant (*id.*), demeurant à Avize (*id.*), où il est patenté [45] pour la présente année à la date du... dernier, ... classe, n.

4 Lequel a, par ces présentes, déclaré que cejourd'hui , à la garde et conduite du sieur François Lesecq, voiturier par terre, demeurant à..., il fait l'envoi à destination de M. François Quatrevaux, propriétaire, en sa demeure sise en la ville de Vermenton, rue du Château n. 100.

5 De quatre-vingts litres [91] de vin blanc en un panier marqué P.-F.-Q, et pesant deux cents kilogrammes (*id.*) ; lequel, il plaira à M. Quatrevaux recevoir, et l'ayant effectivement reçu bien conditionné à l'extérieur, (n'étant pas responsable du coulage des liquides ni de la rupture des choses fragiles) devant la porte de sa maison, dans quinze jours [77] après la date de la présente, sous peine [38], par le voiturier, de perdre le tiers du prix de la voiture qui a été fixé à raison de trente-sept francs les cent litres, il remboursera audit voiturier trente-deux francs pour frais d'expédition, timbre et congé.

6 Dont acte, fait et passé à Avize [12] en l'étude (*id.*), l'an mil huit cent quarante-quatre [13], le dix décembre (*id.*), en présence de MM. (*noms, prénoms, professions et demeures*), témoins instrumentaires [14], et M. Perruchot a déclaré savoir signer [15], mais ne le pouvoir pour cause de luxation au poignet , de ce interpellé par le notaire qui a signé [15] avec les témoins, après lecture [16].

7 V. *Répertoire*, note 17. — *Forme des actes*, note 38. — *Enregistrement*, notes 99, 18 et 19.

8 V. aussi la formule de *marché pour transport de marchandises.*

---

par le juge de paix de ., le.., enregistrée et en outre autorisé par ledit sieur son père à faire toutes opérations de commerce suivant acte passé en minute [59] et présence de témoins [14] devant Me... notaire à..., le.., enregistré et affiché, conformément à la loi.— *On bien :* émancipé par le juge de paix du canton de..., autorisé à cet effet par le conseil de famille dudit mineur suivant délibération prise le...; et en cette qualité autorisé par ledit conseil de famille à faire tous actes de commerce suivant cette même délibération, enregistrée et affichée conformément à la loi et homologuée par jugement du tribunal civil de.., en date du . enregistré.

6 (B) *Quand le tireur donne hypothèque, on ajoute ici :* à la garantie du paiement de la présente lettre de change j'affecte et hypothèque [50] ; (*désigner ici les biens et se référer à la formule d'affectation hypothécaire*).

LICITATION [207] :

1° Amiable entre majeurs, dans la forme d'un contrat de vente.
2° Par adjudication volontaire entre majeurs.
3° Devant notaire commis par justice, entre majeurs et mineurs.

1° LICITATION [207] AMIABLE ENTRE MAJEURS [79], DANS LA FORME D'UN CONTRAT DE VENTE (A).

PAR-DEVANT Me Ovide [1] PAULY (id.), notaire [2] à Gacet [1], département de...., soussigné [15].

Sont comparus 1° M. Louis [3] VERNET (id.), négociant (id.), demeurant (id.) à...., rue..., n....

2° Et Mad. Léonce VERNET, épouse de M. Charles BONNARD, mécanicien, avec lequel elle demeure à....; ladite dame de son mari, à ce présent, dûment autorisée [68].

Héritiers [78] chacun pour moitié de Mad. Héloïse CATELIN, leur mère, veuve de M. Michel VERNET, décédée [63] à...., le..., ainsi que le constate l'intitulé de l'inventaire [145] fait après son décès par Me...., notaire à...., le..., dûment enregistré (ou bien : ainsi qu'il est constaté par un acte de notoriété [127], à défaut d'inventaire, fait après son décès par Me...., notaire à...., le...., enregistré).

Lesquels ont dit qu'ils sont propriétaires [22] indivisément chacun pour moitié comme héritiers de leur dite mère d'une ferme appelée la *Chardonnière* située [141] sur la commune de....

Mais désirant faire cesser cette indivision [207], ils sont convenus de procéder à l'amiable entre eux à la licitation de cette ferme ; ce qui a eu lieu ainsi qu'il suit :

(B) Pour la première mise à prix, M. VERNET a offert de ladite ferme douze mille francs.

Mad. BONNARD en a offert treize mille francs.

Cette dernière offre a été couverte de mille francs par M. VERNET, ce qui a porté son enchère à quatorze mille francs.

Enfin Mad. BONNARD a offert quinze mille francs.

M. VERNET n'ayant pas voulu couvrir cette enchère a, par ces présentes, vendu et abandonné à titre de licitation sous la garantie de droit,

À ladite dame BONNARD, qui l'accepte, étant autorisée [68] de son mari comme il est dit ci-dessus.

La moitié indivise à lui appartenant dans ladite ferme de la *Chardonnière*, située [141] sur la commune de..... et consistant en 1° un corps de bâtiment d'habitation et d'exploitation ; 2° cinq hectares [91] de pré, 3° et trente hectares de terres labourables ; le tout plus amplement désigné au bail [105] ci-après daté et énoncé.

JOUISSANCE. Pour, par ladite dame BONNARD, réunir cette moitié à celle qui lui appartient, être seule propriétaire du tout au moyen des présentes et en faire et disposer [8] comme de chose lui appartenant en toute propriété [22] et jouissance à compter de ce jour.

PROPRIÉTÉ [22]. Cette ferme appartenait en propre à Mad. veuve VERNET comme l'ayant recueillie avec autres biens dans la succession [88] de M. Brice CATELIN, son père, dont elle était héritière [78] pour un tiers ainsi qu'il résulte d'un acte de partage, passé devant Me LALOUET, prédécesseur du notaire soussigné [143] le., dûment enregistré [42]. Ledit partage fait sans soulte (ou bien : à la charge par ladite dame VERNET d'une soulte [140] de..... qu'elle a payée suivant quittance passée en minute [59] et présence de témoins [14] devant ledit Me LALOUET, notaire, le...). — V. *sup.* ÉTABLISSEMENT DE PROPRIÉTÉ, p. 403.

CHARGES [58] ET CONDITIONS [153]. La présente licitation est faite aux charges et conditions suivantes que Mad. BONNARD s'oblige [107] d'exécuter et accomplir :

1° D'entretenir pour le temps qui en reste à courir le bail [105] qui a été fait de ladite ferme au sieur....., pour neuf années qui ont commencé le..... moyennant six cents francs par an, suivant acte passé devant Me...., notaire à... le..., dûment enregistré [42]; si mieux elle n'aime le résilier [105], mais à ses risques et périls.

2° D'exécuter pour le temps qui en reste à courir toute police d'assurance [155] contre l'incendie qui aurait pu être contractée pour les bâtiments de ladite ferme, l'acquéreur se trouvant subrogé [114] tant activement que passivement à compter de ce jour aux droits [27] de son cohéritier. — V. note 42 et sup. la note A au bas de la p.51

3° De supporter les servitudes [55] passives, apparentes ou non-apparentes, dont ladite ferme peut être grevée, sauf à ladite dame à s'en défendre et à profiter de celles actives s'il en existe, le tout à ses risques et périls et sans recours contre son colicitant. Déclarant, quant à lui M. VERNET, qu'il n'a consenti aucune servitude sur ladite ferme et n'en a acquis aucune et que les choses sont à son égard dans le même état qu'au décès de sa mère. — V. sup. la note A au bas de la p. 195.

(A) Quand on n'enchérit pas devant le notaire l'objet licité, on se sert de la formule ordinaire de vente, c.-à-d. que l'un vend directement à l'autre par licitation sa portion. — V. la formule de *vente d'immeuble*.

(B) Lorsqu'il y a dans la succession d'autres biens dont le prix est à partager, il est mieux de suivre pour le libellé la formule d'adjudication volontaire ci-après, afin de pouvoir comprendre tout le prix dans la masse partageable, ce qui ne se pourrait avec la formule ci-dessus (qui fait d'avance l'attribution du prix) qu'en forçant le prix de manière à opérer sur la totalité et non sur partie.

41 4° D'acquitter en totalité les contributions [58] foncières et autres de toute nature imposées et à imposer sur ladite ferme à compter du premier janvier prochain et de faire, dans les plus bref délai, porter ladite ferme à son nom seul sur la matrice des rôles.

42 5° Et de payer les déboursés [5] et honoraires (*id.*) des présentes, ainsi que le coût d'une grosse [64] et d'une expédition présentement requises, avec les intérêts [5] desdits déboursés du jour de l'avance.

43 PRIX. Et en outre ladite vente est faite moyennant la somme (35) de sept mille cinq cents francs [91] de prix principal. En déduction de cette somme M. et Mad. BONNARD ont payé [84] comptant à M. VERNET qui le reconnaît deux mille cinq cents francs, dont quittance d'autant. A l'égard des cinq mille francs restant dus, Mad. BONNARD de son mari autorisée et même son dit mari (68 n. 111) promettent et s'obligent solidairement [106] entre eux de les payer [84] à M. VERNET en l'étude du notaire soussigné en un seul paiement dans trois ans [77] à compter de ce jour avec intérêts [49] au taux de cinq pour cent par an sans retenue (*id.*) à partir d'aujourd'hui jusqu'au remboursement effectif de la somme principale, lesquels intérêts seront payables [84] de six en six mois.

44 RÉSERVE DE PRIVILÉGE [29]. A la garantie de la portion revenant à M. VERNET dans le prix de la présente licitation la ferme ci-devant désignée demeure en totalité affectée et hypothéquée [30] par privilége [29] expressément réservé à M. VERNET, lequel privilége devra pour sa conservation être inscrit [83] au bureau des hypothèques de la situation des biens dans les soixante jours (B) qui suivront ces présentes.

45 TRANSCRIPTION [111] ET PURGE LEGALE [156]. La dame BONNARD étant censée avoir succédé seule et immédiatement à la dame sa mère dans la propriété de toute la ferme présentement licitée, sera dispensée (n) de faire transcrire son contrat au bureau des hypothèques par rapport à son colicitant et de purger les hypothèques légales relatives à ce dernier.

46 Mais il sera loisible à ladite dame de faire faire ces transcription et purge à l'égard des auteurs communs à elle et à son frère, et si lors de l'accomplissement de ces formalités il se trouve des inscriptions [83] grevant les immeubles vendus, la dame BONNARD sera tenue de les dénoncer [122] à son cohéritier [78] au domicile par lui ci-après élu, et si dans le mois de cette dénonciation il ne survient point entre eux d'arrangement pour que celui-ci la garantisse, quant à la portion à sa charge dans les dettes, de l'effet de toutes demandes des créanciers [83], ladite dame pourra alors ou contraindre son cohéritier au rapport des mainlevées [149] et certificats de radiation (*id.*) desdites inscriptions pour sa part contributoire dans les causes d'icelle, ou délaisser [157] le corps de ferme présentement vendu.

47 TITRES [54]. Reconnaissent les sieur et dame BONNARD avoir en leur possession tous les titres de propriété des biens composant la ferme, dont décharge [84].

48 ÉLECTION DE DOMICILE [11]. Pour l'exécution des présentes les parties font élection de domicile en leurs demeures actuelles ci-dessus désignées.

49 Dont acte, fait et passé à Gacet [12] en l'étude (*id.*), l'an mil huit cent quarante-quatre le dix décembre [15], en présence de MM. (*noms, prénoms, professions et demeures*), témoins instrumentaires [14]; et les parties ont signé [15] avec les témoins et le notaire, après lecture [16].

50 V. *Répertoire*, note 17. — *Forme des actes*, note 38. — *Enregistrement*, notes 57, 18 et 19.

---

1 ## 2° LICITATION [207] PAR ADJUDICATION VOLONTAIRE ENTRE MAJEURS [79].

2 L'AN mil huit cent quarante-quatre [13] le dimanche quinze décembre (*id.*) à neuf heures du matin.

3 PAR-DEVANT Mᵉ OVIDE PAULY [1], notaire [2] à Gacet [1], département de....., soussigné [15].

4 Sont comparus 1° M. Louis [3] VERNET (*id.*), négociant (*id.*), etc. ; 2° Mad. Léonce VERNET, épouse de M. Charles BONNARD , etc. — V. *les alin.* 3, 4 *et* 5 *de la formule qui précède.*

5 Lesquels ont dit qu'il dépend de la succession [88] de leur dite mère une ferme située à..... qui est restée indivise [207] entre eux comme n'étant point commodément partageable.

6 Que voulant la liciter entre eux par adjudication volontaire et aux enchères ils ont requis le notaire soussigné de faire la désignation de ladite ferme, d'en établir la propriété et de rédiger les charges et conditions de l'adjudication, ce qui a eu lieu ainsi qu'il suit :

7 DESIGNATION [141]. Une ferme appelée la *Chardonnière*, située sur la commune de.... et consistant, en 1° un corps de bâtiment, etc. —V. *sup. p.* 441 *alin.* 14.

8 PROPRIÉTÉ [22]. Cette ferme appartient à M. VERNET et à Mad. BONNARD chacun pour moitié comme héritiers [78]

(A) Ce délai est de rigueur et par cette raison il est de la plus grande importance d'en prévenir les parties par une mention dans l'acte (C. civ 2105-5°; 2113 ; V. note 29).

(B) La transcription aux hypothèques donnant lieu pour les licitations à un droit de 1 fr. 50 pour cent, cela suffit pour que la formalité ne soit exigée par les parties qu'au cas d'une absolue nécessité, c.-à-d. quand le cohéritier acquéreur sur licitation ne connaît pas les forces et charges de la succession et craint d'être obligé par l'effet de l'hypothèque de payer une dette pour laquelle il se pourrait qu'un jour il n'eût plus un recours utile contre son colicitant devenu insolvable. — Cela doit être observé même quand l'adjudication étant préparée pour des étrangers, l'un des vendeurs se rend acquéreur sans qu'il soit dit que c'est à titre de licitation, car ce n'est pas la qualification qu'on donne à un acte qu'il faut considérer, mais ses effets ; or, il est de principe que tout acte qui fait cesser l'indivision est déclaratif et non translatif de propriété (C civ. 883, 1408 et 1476).

pour pareille portion de leur mère ainsi qu'il est dit ci-devant. Celle-ci en était propriétaire, etc. — V. *sup. p.* 441 *alin.* 16.

⁹ CHARGES [58] ET CONDITIONS [153]. — Art. 1ᵉʳ. *Entrée en jouissance.* L'adjudicataire pourra faire et disposer de ladite ferme en totalité comme de sa propre chose à compter du...., en réunissant à sa part celle de son colicitant.

¹⁰ Art. 2. *Bail courant* [105]. L'adjudicataire sera tenu d'entretenir pour le temps qui en reste à courir le bail qui a été fait de ladite ferme à... — V. *sup. p.* 441 *alin.* 18.

¹¹ Art. 3. *Assurance contre l'incendie* [155]. Il exécutera pour le temps qui en reste aussi à courir toute police d'assurance, etc. — V. *sup. p.* 441 *alin.* 19.

¹² Art. 4. *Servitudes* [55]. Il supportera les servitudes passives, apparentes, etc. — V. *sup. p.* 441 *alin.* 20. — Déclarant l'un et l'autre des vendeurs qu'ils n'ont consenti aucune servitude sur ladite ferme et n'en ont acquis aucune et que les choses sont à leur égard dans le même état qu'au décès de leur mère.

¹³ Art. 5. *Contributions* [38]. Il acquittera les contributions foncières et autres de toute nature imposées et à imposer sur ladite ferme à compter du.... et fera dans le plus bref délai porter ladite ferme à son nom seul sur la matrice des rôles.

¹⁴ Art. 6. *Frais* [5]. Il paiera les déboursés [5] et honoraires (*id.*) des présentes ainsi que le coût d'une grosse [64] et d'une expédition (*id.*) présentement requises : ces honoraires sont et demeurent fixés à.... centimes par franc du prix de l'adjudication à payer aux colicitants.

¹⁵ Art. 7. *Prix.* Le prix principal de l'adjudication sera , pour la part et portion revenant au cohéritier de l'acquéreur, payée [84], savoir : moitié comptant et l'autre moitié dans trois ans [77] à compter de ce jour en un seul paiement avec intérêts [49] au taux de cinq pour cent par an sans retenue à partir d'aujourd'hui jusqu'au remboursement effectif de la somme principale, lesquels intérêts seront payables [84] de six en six mois.

¹⁶ Art. 8. *Pot-de-vin* [105]. Indépendamment de son prix principal l'adjudicataire paiera immédiatement [84] un pot-de-vin de cinq pour cent qui profitera à son colicitant en raison de sa quote-part dans ledit prix.

¹⁷ Art. 9. *Réserve de privilège* [29]. A la garantie de la totalité comme de portion dans le prix de l'adjudication , la ferme dont il s'agit sera pour le tout affectée et hypothéquée [30] etc. — V. *sup. p.* 442 *alin.* 24.

¹⁸ Art. 10. *Transcription* [111] *et purge légale* [156]. Celui qui se rendra acquéreur sur la présente licitation étant censé avoir succédé seul et immédiatement, etc. — V. *sup. p.* 442 *alin.* 25 *et* 26.

¹⁹ Art. 11. *Titres* [54]. Les titres de propriété de ladite ferme seront remis à l'acquéreur immédiatement après la vente.

²⁰ Art. 12. *Election de domicile* [11]. Pour l'exécution des charges et conditions de l'adjudication les parties font élection de domicile en leurs demeures actuelles.

²¹ MISE A PRIX [159]. Sous les charges et conditions qui précèdent, les parties ont fixé la première mise à prix à la somme de douze mille francs et ont immédiatement requis le notaire soussigné de procéder à la réception des enchères et de prononcer l'adjudication au profit du dernier enchérisseur.

²² Et après lecture [16] lesdites parties ont signé [15].   (*Signatures*).

²³   RÉCEPTION DES ENCHÈRES [159] ET ADJUDICATION.

²⁴ Obtempérant au réquisitoire [51] ci-dessus, le notaire soussigné a procédé à la réception des enchères et à l'adjudication de la ferme de la *Chardonnière*, ainsi qu'il suit :

²⁵ Les feux ayant été allumés et les enchères ouvertes, une première bougie s'est éteinte sans que pendant sa durée il ait été fait aucune enchère.

²⁶ Une seconde bougie ayant été allumée, il a été, pendant sa durée, fait plusieurs enchères successives dont la dernière par M. VERNET a porté le prix de ladite ferme à quatorze mille francs outre les charges.

²⁷ Une troisième bougie allumée il a été, pendant sa durée, fait deux nouvelles enchères dont la dernière par Mad. BONNARD a porté le prix de ladite ferme à quinze mille francs outre les charges.

²⁸ Deux nouvelles bougies allumées s'étant éteintes sans que cette dernière enchère ait été couverte,

²⁹ Mᵉ PAULY, notaire soussigné, a, en conséquence et du consentement des parties, adjugé la ferme dont il s'agit à Mad. BONNARD comme plus offrant et dernier enchérisseur moyennant ladite somme de quinze mille francs outre les charges ; ce qui est accepté [52] par ladite dame, laquelle s'oblige [107] en conséquence conjointement et solidairement [106] avec son mari à l'exécution de toutes les charges et conditions ci-dessus et au paiement [84] de son prix en principal [136] et accessoires [103], aux époques [77] et de la manière ci-dessus fixées.

³⁰ Reconnaissent M. et Mad. BONNARD qu'ils ont en leur possession tous les titres [54] de propriété de ladite ferme.

³¹ De tout ce que dessus il a été dressé le présent procès-verbal à Gacet [12], en l'étude (*id.*), les jour, heure, mois et an susdits, en présence de MM. (*noms, prénoms, professions et demeures*), témoins instrumentaires [14], et les parties ont signé [15] avec les témoins et le notaire, après lecture [16].

³² V. *Répertoire*, note 17. — *Forme des actes*, note 38. — *Enregistrement*, notes 57, 18 et 19.

³³ V. aussi les formules d'*adjudication*, *sup.* pages 42 et 49.

3° LICITATION [207] DEVANT NOTAIRE COMMIS PAR JUSTICE, ENTRE MAJEURS [79] ET MINEURS [65].

I. CAHIER DES CHARGES (A).

CAHIER des charges, clauses et conditions sous lesquelles il sera procédé à la vente aux enchères sur licitation par le ministère de M⁰ Paul FLANDIN, notaire [2] à Gercy [1], département de...., soussigné, commis à cet effet par justice, d'une maison située à...., dépendant de la succession de M. Pierre BONNET, docteur en droit.

Suivant jugement [75] contradictoirement rendu par le tribunal civil de première instance séant à....., le....., dûment enregistré [42] et signifié [20], entre 1° M. Charles BONNET, étudiant en droit, demeurant à....., ayant pour avoué M⁰ BERT, demeurant à....., rue...., n....; 2° et M. Claude BONNET, docteur en médecine, demeurant à...., au nom et comme tuteur [163] de Eugène BONNET, son neveu, enfant mineur [65], issu du mariage dudit feu sieur Pierre BONNET avec la dame Mélanie CRETET, ledit mineur ayant pour subrogé-tuteur [163] M. Edme CRETET, son oncle maternel, pharmacien, demeurant à.., lequel a pour avoué M⁰ RÉMOND; M. Charles BONNET, sur sa demande, en compte, liquidation, licitation ou partage de la succession de M. BONNET, susnommé, son père, a été autorisé à poursuivre la vente par licitation de la maison ci-dessus indiquée, reconnue impartageable (B), laquelle aurait lieu aux enchères sur la mise à prix de quinze mille francs en présence du tuteur et du subrogé-tuteur du mineur ou eux dûment appelés, en l'étude et par le ministère de M⁰ FLANDIN, notaire à.., soussigné, que le tribunal a commis à cet effet, les formalités prescrites par la loi préalablement observées.

DÉSIGNATION [141]. Une maison située (id.) à.., composée d'une cour ayant son entrée par une porte-cochère, d'un corps de bâtiment au fond de ladite cour, consistant en un rez-de-chaussée formé de quatre pièces, d'un étage ayant six pièces, d'un second étage en mansarde et greniers au-dessus, d'un jardin derrière de la contenance [40] de vingt-cinq ares [91].

Le tout tient [141] d'un côté du midi à Jean SAVARD, mur mitoyen [41] entre deux, d'autre côté du nord à Blaise LEROND auquel le mur de séparation appartient, d'un bout du couchant au ruisseau de Beuvron, d'autre du levant à la rue de Calais.

BAIL COURANT [105]. Une partie de ladite maison était occupée par le défunt, et le surplus est loué au sieur Maximilien ROUET, architecte, pour six ou neuf années qui ont commencé le premier janvier mil huit cent quarante et sont résiliables à la volonté de l'une ou de l'autre des parties en s'avertissant réciproquement et par écrit trois mois avant l'expiration des six premières années, moyennant un loyer annuel de quatre cents francs par an, suivant bail passé en minute [59] et présence de témoins [14] devant M⁰...., notaire à...., le...., dûment enregistré [42].

ÉTABLISSEMENT DE LA PROPRIÉTÉ [22]. La maison à vendre dépend de la succession [88] de M. Pierre BONNET, docteur en droit, et appartient indivisément à M. Charles BONNET et à Eugène BONNET, susnommés, ses deux fils et seuls héritiers [78], chacun pour moitié, ainsi que le constate l'intitulé de l'inventaire [145] fait après son décès (65) par M⁰...., notaire à...., le...., dûment enregistré [42].

Ledit sieur BONNET en était propriétaire comme.... (V. *Etablissement de propriété*, sup. p. 405).

ENTRÉE EN JOUISSANCE. L'adjudicataire sera propriétaire de l'immeuble vendu par le seul fait de l'adjudication, et il en entrera en jouissance à compter du..., époque à partir de laquelle les loyers à échoir lui appartiendront. Et comme M. ROUET a payé d'avance à M. BONNET deux cents francs pour les six derniers mois de loyer de la portion de maison qu'il occupe, l'adjudicataire demeure autorisé à retenir sur son prix pareille somme de deux cents francs dont il devra néanmoins l'intérêt [49] à ses vendeurs jusqu'à l'échéance desdits six mois de loyer.

CHARGES [58] ET CONDITIONS [185]. Art. 1er. *Garantie*. L'adjudicataire sera tenu de prendre l'immeuble dont il s'agit et ses dépendances, dans l'état où le tout se trouvera le jour de l'adjudication. Il n'y aura aucune garantie ni répétition de part ni d'autre pour raison soit de mitoyennetés [41], soit de dégradations ou de vétusté, soit enfin d'erreurs dans la désignation ou dans la contenance quand même la différence de mesure excéderait un vingtième. — V. sup. la note A au bas de la p. 139.

Art. 2. *Entretien des baux* [105]. L'adjudicataire entretiendra, pour le temps qui reste encore à courir, le bail sus énoncé de partie de la maison à vendre, et il se défendra à ses risques et périls des réclamations que pourrait faire le locataire d'objets qu'il prétendrait lui appartenir ; à cet égard il sera subrogé [114] dans les droits des vendeurs, pour par lui les faire valoir de manière à ne donner lieu à aucun recours contre ce dernier.

Art. 3. *Servitudes* [55]. L'adjudicataire jouira des servitudes [55] actives de toute espèce et souffrira les servitudes passives apparentes, si aucunes existent sur ledit immeuble ou en sa faveur ; sauf à faire valoir les unes et à se défendre des autres à ses risques et périls, sans recours contre les vendeurs et sans que la présente clause puisse don-

---

(A) On doit l'écrire en minute, il n'est pas nécessaire de le faire dans la forme des grosses ou expéditions. Seulement pour le droit d'expédition on évalue ce que la minute produirait de rôles à raison de 25 lignes à la page et de 12 syllabes à la ligne (Circ. min. just. 20 août 1842).

(B) *Quand il y a expertise on met ici* : et, en conséquence le tribunal a nommé pour faire l'estimation [195] de ladite maison M. (*Nom, prénoms, profession et demeure*), serment par lui préalablement prêté devant le tribunal (ou : devant le juge de paix du canton de ..).

Par un autre jugement en date du.., enregistré et signifié, le même tribunal a entériné le rapport de l'expert déposé au greffe du tribunal à la date du.., et a ordonné la vente aux enchères de la maison dont il s'agit, laquelle etc.

Quand la licitation est ordonnée par suite d'une demande en partage de divers biens et que c'est l'expert qui a reconnu l'immeuble à liciter impartageable, consulter la formule de jugement d'homologation (page 438, alin. 9 et suiv.) pour la manière d'exposer les faits dans ce cas.

ner à des tiers [55] plus de droits qu'ils n'en auraient d'après la loi ou par titres réguliers non prescrits. — V. *sup.*
la note A *au bas de la* p. 195.

14 Art. 4. *Assurance contre l'incendie* [155]. L'adjudicataire sera subrogé [114], par le seul fait de l'adjudication ,
dans les droits des vendeurs résultant de l'assurance contre l'incendie de la maison à vendre, par la Compagnie royale
établie à Paris rue...., n... (V. *sup. la note* A *au bas de la* p. 51); il acquittera, à compter du jour de son entrée en
jouissance, les primes ou cotisations qui pourraient être dues à ce sujet, et ce de manière que les vendeurs ne soient
nullement inquiétés ni recherchés. Ledit adjudicataire sera tenu de continuer cette assurance jusqu'au paiement
effectif de son prix, et, à cet effet, de déclarer sans délai à la Compagnie d'assurance la mutation opérée à son profit
et de la faire mentionner sur la police.

15 Si, en vertu de la police, l'assurance se trouve résiliée par suite de cette mutation , ou s'il est reconnu que la
propriété n'est pas assurée, l'adjudicataire devra la faire assurer immédiatement pour une somme égale à la valeur
des constructions comprises en son adjudication, et pour le temps pendant lequel il sera débiteur de son prix. Les
primes pour tout le temps de l'assurance devront être payées d'avance afin de n'encourir aucune déchéance pour défaut
de paiement.

16 En cas de sinistre avant la libération de l'adjudicataire, les vendeurs ou leurs créanciers [25] auront seuls droit
jusqu'à due concurrence à l'indemnité qui sera acquise : à l'effet de quoi, l'adjudication vaudra transport [96] et
pourra être signifiée [20] à qui besoin sera.

17 Art. 5. L'adjudicataire acquittera [84] les contributions [58] foncières et autres de toute nature auxquelles ladite
maison peut et pourra être imposée à compter du.... ; il sera tenu de faire, dans le plus bref délai, substituer son
nom à ceux des vendeurs ou de leur auteur sur la matrice des rôles des contributions, et jusqu'à ce que cette mutation ait été opérée il demeurera passible de l'effet des poursuites qui auraient pu être faites contre les vendeurs pour
raison de contributions étant à sa charge.

18 Art. 6. *Frais de poursuite de vente et* (quand il n'y a pas eu d'expertise) *remise de l'avoué.* L'adjudicataire devra
payer [84], dans la huitaine de l'adjudication, en sus de son prix principal, à Mes BERT et RÉMOND, avoués, les frais
par eux faits tant en demandant qu'en défendant sur la poursuite de la vente, d'après la taxe qui en aura été faite;
le montant desquels frais sera annoncé publiquement lors de l'ouverture des enchères.

19 Et attendu qu'il n'y a pas eu d'expertise, l'adjudicataire devra , en outre, et dans le même délai , payer auxdits
Mes BERT et RÉMOND, avoués, sauf ce qui va être dit à l'art. 12 ci-après, la différence entre la remise [5] proportionnelle due au notaire soussigné en vertu de l'art. 14 de l'ordonnance du Roi du dix octobre mil huit cent quarante et
un et celle accordée aux avoués par l'art. 11 de la même ordonnance pour le cas où l'expertise étant facultative le tribunal ne l'aura pas ordonnée.

20 Art. 7. *Frais* [5] *et honoraires* (*id.*) *de* Me FLANDIN, *notaire.* L'adjudicataire devra payer aussi , en sus de son
principal, audit Me FLANDIN, notaire, savoir :

21 Dans les vingt-quatre heures de l'adjudication, les droits d'enregistrement [18] auxquels les procès-verbaux et
l'adjudication pourront donner ouverture.

22 Et dans la huitaine de l'adjudication : 1° les déboursés de timbre [61] de minute [59], de grosse [64] et d'expédition (*id.*); 2° les honoraires [5] du cahier des charges, tels qu'ils sont fixés par l'ordonnance du roi précitée ;
3° la vacation [5] au dépôt du cahier des charges et toutes autres vacations qui pourront être dues pour les procès-
verbaux de dires ; 4° la remise proportionnelle [5], telle qu'elle est réglée par le § 2 de l'art. 14 et par le § 15 de
l'art. 11 de l'ordonnance susdatée, sauf ce qui va être dit à l'art. 12 ci-après; 5° et le coût d'une expédition [64] pour
l'adjudicataire et d'une grosse (*id.*) pour les vendeurs.

23 Art. 8. *Délivrance de l'expédition.* L'expédition [64] du procès-verbal d'adjudication ne sera délivrée à l'adjudicataire qu'après qu'il aura satisfait aux charges qui lui sont imposées par les art. 6 et 7 qui précèdent, et ce en exécution des art. 972, 964 et 713 du Code de procedure civile.

24 Art. 9. *Paiement* [84] *du prix.* L'adjudicataire sera tenu de payer le prix principal de son acquisition sous la
déduction dont est parlé ci-dessus au titre de l'entrée en jouissance, entre les mains des vendeurs ou de leurs représentants (ou bien : entre les mains de MM. (*désigner* (A) *ici les créanciers*) créanciers inscrits sur l'immeuble à vendre
en vertu de (*indiquer ici la date et la nature du titre, ainsi que le montant de la créance de chaque créancier*), auxquels
il est présentement fait toute indication de paiement nécessaire jusqu'à concurrence du principal de chaque créance
et des intérêts qui en sont dus depuis le ...

25 Le paiement dudit prix devra avoir lieu en l'étude du notaire soussigné, en deux termes [77] et paiements
égaux de deux ans en deux ans à compter du jour de l'adjudication, le tout avec intérêts [49] au taux de cinq pour
cent par an sans retenue à partir du jour de ladite adjudication jusqu'au paiement effectif du principal, lesquels intérêts seront payables de six en six mois au même lieu que le principal et diminueront, bien entendu , au fur et à
mesure des paiements qui seront faits sur ledit principal.

26 Aucun paiement soit de principal soit d'intérêts ne pourra avoir lieu valablement qu'en espèces d'or ou d'argent
ayant actuellement cours de monnaie [91].

27 Art. 10. *Prohibition de détériorer l'immeuble vendu.* Avant le paiement intégral de son prix, l'adjudicataire ne

---

(A) Si l'on disait seulement que l'acquéreur sera chargé de payer *entre les mains des créanciers inscrits* sans plus de dénomination, il n'y
aurait pas lieu à la vérité au droit de 1 pour cent lors de l'enregistrement pour droit de titre parce que l'inscription suppose un titre enregistré (Jug. de la Seine 27 fév. 1840. - Rol. 5942), mais l'acte subséquent qui désignerait les créanciers donnerait lieu au droit proportionnel
de délégation (V. note 99, n. 25).

pourra faire aucun changement notable et aucune démolition, ni commettre aucune détérioration dans l'immeuble par lui acquis ou ses dépendances, à peine d'être contraint immédiatement à la consignation de son prix, et si alors les vendeurs ne sont point en état de recevoir, l'adjudicataire devra les indemniser de la perte que cette consignation leur ferait éprouver soit pour le temps pendant lequel la caisse ne paie pas d'intérêts, soit pour la différence existante entre l'intérêt à cinq pour cent et celui servi par la caisse.

28 Art. 11. *Transcription* [111] *et purge légale* [156]. L'adjudicataire devra faire transcrire une expédition du procès-verbal d'adjudication, et il remplira, si bon lui semble, les formalités prescrites par la loi pour la purge des hypothèques légales, le tout à ses frais et dans un délai de quatre mois (A) à partir du jour de l'adjudication. Si par suite il y a ou survient des inscriptions [83] grevant l'immeuble présentement mis en vente (*quand il y a indication et paiement on met* : autres que celles pour lesquelles il y a indication de paiement ou délégation), l'adjudicataire sera tenu d'en faire la dénonciation [122] aux vendeurs au domicile ci-après élu, et ceux-ci auront quarante jours à partir de cette dénonciation pour rapporter certificat de radiation desdites inscriptions : pendant ce délai, l'adjudicataire ne pourra faire aucune offre [48] ou consignation (*id*) de son prix, ni aucune notification [28] aux créanciers inscrits, ni aucun délaissement [157] par hypothèque, à moins d'y être contraint par les voies légales. Au surplus, l'adjudicataire sera indemnisé sur son prix de tous frais extraordinaires de transcription et de purge.

29 Art. 12. *Cas où l'un des cohéritiers se rendrait adjudicataire.* Si l'un des vendeurs venait à se rendre adjudicataire de l'objet mis en vente, comme il serait censé avoir succédé seul et immédiatement à son père dans la propriété de cet objet, il serait alors dispensé de faire transcrire [111] son contrat au bureau des hypothèques par rapport à son colicitant et de purger [156] les hypothèques légales relatives à ce dernier. — Mais il serait loisible au cohéritier acquéreur sur licitation de faire faire ces transcription et purge à l'égard des auteurs communs à lui et à son colicitant, et si lors de l'accomplissement de ces formalités il se trouve des inscriptions [83] grevant l'immeuble vendu (*quand il y a indication de paiement, on met* : autres que celles pour lesquelles il vient d'être fait indication de paiement ou délégation), ledit acquéreur sera tenu de les dénoncer [122] à son cohéritier au domicile ci-après élu par ce dernier, et si dans le mois de cette dénonciation il ne survient point d'arrangement entre eux pour que celui-ci le garantisse, quant à la portion à sa charge dans les dettes, de l'effet de toutes demandes de la part des créanciers, il pourra alors contraindre son cohéritier au rapport des mainlevées et certificats de radiation desdites inscriptions pour sa part contributoire dans les causes d'icelles ou délaisser [122] l'immeuble à lui vendu.

30 Et audit cas d'adjudication au profit du cohéritier, la remise [5] proportionnelle due aux avoués et au notaire ainsi qu'il est dit aux articles six et sept ci-dessus ne frappera que sur la part de l'héritier non-adjudicataire et non sur celle appartenant déjà de plein droit à l'héritier adjudicataire.

31 Art. 13. *Folle-enchère* [160]. Faute par l'adjudicataire soit de satisfaire en tout ou en partie aux obligations qui lui sont imposées par les articles six et sept qui précèdent, soit de payer tout ou partie de son prix, soit enfin d'exécuter les autres charges, clauses et conditions de l'adjudication, le poursuivant ou les créanciers pourront faire revendre l'immeuble sur folle-enchère et dans la forme prescrite par la loi, sur la représentation d'un certificat du notaire soussigné constatant que l'adjudicataire n'a point justifié de l'acquit des conditions exigibles de l'adjudication.

32 Le fol-enchérisseur sera tenu, même par corps [31], de la différence entre son prix et celui de la revente sur folle-enchère, sans pouvoir réclamer l'excédant s'il y en a ; cet excédant devant être payé aux créanciers, ou, si les créanciers sont désintéressés, au vendeur. Mais, en aucun cas, le fol-enchérisseur ne pourra répéter soit du nouvel adjudicataire soit des vendeurs les frais compris sous les articles six et sept ci-dessus et qu'il aurait payés.

33 L'adjudicataire sur folle-enchère devra avec les intérêts [49] de son prix du jour où le fol-enchérisseur en sera tenu sauf à poursuivre à ses risques et périls le recouvrement des fruits [30] et revenus (*id*.) à compter de la même époque.

34 Art. 14. *Déclaration de command* [148]. Toute personne (B) qui se sera rendue adjudicataire pour le compte d'un autre devra faire sa déclaration au profit de son commettant et la faire accepter par celui-ci, sinon représenter son pouvoir en bonne forme pour être annexé à la minute de la déclaration, le tout, soit à l'instant de l'adjudication et par le procès-verbal même, soit par acte passé ensuite [45] de ce procès-verbal, dans les délais de la loi ; et, faute de satisfaire à cette condition, l'adjudication demeurera pour son compte personnel sans que cette disposition autorise l'avoué poursuivant à se rendre personnellement adjudicataire, n'étant point dérogé à son égard à l'art. 711 du Code de procédure civile.

35 En tout cas, le command déclaré devra être notoirement solvable, sinon il sera tenu de fournir caution [32] comme il va être dit à l'art. 15 ci-après.

36 Et même l'adjudicataire, autre qu'un avoué ou notaire, qui userait de la faculté de déclarer command sera solidairement [106] obligé avec ceux qu'il se sera substitués au paiement du prix et à l'exécution des charges de l'adjudication et ceux-ci y seront aussi solidairement obligés. Mais cette solidarité n'aura lieu à l'égard de l'adjudicataire fai-

---

(A) On ne peut guère mettre un délai moindre. Il faut, en effet, environ un mois pour transcrire, deux mois d'exposition dans l'auditoire du tribunal (C. civ. 2194) et un mois pour avoir le temps de préparer, disposer et retirer les pièces du greffe.

(B) Si l'adjudication a lieu au profit d'un avoué, cet avoué a, pour faire la déclaration, le délai de trois jours accordé par l'art. 707 du C. de proc. civ., et, à partir de cette déclaration, celui au profit duquel elle aura été faite aura un délai de 24 heures pour déclarer command (Cass, 26 fév. 1837 ; V. note 18, n.143 bis).—Si l'adjudication est prononcée au profit d'un notaire ou de tout autre, le délai pour la déclaration n'est que de 24 heures.— V. note 18 n. 61.

sant déclaration de command qu'autant que ce dernier ne trouverait pas de caution au cas où il en serait exigé une de lui (A); étant bien entendu que cette solidarité n'aura pas lieu non plus faute d'avoir demandé caution dans le délai.

37 Art. 15. *Caution* [32]. Nul ne sera admis à se rendre adjudicataire s'il n'est pas d'une solvabilité suffisamment connue des vendeurs, à moins qu'il ne fournisse caution de suite ou dans les vingt-quatre heures sur la demande qui lui en sera faite et qui sera consignée au procès-verbal d'adjudication. Les vendeurs devront être appelés à l'acte de cautionnement pour être à même de discuter le mérite de la caution.

38 Art. 16. *Remise de titres* [54]. Les vendeurs remettront à l'adjudicataire, après l'entière exécution des clauses et conditions de l'enchère, et lors du paiement pour solde du prix de son adjudication, les titres et pièces mentionnés en l'établissement de propriété qui précède.

39 Art. 17. *Élection de domicile* [11] *et attribution de juridiction* [77]. Pour l'exécution des charges et conditions de l'adjudication, domicile est élu pour les vendeurs en...

40 Quant à l'adjudicataire il sera tenu de faire élection de domicile, au moment même de l'adjudication, dans le ressort du tribunal civil de..., et, faute par lui de ce faire, ce domicile sera de plein droit en l'étude du notaire soussigné.

41 Les domiciles élus devant être attributifs de juridiction, les vendeurs et l'adjudicataire demeureront en conséquence soumis, pour tous les effets de l'adjudication, à la juridiction du tribunal civil de...

42 Art. 18. *Mise à prix et forme de l'adjudication*. L'immeuble dont il s'agit sera adjugé sous les charges et conditions ci-dessus exprimées, sauf les modifications qui pourraient y être apportées dans le délai de la loi, sur la mise à prix de quinze mille francs fixée par le tribunal (*ou bien* : par le rapport de l'expert).

43 L'adjudication aura lieu à la chaleur des enchères conformément aux dispositions des art. 705 et 706 du Code de procédure civile. Les enchères ne pourront être moindres de cent francs de quinze mille francs à vingt mille francs, et de deux cents francs au-dessus de cette dernière somme. Elles seront reçues de la part de toutes personnes, conformément à l'art. 964 du Code de procédure civile.

44 Fait et rédigé par Me FLANDIN, notaire susdit et soussigné, en son étude [12] à Gercy (*id.*), le quinze décembre [13] mil huit cent quarante-quatre.

V. *Répertoire* (B), note 17. — *Forme des actes*, note 58. — *Enregistrement*, notes 99, 18 et 19.

45 II. DÉPOT (C) DU CAHIER DES CHARGES

AVEC APPROBATION, FIXATION DU JOUR DE L'ADJUDICATION ET DÉCLARATION D'ÉTAT CIVIL , *par acte séparé* (45) *et non à la suite de ce cahier de charges.*

46 *Nota.* Consulter, pour ce dépôt, la formule que nous avons donnée *sup.* page 369, la note étant au bas de cette page, et la note C étant au bas de la présente page, et, après le cinquième alin., ajouter ce qui suit :

47 Et le comparant ayant déclaré approuver ledit cahier de charges tel qu'il a été dressé sur les titres et renseignements par lui fournis, a fixé au deux février prochain, heure de midi, en l'étude du notaire soussigné, l'adjudication de ladite maison et ses dépendances.

48 De plus, ledit comparant a déclaré que son commettant était marié [162] avec la dame..., et qu'il n'était chargé d'aucune tutelle ou fonction publique donnant lieu à hypothèque légale.

49 Dont acte, fait et passé à..., en l'étude [12], le seize décembre mil huit cent quarante-quatre [13], etc.

50 III. COMMUNICATION DU CAHIER DES CHARGES ET DIRES.

51 Et le vingt-cinq décembre [13] mil huit cent quarante-quatre, heure de...

52 Pardevant Me Flandin [1], notaire [2] à Gercy, susdit et soussigné [15], et en son étude [12].

53 Est comparu M. Claude [3] BONNET (*id.*), docteur en médecine (*id.*), demeurant à..., agissant comme tuteur [163] du mineur Eugène [3] BONNET (*id.*), son neveu.

54 Lequel a dit qu'il comparaissait, par suite de la sommation [119] qui lui a été faite à la requête de M. Charles BONNET, en l'étude de Me RÉMOND, son avoué, par acte du ministère de..., huissier à..., en date du..., enregistré, à l'effet de prendre communication du cahier des charges dressé par ledit Me FLANDIN, pour parvenir à la vente aux enchères d'une maison située à..., et qui lui a été déposé suivant procès-verbal dressé par ledit notaire, le..., enregistré et dont la minute [59] précède.

55 Et que, communication par lui prise de ce cahier de charges, il déclare l'approuver en tout son contenu et se tenir pour bien et dûment prévenu des lieu, jour et heure fixés par l'acte de dépôt pour l'adjudication de cet immeuble.

56 (D) Il a été vaqué (5) à ce qui précède depuis ladite heure de... jusqu'à celle de... par simple vacation.

(A) Sans cette restriction la condition serait de nature à éloigner les enchérisseurs pour compte d'autrui, puisqu'elle pourrait les empêcher d'enchérir quand ils viendraient à connaître la clause qui les rendrait garants solidaires du prix et des charges pour toute la durée de l'engagement.

(B) Ces cahiers de charges doivent être répertoriés sous peine d'amende, comme étant des actes du ministère des notaires (Jug. d'Altkirch 15 déc. 1843).

(C) Le dépôt doit être fait, savoir : — dans les ventes sur licitation, par la partie à laquelle le jugement qui ordonne la vente a conféré la poursuite, ou bien par son avoué muni d'un pouvoir spécial ; — dans les ventes de biens de mineurs ou interdits, par le tuteur autorisé à poursuivre la vente ; — dans les ventes par suite de conversion, par la partie saisie à laquelle appartient presque toujours la poursuite ; — dans les ventes de biens de faillis, par les syndics autorisés à cet effet par le juge commissaire de la faillite ; — dans les ventes de biens de successions bénéficiaires, par l'héritier bénéficiaire auquel le jugement qui ordonne la vente a conféré la poursuite ; — dans les ventes de biens de succession vacante par le curateur de cette succession ; — dans les ventes de biens de débiteurs non commerçants, admis au bénéfice de cession, par les créanciers ou commissaires par eux nommés ; — dans les ventes de biens dotaux, par la femme autorisée de son mari.

(D) Si des modifications étaient proposées, il faudrait les indiquer ici, et si, dans le procès-verbal même, elles n'étaient pas acceptées par tous les intéressés, on terminerait ainsi :
Et ledit Me Flandin a renvoyé le comparant à se pourvoir devant le tribunal civil de première instance de...

⁵⁷ De tout ce que dessus il a été dressé le présent procès-verbal les jour, lieu, heure, mois et an susdits [12 et 13], en présence de MM. (*noms, prénoms, professions et demeures*), témoins instrumentaires [14] ; et ledit comparant a signé [15] avec les notaires, après lecture [16].

⁵⁸ V. *Répertoire*, note 17. — *Forme des actes*, note 38. — *Enregistrement*, notes 99, 18 et 19.

⁵⁹   IV. ADJUDICATION.

⁶⁰ Et le deux février mil huit cent quarante-cinq [13], heure de midi.

⁶¹ Pardevant Mᵉ FLANDIN [1], notaire [2] à Gercy [1], susdit et soussigné, et en son étude [12].

⁶² Est comparu M. Charles BONNET [3], étudiant en droit (*id.*), demeurant (*id.*) à..., assisté de Mᵉ BERT, son avoué.

⁶³ Lequel a dit et exposé :

⁶⁴ Que par l'acte de dépôt de cahier de charges dont minute [59] précède il a indiqué à ces jour, heure et lieu, l'adjudication de la maison et dépendances situées à..., dépendant de la succession de M. Pierre BONNET.

⁶⁵ Que cette adjudication a été annoncée et rendue publique :
Par des placards apposés à chacun des endroits indiqués par la loi le treize décembre dernier ainsi qu'il est constaté par un procès-verbal de..., huissier à..., en date du même jour, enregistré, rédigé sur un exemplaire de placard et visé par chacun des maires (*ou* : adjoints) des communes où les appositions ont eu lieu.

⁶⁶ Et par une insertion faite du contenu audit placard dans le journal judiciaire de la ville et de l'arrondissement de... qui a paru le quatorze décembre dernier, ainsi que le constate un exemplaire de la feuille du même jour portant la signature de l'imprimeur légalisée par le maire de ladite ville, et la mention d'enregistrement suivante « Enregistré (*relater littéralement la mention d'enregistrement*).

⁶⁷ Que par acte d'avoué à avoué signifié par.. huissier à.., le quinze décembre dernier enregistré, il a fait sommation à Mᵉ RÉMOND, avoué de M. Claude BONNET, tuteur du mineur BONNET, de se trouver et faire trouver son client aux jour, heure et lieu fixés pour ladite adjudication, sinon qu'il serait donné défaut contre eux à une heure après midi, et procédé en leur absence.

⁶⁸ Que par exploit [20] de... huissier à..., en date du vingt-huit décembre dernier, enregistré [42], il a fait sommation à M. Edme CRETET, pharmacien, demeurant à..., comme subrogé-tuteur [163] du mineur Eugène BONNET, d'être présent à ladite adjudication aux jour, heure et lieu ci-devant indiqués, sinon qu'il serait donné défaut contre lui à une heure et procédé en son absence comme en sa présence.

⁶⁹ Lesquels procès-verbal de placard et exemplaire de journal, original d'acte d'avoué à avoué et sommation à la réquisition du comparant, sont demeurés annexés à ces présentes, après avoir été signés par lui en présence du notaire et des témoins soussignés, et après que dessus mention de cette annexe [55] a été faite par ledit notaire.

⁷⁰ Que les frais de poursuites dont le chiffre doit être indiqué avant l'adjudication aux termes de l'art. 6 du cahier des charges s'élèvent à la somme de..., suivant la taxe qui en a été faite. De cette somme il revient... francs à Mᵉ BERT, et le surplus à Mᵉ RÉMOND.

⁷¹ Et que les frais du cahier des charges dûs au notaire soussigné s'élèvent à..., le nombre de rôles [5] étant évalué à...

⁷² (A) Ce fait, le comparant a requis le notaire soussigné de donner défaut [119] contre les non-comparants s'ils ne comparaissent point ni personne pour eux, et pour le profit de ce défaut, de faire immédiatement la lecture [16] tant du cahier des charges que des dires des parties (B) et de procéder ensuite à la réception des enchères ainsi qu'à l'adjudication de l'immeuble :

⁷³ Et M. Charles BONNET a signé [15] avec son avoué après lecture [16].   (*Signatures.*)

⁷⁴ Au même instant est intervenu M. Claude [3] BONNET (*id.*), docteur en médecine (*id.*), demeurant à... ; étant assisté de Mᵉ RÉMOND, son avoué,

⁷⁵ Agissant en sa qualité de tuteur du mineur BONNET, ci-devant exprimée.

⁷⁶ Lequel a dit qu'il comparaissait pour être présent aux lecture, réception d'enchères et adjudication dont est ci-dessus parlé et auxquelles il déclare consentir ; et avec son avoué après lecture [16].   (*Signatures.*)

⁷⁷ Et après avoir attendu jusqu'à une heure après midi sans que M. CRETET ait comparu ni personne pour lui, M. FLANDIN, notaire soussigné, a donné défaut contre lui sur la demande des parties et procédé en son absence.

⁷⁸ En conséquence de la réquisition qui précède et attendu (C) la présence de M. BONNET, tuteur, Mᵉ FLANDIN notaire commis, a fait lecture tant du cahier des charges que des dires des parties, et, après avoir publiquement annoncé que les frais de poursuites s'élevaient à..., il a procédé, ainsi qu'il suit, à la réception des enchères et à l'adjudication sur la mise à prix de quinze mille francs outre les charges de l'enchère.

⁷⁹ Les enchères [139] ayant été déclarées ouvertes, une première bougie a été allumée ; pendant sa durée plusieurs enchères successives ont été faites, et la dernière par M. Armand [3] DOUSSET (*id.*), rentier (*id.*), demeurant (*id.*) à..., a porté le prix de ladite maison à la somme de seize mille francs outre les charges.

_____

(A) S'il y avait plusieurs lots à vendre, on ferait ici la récapitulation des frais généraux composés des frais de poursuites, de ceux du cahier des charges et des procès-verbaux de dépôt et de dires et on établirait entre ces lots la répartition desdits frais.

(B) *S'il est intervenu jugement sur les dires on doit dire* ; et des dires des parties sur lesquels il est intervenu un jugement du tribunal de... qui ordonne... (*relater son dispositif*).

(C) *Ou bien* : attendu que M. BONNET, quoique régulièrement appelé, ne s'est pas présenté ni personne pour lui, Mᵉ FLANDIN, notaire commis, a prononcé le défaut et il a fait lecture, etc.

80 Une seconde bougie a été allumée, et pendant sa durée cinq enchères ont été faites successivement, dont la dernière par M. Emile [3] BOILET (*id*), restaurateur (*id*.), demeurant (*id*.) à..., a porté ledit prix à la somme de dix-sept mille francs outre les charges.

81 Deux nouvelles bougies allumées successivement s'étant éteintes sans que personne ait surenchéri, ledit Mᵉ FLANDIN, notaire commis, a proclamé ledit sieur BOILET, comme dernier enchérisseur, adjudicataire de ladite maison et dépendances, moyennant la somme de dix-sept mille francs outre les charges de l'enchère.

82 Et M. BOILET, à ce présent, après avoir pris connaissance du cahier des charges et des dires ultérieurs, a déclaré accepter ladite adjudication sous réserve de nommer command [148] et s'obliger à l'exécution de toutes les charges, clauses et conditions. Il a fait élection de domicile [11] à... et signé [13], après lecture [16]. (*Signature.*)

83 Les vendeurs ayant demandé caution [32] à l'adjudicataire, celui-ci s'est engagé à en fournir une, bonne et solvable, dans le délai fixé par le cahier des charges. — V. *sup. les formules de* CAUTIONNEMENT.

84 De tout ce que dessus il a été dressé le présent procès-verbal à Gercy [12] en l'étude (*id*.), les jour, heure, mois et an susdits [13], en présence de MM. (*Noms, prénoms , professions et demeures*), témoins instrumentaires [14], et les parties ont signé [13] avec l'adjudicataire, les témoins et le notaire , après lecture [16].

85 V. *Répertoire*, note 17. — *Forme des actes*, note 38. — *Enregistrement*, notes 57, 18 et 19.

86 V. aussi les formules d'*adjudication*, de *vente sur conversion* et de *vente de biens de mineurs*.

LIQUIDATION [143]:

1° *De communauté* [166] *et succession* [88] *entre majeurs* [79] *et mineurs* [65], *devant un notaire commis par justice ; par procès-verbal ou par état; avec procès-verbal de communication, procès-verbal de dires et difficultés, compte de réformation par procès-verbal ou par état; et dépôt du jugement d'homologation.*

2° *Amiable de succession* [88] , *entre majeurs* [79].
3° *De reprises* [200].
4° *De société* [138].
5° *De fruits et revenus.* — V. inf. p. 452 2ᵉ colonne.

1° LIQUIDATION [143] DE COMMUNAUTÉ [166] ET SUCCESSION [88]
ENTRE MAJEURS [79] ET MINEURS [65]DEVANT UN NOTAIRE COMMIS PAR JUSTICE (A).

2 (B) État de compte, liquidation et partage des biens [86] dépendant tant de la communauté [166] qui a existé entre M. et mad. MORET, ci-après nommés, que de la succession [88] de ce dernier ;

3 Dressé par Mᵉ Louis [1] COLL (*id*.), notaire [2] à Armes [1], canton de..., arrondissement de..., soussigné[13], commis à cet effet par jugement [75] contradictoire du tribunal civil de première instance de..., en date du..., enregistré [42] et signifié [20].

4 (C) Entre 1° mad. Laure [3] BONNIN (*id*.), veuve de M. Clément MORET, en son vivant négociant à..., où elle demeure (*id*.), rue..., n...,

5 Agissant: 1° à cause de la communauté [166] de biens qui a existé entre elle et son défunt mari, aux termes de leur contrat de mariage (*id*.) passé devant Mᵉ..., notaire à..., le..., et dont l'analyse sera ci-après faite ; — 2° comme donataire [214] en usufruit pendant sa vie, sans être tenu de donner caution [69], ni de faire emploi (*id*.), de la moitié

(A) Il y a lieu de recourir à justice et de procéder devant un notaire par elle commis toutes les fois que les parties ne sont pas d'accord ou qu'il y a parmi elles des mineurs, absents ou interdits pour lesquels l'homologation est toujours nécessaire (C. civ. 840 ; C. proc. 980).

(B) C'est l'inventaire dont nous avons donné la formule *sup*. page 423 qui sert de base à cette liquidation.

(C) Si on voulait procéder par procès-verbal, on dresserait un procès-verbal d'ouverture des opérations comme il suit :
L'an .., le..., heure de... — Pardevant Mᵉ COLL, notaire à..., soussigné, commis à l'effet des présentes par le jugement ci-après énoncé. Sont comparus : 1° Mad. Laure BONNIN, veuve de M. Clément MORET, etc. - V. *les alin.* 4 et 5 *de la formule.* — 2° la dame Marie MORET, épouse commune en biens de M. Louis BIGEARD, etc. - V. *les alin.* 6, 7, 8 et 9 *de la formule.*

Lesquels, désirant procéder à l'établissement des compte, liquidation et partage des biens dépendant tant de la communauté qui a existé entre le sieur et dame MORET, que de la succession dudit sieur MORET, et pour lesquelles opérations le notaire soussigné a été commis par jugement contradictoire du tribunal civil de première instance de.., en date du. ., enregistré et signifié, ont requis ledit Mᵉ COLL, notaire, de procéder à ces opérations.

Obtempérant à ce réquisitoire, ledit Mᵉ COLL a ouvert le présent procès-verbal des opérations dont il s'agit, et a déclaré aux comparants qu'il commencerait lesdites opérations le..., heure de...,

Il a été vaqué, etc... [5].

De ce que dessus il a été dressé le présent procès-verbal les jour, mois et an susdits, et les comparants ont signé avec le notaire, après lecture. (SIGNATURES.)

PROCÈS-VERBAL DES OPÉRATIONS (*à la suite* [45] *du procès-verbal d'ouverture*).
Et le .., heure de...; en conséquence du procès-verbal dont la minute précède, et en exécution du jugement ainsi que du procès-verbal y énoncé, il va être procédé, par ces présentes et ainsi qu'il suit, par Mᵉ COLL, notaire soussigné, aux compte, liquidation et partage dont il s'agit.

Entre... V. *les alin.* 4 *et suiv. de la formule.*

57

de tous les biens meubles [86] et immeubles (*id.*) dépendant de la succession [88] de son dit mari, aux termes dudit contrat de mariage; — 3° comme créancière [28] de ladite communauté et même de la succession de son mari. pour raison de ses reprises [200] et conventions matrimoniales (*id.*); — 4° comme tutrice légale [163] de Laurent MORET, âgé de cinq ans et demi, étant né [65] à..., le..., enfant mineur [65] issu de son mariage avec ledit défunt; — et comme ayant la jouissance légale [144] des biens de son enfant mineur jusqu'à son émancipation [82] ou son âge de dix-huit ans aux termes de la loi et aux charges de droit.

2° La dame Marie [5] MORET (*id.*), épouse commune en biens de M. Louis BIGEARD, marchand épicier avec lequel elle demeure (*id.*) à...

En présence de M. Cyprien [5] MORET (*id*), marchand d'étoffes (*id.*), demeurant (*id.*) à...

Subrogé-tuteur [163] dudit mineur Laurent MORET, son neveu, nommé à cette fonction qu'il a acceptée suivant délibération du conseil (*id.*) de famille dudit mineur reçue et présidée par M. le juge de paix du canton de.., assisté de son greffier, le..., dûment enregistrée [42].

La dame BIGEARD et ledit mineur Laurent MORET, seuls héritiers [78], chacun pour moitié, de M. Clément MORET, sus-nommé, leur père; ledit mineur sous bénéfice d'inventaire [85] seulement, conformément à l'art. 461 du C. civil.

Lesquelles qualités de commune en biens et d'héritiers sont constatées par l'intitulé de l'inventaire ci-après énoncé.

OBSERVATIONS PRÉLIMINAIRES.
Première observation. — Contrat de mariage.

M. et mad. MORET se sont mariés [65] à..., le...

Avant, ils ont réglé les clauses et conditions civiles de leur mariage par contrat passé devant Me..., notaire à... le..., dûment enregistré [42].

Suivant ce contrat, il a été établi une communauté de biens entre les époux, avec exclusion des dettes [26] et hypothèques [50] l'un de l'autre antérieures au mariage.

Le futur époux constitue en dot [200] : 1° des objets mobiliers [86] et deniers comptants pour une somme de six mille francs; 2° et un terrain [7] situé [141] à...

L'apport de la future a consisté en un trousseau de valeur de trois mille francs, et en une somme de quinze mille francs, le tout à elle constitué en dot par ses père et mère qui lui en ont immédiatement fait la délivrance.

Il a été dit que la communauté se composerait du revenu [50] des biens des futurs époux et de tout ce qu'ils acquerraient ensemble ou séparément durant le mariage; qu'à l'égard de leurs apports et de tout ce qui par la suite leur écherrait soit en biens meubles soit en immeubles, par succession [88], donation (84), legs [24] ou autrement, le tout était réservé propre à chacun d'eux et n'entrerait point en communauté.

Le préciput [166] en faveur du survivant a été fixé aux habits, linges et hardes à son usage, et à ses bagues et joyaux.

La clause de remploi [144] des propres aliénés a été stipulée dans les termes ordinaires.

Faculté a été accordée à l'épouse ou à ses enfants à naître du mariage, en renonçant [62] à la communauté, de reprendre franc et quitte [166] son apport et son préciput, ainsi que tout ce qui lui serait échu pendant le mariage.

Ce contrat est terminé par une donation mutuelle [214] en usufruit [69] au profit du survivant des époux de tous les biens du premier mourant avec dispense de fournir caution [69] et de faire emploi (*id.*); laquelle donation, attendu l'existence d'enfants, se réduit à moitié en usufruit desdits biens.

Deuxième observation. — Décès [65] de M. MORET. — Scellés [196]. — Inventaire [145].

M. MORET est décédé [65] à..., le cinq octobre mil huit cent quarante quatre.

Après son décès les scellés ont été apposés et il a été procédé à l'inventaire [145] des biens dépendants de sa succession et de la communauté qui avait existé entre lui et la dame aujourd'hui sa veuve, par Me COLL, notaire soussigné, le trente-un octobre mil huit cent quarante-quatre et jours suivants, enregistré [42], à la requête de sa veuve et de la dame BIGEARD, sa fille, ci-devant nommée, et en présence de M. Cyprien MORET, subrogé-tuteur [163] du mineur MORET, agissant tous dans leurs qualités ci-devant énoncées.

La représentation de tous les objets a été faite par mad. veuve MORET, gardienne des scellés [196] apposés par M. le juge de paix, laquelle a prêté, entre les mains du notaire, le serment [145] accoutumé; et la prisée [145] a été faite par M. SOURBET, greffier de la justice de paix du canton de...

Il sera procédé à l'établissement des masses active et passive ci-après par dépouillement dudit inventaire.

Troisième observation. — Vente du mobilier [109]. — Compte [184] de l'officier qui a fait cette vente.

Il a été procédé par Me COLL, notaire soussigné, à la vente [109] du mobilier [86] dépendant de la communauté, distraction faite des deniers comptants, à la requête de tous les ayants-droit, suivant son procès-verbal en date du... et jours suivants, dûment enregistré.

Le produit de ladite vente s'est élevé à la somme de dix-neuf mille cinq cent cinquante francs, ci . . . . 19550 »

De laquelle somme déduisant :

1° Six mille cinq cent cinquante francs pour le montant des adjudications faites à crédit à mad. veuve MORET, ci. . . . . 6550 »

2° Trois mille francs pour le montant des adjudications faites à crédit à mad. BIGEARD, ci. 3000 »

3° Soixante-quinze francs que le notaire a payés au greffier de la justice de paix de., pour frais d'apposition et levée de scellés, ci. 75 » } 10750 »

4° Cent vingt-cinq francs que le notaire soussigné retient pour les frais de l'inventaire précité, ci. . . . . 125 »

5° Et mille francs que le notaire retient pour les frais relatifs à ladite vente, ci. . . . 1000 »

Il résulte que Me COLL n'est comptable que de la somme de huit mille huit cents francs, ci. . . . . 8800 »

38   *Quatrième observation. — Vente des immeubles* [109]. — *Estimation d'augmentations* [200].

39   Ainsi qu'on le voit par le contrat de mariage analysé en la première observation qui précède, le défunt s'est constitué en dot un terrain situé à..., sur lequel il a été construit durant la communauté un magasin, ce qui donne lieu à une récompense de la part de la succession du défunt envers ladite communauté.

40   Pendant le mariage la communauté a fait l'acquisition [109] d'une maison joignant le susdit magasin, lequel en forme une dépendance presque inséparable.

41   Ces deux objets n'étant pas commodément partageables et d'un autre côté l'indemnité revenant à la communauté pour raison du magasin construit sur le terrain propre au défunt ne pouvant être fixée amiablement entre les parties à cause de la minorité du mineur MORET, il a été, sur la demande des parties, rendu un jugement [73] contradictoire par le tribunal civil de..., le..., enregistré [42], qui ordonne : 1° que par M..., architecte, demeurant à..., serment préalablement prêté, il sera procédé à l'estimation [195] distincte : 1° du terrain ; 2° de la plus-value résultant des augmentations qui ont été faites sur ce terrain ; 3° de la maison attenant, conquêt de communauté, le tout afin de fixer les droits respectifs des parties ; 2° que lesdits objets, s'ils sont reconnus impartageables par l'expert, seront ensuite vendus par le ministère du notaire soussigné, commis à cet effet, sur la mise à prix de l'estimation faite par l'expert ; 3° et que, si le prix de l'adjudication est supérieur au montant de l'estimation, cet excédant sera réparti proportionnellement sur chaque estimation partielle et accroîtra d'autant la plus-value résultant des augmentations faites sur le terrain, le prix de vente offrant dans ce cas une base plus certaine que l'estimation (A).

42   L'expert, par son rapport déposé au greffe du tribunal le..., enregistré, a estimé la valeur actuelle du terrain à mille francs, la plus-value résultant des constructions élevées sur ce terrain à huit mille francs, et la valeur de la maison à vingt-un mille francs, au total trente mille francs.

43   La vente de ces trois objets ayant eu lieu indivisément devant le notaire soussigné, le premier février, présent mois, au profit de M. Léon CORNU, banquier à..., moyennant la somme de trente-trois mille francs outre les charges comprenant les contributions dues depuis le premier janvier précédent, il en résulte un excédant de trois mille francs sur les estimations de l'expert, laquelle somme étant répartie sur lesdites estimations donne, d'après le marc-le-franc qui est de dix pour cent, savoir : pour le terrain cent francs, pour les constructions qui sont dessus huit cents francs et pour la maison deux mille cent francs : au moyen de quoi la valeur du terrain est de onze cents francs, celle des constructions élevées dessus de huit mille huit cents francs et celle de la maison de vingt-trois mille cent francs.

44   *Cinquième observation. — Vente de rente sur l'État* [197].

Par le jugement énoncé en l'observation qui précède, les parties ont été autorisées à vendre, au cours de la bourse, la rente de cent francs sur l'État comprise sous la cote quatre de l'inventaire et qui est un conquêt de communauté. Cette vente a eu lieu par le ministère de M. BOILOT, agent de change à Paris, le..., et a produit net deux mille quatre francs, déduction faite du droit de l'agent de change et des frais du certificat de propriété et de la procuration [80]

45   PLAN DES OPÉRATIONS.

46   Après ces observations il a été procédé, ainsi qu'il suit, aux compte, liquidation et partage, pour lesquels le notaire a été commis. L'opération sera divisée en deux parties :

47   La première partie comprendra la liquidation de la communauté, et la seconde partie la liquidation de la succession.

48   Les masses active et passive seront établies par dépouillement (B) de l'inventaire précité et sur les autres documents fournis par les parties.

49   PREMIÈRE PARTIE.

50   LIQUIDATION DE LA COMMUNAUTÉ D'ENTRE M. ET MAD. MORET.

51   MASSE ACTIVE DE LADITE COMMUNAUTÉ.

52   Cette masse va être établie sur deux colonnes, la première pour les capitaux et les revenus (C) antérieurs à la

(A) Si l'on n'avait pas soin de faire faire cette estimation *avant* la vente il se pourrait qu'*après* on accordât une récompense beaucoup plus forte que le prix de cette vente, ainsi que cela est arrivé dans l'espèce suivante : il s'agissait d'une maison licitée *verbalement* entre trois frères majeurs. L'acquéreur regardant la maison comme sienne y fit des augmentations considérables. L'un des frères étant venu à mourir laissant des enfants mineurs, le tuteur de ces enfants ne put reconnaître la vente verbale et demanda la licitation en justice de cette maison. La vente eut lieu et ce n'est qu'au moment de liquider que l'acquéreur (le même que lors de la licitation verbale) demanda l'estimation de ses augmentations. Résultat: la valeur de la maison au temps de la première vente était de 2000 fr. puisqu'elle avait été vendue verbalement moyennant ce prix En second lieu le prix a été de 2600 fr avec les augmentations. L'expert (qui ne distinguait pas bien la plus value d'avec les dépenses faites) porta les augmentations à 2400fr. et comme le tout n'avait été vendu que 2600 fr. il est évident qu'il a touché d'une main 2400 fr. pour, de l'autre, en payer 2600, et que son premier achat s'est trouvé modifié en ce que de 2000 fr il a été réduit à 200 fr. (C. civ. 555 et 1437.

(B) C'est la meilleure manière d'opérer que de former les masses par dépouillement de l'inventaire ; par ce moyen on est sûr de n'omettre aucune valeur et chacun est à même de suivre l'opération sans recourir à l'inventaire.

(C) Cette distinction n'est nécessaire que dans les liquidations où sont intéressés : 1° les femmes mariées avec stipulation de propres ou sous un régime qui n'attribue ni à la communauté ni au mari leurs propres présents et à venir, afin qu'elles puissent faire la reprise de ces revenus pour ce qui est antérieur au décès. 2° les mineurs [65] et interdits (*id.*), afin que leur tuteur obligé de placer les capitaux dans les six mois de leur encaissement sache par la liquidation même quels sont les revenus qui forment capitaux [136] ; 3° les absents [78], pour que les envoyés en possession de leurs biens ayant droit à une portion de leur revenu n'aient pas besoin de faire faire une seconde liquidation pour connaître le montant des revenus sur lesquels portent leurs droits.

dissolution de la communauté et formant aussi capitaux, et la deuxième pour les revenus postérieurs à cette dissolution lesquels ne formant point capitaux seront calculés jusqu'au premier juillet prochain inclusivement (50, n. 49),époque présumée de l'homologation de la présente liquidation.

	Capitaux et revenus antérieurs à la dissolution de communauté.	Revenus postérieurs à la dissolution de communauté.
53 **Art. 1.** *Deniers comptants.*		
54 On porte au présent article la somme de [53] de mille cinquante-cinq francs [91] trouvée en deniers comptants après le décès de M. Moret et comprise sous le n. 16 de la prisée du mobilier décrit en l'inventaire, ci dans la première colonne.	1055 »	» »
55 **Art. 2.** *Vente* [109] *du mobilier et crédits.*		
On comprend sous cet article la somme de huit mille huit cents francs dont M⸗ Coll est comptable pour le produit de la vente du mobilier compris en l'inventaire, distraction faite des crédits, ainsi qu'il est établi en la troisième observation des présentes, ci dans la première colonne. . . .	8800 »	» »
56 Art. 3. On porte au présent article la somme de six mille cinq cent cinquante francs que doit mad. veuve Moret pour le montant des adjudications qui lui ont été faites à crédit lors de ladite vente, ainsi qu'il est dit en la même observation, ci dans la première colonne.	6550 »	» »
57 Art. 4. On porte ici les trois mille francs qui sont dûs par mad. Bigeard, pour le montant des adjudications qui lui ont été faites à crédit lors de ladite vente, ainsi qu'il est dit en la même observation, ci dans la première colonne.	3000 »	» »
58 **Art. 5.** *Vente des immeubles.*		
On porte au présent article la somme de vingt trois mille cent francs qui est due par M. Léon Cornu, banquier à..., pour le prix de la maison située à..., à lui vendue suivant procès-verbal dressé par le notaire soussigné le..., et ce d'après la ventilation établie en la quatrième observation des présentes, ci dans la première colonne	23100 »	» »
59 **Art. 6.** *Intérêts* [49] *de ce prix.* On porte ici la somme de quatre cent quatre-vingt-un francs vingt-cinq centimes, pour les intérêts dudit prix calculés depuis le premier février mil huit cent quarante-cinq jusqu'au premier juillet suivant, ci dans la seconde colonne .	» »	481 25
60 **Art. 7.** *Récompense* [200] *à la communauté par la succession de M. Moret pour raison de constructions.*		
61 On porte au présent article la somme de huit mille huit cents francs dont la succession de M. Moret fait récompense à la communauté pour la plus-value résultant des augmentations faites sur le terrain qui comporte le magasin dépendant de la maison que M. Cornu a acquise ainsi qu'il est dit en la quatrième observation des présentes, ci dans la première colonne.	8800 »	
62 **Art. 8.** *Intérêts* [49] *de cette récompense.* On porte ici la somme de trois cent vingt-trois francs quatre-vingt-dix centimes que ladite succession doit à la communauté pour les intérêts de ladite récompense depuis le cinq octobre dernier, date du décès de M. Moret, jusqu'au premier juillet prochain, ci dans la seconde colonne.	» »	323 90
63 Cote 1ʳᵉ. *Deux pièces.* — *Contrat de mariage.* — *Déclarations.*		
M. Moret s'étant constitué en dot par ce contrat une somme de trois mille francs, ses héritiers [78] exerceront ci-après le prélèvement [200] de cette somme, pourquoi	*Renvoi au passif.*	
64 A l'égard du terrain qu'il s'est aussi constitué en dot et sur lequel un magasin a été édifié durant la communauté, comme le tout a été vendu à M. Cornu, ainsi qu'il est dit en la quatrième observation des présentes, on renvoie à l'actif de la seconde partie où le prix figurera comme créance.	*R. à l'actif de la 2ᵉ partie.*	
65 L'apport en mariage de mad. Moret a été de dix huit mille francs dont elle exercera ci-après le prélèvement, pourquoi	*Renvoi au passif.*	
66 Le préciput [166] en faveur du survivant ayant été fixé aux habits, linges et hardes à son usage, et à ses bagues et joyaux, et mad. Moret, lors de l'inventaire, ayant fait distraction de ces objets, il n'en est ici question que pour ordre, ci	*Ordre.*	
67 Mad. veuve Moret a déclaré à la suite de l'analyse dudit contrat de mariage :		
68 1° Que l'apport en mariage de son défunt mari était grevé d'une somme de seize cents francs payée pendant la communauté à laquelle il en est dû une récompense [200] qui va figurer ci-après sous l'art. 9.		
69 2° Que durant la communauté il avait été élevé sur le terrain, faisant partie de l'apport		
	51505 »	805 15

Report .	51305 »	805 15

de son mari, des constructions donnant lieu à récompense. Cette récompense figure sous les art. 7 et 8 de la présente masse, pourquoi

Ordre.

70 3° Et que durant le mariage elle avait recueilli la succession de sa mère. Elle exercera ci-après la reprise [200] de son avoir dans ladite succession, pourquoi

Renvoi au passif.

71 Art. 9. *Récompense* [200] *à la communauté par la succession de M. Moret pour raison d'une somme grevant son apport immobilier.*

71 On porte au présent article la somme de seize cents francs que la communauté a payée suivant quittance [84] passée devant Mᵉ..., notaire à..., le..., et dont la succession de M. Moret doit récompense, savoir : quinze cents francs restant dûs sur le principal de l'acquisition qu'il avait faite avant son mariage du terrain par lui apporté en mariage, et cent francs tant pour intérêts dûs au jour du mariage que pour les frais de commandement et de quittance, ci dans la première colonne. . . . . | 1600 » | » » |

73 Art. 10. *Intérêts* [49] *de cette récompense.* On porte ici la somme de cinquante-huit francs, quatre-vingt-dix centimes, qui est due par la même succession pour les intérêts de ladite récompense calculés depuis le cinq octobre dernier jusqu'au premier juillet prochain, ci dans la seconde colonne. . . . . | » » | 58 90 |

74 Cote 2ᵐᵒ. — 3 pièces. — *Titres et papiers relatifs à l'avoir de mad. Moret dans la succession de sa mère.*

75 La première de ces pièces est l'extrait [64] d'un acte passé devant Mᵉ..., notaire à..., le..., contenant liquidation et partage tant de la communauté qui avait existé entre M. Laurent Bonnin et la dame Marie Lenoir, père et mère de mad. Moret, que de la succession de cette dernière. —Par cet acte il a été abandonné à mad. Moret, comme héritière [78] pour moitié de sa mère : 1° neuf mille francs dont elle avait fait le rapport [146] à la succession pour la moitié de sa dot, plus deux cent cinquante francs pour six mois d'intérêts [49] postérieurs à l'ouverture de la succession ; 2° pour vingt-six mille francs une maison située à..., y compris cinq cents francs pour loyers [105] antérieurs au décès et pareille somme pour loyers postérieurs audit décès, 3° et quatre mille sept cent cinquante francs en deniers comptants.

76 Le rapport des neuf mille francs pour moitié de dot n'ayant eu lieu que fictivement, il n'y a point lieu à reprise de cette somme au profit de mad. Moret, parce qu'elle se confond avec sa dot. Il n'y a point lieu non plus à reprise à son profit des deux cent cinquante francs d'intérêts de cette somme, car si d'un côté la communauté est tenue des intérêts des dettes personnelles aux époux, d'un autre côté elle profite de ces intérêts quand ils ne forment point capitaux. C'est pourquoi il n'est ici question de ce rapport que pour ordre, ci

Ordre.

77 A l'égard des cinq cents francs de loyer de maison antérieurs au décès de la mère de mad. Moret, lesquels forment capitaux, et des quatre mille sept cent cinquante francs de deniers comptants, il en est dû reprise [200] à ladite dame, pourquoi renvoi au passif, ci.

Renvoi au passif

78 Quant à la maison dont est ci-dessus parlé, comme elle n'a point été aliénée, mad. veuve Moret en fait la reprise [200] en nature, ci.

Reprise en nature.

79 La seconde pièce est l'extrait d'un acte de partage concernant la maison échue à mad. Moret par ce partage.

80 La troisième pièce est la grosse [64] d'un acte passé devant Mᵉ..., notaire à..., le..., contenant bail [105] par M. et mad. Moret à M. Sulpice Verin, de la maison sus-mentionnée, pour neuf années qui ont commencé à courir le..., moyennant mille francs de loyer annuel payables aux quatre termes ordinaires de l'année.

81 Mad. Moret a déclaré en l'inventaire que la maison à elle échue par le partage sus-énoncé existait toujours en nature, et que les loyers avaient été payés jusqu'au premier octobre dernier.

82 Art. 11. — *Loyers* [105] *de maison.*

83 On porte ici la somme de onze francs dix centimes qui est due à la communauté par M. Verin pour les loyers de la maison dont il vient d'être parlé, qui ont couru depuis le premier octobre dernier jusqu'au cinq [30, n. 19] du même mois (quatre jours), à raison de mille francs par an, par suite du bail sus-énoncé, ci dans la première colonne. . . | 11 10 | » » |

84 *Titres et papiers relatifs aux conquets de communauté.*

Cote 3. — 10 pièces. —

Ces pièces sont relatives à l'acquisition faite de M. Spinga de la maison dont est parlé en la quatrième observation, à l'accomplissement des formalités de transcription et de purge légale et à la libération du prix de ladite acquisition. Il n'est ici question de ces pièces que pour ordre, ci

Ordre.

85 Cote 4. — 1 pièce. — *Inscription de rente sur l'Etat* [197].

86 Cette pièce est une inscription au grand-livre de la dette publique perpétuelle, cinq

| 52916 10 | 864 03 |

	Report. .	52916 10	864 05

pour cent consolidés sur l'État, de la somme de cent francs, sous le nom de feu M. Moret, et dont les arrérages ont été payés jusqu'au 22 septembre dernier.

87 Art. 12. On porte ici la somme de deux mille quatre cents francs produit net de la vente (A) de ladite rente sur l'État, par suite du transfert [197] qui en a été fait ainsi qu'il est dit en la cinquième observation des présentes. La différence entre cette somme et celle de deux mille quatre cent quarante francs, prix réel de ladite vente ayant servi à acquitter la remise de l'agent de change ainsi que le coût du certificat de propriété [223] et de la procuration [80] donnée par tous les ayants-droits à l'effet d'en opérer le transfert, et étant mise entièrement à la charge du capital par le motif que c'est le transfert de ce capital et non celui des arrérages qui a nécessité lesdits frais.

88 Cette somme entrera pour deux mille trois cent soixante-quinze francs dans la colonne des capitaux en y comprenant trois francs soixante deux centimes de revenus antérieurs au décès ; et pour vingt-cinq francs dans celle des revenus postérieurs audit décès ; le transfert ayant eu lieu le cinq janvier dernier et comprenant les arrérages écl.us jusques là, lesquels arrérages sont calculés ici intégralement et sans diminution par le motif qu'ils ne sont pas sujets à variation comme le capital, ci. . . . .

		2375 »	25

89 *Cote 5. — 2 pièces. — Rente sur Giles Belin.*

La première pièce est la grosse [64] d'un contrat passé devant Me..., notaire à..., le..., contenant constitution au profit de M. et mad. Moret par Giles Belin, cultivateur et Cécile Morlaix, sa femme, demeurant à..., d'une [76] rente annuelle et perpétuelle , franche de retenue [49] de deux cents francs payable [84] aux premier janvier et premier juillet, au capital de quatre mille francs, remboursable à la volonté des débiteurs. — La seconde pièce est le bordereau de l'inscription [83] prise au bureau des hypothèques de..., le..., vol..., n..., pour sûreté de ladite rente.

90 Mad. veuve Moret a déclaré en l'inventaire qu'il n'était dû de cette rente que le terme courant.

91 Art. 13. *Capital de ladite rente.* On porte au présent article la somme de quatre mille francs, capital de la rente due par lesdits époux Belin suivant le titre qui vient d'être mentionné, ci dans la première colonne. . . . .

		4000 »	

92 Art. 14. *Arrérages [49] de ladite rente.*

93 On porte ici la somme de cinquante-deux francs soixante-dix-huit centimes pour les arrérages de ladite rente due par lesdits épous calculés depuis le premier juillet dernier jusqu'au cinq octobre suivant, jour de la dissolution de la communauté, ci dans la première colonne. . . .

		52 78	

94 Plus celle de cent quarante-sept francs vingt-deux centimes, pour les arrérages postérieurs à la dissolution de communauté, ci dans la seconde colonne. . . . .

			147 22

95 *Cote 6. — 1 pièce. — Créance [25] sur particuliers.*

96 Cette pièce est le brevet [59] original d'un acte passé devant Me..., notaire à..., le..., contenant obligation par le sieur Louis Bonnet, cultivateur, demeurant à..., de la somme de trois cents francs payable le..., sans intérêts [49].

97 Art. 15. On porte au présent article la somme de trois cents francs qui est due par le sieur Louis Bonnet, sus-nommé, suivant l'obligation ci-devant mentionnée, ci. . . .

		300 »	

98 *Cote 8. — 2 pièces. — Livres de commerce [26].*

99 La première pièce est un registre in-folio intitulé *livre-journal*, sur lequel feu M. Moret inscrivait jour par jour les opérations de son commerce et les fournitures qu'il faisait. — La seconde pièce est un petit registre ayant pour titre *table alphabétique*, et sur lequel sont relevés au nom de chaque individu tous les articles du livre-journal qui le concernent.

100 Les crédits de ce livre sont relevés dans les déclarations concernant l'actif de la communauté, lesquelles vont être ci-après rappelées.

101 *Cote 9. — 20 pièces. — Quittances et décharges [84].*

102 La première pièce est le bordereau des contributions auxquelles feu M. Moret a été

		59645 88	1036 27

(A) Les rentes sur l'État ayant une valeur variable que détermine le cours de la Bourse peuvent difficilement entrer en liquidation, surtout quand il y a des mineurs. On ne le pourrait qu'en déclarant dans l'acte que les parties se tiendront compte de la différence d'après le cours au jour de l'homologation de la liquidation, ce qui nécessiterait, dans l'acte du dépôt qu'on dresse toujours d'une expédition du jugement d'homologation à la suite de la minute de la liquidation, un supplément de liquidation qu'on évite par la vente de la rente.

A la vérité, on pourrait ne pas vendre la rente et l'attribuer aux parties proportionnellement à leurs droits, mais il y a à remarquer qu'on ne peut point diviser les rentes sur l'État de manière à produire une fraction inférieure à 10 fr. ou une fraction de franc L. 17 août 1822, art. 24 ; Décr. 24 août 1793, art. 167. — V. *la formule suivante.*

Report. . .	59645 88	1036 27

imposé pour l'année mil huit cent quarante-quatre. Ces contributions se montent en tota-lité à deux cent cinquante francs applicables, savoir : à la maison propre à mad. veuve Moret pour quatre-vingt-dix francs, à la maison conquêt de communauté pour quatre-vingts francs, au magasin propre au défunt pour trente francs, et à la patente [43] dudit défunt pour cinquante francs.

103 La seconde pièce est une quittance de cent cinquante francs payée le premier avril mil huit cent quarant-quatre à valoir sur les contributions détaillées au présent bordereau.

104 Les pièces 3 à 20 sont mémoires et notes acquittées pouvant servir de décharges auxdites communauté et succession.

105 Les contributions dont il vient d'être parlé ont été à la charge de la communauté jusqu'au cinq octobre dernier, jour du décès de M. Moret. Il n'y a que la portion desdites contributions courues du cinq octobre au premier janvier dernier qui soit à la charge des ayants-droit aux immeubles; et comme la communauté doit payer la totalité des contribu-tions de ladite année, ainsi qu'on le verra ci-après, il en résulte qu'elle a à répéter, savoir : à mad. veuve Moret vingt-un francs vingt-cinq centimes pour le restant des contributions de ladite année, à raison de sa maison; et à la succession de M. Moret sept francs huit centimes pour le restant des contributions de ladite année à raison de son magasin.

106 Art. 16. — *Rapport de contributions* [58].

107 On porte ici la somme de vingt-un francs vingt-cinq centimes dont mad. veuve Mo-ret est débitrice [26] envers la communauté pour les contributions sus-mentionnées que celle-ci avancera pour elle, ainsi qu'il va être dit sous l'art. 4 de la masse passive, ci dans la seconde colonne. . . . .

108 Art. 17. On porte ici la somme de sept francs huit centimes, dont la succession de M. Moret est débitrice aussi envers la communauté pour avance de contributions, ci dans la seconde colonne. . . . .

Cote 10. — 26 Pièces. — Renseignements.

110 Les pièces une à vingt sont protêts, significations, procurations et autres; le tout pouvant servir de renseignements généraux. — Les autres pièces sont actes de naissan-ces [63], baptêmes, mariages et décès; le tout servant de renseignements de famille.

111 DÉCLARATIONS [145] CONCERNANT L'ACTIF DE LA COMMUNAUTÉ.

112 Mad. veuve Moret a déclaré en l'inventaire que des comptes portés au registre for-mant la première pièce de la cote huit, il résultait qu'au jour du décès de son mari il était dû par les ci-après nommés les sommes suivantes :

113 1° *Créances d'un re-* { Par le sieur Crespin Pourin , deux cents francs,
couvrement certain. { Et par le sieur André Fresse, cinquante francs.

114 2° *Créances d'un recou-* { Par le sieur Prosper Vellery, soixante-quinze francs,
vrement incertain. { Et par le sieur Marc Billaud, vingt-cinq francs.

115 3° *Créances d'un recou-* } Par le sieur Maurice Brule, cinquante francs,
vrement désespéré. { Et par le sieur Pierre Marceau, quarante francs.

116 Dépouillement fait de ce registre par le notaire soussigné, celui-ci a reconnu que les créances ci-dessus mentionnées étaient les seules inscrites comme étant à recouvrer par la communauté.

117 Elle a déclaré en outre que son défunt mari et elle avaient doté [200] conjointement et par moitié (A) la dame Bigeard, leur fille , d'une somme de vingt mille francs reçus par cette dernière aux termes de son contrat de mariage passé devant Me... notaire à... le.....

118 La dame Bigeard devant faire le rapport [146] de moitié de cette somme à la succes-sion de son père, il sera question de ce rapport à l'actif de la dite succession; — *Pourquoi,*

119 Art. 18. *Dettes actives* [25].

120 On porte au présent article la somme de deux cents francs et celle de cinquante francs qui sont dues la première par le sieur Crespin Pourin et la seconde par le sieur André Fresse, ainsi qu'il est dit ci-dessus , desquelles créances le recouvrement est certain, ci dans la première colonne . . . .

	21 25
	7 08
Renvoi à l'actif de la 2e partie.	
250 »	
59895 88	1064 60

(A) Cette constitution dotale ayant été faite par portions égales entre M. et mad. Moret ne peut donner lieu à rapport de la somme à la communauté. Le rapport n'est dû que quand les sommes tirées de la communauté l'ont été par un seul ou inégalement; et dans ce dernier cas, ce n'est que la différence qui est sujette à rapport (C. civ. 1469).

| | Report. | 59893 88 | 1064 60 |

121 **Art. 19.** *Objets laissés en commun* [207].

122 On ne comprend point dans la présente masse les créances ci-dessus mentionnées sur VELLERY, BILLAUD, BRULE et MARCEAU, comme étant les deux premières d'un recouvrement incertain et les deux autres d'un recouvrement désespéré. Elles demeurent en commun pour, au cas de recouvrement, être, les sommes recouvrées, partagées d'après les droits respectifs des parties, ci . . . . *en commun.*

123 DÉCLARATIONS [145] CONCERNANT LE PASSIF DE LA COMMUNAUTÉ.

124 Mad. veuve MORET a aussi déclaré en l'inventaire qu'il était dû par la communauté les sommes suivantes :

125 1° Pour frais de dernière maladie de feu M. MORET, savoir : à M. SENÉ, pharmacien, quarante-huit francs, et à M. GUÉRITARD, docteur en médecine, soixante-sept francs.

126 2° Au sieur Vincent PANN, boulanger à....., quarante francs pour fournitures de pain antérieures au décès de son mari.

127 3° A François DUVEAU, boucher à.., trente-cinq francs pour fournitures de viandes.

128 4° A Angélique PARENT, domestique, cinquante francs pour cinq mois de gages [103] échus au décès.

129 5° A elle-même les sommes qui lui auront été nécessaires pour sa nourriture et celle de sa domestique pendant les trois mois et quarante jours à elle accordés pour faire inventaire [62] et délibérer ; desquelles sommes elle a alors promis de fournir l'état lors de la liquidation avec les mémoires des fournisseurs à l'appui.

130 De toutes lesquelles sommes il sera ci-après parlé au passif de la communauté. Pourquoi. . . . . *Renvoi au passif.*

131 DÉCLARATIONS [145] CONCERNANT L'ACTIF ET LE PASSIF DE LA SUCCESSION DE M. MORET.

132 Mad. veuve MORET a en outre déclaré en l'inventaire :

133 Qu'il n'était rien dû [28] à la succession de son défunt mari, si ce n'est les sommes qui seront attribuées à cette succession par le résultat de la liquidation de la communauté.

134 Mais qu'il était dû par ladite succession pour les frais funéraires [29] du défunt, savoir : 1° à la femme MEHOME, garde-malade à....., la somme de vingt-quatre francs ; 2° au sieur LANGEVIN, menuisier à..., pour le cercueil, quinze francs ; 3° à la fabrique de l'église de..., la somme de trente-cinq francs.

135 Et qu'elle avait à réclamer les frais de son deuil [166] dont elle fournirait l'état et les mémoires à l'appui lors de la liquidation.

136 Il sera parlé de ces sommes au passif de la liquidation de la succession de M. MORET, pourquoi. . . . . *Renvoi au passif de la 2e partie.*

137 Sur la réquisition faite par le notaire à Mad. veuve MORET de déclarer s'il lui était dû quelque chose par son enfant mineur dont elle était tutrice légale, ladite dame a déclaré qu'il ne lui était rien dû par le mineur personnellement ; mais qu'elle avait à exercer contre lesdites communauté et succession les reprises [200] résultant de son contrat de mariage et de la succession à elle échue pendant le mariage.

138 Total des capitaux et des revenus antérieurs à la dissolution de la communauté . . | 59893 88 |

139 Total des revenus postérieurs à la dissolution de la communauté . . . . . | | 1064 60 |

140 Réunion ou masse totale . . . . | 60958 48 | |

141 MASSE PASSIVE DE LA COMMUNAUTÉ.

142 Cette masse sera établie sur deux colonnes : la première pour le passif à la charge des capitaux et la seconde pour le passif à la charge des revenus postérieurs au cinq octobre dernier, jour de la dissolution de la communauté.

	PASSIF	
	à la charge des capitaux.	à la charge des revenus.

143 *Prélèvements* [200] *de Mad. veuve Moret.*

144 **Art. 1er.** *Apport* [200] *en mariage*.. On porte au présent article la somme [35] de dix-huit mille francs [94] montant de l'apport mobilier en mariage de Mad. MORET, constaté par son contrat de mariage analysé sous la cote première de l'inventaire, ci dans la première colonne . . . . | 18000 » | |

145 Plus celle de six cent soixante-deux francs cinquante centimes pour les intérêts [49] de ladite somme calculés depuis la dissolution de communauté jusqu'au premier juillet prochain, ci dans la seconde colonne . . . . | | 662 50 |

146 **Art. 2.** *Succession recueillie pendant le mariage.* On fait entrer sous le présent article | 18000 » | 662 52 |

Report.	18000 »	662 50

la somme de cinq mille deux cent cinquante francs , se composant de cinq cents francs pour loyer [105] de maison formant capitaux et de quatre mille sept cent cinquante francs de deniers comptants, recueillis en mobilier par Mad. veuve Moret dans la succession de sa mère, ainsi qu'il est expliqué aux pièces comprises sous la cote deux de l'inventaire et analysées en la masse active qui précède ; le surplus de ses droits dans ladite succession ayant consisté en une maison qu'elle a reprise en nature et en un rapport de dot fait fictivement ainsi qu'il a été dit ci-devant en analysant les susdites pièces de la cote deux ; ci dans la première colonne . . . . 5250 »

147 Plus celle de cent quatre-vingt-treize francs vingt-trois centimes pour les intérêts de ladite somme principale courus depuis la dissolution de communauté jusqu'au premier juillet prochain, ci dans la seconde colonne 19 23

148 *Prélèvement au profit de la succession de M. Moret.*

149 Art. 3. *Apport en mariage.* On porte au présent article la somme de trois mille francs que M. Moret s'est constituée en dot ainsi qu'il est dit dans son contrat de mariage compris sous la cote première de l'inventaire et analysé en la masse active qui précède, ci dans la première colonne . . . . 3000 »

150 Plus celle de cent dix francs quarante centimes pour les intérêts de ladite somme courus depuis la dissolution de communauté jusqu'au premier juillet prochain, ci dans la deuxième colonne 110 40

151 DETTES DIVERSES D'APRÈS LES DÉCLARATIONS FAITES EN L'INVENTAIRE
ET ANALYSÉES EN LA MASSE ACTIVE.

152 Art. 4.. *Contributions* [58]. On porte au présent article la somme de cent francs qui est due pour le solde des contributions de l'année mil huit cent quarante-quatre , de laquelle somme la communauté se trouve chargée par le bordereau , sauf recours contre les ayants-droit aux immeubles, imposés pour leur portion contributoire déterminée aux art. 16 et 17 de la masse active, ci dans la seconde colonne . . . . 100 »

153 Art. 5. *Frais* [29] *de dernière maladie* (A). On porte ici la somme de cent quinze francs qui est due par la communauté, pour frais de dernière maladie du défunt, savoir : pour quarante-huit francs à M. Sené et pour soixante-sept francs à M. Guéritard, suivant les déclarations faites en l'inventaire et qui sont analysées en la masse active qui précède, ci dans la première colonne . . . . 115 »

154 Art. 6. *Frais de subsistances antérieures au décès.* On porte au présent article la somme de soixante-quinze francs qui est due par la communauté, savoir : quarante francs au sieur Vincent Panne, boulanger à.., pour fournitures de pain, et trente-cinq francs au sieur François Duveau , boucher à...., pour fournitures de viandes, ci dans la première colonne . . . . 75 »

155 Art. 7. *Gages* [105] *de la domestique.* On porte au présent article la somme de cinquante francs pour cinq mois de gages antérieurs au décès ; ci dans la première colonne . . . . 50 »

156 Art. 8. *Frais de subsistances postérieures au décès.* On porte au présent article la somme de quatre cents francs qui est due par la communauté à Mad. veuve Moret pour les dépenses relatives à sa nourriture et à celle de sa domestique pendant le temps qui a couru depuis le jour du décès de son mari jusqu'au...., jour où elle a fait acte d'acceptation de la communauté, laquelle somme se compose 1° de...., 2°.... (*mentionner ici le montant du mémoire de chaque fournisseur*), ci dans la deuxième colonne . . . . . 400 »

157 Art. 9. *Frais de l'instance.* On porte au présent article la somme de trois cents francs qui est due à Mᵉ B..., avoué de Mad. veuve Moret, et celle de cent cinquante francs qui est due à Mᵉ R.., avoué des héritiers de M. Moret, le tout pour les frais qu'ils ont faits tant en demandant qu'en défendant sur l'instance en compte et liquidation : faisant observer que les frais relatifs à la licitation des immeubles ont été payés par l'acquéreur desdits immeubles en sus de son prix, ci dans la première colonne . . . . 450 »

	26940 »	1466 13

(A) L'art. 1409~5° du C. civ. déroge à l'art. 385-4° du même code mais seulement relativement aux frais de dernière maladie. Ainsi, lorsque la succession échue aux enfants est celle de leur père ou mère ayant été communs en biens, le survivant usufruitier légal n'est tenu que pour moitié aussi, en sa qualité de commun, des frais de dernière maladie de l'époux prédécédé ; ces frais étant une dette de communauté et l'art. 385 ne les mettant à la charge des père et mère que quand ils sont dus par la succession qui échoit aux enfants (Roll. de v. art. 186; Duranton 14, 255; Dalloz).
Mais lors même que la succession échue est celle du conjoint prédécédé, les frais funéraires demeurent à la charge de l'usufruitier légal, conformément à l'art. 385, parce que la dette commence alors avec la jouissance légale (les frais étant faits postérieurement à la dissolution de communauté), et que la loi ne contient à cet égard nulle exception (*ibid.*).

58

Report. . . | 26940 » | 1466 15

158 Art. 10. *Frais de liquidation* (A). On porte ici la somme de six cents francs à laquelle le notaire soussigné évalue les frais auxquels la présente liquidation donnera lieu, en ce compris le coût d'une expédition [64] pour Mad. veuve Moret, et de deux extraits, l'un pour Mad. Bigeard et l'autre pour le mineur Moret, ci dans la première colonne . . . | 600 »

159 Art. 11. *Frais d'homologation* [157]. On porte ici la somme de cent francs à laquelle le notaire évalue aussi les frais qui seront occasionnés par l'homologation de la présente liquidation par le tribunal, ci dans la première colonne . . . . | 100 »

160 Total du passif à la charge des capitaux . . . . | 27640 »

161 Total du passif à la charge des revenus . . . . | | 1466 15

162 Réunion ou masse totale . . . . | 29106 15

163 BALANCE.

164 La masse active de communauté s'élève, savoir :
165 En capitaux [136], à la somme de . . . . | 59893 88
166 Et en revenus [49], à celle de . . . . | | 1064 60
167 La masse passive de communauté présente, savoir :
168 A la charge des capitaux la somme de . . . . | 27640 »
169 Et à la charge des revenus, celle de . . . . | | 1466 15

170 Partant l'actif excède le passif en capitaux, de . . . . | 32253 88
171 Et le passif à la charge des revenus excède l'actif consistant en revenus, de . | | 4 1 55
172 En déduisant encore cet excédant de passif, de l'actif en capitaux, à cause du manquant de revenus, ci . . . . | 401 55
173 Il en résulte que l'actif n'est plus que de . . . . | 31852 55
174 Dont la moitié pour Mad. veuve Moret et l'autre moitié pour la succession de son mari et de . . . . | -- 1/2 -- 15926 17

175 DROITS DISTINCTS DES COPARTAGEANTS.

176 La distinction en capitaux et revenus étant inutile ici, on a, dans les opérations qui vont suivre, réuni ces deux espèces de valeurs dans une même colonne.

177 1° *Mad. veuve* Moret.

178 Il revient à ladite dame :
179 1° Pour sa moitié dans l'actif net de la communauté . . . . . | 15926 17
180 2° Pour son apport en mariage porté à l'art. 1er du passif . . . . . | 18662 50
181 3° Pour ses droits mobiliers dans la succession de sa mère portés à l'art. 2 du passif. | 5443 23
182 4° Et pour les art. 5, 6, 7, 8, 9, 10 et 11 du passif s'élevant ensemble à dix-huit cent quatre-vingt-dix francs, ci . . . . | 1890 »

183 Total . . . . . . | 41921 90

184 2° *La succession de M.* Moret.

185 Il revient à cette succession :
186 1° Pour sa moitié dans l'actif net de la communauté . . . . | 15926 17
187 2° Pour l'apport en mariage de M. Moret porté à l'art. 3 du passif . . . . | 5110 40

188 Total . . . . . . | 19036 57

189 ABANDONNEMENTS.

190 1° *Mad. veuve* Moret.

	VALEURS	
	réelles.	fictives (C).

191 Pour la remplir de ses droits elle aura et il lui est abandonné par le notaire :
192 Les deniers comptants portés à l'art. 1er de l'actif, ci . . . . | 1055 » |
(B) Trois mille cinq cent cinquante-trois francs trente centimes et cinq millièmes

---

(A) Bien qu'il y ait deux opérations (la liquidation de communauté et la liquidation de succession) on doit cependant mettre au compte de la communauté les frais des deux par application de l'art. 1482 du C civ. — Il n'y a en cela rien que de très rationnel, car la succession qui prend moitié dans la communauté se trouve en définitive supporter sa part de frais, tellement que si elle en supportait encore une dans la seconde opération il y aurait double emploi.

(B) Quand il s'agit d'égaliser les abandonnements, c'est plutôt sur des deniers comptants qu'il faut prendre que sur des créances pour ne point morceler le titre. Et quand on fait tant que d'égaliser en créances, il faut éviter de le faire sur plusieurs s'attaquer à une des plus fortes.

(C) On appelle valeur *fictive* celle qui n'a lieu que pour l'ordre des comptes et que rien ne représente. Ici les 6550 fr. ne sont point une valeur fictive parcequ'ils existent réellement aux mains de la veuve; mais les 24,23 en forment une comme tous les rapports entre cohéritiers.

		Report.	1035 »	
(A) à prendre dans les deniers de la vente mobilière portés à l'art. 2 de l'actif, ci . . .			3533 30	
193 Le prix des objets mobiliers par elle achetés à crédit à la vente mobilière et portés à l'art. 3 de l'actif, ci			6550 (B)	
194 La somme due par M. Cornu pour prix d'acquisition de maison et portée sous l'art. 5 de l'actif, ci			23100 »	
195 La somme portée à l'art. 6 de l'actif pour intérêts de ladite somme, ci . , . . .			481 25	
196 La somme portée à l'art. 11 pour loyer de la maison à elle propre			11 10	
197 La somme portée à l'art. 12 et provenant de la vente de la rente sur l'état, ci . .			2400 »	
198 Le capital de la rente sur les époux Belin, porté sous l'art. 13, ci			4000 »	
199 Les arrérages de cette rente compris sous l'art. 14, ci			200 »	
200 La créance sur Bonnet comprise sous l'art. 15, ci			300 »	21 25 (B)
201 La somme comprise sous l'art. 16 pour rapport de contributions, ci.				
202 Et les sommes dues par Pourin et Fresse comprises sous l'art. 18, ci			250 »	
203		Totaux	41900 65	21 25
204 Réunion des totaux formant somme égale à ses droits			41921 90	

203   2° *La succession de M. Moret.*

		VALEURS	
		réelles	fictives.
206 Pour la remplir de ses droits, elle aura et lui est abandonné par le notaire :			
207 Les cinq mille deux cent quarante-six francs soixante-neuf centimes et cinq millièmes qui restent à prendre dans les deniers de la vente mobilière compris à l'art. 2 de l'actif, ci		5246 69	
208 Le prix des objets mobiliers achetés par Mad. Bigeard à crédit lors de ladite vente et portés à l'art. 4 de l'actif, ci		3000 »	
209 La récompense faite à la communauté par ladite succession et portée à l'art. 7 de l'actif, ci			8800 »
210 Les intérêts de cette récompense portés sous l'art. 8, ci			525 90
211 La récompense faite à la communauté par la même succession et portée sous l'art. 9, ci			1600 »
212 Les intérêts de cette récompense portés sous l'art. 10, ci			58 90
213 Et la somme portée pour contributions sous l'art. 17, ci			7 08
214	Totaux	8246 69	10789 88
215 Réunion des totaux donnant une somme égale à ses droits		19036 57	

216   PREUVE (C) DE LA RÉGULARITÉ DE L'OPÉRATION.

217 En réunissant :		
218 Les 41921, 90 abandonnés à Mad. veuve Moret, ci	41921 90
219 Et les 19036, 57 abandonnés à la succession de M. Moret, ci	19036 57
220 On trouve un total semblable à la masse active brute de communauté, ce qui prouve l'exactitude de l'opération, ci . . . . , ...	60958 48

DEUXIÈME PARTIE.

221

222   LIQUIDATION DE LA SUCCESSION DE M. MORET.

223   MASSE ACTIVE DE LADITE SUCCESSION.

224   Cette masse sera établie sur deux colonnes, la première pour les capitaux [136] et la seconde pour les revenus [50] postérieurs au décès de M. Moret calculés jusqu'au premier juillet prochain inclusivement (50 n. 19), époque présumée de l'homologation des présentes.

225   Les valeurs réelles abandonnées à cette succession par la liquidation de communauté qui précède, seront comprises en ladite masse, mais on n'y comprendra pas les valeurs fictives qui ne présentent aucun actif.

	CAPITAUX.	REVENUS.
226 Art. 1er. *Deniers de la vente mobilière.* On porte au présent article la somme de cinq mille deux cent quarante-six francs soixante-neuf centimes et cinq millièmes (A), à prendre dans les deniers provenant de la vente du mobilier et compris sous l'art. 2 de la masse active de communauté, ci dans la première colonne	5246 69	
227 Art. 2. *Crédit de la vente mobilière.* On porte ici les trois mille francs qui sont dus	5246 69	

(A) En mentionnant les fractions de centimes, il faut bien se garder de dire : un centime *et demi*, ou un centime *un tiers*, un centime *et un quart*, parce qu'il y aurait contravention à la numération décimale. — V. note 91, n° 22.

(B) V. la note C. de la page qui précède.

(C) On ne doit jamais liquider sans faire sa preuve. C'est le seul moyen d'être assuré de l'exactitude de ses calculs. Il faut, pour obtenir ce résultat, que ce qui est attribué aux ayants-droit forme avec le passif compris ou non dans leurs abandonnements une somme égale à l'actif brut, sinon l'opération est fausse.

	Report.	5246	69

par Mme BIGEARD pour objets mobiliers par elle achetés lors de la vente du mobilier et qui sont compris sous l'art. 4 de l'actif de communauté, ci dans la première colonne . .   **3000 »**

228 Art. 3. *Prix de la vente du magasin.* On porte ici la somme de neuf mille neuf cents francs qui est due par M. Léon CORNU, banquier à..., pour le prix du terrain et du magasin étant dessus, formant dépendance de la maison dont il s'est rendu acquéreur suivant le procès-verbal d'adjudication mentionné en la quatrième observation des présentes, ci dans la première colonne . . . .   **9900 »**

229 Art. 4. *Intérêts* [49] *dudit prix.* On porte ici la somme de cent quatre-vingt sept francs cinquante centimes pour les intérêts de ladite somme de neuf mille neuf cents francs calculés depuis le premier février mil huit cent quarante-quatre, jour de la vente, jusqu'au premier juillet prochain, ci dans la seconde colonne **187 50**

230 Art. 5. *Rapport de dot* (A). On comprend sous le présent article la somme de dix mille francs dont Mad. BIGEARD fait rapport [146] à la succession pour la moitié à laquelle son père a contribué dans la dot de vingt mille francs qui lui a été constituée suivant son contrat de mariage passé devant Mᵉ..., notaire à..., le..., dûment enregistré, ci dans la première colonne . . . .   **10000 »**

231 Art. 6. *Intérêts* [49] *de ce rapport.* On porte ici la somme de trois cent soixante-huit francs cinq centimes pour les intérêts des dix mille francs rapportés par Mad. BIGEARD, depuis le cinq octobre dernier jusqu'au premier juillet prochain, ci dans la seconde colonne **368 05**

232	Totaux	28146	69	555	55

233 Réunion ou masse totale **28702 24**

234   MASSE PASSIVE.

235 Cette masse sera établie sur deux colonnes : la première pour le passif à la charge des capitaux [16] et la seconde pour le passif à la charge des revenus [50].

	A LA CHARGE	
	des capitaux.	des revenus.

236 Art. 1ᵉʳ. *Frais funéraires* [29]. On porte au présent article la somme de cent soixante-quatorze francs qui est due pour les frais funéraires du défunt suivant les déclarations faites en l'inventaire et qui sont analysées à la fin de la masse active de la communauté ; savoir : 1° vingt-quatre francs à la femme MÉHOME, garde-malade ; 2° quinze francs au sieur LANGEVIN, 3° et cent trente-cinq francs à la fabrique de l'église de... ; ci dans la première colonne . . . .   **174 »**

237 Art. 2. *Deuil* [62]. On porte ici la somme de deux cent cinquante francs pour le deuil de Mad. veuve MORET et de sa domestique, laquelle somme elle a justifié avoir payé de ses deniers à divers fournisseurs, ci dans la première colonne . . . . . .   **250 »**

238 Art. 3. *Réparation d'entretien* (69). Il entrera sous le présent article la somme de vingt-sept francs cinquante centimes qui est due au sieur BIN, couvreur à..., pour réparation par lui faite à une partie de la couverture du magasin le trois janvier dernier, ci dans la seconde colonne **27 50**

239	(B) Total de la masse passive	424	»	27	50

                                    BALANCE.

240	La masse active est en capitaux de	28146	69		
241	Et en revenus de			555	55
242	Et celle passive est à la charge des capitaux de	424	»		
243	Et à la charge des revenus de			27	50
244	Par conséquent, l'actif excède le passif de	27722	69	528	05
245	Dont la moitié en usufruit est de	13861	34	264	02
246	Et le quart en toute propriété est de	6930	67	132	01

247 Sauf à ajouter à la portion du mineur deux cent douze francs dont la dame sa mère doit lui tenir compte pour la moitié des frais funéraires et des frais de deuil considérés aussi comme frais funéraires, attendu qu'ils sont pour cette portion à la charge de ladite dame comme ayant la jouissance légale des biens dudit mineur (C), ci . . . . .   **212 »**

(A) A l'égard de la veuve donataire ce n'est point un rapport qu'elle puisse exiger, c'est une réunion fictive servant seulement à déterminer la quotité de l'hérédité et à faire fixer la portion disponible. En quoi l'art. 857 du C. civ. n'est point violé, car la règle établie par cet article ne s'applique qu'aux rapports *réels*, différents de la réunion *fictive* prescrite par l'art. 922 (Cass. 8 janv. 1834.) — Le donataire ne doit donc prendre aucune part dans le rapport, et, ainsi qu'on va le voir, on lui attribue 212 fr. ce n'est point en cette qualité, mais pour l'acquit d'une dette.

(B) On ne porte point à la seconde colonne du passif les contributions du magasin depuis le premier janv. 1845 jusqu'au jour de la vente par le motif qu'elles ont été mises à la charge de l'acquéreur. — V. sup. p. 451 alin. 45.

On ne porte point non plus en la première colonne du passif les droits de mutation occasionnés par le décès de M. MORET, par le motif que ces droits sont à la charge personnelle de l'héritier et ne sont point une dette de la succession.

C) V. sup. la note C au bas de la p. 457.

148   *Droits des copartageants.*

149   1° Mad. BIGEARD.

250 Ses droits s'élèvent, savoir :

251 En capitaux et en toute propriété [22], à 6930 67

252 En capitaux et en nue-propriété [22], à 6930 67

253 Et en revenus, en toute propriété, à 132 01

                  Totaux. . . .   7062 68   6930 67

                  Réunion 13993 35

             2° *Le mineur* MORET.

254 Il lui revient, pour ses droits, savoir :

255 En capitaux et en toute propriété [22]. 6930 67

256 En capitaux et en nue-propriété [22]. 6930 67

257 Et en revenus, en toute propriété. 132 01

258 Plus la dame sa mère lui tient compte de deux cent douze francs pour la moitié des frais funéraires et de deuil occasionnés par le décès de son père, lesquels frais sont pour cette portion à la charge de ladite dame, ainsi qu'il est dit ci-devant, ci en toute propriété.   212 »

                  Totaux. . . .   7274 68   6930 67

                  Réunion 14205 35

259   3° *Mad.* veuve MORET.

	VALEURS	
	usufruit.	en toute propriété.

260 Elle a droit en sa qualité de donataire [214] de l'usufruit [69] de la moitié de tous les biens dépendant de la succession de son mari, 1° aux deux sommes de chacune mille neuf cent trente francs soixante-sept centimes dont les héritiers de son dit mari ont la nue-propriété, ainsi qu'on le voit ci-devant, et qui forment un total de. 13861 34

261 2° Pour sa moitié dans les fruits, à. 264 02

262 3° Pour les sommes portées aux art. 1 et 2 du passif qu'elle se charge d'acquitter, à quatre vingt-quatre francs, desquels déduisant deux cent douze francs qu'elle doit personnellement comme ayant l'usufruit légal des biens de son enfant mineur, il reste à émarger. . . . .   212 »

263 4° Et pour la somme due au sieur BIN, suivant l'art. 3 du passif et que ladite dame sera aussi chargée d'acquitter, à. 27 50

264   Totaux. . . .   13861 34   303 52

265   Réunion . . .   14364 86

266   ABANDONNEMENTS.

267   1° *Mad.* BIGEARD.

	en toute propriété.	en nue-propriété.

268 Pour la remplir de ses droits elle aura et il lui est abandonné par le notaire soussigné:

269   *En toute propriété* [22]

270 La somme de trois mille francs qu'elle doit pour prix d'objets mobiliers suivant l'art. 2 de la masse active, ci. . . . . 3000 »

271 Celle de trois mille neuf cent trente francs soixante-sept centimes à prendre dans les dix mille francs qu'elle doit pour le rapport de dot compris à l'art. 5 de l'actif, ci. . . 3930 67

272 La somme de 132, 01 à prendre dans les intérêts de son rapport de dot compris sous l'art. 6 de l'actif, ci. . . . , ... 132 01

273 *Et en nue-propriété* [22], *pour ne réunir l'usufruit à la propriété qu'après le décès de mad. veuve* MORET.

274 La somme de 1980, 67 à prendre dans les deniers de la vente, mobilière compris à l'art. 1 de l'actif, ci. 1980 67

275 Et quatre mille neuf cent cinquante francs à prendre dans les neuf mille neuf cents francs dus par M. CORNU et portés à l'art. 4 de l'actif, ci. . . . . . .   4950 »

276   Totaux. 7062 68   6930 67

277   Réunion ou somme égale à ses droits. 13993 36

278   2° *Le mineur* MORET.

279 Pour le remplir de ses droits, il aura et il lui est abandonné par le notaire soussigné:

280   *En toute propriété* (22)

281 1285 fr. 35 c. à prendre dans les deniers de la vente mobilière compris sous l'art. 1 de l'actif, ci. 1285 35

282 5857 fr. 32 c. à prendre dans les dix mille francs dus par mad. Bigeard pour rapport de dot et compris sous l'art. 5 de l'actif, ci. 5857 32

283 La somme de 132 fr. 01 c. à prendre dans les intérêts du rapport de dot compris sous l'art. 6 de l'actif, ci. 132 01

284 *Et en nue propriété* (22), *pour ne réunir l'usufruit à la propriété qu'après le décès de mad. veuve* Moret.

285 La somme de 1980 fr. 67 c. à prendre dans les deniers de la vente mobilière compris à l'art. 1 de l'actif, ci 1980 67

286 Et 4950 fr. à prendre dans les 9900 dus par M. Cornu et portés à l'art. 4 de l'actif, ci. . . . . 4950 »

         Totaux. 7274 68 6950 67

   Réunion ou somme égale à ses droits.   14205 35

287   3° *Mad. veuve* Moret.

288 Pour remplir ladite dame de ses droits comme usufruitière, il lui est abandonné par le notaire soussigné :

289 3961 fr. 34 c. et 25 millièmes à prendre dans les deniers de la vente mobilière compris à l'art. 1 de la masse active, ci 3961.34

290 Les 9900 fr. de principal qui sont dus par M. Cornu et portés sous l'art. 3 de la masse active, ci. . . . . 9900 »

291 Pour jouir de ces deux sommes en usufruit seulement pendant sa vie sans être obligée de fournir caution (69 n. 158.)

292 La somme due pour intérêts par le même et portée à l'art. 4 de l'actif, ci. . . . 187.50

293 La somme de 212 fr. restant à prendre dans les 10,000 fr. rapportés sous l'art. 5 de l'actif, ci. . . . . 212 »

294 Et 104 fr. 02 c. à prendre dans la somme due pour intérêts et portés sous l'art. 6 de l'actif, ci. 104,02

295 Des quelles deux dernières sommes elle n'aura point à rendre compte, attendu qu'elles proviennent de revenus postérieurs au décès et qui lui sont acquis en toute propriété en sa qualité d'usufruitière.

     Somme égale à ses droits. 14364.87

296   Preuve de la régularité de l'opération.

297 En réunissant :

298 Les sommes abandonnées en toute propriété à mad. Bigeard, ci 7062.68

299 Les sommes abandonnées en nue propriété à la même, ci. 6950.67

300 Les sommes abandonnées en toute propriété au mineur Moret, ci. 7274.68

301 Les sommes abandonnées en nue-propriété au même, ci. 6950.67

302 Les sommes comprises sous les trois derniers articles de l'abonnement fait à mad. veuve Moret, lesquels forment ensemble. 303.52

303 On trouve une somme égale à l'actif brut de la succession à deux centimes près perdus par les fractions, ci 28702.24

304 Il a été vaqué à ce qui précède pendant.... vacations à raison de deux vacations par jour depuis le.... jusqu'à ce jourd'hui — V. J. Man. Art. 77.

305 (A.) Clos et arrêté par ledit Me Coll, notaire à Armes, soussigné, et en son étude, ce jourd'hui vingt-sept février mil huit cent quarante-cinq.   (Signature.)

306 V. *Répertoire*, note 17.—*Minute*, note 59, n 2.—*Enregistrement* (sur le registre des actes civils publics), notes 99, 18 et 19.

307 V. aussi *inf. Partage judiciaire*, et la formule ci-après de *liquidation de succession*.

(A) La communication de la liquidation doit être donnée aux parties dans l'état de compte même, quand il y a eu procès-verbal d'ouverture — (V. sup. p. 449 note C et alors on substitue ce qui suit à l'alin. 305).

      Procès-verbal de clôture.

306 Après les opérations ci-dessus sont comparus devant ledit Me Coll. notaire.

307 1° Mad. veuve Moret; 2° Mad. Bigeard de son mari, à ce présent, dûment autorisée ; 3° Et M. Cyprien Moret; tous ci-devant dénommés et qualifiés avec indication de domicile, agissant dans les mêmes qualités que celles ci-dessus énoncées ; et étant assistés de Me...., avoués près le tribunal civil de. .., leurs conseils.

308 Lesquels, après avoir pris lecture et communication de l'état de compte et liquidation qui précède dressé par le notaire soussigné, ont déclaré consentir à la clôture des opérations dont il s'agit ; en conséquence, le présent procès-verbal des opérations de compte , liquidation et partage de la communauté de M. et Mme Moret et de la succession de ce dernier a été clos et arrêté en l'étude, l'an mil huit cent...., le.... sans l'assistance d'un second notaire ou de témoins (2 n. 11), et les parties ont signé avec le notaire, après lecture.—(*Signatures avec paraphes des renvois*).

1° bis. PROCÈS-VERBAL DE COMMUNICATION;

PAR ACTE A LA SUITE [45] MAIS SÉPARÉ DE L'ÉTAT DE COMPTE ET LIQUIDATION.

3 Et le...., mil huit cent....., heure de...

4 PAR-DEVANT M⁰ COLL [1], notaire [2] à Armes [1], susdit et soussigné [15], commis par justice.

5 Est comparu Mad. Laure [3] BONNIN (id.), veuve de M. Clément MORET, en son vivant négociant à..., où elle demeure [3], rue..., n...

6 Agissant dans les mêmes qualités que celles énoncées en l'état de compte et liquidation dont il va être parlé.

7 Laquelle a dit que par exploit [20] de..., huissier à..., en date de..., enregistré [42], (ou : par acte d'avoué à avoué, en date du..., signifié [20] par..., huissier à...), et dont l'original est demeuré ci-annexé [35], après avoir été fait dessus mention [84] de cette annexe par le notaire soussigné, elle a fait sommation, 1° à la dame Marie MORET, épouse commune en biens de M. Louis BIGEARD, marchand épicier avec lequel elle demeure à..., 2° à son mari, pour l'autoriser ; 3° et à M. Cyprien MORET, marchand d'étoffes, demeurant à..., comme subrogé tuteur [163] du mineur (65] Laurent MORET, de se trouver en l'étude du notaire soussigné à ce jour et heure à l'effet de prendre communication [21] de l'état de compte et liquidation relatifs à la communauté de M. et Mad. MORET et à la succession dudit sieur MORET, dressé par M⁰ COLL, notaire à.., soussigné, le..., et de déclarer s'ils ont à s'y opposer.

8 Requérant, en conséquence, le notaire soussigné de donner défaut contre ceux des sus-nommés qui ne comparaîtraient pas, de donner lecture de son procès-verbal aux parties qui comparaîtraient, enfin de recevoir leurs signatures, et cela même en l'absence des autres parties.

9 Et la dite dame veuve MORET a signé [15] après lecture [16]. (Signature).

10 Sont aussi comparus M. et Mad. BIGEARD, ci-devant dénommés et qualifiés avec indication de domicile [3].

11 Lesquels ont dit qu'ils se présentaient pour obéir à la sommation qui leur a été faite ;

12 Et ils ont signé [15] après lecture [16]. (Signatures.)

13 Et attendu qu'il est l'heure de... sonnée, et que M. Cyprien MORET n'a pas comparu, ni personne pour lui, le notaire soussigné a donné défaut [119] contre lui à la réquisition de la dame veuve MORET.

14 Communication et lecture ayant été ensuite données par le notaire aux comparants de l'état de compte et liquidation dont minute précède , lesdits comparants ont déclaré qu'ils l'approuvaient en toutes ses parties et n'avaient rien à y opposer (A).

(A) Quand il y a des difficultés au sujet des opérations, la loi ne permettant ni de déplacer les minutes [59] ni de tirer expédition dans ce cas d'un acte sujet à réformation, on consigne tous les points de difficultés et les dires des parties en un procès-verbal séparé qui est ensuite déposé au greffe (C. proc. civ. 977):

1 PROCÈS-VERBAL DES DIFFICULTÉS ET DIRES DES PARTIES,

2 Par acte séparé (C. proc. 977) de l'état de compte et liquidation.

3 L'an mil huit cent...., le..., heure de...

4 Par-devant M⁰ COLL, notaire à. ., soussigné, commis par justice pour les opérations de compte , liquidation et partage de la communauté de M. et Mad. MORET, et de la succession de ce dernier.

5 Sont comparus 1° (noms, prénoms, professions et demeures); 2° etc. 3° etc.

6 Lesquels ont dit qu'ils ne peuvent tomber d'accord sur plusieurs points relatifs à la liquidation des communauté et succession dont il s'agit et renvoyée devant le notaire soussigné. En conséquence, ils ont exposé les difficultés qui les divisent, ainsi qu'il suit :

7 Art. 1. (Désigner ici les points de difficultés en mettant un titre au commencement de chaque article et suivant autant que possible, l'ordre des opérations. — Faisant observer qu'il est plus convenable, pour bien connaître les difficultés, de préparer tout son travail sur papier libre; autrement on s'expose à recourir plusieurs fois à justice et à faire rendre plusieurs jugements quand un seul suffirait).

8 Desquels dires et répliques le notaire soussigné a donné acte aux parties, et les a renvoyées devant M. .., juge commissaire, pour qu'il statue ce qui conviendra, à l'effet de quoi le présent procès-verbal sera remis au greffe du tribunal civil.

9 Il a été vaqué [5] à ce qui précède depuis lad. heure de...., jusqu'à celle de .., par...; vacation.

10 De tout ce que dessus il a été dressé le présent procès-verbal à Armes en l'étude [12], les jour , heure, mois et an susdits, et les parties ont signé avec le notaire après lecture.

11 V. Répertoire note 17. — Brevet 59. — Enregistrement note 99.

Lorsque la liquidation a été réformée sur l'instance introduite par suite du procès-verbal de dires et difficultés, ou bien sur l'instance en homologation de la liquidation , le notaire procède dans la forme suivante :

12 I. RÉFORMATION DE LIQUIDATION,

13 Par état à la suite [45] de l'état de compte et liquidation.

14 ÉTAT de compte de réformation des opérations de compte, liquidation et partage de la communauté de biens qui a existé entre M. Clément MORET et Mad. Laure BONNIN, son épouse aujourd'hui sa veuve, et de la succession dud. Sr Clément MORET.

15 Dressé par M⁰ COLL, notaire à Armes, soussigné, en exécution d'un jugement rendu (ou : d'un arrêt) contradictoirement par le tribunal civil de...., (ou : par la cour royale de..,) le..., enregistré.

16 L'opération a lieu entre 1° (établir ici les noms, prénoms, professions, demeures et qualités des parties d'après la liquidation ou le jugement).

17 Observations préliminaires.

18 Sur l'instance introduite par suite du procès-verbal dressé par le notaire soussigné le..., enregistré, contenant les dires et difficultés des parties sur divers points de contestation relatifs à la liquidation des communauté et succession dont il s'agit (ou bien : sur la demande en homologation des compte, liquidation et partage des communauté et succession dont il s'agit), un jugement contradictoire du tribunal civil de..., en date du..., enregistré (quand il y a eu appel, on ajoute : confirmé par arrêt de la cour royale de...,) rendu sur le rapport de M..., juge commissaire, et sur les conclusions du ministère public, a statué ainsi qu'il suit sur les contestations existantes entre les parties

19 1°..., (Rapporter ici les diverses dispositions du jugement relatives aux contestations).

20 Par ce jugement (ou : par cet arrêt) le tribunal (ou : la cour) a ordonné qu'il serait par M⁰ COLL, notaire soussigné, commis à cet

15   Toutefois l'état de comptes et liquidation dont il s'agit ne recevra son exécution qu'après avoir été homologué [137] par le tribunal sur la demande de la partie la plus diligente.

16   Il a été vaqué [5] à ce qui précède depuis ladite heure de... jusqu'à celle de... par... vacation.

17   De tout ce que dessus il a été dressé le présent procès-verbal les jour et heure, lieu, mois et an susdits [12 et 15] et les comparants ont signé [15] avec le notaire, après lecture [16].

18   V. *Répertoire*, note 17. — *Forme des actes*, note 38. — *Enregistrement*, notes 99, 18 et 19.

1   1° *ter*. DÉPOT [64] DU JUGEMENT D'HOMOLOGATION DE LA LIQUIDATION
2   PAR ACTE A LA SUITE [45] MAIS SÉPARÉ DE L'ÉTAT DE COMPTE ET LIQUIDATION.

3   Et le.... mil huit cent....

4   Par devant M⁰ Coll [1], notaire [2] à Armes [1], susdit et soussigné [15].

5   Est comparu mad. Laure [3] BONNIN (id), veuve de M. Clément MORET, en son vivant négociant à..., où elle demeure, rue..., n°....

6   Agissant comme ayant poursuivi l'homologation de la liquidation dont il va être parlé.

7   Laquelle a dit que sur sa demande en homologation [137] de l'état de compte, liquidation et partage de la communauté de M. et mad. MORET et de la succession dudit sieur MORET, un avenir a été donné à l'avoué de M. et mad BIGEARD et de M. Cyprien MORET, comme subrogé-tuteur, pour la plus prochaine audience du tribunal aux fins d'homologation dudit état de compte et liquidation.

8   Que sur l'instance engagée il est intervenu jugement [75] contradictoire dudit tribunal en date du... qui homologue purement et simplement le susdit état de compte et liquidation pour être exécuté selon sa forme et teneur (A).

9   Et que pour justifier de ladite homologation par extrait à la suite de toute expédition ou extrait à délivrer de l'état de compte et liquidation, elle se présentait pour faire le dépôt, à la suite dudit état, de la grosse [64] dudit jugement d'homologation.

10   Et aussitôt ladite dame a représenté et déposé entre les mains du notaire soussigné ladite grosse de jugement d'homologation, laquelle est en conséquence demeurée ci-annexée [55] après avoir été fait dessus mention de cette annexe par le notaire soussigné en présence des témoins ci-après nommés.

11   Pour faire mention [84] des présentes sur toutes pièces que besoin sera, tout pouvoir est donné au notaire soussigné.

12   Dont acte, fait et passé à Armes [12] en l'étude (*id.*), les jour, mois et an susdits, en présence de MM. (*noms, prénoms, professions et demeures*), témoins instrumentaires [14], et mad. veuve MORET a signé [15] avec les témoins et le notaire, après lecture [16].

---

effet, procédé à la réformation des opérations sur ces points, pour être ensuite fait rapport par M..., juge commissaire et par le tribunal statué ce qu'il appartiendrait : dépens [120] compensés (*id.*) pour être employés en frais de partage.

21   Ce jugement (ou : cet arrêt) a été signifié [20] tant à avoués qu'à domicile, par exploits de...,—*Il n'est pas nécessaire d'annexer au procès-verbal ni le jugement ni les significations, l'homologation qui doit avoir lieu ensuite régularisant toute l'opération du notaire*

22   Après ces observations, il a été procédé, ainsi qu'il suit, à la réformation dudit état de compte et liquidation :

23   1ʳᵉ PARTIE. — LIQUIDATION DE LA COMMUNAUTÉ.

24   *Ici le notaire recommence l'opération en entier ou la reprend à l'endroit qu'il convient de rectifier.*

25   2ᵉ PARTIE. — LIQUIDATION DE LA SUCCESSION.

26   *Même observation que ci-dessus alin.* 24 en adoptant les changements résultant de la liquidation de communauté.

27   Il n'est pas autrement innové au surplus des opérations du premier état de compte et liquidation.

28   Il a été vaqué à ce qui précède pendant..., vacations, à raison de deux vacations par jour.

29   Clos et arrêté par ledit M⁰ COLL, notaire à Armes, soussigné et en son étude, cejourd'hui..., mil huit cent.. ..

30   NOTA. — Comme complément de cette formule il faut un procès-verbal de clôture. — V. sup p.463 alin. 1.

31   II. RÉFORMATION DE LIQUIDATION
               par procès-verbal à la suite [45; *de l'état de compte et liquidation.*

32   Et le..., mil huit cent.... heure de...

33   Par devant M. COLL, notaire à Armes, soussigné, procédant en exécution du jugement (ou : de l'arrêt), ci-après daté et énoncé.

34   Sont comparus 1° Mme veuve MORET; 2° M. et Mme BIGEARD; 5° et M. Cyprien MORET, (*pour les noms, prénoms, professions, demeures et qualités* — V. sup. p. 449, alin. 4).

35   Lesquels ont exposé ce qui suit —(V. sup. p. 463, alin. 18, et après l'alin. 21, ajouter ce qui suit :

36   Requérant le notaire soussigné de leur donner acte de leur dire et comparution, et de procéder immédiatement à la réformation des opérations de l'état de compte et liquidation, ainsi qu'il a été ordonné par le tribunal.

37   Lecture faite, les comparants ont signé.   (*Signatures.*)

38   Obtempérant à ce réquisitoire, ledit M⁰ COLL a donné acte aux comparants de leurs comparutions, dires et réquisitions, puis il a procédé au compte de réformation ainsi qu'il suit : — V. sup. alin. 23.

39   NOTA. Comme complément de cette formule il faut un procès-verbal de clôture.—V. sup. p. 462, note A.

(A) Lorsque le tribunal réforme une liquidation, particulièrement quand il s'agit des frais des officiers publics qui ne sont fixés que par approximation, il arrive assez ordinairement que par le jugement même les calculs sont rectifiés, ce qui fait qu'il n'est plus nécessaire de renvoyer devant notaire pour faire une réformation. — Au cas de modification on ajoute à la formule ce qui suit :

Mais avec plusieurs modifications qui augmentent : 1° *les droits de la veuve MORET de ... francs, dont ... francs en toute propriété, et ... francs en usufruit, ladite somme à prendre sur...;* 2° *ceux de mad.* BIGEARD *de ... francs, dont moitié en toute propriété et moitié en nu-propriété, à prendre sur...;* 5° *et ceux du mineur* MORET, *de somme semblable à la dame* BIGEARD *à prendre sur...* — Enfin on analyse la disposition du jugement relative aux modifications.

13 V. *Répertoire*, note 17. — *Forme des actes*, note 38. — *Enregistrement*, notes 56, 18 et 19.
14 V. aussi sup. la formule de *jugement d'homologation*, p. 457.

---

1 2º LIQUIDATION [145] AMIABLE DE SUCCESSION [88] ENTRE MAJEURS [79].

2 PARDEVANT Mᵉ Elie [1] BONNET (*id.*), notaire [2] à Vezout [1], département de .., soussigné [15].
3 Sont comparus :
4 1º Mad. Rose [3] BAROMÉ (*id.*), épouse de M. Clément BARE, négociant demeurant (*id.*) à.., et avec lequel elle est en communauté [166] générale de biens (A); ladite dame de son mari, à ce présent, dûment autorisée [68].
5 2º M. Edmond [5] BAROMÉ (*id.*), garçon majeur, clerc d'avoué (*id.*), demeurant (*id.*) à...
6 M. BAROMÉ et mad. BARE, héritiers [78] chacun pour moitié de M. Charles BAROMÉ, leur oncle, en son vivant docteur en médecine, ainsi que le constate l'intitulé de l'inventaire [145] fait après son décès par Mᵉ BONNET, notaire soussigné, le... et jours suivants, dûment enregistré [42].
7 Lesquels, désirant procéder aux compte, liquidation [145] et partage (*id.*) des biens [86] dépendant de la succession [88] de M. BAROMÉ, sus-nommé, leur oncle, ont préalablement fait les observations suivantes :

8 1ʳᵉ OBSERVATION. — *Décès* [65]. — *Apposition de scellés* [196]. — *Testament* [152].

9 M. BAROMÉ est décédé [65] à..., le. ., mil huit cent...
10 Le même jour, les scellés ont été apposés sur les meubles et effets de sa succession par M. le juge de paix du canton de.., et, sur la réquisition des héritiers présomptifs, perquisition a été faite préalablement du testament que pouvait avoir fait le défunt, et il a été, en effet, trouvé un testament olographe non cacheté portant la date du..., lequel, après avoir été observé ce qui est prescrit par l'art. 916 du C. de proc. civ., a été présenté à M. le président du tribunal civil de... qui en a constaté [152] l'état et fait la description ainsi qu'il résulte de son procès-verbal dressé au greffe dudit tribunal le... et en a ordonné le dépôt [64] en l'étude de Mᵉ BONNET, notaire soussigné, lequel dépôt a eu lieu à la date du...
11 Par ce testament, M. BAROMÉ a nommé pour son exécuteur testamentaire [152] M. Julien REGNAUD, pharmacien, demeurant à.., auquel il a donné la saisine [152] de son mobilier [86]; et il a légué [24], savoir :
12 1º À l'hospice de. . une rente [197] perpétuelle sur l'État de la somme [55] de cent francs [91] inscrite au nom du testateur sous le nº... avec les arrérages [49] qui en seraient dûs au jour son décès.
13 2º Aux pauvres de la commune de... une somme de mille francs qui leur serait distribuée en vêtements lors du plus prochain hiver, sur une liste nominative desdits pauvres fournie par le curé et le maire de ladite commune.
14 3º À Marie POUPIER, sa femme de chambre, une somme de quinze cents francs une fois payée indépendamment du linge et mobilier qui garnirait sa chambre.
15 4º À Joseph MAUPETIT, son domestique, une somme de cinq cents francs une fois payée.
16 5º Et à son exécuteur testamentaire [152] un diamant de six cents francs.
17 Par acte passé devant Mᵉ BONNET, notaire soussigné, le.... enregistré, les héritiers susnommés de M. BAROMÉ ont consenti l'exécution de ce testament et fait la délivrance [24] des legs ci-dessus mentionnés.

18 2ᵐᵉ OBSERVATION. — *Levée de scellés* [196]. — *Inventaire* [145]

19 Par procès-verbal de M. le juge de paix de..., en date du... enregistré, il a été procédé, à la requête de l'exécuteur testamentaire et des héritiers, à la levée des scellés sans description.
20 Et suivant procès-verbal dressé par Mᵉ BONNET, notaire soussigné le... et jours suivants, aussi enregistré, il a été procédé, à la requête de l'exécuteur testamentaire et des neveu et nièce sus-nommés du défunt comme étant ses seuls héritiers, à l'inventaire [145] des effets mobiliers [86], argent comptant (*id.*), titres, papiers et renseignements dépendant de la succession dudit défunt.
21 La prisée des choses qui en étaient susceptibles a été faite par M..., expert choisi par les parties.
22 *Dépouillement* (B) *dudit inventaire.*
23 Les meubles et effets mobiliers ont été prisés à la somme de...
24 Les titres et papiers ont été inventoriés sous ... cotes.
25 La cote 1ʳᵉ comprend ... pièces qui sont : (*analyser ici ces pièces très succinctement de manière à ne dire rien que de très utile*) — V. au surplus la formule qui précède p. 450 alin. 15 et suiv.
26 *Déclarations actives et passives.* — V. aussi sup. p. 455 alin. 120 et suiv.

27 3ᵐᵉ OBSERVATION. — *Vente et partage du mobilier.*

28 M. REGNAUD, exécuteur testamentaire, ainsi que les héritiers du défunt, ont fait vendre [109] publiquement aux enchères par le ministère dudit Mᵉ BONNET, une partie du mobilier de la succession, ainsi qu'il est constaté par pro-

---

(A) Il n'y a pas nécessité de distinguer les capitaux des revenus, puisqu'on suppose l'un des enfants non marié et l'autre marié sous un régime qui rend inutile cette distinction. — V. sup. p. 451 note C.
(B) Quand l'inventaire est peu compliqué, il arrive assez souvent de faire le dépouillement en une observation au lieu de le faire dans les masses active et passive ; par ce mode on évite les répétitions et l'opération n'en est pas moins claire.

cès-verbal du..., enregistré. Cette vente a produit 3595 fr. 50 c. (35, n. 1), ci. 3595 50

²⁹ Les frais [5], déboursés (*id.*) et honoraires (*id.*) relatifs à cette vente se sont élevés à la somme de 350 fr., ci. . . . .   350 »

³⁰   Il est resté net. . . .   3245 50

³¹ De laquelle somme ledit Mᵉ Bonnet s'est libéré entre les mains de l'exécuteur testamentaire suivant décharge [84] en date du..., étant à la suite [45] de la minute du procès-verbal de vente.

³² À l'égard du surplus du mobilier les héritiers de M. Baromé en ont fait le partage [143] entre eux en prenant pour base la prisée faite dans l'inventaire sus-énoncé.

³³ Par ce partage, il a été délaissé et abandonné :

³⁴ À M. Edmond Baromé, tout le linge et les vêtements à l'usage du défunt, pour leur estimation montant à mille francs.

³⁵ Et à mad. Bare, un service de table en linge et argenterie et toute la batterie de cuisine, pour leur estimation s'élevant à douze cents francs.

³⁶   4ᵐᵉ OBSERVATION. — *Compte* (A) *de l'exécuteur testamentaire.*

³⁷ Depuis le décès de M. Baromé, M. Regnaud, exécuteur testamentaire, comme ayant eu la saisine du mobilier de la succession, a reçu et payé différentes sommes. C'est pourquoi il a rendu le compte suivant :

³⁸   Chap. 1. — RECETTES [84].

³⁹ Art. 1..... — V. *pour ce compte la formule donnée sup.* p. 260, *alin.* 32 *à* 36.

⁴⁰   Chap. 2. DÉPENSES [84]

⁴¹ Art. 1..... — V. *pour ce compte la formule donnée sup.* p. 261, *alin.* 39 *à* 46.

⁴²   *Balance du présent compte.*

⁴³ Les recettes s'élèvent à (35 n. 62).   7,00

⁴⁴ Et les dépenses à. . . . .   4,400 »

⁴⁵ Par conséquent, M. Regnaud se trouve reliquataire envers les héritiers de M. Baromé de 2,600 francs, ci.   2,600

⁴⁶ Après ces observations, il a été procédé, ainsi qu'il suit, à la liquidation de la succession dont il s'agit:

⁴⁷   LIQUIDATION.

⁴⁸   *Masse active.*

⁴⁹ Art. 1. *Reliquat de compte.* On porte au présent article la somme de 2,600 (35 n. 1), formant le reliquat du compte de M. Regnaud, exécuteur testamentaire, ainsi qu'on le voit en la quatrième observation des présentes, ci . . . .   2,600 »

⁵⁰   *Rapport* [146] *de la valeur des objets mobiliers* [86] *partagés.*

⁵¹ Art. 2. M. Baromé est débiteur [36] envers la succession de la somme de mille francs pour le prix des objets mobiliers qu'il a reçus en partage ainsi qu'il est dit en la troisième observation des présentes, laquelle somme figurera au présent article, ci. . . . .   1,000 »

⁵² Art. 3. Mad. Bare est aussi débitrice envers la succession de la somme de douze cents francs pour le prix des objets mobiliers qu'elle a reçus en partage ainsi qu'il est dit en la même observation, laquelle somme figurera au présent article, ci. . . . .   1,200 »

⁵³ Art. 4. *Rente sur l'État* [197]. La rente de cinq cents francs sur l'État inscrite au grand-livre de la dette publique perpétuelle sous le n.... série.... et dont l'extrait d'inscription a été inventorié sous la cote.... de l'inventaire, entrera sous le présent article pour douze mille francs, somme à laquelle les co-partageants conviennent de la porter; la valeur des rentes au cours de ce jour étant de cent vingt francs pour cent, y compris (B) le semestre courant des arrérages, ci   12,000 »

⁵⁴ Art. 5. *Rente* [76] *sur particuliers.* Il est dû à la succession par le sieur Pierre Regnard, cultivateur demeurant à..., une rente foncière, annuelle et perpétuelle de cinquante francs, au capital de mille francs, par contrat passé devant Mᵉ..., notaire à... le..., dûment enregistré,

⁵⁵ Le débiteur n'ayant pas payé depuis longtemps les arrérages de cette rente, parce qu'il argue le titre de prescription [172], les parties sont convenues de laisser en commun entre elles le capital et les arrérages de cette rente pour en poursuivre ultérieurement le recouvrement, si

                                                             A reporter. .   16,800 »

(A) Lorsque c'est l'un des héritiers qui a administré la succession depuis le décès jusqu'au partage et qu'il a un compte d'administration à rendre, on peut se référer pour ce cas à la formule donnée *sup.* p. 256.

(B) Les arrérages des rentes sur l'État sont compris dans le cours de coté chaque jour à la Bourse, cela se reconnaît facilement par la diminution de 2 1/2 p. 0/0 qui a toujours lieu à l'échéance de chaque semestre.

Report. . 16,800 »

elles parviennent à prouver par témoins [26] que le débiteur a servi ladite rente depuis moins
de trente ans , ci. . . . .   *En commun*

56 Art. 6. *Créance* [28] *sur particuliers.* On porte ici la somme de deux mille quatre cents francs
qui est due à la succession par Etienne LENAIN , cultivateur, et par Marie BORNOT, sa femme ,
demeurant à.., pour le principal de l'obligation [107] qu'ils ont souscrite au profit dudit défunt
solidairement [106] entre eux par acte passé devant M°.., notaire à... le.., dûment enregistré
[42], pour sûreté de laquelle somme il a été pris une inscription [83] au bureau des hypothèques
de.., le.., vol..., n°... sur.., ci. . . . .   2,400 » ⎫   2,500 »
57 Plus celle de cent francs pour les intérêts [49] de ladite somme qui ont   ⎬
couru depuis le... jusqu'à ce jour, ci. . . . .   100 » ⎭

58 Art. 7. *Rapport* [146] *d'immeuble* [86]. Mad. BARE fait rapport en moins prenant (A) à la
succession d'une maison sise à.., rue..., n°..., dont le défunt lui a fait donation [81] par acte
passé devant M°... notaire à... le.., et que ladite dame a vendue avant le décès au sieur Noël
PAUPERT, aubergiste demeurant à..; la valeur de cette maison, à l'époque de l'ouverture de la
succession est, déduction faite des améliorations, de huit mille francs, d'après l'estimation qui en
a été faite à l'amiable entre les parties, ci . . . .   8,000 » ⎫
59 Plus la somme de deux cents francs pour les fruits [50] et revenus (*id.*) de   ⎬   *Ordre.*
ladite maison depuis le décès jusqu'à ce jour, ci . . . .   200 » ⎭

60   Total. . . .   8,200 » ⎭

61 Laquelle somme n'est point émargée (B) attendu la nature du rapport, pourquoi

62   Total de la masse active. . . . .   19,300 »

63   MASSE PASSIVE ET PRÉLÈVEMENT [200].

64 Art. 1. On porte ici la somme de trois cents francs à laquelle sont évalués les déboursés [5] et honoraires de la
présente liquidation, y compris le coût de deux expéditions [64] présentement requises, ci. . .   300 »

65 NOTA. Il n'est point ici question des autres dettes [26] de la succession, attendu qu'elles
figurent au compte de l'exécuteur testamentaire établi en la quatrième observation des présentes.
pourquoi ordre, ci . . . .   *Ordre.*

66 Art. 2. *Prélèvement.* M. BAROMÉ, prélève sur la masse active huit mille deux cents francs,
somme égale au montant du rapport que mad. BARE a fait en moins prenant sous l'art. 7 de ladite mise, ci. . . . .   8,200 »

67   Total de la masse passive. .   8,500 »

68   BALANCE.

69 La masse active est de (35 n. 62). . . . .   19,300 »
70 Et celle passive de. . . . .   8,500 »

71   Par conséquent, l'actif excède le passif de. .   10,800 »
72 Dont la moitié est de. . . . .   5,400 »

73   DROITS DISTINCTS DES PARTIES.
74   1° *Mad.* BARE.

75 Il lui revient pour sa moitié dans l'actif net. . . . .   5,400 »
76 Et pour l'art. 2 du passif qu'elle demeure chargée d'acquitter, ci . . . .   300 »

77   Total. .   5,700 »

78   2° *M.* BAROMÉ.

79 Il lui revient pour sa moitié dans l'actif net. . . . .   5,400 »
80 Et pour son prélèvement mentionné en l'art. 2 du passif, ci. . . . .   8,200 »

81   Total. .   13,600 »

(A) Si l'objet rapporté ne devait point être attribué en totalité à celui qui en fait le rapport, ce qui ne peut arriver que quand la réserve
légale est entamée, ce serait s'exposer que d'opérer sans appeler le tiers-détenteur, et si sur une mise en demeure il ne comparaissait pas,
on ne devrait point passer outre, il faudrait alors procéder judiciairement. C'est un ayant-droit en l'absence duquel l'état de choses ne peut
être changé. — V. note 55, n. 35 et la note A au bas de la p. 71 du *formulaire.*
(B) Si le rapport avait lieu en nature, il faudrait émarger la somme, surtout s'il n'y avait pas dans la succession d'immeubles de même
nature, afin de former un lot à peu près égal pour le cohéritier (C. civ. 859) ; mais alors on supprimerait le prélèvement compris à l'art.
2 du passif.

82 ° ABANDONNEMENTS.

83 *Mme* BARE.

84 Pour la remplir de ses droits, elle aura et il lui est abandonné en toute propriété [22] :

85 La somme de deux mille francs (33 n. 61) à prendre dans le reliquat de compte compris à l'art. 1 de l'actif
ci. . . . . 2,000 »

86 La somme qu'elle doit pour objets mobiliers [86] et comprise à l'art. 3 de l'actif, ci. . . . . 1,200 »

87 La somme due par les époux LENAIN pour principal et intérêts de l'obligation comprise sous
l'art. 6 de l'actif, ci . . . . 2,500 »

88   Somme égale à ses droits. 5,700 ›

89 Le tout indépendamment des 8,200 francs dont elle a fait rapport fictif sous l'art. 7 de la masse active.

90 M. BAROMÉ.

91 Pour le remplir de ses droits, il aura et il lui est abandonné en toute propriété :

92 La somme de six cents francs restant à prendre dans le reliquat de compte compris à l'art. 1 del'actif,
ci. . . . . 600 »

93 La somme qu'il doit pour objets mobiliers et comprise à l'art. 2. de l'actif, ci . . . . . 1,000 »

94 La rente sur l'Etat comprise sous l'art. 4 de l'actif, ci. . . . . 12,000 »

95   Somme égale à ses droits. 13,600 »

96 PREUVE DE LA RÉGULARITÉ DE L'OPÉRATION. — V. *sup.* p. 459 note C.

97 En réunissant :

98 Les 5,700 francs abandonnés à mad. BARE. . . . . 5,700 »

99 Et les 13,600 francs abandonnés à M. BAROMÉ, ci . . . . , . . 13,600 »

100 On trouve une somme égale à l'actif brut de la succession . . . . 19,300 »

101 CHARGES [58] ET CONDITIONS [153].

102 1° *Jouissance*. Les copartageants se font, par ces présentes, tous abandonnements et délaissements des valeurs à eux abandonnées. En conséquence, ils en pourront jouir et disposer, à part et divisément, comme de chose leur appartenant en toute propriété [22], et ils en percevront les fruits [50] et revenus, le tout à compter de ce jour; à l'effet de quoi chacun d'eux demeure subrogé [114] dans tous les droits [22] et actions [28[, priviléges [29] et hypothèques [50] attachés aux objets qui lui sont abandonnés et notamment dans l'effet de toute inscription [85] prise pour leur conservation.

103 2° *Garantie* [143]. Les copartageants ne seront garants les uns envers les autres, que des troubles et évictions procédant d'une cause antérieure à ces présentes.

104 5° *Titres* [54]. Mad. BARE reconnaît avoir en sa possession les titres concernant la créance sur LENAIN. De son côté, M. BAROMÉ reconnaît qu'il a entre mains l'inscription de la rente sur l'Etat, ainsi que tous les autres papiers inventoriés (à l'exception du titre de la rente léguée à l'hospice de..., lequel a été remis aux administrateurs de cet hospice) mais à la charge par lui de les communiquer [21] à sa sœur à toute réquisition et sous récépissé.

105 4° *Décharge* [84] *à l'exécuteur testamentaire*. Mad. BARE et M. BAROMÉ reconnaissent avoir reçu de M. REGNAUD le reliquat de son compte chacun dans la proportion de ses droits résultant des présentes; et ils le tiennent quitte et déchargent de toutes choses relatives à ce compte qu'ils approuvent au surplus en tout son contenu.

106 5° *Pouvoirs* [80] *relatifs aux objets laissés en commun*. M. BAROMÉ est chargé, par ces présentes, de poursuivre, quand il jugera le moment opportun, le recouvrement des arrérages [49] et même le remboursement du capital [156] de la rente laissée en commun. En conséquence, il lui est donné pouvoir d'exercer toutes poursuites [194], contraintes (*id.*) et diligences (*id.*) nécessaires, former toutes oppositions [108] et saisies (*id.*), suivre sur icelles, administrer toutes preuves [26], introduire toutes instances ou y défendre, plaider, s'opposer [75], appeler [186], obtenir tous jugements [75] et arrêts (*id.*), les faire exécuter [194] par toutes voies de droit, donner main-levée [149] de toutes oppositions et saisies et consentir la radiation de toutes inscriptions; nommer tous avoués et avocats, les révoquer, en constituer d'autres; aux effets ci-dessus passer et signer tous actes, élire domicile [11], substituer [80].

107 6° Au moyen des présentes les copartageants se reconnaissent remplis de leurs droits dans la succession dont il s'agit. Ils se tiennent quittes et se déchargent [84], par conséquent, l'un l'autre de toutes choses relatives à ladite succession.

108 Dont acte fait et passé à Vezoul [12] en l'étude (*id.*), l'an mil huit cent quarante-quatre [13], le vingt-huit février, en présence de MM. (*Noms, prénoms, professions et demeures*), témoins instrumentaires [14]; et les parties ont signé [15] avec les témoins et le notaire, après lecture [16].

109 V. *Répertoire*, note 17. — *Forme des actes*, note 38. —*Enregistrement*, notes 18, 19 et 56.

1   3e LIQUIDATION (A) [145] DE REPRISES [200] par suite de séparation de biens [B]

2   (A) L'an mil huit cent quarante-cinq [13] le.., heure de.., du matin.

3   Par-devant Me Félix [1] Bonnard (id.), notaire [2] à Cormeil [1], département de..., soussigné [15], et en présence de MM. (*Noms, prénoms, professions et demeures*), témoins instrumentaires [14], aussi soussignés [15].

4   Est comparue mad. Adeline [3] Pérou (id.), épouse de M. Alfred Paupert, épicier (id.) en gros demeurant (id.) à..., assisté de Me B.., son avoué.

5   Ladite dame séparée [220] quant aux biens dudit sieur son mari suivant jugement [75] contradictoire rendu par le tribunal civil de première instance de... le... enregistré, lu et publié conformément à la loi.

6   Laquelle, désirant procéder à la liquidation de ses reprises contre son mari, a dit et exposé :

7   Que, par le jugement précité qui prononce sa séparation de biens d'avec son mari, ce dernier a été condamné à lui restituer les sommes par elle apportées en dot, ensemble celles qu'il pouvait avoir reçues pour elle depuis leur mariage, comme aussi à la garantir et indemniser des obligations qu'elle pouvait avoir contractées et des engagements qu'elle pouvait avoir pris avec lui et pour lui pendant le mariage, le tout avec intérêt [49] suivant la loi.

8   Que, par le même jugement, il a été ordonné que la liquidation et la fixation de tous ses droits seraient faites par Me Bonnard, notaire soussigné, que le tribunal a nommé d'office.

9   Que, pour faire acte d'exécution, elle a dans la quinzaine et par exploit de... huissier à.., en date du.., signifié [20] ledit jugement à son mari avec commandement [194] de payer les frais et sommation de se trouver en l'étude du notaire soussigné ce jourd'hui heure présente, pour être procédé par-devant lui à la liquidation des droits et reprises de la comparante et le montant en être payé à cette dernière : lui ayant déclaré, par le même exploit, que faute de se présenter ni personne pour lui, il serait donné défaut [119] et procédé à cette liquidation hors sa présence.

10 Et qu'elle se présentait pour donner suite à ladite sommation, réitérant, par ces présentes, les déclarations et réquisitions portées en cet exploit.

11 Lecture faite [16], ladite dame Paupert a signé [15] avec son avoué. —   (*Signatures*).

12 (C) S'est aussitôt présenté M. Alfred [3] Paupert (id.), épicier en gros (id.), demeurant à.., assisté de M. R.., son avoué.

13 Lequel a dit qu'il se présentait pour satisfaire à la sommation qui lui a été donnée par l'exploit précité, et qu'il était tout prêt à procéder à la liquidation demandée.

14 Lecture [16] faite, ledit sieur Paupert a signé [15] avec son avoué. —   (*Signatures*).

15 (D) En conséquence du réquisitoire qui précède, et en vertu du jugement sus-énoncé, Me Bonnard a procédé, ainsi qu'il suit, en présence des parties et d'après les documents et pièces par elles fournies, à la liquidation des reprises [200], créances (id.) et indemnités (id.) que ladite dame Paupert a à exercer contre son mari par suite de sa séparation de biens.

16 Mais, avant, il a été fait les observations suivantes :

17   Observations préliminaires :

18   *Première observation.* — *Contrat de mariage* [166].

19 M. et mad. Paupert se sont mariés à.., le.., après avoir réglé les conditions civiles de leur mariage suivant contrat passé devant Me.., notaire à.., le.., enregistré.

20 Par ce contrat, ils ont stipulé une communauté [166] de biens meubles [86] et conquêts immeubles, avec exclusion de cette communauté de tous leurs propres, présents et à venir.

21 La future épouse a apporté en mariage des meubles, effets mobiliers et deniers comptants pour une somme de huit mille francs dont le futur époux a consenti de demeurer chargé par le seul fait du mariage; plus une maison sise à...

22 Le préciput [166] en faveur du survivant a été fixé à deux mille francs.

23 Faculté a été accordée à la future épouse, en renonçant [62] à la communauté de reprendre franc et quitte [166] son apport et son préciput, ensemble tout ce qui lui serait échu pendant le mariage par succession [88], donation [81], legs [24] ou autrement, et il a été stipulé qu'elle serait, audit cas de renonciation, indemnisée par son mari de toutes obligations et condamnations obtenues contre elle.

(A) Lorsque la femme n'a que sa dot à réclamer telle qu'elle est constatée par son contrat de mariage, le tribunal peut, par le jugement même de séparation, liquider ses droits, surtout si la demande a été formée dans ce sens et si de sa part il y a renonciation immédiate à la communauté. Il n'est donc pas nécessaire, dans ce cas, que le tribunal renvoie devant notaire pour la liquidation des reprises.

(B) Cette formule peut s'appliquer à une liquidation de reprises après décès du mari.

(C) *Lorsque le mari ne comparaît pas, on met ici :* Et attendu qu'il est onze heures sonnées et que M. Paupert n'a pas comparu ni personne pour lui, Me Bonnard, notaire soussigné, sur la réquisition de mad. Paupert, a prononcé défaut contre son mari, pour être immédiatement procédé à la réquisition des reprises dont il s'agit :

Dans ce cas on opère comme dans la formule depuis l'alin. 15 jusqu'à l'alin. 61; on supprime ce qui est relatif aux abandonnements de l'alin. 62 à l'alin. 182 et on clot comme on le voit à l'alin. 83 après avoir constaté le nombre de vacations employées à l'opération. Ensuite on fait homologuer la liquidation par le tribunal puis la femme en poursuit l'exécution par les voies de droit comme si le mari y avait consenti.

(D) Lorsque l'opération exige un long travail, on clot l'acte ici, et cet acte devient alors un procès-verbal d'ouverture de la liquidation, uis on dresse un état de liquidation séparé à la suite de ce procès-verbal comme *sup.* page 449, alin. 2 et suiv.

²⁴   *Deuxième observation.* — *Successions* [88]. — *Donations* [81]. — *Legs* [24].

²⁵   Pendant le mariage, mad. Paupert a recueilli la succession de M. Charles Pérou, son père, dont elle était héritière [78] pour moitié, et par le partage de cette succession passé devant Me ... notaire à..., le.., il lui a été abandonné des valeurs mobilières n'existant plus en nature, pour la somme de six mille francs et une ferme située à..., qui existe en nature.

²⁶   Il lui a été fait donation [81] par Jean Pérou, son oncle, d'une créance sur Jean Bin, de la somme de mille francs résultant de titre notarié et enregistré; plus d'une rente sur l'État [197] de la somme de cent francs inscrite au grand-livre de la dette publique, cinq pour cent consolidés, sous le n°..., série.., laquelle rente a été vendue pendant la communauté moyennant la somme de deux mille deux cents francs, défalcation faite du terme d'intérêts alors dû à la communauté et des droits de l'agent de change.—V. *sup.* p. 454, note A.

²⁷   Un legs [24] de mille francs en deniers comptants lui a été fait par Angélique Pérou, sa tante, décédée, suivant son testament [152] par acte public passé devant Me.., notaire à .. le.., enregistré, duquel legs délivrance [24) lui a été faite par acte passé devant le même notaire, le.., aussi enregistré.

²⁸   *Troisième observation.* — *Vente* [109] *de biens propres.*

²⁹   Par contrat passé devant Me... notaire à.., le.., la dame Paupert, sous l'autorisation [68] de son mari, a vendu la maison à elle propre aux termes de son contrat de mariage à M. Louis Silvet, propriétaire demeurant à.., moyennant la somme de sept mille francs dont le contrat porte quittance [84].

³⁰   *Quatrième observation.* — *Obligation* |107] *solidaire* [106].

³¹   Par acte passé devant Me..., notaire à.., le.., enregistré, mad. Paupert s'est obligée, solidairement avec son mari, au paiement d'une obligation de la somme de dix mille francs par eux consentie au profit de M. Jean Gourlin, rentier demeurant à..., et produisant intérêts [49]. Cette obligation est toujours due ainsi que le semestre courant d'intérêts.

³²   *Cinquième observation.* — *Renonciation à la communauté* [62].

³³   Par acte dressé au greffe du tribunal civil d'Auxerre le.., dûment enregistré, mad. Paupert a renoncé à la communauté d'entre elle et son mari pour s'en tenir à ses droits et reprises.

³⁴   Après ces observations, il a été procédé, ainsi qu'il suit, à la liquidation de reprises dont il s'agit :

³⁵   LIQUIDATION.

³⁶   § 1. *Reprises* [200].

³⁷   Ces reprises s'élèvent, savoir :

³⁸   Pour le montant de sa dot mobilière à huit mille francs, ci.   8,000   »

³⁹   Pour les valeurs mobilières par elle recueillies dans la succession de son père, ainsi qu'il est dit en la deuxième observation, à six mille francs, ci.   6,000   »

⁴⁰   Pour le prix de la rente sur l'Etat, provenant de la donation faite par Jean Pérou, ainsi qu'il est dit en la même observation, à deux mille deux cents francs, ci.   2,200   »

⁴¹   Pour le montant du legs fait par Angélique Pérou, ainsi qu'il est dit en la même observation, à mille francs, ci.   1,000   »

⁴²   Pour le prix de la maison qu'elle a vendue au sieur Silvet, ainsi qu'il est dit en la troisième observation des présentes, à sept mille francs, ci.   7,000   »

⁴³   Le tout indépendamment de la créance de mille francs sur Jean Bin et de la ferme de... dont est parlé en la deuxième observation, desquelles créances et ferme mad. Paupert exerce la reprise en nature, ci   *En nature.*

⁴⁴   Total.   .   24,200   »

⁴⁵   De laquelle somme il convient de déduire dix mille francs que mad. Paupert a tirés de la communauté pour doter Antoine Paupert, son fils, ci. 10,000   »   ⎫

⁴⁶   Plus mille francs dont elle doit récompense [200] à la communauté pour la plus-value résultant des augmentations faites durant le mariage aux bâtiments de la ferme ⎬ 11,000   »
de.., qui lui est propre; laquelle plus-value a été ainsi fixée par experts (A)[193] amiablement choisis, par les parties, ci 1,000   »   ⎭

⁴⁷   Total à déduire.   .   11,000   »

⁴⁸   Ce qui réduit lesdites reprises à.   .   13,200   »

⁴⁹   Dont les intérêts [49] depuis la dissolution de la communauté remontant au jour de la demande [200], jusqu'à cejourd'hui, s'élèvent à six cents francs, ci.   600   »

⁵⁰   Reliquat en principal et intérêts.   .   13,800   »

(A) Quand les parties ne sont point d'accord sur la plus-value, ou que le mari refuse de comparaître à la liquidation, il faut alors s'adresser à la justice pour obtenir la nomination d'experts, si l'on n'a pas eu soin d'en faire nommer par le jugement même de séparation.

§ 2. *Indemnité éventuelle* [200].

81 *Dette non acquittée.* La somme de dix mille francs mentionnée en la quatrième observation des présentes et au paiement de laquelle mad. PAUPERT s'est obligée [107] solidairement [106] avec son mari étant toujours due et ne devant être exigible [97] que le..., M. PAUPERT (A) promet de garantir et indemniser sa femme de l'action [28] du créancier [23] en par lui acquittant [84] la dette en principal et intérêts de manière que mad. PAUPERT ne soit nullement inquiétée à ce sujet; sauf à lad. dame à prendre telles inscriptions d'hypothèque légale que besoin sera pour conserver son droit à la reprise de lad. somme et de ses intérêts au cas de non paiement à l'échéance. C'est pourquoi il n'est ici question de cette somme que pour ordre et mémoire, ci . . . . . . *Ordre et mémoire.*

33 ### § 3. *Créances éventuelles* [200].

34 Mad. PAUPERT, si elle survit à son mari, aura droit au préciput [166] stipulé en son contrat de mariage et à des frais de deuil [62]

35 Le préciput ayant été fixé par ce contrat à deux mille francs, ci. . . . . 2000 »

36 Et les frais de deuil étant évalués tant pour lad. dame que pour ses domestiques à mille francs, ci . . . . 1000 »

37 Le total se monte à trois mille francs, ci . . . . 3000 »

38 (B) Lad. dame n'ayant à cette somme qu'un droit éventuel, essentiellement subordonné au cas où son mari viendrait à précéder, fera jusqu'à l'événement tous les actes conservatoires [34] de son droit. Il n'est en conséquence question ici de lad. somme que pour ordre et mémoire, ci. *Ordre et mémoire.*

39 ### § 4. *Frais de l'instance en séparation.*

40 M. PAUPERT, ayant été condamné aux dépens de l'instance en séparation, doit tenir compte à son épouse de tous ceux qu'elle a faits en demandant. Ces frais s'élèvent suivant la taxe qui en a été faite à la somme de deux cents francs dont il lui est dû indemnité, ci. . . . . 200 »

61 Total, quatorze mille francs et mémoire, ci. 14000

62 ### ABANDONNEMENTS. et mémoire.

63 En paiement de ladite somme de quatorze mille francs, M. PAUPERT [109] vend, cède [96] et délègue [100] à la dame son épouse, qui l'accepte.

64 1° Les meubles [86] et effets mobiliers (id.), dont suit le détail estimatif : (*V. sup.* p. 404 *la formule d'*ÉTAT ESTIMATIF)

65 Pour la somme de trois mille francs montant de leur estimation, ci . . . . . . 3000 »

66 2° Une créance de mille francs sur Jean LANIER, épicier demeurant à..., résultant à son profit d'une obligation [107] passée devant Me..., notaire à..., le..., dûment en. registrée, exigible [77] le..., et garantie par une hypothèque inscrite [83] au bureau des hypo. thèques de..., le...., vol...., n...., ci. . . . . 2000 » }

67 Plus les intérêts [49] de cette créance courus depuis le..., jusqu'à ce jour, et s'éle-vant à cent francs, ci. . . . . 100 » }

68 Ensemble . . . . 2100 »

69 Pour pareille somme de deux mille cent francs, ci . . . . 2100 »

70 3° Une pièce [7] de bois, située [141] sur la commune de..., lieu dit la Charrière, de la con-tenance [40] de dix hectares [91], tenant [141] d'un long du levant à..., etc...; laquelle appar-tient [22] à M. PAUPERT comme.—(*pour savoir ce qu'il faut ici observer* V. sup. au mot établissement propriété p. 403).

71 Pour la somme de huit mille neuf cents francs, ci . . . . 8900 »

72 Somme égale à ses droits . . . . 14000 »

73 Pourra, en conséquence, mad. PAUPERT, jouir, faire et disposer à compter de ce jour, des objets à elle aban-donnés, comme de chose lui appartenant en toute propriété [22], M. Paupert la mettant et subrogeant [114] avec la

---

(A) *Lorsque le mari consent à indemniser immédiatement sa femme de l'obligation qu'elle a contractée, on substitue ce qui suit au restant de l'alinéa.*

.. ..Charge la dame son épouse du paiement de ladite somme et de ses intérêts de manière qu'il ne soit nullement inquiétée à ce sujet, au moyen de quoi il consent à l'indemniser dès-à-présent, 1° de la somme de dix-mille francs principal de l'obligation dont il s'agit : 2° et des intérêts de cette somme courus depuis le... jusqu'à ce jour et s'élevant à...; au total...

(B) Le mari pourrait remplir immédiatement sa femme de ces deux créances, sauf à ses héritiers à en restituer au mari le montant au cas de prédécès de cette dernière; mais ce mode de procéder pourrait souffrir difficulté s'il y avait des créanciers du mari, car ils auraient le droit de demander la préférence pour leurs créances quand elles sont certaines et liquides, sauf à garantir à la femme ses droits éventuels. (C. civ. 1167).

garantie [9] de droit dans tous ses droits [27] et actions [28], privilèges [29] et hypothèques [30], et notamment dans l'effet de l'inscription [83] prise au profit de M. PAUPERT au bureau des hypothèques de..., le..., vol..., n.   contre Jean LANIER pour sûreté de la créance de deux mille francs ci-devant mentionnée. Pour mentionner [84] laquelle subrogation en marge de l'inscription avec élection de domicile [83] en la demeure de.., à..., tout pouvoir [80] est donné au porteur d'un extrait [64] des présentes.

74   Le présent abandon est fait sous les charges [88] et conditions [153] suivantes :

75   1° M. PAUPERT garantit les objets mobiliers [86] et créances (25) abandonnés de toutes saisies [108] et revendications [216], et la pièce de bois de toutes évictions [9].

76   2° La pièce de bois est abandonnée comme elle s'étend et comporte et sans aucune garantie de la contenance [40] dont le plus ou le moins tournera au profit ou à la perte de la dame PAUPERT, quand même il serait de plus d'un vingtième. — V. sup. la note A au bas de la page 159.

77   3° Mad. PAUPERT souffrira les servitudes (55) passives...— V. sup. p. 195, alin. 50 et la note au bas de cette page.

78   4° Elle acquittera les contributions [58] foncières de toute nature de lad. ferme, à partir du..., et fera substituer son nom à celui de son mari sur la matrice des rôles lors des prochaines mutations.

79   Quoique le présent abandon soit fait pour demeurer quitte, il est néanmoins convenu qu'il n'y aura de compensation [167] entre les parties qu'autant que par suite de l'accomplissement des formalités de transcription [111] et de purge légale [156] que l'acquéreur se réserve de remplir dans le plus bref délai, il ne se trouverait aucune inscription [83] grevant l'immeuble vendu autre toutefois que celle subsistant au profit de mad. PAUPERT contre son mari à la date du..., vol..., n°...., pour conservation de son hypothèque légale, se réservant, ladite dame, pour le cas où il se trouverait d'autres inscriptions que la sienne, tous ses droits [27] et actions [28] pour les exercer à son rang sur le prix de l'immeuble.

80   TITRES. M. PAUPERT, a présentement remis [34] à son épouse qui le reconnait et lui en donne décharge les titres de la créance qui lui a été déléguée et ceux concernant la pièce de bois à elle abandonnée.

81   Les déboursés [5] et honoraires (id.) des présentes et le coût d'une expédition [64] seront payés et supportés par M. PAUPERT (A).

82   Mention [84] des présentes sera faite sur toutes pièces que besoin sera par tous notaires et autres officiers publics de ce requis.

83   Dont acte, fait et passé à Cormeil [12] en l'étude (id.), les jour, mois et an susdits [15], en présence de MM. (Noms, prénoms, professions et demeures), témoins instrumentaires [14]; et les parties ont signé [15] avec les témoins et le notaire, après lecture [16].

84   V. Répertoire, note 17. — Forme des actes, note 58. —Enregistrement, notes 87, 90, 174, 18 et 19.

LIQUIDATION [143] DE SOCIÉTÉ [138].

2   PAR-DEVANT Me Paul [1] VITRY (id), notaire [2] à Vaury [1], département de..., soussigné [15].

3   Sont comparus :

4   1° M. Armand [3] BEAUPRÉ (id.), marchand de bois (id.), demeurant (id.) à..., où il est patenté [43] pour la présente année à la date du... dernier, classe..., n°   D'UNE PART.

5   2° Et M. Ernest ADAM, marchand de bois, demeurant à..., où il est patenté, etc.   D'AUTRE PART.

6   Lesquels, voulant procéder aux comptes, liquidation et partage de la société qui existe entre eux pour le commerce de bois, ont préalablement exposé ce qui suit :

7   Il a été établi entre les comparants une société en nom collectif pour le commerce de bois à brûler.

8   Les conditions [155] de cette société ont été réglées suivant acte passé en minute [59] et présence de témoins [14] devant Me ..., notaire à..., le..., enregistré et publié conformément à la loi. Il résulte de cet acte :

9   1° Que la durée de la société a été fixée à dix ans qui ont commencé le..., et fini le .... dernier.

10   2° Que le siège de l'établissement a été fixé dans une maison située à..., appartenant à..., qui en a passé bail [105] pour toute la durée de la société suivant acte passé devant Me..., notaire à..., le..., moyennant mille francs de loyer annuel, outre l'impôt des portes et fenêtres [58].

11   3° Que la mise de fonds en société a été fixée, savoir ; pour M. BEAUPRÉ à la somme de douze mille francs composée de dix mille francs valeur de l'établissement à lui appartenant, et de deux mille francs en deniers comptants ; et pour M. ADAM à la somme de douze mille francs en deniers comptants par lui versés dans la société.

12   4° Que les parts des associés dans les bénéfices et les pertes de la société ont été fixées, savoir ; pour M. BEAUPRÉ à trois cinquièmes, et pour M. ADAM à deux cinquièmes.

13   5° Et que, lors de la dissolution de la société, si les associés ne pouvaient s'entendre entre eux sur un partage amiable, il serait, par le président du tribunal de commerce [193] nommé un expert [193] pour les partager.

14   La société se trouvant dissoute par l'expiration du temps de sa durée, le président du tribunal de commerce de..., sur la demande qui lui en a été faite, a, par son ordonnance en date du..., et conformément à la condition ci-dessus

_____

(A) L'inventaire fait à la requête de la femme étant à la charge du mari quand ensuite elle renonce à la communauté (Dalloz, v° inventaire, n. 187), il y a même raison de décider à l'égard des frais de liquidation par application des art. 1482 et 1494 du C. civ.

rappelée de l'acte de société, nommé M. Louis COMMOT, ancien marchand de bois, demeurant à..., *comme expert,* pour procéder avec lesdits sieurs BEAUPRÉ et ADAM à la fixation de la valeur des objets composant le fonds social.

15 Pour déterminer cette valeur, il a été fait, de tout l'actif et de tout le passif de la société au jour de sa dissolution, un inventaire [145] dans lequel on a prisé et estimé tous les objets corporels.

16 Après cet exposé il a été procédé, ainsi qu'il suit, à la liquidation et au partage de ladite société :

17 <center>MASSE ACTIVE.</center>

18 <center>Art. 1. *Matériel* [86].</center>

19 On porte au présent article la somme de six cents francs [35 n. 1], à laquelle sont évalués les objets et ustensiles servant à l'exploitation du fonds de commerce, ci . . . . 600 »

20 <center>Art. 2. *Marchandises.*</center>

21 Ces marchandises consistent en : 1° cent décastères [91] de gros bois, évalués dix mille francs, ci . . . . 10000 »

22 2° Cinquante décastères de menuise, évalués trois mille francs, ci . . . . 3000 »

23 <center>Art. 3. *Achalandage* [86].</center>

24 La valeur de cet achalandage a été fixée à la somme de huit mille francs, eu égard à ce qu'il n'y a pas d'autre établissement de ce genre dans la ville, ci . . . . 8000 »

25 <center>Art. 4. *Fonds de caisse.*</center>

26 On porte au présent article la somme de trois mille francs montant des deniers comptants existant en caisse, ci . . . . 5000 »

27 <center>Art. 5. *Créances* [25] *résultant d'effets* [97] *en porte-feuille* [86].</center>

28 <center>I. *Effets d'un recouvrement certain.*</center>

29 Il est dû à [26] la société, savoir :

30 1° Par M. Pierre PILIER, manufacturier, demeurant à..., un billet à ordre de la somme de cinq mille francs, souscrit par lui le..., et échéant [77] le...., ci . . . . 5000 »

31 2° Par M. Jacques VIGNOT, distillateur demeurant à.., une reconnaissance de la somme de quatre mille francs souscrite le..., et échéant le..., ci . . . . 4000 » } 9000 »

32 <center>II. *Effets d'un recouvrement douteux.*</center>

33 Il est dû à la société, savoir ;

34 1° Par le sieur Martin MORLET, ancien boulanger demeurant à..., une lettre de change [97] de la somme de mille francs, tirée par lui sur Prévôt de Lyon et protestée [97] faute d'acceptation (*id.*), ci . . . . 1000 »

35 2° Et par le sieur Pascal LOIE, rôtisseur demeurant à..., un mandat [97] de la somme de cinq cents francs, non payé à l'échéance, ci . . . . 500 »

36 <center>Ensemble. . . . . 1500 »</center>

37 <center>III. *Effet d'un recouvrement désespéré.*</center>

38 Il est dû à la société par Georges SAUTEREAU, cabaretier demeurant à...., une reconnaissance de la somme de deux cent cinquante francs, souscrite le..., et échue le..., ci. 250 »

39 <center>Total . . . . 1750 »</center>

40 Ces trois dernières sommes restent en commun, à cause de l'incertitude de leur recouvrement, ci . . . . En commun.

41 <center>Art. 6. *Créances résultant de comptes courants.*</center>

42 Ces créances sont constatées par le livre-journal de la société et dont le dépouillement se trouve fait dans le tableau suivant, avec distinction des *bonnes*, des *mauvaises* et des *douteuses*.

NUMÉROS		NOMS ET PRÉNOMS	CRÉANCES		
d'ordre.	des pages du livre.	DES DÉBITEURS.	Bonnes.	Mauvaises.	Douteuses.
1	3	DOLLÉANS, Pierre	2400 »	» »	» »
2	5	CARRÉ, Jean.	« »	800 »	» »
3	8	BÉNARD, Justin.	« »	» »	1000 »
4	11	ENOT, Paul.	1800 »	» »	« »
5	13	BORDAT, Charles.	» «	» »	500 »
6	25	FRAVEL, Jacques.	» »	400 »	» »
		Totaux	4200 »	1200 «	1500 »	35600 »

60

Report. . . . 33600»

⁴³ La somme de quatre mille deux cents francs montant des créances bonnes sera seule tirée hors ligne, attendu que le recouvrement en est certain, ci 4200

⁴⁴ À l'égard des créances mauvaises et douteuses, elles resteront en commun, ci. . . . . . . En commun.

⁴⁵   Total de la masse active . . . . 37800 »

⁴⁶   MASSE PASSIVE.

⁴⁷   Art. 1. *Mise en société de M.* BEAUPRÉ.

⁴⁸ On porte au présent article la somme de douze mille francs montant de la mise en société de M. BEAUPRÉ, composée de la valeur de l'établissement et de deniers comptants, ci . . . . 12000 ›

⁴⁹   Art. 2. *Mise en société de M.* ADAM.

⁵⁰ Cette mise s'élève à la somme de douze mille francs fournie en deniers comptants, laquelle somme composera le présent article, ci . . . . 12000 »

⁵¹   Art. 3. *Effets souscrits au profit de divers.*

⁵² Ainsi qu'il est expliqué aux pages 101 et 102 du livre-journal, il a été souscrit par la société, savoir :

⁵³ 1° Au profit de Gabriel LEDUC, un billet à ordre [77] de la somme de six cents francs, échéant [77] le..., ci . . . . , ... 600 »

⁵⁴ 2° Et au profit de Daniel LEROUX , une lettre de change de la somme de cinq cents francs tirée de VAURY sur M. CRAPELET, de Paris et échéant le..., ci. . . . . 500 »} 1100 »

⁵⁵   Total . . . . 1100 »

⁵⁶   Art. 4. *Mémoires et factures.*

⁵⁷ Il était dû [26] lors de la dissolution de la société, ainsi que cela résulte des pages 160 et 162 du livre-journal , savoir :

⁵⁸ À André COINTE, serrurier, pour ouvrages de son état soixante-quinze francs suivant son mémoire, ci . . . . 75 »}

⁵⁹ Et à M. Charles LHOTE, quincaillier, cinquante francs suivant sa facture, ci. . . . 50 »} 125 »

⁶⁰   Art. 5. *Commis et ouvriers.*

⁶¹ Il était dû lors de la dissolution de la société :

⁶² A M. Bazile LECESTRE, commis de la société, la somme de trois cents francs pour de de son année d'appointements, ci . . . . 300 »}

⁶³ Et à Pierre GAILLARD, garçon de chantier, cinquante francs pour un mois de gages ci. 50 »} 350 »

⁶⁴   Art. 6. *Loyers* [105] *et contributions* [58].

⁶⁵ On porte au présent article la somme de cinq cents francs qui était due lors de la dissolution de la société pour six mois de loyer de la maison et du terrain en dépendant servant à l'exploitation de l'établissement , ci . . . . 500 »}

⁶⁶ Plus celle de vingt francs pour solde des contributions des portes et fenêtres , ci. . 20 »} 520 »

⁶⁷   Total de la masse passive . . . . 26095 »

⁶⁸   BALANCE.

⁶⁹ L'actif de la société montant à . . . . 37800 »

⁷⁰ Et le passif n'étant que de . . . . 26095 »

⁷¹   Il en résulte un bénéfice net de. . . . 11705 »

⁷² Dont la moitié pour chacun des deux associés est de 5852 50

⁷³   FIXATION DES DROITS DES ASSOCIÉS.

⁷⁴ D'après ce qui précède, il revient à chacun des associés, indépendamment de sa part dans les créances et effets de commerce laissés en commun, savoir :

⁷⁵   1° à M. BEAUPRÉ.

⁷⁶ 1° Pour la restitution de sa mise en société. . . . . 12000 »

⁷⁷ 2° Pour sa moitié dans les bénéfices nets de la société 5852 50

⁷⁸ 3° Et pour les dettes diverses comprises sous les art. 3, 4, 5 et 6 du passif qu'il a déjà acquittées en partie et dont il paiera le surplus, lesquelles dettes s'élèvent à . . . . 2095 »

⁷⁹   Total 19947 50

⁸⁰   2° A M. ADAM.

⁸¹ 1° Pour la restitution de sa mise en société. . . . . 12000 » }

⁸² 2° Et pour sa moitié dans les bénéfices de la société. . . . . 5852 50} 17852 50

⁸³   Total. 17852 50

⁸⁴ Somme égale à l'actif brut de la société. . . . . . 37800 »

85

86 Pour se remplir respectivement de leurs droits, les parties se font l'une à l'autre, et sous la garantie [145] ordinaire entre copartageants, les abandonnements suivants :

87   1° M. Beaupré *aura :*

88 Le matériel compris à l'art. 1 de l'actif pour . . . . 600 »
89 Les marchandises comprises à l'art. 2, pour . . . . 13000 »
90 Et l'achalandage compris à l'art. 3, pour . . . . , . . 8000 »

91   Total . . . . 21600 »

92   Et comme il ne lui revient que. 19947 50

93   Il fera soulte [140] de. 1655 50

94   2° M. Adam *aura :*

95 Le fonds de caisse compris à l'art. 4 de l'actif pour . . . . 3000 »
96 Les effets d'un recouvrement certain compris à l'art. 5 pour . . . . 9000 »
97 Les bonnes créances comprises sous l'art. 6 de l'actif, pour. . . . . 4200 »
98 Et la somme dont M. Beaupré vient de faire soulte, laquelle somme ce dernier lui a payée
comptant, dont quittance [84] 1652 50

99   Somme égale à ses droits 17852 50

100   Preuve de la régularité de l'opération. — *V. sup. p.* 469, *note C.*

101   En réunissant :
102 Les valeurs abandonnées à M. Beaupré. . . . . 21600 »
103 Et les valeurs abandonnées à M. Adam, non compris la soulte, ci . . . . 16200 »

104 On trouve une somme égale à l'actif brut de la société. . . . . 37800 »

105   Charges [88] et conditions [155].

106 Chacun des partageants pourra jouir, faire et disposer des biens composant son abandonnement, comme de
chose lui appartenant en toute propriété et jouissance à compter du jour de la dissolution de la société.

107 La garantie [143] en matière de partage aura lieu entre les copartageants.

108 Chacun des partageants reconnaît être en possession des valeurs et titres à lui attribués par ces présentes.
Quant au livre-journal il est demeuré en la possession de M. Adam qui en aidera M. Beaupré à toute réquisition et
sous récépissé.

109 *Recouvrement* [84] *des objets laissés en commun.* M. Adam est chargé, par ces présentes, de suivre la liquidation et
de faire le recouvrement de toutes les créances et de tous les effets de commerce ci-dessus laissés en commun. En
conséquence, il lui est donné par le sieur Beaupré tous pouvoirs [80] nécessaires à l'effet de faire toutes poursuites,
de recevoir toutes sommes, etc., etc. — *V. sup.* 468, *alin.* 106.

110 M. Adam présentera à M. Beaupré son compte [184] tous les trois mois et lui remettra immédiatement les
sommes qui seront arrêtées lui revenir pour sa moitié dans ces différents objets.

111 Les déboursés [5] et honoraires (*id.*) des présentes, et le coût d'un extrait [64] pour chacun des associés seront
supportés par moitié entre eux.

112 Dont acte, fait et passé à Vaury, en l'étude [12], l'an mil huit cent quarante-cinq [15] le vingt-huit février (*id.*),
en présence de MM. (*Noms, prénoms, professions et demeures*), témoins instrumentaires [14]; et les parties ont signé
[15] avec les témoins et le notaire, après lecture [16].

113 V. *Répertoire*, note 17. — *Forme des actes*, note 58.—*Enregistrement*, notes 18, 19 et 90.

114   V. aussi la formule de Société (*acte de*).

LIVRE-JOURNAL ou CARNET pour les droits d'enregistrement.

V. *le modèle étant au bas de la p.* 122 *du commentaire.*

LOUAGE [105] D'OUVRAGE ET D'INDUSTRIE.

V. *la formule de* bail d'ouvrage et d'industrie *sup. p.* 159.

MAINLEVÉES [149] :

I. *D'écrou* [223].

II. *D'hypothèque* [30] *légale par une femme ma-*
riée , au profit d'un tiers [55].

III. *D'inscriptions hypothécaires* [83].

     1° Mainlevée générale d'inscriptions et d'op-
positions, par un mandataire [80].

     2° Mainlevée entière d'inscription par un
hospice.

     3° Mainlevée partielle d'inscription.

IV. *D'opposition à mariage* [63]·

V. *De privilège* [29] *de second ordre sur les fonds*
d'un cautionnement [89].

VI. *De saisie-arrêt* [105], *d'opposition* (id.), *de sai-*
sie-brandon(id.),*de saisie-exécution*(id.),*de saisie-*
immobilière[194] *et de saisie-revendication* [216].

     1° Mainlevée de saisie-arrêt.

     2° Mainlevée d'opposition.

     3° Mainlevée de saisie-brandon

     4° Mainlevée de saisie-exécution.

     5° Mainlevée de saisie-gagerie.

     6° Mainlevée de saisie-immobilière.

     7° Mainlevée de saisie-revendication.

VII. *D'inscription* [83] *et de subrogation* [114].

     1° Mainlevée d'inscription et de subrogation
par un légataire.

     2° Mainlevée de mention de subrogation.

V. les formules de *bordereaux d'inscriptions*, de *désistement*, de *quittance et mainlevée*, de *réduction et restriction*
d'hypothèque.

I. MAINLEVÉE D'ÉCROU [223].

Par-devant Mᵉ Félix [1] Larablée (*id.*), notaire [2] à Vallery [1], département de..., soussigné [15].

Est comparu M. Antoine [3] Frappart, (*id.*), négociant (*id.*), demeurant (*id.*) à...

Lequel a, par ces présentes, donné mainlevée [149] pure et simple de l'emprisonnement [223] et écrou (*id.*)
faits (*ou* : de la recommandation (*id.*) faite) à sa requête, de la personne de M. Germain Pernet dans la prison de....

Consentant que cet écrou soit rayé (*ou* : cette recommandation soit rayée) de tous registres où il aurait été
inscrit (*ou* : elle aurait été inscrite), et que tous directeurs, géoliers et concierges, en mettant ledit sieur Pernet en
liberté soient valablement déchargés envers le comparant.

Dont acte, fait et passé à Vallery [12] en l'étude (*id.*), l'an mil huit cent quarante-cinq [12] le vingt-huit février
(*id.*), en présence de MM. (*noms , prénoms, professions et demeures*), témoins instrumentaires [14]; et le comparant a
signé [15] avec les témoins et le notaire, après lecture [16].

V. *Répertoire* , note 17. — *Forme des actes*, note 38. — *Enregistrement*, notes 56, 18 et 19.

II. MAINLEVÉE [149] D'HYPOTHÈQUE LÉGALE [30] PAR UNE FEMME MARIÉE,
AU PROFIT D'UN TIERS [55].

Par-devant Mᶜ Félix [1] Larablée (*id.*), notaire [2] à Vallery [1], soussigné [15].

Est comparue mad. Anne [3] Lebaudy (*id.*), épouse commune en biens de M. Antoine Frappard, négociant avec
lequel elle demeure à...; ladite dame de son mari, à ce présent, dûment autorisée [68].

Laquelle a, par ces présentes, donné mainlevée (A) de son hypothèque légale [30] au profit de M. Arthur Bertrand, propriétaire, demeurant à..., et consenti la radiation de l'inscription [85] qu'elle a prise pour conservation de
ce droit au bureau des hypothèques de..., le..., vol..., n...., contre ledit sieur son mari.

Mais seulement en ce que cette inscription grève la maison et ses dépendances situées à..., que M. Frappard,
comparant, a vendues [109] à M. Bertrand, sus-nommé, par contrat passé devant Mᵉ Larablée, notaire soussigné,
le..., dûment enregistré, transcrit [111] au bureau des hypothèques de...., le..., vol..., n...

La comparante renonçant (B) définitivement et pour toujours à son droit d'hypothèque sur lesdites maison et
dépendances, sous la réserve de ce même droit et de l'effet de ladite inscription à l'égard de tous autres biens.

M. le conservateur, en opérant cette radiation dans les termes sus-exprimés, sera valablement déchargé.

Dont acte, fait et passé, etc. — (*La suite comme aux alin.* 6 *et* 7 *de la formule qui précède.*)

(A) La femme, dans ce cas, n'a pas besoin de prendre l'avis d'une assemblée de famille pour donner mainlevée. — V. *sup. les notes au*
bas des pages 65 *et* 78.

(B) Il peut être utile de faire remarquer ici que la mainlevée ainsi donnée par la femme ne pourrait pas être opposée à un
créancier qu'elle aurait antérieurement subrogé dans l'effet de son hypothèque légale, d'où il suit qu'une telle mainlevée ne doit pas
dispenser de purger les hypothèques légales par rapport aux créanciers de la femme. — V. *sup* p. 45, *note* x.

On remarquera qu'il est utile aussi de faire renoncer la femme à son droit d'hypothèque pour qu'elle ne puisse pas prendre une seconde
inscription.

III. MAINLEVÉES [149] D'INSCRIPTIONS [83] HYPOTHÉCAIRES.

1° MAINLEVÉE GÉNÉRALE D'INSCRIPTIONS [83] ET D'OPPOSITIONS [108] PAR UN MANDATAIRE.

PAR-DEVANT Me Félix [1] LARABLÉE (id.), notaire [2] à Vallery [1], soussigné [15].

Est comparu M. Alexandre [5] BOIVIN (id. , ancien avoué (id.) demeurant id.) à...

Agissant comme mandataire [80] spécial à l'effet des présentes de mad. Héloïse [5] CARRET (id.), veuve de M. Louis LENFLE, rentière (id.), demeurant (id.) à..., aux termes de la procuration [80] qu'elle lui a donnée, par acte passé devant Me..., notaire à..., le..., et dont le brevet original [59] dûment enregistré [42] et légalisé [125] est demeuré ci-annexé [35] après avoir été du mandataire certifié véritable (id.) en présence du notaire et des témoins soussignés.

Lequel, en cette qualité, a, par ces présentes, donné mainlevée [149] pure et simple (A) et consenti la radiation entière et définitive (A) de toutes (B) inscriptions [83] quelconques prises au profit de sa commettante [80] à quelques bureaux d'hypothèques que ce soit, contre M. Thomas LENOIR, négociant demeurant à..., et notamment :

1° De celle prise au bureau des hypothèques de..., le .., vol..., n..,

2° Et de celle prise au même bureau, le..., vol..., n...

De plus, le comparant audit nom a fait et donné mainlevée pure et simple de toutes oppositions [108] quelconques formées à la requête de sa commettante sur ledit sieur LENOIR, entre les mains de tous débiteurs, locataires, caissiers et autres, et notamment :

1° De celle formée entre les mains de..., par exploit de..., huissier à..., en date du..., enregistré [42, n. 1].

2° Et de celle formée entre les mains de..., par autre exploit du même huissier, en date du...

Consentant que toutes ces inscriptions [83] et oppositions (id.) soient et demeurent nulles et de nul effet ; que tous conservateurs, en opérant la radiation desdites inscriptions, et que tous tiers-saisis, en payant et remettant audit sieur LENOIR ou à tous autres qu'il appartiendra les sommes qu'ils peuvent devoir ou avoir audit sieur LENOIR, soient valablement déchargés envers mad. veuve LENFLE.

Ces présentes ont été consenties sur la demande et aux frais [5] de M. LENOIR [5], ci-devant prénommé, qualifié et domicilié, à ce présent.

Dont acte, fait et passé à Vallery [12], en l'étude (id.), l'an mil huit cent quarante-cinq [13], le vingt-huit février (id.), en présence de MM. (Noms, prénoms, professions et demeures), témoins instrumentaires [14] ; et les comparants ont signé [15] avec les témoins et le notaire, après lecture [16].

V. Répertoire, note 17. — Forme des actes, note 58. — Enregistrement, notes 56, 18 et 19.

2° MAINLEVÉE (C) ENTIÈRE D'INSCRIPTION PAR UN HOSPICE (D).

PAR-DEVANT Me LARABLÉE [1], notaire [2] à Vallery [1], soussigné [15].

Est comparu M. Charles RENARD [5], trésorier de l'hospice [188] civil de la ville de Vallery, y demeurant [5].

Agissant comme ayant été autorisé à l'effet des présentes par arrêté du conseil de préfecture du département de..., pris le... dernier, sur la proposition des administrateurs dudit hospice et de l'avis du comité consultatif de l'ar-

---

(A) Nous attachons peu de sens à ces mots. Le mot *mainlevée* et le mot *radiation* suffisent pour que le conservateur opère entièrement la radiation si l'acte ne contient point de restriction. Seulement nous ferons observer que si le mot *radiation* ne se trouvait point dans l'acte le conservateur pourrait refuser de rayer l'inscription , car c'est un consentement à radiation que la loi exige (C. civ. 2158).

(B) Quand il est donné mainlevée de toutes inscriptions, cela n'oblige point le conservateur des hypothèques à rayer celles qui ne sont point indiquées par leurs dates, volumes et numéros. — Une telle mainlevée a seulement pour effet d'autoriser le débiteur à demander au créancier une mainlevée plus régulière ou à obtenir un jugement contre lui s'il fait refus de la donner.

(C) L'autorisation de donner cette mainlevée n'est accordée que quand les causes de l'inscription sont éteintes. Pour arriver à cette extinction et à la mainlevée , le débiteur présente au préfet une pétition sur timbre à 55 centimes , sur deux feuilles de papier timbré à 1. 25 qui servent à transcrire l'une l'arrêté qui autorise à accepter le remboursement et l'autre l'arrêté qui autorise à donner mainlevée après remboursement. Dans le département de l'Yonne, les deux arrêtés sont rendus le même jour

1 (D) Les fabriques ne peuvent recevoir de remboursement sans autorisation du préfet (Inst. 605). Les radiations ne peuvent être consenties qu'en vertu d'un consentement authentique basé sur cet arrêté.

2 Quand il s'agit d'une commune, la radiation des inscriptions prises dans son intérêt doit avoir lieu sur la représentation 1° de l'acte de mainlevée consenti par le maire, 2° d'une expédition authentique de la délibération du conseil municipal et de l'arrêté du préfet en conseil de préfecture qui autorise la mainlevée (Douai 20 nov. 1854: ord. roy. 13 juill. 1840; déc. min. fin. 26 juin 1841; inst. gén. 1641).

3 Les inscriptions prises au profit des arrondissements et départements, doivent être radiées suivant les formes indiquées par la loi du 10 mai 1838. c.-à-d. que si l'inscription concerne un arrondissement il faut l'avis du conseil, la délibération du conseil général , l'arrêté du préfet en conseil de préfecture, ou l'ordonnance royale en conseil d'état suivant le quantum des sommes (Ord. roy. 6 nov. 1857).

4 Les inscriptions requises pour l'exécution de travaux publics au profit de l'Etat sont valablement radiées en vertu d'arrêtés des préfets, revêtus de l'approbation du Ministre au département duquel ressortissent les travaux exécutés. — Quand les inscriptions sont requises pour la même cause au profit des départements, les préfets peuvent en autoriser la radiation (Ord. roy. 15 juill. 1840; déc. min. fin, 26 juin 1841).

5 Un receveur d'enregistrement ne peut consentir mainlevée sans en avoir obtenu l'autorisation expresse du directeur ; celui-ci ne doit la donner que dans le cas où il s'agirait d'une inscription prise pour assurer le recouvrement des droits dont la perception est confiée à l'administration, et alors le consentement du receveur doit être passé devant notaire et relater l'autorisation du directeur. S'il est question, au contraire, de quelque partie domaniale, c'est au préfet d'accorder la mainlevée. Les frais de cette mainlevée sont à la charge de ceux qui en profitent (Circ. 1669 et 2050).

6 Aucune loi n'attribuant aux actes des administrations financières (telle celle des postes) le caractère d'authenticité attaché aux actes administratifs par la loi du 5 nov. 1790, il en résulte qu'il faut nécessairement un consentement par-devant notaire pour que le conservateur opère la radiation de l'inscription (Déc. min. just. 50 niv. et 11 vent. an XI, 28 nov. 1808 et 24 fév. 1809 - Rol.)

rondissement. Une expédition [64] duquel arrêté dûment timbrée [61] est demeurée ci-annexée [55] après avoir été fait dessus mention de cette annexe par le notaire soussigné en présence des témoins ci-après nommés.

20   Lequel, en cette qualité, a, par ces présentes, donné mainlevée et consenti la radiation [149] de l'inscription [85] prise au profit dudit hospice au bureau des hypothèques de..., le..., vol..., n.... contre M. Martin MENETRÉ, propriétaire et autres, solidaires [106], pour sûreté d'une rente constituée [76] annuelle et perpétuelle de cent francs, au capital de deux mille francs [91]. — Le comparant, audit nom, renonçant [62] définitivement et pour toujours au droit d'hypothèque, d'où résulte la susdite inscription (A), et ce, au moyen de ce que le remboursement de ladite rente a eu lieu suivant quittance [84] passée devant le notaire soussigné le..., dûment enregistrée [42].

21   M. le conservateur [111], en opérant cette radiation sans réserve, sera bien et valablement déchargé.

22   Dont acte, fait et passé, etc. — V. *les alin*. 14 et 15 *de la formule qui précède*.

23   V. *la formule de* DÉSISTEMENT DE PRIVILÉGE ET D'ACTION RÉSOLUTOIRE.

24   3° MAINLEVÉE PARTIELLE D'INSCRIPTION.

25   PAR-DEVANT Mᵉ LARABLÉE [1], notaire [2] à.., soussigné [15].

26   Est comparu M. Carolus [5] YVER (*id.*), rentier (*id.*), demeurant (*id.*) à...

27   Lequel a, par ces présentes, renoncé à l'effet de l'hypothèque que M. Frédéric MOREAU, marchand de bois demeurant à..., lui a donnée sur, entre autres biens, une maison sise à.... rue..., n..., suivant acte passé devant Mᵉ..., notaire à..., le... ; et par suite a donné mainlevée et consenti la radiation de l'inscription prise à son profit contre ledit sieur MOREAU, au bureau des hypothèques de..., le..., vol..., n... ; mais seulement en ce que cette inscription frappe sur la maison ci-dessus indiquée, comprise sous le n... de la désignation des biens qui y sont détaillés. L'effet desdites hypothèque et inscription étant expressément réservé sur tous les autres biens qui y sont désignés.

28   *Ou bien* : Lequel a, par ces présentes, donné main-lovée [149] et consenti la radiation de l'inscription [85] prise à son profit au bureau des hypothèques de..., le..., vol..., n..., contre le sieur Frédéric MOREAU. Mais seulement en ce que ladite inscription frappe sur une maison sise à..., rue..., n..., vendue par ledit sieur MOREAU à M. Etienne PRUDOR, négociant, demeurant à..., suivant contrat passé devant Mᵉ.., notaire à..., le..., dûment enregistré [42] et transcrit [111] au bureau des hypothèques de.., le..., vol..., n... — Le comparant renonçant (B) définitivement et pour toujours à son droit d'hypothèque sur ladite maison, sous la réserve [51] de ce même droit et de l'effet de ladite inscription à l'égard de tous autres biens.

29   Faisant laquelle radiation, M. le conservateur sera bien et valablement déchargé.

30   Dont acte, fait et passé, etc. — V. *les alin*. 14 et 15 *de l'avant-dernière formule*.

IV. MAINLEVÉE D'OPPOSITION A MARIAGE [63].

2   PAR-DEVANT Mᵉ Alix [1] LOURÉ (*id.*), notaire [2] à Melle (*id.*), département de.., soussigné [15].

3   Est comparue mad. Adèle COMMINE [3], veuve de M. Hilaire MÉROT, elle sans profession (*id.*), demeurant à...

4   Laquelle a, par ces présentes, donné mainlevée pure et simple de l'opposition par elle formée au mariage que M. Edouard MÉROT, son fils, artiste dramatique sur le théâtre de..., se propose de contracter avec Dlle Jeanne FRELET, blanchisseuse, demeurant à..., suivant exploit de..., huissier à..., en date du.... (*ou bien* : suivant acte passé en minute [59] et présence de témoins [14] devant Mᵉ..., notaire à..., le...), enregistré [42] et signifié [20] à l'officier de l'état civil de....

5   Consentant, ladite dame, que cette opposition soit considérée comme nulle et non avenue (C), et qu'elle ne forme plus obstacle au mariage de son fils avec ladite Dlle FRELET.

6   Dont acte, fait et passé à Melle [12], en l'étude (*id.*), l'an mil huit cent quarante-cinq [13], le vingt-huit février (*id.*), en présence de MM. (*Noms, prénoms, professions et demeures*), témoins instrumentaires [14]; et les parties ont signé [15] avec les témoins et le notaire, après lecture [16].

7   V. *Répertoire*, note 17. — *Forme des actes*, note 58. — *Enregistrement*, notes 56, 18 et 19.

V. MAINLEVÉE [149] DE PRIVILÉGE [29] DE SECOND ORDRE
SUR LES FONDS D'UN CAUTIONNEMENT [89].

1   PAR-DEVANT Mᵉ Alix [1] LOURÉ (*id.*), notaire [2] à Melle [1], soussigné [15].

2   Est comparu M. Alfred [5] TOURNIER (*id.*), rentier (*id.*), demeurant (*id.*) à...

(A) Ce qui suit se supprime dans les main-levées où il n'y a pas obligation de justifier du paiement des causes des inscriptions pour que le conservateur opère la radiation.

(B) Il n'est pas utile ici de faire renoncer le créancier à son droit d'hypothèque, parce que la transcription ferme la porte aux inscriptions (C. proc. civ. 854).

(C) Quand la main-levée n'est donnée que parce que l'opposition est nulle en la forme, on substitue ce qui suit à la fin de l'alinéa :
Mais sous la réserve qu'elle fait de former une nouvelle opposition si elle le juge convenable. — V. sup. p. 576 note C.

4   Lequel a, par ces présentes, déclaré se désister [175] purement et simplement du privilége de second ordre qui existe à son profit sur le cautionnement [89] de M. Charles BONNEFOY, avoué à..., par suite de la déclaration que ce dernier a faite suivant acte passé devant Mᵉ..., notaire à..., le..., enregistré, que les fonds qu'il a versés au Trésor public pour raison de son cautionnement appartenaient audit sieur TOURNIER.

5   Consentant, le comparant, que ce privilége demeure nul et non avenu, et que tous payeurs, caissiers et autres, en en versant le montant entre les mains de qui de droit, soient valablement quittes et déchargés, comme il les en quitte et décharge formellement par ces présentes.

6   Dont acte, fait et passé, etc.— V. les alin. 6 et 7 de la formule qui précède.

7   V. la formule de PRIVILÉGE DE SECOND ORDRE (déclaration de).

1   VI. MAINLEVÉES[149] : 1° DE SAISIE-ARRÊT [108] ; 2° D'OPPOSITION (id.); 3° DE SAISIE BRANDON (id.); 4° DE SAISIE-EXÉ-CUTION (id.); 5° DE SAISIE-GAGERIE (id.) ; 6° DE SAISIE IMMOBILIÈRE [194] ; 7° DE SAISIE-REVENDICATION [216].

2   1° MAINLEVÉE [149] DE SAISIE-ARRÊT [108].

3   PAR-DEVANT Mᵉ Prosper [1] GASTÉ (id.), notaire [2] à Chinon (id.), soussigné [15].

4   Est comparu M. Ovide [3] BERAUT (id.), épicier (id.), demeurant à....

5   Lequel a, par ces présentes, donné mainlevée pure et simple de la saisie-arrêt formée à sa requête sur le sieur Joseph LIGERON, aubergiste, demeurant à..., entre les mains de M. Stanislas HÉRAUT, propriétaire, demeurant à..., suivant exploit [20] de..., huissier à..., en date du...., dûment enregistré [42].

6   Consentant que cette saisie-arrêt soit considérée comme nulle et non avenue, et que ledit sieur HÉRAUT, en payant et remettant audit sieur LIGERON ou à tous autres qu'il appartiendra les sommes ou effets qu'il peut devoir ou avoir à ce dernier, soit valablement quitte et déchargé.

7   (A) Dont acte, fait et passé à Chinon [12] en l'étude (id.), l'an mil huit cent quarante-cinq [13] , le vingt-huit février (id.), en présence de MM. (Noms, prénoms, professions et demeures), témoins instrumentaires [14] ; et le comparant a signé [15] avec les témoins et le notaire, après lecture [16].

8   V. Répertoire, note 17. — Forme des actes, note 38. — Enregistrement, notes 56, 18 et 19.

9   2° MAINLEVÉE [149] D'UNE OPPOSITION [108] FORMÉE A UNE CAISSE PUBLIQUE.

10   PAR-DEVANT Mᵉ.. — Est comparu M. Ovide BERAUT, etc.

11   Lequel a, par ces présentes, donné mainlevée pure et simple d'une opposition formée à sa requête sur le sieur Joseph LIGERON, au Trésor Royal (ou : à la Caisse des dépôts et consignations [48] à Paris), suivant exploit [20] de..., huissier à..., en date du..., dûment enregistré [42, n. 1], visé [20] le..., sous le n...

12   Consentant, le comparant, que cette opposition soit considérée comme nulle et non avenue, et que tous payeurs et caissiers en payant et remettant audit sieur LIGERON ou à tous autres qu'il appartiendra les sommes qu'ils peuvent devoir ou avoir à ce dernier soient valablement quittes et déchargés.

13   Dont acte, fait et passé, etc. — V. les alin. 7 et 8 de la formule qui précède.

14   3° MAINLEVÉE [149] DE SAISIE-BRANDON [108].

15   PAR-DEVANT Mᵉ.. — Est comparu M. Ovide BÉRAUT...

16   Lequel a, par ces présentes , donné mainlevée pure et simple de la saisie-brandon faite à sa requête par procès-verbal de.... huissier à.., en date du..., sur diverses pièces de terre désignées audit exploit et chargées de récoltes en blé, seigle, orge et avoine, appartenant à M. Joseph LIGERON, aubergiste, demeurant à..., débiteur du comparant, en vertu d'une obligation passée devant Mᵉ..., notaire à..., le..., dûment enregistrée [42].

17   Consentant que cette saisie-brandon soit et demeure nulle et de nul effet, et que tous gardiens, en se retirant, soient valablement déchargés envers le comparant.

18   Dont acte, fait et passé, etc. — V. ci-dessus les alin. 7 et 8.

19   4° MAINLEVÉE [149] DE SAISIE-EXÉCUTION [108].

20   PAR-DEVANT Mᵉ.. — Est comparu M. Ovide BÉRAUT...

21   Lequel a, par ces présentes, donné mainlevée pure et simple de la saisie-exécution [108] faite à sa requête, par procès-verbal de..., huissier à..., en date du..., des meubles et marchandises appartenant à M. Joseph LIGERON, au-bergiste, demeurant à.., et garnissant les lieux habités par ce dernier comme composant son domicile.

22   Consentant que cette saisie-exécution soit... — V. l'alin. 17 qui précède.

23   Dont acte, fait et passé, etc. — V. ci-dessus les alin. 7 et 8.

(A) Quand les titres du saisissant conservent encore leur effet nonobstant la mainlevée, on ajoute l'alinéa suivant :
La présente mainlevée est ainsi donnée sous la réserve la plus expresse que fait led. s. BÉRAUT de tous droits [27] et actions [28] résultant en sa faveur contre led. s. LIGERON du titre de créance contenant les causes de lad. opposition.

²⁴   5° MAINLEVÉE [149] DE SAISIE-GAGERIE [108].

²⁵   PAR-DEVANT Mᵉ... — Est comparu M. Ovide BÉRAUT.....

²⁶   Lequel, a, par ces présentes, donné mainlevée pure et simple de la saisie-gagerie faite à sa requête par procès-verbal de..., huissier à..., en date du..., dans une maison sise à..., rue..., n..., appartenant au comparant, des meubles et marchandises garnissant ladite maison et appartenant à M. Joseph LIGERON, aubergiste, comme locataire par suite du bail [108] que le comparant lui a fait.

²⁷   Consentant que ladite saisie-gagerie soit etc. — V. l'alin. 17 qui précède.

²⁸   Dont acte, fait et passé, etc. — V. ci-dessus les alin. 7 et 8.

²⁹   6° MAINLEVÉE [149] DE SAISIE IMMOBILIÈRE [194].

³⁰   PAR-DEVANT Mᵉ.. — Est comparu M. Ovide BÉRAUT...

³¹   Lequel a, par ces présentes, donné mainlevée pure et simple et consenti la radiation entière de la saisie immobilière pratiquée à sa requête contre M. Joseph LIGERON, aubergiste, demeurant à..., et sur divers biens immeubles lui appartenant, suivant procès-verbal de..., huissier à..., en date du..., dûment enregistré [42], visé par les maires des communes dans lesquelles sont situés lesdits immeubles, et dénoncé au saisi par procès-verbal du même huissier en date du..., aussi enregistré, lesquels procès-verbal de saisie et procès-verbal de dénonciation (A) d'icelle ont été transcrits [111] au bureau des hypothèques de..., le..., vol .., n...

³²   Consentant, le comparant, que ces divers exploits demeurent comme non avenus, et qu'en rayant la transcription sus-énoncée de tous registres où elle a été faite, tout conservateur soit valablement déchargé. Sous la réserve [51] expresse que fait le comparant de ses droits [27] contre ledit sieur LIGERON, pour raison de sa créance en principal, intérêts [49] et frais, notamment de l'effet des inscriptions [83] hypothécaires par lui prises pour raison de cette même créance.

³³   Dont acte, fait et passé, etc. — V. ci-dessus les alin. 7 et 8.

³⁴   7° MAINLEVÉE [149] DE SAISIE-REVENDICATION [216].

³⁵   PAR-DEVANT Mᵉ.. — Est comparu M. Ovide BÉRAUT...

³⁶   Lequel a, par ces présentes, donné mainlevée pure et simple de la saisie-revendication faite à sa requête sur le sieur Joseph LIGERON, aubergiste demeurant à..., par procès-verbal de..., huissier à..., en date du..., sur divers meubles et effets mobiliers qui garnissaient la maison louée par le comparant audit sieur LIGERON, lequel les avait déplacés sans le consentement de ce dernier en les transportant chez le sieur..., au domicile duquel ils ont été saisis.

³⁷   Consentant que cette saisie-revendication soit considérée comme nulle et non avenue, et que tous gardiens, en se retirant, soient bien et valablement déchargés envers le comparant.

³⁸   Dont acte, fait et passé, etc. — V. ci-dessus les alin. 7 et 8.

VII. MAINLEVÉE [149] D'INSCRIPTION [83] ET DE SUBROGATION [114].

²   1° MAINLEVÉE [149] D'INSCRIPTION [83] ET DE SUBROGATION [114] PAR UN LÉGATAIRE.

³   PAR-DEVANT Mᵉ Sixte [1] LHOMONE (id.), notaire [2] à Saint-Martin [1], soussigné [13].

⁴   Est comparu M. Léon [5] BOURGEOIS (id.), négociant (id.), demeurant (id.) à...

⁵   Agissant comme légataire universel [24] en toute propriété de M. Alphonse BINTRAND, en son vivant banquier à..., suivant son testament [152] par acte public passé en minute [59] et présence de témoins [14] devant Mᵉ..., notaire à..., le..., enregistré [42], lequel testament a reçu sa pleine et entière exécution, au moyen de ce que le testateur n'a laissé aucun héritier à réserve ainsi qu'il est constaté par un acte de notoriété [127], à défaut d'inventaire, passé devant Mᵉ..., notaire à..., le..., aussi enregistré.

⁶   Expéditions [64] en forme desquels testament et acte de notoriété sont demeurés ci-annexés [55], après avoir été fait dessus mention de cette annexe par le notaire soussigné en présence des témoins ci-après nommés.

⁷   Lequel a, par ces présentes, donné mainlevée pure et simple et consenti la radiation [149] entière :

⁸   1° De l'inscription [83] prise au profit de M. Eustache BAILLY, propriétaire demeurant à..., au bureau des hypothèques de..., le..., vol..., n..., contre M. Mathieu LENOBLE, distillateur demeurant à..., et dans l'effet de laquelle M. BINTRAND, sus-nommé, a été subrogé [114].

⁹   2° Et de la mention [114] de subrogation faite en marge de cette inscription le.. , au profit dudit sieur BINTRAND.

¹⁰   Renonçant (B) définitivement et pour toujours au droit d'hypothèque d'où résulte ladite inscription : et consentant que le conservateur, en opérant la radiation desdites inscription et mention de subrogation, soit valablement déchargé.

(A) Si sommation avait été faite aux créanciers inscrits de prendre communication du cahier des charges déposé au greffe pour la vente des biens saisis et que mention de cette sommation eût été faite en marge de la transcription de la saisie au bureau des hypothèques, il ne serait plus au pouvoir du saisissant de donner seul mainlevée de la saisie, il faudrait le concours de tous les créanciers inscrits (C. proc 695). — Il est donc de l'intérêt du saisissant de différer le plus possible le dépôt du cahier de charges au greffe et par suite la sommation d'en prendre communication, pour se réserver d'arrêter l'effet de la saisie en recevant son paiement.

(B) Il est utile de faire renoncer le créancier à son droit d'hypothèque pour lui ôter la faculté de prendre une nouvelle inscription. — V. cependant la note 149.

11 Dont acte, fait et passé à Saint-Martin [12] en l'étude (*id.*), l'an mil huit cent quarante-cinq [13], le vingt-huit février (*id.*),en présence de MM. (*Noms, prénoms, professions et demeures*), témoins instrumentaires [14]; et le comparant a signé [15] avec les témoins et le notaire, après lecture [16].

12 V. *Répertoire*, note 17. — *Forme des actes*, note 38. — *Enregistrement*, notes 56, 18 et 19.

13   2° MAINLEVÉE [149] DE MENTION DE SUBROGATION [114].

14 PAR-DEVANT Mᵉ... — Est comparu M. Léon BOURGEOIS..,

15 Lequel a, par ces présentes, donné mainlevée [149] pure et simple et consenti la radiation entière de la mention [114] de subrogation faite au profit du comparant le..., en marge d'une inscription existante au bureau des hypothèques de..., le..., vol..., n..., au profit de M. Jean LEBEL, rentier, demeurant à..., contre M. Étienne LAVOLLÉE, propriétaire, demeurant à...

16 (A) Consentant que, par suite de la radiation de ladite mention de subrogation, l'inscription et l'hypothèque d'où elle résulte subsistent en leur entier au profit dudit sieur LEBEL ou de tous autres qu'il appartiendra, lesquels pourront en disposer comme bon leur semblera.

17 De laquelle mention opérant la radiation, le conservateur sera valablement déchargé.

18 Dont acte, fait et passé, etc. — V. *sup.* les alin. 11 et 12.

MANDAT [80]. — V. *inf.* MARCHÉ ET PROCURATION.

MANDATAIRE (QUALITÉ DE). — V. *sup.* p. 358, *alin.* 4.

MANDAT DE PAIEMENT (97, n. 51).

1

2   Vermenton, le 15 février 1845.

3 A présentation (*ou :* A quinze jours de vue), il vous plaira payer contre le présent mandat à M. GRISE ou à son ordre la somme de cinq cents francs que vous me devez pour reliquat de compte (*ou bien :* dont je vous tiendrai compte à votre première demande), sans autre avis

4   A M. BIZOT, rentier à...,   De votre serviteur
             rue..., n...   CURTET.

5 V. *Enregistrement*, note 98, — et la formule de *lettre de change par acte notarié*

MARCHÉS [110] :

1° *Pour une construction, entre le propriétaire et* | 2° *Pour le recouvrement d'une créance;*
      l'entrepreneur; | 3° *Pour le transport de marchandises.*

V. les formules de *bail à nourriture* et de *bail d'ouvrage et d'industrie* sup. p. 158 et 159 et la formule de *lettre de voiture.*

---

1   1° MARCHÉ (DEVIS ET) ENTRE LE PROPRIÉTAIRE ET L'ENTREPRENEUR (B) POUR UNE CONSTRUCTION.

2 PAR-DEVANT Mᵉ Oscar [1] DUPONT (*id.*), notaire [2] à Saint-Just (1), département de..., soussigné (15).

3   Sont comparus :

4 M. Narcisse [3] POIVRET (*id.*), marchand épicier (*id.*), demeurant (*id.*)à...   D'UNE PART.

(A) Cette mainlevée, bien qu'elle ait pour effet de conférer à un autre un droit d'hypothèque, ne peut être considérée comme un transport de créance donnant lieu à un droit proportionnel d'enregistrement. C'est un abandon gratuit qui ne peut donner lieu qu'à un droit fixe; mais, pour plus de sécurité, il faut avoir soin de supprimer l'alin. 16 de la formule. — V. *note* 30, n. 5; *note* 56, n. 77; *et la formule de* DÉSISTEMENT, p. 379, *note* B.

(B) Cette formule peut servir pour un marché entre un entrepreneur et un sous-entrepreneur ou ouvrier; mais alors on doit supprimer les art. 4 et 5 des conditions et la note A p. 483 qui s'y rattache.

⁵ Et M. Léandre Sommercet, architecte, demeurant à..., où il est patenté [45] pour la présente année à la date du... dernier, ... classe, n...

⁶ Lesquels ont fait entre eux le marché [110] suivant :

⁷ Art. 1. M. Sommercet s'oblige [107], par ces présentes, envers ledit sieur Poivret, qui accepte [52], à élever et édifier, au profit de ce dernier, les constructions [22] dont il va être parlé, sur un terrain appartenant audit sieur Poivret, situé [141] à..., rue..., n..., et à fournir tous les matériaux nécessaires auxdites constructions (A).

⁸ Ces constructions consisteront en un corps de bâtiment entre cour et jardin, lequel bâtiment élevé sur cave aura douze mètres [91] de long sur huit mètres de large mesurés dans œuvre ; la hauteur de chaque goutterreau sera de six mètres, et celle de chaque pignon sera de dix mètres. Ce bâtiment sera éclairé par huit croisées dont quatre au rez-de-chaussée, de chacune un mètre quinze centimètres de large sur un mètre soixante-quinze centimètres de hauteur, et quatre au premier étage de même dimension. Ces croisées seront faites en chêne, ferrées et avec espagnolettes, et vitrées chacune de six carreaux.

⁹ L'entrée du bâtiment sera fermée par deux portes en chêne donnant l'une sur le jardin et l'autre sur la cour, et qui auront chacune un mètre trente-trois centimètres d'ouverture sur deux mètres de hauteur.

¹⁰ Ce bâtiment sera composé intérieurement : 1° d'une cave voûtée de douze mètres de long sur huit mètres de large, et sur une hauteur de trois mètres ; 2° d'un rez-de-chaussée formant deux pièces, séparées par un corridor communiquant de la cour au jardin, et entre elles par une cloison ourdée en plâtre dans laquelle sera pratiquée une porte en sapin ; 3° d'un premier étage formant aussi deux pièces, séparées comme celles du rez-de-chaussée, avec une porte aussi en sapin ; 3° d'un grenier au-dessus éclairé par deux lucarnes faites au-dessus de l'entablement dudit bâtiment et donnant l'une sur le jardin et l'autre sur la cour.

¹¹ Le premier étage et le grenier seront desservis par un escalier en menuiserie d'une largeur de soixante-quinze centimètres, entouré de cloisons ; sous cet escalier il en sera pratiqué un autre en pierres de la largeur de quatre-vingts centimètres pour descendre à la cave.

¹² Les planchers séparant le rez-de-chaussée du premier étage [41] et le premier étage du grenier seront faits en bon bois de chêne, ils seront platonnés à une hauteur, savoir : le premier de deux mètres soixante centimètres du sol du rez-de-chaussée, et le second de deux mètres cinquante centimètres du carreau au-dessus du premier plancher.

¹³ Lesdits rez-de-chaussée et premier étage seront carrelés en bons carreaux neufs du pays. L'aire du grenier sera faite en plâtre sur bardeaux ; il sera fait une cheminée dans chacune des pièces du rez-de-chaussée et du premier étage. Elles seront montées en plâtre.

¹⁴ Tous les murs de ces constructions seront faits en bons moëllons et mortier de chaux jointoyés en plâtre. Le mur de face sera élevé, depuis le sol jusqu'à l'appui des fenêtres, en moëllons piqués ; il sera enduit de plâtre au sas ainsi que l'intérieur des pièces du rez-de-chaussée et du premier étage, et les baies des portes et croisées. Tous lesdits murs seront d'une épaisseur de cinquante centimètres, cependant ceux de trois côtés de la cave seront de l'épaisseur de quarante centimètres et celui du quatrième côté sera de l'épaisseur de cinquante centimètres.

¹⁵ Les combles seront faits en bon bois de chêne. La couverture sera faite en ardoise. Les fenêtres seront garnies en dehors de volets à deux venteaux faits en bois de chêne, ferrés de pentures et gonds et fermés par un crochet en bas et un loqueteau en haut. Toutes les portes extérieures seront ferrées de pentures et gonds, et fermées par une serrure à deux tours. Celles intérieures seront montées sur poteaux d'huisserie, ferrées de pommelles, et fermées chacune par une serrure à deux tours.

¹⁶ Toutes les portes et fenêtres desdites constructions devront être peintes à l'huile, en couleur grise, à deux couches.

¹⁷ Le sol où se trouvera ledit bâtiment devra être élevé suffisamment pour que les eaux puissent avoir leur écoulement dans le caniveau de la rue.

¹⁸ Lesdites constructions sont au surplus indiquées et marquées sur un plan de coupe et élévation dressé par les parties sur une feuille de papier marqué du timbre de un franc cinquante centimes, lequel sera soumis à l'enregistrement [42] avec ces présentes et est demeuré ci-annexé [33] après que dessus il a été fait mention de son annexe et qu'il a été signé par les parties, les témoins et le notaire.

¹⁹ Art. 2. Le sieur Sommercet promet et s'oblige d'exécuter toutes lesdites constructions suivant les règles de l'art, et de fournir tous les matériaux nécessaires de bonne qualité ; le tout sous la responsabilité prévue par l'art. 1792 du Code civil, et ce d'ici au premier octobre prochain, jour auquel il s'engage à remettre les clefs audit sieur Poivret, sous peine [38] de tous dépens [120], dommages [139] et intérêts (ou : de quinze cents francs de dommages et intérêts).

²⁰ Art. 3. Les constructions dont est ci-dessus parlé seront faites moyennant la somme de vingt mille francs. Laquelle somme le sieur Poivret promet et s'oblige [107] de payer [84] à M. Sommercet en cinq termes [77] et paiements égaux, d'année en année, à compter de ce jour, avec intérêts [49] au taux de cinq pour cent par an sans retenue à partir du premier octobre prochain si la remise des clefs a eu lieu à cette époque.

(A) *Ou bien* : Le tout conformément au devis fait entre les parties sur.... feuilles de papier marqué du timbre [61] de..., lequel devis écrit sans rature [36], ni surcharge (*id.*), et avec un seul renvoi [37], sera soumis à l'enregistrement avant ou en même temps que ces présentes et est demeuré ci-annexé [35], après avoir été fait dessus mention de cette annexe par le notaire soussigné, en présence des témoins ci-après nommés.

NOTA. *Quand on met ce qui précède, on supprime les alin. 8 à 19 de la formule.*

21 (A) Art. 4. Pour faire acquérir privilége [29] à l'entrepreneur sur le terrain dont il s'agit et les constructions à faire dessus, il sera, par un expert [195] nommé d'office par le tribunal de première instance de... sur la demande des parties, dressé préalablement un procès-verbal, à l'effet de constater l'état des lieux relativement aux ouvrages que M. Poivret aura déclaré avoir dessein de faire en se conformant à ce qui est dit ci-dessus, et dans les six mois qui suivront la perfection des travaux, les ouvrages devront être reçus par un expert également nommé d'office par le tribunal. Toutefois, le montant du privilége ne pourra excéder les valeurs constatées par le second procès-verbal, et, en cas d'aliénation de l'immeuble, le privilége se réduira à la plus-value résultant des travaux qui auront été faits.

22 Art. 5. Pour plus de sûreté de ladite somme de vingt mille francs et de ses intérêts, M. Poivret affecte et hypothèque [30] spécialement le terrain sur lequel doivent être assises les constructions ainsi que ces constructions elles-mêmes (30, n. 369).

23 Ce terrain de la contenance de vingt-cinq ares [91] est situé [141] à..., rue..., et tient (*id.*) d'un côté à..., etc.

24 M. Poivret en est propriétaire [22] comme en ayant fait l'acquisition de.... — *Observer ici ce qui est dit sup. p.* 403 *au mot* ÉTABLISSEMENT DE PROPRIÉTÉ.

25 Sur lequel terrain et ses dépendances M. Poivret consent qu'il soit pris inscription [83] à ses frais.

26 M. Poivret déclare qu'il est célibataire [162] et qu'il n'est et n'a jamais été soumis à hypothèque légale [30] ; comme aussi que le terrain hypothéqué est libre de toute hypothèque, s'obligeant à justifier de la sincérité de sa déclaration par un certificat [111] négatif du conservateur des hypothèques de..., d'ici à...

27 Art. 6. Les déboursés [5] et honoraires (*id.*) des présentes, ceux d'une grosse [64] et d'inscription [83] seront payés par M. Poivret.

28 Art. 7. Pour l'exécution des présentes, les parties font élection de domicile [11] en leurs demeures sus-indiquées.

29 Dont acte, fait et passé à Saint-Just [12], en l'étude (*id.*), l'an mil huit cent quarante-cinq [13], le vingt-huit février (*id.*), en présence de MM. (*Noms, prénoms, professions et demeures*), témoins instrumentaires [14] ; et les parties ont signé [15] avec les témoins et le notaire, après lecture [16].

30 V. *Répertoire*, note 17. — *Forme des actes*, note 38. — *Enregistrement*, notes 174, 18 et 19.

31 V. aussi la formule de *bordereau d'inscription* sup. p. 176 et les notes au bas de cette page.

---

1 2° MARCHÉ OU MANDAT SALARIÉ [80] POUR LE RECOUVREMENT [84] D'UNE CRÉANCE [25].

2 PAR-DEVANT Mᵉ Ariste [1] BELLIER (*id.*), notaire [2] à Mercœur [1], département de..., soussigné [15].

3 Sont comparus :

4 M. Jacques [3] RÉTUF (*id.*), propriétaire (*id.*), demeurant (*id.*) à... D'UNE PART.

5 Et M. André BEAU, agent d'affaires, demeurant à..., où il est patenté [43] pour la présente année à la date du..., classe..., n... D'AUTRE PART.

6 Lesquels ont exposé ce qui suit :

7 M. RÉTUF est créancier [25] de M. François DUVAUX, ancien négociant aux États-Unis d'Amérique, d'une somme principale de vingt mille francs montant de dix lettres de change [97] souscrites par le susnommé et protestées en France faute de paiement [42, n. 1], ensemble des intérêts [49] et accessoires [105] desdites lettres de change.

8 M. BEAU ayant appris par ses correspondants de Mexico que M. DUVAUX était décédé [63] en cette ville, laissant quelque fortune, a fait part de cette nouvelle à M. RÉTUF.

9 M. RÉTUF n'étant point à même de faire par lui-même les poursuites et diligences nécessaires pour le recouvrement de sa créance, a proposé à M. BEAU de se charger de les faire. Celui-ci ayant accepté cette proposition, les parties sont convenues de ce qui suit :

10 Art. 1. M. BEAU promet et s'oblige de faire les voyages, démarches, recherches et poursuites nécessaires pour procurer à M. RÉTUF la rentrée de ses créances.

(A) *Cette clause est peu usitée, si ce n'est lorsqu'il s'agit de constructions d'une grande valeur ou que le propriétaire est peu solvable.* — *Mais elle peut être remplacée par la clause suivante, quand il est stipulé que le prix sera payé en remettant les clefs :*

À défaut de paiement du prix en principal [136] et intérêts [49] du présent marché lorsque vérification aura été faite des travaux et que M. SOMMERCET fera l'offre des clefs, ce dernier aura le droit de rétention (29, n. 5) sur le bâtiment qu'il aura élevé jusqu'au paiement du dit prix en principal et accessoires [105]. En conséquence, il pourra jouir dudit bâtiment, soit par lui-même soit en le louant à d'autres moyennant le prix qu'il jugera convenable et pour un temps qui ne pourra excéder trois, six ou neuf années résiliables à chaque période, toutefois en imputant [84] les sommes qu'il aura retirées par prix de jouissance, d'abord sur les intérêts et ensuite sur le principal à lui dû, étant bien entendu que M. SOMMERCET n'aura à tenir compte d'aucune somme pour jouissance s'il n'occupe point par lui-même ou par les siens aucune partie dudit bâtiment.

On peut encore ajouter la clause suivante : M. POIVRET ne sera de fait propriétaire des constructions dont il s'agit que par le paiement du prix ci-dessus convenu et de ses intérêts ; en conséquence, tant que ce paiement ne sera pas effectué, M. SOMMERCET deviendra seul propriétaire desdites constructions, en le faisant, au surplus, ordonner ainsi par justice. Cependant cette condition cessera d'avoir son effet dès que M. POIVRET aura effectué le paiement de la moitié dudit prix, faute de quoi elle aura son plein et entier effet, et M. SOMMERCET deviendra propriétaire du terrain sur lequel est assis ledit bâtiment, M. POIVRET consentant, pour ce cas, à le lui vendre [109] pour le prix qui sera fixé par experts convenus entre eux, sinon nommés par le tribunal de première instance.

NOTA. *Ces deux clauses ne peuvent donner lieu au droit proportionnel de vente.* — V. note 18, n. 270 et suiv.

¹¹ Art. 2. M. Rétuf, de son côté, promet et s'oblige de fournir les avances et déboursés qui seront nécessaires pour effectuer les poursuites à faire : mais le prélèvement en sera fait à son profit sur les premiers recouvrements qui auront lieu.

¹² Art. 3. Pour indemniser M. Beau de l'emploi de son temps, ainsi que de tous frais de voyage et de séjour, il aura la moitié de tout ce qui rentrera au sieur Rétuf, tant dans les principaux [136] que dans les intérêts [49] et autres accessoires [103] des créances dont il s'agit. A cet effet, ledit sieur Rétuf en fait audit sieur Beau, qui l'accepte, et sans autre garantie que celle de l'existence desdites créances, cession [96] et transport jusqu'à concurrence [132] de la moitié pour venir au même rang que le cédant : pour, par ledit sieur Beau, faire et disposer de ladite moitié, comme de chose lui appartenant en toute propriété [22] à compter de ce jour, et la retenir proportionnellement aux sommes qu'il fera rentrer et à mesure de ces rentrées.

¹³ Art. 4. Pour faciliter l'exécution des présentes, M. Rétuf constitue M. Beau, son mandataire [80] général et spécial, et lui donne tous pouvoirs à l'effet de recevoir [84] les créances sus-mentionnées, tant en principaux [136] qu'intérêts [49], frais [120] et accessoires [103]; entendre, débattre et arrêter tous comptes [184], en fixer et recevoir les reliquats; faire tous commandements [194] et sommations [119]; citer et comparaître, tant en demandant qu'en défendant devant tous juges [94] et bureaux de paix, s'y concilier [112], sinon paraître devant tous tribunaux compétents [75]; former toutes demandes [119], répondre à toutes celles qui seraient intentées; plaider, s'opposer [75], appeler [186]; obtenir tous jugements et arrêts, les faire mettre à exécution par toutes voies de droit; exercer toutes poursuites [194], contraintes et diligences (id.) nécessaires; former toutes oppositions [108] et saisies mobilières (id.) et immobilières [194]; suivre sur icelles ou s'en désister [175]; prendre inscriptions [85]; provoquer tous ordres [104] et distributions de deniers [202]; se faire délivrer tous bordereaux de collocation [104], en toucher [85] le montant; prendre tous arrangements [205], traiter (id.) et transiger (id.), composer (id.), compromettre [185]. De toutes sommes reçues donner quittances [84], consentir toutes subrogations [84] sans garantie; donner main-levée [149] de toutes oppositions et saisies et consentir la radiation (id.) de toutes inscriptions soit partiellement soit définitivement; remettre [84] ou se faire remettre tous titres et pièces, en donner ou retirer décharge [84]; passer et signer tous actes; élire domicile [11].

¹⁴ Art. 5. De son côté, M. Beau, au moyen du présent marché et du transport consenti à son profit, promet et s'oblige d'exécuter fidèlement son mandat envers M. Rétuf et de lui tenir compte, aussitôt après avoir reçu, de la moitié revenant à ce dernier dans le recouvrement de ses créances en principaux et accessoires.

¹⁵ Art. 6. Pour l'exécution des présentes, les parties font élection de domicile [11] en leurs demeures respectives sus-indiquées.

¹⁶ Pour faciliter la perception du droit d'enregistrement, la moitié de créances présentement cédée est évaluée [18] u. 276] à dix mille cinq cents francs en principal et accessoires.

¹⁷ Dont acte, fait et passé à Mercœur [12] en l'étude (id.), l'an mil huit cent quarante-cinq [13], le vingt-huit février (id.), en présence de MM. (Noms, prénoms, professions et demeures), témoins instrumentaires [14]; et les parties ont signé [15] avec les témoins et le notaire, après lecture [16].

¹⁸ V. Répertoire, note 17. — Forme des actes, note 38. — Enregistrement, notes 174, 18 et 19.

---

¹   3° MARCHÉ [110] POUR LE TRANSPORT DE MARCHANDISES.

² PAR-DEVANT Mᵉ Charles [1] Leroux (id.), notaire [2] à Ouc [1], département de..., soussigné [15].

⁵   Sont comparus :

⁴ M. Théodore [3] Moellon (id.), marchand de plâtre (id.), demeurant (id.) à..., où il est patenté [43] pour la présente année à la date du... dernier, ... classe, n...   D'UNE PART.

⁵ Et le sieur Joseph Grosjean, voiturier, demeurant à..., où il est aussi patenté, etc.   D'AUTRE PART.

⁶ Lesquels ont fait entre eux le marché suivant :

⁷ Le sieur Grosjean s'oblige [107] envers M. Moellon de voiturer et transporter de la carrière de ce dernier située [141] à..., au port de la Morue situé au-dessous du pont de Bezons, cent mètres [91] cubes de pierre à plâtre.

⁸ Il fournira ses voitures, chevaux et harnais, et fera ce transport dans trois mois à compter de ce jour à peine [58] de dix francs d'indemnité par chaque jour de retard.

⁹ Avant l'enlèvement , il sera procédé contradictoirement à la vérification du cubage des pierres étant dans la carrière, et tous les huit jours il sera procédé au mesurage des quantités conduites au port : ces diverses opérations seront constatées par des décharges [84] que les parties se donneront respectivement.

¹⁰ Le présent marché est fait moyennant la somme [55] de mille francs [91] à raison de dix francs par mètre, laquelle somme totale ledit sieur Moellon promet et s'oblige de payer audit sieur Grosjean au fur et à mesure que le transport des pierres dont il s'agit s'effectuera.

¹¹ Les déboursés [5] et honoraires (id.) des présentes seront payés par M. Moellon.

¹² Pour l'exécution des présentes les parties font élection de domicile [11] en leurs demeures ci-dessus indiquées.

¹³ Dont acte, fait et passé à Ouc [12] en l'étude (id.), l'an mil huit cent quarante-cinq [13] le vingt-huit février (id.), en

présence de MM. (*Noms, prénoms, professions et demeures*), témoins instrumentaires [14] ; et les parties ont signé [15] avec les témoins et le notaire, après lecture [16]

14 **V.** *Répertoire* note 17.— *Forme des actes*, note 38. — *Enregistrement,* notes 174, 18 et 19.

MARIAGE (ACTE [63] DE CÉLÉBRATION DE) *devant l'officier de l'État civil.*

1 L'AN mil huit cent trente-un, le six septembre, à neuf heures du matin.
2 Devant nous, maire, officier de l'État civil de la commune de Vermenton, chef-lieu de canton, arrondissement d'Auxerre, département de l'Yonne, soussigné.
3   Sont comparus publiquement en la maison commune :
4 M. François Marie SELLIER, âgé de trente ans [63], né à Surgy, canton et arrondissement de Clamecy, département de la Nièvre, le quatorze pluviôse an neuf (trois février mil huit cent un), fils majeur de défunt sieur François SELLIER, décédé [63] propriétaire et maire à Surgy, le dix juillet mil huit cent vingt-neuf et de dame Marie LENOIR, sa veuve, propriétaire, âgée de cinquante-huit ans, demeurant audit Surgy, présente et consentante [63] au mariage de son fils.
5 Et Dlle Edmée Marthe QUATREVAUX, sans profession, âgée de dix-neuf ans, née à Vermenton le neuf mai mil huit cent douze, demeurant audit lieu chez son père, fille mineure [63] de M. François QUATREVAUX, agent-général du commerce de bois de la Cure, demeurant à Vermenton et de défunte Edmée Jeanne YVER ; ledit sieur QUATREVAUX, âgé de cinquante-neuf ans, présent et consentant au mariage de sa fille.
6 Lesquels nous ont requis de procéder à la célébration du mariage projeté entre eux et dont les publications [63] ont été faites à Surgy les dimanches quatorze et vingt-un août dernier, et à Vermenton les vingt-un et vingt-huit dudit mois d'août.
7 Aucune opposition ne nous ayant été signifiée et faisant droit à leur réquisition, après avoir donné lecture des actes de publications, des actes de naissance des futurs époux, du certificat de non-opposition délivré par le maire de Surgy, le vingt-six août dernier, de l'acte de décès du sieur François Sellier, père du futur époux, de l'acte de décès de Edmée Jeanne YVER, mère de la future épouse, et du chapitre 6, titre 5, livre premier du Code civil, intitulé : *Des droits et des devoirs respectifs des époux.* Observation ayant été faite que le nom du futur époux est écrit dans son acte de naissance de la manière suivante SEILLIER, tandis que son père a signé à cet acte SELLIER, et que cette dernière manière d'écrire le nom est bien la vraie orthographe du nom propre dudit futur époux qui a toujours signé ainsi ; il a été attesté par les quatre témoins ci-après nommés que ledit sieur SELLIER, futur époux, est bien le même individu que celui dénommé dans l'acte de naissance rédigé par l'adjoint au maire de Surgy, le quinze pluviôse an neuf, qui constate qu'il est fils de François SELLIER et de Marie LENOIR, et que la véritable orthographe de son nom propre comme celle du nom de son père a toujours été SELLIER.
8 Nous avons reçu de chaque partie, l'une après l'autre, la déclaration qu'elles veulent se prendre pour mari et femme, et nous prononçons au nom de la loi que François Marie SELLIER et Edmée Marthe QUATREVAUX sont unis par le mariage.
9 De quoi nous avons dressé acte en présence de MM. Etienne Réné Marie SELLIER, âgé de vingt-cinq ans, propriétaire, frère de l'époux, Edme François GERBEAUX, âgé de trente-deux ans, marchand de bois, beau-frère de l'époux, tous deux demeurant audit Surgy ; Benjamin QUATREVAUX, âgé de cinquante-six ans, propriétaire, demeurant à Joigny, oncle paternel de l'époux, et Edme Louis Jacques YVER, âgé de cinquante-trois ans, capitaine retraité, chevalier de l'ordre de la légion-d'honneur, demeurant à Auxerre, oncle maternel de l'épouse ; et il en a été donné lecture aux parties et aux témoins qui ont signé avec nous. (*Signatures.*)

MARIAGE (CONTRAT DE MARIAGE).

V. *les formules de* CONTRATS DE MARIAGE *et de* RÉTABLISSEMENT DE COMMUNAUTÉ.

---

1 MÉMOIRE [18 n° 552] DANS UNE INSTANCE AVEC LA RÉGIE DE L'ENREGISTREMENT.— *V. la note* 5, *n.* 67 *et la note* 64, *n.* 18.

2   MÉMOIRE à *MM. les président* [15] *et juges du tribunal civil de...*
    Pour M*...*, *notaire à...*
    Contre la régie de l'enregistrement et des domaines.

MESSIEURS,

3 FAITS. Le... dernier, M. VALENTIN, inspecteur de l'enregistrement à Aux, en se livrant à une vérification au bureau de la conservation des hypothèques de ladite ville, a dressé contre moi un procès-verbal constatant que l'expédition [64] en deux rôles écrite sur moyen papier d'un acte de transport et subrogation reçu par moi le..., contenait,

indépendamment de cent lignes, trois renvois [37] de plusieurs petites lignes, ce qui formait une contravention [44 et 61] à l'art. 20 de la loi du 13 brum. an VII passible de 5 francs d'amende outre le décime [19].

⁴   Une contrainte [44] avec commandement [194] m'ayant été signifiée [20] par exploit de..., huissier à..., en date du... dernier, j'y ai formé opposition [18] avec assignation par-devant vous, suivant un autre exploit de..., huissier à..., en date du... Et c'est en cet état qu'il s'agit de statuer sur mon opposition.

⁵   DISCUSSION. L'art. 20 de la loi du 13 brum. an VII sur le timbre est ainsi conçu : *Les papiers employés à des expéditions ne pourront contenir, compensation faite d'une feuille à l'autre, savoir : plus de vingt-cinq lignes par page de moyen papier*.....

⁶   Par l'art. 26 de cette loi il est prononcé pour contravention à l'art. 20 précité une amende [61] de 25 francs réduite à 5 francs par l'art. 10 de la loi du 16 juin 1824.

⁷   Suivant l'art. 174 du décret du 16 fév. 1807 les expéditions de tous les actes reçus par les notaires doivent contenir vingt-cinq lignes à la page et quinze syllabes à la ligne.

⁸   Le fait d'avoir mis plusieurs renvois à la marge de l'expédition, objet du procès-verbal, constitue-t-il réellement une contravention à la loi ? Voilà toute la question.

⁹   Et d'abord le tribunal remarquera que le décret du 16 fév. 1807 ne prononçant aucune peine quand on dépasse le nombre de syllabes, il en résulte que le notaire n'est sujet à aucune amende pour ce cas ; seulement, lorsque l'expédition est écrite en caractères trop gros et qu'elle est loin de contenir quinze syllabes à la ligne, le notaire est exposé, en cas de taxe, à voir réduire le nombre de rôles et même à subir une perte de papier à raison de cette réduction.

¹⁰   La conséquence à tirer de cette première solution c'est que rien n'oblige le notaire de laisser une marge à la gauche de la page, qu'il peut remplir cette marge, et que s'il lui plaît de la laisser en réserve pour réparer des omissions il n'y a point de peine à lui appliquer, la ligne pouvant comprendre tout l'espace qu'il y a de bord à bord dans le sens transversal. Ainsi donc, lorsque les renvois ne comportent pas vingt-cinq petites lignes à la marge, le notaire qui les a faits n'a point commis de contravention, il n'a fait qu'user de son droit.

¹¹   Si vous décidiez qu'il y a contravention, le notaire qui donne un acte à expédier ne saurait jamais sur quoi compter. Si la collation révèle qu'il y a des omissions quand la feuille contient cent lignes, il lui faudra lacérer cette feuille, puis recommencer sur une nouvelle feuille et s'exposer ainsi à de nouvelles peines, à de nouvelles dépenses, et puis qu'arrivera-t-il si la feuille contenant quatre-vingt-quinze lignes a six renvois ? Si ces six renvois ne comportent qu'un mot chacun forment six lignes, cela donnant à l'expédition cent-une lignes, il faudra la recommencer. Vous voyez, Messieurs, qu'une exigence insolite du fisc peut conduire à l'arbitraire le plus vexatoire. Le seul moyen à employer par le notaire pour se soustraire à de semblables tracasseries sera de ne point laisser de marge, d'écrire à toute ligne, et, s'il survient des renvois lors de la collation, il les placera au bas de la page sans ordre, sans goût, mettant de côté l'usage pratiqué jusqu'ici de porter à la marge ce qui ne pouvait être contenu dans le corps de l'écriture. Par ce moyen, il est évident que les expéditions seront moins propres et qu'on emploiera moins de papier, ce qui tournera au détriment du fisc. Il est vrai qu'on pourra m'objecter que quand le fisc, dans ce dernier cas, éprouvera un dommage en employant moins de papier, le notaire, de son côté, en éprouvera aussi puisqu'il aura moins de rôles à faire payer, et l'objection pourra paraître fondée ; mais j'y réponds en disant qu'il est beaucoup de circonstances où les notaires n'ont point intérêt à faire du rôle et qu'alors il n'y aura réellement de dommage que pour le fisc.

¹²   CONCLUSIONS. Par tous ces motifs je conclus à ce qu'il vous plaise, Messieurs, considérant : que la loi n'a point déterminé la longueur de la ligne, ce qui donne le droit au notaire d'écrire à toute ligne ; que l'espace par lui laissé à gauche de la page est une retraite qu'il se ménage pour le cas d'erreurs ou omissions et dont il peut, par conséquent, user jusqu'à concurrence de vingt-cinq petites lignes.

¹³   Déclarer valable mon opposition, nulle et de nul effet la contrainte de la régie de l'enregistrement, et la condamner à tous les dépens [120].

¹⁴   Je joins au présent : 1° la signification qui m'a été faite de la contrainte ; 2° et l'original de mon opposition contenant assignation.

¹⁵   Fait à..., le..., mil huit cent...

                                                          (*Signature du notaire.*)

¹⁶   NOTA. *On signifie ce mémoire à la régie au bureau du préposé où le droit doit être acquitté* (note 18, n. 542) *par exploit d'huissier. L'original de cet exploit peut être mis à la suite du mémoire.* - V. note 45, n. 2. — *De son côté, la régie signifie son mémoire au notaire, et si elle produit des moyens réfutables, le notaire y répond dans un second mémoire qu'il intitule ainsi* : MÉMOIRE AMPLIATIF A MM. LES PRÉSIDENT ET JUGES DU TRIBUNAL CIVIL DE..., etc.

MENTION [84] :

1° d'annexe [35];
2° d'antériorité d'hypothèque [102];
3° de paiement [84] pur et simple;

4° de paiement fait avec subrogation [114] pour tout ou partie;
5° de transport [96] sur la grosse du titre;
6° de prorogation [77].

1° MENTION [84] D'ANNEXE [55]. — V. *sup. p.* **77**, *alin.* **1**.

2° MENTION [84] D'ANTÉRIORITÉ [102] D'HYPOTHÈQUE SUR LA MINUTE.

Suivant acte passé en minute [59] et présence de témoins [14] devant Me... notaire à... le..., dûment enregistré [42], et contenant pouvoir de faire la présente mention, M. Napoléon LANDEAU, dénommé au présent acte, a consenti à ce que M. Chrétien BAULION, régisseur demeurant à..., créancier [25] d'une somme de cinq mille francs, vint en ordre d'hypothèque [30] avant ledit sieur LANDEAU qui lui a consenti toute antériorité [102] d'hypothèque pour sa susdite créance.

Pour mention conforme. —   (Signature du notaire).

3° MENTION [84] DE PAIEMENT PUR ET SIMPLE.

Suivant quittance reçu en minute [59] et présence de témoins [14] par Me..., notaire à... le.., dûment enregistré [42], et contenant pouvoir de faire la présente mention, le montant en principal [107] (*ou* : du prix de la vente [109]. — *ou bien* : de la dot [200] établie au contrat de mariage. — *ou bien encore* : de la rente perpétuelle [76] établie au contrat de constitution) dont minute (*ou* : grosse. — *ou bien* : expédition — *ou bien encore* : extrait) est ci-contre, a été payé en capital [136], intérêts [49] et frais [120] et sans subrogation à M. Charles VIEUXBOIS, créancier dénommé au présent contrat.

Pour mention conforme. —   (Signature du notaire).

4° MENTION [84] DE PAIEMENT FAIT AVEC SUBROGATION POUR TOUT OU PARTIE.

Suivant quittance reçue en minute [59] et présence de témoins [14] par Me.., notaire à..., le.., dûment enregistré [42], et contenant pouvoir de faire la présente mention, le montant en principal [136] et accessoires [103] de l'obligation ci-contre a été payé à M. Charles VIEUXBOIS, créancier dénommé en ladite obligation, avec les deniers de M. Théodore VOLSQUE, prêteur de fonds sous condition d'emploi, lequel a été subrogé [84] par les débiteurs aux droits [27] du créancier pour le tout (*ou bien* : jusqu'à concurrence seulement la somme de..., en principal, remboursable le..., et productive d'intérêts).

Pour mention conforme. —   (Signature du notaire).

5° MENTION [84] DE TRANSPORT [96].

Suivant acte passé en minute [59] et présence de témoins [14] devant Me..., notaire à..., le.., dûment enregistré [42], et contenant pouvoir de faire la présente mention , M... a cédé [96] à M..., le montant en principal et accessoires du prix de la présente vente (*ou bien* : la somme de... à prendre par préférence (*ou* : concurremment avec le cédant) dans le prix de la présente vente [109].

Pour mention conforme. —   (Signature du notaire).

6° MENTION [84] DE PROROGATION [77].

Suivant acte passé en minute [59] et présence de témoins [14] devant Me..., notaire à..., le..., enregistré [42], et contenant pouvoir de faire la présente mention, l'époque de paiement fixée en l'acte dont la grosse [64] est ci-contre a été prorogée au... sans autre dérogation aux clauses et conditions dudit acte.

Pour mention conforme. —   (Signature du notaire).

MINES (CESSION D'ACTION OU D'EXPLOITATION DE)

V. les formules de *transport* et de *vente*.

MINUTE. — V. *sup.* COPIE FIGURÉE *et* ETAT DE MINUTES *et la note* 59.

MITOYENNETÉ. — V. les formules *d'abandon de mitoyenneté* et de *vente de mitoyenneté.*

NAISSANCE (ACTE [65] DE) DRESSÉ PAR UN OFFICIER DE L'ETAT CIVIL.

L'an mil huit cent trente-trois le dix-sept janvier à dix heures du matin , devant nous , Jean-Paul DUCHÊNE , adjoint au maire de la commune de Vermenton, chef-lieu de canton , département de l'Yonne, soussigné, remplissant les fonctions de l'état civil par délégation spéciale de mon dit sieur le maire.

Est comparu M. François-Marie SELLIER , notaire, âgé de trente-deux ans, demeurant à Vermenton.

« Lequel nous a présenté un enfant du sexe masculin, né en cette commune le jour d'hier à huit heures du soir, de lui comparant, et de Edmée-Marthe QUATREVAUX, son épouse âgée de vingt ans, et auquel il a déclaré vouloir donner le prénom de JULES. Lesdites présentation et déclaration faites en présence de François QUATREVAUX, agent-général du commerce de bois de la Cure, âgé de soixante ans, et de Jean Baptiste QUATREVAUX, rentier, âgé de soixante-et-un ans, tous deux demeurant à Vermenton; et le père et les témoins ont signé avec nous le présent acte de naissance après qu'il leur en a été donné lecture. —
                                                                                                                (*Signatures*).

NANTISSEMENT. — V. les formules d'*antichrèse* et de *gage*.

NOLISSEMENT. — V. CHARTE-PARTIE.

---

1   NOTIFICATION [145] PAR UN NOTAIRE AU PROCUREUR-GÉNÉRAL DU SCEAU DES TITRES
       a vant de procéder à l'inventaire après le décès d'un titulaire de majorat [73].

2   Monsieur le procureur-général,

3   Etant requis de procéder à l'inventaire [145] des meubles [86], effets et papiers laissés par feu M. (*nom, prénoms et qualité du titulaire*), décédé [63] à... département de..., le..., et le maire de la commune (*ou : le chef d'état-major de telle division*) ne vous ayant point encore fait la notification prescrite par l'art. 12 du décret du 4 mai 1809; pour y suppléer, j'ai l'honneur de vous envoyer copie en bonne forme et dûment légalisée [125] de l'acte de décès dudit défunt sieur...

4   Vous priant, M. le Procureur-Général, de vouloir bien me donner certificat de réception de la présente lettre, afin qu'il puisse tenir lieu du certificat de notification prescrit par le décret précité.

5   Veuillez, Monsieur le Procureur-Général, agréer l'assurance de mes sentiments respectueux.

6   Bèze, le...,
                                                                           BIERGE, notaire à Bèze.

---

1   NOTIFICATION [18] DE DÉCLARATION DE COMMAND [148] A LA RÉGIE DE L'ENREGISTREMENT
       pour être dispensé de faire enregistrer dans les vingt-quatre heures l'acte translatif de propriété.

2   COPIE DE LA DÉCLARATION DE COMMAND.
3   Et le quinze février mil huit cent quarante-cinq [15] à l'heure de midi.
4   PAR-DEVANT M⁰... — *Mettre ici les alin. 3 à 9 du command, p.* 254.
                                                      Pour copie conforme. — GRANDIER.

5   NOTIFICATION [20].
6   L'an mil huit cent quarante-cinq [20] le quinze février (*id.*), à trois heures du soir.
7   A la requête de M. Urbin GRANDIER, notaire à La Folie, y demeurant.
8   J'ai, Pierre OUDE, huissier, demeurant à..., soussigné
9   Déclaré et signifié à l'administration de l'enregistrement en son bureau de La Folie, auquel lieu étant et parlant à M. MICHEL, son préposé audit bureau, lequel a visé [20] le présent,
10   Que le réquérant a reçu cejourd'hui à l'heure de midi un acte contenant déclaration de command par M. Narcisse POUILLOT, propriétaire demeurant à.., au profit de M. Jacques LEMERLE, entrepreneur de travaux demeurant à..., laquelle déclaration a été faite conformément à la loi (18 n. 70) (A).
11   Et pour qu'il n'en ignore, j'ai laissé à ladite administration, en son bureau de la Folie, ès-mains de M. MICHEL, son préposé, parlant comme est dit ci-dessus, la présente copie (B) comprenant celle de la déclaration de command. Coût....
                                                              — (*Signature de l'huissier*).
12   V. *Enregistrement*, note 56

(A) On n'entre point dans plus de détails pour ne pas relater l'adjudication, car si on la mentionnait n'étant point enregistrée, on pourrait considérer l'exploit comme un acte fait en conséquence de cette adjudication, et l'huissier serait passible d'une amende. - V. note 42. — Cependant comme la déclaration de command et la vente ne font qu'un seul et même tout (18 n. 66), il se peut qu'il n'y ait pas plus de contravention à relater cette vente, que la déclaration de command, laquelle est elle-même assurément dispensée d'enregistrement puisque c'est pour l'affranchir de cette formalité dans les vingt-quatre heures que la loi en autorise la notification.
(B) C'est la copie de la notification que nous libellons et non l'original. On ne transcrit point la copie sur l'original.

NOTORIÉTÉ (ACTES DE) [127]:

1° *Après décès* [63], *constatant le nombre et la qualité des héritiers* [78] *en ligne directe du défunt.*

2° *Après décès* [63], *constatant que le défunt n'a point laissé d'héritiers* [78] *à réserve* [150].

3° *Après décès* [63], *confirmatif des qualités d'un inventaire* [145].

4° *Constatant la non-existence d'une grossesse;* — ou : *que l'enfant existe ;* — ou : *qu'il n'est pas né viable* [78]; — ou bien : *qu'il est né viable* [78] *et est décédé* [63].

5° *Pour le rejet du nom d'une personne mal-à-propos désignée comme héritière dans un intitulé d'inventaire* [145].

6° *Pour le rejet d'une inscription hypothécaire* [83] *délivrée par ressemblance de noms.*

7° *Pour une rectification de noms et prénoms dans une inscription* [197] *sur le Grand-Livre.*

8° *Pour un pensionnaire de l'État qui ne peut représenter son acte de naissance* [63].

9° *Pour parvenir à faire prononcer une absence* [78].

10° *Pour parvenir à une adoption* [165].

V. les formules d'ATTESTATION, de CERTIFICATS et de MARIAGE.

(A) 1° NOTORIÉTÉ [127] APRÈS DÉCÈS [63], CONSTATANT LE NOMBRE ET LA QUALITÉ DES HÉRITIERS [78] *en ligne directe du défunt.*

PAR-DEVANT Me Louis [1] ROUSSE (*id.*), notaire [2] à Saint-Genest [1], département de..., soussigné [15].

Sont comparus :

M. Damien [3] LAGARDE (*id.*), rentier (*id.*), demeurant (*id.*) à...

Et M. Ovide BOULET, marchand de bois demeurant à...

Lesquels ont, par ces présentes, attesté pour vérité et notoriété [127] à qui il appartiendra : avoir parfaitement connu M. Jacob PILLON, administrateur de messageries, demeurant à..., et savoir :

Qu'il est décédé [63] à..., le..., mil huit cent...., ainsi qu'il est d'ailleurs constaté par son acte de décès [63] inscrit aux registres de l'état civil de la commune de.., à la date du... , (B) duquel acte une expédition [63] délivrée par le maire de ladite commune est demeurée ci-annexée [35] après avoir été fait dessus mention de cette annexe par le notaire soussigné en présence des témoins ci-après nommés.

Qu'après son décès il n'a point été fait d'inventaire [145].

Qu'il était marié en secondes noces à mad. Pauline LEGRAND, avec laquelle il était commun en biens aux termes de leur contrat de mariage [166] passé devant Me..., notaire à... le... et dont une expédition [64] a été représentée et à l'instant rendue.

Et qu'il a laissé pour ses seuls héritiers (ou : pour seuls habiles à lui succéder) chacun pour un tiers : 1° M. Alexandre PILLON, homme de lettres, demeurant à..., 2° M. Prosper PILLON, avocat, demeurant à... ; ses deux enfants issus de son mariage avec la dame Amélie ZIMM, sa première épouse.

3° Et Arthur PILLON, enfant mineur [65] issu de son mariage avec la dame Pauline LEGRAND, aujourd'hui sa veuve. Ledit mineur sous la tutelle légale [165] de cette dernière, et ayant pour subrogé-tuteur M. Isaac PILLON, son oncle, entrepreneur de roulage, demeurant à...

De laquelle attestation il a été dressé le présent acte sur la demande et aux frais [5] de mad. veuve PILLON, sus-nommée [3], sans profession, demeurant à..., à ce présente.

Dont acte, fait et passé à Saint-Genest [12] en l'étude (*id.*), l'an mil huit cent quarante-cinq [13] le vingt-huit février (*id.*), en présence de MM. (*noms, prénoms, professions et demeures*), témoins instrumentaires [14]; et les parties ont signé [15] avec les témoins et le notaire, après lecture [16].

V. *Répertoire,* note 17. — *Forme des actes,* note 38. — *Enregistrement* , note 56, 18 et 19.

---

15 2° NOTORIÉTÉ [127] APRÈS DÉCÈS [63], CONSTATANT QUE LE DÉFUNT N'A POINT LAISSÉ D'HÉRITIERS [78] A RÉSERVE [150].

16 PAR-DEVANT Me.... — Sont comparus MM.... - V. *sup. alin.* 2, 3, 4 et 5.

(A) Assez souvent la notoriété est contenue dans l'acte même pour lequel elle est nécessaire. Dans les petites affaires, il en résulte une économie de frais puisque cela dispense de faire une expédition particulière de la notoriété. — V. *inf. la formule de* PARTAGE, *alin.* 228.

(B) Lorsqu'avec la notoriété on est obligé de produire l'expédition de l'acte de décès, cela doit dispenser d'en joindre une à la minute de cette notoriété, à moins que les attestants ne l'exigent pour être plus sûrs de leur affirmation. — V. *sup.* p. 223, *note* A.

Dans les petites localités, il n'est pas d'usage d'annexer une expédition de l'acte de décès à la minute de la notoriété, parce qu'un décès y est toujours un fait très notoire.

17   Lesquels ont, par ces présentes, attesté pour vérité et notoriété [127] à qui il appartiendra, avoir parfaitement connu M. Ignace Loyola, prêtre catholique, desservant de la paroisse de.. , et savoir :
18   Qu'il est décédé [63] à..., le.., mil huit cent... — V. *sup. alin.* 7 et la note
19   Qu'après son décès il n'a point été fait d'inventaire [145].
20   Qu'il n'a laissé ni ascendant ni descendant légitime (A) ou adoptif (A), auquel une quotité de ses biens soit réservée [150] par la loi.
21   (B) Mais qu'il a laissé pour ses seuls héritiers [78] collatéraux chacun pour moitié : 1° M. Fiacre Loyola, son neveu, élève au séminaire de... ; 2° et dlle Angélique Loyola , sa nièce, novice dans la maison du Sacré-Cœur établie à... ; tous deux comme étant issus du mariage de M. Célestin Loyola, frère unique dudit défunt, avec dame...
22   De laquelle attestation les comparants ont requis acte à eux octroyé. — *V. les alin.* 12, 13 *et* 14 *de la formule qui précède.*

23   3° NOTORIÉTÉ [127] APRÈS DÉCÈS [63], CONFIRMATIF DES QUALITÉS D'UN INVENTAIRE [145].

24   PAR-DEVANT M°... — Sont comparus MM... - *V. sup. alin.* 2, 3, 4 *et* 5.
25   Lesquels, à l'appui de l'intitulé de l'inventaire [145] fait après le décès [63], arrivé à..., le..., de M. Ignace Loyola, prêtre catholique desservant la paroisse de..., par M°..., notaire à..., le... et jours suivants, dûment enregistré, à la requête de Catherine Piault, comme légataire universelle [24] dudit défunt, suivant son testament [152] par acte public reçu par M°..., notaire à..., le..., et ayant droit en cette qualité à toute la succession [88], au moyen de ce que ledit défunt n'avait point laissé d'héritiers à réserve.
26   Ont, par ces présentes, attesté pour vérité et notoriété à qui il appartiendra qu'ils ont parfaitement connu ledit feu sieur Ignace Loyola, que les qualités énoncées et prises audit inventaire sont véritables, et que l'on ne connaît point d'autre ayant-droit à ladite succession.
27   De laquelle attestation, etc. — *V. sup. les alin.* 12, 13 *et* 14.

28   4° NOTORIÉTÉ [127] CONSTATANT LA NON-EXISTENCE D'UNE GROSSESSE, — *ou*, QUE L'ENFANT EXISTE, — *ou*, QU'IL N'EST PAS NÉ VIABLE [78], — *ou bien*, QU'IL EST NÉ VIABLE ET EST DÉCÉDÉ [63].

29   I. *Non-existence de grossesse.*
30   PAR-DEVANT M°..., notaire [2] à..., soussigné [15].
31   Est comparue mad. Sophie Pallut [3], veuve de M. Joseph Orfila, en son vivant marchand d'estampes à..., où elle demeure (*id.*).
32   Laquelle a dit, que croyant être enceinte [66, n. 16] lors du décès de son mari, il lui avait été nommé un curateur au ventre (*id.*), et que l'inventaire [145] fait après ce décès par M°..., notaire soussigné, le..., et dont la minute [59] précède, avait eu lieu en présence de ce curateur ; mais que depuis elle avait acquis la certitude que sa grossesse n'existait pas, et que la déclaration qui en avait été faite dans l'intitulé dudit inventaire devait être considérée comme erronée, non faite ni avenue.
33   La déclaration qui précède a été faite en présence :
34   1° De M. Paul [3] Orfila (*id.*), rentier (*id.*), demeurant (*id.*) à..., curateur au ventre [66], à cause de la grossesse présumée de ladite dame.
35   2° Et de M. Charles Robin, propriétaire, demeurant à...
36   Lesquels ont, par ces présentes, attesté pour vérité et notoriété [127] à qui il appartiendra qu'ils ont constamment vu la dame veuve Orfila, pendant le temps qui s'est écoulé depuis le décès de son mari jusqu'à ce jour ; que la déclaration par elle ci-dessus faite est véritable ; et que, par conséquent, MM. Paul Orfila et Zacharie Orfila et la dame Héloïse Orfila, femme Perreau, frères et sœur du défunt, sont habiles à se dire et porter ses seuls héritiers [78] chacun pour un tiers.
37   Pour faire mention [84] des présentes sur toutes pièces que besoin sera, tout pouvoir est donné au notaire soussigné et à tous autres officiers publics de ce requis.
38   Desquelles déclaration et attestation il a été requis le présent acte aux frais de mad. veuve Orfila.
39   Dont acte, fait et passé, etc. — *V. sup. alin.* 13 *et* 14.
40   II. *Existence de l'enfant.*
41   PAR-DEVANT M°... — Est comparue mad...

(A) Dans l'état actuel de notre jurisprudence les prêtres catholiques ne peuvent avoir d'enfants légitimes (V. note 63, n. 152 et 162), mais ils peuvent avoir des enfants adoptifs [163] à la différence des prêtres protestants qui peuvent avoir et des uns et des autres.
(B) *Quand il y a un légataire universel et point d'héritiers à réserve, on substitue ce qui suit à l'alin.* 21 :
Et que par conséquent rien ne s'oppose à ce que le legs [24] universel qu'il a fait à Catherine Piault, sa domestique, suivant son testament [152] par acte public passé devant M°..., notaire à... le..., reçoive sa pleine et entière exécution.

44 Laquelle a dit que lors du décès de son mari elle était enceinte [66], et que l'inventaire [145] dressé par le notaire soussigné le..., et dont minute [89] précède, avait, en conséquence, été fait en présence d'un curateur [66] au ventre; qu'en effet, le .., à l'heure de..., elle est accouchée d'un enfant du sexe masculin, auquel a été donné le prénom de Jules, ainsi qu'il est constaté par son acte de naissance [63] dressé à la mairie de..., le...

45 La présente déclaration ainsi faite en présence de MM.... — *V. sup. alin.* 34 *et* 35.

Lesquels ont attesté pour vérité et notoriété à qui il appartiendra qu'ils ont constamment vu la dame veuve Orfila pendant le temps qui s'est écoulé depuis le décès de son dit mari jusqu'au dit accouchement, auquel ils ont été appelés; et que, par suite dudit accouchement, ledit mineur Jules Orfila, enfant posthume, est habile à se dire seul et unique héritier [78] dudit feu sieur Joseph Orfila, son père.

44 De laquelle attestation, etc. — *V. sup. alin.* 12, 13, 14 *et* 37.

45

III. *Non-viabilité de l'enfant.*

46 Par-devant Mᵉ... — Est comparue mad...

47 Laquelle a dit que, lors du décès de son mari, elle était enceinte [66], et que l'inventaire [145] dressé par le notaire soussigné, le..., et dont la minute [89] précède, avait, en conséquence, été fait en présence d'un curateur [66] au ventre; mais que le..., à l'heure de..., et après quatre mois [78, n. 31] de grossesse, elle est accouchée d'un enfant sans vie [78] et non viable, du sexe masculin, qui a été inscrit au registre des actes de décès de la commune de..., ainsi que le constate un extrait dudit registre délivré par le maire de ladite commune, lequel extrait est demeuré ci-annexé [35] après avoir été fait mention de cette annexe par le notaire soussigné en présence des témoins ci-après nommés.

48 La présente déclaration ainsi faite en présence de .. (*Noms, prénoms, professions et demeures de ceux qui ont assisté à l'accouchement*).

49 Lesquels ont, par ces présentes, attesté pour vérité et notoriété [127] à qui il appartiendra, qu'ils ont constamment vu ladite dame veuve Orfila pendant le temps qui s'est écoulé depuis le décès dudit feu sieur Orfila jusqu'au dit accouchement auquel ils ont été appelés.

50 Que la déclaration par elle ci-dessus faite est véritable, et qu'en conséquence MM. Paul Orfila et Zacharie Orfila et la dame Héloïse Orfila, femme Perreau, frères et sœur germains, sont habiles à se dire et porter seuls héritiers [78] chacun pour un tiers dudit défunt, leur frère.

31 De laquelle attestation, etc. — *V. sup. alin.* 12, 13, 14 *et* 37.

52

IV. *Viabilité et décès de l'enfant.*

53 Par-devant Mᵉ... — Est comparue mad...

54 Laquelle a dit que, lors du décès de son mari, elle était enceinte [66], et que l'inventaire [145] fait après le décès de ce dernier par Mᵉ..., notaire soussigné, le..., a eu lieu en présence d'un curateur au ventre [66], qu'en effet, le..., à l'heure de..., et après neuf mois de grossesse, elle est accouchée d'un enfant du sexe féminin né viable, lequel est décédé [63] une heure après sa naissance et a été inscrit comme enfant sans vie sous le prénom de Cecile [63, n. 448] sur le registre des actes de décès de la commune de..., à la date du..., ainsi qu'il est constaté par un extrait dudit registre délivré par le maire de ladite commune et demeuré ci-annexé [35] après avoir été fait dessus mention de cette annexe par le notaire soussigné en présence des témoins.

55 La présente déclaration ainsi faite en présence de MM. (*V. sup. alin.* 34 *et* 35, *en observant que Paul Orfila ne pourrait pas être l'un des attestants comme ayant une part dans l'hérédité*).

56 Lesquels ont, par ces présentes, attesté pour vérité et notoriété [127] à qui il appartiendra, que, par suite dudit accouchement, la succession de M. Joseph Orfila a appartenu à Cécile Orfila, son enfant posthume, habile à se dire sa seule et unique héritière [78] et que par suite du décès de ladite Cécile Orfila, la succession de cette dernière se trouve dévolue, savoir :

57 A mad. veuve Orfila, comparante, sa mère, pour la moitié revenant à la ligne maternelle et en outre pour l'usufruit du tiers de l'autre moitié.

58 Et à MM. Paul Orfila et Zacharie Orfila et dame Héloïse Orfila, femme Perreau, ses oncles et tante, pour la moitié revenant à la ligne paternelle, comme étant les plus proches parents dans cette ligne.

59 De laquelle attestation, etc. — *V. sup. alin.* 12, 13, 14 *et* 37.

---

60 5° NOTORIÉTÉ [127] *pour le rejet du nom d'une personne mal-à-propos désignée comme héritière* [78] *dans un intitulé d'inventaire.*

61 Par-devant Mᵉ Félix [1] Leroi (*id.*), notaire [2] à Picpus [1], département de..., soussigné [15].

62 Sont comparus : 1° M. Germain [3] Larché (*id.*), propriétaire (*id.*), demeurant (*id.*) à... ; 2° Et M. Cyprien Beaupré, rentier, demeurant au même lieu.

63 Lesquels ont, par ces présentes, attesté pour vérité et notoriété [127] à qui il appartiendra, avoir parfaitement connu M. Achille Patrice, homme de lettres, et savoir :

64 Qu'il est décédé [63] en son domicile à....., rue..., n..., le...

65 Qu'après son décès il a été fait inventaire [145] par Mᵉ..., notaire à..., le..., à la requête :

⁶⁶ 1° De dame Edmée BARBIER, veuve dudit sieur PATRICE, demeurant à...; ayant agi à cause de la communauté [166] de biens qui avait existé entre elle et ledit feu sieur son mari, aux termes de leur contrat de mariage passé devant Mᵉ..., notaire à..., le...

⁶⁷ 2° De M. Claude PATRICE, artiste dramatique, demeurant à...

⁶⁸ Et en présence de M. Elie HÉBERT, agent d'affaires, demeurant à...; mandataire [80] du sieur Zacharie PATRICE, officier de marine, suivant acte passé en minute [39] et présence de témoins (id.) devant Mᵉ.... notaire à..., le...; lequel n'a été admis en cette qualité de mandataire qu'à la charge de prouver, dans le délai de..., l'existence de son mandant à l'époque du décès de M. Achille PATRICE.

⁶⁹ Lesdits sieurs Claude et Zacharie PATRICE, déclarés habiles à se dire et porter seuls héritiers [78] chacun pour moitié dudit feu sieur Achille PATRICE, leur père.

⁷⁰ Qu'il est notoire que lors du décès de ce dernier, ledit sieur Zacharie PATRICE n'avait pas donné de ses nouvelles depuis la perte du navire le *Coq gaulois*, échoué le..., sur les côtes du...

⁷¹ Que dès-lors son existence n'étant pas reconnue et M. HÉBERT ayant laissé expirer le temps durant lequel il pouvait justifier de cette existence, c'est à tort qu'il a été représenté à l'inventaire, puisque la succession du sieur PATRICE, père, doit être dévolue exclusivement à M. Claude PATRICE, par application des art. 135 et 136 du Code civil [78, n. 232].

⁷² Et qu'en conséquence ledit sieur PATRICE est habile [34] à se dire seul et unique héritier [78] dudit feu sieur Achille PATRICE, son père.

⁷³ De laquelle attestation, etc. — *V. sup. alin.* 12, 13, 14 *et* 37.

⁷⁴ 6° NOTORIÉTÉ [127] POUR LE REJET D'UNE INSCRIPTION HYPOTHÉCAIRE [83] DÉLIVRÉE PAR RESSEMBLANCE DE NOMS [A].

⁷⁵ PAR-DEVANT Mᵉ... — Sont comparus : 1° M..., 2° M... — *V. sup. alin.* 61 *et* 62.

⁷⁶ Lesquels ont, par ces présentes, attesté pour vérité et notoriété [127] à qui il appartiendra, qu'ils connaissent parfaitement M. Cyprien GAILLARD, gendre MICHAUT, bijoutier, demeurant à Bessy-sur-Cure, canton de Vermenton, et un autre sieur Cyprien GAILLARD, gendre DARBLET, marchand épicier, demeurant à Lucy-sur-Cure, même canton, et qu'ils savent d'une manière positive : — que les sus-nommés sont l'un et l'autre mariés en premières noces avec leurs épouses actuelles, et que le sieur GAILLARD, bijoutier, est débiteur [26] envers M. Blaise LEROUX, propriétaire à..., d'une somme de deux mille francs, principal d'une obligation passée devant Mᵉ..., notaire à..., le..., et pour laquelle il a été pris une inscription [83] au bureau des hypothèques de..., le..., vol..., n...

⁷⁷ Que le sieur GAILLARD, marchand épicier, n'a jamais été débiteur de cette obligation ;

⁷⁸ Que c'est bien contre le sieur Cyprien GAILLARD, gendre MICHAUT, bijoutier, que cette inscription doit frapper, et non contre le sieur Cyprien GAILLARD, marchand épicier.

⁷⁹ Qu'en conséquence, c'est par une erreur causée par la similitude de noms que le conservateur [114] a compris la dite inscription dans l'état (id.) par lui délivré le..., sur la transcription (id.) faite le..., vol..., n..., d'un contrat de vente par M. Cyprien GAILLARD, gendre MICHAUT, à M. Arthur BONNET, et qu'il y a lieu, par tous ces motifs, de la rejeter dudit état.

⁸⁰ Dont acte, fait et passé, etc. — *V. sup. alin.* 13 *et* 14.

7° NOTORIÉTÉ [127] POUR UNE RECTIFICATION (B) DE NOMS ET PRÉNOMS DANS UNE INSCRIPTION [197] SUR LE GRAND-LIVRE.

⁸¹ Par-devant Mᵉ... — Sont comparus MM.... — *V. sup. alin.* 61 *et* 62.

⁸² Lesquels ont, par ces présentes, attesté pour vérité et notoriété [127] à qui il appartiendra :

⁸³ Qu'ils connaissent parfaitement mad. Marie-Anne LERICHE, veuve de M. Hector PAUTRAT, propriétaire domiciliée à...; tous deux unis en mariage ainsi qu'il est constaté par l'acte de célébration [63] dudit mariage dressé devant l'officier de l'état civil de..., le...

Qu'ils savent qu'en qualité de donataire universel en usufruit [214] de son mari elle a droit en toute propriété à une rente perpétuelle [197], cinq pour cent consolidés, de la somme de deux cents francs immatriculée à son nom au grand-livre de la dette publique sous le n. 72,500, série 7.

⁸⁴ Que c'est à tort et par erreur si, dans l'inscription qui lui a été délivrée de la rente dont il s'agit, ladite dame

<hr>

(A) Nous devons faire observer que cette notoriété peut être suffisante pour sommer le créancier à qui elle a été signifiée de donner mainlevée, mais qu'on ne peut, en vertu de cet acte, forcer un conservateur des hypothèques à retrancher une inscription d'un état dans lequel il l'a comprise. A son égard, il faut un consentement du créancier (C. civ. 2157).

(B. Ce n'est pas en représentant la notoriété au Trésor qu'on peut faire opérer la rectification, il faut un certificat de propriété, le Trésor n'admettant pas d'autre pièce. — V. les formules de CERTIFICATS DE PROPRIÉTÉ et les notes au bas des pages

veuve PAUTRAT a été appelée *Marianne* LERICHE, au lieu de *Marie-Anne* LERICHE, qui sont ses véritables nom et prénoms, ainsi que le constate son acte de naissance [63] inscrit aux registres de l'état civil de la commune de..., le...

85 Et qu'il y a bien identité de personne entre ladite Marianne LERICHE et Marie-Anne LERICHE, titulaire de la rente dont il s'agit ; au moyen de quoi et de la présente déclaration ladite dame veuve PAUTRAT pourra requérir près de qui il appartiendra la rectification de son inscription de rente.

86 A l'appui de leur attestation, les comparants ont représenté une expédition de l'acte de naissance (63] de mad. veuve PAUTRAT et une expédition de son acte de mariage, lesquelles expéditions délivrées par les maires des communes de... (*ou : par le greffier du tribunal civil de*...), sont demeurées ci-annexées [35] après avoir été signées desdits comparants en présence du notaire et des témoins soussignés.

87 De laquelle attestation, etc. — *V. sup. n.* 12, 13 *et* 14.

---

88 8° NOTORIÉTÉ [127] POUR UN PENSIONNAIRE DE L'ÉTAT QUI NE PEUT REPRÉSENTER
SON ACTE DE NAISSANCE [63].

89 Pardevant M^e... — Sont comparus MM... — *V. sup. alin.* 61 *et* 62.
90 Lesquels ont, par ces présentes, attesté pour vérité et notoriété [127] à qui il appartiendra :
91 Qu'ils connaissent parfaitement M. Nicolas GIRARD, homme de lettres, demeurant à...
92 Qu'ils savent qu'il est né [63] à Château-Salins le... mil huit cent..
93 Et que les registres [63] de l'état civil déposés à la mairie et au greffe du tribunal civil de ladite ville ayant été incendiés le..., cette perte le met dans l'impossibilité de se procurer son acte de naissance.
94 De laquelle attestation... — V. *sup. alin.* 12, 13 *et* 14.

---

95 9° NOTORIÉTÉ [127] POUR PARVENIR A FAIRE PRONONCER UNE ABSENCE [78].

96 Pardevant M^e... — Sont comparus MM... — V. *sup. alin.* 61 *et* 62.
97 Lesquels ont, par ces présentes, attesté pour vérité et notoriété [127] à qui il appartiendra :
98 Qu'ils ont parfaitement connu M. Zacharie PATRICE, né [63] à..., le... mil huit cent...
99 Qu'il est entré au service dans l'armée de mer par suite d'enrôlement volontaire le...
100 Qu'il a été incorporé dans le ... régiment, où il est parvenu au grade d'officier de marine après huit ans de service.
101 Qu'il est parti en cette dernière qualité il y a cinq ans pour les Iles Marquises sur le navire le *Coq gaulois*.
102 Que ce navire a disparu sans qu'on ait pu avoir de nouvelles de l'équipage.
103 Que, vérification faite sur les registres du ministère de la marine, il est certain que ce navire a fait naufrage dans la traversée du port de... aux Iles Marquises, puisqu'on en a trouvé des débris sur les côtes de..., sans qu'on ait pu découvrir aucun des hommes de l'équipage.
104 Que toutes ces circonstances faisant présumer que ledit sieur PATRICE est mort, il y a lieu, par le tribunal de première instance, de déclarer l'absence conformément à la loi.
105 Ajoutant pour ce cas à leur déclaration :
106 Que ledit sieur Zacharie PATRICE est célibataire;
107 Qu'il n'a ni ascendant [72] ni descendant [144], et que son seul et unique présomptif héritier [78] est le sieur Claude PATRICE, son frère, artiste dramatique, demeurant à...
108 De laquelle attestation...—V. *sup. alin.* 12, 13 *et* 14.

---

109 10° NOTORIÉTÉ [127] POUR PARVENIR A UNE ADOPTION [165].

110 Pardevant M^e... — Sont comparus MM... (*Il est d'usage de prendre au moins quatre témoins.*)
111 Lesquels ont, par ces présentes, attesté pour vérité et notoriété [127] à tous ceux qu'il appartiendra, qu'ils connaissent parfaitement M. Stanislas BAUDOIN, propriétaire et la dame Sophie RATEAU, son épouse, demeurant ensemble à...
112 Que lesdits sieur et dame BAUDOIN n'ont aucun enfant, ni descendant légitime, qu'ils jouissent d'une bonne réputation, qu'ils ont toujours tenu une conduite irréprochable, et qu'ils sont à juste titre estimés et honorés de toutes les personnes qui les connaissent.
113 Dont acte, fait et passé.... — V. *sup. alin.* 12, 13 *et* 14.

NOTORIÉTÉ (MENTION DE) DANS LES QUALITÉS DES ACTES.

Est comparu M. (*Nom, prénoms, profession et demeure*), agissant comme seul et unique héritier [78] (*ou* : comme héritier pour portion) de M. (*Nom, prénoms, profession et demeure qu'avait le défunt*), ainsi qu'il est constaté par un acte de notoriété [127] à défaut d'inventaire, dressé par Me..., notaire à..., le... mil huit cent..., dûment enregistré [42].

OBLIGATIONS [107] :

1° *Pour prêt* [205], *par un commerçant* [45] *à un non-commerçant, exigible dans un délai* [77] *indéterminé avec intérêts* [49] *et intérêts* (id.) *d'intérêts, avec plusieurs conditions* [155] *relatives au paiement, avec hypothèque sur un immeuble dont le créancier deviendra propriétaire à défaut de paiement et avec hypothèque* [30] *sur des biens à venir* (id.).

2° *Pour prêt* [205], *par un mari et une femme solidairement* [106], *avec hypothèque* [30], *avec promesse d'emploi* [84] *et convention que les deniers prêtés resteront déposés* [210] *en mains tierces jusqu'à la justification des déclarations hypothécaires et avec subrogation* [30] *dans l'hypothèque légale de la femme.*

3° *Pour reliquat de compte par le mandataire* [80] *d'un mari, sa femme intervenant et limitant les garanties qu'elle donne.*

4° *Comme se portant fort* [52] *d'un mineur* [65], *pour une dette* [26] *de succession, avec cautionnement* [32] *et hypothèque* [30] *sur des biens indivis* [207].

5° *Avec gage* [180] *par plusieurs solidairement* [106] *dans des proportions égales ou inégales.*

6° *Indivisible* [92] *pour prêt* [205] *fait en lingots avec délégation* [100] *à titre de garantie et avec hypothèque* [30] *sur un bien acquis à réméré* [121] *pour venir en concurrence avec un emprunt fait ou à faire.*

1° **OBLIGATION** [107] POUR PRÊT [205], PAR UN COMMERÇANT A UN NON COMMERÇANT, *exigible* [84] *dans un délai* [77] *indéterminé avec intérêts* [49] *et intérêts* (id.) *d'intérêts, avec plusieurs conditions* [155] *relatives au paiement, avec hypothèque sur un immeuble dont le créancier deviendra propriétaire à défaut de paiement, et avec hypothèque* [30] *sur des biens à venir.*

2   Par-devant Me Pierre [1] LEROUX (id.), notaire [2] à Saint-Aignan [1], département de..., soussigné [15].

3   Est comparu M. Fiacre [3] BONNOT (id.), négociant (id.), demeurant (id.) à..., non sujet à patente pour le fait dont il s'agit [45, n. 85].

4   Lequel a par ces présentes, reconnu devoir légitimement :

5   A M. Paul [3] COURNOT (id.), propriétaire (id.), demeurant (id.) à..., à ce présent et acceptant (A).

6   La somme de cinq mille francs (B) que ce dernier lui a prêtée [205].

7   Laquelle somme le débiteur promet [107] et s'oblige (id.) de rendre et payer [84] à M. COURNOT, ou pour lui au porteur de ses pouvoirs [80] et de la grosse [64] des présentes (C), ou la demeure de..., et en autant de paiements qu'il plaira audit débiteur pourvu que chaque paiement ne soit pas moindre de mille francs et que le remboursement du total soit effectué dans le cours de dix années à compter de ce jour.

8   Cette somme de cinq mille francs produira des intérêts [49] au taux de six (D) pour cent par an sans retenue [49] à compter d'aujourd'hui jusqu'à son remboursement effectif; ils seront payables [84] annuellement au lieu ci-dessus indiqué, et diminueront, bien entendu, au fur et à mesure des paiements faits à compte sur le principal.

9   Il est expressément convenu (E) entre les parties :

(A) Si l'obligation n'était point acceptée elle n'en serait pas moins valable, et dans ce cas le notaire ne pourrait en refuser la communication ou la grosse au créancier. — V. note 21, n. 38 *et note* 64, n. 6. — V. aussi note 14 n. 62; note 30 n. 323 et 324; note 52 n. 61; note 60 n. 3. — *Mais il ne faut point prendre pour une obligation une déclaration de dette faite dans un inventaire.* — V. sup. p. 429; note B.

(B) On pourrait bien supprimer le reste du présent alinéa sans que l'obligation cessât d'être valable, car il a été souverainement décidé que la cause [107] d'une obligation est suffisamment exprimée par ces mots « *je reconnais devoir* » lesquels se trouvent exprimés ici à l'alinéa 4. — V. note 107.

(C) *Ou :* A la volonté du prêteur. — On pourrait bien dire aussi, *à la volonté de l'emprunteur*, sans que l'acte fût relativement au droit d'enregistrement considéré comme constitution de rente (V. note 90, n. 74), mais la condition serait sujette à être annulée comme étant potestative (C. civ. 1901). Si on disait, *après le décès de l'emprunteur*, il faudrait alors commencer l'alinéa ainsi qu'il suit : *laquelle somme le débiteur oblige sa succession de rendre et payer*, etc.

(D) Par cela que c'est un commerçant qui emprunte, l'intérêt peut être stipulé à 6 pour cent, lors même que c'est un non-commerçant qui prête. Mais il n'en est pas de même quand c'est un commerçant qui prête à un non-commerçant — V. note 49, n. 51.

(E) Il n'est plus permis de stipuler qu'à défaut de paiement le créancier aura le droit de faire vendre, sans formalité de justice, en vertu du mandat à lui donné à cet effet dans l'obligation, les biens hypothéqués par son débiteur (C. proc. 742). — Toutefois lorsque cette condition existe dans une obligation antérieure au 2 juin 1841, jour de la promulgation de la loi, elle est valable, d'après le principe de la non-rétroactivité des lois. — V. note 80, n. 163. — Mais il est permis de stipuler qu'à défaut de paiement au terme convenu le créancier deviendra propriétaire de l'immeuble hypothéqué : c'est là une vente conditionnelle, et non pas un contrat pignoratif (C. civ. 1584 ; 2078 ; 2088 ; Cass. 22 déc. 1813 et 1 juill. 1844. - Devill. 44. 1. 17). — V. inf. alin. 18.

10 1° Que le remboursement de ladite somme de cinq mille francs et le service de ses intérêts ne pourront être faits qu'en espèces d'or ou d'argent aux titre, poids et cours de ce jour [91] et non en aucuns papiers (A), billets ou signes monétaires qui viendraient à être introduits dans la circulation et avoir cours forcé, le débiteur renonçant même d'honneur au bénéfice de toutes lois et ordonnances à ce contraires.

11 2° Qu'audit cas d'émission de papier-monnaie le débiteur aura la faculté de proroger [77] l'exigibilité du montant de la présente obligation de tel délai qu'il lui conviendra, pourvu que ce délai n'excède pas l'année qui suivra la reparition du numéraire; et ce, sans autre novation [100] aux conditions de la présente obligation.

12 3° Qu'il sera, toujours audit cas d'émission de papier-monnaie, loisible au créancier d'exiger le remboursement du montant de la présente obligation et de ses accessoires [103] soit en lingots d'or ou d'argent, soit en grains représentant par leur titre et leur valeur d'après les mercuriales du marché le plus voisin la somme de cinq mille francs en numéraire aux cours [91], titre, poids et valeur de ce jour, le tout au choix [107] du créancier (B).

13 4° Qu'à défaut de paiement d'une année d'intérêts à l'échéance, la somme non payée produira elle-même des intérêts [49] à six pour cent par an jusqu'à son paiement réel et effectif ; sans toutefois que cette stipulation soit restrictive du droit qu'a le débiteur d'exiger le paiement desdits intérêts

14 5° Que faute, par le débiteur, de payer une année d'intérêts à son échéance, le remboursement du principal deviendra exigible de plein droit, si bon semble au créancier, un mois après un commandement resté infructueux, ⇒ (ou bien : un mois après ladite échéance et sans besoin de mise en demeure [119], le débiteur consentant à être suffisamment constitué en demeure par la seule expiration dudit délai d'un mois).

15 A la garantie du montant de la présente obligation et de ses accessoires, le débiteur affecte et hypothèque [30] spécialement un hectare [91] cinquante ares de terre, situés [141] sur le finage (id.) de..., lieu dit l'Ormeau, tenant (id.) d'un côté du levant à...

16 Appartenant [22] au débiteur pour en avoir fait l'acquisition [109] du sieur Jean MENANT, cultivateur, demeurant à..., moyennant la somme de trois mille francs payée comptant, suivant contrat passé en minute [89] et présence de témoins [14] devant Me... notaire à..., le... dûment enregistré [42], transcrit [111] au bureau des hypothèques de..., le..., vol..., n..., sans qu'à cette transcription et pendant la quinzaine qui a suivi il se soit trouvé aucune inscription [83] ainsi que le constate un certificat délivré par le conservateur le... — V. inf. alin. 134.

17 L'acquéreur ayant rempli les formalités nécessaires pour purger [156] son acquisition des hypothèques légales qui pouvaient la grever, aucune inscription [83] n'a été prise pendant l'accomplissement de ces formalités ainsi qu'il résulte d'un certificat [111] délivré par le même conservateur le... — V. sup. ÉTABLISSEMENT DE PROPRIÉTÉ, p. 403 et la formule de DÉPÔT DE PIÈCES DE PURGE D'HYPOTHÈQUE, p. 371.

18 Et attendu que l'immeuble hypothéqué est le seul qui soit possédé par le débiteur et qu'il est insuffisant [30] pour garantir le remboursement du principal de la présente obligation et le service de ses intérêts, ledit débiteur consent que chacun des immeubles qu'il acquerra par la suite, à quelque titre que ce soit, demeure affecté et hypothéqué à cette garantie au fur et à mesure des acquisitions. Il consent aussi que faute de paiement du principal à l'échéance le créancier devienne propriétaire de la pièce de terre sise au lieu dit l'Ormeau ci-dessus hypothéquée si elle est encore alors la propriété du débiteur, pour le prix de... (ou bien : pour le prix qui sera fixé par experts amiablement choisis sinon nommés d'office par le Président du tribunal civil de première instance de... sur requête à lui présentée à cet effet.

19 Sur lesquels biens le débiteur consent qu'il soit pris inscription [83] à ses frais.

20 ÉTAT CIVIL [162]. Déclare, M. BONNOT, sous les peines de droit qui lui ont été expliquées par le notaire soussigné et qu'il a dit bien comprendre :

21 Qu'il est célibataire et qu'il n'est et n'a jamais été chargé d'aucune fonction donnant lieu à hypothèque légale [30].

22 Que l'immeuble hypothéqué est d'une valeur de trois mille francs.

23 Et qu'il n'est grevé d'aucune hypothèque légale [30], conventionnelle (id.) ou judiciaire (id.), si ce n'est d'une somme de cinq cents francs envers M..., en vertu d'une obligation notariée.

24 S'obligeant, ledit sieur BONNOT, à justifier à ses frais de la sincérité de sa déclaration relative à la non-existence d'inscriptions par un conservateur des hypothèques de..., délivré à la date du lendemain de l'inscription à prendre en vertu des présentes, et constatant qu'à l'époque de la délivrance de ce certificat il n'existera que ladite inscription, sous peine [58], dans le cas où il s'en trouverait d'autres, de remboursement immédiat du principal et des accessoires de la présente obligation, si le créancier l'exige.

25 Tous les déboursés [5] et honoraires (id.) des présentes et le coût d'une grosse [64] présentement requise seront supportés par le débiteur.

26 Pour l'exécution des présentes, les parties font élection de domicile [11] en leurs demeures actuelles sus-indiquées.

27 Dont acte, fait et passé à Saint-Aignan [12] en l'étude (id.), l'an mil huit cent quarante-cinq [13], le vingt fé-

---

(A) L'art. 1895 du C. civ. étant d'ordre public il n'est permis d'y déroger par aucune clause. On peut seulement éloigner l'époque du remboursement par la clause contenue en l'alinéa 11, en admettant que la loi d'émission en laisse subsister l'effet. — V. cependant l'alinéa 12. On ne peut sûrement éviter un remboursement en papier qu'en faisant le prêt en lingots (C. civ. 1896). — V. ci après la sixième formule et page 496 note B.

(B) Si le créancier optait pour les lingots, nous croyons que la condition n'aurait pas beaucoup de force, car quand la monnaie est rare, c'est que le lingot l'est aussi. Mais s'il optait pour que son remboursement se fît en grains, nous sommes d'avis que la condition doive recevoir son plein et entier effet; et comme l'obligation est conditionnelle et qu'il n'en résulte pas de transmission actuelle, le droit d'enregistrement n'est toujours que de 1 pour cent. — V. note 18, n. 270.

vrier (*id.*), en présence de MM. (*Noms, prénoms, professions et demeures*), témoins instrumentaires [14]; et les parties ont signé [15] avec les témoins et le notaire, après lecture [16].

28 V. *Répertoire*, note 17. — *Forme des actes*, note 38.—*Enregistrement*, notes 174, 90, 18 et 19.

29 *Et, au besoin, la table alphabétique du Commentaire.*

---

30 **2° OBLIGATION** [107] POUR PRÊT [205], PAR UN MARI ET UNE FEMME SOLIDAIREMENT, *avec hypothèque* [30] *sur une maison assurée contre l'incendie, avec promesse d'emploi* [84] *et convention que les deniers prêtés resteront déposés* [210] *en mains tierces jusqu'à la justification des déclarations hypothécaires,* ***et avec subrogation*** [30] *dans l'hypothèque légale de la femme.*

31 Par-devant Me Pierre LEROUX [1]... - V. sup. alin. 2. — Sont comparus :

32 M. Armand [3] BEYROT (*id.*), propriétaire (*id.*) et la dame Marie LOIRE, son épouse [144] de lui autorisée [68], demeurant ensemble à...

33 Lesquels ont, par ces présentes, reconnu devoir légitimement ,

34 A M. Rustique [3] LEBEL (*id.*), ancien négociant (*id.*), demeurant (*id.*) à..., à ce présent et acceptant [52]. — V. sup. p 494, note A.

35 La somme de dix mille francs qu'il leur a aujourd'hui (A) prêtée [205] en espèces d'argent (B) comptées et réellement délivrées à la vue du notaire soussigné.

36 Laquelle somme les débiteurs promettent [107] et s'obligent (*id.*) conjointement et solidairement [107] entre eux de rendre et payer [84] au créancier, en sa demeure ci-dessus indiquée ou pour lui au porteur de ses pouvoirs [80] et de la grosse [64] des présentes, en un seul paiement, le vingt février mil huit cent cinquante et non avant de convention expresse, avec intérêts [49] à cinq pour cent par an sans retenue (*id.*) à partir d'aujourd'hui jusqu'au remboursement du principal, lesquels intérêts seront payables de six en six mois au même lieu que le principal et sous la solidarité ci-dessus stipulée.

37 Il est expressément convenu entre les parties :

38 1° Que le remboursement du principal de la présente obligation et le service des intérêts ne pourront être effectués qu'en espèces [91] d'or ou d'argent... — V. sup. alin. 10.

39 2° Qu'audit cas d'émission de papier-monnaie le débiteur aura la faculté de proroger [77]... — V. sup. alin. 11.

40 3° Qu'il sera, toujours audit cas de papier-monnaie , loisible au débiteur d'exiger le remboursement... — V. sup. alin. 12.

41 4° Qu'à défaut de paiement d'une année d'intérêts [49] à l'échéance, la somme non payée produira elle-même des intérêts à cinq pour cent... — V. sup. alin. 13.

42 5° Que, faute par le débiteur de payer une année d'intérêts... — V. sup. alin. 14.

43 6° Que les débiteurs feront (C) assurer [113] contre l'incendie la maison ci-après hypothéquée, tant pour eux que pour M. LEBEL, prêteur, qui sera dénommé dans ladite assurance comme devant en profiter jusqu'à concurrence au moins du capital, et de trois années d'intérêts de la présente obligation, et ce, pendant sept années à compter de ce jour, en par eux payant d'avance toutes les annuités : et faute d'avoir satisfait à cette obligation dans la quinzaine de ce jour, le prêteur aura le droit de faire faire lui-même ladite assurance par telle compagnie qu'il jugera convenable aux frais desdits sieur et dame BEYROT. Au cas de sinistre, ledit sieur LEBEL aura le profit de ladite assurance et pourra, en conséquence, toucher et recevoir, jusqu'à due concurrence, aux lieu et place des emprunteurs qui en font à l'avance tout transport [96] nécessaire, l'indemnité qui reviendrait à ceux-ci. — Laquelle indemnité sera imputée [84] sur le montant en principal et intérêts de la présente obligation.

44 A la sûreté et garantie du principal et des intérêts de la présente obligation, les débiteurs affectent et hypothèquent spécialement :

45 Une maison située [141] à..., entre cour et jardin, composée d'un rez-de-chaussée, d'un premier étage et d'un second étage en mansarde, avec toutes ses dépendances, y compris lesdits cour et jardin. Le tout tient [141] d'un côté du midi à...

46 Cette maison appartient aux débiteurs pour en avoir fait ensemble l'acquisition du sieur Pierre GERS, moyennant dix mille francs qui sont encore dus... — V. sup. alin. 16 et 17.

47 Déclarent, lesdits sieur et dame BEYROT, que la somme de dix mille francs qu'ils viennent d'emprunter est destinée [84] à payer pareille somme qu'ils doivent à M. Pierre GERS, pour le montant du prix de la maison qu'ils ont ac-

---

(A) A cause de la promesse d'emploi stipulée en l'obligation, on ne doit point dire que le prêt a été fait *antérieurement* à l'acte contenant cette promesse. parce qu'alors rien ne constatant que lors du prêt la promesse d'emploi ait été faite, il se peut qu'il ait été convenue après coup. — V. note 84, n. 98.

(B) Quand les espèces n'ont point été comptées devant le notaire, celui-ci doit bien se garder d'attester qu'elles l'ont été ; il est, en effet, de son devoir de n'attester que des faits exacts, et s'il y contrevient il encourt la suspension (L. 25 vent. an XI, art. 53 ; Jug. de Civray, 9 mai 1844.- Roll. de V... 6805).

(C) Si la maison était assurée lors de l'obligation, V. sup. p. 445 alin. 14.

quise de lui suivant le contrat précité. Promettant d'effectuer incessamment cet emploi, et de déclarer, dans la quittance notariée qu'ils en retireront, l'origine des deniers payés, afin que M. Lebel soit subrogé dans les droits [27], actions [28] privilèges [29] et hypothèques [30] dudit sieur Gers, conformément au n. 2 de l'art. 1250 du Code civil; s'obligeant et en outre de fournir audit sieur Lebel, d'ici à un mois, expédition [64] de la quittance contenant lesdites déclaration et subrogation, ensemble les autres pièces à l'appui et notamment le certificat de subrogation en marge de l'inscription.

48 (A) Et à l'instant les sieur et dame Beyrot, pour donner toute sécurité à M. Lebel relativement à l'emploi ci-devant promis, ont déposé (B) entre ses mains ladite somme de dix mille francs qu'il leur remettra au moment où ils rembourseront M. Gers avec subrogation à son profit ; sans toutefois que ce dépôt dispense les débiteurs de payer l'intérêt de la somme au créancier pendant tout le temps de sa durée.

49 Etat civil [102]. Déclarent, M. et Mad. Beyrot, sous les peines de droit qui leur ont été expliquées par le notaire soussigné :

50 Que l'immeuble hypothéqué est actuellement de valeur de quinze mille francs.

51 Qu'il n'est grevé d'aucune inscriptions [83] par suite d'hypothèques conventionnelles [30] et judiciaires (id.), que pour une somme de quatorze mille francs y compris les dix mille francs pour lesquels il y a promesse d'emploi.

52 Et qu'il n'est grevé d'aucune hypothèque légale [50] si ce n'est de celle de Mad. Beyrot contre son mari, laquelle, pour plus de sûreté du principal et des accessoires [103] de la présente obligation, délègue [100], et transporte avec toute garantie à M. Lebel, qui l'accepte, pareille somme de cinq mille francs et ses intérêts, à prendre par priorité [102] et préférence à elle-même dans le montant des droits [200], créances (id.), reprises (id.) et avantages (id.) matrimoniaux, qu'elle a et pourra avoir à exercer contre son mari en vertu de son contrat de mariage ou de tous autres titres ; à l'effet de quoi elle met et subroge (C) ledit sieur Lebel, jusqu'à due concurrence , dans l'effet de son hypothèque légale contre ledit sieur son mari et sur tous ses biens (ou bien : mais seulement en ce qu'elle grève la maison ci-dessus hypothéquée , lequel transport M. Beyrot se tient pour bien et dûment signifié [96].

53 Les déboursés [8] et honoraires (id.) des présentes , le coût de la grosse [64] et de l'inscription [83] seront payés par M. et Mad. Beyrot.

54 Pour l'exécution des présentes les parties font élection de domicile [11] en leurs demeures respectives sus-indiquées.

55 Dont acte, fait et passé à St.-Aignan (id.)... — V. sup. alin. 27, 28 et 29.

---

56 5° OBLIGATION [107] pour reliquat de compte par le mandataire [80] d'un mari , *sa femme intervenant et s'obligeant limitativement.*

57 Par-devant Me..., - V. sup. alin. 2. — Est comparu M. Lazare [3] Fourneau (id.), propriétaire (id.), demeurant (id.) à . .

58 Agissant comme mandataire [80] spécial à l'effet des présentes de M. Etienne [3] Méchin (id.), ancien marchand (id.) de vins, demeurant (id.) à..., aux termes de la procuration que ce dernier lui a donnée par acte passé en présence de témoins devant Me..., notaire à..., le..., le brevet original [39] de laquelle procuration dûment enregistré [42] et légalisé [123] est demeuré ci-annexé [53] après avoir été communiqué [80 n. 119] à M. Bauplan ci-après nommé, et avoir été certifié véritable [55] par le mandataire en présence du notaire et des témoins soussignés.

59 Lequel, en cette qualité, a reconnu qu'il était dû légitimement par son commettant;

---

1 (A) *Quand le créancier intervient pour recevoir, ce qui procure une économie de frais dans les petites affaires puisque cela évite une quittance par acte séparé, on substitue ce qui suit au présent alinéa :*

2 Et à l'instant est intervenu M. Pierre Gers, sans profession, demeurant à...

3 Lequel a reconnu avoir reçu de M. et Mad. Beyrot, sus nommés.

4 La somme de dix mille francs qui lui est due par eux pour le prix de la vente de maison qu'il leur a faite suivant le contrat précité.

5 De laquelle somme le s. Gers consent quittance [84].

6 Et attendu l'origine des deniers payés, M. Lebel est et demeure subrogé par M. et Mad. Beyrot, ainsi au surplus que le s. Gers y consent [84 u. 105] en tant que de besoin mais sans aucune espèce de garantie de sa part , restitution de deniers ni recours quelconques , dans les droits 27] et actions (28), privilèges [29] et hypothèques [30], résultant au profit dud. s. Gers du contrat de vente précité et notamment dans l'effet de l'inscription [85] d'office prise à son profit contre les s. et dame Beyrot au bureau des hypothèques de... le . vol.. n°...

7 Reconnaît le s. Lebel que le s. Gers lui a présentement remis la grosse [64] du contrat de vente précité, dont décharge [84].

8 Pour faire opérer la subrogation en marge de l'inscription avec élection de domicile [85] en la demeure susdite dud. s. Lebel sise dans l'arrondissement du bureau des hypothèques , tout pouvoir est donné au porteur d'un extrait des présentes.

(B) Le plus ordinairement les parties conviennent de laisser la somme prêtée entre les mains du notaire qui alors le reconnaît par un écrit particulier qui reste aux mains de l'emprunteur. On pourrait, par l'acte même, faire le dépôt entre les mains du notaire , mais cela présente un désagrément pour la décharge en ce que le notaire ne pouvant se donner une décharge à lui-même il faut avoir recours à un autre notaire pour recevoir cette décharge dont la minute peut rester néanmoins en la possession du notaire déchargé en la mettant à la suite de l'obligation - V. la formule de DÉCHARGE p. 547.

(C) La femme mariée sous tout autre régime que le régime dotal peut subroger purement et simplement dans son hypothèque légale. Elle peut ce... ...r a son hypothèque. - V. sup. p. 05 alin. 18 et la note. - Elle peut également consentir une antériorité. - V. p. 78. - V. aussi le ... ... Journ. du Not...

⁶⁰ A M. Christophe BAUPLAN, marchand de bois, demeurant à..., à ce présent et acceptant [82] ;

⁶¹ La somme de deux mille quatre cents francs pour reliquat de tous comptes arrêtés entr'eux jusqu'au premier de ce mois.

⁶² Laquelle somme le sieur FOURNEAU oblige [107] son commettant [80] de payer à M. BAUPLAN ou pour lui au porteur de ses pouvoirs et de la grosse [64] des présentes, en l'étude du notaire soussigné, en trois termes [77] et paiements égaux d'année en année à compter d'aujourd'hui, avec intérêts [49] au taux de cinq pour cent par an sans retenue à partir de ce jour jusqu'au remboursement effectif du principal, lesquels intérêts seront payables annuellement et diminueront, bien entendu, au fur et à mesure des paiements qui seront faits sur le principal.

⁶³ Il est expressément convenu qu'à défaut de paiement d'un terme du principal à l'échéance, les deux autres termes deviendront exigibles de plein droit, si bon semble au créancier, sans qu'il soit besoin de mettre en demeure le débiteur qui consent à l'être par la seule échéance du terme sans sommation. — V. sup. alin. 13 et 14.

⁶⁴ A ces présentes est intervenue Mad. Héloïse BOISSY [3], épouse de M. Etienne MECHIN, ci-devant nommé et avec lequel elle demeure, ladite dame de son mari autorisée [68] (A) à l'effet des présentes aux termes d'un acte passé devant Mᵉ..., notaire à..., le..., et dont le brevet original [59] dûment enregistré [42] et légalisé [125] est demeuré annexé [38] à ces présentes après avoir été communiqué [80 n. 119] à M. BAUPLAN, sus-nommé, et avoir été certifié véritable [33] par ladite dame en présence du notaire et des témoins soussignés.

⁶⁵ Laquelle, pour garantie de la somme de deux mille quatre cents francs qui est due par son mari à M. BAUPLAN, suivant la présente obligation, et au paiement de laquelle elle s'oblige [107] solidairement [106] avec son mari comme caution [32] sauf ce qui va être dit ci-après pour la limitation de son obligation;

⁶⁶ A, par ces présentes, affecté et hypothéqué [30] au profit de M. BAUPLAN, qui l'accepte [82] etc.

⁶⁷ Un bâtiment situé [141] à..., composé de deux chambres, une grange et une écurie, le tout couvert en tuiles, tenant [141] d'un côté du midi à...

⁶⁸ Appartenant [22] à ladite dame MECHIN pour lui être échu avec autres biens par le partage [143] de la succession [88] de Marie MASSÉ, sa mère, veuve du sieur Germain BOISSY, décédée [65] à..., le..., et dont elle était héritière [78] pour un tiers, ledit partage fait sans soulte devant Mᵉ..., notaire à..., le..., dûment enregistré. — V. sup. ÉTABLISSEMENT DE PROPRIÉTÉ p. 403.

⁶⁹ Sur lequel bâtiment ladite dame MECHIN consent qu'il soit pris inscription [83].

⁷⁰ Déclare, ladite dame, que le bâtiment dont il s'agit n'est grevé d'aucune hypothèque légale [30], conventionnelle (id.) ou judiciaire (id.).

⁷¹ Mad. MECHIN fait observer que la garantie par elle donnée est expressément limitée au bâtiment ci-dessus hypothéqué et qu'elle n'entend nullement être obligée personnellement à la dette de son mari envers M. BAUPLAN. En conséquence, si, après discussion de l'immeuble hypothéqué, le prix est insuffisant pour payer la dette en principal [136] et accessoires [103], la dame MECHIN ne sera plus obligée en aucune manière au paiement du surplus.

⁷² Les déboursés [8] et honoraires (id.) des présentes, le coût de la grosse [64] et de l'inscription [83], seront supportés par M. BAUPLAN que son mandataire y oblige.

⁷³ Pour l'exécution des présentes, les parties font élection de domicile.... — V. sup. alin. 26.

⁷⁴ Dont acte, fait et passé à .. — V. sup. alin. 27, 28 et 29.

---

⁷⁵   4° OBLIGATION [107] COMME SE PORTANT FORT [82] D'UN MINEUR [65],

pour une dette de succession, avec cautionnement [32] et hypothèque [30] sur des biens indivis [207].

⁷⁶ PAR-DEVANT Mᵉ Pierre LEROUX.... — V. sup. alin. 2.

⁷⁷ Est comparu M. Louis FOINTIAL [3], garçon majeur (id.), sans profession (id.), demeurant (id.) à...

⁷⁸ (B) Agissant tant en son nom personnel que comme se portant fort [82] de César FOINTIAL [3], son frère mineur, par lequel il promet et s'oblige de faire ratifier [208] ces présentes aussitôt sa majorité qui aura lieu dans deux ans à compter du..., dernier, et de cette ratification rapporter à ses frais acte authentique à M. OUSSET ci-après nommé dans le délai [77] d'un mois.

⁷⁹ Lequel a, par ces présentes, reconnu que lui et son dit frère devaient légitimement.

⁸⁰ A M. Michel OUSSET [3], ancien négociant (id.), demeurant à..., à ce présent et acceptant [52].

(A) Cette autorisation, pour être valable, doit être spéciale. — V. sup. la note A au bas de la p. 105 et les formules d'AUTORISATION.

(B) Lorsque le mineur est arrivé à l'âge de discernement (V. note 65, n. 27 et suiv.), on peut le faire comparaître dans l'obligation en expliquant qu'il est mineur et faisant toujours port fort de lui. A la vérité, cela ne l'oblige point actuellement, mais il demeurera obligé comme s'il avait été majeur au temps de l'engagement, faute d'avoir, dans les 10 ans qui auront suivi sa majorité, demandé la nullité ou rescision de cet engagement (C. civ. 1304). — Dans ce cas, voici comment se libellerait la formule :

Sont comparus Louis FOINTIAL, *garçon majeur sans profession, et César* FOINTIAL, *aussi sans profession, mineur [65] âgé de dix-neuf ans, demeurant tous deux à...*

Agissant l'un et l'autre en leurs noms personnels et encore led. s. Louis FOINTIAL, *comme se portant fort dud. César* FOINTIAL, *son frère mineur, par lequel etc.*

81 La somme de quinze cents francs [33 et 91] pour laquelle ce dernier a été compris au passif de la succession de M. Prosper FOINTIAL, père des sus-nommés, (A) suivant l'inventaire fait après son décès par Me..., notaire à..., le.., dûment enregistré [42].

82 Laquelle somme M. FOINTIAL comparant promet [107] et s'oblige solidairement [106] avec son frère et oblige ce dernier solidairement avec lui de payer à M. OUSSET, ou pour lui au porteur de ses pouvoirs [80] et de la grosse [64] des présentes, en la demeure de ce dernier et en un seul paiement le..., avec intérêts [49] à cinq pour cent par an sans retenue [49], à compter d'aujourd'hui jusqu'au remboursement du principal, lesquels intérêts seront payables annuellement au même lieu que le principal et sous la solidarité sus-exprimée.

83 Il est expressément convenu entre les parties : 1°..., — V. sup. les alin. 10, 11, 12, 13 et 14.

84 A la sûreté et garantie de ladite somme de quinze cents francs et de ses accessoires [103], M. Louis FOINTIAL, affecte et hypothèque [30] spécialement :

85 Les deux tiers indivis qui leur appartiennent [22] indivisément [207] avec Germain LOISEAU, propriétaire de l'autre tiers, dans une pièce de bois de la contenance de cinquante hectares [91] située [141] sur le territoire de..., arrondissement de..., et en cas de licitation [207] à leur profit la totalité de ladite pièce de bois.

86 Ces deux tiers de pièce leur appartient [22] comme seuls héritiers [78] de M. Prosper FOINTIAL, leur père, ainsi que le constate l'intitulé de l'inventaire [143] précité. Ce dernier en avait fait l'acquisition [119] de Jean Boivin... — V. sup. alin. 16 et 17.

87 Sur laquelle pièce le débiteur consent qu'il soit pris (B) inscription [83] à ses frais.

88 M. Louis FOINTIAL s'interdit pour lui et son frère la faculté de pouvoir procéder au partage ou licitation de la maison hypothéquée, hors la présence de M. OUSSET, ou sans l'avoir dûment appelé (C) ; et, dans le cas où, par l'effet de la licitation ou du partage, les portions hypothéquées viendraient à être acquises par le cohéritier desdits sieurs Louis et César FOINTIAL de manière à faire cesser totalement l'indivision et à le faire considérer comme ayant succédé seul et immédiatement au sieur BOIVIN dans la propriété de ladite pièce de bois, ce qui rendrait sans effet l'hypothèque présentement consentie par application des art. 885 et 2119 du Code civil, M. Louis FOINTIAL tant pour lui que pour son frère dont il se porte fort délégue [100] cède et transporte [96] avec toute garantie à M. OUSSET, qui l'accepte, pareille somme de quinze cents francs de principal, ensemble tous intérêts [49] et frais [120] qui pourront être dus, à prendre par priorité [102] et préférence à eux-mêmes dans la soulte ou dans toute autre somme qui pourrait leur être abandonnée par suite du partage ou de la licitation de la maison dont il s'agit fait avec leur copropriétaire. En conséquence, il met et subroge dès à présent et jusqu'à due concurrence ledit sieur OUSSET dans tous leurs droits [27], actions [28] et privilèges [29] à cet égard.

89 ÉTAT CIVIL. Sous les peines de droit [31] qui lui ont été expliquées par le notaire soussigné, M. Louis FOINTIAL a déclaré :

90 1° Que la pièce de bois hypothéquée pour les deux tiers est d'une valeur de soixante mille francs pour le tout.

91 2° Quelle est en coupes réglées par dixième de deux ans en deux ans, lesquelles coupes ledit sieur Louis FOINTIAL s'interdit d'intervertir ni d'anticiper, à peine d'être contraint immédiatement et sur une simple mise en demeure au remboursement de ladite somme de quinze cents francs.

92 3° Qu'elle est d'un revenu net de..., année commune.

93 4° Que les deux tiers hypothéqués sont grevés d'hypothèque pour une somme de...

94 5° Et qu'il n'est et n'a jamais été chargé d'aucune fonction donnant lieu à hypothèque légale [30].

95 S'obligeant, ledit sieur FOINTIAL, de justifier de la sincérité... — V. sup. alin. 24.

96 (D) Pour faire signifier ces présentes au sieur LOISEAU, tout pouvoir est donné au porteur d'une expédition [64] ou extrait (id.) des présentes.

97 CAUTIONNEMENT. A ces présentes est intervenu M. Adrien LACHAUX [3], graveur (id.), demeurant à ...

98 Lequel, après avoir entendu la lecture [16] de l'obligation qui précède, a, par ces présentes, déclaré se rendre et constituer volontairement caution [32] et répondant desdits sieurs Louis et César FOINTIAL, pour raison du principal [156] et des accessoires [103] de ladite obligation.

99 En conséquence, ledit sieur LACHAUX s'est obligé [107] purement et simplement (ou bien : solidairement avec lesdits sieurs FOINTIAL sans division ni discussion) envers M. OUSSET, sus-nommé, à ce présent et acceptant [52], au

---

(A) En n'expliquant point autrement la cause, l'acte ne sera sujet qu'au droit de 1 p. 0/0 lors de l'enregistrement. Mais en laissant subsister la fin de l'alinéa l'acte pourrait être sujet au droit de 2 p. 0/0 en le comparant à l'inventaire où l'on pourrait découvrir qu'il s'agit de fournitures de marchandises. — V. notes 90 et 174.

(B) Pour être valable à l'égard de celui dont on se porte fort, l'inscription ne peut être prise qu'après ratification et en relatant cette ratification — V. note 83 n. 58.

(C) Il n'y a pas même raison de décider ici que pour le cas rappelé sup. p. 467, note A, en ce sens qu'il n'est pas besoin de procéder en justice si le créancier n'intervient point volontairement et sur sommation, car ce n'est point un ayant-droit et l'art. 882 du C. civ. lui est applicable.

(D) Lorsque le copropriétaire intervient, on ajoute ici :
A ces présentes est intervenu M. Germain LOISEAU, marchand épicier, demeurant à...
Lequel, après avoir entendu la lecture [16] de ce qui précède, a déclaré avoir pour agréable l'hypothèque ci-dessus consentie par le s. Louis FOINTIAL, tant pour lui que pour son frère, sur les portions leur appartenant dans la pièce de bois ci dessus indiquée, se tenir les obligations et conditions qui précèdent pour signifiées, et s'engager à ne procéder à la licitation ou au partage de lad. pièce qu'en la présence de M. OUSSET ou lui dûment appelé.

paiement de ladite somme de quinze cents francs, de ses intérêts [49] et des frais [120], aux époques et de la manière ci-dessus fixées.

100 Les déboursés [5] et honoraires (id.) des présentes, ainsi que le coût de la grosse [64] présentement requise et de l'inscription [83] seront payés et supportés par les débiteurs.

101 Pour l'exécution des présentes, les parties font élection de domicile... — V. sup. alin. 26.

102 Dont acte, fait et passé à St.-Aignan... — V. sup. alin. 27, 28 et 29.

---

103   5° OBLIGATION [107] pour prêt [205] et avec gage [180], par plusieurs solidaires [106]
                        dans des proportions égales ou inégales.

104 Par-devant Me Pierre Leroux.., — V. sup. alin. 2. — Sont comparus :

105 1° M. Alexandre [5] Gasté (id.), propriétaire (id.), demeurant (id.) à....

106 2° Et M. Philibert Malot, épicier, demeurant à...

107 Lesquels ont, par ces présentes, reconnu devoir légitimement,

108 A M. Paul [5] Lenoir (id.), rentier (id.), demeurant (id.), à.. , à ce présent et acceptant [52];

109 La somme de six mille francs pour prêt [205] qu'il leur a fait;

110 Laquelle somme les débiteurs promettent [107] et s'obligent (id.) solidairement [106] entre eux, sans division ni discussion, de rendre et payer au créancier... — V. sup. alin. 7, 8, 36, 62.

111 Déclarent, les débiteurs, pour ordre entre eux, mais sans nuire à la solidarité ci-dessus stipulée, que la somme de six mille francs faisant l'objet de la présente obligation a été touchée par eux dans des proportions égales (ou bien : jusqu'à concurrence de quatre mille francs par M. Gasté et pour les deux (A) mille francs de surplus par M. Malot; — ou bien encore : par M. Malot pour le tout (B) et que M. Gasté n'en a touché aucune partie).

112 Il est expressément convenu entre les parties : — 1°... 2°... 3°... 4°... 5°... — V. sup. alin. 10 à 14.

113 Antichrèse [180]. Pour assurer le paiement exact des intérêts [49] de la présente obligation, et même le remboursement du principal, M. Gasté remet et abandonne à titre d'antichrèse [180] à M. Lenoir, qui l'accepte, la jouissance d'un petit labourage situé [141] à... et consistant en.... — V. les alin. 10 à 12 de la formule d'antichrèse sup. p. 80.

114 Gage mobilier [180]. Pour plus de sûreté du principal et des intérêts de la présente obligation, M. Malot a présentement remis à titre de gage ou nantissement à M. Lenoir qui le reconnaît,

115 Le titre d'une rente [76] constituée .... - V. les alin. 12 à 15 de la formule de gage sup. p. 413 et la formule de délégation à titre de garantie. — ou bien : les meubles [86] et effets mobiliers dont le détail suit : — V. sup. la formule d'ETAT p. 404.

116 Pour la suite de la formule v. sup. les alin. 25, 26, 27, 28 et 29.

---

117   6° OBLIGATION [107] indivisible [92] pour prêt [205] fait en lingots,
        avec délégation [100] à titre de garantie, et avec hypothèque [50] sur un bien acquis à réméré [121]
                        pour venir en concurrence [152] avec un emprunt fait ou à faire.

118 Par-devant Me Pierre Leroux.... - V. sup. alin. 2.

119 Sont comparus MM. Lazare [5] Beraut (id.), et Benjamin Beraut, frères, orfèvres (id.), demeurant tous deux à...

120 Lesquels ont, par ces présentes, reconnu devoir légitimement pour prêt [205] à eux fait.

121 A mad. Marie [5] Mondot (id.), veuve du sieur Charles Niquet, en son vivant bijoutier, elle sans profession (id.), demeurant à.:.

122 La quantité de vingt-cinq kilogrammes [91] d'argent en lingots, au titre de neuf dixièmes d'argent fin et un dixième d'alliage, représentant une valeur de cinq mille francs en argent, au cours de ce jour.

123 Laquelle quantité de lingots les débiteurs promettent et s'obligent [107] indivisément [92] de rendre à ladite

---

(A) Quand la somme a été touchée dans des proportions inégales, il est dû un droit de cautionnement sur ce qui est inférieur à la moitié, ainsi quand l'un prend deux mille et l'autre quatre mille, le droit de cautionnement se perçoit sur mille francs.— V. note 117 et Rol.art 4617.

(B) Cette déclaration peut avoir lieu par acte séparé fait sous signature privée ou devant notaire ; dans ce dernier cas , on la formule ainsi qu'il suit :

Par-devant Me... — Est comparu M. Philibert Malot, épicier, demeurant à...

Lequel a déclaré que c'est à sa demande et pour lui rendre service que M. Alexandre Gasté. propriétaire demeurant à..., s'est obligé solidairement avec lui envers M. Paul Lenoir. rentier demeurant à.... au remboursement de la somme de quinze cents francs montant de l'obligation passée ce jourd'hui devant Me Leroux, notaire soussigné, et qui sera soumise à l'enregistrement avant ou en même temps que ces présentes;

Reconnaissant que cette somme a entièrement tourné à son profit, il s'oblige, en conséquence, d'en faire lui-même le remboursement à l'époque de son exigibilité, comme aussi d'en justifier au sieur Gasté, et de le garantir et indemniser de toutes demandes qui lui seraient faites à ce sujet.

Pour l'exécution des présentes etc. — Dont acte, fait et passé, etc.

dame veuve Niquet ou pour elle au porteur des ses pouvoirs [80] et de la grosse [64] des présentes, en une seule fois le premier mars mil huit cent soixante-six, et non avant sans le consentement de la créancière. Cette restitution aura lieu en sa demeure sus-indiquée, cependant si elle venait à décéder avant ladite époque la restitution aurait lieu en l'étude du notaire soussigné ou de son successeur.

124 Jusqu'à la restitution desdits lingots les débiteurs s'obligent indivisément [92[comme il est dit ci-dessus de payer à ladite dame la somme de deux cent cinquante francs par an pour intérêt dudit prêt, et ce au même lieu que le principal.

125 Il est expressément convenu entre les parties... — V. *sup.* alin. 13, 14 et 43.

126 Délégation a titre de garantie (A). Pour sûreté et garantie de la restitution du prêt et du paiement des intérêts, MM. Béraut, sans déroger à l'obligation ci-dessus, délèguent à titre de garantie seulement, à mad. veuve Niquet, qui l'accepte, et pour, au besoin, demeurer quittes envers elle faute par eux de payer le principal et les accessoires de la présente obligation, si toutefois elle opte ultérieurement pour ce mode de paiement;

127 La somme de cinq mille francs à prendre, par priorité et préférence à eux-mêmes et à tous autres créanciers, dans le capital d'une rente [76] foncière, annuelle et perpétuelle, franche de retenue [49], de trois cents francs, payable [77] le... de chaque année, due aux comparants comme étant seuls héritiers [78] de M. Joseph Béraut, leur père, ainsi que le constate un acte de notoriété [127] à défaut d'inventaire passé en minute [59] et présence de témoins [14] devant Mᵉ..., notaire à.... le..., dûment enregistré [42], par Jacques Gourlot, cultivateur et Madeleine Henriot, sa femme, demeurant à..., solidairement [106] entre eux, suivant contrat passé devant Mᵉ... notaire à... le..., pour prix de la vente d'une maison sise [141] à..., sur laquelle il a été pris inscription [85] au bureau des hypothèques de..., le... n...

128 Plus somme égale aux intérêts et accessoires de la présente obligation, qui pourront être dus à son échéance et qui sont évalués provisoirement à mille francs.

129 Les sieurs Béraut ont présentement remis à mad. veuve Niquet, qui le reconnaît, le titre de ladite rente et le bordereau d'inscription, dont décharge.

130 Pour, par mad. veuve Niquet, toucher ladite somme de cinq mille francs et ses accessoires sur ses simples quittances des mains des sus-nommés ou de tous autres qu'il appartiendra, à l'effet de quoi ils la mettent et subrogent jusqu'à due concurrence dans tous leurs droits [27] et actions [28], privilèges [29] et hypothèques [30] et notamment dans l'effet de l'inscription ci-devant énoncée.

131 Pour faire opérer la subrogation en marge de l'inscription avec élection de domicile en la demeure de.., tout pouvoir est donné au porteur d'une expédition [64] ou extrait des présentes.

132 Hypothèque. Pour plus de sûreté du principal et des accessoires de la présente obligation, les débiteurs affectent et hypothèquent [30] :

133 Une maison sise [141] à..., rue... n°..., consistant en un rez-de-chaussée, un premier étage et un second étage en mansardes, cour pardevant, jardin derrière, le tout tenant [141] d'un côté du levant à..., etc.

134 Cette maison appartient [22] aux débiteurs pour en avoir fait l'acquisition [109] en commun du sieur Georges Pensit, herboriste, demeurant à.., et de... sa femme, sous réserve de reméré (B de la part de ces derniers pendant cinq ans, suivant contrat passé devant Mᵉ.., notaire à.., le... dûment enregistré, transcrit au bureau [111] des hypothèques de... vol... n...., — Cette acquisition a eu lieu moyennant la somme de... qui a été payée sans subrogation suivant quittance passée devant le même notaire le..., enregistrée, et ce au moyen 1° de ce que les quatre inscriptions [85] prises à la transcription dudit contrat et dans la quinzaine qui a suivi et qui ont été comprises en un état [111] délivré par le conservateur le..., ont été radiées [149] en ce qui concernait ladite maison, ainsi qu'il est constaté par quatre certificats du même conservateur en date des...; 2° et de ce que les acquéreurs ayant rempli les formalités nécessaires pour purger [156] leur acquisition des hypothèques légales qui pouvaient la grever, aucune inscription n'a été prise pendant l'accomplissement de ces formalités ainsi que le constate un certificat délivré par le même conservateur le... — V. *sup.* Établissement de propriété *et la formule de* Dépôt de pièces de purge d'hypothèques.

135 Sur laquelle maison les débiteurs consentent qu'il soit pris, à leurs frais, une inscription dont les effets seront réglés comme il va être dit .

(A) Il y a entre le *gage* et la *garantie* la différence que nous avons signalée dans la note A qui est au bas de la page 561 qui précède, et qui résulte de la comparaison des deux formules de *délégation à titre de garantie* et de *gage*.

Seulement pour éviter ici le droit d'enregistrement de 2 p. 0/0 et même celui de transcription (en supposant la rente ancienne), qui pourraient être dus s'il y avait subrogation aux droits des créanciers de la rente (V. note 90 n. 72 et 79), il serait mieux de donner la rente en *gage* qu'en *garantie*, mais dans le premier cas il y a un inconvénient, c'est que le défaut de subrogation laisse l'inscription laisse le créancier de la rente maître d'en donner mainlevée, et on ne pourrait faire disparaître cet inconvénient qu'en ajoutant ce qui suit à l'alin. 12 de la formule de gage :

Pour la conservation des droits de celui à qui le gage est confié, le propriétaire dudit gage consent que son créancier soit subrogé dans l'inscription avec mention que cette subrogation a lieu comme acte conservatoire et sans qu'elle puisse être considérée comme attributive d'aucun droit de propriété sur ledit gage.

Pour opérer laquelle subrogation en marge de ladite inscription avec élection de domicile en la demeure de... tout pouvoir est donné au porteur d'un extrait des présentes.

(B) L'hypothèque consentie par l'acquéreur sur un bien acheté à reméré [124] quoique résoluble (C. civ. 2125) est valable ; mais il n'en serait pas de même de l'hypothèque consentie par le vendeur à reméré d'un bien qu'il ne possède plus au moment de la constitution (30 n. 298).

136   (A) Déclarent, les sieurs Beraut, que par acte passé devant Me. ., notaire à..., le..., enregistré, il ont consenti hypothèque sur la maison hypothéquée au profit de M. Charles Ferlet, propriétaire à..., pour une somme de six mille francs; que, par cet acte, ils se sont réservés la faculté de consentir de nouvelles hypothèques sur ladite maison pour une somme de douze mille francs, laquelle somme viendrait concurremment avec celle de six mille francs dont il vient d'être parlé, pourvu (B) que les inscriptions à raison des nouvelles hypothèques ne fussent primées par aucune autre constituée dans l'intervalle existant entre l'ancienne et les nouvelles, soit auparavant. De laquelle réserve ils affirment n'avoir point fait usage jusqu'à ce jour.

137   En conséquence, la somme de cinq mille francs, valeur des lingots prêtés par la présente obligation, viendra en concurrence [152] avec les six mille francs dus à M. Charles Ferlet par l'obligation précitée et avec les sept mille francs restant à emprunter ; au moyen de quoi , l'inscription qui sera prise en vertu des présentes viendra en concurrence avec celle prise par M. Ferlet, le... vol... n... et avec celle de sept mille francs restant à emprunter; ce qui est accepté par mad. veuve Niquet.

138   Etat civil.... — V. sup. alin. 20, 21, 22, 23 et 24.

139   Pour faire signifier [20] ces présentes à qui besoin sera, tout pouvoir est donné au porteur d'une expédition [64] ou extrait des présentes.

140   Tous les déboursés [5] et honoraires (id.) des présentes, et le coût de la grosse [64] présentement requise, seront supportés par les débiteurs.

141   Pour l'exécution des présentes, les parties font élection de domicile [11] en leurs demeures actuelles sus-indiquées.

142   Dont acte, fait et passé à Saint-Aignan [12] en l'étude (id.), l'an mil huit cent quarante-cinq [13], le vingt-huit février (id.) en présence de MM... (Noms, prénoms, professions et demeures), témoins instrumentaires [14]; et les parties ont signé [15] avec les témoins et le notaire, après lecture [16].

143   V. Répertoire, note 17. — Forme des actes, note 38. — Enregistrement, notes 174, 90, 18 et 19.

144   V. aussi la formule de TRANSPORT DE RENTE.

145   V. infrà Prêt et usufruit.

OBSERVATIONS. — V. les formules de LIQUIDATION.

OFFICE. — V. vente d'office.

---

1   OFFRES [48] RÉELLES (PROCÈS-VERBAL DE), PAR ACTE NOTARIÉ (C).

2   L'an mil huit cent .... le... [13].

3   A la requête de M. Cyprien Lancelot [5], propriétaire (id.), demeurant (id.) à...

4   Lequel fait élection de domicile [11] à...

5   J'ai, Adolphe [1] Regnaud (id.), notaire [2] à la résidence de [1]..., soussigné [15], étant assisté des sieurs (Noms, prénoms, professions et demeures), témoins instrumentaires [14], aussi soussignés [15].

6   Offert réellement et à deniers découverts à M. Cyr Billout, entrepreneur de bâtiments et à la dame Euphémie Leclerc, sa femme, demeurant ensemble à.... en leur domicile où étant et parlant à... [20].

7   La somme [55] de six mille trois cent cinq francs [91] en douze cent soixante-et-une pièces de cinq francs (id.) ayant cours dans le royaume, dont : 1° six mille francs pour le remboursement du prix de la vente [109] que M. et mad. Billout ont faite à M. Lancelot, requérant, d'une pièce de pré [7], située sur le finage de..., au lieu dit l'Abîme, par

---

(A) Quand la réserve a lieu pour un second emprunt à faire avec concurrence, on substitue ce qui suit aux alin. 136 et 137:
Déclarent, les sieurs Beraut, qu'ils se réservent de consentir encore hypothèque pour une somme de dix mille francs , sur la maison ci-dessus désignée, et de faire venir cette somme en concurrence avec celle formant le montant de la présente obligation; au moyen de quoi l'inscription qui sera prise en vertu des présentes viendra concurremment avec celle qui sera prise par suite de la nouvelle hypothèque de 10,000 francs, quelle que soit la date des deux inscriptions, pourvu toutefois que la nouvelle hypothèque ne soit primée par aucune autre constituée dans l'intervalle qui aura existé entre l'ancienne et la nouvelle ou auparavant. — V. la note suivante.

(B) Sans cette condition , le premier créancier aurait une position hypothécaire fort incertaine. En effet. si les 12,000 francs étaient primées par des inscriptions absorbant la valeur de l'immeuble , il en résulterait que ses 6,000 francs se partageraient avec les 12,000 et qu'il n'aurait réellement garanti que pour un tiers de sa créance; tandis qu'avec la condition il a à peu près garantie pour sa créance, en supposant la maison d'une valeur de 18,000 francs.
On ne suppléerait pas à la condition en faisant consentir dans la première obligation une hypothèque pour sûreté des deniers à prêter; l'hypothèque elle-même ne pouvant subsister que comme accessoire d'un engagement.— V. note 50, n. 501 et 1.

(C) Cette formule peut servir pour un procès verbal d'offres par acte d'huissier, il n'y a que la qualité de l'officier ministériel à changer et à supprimer ce qui est relatif à la mainlevée de l'inscription d'office, car une radiation ne s'opère qu'en vertu d'un jugement ou d'un acte passé devant notaire. — V. note 149.

contrat passé devant M⁰ Regnaud, l'un des notaires soussignés, le…, dûment enregistré [42] et transcrit [111]; 2° trois cents francs pour l'année d'intérêts de ladite somme échue le…; 3° quatre francs pour les frais [48] liquidés; 4° et un franc pour les frais non liquidés sauf à parfaire ou diminuer d'après la taxe qui en sera faite.

⁸ Les présentes offres sont faites à la charge par les sieur et dame Billout : 1° de donner à l'instant bonne et valable quittance [84] des sommes à eux présentement offertes; 2° de rapporter à leurs frais certificats de radiation [149] des deux inscriptions [85] trouvées à la transcription dudit contrat, lesquelles ont été prises contre eux au bureau des hypothèques de…, l'une le…, vol… n…, et l'autre le.., vol.., n…, et leur ont été dénoncées [122] avec sommation d'en rapporter mainlevée [149] par exploit [20] de…, huissier à…, en date du…

⁹ Lesquels sieur et dame Billout ont déclaré qu'ils entendaient accepter les offres réelles à eux faites comme bonnes, valables et suffisantes, pourquoi ils ont à l'instant donné quittance de la somme sus-énoncée et remis [84] entre mes mains les certificats et titres de propriété demandés; et, de plus , ils ont donné mainlevée [149] et consenti la radiation entière et définitive de l'inscription d'office prise à leur profit au bureau des hypothèques de…, le…, vol…, n…, contre M. Lancelot. Lecture faite [16], ils ont signé [15]. Signatures.

¹⁰ Ou bien : Auxquelles offres et demandes de M. Lancelot, les sieur et dame Billout ont répondu (A) : 1° qu'ils étaient tout prêts à remettre les titres de propriété de l'héritage vendu (ou bien : qu'ils ne pouvaient point remettre, ne s'y étant point d'ailleurs obligés par le contrat, les titres de propriété de l'héritage vendu, attendu qu'ils sont communs à d'autres biens qu'ils possèdent, mais qu'ils s'engageaient seulement à les communiquer [21] au besoin et sous récépissé); 2° et qu'ils avaient entre mains les certificats [149] de radiation d'inscriptions demandés (ou bien : qu'ils n'avaient point à représenter les certificats de radiation d'inscriptions exigés, attendu que les inscriptions trouvées à la transcription [111] du contrat sont sans effet à leur égard , ayant été délivrées par erreur ainsi qu'ils l'ont fait attester par un acte de notoriété [127] (V. sup. p. 492 note A) passé devant M⁰…, notaire à… le…, lequel acte a été signifié [20] à leur requête par exploit de… huissier à…, en date du… à M. Lancelot, requérant, qui , depuis, a été à même de vérifier la sincérité de l'attestation, et ont signé après lecture [16]. Signatures.

¹¹ Contre laquelle réponse, j'ai, pour M. Lancelot, fait toutes réserves [51] et protestations (id.).

¹² Par suite de ce refus, j'ai retiré les espèces ci-dessus énumérées (Quand c'est un huissier qui fait les offres on termine ainsi : et j'ai, à domicile et parlant comme dit est, laissé copie du présent, dont le coût est de…

¹³ Il a été vaqué à ce qui précède depuis l'heure de… jusqu'à… par… vacation [5].

¹⁴ De tout ce que dessus j'ai dressé le présent procès-verbal (Quand les offres sont acceptées on ajoute : converti en quittance de paiement), au domicile ci-dessus indiqué de M. et mad. Billout, les jour , mois et an susdits, en présence des deux témoins ci-dessus nommés , duquel procès-verbal j'ai laissé copie (B) aux dits sieur et dame Billout, et après lecture [16] faite aux parties, elles ont signé [15] avec le notaire et les témoins (ou mais seulement quand les offres ne sont point acceptées, fait de nouveau refus de signer de ce interpellées par le notaire qui a signé avec les témoins).

¹⁵ V. Répertoire, note 17. — Forme des actes, note 38. — Enregistrement, notes 99, 117, 18 et 19.

¹⁶ V. aussi les formules de consignation.

---

¹ OPPOSITION [44 n. 2 et 35] avec assignation, a une contrainte de la régie de l'enregistrement.

² L'an mil huit cent quarante-cinq [20] le…

³ A la requête de M⁰… notaire à la résidence de…

⁴ Pour lequel domicile est élu [44 et 11] en la demeure de M⁰… avocat à Aux.

⁵ J'ai, Charles Louré, huissier près le tribunal civil de première instance d'Aux, et audiencier près la justice de paix de Verme, demeurant audit Verme, soussigné.

⁶ Déclaré et signifié [20] à M. le Directeur général de l'administration de l'enregistrement et des domaines, demeurant à Paris rue Castiglione hôtel des Finances , au bureau de M. Michel, receveur à Verme, élu par le commandement ci-après daté, auquel lieu étant et parlant [20] audit M. Michel, lequel a visé [20] le présent.

⁷ Que le requérant est opposant comme de fait il s'oppose formellement par ces présentes à l'exécution de la contrainte [44] décernée contre lui par M. Valentin, vérificateur, le.., et rendue exécutoire (id.) par M. le Juge de paix de Verme le… du même mois, ainsi qu'au commandement à lui fait par Marc, huissier à Verme, à la requête de M. le Directeur , sus-nommé , pour avoir paiement d'une somme de cinq francs et cinquante centimes pour le décime, réclamée audit requérant pour une prétendue contravention à l'art. 20 de la loi du 13 brumaire an vii , en ce que l'opposant aurait écrit plusieurs renvois à la marge d'une expédition en deux rôles qui contenait cent lignes.

(A) Lorsqu'on refuse d'accepter les offres sans indiquer de motifs, on substitue ce qui suit au restant de l'alinéa :
… qu'ils refusaient d'accepter les dites offres comme étant insuffisantes, et ont signé. — Signatures.
— Ou bien : Sommés par le notaire de donner les motifs de leur refus ainsi que de signer leur réponse, ont dit ne vouloir s'expliquer ni signer.

(B) Quand les offres faites par un notaire sont acceptées , le procès-verbal devient alors un acte notarié ordinaire, qui constate l'accord des parties et dont il n'est pas besoin, comme au cas de refus , de laisser copie à la partie prenante.
Mais quand le notaire laisse copie, peut-il se servir de petit papier au lieu de moyen papier et y mettre 35 lignes à la page au lieu de 25 ?
Nous pensons que non, parcequ'il agit comme notaire et que la loi du 13 brum an vii ne contient point d'exception pour ce cas. — V. note 5, n. 67, note 20, n. 20 et note 64 n. 18.

8   Les motifs de la présente opposition sont fondés : 1° sur ce que la marge n'est réservée par le notaire que pour réparer les omissions qui peuvent être commises lorsqu'il dresse l'expédition [64] d'un acte, d'où il suit qu'il peut y porter autant de renvois [37] que bon lui semble, pourvu qu'ils n'excèdent pas le nombre de vingt-cinq petites lignes [64] ; 2° Et sur ce qu'il n'existe aucune disposition de loi qui considère comme une contravention sujette à amende le fait d'avoir mis plus de quinze syllabes par ligne.

9   J'ai, en conséquence, à mêmes requête, demeure et élection de domicile que ci-dessus.

10   Donné assignation [20] à mond. s. le Directeur de l'enregistrement et des domaines, à domicile et parlant comme dit est,

11   A comparaître à huitaine franche, délai de la loi, outre le délai à raison des distances, par-devant MM. les président[75] et juges composant le tribunal civil d'Aux, pour voir dire; 1° que l'opposition du requérant est régulière en la forme et juste au fond; 2° que la contrainte [44] et le commandement[194] sus datés sont nuls et de nul effet, le fait reproché à l'opposant ne constituant point de contravention; 3° et que l'administration de l'enregistrement et des domaines sera condamnée aux dépens [120].

12   Et j'ai, audit M. Michel, sous toutes réserves [51] et parlant comme dessus, laissé copie du présent. Le coût [20] est de,

13   V. la Formule de mémoire. — Enregistrement gratis, note 18 n. 340 et 352.

1   OPPOSITION [65] a mariage (id.) par une personne (A) déjà mariée avec l'un des contractants.

2   L'an mil huit cent quarante-cinq le premier mars [13].

3   Sur la réquisition de M. Thomas [3] Delume (id.), voyageur du commerce (id.), demeurant (id.) à..., lequel fait élection de domicile [65 et 11] en la demeure à Verme de...

4   Me Alfred [1] Renoux (id.), notaire [2] à Verme, soussigné, assisté des deux témoins ci-après nommés et aussi soussignés.

5   S'est transporté : 1° à la mairie de Verme, où étant et parlant [20] à M. Migne, maire, faisant les fonctions d'officier de l'État civil, ainsi qu'il s'est nommé et qualifié, lequel a visé [28] le présent ; 2° à Verme, au domicile de Marie Moine, parlant à sa personne; 3° Et à Verme, au domicile de M. Nicolas Bonenfant, épicier audit lieu, parlant à..., son garçon de boutique, ainsi déclaré.

6   Et là ledit sieur Delume a déclaré à chacun d'eux, en présence des notaire et témoins soussignés, qu'il s'oppose à la célébration du mariage projeté entre M. Bonenfant et ladite Marie Moine, et ce par le motif que cette dernière s'est engagée par mariage avec ledit déclarant à Gretna-Green, en Ecosse, ainsi qu'il en justifiera au besoin.

7   De laquelle opposition il a requis acte, que le notaire soussigné a à l'instant notifié [65] aux sus-nommés.

8   Fait et passé, pour l'officier de l'État civil, en son cabinet [12] à la mairie de Verme, et pour les autres parties en leurs demeures respectives, les jour, mois et an susdits [13], en présence de MM.... (noms, prénoms, professions et demeures), témoins instrumentaires [14]; et, après lecture [16], M. Delume a signé [15] avec les témoins et le notaire le présent acte dont copie (B) a été laissée par ledit notaire tant à l'officier de l'état civil qu'à chacun desdits Marie Moine et Nicolas Bonenfant, conformément à la loi.

9   V. Répertoire, note 17. — Forme des actes, note 58. — Enregistrement, notes 99, 18 et 19.

10   OPPOSITION [65] a mariage (id.) par un ascendant (C).

11   L'an mil huit cent quarante-cinq, le deux mars [13],

12   Sur la réquisition de M. Pierre [3] Moine (id.), négociant (id.), demeurant (id.) à Verme, lequel fait élection de domicile [65 et 11] à Verme, en la demeure de...,

13   Me Alfred Renoux [1], notaire [2] à Verme [1], soussigné [15], assisté des deux témoins ci-après nommés et aussi soussignés.

14   S'est transporté : 1° à la mairie, etc. —V. sup. alin. 5.

15   Et là ledit sieur Moine a déclaré à chacun des sus-nommés, en présence du notaire et des témoins soussignés, qu'il s'oppose à la célébration du mariage projeté entre ladite Marie Moine, sa fille, et M. Bonenfant, et ce par les motifs qu'il se réserve de déduire en temps convenable.

16   De laquelle attestation il a requis acte, que le notaire soussigné a, à l'instant, notifié aux sus-nommés.

17   Fait et passé etc. — V. sup. alin. 8 et 9 en substituant Moine à Delume.

18   V. sup. les formules d'actes respectueux.

(A) Cette formule peut être suivie quand il s'agit d'une opposition par un parent collatéral, il n'y a que les motifs à changer. — V. note 65 n. 259 et 246.

(B) V. la note B au bas de la page qui précède.

(C) Il est inutile que l'ascendant forme opposition au mariage avant les actes respectueux exigés par les art. 151 et 152 du C. civ., car ce n'est qu'après le dernier acte respectueux qu'il peut être procédé à la célébration du mariage (C civ. 152 et 153).

ORDONNANCE [64 N. 37] POUR OBTENIR LA DÉLIVRANCE D'UNE SECONDE GROSSE (id.).

I. REQUÊTE.

A Monsieur le Président du Tribunal civil de première instance séant à Auxerre;

Le sieur Basile FRÈRE, armurier demeurant à Cœur, ayant Me.... pour avoué,

A l'honneur de vous exposer :

Que par contrat passé devant Me SOMMET, notaire à Cœur, le..., dûment enregistré, il a vendu [109] au sieur Emmanuel LAMBERT, cultivateur demeurant à..., six pièces d'héritages [7], moyennant la somme de deux mille quatre cents francs actuellement exigible, et dont il ne peut obtenir le paiement du débiteur par les voies amiables.

Qu'il a adiré la grosse de ce contrat et se trouve, par ce motif, dans l'impuissance d'user de moyens coërcitifs contre son débiteur.

C'est pourquoi l'exposant requiert qu'il vous plaise, Monsieur le Président, l'autoriser à se faire délivrer à ses frais une seconde grosse dudit contrat de vente, en la présence du débiteur ou lui dûment appelé : et vous ferez justice.

Auxerre, le 1 mars 1845.　　　　　　　　　　(SIGNATURE DE L'AVOUÉ) (A).

ORDONNANCE [64].

Nous (nom et prénoms), président [75] du tribunal civil de première instance séant à..; vu la requête ci-dessus, autorisons l'exposant à se faire délivrer par qui de droit une seconde grosse du contrat de la vente sus-mentionnée, parties intéressées présentes ou dûment appelées, tous moyens de droit réservés [51].

Fait en notre hôtel à..., le... mil huit cent...　　　　　　(SIGNATURE).

V. sup. Ampliation et Grosse et inf. Référé. — Enregistrement, note 18 n. 363 et suiv. et note 181.

(B) ORDRE AMIABLE [104] SUR LE PRIX D'UN IMMEUBLE, ENTRE LE VENDEUR, SON ACQUÉREUR ET SES CRÉANCIERS [25] HYPOTHÉCAIRES.

PAR-DEVANT Me Melchior [1] BRET (id.), notaire [2] à Larive [1], département de..., soussigné [15].

Sont comparus :

1º M. Charles [3] CAYEUX (id.), propriétaire (id.) et la dame Sophie [3] LORROT (id.), son épouse de lui autorisée [68], demeurant [3] ensemble à...

Agissant comme vendeur du domaine de Boissonnade ainsi qu'il va être ci-après expliqué　　　D'UNE PART.

2º M. Narcisse SINDOUX, propriétaire, demeurant à...

Agissant comme acquéreur dudit domaine.　　　　　　　　　　D'AUTRE PART.

3º M. Jean ABLET [3], ancien négociant (id.), demeurant (id.) à...

4º M. Calixte BÉNARD, rentier, demeurant à...

5º M. Denis ABLET, pharmacien, demeurant à...

6º M. Eloi DROIN, épicier, demeurant à...

7º M. Blaise ENOT, confiseur, demeurant à...

8º M. Chrétien FAVRE, marchand de vins, demeurant à...

9º Et M. Célestin HOURY, mécanicien, demeurant à...

Ces sept derniers, créanciers hypothécaires [25] de M. Charles CAYEUX, et ayant droit au prix du domaine dont il va être parlé tant en cette qualité que comme étant nommément (C) délégataires [100] dudit prix par le contrat de vente dont il va être parlé.　　　　　　　　　　　　　　　　　　　D'UNE AUTRE PART.

Lesquels, voulant procéder à l'ordre et distribution du prix du domaine de Boissonnade, ont préliminairement exposé ce qui suit :

Par contrat passé en minute [59] et présence de témoins (14) devant Me BRET, notaire soussigné, le premier juillet dernier, dûment enregistré [42], M. Sindoux a acquis [109] de M. et mad. CAYEUX le domaine [7] de Boissonnade situé à la commune de... moyennant la somme de trente deux mille francs de prix principal produisant intérêt [49] à cinq pour cent par an depuis le jour de la vente et stipulée payable [84] en quatre termes [77] égaux de chacun huit mille francs d'année en année à compter de ladite vente.

Ce contrat a été transcrit [111] au bureau des hypothèques de..., le premier août dernier vol. 90 n. 75, à la charge de sept inscriptions [85] y compris celle d'office ainsi que le constate un état [111] délivré après quinzaine par le conservateur le seize dudit mois d'août.

(A) Les requêtes adressées aux cours et tribunaux civils ne peuvent être signées que par les avoués près ces cours et tribunaux. — Il en est autrement des requêtes aux juges de paix et tribunaux de commerce.

(B) Il y a lieu à ordre amiable : 1º quand toutes les parties étant majeures ou dûment représentées sont d'accord de se retirer à cet effet chez le notaire ; 2º et quand il n'y a pas plus de trois créanciers inscrits, pour toute vente autre que par expropriation (C. proc. 775).

(C) V. cependant la note 99, n. 25.

¹⁹ De plus, l'acquéreur a rempli les formalités nécessaires pour purger [156] son acquisition des hypothèques légales [50] qui pouvaient la grever, et pendant leur accomplissement il n'a été pris aucune inscription pour raison d'hypothèque légale ainsi qu'il résulte d'un certificat [111] délivré par le même conservateur le premier décembre dernier. — V. *inf.* PURGE.

²⁰ Il résulte dudit état que le domaine dont il s'agit est grevé des inscriptions et subrogations dont l'énonciation suit ainsi que l'indication du rang des privilèges [29] et hypothèques :

²¹   *TABLEAU* (A) *des inscriptions grevant le domaine de Boissonnade.*

Nos D'ORDRE de l'état.	NOMS des CRÉANCIERS.	DATES des inscriptions et subrogations.	CAUSES des inscriptions.	Sommes.	Rang d'hypothèque.	ACTES d'où résultent les inscriptions.	OBSERVATIONS.
1	ABLET (Jean)	Inscription du 1 mars 1836, vol. 50, n. 18.	Privilège de co-partageant.	3000	1	Partage du 5 janvier 1836.	
2	BENARD,	Inscription du 3 avril 1839, vol. 58, n. 74.	Privilège de la séparation des patrimoines.	1500	2	Obligat. sous seing-privé du 30 décembre 1834.	Créance sur Paul *Ablet* père, décédé le 15 octobre 1838.
3	ABLET (Denis),	Inscription d'office du 14 sept. 1840, vol. 60, n. 45.	Privilège de vendeur.	16000	3	Vente à M. Charles Cayeux du 19 août 1840.	Cette créance est réduite à 8000. par les subrogations ci-après n. 6 et 7.
4	DROIN,	Inscription de subrogation du 21 nov. 1842, vol. 71, n. 99.	Hypothèque légale de la dame *Cayeux.*	4000	6 (30 n. 155)	Cautionnement de la dame Cayeux, du 10 novembre 1842.	Avec cession d'antériorité, mais sans préférence sur les autres subrogés.
5	ENOT,	Inscription de subrogation du 25 nov. 1842, vol. 71, n. 57.	*Idem.*	5000	5 (30 n. 155)	*Idem*, du 1 novembre 1842	*Idem.*
6	FAVRE,	Subrogation du 4 juin 1843, en marge de l'inscription d'office, n 3.	Privilège de vendeur.	6000	4 (84 n. 142)	Quittance d'emploi de deniers du 25 avril 1843.	Somme reçue à compte par subrogation.
7	HOURY,	Subrogation du 6 juin 1843, en marge de l'inscription d'office, n. 3.	*Idem*	2000	3 (84 n. 146)	Transport du 30 avril 1843.	Somme cédée sans réserve de priorité.

²² Après cet exposé, il a été procédé, ainsi qu'il suit, à l'ordre [104] et distribution du prix dudit domaine. L'opération se divisera en trois paragraphes, le premier comprendra les sommes à distribuer, le second les sommes à colloquer et le troisième les collocations.

²³   § 1. SOMMES A DISTRIBUER.

²⁴ Les sommes dont la distribution est à faire se composent :

²⁵ 1° Du prix de la vente faite par M. et mad. CAYEUX à M SINDOUX, ainsi qu'il est dit ci-devant, et se montant à trente deux mille francs, ci . . . . 32,000 »

²⁶ 2° Et des intérêts [49] de cette somme qui ont couru depuis le premier juillet dernier jusqu'à ce jour (huit mois), lesquels se montent à 1066 fr. 66 c. [53 n. 1 et 61], ci 1066 66

                                                                    Total. . . .   33066 66

²⁷   § 2. SOMMES A COLLOQUER.

²⁸   M. SINDOUX, *acquéreur.*

²⁹ Il a droit d'être colloqué [104] par préférence [29] ; 1° pour le coût de l'état des inscriptions délivré sur la transcription de son contrat, défalcation faite des frais occasionnés par l'inscription d'office et par les certificats négatifs, lequel est de neuf francs dix centimes, ci 9 10

³⁰ (B) 2° Pour la somme de soixante-dix francs à laquelle on évalue les frais de mainlevée et radiation de l'inscription de chaque créancier ci-après colloqué, ci . . . . 70 »

                                                            A reporter . .   79 10

(A) Quand les créanciers ne viennent pas au même rang d'hypothèque, il est toujours fort utile de dresser un tableau. — V. sup. *la formule* d'ÉTAT D'INSCRIPTION *(dépouillement d')* et la note B au bas de la p. 405.

(B) Si l'acquéreur avait dénoncé les inscriptions et son contrat soit aux vendeurs soit aux créanciers inscrits, il devrait être aussi employé ici pour les frais de ces dénonciations (C. civ. 2101-1°; 2103 ; C proc. 759 et 777). — V. note 29, n. 28.

(A) 3° Et pour la somme [35] de cinq cents francs [91] à laquelle sont et demeurent fixés les déboursés [5] et honoraires (*id.*) du présent acte , y compris un extrait [64] en forme exécutoire pour chaque créancier, le tout considéré comme frais de poursuites d'ordre, ci . . . . . .   500 »

Total. . . .   579 10

2° M. ABLET (Jean).

Il a droit d'être colloqué en premier ordre, savoir :

1° Pour la somme de trois mille francs montant de son privilége [29] de cohéritier à raison de la soulte à lui due par M. Denis ABLET, son frère, suivant acte passé devant Mᵉ..., notaire à..., le cinq janvier mil huit cent trente six, dûment enregistré , contenant partage entre eux comme seuls héritiers [78] de Paul ABLET, leur père, du domaine dont il s'agit que M. et mad. Cayeux ont acquis depuis dudit Denis ABLET au lot duquel ledit domaine a été compris, lequel privilége a été inscrit [83] dans les soixante jours [29] de la date du partage ainsi qu'on le voit au tableau qui précède , ci . . . . 3000 »

2° Pour quatre cent cinquante francs montant de trois années d'intérêts [49] de ladite somme principale , à laquelle somme doivent être restreints [25 n. 22] les quatre ans un mois vingt-cinq jours qui lui sont dus en calculant depuis le cinq janvier mil huit cent quarante et un jusqu'à ce jour, ci . . . . 450 »   3450 »

Total. . . . .   3450 »

3° M. BÉNARD.

Il a droit d'être colloqué en second ordre, savoir ;

1° Pour la somme de quinze cents francs à lui due [26] par la succession de M. Paul ABLET, père de Jean et Denis ABLET, sus-nommé, décédé [63] le quinze octobre mil huit cent trente huit, en vertu d'une obligation sous seing-privé en date du trente décembre mil huit cent trente quatre, enregistrée à...., le...., [42 n. 84], et stipulée payable sans intérêts pendant dix ans , par privilége sur le domaine dont il s'agit vendu depuis par Denis ABLET, son fils, à M. et mad. CAYEUX, lequel privilége a été conservé par une inscription [29 et 83] prise au bureau des hypothèques de.., le trois avril mil huit cent trente neuf vol. 38 nᵒ 74 contre ladite succession sur le susdit domaine, par conséquent dans les six mois du décès, ci . . . . 1500 »   1512 50

2° et pour les intérêts [49] de ladite somme qui ont couru depuis le trente décembre mil huit cent quarante quatre jusqu'à ce jour (deux mois), lesquels se sont élevés à douze francs cinquante centimes, ci 12 50

Total. 1512 50

4° M. ABLET (Denis).

Il a droit d'être colloqué en troisième ordre , concurremment [132] avec M. HOURY ci-après nommé, cessionnaire de deux mille francs , savoir :

1° Pour la somme de huit mille francs lui restant due sur celle de seize mille francs dont M. et mad. CAYEUX sont demeurés débiteurs envers lui par le contrat de la vente qu'il leur a faite du domaine dont il s'agit devant Mᵉ...., notaire à..., le dix neuf août mil huit cent quarante, dûment enregistré : les huit mille francs de surplus appartenant à MM. FAVRE et HOURY , ci-après nommés. Le privilége de laquelle somme de seize mille francs a été conservé par une inscription d'office du quatorze septembre mil huit cent quarante vol. 60 n. 45, ci . . 8000 »   9811 10

2° Et pour les intérêts de ladite somme de huit mille francs courus depuis le dix neuf août mil huit cent quarante jusqu'à ce jour (quatre ans [49 n. 128] six mois dix jours), lesquels s'élèvent à dix huit cent onze francs dix centimes, ci 1811 10

Total. 9811 10

5° M. HOURY.

Il a droit d'être colloqué en troisième ordre concurremment [132] avec M. Denis ABLET, sus-nommé, savoir :

1° Pour la somme de deux mille francs de principal que M. Denis ABLET lui a cédée sans réserve de priorité [84 n. 146] par acte passé devant Mᵉ...., notaire à..., le trente avril mil huit cent quarante trois, dûment enregistré, à prendre dans les seize mille francs qui lui étaient dûs par M. et mad. CAYEUX aux termes du contrat de vente du dix neuf août mil huit cent quarante, précité. Le privilége de laquelle somme a été conservé par l'inscription d'office du quatorze septembre mil huit cent quarante, ci-devant énoncée, en marge de laquelle ledit sieur HOURY a été subrogé

A reporter. . .   15253 00

---

le six juin mil huit cent quarante trois, ci. . . . . 2000 »　　　Report. . 15255 00

⁵⁰ 2° Et pour cent cinquante trois francs quarante centimes somme à laquelle se montent les intérêts desdits deux mille francs, en calculant depuis le dix neuf août mil huit cent quarante trois jusqu'à ce jour, ci . . . . : . 153 40　　　2155 40

⁵¹ 　　　　　　　　　　　　　　　　　Total. 2155 40

⁵² 　　　　　　　　　　　6° M. FAVRE.

⁵³ Il a droit d'être colloqué en quatrième ordre, savoir ;

⁵⁴ 1° Pour la somme de six mille francs de principal que M. et Mad. CAYEUX ont payée à M. Denis ABLET, à compte sur les seize mille francs qu'ils restaient lui devoir sur le prix d'acquisition du domaine dont il s'agit, avec subrogation au profit dudit sieur FAVRE comme prêteur des fonds employés à ce paiement, suivant quittance passée devant Me ..., notaire à..., le vingt cinq avril mil huit cent quarante trois, dûment enregistrée. Le privilége de cette somme a été conservé par l'inscription d'office du quatorze septembre mil huit cent quarante, précitée, en marge de laquelle ledit sieur FAVRE a été subrogé le quatre juin suivant, mais il ne peut être exercé qu'après celui de MM. Denis ABLET et HOURY, encore bien qu'il ait la même origine, attendu que le paiement qui n'est point intégral (84 n. 142) ne peut nuire ni au créancier pour le surplus de sa créance ni au cessionnaire de ce dernier, ci . . . . 6000 »

⁵⁵ 2° Pour les intérêts de ladite somme depuis le dix neuf août mil huit cent quarante quatre jusqu'à ce jour (six mois dix jours) et qui se montent à cent cinquante huit francs trente trois centimes, ci . . . . 158 33　　　6168 33

⁵⁶ 3° Et pour la somme de dix francs montant d'un commandement [194] fait aux débiteurs par exploit [20] de..., huissier à..., en date du..., ci . . . . 10 »

⁵⁷ 　　　　　　　　　　　　　　　　　Total 6168 33

⁵⁸ 　　　　　　　　　　　7° M. ENOT.

⁵⁹ Il a droit d'être colloqué en cinquième ordre, comme ayant été subrogé le quinze novembre mil huit cent quarante deux dans l'effet de l'hypothèque légale [30] de la dame CAYEUX contre son mari par suite de l'obligation qu'elle a contractée comme caution du sieur Germain LORROT son père, envers ledit sieur ENOT, comparant, ledit jour quinze novembre, savoir :

⁶⁰ 1° Pour la somme de cinq mille francs montant de ladite obligation, faisant observer 1° que les droits et reprises [200] de la dame CAYEUX conservés par son hypothèque légale s'élèvent à douze mille francs qu'elle s'est constitués en dot suivant son contrat de mariage passé devant Me.., notaire à..., le..., dûment enregistré; 2° que la somme dont il s'agit et ses intérêts viendront pour le tout en diminution du capital de ladite dot, attendu que cette dot ne produit point d'intérêts quant à présent et n'en produira qu'à la dissolution de la communauté, 3° et qu'il n'y a pas lieu à colloquer lad. dame pour le restant des effets de son hypothèque légale par le motif qu'elle n'a point pris inscription pendant les délais de purge légale ci . . . . 5000 »

⁶¹ 2° Et pour cinq cent quatre vingt trois francs trente trois centimes, somme à laquelle se montent les intérêts desdits cinq mille francs, qui ont couru depuis le premier novembre mil huit cent quarante deux jusqu'à ce jour (deux ans quatre mois) ci . . . . 583 33　　　5583 33

⁶² 　　　　　　　　　　　　　　　　　Total 5583 33

⁶³ M. ENOT est colloqué avant M. DROIN, ci-après nommé, bien que sa subrogation au bureau des hypothèques soit postérieure en date à celle de ce dernier, et ce par le motif que c'est la date du jour où la subrogation a été consentie qui règle le rang d'hypothèque et non la date de l'inscription de cette subrogation au bureau des hypothèques (30 n. 135).

⁶⁴ 　　　　　　　　　　　8° M. DROIN.

⁶⁵ Il a droit d'être colloqué en sixième ordre seulement, par les motifs qui viennent d'être expliqués pour la créance de M. ENOT, comme ayant été subrogé le dix novembre mil huit cent quarante-deux dans l'effet de l'hypothèque légale [30] de la dame CAYEUX contre son mari par suite de l'obligation qu'elle a contractée comme caution [52] de son frère sus-nommé, envers M. DROIN comparant, ledit jour dix novembre, savoir :

⁶⁶ 1° Pour la somme de quatre mille francs principal de ladite obligation. Réitérant ici l'observation qui vient d'être faite au sujet des sommes dues à M. ENOT, ci . . . . . 4000 »

⁶⁷ 2° Et pour deux cent soixante et un francs dix centimes, somme à laquelle se montent les intérêts desdits quatre mille francs courus depuis le dix novembre mil huit cent quarante-trois jusqu'à ce jour, ci . . . . 261 10　　　4261 10

⁶⁸ 　　　　　　　　　　　　　　　　　Total. 4261 10

⁶⁹ 　　　　　　　　　　Total des sommes à colloquer. . . . 33518 86

§ 3. COLLOCATIONS [104].

1° M. Sindoux.

70

71

72 Pour le remplir des cinq cent soixante-dix-neuf francs dix centimes, pour lesquels il a le droit d'être colloqué, il aura et il lui est abandonné pareille somme à prendre dans les intérêts [49] de son acquisition, ci   579   10

73

2° M. Jean Ablet.

74 Pour le remplir des trois mille quatre cent cinquante francs pour lesquels il a le droit d'être colloqué, il aura et il lui est abandonné pareille somme à prendre sur le premier terme du prix de la vente faite à M. Sindoux, ci 3450   »

75

3° M. Bénard.

76 Pour le remplir des 1512 fr. 50 c. [35 n. 61] auxquels il a droit, il aura et il lui est abandonné pareille somme à prendre sur le premier terme de la vente faite à M. Sindoux, ci . . . 1512   50

77

4° M. Denis Ablet.

78 Pour le remplir des 9811 fr. 10 auxquels il a droit, il aura et il lui est abandonné 1° 1811 fr. 10 à prendre dans le premier terme du prix de la vente, ... 1811   10 ⎱

79 2° Et les huit mille francs, montant du second terme de ladite vente, ci . . . 8000   » ⎰   9811   10

80

5° M. Houry.

81 Pour le remplir des 2153 fr. 40 c. auxquels il a droit, il aura et il lui est abandonné 1° les 1226 fr. 40 c. restant à prendre dans le premier terme du prix de la vente dont il s'agit, ci 1226   40 ⎱

82 2° Et 927 fr. à prendre dans le troisième terme du prix de ladite vente, ci . . 927   » ⎰   2153   40

83

6° M. Favre.

84 Pour le remplir des 6168 fr. 33 cent. auxquels il a droit, il aura et il lui est abandonné, pareille somme à prendre dans le troisième terme du prix de la vente dont il s'agit, ci   6168   33

85

7° M. Enot.

86 Pour le remplir des 5583 fr. 33 cent. auxquels il a droit, il aura et il lui est abandonné 1° les 904 fr. 67 c. qui restent à prendre dans le troisième terme du prix de la vente dont il s'agit, ci 904   67 ⎱

87 2° Et 4678 fr. 66 c. à prendre dans le quatrième terme du prix de cette vente, ci 4678   66 ⎰   5583   33

88

8° M. Droin.

89 Les fonds manquant sur lui, il ne peut être colloqué que pour ce qui reste de la somme à distribuer, lequel restant est de 3808 fr. 90 francs, savoir :

90 1° 3321 fr. 54 cent. dans le quatrième terme du prix de la vente dont il s'agit, ci   3321   54 ⎱

91 2° Et 487 fr. 36 cent. dans les intérêts dudit prix, ci. 487   36 ⎰   3808   90

92   Somme égale au total mis en distribution. 33066   66

93 Pour connaître d'un seul coup d'œil sur quoi et sur quels termes les créanciers sont colloqués, il a été dressé le tableau suivant :

94   *Tableau synoptique de la distribution du prix du domaine de Boissonnade.*

NOMS des CRÉANCIERS.	COLLOCATIONS SUR :					RÉUNION formant somme égale au total mis en distribution.
	le premier terme.	le deuxième terme.	le troisième terme.	le quatrième terme.	les intérêts du prix.	
Sindoux.	» »	» »	» »	» »	579 10	579 10
Ablet (Jean) . . .	3450 »	» »	» »	» »	» »	3450 »
Bénard.	1512 50	» »	» »	» »	» »	1512 50
Ablet (Denis). . .	1811 10	8000 »	» »	» »	» »	9811 10
Houry.	1226 40	» »	927 »	» »	» »	2153 40
Favre.	» »	» »	6168 33	» »	» »	6168 33
Enot.	» »	» »	904 67	4678 66	» »	5583 33
Droin.	» »	» »	» »	3321 54	487 56	3808 90
	8000 »	8000 »	8000 »	8000 »	1066 66	33066 66

CONDITIONS [183].

95

96 Au moyen des présentes, le prix en principal et intérêts du domaine de Boissonnade est et demeure définitivement fixé à la somme de trente-trois mille soixante-six francs soixante-six centimes, et les créanciers sus-nommés, notamment M. Droin sur lequel les fonds manquent, renoncent à former aucune surenchère [147] sur ledit prix.

97 Chacun des créanciers colloqués aura droit de recevoir la somme à lui attribuée suivant le rang qui lui est fixé

par ces présentes; à cet effet, ils sont et demeurent subrogés [114] dans les droits [27] et actions [28], priviléges [29] et hypothèques [30] de M. et mad. CAYEUX vendeurs, et notamment dans l'effet de l'inscription [83] d'office prise au profit de ces derniers au bureau des hypothèques de... le premier août mil huit cent quarante-quatre, vol. 120, n. 114, lors de la transcription [111] du contrat de la vente faite à M. SINDOUX du domaine dont est ci-dessus parlé. Pour faire opérer laquelle subrogation [83] en marge de l'inscription avec élection de domicile (id.) en... tout pouvoir [80] est donné au porteur d'un extrait [64] des présentes.

98　Nonobstant cette subrogation, les créanciers conserveront leurs droits [27] réels et personnels contre leurs débiteurs originaires et l'effet de leurs inscriptions précitées pour les exercer au cas de non paiement de la part de M. SINDOUX et après discussion de ses biens.

99　Et attendu que M. DROIN n'est pas colloqué pour l'intégralité de sa créance, il donne mainlevée [149] et consent la radiation de son inscription de subrogation prise au bureau des hypothèques de... le vingt-un novembre mil huit cent quarante-deux, vol. 71, n. 99, pour tout ce qui excède les trois mille huit cent huit francs quatre-vingt-dix centimes pour lesquels il a été colloqué, mais seulement en ce qu'elle grève le domaine de Boissonnade, son effet réservé sur tous autres biens pour le surplus de sa créance.

100　M. SINDOUX promet [107] d'exécuter le présent ordre à la condition toutefois que chacun des créanciers colloqués, lesquels s'y obligent, rapportera les sommes qu'il aura reçues en vertu des présentes, s'il venait, ledit acquéreur, à être poursuivi par des créanciers qui auraient dû être désintéressés avant eux, sans cependant que la présente convention puisse être considérée comme attributive d'aucun droit en faveur de ces derniers, et sans que ledit acquéreur puisse se considérer comme autorisé à reconnaître le droit des poursuivants en l'absence des dits créanciers qu'il devra préalablement appeler pour discuter avec lui le mérite des droits des réclamants.

101　En conséquence de ce qui précède, le notaire soussigné demeure autorisé à délivrer à chacune des parties intéressées, pour ce qui la concerne, un extrait des présentes en forme exécutoire [64].

102　Pour l'exécution des présentes, les parties font élection de domicile [11] en leurs demeures actuelles sus-indiquées.

103　Dont acte, fait et passé à Larive [12], en l'étude (id.), l'an mil huit cent quarante-cinq [13] le premier mars (id.), en présence de MM... (Noms, prénoms, professions et demeures), témoins instrumentaires [14]; et les parties ont signé [15] avec les témoins et le notaire, après lecture faite [16].

104　V. Répertoire, note 17. — Forme des actes, note 38. — Enregistrement, notes 99, 174, 18 et 19.

105　V. aussi la formule de DISTRIBUTION DE DENIERS PAR CONTRIBUTION et celle de QUITTANCE D'ORDRE.

OUVERTURE DE TESTAMENT. — V. sup. DESCRIPTION DE TESTAMENT.

PARTAGES [143] :

I. De communauté [166], pour faciliter un partage anticipé.

II. D'ascendants ou anticipé [81].

　1° Par acte entre-vifs [81] par père et mère, avec égalisation de dot et pour n'entrer en jouissance qu'après leur décès.

　2° Par acte entre-vifs, par le père seul, la mère étant décédée et ses biens partagés par le même acte.

3° Par acte testamentaire [152].

III - 1° Amiable, de biens immeubles de communauté et succession.

　2° Amiable, de biens immeubles d'une succession.

IV. Partiel, de biens indivis, pour faire le lot de l'un des copropriétaires.

V. Judiciaire, de biens immeubles, d'après les parts naturelles des ayants-droit.

PARTAGE (A) DE COMMUNAUTÉ [166] ENTRE MARI ET FEMME, POUR PARVENIR AU PARTAGE ANTICIPÉ [81] DE LEURS BIENS [86] ENTRE LEURS ENFANTS.

2　Pardevant M⁻ Charles [1] BOUR (id.), notaire [2] à Saint-Marc [1], département de..., soussigné [15],

3　　　　Sont comparus :

4　Le sieur Etienne [3] VILLAIN (id.), cultivateur (id.), demeurant (id.) à Saint-Marc.　　　　D'UNE PART.

5　Et la dame Françoise MÉHOME, sa femme, qu'il autorise [68] à l'effet des présentes, demeurant avec lui. D'AUTRE PART.

6　Lesquels, étant disposés à faire de leur vivant le partage de leurs biens immeubles entre leurs enfants, et voulant y comprendre ceux de leur communauté, ont, pour en faciliter l'exécution, fait entre eux et préalablement la division de ces derniers biens en deux lots [140], ainsi qu'il suit :

(A) Ce partage ne peut être considéré comme une séparation de biens volontaire formellement prohibée par l'art. 1443 du C. civ. ou comme une dérogation aux conventions matrimoniales proscrite par l'art. 1395 du même code. C'est un acte que les art. 1075 et 1423 du C. civ. autorisent suffisamment, et qui de même que les partages provisionnels entre héritiers (C. civ. 840) devient obligatoire par la ratification des parties intéressées, le tout ainsi que l'a jugé la C. R. de Douai par arrêt du 10 fév. 1828.

D'ailleurs, en principe, la disposition d'une chose commune et indivise est permise sauf indemnité de la valeur à défaut de délivrance (C. civ. 1021 et 1423; Metz 30 mars 1816). Et, en général, il suffit d'avoir un droit éventuel à une chose pour pouvoir disposer de cette chose; seulement si ce droit s'évanouit, comme au cas de renonciation de la femme à la communauté, ses enfants doivent rapporter en nature ou part de biens à la succession du mari (Paris 1 juin 1836).

MASSE DES BIENS [86] A PARTAGER.

Art. 1. Une pièce de terre labourable, de la contenance [40] de six hectares [91], située [141] sur le finage (id.) de Saint-Marc, lieu dit (id.) les grandes raies, tenant (id.) d'un long du levant à Pierre Labé, d'autre long du couchant à Jean Badin, d'un bout du midi à Célestin Bresse, d'autre bout du nord à Séraphin Foin. Ladite pièce estimée (A) en toute propriété trois mille francs, ci. . . . . 3000 »

Art. 2. Une pièce de pré, de la contenance de un hectare, située sur le finage de Saint-Marc, lieu dit l'Ilot, tenant d'un long du nord à Joseph Merle, d'autre long du midi à Brice Bert, d'un bout du levant à Fiacre Olivier, d'autre bout du couchant à Cyprien Maligre : ladite pièce estimée en toute propriété deux mille francs, ci. . . . . 2000 »

Art. 3. Une pièce de vigne, de la contenance de soixante-quinze ares, située sur le finage de Saint-Marc, lieu dit Le Vaux-Danjean, tenant d'un long du midi à Agathe Dondaine, d'autre long du nord à Prosper Levert, d'un bout du levant à Florentin Poitout, d'autre bout du levant à Martin Maupas : ladite pièce estimée en toute propriété quinze cents francs, ci. . . . . 1500 »

Art. 4. Et une petite pièce de terre à chenevière, de la contenance de dix ares, située sur le finage de Saint-Marc, lieu dit la Cabine, tenant d'un long du nord à Germain Legras, d'autre du midi à Sophie Lafond, d'un bout du levant à Claude Leclerc, d'autre bout du couchant à Paul Niquet : ladite pièce estimée en toute propriété cinq cents francs, ci. . . . . 500 »

Total de la masse partageable. ———— 7000 »

Dont la moitié est de trois mille cinq cents francs, ci. . . . . 3500 »

PROPRIÉTÉ [22]. Les biens ci-dessus désignés dépendent de la communauté de biens qui existe entre les parties aux termes de leur contrat de mariage [166] passé devant M°..., notaire à..., le..., dûment enregistré [42].

Le mari en a fait lui-même l'acquisition du sieur..., — V. sup. ÉTABLISSEMENT DE PROPRIÉTÉ et la formule DE VENTE D'IMMEUBLE.

COMPOSITION DES LOTS [140].

PREMIER LOT. — Ce lot sera composé :

1° De trois hectares [91] de terre labourable, situés [141] sur le finage de St.-Marc, lieu dit (id.) les grandes raies, faisant (B) moitié (C) de la pièce désignée sous l'art. 1 de la masse, à partager en long et prendre le côté du levant sur Pierre Labé, tenant de l'autre côté au second lot, d'un bout du midi à Célestin Bresse, d'autre bout du nord à Séraphin Foin : ladite moitié de pièce estimée en toute propriété quinze cents francs, ci. . . . . 1500 »

2° De cinquante ares de pré, situés sur le finage de Saint-Marc, lieu dit l'Ilot, faisant moitié de la pièce désignée sous l'art. 2 de la masse à partager en long et prendre le côté du nord sur Joseph Merle, tenant de l'autre côté au second lot, d'un bout du levant à Fiacre Olivier, de l'autre bout du couchant à Cyprien Maligre : ladite moitié de pièce estimée en toute propriété mille francs, ci . . . . 1000 »

3° De trente-sept ares cinquante centiares de vigne, situés sur le finage de Saint-Marc, lieu dit le Vaux-Danjean, faisant moitié de la pièce désignée sous l'art. 3 de la masse à partager en long et prendre le côté du nord sur Prosper Levert, tenant de l'autre côté au second lot, d'un bout du levant à Florentin Poitou, d'autre bout du couchant à Martin Maupas : ladite moitié de pièce estimée en toute propriété sept cent cinquante francs, ci . . . . 750 »

4° Et de cinq ares de terre à chenevière, situés sur le finage de St.-Marc, lieu dit la Cabine, faisant moitié de la pièce désignée sous l'art. 4 de la masse, à partager en travers et prendre le bout du levant sur Claude Leclerc, tenant de l'autre bout du couchant au second lot, d'un long du nord à Germain Legras, d'autre long du midi à Sophie Lafond ; ladite moitié de pièce estimée en toute propriété deux cent cinquante francs, ci. . . . . 250 »

Total de l'estimation des biens composant le premier lot . . . . ———— 3500 »

(A) Le plus ordinairement on ne donne point d'estimation aux biens, et par deux raisons, la première pour ne point donner d'armes contre soi à la régie de l'enregistrement, car quand les mutations ultérieures sont sujettes à de forts droits, elle pourrait se prévaloir des estimations anciennes si elles sont plus avantageuses pour elle que les nouvelles, et la seconde afin de rendre plus incertain le succès des procés en rescision pour cause de lésion, car quand un partage comporte des estimations à chaque article, il est bien plus facile, en établissant une comparaison avec la valeur réelle, de voir s'il y a lésion, que quand il ne comporte point d'estimations. — Mais avec ce mode le notaire n'a point de base certaine pour asseoir les honoraires de l'acte. — V. note 5, n. 161.

(B) Nous engageons le lecteur à ne jamais changer cette façon de désigner une pièce d'héritage que l'on divise. Les autres manières sont presque toujours incomplètes, difficiles à trouver et jamais coulantes, nous en avons fait l'expérience.

(C) C'est en divisant les pièces par portions égales que l'on met en quelque sorte les parties dans l'impossibilité de refuser la ratification dont est parlé sup. p. 510, note A, à moins qu'il n'y ait un côté de pièce supérieur à l'autre en qualité.

Au surplus lorsque les enfants viennent à disposer des biens donnés du vivant de leur père et mère, il est possible de faire intervenir ceux-ci pour garantir l'acquéreur des effets d'un défaut de ratification de leur part. — V. sup. p. 399 note A.

23 SECOND LOT [140]. — Ce lot sera composé :

24 1° De trois hectares [91] de terre labourable, situés sur le finage [141] de St -Marc , dit les Grandes raies , faisant l'autre moitié de la pièce désignée sous l'art. 1 de la masse à partager en long et prendre le côté du couchant sur Jean Badin, tenant de l'autre côté au premier lot , d'un bout du midi à Célestin Bresse , d'autre bout à Séraphin Foin : ladite moitié de pièce estimée en toute propriété quinze cents francs , ci. . . . . 1500 »

25 2° De cinquante ares de pré , situés sur le finage de Saint-Marc, lieu dit l'Ilot, faisant l'autre moitié de la pièce désignée sous l'art. 2 de la masse, à partager en long et prendre le côté du midi sur Brice Bert, tenant de l'autre côté au premier lot, d'un bout du levant à Fiacre Olivier , d'autre bout du couchant à Cyprien Maligre : ladite moitié de pièce estimée en toute propriété mille francs , ci . . . . 1000 »

26 3° De trente-sept ares cinquante centiares de vigne, situés sur le finage de Saint-Marc, lieu dit le Vaux-Danjean, faisant l'autre moitié de la pièce désignée sous l'art. 5 de la masse, à partager en long et prendre le côté du midi sur agathe Dondaine , tenant de l'autre côté au premier lot, d'un bout du levant à Florentin Poitout, d'autre bout du couchant à Martin Maupas. Ladite moitié de pièce estimée en toute propriété sept cent cinquante francs , ci . . . . 750 »

27 4° Et de cinq ares de terre à chenevière, situés sur le finage de St.-Marc , lieu dit la Cabine, faisant l'autre moitié de la pièce désignée sous l'art. 4 de la masse, à partager en travers et prendre le bout du couchant sur Paul Niquet , tenant de l'autre bout du levant au premier lot, d'un long du nord à Germain Legras, d'autre long du midi à Sophie Safond : ladite moitié de pièce estimée deux cent cinquante francs , ci . . . . 250 »

28 Total de l'estimation des biens composant le second lot . . . . . . 3500 »

29 TIRAGE [140] DES LOTS.

30 Les lots ainsi composés ayant été tirés au sort en la manière accoutumée, le premier lot est échu à la dame VILLAIN, et le second au sieur VILLAIN, lesquels lots ont été respectivement acceptés sous les conditions suivantes :

31 CONDITIONS [183].

32 1° Les parties ne pourront faire et disposer en vertu des présentes des biens composant leurs lots que pour l'objet qu'elles se proposent et qui est ci-devant énoncé; leur but n'étant ni de porter atteinte aux droits du mari sur les biens de la communauté, ni de conférer à la femme des droits définitifs sur cette communauté, mais seulement de faire un partage provisionnel.

33 2° Cependant, si les dispositions que les comparants se proposent de faire en faveur de leurs enfants des biens ci-dessus désignés sont sanctionnées dans des actes de transmission faits par ces derniers, il ne leur sera plus loisible de changer cet état de choses parce qu'alors ils demeureront garants de leurs faits et promesses vis-à-vis de ceux qui seront aux droits de leurs dits enfants.

34 3° A défaut de dispositions entre-vifs ou testamentaires de la part de quelqu'une des parties, le présent partage sera considéré comme nul et non avenu.

35 Dont acte, fait et passé à St.-Marc [12] en l'étude (id.), l'an mil huit cent quarante cinq [13] le deux mars (id.), en présence de MM. (noms, prénoms, professions et demeures), témoins instrumentaires [14]; et les parties ont signé [15] avec les témoins et le notaire , après lecture [16].

36 V. Répertoire , note 17. — Forme des actes , note 58.— Enregistrement, notes 18 et 19.

37 II. — 1° PARTAGE D'ASCENDANTS [72] ou PARTAGE ANTICIPÉ [81] PAR ACTE ENTRE-VIFS,
PAR PÈRE ET MÈRE , AVEC ÉGALISATION DE DOT ET POUR N'ENTRER EN JOUISSANCE QU'APRÈS LEUR DÉCÈS.

38 Pardevant Me Charles [1] BOUR (id.), notaire [2] à Saint-Marc (id.), département de..., soussigné [15].
39 Sont comparus :

40 Le sieur Etienne [3] VILLAIN (id.), cultivateur (id.) et la dame Françoise MÉHOME, son épouse, de lui autorisée [68] à l'effet des présentes, demeurant ensemble à Saint-Marc [3].

41 Lesquels ont, par ces présentes, fait donation [81] entre-vifs et irrévocable en la forme de partage anticipé (id.), conformément aux dispositions des art. 1075 et 1076 du Code civil.

42 1° A Joséphine VILLAIN [3], leur fille, épouse du sieur Antoine BERCEON, épicier [3], demeurant à Saint-Marc, ladite dame à ce présente et acceptant [111], étant assistée et autorisée [68] à cet effet de son dit mari, avec lequel elle demeure [3].

43 2° Et à François VILLAIN, leur fils mineur [68] âgé de quinze ans, demeurant avec eux, ce qui est accepté pour lui, savoir : par le père quant aux biens donnés par la mère et par la mère quant aux biens donnés par le père (10 n. 64).

44 Les deux susnommés, seuls enfants issus du mariage des donateurs et leurs seuls et uniques présomptifs héritiers [78].

45 (A) Des biens immeubles [86] ci-après désignés qui ont été divisés par les donateurs en deux lots égaux dont le premier a été attribué à la dame BERCEON et le second au mineur VILLAIN.

46 PREMIER LOT [140] *attribué à la dame* BERCEON.

47 Ce lot a été composé des biens dont le détail suit, qui sont tous situés sur le finage de Saint-Marc :

48 *Bien propre donné par le père.*

49 Art. 1. Une maison située [141] rue de l'Eglise, consistant en deux chambres, grenier dessus couvert en tuiles, cave dessous, grange et écurie par derrière, tenant (*id.*) le tout par devant à la rue, par derrière à une ruelle commune [141], d'un côté du midi à Lescail, d'autre côté du nord à Jean-Baptiste Pin ; ladite maison estimée en toute propriété deux mille francs, ci. . . . . 2000 »

50 PROPRIÉTÉ [22]. Cette maison appartient au donateur pour l'avoir recueillie dans la succession [88] de Germain VILLAIN, son père, dont il était héritier [78] pour un tiers, le tout ainsi qu'il résulte d'un partage fait sans soulte par acte passé devant M⁰..., notaire à..., le..., dûment enregistré [42]. — *V. sup.* ÉTABLISSEMENT DE PROPRIÉTÉ.

51 *Bien conquêt de communauté donné par le père.*

52 Art. 2. Trois hectares [91] de terre labourable, sis [141] au lieu dit (*id.*) les grandes raies...
(*V. sup. alin.* 24), estimés en toute propriété quinze cents francs, ci. . . . . 1500 »

53 PROPRIÉTÉ [22]. Cette pièce appartient au donateur comme faisant partie du lot qui lui est échu par le partage d'immeubles de communauté fait entre lui et sa femme en vue des présentes, suivant acte passé devant le notaire soussigné le..., dûment enregistré. Acquisition de ladite pièce avait été faite par ledit donateur de.,. *V. sup. alin.* 13.

54 Total de l'estimation des objets donnés par le père 3500 »

55 *Bien propre donné par la mère.*

56 Art. 3. Un magasin situé rue de Paris, dans lequel il y a un petit pressoir [86] appelé haquet qui en dépend ; tenant d'un côté du levant à. ., d'autre du couchant à..., mur mitoyen [41] entre deux, par devant à la place, par derrière au jardin de... ; ledit magasin estimé en toute propriété trois mille cinq cents francs, ci. . . . . 3500 »

57 PROPRIÉTÉ. Ce magasin appartient à la donatrice comme... — *V. sup. alin.* 50.

58 *Biens conquêts de communauté donnés par la mère.*

59 Art. 4. Cinquante ares de pré, lieu dit l'Ilot... (*V. sup. alin.* 19), estimés mille francs, ci. . . . . 1000 »

60 Art. 5. Trente-sept ares cinquante centiares de vigne, lieu dit le Vaux-Danjean...
(*V. sup. alin.* 20), estimés sept cent cinquante francs, ci. . . . . 750 »

61 Art. 6. Et cinq ares de terre à chenevière, lieu dit La Cabine... (*V. sup. alin.* 21), estimés deux cent cinquante francs, ci. . . . . 250 »

62 PROPRIÉTÉ [22]. Ces trois pièces appartiennent à la donatrice comme... (*V. sup. alin.* 53).

5500 »

63 Total de l'estimation des objets donnés par la mère. . . 5500 »

64 Total de l'estimation des biens composant le présent lot. . . . . . . 9000 »

65 SECOND LOT [140] *attribué au mineur François* VILLAIN.

66 Ce lot a été composé des biens dont le détail suit, qui sont tous situés sur le finage de Saint-Marc : étant observé que la dame BERCEON ayant reçu en dot de ses père et mère une somme de trois mille francs imputable par moitié sur la succession de chacun d'eux, ledit mineur va recevoir de son père quinze cents francs et de sa mère pareille somme en plus que sa sœur pour établir l'égalité entre eux.

67 *Bien propre donné par le père.*

68 Art. 1. Un verger entouré de murs de toutes parts et complanté d'un grand nombre d'arbres fruitiers, de la contenance [40] de cinquante ares [91], situé [141] au lieu dit (*id.*) Bel-air, tenant (*id.*) d'un long du levant à..., etc ; estimé en toute propriété trois mille francs, ci. 3000 »

69 PROPRIÉTÉ [22]. Ce verger appartient au donateur comme... — *V. sup. alin.* 50.

(A) Lorsqu'on veut composer une masse, on peut procéder comme nous l'avons fait *sup.* alin. 7 à 13.
Ici nous ne faisons point de masse pour éviter de répéter dans le lot ce qui est dit dans la masse et pour rendre les extraits plus faciles à faire, car nous avons souvent remarqué que quand une pièce d'héritage a été divisée, subdivisée et resubdivisée, l'expéditionnaire s'y perd souvent et commet des erreurs, surtout quand il lui faut recourir d'un lot à une masse et d'une masse à une autre masse. Il est bien plus simple de faire de suite dans le lot une désignation pour laquelle il n'y ait plus aucune recherche à faire pour la compléter.

PARTAGE.

70   *Biens conquêts de communauté donnés par le père.*

71   Art. 2. Cinquante ares [91] de pré, lieu dit [141] l'Ilot... (*V. sup. alin.* 25); estimés en toute propriété mille francs, ci. . . . .

72   Art. 3. Trente-sept ares cinquante centiares de vigne, sis au lieu dit le Vaux-Danjean... (*V. sup. alin.* 26); estimés en toute propriété sept cent cinquante francs, ci. . . . . | 1000 »

73   Art. 4. Cinq ares de terre à chenevière, sis au lieu dit la cabine,... (*V. sup. alin.* 27); estimés en toute propriété deux cent cinquante francs, ci. . . . . | 750 »

74   PROPRIÉTÉ. Ces trois pièces appartiennent au donateur comme... *V. sup. alin.* 33. | 250 »

75   Total de l'estimation des objets donnés par le père. . . . . | 5000 »

76   *Bien propre donné par la mère.*

77   Art. 5. Une petite pièce de bois de la contenance de cinq hectares, située au lieu dit La Garenne, entourée de fossés de toutes parts, tenant d'un long du midi à..., etc. ; estimée en toute propriété cinq mille cinq cents francs, ci. . . . . 5500 »

78   PROPRIÉTÉ. Cette pièce appartient à la donatrice comme... *V. sup. alin.* 50.

79   *Bien conquêt de communauté donné par la mère.*

80   Art. 6. Trois hectares de terre labourable, sis au lieu dit les grandes raies, ... (*V. sup. alin.* 24); estimés en toute propriété quinze cents francs, ci. . . 1500 »

81   PROPRIÉTÉ. Cette pièce appartient à la donatrice comme faisant partie du lot... *V. sup. alin.* 53. | 7000 »

82   Total de l'estimation des objets donnés par la mère. . . . . | 7000 »

83   Total de la valeur des biens composant le présent lot. . . . . | 12000 »

84   CHARGES [58] ET CONDITIONS [135].

85   La présente donation est faite sous les charges et conditions suivantes :

86   1° Les donataires ne pourront se mettre en possession des biens donnés qu'au décès du survivant des donateurs ; ils s'obligent, en conséquence, de les laisser jouir pendant leur vie et celle dudit survivant, de la totalité des immeubles ci-dessus désignés. — *V. note* 81 n. 138 *et* 256 *et note* 18 n. 985.

87   2° Cependant les donateurs se réservent de cesser leur jouissance quand bon leur semblera et de mettre chacun des donataires en possession des biens qui lui sont attribués par ces présentes, moyennant une pension [76] annuelle et viagère, franche de retenue [49], de six cents francs [91] par chaque donataire, payable [84] de trois en trois mois et d'avance, à compter du jour de l'abandon, et réductible à moitié lors du décès du premier mourant desdits donateurs.

88   3° Les contributions [58] foncières qui seront dues à l'époque de la cessation de jouissance par décès ou abandon volontaire, ainsi que celles qui seront imposées ultérieurement, seront à la charge des donataires, chacun pour ce qui concerne les biens à lui attribués par ces présentes.

89   4° Il n'y aura aucune réclamation entre les donataires pour raison des servitudes [55] qui peuvent ou pourront grever leurs biens respectifs.

90   TITRES. Au décès du survivant de M. et mad. VILLAIN, les titres de propriété des biens donnés seront remis à M. et mad. BERCEON, à la charge par eux d'en aider leur cohéritier à toute réquisition et sous récépissé.

91   5° Le revenu [18 et 50] annuel des biens donnés est, savoir :

92   Quant au premier lot, de cent cinq francs pour les biens donnés par le père, et de cent soixante-cinq francs pour les biens donnés par la mère.

93   Et quant au second lot, de cent cinquante francs pour les biens donnés par le père, et de deux cent dix francs pour les biens donnés par la mère.

94   Dont acte, fait et passé à Saint-Marc [12] en l'étude (*id.*), l'an mil huit cent quarante-cinq [13] le trois mars (*id.*), en présence de MM. (*Noms, prénoms, professions et demeures*), témoins instrumentaires [14]; et les parties ont signé [15] avec les témoins et le notaire, après lecture [16]. Les deux témoins étaient réellement présents au moment de la lecture par le Notaire et de la signature par les parties.

95   V. *Répertoire*, note 17. — *Forme des actes*, note 38. — *Enregistrement*, notes 60, 18 n. 963 et 19.

___

96   II. — 2° PARTAGE ANTICIPÉ [75] PAR ACTE ENTRE-VIFS, PAR LE PÈRE SEUL, LA MÈRE ÉTANT DÉCÉDÉE ET SES BIENS PARTAGÉS PAR LE MÈME ACTE.

97   Pardevant Me Paul [1] JORDAN (*id.*), notaire [2] à Bellevue [1], département de..., soussigné [15].

98   Est comparu M. Olivier [3] BÉNARD (*id.*), propriétaire (*id.*), demeurant (*id.*) à..., veuf de Marie PIERRET, décédée [63] à..., le...

99   Lequel a, par ces présentes, fait donation [81] entre-vifs et irrévocable, en la forme de partage anticipé, conformément aux dispositions des art. 1075 et 1076 du C. civil.

100   1° A M. César [3] BÉNARD (*id.*), négociant, demeurant à..., à ce présent et acceptant [10].

101   2° Et à Mlle Césarine BÉNARD , âgée de seize ans, mineure [65] émancipée d'âge [82], demeurant [3] à... chez son père, à ce présente et acceptant [10], sous l'assistance de M. Charles PIERRET [3], bijoutier (*id.*), demeurant

à..., son oncle et son curateur [66], nommé à cette fonction qu'il a accceptée suivant délibération [163] du conseil de famille de ladite mineure tenu devant M. le juge de paix du canton de..., le..., dûment enregistrée [42], et dont une expédition [64] en forme est demeurée ci-annexée [35] après avoir été du curateur certifiée véritable (id.) et signée en présence du notaire et des témoins soussignés.

¹⁰¹ Tous deux seuls enfants issus du mariage du donateur avec ladite Marie Pierret, sa défunte épouse, et seuls et uniques héritiers [78] de cette dernière chacun pour moitié.

¹⁰² De tous les biens qui lui appartiennent [22] en propre.

¹⁰⁴ Et de sa moitié dans les biens conquêts [166] de la communauté qui a existé entre lui et sa défunte épouse.

¹⁰⁵ Desquels biens la désignation [141] et la propriété [22] vont être ci-après établies.

¹⁰⁶ Pour en faire et disposer par les donataires comme de chose leur appartenant en toute propriété et jouissance à compter de ce jour, sous les charges et conditions suivantes :

CHARGES [58] ET CONDITIONS [153].

¹⁰⁷ Les pièces d'héritages sont abandonnées comme elles s'étendent et comportent, et sans aucune garantie de contenance [40] dont le plus ou le moins tournera au profit ou à la perte des donataires.

¹⁰⁸ Les bâtiments sont abandonnés dans leur état actuel et sans qu'il puisse y avoir de réclamation pour raison de dégradations ou réparations.

¹⁰⁹ Les donataires supporteront les servitudes [53] passives de toute espèce dont les biens donnés peuvent être grevés, sauf à eux à s'en défendre et à faire valoir celles actives à leur profit, le tout à leurs risques et périls et sans que cette stipulation puisse faire titre à des tiers.

¹¹⁰ Les donataires ne pourront, pendant la vie du donateur et sans son consentement, aliéner les biens donnés. — V. note 81 n. 19.

¹¹¹ Mlle Bénard, comme condition expresse de la donation, s'oblige à ratifier [208] à sa majorité [79] et à ses frais, dans le mois de la sommation [119] qui lui sera faite de comparaître à cet effet en l'étude du notaire soussigné ou de tout autre, le partage qui va suivre, et pour le cas où cette ratification n'aurait pas lieu, le donateur entend que la donation par lui faite à son fils soit par préciput et hors part [81 n. 242], ce que celui-ci accepte, et que la donation faite à sa fille soit sujette à rapport [146].

¹¹² Au moyen des présentes, les donataires ne pourront demander ni compte [184] ni partage [145] à leur père de leurs droits [27] dans la succession [88] de leur mère, et pour le cas où ces compte et partage seraient demandés, chacun des donataires sera obligé de faire alors le rapport [146] des biens à lui donnés par ces présentes. — V. note 73 n. 170.

¹¹³ RÉSERVE [51]. Le donateur se réserve la jouissance pendant sa vie sans être assujéti à fournir caution [69] ni à faire état (id.) de l'immeuble, mais aux autres charges ordinaires des usufruitiers, de sa moitié dans la maison conquêt de communauté comprise sous le n. 2 des deux lots qui vont suivre.

¹¹⁴ De plus, les donataires consentent [60 n. 35] qu'il jouisse, pendant sa vie, aux mêmes charges et avec la même dispense, de l'autre moitié de la maison conquêt de communauté dont il vient d'être parlé, laquelle moitié dépend de la succession de leur mère.

¹¹⁵ RENTE VIAGÈRE [76]. La présente donation est faite en outre moyennant une pension annuelle et viagère, franche de retenue [49], de douze cents francs payable [84] de trois en trois mois à compter d'aujourd'hui, premier trimestre devant échoir [77] le quatre juin prochain, le second le quatre septembre suivant, et pour continuer ainsi de trois en trois mois, pendant la vie du donateur et jusqu'à son décès, lequel étant arrivé, ladite pension sera éteinte et les biens donnés seront affranchis de toute action en révocation [81].

¹¹⁶ ÉVALUATION. Les biens donnés sont évalués à dix-sept cents francs de revenu [18 et 50] applicables (A) pour six cents francs au premier lot et pour onze cents francs au second lot. Ce revenu n'est constaté par aucun bail authentique, si ce n'est pour la ferme dont il va être parlé.

PARTAGE DES BIENS DONNÉS PAR LE PÈRE ET DE CEUX DÉPENDANT DE LA SUCCESSION DE LA MÈRE.

¹¹⁷ Par ces mêmes présentes, les donataires ont, en présence et avec la participation de leur père, procédé au partage tant des biens donnés que de ceux dépendant de la succession de leur mère. Lesquels biens, ils ont, en conséquence, divisés en deux lots [140] qu'ils ont tirés au sort et dont le premier est échu à Mlle Césarine Bénard et le second à M. César Bénard.

¹¹⁸ PREMIER LOT [140] ÉCHU A MLLE. CÉSARINE BÉNARD.

¹¹⁹ Ce lot a été composé des biens dont le détail [141] suit :

¹²⁰ § 1. Bien propre du père.

¹²¹ 1° Une pièce de bois, de la contenance de douze hectares [91], située [141] sur le territoire (id.) de..., lieu dit le Tremble (id.), tenant (id.) d'un long du levant à...

¹²² § 2. Conquêt [166] de communauté.

¹²³ 2° La moitié indivise [207] avec le second lot d'une maison située à..., rue..., n..., consistant en.. et tenant, etc... — Laquelle maison n'est point commodément partageable.

(A) Cette division est nécessaire pour mettre les donataires à même de faire transcrire leurs lots au bureau des hypothèques séparément ; de cette manière chacun ne paye de droit proportionnel que pour les biens compris en son lot.

124   § 3. *Bien propre de la mère.*

125   3° Cinq hectares [91] de pré, situés [141] sur le territoire de..., lieu dit la prairie de Bellevue, faisant moitié de la pièce à partager en travers et prendre le bout du midi sur Etienne Pintot, tenant de l'autre bout du nord au second lot ci-après, d'un long du levant à la rivière, d'autre long du couchant au chemin.

126   SECOND LOT ÉCHU A M. CÉSAR BÉNARD.

127   Ce lot a été composé des biens dont le détail suit :

128   § 1. *Bien propre du père.*

129   1° Une ferme appelée le Bouloi, située sur le territoire de..., consistant en bâtiments d'habitation et d'exploitation et en trente hectares de terres labourables. Le tout plus amplement désigné au bail [105] qui a été fait de ladite ferme au sieur..., par acte passé devant Mᵉ..., notaire à..., le..., dûment enregistré [42].

130   § 2. *Conquêt* [166] *de communauté.*

131   2° La moitié indivise [207] avec le premier lot d'une maison située à.., rue..., n..., consistant en..., et tenant, etc. ; laquelle maison n'est point commodément partageable.

132   § 3. *Bien propre de la mère.*

133   3° Cinq hectares [91] de pré, situés sur le territoire de..., lieu dit la prairie de Bellevue, faisant moitié de la pièce à partager en travers et prendre le bout du nord sur Thomas Leniest, fossé mitoyen [41] entre deux, tenant de l'autre bout au premier lot, d'un long du levant à la rivière, d'autre long au chemin.

134   ÉTABLISSEMENT DE PROPRIÉTÉ [22].

135   1° *En ce qui concerne les biens propres du père.*

136   La pièce de bois comprise sous le n. 1 du premier lot, et la ferme comprise sous le n. 1 du second lot.

137   Appartiennent [22] au donateur pour les avoir recueillies dans les successions [88] de M. Louis BÉNARD et de la dame Adèle RENAUD, ses père et mère, dont il était héritier [78] pour moitié, ainsi qu'il résulte d'un partage [143] fait sans soulte [140] entre lui et M. Léon BÉNARD, son frère, par acte passé devant Mᵉ..., notaire à..., le..., dûment enregistré [42]. — *V. sup.* ÉTABLISSEMENT DE PROPRIÉTÉ, p. 403.

138   2° *En ce qui concerne les biens conquêts de communauté.*

139   La maison comprise aux deux lots sous le n. 2 dépend de la communauté [166] qui a existé entre le donateur et sa défunte épouse, au moyen de l'acquisition [109] qu'ils en ont faite ensemble de M. Charles BOURSIER et de la dame Éléonore ROUSSEL, son épouse, demeurant à..., suivant contrat passé devant Mᵉ..., notaire à..., le..., dûment enregistré [42] et transcrit [111] au bureau des hypothèques de..., le..., vol..., n..., sans qu'à cette transcription et pendant la quinzaine qui a suivi il se soit trouvé aucune inscription [85] ainsi que l'a constaté le conservateur par son certificat [111] en date du... — Cette acquisition a eu lieu moyennant la somme de... qui a été payée suivant quittance [84] passée devant Mᵉ..., notaire à..., le..., dûment enregistrée [42]. — V. *sup.* Établissement de propriété, p. 403.

140   3° *En ce qui concerne les biens propres de la défunte.*

141   La pièce de pré comprise sous le n. 3 de chaque lot appartenait à la défunte dame BÉNARD pour lui avoir été abandonnée par le partage [143] de la succession de M. Pierre PIERRET, son père, dont elle était héritière [78] pour un quart, ledit partage fait sans soulte [140] par acte passé devant Mᵉ..., notaire à..., le..., dûment enregistré [42]. — *V. sup.* ÉTABLISSEMENT DE PROPRIÉTÉ, p. 403.

142   CHARGES [58] ET CONDITIONS [155].

143   1° Les copartageants pourront faire et disposer des biens [86] composant leurs lots comme de chose leur appartenant en toute propriété [22] et jouissance à compter de ce jour, à l'exception de ceux dont leur père a le droit de jouir sa vie durante.

144   2° Ils prennent les biens qui leur sont échus, dans leur état actuel et sans aucune garantie de contenance [40] pour les biens ruraux. Seulement, en cas d'excédant ou de déficit de mesure aux pièces réparties sur les deux lots, les partageants y participeront en raison de leurs droits auxdites pièces, le premier lot ne devant point avoir de préférence sur le second.

145   3° Chacun des partageants supportera les servitudes [55] passives, apparentes ou non apparentes, dont les biens à lui abandonnés peuvent être grevés, sauf à s'en défendre et à faire valoir celles actives à son profit, le tout à ses risques et périls, et sans que cette stipulation [52] puisse conférer à des tiers [85] plus de droits qu'ils n'en auraient par titres réguliers et non prescrits [172].

146   4° Chacun d'eux acquittera les contributions [58] foncières et autres de toute nature des biens à lui échus en partage, à compter du jour de son entrée en jouissance.

147   5° Les partageants seront garants (A) l'un envers l'autre des troubles et évictions procédant d'une cause antérieure au présent partage. — V. *inf. alin.* **224.**

(A) Le partage de l'ascendant emporte la garantie de droit pour le cas d'éviction de tout ou partie des biens assignés au lot de l'un des copartagés, par application des art. 884 à 886 du C. civ. (Toullier 5, 807; Duranton 655; Grenier 594 ; Dalloz, v° *Partage d'ascendant* n. 72).

148 **SOULTE** (A). Les lots sont égaux en biens soit propres soit conquêts de communauté qui dépendent de la succession de la mère des partageants.

149 Ils sont égaux aussi en biens conquêts de communauté dont le père des copartageants vient de leur faire donation. Mais à l'égard des biens propres donnés par le père, le second lot a une valeur supérieure à celle du premier lot de dix mille francs, dont la moitié pour chacun desdits partageants est de cinq mille francs. D'où il suit que M. César BÉNARD est débiteur envers Mlle Césarine BÉNARD, sa sœur, d'une soulte [140] de cinq mille francs, laquelle somme il promet et s'oblige [107] de lui payer [84] en l'étude du notaire soussigné dans les six mois qui suivront sa majorité [79] et après avoir ratifié [208] le présent partage, avec intérêts [49] au taux de cinq pour cent par an sans retenue à compter d'aujourd'hui et qui ne seront payables qu'avec le principal.

150 **RÉSERVE DE PRIVILÉGE** [29]. A la garantie de ladite soulte de cinq mille francs et de ses intérêts la ferme du Bouloi à laquelle s'applique cette soulte demeure affectée et hypothéquée par privilége expressément réservé à la Dlle BÉNARD, lequel privilége devra, pour sa conservation, être inscrit (C) au bureau des hypothèques dans les soixante jours [77] qui suivront ces présentes, attendu que la soulte dont il s'agit s'appliquant aux biens donnés par le père la disposition est susceptible d'exécution (B) immédiate.

151 **TITRES.** Le titre concernant la pièce de bois et la ferme, comprises sous le n. 1 de chaque lot, a été présentement remis [154] à M. César BÉNARD, à la charge par lui de le communiquer [21] à sa sœur à toute réquisition et sous récépissé. Il en est de même du titre concernant la pièce de pré, comprise sous le n. 3 de chaque lot.

152 A l'égard du titre concernant la maison comprise sous le n. 2 des lots, il est demeuré en la possession du donateur, mais, après son décès, M. BÉNARD fils en demeurera dépositaire à la charge de le communiquer à sa sœur comme il vient d'être dit.

153 Pour faire transcrire [111] ces présentes au bureau des hypothèques de..., tout pouvoir [80] est donné au porteur d'une expédition [64] ou d'un extrait (id.) littéral.

154 Les déboursés [3] et honoraires (id.) des présentes, le coût d'un extrait en forme exécutoire [64] pour le donateur et de deux extraits pour les donataires seront payés par moitié entre lesdits donataires.

155 Pour l'exécution des présentes domicile est élu [11] par les parties à...

156 Dont acte, fait et passé à Bellevue [12] en l'étude (id.), l'an mil huit cent quarante-cinq [13], le quatre mars (id.), en présence de MM. (*Noms, prénoms, professions et demeures*), témoins instrumentaires [14] ; et les parties ont signé [15] avec les témoins et le notaire [16], après lecture [16]. Lesdits témoins étaient réellement présents au moment de la lecture par le notaire et de la signature par les parties.

157 V. *Répertoire*, note 17. — *Forme des actes*, note 38. — *Enregistrement*, notes 60, 18 et 19.

158 ## II. — 3° PARTAGE ANTICIPÉ [81] PAR ACTE TESTAMENTAIRE [152].

149 Pardevant Me Louis [1] BOURDEAU (*id.*), notaire [2] à Beauclair [1], département de..., soussigné [15], en présence des quatre témoins [152] instrumentaires ci-après nommés (D).

160 Est comparu M. Stéphane [3] DARVAN (*id.*), ancien marchand épicier (*id.*), demeurant (*id.*) à Beauclair.

161 Lequel étant malade de corps mais sain d'esprit (*ou bien:* étant en bonne santé et sain d'esprit), ainsi qu'il est apparu au notaire et témoins, a dicté [152] audit notaire en présence desdits témoins (D) son testament ainsi qu'il suit:

162 Pour prévenir toutes difficultés entre mes deux enfants après ma mort au sujet du partage de mes biens, j'ai conçu » le projet d'en faire le partage entre eux, et je l'ai fait de la manière suivante :

163 « Je donne et lègue [24] à Théophile DARVAN, mon fils, négociant, demeurant à..., mon domaine du Buisson-
» Rond, situé [141] sur la commune de..., tel qu'il est désigné au bail [108] que j'en ai fait à André HUOT, par acte
» passé devant Me..., notaire à..., le...

(A) Lorsqu'il n'y a point de soulte il n'est pas besoin d'entrer dans tout le détail que voici pour expliquer que les lots sont égaux. Il suffit de dire : « *Le présent partage est fait sans soulte ni retour, les lots étant égaux.* » Mais quand il y a une soulte, il est nécessaire, pour appliquer au besoin le droit de 4 pour cent, de faire une sorte de ventilation pour établir que cette soulte porte ou ne porte point sur les biens réunis à ceux provenant de la donation [60 n. 108]. Si cela n'a point été observé, on y supplée par une déclaration estimative faite au pied de la minute [18 n. 276].

(B) Si la soulte s'appliquait aux biens de la mère, comme à cet égard l'acte ne recevrait d'exécution qu'à la majorité de la Dlle Césarine BÉNARD par la ratification du partage des biens de sadite mère, les soixante jours pour prendre inscription ne courraient que du jour de cette ratification, et alors on ajouterait ici ces mots « *qui suivront la ratification des présentes, attendu que la soulte dont il s'agit s'appliquant aux biens dépendant de la succession de la mère, la disposition n'est pas susceptible d'exécution immédiate.*

(C) Celui qui a droit à une soulte ou à un retour étant assimilé à un copartageant ordinaire doit prendre inscription dans les soixante jours à compter de l'acte de consentement ou d'exécution du partage, ou bien dans les soixante jours à compter du décès de l'ascendant si le partage n'est exécuté sans contestation qu'à cette époque (C. civ. 2109; Grenier n. 405; Dalloz, v° *Partage d'ascendant* n. 73). — V. *note* 29, n. 186.

(D) Dans les actes ordinaires on peut, à coup sûr, dire dans le corps de l'acte, *les témoins soussignés*, parce qu'il est de rigueur que ces témoins signent, V. note 15 ; mais dans un testament fait à la campagne où il suffit qu'un des deux témoins ou deux des quatre témoins signent (C. civ. 974), il faut bien se garder de dire *les témoins soussignés*. Le testament serait nul parce que cela ne s'entend que des témoins qui ont signé et non pas des autres témoins; il convient mieux de dire alors *les témoins ci-après nommés* ou seulement *les témoins* (Limoges 23 fév. 1825) : à moins qu'il ne résulte des énonciations du testament que la mention s'applique indistinctement aux quatre témoins (Cass. 20 déc. 1830).

164 « Pour qu'il en fasse et dispose comme bon lui semblera et en toute propriété [22] à compter du jour de mon
» décès.

165 « Je donne et lègue aussi à Céline Darvan, ma fille, encore mineure [65], mon moulin de Rivotte, situé sur la
» commune de..., tel qu'il est désigné au bail que j'en ai fait à Joseph Moulot, par acte passé devant Me...,
» notaire à..., le...

166 « Plus la rente [197] cinq pour cent consolidés sur l'État de la somme de trois cents francs par an, inscrite à
» mon nom au grand livre de la dette publique perpétuelle sous le n..., série...

167 « Pour qu'elle en fasse et dispose aussi comme bon lui semblera et en toute propriété [22], à compter du jour
» de ma mort.

168 « Il sera fait masse des fermages [105] et arrérages [49] des objets donnés qui seront dûs, échus ou non échus à
» l'époque de mon décès ; et mes enfants en feront le partage entre eux en retenant par compensation [167] ce qu'ils
» devront desdits fermages et arrérages.

169 « Je lègue par préciput [146] et hors part à mon fils tous les objets mobiliers [86], linges, hardes et bijoux qui
» auront été à mon usage personnel, à condition qu'il délaissera à sa sœur, à laquelle j'en fais, au besoin, don et
» legs au même titre de préciput, tous les effets mobiliers, linges, hardes et bijoux qui étaient à l'usage personnel de
» sa mère, et sur lesquels il n'a rien à prétendre, attendu que je l'ai rempli lors de son mariage de tout ce qui pou-
» vait lui revenir dans la succession de cette dernière.

170 « Le surplus de mon mobilier sera partagé par moitié entre eux ou vendu pour subvenir au paiement des dettes
» que j'aurai pu laisser.

171 « Je révoque [24] tous testaments et codicilles que je pourrais avoir faits antérieurement au présent, auquel je
» m'arrête comme contenant mes dernières volontés. »

172 Ce testament a été ainsi dicté [152] par le testateur au notaire soussigné qui l'a écrit [152] tel qu'il a été dicté
et l'a lu (id.) ensuite audit testateur qui a déclaré le bien comprendre et y persévérer, le tout en présence des quatre témoins ci-après nommés.

173 Fait et passé à Beauclair [12] en la demeure du testateur (id.), l'an mil huit cent quarante-cinq [13], le cinq mars
(id.), en présence de MM. (Noms, prénoms, professions et demeures des quatre témoins), témoins instrumentaires [14 et
152] ; et le testateur a signé [15 et 152] avec les témoins et le notaire, après lecture [16 et 152].

174 V. Répertoire, note 17. — Forme des actes, note 38. — Enregistrement, notes 18 et 19.

175   V. aussi inf. les formules de testaments.

---

176   (A) III. — 1° PARTAGE [143] AMIABLE de biens immeubles [86] de communauté [166]
                                   et succession [88].

177   Pardevant Me Nestor [1] Mangin (id.), notaire à Belombre [1], département de..., soussigné [13].

178   Sont comparus :

179   1° M. Jean [3] Soucy (id.), propriétaire (id.), demeurant (id.) à...

180   Agissant en son nom personnel tant à cause de la communauté [166] de biens qui a existé entre lui et Marie
Naudon, sa défunte épouse, aux termes de leur contrat de mariage passé devant Me..., notaire à..., le..., dûment enregistré [42] ; que comme donataire [214] d'un quart en toute propriété de tous les biens [86] dépendant de la succession de sadite épouse suivant le même contrat de mariage.   D'UNE PART.

181   Et mad. Félicie Soucy, épouse dûment assistée et autorisée [68] à l'effet des présentes de M. Hector Pellat,
marchand épicier avec lequel elle demeure [5] à...

182   Agissant comme seule et unique héritière [78] de la dame Marie Naudon, sus-nommée, sa mère, décédée épouse
de M. Soucy, comparant, ainsi qu'il va être constaté à la fin des présentes par un acte de notoriété [127] à défaut
d'inventaire.   D'AUTRE PART.

183   Lesquels ont procédé, ainsi qu'il suit, au partage [143] des biens immeubles [86] dépendant tant de la communauté [166] qui a existé entre ledit sieur Soucy et sa défunte épouse, que de la succession de cette dernière. L'opération va se diviser en deux parties, dont l'une comprendra le partage des immeubles de la communauté et la seconde
le partage des immeubles de la succession.

184   PREMIÈRE PARTIE.

185   PARTAGE DES IMMEUBLES DE COMMUNAUTÉ.

186   Masse des biens.

187   Art. 1. Une ferme [7] appelée Vaux-Charme, située [141] sur la commune de..., consistant en bâtiments d'habitation et d'exploitation, bestiaux et ustensiles, trente hectares [91] environ de terre labourable et deux hectares de
pré ; ainsi que le tout est plus amplement désigné au bail [105] qui en a été fait au sieur..., par acte passé devant Me...,

---

(A) Cette formule et les suivantes ont pour objet seulement les partages qui se font sans liquidation. — Quant à ceux qui se font dans
l'acte de liquidation, même par forme d'abandonnement, V. sup. les formules de liquidation, p. 449 et suivantes.

notaire à..., le..., dûment enregistré [42]. Ladite ferme estimée avec ses accessoires [105] vingt-cinq mille francs, ci.   25000 »

188   Art. 2. Une brasserie située à..., rue des Barres, n.., consistant en bâtiments d'habitation, cuves et ustensiles pour l'exploitation, ainsi que le tout est plus amplement désigné en un état [154] descriptif fait entre les parties sur une feuille de papier au timbre [61] de trente-cinq centimes, lequel état écrit sans rature [36], ni surcharge (id.), ni renvoi [37], est demeuré ci-annexé [35] après avoir été signé [15] des parties et fait dessus mention de cette annexe par le notaire soussigné en présence des témoins ci-après nommés. Ladite brasserie et ses accessoires estimés ensemble vingt-cinq mille francs, ci. . 25000 »

189   Total cinquante mille francs, ci. . . . 50000 »

190   Nota. Il sera procédé ultérieurement, entre les parties et suivant les droits de chacune d'elles, au partage des valeurs mobilières dépendant de ladite communauté. — (Ou bien : il a été procédé antérieurement et manuellement entre les parties au partage du mobilier dépendant de ladite communauté ; sur la moitié revenant à la succession de la défunte, M. Soucy a été rempli d'un quart comme donataire [214] pour cette portion en toute propriété ; et les trois quarts abandonnés à mad. Pellat ont été évalués (A) à la somme de...

191   PROPRIÉTÉ [22]. Les biens sus-désignés ont été acquis [109] durant la communauté dont il s'agit, savoir : la ferme du sieur... moyennant la somme de..., payée [84] comptant, suivant contrat passé devant Mᵉ..., notaire à..., le..., dûment enregistré [42], transcrit [111] au bureau des hypothèques de...— V. sup. p. 516, alin. 139 et vᵒ ÉTABLISSEMENT DE PROPRIÉTÉ, p. 403.

192   Et la brasserie du sieur..., au moyen d'un acte de dation [201] en paiement passé...

193   COMPOSITION DE LOTS [140].

194   Premier lot. Ce lot a été composé de la ferme comprise sous l'art. 1 de la masse, pour le montant de son estimation, ci. . . . . 25000 »

195   Second lot. Ce lot a été composé de la brasserie comprise sous l'art. 2 de la masse, pour le montant de son estimation, ci. . . . . 25000 »

196   TIRAGE DES LOTS [140].

197   Les lots ainsi composés, les parties les ont tirés au sort en la manière accoutumée. Le premier lot est échu à M. Soucy, et le second à la succession de sa défunte épouse. — V. inf. alin. 345 et 346.

198   DEUXIEME PARTIE.

199   PARTAGE (B) DES IMMEUBLES DE LA SUCCESSION.

Masse des biens.

200   Art. 1. On porte au présent article la brasserie qui est échue à ladite succession par le partage de communauté qui précède, et ce telle qu'elle vient d'être comprise en ce premier partage, pour vingt-cinq mille francs [91], montant de son estimation, ci. . . . . . . 25000 »

201   Art. 2. Une maison située [141] à..., rue..., n..., consistant en..., estimée dix mille francs, ci. 10000 »

203   Art. 3. Une pièce de bois de la contenance de quinze hectares [91], située [141] sur le finage de..., lieu dit Chaumeronde, tenant (id.) d'un long du levant à Paul Vitrol, d'autre long du couchant à plusieurs, d'un bout du midi à Perrot, d'autre bout du nord à Michel Cartot ; ladite pièce séparée des sus-nommés par des fossés [41] qui en font partie, et estimée vingt-cinq mille francs, ci. . . 25000 »

204   Total. . . . . . . 60000 »

205   Dont le quart est de quinze mille francs et les trois quarts de quarante-cinq mille francs.

206   PROPRIÉTÉ. La brasserie portée sous l'art. 1 provient de la communauté d'entre M. et mad. Soucy au moyen du partage qui précède.

207   Quant aux immeubles compris sous les art. 2 et 3, la défunte dame Soucy en était propriétaire pour les avoir recueillis dans les successions [88] de. ., ses père et mère, suivant partage fait sans soulte à sa charge par acte passé devant Mᵉ..., notaire à..., le..., dûment enregistré [42]. — V. sup. vᵒ ÉTABLISSEMENT DE PROPRIÉTÉ, page 403.

208   ABANDONNEMENTS [140].

209   Madame PELLAT.

210   Pour la remplir des trois quarts lui revenant dans ladite succession comme seule héritière [78] de sa mère, elle aura et il lui est abandonné en toute propriété [22].

(A) S'il y avait une communauté universelle ou seulement légale entre les époux Pellat, cette évaluation serait inutile, mais sous un régime qui exclut de la communauté tout ou partie du mobilier elle est utile. — V. les formules de contrats de mariage et les notes au bas des pages.

(B) Si l'époux survivant était donataire [214] d'un quart en usufruit au lieu de l'être d'un quart en toute propriété, il ne pourrait y avoir lieu à partage avec lui que pour déterminer sur quel objet particulier porterait son usufruit partiel sur le tout. On ne pourrait pas dire que pour le remplir de son usufruit on lui abandonne tel immeuble en toute propriété, sans que l'acte donnât lieu aux droits d'échange et retour d'échange (Cass. 14 août 1858. — Contrà, Cass. 8 août 1836). — V. note 57, n. 153.

814 La brasserie comprise sous l'art. 1 de la masse pour. . . . . 25000 »

818 La maison comprise sous l'art. 2 de ladite masse pour. . . . . 10000 »

815 Et six hectares [91] de bois, situés sur le finage de..., lieu dit Chaumeronde, faisant les deux cinquièmes de la pièce comprise sous l'art. 3 de la masse à partager en travers et prendre le bout du nord sur Michel Cartot, tenant de l'autre bout du midi au surplus de la pièce, fossé mitoyen [41] à faire entre deux à frais communs, d'un long du levant à Paul Vitrot, d'autre long du couchant à plusieurs ; étant observé que les fossés limitatifs au nord, au levant et au couchant dépendent de ladite pièce : lesdits trois hectares estimés dix mille francs, ci. . . . . 10000 »

814 Total égal à ses droits, ci. . . . . : 45000 »

815 M. Soucy.

816 Pour le remplir du quart lui revenant dans ladite succession comme donataire de sa femme, il aura et il lui est abandonné en toute propriété :

817 Neuf hectares de bois, situés sur le finage de..., lieu dit Chaumeronde, faisant les trois cinquièmes de la pièce comprise sous l'art. 3 de la masse à partager en travers et prendre le bout du midi sur Perrot, tenant de l'autre bout au surplus de la pièce, fossé mitoyen à faire entre deux à frais communs, d'un long du levant à Paul Vitrot, d'autre long du couchant à plusieurs ; étant observé que les fossés limitatifs au midi, au levant et au couchant, dépendent de ladite pièce : lesdits neuf hectares estimés quinze mille francs, ci . . . . 15000 »

818 CHARGES [58] ET CONDITIONS [153].

819 Les partages qui précèdent sont faits sous les charges et conditions suivantes :

820 1° Les copartageants pourront faire et disposer des biens partagés comme de chose leur appartenant en toute propriété et jouissance à compter de ce jour ; sauf à se régler entre eux suivant leurs droits pour raison des fermages [105], loyers (id.) et impôts [58] desdits biens courus jusqu'à ce jour.

821 2° Les biens sont abandonnés dans leur état actuel et les pièces d'héritages comme elles s'étendent et comportent, sans garantie de contenance, quelleque soit la différence en plus ou en moins; seulement, en cas d'excédant ou de déficit à la pièce de bois divisée entre mad. PELLAT et son père, chacun des partageants y participera en raison de ses droits à ladite pièce.

822 3° Les contributions [58] foncières et autres de toute nature des biens partagés seront à la charge de chacun des copartageants à compter de ce jour pour ce qui regarde les biens à lui abandonnés.

823 4° Chaque copartageant souffrira les servitudes [55] passives, apparentes ou non apparentes dont ses biens peuvent être grevés, sauf à lui à s'en défendre et à faire valoir celles actives à son profit, le tout à ses risques et périls, et sans recours contre son copartageant.

824 5° Les partageants ne seront garants [143] l'un envers l'autre que des troubles et évictions procédant d'une cause antérieure au présent partage. Toutefois le droit à cette garantie n'autorisera point les partageants à prendre inscription [83] sur les biens l'un de l'autre avant le jugement qui statuera sur l'éviction. — V. note 29 n. 296.

825 6° Au moyen des présentes chacun des partageants est censé avoir succédé seul et immédiatement à son auteur dans la propriété des objets à lui attribués par le présent partage, et n'avoir jamais eu la propriété des autres objets.

826 7° Chacun des partageants reconnaît avoir en sa possession les titres de propriété concernant les biens à lui échus en partage. Toutefois, à l'égard du titre relatif à la pièce de bois, il est demeuré en la possession de M. SOUCY, comme ayant la plus forte part de l'héritage, à la charge par lui de le communiquer [21] à sa fille, à toute réquisition et sous récépissé.

827 8° Les partages qui précèdent sont faits sans soulte [140] ni retour.

828 NOTORIÉTÉ [127].

829 A ces présentes sont intervenus MM. Jean [3] RÉMOND (id.) et Christophe BONNARD, tous deux propriétaires, demeurant à...

830 Lesquels ont attesté pour vérité et notoriété à qui il appartiendra avoir parfaitement connu mad. Marie NAUDON, épouse de M. Jean SOUCY, et savoir,

831 Qu'elle est décédée [63] à..., le... mil huit cent...

832 Qu'après son décès il n'a point été fait inventaire [145].

833 Et qu'elle a laissé pour sa seule et unique héritière [78] mad. Félicie SOUCY, sus-nommée, épouse de M. Hector PELLAT, marchand épicier, demeurant à..., seul enfant issu de son mariage [63] avec ledit sieur PELLAT. — V. les formules de NOTORIÉTÉ, sup. p. 489.

834 Les déboursés [5] et honoraires (id.) des présentes et le coût de deux extraits [64] présentement requis seront supportés, savoir : cinq huitièmes par M. SOUCY et trois huitièmes par mad. PELLAT.

835 Dont acte, fait et passé à Belombre [12] en l'étude (id.), l'an mil huit cent quarante-cinq [13], le six mars (id.), en présence de MM. (Noms, prénoms, professions et demeures), témoins instrumentaires [14] ; et les parties ont signé [15] avec les témoins et le notaire, après lecture [16].

836 V. Répertoire, note 17. — Forme des actes, note 38. — Enregistrement, notes 18, 19 et 56.

837 V. sup. la formule de LIQUIDATION DE COMMUNAUTÉ ET SUCCESSION.

238   (A) III. — 2° PARTAGE [143] AMIABLE de biens immeubles [86] d'une succession [88].

239   Par-devant M. Ariste [1] Bonhomme (id.), notaire [2] à la Colleucelle [1], département de..., soussigné [15].
240   Sont comparus :
241   M. Emilien [3] Gagneux (id.), garçon majeur, maître bottier (id.), demeurant (id.) à...   d'une part.
242   Et Dlle Béatrix Gagneux, fille majeure, sans profession, demeurant à...   d'autre part.
243   Agissant comme héritiers [78], chacun pour moitié, de M. François Gagneux, leur oncle, décédé [65] curé de...,
le..., sans laisser aucun héritier à réserve [150], ainsi qu'il est constaté par un acte de notoriété [127] à défaut d'inventaire [145] dressé par Me..., notaire à..., le..., dûment enregistré [42].
244   Lesquels (B) ont procédé, ainsi qu'il suit, au partage [143] des biens immeubles dépendant de la succession [88]
de M. Gagneux, sus-nommé, leur oncle ; à cet effet, ils en ont composé deux lots qu'ils ont tirés au sort et dont le
premier est échu à Mlle Gagneux et le second à M. Emilien Gagneux.

245   PREMIER LOT [140] ÉCHU A MLLE GAGNEUX.

246   Ce lot a été composé des biens dont le détail suit :
247   1° Cinquante ares [91] de terre labourable, situés [141] sur le finage (id.) de..., lieu dit le Champ des Allouettes,
tenant (id.) d'un long du levant à Michel Garnier, d'autre à Charles Vigneux, d'un bout du nord à Mathieu Sagné,
d'autre bout à Pierre Joux.
248   2° Et vingt-cinq ares de pré, situés sur le même finage, lieu dit la Prairie, faisant moitié de la pièce à partager
en long et prendre le côté sur... — V. sup. p. 511 alin. 18 et la note B.

249   SECOND LOT ÉCHU A M. EMILIEN GAGNEUX.

250   Ce lot a été composé des biens dont le détail suit :
251   1° Quarante ares [91] de vigne, situés sur le finage de..., lieu dit le Cotas Grillot, tenant d'un long du midi à...,
d'autre long à....
252   2° Et vingt-cinq ares de pré, situés sur le même finage, lieu dit la Prairie, faisant l'autre moitié de la pièce à
partager... — V. sup. alin. 24.
253   PROPRIÉTÉ. Les biens compris aux deux lots qui précèdent appartenaient au défunt pour les avoir recueillis dans
les successions [88] de Jacques Gagneux et Bathilde Molluron, sa femme, ses père et mère, dont il était héritier [78]
pour moitié, et comme en étant en possession depuis plus de quarante ans : le tout ainsi qu'ils le déclarent. — V.
sup. ÉTABLISSEMENT DE PROPRIÉTÉ p. 403.
254   CHARGES [58] ET CONDITIONS [185]. Le présent partage est fait sous les charges et conditions suivantes :
255   1° Les partageants pourront faire et disposer des biens partagés comme de chose leur appartenant en toute
propriété [22] et jouissance à compter de ce jour.
256   2° Les pièces d'héritages sont abandonnées comme elles s'étendent et comportent... — V. sup. alin. 221.
257   3° Les contributions foncières et autres de toute nature desdits biens seront... — V. sup. alin. 222.
258   4° Chaque copartageant souffrira les servitudes... — V. sup. alin. 223.
259   5° Les partageants ne seront garants les uns envers les autres... — V. sup. alin. 224.
260   6° Au moyen des présentes chacun des partageants est censé avoir succédé... — V. sup. alin. 225.
261   soulte. M. Emilien Gagneux fait soulte [140] à sa sœur de la somme de deux cents francs qu'il promet et s'oblige
[107] de lui payer dans un an de ce jour avec intérêts [49] à cinq pour cent, en l'étude du notaire soussigné.
262   De plus, il s'oblige aussi de payer et servir à titre de soulte en l'acquit et à la décharge de sa sœur de manière
qu'elle ne soit point inquiétée à ce sujet, la portion à la charge de cette dernière en sadite qualité d'héritière [78],
dans le capital et les arrérages dûs depuis l'échéance dernière d'une rente [76] foncière, annuelle et perpétuelle,
franche de retenue [49], de dix francs [91], payable le..., qui est due par la succession dudit défunt, leur oncle, à la
fabrique de l'église de..., suivant le dernier titre nouvel [208] passé devant Me..., notaire à..., le... ; l'autre moitié de
cette rente étant à la charge dudit sieur Gagneux en sad. qualité d'héritier du défunt.
263   RÉSERVE DE PRIVILÈGE. — V. sup. alin. 150.
264   Les parties déclarent qu'elles ont procédé antérieurement et manuellement au partage entre elles du mobilier
dépendant de la succession dont il s'agit, au moyen de quoi tous leurs droits dans ladite succession se trouvent
définitivement réglés.
265   Les déboursés [5] et honoraires (id.) des présentes... — V. sup. alin. 234.
266   Dont acte, fait et passé... — V. sup. alin. 235.
267   V. Répertoire, note 17. — Forme des actes, note 38. — Enregistrement, notes 18, 19 et 57.
          V. aussi la formule de LIQUIDATION DE SUCCESSION.

_____

(A) Cette formule ainsi que la précédente et celles qui suivent ont pour objet seulement les partages qui se font sans liquidation, ou
qui n'ont lieu que postérieurement à un acte de liquidation.
(B) Lorsqu'il y a lieu de faire précéder le partage d'un exposé, V. sup. les Observations préliminaires de liquidation p. 150 alin. 11
et suiv., et p. 465 alin. 8 à 21.

²⁶⁸ IV. PARTAGE [145] partiel (A) de biens indivis [207], pour faire le lot de l'un des copropriétaires.

²⁶⁹ Par-devant Mᵉ Oscar [1] Landon (id.), notaire [2] à Venoy [1], département de…, soussigné [15].
²⁷⁰   Sont comparus :
²⁷¹ 1° Le sieur René [5] Maujot (id.), garçon majeur, sans profession (id.), demeurant (id.) à…   d'une part.
²⁷² 2° Le sieur Guilbert Maujot, garçon marchand de vins, demeurant à…   d'autre part.
²⁷³ 3° Et le sieur Denis Voirin, commis épicier, demeurant à…   d'une autre part.
²⁷⁴ Lesquels ont dit qu'ils ont acquis en commun [109] du sieur Maurice Noirot, propriétaire à…, une ferme appelée la Lunette, située [141] sur la commune de…, par contrat passé devant Mᵉ …, notaire à… le…, dûment enregistré [42] et transcrit [111], moyennant la somme de trente mille francs sur laquelle il ne reste plus dû que cinq mille francs de principal, le surplus ayant été payé (B) postérieurement à l'acquisition ainsi que le déclarent les comparants.
²⁷⁵ Que le sieur Voirin voulant sortir d'indivision avec les sieurs Maujot, leur a proposé de lui abandonner à titre de partage et par acte authentique une part équivalente à ses droits dans ladite ferme.
²⁷⁶ Les sieurs Maujot ayant consenti à cette proposition, il a été procédé à cette opération ainsi qu'il suit :

²⁷⁷   DÉSIGNATION [141].

²⁷⁸ 1° Une pièce de terre labourable, située [141] sur le finage de…, lieu dit les Grosses Terres, de la contenance de cinq hectares [91], faisant le tiers de plus grande pièce à partager en travers et prendre le bout du nord sur…, — V. sup. p. 511 alin. 18 et la note B.
²⁷⁹ 2° Une pièce de pré, de la contenance de deux hectares cinquante ares, située sur le même finage, lieu dit les Iles, tenant d'un long du levant à…, — V. sup. alin. 247.
²⁸⁰ 3° Et un îlot, de la contenance de quinze ares, entouré de peupliers, situé sur le même finage, lieu dit la Pointe d'Yonne, tenant de toutes parts à la rivière.

²⁸¹   ABANDONNEMENTS (140).

²⁸² Pour remplir ledit sieur Voirin de son tiers dans ladite ferme, ses copropriétaires lui cèdent et abandonnent à titre de partage, ce qu'il accepte [52] ;
²⁸³ La toute propriété des trois héritages ci-devant désignés.
²⁸⁴ Pour en jouir, faire et disposer par ledit sieur Voirin comme de chose lui appartenant exclusivement à compter d'aujourd'hui.
²⁸⁵ A la charge par lui, ainsi qu'il s'oblige :
²⁸⁶ 1° De prendre les dits héritages dans leur état actuel, et sans qu'il puisse y avoir de réclamation de part ni d'autre pour raison du plus ou moins de mesure, quel qu'il soit.
²⁸⁷ 2° De supporter les servitudes [58] passives dont les biens à lui abandonnés peuvent être grevés, sauf à lui à s'en défendre et à faire valoir celles actives à son profit, le tout à ses risques et périls et sans que cette stipulation puisse faire titre à des tiers.
²⁸⁸ 5° D'acquitter les contributions [58] foncières et autres de toute nature desdits biens à compter de ce jour, sauf à se régler avec ses copropriétaires pour les contributions antérieures de toute la ferme.
²⁸⁹ 4° De payer et acquitter, de manière que ses copropriétaires ne soient point inquiétés ni recherchés à ce sujet, le tiers à sa charge dans les cinq mille francs [91] restant dus sur le prix d'acquisition de ladite ferme et dans les intérêts [49] échus et à échoir de cette somme principale.
²⁹⁰ 5° S'il survient soit aux biens ci-dessus désignés soit à ceux qui restent à partager entre les sieurs Maujot frères des troubles et évictions procédant d'une cause antérieure au présent partage, les parties en seront garantes les unes envers les autres. Toutefois… — V. sup. alin. 224.
²⁹¹ 6° Au moyen des présentes le sieur Voirin est censé avoir succédé seul et immédiatement à M. Noirot dans la propriété des objets à lui attribués par ces présentes et n'avoir jamais eu la propriété des autres objets acquis, lesquels appartiennent à Mʳˢ. Maujot frères.
²⁹² 7° Les parties déclarent que les biens qui restent de la ferme dont il s'agit sont d'une valeur double de celle qu'ont les biens attribués par ces présentes au sieur Voirin, et qu'ils sont suffisants pour faire à chacun des sieurs Maujot frères un lot égal à celui dudit sieur Voirin; d'où il résulte que l'abandon fait à ce dernier ne peut donner lieu à aucune soulte de sa part.

(A) Ce partage doit avoir lieu fréquemment dans les localités où il est assez d'usage de faire des partages sous seings-privés. S'il arrive, en effet, qu'après un partage s. s. p. l'un des contractants ait besoin de vendre ou hypothéquer tout ou partie des biens qui lui sont échus par le partage, l'acquéreur ou le créancier ne pouvant traiter avec sécurité sur un acte dont il n'y a point minute, peut-être non-enregistré, et dont les signatures ne sont point reconnues, doit demander la réalisation préalable de cet acte devant notaire, et, dans ce cas, si le copartageant y consent, mais ne veut point en supporter les frais pour sa quote-part, on adopte un terme moyen qui est de faire un abandon dans les termes de la formule au partageant qui en fait la demande.

(B On peut mentionner ce paiement sans crainte de donner lieu au droit de libération ; en effet, quand c'est du débiteur qu'émane la déclaration, cela ne tire point à conséquence, parce qu'il est de principe qu'on ne peut se faire de titre à soi-même. — V. note 117.

293 Les déboursés [5] et honoraires (*id.*) des présentes et le coût d'une expédition [64] présentement requise seront supportés par le sieur Voirin seul.

294 Dont acte, fait et passé à Venoy [12] en l'étude (*id.*), l'an mil huit cent quarante cinq [13] le sept mars (*id.*), en présence de MM. (*Noms, prénoms, professions et demeures*), témoins instrumentaires [14], et les parties ont signé [15] avec les témoins et le notaire, après lecture [16].

295 V *Répertoire*, note 17. — *Forme des actes*, note 38. — *Enregistrement*, notes 18 et 19.

---

296 V. PARTAGE [143] JUDICIAIRE de biens immeubles [86] d'après les parts naturelles des ayants-droit.

297 L'an mil huit cent.., le..., heure de.., [13].

298 Par-devant M° Melchior [1] Bret (*id.*), notaire [2] à Cheuilly, département de..., soussigné [15]; commis à l'effet des présentes par le jugement [73] ci-après énoncé.

299 Sont comparus :

300 1° M. Achille Souby [3] garçon majeur, commis marchand (*id.*), demeurant (*id.*) à...

301 2° M. Nestor Souby, propriétaire, demeurant à...

302 Agissant comme tuteur datif [163] de Alcibiade [3] Souby (*id.*), son neveu, enfant mineur [68] âgé de cinq ans ; nommé à cette fonction qu'il a acceptée suivant délibération [163] du conseil de famille dudit mineur tenu devant M. le juge de paix du canton de..., le..., ainsi qu'il résulte de son procès-verbal en date dudit jour, enregistré [42].

303 3° Et M. Prosper Louiset, marchand épicier, demeurant à....

304 (A) Agissant comme subrogé-tuteur [163] dudit mineur Souby, nommé à cette fonction qu'il a acceptée suivant la délibération du conseil de famille précitée.

305 Lesdits sieurs Achille et Alcibiade Souby, copropriétaires indivis des deux domaines dont il va être parlé, comme légataires [24] à titre particulier de Mlle Célestine Souby, leur cousine germaine [88], décédée [63] à..., le..., suivant son testament [152] par acte public passé devant le notaire soussigné le..., dûment enregistré [42], duquel legs [24] délivrance leur a été consentie par les héritiers de ladite défunte suivant acte passé devant M°..., notaire à..., dûment enregistré [42].

306 Lesquels ont exposé ce qui suit :

307 Sur la demande [28] en partage des deux domaines dont il s'agit formée par M. Achille Souby, l'un des comparants, devant le tribunal civil de première instance de..., suivant exploit [20] de..., huissier à..., en date du..., il est intervenu le..., un jugement [73] dudit tribunal qui, considérant que la demande en partage n'a pour objet que la division d'immeubles sur lesquels les droits des intéressés ne sont point sujets à liquidation (B) puisqu'ils le sont naturellement, nomme un expert (*ou* : trois experts) à l'effet de visiter et estimer lesdits biens, les diviser et en composer deux lots et commet le notaire soussigné pour être procédé par-devant lui au partage des biens qui auront été reconnus partageables et à la licitation de ceux qui auront été reconnus impartageables.

308 L'expert (*ou* : les experts), après avoir prêté serment, se sont livrés aux opérations à eux confiées, et il résulte de leur rapport [193] déposé au greffe le..., et entériné par jugement dudit tribunal en date du..., que tous lesdits biens sont commodément partageables et que leur estimation s'élève, pour les deux domaines, à soixante dix-neuf mille francs, lesquels domaines ils ont divisés en deux lots.

309 Par acte d'avoué à avoué signifié [20] par..., huissier à..., le... , M. Achille Souby a fait sommation [119] à l'avoué du défendeur de se trouver et faire trouver son client devant le notaire soussigné à ces jour et heure pour être présents à l'ouverture des opérations du partage des biens dont il s'agit, sinon qu'il serait donné défaut contre lui et procédé en son absence.

310 Par exploit [20] de..., huissier à..., en date du..., il a été, à la requête du même sieur Souby, fait sommation à M. Louiset, comparant, comme subrogé-tuteur du mineur Souby, d'être présent au partage qui va suivre au jour, heure et lieu ci-devant indiqués, sinon qu'il serait donné défaut contre lui une heure après et qu'il serait procédé en son absence comme en sa présence.

311 (C) Après cet exposé, et toutes les parties intéressées étant présentes, il a été procédé, de la manière suivante, au partage pour lequel le notaire soussigné a été commis.

(A) Bien que les art. 966 et suiv. du C. de proc. civ. n'exigent point la présence du subrogé-tuteur au partage comme quand il s'agit de vente, (C. proc. 962), nous croyons cependant qu'il est plus régulier de l'y appeler d'après ce que nous avons dit *sup.* p. 423, note B.

(B) Si les droits des parties n'étaient point liquidés et qu'il y eût des rapports et prélèvements à faire, on procéderait comme le veut l'art. 978 du C. de proc., c.-à-d. que le tribunal nommerait ultérieurement un expert pour la composition des lots.

Mais ici, comme les droits des parties aux immeubles n'exigent point de liquidation, l'estimation, la division et la composition des lots doivent avoir lieu par une seule et même opération (C. proc. 975 ; C. civ. 466). — Il doit en être ainsi, lors même qu'il s'agit du partage d'une ou plusieurs successions, et que les droits des copartageants sont liquidés (Riom, 14 août 1829).

(C) Si le tuteur et le subrogé tuteur ne comparaissaient pas avant de dresser le procès-verbal d'ouverture, il faudrait faire agir seul le poursuivant et faire intervenir les autres parties ou constater leur défaut de comparution et donner défaut contre elles. — V. *la formule de* LICITATION *sup.* p. 448. *alin.* 60 à 77.

³¹⁴   MASSE [140] DES BIENS [86] A PARTAGER.

³¹⁵   *Biens composant le domaine du* BUISSON-ROND.

³¹⁶   Art. 1. Un corps de bâtiment composé d'une maison d'habitation et de deux écuries, deux granges et deux hangards, le tout situé [141] à.., au fond d'une cour close de murs [41] et tenant [141] d'un côté du levant à..., etc. — Ledit corps de bâtiment estimé par le rapport d'experts, cinq mille francs, ci.   5000   »

³¹⁵   Art. 2. Trente hectares [91] de terres labourables en une seule pièce, situés sur la commune de..., lieu dit..., tenant..., ; estimés trente mille francs, ci. 30000   »

³¹⁶   Art. 3. Deux hectares [91] cinquante ares de pré, en une seule pièce, situés sur le finage de..., lieud..., tenant...; estimés par le rapport d'experts cinq mille francs, ci. 5000   »

³¹⁷   *Biens composant le domaine du* BUISSON-CARRÉ.

³¹⁸   Art. 4. Un corps de bâtiment composé d'une maison de maître et une maison d'habitation pour le fermier; un autre corps de bâtiment séparé du précédent par une cour, lequel se compose de deux granges et d'une écurie double au milieu, le tout situé [141] à..., tenant d'un côté du midi à..., etc.; et estimé par le rapport d'experts à six mille francs, ci   6000   »

³¹⁹   Art. 5. Vingt cinq hectares de terres labourables, en une seule pièce, situés sur le finage de.. lieu dit..., et tenant...: ladite pièce estimée par le rapport d'experts la somme de vingt-cinq mille francs, ci 25000   »

³²⁰   Art. 6. Et quatre hectares de pré, en une seule pièce, situés sur le finage de..., lieu dit la Pâture, tenant d'un long du nord à...; estimés huit mille francs, ci   8000   »

³²¹   Total de l'estimation des biens 79000   »
³²²   Dont la moitié est de 39500   »

³²³   ETABLISSEMENT DE PROPRIÉTÉ [22] — V. *sup. p.* 403.

³²⁴   Les deux domaines dont il s'agit appartiennent à M. Achille SOUBY et au mineur SOUBY, indivisément chacun pour moitié, comme légataires [24] particuliers de Mlle Célestine SOUBY, leur cousine germaine, ainsi qu'il est dit ci-devant.

³²⁵   Ladite Dlle Souby en était propriétaire au moyen de la donation [81] purement gratuite qui lui en avait été faite sous réserve d'usufruit par mad. Adelaïde MASSY, sa tante, veuve de M. Charles de VIEUX-BOIS, demeurant à.., avec dispense de rapport [195] pour le cas où la donataire viendrait à la succession de la donatrice, le tout ainsi qu'il résulte d'un acte passé devant Me..., notaire à..., le..., transcrit [81 et 111] au bureau des hypothèques de..., le..., vol..., n°..., sans qu'à cette transcription et pendant la quinzaine qui a suivi il se soit trouvé aucune inscription [83] ainsi que l'a constaté le conservateur par son certificat en date du...

³²⁶   COMPOSITION DES LOTS (A).

³²⁷   Il résulte du rapport des experts qu'ils ont composé des dits biens deux lots, ainsi qu'il suit :

³²⁸   PREMIER LOT [140].

³²⁹   Ce lot comprend le domaine du BUISSON-ROND, lequel est composé :
³³⁰   1° De l'art. 1. de la masse , estimé [35 n. 61]   5,000   »
³³¹   2° De l'art. 2. de la masse , estimé. 30,000   »
³³²   3° De l'art. 3. de la masse, estimé   5,000   »

³³³   Total de l'estimation du premier lot 40,000   »
³³⁴   Et comme il ne revient au présent lot que 39,500   »

³³⁵   Il fera soulte de cinq cents francs, ci   500   »

³³⁶   DEUXIÈME LOT.

³³⁷   Ce lot comprend le domaine du BUISSON-CARRÉ, lequel est composé :
³³⁸   De l'art. 4 de la masse, estimé [35 n. 61] . . . .   6,000 f.   »
³³⁹   De l'art. 5 de la masse, estimé 25,000   »
³⁴⁰   De l'art. 6 de ladite masse, estimé.   8,000   »
³⁴¹   Et des cinq cents francs dont le premier lot fait soulte, ci   500   »

³⁴²   Total des valeurs composant le second lot. . . 39,500   »

(A) Ainsi qu'il est dit ci-devant p. 523 note B, si les biens à partager étaient compris dans une opération de liquidation où il y aurait de part et d'autre des rapports et prélèvements à faire, les lots ne pourraient pas être composés par le procès-verbal même d'estimation, un expert devrait être nommé ultérieurement, pour composer les lots par un rapport qui serait reçu et rédigé par le notaire à la suite des opérations précédentes (C. proc. 979) et sur le même timbre (V. note 45). Et si cet expert était un de ceux nommés précédemment, il ne serait pas nécessaire qu'il prêtât un nouveau serment, parce que c'est pour lui un supplément d'opération: au surplus l'art. 979 du C. proc. ne l'exige point comme l'art. 971 (Arg. Cass. 27 janv. 1828. — Dalloz 29, 581).

544 Le Tribunal, par son jugement du... contenant entièrement du rapport de l'expert (*ou* : des experts), ayant ordonné le tirage des lots devant le notaire soussigné, et la délivrance desdits lots par ce dernier aussitôt après le tirage, ledit notaire a procédé à cette opération de la manière suivante :

545 Il a d'abord été fait deux bulletins portant les noms des copartageants, afin de fixer l'ordre du tirage. Ces deux bulletins ayant été pliés et jetés dans une urne, celui sur lequel était inscrit le nom du mineur Alcibiade SOUBY, en a été tiré le premier.

546 Il a été fait ensuite deux autres bulletins, sur l'un desquels il a été écrit *premier lot*, et sur l'autre *second lot*. Ces deux bulletins ayant été pliés et jetés dans l'urne, M. SOUBY, tuteur du mineur, appelé à tirer le premier, a obtenu le premier lot, et M. Achille SOUBY le second lot.

547 Desquels lots le notaire soussigné leur a fait la délivrance, au moyen de quoi le domaine du BUISSON-ROND, composant le premier lot, appartient exclusivement au mineur Alcibiade SOUBY, et le domaine du BUISSON-CARRÉ, composant le second lot, appartient aussi exclusivement à M. Achille SOUBY.

548 CHARGES [58] ET CONDITIONS [153].

549 Le présent partage est fait sous les charges et conditions suivantes :

550 Les copartageants pourront faire et disposer des biens compris en leurs lots, comme de chose leur appartenant en toute propriété [22] et jouissance à compter de ce jour.

551 Et même chacun d'eux, au moyen des présentes, est censé avoir succédé seul et immédiatement à la Dlle Célestine SOUBY, son auteur, dans la propriété des biens composant le domaine à lui échu en partage.

552 Les biens composant chaque lot sont abandonnés comme ils s'étendent et comportent, dans leur état actuel et sans garantie de mesure ; en conséquence, le plus ou le moins s'il s'en trouve, tournera au profit ou à la perte de l'abandonnataire.

553 Chacun des copartageants supportera les servitudes [55] passives, apparentes ou non-apparentes, dont les biens à lui abandonnés peuvent être grevés, sauf à s'en défendre et à faire valoir celles actives à son profit, le tout à ses risques et périls et sans recours contre son copartageant.

554 Les contributions [58] foncières et autres de toute nature des biens partagés seront supportés par chaque copartageant à compter de ce jour et à l'avenir, sauf règlement entre eux pour les contributions antérieures.

555 Si les bâtiments de l'un ou de l'autre domaine sont assurés [155] contre l'incendie, chacun des copartageants en acquittera les primes à échoir à compter d'aujourd'hui, pour ce qui sera à la charge des biens à lui attribués par ces présentes, et il aura dès aujourd'hui tout le bénéfice de l'assurance relative à ses bâtiments.

556 Les copartageants ne seront garants l'un envers l'autre que des troubles et évictions procédant d'une cause antérieure au présent partage. — Toutefois.... — *V sup.* alin. 224.

557 SOULTE. La somme de cinq cents francs dont la paye du premier lot fait soulte [140] au second lot sera payable d'ici à deux ans [77] en l'étude du notaire soussigné, avec intérêts [49] au taux de cinq pour cent par an sans retenue, à compter d'aujourd'hui, jusqu'au remboursement de ladite somme principale.

558 RÉSERVE DE PRIVILÈGE. A la garantie de ladite soulte... — *V. sup.* alin. 150.

559 TITRES DE PROPRIÉTÉ. Tous les titres de propriété concernant les biens partagés seront déposés à la première réquisition de l'une ou de l'autre des parties en l'étude d'un notaire pour en être délivré à chacune d'elles telles expéditions [64] ou extraits (*id.*) que bon lui semblera. Jusque-là lesdits titres demeureront en la possession de M. Achille SOUBY à la charge par lui de les communiquer [21] à son frère ou à son tuteur à toute réquisition et sous récépissé. — *V. sup. les formules de* DÉPÔT.

560 (A) De tout ce que dessus il a été dressé le présent procès-verbal à Cheuilly [12] en l'étude (*id.*), l'an mil huit cent quarante-cinq [15] le huit mars (*id.*), sans assistance de témoins conformément à l'art. 977 du code de procédure civile; et les parties ont signé [13] avec le notaire, après lecture [16].

561 *Répertoire*, note 17. — *Forme des actes*, note 58. — *Enregistrement*, notes 18 et 19.

562 V. aussi *sup. la formule de* LIQUIDATION DE COMMUNAUTÉ ET SUCCESSION.

PENSION ALIMENTAIRE. —V. *sup. la formule de* CONSTITUTION DE PENSION, p 309.

(A) Le partage dont nous donnons la formule n'est sujet à homologation par le Tribunal que quand quelqu'une des parties n'a point comparu au procès-verbal.

Mais quand toutes les parties sont présentes et approuvent le partage, et que dans son jugement d'entérinement du rapport des experts, le Tribunal a ordonné le tirage des lots au sort, il n'a plus alors à s'occuper ultérieurement de l'opération, à moins qu'il ne s'élève des contestations; c'est à son délégué (le juge commissaire ou le notaire) à faire le reste. L'art. 981 du code de proc. n'est donc applicable qu'au cas d'une liquidation avec rapports et prélèvements et qui comprend des immeubles à partager, cas régi par l'art. 978 du même code et non au cas d'un partage d'immeubles d'après les droits naturels des parties, cas régi par l'art. 975 dudit Code. — A cet égard, notre opinion se trouve fortifiée par un jugement du Trib. civ. de Metz du 26 janv. 1850 (Dalloz 38, 3, 201), portant que la liquidation d'une succession dans laquelle un mineur est intéressé n'est point sujette à l'homologation du Tribunal, lorsque, ayant seulement pour objet la division entre les héritiers, d'après leurs parts naturelles, soit du prix de vente des immeubles, soit des créances de la succession, elle est approuvée par toutes les parties majeures, ainsi que par le tuteur du mineur.

POIDS ET MESURES.

PLACARDS. — V. *sup.* AFFICHES, p. 68.

POIDS ET MESURES [91].

NOMS SYSTÉMATIQUES.	VALEUR.	NOMS SYSTÉMATIQUES.	VALEUR.	NOMS SYSTÉMATIQUES.	VALEUR.
I. MESURES DE LON- GUEUR.		**III.** MESURES DE CAPA- CITÉ POUR LES LI- QUIDES ET LES MA- TIÈRES SÈCHES.		Kilogramme	mille grammes, poids dans le vide du dé- cimètre cube d'eau distillée à la tem- pérature de quatre degrés centigrades
Myriamètre.	dix mille mètres.	Kilolitre.	mille litres.		
Kilomètre.	mille mètres.	Hectolitre.	cent litres.	Hectogramme. . . .	cent grammes.
Hectomètre.	cent mètres.	Décalitre	dix litres.	Décagramme	dix grammes.
Décamètre.	dix mètres.	Litre	décimètre cube.	Gramme	poids d'un centimè- tre cube d'eau à quatre degrés cen- tigrades.
Mètre.	unité fondamentale des poids et mesures (dix millionième partie du quart du méridien ter- restre).	Décilitre	dixième du litre.		
Décimètre.	dixième du mètre.	**IV.** MESURES DE SOLI- DITÉ.		Décigramme	dixième du gramme.
Centimètre	centième du mètre.			Centigramme. . . .	centième du gramme
Millimètre	millième du mètre.	Décastère.	dix stères.	Milligramme	millième du gramme
II. MESURES AGRAIRES.		Stère	mètre cube.	**VI.** MONNAIE.	
		Décistère	dixième de stère.	Franc	cinq grammes d'ar- gent au titre de neuf dixièmes de fin.
Hectare	cent ares ou dix mille mètres carrés.	**V.** POIDS.			
Are	cent mètres carrés , carré de dix mè- tres de côté.	. . . .	mille kilogrammes, poids du mètre cube d'eau et du tonneau de mer.	Décime	dixième du franc.
Centiare.	centième de l'are ou mètre carré.	Myriagramme. . . .	cent kilogrammes, quintal métrique.	Centime.	centième du franc.

TABLEAUX DE CONVERSION DES ANCIENS POIDS ET MESURES EN NOUVEAUX.

Conversion des lignes, pouces, pieds et toises, en mètres et parties décimales du mètre.

LIGNES.	CENTIMÈTRES.	POUCES.	CENTIMÈTRES.	PIEDS.	MÈTRES.	TOISES.	MÈTRES.
1	0,002256	1	0,027070	1	0,324839	1	1,949036
2	0,004512	2	0,054140	2	0,649679	2	3,898073
3	0,006767	3	0,081210	3	0,974518	3	5,847109
4	0,009023	4	0,108280	4	1,299358	4	7,796145
5	0,011279	5	0,135350	5	1,624197	5	9,745180
6	0,013535	6	0,162420	6	1,949036	6	11,694218
7	0,015791	7	0,189410			7	13,643254
8	0,018047	8	0,216560			8	15,592290
9	0,020302	9	0,243630			9	17,541327
10	0,022556	10	0,270699			10	19,490360
11	0,024814	11	0,297769				
12	0,027070	12	0,324859				

Conversion des lignes, pouces, pieds et toises carrées, en mètres carrés.

LIGNES CARRÉES.	MÈTRES CARRÉS.	POUCES CARRÉS.	MÈTRES CARRÉS.	PIEDS CARRÉS.	MÈTRES CARRÉS.	TOISES CARRÉES.	MÈTRES CARRÉS.
1	0,000005	1	0,000733	1	0,105521	1	3,798743
2	0,000010	2	0,001466	2	0,211041	2	7,597485
3	0,000015	3	0,002198	3	0,316562	3	11,396228
4	0,000020	4	0,002931	4	0,422082	4	15,194970
5	0,000025	5	0,003664	5	0,527603	5	18,993713
6	0,000031	6	0,004397	6	0,633124	6	22,792455
7	0,000036	7	0,005129	7	0,738644	7	26,591198
8	0,000041	8	0,005862	8	0,841165	8	30,389940
9	0,000046	9	0,006595	9	0,949686	9	34,188683

Conversion des mesures agraires, en ares et parties décimales de l'are.

PIEDS ET POUCES convertis en centiares et milliares.				PERCHE LINÉAIRE de 18 pieds.		PERCHE LINÉAIRE de 20 pieds.		PERCHE LINÉAIRE de 22 pieds.	
pieds.	pouces.	centiares.	milliares.	arpents de 100 perches carrées.	hectares, ares et centiares.	arpents de 100 perches carrées.	hectares, ares et centiares.	arpents de 100 perches carrées.	hectares, ares et centiares.
»	12	1,	69	1	0,34189	1	0,42208	1	0,51072
16	»	27,	01	2	0,68377	2	0,84416	2	1,02144
16	6	28,	73	3	1,02566	3	1,26625	3	1,53216
17	»	30,	50	4	1,36755	4	1,68833	4	2,04288
18	»	34,	19	5	1,70943	5	2,11041	5	2,55360
19	»	38,	09	6	2,03132	6	2,53249	6	3,06432
20	»	42,	21	7	2,39321	7	2,95458	7	3,57504
21	4	48,	02	8	2,73510	8	3,37666	8	4,08576
22	»	51,	07	9	3,07698	9	3,79874	9	4,59648

Conversion des mesures de solidité en centimètres et millimètres cubes.

LIGNES CUBES.	MILLIMÈTRES CUBES.	POUCES CUBES.	CENTIMÈTRES CUBES.	PIEDS CUBES.	DÉCIMÈTRES CUBES.	TOISES CUBES.	MÈTRES CUBES.
1	11,479	1	19,8364	1	34,2773	1	7,403887
2	22,959	2	39,6727	2	68,5545	2	14,807774
3	34,438	3	59,5091	3	102,8318	3	22,211661
4	45,918	4	79,3455	4	137,1090	4	29,615549
5	57,397	5	99,1819	5	171,3863	5	37,019436
6	68,876	6	119,0182	6	205,6635	6	44,423323
7	80,356	7	138,8546	7	239,9408	7	51,827210
8	91,835	8	158,6910	8	274,2180	8	59,231097
9	103,314	9	178,5274	9	308,4953	9	66,634984

Conversion des poids anciens en kilogrammes et parties décimales du gramme.

GRAINS anciens.	FRACTIONS DE GRAMME.	GROS anciens.	FRACTIONS DE GRAMME.	ONCES anciennes.	FRACTIONS DE GRAMME.	LIVRES anciennes.	KILOGRAMMES ET FRACTIONS DE GRAMME.
1	0,0000531	1	0,0038242	1	0,0305941	1	0,4895058
2	0,0001062	2	0,0076485	2	0,0611882	2	0,9790117
3	0,0001593	3	0,0114728	3	0,0917823	3	1,4685175
4	0,0002125	4	0,0152971	4	0,1223765	4	1,9580234
5	0,0002656	5	0,0191213	5	0,1529706	5	2,4475292
6	0,0003187	6	0,0229486	6	0,1835647	6	2,9370351
7	0,0003718	7	0,0267698	7	0,2141588	7	3,4265409
8	0,0004249	8	0,0305940	8	0,2447529	8	3,9160468
9	0,0004780			9	0,2753470	9	4,4055526
10	0,0005311			10	0,3059412	10	4,8950564
20	0,0010625			11	0,3365353		
30	0,0015934			12	0,3671294		
40	0,0021246			13	0,3977235		
50	0,0026557			14	0,4283176		
60	0,0031869			15	0,4589117		
70	0,0037180			16	0,4895058		

POLICE D'ASSURANCE [155]. — V. *les formules d*'ASSURANCE.

POUR LA MENTION D'ASSURANCE DANS LES ACTES. — V. *sup. p.* 445 *alin.* 14 *et p.* 496 *alin.* 45.

PORTE-FORT. — V. *sup. les formules d'*OBLIGATION *alin.* 78.

POURVOI EN CASSATION [95].

COUR DE CASSATION [95]. — CHAMBRE DES REQUÉTES (*id.*).

Pourvoi [44 n 55] pour Me... notaire à...., — contre la régie de l'enregistrement et des domaines.

Me... notaire à... demande la cassation d'un jugement [75] rendu entre lui et la Régie de l'enregistrement par le Tribunal civil de première instance de..., le...

Ce jugement a violé l'art. 174 du décret du 16 février 1807 et fait une fausse application de l'art. 20 de la loi du 15 brumaire an VII, en ce qu'il a décidé que lorsqu'une expédition en deux rôles contenait plusieurs renvois à la marge en sus de cent lignes ce fait constituait une contravention sujette à l'amende de cinq francs outre le décime, surtout quand ces renvois constituaient des additions et non des omissions.

Suit l'exposé des faits et le dispositif du jugement....

Si l'on ne développe pas ses moyens dans le pourvoi même, on ajoute ici : l'exposant se réserve de développer ses moyens de cassation dans un mémoire ampliatif, et d'en ajouter d'autres s'il y a lieu.

Ledit exposant conclut à ce qu'il plaise à la Cour casser et annuler le jugement sus-daté du Tribunal civil de...; remettre les parties au même et semblable état qu'avant ledit jugement ; ordonner , s'il y a lieu , la restitution des sommes qui pourraient avoir été payées en vertu dudit jugement, et celle de l'amende consignée ; et renvoyer les parties devant tel autre Tribunal qu'il lui plaira indiquer : le tout avec dépens, sous toutes réserves de modifier, augmenter ou restreindre les présentes conclusions.

PRODUCTION. Sont joints au présent : 1° la copie signifiée du jugement attaqué; 2° et la quittance de la consignation [95] d'amende.

(*Signature de l'avocat près la Cour de Cassation*.)

10 Nota. *Le mémoire de l'avocat, constatant le pourvoi, est enregistré avant d'être remis au greffier de la Cour.* — *Dans l'usage, le greffier n'en donne pas de récépissé, il constate seulement en marge du mémoire la date du dépôt qui en a été fait. Cependant, on peut requérir du greffier un certificat constatant le pourvoi, surtout si on a intérêt à en justifier.*

11   SIGNIFICATION D'ARRÊT D'ADMISSION [95].

12   L'an mil huit cent... le... [20],

13   A la requête de (*Nom, prénoms, profession et domicile*), pour lequel domicile est élu à Paris, dans le cabinet de Me..., son avocat à la Cour de Cassation, demeurant à Paris, rue..., n°..., qui continuera de le défendre.

14   J'ai, François CORBE, huissier près la Cour de cassation, demeurant à Paris, rue.., n°..., soussigné,

15   Signifié à M. le Directeur de l'enregistrement et des domaines, demeurant à Paris, rue Castiglione, hôtel des Finances, auquel lieu étant et parlant à sa personne qui a visé le présent, l'arrêt d'admission rendu par la chambre des requêtes sur le pourvoi du requérant le.....

16   Et, en vertu dudit arrêt en forme et enregistré, j'ai assigné mon dit sieur le Directeur à comparaître, dans les délais du règlement, devant la Cour de Cassation, chambre civile, séante au Palais de Justice à Paris, pour s'y défendre et voir adjuger au requérant ses conclusions; et je lui ai, audit domicile et parlant comme dessus, laissé copie tant dudit arrêt et des mémoires y insérés que du présent, dont le coût est de....

17   SIGNIFICATION D'AVOCAT A AVOCAT, *à la suite* [45] *de la copie de l'arrêt.*

18   L'an mil huit cent..., le...; à la requête de M..., avocat à la Cour de cassation et celui du sieur.... j'ai, (*Nom, prénoms, et demeure*), huissier soussigné, audiencier à ladite Cour, signifié à M..., avocat près la même Cour et celui de la Régie de l'enregistrement et domaines, copie de l'arrêt ci-dessus.

19   V. *Enregistrement*, note 181. — *Les formules d'opposition et de mémoire.*

PRESCRIPTION (RENONCIATION A) — V. *les formules de Renonciation.*

PRÊTS [205] :

1° *De consommation ;*	4° *Sur dépôt ou consignation de marchandises ;*
2° *A la grosse aventure ;*	5° *A intérêt.* — *V.* les formules d'OBLIGATION.
3° *A usage ou commodat;*	

1° PRÊT DE CONSOMMATION [205].

2   PAR-DEVANT Me Adrien [1] SAVARD (*id.*), notaire [2] à Laramée [1], département de.., soussigné [15.]

3   Est comparu M. Eugène [5] BARNAIS (*id.*), agriculteur (*id.*), demeurant (*id.*) à...

4   Lequel a, par ces présentes, reconnu que M. Castor [5] POIROT (*id.*), propriétaire (*id.*), demeurant à..., à ce présent et acceptant [52].

5   Lui a prêté cejourd'hui vingt-cinq hectolitres [91] de blé, bien vanné et criblé, bon grain, loyal et marchand ;

6   Laquelle quantité de blé le sieur BARNAIS promet et s'oblige [107] de rendre, de mêmes bonté et qualité, audit sieur POIROT, et en sa demeure, le vingt-cinq décembre prochain, et de plus, de lui fournir et livrer à la même époque, à titre d'intérêts [49] de ce prêt, la quantité de un hectolitre de blé de pareille qualité.

7   A défaut par le sieur BARNAIS de faire ces livraisons à l'époque ci-dessus fixée, et quinze jours après un commandement [194] constatant le défaut ou refus de livraison, il sera tenu, ainsi qu'il s'y oblige, de payer audit sieur POIROT, si celui-ci l'exige, la valeur en argent de tout le blé à livrer, suivant le prix le plus élevé auquel le blé aura été vendu en la ville de... au premier marché du mois de janvier prochain, selon la mercuriale de ce marché.

8   Les déboursés [5] et honoraires (*id.*) des présentes seront au compte de M. BARNAIS.

9   Pour l'exécution des présentes, les parties font élection de domicile [11] en leurs demeures actuelles sus-indiquées.

10   Dont acte, fait et passé à Laramée [12] en l'étude (*id.*), l'an mil huit cent quarante-cinq [13] le dix-sept mars (*id.*), en présence de MM. (*Noms, prénoms, professions et demeures*), témoins instrumentaires [14]; et les parties ont signé [15] avec les témoins et le notaire, après lecture [16].

11   V. *Répertoire*, note 17. — *Forme des actes*, note 38. — *Enregistrement*, notes 90, 18 et 19.

2° PRÊT A LA GROSSE AVENTURE [205].

13   PAR-DEVANT Me LEVERT [1], notaire [2] au Havre, département de... soussigné [15].

67

¹⁴ Est comparu M. Sixte [3] Bordet (id.), négociant (id.), demeurant (id.) à..., où il est patenté [43] pour la présente année à la date du.... dernier, ... classe, n....

¹⁵ Propriétaire du navire le *Saint-Nicolas*, du port de cent cinquante tonneaux, commandé par le sieur Fauvin ou tout autre à sa place, étant actuellement dans le port du Havre d'où il doit partir pour Hambourg, par le premier temps favorable.

¹⁶ Lequel a, par ces présentes, reconnu devoir légitimement,

¹⁷ A M. Thomas Lebrou, ancien fournisseur des armées françaises en Espagne, demeurant à.., à ce présent et acceptant [52].

¹⁸ La somme de quinze mille francs que ce dernier lui a prêtée à la grosse, en espèces ayant cours, pour employer au paiement du radoub et des fournitures d'agrès et apparaux dudit navire, et pour le temps d'aller et retour du voyage sus-indiqué, avec les risques du moment où le navire aura levé l'ancre pour se mettre en mer jusqu'au moment où, de retour, il aura mouillé en cette rade, mais sans aucuns risques et perte de terre.

¹⁹ S'obligeant, ledit sieur Bordet, de rembourser cette somme à M. Lebrou, sus-nommé, ou à son ordre [97], sans qu'il soit besoin d'autre transport ni signification, un mois après le retour dudit navire dans la rade du Havre, avec le profit maritime de ladite somme au taux convenu de vingt-cinq pour cent, et avec stipulation que, si la guerre maritime se déclarait entre la France et toute autre puissance maritime, ledit taux s'élèverait à quarante pour cent du jour où le premier vaisseau français ou ennemi aurait été pris.

²⁰ A la sûreté de l'acquit de la présente obligation, tant pour le capital que pour le profit, M. Bordet a affecté spécialement et par privilége [29] le navire le *Saint-Nicolas* ci-dessus, ses agrès et apparaux.

²¹ En cas de difficultés au sujet des présentes, les parties se soumettent à la juridiction du Tribunal de commerce du Havre.

²² Pour faire enregistrer ces présentes au greffe du Tribunal de commerce conformément à l'art. 312 du Code, ainsi que pour faire toutes mentions [84], tout pouvoir est donné au porteur de la grosse [64] ou d'une expédition (id.).

²³ Les déboursés [5] et honoraires (id.) auxquels ces présentes donneront lieu seront payés par M. Bordet.

²⁴ Dont acte, fait et passé au Havre, en l'étude [12], l'an mil huit cent quarante-cinq [15] le dix-sept mars (id.), en présence de MM .. (*Noms, prénoms, professions et demeures*), témoins instrumentaires [14]; et les parties ont signé [15] avec les témoins et le notaire, après lecture [16].

²⁵ V. *Répertoire*, note 17. — *Forme des actes*, note 38. — *Enregistrement*, notes 56, 18 et 19.

---

²⁶ 3° PRÊT A USAGE OU COMMODAT [205].

²⁷ Par-devant Mᵉ Savard [1], notaire [2] à..., département de..., soussigné [15].

²⁸ Est comparu le sieur Prosper [3] Garnier (id.), commis-voyageur en librairie (id.), demeurant (id.) à...

²⁹ Lequel a, par ces présentes, reconnu que M. Antoine Picard [5] propriétaire (id.), demeurant à..., à ce présent et acceptant [52].

³⁰ Lui a prêté, pour voyager dans toute la France et pendant un an à compter de ce jour :

³¹ Un équipage composé : 1° d'un cheval entier sous poil noir, âgé de cinq ans, marqué en tête, et de la taille de un mètre [91] soixante-dix centimètres; 2° d'un cabriolet à deux places sur ressorts anglais, garni de drap bleu, avec caisse par-derrière; 3° et les harnais du cheval pour son attelage au cabriolet, comprenant une bride, deux guides, un poitrail, deux traits, une selle, une surselle, une avaloire, une sous-ventrière et un fouet.

³² Tous ces objets ont été remis en bon état à M. Garnier, qui le reconnaît.

³³ Charges et conditions. M. Garnier sera tenu de veiller à la garde et conservation dudit équipage ; de nourrir le cheval comme il convient ; de le faire panser, soigner et reposer en temps et lieux nécessaires; de ne point le surcharger d'un poids supérieur à cent soixante-quinze kilogrammes [91]; de tenir la voiture et les harnais en bon état ; de garantir tous les objets des accidents qu'il sera en son pouvoir d'éviter ; enfin, de jouir du tout en bon père de famille.

³⁴ Il s'oblige de rendre le cheval tel qu'il lui a été livré, sinon de payer à M. Picard, à l'expiration de l'année, une somme de six cents francs à laquelle ce cheval est estimé, lors même qu'il viendrait à périr sans la faute du sieur Garnier, ou qu'il serait diminué de valeur par quelque vice ou défaut qui lui serait survenu pendant la durée du prêt.

³⁵ A l'égard de la voiture et des harnais, s'ils se détériorent par le seul fait de l'usage et sans la faute du sieur Garnier, celui-ci ne sera pas tenu de la détérioration. Cependant il ne pourra réputer de M. Picard les menues dépenses qu'il aura faites pour l'entretien de ces objets; mais si, pour leur conservation, le sieur Garnier était obligé, pendant le temps du prêt ci-dessus fixé, de faire quelques dépenses extraordinaires, nécessaires et tellement urgentes qu'il n'ait pas pu en prévenir M. Picard, celui-ci sera tenu, ainsi qu'il s'y oblige, de les lui rembourser sur la justification de la nécessité et de l'acquit de ces dépenses.

³⁶ Tous les frais [5] que ces présentes occasionneront seront au compte de M. Garnier.

³⁷ Pour l'exécution des présentes, les parties font élection de domicile [11] en leurs demeures actuelles sus-indiquées.

³⁸ Dont acte, fait et passé etc. — V *sup*. alin. 24.

³⁹ V. *Enregistrement*, notes 99, 218, 18 et 19. — Et la formule de *bail d'animaux*.

40 **4° PRÊT [205] SUR DÉPÔT OU CONSIGNATION DE MARCHANDISES. — (C. comm. 95).**

41 Par-devant Mᵉ Ernest [1] JANNIN (id.), notaire [2] à Crain [1], département de..., soussigné [15].
42 Est comparu M. Paul BELIN [3], propriétaire (id.), demeurant (id.) à Auxerre.
43 Lequel a, par ces présentes, reconnu que M. Alexandre DOLLÉANS, commissionnaire en vins, demeurant au même lieu, à ce présent et acceptant [52], patenté [43] à la mairie de..., à la date du..., ... classe, n... lui a prêté [205],
44 La somme de trois mille francs [55] en numéraire [91], au cours de ce jour, sur les marchandises appartenant audit sieur DOLLÉANS et situées à Aux, rue..., n...; lesquelles marchandises consistent en cinquante tonneaux contenant chacun un hectolitre [91] cinquante litres de vin rouge de la récolte de l'année dernière (Ou bien : l'espèce et la nature desquelles marchandises sont désignées en un état fait entre les parties sur une feuille de papier marquée du timbre de trente-cinq centimes, lequel état devant être soumis à l'enregistrement [42] avant ou en même temps que ces présentes, est demeuré ci-annexé [55]) après avoir été signé des comparants et fait dessus mention de cette annexe en présence du notaire et des témoins soussignés.
45 S'obligeant, ledit sieur BELIN, de rendre ladite somme de trois mille francs audit sieur DOLLÉANS, en la demeure de ce dernier ou pour lui au porteur de ses pouvoirs [80] et de la grosse [64] des présentes, le..., avec intérêts [49] à partir de ce jour au taux de cinq pour cent par an ; cependant il est convenu qu'en cas de vente des marchandises avant l'époque ci-dessus fixée, les intérêts de la somme ci-dessus cesseront du jour où M. DOLLÉANS en aura encaissé le prix.
46 A la garantie de l'acquit de la présente obligation en principal et accessoires [103], le sieur BELIN a affecté spécialement et par privilège [29] toutes les marchandises sus-désignées (Ou bien : désignées en l'état ci-annexé), qui sont dans les magasins de M. DOLLÉANS.
47 Les déboursés [5] et honoraires (id.) des présentes, ainsi que le coût d'une grosse [64], seront supportés par le sieur BELIN.
48 Pour l'exécution des présentes, les parties font élection de domicile [11] en leurs demeures actuelles sus-indiquées.
49 Dont acte, fait et passé à Aux [12], en l'étude (id.), l'an mil huit cent quarante-cinq [13], le dix-huit mars (id.), en présence de MM. (Noms, prénoms, professions et demeures), témoins instrumentaires [14] ; et les parties ont signé [15] avec les témoins et le notaire, après lecture [16].
50 ENREGISTREMENT. - Droit fixe de 2 fr. (L. 12-18 sept. 1830). — A annoter note 56 in fine.

PRIORITÉ D'HYPOTHÈQUE. — V. sup. la formule D'ANTÉRIORITÉ.

PRISÉE. — V. les formules d'INVENTAIRE, p. 424, alin. 11 et 12 et p. 430, alin. 7.

PRIVILÈGES (Tableau des). — V. la note 29 du Commentaire, p. 337.

PRIVILÈGE [89] DE SECOND ORDRE (DÉCLARATION DE).

1 Par-devant Mᵉ Ovide [1 | LOUET (id.), notaire (2) à..., département de..., soussigné [15].
2 Est comparu Mᵉ Simon [3] LEFRANC (id.), notaire (id.) à la résidence de..., y demeurant (id.).
3 Lequel a, par ces présentes, déclaré que la somme de trois mille francs dont lui versée à la caisse d'amortissement entre les mains du receveur-général du département de... (Ou bien : entre les mains du receveur particulier de l'arrondissement de...), pour la totalité (Ou bien : pour partie) du cautionnement auquel il est assujéti en sadite qualité de notaire, appartient en capital [156] et intérêts [49] à M. Claude BONFILS, propriétaire, demeurant à... (Ou bien : à MM. Claude BONFILS et Lazare CALMEAU, propriétaires, demeurant à..., savoir : à M. BONFILS jusqu'à concurrence de... et à M. CALMEAU jusqu'à concurrence de...).
4 Pourquoi il requiert et consent que la présente déclaration soit inscrite sur les registres de la caisse d'amortissement, afin que ledit sieur BONFILS ait et acquière (Ou bien : lesdits sieurs BONFILS et CALMEAU acquièrent) le privilège du second ordre sur ledit cautionnement, conformément aux dispositions de la loi du vingt-cinq nivôse an treize et du décret du vingt-huit août mil huit cent huit.
6 Dont acte, fait et passé à..., en l'étude [12], l'an mil huit cent quarante-cinq [13], le dix-neuf mars (id.), en présence de MM. (Noms, prénoms, professions et demeures), témoins instrumentaires [14] ; et le comparant a signé [15] avec les notaires et témoins instrumentaires, après lecture [16].
7 NOTA. Cette déclaration peut être délivrée en brevet (V. note 59) ; Elle est sujette à légalisation par le président du tribunal (V. note 125) et à l'enregistrement au droit fixe de 1 fr. — V. note 89, n. 38 et note 99.

PROCÈS-VERBAUX :

1° *D'Adjudication.* — *V.* adjudication.
2° *De Bornage.* — *V.* bornage.
3° *De Comparution.* — *V.* comparution.
4° *De compte de réformation.* — *V.* liquidation,
     p. 463 *note A,* alin. 12 *et suiv.*
5° *De compulsoire.* — *V.* compulsoire.

6° *De constat de testament.* — *V.* description.
7° *De délivrance de seconde grosse.* — *V.* grosse.
8° *De liquidation et partage.* — *V.* liquidation ;
     partage.
9° *D'offres réelles.* — *V.* offres réelles.
10° *D'ordre.* — *V.* ordre amiable.

PROCÈS-VERBAL DE CARENCE [145].

1
2   L'an mil huit cent [13]..., le mardi..., heure de...
3   A la requête de M. Paul [3] VITUREAU (*id*), tanneur (*id.*), demeurant (*id.*) à...
4   Seul héritier [78] de Michel VITUREAU, son père, en son vivant décrotteur, demeurant à..., mais sous bénéfice d'inventaire [88] seulement suivant la déclaration qu'il a faite au greffe du tribunal civil de..., le..., dûment enregistrée.
5   Pour la conservation des droits du comparant et de tous autres qu'il appartiendra, il va être, par Me VIAL [1], notaire [2] à..., soussigné [15], assisté de MM. (*Noms, prénoms, professions et demeures*), témoins instrumentaires [14], aussi soussignés, procédé à l'inventaire [145] fidèle et description exacte de tous les meubles [86] et effets mobiliers, titres, papiers, deniers comptants et renseignements, dépendant de la succession [88] dudit feu sieur Michel VITUREAU et qui seront trouvés dans une chambre en mansarde dépendant d'une maison située à..., appartenant à..., et dans laquelle ledit défunt est décédé [63] le ... dernier.
6   La représentation de tous les objets sera faite par le requérant comme étant en possession de la clef de la susdite chambre depuis le décès.
7   Et la prisée [145] des choses sujettes à estimation sera faite par M..., expert (*id.*) choisi par ledit requérant, lequel, à ce présent, a promis de faire ladite prisée en son âme et conscience.
8   Et le comparant a signé [15] avec l'expert, les témoins et le notaire, après lecture [16].   SIGNATURES.
9   DESCRIPTION. — Dans la chambre dont est ci-dessus parlé il s'est trouvé :
10   1° Une paillasse posée sur quatre morceaux de bois appuyés sur des pierres à distance de trente centimètres du carreau ; un drap et une vieille couverture ; le tout dans le plus mauvais état et n'ayant nulle valeur.
11   2° Un pantalon, une veste, un gilet, une casquette, une chemise ; le tout en très mauvais état et n'ayant aucune valeur.
12   3° Deux brosses, un couteau et une écuelle de terre ; le tout très usé et n'ayant aucune valeur appréciable.
13   Et ne s'étant rien trouvé qui fût sujet à prisée, l'expert a signé le présent procès-verbal de carence et s'est retiré, après lecture [16].
14   TITRES ET PAPIERS. Il n'a été trouvé dans ladite chambre aucuns papiers.
15   DÉCLARATIONS ACTIVES ET PASSIVES. Le sieur VITUREAU comparant a déclaré qu'il ne dépendait de ladite succession aucun actif : mais que le passif se composait 1° de dix francs pour loyer de la chambre où l'on procède ; 2° de cinquante francs pour frais funéraires ; 3° et de différentes sommes dues à divers fournisseurs et aubergistes et dont il ignore le montant.
16   Et ne s'étant rien trouvé à comprendre au présent procès-verbal, le requérant a prêté serment entre les mains du notaire soussigné de n'avoir détourné, vu détourner ni su qu'il ait été détourné aucun objet dépendant de ladite succession.
17   Ce fait, les objets ci-dessus décrits sont demeurés en la garde et possession du sieur VITUREAU, fils, qui le reconnaît et s'en charge pour les représenter quand et à qui il appartiendra.
18   Il a été vaqué à ce qui précède depuis ladite heure de..., jusqu'à celle de..., par simple vacation [5].
19   De tout ce que dessus il a été dressé le présent procès-verbal de carence pour servir et valoir ce que de raison, les jour [13], lieu [12], heure, mois et an susdits, en présence des témoins ci-devant nommés ; et le requérant a signé [15] avec les témoins et le notaire, après lecture [16].
20   V. *Répertoire*, note 17. — *Forme des actes*, note 58.— *Enregistrement*, notes 99, 18 et 19.

PROCURATIONS [80] (QUALITÉS DIVERSES DES MANDANTS DANS LES) :

2   1° *Par un cessionnaire* [96].
3   Par-devant... — Est comparu M. (*Nom, prénoms, profession et demeure*).
4   Agissant comme cessionnaire du sieur (*Nom, prénoms, profession et demeure*), suivant acte passé devant Me..., notaire à..., le..., dûment enregistré, d'une somme de..., montant en principal d'une obligation souscrite au profit de ce dernier par le sieur...., aux termes d'un acte passé devant Me...., notaire à...., le...., enregistré et signifié [96].
5   2° *Par un donataire* [81].
6   Par-devant... —-Est comparu M...

7   Ayant-droit à (indiquer l'objet) dont il va être parlé, au moyen de la donation qui lui a été faite en toute propriété (ou : en usufruit [69]) par le sieur..., suivant acte passé devant Mᵉ..., notaire à..., le..., dûment enregistré [42].

8   3° *Par un exécuteur testamentaire* [132]. — V. inf. alin. 20.

9   Par-devant Mᵉ... — Est comparu M...
10   Agissant comme exécuteur testamentaire ayant la saisine des biens (ou : sans la saisine des biens) de M... qui l'a nommé à cette qualité suivant son testament olographe [132] en date du..., enregistré à..., le..., f°.., v°, case... par M.., qui a reçu cinq francs cinquante centimes, décime compris, présenté à M. le président du tribunal civil de.., qui en a constaté l'état et ordonné le dépôt en l'étude de..., notaire à..., lequel dépôt a eu lieu à la date du...

11   4° *Par une femme mariée.*

12   Par-devant Mᵉ.. — Est comparue mad..., épouse de M.., sans profession, avec lequel elle demeure à..
13   Autorisée [68] à l'effet des présentes de sondit mari, à ce présent (ou bien : par acte passé devant Mᵉ.., notaire à.., le.., et dont le brevet [59] original, dûment enregistré [42] et légalisé [125] est demeuré ci-annexé [55] après avoir été de ladite dame certifié véritable (id.) en présence du notaire et des témoins soussignés.
14   Nota. *L'autorisation n'est pas nécessaire si la procuration est donnée au mari ou à un tiers qui agit avec l'intervention du mari* (V. sup. la note A au bas de la page 110). — *En tout cas, cette procuration doit être spéciale quand il s'agit d'actes de propriété* (V. sup. la note A au bas de la page 103 et les formules d'autorisation).

15   5° *Par un héritier* [78].

16   Par-devant M... — Est comparu M...
17   Agissant comme héritier [78] pur et simple (ou : comme héritier sous bénéfice [83] d'inventaire) pour *telle* portion de.., son père, décédé [63] à.., le.., ainsi que le constate l'intitulé de l'inventaire [145] fait après son décès par Mᵉ.., notaire à.., le.., enregistré (ou bien : ainsi qu'il est constaté par un acte de notoriété [127], à défaut d'inventaire, reçu par Mᵉ..., notaire à..., le..., enregistré.

18   6° *Par un légataire* [24]. — V. sup. alin. 10.

19   Par-devant Mᵉ.. — Est comparu M...
20   Agissant comme légataire [24] universel (ou : à titre universel, — ou bien : particulier) de M.., suivant son testament par acte public reçu par Mᵉ.., notaire à.., le..

21   7° *Par un mandataire* [80].

22   Par-devant Mᵉ.. — Est comparu M..
23   Agissant comme mandataire [80, n. 99] de M.., suivant la procuration que ce dernier lui a donnée par acte passé devant le notaire soussigné en minute [59] et présence de témoins [14] le.., dûment enregistré [42].

24   8° *Par un mari à sa femme.*

25   Par-devant Mᵉ.. — Est comparu M..
26   Lequel a, par ces présentes, donné pouvoir [80] à la dame.., son épouse, demeurant avec lui, de, pour lui et en son nom,
27   Nota. *Le mari peut, pour ce qui le regarde, donner des pouvoirs à sa femme comme il en donnerait à un étranger* (V. sup. la note A, alin. 4, au bas de la page 103) *mais s'il autorise sa femme à faire, pour ce qui la concerne, des actes de propriété, il ne peut lui donner de pouvoirs illimités, ces pouvoirs doivent être spéciaux* (V. sup. p. 103, note A, alin. 1 et 2 et note B).

28   9° *Par un mineur* [63] *émancipé* [82], *assisté de son curateur* [66].

29   Par-devant Mᵉ.. — Est comparu M..
30   Mineur émancipé d'âge par son père, suivant déclaration reçue par le juge de paix du canton de.., assisté de son greffier, le.., enregistré (ou bien : mineur émancipé par délibération de son conseil de famille réuni sous la présidence de M. le juge de paix de.., suivant son procès-verbal en date du.., enregistré [42] et dont une expédition a été représentée et rendue.
31   Ledit mineur procédant sous l'assistance de M. (*Nom, prénoms, profession et demeure*), son curateur, nommé à cette fonction qu'il a acceptée suivant délibération de son conseil de famille tenu devant le même juge de paix ainsi qu'il résulte de son procès-verbal étant à la suite de la déclaration précitée (ou bien : nommé à cette fonction qu'il a acceptée aux termes de la délibération sus-énoncée).
32   Nota. *L'assistance du curateur n'est pas nécessaire quand le mineur émancipé ne donne pouvoir que pour ses revenus et faire des actes de pure administration* (C. civ. 481 et 482).

33   10° *Par un négociant* [43].

34   Par-devant Mᵉ.. — Est comparu M. Jean JAY [3], négociant (id.), demeurant (id.) à.., où il est patenté [43] pour la présente année à la date du... dernier..., classe, n....
35   Agissant pour sa maison de commerce connue sous la raison JAY et FAIN, dont il a la signature, ainsi qu'il le déclare (ou bien : dont il a la signature, aux termes de l'acte de société passé devant Mᵉ.., notaire à.., le.., dûment enregistré et publié).
36   Lequel a, par ces présentes, fait et constitué pour mandataire général et spécial de sa maison de commerce, M..

37   11° *A plusieurs mandataires, avant de faire un long voyage.*

38   Par-devant Me.. — Est comparu M..

39   Lequel, étant sur le point de faire un long voyage a, par ces présentes, fait et constitué pour ses mandataires généraux et spéciaux, pour agir conjointement ou séparément l'un en l'absence de l'autre (*ou bien :* pour n'agir le second qu'au cas de mort, impuissance ou démission de fonctions du premier).

40   Auxquels il a donné pouvoir, etc.

41   12° *Par un prodigue* [74], *assisté de son conseil judiciaire* (*id.*).

42   Par-devant Me.. — Est comparu M..

43   Procédant sous l'assistance de M.., sou conseil judiciaire, nommé à cette fonction qu'il a acceptée suivant jugement [75] rendu par le tribunal civil de première instance de.., le.., dûment enregistré et signifié [20].

44   13° *Contenant révocation de précédents pouvoirs.*

45   Par-devant Me.. — Est comparu M..

46   Lequel, en révoquant toutes procurations par lui précédemment données (*ou bien :* en révoquant la procuration par lui précédemment donnée à M.., par acte passé devant Me... notaire à.., le..).

47   A, par ces présentes, fait et constitué pour son mandataire, M....

48   14° *Par un subrogé-tuteur* [163].

49   Par-devant Me.. — Est comparu M..

50   Agissant au nom et comme subrogé-tuteur [163] de (*Noms et prénoms*), enfants mineurs [65] de défunts.., nommé à cette qualité qu'il a acceptée suivant délibération du conseil de famille desdits mineurs, tenu sous la présidence de M. le juge de paix du canton de.., suivant son procès-verbal en date du.., enregistré.

51   15° *Par le syndic d'une faillite* [135].

52   Par-devant Me.. — Est comparu M..

53   Syndic définitif [135] de la faillite du sieur.., nommé à cette fonction qu'il a acceptée suivant jugement rendu par le tribunal de commerce de.., le.., dûment enregistré [42].

54   16° *Par un tuteur datif* [163].

55   Par-devant Me.. — Est comparu M..

56   Agissant au nom et comme tuteur datif [163] de.., enfants mineurs [65] issus du mariage de défunts.. ; nommé à cette fonction qu'il a acceptée suivant délibération du conseil de famille desdits mineurs, prise sous la présidence de M. le juge de paix du canton de.., le.., enregistrée.

57   (*Ou bien :* comme tuteur de.., garçon majeur, interdit [65] par jugement du Tribunal civil de..., en date du..., enregistré, nommé à cette fonction....)

58   17° *Par un tuteur légal* [163].

59   Par-devant Me... — Est comparu M....

60   Au nom et comme tuteur légal de.., ses enfants mineurs [65] issus de son mariage avec..., sa défunte épouse, de laquelle ils sont héritiers [78] chacun pour..., ainsi que le constaté...) V. *sup. alin.* 17.

61   18° *Par un tuteur nommé par le dernier mourant des père et mère.*

62   Par-devant Me.. — Est comparu M..

63   Au nom et comme tuteur [163] de Dlle Edmée Ternoux, enfant mineur [65] issu du mariage de défunts... ; laquelle qualité a été conférée au comparant par..., dernier décédé desdits père et mère, en exécution des art. 397 et 398 du Code civil, suivant déclaration faite par ce dernier devant Me.., notaire à.., le..., enregistrée (*ou :* devant M. le juge de paix de..., le... — *ou bien :* aux termes du testament mystique [152] de ce dernier, présenté à M. le président du tribunal civil de... — V. *sup. alin.* 10 et 20.

64   19° *Par une veuve tutrice* [163] *sous l'assistance et de l'avis du conseil* [163] *qui lui a été nommé par son mari.*

65   Par-devant Me.. — Est comparue mad..

66   Au nom et comme tutrice légale de.., ses enfants mineurs [65] issus de son mariage avec son défunt mari.

67   Ladite dame procédant sous l'assistance et de l'avis de M..., qui lui a été nommé conseil spécial par son dit mari, en exécution de l'art. 391 du Code civil, suivant.... V. *sup. alin.* 63.

68   20° *Par une veuve commune en biens, donataire et tutrice.*

69   Par-devant Me... — Est comparue mad..

70   Agissant 1° En son nom tant à cause de la communauté de biens qui a existé entre elle et son défunt mari, aux termes de leur contrat de mariage [166], passé devant Me.., notaire à... le... (*ou bien :* par la seule force de la loi à défaut de contrat de mariage), dûment enregistré [42], que comme sa donataire [214] de toute la portion disponible (*indiquer si c'est un quart en toute propriété et un quart en usufruit,* — *ou : moitié en usufruit,* — *ou bien : une part d'enfant légitime le moins prenant*); 2° au nom et comme tutrice légale [163] de..., ses enfants mineurs issus de son mariage avec ledit feu sieur..., lesquels sont héritiers [78] sous bénéfice d'inventaire [85] de leur père chacun pour... ainsi que le constaté... V. *sup. alin.* 17.

(A) PROCURATIONS (Formules de) (B).

§ I. Procurations (80) Générales et spéciales :

1° *Pour gérer et administrer.*
2° *Pour des donations et successions.*
3° *Par un mari et une femme pour emprunter, cautionner, hypothéquer, acquérir, échanger et vendre.*
4° *Pour affaires de commerce.*

5° *Pour les rentes, créances, traitements et pensions sur l'Etat et actions sur la banque de France.*
6° *Pour divers actes de famille.*
7° *Pour affaires litigieuses.*

V. les formules de *révocation* et de *substitution de pouvoirs.*

§ II. Procurations spéciales.

Indication alphabétique des matières comprises aux § 1 et 2 :

Acceptat. bénéf. - V. alin. 26. 98.
Acceptation de donation 29. 96.
Acquisitions 12. 48. 59. 99.
Actions de la Banque 12. 72.
Administration de biens 7.
Administration d'aff. de comm. 58.
Affirmation de créances 16. 100.
Aliénation à rente viagère 102.
Antériorité 99.
Antichrèse 46. 106.
Appel 17. 31. 64. 194.
Arbitres 19. 52. 63. 89.
Arrangements 15. 31. 63. 89. 196.
Avoués 19. 52.
Bail emphytéotique 110.
Baptème 190.
Baux 7. 9. 108.
Caution 47. 112.
Cession de biens 113.
Compensation 18.
Composition 17. 31. 64. 89. 195.
Compromis 17. 31. 63. 89. 195.
Comptes 11. 26. 59. 115. 116.
Compte de tutelle 115. 116.
Conciliation 17. 31. 64.
Congés 7.
Conseils de famille 81. 156.
Consignations 15. 27. 64.
Contentieux 17. 31. 64. 82. 89. 101. 143. 145. 196.
Contrainte par corps 64.
Coupes de bois 8. 137.

Créances en commun 27. 51.
Créances sur l'Etat 74.
Curateur 81. 156.
Dation en paiement 12. 121.
Décharges 18. 28.
Déclaration d'hypothèque 166.
Déclaration de succession 26.
Déclaration relative aux hypoth. 45. 47.
Déconfiture 62.
Délégations 15. 31. 44. 45. 51. 60. 123.
Délivrance 192.
Délivrance de legs 127.
Dépôt 26. 169.
Désistement 17. 64.
Dettes 10.
Devis 7.
Distribution de deniers 17. 64.
Donation 29. 50. 125.
Droit d'usage et d'habitation 129.
Echange 50. 133.
Effets de commerce 59.
Elargissement 64.
Elections de domicile 15. 18. 33. 65. 89. 101. 145.
Emplois 12. 42. 61. 169.
Emprunt 41. 151.
Emprunt à la grosse 61.
Ester en jugement 155.
Etats de lieux 7.
Experts 19. 32. 51. 63. 89.
Exploitation de bois 8. 137.

Faillite 16. 62.
Garantie de vente 49. 50.
Hypothèque 12. 41. 47. 140.
Inscription de faux 17. 64. 144.
Inscriptions hypoth. 17. 31.
Intérêts 41. 169.
Intervention 142.
Inventaires 16. 26. 62.
Lecture 34.
Legs 26. 127.
Licitation 27. 51. 52. 146.
Liquidation 14. 27. 51. 74. 148.
Lites (ad) 150.
Mainlevées 18. 64. 152.
Marchés 7. 59.
Mentions 18.
Négociation d'actions 154.
Notifications 27. 48.
Offres réelles 15. 27. 48. 194.
Oppositions 17. 31. 44. 162.
Opposition à mariage 160.
Ordre 17. 31. 48. 64.
Partages 27. 51. 164.
Pensions sur l'Etat 73.
Placements de fonds 12. 168.
Pourvois 17. 31.
Prorogation de délai 13.
Qual. de mandant p. 552. alin. 1. s.
Quittances 18. 26. 28. 63. 171.
Ratification 89. 175.
Récolements 7. 26.
Récoltes 8.
Remise de dette 17. 63. 173.

Remise de titres 18. 48. 63. 192.
Remplacement militaire 177.
Renonciation à success. 26. 182.
Rentes sur l'Etat 12. 71.
Retrait de réméré 184.
Retrait de droits litigieux 186.
Revenus 9. 50.
Révocation 19. 64.
Saisie 17. 51. 44. 64. 101.
Salaire de mandataire 19. 65.
Scellés 16. 26. 52.
Signatures 34.
Significations 15.
Sociétés 15. 58.
Solidarité 41. 48. 49.
Soulte 27. 50. 51.
Subrogations 15. 41. 188.
Subrogé-tuteur 81. 156.
Substitution 19. 55. 63. 75. 89. 146.
Successions 26. 180. 182.
Surenchère 64.
Témoins 34.
titres-nouvels 15. 26. 166.
Traitement sur l'Etat 73.
Tradition 187.
Traité 17. 51. 64. 89. 195.
Transaction 17. 31. 63. 89. 195.
Transfert 71. 72. 197.
Transports 15. 31. 51. 60. 199.
Tutelle 81. 156.
Vente 49. 59. 71. 199.
Vente de mobilier 26.

(A) Avant d'entrer en matière, nous devons avertir le lecteur que pour savoir faire une procuration, il faut se bien graver dans la mémoire les formules parce qu'elles ont cela de particulier, d'enseigner la marche des affaires, tellement que c'est à la manière dont elles sont libellées qu'on reconnait l'homme consommé dans les affaires : sans cela le plus instruit n'éprouvera, à chaque procuration qu'il fera, que fatigues nouvelles et sera toujours exposé à des erreurs, à des omissions, que ne commettrait point un praticien bien moins instruit.

(B) Toutes les formules qui composent le § 1 sont autant de procurations spéciales quoique générales dans leurs termes, mais en les réunissant on aura une procuration générale des plus étendues. Il suffit pour cela de n'avoir point égard aux alinéa qui forment le préambule de chaque formule et de réserver les pouvoirs relatifs au contentieux pour la fin.

Lorsqu'un mari et une femme auront à donner une procuration, la rédaction en sera sans doute facile quand ils donneront l'un et l'autre des pouvoirs tout-à-fait spéciaux et limités, mais il n'en sera pas de même quand le mari aura des pouvoirs illimités à donner, lesquels pouvoirs ne sont point permis à la femme (V. sup. p. 105, notes A et B). Pour surmonter toute difficulté, il y a deux moyens : 1° ou énoncer d'abord les pouvoirs donnés par le mari, ensuite ceux donnés par la femme en se référant aux formules d'autorisations spéciales qui sont sup. p. 106 et suiv.; 2° ou bien faire deux actes séparés dont l'un contiendra les pouvoirs généraux du mari et l'autre les pouvoirs spéciaux de la femme.

§ 1. PROCURATIONS GÉNÉRALES ET SPÉCIALES.

1° (A) PROCURATION pour gérer et administrer [184].

2   Par-devant Me Ovide [1] Boulat (id.), notaire [2] à Martel [1], département de..., soussigné [15].
3   Est comparu M... — V. sup. p. 532, alin. 1 à 70 pour la qualité à mettre ici.
4   Lequel a, par ces présentes, fait et constitué pour son mandataire [80] général et spécial,
5   M. Pierre Pannetrat [5], propriétaire (id.), demeurant (id.) à..., à ce présent et acceptant (B);
6   A qui (C) il donne pouvoir de, pour lui et en son nom :
7   Régir, gérer et administrer [184] tant activement [25] que passivement [26], tous les biens et affaires du constituant, passer, renouveler et résilier tous baux [105], moyennant les prix, charges [58], clauses et conditions [153] que le mandataire jugera convenables, faire tous états de lieux [154] et récolements (id.), faire faire toutes grosses réparations [105] qui seraient urgentes, arrêter tous devis [110] et marchés (id.) à ce sujet, faire faire par les locataires et fermiers les réparations à leur charge, donner ou accepter tous congés [105].
8   Faire toutes coupes ordinaires de bois, ou les vendre [109] sur pied ou coupés, faire aussi toutes récoltes sur tous biens appartenant au constituant ou dont il se sera rendu adjudicataire pour l'exploitation ou la récolte, faire faire lesdites exploitations et coupes dans le temps fixé par la loi ou les conventions, convenir du prix avec les ouvriers, faire faire tous charois aux prix dont il conviendra, vendre le produit desdites coupes et récoltes en gros ou en détail aux prix, charges et conditions que le mandataire jugera convenables, recevoir lesdits prix en principaux et accessoires, en donner quittances et décharges [84].
9   Recevoir [84] tous loyers [105], fermages (id.), redevances (id.), arrérages [49] de rentes, intérêts (id.) de capitaux [136] et autres revenus échus et à échoir, toucher aussi tous capitaux et remboursements de rentes, toutes sommes mobilières et immobilières appartenant au constituant ou qui lui appartiendront par la suite à quelque titre que ce soit.
10   Payer [84] et acquitter toutes sommes qui peuvent et pourront être dues par le constituant en principaux et accessoires.
11   Entendre, débattre, clore et arrêter [184] tous comptes, notamment celui de..., précédent mandataire, en fixer le reliquat, le payer ou recevoir, suivant qu'il y aura lieu, accepter ou donner en paiement [204] tous effets [97], billets (id.) et créances [25].
12   Faire tous emplois [205] et placements des fonds que le mandataire aura reçus, prêter (id.) à tous particuliers, corps ou communautés, par privilége [29] ou hypothèque [30] ou même par simples billets [97] et lettres de change (id.), moyennant tels intérêts [49] et sûretés que le mandataire jugera convenables; acheter toutes inscriptions de rentes sur l'État [197], actions sur la banque de France [28], toutes créances [25] et autres effets publics ou particuliers; acquérir même tous meubles [86] et immeubles [87] par voie d'achat direct ou de déclaration de command [148], obliger le constituant au paiement des prix des dites acquisitions, consentir à ce sujet tous priviléges et hypothèques même sur ses autres biens.
13   Faire et accepter toutes prorogations de délai [77], y stipuler et consentir toutes clauses et conventions.
14   Poursuivre toutes liquidations de créances [197] sur le gouvernement, produire tous titres et pièces, les certifier véritables, faire toutes déclarations et affirmations qui seront requises, retirer toutes ordonnances, inscriptions, bons, mandats [97] et autres effets qui seront donnés en paiement.
15   Défendre et stipuler les droits et intérêts du constituant dans toutes affaires, sociétés [138], entreprises et autres établissements, faire toutes offres réelles [48] et consignations (id.), prendre tous arrangements [203], faire ou accepter toutes délégations [100], cessions ou transports [96], les signifier aux débiteurs ou faire tenir pour signifiés, passer ou accepter tous titres-nouvels [208].
16   En cas de faillite [135], requérir toutes appositions de scellés [196], faire procéder à leur reconnaissance et levée et à tous inventaires [145] et récolements (id.), faire, en procédant, tous dires [51], réquisitions (id.), réserves (id.) et protestations (id.), comparaître à toutes assemblées de créanciers, prendre part à toutes délibérations, signer tous contrats d'union [130], d'atermoiement [131] et concordats [154], nommer tous syndics [135], dépositaires [210], officiers et gardiens [209], poursuivre toutes homologations [137], faire vérifier [135] les créances du constituant, affirmer (id.) qu'elles sont sincères et véritables, et qu'il ne prête son nom ni directement ni indirectement à qui que ce soit, ainsi qu'il l'a présentement affirmé ès-mains du notaire soussigné.

(A) Cette procuration ne pourrait pas être donnée par une femme mariée parce qu'il y a dedans des pouvoirs illimités pour certains actes de propriété. — Pour elle, c'est à la formule donnée sup. p. 103, 104 et 105 qu'il faut se référer en consultant les notes qui sont au bas des pages.

(B) Si le mandataire est présent lorsqu'on lui donne procuration et que cette procuration soit en minute, il est toujours bon de lui faire accepter le mandat : de cette manière il ne peut se soustraire à l'obligation de rendre compte (C. civ. 1993), tandis que s'il est de mauvaise foi et nie avoir fait, reçu ou fait usage de la procuration, le mandant est dans la nécessité de se mettre à la recherche des actes faits par le mandataire afin de lui prouver qu'il en a fait usage. On n'est pas sans exemple que des commettants n'aient pu rentrer dans des créances recouvrées par leurs mandataires auxquels ils avaient remis des procurations en brevet et en blanc.

(C) Ce mot étant des deux genres convient mieux que auquel, surtout lorsque le nom du mandataire étant en blanc on vient le remplir du nom d'une personne du sexe féminin.

17 A défaut de paiement ou en cas de contestations, citer [112] et comparaître, tant en demandant qu'en défendant devant tous juges et bureaux de paix, se concilier [112], traiter [203], et transiger (id.), composer (id.), compromettre [185], plaider, s'opposer [75], appeler [186], se pourvoir en cassation [95] ou par requête civile (id.), prendre communication [21], avec ou sans déplacement de tous titres et pièces, obtenir tous jugements [75], les faire mettre à exécution [194], exercer toutes poursuites [194], contraintes (id.) et diligences (id.) nécessaires, employer même les voies extraordinaires, s'inscrire en faux [228]; faire toutes plaintes [223], suivre sur icelles, s'en désister [175], former toutes oppositions [108], faire toutes saisies (id.), prendre inscriptions [83], suivre toutes expropriations forcées [184], introduire tous ordres [104], provoquer toutes contributions [202] et distributions (id.) de deniers, retirer tous bordereaux de collocation, en toucher le montant, signer tous compromis [185] et transactions [203], faire des remises [133], accorder termes [77] et délais (id.).

18 Remettre [54] ou retirer tous titres et pièces, donner ou recevoir toutes quittances [84] décharges (id.), signer tous (id.) acquits et émargements (id.), consentir toutes compensations [167], mentions [84] et subrogations (id.) avec ou sans garantie, donner toutes mainlevées [149] d'oppositions, saisies et autres empêchements, donner mainlevée (id.) et consentir toute radiation d'inscriptions, se désister [175] de toutes poursuites et contraintes, faire et changer toutes élections de domicile [11], passer et signer [15] tous actes pour les effets ci-dessus.

19 Nommer et constituer tous avocats [199], défenseurs (id.), arbitres [185] et sur-arbitres, experts [195] et tiers-experts, substituer (A) une ou plusieurs personnes (ou bien : M...) en tout ou partie des présents pouvoirs, les révoquer [80], en substituer (id.) d'autres, et généralement faire tous actes de la plus entière administration, quoique non prévus en ces présentes, promettant de les ratifier [208], et s'obligeant d'indemniser le procureur constitué de tous ses frais [80], avances (id.) et déboursés (id.), (si un salaire est promis on ajoute ici : et en outre de lui payer par chaque année de ladite administration, la somme de.... que le mandataire sera autorisé à retenir sur les sommes qu'il recevra.

20 Dont acte, fait et passé à Martel [12] en l'étude (id.), l'an mil huit cent quarante-cinq [13] le vingt mars (id.), en présence de MM... (Noms, prénoms, professions et demeures), témoins instrumentaires [14]; et le comparant a signé [15] avec les témoins et le notaire, après lecture [16].

21 V. Répertoire, note 17. — Forme des actes, note 38. — Enregistrement, notes 56, 18 et 19.

---

22 2o PROCURATION [80] POUR DES DONATIONS [81] ET SUCCESSIONS [88]

23 Par-devant Me BOULAT [1]... — Est comparu M... - V. sup. alin. 2 et 3.

24 Lequel a, par ces présentes, fait et constitué pour son mandataire [80] M... (B).

25 A qui il donne pouvoir de pour lui et en son nom,

26 Recueillir toutes (C) successions [88] échues ou qui pourront (D) échoir par la suite au constituant; recueillir également tous legs [24] universels, à titre universel ou particulier, à lui faits ou qui pourront lui être faits; requérir toutes appositions de scellés [196], ou s'y opposer; faire procéder à la reconnaissance et levée desdits scellés, ainsi qu'à tous inventaires [143] et récolements (id.), faire, en procédant, tous dires [51], réquisitions (id.), réserves (id.) et protestations (id.), nommer tous officiers, gardiens [209] et dépositaires [210]; faire vendre le mobilier [109], demander toute autorisation [211] au tribunal pour y faire procéder sans aucune attribution [34] de qualités; prendre connaissance des forces et charges desdites successions, et communication [21] de tous titres et papiers, notamment des testaments [152] et codicilles (id.), s'il en existe aucun; accepter [62] les successions purement et simplement ou sous bénéfice d'inventaire [83], ou y renoncer [62], faire aux greffes qu'il appartiendra toutes déclarations et affirmations nécessaires; consentir ou contester l'exécution de tous actes de libéralité entre-vifs ou à cause de mort; faire ou accepter la délivrance [24] de tous legs; entendre, débattre, clore et arrêter tous comptes [184], notamment celui de l'officier public qui aura procédé à la vente du mobilier, en toucher [84] ou payer les reliquats, suivant qu'il y aura lieu, recevoir toutes autres sommes mobilières et immobilières tant en capitaux [136] qu'intérêts [49], arrérages (id.), fermages [105] et loyers (id.), échus et à échoir, qui dépendront desdites successions, retirer tous dépôts [210], passer et accepter tous titres nouvels [208]; faire toutes déclarations [192] de successions, acquitter tous droits de mutation (id.).

(A) Quand le mandataire a pouvoir de substituer telle personne, il n'est nullement responsable de la solvabilité du substitué; mais quand il a pouvoir de substituer toute personne, il est responsable de la solvabilité actuelle de celui qu'il s'est substitué. Ce dernier pouvoir pouvant mettre en erreur le mandataire qui croit être tout-à-fait débarrassé du mandat quand il a substitué, nous pensons qu'en général il est mieux de ne point l'insérer; et alors si le mandataire veut donner pouvoir à un autre il le pourra, mais il n'ignorera point que le faisant de son chef et sans pouvoir spécial il sera responsable. — V. note 80 n. 98-1o et sup. alin. 22 et 23.

(B) Le nom du mandataire ne peut être laissé en blanc parce que la procuration doit être en minute à cause des pouvoirs relatifs aux donations. — V. sup. alin. 5 et la note 81.

(C) Quand les pouvoirs ne sont relatifs qu'à une succession, c'est la formule d'autorisation donnée sup. p. 123 qu'il faut suivre. — Il en est de même quand la procuration est donnée par une femme mariée, parce que le pouvoir est illimité. — V. sup. p. 103, note A.

(D) Ce pouvoir est licite (Pothier, tr. des success., ch. 3, sect. 3, art. 1, § 2).

68

²⁷ Procéder à toutes liquidations [143] et partages (*id.*), composer les masses (*id.*), laisser tous objets en commun [207], former les lots [140], les tirer au sort (*id.*), accepter ceux qui écherront au constituant, payer [84] ou recevoir toute soulte, faire ou accepter tous abandonnements [140] et délaissements (*id.*) nécessaires, donner pouvoir [80] à l'un des héritiers ou à tous autres que les héritiers choisiront de suivre le recouvrement [84] des créances laissées en commun; poursuivre toutes licitations [207] ou y défendre, faire faire toutes visites et estimations préalables, enchérir lors des licitations et se rendre adjudicataire [109], faire faire toutes transcriptions [111], notifications [28 et 147], offres [48] et consignations (*id.*).

²⁸ De toutes sommes reçues ou payées, donner ou retirer toutes quittances [84] et décharges (*id.*) valables, signer tous acquits [84] et émargements (*id.*), consentir toutes mentions [84] et subrogations (*id.*) sans garantie.

²⁹ Faire donation [81] entre-vifs à un ou plusieurs des enfants du constituant par contrat de mariage, partage anticipé ou autrement, soit purement et simplement, soit par préciput [146], de tout ou partie des biens du constituant qui lui proviendront (A) desdites successions, et ce sous les charges, clauses et conditions que le mandataire jugera convenables.

³⁰ Accepter [10] toutes donations entre-vifs qui peuvent et pourront (A) être faites au constituant ou à ses enfants mineurs, par quelque personne que ce soit, à titre gratuit ou onéreux, obliger le constituant à l'exécution des charges et conditions desdites donations; faire faire toutes transcriptions [111], remplir les formalités nécessaires pour la purge [156] des hypothèques.

³¹ A défaut de paiement de la part de tous débiteurs, ou en cas de contestations avec les cohéritiers du constituant ou tous autres, au sujet des affaires de ce dernier, citer [112] et comparaître, tant en demandant qu'en défendant devant tous juges et bureaux de paix et de conciliation, se concilier (*id.*), traiter [203] et composer (*id.*), si faire se peut, sinon plaider, s'opposer [75], appeler [186], se pourvoir [97] en cassation ou par voie de requête civile, former toutes demandes, obtenir tous jugements [75], les faire mettre à exécution [194] par toutes voies de droit, exercer toutes poursuites (*id.*), contraintes (*id.*) et diligences (*id.*) nécessaires, former toutes oppositions [108] et saisies (*id.*), prendre inscriptions [85], poursuivre toutes expropriations forcées [194], provoquer tous ordres [104] et distributions (*id.*) de deniers, retirer tous bordereaux de collocation, en toucher [84] le montant, prendre tous arrangements [203], transiger (*id.*), faire ou accepter par suite toutes délégations [100], cessions ou transports [96], signer tous compromis [183].

³² Nommer et constituer tous avoués [199], avocats (*id.*) ou défenseurs (*id.*), arbitres [183] et sur-arbitres, experts [195] et tiers-experts, les révoquer, en nommer d'autres.

³³ Aux effets ci-dessus passer et signer tous actes, élire domicile [11], substituer (B) une ou plusieurs personnes en tout ou partie des présents pouvoirs, et généralement faire tout ce qui sera dans l'intérêt du constituant, relativement aux pouvoirs contenus en ces présentes.

³⁴ Dont acte, fait et passé à Martel [12] en l'étude (*id.*), l'an mil huit cent quarante-cinq [13] le vingt mars (*id.*), en présence de MM.... (*Noms, prénoms, professions et demeures*), témoins instrumentaires [14]; et le comparant a signé [15] avec les témoins et le notaire, après lecture [16]; les deux témoins sus-nommés étaient réellement présents au moment de la lecture par le notaire et de la signature par la partie. — V. *sup.* p. 439, alin. 1 à 11.

³⁵ V. *Forme des actes*, note 58. — *Minute*, note 59. — *Enregistrement*, notes 56, 18 et 19.

---

³⁶ 3° PROCURATION PAR UN MARI ET SA FEMME,

POUR EMPRUNTER, CAUTIONNER, HYPOTHÉQUER, ACQUÉRIR, ÉCHANGER ET VENDRE.

³⁷ Par-devant Mᵉ Ovide [1] BOULAT (*id.*), notaire [2] à Martel [1], département de.., soussigné [15].

³⁸ Sont comparus M. David [3] MERCIER (*id.*), marchand épicier (*id.*), et la dame Anaïs DEPAULE, son épouse, de lui autorisée [68] à l'effet des présentes, demeurant [5] ensemble à....

³⁹ Lesquels ont, par ces présentes, fait et constitué pour leur mandataire [80] spécial M... (C).

⁴⁰ A qui ils donnent pouvoir de, pour eux et en leurs noms,

⁴¹ Emprunter [203] de telles personnes, pour le temps et au taux d'intérêts [49] que le mandataire jugera convenables, jusqu'à concurrence de la somme de dix mille francs, obliger les constituants solidairement [106] entre eux (D) au paiement tant de la somme prêtée que des intérêts, frais et autres accessoires [103], affecter et hypothéquer [50] spécialement tous les biens immeubles [87], consistant en bâtiments, terres labourables, bois, prés et vignes (*Ou bien : désigner un à un tous les immeubles*), qui leur appartiennent (E); subroger [50] les prêteurs dans l'effet de

---

(A) Le pouvoir de faire donation de tous ses biens propres est valable, mais il en est autrement s'il s'agit des immeubles ou du mobilier d'une communauté (C. civ 1422). — Quant au pouvoir d'accepter toutes donations il est valable aussi (C. civ. 935.

(B) V. la note A au bas de la page qui précède.

(C) V. *sup.* la note B. au bas de la page 536.

(D) *Quand la femme limite son engagement on ajoute ici* : pourvu toutefois que l'engagement de la dame MERCIER demeure limité à *tel* immeuble ci-après hypothéqué à elle appartenant.— V. *sup. la formule d'obligation* p. 498 alin. 71.

(E) *Ou bien* : qui appartiennent au mari, et *tel* immeuble appartenant à la dame MERCIER.

l'hypothèque légale de la dame MERCIER contre son mari, jusqu'à due concurrence et par préférence [102] à elle-même.

41 *Lorsque la somme à emprunter est destinée à payer une dette, on met ici :* déclarer que cette somme est destinée à être employée [84] au paiement de tout (*ou :* de partie) du montant de l'obligation (*ou :* du prix de l'acquisition) que les constituants doivent solidairement à ... suivant acte (*ou :* suivant contrat) passé devant Me..., notaire à..., le..., dûment enregistré [42] ; promettre d'effectuer incessamment cet emploi, le réaliser, faire la déclaration d'origine des deniers, subroger [84] les prêteurs dans tous les droits et hypothèques du créancier remboursé , retirer toutes quittances (*id.*) et pièces, en donner décharges, faire opérer toute subrogation [114] sur les registres des inscriptions.

42 Déclarer, sous les peines de droit [51], que les biens hypothéqués ne sont grevés que de... (*désigner ici les hypothèques légales, conventionnelles et judiciaires*).

43 Pour plus de sûreté du paiement en principal et accessoire de la somme à emprunter, déléguer [100] aux prêteurs, à titre de garantie, la somme de..., produisant intérêts [49] à cinq pour cent par an, qui est due aux constituants par le sieur..., et est exigible [77] le..., suivant acte passé devant Me.., notaire à.. , le...; avec déclaration qu'il n'existe entre les mains du débiteur ni saisie-arrêt [108], ni opposition (*id.*); ladite somme garantie par une hypothèque inscrite au bureau des hypothèques de..., le.., vol..., no... — V. *les formules de* GARANTIE *et* D'OBLIGATION AVEC GARANTIE.

44 Déléguer [100], pour plus de sûreté des intérêts [49] de la somme à emprunter, les loyers [105] (*ou :* les fermages) de *tels* biens.

45 Pour plus de sûreté, remettre en antichrèse [180] *tel* immeuble, et en abandonner la jouissance , à ce titre, aux prêteurs, jusqu'à parfait paiement du principal et des intérêts. — V. *les formules d'*ANTICHRÈSE *et d'*OBLIGATION AVEC GAGE.

46 Rendre les constituants cautions [52] purs et simples sans renonciation de leur part au bénéfice de division et de discussion (*ou bien :* solidaires sous toutes renonciations au bénéfice de division et de discussion), pour M. Ernest MERCIER, leur fils, élève en pharmacie demeurant à.., envers M. Ovide GENTA, à raison du paiement de la somme de.. et de ses intérêts [49], qui lui est due par leur fils pour (*indiquer ici la cause*), hypothéquer [50] à la sûreté de ce cautionnement *tels* immeubles, déclarer [51] qu'ils sont libres de toute hypothèque légale, conventionnelle et judiciaire (*ou bien :* qu'ils ne sont grevés que de... (*désigner ici les hypothèques*).

47 Acquérir [109] deM.., aux prix, charges [58], clauses et conditions [153] que le mandataire jugera convenables (*on ajoute quelquefois :* pourvu que le prix et les charges n'excèdent pas la somme de...), une ferme [7] et ses dépendances [71] situées [141] à..., obliger les constituants solidairement [49] entre eux au paiement du prix et des intérêts [49] et à l'exécution de toutes les autres charges de la vente, se faire remettre [54] tous titres de propriété et pièces y relatives, en donner décharges [84], remplir les formalités de transcription [111] et de purge légale [156], retirer tous états [111] d'inscriptions, faire toutes notifications [28 et 147], dénonciations [122] et offres [48] de remboursement, provoquer tous ordres [104], payer les créanciers colloqués, ou consigner [48], former toutes demandes en mainlevée [149] et radiation d'inscriptions.

48 Vendre [109] à telle personne, par telle voie, et aux prix, charges [58], clauses [153] et conditions (*id.*) que le mandataire jugera convenables, tous les biens immeubles [86] situés [141] sur la commune de..., appartenant au constituant (B), (*on ajoute quelquefois :* pourvu que le prix ne soit pas inférieur à la somme de...), obliger les constituants à toute garantie même solidaire (C), fixer l'époque d'entrée en jouissance, convenir du mode et de l'époque des paiements du prix avec ou sans intérêts, recevoir [84] le prix, en donner quittances (*id.*), consentir toutes mentions (*id.*) et subrogations (*id.*) avec ou sans garantie, soumettre les constituants à l'obligation solidaire (D) de rapporter [149] certificats de radiation des inscriptions, remettre tous titres et pièces, ou promettre de les remettre, requérir toutes inscriptions d'office,

49 Faire tous échanges [204] des biens qui appartiennent ou appartiendront au constituant, et ce, sous les charges, [58], clauses et conditions [153] que le mandataire jugera convenables, fixer les époques d'entrée en jouissance, obliger les constituants à toute garantie même solidaire (C), établir l'origine de la propriété des biens échangés, évaluer le revenu desdits biens, fixer toutes soultes et les délais pour en effectuer le paiement avec ou sans intérêts, payer ou recevoir le montant desdites soultes en principaux [156] et intérêts [49], en donner ou retirer quittances, consentir toutes mentions [84] et subrogations (*id.*) sans garantie.

(A) *Si la procuration ne concernait point une femme mariée* (V. sup. p. 555, alin. 14) *on pourrait dire ici :*

Acquérir de telles personnes, par telles voies, et aux prix, charges et conditions que le mandataire jugera convenables, tels immeubles que bon semblera à ce dernier, payer tout ou partie du prix comptant, obliger le constituant au paiement de ce qui restera dû, convenir du taux des intérêts, fixer tous termes et délais, consentir au privilège sur les immeubles acquis, et même hypothèque sur tous autres, retirer tous titres de propriété et pièces y relatives, passer tous contrats d'acquisition, surenchérir , se rendre adjudicataire, accepter toutes déclarations de command.

(B) *S'il s'agissait aussi de biens appartenant à la femme, il faudrait dire ici :* et tels biens (*les désigner un à un*) situés sur la même commune appartenant à la constituante.

(C) *Quand l'intervention de la femme à une vente faite par son mari n'est exigée que pour préserver l'acquéreur de l'effet de son hypothèque légale, on met ici :* laquelle garantie ne s'étendra toutefois, à l'égard de la femme, qu'aux troubles et évictions provenant d'elle ou de toute personne subrogée à ses droits — V. *sup.* p. 43, *note A.*

(D) Dans le cas expliqué dans la note qui précède, on supprime le mot *solidaire*, et on dit : *soumettre le constituant seul à l'obligation de..*

⁵¹ Procéder à toutes liquidations [143] et partages (*id.*) de biens et droits indivis [207] entre le constituant et tous autres, soit à l'amiable soit en justice ; nommer tous experts [195] pour les estimations, composer les masses [140], former les lots (*id.*), les tirer au sort (*id.*) ou en consentir à l'amiable l'attribution ; fixer toutes soultes, les recevoir ou payer, faire et accepter toutes délégations [100], cessions ou transports [96] ; laisser tous objets en commun [207], donner ou accepter tous pouvoirs [80] pour les administrer ou pour en poursuivre le recouvrement, les liciter [207], en toucher le prix pour la part du constituant.

⁵² Procéder à la licitation [207] des biens immeubles indivis entre la constituante et M. Adolphe Depaule, son frère, soit à l'amiable soit en justice, et ce. aux prix, charges [38] et conditions [185] que le mandataire jugera convenables, toucher la portion à elle revenant dans le prix de cette licitation, en donner quittance, ou bien se rendre acquéreur de tout ou partie des biens à liciter moyennant le prix et sous les charges et conditions que le mandataire jugera convenables, payer la portion revenant au colicitant en principal et intérêts [49] dans le prix de ladite licitation, en retirer quittance [84].

⁵³ A défaut de paiement de la part de tous débiteurs des constituants, ou bien en cas de contestation avec tous autres dans l'exécution des présents pouvoirs, citer [112] et comparaître... — *V. sup. alin.* 31 *et suiv.*

⁵⁴ Dont acte, fait et passé à... — *V. sup. alin.* 20 et 21.

⁵⁵   4° PROCURATION [80] pour affaires de commerce [118].

⁵⁶ Par-devant M°... — Est comparu M... - *V. sup. alin.* 34. — Lequel a , par ces présentes , fait et constitué pour son mandataire général et spécial M...

⁵⁷ A qui il donne pouvoir de, pour lui et en son nom :

⁵⁸ Régir et gérer [184] toutes les affaires de banque et de commerce du constituant, et même s'intéresser dans toute entreprises et établissements, contracter et dissoudre toutes sociétés [138], prendre toutes actions [28], recevoir [84] de qui il appartiendra toutes sommes qui sont et seront dues au constituant, tant en capitaux [156] qu'en intérêts [49] et revenus (*id.*) échus et à échoir, par billets [97], lettres de change (*id.*), comptes courants, obligations, jugements [75], marchés [110], contrats et à quelqu'autre titre que ce soit.

⁵⁹ Entendre, débattre, clore et arrêter tous comptes [184], tirer ou accepter toutes traites et lettres de change [97], souscrire tous billets à ordre (*id.*) et autres engagements , endosser (*id.*) tous effets, délivrer tous bons sur la banque de France [28] et autres caisses dans lesquelles le constituant aurait des fonds, acquérir [109] et vendre (*id.*) toutes marchandises et tous effets publics et particuliers, en payer ou recevoir le prix, conclure tous marchés [110], se charger de toutes commissions, les remplir et exécuter, retirer de la poste et de toutes messageries et diligences toutes lettres, paquets, malles, ballots et caisses qui seront adressés au constituant, signer la correspondance.

⁶⁰ Stipuler, défendre et exercer tous les droits [27] et intérêts du constituant dans ses affaires de banque et de commerce, faire ou accepter toutes délégations [100], cessions ou transports [96], avec ou sans garantie.

⁶¹ Emprunter [205] à la grosse en tels lieux et de telles personnes que le mandataire jugera convenables, jusqu'à concurrence de la somme de vingt mille francs, fixer le taux du profit maritime (*on ajoute quelquefois* : pourvu qu'il n'excède pas vingt-cinq pour cent en temps de paix et cinquante pour cent en temps de guerre) ; affecter pour sûreté du remboursement de ladite somme et de l'acquit du profit maritime les corps et quille du navire ; stipuler que cette somme et le profit ne seront exigibles que deux mois après le retour du navire en la rade de... ; déterminer les autres conditions de l'emprunt ; fixer même une époque où le retour du navire sera considéré comme ayant eu lieu ; faire l'emploi de la somme à emprunter ;

⁶² En cas de faillite [135] ou déconfiture (*id.*) d'aucun débiteur, requérir toutes appositions, reconnaissances et levées de scellés [196], procéder à tous inventaires [145] et récolements (*id.*) ..... — *V. sup. alin.* 16.

⁶³ Prendre tous arrangements [205] avec toutes personnes ayant des intérêts à discuter avec le constituant, faire toutes remises [133], accorder termes [77] et délais (*id.*), transiger [203], compromettre [185], nommer tous arbitres [185] et sur-arbitres, experts [195] et tiers-experts, remettre [54] ou retirer tous titres et pièces, donner quittances [84] et décharges (*id.*), signer tous acquits (*id.*) et émargements (*id.*), consentir toutes mentions (*id.*) et subrogations (*id.*).

⁶⁴ Pour toutes les affaires ci-dessus, citer [112] et comparaître devant tous juges et bureaux de paix et de conciliation, se concilier (*id.*), traiter [203] et composer (*id.*) ; à défaut de conciliation, citer [20] et comparaître devant tous autres juges et tribunaux, constituer tous avoués [199], avocats (*id.*) et défenseurs (*id.*), les révoquer, en constituer d'autres, plaider, s'opposer [75], appeler [186] se pourvoir en cassation [95] ou par requête civile (*id.*), former toutes demandes, obtenir jugements et arrêts [75], les faire mettre à exécution [194], exercer toutes poursuites (*id.*), contraintes (*id.*) et diligences nécessaires, même la contrainte par corps [31], poursuivre même par les voies criminelles et autres extraordinaires, former toutes plaintes [223], s'inscrire en faux [228], former toutes oppositions [108] et saisies-arrêts (*id.*), faire toutes saisies-exécutions (*id.*) et ventes, prendre inscriptions [85], consigner des aliments [51], donner tous désistements [175] et mainlevées [149], consentir toutes radiations et tous élargissements [149], suivre toutes expropriations forcées, surenchérir [149], provoquer tous ordres [204] et distributions (*id.*) de deniers, retirer tous bordereaux de collocation, en toucher le montant.

⁶⁵ Aux effets ci-dessus passer et signer tous actes, faire et changer toutes élections de domicile [11 et 20], substituer

[86] une ou plusieurs personnes en tout ou partie des présents pouvoirs, les révoquer, en substituer d'autres, et généralement faire pour l'intérêt du constituant, relativement à ses affaires de banque et de commerce tout ce que le mandataire jugera convenable, promettant le ratifier [208], s'il est besoin, et s'obligeant de l'indemniser [80] de tous ses frais, avances et déboursés, et même de lui payer (id.) pour ses peines, démarches et soins, la somme de douze cents francs par an à compter d'aujourd'hui.

66 Dont acte, fait et passé à..., en l'étude [12], l'an...— V. sup. alin. 20 et 21.

---

67   5° PROCURATION [80] POUR LES RENTES, CRÉANCES, TRAITEMENTS, PENSIONS SUR L'ÉTAT
ET POUR LES ACTIONS SUR LA BANQUE DE FRANCE.

68   Par-devant Me... — Est comparu M...
69   Lequel a, par ces présentes, fait et constitué pour son mandataire général et spécial M...
70   A qui il donne pouvoir de, pour lui et en son nom,
71   Recevoir de tous trésoriers, caissiers et payeurs qu'il appartiendra, les arrérages [49] échus et à échoir de toutes rentes [197] perpétuelles ou viagères inscrites au grand-livre de la dette publique, sous le nom du constituant, et qui lui sont et seront dûs par l'Etat; vendre et transférer [197] les inscriptions de rentes perpétuelles ou cours de la bourse, commettre à cet effet tous agents de change, signer tous transferts, en recevoir le prix, en donner quittances [84] et décharges, signer et émarger tous registres, faire toutes déclarations et affirmations qu'il appartiendra.
72   Toucher aussi de tous caissiers et payeurs qu'il appartiendra les dividendes échus et à échoir des actions [28] de la banque de France appartenant au constituant et inscrites à son nom sur le registre; recevoir aussi toutes réserves et répartitions. Transférer [28] à qui bon semblera au mandataire ces mêmes actions, ainsi que celles qui pourront appartenir par la suite au constituant; faire ces transferts au cours de la bourse les plus avantageux, et par le ministère des agents de change que le mandataire choisira; fixer les époques des jouissances, recevoir le prix de ces transferts.
73   Toucher et recevoir aussi de tous payeurs, caissiers, trésoriers et autres qu'il appartiendra, les arrérages échus et à échoir de tous traitements [197] et pensions (id.) sur l'Etat qui peuvent et pourront être accordés au constituant pour quelque cause et sur quelque caisse que ce soit; produire et remettre tous titres, pièces et certificats de vie [225]; faire toutes déclarations et affirmations; donner toutes quittances [84] et décharges; signer et émarger tous registres et feuilles de paiement.
74   Poursuivre toutes liquidations de créances [197] dues au constituant par le gouvernement; se présenter à tous bureaux, ministères, directions, commissions de liquidation, au trésor royal, et partout où besoin sera; faire toutes demandes, pétitions et réclamations; produire tous titres et pièces, les certifier véritables; faire toutes déclarations et affirmations, retirer tous bons, mandats, lettres d'avis et ordonnances de paiement, au nom du constituant; en recevoir le montant en numéraire ou en reconnaissances de liquidation, inscriptions, promesses d'inscriptions ou autres valeurs. Vendre [96], céder (id.) et transférer [197] lesdites valeurs et inscriptions, ou même lesdites créances telles qu'elles existent actuellement et sans attendre leur liquidation, à telles personnes, au cours et pour le prix que le mandataire jugera convenables; toucher le prix desdits transferts ou cessions, en donner quittances [84].
75   Aux effets ci-dessus, passer et signer tous actes, substituer [80] une ou plusieurs personnes en tout ou partie des présents pouvoirs, les révoquer, en substituer d'autres, et généralement faire tout ce que le mandataire jugera convenable pour l'exécution des présents pouvoirs.
76   Dont acte, fait et passé à..., en l'étude... — V. sup. alin. 20 et 21.

---

77   6° PROCURATION [80] POUR DIVERS ACTES DE FAMILLE.

78   Pardevant Me... — Est comparu M... — V. sup. p. 534, alin. 48 à 70.
79   Lequel a, par ces présentes, fait et constitué pour son mandataire général et spécial M...
80   A qui il donne pouvoir de, pour lui et en son nom,
81   Représenter le constituant à tous conseils de famille [163] qui seront convoqués pour la nomination de tuteurs (id.), subrogés-tuteurs (id.) et curateurs [66] à des parents, mineurs [65] ou interdits (id.) dudit constituant; conférer ces qualités à ceux qu'il plaira au mandataire de désigner; accepter celles desdites fonctions qui seront conférées au constituant, les remplir pour ce dernier dans toute leur plénitude; prêter préalablement tous serments requis; provoquer ou s'opposer à toutes destitutions; faire valoir, admettre ou rejeter toutes excuses et dispenses; demander, donner ou refuser toutes autorisations.
82   Aux effets ci-dessus, présenter toutes requêtes, donner toutes citations [112], faire tous dires [51] et réquisitions (id.), et protestations (id.), passer et signer tous actes et procès-verbaux, et généralement faire tout ce que les circonstances exigeront, le constituant promettant l'avouer.
83   Dont acte, fait et passé à..., en l'étude... — V. sup. 20 et 21.

84 **7° PROCURATION [80] POUR AFFAIRES LITIGIEUSES [27 et 109].**

85 Par-devant M⁰...—Est comparu M... - *V. sup.*p. 532, *alin.* 1 à 70.

86 Lequel a par ces présentes, fait et constitué pour son mandataire général et spécial M...

87 A qui il donne pouvoir de, pour lui et en son nom,

88 Suivre, tant en demandant qu'en défendant, sur toutes les instances introduites ou à introduire en justice au nom du constituant, contre toutes personnes et pour quelque cause que ce soit, intervenir même en toutes instances dans lesquelles ledit constituant aurait intérêt, fournir toutes défenses, déduire tous moyens d'intervention, écrire, produire, contredire, plaider, opposer, demander à faire toutes preuves, enquêtes et contre-enquêtes, ou s'y opposer, reprocher tous témoins, récuser tous juges, interroger sur faits et articles, faire les poursuites nécessaires jusqu'à jugements et arrêts définitifs.

89 Traiter [203] et transiger (*id.*), composer (*id.*), compromettre [185] et faire tous accords et arrangements [203] sur tous procès que le constituant a et pourra avoir avec toutes personnes, convenir d'experts [195], constituer et nommer arbitres [185] pour juger et terminer à l'amiable les procès qui seront alors nés ou sur le point de naître, produire et contredire [51], le tout ainsi que le mandataire jugera convenable, recevoir, payer ou promettre de payer, s'il y échet, les sommes dont on sera convenu ; passer à cet effet tous contrats, transactions, promesses, quittances, remises et autres actes que besoin sera, et à leur exécution ainsi que de tout ce qui sera fait obliger le constituant, faire toutes sommations [119], offres [48], poursuites et autres actes judiciaires ou extrajudiciaires qui seront requis, promettre de faire ratifier [208] par le constituant tout ce qui sera fait ; élire domicile [11], substituer [80], et généralement faire au sujet de ce que dessus tout ce qui sera utile et nécessaire.

90 Dont acte, fait et passé à... en l'étude....— V. *sup.* alin. 20 à 21.

§ II. PROCURATIONS [80] SPÉCIALES.

92 PAR-DEVANT M⁰ David [1] VALLÉE (*id.*), notaire [2] à Bois-Fourchu [1], département de..., soussigné [15].

93 Est comparu M.... — V. *sup.* p. 532, *alin.* 1 à 70.

94 Lequel a, par ces présentes, fait et constitué pour son mandataire [80] spécial M...

95 A qui il donne pouvoir de, pour lui et en son nom,

96 1° *Pouvoir d'accepter* [10] *une donation* [81].

97 Prendre communication [21] d'un acte passé devant M⁰... notaire à..., le..., dûment enregistré, contenant donation [81] par... au comparant. de..., à la charge de... ; accepter formellement et expressément ladite donation, et s'obliger à l'exécution de toutes les charges [58] et conditions [155] insérées audit acte de donation. — V. *sup.* les formules d'ACCEPTATION DE DONATION *et de* LECTURE (mention de).

98 2° *Pouvoir d'accepter une succession sous bénéfice d'inventaire* [85].
V. sup. la formule *d'autorisation d'accepter une succession sous bénéfice d'inventaire*, p. 107, alin. 4.

99 3° *Pouvoir d'acquérir* [109]. — V. sup. *alin.* 48.

100 4° *Pouvoir d'affirmer en conséquence d'une opposition ou saisie-arrêt.*

101 Se présenter au greffe du tribunal civil de..., par suite de l'assignation à lui donnée à la requête du sieur Amé par exploit [20] de. . huissier à... en date du..., et y déclarer et affirmer [108] pour le constituant, ainsi qu'il l'a présentement affirmé en présence du notaire soussigné, qu'au jour de la saisie-arrêt faite en ses mains à la requête de M. Amé sur M. Bin, il ne devait [26] et ne doit encore à présent aucune chose à ce dernier, ainsi (A) qu'il résulte de.... (*énoncer ici l'acte d'où résulte la libération, s'il y en a un*). — *Ou bien* : qu'il ne doit à M. Bin que la somme de.... pour.., (*exprimer ici la cause de la dette et énoncer le titre s'il y en a un*), et qu'il n'existe entre ses mains sur ledit sieur Bin, aucune saisie-arrêt ou opposition ; — *Ou bien encore* : qu'il devait originairement au sieur Bin, la somme de... pour..... suivant *tel titre*; mais que sur cette somme il lui a payé à-compte celle de..., suivant *telle quittance*, au moyen de quoi il ne lui doit plus pour toutes choses que la somme de..., plus les intérêts [49] de cette somme à compter du.... sur le pied de.... pour cent par année sans retenue; qu'il n'existe entre les mains du constituant aucune autre saisie-arrêt [108] que celle formée à la requête du... sur ledit sieur Bin , par exploit de... en date du...; déclarer qu'il est prêt et offre de payer à qui par justice sera ordonné la somme qu'il reconnaît devoir , en le faisant toutefois dire et ordonner avec ledit sieur Bin ; faire , au sujet de cette assignation, toutes procédures et diligences nécessaires, se concilier [112] , plaider, s'opposer [75] , appeler [186] , faire , dire et requérir ce qu'il appartiendra , élire domicile [11], constituer tous avoués [199] et avocats, les révoquer, en nommer d'autres.

102 5° *Pouvoir d'aliéner* [109] *à rente viagère.*

103 V. sup la formule *d'autorisation d'aliéner à rente viagère*, p. 107, alin. 4 *et suiv.*

104 6° *Pouvoir de consentir une antériorité* [102].

105 V. sup. la formule *d'autorisation de consentir une antériorité* p. 108, alin. 4 et 5.

(A) Lorsque la quittance n'est point enregistrée (ce qui n'empêche pas qu'elle ne soit aussi valable que si elle l'était, sauf le cas de fraude. — V. note 6 n. 9 et note 84 n. 55), on dit alors : *Ainsi que cela résulte de titres et pièces qu'il s'oblige à représenter au besoin.*

106   7° *Pouvoir de donner des biens en antichrèse* [180]
107   V. sup. la formule d'*autorisation de donner des biens en antichrèse*, p. 108, alin. 4, 5 et 6.

108   8° *Pouvoir de passer bail* [103].

109   Passer bail à ferme (*ou*: à loyer) à M.. pour trois, six ou neuf années (*ou*: pour neuf années) ou récoltes, d'une ferme (*ou* : d'une maison) située à..., appartenant au constituant, moyennant la somme de six cents francs de fermage (*ou* : loyer) annuel, et sous telles autres charges [58], clauses et conditions [153] que le mandataire jugera convenables, faire faire tous états de lieux, et même tous arpentages [123] des terres, s'il est nécessaire, passer et signer à ce sujet tous actes, élire domicile [11]

110   9° *Pouvoir de passer bail emphytéotique* [105].
111   V. sup. la formule d'*autorisation de faire bail emphytéotique* p. 109, alin. 4 et 5.

112   10° *Pouvoir de se rendre caution* [52]. — *V. sup.* alin. 47.

113   11° *Pouvoir d'accepter une cession de biens* [129].
114   V. sup. la formule d'*autorisation à l'effet d'accepter une cession de biens*, p. 110, alin. 4, 5 et 6.

115   12° *Pouvoir de demander compte* [163].

116   Demander compte à M... de la gestion et administration qu'il a eue des biens du constituant, comme ayant été son tuteur légal [163], prendre communication [21] de toutes les pièces justificatives de ce compte, en donner récépissé, les examiner et vérifier, admettre ou contester tous articles de dépenses ou reprises, fixer les recettes, allouer les reprises et dépenses, et arrêter le compte comme le mandataire le jugera convenable, recevoir le reliquat, accorder tous termes [77] et délais, retirer tous titres et pièces, donner toutes quittances et décharges.
117   En cas de refus de rendre compte ou à défaut de paiement, ou bien, s'il y a toute autre contestation, citer [112] et comparaître... — V. *sup.* alin. 17, 18 et 19.

118   13° *Pouvoir de rendre compte* [163].

119   Rendre compte à M... ou à tous autres qu'il appartiendra, de la gestion et administration que le constituant a eue des biens du sieur... alors mineur [63], comme ayant été son tuteur, représenter et remettre à l'oyant toutes pièces justificatives, en retirer récépissé, fixer les recettes, reprises et dépenses, soutenir tous débats, arrêter le reliquat dudit compte, le payer, convenir de tous termes et délais, faire tous traités [205] et arrangements (*id.*) à ce sujet.
120   En cas de contestation, citer [112] et comparaître... V. *sup.* alin. 17, 18 et 19.

121   14° *Pouvoir de faire une dation en paiement* [201].
122   V. sup. la formule d'*autorisation de faire une dation en paiement*, p. 111, alin. 4, 5 et 6.

123   15° *Pouvoir de déléguer* [100] *une créance.*
124   V. sup. la formule d'*autorisation de consentir une délégation*, p. 112, alin. 4, 5 et 6.

125   16° *Pouvoir de faire une donation* [81].
126   V. la formule d'*autorisation de faire donation*, celles de *donations* et celles de *partages anticipés*, et sup. alin. 29 et 30.

127   17° *Pouvoir de demander l'exécution d'un testament* [152] *et la délivrance d'un legs* [24].

128   Former contre les héritiers de Jean Bin, ou contre tous autres qu'il appartiendra, la demande de l'exécution du testament dudit feu sieur Bin, reçu par Me..., notaire à..., le..., dûment enregistré (*ou* : du testament olographe ; *ou bien* : du testament mystique dudit sieur Bin, en date du.., enregistré [42] à... le... (V. *sup.* alin. 10), en ce qui concerne le legs fait au constituant, former la demande en délivrance dudit legs, citer [112] et comparaître à cet effet devant tous juges et bureaux de paix et de conciliation... — V. *sup.* alin. 31, 32 et 33.

129   18° *Pouvoir de concéder un droit d'usage et d'habitation* [193].
130   V. sup. la formule d'*autorisation de concéder un droit d'usage et d'habitation* p. 110, alin. 4 et 5.

131   19° *Pouvoir d'emprunter* [203] *avec ou sans hypothèque* [30].
132   V. sup. la formule d'*autorisation d'emprunter* p. 114, alin. 4, 5, 6, 7 et 8, et sup. alin. 41 et suiv., 61

133   20° *Pouvoir d'échanger* [204].
134   V. *sup.* la formule d'*autorisation d'échanger*, p. 113, alin. 4, 5, 6 et 7.

135   21° *Pouvoir d'ester en jugement* [206].
136   V. sup. la formule d'*autorisation d'ester en jugement*, p. 115, alin. 4, 5, 6 et 7.

137   22° *Pouvoir de faire une exploitation de bois* [109].

138   Faire l'exploitation de cinquante hectares [91] de bois, faisant partie de la forêt de... située sur la commune de... appartenant au constituant, de la coupe desquels bois le constituant s'est rendu adjudicataire pour tout ce qui est à exploiter présentement, faire couper et façonner ladite quantité de bois dans le temps fixé par la loi ou la convention, convenir du prix avec les ouvriers, faire charroyer les bois coupés, convenir du prix avec les voituriers, payer ce qui sera convenu, en retirer quittances et décharges, vendre lesdits bois en gros ou en détail, à une ou plusieurs personnes, aux prix, charges [58], clauses et conditions [153] que le mandataire jugera convenables, recevoir les prix provenant desdites ventes, en donner quittances et décharges [84].

139 A défaut de paiement ou en cas de contestations, citer [112] et comparaître... — V. *sup. alin.* 31, 32 et 33.

140 25° *Pouvoir d'hypothéquer* [50].

141 V. *sup.* la formule d'*autorisation d'hypothéquer*, p. 116, alin. 4, 5, 6 et 7.

142 24° *Pouvoir d'intervenir* [28 n. 677] *dans une instance, donné à un avoué* [199].

143 Intervenir en l'instance pendante au tribunal civil de..., entre M. Pierre ADAM, d'une part, et Edme LÉVY, d'autre part, pour raison de.... (*expliquer ici l'objet du procès*), et là déduire ses moyens d'intervention, écrire, produire, contredire [51], plaider, opposer [75], et généralement faire tout ce qui sera nécessaire dans l'occurrence.

144 25° *Pouvoir de s'inscrire en faux* [228], *donné à un avoué* [199].

145 S'inscrire en faux au greffe du tribunal civil de... et partout où il appartiendra, contre une quittance de la somme de trois mille francs qu'on prétend avoir été signée par le constituant et donnée par lui au sieur CAR; laquelle quittance a été produite par Me BON, avoué dudit sieur CAR, au procès d'entre ce dernier et le constituant, en son inventaire de production sous la cote deuxième, première pièce; en conséquence, fournir tous moyens de faux, recevoir et admettre reproches, témoins et experts, écrire, produire et contredire [51], plaider, opposer [75], appeler [186], élire domicile [11 et 20], substituer [80], et généralement faire en ladite instance toutes poursuites [194], contraintes et diligences nécessaires jusqu'à jugement définitif.

146 26° *Pouvoir de liciter* [207].

147 V. *sup.* la formule d'*autorisation de liciter*, p. 116, alin. 4, 5, 6 et 7.

148 27° *Pouvoir de liquider* [143].

149 V. *sup.* la formule d'*autorisation de liquider*, p. 116, alin. 4 et 5.

150 28° *Pouvoir* AD LITES [109] *donné à un avoué* (id.).

151 Occuper en demandant (*ou* : en défendant) par-devant le tribunal civil [75] de... en la cause du constituant contre le sieur..., fournir défenses, écrire, produire et contredire [51], faire les poursuites nécessaires jusqu'à jugements et arrêts définitifs, et généralement faire tout ce que les circonstances exigeront.

152 29° *Pouvoir de donner mainlevée* [149].

153 V. *sup.* la formule d'*autorisation de donner mainlevée*, p. 117, alin. 4, 5 et 6.

154 30° *Pouvoir de négocier des actions* [96].

155 V. *sup.* la formule d'*autorisation de négocier des actions*, p. 118, alin. 3, 4 et 5.

156 31° *Pouvoir de paraître à un conseil de famille* [165] *pour nommer un tuteur* (id.) *et un subrogé-tuteur* (id.), *ou un curateur* [66]; *et pour donner une autorisation spéciale* (id.).

157 Comparaître au conseil de famille des enfants mineurs [65] de défunts.....; prendre part à la délibération tendante à nommer un tuteur et un subrogé-tuteur à ceux desdits mineurs qui sont âgés de moins de dix-huit ans, et à émanciper [82] ceux qui sont âgés de plus de dix-huit ans et à leur nommer un curateur; désigner, pour remplir les dites fonctions, telles personnes qu'il jugera convenables, leur donner toutes autorisations y relatives, ou telles autres que le conseil de famille avisera, accepter celles desdites qualités et autorisations qui seraient données au constituant, prêter tous serments requis en un tel cas.

158 Prendre part aussi à toute délibération tendante à autoriser [165] spécialement le tuteur des mineurs non émancipés, ainsi que les mineurs émancipés, à vendre [109] tout ou partie des biens desdits mineurs pour l'acquittement de leurs dettes.

159 Aux effets ci-dessus, signer [15] tous actes et procès-verbaux, et généralement faire tout ce que les circonstances exigeront.

160 32° *Pouvoir de s'opposer à un mariage* [63]. — V. *sup. opposition*, p. 504.

161 S'opposer à la célébration du mariage projeté entre Marie MOINE, fille du comparant et M. Nicolas BONENFANT, épicier, demeurant à.... pour les causes et raisons qu'il déduira en temps et lieu (*ou bien* : pour.... (*expliquer ici la cause quand l'opposition est formée par un autre que par un ascendant*); signifier [20] cette opposition à l'officier de l'État civil [65] de.... et à tous maires et officiers publics qu'il appartiendra, élire domicile (id.).

162 33° *Pouvoir de former opposition* [119] *à une vente*.

163 S'opposer aux criées, vente et adjudication par expropriation forcée [194] poursuivie au tribunal de..., du domaine de..., à la requête de M. ABÉ sur le sieur CÉDÉ, ainsi qu'à la vente et délivrance que l'on pourrait faire des biens meubles saisis [108] sur led. sieur CÉDÉ à la requête dudit sieur ABÉ, et ce pour les causes et raisons qu'il déduira en temps et lieu; comme aussi faire tout ce qu'il jugera à propos pour conserver le constituant en ses droits de propriété, d'hypothèque et autres qu'il a sur ledit domaine et sur lesdits meubles, et même, si besoin est, plaider, opposer, appeler, élire domicile.

164 34° *Pouvoir à l'effet de partager* [143].

165 V. *sup.* la formule d'*autorisation de partager*, p. 119, alin. 4, 5 et 6.

166 35° *Pouvoir de passer titre nouvel* [208] *ou déclaration d'hypothèque* (id.).

167 V. *sup.* la formule d'*autorisation de passer titre nouvel et déclaration d'hypothèque*, p. 118, alin. 4, 5, 6, 7 et 8.

168   36° *Pouvoir de placer* [205] *par hypothèque* [30] *une somme dont on a l'usufruit* [69] *ou la nue-propriété.*

169   Faire l'emploi [69] et le placement (*id.*) de la somme de cinq mille francs appartenant pour l'usufruit au constituant et pour la nue-propriété à ses enfants majeurs, à la condition de se réunir pour l'emploi à en faire : placer la dite somme par privilége [29] ou hypothèque [30], soit à des commerçants moyennant un intérêt [49] de six pour cent par an, soit à tous autres moyennant un intérêt de cinq pour cent par an; demander et obtenir toutes sûretés, stipuler telles conditions que le mandataire jugera convenables, faire faire tous actes conservatoires [34], toutes significations [20], mentions [84] et subrogations (*id.*); convenir que ladite somme, lors de son remboursement, sera replacée immédiatement du consentement des parties et par hypothèque au nom de chacune d'elles suivant ses droits ou bien qu'elle sera déposée par toutes les parties dans une caisse publique ou entre les mains d'une personne solvable dont on conviendra jusqu'à son replacement. Convenir également qu'à chaque remboursement de ladite somme, le remplacement s'en fera comme il vient d'être dit.

170   A défaut de paiement ou, en cas de contestation, citer [112] et comparaître.... — V. *sup. alin.* 31, 32 et 33.

171   37° *Pouvoir à l'effet de donner quittance* [84] *avec mainlevée* [149] *ou subrogation* [84].

172   V. *sup.* la formule *d'autorisation de donner quittance*, p. 121, alin. 4 à 10.

173   38° *Pouvoir de ratifier* [208].

174   Prendre communication [21] d'un contrat passé devant Me..., notaire à... le..., dûment enregistré [42], contenant vente [109] par M... comme se portant fort du constituant, au sieur... d'une maison située à..., moyennant la somme de..., stipulée payable le..., avec (*ou* : sans) intérêts [49]. — Et approuver, confirmer et ratifier ledit contrat de vente pour être exécuté selon sa forme et teneur. — V. *inf.* la formule de RATIFICATION.

175   39° *Pouvoir de faire remise d'une dette* [133].

176   V. *sup.* la formule *d'autorisation à l'effet de faire remise* p. 122, alin. 4 et 5.

177   40° *Pouvoir de présenter un remplaçant pour le service militaire.*

178   Présenter devant tous conseils de révision tous remplaçants pour être incorporés dans l'armée de terre ou de mer au lieu et place de M..., fils du constituant, faisant partie du contingent exigé par la loi pour la classe de l'année mil huit cent....

179   Fournir tous titres et pièces ; faire toutes justifications que besoin sera, passer et signer tous actes.

180   41° *Pouvoir de recueillir* [62] *une succession* [88].

181   V. *sup.* la formule *d'autorisation de recueillir une succession*, p. 125, alin. 4 à 16.

182   42° *Pouvoir de renoncer* [62] *à une succession.*

183   V. *sup.* la formule *d'autorisation de renoncer à une succession*, p. 125, alin. 3 et 4.

184   43° *Pouvoir d'exercer le retrait d'un réméré* [121].

185   V. *sup.* la formule *d'autorisation d'exercer le retrait d'un réméré*, p. 122, alin. 4 et 5.

186   44° *Pouvoir d'exercer le retrait de droits litigieux* [96].

187   V. *sup.* la formule *d'autorisation d'exercer le retrait de droits litigieux*, p. 125, alin. 4, 5 et 6.

188   45° *Pouvoir de subroger ou renoncer à une hypothèque* [30].

189   V. *sup.* la formule *d'autorisation à l'effet de subroger ou renoncer*, p. 125, alin. 4, 5, 6, 7 et 8.

190   46° *Pouvoir de tenir un enfant sur les fonds de baptême.*

191   Tenir sur les fonds baptismaux conjointement avec Mlle Amélie ZIMM, l'enfant nouveau-né du mariage existant entre M. Charles B..., et la dame Anaïs K...; donner à cet enfant les prénoms de ERNEST; signer tous registres et généralement faire tout ce qui sera utile dans l'occurrence.

192   47° *Pouvoir de remettre* [54] *un titre de propriété à un acquéreur en signe de délivrance ou tradition* [8].

193   Remettre au sieur Michel ROSSIGNOL, propriétaire à..., l'expédition d'un contrat passé devant Me..., notaire à..., le .. dûment enregistré, contenant vente au constituant d'une maison sise à..., qu'il a revendue audit sieur ROSSIGNOL, avec jouissance à compter du... dernier, date de l'expiration du bail fait de la dite maison au sieur Pierre MAUGRAS, débardeur au port; en retirer décharge.

194   Au cas de refus, faire offres réelles [48] dudit titre par acte extrajudiciaire, en demander la validité, à cet effet citer [112] et comparaître devant tous tribunaux compétents, plaider, s'opposer [75], appeler [186], obtenir tous jugements [75] et arrêts (*id.*), les faire mettre à exécution [194].... V. *sup. alin.* 31, 32 et 33.

195   48° *Pouvoir de traiter* [203] *et transiger* (*id.*), *composer* (*id.*), *compromettre* [185], *prendre tous arrangements.*

196   V. *sup.* la formule *d'autorisation à l'effet de traiter et transiger, etc.*, p. 126, alin. 4, 5 et 6.

197   49° *Pouvoir de transférer* [197] *des rentes sur l'État ou des actions* [28] *sur la banque de France.*

198   V. *sup.* la formule *d'autorisation de transférer des rentes sur l'État*, p. 126, alin. 4. — V. aussi sup. *le pouvoir de négocier des actions*, p. 544, alin. 154.

199   50° *Pouvoir de transporter* [96] *une créance.*

200   V. *sup.* la formule *d'autorisation à l'effet de transporter*, p. 127, alin. 4, 5, 6 et 7.

201   51° *Pouvoir de vendre* (109).

202   V. *sup.* la formule *d'autorisation à l'effet de vendre*, p. 127, alin. 4, 5, 6 et 7; et *inf.* les formules de *ventes.*

PROMESSES :

1° PROMESSE DE BAIL [105].

2   Par-devant M⁰ Louis [1] Bonnard (*id.*), notaire [2] à Mesle [1], département de..., soussigné [15].

3   Sont comparus :

4   M. Alexis [3] Boy (*id.*), propriétaire (*id.*), demeurant (*id.*) à...   D'UNE PART.

5   Et M. Léon Bellot, marchand épicier, demeurant à..., où il est patenté [43] pour la présente année à la date du... dernier, ... classe, n°...   D'AUTRE PART.

6   Lesquels ont exposé ce qui suit :

7   Par acte passé en minute [59] et présence de témoins [14] devant M⁰..., notaire à..., le..., dûment enregistré [42], M. Boy a fait bail [105] audit sieur Bellot, d'une maison (*ou* : de portion d'une maison) située [141] à..., rue..., n..., pour neuf années qui ont commencé le..., et dont il ne reste plus que deux années à courir.

8   M. Bellot ayant l'intention de céder le fonds de commerce qu'il a établi dans cette maison, et ayant peu d'espoir d'y parvenir ou de pouvoir le faire à des conditions avantageuses, par le motif que son bail n'a plus que deux années de cours, a proposé à M. Boy de lui consentir une promesse de bail de ladite maison (*ou* : de ladite partie de maison) pour neuf autres années à partir de l'expiration du bail sus-mentionné, en faveur de celui qui lui sera indiqué comme acquéreur de son fonds de commerce.

9   M. Boy ayant consenti à cette proposition, les parties ont, en conséquence, arrêté les conventions suivantes :

10   M. Boy promet et s'oblige [107], par ces présentes, de faire bail et donner à loyer pour neuf années consécutives qui commenceront le..., époque de l'expiration du bail sus-énoncé.

11   A la personne que le sieur Bellot lui indiquera comme acquéreur de son fonds de commerce, ce qu'il accepte [52] pour cet acquéreur dont il se porte fort et dont il sera garant de la solvabilité pendant toute la durée (*ou bien :* pendant les trois premières années) du bail.

De la maison (*ou* : portion de maison) où s'exploite ledit fonds de commerce, telle qu'elle est désignée au bail précité.

12   Ce bail sera fait moyennant un loyer annuel de cinq cents francs [91] que le preneur sera tenu de payer à M. Boy, en la demeure de ce dernier, en espèces au cours de ce jour et non autrement, sous peine [58] de résolution des présentes, en quatre portions égales aux quatre termes [77] ordinaires de l'année à compter du...

13   Ce nouveau bail sera fait en outre aux charges [58] et conditions [155] suivantes, que le preneur sera tenu d'exécuter et accomplir :

14   CHARGES ET CONDITIONS. 1°... — *Mettre ici les alin.* 18 à 22 *de la formule de bail p.* 152, *en observant d'y faire les changements et additions nécessaires.*

15   Il est, en outre, expressément convenu que le preneur, lors de la réalisation des présentes, devra payer [84] au bailleur la somme de deux cent cinquante francs pour six mois d'avance de son loyer, laquelle somme sera imputable sur les six derniers mois de jouissance; et que si, à cette époque, le preneur était marié, ou bien venait à se marier pendant le cours du bail, il devrait faire obliger son conjoint solidairement [106] avec lui au paiement des loyers et à l'exécution des conditions du bail, savoir, dans le premier cas par l'acte même de réalisation, et, dans le second cas, dans le mois du mariage, mais audit cas de mariage il est bien entendu que M. Bellot ne sera plus garant de la solvabilité du preneur.

16   De plus, ledit preneur devra payer et acquitter tous les frais et honoraires [8] auxquels pourra donner lieu la réalisation que chacune des parties pourra exiger des présentes par acte devant notaire. Quant à ceux des présentes, ils seront supportés par M. Bellot, sauf à lui à s'arranger à ce sujet avec son acquéreur.

17   Pour l'exécution des présentes, les parties font élection de domicile [11] en leurs demeures respectives sus-indiquées; mais lors de la réalisation du nouveau bail, lesdites parties ainsi que le preneur devront faire élection de domicile en la demeure que chacun aura alors dans la ville de...

18   Dont acte, fait et passé à Mesle [12], en l'étude (*id.*), l'an mil huit cent quarante-cinq [15], le vingt-huit mars (*id.*), en présence de MM. (*Noms, prénoms, professions et demeures*), témoins instrumentaires [14]; et les parties ont signé [15] avec les témoins et le notaire, après lecture [16].

19   *V. Répertoire*, note 17. — *Forme des actes*, note 58. — *Enregistrement*, notes 99, 18 et 19.

20   *V. aussi sup. les formules de* Baux.

2° (A) PROMESSE DE DONATION [10 et 81].

21

22 Pardevant M° BONNARD [1], notaire [2] à Mesle [1], soussigné [15].
23 Est comparue Mlle Madeleine [3] RIDELET (*id.*), célibataire majeure (*id.*), sans profession (*id.*), demeurant (*id.*) à...
24 Laquelle a, par ces présentes, promis et s'est obligée de faire donation [81] entre-vifs et irrévocable lors du mariage de la donataire ci-après nommée et par le contrat même qui contiendra les clauses et conditions de ce mariage.
25 A Dlle Caroline [3] RIDELET (*id.*), sa nièce, fille majeure [79] sans profession [3], demeurant (*id.*) à..., à ce présente et acceptant [10];
26 D'une somme de dix mille francs [91] en espèces ayant cours de monnaie, qu'elle paiera [84] à sadite nièce dans le mois de la célébration de son mariage sans intérêts [49].
27 Cette donation sera faite à la condition expresse : 1° que la somme promise n'entrera point dans la communauté [166] qui pourra être établie entre la donataire et son futur époux ; 2° et que ladite somme ne sera point sujette à être rapportée [146] par la donataire à la succession de la donatrice.
28 Les déboursés [5] et honoraires (*id.*) des présentes ainsi que ceux qui seront occasionnés par la réalisation seront payés par la donataire
29 Dont acte, fait et passé à Mesle [12], en l'étude (*id.*), l'an mil huit cent quarante-cinq [13], le vingt-huit mars (*id.*), en présence de MM. (*Noms, prénoms, professions et demeures*), témoins instrumentaires [14]; et les parties ont signé [15] avec les témoins et le notaire, après lecture [16]. — Les deux témoins sus-nommés étaient réellement présents au moment de la lecture par le notaire et de la signature par les parties. — *V. sup. p.* 439, *alin.* 1 *à* 11.
30 V. *Répertoire*, note 17. — *Forme des actes*, note 38. — *Enregistrement*, notes 99, 18 et 19.
31 V. *aussi les formules de* DONATION ENTRE-VIFS.

---

32   3° PROMESSE D'HYPOTHÈQUE [30].

33 Par-devant M° BONNARD [1], notaire à Mesle (*id.*), département de..., soussigné [15].

34   Sont comparus :

35 M. Eloi [3] BERNIER (*id.*), propriétaire (*id.*), demeurant (*id.*) à...   D'UNE PART.
36 Et M. Louis VIRET, agriculteur, demeurant à...   D'AUTRE PART.
37 Lesquels ont exposé ce qui suit :
38 Par acte passé en minute [59] et présence de témoins [14] devant M°.., notaire à..., le..., dûment enregistré [42], le sieur VIRET s'est reconnu débiteur [26] envers M. BERNIER de la somme de trois mille francs.
39 Par autre acte passé en minute devant le même notaire le..., aussi enregistré, ledit sieur VIRET, à défaut de paiement de ladite obligation à l'échéance, a délégué [100] à M. BERNIER avec promesse de garantir la solvabilité actuelle et future du débiteur, pareille somme de trois mille francs qui lui était due par le sieur François NAUDIN, laboureur, demeurant à..., pour reliquat de compte de fermages [105], aux termes d'un acte passé devant M°..., notaire à .., le..., aussi enregistré [42].
40 Le sieur VIRET, au moyen de la clause de garantie insérée dans la délégation, étant exposé à supporter en définitive tous les frais [120] que M. BERNIER aurait faits contre le sieur NAUDIN, a proposé audit sieur BERNIER de ne poursuivre que jusqu'à un certain point le débiteur délégué et, faute de paiement par ce dernier, de lui conférer hypothèque [30] sur des immeubles de valeur suffisante à la faire qu'il aura faits contre lui le délégué.
41 M. BERNIER ayant accepté cette proposition, les parties ont arrêté entre elles les conventions suivantes :
42 Art. 1. A défaut par le sieur NAUDIN de payer à l'échéance le principal et les accessoires de la créance dont est ci-dessus parlé, M. BERNIER lui fera commandement [194], saisira [108] et fera vendre ses meubles, et s'il n'obtient point paiement de l'intégralité de ce qui sera dû, il cessera alors toute poursuite et M. VIRET promet et s'oblige [107] de l'indemniser de toutes les avances et déboursés qu'il aura pu faire et de lui conférer hypothèque pour sûreté de sa créance sur des biens immeubles [87] justifiés libres d'hypothèque et d'une valeur de six mille francs au moins.
43 Art. 2. M. BERNIER se soumet à ce qui vient d'être dit ; et, lorsque l'hypothèque promise pour le cas de non-paiement de la part du sieur NAUDIN lui aura été conférée, il promet et s'oblige de proroger [77] l'exigibilité de ce qui lui sera alors dû par le sieur VIRET de trois années sans autre novation [100] à ses droits [27] et actions [28], mais à la condition : 1° que sa créance continuera de produire des intérêts [49] comme par le passé, 2° et que faute de paiement à l'expiration du délai qui aura été accordé par la prorogation, il n'aura le droit, ledit sieur BERNIER, de poursuivre le sieur

---

(A) La promesse de donner est valable , mais il faut pour cela qu'elle soit acceptée de même qu'une donation. On ne reconnaît pas, dans notre droit, l'espèce de libéralité appelée *pollicitation* qui obligeait en certains cas le donateur, sans aucune convention avec le donataire, et par conséquent sans acceptation (*Pothier, donat. sect.* 2 *art.* 1, *in fine* ; *Toullier*, 5, 217 ; *Championnière*, *tr. n.* 2202 *s.*; *Man.* note 10, *n.* 5 ; *note* 52, *et note* 81). — La promesse ne donne pas droit à la chose , seulement comme elle consiste à faire, elle se résout en dommages-intérêts au cas d'inexécution (*Championnière, ibid.*)

⁴⁴ **Naudin** qu'après discussion des biens hypothéqués par le sieur **Viret**, s'il n'a point par cette discussion obtenu de ce dernier son paiement intégral.

⁴⁴ Art. 3. Les déboursés [5] et honoraires (*id.*) des présentes, ainsi que ceux auxquels donnera lieu l'acte de réalisation d'hypothèque seront supportés par le sieur **Viret**.

⁴⁵ Pour l'exécution des présentes, les parties font élection de domicile [11] en leurs demeures respectives susindiquées.

⁴⁶ Dont acte, fait et passé à Mesle [12], en l'étude (*id.*), l'an mil huit cent quarante-cinq [13], le vingt-huit mars (*id.*), en présence de MM. (*Noms, prénoms, professions et demeures*), témoins instrumentaires [14]; et les parties ont signé [15] avec les témoins et le notaire, après lecture [16].

⁴⁷ V. *Répertoire*, note 17. — *Forme des actes*, note 38. — *Enregistrement*, notes 56, 99, 18 et 19.

⁴⁸   4° PROMESSE (A) DE MARIAGE [63 et 159].

⁴⁹ Par-devant Mᵉ **Bonnard** [1], notaire [2] à Mesle (*id.*), soussigné [15].

⁵⁰   Sont comparus :

⁵¹ M. Blaise [3] **Legrand** (*id.*), garçon majeur [79], sans profession [3], demeurant (*id.*) à...   D'UNE PART.

⁵² Et Dlle Adèle **Bontems**, fille majeure, marchande de modes, demeurant à...   D'AUTRE PART.

⁵³ Lesquels se sont, par ces présentes, promis réciproquement de se prendre mutuellement pour époux à la première demande de l'un d'eux. En conséquence, ils s'obligent à remplir et observer les formalités prescrites par la loi pour la validité de leur mariage.

⁵⁴ (B) Et à l'instant les parties ont arrêté, ainsi qu'il suit, les articles qu'elles se proposent d'insérer en leur contrat de mariage :

⁵⁵ 1°... *V. les formules de contrat de mariage.*

⁵⁶ Dans le cas où l'une des parties ferait refus de consentir au mariage sans motifs légitimes, ce refus sera considéré comme une violation de promesse et rendra cette partie passible de dommages-intérêts [159] qui seront fixés à l'amiable, sinon par le tribunal civil de première instance de..., eu égard au préjudice éprouvé par l'autre partie. Dans ces dommages sera compris le coût [5] des présentes.

⁵⁷ A l'égard des cadeaux et présents qui auront été faits en vue du mariage ils seront rendus de part et d'autre, au cas de non-réalisation du mariage, sauf indemnité à dire d'experts [195] de la perte de valeur attachée aux objets rendus par celle des parties qui aura fait refus de consentir au mariage.

⁵⁸ Dont acte, fait et passé à... — *V. sup. alin.* 18 *et* 19.

V. aussi la formule d'ARTICLES DE MARIAGE.

⁵⁹   5° PROMESSE DE PRÊT [205].

⁶⁰ Par-devant Mᵉ **Bonnard** [1], notaire à..., soussigné [15].

⁶¹ Est comparu M. Alexandre [3] **Coulet** (*id.*), rentier (*id.*), demeurant (*id.*) à...

⁶² Lequel a, par ces présentes, promis et s'est obligé [107] de prêter [205] en espèces de monnaie au cours de ce jour [91].

A M. Prosper [3] **Laurot** (*id.*), son neveu, clerc de notaire (*id.*), demeurant à..., à ce présent et acceptant [52],

⁶³ La somme de trente mille francs, lorsqu'il aura traité d'un office [191] de notaire et qu'il aura prêté serment en cette qualité.

⁶⁴ Laquelle somme ledit sieur **Laurot** sera tenu de rendre à M. **Coulet** dans l'année qui suivra son établissement par mariage et ce en la demeure de ce dernier, avec intérêts [49] à cinq pour cent par an sans retenue, jusqu'au remboursement.

⁶⁵ A la sûreté et garantie de la somme à prêter, M. **Laurot** affecte et hypothèque (C) (*ou bien :* à la garantie de ladite somme) M. **Laurot** affectera et hypothèquera lors de la réalisation : 1°... — *V. les formules d'*OBLIGATION, *alin.* 15, 44, 66, 84 et 132.

(A) Cette promesse ne peut avoir pour effet de donner une action à l'une des parties pour contraindre l'autre au mariage ; ce serait, en effet, une chose contraire à la liberté. Seulement, l'inexécution de la promesse peut donner lieu à des dommages-intérêts quand elle cause un préjudice réel à l'autre partie et qu'elle n'est fondée sur aucun motif légitime.

(B) Quand on arrête les art. du contrat de mariage, on ouvre l'alin. 55 et plusieurs autres, pour y insérer les condamnations.

(C) L'hypothèque consentie pour sûreté d'un crédit ouvert est valable (V. note 50, n. 302 et suiv.). Mais l'hypothèque consentie pour sûreté de deniers à prêter n'est pas valable (note 18, n. 301), même lorsque la somme est déterminée (Arg. Liège 7 janv. 1811 ; Delvincourt 3, 139 ; Battur 2, 283. — *Contrà*, Troplong 2, 480 ; Merlin. quest. v° hyp. § 3 ; arg. C. civ. 2132) : dans le doute, il est bon de prendre une inscription en vertu de la promesse de prêt et une autre inscription en vertu de l'acte de réalisation du prêt contenant de nouveau affectation d'hypothèque, sauf à donner mainlevée de la première pour éviter un procès de la part du créancier inscrit dans l'intervalle des deux inscriptions, si alors on reconnaît son droit mal fondé.

66 Le coût [5] des présentes et celui de l'acte de réalisation du prêt seront supportés par M. Laurot.
67 Dont acte, fait et passé à... — *V. sup. alin.* 18.
68 *V. pour l'enregistrement les notes* 99, 18 *et* 19 *et les formules* d'OBLIGATION.

69 6° PROMESSE de renoncer [62] a une succession (A).

70 Par-devant M⁰ Bonnard [1], notaire [2] à..., soussigné [15].
71 Sont comparus :
72 M. Ernest [5] Langlois (*id.*), garçon majeur sans profession (*id.*), demeurant (*id.*) à...   D'UNE PART.
73 Et M. Alfred Langlois, clerc de notaire, demeurant au même lieu.   D'AUTRE PART.
74 Tous deux habiles [34] à se dire et porter héritiers [78] chacun pour moitié de Maximilien Langlois et Marthe Henriot, son épouse, leurs père et mère, décédés [63] à...
75 Lesquels ont exposé ce qui suit :
76 M. et mad. Langlois, père et mère, se sont mariés en l'année mil huit cent..., après avoir réglé les clauses et conditions civiles de leur mariage suivant contrat passé devant M⁰..., notaire à..., le..., et y avoir stipulé une communauté [166] de biens réduite aux acquêts.
77 Pendant leur mariage, chacun des époux a recueilli diverses successions, sans qu'il y ait eu inventaire [145] du mobilier [86] et a vendu divers biens propres par des actes qu'on ne peut retrouver même chez les acquéreurs.
78 Dans cette position, les parties voulant éviter des dépenses, des démarches et surtout des difficultés entre eux ont arrêté ce qui suit :
79 M. Ernest Langlois promet et s'oblige de renoncer purement et simplement par acte au greffe du tribunal civil de... à la succession de son père, d'ici à un mois.
80 De son côté, M. Alfred Langlois promet et s'oblige [107] de renoncer [62] purement et simplement dans le délai d'un mois à la succession [88] de sa mère par acte au greffe du tribunal civil de l'ouverture de cette succession.
81 Les déboursés [5] et honoraires (*id.*) des présentes seront acquittés par les parties, chacune par moité.
82 Dont acte, fait et passé à...—*V. sup. alin.* 18 *et* 19 *et la note* A étant au bas de la présente page.

83 V. aussi la formule de *renonciation à succession.*

84 7° PROMESSE DE VENTE [109].

85 Par-devant M⁰ Bonnard [1], notaire [2] à.. , soussigné [15].
86 Sont comparus M. Félix Caron [5], sans profession (*id.*), et la dame Héloïse Bellard (*id.*), son épouse de lui autorisée [68] à l'effet des présentes, demeurant [5] ensemble à...
87 Lesquels, sous la condition [155] suspensive ci-après stipulée, ont, par ces présentes, promis et se sont obligés à vendre avec garantie solidaire entre eux de tous troubles et évictions [9], laquelle garantie ne s'étendra toutefois à l'égard de la dame Caron qu'aux troubles et évictions (B) provenant d'elle ou de toute personne subrogée [114] à ses droits.
88 A M. Zacharie [5] Lordereau (*id.*), marchand de vins (*id.*), demeurant (*id.*) à..., à présent et acceptant [52].
89 Un bâtiment [7] servant de magasin, situé [141] à..., au fond d'une cour commune [41] avec Pierre et Paul Grandjean, tenant [141] d'un côté du levant à..., etc.
90 Ledit bâtiment appartient [22] à M. Caron en propre comme lui provenant de la succession [88] de M. Charles Caron, son père, dont il était héritier [78] pour moitié, aux termes d'un acte contenant partage [143] entre lui et François Caron, son frère, passé devant M⁰..., notaire à..., le..., dûment enregistré [42]. — *V. sup.* ÉTABLISSEMENT DE PROPRIÉTÉ, p. 403.
91 La vente sera faite aux charges [58] et conditions [155] suivantes :
92 1° Ledit bâtiment sera abandonné comme il s'étendra et comportera, sans aucune exception ni réserve.
93 2° L'entrée en jouissance et le paiement des impôts commenceront à compter du jour de la réalisation de la présente promesse de vente, pour laquelle réalisation il est accordé terme et délai de six mois.
94 3° L'acquéreur supportera les servitudes [55] passives, apparentes ou non apparentes, dont ledit bâtiment a pu être grevé jusqu'à ce jour, sauf à lui à s'en défendre et à faire valoir celles actives à son profit, le tout s'il y en a et à ses risques et périls, sans que la présente clause puisse faire titre à des tiers [53].
95 4° Et il paiera les déboursés [5] et honoraires (*id.*) des présentes, ainsi que ceux de la réalisation de la présente promesse.

(A) La renonciation qui va suivre ne peut être considérée comme un acte de transmission ou une libéralité donnant lieu au droit proportionnel d'enregistrement. — V. la note 62 n. 149 et 185 et la note A étant au bas de la page 510 du t. 1.
(B) V. sup. la note A étant au bas de la p. 43.

⁹⁶ **PRIX.** Le prix de la vente sera fixé par M. Etienne TORTERA, géomètre, demeurant à... (*ou bien* : sera de la somme de cinq mille francs). De ce prix il sera payé [84] moitié comptant lors de la réalisation de la présente promesse, quant à l'autre moitié elle sera payable dans les deux ans qui suivront ladite réalisation avec intérêts [49] au taux de cinq pour cent par an sans retenue à compter du jour de l'entrée en jouissance.

⁹⁷ **CONDITION [153] SUSPENSIVE (A).** Il est expressément convenu comme condition suspensive des présentes qu'il n'y aura de vente, si bon semble à chacune des parties, qu'autant que M. LORDEREAU effectuera le paiement de moitié du prix à l'instant même de la réalisation de la promesse qui précède ; en conséquence, si, sur une simple sommation de réaliser à lui donnée par les sieur et dame CARON, ledit sieur LORDEREAU n'effectue pas ce paiement lors de ladite réalisation, la présente promesse sera considérée comme non faite ni avenue et les choses se trouveront dans le même état que s'il n'y avait pas eu promesse de vente, mais alors le sieur LORDEREAU sera passible [58] de cinq cents francs de dommages-intérêts [159] envers M. et mad. CARON et exigibles [84] immédiatement.

⁹⁸ **TRANSCRIPTION [111] ET PURGE LÉGALE [156].** Le contrat de réalisation des présentes sera transcrit au bureau des hypothèques de..., et les formalités pour purger les hypothèques légales devront être remplies aux frais de l'acquéreur, le tout dans le délai [77] de quatre mois du jour du contrat ; et si, lors de l'accomplissement de ces formalités, il y a ou survient des inscriptions [85] provenant du chef de M. et mad. CARON ou de leurs auteurs, les vendeurs seront tenus, chacun pour ce qui le regarde, d'en rapporter certificat de radiation [149] à l'acquéreur dans les deux mois qui suivront la dénonciation à eux faite de l'état desdites inscriptions au domicile élu par le contrat de vente, et en outre, ils devront le garantir et indemniser de tous frais extraordinaires autres que ceux de simple transcription et de purge légale sans inscription.

⁹⁹ **TITRES.** Le vendeur s'oblige de remettre [54] à l'acquéreur lors de la réalisation de la présente promesse tous les titres de propriété concernant l'objet à vendre.

¹⁰⁰ Pour l'exécution des présentes les parties font élection de domicile [11] en leurs demeures actuelles ci-devant indiquées.

¹⁰¹ Dont acte, fait et passé à... — *V. sup. alin.* 18 et 19.

¹⁰²   *V. aussi les formules de* VENTES.

PROPRIÉTÉ. — *V. sup.* ÉTABLISSEMENT DE PROPRIÉTÉ *et inf.* VENTE.

PROROGATIONS DE DÉLAI :

1° *Par le cessionnaire d'une obligation, avec intervention du débiteur.*

2° *Pour un crédit, avec intervention de la caution.*

3° *Par un créancier inscrit délégataire, en faveur de l'acquéreur de l'immeuble hypothéqué à la dette.*

---

1   **1° PROROGATION [77] DE DÉLAI** PAR LE CESSIONNAIRE D'UNE OBLIGATION, AVEC INTERVENTION DU DÉBITEUR.

2   Par-devant Mᵉ Ernest (1) PAULVÉ [1], notaire [2] à Fontenoy [1], département de..., soussigné [15].

3   Est comparu M. Germain BONNET [3], rentier (*id.*), demeurant (*id.*) à...

4   Cessionnaire [96] de la créance dont il va être parlé au moyen du transport qui lui en a été fait avec garantie de la solvabilité actuelle (*ou* : et future) du débiteur par M. Pierre ADAM, propriétaire, demeurant à..., suivant acte passé devant M°..., notaire à..., le..., dûment enregistré [42] et signifié [96].

5   Lequel a, par ces présentes, prorogé au premier avril mil huit cent cinquante le terme d'exigibilité expirant le premier avril prochain, de la somme de cinq mille francs montant en principal de l'obligation

---

(A) La condition suspensive est bien différente de la condition résolutoire (V. note 18, n. 610). Dans le premier cas, l'acte ne donne lieu qu'à un droit fixe d'enregistrement, tant sur l'acte primitif que sur l'acte constatant le non-accomplissement de la condition, et dans le second cas, il y a lieu au droit proportionnel de mutation sur la première vente et à un autre droit proportionnel sur l'acte qui opère résolution ou rétrocession.

Si, dans l'espèce, la condition ne pouvait être invoquée que par le vendeur elle aurait l'effet d'une condition résolutoire pour défaut de paiement, mais comme elle peut être invoquée par l'acheteur cela lui donne le caractère d'une condition suspensive, les parties manifestent alors la volonté de suspendre leur consentement en le faisant dépendre d'un événement futur et incertain qui est la numération des espèces dans un temps précisé (Championnière, tr. 1085 ; Manuel, note 18, n. 715-1° — *Contrà*, note 18, n. 715).

Sans la clause pénale il nous semble qu'on pourrait considérer la condition qui fait l'objet de la formule comme étant potestative et par conséquent nulle aux termes des art. 1170 et 1174 du C. civ., car elle ne lierait point l'acquéreur, puisqu'il lui serait loisible de payer ou de ne point payer.

souscrite au profit de M. Adam, sus-nommé, par le sieur Nicolas Billout, marchand de bois, demeurant à..., suivant acte passé devant Me..., notaire à., le.., dûment enregistré [42], et aux termes duquel cette somme porte intérêts [49] à six pour cent par an payables annuellement le premier avril.

6   Cette prorogation est consentie par le sieur Bonnet sous la condition que le principal de ladite obligation continuera jusqu'à son remboursement effectif à produire des intérêts qui seront payés aux taux et époques fixés par l'obligation sus-énoncée, et encore sous la réserve [51] de tous ses droits [27] et actions [28], priviléges [29] et hypothèques [30] résultant de la susdite obligation, entendant y être conservé sans novation [100].

7   Ladite prorogation a été à l'instant acceptée par le sieur Nicolas [5] Billout (id.), sus-nommé, marchand de bois (id.), demeurant à..., à ce présent et intervenant, lequel s'est, en conséquence, obligé au remboursement de la somme de cinq mille francs montant de l'obligation dont il s'agit, et au paiement des intérêts dont elle est productive, le tout aux époques ci-devant mentionnées.

8   A ces présentes est intervenu (A) M. Pierre Adam, sus-nommé, propriétaire, demeurant à...

9   Lequel, après avoir pris communication [21] de ce qui précède, a déclaré ne point s'opposer à ladite prorogation, l'avoir même pour agréable et renoncer à opposer à M. Bonnet aucune exception pour raison de son recours en garantie contre lui sieur Adam, au cas d'insolvabilité du sieur Billout.

10   Pour faire mention [84] des présentes sur toutes pièces que besoin sera, tout pouvoir est donné au notaire soussigné et à tous autres de ce requis.

11   Les déboursés [5] et honoraires (id.) des présentes seront supportés par le débiteur qui en fournira une expédition [64] à M. Bonnet.

12   Dont acte, fait et passé à Fontenoy [12] en l'étude (id.), l'an mil huit cent quarante-cinq [13], le trente mars (id.), en présence de MM. (Noms, prénoms, professions et demeures), témoins instrumentaires [14] ; et les parties ont signé [15] avec les témoins et le notaire, après lecture [16].

13   V. Répertoire, note 17. — Forme des actes, note 58. — Enregistrement, notes 56, 99, 18 et 19.

---

14   2° PROROGATION [77] DE DÉLAI POUR UN CRÉDIT [173] AVEC INTERVENTION DE LA CAUTION [32].

15   Par-devant Me Paulvé [1], notaire [2] à Fontenoy [1], soussigné [15].

16   Sont comparus :

17   M. Charlemagne Brisioux [3], entrepreneur de bâtiments (id.), demeurant (id.) à..., où il est patenté [43] pour la présente année à la date du... dernier, ... classe, n°...   D'UNE PART.

18   Et M. Alexandre Multiphe, banquier, demeurant à..., où il est patenté, etc.   D'AUTRE PART.

19   Lesquels ont exposé ce qui suit :

20   Par acte passé devant Me..., notaire à..., le vingt-deux avril mil huit cent quarante-deux, dûment enregistré [42], M. Multiphe a ouvert à M. Brisioux un crédit de banque de trente mille francs dont la durée a été fixée à trois ans qui doivent expirer le vingt-deux avril prochain.

21   Ce crédit a été garanti jusqu'à concurrence de vingt mille francs de capital par M. Nicolas Brisioux, père du sus-nommé, lequel a affecté et hypothéqué [30] la maison où il faisait sa demeure située à..., à la condition que cette affectation n'emporterait aucune obligation personnelle de la part dudit sieur Brisioux père, et qu'il ne pourrait être contraint au remboursement des vingt mille francs de principal par lui garantis que par l'exercice de l'action hypothécaire. Cette maison a été déclarée libre de privilége [29] et hypothèque [30].

22   Par suite de cette affectation hypothécaire, il a été requis inscription [83] au profit de M. Multiphe, au bureau des hypothèques de..., le..., vol..., n°..., contre ledit sieur Brisioux, père ; et il résulte d'un certificat [111] délivré par M. le conservateur des hypothèques de..., le..., que l'inscription précitée était la seule qui grevât la maison hypothéquée ; d'où il suit que M. Multiphe a le rang d'hypothèque qui lui a été promis par l'acte de crédit.

23   La durée du crédit étant sur le point d'expirer, M. Brisioux a proposé à M. Multiphe de la proroger de trois autres années à compter du vingt-deux avril prochain,

24   M. Multiphe ayant consenti à cette proposition les parties ont arrêté entre elles ce qui suit :

25   M. Multiphe proroge [77] jusqu'au vingt-deux avril mil huit cent quarante-huit, c'est-à-dire pour trois ans à partir du vingt-deux avril prochain, le crédit de trente mille francs accordé à M. Brisioux, suivant l'acte du vingt-deux avril mil huit cent quarante-deux précité.

26   2° Cette prorogation est consentie par M. Multiphe sans aucunement déroger aux droits [27] et actions [28], hypothèque [30] et inscriptions [83] résultant à son profit de l'acte de crédit ci-dessus relaté, et dans l'effet desquels il demeure maintenu et conservé sans aucune novation [100] ni dérogation ; et, en outre, sous la condition que ce crédit continuera de subsister de part et d'autre dans les termes et de la manière fixés par le susdit acte de crédit, qui devra être considéré comme s'il avait été stipulé devoir durer six années.

(A) Cette intervention n'est nécessaire que quand le cédant a garanti la solvabilité du débiteur (V. note 93, n. 113). Elle ne le serait pas si la cession n'avait eu lieu qu'avec garantie de l'existence de la créance, car la prorogation n'altère en rien cette existence.

²⁷ INTERVENTION (A). A ces présentes est intervenu M. Nicolas BRISIOUX [3], père, ancien entrepreneur de bâtiments (*id.*), demeurant (*id.*) à...

²⁸ Lequel, après avoir pris communication [21] de la prorogation qui précède, a déclaré l'avoir pour agréable et renoncé à pouvoir opposer pour raison d'icelle aucune exception, soit à son fils, soit à M. MULTIPLE.

²⁹ Pour faire mention [84] des présentes sur toutes pièces que besoin sera, tout pouvoir est donné au notaire soussigné et à tous autres de ce requis.

³⁰ Les déboursés et honoraires [5] des présentes seront supportés par M. BRISIOUX fils.

³¹ Dont acte, fait et passé à Fontenoy... — *V. sup. alin.* 12 *et* 13.

³²   *V. aussi les formules de* CRÉDIT *et de* CAUTIONNEMENT.

³³   3° PROROGATION [77] DE DÉLAI PAR UN CRÉANCIER [25] INSCRIT DÉLÉGATAIRE [100], EN FAVEUR DE
            L'ACQUÉREUR DE L'IMMEUBLE HYPOTHÉQUÉ A LA DETTE.

³⁴ Par-devant Mᵉ PAULVÉ [1], notaire à Fontenoy (*id.*), soussigné [15].

³⁵ Est comparu M. Olivier [3] RAMEAU (*id.*), sans profession (*id.*), demeurant (*id.*) à...

³⁶ Créancier inscrit [25] de M. Joseph DELAIN, cultivateur et de la dame Marie CAMELIN, son épouse, demeurant à..., pour raison d'une obligation [107] de la somme de quatre mille francs, qu'ils ont souscrite à son profit, suivant acte passé devant Mᵉ..., notaire à..., le..., dûment enregistré [42]; et en cette qualité délégataire [100] de pareille somme faisant partie du prix de la vente faite par lesdits sieur et dame DELAIN à M. LECAMU, ci-après nommé, de la ferme de Vaux-Charme, hypothéquée à la dette, suivant contrat passé devant ledit Mᵉ PAULVÉ, notaire, le.., dûment enregistré et transcrit [111].

³⁷ Lequel, sur la demande et aux frais de M. LECAMU, a consenti à ne pouvoir exiger que le premier janvier mil huit cent quarante-neuf, le remboursement de la somme de quatre mille francs, montant de l'obligation sus-énoncée, de laquelle somme il y a eu indication de paiement [100] à son profit par le contrat de vente précité.

³⁸ Cette prorogation est consentie à la condition [153] que les intérêts [49] desdits quatre mille francs continueront à lui être payés au taux de cinq pour cent par an en sa demeure et de six en six mois à compter du premier janvier dernier. Le tout sans aucune novation [100] ni dérogation aux droits [27] et actions [28], privilèges [29] et hypothèques [30] résultant à son profit de l'obligation sus-relatée, et dans l'effet de laquelle il entend être et demeurer entièrement conservé, notamment pour raison de l'obligation personnelle contractée à son profit par M. et mad. DELAIN, suivant ladite obligation.

³⁹ A ces présentes est intervenu M. Bernard [3] LECAMU (*id.*), ancien négociant (*id.*), demeurant (*id.*) à...

⁴⁰ Lequel , comme acquéreur et détenteur de l'immeuble [86] hypothéqué à la sûreté de la créance de M. RAMEAU, a déclaré accepter [52] cette prorogation et s'obliger au remboursement de ladite somme de quatre mille francs et au paiement de ses intérêts [49], aux époques et de la manière ci-dessus fixées, renonçant au bénéfice du délaissement par hypothèque [157].

⁴¹ Mention [84] des présentes sera faite sur toutes pièces que besoin sera par le notaire soussigné et tous autres de ce requis.

⁴² Pour l'exécution des présentes les parties font élection de domicile [11] en leurs demeures respectives sus-indiquées.

⁴³ Dont acte, fait et passé à... — *V. sup. alin.* 12 *et* 13.

PROTESTATIONS :

1° *Par suite de la perte d'un effet de commerce ;* — 2° *De nullité des causes d'un effet de commerce.*

¹   1° PROTESTATION [97] PAR SUITE DE LA PERTE D'UN EFFET DE COMMERCE (*id.*).

²   *Requête* [211] *pour obtenir autorisation de réclamer le paiement d'une lettre de change perdue, en justifiant de sa propriété par ses livres.*

³   A M. LE PRÉSIDENT DU TRIBUNAL DE COMMERCE [118] DE...

⁴ M. André COTTIER, banquier, demeurant à..., où il est patenté [43] pour la présente année à la date du... dernier, ... classe, n...

(A) Il n'en est pas de ce cas comme de celui rapporté en la note A étant au bas de la page qui précède. En effet, en matière de cautionnement, la simple prorogation ne décharge point la caution, qui n'a que le droit de forcer le débiteur à payer. Ici, l'intervention n'a pour objet que de priver la caution du droit de poursuivre le débiteur (*C. civ.* 2039 ; *Man. note* 12 *n.* 114 *et suiv.*).

⁵ À l'honneur de vous exposer :

⁶ Que M. Michel Foacier, négociant à Lyon, a fait traite de Lyon sur M. Charles Gorrecq, épicier à Paris, pour la somme de trois mille francs échue le jour d'hier.

⁷ Que cette traite a été passée par M. Foacier à l'ordre de M. Alphonse Tirlet, qui l'a passée à M. Tournemine, lequel à son tour l'a passée au comparant qui l'a fait accepter par le tiré.

⁸ Que l'exposant a fait écriture sur son livre-journal de l'entrée en caisse de ladite lettre de change ; qu'il l'a perdue sans y avoir mis aucun endossement [97].

⁹ Qu'il a formé entre les mains de M. Gorrecq opposition au paiement de ladite traite par exploit de..., huissier à..., en date du...

¹⁰ Et qu'il n'a pu parvenir à se faire fournir une nouvelle traite quoiqu'il ait procédé conformément aux dispositions du Code de commerce.

¹¹ Pourquoi il requiert qu'il vous plaise, vu le livre-journal de l'exposant, l'opposition faite à sa requête le..., ensemble la présente requête et y faisant droit, l'autoriser à demander le paiement de ladite lettre de change perdue, contre ledit sieur Gorrecq, sous le cautionnement [52] du sieur Lemerle, négociant à Paris, rue..., n... qui fera à votre greffe les soumissions qu'exige la loi. (Signature.)

¹² Ordonnance [222]. Nous, président du tribunal de commerce de..., vu la requête ci-dessus, le livre-journal de l'exposant et l'opposition par lui faite entre les mains du sieur Gorrecq, autorisons ledit exposant à demander le paiement de la lettre de change dont il s'agit, sous le cautionnement [52] dudit sieur Lemerle.—Fait en notre hôtel à Paris le trente et un mars mil huit cent quarante-cinq. (Signature)

¹³ Acte de protestation [97]. L'an mil huit cent quarante-cinq le premier avril [13].

¹⁴ À la requête de M. André Cottier [3], banquier (id.), demeurant (id.) à..., patenté etc.

¹⁵ Lequel fait élection de domicile (20) à..., en la demeure de..., où il consent même la signification d'offres réelles [48].

¹⁶ J'ai, François Corbe, huissier (A) à Paris, y demeurant, rue..., n... (B), soussigné.

¹⁷ Signifié au sieur Charles Gorrecq, épicier, demeurant à Paris, rue..., n..., en son domicile où étant et parlant à..., copie d'une ordonnance de M. le président du tribunal de commerce de..., en date du..., étant au bas de la requête à lui présentée, ensemble de l'acte de cautionnement et soumission du sieur Lemerle, en date du..., aussi enregistrée.

¹⁸ Et, à même requête que ci-dessus, j'ai, soussigné, fait sommation audit sieur Gorrecq, en son domicile et parlant comme dit est, de payer sans délai au requérant ou à moi huissier, porteur de pièces, la somme de trois mille francs, montant de la lettre de change dont il s'agit, ce qu'il a refusé de faire sans donner de motifs, et sans vouloir signer sa réponse, nonobstant mon interpellation. Vu ledit refus, j'ai, dans l'intérêt du requérant et de tous autres qu'il appartiendra, fait toutes protestations de toutes pertes et dommages, et protesté que le requérant va se pourvoir ainsi qu'il appartiendra.

¹⁹ Et j'ai audit sieur Gorrecq, en son domicile et parlant comme dit est, laissé copie desdites ordonnances, acte de cautionnement et soumission, ainsi que du présent dont le coût est de... (Signature de l'huissier)

²⁰ V. *Enregistrement*, notes 56, 18 et 19.

---

²¹ 2° PROTESTATION [51] de nullité des causes d'un effet de commerce [97].

²² Par-devant Me Lucien [4] Bonard (id.), notaire [2] à Vaux (id.), département de..., soussigné (15).

²³ Est comparu M. Jean [1] Jobard (id.), épicier (id.), demeurant (id.) à...

²⁴ Lequel a, par ces présentes, déclaré que, pour se soustraire à la contrainte par corps [31], dont le sieur Bénigne Rigoureux, marchand épicier en gros, demeurant à.., le menaçait, à raison d'une condamnation de la somme principale de cinq mille francs obtenue contre lui par ce dernier, suivant jugement [75] du tribunal de commerce de..., en date du..., enregistré [42], il a été forcé de lui souscrire aujourd'hui un billet à ordre de la somme de deux mille cinq cents francs, causé valeur reçue en marchandises et payable [84] le premier juillet prochain, tandis que la vérité est que ledit sieur Rigoureux ne lui a fourni aucunes marchandises ni remis aucune valeur en échange de ce billet, mais qu'il doit seulement surseoir, d'ici audit jour premier juillet, à l'exercice de la contrainte par corps résultant du jugement sus-énoncé ; d'où il suit que ledit billet à ordre se trouve sans cause [107].

²⁵ C'est pourquoi ledit sieur Jobard proteste contre le billet à ordre dont il s'agit et l'usage que le sieur Rigoureux pourra en faire contre lui ; se réservant [51], au contraire, de se faire restituer contre ledit billet comme lui ayant été extorqué par crainte et violence [101], comme n'ayant point de cause.

²⁶ De laquelle déclaration le comparant a requis acte, ce qui lui a été à l'instant octroyé, pour lui servir et valoir au besoin.

²⁷ Dont acte, fait et passé à Vaux [12] en l'étude (id.), l'an mil huit cent quarante-cinq [13], le premier avril (id.),

---

(A) L'acte de protestation n'étant autre chose qu'une sommation de payer non en vertu de l'effet, mais en vertu de pièces qui en tiennent lieu, nous pensons qu'on doit l'assimiler à l'acte de protêt en ce qu'un notaire peut, de même qu'un huissier, dresser cette sorte d'acte.

(B) Depuis que les huissiers sont affranchis du droit de patente, il n'y a plus d'obligation d'énoncer leurs patentes dans les exploits (L. du 7 mai 1841, art. 13.

en présence de MM. (*Noms, prénoms, professions et demeures*), témoins instrumentaires [14]; et les parties ont signé [15] avec les témoins et le notaire, après lecture [16].

¹⁵ V. *Répertoire*, note 17. — *Forme des actes*, note 38. — *Enregistrement*, notes 99, 18 et 19.

PROTÊTS :

I. *Faute d'acceptation :*
   1° Pur et simple ;
   2° Quand il n'a été donné qu'une acceptation au besoin ;
   3° Avec intervention d'un tiers qui accepte.

II. *Faute de paiement :*
   1° Pur et simple ;
   2° Avec perquisition ;
   3° Avec intervention d'un endosseur pour payer.

*V. les formules d'*AVAL, BILLET, ENDOSSEMENT, MANDAT, LETTRE DE CHANGE.

---

¹ (A) II. - 1° PROTÊT PUR ET SIMPLE FAUTE D'ACCEPTATION [97].

² L'an mil huit cent quarante-cinq [13], le...

³ A la requête de (B) M. César [3] LANGLOIS (*id.*), négociant (*id.*), demeurant (*id.*) à..., où il est patenté [43] pour la présente année à la date du... dernier, ... classe, n...; lequel fait élection de domicile [20] à...

⁴ Me Stanislas (1) LEROUGE (*id.*), notaire [2] à Bordeaux, département de..., soussigné [15], assisté de MM. (*Noms, prénoms, professions et demeures*), témoins instrumentaires [14], aussi soussignés.

⁵ S'est transporté au domicile indiqué par la lettre de change ci-après énoncée, chez M. Louis DEVAUX, distillateur, demeurant à..., où étant et parlant à..., il lui a présenté la lettre de change dùment timbrée [61] dont la teneur suit :

⁶ *Lyon , le 1 janvier 1845. — A quinze jours* (C) *de vue il vous plaira payer, par cette seule de change, à M.* ALÉONARD *ou à son ordre, la somme de deux mille quatre cents francs valeur reçue en marchandises, sans autre avis de votre serviteur.* Signé TUILLIER, *négociant à Lyon, rue de la Perle, n. 3.*

⁷ *A M. Louis* DEVAUX, *distillateur à Bordeaux, rue des Moines, n. 998.*

⁸ Au dos est écrit : *Passé à l'ordre de M.* LANGLOIS, *valeur reçue comptant. Lyon, le 14 janvier 1845.* — Signé ALÉONARD (D).

⁹ Et ledit Me LEROUGE a sommé et interpellé M. DEVAUX, sus-nommé, de présentement accepter ladite lettre de change, pour en faire le paiement à son échéance.

¹⁰ M. DEVAUX a répondu que ne devant rien au tireur et n'ayant point de fonds nécessaires pour payer ladite lettre de change, il ne peut l'accepter, et qu'il fait, au surplus, toutes protestations [31] nécessaires, et M. DEVAUX, sommé de signer, a signé (*ou* : a refusé de signer sans donner de motifs, — *ou bien* : a dit être inutile). (SIGNATURE DU TIRÉ).

¹¹ Laquelle réponse M. LEROUGE a prise pour refus d'acceptation. En conséquence, il a protesté que M. LANGLOIS se pourvoirait contre qui il appartiendrait, tant pour le change et rechange que pour tous frais, dépens [120], dommages et intérêts [159], et généralement pour tout ce dont il a droit de protester en pareil cas.

¹² Et ledit Me LEROUGE, notaire, présent et parlant comme dit est, a laissé à M. DEVAUX copie (E) de ladite lettre de change ainsi que du présent dont le coût (F) est de. .

¹³ V. *Reg. des protêts*, note 97, n. 268 —*Timbre*, note 61.—*Enregistrement*, note 56, 18, n. 80.

(A) Les protêts faits par les notaires sont-ils assujétis aux formalités exigées pour les actes notariés, ou bien participent-ils des actes de procédure ou exploits dont la forme est indiquée en la note 2? Il faut distinguer : si le porteur de l'effet comparait en personne ou par mandataire dans le protêt, c'est un acte pour lequel le notaire doit observer les formalités indiquées par le Code de procédure ainsi que par la loi du 25 vent. au xi, et l'art. 1 de cette loi lui est applicable (*V. note* 2, n. 1), mais si le porteur n'est point présent au protêt, l'acte est un exploit, un acte de la juridiction contentieuse, dans lequel il n'est pas nécessaire, par exemple, de mentionner la lecture ni la signature à la fin. — *V. la note A au bas de la page* 136.

(B) Les protêts faute d'acceptation peuvent être faits à la requête de tout porteur de la lettre de change, même quand il ne serait pas dénommé au corps de l'effet ou dans les endossements. On mentionne alors que le requérant est porteur de la lettre de change. — *V. note* 97, n. 74. -Mais il en est autrement du protêt faute de paiement. - *V note* 97, n. 205.

(C) Il n'y a que les lettres de change à vue ou à présentation qui sont sujettes à être présentées à l'acceptation. Celles qui sont à époque fixe, ne le sont pas et cela se conçoit facilement : l'acceptation n'étant nécessaire que pour faire courir le délai, il est clair qu'elle devient inutile quand ce délai est tout fixé par la lettre ; il n'y a plus alors qu'à protester faute de paiement.

(D) S'il y a des besoins et d'autres endossements, on les transcrit littéralement. Si la lettre de change a plusieurs exemplaires, on transcrit seulement la première, ainsi que les endossements qui s'y trouvent ; s'ils sont à un autre exemplaire de la lettre de change, on transcrit à la suite de la première les endossements qui sont à l'autre exemplaire, et l'on met : *au dos du second* (ou : *du troisième*) *exemplaire sont les endossements qui suivent :* Passé à l'ordre de...

(E) V. sup. la note B étant au bas de la page 503.

(F) Original : à Paris 2 fr.; ailleurs 1 fr. 50. — Original de protêt avec perquisition : à Paris 5 fr.; ailleurs 4 fr. (*Tarif, art.* 65).

14 · · · **I. — 2º PROTÊT [97]** FAUTE D'ACCEPTATION DE LA PART DU TIRÉ, QUAND IL N'A ÉTÉ DONNÉ QU'UNE ACCEPTATION AU BESOIN.

15 L'an..., le... — *V. la formule qui précède depuis l'alin.* 2 *jusqu'à l'alin.* 5.

16 S'est transporté : 1º au domicile... — *V. sup. alin.* 5, 6, 7 (A), 8, 9, 10 *et* 11.

17 2º Au domicile de M. Christophe BIZOUARD, rentier, demeurant à..., chez qui est indiqué un besoin par ladite lettre de change, où étant et parlant à..., Mᵉ LEROUGE lui a présenté la lettre de change ci-dessus transcrite et l'a sommé et interpellé de l'accepter.

18 Ledit sieur BIZOUARD a répondu qu'attendu le défaut d'acceptation par M. DEVAUX, il accepte ladite lettre de change, pour en payer, au besoin seulement, le montant à l'échéance, et de suite a mis au bas de cette lettre son acceptation au besoin. Lecture faite, il a signé en cet endroit.   (SIGNATURE)

19 Mᵉ LEROUGE, après avoir repris la lettre de change ainsi acceptée, a réitéré contre M. DEVAUX, pour le défaut d'acceptation de sa part, les protestations ci-dessus faites.

20 Et ledit Mᵉ LEROUGE, notaire, à domicile, et parlant comme dit est, a laissé à M. DEVAUX et à M. BIZOUARD, chacun séparément copie de ladite lettre de change ainsi que du présent dont le coût... — *V. sup. alin.* 12 *et* 13.

---

21 **I. — 3º PROTÊT [97]** FAUTE D'ACCEPTATION AVEC INTERVENTION D'UN TIERS [55] POUR ACCEPTER.

22 L'an [13]..., le... — *V. sup. depuis l'alin.* 2 *jusqu'à l'alin.* 12.

23 Et au même instant est intervenu M. Paul [3] AUBERT (*id.*), ancien négociant (*id.*), demeurant (*id.*) à...

24 Lequel a dit qu'attendu le défaut d'acceptation de la part de M. DEVAUX, il accepte ladite lettre de change, par intervention, et pour faire honneur à la signature du tireur (*ou* : de M. ALÉONARD, endosseur).

25 Ladite lettre de change lui ayant, en conséquence, été présentée, il a mis au bas son acceptation pour M. ALÉONARD, et l'a signée. Lecture faite, led. sieur AUBERT a signé en cet endroit.   (SIGNATURE)

26 Mᵉ LEROUGE, notaire, après avoir repris ladite lettre de change ainsi acceptée, a réitéré contre M. DEVAUX, pour le défaut d'acceptation de sa part, les protestations ci-dessus faites.

27 Et il a, à domicile et parlant comme il est dit ci-dessus, laissé copie tant du présent que du billet à chacun desdits sieurs DEVAUX et AUBERT. Le coût est de... — *V. sup. alin.* 13.

---

28 **II. — 1º PROTÊT [97]** PUR ET SIMPLE FAUTE DE PAIEMENT.

29   *Lyon, le trente-un décembre mil huit cent quarante-quatre.*

30 *Fin mars prochain, je paierai à* **M.** COMME *ou à son ordre la somme de dix-huit cents francs, valeur reçue comptant.* — *Signé :* HIRE.

31 *Payable au domicile à Lyon de M.* HORSON, *rue des Ballets, n.* 1300.

32 *Au dos est écrit : Passé à l'ordre de* **M.** BALDU, *valeur en compte. Lyon, le premier février mil huit cent quarante-cinq.* — *Signé :* COMME.

33 L'an mil huit cent quarante-cinq le premier avril [13].

34 A la requête de M. Félix [3] BALDU (*id.*), négociant (*id.*), demeurant (*id.*) à..., où il est patenté [43] pour la présente année à la date du... dernier, ... classe, n... : lequel fait élection de domicile [20] en sa demeure.

35 S'est transporté (1] PORNOT (*id.*), notaire [2] à Lyon, département de..., soussigné [15]; assisté de MM. (*Noms, prénoms, professions et demeures*), témoins instrumentaires [14], aussi soussignés [15].

36 S'est transporté (B) au domicile pris et indiqué par le billet à ordre ci-dessus transcrit, chez M. HORSON à Lyon rue des Ballets n. 1300.

(A) On suppose qu'à l'alin. 7 il y a cette addition : *au besoin à M. Bizouard, rentier à Bordeaux, rue d'Ixe, n.* 700.

1 (B) I. *Quand le domicile est connu et que personne ne se présente pour ouvrir la porte, on procède comme il suit et on supprime les alin.* 36 à 40 *de la formule :*

2 S'est transporté au domicile pris et indiqué par le billet à ordre ci-dessus transcrit, chez M. HORSON à Lyon, rue des Ballets n. 1300, où étant et après avoir frappé plusieurs fois à la porte sans que personne soit venu ouvrir, Mᵉ PORNOT n'en a pas moins sommé M. HIRE de présentement lui payer la somme de dix-huit cents francs montant du billet dont la teneur précède. Et Mᵉ PORNOT a pris ce refus d'ouvrir pour refus de paiement, et, en conséquence, a protesté du renvoi dudit effet aux garants, et de prendre pareille somme à change et rechange, et de tout ce qui est à protester en pareil cas.

3 Et, attendu l'absence de tous parents [20] et serviteurs (*id.*) de M. HORSON à son domicile susdit, et qu'aucun des voisins (*id.*) n'a voulu se charger de la copie du présent pour M. HIRE, ledit Mᵉ PORNOT s'est transporté avec les témoins chez M. le maire de ladite ville de..., où étant et parlant à sa personne, il lui a remis, conformément à la loi, copie tant du billet que du présent signée dudit notaire et des témoins après que mondit sieur le maire a eu visé [20] l'original.

Et ledit Mᵉ PORNOT a signé [15] avec les témoins. Le coût du présent est de...

5 II. *Quand il y a changement de domicile du tiré ou souscripteur et que le nouveau domicile est inconnu, on procède comme il suit, et on*

37 Auquel lieu étant et parlant à sa personne, ledit Me Ponnot lui a présenté le billet à ordre dûment timbré [61] dont la teneur précède, et M. Hire a sommé et interpellé en parlant comme dessus, de présentement lui payer la somme de dix-huit cents francs, montant dudit billet à ordre.

38 M. Honson a répondu qu'il n'avait été fait aucune provision [97] à son domicile pour acquitter ledit billet. Sommé de signer sa réponse, a dit être inutile.

39 Laquelle réponse Me Ponnot a prise pour refus de paiement. En conséquence, il a protesté du renvoi dudit billet à ordre aux garants, et de prendre pareille somme à change [97] et rechange (*id.*), suivant la loi. — *On peut mettre les mêmes protestations que sup. alin.* 11.

40 Et il a, audit domicile et parlant comme dit est, laissé à M. Honson copie tant du billet à ordre que du présent. Le coût est de...

---

41 ## II. — 2° PROTÊT AVEC PERQUISITION [97].

42 *Mettre ici les alin.* 2 à 5 *qui précèdent, et continuer ainsi :*

43 S'est transporté (A) au domicile pris et indiqué par le billet à ordre ci-dessus transcrit.

44 Auquel lieu étant et parlant à un domestique de la maison, ainsi déclaré, ledit Me Ponnot lui a présenté le billet à ordre dûment timbré [61] dont la teneur précède, et a sommé et interpellé M. Hire, en parlant comme dessus, de présentement lui payer la somme de dix-huit cents francs montant dudit billet à ordre.

45 Lequel domestique a répondu que le sieur Honson lui était tout-à-fait inconnu, qu'aucune personne de la maison ni aucun locataire ne portait ce nom; que personne ne s'était présenté et n'avait adressé de fonds pour acquitter ledit effet. Sommé de signer sa réponse, a refusé.

46 Vu laquelle réponse, d'où il résulte qu'il y a eu fausse indication de domicile, Me Ponnot, assisté des témoins susnommés, a, conformément à la loi, procédé à la perquisition de la personne et du domicile du sieur Honson de la manière suivante : dans les maisons n. 130 et 300 de ladite rue des Ballets, auprès des principaux marchands détaillants, qui sont dans cette rue, à l'administration des postes, division de..., rue de...,dans les divers bureaux de distributions, à la Bourse aux lieu et heure où elle tient et à la banque ; auxquels lieux étant et parlant à divers portiers, locataires, employés, préposés, commerçants, négociants, courtiers de commerce, agents de change et autres personnes, auxquels Me Ponnot s'est adressé successivement et qui n'ont dit leur noms quoique de ce sommés, tous ont répondu ne pas connaître le domicile ni la personne de M. Honson, et sommés de signer leur réponse ont refusé. Compulsion faite également dans l'almanach du commerce de cette année, dans la liste des commerçants et principaux habitants de la ville de..., il en est résulté que la perquisition a été infructueuse, pourquoi Me Ponnot l'a prise pour refus de paiement, et, en conséquence, a protesté du renvoi dudit effet aux garants, et de tout ce qui est à protester en pareil cas.

---

supprime les alin. 36 à 40 *de la formule :*

6 S'est transporté au domicile pris et indiqué par le billet à ordre ci-dessus transcrit, où étant et parlant [20] à la portière de la maison, ainsi déclarée, Me Ponnot lui a présenté le billet à ordre dûment timbré [61] dont la teneur précède, et a sommé et interpellé M. Hire en parlant comme dessus, de présentement lui payer la somme de dix-huit cents francs pour le montant dudit billet à ordre.

7 Laquelle portière a répondu que M. Honson ne demeurait plus dans sa maison depuis deux mois; que son nouveau domicile lui était inconnu, et que personne ne s'était présenté et n'avait laissé de fonds pour acquitter ledit effet. — Sommé de signer sa réponse, a répondu ne savoir écrire ni signer.

8 Laquelle réponse Me Ponnot a prise pour refus de paiement, et, en conséquence, a protesté du renvoi dudit effet de change aux garants, de prendre pareille somme à change [97] et rechange (*id.*) et de tout ce qui est à protester en pareil cas.

9 Et, attendu que le nouveau domicile et la nouvelle résidence de M. Honson sont inconnus, ledit Me Ponnot a, conformément à la loi, affiché... *V. inf. alin.* 47.

1 (A) *Quand le domicile est énoncé vaguement, c'est-à-dire sans indication de numéro et de rue, on supprime les alin.* 43 à 47 *et on met ce qui suit :*

2 S'est transporté en cette ville de Lyon, dans les endroits ci-après désignés, savoir :

3 1° à la poste aux lettres, sise rue.., n..; 2° à la bourse, à l'heure où elle se tient; 3° à la banque, sise rue.., n.., à l'effet de découvrir le domicile de M. Honson, dénommé au billet à ordre ci-dessus transcrit, ne portant d'autre indication que celle du nom de la ville, pour le faire protester faute de paiement.

4 Étant dans les lieux ci-dessus désignés et parlant à divers employés, commis, garçons de recettes, négociants, banquiers, agents de change, courtiers de commerce, et autres différentes personnes qui n'ont dit leurs noms, quoique de ce sommés, tous ont répondu ne point connaître le domicile ni la personne dudit sieur Honson. —Sommés de signer leur réponse, ont refusé.

5 Compulsion faite également dans l'almanach du commerce de cette année, de la liste des commerçants et principaux habitants de ladite ville de..., il en est résulté que la perquisition ci-dessus faite a été infructueuse.

6 Cependant M. Ponnot n'en a pas moins sommé et interpellé ledit sieur Hire, parlant comme dessus, de présentement lui payer la somme de dix-huit cents francs montant du billet à ordre dont copie précède, et a pris la perquisition ci-devant faite pour refus de paiement.

7 En conséquence, il a protesté du renvoi dudit billet à ordre aux garants et de prendre pareille somme à change et rechange suivant la loi.

8 Et attendu l'impossibilité de découvrir le domicile ainsi que la résidence dudit sieur Honson, ledit Me Ponnot a, conformément à la loi, affiché copie du présent. *V. inf. alin.* 47.

47 Et, attendu que ledit sieur Horson n'a ni domicile ni résidence connus, ledit Me Pornot a, conformément à la loi, affiché copie du présent, signée de lui et des témoins, à la principale porte de l'auditoire du tribunal de commerce du département de..., séant à..., rue..., n..., où la demande est susceptible d'être portée (A), et remis semblable copie à M. le procureur du roi près le tribunal de première instance du même département, séant aussi à..., en son parquet où (B) étant et parlant à l'un de ses substitués qui a visé le présent.

48 Et ledit Me Pornot a signé avec les témoins le présent dont le coût est de...

49   II. — 3°. PROTÊT avec intervention d'un endosseur pour payer (C).

50 *Mettre ici les alin. 29 à 35 et supposer qu'après l'alin. 3 il y a cette addition :* — *et au besoin au domicile de M.* Comme *à Lyon, rue de la Révolte n.* 900.

51 S'est transporté : 1° au domicile à Lyon de M. Horson, rue des Ballets n. 1300, où étant et parlant à sa femme de chambre, ainsi déclarée, il lui a présenté le billet à ordre ci-dessus transcrit, sommant et interpellant le sieur Hire, souscripteur du billet, de lui payer présentement la somme de dix-huit cents francs montant dudit billet à ordre. Laquelle femme de chambre a répondu que M. Horson était absent depuis plusieurs jours, et qu'on ne lui avait pas laissé de fonds pour acquitter le susdit effet. Sommée de signer sa réponse, a refusé sans donner de motifs.

52 2° Au domicile de M. Comme, demeurant à Lyon , rue de la Révolte n. 900, chez qui est indiqué un besoin par ledit billet à ordre, où étant et parlant à sa personne, il lui a présenté le billet à ordre dont copie est ci-dessus transcrite, et réitéré les sommation et interpellation ci-dessus faites.

53 M. Comme a répondu qu'il offrait de payer sur simple protêt, non pour le souscripteur, duquel il n'avait aucun fonds, mais pour l'honneur de sa signature, comme endosseur (C) ; et a signé.   (Signature)

54 Lesquelles réponses Me Pornot a prises pour refus de paiement, et, en conséquence, a protesté en faveur dudit billet à ordre aux garants, et de tout ce qui est à protester en pareil cas, en donnant néanmoins acte à M. Comme de sa déclaration d'intervenir ; et attendu qu'il a promis rembourser au requérant la somme de dix-huit cents francs montant du billet à ordre dont il s'agit, plus celle de... pour les frais, plus celle de... ; le susdit effet acquitté ces présentes lui seront remis, aussitôt après enregistrement et transcription, contre ledit remboursement, pour lui valoir et servir de quittance, afin, par lui, d'exercer son recours, comme et ainsi qu'il avisera.

55 Et ledit Me Pornot, à domicile et parlant comme dit est, a laissé à chacun desdits sieurs Horson et Comme copie tant du billet à ordre que du présent. Le coût est de... — V. *sup. alin.* 15.

—————————

PURGE [156] des hypothèques légales [30] (C. civ. 2194).

2 Pour l'accomplissement de cette formalité, voici ce qu'il faut observer :

5 1° Un avoué (ou : tout autre muni d'un pouvoir [80] authentique ou privé de l'acquéreur) dépose au greffe du tribunal civil du lieu de la situation de l'immeuble vendu, copie dûment collationnée (D) du contrat translatif de propriété. — Il est délivré par le greffier un certificat constatant le dépôt de cette copie et son insertion au tableau placé à cet effet dans l'auditoire du tribunal.

4 2° Ce dépôt est signifié tant à la femme ou au subrogé-tuteur qu'au procureur du roi près le tribunal. Et quand, soit la femme ou ses représentants, soit le subrogé-tuteur, ne sont pas connus de l'acquéreur, il est nécessaire et il suffit, pour remplacer à leur égard la signification, que dans la signification à faire au procureur du roi, l'acquéreur déclare que ceux du chef desquels il pourrait être formé des inscriptions n'étant pas connus, il fera publier la susdite signification dans les formes prescrites par l'art. 696 du Code de proc. civ. (*Av. cons. d'Etat*, 9 mai 1807). — V. *la formule d'*INSERTION.

5 3° Un extrait du contrat contenant sa date, etc., doit rester affiché pendant deux mois dans l'auditoire du tribunal, pendant lequel temps il peut être pris inscription. Ce délai de deux mois ne court à l'égard des femmes, mineurs ou interdits, que du jour de la publication de signification faite conformément à l'art. 696 du C. de proc. (*Av. cons. d'Etat*, 5 mai 1812). — Il est délivré par le greffier un certificat constatant que cette exposition a eu lieu pendant deux mois.

6 4° Et si, dans le cours des deux mois de l'exposition du contrat, il n'a point été pris d'inscription, l'immeuble

—————————

(A) Si la demande, à cause de la qualité des parties par application des art. 636 et 657 du Code de commerce, devait être portée au tribunal de première instance, ce serait à la porte de ce tribunal qu'il faudrait afficher la copie.

(B) Si les tribunaux ne sont pas dans le lieu où se fait le protêt, il faut se transporter à la ville où ils sont, et mentionner le transport et les distances dans l'acte ; et si le tribunal de première instance est aussi tribunal de commerce, on ne met alors qu'une seule affiche, en énonçant la cause (V. note 5, n. 334).

(C) Quand c'est un tiers qui intervient pour payer, V. *sup.* alin. 24 et 25.

(D) Quand la copie collationnée est délivrée par un avoué ou par un huissier elle peut être faite sur petit papier du timbre de 70 cent. et contenir 35 lignes à la page (29, n. 29) ; tandis que quand elle est faite par un notaire elle doit être faite sur moyen papier du timbre de 1 fr. 25 c. et ne peut contenir plus de 25 lignes à la page (64, n. 18).

passe à l'acquéreur libre d'hypothèques légales (C. civ. 2195). — En tout cas, qu'il y ait ou non des inscriptions, le conservateur des hypothèques le constate par un certificat [111] qui, pour éviter de nouvelles recherches et de nouveaux droits, se met ordinairement à la suite de celui délivré sur transcription.

⁷ V. *au surplus la formule de* DÉPÔT DE PIÈCES DE PURGE HYPOTHÈQUE, *p. 371, alin. 11 et celle d'*INSERTION, *p. 417.*

PURGE [156] D'HYPOTHÈQUES (DISPENSE DE).

¹ 1°. PAR UNE FEMME, DE LA VENTE FAITE PAR SON MARI.

² Par-devant Mᵉ Charles [1] GILBERT (*id.*), notaire [2] à Breuil [1], département de..., soussigné [15].

³ Est comparue mad. Agnès DESORT [3], épouse assistée et autorisée [68] à l'effet des présentes de M. Maxime LECHAT, propriétaire [3], avec lequel elle demeure (*id.*) à... — Ladite dame commune en biens avec son mari aux termes de leur contrat de mariage [166] passé devant Mᵉ..., notaire à..., le..., dûment enregistré [42].

⁴ Laquelle a, par ces présentes, déclaré garantir [9] de tous troubles (*id.*) et évictions (*id.*), solidairement [106] avec son mari, laquelle garantie ne s'étendra toutefois qu'aux troubles et évictions provenant d'elle ou de toute personne subrogée à ses droits (A).

⁵ M. Claude BUREDET [5], ancien négociant (*id.*), demeurant (*id.*) à..., à présent et acceptant [52].

⁶ Au sujet de l'acquisition [109] qu'il a faite de M. LECHAT, d'une ferme [7] située [141] sur la commune de.... appartenant en propre audit sieur son mari, moyennant dix-huit mille francs de prix principal, stipulés payables avec intérêts [49] le..., suivant contrat passé devant Mᵉ GILBERT, notaire soussigné, en minute [39] et présence de témoins [14] le..., dûment enregistré [42]

⁷ Dispensant, en conséquence, le sieur BUREDET de lui faire la notification de ce contrat et de remplir à son égard les formalités prescrites par la loi pour la purge de son hypothèque légale, et consentant qu'en payant le prix de son acquisition audit sieur son mari ou à tous autres qu'il appartiendra ledit sieur BUREDET soit valablement libéré.

⁸ Les frais [5] des présentes seront supportés par M. LECHAT.

⁹ Dont acte, fait et passé à Breuil [12], en l'étude (*id.*), l'an mil huit cent quarante-cinq [13], le deux avril (*id.*), en présence de MM. (*Noms, prénoms, professions et demeures*), témoins instrumentaires [14] ; et les parties ont signé [15] avec les témoins et le notaire, après lecture [16].

¹⁰ V. *Répertoire*, note 17. — *Forme des actes*, note 38. — *Enregistrement* (B), notes 174, 18 et 19.

¹¹ 2° PAR DES CRÉANCIERS HYPOTHÉCAIRES INSCRITS SUR L'IMMEUBLE.

¹² Pardevant Mᵉ GILBERT [1], notaire [2] à Breuil [1], soussigné [15].

¹³ Sont comparus : 1° M. Marc [3] LEYDIÉ (*id.*), garçon majeur, sans profession (*id.*), demeurant (*id.*) à...

¹⁴ 2° Et M. Crespin POURRAIN, rentier, demeurant à...

¹⁵ Tous deux créanciers [25] inscrits sur l'immeuble ci-après désigné.

¹⁶ Lesquels, après pris communication [21] et lecture de l'expédition d'un contrat passé en présence de témoins [14] devant Mᵉ GILBERT, notaire soussigné, le..., dûment enregistré [42] et transcrit [111], contenant vente par M. Maxime LECHAT, propriétaire, demeurant à..., à M. Claude BUREDET, ancien négociant, demeurant à..., d'une ferme située sur la commune de..., moyennant dix-huit mille francs de prix principal stipulés payables avec intérêts [49] le...

¹⁷ Ont, par ces présentes, déclaré être satisfaits du prix moyennant lequel cette vente a eu lieu, se la tenir pour bien et dûment notifiée par ladite communication, et renoncer formellement, par ces présentes, envers tous ceux qu'il appartiendra, à former aucune surenchère [147] sur la ferme qui en fait l'objet ; au moyen de quoi ils dispensent le sieur BUREDET des déclarations et notifications [28] prescrites par les art. 2183 et 2184 du Code civil, sous la réserve [51] la plus expresse par les comparants de leurs droits [27] et privilèges [29], et sans aucunement déroger [100] au rang hypothécaire de chacun d'eux.

¹⁸ Ces présentes ont été acceptées [52] par M. BUREDET, ci-dessus dénommé, qualifié et domicilié, à ce présent.

¹⁹ Mention [84] des présentes sera faite sur toutes pièces que besoin sera par le notaire soussigné ou tous autres de ce requis.

²⁰ Le coût [5] des présentes sera supporté par M. BUREDET, sauf son recours, comme il avisera, contre M. LECHAT.

²¹ Dont acte, fait et passé à Breuil [12] en l'étude (*id.*), l'an.... — V. *sup. alin.* 10.

²² V. *Répertoire*, note 17. — *Forme des actes*, note 38. — *Enregistrement*, notes 56, 18 et 19.

(A) Cette garantie peut bien dispenser de purger l'hypothèque légale de la femme pour ce qui regarde cette dernière d'après ce que nous avons dit sup. eu la note A étant au bas de la p. 45, mais elle ne dispense pas de purger cette hypothèque à l'égard des subrogés aux droits de la femme parce que alors il n'appartient plus à cette dernière de diminuer les garanties de ceux auxquels elle a transmis tout ou partie de ses droits.

(B) Lorsque la femme s'oblige avec son mari par la vente même à garantir l'acquéreur, cette disposition n'est sujette à aucun droit d'enregistrement ; mais quand la garantie est donnée postérieurement à la vente ou la considère comme un cautionnement donnant lieu au droit de 50 cent. p. 0/0 (Cass. 10 av. 1858. — Contrà, Championnière, Cont. 5257), eu ce que c'est une promesse d'indemnité indéterminée sujette seulement au droit fixe de 1 fr. — V. note 56). — Dans cet état de choses, il n'y a d'avantage pour les parties à consentir à l'acte dont nous donnons la formule que quand les frais qu'il occasionne sont inférieurs à ceux de purge légale par la voie du greffe.

QUALITÉS d'inventaire et de mandataires. — V. sup. p. 419 et 552.

QUITTANCES [84] :

1° *D'arrérages de rente, par une femme séparée de biens, à un tuteur.*

2° *Avec notoriété, par un héritier, d'arrérages de rente viagère échus au décès du rentier.*

3° *Par duplicata, de capital et arrérages de rente.*

4° *Avec mainlevée de saisie-arrêt, d'une somme due par jugement.*

5° *Avec mainlevée d'inscription, d'une somme due par obligation.*

6° *A un tiers payant sans subrogation pour le débiteur.*

7° *Par un tuteur légal qui reçoit pour son pupille, par acte à la suite d'un autre.*

8° *Avec mainlevée par un tuteur datif, sans recevoir.*

9° *De bordereau de collocation par un mandataire [80].*

10° *De dot, par un mari et par sa femme mineure.*

11° *De prix de remplacement, par un cessionnaire qui n'a pas payé le prix de sa cession.*

12° *Avec subrogation légale par un créancier en faveur d'une caution.*

13° *Avec subrogation conventionnelle par un débiteur, par suite d'un emprunt fait avec promesse d'emploi.*

V. les formules de *décharge*, de *distribution de deniers par contribution*, de *main-levée*, de *remploi* et de *réméré*.

1° QUITTTANCE d'arrérages [49] de rente par une femme séparée de biens, a un tuteur.

En présence de Me Maxime [1] Jacquin (*id.*), notaire [2] à Blocq [1], département de..., soussigné [15].

Mad. Célestine [5] Bonnet (*id.*), épouse de M. Claude Jolly, sans profession (*id.*), demeurant (*id.*) ensemble à...

Ladite dame séparée de biens [166] d'avec son mari suivant leur contrat de mariage passé devant Me.., notaire à..., le..., et ayant droit en cette qualité de toucher tous ses revenus ainsi qu'il résulte dudit contrat dont une expédition [64] a été représentée et rendue.

A reconnu avoir reçu présentement (*ou : avant ces présentes*), en espèces ayant cours [91].

Du sieur Benjamin Quatrevin [5], cultivateur, demeurant à.., à ce présent et payant comme tuteur datif [163] du mineur [65] Ernest Quatrevin, son neveu.

La somme de trois cents francs [55 et 91] pour une année d'arrérages échue [77] le premier avril présent mois de la rente foncière [76], annuelle et viagère (*ou : perpétuelle,*) de pareille somme à elle due par ledit mineur comme seul héritier [78] de M. Cristophe Quatrevin et de dame Marie-Anne Beaujean, ses père et mère, pour prix de dix hectares [91] de terre labourable situés [141] sur le finage de.., qu'elle leur a vendus par contrat passé devant Me.., notaire à., le., dûment enregistré [42] et transcrit [111] au bureau des hypothèques de.., le., vol.. n.., sans qu'à cette transcription il se soit trouvé aucune inscription [85].

De laquelle somme la dame Jolly consent quittance, sous la réserve des arrérages de l'année courante.

Les déboursés [5] et honoraires (*id.*) des présentes seront au compte du mineur Quatrevin, et avancés par son tuteur.

Dont acte, fait et passé à Blocq [12] en l'étude (*id.*), l'an mil huit cent quarante-cinq, le quinze avril [13], en présence de MM. (*Noms, prénoms, professions et demeures*), témoins instrumentaires [14] ; et les parties ont signé [15] avec les témoins et le notaire, après lecture [16].

V. *Répertoire*, note 17. — *Forme des actes*, note 38. — *Enregistrement*, notes 117, 18 et 19.

2° QUITTANCE [84] avec notoriété [127], par un héritier [78], d'arrérages [49] de rente viagère [76]
ÉCHUS AU DÉCÈS DU RENTIER.

En présence de Me Jacquin [1], notaire [2] à Blocq (*id.*), département de.., soussigné [15].

M. Célestin [1] Bresse (*id.*), étudiant en droit (*id.*), demeurant (*id.*) à Blocq.

Ayant droit à la somme dont il va être parlé comme seul et unique héritier [78] de mad. Célestine Bresse, sa tante, décédée [63] à., le., sans laisser ni ascendant, ni descendant, ni aucun collatéral à un degré plus proche ou égal, ainsi qu'il va être constaté par acte de notoriété à la fin des présentes.

A reconnu avoir reçu présentement (*ou : avant ces présentes*) en espèces ayant cours de monnaie [91].

De M. Léon [5] Bonnier (*id.*), propriétaire (*id.*), demeurant (*id.*) à.., à ce présent.

La somme de quatre cents francs cinquante centimes pour les arrérages [49] dus et échus au jour du décès de la

Dlle Célestine Bresse dé la rente [76] annuelle et viagère de mille francs par an payable par sémestre, qui lu était due par ledit sieur Bonnier, suivant contrat de constitution passé en minute [59] et présence de témoins [14] devant Me.., notaire.., le.., dûment enregistré (A).

19   De laquelle somme le comparant consent quittance audit sieur Bonnier (B).

20   Au moyen de ce paiement, M. Bresse donne mainlevée [149] et consent la radiation (C) de l'inscription prise au profit de ladite défunte Célestine Bresse, au bureau des hypothèques de.., le.., vol.., n.., contre ledit sieur Bonnier pour sûreté de ladite rente viagère.

21   M. le conservateur, en opérant cette radiation, sera valablement déchargé. — V. sup. les formules de MAIN-LEVÉES.

22   M. Bonnier reconnaît que le sieur Bresse lui a présentement remis [34] la grosse dudit contrat de constitution. Dont décharge [84].

23   NOTORIÉTÉ [127]. A ces présentes sont intervenus MM. Charles et Edme Gouffé [3], étudiants en médecine (id.), demeurant (id.) à..

24   Lesquels ont, par ces présentes, attesté, pour vérité et notoriété à qui il appartiendra, avoir parfaitement connu la Dlle Célestine Bresse, célibataire majeure, en son vivant demeurant à Blocq, et savoir;

25   Qu'elle est décédée [65] audit lieu de Blocq, le... mil huit cent...

26   Qu'après son décès il n'a point été fait d'inventaire [145].

27   Qu'elle n'a laissé ni ascendant ni descendant légitime ou adoptif auquel une quotité de ses biens soit réservée [150] par la loi.

28   Mais qu'elle a laissé pour unique héritier [78] M. Célestin Bresse, comparant, son neveu, comme étant le seul enfant vivant du mariage de Michel Bresse, frère de la défunte, avec Marguerite Vallet, décédée avant ladite Dlle Bresse, de cujus. — V. sup. les formules de NOTORIÉTÉ.

29   Mention [84] des présentes sera faite sur toutes pièces que besoin sera par tout notaire de ce requis.

30   Les déboursés [5] et honoraires (id.) que le présent acte occasionnera seront supportés par le sieur Bonnier, à l'exception de ceux relatifs à la notoriété.

31   Dont acte, fait et passé à.. — V. sup. alin. 10 et 11.

32   3° QUITTANCE [84] PAR DUPLICATA DE CAPITAL ET ARRÉRAGES DE RENTE [76].

33   En présence de Me Jacquin [1], notaire [2] à Blocq, soussigné [15].

34   M. Germain [3] Mercier (id.), ancien négociant et la dame Marie Moreau, son épouse de lui autorisée [68] à l'effet des présentes, demeurant ensemble à..

35   Ont reconnu avoir reçu, avant ces présentes, en espèces ayant cours de monnaie [91].

36   Du sieur Etienne Naudin [3], cultivateur demeurant à.., à ce présent, comme ayant été chargé de la rente dont il va être parlé par le partage anticipé [81] que le sieur Fiacre Naudin, son père, a fait de ses biens entre ses enfants, suivant acte passé devant Me.., notaire à.., en minute [59] et présence de témoins [14], le.., dûment enregistré [42].

37   La somme de deux mille francs pour le remboursement du capital de la rente constituée [76], annuelle et perpétuelle, franche de retenue (id.), de cent francs, que ledit sieur Fiacre Naudin a constituée au profit de la dame Mercier, alors fille majeure, suivant contrat passé en minute et présence de témoins devant Me.., notaire à.., le.., dûment enregistré, ci. . . . .   2000 »

38   Plus celle de cent francs pour une année d'arrérages de ladite rente échue le premier avril présent mois; ci. . . . .   100 »

39   Total des sommes reçues. . . .   2100 »

40   De laquelle somme totale M. et mad. Mercier consentent quittance. (B).

41   Au moyen de ce remboursement lesdits sieur et dame Mercier donnent mainlevée [149] et consentent la radiation de l'inscription [85] prise à leur profit au bureau des hypothèques de.., le.., vol.., n.., contre la succession et les héritiers dudit Fiacre Naudin, pour sûreté du capital de la rente dont il s'agit; et M. le conservateur, en opérant cette radiation, sera valablement déchargé.

42   Le sieur Etienne Naudin reconnaît que les époux Mercier lui ont présentement remis [34] la grosse [64] dudit contrat de constitution ainsi que le bordereau de l'inscription, dont décharge [84].

_____

(A) Quand on fait un acte en conséquence d'un autre qui est authentique, il n'est pas nécessaire de mentionner s'il est enregistré, il suffit qu'il le soit; c'est au notaire à s'assurer du fait, sinon il est passible d'amende si les préposés de l'enregistrement parviennent à établir que l'enregistrement préalable n'a pas eu lieu (V. note 42 n. 1). — L'obligation de rappeler l'enregistrement ne s'applique qu'aux actes sous seings privés (V. note 51 n. 64).

(B) On pourrait ajouter ici ces mots : sans aucune réserve, mais comme cela pourrait donner lieu à un droit d'enregistrement sur cinq années d'arrérages ou du moins forcer à représenter la dernière quittance du rentier ordinairement sur papier libre et non enregistrée, il est mieux de s'abstenir de les mettre.

(C) V. sup. p. 477 note A.

43 La présente quittance ne fera qu'une seule et même chose avec celle sous seing-privé que lesdits sieur et dame MERCIER ont donnée pour la même cause le... [42, n. 78]. — (*Ou bien :* avec toutes autres qui ont pu être données soit par eux soit par d'autres en leur nom pour la même cause).

44 Mention [84] des présentes sera faite.... — V. *sup. alin.* 27.

45 Les déboursés [5] et honoraires (*id.*) que le présent acte occasionnera seront supportés par le débiteur.

46 Dont acte, fait et passé à.. — V. *sup. alin.* 10 et 11.

---

47 4° QUITTANCE [84], AVEC MAIN-LEVÉE [149] DE SAISIE-ARRÊT, D'UNE SOMME DUE PAR JUGEMENT [75].

48 En présence de Me JACQUIN [1], notaire [2] à Blocq [1], soussigné [15].

49 M. Alexis [3] MILLOT (*id.*), ancien marchand de bois (*id.*), demeurant (*id.*) à..

50 A reconnu avoir reçu présentement (*ou :* avant ces présentes), en espèces ou monnaie ayant cours [91].

51 De M. Joseph PELLOT [3], entrepreneur de travaux publics (*id.*), demeurant (*id.*) à.., à ce présent.

52 1° La somme de deux mille quatre cents francs montant en principal des condamnations prononcées au profit dudit sieur MILLOT contre le sieur PELLOT, suivant jugement [75] rendu contradictoirement par le tribunal de commerce séant à.., le.., dûment enregistré et signifié [20] (*ou bien :* suivant jugement par défaut rendu par le tribunal de commerce de.., le.., dûment enregistré, signifié et exécuté (*ou :* et acquiescé), ci. . . . . 2400 »

53 2° Celle de cent dix francs pour les intérêts [49] à six pour cent de ladite somme principale calculés depuis le.., jour de la demande jusqu'à cejourd'hui, ci . . . . 110 »

54 3° Et celle de cent vingt-cinq francs cinquante centimes pour frais de poursuites et autres faits jusqu'à ce jour , ci. . . . . , ... 125 50

55 Total des sommes reçues. 2635 50

56 De laquelle somme totale le sieur MILLOT consent quittance. — V. *sup. p.* 560 *note B.*

57 Au moyen de ce paiement, M. MILLOT donne main-levée [149] de la saisie-arrêt [108] ou opposition formée à sa requête sur ledit sieur PELLOT entre les mains du receveur municipal de la commune de.., par exploit de.., huissier à.., en date du.., laquelle saisie a été validée suivant jugement contradictoire rendu par le tribunal civil de première instance de.., en date du.., enregistré et signifié.

58 Consentant que cette saisie-arrêt soit considérée comme nulle et non avenue, et que la commune de.., en payant et remettant audit sieur PELLOT ou à tous autres qu'il appartiendra les sommes qu'elle peut devoir à ce dernier soit valablement quitte et déchargée. — V. *sup. les formules de* MAINLEVÉES, *p.* 479.

59 REMISE DE PIÈCES [54]. M. PELLOT reconnaît que M. MILLOT lui a présentement remis les grosses des jugements précités ainsi que les autres pièces y relatives. Dont décharge [84].

60 Mention [84] des présentes sera faite sur toutes pièces que besoin sera par tout notaire de ce requis.

61 Les déboursés [5] et honoraires (*id.*) que le présent acte occasionnera seront au compte du sieur PELLOT.

62 Dont acte, fait et passé à.... — V. *sup. alin.* 10 et 11.

---

63 4° QUITTANCE [84], AVEC MAINLEVÉE D'INSCRIPTION [149] D'UNE SOMME DUE PAR OBLIGATION.

64 En présence de Me JACQUIN [1], notaire [2] à Blocq [1], soussigné [15].

65 M. Vincent [3] LEMOINE (*id.*), rentier (*id.*), demeurant (*id.*) à..

66 A reconnu avoir reçu présentement (*ou :* avant ces présentes), en espèces ayant cours de monnaie [91].

67 De M. Chrétien [3] BOISSEAU (*id.*), propriétaire (*id.*), demeurant (*id.*) à.., à ce présent.

68 La somme de soixante francs à valoir (A) sur le principal de l'obligation de douze cents francs que ledit sieur BOISSEAU a consenti au profit de M. LEMOINE par acte passé en minute [59] et présence de témoins [14] devant Me.., notaire à.., le.., dûment enregistré [42].

69 De laquelle somme M. LEMOINE consent quittance.

70 Au moyen de ce paiement, ledit sieur LEMOINE donne mainlevée [149] et consent la radiation entière de l'inscription [83] prise à son profit au bureau des hypothèques de.., le.., vol.., n.., contre ledit sieur BOISSEAU, pour sûreté du principal de l'obligation sus-mentionnée. Faisant laquelle radiation M. le conservateur sera valablement déchargé.

(A) Cette formule est bonne à suivre quand on veut obtenir une économie de frais et que la radiation de l'inscription peut avoir lieu sans qu'il soit indispensable de justifier du paiement. En effet , si on faisait une mainlevée sans libération aucune , il y aurait lieu à 2 fr. 20 c. d'enregistrement , tandis que si la mainlevée est accessoire à la quittance , le droit d'enregistrement ne s'élèvera qu'à 55 cent ; différence 1 fr. 87 c. — V. *note* 56 , n. 42.

71 Pour faire mention [84] des présentes sur toutes pièces que besoin sera, pouvoir est donné au notaire soussigné et à tous autres de ce requis.

72 Les frais [5] des présentes seront supportés par le sieur Boisseau.

73 Dont acte, fait et passé à.. — V. *sup. alin.* 10 et 11.

---

74   6° QUITTANCE [84] A UN TIERS PAYANT SANS SUBROGATION POUR LE DÉBITEUR [26, n. 180].

75 En présence de Mᵉ Jacquin [1], notaire [2] à Blocq [1], soussigné [15].

76 M. Cyprien [1] Langelé (*id.*), marchand mercier (*id.*), demeurant (*id.*) à..

77 A reconnu avoir reçu présentement (*ou* : avant ces présentes), en espèces ayant cours [91].

78 De M. Ariste [3] Currot (*id.*), rentier (*id.*), demeurant (*id.*) à.., à ce présent, et payant en l'acquit du sieur Jacques Merlet, cultivateur, demeurant à..

79 La somme de mille francs qui est due au recevant par ledit sieur Merlet pour reliquat d'un compte arrêté entre eux le.., et pour laquelle il y a eu contre ce dernier condamnation suivant jugement [94] volontaire rendu par le juge de paix de.., le.., enregistré [42].

80 De laquelle somme M. Langelé consent quittance, sauf le recours dudit sieur Currot contre le sieur Merlet comme il avisera et à ses risques et périls, le recevant n'entendant point le subroger à ses droits contre ce dernier (A).

81 Au moyen de ce paiement, M. Langelé donne mainlevée [147] et consent la radiation de l'inscription [83] prise à son profit au bureau des hypothèques de.., le.., vol.., n.., contre le sieur Merlet pour raison des causes du jugement précité. Faisant laquelle radiation le conservateur sera valablement déchargé.

82 Le sieur Currot reconnaît que M. Langelé lui a remis [54] la grosse [64] du jugement précité, dont décharge[84].

83 Mention [84] des présentes sera faite sur toutes pièces que besoin sera par tout notaire de ce requis.

84 Paiera, le sieur Currot, le coût [5] des présentes sauf son recours contre Merlet, comme il avisera.

85 Dont acte, fait et passé à.. — V. *sup. alin.* 10 et 11.

---

86   7° QUITTANCE [84] PAR UN TUTEUR LÉGAL [163] QUI REÇOIT POUR SON PUPILLE,
                     PAR ACTE A LA SUITE [45] D'UN AUTRE.

87 Et le seize avril mil huit cent quarante-cinq [13].

88 En présence de Mᵉ Jacquin [1], notaire [2] à Blocq [1], soussigné [15].

89 M. Achille [5] Louveau (*id.*), rentier (*id.*), demeurant (*id.*) à..

90 Agissant ; 1° comme tuteur légal [163] de Hector [3] Louveau (*id.*), son fils mineur [65], âgé de douze ans, seul enfant issu de son mariage avec la dame Léonie Boileau, sa défunte épouse, et de laquelle ledit mineur est seul héritier [78] ainsi que le constate l'intitulé de l'inventaire fait après son décès par Mᵉ Jacquin, notaire soussigné, le.., dûment enregistré [42] ; 2° (B) Et comme ayant la jouissance légale [144] des biens dudit mineur.

91 A reconnu avoir reçu présentement (*ou* : avant ces présentes) en espèces ayant cours [91].

92 De M. (C) Charles [3] Verdun (*id.*), sans profession (*id.*), demeurant (*id.*) à.., à ce présent.

93 La somme de cinq mille francs qui est due audit mineur en sadite qualité d'héritier [78] de sa mère par ledit sieur Verdun pour le prix de la vente [109] faite à ce dernier par ladite défunte dame Louveau et son mari d'une maison à elle appartenant suivant le contrat dont minute [59] précède passé devant le notaire soussigné en présence de témoins le.., dûment enregistré, ci. . . . . 5000 »

94 Plus celle de deux cent cinquante francs pour une année d'intérêts [49] de ladite somme principale échue cejourd'hui, ci. . . . . 250 »

95   Total des sommes reçues. . . . . 5250 »

96 De laquelle somme de cinq mille deux cent cinquante francs M. Louveau comparant consent quittance [84].

97 Au moyen de ce paiement, ledit sieur Louveau donne mainlevée [149] pleine et entière et consent la radiation définitive de l'inscription [83] d'office prise à son profit et à celui de sa femme au bureau des hypothèques de.., le.., vol..., n..., contre ledit sieur Verdun, lors de la transcription [111] du contrat de vente précité.

98 M. le conservateur, en opérant cette radiation, sera valablement déchargé.

(A) L'action que celui qui paye aura contre le débiteur sera celle résultant du quasi-contrat de gestion d'affaires. — V. *note* 26, n. 180 et *suiv.*

(B) Si le mineur avait 18 ans, il faudrait supprimer ce qui suit, parce qu'alors le père n'aurait plus la jouissance légale des biens de son enfant (C. civ. 384).

(C) On ne peut se référer à l'acte précédent pour les noms, professions et demeures des parties, sous peine d'amende. — V. *note* 5, n. 9.

99   Ce paiement est valablement fait au moyen de ce que l'acquéreur ayant fait transcrire [111] son contrat au bureau des hypothèques de.., le.., vol.., n.., la maison vendue ne s'est trouvée grevée d'aucune autre inscription [83] que celle d'office ainsi qu'il résulte d'un certificat délivré après quinzaine par le conservateur le.. (*ou bien : s'est trouvé* grevée de l'inscription d'office précitée et de quatre autres inscriptions [83] ainsi qu'il est constaté par un état de M. le conservateur des hypothèques en date du.., lesquelles quatre inscriptions ont été rayées depuis définitivement (*ou :* en ce qu'elles concernaient l'objet vendu suivant quatre certificats du même conservateur en date des...).

100   Et encore au moyen de ce que l'acquéreur, ayant rempli les formalités prescrites par la loi pour purger [156] ladite maison des hypothèques légales qui pouvaient la grever, il n'est survenu aucune inscription pour cause d'hypothèque légale, ainsi que l'a constaté le même conservateur par son certificat délivré à la suite de celui obtenu sur transcription le... — (*Quand on veut relater les formalités de purge légale on met ici :* pour parvenir à cette purge l'acquéreur a déposé copie collationnée de son contrat d'acquisition au greffe du tribunal civil de première instance de.., le.., de laquelle copie un extrait a été de suite affiché dans l'auditoire dudit tribunal où il est resté exposé pendant deux mois, c'est-à-dire jusqu'au.., ainsi que l'a constaté le greffier par deux certificats délivrés l'un pour le dépôt à la date du.., et l'autre pour le retrait à la date du..

101   Ce dépôt a été notifié tant à la dame LOUVEAU qu'à M. le procureur du roi près ledit tribunal par exploit de.., huissier à.., en date du.. ; et cette notification a été rendue publique par l'insertion qui en a été faite dans le journal judiciaire de l'arrondissement de.., le..

102   Et pendant l'accomplissement de ces formalités il n'est survenu sur la maison dont il s'agit qu'une seule inscription d'hypothèque légale, au profit de.., à la date du.., n.., ainsi que l'a constaté le conservateur par son certificat en date du..., étant à la suite [45] de l'état délivré sur transcription; mais cette inscription a été rayée définitivement suivant un certificat délivré par le même conservateur le..

103   REMISE DE TITRES [84]. M. VERDUN reconnaît que M. LOUVEAU lui a présentement remis tous les titres de propriété que lui et sa défunte épouse s'étaient obligés de lui fournir par le susdit contrat de vente. Dont décharge [84].

104   Les déboursés [5] et honoraires (*id.*) auxquels ces présentes donneront lieu seront payés par M. VERDUN.

105   Dont acte, fait et passé à Blocq [12], en l'étude (*id.*)... — *V. sup. alin.* 10 *et* 11.

---

106   8° QUITTANCE [84] AVEC MAINLEVÉE [149]*, PAR UN TUTEUR DATIF [163] SANS RECEVOIR.

107   En présence de Mᵉ JACQUIN [1], notaire [2] à Blocq [1], département de.., soussigné [15].

108   M. Michel [3] LANGEAU (*id.*), propriétaire (*id.*), demeurant (*id.*) à..

109   Agissant comme tuteur datif [163] de Charles et Georges MÉROT [3], ses neveux, seuls enfants mineurs [65] issus du mariage de Paul MÉROT et Christine LANGEAU, nommé à cette fonction qu'il a acceptée suivant délibération du conseil de famille desdits mineurs tenu sous la présidence de M. le juge de paix [94] du canton de.., suivant son procès-verbal en date du.., dùment enregistré [42].

110   Et encore comme étant spécialement autorisé (A) à l'effet des présentes par une autre délibération du même conseil de famille desdits mineurs, prise devant le même juge de paix, suivant son procès-verbal en date du.., aussi enregistré [42]; de laquelle délibération une expédition [64] en forme délivrée par le greffier de la justice de paix de.. est demeurée ci-annexée [35] après avoir été fait dessus mention de cette annexe par le notaire soussigné en présence des témoins ci-après nommés.

111   Lesdits mineurs Charles et Georges MÉROT, seuls héritiers [78] de leursdits père et mère, ainsi que le constate l'intitulé de l'inventaire fait après le décès de l'un et de l'autre par Mᵉ.., notaire à.. le..; duquel intitulé un extrait [64] en forme a été ci-annexé [35] après avoir été du comparant certifié véritable [35] en présence du notaire et des témoins soussignés.

112   A reconnu que lesdits défunts Paul MÉROT et Christine LANGEAU ont reçu de leur vivant, en faisant volontairement la remise [133] de la grosse du titre de la créance au débiteur.

De M. Chrétien [3] PAULVÉ (*id.*), aubergiste (*id.*), demeurant (*id.*) à.., à ce présent.

113   La somme de deux mille quatre cents francs pour le remboursement du principal [156] de l'obligation de pareille somme qui a été souscrite au profit desdits feus sieur et dame MÉROT par ledit sieur PAULVÉ, suivant acte passé devant Mᵉ.., notaire à.., le.., dùment enregistré [42], ci. . . . . 2400 »

114   Plus celle de cent quarante-quatre francs pour une année d'intérêts [49] à six pour cent de ladite somme, échue au jour du paiement, ci. . . . . 144 »

                                                            115   Total. . . . . 2544 »

(A) L'autorisation du conseil de famille est nécessaire pour couvrir la responsabilité du tuteur et pour éviter au mineur les frais d'un jugement ordonnant la mainlevée de l'inscription après une sommation infructueuse donnée à son tuteur; sans cette autorisation, le tuteur serait obligé de justifier qu'on ne lui a point reçu, par exemple en représentant leur quittance sous seing-privé, sinon il devrait tenir compte à ce dernier de la somme non remise. Il est donc possible, dans ce cas, d'éviter la délibération du conseil de famille; aussi les conservateurs ne font-ils point refus de rayer les inscriptions sur la représentation de la quittance et mainlevée donnée sans autorisation et sans avoir reçu.

116 De laquelle somme totale M. Langeau comparant consent quittance.

117 Au moyen de ce qui précède, ledit sieur Langeau donne mainlevée [149] et consent la radiation de l'inscription [83] prise au profit de M. et mad. Mérot, sus-nommés, au bureau des hypothèques de.., le.., vol.., n.., contre ledit sieur Paulvé et sa femme, débiteurs solidaires [106].

118 M. le conservateur, en opérant cette radiation, sera valablement déchargé.

119 M. Paulvé a justifié avoir en sa possession la grosse [64] de l'obligation sus-énoncée qui lui a été remise par les sieur et dame Mérot, lors du paiement qu'il leur a fait.

120 Les déboursés [5] et honoraires (id.) des présentes seront au compte dudit sieur Paulvé.

121 Dont acte, fait et passé à.., en l'étude [12].... — V. sup. alin. 10 et 11

---

122   9° QUITTANCE [84] DE BORDEREAU (A) DE COLLOCATION [104], PAR UN MANDATAIRE [80].

123 En présence de Me Jacquin [1], notaire [2] à.., soussigné [15].

124 M. Prosper [3] Vallet (id.), avoué de première instance (id.), demeurant (id.) à..

125 Mandataire [80] spécial à l'effet des présentes de M. Arthur [3] Pocquet (id.), limonadier (id.), demeurant (id.) à.., aux termes de la procuration que ce dernier lui a donnée par acte passé devant Me.., notaire à.., le.., et dont le brevet original [59], dûment enregistré [42] et légalisé [125], est demeuré ci-annexé [55] après avoir été communiqué [80, n. 119]au débiteur ci-après nommé et avoir été du mandataire certifié véritable [55] en présence du notaire et des témoins soussignés.

126 A reconnu avoir reçu présentement (ou : avant ces présentes).

127 De M. Félix Billot [3], cultivateur (id.), demeurant (id.) à.., à ce présent.

128 La somme de dix-huit cents francs montant du bordereau de collocation [104] qui a été délivré à M. Pocquet, sus-nommé, dans l'ordre établi au greffe du tribunal civil de.., sur la ferme du Buisson-Vert vendue audit sieur Billot, par le sieur Pancrace Ledoux, ancien négociant, demeurant à.., suivant contrat passé devant Me.., notaire à.., le.., dûment enregistré et transcrit [111], lequel ordre a été ouvert le.., suivant une ordonnance dudit jour rendue par M. Jeanne, juge commissaire, et clos définitivement par une autre ordonnance du même juge commissaire en date du.., toutes deux enregistrées [42]. Lequel bordereau est, à la réquisition de M. Billot, demeuré ci-annexé (B) après avoir été fait dessus mention de cette annexe par le notaire soussigné en présence des témoins ci-après nommés, ci . . . . 1800 »

129 Plus celle de trente francs pour les intérêts [49] de ladite somme qui ont couru depuis le.., jour de la clôture de l'ordre, jusqu'à ce jour, ci. . . . . 50 »

130   Total. . . . . . 1850 »

131 De laquelle somme totale M. Vallet audit nom consent quittance.

132 Au moyen de ce paiement, M. Vallet en sadite qualité donne mainlevée [149] et consent la radiation : 1° de l'inscription prise au profit de M. Pocquet, son commettant, au bureau des hypothèques de.., le.., vol.., n.., contre le sieur Ledoux (C); 2° et de l'inscription d'office prise au profit dudit sieur Ledoux contre ledit sieur Billot au même bureau d'hypothèques le.., vol.., n.., mais seulement en ce qu'elle lui profite comme colloqué.

133 M. le conservateur, en opérant ces radiations dans les termes sus-exprimés, sera valablement déchargé.

134 Les déboursés [5] et honoraires (id.) des présentes seront payés par M. Billot.

135 Dont acte, fait et passé à.. — V. sup. alin. 10 et 11.

---

136   10° QUITTANCE [84] DE DOT PAR UN MARI ET PAR SA FEMME MINEURE [82].

137 En présence de Me Jacquin [1], notaire [2] à Blocq (id.), soussigné [15].

138 M. Stanislas [3] Berret (id.), négociant (id.) et la dame Adèle [5] Carreau (id.), son épouse, de lui autorisée [68] à l'effet des présentes, demeurant (id.) ensemble à...

(A) Il est rare qu'on fasse un exposé dans les quittances d'ordre données particulièrement, parce que cela alonge la quittance sans nécessité et que d'ailleurs tout est consommé par l'ordre. Si on fait un exposé, ce n'est que quand cela est absolument nécessaire pour l'intelligence de la quittance ou bien qu'il s'agit d'une quittance générale. Cela est encore bien moins utile quand le bordereau est annexé à la quittance. — V. la note qui suit.

(B) Lorsque le bordereau de collocation est annexé à la minute de la quittance, on doit, pour obtenir la radiation de l'inscription, en délivrer expédition [64] à la suite [45] de celle de la quittance.

(C) Quand le créancier n'a pas été colloqué dans l'ordre pour l'intégralité de sa créance, on ajoute ici : mais seulement en ce que ladite inscription grève la ferme vendue audit sieur Billot, son effet réservé pour le surplus.

139 Ladite dame mineure émancipée [82] par le mariage, procédant sous l'assistance de sondit mari comme étant son curateur légal (A).

140 Ont reconnu avoir reçu de M. Paul CARREAU [5], ancien négociant (*id.*), demeurant à.., à ce présent.

141 Le trousseau de valeur de trois mille francs qu'il a constitué en dot à ladite dame BERRET, sa fille, aux termes de son contrat de mariage [166] passé devant le notaire soussigné le.., enregistré [42], et dont minute [59] précède.

142 Plus la somme de vingt-deux mille francs en numéraire qu'il lui a aussi constituée en dot, suivant le même contrat de mariage.

143 Lesquels trousseau et somme d'argent ont été stipulés payables dans les six mois du mariage sans intérêts [49].

144 Au moyen de cette délivrance, M. et mad. BERRET tiennent quitte et déchargent M. CARREAU de la dot par lui constituée à sa fille.

145 Les déboursés [5] et honoraires (*id.*) des présentes seront payés par M. CARREAU.

146 Dont acte, fait et passé à... — *V. sup. alin.* 10 et 11.

---

147 11° QUITTANCE [84] DE PRIX DE REMPLACEMENT [155] PAR UN CESSIONNAIRE [96] QUI N'A PAS PAYÉ
LE PRIX DE SA CESSION.

148 En présence de Me JACQUIN [1], notaire [2] à.., soussigné [15].

149 M. Louis [3] PERROT (*id.*), agent d'affaires (*id.*), demeurant (*id.*) à..

150 Comme étant aux droits du sieur Gilles BORDET, militaire en activité de service, en garnison à.., suivant un acte de cession passé devant Me.., notaire à.., le.., dûment enregistré [42] et signifié [96], pour tout le prix moyennant lequel il a remplacé au service militaire M. Ernest PAUTRAT, élève en droit, demeurant à.., suivant traité passé devant Me.., notaire à.., le.., aussi enregistré [42].

151 A reconnu avoir reçu en espèces ayant cours [91].

152 De M. Michel [3] PAUTRAT (*id.*), père du sus-nommé, avocat (*id.*), demeurant à.., à ce présent.

153 La somme de dix-huit cents francs que M. PAUTRAT, père, s'est obligé de payer au sieur BORDET, après l'année de garantie, aux termes du traité précité pour prix du remplacement de son fils au service militaire, ci.   1800 »

154 Plus celle de quatre-vingt-dix francs pour une année d'intérêts [49] de ladite somme principale échue le.., ci. . . . .   90 »

155   Total. . . . . . 1890 »

156 De laquelle somme totale le sieur PERROT, comparant, consent quittance.

157 A ces présentes est intervenu le sieur Gilles BORDET, ci-devant dénommé et qualifié avec indication de domicile.

158 Lequel a renoncé [62] au privilége [29] et à l'action résolutoire [155] résultant en sa faveur du transport précité qu'il a fait du prix de remplacement dont il s'agit au sieur PERROT, moyennant douze cents francs exigibles [77] seulement après que celui-ci aurait reçu ledit prix (B).

159 Mention [84] des présentes sera faite sur toutes pièces que besoin sera par le notaire soussigné et tous autres de ce requis.

160 Les déboursés [5] et honoraires (*id.*) des présentes seront payés par le sieur PERROT, de condition expresse.

161 Dont acte, fait et passé à.. — *V. sup. alin.* 10 *et* 11.

---

162 12° (C) QUITTANCE [84] AVEC SUBROGATION LÉGALE PAR UN CRÉANCIER EN FAVEUR D'UNE CAUTION (D).

163 Pardevant Me Jacques [1] PILADE (*id.*), notaire [2] à Maï [1], département de.., soussigné [15].

(A) Nous avons dit, d'après *Merlin*, que le mari était le curateur légal de sa femme mineure (V. *note* 66, n. 9), mais comme il n'existe à cet égard aucun texte formel de loi et que c'est d'ailleurs un point encore controversé en doctrine, le débiteur de la femme peut exiger que celle-ci soit pourvue d'un curateur nommé par le conseil de famille. Cette nomination est presque superflue quand la femme est mariée sous le régime de la communauté, parce que alors le mari exerce les droits et actions mobiliers de sa femme (C. civ. 1428). Mais il peut n'en être pas de même quand la femme est mariée sous un autre régime, car alors on pourrait prétendre que le paiement ne lui a pas été valablement fait. — V. toutefois note 10, n. 114.

(B) Le privilége de vendeur subsistant même pour les cessions de choses incorporelles, il importe beaucoup de faire faire par le cédant la renonciation que nous formulons ici. — V. *note* 29, n. 118, *et note* 96, n. 86.

(C) Quand c'est un tiers tout-à-fait étranger à l'affaire qui paye pour le débiteur, on peut sans contredit le subroger pour qu'il exerce ensuite les droits du créancier; mais dans la pratique cela ne se fait point par quittance, on emploie la voie du transport. — V. les *formules de* TRANSPORT.

(D) Cette formule peut servir pour un paiement fait par un créancier, un acquéreur, un codébiteur, etc., en faisant les changements qu'on comprendra facilement. — V. note 84, n. 109 *et suiv.*

164   Est comparu M. Germain [5] MELVAUX (*id.*), artiste dramatique (*id.*), demeurant (*id.*) à..

165   Lequel a reconnu avoir reçu présentement en espèces au cours de ce jour.

166   De M. Paul [5] FRACTOT (*id.*), rentier, demeurant (*id.*) à.., à ce présent, payant comme caution du sieur Blaise LEROUX, entrepreneur de bâtiments, demeurant à.., suivant l'obligation ci-après énoncée.

167   La somme de deux mille francs pour le principal de l'obligation souscrite à son profit par ledit sieur LEROUX sous le cautionnement [32] solidaire [106] de M. FRACTOT, suivant acte passé devant Mᵉ.., notaire à.., le.., dûment enregistré [42], ci. . . . . 2000 »

168   Et celle de cent francs pour une année d'intérêts [49] de ladite somme échue le.., ci. . . . . 100 »

169   Total deux mille cent francs, ci. . . . . 2100 »

170   De laquelle somme totale M. MELVAUX consent quittance.

171   Et, attendu que ce paiement est fait par ledit sieur FRACTOT de ses propres deniers, en sadite qualité de caution, il demeure subrogé légalement, et M. MELVAUX le subroge en tant que de besoin, mais sans garantie, recours ni restitution de deniers en aucun cas, dans tous ses droits [27] et actions [28], privilèges [29] et hypothèques [30], et notamment dans l'effet de l'inscription [83] prise à son profit au bureau des hypothèques de.., le.., vol.., n.., contre ledit sieur LEROUX.

172   Consentant, ledit sieur MELVAUX, mainlevée [149] et radiation de cette même inscription, sur la demande dudit sieur FRACTOT, en ce qu'elle grève les biens de ce dernier; quoi faisant, le conservateur sera valablement déchargé.

173   Pour faire opérer la subrogation [114] dont il s'agit en marge de ladite inscription avec élection de domicile [83] en la demeure de M.. située dans l'arrondissement du bureau des hypothèques, tout pouvoir est donné au porteur d'une expédition [64] ou extrait (*id.*) des présentes.

174   Reconnait, le sieur FRACTOT, que M. MELVAUX, lui a présentement remis la grosse [64] de ladite obligation et le bordereau de l'inscription [83] précitée, dont décharge[84].

175   Mention [84] des présentes sera faite sur toutes pièces que besoin sera par le notaire soussigné et tous autres de ce requis.

176   Pour faire signifier [20] ces présentes au sieur LEROUX, tout pouvoir est donné au porteur d'une expédition [64] ou extrait (*id.*).

177   Les débonrsés [5] et honoraires (*id.*) des présentes seront au compte du sieur FRACTOT, sauf son recours (A) comme il avisera contre le sieur LEROUX.

178   Dont acte, fait et passé à Maï [12] en l'étude (*id.*), l'an mil huit cent quarante-cinq [15] le dix-sept avril (*id.*), en présence de MM. (*Noms, prénoms, professions et demeures*), témoins instrumentaires [14]; et les comparants ont signé [15] avec les témoins et le notaire, après lecture [16].

179   V. *Enregistrement*, notes 117, 18 et 19 et la formule de *sommation*.

---

180   13° QUITTANCE [84] AVEC SUBROGATION CONVENTIONNELLE (*id.*) PAR UN DÉBITEUR, PAR SUITE D'UN EMPRUNT FAIT PAR LUI AVEC PROMESSE D'EMPLOI.

181   En présence de Mᵉ Pierre [1] LEROUX (*id.*), notaire [2] à Saint-Aignan [1], département de..., soussigné [15].

182   M. Pierre [5] GERS (*id.*), rentier (*id.*), demeurant (*id.*) à..

183   A reconnu avoir présentement (B) reçu en espèces au cours de ce jour [91].

184   De M. Armand [5] BEYROT (*id.*), propriétaire (*id.*) et de la dame Marie LOIRE, son épouse, demeurant (*id.*) ensemble à.., à ce présents.

185   La somme de dix mille francs [55 et 91] pour le montant du prix de la maison (*ou* : à compte sur le prix de la maison) qu'il leur a vendue suivant contrat [107] passé en minute [59] et présence de témoins [14] devant Mᵉ.., notaire à.., le.., dûment enregistré [42] et transcrit [111], laquelle somme a été stipulée payable [77] à.., le.., avec intérêts [49], ci. . . . . 10000 »

186   Plus celle de cinq cents francs pour une année d'intérêts [49] de ladite somme échue le.., ci. . . 500 »

187   Total. . . . . . 10500 »

188   De laquelle somme totale M. GERS consent quittance.

(A) Les frais de la quittance doivent être, dans ce cas, à la charge du débiteur principal, surtout quand la dette est échue. La caution faisant alors l'affaire du débiteur et non la sienne doit avoir contre celui-ci l'action résultant du quasi-contrat. En vain le débiteur dirait qu'il ne peut avoir deux quittances à payer (celle du créancier à la caution et celle de la caution au débiteur principal). — V. *note* 26, *n.* 184.

(B) On peut bien supprimer le mot *présentement*, mais on ne doit jamais y substituer le mot *antérieurement*. Cela empêcherait la subrogation, laquelle n'est valable que quand elle est faite en même temps que le paiement, et cela se conçoit facilement : quand un paiement est pur et simple, la dette est éteinte et ne peut plus revivre, or, ce serait la faire revivre que de déclarer valable une subrogation faite postérieurement au paiement. — V. *note* 84, *n.* 98 *et sup.* p. 496 *note* A.

189 Ce paiement est valablement effectué au moyen de ce que... — *V. sup. alin.* 99 et suiv.

190 Déclarent, les sieur et dame **Beyrot**, que la somme de dix mille cinq cents francs par eux ci-dessus payée provient en entier (*ou :* jusqu'à concurrence de six mille francs, le surplus ayant été payé de leurs deniers personnels, de l'emprunt de onze mille francs par eux fait de M. Rustique **Lebel**, ancien négociant, demeurant à.., suivant obligation passée devant le notaire soussigné en minute [59] et présence de témoins [14] le..., dûment enregistrée [42].

191 Faisant la présente déclaration pour satisfaire à la promesse d'emploi contenue en ladite obligation, et afin, attendu l'origine des deniers, que M. **Lebel** ait et acquière privilége [29] sur la maison ci-dessus indiquée, et soit subrogé en conformité de l'art. 1250 n. 2 du code civil, à raison de ladite somme de dix mille cinq cents francs (*ou bien :* à raison de ladite somme de six mille francs) dans tous les droits [27] et actions [28] même celle résolutoire [183], priviléges [29] et hypothèques [50] du sieur **Gers** vendeur, notamment dans l'effet de l'inscription [83] d'office prise au profit de ce dernier au bureau des hypothèques de.., le.., vol.., n.., contre les époux **Beyrot**. Laquelle subrogation est présentement consentie par lesdits sieur et dame **Beyrot** seuls au profit dudit sieur **Lebel**, sans aucune adhésion de la part dudit sieur **Gers**, étant bien entendu que, par cette subrogation, ce dernier ne sera tenu à aucune garantie, ni restitution de deniers, ni soumis à aucun recours. (*Lorsque le vendeur n'est point intégralement payé, on ajoute ici :* toutefois cette subrogation ne pourra nuire au vendeur, lequel pourra, en conséquence, exercer ses droits pour ce qui lui reste dû en principal et intérêts sur le prix de ladite vente par préférence à M. **Lebel**, subrogé). — *V. sup. p.* 499, *note* A.

192 Pour faire opérer la subrogation [114] en marge de l'inscription avec élection de domicile [83] en la demeure de M. **Lebel**, située dans l'arrondissement du bureau des hypothèques de.., tout pouvoir est donné au porteur d'une expédition [64] ou extrait (*id.*) des présentes.

193 (A) Reconnaissent, les sieur et dame **Beyrot**, que M. **Gers** leur a présentement remis la grosse [64] du contrat de vente précité et tous les autres titres de propriété à eux promis par ledit contrat de vente.   *Dont décharge.*

194 Consentent les parties que mention des présentes soit faite sur toutes pièces que besoin sera par le notaire soussigné et tous autres de ce requis.

195 Les déboursés [5] et honoraires (*id.*) auxquels le présent acte donnera lieu seront supportés par les époux **Beyrot**.

196 Dont acte, fait et passé à Saint-Aignan [12], en l'étude (*id.*), l'an mil huit cent quarante-cinq [13], le dix-huit avril (*id.*), en présence de MM. (*Noms, prénoms, professions et demeures*), témoins instrumentaires [14]; et les parties ont signé [15] avec les témoins et le notaire, après lecture [16].

197 *V. Répertoire*, note 17. — *Forme des actes*, note 38. — *Enregistrement*, notes 117, 18 et 19.

198   *V. aussi la formule d'*OBLIGATION, *sup. p.* 496.

RACHAT. — *V. sup.* QUITTANCE, *p.* 560 *alin.* 32, *et inf.* RÉMÉRÉ.

---

1   RAPPORT D'EXPERT [195] A LA SUITE [45 et C. pr. 979] D'UNE LIQUIDATION DEVANT NOTAIRE
COMMIS PAR JUSTICE.

2 ET le.., mil huit cent [13]..

3 PAR-DEVANT Mᵉ COLL [1], notaire [2] à Armes [1], susdit et soussigné [15].

4 Est comparu M. Jean [3] NORIT (*id.*), arpenteur-géomètre (*id.*), demeurant (*id.*) à.., où il est patenté [43] pour la présente année à la date du.. dernier, .. classe, n..

5 Expert [195] nommé à l'effet de composer des lots des biens immeubles [86] dépendant tant de la communauté d'entre M. et mad. **Moret** que de la succession dudit feu sieur **Moret**, suivant une ordonnance de M. **Adam**, juge près le tribunal civil de.., commissaire en cette partie, étant au bas de la requête [211] à lui présentée à cet effet le.., dûment enregistrée [42].

6 Lequel a dit :

(A) Le plus ordinairement, la remise du titre de la créance remboursée avec subrogation se fait entre les mains du débiteur qui le remet ensuite à son prêteur avec l'expédition de la quittance subrogative et le certificat de subrogation en marge de l'inscription, le tout sur un récépissé contenant promesse de remettre ces titres lors du remboursement de l'obligation.

Cependant si cette remise est faite directement au prêteur, on le constate en ces termes.

A ces présentes est intervenu M. **Lebel**, *ci-dessus prénommé et qualifié avec indication de domicile.*

Lequel a déclaré accepter et avoir pour agréable la subrogation résultant à son profit des présentes, et reconnu que M. **Gers** *lui a présentement remis la grosse du contrat de vente précité qu'il s'oblige à remettre aux sieur et dame* **Beyrot** *lors du remboursement de l'obligation faisant l'objet de la subrogation résultant des présentes.*

7 ' Qu'après avoir prêté serment (A) devant le tribunal civil de première instance de.. (ou :devant le juge de paix du canton de.., délégué à cet effet), il a procédé à la visite et estimation des biens immeubles dépendant desdites communauté et succession, afin de parvenir à en former des lots égaux d'après les droits respectifs des parties.

8 Qu'il est tout prêt à faire son rapport pour le lotissement [140] des immeubles de la communauté (B), mais que pour qu'il en soit de même à l'égard des immeubles de la succession il faut nécessairement un tirage au sort préalable des biens de communauté qui lui fasse connaître sur quels biens son opération doit porter.

9 Il a, en conséquence, divisé seulement les biens de la communauté en deux lots égaux, ainsi qu'il suit :

10 PREMIER LOT. Ce lot sera composé :

11 1° D'une maison située à.., rue.., n.., formant l'art. 15 de la masse active de communauté ; estimée dix mille francs, ci. . . . . 10000 »

12 2° D'une pièce de vigne, de la contenance de deux hectares [91], située sur la commune de.., lieu dit le Sommet de la montagne, formant l'art. 17 de ladite masse active ; estimée cinq mille francs, ci. 5000 »

13 Total de la valeur des immeubles composant le présent lot. 15000 »

14 SECOND LOT. Ce lot sera composé :

15 1° D'un bâtiment situé à.., rue.., dans lequel il y a un pressoir avec tous ses agrès et ustensiles, le tout formant l'art. 16 de la masse active de communauté qui précède, estimé six mille francs, ci. . . . . . 6000 »

16 2° Et de quatre hectares [91] cinquante ares de terre labourable, situés sur la commune de.., lieu dit les Eaubues, formant l'art. 18 de la masse active de communauté qui précède ; estimés neuf mille francs, ci. . . . . 9000 »

17 Total de la valeur des biens composant le présent lot. 15000 »

18 Il sera procédé au lotissement (C) des biens de la succession de M. MORET aussitôt après le tirage au sort des biens de la communauté, et ce par les motifs ci-dessus expliqués.

19 Duquel rapport il a été reçu et rédigé le présent procès-verbal.

20 Dont acte, fait et passé à Armes [12], en l'étude (id.), les jour, mois et an (id.) susdits, sans assistance de témoins (D); et M. NORIT expert a signé [15] avec le notaire, après lecture [16].

21 V. Répertoire, note 17. — Forme des actes, note 38. — Enregistrement, notes 56, 18 et 19.

22 V. aussi la formule de COMPROMIS.

---

1 RAPPORT D'EXPERTS [195] AMIABLEMENT NOMMÉS PAR LES PARTIES.

2 NOTA. Il n'y a lieu à rapport d'experts que quand il en a été ordonné ainsi par jugement. Ce n'est pas à dire pour cela que les parties ne puissent point en nommer pour prévenir une contestation en justice, mais nous ferons observer que ce mode ne termine point la difficulté, puisque des experts ne prononcent point de condamnation. Il est bien mieux, dans ce cas, de nommer des arbitres qui décident soit d'après les règles du droit en ordonnant, si bon leur semble, une expertise préalable, soit comme amiables compositeurs, souverainement et sans appel.

3 V. dans les deux cas les formules de COMPROMIS et D'ARBITRAGE.

RAPPORT POUR MINUTE. — V. sup. la formule de DÉPÔT, p. 569.

RATIFICATIONS [208] :

I. Par une femme mariée
1° D'un achat d'office fait par son mari avant leur mariage.

2° D'un bail fait au mari avant le mariage.
3° D'une vente faite par le mari durant le mariage.

(A) — V. sup. p. 524, note A.

(B) Lorsqu'il y a des biens de communauté et des biens de succession. il faut nécessairement deux rapports parce qu'il y a deux opérations qui ne peuvent avoir lieu que successivement ; en effet, pour pouvoir réunir le lot échu à la succession du prédécédé aux biens propres de cette succession , il faut les connaître; or, on ne le peut qu'au moyen d'un tirage au sort préalable des biens de communauté.

(C) Pour le second rapport on pourra suivre la présente formule, en y faisant les changements nécessaires.

(D) Ce rapport peut être fait sans assistance de témoins par argument des art. 977 et 979 du C. civ. — On ne peut, en effet , exiger plus pour l'accessoire que pour le principal.

4° *D'un engagement par elle contracté sans au-*
torisation de son mari.
II. Par un mineur devenu majeur.
III. Par un majeur.

IV. D'une donation par un héritier après le décès
du donateur.
V. Par celui au profit duquel on a stipulé sans se
porter fort de lui.

I. — 1° RATIFICATION [208] PAR UNE FEMME MARIÉE, D'UN ACHAT (A) D'OFFICE [191] FAIT PAR
SON MARI AVANT LEUR MARIAGE.

PAR-DEVANT M⁰ Adrien [1] LOUZE (*id.*), notaire [2] à Pleutre [1], département de.., soussigné [15].

Est comparue Mad. Héloïse [3] FESSARD (*id.*), épouse de M. Paul SIMONNET [3], huissier (*id.*), avec lequel elle demeure (*id.*) à Pleutre ; ladite dame de son mari, à ce présent, dûment autorisée [68].

Laquelle, après avoir pris communication [21], sur l'original, d'un acte sous signatures privées en date du.., enregistré à.., le.., f°.., v°.., case 3 et suivantes, par M. CRESPY, qui a reçu pour les droits ... francs, décime compris, contenant vente [109] par M. Daniel LEDOUX à M. SIMONNET, de son office d'huissier à la résidence de Pleutre, ainsi que de la clientèle et des recouvrements en dépendant, moyennant la somme de quinze mille francs stipulée payable dans le cours de dix années [77] avec intérêts [49] au taux de cinq pour cent par an sans retenue ; à la condition entre autres choses qu'au cas de mariage dudit sieur SIMONNET il ferait approuver et ratifier ladite vente par sa femme et la ferait obliger solidairement [106] avec lui au paiement dudit prix et de ses intérêts.

A, par ces présentes, déclaré qu'elle approuve, confirme et ratifie expressément ladite vente d'office, voulant qu'elle reçoive sa pleine et entière exécution comme si elle y eût été présente et l'eût signée. Elle s'oblige, en conséquence, solidairement [106] avec son mari, au paiement du principal [136] et des intérêts [49] de la susdite vente, ainsi qu'à l'exécution des charges et conditions [153] sous lesquelles elle a été faite, le tout dans les termes et de la manière exprimés audit acte de vente.

Consentant que mention [84] des présentes soit faite sur toutes pièces que besoin sera par le notaire soussigné ou tous autres de ce requis.

Dont acte, fait et passé à Pleutre [12], en l'étude (*id*), l'an mil huit cent quarante-cinq [13], le dix-huit avril (*id.*), en présence de MM. (*Noms, prénoms, professions et demeures*), témoins instrumentaires [14] ; et M. et mad. SIMONNET ont signé [15] avec les témoins et le notaire, après lecture [16].

V. *Répertoire*, note 17. — *Forme des actes,* note 38. — *Enregistrement*, notes 99, 18 et 19.

I. — 2° RATIFICATION [208] PAR UNE FEMME MARIÉE, D'UN BAIL [105] FAIT A SON MARI AVANT LEUR MARIAGE.

PAR-DEVANT M⁰ LOUZE [1], notaire [2] à Pleutre [1], soussigné [13].

Est comparue mad. Héloïse FESSARD [3].. — *V. sup. alin.* 3.

Laquelle, après avoir pris communication [21], sur une expédition [64] en bonne forme, d'un acte passé en minute [39] et présence de témoins [14] devant M⁰.., notaire à.., le.., dûment enregistré [42] contenant bail [105] par M. Félix MERLE, entrepreneur de bâtiments, demeurant à.., à M. Paul SIMONNET, comparant, d'une maison [7] sise à Pleutre, rue.., n.., moyennant un loyer annuel de six cents francs outre les charges, et à la condition expresse que si le preneur venait à se marier, il serait tenu de faire approuver et ratifier ledit bail par sa femme, et de la faire obliger solidairement [106] avec lui au paiement des loyers et à l'exécution des charges, clauses et conditions dudit bail.

A, par ces présentes, déclaré qu'elle approuve, confirme et ratifie expressément le bail sus-énoncé, s'obligeant, en conséquence, solidairement [106] avec son mari, au paiement des loyers et à l'exécution des charges et conditions, le tout dans les termes et de la manière exprimés audit bail, et voulant qu'il reçoive sa pleine et entière exécution, comme si elle y eût été présente et l'eût signée.

V. *sup. alin.* 6, 7 et 8.

I. — 3° RATIFICATION [208] PAR UNE FEMME MARIÉE, D'UNE VENTE [109] FAITE PAR LE MARI DURANT
LE MARIAGE.

ET le.. mil huit cent.. (B).

Par-devant M⁰ LOUZE [1], notaire [2] à Pleutre [1], soussigné [15].

(A) Cette formule pourrait s'appliquer à l'acquisition d'un fonds de commerce, en lui faisant subir les changements nécessaires.
(B) Nous ne sommes point partisan de cette manière de commencer les actes qui font suite à d'autres, car lorsqu'on délivre séparément expédition du second acte, il faut nécessairement qu'elle commence par ces mots : « *Et le...* », ce qui paraît toujours étrange. Cela ne devrait se pratiquer que dans les liquidations et procès-verbaux, où tout s'enchaîne de manière à ne pouvoir délivrer expédition d'une partie sans l'autre.

¹⁹ Est comparue mad. Héloïse [5] Fessard (*id.*), épouse de M. Paul Simonnet.. — *V. sup. alin.* 5.

²⁰ Laquelle, après avoir pris communication [21] et que lecture qu'elle a dit avoir bien entendue lui a été faite par M⁰ Louze, notaire soussigné, d'un contrat passé devant lui en minute [59] et présence de témoins [14] le.., dûment enregistré [42], contenant vente par M. Simonnet, son mari, ayant agi tant en son nom personnel que comme se portant fort de la comparante (A) avec obligation solidaire [106] entre eux de garantir de tous troubles [9] et évictions (*id.*), à M. Michel Lavollée, sans profession, demeurant à.., d'une pièce de pré de la contenance de trois hectares [91], située sur la commune de.., lieu dit les Pâtis, appartenant [22] en propre audit sieur Simonnet, moyennant la somme de six mille francs de prix principal, outre les charges exprimées en ladite vente.

²¹ A, par ces présentes, déclaré approuver, confirmer et ratifier expressément ledit bail, et s'obliger solidairement avec son mari au paiement des loyers ainsi qu'à l'exécution des charges et conditions y exprimées, le tout dans les termes et de la manière stipulés audit bail ; voulant qu'il ait et reçoive sa pleine et entière exécution comme si elle y eût été présente et l'eût signé. A ce moyen, ladite dame Simonnet ne pourra exercer son hypothèque légale [30] ni sur ladite pièce de pré ni sur le prix de la vente. — *V. sup. purge, p.* 558.

²²   *V. sup. alin.* 6, 7 *et* 8.

²³   I. — 4⁰ RATIFICATION [208] par une femme mariée, d'un engagement par elle contracté
                        sans autorisation [68] de son mari.

²⁴ Par-devant M⁰ Louze [1], notaire [2] à Pleutre [1], soussigné [15].

²⁵ Est comparue Mad. Héloïse [5] Fessard (*id.*), épouse de M. Paul Simonnet... — *V. sup. alin.* 5.

²⁶ Ladite dame séparée de biens d'avec son mari contractuellement [166].

²⁷ Laquelle, après avoir entendu la lecture [16] qui lui a été faite par le notaire soussigné d'un acte passé devant lui, témoins présents, le.. dernier, dûment enregistré, contenant : 1⁰ obligation [107] par François Fessard, son frère, négociant, demeurant à.., au sieur Charles Moreau, rentier, demeurant à.., d'une somme de quatre mille francs, stipulée payable le.., avec intérêts à cinq pour cent (*ou :* à six [49] pour cent); 2⁰ et intervention de la dame Simonnet se rendant caution [52] solidaire de son frère envers M. Moreau pour raison du principal [156] et des accessoires [105] de ladite obligation avec hypothèque [30] sur une maison située à.., rue.., n⁰.., à elle appartenant [22], lequel cautionnement a été par elle consenti hors la présence et sans l'autorisation de son mari.

²⁸ A, par ces présentes, déclaré [68] comme dit est, déclaré qu'elle approuve, confirme et ratifie [208] ladite obligation, voulant qu'elle soit exécutée selon sa forme et teneur, de même que si elle eût alors contracté avec l'autorisation de son mari ; renouvelant ici en tant que de besoin et sous ladite autorisation les engagements [86], stipulations [52] et conventions [86] contenues en cette obligation et notamment l'hypothèque par elle consentie sur la maison y désignée.

²⁹ Consentant que mention [84] des présentes soit faite sur toutes pièces que besoin sera par le notaire soussigné et tous autres de ce requis.

³⁰ Dont acte, fait et passé à Pleutre [12]... - *V. sup. alin.* 7 *et* 8.

³¹   II. RATIFICATION [208] par un mineur [68] devenu majeur [79].

³² Par-devant M⁰ Hilaire [1] Bernet (*id.*), notaire [2] à Jesy [1], département de.., soussigné [15].

³³ Est comparu M. Emmanuel [5] Picq (*id.*), élève en médecine (*id.*), demeurant (*id.*) à.. ; actuellement majeur [79], étant né [65] à.., le..

³⁴ Lequel, après avoir pris communication [21] et entendu la lecture [16] à lui faite par le notaire soussigné d'un procès-verbal dressé par ce dernier en minute [59] et présence de témoins [14] le.., dûment enregistré [42], contenant adjudication [109] par M. Modeste Picq, docteur en médecine, demeurant à.., comme s'étant porté fort [52] du comparant, son fils, savoir : 1⁰ Paul Leclerc, cultivateur, demeurant à.., de cinquante ares [91] de terre, situés (141) sur la commune de.., lieu dit.., moyennant la somme de cinq cents francs de prix principal outre les charges ; 2⁰ à Jean Durand, garçon majeur, sans profession, demeurant à.., un jardin situé sur ladite commune, de la contenance de.., moyennant la somme de trois cents francs ; 5⁰.., etc.

³⁵ A, par ces présentes, déclaré approuver, confirmer et ratifier [208] ledit procès-verbal d'adjudication en tout son contenu, et vouloir qu'il soit exécuté à son égard selon sa forme et teneur comme s'il y eût été présent et l'eût consenti en majorité.

(A) *Ou bien :* qu'il a obligée solidairement avec lui à garantir de tous troubles et évictions qui proviendraient d'elle ou de toute personne subrogée à ses droits. — *V. sup.* p. 43, alin. 11.

36 Déclarant, le comparant, qu'en consentant la présente ratification il fait toute réserve contre son père pour raison des sommes que ce dernier a pu toucher des acquéreurs.

37   V. *sup. alin*. 6, 7 et 8.

---

38   III. RATIFICATION [208] PAR UN MAJEUR.

39 Par-devant M⁰ BERNET [1], notaire [2] à Jésy [1], soussigné [15].

40 Est comparu M. Louis [3] LEVERT (*id.*), garçon majeur (*id.*), sans profession (*id.*), demeurant (*id.*) à..

41 Lequel, après avoir pris communication [21] et entendu la lecture à lui faite par le notaire soussigné d'un contrat passé devant lui en minute [59] et présence de témoins [14] le.., dûment enregistré [42], contenant vente par M. Paul LEVERT, son père, officier de santé, demeurant à.., comme s'étant porté fort [52] du comparant, d'une maison située à.., moyennant la somme de cinq mille francs payée comptant.

42 A, par ces présentes, déclaré approuver, confirmer et ratifier [208] expressément ledit contrat de vente, voulant qu'à son égard il soit exécuté selon sa forme et teneur, comme s'il y eût été présent et l'eût signé.

43 (A) Reconnaissant, le comparant, que ledit sieur Paul LEVERT, son frère, lui a remis [84] la somme de cinq mille francs qu'il a touchée pour son compte suivant le susdit contrat.

44 Mention [84] des présentes sera faite sur toutes pièces que besoin sera par le notaire soussigné et tous autres de ce requis.

45   V. *sup. alin*. 7 et 8. — V. *aussi Enregistrement note* 56.

---

46   IV. RATIFICATION [208] D'UNE DONATION [81], PAR UN HÉRITIER [78], APRÈS LE DÉCÈS DU DONATEUR (B).

47 Par-devant M⁰ BERNET [1], notaire [2] à Jésy [1], département de.., soussigné [15].

48 Est comparu M. Pierre [5] CLAIRET (*id.*), homme de lettres (*id.*), demeurant (*id.*) à..

49 Seul héritier [78] de M. Ignace CLAIRET, son père, ci-après nommé, décédé [65] à.., le.., ainsi qu'il est constaté par un acte de notoriété [127] à défaut d'inventaire, dressé par M⁰.., notaire à.., le.., dûment enregistré [42].

50 Lequel, après avoir pris connaissance d'un acte passé devant M⁰.., notaire à.., en minute [59] et présence de témoins [14], le.., dûment enregistré [42], contenant donation [81] par M. Etienne LETORT, sans profession, demeurant à.., comme mandataire [80] de M. Ignace CLAIRET, père du comparant, suivant un acte sous-seing privé en date du.., enregistré [42] à.., le.., f⁰.., v⁰.., case 5, par M.., qui a reçu deux francs et vingt centimes pour subvention, à Marie SOLON, son enfant naturel [126], d'un labourage composé de vingt-cinq pièces de terres, pour la remplir de la portion qu'elle aurait pu prétendre dans sa succession, sans pouvoir rien réclamer de plus dans le cas où l'objet donné ne formerait point l'équivalent de cette portion.

51 A, par ces présentes, déclaré approuver, confirmer et ratifier [208] expressément ladite donation, consentant qu'elle reçoive sa pleine et entière exécution, renonçant à opposer le vice de forme résultant de ce que le mandat donné au donateur a eu lieu par acte sous-seing-privé et non par acte authentique.

52 A ces présentes est intervenue (C) la Dlle Marie SOLON, fille majeure, demeurant à..

53 Laquelle, ayant pris connaissance [21] de ce qui précède, a déclaré l'avoir pour agréable et renoncer aussi à se prévaloir du vice de forme existant dans l'acte de donation dont il s'agit.

54 Mention [84] des présentes... — V. *sup. alin*. 6, 7 et 8.

---

55   V. RATIFICATION [208] PAR CELUI AU PROFIT DUQUEL ON A STIPULÉ [52] SANS SE PORTER FORT (*id.*) DE LUI.

56 Par-devant M⁰ BERNET [1], notaire [2] à Jésy [1], département de.., soussigné [15].

57 Est comparu M. Léon [5] DUVAL (*id.*), célibataire majeur, sans profession (*id.*), demeurant (*id.*) à..

(A) La ratification met celui en faveur de qui elle a lieu à l'abri de toute attaque de la part du ratifiant pour raison des sommes que le premier a payées au portant-fort, quand même celui-ci n'en aurait point tenu compte au ratifiant; mais le portant-fort n'est pas pour cela libéré de ces sommes envers celui dont il s'est porté fort. Il est donc à propos de s'expliquer à cet égard dans l'acte, pour opérer la décharge du portant-fort, si on entend le décharger, auquel cas la disposition ne donnera lieu qu'à un droit fixe de 2 fr., car la ratification produit le même effet que si le portant-fort avait agi en vertu d'un mandat (Championnière, tr. 810). - V. note 56.

(B) Une donation n'est sujette à ratification que dans le cas que nous supposons, c'est-à-dire après le décès du donateur (C. civ. 1340). - En tout autre cas, quand une donation est nulle en la forme, il faut qu'elle soit refaite en la forme légale (C. civ. 1339).

(C) Nous faisons intervenir la donataire pour qu'elle ne puisse plus mettre en doute la validité de la donation en prétendant que la nullité est absolue; selon nous, la nullité n'est que relative.

⁵⁸ Lequel, après avoir pris communication [21] et entendu la lecture [16] à lui faite par le notaire soussigné d'un contrat passé devant M°.., notaire à.., le.., dûment enregistré [42], contenant vente [109] par M. Gilles Bonnin, négociant et la dame Adèle Auroux, son épouse, demeurant ensemble à.., à M. Hector Beauveau, marchand épicier demeurant à.., *ayant acquis pour le comparant sans se porter fort* [52] *de lui* (A), d'un fonds de commerce de passementerie comprenant l'achalandage et les marchandises qui en dépendront, situé (141) à.., rue.., n°.., et ayant pour enseigne le *Gant parfumé*, pour en jouir le.., moyennant la somme de six mille francs stipulée payable dans les six mois de l'entrée en jouissance avec intérêts [49].

⁵⁹ A, par ces présentes, déclaré approuver, confirmer et ratifier ladite vente, et consentir qu'elle reçoive sa pleine et entière exécution comme s'il y eût été présent et l'eût signée, se soumettant à l'exécution des charges et conditions de ladite vente et au paiement du prix, ainsi que le tout est exprimé audit acte.

⁶⁰ A ces présentes sont intervenus M. et mad. Bonnin, ci-devant prénommés et qualifiés avec indication de domicile.

⁶¹ Lesquels, après avoir aussi pris connaissance de ce qui précède, ont déclaré qu'ils réitéraient le consentement par eux donné à la vente du fonds de commerce de passementerie dont est parlé en l'acte ci-dessus mentionné, pour, ladite vente, avoir lieu aux mêmes charges et conditions que celles y exprimées, sans aucune dérogation.

⁶² Les déboursés [5] et honoraires (*id.*) auxquels le présent acte donnera lieu seront à la charge de M. Duval.

⁶³ Pour l'exécution des présentes les parties font élection de domicile [11] en l'étude du notaire soussigné (B).

⁶⁴ Dont acte, fait et passé à Jésy [12] en l'étude (*id.*), ... — V. *sup. alin.* 7.

⁶⁵ V. *Répertoire*, note 17. — *Forme des actes*, note 38. — *Enregistrement*, notes 90, 99, 18 et 19.

RÉCÉPISSÉ DE COMPTE. — V. *sup. p.* 292, *alin.* 141 *et suiv.*

RÉCEPTION DE CAUTION. — V. *sup.* CAUTIONNEMENT JUDICIAIRE, *p.* 219 *et la note* 94, n. 158.

RECHANGE. — V. COMPTE DE RETOUR.

RÉCOLEMENT [145] (PROCÈS VERBAL DE).

² L'an mil huit cent quarante-cinq [13], le samedi trois mai (*id.*), à neuf heures du matin.

³ A la requête de M. Camille [5] Nolot (*id.*), marchand de meubles (*id.*), demeurant (*id.*) à..

⁴ Seul héritier [78] de la dame Émilie Crottin, sa tante, décédée femme en premières noces de M. Pierre Leroux, sans laisser ni ascendants [88] ni descendants (*id.*) ni collatéraux (*id.*) à un degré égal ou plus proche que le requérant, ainsi qu'il est constaté par l'intitulé de l'inventaire fait après son décès par M° ., notaire à.., le.., dûment enregistré [42].

⁵ A la requête aussi de M. Christian Leroux [5], propriétaire (*id.*), demeurant (*id.*) à..

⁶ Agissant comme tuteur [163] datif de Étienne et Paul Leroux, ses neveux, enfants mineurs [65], issus du mariage de Pierre Leroux, sus-nommé, avec dame Delphine Mémain, sa seconde femme, tous deux décédés [63], et desquels lesdits mineurs sont habiles [34] à se dire seuls et uniques héritiers [78], ainsi que le constate l'intitulé de l'inventaire fait après le décès de leursdits père et mère par M°.., notaire à.., soussigné, le.., dûment enregistré.

⁷ Et en présence de M. Adolphe Mémain, sans profession, demeurant à.., subrogé-tuteur [163] desdits mineurs.

(A) On ne peut, en général, s'engager ni stipuler en son propre nom que pour soi-même, ce qui, dans ce cas, profite aux héritiers et ayant-causes du stipulant (C. civ. 1110 et 1122); on peut cependant stipuler pour un tiers, mais alors il faut se porter fort pour lui, sans quoi il n'y aurait pas de lien de droit entre les parties. — C. civ. 1120; V. note 52, n. 17 et 51.

Dans l'espèce proposée en la formule, l'acte n'est pas susceptible d'être ratifié, parce qu'il n'a point eu d'existence légale. On ne doit donc point considérer cet acte comme une ratification, mais comme un contrat nouveau intervenant entre les parties présentes à cet effet, et qui ne sera sujet au droit proportionnel qu'autant que ce droit n'aurait point été perçu sur le premier acte. A cet égard, nous ferons observer que le premier acte, n'étant point obligatoire entre les parties, n'a pu être tarifé au droit proportionnel, et que si cependant ce droit a été perçu il est sujet à répétition, si au temps de la ratification on est encore dans le délai pour le réclamer (Championnière, tr. 216 et 218; arg. délib. 20 av. 1842, — *Contr.* 6351.)

(B) C'est l'élection de domicile la plus convenable que puissent faire les parties, leurs domiciles du moment de l'acte devant être différents de ceux du jour de l'exécution.

8   Me Ambroise FROTTIER [1], notaire [2] à.., département de.., soussigné [13], assisté de MM. (*Noms, prénoms,*
professions et demeures), témoins instrumentaires [14], aussi soussignés, s'est transporté avec les requérants en une
maison sise à.., rue.., n°.., que le défunt sieur LEROUX habitait et où il est décédé [63] le.., à l'effet de procéder au
récolement des biens meubles [86], effets mobiliers, titres et papiers compris en l'inventaire précité fait après le décès
de la dame Émilie CROTTIN, première femme de M. LEROUX, lequel avait été institué par elle son donataire [214] universel en usufruit, pour, ensuite et attendu l'extinction dudit usufruit, faire la remise à M. NOLOT en sa qualité sus-
exprimée, de ceux des biens meubles, effets, titres et papiers, compris en ce même inventaire, qui se trouveront encore en nature.
9   Auquel lieu étant arrivé , ledit Me FROTTIER , assisté desdits témoins, a , à l'instant, procédé, en présence des
parties, au récolement dont il s'agit, de la manière suivante, sur une expédition [64] de l'inventaire précité représenté par M. NOLOT.

RÉCOLEMENT DU MOBILIER.

10
11   Les meubles et effets composant les art. premier à vingt du mobilier décrits et prisés audit inventaire ont été
reconnus exister en nature, mais avec une détérioration à l'art. 13, ci . . . .   EN NATURE.
12   Ceux compris sous les art. vingt et un et vingt deux sont en déficit, ci. . . . .   EN DÉFICIT.
13   Ceux composant les art. vingt - trois à cinquante , inclusivement , ont été reconnus exister en nature, ci . . . .   EN NATURE.
14   L'art. cinquante et un a été composé de deux pendules dont l'une a été trouvée en nature, ci. .   EN NATURE.
15   Et l'autre est en déficit, ci . . . .   EN DÉFICIT.

RÉCOLEMENT DES PAPIERS.

16
17   *Cote première. — Une pièce.* Cette pièce qui est l'expédition du contrat de mariage de M. LEROUX et de dame
Émilie CROTTIN, sa première épouse, s'est trouvée en nature, ci . . . .   EN NATURE.
18   *Cote deuxième. — Six pièces.* Ces pièces qui sont les titres de propriété des biens immeubles propres de la défunte
se sont trouvées aussi en nature, ci . . . .   EN NATURE.
19   *Cote troisième. — Neuf pièces.* Ces pièces qui sont les titres de propriété de diverses rentes appartenant en propre
à la défunte se sont trouvées en déficit, ci . . . .   EN DÉFICIT.
20   Ce récolement achevé et attendu qu'il en résulte que divers art. de mobilier ont été trouvés en déficit et que
d'autres ont subi des détériorations autrement que par l'usage et le temps, il va être, par M. Charles OUDE, greffier
de la justice de paix de...., y demeurant, pour ce intervenant, expert dûment assermenté et choisi à cet effet par
toutes les parties, procédé à la prisée tant des objets trouvés en déficit que de la détérioration survenue aux objets
existant en nature par le fait de l'usufruitier, lequel M. OUDE a promis de faire cette prisée [145] à juste valeur et
sans crue, conformément à la loi, et a signé ici, après lecture.   SIGNATURE.
21   Suit la prisée des objets dont il s'agit :
22   L'art. 13 de la prisée de l'inventaire comprend une glace qui pendant la durée de l'usufruit a été cassée en deux
endroits et a reçu deux taches au milieu. La détérioration qui en résulte est évaluée à cent trente francs,
ci . . . . 130 »
23   L'art. 21 se trouvant en déficit a été prisé par l'inventaire à cent francs, ci . . . . . 100 »
24   L'art. 22, se trouvant aussi en déficit a été prisé par l'inventaire à cent soixante dix francs, ci. . . 170
25   Les deux pendules composant l'art. 51 de l'inventaire ont été estimées ensemble cinq cents fr., ci. 500 »
26   La pendule trouvée en nature est prisée par M. Oude à trois cents francs, ci. . . . . 300 »
27   Il reste deux cents francs pour la pendule en déficit, ci . . . . 200 »
                                                                                       _____
                                        Total. . . . .   600 »

28   Et ne s'étant plus rien trouvé à priser, M. OUDE, après avoir vaqué [5] à ladite prisée pendant une heure a signé
et s'est retiré, après lecture [16].   *Signature.*
29   De laquelle somme de six cents francs la succession de M. LEROUX se trouve débitrice envers celle de mad. LE-
ROUX pour les causes sus-exprimées ; en ce non compris les sommes, créances et rentes sur lesquelles a porté l'usufruit
dont il s'agit et dont il est dû restitution, à l'effet de quoi il sera procédé ultérieurement à un compte [184] entre
les parties.

30   ### DÉCHARGE [84].

31   Reconnait, le sieur NOLOT, que remise lui a été faite à l'instant : 1° de l'expédition 64] de 'inventaire [145] fait
après le décès de sa tante ; 2° des meubles et effets mobiliers compris audit inventaire et constatés en nature par le
présent récolement ; 3° des titres et papiers trouvés en nature par ce même récolement.
32   Il reconnait aussi que les immeubles dont a joui M. LEROUX lui ont été remis dans un état satisfaisant , d'après la
vérification faite entre les parties de l'état ˙ᵃᵒ˙ ᵈᵉ ces immeubles dressé lors de l'ouverture de l'usufruit le..., lequel
état a été enregistré [42] à..., le..., (*relater littéralement la mention d'enregistrement*).
33   Il a été vaqué [5] à ce qui précède depuis ladite heure de neuf du matin jusqu'à celle de cinq du soir par triple
vacation.
34   De tout ce que dessus il a été dressé le présent procès-verbal les jour, lieu, heure, mois et an [13] susdits , en
présence des témoins ci-dessus nommés ; et les parties ont signé [13] avec les témoins et le notaire , après
lecture [16].

35   V. *Répertoire*, note 17. — *Forme des actes*, note 38. — *Enregistrement*, notes 56, 18 et 19.
36   *V. aussi sup.* INVENTAIRE *p.* 431 alin. 41 *et* USUFRUIT (*compte d'*).

RECONNAISSANCE DE DOT. — V. *la formule de* DONATION *sup.* 391 *alin.* 1 *et suiv.*

RECONNAISSANCE D'ÉCRITURE ET DE SIGNATURE [177]

1° *Par le débiteur seul, d'un contrat synallagmatique.* | sonne qui ratifie [208] *l'acte.*
2° *Par toutes les parties avec intervention d'une per—* |

---

1   1° RECONNAISSANCE DE SIGNATURE [177] D'UN CONTRAT SYNALLAGMATIQUE, PAR LE DÉBITEUR SEUL. (A).

2   Par-devant Mᵉ Prix [1] GUILLY (*id.*) , notaire [2] à Bray [1], département de..., soussigné [15].
3   Est comparu M. Paul [3] MARCOT (*id.*), agriculteur (*id.*), demeurant (*id.*) à Bray.
4   Lequel a , par ces présentes, reconnu pour sa signature celle apposée au bas d'un écrit sous signatures privées fait double entre lui et M. François LEMAIRE, marchand de bois, demeurant à..., le.. dernier et contenant vente [109] par ledit sieur LEMAIRE au comparant d'une ferme [7] sise sur la commune de.., appartenant en propre au vendeur, moyennant la somme de six mille francs de prix principal stipulée payable dans un délai [77] de six mois avec intérêts [49], et en outre à diverses charges et conditions [153] exprimées audit acte.
5   Un des doubles duquel écrit, enregistré [42 n. 84], (*ou bien* : qui sera enregistré avant ou en même temps que ces présentes), représenté par le comparant est, à sa réquisition, demeuré ci-annexé [35], après avoir été de lui certifié véritable et signé en présence du notaire et des témoins soussignés.
6   Consentant, le comparant, que ledit écrit, dont la teneur est parfaitement connue de lui, ait et acquière au moyen des présentes tout l'effet d'un acte authentique, et qu'il en soit délivré toutes grosses [64] et expéditions (*id.*) à qui il appartiendra.
7   Le coût [5] des présentes et de la grosse (*id.*) à délivrer à M. LEMAIRE seront à la charge de M. MARCOT.
8   Dont acte, fait et passé à Bray [12] en l'étude (*id.*), l'an mil huit cent quarante-cinq [15] le vingt avril (*id.*), en présence de MM. (*Noms, prénoms, professions et demeures*), témoins instrumentaires [14]; et le comparant a signé [15] avec les témoins et le notaire, après lecture [16].
9   V. *Répertoire*, note 17. — *Forme des actes*, note 38. — *Enregistrement*, notes 36, 18 et 19.
10   *V. aussi sup.* ANNEXE (*énonciations et mentions d'*) *p.* 76.

---

11   2° RECONNAISSANCE D'ÉCRITURE [177] PAR TOUTES LES PARTIES, AVEC INTERVENTION D'UNE
PERSONNE QUI RATIFIE [208] L'ACTE.

12   Par-devant Mᵉ Guilly [1], notaire [2] à Bray [1], département de..., soussigné [15].
13   Sont comparus :
14   M. Alexandre [3] BOISSEAU (*id.*), sans profession (*id.*), demeurant (*id.*) à...   D'UNE PART
15   Et M. Cyprien CADOUX, marchand épicier, demeurant au même lieu.   D'AUTRE PART.
16   Lesquels ont , par ces présentes, déposé pour minute [59] à Mᵉ GUILLY, notaire soussigné, pour le rendre authentique, l'un des originaux d'un acte sous seing-privé en date à..., du..., enregistré [42 n. 84] (*ou bien* : qui sera soumis à l'enregistrement avant ou en même temps que ces présentes) , contenant bail [103] par M. BOISSEAU à M. CADOUX, ayant agi en son nom et encore, au cas de mariage, pour la femme qu'il épouserait et dont il s'est porté fort [52], d'une maison située à..., pour douze années qui ont commencé le..., moyennant la somme de six cents francs de loyer annuel payables aux quatre termes ordinaires de l'année.

(A) Ordinairement le dépôt d'un contrat synallagmatique se fait par toutes les parties contractantes. Et lorsque le dépôt n'est fait que par la partie dont les engagements ne sont pas remplis, c'est, le plus souvent, quand il s'élève des difficultés relativement à la réalisation qui a été promise par l'acte privé et que l'acquéreur tient non-seulement à éviter un double droit d'enregistrement qui serait perçu si l'acte n'était pas enregistré dans les trois mois de sa date (V. *note* 18, n. 27), mais encore à fournir au vendeur la grosse du titre , grosse qui ne pourrait résulter que d'un jugement obtenu à défaut de dépôt ou de réalisation - V. *note* 61, n. 51.

17 Reconnaissant, l'un et l'autre, que l'acte ci-dessus énoncé est sincère et véritable, qu'il a été écrit de la main dudit sieur Boisseau (ou : de la main d'un tiers) et qu'il est signé de la main de chacun d'eux, que les signatures qui y sont opposées sont bien les leurs, et que les paraphes [37] placés au-dessous des deux renvois (id.) et de la mention des mots rayés [36] mis à la marge dudit acte ont été faits par eux ; et s'obligeant d'exécuter cet acte dans tout son contenu.

18 A ces présentes est intervenue mad. Lucile CHÉRY [3], épouse majeure de M. CADOUX, sus-nommé, avec lequel elle demeure [3] à... ; ladite dame de son mari autorisée [68].

19 Laquelle, après avoir pris connaissance [21] de ce qui précède et du bail sous seing-privé sus-mentionné, a déclaré l'approuver , confirmer et ratifier [208] en tout son contenu, et vouloir qu'il soit exécuté à son égard selon sa forme et teneur. Elle s'est, en conséquence, obligée [107] solidairement avec son mari au paiement des loyers et à l'exécution des charges et conditions dudit bail.

20 Les parties consentent à ce qu'il soit délivré audit sieur CADOUX, la grosse [64] des présentes ensemble du bail sus énoncé , lequel étant écrit sur une feuille de papier marquée du timbre [61] de soixante-dix centimes sans surcharge [36] ni interligne (id.), mais avec deux renvois [37] et dix mots rayés [36] comme nuls, est demeuré ci-annexé [35] après avoir été desdites parties signé et paraphé et que dessus il a été fait mention de cette annexe, le tout en présence du notaire et des témoins soussignés.

21 Pour l'exécution des présentes mad. CADOUX fait élection de domicile en la demeure sus-indiquée de son mari; quant aux autres parties, elles renouvellent l'élection de domicile qu'elles ont faite par le bail ci-annexé.

22 Dont acte, fait et passé à Bray [12]. — V. sup. alin. 8, 9 et 10.

RECONNAISSANCES [126] D'ENFANTS NATURELS:

1° Par le père et la mère, avant ou après la nais- | 2° Par le père seul en minorité, après la naissance.
sance. | 3° Par la mère seule, après la naissance.

1° RECONNAISSANCE D'ENFANT NATUREL [126] PAR LE PÈRE ET LA MÈRE, AVANT OU APRÈS LA NAISSANCE [63].

2 Par-devant M⁰ Justin [1] LENFLE (id.), notaire [2] à Four [1], département de..., soussigné [15].

3 Sont comparus: M. Olivier [3] GRANDJEAN (id.), garçon majeur, sans profession (id.). demeurant (id.) à...

4 Et Dlle Zéphirine BONTEMPS, fille majeure, marchande de modes, demeurant à...

5 Lesquels ont, par ces présentes, reconnu librement et volontairement :

6 Que ladite Dlle BONTEMPS est enceinte depuis quatre mois environ des œuvres dudit sieur GRANDJEAN : consentant en conséquence, l'un et l'autre, que l'enfant dont ladite Dlle BONTEMPS accouchera soit inscrit [63] sur les registres de l'état civil, et partout ailleurs que besoin sera, comme étant l'enfant desdits comparants ; et que ce qui est dit d'un seul enfant s'appliquera à tous autres qui pourraient provenir de ladite grossesse.

7 Ou bien: que ALPHONSE ERNEST , né [63] à..., le.. , et inscrit aux registres de l'état civil de la commune de..., à la date du..., comme étant issu de père et mère inconnus, est leur enfant naturel; consentant qu'à l'avenir ledit ALPHONSE ERNEST prenne le nom dudit sieur GRANDJEAN.

8 Inscription [63] et mention [84] des présentes sera faite sur tous registres et sur toutes pièces que besoin sera.

9 Dont acte, fait et passé à Four [12], en l'étude (id.), l'an mil huit cent quarante-cinq [13], le cinq mai (id.), en présence de MM. (Noms, prénoms, professions et demeures), témoins instrumentaires [14]; et les parties ont signé [15] avec les témoins et le notaire, après lecture [16]. Les deux témoins sus-nommés étaient réellement présents au moment de la lecture par le notaire et de la signature par les parties. — V. sup. p. 439, alin. 1 à 11.

10 V. Répertoire, note 17. — Forme des actes , note 38. — Enregistrement, notes 18, n. 1023.

11 NOTA. La reconnaissance est sujette à l'enregistrement gratis quand elle est faite par des individus notoirement indigents. (L. 15 mai 1818 art. 77).

---

12 2° RECONNAISSANCE [126] D'UN ENFANT NATUREL, APRÈS SA NAISSANCE, PAR LE PÈRE SEUL EN MINORITÉ [65].

13 Par-devant Mᶜ Charles [1] JOSSE (id.). notaire [2] à..., soussigné [15].

14 Est comparu M. Alceste [3] LEMBLIN (id.), âgé de dix-huit ans, demeurant (id.) à...;

15 Fils mineur sans profession de M. Joseph LEMBLIN , banquier et de dame Clémence MERLIN, domiciliés à....

¹⁶ Lequel a, par ces présentes, reconnu librement et volontairement pour sa fille naturelle Eugénie BERTINI, née [63] à.., le..., issue de lui et de Dlle Aglaë BERTINI, fille mineure, artiste de premier ordre au théâtre de..,¦demeurant à..., rue..., n..., et inscrite aux registres de l'état civil de la ville de..., à la date du..., comme étant née de ladite Dlle Aglaë BERTINI et de père inconnu.

¹⁷ Consentant qu'à l'avenir ladite Eugénie BERTINI porte le nom dudit sieur LEMBLIN, son père, au lieu du nom de sa mère, et qu'il soit fait inscription et mention des présentes sur tous registres et pièces que besoin sera.

¹⁸ Dont acte, fait et passé...—V. *sup.* alin. 9 et 10.

---

¹⁹   3° RECONNAISSANCE [126] D'UN ENFANT NATUREL, PAR LA MÈRE SEULE.

²⁰ Par-devant Me Louis [1] VIGILE (*id.*), notaire [2] à..., soussigné [15].

²¹ Est comparue la dame Sophie [3] LESOEUR (*id.*), veuve du sieur Joseph PRIEUR, en son vivant épicier à...; ladite dame sans profession demeurant (*id.*) à...

²² Laquelle a, par ces présentes, volontairement reconnu pour sa fille naturelle EDMÉE BERTHE, née de l'union illégitime de la comparante et d'un individu qu'elle ne veut point nommer, le..., par conséquent plus de quinze mois après le décès dudit feu sieur PRIEUR, et inscrite aux registres de l'état civil de..., à la date du..., comme étant née de père et mère inconnus.

²³ Consentant qu'à l'avenir ladite EDMÉE BERTHE porte le nom de LESOEUR, qui est celui de sa mère, et qu'il soit fait inscription [63] et mention (*id.*) des présentes sur toutes pièces et registres que besoin sera.

²⁴ Dont acte, fait et passé à..., — V. *sup.* alin. 9 et 10.

RECONNAISSANCE DE PAIEMENT PAR UN TUTEUR. — V. *sup.* la formule DE QUITTANCE *p* 563 alin. 106.

---

¹   RÉDUCTION [151] DE DONATION ENTRE ÉPOUX [214].

² Par-devant Me Adrien [1] BONTEMS (*id.*), notaire [2] à Migez [1], département de.., soussigné [15].

³ Est comparu M. Louis [3] BONNARD (*id.*), sans profession (*id.*), demeurant (*id.*) à..

⁴ Donataire de la dame Louise MARCEAU, son épouse, décédée [63] à.., le..., de tous les biens [86] meubles et immeubles composant sa succession, pour en jouir en toute propriété (*ou bien :* pour en jouir en usufruit [69] avec dispense de fournir caution), aux termes d'un acte passé devant Me.., notaire à.., le.., dûment enregistré [42].

⁵ Lequel a déclaré renoncer [62], comme de fait il renonce par ces présentes, à l'effet pour le tout de la donation , précitée qui lui a été faite par sa défunte épouse, laquelle donation il a acceptée ; et ce, par le motif que cette donation, attendu l'existence d'un enfant (*ou :* de plusieurs enfants) issu (*ou :* issus de leur mariage), est sujette à réduction.

⁶ Déclarant ici, ledit comparant, qu'il entend opter (A) pour un quart en toute propriété et un quart en usufruit de tous les biens à lui donnés en toute propriété (*ou :* pour moitié en usufruit avec dispense de fournir caution (B) de tous les biens à lui donnés en usufruit) par sadite épouse.

⁷   (*Si l'enfant intervient, on ajoute ici :*)

⁸ Ce fait en présence de M. Adolphe [3] BONNARD (*id.*), élève en médecine (*id.*), demeurant (*id*) à.., seul et unique héritier [78] de la dame sa mère, sus-nommée.

⁹ Lequel a déclaré avoir pour agréable les renonciation et option ci-dessus faites par son père, et s'obliger à exécuter la disposition ainsi réduite.

¹⁰ Dont acte, fait et passé à Migez [12], en l'étude (*id.*), l'an mil huit cent quarante-cinq [15], le sept mai (*id.*), en présence de MM. (*Noms, prénoms, professions et demeures*), témoins instrumentaires [14] ; et les comparants ont signé [15] avec les témoins et le notaire, après lecture [16] (C).

¹¹ V. *Répertoire*, note 17. — *Forme des actes*, note 58. — *Enregistrement*, notes 99, 18 et 19.

¹²   V. aussi la formule de RENONCIATION A DONATION.

(A) De ce que le donateur est supposé avoir voulu donner à son conjoint la plus forte part, il n'en résulte pas pour le donataire la faculté de convertir une donation universelle en usufruit en une donation en toute propriété. On ne peut procéder que par voie de réduction. Il n'y a qu'un cas où la conversion est facultative pour l'héritier, c'est quand la disposition est d'un usufruit qui excède la portion disponible (C. civ. 917). — V. *note* 214.

(B) La dispense de fournir caution est de droit (V. *note* 69, n. 188).

(C) La loi du 24 juin 1843, n'exigeant point la présence réelle du Notaire en second ou des témoins aux actes de réduction de donation ou de renonciation à donation (ce qui nous semble mal s'accorder avec la pensée qui a dicté cette loi), nous avons cru devoir nous dispenser d'ajouter ici la formule donnée *sup.* p. 430. — V. *Jal. Man.* art. 16.

RÉDUCTION [149] D'INSCRIPTION [83].

Par-devant Me Emile [1] Jacquemin (*id.*), notaire [2] à Fleurs [1], département de..., soussigné [15].

Est comparu M. Charles Oriaux [5], sans profession (*id.*), demeurant (*id.*) à....

Lequel a, par ces présentes, consenti que l'inscription prise à son profit (*ou bien:* au profit de..., aux droits duquel il a été subrogé) au bureau des hypothèques de.., le..., vol.. n..., contre le sieur Célestin Oribe, cultivateur, demeurant à..., et Marie Melot, sa femme, débiteurs solidaires [106], pour sûreté d'une somme principale de six mille francs, montant d'une obligation passée devant Me..., notaire à...le..., dûment enregistrée, soit rayée jusqu'à concurrence de la somme de trois mille cinq cents francs, et qu'elle ne subsiste plus que pour celle de deux mille cinq cents francs (A) à laquelle il entend seulement la restreindre et pour les intérêts [49] de cette dernière somme à partir du...

Renonçant à faire valoir désormais l'hypothèque constituée par ladite obligation autrement que pour sûreté de ladite somme de deux mille cinq cents francs et ses intérêts; et consentant qu'en mentionnant [84] cette réduction sur les registres du bureau des hypothèques, le conservateur soit valablement déchargé.

Dont acte, fait et passé à Fleurs [12] en l'étude (*id.*), l'an mil huit cent quarante cinq [13] le six mai (*id.*), en présence de MM. (*Noms, prénoms, professions et demeures*), témoins instrumentaires [14]; et le comparant a signé [15] avec les témoins et le notaire, après lecture [16].

V. *Répertoire*, note 17, — *Forme des actes*, note 38. — *Enregistrement*, notes 56, 18 et 19.

V. aussi les formules de DÉSISTEMENT et de MAINLEVÉE.

RÉDUCTION DE RENTE [76].

Par-devant Me Joseph [1] Deber (*id.*), notaire [2] à Vrille [1], département de.., soussigné [15].

Sont comparus :

M. Maximilien [5] Blot (*id.*), rentier (*id.*), demeurant (*id.*) à...   D'UNE PART.

Et M. Félix Louet, cultivateur, demeurant à...   D'AUTRE PART.

Lesquels ont exposé ce qui suit :

Le sieur Louet, comparant, comme étant seul héritier du sieur Paul Louet et de Madeleine Georgin, sa femme, ses père et mère, est débiteur [26] envers M. Blot, sus-nommé, d'une rente [76] foncière (*ou :* constituée), annuelle et perpétuelle, franche de retenue [49], de trois cents francs, payable annuellement en..., au capital de six mille francs, suivant un contrat de vente (*ou :* de constitution) passé devant Me..., notaire à... le..., dûment enregistré [42].

Le sieur Louet étant disposé à rembourser bientôt le capital de ladite rente, en a fait part à M. Blot. Celui-ci considérant que sa rente est bien servie, et n'espérant pas pouvoir trouver un replacement de son capital à un taux pareil à celui de la rente dont il s'agit, a proposé au sieur Louet de réduire le taux de sa rente, de cinq à quatre et demi pour cent, en, par ce dernier, renonçant à pouvoir le rembourser avant un délai de trente ans (*ou :* de dix (B) ans).

Celui-ci y ayant consenti, les parties sont convenues de ce qui suit :

1° M. Blot, pour éviter le remboursement de la rente de trois cents francs dont il s'agit, réduit volontairement ladite rente de cinq à quatre et demi pour cent, (C) au moyen de quoi elle n'aura plus cours à partir de son échéance

(A) Si on ajoutait ici ces mots, *restant due*, on ferait voir par là qu'il y a libération du surplus de la créance et alors le droit de 50 c. p. o/o serait dû sur 3,500 fr., ce qui ne permettrait plus de percevoir celui de 2 fr. pour mainlevée, parce qu'alors la libération serait le principal et la mainlevée l'accessoire.

(B) Selon qu'il s'agit d'une rente foncière ou d'une rente constituée. — V. sup. la note A au bas de la p. 311.

1 (C) *Lorsque le créancier fournit un supplément de capital pour que la rente reste la même, on substitue ici ce qui suit en supprimant les alin. 11 et 12 de la formule :*

2 Et afin que cette rente continue à être de cinq cents francs par année, M. *Blot* a à l'instant payé audit sieur *Louet*, qui le reconnaît, une somme de six cents francs, en espèces d'argent au cours de ce jour, dont quittance.

3 En conséquence, ladite rente aura toujours cours pour trois cents francs par année, et sera rachetable en un seul paiement (*ou :* en trois paiements égaux), moyennant la somme de six mille francs, à la condition que ce rachat ne pourra être fait avant un délai de trente années (*ou :* de dix années); et jusqu'à ce remboursement, ledit sieur Louet s'oblige de payer cette rente dans les mêmes termes et de la même manière qu'il y était obligé par le contrat de vente (*ou :* de constitution), sans aucune novation [100] ni dérogation,

4 Pour sûreté de la somme de six cents francs formant le supplément de capital, le sieur Louet hypothèque [30] les biens immeubles,

73

dernière et à l'avenir que pour deux cent soixante-dix francs par an , qui seront toujours rachetables moyennant la somme de six mille francs, mais seulement après trente années (ou : dix années).

11 2° Cette réduction de rente est ainsi consentie par M. Blot, sous la réserve des priviléges [29] et hypothèques [30] à lui acquis par le contrat de vente (ou : de constitution) précité, auquel il n'est point autrement dérogé [100], et aussi sans préjudice des arrérages qui sont dus de ladite rente jusqu'à l'échéance dernière, sur le pied de trois cents francs par an.

12 3° Ladite réduction est acceptée par le sieur Louet, qui promet et s'oblige [107] de payer les deux cent soixante-dix francs de rente par chaque année, audit sieur Blot, aux mêmes époques que celles fixées par le contrat de vente (ou : de constitution), sans autre novation [100] que pour le taux de la rente.

13 Consentent, les parties, que mention [84] des présentes soit faite même en leur absence, sur toutes pièces que besoin sera, par tous notaires et autres officiers publics de ce requis.

14 Les déboursés [3] et honoraires (id.) des présentes, ainsi que le coût d'une expédition [64] pour M. Blot, seront supportés par le sieur Louet.

15 Dont acte , fait et passé à Vrille [12], en l'étude (id.), l'an mil huit cent quarante-cinq [13], le sept mai (id.), en présence de MM... (noms, prénoms, professions et demeures), témoins instrumentaires [14] ; et les parties ont signé [15] avec les témoins et le notaire, après lecture [16].

16 V. Répertoire, note 17. — Forme des actes, note 58. — Enregistrement, notes 99, 18 et 19.

RÉFÉRÉ. — V. sup. la formule d'INVENTAIRE p. 455

note A, et la formule d'ORDONNANCE.

RÉGIME DOTAL. — V. sup. les formules de CONTRAT DE MARIAGE.

REGISTRE POUR LES DROITS D'ENREGISTREMENT.

— V. la note A au bas de la p. 122 du tome 2.

REGISTRE D'ÉTUDE A TENIR PAR UN NOTAIRE.

LIVRE-JOURNAL DE Me.... NOTAIRE A...

Fo 19 (A)   MOIS DE MARS 1845.

---

affectés à la garantie du capital primitif, suivant le contrat de vente (ou : de constitution) ci-devant énoncé , et auquel il est référé pour la désignation desdits biens, sur lesquels le sieur Louet consent qu'il soit pris inscription [85] à ses frais, déclarant qu'il n'existe point d'autres inscriptions sur les dits biens que celle prise pour sûreté du capital primitif (ou bien : qu'il existe deux inscriptions (les désigner).

5 V. les alin. 13, 14, 15 de la formule et pour l'enregistrement la note 90.

(A) La formule que nous donnons ne forme point la tête du registre, ce n'est qu'une suite. Nous l'avons fait exprès pour mieux faire comprendre ce qui est relatif aux paiements qui sont faits en dehors du mois où ils ont été inscrits primitivement. - V. les nos 100 et 104 du tableau. — Sur chaque expédition ou grosse, on indique le folio ou numéro d'ordre. Et nous ferons observer qu'un notaire qui voudrait n'avoir qu'un seul registre pourrait inscrire toutes ses opérations même ses dépôts, recettes et dépenses de toute espèce sur le livre-journal ; il n'aurait plus qu'à récapituler les sommes au nom de chacun sur la table alphabétique.

Nos d'ordre des actes.	Dates des actes.	NOMS, prénoms et demeures des débiteurs.	NATURE DES ACTES. (B).	DÉTAIL des sommes dues.	Honoraires nets. (C).	Recette.	Dépense.	Solde (D).	OBSERVATIONS (E).
100	2	FOSSEYÉ Louis-Pierre, cultivateur à Essert.	Obligation par *Fosseyé* à *Biné* de 2,000 fr. / Fait grosse en 6 rôles. / Inscription du 10 janv. 1845, vol... n°.... / Etat du 11 janv.	Enregistrem. . 22 » Timbr. de min. » 70 Honoraires . . 20 » Grosse et timbr. 12 75 Inscription . . 8 » Etat . . . . 6 » —— 69 45	34 30 « »		22 » 4 50 3 70		Soldé fo 23 n. 300.
101	3	CARNOT Michel, marchand de bois à Bessy.	Vente par *Leroux* à *Carnot*, moy. 6,000 francs. / Fait expéd. 4 rôles. / Transcr. du... vol .. n°. / Etat du . avec inscr. d'office du.. / Reçu à compte.	Enregistrem. . 363 » Timbre min. . » 70 Honoraires . . 60 » Exp. et timbre. 8 30 Transcr . . . 20 » Etat . . . . 14 » —— 466 20	70 »	350 »	18 » 12 »	Dû . . 466 20 ci-c. reçu 350 « Reste dû 116 20
102 (G)		Etude. (F).	Le 4 mars acheté 25 feuilles de papier timbré à 1 fr. 25. 31 25 / 25 feuilles à » 70 c. 17 50 / 50 1/2 feuilles 17 50 / —— / 66 25				66 25	Soldé.
103	10	JORDAN Joseph, laboureur à Chevilly.	Bail par *M. de Billy* à *Jordan*, pour neuf ans, moy. 3,000 fr. par an. / Fait grosse en 18 rôles. / Inscr. fo 34 n. 500	Enregistrem. . 59 40 Timbr. min. . 2 10 Honor. à 50 c. » p. 0/0 sur 27000 135 » Grosse . . . 38 25 Inscrip. . . . 65 70 —— 298 45	189 »		59 40	
104 (G)		PAULVÉ Marc.	Le 15 mars reçu pour l'art. fo 12, n. 63.			200 »		Soldé.
105	19	POULAIN Félix, maître de forges, à Cussy.	Acte de société entre *M. Poulain* et *M. Marlot*, ci-après nommé / Fait expédition 2 rôles.	Enreg. . . . 5 50 Timbr. min. . 0 70 Honoraires . . 300 » 2 expéditions . 8 50 —— 314 70 1/2 157 35	306 »		5 50	Dû . . 157 35 Reçu fo 30 n. 350 100 » Reste dû 57 35
106		MARLOT Achille, marchand de bois à Sauvigny.	Même acte / Reçu de M. Marlot / Fait expédition 2 rôles.	1/2 157 35		157 35		Soldé.
				Totaux	599 30	707 35	191 15		
				Déduisant la dépense . . .			191 15		
				Excédant de recette . . .		516 20			

Comme complément du Livre-Journal, une table alphabétique est indispensable. — *V. inf. la form. de cette table* v° TABLE.

(B) Dans cette colonne on fait mention des grosses et expéditions faites et du nombre de rôles, de sorte qu'il n'est plus besoin de tenir les minutes une à une pour savoir quels sont les actes qui ont été expédiés et quels sont ceux qui restent à expédier.

On fait aussi mention dans cette colonne des formalités hypothécaires en en indiquant les dates, volumes et numéros. — On a souvent besoin de ces renseignements, et de cette manière on obtient facilement ce que l'on cherche sans s'adresser aux parties.

Quand, pour un acte il y a quelques faux-frais, c'est aussi dans cette colonne qu'il convient de les émergeant ensuite dans la colonne de la dépense.

Lorsqu'une dépense est faite après que le mois est passé et que les totaux sont additionnés, on mentionne dans la colonne le folio où cette dépense a été faite. — V. le n. 103 *du tableau*.

(C) La colonne des honoraires nets est sujette à quelques variations, tant que les frais ne sont pas payés comme ils sont portés dans la colonne des sommes dues, de sorte que le chiffre des honoraires ne peut qu'être approximatif. Ce n'est qu'à la fin de l'exercice du notaire et quand tout est recouvré, qu'on peut avoir un chiffre exact à cet égard, en réunissant le total des recouvrements et le divisant par le nombre d'années d'exercice.

(D) On ne met le mot *soldé* dans cette colonne, que quand un paiement de frais est final ou intégral. On place ce mot au milieu de la colonne pour frapper davantage la vue. — V. les n. 100, 104 et 106 *du tableau*.

(E) Cette colonne sert à rappeler les sommes dues et les paiements de manière à voir du premier coup d'œil ce que redoit le débiteur. Seulement quand un paiement est final ou intégral, on met le mot soldé dans l'avant-dernière colonne. S'il y a quelques observations à faire relativement à l'article qui concerne le débiteur, c'est aussi dans cette colonne qu'on les fait.

(F) On porte ainsi en masse le papier timbré, lequel se trouve ensuite recouvré par le solde des frais de l'acte. Il y aurait donc double emploi si on le portait de nouveau en détail dans la colonne de la dépense.

(G) On ne porte dans la 2e colonne que les dates des actes proprement dits, afin que le registre forme une espèce de répertoire qui mette à même de trouver facilement par sa date l'acte que l'on cherche.

REMBOURSEMENT DE RENTE PERPÉTUELLE. —V. *sup. la formule de* QUITTANCE, *p.* 560.

RÉMÉRÉ OU RACHAT [121].

PAR-DEVANT Mᵉ Luc [1] FERRAND (*id.*), notaire [2] à Cussy [1], département de..., soussigné [15];

Sont comparus :

M. Léon [3] COURNOT (*id.*), rentier (*id.*), demeurant (*id.*) à....   D'UNE PART.

Et M. Michel LEDOUX, propriétaire, et la dame Joséphine COPINEAU, son épouse, de lui autorisée [68] à l'effet des présentes, demeurant ensemble à...   D'AUTRE PART.

Lesquels ont exposé ce qui suit :

Par contrat passé devant le notaire soussigné le..., et dont minute [59] précède, les dits sieur et dame LEDOUX ont vendu [109] à M. COURNOT, sous la faculté de réméré ci-après exprimée, une ferme appelée la *Maison rouge*, située [141] sur la commune de..., et plus amplement désignée audit contrat, moyennant la somme de trente mille francs de prix principal stipulée payable en deux termes égaux, d'année en année, à compter du jour de la vente, avec intérêts [49] à cinq pour cent par an, entre les mains des vendeurs (*ou* : des créanciers [25] inscrits sur ladite ferme).

Les époux LEDOUX se sont réservés pendant cinq ans, à compter du jour dudit contrat de vente, la faculté de réméré sur la maison vendue, et il a été convenu qu'en remboursant à l'acquéreur, dans ledit délai de cinq années, la totalité des sommes qu'il aurait payées, soit pour raison des frais et loyaux coûts de la vente, soit pour le prix, soit pour réparations nécessaires ou pour la plus-value résultant des augmentations qui auraient été faites à ladite ferme pendant la possession dudit acquéreur, M. LEDOUX et sa femme pourraient rentrer dans la pleine propriété, possession et jouissance de cette ferme, et que cette vente serait alors considérée comme n'ayant point eu lieu.

Depuis son acquisition, M. COURNOT n'a fait dans la dite ferme que les réparations et augmentations suivantes :

1° Il a acheté et fait poser à ses frais une poutre au plancher du grenier en remplacement de celle existante, que la charge des grains a fait casser : la dépense s'est élevée à soixante francs, ci.   60   »

2° Il a fait construire dans la basse-cour, un poulailler et une niche à chien. La dépense s'est élevée à deux cents francs, mais la plus-value résultant de cette augmentation n'est que de cent quarante francs, ci.   140   »

                                                            Ensemble.   200   »

Et, suivant deux quittances [84] reçues par ledit Mᵉ FERRAND, notaire, les..., enregistrées [42], M. COURNOT s'est libéré de tout le prix de son acquisition en principal [136] et intérêts [49], tant entre les mains des créanciers inscrits qu'en celles des vendeurs.

Les choses étant dans cet état, les sᵣ et dame LEDOUX déclarent (A), par ces présentes, exercer le réméré [121] de la ferme dont est ci-dessus parlé, en vertu de la faculté qu'ils se sont réservée par le contrat de vente ci-devant daté et énoncé, ce qui est consenti par M. COURNOT auquel ils ont, en conséquence, présentement remboursé, ainsi qu'il le reconnaît :

1° Les trente mille francs qu'il a payés pour le prix de la vente dont il s'agit, ci.   30000   »

2° Deux mille six cents francs pour les frais et loyaux coûts occasionnés par le contrat de vente précité et les quittances sus-énoncées, ci.   2600   »

3° Et les deux cents francs qui lui sont dûs pour réparations et augmentations, ci. . . . ·. . .   200   »

                                                            Total. . . .   32800   »

De laquelle somme M. COURNOT tient quitte et décharge les époux LEDOUX, ainsi que de toutes choses relatives à la vente dont il s'agit.

Pour, par lesdits sᵣ et dame LEDOUX, jouir, faire et disposer de ladite ferme, comme de chose leur appartenant en toute propriété [22] et jouissance, à compter de ce jour, de même que s'ils ne l'eussent point vendue.

M. COURNOT a rendu [54] aux sᵣ et dame LEDOUX, qui le reconnaissent, tous les titres de propriété qu'ils lui avaient remis suivant le susdit contrat de vente.   *Dont décharge* [84].

Au moyen des présentes, les parties déclarent n'avoir aucune réclamation ni répétition à exercer l'une contre l'autre par suite du présent réméré, et elles se quittent et déchargent mutuellement de toutes choses relatives à l'objet des présentes.

Consentent, les parties, que mention [84] des présentes soit faite sur toutes pièces que besoin sera par le notaire soussigné et tous autres de ce requis.

Dont acte, fait et passé à Cussy [12], en l'étude (*id.*), l'an mil huit cent quarante-cinq [13], le huit mai (*id.*), en présence de MM. (*Noms, prénoms, professions et demeures*), témoins instrumentaires [14] ; et les parties ont signé [15] avec les témoins et le notaire, après lecture [16].

V. *Répertoire*, note 17. — *Forme des actes*, note 38. — *Enregistrement*, notes 117, 18 et 19.

V. *aussi inf. la formule de* RENONCIATION A L'EXERCICE DU RÉMÉRÉ.

(A) La déclaration de l'intention d'exercer le réméré doit être faite *avant* l'expiration des cinq ans. Il n'est plus besoin, comme on le pensait avant le changement de jurisprudence qui s'est opéré à cet égard, de faire des offres réelles suffisantes sous peine de déchéance — V. nᵒˢ 48 et 121.

REMISE DE PIÈCES. — *V. les formules de* DÉCHARGE *et la note* 54.

REMPLACEMENT [155] AU SERVICE MILITAIRE (TRAITÉ D'ASSURANCE POUR).

1

2 Par-devant M⁰ Philippe [1] BOLERET (*id.*), notaire [2] à Meux [1], département de.., soussigné [15].
3   Sont comparus :
4 M. Denis [3] GENITA (*id.*), directeur d'assurance contre le recrutement (*id.*), demeurant (*id.*) à.., où il est patenté [43] pour la présente année à la date du.. dernier, hors classe, première partie n°..   D'UNE PART.
5 Et M. Marc HOLLIER, bijoutier, demeurant à..
6 Stipulant [52 n. 30] au nom et comme se portant fort (*id.*) de Alphonse HOLLIER, son fils, faisant partie des jeunes gens composant la classe de mil huit cent quarante-quatre appelée à tirer au sort à Meux pour le recrutement de l'armée.   D'AUTRE PART.
7   Lesquels ont fait le traité suivant :
8 Art. 1. M. GENITA s'oblige [107] envers M. HOLLIER, père, de fournir un remplaçant à M. HOLLIER, son fils, dans le cas où ce dernier serait désigné par le sort pour faire partie du contingent de la classe dernière ; de garantir ce remplaçant sous les drapeaux pendant l'année de responsabilité voulue par la loi, et d'en fournir d'autres au cas de désertion, le tout à ses frais.
9 Art. 2. Le prix de ce remplacement est fixé à la somme de mille francs que M. HOLLIER, père, promet et s'oblige de payer (A) sans intérêts (*ou* : avec intérêts [49] à compter du jour du tirage) à M. GENITA, sur un mandat de ce dernier à huit jours de vue, savoir : immédiatement après la clôture définitive de la liste départementale, si le sieur HOLLIER fils n'est pas désigné par le sort pour faire partie du contingent ; et, dans le cas contraire, immédiatement après l'année de garantie exigée par la loi, sur la justification d'un certificat de présence au corps du remplaçant.
10 *Ou bien* : pour prix du remplacement à opérer, M. HOLLIER, père, a présentement versé, entre les mains du notaire soussigné, qui le reconnaît, la somme de mille francs, laquelle somme ainsi déposée appartiendra et sera remise au sieur GENITA, huit jours après la clôture définitive de la liste départementale, si le sieur HOLLIER, fils, n'est pas désigné par le sort et par le conseil de révision pour faire partie du contingent ; et, dans le cas contraire, immédiatement après l'année exigée par la loi pour la responsabilité du remplaçant, sur la justification d'un certificat de sa présence au corps' (*ou* : un mois après que son remplacement aura été opéré suivant les formalités voulues par la loi).
11 Art. 3. Dans le cas où M. HOLLIER fils viendrait à être réformé ou exempté par le conseil de révision, il sera fait remise [133] à M. HOLLIER père d'une somme de quatre cents francs, de sorte que M. GENITA n'aura plus droit qu'à celle de six cents francs qui lui sera payée huit jours après la clôture des opérations du conseil de révision, sans intérêts [49].
12 Art. 4. M. HOLLIER père sera tenu de fournir à ses frais à M. GENITA une procuration [80] en blanc pour faire admettre le remplaçant, ou bien d'assister ledit remplaçant devant le conseil de révision, si l'autorité l'exige.
13 Art. 5. La liste départementale une fois close par suite des opérations du conseil de révision sans que M. HOLLIER fils ait été compris dans le contingent, M. GENITA sera bien et dûment libéré de son obligation de fournir un remplaçant ; en conséquence, au cas où une nouvelle levée serait ordonnée sur la classe de mil huit cent quarante-quatre, il ne pourra plus être exigé de lui de remplaçant.
14 Art. 6. Les déboursés [5] et honoraires (*id.*) des présentes seront supportés par M. HOLLIER, père ; (*dans le cas de l'alin.* 10 *on ajoute :* quant à ceux de la décharge à donner au notaire soussigné dans les cas prévus par les art. 2 et 3 ils seront à la charge de M. GENITA).
15 Art. 7. Pour l'exécution des présentes, les parties font élection de domicile [11] en leurs demeures respectives sus-indiquées.
16 Dont acte, fait et passé à Meux [12], en l'étude (*id.*), l'an mil huit cent quarante-cinq [13], le neuf mai (*id.*), en présence de MM. (*Noms, prénoms, professions et demeures*), témoins instrumentaires [14] ; et les parties ont signé [13] avec les témoins et le notaire, après lecture [16].
17 V. *Répertoire,* note 17. — *Forme des actes* note 58. — *Enregistrement,* notes 174, 18 et 19.
18 V. *aussi la formule de* PROCURATION A L'EFFET DE PRÉSENTER UN REMPLAÇANT *sup. p.* 345, *alin.* 177.

(A) Il est assez d'usage, en matière d'assurance, que l'assureur, pour se procurer plus facilement des fonds, fasse souscrire, après la révision, par l'assuré des billets à ordre pour le prix de l'assurance et payables à quinze mois de date, pour avoir l'air de rester dans les termes du traité. Quand les choses se passent ainsi, les intérêts de l'assuré peuvent se trouver compromis si l'assureur vient à faire faillite et à ne pas fournir de remplaçant : en effet, les billets devront être payés par le souscripteur lors même qu'on aurait exprimé dans ces billets leur véritable cause, parce que dès qu'un billet est à ordre et sans condition, il forme une valeur négociable considérée comme argent comptant (V. note 97, n 15). — Le seul moyen de parer à ce danger est de rentrer dans les termes du traité et de libeller le billet ainsi : *A huit jours de vue, après l'année de garantie exigée par la loi et sur la justification d'un certificat de présence au corps du remplaçant de mon fils, je paierai à* M. *Genita ou à son ordre...*

REMPLACEMENT [155] AU SERVICE MILITAIRE (traité de).

Par-devant M⁰ Boleret [1], notaire [2] à Meux [1], soussigné [15].

Sont comparus :

M. Alfred Copinot [3], pâtissier (id.), demeurant (id.) à..

Stipulant [52 n. 30] en son nom personnel à cause du remplacement au service militaire de Léon Copinot, son fils mineur [65], appelé par décision du conseil de révision à faire partie du contingent de l'armée pour la classe de mil huit cent quarante-quatre.   d'une part,

Et le sieur Christophe Fouillout, garçon majeur, décrotteur, demeurant à..

Né [65] à.., département de.., le.. mil huit cent.., et ayant, pour ce qui le regarde, satisfait à la loi sur le recrutement, ainsi qu'il résulte d'un certificat du préfet dud. département en date du..   d'autre part,

Lesquels ont fait entre eux le traité suivant :

1° Le sieur Fouillout s'oblige [107] à remplacer au service militaire le sieur Copinot, fils, pendant tout le temps prescrit par les lois ; de se rendre directement au corps qui lui sera désigné ; et de justifier de sa présence sous les drapeaux par un certificat en bonne forme aussitôt qu'il aura été incorporé.

2° Ce remplacement est consenti par le sieur Fouillout moyennant la somme de deux mille francs que M. Copinot, père, s'oblige de lui payer, savoir : trois cents francs au moment de son départ, deux cents francs six mois après son arrivée au corps, et les quinze cents francs restants aussitôt après l'expiration de l'année de responsabilité dont les remplacés sont tenus envers le gouvernement, et ce, pour les deux dernières sommes, sur la représentation d'un certificat du conseil d'administration du régiment constatant sa présence au corps.

Jusqu'à son paiement, ladite somme de quinze cents francs seulement produira, à compter d'aujourd'hui, des intérêts à raison de cinq pour cent par an sans retenue, qui seront payés de trois en trois mois [77] au sieur Fouillout, à son corps ou en telle ville qu'il indiquera, franc de port, et sur les reçus de la poste qui vaudront quittance [84] audit sieur Copinot.

3° Il demeure convenu que si, pour quelque cause que ce soit provenant du fait du sieur Fouillout, le sieur Copinot, fils, était obligé de servir ou de fournir un nouveau remplaçant, non-seulement ledit sieur Fouillout ne pourra rien exiger des sieurs Copinot, père et fils, de ce qui lui restera dû, mais il devra, au contraire, leur restituer tout ce qu'il aura reçu tant en principal [136] qu'en intérêts [49].

4° Pour assurer l'exécution des engagements du sieur Fouillout est intervenu M. Justin [3] Laureau (id.), rentier (id.), demeurant (id.) à..

Lequel, après que lecture [16] lui a été faite de ce qui précède, a déclaré se rendre et constituer, par ces présentes, caution [52] et répondant solidaire (id.) du sieur Fouillout, sus-nommé : en conséquence, dans le cas où M. Copinot, fils, serait tenu de servir ou de fournir un nouveau remplaçant par le fait dudit sieur Fouillout, il s'oblige [107] solidairement (id.) avec ce dernier à rembourser à M. Copinot, père, toutes les sommes que celui-ci se trouverait avoir payées audit sr Fouillout, tant en principal qu'en intérêts ; le sieur Laureau faisant du tout sa propre affaire et dette comme s'il était seul débiteur et principal obligé.

A la sûreté de son cautionnement le sieur Laureau affecte et hypothèque [50] jusqu'à concurrence de la somme de deux mille francs et de tous les intérêts [49] et accessoires [105] de cette somme.

Deux maisons situées [141] à.., avec toutes leurs dépendances [71], sans aucune exception ni réserve. — V. sup. p. 495 alin. 16 et 17 et p. 498 alin. 68.

Déclarant, sous les peines de droit [34], que ces deux maisons sont libres de toute hypothèque [50] légale, conventionnelle ou judiciaire (ou bien : sont grevées de.. inscriptions [83] au profit de..).

5° Pour prix (A) de ce cautionnement le sieur Fouillout cède et transporte [96] avec garantie de la solvabilité actuelle et future du débiteur ci-après nommé.

A M. Laureau, comparant, qui l'accepte [52].

La somme de sept cent cinquante francs à prendre par préférence au cédant (ou : concurremment [132] avec le cédant) dans les quinze cents francs faisant partie du prix du présent traité et qui ont été stipulés payables après l'année de responsabilité.

Plus les intérêts [49] à échoir à compter d'aujourd'hui de ladite somme de sept cent cinquante francs.

Pour, par le cessionnaire, recevoir ladite somme directement des mains du débiteur sus-nommé ou de tous autres qu'il appartiendra, ou bien pour en disposer autrement comme bon lui semblera, à compter d'aujourd'hui, le cédant mettant et subrogeant, à cet effet, le cessionnaire dans tous ses droits [27] et actions [28], privilèges [29] et hypothèques [30] jusqu'à due concurrence, et notamment dans le droit de prendre inscription en son nom personnel pour raison de la somme cédée.

M. Copinot père déclare avoir ce transport pour agréable et se le tenir pour bien et dûment signifié [96], mais sans novation [100] ni dérogation aux conditions du traité et du cautionnement qui précèdent.

La grosse [64] des présentes sera remise à M. Laureau à la charge par lui d'en aider le sieur Fouillout à toute réquisition et sous récépissé. — (Ou bien : il sera délivré grosse des présentes à chacune des parties suivant ses droits,.

(A) Bien que le cautionnement soit un contrat de bienfaisance (C. civ. 1105), il est cependant permis de lui enlever ce caractère comme cela a lieu à l'égard de la donation à titre onéreux (V. note 81). — Ici on déguise un traité primitif et verbal qui a dû avoir lieu entre Fouillout et entre Laureau qu'on suppose avoir procuré le remplaçant, et par lequel celui-ci a pu vendre son service moyennant 1250 francs à Laureau qui le revend ensuite moyennant les 2000 qui figurent dans l'acte. Ainsi donc, comme l'acte est libellé il rend fidèlement les conventions des parties, mais sous une forme différente de celle préexistante et qui épargne un acte que le traité rend inutile.

²⁴ Les déboursés [5] et honoraires (*id.*) des présentes, ainsi que le coût de la grosse (*ou* : de deux grosses) seront supportés en totalité par M. COPINOT père, de convention expresse.
²⁵ Pour l'exécution des présentes domicile est élu [11], savoir : par le sieur FOUILLOUT en l'étude du notaire soussigné et par les autres parties en leurs demeures actuelles.
²⁶ Dont acte, fait et passé à Meux [12], en l'étude (*id.*), l'an mil huit cent quarante-cinq [13], le neuf mai (*id.*), en présence de MM. (*Noms, prénoms, professions et demeures*), témoins instrumentaires [14]; et le sieur FOUILLOUT a déclaré ne savoir signer [15] de ce interpellé, quant aux autres parties elles ont signé avec les témoins et le notaire, après lecture [16].
²⁸ V. *Répertoire*, note 17. — *Forme des actes*, note 38. — *Enregistrement*, notes 174, 18 et 19.

(A) REMPLOI [114] DU PRIX D'UN BIEN DOTAL (QUITTANCE DE).

¹ Par-devant Mᵉ Arthur [1] LENORMAND (*id.*), notaire [2] à Jouy (*id.*), département de.., soussigné [15].
³ Sont comparus :
⁴ 1° M. Achille [3] LOUVET (*id.*), sans profession (*id.*), et mad. Léonce VERROT, son épouse, de lui autorisée [68] à l'effet des présentes, demeurant [3] ensemble à..   D'UNE PART.
⁵ 2° M. Clément BONNAIRE, propriétaire, demeurant à..   D'AUTRE PART.
⁶ 3° M. Louis LAPLUCHE, négociant et la dame Edmée POLCAT, son épouse de lui autorisée, demeurant ensemble à......   D'UNE AUTRE PART.
⁷ Lesquels ont exposé ce qui suit :
⁸ Suivant contrat passé devant le notaire soussigné le.., dûment enregistré [42], M. et Mad. LOUVET (mariés tous deux sous le régime dotal, avec pouvoir de vendre les immeubles dotaux de la femme, et obligation de faire remploi en immeubles) ont vendu [109] à M. BONNAIRE une ferme appelée la Capucinade, située [141] sur la commune de.., appartenant [22] en propre à la dame LOUVET et plus amplement désignée audit contrat, moyennant la somme de cinquante mille francs de prix principal stipulée payable [84] en un seul paiement dans le cours de deux années [77] avec intérêts [49] et ce au vu d'un remploi régulièrement fait en immeubles.
⁹ Ce contrat a été transcrit [111] au bureau des hypothèques de.., le... vol.., n°.., sans qu'à cette transcription et pendant la quinzaine qui a suivi il se soit trouvé aucune inscription.
¹⁰ De plus, l'acquéreur a rempli les formalités nécessaires pour purger [156] son acquisition des hypothèques légales qui pouvaient la grever, sans qu'à l'expiration des délais voulus par la loi il se soit trouvé aucune inscription pour cause légale. — V. sup. p. 563, alin. 100, 101 et 102.
¹¹ Suivant contrat passé devant Mᵉ GERBIER, notaire à.., le.., dûment enregistré [42], M. et mad. LOUVET ont acquis de M. et mad. LAPLUCHE une pièce de bois de la contenance de cinquante hectares [91] située [141] sur la commune de.., moyennant la somme de cinquante mille francs stipulée payable [84] le.., avec intérêts [49], et il a été stipulé que cette acquisition était faite pour servir à la dame LOUVET de remploi de la ferme qu'elle avait vendue au sieur BONNAIRE par le contrat premier sus-énoncé.
¹² Le contrat d'acquisition de ladite pièce de bois a été transcrit [111] au bureau des hypothèques de.., le.., vol.., n°.., à la charge, ainsi que l'a constaté M. le conservateur par son certificat délivré après quinzaine le... de l'inscription d'office dont il va être parlé et de deux autres [85] qui ont été rayées [149] par le même conservateur le..
¹³ Les sieur et dame LOUVET ont aussi rempli les formalités prescrites par la loi pour purger les hypothèques légales qui pouvaient grever leur acquisition ; à cet effet ils ont déposé copie collationnée... — V. sup. p. 563, alin. 100.
¹⁴ Pendant l'accomplissement de ces formalités, il n'a été pris aucune inscription sur ladite pièce de bois pour cause d'hypothèque légale, ainsi qu'il est constaté par un certificat du conservateur en date du..., et étant à la suite [45] de celui délivré sur transcription.
¹⁵ Pour couvrir la responsabilité de M. LOUVET et celle de M. BONNAIRE, les pièces relatives à la transcription au nombre de quatre, et celles relatives à la purge des hypothèques légales au nombre de cinq, ont été ci-annexées [55] après avoir été fait dessus mention de cette annexe par le notaire soussigné en présence des témoins.
¹⁶ Il résulte de cet exposé que rien ne s'oppose au paiement du prix des deux ventes précitées : en conséquence,
¹⁷ M. BONNAIRE, comme acquéreur d'un bien dotal de mad. LOUVET à charge de remploi, a présentement payé [84] en espèces de monnaie au cours de ce jour.
¹⁸ À M. et mad. LAPLUCHE, sus-nommés, comme vendeurs de la pièce de bois acquise en remploi.
¹⁹ La somme de cinquante mille francs dont il est débiteur envers M. et mad. LOUVET pour le prix de l'acquisition qu'il a faite d'eux de la ferme de la Capucinade appartenant en propre à la dame LOUVET, ainsi qu'on le voit par le

---

(A) Le remploi, en général, est la substitution d'une chose à une autre. Mais on appelle plus spécialement de ce nom l'opération par laquelle deux époux remplacent, par un autre immeuble, l'héritage propre à l'un d'eux, et qui a été aliéné ou dénaturé, par exemple, quand des futaies ont été abattues ; quelquefois, c'est une somme d'argent que les époux convertissent en un immeuble ; alors cette opération se nomme simplement EMPLOI.

contrat de vente, premier sus-énoncé, ci.   50000   »

20 A l'égard des intérêts [49] de son prix qui ont couru depuis le.. jusqu'à ce jour et qui se montent à deux mille francs, ledit sieur Bonnaire les a présentement payés, savoir :

21 Jusqu'à concurrence de mille francs aux sieur et dame Lapluche, auxquels cette somme est due pour intérêts de leur prix courus depuis le.. jusqu'à ce jour, déduction faite de deux francs soixante-dix centimes par eux dûs à M. et mad. Louvet pour frais extraordinaires de transcription avancés par ces derniers, ci. 1000   » ⎫

22 Et jusqu'à concurrence de pareille somme de mille francs à M. et mad. Louvet, ses vendeurs, ci. 1000   » ⎬ 2000   »

23   Total des sommes payées par M. Bonnaire.   52000   »

24 De laquelle somme de cinquante-deux mille francs il lui est consenti quittance par M. et mad. Lapluche et par M. et mad. Louvet, chacun pour ce qui le regarde.

25 Au moyen des présentes, M. Bonnaire demeure libéré du prix de son acquisition envers M. et mad. Louvet, et ceux-ci demeurent à leur tour libérés envers M. et mad. Lapluche.

26 Par suite de ce qui précède il est donné mainlevée [149] et consenti la radiation (id.) de la manière la plus absolue, savoir;

27 Par M. et mad. Louvet de l'inscription d'office prise à leur profit au bureau des hypothèques de.., le.., vol.., n°.., contre M. Bonnaire.

28 Et par M. et mad. Lapluche de l'inscription d'office prise à leur profit au bureau des hypothèques de.., le.., vol.., n°.., contre M. et mad. Louvet.

29 M. le conservateur, en opérant ces radiations dans les termes sus-exprimés, sera valablement déchargé.

30 Remise de titres [54]. M. Bonnaire reconnaît que M. et mad. Louvet lui ont présentement remis les titres de propriété concernant la ferme par lui acquise.

31 De leur côté, M. et mad. Louvet reconnaissent que les époux Lapluche leur ont remis les titres de propriété concernant la pièce de bois que ceux-ci leur ont vendue.

32 Les déboursés [5] et honoraires (id.) des présentes seront payés par moitié entre M. Bonnaire et M. et mad. Louvet.

33 Dont acte, fait et passé à Jouy [12] en l'étude (id.), l'an mil huit cent quarante cinq [13], le dix mai (id.), en présence de MM. (Noms, prénoms, professions et demeures), témoins instrumentaires [14]; et les parties ont signé [15] avec les témoins et le notaire, après lecture [16].

34 V. Répertoire, note 17. — Forme des actes, note 38. — Enregistrement, notes 117, 18 et 19.

35   V. aussi les formules de contrat de mariage et de vente avec déclaration de remploi.

REMPLOI [114] OU EMPLOI DU PRIX D'UN BIEN DOTAL, par une reconnaissance hypothécaire
donnée par le mari.

1 Par-devant Me Léon [1] Defeux (id.), notaire [2] à L'île de Verne [1], département de...; soussigné [15].

2   Sont comparus :

3 1° M. Célestin [3] Lebret (id.), homme de lettres (id.), demeurant (id.) à..   d'une part.

4 2° Mad. Victorine Noirot, son épouse de lui autorisée [68] à l'effet des présentes, demeurant avec lui.   d'autre part.

5 3° Et M. Louis Vrillé, horloger, demeurant à..   d'une autre part.

6   Lesquels ont exposé ce qui suit :

7 Par leur contrat de mariage passé devant Me., notaire à.., le.., dûment enregistré [42], M. et mad. Lebret, sus-nommés, en se soumettant au régime dotal, ont stipulé que les immeubles dotaux de la future épouse pourraient être vendus ou échangés pendant le mariage, à la charge de leur remplacement en immeubles [87] de même valeur, ou bien à la charge par le futur époux de reconnaissance par hypothèque sur ses propres biens, pour tenir nature de dot à ladite future, au lieu et place des immeubles aliénés; comme aussi que le remplacement devrait être accepté [52] par la future épouse et que les acquéreurs surveilleraient le remploi pour leur sûreté.

8 Par contrat passé devant Me.., notaire à.., le.., M. et mad. Lebret ont vendu à M. Vrillé, comparant, une maison située à.., rue... n°.., appartenant à la dame Lebret, moyennant la somme de quinze mille francs de principal actuellement exigible et produisant intérêts [49]. Cette vente a été faite à la condition qu'il serait fait reconnaissance par hypothèque de ladite somme par le futur sur ses propres biens.

9 Ce contrat a été transcrit [111] au bureau des hypothèques de.., et l'acquéreur a rempli les formalités nécessaires pour purger les hypothèques légales qui pouvaient grever son acquisition, sans qu'il se soit trouvé aucune inscription, ainsi que l'a constaté le conservateur par deux certificats en date des..

10 Pour faire la reconnaissance par hypothèque dont il vient d'être parlé, M. Lebret a déclaré à son épouse et à M. Vrillé qu'il offrait en hypothèque son domaine du Buisson-Carré situé sur la commune de.., lui appartenant en propre et étant de valeur de plus de trente mille francs.

11 Mad. Lebret et M. Vrillé reconnaissant que cette garantie est suffisante pour assurer le remploi dont il s'agit, il a été arrêté entre les parties ce qui suit :

¹³ 1° M. Lebret reconnaît que M. Vrillé lui a présentement remis, à titre de reconnaissance par hypothèque, la somme de quinze mille francs dont il est débiteur envers mad. Lebret pour le prix du bien dotal à lui vendu à la charge du présent emploi. Duquel prix il demeure libéré, sauf à lui à surveiller ledit emploi. Cette somme portera intérêts à cinq pour cent par an à compter d'aujourd'hui, lesquels intérêts seront partagés (A) entre M. et mad. Lebret de la manière indiquée en leur contrat de mariage.

¹⁴ A l'égard des intérêts [49] dudit prix, lesquels s'élèvent à sept cent cinquante francs, M. Vrillé les a présentement payés à M. et mad. Lebret, qui le reconnaissent, et se les sont attribués dans les proportions (A) fixées par leur contrat de mariage.

¹⁵ 2° A la garantie de ladite somme de quinze mille francs M. Lebret affecte et hypothèque [30] le domaine du Buisson-Carré avec toutes ses dépendances, situé sur la commune de.., consistant en bâtiments d'habitation et d'exploitation, cinquante hectares [91] de terres labourables, dix hectares de pré et un hectare de vigne.

¹⁶ Appartenant en propre audit sieur Lebret comme héritier [78] pour moitié de dame Marie Foullon, sa mère, décédée épouse de M. Daniel Lebret, et au moyen d'un partage [143] fait sans soulte entre lui et François Lebret, son frère, héritier pour l'autre moitié de sadite mère, par acte passé devant Mᵉ.., notaire à.., le.., dûment enregistré. Lesquelles qualités d'héritiers sont constatées par l'intitulé de l'inventaire [145] fait après le décès [63] de leurdite mère par ledit Mᵉ.., notaire à.... le...

¹⁷ Ladite dame Lebret née Foullon était propriétaire [22] dudit domaine comme.. — V. sup. ÉTABLISSEMENT de propriété, p. 403.

¹⁸ Sur lequel domaine il sera, d'ici à quinzaine, pris une inscription qui devra être renouvelée tous les dix ans en temps utile (B) tant au profit de mad. Lebret qu'au profit de M. Vrillé, jusqu'à la dissolution du mariage de M. et mad. Lebret, ou à la séparation de biens de cette dernière ou au remboursement de ladite somme, dans lequel dernier cas le remploi devra alors être fait définitivement en immeubles [87].

¹⁹ 3° M. Lebret déclare, sous les peines de droit [31]: 1° que le domaine par lui hypothéqué est de valeur de trente mille francs au moins; 2° qu'il est libre de toute hypothèque [30] conventionnelle et judiciaire; 3° et qu'il n'est grevé d'aucune autre hypothèque légale que celle de sa femme.

²⁰ S'obligeant de justifier, à ses frais, d'ici à un mois, de la sincérité de sa déclaration par un certificat [111] du conservateur des hypothèques constatant qu'à l'époque de la délivrance de ce certificat il n'existera sur le domaine hypothéqué que l'inscription [83] qui sera prise en vertu des présentes.

²¹ 4° Pour plus de sécurité de la régularité de l'emploi effectué par ces présentes, M. Lebret a, à l'instant, déposé (C) la somme de quinze mille francs qui vient de lui être remise, entre les mains de M. Vrillé qui la conservera jusqu'à la justification de l'état négatif d'inscriptions dont il vient d'être parlé; et alors M. Vrillé sera tenu de remettre immédiatement ladite somme à M. Lebret qui devra lui en donner, par acte à la suite [45] des présentes, une décharge [84] à laquelle sera joint ledit certificat négatif.

²² 5° Au moyen du remploi présentement effectué, M. et mad. Lebret donnent mainlevée [149] et consentent la radiation (D) de la manière la plus absolue de l'inscription d'office prise à leur profit au bureau des hypothèques de.., le.., vol.., n°.., contre M. Vrillé, lors de la transcription de son contrat d'acquisition. Et M. le conservateur, en opérant cette radiation, sera valablement déchargé.

²³ 6° M. Vrillé reconnaît que M. et mad. Lebret lui ont présentement remis [54] tous les titres de propriété qui lui ont été promis par ledit contrat de vente.

²⁴ Tous les frais [5] que ces présentes occasionneront, même ceux de la décharge à donner par M. Lebret seront payés par M. Vrillé, de convention expresse.

²⁵ Dont acte, fait et passé à l'Ile de Verne [12], en l'étude (id.), l'an mil huit cent quarante-cinq [15], le dix mai (id.), en présence de MM. (Noms, prénoms, professions et demeures), témoins instrumentaires [14]; et les parties ont signé [13] avec les témoins et le notaire, après lecture [16].

²⁶ V. Répertoire, note 17. — Forme des actes, note 38. — Enregistrement, notes 117, 18 et 19.

²⁷ V. aussi les formules de CONTRAT DE MARIAGE et de VENTE AVEC DÉCLARATION DE REMPLOI.

(A) Cela suppose que par le contrat de mariage il a été convenu que les revenus des biens des époux appartiendraient pour une portion à l'un et pour une autre portion à l'autre (C. civ. 1549).

(B) Cette stipulation est la conséquence de ce que nous avons dit sup en la note C qui est au bas de la p. 334. Nous avouons sincèrement que cette condition doit être bien gênante pour l'acquéreur, mais comme elle n'est que l'application de ce principe, que l'acquéreur doit surveiller le remploi, pour que la femme ne se trouve pas sans garantie, au cas de remboursement volontaire ou forcé de la somme durant le mariage (V. la note B étant au bas de la p. 334), il en résulte que la stipulation n'est qu'explicative des obligations de cet acquéreur et qu'on ne lui crée pas une position particulière. C'est alors à lui de ne point acquérir quand une pareille condition lui est imposée. Le remploi immédiat en immeubles est bien préférable, puisqu'il n'oblige l'acquéreur qu'à vérifier si l'immeuble acquis en remploi est régulièrement acquis et libre de charges, tandis que le placement par hypothèque sur le mari n'est que provisoire.

(C) Une hypothèque n'étant valablement consentie que quand elle forme l'accessoire d'un engagement principal (V. sup. p. 548. note C), on trouve dans la manière dont la formule est libellée un moyen de concilier les intérêts de toutes les parties.

(D) Cette mainlevée peut être donnée sans inconvénient, car, lors même que l'acquéreur à qui les fonds sont déposés ne les remettrait pas au mari après les justifications que celui-ci doit fournir, l'immeuble ne se trouverait pas pour cela affranchi, la femme dont le remploi n'aurait pas été effectué ayant une action résolutoire qui suit l'immeuble et qu'elle peut n'exercer qu'après dissolution de son mariage.

RENONCIATIONS PURES ET SIMPLES (A) :

1° *A bénéfice d'inventaire;*
2° *A communauté ou succession;*
3° *A donation entre époux;*
4° *A un legs;*
5° *A prescription;*
6° *A réméré;*

7° *A hypothèque.* — *V.* Mainlevée, *p.* 478, *alin.* 20.
8° *A hypothèque légale.* — *V.* Mainlevée, *p.* 476, *alin.* 6.
9° *A privilège.* — *V.* Désistement, *p.* 578.
10° *A surenchère.* — *V. sup.* Purge, *p.* 558, *alin.* 18.

1° RENONCIATION [62] pure et simple a bénéfice d'inventaire [83].

2 Par-devant M° Ovide [1] Lebat (*id.*), notaire [2] à Bois-Avril [1], département de.., soussigné [15].

3 Sont comparus MM. Charles et Célestin [5] Bichat (*id.*), hommes de lettres (*id.*), demeurant (*id.*) à..

4 Seuls héritiers [78] chacun pour moitié de M. Claude Bichat, leur père, décédé [63] habile [54] à se dire héritier pour un quart de Alphonse Bichat, son oncle, décédé à.., le.., lequel a laissé d'autres neveux et nièces qui tous ont accepté [62] purement et simplement sa succession.

5 Lesquels ont déclaré renoncer (B), comme de fait ils renoncent, purement et simplement, par ces présentes, au bénéfice d'inventaire [83] qui leur était acquis dans la succession dudit feu s* Alphonse Bichat, leur oncle, tant au moyen de l'inventaire fait après le décès de ce dernier par M°.., notaire à.., le.., qu'au moyen de la déclaration faite au greffe du tribunal civil de première instance de.., le.., par les comparants, qu'ils n'acceptaient cette succession que sous bénéfice d'inventaire.

6 Voulant et entendant, lesdits comparants, être réputés à l'avenir héritiers (C) purs et simples dudit s* leur oncle, comme étant au lieu et place de leur père par droit de transmission.

7 Dont acte, fait et passé à Bois-Avril [12], en l'étude (*id.*), l'an mil huit cent quarante-cinq [13], le onze mai (*id.*), en présence de MM. (*Noms, prénoms, professions et demeures*), témoins instrumentaires [14]; et les comparants ont signé [15] avec les témoins et le notaire, après lecture [16].

8 V. *Répertoire*, note 17. — Forme des actes, note 58. — *Enregistrement*, notes 99, 18 et 19.

2° RENONCIATION [62] pure et simple a communauté (D) par une femme (E) veuve,
après le décès de son mari, par acte au greffe du tribunal civil.

10 L'an mil huit cent quarante-cinq le douze mai, au greffe et devant nous greffier en chef du tribunal civil de..

11 Est comparue la dame Germaine Melou, veuve du s* Nicolas Bridaux, en son vivant marchand de vins en gros à.., où elle demeure : ladite dame veuve Bridaux, assistée de M° Lesec, avoué.

12 Laquelle a déclaré que, connaissance par elle prise des forces et charges de la communauté qui a existé entre elle et son mari, décédé à.., le.., elle renonçait purement et simplement à ladite communauté, pour s'en tenir à ses droits et reprises [200]. Jurant et affirmant n'avoir jamais rien pris ni détourné ni su qu'il ait été rien pris ni détourné de ladite succession directement ou indirectement.

13 Desquelles déclaration et affirmation nous avons dressé le présent acte que la comparante a signé avec son avoué et nous greffier, après lecture. — V. *pour l'enregistrement la note* 181.

(A) Nous ne donnons que des formules de renonciations pures et simples. Quand les renonciations ne sont point telles, elles sont translatives de propriété et donnent lieu à un droit proportionnel d'enregistrement (V. sup. p. 510, note A). — Il faut donc éviter de faire les renonciations au profit de tierces personnes, -V. note 99, n. 15.

(B) On ne peut pas renoncer à la qualité d'héritier même à celle d'héritier bénéficiaire quand une fois on l'a prise, d'après la règle *semel hæres, semper hæres*. On n'a que le droit, quand on est héritier bénéficiaire, de faire l'abandon des biens de la succession aux créanciers et aux légataires —V. note 25.

(C) Si les autres héritiers de Alphonse *Bichat* avaient accepté la succession de leur oncle sous bénéfice d'inventaire, il ne serait plus loisible à Charles et Célestin de l'accepter purement et simplement (C. civ. 782; V. note 62, n. 28).

(D) La formule est la même quand il s'agit d'une renonciation à succession. Seulement la qualité n'est pas la même et on substitue le mot *succession* au mot *communauté*.

(E) Il ne peut y avoir de renonciation à communauté que par la femme ou ses héritiers. Le mari ne le peut pas, par le motif que la communauté est son ouvrage (C. civ. 1421) : il en est de même de ses héritiers, lesquels ne peuvent renoncer à la communauté qu'en renonçant en même temps à la succession.

Quand la communauté se dissout par le décès du mari, la femme qui ne renonce pas à la communauté dans le délai fixé par la loi est présumée l'avoir acceptée. C'est le contraire quand la communauté se dissout par la séparation de corps, dans ce cas si la femme n'accepte pas la communauté dans le délai légal elle est présumée y avoir renoncé C. civ. 1156 et 1165. — V. note 62, n. 118.

3° RENONCIATION [62] PURE ET SIMPLE A UNE DONATION [214] ENTRE ÉPOUX.

Par-devant Mᵉ Lᴇʀᴀᴛ (id.), notaire [2] à Bois-Avril [1], soussigné [15].

Est comparu Mᵗ Michel [3] Aʀᴄᴀɴɢᴇ (id.), peintre (id.), demeurant (id.) à;.

Lequel a, par ces présentes, déclaré renoncer [62] purement et simplement au bénéfice de la donation entre-vifs\ et à cause de mort que la dame Marie Lᴇʟᴏɪʀ, son épouse, décédée, lui a faite de tous les biens (ou : de partie des biens), meubles [86] et immeubles [87] qu'elle délaisserait au jour de son décès, suivant acte passé devant Mᵉ.., notaire à.., le... dûment enregistré [42].

Consentant, ledit comparant, que cette donation soit considérée comme nulle et non avenue.

Dont acte, fait et passé... — V. sup. alin. 7 et 8.
   V. la formule de Réduction de donation.

4° RENONCIATION [62] PURE ET SIMPLE A UN LEGS (A).

Par-devant Mᵉ Lᴇʀᴀᴛ [1], notaire [2] à Bois-Avril [1], soussigné [15].

Est comparue la dame Félicité [3] Dᴜꜰᴏᴜʀ (id.), veuve du sʳ Jean Bᴏɴᴊᴀᴄ, militaire en retraite, décédé [63] à.., où elle demeure [3].

Laquelle a déclaré renoncer comme de fait elle renonce purement et simplement au legs [24] universel (ou : à titre universel, — ou bien : à titre particulier) qui lui a été fait par sondit mari suivant son testament [152] par acte public reçu par Mᵉ.., notaire à.., en présence de quatre témoins, le.., dûment enregistré (ou bien : suivant son testament olographe [152] en date du.., enregistré à.. (relater littéralement l'enregistrement), présenté à M. le président du tribunal civil de.., qui en a constaté l'état et ordonné le dépôt en l'étude de Mᵉ.., notaire à.., par ordonnance en date du.. enregistrée, lequel dépôt a eu lieu le.., par acte dudit jour aussi enregistré.

Voulant et entendant que ledit legs soit considéré comme nul et non avenu, et consentant qu'il soit fait mention des présentes sur toutes pièces que besoin sera par tous notaires et autres officiers publics de ce requis.

Dont acte, fait et passé.. — V. sup. alin. 7 et 8.

5° RENONCIATION [62] PURE ET SIMPLE A PRESCRIPTION [172].

Par-devant Mᵉ Lᴇʀᴀᴛ [1], notaire [2] à Bois-Avril [1], soussigné [15].

Est comparu M. Alfred [3] Lᴇɴᴏᴜx (id.), propriétaire (id.), demeurant (id.) à..

Lequel, sur la justification qui lui a été faite par M. Pierre Lʜᴇᴜʀᴇᴜx, capitaine en retraite, demeurant à.., d'un acte de partage [143] passé devant Mᵉ.., notaire à.., le.., dûment enregistré [42], et par lequel il lui a été attribué un terrain de la contenance de un hectare [91], situé [141] sur la commune de.., au climat de la vallée aux loups, a déclaré renoncer, comme de fait il renonce , par ces présentes , à invoquer la prescription et à se considérer comme propriétaire dudit héritage, bien qu'il en ait été en possession [22] paisible pendant plus de trente ans.

Il s'oblige, en conséquence, à cesser sa possession immédiatement par suite de la sommation qui lui a été faite de délaisser ledit héritage suivant exploit [20] de.., huissier à.., en date du..

Mais cette renonciation est faite à la condition expresse que ledit sʳ Lʜᴇᴜʀᴇᴜx ne formera contre le comparant aucune demande en restitution des fruits [30] dudit héritage, attendu que ledit comparant a été possesseur de bonne foi; comme aussi qu'il sera tenu compte au comparant de la plus value résultant des augmentations [22] existantes sur ledit terrain, à dire d'experts.

Pour faire signifier [20] ces présentes à qui besoin sera, tout pouvoir [80] est donné au porteur d'une expédition des présentes.
   Dont acte, fait et passé.. — V. sup. alin. 7.

V. Répertoire, note 17. — Forme des actes, note 38. — Enregistrement, notes 99 (B), 18 et 19.

(A) Cette renonciation ne peut régulièrement être faite qu'au greffe (V. note 24, n. 295), et alors on observe la formule donnée sup. alin. 9 à 13. — On n'emploie la forme d'acte notarié que dans le cas rappelé en la note 24, n. 293.

(B) La renonciation à se prévaloir d'une prescription acquise ne peut donner ouverture qu'au droit fixe. La prescription, en effet, n'est qu'un moyen d'acquérir ou de se libérer par voie d'exception ; or, nul n'est tenu de proposer une exception qui lui appartient ; c'est pourquoi les juges ne peuvent suppléer d'office le moyen résultant de la prescription (C. civ. 2224). Celui qui renonce soit expressément soit tacitement ne transmet rien ; seulement il refuse d'acquérir ; une semblable disposition n'est donc pas susceptible d'un droit proportionnel. — V. note 99, n. 11.

6° RENONCIATION [62] pure et simple a réméré [121].

Par-devant Me Lerat [1], notaire [2] à Bois-Avril [1], soussigné [15].

Est comparu M. Crespin [5] Boinot (id.), garçon majeur (id.), sans profession (id.), demeurant (id.) à..

Lequel a, par ces présentes, renoncé purement et simplement à la faculté de réméré qu'il s'était réservée pendant cinq ans à compter du.., par le contrat de la vente qu'il a faite au sr Jean Guinepied, laboureur, demeurant à.., d'un jardin de la contenance de vingt-cinq ares [91], situé [141] sur le territoire de la commune de..., lieu dit le Reposoir, devant Me..., notaire à..., le.., moyennant la somme de deux mille francs qui lui a été payée [84] suivant quittance (id.) notariée postérieure audit contrat.

（*Lorsque la renonciation est faite moyennant un prix, on ajoute ici :*）

Cette renonciation est faite, de la part dudit sr Boinot, moyennant la somme de cinq cents francs que ledit sr Guinepied, à ce présent, lui a payée comptant [84], à titre de supplément du prix de ladite vente, dont décharge [84].

Par suite de ce qui précède, ledit sr Boinot se dessaisit de tous ses droits [27] sur le jardin dont il s'agit, et le sr Guinepied en demeure propriétaire incommutable à compter de ce jour.

Les déboursés [5] et honoraires (id.) des présentes seront supportés par le sr Guinepied.

Dont acte, fait et passé à.. — *V. sup. alin.* 7.

V. *Répertoire,* note 17. — *Forme des actes,* note 58. — *Enregistrement,* notes 99, 57, 18 et 19.

　　　　　V. aussi les formules de réméré *et de* vente a réméré.

RENOUVELLEMENT [85] d'inscription. — V. *sup.* bordereau d'inscription, *p.* 187.

RENOUVELLEMENT OU CONTINUATION de société [138].

Par-devant Me Adolphe [1] Regnaud (id.), notaire [2] à Coulonges [1], département de..., soussigné [15].

Sont comparus :

M. Louis [5] Boisset (id.), négociant (id.), demeurant (id.) à.., où il est patenté [45] pour la présente année à la date du... dernier, ... classe, n°....　　　　　　　　　　　　　　　　　　d'une part.

Et M. Firmin Mégnot, aussi négociant, demeurant à.., où il est patenté..　　　　d'autre part.

Lesquels ont, par ces présentes, renouvelé et continué pour dix [77] années entières et consécutives qui commenceront le.. et finiront le.., la société qu'ils avaient contractée pour le commerce de.., suivant acte passé en minute [89] et présence de témoins [14] devant Me.., notaire à., le.., dûment enregistré [42], pour cinq années qui devaient finir le..

Cette continuation de société est consentie, de part et d'autre, aux mêmes charges [58] et conditions [155] que celles portées en l'acte de société ci-dessus énoncé, (*s'il y a des modifications on ajoute :* sauf les modifications ci-après exprimées ; Art. 1er.., Art. 2°.., etc. ; *et alors on termine l'acte par la disposition suivante :* « Art... — Les conditions de l'acte de société ci-dessus énoncé qui n'ont rien de contraire aux présentes continueront de subsister).

Le capital de la nouvelle société sera constaté par l'inventaire qui sera fait à l'expiration de l'ancienne société.

Cette continuation de société sera publiée et affichée partout où besoin sera.

Dont acte, fait et passé à Coulonges [12], en l'étude (id.), l'an mil huit cent quarante-cinq [15], le douze mai (id.), en présence de MM. (*Noms, prénoms, professions et demeures*), témoins instrumentaires [14] ; et les parties ont signé [15] avec les témoins et le notaire, après lecture [16].

V. *Répertoire,* note 17. — *Forme des actes,* note 58. — *Enregistrement,* notes 18 et 19.

　　　V. aussi les formules de société (*contrats de*).

RENOUVELLEMENT de titre. — V. *la formule de* titre nouvel.

RENTES perpétuelles et viagères. — *V. sup. les formules de* constitution *p.* 310 à 314.

RENVOI [37] (long). — *V. sup. p.* 217, *alin.* 12 *et* 13 *et p.* 150. *alin.* 70.

RÉPERTOIRE. — *V. la formule au t.* 2, *note* 17, *p.* 89.

RÉPUDIATION DE LEGS. — *V. sup.* RENONCIATION A UN LEGS.

REQUÊTE. — *V. sup.* EXÉCUTOIRE *et* ORDONNANCE *et la note* D *au bas de la p.* 72.

RÉQUISITION DE CONSEIL. — *V. sup. les formules d'*ACTE RESPECTUEUX *et d'*ADOPTION.

RESCRIPTION. — *V. sup. la formule de* MANDAT DE PAIEMENT.

RÉSILIATIONS:

1° *De bail;*	3° *De société;*
2° *De contrat de mariage;*	4° *De vente, dans les* 24 *heures de l'acte résilié.*

1° RÉSILIATION DE BAIL [105].

2   Par-devant Me Abel [1] LENORMAND (*id.*), notaire [2] à Brut (*id.*), département de.., soussigné [15].

3   Sont comparus :

4   M. Louis [5] DEBLET (*id.*), propriétaire (*id.*), demeurant (*id.*) à..   D'UNE PART.

5   Et M. Ernest JOYEUX, cultivateur, demeurant à..   D'AUTRE PART.

6   Lesquels ont, par ces présentes, consenti à résilier, pour le temps restant à courir à compter du.., le bail [105] fait audit s^r JOYEUX par ledit s^r DEBLET, pour neuf années à partir du.., de la ferme de Bourbereau, moyennant un fermage annuel de.., outre les charges; le tout ainsi qu'il résulte d'un acte passé en minute [59] et présence de témoins [14] devant M^e.., notaire à.., le.., dûment enregistré [42].

7   En conséquence, ledit s^r JOYEUX s'oblige à quitter cette ferme à ladite époque du.., en par lui remettant les bâtiments en bon état de réparations locatives [105] et payant les fermages alors dûs.

8   Cette résiliation est consentie et acceptée sans indemnité de part ni d'autre (*ou bien* : à la charge par le sieur DE-BLET de payer au sieur JOYEUX une indemnité de mille francs dans.. mois de ce jour sans intérêts (*ou* : avec intérêts [49] à cinq pour cent par an sans retenue à partir du.. ; laquelle indemnité se compensera (A) jusqu'à due concurrence [132] avec les fermages qui seront dûs alors par ledit sieur JOYEUX.

9   Le coût [5] des présentes sera à la charge du sieur DEBLET.

10 Dont acte, fait et passé à Brut [12], en l'étude (*id.*), l'an mil huit cent quarante-cinq [15], le douze mai (*id.*), en présence de MM. (*Noms, prénoms, professions et demeures*), témoins instrumentaires [14] ; et les parties ont signé [15] avec les témoins et le notaire, après lecture [16].

11 *V. Répertoire*, note 17. — *Forme des actes*, note 58. — *Enregistrement*, notes 218, 18 et 19.

12   *V. aussi les formules de* BAIL, *de* SOUS-BAIL *et de* TRANSPORT DE BAIL.

(A) Il est toujours à propos d'exprimer cette compensation, afin qu'on ne suppose point que le fermier non-seulement touchera l'indemnité, mais encore gardera le terme courant de son fermage. En droit, cela ne souffre point de difficultés, mais en fait et surtout quand on croit voir dans la résiliation des mots qui prêtent à une interprétation telle quelle, un droit bien clair se transforme alors en un droit bien douteux.

2° (A) RÉSILIATION [166] DE CONTRAT DE MARIAGE (*id.*).

Par-devant M⁰ LENORMAND [1], notaire [2] à Brut [1], soussigné [15].

Sont comparus :

M. Etienne VALTAIRE [5], homme de lettres (*id.*), demeurant (*id.*) à..

Et Mlle. Camille LEHOU, sans profession, demeurant à.. ; fille mineure [63] de M. Charles LEHOU, décédé [63] et de la dame Esther PAULOT, aujourd'hui sa veuve; ladite Dlle LEHOU procédant sous l'assistance et autorisation [166] de ladite dame sa mère, à ce présente.

Lesquels ont dit que par le contrat, dont minute [39] précède [45], passé devant le notaire soussigné le.., dûment enregistré, M. VALTAIRE et la Dlle LEHOU ont établi les clauses et conditions du mariage [62] projeté entre eux. En considération duquel mariage Mad. veuve LEHOU a fait donation [81] de divers biens à sa fille.

Mais que ce mariage ne peut, par des motifs qu'il est inutile d'expliquer ici, se réaliser.

En conséquence, voulant annuler ledit contrat, ils ont, par ces présentes, déclaré le résilier purement et simplement, renonçant à jamais s'en prévaloir.

Au moyen de cette résiliation, toutes les parties reconnaissent que les donations contenues audit contrat de mariage restent nulles, non faites, ni avenues (B). Consentant, chacune des parties, que mention de la présente résiliation soit faite sur la minute dudit contrat de mariage.

Dont acte, fait et passé à.... — *V.* sup. alin. 10.

V. Répertoire, note 17. — *Forme des actes,* note 38. — *Enregistrement,* notes 56, 18 et 19.

V. aussi les formules de CONTRAT DE MARIAGE *et de* RÉTABLISSEMENT DE COMMUNAUTÉ.

3° RÉSILIATION [158] DE SOCIÉTÉ (*id.*).

Par-devant M⁰ LENORMAND [1], notaire [2] à Brut [1], soussigné [15].

Sont comparus :

M. Félix [3 JOURDAIN (*id.*), négociant (*id.*), demeurant (*id.*) à.., où il est patenté [43] pour la présente année à la date du.. dernier, .. classe, n°..   D'UNE PART.

Et M. Alphonse BREUILLÉ, aussi négociant, demeurant à.., où il est patenté, etc.   D'AUTRE PART.

(C) Lesquels, voulant faire cesser la société qui a été établie entre eux pour faire le commerce de fayence, suivant l'acte ci-après énoncé, ont arrêté ce qui suit :

1° La société établie entre les sⁱˢ JOURDAIN et BREUILLÉ sous la raison JOURDAIN ET BREUILLÉ pour faire le commerce de fayence, suivant acte en minute [39] et présence de témoins [14] passé devant M⁰.. et son collègue, notaires à.., le.., dûment enregistré [42] et publié [158], sera et demeurera dissoute et résiliée à compter du ... prochain.

2° Le sieur JOURDAIN sera seul chargé de la liquidation de la société, et, pour l'indemniser des peines, soins et démarches que cette opération nécessitera, il retiendra et prélèvera à son profit cinq pour cent de tous les recouvrements [84] qui resteront à faire au jour ci-dessus fixé pour la dissolution de la société.

3° Jusqu'au jour de cette dissolution il ne sera fait aucun achat ou autre opération qui tendrait à retarder les rentrées de fonds et bénéfices. La vente et les recouvrements seront, au contraire, suivis de manière à accélérer ces rentrées autant qu'il sera possible.

4° Aussitôt après la confection de l'inventaire qui devra être fait lors de la dissolution de la société, les deniers comptants, déduction faite des dettes [26] de la société, seront partagés entre les associés, dans la proportion de leurs intérêts respectifs. Les effets de commerce [97] qui paraîtront aux parties d'un recouvrement certain seront pareillement partagés, et le sieur JOURDAIN comptera de mois en mois du recouvrement des autres effets, ainsi que du produit de la vente des marchandises.

5° Si, dans l'année qui suivra la dissolution de la société, toutes les marchandises comprises en l'inventaire de dissolution ne sont pas vendues, il sera procédé à leur vente aux enchères, à moins que le sⁱ JOURDAIN ne préfère les

(A) Cette résiliation n'a lieu le plus ordinairement que pour être produite dans les deux ans qui suivent l'enregistrement du contrat de mariage, à l'appui d'une demande en restitution des droits d'enregistrement perçus sur le contrat. — *V.* note 18, n. 640 et 734.

(B) Quand le contrat de mariage constate la remise de sommes ou objets mobiliers au futur époux, celui-ci les rend et on le constate dans la résiliation en ces termes : *Et M.* VALTAIRE *a présentement remis à mad. veuve* LEHOU *qui le reconnaît et lui en donne décharge, la somme de .. (ou : les objets mobiliers), dont il s'est reconnu dépositaire par ledit contrat, de mariage.* Cette disposition est sujette au droit fixe. — V. note 18, n. 54 et suiv.

(C) *Quand la résiliation est pure et simple, on substitue ce qui suit au restant de la formule :*

Lesquels ont, par ces présentes, consenti et accepté respectivement la résiliation pure et simple à compter de ce jour, de la société qu'ils avaient formée ensemble pour le commerce de fayence, par acte sous seings-privés fait double à.., le... enregistré (*relater littéralement la mention d'enregistrement*). Consentant que cette société demeure nulle et résiliée, à compter de ce jour, sans aucune indemnité de part ni d'autre, reconnaissant avoir fait entre eux le partage de la société. En conséquence, ils se tiennent quittes et déchargent réciproquement de toutes choses généralement quelconques au sujet de cette société.

prendre pour son compte, sur le pied de l'estimation qui en sera faite par experts respectivement choisis par les parties.

36 6° M. Jourdain se chargera du bail [105] de la maison où s'exploite ledit fonds pour le temps qui en restera à courir, à compter du jour de la dissolution de société, à la charge d'en payer les loyers [105] et d'en exécuter toutes les autres conditions. A compter du même jour il pourra continuer pour son compte le même commerce, dont l'achalandage lui appartiendra à la condition de payer, dans les six mois qui suivront, à M. Breuillé la somme de cinq cents francs pour sa moitié dans la valeur dudit achalandage, avec intérêts [49] à cinq pour cent par an sans retenue à partir dudit jour jusqu'au remboursement.

37 7° Les maisons de commerce avec lesquelles la société aura été en relation d'affaires seront prévenues de la dissolution de cette société par une circulaire qui leur sera adressée par lesdits srs Jourdain et Breuillé.

38 8° Ces présentes seront publiées et exposées partout où besoin sera, à la diligence du sr Jourdain.

39 8° Pour l'exécution des présentes, les parties font élection de domicile [11] en l'étude du notaire soussigné.

40 Dont acte, fait et passé à.. — V. sup. alin. 10.

41 V. Répertoire, note 17. — Forme des actes, note 38. — Enregistrement, notes 18 et 19.

42 V. aussi les formules de SOCIÉTÉ et de LIQUIDATION DE SOCIÉTÉ.

---

43 4° RÉSILIATION [109] DE VENTE, DANS LES 24 HEURES DE L'ACTE RÉSILIÉ [56].

44 Par-devant Me Lenormand [1], notaire [2] à Brut [1], soussigné [15].

45 Sont comparus :

46 Le sr François Amelin [5], militaire en activité de service (id.) en garnison à.., et dont le domicile d'origine [5] est à...   D'UNE PART.

47 Et le sieur Jacob Lemoine, cultivateur, demeurant à..   D'AUTRE PART.

48 Lesquels ont, par ces présentes, consenti que la vente faite par ledit sr Amelin au sr Lemoine d'une pièce de terre labourable de la contenance de cinquante ares [91] située [141] sur le territoire de.., lieu dit la montagne des Allouettes, moyennant la somme de douze cents francs outre les charges, suivant le procès-verbal d'adjudication dont minute [59] précède dressé par le notaire soussigné le jour d'hier et qui sera soumis à l'enregistrement (A) avant ou en même temps que ces présentes, soit et demeure nulle et résolue purement et simplement, et que les parties soient replacées dans le même état que si cette vente n'eût pas eu lieu.

49 Les déboursés [5] et honoraires (id.) des présentes seront au compte du sr Lemoine.

50 Dont acte, fait et passé à.. — V. sup. alin. 10.

51 V. Répertoire, note 17. — Forme des actes, note 38. — Enregistrement, notes 56 18 et 19.

RÉSOLUTION DE VENTE. — V. la formule de DÉGUERPISSEMENT et inf. RÉTROCESSION.

RESTRICTION [50] D'HYPOTHÈQUE LÉGALE 1° PAR UNE FEMME MARIÉE, AUTORISÉE PAR UN AVIS DE PARENT HOMOLOGUÉ, 2° ET PAR UN CRÉANCIER [25] SUBROGÉ DANS CETTE HYPOTHÈQUE.

2 Par-devant Me Ovide [1] Rolland (id.), notaire [2] à Brives [1], département de.., soussigné [15].

3 Sont comparus :

4 1° Mad. Louise [3] Bellot (id.), épouse (B) de M. Alexandre Lecointe, entrepreneur de bâtiments avec lequel elle demeure [5] à..

5 Ladite dame agissant en son nom personnel comme spécialement autorisée [68] à l'effet des présentes : 1° suivant l'avis [163] de ses quatre plus proches parents réunis en assemblée de famille sur la demande de son mari et sous la

---

(A) Malgré la résiliation dans les 24 heures, l'acte résilié n'est point affranchi du droit proportionnel. Le contraire paraissait résulter de ce que nous avons rapporté note 56, n. 130, mais la Cour de Cassation a décidé par arrêt du 9 av. 1844, que le premier acte était toujours soumis au droit proportionnel, par les motifs : 1° *que la loi du 22 frim. an VII art.* 68, n. 40 *et celle du 28 av.* 1816, *art.* 43, n. 20, *en soumettant à un droit fixe les résiliements purs et simples faits par acte authentique dans les 24 heures des actes résiliés n'ont point dit que les actes résiliés ne seraient soumis qu'à un simple droit fixe comme les actes qu'ils résilient ; 2° et qu'aucune disposition de loi n'affranchit du droit proportionnel un acte d'adjudication à raison de l'événement ultérieur de sa résiliation par le consentement volontaire des parties.*—V. note 18, n. 678 bis.

(B) La femme étant autorisée par justice à donner la main-levée dont il s'agit, on est dispensé par ce motif de la faire autoriser par son mari. Au surplus, comme c'est le mari lui-même qui a formé devant l'assemblée de famille la demande en main-levée on peut considérer la femme comme suffisamment autorisée par lui, puisque cette demande emporte consentement.—V. note 68, n. 7.

présidence de M. le juge de paix [94] du canton de.., ainsi qu'il résulte de son procès-verbal en date du.. ; 2° et suivant jugement contradictoire [75] homologatif [137] dudit avis de parents, rendu sur les conclusions du procureur du roi par le tribunal civil de première instance de.., le.., dûment enregistré (A).

6 2° Et M. Louis PINTARD, rentier, demeurant à..

7 Agissant comme créancier [23] desdits sr et dame LECOINTE pour dix mille francs, principal d'une obligation passée devant Me.., notaire à.., le.., dûment enregistrée, et ayant été, par ledit acte, subrogé [50] dans l'hypothèque légale de ladite dame LECOINTE, laquelle subrogation a été mentionnée sur le registre du bureau des hypothèques de.., lors de l'inscription [83] qui a été prise audit bureau pour sûreté de ladite obligation le.., vol.., n°..

8 Lesquels, sous la réserve [51] ci-après exprimée, se sont, par ces présentes, désisté de l'hypothèque légale de la dame LECOINTE contre son mari, et, par suite, ont donné mainlevée [149] pure et simple et consenti la radiation (id.) de toutes inscriptions [83] qui ont pu être prises pour sûreté de cette hypothèque en quelques bureaux de conservation que ce soit, notamment de la subrogation [114] mentionnée en l'inscription précitée.

9 Mais seulement en ce que lesdites hypothèque et inscriptions grevent tous autres biens que la ferme du Point-du-jour, située sur le territoire de la commune de.. et celles environnantes. Les comparants déclarant restreindre et limiter pour toujours leurs droits d'hypothèque à la ferme dont il s'agit.

10 M. le conservateur, en opérant la radiation de subrogation dont est ci-dessus parlé et en faisant mention des présentes sur ses registres sera bien et valablement déchargé.

11 Dont acte, fait et passé à Brives [12], en l'étude (id.), l'an mil huit cent quarante-cinq [13], le quatorze mai (id.), en présence de MM. (Noms, prénoms, professions et demeures), témoins instrumentaires [14]; et les parties ont signé [15] avec les témoins et le notaire, après lecture (16).

12 V. Répertoire, note 17. — Forme des actes, note 38. — Enregistrement, notes 56, 18 et 19.

13 V. sup. les formules de MAINLEVÉE et de RÉDUCTION D'INSCRIPTION.

RÉTABLISSEMENT [166] DE COMMUNAUTÉ.

2 Par-devant Me Lubin [1] CHEREAU (id.), notaire [2] à Saint-Gratien [1], département de.., soussigné [15].

3 Sont comparus :

4 M. Paul [5] BINET (id.), bijoutier (id.), demeurant (id.) à..   D'UNE PART.

5 Et Mad. Zémire DEVAUX, épouse séparée [220] de corps (ou : de biens) dudit sr BINET, demeurant à...   D'AUTRE PART.

6 Lesquels ont exposé ce qui suit :

7 La communauté établie entre lesdits sr et dame BINET, suivant leur contrat de mariage [166] passé devant Me.., notaire à.., le.., dûment enregistré [42], a été dissoute par la séparation [220] de corps prononcée entre eux suivant jugement [75] contradictoire rendu par le tribunal civil de première instance de.., le.., et confirmé par arrêt de la Cour royale de Paris en date du.. (Quand il n'y a que séparation de biens, on ajoute ici : ledit jugement lu et publié conformément à la loi, et exécuté par le paiement réel des droits et reprises [200] de la dame BINET effectué dans la quinzaine de la séparation par acte passé devant Me.., notaire à.., le.., (ou bien : par des poursuites exercées dans la quinzaine de la séparation et non interrompues depuis).

8 M. et mad. BINET voulant rétablir cette communauté de biens, ainsi que toutes les dispositions portées en leur contrat de mariage sus-énoncé, afin de remettre le tout dans son premier état, il a été arrêté entre eux ce qui suit :

9 Art. 1. La communauté de biens qui existait entre M. et mad. BINET, aux termes de leur contrat de mariage sus-énoncé, est rétablie par ces présentes. En conséquence la séparation cesse d'exister à compter d'aujourd'hui ; toutes les dispositions (B) de leur contrat de mariage reprennent leur effet dans tout leur contenu ; enfin, les choses sont remises, à compter d'aujourd'hui, dans le même état que si la séparation de corps (ou : de biens) n'avait jamais été prononcée.

10 Art. 2. Par suite de ce qui précède la dame BINET rapporte à la communauté tous les biens meubles [86] et objets mobiliers de valeur de quinze mille francs qu'elle avait apportés en mariage, et dont elle a été remplie suivant l'acte précité (ou bien : qui lui sont encore dus par son mari).

11 Desquels biens meubles et objets M. BINET se charge envers son épouse, comme il en était tenu par son contrat de mariage.

(A) Si on avait à justifier du jugement en plusieurs bureaux d'hypothèque, il faudrait annexer la grosse de ce jugement à la mainlevée, afin de pouvoir en donner copie ou extrait à la suite de chaque expédition de cette mainlevée. Dans ce cas on ajouterait à l'alin. 5 ce qui suit : duquel jugement une grosse [64] dûment en forme est demeurée ci-annexée [35] après avoir été fait de-sus mention de cette annexe par le notaire soussigné en présence des témoins ci-après nommés [4]—V. note 35, n. 30 et sup. vo annexe.

(B) Il est inutile de rappeler toutes les dispositions de ce contrat, car on ne peut rétablir la communauté sous des conditions différentes, tellement que toute convention contraire au premier état de choses est nulle (C. civ. 1451). — Toutefois, ce n'est que vis-à-vis des époux que les choses doivent être rétablies dans leur entier, car ce rétablissement ne ferait pas revivre une convention résolue par le fait de la séparation, au profit d'un tiers qui aurait stipulé dans le contrat de mariage. — V. note 166.

¹¹ Art. 3. Toutes les acquisitions, de quelque nature qu'elles soient, faites par les sᵣ et dame Binet, ensemble ou conjointement, pendant leur séparation de corps (*ou* : de biens), feront partie de la communauté, comme aussi toutes les dettes et charges contractées et établies pendant le même temps seront supportées par ladite communauté, le tout de la même manière que si cette communauté n'avait jamais été dissoute.

¹² Art. 4. Encore bien que la communauté de biens présentement rétablie reprenne son effet, comme s'il n'y avait pas eu de séparation, cependant ce rétablissement ne pourra préjudicier aux droits des tiers [53] acquis [222] contre chacun des époux depuis cette séparation jusqu'à ce jour.

¹⁴ Art. 5. (*Au cas de séparation de biens on met ce qui suit* : Pour faire publier et afficher (A) ces présentes aux lieux indiqués par la loi, tout pouvoir [80] est donné au porteur d'une expédition [64] ou extrait (*id.*).

¹⁵ Dont acte, fait et passé à Saint-Gratien [12], en l'étude (*id.*), l'an mil huit cent quarante-cinq, le quinze mai [13], en présence de MM. (*Noms, prénoms, professions et demeures*), témoins instrumentaires [14]; et les parties ont signé [15] avec les témoins et le notaire, après lecture [16].

¹⁶ V. *Répertoire*, note 17. — *Forme des actes*, note 38. — *Enregistrement*, notes 18 et 19.

RETRAIT :

1° De droits litigieux [96]. | 3° De réméré [121]. - V. *Réméré*.
2° Successoral ou de droits successifs [143]. |

1° RETRAIT DE DROITS LITIGIEUX [96].

¹ Par-devant Mᵉ Adrien [1] Musset (*id.*), notaire [2] à Pousseaux [1], département de.., soussigné [15].

³ Est comparu M. Bernard [3] Cadoux (*id.*), sans profession (*id.*), demeurant (*id.*) à..

⁴ Lequel, usant de la faculté qui lui est accordée par l'art. 1699 du Code civil, a déclaré, par ces présentes, qu'il entendait exercer le retrait [96] du litige existant en ce moment devant le tribunal civil de première instance de.., entre lui et M. Jean Belin, ancien militaire, demeurant à.., suivant exploit introductif d'instance du ministère de.., huissier à..., en date du..., enregistré, et ayant pour objet la propriété d'une maison située à..., rue..., n°..., duquel litige ledit sᵣ Belin a fait la cession à M. Bonaventure Legueux, homme de loi, demeurant à.., moyennant la somme de deux mille francs à titre de forfait et payée comptant, le tout suivant acte passé devant Mᵉ.., notaire à.., le...

⁵ En conséquence, M. Cadoux a, à l'instant, remboursé audit sᵣ Legueux, à ce présent, qui le reconnaît, en espèces au cours de jour.

⁶ La somme [35] de deux mille deux cent vingt francs [91], se composant :

⁷ 1° De deux mille francs pour le montant du prix que ledit sᵣ Legueux avait payé au sᵣ Belin, ci. .   2000   »

⁸ 2° De cinquante francs pour six mois d'intérêts [49] de ladite somme de deux mille francs, qui ont couru depuis la signification à lui faite de la cession jusqu'à ce jour, ci.   50   »

⁹ 3° Et de cent soixante-dix francs pour les frais et loyaux coûts auxquels la cession avait donné lieu, ci. .   170   »

¹⁰   Somme égale.   2220   »

¹¹ Au moyen tant de ce remboursement que du présent retrait, le procès dont il s'agit est et demeure définitivement éteint, le retrayant se trouvant subrogé (B) dans la personne du cessionnaire par l'effet de la loi, et MM. Cadoux et Legueux se tiennent quittes et se déchargent respectivement de toutes choses y relatives.

¹² M. Cadoux reconnaît que M. Legueux lui a présentement remis [34] l'expédition [64] transcrite [111] de l'acte de cession de droits dont il s'agit, plus l'état négatif délivré sur transcription et les autres titres qui y sont mentionnés.

¹³ Les déboursés [8] et honoraires des présentes seront au compte du sᵣ Cadoux.

¹⁴ Dont acte, fait et passé à Pousseaux [12], en l'étude (*id.*), l'an mil huit cent quarante-cinq [13], le seize mai (*id.*), en présence de MM. (*Noms, prénoms, professions et demeures*), témoins instrumentaires [14]; et les comparants ont signé [15] avec les témoins et le notaire, après lecture [16].

¹⁵ V. *Répertoire*, note 17. — *Forme des actes*, note 38. — *Enregistrement*, notes 117, 18 et 19.

(A) La publicité exigée par les art. 1451 et 1445 du C. civ. suffit. Il n'est pas besoin de se soumettre à celle prescrite à l'égard des jugements de séparation par l'art. 872 du C. de proc. civ. (Rouen 17 juin 1839).

(B) Par l'exercice du retrait il s'opère une subrogation dans la personne de l'acquéreur évincé par le retrayant, de sorte que cette substitution fait que l'acquéreur est censé n'avoir jamais été propriétaire des objets cédés et qu'il n'a pu les grever d'hypothèques. C'est par application de ce principe que l'acte de retrait n'est point sujet au droit proportionnel de mutation, mais celui de quittance par suite du remboursement ordonné par un titre précédent qui est la loi; d'où il suit que le retrait n'est point de nature à être transcrit (Championnière, tr. 2164).

2° RETRAIT SUCCESSORAL ou de droits successifs [145].

Par-devant Me Musset [1], notaire [2] à Saint-Gratien (id.), soussigné [15].

      Sont comparus :

M. Léon [3] Malvi (id.), garçon majeur (id.), sans profession (id.), demeurant (id.) à..   D'UNE PART.

Et M. Jérôme Bornot, homme de loi, demeurant à..   D'AUTRE PART.

      Lesquels ont exposé ce qui suit :

Mad. Héloïse Bellard est décédée [63] épouse de M. Charles Malvi à.., le.., laissant pour seuls héritiers [78], chacun pour moitié, le sr Léon Malvi, comparant, et le sr Paul Malvi, militaire en activité de service, ses deux enfants, ainsi que le constate l'intitulé de l'inventaire fait après son décès par Me.., notaire à.., qui en a gardé minute [59] le.. et jours suivants, dûment enregistré [42].

Depuis cet inventaire, et par acte passé en minute [59] et présence de témoins [14] devant Me.., notaire à.., le.., dûment enregistré [42], le sr Paul Malvi a transporté [96] au sr Bornot, comparant, tous ses droits successifs mobiliers [86] et immobiliers (id.) dans la succession de la dame Malvi, sa mère, sus-nommée, moyennant la somme de huit mille francs stipulée payable avec intérêts immédiatement après les formalités de transcription sans inscriptions, et en outre à la charge de contribuer aux dettes [26] de cette succession pour la portion dont pouvait être tenu le cédant dans sadite qualité d'héritier, de laquelle portion de dettes il a été fait évaluation pour l'enregistrement seulement.

Le sr Bornot, après avoir fait transcrire [111] son contrat au bureau des hypothèques de.., le.., vol.., n°.., sans qu'à cette transcription et pendant la quinzaine qui a suivi il se soit trouvé aucune inscription [83] ainsi qu'il résulte d'un certificat du conservateur en date du.., s'est libéré [84] de son prix et des intérêts entre les mains dudit sr Paul Malvi, suivant quittance passée devant ledit Me.., notaire à.., le.., enregistrée et contenant main-levée [149] de l'inscription d'office.

Par exploit de.., huissier à.., en date du.., enregistré [42], le sr Bornot a fait signifier [96] son transport au cohéritier de son cédant, avec sommation de ne procéder, hors sa présence ou sans l'avoir dûment appelé (A) à aucune vente [109], licitation [207] ou partage [145] des biens [86] composant la succession de mad. Malvi, et avec réserve de faire valoir tous les droits que ledit sr Paul Malvi, son cédant, aurait été à même d'exercer en sadite qualité d'héritier pour moitié de sa défunte mère.

Sur cette signification, et par exploit de. , huissier à.., en date du..., M. Léon Malvi a déclaré (B) au sr Bornot qu'il entendait exercer pour son compte, en vertu de l'art. 841 du Code civil, le retrait successoral sur les droits cédés par le transport sus-énoncé, avec offre de lui rembourser le prix de la cession et tous intérêts [49] et loyaux coûts [8] qui seraient dûs.

Sur cette demande, et pour éviter l'instance que M. Léon Malvi était sur le point d'engager pour faire prononcer le retrait, ledit sr Bornot a consenti volontairement à ce retrait.

En conséquence, le sr Bornot a, par ces présentes, subrogé ainsi que la loi l'y oblige, mais sans aucune espèce de garantie, déclarant n'avoir touché aucune partie desdits droits, lesquels sont encore dans le même état qu'au moment de la cession.

M. Malvi, sus-nommé, qui l'accepte [52].

Dans tous les droits [27] successifs mobiliers [86] et immobiliers (id.) revenant au sr Paul Malvi, dans la succession de la dame Malvi, sa mère, et que celui-ci a cédés au subrogeant suivant l'acte de transport sus-énoncé.

Pour en jouir, faire et disposer [22] par le sr Léon Malvi comme bon lui semblera et de chose lui appartenant en toute propriété et jouissance au moyen des présentes, et les réunir à ceux lui appartenant déjà en sa qualité d'héritier pour moitié de sa mère.

Ce retrait a lieu, à la charge par M. Léon Malvi, qui le promet et s'y oblige, de payer et acquitter la portion à la charge de Paul Malvi, dans les dettes de ladite succession, et de garantir et indemniser ledit sr Bornot de toutes poursuites à cet égard.

Et à l'instant M. Malvi a remboursé [84] à M. Bornot, qui le reconnaît, en espèces au cours de ce jour, la somme de huit mille sept cent soixante-quinze francs, se composant :

1° De huit mille francs, somme égale à celle payée par le sr Bornot au sr Paul Malvi, pour prix de la cession dont est ci-dessus parlé, ci. . . . . 8000 »

2° De deux cents francs pour les intérêts [49] de ladite somme de huit mille francs courus depuis la cession jusqu'à ce jour, ci. . . . . 200 »

3° Et de cinq cent soixante-quinze francs pour les frais et loyaux coûts [5] occasionnés par le transport sus-énoncé et sa signification [96], ci. . . . . 575 »

                                   Somme égale.   8775 »

(A) S'il y avait un troisième cohéritier, Léon Malvi ne pourrait procéder avec lui seul au partage de la succession devant un notaire faute par le cessionnaire de Paul de s'être présenté sur une simple sommation. Il faut alors procéder en justice. Le cessionnaire de droits litigieux quand on n'exerce point contre lui le retrait, est un ayant-droit en l'absence duquel l'état de choses ne peut être changé. — V. note 53, n. 33; et sup. p. 467, note A et p. 499, note C.

(B) La demande en retrait de droits successifs est recevable jusqu'au partage, quand même le retrayant aurait participé à certains actes préalables à ce partage ; il n'est donc pas nécessaire jusques-là de déclarer qu'on veut exercer le retrait.

³⁸ De laquelle somme de huit mille sept cent soixante-quinze francs le sieur Bornot tient quitte et décharge le sᵗ Malvi, ainsi que de toutes choses relatives à la cession dont il s'agit.

³⁹ Au moyen de ce qui précède, ledit sᵗ Malvi se trouve subrogé (A) de droit dans la personne du sᵗ Bornot, lequel, en conséquence, est censé n'avoir jamais été propriétaire (B) des droits qu'il a acquis de Paul Malvi et que celui-ci avait dans la succession de sa mère, d'où il suit qu'il n'y a point lieu à transcription du présent contrat.

⁴⁰ Reconnaît, ledit sᵗ Malvi, que le sieur Bornot lui a présentement remis [54] l'expédition transcrite de l'acte de cession ci-dessus relaté, et les pièces délivrées sur transcription.   *Dont décharge.*

⁴¹ Pour faire signifier [20] et mentionner [84] ces présentes à telles personnes et sur telles pièces que besoin sera, tout pouvoir [80] est donné au porteur d'une expédition ou extrait des présentes.

⁴² Le coût [5] des présentes sera à la charge du sᵗ Léon Malvi.

⁴³ Dont acte, fait et passé à Pousseaux [12], en l'étude.. — V. *sup. alin.* 14 et 15.

RÉTROCESSIONS :

1° De bail ;

2° De créance ;

3° D'immeuble. – V. sup. *la formule de* déguerpissement *et la note étant au bas de cette formule.*

RÉTROCESSION (C) de bail [105].

¹ Par-devant Mᵉ Louis [1] Lamballe (*id.*), notaire [2] à Saint-Creux [1], département de..., soussigné [15].

² Est comparu M. Lazare [3] Pinçot (*id.*), agriculteur (*id.*), demeurant (*id.*) à...

³ Lequel a, par ces présentes, rétrocédé [105] sous la simple garantie de ses faits et promesses.

⁴ A M. Nestor Billout [5], propriétaire, demeurant (*id.*) à..., à ce présent et acceptant [52].

⁵ Tous les droits [27] pour le temps qui en reste à expirer à compter du... au bail [105] que ledit sᵗ Billout a fait au rétrocédant d'une ferme composée de bâtiments d'habitation et d'exploitation, cent hectares [91] de terres labourables, cinq hectares de pré et vingt hectares de bois, le tout situé [141] sur le territoire de la commune de Saint-Creux, pour neuf années qui ont commencé le..., moyennant deux mille quatre cents francs de fermage annuel, payable [84] le onze novembre de chaque année, le tout ainsi qu'il résulte d'un acte passé devant Mᵉ.., notaire à.., le.., dûment enregistré [42].

⁶ Tous lesquels biens sont encore détenus par le sᵗ Pinçot audit titre de fermier, à l'exception de la pièce de cinq hectares de pré que ce dernier a sous-affermé au sᵗ François Bonjean, marchand de chevaux, demeurant à.., moyennant la somme de mille francs de fermage annuel, payable... le.., par contrat passé devant Mᵉ... notaire à..., le..., dûment enregistré [42].

⁷ Cette rétrocession est faite aux charges [58] et conditions [155] suivantes :

⁸ 1° M. Billout entretiendra le sous-bail [105] que le sᵗ Pinçot a fait de ladite pièce de pré au sᵗ Bonjean, et il en recevra les fermages à échoir à compter du.., si mieux il n'aime résilier [105] ledit sous-bail, mais à ses risques et périls.

⁹ 2° Lorsque le sᵗ Pinçot sortira de la ferme il devra rendre les lieux dans un état conforme à celui qui existait lors de son entrée, et même il sera responsable des dégradations et pertes arrivées par le fait du sᵗ Bonjean, sous-fermier. A cet égard, M. Billout fait réserve [51] de tous ses droits [27], actions [28] et hypothèques [30] contre ledit sᵗ Pinçot.

¹⁰ 3° La somme qui sera due par le sᵗ Pinçot pour fermages [105] à l'époque du onze novembre qui suivra sa sortie sera par lui payée à M. Billout, sous la déduction de ce qui sera dû pour la même cause par Bonjean, sous-fermier, et de l'indemnité (D) dont il va être parlé.

¹¹ Les débours [5] et honoraires des présentes seront supportés par M. Billout.

¹² Prix. La présente rétrocession est consentie en outre moyennant une indemnité de six cents francs que M. Billout promet et s'oblige [107] de payer au sᵗ Pinçot à l'époque où celui-ci se libérera de son fermage, par compensation [107] (D) d'autant avec le montant dudit fermage.

(A) V. *sup.* la note B au bas de la p. 595, et Championnière, tr. n. 2160.

(B) Dans l'espèce posée en la formule, Léon Malvi étant subrogé à la personne de Bornot se trouve avoir seul toute la succession de sa mère, il n'y a plus d'indivision, par conséquent les hypothèques que Paul Malvi aurait pu créer dans l'intervalle du décès de sa mère à la cession qu'il a faite de ses droits s'évanouissent par la fiction de droit établie en l'art. 883 du C. civ.

Mais s'il y avait plus de deux cohéritiers, comme l'indivision existerait encore après avoir acheté la part de Paul, il en résulterait que les hypothèques créées du chef de ce dernier subsisteraient même après le retrait puisque l'indivision n'a pas cessé. Dans cette supposition, et si les hypothèques n'avaient point été purgées par le cessionnaire, il n'y aurait point de sécurité pour Léon à racheter par le retrait la part de Paul, parce qu'il faut la payer comptant qui l'a avancée, et que celui-ci n'est nullement garant des hypothèques de Paul. Dans cet état de choses, il pourrait y avoir plus de sécurité pour Léon d'acheter de Bornot ses droits à prix débattu dans les termes ordinaires et sa user de la voie du retrait.

(C) On ne fait usage de la formule de rétrocession que quand un sous-locataire ou sous fermier cède ses droits au locataire ou fermier primitif. Si on en a fait usage dans le cas supposé en la formule, ce n'est que parce que le fermier avait sous-affermé une partie des biens à un tiers ; sans cette circonstance, c'eût été un acte de résiliation qu'il aurait fallu faire et non un acte de rétrocession.— V. la formule de résiliation.

(D) V. la note A au bas de la formule de *résiliation*, sup p. 589.

14 Par suite des présentes, M. Billout se trouve subrogé dans tous les droits [27] et actions [28] du sʳ Pinçot à l'égard du sʳ Bonjean, sous-fermier, sauf la responsabilité dont est parlé à l'art. 3 des conditions.

15 M. Billout reconnaît que M. Pinçot lui a présentement remis la grosse [64] du sous-bail fait à Bonjean. Dont décharge [84].

16 Pour l'exécution des présentes, M. Billout fait élection de domicile [11] en sa demeure, et le sʳ Pinçot en l'étude du notaire soussigné.

17 Dont acte, fait et passé à Saint-Creux [12], en l'étude (id.), l'an mil huit cent quarante-cinq [13], le dix-huit mai (id.), en présence de MM. (Noms, prénoms, professions et demeures), témoins instrumentaires [14]; et les parties ont signé [15] avec les témoins et le notaire, après lecture [16].

18 V. Répertoire, note 17. — Forme des actes, note 38. — Enregistrement, notes 117, 18 et 19.

19 V. les formules de RÉSILIATION DE BAIL et de TRANSPORT DE BAIL.

20   2° RÉTROCESSION [201] DE CRÉANCE [25].

21 Par-devant Mᵉ Lamballe [1], notaire [2] à Saint-Creux [1], soussigné [15].

22 Est comparu M. Michel [3] Leduc (id.), sans profession (id.), demeurant (id.) à..

23 Lequel a, par ces présentes, rétrocédé [201] sous la simple garantie de ses faits et promesses.

24 A M. Basile [3] Legrand (id.), marchand épicier (id.), demeurant à.., à ce présent et acceptant [52].

25 La somme [35] de cinq mille francs [91] montant d'une obligation consentie au profit dudit sʳ Legrand par M. Jacques Bonnain, marchand de vins et la dame Azélie Houzelot, sa femme, domiciliés à.., débiteurs solidaires [106], suivant acte passé en minute [59] et présence de témoins [14] devant Mᵉ.., notaire à.., le.., dûment enregistré, ci. . . . . 5000 »

26 Plus celle de cent vingt-cinq francs pour six mois d'intérêts [49] desdits cinq mille francs, échus cejourd'hui, ci. . . . . 125 »
                                                                                                          _____
27   Total.   5125 »

28 Ledit sʳ Leduc a droit à ladite somme totale au moyen du transport [96] à lui fait par led. sʳ Legrand du principal de ladite obligation et de ses intérêts, suivant acte passé devant Mᵉ.., notaire à.., le.., dûment enregistré et accepté [96] par le débiteur aux termes de l'acte même de transport (ou bien : dûment enregistré et signifié).

29 M. Legrand pourra recevoir [84] les sommes transportées ainsi que les intérêts dont le principal est productif, des mains des débiteurs sus-nommés ou de tous autres qu'il appartiendra, ou bien il en disposera autrement comme bon lui semblera, le tout à compter d'aujourd'hui, le rétrocédant le mettant et subrogeant à cet effet dans tous ses droits [27] et actions [28], priviléges [29] et hypothèques [30], et notamment dans l'effet de l'inscription [83] prise au bureau des hypothèques de.., le.., vol.., n°.., au profit dudit sʳ Legrand contre les époux Bonnain et en marge de laquelle ledit sʳ Leduc a été subrogé [114]. Faisant observer, ledit sʳ Leduc, qu'il a donné mainlevée [149] et consenti la radiation de ladite inscription, à l'égard d'une pièce de terre sise au lieu dit le Cerf-Volant comprise sous le n° 6 du détail des biens, et qu'il n'entend point être recherché par ledit sʳ Legrand pour cause de diminution de sûretés.

30 La présente rétrocession est faite à la charge par le sʳ Legrand de payer les déboursés [5] et honoraires (id.) auxquels ces présentes donneront lieu

31 Et en outre moyennant la somme de cinq mille francs que le sʳ Leduc reconnaît avoir reçue comptant dudit sʳ Legrand en espèces au cours de ce jour. Dont quittance [84]

32 M. Legrand reconnaît que M. Leduc lui a présentement remis la grosse [64] de l'obligation, le bordereau [83] de l'inscription, l'expédition de son transport, l'original de la signification [96] au débiteur et un certificat de subrogation dans l'inscription. Dont décharge [84].

33 Pour faire signifier [96] ces présentes à qui besoin sera, tout pouvoir [80] est donné au porteur d'une expédition ou extrait [64].

34 Dont acte, fait et passé à Saint-Creux... — V. sup. alin. 17.

35 V. Enregistrement, note 174, 18 et 19, et la formule de TRANSPORT DE CRÉANCE.

REVENTE SUR FOLLE-ENCHÈRE. — V. VENTE sur folle-enchère et VENTE PUBLIQUE DE MEUBLES.

1   REVENU. — V. FRUITS ET REVENUS, note 50.

2   REVENU EN MATIÈRE D'ENREGISTREMENT (Calcul du). — V. note 50, n. 90.

3   REVENU ou INTÉRÊT [49] DES SOMMES D'ARGENT.

4 Trouver un compte d'intérêts par année, par mois et par jour, au moyen des règles de proportion est un des procédés auquel on a recours assez ordinairement, mais alors il faut ne point être pressé d'avoir un résultat, car

nous ne connaissons rien de plus fastidieux et de plus long que d'opérer ainsi. La règle et la preuve exigent trop de chiffres; en effet, pour avoir l'intérêt à 5 p. 0/0 de 940 fr., on pose la règle suivante : — 100 : 5 :: 940 : x. — On multiplie ensuite 940 par 5 et le produit se divise par cent, ce qui donne pour quotient 47 fr. d'intérêt pour un an. — Si on veut ensuite savoir ce que ces 47 fr. donnent d'intérêts pour 8 mois 24 jours, il faut diviser la somme par 365, multiplier le quotient par 264 jours, nombre de jours existant dans 8 mois 24 jours. — Puis, cela fait, il faut chercher la preuve de son opération. — Tout cela, nous le répétons, est fort long; il est bon de connaître le procédé pour l'honneur du principe, mais il n'est pas bon à mettre en pratique. Le procédé suivant est des plus simples et des plus faciles et offre un moyen prompt de vérification, il est préférable par ces motifs non-seulement à la règle de proportion dont nous venons de parler, mais encore aux tables de calculs tout faits, qu'on accepte sans se rendre jamais compte.

1° INTÉRÊTS A 5 p. 0/0.

6   Soit à trouver l'intérêt à 5 p. 0/0 de 3682 fr. pendant 1 an, 10 mois, 16 jours. On prend moitié de la somme dont l'intérêt est à trouver, en reculant d'une dizaine les chiffres sur lesquels on doit opérer pour avoir cet intérêt.

Ainsi : . . . . 3682 »

			PREUVE, par la réunion de ce qu'il faudrait pour compléter l'année d'intérêt.		
7 Donneront en intérêts : pour un an.	184	40			
pour 6 mois (1/2 de l'année).	92	05			
pour 3 mois (1/2 de 6 mois).	46	03	. .	345	69
pour 1 mois (1/3 de 3 mois).	15	34	. . 1 mois. .	15	34
pour 10 jours (1/3 de 1 mois).	5	11	. . 10 jours. .	5	11
pour 5 jours (1/2 de 10 jours).	2	55			
pour 1 jour (1/5 de 5 jours).	»	51	. . 4 jours. .	2	04
8 Montant des intérêts demandés, au taux de 5 p. 0/0.	345	69	Total égal à 2 centimes près.	368	18

2° INTÉRÊTS A 6 p. 0/0.

10   S'il s'agissait de trouver l'intérêt à 6 p. 0/0 par an de la même somme pendant le même temps, il suffirait de tirer hors ligne le 5ᵘᵒ de 345 69 qui est de 69.14 pour l'ajouter à l'intérêt de 5 p. 0/0   69   14

11   Montant des intérêts à 6 p. 0/0 de 3682 pour un an, 10 mois, 16 jours   414   83

3° INTÉRÊTS A 4 p. 0/0.

13   S'il s'agit de trouver l'intérêt à 4 p. 0/0 par an de la même somme pendant le même temps, il suffit de retrancher 1/5 des 345.69 qui est de   69   14
et de l'ajouter à ces 345.69, ci.   345   69

14   Montant des intérêts à 4 p. 0/0 de 3682 pour un an, 10 mois, 16 jours   276   55

15   NOTA. Pour ne point comprendre dans les additions soit le capital dont l'intérêt est à trouver, soit les sommes d'intérêts qu'on n'émarge que pour pouvoir en prendre le 1/3, la 1/2 ou le 1/5, on tire un trait sur les chiffres seulement et on laisse subsister les mots.

RÉVOCATIONS :

1° De délégation ;
2° De donation entre époux ;
3° De procuration ;

4° De procureur *ad lites* ;
5° De substitution de pouvoirs ;
6° De testament.

1° RÉVOCATION DE DÉLÉGATION [100].

2   Par-devant Mᵉ Narcisse [1] JOANNE (*id.*), notaire [2] à Besne [1]. département de.., soussigné [15].

3   Est comparu M. Etienne [3] MESLIN (*id.*), homme de loi (*id.*), demeurant (*id.*) à..

4   Lequel a, par ces présentes, révoqué [100] la délégation par lui consentie au profit du sᵣ Prosper DOUSSET, propriétaire, demeurant à.., d'une somme [35] de trois mille francs [91] à toucher de M. Mathieu BONNARD, négociant, demeurant à.. ; laquelle délégation résulte d'un contrat de vente [109] passé devant Mᵉ.., notaire à.., le.., dûment enregistré (*ou :* qui sera soumis à l'enregistrement (A) avant ou en même temps que ces présentes).

5   Voulant, le comparant, que ladite délégation soit considérée comme non faite ni avenue, et ce, attendu que jus-

---

(A) Une délégation dans un contrat de vente sujette au droit de 1 p. 0/0 comme ne reposant pas sur un titre enregistré, cesserait d'y être sujette si la révocation avait lieu avant l'enregistrement de ce contrat, et si les deux actes étaient enregistrés simultanément.

qu'à ce jour elle n'a point été acceptée par ledit sʳ Dousset, délégataire ; au moyen de quoi ledit comparant reprend sa créance de même que s'il ne l'eût point déléguée, requérant mention [84] de la présente révocation sur toutes pièces que besoin sera et donnant tout pouvoir [80] au porteur d'une expédition d'en faire la notification [20] audit sʳ Bonnard, débiteur délégué.

6 Dont acte, fait et passé à Besne [12], en l'étude (*id.*), l'an mil huit cent quarante-cinq [15], le vingt mai (*id.*), en présence de MM. (*Noms, prénoms, professions et demeures*), témoins instrumentaires [14] ; et le comparant a signé [15] avec les témoins et le notaire, après lecture [16].

7 V. *Répertoire*, note 17. — *Forme des actes*, note 38. — *Enregistrement*, notes 56, 18 et 19.

2° RÉVOCATION [214] DE DONATION (A) ENTRE ÉPOUX [214].

9 Par-devant Mᵉ Joanne [1], notaire [2] à Besne [1], soussigné [15].

10 Est comparue mad. Nathalie [5] Leduc (*id.*), épouse de M. Charles Consé, marchand épicier avec lequel elle demeure (*id.*) à.. : ladite dame non sujette à autorisation [68] pour le fait dont il s'agit.

11 Laquelle a, par ces présentes, révoqué la donation entre-vifs et à cause de mort qu'elle a faite à son dit mari pour le cas où il lui survivrait, suivant acte passé devant Mᵉ.., notaire à ., le.., dûment enregistré (B) (*ou :* qui sera soumis à l'enregistrement avant ou en même temps que ces présentes).

12 Entendant que cette donation demeure sans effet, qu'elle soit considérée comme non faite ni avenue, et que mention [84] de la présente révocation soit faite sur toutes pièces que besoin sera par tout notaire de ce requis.

13 Dont acte, fait et passé à Besne [12], en l'étude (*id.*), l'an mil huit cent quarante-cinq [15], le vingt mai (*id.*), en présence de MM. (*Noms, prénoms, professions et demeures*), témoins instrumentaires [14] ; et la dame Consé a signé [15] avec les témoins et le notaire, après lecture [16]. Les deux témoins sus-nommés étaient réellement présents au moment de la lecture par le notaire soussigné et de la signature par la partie. — V. *Jᵃˡ. Man.* art. 76, et sup. *Lecture* (mention de).

14 V. *Répertoire*, note 17. — *Forme des actes*, note 38. — *Enregistrement* (B), notes 56, 18 et 19.

15 Nota. *La formule est la même pour la révocation par le mari, il n'y a que les noms et le genre à changer.* — V. inf. alin. 39 et 40.

3° RÉVOCATION [80] DE PROCURATION (*id.*).

17 Par-devant Mᵉ Joanne [1], notaire [2] à Besne [1], soussigné [15].

18 Est comparu M. Oreste [3] Fournery (*id.*), ancien négociant (*id.*), demeurant (*id.*) à..

19 Lequel a, par ces présentes, révoqué [80] tous les pouvoirs par lui précédemment donnés à M. Stanislas Bergame, son ancien commis, soit par actes notariés, soit par actes sous seings-privés, soit par lettres, et généralement de quelque manière que ce soit, sans aucune exception : déclarant qu'il entend que ledit sʳ Bergame ne s'immisce plus en aucune manière dans ses affaires, et que tous les actes qu'il ferait en vertu de ces pouvoirs à dater du jour de la signification [80] des présentes, soient nulles et ne produisent aucun effet.

20 Pour faire signifier [20] ces présentes à qui besoin sera, tout pouvoir [80] est donné au porteur d'une expédition [64] ou extrait (*id.*).

21 *Ou bien :* Lequel a, par ces présentes, révoqué la procuration qu'il a donnée à M. Stanislas Bergame, son ancien commis, suivant acte passé en minute [59] (*ou :* en brevet) devant Mᵉ.., notaire à.., le.., dûment enregistré ; déclarant.. — V. *la fin de l'alin.* 19 et l'*alin.* 20.

22 *Ou bien encore :* Lequel, en révoquant toutes procurations par lui précédemment données, a, par ces présentes, fait et constitué son mandataire général et spécial, M.., à qui il donne pouvoir.., etc.. — V. *les formules de* PROCURATIONS.

23 Dont acte, fait et passé à Besne [12], en l'étude (*id.*).. — V. sup. alin. 6 et 7.

(A) V. sup. p. 586 la formule de *don mutuel* et les notes étant au bas de cette formule.

(B) La révocation n'est-elle, comme la donation elle-même (18, n. 964), sujette à l'enregistrement que dans les trois mois qui suivent le décès du donateur ? D'après cette règle de droit *que les choses se détruisent de la même manière qu'elles se sont formées*, confirmée par cette autre qu'on *ne peut exiger plus pour un acte subséquent que pour l'acte primitif*, on pourrait croire que la révocation n'est point sujette à être enregistrée dans les 10 ou 15 jours de sa date, mais si on veut bien remarquer que quand il s'agit d'application de droits d'enregistrement ou n'établit point d'analogie d'un cas à un autre, car il faut un texte formel et que dans l'espèce on ne peut appliquer l'art. 21 de la loi du 22 frim. an VII (V. note 18, n. 85 et 905), parce qu'une révocation n'est ni un testament ni un acte de libéralité à cause de mort, mais au contraire un acte par lequel on cesse de disposer, on devra alors être convaincu qu'un pareil acte est sujet à l'enregistrement dans le même délai que les autres actes notariés. — *Note* 18, n. 55.

Mais il ne suffit pas que la révocation soit sujette à l'enregistrement dans les 10 ou 15 jours de sa date, il faut aussi que le testament soit enregistré avant ou en même temps que la révocation, car elle est assurément la conséquence du testament [42].

On ne peut donc éviter ces deux enregistrements qu'en faisant une révocation par *acte testamentaire* au lieu d'une révocation par *acte notarié*. Il nous semble cependant qu'on pourrait éviter l'enregistrement de l'acte primitif en substituant ce qui suit à l'alin. 11 :

Laquelle a, par ces présentes, révoqué toutes donations par acte entre vifs ou testamentaires qu'elle pourrait avoir faites au profit de son mari.

4° RÉVOCATION [80] DE PROCUREUR AD LITES [80].

²³ Par-devant Mᵉ JOANNE [1], notaire [2] à Besne [1], soussigné [15].
²⁶ Est comparu M.. — *V. sup. alin.* 18. — Lequel a, par ces présentes, révoqué [80] Mᵉ Félix ADAM, avoué [199]
près le tribunal civil (*ou* : la cour d'appel) de.., qui a occupé pour le comparant en une instance [206] pendante entre
ce dernier et le sʳ Daniel MIZOULLE devant le tribunal civil (*ou* : la cour d'appel) de.. ;
²⁷ Et, en son lieu et place (A), le comparant a fait et constitué pour son procureur général et spécial M. Maxime
BIGEARD, aussi avoué audit tribunal (*ou* ; près la dite cour d'appel), auquel il donne pouvoir [80] de, pour lui et en
son nom, occuper dans ladite instance et dans toutes autres, écrire, produire et contredire [51], et présenter toutes
requêtes [211] nécessaires; comme aussi de compter [184] avec ledit Mᵉ ADAM des frais et dépens [120] qui peuvent
lui être dûs par le constituant pour avoir occupé pour ce dernier, arrêter ces frais, et, s'il le juge à propos, croiser la
déclaration de dépens qui en pourra être faite, avec offre de les lui payer, en retirant par le procureur constitué tous
les titres, pièces et procédures que Mᵉ ADAM peut avoir en ses mains concernant les affaires du constituant, qui, pour
cet effet, donne pouvoir au procureur constitué de lui en donner toutes décharges [84], même de faire signifier [20]
ces présentes audit Mᵉ ADAM et à tous autres qu'il appartiendra, et enfin, si besoin est, plaider, s'opposer [75], appeler [186], fournir causes et moyens d'appel, élire domicile [11].
²⁸ Dont acte, fait et passé à... — *V. sup. alin. 6 et 7.*

5° RÉVOCATION [80] DE SUBSTITUTION (*id.*) DE POUVOIRS (80, *n.* 102 *et* 103).

³⁰ Par-devant Mᵉ JOANNE [1], notaire [2] à Besne [1], soussigné [15].
³⁴ Est comparu M. Emmanuel [3] PANDOUX (*id.*), clerc de notaire (*id.*), demeurant (*id.*) à..
³² Mandataire [80] avec faculté de substituer (*id.*), mais sans désignation de personne, de M. Alexis BUREAU, homme
de loi, demeurant à.., son commettant, suivant acte passé devant Mᵉ.., notaire à. , en présence de témoins, le.., et dont
le brevet original [39] dûment enregistré (*quand l'acte est légalisé* [125], on ajoute : et légalisé) est demeuré annexé [35]
à la minute [39] d'un contrat de vente (*ou* : d'une obligation) passé devant le notaire soussigné le.., aussi dûment enregistré : et ayant, en cette qualité, substitué en tous ses pouvoirs M. SORET, ci-après nommé, suivant acte passé devant
Mᵉ.., notaire à.., le.., aussi enregistré et auquel la été jointe [35] une expédition de ladite procuration.
³³ Lequel a, par ces présentes, révoqué [80] la procuration (*id.*) par laquelle il a substitué en son lieu et place M. Jean-
Baptiste SORET, avocat [199], demeurant à.., dans les pouvoirs à lui conférés par M. BUREAU, sus-nommé, suivant
l'acte premier sus-énoncé.
³⁴ Voulant et entendant, ledit comparant, que ledit sʳ SORET ne s'immisce plus en aucune manière dans les affaires
de M. BUREAU, et que tous les actes qu'il pourrait faire en vertu de la substitution de pouvoirs à dater du jour de la
signification [80] des présentes, soient nuls et ne produisent aucun effet.
³⁵ Pour faire faire ladite signification [20] à qui besoin sera, tout pouvoir est donné au porteur d'une expédition ou
extrait [64].
³⁶ Dont acte, fait et passé à Besne [12], en l'étude (*id.*).... — *V. sup. alin. 6 et 7.*

6° RÉVOCATION [152] DE TESTAMENT (*id.*).

³⁸ Par-devant Mᵉ JOANNE [1], notaire [2] à Besne [1], soussigné [15].
³⁹ Est comparu M. Charles [3] CORSÉ (*id.*), marchand épicier (*id.*), demeurant (*id.*) à..
⁴⁰ Lequel a, par ces présentes, révoqué [152] le testament (*id.*) par lui fait suivant acte reçu par Mᵉ.., notaire à..,
en présence de quatre témoins, le.., dûment enregistré (*ou* : qui sera soumis à l'enregistrement avant ou en même
temps que ces présentes). — *V. la note B au bas de la p.* 598.
⁴¹ Entendant que ce testament soit et demeure sans effet, attendu son changement de volonté sur les dispositions
qu'il contient.
⁴² Dont acte, fait et passé à Besne [12], en l'étude (*id.*).... — *V. sup. alin. 13 et 14.*
⁴³ NOTA. *Pour la révocation dans la forme testamentaire, voyez les formules de* TESTAMENTS.

ROLES D'EXPÉDITION. — *V. les notes 5 et 64 et le tableau p.* 20 *du commentaire.*

(A) Cette révocation n'est valable qu'autant qu'un autre avoué est immédiatement constitué en remplacement de celui qui est révoqué
— C. proc. 75.

SAISIES (EXPLOITS DE) :

I. SAISIE-ARRÈT [108] (EXPLOIT [20] DE). — *C. proc. civ.* 557 à 582.

2   L'an mil huit cent [20, n. 38]..., le.., en vertu de la grosse [64] dûment en forme d'un acte contenant obligation [107] passé devant M°.., notaire à.., le.., dûment enregistré (*ou bien* : de la grosse d'un jugement [78] par défaut rendu par le tribunal civil de première instance de.., le.., dûment enregistré [42], signifié et exécuté ; — (*ou bien encore* : en vertu d'une ordonnance de M. le président du tribunal civil de première instance de.., en date du.., enregistrée et étant au bas de la requête à lui présentée le même jour).

3   De laquelle obligation (*ou* : duquel jugement ; — *ou bien* : desquelles requête et ordonnance) il est avec ces présentes laissé copie;

4   A la requéte du s^r René BÉNARD [20, n. 55], sans profession (*id.*), demeurant (*id.*) à.., pour lequel domicile [20, n. 100] est élu en la demeure de M. le maire de la commune de.. (*celle où demeure le tiers-saisi*).

5   J'ai, Bénigne MORTRAT [20, n. 104], huissier [113] près le tribunal civil de.. , et audiencier de la justice de paix de.., demeurant (*id.*) à.., soussigné.

6   Déclaré au s^r Georges ROUARD [20 , n. 116] , cultivateur (*id.*) , demeurant (*id.*) à Venouse , distant de ma demeure de.. myriamètres [91], en son domicile où étant et parlant (20, n. 161) à sa femme (*id. n.* 171), ainsi déclarée.

7   Que le requérant est opposant, comme de fait il s'oppose, par ces présentes, à ce que ledit s^r ROUARD paie et vide ses mains en d'autres qu'en celles dudit requérant, de toutes sommes, deniers ou objets généralement quelconques, qu'il a ou aura, doit ou devra audit s^r BÉNARD, à quelque titre et pour quelque cause que ce soit, notamment pour fermages [105] de biens ruraux.

8   La présente opposition formée pour sûreté, conservation [34] et avoir paiement de la somme de deux mille francs, dont le requérant est créancier [23] du s^r Antoine LEGEY, propriétaire, demeurant à.., pour les causes énoncées en ladite obligation (*ou* : audit jugement; — *ou bien* : en ladite requête); protestant de nullité de tous paiements qui seraient faits au préjudice de la présente opposition, à peine de payer deux fois, et de tous dépens, dommages et intérêts, et j'ai, au sus-nommé, à domicile et parlant comme dit est, laissé copie du présent dont le coût est de... (SIGNATURE DE L'HUISSIER).

9   V. pour la requête et le coût sup. *les notes étant au bas de la p.* 72. — *Enregistrement,* note 56.

10   NOTA. *Cette saisie-arrêt doit être dénoncée au saisi avec assignation en validité dans la huitaine (C. proc.* 563). — *Et la demande en validité doit, dans la huitaine du jour où elle est faite, être dénoncée au tiers-saisi (C proc.* 564); *sous peine de nullité (C. pr.* 565).*

II. SAISIE-BRANDON [108] (EXPLOIT [20] DE). — *C. proc. civ.* 626 à 635.

12   L'an mil huit cent [20, n. 38].., le.. — En vertu de la grosse [64] d'un acte contenant obligation passé devant M°.., notaire à.., le.., dûment enregistré (*ou bien* : d'un jugement [78] contradictoire rendu par le tribunal civil de première instance de.., le.., dûment enregistré et signifié [20]); de laquelle grosse il a été précédemment donné copie par le commandement dont sera ci-après parlé.

13   A la requête du s^r René BÉNARD..... — *V. sup. alin.* 4.

14   Pour lequel domicile est élu.. - *V. sup. alin.* 4. — En continuant les poursuites commencées par exploit de moi, huissier soussigné, en date du.., dûment enregistré, contenant commandement [194] au s^r Antoine LEGEY, propriétaire, demeurant à.., de payer au requérant la somme principale de.., montant de l'obligation sus-énoncée, sans préjudice de tous autres dûs , droits [27], actions [28], intérêts [49], frais, dépens [120] et mise à exécution.

15   J'ai, Bénigne MORTRAT, huissier.. — *V sup. alin.* 5.

16   Faute par ledit s^r LEGEY d'avoir payé ladite somme de.., ai saisi et mis sous les mains de la justice les fruits [50] en blé pendants par racines sur une pièce de terre (*ou* : vigne ; — *ou* : pré) appartenant audit sieur LEGEY, de la con-

tenance de deux hectares [91] environ, situés [141] sur le territoire de la commune de.., tenant (*id.*) d'un côté du levant à.., d'autre côté du couchant à.., pour, lesdits fruits à la garde desquels j'ai établi le s^r.., garde-champêtre de ladite commune de.., être vendus au plus offrant et dernier enchérisseur, en la forme et en la manière voulues par la loi pour les saisies-brandons. De quoi j'ai rédigé le présent procès-verbal auquel j'ai vaqué depuis l'heure de.. jusqu'à celle de.. par.. vacation, et dont j'ai, à l'instant, remis une copie audit s^r.., garde-champêtre, présent audit procès-verbal de saisie, lequel a déclaré se charger et se rendre responsable de la garde desdits fruits saisis, et a signé. —

SIGNATURE DU GARDIEN.

17 Et je suis allé immédiatement remettre aussi une copie du présent procès-verbal au s^r LEGEY, partie-saisie, demeurant à.., en son domicile distant de ma demeure de.., auquel lieu étant et parlant à..; et enfin une dernière copie à M. le maire de.., en son domicile où étant et parlant à,.., lequel a visé le présent original, dont le coût est de..

SIGNATURE DE L'HUISSIER.

---

15 ### III. SAISIE-EXÉCUTION [108] (EXPLOIT DE). — *C. proc. civ.* 583 *à* 625.

19 L'an mil huit cent.., le.. — *V. sup. alin.* 12.

20 A la requête du s^r René BÉNARD.. — *V. sup. alin. 4.*

21 Pour lequel domicile est élu [20, n. 100] jusqu'à la fin de la poursuite, en la demeure de.. (*commune du lieu où la saisie s'opère*).

22 En continuant les poursuites et diligences ci-devant faites, contenant refus de payer, j'ai, Bénigne MORTRAT, huissier près le tribunal civil de.., et audiencier de la justice de paix de.., demeurant à.., soussigné; — *V. sup. alin. 5.*

23 Fait itératif commandement au nom du roi, la loi et justice au s^r Antoine LEGEY, propriétaire, demeurant à.., où je me suis exprès transporté avec les témoins ci-après nommés, en son domicile distant de ma résidence de.. myriamètres [91], auquel lieu étant et parlant à..

24 De, présentement et sans délai, payer au requérant ou à moi, huissier, pour lui porteur de pièces, la somme totale de.., composée, savoir : 1° de.., montant en principal de l'obligation (*ou :* des condamnations prononcées par le jugement sus-énoncé); 1° et celle de.., pour intérêts [49] et frais; sans préjudice de tous autres dus, droits, actions, intérêts, frais, dépens et mises d'exécution; lequel, en parlant comme dessus, a refusé de payer; pourquoi je lui ai déclaré que j'allais à l'instant procéder à la saisie-exécution de ses meubles, effets et marchandises.

25 Et, de suite, en présence des témoins ci-après nommés, j'ai saisi, exécuté et mis sous la main de la justice ce qui suit : — 1^{ent}, dans une cuisine ayant son entrée et deux croisées sur la rue, 1° toute la batterie de cuisine consistant en..; 2^{ent}, dans une chambre à coucher, 1°.., 2°..; qui sont tous les meubles, effets et marchandises trouvés dans lesdits lieux et que j'ai saisis; pour la garde desquels j'ai sommé le s^r LEGEY, en parlant comme dessus, de me donner bon et valable gardien, pour se charger de tout ce qui est ci-dessus saisi, ce qu'il a refusé de faire; pourquoi j'ai établi en garnison réelle, dans ladite maison, la personne de.., demeurant à.., lequel à ce présent s'est chargé et rendu gardien de tous les objets saisis et a promis de tout représenter, quand et à qui par justice il sera ordonné, comme dépositaire judiciaire, à la charge de ses frais de garde, qu'il ne pourra répéter contre moi, mais bien contre le saisissant; et j'ai signifié que la vente de tous les objets présentement saisis aurait lieu à huitaine franche, échéant le.., heure de.., sur la place publique de.., les formalités prescrites par le Code de procédure préalablement observées; sommant, en conséquence, ledit s^r LEGEY, partie saisie, de s'y trouver, si bon lui semble, lui déclarant qu'il sera procédé tant en absence qu'en présence; et j'ai, audit s^r LEGEY et au gardien ci-dessus nommé, en parlant comme dessus, laissé à chacun séparément copie du présent procès-verbal, après avoir vaqué depuis.. heures du matin jusqu'à.. par.. vacation [5].

26 Le tout fait en présence du gardien sus-nommé, et assisté de.. (*Noms, demeures et professions des deux témoins*) tous deux témoins qui ont signé avec le gardien et moi, huissier. Le coût du présent procès-verbal est de... —

(SIGNATURES.)

27 NOTA. *Si l'huissier ne trouve aucuns meubles saisissables dans les lieux où il se présente, il convertit son procès-verbal de saisie en procès-verbal de carence, c.-à-d. qu'après avoir désigné les pièces dans lesquelles il est entré, il met : ce fait, et ne s'étant rien trouvé à comprendre au présent procès-verbal, il a été clos par moi pour servir ce que de raison.*

28 *Si le débiteur ne demeure plus à son domicile, et qu'on ne connaisse pas sa résidence, on convertit le procès-verbal de saisie en procès-verbal de perquisition et par suite en procès-verbal de carence. —* V. sup. p. 552 et 556.

---

29 ### IV. SAISIE-GAGERIE [108] (EXPLOIT [20] DE). — *C. proc. civ.* 819 *à* 825.

30 1° SAISIE-GAGERIE AVEC COMMANDEMENT PRÉALABLE, DE FRUITS PENDANTS PAR RACINES.

31 L'an mil huit cent [20, n. 58].., le.. — En vertu de l'art. 819 du Code de procédure civile.

32 A la requête du s^r René BÉNARD.. — V. sup. alin. 4.

33 Pour lequel domicile [20, n. 100] est élu à.. — V. sup. alin. 21.

34 En continuant les poursuites commencées par exploit de moi, huissier, soussigné, en date du ., dûment enregistré, contenant commandement au s^r LEGEY, ci-après nommé, de payer au requérant, etc. — V. sup. alin. 14.

35 J'ai, Bénigne MORTRAT.., etc. — V. sup. alin. 15, 16 et 17.

36　　2° SAISIE-GAGERIE [108] SANS COMMANDEMENT PRÉALABLE SUR LES MEUBLES ET EFFETS GARNISSANT LES LIEUX
OCCUPÉS PAR LE LOCATAIRE.

37　　L'an mil huit cent [20, n. 38]....., le..—En vertu de l'art. 819 du Code de procédure civile, et d'une ordonnance
de M. le président du tribunal civil de première instance de.., en date du... enregistrée et étant au bas de la requête à
lui présentée le même jour, de laquelle ordonnance il est avec ces présentes laissé copie.

38　　Et à la requête du sr René Bénard.... — V. sup. alin. 4.

39　　Pour lequel domicile est élu [20, n. 100] jusqu'à la fin de la poursuite en la demeure de.. (*Commune du lieu où la
saisie s'opère*).

40　　J'ai, Bénigne Mortrat, huissier, demeurant à.., soussigné.

41　　Fait commandement au nom du Roi, la loi et justice, au sr Antoine Legey, propriétaire, demeurant à.. — V.
sup. alin. 23.

42　　De, présentement et sans délai, payer au requérant ou à moi, huissier, la somme totale de.. — V. sup. alin. 24 ;
lequel, en parlant comme dessus, ayant refusé de payer, je lui ai déclaré que j'allais à l'instant procéder à la saisie-
gagerie des meubles et effets garnissant les lieux occupés par lui.

43　　Et de suite en présence des témoins ci-après nommés, j'ai saisi.. — V. sup. alin. 25 et 26.

44　　　　　　　　　　　　　3° SAISIE-ARRÊT [108] SUR DÉBITEURS FORAINS.

45　　L'an mil huit cent.., le..—En vertu de l'art. 822 du Code de procédure civile et d'une ordonnance de M. le juge de
paix du canton de.., en date du.., enregistrée et étant au bas de la requête à lui présentée le même jour, de laquelle
ordonnance il est avec ces présentes laissé copie.

46　　Et à la requête du sr René Bénard.... — V. sup. alin. 38 à 43.

47　　Nota. *Pour les trois espèces de saisies dont est parlé sup. alin. 29 à 46, le débiteur saisi doit être assigné en validité
pardevant le tribunal compétent* (V. note 94, n. 118 et 119), *et ce n'est qu'après cette formalité qu'il peut être procédé à la
vente des objets.*

48　　　　V. SAISIE RÉELLE [194] OU IMMOBILIÈRE (EXPLOIT [20] DE). — *C. proc. civ.* 673 *et suiv.*

49　　L'an mil huit cent [20, n. 38].., le.., heure de.. — En vertu de la grosse d'un jugement [75] contradictoire rendu
par le tribunal civil de première instance de.., le.., dûment enregistré [42] et signifié, et dont il a été précédemment
donné copie avec le commandement dont sera ci-après parlé.

50　　A la requête du sr René Bénard, sans profession, demeurant à..

51　　Pour lequel domicile est élu à.., en l'étude de Me.., avoué près le tribunal civil de.., lequel occupera sur la présente saisie immobilière et ses suites,

52　　J'ai, Bénigne Mortrat, huissier, demeurant à.., soussigné, en continuant les poursuites commencées par exploit
de moi, huissier soussigné, en date du.., enregistré, et faute par le sr Antoine Legey, propriétaire, demeurant à..,
d'avoir satisfait audit acte contenant commandement à requête dudit sr Bénard audit sr Legey, de payer la somme
totale de.., composée : 1° de celle de.., montant en principal des condamnations prononcées par le susdit jugement au
profit dudit sr Bénard contre ledit sr Legey ; 2° et de celle de.., pour deux années d'intérêts [49] sans préjudice de
tous autres dus, droits, actions, intérêts, frais, dépens et mises à exécution; avec déclaration que, faute de payer dans
ledit délai, il y serait contraint par la saisie réelle de ses immeubles.

53　　Et, revêtu des marques distinctives de ma profession, porteur du pouvoir spécial à l'effet des présentes donné par
ledit sr Bénard, suivant acte sous seing-privé en date du.., enregistré à.., le.., folio.., par M.., qui a reçu deux francs
vingt centimes, duquel pouvoir copie est donnée en tête des présentes, me suis transporté en la commune de.., arrondissement de.., département de.., au devant d'une maison et d'une pièce de pré dont la désignation suit :

54　　DÉSIGNATION. 1° Une maison située [141] à.., rue.., n°.., ayant son entrée par une porte charretière tenant à
deux jambages de pierre sur l'un desquels est le n°. ; de chaque côté desdits jambages est un mur faisant la clôture
[141] de la cour; en entrant par la susdite porte principale est une grande cour non pavée, à gauche d'icelle est un
puits garni de sa manivelle supporté par deux montants en fer. — En face de ladite entrée est le principal corps de
bâtiment composé d'un rez-de-chaussée éclairé par.. et couvert en tuiles. — Toute la superficie desdits bâtiments et
cours est d'environ trois ares cinquante centiares ; et le tout tient du levant à.., du couchant à.., du midi à.., et du
nord à..

55　　2° Une pièce de pré, de la contenance de deux hectares [91], située au lieu dit le bord de la rivière, tenant d'un
côté du midi à.., d'autre côté du nord à.., laquelle pièce est détenue par le sr.., comme fermier (ou : colon partiaire).

56　　Ces maison et pièce de pré sont imposées au rôle des contributions foncières de la commune de.., pour la présente
année, à la somme de.., ainsi que le constate l'extrait dont la teneur suit : (*Copier ici littéralement l'extrait de la matrice
du rôle des contributions, en relatant la signature du maire*).

57　　Tous lesquels biens ci-dessus décrits en fonds, superficie et revenu de toute espèce, j'ai, huissier susdit et soussigné, par ces présentes saisi réellement et mis sous la main du Roi, la loi et justice, sur le sr Legey, ci-dessus dénommé,
qualifié et domicilié, et ce afin d'avoir paiement de la somme totale de.., pour les causes énoncées au commandement
sus-relaté, sans préjudice des réserves énoncées audit commandement, pour, par suite des présentes, être, lesdites
maison et pièce de pré, vendues et adjugées, après l'accomplissement des formalités voulues par la loi, à l'audience
des saisies immobilières du tribunal de première instance de ladite ville, issue de l'audience ordinaire, auquel tribunal
la présente saisie sera portée.

⁵⁸ Et de tout ce que dessus j'ai rédigé le présent procès-verbal, auquel j'ai vaqué depuis ladite heure de.. jusqu'à celle de., par.. vacation [5], et de suite, avant l'enregistrement, je me suis transporté : 1° à l'hôtel de la mairie sis à.., où étant et parlant à M.., maire (*ou : adjoint faisant les fonctions de maire*), je lui ai remis une copie du présent, et il a visé l'original conformément à l'art. 676 du C. de proc. civ; 2° et au greffe de la justice de paix du canton de.., où étant et parlant à M. SOURDEAU, greffier, je lui ai remis aussi une semblable copie, et il a visé le présent original conformément audit article. Le coût du présent est de.. (*Signature de l'huissier.*)

⁵⁹ VISÉ par nous, maire de la commune de.. le présent procès-verbal de saisie immobilière, dont copie nous a été laissée. A.., ce.. mil huit cent.. (*Signature du maire*).

⁶⁰ VISÉ par moi, greffier de la justice de paix du canton de.., le présent procès-verbal de saisie immobilière dont copie m'a été laissée. A.. ce.. mil huit cent.. (*Signature du greffier.*)

⁶¹ VI. SAISIE DE NAVIRES (EXPLOIT DE). — *C. proc.* 620 *et C. comm.* 197 *à* 215.

⁶² NOTA. Cette sorte de saisie se rédige dans une forme analogue à celle de saisie-exécution (*V. sup. alin.* 18 à 28), sauf : 1° qu'il faut un titre exécutoire (C. proc. 551); 2° qu'un itératif commandement n'est pas nécessaire (Pardessus, n. 611); 3° qu'on observe ce qui est indiqué aux art. 200, 201 et 204 du C. de comm.

⁶³ VII. SAISIE DE RENTES [108] SUR PARTICULIERS (EXPLOIT [20] DE). — *C. proc.* 636 *à* 655.

⁶⁴ L'an mil huit cent [20, n. 38].., le.. — En vertu de la grosse.. (*V. sup. alin.* 12); et à la requête du sʳ René BÉNARD, sans profession, demeurant à..; pour lequel domicile est élu en l'étude de Mᶜ.., avoué près le tribunal civil de.., qui occupera pour le requérant,

⁶⁵ En continuant les poursuites commencées par exploit de moi.. *V. sup. alin.* 14.

⁶⁶ J'ai, Bénigne MORTRAT, huissier à la résidence de.., y demeurant, soussigné, faute de paiement de la somme ci-dessus énoncée, saisi, arrêté et mis sous la main du Roi, la loi et justice, sur ledit sʳ LEGEY, entre les mains du sʳ Georges ROUARD, cultivateur, demeurant à.., en son domicile où étant et parlant à..

⁶⁷ Une rente [76] constituée, annuelle et perpétuelle, franche de retenue [49], de trois cents francs, au capital de six mille francs, constituée au profit du sʳ LEGEY par ledit sʳ ROUARD, suivant contrat passé devant Mᶜ.., notaire à.., le.., dûment enregistré; à ce que le sus-nommé n'en ignore, et ait, en conséquence, à ne plus payer les arrérages de la rente audit sʳ LEGEY, sous peine de payer deux fois et de toutes pertes, dépens, dommages et intérêts;

⁶⁸ Et à pareilles requête, demeure et élection de domicile que ci-dessus, j'ai, huissier susdit et soussigné, donné assignation [20] audit sʳ ROUARD, à domicile et parlant comme ci-dessus, à comparaître d'hui à huitaine de la loi, à... heures du matin, à l'audience de la première chambre du tribunal de première instance séant à.., pour, attendu qu'il y a titre authentique, voir dire et ordonner qu'il sera tenu de faire, dans les délais et la forme voulus par la loi, la déclaration affirmative des arrérages de ladite rente qu'il a, aura, ou devra audit sʳ LEGEY et d'exhiber tous titres et pièces à l'appui de sadite déclaration; en cas de déclaration affirmative, voir dire et ordonner que les sommes actuellement exigibles, dont il sera reconnu ou aura été jugé débiteur, seront par lui remis au requérant en déduction ou jusqu'à concurrence des créances en principaux, intérêts et frais, dont ledit sʳ LEGEY est débiteur envers lui; et faute par ledit sʳ ROUARD de faire ladite déclaration dans le délai de la loi, se voir condamner par le jugement à intervenir à servir ladite rente.

⁶⁹ Et j'ai, audit sʳ ROUARD, à domicile et parlant comme dit est, laissé copie du présent dont le coût est de.. — *Signature de l'huissier.*

⁷⁰ VIII. SAISIE-REVENDICATION [108] (EXPLOIT [20] DE). — *C. proc. civ.* 826 *à* 831.

⁷¹ NOTA. Cette sorte de saisie se rédige dans une forme analogue à celle de saisie-exécution, avec cette différence qu'il ne peut y être procédé qu'en vertu d'ordonnance du président du tribunal de première instance rendue sur requête.

SCELLÉS [196] (APPOSITION DE) PAR UN JUGE DE PAIX [94].

¹ L'an mil huit cent.., le.., heure de.. du matin.

² Je, soussigné (*Nom et prénoms*), juge de paix [94] du canton de.., assisté de Mᶜ.. (*Noms et prénoms*), greffier de

ladite justice de paix, informé du décès [63] de Marie Anne Rousseau, veuve en secondes noces de Georges Bonnet, arrivé en son domicile à Arcy, le quatre de ce mois à trois heures du soir, ne laissant point d'héritiers connus, me suis immédiatement transporté audit domicile à l'effet de procéder d'office à l'apposition des scellés, sur les meubles, titres et papiers dépendant de la succession de ladite dame.

⁴   Arrivé à Arcy, au domicile où est décédée ladite veuve Bonnet, entré dans une chambre basse, située au fond d'une cour commune aboutissant à la rue, j'ai trouvé le cadavre de la défunte gisant sur son lit ; j'y ai aussi trouvé : 1° le sʳ Martin Joublin, propriétaire, demeurant à Arcy ; 2° et le sʳ Pélerin Fravelle, propriétaire, voisin de la défunte, demeurant au même lieu.

⁵   Auxquels j'ai donné connaissance du motif de mon transport et qui ont déclaré ne point s'y opposer.

⁶   Et, de suite, procédant à ladite opération : ouverture faite de l'armoire, recherche faite dedans, j'ai trouvé dans l'un des tiroirs une somme de trois cents francs en argent, en soixante pièces de cinq francs chaque, laquelle somme de trois cent francs j'ai déposée et remise au sʳ Martin Joublin, l'un des sus-nommés, qui le reconnaît et s'en charge pour la représenter quand et à qui il appartiendra et a signé.
                                                                    (Signature.)

⁷   J'ai, ensuite, par une bande de ruban, empreinte de cire rouge aux deux extrémités et du sceau de la justice de paix, apposé les scellés sur la serrure de l'armoire dont la clef a été remise au greffier qui s'en est chargé.

⁸   Ne se trouvant plus aucuns meubles ni objets susceptibles de recevoir l'apposition des scellés, j'ai procédé à la description des objets mobiliers en évidence se trouvant dans ladite chambre ainsi qu'il suit :

⁹   Sous la cheminée : une pelle, une pincette, deux chenets, etc. (Faire le détail de tous les objets en parcourant chaque appartement).

¹⁰   Qui sont les lieux et les objets mobiliers que lesdits sʳˢ Joublin et Fravelle m'ont déclaré être les seuls habités et dépendre de la succession de ladite dame veuve Bonnet.

¹¹   Ce fait, j'ai constitué gardien des scellés ci-dessus apposés et des objets mobiliers en évidence ci-dessus décrits, ledit sʳ Martin Joublin, l'un des comparants qui le reconnaît et s'en charge pour représenter le tout quand et à qui il appartiendra.

¹²   Jurant et affirmant, ledit sʳ Joublin ainsi que ledit sʳ Fravelle, comparants, n'avoir rien pris ni détourné, vu ni su qu'il ait été diverti, ni recélé aucun objet mobilier dépendant de la succession dont il s'agit.

¹³   De tout ce que dessus, il a été dressé le présent procès-verbal auquel il a été vaqué depuis ladite heure de.. du matin jusqu'à celle de.. du soir par.. vacation [5], non compris l'aller et le retour. Et les sʳˢ Joublin et Fravelle ont signé avec moi et le greffier, après lecture.
                                                                    (Signature.)

        V. pour l'enregistrement la note 56.

            SCELLÉS [196] (LEVÉE DE) PAR UN JUGE DE PAIX [94] AVEC OU SANS DESCRIPTION.

²   L'an mil huit cent. , le.., heure de..

³   A la requête (A) : 1° de dame Madeleine Boulat, veuve du sʳ Maurice Naudin, propriétaire, demeurant à.. ; 2° du sʳ Jacques-Marie Boulat, rentier, demeurant à Paris, rue Blot, n° 1250 ; 3° du sʳ Lazare Latrasse, marchand de draps, demeurant à Paris rue Malard, n° 1300, agissant au nom et comme fondé de la procuration [80] spéciale à l'effet des présentes que lui a donnée sous son autorisation la dame Louise Félicité Boulat, sa femme, demeurant avec lui, aux termes d'un acte passé devant Mᵉ. Bellet et son collègue, notaires à Paris, le.. dernier, enregistré, et dont le brevet original [89], certifié véritable [55] par ledit mandataire est (B) demeuré annexé (id.) à ces présentes, après que dessus il a été fait mention de son annexe.

⁴   La dame veuve Naudin, le sʳ Boulat et la dame Latrasse, celle-ci par représentation du sʳ Etienne Boulat, son père, habiles [54] à se dire et porter seuls et uniques héritiers [78], chacun pour un tiers, de dame Jeanne Bourgeois, leur mère et aïeule, veuve en premières noces du sʳ Alexis Boulat, décédée [63] à.. le.. dernier.

⁵   Je, soussigné (Nom et prénoms), juge de paix [94] du canton de.. (Nom et prénoms), greffier de ladite justice de paix, me suis transporté dans ladite ville de.. , rue Napoléon, au domicile où est décédée ladite veuve Boulat, à l'effet de procéder à la reconnaissance et levée des scellés apposés après son décès à sondit domicile, suivant procès-verbal dressé par moi, le.. dernier, enregistré [42].

⁶   Arrivé audit endroit, à l'heure de.., j'y ai trouvé les trois requérants sus-nommés, lesquels m'ont invité à procé-

der à ladite opération sans aucun récolement ni description (*ou bien* : avec récolement et description au fur et à mesure de l'inventaire qui va être dressé par M°.., notaire à..).

7 Sur quoi, obtempérant audit réquisitoire, j'ai, en présence desdits requérants, procédé, après les avoir reconnus sains et entiers, à la levée des scellés apposés sur la serrure d'une armoire en bois de chêne se trouvant au rez-de-chaussée, dans la chambre d'entrée, dont la clef avait été remise au greffier qui l'a rendue et en demeure déchargé, (*ou bien* : sur quoi obtempérant audit réquisitoire ; dans une cuisine ayant son entrée et ses jours sur la rue, tous les objets mobiliers en évidence ont été reconnus tels qu'ils ont été décrits au procès-verbal d'apposition de scellés précité, et après avoir été prisés par un expert ont été inventoriés par le notaire. — J'ai, après les avoir reconnus sains et entiers en présence des parties, levé les scellés apposés sur la porte et la serrure d'un cabinet ; et ouverture faite d'icelui les objets mobiliers s'y trouvant ont été prisés par l'expert et inventoriés par le notaire. — Ledit M°.. notaire s'est ensuite livré en notre présence (*ou* : hors notre présence) au dépouillement et au classement des papiers trouvés dans ledit cabinet).

8 Ce fait, j'ai déchargé ladite veuve NAUDIN de la garde qui lui avait été confiée desdits scellés et des objets mobiliers en évidence décrits au procès-verbal d'apposition de scellés sus-daté. — (*Ou bien* : ce fait, ne se trouvant plus rien à inventorier, et tous les objets compris au procès-verbal d'apposition de scellés sus-daté s'étant retrouvés, comme aussi le scellé apposé sur la porte du cabinet ayant été reconnu intact, j'ai déchargé la veuve NAUDIN de la garde qui lui avait été confiée desdits effets mobiliers et scellés après avoir prêté entre mes mains le serment de n'avoir rien pris ni détourné des objets confiés à sa garde).

9 En conséquence, j'ai laissé le tout en la garde et possession des requérants qui le reconnaissent et s'en chargent pour le représenter quand et à qui il appartiendra.

10 De ce que dessus il a été dressé le présent procès-verbal auquel il a été vaqué depuis ladite heure de.. jusqu'à pour celle de.. par.. vacation [8].

11 Et les comparants ont signé avec moi et le greffier, les jour, mois et an susdits.　　　(*Signatures.*)

V. Enregistrement, note 56.

SECONDE GROSSE. — *V. sup.* GROSSE.

SENTENCE ARBITRALE. — *V. sup.* ARBITRAGE.

SÉPARATION VOLONTAIRE DE CORPS OU DE BIENS (ACTE DE).

2 NOTA. Il est du devoir d'un notaire de faire refus de recevoir cette sorte d'acte, quelque instance qu'on fasse auprès de lui à ce sujet. Son ministère est trop grave et trop sérieux pour qu'il l'emploie à des opérations de nulle valeur et qui cependant sont de nature non seulement à tromper les parties mais encore les tiers. — Si, au moins, en dressant un pareil acte, le notaire constatait la réquisition qui lui est faite, et l'avertissement qu'il a donné aux parties relativement au peu de force de cet acte, le mal porterait avec lui le remède.

3 Nous ne donnons, pour ce dernier cas, aucune formule, l'acte sera bien ou mal, peu importe, car les vices de forme se joindront aux vices du fonds, pour ne rien produire de bon (A).

SÉQUESTRE [210] CONVENTIONNEL :

I. *De choses mobilières.*	1° Pour le cas de contestations ;
II. *De choses immobilières.*	2° A défaut de caution de la part de l'usufruitier.

(A) Cependant, si dans un acte de séparation volontaire il y avait des dispositions ou stipulations au profit d'un tiers, telles qu'un bail ou une obligation, elles seraient valables, parce que, en général, on doit restreindre l'effet de la nullité d'une convention à l'objet en vue duquel a été créée la prohibition dont cette nullité est la sanction (C. civ. 1172; Dalloz, dict. gén. suppl. p. 255 n. 106-2°; arg. arr. de la C R d'Angers 7 mars 1842; —Dalloz - Rec 1842, 2, 160).

1   I. SÉQUESTRE [210] CONVENTIONNEL (*id.*) DE CHOSES MOBILIÈRES [86]. — *C. civ.* 1956 à 1960.

2   Par-devant M⁰ Charles [1] GILLET (*id.*), notaire [2] à Saint-Cyr [2], département de.., soussigné [15].
3   Sont comparus :
4   M. Joseph [1] TURNUS (*id.*), marchand de bois (*id.*), demeurant (*id.*) à.., où il est patenté [43] pour la présente année à la date du.. dernier, ... classe, n°..
                                                       D'UNE PART.
5   Et M. Arthur JAURAT, cerclier, demeurant à.., où il est aussi patenté, etc.   D'AUTRE PART.
6   Lesquels, étant en contestation sur la qualité et la capacité de trois cents feuillettes neuves qui devaient contenir chacune un hectolitre cinquante litres [91], déposées dans la cour du sⁱ JAURAT, ont, par ces présentes, déclaré qu'ils choisissent pour séquestre [210] et dépositaire (*id.*) de ces feuillettes M. Léopold LOINTIER, aubergiste, demeurant à.., à ce présent, lequel a consenti de s'en charger pour en faire la remise à qui il appartiendra après décision de la contestation existante entre les parties. Jusques là le sⁱ LOINTIER en prendra le soin convenable de manière à ce qu'elles se conservent bien, et ne dépérissent point.
7   Afin d'indemniser ledit sⁱ LOINTIER de la gêne et des soins que lui causera ce dépôt, les sⁱˢ TURNUS et JAURAT conviennent de lui allouer jusqu'à la remise qu'il en fera une somme de six francs par mois qu'ils avanceront chacun par moitié, et qui, en définitive, sera supportée par celle des deux parties contendantes qui aura succombé dans sa contestation. En tout cas, le sⁱ LOINTIER est autorisé à ne remettre ce dépôt qu'après avoir été intégralement payé de ses frais [29] de garde et sur la justification du droit du réclamant.
8   Les déboursés [5] et honoraires (*id.*) des présentes seront à la charge de celui qui aura été reconnu mal fondé dans sa difficulté.
9   Pour l'exécution des présentes les parties font élection de domicile [11] en leurs demeures respectives sus-indiquées.
10   Dont acte, fait et passé à Saint-Cyr [12], en l'étude (*id.*), l'an mil huit cent quarante-cinq [13] le vingt mai (*id.*), en présence de MM. (*Noms, prénoms, professions et demeures*), témoins instrumentaires [14] ; et les parties ont signé [15] avec les témoins et le notaire, après lecture [16].
11   V. *Répertoire,* note 17. — *Forme des actes,* note 38. — *Enregistrement,* notes 99, 18 et 19.
12   *V. aussi les formules de* DÉPÔT.

---

13   II. — 1° SÉQUESTRE [210] CONVENTIONNEL (*id.*) DE CHOSES IMMOBILIÈRES [87],
                 POUR LE CAS DE CONTESTATIONS.

14   Par-devant M⁰ Hubert [1] LANGLOIS (*id.*), notaire [2] à Brie (*id.*), département de.., soussigné [15].
15   Sont comparus :
16   M. Etienne FAUBIN [3], sans profession (*id.*), demeurant (*id.*) à..
17   Et M. Louis SENCIER, homme de lettres, demeurant à..
18   Tous deux légataires [24] à titre particulier de M. Mathieu LENOBLE, en son vivant négociant à.., du domaine des Rechignins, situé sur le territoire de la commune de.., aux termes de deux testaments [132] olographes en date du même jour deux mois janvier mil huit cent quarante, présentés à M. le président du tribunal civil de.., qui en a constaté l'état et ordonné le dépôt en l'étude de M⁰.., notaire à.., le... suivant son procès-verbal d'ouverture et de description desdits testaments en date du..., lequel dépôt a eu lieu à la date du..
19   Lesquels, étant en procès sur la question de savoir si le legs du même objet fait à chacun d'eux le même jour et par deux actes séparés est un legs conjoint [24], ou bien, dans le cas de la négative, lequel des deux testaments est le dernier et a révoqué l'autre, ont, par ces présentes, choisi pour séquestre [210] dudit domaine M. Calixte BOUJU, ancien fermier, demeurant à.., à ce présent, lequel accepte ladite fonction, et, par suite, consent à gérer et administrer tant activement que passivement par lui-même et les siens, le domaine dont il s'agit, à compter de ce jour jusqu'à l'époque à partir de laquelle le jugement de première instance à intervenir entre les parties en ordonnera la remise à celle des deux en faveur de laquelle la contestation sera décidée.
20   Pour, par ledit sⁱ BOUJU, conduire ces gestion et administration en bon père de famille, faire faire toutes les recettes [84] et dépenses (*id.*) annuelles qui s'y appliqueront, et conserver par devers lui les reliquats actifs de ses comptes jusqu'à la cessation de ses fonctions, d'après la décision à intervenir.
21   Les réparations qui pourraient être à faire à cette ferme n'auront lieu que de l'avis des deux parties contendantes.
22   Pour indemniser ledit sⁱ BOUJU des soins qu'il apportera à cette gestion, les parties lui allouent une somme de soixante-quinze francs par mois qu'il prélèvera sur les revenus [50] de cette ferme.
23   Les déboursés [5] et honoraires (*id.*) des présentes seront à la charge de la partie gagnante, de convention expresse.
24   Pour l'exécution des présentes les parties font élection de domicile [11] en leurs demeures respectives sus-indiquées.

25 Dont acte, fait et passé à Brie [12], en l'étude (*id.*), l'an mil huit cent quarante-cinq [13], le vingt mai (*id.*), en présence de MM. (*Noms, prénoms, professions et demeures*), témoins instrumentaires [14] ; et les parties ont signé [15] avec les témoins et le notaire, après lecture [16].

26 V. *Répertoire*, note 17. — *Forme des actes*, note 38. — *Enregistrement*, notes 99, 18 et 19.

27 II. — 2° SÉQUESTRE [210] CONVENTIONNEL (*id.*), A DÉFAUT DE CAUTION [69] PAR L'USUFRUITIER (*id.*).

28 Par-devant M⁰ LANGLOIS [1], notaire [2] à Brie [1], soussigné [15].

29   Sont comparus :

30 M. Ignace [3] Collas (*id.*), garçon majeur [79], sans profession [3], demeurant (*id.*) à..

31 Agissant comme seul héritier [78] de M. Jacques LECUYER, son oncle maternel, ainsi que le constate un acte de notoriété [127] à défaut d'inventaire dressé par M⁰.., notaire à.., le.., dûment enregistré, et, en cette qualité nu-propriétaire [22] d'une maison située à.., rue.., n°..   D'UNE PART.

32 Et M. Eugène HÉDOUIN, ancien marchand de vins en gros, demeurant à..

33 Agissant comme ayant l'usufruit [69] pendant sa vie aux charges de droit et sans dispense (A) de fournir caution [69] de la susdite maison, au moyen du legs [24] qui lui en a été fait par ledit feu s⁰ LECUYER, suivant son testament par acte public passé devant M⁰.., notaire à.., le... dûment enregistré [42].   D'AUTRE PART.

34 Lesquels, à défaut par le s⁰ HÉDOUIN de fournir une caution [69] à raison de l'usufruit que ledit feu s⁰ LECUYER lui a légué de la maison dont il s'agit, ont, par ces présentes, déclaré choisir pour séquestre [210] de cette maison M. Amable LEDOUX, régisseur, demeurant à.., à ce présent, lequel accepte ladite fonction.

35 En conséquence, ledit s⁰ LEDOUX s'oblige à gérer et administrer ladite maison tant activement que passivement, en bon père de famille.

36 Il fera les locations [105] verbales ou par écrit pour le temps et aux charges et conditions les plus avantageuses, sauf le droit du nu-propriétaire de les faire réduire au temps voulu par la loi, lors de l'extinction dudit usufruit.

37 Il recevra [84] tous les revenus [50] et acquittera toutes les charges [58] annuelles de cette maison.

38 Tous les trois mois, et dans la quinzaine qui suivra le terme, il rendra compte au s⁰ HÉDOUIN, et lui en remettra le reliquat. Cependant il conservera toujours par devers lui, comme fonds de caisse, une somme de cent cinquante francs pour subvenir aux menues réparations d'entretien.

39 Toutes les autres réparations à la charge soit du nu-propriétaire, soit de l'usufruitier, n'auront lieu que sur la demande de celui qui les réclamera, et après que les deux parties en seront demeurées d'accord. La dépense qu'elles né-cessiteront sera avancée par celui qu'elles concerneront.

40 Pour indemniser le s⁰ LEDOUX des soins de cette gestion, il lui est alloué un droit de deux pour cent par an sur les recettes brutes qu'il fera ; et sa nomination comme séquestre provenant du fait du s⁰ HÉDOUIN par le défaut de fournir la caution à laquelle il était tenu, ce droit sera à sa charge seule.

41 Aussitôt l'extinction de l'usufruit dont est question, le s⁰ LEDOUX cessera sa gestion et remettra de suite au nu-propriétaire les titres et renseignements qu'il se trouvera avoir entre les mains et qui concerneront cet usufruit.

42 Les déboursés [3] et honoraires (*id.*) des présentes seront supportés par le s⁰ HÉDOUIN qui y a donné lieu.

43 Pour l'exécution des présentes les parties font élection de domicile [11] en leurs demeures sus-indiquées.

44 Dont acte, fait et passé à Brie [12], en l'étude (*id.*), l'an mil huit cent quarante-cinq [13], le vingt et un mai (*id.*), en présence de MM. (*Noms, prénoms, professions et demeures*), témoins instrumentaires [14] ; et les parties ont signé [15] avec les témoins et le notaire, après lecture [16].

45 V. *Répertoire*, note 17. — *Forme des actes*, note 38. — *Enregistrement*, notes 99, 18 et 19.

SERVICES (LOUAGE [105] DE). — *V. les formules de* BAIL *p.* 159 *et de* REMPLACEMENT *p.* 581.

SERVITUDES [41 et 55] (CLAUSE RELATIVE AUX).

V. sup. p. 195 *alin.* 30 *et la note* A *étant au bas de cette page.*

(A) L'usufruitier est quelquefois obligé à caution même quand il en est dispensé, par exemple, au cas où il devient insolvable, au cas où , par l'effet d'une vente, l'immeuble grevé d'usufruit se trouve converti en un capital mobilier. — V. *note* 69 *n.* 159 *et* 163

Quand il s'agit d'un époux donataire en usufruit de son conjoint, la dispense de caution doit valoir même lorsqu'il y a des héritiers ayant droit à une réserve que l'abus de l'usufruitier pourrait entamer. — V. *note* 69 *n.* 158

¹   SIGNATURES [15].

²   1° ACTES ORDINAIRES.

³   *Dans les cas ordinaires, la mention de savoir signer de la part de plusieurs parties, et de ne le savoir ou de ne le pouvoir de la part des autres parties, se formule ainsi qu'il suit :*

⁴   Et les parties ont signé avec les notaires (ou : avec le notaire et les témoins), à l'exception de (*désigner la partie*) qui a déclaré ne le savoir (ou : ne le pouvoir pour cause de.. ; *ou bien :* ne pouvoir mettre que deux lettres pour signature) de ce interpellée par lesdits notaires (ou : par le notaire), après lecture [16].

⁵   *Quand aucune des parties ne sait signer, on le formule en ces termes :*

⁶   Et les parties ont déclaré ne savoir signer de ce interpellées par le notaire qui a signé avec les témoins, après lecture (ou : de ce interpellées par les notaires après lecture) [16].

⁷   *Quand il y a beaucoup de parties qui ne savent pas signer et une ou plusieurs seulement qui le savent, on l'exprime en ces termes :*

⁸   Et tous les comparants ont déclaré ne savoir signer de ce interpellés, à l'exception (A) de.. qui a (ou : qui ont) signé avec le notaire et les témoins (ou : avec les notaires), après lecture [16].

⁹   2° ACTES SOLENNELS.

¹⁰   Dans les actes solennels énumérés en l'art. 2 de la loi du 21 juin 1843 (*V. J*ᵃˡ. *Man. art.* 76) et qui contiennent *donation entre-vifs* [81], *donation entre époux* [214] *pendant le mariage, Révocation de donation* (*id.*) ou *de testament* [152], *Reconnaissance* [126] *d'enfants naturels, et les Procurations* [80] *pour consentir ces divers actes,* la mention de savoir ou de ne savoir ou ne pouvoir signer se formule comme il est dit *sup.* p. 439, alin. 1 à 11.

¹¹   *V. sup. la note A au bas de la p.* 136 *et inf.* STYLE, § 1.

━━━━━━━━━━━━━━

SIGNIFICATION [20] DE POURVOI. — V. *sup.* POURVOI

━━━━━━━━━━━━━━

¹   SIGNIFICATION [20] DE PROCÈS-VERBAL DE CONSIGNATION [48] PAR ACTE D'HUISSIER (B).

²   L'an mil huit cent [20, n. 38].., le.., à la requête de M. Cyprien LANCELOT [20, n. 55], propriétaire (*id.*), demeurant (*id.*) à..

³   J'ai, Adolphe [20, n. 104] GROSSET (*id.*), huissier (*id.*) à la résidence de.., soussigné, signifié, dénoncé et avec celle des présentes donné copie au sᵣ Cyr BILLOUT [20, n. 116], entrepreneur de bâtiments et à la dame Euphémie LECLERC, son épouse, demeurant ensemble à.., en leur domicile où étant et parlant [*id.*, n. 161] à..

⁴   1° D'un procès-verbal de ⁹N.., huissier (ou : notaire) à.., dressé le.. dernier, dûment enregistré [42], constatant que la somme de.. offerte par le requérant aux époux BILLOUT par autre procès-verbal dudit N.., en date du.., aussi enregistré, plus la somme de.. ajoutée aux intérêts [49] échus jusqu'au jour du dépôt, ont été déposées à la caisse des consignations [48], à la charge de l'opposition énoncée au procès-verbal d'offres.

⁵   2° Et de la quittance délivrée par le caissier général de la caisse des dépôts et consignations, le.., dûment visée et certifiée, constatant le dépôt des deux sommes ci-dessus énoncées montant à.., ladite quittance enregistrée [42, n. 86] à.., le.., etc.

⁶   A ce que du tout les sᵣ et dame BILLOUT n'ignorent, les sommant de retirer la somme déposée, en satisfaisant toutefois aux charges de droit ; et je leur ai, en leur domicile et parlant comme dessus, laissé copie [20, n. 160] tant du procès-verbal de dépôt et de la quittance sus-énoncés que du présent, dont le coût [20, n. 31] est de..

⁷   V. *Enregistrement*, note 56, — *et les formules d'*AJOURNEMENT. *sup.* p. 71.

─────────────────────────────

(A) Il ne faudrait pas dire « à l'exception (ou : à la réserve) *des soussignés* » parce que l'acte serait nul comme n'exprimant pas suffisamment la mention exigée par l'art. 14 de la loi du 25 vent. an XI (Paris 25 mai 1826).

NOTA. Cet exemple suffira pour démontrer que les formules ont une grande utilité et qu'il ne faut pas trop se complaire à les changer. Nous avons, en effet, connu un notaire, fort habile du reste, qui, ayant peu de pratique du notariat lorsqu'il se fit notaire, avait imaginé de formuler la dernière partie de ses actes comme nous venons de le rapporter. Une ruine complète aurait pu résulter de cette innovation au formulaire, sans la jurisprudence de la C. R. de Paris, qui est venu fort à propos l'avertir.

(B) Cette signification ne peut être faite par un notaire, il n'en est point à cet égard comme du procès-verbal d'offres et du procès-verbal de consignation (Roll. de V... vᵒ *consignation*, n. 24 et 27). — Et cela par les motifs que, dans les deux derniers cas, le notaire ne fait que constater un fait tel qu'un consentement ou un défaut de consentement, tandis que, dans le premier cas, il fait une sommation, ce qui n'est plus dans le cercle de ses attributions.

SINISTRES (CLAUSES RELATIVES AUX).—V. *sup. les formules d'*ASSURANCE,— *celle de* DÉLAISSEMENT, *p.* 557,
— *celle d'*ADJUDICATION , *p.* 51, *alin.* 20 *et la note* A *étant au bas de cette page,*
— *et la formule de* LICITATION, *p.* 445, *alin.* 14, 15 *et* 16.

SOCIÉTÉ D'ACQUÊTS [166]. — V. *sup. la formule de* CONTRAT DE MARIAGE, *p.* 556, *alin.* 15 *et* 16.

SOCIÉTÉ D'ASSURANCES [155]. — V. ASSURANCE (*contrat d'*).

SOCIÉTÉS [158] CIVILES (*id.*). — V. *C. civ.* 1832 *à* 1872.

1° Universelle , de tous biens présents – C. civ. | 2° Universelle , de gains. - C. civ. 1836, 1838
1836, 1857 et 1840 ; | 1839 et 1840 ;
| 3° Particulière. - C. civ. 1841 et 1842.

V. *les formules de* RENOUVELLEMENT, *de* RÉSILIATION *et de* LIQUIDATION DE SOCIÉTÉ.

1° SOCIÉTÉ [158] CIVILE (*id.*) ET UNIVERSELLE DE TOUS BIENS [86] PRÉSENTS ENTRE
UN EX-PRÊTRE CATHOLIQUE (A) ET UNE FEMME VEUVE (B). — C. civ. 1836, 1837 *et* 1840.

Par-devant Me Silvestre [1] BERNOT (*id.*), notaire [2] à Blac [1], département de.., soussigné [15].
Sont comparus :
M. Grégoire [3] RENAUDY (*id.*), ancien ecclésiastique (*id.*), demeurant (*id.*) à.. D'UNE PART.
Et mad. Virginie DUPLAN, veuve du s^r Chrétien SAUTEREAU, en son vivant libraire à... , elle , sans profession , de-
meurant à..., D'AUTRE PART.
Lesquels, désirant établir entre eux une société universelle, en ont réglé les conditions ainsi qu'il suit :
Art. 1. Il y aura, à compter de ce jour (*ou* : à compter du premier juillet prochain) entre les parties, une société
de tous biens [86] meubles et immeubles, composée tant de ceux qu'ils possèdent maintenant que de ceux qu'ils acquerront par la suite soit par leur industrie, soit à titre onéreux.

(A) On a eu exemples de prêtres qui , abdiquant leurs fonctions , ont voulu se marier et n'ont pu y être admis parce que la qualité d'ecclésiastique a un caractère indélébile (V .note 63 n. 162). Puisque telle est la jurisprudence conforme en cela à l'esprit de nos lois , il est du
devoir des notaires de s'abstenir de prêter leur mini tère à faire des contrats de mariage entre personnes dont l'une ou les deux ont cette
qualité (V. note 2 n. 115). Mais si ces personnes ne pouvant mettre en exécution leurs projets de mariage veulent faire un contrat de société pour régler les intérêts accessoires indispensables d'une vie commune , le contrat de société devient alors licite et les notaires ne
doivent plus refuser leur ministère, tout français jouissant de ses droits civils (C. civ. 8) et un acte de société étant un acte de la vie civile.
(B) Nous avons été , dans le cours de notre carrière notariale , appelé à donner une solution aux parties dans le cas suivant :
Un homme non marié ou devenu veuf se présentait avec une femme se disant veuve et passant pour telle ,son mari ayant disparu dans
les guerres de l'empire sans qu'on ait pu se procurer l'acte de son décès , pour faire non un contrat de mariage , parce que nul officier de
l'état civil n'aurait osé marier à défaut d'acte constatant le décès, mais un acte de société qui pût en tenir lieu sous le rapport des intérêts
pécuniaires. Avant d'aborder le point de difficulté il y avait d'abord à considérer s'il était plus avantageux pour la femme de faire ménage
commun sans acte qu'avec un acte. Sans acte elle ne pouvait rien prétendre aux gains résultant de la collaboration commune , tout appartenant soit à celui des deux qui serait propriétaire de la maison où était établi le domicile commun , soit à celui au nom duquel serait faite
l'acquisition quant aux immeubles. D'un autre côté , la femme seule n'aurait pas pu acquérir facilement , même en payant comptant , par
la crainte que les vendeurs auraient eue de restituer, tandis que l'homme pouvait en son nom seul acquérir pour deux. Ce motif de considération une fois établi , il ne s'agissait plus que d'examiner la question de savoir si l'acte de société pouvait être valable : 1° à l'égard de
l'homme, l'un des contractants), l'affirmative ne peut souffrir de difficultés, car la nullité résultant du défaut d'autorisation n'est point absolue,
elle n'est que relative .C. civ. 225 et 1125. - V. note 68) : — A l'égard de la femme, quand son état de viduité est confirmé par la notoriété
publique établie sur des renseignements certains , tel celui d'avoir vu le mari blessé sur le champ de bataille ou monté sur un vaisseau
naufragé ensuite , et surtout quand elle a pris déjà dans plusieurs actes la qualité de veuve , la validité de l'acte peut être soutenue avec
succès par celui qui a contracté avec elle (V. note 68 n 127) : —3 A l'égard des héritiers de la femme , comme ils ne peuvent avoir plus
de droits que cette dernière l'acte de société ne pourra être attaqué par eux : — 4° A l'égard des héritiers du mari, la nullité, dans cet état
de choses , ne pourrait être demandée par eux qu'en justifiant de l'existence de leur auteur. —Par tous ces motifs , notre opinion a été qu'un
acte de société pouvait être fait entre ces deux personnes.

77

⁸   A l'égard de ceux qu'ils posséderont à titre gratuit ou successif, par succession [88], donation [81], legs [24] ou autrement, la jouissance seule entrera en société ; la propriété en demeure exclue conformément à l'art. 1837 du Code civil.

⁹   Art. 2. Les parties auront une part égale dans la société, en conséquence les bénéfices seront partagés par moitié et les pertes seront supportées dans la même proportion.

¹⁰   Art. 3. La durée de la société est fixée à soixante (A) ans à compter de ce jour. En conséquence, à l'expiration de ce temps elle sera dissoute de plein droit.

¹¹   Art. 4. Les biens que possèdent maintenant les associés et qu'ils mettent dans la société consistent, savoir :

¹²   Ceux de M. Renaudy : 1° en meubles [86] et objets mobiliers et corporels de valeur de deux mille quatre cents francs ; 2° et en une rente [197] annuelle et perpétuelle de quatre cents francs trois pour cent sur l'État français immatriculée en son nom sous le n.., série.., dont la valeur sera fixée par le cours de la bourse à la date de ce jour (ou : à l'époque du premier juillet prochain).

¹³   Et ceux de mad. veuve Sautereau : 1° en ses droits [200] mobiliers [86] et immobiliers (id.) dépendant de la communauté [166] qui a existé entre elle et le sʳ Sautereau, son défunt mari, laquelle communauté n'a point encore été liquidée [143], mais a été seulement constatée par un inventaire [145] fait par Mᵉ.., notaire à.., le.., dûment enregistré ; 2° en deux hectares [91] de pré, situés [141] sur le territoire de la commune de.., lieu dit Beaupré, qui lui appartiennent en propre.

¹⁴   Art. 5. Mad. veuve Sautereau aura l'entière gestion et administration de la société. Elle pourra seule contracter et signer, sans que M. Renaudy puisse dans aucun temps ni dans aucune circonstance s'immiscer dans la gestion, ni demander aucun compte, tant que durera la société.

¹⁵   Art. 6. Lors de la dissolution de la société, il sera fait inventaire de tous les biens de la société qui se partageront par moitié ; et le survivant conservera la jouissance, pendant sa vie, de la portion du prédécédé et de tous les biens qui composeront sa succession, sans être tenu de donner caution [69] ni de faire emploi (id.) du mobilier ; (ou bien : le survivant aura un délai de trois mois pour rendre aux héritiers du prédécédé la portion revenant à leur auteur dans la société, et ce, sans aucun intérêt [49] jusqu'à cette époque).

¹⁶   Telles sont les conventions arrêtées entre les parties.

¹⁷   Dont acte, fait et passé à Blac [12], en l'étude (id.), l'an mil huit cent quarante-cinq [13], le vingt-six mai (id.), en présence de MM. (Noms, prénoms, professions et demeures), témoins instrumentaires [14] soussignés : et les parties ont signé [15] avec les témoins et le notaire, après lecture [16].

¹⁸   V. Répertoire, note 17. — Forme des actes, note 38. — Enregistrement, notes 18 et 19.

¹⁹   2° SOCIÉTÉ [138] CIVILE (id.) ET UNIVERSELLE DE GAINS. — C. civ. 1836.

²⁰   Par-devant Mᵉ Bernot (id.), notaire [2] à Blac [1], soussigné [13].
²¹   Sont comparus :
²²   1° M. Denis Rasson [3], ancien négociant (id.), demeurant (id.) à..   D'UNE PART.
²³   2° M. Adolphe Genest, propriétaire, demeurant à..   D'AUTRE PART.
²⁴   3° Et M. Oscar Prétat, ancien fermier, demeurant à..   D'UNE AUTRE PART.
²⁵   Lesquels, voulant établir entre eux une société universelle [138] de gains, en ont arrêté les conditions ainsi qu'il suit :

²⁶   Art. 1. Il y aura, à compter de ce jour, entre les parties une société [138] universelle de gains.

²⁷   Seront considérés comme gains : 1° tout ce que les parties auront acquis par leur industrie, à quelque titre que ce soit, pendant le cours de la société ; 2° et les meubles [86] possédés actuellement par chacun des époux. A l'égard des immeubles [87] personnels des associés ils n'entreront dans la société que pour la jouissance.

²⁸   Art. 2. La société durera jusqu'au prédécès de l'un des associés ; à cette époque elle continuera entre les associés survivants ; mais alors il sera fait inventaire [145] de tous les bénéfices de la société, lesquels se partageront par tiers entre les associés sus-nommés et les héritiers [78] du prédécédé.

²⁹   Les deux parts revenant aux deux associés survivants resteront, en conséquence, en société jusqu'au prédécès de l'un d'eux, époque à laquelle la société sera dissoute définitivement et les bénéfices seront partagés par moitié entre le survivant et les héritiers du prédécédé.

³⁰   Art. 3. La société ne pourra être dissoute du vivant des associés qu'après un avertissement par écrit donné trois mois d'avance par l'associé qui demandera la dissolution.

³¹   Art. 4. Si la société vient à se dissoudre conformément à l'article trois qui précède, la part du renonçant sera réduite à moitié de ce qu'il aurait eu à l'époque fixée par lui pour la dissolution, indépendamment de son lit et des ef-

(A) La société d'une durée illimitée se dissolvant par la volonté d'une seule des parties, on peut, pour mettre obstacle à cette faculté, fixer une durée qui excède les bornes de la vie humaine la plus longue, en stipulant que le prédécès de l'un des associés arrivé avant cette époque opérera néanmoins cette dissolution

fets corporels à son usage. Mais cette renonciation ne sera valable qu'autant qu'elle aura été de bonne foi et non faite à contre-temps.

32 Art. 5. Les biens que possèdent maintenant les associés et qu'ils mettent en société, consistent, savoir :

33 Ceux de M. Rasson en une somme de trente mille francs en espèces au cours de ce jour.

34 Ceux de M. Genest, en une ferme appelée le Val des rosiers, composée : 1° de bâtiments d'habitation et d'exploitation ; 2° et de cent hectares [91] de terres dont la moitié environ est inculte. Le tout de valeur de trente mille francs.

35 Et ceux de M. Prétat, 1° en dix hectares [91] de pré, situés [141] sur le territoire de la commune de.., lieu dit la Fleur des prés, en une seule pièce tenant à la rivière et de valeur de vingt mille francs ; et en vingt chevaux de différents âges et de différents prix, de valeur ensemble de dix mille francs.

36 Art. 6. M. Rasson aura l'entière gestion et administration de la société. Il pourra seul contracter et signer, sans que les autres associés puissent en aucune manière s'immiscer dans la gestion. Ils n'auront que le droit de lui demander à l'expiration de chaque année un état de situation, qui devra être délivré sans frais.

37 Telles sont les conventions arrêtées entre les parties.

38 Dont acte, fait et passé à Blac.. — *V. sup. alin.* 17 *et* 18.

---

39 3° SOCIÉTÉ [138] CIVILE (*id.*) PARTICULIÈRE entre deux charpentiers. — *C. civ.* 1841 *et* 1842.

40 Par-devant Me Bernot [1], notaire [2] à Blac [1], soussigné [18].

41 Sont comparus :

42 M. Gabriel [3] Lebet (*id.*), charpentier (*id.*), demeurant à Blac (*id.*) où il est patenté [43] pour la présente année à la date du.. dernier. ... classe, n°..
D'UNE PART.

43 Et le sr Etienne Blosset, compagnon charpentier, demeurant à..
D'AUTRE PART.

44 Lesquels se sont, par ces présentes, associés pendant cinq années à compter du.. pour tous les ouvrages et entreprises (A) de charpente qu'ils feront pendant le même temps.

45 Ils s'obligent de fournir, chacun par moitié, les outils et les ustensiles qui leur seront nécessaires pour faire lesdits ouvrages.

46 En conséquence, ils participeront, chacun par moitié, aux gains et contribueront dans la même proportion aux pertes qu'ils feront dans les ouvrages. Ils paieront aussi par moitié les ouvriers qu'ils emploieront et les loyers [105] qui courront pendant le temps de la société du magasin situé à.., loué par M. Jean Icare audit sr Lebet pour six années qui ont commencé le.., à raison de deux cents francs par an, suivant acte passé devant Me.., notaire à.., le.., dans lequel magasin sera établi l'atelier de la société.

47 Chacun des associés est autorisé à recevoir les sommes qui seront dues à raison des ouvrages faits par l'un ou par l'autre, à la charge de s'en rendre compte respectivement et fidèlement de mois en mois, lors duquel compte partage sera fait du gain, s'il y en a, après avoir déduit néanmoins les avances et déboursés que l'un des associés pourrait avoir à répéter contre la société. Si, au contraire, il y a perte, les parties se feront respectivement raison, lors desdits comptes, de la moitié qu'ils doivent supporter dans cette perte.

48 Pour faciliter ces comptes et y mettre tout l'ordre possible, il y aura un registre de société, sur lequel les associés feront mention, jour par jour, des ouvrages qu'ils auront entrepris ou exécutés, ainsi que des deniers qu'ils auront reçus ou payés de part et d'autre.

49 Et attendu que le fonds de charpentier établi dans le magasin qui doit servir d'atelier appartient au sr Lebet, il est convenu que, lors de la dissolution de la société, le sr Blosset ne pourra prétendre à autre chose dans ledit fonds qu'à sa moitié, 1° dans les deniers comptants qui se trouveront alors réalisés ; 2° dans les sommes qui seront dues à la société ; 3° et dans la valeur des outils et ustensiles qui dépendront dudit fonds, lesquels pourront être retenus en nature par ledit sr Lebet ; après néanmoins qu'il aura été fait déduction sur le tout des pertes et charges de la société et des avances et déboursés faits par chacun des associés.

50 M. Lebet restera, lors de la dissolution de la société, propriétaire du bail du magasin, et il sera chargé de faire et poursuivre les recouvrements des sommes qui resteront dues à la société, sauf à en compter avec le sr Blosset de mois en mois.

51 Telles sont les conventions arrêtées entre les parties.

52 Dont acte, fait et passé à Blac [12].. — *V. sup. alin.* 17 *et* 18.

(A) Pour que la société soit une société *civile*, il faut qu'il ne soit question au contrat ni d'achats, ni de ventes de marchandises (V. note 118), parce que alors ce serait une société *commerciale* (arg. C. civ. 1842). — La différence qu'il y a entre ces deux sociétés est grande ; en effet, la société civile n'a pas besoin d'être rendue publique, les associés ne sont point solidaires (C. civ. 1862) et ne sont justiciables que des tribunaux civils qui n'admettent point la preuve testimoniale quand il s'agit d'une valeur supérieure à 150 fr. à moins qu'il n'y ait un commencement de preuve par écrit (V. note 26) ; la société commerciale, au contraire, doit être rendue publique, les associés sont solidaires (C. comm. 22) et ne sont justiciables que des tribunaux de commerce qui peuvent admettre la preuve testimoniale sans égard à la valeur (C. com. 109), de plus ils sont sujets à la contrainte par corps (V. note 31) et la compétence varie selon qu'il est dit aux art. 59, C. proc. et 420, C. comm.

SOCIÉTÉS COMMERCIALES :

1° En nom collectif ;   4° Anonyme ;
2° En commandite ;   5° En participation.
3° En nom collectif et en commandite ;

V. les formules de RÉSILIATION, *de* RENOUVELLEMENT *et de* LIQUIDATION DE SOCIÉTÉ , *et celle*
*d'*EXTRAIT*, p.* 411, *alin.* 61.

1° SOCIÉTÉ [138] COMMERCIALE (*id.*) EN NOM COLLECTIF. — *C.comm.* 18 *et suiv.*

Par-devant Me Armand [1] DROUIN (*id.*), et son collègue (*id.*), notaires [2] à. , département de.., soussignés [15].
     Sont comparus :
1° M Adolphe [3] JAY (*id.*), négociant (*id.*), demeurant (*id.*) à.., où il est patenté [43] pour la présente année à la date du.. dernier, ... classe, n°..   D'UNE PART.
Et M. Nicolas FROID, commis marchand, demeurant à..   D'AUTRE PART.
Lesquels, désirant former entre eux une société en nom collectif pour le commerce de passementerie, ont arrêté ce qui suit :

Art. 1. Les comparants s'associent, par ces présentes, pour faire le commerce de passementerie.

Art. 2. La durée de cette société sera de douze années consécutives qui commenceront le premier janvier mil huit cent quarante-six et finiront le premier janvier mil huit cent cinquante-huit.

Cependant elle pourra être dissoute avant cette époque s'il convient aux associés ou à l'un d'eux ; et, dans ce dernier cas, l'associé qui voudra se retirer ne pourra le faire que trois mois après avoir prévenu son coassocié.

Art. 3. Le siége de l'établissement de la maison de commerce est fixé dans une maison située à.., rue.., n.., dont M. JAY est propriétaire (ou : qu'il tient à bail du sr Charles PONS, pour quinze années qui ont commencé le.., moyennant la somme de mille francs de loyer annuel , suivant acte passé devant Me.., notaire à.., le.., dûment enregistré [42]).

Art. 4. Cette maison de commerce sera sous la raison JAY et FROID. La signature sociale sera formée de ces deux noms. Chacun des associés aura cette signature, mais elle n'obligera la société que lorsqu'elle sera pour les affaires de la société ; en conséquence, tous billets [97], lettres de change (*id.*), et généralement tous engagements exprimeront la cause pour laquelle ils auront été souscrits.

Art. 5. Les livres [26] de commerce seront tenus par les associés indistinctement. M. JAY tiendra seul la caisse.

Art. 6. Chacun des associés sera intéressé pour moitié dans la société. C'est, par conséquent, dans cette proportion qu'ils partageront les bénéfices et qu'ils supporteront les pertes de la société.

Art. 7. Le capital de la société est fixé à la somme de cinquante mille francs dont moitié sera fournie par M. JAY et l'autre moitié par M. FROID.

Pour former la moitié à la charge de M. JAY, celui-ci abandonne à la société son fonds de commerce de passementerie avec toutes les marchandises, créances [25] et ustensils qui le composent. L'achalandage dudit fonds est évalué cinq mille francs, les marchandises et ustensils sont de valeur de quinze mille francs, et les cinq mille francs de surplus seront fournis en numéraire et créances actives ; le tout déduction faite de toutes dettes du commerce.

La moitié à la charge de M. FROID sera fournie par lui en numéraire.

Ces mises de fonds seront constatées et réalisées le premier janvier prochain, jour où la société commencera, par acte à la suite [48] des présentes. La valeur des marchandises sera fixée par les factures et celle des ustensils à dire d'experts.

Art. 8. Aucun des associés ne pourra verser de fonds dans la caisse sociale au-delà de sa mise sans le consentement de son coassocié. En cas de versement, les sommes porteront intérêt à six [49] pour cent par an au profit du déposant à compter du jour de l'encaissement, mais elles ne pourront être retirées par lui qu'en prévenant son coassocié un an d'avance.

Art. 9. Aucun des associés ne pourra, pendant le cours de la société, ni transporter ses droits dans ladite société à qui que ce soit, ni faire aucune affaire commerciale pour son compte particulier, à peine [58] d'en rapporter à la société tous les bénéfices présumés, et d'en supporter seul les pertes, s'il en résultait.

Art. 10. Pour subvenir à leurs dépenses particulières, chacun des associés pourra prélever annuellement l'intérêt à six pour cent par an de sa mise de fonds.

De plus, M. JAY pourra prélever particulièrement une somme de six cents francs par an pour faire les honneurs de la maison.

Art. 11. Les appointements des commis, les loyers [105] des lieux nécessaires à la maison de commerce, le chauffage, la lumière, les contributions [58], la nourriture des associés, celle de leurs femmes et de leurs enfants ainsi que d'un domestique pour chaque associé, enfin toutes les autres dépenses relatives au commerce seront à la charge de la société. Quant aux frais de voyage ils seront payés sur un simple état de celui qui les aura faits.

¹² Art. 12. Pour constater l'état de la société, il en sera fait, au premier février de chaque année, l'inventaire [143] en deux doubles, et les bénéfices seront laissés dans la société pour l'accroissement de ses affaires jusqu'à son expiration.

¹⁴ Art. 13. Nonobstant ce qui est dit à l'article deux qui précède, la société sera dissoute par le décès de l'un des associés arrivant avant l'époque fixée par ledit article pour l'expiration de la durée de ladite société.

¹⁵ Audit cas de prédécès la veuve et les héritiers [78] de l'associé prédécédé n'auront aucun droit dans la société et ils ne pourront faire apposer de scellés [196], former aucune opposition, ni procéder à aucun inventaire [143] suivant les règles prescrites par la loi. Le seul inventaire qui pourra être réclamé des objets dépendant de la société sera fait à l'amiable entre l'associé survivant, et entre la veuve et les héritiers ou représentants du prédécédé ; le partage [143] n'aura lieu que d'après cet inventaire, sauf ensuite à observer le mode légal pour le partage entre ces derniers de la portion de leur auteur.

¹⁶ Le survivant des associés aura la faculté de conserver l'établissement, auquel cas la valeur ainsi que celle de l'achalandage seront fixées par des arbitres choisis par les parties ou nommés par le tribunal de commerce.

¹⁷ Ledit survivant ne sera comptable envers la veuve et les héritiers de son associé que de la part de celui-ci dans la société, de laquelle part il devra se libérer en cinq portions égales d'année en année à compter du jour du décès avec intérêts [49] à six pour cent par an à partir dudit jour.

¹⁸ Art. 14. En cas de dissolution de la société par l'expiration du temps convenu pour sa durée ou avant son terme [77] par le fait de l'un des associés, les associés s'entendront à l'amiable sur la liquidation [143] et le partage (id.) de la société.

²⁰ Art. 15. Dans le cas de dissolution autre que par décès avant le terme de sa durée, le sociétaire qui ne conservera pas la maison de commerce ne pourra en former une semblable, ni y prendre part directement ou indirectement avant l'expiration de ce terme, à moins que l'établissement fondé par ces présentes ait cessé d'appartenir à l'autre associé.

³⁰ Art. 16. En cas de contestations (A) soit entre les associés soit avec leurs veuves, héritiers ou ayants-cause [6], au sujet de la présente société, elles seront soumises au tribunal de commerce de.., auquel les parties confèrent toute attribution nécessaire de juridiction [77].

³¹ Art. 17. Un extrait [64] des présentes sera, dans la quinzaine de ce jour, affiché et enregistré conformément aux art. 42 et suivants du Code de commerce, à la requête de la partie la plus diligente.

³² Dont acte, fait et passé à.., en l'étude [12], l'an mil huit cent quarante-cinq [13], le vingt-huit mai (id.) ; et les parties ont signé [15] avec les notaires, après lecture [16].

³³ V. *Répertoire*, note 17, — *Forme des actes*, note 38. — *Enregistrement*, notes 18 et 19.

---

³⁴ 2° SOCIÉTÉ [138] COMMERCIALE (id.) EN COMMANDITE. — *C. comm.* 18 *et suiv.*

³⁵ Par-devant Mᵉ DROUIN [1] et son collègue (id.), notaires [2] à.., soussignés [15].

³⁶   Sont comparus :

³⁷ M. Benjamin [3] JOLIVET (id.), marchand de soieries (id.), demeurant (id.) à.., où il est patenté [43] pour la présente année à la date du.. dernier, ... classe, n°..   **D'UNE PART.**

³⁸ M. Amédée LAVILLE, sans profession, demeurant à.., et mad. Léonie JOLIVET, son épouse, de lui autorisée [68] à l'effet des présentes, gendre et fille du sus-nommé.   **D'AUTRE PART.**

³⁹ Lesquels, en conformité de la promesse que M. JOLIVET a faite par l'une des clauses du contrat de mariage [166] de M. et mad. LAVILLE, passé devant Mᵉ.., notaire à.., le.., de les intéresser dans sa maison de commerce, ont fait et arrêté entre eux ce qui suit :

⁴⁰ Art. 1. M JOLIVET admet M. et mad. LAVILLE, à titre d'associés en commandite, pour deux cinquièmes dans les opérations de sa maison de commerce de soieries.

⁴¹ Art. 2. La société aura lieu sous la raison JOLIVET ET COMPAGNIE ; elle est contractée pour dix années entières et consécutives qui commenceront à courir le premier juillet prochain et finiront le premier juillet mil huit cent cinquante-six, sauf à cesser au décès de M. JOLIVET s'il arrive avant cette époque ; elle aura son siège en la demeure actuelle de M. JOLIVET.

⁴² Art. 3. Le fonds social fixé à cent mille francs sera fourni pour trois cinquièmes par M. JOLIVET et pour les deux autres cinquièmes par M. et mad. LAVILLE.

⁴³ Art. 4. Les marchandises que M. JOLIVET pourra verser pour tout ou partie de sa mise seront prisées sur le pied de facture.

⁴⁴ Art. 5. La société n'entrera point dans le loyer de la maison où est établie la maison de commerce. Elle n'entrera

---

(A) Il n'est plus licite de convenir qu'en cas de contestations sur l'exécution d'un acte, ces contestations seront soumises à des arbitres. La clause compromissoire est nulle à défaut de désignation de l'objet du litige et du nom des arbitres (Cass. 10 juill. 1843).

que dans les dépenses de frais de bureau qui comprendront notamment les appointements et le chauffage de commis.

45 Art. 6. Les profits et pertes seront répartis entre les associés dans la proportion de leurs intérêts ; mais M. e mad. LAVILLE, simples commanditaires, ne seront passibles des pertes que jusqu'à concurrence de leur mise.

46 Art. 7. M. JOLIVET, chef et gérant de la société, aura seul la signature sociale ; mais ses engagements ne seron pour le compte de la société qu'autant qu'ils auront été contractés pour les affaires sociales et inscrits à leur date su les registres de la société.

47 Art. 8. Les écritures de la société seront tenues en partie simple.

48 Art. 9. Les s^r et dame LAVILLE pourront prendre communication [21] de ces écritures et de tous les autres docu ments de la société quand bon leur semblera.

49 Art. 10. Il sera fait et arrêté chaque année, dans le mois de janvier, un inventaire de l'actif et du passif, et ur compte général des affaires de la société.

50 Art. 11. L'universalité des bénéfices restera en masse de compte pour accroître le fonds social, jusqu'à l'expira tion du terme de la société, après toutefois le prélèvement annuel au profit de chaque associé d'une somme représen tant l'intérêt [49] à six pour cent du montant de leurs mises.

51 Art. 12. Aucun des intéressés dans la société ne pourra céder ses droits sans l'agrément de ses coassociés.

52 Art. 13. M. et mad. LAVILLE pourront se retirer de la société quand bon leur semblera, mais seulement à l'épo que ordinaire de l'inventaire annuel, en avertissant au moins trois mois auparavant, et en laissant leurs fonds dans la masse pendant un an à compter du jour de leur retraite sous l'intérêt [49] de six pour cent par an franc de toute es pèce de retenue ou charges, payable [84] de trois en trois mois.

53 Art. 14. En cas de décès de M. LAVILLE avant l'expiration du terme de la société, son intérêt dans ladite société passera activement et passivement à la dame son épouse, si elle lui survit, mais à compter seulement du jour de l'arrêté du dernier inventaire, et à la charge par elle de tenir compte aux ayants-cause de son mari de ce qui se trou vera revenir à sa succession d'après cet inventaire, sans qu'ils puissent entrer en participation dans les opérations ulté rieures. En cas de refus de la part de ladite dame, la société demeurera dissoute de plein droit à compter du jour du décès de M. LAVILLE. Il en sera de même pour le cas où ce serait mad. LAVILLE qui serait décédée avant son mari.

54 Si, M. LAVILLE étant prédécédé, sa veuve venait elle-même à décéder ensuite ou à se remarier pendant le cours de la société, il y aurait alors dissolution de la société à compter du jour du décès ou du second mariage de ladite dame.

55 Art. 15. Lors de la dissolution de la société, par quelque cause que ce soit, M. JOLIVET aura la faculté de retenir le fonds d'établissement social avec les marchandises et ustensiles en dépendant, en tenant compte du prix de ces objets sur le pied qui aura eu lieu pour ceux de même nature apportés par lui s^r JOLIVET dans l'origine, et, à son dé faut ou à son refus, cette faculté demeurera référée au s^r LAVILLE ou à sa veuve.

56 Faute d'exercice de la faculté accordée par le présent contrat, le fonds d'établissement et les marchandises et us tensiles en dépendant seront vendus pour le compte de la société de la manière qui sera jugée la plus convenable.

57 Art. 16. La liquidation [143] de la société appartiendra à M. JOLIVET ; et si la dissolution arrive par le prédécès du s^r JOLIVET, la liquidation appartiendra à M. LAVILLE.

59 Art. 17. La société sera réputée seule propriétaire de tous les objets actifs en dépendant. En conséquence, les créanciers particuliers d'aucun des associés ne pourront saisir ou discuter ces objets ; ils n'auront que la faculté de faire des actes conservatoires [34] sur leur débiteur entre les mains de ses cointéressés, et ils seront tenus de s'en rappor ter aux comptes arrêtés entre les divers associés, sans pouvoir s'immiscer directement ni indirectement dans les af faires de la société.

60 D'un autre côté, en cas de décès d'un ou de plusieurs des associés avant la dissolution de la société, leurs ayants-cause [6] ne pourront faire apposer aucun scellé [196] sur l'actif de la société, ni en requérir l'inventaire [143], ou autrement entraver le cours des opérations sociales. Ils seront également tenus de s'en rapporter aux comptes et inventaires arrêtés dans la société.

61 Art. 18. En cas de contestations soit entre.. — *V. sup. alin.* 30 *et la note qui s'y rattache.*

62 Art. 19. Un extrait des présentes sera.. — *V. sup. alin.* 31.

63 Dont acte, fait et passé.. — *V. sup. alin.* 32 *et* 33.

---

64   3° SOCIÉTÉ [138] COMMERCIALE (*id.*) EN NOM COLLECTIF ET EN COMMANDITE ,

POUR FORMER UNE MAISON DE COMMERCE DANS UN PORT DE MER. — *C. comm.* 18 *et suiv.*

65 Par-devant Me Luc [1] DESSIN (*id.*) et son collègue (*id.*), notaires [2] au Hâvre [1], département de...., soussignés [15].

66   Sont comparus :

67 1° M. Félix [3] ADAM (*id.*), négociant (*id.*), demeurant (*id.*) au Hâvre où il est patenté [43] pour la présente année à la date du.. dernier, .. classe, n°..

68 2° M. Prosper BEAU, négociant, demeurant à Ingouville, où il est patenté, etc.

69 3° M. Paul Couin, négociant, demeurant à Grasville, où il est patenté, etc.

70 4° M. Charles Donon, ancien armateur, demeurant à Honfleur.

71 5° Et M. Camille Enrion, ancien négociant, demeurant à Rouen.

72 Lesquels, voulant créer une maison de commerce dans la ville du Hâvre, et s'associer entre eux à cet effet, ont arrêté ensemble ce qui suit :

73 *Art.* 1. Les sus-nommés s'associent entre eux pour l'établissement d'une maison de commerce dans la ville du Hâvre, dont les opérations consisteront en achats [109] et ventes (*id.*) de marchandises, fonds publics [197], effets de banque [28] et de commerce [97], en consignations, expéditions maritimes, et toutes autres affaires commerciales dont la ville du Hâvre sera susceptible.

74 *Art.* 2. La durée [77] de cette société sera de neuf années consécutives qui commenceront le premier janvier mil huit cent quarante-six et finiront à pareil jour de l'année mil huit cent cinquante-cinq.

75 *Art.* 3. Le siége de l'établissement de la maison de commerce est fixé au Hâvre, et ne pourra être porté ailleurs sans le consentement [26] de tous les associés.

76 *Art.* 4. La société sera générale et en nom collectif à l'égard de MM. Adam, Beau et Couin, qui, en consé-quence, en seront les gérants, et en auront seuls la direction, comme associés principaux. Elle sera en commandite seulement à l'égard de MM. Donon et Enrion, qui, par conséquent, ne seront réputés qu'associés commanditaires.

77 *Art.* 5. La raison de commerce sera sous le nom de Adam, Beau et Compagnie. MM. Adam et Beau auront seuls la signature [13] sociale. Tous engagements, traités ou signatures qui ne seront pas faits par MM. Adam et Beau au nom de la raison sociale, n'engageront pas la société.

78 *Art.* 6. Le fonds capital de cette société sera d'un million de francs, monnaie de France, en espèces métalli-ques, ayant cours, aux titre et poids de ce jour ; trois cent mille francs seront fournis par M. Adam, pareille somme par M. Beau, deux cent mille francs par M. Couin, et cent mille francs par chacun de MM. Donon et Enrion.

79 *Art.* 7. Ces fonds devront être versés dans la caisse sociale en deux paiements égaux, dont l'un se fera le...., l'autre le...

80 *Art.* 8. Il sera prélevé chaque année sur les bénéfices, l'intérêt [49] du fonds capital de chaque associé, à raison de quatre pour cent par année sans retenue. Cet intérêt sera passé au compte des profits et pertes ; et, dans aucun cas, aucun associé ne sera obligé de le rapporter à la masse.

81 *Art.* 9. L'intérêt des fonds que les associés verseront dans la caisse de la société, en sus de leurs mises sociales, sera porté au crédit de leur compte courant, à raison de cinq pour cent par année, et ils en disposeront à leur volonté sans payer de commission.

82 *Art.* 10. Les appointements des commis, frais de bureaux, loyers [105] de maisons et magasins, et généralement tous frais et dépenses de commerce, seront supportés par la société, et portés au compte des profits et pertes. Les loyers de la maison où seront établis les bureaux ne pourront excéder la somme de... par année.

83 *Art.* 11. MM. Adam et Beau prélèveront la somme de.. francs par chaque année, pour faire les honneurs de la maison. Ces.. francs seront portés au compte des profits et pertes.

84 *Art.* 12. Il sera tenu en bonne et due forme des registres-journaux, grand-livre en parties doubles, et autres li-vres auxiliaires, dans lesquels il sera passé écriture de toutes les affaires de la société ; et il sera fait chaque année, à l'époque du.., un bilan ou balance des livres, et un inventaire général, dans lequel seront évalués, à leur juste va-leur, tous les ustensiles composant l'actif de la société, desquels inventaire et bilan il sera délivré à chaque associé commanditaire une copie signée par les gérants.

85 *Art.* 13. La répartition des profits et pertes, constatés par le résultat de ce bilan annuel, se fera de la manière suivante ; savoir : 1° avant partage, il sera prélevé, chaque année, un tiers des bénéfices nets au profit des associés gérants Adam, Beau et Couin, qui s'en feront la distribution entre eux, en raison proportionnelle de leurs mises. Cette portion des bénéfices leur est exclusivement attribuée pour les soins et risques de leur gestion. 2° Ce prélève-ment fait, le surplus des bénéfices sera réparti entre tous les associés gérants et commanditaires, au prorata de la mise de fonds de chacun ; en sorte que de ce surplus des bénéfices trois dixièmes appartiendront à M. Adam, trois dixièmes à M. Beau, deux dixièmes à M. Couin, un dixième à M. Donon et un dixième à M. Enrion. 3° En cas de pertes, elles seront supportées par tous les associés gérants et commanditaires, dans la proportion des mises de fonds de chacun, sous la condition néanmoins, que les commanditaires n'en seront pas tenus au-delà de leurs mises, ainsi qu'il sera plus amplement expliqué ci-après.

86 *Art.* 14. Les bénéfices résultant de la répartition à faire, après le prélèvement en faveur des associés gérants du tiers des bénéfices nets, seront portés par moitié au compte de fonds de chaque associé pour accroître le capital primitif jusqu'à l'expiration de la société, et pour l'autre moitié à leur compte courant, dont le solde sera toujours disponible.

87 *Art.* 15. Aucun des associés gérants ou commanditaires ne pourra demeurer débiteur par compte courant d'au-cune somme excédant les articles qui s'y trouveront à son crédit ; mais aussitôt que son débit excédera son crédit, il sera tenu de rembourser, sans délai, l'excédant à la société.

88 *Art.* 16. Les associés commanditaires ne pourront, dans aucun cas, ni sous aucun prétexte, être tenus ou obligés envers le public, ou envers la société, à aucune responsabilité quelconque au-delà de leurs mises de fonds, énoncées en l'art. 6, et de la portion de bénéfices qui y sera réunie en exécution de l'art. 14. En conséquence, les associés commanditaires seront traités, pour leurs affaires particulières avec la société, comme simples créanciers, c.-à-d.

qu'en aucun cas la libre disposition de leurs fonds en compte courant ne pourra leur être refusée, à raison de leur qualité de commanditaires.

⁸⁹ *Art.* 17. Les associés commanditaires devront approuver ou improuver le bilan [135] de la société dans l'espace de trois mois, à dater du jour où la copie leur en aura été remise ; et, pour s'assurer de l'exécution des comptes, ils auront droit, pendant lesdits trois mois, de prendre communication [21], mais sans déplacement, des registres, livres et papiers de la société. Ce délai passé. leur silence sera considéré comme une approbation formelle de leur part ; et, dans aucun cas, leurs héritiers [78] au ayants-cause [6] ne pourront demander aucun compte aux gérants ; ils seront tenus de s'en rapporter à la copie du bilan ci-dessus énoncé, sans pouvoir jamais exiger aucune communication [21] de livres, papiers. titres et affaires de la société.

⁹⁰ *Art.* 18. En cas de décès [63] de M. ADAM ou de M. BEAU, associés gérants, le survivant se concertera avec M. COUIN et avec les associés commanditaires pour remplacer le gérant décédé ; et jusqu'au remplacement le survivant de MM. ADAM et BEAU aura seul la signature sociale. En cas de décès [63] de M. COUIN, il ne sera pas remplacé ; MM. ADAM et BEAU resteront seuls gérants, et continueront d'avoir la signature.

⁹¹ Les héritiers [78] du défunt auront la faculté de demeurer associés, ou de considérer la société comme dissoute à leur égard ; mais ils seront tenus de notifier leur option aux associés gérants dans les six mois qui auront suivi le décès de leur auteur.

⁹² S'ils optent pour la dissolution de la société, ils ne pourront être admis à demander d'autres éclaircissements que ceux que leur fournira le bilan qui aura précédé le décès. Ils ne pourront, sous aucun prétexte, le contester ou l'attaquer, ni exiger le paiement du capital et des bénéfices du défunt avant six, douze et dix-huit mois, à partir du jour du décès ; savoir, d'un tiers avant six mois, d'un second tiers avant une année, et du dernier tiers avant dix-huit mois. Il leur en sera payé l'intérêt [49] sur le pied de quatre pour cent par année, sans retenue, à compter du jour du bilan.

⁹³ S'ils optent pour la continuation de la société avec eux, les héritiers deviendront associés commanditaires pour leur capital, à compter du jour du décès. Ils auront les mêmes droits, et seront tenus des mêmes charges que les autres associés en commandite.

⁹⁴ *Art.* 19. La mort d'un ou de plusieurs des associés commanditaires ne changera rien aux clauses de la société ; leurs héritiers seront tenus de les exécuter, ainsi que MM. DONON et ENRION les y obligent expressément par ces présentes.

⁹⁵ *Art.* 20. Chacun des associés sera seul tenu de ses dettes et engagements antérieurs à la présente société, ainsi que de ceux qu'ils pourraient contracter pendant son cours. Dans tous les cas, les dettes et engagements de la société devront être éteints et acquittés préférablement à toute dette particulière ; et, à cet effet, chacun des associés affecte et transporte présentement à la société, pour plus de sûreté, ses fonds et bénéfices en garantie de l'acquittement des dettes et engagements sociaux.

⁹⁶ *Art.* 21. MM. ADAM, BEAU et COUIN ne pourront établir aucune autre maison de commerce ou de banque sous la raison sociale ADAM , BEAU et compagnie, ni s'intéresser dans aucune autre maison, sous la même raison, pendant le cours de la présente société, sous peine de rapporter à la société tous les bénéfices desdits établissements ou intérêts, et d'en supporter seuls les pertes, s'il en résultait ; ils s'interdisent, en outre, de la manière la plus stricte et en honneur, toute opération de ventes ou d'achats à découvert dans les fonds publics, et qui pourraient porter les caractères d'agiotage.

⁹⁷ Les associés gérants s'interdisent pareillement la faculté de faire, pour le compte de la société, aucun armement pour les colonies ou pour l'Inde, sans le consentement de tous les commanditaires, tant qu'ils ne seront que deux ; et quand ils seront un plus grand nombre, des deux tiers en sommes des associés commanditaires.

⁹⁸ *Art.* 22. Il sera libre à MM. ADAM et BEAU d'admettre de nouveaux associés commanditaires. jusqu'à concurrence d'un supplément de mise de fonds de.. mille francs, pourvu que ces nouveaux commanditaires soient des personnes dont les relations commerciales ou individuelles puissent être utiles à la société, et bien entendu qu'ils se soumettront à toutes les clauses et conditions stipulées ci-dessus à l'égard des premiers associés commanditaires ; en sorte que leur admission n'apporte aucun changement dans l'organisation de la société, excepté la différence qui doit résulter d'une répartition de bénéfices, analogue à l'augmentation du capital qui les concernera, en suivant à leur égard les mêmes proportions de répartition que celles stipulées dans l'art. 13.

⁹⁹ *Art.* 23. Six mois avant l'expiration de la présente société, les gérants et commanditaires se feront part de leurs intentions pour continuer ou pour liquider. Dans le premier cas, ils prendront les arrangements nécessaires pour assurer cette continuation, et convenables aux circonstances et positions dans lesquelles les associés se trouveront placés respectivement.

¹⁰⁰ Dans le cas contraire, la liquidation se fera par les gérants à dater du jour fixé ci-dessus pour l'expiration de la société ; et, à compter de six mois avant cette époque, ils ne feront aucune opération qui tende à retarder ou prolonger les époques des rentrées. Ils mettront, au contraire, toute l'activité possible à réaliser les capitaux et les bénéfices de la société, et ils en feront tous les mois la répartition proportionnelle entre les divers intéressés, après avoir payé préalablement tous les créanciers de la société.

¹⁰¹ Après le délai d'une année, à compter de la dissolution de la société, il sera fait des lots des objets non recouvrés, lesquels seront divisés et tirés au sort.

¹⁰² *Art.* 24. La liquidation [143] devra être faite dans le délai d'une année. Lorsqu'elle sera terminée, les livres, titres et papiers de la société dissoute demeureront au pouvoir du chef associé gérant, à la charge d'en aider les autres

à toute réquisition. Le premier en nom dans la raison sociale sera réputé le chef gérant. Pendant la liquidation, les liquidateurs continueront de jouir des avantages accordés aux gérants par les art. 10 et 11.

103 Art. 25. S'il s'élevait quelques difficultés, soit entre les associés, soit avec leurs héritiers, au sujet de la présente société, elles seront soumises à la juridiction du tribunal de commerce du Hâvre, auquel les associés confèrent toute attribution de juridiction [77] nécessaire. — *V. sup. alin.* 30 *et la note qui s'y rattache.*

104 Art. 26. Il est, par ces présentes, donné tout pouvoir nécessaire aux associés gérants, à l'effet de faire publier et enregistrer la présente société dans les tribunaux de commerce, conformément aux art. 42 et suiv. du C. de commerce.

105 Dont acte, fait et passé à.. — *V. sup. alin.* 32 *et* 33.

---

106 4° SOCIÉTÉ [138] COMMERCIALE (*id.*) ANONYME (*id.*) — *C. Comm.* 18 *et suiv.*

107 PAR-DEVANT M⁰ Louis [1] DEPLET (*id.*) et son collègue (*id.*), notaires [2] à..., soussignés [15].

108 Sont comparus :

109 1° M. le Comte Alexis [3] DE PERTUISEUX (*id.*), grand-croix de la légion d'honneur (*id.*), demeurant (*id.*) à....

110 2° M... (*désigner les associés en commençant par ceux qui ont le plus d'intérêts dans la société*).

111 Lesquels voulant établir une société anonyme par actions, en ont dressé les statuts ainsi qu'il suit :

112 CHAP. I.

113 *Section I.* — *Constitution et durée de la société.*

114 Art. 1. Il sera établi à..., aussitôt que l'autorisation en aura été obtenue du gouvernement, une banque publique d'escompte, de dépôt et de comptes courants, sous la dénomination de *Banque de...*

115 Art. 2. Elle sera constituée en société anonyme. Le siège de la société sera à...

116 Art. 3. La durée de la société sera de vingt ans, à partir de la date de l'ordonnance royale qui l'aura autorisée.

117 *Section II.* — *Capital* [28] *social, actions* (*id.*) *et transferts* (*id.*).

118 Art. 4. Le capital de la banque de... sera d'un million de francs, et divisé en mille actions de mille francs chacune. Ce capital sera versé au moment de l'entrée en exercice de la banque.

119 Art. 5. Les actions de la banque seront nominatives et ne pourront être au porteur. Elles seront représentées par une inscription sur les registres de la banque. Il sera délivré aux propriétaires desdites actions, un certificat de cette inscription.

120 Art. 6. La transmission des actions s'opérera par la déclaration du propriétaire ou de son fondé de pouvoirs, signée sur les registres de la banque. S'il y a opposition signifiée à la banque, le transfert ne pourra s'opérer qu'après la levée de l'opposition.

121 Art. 7. Les actionnaires de la banque ne seront responsables de ses engagements, que jusqu'à concurrence du montant de leurs actions, après le versement desquelles il ne pourra être fait aucun appel de fonds.

122 *Section III.* — *Des opérations de la banque.*

123 Art. 8. La banque escomptera les lettres de change [97] et autres effets de commerce (*id.*) payables à..., dont l'échéance n'excédera pas trois mois. Lesdits effets devront être timbrés [61] et revêtus de trois signatures notoirement solvables, dont deux au moins de personnes résidant l'une à..., et l'autre dans l'étendue du département de... à..., ou à...; l'escompte sera perçu à raison du nombre de jours à courir, et même d'un seul jour s'il y a lieu.

124 Art. 9. Les effets garantis par deux signatures notoirement solvables, de personnes résidant, l'une à..., l'autre dans le département de..., à... ou à..., seront admissibles lorsque le paiement en sera garanti par un transfert d'effets publics français ou de la ville de...

125 Art. 10. La banque pourra faire des avances remboursables dans un délai [77] de trois mois au plus sur dépôts de lingots, monnaies françaises ou étrangères, et transferts publics français, en se conformant pour les avances sur ces dernières valeurs à la loi du 17 mai 1834, et à l'ordonnance du roi du 15 juin de la même année.

126 Art. 11. En cas de non paiement des effets de commerce ou des avances garanties, comme il est dit aux deux articles précédents, par des dépôts et des transferts d'effets, la banque pourra, après la simple dénonciation de l'acte du protêt [97], faire procéder immédiatement à la vente des valeurs déposées ou transférées en garantie, sans que, jusqu'à l'entier remboursement du montant des effets protestés, en capital, intérêts et frais, cette vente puisse suspendre les autres poursuites.

127 Art. 12. La banque fera, pour le compte des particuliers et des établissements publics, l'encaissement des effets de commerce payables à...

128 Art. 13. Elle tiendra une caisse de dépôts volontaires pour titres, lingots, monnaies et matières d'or ou d'argent. Elle fournira récépissés des dépôts volontaires qui lui seront faits; le récépissé exprimera la nature et la valeur des objets déposés, le nom et la demeure du déposant, et la date du jour où le dépôt a été fait et de celui où il devra être retiré, le montant des frais de dépôt, et le numéro du registre d'inscription.

¹²⁹ Art. 14. Elle pourra recevoir en compte courant, sans intérêts [49], les fonds qui lui seront confiés.

¹³⁰ Art. 15. Elle ouvrira aux déposants des valeurs spécifiées dans les articles 8 , 9, 10, 11°, 12 et 14 qui précèdent, des comptes courants, et paiera pour eux tous mandats [97] et assignations jusqu'à concurrence des valeurs reçues.

¹³¹ Art. 16. Le taux de l'escompte [28], le cours sur Paris et Lyon, le taux de l'intérêt des avances sur dépôts, les frais de garde des objets confiés à la banque, sont réglés par le conseil général [28].

¹³² Art. 17. La banque pourra recevoir des billets des banques de France et de Lyon.

¹³³ Art. 18. La banque émettra des billets payables au porteur et à vue [28] : ces billets seront de mille francs , de cinq cents francs ou de deux cent cinquante francs, au choix des administrateurs. Elle pourra aussi émettre des billets à ordre [98] de deux cent cinquante francs et au-dessus , payables au siège de l'établissement, à vue ou à un certain nombre de jours de vue. La quotité des émissions sera déterminée par le conseil général. Le montant des billets de toute nature en circulation, cumulé avec celui des sommes dues par la banque en comptes courants , et payables à volonté, ne pourra jamais excéder le triple du numéraire existant matériellement en caisse. Les billets au porteur seront confectionnés à Paris, conformément à l'article 31 de la loi du 24 germinal an xi.

¹³⁴ Art. 19. La banque refusera d'escompter des effets qui résulteraient d'un commerce prohibé et les effets de circulation créés collusoirement entre les signataires , sans cause ni valeur réelle. Toute opération autre que celles qui sont ci-dessus déterminées lui est formellement interdite.

¹³⁵   *Section IV. — Dividende et fonds de réserve* [28].

¹³⁶ Art. 20. Il sera, s'il y a lieu, réparti tous les six mois aux actionnaires un dividende imputable sur les bénéfices acquis pendant le semestre. Lorsque ces bénéfices s'élèveront à plus de deux pour cent du capital , il sera exercé sur l'excédant une retenue de vingt-cinq pour cent, dont le montant sera employé à former un fonds de réserve. Le fonds de réserve formé, si le dividende d'un ou de plusieurs semestres , n'atteignait pas deux pour cent du capital primitif, la somme nécessaire pour le porter à cette proportion sera prise sur le fonds de réserve. Lorsque le fonds de réserve s'élèvera au cinquième du capital, c'est-à-dire à deux cent mille francs , la retenue cessera , et la totalité des bénéfices acquis pendant le semestre sera alors distribuée aux actionnaires. La retenue sera rétablie lorsque le prélèvement des compléments de dividendes ou d'autres causes auront réduit la réserve à moins d'un cinquième du capital , et jusqu'à ce qu'elle y ait été reportée, les fonds mis en réserve seront employés en effets publics français.

¹³⁷   CHAP. II.

¹³⁸   *Section I. — De l'assemblée générale des actionnaires* [28].

¹³⁹ Art. 21. La réunion des actionnaires qui composeront l'association de la banque de…, sera représentée par l'assemblée générale. Cette assemblée sera composée de tous les actionnaires, propriétaires depuis plus de trois mois de cinq actions au moins. Pour être membre de l'assemblée générale , il faudra être citoyen français [27] ou naturalisé français, ou domicilié depuis deux ans dans le département de.., soit à… soit à.. —Les membres de l'assemblée générale devront y assister et y voter en personne, sans pouvoir se faire représenter. Chacun d'eux n'aura qu'une voix, quel que soit le nombre d'actions qu'il possède. Les délibérations seront prises à la majorité des membres présents. Elles ne seront valables qu'autant qu'un tiers des actionnaires ayant droit d'y assister seront présents. Si ce nombre n'était pas atteint au jour indiqué par la convocation, une nouvelle réunion serait convoquée, et cette fois ses délibérations seraient valables, en quelque nombre que fussent les assistants; néanmoins, en ce cas, on ne pourra délibérer que sur les objets portés à l'ordre du jour de la première convocation.

¹⁴⁰ Art. 22. L'assemblée générale se réunira une fois par année , à l'époque qui sera déterminée par le règlement. Elle sera convoquée par le conseil général de la banque, et présidé par le régent président de ce conseil. Le régent secrétaire du conseil général y remplira les fonctions de secrétaire. Il sera rendu compte à l'assemblée générale de toutes les opérations de la banque. Elle arrêtera les comptes de l'année et réglera les dividendes à répartir. Elle procédera ensuite, au scrutin secret et individuel, à la majorité des suffrages, à l'élection des régents et censeurs qu'il y aura lieu de nommer en remplacement de ceux dont les fonctions sont devenues vacantes.

¹⁴¹ Art. 23. Si, par retraite ou décès [63], le nombre des régents se trouvait réduit à quatre, ou celui des censeurs à deux, l'assemblée générale serait extraordinairement convoquée pour le compléter. Les régens ou censeurs élus en remplacement ne le seraient que pour le temps qui restait à courir à leurs prédécesseurs.

¹⁴² Art. 24. L'assemblée générale, indépendamment des cas prévus par les articles 22 et 23, pourra être convoquée extraordinairement par le conseil général ou par les trois censeurs, s'ils sont unanimes. Dans tous les cas, les convocations se feront par lettres à domicile , et , en outre, par la voie des journaux de la localité qui seront désignés par le conseil général; elles devront mentionner les objets sur lesquels il sera délibéré.

¹⁴³   *Section II. — Du Conseil Général* [28].

¹⁴⁴ Art. 25. Le conseil général sera composé de six régents et de trois censeurs. Les régents auront voix délibérative et les censeurs auront voix consultative.

¹⁴⁵ Art. 26. Les régents et les censeurs seront nommés pour trois ans; ils seront renouvelés par tiers chaque année; ils seront rééligibles. Les régents et les censeurs sortants seront désignés par le sort pour les deux premières années , et ensuite par le rang d'ancienneté de leur nomination.

¹⁴⁶ Art. 27. Les fonctions des régents et des censeurs sont gratuites; il leur sera attribué seulement des jetons de présence.

¹⁴⁷ Art. 28. Les régents et les censeurs seront tenus de justifier, avant leur entrée en fonctions , qu'ils sont proprié-

taires de douze actions de la banque, lesquelles devront être libres et demeureront inaliénables pendant la durée de leurs fonctions.

148 Art. 29. Chaque année, aussitôt après l'installation de ces nouveaux membres, le conseil général élira parmi les régents, son président et son secrétaire; l'un et l'autre seront rééligibles.

149 Art. 30. Le conseil général est chargé de la gestion de l'établissement ; il nomme le directeur et le caissier principal, et fixe leurs traitements; il autorise toutes les opérations permises par les statuts, et en détermine les conditions; il fait choix des effets qui doivent être pris à l'escompte, en la forme prescrite par l'art. 8; il fixe le taux de cet escompte, et le montant des sommes qu'il conviendra d'y employer aux diverses époques de l'année, d'après la situation de la banque ; il délibère les règlements de son régime intérieur ; il arrête tous les traités, conventions et transactions, lesquels seront signés en son nom par le président, le secrétaire et le directeur ; il statue sur la création, l'émission, le retrait ou l'annulation des billets, la forme qui leur sera donnée et les signatures dont ils seront revêtus; il fixe, sur la proposition du directeur, l'organisation des bureaux, les traitements et salaires affectés à chaque emploi, et toutes les dépenses de l'administration, lesquelles devront être fixées chaque année et d'avance.

150 Art. 31. Le conseil général se réunira au moins une fois par semaine, et de plus, toutes les fois que le président le jugera nécessaire ou que la demande en sera faite par un des censeurs.

151 Art. 32. Aucune résolution ne pourra être prise sans le concours des trois régents et la présence d'un censeur; les délibérations auront lieu à la simple majorité : la voix du président ou du régent qui le remplacera dans la présidence sera prépondérante en cas de partage.

152 Art. 33. Toute délibération ayant pour objet la création ou l'émission des billets devra être approuvée par deux censeurs au moins.

153 Art. 34. Le compte annuel des opérations de la banque, qui devra être soumis à l'assemblée générale le jour de sa réunion périodique, sera établi par le conseil général et présenté en son nom par le président. Le compte approuvé sera imprimé et remis au préfet, au tribunal de commerce et à chacun des actionnaires de la banque.

154 *Section III.— Des censeurs* [28].

155 Art. 35. Les censeurs veilleront spécialement à l'exécution des statuts et des règlements de la banque; ils exerceront leur surveillance sur toutes les parties de l'établissement ; ils se feront représenter l'état des caisses , les registres et les portefeuilles de la banque , toutes les fois qu'ils le jugeront convenable; ils proposeront toutes les mesures qu'ils croiront utiles, et si leurs propositions ne sont pas adoptées, ils pourront en requérir la transcription sur le registre des délibérations. Ils rendront, chaque année, à l'assemblée générale un compte spécial de la surveillance qu'ils auront exercée.

156 *Section IV. — Du conseil d'escompte* [28].

157 Art. 36. Le conseil général de la banque nommera, chaque année, un comité d'escompte spécialement chargé de déterminer la valeur des signatures et la solvabilité des personnes dont le papier pourra être présenté à la banque.

158 *Section V. — Du directeur.*

159 Art. 37. Le directeur administrera, sous l'autorité du conseil général, les affaires de la banque et dirigera ses bureaux.

160 Art. 38. Il présentera à tous emplois; il signera la correspondance, les acquits [97] d'effets sur..., et les endossements de papier sur le dehors; il assistera de droit, avec voix consultative, aux séances du conseil général, excepté dans le cas où il se formera en comité secret, et aux séances du comité d'escompte.

161 Art. 39. Les actions judiciaires seront exercées au nom du conseil général, poursuites et diligences du directeur.

162 Art. 40. Avant d'entrer en fonctions, le directeur sera tenu de justifier de la possession de vingt actions libres de la banque, lesquelles demeureront inaliénables pendant toute la durée de sa gestion.

163 Art. 41. Le directeur pourra être révoqué par une délibération prise par quatre régens et approuvée par deux censeurs.

164 Chap. III. — *Dispositions générales.*

165 Art. 42. En cas de perte de moitié du capital de la banque, la dissolution aura lieu de plein droit. Si le capital se réduisait aux trois quarts, l'assemblée générale serait immédiatement convoquée à l'effet d'examiner s'il y a lieu de procéder à la liquidation de la société, et la dissolution pourrait être prononcée à la simple majorité des membres présents. Dans tout autre cas, le conseil général pourra, par une convocation spéciale de l'assemblée générale, faite au moins un mois à l'avance, provoquer la dissolution de la société. Hors le cas de perte du quart du capital, la dissolution de la société ne pourra être prononcée que par une majorité possédant les trois quarts des actions de la banque. Le conseil général en exercice au moment de la dissolution ou du renouvellement de la société sera chargé de la liquidation.

166 Art. 43. Les modifications aux présents statuts, dont l'expérience aura fait reconnaître la nécessité, ne pourront être sollicitées du gouvernement qu'après avoir été proposées par le conseil général à l'assemblée générale extraordinairement convoquée à cet effet, et délibérées à la majorité des porteurs des trois quarts en somme des actions de la société.

167 Art. 44. M. le comte de Pertuiseux déclare que sur les mille actions représentant le capital social, cinq cents ont été souscrites par acte passé devant Me.., notaire à.., le.., enregistré [42], et qu'il souscrit présentement pour son

compte personnel les cinq cents autres. En conséquence, la liste des actionnaires est arrêtée de la manière suivante....
(Suivent les noms avec indication du nombre d'actions souscrites par chacun.)

168 Dont acte, fait et passé à.., en l'étude [12], l'an mil huit cent quarante-cinq [13], le sept juin (*id.*), et les parties ont signé [15] avec les notaires, après lecture [16].

169 V. *Répertoire*, note 17. — *Forme des actes*, note 38. — *Enregistrement*, notes 18 et 19.

---

170   5° SOCIÉTÉ [158] EN PARTICIPATION (*id.*). — *C. comm.* 18 *et suiv.*

171   Par-devant Mᵉ Achille [1] Boivin (*id.*), notaire [2] à.., département de.., soussigné [15].
172   Sont comparus :
173   M. Joseph [3] Raveau (*id.*), propriétaire (*id.*), demeurant (*id.*) à..   D'UNE PART.
174   Et M. Louis Sommet, aussi propriétaire, demeurant à...   D'AUTRE PART.
175   Lesquels ont dit que le ministre de la guerre leur a accordé le.. dernier, la fourniture du bois de chauffage des troupes cantonnées et stationnées dans l'intérieur du royaume, et qu'ils désiraient régler leurs droits dans cette entreprise ; en conséquence, ils ont arrêté le traité qui suit :

176   Art. 1ᵉʳ. MM. Raveau et Sommet s'associent à moitié perte et profit, pendant toute la durée des trois ans qui ont commencé le.. présent mois, temps pendant lequel la fourniture des bois leur est accordée.

177   Art. 2. Ils ne pourront admettre d'autre associé que d'un commun accord. Ils auront la faculté de se faire remplacer par un mandataire ; mais l'associé qui se sera fait remplacer sera tenu de reprendre personnellement la gestion aussitôt que son associé l'exigera.

178   Art. 3. L'entreprise sera connue sous la raison *Raveau et Sommet*, et dans le cas où il serait admis ostensiblement d'autres membres, elle prendra alors la dénomination de société Raveau, Sommet et Compagnie. Elle aura son siége en la demeure de M. Raveau.

179   Art. 4. La mise de fonds entre MM. Raveau et Sommet sera égale ; elle se réglera sur les besoins de l'entreprise. Elle est néanmoins divisée, dès à présent, en soixante fractions dont trente pour M. Raveau et un même nombre pour M. Sommet.

180   Art. 5. S'il est emprunté particulièrement par l'un des associés des fonds destinés pour la société, l'intérêt de ces fonds et tous les frais que l'emprunt occasionnera seront supportés par la société. L'un des associés, versant de ses fonds personnels dans la société pour une somme plus forte que celle apportée par son coassocié, deviendra créancier de l'excédant, qui portera intérêt [49] à son profit, à raison de six pour cent, sans retenue, payable de six en six mois.

181   Art. 6. Les pouvoirs sont égaux entre MM. Raveau et Sommet. Ils gèreront et administreront concurremment, et chacun en l'absence de l'autre. Les traités, marchés, engagements, traites [97] et autres effets de commerce (*id.*), souscrits ou endossés par l'un des associés, obligeront le coassocié.

182   Néanmoins, il faudra que la signature ait été donnée dans la qualité de l'un des deux munitionnaires généraux des bois ; si elle était donnée sans cette énonciation, l'engagement n'obligerait que celui qui l'aurait contracté.

183   Art. 7. Il sera tenu trois registres dans la forme légale : l'un contiendra les délibérations et opérations de l'entreprise ; un autre la copie de toutes les traites et de tous les engagements qui seront souscrits et acceptés ; et le troisième, le *doit* et *avoir*, par partie double, de l'entreprise.

184   Art. 8. Les dépenses de l'entreprise, comme frais de bureau, de logement, de table, seront fixées et arrêtées par une délibération.

185   Art. 9. Tous les six mois à partir du.., il sera dressé un état de situation de l'entreprise. Toutes les dépenses et intérêts des sommes seront prélevés ; le reliquat actif, après le prélèvement, servira à rembourser d'abord les sommes empruntées, et, s'il y a du surplus, il restera dans la caisse de l'entreprise jusqu'à la liquidation définitive.

186   Art. 10. Si l'un des associés vient à décéder pendant le cours de l'entreprise, ses héritiers [78] auront la faculté ou de continuer la société ou de la rompre. Dans le premier cas, ils seront tenus de se faire représenter par une seule personne ; la signature et la gestion et administration appartiendront au survivant seul ; les héritiers du prédécédé, représentés comme il vient d'être dit, n'auront plus qu'un droit de surveillance.

187   Dans le second cas, l'associé survivant aura terme d'une année pour remettre les fonds et les bénéfices, en donnant néanmoins une caution solvable.

188   Art. 11. Si, pendant le cours de la société, ou lors de la liquidation, il s'élève quelques difficultés, etc. — V. *sup.* alin. 50 *et la note*

189   Art. 12. Ces présentes seront publiées où il appartiendra ; à cet effet, tout pouvoir est donné au porteur d'une expédition.

190   Et pour l'exécution des présentes, les parties font élection [11] de domicile en leurs demeures respectives ci-dessus indiquées.

191   Dont acte, fait et passé à.., en l'étude [12], l'an mil huit cent quarante-cinq [13], le sept juin (*id.*), en présence de MM. (*Noms, prénoms, professions et demeures*), témoins instrumentaires [14] ; et les parties ont signé [15] avec les témoins et le notaire, après lecture [16].

192 V. *Répertoire*, note 17. — *Forme des actes*, note 38. — *Enregistrement*, notes 56, 18 et 19.

SOMMATION [119] D'ACCEPTER UN REMBOURSEMENT PAR SUITE DE PROMESSE D'EMPLOI. — *C. civ.* 1250-2°.

L'an mil huit cent quarante-cinq, le cinq juin [20, n. 38].

A la requête de M. Cyprien LANCELOT [20, n. 55], propriétaire (*id.*), demeurant (*id.*) à...

J'ai, François CARRÉ [20, n. 104], huissier [113] à la résidence de.., soussigné.

Signifié et déclaré à M. Cyr BILLOUT [20, n. 116], entrepreneur de bâtiments (*id.*) et à la dame Euphémie LE-CLERC, sa femme, demeurant ensemble à.., en leur domicile où étant et parlant [20, n. 161] à..

Que pour s'acquitter de la somme de six mille francs de principal [136] et des intérêts [49] que le requérant leur doit pour le prix de la vente [109] qu'ils lui ont faite d'une pièce de pré située [141] sur le territoire de la commune de.., lieu dit l'Abîme, par contrat passé devant Mᵉ REGNAUD, notaire à.., le.., dûment enregistré [42], il a emprunté [205] de M. Prix MACLOU, rentier, demeurant à.., une somme de six mille cinq cents francs avec déclaration que cette somme était destinée à payer [84] le prix de ladite acquisition en principal et accessoires [105], et avec promesse d'effectuer incessamment cet emploi et de déclarer, dans la quittance notariée qu'il retirerait, l'origine des deniers payés, afin que M. MACLOU fût subrogé [84] dans les droits [27] et actions [28], priviléges [29] et hypothèques [30] desdits sʳ et dame BILLOUT conformément à l'art. 1250 n. 2 du C. civ.

En conséquence, j'ai fait sommation auxdits sʳ et dame BILLOUT de se trouver le.., heure de neuf du matin, en l'étude et par-devant Mᵉ REGNAUD notaire à.., sus-nommé, lieu convenu pour le paiement, pour, y étant, recevoir [84] le principal et les intérêts de la vente dont est ci-dessus parlé et en donner bonne et valable quittance par acte devant ledit notaire; afin que ledit requérant puisse faire en cette quittance la déclaration d'origine des deniers et que M. MACLOU soit par ce moyen subrogé aux droits et actions, priviléges et hypothèques de M. et mad. BILLOUT.

Leur déclarant que faute par eux de s'y trouver, il sera donné défaut à onze heures du matin et que le requérant se pourvoira comme il avisera et leur fera supporter toutes pertes, dépens, dommages et intérêts.

Et pour qu'ils n'en ignorent, je leur ai à domicile et parlant, comme dit est, laissé copie du présent, dont le coût est de..

Signature de l'huissier.

V. sup. p. 72 en note — la note 48, n. 40 — et *Enregistrement, note 56*.

SOMMATION RESPECTUEUSE. — *V. sup. les formules d'ACTES RESPECTUEUX.*

SOULTE. — *V. la formule d'ÉCHANGE, p.* 399, *alin.* 23; *et celle de* PARTAGE, *p.* 525, *alin.* 557.

SOUS-BAIL [105] (A).

Par-devant Mᵉ Jules [1] LESAGE (*id.*), notaire [2] à.., département de.., soussigné.

Est comparu M. Gabriel [3] LEJEUNE (*id.*), agriculteur (*id.*), demeurant (*id.*) à..

Lequel a, par ces présentes, sous-loué [105] à titre de ferme, avec obligation de faire jouir paisiblement.

A M. Ernest [3] MEYLAN (*id.*), ancien fermier (*id.*), demeurant (*id.*) à..., à ce présent et acceptant [52].

Ses droits pour les six années qui en restent à expirer à compter du premier mai dernier, au bail fait audit sʳ LE-JEUNE par M. Clément ARNOUD, propriétaire, demeurant à.., pour neuf années qui ont commencé le premier avril mil huit cent quarante-trois, suivant acte passé en minute et présence de témoins devant Mᵉ.., notaire à.., dûment enregistré [42].

Ou bien : ses droits pour les six années qui en restent à courir à compter du premier mai dernier à une pièce de pré de la contenance de trois hectares [91], située [141] sur le territoire de la commune de.., lieu dit le Val des Roses, tenant d'un côté du midi à.., etc.; laquelle pièce fait partie du domaine de Réveillon affermé au comparant par M. Clément ARNOUD, propriétaire, demeurant à.., etc.

Ainsi que cette pièce s'étend et comporte sans aucune exception ni réserve, le plus ou le moins de mesure [40], s'il s'en trouve, devant tourner au profit ou à la perte dudit sʳ MEYLAN.

(A) Suivant le principe général établi dans l'art. 1717 du C. civ. le preneur a deux moyens pour se faire remplacer dans sa jouissance, le *sous-bail* et la *cession de bail*; s'il n'y a convention contraire à cet égard. — Par le *sous-bail*, le premier preneur est soumis vis-à-vis du sous-locataire à toutes les obligations d'un bailleur. de sorte que si la moitié de la récolte vient à périr par cas fortuit il doit à son sous-preneur une indemnité ou une diminution du prix du bail, quand même il aurait renoncé dans son contrat avec le propriétaire à cette indemnité des cas fortuits. Par la *cession*, au contraire, le premier preneur est déchargé, à ce point que le cessionnaire ne pourra rien exiger de lui, et s'il éprouve une perte de la moitié d'une récolte il ne pourra exercer d'action en indemnité que contre le propriétaire, si toutefois son cédant n'avait pas été chargé des cas fortuits.

9 Le présent sous-bail est fait aux charges [58] et conditions [153] suivantes que le sous-fermier promet et s'oblige d'exécuter et accomplir, sans, pour ce, pouvoir prétendre à aucune indemnité ou diminution du fermage ci-après fixé :

10 1° *Arbres.* D'avoir soin.. — *V. sup. la formule de* BAIL A FERME, *p.* 146, *alin.* 24 *et suiv.*

11 PRIX. Le présent sous-bail est fait en outre moyennant la somme de... de fermage annuel, que ledit sr MEYLAN promet et s'oblige de payer audit sr LEJEUNE (A) ou pour lui au porteur de ses pouvoirs et de la grosse [64] des présentes le vingt-cinq décembre de chaque année, première année devant échoir le vingt-cinq décembre mil huit cent quarante-six et pour continuer ainsi d'année à autre jusqu'à l'expiration du bail.

12 Pour l'exécution des présentes les parties font élection de domicile [11] en leurs demeures respectives susindiquées.

13 Dont acte, fait et passé à.., en l'étude [12], l'an mil huit cent quarante-cinq [13], le six juin (*id.*), en présence de MM. (*Noms, prénoms, professions et demeures*), témoins instrumentaires [14] ; et les parties ont signé [15] avec les témoins et le notaire, après lecture [16].

14 *V. Répertoire,* note 17. — *Forme des actes,* note 58. — *Enregistrement,* notes 18 et 19.

STYLE OU MÉTHODE ADOPTÉE PAR LA GÉNÉRALITÉ DES NOTAIRES
pour certaines rédactions qui se font à l'intitulé et à la clôture soit des minutes d'actes qu'ils reçoivent soit des grosses, expéditions ou copies collationnées qu'ils délivrent.

§ 1. *Minutes des actes ;*
§ 2. *Expéditions, grosses et extraits des actes.*
Art. 1. Des grosses, en particulier ;

Art. 2. Des extraits, en particulier ;
§ 3. *Répertoires.*

---

§ 1. MINUTES [59] DES ACTES.

1 I. *Il n'y a que les trois manières suivantes de commencer les actes :*

3 1° *Pardevant* (B) *M*e [1].. *et son collègue* (*id.*), *notaires* [2] *à.., soussignés* [13]. — Ou bien : *Par-devant M*e.., *notaire à.., soussigné* ; *en présence* (C) *des témoins ci-après nommés et aussi soussignés.* — V. inf. substitution de notaire, alin. 21.

4 Cette formule s'emploie dans tous les actes autres que ceux dont il va être parlé.

5 2° EN PRÉSENCE *de M*e.., *notaire à.., soussigné.* — Ou bien : *en présence de M*e.., *notaire à.., soussigné, et des témoins ci-après nommés et aussi soussignés.*

6 Cette formule ne s'emploie que dans les actes contenant *quittances.* — V. sup. p. 559 et suiv.

7 3° L'AN *mil huit cent.., le.., à la requête de..*

8 Cette formule ne s'emploie que dans les intitulés d'inventaire. — V. sup. p. 423, alin. 2.

9 Ou bien : *L'an mil huit cent.., le.., est comparu devant M*e..

10 Laquelle formule s'emploie dans les procès-verbaux.

11 NOTA. Quelques notaires commencent les actes de dépôt de pièces, de notoriété, les certificats de vie et d'individualité par ces mots : « *Aujourd'hui est comparu..* » Mais cette formule est peu en usage, et, selon nous, n'est pas d'un bon goût.

12 Lorsque l'on fait un acte à la suite [145] d'un autre, par exemple, une quittance [84], une ratification [208], on commence ainsi :

13 *Et le.. mil huit cent.. Est comparu devant M*e..

14 On devrait rejeter cette manière de commencer certains actes, parce qu'elle est peu commode et même embarrassante ainsi que nous l'avons dit *sup.* p. 569, note B.

(A) Si on disait que le fermage sera payé au propriétaire, l'acte devrait être considéré plutôt comme un transport de bail que comme un sous-bail (ce qui est bien différent d'après ce qui est dit en la note qui précède), à moins qu'il ne soit dit au sous-bail que le second preneur paiera le fermage en l'acquit et à la décharge du premier preneur ; car il est de la nature du transport de bail que celui qui transmet ses droits à un autre soit tout-à-fait étranger aux effets et aux conséquences de cette transmission quand elle a eu lieu sans dérogation aux conditions du bail primitif.

(B) On ne peut trouver dans aucune langue un mot plus expressif que « *Par-devant...* » ; cependant il y a des notaires qui voudraient quelque chose de mieux et qui se prennent à dire « *Devant* » L'innovation n'est point heureuse et ne mérite pas qu'on s'y attache. Dans toutes les professions il y a des mots techniques qu'il faut savoir conserver et ne point changer, surtout quand ils sont énergiques.

(C) Dans presque toutes nos formules nous avons mentionné la présence des témoins instrumentaires à la fin de l'acte. Cela nous a semblé mieux parce qu'on évitait ainsi une répétition ; toutefois nous reconnaissons que la répétition peut n'être pas inutile surtout si en tête on ajoute le mot *soussignés*, car si on oubliait de dire à la fin que les témoins ont signé, l'acte serait nul comme acte authentique sauf à valoir comme acte sous seing-privé s'il était signé des parties et pouvait se soutenir comme tel. — V. note 58.

15   II. Les actes se terminent ainsi :

16   *Dont acte, fait et passé à* [12]..., *en l'étude* (ou : *en la demeure de..*), *l'an mil huit cent* [13]..., *le..., en présence de MM.* (Noms, prénoms, professions et demeures), *témoins* (3) *qui ont attesté l'individualité des comparants et certifié qu'ils sont bien tels qu'ils sont ci-dessus dénommés, qualifiés et domiciliés; et les parties ont signé* [15] *avec les attestants et les notaires, après lecture* [16].—V. sup. p. 608, alin. 1 à 8 les autres manières de formuler la mention de savoir ou de ne savoir ou ne pouvoir signer.

17   Ou bien : *Dont acte, fait et passé, etc., en présence de MM.* (Noms, prénoms, professions et demeures), *témoins instrumentaires* [14], *soussignés* (A); *et les parties ont déclaré ne savoir signer de ce interpellées par le notaire qui a signé* [15] *avec les témoins, après lecture* [16].

18   Nota. Quand il s'agit des actes solennels rappelés *sup.* v° *signature,* alin. 10, on doit faire comparaître les témoins instrumentaires au moment de la lecture de l'acte et de la signature ou déclaration de ne savoir signer des parties et on le constate comme il est dit *sup.* v° *lecture,* p. 459, alin. 1 à 11.

19   III. *Actes à la suite* [45] *de la minute.*

20   Quand des quittances ou décharges faisant suite à la minute d'un contrat de vente ou d'une obligation ont été reçues par un notaire autre que le détenteur de la minute (V. *sup.* p. 346, note A), après ces mots : *lecture faite,* on ajoute dans la minute : *des présentes demeurées à M° N..*, *tant pour sa décharge que comme étant en suite du contrat de vente sus-daté* (ou : *de l'obligation sus-datée*), *et néanmoins portée sur le répertoire* [17] *de M° O..*, *notaire soussigné.*

21   IV. *Actes reçus par substitution* [2, n. 154].

22   Quand un notaire a été substitué par un de ses confrères, on intitule l'acte ainsi :

23   Par-devant M° Célestin [1] Bichon (id.), notaire [2] à.., département de.., soussigné, substituant M° Alfred Baudot, *son confrère, notaire à..*, absent (ou : *empêché pour cause de maladie*).

24   Et si la minute reste au notaire substitué , après les mots, *lecture faite,* on ajoute dans la minute : *des présentes demeurées à M° N... notaire substitué pour cause d'absence ou de maladie et néanmoins portées sur le répertoire de M° O..*, *notaire soussigné.*

25   V. *Mentions à faire sur les minutes lorsqu'on fait une expédition, grosse ou extrait.*

26   On écrit en le haut de la première marge qu'on doit toujours avoir soin de laisser libre pour cela :

27   *Fait expédition* (ou : *grosse,* — ou : *extrait*). — Seulement quand il s'agit d'une grosse on ajoute lors de sa délivrance, *par moi délivrée le..*, puis le notaire appose sa signature au-dessous de la mention. — V. note 64, n. 39 et *sup.* p. 115, note A.

28   Il n'est pas inutile d'ajouter à la mention le nombre de rôles afin de fournir un renseignement pour le coût des secondes expéditions ou grosses. — *V. au surplus la formule de* REGISTRE D'ÉTUDE, col. 4°.

29   § 2. EXPÉDITIONS [64], GROSSES (id.) ET EXTRAITS (id.) DES ACTES.

30   I. *Changements communs à toutes les expéditions et grosses même aux extraits, sauf quelques exceptions faciles à saisir.*

31   Quand, dans une minute, il y a, *ces présentes,* on met dans l'expédition (ou : la grosse — ou : l'extrait) , *la minute des présentes.*

32   Quand il y a dans la minute, *ci-annexé* ou *annexé* [35] à *ces présentes,* on met dans l'expédition (ou : la grosse — ou : l'extrait), *annexé à la minute des présentes.*

33   Quand il y a dans la minute, *lequel acte sera soumis à l'enregistrement* [42] *en même temps que ces présentes,* on met dans l'expédition (ou : la grosse — ou : l'extrait), *lequel acte a été enregistré en même temps que la minute des présentes.*

34   II. *Additions.*

35   Après ces mots, *lecture* [16] *faite,* qui terminent un acte reçu par deux notaires, on ajoute ceux-ci : *la minute des présentes demeurée à M°.., l'un des notaires est signée..*.(Relater (B) ici sans chercher à les imiter bien entendu, d'abord les signatures des parties, ensuite celles des témoins, puis celle du notaire).

36   Dans les procès-verbaux d'inventaire on termine de même à la fin de l'intitulé et de la clôture; mais à la fin de chaque vacation et des dires on met seulement sur l'expédition : *Signé en pareil endroit* (ou : *en cet endroit*) *de la minute des présentes.*

37   Dans les autres procès-verbaux on procède de la même manière.

(A) On peut ajouter ce qui suit , mais alors il faut que les témoins soient réellement présents puisqu'ils font dans l'acte une attestation qui assume sur eux une responsabilité -- V. note 14 n. 42 :
Lesquels ont attesté l'individualité du comparant en affirmant qu'il est bien tel qu'il est ci-dessus dénommé , qualifié et domicilié.

(B) On entend par *expédition* la copie de tout le contenu de la minute , de sorte que cette copie n'est point une expédition quand on n'y rapporte point les signatures qui sont l'âme du contrat. Il nous souvient, en effet, d'avoir vu prononcer par le Tribunal de Clamecy la nullité d'une saisie immobilière par le motif que le titre en vertu duquel elle était faite ne rappelait point les signatures, en quoi on n'avait point observé ce que prescrit l'art 673 du C. de proc. civ. sous la peine de nullité prononcée par l'art. 715. — V. note 64 n. 19 et 79. — On comprendra aisément l'utilité de l'énonciation des signatures en considérant qu'il se peut que les signatures n'aient point été réellement apposées sur la minute malgré que le notaire ait mentionné qu'elles devaient l'être. — V. au surplus *sup.* la note A au bas de la p. 156.

38 Quand on a relaté les signatures on ouvre un alinéa pour rapporter l'enregistrement en ces termes : *au bas* (ou : *en suite,* — ou : *en marge*) *est écrit : enregistré,* etc.

39
III. *Suppressions.*

40 Lorsque dans un acte il y a des qualifications et expressions féodales, telles que celles de haut et puissant seigneur [91, n. 4], qui aux termes du décret du 8 pluv. an 2 et de l'art. 17 de la loi du 25 vent. an xi, doivent être supprimées, le notaire fait mention de cette suppression en ces termes avant d'apposer sa signature sur l'expédition « *Ces présentes ainsi délivrées avec la suppression des qualifications prohibées par la loi.* » — V. toutefois note 91, n. 3.

41
IV. *Actes à la suite* [45] *d'autres.*

42 Lorsqu'on fait isolément l'expédition (*ou* : l'extrait) d'un acte qui se trouve à la suite d'un autre, on l'intitule ainsi :

43 *A la suite de la minute d'un contrat* (ou : *d'une obligation*) *passé devant M⁰ N.., notaire à.., soussigné, le.., dûment enregistré, contenant vente* (ou : *obligation*) *par.. à.., est la quittance* (ou : *la ratification*) *dont la teneur suit :*
44 *Et le.. mil huit cent..* (A).

45 Quand il y a dans la minute du second acte, *ainsi qu'il résulte de l'acte qui précède,* on met dans l'expédition, *ainsi qu'il résulte de l'acte dont expédition* (ou : *grosse*) *précède.*

46 Ou bien : *dont la minute est des autres parts,* on met, *dont l'expédition* (ou : *la grosse,* — ou : *l'extrait*) *est des autres parts,* — et quand l'acte est expédié isolément, au lieu de ces mots, *dont l'expédition* (ou : *la grosse*) *est des autres parts,* on met, *ci-dessus énoncé* (ou : *dont est ci-dessus mention*).

47
V. *Expéditions* (ou : *copies*) *d'annexes* [35].

48 Quand on a annexé à la minute d'un acte une procuration ou toute autre pièce à l'appui, dont on fait l'expédition à la suite [45] de celle de l'acte, le notaire ne signe pas au bas de l'expédition du premier acte, parce que les annexes font corps avec cet acte, il met seulement, en tête de l'expédition de l'annexe, ces mots :

49 *Suit la teneur de l'annexe* (ou : *des annexes*).
50 Après avoir rapporté les signatures [15] et relaté littéralement la mention de l'enregistrement et celle de la légalisation [125], on termine ainsi :

51 *Il est ainsi au brevet* [59] *original de ladite procuration* (ou : *autre acte*) *certifié véritable* [35], *signé, paraphé et annexé* [35] *à la minute de l'acte de..* (nature de l'acte), *dont l'expédition* (ou : *la grosse*) *précède ; le tout étant en la possession de M⁰ N.., notaire soussigné.* Puis le notaire appose sa signature pour clore l'expédition tant du premier acte que des annexes.

52 Si l'on ne transcrit pas la légalisation, on substitue ce qui suit à l'alin. qui précède :

53 *Il est ainsi aux brevets* [59] *originaux* (ou : *aux expéditions*) *dûment légalisés* (ou : *légalisés par le président du tribunal civil de..*), *et demeurés annexés* [35] *à la minute du contrat de..., dont expédition* (ou : *grosse*) *précède ; le tout étant en la possession de M⁰.., notaire soussigné.*

54 Quand la pièce annexée provient d'une autre étude que celle où existe l'acte fait en conséquence, il ne peut en être délivré d'expéditions distinctes et séparées de ce dernier acte par les motifs expliqués en la note 35, p. 426, n. 30. — Il y a même raison de décider quand il s'agit de pièces déposées.

55 Hors ce cas, l'expédition délivrée isolément se termine ainsi :

56 *Il est ainsi au brevet* [59] *original* (ou : *à l'original,* — ou bien : *à l'expédition*), *dûment légalisé* [125], *certifié véritable* [35] *et signé, et annexé à la minute du contrat* (ou : *de l'acte*) *de.., dont expédition précède ; le tout étant en la possession dudit M⁰ N.., notaire soussigné.*

56 Et si la pièce dont on délivre expédition est annexée à la minute d'un acte reçu par le prédécesseur de celui qui la délivre, on la termine ainsi :

57 *Il est ainsi au brevet* [59] *original* (ou : *à l'original*) *de ladite procuration, certifié véritable, signé et annexé à la minute d'un contrat* (ou : *d'un acte*) *de.., passé devant M⁰ N.., notaire à.., le.., enregistré à..* (relater littéralement l'enregistrement); *le tout étant en la possession de M⁰ O.., notaire à.., soussigné, comme successeur immédiat* (ou : *médiat*) *dudit M⁰ N.., ancien notaire.*

58 Il y a nécessité de faire expédition entière de la pièce annexée quand on fait une grosse de l'acte auquel cette pièce est jointe, par suite de ce qui est dit *sup.* p. 623 note B et *inf.* p. 626, note B.

59 Lorsque c'est une procuration [80] qui est annexée et que, hors le cas spécifié en l'alin. qui précède, on en fait un extrait à la suite [45] de l'expédition, cet extrait doit être conçu en ces termes :

60 *Suivant la procuration ci-devant énoncée passée devant M⁰.., notaire à.., témoins présents, le.., enregistrée à.., le...* (relater littéralement l'enregistrement), *et légalisée, etc.*

61 *Il appert* (B) *que M. Michel* GARNIER, *sans profession et la dame Marie* ORNET, *son épouse de lui autorisée* [68], *demeurant*

(A) V. à cet égard notre observation au bas de la p. 569 note B.

(B) Il ne faudrait pas dire « *il appert qu'elle est spéciale à l'effet de l'acte dont expédition précède* » parce que alors ce n'est point un extrait, c'est un certificat que le notaire délivre pour attester que la procuration est spéciale ; or sa mission n'est point de se rendre juge du mérite de la pièce, il doit, au contraire, rapporter les pouvoirs pour que chacune des parties ou tout autre à leur place puisse juger par lui-même de ce mérite. Ne peut il pas d'ailleurs arriver que le notaire se trompe ? Supposons, en effet, que la femme ait donné pou-

ensemble à.. ont constitué pour leur mandataire [80] *général et spécial* **M.** *Claude* **Paris,** *arpenteur géomètre, demeurant à..,*
à qui ils ont donné, entre autres pouvoirs, ceux de, pour eux et en leurs noms, vendre [109] *aux prix, charges* [58] *et conditions*
[153] *que le mandataire jugerait convenables, une maison située à.., rue... n.., appartenant en propre à ladite dame* **Garnier,**
obliger [106] *les constituants solidairement* (*id.*) *entre eux à toute garantie* [9] *et au rapport de tous certificats de radiation*
[149] *des inscriptions* [83] *grevant ladite maison, fixer l'époque d'entrée en jouissance, convenir du mode et des époques de*
paiement du prix avec ou sans intérêts [49], *recevoir ledit prix en principal et intérêts, en donner quittance, remettre* [54]
tous titres et pièces, passer et signer [15] *tous actes, élire domicile* [11].

62   *Extrait par* M⁰.., *notaire à.., soussigné, du brevet* [59] *original de ladite procuration demeuré annexé, comme dit est, à*
la minute du contrat de vente dont expédition précède : le tout étant en sa possession.

63   VI. *Expéditions d'actes déposés pour minute* [64, n. 2].

63   Quand on fait l'expédition d'une procuration ou de toute autre pièce déposée à un notaire, après avoir rapporté
les signatures, la mention de l'enregistrement et la légalisation [125], s'il y en a une, on termine ainsi l'expédition :
64   *Il est ainsi au brevet original* (ou : *en l'original*), *certifié véritable* (A) *et signé, déposé pour minute à* M⁰ N.., *notaire*
à.., soussigné, suivant acte passé devant lui en minute [59] *et présence de témoins* [14] *le.., enregistré à.., le..* (relater littéralement l'enregistrement). — V. sup. p. 626, note A.
65   Quand la pièce déposée [152] est un testament mystique (*id.*), on fait d'abord l'expédition de l'acte de suscription, puis après avoir rapporté les signatures et la mention d'enregistrement, on ajoute : *suit la teneur du testament.*
66   Quand la pièce déposée est un testament olographe [152], on termine l'expédition par ces mots :
67   *Il est ainsi en l'original du testament olographe* [152] *de* M... (*Nom et prénoms*), *mis au rang des minutes de* M⁰ N...,
notaire à.., soussigné, à la date du.. (ou bien, quand le notaire a dressé un *acte de dépôt* : *suivant l'acte de dépôt qu'il*
en a dressé le.., enregistré à.., le.., etc., en vertu de l'ordonnance de M. *le président du tribunal civil de première instance*
de.., insérée en son procès-verbal de description (ou : *d'ouverture et de description*) *dudit testament, dressé en la chambre du*
conseil de ce tribunal le.., dûment enregistrée.

68   VII. *Expéditions* [64] *délivrées par un notaire, comme dépositaire* [59, n. 72] *provisoire des minutes*
                                                                       d'un de ses confrères décédé.

69   Après avoir rapporté les signatures et l'enregistrement, on termine ainsi l'expédition :
70   *L'an mil huit cent.., le.., ces présentes ont été par* M⁰.., *notaire à.., soussigné, délivrées conformes à la minute étant en*
sa possession, comme dépositaire provisoire des minutes de feu M⁰.., *ancien notaire, en vertu d'une ordonnance* [222] *de* M. *le*
président du tribunal civil de première instance de.., en date du.., dûment enregistrée [42].

71   VIII. *Expéditions* [64] *délivrées par un notaire, comme dépositaire définitif* [59, n. 72 et suiv.]
                                                                       des minutes d'un confrère décédé.

72   Après avoir rapporté les signatures et l'enregistrement, on termine ainsi l'expédition :
73   *L'an mil huit cent.., le.., ces présentes ont été, par* M⁰.., *notaire à.., soussigné, délivrées conformes à la minute, étant*
en sa possession comme dépositaire définitif des minutes de feu M⁰.., *ancien notaire.*

74   IX. *Expéditions délivrées à des personnes qui ne sont ni parties ni intéressées en nom direct dans les actes.*

75   On ne peut obtenir, dans ce cas, la délivrance d'une expédition que dans le cours d'une instance et qu'autant que
la pièce a un rapport direct à l'objet en litige [64, n. 153 ; 160 *et suiv.* ; 165 *et suiv.*]. Il est rendu un jugement qui
ordonne cette délivrance.
76   Pour la mention à mettre à la suite de l'expédition, — V. *sup.* compulsoire, p. 299, alin. 20.

77   X. *Expéditions* [64] *d'actes reçus par un prédécesseur.*

78   Quand un testament olographe a été déposé au prédécesseur de celui qui en délivre expédition, on la termine
comme il suit :
79   *Il est ainsi au testament olographe* [152] *de* M. (*Nom et prénoms*), *déposé pour minute* (*id.*) *à* M⁰. N.., *ancien notaire à..,*
à la date du.. (ou bien, *ut sup.* alin. 67), *en vertu de l'ordonnance de* M. *le président du tribunal civil de première instance*
de.. insérée en son procès-verbal de description (ou : *d'ouverture et de description*) *dudit testament, dressé en la chambre du*
conseil dudit tribunal le.., dûment enregistré [42], *lequel testament est actuellement en la possession de* M⁰ O.., *notaire à..,*
soussigné, comme successeur immédiat (ou : *médiat au moyen de diverses mutations*) *dudit* M⁰ N.., *ancien notaire.*
80   Dans tous les autres cas, quand la pièce déposée sur ou expédie particulièrement dépend des minutes d'un notaire prédécesseur, on termine l'expédition de la manière suivante :
81   *Il est ainsi au brevet* [59] *original* (ou : *en l'expédition*) *de ladite procuration* (ou : *autre acte*), *dûment légalisé* [125], *cer-*
tifié véritable (*id.*) *et signé, déposé pour minute* [152] *à* M⁰ N.., *ancien notaire à.., par acte du.., enregistré à.., le.., etc.,*

---

voir de vendre *tous* ses biens immeubles, ce qui est illicite (V. *sup.* p. 103 *note* A). et que le notaire ait ignoré ou oublié ce point essentiel, il
arrivera nécessairement qu'on ne sera pas à même d'apercevoir ce vice au vu de l'extrait où le notaire s'est borné à dire que la procuration
était spéciale.

(A) Quand la pièce a été déposée par celui qui l'a souscrite, comme il n'a pas eu besoin de la certifier véritable en la déposant on supprime dans l'expédition les mots, *certifié véritable et signé.*

et étant actuellement en la possession de M°.., notaire à.., soussigné, comme successeur immédiat (ou : *médiat au moyen de diverses mutations*) *dudit M° N.*

A l'égard des brevets rapportés pour minutes, v. *inf. alin.* 103 *et suiv.*

83 **XI. Copies [64] d'actes imparfaits [38].**

83 Quand on délivre copie d'un acte imparfait, et néanmoins enregistré, on rapporte les signatures et l'enregistrement qui sont au pied de l'acte, et on termine comme il suit :

84 *L'an mil huit cent... le.., ces présentes ont été, par M° N.., notaire à.., soussigné, délivrées conformes à la minute dudit acte de.., non revêtu de la signature de..* (désigner la partie), *et par conséquent resté imparfait. Ladite minute étant en la possession dudit M° N.., notaire à.., soussigné, qui en a délivré la présente copie à M.., l'une des parties, pour lui servir et valoir ce que de raison, et ce, en exécution d'une ordonnance* [222] *de M. le président du tribunal civil de première instance de.., en date du.., enregistrée, l'original de laquelle ordonnance est demeuré annexé* [55] *à la minute d'un procès-verbal dressé cejourd'hui à la suite dudit acte imparfait.*

85 Quand l'acte imparfait dont on délivre une première expédition n'a pas été enregistré dans le délai, il doit être néanmoins enregistré au droit fixe de 1 fr. [18, n. 262], parce que l'art. 41 de la loi du 22 frim. an vii (*V.* note 42, n. 3) ne permet pas de délivrer expédition ou copie d'aucun acte avant qu'il ait été enregistré, auquel cas, si le notaire n'a point fait valoir de motifs à l'appui de son refus de délivrance de l'expédition [64, n. 157 et suiv. et note 38, n. 28], et que le juge l'ait néanmoins ordonnée, cette délivrance se fait comme il suit :

86 *L'an.., le.., ces présentes, dont la minute n'a pas été enregistrée dans le délai légal et l'a été seulement avec l'acte dont il va être parlé, ont été, par M° N.., notaire à.., soussigné, délivrées conformes à l'original non revêtu de la signature de telle partie ni de celle des notaires* (ou : *du notaire et des témoins*)*, et par conséquent resté imparfait. Ladite minute étant en la possession du notaire soussigné, qui en a délivré la présente copie à M.., l'une des parties, pour lui servir et valoir ce que de raison, et ce, en exécution d'une ordonnance* (quand le notaire s'est opposé à la délivrance, on ajoute : *sur référé*) *rendue par M. le président du tribunal civil de première instance de.., en date du.., enregistrée, laquelle ordonnance ainsi que l'original de l'acte imparfait qui n'a été ni répertorié* [17] *ni classé parmi les minutes sont demeurés annexés* [55] *à la minute d'un procès-verbal dressé par le notaire soussigné en présence de témoins cejourd'hui, enregistré à.., le..* (relater littéralement l'enregistrement).

87 **XII. Copies collationnées. — V. sup. collation de pièces.**

88 Ces copies ne peuvent pas être écrites sur petit papier [5, n. 67]. — V. sup. *collation de pièces*, p. 250 et 251.

89 **Art. 1. GROSSES DES ACTES.**

90 Une grosse est, comme une expédition, la copie de la minute de l'acte, sauf les changements suivants que l'on fait en écrivant la grosse :

91 **I. Changements communs à toutes les grosses même à celles délivrées par un successeur.**

92 *Grosse des présentes,* qui se trouve dans la minute, est remplacé par, *la présente grosse,* dans cette grosse.
93 *Ci-annexé* qui se trouve dans la minute est remplacé par, *la minute des présentes,* dans la grosse.
V. sup. alin 30 et suiv. pour le surplus des changements communs.

94 **II. Formule constitutive de la grosse qui rend l'acte exécutoire sans avoir à recourir à justice.**

95 En tête de la grosse, on met : *Louis-Philippe, roi des Français, à tous présents et à venir, salut.*:

96 Et à la fin de l'acte, on met : *Mandons et ordonnons à tous huissiers sur ce requis de mettre ces présentes à exécution ; à nos procureurs-généraux et à nos procureurs près les tribunaux de première instance d'y tenir la main ; à tous commandants et officiers de la force publique d'y prêter main forte, lorsqu'ils en seront légalement requis. En foi de quoi nous avons fait sceller ces présentes.*

97 Pour savoir quand et à qui il peut être délivré grosse, v. note 64, n. 49 à 73.

98 **III. Grosse délivrée par le notaire même qui a reçu l'acte.**

99 Il n'y a rien à ajouter quand on a mis en tête et à la fin ce qui est dit sup. alin. 95 et 96.

100 **IV. Grosse délivrée par le successeur du notaire qui a reçu la minute.**

101 Après l'alin. 96, on met : *L'an mil huit cent.., le.., ces présentes ont été mises pour la première fois en forme exécutoire par M° O..., notaire à.., soussigné, et délivrées conformes* (A) *à la minute demeurée en sa possession comme successeur immédiat* (ou : *médiat*) *et dépositaire des minutes dudit M° N...,* ancien notaire.

102 **V. GROSSE D'UN BREVET RAPPORTÉ POUR MINUTE.**

103 1° Cas où le brevet a été rapporté au prédécesseur du notaire qui délivre la grosse.

104 Après ces mots, *ancien notaire,* qui terminent l'alin. 101 ci-dessus on ajoute : *auquel le brevet original de l'obligation dont il s'agit a été rapporté pour minute suivant acte reçu par lui en présence de témoins le.., enregistré à..* (relater (B) littéralement l'enregistrement).

(A) On ne doit point se servir du mot *collation*, lequel ne doit être employé que quand il s'agit de pièces représentées et ensuite retirées. — V. note 59 n 118 *et note* 64 n. 156.

(B) Il y a nécessité de relater littéralement l'enregistrement, parce que la pièce annexée faisant corps avec l'acte auquel elle est jointe, il est vrai de dire que l'on fait alors une expédition partielle qui tombe sous l'application de l'article 44 de la loi du 22 frim. an vii. — V. note 35 n. 54 *et note* 64 n. 29.

105   2° *Cas où le brevet a été rapporté au successeur du notaire qui l'a reçu.*

106   Après ces mots : « *En foi de quoi nous avons fait sceller ces présentes* » qui terminent l'alin. 96 qui précède, on ajoute : *qui ont été mises pour la première en forme exécutoire par M° O…, notaire à.., soussigné et délivrées conformes au brevet original à lui déposé pour minute en sa qualité de successeur immédiat* (ou : *médiat*) *dudit M° N…, ancien notaire, suivant acte reçu par ledit M° O… en présence de témoins le.., enregistré à..* (relater littéralement l'enregistrement).

107   3° *Cas où le brevet a été rapporté au notaire même qui l'a reçu.*

108   En suite de ces mots, *après lecture*, qui terminent l'alin. 17 qui précède, on ajoute : *le brevet original des présentes étant en la possession dudit M° N…, auquel il a été rapporté pour minute, suivant acte reçu par lui le.., enregistré à..* (relater littéralement l'enregistrement).

109   4° *Cas où le brevet a été rapporté à un notaire autre que celui qui l'a reçu ou son successeur.*

110   On observe ce qui est dit *sup.* alin. 106 en supprimant les mots suivants : *en qualité de successeur immédiat* (ou : *médiat*) *dudit M° N.., ancien notaire.*

111   VI. *Grosses d'un même acte délivrées à plusieurs créanciers chacun pour une quote-part déterminée et divise.*

112   Après ces mots « *En foi de quoi nous avons fait sceller audit s^r..*, pour lui servir séparément de titre exécutoire pour la somme de mille francs lui revenant dans celle principale de trois mille francs formant le montant de ladite obligation* (ou : *de ladite vente*), *ainsi que pour les intérêts de ladite somme de mille francs ; le tout ainsi qu'il est ci-dessus établi.*

113   VII. *Grosses d'un même acte délivrées par ampliation.*

114   V. *sup.* la formule de AMPLIATION (mention d') p. 75; et de AMPLIATION (procès-verbal d') p. 73.

115   VIII. *Grosse par extrait.* — V. sup. Extrait, p. 408 et 409, alin. 3 et 7.

116   IX. *Grosse délivrée par un notaire commis par justice.* — V. sup. p. 408, alin. 14.

117   Art. 3. EXTRAITS [64] DES ACTES.

118   Il y a trois sortes d'extraits, les extraits *analytiques*, les extraits *littéraux* et les extraits *collationnés.*

119   I. *Extraits analytiques.* — V. sup. la note A au bas de la p. 408.

120   Les extraits analytiques commencent ainsi qu'il suit :

121   *Suivant acte* (A) (ou : *contrat*) *passé en minute et présence de témoins, devant M°.., notaire à.., le.., contenant vente* (ou : *obligation*, — ou : *donation*) *par un tel à un tel* (et quand la minute fait suite à celle d'un autre acte, on supprime les mots, *minute et*, qui sont ci-dessus, et on ajoute ceci : *et dont la minute fait suite à celle d'un acte* (ou : *d'un contrat*) *de.., reçu par le même notaire le.., dûment enregistré, il appert que* :

122   Et après avoir rapporté littéralement l'enregistrement, on le termine ainsi :

123   *Extrait par M° N.., notaire à.., soussigné, de la minute* [59] *dudit acte de.., demeurée en sa possession* (quand l'acte a été reçu par un prédécesseur, on ajoute ceci : *comme successeur immédiat* (ou : *médiat*) *et dépositaire des minutes dudit M°.., ancien notaire.*

124   Quand, dans la minute, il y a ces mots, *à l'effet des présentes*, on les remplace dans l'extrait par, *à l'effet de l'acte présentement extrait.*

125   Les mots, *ci-annexé*, sont remplacés par, *annexé à la minute de l'acte présentement extrait.*

126   Les mots *présent mois* (ou : *mois dernier*) sont remplacés par l'indication du mois et de l'année.

127   Les mots, *pour l'exécution des présentes*, sont remplacés par, *pour l'exécution de l'acte présentement extrait.*

128   Si l'acte dont on délivre extrait a été reçu à la suite d'un autre et par un autre notaire que celui qui a reçu le premier acte, et auquel cependant la minute est demeurée, on commence l'extrait de la manière suivante :

129   *Suivant quittance* (ou : *décharge*) *passée devant M° N.., notaire à.., soussigné, en présence de témoins, le.., et dont la minute fait suite à celle d'un contrat de.. reçu par M° N.., notaire à.., le.., dûment enregistré, et auquel M° O.. lesdites minutes sont demeurées.— Il appert que..*

130   Et, après avoir rapporté l'enregistrement, l'on termine cet extrait ainsi qu'il suit :

131   *Extrait par M° N.., notaire à.., soussigné, de la minute de ladite quittance* (ou : *décharge*) *étant, comme dit est, en la possession dudit M° O.., et par lui représentée à cet effet.*
        V. au surplus sup. p. 408 et suiv. les formules d'*extraits analytiques.*

132   II. *Extraits* [64] *littéraux.* — V. sup. les notes A et C au bas de la p. 408.

133   Les extraits littéraux commencent ainsi :

134   *D'un contrat* (A) *passé en minute* [59] *et présence de témoins* [14] *devant M° N.., notaire à.., le.., contenant vente par un tel à un tel.*

(A) Si on consultait les art. 1101 et 1102 du C. civ. (V. note 106) on devrait dire que tous les actes où il y a une obligation quelconque sont des contrats, même quand il n'y a point de réciprocité. Cependant, il en est autrement dans la pratique, en ce sens qu'on n'appelle *contrats* que les actes qui, de leur nature, sont synallagmatiques ou bilatéraux : ainsi, tous les contrats sont des actes, mais tous les actes ne sont pas des contrats. Le mot *acte* est donc le genre et *contrat* l'espèce.

135   *Il a été extrait littéralement ce qui suit :*

136   Ou bien : *D'un acte passé en minute* [59] *et présence de témoins* [14] *devant Me N.., notaire à.., le.., contenant donation* [81] *en la forme de partage anticipé par M.., en faveur de tous ses enfants.*

137   *Il a été extrait littéralement ce qui suit :*

138   Puis, après avoir rapporté l'enregistrement, on termine ainsi :

139   *Extrait par ledit Me N.. de la minute dudit contrat de vente demeurée en sa possession.*

140   Ou bien : *Extrait par Me O.., notaire à.., soussigné* [15], *de la minute dudit acte de partage anticipé, étant en sa possession comme successeur immédiat* (ou : *médiat*) *et dépositaire des minutes dudit Me N..., ancien notaire.*
     V. au surplus p. 412, alin. 1 à 20 les formules d'extraits littéraux.

141   III. *Extraits* [64] *collationnés* (*id.*). — V. sup. *Extrait collationné* et *collation de pièces.*

142   § 3. *Répertoires* [17].

143   En tête du répertoire original, on met :

144   *Répertoire des actes reçus par Me N.., notaire à.., contenant ... feuillets cotés et paraphés pour premier et dernier par nous, président du tribunal civil de première instance de.. — En notre hôtel à ., le.. mil huit cent..*

145   En tête du double du répertoire qui doit être déposé au greffe du tribunal civil, on met :

146   *Double du répertoire des actes reçus par Me N.., notaire à.. pendant l'année mil huit cent..*

147   Et, à la fin de ce double, on met :

148   *Pour copie certifiée conforme au répertoire original par moi, notaire à.., soussigné. A.., ce.. mil huit cent..* SIGNATURE.

SUBROGATION.

1   V. les formules : — de *mention de subrogation*, sup. p. 487, alin. 8 ; — d'*obligation*, p. 497, alin. 52 ; de *quittance avec subrogation*, p. 565, alin. 162 ; — et de *transport.*

SUBROGÉE-TUTELLE [163].

1   L'an mil huit cent.., le.., heure de..

2   Devant nous (*Nom et prénoms*), juge de paix [94] du canton de.., assisté de.., notre greffier.

3   S'est présentée la dame Elisabeth MAGNE, veuve du s^r Eugène MICHEL, horloger, elle demeurant à..

4   Laquelle nous a dit : que de son mariage avec ledit feu s^r MICHEL est issu un enfant nommé Jules MICHEL. — Que sondit mari est décédé [63] à.., le.., laissant sa succession à sondit fils mineur. — Que ledit mineur est dépourvu de subrogé-tuteur et qu'il convient de lui en nommer un. — Qu'en conséquence elle avait convoqué par-devant nous à ces jour et heure les plus proches parents du mineur à l'effet de lui nommer un subrogé-tuteur.

5   Et à l'instant sont comparus.. — V. sup. *la formule d'*AVIS DE PARENTS, p. 131, alin. 7 à 15.

6   Lesquels, après avoir affirmé être les plus proches parents du mineur MICHEL domiciliés dans la distance de deux myriamètres [91] ont été déclarés par nous composer sous notre présidence le conseil de famille dudit mineur.

7   Et de suite, ledit conseil de famille, délibérant sur le motif de sa convocation, a, à l'unanimité (*ou* : à la majorité de ... voix contre...) *et concurremment avec nous fait choix du* s^r N.., parent dans la ligne paternelle, pour remplir les fonctions de subrogé-tuteur dudit mineur Jules MICHEL.

8   Ledit s^r N....., à ce présent, ayant accepté les fonctions à lui déférées par le conseil de famille, a immédiatement prêté le serment de les remplir avec fidélité et de les exercer en son âme et conscience.

9   De tout ce que dessus il a été dressé le présent procès-verbal à.., en notre demeure, les jour, mois et an susdits ; et tous les comparants ont signé [15] avec nous et le greffier, après lecture.   SIGNATURES.

10   V. Enregistrement, notes 56, 18 et 19.

SUBSTITUTIONS :

I. Directe ou vulgaire, par acte entre-vifs.
II. Fidéicommissaire, c.-à-d. à charge de conserver et de rendre; par acte entre-vifs.
III. Substitution fiduciaire, c.-à-d. à charge de rendre seulement; par acte entre-vifs.
IV. De pouvoirs :
   1° Générale, quand la procuration contient le pouvoir de substituer.

2° Générale, quand la procuration ne contient pas le pouvoir de substituer ;
3° Partielle, quand la procuration contient le pouvoir de substituer ;
4° Partielle, quand la procuration ne contient pas le pouvoir de substituer.
V. D'un notaire par un autre.

I. SUBSTITUTION [73] DIRECTE OU VULGAIRE (A), PAR ACTE ENTRE-VIFS [81]. — *C. civ.* 898.

2 Par-devant Mᵉ Olivier [4] Couin (*id.*), notaire [2] à Buis [4], département de.., soussigné [15].

3 Est comparu M. Gaspard [3] Ravisy (*id.*), colonel en retraite (*id.*), demeurant à Buis (*id.*).

4 Lequel a, par ces présentes, fait donation [81] entre-vifs et irrévocable par avancement d'hoirie sur sa future succession (*ou :* par préciput et hors part, — *ou bien :* avec dispense de rapport).

5 A Dlle Léonie [3] Ravisy (*id.*), sa sœur [144], fille majeure [79], demeurant (*id.*) à.., à ce présente et acceptant [10], sous la condition [73] qu'elle se mariera avant la mort [63] du donateur.

6 Et à Dlle Marie Ravisy, son autre sœur, mineure émancipée [82] d'âge par son conseil de famille [163] suivant délibération reçue par le juge de paix [94] de.., le.., dûment enregistrée [42], à ce présente et acceptant [10] avec l'assistance de M.., son curateur [66], nommé à cette fonction suivant la susdite délibération ; mais seulement pour le cas où sa sœur Léonie sus-nommée ne recueillerait point le don à défaut par elle de se marier avant la mort du donateur.

7 D'une ferme [7], appelée le Val des Robes, située [144] sur le territoire de la commune de Buis, consistant en bâtiments d'habitation et d'exploitation, cinquante hectares [91] de terres labourables, cinq hectares de pré et un hectare de vigne, le tout plus amplement désigné au bail [105] que le donateur a fait de ladite ferme pour neuf années qui ont commencé le.., au s.., suivant contrat passé devant Mᵉ.., notaire à... le.., dûment enregistré [42].

8 Ainsi que ladite ferme s'étend et comporte [141] sans aucune exception ni réserve, les donataires déclarant la bien connaître et n'en pas désirer une plus ample désignation.

9 Propriété [22]. Cette ferme appartient au donateur pour en avoir fait l'acquisition [109] du gouvernement français s'étant mis aux droits de la ci-devant commanderie de Courtenay, suivant procès-verbal d'adjudication dressé au ci-devant district de.., le.. — Cette adjudication a eu lieu moyennant huit mille francs dont il s'est libéré entre les mains des administrateurs et receveur établis près le susdit district les.. — *V. sup. établissement de propriété, p.* 403.

10 Charges [58] et conditions [153]. La présente donation est faite sous les charges et conditions suivantes :

11 1° Celle des donataires qui recueillera l'effet de la présente donation pourra faire et disposer de la ferme dont il s'agit comme de chose à elle appartenant en toute propriété [22] et jouissance à compter de ce jour et avoir droit aux loyers [105] à échoir à partir du.. En conséquence si Mlle Marie Ravisy en obtient le bénéfice faute par sa sœur Léonie de s'être mariée dans le délai ci-dessus fixé, celle-ci sera tenue de lui remettre les revenus [50] qu'elle aura perçus, la donation devant avoir, audit cas, un effet rétroactif [222] au jour de la présente donation.

12 2° La donataire entretiendra pour le temps qui en reste à expirer, le bail [105] sus-énoncé qui a été fait de ladite ferme, sauf à elle à le résilier [105], si elle le juge convenable, mais à ses risques et périls.

13 3° Les servitudes [58] passives apparentes ou occultes dont ladite ferme peut être grevée seront à la charge de la donataire qui s'en défendra et fera valoir celles actives à son profit, le tout s'il y en a et à ses risques et périls.

14 4° Les contributions [58] foncières et autres de toute nature auxquelles les biens composant ladite ferme peuvent être imposés seront à la charge de la donataire à partir du.. ; sauf à elle à faire supporter par le fermier celles desdites contributions qui peuvent être à sa charge.

15 5° Les débours [5] et honoraires (*id.*) auxquels ces présentes donneront lieu seront supportés par celle des parties qui demeurera définitivement donataire, mais ils seront avancés par Mlle Marie Ravisy, sauf son recours [67], s'il y a lieu, contre sa sœur.

16 6° La présente donation est consentie à titre purement gratuit, sans aucune garantie [81] de la part du donateur, pour raison de troubles et évictions relativement à la propriété de ladite ferme, et sans aucun recours [67] contre lui pour raison d'inscriptions [83] dont cette ferme pourrait être grevée, la donataire, soit qu'elle paye les causes desdites inscriptions, soit qu'elle délaisse [157] les biens hypothéqués [30], ne devant avoir aucun droit contre le donateur dans un cas comme dans l'autre.

17 7° Le donateur a présentement remis [54] à Mlle Léonie Ravisy, qui le reconnaît, tous les titres de propriété de ladite ferme, dont décharge [84].

18 8° Les parties déclarent que la ferme dont il s'agit est d'un revenu [50] annuel de.., les fermages du bail courant s'élevant à ladite somme.

19 Dont acte, fait et passé à Buis [12], en l'étude (*id.*), l'an mil huit cent quarante-cinq [13], le neuf juin (*id.*), en présence de MM. (*Noms, prénoms, professions et demeures*), témoins instrumentaires [14] ; et les parties ont signé [15] avec les témoins et le notaire, après lecture [16]. Les deux témoins sus-nommés étaient réellement présents au moment de la lecture par le notaire soussigné et de la signature par les parties. — *V. sup. p.* 459.

20 V. *Répertoire*, note 17. — *Forme des actes*, note 58. — *Enregistrement*, notes 60, 18 et 19.

21 V. *aussi les formules de* DONATION.

(A) La substitution vulgaire se comprend facilement pour les legs et les donations de biens à venir, mais dans une donation entre-vifs ordinaire, outre le cas posé en la formule, elle ne se conçoit qu'en supposant une donation et une acceptation se faisant par deux actes séparés (C. civ. 932). Ainsi ; par exemple, par une déclaration passée devant un notaire de Paris : « *Je donne* ma maison à mon frère *Pierre* se trouvant actuellement à Lyon, pourvu qu'il en fasse l'acceptation avant un mois ; et, dans le cas où la maison n'aurait pas été acceptée par lui dans ce délai, je la donne à *Paul*, mon second frère. » On comprend sans peine la substitution vulgaire, dans ce dernier cas où il s'agit d'une acceptation incertaine ; mais il est clair qu'elle serait impossible, si les parties intervenaient dans un seul et même acte, puisque alors l'acceptation ou le refus du premier appelé se connaîtrait immédiatement (Marcadé sur l'art. 918 du C. civ.).

22 II. SUBSTITUTION FIDÉICOMMISSAIRE [73] c.-a-d. a charge de conserver et de rendre; par acte entre-vifs [81].

23 Par-devant Me Couin [1], notaire [2] à Buis [1], soussigné [15].

24 Est comparu M. Nestor [3] Lepautre (*id.*), mécanicien (*id.*), demeurant (*id.*) à Buis.

25 Lequel a, par ces présentes, fait donation [81] entre-vifs et irrévocable,

26 A mad. Mélanie [3] Picard (*id.*), épouse du sr Constant Linard, épicier, avec lequel elle demeure à Buis, ladite dame à ce présente et acceptant [10] sous l'assistance et autorisation [68] de sondit mari.

27 De [7] dix actions nominatives [28] de chacune mille francs sur le chemin de fer de Paris à Versailles, rive droite, inscrites au nom du donateur sous les nos 1001 à 1010, avec jouissance du...; lesd. actions enregistrées (A) à ., le.., etc.

28 Pour en jouir, faire et disposer par la donataire, comme de chose lui appartenant, sous la charge de restitution dont il va être parlé, et pour avoir droit aux intérêts [49] que lesdites actions produisent à partir du..., premier sémestre à toucher par la donataire devant échoir le..

29 Cette donation est faite à la charge par la donataire qui s'y oblige de conserver et rendre lesdites actions après son décès, à ses enfants nés et à naître au premier degré seulement (*ou* : jusqu'au deuxième degré), lesquels enfants le donateur substitue à la donatrice pour recueillir lesdits biens après le décès [63] de cette dernière , s'ils lui survivent; car si lesdits enfants prédécèdent leur mère, celle-ci sera réputée avoir toujours été libre propriétaire desdites actions, lesquelles alors lui seront propres et n'entreront point dans la communauté [166] existante entre la donataire et son mari.

30 Le donateur réserve expressément à son profit le droit de retour [190] sur lesdites actions, dans le cas où il survivrait soit à la donataire et à sa postérité, soit à la donataire seule si elle ne laisse point d'enfants.

31 Pour faire opérer le transfert [197] desdites actions au nom de la donataire avec mention qu'elle est chargée de les conserver et rendre à ses enfants nés et à naître, le notaire soussigné est autorisé à délivrer le certificat [225] de propriété nécessaire. Au surplus, tous pouvoirs [80] sont donnés, en tant que de besoin, au porteur d'une expédition [64] ou extrait (*id.*) des présentes à l'effet de consentir et signer le transfert desdites actions au profit de la donataire, avec mention qu'elle est chargée de les conserver et rendre après elle à ses enfants nés et à naître.

32 Par ces mêmes présentes, M. Lepautre, donateur, nomme pour tuteur [73] à l'exécution de la présente donation à charge de restitution d'abord M. César Bréant, jurisconsulte, demeurant à.., et, après lui ou en cas de non-acceptation de cette qualité, M. Paul Mocquart, avoué à..

33 La donataire et son mari reconnaissent que M. Lepautre leur a présentement remis [54] les titres des actions présentement données. — Dont décharge [84].

34 Les frais [5] des présentes seront à la charge de la donataire.

35 Dont acte, fait et passé.. — V. sup. alin. 19, 20 et 21.

---

36 SUBSTITUTION FIDUCIAIRE [73] , c.-a-d. a charge de rendre seulement ; par acte entre-vifs.

37 *V. sup. la formule de* donation a un fiduciaire, *p.* 392.

---

38 IV. — 1° SUBSTITUTION [80] générale de pouvoirs , quand la procuration contient le pouvoir de substituer. — C. civ. 1994.

39 Par-devant Me Hector [1] Brousset (*id.*), notaire [2] à Canteloup [1], département de.., soussigné [15].

40 Est comparu M. Alcibiade [3] Suby (*id.*), homme de loi (*id.*), demeurant (*id.*) à..

41 Lequel, en vertu du pouvoir de substituer sans désignation de personne (*ou* : de substituer M. Merlot, ci-après nommé), contenu en la procuration à lui donnée par M. Michel Subtil, négociant demeurant à.., suivant acte passé devant Me.., notaire à.., le.., et dont le brevet [59] original dûment enregistré [42] et légalisé [125], est demeuré annexé [35] à ces présentes après avoir été certifié véritable [35] et signé par le comparant en présence du notaire et des témoins soussignés.

42 A, par ces présentes, substitué [80] en son lieu et place M. Jean Merlot, régisseur, demeurant à..

43 A qui il a transmis tous les pouvoirs à lui conférés par cette procuration sans aucune exception; pour, par

---

(A) Depuis qu'il est constant qu'un notaire ne peut faire un acte en conséquence d'un effet de commerce sans que cet effet ait été soumis à l'enregistrement (V. note 18 n. 75 et note 42 n. 50 et 61), nous regardons comme obligatoire l'enregistrement des actions de commerce , lesquelles sont aussi des effets de commerce assujétis d'ailleurs au timbre [61 n. 10] de dimension.

ledit s^r Merlot, en faire usage de la même manière que le comparant en avait le droit. (*Lorsque le pouvoir de substituer a été donné sans désignation de personne, il est utile* (A) *d'ajouter ici* : se réservant néanmoins, le comparant, de révoquer la présente substitution en tout ou en partie quand et comme bon lui semblera).

44 Dont acte, fait et passé à Canteloup [12], en l'étude (*id.*), l'an mil huit cent quarante-cinq [12], le dix juin (*id.*), en présence de MM. (*Noms, prénoms, professions et demeures*), témoins instrumentaires [14] ; et le comparant a signé [15] avec les témoins et le notaire, après lecture [16]. — *Si la substitution autorisait à faire quelques uns des actes solennels dont est parlé sup. p.* 608, *alin.* 10, *il faudrait ajouter ici* : les deux témoins sus-nommés étaient réellement présents au moment de la lecture par le notaire soussigné et de la signature par les parties.

45 V. *Répertoire*, note 17. — *Forme des actes*, note 38. — *Enregistrement*, notes 56, 18 et 19.

46 *V. aussi les formules de* PROCURATION *et de* RÉVOCATION DE PROCURATION *ainsi que les notes au bas des pages.*

---

47 IV. — 2° SUBSTITUTION [80] GÉNÉRALE DE POUVOIRS , QUAND LA PROCURATION NE CONTIENT PAS LE POUVOIR DE SUBSTITUER. — *C. civ.* 1994.

48 Par-devant Me Brousset (*id.*), notaire [2] à Canteloup [1], soussigné [15].
49 Est comparu M. Alcibiade Suby [3], homme de loi (*id.*), demeurant (*id.*) à..
50 Mandataire sans pouvoir de substituer (*V. inf. la note* A *au bas de la p.* 632) de M. Michel Subtil, négociant, demeurant (*id.*) à.., suivant la procuration [80] qu'il lui a donnée par acte passé en minute [59] et présence de témoins [14] devant M^e.., notaire à.., le.., dûment enregistré [42]. — *V. sup. alin.* 44.
51 Lequel, en cette qualité, a, par ces présentes, fait et constitué pour son mandataire (B) spécial M..
52 A qui il transmet tous les pouvoirs conférés au comparant par la procuration sus-énoncée, se réservant, ledit comparant, de révoquer (A) lesdits pouvoirs quand bon lui semblera.
54 Dont acte, fait et passé à.. — *V. sup. alin.* 44, 45 *et* 46.

---

55 IV. — 3° SUBSTITUTION [80] PARTIELLE DE POUVOIRS, QUAND LA PROCURATION CONTIENT POUVOIR DE SUBSTITUER.

56 Par-devant Me Brousset [1], notaire [2] à Canteloup (*id.*), soussigné [15].
57 Est comparu M. Alcibiade [3] Suby (*id.*), homme de loi (*id.*), demeurant (*id.*) à..
58 Lequel, en vertu de la faculté de substituer M. Merlot, ci-après nommé (*ou* : sans désignation de personne), dans tout ou partie des pouvoirs que M. Michel Subtil, négociant, demeurant à.., lui a conférés par acte passé en minute [59] et présence de témoins [14] devant M^e.., notaire à.., le.., dûment enregistré [42], et dont une expédition [64] (*ou* : un extrait) est demeurée ci-annexée (*V. inf. la note* A *p.* 632) après avoir été du comparant certifiée véritable [55] en présence du notaire et des témoins soussignés
59 A, par ces présentes, substitué en son lieu et place M. Jean Merlot, régisseur, demeurant à..
60 Dans les pouvoirs à lui conférés par cette procuration ; mais seulement à l'effet de.. (*transcrire ici les pouvoirs dont le mandataire substitué doit faire usage*). — *V. sup. alin.* 43 *in fine.*
61 Dont acte, fait et passé.. — V. sup. alin. 44, 45 et 46.

---

62 IV. — 4° SUBSTITUTION [80] PARTIELLE DE POUVOIRS , QUAND LA PROCURATION NE CONTIENT PAS POUVOIR DE SUBSTITUER.

63 Par-devant Me Brousset [1], notaire [2] à Canteloup [1], soussigné [15].
64 Est comparu M. Alcibiade Suby [3], homme de loi (*id.*), demeurant (*id.*) à..
65 Mandataire sans pouvoir de substituer de M. Michel Subtil, négociant demeurant à.., suivant la procuration

---

(A) Cette faculté de révoquer réservée par la substitution fera comprendre que le rôle du substituant n'est pas terminé. — *V. sup. p.* 537 note A.

(B) Le mandataire qui n'a pas pouvoir de substituer peut se donner néanmoins un fondé de pouvoir , qui représente alors le mandataire primitif lequel à son tour représentait le mandant. Cela ne change en rien la position des parties, car le mandataire est responsable de celui qu'il a mis en son lieu et place et est censé avoir agi lui-même par application de la règle, *qui mandat, ipse fecisse videtur.* — V. note 80 n. 98 et suiv.

qu'il lui a donnée par acte passé en minute [59] et présence de témoins [14] devant M^e.., notaire à.., le.., dûment enregistré [42] (A).

⁶⁶ Lequel, en cette qualité, a, par ces présentes, fait et constitué pour son mandataire spécial M..

⁶⁷ A qui il transmet les pouvoirs à lui conférés par ladite procuration, mais seulement à l'effet de.. (*Transcrire ici les pouvoirs*).

⁶⁸ Dont acte, fait et passé à.. — *V.* sup. alin. 44, 45 et 46.

---

⁶⁹ ### V. SUBSTITUTION D'UN NOTAIRE PAR UN AUTRE.

⁷⁰ *V. sup.* page 623, alin. 21 à 24 ; et notes 59 et 64.

---

¹ SUCCESSION OU MUTATION PAR DÉCÈS (*droits de*). — *V. le tableau de la note* 60, *p.* 564 ; *et la note* 192.

² SUCCESSION [DÉCLARATION DE]. — *V. sup.* DÉCLARATION DE SUCCESSION.

³ Nous avons supposé *sup.* p. 533 que des enfants déclaraient la succession de leur père, la mère étant prédécédée et sa succession liquidée avant le décès de son mari. Si nous avions, au contraire, supposé que la mère avait survécu au père, la déclaration aurait été autrement conçue : il aurait fallu alors faire une sorte de liquidation de la communauté avant de passer à la déclaration de la succession du père ; et cette opération aurait pu être établie ainsi qu'il suit :

⁴ ACTIF. — 1° *Mobilier de la communauté.* Prisée du mobilier compris en l'inventaire dressé par M^e.., notaire à.., le... 1500 »

⁵ 2° *Dettes actives.* Sommes dues par *tel* et *tel.* . . . . 500 »

⁶ 3° *Récompense.* La veuve doit récompense à la communauté de six cents francs pour la plus-value résultant de l'augmentation faite à une maison à elle propre, ci. . . 600 »

⁷ 4° *Immeubles de la communauté.* Une maison sise à.., d'un revenu [50] annuel de 200 fr., ci. . . . . 200 »

⁸ 5° Une pièce de pré, de la contenance de un hectare [91], sise [141] sur le territoire de la commune de.., lieu dit.., d'un revenu [50] annuel de cent francs, ci. . . . . 100 »

⁹ Total du revenu. . . 300 »
¹⁰ Au capital calculé sur 20 années de revenu de six mille francs, ci. . . . . . . 6000 »

¹¹ Total de l'actif. . . . . . . 8600 »
¹² PRÉLÈVEMENTS [200]. La veuve prélève 2400 fr. pour son apport mobilier en mariage, déduction faite de sa mise en communauté, plus 200 fr. pour son préciput [166] comme survivante, ci. . . . . 2600 » }
¹³ La succession du mari prélève aussi pour son apport mobilier en mariage, déduction faite également de sa mise en communauté, ci. . . . . 2000 » } 4600 »

¹⁴ NOTA. Il n'y a jamais lieu à déduire d'autres dettes de la communauté. — *V. cependant note* 192.

¹⁵ Il reste en actif. . . . . 4000 »
¹⁶ Dont la moitié pour la veuve et l'autre moitié pour la succession est de. . . . . 2000 »
¹⁷ *Droits des parties.*
¹⁸ *La veuve.* Ses reprises s'exerçant d'abord sur le mobilier (C. civ. 1471) absorbent les trois premiers articles de l'actif, ci. . . . . 2600 »
¹⁹ De plus, elle a droit aux immeubles à cause de son bénéfice de communauté pour. . . . . 2000 »
²⁰ *Les héritiers du mari.* A cause des reprises de leur père montant à 2000 fr. et de son bénéfice de communauté montant à pareille somme, ils ont droit au surplus des immeubles, ci. . . . 4000 »
²¹ Égalité. : . . . . 8600 »

(A) Quand la procuration contient pouvoir de substituer et que le mandataire use de cette faculté, cette procuration doit être annexée en original, expédition ou extrait à la substitution, si elle n'est point déjà dans l'étude du notaire qui reçoit la substitution, parce qu'alors le mandataire agit en vertu de la procuration. — V. note 35.

Mais quand la procuration ne contient pas pouvoir de substituer, il n'est pas besoin de l'annexer, parce que le mandataire ne tient point de la stipulation mais de la loi elle-même (C. civ. 1994) le pouvoir de substituer ; il ne transmet pas le pouvoir en vertu de la procuration puisqu'elle est muette sur ce point. Et ce qui vient à l'appui de notre assertion, c'est que la substitution ne serait pas moins bonne faute d'y avoir énoncé la procuration, sauf à montrer cette procuration au moment de faire usage de la substitution.

28 NOTA. Les 4000 fr. de valeurs immobilières revenant au père seraient, dans l'hypothèse que nous supposons, à ajouter aux valeurs comprises en la formule de déclaration étant *sup.* p. 554 en commençant l'alin. 6 de cette formule par ce qui précède alin. 4 et suiv.

SURENCHÉRE (RENONCIATION A). — *V. sup. renonciation à surenchère*

---

1   SUSCRIPTION [152] DE TESTAMENT MYSTIQUE OU SECRET (ACTE DE). — *C. civ.* 976 *et suiv.*

2   I. LORSQUE LE TESTATEUR A ÉCRIT LUI-MÊME ET SIGNÉ SON TESTAMENT, ET QU'IL LE PRÉSENTE CLOS ET SCELLÉ.

3   Par-devant Me Léon [1] HALEVY (*id.*), notaire [2] à Bray [1], département de.., soussigné [15], et en présence des témoins [14] ci-après nommés et aussi soussignés [15].

4   Est comparue mad. Lucile [3] BERAUT (*id.*), veuve du sr Arthur BONNEFOI, en son vivant négociant à Bray, où elle demeure (*id.*).

5   Laquelle a présenté aux notaire et témoins soussignés le présent papier clos (A) avec un ruban noir et scellé (B) en deux endroits avec de la cire noire et un cachet ayant pour empreinte L. B. ; et a déclaré que ce papier contenait son testament écrit et signé de sa main.

6   En conséquence, le notaire a dressé et écrit sur le même (C) papier le présent acte de suscription que la testatrice a signé [15] avec les témoins ci-après nommés et le notaire, après lecture [16] faite par ce dernier à la testatrice en présence des témoins.

7   Le tout fait et passé de suite et sans divertir (D) à d'autres actes à Bray [12], en l'étude (*id.*), l'an mil huit cent-quarante-cinq [13], le dix juin (*id.*), en présence de MM. (*Noms, prénoms, professions et demeures des six témoins*), témoins instrumentaires [14] soussignés [15] ; et la testatrice a signé [15] avec les témoins et le notaire après lecture [16].

8   II. LORSQUE LE TESTATEUR A SEULEMENT SIGNÉ [15] SON TESTAMENT SANS L'AVOIR ÉCRIT LUI-MÊME, ET QU'IL LE PRÉSENTE SANS L'AVOIR NI CLOS NI SCELLÉ.

9   Par-devant Me... — *V. sup. alin.* 3. — Est comparue mad.. — *V. sup. alin.* 4.

10   Laquelle, en présence du notaire et des témoins soussignés, a clos (*ou :* fait clore) avec un fil rouge, et a scellé (*ou :* fait sceller) en deux endroits, avec de la cire rouge et un cachet portant pour empreinte L. H., et leur a ensuite présenté ainsi clos et scellé, le présent papier que la testatrice a déclaré contenir son testament signé d'elle et écrit de la main d'un autre (*ou :* de *telle* personne).

11   En conséquence, le notaire soussigné a dressé et écrit. — *V. sup. alin.* 6 *et* 7.

12   III. LORSQUE LE TESTATEUR SAIT ÉCRIRE, MAIS NE PEUT PAS SIGNER [15] A CAUSE D'UNE BLESSURE OU D'UNE INFIRMITÉ, ET QU'IL PRÉSENTE SON TESTAMENT SOUS ENVELOPPE.

13   Par-devant Me.. — *V. sup. alin.* 3. — Est comparue mad.. — *V. sup. alin.* 4.

14   Laquelle a présenté aux notaire et témoins soussignés le présent paquet clos en forme de lettre sous enveloppe, et scellé en deux endroits avec de la cire rouge et un cachet ayant pour empreinte L. H. ; et a déclaré que ce paquet contient son testament écrit de la main d'une autre personne, mais qu'elle n'a pu le signer à cause d'une blessure qu'elle s'est faite (*ou :* d'une paralysie) à la main droite.

15   En conséquence, le notaire soussigné a dressé et écrit sur le même papier le présent acte de suscription qu'il a signé [15] avec les sept témoins ci-après nommés, après lecture [16] faite par le notaire, en présence des témoins, à la testatrice, qui, sur la réquisition à elle faite de signer, a déclaré ne le pouvoir à cause de la blessure (*ou :* de l'infirmité) dont est ci-dessus parlé. C'est pourquoi il a été appelé un septième témoin conformément à la loi.

(A) Pour clore de manière à ne point embarrasser le côté sur lequel doit être écrit l'acte de suscription, le ruban doit être placé sur le verso, c.-à-d. sur la face opposée à celle sur laquelle on écrit l'acte, de manière que les deux bouts de ce ruban viennent se fixer en le haut et en le bas de la page où le notaire doit écrire. Il faut aussi que le testateur ait eu soin de ne plier le papier qu'en deux en prenant sur la moitié un petit excédant pour recevoir l'autre moitié et apposer sur les deux un cachet.

(B) Le scel et la clôture ne sont point considérés comme n'existant pas par cela qu'il serait possible de lire tout ou partie du contenu du testament à travers les espaces qui ne seraient pas clos. Ces deux formalités ne sont pas tant exigées pour le secret que pour empêcher le déplacement ou l'altération du testament ou la substitution d'un testament à un autre (C. civ. 976. — V. note 152).

(C) En rédigeant cet acte de suscription par suite de la réquisition qui lui en est faite, le notaire n'est pas responsable de la contravention qu'il commet si le papier sur lequel il écrit n'est point timbré (Déc. Min. Fin. 3 nov. 1807). La contravention n'en subsiste pas moins, seulement elle est à la charge des héritiers du testateur (L. 28 av. 1816, art. 76).

(D) Cette défense de *divertir à d'autres actes* a pour objet d'ôter toute possibilité de substituer un testament à un autre, ou d'altérer le véritable testament. Ainsi, le notaire ne doit point, quoiqu'il arrive, suspendre son opération. Si pendant qu'il opère, un client demande à lui parler, il ne doit point l'entendre, et encore moins recevoir pour lui un acte.

16 Le tout, fait et passé de suite et sans divertir à d'autres actes, à Bray [12] en l'étude (*id.*) l'an.., le.., en présence de MM. (*Noms, prénoms, professions et demeures des sept témoins*), témoins instrumentaires [14] soussignés [15] ; et la testatrice a réitéré sa déclaration de savoir signer mais de ne le pouvoir pour la cause sus-exprimée, de ce interpellée par le notaire qui a signé avec les témoins, après lecture [16].

17 **IV. Lorsque le testateur ne sait pas écrire mais sait lire, et qu'il a présenté son testament clos et scellé. — C. civ. 978.**

18 Par-devant Me.. — *V. sup. alin. 3.* — Est comparue mad... — *V. sup. alin. 4.*

19 Laquelle a présenté aux notaire et témoins soussignés le présent papier clos avec un ruban blanc et scellé en deux endroits avec de la cire rouge et un cachet ayant pour empreinte L. B. ; et a déclaré que ce papier contenait son testament écrit de la main d'une personne de confiance, mais qu'elle ne l'a pas revêtu de sa signature, attendu qu'elle ne sait pas signer [15].

20 En conséquence, le notaire soussigné a dressé et écrit sur le même papier le présent acte de suscription qu'il a signé avec les sept témoins ci-après nommés, après lecture [16] faite, en présence des témoins, à la testatrice qui, sur la réquisition à elle faite de signer, a déclaré ne le pouvoir ne sachant pas signer. C'est pourquoi il a été appelé un septième témoin conformément à la loi.

21 Le tout, fait et passé de suite et sans divertir à d'autres actes, à.., en... l'an.., le.., en présence de MM. (*Noms, prénoms, professions et demeures des sept témoins*), témoins instrumentaires [14] soussignés [15] ; et la testatrice a réitéré sa déclaration de ne savoir ni écrire ni signer de ce interpellée par le notaire qui a signé avec les témoins, après lecture [16].

22 **V. Lorsque le testateur ne peut parler, qu'il a écrit, daté et signé lui-même son testament, et qu'il le présente clos et scellé. — C. civ. 979.**

23 Ce papier que je présente aux notaire et témoins ci-après nommés contient mon testament entièrement écrit, daté [13] et signé [15] de ma main.

24 (*Écriture et signature du testateur.*)

25 Par-devant Me.. — *V. sup. alin. 3.* — Est comparue mad... — *V. sup. alin. 4.*

26 Laquelle a présenté aux notaire et témoins soussignés le présent papier clos avec un ruban jaune et scellé en deux endroits avec de la cire blanche et un cachet ayant pour empreinte L. B. ; ledit papier contenant, d'après la déclaration qui précède, écrite et signée par elle, en présence du notaire et des témoins soussignés, son testament entièrement écrit, daté [13] et signé [15] de sa main.

27 En conséquence de cette déclaration écrite et de la remise dudit papier, le notaire soussigné a dressé et écrit sur le même papier le présent acte de suscription, que la testatrice a signé [15] après en avoir pris lecture [16], en présence des notaire et témoins soussignés, et que les six témoins ont également signé avec le notaire, après que celui-ci en a eu fait lecture en leur présence.

28 Le tout, fait et passé de suite et sans divertir à d'autres actes à Bray [12], en la demeure [13] de la testatrice dans une chambre à deux croisées donnant, l'une sur la rue de Sacy et l'autre sur le jardin, l'an mil huit cent quarante-cinq [13], le dix juin (*id.*), à huit heures du soir (*id.*), en présence de MM. (*Noms, prénoms, professions et demeures des six témoins*), témoins instrumentaires [14] soussignés [15] ; et la testatrice a signé [15] avec les témoins et le notaire, après lecture [16] prise par elle et faite aux témoins.

29 V. *Répertoire*, note 17. — *Forme des actes*, note 38. — *Enregistrement*, notes 99, 18 et 19.

TABLE ALPHABÉTIQUE DU RÉPERTOIRE — *V. note* 17, p. 89.

TABLE ALPHABÉTIQUE (A) DU REGISTRE D'ÉTUDE. — *V. sup.* p. 579.

2 Carnot, Michel, marchand de bois à Bessy. — Vente par Leroux, 3 mars 1845, f° 19, n. 101.

(A) On ne relève que les noms de ceux qui sont encore débiteurs de frais d'actes lorsqu'on compose la table alphabétique. Il ne serait utile de relever les noms de ceux qui ont payé, qu'autant que le notaire voudrait tenir cette table pour qu'elle lui servit aussi de table alphabétique de répertoire.

On pourrait indiquer seulement le numéro du registre. Mais ce mode a deux inconvénients : le premier est que, quand un individu a fait un assez grand nombre d'actes, il arrive assez fréquemment qu'il faut tenir tous les numéros les uns après les autres jusqu'à ce que l'on ait trouvé celui de l'acte que l'on cherchait. Le second est que, quand il y a erreur dans l'indication du numéro, il n'est pas facile de le retrouver, tandis qu'en indiquant la date de l'acte et le folio on le retrouve toujours, car il n'est pas à présumer qu'on se serait trompé aussi sur la date et le folio.

Inutile de faire observer que les trois noms ci-après ne seraient pas relevés ainsi les uns après les autres sur la table, et que chacun devrait être porté à sa lettre initiale sur cette table.

3 Jordan, Joseph, laboureur à Chemilly. — Bail par M. de Billy, 10 mars 1845, f⁰ 19, n. 103.
4 Poulain, Félix, maître de forges à Cussy.—Société avec Marlot, 19 mars 1845, f⁰ 19, n. 105.

TABLEAUX :

1° Des actes en brevet [59] ou en minute (id.). — V. note 59, p. 552 et 553.
2° De concordance des années républicaine et grégorienne [91]. — V. sup. p. 202 et suiv.
3° De distribution [202] du prix d'une vente — V. sup. p. 509.
4° Des droits d'enregistrement des donations [81] entre-vifs. — V. note 60, p. 564.
5° De l'emploi des valeurs d'un inventaire [145] comprises en un compte d'administration — V. sup. p. 268.
6° D'intérêts [49] à défaut d'emploi. — V. sup. p. 284 et suiv.
7° Des inscriptions [83] et subrogations [114] existantes sur un immeuble [86].—V. sup. p. 506. —Et de dépouillement d'un état d'inscriptions. — V. sup. p. 406.
8° Des degrés de parenté. — V. note 88, p. 835.
9° Des patentables. — V. note 43, p. 467.
10° Des poids [91] et mesures. — V. sup. p. 527.
11° Des privilèges. — V. note 29, p. 339.
12° De la dépréciation du papier-monnaie [91]. — V. calendrier p. 201 et suiv.
13° De la réduction de la livre en franc. — V. note 91, p. 860, n. 29.
14° De la retenue des intérêts. — V. note 49, p. 492.
15° Du prix des rôles et fractions de rôles d'expédition suivant la classe. — V. note 5, p. 20.
16° Des actes sujets ou exempts du timbre. — V. note 61, p. 582 et suiv.
17° Des frais de voyage suivant chaque classe de notaire. — V. note 5, p. 33.
V. sup. ÉTAT, LIVRE-JOURNAL, REGISTRE et les tableaux ci-après, ainsi que le tableau des mouvements de caisse d'un tuteur, v° TUTEUR.

1 TABLEAU DES INTERDITS [65].

2 Registre ou tableau des interdictions et nominations de conseils judiciaires [74] notifiées aux notaires de l'arrondissement de....

NOMS, PRÉNOMS, qualités et demeures des personnes interdites ou assistées de conseils judiciaires.	SIÈGE du TRIBUNAL.	DATES		OBSERVATIONS. Mainlevées. Ratifications. Changements.
		des jugements ou arrêts.	des notifications à la chambre.	
Nolot Edme, sans profession, demeurant à...., — Interdit.	Avallon,	4 novembre 1844	13 novemb^re 1844	
Boulet Germain, ancien militaire, demeurant à... — Pourvu de Conseil judiciaire.	Idem.	15 avril 1845	24 avril 1845.	

3 Nota. Quand le nombre des interdictions et des nominations de conseils judiciaires est trop grand pour être contenu sur le tableau, le notaire affiche en son étude l'avis suivant :

4 Avis au public.

5 Le nombre des interdictions et nominations de conseils judiciaires étant trop considérable pour que leur inscription puisse être placardée, le public est averti que le tableau en est fait dans un registre qui se trouve dans toutes les études des notaires, et dont il est donné communication à tous ceux qui désirent y prendre des renseignements, conformément à l'art, 18 de la loi du 25 ventôse an XI. —   Signature du notaire.

6 Communication aux notaires de l'arrondissement par le secrétaire de la chambre.

7 Il a été signifié à la chambre, conformément à l'art. 92 du décret du 16 février 1807 sur les frais et dépens en matière judiciaire, savoir :

8 1° Le vingt-quatre avril mil huit cent quarante-cinq, un jugement contradictoire [75] rendu par le tribunal civil de première instance séant à..., le quinze des même mois et an, enregistré, duquel il appert que le s^r Germain Boulet, ancien militaire, demeurant à..., ne pourra désormais plaider, transiger [203], emprunter [203], recevoir [84] un capital mobilier [86] ni en donner décharge [84], aliéner ni grever ses biens d'hypothèques [30], sans l'assistance du s^r..., demeurant à.., que le tribunal lui a nommé pour conseil judiciaire.

9 2° Et le..., un autre jugement [75] rendu par défaut par le même tribunal le..., enregistré, prononçant l'interdiction du s^r..., demeurant à..., et nomination du s^r..., demeurant à..., pour son administrateur provisoire.

10 La présente communication faite par le secrétaire de la chambre à M^e..., notaire à.... en exécution de l'art. précité du décret du 16 février 1807, pour être, lesdites nomination de conseil judiciaire et interdiction, mentionnées au tableau exposé en son étude, conformément à l'art. 18 de la loi du 25 ventôse an XI et à l'art. 501 du code civil.

11   A..., le..., mil huit cent...   Signature du secrétaire.

TABLEAU SYNOPTIQUE CONTENANT L'INDICATION DES VALEURS COMPOSANT LA MASSE ACTIVE DE LA COMMUNAUTÉ DE M. ET MAD. MORET, ET CELLE DE LA SUCCESSION DE M. MORET, ET LEUR RÉPARTITION ENTRE LES COPARTAGEANTS. — V. sup. la liquidation de communauté et succession p. 449.

Articles de la masse active de comm.	de succ.	DÉSIGNATION des ARTICLES.	VALEURS DE COMMUNAUTÉ abandonnées à Mad. Ve Moret.	à la succ. de M. Moret.	VALEURS DE SUCCESSION abandonnées. à Mad. Ve Moret.	à Mad. Bigeard.	au mineur Moret.	Réunion des abandonnements égale à chaque art. de la masse.
1		Deniers comptants. . .	1055 »					1055 »
2		Produit de la vente du mobilier, encaissé . . .	3553 30	5246 69				8800 »
3		Crédit de la vente mobilière sur Mad. v^e Moret	6550 »					6550 »
4		Crédit de ladite vente sur Mad. Bigeard. . . .		3000 »				3000 »
5		Prix de la maison vendue à M. Cornu	23100 »					23100 »
6		Intérêts dudit prix. . .	481 25					481 25
7		Récompense par la succession de M. Moret . .		8800 »				8800 »
8		Intérêts de cette récomp.		523 90				523 90
9		Récomp. par la même succ.		1600 »				1600 »
10		Intérêts de cette récomp.		58 90				58 90
11		Loyers de maisons. . .	11 10					11 10
12		Prix de la vente d'une rente sur l'Etat. . .	2400 »					2400 »
13		Capital de la rente sur Belin	4000 »					4000 »
14		Arrérages de ladite rente.	200 »					200 »
15		Créance sur Bonnet . .	300 »					300 »
16		Rapport de contributions par Mad. v^e Moret'. .	12 25					21 25
17		Rapport de contribut. par la success. de M. Moret		7 08				7 08
18		Créances sur Pourin et Fresse	250 »					250 »
19		Créances sur Vellery, Billaud, Brulé et Marceau.	41921 90	19036 57				en commun. 60958 48
	1	Deniers de la vente mobilière			1980 67	1285 35		5246 69
	2	Crédit de cette vente . .				1980 67		
	3	Prix du magasin vendu à M. Cornu. . . .			5000 »			3000 »
	4	Intérêts dudit prix. . .			4950 »	4950 »		9900 »
	5	Rapport de dot par Mad. Bigeard. . . .	187 50					187 50
	6	Intérêts de ce rapport. .			212 »	5950 67	5857 32	10000 »
					104 02	132 01	152 01	368 05
					303 52	13993 35	14205 35	28702 24

TAXE [5] DES FRAIS D'ACTES (A). — *V. sup.* ÉTAT DE FRAIS, *p.* 405.

TÉMOINS CERTIFICATEURS DE L'INDIVIDUALITÉ [3]. — V. *sup. p.* 7 *en note.*

TÉMOINS INSTRUMENTAIRES [14]. — *V. sup. p.* 7 *en note.*

TESTAMENTS :

I. Notarié ou par acte public,
  1° Reçu par deux notaires en présence de deux témoins, en la demeure du testateur malade et ne pouvant signer.
  2° Reçu par un notaire dans une campagne, en présence de quatre témoins, dont deux ne savent pas signer.
II. Olographe ou sous seing-privé.
III. Mystique ou secret.

IV. Fait dans un lieu avec lequel toute communication est interceptée, à cause de la peste ou autre maladie contagieuse.
V. Militaire.
VI. Fait sur mer ;
  1° A bord d'un vaisseau ou autre bâtiment de l'Etat.
  2° A bord d'un bâtiment de commerce.
VII. Dispositions qu'on peut insérer dans toute espèce de testaments.

I. — 1° TESTAMENT [152] NOTARIÉ (*id.*) OU PAR ACTE PUBLIC, REÇU PAR DEUX NOTAIRES
en présence de deux témoins, en la demeure du testateur malade et ne pouvant signer.

2 Par-devant M° Philippe [1] LEROY (*id.*), et M° Prosper SAVARD, son confrère (*id.*), notaires [2] à Bertry, département.., soussignés [15 et 152]; et en présence des deux témoins [14 et 152] ci-après nommés.

3 Est comparu M. Armand [5] BAST (*id.*), rentier (*id.*), demeurant (*id.*) à..

4 Lequel, étant malade de corps, mais sain d'esprit (B), ainsi qu'il est apparu aux notaires et témoins, a dicté [152] auxdits notaires en présence desdits témoins son testament ainsi qu'il suit :

5 « *Je donne et lègue* [24] *à..* — V. inf. p. 640, alin. 52 et suiv.

6 Ce testament a été ainsi dicté [152] par le testateur aux notaires soussignés, écrit (*id.*) en entier de la main de M° LEROY, l'un d'eux, tel qu'il lui a été dicté, lu (*id.*) ensuite par ledit M°LEROY au testateur, lequel a déclaré le bien comprendre et y persévérer ; le tout en présence dudit M° SAVARD, notaire en second et des deux témoins.

7 Fait et passé à Bertry [12], en la demeure du testateur (*id.*), l'an mil huit cent quarante-cinq [13], le douze juin (*id.*), à huit heures (C) du soir, en présence de MM. (*Noms, prénoms, professions et demeures des deux témoins*), témoins instrumentaires [14 et 152] soussignés [15], appelés par le testateur et ayant les capacités voulues par la loi, ainsi qu'ils l'ont déclaré et affirmé [59, n. 112] après avoir été individuellement interpellés à ce sujet par ledit M° LEROY ; et le testateur a déclaré savoir signer [15] mais ne le pouvoir à cause de son état de faiblesse, de ce interpellé par

(A) Depuis la composition de la note 5 de notre commentaire, il s'est opéré un changement de jurisprudence qui est de nature à faire faire de profondes réflexions à tous les notaires sans en excepter un seul. En effet, tout notaire pensait que quand il avait été payé de ses frais par un règlement amiable, c'était une affaire terminée. Eh bien! c'est une erreur, toute partie peut après avoir payé de cette manière soit en espèces, soit en un billet exprimant la cause, volontairement et sans erreur (5, n. 260), les frais d'un acte et en avoir reçu quittance, soumettre ces frais à la taxe et actionner le notaire en restitution de la somme quand elle excède le montant de la taxe; c'est ce qui résulte d'un arrêt de la C. de Cass. du 1 déc. 1841, portant textuellement « *que les dispositions du décret du 16 fév. 1807 sont d'ordre public, qu'on ne peut légalement y renoncer, et qu'elles ont, sous le rapport de la taxe, modifié les prescriptions de l'art. 51, de la loi du 25 vent. an XI, lesquels autorisaient les compositions amiables avec les parties.* »
Un semblable retour de jurisprudence indique assez bien le but qu'on se propose, c'est, si nous ne trompons pas, de forcer les notaires à se faire taxer avant de se faire payer. Si le but est tel, ils feront bien d'user du moyen de la taxe, surtout pour les actes où une quittance est nécessaire pour le recours d'une partie, car pour les autres actes , les parties qui n'auront pas de quittances à montrer , se trouveront sans action contre le notaire, mais il faut pour cela que les règlements de chambre qui obligent à avoir un registre soient changés en ce point, car, le règlement à la main, on pourrait toujours forcer le notaire à représenter son registre.
Par un autre arrêt du 21 avril 1845, la Cour de cassation a décidé que la demande formée pour frais d'acte par un notaire était de la compétence du tribunal civil et non de la compétence du juge de paix, bien que le montant de la demande rentrât dans le taux du ressort de ce juge (L. 25 vent. an XI, art. 51; C. proc, 60; — V. note 5, n. 20). Ce point admis, il ne peut plus y avoir de difficulté relativement aux frais de taxe dont nous avons parlé *sup.* p 405, note A, lesquels peuvent être considérables en raison de la distance; sous ce rapport il y a économie.
(B) De ce que le notaire a affirmé que le testateur était sain d'esprit, cela ne rend point l'acte inattaquable sur ce point ; la mission du notaire, en effet, n'est point celle d'un médecin, il constate seulement une convention, ce qui est dans le cercle de ses attributions; hors de là, il est sans compétence et son allégation est sans force la preuve du contraire étant admissible.—V. note 81, n. 21.
(C) Dans les procès-verbaux, c'est l'heure du commencement de l'opération que l'on indique, sauf à indiquer aussi à la fin celle de la clôture. - V. *sup.* 156 B. — Si dans les autres actes tels que les testaments, on veut, pour plus de précision, indiquer une heure, c'est celle de la clôture, à moins qu'il ne convienne mieux de dire *de six à huit heures du soir*, par exemple.

Me LeRoy qui a signé avec son confrère et les deux témoins, en présence (A) du testateur, le tout après lecture [16].—
V. sup. p. 608, alin. 10; et inf. p. 659, alin. 37 et la note A.

⁶ V. Répertoire, note 17. — Forme des actes, notes 38 et 152. — Enregistrement, notes 18 et 19.

---

⁹   I. — 2° TESTAMENT [152] NOTARIÉ ou par acte public, reçu par un notaire dans une
campagne (B), en présence de quatre témoins dont deux ne savent pas signer.

¹⁰   Par-devant Me LeRoy [1], notaire [2] à Bertry [1], en présence des quatre témoins [14 et 152] ci-après
nommés (C).

¹¹   Est comparue mad. Mélanie [3] Marceau (id.), veuve du sr Jean Aubrat, en son vivant menuisier, elle sans profession (id.), demeurant (id.) à..

¹²   Laquelle, étant en bonne santé et saine d'esprit ainsi qu'il est apparu aux notaire et témoins, a dicté audit notaire
en présence desdits témoins son testament ainsi qu'il suit :

¹³   « Je donne et lègue à.. — V. inf. p. 640, alin. 52 et suiv.

¹⁴   Ce testament a été ainsi dicté [152] par la testatrice au notaire soussigné qui l'a écrit (id.) tel qu'il a été dicté (id.)
et l'a lu (id.) ensuite à ladite testatrice qui a déclaré le bien comprendre et y persévérer ; le tout en présence desdits
témoins.

¹⁵   Fait et passé à Vaux-Saint-Jean [12], commune de Bertry, en la demeure de la testatrice (id.), l'an mil huit cent
quarante-cinq [15], le treize juin (id.) , à l'heure de midi, en présence de MM. (Noms, prénoms, professions et demeures
des quatre témoins instrumentaires), témoins instrumentaires [14 et 152] soussignés [15], appelés par la testatrice et
ayant tous quatre les capacités voulues par la loi ainsi qu'ils l'ont déclaré et affirmé [30, n. 112], après avoir été individuellement interpellés à ce sujet par le notaire; et la testatrice ainsi que les témoins et le notaire ont signé [15] en
présence les uns des autres, à l'exception des srs (Noms des deux témoins) qui ont déclaré ne le savoir de ce interpellés
par ledit notaire, le tout après lecture [16]. — V. sup. p. 608, alin. 10; et inf. p. 659, alin. 37 et la note A.

¹⁶   V. Répertoire, note 17. — Forme des actes, notes 38 et 152. — Enregistrement, notes 18 et 19.

---

¹⁷   II. TESTAMENT [152] OLOGRAPHE (id.) ou sous seing-privé.

                                    Ceci est mon testament.

¹⁸   Je, soussigné, Paul Thomassin, ancien négociant, demeurant à..

¹⁹   Institue pour mon héritier M. Germain Beauregard, mon neveu, clerc de notaire à.., auquel je lègue [24], en
conséquence, tous les biens meubles [86] et immeubles [87] qui composeront ma succession, pour en faire et disposer
par lui en toute propriété [22] et jouissance à compter du jour de ma mort, à la charge seulement de servir à sa mère
une rente viagère [76] de douze cents francs par an payable tous les trois mois à partir de mon décès [63].

²⁰   Fait à.., le.. mil huit cent (D)...... (Signature du testateur). — V. enregistrement, notes 18 et 19.

---

²¹   III. TESTAMENT [152] MYSTIQUE OU SECRET.

²²   Nota. Ce testament se fait dans la même forme que le testament olographe. Seulement il peut émaner d'une personne qui ne sait ni écrire ni signer, pourvu qu'elle sache lire ; mais il faut qu'il soit présenté à un notaire par le testateur lui-même en présence de six ou sept témoins. — V. sup. SUSCRIPTION (ACTE DE).

---

²³   IV. — TESTAMENT [152] FAIT DANS UN LIEU AVEC LEQUEL TOUTE COMMUNICATION EST INTERCEPTÉE
        À CAUSE DE LA PESTE OU AUTRE MALADIE CONTAGIEUSE. — C. civ. 985, 986, 987 et 998.

²⁴   Par-devant M.. (Nom et prénoms), juge de paix [94] du canton de.., demeurant à.. (ou : maire, faisant les fonc-

---

(A) Il n'y a pas nullité pour n'avoir point fait mention que la signature des témoins a eu lieu en présence du testateur, mais cette nullité
existe quand, en fait, cette signature n'a point eu lieu en présence du testateur (Cass. 20 janv. 1840).

(B) On doit considérer comme campagne un chef-lieu de commune où il n'existe ni justice de paix, ni bureau de poste, ni foires, ni
marchés, et dont la population est faible; quand même cette commune aurait été qualifiée ville par tous les géographes (Cass. 10 juin 1817).
— On a même considéré comme campagne un ancien chef-lieu de canton où un notaire avait sa résidence et où il se tenait des foires
(Cass. 10 mars 1829).

(C) En matière de testament il faut perdre l'habitude que l'on a dans les actes ordinaires de dire plutôt soussignés que ci-après nommés,
toutes les fois que l'on parle des témoins. Dans les actes ordinaires, cela n'a point d'inconvénients , parce qu'il est de rigueur que les
témoins signent, mais il n'en est pas de même dans les testaments où il n'est pas de rigueur que tous les témoins signent (C. civ. 974),
de sorte que quand on exprime que la dictée, la lecture et la signature ont eu lieu en présence des témoins soussignés, cela ne s'entend
que de ceux-là et non de ceux qui n'ont pas signé. — V. sup. p. 517, note D.

(D) Un testament olographe, quand il porte une date, n'est pas toujours valable pour cela , il faut encore que cette date soit exacte, tellement qu'il y aurait nullité si le testament, eu égard à sa date énonçait comme arrivé un fait qui ne l'était pas. Cette circonstance peut
souvent, en effet, se présenter: par exemple, quand on fait son testament dans les premiers jours de l'année, l'habitude qu'on a alors de
dater de l'année précédente faisant qu'on date de cette année et non de l'année nouvelle quand on refait son testament avec des additions et
qu'on y met l'ancienne date qu'il avait. — V. note 15, n. 40.

tions d'officier municipal de la commune de.., y demeurant), soussigné, et en présence des deux témoins ci-après nommés.

25 Est comparu M. Michel [3] Marcot (*id.*), ingénieur des ponts et chaussées (*id.*), demeurant (*id.*) à..

26 Lequel, étant malade de corps mais sain d'esprit (*ou* : en bonne santé et sain d'esprit), ainsi qu'il est apparu aux juge de paix et témoins (*ou* : à l'officier municipal et aux témoins), a dicté [152] audit juge de paix (*ou* : audit officier municipal), en présence desdits témoins, son testament ainsi qu'il suit :

27 « *Je donne et lègue..* — V. inf. alin. 52 et suiv.

28 Ce testament a été ainsi dicté par le testateur au juge de paix (*ou* : à l'officier municipal) soussigné, qui l'a écrit tel qu'il lui a été dicté, et en a fait ensuite lecture [152] au testateur qui a déclaré le bien comprendre et y persévérer ; le tout en présence desdits témoins.

29 Fait et passé à.., en la demeure du testateur, l'an mil huit cent quarante-cinq, le.., de six à huit heures du soir ; en présence des sₜₛ (*Noms, prénoms, professions et demeures des deux témoins*), témoins instrumentaires [14] soussignés [15] ; et le testateur, les témoins et le juge de paix (*ou* : l'officier municipal) ont signé [15] en présence les uns des autres, après lecture [16]. — V. *Enregistrement*, notes 18 et 19.

30

V. TESTAMENT [152] MILITAIRE (*id.*) — *C. civ.* 981 *et suiv.*

31 Par-devant M. (*Nom et prénoms*), chef de bataillon (*ou* : d'escadron — *ou* : officier d'un grade supérieur) au 13ᵉ régiment d'infanterie, soussigné ; en présence des deux témoins ci-après nommés et aussi soussignés.

32 Est comparu M. Etienne Lhérault, tambour major du susdit régiment d'infanterie faisant partie de l'armée d'Afrique en guerre avec le Maroc.

33 Lequel, étant malade par suite d'une blessure reçue dans le dernier combat, mais sain d'esprit ainsi qu'il est apparu au chef de bataillon sus-nommé et aux témoins, a dicté, audit chef de bataillon en présence desdits témoins son testament, ainsi qu'il suit :

34 *Je donne et lègue à....* — V. inf. alin. 52 et suiv.

35 Ce testament a été ainsi dicté [152] par le testateur au chef de bataillon soussigné qui l'a écrit, tel qu'il lui a été dicté, et la lu (*id.*) ensuite audit testateur qui a déclaré le bien comprendre et y persévérer, le tout en présence des dits témoins.

36 Fait et passé au camp [12] de..., l'an mil huit cent quarante-cinq [13] le treize juin (*id.*) à cinq heures du matin, en présence de (*Noms, prénoms et domiciles d'origine*), tous deux voltigeurs du susdit régiment, témoins instrumentaires [14 et 152] soussignés, ayant les qualités voulues par la loi et n'étant ni commis ni délégués dudit chef de bataillon ; et le testateur ainsi que les témoins et le chef de bataillon ont signé [15] en présence les uns des autres, après lecture [16] entière. — *Suivent quelques traits d'écriture qui ne forment point signature.*

37 Le testateur, ayant pris la plume et tenté inutilement de signer, quoiqu'il eût déclaré qu'il le pourrait, ce qui a donné lieu à la mention précédente de sa signature (A) n'a pu tracer que les caractères imparfaits ci-dessus, et a déclaré ensuite, de ce interpellé, ne pouvoir signer à cause de l'affaiblissement de ses forces occasionné par sa maladie, ce qui est attesté par lesdits chef de bataillon et témoins ; et lecture faite au testateur de cette addition écrite de la main du chef de bataillon en présence des témoins, l'acte ci-dessus a été signé par lesd. témoins et led. chef de bataillon en présence dudit testateur — Signatures. — *V. Enregistrement*, notes 18 et 19.

38

VI. — 1° TESTAMENT [152] FAIT SUR MER
A BORD D'UN VAISSEAU OU AUTRE BATIMENT DE L'ÉTAT. — *C. civ.* 988 *et suiv.*

39 Par-devant M. Alexandre Lecointe, officier commandant le navire Le Généreux, et M. Michel Faustin, officier d'administration dudit navire ; et en présence des deux témoins ci-après nommés et aussi soussignés.

40 Est comparu M. Clément Bellot, lieutenant de vaisseau, originaire de.., actuellement à bord du susdit navire.

41 Lequel, étant malade par suite d'une blessure reçue au combat de Mogador, et étant sain d'esprit ainsi qu'il est apparu au commandant de vaisseau et officier d'administration sus-nommés et aux témoins, a dicté aux dits commandant de vaisseau et officier d'administration, son testament ainsi qu'il suit :

(A) Si, après avoir écrit dans la clôture du testament que le testateur a signé, celui-ci était venu à mourir en faisant des efforts pour se lever et signer, il ne servirait à rien de constater cet incident, cela ne validerait pas le testament, lequel serait nul, faute, soit d'avoir été signé, soit d'avoir pu changer en ce point le testament de concert avec le testateur. Si cependant on tient à constater l'incident, on peut le faire dans les termes suivants :

Et le testateur qui avait déclaré pouvoir signer, ce qui a donné lieu à la mention précédente de sa signature, ayant fait des efforts pour se lever et signer, est mort sans avoir pu apposer sa signature ; et lecture a été faite de la présente observation, après laquelle ont été apposées les autres signatures sus-mentionnées.

⁴² *Je donne et lègue* [24] *à. ..* — V. inf. alin. 52 et suiv.

⁴³ Ce testament a été ainsi dicté [152] par le testateur aux commandant de vaisseau et officier d'administration sus-nommés, écrit par ce dernier tel qu'il lui a été dicté et lu [152] ensuite audit testateur qui a dit le bien comprendre et y persévérer; le tout en présence desdits témoins.

⁴⁴ Fait et passé en deux originaux, à bord dudit vaisseau [12] se trouvant au .... degré de latitude (ou : de longitude), l'an mil huit cent quarante-cinq [13] le treize juin à l'heure de.,,, en présence de MM. (*Noms, prénoms et domiciles d'origine*), marins à bord dudit vaisseau, tous deux témoins instrumentaires soussignés [14 et 152]; et les témoins ainsi que les commandant de vaisseau et officier d'administration ont signé avec le testateur et en sa présence, après lecture faite du tout. — Signatures. — V. *Enregistrement*, notes 18 et 19.

---

⁴⁵   **VI.** — 2° TESTAMENT [152] fait a bord d'un batiment de commerce. — *C. civ.* 988 *et suiv.*

⁴⁶ Par-devant M. Nicolas Beaupré, originaire d'Ingouville, écrivain du navire *Le Héron*, et M. Paul Kok, originaire du Hâvre, capitaine (*ou* : Maître — *ou* : Patron dudit navire), soussignés; et en présence des deux témoins ci-après nommés et aussi soussignés.

⁴⁷ Est comparu M. Louis [3] Belin (*id.*), peintre, ayant son domicile d'origine à Honfleur.

⁴⁸ Lequel, étant malade de corps mais sain d'esprit, ainsi qu'il est apparu aux deux officiers instrumentaires sus-nommés et aux témoins a dicté [152] aux dits sʳˢ Beaupré et Kok, son testament ainsi qu'il suit :

⁴⁹ « *Je donne et lègue* [24] *à...* — V. inf. alin. 52 et suiv.

⁵⁰ Ce testament a été ainsi dicté [152] par le testateur à MM. Beaupré et Kok, écrit par ledit sʳ Beaupré tel qu'il lui a été dicté et lu [152] ensuite audit testateur qui a déclaré le bien comprendre et y persévérer, le tout, en présence desdits témoins.

⁵¹ Fait et passé en deux originaux, à bord dudit navire, en la rade [12] de..., l'an mil huit cent quarante-cinq [13] le quatorze juin (*id.*), en présence de MM. (*Noms, prénoms, professions et demeures ordinaires*), témoins instrumentaires [14 et 152] soussignés; et les témoins ainsi que MM. Beaupré et Kok ont signé [15] avec le testateur et en sa présence après lecture faite du tout. —   (Signatures). — V. *Enregistrement*, notes 18 et 19.

---

⁵²   **VII.** DISPOSITIONS qui peuvent être insérées dans toute espèce de testaments.

⁵³   1° *Legs universel* [24] *en toute propriété quand il n'y a point d'héritiers à réserve* [150].
                                — C. civ. 1003 *et suiv.*

⁵³ « Je donne et lègue [24] à (*nom et prénoms*), ma femme (*ou* : à..., mon neveu), tous les biens [86] meubles (*id.*)
» et immeubles (*id.*), sans aucune exception ni réserve, qui m'appartiendront au jour de mon décès [63], à la charge
» des legs particuliers ci-après, pour en jouir et disposer par ma dite femme (*ou* : par mon dit neveu) en toute pro-
» priété [22], l'instituant à cet effet ma légataire universelle (*ou* : mon légataire universel). » — *Suivent les legs parti-*
culiers commençant aussi par : « Je donne et lègue... — V. *inf.* alin. 65.

⁵⁴   2° *Legs universel* [24] *par une femme à son mari quand il y a des héritiers* [78] *à réserve* [150],
             avec droit aux fruits [50] *du jour du décès* [63].

⁵⁵ » Je donne et lègue [24] à (*Nom et prénoms*), mon mari, tous les biens [86] meubles et immeubles sans aucune
» exception ni réserve dont je puis disposer au préjudice de mes héritiers à réserve, voulant qu'il ait droit (A) aux
» fruits [50] ou intérêts [49] des choses léguées à compter du jour de mon décès et qu'il soit dispensé de fournir
» caution [69] et de faire emploi (*id.*) pour les choses dont il n'aura que l'usufruit, mais à la charge par lui de faire
» faire bon et fidèle inventaire [145] dans les six mois (C) de mon décès. — V. *inf.* alin ...

⁵⁶   3° *Legs universel* [24] *en nue-propriété* [22] (B).

⁵⁷ « Je donne et lègue [24] à..., tous les biens [86] meubles et immeubles, sans aucune exception ni réserve, qui
» composeront ma succession, pour, par lui, en faire et disposer en nue-propriété seulement à compter du jour de mon
» décès, et ne réunir l'usufruit [69] à la nue-propriété qu'après décès de M..., légataire à titre universel dudit
» usufruit. »

(A) Le légataire ne peut être dispensé de la demande en délivrance (*V. note* 24, *n.* 326), mais comme l'art. 1015 du C. civ., quoique placé sous la rubrique des *legs particuliers*, a été appliqué à un legs *à titre universel* pour lequel le testateur avait exprimé la volonté que le légataire eût droit aux fruits de la chose léguée du jour de son décès (Bourges 5 fév. 1857), il nous semble que la même application ne peut être refusée à un legs universel. Toutefois comme il s'agit d'un point qui nous paraît contestable au vu des art. 1004 et 1011 du C. civ. le mieux que puissent faire le légataire universel et le légataire à titre universel est de demander la délivrance, à moins qu'ils ne soient en possession des objets comme communistes. (*V. note* 24 *n.* 319-1°), ou que la délivrance ne résulte d'un consentement tacite (*ibid.* n. 322).

(B) Un legs universel d'usufruit n'est qu'un legs à titre universel. — *V. note* 24. *n.* 17.

(C) V. *sup.* p. 519 *note* L.

5 8 4° *Legs à titre universel* [24] *en toute propriété.* — C. civ. 1010 et suiv.

5 9 » Je donne et lègue [24] à..., tous les biens meubles (*ou* : immeubles; *ou bien* : la moitié , le tiers ou le quart, de
» tous les biens [86] meubles et immeubles), sans exception ni réserve, qui composeront ma succession au jour de
» mon décès; pour, par lui, en faire et disposer en toute propriété [22] et jouissance à compter du jour de ma mort;
» à l'effet de quoi je l'institue mon légataire à titre universel. »

6 0 5° *Legs à titre universel en usufruit* (A).

6 1 » Je donne et lègue [25] à..., tous les biens [86] meubles et immeubles, sans aucune exception, qui m'appartien-
» dront au jour de mon décès, pour en jouir et disposer par lui en usufruit [69] seulement à compter du jour de ma
» mort, sans être tenu de donner caution [69] ni de faire emploi (*id.*) des valeurs mobilières, mais à la charge de
» faire faire bon et fidèle inventaire [145]. Je veux que mon dit légataire ait droit [22] aux fruits [50] ou intérêts
» (*id.*) des choses léguées à partir du jour de mon décès » — V. *sup. alin.* 55.

6 2 6° *Legs de l'usufruit* [69] *à l'un et de la nue-propriété à l'autre.* — C. civ. 899.

6 3 Je donne et lègue à..., ma sœur, l'usufruit pendant sa vie, aux charges ordinaires des usufruitiers excepté de
fournir caution dont je la dispense, une maison sise à....
6 4 Et je donne et lègue à..., mon neveu, la nue-propriété de ladite maison, pour ne réunir l'usufruit à cette nue-
propriété qu'après le décès de sa mère sus-nommée.

6 5 7° *Legs particuliers* [24]. — C. civ. 1014 et suiv.

6 6 » Je donne et lègue [24] à Etienne CLOQUET, mon domestique, s'il est encore à mon service à l'époque de mon
» décès, une somme de..., une fois payée, en sus de ses gages, avec droit aux intérêts [49] de ladite somme à comp-
» ter du jour de mon décès.
6 7 » Je donne et lègue à Anne PIERRET, ma femme de chambre, si elle est encore à mon service au jour de mon
» décès, une rente [76] annuelle et viagère de trois cent soixante-cinq francs, franche de retenue [49], payable [77]
» de trois en trois mois à compter du jour de mon décès.
6 8 » Je donne et lègue [24] aux pauvres de la commune de..., la somme de six cents francs une fois payée, la-
» quelle leur sera distribuée par le maire d'après une liste desdits pauvres arrêtée par le conseil municipal. »
6 9 » Les légataires particuliers ci-dessus n'auront de droit de prendre inscription pour sûreté des sommes et rentes
» à eux léguées que sur la maison sise à..., ou toute autre formant mon habitation lors de mon décès, à laquelle
» maison seulement j'entends restreindre le privilége [29] de la demande en séparation de patrimoines (*id.*) qui
» pourra être formée par mes d. légataires. »

7 0 8° *Legs* [24] *par préciput* [146] *et hors part, ou avec dispense de rapport.*

7 1 Je donne et lègue [24] par préciput et hors part (*ou* : avec dispense de rapport) à..., ma fille, (*ou* : petite fille. —
ou : nièce), toute la portion de biens dont la loi me permet de disposer au préjudice de mes héritiers, pour, par elle,
en faire et disposer en pleine propriété. — V. *inf.* alin. 77.

7 2 9° *Legs alternatifs* (24 n. 103).

7 3 Je donne et lègue [24] à... ma sœur, ma ferme du val des Rosiers ou ma ferme de Belombre, à son choix, (*ou* :
au choix de mes héritiers), pour, par elle, en faire et disposer en toute propriété et jouissance à compter du jour de
mon décès.

7 4 10° *Legs rémunératoire* [24]. — (C. civ. 909 et 1083)

7 5 Voulant reconnaître les soins tout particuliers que... ma nièce a eus pour moi depuis qu'elle demeure dans ma
maison, je lui donne et lègue [24] la somme de six cents francs à prendre par préciput [146] et prélèvement sur les
plus clairs et apparents biens de ma succession; pour, par elle, en jouir et disposer en toute propriété du jour de
mon décès. — V. *sup.* alin. 55.

7 6 11° *Legs* [24] *conditionnel* (*id.*) — C. civ. 900.

7 7 Je donne et lègue à [24]..., mon fils unique, toute la portion [150] de biens dont la loi me permet de disposer, à
la charge par lui de la conserver et rendre [73] à ses enfants nés et à naître au premier degré seulement ; mais à la
condition expresse [24 n. 136-6°] qu'il n'aliénera point les immeubles qui composeront sa réserve légale [150] dans ma
succession, sous peine d'être privé de l'usufruit [69] de la portion disponible que je viens de lui léguer avec substitution, duquel usufruit je fais don et legs, pour ce cas, à ses enfants nés et conçus au jour de mon décès, d'où il
suit que l'aliénation de sa réserve sera considérée comme une renonciation au legs de la portion disponible.
7 8 *Ou bien* : Je donne et lègue par préciput [146] à..., mon fils aîné, toute la portion de biens dont la loi me permet
de disposer [150] ; pour en jouir en toute propriété à compter du jour de mon décès, et à la condition que les sommes

---

(A) Le legs en usufruit de tous les biens d'un individu n'est point un legs universel : ce n'est qu'un legs à titre universel. — V. note
24, n. 17.

et valeurs mobilières n'entreront point dans la communauté existante entre lui et sa femme actuelle ou toute autre qu'il épouserait, s'il devenait veuf.

₇₈   12° *Legs* [24] *d'aliments.* — C. civ. 1013.

₇₉ Je donne et lègue à..., une pension [76] viagère et alimentaire incessible et insaisissable (*id.*) de six cents francs par an, qui lui sera payée par ma succession de trois en trois mois et par avance à compter du jour de mon décès.

₈₀   13° *Legs conjoint* (24 n. 155) *ou avec accroissement.* — (C. civ. 1044, et sup. p. 629, alin. 5 et 6).

₈₁ J'institue pour mes légataires universels, conjointement, Michel N..., et Léonard N..., mes frères, auxquels je donne et lègue la totalité des biens [86] meubles et immeubles que je laisserai au jour de mon décès; pour en faire et disposer comme de chose leur appartenant en toute propriété à compter du jour de mon décès: et si l'un de mes dits légataires universels vient à décéder avant moi, j'entends que sa portion soit recueillie par l'autre à titre d'accroissement.

₈₂ *Ou bien :* Je donne et lègue à Michel N..., et Léonard N.... mes frères, tous les biens [86] meubles (*ou :* immeubles) qui composeront ma succession (ou bien : ma ferme de Belombre située sur le territoire de la commune de...); pour, par eux, en faire et disposer comme de chose leur appartenant.

₈₃   14° *Substitution* [73] *directe ou vulgaire.* — (C. civ. 898).

₈₄ Je donne et lègue à N..., mon frère, curé de..., tous les biens meubles et immeubles qui composeront ma succession au jour de mon décès; pour, par lui, en faire et disposer en toute propriété et jouissance à compter du jour de ma mort, l'instituant à cet effet mon légataire universel; et pour le cas où mon dit frère ne voudrait ou ne pourrait recueillir ledit legs universel, je lui substitue O.... mon autre frère.

₈₅ 15° *Substitution* [73] *fidéicommissaire ou à charge de conserver et de rendre.* — C. civ. 897 et L. 17 mai 1826.

₈₆ Je donne et lègue par préciput [146] à N.., mon fils (ou : tout autre), toute la portion disponible [150] des biens qui composeront ma succession, à la charge par lui de conserver et rendre ladite portion de biens après son décès à tous ses enfants nés et à naître jusqu'au deuxième degré inclusivement, lesquels enfants je substitue à leur père pour recueillir les biens légués après le décès de ce dernier s'ils lui survivent; car, en cas de prédécès de leur part sans postérité, leurdit père sera réputé avoir toujours été libre propriétaire desdits biens. — *V.* sup. alin. 77.

₈₇ Je nomme pour tuteur [73] à la substitution ci-dessus faite M. T.., avocat, demeurant à.. ; et, après lui, ou en cas de non-acceptation de cette fonction, M. U.., ancien avoué, demeurant à..

₈₈ 16° *Substitution* [73] *fiduciaire ou à charge de rendre seulement.* — Arg. C. civ. 896.

₈₉ Je donne et lègue à N.., demeurant à.., le domaine de Belombre qui m'appartient par suite du partage [143] des successions de mes père et mère (ou bien : le tiers de tous les biens [86] meubles qui composeront ma succession) ; à la charge par lui de le rendre à X.., ma fille, âgée seulement de dix ans, et ce à l'époque de sa majorité [79] ou de son mariage [65] s'il a lieu avant sa majorité ; l'instituant à cet effet ma légataire à titre particulier (ou : à titre universel).

₉₀ Jusqu'à l'une ou l'autre de ces époques, M. N... aura la gestion et administration des biens composant le présent legs, dans sa plus grande étendue, sans être tenu d'avoir l'autorisation ni du tuteur [165] ni du conseil de famille (*id.*) de madite fille pendant sa minorité, à la charge toutefois de rendre compte de moitié des revenus [95] des biens, de manière à n'avoir à tenir compte que des capitaux et de moitié des revenus soit à madite fille, lorsqu'elle aura atteint son âge de majorité ou aura contracté mariage, soit à ses héritiers [78] aussitôt son décès, si elle meurt avant sa majorité ou son mariage ; (ou bien : à la condition de ne rendre aucun compte des revenus des biens légués, de sorte qu'il n'aura à faire état que des capitaux soit à madite fille, lorsqu'elle aura atteint son âge de majorité ou aura contracté mariage, soit à ses héritiers [78] aussitôt son décès si elle meurt avant sa majorité ou son mariage).

₉₁   17° *Substitution* [73] *si quid supererit par une femme au profit de son mari.*

₉₂ Je donne et lègue à.., mon mari, tous les biens [86] meubles et immeubles sans aucune exception ni réserve qui composeront ma succession au jour de mon décès ; à l'effet de quoi je l'institue mon légataire universel. Pour en faire et disposer par lui, s'il me survit, en toute propriété et jouissance à compter du jour de ma mort, à la condition [73 n. 143], toutefois, que les biens immeubles (A) seulement, au décès de mondit mari, retourneront à mes héritiers ou

(A) Avec cette condition de retour pourrait-on forcer le légataire à faire inventaire? L'inventaire étant un acte conservatoire, il nous semble que le légataire peut y être contraint; mais les frais ne seront point à sa charge puisque ce ne sera point dans son intérêt qu'il aura été requis. La raison veut d'ailleurs qu'il en soit ainsi, car comment pourrait-on reconnaître au bout quelquefois de 20, 30 ou 40 ans ce qui a appartenu au testateur? Si les biens du mari lui appartiennent par des actes sous seings-privés, il est important que leur existence soit constatée afin d'éviter la confusion des propres — Sans inventaire, on ne pourrait plus procéder à la constatation de l'avoir du testateur que par commune renommée, ce qui est un moyen bien peu infaillible.

S'il y a de l'argent comptant au décès du testateur, sera-t-il perdu pour ses héritiers, quand même il s'en trouverait une plus ou moins grande quantité au décès du légataire? Il peut y avoir sur ce point matière à procès, car l'argent n'a point d'origine, et d'un autre côté on peut prétendre que ce sont les mêmes deniers, surtout quand, suivant les circonstances, les héritiers du légataire pourraient difficilement leur assigner une autre origine. — D'après ces motifs de considération, un testateur qui veut éviter tout procès et épargner à son conjoint l'effet toujours désagréable de tout examiner chez lui pièce à pièce, fera sagement de préférer la présente formule à celles indiquées à la fin du présent alinéa. — Il n'y aura alors à faire que l'inventaire des titres, lequel est souvent regardé comme inutile, quand la propriété repose sur des actes authentiques.

à leurs représentants existants au décès de mon légataire, mais seulement pour ce qui en restera, et sans que cette condition puisse être considérée comme restrictive du droit accordé à mondit légataire de disposer des biens légués de la manière la plus absolue pourvu que ce ne soit point par testament. » — *V. sup. p.* 327, *alin.* 30 ; *p.* 386, *alin.* 9 ; *et p.* 386, *alin.* 10.

93   18° *Nomination d'exécuteur testamentaire* [132]. — C. civ. 1025 et 1026.

94   Je nomme pour mon exécuteur testamentaire (A) M. N.., demeurant à.. — Je lui donne la saisine [152] de tout mon mobilier pendant l'an et jour, et, pour l'indemniser de ses peines, soins et démarches, je lui lègue à titre de diamant une somme de.... une fois payée.

95   19° *Disposition relative aux droits d'enregistrement et de mutation.* — C. civ. 1016.

96   Je veux et entends que les droits d'enregistrement et de mutation [192] qu'occasionneront tel et tel legs soient à la charge de ma succession seule, de telle sorte que lesdits légataires reçoivent leurs legs francs et quittes de toutes charges.

97   20° *Changements et modifications apportés aux dispositions d'un précédent testament.*

98   En ajoutant aux dispositions de mon testament olographe du.. (*ou bien* : du testament que j'ai fait par acte passé devant M⁰.., notaire à.., le..), je donne et lègue à M.., en sus de ce que je lui ai déjà légué par ledit testament la somme de.. une fois payée.

99   Je donne et lègue à M.., auquel je n'ai rien laissé par ledit testament, tous les effets mobiliers à mon usage corporel.

100   Je réduis à la somme de.. le legs de douze cents francs que j'ai fait à.. par ce testament.

101   Je révoque le legs d'argenterie que j'ai fait à..

102   Et je confirme les autres dispositions portées en mon susdit testament.

103   21° *Révocation* [24] *de tous testaments antérieurs.*

104   Je révoque tous testaments et codiciles que j'ai pu faire avant le présent, auquel seul je m'arrête, comme contenant mes dernières volontés.

TITRE-NOUVEL OU RÉCOGNITIF :

1° *Par le débiteur d'une rente, au profit des héritiers du créancier.*

2° *Par les héritiers du débiteur d'une rente, au profit du créancier.*

3° *D'hypothèque par un tiers-détenteur, au profit du créancier d'une rente viagère.*

4° *D'une servitude.*

---

1   1° TITRE-NOUVEL [208] PAR LE DÉBITEUR [26] D'UNE RENTE FONCIÈRE AU PROFIT DES HÉRITIERS DU CRÉANCIER. — C. civ. 2263.

2   Par-devant M⁰ Clément [1] MOREAU (*id.*), notaire [2] à Saint-Leu [1], département de.., soussigné [15].

3   Est comparu le sr Benjamin [3] ARPAUX (*id.*), cultivateur (*id.*), demeurant (*id.*) à..

4   Lequel a, par ces présentes, reconnu être personnellement débiteur,

5   Envers MM. Charles et Félix [3] BOIVIN (*id.*), garçons majeurs, sans profession (*id.*), demeurant à.. ; à ce présents ; tous deux comme seuls héritiers [78] chacun pour moitié de M. Léon BOIVIN, leur père.

6   D'une rente [76] foncière, annuelle et perpétuelle, franche de retenue [49], de deux cents francs [35 et 91], payable [77] annuellement le onze novembre, au capital de quatre mille francs, créée par le comparant au profit dudit feu sr Léon Boivin, pour prix de deux hectares [91] de terres labourables en une seule pièce, sis [141] au lieu dit le Champ-Chauvot, que ce dernier lui a vendus [109] suivant contrat passé devant M⁰.., notaire à.., le quinze juillet mil huit cent seize, dûment enregistré [42].

8   Laquelle rente ledit sr ARPAUX promet et s'oblige [107] de payer aux héritiers sus-nommés de M. BOIVIN, qui l'ac-

---

(A) Pour qu'une semblable disposition ait de l'effet, il faut nécessairement qu'un testateur ait manifesté des volontés pour lesquels il faille une exécution quelconque, car s'il n'avait fait un testament que pour y dire, *Je nomme pour mon exécuteur testamentaire M...,* ce serait une absurdité.

ceptent, divisément [92] et chacun pour moitié mais hypothécairement (*id.*) pour le tout, le onze novembre de chaque année, pour commencer le premier paiement le onze novembre prochain et pour ainsi continuer d'année à autre jusqu'au remboursement qu'il pourra faire du capital de ladite rente à sa volonté et en deux paiements (A) égaux conformément au contrat de création auquel il n'est aucunement dérogé (A) ni innové non plus qu'aux priviléges [29] et hypothèques [30] en résultant.

⁷ À la garantie de ladite rente en capital, arrérages et frais, la pièce de terre sus-désignée ainsi que les autres biens donnés en garantie par le contrat de création demeurent affectés et hypothéqués, savoir ; ladite pièce de terre par privilége [29] et les autres biens par hypothèque [30] spéciale, sans aucune novation [100] ni dérogation, MM. Charles et Félix Boivin se réservant expressément tous leurs droits [27] et actions [28].

⁸ Compte fait entre les créanciers et le débiteur au sujet des arrérages de ladite rente, ledit sᵣ Arpaux s'est reconnu redevable de la somme de.. qu'il s'oblige de payer avec intérêt le onze novembre prochain.

⁹ Les déboursés [5] et honoraires (*id.*) des présentes seront supportés par le sᵣ Arpaux qui en fournira une grosse [64] aux crédirentiers dans la quinzaine.

¹⁰ Dont acte, fait et passé à Saint-Leu [12], en l'étude (*id.*), l'an mil huit cent quarante-cinq [13], le quatorze juin (*id.*), en présence de MM. (*Noms, prénoms, professions et demeures*), témoins instrumentaires [14] ; et les parties ont signé [15] avec les témoins et le notaire, après lecture [16].

¹¹ V. *Répertoire* , note 17, — *Forme des actes*, note 38. — *Enregistrement*, notes 181, 18 et 19.

---

¹² 2° TITRE-NOUVEL [208] PAR LES HÉRITIERS [78] DU DÉBITEUR D'UNE RENTE [76] CONSTITUÉE, AU PROFIT DU CRÉANCIER. — C. civ. 2263.

¹³ Par-devant Mᵉ Moreau [1], notaire [2] à Saint-Leu [1], soussigné [15].

¹⁴ Sont comparus : 1° le sᵣ Pierre [5] Bordat (*id.*), cultivateur, demeurant (*id.*) à.. ; 2° le sᵣ Michel Gillet, aussi cultivateur , et Marie Jeanne Bordat , sa femme de lui autorisée [68] à l'effet des présentes, demeurant (*id.*) ensemble à...

¹⁵ Ledit sᵣ Bordat et la femme Gillet, seuls héritiers [78] chacun pour moitié de Jean Bordat et Pierrette Mitte, sa femme, leurs père et mère,

¹⁶ Lesquels, en cette qualité, ont reconnu être débiteurs [26],

¹⁷ Envers mad. Louise Benève, veuve de M. Isidore Sergent, propriétaire, domiciliée à.., à ce présente ; tant en son nom à cause de la communauté [166] de biens qui a existé entre elle et son défunt mari que comme sa donataire universelle en toute propriété suivant acte passé devant Mᵉ.., notaire à.., le.., dûment enregistré [42], laquelle donation a reçu sa pleine et entière exécution au moyen de ce que M. Sergent n'a laissé aucun héritier à réserve [150] ainsi qu'il est constaté par un acte de notoriété [127] à défaut d'inventaire reçu par ledit Mᵉ.., notaire à.., le.., aussi enregistré [42].

¹⁸ D'une rente [76] annuelle et perpétuelle, sujette à la retenue [49] du cinquième, de deux hectolitres [91] de blé froment, bon grain, loyal et marchand à vingt centimes près de l'élite du marché de.., livrable annuellement le vingt-cinq décembre de chaque année, au capital de quarante hectolitres, constituée par les époux Bordat, père et mère, au profit de M. et mad. Sergent, sus-nommés, par contrat passé devant Mᵉ.., notaire à.., le vingt-cinq décembre mil sept cent quatre-vingt-quatre, dûment contrôlé [18], et reconnu en dernier lieu par acte passé devant Mᵉ.., notaire à.., le quinze décembre mil huit cent quatorze (B), dûment enregistré [42], dans lequel acte de constitution analysé sur ce point par le notaire soussigné, ladite rente en blé a été ainsi mentionnée (C) ; *trois bichets et demi de blé froment, mesure ancienne du marché de.., au capital de soixante-dix bichets, même mesure*, laquelle rente comprise audit titre sous cette ancienne dénomination équivaut d'après le nouveau système à deux hectolitres au capital de quarante hectolitres, ainsi que toutes les parties le reconnaissent.

¹⁹ En conséquence, lesdits débiteurs promettent et s'obligent [107], chacun pour sa part héréditaire [92] et hypothécairement (*id.*) pour le tout, ledit sᵣ Gillet seulement tant que durera sa communauté avec son épouse, de payer et servir ladite rente à mad. veuve Sergent, qui l'accepte, le vingt-cinq décembre de chaque année, première année devant échoir le vingt-cinq décembre prochain, et pour ainsi continuer d'année à autre jusqu'au remboursement que les débiteurs pourront faire du capital de ladite rente à leur volonté et en quatre paiements égaux conformément au

---

(A) Ce qu'une reconnaissance contiendrait de plus que le titre prémordial, ou ce qui s'y trouverait de différent n'aurait aucun effet (C. civ. 1337) ; ainsi, quoiqu'on ait exprimé ici que la rente sera remboursée en deux paiements égaux , le débiteur aura cependant la faculté de la rembourser en trois paiements si telle a été la stipulation dans le contrat de création. Pour déroger à ce titre , il faut l'exprimer formellement dans le titre-nouvel.

(B) Nous supposons la rente prescrite, car il y a plus de trente ans du 25 déc. 1814 au 14 juin 1845, et qu'il n'y a eu ni citation en justice pour faire produire des intérêts aux arrérages (C. civ. 155), ni commandement ni saisie interruptifs de prescription (C. civ. 2244) ; or, la reconnaissance emporte renonciation à la prescription acquise (C. civ. 2220 et *sup.* p. 587 note B.)

(C) Pour ne point encourir une amende de 20 francs, outre le décime , et se conformer au nouveau système sur les poids et mesures, il faut mentionner dans l'acte nouveau qu'on analyse l'acte ancien en employant les anciennes dénominations. (91 n. 25.)

contrat de constitution précité auquel il n'est aucunement dérogé ni innové non plus qu'aux hypothèques [50] en résultant.

20 A la garantie de ladite rente en capital et arrérages tous les immeubles [86] dépendant des successions de Jean Bordat et Pierrette Mitte, et qui y ont été affectés en hypothèque, continuent de demeurer obligés et hypothéqués sans aucune novation [100] ni dérogation, ladite dame veuve Sergent se réservant expressément tous ses droits [27], actions [28] et hypothèques [50], notamment le privilége [29] de la séparation (id.) des patrimoines qu'elle a conservé par deux inscriptions prises au bureau des hypothèques de.... dans les six mois qui ont suivi le décès de chacun desdits époux Bordat.

21 V. sup. alin. 9, 10 et 11.

---

22 3o TITRE RÉCOGNITIF [208] d'hypothèque par un tiers-détenteur [28], au profit du créancier d'une rente viagère. — C. civ. 2263.

23 Par-devant Me Moreau [1], notaire [2] à Saint-Leu [1], soussigné [15].

24 Est comparu M. Célestin Piffoux [3], propriétaire (id.), demeurant (id.) à..

25 Lequel, comme propriétaire et détenteur [28] de deux hectares [91] de terres labourables, situés [141] sur le territoire de la commune de.., par lui acquis du sr Jean Noirot, par contrat passé devant Me.., notaire à.., le.., dûment enregistré et transcrit (A) au bureau des hypothèques de.., le treize novembre dernier, vol.., n..

26 A reconnu être tenu hypothécairement sur ledit immeuble

27 Envers M. Germain Lenneval, rentier, demeurant à.., à ce présent,

28 D'une rente [76] annuelle et viagère, franche de retenue [49], de quatre cents francs, payable [77] aux quatre termes ordinaires de l'année, créée et constituée au profit dudit sr Lenneval par Nicolas Merle, vigneron, demeurant à.., suivant contrat passé devant Me.., notaire à.., le.., avec hypothèque [50] sur l'immeuble ci-dessus désigné et divers autres, laquelle hypothèque a été inscrite [85] au bureau des hypothèques de.., le.., vol.., n.., et renouvelée (id.) par une inscription prise au même bureau le.., vol.., n..

29 Consentant, le sr Piffoux, que ladite hypothèque continue d'avoir effet contre lui, comme tiers-détenteur, tant que la cause d'icelle subsistera contre le sr Noirot, son vendeur, et que mention [84] de ce consentement soit faite sur toutes pièces que besoin sera.

30 Les déboursés [5] et honoraires (id.) des présentes seront payés par le sr Piffoux qui en fournira une expédition à M. Lenneval d'ici à un mois, sauf son recours contre son vendeur comme il avisera.

31 Dont acte, fait et passé à.. — V. sup. alin. 10 et 11.

32 V. sup. la formule de déclaration d'hypothèque, p. 352.

---

33   4o TITRE RÉCOGNITIF [55] D'UNE SERVITUDE (id.). — C. civ. 695.

34 Par-devant Me Moreau [1], notaire [2] à Saint-Leu [1], soussigné [15].

35 Est comparu M. François [3] Merlin (id.), propriétaire (id.), demeurant (id.) à..

36 Lequel, comme détenteur [28] d'une pièce de terre de la contenance de deux hectares [91], située [141] sur le territoire de la commune de.., lieu dit.., tenant d'un long du midi au chemin, d'autre à l'héritage du sr Minguet, ci-après nommé, au moyen de l'acquisition [109] qu'il en a faite de.., par contrat passé devant Me.., notaire à.., le premier mai mil huit cent trente-six (B).

37 A reconnu que ladite pièce de terre est grevée,

38 Envers M. César Leroy, propriétaire, demeurant à.., à ce présent.

39 De la servitude [35] de passage à pied, avec voiture et en toute saison, sans avoir à payer aucun dommage, dans le bout du levant de ladite pièce, pour arriver à son héritage qui joint immédiatement celui dudit sr Merlin, lequel passage doit avoir dans toute son étendue trois mètres [91] de large. Laquelle servitude ledit sr Merlin n'a point été chargé de souffrir par son contrat d'acquisition précité.

(A) Sans cette déclaration le tiers-détenteur pourrait prescrire l'hypothèque par dix ans entre présents, et vingt ans entre absents, à dater du jour de la transcription de son titre (C. civ. 2180-4o; 2265). — V. note 172.

(B) Sans cette déclaration, le tiers-détenteur de bonne foi pourrait éteindre la servitude par dix ou vingt ans, et pour cela la transcription de son contrat ne serait pas nécessaire comme dans le cas rappelé en la note qui précède. Cependant c'est un point fort controversé. La question est, en effet, de savoir si l'art. 2265 du C. civ. a dérogé à l'art. 706. Suivant les auteurs, on ne peut soumettre la prescription d'une servitude qui est un simple démembrement de la propriété à des conditions plus rigoureuses que la prescription de la propriété elle-même; l'art. 706 du même Code n'est pas conçu en termes exclusifs; et il est dans l'esprit de la loi de favoriser les tiers-détenteurs (Arg. L. 14 brum. an VII; Nancy 14 mars 1842; Pothier, prescr. 159 ; Delvincourt 1. 585; Vazeille 525 ; Duranton 5, 691; Troplong 885 ; Dalloz, vo servit. — Contrà, Cass. 10 déc. 1834, 28 mars 1837; 16 av. 1838; Paris, 25 août 1834; Caen 4 av. 1838). — Il a même été jugé par l'arrêt de la C. R. de Nancy, que la clause par laquelle le vendeur chargeait l'acquéreur de toutes les servitudes actives et passives qui pourraient grever l'immeuble n'était pas suffisante pour faire connaître à l'acquéreur les droits d'un tiers et le constituer en mauvaise foi.

⁴⁰ Consentant, en conséquence, que M. Leroy jouisse librement de ladite servitude de passage et l'exerce comme elle a été conférée par le titre constitutif d'icelle passé devant Me.., notaire à.., le..

⁴¹ Les déboursés [5] et honoraires (id.) des présentes et le coût d'une expédition [64] seront payés par moitié entre les parties.

⁴² Dont acte, fait et passé à.. — **V.** *sup. alin.* 10 *et* 11.

TRAITÉ. — **V.** *sup.* LETTRE DE CHANGE *et* MANDAT DE PAIEMENT.

TRAITÉ D'ASSURANCE ET DE REMPLACEMENT POUR LE SERVICE MILITAIRE.
— **V.** *sup.* Vⁱˢ REMPLACEMENT AU SERVICE MILITAIRE *p.* 581 *et* 582.

TRAITÉ D'OFFICE. — **V.** *inf.* VENTE D'OFFICE.

TRANSACTION [203] SUR PROCÈS (A) — **C.** *civ.* 2044 *et suiv.*

² PAR-DEVANT Mᵉ Germain [1] BRUAND (id.), notaire [2] à Arcy [1], département de..., soussigné [15].
³ Sont comparus :
⁴ M. Achille [3] DE VAUGRISEL (id.), ancien receveur d'enregistrement (id.), et la dame Laurence BERTIN, son épouse, de lui autorisée [68] à l'effet des présentes, demeurant à Bertry. D'UNE PART.
⁵ Mad. Caroline DE TUNIS, veuve de M. Edme GUILBERT, en son vivant notaire à Vermon où elle demeure, D'UNE AUTRE PART.
⁶ Mlle Delphine DE TUNIS, célibataire majeure, demeurant à Dijon, rue..., n°... AUSSI D'AUTRE PART.
⁷ Et M. François-Marie DE SURGY, ancien notaire, demeurant à Vermon, ENCORE D'AUTRE PART.
⁸ Lesquels, avant de passer à la transaction qui fait l'objet des présentes, ont exposé ce qui suit :
⁹ Suivant acte passé devant le notaire soussigné, le premier juin mil huit cent dix-huit, dûment enregistré [42], M. Guillaume BERTIN, père de Mad. DE VAUGRISEL, alors marchand de bois à Vermon, et la dame Laurence MAURE, son épouse, ont souscrit solidairement [106] au profit de M. Jean-Baptiste DE TUNIS, une obligation de la somme [55] de dix mille francs [91] pour argent prêté [205], stipulée payable [77] dans cinq ans avec intérêts [49] à cinq pour cent par an, exigibles dans six mois, pour lesquels le débiteur seul a souscrit dix billets à ordre [97] de chacun deux cent cinquante francs, au profit du créancier, payables au domicile de M. Lemaire, rue Basse du Rempart, n. 1264, à des époques correspondantes aux échéances desd. intérêts, pour raison desquels intérêts le créancier pourrait exercer l'action résultant, soit de l'obligation, soit des billets ou cumulativement de l'obligation et des billets, mais sans novation [100].
¹⁰ Le jour de ladite obligation et en dehors d'icelle, M. BERTIN seul a souscrit au profit de M. DE TUNIS cinq autres billets au porteur [97], de chacun cent francs, causés valeur reçue comptant et payables en cinq ans, d'année en année, à partir du jour de ladite obligation au domicile à Paris dud. sᵗ LEMAIRE. Ces billets ont été acquittés à leurs échéances.
¹¹ Par le partage [143] de la communauté [166] qui avait existé entre M. DE TUNIS et la dame Eugénie HURÉ, son épouse, et de la succession de cette dernière, la créance dont il s'agit a été attribuée à Mlle Delphine DE TUNIS, comme héritière [78] pour un quart de ladite dame, sa mère, le tout ainsi qu'il résulte dudit partage passé devant le notaire soussigné le...
¹² A l'échéance de ladite obligation, Mlle DE TUNIS, sur la demande de M. et de Mme BERTIN, (celui-ci étant alors retiré du commerce), a prorogé [77] l'exigibilité du principal de huit années, à la condition que la somme porterait intérêts [49] à cinq pour cent par an comme par le passé, payables de la même manière que ceux stipulés en ladite obligation et pour raison desquels intérêts il a été souscrit par M. BERTIN, seul, seize billets à ordre [97] de chacun deux cent cinquante francs, payables comme les précédents et sous les mêmes conditions; le tout ainsi qu'il résulte d'un acte passé devant le même notaire le vingt-cinq mai mil huit cent trente-trois.
¹³ Le jour même de la dite prorogation et en dehors d'icelle, M. BERTIN seul a souscrit, au profit de la dite

---

(A) Les faits rapportés en cette formule ne sont point pris au hazard, ils ont eu lieu réellement, et c'est sur les documents de l'affaire que nous avons émis l'opinion consignée en la note 49, n. 31. — Les parties ont transigé lorsqu'il n'y avait plus qu'à juger, nous en avons été fâché dans l'intérêt de la science.

Dlle de Tunis, huit billets au porteur de chacun cent francs, causés valeur reçue comptant et payables en huit ans, d'année en année, à partir du premier juin mil huit cent trente-trois, au domicile à Paris, de M. Lemaire, susnommé.

14 Par acte passé devant le même notaire le deux juin mil huit cent quarante-et-un, dûment enregistré, Mlle de Tunis a cédé et transporté [96] à Mad. ve Guilbert, sa sœur, ladite somme de dix mille francs, moyennant un prix payé comptant; et audit acte, sont intervenus M. et Mme Bertin, susnommés, lesquels ont accepté [96] le transport et ont demandé une prorogation de délai de trois ans qui leur a été octroyée, à la condition : 1° que la somme transportée produirait des intérêts [49] à cinq pour cent par an, payables comme par le passé, et pour lesquels intérêts il a été souscrit par M. Bertin, seul, six effets de commerce [97], de chacun deux cent cinquante francs, payables aux mêmes échéances et sous les mêmes conditions que les précédents, 2° et qu'ils paieraient le coût [5] dudit transport.

15 Le jour même dudit transport et en dehors d'icelui, M. Bertin, seul, a souscrit au profit de Mad. ve Guilbert, trois billets au porteur [97] de chacun cent francs, causés valeur reçue comptant et payables [77] en trois ans, d'année en année, à l'époque du premier juin au domicile sus-indiqué de M. Lemaire.

16 Le premier de ces trois billets au porteur (celui échu le premier juin mil huit cent quarante-deux) a été payé à son échéance : quant aux deux autres billets, Mad. ve Guilbert les a passés à M. Surgy.

17 M. Bertin est décédé [63] à Vermon, le quinze juillet mil huit cent quarante-deux. Après avoir fait inventaire [145], sa veuve a renoncé [62] à la communauté qui avait existé entre eux, et Mad. de Vaugrisel sa fille et seule présomptive héritière [78] a accepté [62] sa succession sous bénéfice d'inventaire. Ensuite tous les immeubles de la succession ont été vendus [159] devant notaire après accomplissement des formalités judiciaires.

18 Suivant quittance [84] passée devant le notaire soussigné le trente-et-un décembre mil huit cent quarante-deux, Mad. ve Guilbert a reçu de M. et Mad. de Vaugrisel la somme de dix mille francs, principal de l'obligation susénoncée, ainsi que ce qui était dû des intérêts à cinq pour cent; elle a donné quittance sous réserve des sommes à à elle ainsi payées et a consenti mainlevée [149] définitive des inscriptions [83]. Il n'a point été question en cette quittance des billets au porteur passés à M. de Surgy.

19 Il a été procédé à la vente du mobilier [109] de la succession de M. Bertin, par le ministère de Me Bourgoin, notaire à…, le… juillet mil huit cent quarante-trois et jours suivants; et M. de Surgy, comme créancier [25] de la succession pour deux cents francs montant des deux billets au porteur dont est ci-dessus parlé et devenus tous deux exigibles par le fait de l'acceptation de la succession de M. Bertin sous bénéfice d'inventaire [85] a formé opposition [119] à la délivrance des deniers de cette vente entre les mains dudit Me Bourgoin.

20 Suivant exploit [20] introductif d'instance du ministère de Loury, huissier [113] à Vermon, en date du…, M. et Mad. de Vaugrisel ont assigné [20] devant le tribunal civil d'Auxerre, savoir : 1° M. de Surgy, en mainlevée [149] de son opposition à la délivrance des deniers de la vente mobilière, attendu que les billets dont il était porteur avaient une cause [107] illicite, ayant été souscrits pour intérêts [49] excédant cinq pour cent. 2° Mad. ve Guilbert, en restitution [84] de la somme de cent francs, montant du billet échu le premier juin mil huit cent quarante-deux, et ayant pour objet des intérêts excédant cinq pour cent, 3° et Mlle de Tunis, à cause de la connexité existante entre sa cause et celle de Mad. ve Guilbert, sa sœur, en restitution de huit cents francs par elle reçus pour le montant des huit billets au porteur, de chacun cent francs, qui avaient été souscrits pour intérêts à un pour cent en sus des cinq stipulés en l'obligation; et pour se voir, en outre, tous condamner solidairement [106] aux dépens [120].

21 Dans le cours de l'instance, les parties se sont respectivement signifiées leurs conclusions [73] :

22 M. et Mad. de Vaugrisel, dans celles par eux signifiées, prétendaient : 1° que l'intérêt de la somme prêtée à M. Bertin n'avait pu être stipulé qu'au taux de cinq pour cent et non à celui de six pour cent, par le motif que si l'emprunteur était commerçant, le prêteur ne l'était pas; 2° que les billets au porteur dissimulaient un intérêt de six pour cent y compris celui de l'obligation ; 3° qu'en supposant que l'intérêt fût licite à six pour cent pendant tout le temps que M. Bertin avait été commerçant, cet intérêt était devenu illicite du moment qu'il avait cessé d'être commerçant; 4° que c'était faire fraude à la loi et faciliter les moyens de percevoir des intérêts usuraires, que de donner action pour des intérêts stipulés en dehors de l'obligation ; 5° que M. de Surgy n'était point un cessionnaire; sérieux, et que, ce point établi, Mad. ve Guilbert était non-recevable à exiger des intérêts pour lesquels elle n'avait point fait de réserve dans l'obligation, le paiement du capital faisant présumer celui des intérêts aux termes de l'art., 1908 du Code civil.

23 Mad. ve Guilbert et Mlle de Tunis, dans les conclusions par elles signifiées, ont répliqué : 1° qu'il suffit que l'emprunteur soit commerçant pour que l'intérêt des obligations qu'il contracte soit stipulé à six pour cent, à son égard la dette est toujours commerciale si une autre cause n'y est exprimée, tellement qu'il est soumis à la contrainte par corps à défaut de paiement ; 2° que la nature de dette commerciale attachée à l'obligation dès son origine subsiste jusqu'à son acquittement ou à sa novation [100]; 3° que si des billets à ordre ont été créés en dehors de l'obligation pour la différence de cinq à six pour cent, quel qu'en ait été le motif, il n'y a point fraude à la loi, puisqu'en définitive la stipulation se trouve licite; 4° et Mad. ve Guilbert, en particulier, que M. de Surgy est un cessionnaire sérieux, nanti des billets au porteur, dès avant la quittance donnée du capital et des intérêts à cinq pour cent, et que de ce moment elle n'a pu rien faire, soit expressément, soit tacitement, qui puisse préjudicier aux droits de son cessionnaire.

24 M. de Surgy, par des conclusions par lui signifiées tant à M. et Mad. de Vaugrisel qu'à Mad. ve Guilbert, a déclaré qu'il était cessionnaire sérieux, et qu'il entendait rendre ladite dame garante de ses faits et promesses, ainsi que de toutes condamnations qui pourraient être prononcées contre lui.

²⁵ Suivant jugement [75] rendu par ledit tribunal d'Auxerre, le.., sur la requête [211] présentée à cet effet par M. et Mad. de VAUGRISEL, ceux-ci ont été autorisés à faire interroger [195] Mad. vᵉ GUILBERT et Mlle de TUNIS, sur les faits et articles énoncés en leurs conclusions, ainsi que sur les diverses questions posées en la requête et sur toutes autres qui seraient posées d'office par le juge instructeur.

²⁶ Dans leur interrogatoire, lesdites dame vᵉ GUILBERT et Dlle de TUNIS ont confirmé tous les faits faisant l'objet de leurs conclusions.

²⁷ Les choses en cet état, les parties ont respectivement demandé à transiger. Par suite, il a été arrêté entre elles ce qui suit :

²⁸ Art. 1. M. et Mad. de VAUGRISEL se désistent [175] de l'action [28] par eux formée contre Mad. vᵉ GUILBERT, Mlle de TUNIS et M. de SURGY; et ils renoncent [62] à pouvoir jamais former contre ces derniers, aucune demande fondée sur la même cause.

²⁹ Art. 2. M. de SURGY donne mainlevée [149] de l'opposition par lui formée à la délivrance des deniers de la vente mobilière sus-datée suivant exploit [20] de..., huissier à..., en date du.., consentant que cette opposition soit considérée comme non-faite ni avenue.

³⁰ Art. 3. Les deux billets au porteur de chacun cent francs souscrits par M. BERTIN, et étant entre les mains de M. de SURGY par suite de la cession que mad. vᵉ GUILBERT lui en a faite, ont été remis [54] par lui à M. et mad. de VAUGRISEL qui le reconnaissent et lui en donnent décharge [84], lesdits billets enregistrés à... le... etc. (42 n. 35 et 36).

³¹ Art. 4. Pour indemniser M. de SURGY du prix de la cession des deux billets dont il s'agit, mad. vᵉ GUILBERT lui a présentement payé, ainsi qu'il le reconnait, la somme de cent francs dont quittance. Au moyen de quoi il la tient quitte de toutes choses relatives aux dits billets.

³² Art. 5. Il sera fait masse de tous les frais [120] faits dans l'instance dont il s'agit tant en demandant qu'en défendant, pour, lesdits frais, être payés, moitié par M. et mad. de VAUGRISEL, et l'autre moitié par mad. vᵉ GUILBERT et Mlle de TUNIS.

³³ Art. 6. Au moyen des présentes, toutes contestations existantes entre les parties demeurent éteintes.

³⁴ Dont acte, fait et passé à Arcy [12] en l'étude (id.), l'an mil huit cent quarante-cinq [13] le quinze juin (id.), en présence de MM. (Noms, prénoms, professions et demeures), témoins instrumentaires [14]; et toutes les parties ont signé [15] avec les témoins et le notaire, après lecture [16].

³⁵ V. Répertoire, note 17. — Forme des actes, note 38. — Enregistrement, notes 181, 18 et 19.

TRANSCRIPTION (CLAUSE RELATIVE A LA FORMALITÉ DE).

V. sup. p. 43, alin. 30 et les notes au bas; p. 52, alin. 25 et la note A; p. 442 alin. 25 et 26; p. 446, alin. 2, 28 et 29.

---

¹ **1° TRANSFERT [197]** D'UNE RENTE SUR LE GRAND-LIVRE (id.), PAR UN DÉBITEUR [26] A SON CRÉANCIER [25].

² PAR-DEVANT Mᵉ Augustin [1] BRIDEAU (id.) notaire [2] à Saint-Julien [1], département de..., soussigné [15].

³ Est comparu le sieur Cyrille [5] AUDOUARD (id.), rentier (id.), demeurant (id.) à...

⁴ Lequel, pour se libérer [100] envers M. Alfred BERGA, propriétaire, demeurant à.., de la somme de six mille francs qu'il lui doit, suivant un billet [97] qu'il a souscrit au profit dudit sieur BERGA, le..., échu [77] le..., au bas (ou en marge) duquel est écrit : Enregistré [42] à..., le..., (relater littéralement la mention d'enregistrement); a, par ces présentes, cédé et transféré [197] à M. BERGA, à ce présent et acceptant [52], trois cents francs [91] de rente [197] annuelle et perpétuelle, cinq pour cent consolidés sur le grand livre de la dette publique, inscrits en son nom, reg..., vol...., n......

⁵ Pour en jouir, faire et disposer par M. BERGA, ses héritiers [78] et ayants-cause [6], comme de chose leur appartenant en pleine propriété, et en toucher les arrérages [49] à compter du....

⁶ M. AUDOUARD promet de réitérer ce transfert au profit de M. BERGA, au trésor public, dans les formes voulues par la loi du vingt-huit floréal an sept, sous quinze jours au plus tard.

⁷ (Ou bien : pour donner à M. BERGA le moyen de se faire immatriculer au trésor public, au lieu et place du cédant, ou d'en disposer autrement, si bon lui semble, M. AUDOUARD lui a remis à l'instant, ainsi que M. BERGA le reconnait, une procuration [80] en brevet [59] donnée à M. GUILLEMAUD, agent de change [197] à Paris, désigné à cet effet par M. BERGA, et spéciale à l'effet de faire transfert de ladite rente avec jouissance à compter du..., à telle personne que le procureur constitué jugera convenable, ou de vendre ladite rente aux prix et conditions que bon lui semblera, recevoir le prix de la vente, en donner quittance et décharge, signer tous actes à ce sujet ; laquelle procuration a été passée cejourd'hui devant Mᵉ..., notaire à..., et est dûment enregistrée [42]. Il lui a remis pareillement ladite inscription, dont décharge).

⁸ Au moyen de ce transport, et sous la foi de sa pleine et entière exécution, M. BERGA quitte et décharge [84] M. AUDOUARD de toutes choses relatives à la créance ci-dessus énoncée, et il lui a remis [54] ledit billet revêtu de son acquit [84], dont décharge (id.).

⁹ Si, par le fait de M. Audouard ou de ses ayants-cause [6], le transfert au trésor public ne pouvait s'exécuter, M. Berga rentrerait dans tous ses droits [27] résultants de ladite créance, dont ces présentes lui serviraient, en ce cas, de titre, et la quittance ci-dessus donnée serait considérée comme non faite ni avenue.

¹⁰ Pour l'exécution des présentes, les parties font élection de domicile [11] en leurs demeures sus-indiquées

¹¹ Dont acte, fait et passé à Saint-Julien [12] en l'étude (id.), l'an mil cent quarante-cinq [13] le vingt juin (id.) en présence de MM. (Noms, prénoms, professions et demeures), témoins instrumentaires [14] soussignés; et les parties ont signé [15] avec les témoins et le notaire, après lecture [16].

¹² V. Répertoire, note 17. — Forme des actes, note 38. — Enregistrement , notes 117, 18 et 19.

¹³ V. aussi les formules de DATION EN PAIEMENT et de DÉLÉGATION.

---

¹⁴ 2° TRANSFERT [197] DES ARRÉRAGES [49] D'UNE RENTE PERPÉTUELLE SUR L'ÉTAT, PAR LE DÉBITEUR [26] D'UNE RENTE VIAGÈRE [76] A SON CRÉANCIER [25].

¹⁵ Par-devant Mᵉ Brideau [1], notaire [2] à Saint-Julien [1], soussigné [15].

¹⁶ Sont comparus M. Nicolas [3] Perrier (id.), négociant (id.), et la dame Eugénie Dufour, son épouse de lui autorisée [68] à l'effet des présentes, demeurant [3] ensemble à Saint-Julien.

¹⁷ Débiteurs envers M. Charles Grapin, rentier et la dame Eléonore Garnier, son épouse, demeurant ensemble à Saint-Julien, aux termes d'un contrat de constitution passé devant Mᵉ..., notaire à..., le..., dûment enregistré [42], d'une rente [76] annuelle et viagère de douze cents francs [91], franche et exempte de la retenue [49] de toutes contributions présentes et futures, que lesdits sieur et dame Perrier se sont obligés [107] solidairement [106] entr'eux sans division ni discussion de payer [84] et servir à M. et mad. Grapin en leur demeure ci-dessus indiquée, en quatre termes [77] égaux, de trois en trois mois à compter du jour de l'acte de constitution, pendant la vie et jusqu'au décès du survivant desdits sieur et dame Grapin.

¹⁸ Lesquels, pour s'acquitter des arrérages de la rente ci-dessus constituée, ont délégué [100] et transféré aux sieur et dame Grapin, sus-nommés, à ce présents et acceptant, les arrérages d'une rente annuelle et perpétuelle cinq pour cent consolidés sur le grand livre de la dette publique de pareille somme de douze cents francs inscrite au nom de mad. Perrier, registre.... vol..., n°...

¹⁹ Pour en toucher, par les sieur et dame Grapin, les arrérages [49] à compter du semestre prochain, pendant leur vie et celle du survivant d'eux, époque à laquelle lesdits arrérages se réuniront à la nue-propriété réservée expressé-ment par M. et Mad. Perrier.

²⁰ Pour faire immatriculer l'inscription de ladite rente sur l'Etat au nom de M. et Mad. Grapin pour l'usufruit pendant leur vie et celle du survivant d'eux, le notaire soussigné est requis de délivrer tous certificats de propriété [223] nécessaires.

²¹ Tous les frais [5] que ces présentes occasionneront seront payés par M. et mad. Perrier, y compris ceux du certificat de propriété.

²² Dont acte, fait et passé à Saint-Julien [12], en l'étude (id), l'an mil huit cent quarante-cinq [13], le vingt juin (id.), en présence de MM. (Noms, prénoms, professions et demeures), témoins instrumentaires [14]; et les parties ont signé [15] avec les témoins et le notaire, après lecture [16].

²³ V. Répertoire, note 17. — Forme des actes, note 38. — Enregistrement, notes 117, 18 et 19.

TRANSLATION D'HYPOTHÈQUE. — V. sup. CHANGEMENT D'HYPOTHÈQUE.

TRANSMISSION DE PROPRIÉTÉ. — V. les formules d'ABANDON, d'ADJUDICATION, de BAIL EMPHYTÉOTIQUE de CONTRAT DE MARIAGE, de DATION EN PAIEMENT, de DÉLÉGATION, de DONATION, d'ÉCHANGE, de TRANSPORT, de VENTE.

TRANSPORT [96] OU CESSION :

I. D'action nominative dans une mine ;
II. De bail ;
1° D'une ferme.
2° D'une maison par adjudication, par un tuteur.

III. D'une créance ;
1° Par le créancier direct.
2° Par un cessionnaire.
IV. D'une créance déterminée due par le gouvernement.

V. *Transport éventuel sup. p.* 499, *alin.* 88, *et les formules d'*ACCEPTATION DE TRANSPORT.

I. TRANSPORT [96] D'ACTION [28] NOMINATIVE DANS UNE MINE.

Par-devant Mᵉ Constant [1] FAVERT (*id.*), notaire [2] à Bois-fourchu [1], département de.., soussigné [15].

Est comparu M. Alexis [5] LAROQUE (*id.*), propriétaire (*id.*), demeurant (*id.*) à..

Lequel, pour l'intelligence du transport qui fait l'objet des présentes, a préalablement exposé ce qui suit :

Suivant procès-verbal dressé en minute [59] et présence de témoins [14] par Mᵉ.., notaire à.., le.., enregistré, MM. Charles BRULARD, Joseph CALMET et Etienne DUCHARDIN, dans la vue de former entre eux une société [158] pour l'exploitation d'une mine de fer située à Surgy, département de.., se sont rendus adjudicataires de cette mine, sur la publication volontaire faite à la requête de M. Eutrope DUVIVIER, qui en avait obtenu la concession, conformément à la loi du vingt-un avril mil huit cent dix . Cette adjudication a eu lieu moyennant la somme de.., dont les sʳˢ BU-LARD, CALMET et DUCHARDIN se sont libérés suivant quittance [84] reçue par Mᵉ.., notaire à.., le..

En réalisation du motif de leur acquisition, et suivant contrat passé devant Mᵉ.., notaire à.., le.., ces trois adjudicataires ont formé une société [158] en nom collectif (*id.*) entre eux et en commandite (*id.*) à l'égard des porteurs des actions dont il sera ci-après parlé.

Par cet acte de société, la mine dont il est ci-dessus question forme la mise sociale des sʳˢ BRULARD, CALMET et DUCHARDIN ; et, pour ne faciliter l'exploitation, ces associés ont créé deux mille actions commanditaires et nominatives, de cinq mille francs chacune. Ces actions ont été numérotées depuis 1 jusqu'à 2000, et extraites d'un registre à souche déposé entre les mains dudit Mᵉ N.., notaire.

L'action portant le nᵒ 548 a été mise au nom de M. Mathurin RICHARD.

Suivant acte passé en minute et présence de témoins devant Mᵉ.., notaire à.., le.., M. RICHARD a cédé son action à M. Pierre-Alexis LAROQUE, père du comparant, moyennant la somme de cinq mille cinq cents francs, dont le contrat porte quittance ; et cet acte de cession a été signifié [96] à l'administration de l'exploitation de la mine, par exploit [20] de.., huissier [113] à ., en date du...

Cette action, au moyen du décès [65] du sʳ LAROQUE père, s'est trouvée appartenir à M. Jules LAROQUE, à M. Adolphe LAROQUE et à M. Alexis LAROQUE , chacun pour un tiers, comme seuls héritiers [78] pour pareille portion , de Pierre-Alexis LAROQUE, leur père, ainsi que le constate l'intitulé de l'inventaire [145] fait après son décès par Mᵉ.., notaire à.., le.. et jours suivants, enregistré.

Enfin, par acte passé devant led. Mᵉ.., le.., enregistré [42] et également signifié [20] à ladite administration par exploit [20] de.., huissier à.., en date du.., enregistré, les sʳˢ Jules et Adolphe LAROQUE ont transporté à M. Alexis LAROQUE, comparant, les deux tiers leur appartenant dans l'action n. 548 ci-dessus énoncée, moyennant la somme de quatre mille francs, dont l'acte porte quittance.

Au moyen de ce qui précède, M. Alexis LAROQUE, ayant réuni les deux tiers de cette action au tiers qui lui appartenait déjà, s'en trouve aujourd'hui être seul propriétaire.

Après cet exposé, le sʳ LAROQUE, comparant, a, par ces présentes, cédé et transporté [96], sous la simple garantie (*id.*) de ses faits et promesses.

A M. Hubert [5] CHANCEL (*id.*), négociant (*id.*), demeurant (*id.*) à ., à ce présent et ce acceptant.

L'action numérotée 548, faisant partie, ainsi qu'il est dit ci-dessus, des deux mille actions dont est composée la masse sociale des commanditaires de l'exploitation de la mine de fer de Surgy ; laquelle action a été enregistrée à.., le... — V. *sup.* p. 650, *note A.*

Pourra, le sʳ CHANCEL, faire et disposer de cette action en toute propriété, à compter de ce jour, et en entrer en jouissance, par la perception à son profit des dividendes, à compter de l'échéance du dernier semestre, et avoir droit au fonds de réserve, s'il y en a un, en raison de son action.

A l'effet de quoi le sʳ Alexis LAROQUE le met et subroge sous la simple garantie sus-exprimée, dans tous ses droits [27] au sujet de ladite action.

Le présent transport est fait à la charge par le sʳ CHANCEL , qui le promet et s'y oblige :

1° D'entrer aux lieu et place de M. Alexis LAROQUE, dans les charges et obligations relatives à ladite action, résultantes soit de l'acte de société sus-énoncé, soit de tous statuts et réglements concernant cette société.

2° Et de payer les déboursés [3] et honoraires (*id.*) auxquels ces présentes pourront donner ouverture.

PRIX. Le présent transport est fait en outre moyennant la somme de six mille francs que M. LAROQUE reconnaît avoir présentement reçue de M. CHANCEL, en espèces de monnaie [91] ayant cours, comptées et délivrées à la vue (ou : hors la vue) du notaire soussigné. Dont quittance. — V. *sup.* p. 496, *note B et note* 96, *n.* 86.

Reconnaît, M. CHANCEL, que M. LAROQUE lui a présentement remis [54] : 1° l'original de ladite action numérotée 548 ; 2° les expéditions [64] des actes de cession et les originaux des exploits [20] de signification, ainsi qu'un ex-

trait [64] de l'intitulé de l'inventaire fait après le décès du sr Laroque, père; le tout ci-devant énoncé. Dont décharge [84].

¹³ Pour faire signifier [20] et mentionner [84] ces présentes à qui et partout où besoin sera, tout pouvoir [80] est donné au porteur d'une expédition.

¹⁴ Et pour l'exécution de ce qui précède, les parties font élection de domicile [11] en leurs demeures respectives sus-indiquées.

¹⁵ Dont acte, fait et passé à Bois-fourchu[12], en l'étude (id.), l'an mil huit cent quarante-cinq [13], le seize juin (id.), en présence de MM. (Noms, prénoms, professions et demeures), témoins instrumentaires [14]; et les parties ont signé [15] avec les témoins et le notaire, après lecture [16].

¹⁶ V. Répertoire, note 17. — Forme des actes, note 38. — Enregistrement, notes 90, 18 et 19.

---

¹⁷   II. — 1° TRANSPORT [96] de bail [105] d'une ferme [7].

¹⁸ Par-devant Me Favert [1], notaire [2] à Bois-fourchu [1], soussigné [13].

¹⁹ Sont comparus, M. Pierre [3] Ledru (id.), cultivateur (id.), et dame Hortense Chamoux, son épouse, qu'il autorise [68] à l'effet des présentes, demeurant [3] ensemble à..

²⁰ Lesquels ont, par ces présentes, cédé et transporté [96], sous la simple garantie de leurs faits et promesses.

²¹ A M. Prosper [3] Leroux (id.), aussi cultivateur, et à dame Julie Desnoyers, son épouse de lui autorisée à l'effet des présentes, demeurant à.., à ce présents et acceptant [52].

²² Tous leurs droits, pour les onze années qui restent à courir à compter du.., au bail que leur a fait le sr Dubouzet, ci-après intervenant, avec prohibition de céder ou sous-louer, pour dix-huit années qui ont commencé le.., d'une ferme située [141] à.., composée de bâtiments d'habitation et d'exploitation, de cinquante hectares [91] de terres labourables et cinq hectares de prés, suivant acte passé en minute [59] et présence de témoins [14] devant Me.., notaire à.., le.., moyennant le fermage ci-après énoncé, et en outre aux charges [58] et conditions [153] suivantes (ou : y exprimées et dont lesdits époux Leroux déclarent avoir pris connaissance), que les sr et dame Leroux s'obligent solidairement [106] d'exécuter, de manière que les sr et dame Ledru ne soient aucunement inquiétés ni recherchés à ce sujet, savoir : 1° de garnir la ferme de meubles [86], bestiaux, ustensiles de labours, grains, fourrages et objets mobiliers, en suffisante quantité pour répondre des fermages; 2°.. (*Rapporter successivement toutes les charges et obligations imposées au fermier par le bail dont on fait le transport*).

²³ Et encore à la charge de payer, en l'acquit et à la décharge des sr et dame Ledru, à M. Dubouzet, en sa demeure à.., ainsi qu'ils s'y obligent solidairement, comme il est ci-dessus dit, la somme de deux mille quatre cents francs de fermage annuel, moyennant lequel ledit bail a été fait, en deux portions égales, les vingt-cinq décembre et vingt-quatre juin de chaque année : de sorte que le premier terme [77] écherra et sera payé le vingt-cinq décembre prochain, le second le vingt-quatre juin suivant, et ainsi de suite jusqu'à l'expiration dudit bail.

²⁴ Ce transport de bail est en outre fait moyennant la somme de douze cents francs, à titre de pot-de-vin, laquelle somme les sr et dame Leroux ont présentement payée aux sr et dame Ledru, qui le reconnaissent. Dont quittance.

²⁵ Par suite des présentes, les cédants subrogent le cessionnaire dans tous les droits et actions résultant en sa faveur du bail ci-dessus énoncé, notamment dans l'effet des obligations contractées par M. Dubouzet.

²⁶ A ces présentes est intervenu (A) M. Ignace Dubouzet, propriétaire, demeurant à..

²⁷ Lequel, après que lecture lui a été faite par Me Favert, notaire soussigné, du transport de bail qui précède, a déclaré avoir ce transport pour agréable, et se le tenir pour signifié, (B) sous la condition cependant que les sr et dame Ledru, qui y consentent, resteront garants et cautions [32] solidaires des sr et dame Leroux, tant pour le paiement du fermage que pour l'exécution de toutes les charges et conventions portées dans le bail, lequel conservera toute sa force contre les cédants, et sans que l'exécution de la part des cessionnaires puisse être considérée comme une dérogation [100] aux droits de M. Dubouzet résultant dudit bail contre les cédants.

²⁸ Avant l'entrée en jouissance des sr et dame Leroux, il sera fait avec eux et les cédants, en présence du propriétaire, un récolement de l'état des lieux qui a été dressé de la ferme, et conformément auquel état les cessionnaires s'obligent de rendre cette ferme à l'expiration du bail. — V. inf. alin. 51.

²⁹ Les déboursés [5] et honoraires (id.) des présentes seront payés par les cessionnaires.

⁴⁰ Les sr et dame Ledru ont présentement remis aux cessionnaires qui le reconnaissent l'expédition [64] du bail sus-énoncé et le double de l'état des lieux. Lequel état a été enregistré à.., le..., etc. Dont décharge [84].

(A) Cette intervention n'est nécessaire que quand le bail contient prohibition de céder ou sous-louer. — V. sup. p. 621 note A.
(B) *Quand le propriétaire qui a fait défense de céder décharge le cédant, on substitue ce qui suit au restant de l'alinéa :*
....Comme aussi décharger les époux Ledru de l'effet dudit bail à compter de la prise de possession du cessionnaire ; mais il fait réserve contre eux de tous ses droits, actions et priviléges résultant de ce même bail, tant pour les loyers qui se trouveront dus lors de ladite prise de possession par le cédant que pour l'exécution de l'obligation de remettre à cette époque audit sr Dubouzet les lieux conformément à l'état dressé entre lui et le cédant.

40   Dont acte, fait et passé.. — *V. sup. alin.* 25. — *Enregistrement,* note 218.

41   II. — 2° TRANSPORT [96] DE BAIL [105] PAR ADJUDICATION [139] D'UNE MAISON PAR UN TUTEUR[163]

42   L'an mil huit cent quarante-cinq [15], le dimanche vingt-deux juin (*id.*), à l'heure de midi.

43   Par-devant M⁰ FAVERT [1], notaire [2] à Bois-fourchu [1], soussigné [15], et en présence des témoins [14] ci-après nommés, aussi soussignés.

44   Est comparu M. Achille [3] LELOIR (*id.*), homme de loi (*id.*), demeurant (*id.*) à…

45   Agissant comme tuteur [165] datif de Louis [3] MICHAULT (*id.*), enfant mineur [65] de défunts Pierre MICHAULT et Claudine DUMAY, nommé à cette fonction qu'il a acceptée suivant délibération [165] du conseil de famille dudit mineur tenu sous la présidence de M. le juge de paix [94] du canton de. , le. , dûment enregistré.

46   Lequel a dit : que par acte passé devant Mᵉ…, notaire à. , le. , dûment enregistré, M. Prosper VULOT, propriétaire, demeurant à. , a loué [105] au s' Pierre MICHAULT et à sa femme, sus-nommés, une maison située [141] à. , rue. , n. , pour neuf années moyennant six cents francs de loyer annuel payables de six mois en six mois, et sans prohibition de céder ni sous-louer.

47   Que les époux MICHAULT étant décédés [63] en possession de ladite maison comme locataires, et que lui tuteur ne pouvant continuer le bail pour et au nom de son pupille, il avait fait annoncer par affiches [179] et publications à son de caisse qu'il serait cejourd'hui, heure présente, procédé au transport par adjudication dudit bail en l'étude et par le ministère du notaire sousssigné ; mais avant, il a requis ledit notaire de faire la désignation de ladite maison et de rédiger les charges et conditions de l'adjudication, ce qui a lieu ainsi qu'il suit :

48   DÉSIGNATION [141]. Une maison [7] située [141] à. — *V. sup. p.* 49, *alin.* 7 et 8.

49   CHARGES [58] ET CONDITIONS [153].— Art. 1ᵉʳ. L'adjudicataire aura le droit de continuer le bail de la maison dont il s'agit pour les six années qui en restent à courir à compter du premier juillet prochain, à l'effet de quoi il sera subrogé [114] par le seul fait de l'adjudication dans tous les droits [27] et actions [28] résultant en faveur du mineur MICHAULT du bail sus énoncé, et notamment dans le bénéfice qui peut résulter des obligations contractées par M. VULOT, suivant ledit bail dont il sera fait lecture avant l'adjudication (*ou bien :* dont les conditions suivent : — 1°…, 2°…, *rappeler ici les conditions*).

50   Art. 2. L'adjudicataire paiera de six en six mois [77] en l'acquit et à la décharge du mineur MICHAULT à M. VULOT, sus-nommé, en la demeure à… de ce dernier, la somme [55] de six cents francs [94] de loyer annuel à compter dudit jour premier juillet, premier semestre devant échoir le premier janvier prochain, pour ainsi continuer de six en six mois jusqu'à la fin dudit bail.

51   Art. 3. Lors de l'entrée en jouissance de l'adjudicataire, M. LELOIR comme tuteur du mineur MICHAULT remettra les lieux dans l'état où ils étaient lors du bail fait aux époux MICHAULT, à l'effet de quoi M. VULOT et l'adjudicataire seront appelés à reconnaître si lesdits lieux sont dans un état conforme et l'adjudicataire prendra l'engagement de les rendre à son tour conformément audit état. —*V. sup. alin.* 38.

52   Art. 4. La somme qui, en sus du loyer dû au propriétaire et des autres charges, reviendra au cédant pour prix du transport de bail sera payée par l'adjudicataire entre les mains de M. LELOIR, comme tuteur, en six paiements [77] égaux d'année en année à compter du premier juillet prochain, première année devant échoir le premier juillet mil huit cent quarante six et pour ensuite continuer ainsi d'année en année jusqu'à fin de paiement.

53   Art. 5. L'adjudicataire paiera en sus du prix et des charges de l'adjudication dans la huitaine de ce jour entre les mains et sur la quittance [84] du notaire soussigné deux pour cent dudit prix et du loyer sur toutes les années cumulées pour les déboursés [3] de timbre, de publication et d'enregistrement et pour le coût d'une grosse [64] pour le cédant ainsi que pour les honoraires [3] dudit notaire à l'adjudication.

54   (A) Art. 6. L'adjudication aura lieu à la chaleur des enchères [139] et à l'extinction de deux feux (*id.*) sans enchère sur la mise à prix du loyer annuel (B) de six cents francs à payer au propriétaire: le montant de chaque enchère ne pourra être moindre de dix francs.

55   Art. 7. Pour l'exécution des charges [58] et conditions [153] de l'adjudication , l'adjudicataire sera tenu d'élire domicile [11] dans un lieu quelconque de…

56   Sous les charges et conditions qui précèdent et celles qui sont contenues au bail du .., précité, et dont il a été fait lecture aux personnes assemblées, il a été, par ledit Mᵉ FAVERT, procédé à la réception des enchères et à l'adjudication, s'il y a lieu, de la manière suivante :

(A) Le cédant qui ne s'est point interdit le droit de céder son bail n'étant point responsable du défaut de paiement du loyer ou du défaut d'exécution des charges et conditions de la part du cessionnaire, il est inutile pour lui d'insérer les clauses pénales qui sont sup. p. 154, alin. 52, 53, 54 et 55 ; s'il le fait ce ne peut être que dans son intérêt propre pour l'excédant de prix.

(B) Si l'adjudication avait lieu pour une somme moindre du loyer dû au propriétaire, l'acte n'aurait plus l'effet d'un transport de bail mais d'un sous-bail , parce que alors il serait vrai de dire que le cédant ne transporte pas son bail puisqu'il le modifie — *V. la formule de* SOUS-BAIL.

57 ADJUDICATION [139]. Les feux ayant été allumés sur la mise à prix de six cents francs outre les charges, il a été fait pendant leur durée plusieurs enchères dont la dernière par M. Jean ISTACE a porté le prix à six cent cinquante francs.

58 Sur cette somme, deux feux ayant été allumés successivement sans que pendant leur durée il ait été fait aucune enchère, M. ISTACE a été déclaré adjudicataire.

59 En conséquence, le bail de la maison dont il s'agit a été transporté par M. LELOIR comme tuteur du mineur MICHAULT à M. Jean [5] ISTACE (*id.*) négociant (*id.*), demeurant (*id.*) à Bois-Fourchu, à ce présent et acceptant [52], moyennant ladite somme de six cent cinquante francs outre les charges, laquelle somme revient pour six cents francs à M. VULOT, propriétaire de la maison, et pour les cinquante francs de surplus au mineur MICHAULT.

60 Pour l'exécution desdites charges et conditions, M. ISTACE fait élection de domicile [11] en sa demeure actuelle jusqu'à son entrée en jouissance de la maison dont il s'agit, et, après cette époque, en ladite maison.

61 De tout ce que dessus il a été dressé le présent procès-verbal, à Bois-Fourchu [12] en l'étude (*id.*), les jour, mois et an susdits [13], en présence de MM. (*Noms, prénoms, professions et demeures*), témoins instrumentaires [14]; et M. LELOIR ainsi que M. ISTACE ont signé [15] avec les témoins et le notaire, après lecture [16]. — V. *sup. p.* 136, *notes A et B.*

62 V. *Répertoire*, note 17. — *Forme des actes*, note 58. — *Enregistrement*, notes 218, 18 et 19.

---

63 III.-1° TRANSPORT [96] PAR LE CRÉANCIER [23] DIRECT, D'UNE SOMME DUE PAR OBLIGATION OU JUGEMENT (A).

64 Par-devant Me FAVERT [1], notaire [2] à Bois-Fourchu [1] soussigné [15].

65 Est comparu M. Stanislas [3] BONNET (*id.*), propriétaire (*id.*), demeurant (*id.*) à...

66 Lequel a, par ces présentes, cédé et transporté [96], sous la simple garantie de ses faits et promesses, comme chose due et non reçue (*ou* : avec garantie de la solvabilité actuelle du débiteur ci-après-nommé. — *Ou bien* : avec garantie de la solvabilité actuelle et future du débiteur ci-après nommé, (*on ajoute quelquefois* : et même avec promesse de payer dans le cas où le débiteur ci-après nommé ne rembourserait pas dans la huitaine du commandement [194] qui lui serait fait).— V. *inf. alin.* 183.

67 A M. Athanase [5] GAUTHEROT, (*id.*) employé (*id.*), demeurant (*id.*) à..., à ce présent et ce acceptant [52].

68 La somme [55] de deux mille francs [91] exigible [77] le..., (*ou* : actuellement exigible) qui est due au cédant par le sr LEFÈVRE, ci-après intervenant, pour le montant d'une obligation souscrite à son profit par ce dernier, suivant acte passé devant Me ..., notaire à.., le..., enregistré, et produisant intérêts [49] à raison de cinq pour cent par an, payables de six en six mois à compter du..., (*ou bien* : pour le montant en principal des condamnations prononcées au profit du cédant contre ce dernier suivant jugement [75] par défaut rendu par le tribunal civil (*ou* : de commerce) de..., le..., dernier, dûment enregistré et signifié (*id.*), mais non encore exécuté (*ou* : exécuté [75] dans les six mois de son obtention); *ou bien* : suivant jugement contradictoire rendu par le tribunal de..., le..., enregistré et signifié.

69 Plus celle du.., qui est due aussi au cédant pour les intérêts [49] de ladite somme principale calculés depuis le... jusqu'à ce jour.

70 Pourra, M. GAUTHEROT, toucher et recevoir de M. LEFÈVRE ou de tous autres qu'il appartiendra, la somme principale présentement transportée, ensemble les intérêts échus et ceux à échoir, ou autrement en faire et disposer comme bon lui semblera, et de chose lui appartenant en toute propriété, au moyen des présentes, le tout à compter de ce jour.

71 A l'effet de quoi M. BONNET, sous la garantie sus-exprimée, l'a mis et subrogé dans tous les droits [27], noms, raisons, actions [28] et hypothèques [30], résultant à son profit de l'obligation (*ou* : du jugement) précitée, notamment dans l'effet de l'inscription [83] prise au profit du cédant au bureau des hypothèques de..., le..., vol..., n°..., contre ledit sr LEFÈVRE : déclarant (B), le cédant, que les droits conservés par cette inscription subsistent en leur entier, et qu'il n'a consenti aucun désistement [175] qui diminue les sûretés attachées à la créance (*ou bien* : que les droits conservés par cette inscription ne subsistent plus en leur entier, attendu qu'il a donné main-levée de l'inscription à l'égard de *tel* objet). — V. *sup. p.* 67, *note A.*

72 Le présent transport est fait moyennant la somme [55] de dix huit cents francs [91], que M. BONNET reconnaît avoir reçue de M. GAUTHEROT, en espèces de monnaie ayant cours [91]. Dont quittance [84].

73 M. GAUTHEROT reconnaît que M. BONNET lui a présentement remis [54] la grosse [64] de l'obligation (*ou* : du jugement) et le bordereau de l'inscription [83] ci-dessus énoncée. Dont décharge [84].

(A) Le transport d'un billet simple ou promesse de payer peut avoir lieu par voie d'endossement, bien qu'il ne soit point négociable (V. note 96 n. 11 et note 45 n. 25). — Mais pour saisir le cessionnaire vis-à-vis des tiers qui viendraient ensuite à former opposition, l'endossement doit être signifié au débiteur (Cass. 11 av. 1827).— Une signification préalable à la demande en paiement de la part du cessionnaire n'est pas nécessaire (Arg. C. civ. 1690 et 877).

(B) Il est à propos de s'expliquer clairement à cet égard dans le transport surtout quand la créance est cédée sans autre garantie que celle de son existence. Sans cela, le cessionnaire qui croit avoir une créance intacte pourrait avoir une créance à laquelle le cédant aurait été toutes les sûretés, et celui-ci ne serait passible d'aucun recours d'après cette règle *qu'on ne peut transmettre à un autre plus de droits qu'on n'en a soi-même.*

74   Pour faire opérer la subrogation ci-dessus consentie avec élection de domicile en la demeure de M... située dans l'étendue de l'arrondissement du bureau des hypothèques et pour faire signifier ces présentes à qui besoin sera, tout pouvoir est donné au porteur d'une expédition [64] ou d'un extrait (*id.*) des présentes.

75   (*Si le débiteur intervient pour accepter le transport et se le tenir pour signifié, avant ces mots,* « et pour faire signifier.., etc. , *qui terminent l'alin.* 74, *on ajoute ce qui suit :*

76   A ces présentes est intervenu M. Eugène LEFÈVRE, propriétaire demeurant à...

77   Lequel a, par ces présentes, déclaré avoir le présent transport pour agréable, se le tenir pour bien et dûment signifié, et n'avoir entre les mains aucune opposition ni aucun empêchement qui puissent en arrêter l'effet (*ou bien :* et qu'il n'est pas à sa connaissance qu'il existe aucune opposition ni empêchement, etc.)— *V. sup. les formules* D'ACCEPTATION DE TRANSPORT.

78   Les déboursés [8] et honoraires des présentes et le coût d'une expédition présentement requise seront payés par..,

78   (*Si le débiteur intervenu demande une prorogation, on continue ainsi qu'il suit :*)

79   Et sur la demande que le sieur LEFÈVRE lui en a faite, le sieur GAUTHEROT proroge jusqu'au... le terme d'exigibilité de la somme de deux mille francs à lui présentement transportée, mais sous la condition expresse..,(V. *sup.* PROROGATION DE DELAI. p. 551, *alin.* 6.

80   Pour l'exécution des présentes, les parties font élection de domicile [11] en leurs demeures respectives ci dessus indiquées.

81   Dont acte, fait et passé. — V. *sup. alin.* 25. — *Enregistrement* note 174.

---

82   III. — 2° TRANSPORT [96] PAR LE CESSIONNAIRE D'UNE CRÉANCE.

83   Par-devant Mᵉ FAVERT [1], notaire [2] à Bois-Fourchu [1], soussigné [15].

84   Est comparu M. Charles [3] POMMIER (*id.*), propriétaire (*id.*), demeurant (*id.*) à....

85   Lequel, pour l'intelligence du transport qui fait l'objet des présentes, a préalablement exposé ce qui suit :

86   Par acte passé en minute [59] et présence de témoins [14] devant Mᵉ.., notaire à.., le.., enregistré [42], M. Fiacre RENDU, entrepreneur de travaux, demeurant à.., s'est reconnu débiteur envers M. Simon LEVERT, rentier, demeurant à.., d'une somme de six mille francs pour reliquat de tous comptes arrêtés entr'eux, laquelle somme a été stipulée remboursable le..., avec intérêts [49] sur le pied de six pour cent par an, sans retenue et payables annuellement à compter du jour de l'obligation.

87   A la sûreté du remboursement de cette somme de six mille francs et du paiement de ses intérêts le sieur RENDU a hypothéqué [30] une maison située à.., rue..., n.., déclarée libre d'hypothèques.

88   Audit acte est intervenue la dame Sophie LENOIR épouse dudit sieur Rendu, laquelle, procédant sous l'autorisation [68] de son mari, s'est obligée solidairement avec lui au remboursement de ladite somme et de ses intérêts envers M. LEVERT et a hypothéqué à la sûreté de son obligation la maison ci-dessus désignée, conquêt de la communauté d'entre elle et son mari, mais sous la condition expresse, que la garantie par elle donnée était expressément limitée à ladite maison, qu'elle ne serait nullement obligée personnellement à la dette de son mari envers M. LEVERT et qu'en conséquence, si, après discussion de l'immeuble hypothéqué, le prix était insuffisant pour payer la dette en principal et accessoires, ladite dame ne serait plus obligée en aucune manière au paiement du surplus.

89   En vertu de cette obligation, M. RENDU a pris inscription [83] au bureau des hypothèques de.., le.., vol.., n.., et suivant un certificat [111] délivré par le conservateur des hypothèques audit bureau le.., il a été établi que la maison hypothéquée n'était grevée que de ladite inscription.

90   Suivant acte passé devant Mᵉ.. notaire à.., le.., M. LEVERT a transporté cette somme de six mille francs, ensemble ses intérêts à compter du jour du transport à M. Ferdinand LEGRIFFE, négociant, demeurant à..

91   Ce transport a été signifié [20] au sᵣ RENDU et à sa femme, suivant exploit de..., huissier à.., en date du.., enregistré, et la subrogation dans l'effet de l'inscription sus-énoncée a été opérée le.., au profit de M. LEGRIFFE.

92   Enfin, suivant acte passe en minute devant Mᵉ.., notaire à.., le.., enregistré, le sᵣ LEGRIFFE a transporté cette créance à M. POMMIER, sus-nommé.

93   Par cet acte, auquel sont intervenus les débiteurs, qui se sont tenus le transport pour signifié, M. POMMIER a prorogé le terme [77] d'exigibilité de cette créance aux.., et la subrogation consentie à son profit dans l'effet des inscriptions a été opérée au bureau des hypothèques le..

94   Dans cet état de choses, le sᵣ POMMIER a, par ces présentes, cédé et transporté sans autre garantie que celle de l'existence de la créance.— V. *sup. alin.* 66.

95   Au sᵣ Jacques [5] MICHELET (*id.*), propriétaire (*id.*), demeurant à.., à ce présent et acceptant [32].

96   Ladite somme de six mille francs montant de l'obligation ci-dessus énoncée, et dont le sᵣ POMMIER est cessionnaire, ainsi qu'il vient d'être établi.

97   Pourra, M. MICHELET, toucher et recevoir la somme transportée ainsi que ses intérêts échus et à échoir depuis le.., ou bien il en disposera autrement comme bon lui semblera, le tout à compter de ce jour. A l'effet de quoi, M. POMMIER, sous la simple garantie sus-exprimée, a mis et subrogé M. MICHELET dans tous ses droits [27], noms (*id.*), raisons (*id.*), actions [28] et hypothèques [30] résultant au profit du cédant de l'obligation et des transports ci-dessus

énoncés, et notamment dans l'effet entier des inscriptions et mentions de subrogations ci-devant relatées. — *V. sup. alin.* 71.

98   Le présent transport est fait moyennant la somme de cinq mille cinq cents francs que M. Pommier reconnaît avoir présentement reçue [84] de M. Michelet en espèces ayant cours de monnaie [91]. Dont quittance.

99   M. Michelet reconnaît que M. Pommier lui a présentement remis la grosse [64] de l'obligation et le bordereau de l'inscription ci-dessus énoncée ainsi que les transports et certificats de subrogation précités. Dont décharge.

100   Pour faire opérer la subrogation ci-dessus consentie, avec élection de domicile en la demeure de.., et faire signifier ces présentes à qui besoin sera, tout pouvoir est donné au porteur d'une expédition ou d'un extrait. — *V. sup. alin.* 74 à 79.

101   Pour l'exécution des présentes.... — *V. sup. alin.* 24.

102   Dont acte, fait et passé.... — *V. sup. alin.* 25 et 81.

---

103   IV. — TRANSPORT [96] d'une créance déterminée due par le gouvernement.

104   Par-devant Mᵉ Favert [1], notaire [2] à Bois-fourchu [1], soussigné [15].

105   Est comparu M. Etienne [1] Deslions (*id.*), fournisseur d'habillements du treizième régiment d'infanterie, demeurant (*id.*) à..

106   Lequel a, par ces présentes, cédé et transporté, sous la simple garantie de ses faits et promesses (*ou : avec garantie de la solvabilité actuelle et future du débiteur*).

107   A M. Claude [3] Morel (*id.*), propriétaire (*id.*), demeurant (*id.*) à.., à ce présent et acceptant [52].

108   La somme de quinze mille francs à prendre et recevoir, avec toute priorité [102] et préférence au cédant dans celle de cinquante mille francs, montant de la première ordonnance de paiement qui lui sera délivrée, à valoir sur les sommes qui lui sont et pourront être dues, en sa qualité ci-dessus exprimée, par le gouvernement français.

109   Pourra, M. Morel, toucher et recevoir directement et sur ses simples quittances de tous payeurs, caissiers et autres qu'il appartiendra, la somme présentement transportée, ou autrement en faire et disposer comme bon lui semblera et de chose lui appartenant en toute propriété au moyen des présentes, et à compter de ce jour.

110   A l'effet de quoi M. Deslions, sous la simple garantie sus-exprimée, a mis et subrogé M. Morel, jusqu'à due concurrence, dans ses droits [27], noms, raisons et actions, au sujet de la créance dont il s'agit.

111   Le présent transport est fait moyennant la somme de quatorze mille francs que M. Deslions reconnaît avoir reçue comptant de M. Morel en espèces ayant cours de monnaie [91]. Dont quittance.

112   Déclare, M. Deslions, qu'il n'existe aucune opposition qui puisse empêcher l'effet du présent transport.

113   Pour faire signifier [20] ces présentes à qui besoin sera tout pouvoir est donné au porteur d'une expédition [64].

114   Pour l'exécution des présentes, les parties font élection de domicile [11] en leurs demeures susdites.

115   Dont acte, fait et passé à.. — *V. sup. alin.* 25.

---

116   V. — TRANSPORT [96] de créances non liquidées dues par le gouvernement.

117   Par-devant Mᵉ Favert [1], notaire [2] à Bois-fourchu [1], soussigné [15].

118   Est comparu M. Deslions (*id.*).... — *V. sup. alin.* 105.

119   Lequel a, par ces présentes, cédé et transporté, sous la simple garantie de ses faits et promesses. — *V. sup. alin.* 106.

120   A M. Claude Morel, propriétaire, demeurant à.., à ce présent et acceptant [52].

121   Toutes les sommes généralement quelconques qui peuvent être dues à M. Deslions en sa qualité ci-dessus exprimée par le gouvernement sur les exercices des années.....

122   Pourra, M. Morel, toucher et recevoir les sommes transportées.... — *V. sup. alin.* 109.

123   A l'effet de quoi M. Deslions, sous la garantie sus-exprimée, a mis et subrogé..... — *V. sup. alin.* 110.

124   Le présent transport est fait à forfait, moyennant la somme de.... que M. Deslions reconnaît avoir reçue comptant du cessionnaire. Dont quittance.

125   Déclare, M. Morel : 1° qu'il n'existe aucune opposition [108] qui puisse empêcher l'effet du présent transport.

126   2° Que la liquidation des créances dont il s'agit n'a point encore été opérée et qu'il n'a entre ses mains aucuns titres ni papiers à leur appui, lesquels sont déposés dans les bureaux du ministère de la guerre, et M. Morel est autorisé par ces présentes à les retirer quand il appartiendra.

127   Pour faire signifier [20] ces présentes à qui besoin sera, tout pouvoir est donné au porteur d'une expédition [64].

128   Pour l'exécution des présentes, les parties font élection de domicile [11] en leurs demeures respectives.

129   Dont acte, fait et passé à.... — *V. sup. alin.* 25 et 81.

---

130   VI. — TRANSPORT [96] de droits litigieux (*id.*).

131   Par-devant Mᵉ Favert [1], notaire [2] à Bois-fourchu [1], soussigné [15].

¹³²   Est comparu M. Etienne Faubin [3], propriétaire (id.), demeurant (id.) à..

¹³³   Lequel, avant de passer au transport qui fait l'objet des présentes, a exposé ce qui suit :

¹³⁴   Suivant deux testaments [152] olographes et séparés en date du même jour deux janvier mil huit cent quarante-quatre, enregistrés [42] et présentés à M. le président du tribunal civil de.. qui en a constaté l'état et ordonné le dépôt en l'étude de Me.., notaire à.., le.., suivant son procès-verbal d'ouverture et de description desdits testaments en date du.., lequel dépôt a eu lieu le.., M. Mathias Lenoble, en son vivant négociant à.., a fait don et legs [24] à titre particulier au comparant et à M. Louis Sencier, homme de lettres, demeurant à.., du domaine des Rechignins, situé sur le territoire de la commune de...

¹³⁵   M. Sencier ayant prétendu que le legs fait du même objet à chacun d'eux le même jour et par deux actes séparés n'était point un legs conjoint, et que le testament contenant legs à son profit avait révoqué celui fait au profit du comparant auquel il était antérieur, ainsi qu'il l'établirait au besoin, a demandé en justice la délivrance [24] dudit domaine aux héritiers [78] de M. Lenoble.

¹³⁶   De son côté le comparant a demandé aussi en justice la délivrance de la moitié dudit domaine aux héritiers de M. Lenoble, prétendant que ces deux testaments devaient être interprétés en ce sens que le testateur avait entendu donner la moitié du domaine à l'un et l'autre moitié à l'autre.

¹³⁷   Sur ces deux demandes, les héritiers Lenoble ont déclaré qu'ils étaient tout prêts à faire la délivrance dudit domaine à qui par justice serait ordonné ou quand les deux prétendants seraient d'accord.

¹³⁸   Les choses étant en cet état, M. Faubin a, par ces présentes, cédé et transporté [96] sans aucune garantie et aux risques et périls du cessionnaire.

¹³⁹   A M. Grégoire [5] Colignon (id.), sans profession (id.), demeurant à.., à ce présent et ce acceptant [52].

¹⁴⁰   Tous ses droits comme légataire de M. Lenoble au domaine de Rechignins, situé [141] sur le territoire de la commune de.., sans aucune exception, pour raison desquels droits il y a procès entre le cédant et M. Sencier, par-devant le tribunal civil de.., par suite de ce qui vient d'être expliqué.

¹⁴¹   Pour, par le sr Colignon, à ses risques et périls, jouir, faire et disposer du droit présentement cédé comme de chose lui appartenant en toute propriété, à compter de ce jour.

¹⁴²   A l'effet de quoi M. Faubin le met et subroge sans aucune garantie, dans tous les droits [27] et actions [28] même ceux rescindants et rescisoires [96] résultant en sa faveur du testament ci-dessus énoncé, ainsi que de tous titres quelconques.

¹⁴³   Le présent transport est fait à la charge par le sr Colignon, qui s'y oblige :

¹⁴⁴   1° De payer les déboursés [5] et honoraires (id.) auxquels ces présentes donneront lieu.

¹⁴⁵   2° De soutenir à ses dépens et à ses risques et périls la contestation existante avec M. Sencier, de manière à ce que le cédant ne soit nullement inquiété ni recherché à ce sujet.

¹⁴⁶   Et, en outre, ce transport est consenti à forfait, moyennant la somme de... francs que le sr Faubin reconnaît avoir présentement reçue du sr Colignon en espèces ayant cours de monnaie [91]. Dont quittance [84].

¹⁴⁷   Pour faire signifier [20] ces présentes à qui besoin sera, tout pouvoir est donné au porteur d'une expédition [64].

¹⁴⁸   Dont acte, fait et passé.. — V. sup. alin. 23. — Enregistrement, note 57.

---

¹⁴⁹   VII. — TRANSPORT [96] DE DROITS SUCCESSIFS (id.).

¹⁵⁰   Par-devant Me Favert [1], notaire [2] à Bois-Fourchu [1], soussigné [15].

¹⁵¹   Est comparu M. Louis [5] Audoin (id.), propriétaire (id.), demeurant (id.) à..

¹⁵²   Lequel a, par ces présentes, cédé et transporté, sans autre garantie que celle de sa qualité d'héritier.

¹⁵³   A M. Célestin [5] Bertaux (id.), grainetier (id.), demeurant (id.) à.., à ce présent et acceptant [52], acquéreur pour lui, ses héritiers [78] et ayants-cause (id.).

¹⁵⁴   Tous les droits successifs mobiliers [86] et immobiliers (A), tant en fonds et capitaux [136] qu'en fruits [50] et revenus (id.), intérêts [49] et arrérages (id.), échus et à échoir antérieurs et postérieurs à l'ouverture de la succession qui peuvent appartenir à M. Audoin dans l'hérédité de M. Pierre Audoin, son frère, décédé [65] à.., le.., et dont il est habile [54] à se porter héritier [78] pour un quart (s'il a été fait un inventaire constatant cette qualité on ajoute ici : ainsi que le constate l'intitulé de l'inventaire [143] fait après le décès dudit sr Pierre Audoin par Me.., notaire à.., qui en a la minute, en présence de témoins, en date au commencement du.., dûment enregistré; — ou bien, si c'est un acte de notoriété : ainsi qu'il est constaté par un acte de notoriété à défaut d'inventaire après le décès dudit sr Audoin, reçu en minute [59] et présence de témoins par Me.., notaire à.., le.., dûment enregistré).

¹⁵⁵   Ainsi que ces droits lui appartiennent, et tels qu'ils se composent, à quelques sommes qu'ils puissent monter, et en quelques lieux qu'ils soient situés, assis ou dûs, sans en rien excepter ni réserver.

(A) Quand les droits successifs mobiliers ont de l'importance et que les droits immobiliers en ont peu, il y a beaucoup d'économie à faire deux actes à cause du droit d'enregistrement qui n'est que de 2 p. 0/0 pour les meubles, tandis qu'il est de 5. 50 p. 0/0 pour les immeubles et les meubles vendus par un seul et même acte sans désignation ni estimation des meubles article par article. (V. note 90 n. 57 et suiv. et note 57, n. 84) — Dans ce cas, on met dans l'un des actes « tous les droits successifs mobiliers seulement etc. » et dans l'autre, tous les droits successifs immobiliers seulement, etc.

156 Pour en jouir, faire et disposer par M. BERTAUX comme bon lui semblera, et comme de chose lui appartenant en pleine propriété, à l'effet de quoi M. AUDOIN le met et subroge, sans autre garantie que celle ci-dessus exprimée, dans tous ses droits et actions, même ceux rescindants [27, n. 406 *bis*] et rescisoires [96, n. 91].

157 Ce transport est fait à la charge par le cessionnaire, qui s'y oblige : 1° de payer et acquitter de manière que le cédant ne soit point inquiété à ce sujet, le quart à sa charge dans les dettes de ladite succession. Cette portion de dettes est évaluée à.. francs, pour asseoir le droit d'enregistrement; 2° et de payer tous les droits [5] et frais (*id.*) auxquels le présent acte donnera lieu, ainsi que le coût d'une expédition présentement requise.

158 Ledit transport est fait, en outre, moyennant la somme de.. francs que le cessionnaire a payée au cédant, qui le reconnaît, en espèces ayant cours de monnaie [91]. Dont quittance.

159 Déclare, le cédant, qu'il n'a reçu aucune somme ni disposé d'aucun objet de la succession, et que les choses sont à son égard dans le même état qu'au décès de son père. Il est toutefois bien entendu que le cédant n'aura point à tenir compte au cessionnaire de la valeur des objets qui lui ont été donnés par son père avant sa mort, quand même ils viendraient à figurer dans l'hérédité au moyen d'un rapport [146].

160 Au moyen des présentes, le cessionnaire pourra retirer des mains de qui il appartiendra tous titres, pièces et papiers dépendants de ladite succession, ou s'en faire aider de la même manière que le cédant en aurait eu le droit.

161 Pour l'exécution des présentes, les parties font élection de domicile [11] en leurs demeures susdites.

162 Dont acte, fait et passé à.. — *V. sup. alin.* 25. — *Enregistrement*, notes 57 et 90.

163

VIII. — TRANSPORT [96] DE PRIX DE VENTE [109].

164 Par-devant Me FAVERT [1], notaire [2] à Bois-Fourchu [1], soussigné [15].

165 Est comparu M. Marc [5] HONSIN (*id.*), négociant (*id.*), demeurant (*id.*) à..

166 Lequel a, par ces présentes, cédé et transporté sous la simple garantie de ses faits et promesses, c'est-à-dire que la créance ci-après énoncée lui est bien due, et qu'il n'en a pas disposé envers qui que ce soit. — *V. sup. alin.* 66.

167 A M. Philippe DODET (*id.*), propriétaire (*id.*), demeurant (*id.*) à.., à ce présent et acceptant [52], cessionnaire pour lui, ses héritiers [78] et ayants-cause [6].

168 La somme de cinq mille francs qui est due au cédant par le sr Gabriel CHAUMONT, cultivateur et Madeleine PILLET, sa femme, demeurant à.., solidairement [106] entre eux, pour prix de la vente qu'il leur a faite d'une pièce de terre labourable de la contenance de cinq hectares [91], située [141] sur le territoire de la commune de.., lieu dit la Grande Vallée, suivant contrat passé devant Me.., notaire à.., le.., dûment enregistré et transcrit [111], ci. .   5000   »

169 Plus celle de deux cent cinquante francs pour une année d'intérêts [49] de ladite somme échue cejourd'hui , ci.   250   »

170   Total cinq mille deux cent cinquante francs, ci.   5250   »

171 Pourra, le cessionnaire, jouir, faire et disposer de la créance transportée en principal et intérêts, comme de chose lui appartenant en pleine propriété et jouissance, la toucher sur ses simples quittances des mains des débiteurs susnommés ou de tous autres qu'il appartiendra, ainsi que ses intérêts à échoir, le tout à compter d'aujourd'hui. Le cédant mettant et subrogeant, à cet effet, le cessionnaire dans tous ses droits [27] et actions [28], priviléges [29] et hypothèques [30] résultant du contrat de vente sus-daté et sur la pièce de terre y désignée, notamment dans l'effet de l'inscription d'office [85] prise au profit du cédant contre les époux CHAUMONT au bureau des hypothèques de..., le..., vol..., n°...

172 Pour faire opérer la subrogation en marge de ladite inscription avec élection de domicile [85], en la demeure de M.. située à.., dépendant de l'arrondissement du bureau des hypothèques, tout pouvoir est donné au porteur d'une expédition [64] ou extrait des présentes.

173 Le présent transport est fait à la charge par le cessionnaire qui s'y oblige de payer les déboursés [5] et honoraires (*id.*) auxquels ces présentes donneront lieu.

174 Et en outre moyennant la somme de quatre mille six cents francs de prix principal, que le cédant reconnaît avoir reçue comptant du cessionnaire en espèces ayant cours de monnaie [91]. Dont quittance [84].

175 A ces présentes sont intervenus (A) les sr et dame CHAUMONT ci-dessus dénommés et qualifiés, avec indication de domicile, l'épouse dûment autorisée [68] de son mari.

176 Lesquels, après avoir entendu la lecture [16] que le notaire soussigné leur a faite du transport qui précède, ont déclaré l'avoir pour agréable, se le tenir pour bien et dûment signifié et n'avoir entre leurs mains ni saisie-arrêt ou opposition ni aucun autre empêchement qui puissent en arrêter l'effet, les formalités de transcription (*quand il y a eu purge*

(A) Le cédant étant rarement muni des pièces qui servent à établir que l'immeuble qu'il a vendu est libre d'hypothèques, puisqu'elles sont ordinairement entre les mains de l'acquéreur , il est presque toujours à propos de faire intervenir le débiteur pour déclarer qu'il a fait transcrire et purger, et qu'il n'existe point d'inscriptions faisant obstacle à sa libération; s'il ne peut ou ne veut intervenir on lui signifie le transport avec sommation de déclarer, immédiatement quand le parlant à ... est adressé à lui même, ou dans un délai déterminé et très-court quand le parlant à.... est adressé à un autre qu'à lui, s'il a quelque empêchement de payer à l'échéance.

légale on ajoute : et de purge légale) ayant en lieu sans qu'il se soit trouvé aucune inscription (*ou bien* : à la charge de... inscriptions qui ont été radiées [149] depuis ainsi qu'il leur en a été justifié).

177 Le cessionnaire reconnaît que le cédant lui a présentement remis [84] la grosse du contrat de vente et un duplicata de l'inscription d'office. Dont décharge [84].

178 Pour l'exécution des présentes le cédant et le cessionnaire font élection de domicile [11] en leurs demeures respectives sus-indiquées.

179 Dont acte, fait et passé à.... — *V. sup. alin.* 25 et 81.

---

180   IX. — TRANSPORT [96] DE RENTE [76].

181 Par-devant Mᵉ FAVERT [1], notaire [2] à Bois-Fourchu [1], soussigné [15].

182 Est comparu M. Émile [5] GAGNEUX (*id.*), rentier (*id.*), demeurant (*id.*) à..

183 Lequel a, par ces présentes, cédé et transporté [96] sans autre garantie que celle de l'existence de la rente dont il va être parlé (*ou bien* : avec promesse de garantir (A), fournir et faire valoir tant en capital qu'arrérages après toutefois discussion des débiteurs ci-après nommés).

184 A M. Paul [5] BOUVARD (*id.*), ancien négociant (*id.*), demeurant (*id.*) à.., à ce présent et acceptant [52].

185 Une rente [76] foncière, annuelle et perpétuelle, franche de retenue [49], de cent quatre-vingt-dix francs [91], payable le onze novembre de chaque année, au capital de trois mille huit cents francs, créée par Jean LORIN et Catherine BONHOMME, sa femme, au profit de Michel MAUPIN, suivant contrat de bail à rente passé devant Mᵉ.., notaire à.., le.. mil sept cent soixante-quinze, dûment contrôlé [18] et reconnue en dernier lieu suivant titre nouvel [208] passé devant Mᵉ.., notaire à.., le.. mil huit cent seize, dûment enregistré [42]; faisant observer que cette rente est ainsi désignée dans le titre constitutif qu'on analyse en ce point « *deux cents livres* (B) *tournois de rente foncière, franche de la retenue de toutes contributions, au capital de quatre mille livres tournois,* » et que réduction faite de la livre tournois en franc ladite rente n'est plus que de la somme annuelle sus-exprimée.

186 Cette rente appartient au cédant au moyen du transport qui lui en a été fait par les héritiers de Michel MAUPIN, sus-nommé, moyennant un prix payé comptant (C), suivant contrat passé devant Mᵉ.., notaire à.., le.., dûment enregistré et transcrit (D).

187 Et elle est actuellement due par Philippe LORIN et Joseph LORIN, comme seuls héritiers [78] de Jean LORIN et Catherine BONHOMME, sus-nommés, leurs père et mère.

188 Le cessionnaire pourra, au moyen des présentes, jouir, faire et disposer de ladite rente comme de chose lui appartenant en toute propriété et jouissance, et il aura droit aux arrérages [49] à compter de ce jour (*ou bien* : à compter de l'onze novembre dernier), en sorte que le terme échéant le.. prochain sera reçu par lui. A l'effet de quoi le cédant le met et subroge dans tous ses droits [27] et actions [28], privilèges [29] et hypothèques [30], et notamment dans l'effet de l'inscription [83] prise à son profit en renouvellement de précédentes au bureau des hypothèques de.., le.., où.., contre les débiteurs sus-nommés de ladite rente.

189 Le présent transport est fait à la charge par le cessionnaire, qui s'y oblige, de payer les déboursés [5] et honoraires (*id.*) des présentes et le coût d'une expédition [64, n. 60] présentement requise. Et, en outre, moyennant la somme de... que le cédant reconnaît avoir reçue comptant du cessionnaire. — Dont quittance [84].

189 Reconnaît, le cessionnaire, que le cédant lui a présentement remis la grosse [64] du bail à rente et celle du titre-nouvel précités, ainsi que les bordereaux des inscriptions [83], dont décharge [84].

190 Pour faire signifier [20] ces présentes à qui besoin sera, tout pouvoir est donné au porteur d'une expédition [64].

191 Et pour faire opérer la subrogation en marge de l'inscription avec élection de domicile [83] en la demeure de.., située à.., dépendant de l'arrondissement du bureau des hypothèques, tout pouvoir est donné au porteur d'un extrait [64].

192 Dont acte, fait et passé à... — *V. sup. alin.* 25. — *Enregistrement*, notes 90, n. 80.

(A) Cette garantie étant une sorte de cautionnement se prescrirait par trente ans si le créancier n'exigeait point du garant un titre nouvel avant l'expiration de ce délai par application de l'art. 2054 du C. civ. — Il est vrai que l'on peut objecter que la prescription ne court pas contre celui qui n'a pu agir d'après les règles établies en l'art 2257 du C. civ., mais on remarquera qu'aucune de ces règles n'est applicable aux débiteurs de rentes qui sont régis par l'art. 2263.

(B) — V. *sup.* p. 644, note C.

(C) Si le prix n'avait point été payé comptant, il faudrait, pour la sécurité du cessionnaire, ou justifier du paiement par quittances authentiques, ou faire intervenir les ayants-droit pour renoncer à leur privilège et action résolutoire. — V. *sup* p. 565, *alin.* 157 *et la note* B.

(D) Pour qu'une rente ancienne soit purgée d'hypothèque et ne soit point sujette au droit additionnel de 1. 50 p. 0/0 la transcription ne suffit pas, il faut aussi remplir les formalités nécessaires pour la purge des hypothèques légales, et mentionner avec détail l'accomplissement de toutes ces formalités; sans cela, toutes les cessions d'une même rente seront sujettes au droit de 3. 50 p. 0/0. — V. *note*76, n. 14; *note* 90, n. 80; *et le mot Établissement de propriété du formulaire.*

₁₉₃ X. — TRANSPORT [96] PAR ADJUDICATION [139] DE RENTE [76] ET D'INTÉRÊT [28] DANS UNE SOCIÉTÉ.

₁₉₄ (A) L'an mil huit cent quarante-cinq [13], le dimanche vingt deux juin (id.), heure de midi.

₁₉₅ Par-devant Me Adrien [1] Boutin (id.), notaire [2] à Bèze [1], département de.., soussigné [15], en présence des témoins [14] ci-après nommés et aussi soussignés.

₁₉₆ Est comparu M. Désiré [3] Boilet (id.), sans profession (id.), demeurant (id.) à..

₁₉₇ Seul héritier [78] sous bénéfice d'inventaire [85] de M. Philippe Boilet, son père, en son vivant négociant, décédé [63] à.., le.. dernier, suivant déclaration faite au greffe du tribunal civil de.., le.., dûment enregistrée ; laquelle qualité d'héritier est constatée par l'intitulé de l'inventaire [145] fait après son décès par Me Boutin, notaire soussigné, le.. et jours suivants, dûment enregistré [42].

₁₉₈ Lequel a dit: que par ordonnance de M. le président du tribunal civil de.., en date du.., enregistrée [42], et étant au bas de la requête à lui présentée à cet effet, il a été autorisé à vendre aux enchères par le ministère du notaire soussigné et en son étude une rente [76] perpétuelle sur particuliers et une portion d'intérêt [28] dans une société, dépendant de la succession de sondit père ; les formalités prescrites par la loi préalablement observées.

₁₉₉ Que, par des placards apposés aux lieux indiqués par la loi, il a fait annoncer qu'il serait cejourd'hui, lieu et heure présents, procédé en l'étude du notaire soussigné à la vente aux enchères des objets dont il s'agit, ainsi qu'il est constaté par procès-verbal [20] de.., huissier à.., en date du..

₂₀₀ Mais avant il a requis le notaire de faire la désignation des objets dont il s'agit et de rédiger les charges et conditions de l'adjudication ; ce qui a eu lieu ainsi qu'il suit :

₂₀₁ DÉSIGNATION [141].

₂₀₂ *Premier lot* [140]. Ce lot sera composé d'une rente [76] constituée, annuelle et perpétuelle, franche de retenue [49], de la somme de trois cents francs [91], payable annuellement le onze novembre, au capital de six mille francs, remboursable à la volonté des débiteurs en trois paiements égaux; créée par Pierre Durand et Françoise Gillet, sa femme, demeurant à. , solidairement [106] entre eux, au profit de M. Boilet, père du comparant, suivant contrat passé devant M^e.., notaire à.., le.. mil huit cent neuf, dûment enregistré [42].

₂₀₃ Cette rente est toujours due par lesdits époux Durand et a été reconnue par eux suivant titre-nouvel [208] passé devant M^e.., notaire à.., le.. mil huit cent trente-huit.

₂₀₄ *Second lot.* Ce lot sera composé de l'intérêt s'élevant à un cinquième ou à dix mille francs dans cinquante mille francs, montant du capital social, appartenant à la succession du défunt, dans la société de commerce contractée entre lui et les s^{rs} Pierre, Paul, Jacques et Jean Feuillet pour douze années qui ont commencé le.., lequel commerce a pour objet l'achat et la vente de porcelaines, le tout suivant un acte passé devant M^e.., notaire, le ., dûment enregistré [42].

₂₀₅ CHARGES [58] ET CONDITIONS [153].

₂₀₆ Art. 1er. La rente et l'intérêt de société seront transportés sans aucune garantie que celle de droit, c'est-à-dire que la rente est réellement due et que la société existe.

₂₀₇ Art. 2. Les cessionnaires pourront faire et disposer en toute propriété et jouissance desdits objets à compter du jour de l'adjudication pour avoir droit, savoir : aux arrérages [49] de la rente à compter du terme dernier en , par eux, touchant le terme à échoir le.. prochain ; et pour prendre part aux bénéfices et pertes de la société dans la proportion d'un cinquième à compter du..

₂₀₈ A l'effet de quoi lesdits cessionnaires seront et demeureront subrogés par le fait seul de l'adjudication dans tous les droits [27] et actions [28] du cédant et de la succession de son père et notamment pour ce qui concerne la rente dans les privilèges [29] et hypothèques [30] qui y sont attachés spécialement dans l'effet de l'inscription [83] prise au profit du défunt. au bureau des hypothèques de.., le.., vol.., n°..

₂₀₉ Art. 3. Les cessionnaires seront tenus de payer leur prix en l'étude du notaire soussigné soit entre les mains du cédant, soit en celles des créanciers de la succession suivant l'ordre et distribution qui aura eu lieu entre eux, en trois termes [77] et paiements égaux de six en six mois à compter du jour de l'adjudication , avec intérêts [49] à cinq pour cent par an à partir dudit jour et payables en même temps que chaque fraction du principal.

₂₁₀ Art. 4. Indépendamment du prix principal, chaque cessionnaire paiera en sus dudit prix et à l'instant même de l'adjudication entre les mains et sur la quittance du notaire soussigné, les déboursés [5] de timbre [61] et d'enregis-

---

(A) Il a été jugé par le tribunal civil de la Seine, le 1 déc. 1841, qu'un notaire ne peut, sans déclaration préalable, procéder à la vente aux enchères de rentes perpétuelles, parce que la loi du 22 pluv. an vii, ne distingue pas entre les meubles corporels et ceux incorporels. Mais la régie par une solution du 29 août 1845, a décidé le contraire à propos d'une vente aux enchères de rentes et créances, par les motifs suivants : l'expression *objets mobiliers* employée dans la loi du 22 pluv. an vii, ne semble s'appliquer qu'aux meubles dont la transmission peut s'opérer par la tradition manuelle , c.-à-d. aux meubles corporels. Les formalités prescrites par la loi ont eu spécialement pour but d'empêcher que, dans les ventes publiques aux enchères, des meubles de cette nature ne soient soustraits à la perception des droits d'enregistrement. Mais ce danger n'existe pas pour les rentes et créances dont le cessionnaire n'est saisi à l'égard des tiers, que par la signification de l'acte de transport ou par l'acceptation du débiteur. Cette décision nous paraît plus conforme aux principes que le jugement du tribunal . et c'est pour cela que nous ne formulons point en tête de l'adjudication copie de la déclaration préalable.—V. *inf. vente publique de meubles.*

trement [18], ceux occasionnés par l'ordonnance et le procès-verbal de placards, ensemble le coût d'une grosse [64] pour le cédant et d'une expédition pour chaque cessionnaire plus deux centimes cinq millièmes (*V. sup. p.* 459, *note* A) par franc pour les honoraires dudit notaire à l'adjudication.

²¹¹ **Art. 5.** L'adjudicataire qui aura enchéri pour le compte d'un autre devra le déclarer à l'instant même de l'adjudication ou dans les vingt-quatre heures, mais le command [148] déclaré ne sera point admis s'il n'est pas d'une solvabilité suffisamment connue du cédant, à moins qu'il ne fournisse caution [32].

²¹² **Art. 6.** Faute par les adjudicataires de satisfaire à tout ou partie des charges et conditions de l'adjudication, le défaillant pourra y être contraint par toutes les voies de droit et en outre le cédant pourra faire prononcer en justice la résolution [153] du transport avec dommages et intérêts [159], ou bien faire revendre les objets par voie de folle-enchère [160], conformément à la loi; et audit cas de revente sur folle-enchère, l'adjudicataire sera passible de la différence entre le prix de la présente adjudication et celui de la revente, mais il ne pourra rien prétendre à l'excédant, lequel appartiendra au cédant à titre de dommages et intérêts.

²¹³ **Art. 7.** Lors de l'adjudication le cédant remettra [34] à chaque adjudicataire tous les titres et pièces qui le concerneront.

²¹⁴ **Art. 8.** Nul ne sera admis à se rendre définitivement adjudicataire, s'il n'est pas d'une solvabilité [158] suffisamment connue du cédant, à moins qu'il ne fournisse caution [32] de suite ou dans les vingt-quatre heures, sur la demande qui lui en sera faite et qui sera consignée au procès-verbal d'adjudication.

²¹⁵ Toute enchère [159] faite par un insolvable sera regardée comme non avenue et l'enchère précédente conservera toute sa force de même que si elle n'avait point été couverte.

²¹⁶ **Art. 9.** L'adjudication aura lieu à la chaleur des enchères [159] et à l'extinction de deux feux (*id.*) sans enchères. Les enchères ne pourront être moindres de vingt francs.

²¹⁷ Les feux ne seront allumés que lorsqu'il aura été fait une mise à prix jugée suffisante par le cédant.

²¹⁸ **Art. 10.** Pour l'exécution des charges et conditions de l'adjudication, le cédant fait élection de domicile [11] en l'étude du notaire soussigné. A l'égard des adjudicataires, ils seront tenus de faire élection de domicile dans un lieu quelconque de la commune de…

²¹⁹ Sous les charges et conditions qui précèdent et dont il a été fait lecture aux personnes assemblées, auxquelles il a été donné en outre communication [21] des titres de la rente et des registres, livres, inventaires et autres papiers de la société, il a été procédé à la réception des enchères et à l'adjudication des objets dont il s'agit de la manière suivante :

²²⁰ PREMIER LOT. La rente composant le premier lot a été mise à prix à cinq mille cinq cents francs outre les charges; sur cette somme les feux ayant été allumés, il a été fait plusieurs enchères dont la dernière faite par M. Michel LEMOINE, a porté le prix de ladite rente à cinq mille six cents francs.

²²¹ Deux autres feux ayant été allumés, et s'étant éteints sans nouvelle enchère, ladite rente a été définitivement adjugée audit sr Michel LEMOINE [3], ancien négociant, demeurant à…, à ce présent et acceptant [52], moyennant la somme de cinq mille six cents francs outre les charges qu'il s'est obligé d'exécuter et accomplir (*V. sup. p.* 53, *alin.* 48). — Lecture [16] faite, M. LEMOINE a signé [15] après avoir fait élection de domicile [11] à.., en la demeure de… — *Signature.*

²²² SECOND LOT. L'intérêt de société composant le second lot a été mis en adjudication sur la mise à prix de neuf mille francs outre les charges; sur cette somme les feux ayant été allumés, il a été fait pendant leur durée plusieurs enchères dont la dernière par M. Gabriel JOURDAN a porté ledit intérêt de société à neuf mille trois cents francs outre les charges.

²²³ Deux autres feux successivement allumés sur cette dernière somme s'étant éteints sans enchère, ledit intérêt de société a été définitivement adjugé audit sr Gabriel JOURDAN, négociant à…, à ce présent et acceptant [52], moyennant ladite somme de neuf mille trois cents francs outre les charges qu'il s'oblige d'exécuter et accomplir. Lecture [16] faite, ledit sr JOURDAN a signé [15] après avoir fait élection de domicile [11] en la demeure de… à…

²²⁴ Reconnaissent, les cessionnaires, que le cédant leur a présentement remis [54] tous les titres et pièces qu'il avait concernant les objets à eux adjugés.

²²⁵ De tout ce que dessus il a été dressé le présent procès-verbal qui a été clos à deux heures du soir, en l'étude [12] dudit Mᵉ FAVERT, les jour, mois et an susdits en présence de MM. (*Noms, prénoms, professions et demeures*), témoins instrumentaires [14] ; et le cédant ainsi que les adjudicataires ont signé [15] avec les témoins et le notaire, après lecture [16].

²²⁶ *V. les formules d'*ADJUDICATION, *de* BAIL PAR ADJUDICATION *et la note* A *au bas de la page* 136. — *Enregistrement, note* 90.

TROUSSEAU (CONSTITUTION EN DOT D'UN). — *V. sup. p.* 317, *alin.* 29.

TUTELLE. — *V. sup. les formules d'*AVIS DE PARENTS *et de* SUBROGÉE-TUTELLE. *Faisant observer qu'en matière de tutelle dative, la tutelle et la subrogée-tutelle doivent avoir lieu en même temps.* — (C. civ. 422.)

TUTEUR (Tableau des mouvements de caisse d'un), *d'après la formule de compte de tutelle donnée sup. p.* 294.

RECETTES.	DÉPENSES.	RÉSULTATS OU SITUATIONS.
10 janvier 1833. Art. 1er 1° 3 75	10 janvier 1833. Art. 2. 1° 15 »	
18 février 1833. id. 2° 400 »	16 février 1833. id. 2° 365 »	
id. id. 3° 200 »		
id. id. 4° 200 »		
803 75		
580 »	380 »	
423 75		En caisse au 16 février 1833 423 75
1er janvier 1834. Art. 2. 7 94		
431 69		
21 69	1er janvier 1834. Art. 3. 21 69	
410 »		En caisse au 1er janvier 1834 410 »
1er juillet 1834. Art. 3. 10 25		
1er janvier 1834. Art. 4. 400 »		
820 25		En caisse au 1er juillet 1834 820 25
365 »	1er janvier 1834. Art. 5. 365 »	
455 25		
1er janvier 1835. Art. 5. 11 38	1er janvier 1835. Art. 7. 1° 365 »	
id. Art. 6. 1° 4200 »	id. id. 2° 20 63	
id. id. 2° 200 »	1er mars 1835. id. 3° 4500 »	
	4885 63	
4866 63	4866 63	En caisse au 1er janvier 1835 4866 63
	19 »	En avance au 1er mars 1835 19 »
1er janvier 1836. Art. 8. 1° 200 »		
id. id. 2° 187 50	1er janvier 1836. Art. 9. 1° 365 »	
387 50	id. id. 2° 20 50	
19 »	385 50	
368 50		
	17 »	En avance au 1er janv. 1836 17 »
1er janvier 1837. Art. 10 1° 225 »		
id. id. 2° 200 »		
425 »		
17 »	1er janvier 1837. Art. 11. 1° 365 »	
408 »	id. id. 2° 20 »	En caisse au 1er janvier 1837 408 »
385 »	385 »	
23 »		
1er janvier 1838. Art. 11. » 57		
23 57		En caisse au 1er janvier 1838 23 58

[1] TUTEUR [163] (NOMINATION DE) PAR LE SURVIVANT DES PÈRE ET MÈRE.

[2] Par-devant Mᵉ Stanislas [1] BOUDARD (*id.*) et son collègue [1], notaires [2] à Brux [1], département de..., soussi-gnés [15].

[3] Est comparue mad. Perpétue [3] MILON (*id.*), veuve de M. Isidore CAMELIN, en son vivant homme de lettres à.., où elle demeure (*id.*) rue.., n°..

[4] Laquelle, usant de la faculté que lui accorde l'art. 397 du Code civil, a, par ces présentes, nommé pour tuteur à Alexis CAMELIN, son fils mineur, âgé de cinq ans, issu de son mariage avec son défunt mari, M. Charles MILON, son frère, avocat, demeurant à.., qu'elle prie d'accepter cette charge et de la remplir à compter du jour de son décès.

[5] Dont acte, fait et passé à Brux [12] en la demeure de la comparante (*id.*), l'an mil huit cent quarante-cinq [13], le vingt-trois juin (*id.*) ; et la comparante a signé [15] avec les notaires, après lecture [16].

[6] V. *Répertoire*, note 17. — *La formule de* CONSEIL DE TUTELLE. — *Enregistrement*, notes 56, 18 et 19

---

[1] TUTEUR OFFICIEUX [163] (CONSENTEMENT DONNÉ A QUELQU'UN POUR ÊTRE). — C. civ. 361, 363 et 364.

[2] L'an mil huit cent quarante-cinq, le vingt-trois juin, à l'heure de..

[3] Devant nous, Pierre HOLLIER, juge de paix [94] du canton de Brux, département de.., soussigné, assisté de.., notre greffier.

[4] Sont comparus M. Jérôme NANTIER, sous-officier en retraite et la dame Rosalie MAYEUX, son épouse de lui autori-sée [68], demeurant ensemble à..

[5] Lesquels ont, par ces présentes, donné leur consentement à ce que M. César PRUNEAU, capitaine retraité, demeur-ant à.., devienne le tuteur officieux de Césarine NANTIER, leur fille légitime, âgée de moins de quinze ans, ainsi qu'il résulte de son acte de naissance [63] inscrit aux registres de l'état civil de.., à la date du quatorze août mil huit cent trente.

[6] De laquelle déclaration les comparants ont requis le présent acte, ce qui leur a été octroyé.

[7] De tout ce que dessus il a été dressé le présent procès-verbal en notre demeure, les jour, heure, mois et an susdits; les comparants ont signé [15] avec nous et notre greffier, après lecture [16]. — *V.* Enregistrement, notes 56, 18 et 19.

---

[1] UNION [130] (CONTRAT D').

[2] *V. sup. la formule de* CESSION DE BIENS VOLONTAIRE, *laquelle contient contrat d'union.*

---

[1] USAGE [193] (DROIT D').

[2] *V. sup. les formules de* HABITATION (*concession de droit d'*), *et inf. la formule de* VENTE DE DROIT D'USAGE ET D'HABI-TATION.

---

[1] USUFRUIT [69]. — CONDITION RELATIVE A UN REMPLACEMENT ENTRE LE NU-PROPRIÉTAIRE ET L'USUFRUITIER QUI NE FOURNIT POINT CAUTION.

[2] Il est expressément convenu que quand la somme dont il s'agit en ces présentes sera offerte [48] ou deviendra exigible [77], son remboursement ne sera valablement effectué que sur la quittance collective [84] du nu-propriétaire et de l'usufruitier ou bien de leurs fondés de pouvoirs [80]; pour, la somme provenant du remboursement, *être re-placée immédiatement sur bonne hypothèque* [30] au nom de chacun suivant ses droits ci-devant établis, pour un temps qui ne pourra excéder ... ans. Et si le replacement immédiat ne peut avoir lieu, le capital devra être déposé [210] entre les mains du notaire soussigné ou de toute autre personne dont les parties conviendront jusqu'à ce que l'u-sufruitier ait trouvé un emploi convenable du capital, lequel emploi ne pourra être refusé sans motifs valables par le nu-propriétaire, sous peine [58] d'être passible des intérêts [19] de la somme du jour de la mise en demeure [119] d'accepter le placement proposé. Il en sera des remboursements et placements subséquents comme du remboursement et placement primitif. — *V. les formules d'*OBLIGATION.

---

[1] USUFRUIT [69] (COMPTE D').

[2] Par-devant Mᵉ Ambroise [1] FROTTIER (*id.*), notaire [2] à Bèze [1], département de., soussigné [15].

Sont comparus :

1º M. Camille [3] Nolot (*id.*), marchand de meubles (*id.*), demeurant (*id*) à..

Seul héritier [78] de la dame Emilie Crottin, sa tante, décédée femme en premières noces de M. Pierre Leroux, sans laisser ni ascendants [88], ni descendants (*id.*), ni collatéraux (*id.*) à un degré égal ou plus proche que le requérant, ainsi qu'il est constaté par l'intitulé de l'inventaire [145] fait après son décès par Me.., notaire à.., le.., dûment enregistré [42].

2º M. Christian Leroux, propriétaire, demeurant à..

Agissant comme tuteur [163] datif de Etienne et Paul Leroux, ses neveux, enfants mineurs [63] issus du mariage de Pierre Leroux, sus-nommé, avec Delphine Mémain, sa seconde femme, tous deux décédés, et desquels lesdits mineurs sont habiles [54] à se dire seuls et uniques héritiers [78] ainsi que le constate l'intitulé de l'inventaire fait après leur décès par Me Frottier, notaire soussigné, le.., dûment enregistré [42].

3º Et M. Adolphe Mémain, sans profession, demeurant à..

Agissant comme subrogé-tuteur [163] desdits mineurs Leroux, ses neveux.

Lesquels ont arrêté, ainsi qu'il suit, le compte des valeurs mobilières [86] dont ledit défunt Pierre Leroux a joui depuis le décès [63] de Emilie Crottin, sa seconde femme, comme donataire [214] universel en usufruit de cette dernière aux termes d'un acte passé devant Me.., notaire à.., le.., dûment enregistré [42]; lesquelles valeurs Etienne et Paul Leroux, ses enfants et héritiers, représentés par leur tuteur, doivent restituer à M. Nolot, sus-nommé, comme seul héritier [78] de ladite Emilie Crottin, décédée première femme de leur père.

CHAPITRE DE RECETTE.

Art. 1. *Articles de mobilier compris en l'inventaire* [145] *après le décès de ladite dame* Leroux *et trouvés en déficit ou détériorés suivant le récolement.*

On porte au présent article la somme [55] de six cents francs [91], montant de la prisée des objets trouvés détériorés ou en déficit d'après le récolement fait entre les parties suivant procès-verbal dressé par le notaire soussigné le trois mai dernier, enregistré, ci.   600   »

Art. 2. *Deniers comptants.*

On porte sous cet article les deniers comptant constatés par l'inventaire, lesquels s'élevaient à la somme de quinze cents francs qui a été laissée à feu M. Leroux, en sa qualité d'usufruitier, ci. . .   1500   »

Art. 3. *Créances actives faisant fonds de la succession de la dame* Leroux.

On porte ici : 1º deux mille quatre cents francs que le défunt a reçus [84] de M. Alphonse Bonnin, pour le remboursement d'une obligation de pareille somme souscrite par ce dernier au profit de M. et mad. Leroux par acte passé devant Me.., notaire à.., le.., ci.   2400   »   ⎫
2º Celle de cent cinquante francs pour les intérêts de ladite somme principale échus   ⎬ 2550   »
au jour du décès de la donatrice , ci.   150   »   ⎭
3º Et trois cents francs que ledit défunt a reçus pour le montant d'un billet à ordre [97] souscrit par Michel Lafosse au profit de Maulay qui l'avait passé à M. et mad. Leroux, ci.   300   »

                                                                    Total.   4950   »

Toutes lesquelles sommes ont été attribuées à la succession de la donatrice ainsi que les autres meubles et effets mobiliers compris audit inventaire et constatés en nature par le procès-verbal de récolement, le tout pour la remplir tant de sa moitié dans l'actif net de la communauté [166] que de ses droits et reprises, à la charge toutefois par cette succession de supporter seule les dettes de communauté ci-après mentionnées, et ce, sans préjudicier au droit d'usufruit acquis à M. Leroux, époux survivant, sur lesdites sommes; ainsi qu'il résulte d'un acte de liquidation [143] dressé par Me Frottier, notaire soussigné, commis à cet effet par justice le.., dûment enregistré et homologué [137] (*V. sup.* p. 525, *note* A).

CHAPITRE DE DÉPENSE.

Art. 1. *Frais de dernière maladie* (A). On porte au présent article la somme de deux cents francs qui était due par la communauté et que l'usufruitier a payée à M. Dubaut, docteur en médecine à.., pour soins et visites par lui donnés à la défunte durant sa dernière maladie , ci.   200   »

Art. 2. *Scellés* [196]. On comprend sous cet article la somme de soixante quinze francs qui était due par la communauté pour frais d'apposition et levée de scellés et que l'usufruitier a payée à M. Sourdeau, greffier de la justice de paix, ci.   75   »

Art. 3. *Frais d'inventaire* (B) [145]. On porte au présent article la somme de cent cinquante francs

                                                              A reporter. . .   275   »

(A) Ces frais, quand même il y aurait des enfants du mariage et que l'un des époux aurait l'usufruit légal des biens de l'autre époux, sont à la charge de la communauté. — V. sup. p 457 note A.

(B) Si cet inventaire n'avait point été fait pour constater l'état de la communauté, mais seulement pour la constatation des objets sujets à usufruit, les frais ne seraient point à la charge de cette communauté mais à celle de l'usufruitier parce que la loi (C. civ. 600) lui impose l'obligation de faire inventaire (C. civ. 1482).

| | *Report.* . . . | 275 | » |

qui était due par la communauté pour les frais de l'inventaire fait après le décès de la défunte dame Leroux et que l'usufruitier a payée au notaire, ci.

   25   Art. 4. *Frais funéraires.* On comprend sous cet article la somme de cent vingt-cinq francs qui était due par succession pour les frais funéraires de la défunte et que l'usufruitier a payée, ci. . .   150   »

   26   Art. 5. *Dette* [69] *de la succession.* On porte au présent article la somme de mille francs, capital d'une rente [76] de cinquante francs qui était due par privilége [29] sur une maison propre à la défunte, laquelle rente a été remboursée par l'usufruitier, ci.   1000   »

   27   Total.   1550   »

   28   BALANCE.

   29   La recette s'élève à [35, *n.* 61 *et* 62]. . . . .

   30   Et la dépense à.   4950   »
                                                          1550   »

   31   Par conséquent, les héritiers de M. Leroux sont reliquataires envers M. Nolot seul héritier de mad. Leroux, de.   3400   »

   32   Approbation du compte. Les parties ayant revu, vérifié et examiné le compte ci-dessus, ensemble les pièces à l'appui, ont reconnu ce compte parfaitement juste et exact et l'ont approuvé dans toutes ses parties.

   33   Paiement du reliquat. Attendu l'approbation qui précède, M. Lenoir comme tuteur a à l'instant payé à M. Nolot, qui le reconnaît, ladite somme de trois mille quatre cents francs en espèces ayant cours de monnaie [91] pour le reliquat du compte qui précède. Dont décharge [84].

   34   Décharge aux héritiers de l'usufruitier. Au moyen du paiement présentement fait au sr Nolot et de la remise à lui faite antérieurement (*ou* : présentement) tant des titres et papiers trouvés en nature par le récolement que de l'expédition de l'inventaire après le décès de mad. Leroux, comme aussi au moyen de ce que les divers meubles et effets mobiliers constatés en nature par le récolement sont en sa possession, et encore de ce que les immeubles lui ont été remis dans un état satisfaisant comparativement à celui dans lequel ils étaient lors de l'ouverture de l'usufruit, ledit sr Nolot tient quittes et décharge les héritiers Leroux de toutes choses relatives aux biens meubles [86] et immeubles (*id.*) dépendant de la succession de ladite dame Leroux, sa tante, desquels biens ledit feu sieur leur père a eu l'usufruit pendant sa vie.

   35   Décharge de la caution [52]. En conséquence de ce qui précède, M. Jacques Arnaud, propriétaire, demeurant à.., caution dudit feu sr Leroux pour assurer la remise des biens dont celui-ci avait l'usufruit ainsi qu'il résulte d'un jugement [75] contradictoire rendu par le tribunal civil de.., le.., et d'un acte dressé au greffe dudit tribunal le.., est et demeure bien et valablement déchargé de toutes choses relatives au cautionnement qu'il avait souscrit par l'acte précité, sans aucune réserve ; et ledit sr Nolot donne mainlevée [149] et consent la radiation (*id.*) de l'inscription [83] prise à son profit au bureau des hypothèques de.., le.., vol.., n°.., contre ledit sr Arnaud. Faisant laquelle radiation M. le conservateur sera valablement déchargé. — *V. sup. p.* 219.

   36   Les déboursés [5] et honoraires (*id.*) des présentes et le coût d'une expédition [64] requise pour les héritiers Leroux seront à la charge (A) de M. Nolot.

   37   Dont acte, fait et passé à Bèze [12], en l'étude (*id.*), l'an mil huit cent quarante-cinq [13], le vingt-quatre juin (*id.*) en présence de MM. (*Noms, prénoms, professions et demeures*), témoins instrumentaires [14] ; et les parties ont signé [15] avec les témoins et le notaire, après lecture [16].

   38   V. *Répertoire,* note 17. — *Forme des actes,* note 58. — *Enregistrement,* notes 56, 18 et 19.

   39   V. *aussi sup. la formule de* RÉCOLEMENT (B).

VENTES [109] :

I. De biens [7] *ruraux conquêts de communauté* [166] | *et établissement de l'origine de la propriété en*
par un mari en son nom et comme mandataire | *descendant.*
[80] *de sa femme, avec garantie solidaire* [106] | *II. De brevet d'invention* [182].

(A) Les frais de décharge sont-ils à la charge du débiteur par application de l'art. 1248 du C. civ.? à cet égard il faut distinguer si celui qui se libère est débiteur par suite d'une obligation ou promesse de payer préexistante ou bien si ce n'est qu'un débiteur, un détenteur, à charge de rendre compte; dans ce dernier cas, la décharge est aux frais de celui qui la donne, c.-à-d. du créancier ainsi qu'on en a un exemple relativement au tuteur dans l'art. 471 du C. civ. Si on n'adoptait point cette règle, il en résulterait qu'il faudrait faire supporter les frais de décharge par le dépositaire, par le mandataire, par l'exécuteur testamentaire, par l'officier public qui a fait une vente, par l'avoué qui remet des pièces, ce qui serait infiniment injuste. Et ce qui nous confirme dans cette opinion, c'est que le législateur, dans l'art. 1016 du C. civ., a introduit une disposition qu'on peut regarder comme une exception à notre règle en mettant les frais de la demande en délivrance d'un legs à la charge de la succession, ce qui était parfaitement inutile si l'art. 1248 avait établi une règle générale.

(B) Si le compte d'usufruit était rendu immédiatement après l'opération de récolement, les alin. 11 et suiv. de la présente formule devraient alors être substitués aux alin. 30, 31 et 32 de la formule de récolement donnée sup. p. 575 en terminant l'alin. 29 de cette formule ainsi qu'il suit.... *à l'effet de quoi il a été immédiatement procédé entre les parties au compte suivant :*

II. De brevet d'invention [181].

III. Par adjudication de biens appartenant à une commune ou à un hospice.

IV. Sur plan [141] *de l'exploitation d'une mine* [109] *et d'une carrière* (id.) *à un mandataire* [80].

V. De coupes de bois [105 *et* 109] *:*
  1° A l'amiable par un portant-fort à un autre portant-fort [52] ;
  2° Par adjudication [139] avec tiercement, renonciation à l'adjudication, cautionnement et certificat de caution.

VI. De droits litigieux [96].

VII. De droits successifs [96].

VIII. D'immeubles sur folle-enchère [160].

IX. De fonds de commerce [109]:
  1° A l'amiable avec transport de bail ;
  2° Par adjudication [139] par une veuve, sans attribution de qualité.

X. Judiciaire ou ordonné par justice [136] *:*
  1° De biens de mineurs [65] ou interdits (*id.*);
  2° Par suite de conversion de saisie immobilière [194] en vente volontaire ;
  3° De biens de faillis [135].
  4° De biens d'une succession bénéficiaire [85] ou succession vacante (*id.*).
  5° De biens d'un débiteur non commerçant, admis au bénéfice de cession [109].
  6° De biens dotaux par une femme mariée sous le régime dotal [166].

XI. D'une maison [7] *propre à la femme par deux époux, avec établissement de l'origine de la propriété en remontant.*

XII. De manuscrit.

XIII. Par un mari à sa femme.

XIV. Par un père et une mère à l'un de leurs enfants.

XV. De meubles [86] *:*
  1° A l'amiable ;
  2° Publique, avec un cas de folle-enchère.

XVI. De mitoyenneté [41].

XVII. De navires [109].

XVIII. Par une femme autorisée [68] *de son mari du fonds et de la superficie d'un bois en nue-propriété* [22] *ou sous réserve d'usufruit* [69], *par réalisation d'une précédente vente et avec intervention des précédents propriétaires de l'immeuble pour le garantir.*

XIX. D'office [191].

XX. Publique [139] *de marchandises neuves aux enchères ou au rabais.*

XXI. De récoltes [109] *:*
  1° A l'amiable ;
  2° Par adjudication [139].

XXII. A réméré [121] *de meubles et immeubles.*

XXIII. D'un droit de réméré [121].

XXIV. Volontaire de biens dotaux [166] *à charge de remploi* (*id.*) *au profit de la femme du vendeur et avec déclaration de remploi au profit de l'acquéreur ou de sa femme.*

XXV. De rentes [76].

XXVI. Par suite de surenchère [147].

XXVII. De droits d'usage et d'habitation [193].

XXVIII. D'une usine [109] *à celui qui en était locataire.*

XXIX. D'usufruit [69] *moyennant une rente viagère* [76] *payable d'avance, avec nantissement* [180].

XXX. De l'usufruit [69] *à l'un et de la nue-propriété* [22] *à l'autre, avec antichrèse* [180] *et délégation* [100].

*V. les formules d'*ADJUDICATION, *de* CAHIER DE CHARGES AVEC ADJUDICATION *et de* LICITATION.

INDICATION ALPHABÉTIQUE DES MATIÈRES RELATIVES AUX VENTES :

CHARGES [58] ET CONDITIONS [153] DIVERSES QUI PEUVENT ÊTRE INSÉRÉES DANS LES CONTRATS DE VENTE.

§ 1. CONTENANCE [40] DES BIENS RURAUX.

1° *Lorsqu'il s'agit de biens ruraux vendus sans garantie de la mesure, après la désignation l'on met :*

Toutes ces pièces d'héritages sont vendues comme elles s'étendent et comportent, sans en rien réserver, et sans aucune garantie de la mesure ; en conséquence, la différence, quelle qu'elle soit, fût-elle de plus d'un vingtième, tournera au profit ou à la perte de l'acquéreur, de sorte qu'il n'y aura lieu alors à aucune réclamation de part ni d'autre, ni à aucune diminution ou augmentation du prix ci-après fixé.

2° *Lorsqu'il s'agit de biens ruraux et qu'on garantit que la différence de mesure est au-dessous d'un vingtième, on met :*

Toutes ces pièces d'héritages sont vendues comme elles s'étendent et comportent, sans en rien réserver ; et il n'y aura lieu à diminution ou augmentation du prix ci-après fixé, qu'autant que la différence entre la mesure réelle de toutes les pièces réunies, excéderait d'un vingtième en plus ou en moins la mesure ci-dessus indiquée, auquel cas les parties n'auront à se faire raison que de ce qui excédera ce vingtième (*ou bien, si les terres étaient de différentes classes* : qu'autant que la différence qui existerait entre la mesure réelle de chaque pièce de terre excéderait d'un vingtième, en plus ou en moins, la mesure ci-dessus indiquée de chacune d'elles ; et dans ce cas l'indemnité sera fixée, savoir : à raison de.. francs l'are pour celles comprises sous les n°s 10, 15 et 20 de la désignation, et de.. francs pour celles comprises sous les (A) n°s...).

Il est bon de fixer un délai pour la vérification de la contenance, dans ce cas on ajoute ici : La vérification des contenances sera faite à frais communs dans trois mois, à partir de ce jour (*ou* : de l'entrée en jouissance) à la première réquisition de l'une ou de l'autre des parties ; et si, à l'expiration de ce délai, elle n'avait pas eu lieu ou n'était pas terminée, la contenance de ce qui n'aurait pas encore été vérifié demeurera fixée à la mesure ci-dessus indiquée, et l'indemnité ne portera plus que sur les pièces vérifiées. — *V. sup. p.* 139, *note A et la note* 40, *n.* 14 *et* 16.

§ 2. CONSISTANCE [40] D'UNE FERME.

Cette ferme est vendue dans l'état où elle se trouve actuellement, sans aucune garantie de la nature, qualité, quotité et superficie des pièces d'héritages ; en sorte que le déficit, s'il y en a, tournera à la perte de l'acquéreur, comme l'excédant tournera à son profit, sans aucun recours de part ni d'autre.

Ou bien : dans la présente vente se trouve compris tout ce qui est affermé [105] au s^r..., fermier, suivant le bail que le vendeur lui a fait de ladite ferme et de ses dépendances, pour neuf années, moyennant un fermage annuel de.., par acte passé devant M^e.., notaire à.., le.., dûment enregistré [42].

§ 3. CONSISTANCE D'UNE MAISON.

Cette maison est vendue comme elle s'étend et comporte et avec tous les objets qui y ont été attachés par le vendeur à perpétuelle demeure [86], sans en rien excepter ni réserver, l'acquéreur déclarant bien connaître le tout pour l'avoir vu et visité à loisir et n'en pas désirer une plus ample désignation.

§ 4. CONSISTANCE D'OBJETS MOBILIERS [86].

Ces meubles sont vendus comme ils se comportent et dans l'état où ils se trouvent, l'acheteur déclarant les bien connaître. — *V. inf. alin.* 553 *et suiv.*

§ 5. ENTRÉE EN JOUISSANCE DES IMMEUBLES. — *V. sup. p.* 44, *alin.* 23, 24 *et* 25, *et p.* 50, *alin.* 17.

Les acquéreurs pourront faire et disposer des immeubles vendus comme de chose leur appartenant en toute propriété au moyen des présentes, et s'en mettre en possession à compter de ce jour.

Ou bien : l'acquéreur pourra faire et disposer de l'immeuble vendu pour la propriété dès aujourd'hui, mais il ne pourra s'en mettre en possession qu'à compter du (B) .. — *Quand l'objet est loué, on ajoute* : par la perception des loyers (*ou* : fermages) à courir dud. jour.

(A) Il ne faut pas dire, *sous les autres n°s*, quand on a commencé par désigner les premiers en chiffres ; il est mieux de les rappeler pour éviter toute équivoque pour le cas où quelques chiffres viendraient à être altérés, car alors en désignant la vérification est facile.

(B) Quand l'époque d'entrée en jouissance est portée à une époque postérieure à celle fixée pour le paiement du prix, il peut en résulter un grand avantage pour le vendeur s'il vient à former contre l'acquéreur une demande en résolution de la vente pour défaut de paiement quelconque sur le prix de l'acquisition ; c'est de ne point payer de droit proportionnel de rétrocession à 4 p. 0.0 sur le jugement, mais seulement un droit fixe de 5 fr. (L. 27 vent. an XI art. 12 ; et note 57 n. 1). — Ainsi, lorsque le vendeur n'est pas assuré de la solvabilité de son acquéreur, s'il a eu soin de lui faire consigner les frais de la vente entre les mains du notaire, ou de se faire remettre les fonds suffisants pour l'enregistrement de l'acte de vente s. s.-p., il pourra rentrer dans la propriété des biens vendus avec peu de frais tandis qu'en procédant autrement il s'expose soit à faire l'avance de ce qui est dû au notaire soit à faire l'avance d'un double droit d'enregistrement si l'acquéreur a manqué de faire enregistrer son acte s. s.-p. dans les trois mois. — *V. note* 54 n. 27.

18 *Ou bien :* les acquéreurs pourront faire et disposer des biens vendus, savoir : de ceux compris sous les n°s 1, 2 et 5 en toute propriété et jouissance à compter de ce jour, et de ceux compris sous les n. 3, 4 et 6 pour la propriété dès aujourd'hui, mais ils ne s'en mettront en jouissance qu'après la récolte de la présente année, — *on peut ajouter quand telle est la condition :* toutefois pour leur tenir lieu de jouissance immédiate ils prendront sur place lors de la récolte prochaine deux gerbes sur cinq suivant l'usage du pays sans autres frais pour eux que le charroi (*ou bien :* le tiers du raisin foulé dans des tonneaux de dimensions égales, sans autres frais pour eux que la fourniture du tonneau et le charroi), le surplus de la récolte étant réservé par les vendeurs pour les indemniser des frais de labours, fumiers, semences et moisson (*ou bien :* des façons, fumiers et frais de vendange de la vigne).

19 *Ou bien encore :* les acquéreurs ne deviendront définitivement propriétaires et ne pourront se mettre en possession des biens vendus que lors de l'accomplissement de la condition suspensive (A) dont il va être parlé.

20 ### § 6. ENTRÉE EN JOUISSANCE DES MEUBLES.

21 L'acheteur pourra faire et disposer des objets mobiliers présentement vendus pour la propriété dès aujourd'hui, mais il ne pourra s'en mettre en possession qu'au.., époque à laquelle lesdits objets lui seront délivrés sans autre détérioration que celle survenue par l'usage et le temps.

22 ### § 7. COUT DE L'ACTE.

23 Les déboursés [5] et honoraires (*id.*) des présentes seront supportés par l'acquéreur. — (*On ajoute souvent :* qui promet de mettre le notaire à même d'en fournir (B) une grosse au vendeur d'ici à un mois aux frais de lui, acquéreur).

24 *Ou bien :* les déboursés et honoraires des présentes ainsi que le coût d'une grosse [64] et d'une expédition (*id.*) présentement requises (C) seront supportés par les acquéreurs qui s'obligent solidairement [106] de payer en outre les intérêts (D) desdits déboursés du jour de l'avance.

25 ### § 8. CHARGE DES CONTRIBUTIONS [58] OU IMPÔTS (*id.*).

26 Les acquéreurs acquitteront les contributions foncières et autres de toute nature imposées ou à imposer sur les biens vendus, à partir d'aujourd'hui (*ou :* à compter du jour de l'entrée en jouissance, — *ou bien :* à partir du..). — *V. note* 50, n. 25.

27 A cet effet, ils seront tenus de faire, lors des plus proches mutations, substituer leur nom à celui du vendeur sur la matrice cadastrale, de manière à être imposés en leurs noms personnels au premier janvier prochain; et jusqu'à ce que cette mutation ait été opérée, lesdits acquéreurs demeureront passibles de l'effet des poursuites exercées contre le vendeur pour raison des contributions étant alors à leur charge.

28 ### § 9. SERVITUDES [55]. — *V. sup. p.* 645, *note* B.

29 Les acquéreurs supporteront les servitudes passives apparentes ou non apparentes (*V. sup.* p. 193, *note* A) dont les immeubles vendus peuvent être grevés, sauf à eux à s'en défendre et à faire valoir celles actives à leur profit, le tout, s'il y en a, et à leurs risques et périls; sans toutefois que la présente stipulation puisse conférer à des tiers [55] plus de droits qu'ils n'en auraient par titres réguliers et non prescrits.

(A) La condition suspensive est bien plus avantageuse pour le vendeur qui a des craintes sur la solvabilité de l'acquéreur que la clause dont est question en la note B qui précède et qui consiste à exiger que l'acquéreur paye avant d'entrer en jouissance. En effet, avec la condition suspensive, il n'y a pas dessaisissement de propriété, l'acte de vente n'est sujet qu'au droit fixe de 1 fr. et il n'est besoin que d'une sommation et un procès-verbal pour constater le non-accomplissement de la condition; un jugement n'est pas nécessaire à moins que l'acquéreur ne prétende qu'il a satisfait à la condition. Tandis qu'avec l'autre condition qui est résolutoire il y a dessaisissement de propriété, il faut nécessairement un jugement qui opère la résolution. — V. *note* 18 n. 713 *et suiv.,* 755 *et suiv.*

(B) Quand l'acquéreur a pris l'engagement de fournir une grosse au vendeur dans un délai, celui-ci est suffisamment autorisé par cela à donner une sommation à l'acquéreur de payer les frais dus au notaire pour que cette grosse lui soit délivrée. Si la stipulation n'existe pas, le vendeur est sans droit pour faire cette sommation, il ne peut alors que requérir cette grosse du notaire sauf ensuite à en répéter les frais contre l'acquéreur sur la représentation de la quittance.

(C) Comme il n'est pas rare de voir des débiteurs refuser de payer des grosses ou expéditions d'actes sous le prétexte qu'elles n'ont pas été requises, cet inconvénient ne subsistera plus avec une pareille stipulation qui autorise à faire les expéditions. Suivant Carré, sur l'art. 985 C. proc. la réquisition est nécessaire; elle ne l'est pas suivant un jug. de Dunkerque du 8 nov. 1844. – Contr. 7042.

(D) Cette stipulation d'intérêts est nécessaire pour que le notaire ne soit point en reste au bout d'un certain temps. Si, en effet, pour une vente de 1000 fr. il avance le droit d'enregistrement qui est de 60,50 et ne rentre dans son avance qu'après 5 ans, il est clair qu'il aura perdu 15 fr. d'intérêts pour avoir 15 fr. d'honoraires y compris 3 fr. de rôles et d'expédition.

La stipulation est licite ainsi que nous l'avons établi sup. note 5 n. 125 d'après l'un des considérants de l'arrêt du 30 mars 1850 aff. *Savoye* qui refuse l'intérêt parce qu'il n'y a point eu convention à ce sujet. Pour soutenir le système contraire on ne saurait s'étayer de l'art. 8 de la loi du 25 ventôse an XI, qui porte « *les notaires ne pourront recevoir des actes dans lesquels leurs parents ou alliés en ligne directe à tous les degrés, et en collatérale jusqu'au degré d'oncle ou de neveu inclusivement, seraient parties ou qui contiendraient quelques dispositions en leur faveur* » car, en supposant que ce dernier membre de phrase s'applique et aux parents du notaire et au notaire lui-même, ce n'est point une raison pour refuser effet à la stipulation d'intérêts, car on ne saurait voir en cela une de ces dispositions que la loi de ventôse a eues en vue. Suivant cette loi il s'agit de dispositions essentielles, objet du contrat et qui ont amené les parties à contracter, mais non de dispositions accessoires qui ne sont tout-à-fait étrangères au contrat et qui ne nuisent point à son existence, car si ces dispositions touchaient à l'existence du contrat elles annuleraient l'acte en entier (même loi art. 68). La stipulation d'intérêts ne forme point ici l'âme du contrat, elle est en dehors tellement que le contrat n'en subsisterait pas moins si elle n'y était pas, elle présuppose un accord bien légitime sur le point relatif aux déboursés : la loi, en effet, obligeant le notaire à faire l'avance des déboursés sans pouvoir s'y soustraire une fois qu'il a reçu l'acte, la stipulation établit qu'il n'a consenti à recevoir l'acte et par conséquent à ne faire l'avance que moyennant intérêt et cela ne constitue pas, à bien dire, une disposition en faveur du notaire, ce n'est qu'une juste indemnité du préjudice causé par le fait de l'avance. Si ou n'admettait pas ce système, il faudrait décider aussi qu'un acte contient toujours une disposition en faveur du notaire quand il a exprimé qu'il en délivrera une grosse et une expédition, parce qu'il en résultera nécessairement pour lui quelque avantage. — V. *note* 55 n. 22.

₃₀   *Ou bien :* déclarent, les vendeurs, que la maison vendue n'est grevée d'aucune servitude non apparente, si n'est de la prohibition de bâtir en face les fenêtres du bâtiment voisin qui donnent sur la cour dépendant de la m son vendue côté du nord, à une distance moindre de dix mètres. Les acquéreurs seront tenus de souffrir cette ser tude ainsi que toutes celles qui sont apparentes et dont ils ont pu se convaincre, sauf à eux à s'en défendre, etc.

₃₁   § 18. BAUX [105] ET LOCATIONS (*id.*).

₃₂   Les acquéreurs entretiendront pour le temps qui en reste à expirer le bail [105] qui a été fait des immeut vendus au sʳ Jean FOUSSIER, cultivateur, et à Marie NOLIN, sa femme, demeurant à.., pour neuf années qui ont cc mencé le.., moyennant... francs de fermage annuel, suivant acte passé devant Mᵉ.., notaire à.., le..; pour avoir dr aux fermages à échoir à partir du...

₃₃   *Ou bien ·* l'acquéreur entretiendra pour le temps qui en reste à expirer les baux courants, authentiques ou ay date certaine (A), qui peuvent avoir été faits de ladite maison, si mieux n'aime ledit acquéreur, en congédiant les cataires, les indemniser de manière que le vendeur ne soit aucunement inquiété à ce sujet.

₃₄   *Ou bien :* l'acquéreur entretiendra pour le temps qui en reste à expirer les locations verbales (B) et à l'année (peuvent exister de tout ou partie des biens dont il s'agit et il aura droit à compter du.. aux fermages de l'année, s à lui à donner congé [105] aux fermiers suivant la coutume du pays.

₃₅   § 11. ASSURANCE [155] CONTRE L'INCENDIE.

₃₆   L'acquéreur est et demeure subrogé par le seul fait de la vente dans les droits des vendeurs résultant de l'as rance contre l'incendie de la maison vendue par la compagnie (C) *La France* établie à Paris, rue.., n..; il acquitte à compter du jour de son entrée en jouissance, les primes ou cotisations qui pourraient être dues à ce sujet, et de manière que les vendeurs ne soient nullement inquiétés ni recherchés. Ledit acquéreur sera tenu de continu cette assurance jusqu'au paiement effectif de son prix, et, à cet effet, de déclarer sans délai à la compagnie d'ass rance la mutation opérée à son profit et de la faire mentionner sur la police.

₃₇   Si, en vertu de la police, l'assurance se trouve résiliée par l'effet d'une seule mutation, ou s'il est reconnu que propriété n'est pas assurée, l'acquéreur devra la faire assurer immédiatement pour une somme égale à la valeur (constructions comprises en son acquisition, et pour le temps pendant lequel il sera débiteur de son prix. Les prin pour tout le temps de l'assurance devront être payées d'avance afin de n'encourir aucune déchéance pour défaut paiement.

₃₈   En cas de sinistre avant la libération de l'acquéreur, les vendeurs ou leurs ayants-cause auront seuls droit jusqu concurrence de ce qui sera dû auxdits vendeurs et par préférence à l'acquéreur sur l'indemnité qui se acquise; à l'effet de quoi il leur est fait par ces présentes tout transport [96] nécessaire, lequel transport sera signifié (â à qui besoin sera. Cependant, si, lors du paiement de l'indemnité, le prix de vente n'est point encore exigible en to ou en partie et que la maison ait été rétablie dans son état primitif, les vendeurs ou leurs ayants-cause [6] cesseron d'avoir droit à cette indemnité, si l'acquéreur justifie d'une nouvelle assurance de la maison aux mêmes conditio que celles dont il vient d'être parlé et du paiement de toutes les primes.

₃₉   § 12. VENTE MOYENNANT UNE RENTE PERPÉTUELLE [76] NON REMBOURSABLE AVANT 30 ANS.

₄₀   La présente vente est faite moyennant une rente foncière, annuelle et perpétuelle, franche de retenue [49] six cents francs, au capital [156] de douze mille francs.

₄₁   Laquelle rente l'acquéreur promet et s'oblige [106] de payer par chaque année aux vendeurs (D) en deux term égaux de six en six mois, dont le premier commencera à courir le.. écherra et sera payé le.., le second le.., et au de suite de six en six mois, jusqu'au remboursement que le débiteur pourra faire du capital à sa volonté et en quat paiements [77] égaux après avoir prévenu les vendeurs ou leurs représentants trois mois d'avance; lequel rembou sement ne pourra, de convention expresse, avoir lieu soit en tout soit en partie avant trente ans à compter de ce jo (76 n°. 17).

₄₂   Les arrérages de cette rente ne pourront non plus que son capital être payés en d'autres espèces que celles de (jour et non en aucuns papiers, billets ou autres signes monétaires [91], sous peine de résolution [155] des présente

---

(A) Il y aurait de l'inconvénient à supprimer les mots, *courants,'authentiques ou ayant date certaine*, parce qu'un vendeur de mauvaise f pourrait supposer des faux onéreux au moyen d'antidates. On n'éviterait cet inconvénient qu'en dressant dans un acte s. s. p. un état de baux.

(B) Quand on énonce un bail verbal on ne peut pas considérer cette énonciation comme constituant un bail écrit, car un bail est u contrat synallagmatique, et il est impossible de le conclure en l'absence du preneur, qui, malgré ces stipulations, a toujours la facul de se refuser à la sanction (L. 22 frim. an VII, art. 15; Cass. 17 juin 1811).

(C) En libellant ainsi la formule nous supposons définitivement résolue en ce sens la question de savoir si l'indication qu'une maison été assurée par une compagnie présuppose nécessairement l'existence d'une police écrite (C. comm. 552), car, si la solution était différent il faudrait, pour se soustraire à l'amende faute d'enregistrement de cette police avant l'acte fait en conséquence (V. note 42), substituer (qui suit au présent alinéa : *dans le cas où la maison vendue serait assurée contre l'incendie par quelque compagnie d'assurance, l'acqué reur sera tenu d'entretenir l'assurance et de payer les primes à sa charge à compter du jour de son entrée en jouissance tant que le pri de ladite vente n'aura point été payé en totalité, les vendeurs faisant réserve à leur profit de tous les effets de lad. assurance en cas sinistre, pour , par eux, les exercer jusqu'à due concurrence par préférence à l'acquéreur pour le surplus.*

(D) Il est bien difficile dans les contrats de constitution de rente de fixer un lieu de paiement qui convienne toujours aux deux partie car le domicile des parties au jour du contrat ne sera probablement pas celui de leurs héritiers. C'est par ce motif que nous n'indiquor point dans la formule de lieu de paiement, il est bien plus simple de laisser la loi le régler comme elle le fait dans son art. 1247. D'ailleu le domicile du débiteur ne pourra jamais être bien éloigné, car il y aura toujours un détenteur de l'immeuble tenu en cette qualité de dette.

§ 13. VENTE MOYENNANT UNE RENTE PAYABLE EN ARGENT OU EN GRAINS, AU CHOIX DES VENDEURS.

Cette vente est faite moyennant cent hectolitres [91] de blé froment, bon grain, loyal et marchand, à vingt cen-
1es près de l'élite du marché de.., rendus sans frais en la demeure à.. des vendeurs ou de leurs représentants, ou
n moyennant seize cents francs [91] en espèces d'or ou d'argent au cours de ce jour, le tout de rente [76] foncière,
nuelle et perpétuelle, franche de retenue [49], au capital [136] de deux mille hectolitres de même blé ou de
ute-deux mille francs en numéraire. Cette rente sera servie d'abord (A) en espèces d'or ou d'argent aux titre, poids
cours de ce jour, et ensuite en blé, mais seulement pour le cas où le numéraire ayant actuellement cours viendrait
esser ou à être représenté par une valeur fictive; le tout sous peine de résolution [135] des présentes. Cette clause
. de rigueur et ne pourra être réputée comminatoire [88], l'acquéreur reconnaissant que sans l'assurance de son
écution la vente n'eût point eu lieu.

Laquelle rente les acquéreurs promettent et s'obligent [106] solidairement (*id.*) entre eux de payer... — V. *sup.*
n. 41.

§ 14. VENTE MOYENNANT UNE RENTE VIAGÈRE [76] AU PROFIT DU MARI ET DE LA FEMME VENDEURS,
RÉVERSIBLE SUR LA TÊTE D'UN TIERS [35] POUR PORTION.

Cette vente est faite moyennant douze cents francs [35 et 91] de rente [76] viagère, que les acquéreurs promet-
et s'obligent solidairement [106] de payer chaque année, sans aucune retenue [49] des contributions présente-
ent établies ou qui pourraient l'être par la suite, aux vendeurs sus-nommés pendant leur vie et celle du survivant
ux, en quatre termes égaux de trois en trois mois, le premier desquels termes commençant à courir le... écherra
sera payé le.., le second le.., et ainsi de suite de trois en trois mois pendant la vie et jusqu'au décès du survivant
dits vendeurs, époque à laquelle ladite rente viagère sera éteinte et amortie (*ou bien :* sera réversible pour six
ts francs seulement sur la tête de.., fils unique des vendeurs, interdit [65] par jugement [73] du tribunal civil de..,
date du..., dûment enregistré, pour, ladite rente, n'être éteinte définitivement qu'au décès de ce dernier).

Les arrérages [49] de cette rente seront payés en espèces ayant cours de monnaie aux titre, poids et valeur ac-
ls, et non en aucuns papiers, billets ou autres signes monétaires [91] ayant cours forcé, à peine de résolution des
ésentes... — V. *sup. alin.* 44.

§ 15. VENTE A LA CHARGE DE PAYER UNE RENTE [76] PERPÉTUELLE ET UNE RENTE VIAGÈRE A DES TIERS [35].

La présente vente est faite, en outre, à la charge par les acquéreurs qui s'y obligent solidairement [106] de
yer en l'acquit et à la décharge des vendeurs tant en capital qu'arrérages à compter du.., et de manière que ceux-ci
soient nullement inquiétés ni recherchés à ce sujet :

1° Une rente [76] foncière, annuelle et perpétuelle, franche de retenue [49], payable annuellement le onze nombre, créée pour prix d'une partie des biens présentement vendus par..., père et mère de la venderesse, au pro-
de M. Pierre PERDUCET, représenté maintenant par Jacques PERDUCET, son fils, demeurant à.., suivant contrat de
il à rente passé devant M°.., notaire à.., le.. mil sept cent quatre-vingt-quatre, dûment contrôlé [18], dans lequel
se analysé en cette partie par le notaire soussigné, ladite rente est ainsi désignée [91 n. 23] « *vingt-sept livres*
tournois [91] *de rente foncière et perpétuelle, sans retenue ni déchet, au capital de trois cent quarante livres tournois,*
remboursable en un seul paiement à la volonté des débiteurs. »

2° Et une rente viagère de cent francs, aussi exempte de retenue, payable les premier avril et premier juillet de
aque année, créée pour prix d'une autre partie des biens présentement vendus par le vendeur et sa femme au
ofit de la dame Rose DESLIONS, veuve REGNARD, demeurant à.., suivant un contrat de vente passé devant M°...,
taire à..., le...

§ 16. VENTE MOYENNANT UN PRIX PAYÉ COMPTANT.

La présente vente est faite, en outre, moyennant la somme de trois mille francs de prix principal que l'acqué-
ur a payée comptant aux vendeurs qui le reconnaissent et lui en consentent quittance [84]. — V. *sup. p.* 469, *note* B.

§ 17. VENTE MOYENNANT UNE SOMME DONT UNE PARTIE EST PAYÉE COMPTANT ET LE SURPLUS PAYABLE
A TERME [77] AVEC CESSATION D'INTÉRÊTS [49] S'IL Y A DES INSCRIPTIONS [83].

La présente vente est faite, en outre, moyennant la somme de cinq mille francs de prix principal. En déduction
cette somme, les acquéreurs ont payé comptant aux vendeurs, qui le reconnaissent, celle de deux mille francs en
èces au cours de ce jour, dont quittance [84] d'autant.

A l'égard des trois mille francs restants, les acquéreurs promettent et s'obligent [106] solidairement (*id.*) de les
yer aux vendeurs ou pour eux au porteur de leurs pouvoirs et de la grosse des présentes, en l'étude du notaire
ussigné, dans six mois de ce jour avec intérêts [49] au taux de cinq pour cent par an sans retenue, à compter du..,
squels intérêts seront payés avec le principal. Cependant, si, à l'expiration dudit délai de six mois, les acquéreurs
pouvaient se libérer de la somme restant due sur le prix, par le fait des inscriptions délivrées lors de l'accomplis-
ment des formalités de transcription et de purge légale, il est expressément convenu, pour ce cas, que les intérêts de
somme restant due cesseraient de courir sans que les acquéreurs soient obligés de faire aucune offre [48] ni de remplir
cune autre formalité pour obtenir cette cessation d'intérêts, il suffira qu'ils dénoncent lesdites inscriptions aux ven-
urs avec sommation d'en rapporter main-levée [149] sinon que les intérêts cesseront du jour de cette sommation.

(A) On ne peut raisonnablement pas laisser le choix au vendeur sans expliquer qu'il n'aura lieu qu'au cas prévu en la formule, car on
suppose le blé valant 10 fr. l'hectolitre, année commune, et il peut arriver que sa valeur soit de 24 et même de 30 francs dans des temps
alheureux.

58

§ 18. PRIX DE VENTE PAYABLE EN BILLETS (A) [97].

59   La vente est faite, en outre, moyennant la somme de dix mille francs que les acquéreurs promettent et s'obligent solidairement [106] de payer au vendeur en cinq termes [77] et paiements égaux d'année en année à compter du.., avec intérêts [49] au taux de cinq pour cent par an sans retenue, à partir du.., lesquels intérêts seront payés en même temps que chaque fraction du principal.

60   Pour faciliter dès à présent aux vendeurs la libre disposition de ce prix, l'acquéreur leur a remis à l'instant, ainsi qu'ils le reconnaissent, cinq billets (A) sur timbre [61] proportionnel représentant chacun un terme du prix de la présente vente augmenté des intérêts calculés jusqu'au jour fixé pour chaque paiement, tous en date de ce jour, payables à chacune des époques sus-mentionnées, souscrits par l'acquéreur à l'ordre du vendeur et causés valeur en paiement du prix de la présente vente. L'acquittement desdits billets à leurs échéances opérera la libération dudit prix, mais jusqu'à cet acquittement les vendeurs font réserve de leurs privilège [29] et action [28] résolutoire [153] pour les exercer à défaut de paiement attendu que les billets dont il s'agit ne font point novation [100] à la dette.

§ 19. DÉLÉGATION [100] OU INDICATION DE PAIEMENT (id.).

61

62   La vente est faite, en outre, moyennant la somme de quinze mille francs de prix principal, que les acquéreurs promettent et solidairement [106] entre eux de payer en l'acquit et à la décharge des vendeurs et conformément à l'indication de paiement que ceux-ci leur font, entre les mains des créanciers inscrits sur les immeubles vendus, savoir :

63   A M. Blaise LEROUX, propriétaire, demeurant à.., jusqu'à concurrence de dix mille francs, pour le montant d'une obligation souscrite à son profit par les vendeurs suivant acte passé devant Me..., notaire à..., le..., et produisant intérêts [49] à cinq pour cent. Ladite somme exigible [77] le.., ci. . . . .   10000 »

64   Plus les intérêts de cette somme à compter de ce jour.

65   Et à M. Joachim DESBANS, sans profession, demeurant à.. jusqu'à concurrence de cinq mille francs, pour le montant d'un cautionnement [52] souscrit à son profit par le vendeur suivant acte passé devant Me.., notaire à.., le..., pour raison d'une dette de pareille somme, produisant intérêts [49] à cinq pour cent. Ladite somme exigible le.., ci. . . . .   5000 »

66   Plus les intérêts de cette somme à compter de ce jour.

67   Somme égale [55 n. 61]. . . .   15000 »

68   Les acquéreurs demeurent autorisés, par ces présentes, à se libérer desdites sommes, même hors la présence des vendeurs, entre les mains des créanciers sus-nommés auxquels il est fait toute délégation [100] nécessaire. Quoi faisant, ils seront valablement libérés de leur prix envers les vendeurs ; et en vertu de la main-levée qu'en donneront les créanciers, le conservateur des hypothèques devra radier [149] l'inscription d'office qui sera prise lors de la transcription [111] du présent contrat.

§ 20. PAIEMENT AVEC SUBROGATION [84] CONSENTIE PAR LE VENDEUR.

69

70   La présente vente est faite, en outre, moyennant la somme de douze mille francs de prix principal, qui a été payée comptant par M. BEAULIEU ci-après nommé aux vendeurs qui le reconnaissent et lui en consentent quittance.

71   Et attendu que ce paiement est fait pour et en l'acquit de l'acquéreur par M. César BEAULIEU, rentier, demeurant à.., à ce présent, les vendeurs, sur sa demande, ont mis et subrogé ledit sr BEAULIEU dans tous ses droits [27] et actions [28], priviléges [29] et hypothèques [30], mais sans aucune garantie, recours, ni restitution de deniers.

72   En conséquence, l'acquéreur a promis et s'est obligé de rendre et payer ladite somme audit sr BEAULIEU, en sa demeure à.., ou pour lui au porteur de ses pouvoirs et de la grosse des présentes, le..., avec intérêts [49] au taux de cinq pour cent par an sans retenue.

§ 21. PAIEMENT AVEC SUBROGATION [84] PAR L'ACQUÉREUR QUI PAIE AVEC DES DENIERS EMPRUNTÉS.

73

74   La présente vente est faite, en outre, moyennant la somme de huit mille francs de prix principal.

75   En déduction de laquelle somme, l'acquéreur a présentement (V. sup. p. 566, note B), payé aux vendeurs qui le reconnaissent et lui en consentent quittance, celle de six mille francs, dont quittance d'autant.

76   L'acquéreur déclare que, dans la somme de six mille francs qui vient d'être payée est entrée celle de quatre mille francs à lui prêtée avec promesse du présent emploi par le sieur Michel MÉHOME, rentier, demeurant à.., suivant obligation passée en minute devant le notaire soussigné cejourd'hui et qui sera soumise à l'enregistrement [42] avant ou en même temps que ces présentes ; faisant cette déclaration afin que ledit sr MÉHOME soit et demeure subrogé jusqu'à due concurrence dans tous les droits [27], noms, raisons, actions [28], priviléges [29] et hypothèques [30] des vendeurs sur les immeubles vendus, notamment dans l'effet de l'inscription [85] d'office qui sera prise en vertu des présentes. Laquelle subrogation ne pourra, bien entendu, nuire aux vendeurs pour le surplus du prix à eux dû.

77   A l'égard des deux mille francs restant dûs, l'acquéreur promet et s'oblige [106] de les payer aux vendeurs en l'étude du notaire soussigné le.., avec intérêts [49] jusqu'au paiement.

(A) Quand un acquéreur crée des billets pour le paiement du prix de son acquisition, il renonce par cela même à pouvoir refuser le paiement des billets sous le prétexte qu'il existe des inscriptions et que le porteur ne peut pas avoir plus de droits que celui qui lui a transmis l'effet. A l'égard du porteur un effet de commerce est une valeur négociable considérée comme argent comptant (V. note 97 n. 15 et sup. p. 581 note A).

78 § 22. PRIX DE VENTE PAYABLE A UNE ÉPOQUE DÉTERMINÉE [77] NONOBSTANT LE DÉFAUT DE PURGE [156] DES HYPOTHÈQUES DANS LE DÉLAI CONVENU.

79 La présente vente est faite, en outre, moyennant la somme de quatre mille francs, que l'acquéreur promet et s'oblige [107] de payer aux vendeurs en l'étude du notaire soussigné et avec intérêts [49] à compter de ce jour, immédiatement après l'accomplissement des formalités de transcription et de purge légale pour lesquelles il est accordé un délai de quatre mois. — V. sup. p. 446, note A.

80 Faute, par l'acquéreur, d'avoir rempli dans le délai ci-dessus fixé les formalités nécessaires pour la purge des hypothèques, il ne pourra se prévaloir de ce retard [58] pour différer le paiement de son prix au-delà de l'époque convenue.

81 § 23. TRANSCRIPTION [111] ET PURGE LÉGALE [156] AVEC OBLIGATION DE LA PART DU VENDEUR DE RAPPORTER main-levée [149] des inscriptions et avec prohibition de la part de l'acquéreur de notifier son contrat [147].

82 L'acquéreur fera transcrire une expédition du présent contrat au bureau des hypothèques [49], et remplira les formalités prescrites par la loi pour la purge des hypothèques légales [30], le tout à ses frais dans le délai de quatre mois (V. sup. p. 446, note A) à compter de ce jour.

83 Si, lors de l'accomplissement de ces formalités, il y a ou survient des inscriptions [83] provenant du fait des vendeurs ou de leurs auteurs, les vendeurs s'obligent, comme il est dit ci-dessus, d'en rapporter certificat de radiation [149] à l'acquéreur dans les deux mois qui suivront la dénonciation que ledit acquéreur leur aura faite de l'état desdites inscriptions au domicile ci-après élu [11], et ce, préalablement à toute notification aux créanciers inscrits, sous peine [58] de supporter lesdits frais de notification, en, par les vendeurs, indemnisant toutefois l'acquéreur de tous frais extraordinaires (A) de transcription et de purge.

84 Et, jusqu'à l'expiration de ce délai de deux mois, l'acquéreur ne pourra, ainsi qu'il s'y oblige, faire aucune notification ou offre aux créanciers inscrits, ni aucune consignation [48] de son prix, à moins d'y être contraint par quelque créancier inscrit, sous peine [58] de supporter, sans aucun recours contre ses vendeurs, les frais et dépens [120] qu'il aurait, ledit acquéreur, occasionnés, et même tous dommages-intérêts (B). — V. sup. p. 52, note A.

85 § 14. OBLIGATION IMPOSÉE A L'ACQUÉREUR D'EMPLOYER SON PRIX A ÉTEINDRE LES CAUSES DES INSCRIPTIONS. — Réserve de faire délégation [100].

86 Après l'alin. 82 ci-dessus, on met, en remplacement de l'alin. 83, ce qui suit : si lors de l'accomplissement de cette formalité il se trouve des inscriptions grevant les biens vendus et que le montant de ces inscriptions n'excède pas le prix de la vente, l'acquéreur ne pourra ni dénoncer [122] les inscriptions aux vendeurs ni faire aucune notification [147] ou consignation [48], à moins d'être poursuivi comme détenteur avant les époques fixées pour le paiement du prix par quelque créancier inscrit : il lui est seulement imposé l'obligation de payer sondit prix en principal [156] et intérêts [49] aux créanciers en se faisant, pour sa sûreté et si bon lui semble, subroger aux droits de ces derniers jusqu'à concurrence des sommes payées, laquelle subrogation [84] aura, au surplus, lieu de plein droit conformément à l'art. 1251 du C. civ.

87 Ou bien : s'il se trouve des inscriptions qui grèvent les biens vendus, mais qu'elles n'excèdent pas le prix de la présente vente, les vendeurs auront la faculté de déléguer (C) aux créanciers inscrits sommes suffisantes pour les remplir de leurs créances, et au moyen de ces délégations l'acquéreur sera tenu de se libérer du restant de son prix entre les mains desdits vendeurs.

88 § 25. OBLIGATION IMPOSÉE A L'ACQUÉREUR DE SOUFFRIR DES INSCRIPTIONS.

89 Après l'alin. 83 ci-dessus on met : Toutefois cette obligation de rapporter main-levée des inscriptions ne s'appliquera point à l'inscription prise au profit de.., le.., vol.., n°. — V. sup. p. 48, note B.

90 § 26. RETENUE D'UNE PORTION DU PRIX POUR GARANTIE DES INSCRIPTIONS.

91 Après l'alin. 82 on met, en remplacement de l'alin. 83, ce qui suit : et si lors de l'accomplissement de cette formalité il y a ou survient des inscriptions, il est convenu que l'acquéreur ne pourra retenir entre ses mains qu'une somme égale au montant des inscriptions en y ajoutant trois années d'intérêts [49] à échoir et un cinquième en sus pour garantie des faux frais, et qu'il sera tenu de payer le surplus au vendeur, sans attendre le certificat de radiation des in-

---

(A) Les frais ordinaires de purge (qui sont à la charge de l'acquéreur) sont ceux occasionnés par la transcription au bureau des hypothèques, par l'inscription d'office, le certificat de quinzaine, l'exposition, l'insertion et les certificats négatifs d'inscriptions à l'égard de tout ou partie des vendeurs ou précédents propriétaires. Tous les autres, tels que ceux occasionnés par les inscriptions comprises en l'état délivré sur transcription, par les dénonciations, offres, ordre et collocation sont des frais extraordinaires qui doivent être supportés par le vendeur. Cependant les frais des inscriptions ne doivent pas être considérés comme des frais extraordinaires et l'acquéreur doit les supporter quand il est spécialement chargé d'en acquitter les causes, parce que alors ce n'est plus une dépense imprévue pour lui.

(B) Ces dommages-intérêts pourraient être considérables, car la notification a pour effet : 1° de rendre exigibles les créances non échues, l'acquéreur déclarant dans sa notification qu'il est prêt à acquitter sur-le-champ les dettes et charges hypothécaires jusqu'à concurrence de son prix sans distinction des dettes exigibles ou non exigibles (C. civ. 2184); 2° et de donner aux créanciers inscrits la faculté de surenchérir (C. civ. 2185), ce qui oblige le vendeur à indemniser l'acquéreur évincé (C. civ. 2191 et 2192).

(C) Cette délégation serait coûteuse, elle donnerait lieu à un droit proportionnel d'enregistrement de 1 p. 0/0, tandis que celle contenue dans le contrat de vente ne donne lieu qu'au droit fixe de 1 fr. sur les acceptations quand le titre est enregistré. — V. sup. alin. 61 et suiv.; et p. 507 note A.

scriptions. A l'égard des sommes que l'acquéreur aura retenues, il devra les payer aux vendeurs à mesure des main-levées en bonne forme qui lui seront rapportées de ces inscriptions sans attendre leur radiation.

92

§ 27. HYPOTHÈQUE [30] POUR GARANTIE DES INSCRIPTIONS.

93   *En remplacement de l'alin. 84* on met ce qui suit : à la garantie de ce rapport de certificats de radiation, les vendeurs hypothèquent spécialement jusqu'à concurrence d'une somme de.. égale au montant du prix de la présente vente, le domaine des Coffignons avec toutes ses dépendances situé [141] sur le territoire de la commune de.., appartenant [22] en propre au vendeur comme.. (*V. sup. établissement de propriété, p.* 403) ; mais aussitôt que les biens présentement vendus seront purgés des inscriptions dont ils sont grevés, l'acquéreur sera tenu de donner main-levée [149] de l'in-scription qu'il aura prise pour sûreté de l'hypothèque présentement consenti, laquelle d'ailleurs cessera de produire son effet et sera considérée comme nulle et sans effet à partir du jour où ce dégrèvement se sera opéré.

94   § 28. VENTILATION [156] (A) DU PRIX. — *V. sup. p.* 44, *note* A.

95   Les vendeurs déclarent que dans le prix de la présente vente, l'immeuble compris sous le n° 1 de la désignation est entré pour cinq cents francs, ci. . . . . 500 »
96   L'immeuble compris sous le n° 2 pour deux mille francs, ci. . . . . 2000 »
97   Et l'immeuble compris sous le n° 3 pour mille francs, ci. . . . . 1000 »

98   Somme égale. . . 3500 »

99   § 29. PROMESSE [109] DE VENTE D'UN OBJET CONTIGU A CELUI VENDU. — *V. sup. p.* 549, *alin.* 84.

100   PROMESSE UNILATÉRALE (B). Il est expressément convenu entre les parties que si les vendeurs se décident par la suite à vendre le surplus de la pièce dont une partie vient d'être vendue au s' Michel PROT, ils devront donner la préfé-rence [102] audit s' PROT, qui prend l'engagement d'acheter ou faire acheter ce surplus par ses héritiers à raison de cent cinquante francs l'are, prix convenu pour ce cas entre les parties. Lequel prix sera payé avec (*ou ; sans*) intérêts [49] immédiatement après les formalités de transcription [111] et de purge légale [156] qui devront être opérées dans les six mois du jour de la vente.

101   PROMESSE SYNALLAGMATIQUE (C). Il est expressément convenu qu'à la mort du survivant des vendeurs la maison contiguë et ayant des vues droites sur la cour et le jardin de la maison présentement aliénée sera vendue par leurs héritiers [78] à l'acquéreur sus-nommé ou à ses représentants, moyennant la somme de.., que ledit acquéreur s'oblige et oblige sa succession de payer dans le délai de.., avec intérêts [49] du jour de l'entrée en jouissance.

102   § 30. VENTE FAITE SOUS UNE CONDITION SUSPENSIVE [153]. — *V. sup. p.* 550, *alin.* 97, *et inf. alin.* 432.

103   Il est expressément convenu entre les parties, comme condition suspensive des présentes, que la présente vente n'opérera transmission de propriété, qu'autant que l'acquéreur effectuera le paiement du quart (*ou : de la totalité*) du prix de la présente vente à son échéance ci-dessus fixée (*ou : de la dette hypothécaire de M... sus-nommé, qu'il vient d'être chargé d'acquitter, dans le délai de...*). En conséquence, si sur une simple sommation (D) de payer à lui donnée par les vendeurs, l'acquéreur n'effectue pas ce paiement par acte authentique dans les... jours qui suivront ladite sommation, la présente vente sera considérée comme non faite ni avenue et les choses se trouveront dans le même état que s'il n'y avait pas eu de vente.

104   *Ou bien :* qu'autant que l'acquéreur aura fait transcrire (E) le présent contrat au bureau des hypothèques de...

(A) Il est important de faire cette ventilation d'une manière exacte, parce que si elle ne l'était pas, cela rendrait une surenchère facile. A ce compte, une vente faite sans ventilation pourrait devenir bien onéreuse pour celui qui a vendu à quelqu'un de mauvaise foi, puisque d'après l'art. 2192 du C. civ. cet acquéreur a le droit de la faire comme bon lui semble.
La ventilation est nécessaire aussi afin de se fixer sur l'augmentation ou diminution du prix quand il y a garantie de mesure.— V. *note* 40 n. 10 et suiv. et sup. alin. 6.

(B) Cette promesse de vente étant unilatérale et ne contenant point le consentement des deux parties n'est point obligatoire comme vente (C. civ. 1589), quand même le vendeur aurait encore la chose au moment où on exige de lui ou cette chose ou des dommages-in-térêts. Elle ne peut donner lieu qu'à des dommages-intérêts (C. civ. 1142 ; Paris 10 mai 1826; Amiens 24 août 1839.– V. note 7 n. 41). En tout cas, elle n'est point sujette à un droit proportionnel d'enregistrement.

(C) Cette promesse de vente étant synallagmatique et contenant le consentement des deux parties est obligatoire, tellement que si celui qui a promis de vendre a encore la chose au moment où on lui demande la réalisation de sa promesse, il est obligé de la vendre et délivrer, sinon le jugement tient lieu de vente et emporte par lui-même translation de propriété. L'art. 1589 du C. civ. manque donc d'exactitude quand il dit que *la promesse de vente vaut vente*, parce que la propriété, nonobstant la promesse de vente, ayant continué de résider sur la tête du vendeur, celui-ci a continué d'avoir le pouvoir de la transférer à un acquéreur de bonne foi, sauf les dommages-intérêts dus à ce dernier (Toullier 9, 92). Et cela explique pourquoi la promesse de vente n'est sujette qu'à un droit fixe d'enregistrement (Championnière 3, 1747).

(D) On ne procède point, dans ce cas, par voie d'exécution en donnant commandement, il suffit d'une simple mise en demeure de payer sans qu'il soit besoin de donner copie du titre.

(E) On comprend facilement l'utilité de cette condition : il se peut que dans le mois de la vente il y ait peu ou point d'inscriptions, et qu'après le mois il s'en trouve beaucoup. Or, dans ce dernier cas, la notification et l'ordre peuvent, par les frais qu'ils occasionnent ordinairement, causer un grand préjudice au vendeur, et puis la transcription a pour effet de conserver le privilége du vendeur (Cass. 22 nov. 1820), et de mettre le vendeur à même de former utilement une demande en résolution (C. proc. 692 et 717).

dans le mois de sa date. En conséquence, à défaut de transcription, la présente vente sera considérée comme non faite ni avenue et les choses se trouveront dans le même état que s'il n'y avait point eu de vente.

105 *Ou bien encore :* qu'autant que l'acquéreur aura obtenu l'autorisation d'établir une tannerie (*ou autre établissement insalubre ou incommode*) sur le terrain présentement vendu. En conséquence, en cas de non-obtention de ladite autorisation auprès l'autorité administrative, il n'y aura point de vente et les parties seront remises au même état qu'auparavant. Si, au contraire, l'autorisation est octroyée, l'acquéreur aura droit à la jouissance du terrain vendu par la perception des loyers à compter du jour de l'accomplissement de la condition suspensive, c.-à-d. de l'obtention de ladite autorisation, auquel cas il sera, à la requête du plus diligent des vendeurs et de l'acquéreur, et au plus tard dans les trois mois qui suivront l'accomplissement de la condition suspensive, dressé à la suite [43 n. 104] de la présente vente un acte faisant connaître que cette condition est accomplie afin de fixer l'époque de transmission de la propriété.

106 § 31. VENTE SOUS CONDITION RÉSOLUTOIRE [153].

107 A défaut par l'acquéreur de payer le prix de la présente vente à l'échéance ci-dessus fixée (*ou :* un seul terme du prix aux échéances ci-dessus fixées — *ou bien :* deux années consécutives de la rente à l'échéance), ladite vente sera résolue de plein droit (A) un mois après une sommation restée infructueuse, et il ne restera plus au juge qu'à la prononcer, aucun délai ne pouvant être accordé par lui dans ce cas.

108 § 32. RÉSERVE DE PRIVILÉGE [29] ET DE L'ACTION RÉSOLUTOIRE [153]. — HYPOTHÈQUE [30] SUPPLÉMENTAIRE.

109 A la garantie du prix de la présente vente en principal [136] et accessoires [103], les vendeurs font réserve [31] expresse du privilége et de l'action résolutoire à eux acquis sur l'immeuble présentement vendu.

110 Pour plus de sûreté dudit prix en principal, intérêts [49] et frais, les vendeurs affectent et hypothèquent spécialement : 1°...; 2°... — *V. sup. p. 493, alin. 15 et suiv. et établissement de propriété p. 403.*

111 § 33. DESSAISISSEMENT [8] DE PROPRIÉTÉ (B).

112 Sous la foi de la pleine et entière exécution des charges et conditions de la présente vente, les vendeurs mettent et subrogent les acquéreurs dans tous leurs droits de propriété et autres qu'ils peuvent avoir sur le bien vendu, voulant qu'ils en soient saisis par qui et ainsi qu'il appartiendra, constituant à cet effet pour procureur le porteur de l'expédition, lui en donnant tout pouvoir [80].

113 § 34. ÉTAT CIVIL [162] DES VENDEURS (C).

114 Les vendeurs déclarent qu'ils sont mariés [65] en premières noces sous le régime de la communauté [166], ainsi qu'ils en ont justifié par une expédition [64] représentée et rendue de leur contrat de mariage [166] passé devant M^e.., notaire à.., le.. (*V. sup. p. 52 et 314, notes C et B*); et qu'ils ne sont et n'ont jamais été tuteurs [163] de mineurs [63] ou interdits (*id.*), ni chargés d'aucune comptabilité de deniers publics [164].

115 *Ou bien, quand il n'y a que l'un des époux qui est propriétaire :* déclare le vendeur (*ou :* la venderesse) qu'il (*ou :* qu'elle) est marié à.., qu'il (*ou :* qu'elle) n'a jamais contracté d'autre mariage, et qu'il (*ou :* qu'elle) n'a jamais été tuteur (*ou :* tutrice) de mineurs ou interdits, ni chargé (*ou :* chargée) d'aucune comptabilité de deniers publics.

116 § 35. REMISE DES TITRES DE PROPRIÉTÉ. — *V. inf. alin. 193.*

117 Lors (D) du premier paiement (*ou :* du paiement pour solde) du prix de la présente vente, les vendeurs s'obli-

---

(A) C'est ainsi que doit être interprété l'art. 1656 du C. civ. — Une résolution de vente ne peut avoir lieu sans jugement. Il serait même dangereux pour le vendeur d'accepter une résolution amiable. — V. *sup. p. 355 la formule de déguerpissement et la note étant au bas de la page 356.*

(B) Cette clause a un sens qui est , en général, mal compris de ceux qui en font encore usage. En effet, si on la considère sous le rapport de la transmission de la propriété elle est inutile, l'art. 1853 du C. civ. pose à ce sujet une règle qui rend la clause superflue. Si, au contraire, on la considère sous le rapport de la tradition ou mise en possession, elle n'a pas d'effet, car ce n'est pas au moyen de cette clause qu'un acquéreur peut être saisi , c'est par la remise des clefs quand il s'agit d'un bâtiment ou des titres quand il s'agit de toute espèce d'immeubles (C. civ.1605. - V. note 54). Il n'est point entré dans les idées du nouveau législateur qu'un vendeur fût astreint , pour figurer la tradition ou mise en possession , à conduire en quelque sorte par la main son acquéreur jusque dans les prés recoins de chaque objet vendu. Autrefois, sous l'empire de certaines coutumes, la clause ci-dessus équivalait à une tradition fictive ; mais à présent le symbole de la tradition consiste dans la remise des clefs ou des titres (V. *note 54 n. 3*).

(C) Cela ne doit s'entendre que des vendeurs propriétaires de la chose, d'où il suit que quand il n'y en a qu'un qui est propriétaire on ne doit point s'occuper de l'état civil de l'autre, quand même il s'obligerait solidairement, car les peines de stellionat prononcées par les art. 2059 et 2136 du C. civ. ne s'appliquent qu'à ceux qui aliènent leurs immeubles ou des immeubles qu'ils déclarent être à eux.

(D) On peut différer de remettre les titres de propriété comme moyen d'amener l'acquéreur à remplir plus exactement son obligation de payer. Mais si cet acquéreur éprouvait de la part d'un détenteur une résistance à déposséder , et s'il arrivait que le vendeur fût assigné en garantie par son acquéreur , il serait de l'intérêt du vendeur de remettre sur récépissé ou d'offrir le titre de propriété à l'acquéreur pour opérer la tradition symbolique et le rendre non-recevable dans sa demande en garantie. Mais que faut-il entendre par *titre de propriété* ? Un partage de succession doit-il être considéré comme tel ? Non, un acte de cette nature n'est point suffisant, il faut un acte *translatif* de propriété par vente , échange , dation ou donation : or, un partage n'a point cet effet, il n'est que *déclaratif* de propriété; l'acte translatif de propriété est un juste titre, celui que l'art. 2265 du C. civ. exige pour prescrire (V. *note 172*), et on n'en saurait dire autant d'un partage que l'on fait à son gré, sans contradicteur, et dans lequel on peut aisément s'attribuer comme siennes , et de bonne ou mauvaise foi, des choses de la succession, par cela seul que le défunt les détenait , ce qui ne se suppose point dans un acte translatif même sous seing-privé, parce qu'on ne fixe point soi-même sa position. — V. note 33 n. 6 et suiv.; note 54 n. 3, *et la note B qui précède.*

gent (A) [107] de remettre [92 n. 60] à l'acquéreur tous les titres de propriété et autres pièces relatés en l'établissement de propriété ; — *quand on ne les remet pas tous, on ajoute* : à l'exception de *telles et telles* pièces dont l'acquéreur demeure autorisé à se faire délivrer expéditions [64] ou extraits (*id.*) à ses frais.

118 *Ou bien* : l'acquéreur reconnaît que les vendeurs lui ont présentement remis : 1°.. ; 2°.. (*désigner les titres dans l'ordre de l'établissement de propriété*). Dont décharge [84].

119 § 56. ÉLECTION DE DOMICILE [11].

120 Pour l'exécution des présentes, les parties font élection de domicile en leurs demeures respectives ci-dessus indiquées (B).

121 *Ou bien* : pour l'exécution des présentes, domicile est élu, savoir : par le vendeur jusqu'au.., en sa demeure actuelle, et après cette époque en l'étude du notaire soussigné, et par l'acquéreur en sa demeure actuelle jusqu'au.., et après cette époque en la maison vendue.

122 *Ou bien encore* : pour l'exécution des présentes, domicile est élu par le débiteur en sa demeure ci-dessus indiquée.

---

123 I. VENTE [109] DE BIENS [7] RURAUX [86] CONQUÉTS DE COMMUNAUTÉ [166]
par un mari en son nom et comme mandataire [80] *de sa femme, avec garantie* [107] *solidaire et établissement de l'origine de la propriété en descendant.*

123 Par-devant Mᵉ Achille [1] RAMEAU (*id.*), notaire [2] à Saint-Clément [1], département de.., soussigné [15].

124 Est comparu M. Alexis [3] BARBIER (*id.*), propriétaire (*id.*), demeurant (*id.*) à..

125 Agissant en son nom personnel et encore comme mandataire [80] spécial (C) à l'effet des présentes de la dame Caroline MOUSSE [5], son épouse de lui autorisée [68] par ces présentes aux termes de la procuration [80] qu'elle lui a donnée sous être assistée de son mari (*V. sup. p.* 110, *note* A) par acte passé devant Mᵉ BOURET, notaire à.. le.., et dont le brevet original, dûment enregistré [42] et légalisé [125], est demeuré ci-annexé [55], après avoir été communiqué [80 n. 119] aux acquéreurs ci-après nommés, et avoir été du mandataire certifié véritable [55] en présence du notaire et des témoins soussignés.

126 Lequel, en ses qualités sus-exprimées, a, par ces présentes, vendu [109] avec garantie solidaire [107] entre lui et sadite femme de tous troubles quelconques, notamment de tous priviléges [29], hypothèques [50], surenchères [147] et évictions [9] ; laquelle garantie ne s'étendra toutefois, à l'égard de la dame BARBIER, qu'aux troubles provenant d'elle ou de toute personne subrogée à ses droits (*V. sup. p.* 45 *note* A ; *et p.* 558 *note* A).

127 A M. Olivier [5] DROIN (*id.*), ancien négociant (*id.*) et à la dame Edmée GEORGET, son épouse de lui autorisée [68], demeurant ensemble à.., à ce présents et acceptant [52].

128 DÉSIGNATION [141]. 1° Une pièce [7] de terre, de la contenance de un hectare [94], située [141] sur le territoire de la commune de.., lieu dit le Vaux-Cornot, tenant.. — *V. sup. p.* 42, *alin.* 8 à 15.

129 Ainsi que lesdits biens s'étendent et comportent sans aucune exception ni réserve, le plus ou le moins de mesure [40], s'il y en a, devant tourner au profit ou à la perte des acquéreurs, quelle que soit la différence. — *V. sup. alin.* 5 *et suiv.*

150 PROPRIÉTÉ [22]. Les biens vendus proviennent de la ci-devant abbaye de Bois-Joly.

151 Le sᵣ Jean GOURLOT, cultivateur à.., s'en est rendu adjudicataire au district de.., suivant procès-verbal de l'administration du directoire dudit district en date du.., dûment enregistré [42]. Cette adjudication a eu lieu moyennant la somme de deux mille francs dont il s'est libéré [84] en totalité, suivant le décompte arrêté par la régie du domaine national le...

152 Lesdits biens ont été vendus par ledit sᵣ GOURLOT au sᵣ Léonard MAUROY, cultivateur à.., et à Clémence MERLOT, sa femme, moyennant la somme de quatre mille francs payée comptant, ainsi qu'il résulte d'un contrat passé devant Mᵉ.., notaire à.., le.., dûment enregistré [42], transcrit [111] au bureau des hypothèques de.., le.., vol.., n°.., sans qu'à cette transcription et pendant la quinzaine qui a suivi il se soit trouvé aucune inscription [85] ainsi que le constate un certificat [111] du conservateur en date du.. : l'acquéreur n'a point rempli les formalités nécessaires pour purger [156] son acquisition des hypothèques légales qui pouvaient la grever.

153 Les époux MAUROY ont à leur tour vendu lesdits biens à M. et Mad. BARBIER, comparants, suivant contrat passé devant le notaire soussigné, dûment enregistré, moyennant la somme de six mille francs qui a été payée suivant quittance [84] passée devant le même notaire le.. suivant, aussi enregistrée.

154 Ce contrat a été transcrit [111] au bureau des hypothèques de.., le.., vol.., n..

(A) Quand la femme du vendeur n'est obligée que limitativement à garantir l'acquéreur solidairement avec son mari (*V. inf. alin.* 126), on ne doit plus dans le cours de l'acte la faire obliger avec son mari, si ce n'est dans la clause concernant la transcription et la purge légale. Ici l'obligation de remettre les titres étant indivisible (92 n. 60) est compromettante pour la femme (*V. sup. p.* 45 *note* A) et excède l'engagement primitif par elle pris en l'alin. 126.

L'obligation de remettre les titres passe sans doute au cessionnaire du vendeur, mais si la cession a lieu après l'époque fixée pour cette remise, l'acquéreur ne peut plus les exiger du cessionnaire quand il lui a payé les intérêts de la somme cédée sans opposition surtout si le vendeur est devenu insolvable et s'il apparaît que l'acquéreur a déjà une partie des titres qui lui avaient été promis. (*Jug. de la Seine* 1815, *aff. Bertrand*).

(B) Autrefois on ajoutait ici une foule d'abréviations dont nous avons donné l'explication en la note 55, n. 6.

(C) Ce mandat doit être spécial bien qu'il s'agisse d'immeubles conquêts de communauté, parce que ce n'en est pas moins un acte qui par ses conséquences ultérieures, peut emporter aliénation des propres de la femme. — *V. sup. p.* 105 *note* A.

135 Lors de cette transcription et pendant la quinzaine qui a suivi il ne s'est trouvé, ainsi que l'a constaté M. le conservateur par son certificat en date du..., que deux inscriptions [85] outre celle d'office, lesquelles deux inscriptions ont été rayées [149] suivant deux certificats délivrés par le même conservateur le..

136 Pour parvenir à purger [156] les hypothèques légales qui pouvaient grever leur acquisition, les acquéreurs ont rempli les formalités suivantes :

137 1° Ils ont fait déposer copie collationnée de leur contrat d'acquisition au greffe du tribunal civil de.., le..

138 2° Ce dépôt a été signifié [20] tant à la femme MAUROV qu'au Procureur du Roi près ledit tribunal, avec déclaration à ce dernier que ceux du chef desquels il pourrait être formé des inscriptions n'étant pas connus des acquéreurs, ils feraient publier la susdite signification dans les formes prescrites par l'avis du conseil d'État du neuf mai mil huit cent sept, le tout ainsi qu'il résulte d'un exploit (ou : de deux exploits) de.., huissier [115] à.., en date du.., (ou : des..), enregistré [42 n. 1].

139 3° Un extrait de ce contrat, contenant sa date, les noms, prénoms, professions et demeures des contractants, la désignation de la nature et de la situation des biens, le prix et les autres charges de la vente, est resté affiché pendant deux mois dans l'auditoire du tribunal, ainsi qu'il est constaté par un certificat du greffier dudit tribunal en date du...., enregistré.

140 4° Dans le cours des deux mois de l'exposition du contrat il n'a été pris qu'une seule inscription au profit de.., comme subrogé dans l'hypothèque légale de la femme GOURLOT, ci-devant nommée, le.., vol.., n°.., contre ledit sr GOURLOT (ou bien : il n'a point été pris d'inscription), ainsi que l'a constaté le même conservateur par son certificat en date du.., étant à la suite de l'état délivré sur transcription, laquelle inscription a été radiée [149] le.., suivant un certificat dudit conservateur. — V. sup. v° purge.

141 Enfin, lesdits biens sont des conquêts [166] de la communauté (id.) qui existe entre M. et Mad. BARBIER, aux termes de leur contrat de mariage (id.) passé devant Me.., notaire à.., le ., dûment enregistré [42].

142 ENTRÉE EN JOUISSANCE [8]. M. et Mad. DROIN pourront faire et disposer des biens vendus comme de chose leur appartenant en toute propriété, et s'en mettre en possession à compter d'aujourd'hui. — V. sup. alin. 15 et suiv.

143 CHARGES [58] ET CONDITIONS [153]. La présente vente est faite sous les charges et conditions suivantes que les acquéreurs s'obligent indivisément [92] d'exécuter.

144 1° De payer [84] dans la quinzaine [77] de ce jour les déboursés [5] et honoraires (id.) des présentes, ainsi que le coût d'une expédition [64] présentement requise, avec intérêts [49] desdits déboursés du jour de l'avance. — V. sup. alin. 22 et suiv.

145 2° D'acquitter les contributions [58] foncières et autres de toute nature des biens vendus à partir du premier juillet prochain. — V. sup. alin. 25, 26 et 27.

146 3° De supporter les servitudes [55] de toute espèce qui peuvent grever lesdits biens, sauf à eux à s'en défendre et à faire valoir celles actives à leur profit, le tout s'il y en a et à leurs risques et périls. — V. sup. alin. 28 et suiv.

147 4° D'entretenir pour le temps qui en reste à expirer les locations [103] verbales et à l'année qui existent de partie des biens vendus, sauf auxdits acquéreurs à avoir droit à compter de ce jour aux fermages [105] de l'année et à donner congé (id.) aux fermiers suivant la coutume du pays. — V. sup. alin. 32 et suiv.

148 PRIX. La présente vente est faite, en outre, moyennant la somme de sept mille francs de prix principal. En déduction de cette somme les acquéreurs ont payé comptant aux vendeurs qui le reconnaissent deux mille francs, dont quittance d'autant. A l'égard des cinq mille francs de surplus, les acquéreurs promettent et s'obligent [106] solidairement (id.) payer aux vendeurs en l'étude du notaire soussigné en cinq termes [77] et paiements égaux d'année en année à compter de ce jour, avec intérêts [49] au taux de cinq pour cent par an sans retenue à partir d'aujourd'hui jusqu'au remboursement du principal, lesquels intérêts [49] seront payables annuellement et diminueront au fur et à mesure des paiements qui seront faits sur le principal. — V. sup. alin. 39 et suiv.

149 VENTILATION [109 et 156]. Les parties déclarent que les biens vendus sont entrés dans le prix de la présente vente, savoir : la pièce comprise sous le n° 1 pour.. — V. sup. alin. 94.

150 CONDITION RÉSOLUTOIRE [133]. A défaut par l'acquéreur de payer un seul terme du prix de la présente vente à l'échéance, ladite vente sera résolue de plein droit, si bon semble aux vendeurs, un mois après une sommation restée infructueuse, contenant déclaration de l'intention de faire prononcer la résolution, et alors il ne restera plus au juge qu'à prononcer cette résolution, aucun délai ne pouvant être accordé par lui dans ce cas. — V. sup. alin. 107 et la note.

151 RÉSERVE [51] DE PRIVILÉGE [29] ET D'ACTION RÉSOLUTOIRE [153]. A la garantie du prix de la présente vente.. etc. — V. sup. alin. 109.

152 TRANSCRIPTION [111] ET PURGE LÉGALE [156]. Les acquéreurs feront transcrire.... — V. sup. alin. 82, 83 et 84.

152 ÉTAT CIVIL [162]. Les vendeurs déclarent qu'ils ne sont et n'ont jamais été ni tuteurs [165] de mineurs [65] ou interdits (id.), ni comptables [164] de deniers publics. — V. sup. alin. 113 et suiv.

153 REMISE [54] DE TITRES. Les vendeurs ont présentement remis aux acquéreurs qui les reconnaissent tous les titres de propriété et autres pièces mentionnées en l'établissement de propriété (si on les détaille on ajoute : et qui sont : 1°.., 2°.., etc.). — V. sup. alin. 116 et suiv.

154 ÉLECTION DE DOMICILE [11]. Pour l'exécution des présentes, domicile est élu par les parties en leurs demeures actuelles sus-indiquées. — V. sup. alin. 119.

155 Dont acte, fait et passé à Saint-Clément [12], en l'étude (id.), l'an mil huit cent quarante-cinq [13], le vingt juin (id.), en présence de MM. (Noms, prénoms, professions et demeures), témoins instrumentaires soussignés [14]; et les parties ont signé [15] avec les témoins et le notaire, après lecture [16].

156 V. Répertoire , note 17. — Forme des actes, note 38. — Enregistrement, notes 57, 18 et 19.

137 II. VENTE DE BREVET D'INVENTION. — *V. sup.* CESSION DE BREVET D'INVENTION, *p.* 241.

___

157 III. — VENTE PAR ADJUDICATION DE BIENS APPARTENANT A UNE COMMUNE OU A UN HOSPICE.—*V. sup. p.* 188 *et suiv.*

___

158 IV. VENTE [109] SUR PLAN [141] DE L'EXPLOITATION D'UNE MINE [109] ET D'UNE CARRIÈRE (*id.*) A UN MANDATAIRE [80].

159 Par-devant M° RAMEAU [1], notaire [2] à Saint-Clément [1], département de.., soussigné [15].

160 Sont comparus M. Alexis [3] BARBIER (*id.*), propriétaire (*id*), et la dame Caroline MOUSSE, son épouse de lui autorisée [68] à l'effet des présentes, demeurant [3] ensemble à..

161 Lesquels ont, par ces présentes, vendu [109], cédé et abandonné pour la durée de trente années [77] qui commenceront à courir le premier juillet prochain à midi, et se sont obligés [106] solidairement (A) entre eux de garantir de tous troubles quelconques notamment de tous priviléges [29], hypothèques [30], surenchères [147] et évictions [9], sauf ceux du gouvernement (B) ; laquelle garantie ne s'étendra toutefois, à l'égard de ladite dame BARBIER, qu'aux troubles et évictions provenant d'elle ou de toute personne subrogée [30] à ses droits. — (V. *sup. p.* 43, note A, *et p.* 558, *note* A).

162 A M. Olivier [3] DROIN (*id.*), ancien négociant (*id.*), demeurant (*id.*) à.., non présent, ce qui est accepté [82] pour lui par M. Jean BORDE [3], son régisseur, demeurant à.., à ce présent, comme étant son mandataire [80] spécial suivant acte passé en minute [59] et présence de témoins [14] devant M°.., notaire à.., le.., dûment enregistré [42] et dont une expédition [64] communiquée [80 n° 119] aux vendeurs est demeurée ci-annexée [55] après avoir été du mandataire certifiée véritable [55] et signée en présence du notaire et des témoins soussignés.

DÉSIGNATION.

162 1° L'exploitation par galeries souterraines d'une mine [109] de fer ouverte sur un terrain de la contenance de un hectare [91], situé [141] sur le territoire de la commune de.., lieu dit les Minerais (*id.*), tenant (*id.*) d'un long du levant à.., d'autre long du couchant à.., d'un bout du midi à.., d'autre bout du nord à..

164 Ainsi que ladite mine s'étend et comporte sans aucune exception ni réserve autre que celle de la superficie du terrain, et tel que ledit terrain et les ouvertures actuellement existantes sur icelui pour l'exploitation de cette mine sont figurés en un plan [141] que le vendeur en a fait dresser sur une feuille de papier marquée du timbre [61] de un franc vingt-cinq centimes, lequel état qui sera soumis à l'enregistrement [42] avant ou en même temps que ces présentes est demeuré ci-annexé [55] après avoir été signé des parties et que dessus il a été fait mention de cette annexe en présence du notaire et des témoins soussignés.

165 Font partie de la présente vente les bâtiments, machines, puits, galeries et autres travaux, établis pour l'exploitation de la mine, ainsi que les chevaux, agrès et ustensiles servant à son exploitation ; le tout désigné en un état estimatif (V. *sup. p.* 404) que les parties en ont dressé sur une feuille de papier marquée du timbre [61] de soixante-dix centimes, lequel état qui sera soumis à l'enregistrement [42] avant ou en même temps que ces présentes est, à la réquisition des parties, demeuré ci-annexé [55] après avoir été d'elles reconnu exact et signé en présence du notaire et des témoins soussignés.

166 2° Et l'exploitation à ciel ouvert (C) d'une carrière à plâtre ouverte sur un terrain de la contenance de cinquante ares [91], situé [141] sur le territoire de la commune de..., lieu dit les Chaumes, tenant.., etc.

167 Ainsi que ladite carrière s'étend et comporte, sans aucune exception ni réserve autre que celle de la superficie du terrain, et sans garantie de la contenance [40] dont le plus ou le moins tournera au profit ou à la perte de l'acquéreur.

168 PROPRIÉTÉ [22].

169 1° La mine de fer appartient au vendeur en propre au moyen de la concession qu'il en a obtenue du gouverne-

___

(A) Cette garantie n'est nécessaire que par rapport à la mine qui est immeuble, ainsi que tout le matériel qui y est attaché et dont la vente donne lieu, par conséquent, au droit de 5. 50 p. 0/0 et à la purge des hypothèques (L. 21 av. 1810, art. 8). — V. *sup.* p. 45 en note.
(B) Le motif de cette exception est que, malgré la concession, les mines restent sous la surveillance de l'autorité administrative qui peut ordonner la suspension de l'exploitation pour cause de sûreté publique (*Même loi, art.* 47 *et suiv.*).
(C) Au sujet de l'exploitation d'une carrière, trois questions se sont élevées : — *Première question.* Les pierres non extraites doivent-elles être considérées comme immeubles et le droit d'enregistrement perçu comme sur chose immobilière? La Cour de cassation par arrêts des 19 mars 1816 et 12 août 1835, a décidé que le droit ne doit être que celui de vente de meubles, puisque les pierres ayant été vendues pour être extraites sont ainsi devenues meubles par destination. Cette règle est la même que celle appliquée aux ventes de récoltes sur pied et aux bâtiments vendus pour être démolis. — *Deuxième question.* Lorsque l'acte contenant autorisation d'exploiter une carrière pendant un temps déterminé comprend le droit de jouir de certains immeubles nécessaires à l'exploitation, le droit de 2 p. 0/0 doit-il être perçu sur la totalité du prix ? Un jugement du tribunal de Nantes du 8 déc. 1841 , a décidé qu'il y avait lieu d'exiger une ventilation du fermage et de ne percevoir que 20 cent. p. 0/0 sur la valeur locative des immeubles. — *Troisième question.* Lorsque l'acte contenant autorisation d'extraire a été qualifié bail et qu'il est fait pour un temps déterminé moyennant un fermage annuel , a-t-il les effets d'un bail ou ceux d'une vente ? On décide qu'il a les effets d'une vente parce que le cessionnaire altère la substance de la chose et qu'on ne peut considérer comme fruits ce qu'il retire de sa jouissance : l'art. 598 ne peut à cet égard être pris pour règle et ce qui le prouve c'est qu'il ne s'applique qu'aux carrières ouvertes lors de l'ouverture de l'usufruit, le motif est qu'il y a dans ce cas destination du père de famille plutôt que caractérisation de fruits par la loi. — V. note 90, n. 21 et suiv.

ment avant son mariage [63] le.. par acte délibéré en conseil d'état conformément à la loi du vingt-un avril mil huit cent dix.

170 Le terrain sur lequel existe cette mine lui appartient aussi en propre pour l'avoir recueilli dans les successions [88] de Paul BARBIER et Agathe LÉCOT, sa femme, ses père et mère, dont il était héritier [78] pour moitié, ainsi qu'il résulte d'un acte de partage [143] (A) passé devant le notaire soussigné le.., dûment enregistré. Ledit partage fait sans soulte [140]. — V. sup. *établissement de propriété*, p. 403.

171 Ledit sr Paul BARBIER et sa femme étaient propriétaires dudit terrain pour en avoir fait l'acquisition [109 du sr Michel COURROT, garçon majeur, demeurant à.., moyennant un prix payé comptant, suivant contrat passé devant Me.., notaire à.., le.., dûment enregistré, et sur lequel il ne paraît pas qu'on ait rempli les formalités de transcription [111] et de purge légale [156].

172 A l'égard du matériel désigné en l'état ci-annexé [55], il appartient également en propre au vendeur comme étant immeuble soit par sa nature soit par destination aux termes de la loi précitée, bien qu'il ait été établi durant la communauté existante entre lui et la dame son épouse sus-nommée.

173 2° La carrière à plâtre et le terrain dans lequel elle se trouve appartiennent à la dame BARBIER, comparante, pour lui avoir été constitués en dot [81] par ses père et mère aux termes de son contrat de mariage [166] passé devant Me.., notaire à.., le.., dûment enregistré [42], par lequel contrat les époux ont adopté le régime de la communauté modifiée sans que l'époux ait été chargé de faire emploi [166] ou remploi (*id.*). — V. sup. p. 517, *note* H.

174 ENTRÉE EN JOUISSANCE [8]. M. DROIN pourra exploiter à son profit et à ses risques et périls la mine et la carrière ci-dessus désignées et faire usage des objets servant à l'exploitation de ladite mine, le tout pendant la durée de sa jouissance ci-dessus fixée.

175 CHARGES [58] ET CONDITIONS [155]. La présente vente est faite aux charges et conditions suivantes que M. DROIN sera obligé d'exécuter, sous peine [58] de toutes pertes, dépens, dommages et intérêts, et même de résolution [155] des présentes :

176 1° De se conformer aux conditions de l'acte de concession ainsi qu'aux lois [222], ordonnances (*id.*) et instructions ministérielles concernant particulièrement ladite mine, et dont il a été donné connaissance à son mandataire, ainsi qu'à toutes lois et ordonnances qui pourront être rendues sur l'exploitation des mines.

177 2° De se soumettre à la surveillance de l'administration sur ladite mine conformément au titre V de la loi du vingt-un avril mil huit cent dix.

178 5° De demeurer, pour l'exploitation de la carrière (B), sous la surveillance de la police, en se conformant aux lois ou règlements généraux ou locaux.

179 4° De prendre la mine dont il s'agit, ainsi que tous les bâtiments, ustensiles, machines et autres objets mobiliers servant à son exploitation, dans l'état où ils se trouvent actuellement, sans pouvoir exercer aucune répétition pour quelque dégât ou quelque cause que ce soit.

180 5° D'exploiter la mine seulement par les puits, ouvertures et chemins actuellement existants, sans pouvoir aucunement les changer, et sans pouvoir faire de nouvelles ouvertures et de nouveaux puits et chemins sans autorisation de l'administration et sans le consentement exprès et par écrit des vendeurs, afin de ne pas nuire à la culture ou à l'usage de la superficie du terrain qui demeure réservée par les vendeurs ; comme aussi de ne pouvoir faire des fouilles au-delà des limites de ce terrain et à moins d'un mètre [91] de sa superficie.

181 6° D'établir, au fur et à mesure des fouilles, les étais nécessaires pour éviter l'éboulement des terres.

182 7° D'entretenir et rendre, à l'expiration de ses trente années de jouissance, les bâtiments, travaux, outils et ustensiles servant à l'exploitation de ladite mine, ainsi que tous autres travaux qui auront été faits comme étant nécessaires à son exploitation, en bon état de réparations et d'après l'état ci-annexé ; comme aussi de rendre à la même époque un même nombre de chevaux de pareille espèce et valeur à ceux servant actuellement à l'exploitation et compris audit état. A l'effet de quoi il sera fait amiablement entre les parties ou par un ou trois experts [193] choisis par elles ou nommés d'office, à l'expiration desdites trente années, une nouvelle estimation des choses évaluées dans l'état et une évaluation de la plus-value [200] résultant des travaux faits par l'acquéreur, et les parties se tiendront alors immédiatement compte de la différence soit en plus soit en moins.

183 8° De souffrir les servitudes [55] passives, apparentes ou non apparentes (*V. sup. p. 198, note* A) qui peuvent et pourront exister, et qui pourraient gêner l'exploitation desdites mine et carrière.

184 9° De payer et acquitter les contributions [58] foncières et autres de toute nature ainsi que toutes redevances annuelles, fixes et proportionnelles, toutes taxes et tous impôts auxquels l'exploitation desdites mine et carrière peut et pourra être assujétie, le tout à compter du..

185 10° De payer et acquitter d'ici à quinzaine [77] les déboursés [5] et honoraires (*id.*) des présentes, ainsi que le coût d'une grosse [64] et d'une expédition (*id.*) présentement requises. — V. sup. alin. 22.

186 PRIX. La présente vente est faite en outre moyennant la somme [55] de quatre-vingt-dix mille francs [91] pour

---

(A) On n'a réellement point procédé à l'établissement de l'origine d'une propriété quand on s'est arrêté à un partage. Il faut nécessairement remonter au contrat qui a transféré la propriété à l'auteur commun, car on ne pourrait pas se défendre contre un usurpateur ou un possesseur annal avec le partage seul — V. sup p. 675, note D.

(B) Si l'exploitation de la carrière avait lieu par galeries souterraines, elle serait soumise à la surveillance de l'administration comme celle d'une mine (L. 21 avril 1810).

toutes les années de jouissance. Laquelle somme le mandataire de M. Droin oblige [107] ce dernier de payer aux vendeurs en leur demeure à.., ou pour eux au porteur de leurs pouvoirs [80] et de la grosse [64] des présentes en dix termes [77] et paiements égaux d'année en année, sans intérêts [49] jusqu'à chaque échéance mais avec intérêts [49] à cinq pour cent par an sans retenue (*id.*) à partir de chaque échéance sur la somme non payée. — *V. sup. alin.* 59 *et suiv.*

¹⁸⁷ *Ou bien* : moyennant la somme de trois mille francs par chaque année de jouissance, payable annuellement le premier juillet, pour commencer le premier paiement le premier juillet mil huit cent quarante-six, et pour continuer ainsi d'année en année jusqu'à l'expiration desdites trente années de jouissance. Et M. et mad. Barbier reconnaissent que le mandataire de M. Droin leur a présentement payé la somme de trois mille francs imputable sur la dernière année de jouissance, de manière que l'ordre ci-dessus fixé pour les paiements ne sera aucunement interverti:

¹⁸⁸ *Ou bien encore* : moyennant dix francs par cent kilogrammes [91] de fer, évalués à... kilogrammes par année, et deux francs par mètre [91] cube de moellon à plâtre évalué à... mètres par année ; le tout d'après un compte à régler sur le lieu de la sortie sur la représentation d'un registre qui sera tenu par un commis établi sur les lieux par les parties à frais communs. Le prix en sera payé à la fin de chaque mois entre les mains des vendeurs ou de leur fondé de pouvoirs sans intérêts [49].

¹⁸⁹ RÉSERVE [51] DE PRIVILÉGE [29]. A la garantie du prix de la présente vente en principal [156] et accessoires [105] pour ce qui regarde la mine de fer, ladite mine demeure affectée et hypothéquée par privilège expressément réservé aux vendeurs. — *V. sup. alin.* 108.

¹⁹⁰ CONDITION RÉSOLUTOIRE [135]. A défaut de paiement d'un terme du prix à l'échéance, la présente vente sera résolue de plein droit, si bon semble aux vendeurs, un mois après avoir été mis en demeure par un commandement resté infructueux et contenant déclaration de l'intention. — *V. sup. alin.* 107 *et* 130.

¹⁹¹ TRANSCRIPTION [111] ET PURGE LÉGALE [156]. L'acquéreur fera transcrire... — *V. sup. alin.* 81 *et suiv.*

¹⁹² VENTILATION (A) *pour le cas où l'on fait usage de l'alin.* 186 *ou* 187. Les parties déclarent que la mine entre pour trois quarts dans le prix de la présente vente, et la carrière pour un quart. — *V. sup. alin.* 94.

¹⁹³ DESSAISISSEMENT DE PROPRIÉTÉ. — *V. sup. alin.* 111 *et* 112 *et la note qui s'y rattache.*

¹⁹⁴ ÉTAT CIVIL [102]. Les vendeurs déclarent qu'ils sont mariés sous le régime... — *V. sup. alin.* 114.

¹⁹⁵ TITRES [84]. Les titres mentionnés en l'établissement de propriété étant utiles aux vendeurs comme conservant la superficie du terrain dans lequel se trouvent lesdites mine et carrière, lesdits vendeurs n'en font point remise à l'acquéreur ; ils s'obligent seulement de les lui communiquer [21] à toute réquisition et sur récépissé. — *V. sup. alin.* 116 *et suiv.*

¹⁹⁶ ÉLECTION DE DOMICILE [11]. Pour l'exécution des présentes, domicile est élu, savoir ; par les vendeurs en leur demeure à.., et pour l'acquéreur dans les bâtiments de la mine après leur mise en possession.

¹⁹⁷ Dont acte, fait et passé à.. — *V. sup. alin.* 155.

¹⁹⁸ V. *Répertoire*, note 17. — *Forme des actes*, note 38. — *Enregistrement* (A), notes 57 et 90.

---

¹⁹⁹ V. — 1° VENTE [109] A L'AMIABLE DE COUPES DE BOIS PAR UN PORTANT-FORT [52] A UN AUTRE PORTANT-FORT (*id.*).

²⁰⁰ PAR-DEVANT Mᵉ RAMEAU [1], notaire [2] à St.-Clément [1], département de..., soussigné [15].

²⁰¹ Est comparu M. Achille [3] DUCREUX (*id.*), homme d'affaires (*id.*), demeurant (*id.*) à...

²⁰² Agissant au nom et comme se portant-fort [52] de M. Alexis BARBIER [3], propriétaire (*id.*), demeurant (*id.*) à... par lequel il promet et s'oblige de faire ratifier [208] ces présentes d'ici à un mois [77] aux frais de l'acheteur ci-après nommé. — *Ou bien* : comme se portant fort de. . enfant mineur [63] de..., par lequel il s'oblige de faire ratifier [208] ces présentes à sa majorité [79] qui aura lieu le... prochain.

²⁰³ Lequel, en cette qualité, a, par ces présentes, vendu [109] avec toute garantie

²⁰⁴ A M. Germain [3] MENANT (*id.*), marchand de bois (*id.*), demeurant à..., où il est patenté [43] pour la présente année à la date du... classe..., n°..., à ce présent et acceptant [52], tant pour lui que pour Nicolas MENANT, son frère,

---

(A) Cette ventilation est nécessaire, non-seulement pour régler les effets du contrat entre les parties mais encore pour l'assiette du droit d'enregistrement qui est de 5. 50 p. 0/0 quant à la mine et à ses accessoires, et de 2 p. 0/0 pour la carrière, par application de ce que nous avons dit note 57, n. 84 et suiv. et d'un arrêt de la Cour de Cassation du 21 oct. 1811, portant « que la désignation et estimation des meubles, article par article, exigée par l'art. 9 de la loi du 22 frim. au VII lorsque des meubles se trouvent confondus avec des immeubles dans un même contrat de vente, n'a trait qu'aux meubles qui, par leur nature et leur forme extérieure, peuvent être susceptibles de ce détail et de cette estimation : mais qu'elle ne saurait s'appliquer à un compte de fruits de longues années dues par l'acquéreur au vendeur, abandonnés par ce dernier avec l'immeuble et dont la supputation serait sinon impossible, du moins très-difficile à faire. Dans ce cas , la régie n'a que le droit de requérir l'expertise de l'immeuble, pour vérifier si la valeur qui lui a été donnée est exacte ; » arrêt qui doit évidemment s'appliquer à l'espèce, car il est impossible de faire le détail du moellon qui est dans la carrière. Mais comme la même Cour a décidé le 25 nov. 1839, que la vente d'un immeuble et d'un office par le même acte sans ventilation ni estimation article par article, était sujette au droit de 5, 50 p. 0/0, quand cependant il y a une sorte d'impossibilité de fournir le détail exigé par la loi, il nous semble que ce serait hasarder beaucoup que de conseiller de faire la vente d'une mine et d'une carrière par le même acte. Le mieux est de faire deux actes séparés.

aussi marchand de bois, demeurant à..., par lequel il s'oblige de faire ratifier [208] ces présentes à ses frais d'ici à un mois.

205 La coupe [109] de l'ordinaire de mil huit cent quarante-cinq, composée de bois taillis essences dominantes de chênes et ormes, appelée la Côte Belvue [141], faisant partie de la forêt de..., située (id.) sur le territoire des communes de...., arrondissement de...., département de...., contenant environ quinze hectares [91], et dont la contenance précise sera constatée par le mesurage qui aura lieu immédiatement après l'exploitation, mais avant l'enlèvement des bois. Ne sont point compris dans la présente vente quarante baliveaux par hectare et trente modernes dont il est fait réserve [219] par le vendeur, lesquels baliveaux et modernes seront martelés par ce dernier avant l'exploitation.

206 Ainsi que cette coupe de bois se comporte, sans aucune autre exception que celle des réserves [219] ci-dessus indiquées.

207 Pour, le sr MENANT, en disposer comme de chose lui appartenant en toute propriété, à compter de ce jour, et l'exploiter dans le délai [77] de cinq mois, à compter du premier novembre prochain.

208 Cette vente est faite aux charges [58] et conditions [153] suivantes, que le sr MENANT [92] s'oblige et oblige son frère indivisément avec lui d'exécuter, savoir :

209 1o De faire l'exploitation conformément aux dispositions des lois et ordonnances concernant les eaux et forêts.

210 2o De ne commencer l'exploitation qu'après avoir procédé, contradictoirement avec le garde du vendeur, à la reconnaissance de l'existence des réserves ci-dessus faites.

211 3o L'abattage des arbres et l'exploitation seront terminés avant le premier mars prochain, et la vidange exécutée avant le premier octobre suivant. Les charrois s'exécuteront par les chemins sur lesquels aboutissent les ventes, en prenant les sorties par la vallée GILLET.

212 4o L'abattage aura lieu à la cognée, à fleur de terre, sans écuisser ni éclater, en sorte que les brins de cépée n'excèdent pas la superficie de la terre, et de façon, à l'égard des arbres, que la chute ait lieu dans la vente sans qu'ils viennent à s'encrouer sur les arbres réservés ni à les endommager. L'acquéreur sera tenu de faire couper, receper et ravaler, le plus près de terre que faire se pourra, toutes les souches de bois pillés et rabougris, et, d'ailleurs, fera en sorte que les anciens nœuds recouverts et causés par les précédentes coupes ne paraissent aucunement.

213 Tout travail nocturne sera interdit dans la vente, c'est-à-dire avant le lever et après le coucher du soleil.

214 5o Les chablis qui surviendront dans la vente parmi les arbres réservés ne pourront être touchés, en aucune manière, par l'acquéreur, qui avant tout sera tenu de les dénoncer soit directement, soit par le garde-vente, au vendeur, au domicile du garde supérieur.

215 6o Les dommages que commettrait l'acquéreur aux pieds corniers, parois, lisières et baliveaux, les outre-passes et autres infractions emporteront, au profit du vendeur, à titre de dommages-intérêts, les amendes et indemnités prononcées par la loi pour semblables délits commis dans les ventes de bois. Le récolement [219] établira le montant des dommages ou les éléments nécessaires pour les déterminer, ou déclarera le congé. L'acquéreur sera d'ailleurs garant et responsable de tous délits [26] commis aux environs de sa vente, jusqu'à une distance de... mètres, et en comptera au vendeur par le paiement des amendes et indemnités prononcées pour les mêmes cas à l'égard des bois.

216 7o L'acquéreur satisfera aux dispositions des lois et règlements d'application à l'exploitation des bois, notamment relativement aux bois de marine et de bourdaine.

217 8o L'acquéreur renonce [62] à réclamer aucune indemnité ou diminution du prix de la présente vente, pour raison des chemins et places vagues, qui pourraient se trouver dans les dites coupes, l'acquéreur déclarant en avoir pris connaissance et se contenter du tout dans l'état où il est actuellement.

218 9o L'acquéreur ouvrira dans le courant du mois d'avril prochain un fossé nouveau de deux mètres [91] de large sur trois mètres de profondeur, pris sur le terrain du propriétaire; la vidange duquel fossé sera jetée sur ledit terrain. Ce fossé sera ainsi établi autour de la partie des bois dont il s'agit dans les endroits où il n'y a point de fossés : à l'égard des parties déjà garnies de fossés, l'acquéreur sera tenu seulement de les curer et nétoyer comme il convient dans le dit délai. Cette charge est évaluée à.... pour asseoir le droit d'enregistrement.

219 10o L'acquéreur ne pourra cuire le charbon sur d'autres places que celles maintenant établies.

220 11o Les déboursés [5] et honoraires (id.) des présentes seront à la charge de l'acquéreur.

221 Cette vente est faite, en outre, à raison de... francs par hectare, ce qui fait pour les quinze hectares, sauf vérification, la somme de..., que l'acquéreur s'oblige [107] de payer, savoir : moitié le.., et l'autre moitié le.., et comme ce prix ne sera définitivement fixé que par la contenance qui résultera du mesurage qui sera fait aussitôt l'exploitation terminée, alors il sera tenu compte, sans délai, de la différence, par celle des parties qui la devra à l'autre.

222 Pour l'exécution des présentes, les parties font élection de domicile [11] en leurs demeures respectives susindiquées.

223 Dont acte, fait et passé à... — V. sup. alin. 153. — Enregistrement, note 90.

²²⁴ **V. — 2° VENTE [109] DE COUPES (A) DE BOIS PAR ADJUDICATION [159] AVEC TIERCEMENT, RENONCIATION A L'ADJUDICATION, CAUTIONNEMENT ET CERTIFICAT DE CAUTION.**

²²⁵ (B) Bureau de... — Extrait du registre des déclarations [109] préalables aux ventes de meubles (*id.*).

²²⁶ Du vingt-un juin mil huit cent quarante-cinq, est comparu Mᵉ RAMEAU, notaire à St.-Clément.

²²⁷ Lequel a déclaré que demain, dimanche, heure de midi, il procédera en son étude à St.-Clément, à une vente aux enchères de coupes de bois à la requête de M. Jules BAUDOUX, propriétaire à....

²²⁸ De laquelle déclaration il a requis acte, et a signé sur le registre. Ainsi signé : *Rameau*. — Pour copie conforme, le receveur de l'enregistrement, signé *Marillier*.

²²⁹ L'an mil huit cent quarante-cinq [13], le dimanche vingt-deux juin (*id.*), heure de midi.

²³⁰ Par-devant Mᵉ RAMEAU [1], notaire [2] à St.-Clément [1], soussigné [13], et en présence des témoins [14] ci-après nommés et aussi soussignés.

²³¹ Est comparu M. Jules [5] BAUDOUX (*id.*), propriétaire (*id.*), demeurant (*id.*) à....

²³² Lequel a dit, que voulant procéder à la vente par adjudication des coupes de ses bois ci-après désignés, pour l'ordinaire de..., il a été apposé des affiches annonçant qu'il serait procédé à cette vente aujourd'hui, à midi, en l'étude et par le ministère du notaire soussigné, qui a fait au bureau de l'enregistrement de.... le jour d'hier, la déclaration préliminaire prescrite par la loi et ci-dessus transcrite.

²³³ Et il a requis ledit Mᵉ RAMEAU d'établir les charges [58] et conditions [153] de la dite adjudication, ce qui a eu lieu ainsi qu'il suit :

²³⁴ DÉSIGNATION [141]. La coupe de l'ordinaire de..., des parties de bois taillis sises sur les communes de..., dont la désignation suit, et dont les quantités sont ainsi établies par aperçu :

²³⁵ <center>COMMUNE DE..., PREMIER LOT. — LE BUISSON ROND.</center>

²³⁶ La coupe dite du Buisson rond [141], essences dominantes de chênes et d'ormes, contenant environ... hectares [91], tenant (*id.*) d'un côté du nord au chemin de St.-Clément, de l'autre à..., etc.

²³⁷ Sous la réserve [219] de... baliveaux et de... modernes par hectare... — V. *sup. alin.* 205.

²³⁸ <center>DEUXIÈME LOT. — BELOMBRE.</center>

²³⁹ La coupe de Belombre, essences dominantes de chataiguiers et chênes, contenant ....

²⁴⁰ <center>COMMUNE DE... TROISIÈME LOT. — LA CÔTE SAINT-LAURENT. — La coupe..., etc.</center>

²⁴¹ Ainsi d'ailleurs, que lesdits lots sont établis au plan d'assiette de coupe dressé par M. LOUZON, arpenteur-géomètre, demeurant à.., lequel plan portant la mention suivante, enregistré à...: (*relater littéralement l'enregistrement*), représenté par le sʳ BAUDOUX, est demeuré ci-annexé [58] après avoir été de lui certifié véritable [55] et signé en présence du notaire et des témoins soussignés, et encore après que dessus, mention a été faite de son annexe.

²⁴² CHARGES [58] ET CONDITIONS [153]. *Art. premier.* La vente aura lieu par la voie de l'adjudication aux enchères et à l'extinction des feux. Chaque enchère sera constatée au procès-verbal et signée de l'enchérisseur. Aucune adjudication ne sera prononcée qu'après l'extinction de deux feux, sans nouvelle enchère. L'adjudication sera prononcée par le notaire, du consentement dudit sieur BAUDOUX, qui aura le droit de surseoir jusqu'à l'adjudication des autres lots, et même de retirer le lot enchéri si tous les lots ne sont pas vendus, en sorte que les enchères du lot seront considérées comme non faites ni avenues. Chaque adjudicataire élira domicile en la commune de...

²⁴³ *Art. 2.* Toute personne pourra tiercer, demi-tiercer et doubler l'enchère sur laquelle l'adjudication aura été prononcée, en le faisant par un acte extra-judiciaire [70] signifié [20] au vendeur et à l'adjudicataire avant le midi du lendemain du jour de l'adjudication. Le demi-tiercement ne sera reçu que sur le tiercement. Lorsqu'il y aura eu tiercement ou doublement, ceux qui l'auront fait et l'adjudicataire seront reçus, dans les quarante-huit heures à partir du midi du jour du tiercement ou doublement, à enchérir entre eux, par acte en suite [45] du présent procès-verbal; celui qui aura porté la dernière enchère, sera déclaré, par le notaire, définitivement adjudicataire.

²⁴⁴ *Art. 3.* Celui qui aura été adjudicataire le jour de la vente, aux termes du procès-verbal, pourra également, avant le midi du lendemain du jour de l'adjudication, renoncer [62] à son adjudication, en le faisant par un acte extra-judiciaire notifié au vendeur et au précédent enchérisseur, et déposé dans le même délai, par acte en suite [45] du présent procès-verbal d'adjudication. Par l'effet de cette renonciation, l'adjudication passera au précédent enchérisseur, qui jouira de la même faculté, et ainsi successivement. Chaque renonçant en faisant sa renonciation, paiera comptant au sʳ BAUDOUX, en l'étude de Mᵉ RAMEAU, notaire soussigné, la différence du prix formant sa folle-enchère.

(A) S'il s'agissait d'un bois mis en coupes réglées on pourrait employer la voie du bail qui est bien plus économique relativement au droit d'enregistrement, mais il faut pour cela que le propriétaire ne fasse aucune stipulation ou réserve qui puisse donner à l'acte l'apparence d'une vente. — V. *la formule de* BAIL p. 138; note 90, n. 18, 52 et 49; et note 218.

(B) Cette déclaration peut être faite par un mandataire muni d'une procuration spéciale, et il n'est pas nécessaire d'y mentionner la cause de l'impossibilité où est l'officier public de remplir lui-même la formalité (Délib. 6 oct 1810). La procuration est exempte d'enregistrement non-seulement parce que la formalité n'est exigée que pour les actes qui sont produits en justice ou devant notaire, ou devant toute autre *autorité constituée*, expressions non applicables à l'espèce, mais encore parce que la formalité est dans l'intérêt de l'administration (*Inst.* 2896). Par ce dernier motif la procuration ne devrait même point être sujette au timbre [61] dont sont exempts les actes de police. — V. note 18, n. 402 et note 61, n. 52.

²⁴⁵ *Art.* 4. Tout adjudicataire sera tenu, dans les cinq jours à compter de celui où il sera trouvé définitivement adjudicataire, de fournir caution [52] et certificateur (*id.*) de caution, qui s'obligeront, solidairement avec lui, et desquels la solvabilité [158] sera appréciée par le sʳ Baudoux, audit nom. Les caution et certificateur de caution éliront domicile [11] en la commune de...

²⁴⁶ *Art.* 5. Le défaut de fournir caution dans le délai rendra le défaillant passible de dommages-intérêts [159] vis-à-vis du vendeur et du précédent enchérisseur, qui, par ce défaut, deviendra adjudicataire, et à la charge de qui l'adjudication tombera au moyen de la déclaration du défaut de présentation de caution et de certificateur de caution qui lui sera notifiée, au plus tard le surlendemain de l'expiration du délai, à la requête du vendeur.

²⁴⁷ A défaut, par l'enchérisseur à qui l'adjudication sera ainsi tombée, de fournir dans les cinq jours, caution et certificateur de caution, il sera également passible de dommages-intérêts, et son précédent enchérisseur deviendra adjudicataire par une semblable notification qui lui sera faite le lendemain ou le surlendemain de l'expiration des cinq jours, et ainsi de suite, en retournant vers le premier enchérisseur. Et au cas où le premier enchérisseur, à qui l'adjudication serait tombée par retour, ne satisferait pas, dans le délai de cinq jours, à l'obligation de fournir caution et certificateur de caution, il sera procédé à la revente sur folle-enchère, et à ses risques et périls, sans cependant pouvoir profiter du bénéfice de la revente.

²⁴⁸ *Art.* 6. Chaque adjudicataire paiera, aussitôt l'adjudication, entre les mains et sur les simples quittances du notaire soussigné, sa part proportionnelle, eu égard au prix de son adjudication, dans la somme de..., montant des frais de mesurage et plan d'assiette de coupe, balivage et martelage, et dans celle de..., montant des frais d'affiches et d'établissement du cahier des charges, plus les droits d'enregistrement à sa charge, et enfin cinq pour cent du prix de son adjudication pour les honoraires et vacations du notaire, à cause de la minute [59] du procès-verbal et de la grosse [64] qui sera délivrée au vendeur. A défaut d'exécution de la présente condition, à l'instant même de l'adjudication, il sera procédé sur-le-champ à la revente du lot sur folle-enchère, aux risques et périls de l'adjudicataire défaillant, et sans qu'il puisse profiter de l'excédant de prix, lequel sera acquis au vendeur à titre de dommages-intérêts [159].

²⁴⁹ *Art.* 7. L'adjudicataire paiera son prix en trois années, par tiers : il acquittera le premier tiers de son prix le.., le second le.., et le troisième à pareille époque de... Il fera ces paiements au vendeur, ou pour lui au porteur de ses pouvoirs [80] et de la grosse (*id.*) des présentes, à..., en espèces de monnaie [91] aux titre et cours de ce jour, sans aucuns papiers publics [91]. Il souscrira, le jour de l'adjudication, trois lettres de change [91] payables à..., une pour chaque terme, qui ne feront, avec le procès-verbal de l'adjudication, qu'un seul et même titre, et seront revêtues de l'aval (*id.*) de la caution et du certificateur de caution au jour de l'acte de cautionnement; l'acquit desquels effets emportera la libération [84] du prix d'adjudication.

²⁵⁰ *Art.* 8. Le prix de chaque adjudication ne sera définitivement fixé que par la contenance qui se trouvera résulter du procès-verbal de réarpentage et récolement qui sera fait, aussitôt l'exploitation terminée, aux frais de l'adjudicataire, par l'arpenteur du vendeur et le garde supérieur, contradictoirement avec l'adjudicataire ou telle personne qu'il y préposera, ou lui dûment appelé. Selon le résultat de ce procès-verbal, l'adjudicataire acquittera alors, sans délai, le supplément de prix, ou recevra la restitution du trop payé.

²⁵¹ Il ne sera tenu compte à l'adjudicataire d'aucun remplage pour vide, clairière ou chemin.

²⁵² *Art.* 9. L'adjudicataire ne pourra commencer son exploitation qu'après avoir justifié au garde supérieur, par un certificat du notaire soussigné, qu'il a satisfait aux conditions de son adjudication, relatives tant à l'acquit des frais et du cautionnement qu'à la remise des lettres de change représentatives du prix, revêtues de l'aval, et qu'après avoir procédé, contradictoirement avec le garde supérieur, à la reconnaissance de l'existence des réserves ou de celles qui doivent subsister, par l'établissement du procès-verbal de souchetage.

²⁵³ *Art.* 10. L'abattage des arbres et l'exploitation seront terminés avant le quinze avril prochain, et la vidange exécutée avant le premier novembre suivant. Les charrois s'exécuteront par les chemins sur lesquels aboutissent les ventes, en prenant les sorties par..., etc.

²⁵⁴ *Art.* 11. L'abattage aura lieu à la cognée, à fleur de terre, sans écuisser ni éclater, en sorte que les brins de cépée n'excèdent pas la superficie de la terre, et de façon à l'égard des arbres, que la chute ait lieu dans la vente sans qu'ils viennent à s'encrouer sur les arbres réservés ni à les endommager. L'adjudicataire sera tenu de faire couper, recéper et ravaler, le plus près de terre que faire se pourra, toutes les souches de bois pillés et rabougris, et, d'ailleurs, fera en sorte que les anciens nœuds recouverts et causés par les précédentes coupes ne paraissent aucunement.

²⁵⁵ Tout travail nocturne sera interdit dans la vente, c'est-à-dire avant le lever et après le coucher du soleil.

²⁵⁶ *Art.* 12. Les chablis qui surviendront dans les ventes parmi les arbres réservés ne pourront être touchés, en aucune manière, par l'adjudicataire, qui, avant tout, sera tenu de les dénoncer soit directement soit par le garde-vente au vendeur, au domicile du garde supérieur.

²⁵⁷ *Art.* 13. Les dommages que commettraient les adjudicataires aux pieds corniers, parois, lisières et baliveaux, les outre-passes et autres infractions emporteront, au profit du vendeur, à titre de dommages-intérêts, les amendes et indemnités prononcées par la loi pour semblables délits commis dans les ventes des bois du domaine de l'État. Le récolement [219] établira le montant des dommages ou les éléments nécessaires pour les déterminer, ou déclarera le congé. Chaque adjudicataire sera d'ailleurs garant et responsable de tous délits [26] commis aux environs de sa vente jusqu'à une distance de.. mètres et en comptera au vendeur par le paiement des amendes et indemnités prononcées pour les mêmes cas à l'égard des bois de l'État.

²⁵⁸ *Art.* 14. L'adjudication emportera contrainte par corps [52] à l'égard des adjudicataires marchands de bois,

86

comme pour fait de commerce à leur égard ; les enchères des marchands de bois emporteront soumission formelle à cette contrainte de la part de ceux-ci ;

²⁵⁹   *Art.* 15. Chaque adjudicataire satisfera aux dispositions des lois et réglements d'application à l'exploitation des bois, notamment relativement aux bois de marine et de bourdaine.

²⁶⁰   *Art.* 16. Les adjudicataires seront tenus de curer et rétablir en état dans toute leur longueur les fossés [41] qui séparent les bois de la coupe à vendre de ceux du domaine de l'État qui les avoisinent.

²⁶¹   *Art.* 17. Pour asseoir la perception des droits d'enregistrement, il est déclaré que ces diverses charges présentent une valeur augmentative du prix d'adjudication, savoir : pour le premier lot de.. ; pour le second lot de.. ; et pour le troisième lot de.. Ces évaluations ne pourront jamais dispenser l'adjudicataire de les exécuter et remplir en offrant d'en payer la valeur.

²⁶²   Sous ces conditions, la coupe de bois est mise à prix, savoir : pour le premier lot à... l'hectare ; Pour le deuxième lot à.. l'hectare ; et pour le troisième lot à.. l'hectare.

²⁶³   (A) Fait et dressé à Saint-Clément [12] en l'étude (*id.*), les jour, heure, mois et an susdits, en présence de MM. (*Noms, prénoms, professions et demeures*), témoins instrumentaires soussignés ; et M. BAUDOUX a signé avec les témoins et le notaire, après lecture [16].

²⁶⁴   Les charges et conditions de l'adjudication ainsi établies, M. BAUDOUX comparant a requis le notaire soussigné de (SIGNATURES) procéder à leur publication, à la réception des enchères [139] et à l'adjudication.

²⁶⁵   Obtempérant auquel réquisitoire le notaire soussigné a fait lecture et publication desdites charges et conditions aux personnes venues pour enchérir, et a annoncé l'ouverture des enchères sur le premier lot.

²⁶⁶   PREMIER LOT. Pendant la durée d'une première bougie, l'enchère a été successivement portée à.. francs outre les charges par M. Auguste BOUCHERON, marchand de bois, demeurant à.., à ce présent, patenté [43] à la mairie de.., à la date du.., classe.., n°.., et faisant élection de domicile [11] à.. — Et ledit sʳ BOUCHERON a signé [15] avec M. BAUDOUX, les témoins et le notaire, les jour, lieu, heure, mois et an susdits [15], après lecture [16].

— SIGNATURES *avec approbation de tous les renvois* [57] *et mots rayés* [36].

²⁶⁷   Pendant la durée de la troisième bougie, (la seconde s'étant éteinte sans qu'aucune enchère ait été faite), l'enchère a été portée à.., outre les charges, par M. Pierre LEMERLE, ancien négociant, demeurant à.., qui a élu domicile [11] à.., chez M.., et a signé [15] avec le vendeur, les témoins et le notaire, les jour, lieu, heure, mois et an susdits, après lecture [16]. —   SIGNATURES *comme ci-dessus.*

²⁶⁸   Deux autres bougies s'étant éteintes sans enchère, le premier lot a été, en conséquence, du consentement de M. BAUDOUX, adjugé audit sʳ BOUCHERON, demeurant à.., ce acceptant, moyennant la somme de.., outre les charges, clauses et conditions de l'enchère, auxquelles il a déclaré se soumettre, élisant de nouveau domicile à..

²⁶⁸   (A) De ce que dessus il a été dressé le présent procès-verbal à l'égard dudit premier lot en l'étude, les jour, heure, mois et an susdits ; et après lecture [16], l'acquéreur et le vendeur ont signé [15] avec les témoins et le notaire. — (SIGNATURES *comme ci-dessus.*)

²⁶⁹   SECOND LOT. Les enchères sur le second lot ont été ensuite ouvertes. Pendant la durée d'une première bougie.... V. *sup. alin.* 266 *et* 267.

²⁷⁰   TROISIÈME LOT. Les enchères sur le troisième lot ont aussi été ouvertes.. — V. *sup. alin.* 266 *et suiv.*

²⁷⁰   De tout ce que dessus il a été dressé le présent procès-verbal clos à quatre heures du soir, à Saint-Clément en l'étude, les jour, mois et an susdits, et le vendeur a signé avec les témoins et le notaire, après lecture. — SIGNATURES *comme ci-dessus.*

ADJUDICATION SUR TIERCEMENT OU ADDITION DU TIERS [45].

²⁷²   Et le.... mil huit cent quarante-cinq [13], heure de....

²⁷³   Est comparu devant ledit Mᵉ RAMEAU [1], notaire [2] à Saint-Clément [1], soussigné, et en présence des témoins aussi soussignés [15].

²⁷⁴   Le sʳ Joseph [5] CORDIER (*id.*), marchand de bois (*id.*), demeurant (*id.*) à.., où il est patenté [43] pour la présente année à la date du.., classe.., n°.. Lequel a dit que, par exploit [20] de.., huissier [113] à.., en date du jour d'hier, enregistré, il a, par tiercement, porté la somme de.. le prix du procès-verbal du.., adjugé selon le procès-verbal du.., dont minute précède, laquelle sera soumise à l'enregistrement [42] avant ou en même temps que ces présentes, au sʳ Auguste BOUCHERON, marchand de bois, demeurant à.., moyennant la somme de.., que, par ｜le même exploit, il a fait sommation à celui-ci de se trouver aujourd'hui en l'étude, à midi, pour y enchérir sur le tiercement contradictoirement avec lui, ou voir déclarer le comparant adjudicataire, en présence du vendeur ou de son mandataire, auquel vendeur le même exploit a été signifié ; l'original duquel exploit, représenté par le comparant, est, à sa réquisition, demeuré ci-annexé [35], après que dessus mention de son annexe a été faite par le notaire soussigné, en présence des témoins ; a requis acte de ses dire, comparution, réception des enchères et adjudication ; et au cas où ledit sʳ BOUCHERON ne comparaîtrait pas, défaut contre lui et déclaration d'adjudication au profit de lui requérant ; et a signé [15], lecture faite [16].   SIGNATURE.

(A) Il y a nécessité de clore ici le procès-verbal afin qu'il contienne tout ce qui est nécessaire pour constituer un acte au moment où chaque enchérisseur se retirera après avoir signé, ce qui n'aurait pas lieu si, à l'endroit où l'enchérisseur signe, il n'y avait pas à son égard la réunion de toutes les formalités exigées par la loi relativement à la forme des actes. — V. *sup.* p. 155, alin. 45 et suiv. et p. 156, note A

²⁷⁵ Et à l'instant est comparu le sieur Auguste BOUCHERON, marchand de bois, demeurant à.., patenté etc., lequel a dit qu'il comparaît en conséquence de la sommation qui lui a été faite, ainsi qu'il est ci-dessus énoncé, et a signé après lecture.   SIGNATURE.

²⁷⁶ Les enchères ayant été ouvertes entre les comparants, en présence de M. Jules BAUDOUX, ci-devant nommé, propriétaire, demeurant à...., le prix de l'adjudication a été porté, savoir : par ledit sieur BOUCHERON à..., par ledit sⁱ CORDIER a, etc., et ledit sⁱ BOUCHERON n'ayant pas voulu surenchérir, le notaire soussigné a déclaré ledit sⁱ CORDIER adjudicataire définitif dudit lot, moyennant la somme de..., outre les charges, clauses et conditions exprimées au procès-verbal d'adjudication des autres parts, auxquelles celui-ci a déclaré se soumettre, élisant domicile [11] à...

²⁷⁷ *Ou, en cas de défaut* : Et après avoir attendu jusqu'à deux heures après midi sonnées, sans que ledit sⁱ BOUCHERON ait comparu, ni personne pour lui, le notaire soussigné a donné défaut contre ledit sⁱ BOUCHERON, et en présence du dit sⁱ BAUDOUX, et en vertu des conditions de l'adjudication, a déclaré le sⁱ CORDIER, adjudicataire définitif dudit lot; et ledit sⁱ CORDIER a élu domicile [11] à...

²⁷⁸ Pour faire signifier [20] ces présentes à qui il appartiendra, tout pouvoir [80] a été donné au porteur d'une expédition [64].

²⁷⁹ Dont acte, fait et passé à St.-Clément [12] en l'étude (*id.*), les jour, heure, mois et an [13] susdits, en présence de *MM.* (*Noms, prénoms, professions et demeures*), témoins instrumentaires [14] soussignés [15]; et les comparants ont signé [15] avec les témoins et le notaire, après lecture [16]. — SIGNATURES. —V. *Enregistrement*, note 90.

DÉPÔT DE RENONCIATION A L'ADJUDICATION [45].

²⁸¹ Et le.. mil huit cent quarante-cinq [12].

²⁸² Est comparu devant Mᵉ RAMEAU, notaire à la résidence de Saint-Clément, soussigné,

²⁸³ Le sⁱ Auguste BOUCHERON....—V. *sup. alin.* 266.

²⁸⁴ Lequel a déposé pour minute audit Mᵉ RAMEAU l'original d'un exploit de.., huissier à.., en date du.., enregistré, portant signification [20] à M. Jules BAUDOUX et à M. Pierre LEMERLE, que le comparant renonce à l'adjudication qui lui a été faite du premier lot de l'adjudication qui précède, moyennant... francs, outre les charges et offre de réalisation de la somme de..., excédant de l'enchère mise par ledit sⁱ LEMERLE, second enchérisseur, auquel l'adjudication tombe par l'effet de cette renonciation. Laquelle pièce est demeurée ci-annexée [55], après que dessus a été fait mention de son annexe par le notaire soussigné, en présence des témoins.

²⁸⁶ Dont acte, fait et passé à.. — *V. sup. alin.* 279. — Enregistrement, note 56.

CAUTIONNEMENT [52] ET CERTIFICAT DE CAUTION (*id.*) [45].

²⁸⁸ Et le... mil huit cent quarante-cinq [12].

²⁸⁹ Par-devant Mᵉ RAMEAU [1], notaire [2] à Saint-Clément, soussigné.

²⁹⁰ Sont comparus MM. Joseph FOULON, marchand de bois, demeurant à.., et Alexandre BOURDIN, aussi marchand de bois, demeurant à..

²⁹¹ Lesquels, sur la présentation de M. Auguste BOUCHERON, marchand de bois, demeurant à.., après avoir pris communication [21] du procès-verbal dressé par le notaire soussigné, le., enregistré, dont la minute est des autres parts et aux termes duquel ledit sⁱ BOUCHERON s'est rendu adjudicataire du premier lot des coupes de bois vendues, à la charge de fournir caution [52] et certificateur de caution.

²⁹² Ont déclaré, savoir : ledit sⁱ FOULON se rendre et constituer caution dudit sⁱ BOUCHERON ; et ledit sⁱ BOURDIN, à titre de certificateur de caution, certifier la solvabilité dudit sⁱ FOULON.

²⁹³ En conséquence, ils se sont l'un et l'autre obligés solidairement [106] entre eux et avec ledit sⁱ BOUCHERON au paiement du prix de l'adjudication faite à ce dernier par le procès-verbal qui précède, dans les termes et de la manière y exprimés, ainsi qu'à l'exécution de toutes les charges, clauses et conditions générales et particulières imposées par ce même procès-verbal audit sⁱ BOUCHERON ;

²⁹⁴ Et lesdits sⁱˢ FOULON et BOURDIN ont élu domicile [11] en leurs demeures respectives sus-indiquées.

²⁹⁵ Dont acte, fait et passé à.. — *V. sup. alin.* 279. — V. Enregistrement, notes 117 et 56.

---

²⁹⁶   VI. VENTE DE DROITS LITIGIEUX [96].—*V. sup. transport de droits litigieux*, p. 655.

---

²⁹⁷   VII. VENTE DE DROITS SUCCESSIFS [96]. — *V. transport de droits successifs*, p. 656.

²⁹⁸   VIII. VENTE D'IMMEUBLES SUR FOLLE-ENCHÈRE [160] — *Cette sorte de vente n'a lieu qu'en justice par-devant le tribunal civil (C. proc. 624 et 945).* — Mais quand il s'agit de meubles vendus aux enchères il nous semble que rien ne s'oppose à ce que la vente ait lieu devant notaire, les articles précités du C. de proc. civ. n'étant relatifs qu'aux immeubles. — *V. inf.* VENTE PUBLIQUE DE MEUBLES, alin. 574, et sup. alin. 244 et 247.

299 **IX.—1° VENTE** [109] a l'amiable d'un fonds de commerce (*id.*) avec transport [105] de bail.

300 Par-devant Me Rameau [1], notaire [2] à Saint-Clément [1], soussigné [15].

301 Est comparu M. Charles-André [3] Boisseau (*id.*), pharmacien (*id.*), demeurant (*id.*) à.., où il est patenté [43] à la date du.., classe.., n°..

302 Lequel a, par ces présentes, vendu [109] et s'est obligé à garantir de toutes saisies [108] et revendications (*id.*).

303 A M. Alexis Pommier [3], élève en pharmacie (*id.*), demeurant (*id.*) à.., à ce présent et acceptant [52], acquéreur pour lui et ses ayants-cause [6].

304 Le fonds de pharmacie que le sr Boisseau exploite, et situé [141] à.., rue... n... ensemble l'achalandage y attaché, ainsi que les marchandises [86], meubles (*id.*) et ustensiles en faisant partie, dont la description est faite dans un état estimatif (*V. sup. p.* 404) que les parties en ont dressé sur une feuille de papier timbré [64] semblable à celui des présentes, lequel est demeuré ci-annexé [55], après avoir été d'elles reconnu exact et certifié véritable (*id.*), en présence du notaire et des témoins soussignés.

305 Ainsi que ce fonds de pharmacie et toutes ses dépendances se comportent, et dont il n'a été fait ici une plus longue désignation, à la réquisition de l'acquéreur, qui a déclaré le connaître parfaitement, et en être dès à présent en possession [8] par la remise [54] des objets (ou : par la remise des clefs de la maison qui contient les objets).

306 Pour, par lui, en disposer en toute propriété et jouissance à compter de ce jour.

307 La présente vente est faite aux charges [58] et conditions [155] suivantes, que le sieur Pommier s'oblige d'exécuter, savoir :

308 1° De payer, à compter de ce jour, en l'acquit du vendeur, la patente [43] qui lui a été délivrée pour l'année courante,

309 2° De se conformer aux lois et réglements relatifs à la pharmacie, de manière à ce que le vendeur ne soit aucunement inquiété ni recherché.

310 3° De payer les déboursés [5] et honoraires (*id.*) des présentes.

311 Et, en outre, la présente vente est faite moyennant la somme de cinq mille francs que le vendeur reconnaît avoir reçue comptant de l'acquéreur auquel il en consent quittance [84].

312 Il est convenu que, dans le cours de cinq années à compter de ce jour, le sr Boisseau ne pourra former dans la ville de.. aucune pharmacie ni aucun établissement ayant pour objet la préparation et la vente de plantes et de médicaments ; enfin qu'il ne pourra prendre part, directement ni indirectement, à aucun établissement de ce genre ; le tout à peine [58] de suppression de l'établissement, et de toutes pertes, dépens, dommages et intérêts [159].

313 Par ces mêmes présentes, le sr Boisseau a transporté [105] au sr Pommier, pour tout le temps qui en reste à courir, à compter de ce jour, le bail des lieux où est exploité le fonds de pharmacie présentement vendu, que M. Antoine Gallot a fait au sr Boisseau pour neuf années qui ont commencé le.., moyennant trois cents francs de loyer annuel, payable [84] en quatre portions égales, aux quatre termes ordinaires de l'année, suivant acte passé en minute devant Me.., notaire à.., le.., enregistré et dont le sr Pommier déclare avoir pris lecture. — Ce transport est fait à la charge par le sr Pommier.... — V. *transport de bail* p. 651, alin. 55.

314 Pour l'exécution des présentes, les parties font élection de domicile [11] en leurs demeures respectives sus-indiquées.

315 Dont acte, fait et passé à.. — V. *sup. alin.* 155. — *Enregistrement* (A), notes 90 et 218.

316 **IX. — 2° VENTE** [109] par adjudication [159] d'un fonds de commerce (A) par une veuve
SANS ATTRIBUTION DE QUALITÉ.

317 Bureau de.., déclaration préalable.. —V. *sup. alin.* 225 à 228.

318 L'an mil huit cent quarante-cinq [13], le dimanche vingt-deux juin, heure de....

319 Est comparue devant Me Rameau [1], notaire [2] à.., soussigné [15].

320 Mad. Clémence [3] Vincent (*id.*), veuve de M. Mathurin Gérand, marchand papetier, demeurant (*id.*) à..

(A) Il n'est pas nécessaire de faire un état estimatif quand il s'agit de diverses espèces de meubles vendus ou transportés par un seul et même acte, et même quand un fonds de commerce est vendu avec un immeuble sans désignation ni estimation article par article ; l'état estimatif n'est pas nécessaire parce qu'un fonds de commerce n'est point classé parmi les meubles (C. civ. 555 ; délib. 15 av. 1822). — V. note 86 et sup. p.678 note **A.**

(A) Nous supposons qu'il n'y a pas de commissaire priseur dans la commune de la résidence du notaire, car s'il y en avait un il aurait un droit exclusif de faire la vente de meubles dont il s'agit même avec stipulation de terme (Nancy 20 déc. 1835; Cass. 8 mars 1837).

Mais dans les lieux où il n'existe pas de commissaires priseurs, les greffiers et les huissiers ne peuvent procéder concurremment avec les notaires aux ventes publiques de meubles, lorsqu'il est accordé terme ou crédit aux acheteurs. Le droit de concurrence de ces derniers est limité aux ventes faites au comptant (Nancy 27 mai 1837).

321 Agissant comme tutrice légale [163] de Célestin Gérand, enfant mineur [63] issu de son mariage [63] avec ledit feu sieur son mari ; et encore comme habile à se dire commune en biens [166] avec sondit mari, suivant leur contrat de mariage (*id.*) passé devant M⁰.., notaire à.., le.., enregistré, et aux termes duquel elle est créancière [25] de la succession de son mari, à raison de ses apports et avantages matrimoniaux.

322 Ladite dame spécialement autorisée à faire procéder, sans aucune attribution de qualité , à la vente par adjudication, sur une seule publication, en l'étude de M⁰ Rameau, notaire soussigné, du fonds de commerce de papeterie dont il sera ci-après parlé, dépendant de la communauté de biens qui a subsisté entre elle et son mari ; ladite autorisation conférée à ladite dame par ordonnance [222] de référé [212] rendue par M. le président du tribunal de première instance du département de.., le.., contenue dans l'inventaire [145] fait après le décès dudit sⁱ Gérand par M⁰ Rameau, notaire soussigné, le..

323 Laquelle a dit que, désirant faire procéder, conformément à cette ordonnance de référé, à la vente par adjudication [139] de l'achalandage et fonds de commerce de papeterie que son mari exploitait, elle a fait annoncer, par des placards [179] apposés dans les lieux accoutumés, et par des insertions faites dans le journal d'annonces du département de.., que cette adjudication sera faite sur une seule publication, en l'étude de M⁰ Rameau, notaire à.. cejourd'hui, heure de.., au plus offrant et dernier enchérisseur, par le ministère dudit M⁰ Rameau,

324 Pour parvenir à cette adjudication, la dame veuve Gérand a requis M⁰ Rameau, notaire, de dresser le cahier des charges [58], clauses et conditions [153] sous lesquelles ladite adjudication aurait lieu.

325 Obtempérant à ce réquisitoire, ledit notaire a procédé à cette opération ainsi qu'il suit :

326 En présence de M. Pierre Sauvage [3], propriétaire (*id.*), demeurant (*id.*) à.., agissant comme subrogé-tuteur [165] dudit mineur Gérand.

327 DÉSIGNATION DU FONDS DE COMMERCE. Ce fonds de commerce de papeterie est établi à.. Il est composé de l'achalandage y attaché et de marchandises et ustensiles dont la description est faite dans un état estimatif que ladite dame veuve Gérand en a dressé sur une feuille de papier timbré [61] semblable à celui des présentes, lequel est demeuré ci-annexé [55], après avoir été d'elle certifié véritable et signé en présence du notaire et des témoins soussignés.

328 ENTRÉE EN JOUISSANCE. L'adjudicataire entrera en jouissance dans les vingt-quatre heures qui suivront [l'adjudication , et après avoir exécuté les conditions qui seront imposées sous les art. 2. 3, 4 et 5 ci-après.

329 CHARGES ET CONDITIONS. *Art.* 1ᵉʳ. L'adjudicataire prendra les ustensiles et objets désignés dans l'état ci-annexé, et les lieux dont le bail sera compris dans l'adjudication, dans l'état où ils se trouveront au moment de son entrée en jouissance, sans pouvoir exercer aucune répétition à raison de détériorations ou dégradations.

330 *Art.* 2. Il consignera entre les mains de M⁰ Rameau, notaire, aussitôt après l'adjudication, le montant des droits d'enregistrement auxquels elle donnera ouverture. Il paiera, au même instant, à M⁰ Rameau, notaire, cinq pour cent du principal de l'adjudication pour ses honoraires [5] et vacations (*id.*) à cause du présent procès-verbal, de ceux de publication et adjudication, d'une expédition [64] à délivrer à l'adjudicataire et de la grosse [64] revenant à ladite veuve Gérand, en ce non compris les frais de timbre [61] qui seront aussi immédiatement remboursés.

331 *Art.* 3. L'adjudicataire paiera son prix entre les mains de M⁰ Rameau, notaire, à la charge des droits des créanciers, savoir : 1° la partie de l'adjudication applicable à la valeur des ustensiles et marchandises aussitôt après l'adjudication ou le lendemain au plus tard ; 2° et le surplus, en trois portions égales, de quatre mois en quatre mois, à compter du jour de l'adjudication, avec intérêts [49] à cinq pour cent par an sans retenue (*id.*). Il pourra anticiper ces époques de paiement, et même se libérer entièrement du prix, le jour de l'adjudication.

332 *Art.* 4. Par le fait seul de l'adjudication, il y aura bail [105] au profit de l'adjudicataire pour neuf années consécutives, à compter du.., d'une boutique, deux chambres au-dessus, d'une cave dessous, le tout dépendant de la maison située à.. L'adjudicataire paiera un loyer annuel de.., qui sera acquitté en numéraire envers ladite veuve Gérand, en quatre portions égales, et aux quatre termes d'usage à compter du.., en outre il paiera, le jour de l'adjudication, toujours à la charge des droits des créanciers, la somme de.. francs, pour six mois de loyer d'avance, qui seront imputables [84] sur les six derniers mois du bail, de manière que l'ordre des paiements ci-dessus fixé ne sera point interverti.

333 *Art.* 5. Pour sûreté du prix de son adjudication et des charges sous lesquelles elle aura lieu, l'adjudicataire fournira, dans le jour de cette adjudication, ou le lendemain au plus tard, bonne et suffisante caution [32], dont la solvabilité sera appréciée par un certificateur de caution (*id.*), ou une hypothèque [30] sur des biens libres d'hypothèques situés dans l'arrondissement du bureau des hypothèques de.. Cette caution élira domicile [11] à...

334 *Art.* 6. Les enchères seront reçues, les publications et l'adjudication auront lieu en l'étude dudit M⁰ Rameau, notaire, le.., heure de midi ; la publication sera suivie immédiatement de l'adjudication.

335 *Art.* 7. L'adjudication sera prononcée par M⁰ Rameau, notaire.

336 *Art.* 8. Dans le cas où le dernier enchérisseur, déclaré adjudicataire, nommerait un command [148], ce command ne sera admis qu'autant qu'il sera notoirement solvable et satisfera à toutes les charges et conditions de l'adjudication, et notamment au paiement en principal [136] et accessoires [103] du prix de l'adjudication.

337 *Art.* 9. A défaut de paiement dans les termes et de la manière sus-indiqués, de tout ou partie de son prix d'adjudication et des frais y relatifs, et à défaut d'exécution d'aucune des charges, clauses et conditions de la vente, ou de celles qui pourraient y être ajoutées par la suite, le vendeur, en sadite qualité, pourra faire procéder, sur une nouvelle publication de ladite vente, à la revente dudit fonds et de ses accessoires. Le retard de l'adjudicataire sera suffisamment constaté par une sommation infructueuse faite audit adjudicataire de justifier audit M⁰ Rameau notaire, de l'exécution des charges et conditions de l'enchère, et par un certificat [160] dudit notaire, constatant

que l'adjudicataire n'a pas justifié de l'acquit des charges et conditions de la vente.

338   *Art.* 10. Toutes les actions auxquelles pourra donner lieu la vente seront, de condition expresse, portées [57] devant le tribunal civil (*id.*) de première instance de.., quel que soit d'ailleurs le domicile de l'adjudicataire.

339   *Art.* 11. L'adjudicataire, par le seul fait de l'adjudication et pour son exécution, sera censé avoir élu domicile [11] dans les lieux où s'exploite le fonds de commerce.

340   *Art.* 12. Les enchères [139] seront reçues sur la mise à prix ci-après fixée par ladite veuve Gérand. Pour parvenir à l'adjudication dont il s'agit, Me Rameau, notaire, est requis de procéder à la publication et adjudication dudit fonds de commerce.

341   ADJUDICATION. Sous les conditions ci-dessus ladite dame veuve Gérand a porté la mise à prix de l'achalandage et fonds de commerce qu'exploitait son mari à la somme de.., et a requis le notaire de donner lecture [16] des présentes, et de procéder, sans désemparer, à la réception des enchères, et à l'adjudication s'il y a lieu. Et a signé après lecture. —

                                                                Signature.

342   Obtempérant à ce réquisitoire, ledit notaire a donné lecture des charges et conditions qui précèdent, aux personnes présentes, et a procédé à l'adjudication du fonds de commerce dont il s'agit, ainsi qu'il suit :

343   Le fonds dont il s'agit a été publié sur la mise à prix de la somme de..

344   A l'instant ont comparu M. Jacques Pinot [3], commis marchand (*id*), demeurant à.., lequel a surenchéri et mis à prix ce fonds de commerce à la somme de.., en sus des charges de l'enchère.

345   Est aussi comparu M. Claude Franval [3], imprimeur (*id.*), demeurant (*id.*) à.., lequel a surenchéri et porté le prix à la somme de..

346   Ledit sr Pinot, après diverses enchères successivement mises par d'autres personnes ici présentes, a surenchéri et porté le prix à la somme de.., toujours en sus des charges de l'enchère.

347   Et, après avoir attendu quinze minutes, pendant lequel temps cette dernière enchère a été répétée plusieurs fois sans que personne n'ait mis au-dessus, le fonds de commerce dont il s'agit a été adjugé, du consentement de la dame veuve Gérand, au sr Pinot, dernier enchérisseur, moyennant la somme de.. ; le tout en sus des charges de l'enchère, que ledit sr Pinot s'oblige d'exécuter dans tout leur contenu, tant pour le paiement du prix que pour les autres dispositions de la vente.

348   Pour l'exécution des présentes le sr Pinot élit domicile [11] à.., en sa demeure ci-dessus indiquée.

349   De tout ce que dessus il a été dressé le présent procès-verbal clos à.. heures du soir, en l'étude, les jour, mois et an [13] susdits, en présence de MM. (*Noms, prénoms, professions et demeures*), témoins instrumentaires soussignés [14] ; et toutes les parties ainsi que l'adjudicataire ont signé [15] avec les témoins et le notaire, après lecture [16]. — V. *Enregistrement, notes* 90 *et* 218.

---

350   X.—1° VENTE JUDICIAIRE [139] OU ORDONNÉE PAR JUSTICE DEVANT NOTAIRE, DE BIENS DE MINEURS [65].

          OU INTERDITS (*id.*). — C. civ. 457, 458, 459 et 509 ; C. proc. civ. 953 à 965.

351   I. — CAHIER DES CHARGES (A).

352   CAHIER des charges [58], clauses (*id.*) et conditions [153] sous lesquelles il sera procédé à la vente aux enchères [139] par le ministère de Me Paul Flandin, notaire [2] à Gercy [1], département de.., soussigné [15], commis à cet effet par justice, d'une maison située [141] à.., dépendant des successions [88] de M. Pierre Bonnet, docteur en droit et de la dame Mélanie Cretet, décédés [63] à..

353   Suivant délibération [163] du conseil de famille de l'enfant mineur (*ou*: interdit) de M. et mad. Bonnet, ci-après nommés, prise sous la présidence de M. le juge de paix [94] de.., assisté de son greffier, suivant son procès-verbal en date du.., dûment enregistré [42], M. Claude Bonnet, docteur en médecine, demeurant à.., ayant agi comme tuteur [165] de Emile Bonnet, son neveu, enfant mineur [65] (*ou*: interdit (*id.*) de M. Pierre Bonnet et de la dame Mélanie Cretet, sus-nommés, a été autorisé à vendre une maison dépendant desdites successions pour payer (B) les dettes de ces derniers.

354   Suivant jugement [75] du tribunal civil de première instance séant à.., en date du.., dûment enregistré [42], rendu sur la requête présentée à cet effet par l'avoué de M. Bonnet en sa qualité de tuteur, le tribunal a homologué [157] la susdite délibération de conseil de famille, et, en conséquence, ledit sr Bonnet, tuteur, a été autorisé à procéder à la vente aux enchères de la maison ci-dessus indiquée, sur la mise à prix [139] de quinze mille francs, en

---

[A]. — V. Pour la manière d'écrire ce cahier de charges la note A étant sup. au bas de la p. 444.

[B] Les biens de mineurs ou interdits ne peuvent être vendus que pour cause d'une utilité absolue ou d'un avantage évident (C. civ. 457). — Mais cela n'est point exigé quand il s'agit de partage ou licitation entre majeurs et mineurs (C. civ. 838; C. proc. 966 et suiv. ; V. sup. *licitation* p. 444).

présence de M. Edme Cretet, pharmacien, demeurant à.., subrogé-tuteur du mineur (*ou* : de l'interdit) ou lui dûment appelé, en l'étude et par le ministère de M° Flandin, notaire à.., soussigné, que le tribunal a commis à cet effet, les formalités prescrites par la loi préalablement observées.

355 Désignation [141]. Une maison [7] située [141] à.., rue.., n°.., composée d'une cour ayant son entrée par une porte cochère, d'un corps de bâtiment au fond de ladite cour, consistant en un rez-de-chaussée formé de cinq pièces d'un étage ayant six pièces, d'un second étage en mansarde et greniers au-dessus, d'un jardin derrière, de la contenance de trente-deux ares [91].

356 Le tout tient [141], d'un côté du midi à Pélerin Regnier, avec lequel le mur est mitoyen [41], d'autre côté du nord à.., d'un bout du couchant au ruisseau, d'autre du levant à la rue de.....

357 Bail courant [105]. Une partie de ladite maison était occupée par le défunt sr Bonnet, et le surplus est loué à M. Denis Malosse, conducteur des ponts et chaussées, pour six ou neuf années qui ont commencé le.. mil huit cent.., et sont résiliables à la volonté de l'une ou de l'autre des parties en s'avertissant, réciproquement et par écrit au moins trois mois avant l'expiration des six premières années, moyennant un loyer annuel de trois cent soixante francs , suivant bail passé en minute [59] et présence de témoins [14] devant M°.., notaire à..., le..., dûment enregistré [42].

358 Établissement de propriété [22]. La maison à vendre dépend des successions [88] de M. et Mad. Bonnet, susnommés, et appartient à M. Emile Bonnet, leur fils, comme étant leur seul héritier [78], ainsi que le constate l'intitulé de l'inventaire [145], fait après son décès [63] par M°.., notaire à.., le... dûment enregistré [42].

359 Lesdits sr et dame Bonnet en étaient propriétaires comme en ayant fait l'acquisition [109] durant leur communauté de... — V. *sup. p.* 677, *note* A *et établissement de propriété, p.* 403.

360 Entrée en jouissance. L'adjudicataire sera propriétaire de l'immeuble vendu par le seul fait de l'adjudication et il en entrera en jouissance à compter du.., époque à partir de laquelle les loyers à échoir lui appartiendront. Et comme M. Malosse a payé d'avance à M. Bonnet, père, cent quatre-vingts francs pour les six derniers mois de loyer de la portion de maison qu'il occupe, l'adjudicataire demeure autorisé à retenir sur son prix pareille somme de cent quatre-vingts francs dont il devra néanmoins l'intérêt [49] à ses vendeurs jusqu'à l'échéance desdits six mois de loyer. — V. *sup. alin.* 23 *et suiv.*

361 Charges [88] et conditions [153]. Art. 1er. *Garantie* [9]. L'adjudicataire sera tenu de prendre l'immeuble dont il s'agit dans l'état où le tout se trouvera le jour de l'adjudication. Il n'y aura aucune garantie ni répétition de part ni d'autre pour raison soit de mitoyennetés [41], soit de dégradations ou de vétusté, soit enfin d'erreurs dans la désignation ou dans la contenance [40], quand même la différence de mesure excéderait un vingtième. — V. *sup. alin.* 2 *et suiv.*

362 Art. 2. *Entretien des baux* [105]. L'adjudicataire entretiendra, pour le temps qui reste encore à courir, le bail sus-énoncé de partie de la maison à vendre, et il se défendra à ses risques et périls des réclamations que pourrait faire le locataire d'objets qu'il prétendrait lui appartenir : à cet égard, il sera subrogé [114] dans les droits du vendeur, pour, par lui, les faire valoir de manière à ne donner aucun recours contre ce dernier.

363 Art. 3. *Servitudes* [55]. L'adjudicataire jouira des servitudes [55] actives de toute espèce et souffrira les servitudes passives, apparentes ou non apparentes (V. *sup. p.* 195, *note* A), s'il en existe, sur ledit immeuble ou en sa faveur ; sauf à faire valoir les unes et à se défendre des autres, à ses risques et périls, sans recours contre les vendeurs et sans que la présente clause puisse donner à des tiers [55] plus de droits qu'ils n'en auraient d'après la loi ou par titres réguliers non prescrits [172]. — V. *sup. alin.* 29.

364 Art. 4. *Contributions* [58]. L'adjudicataire acquittera [84] les contributions [58] foncières et autres de toute nature auxquelles ladite maison peut et pourra être imposée, à compter du.. ; il sera tenu de faire, dans le plus bref délai, substituer son nom à celui du vendeur ou de ses auteurs sur la matrice des rôles des contributions, et jusqu'à ce que cette mutation ait été opérée il demeurera passible de l'effet des poursuites qui auraient pu être faites contre le vendeur pour raison de contributions étant à sa charge. — V. *sup. alin.* 26.

365 Art. 5. *Assurance contre l'incendie* [155]. L'adjudicataire sera subrogé [114], par le seul fait de l'adjudication, dans les droits du vendeur résultant de l'assurance contre l'incendie de la maison à vendre, par... — V. *sup. alin.* 35, 36, 37 *et* 38, *et la note* C *qui s'y rattache*

366 Art. 6. *Frais de poursuite de vente et remise de l'avoué.* L'adjudicataire devra payer [84], dans la huitaine de l'adjudication, en sus de son prix principal, à M° Marchet, avoué, et sur sa quittance, les frais par lui faits sur la poursuite de la vente, d'après la taxe qui en aura été faite ; le montant desquels frais sera annoncé publiquement lors de l'ouverture des enchères.

367 Et attendu qu'il n'y a pas eu d'expertise, l'adjudication devra, en outre, et dans le même délai, payer de la même manière audit M° Marchet, avoué, la différence entre la remise [5] proportionnelle due au notaire soussigné en vertu de l'art. 14 de l'ordonnance du Roi du dix octobre mil huit cent quarante-un et celle accordée aux avoués par l'art. 11 de la même ordonnance pour le cas où l'expertise étant facultative le tribunal ne l'aura pas ordonnée.

368 Art. 7. *Frais et honoraires de* M° Flandin, *notaire.* L'adjudicataire devra payer aussi, en sus de son prix, audit M° Flandin, notaire, savoir :

369 Dans les vingt-quatre heures de l'adjudication, les droits d'enregistrement auxquels les procès-verbaux et l'adjudication pourront donner ouverture.

370 Et dans la huitaine de l'adjudication : 1° les déboursés du timbre [61] de minute [59], de grosse [64] et d'expé-

dition (*id.*) ; 2° les honoraires [5] du cahier des charges, tels qu'ils sont fixés par l'ordonnance du Roi précitée ; 3° la vacation [5] au dépôt du cahier des charges ; 4° la remise proportionnelle [5], telle qu'elle est réglée par le § 2 de l'art. 14 et par le § 15 de l'art. 11 de l'ordonnance sus-datée ; 5° et le coût d'une expédition [64] pour l'adjudicataire et d'une grosse (*id.*) pour les vendeurs.

371   Art. 8. *Délivrance de l'expédition.* L'expédition [64] du procès-verbal d'adjudication ne sera délivrée à l'adjudicataire qu'après qu'il aura satisfait aux charges qui lui sont imposées par les art. 6 et 7 qui précèdent, et ce, en exécution des art. 964 et 713 du Code de procédure civile.

372   Art. 9. *Paiement du prix.* L'adjudicataire sera tenu de payer le prix principal de son acquisition sous la déduction dont est parlé ci-dessus au titre de l'entrée en jouissance, entre les mains du vendeur ou de son représentant (*ou bien : entre les mains de* MM. (*désigner ici les créanciers*), créanciers inscrits sur l'immeuble à vendre en vertu de (*indiquer ici la date et la nature du titre, ainsi que le montant de la créance de chaque créancier*), auxquels il est présentement fait toute indication [100] de paiement nécessaire jusqu'à concurrence du principal de chaque créance et des intérêts [49] qui en sont dûs depuis le..

373   Le paiement dudit prix devra avoir lieu en l'étude du notaire soussigné, en deux termes [77] et paiements égaux de deux ans en deux ans à compter du jour de l'adjudication, le tout avec intérêts [49] au taux de cinq pour cent par an sans retenue à partir du jour de ladite adjudication jusqu'au paiement ; lesquels intérêts seront payables de six en six mois au même lieu que le principal et diminueront, bien entendu, au fur et à mesure des paiements qui seront faits sur ledit principal.

374   Aucun paiement soit de principal soit d'intérêts ne pourra avoir lieu valablement qu'en espèces d'or ou d'argent ayant actuellement cours de monnaie [91], sous peine [58] de résolution [155] des présentes.

375   Art. 10. *Prohibition de détériorer l'immeuble vendu.* Avant le paiement intégral de son prix, l'adjudicataire ne pourra faire aucun changement notable ou démolition, ni commettre aucune détérioration dans l'immeuble *par lui* acquis ou ses dépendances, à peine [58] d'être contraint immédiatement à la consignation de son prix, et si alors le vendeur n'est point en état de recevoir, l'adjudicataire devra l'indemniser de la perte que cette consignation lui ferait éprouver soit pour le temps pendant lequel la caisse ne paie pas d'intérêts, soit pour la différence existante entre l'intérêt à cinq pour cent et celui servi par la caisse.

376   Art. 11. *Transcription* [111] *et purge légale* [156]. L'adjudicataire devra faire transcrire au bureau des hypothèques de.. une expédition du procès-verbal d'adjudication, et il remplira, si bon lui semble, les formalités prescrites par la loi pour la purge des hypothèques légales, le tout à ses frais et dans un délai de quatre mois (*V. sup.* p. 446, *note* A) à partir du jour de l'adjudication. Si, par suite, il y a ou survient des inscriptions [85] grevant l'immeuble présentement mis en vente (*quand il y a indication de paiement, on met:* autres que celles pour lesquelles il y a indication de paiement [100] ou délégation (*id.*)), l'adjudicataire sera tenu d'en faire la dénonciation au vendeur au domicile ci-après élu, et celui-ci aura quarante jours à partir de cette dénonciation [122] pour rapporter certificat de radiation desdites inscriptions : pendant ce délai, l'adjudicataire ne pourra faire aucune offre [48] ou consignation (*id.*) de son prix, ni aucune notification [147] aux créanciers inscrits, ni aucun délaissement par hypothèque, à moins d'y être contraint par les voies légales. Au surplus, l'adjudicataire sera indemnisé sur son prix de tous frais extraordinaires de transcription et de purge. — *V. sup. alin.* 81 à 84.

377   Art. 12. *Folle enchère* [160]. Faute par l'adjudicataire soit de satisfaire en tout ou en partie aux obligations qui lui sont imposées par les articles six et sept qui précèdent, soit de payer tout en partie de son prix, soit enfin d'exécuter les autres charges, clauses et conditions de l'adjudication, le poursuivant ou les créanciers pourront faire revendre l'immeuble sur folle-enchère et dans la forme prescrite par la loi, sur la représentation d'un certificat (A) du notaire soussigné constatant que l'adjudicataire n'a point justifié de l'acquit des conditions exigibles de l'adjudication.

378   Le fol-enchérisseur sera tenu, même par corps [51] de la différence entre son prix et celui de la vente sur folle-enchère, sans pouvoir réclamer l'excédant s'il y en a ; cet excédant devant être payé aux créanciers, ou, si les créanciers sont désintéressés , au vendeur. Mais , en aucun cas, le fol-enchérisseur ne pourra répéter soit du nouvel adjudicataire soit du vendeur les frais compris sous les articles six et sept ci-dessus et qu'il aurait payés.

379   L'adjudicataire sur folle-enchère devra les intérêts [49] de son prix du jour où le fol-enchérisseur en sera tenu, sauf à poursuivre à ses risques et périls le recouvrement des fruits et revenus, à compter de la même époque.

[A] *Le notaire délivre certificat dans la formule suivante.* Suivant procès-verbal d'adjudication dressé en minute et présence de par Mᵉ FLANDIN , notaire à Gercy, soussigné , commis à cet effet par justice , le..., enregistré à..., le.., etc.,

Il appert qu'à la requête de M. Claude BONNET, docteur en médecine, demeurant à..., ayant agi comme tuteur de Emile BONNET , en présence de M. Edme CRETET, pharmacien, demeurant à.., comme subrogé-tuteur , il a été , après l'accomplissement des formalités voulues par la loi, adjugé définitivement au sieur Emile BOILET , restaurateur , demeurant à.., , qui l'a accepté.

Une maison située à .., rue .., n..., moyennant la somme de..., outre les charges de l'enchère qui comprennent 1° les frais faits pour parvenir à la vente de la dite maison, et s'élevant à la somme de.. ; 2° et les déboursés et honoraires du notaire soussigné, **lesquels frais,** déboursés et honoraires devaient aux termes des art. six et sept du cahier des charges, être payés pour une partie dans les vingt quatre heures de l'adjudication, et pour le surplus dans la huitaine de la dite adjudication.

Mais, ainsi que le certifie le notaire soussigné, le dit sieur BOILET n'a point acquitté les dites charges ni consigné les droits d'enregistrement de ladite adjudication, en ce qui concerne le dit notaire ,ni justifié de l'acquittement des frais dus à l'avoué, d'où il est résulté que l'expédition de ladite adjudication n'a pu être remise audit adjudicataire. C'est pourquoi, sur la demande dudit sieur BONNET, poursuivant la vente, ledit Mᵉ FLANDIN , notaire soussigné , a délivré le présent certificat établissant la folle-enchère dudit sieur BOILET, en exécution tant de l'art. douze du cahier des charges que de l'art. 734 du code de procédure civile.

Fait à.., le.., mil huit cent.... — SIGNATURE.

350 Art. 13. *Déclaration de command* [148]. Toute personne qui se sera rendue adjudicataire pour le compte d'une autre devra faire sa déclaration au profit de son commettant et la faire accepter par celui-ci, sinon représenter son pouvoir [80] en bonne forme pour être annexé [55] à la minute de la déclaration, le tout, soit à l'instant de l'adjudication et par le procès-verbal même, soit par acte passé en suite [45] de ce procès verbal, dans les délais de la loi ; et, faute de satisfaire à cette condition, l'adjudication demeurera pour son compte personnel sans que cette disposition autorise l'avoué poursuivant à se rendre personnellement adjudicataire, n'étant point dérogé à son égard à l'art. 711 du code de procédure civile.

351 En tous cas, le command déclaré devra être notoirement solvable, sinon il sera tenu de fournir caution [52] comme il va être dit à l'article quatorze ci-après.

352 Et même l'adjudicataire, autre qu'un avoué ou notaire, qui userait de la faculté de déclarer command, sera solidairement [106] obligé avec ceux qu'il se sera substitués au paiement du prix et à l'exécution des charges de l'adjudication, et ceux-ci y seront aussi solidairement obligés. Mais cette solidarité n'aura lieu à l'égard de l'adjudicataire faisant déclaration de command qu'autant que ce dernier ne trouverait pas de caution au cas où il en serait exigé une de lui; étant bien entendu que cette solidarité n'aura pas lieu non plus faute d'avoir demandé caution dans le délai. — *V. sup. p. 446 note B et p. 447 note A.*

353 Art. 14. *Caution* [52]. Nul ne sera admis à se rendre adjudicataire s'il n'est pas d'une solvabilité suffisamment connue des vendeurs, à moins qu'il ne fournisse caution de suite ou dans les vingt-quatre heures sur la demande qui lui en sera faite et qui sera consignée au procès-verbal d'adjudication.

Le vendeur devra être appelé à l'acte de cautionnement pour être à même de discuter le mérite de la caution.

354 Art. 16. *Remise de titres* [54]. Les vendeurs remettront à l'adjudicataire après l'entière exécution des clauses et conditions de l'enchère, lors du paiement pour solde du prix de son adjudication, les titres et pièces mentionnés en l'établissement de propriété qui précède. — *V. sup. alin.* 111 *et* 116.

355 Art. 17. *Élection de domicile* [11] *et attribution de juridiction* [77]. Pour l'exécution des charges et conditions de l'adjudication, domicile est élu pour les vendeurs en....

356 Quant à l'adjudicataire il sera tenu de faire élection de domicile, au moment même de l'adjudication, dans le ressort du tribunal civil de..., et, faute par lui de ce faire, ce domicile sera de plein droit en l'étude du notaire soussigné.

357 Les domiciles élus devant être attributifs de juridiction, les vendeurs et l'adjudicataire demeureront en conséquence soumis, pour tous les effets de l'adjudication, à la juridiction du tribunal civil de...

358 Art. 18. *Mise à prix et forme de l'adjudication*. L'immeuble dont il s'agit sera adjugé sous les charges et conditions ci-dessus exprimées, sur la mise à prix de quinze mille francs fixée par le tribunal (*ou bien :* par le rapport de l'expert).

359 L'adjudication aura lieu à la chaleur des enchères conformément aux dispositions des art. 705 et 706 du code de procédure civile. Les enchères ne pourront être moindres de cent francs. Elles seront reçues de la part de toutes personnes, conformément à l'art. 964 du code de procédure civile.

360 Fait et rédigé par Me FLANDIN, notaire sus-dit et soussigné, en son étude [12] à Gercy (*id.*), le vingt-six juin [13] mil huit cent quarante-cinq.

361 V. *la formule de* LICITATION *sup. p.* 444 *alin.* 1 à 44 *bis et les notes au bas de cette p. et des suiv.*

362 DÉPÔT DU CAHIER DES CHARGES PAR ACTE SÉPARÉ [45], AVEC APPROBATION, FIXATION DU JOUR DE L'ADJUDICATION ET DÉCLARATION D'ÉTAT CIVIL.

Suivre la formule de DÉPÔT, *p.* 369, *la note au bas de cette page et ce qui est dit sup. p.* 447, *alin.* 45 à 49 *et la note au bas en y faisant les changements nécessaires.*

363 (A) ADJUDICATION. A LA SUITE [45 n. 18] DU CAHIER DES CHARGES.

364 Et le.... mil huit cent.., heure de midi.

365 Par-devant Me FLANDIN [1], notaire [2] à Gercy [1], susdit et soussigné [15] et en son étude [12].

366 Est comparu M. Claude [1] BONNET (*id.*), docteur en médecine (*id.*), demeurant (*id.*) à.., assisté de Me MARCHET, son avoué.

367 Lequel a dit et exposé :

368 Que par l'acte de dépôt de cahier de charges dont minute [59] précède il a indiqué à ces jour, lieu et heure, l'adjudication de la maison située à.., rue.., n.., dépendant des successions de M. et mad. BONNET, et dont la vente a été autorisée par jugement [75] du tribunal civil de.., en date du..

369 Que cette adjudication a été annoncée et rendue publique : 1° par des placards apposés à chacun des endroits indiqués par la loi en.., ainsi qu'il est constaté par un procès-verbal de.., huissier [113] à.., en date du même jour,

---

(A) Il n'y a pas lieu dans l'espèce, à communication du cahier des charges et à dresser de procès-verbal de dires, parce qu'il n'y a dans l'instance qu'une partie en cause, le tuteur ; le subrogé-tuteur n'y est point partie, il n'est appelé à surveiller l'opération qu'au moment où elle se consomme (C. proc. 962).

enregistré, rédigé sur un exemplaire de placard et visé par chacun des maires (ou : adjoints) des communes où les appositions ont eu lieu : 2° et par une insertion faite du contenu audit placard dans le journal judiciaire de la ville et de l'arrondissement de.. qui a paru le ., ainsi que le constate un exemplaire de la feuille dudit jour portant la signature de l'imprimeur légalisée [125] par le maire de ladite ville et la mention d'enregistrement suivante : « Enregistré à...., le...., etc.

400   Que par exploit de.., huissier à.., en date du.., enregistré [42], il a fait sommation à M. Edme CRETET, pharmacien, demeurant à.., comme tuteur du mineur (ou : de l'interdit) Emile BONNET, d'être présent à ladite adjudication aux jour, heure et lieu ci-devant indiqués, sinon qu'il serait donné défaut contre le comparant à une heure après midi et procédé en son absence.

401   Lesquels procès-verbal de placard, exemplaire de journal et sommation sont demeurés annexés [55] à ces présentes, après avoir été signés par le comparant en présence du notaire et des témoins soussignés et après que dessus mention de cette annexe a été faite par ledit notaire.

402   Que les frais de poursuites dont le chiffre doit être indiqué avant l'adjudication aux termes de l'art. 6 du cahier des charges s'élèvent à la somme de trois cents francs suivant la taxe qui en a été faite.

403   Et que les frais du cahier des charges dus au notaire soussigné s'élèvent à.., le nombre des rôles [5] étant évalué à...

404   (A) Ce fait, le comparant a requis le notaire soussigné de donner défaut [119] contre le sr CRETET s'il ne comparait point ni personne pour lui, et pour le profit de ce défaut, de faire immédiatement la lecture [16] du cahier des charges et de procéder ensuite à la réception des enchères. [139] ainsi qu'à l'adjudication de l'immeuble.

405   Et M. BONNET a signé [15] avec son avoué, après lecture [16]. —   SIGNATURES.

406   (B) Et à l'instant est intervenu M. Edme CRETET [5], pharmacien (id.), demeurant (id.) à..

407   Lequel a dit qu'il comparaissait pour être présent aux lecture, réception d'enchères et adjudication dont est ci-dessus parlé et auxquelles il déclare consentir ; et a signé après lecture. — SIGNATURE.

408   En conséquence de la réquisition qui précède et attendu la présence (ou : malgré l'absence) de M. CRETET, tuteur, Me FLANDIN, notaire commis, a fait lecture du cahier des charges, et, après avoir publiquement annoncé que les frais de poursuites s'élevaient à.., il a procédé, ainsi qu'il suit, à la réception des enchères et à l'adjudication sur la mise à prix de quinze mille francs outre les charges de l'enchère.

409   Les enchères ayant été déclarées ouvertes, une première bougie a été allumée ; pendant sa durée plusieurs enchères successives ont été faites et la dernière par M. Armand [5] DOUSSET (id.), rentier (id.), demeurant à.., a porté le prix de ladite maison à la somme de seize mille francs outre les charges.

410   Une seconde bougie a été allumée, et pendant sa durée cinq enchères ont été faites successivement, dont la dernière par M. Emile [5] BOILET (id.), restaurateur (id.), demeurant (id.) à.., a porté ledit prix à la somme de dix-sept mille francs outre les charges.

411   Deux nouvelles bougies allumées successivement s'étant éteintes, sans que personne ait enchéri au-dessus du sr BOILET, ledit Me FLANDIN, notaire commis, a proclamé ledit sr BOILET, comme dernier enchérisseur, adjudicataire de ladite maison et dépendances, moyennant ladite somme de dix-sept mille francs outre les charges de l'enchère.

412   Et M. BOILET, à ce présent, après avoir pris connaissance du cahier des charges, a déclaré accepter ladite adjudication sous réserve de nommer command [148] et s'obliger à l'exécution de toutes les charges, clauses et conditions. Il a fait élection de domicile [11] à.., et signé [15], après lecture [16]. — SIGNATURE. — V. sup. p. 55, alin. 48.

413   Le vendeur ayant demandé caution [32] à l'adjudicataire, celui-ci s'est engagé pour lui ou son command à en fournir une, bonne et solvable, dans le délai fixé par le cahier des charges.

414   De tout ce que dessus il a été dressé le présent procès-verbal clos à quatre heures du soir à Gercy [12], en l'étude (id.), les jour, heures, mois et an susdits [13], en présence de MM. (Noms, prénoms, professions et demeures), témoins instrumentaires [14] ; et le vendeur ainsi que le subrogé-tuteur ont signé avec l'adjudicataire, les témoins et le notaire, après lecture [16].

415   V. Enregistrement, note 57. — Les formules de CAUTIONNEMENT et de COMMAND.

416   NOTA. Si l'on fait une surenchère elle doit être du sixième du prix principal (C). Elle doit être faite au greffe et non chez le notaire, car l'adjudication chez ce dernier ne change pas la nature de la vente qui est judiciaire, le notaire n'étant que le délégué du tribunal.

(A) S'il y avait plusieurs lots à vendre, on ferait ici la récapitulation des frais généraux composés des frais de poursuite et de ceux du cahier des charges, et on établirait entre ces lots la répartition desdits frais.

(B) Si le subrogé-tuteur ne comparaissait pas à la vente, après l'avertissement à lui donné un mois à l'avance, conformément à l'art. 962 du C. de proc. civ., on substituerait ce qui suit aux alin. 406 et 407 :

Et après avoir attendu jusqu'à une heure après midi sans que M. CRETET ait comparu ni personne pour lui, Me FLANDIN, notaire soussigné, a donné défaut contre lui sur la demande de M. BONNET et procédé en son absence.

(C) On entend ordinairement par prix tout ce qui compose le principal et les charges, d'où il suit que la surenchère, d'après cette distinction, ne devrait pas porter sur les charges en matière de vente judiciaire, où la loi dit prix principal — Toutefois, ce point est controversé, — V. C. civ. 2185; C. proc. 965.

417   **X. — 2° VENTE** JUDICIAIRE [139] DEVANT NOTAIRE, PAR SUITE DE CONVERSION DE SAISIE IMMOBILIÈRE [194] EN VENTE VOLONTAIRE. — *C. proc.* 743, 744, 958, 959, 960, 961, 962, 964 *et* 965.

418   NOTA. Pour ne point multiplier les formules, on pourra se référer à la formule de *licitation* que nous avons donnée *sup.* p. 444, plutôt qu'à la formule de *vente de biens de mineurs* qui précède. En effet, il y a nécessairement dans la vente par conversion deux avoués en cause, il y a lieu à communication du cahier des charges et partant à des dires, formalités qui ne se rencontrent pas dans la vente de biens de mineurs, parce qu'il n'y a qu'un avoué en cause. Toutefois, il convient de retrancher du cahier des charges tout ce qui est relatif au cas où l'un des colicitants se rendrait adjudicataire, c.-à-d. les alin. 29 et 30 de la p. 446.

419   **X. — 3° VENTE JUDICIAIRE** [139] DEVANT NOTAIRE, DE BIENS DE FAILLIS. — C. comm. 572 ; C. proc. civ. 955 et suiv.

420   NOTA. Pour cette formule il convient de se référer à la vente de *biens de mineurs,* parce qu'il y a analogie, les syndics représentant le failli comme le tuteur représente le mineur (*ou* : l'interdit).

421   **X. — 4° VENTE JUDICIAIRE** [139] DEVANT NOTAIRE, DE BIENS D'UNE SUCCESSION BÉNÉFICIAIRE [85] (*ou* : SUCCESSION VACANTE (*id.*). — *C. proc.* 987, 988 *et* 1001.

422   NOTA. Suivre, dans ce cas, la formule de *vente de biens de mineurs*, en opérant quelques changements qu'il est facile de comprendre.

423   **X. — 5° VENTE JUDICIAIRE** [139] DEVANT NOTAIRE, DE BIENS D'UN DÉBITEUR NON COMMERÇANT ADMIS AU BÉNÉFICE DE CESSION. — *C. proc.* 904, 987 *et* 988 ; *C. civ.* 1269, *C. comm.* 541.

424   NOTA. Suivre, dans ce cas, la formule de *vente de biens de mineurs.*

425   **X. — 6° VENTE JUDICIAIRE** [139] DEVANT NOTAIRE, DE BIENS DOTAUX [166] PAR UNE FEMME MARIÉE SOUS LE RÉGIME DOTAL (*id.*). — *C. civ.* 1558 ; *C. proc.* 997, 955 et suiv.

426   NOTA. Suivre la formule de *vente de biens de mineurs,* sauf quelques modifications suivant le cas qui aura nécessité la vente. Faisant observer que l'art. 959 du C. de proc. déroge à l'art. 1558 du C. civ. qui prescrit trois affiches et que si la vente a lieu pour tirer de prison le mari, la femme n'a pas besoin de son autorisation [68], puisqu'elle a, par le jugement, celle de la justice.
427   Toutefois, comme il peut y avoir obligation de faire remploi [166] de tout ou partie du prix on ajoutera dans le cahier des charges la clause qui se trouve à la formule XXIV ci-après, alin. 833 et 834.

428   **XI. VENTE** [109] PAR DEUX ÉPOUX D'UNE MAISON PROPRE [166] A LA FEMME, *avec établissement de l'origine de la propriété en remontant.* — V. sup. alin. 122 p. 403 et C. civ. 1582 et suiv.

429   Par-devant Me Jules [1] LASSERRE (*id.*), notaire [2] à Dienne [1], département de.., soussigné [15].
430   Sont comparus M. Constant [3] DECHAMBRE (*id.*), propriétaire (*id.*) et la dame Marie PETIT, son épouse, qu'il autorise [68] à l'effet des présentes, demeurant [3] ensemble à Dienne.
431   Lesquels ont, par ces présentes, vendu [109] et se sont obligés [106] solidairement (*id.*) à garantir de tous troubles [22] et évictions [9], notamment de tous privilèges [29], hypothèques [30] et surenchères [147]. — V. sup. p. 30, note A et la note 68, n. 111.
432   A M. Victor [3] LEGRAND (*id.*), rentier (*id.*), demeurant (*id.*) à Dienne, à ce présent et ce acceptant (52), acquéreur pour lui, ses héritiers [78] et ayants-cause [6].
433   DÉSIGNATION [141]. Une maison située (*id.*) à.., ayant son entrée par une porte-cochère, et consistant en une cour commune [41] avec.., puits, deux corps de logis, dont le premier sur la rue est composé de caves, rez-de-chaussée, deux étages et greniers au-dessus; le second, au fond de la cour, est élevé de deux étages surmontés d'une terrasse avec rampes en fer.

⁴³⁴ Cette maison tenant [141] d'un côté du midi à.., avec lequel le mur de séparation est mitoyen [41], de l'est à..., du nord à.. et de l'ouest à..

⁴³⁵ Ainsi que ladite maison s'étend et comporte, sans en rien excepter ni réserver, et dont il n'a été fait une plus ample désignation à la réquisition de l'acquéreur, qui a déclaré la connaître suffisamment pour l'avoir visitée avant ces présentes. — V. sup. alin. 8.

⁴³⁶ ORIGINE DE LA PROPRIÉTÉ. (V. sup. p. 403.) Cette maison appartient [22] à la dame DECHAMBRE, comme l'ayant recueillie dans la succession [88] de Jacques PETIT et Julienne BAZIN, sa femme, ses père et mère, dont elle était seule héritière [78], ainsi que le constate un acte de notoriété [127] fait à défaut d'inventaire [145] par Mᵉ.., notaire à.., le.., dûment enregistré [42].

⁴³⁷ Elle dépendait de la communauté de biens [166] qui avait existé entre les sʳ et dame PETIT, au moyen de l'acquisition que ledit sʳ PETIT en avait faite pendant leur mariage, suivant contrat passé devant Mᵉ.., notaire à.., le.., de mad. Hortense VACANT, épouse autorisée de M. Joseph MARLOT et de lui séparée de biens contractuellement aux termes de leur contrat de mariage [166] passé devant Mᵉ.., notaire à.., le.. Cette acquisition a été faite moyennant la somme de.., que le sʳ DECHAMBRE a payée à sa venderesse, suivant quittance [84] reçue par Mᵉ.., notaire à.., le.. Ce contrat de vente a été transcrit [111] au bureau des hypothèques de.., le.., vol.., n°.., à la charge, outre l'inscription d'office, de cinq inscriptions, ainsi qu'il résulte d'un état [111] délivré après quinzaine par le conservateur de.. ; toutes lesquelles inscriptions ont été rayées [149], les unes définitivement et les autres partiellement en ce qu'elles grevaient ladite maison, ainsi qu'il résulte de six certificats du même conservateur, en date du.. — Il n'est survenu aucune inscription pendant l'accomplissement des formalités de purge des hypothèques légales, qui ont été remplies sur cette acquisition, ainsi qu'il résulte des pièces justificatives de l'accomplissement de ces formalités dont on a rendu compte dans la quittance ci-dessus énoncée.

⁴³⁸ Mad. MARLOT avait été propriétaire de ladite maison au moyen de l'abandon qui lui en avait été fait par le partage [145] de la succession [88] de Louis VACANT, son père, dont elle était héritière [78] pour moitié : ledit partage fait entre elle et M. Joseph VACANT, son frère, suivant acte passé devant Mᵉ.., notaire à.., le.. Cet abandon a été fait à la charge d'une soulte [140] de la somme de...., par la dame MARLOT, en faveur de son frère, et dont elle s'est libérée suivant quittance reçue par ledit Mᵉ.., notaire, le..

⁴³⁹ Elle avait appartenu au sʳ Louis VACANT comme l'ayant fait construire [22] sur un terrain dont il s'était rendu adjudicataire sur la licitation [207] volontaire faite entre MM. Jules et Adolphe LOUZE, suivant procès-verbal dressé par Mᵉ.., notaire à.., le.., transcrit [111] au bureau des hypothèques de.., le.., vol.., n.., à la charge seulement de l'inscription d'office [83] prise au profit des vendeurs, ainsi qu'il est constaté par un certificat délivré après quinzaine par le conservateur le.. — Il n'est pas survenu d'inscriptions pendant l'accomplissement des formalités de purge des hypothèques légales, ainsi que le tout est expliqué dans la quittance ci-après énoncée. Le prix de cette adjudication montant à la somme de.. a été payé en totalité avec les intérêts [49] alors dus par le sʳ VACANT à ses vendeurs, suivant quittance reçue par Mᵉ.., notaire, le.. ; et, par suite de ce paiement, l'inscription d'office sus-énoncée a été rayée, ainsi que le constate un certificat du conservateur des hypothèques en date du..

⁴⁴⁰ Ce terrain avait été acquis par lesdits sʳˢ LOUZE, frères, sous le nom de Mᵉ VOILLIN, leur avoué, qui leur en a passé déclaration de command, suivant procès-verbal d'adjudication dressé par Mᵉ.., notaire à.., le.., sur la poursuite en saisie immobilière faite contre Jacques METTON par Félix DEVERNE, son créancier, mais convertie en vente volontaire par jugement du tribunal civil de.., en date du.. Ledit procès-verbal d'adjudication a été transcrit [111] au bureau des hypothèques de.., le.., vol.., n.., à la charge de quinze inscriptions. L'ordre [104] du prix de cette adjudication, montant en principal et intérêts [49] à la somme de.., a été réglé entre les créanciers y ayant droit par M.., juge au même tribunal, suivant son procès-verbal ouvert le.. ; clos et arrêté définitivement le.. ; et, par suite de ce règlement d'ordre, les sʳˢ LOUZE, frères, se sont libérés de la totalité de leur prix, en principal et intérêts, envers les créanciers colloqués, suivant quittance passée devant Mᵉ.., notaire à.., le.., et toutes les inscriptions, même celle d'office, ont été rayées [149], ainsi qu'il résulte de six certificats du même conservateur des hypothèques en date du..

⁴⁴¹ Le sʳ METTON avait été propriétaire du terrain comme s'en étant rendu adjudicataire lors de la vente des biens de l'émigré DE NESVRE faite au district de.., suivant procès-verbal dressé par les administrateurs du domaine national le.. Cette adjudication a été faite, ainsi que le porte ledit procès-verbal d'adjudication analysé [91 n. 23] ainsi en cette partie, moyennant la somme de cinq mille livres, qu'il a acquittée en totalité, suivant le décompte arrêté par l'administration des domaines le.., et la quittance pour solde mise à la suite par M. Michel, receveur des domaines à.., le..

⁴⁴² ENTRÉE EN JOUISSANCE [8]. M. LEGRAND pourra faire et disposer de la maison présentement vendue comme lui appartenant en toute propriété et jouissance à compter de ce jour. — V. sup. alin. 23 et suiv.

⁴⁴³ CHARGES [38] ET CONDITIONS [153]. La présente vente est faite aux charges et conditions suivantes, que M. LEGRAND s'oblige d'exécuter, savoir :

⁴⁴⁴ 1° De prendre la maison présentement vendue dans l'état où elle se trouve aujourd'hui, sans qu'il puisse y avoir lieu à réclamation pour raison de détériorations ou vices de construction.

⁴⁴⁵ 2° D'acquitter les contributions [58] de toute nature auxquelles cette maison est et pourra être imposée à compter du. .

⁴⁴⁶ 3° De supporter les servitudes [55] passives, apparentes ou non apparentes (V. sup. p. 195, note A), dont la maison vendue peut être grevée, sauf à profiter de celles actives, le tout à ses risques et périls. — V. sup. alin. 28.

⁴⁴⁷ 4° D'exécuter, pour tout le temps qui en reste à courir, le bail [103] qui a été fait de ladite maison à.., pour six années qui ont commencé le.., sauf à expulser le locataire en l'indemnisant conformément à la convention (ou : à la loi), de manière toutefois que les vendeurs ne soient aucunement recherchés à ce sujet. — V. sup. alin. 31 et suiv.

⁴⁴⁸ 5o D'entretenir pour tout le temps qui en resterait à expirer l'assurance [133] qui pourrait avoir été faite de ladite maison par quelque compagnie d'assurance, et de payer les primes à sa charge tant que le prix de la présente vente n'aura point été payé en totalité, les vendeurs faisant réserve [51] à leur profit des effets de toute assurance en cas de sinistre, pour, par eux, les exercer jusqu'à due concurrence [132] par préférence à l'acquéreur. — V. sup. alin. 38.

⁴⁴⁹ 6o Et de payer les déboursés [5] et honoraires (id.) des présentes, ainsi que le coût d'une grosse [64] et d'une expédition (id.) présentement requises. — V. sup. alin. 22.

⁴⁵⁰ PRIX. La présente vente est faite, en outre, moyennant la somme [35] de quarante mille francs [91] de prix principal [136] que M. LEGRAND s'oblige de payer à M. et mad. DECHAMBRE, ou, pour eux, au porteur de leurs pouvoirs [80] et de la grosse [64] des présentes, en leur demeure à.., savoir, moitié immédiatement après l'accomplissement des formalités de transcription [111] et de purge légale [136] pour lesquelles il est accordé un délai [77] de quatre mois à compter de ce jour sans intérêts [49] pendant ce temps seulement, et l'autre moitié dans trois ans de ce jour, avec intérêts à cinq pour cent par an sans retenue à partir d'aujourd'hui. — V. sup. alin. 39 et suiv.

⁴⁵¹ RÉSERVE DE PRIVILÉGE [29]. A la garantie du paiement du prix de la présente vente en principal [136] et intérêts [49], la maison présentement vendue demeure affectée et hypothéquée [30] par privilége spécial expressément réservé aux vendeurs. — V. sup. alin. 109.

⁴⁵² CONDITION SUSPENSIVE [133]. Il est expressément convenu, comme condition suspensive des présentes, qu'il n'y aura transmission de propriété, qu'autant que l'acquéreur fera agréer et ratifier d'ici à quinzaine la présente vente par la dame Louise JAUPOIS, son épouse, laquelle s'obligera solidairement [106] avec lui au paiement du prix et à l'exécution de toutes les charges [58] et conditions (id.) de la présente vente, à l'effet de quoi ledit acquéreur lui donne dès à présent l'autorisation [68] nécessaire. — V. sup. alin. 102 et suiv.

⁴⁵³ CONDITION RÉSOLUTOIRE [135]. A défaut de paiement du premier terme du prix de la présente vente, le présent contrat sera résolu de plein droit, si bon semble aux vendeurs, un mois après un commandement contenant déclaration de l'intention et resté infructueux. — V. sup. alin. 107.

⁴⁵⁴ TRANSCRIPTION [111] ET PURGE LÉGALE [136]. L'acquéreur fera transcrire une expédition [64] des présentes au bureau des hypothèques de.., et remplira les formalités nécessaires pour la purge des hypothèques légales, le tout dans quatre mois pour tout délai; et si, pendant l'accomplissement de ces formalités, il y a ou survient des inscriptions [83] provenant du fait des vendeurs ou de celui de leurs auteurs [113], les vendeurs s'obligent solidairement [106] d'en rapporter certificats de radiation [149] dans les deux mois [77] de la dénonciation que l'acquéreur devra leur en faire préalablement à toute autre notification [147] à leur domicile ci-après élu [11] et de les garantir et indemniser de tous frais extraordinaires de transcription et de purge — V. sup. alin. 81 et 84 et la note A étant au bas de la p. 674.

⁴⁵⁵ ÉTAT CIVIL [162]. La dame DECHAMBRE déclare : 1o qu'elle est mariée sous le régime de la communauté [166] sans obligation imposée à son mari de faire emploi (V. sup. p 317 alin. 34 et note H), ainsi qu'il résulte de son contrat de mariage passé devant Me.., notaire à.., le.., et dont elle a représenté une expédition; 2o qu'elle n'a contracté avec son mari actuel, et qu'elle n'est et n'a jamais été tutrice ni chargée d'aucune comptabilité de deniers publics. — V. sup. alin. 113.

⁴⁵⁶ REMISE DE TITRES [54]. Lors du premier paiement de son prix, il sera remis à M. LEGRAND par M. et mad. DECHAMBRE, qui s'y obligent indivisément [92] : 1o l'expédition de l'acte de notoriété après le décès de M. et mad. PETIT; 2o l'expédition du contrat de la vente faite par la dame MARLOT au sr PETIT, et celle de la quittance du prix, ensemble toutes les pièces de purge des hypothèques relatives à cette acquisition; 3o l'extrait du partage de la succession du sr VACANT, père de mad. MARLOT, et l'expédition de la quittance de soulte; 4o l'expédition du procès-verbal de la vente par adjudication faite par les srs LOUZE frères au sr VACANT, ainsi que celle de la quittance du prix de cette adjudication, et les pièces de purge des hypothèques; 6o l'expédition du procès-verbal contenant adjudication au profit des srs LOUZE frères par suite de la saisie immobilière pratiquée sur le sr METTOX, celle de la quittance du prix de cette adjudication, et les bordereaux de collocation des créanciers payés; plus, l'expédition du procès-verbal d'adjudication au district de.., et le décompte de cette adjudication, avec la quittance pour solde. — V. sup. alin. 116, 117 et 118.

⁴⁵⁷ ÉLECTION DE DOMICILE [11]. Pour l'exécution des présentes, les parties élisent domicile.. — V. sup. alin, 122.

⁴⁵⁸ Dont acte, fait et passé à Dienne [12] en l'étude (id.), l'an [13].... — V. sup. alin. 155 et 156.

---

⁴⁵⁹   XII. VENTE [109] DE MANUSCRIT [115]

⁴⁶⁰ Par-devant Me RAMEAU [1], notaire [2] à Saint-Clément [1], soussigné [15].

⁴⁶¹ Est comparu M. César [3] MARCOD (id.), avocat (id.) près la Cour royale de...., demeurant (id.) en ladite ville, rue...., n...

⁴⁶² Lequel a, par ces présentes, vendu [109] avec la garantie [9] de droit.

⁴⁶³ A M. Charles [3] CORSAIN (id.), imprimeur libraire (id.), demeurant (id.) à.., à ce présent et acceptant [52] : ledit sr CORSAIN patenté [43] à la mairie de.., à la date du,., classe.., n..

⁴⁶⁴ Le manuscrit d'un ouvrage ayant pour titre « Les éléments du droit français » devant former trois volumes grand in-quarto de mille pages environ chacun, et dont le vendeur déclare être l'auteur [113].

⁴⁶⁵ Pour en jouir, faire et disposer, par M. CORSAIN, comme de chose lui appartenant en toute propriété [22], à compter de ce jour, et conformément aux lois sur la propriété littéraire.

⁴⁶⁶ La présente vente est faite à la charge [58] par M. CORSAIN, qui s'y oblige :

1° De faire imprimer et publier l'ouvrage dans le délai de dix-huit mois au plus tard à compter de ce jour ;

2° De soumettre les épreuves d'impression à M. Marcod pour qu'il y fasse les corrections et changements qu'il jugera convenables ;

3° De remettre à M. Marcod, sans aucune diminution du prix ci-après fixé, cinquante exemplaires de l'ouvrage aussitôt que l'impression en sera achevée, dont dix reliés en veau et quarante brochés, le tout pour les présents que l'auteur se propose d'en faire, et ce indépendamment de deux exemplaires que M. Corsain doit déposer à la bibliothèque royale.

4° Et de payer les déboursés [5] et honoraires (id.) auxquels la présente vente donnera lieu, ainsi que le coût d'une grosse pour le vendeur. — *V. sup. alin.* 22, 23, 24 *et les notes qui s'y rattachent.*

Ladite vente est faite, en outre, moyennant la somme de dix mille francs de prix principal, en déduction de laquelle M. Corsain a présentement payé à M. Marcod, qui le reconnaît, celle de quatre mille francs, dont quittance d'autant.

À l'égard des six mille francs restants, M. Corsain s'oblige de les payer à M. Marcod en la demeure de ce dernier à.., le.., avec intérêts [49] à compter de l'époque ci-dessus fixée pour l'entière impression de l'ouvrage (*ou bien :* sans intérêts jusqu'au.., mais à défaut de paiement à l'échéance, lesdits intérêts courront de plein droit au taux de cinq pour cent par an sans retenue).

À la garantie du paiement de ladite somme de six mille francs et de ses intérêts, le manuscrit vendu ainsi que les exemplaires qui en auront été imprimés et qui seront encore en la possession de M. Corsain demeurent spécialement affectés par privilège [29] expressément réservé à M. Marcod et à ses héritiers [78] ou ayants-cause [6].

Et même M. Marcod ainsi que ses représentants auront le droit de demander, pour défaut de paiement à l'échéance, la résolution [135] de la présente vente et des dommages-intérêts [159] proportionnés au nombre d'exemplaires déjà vendus, sous la seule déduction de l'à-compte ou des à-comptes reçus.

M. Corsain reconnaît que M. Marcod lui a présentement remis [54] le manuscrit (A) dudit ouvrage, dont il déclare être content comme l'ayant déjà lu et examiné.

Dont acte, fait et passé à St.-Clément [12] en l'étude (id.). L'an [13]...—*V. sup. alin.* 135.—*Enregistrement, note* 90.

XIII. VENTE [109] PAR UN MARI A SA FEMME.

Par-devant M° Rameau [1], notaire [2] à Saint-Clément [1], soussigné [15].

Est comparu M. Jacques [5] Belin (id.), négociant (id.), demeurant (id.) à..

Lequel a, par ces présentes, vendu [109] sous la garantie [9] de droit.

A la dame Edmée [5] Morin (id.), son épouse de lui autorisée [68], à ce présente et acceptant [52] (*quand il y a séparation judiciaire de biens, on ajoute :* ladite dame séparée de biens [220] judiciairement d'avec son mari, suivant jugement [75] rendu par le tribunal civil de première instance de.., le.., dûment enregistré).

Les biens [7] meubles (B) et immeubles [86] dont la désignation [141] suit :

MEUBLES 1° Une armoire en noyer, estimée cent francs, ci . . . . 100 »

2° Une commode en acajou, estimée soixante-quinze francs, ci . . . . 75 »

3° Une glace ayant deux mètres de hauteur sur un mètre de largeur, estimée cinq cents francs, ci. 500 »

                                                   Total . . . . 675 »

IMMEUBLES [87]. 1° Une maison située [141] à... rue.., n.., composée de.., tenant..

2° Un hectare [91] de terres labourables, situé sur le territoire de la commune de,..., lieu dit le Volant [141], tenant (id.) d'un long du midi à.., etc.

PROPRIÉTÉ [22]. Les objets mobiliers sus-désignés dépendent de la communauté qui existe (*ou* : qui a existé) entre les parties.

La pièce de terre dépend aussi de ladite communauté (C) au moyen de l'acquisition que M. Belin en a faite de

---

(A) Bien que la vente soit la conséquence du manuscrit, on peut cependant le mentionner dans cette vente sans qu'il y ait contravention à la loi qui défend de faire aucun acte en conséquence d'un autre avant que le premier ait été soumis à l'enregistrement (*V. note* 42). La raison est qu'un manuscrit n'est point un acte, ce qui rend inapplicable l'art. 25 de la loi du 22 frim. an VII (*V. note* 18 n. 29). On pourrait même indiquer dans la vente le nombre de feuillets du manuscrit et mentionner qu'ils ne sont point timbrés, sans contrevenir à la loi du timbre, parce que la formalité du timbre n'est exigée pour des écrits de cette espèce que quand on en fait usage en justice (*V. note* 61 n.G.)

(B Le mobilier que le mari vend à sa femme, dont les biens n'entrent point en communauté, demeure propre à celle-ci, tellement qu'il ne peut être saisi [108] par les créanciers du mari ou de la communauté, quand elle n'est point obligée solidairement envers eux.—*V. sup. p.* 521 *note B.*

Une semblable vente est très-valable sans contredit, mais pour cela il ne faut pas qu'elle soit faite en fraude [25] des droits d'un créancier poursuivant le mari au moment de la vente.

(C) On aurait pu éviter la vente dont il s'agit faite à la femme, en opérant un remploi à son profit lors de l'acquisition que le mari en a faite primitivement, et cela aurait procuré une grande économie, car le droit d'enregistrement de la mutation au profit de la femme est de 5 50 p. 0/0 outre le décime, indépendamment des déboursés de timbre et honoraires du notaire, tandis que la déclaration de remploi n'aurait occasionné qu'un droit fixe de 2 fr. et aurait été exempte d'honoraires.

M.., moyennant mille francs payés comptant [84], suivant contrat passé devant M⁰.., notaire à.., le.., dûment enregistré [42] et sur lequel il ne paraît pas qu'on ait rempli les formalités de transcription [111] et de purge légale [156]. — V. *sup. alin.* 136.

490   A l'égard de la maison elle appartient en propre à M. BELIN, comme héritier pour un tiers de M. Jean BELIN et de la dame Marie AUDOUX, ses père et mère, et comme lui ayant été abandonnée avec d'autres biens par le partage [143] de leurs successions [88] passé devant M⁰.., notaire à.., le.., dûment enregistré, lequel partage a eu lieu sans soulte ni retour [140].

491   Lesdits sr et dame BELIN en étaient propriétaires comme en ayant fait l'acquisition de…. —V. *sup. p.* 677 *note A.*

492   ENTRÉE EN JOUISSANCE. La dame BELIN pourra faire et disposer des biens meubles et immeubles vendus comme de chose à elle appartenant en toute propriété et jouissance à compter de.. (*quand la femme n'est point séparée de biens, on ajoute :* sans préjudicier aux droits du mari comme exerçant les droits et actions mobiliers et possessoires de sa femme sur les biens dont il s'agit). — V. *sup. alin.* 16.

493   CHARGES [58] ET CONDITIONS [153]. La présente vente est faite sous les charges et conditions suivantes :

494   1° Les biens vendus sont abandonnés dans leur état actuel et sans aucune garantie de la mesure [40], dont le plus ou le moins, s'il y en a, tournera au profit ou à la perte de l'acquéreur. — V. *sup. alin.* 3 *et suiv.*

495   2° Les contributions foncières et autres de toute nature des immeubles vendus seront à la charge de l'acquéreur, à compter du jour de son entrée en jouissance (*quand il n'y a point de séparation de biens on ajoute :* sauf à les faire supporter par la communauté existante entre les parties tant qu'elle ne sera point dissoute — V. *sup. alin.* 26 *et* 27.

496   3° Les servitudes [58] passives apparentes (V. *sup. p.* 195 *note* A) dont les immeubles vendus peuvent être grevés seront supportées par l'acquéreur, sauf à lui à s'en défendre et à faire valoir celles actives à son profit, le tout s'il y en a et à ses risques et périls. — V. *sup. alin.* 29 *et suiv.*

497   4° Les déboursés [3] et honoraires (*id.*) auxquels ces présentes donneront lieu seront à la charge de la dame BELIN.

498   PRIX. La présente vente est faite, en outre, pour remplir la dame BELIN de la somme de douze mille francs montant de son apport [200] mobilier en mariage constaté par son contrat de mariage [166] passé devant M⁰.., notaire, à.., le.., dûment enregistré, lequel contrat contient exclusion de communauté (*ou bien, quand la vente est faite par suite de séparation de biens :* pour, par le vendeur, demeurer quitte envers la dame son épouse de la somme de douze mille francs qu'il lui doit pour le montant de ses droits et reprises [200] constatés par un acte de liquidation [143] passé devant M⁰.., notaire à.., le.. dûment enregistré [42].

499   Toutefois la compensation [167] établie par ces présentes n'aura lieu qu'autant qu'il ne se sera trouvé aucune inscription [83] grevant les immeubles vendus, lors de l'accomplissement des formalités de transcription [111] et de purge légale [156] opérées sur le présent contrat. — V. *sup. p.* 343, *alin.* 16 *et* 17.

500   VENTILATION Dans le prix de la présente vente, les meubles sont entrés pour six cent soixante-quinze francs montant de leur estimation, la maison est entrée pour neuf mille francs et la pièce de terre pour deux mille trois cent vingt-cinq francs.

501   TITRES [54]. M BELIN a présentement remis à son épouse, qui le reconnaît, tous les titres et pièces mentionnés en l'établissement de propriété. Dont décharge [84].

502   Mention [84] des présentes sera faite sur toutes pièces que besoin sera par tous notaires et autres officiers publics, de ce requis.

503   Dont acte fait et passé à.. —V. *sup. alin.* 135.

504   V. *la formule de* DATION EN PAIEMENT. — *Enregistrement*, notes 57, 90, 18 et 19.

---

505   XIV. VENTE [109] PAR UN PÈRE ET UNE MÈRE A L'UN DE LEURS ENFANTS.

506   Par-devant M⁰ RAMEAU [1], notaire [2] à Saint-Clément [1], département de.., soussigné [15].

507   Sont comparus M. Pélerin [3] BRISEDOU (*id.*), ancien négociant (*id.*) et la dame Julie CARNOT; sa femme, de lui autorisée [68] à l'effet des présentes, demeurant [3] ensemble à..

508   Lesquels ont, par ces présentes, vendu [109] avec obligation solidaire [106] entre eux de toute garantie de droit.

509   A M. CYR [3] BRISEDOU (*id.*), leur fils, négociant (*id.*), demeurant (*id.*) à.., à ce présent et acceptant [52].

510   DÉSIGNATION [141]. 1° Une maison [7] située [141] à.., rue.., n.. — V. *sup. alin.* 433 et 434.

511   2° Et cinq hectares [91] de pré, situés [141] sur le territoire de la commune de.., lieu dit le *Chien-dent*, tenant d'un côté du levant à..

512   Ainsi que lesdits biens s'étendent et comportent sans aucune exception ni réserve et sans garantie de la contenance [40] dont le plus ou le moins, s'il y en a, tournera au profit ou à la perte de l'acquéreur quand même la différence serait de plus d'un vingtième.

513   PROPRIÉTÉ [22]. La maison ci-dessus désignée appartient en propre au sr BRISEDOU, l'un des vendeurs, pour l'avoir recueillie dans les successions [88] de.., ses père et mère, dont il était héritier [78] pour moitié, ainsi qu'il résulte d'un partage [143] passé devant M⁰.., notaire à.., le.., dûment enregistré [42] ; lequel partage a eu lieu sans soulte. — V. *sup. p.* 677, *note* A.

514   A l'égard de la pièce de pré elle appartient en propre à la dame BRISEDOU, au moyen de l'acquisition qui en a été faite avec emploi à son profit tant par son mari que par elle-même de M.., moyennant la somme de trois mille francs

qui a été payée comptant avec des deniers provenant de l'aliénation d'un immeuble propre à ladite dame, le tout ainsi qu'il résulte d'un contrat passé devant Me.., notaire à.., le.., dûment enregistré [42], transcrit [111] au bureau des hypothèques de.., le., suivant, vol.., n.., sans qu'à cette transcription et pendant la quinzaine qui a suivi il se soit trouvé aucune inscription [83], ainsi que l'a constaté le conservateur par son certificat en date du.. — V. *sup. établissement de propriété, p.* 403.

515 ENTRÉE EN JOUISSANCE [8]. L'acquéreur pourra faire et disposer des biens vendus comme de chose lui appartenant en toute propriété et jouissance à compter (A) de ce jour.

516 CHARGES [58] ET CONDITIONS [155]. La présente vente est faite sous les charges et conditions suivantes :

517 1° L'acquéreur paiera les déboursés [5] et honoraires (*id.*) des présentes, ainsi que le coût d'une grosse [64] et d'une expédition (*id.*) présentement requises. — V. *sup. alin.* 22 *et suiv.*, 144.

518 2° Il acquittera les contributions [58] foncières et autres de toute nature des biens vendus à partir du premier de ce mois. — V. *sup. alin.* 25, 26 *et* 27.

519 3° Il supportera les servitudes [55] passives de toute espèce dont lesdits biens peuvent être grevés, sauf à lui à s'en défendre et à faire valoir celles actives à son profit, le tout s'il y en a et à ses risques et périls. — V. *sup. alin.* 28 *et suiv.*

520 4° Il entretiendra pour le temps qui en reste à expirer les baux [105] ou locations par écrit ou verbales et à l'année qui ont pu être faites de tout ou partie des biens vendus, sauf à l'acquéreur à avoir droit à compter de ce jour aux fermages ou loyers de l'année et à donner congé [105] aux fermiers ou locataires à ses risques et périls. — V. *sup. alin.* 52 *et* 147.

521 PRIX. La présente vente est faite en outre moyennant une rente [76] (B) foncière (C), annuelle et perpétuelle, franche de retenue [49], de six cents francs au capital de douze mille francs. Laquelle rente l'acquéreur promet et s'oblige [107] de payer par chaque année aux vendeurs en deux termes [77] égaux de six et six mois, dont le premier commençant à courir le.. écherra et sera payé le.., le second le.., et ainsi de suite de six en six mois, jusqu'au remboursement que le débiteur pourra faire du capital à sa volonté et en quatre paiements égaux. — V. *sup. alin.* 41 *et* 42.

522 RÉSERVE [51] DE PRIVILÉGE [29] ET D'ACTION RÉSOLUTOIRE [155]. A la garantie du prix de la présente vente en principal et accessoires, les vendeurs font réserve expresse du privilége et de l'action résolutoire à eux acquis sur les immeubles vendus. — V. *sup. alin.* 110.

523 TRANSCRIPTION [111] ET PURGE LÉGALE [156]. L'acquéreur fera transcrire une expédition du présent contrat au bureau des hypothèques de.., et remplira les formalités prescrites par la loi pour la purge des hypothèques légales, le tout quand bon lui semblera et à ses frais.

524 Si, lors de l'accomplissement de ces formalités, il y a ou survient des inscriptions….— V. *sup. alin.* 83 *et* 84.

525 ÉTAT CIVIL [162]. Les vendeurs déclarent qu'ils ne sont et n'ont jamais été ni tuteurs…. — V. *sup. alin.* 152.

526 REMISE DE TITRES [54]. Les vendeurs ont présentement remis à l'acquéreur, qui le reconnaît, tous les titres mentionnés en l'établissement de propriété, dont décharge [84]. — V. *sup. alin.* 116.

527 Dont acte, fait et passé à.. — V. *sup. alin.* 155 *et* 156.

528
XV. — 1° VENTE [109] DE MEUBLES [86] A L'AMIABLE.

529 Par-devant Me RAMEAU [1], notaire [2] à Saint-Clément [1], département de.., soussigné [15].

530 Est comparu M. Isidore [3] LÉPINE (*id.*), ancien restaurateur (*id.*), demeurant (*id.*) à .

531 Lequel a, par ces présentes, vendu [109] avec garantie [9] de toutes saisies [108] et revendications [216].

532 A M. Germain [3] COURTY (*id.*), artiste vétérinaire (*id.*), demeurant (*id.*) à.., à ce présent et acceptant [52].

533 Les meubles [7] et objets mobiliers [86] dont le détail suit, qui sont actuellement au domicile à.. du vendeur 1° Une armoire en bois de chêne ; 2° une commode en bois de noyer ; 3° un lit composé de.., etc. (D).

(A) Pour être valable, c'est-à-dire pour n'être point sujette à rapport au décès des vendeurs, en tant qu'elle excède la portion disponible, la vente ne doit point contenir de réserve d'usufruit au profit de ces derniers. Cependant l'objet cesse d'être soumis à rapport quand les autres successibles des vendeurs ont consenti à la vente (*C. civ.* 918, *note* 4 *n.* 16 *et suiv*). Ainsi, quand les autres successibles n'interviennent point, l'enfant acquéreur est censé avoir reçu l'objet par préciput ou imputation sur la quotité disponible, mais il n'a point de réclamation pour la somme qu'il a pu payer aux vendeurs : à cet égard on considère la disposition comme une vente de la quotité disponible. (*Voir pour l'intervention la note* D *qui suit.*)

(B) Le prix pourrait être stipulé autrement qu'en rente perpétuelle et la vente n'en serait pas moins valable, pourvu qu'elle fût sérieuse et que ce prix eût réellement profité au vendeur. — V. *note* 4 *n.* 16.

(C) Si la vente avait lieu moyennant une rente viagère, la valeur des objets vendus serait imputable sur la portion disponible et l'excédant serait sujet à rapport à la succession des vendeurs, sans que l'acquéreur pût répéter les sommes par lui payées. — *Voir la note* A *qui précède.*

Dans ce cas, pour que l'acquéreur puisse rester propriétaire incommutable, il faut le consentement des autres successibles (*C. civ.* 918) et pour cela leur intervention qu'on peut formuler ainsi :

A ces présentes sont intervenus Célestin et Célestine Brisedou, sans professions, demeurant à….

Lesquels, après avoir pris communication et entendu la lecture de ce qui précède, ont déclaré avoir ladite vente pour agréable et y consentir : ils y renoncent, en conséquence, à tous moyens de droit qu'ils auraient pu invoquer contre cette vente et à inquiéter en aucune manière leur frère à ce sujet.

(D) Un détail estimatif n'est nécessaire que quand il s'agit de donation d'objets mobiliers (C. civ. 948), ou de meubles vendus avec des immeubles par un même acte, afin de payer un droit moins fort (*V. sup. p.* 678 *note* A).

³³⁵ Ou bien : les objets mobiliers étant au domicile du vendeur qui s'oblige de les délivrer [8 et 54] à l'acheteur d'ici à.., conformément à la description qui en a été faite entre les parties dans un état qu'elles ont certifié véritable [33], duquel état enregistré [42, n. 51] à.., le.., fᵒ 15, verso, case 3, par M. Michel qui a reçu vingt-six francs quarante centimes pour les droits, les parties ont retiré chacune un double — ou : lequel état qui sera soumis à l'enregistrement [42] avant ou en même temps que ces présentes est demeuré ci-annexé [55], après avoir été fait dessus mention de cette annexe par le notaire soussigné en présence des témoins ci-après nommés.

³³⁵ Ou bien encore : les meubles et objets mobiliers désignés dans un état que les parties en ont dressé sur une feuille de papier marqué du timbre [61] de.. centimes, lequel état devant être soumis à l'enregistrement avant ou en même temps que ces présentes est demeuré ci-annexé [33], après avoir été d'elles certifié véritable (id.) et signé [13] en présence du notaire et des témoins soussignés ; lesquels meubles et objets mobiliers sont en la possession de l'acheteur qui le reconnaît par la remise [8 et 54] que le vendeur lui a présentement faite des clefs des lieux où ils sont déposés.

³³⁶ Ainsi que ces meubles se comportent et dans l'état où ils se trouvent actuellement, l'acheteur déclarant les bien connaître.

³³⁷ Pour, par lui, en faire et disposer comme de chose lui appartenant en toute propriété [22], à compter de ce jour.

³³⁶ La présente vente est faite à la charge par l'acheteur qui s'y oblige [106] :

³³⁹ De payer les déboursés [5] et honoraires (id.) auxquels ces présentes donneront lieu.

³⁴⁰ Et d'enlever les objets présentement vendus des lieux où ils sont déposés d'ici à.. [77] à..

³⁴¹ La vente est faite en outre moyennant la somme de douze cents francs que l'acheteur a payée comptant au vendeur qui le reconnaît et lui en consent quittance [84].

³⁴² Dont acte, fait et passé à.. — V. sup. alin. 135. — Enregistrement, note 90.

³⁴³ XV. — 2ᵒ VENTE [109] PUBLIQUE DE MEUBLES [86] AVEC UN CAS DE FOLLE-ENCHÈRE.

³⁴⁴ Bureau de.. — Extrait du registre des déclarations préalables [109] aux ventes de meubles. — V. sup. alin. 225 à 228.

³⁴⁵ L'an mil huit cent quarante-cinq [13], le dimanche trois juillet heure de midi.

³⁴⁶ Par-devant Mᵉ Rameau [1], notaire [2] à Saint-Clément [1], département de.., soussigné [15], et en présence des sᵗˢ (Noms, prénoms, professions et demeures), témoins instrumentaires [14], aussi soussignés.

³⁴⁷ Est comparu M. Thomas Brulé [5], négociant (id.), demeurant (id.) à..

³⁴⁸ Agissant comme tuteur datif [163] de Paul et Georges Brulé, ses neveux, enfants mineurs [65] des défunts [63] Joseph Brulé et Marie Lenoir, nommé à cette fonction qu'il a acceptée suivant délibération du conseil de famille desdits mineurs tenu sous la présidence de M. le juge de paix du canton de.., suivant son procès-verbal en date du.., dûment enregistré [42]. — Lesdits mineurs habiles [34] à se dire seuls héritiers [78] de leursdits père et mère, ainsi que le constate l'intitulé de l'inventaire [148] fait après leur décès par Mᵉ.., notaire à.., le.., enregistré [42, n. 98] à.., le.., fᵒ 49, recto, case 1ʳᵉ et suivantes, par M. Michel qui a reçu douze francs et un franc vingt centimes pour décime.

³⁴⁹ Ledit sʳ Brulé assisté de M. Charles Lenoir, marchand épicier, demeurant à.., subrogé tuteur [163] desdits mineurs Brulé, ses neveux, nommé à cette fonction suivant la délibération précitée : lequel comparaît volontairement pour assister à ladite vente, consentant qu'en cas de non-comparution de sa part aux vacations ultérieures il soit procédé en son absence sans qu'il soit besoin de sommation.

³⁵⁰ Lequel, désirant vendre par adjudication [159] aux enchères et en détail, par suite de l'inventaire précité, tous les meubles y désignés appartenant à ses pupilles comme dépendant des successions de leursdits père et mère, a dit qu'il avait fait publier et afficher (A), tant à Saint-Clément que dans les communes circonvoisines qu'il serait cejourd'hui, heure présente, procédé à la vente desdits objets, par le ministère du notaire soussigné, en une maison située à Saint-Clément, rue.., n.., dépendant des successions dont il s'agit (ou : qui étant occupée par lesdits défunts comme locataires), pour raison de laquelle vente ledit notaire avait fait sa déclaration préalable au bureau de l'enregistrement, ainsi qu'il résulte de la copie ci-dessus transcrite.

³⁵¹ Mais avant il a requis ledit notaire de rédiger les charges et conditions de la vente, ce qui a eu lieu ainsi qu'il suit :

³⁵² 1ᵒ Les objets seront vendus publiquement au plus offrant et dernier enchérisseur, sur la criée de M. (Nom, prénoms, profession et demeure du crieur), que le tuteur a choisi à cet effet.

³⁵³ 2ᵒ Le vendeur se réserve le droit de retirer les objets qui ne lui sembleront point avoir été portés à leur valeur, tant qu'ils n'auront point été adjugés.

³⁵⁴ 3ᵒ Les adjudicataires se mettront en possession des objets par eux achetés aussitôt qu'ils leur auront été adjugés, en en payant immédiatement le prix ainsi qu'il va être dit.

³⁵⁵ 4ᵒ Le prix des objets adjugés sera payé comptant entre les mains de Mᵉ Rameau, notaire soussigné : et faute de paiement l'effet sera revendu sur le champ, si bon semble, audit notaire, à la folle-enchère de l'adjudicataire.

(A) La vente dont il s'agit n'est point régie par les art. 945 et suiv. du C. de proc. civ., mais seulement par l'art. 452 du C. civ. qui n'oblige point à dresser un procès-verbal de placards. Le Code civil distingue, en effet, les ventes de meubles faites *aux enchères, et après les affiches et publications accoutumées* (C. civ. 452 et 805), d'avec les ventes de meubles faites *suivant les lois de la procédure* (C. civ. 791 et 806), et pour lesquelles seulement on doit se conformer aux art. 945 et suiv. du Code de proc.

Quand la vente est régie par les art. 945 et suiv. du C. de proc. civ., on met ici : *a dit qu'il avait fait annoncer, tant par des placards apposés aux lieux indiqués par la loi, ainsi que le constate un procès-verbal de.. huissier à.. en date du..., enregistré, et dont l'original est demeuré ci-annexé* [55], *que par un avis inséré* [42 n. 27] *dans le journal judiciaire de..., sous le n.., qu'il serait...*

⁵⁵⁶ Ou bien : le vendeur fera par lui-même la recette du prix de la vente au fur et à mesure des adjudications: d'où il suit que le notaire soussigné ne sera à cet égard chargé de la responsabilité (A) d'aucune chose.

⁵⁵⁷ 5° Sur le produit de la vente ledit M° Rameau retiendra les déboursés [5] de timbre [61] et d'enregistrement [18], les frais de publication et ceux occasionnés par le déplacement des objets avant la vente, plus le salaire du crieur et en outre cinq centimes par franc du prix total des adjudications tant pour ses honoraires et droits de recette que pour les rôles [5] d'expédition.

⁵⁵⁸ Ou bien : En sus (B) du prix des adjudications les adjudicataires paieront dix centimes par franc entre les mains du notaire soussigné pour tous frais relatifs à ladite vente, ce qui comprendra les déboursés de timbre et d'enregistrement, les frais de publication.., etc.—V. l'alin. qui précède.

⁵⁵⁹ Sous les charges et conditions qui précèdent et dont il a été donné lecture au public assemblé, il a été procédé à ladite vente ainsi qu'il suit ; il a été, en conséquence, exposé et mis en vente :

⁵⁶⁰ 1° Une garniture de foyer composée d'une pelle, une pincette, une barre, un garde-cendre, un couvre-feu, une crémaillère et un soufflet. Après avoir été criés, ces objets ont été adjugés (C) à Bernard Foin, cultivateur à Saint-Clément, moyennant douze francs, cinquante centimes, ci.

1° ... moyennant douze francs, cinquante centimes, ci.	12 50
⁵⁶¹ 2° Une table de cuisine adjugée à Jean Belet, vigneron à Saint-Clément, moyennant six francs, ci.	6 »
⁵⁶² 3° Un fourneau économique à deux bouches, adjugé à Pierre Pinot, menuisier au même lieu, moyennant vingt-un francs cinquante centimes, ci.	21 50
⁵⁶³ 4° Six chaises foncées de paille, adjugées à Blaise Leroux, voiturier à Saint-Clément, moyennant douze francs, ci.	12 »
⁵⁶⁴ 5° Une armoire en bois de chêne très ancienne, adjugée au même, moyennant quarante huit francs ci.	48 »
⁵⁶⁵ 6° Un ameublement complet de salon, adjugé à M. Léon de Jollival, de Saint-Clément, moyennant douze cents francs, ci.	1200 »
Total.	1300 »

⁵⁶⁶ Et à l'instant il a été signifié [20] au notaire soussigné, par exploit de.., huissier à.., en date de ce jour, à la requête de M. Marc Hournier, rentier, demeurant à.., une opposition à la remise des deniers de la présente vente, pour sûreté et avoir paiement de la somme de mille francs à lui due par lesdits mineurs Brulé comme héritiers de leurs père et mère, suivant une obligation souscrite à son profit par acte passé devant M°.., notaire à.., le.., dûment enregistré. De laquelle opposition le notaire soussigné a visé [20] l'original et en a ensuite annexé [35] la copie à ces présentes.

⁵⁶⁷ Il a été vaqué à ce qui précède jusqu'à six heures du soir par double vacation [5].

⁵⁶⁸ Ce fait, le notaire soussigné a remis la continuation de la présente vente à demain, heure de midi, en la maison où l'on procède, ce qu'il a annoncé au public ainsi qu'au subrogé-tuteur.

⁵⁶⁹ Et MM. Brulé et Lenoir ont signé avec le crieur, les témoins et le notaire, après lecture.   Signatures.

⁵⁷⁰ Et le lundi, quatre juillet mil huit cent quarante-cinq, heure de midi.

⁵⁷¹ En conséquence de la remise indiquée à ces jour et heure par la clôture de la précédente vacation et à mêmes requête et présence que ci-dessus, il a été, par M° Rameau, notaire à Saint-Clément, soussigné, assisté des deux témoins ci-devant nommés et aussi soussignés, procédé à la continuation de la vente de meubles dont il s'agit ainsi qu'il suit :

⁵⁷² 7° Une pendule, adjugée à M. Benoît Tison, horloger, demeurant à Saint-Clément, moyennant deux cent soixante-quinze francs, ci.	275 »

⁵⁷³ 8° Un tableau représentant la bataille d'Isly par Horace Vernet, adjugé à M. Achille Legueux, artiste peintre demeurant à Saint-Clément, moyennant six cents francs, ci.

⁵⁷⁴ Sur le refus que ledit sr Legueux a fait de payer comptant ladite somme de six cents francs, ledit tableau a été remis en vente sur la folle-enchère [160] de l'adjudicataire. Crié à six cents francs, personne n'ayant voulu enchérir sur cette somme, l'objet a été mis en vente au rabais ainsi qu'il suit : à cinq cent soixante-quinze francs personne ne s'est présenté, à cinq cent cinquante francs M. Narcisse de l'Enclos a offert de se rendre acquéreur ; crié plusieurs fois à cinq cent cinquante francs et personne n'ayant enchéri, le tableau dont il s'agit a été définitivement adjugé à M. de l'Enclos, sus-nommé, chef de bataillon en retraite, demeurant à Saint-Clément, moyennant ladite somme de cinq cent cinquante francs, sous toutes

A reporter.	275 »

<hr>

(A) Cette convention est licite, mais ce n'est pas quand le vendeur a la qualité de tuteur. La responsabilité de l'officier public ayant été établie uniquement dans l'intérêt du vendeur, n'est point d'ordre public, c'est un droit acquis auquel toute personne ayant la libre administration de ses biens peut renoncer (Colmar, 17 janv. 1851 ; or, un tuteur n'étant qu'un comptable, ne peut faire cette renonciation.

(B) Dans l'espèce posée en la formule, la vente n'étant pas judiciaire, on peut stipuler un certain nombre de centimes par franc en sus de l'enchère; mais lorsque la vente est judiciaire, c.-à-d. lorsqu'étant ordonnée par la loi, il est nécessaire de présenter une requête au juge pour qu'elle ait lieu et de se conformer aux lois de la procédure, rappelées dans les art. 945 et suiv., 986, 1000 et 1002 du Code de proc. civ., qui renvoient à l'art. 624 du même Code, il n'est plus alors permis. d'après ce dernier article, de rien stipuler en sus de l'enchère. — V. la note A de la p. qui précède.

(C) Un notaire s'expose à être suspendu de ses fonctions quand une vente de meubles est faite par son clerc en son absence .C. R. de Metz, 9 oct. 1844).— Le prononcé de l'adjudication doit être fait par le notaire lui-même, et si, pour accélérer le plus possible la vente, il laisse le crieur adjuger, il doit immédiatement après lui répéter le mot adjugé, et ce n'est que de ce moment que les enchères ne sont plus recevables.

579 Il a été vaqué à ce qui précède par double vacation jusqu'à cinq heures et demie du soir.
580 Ce fait, ne s'étant plus trouvé d'objets à vendre, le notaire soussigné a annoncé que son opération était terminée.
581 De tout ce que dessus il a été dressé le présent procès-verbal à Saint-Clément, en la maison sus-désignée, où sont
décédés les époux Brulé, les jour, heure, mois et an susdits, en présence des deux témoins ci-devant nommés. Et les
parties ont signé [15] avec le crieur, les témoins et le notaire, après lecture [16].
582 V. *la formule de* DÉCHARGE, p. 580. — *Enregistrement*, notes 90, 18 et 19.

———

583 ## XVI. VENTE [109] DE MITOYENNETÉ [41]. — C. civ. 661 ; note 41, n. 51.

584 Par-devant Me Rameau [1], notaire [2] à Saint-Clément [1], soussigné [15].
585 Est comparu M. Louis [5] Cigot (*id.*), sans profession (*id.*), demeurant (*id.*) à..
586 Lequel, par suite de la sommation [119] que M. Bernard Dugré, ci-après nommé, lui a faite par exploit [20] de
Leroux, huissier [115] à.., en date du.. présent mois, de rendre mitoyen [41] le mur de clôture formant tant le pignon
de la maison dudit s^r Cigot que la séparation de son jardin d'avec celui dudit s^r Dugré, avec offre [48] par ce dernier
de payer ce qui se trouvera à sa charge pour cette mitoyenneté ;
587 A, par ces présentes, vendu [109], cédé et abandonné avec la garantie [9] de droit,
588 Audit sieur Bernard [5] Dugré (*id.*), ancien négociant (*id.*), demeurant (*id.*) à.., à ce présent et acceptant [82].
589 La mitoyenneté [41] tant du pignon en pierres de taille étant au couchant de la maison dudit sieur Cigot située
[141] à.., que du mur de clôture en moellon du jardin de ladite maison y faisant suite ; le tout ayant cinquante mètres
[91] de longueur sur deux mètres de hauteur, et séparant du nord au midi la propriété dudit sieur Cigot de celle dudit
sieur Dugré, composée d'un jardin situé au même lieu ayant son entrée par l'allée des Soupirs.
590 Ce mur a une épaisseur de soixante-six centimètres avec des fondations de quatre mètres dans la partie qui forme
le pignon et de un mètre dans le surplus de son étendue.
591 Ainsi que ce mur se comporte et tel qu'il est désigné par une teinte jaune sur le plan [141] que les parties en ont
dressé sur une feuille de papier marquée du timbre [61] de trente-cinq centimes, lequel plan devant être soumis à l'enregistrement [42] avant ou en même temps que ces présentes est demeuré ci-annexé [35] après avoir été des parties
reconnu exact, certifié véritable [55] et signé en présence du notaire et des témoins soussignés.
592 PROPRIÉTÉ [22]. Le mur dont il s'agit dépend de la maison que le vendeur a acquise de M.., moyennant la somme
de.. payée comptant, par contrat passé devant M^e.., notaire à.., le.., dûment enregistré, transcrit [111] au bureau des
hypothèques de.., le.., vol.., n.., sans qu'à cette transcription et pendant la quinzaine qui a suivi il se soit trouvé aucune
inscription [85] ainsi que l'a constaté le conservateur par son certificat en date du.. — V. *sup.* ÉTABLISSEMENT DE PRO-
PRIÉTÉ, p. 403, *et inf. la note B au bas de la page qui suit.*
593 Pour, par M. Dugré, jouir, faire et disposer dudit droit de mitoyenneté, comme de chose lui appartenant en toute
propriété à compter de ce jour.
594 CONDITIONS [183]. Les droits réciproques des parties sur la mitoyenneté qui fait l'objet des présentes sont fixés
ainsi qu'il suit :
595 1° Le mur dont il s'agit devient mitoyen dans l'état où il se trouve, sans que le vendeur soit tenu de le faire remettre à neuf.
596 Pour constater cette mitoyenneté à l'égard du mur du jardin, il sera fait à ce mur un chaperon à deux égouts ;
de sorte que les filets et corbeaux qui existent actuellement du côté de M. Cigot cesseront, à partir de ce jour, d'être
considérés comme une marque de non-mitoyenneté ; et, à l'égard du pignon, il sera fait des filets ou placé des corbeaux
sur l'alignement de la hauteur du mur du jardin.
597 2° Quoique ce mur ait soixante-six centimètres d'épaisseur, le droit de mitoyenneté de M. Dugré ne comprendra
que vingt-quatre centimètres formant la demi-épaisseur d'un mur ordinaire de clôture ; mais il s'étendra à toute la superficie des fondations quoique plus considérables que celles de tout mur de clôture ordinaire.
598 3° Comme ce mur, en ce qui concerne le pignon de la maison, forme clôture de caves, la mitoyenneté acquise ne
comprendra que un mètre, profondeur ordinaire des fondations d'un mur de clôture. Si, par la suite, l'acquéreur veut
établir des caves sans faire de contre-mur, il sera tenu d'acquérir la mitoyenneté pour tout le surplus de la profondeur.
599 4° Dans le cas où l'acquéreur ferait des caves ou d'autres constructions le long du mur du jardin, il sera tenu, s'il
ne fait pas de contre-mur, de continuer la profondeur du mur actuel en construisant sous œuvre ; et, dans ce cas, ce surplus de mur lui appartiendra exclusivement.
600 5° Si l'un des propriétaires veut exhausser le mur de clôture, il est bien entendu que ce sera à ses frais, et que si le

voisin a une cheminée dans ce mur il sera obligé de lui donner au-dessus de l'exhaussement la même élévation que celle qu'elle avait auparavant; mais si ce mur n'est pas assez fort pour supporter la surcharge, il sera reconstruit en entier à ses frais.

⁶⁰¹ 6° Il ne pourra être ouvert de jours [55] par l'un des propriétaires sur la propriété de l'autre. Les jours actuellement pratiqués dans le pignon de la maison seront bouchés entièrement, pour ceux existants jusqu'à la hauteur du mur de clôture. Quant à ceux pratiqués au-dessus, ils pourront subsister tant que cette partie du mur ne sera pas mitoyenne, mais ils seront garnis de barreaux de fer maillé conformément à la loi.

⁶⁰² 7° Si l'acquéreur veut adosser des cheminées à la maison du sieur Cigot, elles devront être droites, et il sera tenu d'acquérir préalablement la mitoyenneté du mur pour tout l'emplacement de ces cheminées, y compris trente-deux centimètres de chaque côté pour les arrachis.

⁶⁰³ 8° Pour la construction d'écuries, étables, magasins de matières corrosives, et généralement pour toutes autres constructions quelconques, ainsi que pour toutes plantations, l'un des propriétaires ne pourra les faire sans le consentement de l'autre; et, à son refus, il les exécutera après les avoir fait constater par un expert nommé d'office.

⁶⁰⁴ 9° L'entretien du mur sur lequel porte la mitoyenneté présentement acquise aura lieu à frais communs, mais dans la proportion du droit de propriété de chacune des parties. Les réparations qui seront occasionnées par l'un des propriétaires seront aux frais de lui seul; et dans le cas où il ne les ferait pas, l'autre pourra l'y contraindre ou se faire autoriser à les faire aux frais du refusant.

⁶⁰⁵ 10° Pour se décharger des réparations que l'un des propriétaires devrait supporter, il aura la faculté d'abandonner son droit de mitoyenneté; mais il pourra le reprendre quand bon lui semblera en payant à l'autre la valeur du mur et du terrain sur lesquels portait la mitoyenneté.

⁶⁰⁶ 11° Si le mur, après avoir été abandonné n'est pas relevé dans les trois mois de son éboulement, celui des propriétaires qui aura fait l'abandon rentrera de droit et sans aucune indemnité dans la propriété de la portion de terrain et de matériaux qu'il avait dans le dit mur.

⁶⁰⁷ 12° M. Dugué se conformera, dans toutes constructions qu'il voudra faire, aux lois et réglements de police y relatifs.

⁶⁰⁸ 13° Il paiera les déboursés [5] et honoraires (id.) des présentes, ainsi que le coût d'une expédition [64] à remettre par lui au vendeur d'ici à quinzaine. — V. sup. alin. 22.

⁶⁰⁹ PRIX. La présente vente est faite, en outre, moyennant la somme de trois cents francs ainsi fixée à dire d'experts choisis par les parties; laquelle somme M. Dugué s'oblige [107] de payer à M. Cigot, en l'étude du notaire soussigné, le.., avec intérêts [49] à cinq pour cent par an.

⁶¹⁰ RÉSERVE DE PRIVILÉGE (A). — TRANSCRIPTION ET PURGE LÉGALE (B). — ÉTAT CIVIL (C).

⁶¹¹ Dont acte, fait et passé à.. — V. sup. alin. 155. — Enregistrement, note 57.

⁶¹²   XVII. VENTE [109] DE NAVIRES (id.).

⁶¹³ Par-devant Me Edme [1] Rousset (id.) et son collègue (id.), notaires à Bordeaux [1], soussignés [15].

⁶¹⁴ Est comparu M. Charles [3] Lormeau (id.), armateur (id.), demeurant (id.) à.., où il est patenté [43] pour la présente année à la date du.. dernier, classe.., n..

⁶¹⁵ Lequel a, par ces présentes, vendu [109] et s'est obligé à garantir de tous privilèges [29] et de toutes saisies [108] et revendications [216].

⁶¹⁶ A M. Germain [5] Marceau (id.), négociant (id.), demeurant (id.) à.., où il est aussi patenté [43] pour la présente année à la date du.., classe.., n.., à ce présent et acceptant [52].

⁶¹⁷ Un navire [109] à trois ponts et doublé en cuivre, appelé Le Saint Nicolas, du port de six cents tonneaux du poids de chacun cinq myriagrammes [94], avec tous ses mâts, voiles, câbles, cordages, ancres grappins, et généralement tous agrès et apparaux, plus amplement détaillés dans l'état que les parties en ont dressé sur une feuille de papier marquée du timbre [64] de un franc vingt-cinq centimes, lequel état qui sera soumis à l'enregistrement [42] avant ou en même temps que ces présentes est demeuré ci-annexé [55] après avoir été des comparants certifié véritable [55] et signé [15] en présence des notaires soussignés.

(A) Il n'y a point de privilège pour ce cas; l'art. 661 du C. civ. n'accorde qu'une action personnelle, ainsi jugé par la C. R. de Paris, le 25 juillet 1855. — V. note 41, n. 55.

(B) Nous avons dit sup. p. 8 note A et p. 10 note A que l'abandon d'un fonds grevé de servitude et un abandon de mitoyenneté étaient sujets à transcription et à purge légale comme actes translatifs de propriété; depuis, nous avons rapporté en la note 27 n. 420, l'opinion des auteurs sur ce point: MM. Troplong et Pardessus n'accordent point au créancier hypothécaire le droit de suite, et les autres auteurs le lui accordent. M. Troplong motive son opinion sur ce que les droits d'usage et d'habitation, ainsi que ceux de servitude qui comprennent la mitoyenneté (C. civ. 652), ne sont pas susceptibles d'expropriation forcée, ce qui est la vraie fin du droit de suite; d'où il résulte que l'acquéreur de semblables droits n'est pas tenu de purger (C. civ. 2166). L'opinion de cet auteur se trouve fortifiée par l'arrêt de la C. R. de Paris, rappelé en la note A qui précède. Toutefois, notre observation relative au démembrement (V. sup. p. 8, note A) n'en subsiste pas moins.

(C) La déclaration d'état civil devient inutile, puisque d'après ce qui est dit aux deux notes qui précèdent, l'acquéreur est dispensé de purger.

⁶¹⁸ Lequel navire est actuellement en rade dans le port de.. (*ou bien :* est hors du port de.., d'où il est parti le.., pour le voyage de..

⁶¹⁹ Ainsi que ledit navire et tous ses agrès et apparaux se comportent sans aucune exception ni réserve.

⁶²⁰ Ce navire appartient à M. Lormeau comme l'ayant fait construire dans le port de.., en l'année mil huit cent quarante, de ses propres deniers et sans emprunt. (*Ou bien :* comme l'ayant acquis de M. Noël Pellaut, négociant à.., par contrat passé devant Me.., notaire à.., le.., moyennant la somme de.. payée comptant par le contrat même, qui en contient quittance). M. Lormeau a purgé son prix de l'effet de tous priviléges au moyen du voyage qu'il a fait depuis avec ce navire du Hâvre au Sénégal, sans qu'il soit survenu aucune opposition entre ses mains, ainsi qu'il le déclare.

⁶²¹ Pour, par M. Marceau, jouir, faire et disposer de ce navire et de ses dépendances comme de chose lui appartenant en toute propriété à compter de ce jour.

⁶²² La présente vente est faite aux charges [58] et conditions suivantes [155].

⁶²³ 1° L'acquéreur prendra ce navire ainsi que tous ses agrès et apparaux dans l'état où ils se trouvent, sans aucune répétition pour cause de vétusté ou de dégradations.

⁶²⁴ 2° Dans le cas où le vendeur aurait fait assurer [155] le navire par quelque compagnie, l'acquéreur s'oblige d'entretenir ladite assurance pour tout le temps qui en reste à courir à compter de ce jour, et de payer les primes à échoir à compter d'aujourd'hui.— *V. sup. alin.* 35 *et suiv.*

⁶²⁵ 3° Et il paiera les déboursés [5] et honoraires (*id.*) des présentes, ensemble le coût d'une grosse [64] à remettre au vendeur.

⁶²⁶ PRIX. Ladite vente est faite, en outre, moyennant la somme de deux cent cinquante mille francs de prix principal, en déduction de laquelle l'acquéreur a payé comptant au vendeur qui le reconnaît et en consent quittance cent cinquante mille francs, dont quittance [84] d'autant. A l'égard des cent mille francs restant dus, l'acquéreur promet et s'oblige [107] de les payer au vendeur en l'étude de Me Rousset, l'un des notaires soussignés, le [77] .., avec intérêts [49] jusqu'au paiement intégral.

⁶²⁷ RÉSERVE DE PRIVILÉGE [29]. A la garantie de la somme restant due sur le prix de la présente vente en principal [136] et accessoires [103], le navire vendu demeure affecté par privilège expressément réservé au vendeur.

⁶²⁸ PURGE. Pour purger ce navire de tous priviléges et de toutes créances auxquels il pourrait être affecté, l'acquéreur s'oblige de faire le voyage qu'il se propose de Bordeaux au Hâvre, et d'en avoir effectué le retour à Bordeaux dans deux mois au plus tôt et dans trois mois au plus tard, à compter de ce jour ; (*ou bien, quand le navire est en voyage:* l'acquéreur s'oblige, dans les trois mois de l'arrivée de ce bâtiment de son voyage actuel, de lui faire faire le voyage de Bordeaux au Hâvre, et de l'avoir effectué le...,) ; et si, à l'expiration de ce délai, il existe des oppositions provenant du fait du vendeur ou de celui de ses auteurs, le vendeur s'oblige d'en rapporter mainlevée à l'acquéreur dans les quinze jours qui suivront la dénonciation que l'acquéreur lui en aura faite à son domicile ci-après élu, ou de lui rétablir immédiatement la somme ci-dessus payée. Mais si le retour de l'acquéreur n'était pas effectué par son fait dans trois mois de ce jour (*ou bien, quand le navire est en voyage :* à l'époque du.. ci-dessus fixée), le vendeur cesserait d'être garant de l'effet des oppositions qui seraient formées à l'expiration de ce délai.

⁶²⁹ Pour l'exécution des présentes, les parties font élection de domicile [11] en leurs demeures actuelles.

⁶³⁰ Dont acte, fait et passé à Bordeaux [12], en l'étude (*id.*), l'an mil huit cent quarante-cinq [13], le cinq juillet (*id.*); et les parties ont signé [15] avec les notaires, après lecture [16]. — V. *Enregistrement, note* 99.

---

⁶³¹ XVIII. VENTE [109] PAR UNE FEMME AUTORISÉE [68] DE SON MARI DU FONDS ET DE LA SUPERFICIE D'UN BOIS, EN NUE-PROPRIÉTÉ [22] OU SOUS RÉSERVE D'USUFRUIT [69],

par réalisation d'une précédente vente, avec intervention des précédents propriétaires de l'immeuble pour le garantir.

⁶³² Par-devant Me Rameau [1], notaire [2] à Saint-Clément [1], département de.., soussigné [15].

⁶³³ Est comparue mad. Céleste [5] Lesire (*id.*), épouse (A) de M. Edouard Caron, propriétaire avec lequel elle demeure à...

⁶³⁴ Ladite dame de son mari spécialement (B) autorisée [68] à l'effet des présentes par acte passé devant Me.., notaire à.., le.., et dont le brevet [39] original, dûment enregistré [42] et légalisé [125] est demeuré ci-annexé [35] après avoir été communiqué [80 n. 119] à l'acquéreur ci-après nommé et avoir été certifié véritable [35] par ladite dame Caron en présence du notaire et des témoins soussignés.

(A) La qualité d'une partie étant suffisamment exprimée par le mot *veuve*, (Jug. de Lunéville, 13 mai 1845, – Contr. 7205), il en résulte que le vœu de l'art. 13 de la loi du 25 vent. an xi (V. note 5, n. 3) qui n'exige que l'énonciation de la *qualité*, est suffisamment rempli quand on dit d'une partie qu'elle est *fille* ou *veuve* (V. note 5, n. 17 et 18). En effet, *qualité* et *profession* ne sont pas synonymes, et expriment des choses distinctes; une personne peut n'exercer pas de profession, mais elle a toujours une qualité : par *profession*, on doit entendre l'exercice habituel d'un emploi, d'un art ou d'un métier, tandis que par *qualité*, on doit entendre une condition sociale ou un état civil résultant des statuts personnels. Cette distinction est fondée sur l'art. 65 du C. civil, qui fait une différence entre la profession et la qualité, et sur l'art. 11 de la loi du 25 vent. an xi (V. *note* 5, n. 1), qui emploie le mot *état* pour *qualité*.

(B) Pour être valable, cette autorisation doit être spéciale, c. à-d. qu'elle doit autoriser à vendre *tel* immeuble et non pas *tous* les immeubles de la femme. –-- V. *sup.* p. 43, note A.

⁶³⁵ Laquelle, voulant réaliser (A) par acte authentique la promesse [109] de vente que son mari comme se portant fort [52] d'elle a faite au ci-après nommé il y a moins de trois mois (B), a, par ces présentes, vendu [109], s'est obligée, et a obligé [107] son mari solidairement (*V. sup. p.* 50 *A et note* 68 *n.* 111) avec elle à garantir de tous troubles et évictions.

⁶³⁶ A M. Jérôme [5] PRUNEAU (*id.*), confiseur (*id.*), demeurant (*id.*) à Saint-Clément, à ce présent et acceptant [52].

⁶³⁷ Une pièce [7] de bois de la contenance de cinquante hectares [94] entourée de fossés [41] qui en dépendent, située [141] sur le territoire de la commune de , lieu dit les bois Choppars (*id.*). limitée (*id.*) au midi par des terres labourables appartenant à plusieurs, au nord par les bois de la commune de ., au levant et au couchant par des vignes. Laquelle pièce est en coupes réglées de chacune cinq hectares s'exploitant tous les deux ans.

⁶³⁸ Ainsi que cette pièce s'étend et comporte sans aucune exception ni réserve autre que celle dont il va être parlé, le plus ou le moins de mesure [40] s'il s'en trouve devant tourner au profit ou à la perte de l'acquéreur, quand même la différence serait de plus d'un vingtième.

⁶³⁹ PROPRIÉTÉ [22]. Cette pièce de bois appartient à la venderesse comme lui ayant été constituée en dot par M. Jean LESIRE et la dame Célestine LENOUX, sa femme, ses père et mère, aux termes de son contrat de mariage [166] passé devant M⁰.., notaire à.., le.., dûment enregistré [42], transcrit [111] au bureau des hypothèques de.., le.., vol.., n°..

⁶⁴⁰ Les sʳ et dame LESIRE étaient propriétaires de ladite pièce de bois pour en avoir fait ensemble l'acquisition [109] de M. Fiacre PELLET.... — *V. sup. alin.* 130 et 436 *et établissement de propriété p.* 405.

⁶⁴¹ RÉSERVE [51] D'USUFRUIT [69] (C). L'acquéreur pourra faire et disposer de la pièce de bois présentement vendue pour la nue-propriété [22] dès aujourd'hui, mais il ne réunira l'usufruit à la nue-propriété qu'au décès [65] de la venderesse et de son mari qui se réservent ledit usufruit pour eux et le survivant d'eux (18 n. 935) —(*ou bien* : qu'au décès de M. et mad. LESIRE, père et mère, sus-nommés, qui se sont réservés (57 n. 68) ledit usufruit pendant la vie du survivant d'eux). — V. *sup. p.* 696, *notes* A, B, C.

⁶⁴² CHARGES [58] ET CONDITIONS [135]. La présente vente est faite sous les charges et conditions suivantes :

⁶⁴³ 1° L'acquéreur paiera dans la quinzaine [77] de ce jour les déboursés [3] et honoraires (*id.*) des présentes, ainsi que le coût d'une grosse [64] et d'une expédition (*id.*) présentement requises. — V. *sup. alin.* 22 *et suiv.* et 144,

⁶⁴⁴ 2° Il acquittera les contributions [58] foncières et autres de toute nature de la pièce de bois vendue à partir du jour de son entrée en jouissance.

⁶⁴⁵ 3° Il supportera les servitudes [55] passives de toute espèce dont ladite pièce de bois peut être grevée, sauf à lui à s'en défendre et à faire valoir celles actives, le tout, s'il y en a, à ses risques et périls. — V. *sup. alin.* 28 *et suiv.*

⁶⁴⁶ 4° Pour l'usufruit par eux réservé les vendeurs se conformeront, quand il s'agira de l'exploitation, aux dispositions des lois et ordonnances concernant les eaux et forêts et aux dispositions du Code civil relatives à l'usufruit, et notamment aux conditions ci-après.

⁶⁴⁷ Lors de l'exploitation de chaque coupe les vendeurs devront laisser quarante baliveaux et deux modernes, par hectare.

⁶⁴⁸ L'abattage aura lieu à la cognée, à fleur de terre, sans écuisser ni éclater. — V. *sup. alin.* 254 *et suiv.*

⁶⁴⁹ PRIX. La présente vente est faite, en outre, moyennant la somme de trente mille francs de prix principal. Laquelle somme l'acquéreur promet et s'oblige [107] de payer aux héritiers [78] de la venderesse dans les six mois [77] qui suivront son décès sans intérêts (D) jusqu'audit décès, mais alors ils courront au taux de cinq pour cent par an sans retenue [49] jusqu'au paiement réel et effectif de ladite somme principale.

⁶⁵⁰ RÉSERVE [51] DE PRIVILÉGE [29] ET D'ACTION RÉSOLUTOIRE [153]. — V. *sup. alin.* 109.

⁶⁵¹ CONDITION [155] RÉSOLUTOIRE (*id.*). A défaut par l'acquéreur de payer le prix... — V. *sup. alin.* 107.

⁶⁵² TRANSCRIPTION [111] ET PURGE LÉGALE [156]. — V. *sup. alin.* 81 *et suiv.*

⁶⁵³ ÉTAT CIVIL [162]. La venderesse déclare qu'elle est mariée avec M. CARON sous le régime de la communauté [166], sans qu'il ait été stipulé d'obligation de faire emploi (V. *sup. p.* 517, *note* H), et qu'elle n'est et n'a jamais été ni tutrice [65] de mineurs ou interdits, ni chargée d'aucune comptabilité de deniers publics [164].

⁶⁵⁴ INTERVENTION. A ces présentes sont intervenus M. Jean LESIRE [5], ancien négociant (*id.*) et la dame Célestine

---

(A) Lorsque dans un acte s. s. p. il est dit *que la vente sera réalisée le..., en l'étude de* tel, *notaire à... de condition expresse, sans laquelle la vente n'aurait pas eu lieu*, on ne peut considérer cette clause comme une condition suspensive ou résolutoire , à défaut de réalisation dans le délai, sur une simple mise en demeure, surtout quand l'acquéreur est entré en jouissance qu'il a acquitté les contributions, et que les intérêts ont été mis à sa charge du jour de la vente s. s. p. — En un tel cas, les juges peuvent décider que la vente est parfaite et que les parties sont toujours à temps d'en dresser l'acte authentique (C. civ. 1585; Bourges, 20 août 1841 ; Riom , 9 mars 1844). — D'où il suit que quand on veut faire de la réalisation une condition suspensive, il faut l'exprimer formellement. — V. note 55, n. 7, et note 54, n. 27; et *sup. alin.* 102.

(B) Il faut bien se garder de dire que la vente primitive remonte à plus de trois mois, en comptant du jour de la réalisation , parce que cette énonciation donnerait lieu à un double droit d'enregistrement , aux termes des art. 12, 22 et 58 de la loi du 22 frim. au VII (V, note 18, n. 107 et suiv.). Si on disait que la vente a été faite *antérieurement*, sans en énoncer la date, cela ne donnerait pas lieu au double droit, ce serait à la régie à prouver que la vente remonte à plus de trois mois, par l'un des moyens indiqués audit n. 107 de la note 18.

(C) Si le vendeur retenait plusieurs coupes, cette disposition ne serait point considérée comme une réserve d'usufruit à ajouter au prix pour la perception du droit d'enregistrement, mais comme une vente moins dix coupes, ne donnant point lieu à augmentation du droit. — V. note 57 n. 69.

(D) Quand le prix est stipulé payable sans intérêts au décès de l'usufruitier, il n'y a pas lieu d'ajouter moitié à ce prix pour la valeur de l'usufruit, parce que alors, le prix représente la valeur entière de l'immeuble, et que l'usufruitier ne jouit point tout à la fois et du revenu et de l'intérêt, circonstances que suppose l'art. 15 de la loi du 22 frim. au VII. — V. note 57, n. 64 et 67.

Lehoux, sa femme, de lui autorisée [68] à l'effet des présentes, demeurant [5] ensemble à..., tous deux ci-devant dénommés en l'établissement de propriété.

655 Lesquels, après avoir pris communication [21] de ce qui précède par la lecture [16] que leur en a faite le notaire soussigné, se sont obligés solidairement [106] envers M. Pruneau, qui l'accepte, de le garantir de toutes évictions [9] pour raison de la pièce de bois à lui vendue par mad. Caron. — V. *sup. p.* 599 *note* A *et note* 81 n. 113.

656 REMISE DE TITRES [54]. L'acquéreur reconnaît que la venderesse lui a présentement remis tous les titres mentionnés en l'établissement de propriété, à la charge par lui de les communiquer auxdits sr et dame Caron à toute réquisition et sous récépissé. — V. *sup. alin.* 116.

657 ÉLECTION DE DOMICILE [11]. Pour l'exécution des présentes, chacune des parties fait élection de domicile [11] en sa demeure sus-indiquée.

658 Dont acte, fait et passé à... — V. *sup. alin.* 155. — V. *Enregistrement, note* 57 et *note* 56 n. 125.

659

XIX. VENTE D'OFFICE [191.

660 Par-devant Me Edme [1] Rousse (*id.*), notaire [2] à Belle-Isle [1], département de.., soussigné [15].

661 Sont comparus M. François [1] Letellier (*id.*), notaire (*id.*), demeurant (*id.*) à Vernon. D'UNE PART.

662 Et M. Alexandre Jouvin, principal clerc de Me Bert, notaire à.., où il demeure. D'AUTRE PART.

663 Lesquels ont fait entre eux le traité suivant :

664 Me Letellier vend, cède et transporte, sous la garantie (A) de droit (*ou* : sous la simple garantie [9] de ses faits et promesses) à M. Jouvin, ce acceptant [52].

665 Son titre ou office [191] de notaire à la résidence de Vernon, avec la clientèle qui en dépend, au moyen de quoi toutes les minutes (B) tant de son exercice que de ceux de ses prédécesseurs, ainsi que les répertoires et tables alphabétiques, seront remis par M. Letellier à M. Jouvin dans le délai (C) de la loi.

666 Sont compris dans la présente vente les bureaux, écritoires, tables, tablettes, fauteuils, chaises, tabourets, armoires , presse et autres meubles [86] et ustensiles de l'étude, ainsi que le bureau, les fauteuils, chaises, armoires, et corps de bibliothèque du cabinet de Me Letellier; plus les lits, glaces, commodes, armoires, fauteuils, chaises et autres meubles qui se trouvent dans les chambres des clercs ; de tous lesquels objets description a été faite dans un état [154] dressé par les comparants sur deux feuilles de papier timbré [61], semblable à celui des présentes, lequel état est, à leur réquisition, demeuré ci-annexé [55], après avoir été d'eux certifié véritable (*id.*) en présence du notaire et des témoins instrumentaires soussignés.

667 Mais ne fait point partie de ladite vente le cautionnement [89] de deux mille quatre cents francs fourni par M. Letellier en sa qualité de notaire.

668 Ainsi que le tout se comporte, M. Jouvin déclarant avoir une parfaite connaissance des choses vendues, notamment du produit de la charge, par la communication [21] qu'il a prise, et la vérification qu'il a faite des registres et répertoires [17] de l'étude.

669 Pour, par M. Jouvin, se pourvoir et se faire recevoir, à ses frais, au titre ou office à lui présentement vendu, et jouir, à compter du jour de sa prestation de serment, de tous les droits [27] et privilèges (*id.*) y attachés, notamment de tous les émoluments [5] que l'office produira, ainsi que de tous les objets mobiliers ci-dessus indiqués.

670 A l'effet de quoi Me Letellier a présentement remis sa démission [191] à M. Jouvin, qui le reconnaît, laquelle démission résulte d'un acte passé en brevet [59] devant Me Rousse, notaire soussigné, ce jourd'hui et qui sera soumise à l'enregistrement [42] avant ou en même temps que ces présentes.

671 La présente vente est faite moyennant la somme de cent mille francs que M. Jouvin promet et s'oblige de payer (D) à M. Letellier, en la demeure à Vernon de ce dernier, en dix termes [77] et paiements égaux d'année en année à compter du jour de sa prestation de serment, avec intérêts [49] au taux de cinq pour cent par an sans retenue

---

(A) Cette garantie est celle qui a lieu en matière de cession de droits incorporels aux termes de l'art. 1695 du C. civ. (V. note 96, n. 93) et qui ne porte que sur l'existence du droit au temps du transport; d'où il suit que si le cessionnaire était évincé par l'effet d'une disposition législative il n'aurait point de recours contre son cédant.

(B) Un traité serait refusé par la chancellerie si l'on y disait *que l'on vend les minutes*. Les minutes, en effet, n'appartiennent point au notaire mais aux parties, et le notaire n'en a que la garde et conservation, sauf à percevoir les émoluments qui y sont attachés. Si donc on lui permettait de les vendre, ce serait réellement l'autoriser à vendre ce qui ne lui appartient pas.

(C) Ce délai est d'un mois à compter du jour de la prestation de serment du successeur (59 n. 90). — V. *aussi la note* 59, n. 46 et 78

(D) La chancellerie n'admet point de traités contenant quittances du prix en tout ou en partie, d'abord afin de rendre plus libre la prérogative royale et ensuite pour empêcher que les traités n'aient lieu en fraude [26] des droits des créanciers du cédant. — Toutefois, il a été jugé que l'acquéreur d'un office qui, avant d'être nommé, paie son prix, est valablement libéré à l'égard des créanciers du titulaire vendeur (Cass. 8 nov. 1842).

La chancellerie n'admet point non plus de délégation [100] au profit de créanciers du cédant, même du prédécesseur du vendeur pour une somme lui restant due sur le prix de l'office, et ce par les motifs qui viennent d'être expliqués (C. civ. 1690; Déc. min. Just.; Paris 25 déc. 1845).

Le traité de cession doit être sincère et n'admet point de contre-lettre ou déclaration contenant augmentation du prix. Les contre-lettres sont nulles, et toute somme payée en conséquence, est sujette à restitution ou imputation [84] sur le prix du traité ostensible (Paris 13 fév. 1840, et 1 mars 1844; Cass. 30 juill. et 1 août 1844).

à compter du jour de ladite prestation de serment, lesquels intérêts seront payables de six en six mois au même lieu que le principal.

⁶⁷² Ce prix n'a été ainsi fixé qu'après que M. Jouvin a eu pris parfaite connaissance du produit de l'office par la communication (A) des minutes et registres et la vérification des répertoires, au moyen de quoi il ne pourra y avoir sur ce point aucune réclamation entre les parties, M. Letellier ayant justifié à M. Jouvin d'un produit de douze mille francs par an pendant les cinq dernières années de son exercice.

⁶⁷³ RÉSERVE [51] DE PRIVILÉGE (B).

⁶⁷⁴ RECOUVREMENTS [59]. M. Letellier cède, en outre, à M. Jouvin, qui l'accepte, tous les recouvrements (D) de son étude y compris les droits de premières expéditions et premières grosses et premiers extraits des actes en débet.

⁶⁷⁵ Ne seront toutefois point considérées comme sommes à recouvrer celles qui sont dues à M. Letellier par des personnes avec lesquelles il a des compensations (C) à établir soit comme ayant reçu pour ces mêmes personnes des sommes dont il leur doit compte soit comme ayant reçu d'elles des fournitures, sauf au cessionnaire à profiter des sommes dont les tiers se trouveront reliquataires.

⁶⁷⁶ Cette cession est faite moyennant la somme de trente mille francs (D) que M. Jouvin promet et s'oblige [107] de payer à M. Letellier en six termes [77] égaux d'année en année, à compter du jour de sa prestation de serment, sans intérêts [49].

⁶⁷⁷ Comme d'ici à la prestation de serment il y aura nécessairement de nouveaux recouvrements et moins d'anciens, il est convenu qu'au jour de la prestation de serment de M. Jouvin il sera ajouté au prix de la cession tous les recouvrements qui seront faits à partir de la date du présent traité jusqu'au jour dudit serment, et qu'il sera fait déduction sur ce prix des recouvrements qui auront été reçus et encaissés par M. Letellier depuis le traité jusqu'à la prestation de serment (E).

⁶⁷⁸ RÉSERVE DE PRIVILÉGE (F).

⁶⁷⁹ CAUTIONNEMENT. A ces présentes sont intervenus : M. Hubert [3] Jouvin (id.), ancien négociant (id.) et la dame Louise Girard, son épouse, qu'il autorise [68] à l'effet des présentes, demeurant à...

⁶⁸⁰ Lesquels, après lecture leur a été faite des présentes par Mᵉ Rousse, notaire soussigné, se sont, par ces présentes, constitués cautions [32] et répondants solidaires de M. Alexandre Jouvin, leur fils, pour l'exécution du traité qui précède, envers Mᵉ Letellier, ce acceptant [32].

⁶⁸¹ En conséquence, M. et mad. Jouvin, père et mère, s'obligent solidairement [106] entre eux, et solidairement avec leurdit fils, sans division ni discussion, 1° à payer à Mᵉ Letellier, dans les termes et aux époques ci-dessus fixés, la somme de cent mille francs qui lui est due pour prix du présent traité, ainsi que les intérêts [49] de cette somme ; 2° au paiement des trente mille francs formant le prix des recouvrements ; 3° et à exécuter dans tout leur contenu les charges et conditions ci-dessus stipulées, l'un et l'autre faisant du tout leur propre affaire, comme s'ils étaient seuls débiteurs et principaux obligés.

⁶⁸² A la sûreté de ce cautionnement, M. et mad. Jouvin, père et mère, affectent et hypothèquent [30] spécialement le domaine du Reconfort, situé [141] sur le territoire des communes de..., consistant en bâtiments d'habitation et d'exploitation, un jardin et verger attenant, cent hectares [91] de terres labourables, cinq hectares de pré et deux hectares de vigne.

(A) Au moyen de cette clause, le cessionnaire de l'office ne peut demander une réduction du prix qu'en articulant contre son vendeur de véritables faits de dol ou de fraude, tendant à lui dissimuler la valeur réelle de l'office (Bourges, 27 janv. 1843; Paris 1 mars 1844)

(B) On n'admet à la Chancellerie aucun traité contenant réserve de privilége, sans doute pour ne point donner trop d'extension à un droit que les Tribunaux peuvent repousser dans certains cas, notamment 1° dans le cas de faillite (C. comm. 550; Paris 16 janv. 1843, et jug. de comm. de la Seine, 7 oct. 1844.-Roll. de V. 6982), 2° et dans le cas où le vendeur d'un office se présentant pour être payé par privilége sur le prix de la revente du même office faite par son successeur, ne justifie point d'un acte écrit et qui établisse sa créance , tel que le traité soumis à la chancellerie lors de l'admission du successeur (Cass. 25 janv. 1843. — Contrà, Jug. de la Seine 6 juill. 1844; - Roll. de V. 6904). — Du reste, le privilége existe en principe (V. note 29. n. 117).

(C) Nous croyons que la chancellerie n'a point encore eu à rendre de décision sur ce point, et que quand elle aura à statuer , elle admettra la clause, car on ne peut considérer comme étant à recouvrer ce qui est éteint par compensation.

(D) La loi de finances du 25 juin 1844 (art. 6) en obligeant de céder les recouvrements d'étude a autorisé la violation de l'art. 25 de la loi du 25 ventôse an xi (V. note 21, n 2) qui défend de donner communication des actes à d'autres qu'à ceux qui y ont été parties, car avant le traité définitif d'un office, tout prétendant peut prendre librement connaissance de tous les secrets de famille. De plus, elle a aggravé la position des aspirants, en les forçant de prendre un surcroît de charges. Il est vrai que, le plus généralement , on n'exécute la loi qu'en apparence, et que les anciens titulaires font eux-mêmes leurs recouvrements, sous le nom des nouveaux titulaires. Cette position étant toute précaire pour les anciens titulaires, il convient d'examiner ce qu'il y a de mieux à faire dans leur intérêt pour les tirer en quelque sorte de la dépendance de leurs successeurs; c'est de mettre ceux-ci dans la nécessité de maintenir le traité en stipulant un prix à peu près égal au montant des sommes à recouvrer; de cette manière, à défaut d'exécution du traité particulier et non ostensible relatif aux recouvrements, les nouveaux titulaires pourront être contraints au paiement du prix porté au traité ostensible.

(E) Pour l'exécution de cette disposition, il doit être fait un acte supplémentaire sous la surveillance de la chambre de discipline et de l'autorité (le procureur du roi) au moment de l'installation du nouveau titulaire (Déc. min. Just. 25 janv. 1844). — V. note 84, n. 125.

(F) La chancellerie n'admet point non plus que, dans le traité, il soit fait une réserve de privilége pour les recouvrements. En tous cas ce privilége ne peut se confondre avec celui de l'office; mais il n'est pas éteint quand les recouvrements existant au moment de l'entrée en fonctions du nouveau titulaire ont été encaissés par lui, il subsiste toujours sur les nouveaux recouvrements qui ont remplacé les anciens , par arg. de la loi 34 au Dig. de Pign. et hyp. (Dard).

682 Ce domaine appartient [22] à M. et mad. Jouvin, père et mère, au moyen de l'acquisition qu'ils en ont faite de M... — V. *sup. alin.* 130 et 436.

684 état civil [162]. Sous les peines de droit [51] qui leur ont été expliquées par Mᵉ Rousse, notaire soussigné, M. et mad. Jouvin, père et mère, ont déclaré qu'ils sont mariés sous le régime de la communauté de biens, aux termes de leur contrat de mariage passé devant Mᵉ..., notaire à.., le.., dûment enregistré ; comme aussi qu'ils ne sont et n'ont jamais été chargés d'aucune fonction [164] donnant lieu à hypothèque légale [50].

685 Que cependant le domaine hypothéqué est grevé de l'hypothèque légale [50] de la dame Jouvin, laquelle, pour plus de sûreté des sommes cautionnées en principaux [136] et en accessoires [103], délègue [100] et transporte avec toute garantie à M. Letellier, qui l'accepte, pareilles sommes de cent mille francs et de trente mille francs et leurs intérêts, à prendre par priorité [102] et préférence (*id.*) à eux-mêmes dans le montant des droits [200], créances (*id.*), reprises (*id.*) et avantages matrimoniaux (*id.*) qu'elle a et pourra avoir à exercer contre son mari en vertu de son contrat de mariage [166] ou de tous autres titres ; à l'effet de quoi elle met et subroge [50] M. Letellier, jusqu'à due concurrence [132], dans l'effet de son hypothèque légale contre ledit sʳ Jouvin, son mari, et sur tous ses biens (*ou :* mais seulement en ce qu'elle grève (*V. sup. p.* 312, *note* A) le domaine ci-dessus hypothéqué ; lequel transport M. Jouvin se tient pour bien et dûment signifié [96].

686 transport de bail [103]. Par ces mêmes présentes, M. Letellier cède et transporte sous la simple garantie de droit à M. Jouvin, fils, ce acceptant [32].

687 Son droit pour le temps qui en restera à courir à compter du jour de la prestation de serment de M. Jouvin, au bail [103] fait à M. Letellier par M. Louis Desliens, rentier, demeurant à.., suivant acte passé en minute [59] en présence de témoins [14] devant Mᵉ.., notaire à.., le.., dûment enregistré [42], de la maison et ses dépendances situées [141] à.., rue.., n°.., et occupées par M. Letellier, moyennant la somme de cinq cents francs de loyer annuel, payable de six en six mois, et, en outre, sous les charges et conditions exprimées audit bail et dont ledit sʳ Jouvin déclare avoir pris connaissance.

688 Ce transport est fait à la charge par M. Jouvin, fils, qui s'y oblige, d'exécuter toutes les charges et conditions dudit bail, notamment d'acquitter le loyer à courir à partir du jour de la prestation de serment.

689 Les déboursés [5] et honoraires (*id.*) des présentes seront supportés par M. Jouvin, fils.

690 Pour l'exécution des présentes les parties font élection de domicile [11] en leurs demeures respectives.

691 Dont acte, fait et passé à....—V. *sup. alin.* 155. — *Enregistrement,* notes 90 et 218.

---

691 XX. VENTE publique [159] de marchandises neuves (A) aux enchères ou au rabais.

693 Bureau de... — *Extrait du registre des déclarations préalables aux ventes de meubles.* — V. *sup. alin.* 225 à 228

694 L'an mil huit cent quarante-cinq [13], le six juillet (*id.*), heure de midi.

695 Par-devant Mᵉ Rameau [1], notaire (B) à Saint-Clément (*id.*), soussigné [15], en présence des sʳˢ (*Noms, prénoms, professions et demeures*), témoins instrumentaires [14], aussi soussignés [15].

696 Est comparu M. Louis [5] Bonnard (*id.*), négociant retiré du commerce (*id.*), demeurant (*id.*) à Saint-Clément.

697 Lequel a dit, que voulant procéder à la vente des marchandises composant le fonds de commerce qu'il exploitait ci-devant, il a présenté requête [211] au tribunal de commerce de..., avec un état détaillé desdites marchandises, pour être vendue publiquement.

698 Que par son jugement [75] en date du... dernier, dûment enregistré [42], le tribunal de commerce, considérant que le requérant était un marchand sédentaire qui avait depuis plus d'un an son domicile dans l'arrondissement dudit

---

(A) Cette sorte de vente est régie par la loi du 25 juin 1841, qui prohibe toute vente en détail et à cri public de marchandises neuves (lors même qu'elles se composeraient de parties neuves et de parties anciennes - Trib. corr. de la Seine, 29 janv. 1842), avec ou sans l'assistance d'officiers ministériels, et qui ne fait exception que pour les ventes prescrites ou autorisées par justice, ainsi que pour les ventes après inventaire, faillite ou cessation de commerce ou autres cas de nécessité soumis à l'appréciation du tribunal de commerce de l'arrondissement du domicile du commerçant, propriétaire des marchandises à vendre. — Les formalités préalables à la vente sont indiquées dans la formule. —En cas de contravention, il y a lieu à confiscation des marchandises et à une amende de 50 fr. à 3,000 fr. qui peut être prononcée contre le vendeur et l'officier public solidairement (même loi). — V. *la note* B *qui suit.*

(B) Dans les villes où il n'y a point de courtiers de commerce, les commissaires-priseurs, notaires, huissiers et greffiers de justice de paix feront les ventes de marchandises selon les droits qui leur sont respectivement attribués par les lois et règlements. Ils seront, pour lesdites ventes, soumis aux formes, conditions et tarifs imposés aux courtiers (L. 25 juin 1841, art. 10). Ces formes et conditions font l'objet du décret du 17 avril 1812, et de l'ordonnance du Roi du 9 avril 1859.
Suivant ce décret, il doit être dressé et imprimé un catalogue des denrées et marchandises à vendre avec indication des marques, numéros, nature, qualité et quantité de chaque lot de marchandises, et mention des époques des livraisons, des conditions de paiement, des tares et avaries. Au moment de la vente et avant qu'il soit procédé aux enchères, un échantillon de chaque lot sera exposé sur le bureau, et placé de manière à pouvoir être comparé avec l'indication portée sur le catalogue. — En marge de chaque lot et lors de la vente seront écrits les noms et demeures des acheteurs, et le prix de l'adjudication. — Après chaque séance d'enchères, les noms des acheteurs, le numéro des lots et les prix d'adjudication seront recordés; et les acquéreurs apposeront leurs signatures sur les feuilles qui contiendront leurs enchères, en témoignage de reconnaissance des lots qui leur sont échus. — S'il s'élevait à cet égard quelques difficultés, la déclaration du courtier vaudra ce qu'elle vaudrait dans les achats et ventes de gré à gré.

tribunal, et qu'il y avait réellement cessation de commerce de sa part, l'a autorisé à vendre les marchandises de son commerce aux enchères ou au rabais en sa demeure à Saint-Clément (*ou* : en *tel* autre lieu de l'arrondissement) de midi à six heures du soir par le ministère d'un notaire (*quand le tribunal l'a ainsi ordonné, on ajoute* : et par lots qui ne pourront être moindres de.. cents francs.

699   Qu'il a fait apposer dans divers endroits, notamment à la porte de la maison où doit se faire la vente, des affiches [179] énonçant le jugement sus-daté ainsi que le jour, le lieu et l'heure de ladite vente, suivant qu'il est constaté par un exploit [20] de.., huissier [113] à.., en date du.., et dont l'original, auquel est joint un exemplaire de placard sur papier du timbre [61] de trente-cinq centimes, est demeuré ci-annexé [55], après avoir été fait dessus mention de cette annexe par le notaire soussigné en présence des témoins ci-après nommés.

700   Et qu'il requérait le notaire soussigné d'établir les charges et conditions de ladite vente.

701   Obtempérant à ce réquisitoire, ledit notaire, après avoir fait au bureau de l'enregistrement de.. la déclaration préliminaire prescrite par la loi et ci-dessus transcrite, a établi les charges et conditions de ladite vente, ainsi qu'il suit :

702   CHARGES [58] ET CONDITIONS [155]. *Art*. 1. Les objets seront vendus publiquement au plus offrant et dernier enchérisseur (*ou bien* : au rabais) sur la criée du sʳ Antoine SUISSE, tambour de ville, demeurant à..

703   *Art*. 2. Les objets seront délivrés aux adjudicataires et sur place dans les vingt-quatre heures qui suivront la clôture de l'adjudication.

704   *Art*. 3. Le prix des objets vendus sera payé en la demeure et entre les mains de M. BONNARD, sur la représentation d'un compte visé par le notaire, dans les trois mois (A) qui suivront l'adjudication sans intérêts pendant ce temps seulement.

705   *Art*. 4. Le vendeur se réserve le droit de retirer de la vente les objets qui, suivant lui, ne seraient point portés à leur valeur lors de la criée (*ou bien* : qui, sur la mise en vente au rabais, descendraient à un taux inférieur à celui proclamé en dernier lieu au nom du vendeur).

706   *Art*. 5. Faute par l'adjudicataire de prendre livraison dans les délais fixés, la marchandise sera revendue à la folle-enchère [160] et à ses risques et périls, trois jours après la sommation [119] qui lui aura été faite de recevoir, et sans qu'il soit besoin de jugement.

707   *Art*. 6. Sur le produit de la vente, Mᵉ RAMEAU retiendra les droits d'enregistrement [18], les déboursés [5] de timbre [61], les frais de publication et le salaire du crieur, plus six centimes (B) par franc pour ses honoraires (B) à ladite vente.

708   Lecture faite [16], M. BONNARD a signé [15] avec les témoins et le notaire.   (SIGNATURES)

709   Sous les charges et conditions qui précèdent et dont il a été fait lecture aux personnes assemblées, Mᵉ RAMEAU, sur la réquisition de M. BONNARD, a procédé à ladite vente ainsi qu'il suit :

710   1° Une pièce de drap noir, fabrique de Louviers, ayant vingt-cinq mètres [91] de long, criée à deux cent cinquante francs, a été adjugée à M. Etienne BELOT [3], mécanicien (*id*.), demeurant (*id*.) à Saint-Clément, comme plus offrant et dernier enchérisseur, moyennant la somme de trois cents francs, ci. . . . . . .   300 fr. ▷

711   Et ledit sʳ BELOT a signé [15], après lecture [16].   (SIGNATURES (A).)

712   *Ou, quand la vente a lieu au rabais* : Une pièce de drap noir, fabrique de Louviers, ayant vingt-cinq mètres de long, a été criée à quatre cents francs ; personne n'ayant voulu acheter à ce prix, le prix a été abaissé à trois cent quatre-vingts francs, puis à trois cent soixante francs, puis enfin à trois cent quarante francs ; sur cette dernière somme M. Etienne BELOT, mécanicien, demeurant à Saint-Clément, ayant déclaré acheter, ladite pièce de drap lui a été adjugée moyennant ladite somme de trois cent quarante francs ; et il a signé, après lecture, ci. 340 fr. ▷

713   *Ou bien, quand la vente a lieu par lots* : PREMIER LOT. Ce lot composé d'une pièce de drap noir, fabrique de Louviers, ayant vingt-cinq mètres de long, a été crié à...— *Le reste comme ci-dessus, alin*. 710, 711 *ou* 712.

714   2° Une autre pièce de drap bleu, de la fabrique d'Elbeuf, etc.

715   Il a été vaqué [5] à ce qui précède depuis ladite heure de midi jusqu'à celle de six du soir.

716   De tout ce que dessus il a été dressé le présent procès-verbal en la demeure [12] à Saint-Clément de M. BONNARD, les jour, heure, mois et an [13] susdits, en présence des témoins ci-devant nommés ; et le vendeur a signé [15] avec les témoins et le notaire, après lecture [16]. — V. *Enregistrement*, note 117.

(A) Le décret de 1812 que nous venons de rappeler, permet de stipuler des termes pour la livraison et le paiement, et n'exige, pour témoigner de la vente, que la signature de l'adjudicataire sur la feuille des enchères. Mais si le notaire a observé toutes les formalités prescrites par la loi du 25 ventôse an XI, pour la validité d'un contrat, il est bien constant que le procès-verbal de vente sera exécutoire contre les adjudicataires, s'il est revêtu de la formule exécutoire.

(B) Le décret du 17 avril 1812 et une délibération du tribunal de commerce de la Seine, du 26 mess. an X, ont fixé le droit de courtage pour les ventes de marchandises à 1 p. 0/0, payables, moitié par le vendeur et moitié par l'acheteur ; mais la loi du 18 juin 1843, sur le tarif des commissaires-priseurs ayant élevé le droit à 6 p. 0/0 sur toutes les ventes et abrogé toutes lois contraires, nous pensons que tous les officiers publics, de même que les commissaires-priseurs, peuvent, avec raison, se prévaloir de la loi nouvelle qui augmente les émoluments relatifs aux ventes.

XXI. — 1° VENTE [109] DE RÉCOLTES (*id.*) A L'AMIABLE.

718 Par-devant M° RAMEAU [1], notaire [2] à Saint-Clément [1], département de.., soussigné [15].

719 Est comparu M. Paul [3] BEZIN (*id.*), propriétaire (*id.*), demeurant (*id.*) à..

720 Lequel a, par ces présentes, vendu [109] avec garantie [9] de toutes saisies [108] et revendications 216].

721 A M. Louis [1] MIRAULT (*id*), marchand de vins (*id.*), demeurant (*id.*) à.., à ce présent et acceptant [52], patenté [45] à la mairie dudit lieu, à la date du.. dernier, classe.., n°..

722 Tous les fruits [7]à provenir cette année sur les pièces d'héritages ci-après désignées, complantées en vignes et arbres fruitiers, appartenant au vendeur :

723 1° Un hectare vingt-cinq ares [91] de vigne, situés [141] sur le territoire de la commune de Saint-Clément, au climat (*id.*) de JOLI-VAL, tenant (*id.*) d'un côté du levant à..., d'autre long à..

724 2° Et douze ares soixante-quinze centiares de terre en verger, au même climat, tenant..

725 Pour en faire et disposer, par l'acheteur, comme bon lui semblera, et à ses risques, dès aujourd'hui, le vendeur n'entendant en rien excepter ni réserver, comme aussi ne point garantir que la récolte sera bonne et abondante, ni qu'aucun événement ne diminuera à cet égard l'espoir de l'acheteur.

726 La présente vente est faite à la charge par l'acheteur, qui s'y oblige :

727 1° De cueillir les fruits présentement vendus comme il convient et suivant l'usage, de manière à ne point endommager les arbres.

728 2° D'indemniser le vendeur de tous les dommages commis soit par lui, soit par les siens, tant aux arbres qu'aux héritages ci-dessus désignés.

729 3° De n'enlever aucun des bois provenant de quelque manière que ce soit des arbres dont il s'agit.

730 4° Et de payer les déboursés [5] et honoraires (*id.*) auxquels ces présentes donneront lieu.

731 La vente est faite, en outre, moyennant la somme [55] de six cents francs [91] que l'acheteur promet et s'oblige [107] de payer au vendeur en l'étude du notaire soussigné le [77] vingt-cinq décembre prochain sans intérêts [49] jusques là, mais avec intérêts en cas de retard.

732 Pour l'exécution des présentes, les parties font élection de domicile [11] en leurs demeures actuelles.

733 Dont acte, fait et passé à... — *V. sup. alin.* 155. — *Enregistrement,* note 90.

---

734 XXI. — 2° VENTE [109] DE RÉCOLTES (*id.*) PAR ADJUDICATION [159] (A).

735 BUREAU de.. — Extrait du registre des déclarations [109] préalables aux ventes de meubles. — *V. sup. alin.* 225 à 228.

736 L'an mil huit cent [13]..., le (*id.*)..., heure de...

737 Par-devant M° RAMEAU [1], notaire [2] à Saint-Clément [1], département de.., soussigné [15], en présence de MM. (*Noms, prénoms, professions et demeures*), témoins instrumentaires [14], aussi soussignés [15].

738 Est comparu M. Célestin [3] MÉGROT (*id.*), sans profession (*id.*), demeurant (*id.*) à..

739 Lequel, désirant vendre aux enchères [159] la récolte actuellement pendante par branches et par racines [86] sur diverses pièces d'héritages qui lui appartiennent, a dit qu'il avait fait annoncer tant par affiches [179] manuscrites qu'à son de caisse à Saint-Clément et pays circonvoisins, qu'il serait ce jourd'hui, heure présente, procédé à ladite vente en l'étude et par le ministère du notaire soussigné, lequel a, en conséquence, fait au bureau d'enregistrement de..., le.., la déclaration prescrite par la loi.

740 Et il a requis préalablement ledit M° RAMEAU de rédiger les charges et conditions de l'adjudication, ce qui a eu lieu ainsi qu'il suit :

741 DÉSIGNATION [141] DES BIENS DONT LA RÉCOLTE EST MISE EN VENTE.

742 PREMIER LOT [141]. Une pièce [7] de pré, de la contenance de un hectare [91], située [141] sur le territoire de la commune de Saint-Clément, lieu dit le Pré-Fleury (*id.*), tenant du côté du levant à., d'autre à..

743 SECOND LOT. Une pièce de terre emblavée en blé, de la contenance de soixante-quinze ares, située sur le territoire de la même commune, lieu dit la vallée de Bertry, tenant...

744 TROISIÈME LOT. Une pièce de vigne, de la contenance de cinquante ares, située sur le même territoire, lieu dit la côte de Migraine, tenant...

745 QUATRIÈME LOT. Une pièce de terre complantée d'arbres fruitiers, de la contenance de vingt-cinq ares, située sur le même territoire, lieu dit le verger des Coulmelles, tenant...

[A] Pour employer avec quelque chance de succès la forme de bail, il faut que les stipulations de l'acte n'embrassent pas seulement la récolte sur pied au moment où elles ont été convenues, mais qu'elles comprennent en outre tous les autres produits ultérieurs et successifs à recueillir, comme la seconde coupe ou le regain, et enfin le pâturage du sol de la prairie (Cass. 19 mars 1845]. — *V.* note 18, n. 18 et 32.

La voie du bail offre un grand avantage, c'est de ne donner lieu qu'à 20 centimes pour cent d'enregistrement au lieu de 2 fr. pour cent, et de dispenser de la déclaration préalable qui doit être fait au bureau d'enregistrement, sous peine de 20 fr. d'amende pour toute vente publique de meubles.

⁷⁴⁶ CINQUIÈME LOT. Une petite pièce de terre en oseraie, de la contenance de dix ares, située..

⁷⁴⁷ CHARGES [58] ET CONDITIONS [153]. *Art.* 1. L'adjudicataire du premier lot aura le droit de faire la coupe de la première herbe, il pourra même faire la coupe de la seconde herbe ou faire paître ses bestiaux sur ladite pièce jusqu'au onze novembre prochain, en ayant soin, dans ce dernier cas, que les plantations et clôtures ne soient aucunement endommagées.

⁷⁴⁸ *Art.* 2. L'adjudicataire du second lot sera tenu de faire moissonner la pièce en temps convenable, de manière à rendre le terrain libre à l'époque du quinze août prochain. — *V. sup. p.* 44, *alin.* 25.

⁷⁴⁹ *Art.* 3. L'adjudicataire du troisième lot vendangera la pièce de vigne à l'époque qui sera fixée par le ban de vendange ; et il fera en sorte qu'il ne soit commis aucun dommage soit aux ceps soit aux échalas lors de l'enlèvement de la récolte.

⁷⁵⁰ *Art.* 4. L'adjudicataire du quatrième lot fera la récolte soit en secouant les branches soit en cueillant les fruits à la main, de manière qu'aucun arbre ne puisse être ébranché ni mutilé.

⁷⁵¹ En tout cas, les bois qui proviendront des arbres de quelque manière que ce soit ne pourront être enlevés par l'acquéreur de la récolte ; ils appartiendront au vendeur et l'acquéreur n'y pourra rien prétendre.

⁷⁵² *Art.* 5. Les adjudicataires seront garants envers le vendeur de tous dommages [20] causés soit par eux soit par leurs préposés (*id.*) aux héritages sus-désignés. Mais ne pourront être considérés comme dommages les chemins pratiqués par les acquéreurs sur les héritages pour l'enlèvement de la récolte.

⁷⁵³ *Art.* 6. Les fruits existant sur chacune des pièces d'héritages sus-désignées seront aux risques et périls de chaque adjudicataire du moment de la vente.

⁷⁵⁴ *Art.* 7. Les adjudicataires paieront, dans les vingt-quatre heures de l'adjudication, en sus et sans aucune réduction de leur prix, entre les mains du notaire soussigné, huit centimes par franc de leursdits prix tant pour les frais d'affiches, les déboursés [5] de timbre [61] et d'enregistrement [18] du présent procès-verbal et de la grosse à délivrer au vendeur, que pour ses honoraires [5] et vacations (*id.*) à la déclaration préalable et à l'adjudication.

⁷⁵⁵ *Art.* 8. Chaque adjudicataire paiera le prix de son adjudication au vendeur, en l'étude du notaire soussigné, le vingt-cinq décembre prochain sans intérêts [49] jusques-là, mais avec intérêts (*id.*) à partir de cette époque en cas de retard.

⁷⁵⁶ *Art.* 9. Chacun des adjudicataires sera tenu de fournir bonne et solvable caution [51] dans les vingt-quatre heures de l'adjudication, par acte en suite [45] des présentes, si le vendeur en fait la demande à l'instant même de ladite adjudication.

⁷⁵⁷ *Art.* 10. Faute par les adjudicataires de satisfaire aux charges et conditions exigibles de l'adjudication dans le délai de vingt-quatre heures, il sera procédé à la revente et adjudication sur folle-enchère [160] devant le notaire soussigné aux risques et périls de l'adjudicataire défaillant.

⁷⁵⁸ *Art.* 11. La vente aura lieu à la chaleur des enchères et à l'extinction de deux feux sans enchère.

⁷⁵⁹ *Art.* 12. Les adjudicataires seront tenus de faire élection de domicile [11] en la commune de.. — Quant au vendeur, il fait élection de domicile en l'étude du notaire soussigné.

⁷⁶⁰ Lecture faite [16], le vendeur a signé [15] avec les témoins et le notaire.   (SIGNATURES [15]).

⁷⁶¹ Sous les charges et conditions qui précèdent et dont il a été fait lecture aux personnes assemblées, M. BONNARD a requis le notaire soussigné de procéder immédiatement à la réception des enchères et à l'adjudication, ce qui a eu lieu ainsi qu'il suit :

⁷⁶²   ADJUDICATION [159].

⁷⁶³ PREMIER LOT. La récolte, pour la présente année, de la pièce de pré composant le premier lot de la désignation ayant été mise en vente a été adjugée, après plusieurs enchères successives à M. Benoît [5] LAPRÉ (*id.*), propriétaire (*id.*), demeurant à Saint-Clément (*id.*), à ce présent et acceptant [52], moyennant la somme de deux cent cinquante francs outre les charges qu'il s'oblige d'exécuter, à l'exception de celle relative à la caution [51] dont le vendeur le dispense.

⁷⁶⁴ Ledit sʳ LAPRÉ a fait élection de domicile en sa demeure et signé [15] avec le vendeur, les témoins et le notaire, après lecture [16].   SIGNATURES *avec paraphes des renvois et de la mention des mots rayés.*

⁷⁶⁵ SECOND LOT. La récolte pour la présente année de la pièce de terre, sise au lieu dit la vallée de Bertry, ayant été mise en vente a été adjugée après deux enchères successives à M. Louis [5] CHENAL (*id.*), armurier (*id.*), demeurant (*id.*) à Saint-Clément, à ce présent et acceptant [52], moyennant la somme de cent vingt francs outre les charges qu'il s'oblige d'exécuter ; et le vendeur a déclaré qu'il exigeait caution de l'adjudication.

⁷⁶⁶ Ledit sʳ CHENAL a fait élection de domicile en sa demeure et signé avec le vendeur, les témoins et le notaire, après lecture.   SIGNATURES *comme ci-dessus.*

⁷⁶⁷ TROISIÈME LOT. La récolte pour la présente année de la pièce de vigne, sise au lieu dit la côte de Migraine, ayant été mise en vente, a été adjugée après une seule enchère et l'extinction de deux feux sans enchère, à M. Étienne [5] FOURNERY (*id.*), propriétaire (*id.*), demeurant (*id.*) à Saint-Clément, moyennant la somme de cent quarante francs outre les charges qu'il s'oblige d'exécuter ; le vendeur le dispensant toutefois de l'obligation de fournir caution.

⁷⁶⁸ Ledit sʳ FOURNERY a fait élection de domicile en sa demeure et signé avec le vendeur, les témoins et le notaire, après lecture.   SIGNATURES *et paraphes comme ci-dessus.*

⁷⁶⁹

⁷⁷⁰ QUATRIÈME LOT. La récolte pour la présente année des arbres existant sur la pièce composant le quatrième lot de la désignation, ayant été mise en vente, a été adjugée après plusieurs enchères successives et l'extinction de deux

feux sans enchère à M. François [5] Tourneur (*id.*), fermier (*id.*), demeurant à Saint-Clément (*id.*), à ce présent et acceptant [52], moyennant la somme de deux cents francs outre les charges qu'il s'oblige d'exécuter;

771 Ledit sieur Tourneur a fait élection de domicile en sa demeure et signé avec les vendeurs, les témoins et le notaire, après lecture.   Signatures *et paraphes comme ci-dessus.*

772

773 Cinquième lot. La récolte de l'oseraie existant sur la pièce composant le cinquième lot de la désignation, ayant été mise en vente, et personne n'ayant fait de mise à prix ni enchéri, l'adjudication de cette récolte a été remise (A) au dimanche,... juillet présent mois, heure de midi, en l'étude du notaire soussigné.

774 De tout ce que dessus il a été dressé le présent procès-verbal clos à quatre heures du soir, les jour, lieu, heure mois et an susdits [13], en présence des témoins ci-devant nommés; et le vendeur a signé [15] avec les témoins et le notaire, après lecture [16].   Signatures. — V. *Enregistrement*, note 90. — *Et sup.* p. 136 note A.

---

775   XXII. VENTE [109] à réméré [121] (B) de meubles [86] (C) et immeubles (*id.*)

776 Par-devant Mᵉ Rameau [1], notaire [2] à Saint-Clément [1], département de.., soussigné [15].

777 Sont comparus M. Narcisse [5] Louet (*id.*), ancien marchand de chevaux (*id.*), et la dame Armance Boudin, son épouse de lui autorisée [68] à l'effet des présentes, demeurant ensemble à Saint-Clément [1].

778 Lesquels, sous la réserve de la faculté de réméré dont il sera ci-après parlé, ont, par ces présentes, vendu [109] avec garantie [9] solidaire [106] entre eux de tous troubles et évictions, laquelle garantie ne s'étendra toutefois, à l'égard de la dame Louet qu'à ceux provenant d'elle. — V. *sup.* p. 43, *note* A *et inf.* p. 714 , *note* A.

779 A M. Jérôme [5] Varet (*id.*), propriétaire (*id.*), demeurant à Boisfourchu (*id.*), à ce présent et acceptant [52].

780 Objets mobiliers [86]. Un cheval sous poil rouge, de l'âge de cinq ans, marqué en tête, estimé huit cents francs, ci. 800   »

781 Une jument sous poil noir, de l'âge de huit ans, estimée sept cents francs, ci. . . . . . . _____ 700   »

782   Total de la valeur des objets mobiliers.   .   1500   »

783 Immeubles [87]. Une pièce de pré [7] de la contenance de dix hectares [91], située [141] sur le territoire de la commune de Saint-Clément (*id.*), lieu dit le Pré-Guimard (*id.*), tenant (*id.*) d'un long du levant à.., etc.

784 Le cheval et la jument sont vendus dans leur état actuel et avec garantie de tous vices rédhibitoires [215].

785 Quant à la pièce de pré elle est vendue comme elle s'étend et comporte, sans aucune garantie [40] de contenance, le plus ou le moins, s'il y en a, devant tourner au profit ou à la perte de l'acquéreur, quand même la différence serait de plus d'un vingtième; l'acquéreur déclarant, au surplus, la bien connaître.

786 Propriété [22]. Les vendeurs sont propriétaires de l'immeuble vendu pour en avoir fait l'acquisition de M... — V. *sup. alin.* 130 et 436.

787 Entrée en jouissance. L'acquéreur pourra faire et disposer des objets vendus comme de chose lui appartenant en toute propriété au moyen des présentes, sauf le droit de réméré des vendeurs.

788 Charges [58] et conditions [155]. La présente vente est faite à la charge par l'acquéreur qui s'y oblige :

789 1° De payer les déboursés [5] et honoraires (*id.*) auxquels ces présentes donneront lieu;

790 2° D'acquitter les contributions [58] foncières et autres de toute nature de ladite pièce de pré, à compter de ce jour.

791 5° Et de supporter les servitudes [55] passives, apparentes ou non apparentes, dont ladite pièce de pré peut être grevée, sauf à lui à s'en défendre et à faire valoir celles actives à son profit, le tout, s'il y en a, et à ses risques et périls.

792 Prix. La présente vente est faite, en outre, savoir : pour les objets mobiliers moyennant la somme [55] de quinze cents francs [91] que l'acquéreur a payée comptant aux vendeurs qui le reconnaissent et en consentent quittance.

793 Et pour la pièce de pré, moyennant la somme de vingt mille francs que l'acquéreur promet et s'oblige de payer aux vendeurs en l'étude du notaire soussigné, ou pour eux au porteur de leurs pouvoirs [80] et de la grosse [64] des

---

(A) Cette remise dispense de faire une nouvelle déclaration préalable au bureau d'enregistrement (V. note 109); mais elle donne lieu à un droit fixe d'enregistrement de 1 fr. (V. note 99) quel que soit le nombre de lots non adjugés (Sol. 5 janv. 1853. - Rol. 4025), toutefois on évite ce droit en n'indiquant point de remise et en substituant ce qui suit à la fin de l'alinéa..... *et personne n'ayant fait de mise à prix ni enchéri, il n'a pu y avoir lieu à l'adjudication de la récolte dudit lot.*

(B) Les tribunaux considèrent comme antichrèse [180] ou contrat pignoratif, la vente faite à vil prix avec relocation au vendeur et pacte de rachat, et il y a vilité de prix si le fermage que le prétendu vendeur s'engage à payer excède de plus d'un cinquième le revenu du prix énoncé dans l'acte, comme si, par exemple, on a loué pour 5,100 fr. l'immeuble vendu 80,000 fr. (C. civ. 1555; L. 5 sept 1807; Montpellier 25 août 1829, Pau 17 mai 1830, Amiens 8 juin 1859). — La vilité de prix seule serait insuffisante pour établir la pignoration (Caen, 2 juin 1842). — Il importe peu que le bail soit fait par acte antre que la vente (arrêt précité de Montpellier). — V. *toutefois la* note 49, n. 197.

(C) Les biens meubles peuvent, comme les immeubles, faire l'objet d'une vente à réméré (Delvincourt ; Duranton; Troplong ; Dalloz,.

présentes, immédiatement après les formalités de transcription [111] et de purge légale [156] opérées sans inscriptions [83] dans le délai [77] de quatre mois à compter de ce jour, ou après le rapport des certificats de radiation [149] des inscriptions alors existantes, le tout avec intérêts [49] au taux de cinq pour cent par an sans retenue (*id.*) jusqu'au remboursement effectif du principal. — *V. sup. alin.* 39.

⁷⁹⁴ REMISE DE TITRES [54]. L'acquéreur reconnaît que les vendeurs lui ont présentement remis tous les titres et pièces mentionnés en l'établissement de propriété qui précède.

⁷⁹⁵ RÉSERVE [51] DE RÉMÉRÉ [121]. Les vendeurs se réservent, pendant cinq ans à compter [77] de ce jour, la faculté de réméré sur les objets mobiliers et immobiliers par eux ci-dessus vendus : en conséquence, en remboursant à l'acquéreur, dans ledit délai de cinq années, pareille somme de vingt-un mille cinq cent francs, ensemble tous les frais [5] et loyaux coûts (*id.*) auxquels la présente vente aura donné lieu, et les grosses réparations [121] ou réparations extraordinaires qui auront été faites pendant la détention de l'acquéreur, ils pourront rentrer dans la pleine propriété, possession et jouissance desdits objets, comme s'ils ne les eussent point vendus. L'exercice dudit réméré ne sera point susceptible de division et ne pourra avoir lieu que pour le tout.

⁷⁹⁶ Mais ce remboursement ne pourra être fait qu'en un seul paiement en la demeure de l'acquéreur, et en espèces [91] aux titre poids et cours de ce jour, nonobstant toutes lois et ordonnances à ce contraires, sous peine [58] d'être, lesdits vendeurs, déchus de la faculté de réméré.

⁷⁹⁷ A défaut, par les vendeurs, d'avoir effectué ce remboursement dans les termes et de la manière ci-dessus fixés, et ledit délai de cinq années étant expiré, les vendeurs seront déchus de plein droit de la faculté de réméré, et M. VARET, ses héritiers [78] et ayants-cause (*id*), seront et demeureront propriétaires incommutables des biens dont il s'agit, sans qu'ils aient besoin d'aucun acte de procédure.

⁷⁹⁸ ÉLECTION DE DOMICILE [11]. Pour l'exécution des présentes les parties font élection de domicile en leurs demeures respectives sus-indiquées.

⁷⁹⁹ Dont acte, fait et passé à... — *V. sup. alin.* 158. — *Enregistrement*, notes 57 et 90.

---

⁸⁰⁰   XXIII. VENTE [96] D'UN DROIT DE RÉMÉRÉ [121].

⁸⁰¹ Par-devant Mᵉ RAMEAU [1], notaire [2] à Saint-Clément [1], soussigné [15]

⁸⁰² Sont comparus M. Julien [3] LHÉRAUT (*id.*), sans profession (*id.*) et la dame Octavie BELOT, son épouse de lui autorisée [68] à l'effet des présentes, demeurant ensemble à Saint-Clément [3].

⁸⁰³ Lesquels ont, par ces présentes, vendu [109], cédé et transporté [96] avec garantie (A) solidaire [106] entre eux de leurs faits et promesses.

⁸⁰⁴ A M. Léon [3] BORNIER (*id.*), célibataire majeur (*id.*), demeurant (*id.*) à ., à ce présent et acceptant [52].

⁸⁰⁵ Leurs droits [27] et actions [28] à l'exercice du réméré [121] qu'ils se sont réservé par la vente qu'ils ont faite à M. Germain LENCLOS, rentier, demeurant à.., du domaine de Beau-Vallon, situé [141] sur le territoire de la commune de.., moyennant quarante mille francs qui leur ont été payés comptant, le tout suivant contrat passé devant Mᵉ.., notaire à.., le.., dûment enregistré [42], transcrit [111] au bureau des hypothèques de.., le.., vol.., n°.., à la charge, ainsi que l'a constaté M. le conservateur (*id.*) par son certificat (*id.*), en date du.., de trois inscriptions [85] qui ont été radiées le...

⁸⁰⁶ Lequel réméré ne peut être exercé qu'en remboursant audit sr LENCLOS avant le.. mil huit cent cinquante, ladite somme de quarante mille francs, ensemble tous les frais et loyaux coûts de la vente, et la plus-value résultant des grosses réparations ou réparations extraordinaires faites audit domaine pendant la détention de l'acquéreur.

⁸⁰⁷ Ce transport est fait aux conditions [135] suivantes :

⁸⁰⁸ Les droits et actions cédés seront exercés par le cessionnaire à ses risques et périls, et sans aucun recours contre les cédants. Seulement, après l'exercice de la faculté de réméré, si elle est exercée, le cessionnaire sera au lieu et place de M. LENCLOS, acquéreur, et subrogé aux droits de celui-ci pour la garantie à exiger des vendeurs au cas d'évictions [9].

⁸⁰⁹ Le cessionnaire paiera les déboursés [5] et honoraires (*id.*) des présentes. — *V. sup. alin.* 22.

⁸¹⁰ Ledit transport est fait, en outre, moyennant la somme [55] de cinq mille francs [91] que M. BORNIER a payée comptant à M. et mad. LHÉRAUT qui le reconnaissent et en consentent quittance [84].

⁸¹¹ (B) M. BORNIER reconnaît que M. et mad. LHÉRAUT lui ont présentement remis [54] une expédition [64] dudit contrat de vente à réméré.

⁸¹² Pour faire signifier (C) ces présentes à qui besoin sera tout pouvoir est donné au porteur [80] d'une expédition [64] ou extrait (*id.*).

(A) La garantie est celle relative aux cessions de biens ou droits incorporels dont fait mention l'art. 1695 du C. civ. — V. note 96.

(B) Quoique les actions qui ont pour objet la revendication d'un immeuble soient de nature immobilière (C. civ. 526), elles ne sont cependant point sujettes à hypothèque (C. civ. 2118. — V. note 50, n. 9) : c'est pour cela qu'il n'est point ici question des formalités hypothécaires.

(C) Ce transport doit être signifié au débiteur ou accepté par lui, parce que la cession a pour objet un droit incorporel (V. note 96, n. 60).

⁸¹³ Dont acte, fait et passé à Saint-Clément [12] en l'étude (*id.*), l'an mil huit cent.... [15]. — *V. sup. alin.* 155.

⁸¹⁴ *V. sup. la formule de* RÉMÉRÉ OU RACHAT. — *Enregistrement* (A), note 57.

XXIV. VENTE [109] VOLONTAIRE DE BIENS DOTAUX [166]

⁸¹⁵ *à charge de remploi* [166] *au profit de la femme du vendeur et avec déclaration de remploi* (*id.*) *au profit de l'acquéreur ou de sa femme.*

⁸¹⁶ Par-devant Me RAMEAU [1], notaire [2] à Saint-Clément [1], soussigné [15].

⁸¹⁷ Sont comparus M. François [5] MERLIN (*id.*), négociant (*id.*) et la dame Amélie BOILEAU, son épouse de lui autorisée [68] à l'effet des présentes, demeurant à [5] ensemble à..

⁸¹⁸ Lesquels ont, par ces présentes, vendu [109] et se sont obligés solidairement [106] entre eux à garantir de tous troubles [22] et évictions [9]. — (*V. inf. p.* 714 *note* A).

⁸¹⁹ A M. Daniel [5] LAVAUX (*id.*), ancien négociant (*id.*) et à la dame Esther DUPONT, son épouse de lui autorisée [68], demeurant ensemble à.., à ce présents et acceptant [32].

⁸²⁰ Le château [7] de Jolival et ses dépendances, situés [141] sur le territoire de la commune de Saint-Clément, consistant en un corps de logis composé de trois étages et surmonté d'une terrasse garnie de rampes en fer, cour au devant dans laquelle il y a deux écuries et une remise, basse cour attenant, grand jardin derrière, et une avenue garnie de deux rangées d'ormes.

⁸²¹ Le tout tient [141] du levant à.., du couchant à..

⁸²² Ainsi que ledit château et ses dépendances s'étendent et comportent, sans aucune exception ni réserve, les acquéreurs déclarant bien connaître le tout pour l'avoir vu et visité avant ces présentes.

⁸²³ PROPRIÉTÉ [22]. Le château présentement vendu appartient en propre à la dame MERLIN, comme étant seule héritière [78] de M. Stanislas BOILEAU et de la dame Eugénie PLANARD, son épouse, décédés à.. le tout ainsi que le constate l'intitulé de l'inventaire [143] fait après leur décès par M^e.., notaire à.., dûment enregistré [42] et encore comme se l'étant constitué en dot [200] par son contrat de mariage [166] passé devant M^e.., notaire à.., le.., dûment enregistré, et aux termes duquel ladite dame et son mari se sont soumis au régime dotal sous la condition que tous les immeubles de ladite dame seraient dotaux et que néanmoins ils pourraient être aliénés par elle et son mari conjointement à la charge de faire remploi (B) du prix (*ou : emploi* [166] par reconnaissance sur les biens du mari).

⁸²⁴ M. et mad. BOILEAU étaient propriétaires dudit château pour en avoir fait ensemble l'acquisition de M. Michel DE BERT, baron de l'Empire, moyennant la somme de cinquante mille francs de prix principal, suivant contrat passé devant... — *V. sup. alin.* 150 *et* 436.

⁸²⁵ ENTRÉE EN JOUISSANCE. M. et mad. LAVAUX pourront faire et disposer dudit château et de ses dépendances pour la propriété dès aujourd'hui, mais ils ne pourront s'en mettre en possession qu'au premier janvier prochain. — *V. sup. alin.* 15.

⁸²⁶ CHARGES [58] ET CONDITIONS [153]. La présente vente est faite sous les charges et conditions suivantes :

⁸²⁷ 1° Les acquéreurs paieront les déboursés [5] et honoraires (*id.*) des présentes, ainsi que le coût d'une grosse [64] et d'une expédition (*id.*) présentement requises. — *V. sup. alin.* 23 *et* 24.

⁸²⁸ 2° Ils acquitteront les contributions [58] foncières et autres de toute nature imposées et à imposer sur ledit château, à compter du jour de leur entrée en jouissance. — *V. sup. alin.* 26 *et* 27.

⁸²⁹ 3° Ils supporteront les servitudes [53] de toute espèce dont le château présentement vendu peut être grevé, sauf à eux à s'en défendre et à faire valoir celles actives à leur profit, le tout à leurs risques et périls, et sans que la présente stipulation puisse faire titre à des tiers.

⁸³⁰ 4° Dans le cas où ledit château serait assuré [155] contre l'incendie par quelque compagnie, les acquéreurs entretiendront ladite assurance pour tout le temps qui en reste à courir et ils paieront les primes ou cotisations à échoir à compter du.. — *V. sup. alin.* 53.

⁸³¹ 5° Et les acquéreurs feront emploi (*ou : remploi*) du prix de la présente vente comme il va être ci-après dit.

⁸³² PRIX. La présente vente est faite, en outre, moyennant la somme de soixante mille francs de prix principal que les acquéreurs promettent et s'obligent [107] solidairement [106] entre eux de payer le.., en la demeure à.. de M... avec intérêts [49] au taux de cinq pour cent par an sans retenue (*id.*), à compter du jour de leur entrée en jouissance.

(A) La vente ou cession de droit de retraire est considérée par la régie comme vente d'un immeuble et passible du droit déterminé pour les ventes de cette espèce, en usufruit ou en propriété (*Diction. de l'Enregistrem.*, v° *faculté*).

Suivant Championnière [tr. n. 5712] il n'y a lieu de percevoir qu'un droit fixe de 1 fr.. sauf à percevoir, lors de l'acte de rachat : 1° le droit de quittance, 2° et celui de vente immobilière sur l'acte précédemment enregistré au droit fixe, contenant cession de faculté, par le motif que la remise de l'immeuble consentie en faveur du cessionnaire doit opérer le même effet que si le vendeur eût exercé lui-même le retrait conventionnel, et qu'il eût ensuite vendu les biens au tiers qui en est mis en possession.

(B) Le remploi n'est pas de l'essence du régime dotal; il n'est obligatoire que quand la loi ou le contrat sont formels à cet égard. Dans l'espèce, il n'y aurait point obligation de faire remploi s'il n'y avait point une condition expresse à ce sujet dans le contrat, car l'art. 1557 du C. civ. est muet sur ce point [C. civ. 1557; Rouen 21 mars 1829]. — *V. sup. p.* 517, note B.

835 Cette somme sera payée entre les mains du vendeur à la charge par lui de la reconnaître [166] par hypothèque [30] sur les biens immeubles [86] à lui propres et de valeur suffisante, lequel emploi les sʳ et dame Lavaux seront tenus de surveiller (A) en, par eux, prenant pour leur sûreté inscription [85] en leur nom et en celui de la dame Merlin sur les biens hypothéqués par le mari, et la renouvelant en temps utile.

836 *Ou bien :* cette somme sera employée par les acquéreurs au paiement du prix des biens qui auront été alors acquis par M. et mad. Merlin, en remploi [166] de ceux vendus par ces présentes, après justification que lesdits biens acquis en remploi ont une origine régulièrement établie et qu'ils sont affranchis [149] de tous privilèges [29] et hypothèques [30].

835 Réserve [51] de privilège [29]. A la garantie du prix de la présente vente, le château présentement vendu ainsi que ses dépendances demeurent affectés et hypothéqués par privilège expressément réservé aux vendeurs.

836 Transcription [111] et purge légale [156]. Les acquéreurs feront transcrire.. — V. *sup. alin.* 81, 576 et 484.

857 État civil [162]. Déclarent, les vendeurs, que mad. Merlin n'est et n'a jamais été chargée d'aucune fonction donnant lieu à hypothèque légale [50].

838 Déclaration de remploi [166]. M. Lavaux déclare que la présente acquisition est faite pour lui tenir lieu de remploi des deniers à provenir du prix de la vente qu'il a faite à M... (*ou : qu'il se propose de faire*) du domaine de de Belombre situé sur la commune de... et qui lui appartient en propre. Lequel remploi est dès à présent accepté par lui.

839 *Ou bien (A):* M. et mad. Lavaux déclarent que la présente acquisition est faite pour tenir lieu de remploi à ladite dame des deniers à elle propres à provenir de la vente qu'elle a faite à M.. d'une ferme située à., moyennant la somme de soixante-cinq mille francs, suivant contrat passé devant Mᵉ.., notaire à.., le.., dûment enregistré [42]. A cet effet, l'origine des deniers sera déclarée lors du paiement du prix de la présente acquisition. Lequel remploi est accepté expressément par ladite dame.

840 Titres. Les vendeurs ont présentement remis aux acquéreurs, qui le reconnaissent : 1° un extrait [64] de l'intitulé de l'inventaire [145] fait après le décès [65] de M. et mad. Boileau, 2° un extrait du contrat de mariage de M. et mad. Merlin en ce qui concerne sa constitution dotale, 3°... Dont décharge [84].

841 Élection de domicile [11]. Pour l'exécution des présentes les parties font élection de domicile en leurs demeures respectives sus-indiquées.

842 Dont acte, fait et passé à Saint-Clément [12], en l'étude (*id*), l'an [15]... — V. *sup. alin.* 155.

843 V. *la formule de* Remploi (*Quittance de*). — *Enregistrement,* notes 57 et 56.

---

844 **XXV. VENTE** de rentes [76]. — V. *sup. les formules de transport de rente,* p. 658 et 659.

---

845   **XXVI. VENTE** par suite de surenchère [147].

846 Nota. Des reventes par suite de surenchère ne peuvent avoir lieu qu'en justice. Il n'y a jamais lieu de les faire devant notaire ; il n'y a point à distinguer à cet égard entre les ventes judiciaires ou ordonnées par justice et les ventes volontaires (C. *proc. civ.* 709, 836 *et* 965). — V. *sup. alin.* 416.

---

847   **XXVII. VENTE** [109] de droits d'usage [195] et d'habitation (*id.*).

848 Par-devant Mᵉ Rameau [1], notaire [2] à Saint-Clément [1], département de.., soussigné [15].

849 Est comparu M. Léopold [3] Carrié (*id.*), homme de loi (*id.*), demeurant (*id.*) à..

850 Lequel a, par ces présentes, vendu [109] avec garantie de tous troubles [22] et évictions [9].

851 A la dame Éléonore [3] Bellevue (*id.*), veuve du sʳ René Dondaine, demeurant à.., à ce présente et acceptant [52].

852 Les droits d'usage [195] et d'habitation (*id.*) pendant la vie de ladite dame:

(A) Il faut, pour la validité de la vente, non-seulement que la reconnaissance soit faite, mais encore que l'acquéreur veille à ce que les biens du mari ne deviennent pas insuffisants pour garantir le remboursement de la femme. Au cas d'insuffisance, la femme peut demander la nullité de la vente (C. civ. 1557; Montpellier 13 mai 1831) — V. *sup.* p. 585 note *B* et p. 534 note *B* et *C*.

(B) *Quand le prix de l'acquisition faite en remploi est payé comptant ou substitue ce qui suit à l'alin.* 839 :

M. et Mad. Lavaux déclarent que la somme de soixante mille francs ci dessus payée est la même que celle (*ou :* fait partie de celle de... qui est propre à la dame Lavaux, comme lui ayant été constituée en dot par son contrat de mariage passé devant Mᵉ..., notaire à.... le...., dûment enregistré: *ou bien :* qu'ils ont reçu de M..., pour le prix de la vente qu'ils ont faite, par contrat passé devant Mᵉ..., notaire à..., le.., de la ferme de... située à.., qui appartenait à ladite dame comme héritière de ses père et mère ; faisant cette déclaration pour indiquer l'origine des deniers, afin que le château présentement acquis, serve de remploi et tienne nature de propre à ladite dame Lavaux; ce qui est expressément accepté par elle.

..., 1° D'une petite maison [7] située [141] à Saint-Clément, composée d'une chambre, grenier dessus, cave dessous, petite cour derrière, le tout tenant [141] d'un côté du levant à..

854 2° Et d'un jardin [7] divisé en verger et potager, situé sur le territoire de la commune de Saint-Clément, lieu le val Ducreux [141], tenant (id.) du côté du midi à.., du nord à..., et entouré de murs [41] de toutes parts.

855 La maison et le jardin dont il s'agit appartiennent [22] en propre à M. CARRIÉ, comme seul héritier [78] de ses père et mère, ainsi qu'il le déclare et promet d'en justifier au besoin. — V. sup. alin. 150 et 456.

856 Pour en jouir, elle et ses enfants, ainsi que les parents auxquels, d'après la loi, elle devrait des aliments [65], mais seulement pendant la vie naturelle de ladite veuve DONDAINE et à compter de ce jour.

857 La présente vente est faite aux charges [38] et conditions [153] suivantes, que ladite veuve DONDAINE s'oblige d'exécuter :

858 1° De jouir de la maison et du jardin sus-désignés comme le ferait un bon père de famille, avec dispense de faire état [69] et de fournir caution (id.), l'acquéreur déclarant que ladite maison est en bon état de réparations.

859 2° De faire à la maison toutes les réparations d'entretien nécessaires pendant la durée du droit d'habitation ; et de souffrir, sans aucune indemnité, les grosses réparations qui seraient à y faire, quelle que soit la durée du temps qui y sera employé.

860 3° De donner au jardin les façons, la culture, les soins et engrais convenables pendant la durée du droit d'usage, et de renouveler, toutes les fois qu'il en sera besoin, les treillages existant le long des murs.

861 4° D'acquitter, à compter du premier janvier prochain, et pendant toute la durée desdits droits d'usage et d'habitation, les contributions [38] foncières et autres de toute nature de la maison et du jardin dont il s'agit.

862 5° De ne pouvoir céder ni louer [105] les droits vendus en tout ou en partie.

863 6° De souffrir la perte totale ou partielle du droit d'habitation, dans le cas de démolition ou de destruction par cas fortuit ou force majeure de tout ou partie de ladite maison ; à la condition toutefois que ce droit sera rétabli si les lieux sont reconstruits.

864 De son côté, M. CARRIÉ s'oblige de faire les grosses réparations à la maison et au jardin dont il s'agit et de faire jouir la veuve DONDAINE et les siens paisiblement desdits droits d'usage et d'habitation.

865 PRIX. La présente vente est faite, en outre, moyennant la somme de deux mille francs que la veuve DONDAINE promet et s'oblige [107] de payer à M. CARRIÉ immédiatement après l'accomplissement des formalités (A) de transcription et de purge légale [156] opérées sans inscriptions [85] et pour lesquelles il est accordé un délai de quatre mois à compter de ce jour, sans intérêts [49] jusques là mais avec intérêts en cas de retard. — V. sup. alin. 39 et suiv.

866 RÉSERVE DE PRIVILÉGE [29]. A la garantie du prix de la présente vente, les droits vendus demeurent affectés et hypothéqués par privilége expressément réservé au vendeur.

867 TRANSCRIPTION [111] ET PURGE LÉGALE [156]. L'acquéreur fera transcrire... — V. sup. alin. 82, 85 et 84.

868 ÉTAT CIVIL [162]. Le vendeur déclare qu'il est célibataire et qu'il n'est et n'a jamais été chargé d'aucune fonction donnant lieu à hypothèque légale.

869 TITRES. Le vendeur conserve par devers lui tous les titres et pièces qui peuvent servir à établir la propriété des droits vendus, mais il s'oblige de les communiquer à l'acquéreur à toute réquisition et sous récépissé.

870 ÉLECTION DE DOMICILE [11]. Pour l'exécution des présentes les parties font élection de domicile... — V. sup. alin. 221.

871 Dont acte, fait et passé à Saint-Clément [12], en l'étude (id.), l'an mil huit cent.... [13]. — V. sup. alin. 188.

872 V. sup. la formule de HABITATION (concession de droit d'). — Enregistrement note 57.

XXVIII. VENTE [109] D'UNE USINE A CELUI QUI EN ÉTAIT LOCATAIRE.

873 Par-devant Mᵉ RAMEAU [1], notaire [2] à Saint-Clément [1], département de.., soussigné [15].

874 Sont comparus M. Nicolas [3] LOUVET (id.), propriétaire (id.), et la dame Marguerite MAUGRAS, sa femme de lui autorisée [8] à l'effet des présentes, demeurant [5] ensemble à.

875 Lesquels ont, par ces présentes, vendu [109] avec garantie solidaire [106] entre eux, savoir : de la part du mari de tous troubles [22], dettes [26], hypothèques [30] et évictions [9], et, de la part de la femme, des troubles et évic-

___

(A) Les droits d'usage et d'habitation opérant un démembrement de la propriété (V. note 22, n. 46), il ne nous parait nullement douteux que l'acquéreur doive remplir les formalités nécessaires pour la purge des hypothèques, mais seulement quand les droits vendus sortent des mains du propriétaire de l'immeuble, car lorsqu'ils sont dans les mains de l'usager et de l'habitaire, ils ne sont pas susceptibles d'hypothèques, ne pouvant être ni cédés ni aliénés aux termes de l'art. 651 du C. civ. — V. sup. note B. — Il faut toutefois, selon nous, faire une distinction : ou les droits d'usage et d'habitation comprennent l'usage entier de la chose, sans aucune réserve au profit du propriétaire, ou bien ils ne comprennent qu'une part proportionnelle aux besoins de l'usager ou de l'habitaire, ce qui laisse subsister quelques droits au profit du nu-propriétaire. Dans le premier cas, la concession peut être assimilée à un usufruit (V. note 50, n. 9), et l'immeuble qui fait l'objet de cette concession peut être grevé d'hypothèque et, par suite, exproprié; ce qui doit importer peu au nu-propriétaire, surtout on lui fournissant caution. A ce moyen, les créanciers de l'usager ou de l'habitaire ne sont point frustrés; tous les biens d'un débiteur étant le gage commun de ses créanciers (C civ. 2093), ceux-ci trouvent dans l'hypothèque du droit d'usage et d'habitation le gage qu'ils avaient sur la somme qui a servi à payer le prix d'acquisition. —Dans le second cas, il serait juste d'appliquer le même principe, mais l'état de jouissance commune ne le permet pas, il faut alors considérer plutôt l'intérêt du nu-propriétaire que celui de l'usager ou de l'habitaire, car celui-ci n'ayant droit à l'habitation qu'aux fruits que dans la proportion de ses besoins et de ceux de sa famille, il peut importer beaucoup au nu-propriétaire d'avoir affaire à telle famille qui consomme peu, et non à telle autre qui consommerait davantage. Ce droit, dans ce cas, est inhérent à la personne, et il ne doit pas être permis aux créanciers de l'exercer par application de l'art. 1166 du C. civ. (V. note 25 n. 50). — La formule que nous donnons ici serait donc favorable aux créanciers de l'usager ou de l'habitaire.

tions (A) provenant d'elle seulement (*ou bien* : et, de la part de la femme, de tenir compte à l'acquéreur du prix seule-ment de la présente vente au cas d'éviction).

877   Au sr Jean Baptiste [3] Cornu (*id.*), meunier (*id.*) et à Germaine (*id.*) Piron (*id.*), sa femme de lui autorisée [68] à l'effet des présentes, demeurant [3] ensemble à.., à ce présents et acceptant [52].

878   Un moulin [7] à eau, faisant de grain farine, appelé le moulin Charpin, situé [141] sur le ruisseau de Vaux-Charme, garni de ses meules, tournants, virants et travaillants, agrès et ustensiles (B) indispensables pour son ex-ploitation, ensemble la cage dudit moulin, le cours d'eau, le vannage, le biez et le sous-biez, les francs-bords des-quels biez et sous-biez de la largeur d'un mètre [91] forment dépendance du moulin.

879   Plus la maison destinée à l'habitation du meunier, ensemble les écuries, grange, cour et jardin dépendant dudit moulin.

880   Le tout s'entretient et est limité du côté du midi par..

881   Ainsi que ledit moulin et ses dépendances s'étendent et comportent sans aucune exception ni réserve, les acqué-reurs déclarant prendre le tout dans son état actuel et le bien connaître pour l'avoir visité avant ces présentes.

882   Propriété [22]. Le moulin dont il s'agit et ses dépendances appartiennent au vendeur de son chef au moyen de la donation [81] qui lui en a été faite à titre purement gratuit et avec dispense de rapport [146] par le sr Zacharie Louvet, son oncle, ancien meunier, demeurant à.., suivant acte passé devant Me.., notaire à.., le.., dûment enregis-tré, transcrit [111] au bureau des hypothèques de.., le.., vol.., n°..

883   Ledit sr Zacharie Louvet en était propriétaire comme... — V. *sup.* alin. 130 *et* 436.

884   Entrée en jouissance. Les acquéreurs pourront faire et disposer en toute propriété et jouissance, à compter de ce jour, dudit moulin et de ses dépendances dont ils étaient déjà en possession comme locataires en vertu d'un bail [103] passé devant Me.., notaire à.., le.., dûment enregistré [42]. — V. *sup.* alin. 15.

885   Charges [58] et conditions [153]. La présente vente est faite sous les charges et conditions suivantes :

886   1° Les acquéreurs paieront les déboursés [3] et honoraires (*id.*) des présentes... — V. *sup.* alin. 23 *et* 24.

887   2° Ils acquitteront les contributions [58] foncières et autres de toute nature du moulin vendu à partir de ce jour. — V. *sup.* alin. 23.

888   3° Ils supporteront les servitudes [55] passives de toute espèce dont ledit moulin et ses dépendances peuvent être grevés, sauf à eux à s'en défendre et à faire valoir celles actives à leur profit, le tout à leurs risques et périls et sans que la présente stipulation puisse faire titre à des tiers [55].

889   4° Dans le cas où ledit moulin et ses dépendances seraient assurés [158] contre l'incendie par quelque compa-gnie d'assurances, les acquéreurs seront tenus d'entretenir l'assurance et même de tenir assurés pendant tout le temps que le prix de la présente vente sera dû le moulin et les bâtiments vendus, en, par eux, payant les primes à échoir à compter de ce jour : réserve étant faite par les vendeurs des effets de ladite assurance au cas de sinistre, pour, par eux, toucher et recevoir, par préférence aux acquéreurs, les indemnités qui pourront être dues et en imputer [84] le montant sur le prix en principal [136] et accessoires [103] de la présente vente.

890   5° Bien que les acquéreurs prennent les choses vendues dans l'état où elles sont, les vendeurs ne pourront ce-

---

(A) Nous avons dit *sup.* p. 43, note A, qu'une femme qui, dans la vente d'un bien propre à son mari, s'obligeait solidairement avec lui à garantir l'acquéreur de tous troubles, dettes, hypothèques, privilèges, aliénations, surenchères et évictions de toute espèce, prenait un engagement qui, par ses conséquences ultérieures, pouvait devenir ruineux pour elle; et nous avons conseillé de limiter son engagement.
Nous avons dit aussi p. 103, note A, qu'une femme qui contractait des engagements illimités avec une autorisation illimitée de son mari était recevable à en demander la nullité. Et à cet égard, il n'y a point de distinction à faire entre une autorisation donnée par l'acte même d'obligation et une autorisation donnée en dehors de cet acte.
Ne peut on pas dire que la femme qui, dans le premier cas ci-dessus, s'oblige solidairement avec son mari à la garantie de tous troubles et évictions, contracte avec l'autorisation de celui-ci une obligation illimitée? Il nous paraît évident que oui; car, en effet, la femme est expo-sée à une foule d'actions qui peuvent s'élever au double, au triple, au quadruple et plus du prix de la vente, le principe de la loi qui veut qu'une femme mariée connaisse, quand elle s'oblige, la quotité des engagements qu'elle prend, se trouvant violé, cette loi ne la proté-gerait plus, si elle pouvait être autorisée à contracter des promesses dont les conséquences peuvent être incalculables pour elle au moment où elle contracte. Son engagement, dans ce cas, est donc illimité et, par conséquent, sujet à être annulé.
Si telle peut être la conséquence de la stipulation toute de style que l'on a insérée jusqu'ici dans les contrats de vente, il en résulte que la formule que nous donnons ici alin. 876 et qui limite l'obligation solidaire de la femme doit être maintenant toujours employée et que la clause ancienne qui ne contient point de limitation est sans effet et n'équivaut même point à l'obligation de la part de la femme de restituer à l'acquéreur le prix de la vente au cas d'éviction.
Ce qui précède s'applique non-seulement aux biens du mari, mais encore aux biens de la communauté (V. *sup.* p. 674, note C), vendus par la femme, conjointement avec son mari. Mais l'application ne pourrait en être faite aux biens de la femme, parce que, à leur égard, elle est garante dans le sens le plus étendu.
En résumé, nous pensons qu'on ne peut, (quand il s'agit de biens du mari ou de communauté), faire intervenir la femme que pour s'obli-ger solidairement avec son mari à la garantie des évictions provenant d'elle, ou à la restitution du prix au cas d'éviction, et que si la clause s'étend à la garantie des évictions de toute espèce, elle rend nulle l'engagement de la femme, sans espoir de lui conserver effet en le réduisant à la garantie des troubles provenant d'elle (C. civ. 1172. — V. note 75, n. 146). — La nullité de l'engagement s'étend même à la garantie des évictions de la part de toute personne subrogée aux droits de la femme, puisque le danger pour elle est à peu près le même que dans le cas de la garantie des évictions de toute espèce, de sorte que nous ne voyons point d'hypothèse où l'acquéreur puisse, avec quel-que sécurité, se dispenser de la purge de l'hypothèque légale de la femme du vendeur. — Une ratification ultérieure de la part de la femme étant toujours sous puissance de mari, ne couvrirait pas la nullité de son engagement, cela ne changerait pas l'état des choses, car d'après l'art. 1304 du C. civ. l'action en nullité ou rescision ne commence que du jour de la dissolution du mariage, pour les actes passés par les femmes non autorisées ou ce qui est la même chose) mal autorisées, disposition que l'art. 1558 du même Code n'a point modifiée.
(B) Il est inutile de faire un article estimatif article par article des objets nécessaires à l'exploitation du moulin, dans le but de payer un moindre droit d'enregistrement sur le prix de ces objets, parce qu'ils sont immeubles par destination (V *toutefois note* 57, n. 53 *et* 54) — L'état ne serait nécessaire qu'au cas où l'entrée en jouissance n'aurait pas lieu de suite, pour bien constater ce qui dépend du moulin.

pendant exercer *contre eux aucune réclamation* pour la différence existante entre la valeur des choses au commencement du bail et la valeur actuelle, non plus que pour les dégradations qui ont pu être commises par les locataires pendant le cours du bail.

891 PRIX. La présente vente est faite, en outre, moyennant la somme [35] de vingt-quatre mille francs [91] que les acquéreurs promettent et s'obligent solidairement [106] de payer aux vendeurs en l'étude du notaire soussigné ou pour eux au porteur de leurs pouvoirs [80] et de la grosse des présentes en six termes [77] et paiements égaux d'année en année à compter d'aujourd'hui, avec intérêts [49] au taux de cinq pour cent par an sans retenue à partir de ce jour, lesquels intérêts seront payables annuellement et diminueront au fur et à mesure des paiements qui seront faits sur le principal.

892 RÉSERVE [51] DE PRIVILÈGE [29]. A la garantie du prix de la présente vente en principal et accessoires, les biens vendus demeurent affectés et hypothéqués [30] par privilége expressément réservé aux vendeurs. — V. *sup. alin.* 108.

893 TRANSCRIPTION [111] ET PURGE LÉGALE [156]. Les acquéreurs feront transcrire... — V. *sup. alin.* 81.

894 ÉTAT CIVIL [162]. Les vendeurs déclarent qu'ils sont mariés sous le régime de la communauté [166] avec stipulation de propres, et que M. LOUVET n'est et n'a jamais été chargé d'aucune fonction donnant lieu à hypothèque légale [50], si ce n'est de la tutelle [163] de Louise Louvet, sa nièce.

895 REMISE DE TITRES [54]. Les acquéreurs reconnaissent que les vendeurs leur ont présentement remis tous les titres et pièces mentionnés en l'établissement de propriété, dont décharge [84].

896 ÉLECTION DE DOMICILE [11]. Pour l'exécution des présentes les parties élisent domicile en leurs demeures.

897 *Dont acte, fait et passé à Saint-Clément* [12].. — V. *sup. alin.* 155. — *Enregistrement*, note 57.

---

898 XXIX. VENTE [109] D'USUFRUIT [69] *moyennant une rente viagère* [76] *payable d'avance, avec nantissement* [180].

899 Par-devant Mᵉ RAMEAU [1], notaire [2] à St.-Clément [1], soussigné [15].

900 Est comparu M. Hilaire [3] BONNET *(id.),* garçon majeur *(id.),* sans profession *(id.),* demeurant *(id.)* à...

901 Lequel a, par ces présentes, vendu [109] avec garantie de tous troubles [22] et évictions [9].

902 A M. Sébastien [3] LELOU *(id.),* ancien militaire pensionné *(id.),* demeurant *(id.)* à..., à ce présent et acceptant [52].

903 L'usufruit [69] et jouissance pendant la vie de l'acquéreur d'une petite maison sise [141] à..., rue..., n..., consistant en une chambre, un cabinet à côté, grenier dessus, cave dessous, petit jardin derrière, tenant le tout du côté du levant à....

904 Ainsi que ladite maison s'étend et comporte, sans aucune exception ni réserve, l'acquéreur déclarant la bien connaître pour l'avoir visitée avant ces présentes.

905 Cette maison appartient [22] en toute propriété au vendeur comme.... — V. *sup. alin.* 130 *et* 436 , *p.* 403 *et p.* 677 *note A.*

906 Pour, par l'acquéreur, faire et disposer à compter d'aujourd'hui de ladite maison en usufruit pendant sa vie et jusqu'à son décès, époque à laquelle l'usufruit se réunira à la nue-propriété en faveur du vendeur ou de ses ayants-cause [6].

907 La présente vente est faite aux charges [58] et conditions [153] suivantes :

908 1° L'acquéreur sera soumis aux charges et obligations des usufruitiers relativement à ladite maison. Il ne sera toutefois point obligé de fournir caution [69] ni de faire état *(id.),* attendu qu'il reconnaît que cette maison est actuellement en bon état de réparations.

909 2° Il fera à ladite maison toutes les réparations d'entretien pendant la durée de l'usufruit.

910 3° Il sera obligé de tenir ladite maison constamment assurée [155] contre l'incendie pendant la durée de l'usufruit pour une somme de deux mille quatre cents francs au moins, et il paiera pendant le même temps toutes les primes ou cotisations. En cas de sinistre, l'indemnité appartiendra au vendeur pour la nue-propriété et à l'acquéreur pour l'usufruit à la charge par celui-ci de fournir caution [69]. — V. *sup. alin.* 35.

911 4° Il jouira des servitudes [55] actives actuellement existantes sur ladite maison et souffrira celles passives, mais le vendeur ne pourra en créer aucune de cette dernière espèce pendant la durée de l'usufruit sans le consentement [101] de l'usufruitier.

912 5° Les contributions [58] foncières et autres de toute nature de ladite maison seront à la charge de l'acquéreur pendant toute la durée de l'usufruit.

913 6° Les déboursés [5] et honoraires *(id.)* des présentes ainsi que le coût d'une grosse [64] pour le vendeur seront à la charge de l'acquéreur.

914 PRIX. La présente vente est faite, en outre, moyennant la somme de deux cents francs (A) de rente [76] annuelle et viagère, franche de retenue [49], que l'acquéreur promet et s'oblige, au besoin, sa succession de payer au vendeur en la demeure à... de ce dernier ou pour lui au porteur de ses pouvoirs et de la grosse [64] des présentes en quatre termes [77] égaux de chacun cinquante francs de trois en trois mois et d'avance, le premier terme devant

---

(A) Il n'est pas besoin d'évaluer le capital; d'après la loi , à défaut d'évaluation , ce capital se forme en multipliant le revenu par dix (V . note 18, n. 275 . Mais cette base n'est pas toujours bonne à suivre; le capital pouvant être trop fort ou trop faible, selon que l'usufruitier est jeune ou vieux, il est plus convenable de l'évaluer pour se soustraire à une expertise de la part de la régie, au cas où le revenu est trop faible, et dans ce cas on se réfère à à l'alin. 915 de la formule.

échoir le... prochain a été payé comptant au vendeur qui le reconnaît, le second devant échoir le... suivant sera payé le... prochain, pour ainsi continuer de trois en trois mois pendant la vie et jusqu'au décès [65] dudit sieur LELOU, vendeur, lequel étant arrivé ladite rente sera éteinte et amortie et l'usufruit vendu en sera affranchi. Étant, de plus, convenu que les arrérages [49] qui seront dus pour le trimestre courant de ladite rente lors du décès du vendeur appartiendront à l'acquéreur, lequel fera confusion [169] en sa personne des deux qualités de créancier et de débiteur et pourra faire rayer [140] les inscriptions [83] qui auront été prises en vertu des présentes sur la seule représentation de l'acte de décès dudit sieur BONNET et de la quittance [84] authentique [177] des arrérages du trimestre qui aura précédé le décès. Quoi faisant, tout conservateur d'hypothèques sera valablement déchargé [84].

914 OU BIEN : La présente vente est faite, en outre, moyennant la somme de quinze cents francs de prix principal, pour laquelle l'acquéreur crée et constitue au profit et sur la tête du vendeur une rente [76] annuelle et viagère, franche de retenue [49], de deux cents francs, que l'acquéreur promet et s'oblige.... — V. l'alin. qui précède.

916 RÉSERVE [51] DE PRIVILÈGE [29]. A la garantie de la rente formant le prix de la présente vente, l'usufruit vendu demeure affecté et hypothéqué [30] par privilège expressément réservé au vendeur.

917 GARANTIE SUPPLÉMENTAIRE. Pour plus de sûreté du paiement de ladite rente viagère, M. LELOU donne en nantissement [180] à M. BONNET, ce acceptant [52], la nue-propriété [22] d'une rente [197] sur l'état cinq pour cent consolidés de la somme de deux cents francs par an inscrite au grand livre de la dette publique sous le n..., série...., appartenant audit sieur LELOU, l'usufruit [69] appartenant au sieur Claude FOSSEYEUX pendant sa vie.

918 Les arrérages [49] de ladite rente ne pourront être touchés par le sieur BONNET qu'à partir du décès dud. sieur FOSSEYEUX, mais néanmoins ledit sieur BONNET aura le droit à défaut de paiement des arrérages de la rente viagère à lui dus par M. LELOU et après un simple commandement [94] infructueux de faire ordonner la vente de ladite rente au cours de la bourse pour en imputer [84] le prix sur les arrérages de la rente viagère.

919 A l'appui dudit nantissement, M. LELOU a présentement remis au dit sieur BONNET qui le reconnaît le titre de ladite rente sur l'état. — V. sup. p. 561 note A.

920 Pour faire signifier [20] le présent nantissement à qui besoin sera, tout pouvoir est donné au porteur [80] d'une expédition [64] ou extrait (id.).

921 Transcription [111] ET PURGE LÉGALE [186]. L'acquéreur fera transcrire... V. sup. alin 81, 376 et 454.

922 ÉTAT CIVIL [162]. Le vendeur déclare qu'il n'est et n'a jamais été marié, ni chargé d'aucune fonction donnant lieu à hypothèque légale [30]

923 TITRES. Le vendeur conserve par devers lui...—V. sup. alin. 117 et 869.

924 ÉLECTION DE DOMICILE [11]. Pour l'exécution des présentes les parties élisent domicile.... — V. sup. alin 221.

925 Dont acte, fait et passé à St.-Clément [12] en l'étude (id.), l'an mil huit cent... [15]. — V. sup. alin. 155.

926 V. la formule de DÉLÉGATION A TITRE DE GARANTIE p. 561 et celle de GAGE p. 413.— Enregistrement note 57.

927   XXX. VENTE [109] DE L'USUFRUIT [69] A L'UN ET DE LA NUE-PROPRIÉTÉ [22] A L'AUTRE.
                     AVEC ANTICHRÈSE [180] ET DÉLÉGATION [100].

928 PAR-DEVANT Me RAMEAU [1], notaire [2] à St.-Clément [1], département de..., soussigné [15].

929 Est comparu M. Germain [3] DELAVEAU (id.), mécanicien (id.), demeurant (id.) à...

930 Lequel a, par ces présentes, vendu [109] avec la garantie [9] de droit.

931 A M. Michel [5] LENOIR (id.), rentier (id.), demeurant (id.) à..., à ce présent et acceptant [52].

932 Et à mad. Gertrude [5] MESLIN (id.), veuve de M. Pierre CHAUVEAU, en son vivant marchand de chevaux, elle sans profession (id.), demeurant à..., à ce présente et acceptant [52].

933 Savoir : à M. LENOIR, l'usufruit [69] pendant la vie de la dite pièce de pré, de la contenance de cinq hectares [91], située [141] sur le territoire de la commune de...., lieu dit l'île de Verne (id.), tenant (id.) d'un long du levant à..., ladite pièce entourée de toutes parts de haies vives qui sont mitoyennes [41].

934 Et à mad. veuve CHAUVEAU, la nue-propriété [22] de ladite pièce de pré, pour n'y réunir l'usufruit qu'au décès dudit sieur LENOIR.

935 Ainsi que ladite pièce de pré s'étend et comporte sans aucune exception ni réserve, et sans garantie de la contenance [40] dont le plus ou le moins, s'il y en a, tournera au profit ou à la perte des acquéreurs quand même la différence serait de plus d'un vingtième.

936 Cette pièce de pré appartient au vendeur comme... — V. sup. p. 405, p. 677 note A et sup. alin. 130 et 436.

937 M. LENOIR pourra faire et disposer à compter d'aujourd'hui de ladite pièce de pré en usufruit pendant sa vie et jusqu'à son décès, lequel étant arrivé ledit usufruit se réunira à la nue-propriété en faveur de mad. ve CHAUVEAU ou de ses ayants-cause [6].

938 Quant à mad. ve CHAUVEAU elle pourra faire et disposer de la nue-propriété de ladite pièce comme de sa propre chose à compter d'aujourd'hui, mais elle n'y réunira l'usufruit qu'au décès de M. LENOIR, sus-nommé.

939 La présente vente est faite sous les charges [58] et conditions [155] suivantes :

940 1° M. LENOIR sera soumis aux obligations des usufruitiers relativement à ladite pièce de pré : cependant il ne sera point tenu de fournir caution [69] ni de faire état (id.), reconnaissant qu'il n'existe aucun arbre ni rigole sur la dite pièce et que les haies sont en bon état.

941 2º Il jouira de ladite pièce en bon père de famille et y fera toutes les réparations d'entretien pendant la durée de l'usufruit.

942 3º Les acquéreurs supporteront les servitudes [53] passives apparentes dont ladite pièce de pré peut être grevée, sauf à eux à s'en défendre et à faire valoir celles actives à leur profit, le tout à leurs risques et périls. — V. sup. alin. 28.

943 4º Les contributions [58] foncières et autres de toute nature de ladite pièce de pré seront à la charge de M. LE-NOIR pendant la durée de l'usufruit, et ensuite à la charge de mad. vᵉ CHAUVEAU.

944 5º Les déboursés [8] et honoraires (id.) des présentes, ainsi que le coût d'une grosse [64] et de deux expéditions (id.) présentement requises, seront payés par l'usufruitier et le nu-propriétaire chacun pour ce qui le regarde.

945 PRIX. La présente vente est faite, en outre, savoir :

946 Pour l'usufruit vendu à M. LENOIR moyennant la somme de six mille francs qu'il s'oblige [107] de payer au vendeur en l'étude du notaire soussigné dans quatre mois [77] à partir de ce jour, sans intérêts [49] jusques là mais avec intérêts à cinq pour cent par an sans retenue à partir de ladite époque.

947 Et pour la nue-propriété vendue à mad. vᵉ CHAUVEAU moyennant la somme de neuf mille francs.

948 De plus elle quitte de cette somme de neuf mille francs, ladite dame veuve CHAUVEAU cède et abandonne, par ces présentes, à titre d'antichrèse [180], à M. DELAVEAU qui l'accepte [52], la jouissance d'une ferme située [141] sur le territoire de la commune de..., laquelle est affermée pour six années moyennant cinq cents francs par an au sᵗ Jean GAILLARD, cultivateur, demeurant à .., par acte passé devant Mᵉ..., notaire à..., le..., dûment enregistré [42]. M. DELAVEAU pourra, en conséquence, toucher les fermages de ladite ferme... — V. sup.

949 De plus elle délègue [100] avec toute garantie audit sieur DELAVEAU, ce acceptant, les arrérages [49] à échoir à partir du... prochain jusqu'au... mil huit cent..., d'une rente [76] constituée, annuelle et perpétuelle, franche de retenue [49], de trois cents francs, payable le..., laquelle est due à ladite dame veuve CHAUVEAU par Pierre CAMUS, laboureur à..., suivant contrat passé devant Mᵉ..., notaire à..., le..., dûment enregistré. Pour, par le délégataire, toucher et recevoir lesdits arrérages sur ses simples quittances [84] des mains du débiteur sus-nommé ou de tous autres qu'il appartiendra, ou bien pour en disposer autrement comme bon lui semblera, le tout à compter d'aujourd'hui; mad. veuve CHAUVEAU le mettant et subrogeant, à cet effet, dans tous ses droits [27] et actions [28], privilèges [29] et hypothèques [30], notamment dans l'effet de l'inscription [85] prise à son profit au bureau des hypothèques de..., le..., vol..., n..., contre ledit sieur CAMUS. Pour faire opérer cette subrogation [114] relativement aux arrérages seulement avec élection [11] de domicile en la demeure à..., de..., tout pouvoir est donné au porteur d'une expédition ou extrait des présentes.

950 M. DELAVEAU reconnaît que mad. veuve CHAUVEAU lui a remis à l'appui desdites antichrèse et délégation la grosse [64] du bail précité et celle du contrat de constitution de rente sus-daté.

951 Pour faire signifier [20] ces présentes à qui besoin sera, tout pouvoir [80] est donné au porteur d'une expédition [64] ou extrait (id.).

952 RÉSERVE [51] DE PRIVILÉGE [29]. A la garantie du prix de la présente vente en principal [156] et accessoires [105] la pièce de pré vendue demeure affectée et hypothéquée [30] par privilège expressément réservé au vendeur, auquel privilège il n'est point dérogé [100] par l'antichrèse et la délégation ci-dessus consenties.

953 TRANSCRIPTION [111] ET PURGE LÉGALE [156]. Les acquéreurs feront transcrire le présent contrat... — V. sup. alin. 84, 376 et 434.

954 ETAT CIVIL [162]. M. DELAVEAU déclare qu'il n'est et n'a jamais été marié ni chargé d'aucune fonction donnant lieu à hypothèque légale [30].

955 REMISE DE TITRES [54]. Le vendeur a présentement remis aux acquéreurs qui le reconnaissent les titres de propriété de l'héritage vendu. Ces titres resteront entre les mains de M. LENOIR à la charge par lui de les communiquer à mad. veuve CHAUVEAU au besoin et sous récépissé et à la charge par ses héritiers [78] de les remettre à cette dernière après l'extinction de l'usufruit.

956 ELECTION DE DOMICILE [11]. Pour l'exécution des présentes domicile est élu par les parties en leurs demeures actuelles sus-indiquées.

957 Dont acte, fait et passé à St.-Clément [12] en l'étude (id.), l'an mil huit cent quarante cinq [15] le premier août (id.), en présence de MM. (Noms, prénoms, professions et demeures), témoins instrumentaires [14]; et les parties ont signé [15] avec les témoins et le notaire, après lecture [16].

958 V. les formules d'ANTICHRÈSE et de DÉLÉGATION. — Enregistrement, notes 57, 18 et 19.

FIN DES FORMULES OU DU TOME PREMIER.

LOI DU 25 VENTÔSE AN XI (16 MARS 1803), CONTENANT ORGANISATION DU NOTARIAT.

TITRE 1ᵉʳ. — DES NOTAIRES ET DES ACTES NOTARIÉS.

SECTION 1ʳᵉ. — DES FONCTIONS, RESSORT ET DEVOIRS DES NOTAIRES.

ARTICLE 1. Les notaires [2 n. 1] sont les fonctionnaires publics [id. n. 2] établis pour recevoir tous les actes et contrats auxquels les parties doivent ou veulent faire donner le caractère d'authenticité attaché aux actes de l'autorité publique, et pour en assurer la date [13], en conserver le dépôt [39], en délivrer des grosses [64] et expéditions (id.). — V. sup. p. 115 note A.

2. Ils sont institués à vie [2].

3. Ils sont tenus de prêter leur ministère lorsqu'ils en sont requis [2 n. 2; 13 n. 49; 51 n. 10].

4. Chaque notaire devra résider [12 n. 1] dans le lieu qui lui sera fixé par le gouvernement. En cas de contravention, le notaire sera considéré comme démissionnaire; en conséquence, le grand-juge, ministre de la justice, après avoir pris l'avis du tribunal, pourra proposer au gouvernement le remplacement.

5. Les notaires exercent leurs fonctions [12 n. 3], savoir : — ceux des villes où est établi un tribunal d'appel, dans l'étendue du ressort de ce tribunal; — ceux des villes où il n'y a qu'un tribunal de première instance, dans l'étendue du ressort de ce tribunal; — ceux des autres communes, dans l'étendue du ressort du tribunal de paix.

6. Il est défendu à tout notaire d'instrumenter [12 n. 1] hors de son ressort, à peine d'être suspendu de ses fonctions pendant trois mois, d'être destitué en cas de récidive, et de tous dommages-intérêts [2 n. 50, 67, 83; 12 n. 1; 39 n. 102].

7. Les fonctions de notaires sont incompatibles [62 n. 161; 75 n. 16] avec celles de juges, commissaires du gouvernement près les tribunaux, leurs substituts, greffiers, avoués, huissiers, préposés à la recette des contributions directes et indirectes, juges, greffiers et huissiers des justices de paix, commissaires de police et commissaires aux ventes.

SECTION II. — DES ACTES, DE LEUR FORME; DES MINUTES, GROSSES, EXPÉDITIONS ET RÉPERTOIRES.

8. Les notaires ne pourront recevoir des actes dans lesquels leurs parents ou alliés en ligne directe à tous les degrés, et en collatérale jusqu'au degré d'oncle ou de neveu inclusivement, seraient parties, ou qui contiendraient quelques dispositions en leur faveur.—V. notes 2 n. 21; 4 n. 91; 33 n. 22; 39 n. 119 et suiv.

9. Les actes seront reçus par deux notaires, ou par un notaire assisté de deux témoins, citoyens français, sachant signer, et domiciliés dans l'arrondissement communal où l'acte sera passé.—V. notes 2 n. 8 et 16; 3 n. 2; 14 n. 1 et 3. - (A).

10. Deux notaires, parents ou alliés au degré prohibé par l'art. 8 ne pourront concourir au même acte. — Les parents, alliés, soit du notaire, soit des parties contractantes, au degré prohibé par l'art. 8, leurs clercs et leurs serviteurs ne pourront être témoins.—V. notes 2 n. 40 et suiv.; 14 n. 3.

11. Le nom [3], l'état (id.) et la demeure (id.) des parties devront être connus des notaires, ou leur être attestés dans l'acte par deux citoyens connus d'eux, ayant les mêmes qualités que celles requises pour être témoins instrumentaires. — V. note 3 n. 1 et 6.

12. Tous les actes doivent énoncer les nom [1] et lieu de résidence (id.) du notaire qui les reçoit, à peine de cent francs (20 fr.) d'amende contre le notaire contrevenant. Ils doivent également énoncer les noms [14] des témoins instrumentaires, leur demeure (id.), le lieu [12], l'année [13] et le jour (id.) où les actes sont passés, sous les peines prononcées par l'art. 68 ci-après, et même de faux si le cas y échoit. —V. note 44.

13. Les actes de notaires seront écrits en un seul et même contexte [35], lisiblement (id.), sans abréviation (id.), blanc (id.), lacune (id.) ni intervalle; ils contiendront les noms [3], prénoms [3], qualités (id.) et demeures (id.) des parties, ainsi que des témoins qui seraient appelés dans le cas de l'art. 10; ils énonceront en toutes lettres [35] les sommes et les dates; les procurations [80] des contractants seront annexées [35] à la minute, qui fera mention que lecture [16] de l'acte a été faite aux parties : le tout à peine de cent francs (20 fr.) d'amende contre le notaire contrevenant.—V. note 44.

(A) Cet article a été interprété (27 n. 171) ainsi qu'il suit par la loi du 21 juin 1843, ainsi conçue :

Art. 1. Les actes notariés passés depuis la promulgation de la loi du 25 ventôse an XI, ne peuvent être annulés par le motif que le notaire en second ou les deux témoins instrumentaires n'auraient pas été présents à la réception desdits actes.

Art. 2. A l'avenir, les actes notariés contenant donation entre vifs, donation entre époux pendant le mariage, révocation de donation ou de testament, reconnaissance d'enfants naturels, et les procurations pour consentir ces divers actes, seront, à peine de nullité, reçus conjointement par deux notaires, ou par un notaire, en présence de deux témoins.—La présence du notaire en second ou des deux témoins, n'est requise qu'au moment de la lecture des actes par le notaire et de la signature par les parties. Elle sera mentionnée, à peine de nullité.

Art. 3. Les autres actes continueront à être régis par l'art. 9 de la loi du 25 ventôse an XI, tel qu'il est expliqué par l'article 1 de la présente loi.

Art. 4. Il n'est rien innové aux dispositions du Code civil sur la forme des testaments.

14. Les actes seront signés [15] par les parties, les témoins et notaires, qui doivent en faire mention à la fin de l'acte. — Quant aux parties qui ne savent ou ne peuvent signer, le notaire doit faire mention, à la fin de l'acte, de leurs déclarations à cet égard.

15. Les renvois [37] et apostilles (id.) ne pourront, sauf l'exception ci-après, être écrits qu'en marge; ils seront signés (id.) ou paraphés (id.) tant par les notaires que par les autres signataires, à peine de nullité des renvois et apostilles. Si la longueur du renvoi exige qu'il soit transporté à la fin de l'acte, il devra être non-seulement signé ou paraphé comme les renvois écrits en marge, mais encore expressément approuvé par les parties, à peine de nullité du renvoi.

16. Il n'y aura ni surcharge [36], ni interligne (id.), ni addition (id.) dans le corps de l'acte; et les mots surchargés, interlignés ou ajoutés seront nuls. Les mots qui devront être rayés (id.) le seront de manière que le nombre puisse en être constaté à la marge de leur page correspondante, ou à la fin de l'acte, et approuvés de la même manière que les renvois écrits en marge; le tout à peine d'une amende de cinquante francs (10 fr.) contre le notaire, ainsi que de tous dommages-intérêts, [39], même de destitution en cas de fraude.—V. note 44.

17. Le notaire qui contreviendra aux lois et aux arrêtés du gouvernement, concernant les noms [91] et qualifications (id.) supprimés, les clauses (id.) et expressions féodales (id.), les mesures (id.) et l'annuaire (id.) de la république, ainsi que la numération décimale (id.), sera condamné à une amende de cent francs (20 fr.) qui sera double en cas de récidive.—V. note 44.

18. Le notaire tiendra exposé, dans son étude, un tableau [39 n. 61] sur lequel il inscrira les noms, prénoms, qualités et demeures des personnes qui, dans l'étendue du ressort où il peut exercer, sont interdites [65] ou assistées d'un conseil judiciaire [74], ainsi que la mention des jugements relatifs ; le tout immédiatement après la notification qui en aura été faite, et à peine de dommages-intérêts [39] des parties. — V. aux formules v° tableau.

19. Tous actes notariés feront foi en justice, et seront exécutoires [64] dans toute l'étendue de la France. Néanmoins, en cas de plainte en faux [228] principal, l'exécution de l'acte argué de faux sera suspendue par la déclaration du jury d'accusation, prononçant qu'il y a lieu à accusation. En cas d'inscription de faux faite incidemment, les tribunaux pourront, suivant la gravité des circonstances, suspendre provisoirement l'exécution de l'acte.

20. Les notaires seront tenus de garder minute [59] de tous les actes qu'ils recevront. Ne seront néanmoins compris dans la présente disposition les certificats de vie, procurations, actes de notoriété, quittances de fermages, de loyers, de salaires, arrérages de pensions et rentes, et autres actes simples, qui, d'après les lois, peuvent être délivrés en brevet [39].

21. Le droit de délivrer les grosses [64] et des expéditions (id.) n'appartiendra qu'au notaire possesseur de la minute; et néanmoins tout notaire pourra délivrer copie [64] d'un acte qui lui aura été déposé pour minute.

22. Les notaires ne pourront se dessaisir [59] d'aucune minute, si ce n'est dans les cas prévus par la loi, et en vertu d'un jugement. — Avant de s'en dessaisir, ils en dresseront et signeront une copie figurée [64], qui, après avoir été certifiée par le président et le commissaire du tribunal civil de leur résidence, sera substituée à la minute, dont elle tiendra lieu jusqu'à sa réintégration.

23. Les notaires ne pourront également, sans l'ordonnance du président du tribunal de première instance, délivrer expédition [64] ni donner connaissance [21] des actes à d'autres qu'aux personnes intéressées en nom direct, héritiers ou ayants-droit, à peine des dommages-intérêts [39], d'une amende de cent francs (20 fr.), et d'être, en cas de récidive, suspendus [2] de leurs fonctions pendant trois mois : sauf néanmoins l'exécution des lois et règlements sur le droit d'enregistrement [18 et 42], et de celles relatives aux actes qui doivent être publiés dans les tribunaux.—V. note 44.

24. En cas de compulsoire [64], le procès-verbal sera dressé par le notaire dépositaire de l'acte, à moins que le tribunal, qui l'ordonne, ne commette un de ses membres, ou tout autre juge, ou un autre notaire.

25. Les grosses [64] seules seront délivrées en forme exécutoire; elles seront intitulées et terminées dans les mêmes termes que les jugements des tribunaux.

26. Il doit être fait mention [64] sur la minute de la délivrance d'une première grosse, faite à chacune des parties intéressées; il ne peut lui en être délivré d'autre, à peine de destitution, sans une ordonnance du président du tribunal de première instance, laquelle demeurera jointe à la minute.

27. Chaque notaire sera tenu d'avoir un cachet ou sceau [64] particulier, portant ses nom, qualité et résidence, et, d'après un modèle uniforme, le type de l'État. Les grosses et expéditions des actes porteront l'empreinte de ce cachet.

28. Les actes notariés seront légalisés [125], savoir : ceux des notaires à la résidence des tribunaux d'appel, lorsqu'on s'en servira hors de leur ressort; et ceux des autres notaires, lorsqu'on s'en servira hors de leur département. — La légalisation sera faite par le président du tribunal de première instance de la résidence du notaire, ou du lieu où sera délivré l'acte ou l'expédition.

29. Les notaires tiendront répertoire [17] de tous les actes qu'ils recevront—(V. la loi du 22 frimaire an VII, art. 49 et 50).

30. Les répertoires [17] seront visés (id.), cotés (id.) et paraphés (id.) par le président, ou, à son défaut, par un autre juge du tribunal civil de la résidence; ils contiendront la date, la nature et l'espèce de l'acte, les noms des parties, et la relation de l'enregistrement.

TITRE II. — RÉGIME DU NOTARIAT.

Section I. — Nombre, placement et cautionnement des notaires.

31. Le nombre [89] des notaires pour chaque département, leur placement (id.) et résidence (id.), seront déterminés par le gouvernement, de manière : 1° que dans les villes de cent mille habitants et au-dessus, il y ait un notaire, au plus, par six mille habitants; 2° que dans les autres villes, bourgs ou villages, il y ait deux notaires au moins et cinq au plus, par chaque arrondissement de justice de paix.

32. Les suppressions [89] ou réductions (id.) de places ne seront effectuées que par mort, démission ou destitution.

33. Les notaires exercent sans patente [43]; mais ils sont assujettis à un cautionnement [89] fixé par le gouvernement, d'après les bases ci-après, et qui sera spécialement affecté à la garantie des condamnations prononcées contre eux, par suite de l'exercice de leurs fonctions. Lorsque, par l'effet de cette garantie, le montant du cautionnement aura été employé en tout ou en partie, le notaire sera suspendu de ses fonctions jusqu'à ce que le cautionnement ait été entièrement rétabli; et, faute par lui de rétablir, dans les six mois, l'intégralité du cautionnement, il sera considéré comme démissionnaire et remplacé.

34. Le cautionnement sera fixé [89] par le gouvernement, en raison combinée du ressort et résidence de chaque notaire, d'après un minimum et un maximum fixés d'après le tableau annexé à la présente loi. — Ces cautionnements seront versés [89], remboursés (id.) et les intérêts payés, conformément aux lois sur les cautionnements, sous la déduction de tous versements antérieurs.

Section II. — Conditions pour être admis, et mode de nomination au notariat.

35. Pour être admis [89] aux fonctions de notaire, il faudra : 1° jouir de l'exercice des droits de citoyen [27]; — 2° avoir satisfait aux lois sur le recrutement militaire; — 3° être âgé de vingt-cinq ans accomplis [79]; —4° justifier du temps de travail prescrit par les articles suivants.

36. Le temps du travail ou stage [89] sera, sauf les exceptions ci-après, de six années entières et non interrompues, dont une des deux dernières au moins en qualité de premier clerc chez un notaire d'une classe égale à celle où se trouvera la place à remplir.

37. Le temps de travail pourra n'être [89] que de quatre années, lorsqu'il en aura été employé trois dans l'étude d'un notaire d'une classe supérieure à la place qui devra être remplie, et lorsque, pendant la quatrième, l'aspirant aura travaillé, qualité de premier clerc, chez un notaire d'une classe supérieure ou égale à celle où se trouvera la place pour laquelle il se présentera.

38. Le notaire déjà reçu, et exerçant [89] depuis un an, dans une classe inférieure, sera dispensé de toute justification de stage, pour être admis à une place de notaire vacante dans une classe immédiatement supérieure.

39. L'aspirant qui aura travaillé [89] pendant quatre ans, sans interruption, chez un notaire de première ou de seconde classe, et qui aura été, pendant deux ans au moins, défenseur ou avoué près un tribunal civil, pourra être admis dans une des classes où il aura fait son stage, pourvu que, pendant l'une des deux dernières années de son stage, il ait travaillé, en qualité de premier clerc, chez un notaire d'une classe égale à celle où se trouvera la place à remplir.

40. Le temps de travail [89] exigé par les articles précédents devra être d'un tiers en sus, toutes les fois que l'aspirant, ayant travaillé chez un notaire d'une classe inférieure, se présentera pour remplir une place d'une classe immédiatement supérieure.

41. Pour être admis à exercer [89] dans la troisième classe de notaires, il suffira que l'aspirant ait travaillé pendant trois années chez un notaire de première ou de seconde classe, ou qu'il ait exercé comme défenseur ou avoué pendant l'espace de deux années, auprès du tribunal d'appel ou de première instance, et qu'en outre il ait travaillé pendant un an chez un notaire.

42. Le gouvernement pourra dispenser [89] de la justification du temps d'étude les individus qui auront exercé des fonctions administratives ou judiciaires.

43. L'aspirant demandera à la chambre de discipline [89] du ressort dans lequel il devra exercer, un certificat de moralité et de capacité. Le certificat ne pourra être délivré qu'après que la chambre aura fait parvenir au commissaire du gouvernement du tribunal de première instance l'expédition de la délibération qui l'aura accordé.

44. En cas de refus [89], la chambre donnera un avis motivé et le communiquera au commissaire du gouvernement, qui l'adressera au grand juge avec ses observations.

45. Les notaires seront nommés par le Roi, et obtiendront de S. M. une commission [89] qui énoncera le lieu fixe de la résidence.

46. Les commissions de notaires seront, dans leur intitulé, adressées au tribunal de première instance, dans le ressort duquel le pourvu aura sa résidence.

47. Dans les deux mois [89] de sa nomination, et à peine de déchéance, le pourvu sera tenu de prêter, à l'audience du tribunal auquel la commission aura été adressée, le serment [89] que la loi exige de tout fonctionnaire public, ainsi que celui de remplir ses fonctions avec exactitude et probité. — Il ne sera admis à prêter serment qu'en représentant l'original de sa commission, et la quittance du versement de son cautionnement. — Il sera tenu de faire enregistrer le procès-verbal de prestation de serment au secrétariat de la municipalité du lieu où il devra résider, et aux greffes de tous les tribunaux dans le ressort desquels il doit exercer.

48. Il n'aura le droit d'exercer [89] qu'à compter du jour où il aura prêté serment.

49. Avant d'entrer en fonctions, les notaires devront déposer [89] au greffe de chaque tribunal de première instance de leur département, et au secrétariat de la municipalité de leur résidence, leur signature et paraphe.—Les notaires à la résidence des tribunaux d'appel feront en outre ce dépôt aux greffes des autres tribunaux de première instance de leur ressort.

Section III. — Chambres de discipline.

50. Les chambres qui seront établies pour la discipline [89] intérieure des notaires, seront organisés par des règlements.

51. Les honoraires (3 n. 231) et vacations (id.) des notaires seront réglés à l'amiable, entre eux et les parties, sinon par le tribunal civil de la résidence du notaire, sur l'avis de la chambre et sur simples mémoires, sans frais.

52. Tout notaire suspendu (2 n. 231), destitué (id.) ou remplacé (id.), devra, aussitôt après la notification qui lui aura été faite de sa suspension, de sa destitution ou de son remplacement, cesser l'exercice de son état, à peine de tous dommages et intérêts, et des autres condamnations prononcées par les lois

contre tout fonctionnaire suspendu ou destitué qui continue d'exercer ses fonctions. — Le notaire suspendu ne pourra les reprendre, sous les mêmes peines, qu'après la cessation du temps de la suspension.

53. Toutes suspensions [2 et 44], destitutions (*id*), condamnations (*id.*) d'amende et dommages-intérêts [29], seront prononcées contre les notaires, par le tribunal civil de leur résidence, à la poursuite des parties intéressées, ou d'office à la poursuite et diligence des commissaires du gouvernement. — Ces jugements sont sujets à l'appel, et exécutoires par provision, excepté quant aux condamnations pécuniaires.

SECTION IV. — GARDE, TRANSMISSION, TABLES DES MINUTES, ET RECOUVREMENTS.

54. Les minutes et répertoires d'un notaire remplacé, ou dont la place aura été supprimée, pourront être remis [59], par lui ou par ses héritiers, à l'un des notaires résidant dans la même commune, ou à l'un des notaires résidant dans le même canton si le remplacé était le seul notaire établi dans la commune.

55. Si la remise [59] des minutes et répertoires du notaire remplacé n'a pas été effectuée, conformément à l'article précédent, dans le mois, à compter du jour de la prestation de serment du successeur, la remise en sera faite à celui-ci.

56. Lorsque la place de notaire sera supprimée, le titulaire ou ses héritiers seront tenus de remettre [59] les minutes et répertoires, dans le délai de deux mois du jour de la suppression, à l'un des notaires de la commune, ou à l'un des notaires du canton, conformément à l'article 54.

57. Le commissaire du gouvernement près le tribunal de première instance est chargé de veiller à ce que les remises ordonnées par les articles précédents soient effectuées; et dans le cas de suppression de la place, si le titulaire ou ses héritiers n'ont pas fait choix, dans les délais prescrits, du notaire à qui les minutes et répertoires devront être remis, le commissaire indiquera celui qui en demeurera dépositaire. — Le titulaire ou ses héritiers, en retard de satisfaire aux dispositions des articles 55 et 56, seront condamnés à cent francs (20 francs) d'amende par chaque mois de retard, à compter du jour de la sommation qui leur aura été faite d'effectuer la remise.—V. note 44.

58. Dans tous les cas, il sera dressé un état sommaire [59] des minutes remises; et le notaire qui les recevra s'en chargera au pied de cet état, dont un double sera remis à la chambre de discipline.

59. Le titulaire ou ses héritiers, et le notaire qui recevra les minutes, aux termes des art. 54, 55 et 56, traiteront de gré à gré des recouvrements [59, 64 et 81], à raison des actes dont les honoraires sont encore dus, et du bénéfice des expéditions. — S'il ne peuvent s'accorder, l'appréciation en sera faite par deux notaires dont les parties conviendront, ou qui seront nommés d'office parmi les notaires de la même résidence, ou, à leur défaut, parmi ceux de la résidence la plus voisine. — V. *la formule de vente d'office, et les notes au bas de cette formule.*

60. Tous dépôts de minutes, sous la dénomination de *Chambres de contrats* [59], *bureaux de tabellionage et autres*, sont maintenus à la garde de leurs possesseurs actuels; les grosses et expéditions ne pourront en être délivrées que par un notaire de la résidence des dépôts, ou, à défaut, par un notaire de la résidence la plus voisine. — Néanmoins, si lesdits dépôts de minutes ont été remis au greffe du tribunal, les grosses et expéditions pourront, dans ce cas seulement, être délivrées par le greffier. — V. *les formules de* STYLE.

61. Immédiatement après le décès du notaire ou autre possesseur de minutes, les minutes et répertoires seront mis sous les scellés [59 et 64] par le juge de paix de la résidence, jusqu'à ce qu'un autre notaire en ait été provisoirement chargé par ordonnance du président du tribunal de la résidence.

62... 63... 64... 65... 66... 67... *Il est inutile de rappeler les dispositions de ces articles, lesquelles n'ont été que transitoires, puisqu'elles ne concernaient que les notaires en exercice au moment de la promulgation de la loi, maintenus à certaines conditions qu'ils ont dû observer pour continuer d'exercer.*

DISPOSITIONS GÉNÉRALES.

68. Tout acte fait en contravention [38] aux dispositions des articles 6, 8, 9, 10, 14, 20, 52, 64, 65, 66 et 67, est nul, s'il n'est pas revêtu de la signature de toutes les parties. — Si l'acte sera revêtu de la signature de toutes les parties contractantes, il ne vaudra que comme écrit sous signature privée sauf, dans les deux cas, s'il y a lieu, les dommages-intérêts [39] contre le notaire contrevenant. —V. note 44.

69. La loi du 6 octobre 1791, et toutes autres, sont abrogées, en ce qu'elles ont de contraire à la présente

CORRECTIONS qu'il est urgent de faire au FORMULAIRE.

P. 8, note A, *in fine*. — Ajoutez : — *V. cependant la formule de vente de mitoyenneté*, p. 699, *et les notes au bas de cette page.*

P. 23, notes A et B. — Ajoutez : — *V. toutefois la note 96 n. 62.*

P. 49, alin. 67, *in fine.* — Terminez ainsi l'alinéa : — *Et les s. et dame* GAILLARD *ont signé avec les notaires et tous les adjudicataires sus-nommés, excepté le s.* MOUILLEBON *qui a réitéré sa déclaration de ne le savoir de ce interpelé, après lecture.*

P. 51, note A. — Ajoutez : — *V. cependant tome 2, note 18 p. 138 n. 716.*

P. 54, alin. 51. — Ajoutez : — *Et M. et Mad.* NAYDARD *ainsi que les s.* BREGOR *et* LENOBLE *ont signé... etc.*

P. 201, au bas de la page. — Supprimez 25 et mettez 26 qui est le véritable n° de la feuille.

P. 233, alin. 7. — Supprimez *lettre* et ajoutez *table*.

P. 299, note B, 3e alin., 1re ligne. — Ajoutez : ... *mot avant moyen.*

P. 310, alin. 7. — Ajoutez à la première phrase : — *Et de la quittance authentique des arrérages du trimestre qui aura précédé le décès.*

P. 326, note D, 2e lig. — Aj. après *donateur* : — *Ainsi que* .. — et, à la 9e lig. du nota, substituez *transmission* à *transcription*.

P. 386, alin. 6, 2e ligne. — Après *donateur*, ajoutez : *Au jour de son décès.*

P. 404. — Mettez : *Signé et paraphé par Mad. veuve* BOUDARD, qui terminent l'alin. 7, au devant de la 2. ligne de l'alin. 8.

P. 416, alin. 14. — Supprimez le mot *sous* et laissez subsister *louer.*

P. 423, note A, 2e ligne. — Au lieu de : *Sans être obligé de recouvrir même aux titres*, mettez : *Sans être obligé de recourir avec titres mêmes.* — Et à la dernière ligne, au lieu de *bien*, mettez *lieu.*

P. 428, alin. 118, 2e ligne. — Supprimez : *en minute* (59) *ci* ..

P. 449, note A, *in fine.* — Ajoutez : *V. cependant inf. p. 525 note A.*

P. 449, note C, 4e ligne du bas. — Supprimez : — *ainsi que du procès-verbal.*

P. 451, note C. — Supprimez le n. 1 et ajoutez : — 1° *Le père ou la mère ayant la jouissance légale des biens de leurs enfants et l'époux donataire en usufruit des biens du prédécédé; parce que à leur égard les revenus antérieurs à la dissolution de communauté forment des capitaux soumis à l'usufruit, tandis qu'ils ont la toute propriété des revenus postérieurs.*

P. 457, note A, avant-dernière ligne du 1. alin. — Au lieu de *père* et *mère* ; mettez *père ou mère.*

P. 458, note B, avant-dernière ligne. — Avant le mot *s'attaquer*, mettez : *ci pour cela.*

P. 460, note A. — Avant-dernière ligne. — Avant *ainsi*, mettez : *si.*

P. 462, au-dessous de l'alin. 304. — Ajoutez : *V. inf. le tableau synoptique p. 636.*

P. 466, note B, 1re ligne. — Au lieu de *dans le cours de coté*, mettez : *dans le cours coté.*

P. 533 et 534, en tête. — Au lieu de : *procès-verbal*, mettez : *Procurations* (qualités des).

P. 548, note B. — Au lieu de : *condamnation*, mettez : *Convention.*

P. 635, dernière colonne. — Au lieu de : *ratifications*, mettez : *Rectifications.*

FIN DE LA TABLE ALPHABÉTIQUE.

Imprimerie PERRIQUET.

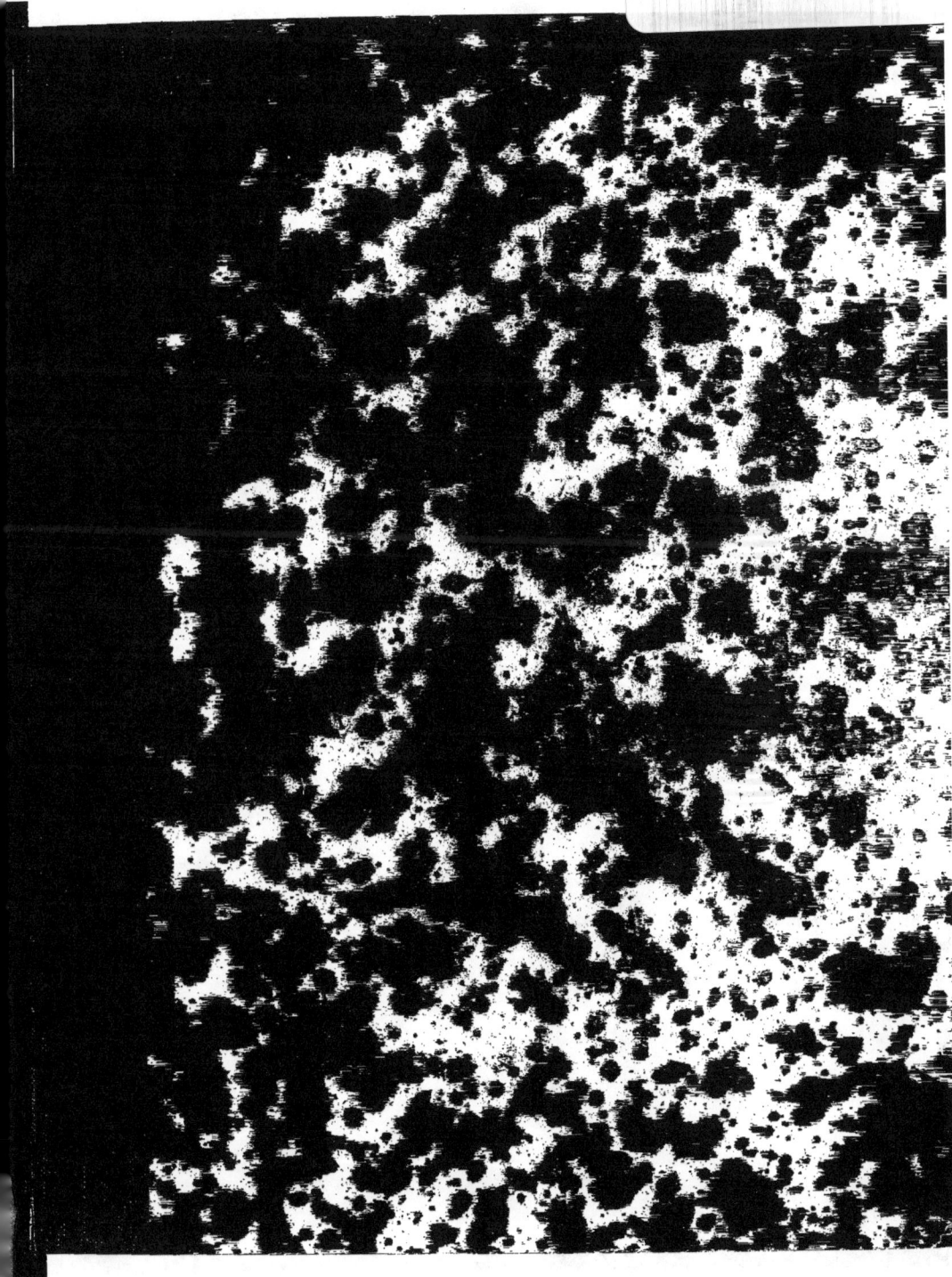